БАЗОВИЙ СЛОВНИК

німецько-український
українсько-німецький

45 000
слів та слово-сполучень

національний ЛІНГВО центр

УДК [811.112.2:811.161.1](038)
ББК 81.2(Нім-Укр)-4
С48

Укладачі: О. В. Дмитрієв, Г. В. Степенко
Під загальною редакцією В. Т. Бусела

С48 **Базовий німецько-український, українсько-німецький словник**/Укл. О. В. Дмитрієв, Г. В. Степенко; під заг. ред. В. Т. Бусела. — Х.: Вид-во «Ранок», К., Ірпінь: ВТФ «Перун», 2012. — 720 с.

ISBN 978-617-540-949-7 («Ранок»)
ISBN 966-569-002-7 («Перун»)

Базовий німецько-український, українсько-німецький словник містить 45 000 слів і словосполучень, включаючи фразеологічні звороти, прислів'я та приказки. Поряд із загальновживаними словами у виданні широко представлена науково-технічна, суспільно-політична, літературна й розмовна лексика. У статтях крім перекладу подаються основні форми слів, вказівки щодо їх сполучуваності (особлива увага приділяється розбіжностям у керуванні відмінків в українській і німецькій мовах), транскрипції запозичених слів, вимова яких відрізняється від норм орфоепії німецької мови. У додатках подано список географічних назв, таблицю основних форм дієслів сильної і неправильної дієвідміни.

Для учнів загальноосвітніх навчальних закладів, учителів німецької мови, студентів, слухачів курсів іноземних мов і всіх, хто вивчає німецьку.

УДК [811.112.2:811.161.1](038)
ББК 81.2(Нім-Укр)-4

ISBN 978-617-540-949-7 («Ранок»)
ISBN 966-569-002-7 («Перун»)

WÖRTERBUCH
DEUTSCH-UKRAINISCHES
СЛОВНИК
НІМЕЦЬКО-УКРАЇНСЬКИЙ

ПРО КОРИСТУВАННЯ СЛОВНИКОМ

Словник побудований за гніздовою системою. Усі слова розміщені в алфавітному порядку, при цьому ä, ö, ü входять до алфавіту поряд з a, o, u; ß прирівнюється до ss. Географічні назви вміщено в кінці словника.

У гніздах об'єднані слова, що мають спільне визначальне слово. Воно відокремлюється вертикальною рискою (|), у гнізді замінюється тильдою ~:

Flúg|hafen *m* **-s, ...häfen** аеропо́рт; **~verkehr** *(читай:* Flúgverkehr) *m* **-(e)s** повітря́не сполу́чення.

Лексичні омоніми наводяться в словнику як окремі реєстрові слова і позначаються римськими цифрами:

Fall I *m* **-(e)s, Fälle** 1) паді́ння; 2) спад; 3) зане́пад.

Fall II *m* **-(e)s, Fälle** 1) ви́падок, поді́я; 2) спра́ва *(судова)*.

Іменники подано в словнику у називному відмінку із зазначенням закінчень родового відмінка однини й називного відмінка множинин:

Tisch *m* **-es, -e**

Якщо ці форми відрізняються від форми реєстрового слова, то слово або відповідна його частина наводиться окремо:

Blatt *n* **-(e)s, Blätter**
Wörterbuch *n* **-(e)s, ...bücher**

Іменники, що вживаються лише в множині, мають позначку *pl*:

Féri| en *pl* кані́кули; відпу́стка.

Якщо іменник у множині не вживається, позначки множини немає:

Trug *m* **-(e)s** 1) обма́н, обду́рювання; 2) ілюзія.

Іменники жіночого роду з суфіксом **-in** подано скорочено поряд з відповідним іменником чоловічого роду, якщо при утворенні їх не змінюється корінь слова:

Léhrer *m* **-s,** -учи́тель; **~ in** *f*-, **-nen** учи́телька.

Дієслова подано у формі інфінітива. Перехідні дієслова позначаються *vt*, неперехідні *vi*, безособові *vimp*.

Зворотні дієслова подано у статті відповідного перехідного або неперехідного дієслова і позначено світлою арабською цифрою з крапкою:

pácken 1. *vt* пакува́ти ... 2. **sich ~** *розм.* іти́ геть.

Якщо дієслово не вживається без **sich**, то воно наводиться як окреме реєстрове слово:

erhólen, sich відпочивáти.

Дієслова сильної й неправильної дієвідміни позначаються зірочкою *, основні їх форми подано в списку на стор. 728. Якщо дієслово вживається в сильній і слабкій дієвідміні, то зірочка подається в дужках (*).

schréiben* *vt* писáти.
wében* *vt* ткáти.

Позначки *(s), (h), (s, h)* після дієслова показують, що воно відмінюється з допоміжним дієсловом (sein), (haben), (sein і haben). Відсутність позначки свідчить про те, що дієслово відмінюється з допоміжним дієсловом haben.

Ступені порівняння прикметників або прислівників, утворені від різних основ, наводяться як окремі реєстрові слова:

éher 1) раніше, до цьóго;
éher 2) швúдше.

Займенники подаються як реєстрові слова в називному відмінку. Якщо непрямі відмінки особових займенників відрізняються від називного, то вони подаються як окремі реєстрові слова:

dir *pron pers* (*D від* du) тобі.

Займенники, що відмінюються за родами, наведено у формі чоловічого роду, а в дужках подано форми жіночого і середнього родів та множини:

díeser *pron dem m* (*f* díese, *n* díes(es), *pl* díese) цей (ця, це, ці).

У деяких випадках наводиться керування:
béibringen* *vt* навчáти *(чого)*.
Erínnerung *f*-, **-en** *(an A)* згáдка, спóгад... *(про кого, що)*.

Якщо вимова слова або його частини відрізняється від загальних правил читання, то поряд із словом у квадратних дужках дається фонетична транскрипція усього слова чи відповідної його частини.

Pension [pɑ-] *f*-; **-en** пéнсія...

Частина слова, читання якої не обов'язкове, береться в дужки:

d(a)rúm (*читай:* darum *і* drum).

Пунктирна вертикальна риска ¦ після букви означає, що наступний звук вимовляється окремо:

Matéri|e (e читається)
Á|horn (h читається)
áb|erziehen (не aberziehen)
,ab|ernten (не abernten).

На всіх німецьких і українських словах, що мають більш як один склад, поставлено наголос.

Виняток становлять слова з голосними ä, ö, ü, над якими немає знаку наголосу. Слід пам'ятати, що в таких випадках наголошуються саме ці букви. У словах, де два голосних мають умлаут, наголос поставлено.

У складних німецьких словах з двома і більше наголосами позначено лише головний: **Máulbeerbaum.**

Здебільшого до німецького слова подано лише основні українські відповідники в порядку вживаності.

Для розрізнення понять, а також відтінків того самого поняття в словнику використано такі умовні позначки:

1) комою відокремлені одне від одного синонімічні та близькі за значенням слова:

fahl *adj* бля́клий, блі́ди́й, біля́стий.

2) крапка з комою відокремлює слова, що позначають одне поняття, але не дуже близькі за значенням:

fárbig *adj* кольоро́вий; барви́стий, строка́тий.

3) якщо німецьке слово має кілька значень, які по-різному перекладаються українською мовою, то в словниковій статті виділяються рубрики, які нумеруються арабськими цифрами з дужкою:

Féhler 1) по́ми́лка; 2) хи́ба, ва́да, дефе́кт.

Для позначення різних частин мови вживаються напівжирні арабські цифри з крапкою:

téuer 1. *adj* дороги́й ...; **2.** *adv* до́рого.

Фразеологічні звороти наводяться у словнику в тій статті, де заголовним є так зване опорне слово фразеологічної одиниці. Вони винесені в кінець статті і відокремлені ромбом (◊).

◊ im éigenen Fett schmóren вари́тися у вла́сному соку́.

УМОВНІ СКОРОЧЕННЯ

Німецькі та латинські

A Akkusativ — знахідний відмінок
adj Adjektiv — прикметник
adv Adverb — прислівник
cj Konjunktion — сполучник
comp Komparativ — вищий ступінь
D Dativ — давальний відмінок
etw. etwas — що-небудь
f Femininum — жіночий рід
G Genitiv — родовий відмінок
(*h*) — відмінюється з допоміжним дієсловом haben
inf Infinitiv — інфінітив, неозначена форма дієслова
int Unterjektion — вигук
j-d jemand — хто-небудь
j-m jemandem — кому-небудь
j-n jemanden — кого-небудь
j-s jemandes — чий-небудь, кого-небудь
m Maskulinum — чоловічий рід
mod Modalverb — модальне дієслово
mod adv Modaladverb — модальний прислівник
n Neutrum — середній рід
N Nominativ — називний відмінок
num Numerale — числівник
pl Plural — множина
pron Pronomen — займенник
pron adv Pronominaladverb — займенниковий прислівник
pron dem Demonstrativpronomen — вказівний займенник
pron imp unpersönliches Pronomen, Pronomen impersonales — безособовий займенник
pron indef Indefinitpronomen — неозначений займенник
pron inter Interrogativpronomen — питальний займенник
pron pers Personalpronomen — особовий займенник
pron poss Possessivpronomen — присвійний займенник
pron refl Reflexivpronomen — зворотний займенник
pron rez reziprokes Pronomen — взаємний займенник
prp Präposition — прийменник
prtc Partikel — частка
(*s*) — відмінюється з допоміжним дієсловом sein
sg Singular — однина
vi intransitives Verb — неперехідне дієслово
vimp unpersönliches Verb, verbum impersonales — безособове дієслово
vt transitives Verb — перехідне дієслово

Українські

ав.— авіація
авто.— автомобільна справа
анат.— анатомія
арх.— архітектура
астр.— астрономія
безос.— безособова форма
біол.— біологія
бот.— ботаніка
буд.— будівельна справа
бухг.— бухгалтерія
виг.— вигук
вищ. ст.— вищий ступінь
відокр.— відокремлюваний
військ.— військова справа
вставн.— вставний
геогр.— географія
геод.— геодезія
геол.— геологія
гірн.— гірнича справа
грам.— граматика
див.— дивись
дипл.— дипломатія
дієсл.— дієслово
док.— доконаний вид дієслова
друк.— друкарська справа
ек.— економіка
ел.— електротехніка
жив.— живопис

займ.— займенник
залізн.— залізнична справа
заст.— застаріле слово
збірн.— збірне значення
зменш.— зменшувальне слово
знев.— зневажливо
зоол.— зоологія
ім.— іменник
інф.— інфінітив
іст.— історія
іхт.— іхтіологія
кул.— кулінарія
лінгв.— лінгвістика
літ.— літературознавство
м.— місто
мат.— математика
мед.— медицина
метеор.— метеорологія
мех.— механіка
мист.— мистецтво
міф.— міфологія
мн.— множина
мор.— морська справа
муз.— музика
наказ. сп.— наказовий спосіб
наук.— науковий термін
невідм.— невідмінюване слово
недок.— недоконаний вид дієслова
неознач.— неозначений
одн.— однина
оз.— озеро
особов.— особовий
перев.— переважно
перен.— переносне значення
пит.— питальний
підсил.— підсилювальний
поет.— поетичний вислів
політ.— політика
прийм.— прийменник
прикм.— прикметник
присл.— прислівник
присудк.— присудковий
радіо — радіоелектроніка, радіотехніка
рел.— релігія
речен.— речення
риб.— рибальство
розм.— розмовне слово або вислів
с. г.— сільське господарство
скор.— скорочено, скорочення
сл.— слово
спец.— спеціальний термін
спол.— сполучник
спорт.— спортивний термін
театр.— театральний термін
тех.— техніка
тж.— також
тк.— тільки
у різн. знач.— у різних значеннях
фіз.— фізика
фізіол.— фізіологія
філос.— філософія
фольк.— фольклор
фото — фотографія
хім.— хімія
шах.— шаховий термін
худ.— художній
цифр.— цифра, цифровий
юр.— юридичний термін

НІМЕЦЬКИЙ АЛФАВІТ

A a	B b	C c	D d	E e
F f	G g	H h	I i	J j
K k	L l	M m	N n	O o
P p	Q q	R r	S s ß	T t
U u	V v	W w	X x	Y y
Z z				

A a

A, a *n* -, — *перша літера німецького алфавіту;* das A und (das) O áльфа й омéга; von A bis Z від почáтку до кінця́; усé; ◊ wer A sagt, muß auch B ságen хто сказáв А, пови́нен сказáти і Б.

Aal *m* **-(e)s, -e** *зоол.* вугóр.

áalglatt *adj* слизьки́й як вугóр; спри́тний.

ab 1. *prp* 1) *(D) вказує на напрям* від. з; ~ Berlín від (з) Берлíна; ~ hier звíдси; 2) *(D; розм. тж. A) вказує на час* з; ~ héute з сьогóднішнього дня; 2. *adv* вниз; auf und *й* вперéд і назáд, вгóру і вниз; ~ und an, ~ und zu íноді, чáсом.

ábändern *vt* 1) (видо)змíнювати, переробля́ти; *(an D)* внóсити зміни; 2) усувáти.

Àbart *f* **-, -en** різновид, видозмíна.

Àbbau *m* **-(e)s** 1) зни́ження *(цін, зарплати)*; 2) скорóчення *(штату)*; 3) ви́добуток *(корисних копалин)*; 4) скорóчення, ліквідáція; ~ der Rüstungen скорóчення озбрóєння.

ábbauen *vt* 1) зни́жувати *(ціни, зарплату)*; 2) скорóчувати *(штати)*; ліквідóвувати; 3) демонтувáти, знóсити; 4) *гірн.* видобувáти.

ábbeißen * *vt* відкýшувати; sich *(D)* die Zunge ~ прикуси́ти язи́к.

ábberufen* *vt* відкликáти, звільня́ти *(з посади)*.

ábbestellen *vt* відміня́ти замóвлення.

ábbiegen* 1. *vt* відгинáти; відхиля́ти; ein Gespräch ~ перевóдити розмóву на íншу тéму; 2. *vi (s)* звертáти; ухиля́тися; vom Wége ~ звертáти з дорóги, збóчувати.

Àbbild *n* **-(e)s, -er** відобрáження, відби́ток; портрéт; ein getréues ~ der Wírklichkeit правди́ве відобрáження дíйсності.

ábbinden* *vt* 1) відв'я́зувати; 2) перев'я́зувати; 3) *буд.* з'є́днувати, зв'я́зувати.

Àbbitte *f* **-, -n** ви́бачення, перепрóшення; bei j-m, für etw. ~ léisten проси́ти ви́бачення в когó-н. за що-н., перепрóшувати когó-н. за що-н.

Àbblendung *f* **-, -en** 1) затéмнення; 2) *фото* діафрагмувáння.

ábblühen *vi (s, h)* відцвітáти, в'я́нути.

ábbrechen* 1. *vt* 1) відлáмувати, ламáти; 2) знóсити, руйнувáти; 3) розривáти, припиня́ти; die diplomátischen Beziehungen ~ розривáти дипломати́чні віднóсини; 2. *vi* 1) *(s)* відлáмуватися; 2) *(h)* припиня́тися, обривáтися; das Gespräch brach ab розмóва урвáлася; das bricht niemals ab цьóму не бýде кінця́.

ábbremsen *vt* гальмувáти.

ábbrennen* 1. *vt* 1) спáлювати; éine Stadt ~ спали́ти мíсто *(дотла)*; 2) випáлювати; éinen Ácker ~ випáлювати *(бур'ян на полі)*; 3) *тех.* відпáлювати; 2. *vi (s)* 1) згоря́ти *(дотла)*; 2) догоря́ти; 3) обгоря́ти *(на сонці)*; 4) потерпíти від пожéжі.

ábbringen* *vt* відмовля́ти, примýсити відмóвитись *(von D від чого-н.)*; j-n von éiner Gewóhnheit ~ відучи́ти когó-н. від якóї-н. зви́чки; j-n von séiner Méinung ~ переконáти когó-н.

ábbüßen *vt* покýтувати *(вину)*; éine Stáfe ~ відбувáти покарáння.

Abc [a:be:'tse:] *n* -, - 1) áзбука; 2) азú, оснóви; das ~ der Nationálökonomie оснóви політи́чної еконóмії.

Abc-Buch *n* **-s, ...bücher** буквáр.

ábdanken *vi* вихóдити у відстáвку.

ábdorren *vi (s)* відсихáти, засихáти.

ábdrängen *vt* відти́скувати; *перен.* відстороня́ти.

ábdrehen 1. *vt* 1) відкрýчувати, скрýчувати; den Schlüssel ~ зламáти ключ; 2) перекривáти *(газ, воду)*; вимикáти *(радіо, світло)*; 2. **sich** ~ відвертáтися.

A

ábebben *vi (s)* вщухáти, спадáти, ітú на спад; das Hóchwasser ebbt ab пóвінь спадáє.

ábend: héute (géstern, mórgen) ~ сьогóдні (вчóра, зáвтра) ввéчері; Móntag ~ у понеділок увéчері.

Ábend *m* **-s, -e** вéчір; éines ~ s одногó вéчора; díesen ~ сьогóдні ввéчері; gégen ~ надвéчір; gúten ~! дóбрий вéчір!; am (späten) ~ (пізно) ввéчері; es wird ~ вечорíє; zu ~ éssen вечéряти; ein búnter ~ естрáдний концéрт.

Ábend|blatt *n* **-(e)s, ...blätter** вечірня газéта; **~brot** *n* **-(e)s** вечéря; **~dämmerung** *f* **-, -en** прúсмерки, сýтінки; **~essen** *n* **-s,** - вечéря; **~land** *n* **-(e)s** Зáхід, (Зáхідна) Єврóпа.

ábends *adv* увéчері, вечорáми; spät ~ пізно ввéчері; um acht Uhr ~ о вóсьмій годúні вéчора.

Ábenteuer *n* **-s,** - 1) пригóда; 2) авантюра, афéра.

áber 1. *cj* а, алé, аджé, однáк, протé; ~ auch алé й; ~ dénnoch незважáючи на те; ~ doch а всé-таки; óder ~ абó ж; 2. *як підсил. частка;* ~ ja! авжéж так, пéвно ж так; ~ nein! та ні ж!; 3. *adv* знóву, ще; táusend und ~ táusend богáто тúсяч.

Áberglaube(n) *m* **-ns, -n** забобóн.

Ábergläubigkeit *f* -марновíрність, забобóнність.

ábergläubisch *adj* забобóнний.

ábermalig *adj* повтóрний.

áb|ernten *vt* збирáти урожáй.

ábfahren* 1. *vi (s)* від'їжджáти, виїжджáти; вирушáти; 2. *vt* звóзити, вивóзити.

Ábfahrt *f* **-, -en** від'ї́зд; відхíд; відплиття́.

Ábfall *m* **-(e)s, ...fälle** 1) схил; 2) відпадáння; 3) зрáда; 4) *тк. pl* відхóди, рéштки.

ábfallen* *vi (s)* 1) спадáти, знúжуватися; 2) спадáти *(про воду)*; стухáти *(про пухлину)*; 3) хýднути; 4) відвáлюватися, опадáти; 5) *(von D)* відпадáти; відхóдити; 6) *(zu D)* перехóдити *(до ворога)*, зрáджувати *(кого, що)*.

ábfärben *vi* 1) линя́ти, вицвітáти; 2) залишáти слід, відбивáтися.

ábfassen *vt* 1) складáти; etw. in Vérsen ~ написáти щó-н. віршáми; 2) схопúти, спіймáти.

ábfegen *vt* змітáти, підмітáти.

ábfertigen *vt* 1) відправля́ти *(поїзд);* 2) обслугóвувати *(відвідувачів)*.

ábfeuern 1. *vt* вúстрілити; éine Rakéte ~ запустúти ракéту; 2. *vi* стріля́ти.

ábfinden* 1. *vt* задовольня́ти; 2. **sich** ~ *(mit D)*; 1) домóвитися; 2) задовольнúтися; примирúтися *(з чим)*.

ábfliegen* *vi (s)* відлітáти, вилітáти.

ábfließen *vi (s)* стікáти, витікáти.

Ábflug *m* **-(e)s, ...flüge** вúліт *(літака)*; відлíт *(птахів)*.

Ábfluß *m* **...flusses, ...flüsse** стік, злив.

ábfragen *vt* опúтувати, питáти *(учнів)*.

ábfrieren* 1. *vt* відморóжувати; 2. *vi (s)* відмерзáти.

Ábfuhr *f* **-, -en** 1) вúвезення, відпрáвка; 2) відсіч, óдповідь.

ábführen 1. *vt* 1) відвóзити, вивóдити, відвóзити; 2) заарештóвувати; 2. *vi мед.* пронóсити.

Ábgabe *f* **-, -n** 1) здáча, передáча; 2) *pl* подáток, збір.

Ábgang *m* **-(e)s, ...gänge** 1) відхíд, від'ї́зд; відпрáвлення; 2) вúхід, вибуття́; ~ von der Schúle вибуття́ з шкóли; 3) збúток; втрáта; 4) збут.

Ábgangsprüfung *f* **-, -en** випускнúй екзáмен.

ábgeben* 1. *vt* 1) віддавáти; вручáти, передавáти; éine Erklärung ~ заявúти; den Mántel bei der Garderóbe ~ здáти пальтó в гардерóб; éine Norm ~ *спорт.* здавáти нóрму; séine Stímme ~ голосувáти; 2) продавáти, здавáти внаймú *(кімнату)*; 2. **sich** ~ *(mit D) розмн.* займáтися *(чим-н.)*.

ábgeblaßt *adj* побля́клий; вúцвілий.

ábgebraucht *adj* знóшений, спрацьóваний.

ábgegriffen *adj* 1) пошáрпаний, знóшений; 2) заялóжений, банáльний.

ábgehärtet *adj* загартóваний.

ábgehen* *vi (s)* 1) відхóдити, відпливáти; von der Schúle ~ закíнчувати шкóлу; вибувáти з шкóли; 2) відділя́тися; схóдити; 3) відмовля́тися; von séiner Méinung ~ відмовля́тися від своєї дýмки.

ábgekürzt *adj* скорóчений.

ábgelebt *adj* старéзний; віджúлий, застарíлий.

ábgelegen *adj* віддáлений, відлюднúй, глухúй.

A

ábgemacht *adj* ви́рішений, закі́нчений; розв'я́заний; ~! ви́рішено!
ábgemagert *adj* схýдлий.
ábgemessen *adj* розмі́рений.
ábgeneigt *adj* недоброзичли́вий, неприхи́льний.
ábgenutzt *adj* спрацьо́ваний; заяло́жений *(про слова)*.
Ábgeordnete *m, f* депута́т; делега́т.
Ábgeordneten|haus *n* **-es, ...häuser** пала́та депута́тів; **~kammer** *f* **-, -n** *іст.* пала́та депута́тів.
ábgerechnet *adj* крі́м, за ви́нятком.
Ábgesandte *m, f* посла́не́ць, делега́т.
ábgeschieden *adj* 1) само́тній; 2) покі́йний, поме́рлий.
ábgeschlossen *adj* 1) за́мкнений, зачи́нений; 2) ізольо́ваний *(про приміщення)*; 3) за́мкнутий, відлю́дкуватий; 4) закі́нчений, заве́ршений.
ábgeschmackt *adj* 1) неціка́вий, нудни́й; 2) вульга́рний.
ábgesehen: ~ von *(D)* незважа́ючи на; за ви́нятком; ganz ~ dávon, daß... не ка́жучи вже про те, що...; крі́м то́го, що...
ábgesondert *adj* окре́мий, відокре́млений.
ábgespannt *adj* уто́млений, знеси́лений.
ábgetan *adj* закі́нчений, розв'я́заний.
ábgetragen *adj* поно́шений.
ábgewinnen *vt (D)* виграва́ти; добива́тися; здобува́ти.
ábgewöhnen *vt (j-m)* відýчувати; sich *(D)* etw. ~ відвика́ти від чо́го-н.
ábgezehrt *adj* ви́снажений, змарні́лий.
ábgezogen *adj* абстраго́ваний, абстра́ктний; ein ~er Begríff абстра́ктне поня́ття.
ábgießen* 1. *vt* 1) відлива́ти, злива́ти; 2) *тех.* вилива́ти, *(деталь, шрифт)*; 2. **sich** ~ облива́тися *(водою)*.
Ábglanz *m* **-es** відблиск, відби́ток.
ábgleiten* *vi (s)* зісков́зувати; зрива́тися.
ábgöttisch 1. *adj*: éine **~e** Liebe шале́не коха́ння; 2. *adv* ду́же, надмі́рно; j-n ~ lieben па́лко коха́ти кого́-н.
ábgrämen, sich сумува́ти, нудьгува́ти; *(um A, wegen G)* жури́тися *(за ким, чим)*.
ábgrenzen *vt* відокре́млювати, розмежо́вувати.
Ábgrund *m* -(e)s, ...gründe безо́дня, прова́лля.
ábgrundtief *adj* бездо́нний.
ábgucken *vt (j-m)* підгляда́ти, перейма́ти *(що у кого)*.
ábhacken *vt* відрýбувати, відтина́ти.
ábhalten* *vt* 1) затри́мувати, не пропуска́ти; 2) *(j-n von D)* стри́мувати, спиня́ти; 3) прово́дити *(збори, заняття)*.
ábhandeln *vt (j-m, von D)* вито́рговувати *(що у кого)*.
Ábhandlung *f* **-, -en** твір, (науко́ва) статтЯ́.
Ábhang *m* **-(e)s, ...hänge** схил, укі́с.
ábhängen 1.* *vi (h) (von D)* зале́жати *(від кого, чого)*; 2. *vt* зніма́ти, відчі́плювати; ві́шати *(телефонну трубку)*.
ábhängig *adj* зале́жный; ~ sein *(von d)* зале́жати *(від кого, чого)*.
ábhärten 1. *vt* загарто́вувати; 2. **sich** ~ загарто́вуватися *(фізично)*.
ábhauen* 1. *vt* 1) відсікти́, зруба́ти; стеса́ти; 2) *шкільн.* спи́сувати; 2. *vi (s) розм.* утіка́ти; hau ab! забира́йся (геть)!
ábheben* 1. *vt* зніма́ти; 2. **sich** ~ *(von D)* вирізня́тися *(на фоні чого-н)*.
ábhelfen* *vi (D)* усува́ти недо́лік; допомага́ти.
ábhetzen, sich стоми́тися, замýчитися.
Ábhilfe *f* - усýнення трýднощів; допомо́га.
ábhitzen, sich розгаряЧи́тися.
ábholen *vt* захо́дити, заїжджа́ти *(за ким, чим)*; зустріча́ти *(на вокзалі, в аеропорту)*.
ábholzen *vt* вирýбувати *(ліс)*; обрýбувати сучки́.
ábhorchen *vt* 1) підслýхувати; 2) вислýхувати *(хворого, серце)*.
ábhören *vt* 1) опи́тувати, заслýхувати; 2) слýхати *(радіо тощо)*.
áb|irren *vi (s)* збива́тися, відхиля́тися; vom Wége ~ збива́тися з доро́ги.
ábkaufen *vt (j-m)* купува́ти, скупо́вувати, викупо́вувати *(у кого-н.)*
ábkehren 1. *vt* відверта́ти; запобіга́ти *(чому)*; 2. **sich** ~ відверта́тися; відмовля́тися.

A

ábklingeln *vi* дава́ти відбі́й.
ábklingen* *vi (s)* відзвуча́ти; затиха́ти.
ábklopfen *vt* вибива́ти *(пил з меблів, одягу)*; стру́шувати; висту́кувати *(хворого)*.
ábknöpfen *vt* 1) відстіба́ти; 2) *фам.* виду́рювати; j-m Geld ~ виду́рювати у ко́го-н. гро́ші.
ábknüpfen *vt* відв'я́зувати.
ábkochen *vt* відва́рювати; кип'яти́ти.
ábkommandieren *vt* відряджа́ти, відкомандиро́вувати.
ábkommen* *vi (s)* 1) *(von D)* збива́тися *(з дороги)*; відхиля́тися *(від теми)*; відмовля́тися *(від думки)*; 2) вихо́дити з ужи́тку, з мо́ди; 3) *заст.* похо́дити, бу́ти ро́дом.
Ábkommen *n* **-s, -** уго́да, конве́нція.
Ábkömmling *m* **-s, -e** нащ́адок.
ábkratzen 1. *vt* зіско́блювати, зскріба́ти, здря́пувати; 2. *vi (s)* *розм.* поме́рти.
ábkühlen 1. *vt* 1) охоло́джувати, осту́джувати; 2) *перен.* розхоло́джувати; 2. *vi (s)* холо́нути; охоло́джуватися *(тж. перен.)*.
Ábkunft *f* **-, ...künfte** похо́дження.
ábkürzen *vt* 1) скоро́чувати, зме́ншувати; 2) *мат.* скоро́чувати.
Ábkürzung *f* **-, -en** 1) скоро́чення, зме́ншення; 2) абревіату́ра.
ábladen* *vt* виванта́жувати, розванта́жувати; зва́лювати.
Ábladeplatz *m* **-(e)s, ...plätze** зва́лище, смітни́к.
Áblage *f* **-, -n** 1) склад, мі́сце зберіга́ння; 2) роздяга́льня, гардеро́б; 3) архі́в.
áblagern 1. *vt* 1) склада́ти, розмі́щувати в скла́ді; 2) відклада́ти, утво́рювати нашарува́ння; 2. *vi (h, s)* витри́мувати *(про вино)*; 3. **sich** ~ відклада́тися.
Áblagerung *f* **-, -en** відклада́ння, нашарува́ння.
Áblaß *m* **...lasses, ...lässe** 1) спуск; мі́сце сто́ку; 2) *ком.* зни́ження; 3): óhne ~ безпе́рервно.
áblassen* 1. *vt* 1) спуска́ти *(воду)*; 2) відправля́ти *(поїзд)*; запуска́ти *(ракету)*; 3) зни́жувати *(ціну)*; 2. *vi* 1) перестава́ти; 2) сла́бшати; 3) *(von D)* дава́ти спо́кій *(кому)*; відмовля́тися.
Áblauf *m* **-(e)s, ...läufe** 1) *тк. sg* стік *(води, рідини)*; 2) закі́нчення *(строку)*; 3) пере́біг, хід *(подій)*.
áblaufen* 1. *vi (s)* 1) стіка́ти, витіка́ти; 2) відхо́дити, відплива́ти; 3) закі́нчуватися, мина́ти; der Vertrág ist ábgelaufen строк чи́нності до́гово́ру закінчи́вся; 2. *vt* 1) *(s, h)* оббі́гати, ви́бігати; 2) *(h)* зно́шувати *(взуття)*; 3. **sich** ~ набі́гатися, втоми́тися від бігани́ни.
áblauschen *vt* підслу́хувати.
Áblaut *m* **-(e)s, -e** *лінгв.* абла́ут, чергува́ння голосни́х.
ábleben *vi* віджива́ти, вмира́ти.
áblegen *vt* 1) зніма́ти *(одяг, взуття)*; 2) відклада́ти, залиша́ти; 3) відмовля́тися *(від чого)*; éine Gewóhnheit ~ позбу́тися *(поганої)* зви́чки; 4) *вказує на дію, характер якої передає іменник:* éinen Eid ~ присяга́ти; ein Geständnis ~ признава́тися; éine Prüfung ~ склада́ти і́спит; Réchenschaft ~ звітува́ти.
Áblegeraum *m* **-(e)s, ...räume** гардеро́б, роздяга́льня.
áblehnen *vt* 1) відхиля́ти, відмовля́ти; 2) *юр.* відво́дити *(суддю, свідка)*.
Áblehnung *f* **-, -en** 1) відхи́лення, відмо́ва; 2) *юр.* відві́д *(судді, кандидатури)*.
áblеiten 1. *vt* 1) відво́дити *(газ, воду)*; 2) відверта́ти, відхиля́ти; die Áufmerksamkeit ~ відверну́ти ува́гу; 3) *грам., мат.* виво́дити, утво́рювати; 2. **sich** ~ похо́дити.
Áblеitung *f* **-, -en** 1) відві́д; 2) *мат.* похідна́; 3) *грам.* похідне́ сло́во.
áblenken 1. *vt* відво́дити; відхиля́ти; відверта́ти *(увагу)*; 2. *vi* переводи́ти розмо́ву на і́ншу те́му; 3. **sich** ~ відхиля́тися; *перен.* розважа́тися.
áblesen* *vt* 1) *(von D)* чита́ти *(з чого)*; Námen ~ роби́ти перекли́чку; 2) чита́ти показа́ння *(вимірювального приладу)*; 3): j-m seinen Wunsch von (an) den Áugen ~ вга́дувати чиї́-н. бажа́ння по оча́х.
ábleuchten *vt* висві́тлювати; осві́тлювати про́менем сві́тла.
ábleugnen *vt* запере́чувати, не визнава́ти *(чого)*; зріка́тися *(своїх попередніх висловлювань, переконань)*.
ábliefern *vt* здава́ти, віддава́ти; відпуска́ти, доставля́ти *(товар)*.
ábliegen* *vi (h)* стоя́ти о́сторонь, трима́тися на ві́дстані.

áblohnen, áblöhnen *vt* розрахóвуватися *(з ким за виконану роботу)*; звільня́ти з робóти.
áblöschen *vt* 1) стирáти *(з класної дошки)*; 2) гаси́ти *(вогонь, вапно)*.
ábmachen *vt* 1) відокрéмлювати, відв'я́зувати; 2) домовля́тися; ábgemacht! ви́рішено!, домóвилися!, згóда!
Ábmachung *f* **-, -en** угóда, умóва; ~en tréffen *(über A)* укладáти угóду *(про що-н.)*.
ábmagern *vi (s)* схýднути, змарнíти.
ábmähen *vt* кoси́ти, скóшувати.
Ábmarsch *m* **-(e)s, ...märsche** *війск.* ви́ступ, ви́рушення.
ábmarschieren *vi (s)* вирушáти *(в похід)*.
ábmelden, sich сповіщáти про свій від'ї́зд, випи́суватися; відкріплюватися.
ábmessen* *vt* вимíрювати, відмíрювати.
ábmieten *vt* наймáти.
ádmildern *vt* пом'якшувати, змéншувати.
ábmindern *vt* змéншувати.
ábmontieren *vt* розбирáти, демонтувáти.
ábnagen *vt* обгризáти.
Ábnahme *f* **-, -n** 1) *тк. sg* відрізáння, знімáння; 2) приймáння, прийняттá; 3) *тк. sg* купíвля, збут; 4) *тк. sg* змéншення; схýднення.
ábnehmen* 1. *vt* 1) знімáти; 2) віднімáти, відрíзувати; *мед.* ампутувáти; 3) купувáти; 2. *vi* 1) змéншуватися; спадáти *(про воду)*; 2) хýднути.
Ábnehmer *m* **-s, -** покупéць; клієнт.
Ábneigung *f* **-, -en** *(gegen A)* непри́язнь, антипáтія *(до кого)*.
abnórm *adj* 1) ненормáльний, аномáльний; неприрóдний; 2) хворобли́вий; 3) *розм.* незвичáйний.
ábnötigen *vt (j-m)* викликáти *(посмішку, сльози, пошану, захоплення)*; змýсити погóдитися *(кого)*, вимагáти силомíць *(гроші)*; sich *(D)* ein Lächeln ~ змýсити себé усміхнýтися.
ábnutzen, ábnützen 1. *vt* знóшувати; спрацьóвувати; 2. **sich** ~ знóшуватися; спрацьóвуватися; притýплюватися.
Ábnutzung *f* **-, -en, Ábnützung** *f* **-, -en** знóшування; знос; амортизáція.
Á-Bombe *f* **-, -n** *(скор. від* Atómbombe) áтомна бóмба.
Ábonnement [abon(o)'mä] *n* **-s, -s** абонемéнт; передплáта.
abonnieren *vt, vi (auf A)* передплáчувати, придбáти абонемéнт.
ábordnen *vt* посилáти, відряджáти.
Áb|ort *m* **-(e)s, -e** убирáльня.
ábpassen *vt* 1) вичíкувати; підстерігáти; éine Gelégenheit ~ вичíкувати слýшного момéнту; 2) примíрювати.
ábpausen *vt* перенóсити на кáльку.
ábplagen 1. *vt* (з)мýчити; 2. **sich** ~ *(mit D)* мýчитися *(над чим або з чим)*.
ábprallen *vi (s) (von D, an D)* відскáкувати.
ábpressen *vt* 1) віджимáти, вижимáти; 2) *(j-m)* вимагáти *(у кого гроші, згоду)*.
Ábputz *m* **-es** штукатýрка.
ábquälen 1. *vt* мýчити; 2. **sich** ~ *(mit D)* мýчитися *(з чим, над чим, з ким)*.
ábradieren *vt* стирáти *(написане, малюнок)*.
ábrasieren *vt* 1) поголи́ти; 2) *перен.* зрівня́ти з землéю, стéрти з лиця́ землí.
ábraten* *vt (j-m), vi (j-m von D)* відрáджувати *(кого від чого)*; відговóрювати.
ábräumen *vt* прибирáти.
ábrechnen 1. *vt* 1) відрахóвувати; 2) рахувáти; 2. *vi* роби́ти розрахýнки, розрахóвуватися; mit j-m ~ *розм.* звóдити рахýнки з ким-н., поквитáтися.
Ábrechnung *f* **-, -en** 1) відрахувáння; 2) звіт, розрахýнок; mit j-m ~ hálten звóдити рахýнки з ким-н.
ábreiben* *vt* 1) стирáти, витирáти; 2) обтирáти *(тіло)*.
Ábreise *f* **-, -n** від'ї́зд.
ábreisen *vi (s)* виїжджáти, вирушáти в дорóгу.
ábreißen* 1. *vt* 1) обривáти, зривáти, здирáти; 2) знóсити, ламáти *(будівлю)*; 2. *vi (s)* 1) відривáтися, обривáтися; 2) перериватися, припиня́тися.
Ábreißkalender *m* **-s, -** відривни́й календáр.
ábriegeln *vt* 1) замикáти на зáсувку; 2) відгорóджувати, ізолювáти.
ábrinnen* *vi (s)* стікáти.
Ábriß *m* **...risses, ...risse** 1) крéслення, план; 2) (корóткий) нáрис.

A

ábrollen 1. *vt* розмо́тувати *(котушку)*; 2. *vi (s)* 1) розмо́туватися *(про котушку)*; éinen Film ~ lássen демонструва́ти фільм; 2) розгорта́тися, відбува́тися, мина́ти; 3) відправля́тися, від'їжджа́ти.
ábrücken 1. *vi (s)* 1) *(von D)* відсо́вуватися; *перен.* відмежо́вуватися; 2) *військ.* відступа́ти; 2. *vt* відсува́ти.
ábrufen* *vt* 1) відклика́ти *(посла)*; 2) *військ.* роби́ти перекли́чку; 3) оголо́шувати *(зупинки, час відправлення поїзда)*.
ábrunden *vt* закру́глювати.
abrúpt *adj* 1) незв'язний, ури́вчастий; 2) рапто́вий, різки́й.
ábrüsten 1. *vi* роззбро́юватися *(про державу)*; 2. *vt* 1) роззбро́ювати; 2) демонтува́ти; *буд.* розбира́ти риштува́ння.
Ábrüstung *f* -, **-en** роззбро́єння.
Ábrüstungs|frage *f* -, **-n** пробле́ма роззбро́єння; **~konferenz** *f* -, **-en** конфере́нція з пита́нь роззбро́єння; **~vorschlag** *m* **-(e)s, ...schläge** пропози́ція з пита́нь роззбро́єння.
Ábrutsch *m* **-es, -e** *геол.* зсув.
ábrutschen *vi (s)* сповза́ти, зсува́тися.
ábrütteln *vt* стру́шувати.
Ábsage *f* -, **-n** відмо́ва, зре́чення.
ábsagen 1. *vt* 1) скасо́вувати; 2) *(j-m)* відмовля́ти *(кому)*; 3) зріка́тися; 2. *vi (D)* 1) відмовля́тися *(від чого)*, зріка́тися *(чого)*; 2) відмовля́ти *(кому)*; звільня́ти *(кого)*.
Ábsatz *m* **-es, ...sätze** 1) зупи́нка, па́уза; 2) усту́п, площа́дка *(сходів)*; 3) абза́ц; 4) каблу́к, підбо́р; 5) збут.
Ábsatzmarkt *m* **-(e)s, ...märkte** ри́нок збу́ту.
ábschaffen *vt* відміня́ти, скасо́вувати, усува́ти.
ábschalten *vt* вимика́ти, виключа́ти.
ábschatten *vt*, **ábschattieren** *vt* відтіня́ти *(малюнок)*.
ábschätzig *adj* знева́жливий; ein ~es Úrteil негати́вний відгук.
Ábschaum *m* **-(e)s** 1) пі́на, на́кип; 2) по́кидьки.
ábscheiden* *vt* відділя́ти, виділя́ти.
Ábscheu *m* **-(e)s**, *f*-оги́да, відра́за; j-m ~ éinflößen виклика́ти відра́зу у ко́го-н.; ~ gégen j-n, gégen etw. *(A)* *або* vor j-m, vor etw. *(D)* háben (empfínden) відчува́ти відра́зу до ко́го-н., чо́го-н.
ábscheulich *adj* оги́дний, мерзо́тний, жахли́вий.
ábschicken *vt* відсила́ти, відправля́ти.
ábschieben* *vt* 1) відсува́ти; 2) висила́ти.
Ábschied *m* **-(e)s, -e** 1) проща́ння, розлуча́ння, von j-m ~ néhmen проща́тися з ким-н.; 2) відста́вка, звільнення; j-m den ~ gében звільня́ти кого́-н.
ábschießen* *vt* 1) збива́ти по́стрілом; 2) ви́стрілити; ви́пустити *(обойму, кулю, ракету)*.
ábschirmen *vt (gegen A)* прикрива́ти, затуля́ти *(що від чого)*.
ábschlachten *vt* коло́ти, рі́зати *(худобу, птицю)*, забива́ти.
Ábschlag *m* **-(e)s, ...schläge** 1) обру́бування, зру́бування *(гілок)*; 2) *ком.* зни́жка *(в ціні)*; завда́ток.
ábschlagen* *vt* 1) збива́ти; відбива́ти; 2) *(j-m)* відмовля́ти *(кому в чому)*.
ábschlägig *adj* негати́вний, запере́чний; éine ~e Ántwort негати́вна (запере́чна) відповідь.
ábschleifen* *vt* обто́чувати, відшліфо́вувати.
ábschleppen *vt* відтя́гувати, відбуксиро́вувати.
ábschließen* 1. *vt* 1) замика́ти на ключ; 2) відділя́ти, ізолюва́ти; 3) уклада́ти *(угоду)*; 4) закі́нчувати, заве́ршувати; 2. *vi* 1) *(mit D)* кінча́тися *(чим)*; 2) укла́сти уго́ду *(з ким)*; 3. **sich** ~ 1) закрива́тися, замика́тися; 2) замкну́тися в собі.
ábschließend *adj* на закінчення.
Ábschluß *m* **...sses, ...schlüsse** 1) *тк. sg* закі́нчення, заве́ршення; zum ~ bríngen заве́ршувати; 2) уклада́ння *(угоди)*.
ábschnallen *vt* розстіба́ти *(пряжку)*.
ábschneiden* *vt* обріза́ти, відріза́ти.
ábschnellen *vi (s)* відска́кувати.
Ábschnitt *m* **-(e)s, -e** 1) відрі́зок, діля́нка; 2) пері́од, відрі́зок *(часу)*; 3) ро́зділ.
ábschnüren *vt* 1) перетяга́ти, перев'я́зувати; 2) ізолюва́ти; 3) *перен.* души́ти.
ábschrauben *vt* відгви́нчувати.
ábschrecken *vt* 1) відстра́шувати, ляка́ти; 2) шви́дко охоло́джувати.
ábschreckend *adj* жахли́вий, від-

ля́куючий.

ábschreiben* *vt* перепи́сувати, спи́сувати.

ábschreiten* *vt* 1) відмі́рювати кро́ками; 2) обхо́дити *(для перевірки)*.

Ábschrift *f* -, -en ко́пія.

Ábschub *m* -(e)s евакуа́ція.

Ábschuß *m* ...schusses, ...schüsse 1) збива́ння по́стрілом, влу́чення в ціль; 2) по́стріл; 3) за́пуск *(ракети)*.

ábschüssig *adj* похи́лий; стрімки́й; крути́й.

ábschütteln *vt* 1) стру́шувати; 2) *перен.* скида́ти, звільня́тися, збува́тися *(кого)*.

ábschwächen 1. *vt* ослабля́ти; пом'я́кшувати; 2. **sich** ~ сла́бшати.

ábschweifen *vi* *(s)* відхиля́тися; відступа́ти.

ábschwenken *vi* *(s)* зверта́ти вбік.

ábschwören* 1. *vi* *(D)* зріка́тися; 2. *vt* зріка́тися, відмовля́тися; запере́чувати *(під присягою)*.

ábsegeln *vi* *(s)* відплива́ти *(під вітрилами)*.

ábsehen* 1. *vt* 1) передбача́ти, пророкува́ти; 2) *(j-m)* перейма́ти *(у кого)*; 3) огляда́ти; 2. *vi* *(von D)* 1) відмовля́тися; 2) *(von D)* не бра́ти до ува́ги; ábgesehen davón, daß... не ка́жучи про те, що...

ábseits *prp* о́сторонь, збо́ку.

ábsenden* *vt* відсила́ти, відправля́ти.

Ábsender *m* -s, - відпра́вник, адреса́нт.

ábsetzbar *adj* 1) змі́нюваний; 2) ходови́й.

ábsetzen 1. *vt* 1) відсува́ти, відставля́ти; 2) усува́ти, звільня́ти з поса́ди; 3) зніма́ти, виключа́ти *(з порядку денного, з бюджету)*; 4) збува́ти *(товар)*; 2. *vi* припиня́тися, перестава́ти.

ábsichern *vt* захища́ти, охороня́ти.

Ábsicht *f* -, -en на́мір, за́дум, мета́; mit ~ з на́міром; óhne ~ ненавми́сне.

ábsichtlich 1. *adj* навми́сний; 2. *adv* навми́сне.

ábsinken* *vi* *(s)* па́дати, опуска́тися.

ábsitzen* 1. *vi* *(s)* зла́зити *(з коня, з велосипеда)*; 2. *vi* *(h)* *розм.* відси́джувати *(строк покарання, робочий час)*.

absolút *adj* абсолю́тний, по́вний, безумо́вний.

Absolvént [-v-] *m* -en, -en випускни́к; той, хто закі́нчує курс навча́льного за́кладу.

absolvíeren [-v-] *vt* 1) закі́нчувати *(навчальний заклад)*; 2) прово́дити, вико́нувати; éine Prüfung ~ скла́сти екза́мен.

ábsonderlich *adj* особли́вий, чудни́й, ди́вний.

ábsondern 1. *vt* відділя́ти, відокре́млювати, роз'є́днувати; 2. **sich** ~ *(von D)* залиша́тися на самоті́, цура́тися.

absorbíeren *vt* *хім.* абсорбува́ти, поглина́ти *(тж. перен.)*.

ábspalten* 1. *vt* відще́плювати, відко́лювати; 2. *vi i* **sich** ~ відко́люватися, відокре́млюватися.

ábsperren 1. *vt* закрива́ти; ізолюва́ти; відгоро́джувати; 2. **sich** ~ залиша́тися на самоті́, ізолюва́тися.

Ábsperrung *f* -, -en ізолюва́ння; перекриття́ *(вулиці, площі, вуличного руху)*.

ábspiegeln *vt* відбива́ти, відобража́ти.

ábspielen 1. *vt* програва́ти *(пластинку від початку до кінця)*; 2. **sich** ~ відбува́тися.

Ábspielgerät *n* -(e)s, -e 1) (електро)програва́ч; 2) магніто́фо́н.

ábsplittern 1. *vt* відще́плювати; 2. *vi* *(s)* *i* **sich** ~ відще́плюватися, відко́люватися *(тж. перен.)*.

ábsprechen* *vt* 1) *(mit j-m)* домо́витися *(з ким про що)*; 2) *(j-m)* відмовля́ти, запере́чувати.

ábsprengen *vt* виса́джувати в пові́тря.

ábspringen* *vi* *(s)* сплигувати, зіска́кувати, відска́кувати.

Ábsprung *m* -(e)s, ..sprünge зіска́кування; відска́кування; стрибо́к.

ábstammen *vi* *(s)* *(von D)* похо́дити, бу́ти ро́дом.

Ábstammung *f* -, -en похо́дження.

Ábstand *m* -(e)s, ...stände відстань, диста́нція; von etw. *(D)* ~ néhmen утри́муватися від чо́го-н.

ábstatten *vt:* éinen Besúch ~ відві́дувати кого́-н., j-m séinen Dank ~ склада́ти подя́ку кому́-н.

ábstauben *vt* витира́ти, вибива́ти пил.

ábstechen* 1. *vt* 1) коло́ти, забива́ти *(тварину)*; 2) рі́зати *(дерен, торф)*; 2. *vi* *(von j-m, gegen A)* (ду́же) відрізня́тися *(від кого, чого)*.

ábstehen* *vi* 1) *(h)* бу́ти на

відда́лі; 2) *(s) (von D)* відмовля́тися *(від чого)*.

ábstehend *adj* відстовбу́рчений, відста́влений.

ábsteigen* *vi (s)* 1) вихо́дити *(з автомобіля, вагона)*; 2) спуска́тися; 3) зупиня́тися; in éinem Hotél ~ зупини́тися в готе́лі; bei den Verwándten ~ зупини́тися у ро́дичів.

ábstellen *vt* 1) відставля́ти; 2) зупиня́ти, виключа́ти, вимика́ти; 3) усува́ти *(вади)*.

ábsterben * *vi (s)* 1) відмира́ти, со́хнути; 2) те́рпнути *(про руку, ногу)*.

Ábstieg *m* **-(e)s, -e** 1) спуск з гори́; схід; спад; 2) зане́пад, паді́ння, зни́ження.

ábstimmen 1. *vi* голосува́ти; über etw. (A) ~ проголосува́ти за що-н.; 2. *vt* настро́ювати *(музичний інструмент)*.

Ábstimmung *f* **-, -en** 1) голосува́ння; 2) настро́ювання.

ábstoßen* 1. *vt* 1) відшто́вхувати; 2) виклика́ти оги́ду; 2. *vt (h, s)* відшто́вхуватися, відча́лювати.

ábstoßend *adj* оги́дний, відра́зливий.

abstra|híeren 1. *vt* абстрагува́ти; 2. *vi (von D)* абстрагува́тися *(від чого)*.

ábstreifen 1. *vt* зніма́ти; скида́ти *(рюкзак, рукавички, панчохи, каблучку)*; 2. *vi (s) (von D)* зби́тися з доро́ги, відхили́тися *(тж. перен.)*.

ábstreiten* *vt* запере́чувати, оспо́рювати.

Ábstrich *m* **-(e)s, -e** 1) відрахува́ння, урі́зування; 2) *мед.* мазо́к; éinen ~ máchen (néhmen) бра́ти мазо́к.

ábstufen *vt* 1) розташо́вувати ви́ступами; 2) розподіля́ти за розря́дами.

Ábstufung *f* **-, -en** 1) града́ція; сту́пінь; 2) *мат.* сте́пінь; 3) відті́нок.

ábstumpfen 1. *vt* притупля́ти; 2. *vi (s)* притупи́тися, тупі́ти.

Ábsturz *m* **-es, ...stürze** 1) паді́ння *(з висоти)*; 2) обри́в.

ábstürzen *vi (s)* па́дати; зрива́тися.

ábsuchen *vt (nach D)* обшу́кувати, огляда́ти *(шукаючи кого, що)*.

Ábszéß *m* **...zesses, ...zesse** нари́в, абсце́с.

ábtasten *vt* обма́цувати; *мед.* пальпува́ти.

ábtauen *vi (s)* відтава́ти.

Ábteil *n* **-(e)s, -e** 1) купе́; 2) відді́л.

Abtéilung *f* **-, -en** 1) відді́л; 2) загі́н гру́па; 3) батальйо́н, дивізіо́н.

ábtippen *vt розм.* друкува́ти на маши́нці.

ábtragen* 1. *vt* 1) зно́сити, розбира́ти *(будівлю)*; 2) відно́сити, забира́ти; 3) зно́шувати; 2. **sich** ~ зно́шуватися.

Ábtransport *m* **-(e)s, -e** 1) відпра́вка, відванта́ження; 2) евакуа́ція.

ábtreiben* 1. *vt* відганя́ти; 2. *vi (s)* пливти́ за течі́єю, дрейфува́ти.

ábtrennen *vt* 1) відпо́рювати; 2) відокре́млювати.

ábtreten* 1. *vt* 1) зно́шувати, сто́птувати *(взуття)*; 2) *(j-m, an j-n)* поступа́тися, передава́ти *(що кому)*; 2. *vi (s)* віддаля́тися, іти́.

ábtrocknen 1. *vt* витира́ти, вису́шувати; 2. *vi (s)* висиха́ти, відсиха́ти.

ábtun* *vt* 1) зніма́ти, скида́ти *(одяг)*; 2) скінчи́ти; упо́ратися *(з чим)*.

áburteilen *vt* засу́джувати, оголо́шувати ви́рок.

ábwälzen *vt* відко́чувати, зва́лювати; die Schuld (die Verántwortung) auf j-n ~ зверта́ти вину́ (відповіда́льність) на ко́го-н.

ábwandeln *vt* змі́нювати, варіюва́ти.

ábwandern *vi (s)* переселя́тися, емігрува́ти, перекочо́вувати.

ábwarten *vt* чека́ти; вичі́кувати; пережида́ти.

ábwärts *adv* вниз.

ábwaschen* *vt* змива́ти, обмива́ти; ми́ти.

Ábwasser *n* **-s, ...wässer** стічні во́ди.

ábwässern *vt* осу́шувати.

ábwechseln 1. *vt* змі́нювати, заступа́ти, чергува́ти; 2. *vi (mit D)*, **sich** ~ *(mit D)* змі́нюватися, чергува́тися.

ábwechselnd 1. *adj* змі́нний, мінли́вий; 2. *adv* навпере́мінно, по че́рзі.

Ábwechs(e)lung *f* **-, -en** 1) змі́на, пере́міна; 2) чергува́ння, змі́на; 3) різномані́тність, розва́га; zur ~ для різномані́тності.

Ábweg *m* **-(e)s, -e** кружна́ доро́га; непра́вильний, хи́бний шлях; auf ~e gerа́ten (kо́mmen) зби́тися з путтŷ.

Ábwehr *f* - оборо́на; відсіч; контрро́звідка; *спорт.* за́хист.

ábwehren 1. *vt* 1) відбива́ти *(ата-ку)*; 2) запобіга́ти *(нещастю, катастрофі)*; 3) відкида́ти, відхиля́ти; 2. *vi* запере́чувати, відмовля́тися.

ábweichen* *vi (s) (von D)* 1) відхиля́тися, ухиля́тися *(від чого)*; 2) відрізня́тися.

Ábweichung *f* **-, -en** відхи́лення; *політ.* у́хил.

ábweisen* *vt* 1) відхиля́ти *(прохання, пропозицію)*; 2) відсила́ти, випрова́джувати; éinen Ángriff ~ відбива́ти ата́ку.

ábwerfen* *vt* 1) скида́ти; 2) дава́ти прибу́ток.

Ábwertung *f* **-, -en** девальва́ція, зни́ження ку́рсу.

ábwesend *adj* відсу́тній; ~ sein бу́ти відсу́тнім.

Ábwesenheit *f* - 1) відсу́тність; 2) неува́жність.

ábwickeln 1. *vt* 1) змо́тувати, розмо́тувати; 2) ула́годжувати *(справу)*; 2. **sich** ~ розгорта́тися *(про події)*.

ábwiegen* *vt* 1) ва́жити, зва́жувати; 2) обмірко́вувати.

ábwirtschaften *vi i* **sich** ~ розори́тися, прогорі́ти.

ábwischen *vt* стира́ти, витира́ти.

ábzahlen *vt* випла́чувати *(в розстрочку)*.

ábzählen *vt* лічи́ти.

Ábzahlung *f* **-, -en** спла́та части́нами; etw. auf ~ káufen купи́ти що-н. на ви́плат.

ábzapfen *vt* виці́джувати, відці́джувати.

ábzäunen *vt* обгоро́джувати.

ábzehren 1. *vt* висна́жувати, змо́рювати; 2. *vi (s)* марні́ти, ду́же ху́днути; 3. **sich** ~ му́читися, марні́ти.

Ábzeichen *n* **-s, -** знак, значо́к; *військ.* знак розрі́знення.

ábzeichnen 1. *vt* змальо́вувати; 2. **sich** ~ виділя́тися.

ábziehen* 1. *vt* 1) зніма́ти, стяга́ти; den Schlüssel ~ вийма́ти ключ із замка́; 2) відніма́ти, відрахо́вувати; 3) здира́ти; 2. *vi (s)* віддаля́тися, відхо́дити.

ábzielen *vi (auf A)* мі́тити, наці́люватися *(на що)*; пра́гнути *(чого)*.

Ábzug *m* **-(e)s, ...züge** 1) відхі́д!; відступ; 2) стік *(води)*; 3) душни́к; 4) відрахува́ння, зни́жка; 5) відби́ток, ко́пія; 6) куро́к, спуск *(курка)*.

ábzweigen *vi (s) i* **sich** ~ розгалу́жуватися.

ábzwingen* *vt (j-m)* добива́тися силомі́ць, приму́шувати зроби́ти.

Áchse *f* **-, -n** вісь, вал, сте́ржень.

Áchsel *f* **-, -n** плече́.

acht *num* ві́сім; in ~ Tágen че́рез ти́ждень; vor ~ Tágen ти́ждень тому́.

Acht I *f* **-, -en** *(число)* ві́сім, ві́сімка.

Acht II *f* - ува́га, обере́жність; etw. áußer ~ lássen ви́пустити що-н. з ува́ги.

áchtbar *adj* пова́жний, гі́дний поша́ни.

Áchteck *n* **-(e)s, -e** восьмику́тник.

áchteinhálb *num* ві́сім з полови́ною.

Áchtel *n* **-s, -** во́сьма части́на.

áchten 1. *vt* шанува́ти, поважа́ти; 2. *vi (auf A)* зверта́ти ува́гу *(на що)*; рахува́тися *(з чим)*.

áchtgeben* *vi (auf A)* догляда́ти *(кого, що, за ким)*; зверта́ти ува́гу *(на що)*.

áchtlos *adj* неува́жний, необере́жний, недба́лий.

áchtsam *adj* ува́жний, пи́льний, оба́чний.

Áchtung *f* - 1) ува́га; 2) поша́на, пова́га.

áchtungs|voll 1. *adj* шанобли́вий; 2. *adv* з глибо́кою пова́гою *(в листі)*; **~würdig** *adj* гі́дний пова́ги.

ächzen *vi* о́хати, стогна́ти.

Ácker *m* **-s, Äcker** по́ле, ни́ва, рілля́; den ~ bestéllen (bebáuen) обробля́ти по́ле.

Ácker|bau *m* **-(e)s** хліборо́бство, рільни́цтво; **~bauer** *m* **-s,** *або* **-n, -n** хліборо́б; **~boden** *m* **-s, -, ~erde** *f* **-, -n** о́рна земля́; **~feld** *n* **-(e)s, -er, ~land** *n* **-(e)s, ...länder** ни́ва, рілля́.

áckern 1. *vt* ора́ти, *(землю)*; 2. *vi (an D) розм.* стара́нно працюва́ти, корпі́ти *(над чим)*.

Ádamsapfel *m* **-s, ...äpfel** кади́к.

adaptíeren *vt* пристосо́вувати, адаптува́ти.

adäquát *adj* адеква́тний, відпові́дний.

addíeren *vt мат.* додава́ти, підсумо́вувати.

Additión *f* **-, -en** *мат.* додава́ння,

підсумóвування.

Ádel *m* **-s** 1) дворя́нство; 2) благорóдство, шляхéтність.

ádelig *див.* ádlig.

Adépt *m* **-en, -en** прихи́льник, послідóвник.

Áder *f* **-, -n** кровонóсна суди́на.

Áderschlag *m* **-(e)s, ...schläge** пульсáція; пульс *(тж. перен.)*.

Ádler *m* **-s, -** орéл.

ádlig *adj* 1) дворя́нський; 2) благорóдний.

adoptíeren *vt* усиновля́ти.

Adverbiálbestimmung [-v-] *f* **-, -en, Adverbiále** *n* **-s, ...li|en** *грам.* обстáвина.

Affäre *f* **-, -n** (неприéмна) спрáва, афéра.

Áffe *m* **-n, -n** 1) мáвпа; 2) *розм.* дýрень.

Agentúr *f* **-, -en** 1) агéнтство; 2) агентýрний (розвíдувальний) центр.

Aggressión *f* **-, -en** агрéсія.

Aggressiónspolitik *f* **-** агреси́вна полíтика.

aggressív *adj* агреси́вний.

Aggréssor *m* **-s, ...ssóren** агрéсор.

agitíeren *vi* агітувáти, вести́ агітацíйну робóту; ~ für etw. (gégen etw.) *(A)* агітувáти за щó-н. (прóти чóго-н.).

Agoníe *f* **-, ...ní|en** агóнія; in ~ líegen агонізувáти *(тж. перен.)*, конáти.

Ahn *m* **-(e)s** *i* **-en, -en** *здеб. pl* прéдок, прáдід.

áhnden *vt* 1) карáти; 2) мсти́ти, відплáчувати.

ähneln *vi (D)* бýти схóжим *(на кого)*.

áhnen *vt* передчувáти, догáдуватися.

ähnlich *adj* схóжий, подíбний; und ~es тóщо, і такé íнше; j-m ~ sein (séhen) бýти схóжим на кóго-н.

Ähnlichkeit *f* **-, -en** схóжість, подíбність.

Áhnung *f* **-, -en** 1) передчуття́, підóзра; 2) *розм.* уя́влення, поня́ття; kéine (blásse) ~ von etw. *(D)* háben не мáти уя́влення про щó-н., не розумíтися на чóму-н.

áhnungs|los *adj* яки́й нíчóго не підóзрює; **~voll** *adj* спóвнений передчуття́.

Á|horn *m* **-(e)s, -e** клен.

Ähre *f* **-, -n** кóлос; ~n ánsetzen, in die ~n schießen колоси́тися.

Akademíe *f* **-, ...mí|en** акадéмія; ~ der Wíssenschaften акадéмія наýк; ~ der Künste акадéмія мистéцтв.

Akademíemitglied *n* **-(e)s, -er** академік; korrespondíerendes ~ член-кореспондéнт акадéмії (наýк).

akadémisch *adj* академíчний; ~e Bíldung ви́ща освíта; ~er Grad наукóвий стýпінь; ~er Senát учéна рáда *(вузу)*.

Akázi|e *f* **-, -n** акáція.

Akkórd *m* **-(e)s, -e** акóрд, співзвýччя.

Akkórdlohn *m* **-(e)s, ...löhne** відря́дна заробíтна плáта.

akkreditíeren *vt* уповновáжувати, акредитувáти *(посла)*.

Akkreditív *n* **-s, -e** 1) акреди́тив; 2) вíрча грáмота.

Akkumulatión *f* **-, -en** акумуля́ція, нагромáдження.

Akt *m* **-(e)s, -e** 1) акт, дія; 2) *театр.* акт, дія; 3) церемóнія, урочи́сте засíдання.

Ákte *f* **-, -n** 1) докумéнт; 2) *здеб. pl канц.* спрáва, підши́вка докумéнтів.

Ákten|mappe *f* **-, -n** портфéль; **~stück** *n* **-(e)s, -e** докумéнт, офіцíйний папíр; **~tasche** *f* **-, -n** портфéль.

Áktie ['aktsi] *f* **-, -n** áкція.

Áktiengesellschaft *f* **-, -en** акціонéрне товари́ство.

Aktión *f* **-, -en** дія, (відкри́тий) ви́ступ, кампáнія; éine ~ stárten (áufziehen) розпочáти кампáнію; in ~ tréten починáти діяти, відкри́то виступáти

Aktiónsart *f* **-, -en** *грам.* вид *(дієслова)*.

aktív *adj* 1. акти́вний, дія́льний; éine ~e Hílfe дійовá допомóга; ein ~er Mensch акти́вна [дійовá] люди́на; éine ~e Natúr дія́льна натýра; 2. діючий, дíйсний, акти́вний; ~e Bestéchung *юр.* давáння хабарá, пíдкуп; 3. той, що перебувáє на строковíй військóвій слýжбі, кáдровий; ~er Dienst строковá (військóва) слýжба; ~er Offizíer кáдровий офіцéр; 4. *хім., фіз.* радіоакти́вний; II *adv в різн. знач.* акти́вно; sich ~ betätigen виявля́ти акти́вність.

Aktivísmus m акти́вність, дія́льність, енергíйність.

akút *adj мед.* гóстрий *(про хворобу)*; *перен.* гóстрий, невідклáдний.

Akzeleratión *f* -, **-en** прискорення.
Akzént *m* **-(e)s, -e** 1) наголос, знак наголосу; 2) акцент, вимова.
akzeptábel *adj* прийнятний, припустимий.
Alárm *m* **-(e)s, -e** тривога, сигнал тривоги; blinder (fálscher) ~ фальшива тривога; ~ schlágen бити тривогу.
alarmíeren *vt* 1) підіймати по тривозі; 2) тривожити, турбувати.
álbern *adj* дурний, нерозумний, безглуздий.
Álbernheit *f* -, **-en** 1) дурість, безглуздість; 2) дурощі.
Álge *f* -, **-n** водорість.
Álko|hol [-hol] *m* **-s, -e** алкоголь, спирт.
álko|hol_frei *adj* безалкогольний; **~haltig** *adj* алкогольний.
all *adj* 1) весь; 2) усякий, кожний.
All *n* **-s** всесвіт, космос.
allábendlich 1. *adj* щовечірній; **2.** *adv* щовечора.
áll|bekannt *adj* загальновідомий; **~beliebt** *adj* популярний, улюблений.
álledém: bei ~ все-таки, при всьому тому; крім того; trotz ~ незважаючи ні на що.
Allée *f* -, **Allé|en** алея; проспект.
alléin 1. *adj* один, одна, одне, одні; сам; на самоті; самостійний; **2.** *adv* тільки, виключно, лише; **3.** *cj* але, проте.
Alléin|handel *m* **-s** монопольна торгівля; **~herrschaft** *f* - единовладдя, самодержавство; **~herrscher** *m* **-s, -** самодержець.
alléinig *adj* единий, виключний, монопольний.
alléinstehen* *vi* не мати сім'ї, бути неодруженим (неодруженою).
allemál *adv* завжди, кожного разу.
állenfálls *adv* 1) мабуть, в усякому разі; 2) у разі потреби, у крайньому разі.
áller|bést *adj* найкращий; **~díngs** *adv* звичайно, правда, справді.
Allergíe *f* -, **...gí|en** *мед.* алергія.
áller|hánd *adj* усякий, різний; **~léi** *adj* всілякий, усякий; **~létzt** *adj* останній; крайній; **~liebst** *adj* улюблений; **~séits** *adv* з усіх боків звідусіль.
Állerweltsbürger *m* **-s, -** космополіт.
állerwénigst 1. *adj* найменший; **2.** *adv:* am ~en менш за все.
állesámt *adv розм.* усі разом.
all|europä|isch *adj* загальноєвропейський.
állgeméin *adj* 1) загальний, абстрактний; 2) загальний, всеосяжний, поголовний.
állgeméingültig *adj* загальноприйнятий, загальновживаний.
Állgeméingut *n* **-es** громадська власність, загальне добро.
Állgeméinheit *f* -, **-en** 1) *тк. sg* спільність; універсальність; 2) *тк. sg* громадськість; 3) *pl* загальні місця (фрази), банальності.
Alliánz *f* -, **-en** альянс; спілка, об'єднання.
alliíert *adj* союзний, об'єднаний, союзницький.
Alliíerte 1) *m* **-n, -n** союзник; 2) *pl* держави-союзники, члени коаліції.
álljährig, álljährlich 1. *adj* щорічний, річний; **2.** *adv* щороку.
allmächtig *adj* всемогутній, всесильний.
allmählich 1. *adj* поступовий; **2.** *adv* поступово, помалу.
állmónatlich 1. *adj* щомісячний; **2.** *adv* щомісяця.
állnächtlich 1. *adj* щонічний; **2.** *adv* щоночі.
állseitig *adj* всебічний.
Álltag *m* **-(e)s, -e** будень.
álltäglich *adj* 1) щоденний; 2) буденний; 3) звичайний, повсякденний.
álltags *adv* повсякденно; по-буденному.
Álltags|anzug *m* **-(e)s, ...züge** буденний костюм; **~sorgen** *pl* повсякденні клопоти.
áll|umfássend *adj* всеосяжний; ~es Prográmm широка, програма; ~es Wissen всеосяжна ерудиція.
állwíssend *adj* всезнаючий; *ірон.* премудрий.
állwöchentlich *adj* щотижневий.
állzu, állzuséhr *adv* (за)-надто, надміру.
Álmosen *n* **-s,** — подаяння, милостиня.
Alp *m* **-(e)s, -e** кошмар; ядуха (уві сні); пригнічений стан.
Álpdruck *m* **-(e)s, ...drücke** кошмар, ядуха.
Álpen|garten *m* **-s, ...gärten** сад з альпійською рослинністю; **~veilchen** *n* **-s, -** *бот.* цикламен,

A

альпійська фіалка.

Alphabét *n* **-(e)s, -e** алфáвіт, áзбука.

alpín *adj* альпíйський; високогíрний; альпінíстський, гíрський.

als *cj* 1) колú, в той час як; 2) як; er ist ~ Léhrer tätig *або* er árbeitet ~ Léhrer він працює вчúтелем; 3) ніж *(після вищого ступ.)*; er ist älter ~ du він стáрший, ніж ти (за тéбе); 4) напрúклад, як; die größten Díchter Déutschlands ~ Goethe, Schíller... такí найвидатнíші поéти Німéччини, як Гéте, Шíллер; 5) як, крім *(після заперечення)*; kein ánderer ~ du ніхтó íнший, як ти; 6) *(при нереальному порівнянні)* нáче, мóвби, нíбито; er sieht so aus, ~ wäre er krank він нíби хвóрий; 7): sowóhl ~ auch як..., так і; ~ ob, ~ wenn (не)нáче, нíби(то), немóв.

álso *cj* óтже, вихóдить.

alt *adj* 1) старúй; старовúнний, стародáвній; ~**es** Brot черствúй хліб; die Álte Geschíchte стародáвня істóрія; ~ und jung старí й малí; ~ wérden старíти; wie ~ sind Sie? скíльки Вам рóків?; 2) старúй, колúшній, дáвній; er ist der ~e він (нітрóхи) не змінúвся; álles bleibt beim ~en все залишáється по-старóму.

Altán *m* **-s, -e** альтáнка; верáнда.

ált|ansässig *adj* корíнний *(про жителя)*.

áltbacken *adj* 1) черствúй *(хліб)*; 2) старомóдний, застарíлий.

Álte *m* **-n, -n** дід, старúй; *f* **-n, -n** старá, бáба; *pl* 1) прéдки; 2) антúчні нарóди, стародáвні грéки і рúмляни.

Álter *n* **-s, -** 1) вік, літá; *hóhes* ~ похилий вік; gléichen ~**s** sein, im gléichen ~ stéhen бýти однолíтками; 2) стáрість; 3) вік, добá.

áltern 1. *vt (h, s)* стáріти(ся); 2. *vt* стáрити.

álters: seit ~ (her), von ~ her здáвна.

Álters|genósse *m* **-n, -n** ровéсник, однóліток; ~**grenze** *f* **-, -n** гранúчний вік; віковúй ценз; ~**rente** *f* **-, -n** пéнсія по стáрості; ~**schwäche** *f*- старéча слáбість, нéмічність; ~**stufe** *f* **-, -n** віковá грýпа; ~**unterschied** *m* **-(e)s, -e** різнúця у вíці; ~**versicherung** *f* **-, -en** страхувáння по стáрості; ~**versorgung** *f* **-, -en** забезпéчення по стáрості.

Altertum *n* **-(e)s, ...tümer** 1) *тк. sg* стародáвність, стародáвні часú; das klássische ~ антúчність; 2) *здеб. pl* антиквáрні рéчі.

áltertümlich *adj* 1) старовúнний, стародáвній, архаї́чний; 2) застарíлий.

Älteste 1) *m* **-n, -n** стáрший (син); 2) *f* **-n, -n** стáрша (дочкá); 3) *m* **-n, -n** старшинá, старíйшина, стáроста.

áltklug *adj* розýмний не по лíтах, передчáсно розвúнений *(про дитину)*.

ältlich *adj* лíтній; старувáтий.

áltmodisch *adj* старомóдний.

Áltpapier *n* **-s** макулатýра.

Áltstoff *m* **-(e)s, -e** утúль, утильсировинá.

Altwéibersommer *m* **-s, -** бáбине лíто.

Amateur (-'to:r) *m* **-s, -e** амáтор, любúтель; дилетáнт.

Ámboß *m* **...bosses, ...bosse** ковáдло.

Ambulánz *f* **-, -en** 1) амбулатóрія; 2) машúна швидкóї допомóги.

Ámeise *f* **-, -n** мурáшка.

Ámeisen|bär *m* **-en, -en** мурашкоїд; ~**haufen** *m* **-s, -** мурáшник.

Amortisatión *f* **-, -en** амортизáція.

Ámpel *f* **-, -n** 1) висячá лáмпа; 2) світлофóр; 3) підвіснúй вазóн.

Ámpfer *m* **-s, -** *бот.* щавéль.

amphíbisch *adj* земновóдний.

Amt *n* **-(e)s, Ämter** 1) посáда, слýжба; 2) установá, відомство, управлíння.

amtíeren *vi (als N)* 1) займáти посáду *(кого)*, працювáти *(ким)*; 2) викóнувати обов'язки *(кого)*, заступáти *(кого)* по слýжбі.

ámtlich *adj* офіцíйний, службóвий.

Ámts|dauer *f* **-** строк слýжби; ~**gericht** *n* **-(e)s, -e** дільнúчний суд; ~**person** *f* **-, -en** службóва (офіцíйна) осóба; ~**schimmel** *n* **-s** паперóва тяганúна, бюрократúзм.

amüsánt *adj* цікáвий, кумéдний, весéлий.

amüsíeren, sich розважáтися.

an *prp* 1) *(D) вказує на місцезнаходження (де?)* на, кóло, біля, в, у; ~ der Universität studíeren вчúтися в університéті; 2) *(A) вказує на напрямок (куди?)* до, на, біля, кóло; ~ das Fénster (géhen) (ітú) до вікнá; 3) *(D) вказує на час (коли?)* в, на; von héute ~ від сьогóдні; 4 *переклад залежить від керування українського дієслова.*

Analogíe *f* -, ...gi|en аналóгія, схóжість; in ~ zu etw. *(D)* за аналóгією з чим-н.

Analphabét *m* -en, -en неписьмéнний.

Analýse *f* -, -n анáліз; дослíдження.

analýtisch *adj* аналіти́чний.

Anästhesíe *f* -, ...sí|en 1) анестезíя, знебóлювання; 2) втрáта чутли́вості.

Anatóm *m* -en, -en анáтом.

Ánbau *m* -(e)s, -ten 1) *тк. sg* обрóблення; вирóщування, розвéдення; 2) прибудóва.

ánbauen 1. *vt* 1) обробля́ти *(поле)*; 2) вирóщувати; 3) прибудóвувати, приробля́ти, приставля́ти; 2. **sich** ~ поселя́тися, будувáтися.

Ánbau|fläche *f* -, -n посівнá плóща; **~möbel** *pl* секці́йні (комбінóвані) мéблі; **~motor** *m* -s, ...tóren підвісни́й мотóр *(на човні, велосипеді)*.

Ánbeginn *m* -s почáток; seit ~, von ~ (an), vom érsten ~ з сáмого почáтку.

ánbehalten* *vt* не знімáти *(пальта, капелюха)*.

ánbeißen* 1. *vt* надкýшувати; 2. *vi (auf A)* клю́нути, попáсти(ся) на гачóк.

ánbelangen *vt* стосувáтися; was mich ánbelangt щóдо мéне.

ánberaumen *vt* визначáти, признач́ати (строк).

ánbeten *vt* поклоня́тися, боготвори́ти.

Ánbetracht: in ~ *(G)* беручи́ до увáги, мáючи на увáзі.

ánbetreffen* *vt* стосувáтися; was mich ánbetrifft щóдо мéне.

ánbieten* 1. *vt* 1) пропонувáти; 2) частувáти; 2. **sich** ~ *(D)* пропонувáти свої пóслуги *(кому)*; напрóшуватися.

ánbinden* 1. *vt* прив'я́зувати; 2. *vi (mit D)* 1) зав'я́зувати знайóмство; 2) почáти свари́тися.

ánblasen* *vt* 1) дýти *(на що)*; 2) роздувáти *(вогонь)*.

Ánblick *m* -(e)s, -e 1) пóгляд; beim érsten ~, auf den érsten ~ з пéршого пóгляду на пéрший пóгляд; 2) вид, видóвище.

ánblicken *vt* (по)диви́тися, гля́нути.

ánbrechen* 1. *vt* 1) надлáмувати, відлáмувати; 2) відкривáти, починáти; 2. *vi (s)* наставáти *(про час)*.

ánbrennen* 1. *vi (s)* загоря́тися; пригоря́ти; 2. *vt* обпáлювати; запáлювати.

ánbringen* *vt* 1) устанóвлювати, приробля́ти, прикрíплювати; 2) знахóдити застосувáння, влаштóвувати; 3) *розм.* принóсити, привóдити.

Ánbruch *m* -(e)s, ...brüche 1) надлóм; 2) *тк. sg* наставáння.

ándächtig *adj* 1) благоговíйний; 2) урочи́стий; 3) увáжний, зосерéджений.

ándauern *vi* продóвжуватися, тривáти.

ándauernd *adj* тривáлий; постíйний.

Ándenken *n* -s, - 1) *тк. sg* пáм'ять, спóгад *(an A про кого, що)*; zum ~ на пáм'ять, на згáдку; 2) сувенíр, подарýнок на згáдку.

ánder *adj* 1) íнший; hast du nichts ~es zu tun? тобí немá чогó бíльше роби́ти?; mit ~en Wórten íншими словáми; 2) дрýгий, настýпний; únter ~em між íншим; éiner nach dem ~en оди́н за óдним.

ánderen|falls *adv* у проти́вному рáзі, інáкше; **~teils** *adv* з дрýгого бóку.

ándererseits *adv* з дрýгого бóку, напрóти.

ándermal: ein ~ íншим рáзом.

ändern 1. *vt (an D)* міня́ти, переробля́ти; 2. **sich** ~ міня́тися, змíнюватися.

ánders 1. *adj* íнший; jémand ~ хто-нéбудь íнший; niémand ~ ніхтó íнший; 2. *adv* інáкше, по-íншому.

ánders|artig *adj* íнший, вíдмінний; **~denkend** *adj* інакоми́слячий.

ánders|wie *adv* íншим спóсобом; **~wo** *adv* (де-нéбудь) в íншому мíсці.

ánderthalb *num* півторá.

Änderung *f* -, -en змíна, перемíна, перерóбка.

ánderwärts *adv* (де-нéбудь) в íншому мíсці; (куди́-нéбудь) в íнше мíсце.

ándeuten *vt* 1) натякáти *(на що)*; 2) намічáти, позначáти.

Ándrang *m* -(e)s нáтиск, дáвка.

ándrängen 1. *vi (an A, gegen A)* напирáти, натискáти *(на кого)*;

2. *vt (an A)* притискáти, припирáти *(кого до чого)*; 3. **sich ~** *(an A)* 1) тóвпитися *(біля чого)*, протóвплюватися; 2) притискáтися; *перен.* приставáти *(до кого)*.

ándrehen *vt* 1) прикрýчувати, пригвúнчувати; 2) заводити, пускáти в хід *(двигун, машину)*; вмикáти *(світло, радіо)*.

ándringen* *vi (s)* наступáти; напирáти; приливáти.

ándringlich *adj* наполéгливий, настúрливий, набрúдливий.

ándrohen *vt (j-m)* погрóжувати *(кому чим)*.

Ándrohung *f -, -en (von D чим)* погрóза.

ándrücken 1. *vt* притискáти; 2. **sich ~** притискáтися.

áneignen *vt*: sich *(D)* etw. ~ привлáснювати *(що)*; sich *(D)* ~ засвóювати, опанóвувати *(що)*, переймáти.

aneinánder *pron rez* одúн óдному; одúн до óдного.

Anekdóte *f -, -n* (історúчний) анекдóт; забáвний епізóд (з життя́ відóмої або історúчної осóби).

ánempfehlen* *vt* рекомендувáти, пропонувáти, рáдити.

Ánerbieten *n -s, -*, **Ánerbietung** *f -, -en* пропозúція.

ánerkannt *adj* вúзнаний, відóмий.

ánerkennen* *vt* 1) *юр., дипл.* визнавáти; 2) цінúти, шанувáти.

ánerkennend *adj* **1.** похвáльний; **2.** *adv* з похвалóю, з пошáною.

Ánerkennung *f -, -en* 1) *юр., дипл.* визнáння; 2) похвалá, схвáлення.

ánfachen *vt* роздувáти, розпáлювати.

ánfahren* 1. *vt* 1) підвóзити, привóзити; 2) наїжджáти *(на кого)*; 3) *розм.* нагрúмати *(на кого)*; 2. *vi (s)* 1) під'їжджáти, прибувáти *(про поїзд)*; 2) рушáти, від'їжджáти.

Ánfahrt *f -, -en* 1) приї́зд, прибуття́; 2) під'ї́зд; прúстань, причáл.

Ánfall *m -(e)s, ...fälle* 1) прúступ, припáдок; 2) нáпад.

ánfallen* 1. *vi (s)* 1) накопúчуватись; 2) виникáти *(як супровідне явище)*; 3) *юр.* перехóдити *(у спадщину)*; 2. *vt* 1) нападáти, кúдатися *(на кого)*; 2) охóплювати *(про почуття)*.

Ánfang *m -(e)s, ...fänge* 1) почáток; ~ Mai на почáтку трáвня; am (beim, im, zu(m)) ~ на почáтку; von ~ an з (сáмого) почáтку; 2) *pl* почáтки, оснóви.

ánfangen* 1. *vt* починáти, брáтися *(за що)*; was fánge ich an? що мені робúти? 2. *vi* починáтися; die Schúle fängt um acht an заня́ття в шкóлі починáються о вóсьмій.

Ánfänger *m -s, -* 1) початкíвець, новачóк; 2) ініціáтор.

ánfänglich **1.** *adj* початкóвий, пéрвíсний; **2.** *adv* спочáтку, на почáтку.

ánfangs *adv* спочáтку, на почáтку.

Ánfangs|gründe *pl* почáтки, оснóви *(науки)*; **~zeit** *f -, -en* почáток *(вистави, сеансу в кіно)*.

ánfassen **1.** *vt* 1) доторкáтися *(до чого)*; 2) брáтися *(за що)*; 3) охóплювати; **2. sich ~**: der Stoff faßt sich weich an тканúна м'якá на дóтик.

ánfaulen *vi (s)* підгнивáти, псувáтися.

ánfechten* *vt* 1) опротестóвувати, заперéчувати; 2) турбувáти, тривóжити.

Ánfechtung *f -, -en* 1) оспóрювання; оскáрження; 2) спокýса.

ánfertigen *vt* виготовля́ти, робúти; викóнувати *(завдання)*.

ánfeuchten *vt* змóчувати, зволóжувати.

ánfeuern *vt* 1) розпáлювати, підпáлювати; 2) запáлювати, надихáти, підбадьóрювати.

ánfliegen* *vi (s)* 1) прилітáти, підлітáти; 2) *(j-m)* лéгко давáтися, давáтися без зусúль *(про знання)*.

Ánflug *m -(e)s, ... flüge* 1) прилíт *(птахів)*; наблúження *(літака)*; 2) зíткнення *(в повітрі)*; 3) *(von D)* налíт, відтíнок; *перен.* нáтяк.

ánfordern *vt* вимагáти, запúтувати.

Ánforderung *f -, -en* 1) *pl* домагáння, претéнзії; 2) вимóга, заявка *(на що)*.

Ánfrage *f -, -n* зáпит.

ánfragen *vi (bei j-m nach D, um A, über A)* запúтувати *(кого про що)*, довíдуватися *(у кого про що)*.

ánfreunden, sich *(mit D)* подружúтися *(з ким)*.

ánfrieren* *vi (s)* примерзáти.

ánfühlen 1. *vt* обмáцувати; 2. **sich ~**: sich weich (kalt) ~ бýти м'якúм (холóдним) на дóтик.

Ánfuhr *f -, -en* підвíз; привíз; достáвка *(von D чого-н.)*.

ánführen *vt* 1) вестú, бýти на чолí, очóлювати; 2) навóдити *(приклад, доказ, цитату)*, цитувати.

Ánführer *m* **-s, -** 1) керівни́к, призві́дник, застрі́льник; 2) обма́нщик, шахра́й.

Ánführung *f* **-, -en** 1) *здеб. sg* керівни́цтво; 2) посила́ння; цита́та.

Ánführungsstrich *m*, **Ánführungszeichen** *n* *здеб. pl* лапки́.

ánfüllen *vt* напо́внювати, начиня́ти.

Ángabe *f* **-, -n** 1) повідо́млення; *юр.* сві́дчення; 2) *pl* да́ні, відо́мості; 3) *тк. sg розм.* хва́стощі.

ángeben* *vt* 1) вка́зувати, повідомля́ти, дава́ти відо́мості; 2) доно́сити *(на кого)*, вика́зувати *(кого)*.

Ángeber *m* **-s, -** 1) доно́щик; 2) *розм.* хвалько́, чванько́.

ángeblich **1.** *adj* га́даний, так зва́ний; **2.** *adv* ні́би, на́чебто.

ángeboren *adj* приро́джений, приро́дний.

Ángebot *n* **-(e)s, -e** пропози́ція; пропонува́ння.

ángebrochen *adj* надла́маний, пошко́джений, поча́тий.

ángegriffen *adj* змý́чений, вто́млений.

ángehen* **1.** *vi (s)* 1) *розм.* почина́тися; 2) *(gegen A)* боро́тися *(з ким, чим)*, ді́яти *(проти кого)*; 3): das geht nicht an це недопусти́мо; **2.** *vt* 1) *(um A)* зверта́тися *(до кого з чим)*, проси́ти; 2) торка́тися; стосува́тися; was geht Sie das an? яке́ Вам ді́ло?

ángehend *adj* початкý́ючий, молоди́й.

ángehören *vi (D)* нале́жати *(до чого)*.

Ángehörige *m, f* 1) ро́дич, ро́дичка; 2) яки́й нале́жить до яко́ї-н. грý́пи; ein ~r éines Stáates громадяни́н яко́ї-н. держа́ви.

Ángeklagte *m, f* підсý́дний, підсý́дна, обвинува́чуваний, обвинува́чувана.

Ángel *f* **-, -n** 1) вý́дочка; 2) зaві́са.

Ángelegenheit *f* **-, -en** спра́ва; in wélcher ~? у які́й спра́ві?; in éiner diénstlichen ~ у службо́вій спра́ві.

Ángel|haken *m* **-s, -** гачо́к вý́дки; **~leine** *f* **-, -n**, **~schnur** *f* **-, ...schnüre** волосі́нь.

ángeln *vt* вý́дити ри́бу.

Ángelpunkt *m* **-(e)s, -e** центр ваги́, основна́ ла́нка.

ángemessen *adj* відпові́дний, нале́жний.

ángenehm *adj* прие́мний.

ángenommen *adj* 1) прийо́мний *(про дитину)*; 2) умо́вний, вига́даний.

ángeregt *adj* жва́вий, збý́джении.

ángesehen *adj* шано́вний, авторите́тний, ви́дний.

Ángesicht *n* **-(e)s, -e** *і* **-er** обли́ччя, лице́; von ~ zu ~ віч-на́-віч.

ángesichts *prp (G)* пе́ред лице́м; зважа́ючи на, з о́гляду на *(що)*.

ángespannt *adj* напрý́жений.

Ángestellte *m, f* службо́вець, службо́вка.

ángestrengt *adj* напрý́жений, поси́лений.

ángewandt *adj* прикладни́й; ~e Kunst прикладне́ мисте́цтво.

ángewiesen: ~ sein *(auf A)* бу́ти змý́шеним обхо́дитися *(чим)*; бу́ти зале́жним *(від кого, чого)*; не ма́ти і́ншої можли́востиі *(крім чого)*.

ángewöhnen *vt (j-m)* привча́ти *(кого до чого)*; sich *(D)* etw. ~ звика́ти, привча́тися *(до чого)*.

Ángewohnheit *f* **-, -en** зви́чка.

ángezeigt *adj* доре́чний, доці́льний.

ángießen* *vt* 1) долива́ти, підлива́ти; 2) полива́ти *(саджанці після посадки)*.

ángleichen* *vt* рівня́ти, зрі́внювати; уподі́бнювати.

Ángler *m* **-s, -** риба́лка, вудка́р.

ángliedern *vt (D)* прие́днувати, вво́дити до скла́ду.

Ángliederung *f* **-, -en** приє́дна́ння; введе́ння до скла́ду.

ángreifbar *adj* ура́зли́вий.

ángreifen* *vt* 1) бра́ти, хапа́ти, торка́тися; 2) бра́тися *(за що)*; 3) напада́ти, атакува́ти.

Ángreifer *m* **-s, -** яки́й напада́є; агре́сор.

ángrenzen *vi (an A)* межува́ти *(з чим)*; прилягати, примика́ти *(до чого)*.

Ángriff *m* **-(e)s, -e** 1) на́ступ, на́пад, ата́ка; 2) напа́дки; 3): etw. in ~ néhmen приступа́ти до чого, бра́тися за що.

Ángriffs|krieg *m* **-(e)s, -e** агреси́вна війна́; **~waffe** *f* **-, -n** наступа́льна збро́я.

Angst *f* **-, Ängste** *(vor D)* страх, боя́знь *(перед ким, чим)*; aus ~, vor ~ від стра́ху; ~ bekómmen злякатися; ~ háben боя́тися.

angst: mir ist ~ (und bánge) мені́ стра́шно.

ängstigen 1. *vt* лякáти; **2. sich ~** 1) *(vor D)* боя́тися *(кого, чого)*; 2) *(um A)* боя́тися, тривóжитися *(за кого)*.

ängstlich *adj* боязкúй, несмілúвий.

Ängstlichkeit *f* - бóязкість, несмілúвість.

ánhaben* *vt* 1) носúти *(одяг)*, бýти одя́гненим *(у що)*; 2) j-m etw. ~ wóllen мáти зуб прóти кóго-н.

Ánhalt *m* **-(e)s, -e** підстáва, прúвід.

ánhalten* 1. *vt* 1) зупиня́ти, затрúмувати; 2) *(zu D)* спонукáти, привчáти *(до чого)*; 2. *vi* 1) зупиня́тися; 2) тривáти; 3. **sich ~** *(an D)* тримáтися *(за що)*.

ánhaltend *adj* тривáлий, затяжнúй.

Ánhaltspunkt *m* **-(e)s, -e** відправнá тóчка; підстáва.

anhánd *prp (G)* за допомóгою; на підстáві, чéрез.

Ánhang *m* **-(e)s, ...hänge** 1) додáток, допóвнення; 2) *тк. sg* прихúльники, послідóвники, шанувáльники; 3) *тк. sg* родúна, рідня́, блúзькі.

ánhängen 1. *vt* 1) вíшати, підвíшувати; 2) додавáти; 3) *(j-m)* непрáвильно припúсувати *(кому що)*, наговóрювати *(на кого)*; **2.*** *vi* 1) *(D)* бýти властúвим, притамáнним; 2) бýти прихúльним *(до кого)*, бýти вíдданим *(кому)*.

Ánhänger *m* **-s, -** 1) прихúльник, послідóвник; *спорт.* болíльник; 2) прúчіп; 3) ярлúк; 4) підвíсок, брелóк.

Ánhänglichkeit *f* - прихúльність, вíдданість.

ánhauchen *vt* 1) дúхати, дýти *(на що)*; 2) *розм.* нагрúмувати *(на кого)*.

ánhäufen 1. *vt* нагромáджувати; **2. sich ~** нагромáджуватися, скýпчуватися, тóвпитися.

ánheben* *vt* (трóхи) піднімáти.

ánheften *vt* прикрíплювати, прикóлювати, підшивáти *(папери)*.

ánheizen *vt* затóплювати, розпáлювати *(тж. перен.)*.

ánhetzen *vt* підганя́ти, нацькóвувати.

Ánhöhe *f* **-, -n** височинá, висотá, горб, пáгорок.

ánhören 1. *vt* 1) слýхати, вислýхувати; 2): man hört ihm an, daß... по йогó гóлосу чýтнó, що ...; **2. sich ~**: das hört sich gut an це приéмно чýти.

animálisch *adj* тварúнний.

ánkämpfen *vi (gegen A)* борóтися *(з ким, чим)*.

Ánkauf *m* **-(e)s, ...käufe** закупíвля, скýпка.

Ánker *m* **-s, -** 1) *мор.* я́кір; 2) *тех.* áнкер.

ánkern *vi* 1) ставáти на я́кір; 2) стоя́ти на я́корі.

Ánkerplatz *m* **-es, ...plätze** *мор.* рейд.

ánketten *vt* прикóвувати (прикріпля́ти) ланцюгóм; саджáти на ланцю́г.

Ánklage *f* **-, -n** обвинувáчення, скáрга.

Ánklagebank *f* - лáва підсýдних.

ánklagen *vt (G i wegen G)* обвинувáчувати *(в чому)*; скáржитися, нарікáти.

Ánkläger *m* **-s, -** обвинувáч.

Ánklageschrift *f* **-, -en** обвинувáльний акт.

ánklammern 1. *vt* прикрíплювати *(білизну, папери)*; **2. sich ~** *(an A)* (сýдорожно) чіпля́тися *(за кого, що)*.

Ánklang *m* **-(e)s, ...klänge** 1) вíдгомін, співзвýчність, схóжість; 2): ~ fínden (háben) мáти підтрúмку (ýспіх).

ánkleben 1. *vt* налíплювати, приклéювати; **2.** *vi (s) (auf D, an D)* лúпнути, приставáти; 3. **sich ~** прилипáти, чіпля́тися.

ánkleiden 1. *vt* одягáти; 2. **sich ~** одягáтися.

Ánkleide|raum *m* **-(e)s, ...räume, ~zimmer** *n* **-s, -** 1) гардерóб, роздягáльня; 2) *театр.* вбирáльня (актóрів).

ánklingeln 1. *vt* дзвонúти (по телефóну) *(кому)*; **2.** *vi* дзвонúти *(до кого-н. у двері)*.

ánklingen* *vi* 1) звучáти, бýти чýтним; 2) *(an A)* бýти подíбним *(до чого)*.

ánklopfen *vi* 1) постýкати *(у двері)*; 2) *(bei j-m um A) перен.* закúнути вýдочку, попросúти.

ánknipsen *vt розм.* вмикáти *(світло)*.

ánknöpfen *vt* пристібáти.

ánknüpfen 1. *vt* 1) прив'я́зувати, з'éднувати; 2) *(mit j-m)* зав'я́зувати, починáти *(знайомство, розмову)*; 2. *vi* 1) *(mit D)* зав'я́зувати стосýнки; 2) *(an A)* вихóдити *(з чого)*, спирáтися *(на що)*.

ánkommen* *vi (s)* 1) прибувáти,

приїзди́ти, прихо́дити; 2) *(bei D)* підступа́ти, підхо́дити *(до кого)*, 3) *(auf A)* зале́жати *(від кого)*, es kommt ihm sehr daráuf an для ньо́го це ду́же важли́во; daráuf kommt es an в то́му-то й спра́ва.

Ánkömmling *m* **-s, -e** захо́жий, прії́жджий, прибу́лий.

ánkündigen *vt* оголо́шувати, повідомля́ти.

Ánkunft *f* **-, ...künfte** прибуття́, прії́зд, прихі́д.

Ánlage *f* **-, -n** 1) спору́дження, закла́дка; 2) устано́вка, при́стрій, спору́да; 3) *здеб. pl* сквер, зеле́ні наса́дження; 4) *здеб. sg* план, за́дум.

ánlagern *vt* 1) відклада́ти, нано́сити, нашаро́вувати; 2) *хім.* прие́днувати; наро́щувати; *фіз.* захо́плювати *(нейтрони)*.

ánlangen 1. *vi* *(s)* прибува́ти, приїжджа́ти, прихо́дити; досяга́ти, дохо́дити; 2. *vt* стосува́тися; was mich ánlangt що́до ме́не.

Ánlaß *m* **...lasses, ...lässe** причи́на, при́від; aus ~ *(G)* з наго́ди, з при́воду *(чого)*.

ánläßlich *prp* *(G)* з наго́ди, з при́воду *(чого)*.

Ánlauf *m* **-(e)s, ...läufe** 1) ро́збіг, розгі́н; (éinen) ~ néhmen розганя́тися; *(zu D)* готува́тися, збира́тися *(що зробити)*; 2) поча́ток, пуск; 3) *військ.* штурм.

ánlaufen* 1. *vi* *(s)* 1) запрацюва́ти, поча́ти ді́яти; 2) *(gegen A)* наліта́ти, натика́тися *(на що)*; 3) запоті́ти *(про скло, окуляри)*, тьмяні́ти *(про колір)*; 4) збі́льшуватися *(про борг, проценти)*; 5) бра́ти розгі́н; 2. *vt* *мор* захо́дити *(в порт)*; пристава́ти *(до берега)*.

ánlegen 1. *vt* 1) приклада́ти; приставля́ти; 2) надіва́ти; 3) підклада́ти *(дрова)*; 4) заклада́ти, засно́вувати; 5) вклада́ти *(капітал)*; **2.** *vi* 1) *мор.* пристава́ти; 2) *(auf j-n)* ці́литися *(у кого — з рушниці)*.

ánlehnen 1. *vt* притуля́ти; die Tür ~ причиня́ти две́рі; 2. **sich** ~ *(an A)* 1) притуля́тися *(до кого, чого)*. 2) прие́днуватися; 3) спира́тися *(на кого, що)*.

Ánleihe *f* **-, -n** по́зика; éine ~ áufnehmen позича́ти.

Ánleitung *f* **-, -en** 1) керува́ння вказівка, інструкта́ж; 2) пора́дник, інстру́кція; (навча́льний) посі́бник.

ánlernen *vt* 1) *(j-n)* навча́ти *(кого)*, 2) привча́тися *(до чого)*.

ánliegen* *vi* 1) *(an D)* приляга́ти, межува́ти; 2) обляга́ти *(про одяг)*; 3): es liegt mir an... для ме́не ду́же важли́во.

Ánliegen *n* **-s, -** бажа́ння; проха́ння, завда́ння.

ánlocken *vt* прива́блювати, прима́нювати.

ánmachen *vt* 1) приробля́ти, прикріпля́ти, прилашто́вувати; 2) запа́лювати *(світло)*; засві́чувати; 3) змі́шувати, приправля́ти.

ánmelden 1. *vt* 1) оповіща́ти, оголо́шувати, доповіда́ти; 2) пропи́сувати *(на проживання)*; запи́сувати, бра́ти на о́блік; **2. sich** ~ 1) повідомля́ти про своє́ прибуття́; 2) пропи́суватися *(на проживання)*.

ánmerken *vt* 1) відміча́ти; запи́сувати *(на пам'ять)*; 2) заува́жувати, зазнача́ти; 3): j-m etw. ~ поміча́ти що-н. по ко́му-н.

Ánmerkung *f* **-, -en** 1)римі́тка; 2) (крити́чне) зауваження.

ánmessen* *vt* 1) зніма́ти мі́рку; 2) пристосо́вувати; 3) *астр.* вимі́рювати ві́дстань *(до якої-н. планети радіотехнічними засобами)*.

ánmutig *adj* граціо́зний; прива́бливий.

ánnageln *vt* прибива́ти (цвя́хами).

ánnähen *vt* пришива́ти; нашива́ти.

ánnähern 1. *vt* *(D)* 1) наближа́ти *(до чого)*; 2) уподі́бнювати *(чому)*, приво́дити у відпові́дність *(з чим)*; **2. sich** ~ 1) *(D)* наближа́тися *(до кого, чого)*; 2) зближа́тися *(з ким)*.

ánnähernd *adv* прибли́зно.

Ánnahme *f* **-, -n** 1) прийо́м, прийняття́; 2) припу́щення, гіпо́теза.

Annálen *pl* літо́пис, анна́ли, (істори́чна) хро́ніка.

ánnehmbar *adj* 1) прийнятни́й, підхо́жий; 2) імові́рний, правдоподі́бний.

ánnehmen* 1. *vt* 1) прийма́ти; 2) засво́ювати; 3) припуска́ти, вважа́ти; 2. **sich** ~ *(G)* піклува́тися *(про кого, що)*.

Ánnehmlichkeit *f* **-, -en** 1) прийня́тність; припусти́мість; 2) *тк. sg* прие́мність; 3) *здеб. pl* зру́чність.

annektíeren *vt* насильно прие́днувати, захо́плювати, анексува́ти.

ánordnen *vt* 1) розташо́вувати (у пе́вному поря́дку); 2) нака́зувати; припи́сувати.

Ánordnung *f* -, -en 1) розташува́ння; 2) розпоря́дження, нака́з.

ánormal *adj* ненорма́льний, анома́льний; патологі́чний.

ánpacken *vt* 1) схо́плювати, хапа́ти; 2) бра́тися, приступа́ти *(до чого)*.

ánpassen 1. *vt (D)* 1) мі́ряти *(одяг)*; 2) пристосо́вувати; 2. **sich** ~ *(D)* пристосо́вуватися; акліматизува́тися.

Ánpassungs|fähigkeit *f* - присто-со́вність; **~politik** *f* - пристосо́вництво; опортуні́зм.

ánpflanzen *vt* сади́ти, наса́джувати.

ánprallen *vi (s) (an A, gegen j-n)* удари́тися *(об що)*; наска́кувати, нашто́вхуватися *(на кого, що)*.

ánprangern *vt* таврува́ти (ганьбо́ю), викрива́ти *(кого, що)*.

ánpreisen* *vt* розхва́лювати, вихваля́ти, рекламува́ти.

ánpressen *vt (an A)* притиска́ти *(до чого)*.

Ánprobe *f* -, -n примі́рка.

ánprobieren *vt* мі́ряти.

ánrechnen *vt* зарахо́вувати, зачисля́ти; ста́вити в раху́нок.

Ánrecht *n* -(e)s, -e 1) пра́во, дома́гання; 2) *театр.* абонеме́нт.

Ánrede *f* -, -n зверта́ння; ти́тул.

ánreden *vt* заговори́ти *(з ким)*, зверта́тися *(до кого)*.

ánregen *vt* 1) *(j-n zu D)* спонука́ти, схиля́ти *(кого до чого)*; 2) збу́джувати; 3) дава́ти, по́штовх, стимулюва́ти.

Ánregung *f* -, -en 1) спонука́ння; і́мпульс; ініціати́ва; 2) збу́дження; Káffee zur ~ trínken пи́ти ка́ву для бадьо́рості.

Ánreicherung *f* -, -en збага́чення, наси́чення.

ánreihen 1. *vt* прие́днувати; ста́вити в ряд; нани́зувати *(намисто)*; 2. **sich** ~ прие́днуватися; става́ти в ряд.

Ánreise *f* -, -n 1) приї́зд, прибуття́; 2) поїздка *(до місця призначення)*.

ánreißen* *vt* надрива́ти; *розм.* почина́ти *(запаси)*.

Ánreiz *m* -es, -e спонука́ння, сти́мул; Імпульс.

ánreizen *vt (zu D)* підбу́рювати, спонука́ти, стимулюва́ти *(до чого)*.

Ánrichte *f* -, -n буфе́т, серва́нт.

ánrichten *vt* 1) готува́ти, приправля́ти; 2) заподі́ювати, нако́їти; 3) *військ.* візува́ти.

ánrüchig *adj* пога́ний, лихи́й, підозрі́лий; яки́й ма́є недо́бру сла́ву.

ánrücken 1. *vt* присува́ти; 2. *vi (s)* присува́тися, наближа́тися.

Ánruf *m* -(e)s, -e 1) о́клик; 2) телефо́нна розмо́ва.

ánrufen* 1. *vt* 1) оклика́ти, гука́ти; 2) виклика́ти, дзвони́ти *(по телефону)*; 3) *(um A)* блага́ти *(про допомогу)*; 2. *vi (bei D)* дзвони́ти по телефо́ну *(кому)*.

ánrühren *vt* 1) торка́ти, доторка́тися; 2) звору́шувати; 3) замі́шувати, підмі́шувати.

Ánsage *f* -, -n повідо́млення, об'ява, оголо́шення; попере́дження.

ánsagen *vt* 1) оголо́шувати *(про що)*; 2) передава́ти по ра́діо, чита́ти ди́кторський текст; 3) *розм.* підка́зувати *(в школі)*.

Ánsager *m* -s, - 1) *радіо, тлб.* ди́ктор, комента́тор; 2) конферансьє́.

ánsammeln 1. *vt* нагрома́джувати, зосере́джувати; 2. **sich** ~ нагрома́джуватися, збира́тися, концентрува́тися.

Ánsatz *m* -es, ...sätze 1) приста́вка, прида́ток, на́садка; 2) утво́рення, поча́ток утво́рення; 3) схи́льність, на́хил; 4) *спорт.* старт, поча́ток ру́ху.

Ánsatz|punkt *m* -es, -e відправна́ то́чка; **~stelle** *f* -, -n мі́сце прие́днання; відправна́ то́чка.

ánschaffen *vt* придба́ти, купува́ти.

Ánschaffung *f* -, -en придба́ння, поку́пка.

ánschalten *vt* 1) прие́днувати, підключа́ти; 2) вмика́ти *(світло)*.

ánschaulich *adj* нао́чний.

Ánschaulichkeit *f* - нао́чність, о́бразність.

Ánschauung *f* -, -en 1) спогляда́ння; 2) зорове́ сприйняття́; 3) о́бразне уя́влення; 4) по́гляд, переко́нання.

Ánschein *m* -(e)s (зо́внішній) ви́гляд, види́мість; dem (állem) ~ nach як ви́дно; sich *(D)* den ~ gében удава́ти (з се́бе).

ánscheinend 1. *adv* ма́бу́ть; 2. *adj* га́даний, уя́вний.

ánschicken, sich 1) збира́тися, ма́ти на́мір *(зробити що)*; 2) вмі́ти пра́вильно пово́дитися.

ánschirren *vt* запряга́ти.

Ánschlag *m* -(e)s, ...schläge 1) уда́р; 2) афі́ша; 3) за́мах, диве́рсія; 4) коштóрис.

ánschlagen* 1. *vt* 1) прибивáти; 2) вивíшувати оголóшення; 3) оцíнювати; 4) ударя́ти; den richtigen Ton ~ взя́ти прáвильний тон; 2. *vi* 1) *(s) (gegen A, an A)* ударя́тися *(об що)*; 2) *(h)* загáвкати *(про собаку)*; заспівáти *(про птахів)*; 3) дíяти *(про ліки)*, впливáти.

Ánschlag|säule *f* -, -n стовп (ту́мба) для афíш; **~tafel** *f* -, -n дóшка для оголóшень.

ánschleichen* *vi (s) i* **sich** ~ підкрадáтися, непомíтно підповзáти.

ánschließen* 1. *vt* приє́днувати, підключáти; 2) додавáти; 2. *vi (s)* 1) *(an A)* примикáти *(до чого)*; 2) облягáти *(про одяг)*; 3. **sich** ~ 1) *(D)* приє́днуватися, прилучáтися, *(до кого, чого)*; 2) *(an A)* примикáти, прилягáти *(до чого)*.

ánschließend *adv* услíд за..., пóтім, безпосерéдньо пíсля...

Ánschluß *m* **...schlusses, ...schlüsse** 1) приєднáння, вступ; *іст.* áншлюс; 2) підключéння, зв'язóк; 3) im ~ *(an A)* услíд за..., по закíнченні...

ánschneiden* *vt* 1) надрізáти, відрíзувати пéрший шматóк; 2) нарізáти *(гвинт)*; 3): ein Théma (éine Fráge) ~ порýшувати тéму (питáння).

Ánschnitt *m* **-(e)s, -e** 1) надрíз, надрíзування; 2) пéрший відрíзаний шматóк *(напр., хліба)*.

ánschrauben *vt* пригви́нчувати; прикрýчувати.

ánschreiben* *vt* 1) запи́сувати *(на дошці)*; 2) внóсити до спи́ску, реєструвáти; 3) запи́сувати в креди́т.

Ánschrift *f* -, -en 1) адрéса *(місце проживання)*; 2) нáпис *(на книжці)*; зáголóвок.

ánschuldigen *vt (G)* звинувáчувати *(кого в чому)*.

Ánschuldigung *f* -, -en обвинувáчення; дóкір.

ánschüren *vt* 1) роздувáти *(вогонь)*; шурувáти *(вугілля в топці)*; 2) *перен.* розпáлювати *(пристрасті)*; підбýрювати *(кого)*.

ánschwärzen *vt* 1) чорни́ти; 2) *перен.* чорни́ти, обмовля́ти, звóдити нáклеп.

ánschweißen *vt* привáрювати.

ánschwellen **1.*** *vi (s)* 1) набухáти, набрякáти; 2) прибувáти *(про воду)*; 3) опухáти; **2.** *vt* напóвнювати; роздувáти *(вітрила)*.

Ánschwellung *f* -, -en 1) набухáння; 2) прибувáння *(води)*; 3) *мед.* нáбряк, припýхлість.

ánschwemmen *vt* 1) нанóсити течíєю *(пісок)*; 2) принóсити течíєю, прибивáти хвилями.

ánschwimmen* **1.** *vi (s)* 1) підпливáти, наближáтися вплав; 2) gégen den Strom ~ пли́сти́ прóти течії; **2.** *vt* підпливáти *(до чого)*.

ánsehen* *vt* 1) (по)диви́тися *(на кого, що)*; оглядáти, розглядáти; 2) *(für A, als A)* вважáти *(за кого)*; 3): j-m *(D)* etw. ~ помічáти, бáчити що-н. по кóму-н.

Ánsehen *n* **-s** 1) ви́гляд; зóвнішність; 2) авторитéт, пошáна; in hóhem ~ stéhen (sein) бýти у вели́кій пошáні.

ánsehnlich *adj* 1) ви́дний, показни́й; 2) істóтний, вели́кий, значни́й.

ánsetzen 1. *vt* 1) стáвити, приставля́ти; 2) прикріпля́ти; 3) визначáти *(ціну, строк)*; 4) готувáти, розвóдити, змíшувати, настóювати *(розчин)*; 2. *vi* 1) *(zu D)* починáти; прóбувати; 2) осідáти; відкладáтися; 3) *бот.* розпускáтися; 3. **sich** ~ 1) осідáти; 2) сели́тися, оселя́тися.

Ánsicht *f* -, -en 1) пóгляд *(über A на що)*, дýмка; séine (éigene) ~ háben мáти влáсну дýмку; nach méiner ~, méiner ~ nach на мою дýмку; ich bin der ~, daß ... я вважáю, що ...; 2) краєви́д, ландшáфт; 3) перéгляд, ознайóмлення.

Ánsichts(post)karte *f* -, -n листíвка з краєвидом.

ánsiedeln 1. *vt* сели́ти, оселя́ти; 2. **sich** ~ сели́тися, оселя́тися.

Ánsied(e)lung *f* -, -en 1) сéлище; колóнія; 2) засéлення; колонізáція.

Ánsiedler *m* **-s, -** поселéнець, колонíст.

ánspannen *vt* 1) натягáти; напрýжувати; 2) запрягáти.

Ánspannung *f* -, -en нáтяг; *перен.* напрýження; навантáження.

ánsparen *vt* збирáти, відкладáти *(гроші)*.

Ánspielung *f* -, -en нáтяк.

Ánsporn *m* **-(e)s** сти́мул, заохóчення.

ánspornen *vt* 1) стискáти шпóрами, пришпóрювати *(коня)*; 2) підганя́ти; спонукáти, заохóчувати.

A

Ánsprache *f* -, -n вітальна промóва, звéрнення.

ánsprechen* 1. *vt* 1) заговóрювати *(з ким)*, звертáтися *(до кого)*; 2) *(um A)* звертáтися з прохáнням *(до кого про що)*; 3) подóбатися, справля́ти гáрне врáження; 2. *vi* *(bei D)* подóбатися *(кому)*.

ánsprechend *adj* приéмний, привáбливий, симпати́чний.

ánspringen* *vi* *(s)* 1) запрацювáти, завести́ся *(про двигун)*; 2) *(здеб.* ángesprungen kómmen) підскóчити.

Ánspruch *m* -(e)s, ...sprüche домагáння, претéнзія *(auf A на що)*, вимóга; ~ háben *(auf A)* мáти прáво *(на що)*; j-n in ~ néhmen 1) забирáти в кóго-н. час; 2) звертáтися до кóго-н. *(по допомогу)*.

ánspruchs|los *adj* невимóгливий, невибáгливий, непримхли́вий; ~**voll** *adj* вимóгливий, вибáгливий; претензíйний.

Ánstalt *f* -, -en 1) установа, зáклад; 2) закри́тий навчáльний зáклад; 3) *pl* зáходи, готувáння.

Ánstand *m* -(e)s, ...stände 1) *тк. sg* пристóйність, манéри; 2) зáтримка, прогáяння.

ánständig *adj* пристóйний, поря́дний, значни́й.

Ánstands|besuch *m* -(e)s, -e візи́т ввíчливості; ~**gefühl** *n* -s почуття́ тáкту.

ánstands|halber *adv* зарáди пристóйності; ~**los** *adv* беззастерéжно.

ánstarren *vt* вдивля́тися, пи́льно диви́тися.

anstátt 1. *prp* *(G)* зáмість; 2. *cj перед inf* зáмість тóго, щоб...

ánstecken 1. *vt* 1) прикóлювати, накóлювати; 2) запáлювати *(світло, вогонь)*; 3) заражáти; 2. **sich** ~ *(bei D)* заражáтися *(від кого)*.

ánsteckend *adj* 1) зарáзний, інфекцíйний; 2) зарáзливий.

Ánsteckung *f* -, -en зарáження; інфéкція.

ánstehen* *vi* 1) *(nach D)* стоя́ти в чéрзі *(за чим)*; 2) *(D)* ли́чити; бýти до лиця́.

ánsteigen* *vi* *(s)* 1) піднімáтися; зростáти, збíльшуватися *(про кількість)*; 2) підви́щуватися; 3) *ав.* злітáти.

anstélle, an Stélle *prp* *(G)* зáмість *(кого, чого)*, за *(кого)*.

ánstellen *vt* 1) приставля́ти; присувáти; 2) наймáти, зарахóвувати на слýжбу; 3) *(j-n zu D) розм.* доручáти *(кому що)*; 3) улаштóвувати, роби́ти; накóїти; 2. **sich** ~ 1) повóдитися, прикидáтися; 2) *(nach D)* ставáти в чéргу *(за чим)*.

ánstellig *adj* умíлий, кмітли́вий; спри́тний; послýжливий.

Ánstellung *f* -, -en 1) *тк. sg* признáчення на посáду, прийóм на робóту; 2) посáда, мíсце

Ánstieg *m* -(e)s -e 1) підйóм; 2) схóдження; 3) піднéсення, зростáння.

ánstiften *vt* 1) *(zu D)* підбýрювати; 2) заподíювати кóїти *(лихо)*.

Ánstifter *m* -s, - призвíдник; підбýрювач.

ánstimmen *vt* заспíвувати, завóдити *(пісню)*; загрáти.

Ánstoß *m* -es, ...stöße 1) удáр, пóштовх; 2) при́від, сти́мул.

ánstoßen* 1 *vt* 1) штовхáти; 2) присувáти; die Gläser ~ цóкатися; 3) підштóвхувати, спонукáти; 2. *vi* 1) *(h, s)* *(an A)* ударя́тися *(об що)*, зачіпáти, спотикáтися; 2) *(h)* *(тж.* mit den Gläsern ~) цóкатися; 3) *(h)* *(an A)* примикáти, межувáти; 4) *(h, s)* bei j-m ~ виклика́ти чиє́-н. незадовóлення.

ánstößig *adj* непоря́дний, оги́дний, аморáльний, непристóйний.

ánstreichen* *vt* 1) фарбувáти *(пензлем, квачем)*; 2) відзначáти; підкрéслювати.

ánstrengen 1 *vt* втóмлювати, напрýжувати, 2 **sich** ~ напрýжуватися, роби́ти зуси́лля, старáтися.

ánstrengend *adj* стóмливий, напрýжений.

Ánstrengung *f* -, -en 1) зуси́лля, напрýження; 2) трýднощі.

Ánstrich *m* -(e)s, -e 1) *здеб. sg* фарбувáння; 2) фáрба; 3) *тк sg* ви́гляд; відтíнок.

Ánsturm *m* -(e)s, ...stürme 1) нáтиск; 2) при́ступ; штурм.

ántasten *vt* 1) доторкáтися *(до чого)*; обмáцувати; 2) зазіхáти *(на що)*; порýшувати, зачіпáти *(честь, інтереси)*.

Ánteil *m* -(e)s, -e 1) части́на, чáстка, пай; 2) ýчасть; 3) *тк. sg* співчуття́; ~ néhmen *(an D)* брáти ýчасть *(у чому)*; проявля́ти цікáвість *(до кого, чого)*.

Ánteilbesitzer *m* -s, - пайови́к.

Ánteilnahme *f* - 1) ýчасть; 2)

співчуття́.

Anténne *f* -, -n 1) анте́на; 2) *зоол* ву́сик, щу́пальце.

antík *adj* 1) анти́чний, старода́вній; 2) старови́нний.

Antíke *f* -, -n 1) *тк. sg* анти́чність, старода́вній світ; культу́ра анти́чного світу; 2) *здеб. pl* тво́ри пласти́чного мисте́цтва.

Antimón *n* -s *хім.* сурма́.

Antiquariát *n* -(e)s, -e букіністи́чний магази́н.

Antiquitä́t *f* -, -en старови́нна (антиква́рна) річ.

Ántlitz *n* -es, -e *здеб. sg поет* лице́, обли́ччя.

Ántrag *m* -(e)s, ...träge 1) пропози́ція; зая́ва, клопота́ння; 2) осві́дчення *(в коханні)*.

ántragen* **1.** *vt* 1) пропонува́ти; 2) прино́сити, підно́сити; **2. sich** ~ пропонува́ти свої́ по́слуги.

ántreffen* *vt* 1) застава́ти, знахо́дити; 2) зустріча́ти; 3) *заст.* стосува́тися *(кого, чого)*.

ántreiben* **1.** *vt* 1) поганя́ти *(тварину)*; 2) підганя́ти, спонука́ти, заохо́чувати, приму́шувати; 3) приво́дити в рух; 4) прибива́ти *(водою)*; **2.** *vi (s)* припли́вати *(за течією)*.

Ántreiber *m* -s, - 1) пого́нич; нагля́да́ч; 2) підбу́рювач.

Ántreibersystem *n* -s, -e потогі́нна систе́ма (пра́ці).

ántreten* **1.** *vt* почина́ти, присту́пати; **2.** *vi (s)* 1) шикува́тися; ~! шику́йся!; 2) *(zu D)* збира́тися, готува́тися *(до чого)*.

Ántrieb *m* -(e)s, -e 1) спону́ка, сти́мул, і́мпульс; 2) при́від; тя́га.

Ántritt *m* -(e)s, -e 1) поча́ток *(напр., подорожі)*; 2) наста́ння *(строку)*; 3) вступ *(на посаду)*.

ántun* *vt* 1) надяга́ти *(що)*; одяга́ти *(кого)*; 2) заподі́ювати, завдава́ти.

Ántwort *f* -, -en ві́дповідь.

ántworten *vi, vt* 1) відповіда́ти; 2) реагува́ти.

ánvertrauen *відокр. і невідокр.* 1. *vt (j-m)* довіря́ти, звіря́ти; 2. **sich** ~ *(D)* довіря́тися *(кому)*, бу́ти відве́ртим *(з ким)*.

Ánverwandte *m, f* ро́дич, -ка.

ánwachsen* *vi (s)* 1) *(an A)* приро́ста́ти *(до чого)*; 2) зроста́ти, збі́льшуватися.

Ánwalt *m* -(e)s, ...wälte *або* -e 1) адвока́т, пові́рений; 2) захисни́к; прихи́льник.

Ánwaltschaft *f* -, -en адвокату́ра.

ánwärmen *vt* підігріва́ти.

Ánwärter *m* -s, - кандида́т, претенде́нт *(auf A, für A на що)*.

Ánwartschaft *f* -, -en 1) кандидату́ра, 2) пра́во (зая́вка, ви́ди) на поса́ду.

ánweisen* *vt* 1) наставля́ти, навча́ти, інструктува́ти; 2) нака́зувати, доруча́ти; 3) *(j-m)* признача́ти, дава́ти; j-m éine Arbeit ~ надава́ти кому́-н. робо́ту; j-m éinen Platz ~ да́ти кому́-н. мі́сце *(напр., в театрі)*.

Ánweisung *f* -, -en 1) інстру́кція, вказі́вка; 2) розпоря́дження, дору́чення; 3) (грошови́й) пере́каз; чек; о́рдер.

ánwendbar *adj* прида́тний.

ánwenden* *vt* застосо́вувати, вжива́ти, використо́вувати.

Ánwendung *f* -, -en застосува́ння, вжива́ння, викорис та́ння.

ánwerben* *vt* вербува́ти, набира́ти, найма́ти.

ánwesend *adj* прису́тній.

Ánwesenheit *f* - прису́тність, перебува́ння.

ánwidern *vt* виклика́ти огі́ду *(у кого)*; бу́ти огі́дним *(кому)*.

Ánwuchs *m* -es, ...wüchse 1) *тк. sg* прироста́ння, укорі́нення; 2) збі́льшення, при́ріст; 3) молода́ по́росль; 4) на́ріст, пухли́на.

ánwurzeln **1.** *vi (s)* пуска́ти корі́ння, укорі́нюватися; **2.** *vt* да́ти вкоріни́тися *(чому)*.

Ánzahl *f* - кі́лькість, число́.

ánzahlen *vt* дава́ти завда́ток; спла́чувати (пе́рший внесо́к).

Ánzahlung *f* -, -en завда́ток, пе́рший внесо́к.

Ánzeichen *n* -s, - озна́ка, прикме́та.

Ánzeige *f* -, -n 1) спові́щення, пові́домлення, зая́ва; 2) зая́ва вла́ді; ска́рга; доно́с; 3) оголо́шення *(в газеті)*.

ánzeigen *vt* 1) повідомля́ти; 2) доно́сити, заявля́ти.

ánziehen* 1. *vt* 1) одяга́ти; 2) притяга́ти; 3) прива́блювати, ціка́вити; 4) натяга́ти; підтяга́ти; 2. *vi* 1) *(s) розм.* наближа́тися; 2) *(h)* підніма́тися, рости́ *(здеб. про ціни)*; 3. **sich** ~ одяга́тися.

ánziehend *adj* прива́бливий, ціка́вий.

Ánziehung *f* -, -en 1) притяга́ння; 2) прива́бливість.

Ánzucht *f* - *с.г.* 1) виро́щування, розве́дення; 2) відгодо́вування.

Ánzug *m* -(e)s, ...züge 1) о́дяг,

костю́м *(чоловічий)*; 2) наближення.

ánzünden *vt* запа́лювати, розпа́лювати.

ánzweifeln *vt* сумніва́тися, бра́ти під су́мнів.

apárt *adj* оригіна́льний, ви́шуканий.

Apártheid [-hɛid] *f* - ра́сова сегрега́ція, апартеї́д.

Ápfel *m* **-s, Äpfel** я́блуко; *розм.* я́блуня.

Ápfel|baum *m* **-(e)s, ...bäume** я́блуня; **~saft** *m* **-(e)s, ...säfte** я́блучний сік.

Apfelsíne *f* **-, -n** апельси́н *(плід, дерево)*.

Apparát *m* **-(e)s, -e** 1) апара́т, при́лад; 2) апара́т, устано́ва, штат; 3) телефо́н.

Appéll *m* **-s, -e** 1) за́клик, звер́нення; 2) перекли́чка, збір, ліні́йка *(піонерська)*.

appellíren *vi* 1) *(an A)* зверта́тися *(до кого)*; 2) *юр.* подава́ти апеля́цію.

Appláus *m* **-es, -e** о́плески.

April *m* - *i* **-s, -e** кві́тень; ◊ j-n in den ~ schicken жартома́ обма́нювати кого́-н. пе́ршого кві́тня.

Ära *f* **-, Ären** е́ра, епо́ха.

Arabéske *f* **-, -n** арабе́ска, стилізо́ваний росли́нний орна́мент; *перен.* викрута́с.

Árbeit *f* **-, -en** 1) пра́ця, робо́та; 2) робо́та, твір.

árbeiten *vi* 1) працюва́ти, труди́тися; an etw. *(D)* ~ працюва́ти *(над чим)*; 2) функціонува́ти.

Árbeiter|bewegung *f* **-, -en** робітни́чий рух; **~fakultät** *f* **-, -en** робітни́чий факульте́т; **~klasse** *f* **-, -n** робітни́чий клас; **~partei** *f* **-, -en** робітни́ча па́ртія.

Árbeiterschaft *f* - робітники́; робітни́чий клас.

Árbeiter|siedlung *f* **-, -en** робітни́че се́лище; **~student** *m* **-en, -en** студе́нт, яки́й був робітнико́м до всту́пу у вуз.

Árbeitgeber *m* **-s, -** роботода́вець; підприє́мець.

árbeitsam *adj* працьови́тий, роботя́щий.

Árbeits|amt *n* **-(e)s, ...ämter** бі́ржа пра́ці; **~aufwand** *m* **-(e)s** затра́та пра́ці; **~buch** *n* **-(e)s, ...bücher** трудова́ кни́жка.

árbeits|fähig *adj* працезда́тний; **~frei** *adj* ві́льний від робо́ти; **~freudig** *adj* працелю́бний.

Árbeits|gemeinschaft *f* **-, -en** гурто́к; робо́ча гру́па *(об'єднана спільною метою)*; **~gesetzgebung** *f* - трудове́ законода́вство.

árbeitsintensiv *adj* трудомі́сткий.

Árbeits|konflikt *m* **-(e)s, -e** трудови́й конфлі́кт; **~kontrakt** *m* **-(e)s, -e** трудова́ уго́да; **~kraft** *f* **-, ...kräfte** 1) працезда́тність; 2) робо́ча си́ла *(люди, що виконують фізичну працю)*; **~leistung** *f* **-, -en** 1) продукти́вність пра́ці; 2) трудове́ дося́гнення; **~lohn** *m* **-(e)s, ...löhne** заробі́тна пла́та.

árbeitslos *adj* безробі́тний.

Árbeits|losigkeit *f* - безробі́ття; **~markt** *m* **-(e)s, ...märkte** ри́нок пра́ці; **~nachweis** *m* **-(e)s, -e** бі́ржа пра́ці; **~niederlegung** *f* **-, -en** припи́нення робо́ти; страйк; **~organisation** *f* - організа́ція пра́ці; **~platz** *m* **-es, ...plätze** 1) робо́че мі́сце; 2) мі́сце робо́ти, робо́та; **~produktivität** [-v-] *f* - продукти́вність пра́ці; **~prozeß** *m* **...zesses, ...zesse** трудови́й проце́с; **~recht** *n* **-(e)s, -e** *юр.* трудове́ пра́во; **~reserven** *pl* трудові́ резе́рви; резе́рви підви́щення продукти́вності пра́ці; **~schutz** *m* **-es** охоро́на пра́ці; **~streit** *m* **-(e)s, -e** трудови́й конфлі́кт; **~tag** *m* **-(e)s, -e** 1) робо́чий день; 2) *pl* бу́дні.

árbeitsunfähig *adj* непрацезда́тний.

Árbeits|vermittlung *f* **-, -en** посере́дництво при влаштува́нні на робо́ту; **~woche** *f* **-, -n** робо́чий ти́ждень; **~zeit** *f* **-, -en** робо́чий час.

archáisch *adj* да́вній, старови́нний, архаї́чний.

Archípel [-ç-] *m* **-s, -e** архіпела́г.

architektónisch [-ç-] *adj* архітекту́рний; архітектоні́чний, композиці́йний, структу́рний.

Areál *n* **-s, -e** про́стір, терито́рія.

Aréna *f* **-, ...nen** аре́на.

arg **1.** *adj* пога́ний, злий; **2.** *adv* зло; ду́же, си́льно, здо́рово.

Ärger *m* **-s** 1) гнів, доса́да; 2) неприє́мність, при́крість.

ärgerlich *adj* серди́тий, роздрато́ваний.

ärgern **1.** *vt* се́рдити, дратува́ти; **2. sich** ~ *(über A)* се́рдитися, зли́тися *(на кого, на що)*.

Ärgernis *n* **-ses, -se** 1) пору́шення норм мора́лі; 2) при́крість, доса́да; обу́рення.

árg|listig *adj* підсту́пний, лука́-

вий; ~los *adj* простоду́шний, дові́рливий.

Argumént *n* **-(e)s, -e** аргуме́нт, до́від, до́каз.

Árgwohn *m* **-(e)s** підо́зра, недові́ра.

árgwöhnen *невідокр. vt, vi* підо́зрювати, передчува́ти *(щось недобре)*.

arm *adj* 1) бі́дний *(an D на що)*, незамо́жний; 2) бі́дний, нещас́ний.

Arm *m* **-(e)s, -e** 1) рука́ *(від кисті до плеча)*; únter dem ~ під пахво́ю; j-m únter die ~e greifen допомогти́ кому́-н.; 2) рука́в *(річки)*; 3) ру́чка *(крісла)*; 4) рука́в *(сукні)*; 5) ва́жіль.

Árm|band *n* **-(e)s, ...bänder** брасле́т; **~binde** *f* **-, -n** пов'язка *(на руці)*.

Árme *m, f* бідня́к, бідня́чка.

Armée *f* **-, ...mé|en** а́рмія.

Arméeoberkommando *n* **-s, -s** штаб а́рмії, кома́ндування а́рмії.

Ärmel *m* **-s, -** рука́в.

Ärmelkanal *m* **-s** прото́ка Ла-Ма́нш.

ärmlich *adj* бі́дний, убо́гий, злиде́нний.

árm|los *adj* безру́кий, **~selig** *adj* убо́гий, жалюгі́дний.

Ármut *f*- бі́дність, убо́гість.

Ármvoll *m* **-, -** обере́мок.

Aróma *n* **-s, ...men** *або* **-s** 1) арома́т, па́хощі; 2) пря́нощі.

aromátisch *adj* арома́тний; запашни́й; пря́ний.

Arrést *m* **-(e)s, -e** 1) аре́шт; 2) аре́шт, о́пис, конфіска́ція *(майна)*.

arrogánt *adj* гордови́тий, зарозумі́лий, зухва́лий.

Art *f* **-, -en** 1) вид, рід, сорт; поро́да; 2) *тк. sg* спо́сіб; мане́ра; хара́ктер, вда́ча; auf diese ~ (und Wéise) таки́м чи́ном.

árten 1. *vi (s) (nach D)* уда́тися *(в кого)*, бу́ти схо́жим *(на кого)*; **2.** *vt:* die Natúr hat den Ménschen so geártet приро́да створи́ла люди́ну тако́ю.

ártig *adj* слухня́ний, че́мний, ввічли́вий.

Artíkel *m* **-s, -** 1) това́р; 2) стаття́, до́пис *(в газету)*; 3) *грам.* арти́кль.

artikulíeren *vt фон.* артикулюва́ти, вира́зно вимовля́ти.

Arznéi *f* **-, -en** лі́ки, медикаме́нти.

Arzt *m* **-es, Ärzte** лі́кар.

ärztlich *adj* лі́карський; меди́чний.

As *n* **-ses, -se** 1) ма́йстер сво́єї спра́ви, ас; 2) туз *(у картах)*.

ásch|bleich *adj* бліди́й; **~blond** *adj* попеля́стий.

Ásche *f* **-, -n** по́піл, зола́, по́рох.

Áschen|becher *m* **-s, -** попі́льниця; **~brödel** *n* **-s, -** попелю́шка.

áschgrau *adj* попеля́сто-сі́рий; *перен.* безра́дісний, моното́нний.

askétisch *adj* аскети́чний.

asoziál *adj* антигрома́дський, воро́жий суспі́льству.

Aspékt *m* **-(e)s, -e** 1) аспе́кт, то́чка зо́ру; 2) *грам.* вид (дієсло́ва).

Aspháltpresse *f* **-** бульва́рна пре́са.

Ast *m* **-(e)s, Äste** сук, гі́лка.

Ästhétik *f* -есте́тика.

Asyl *n* **-s, -e** приту́лок, схо́вище.

Asýlrecht *n* **-(e)s, -e** пра́во приту́лку.

Atelier [-'lie:] *n* **-s, -s** ателье́, сту́дія, майсте́рня.

Átem *m* **-s** ди́хання, дух; den ~ ánhalten затамо́вувати по́дих; áußer ~ kómmen задиха́тися; zu ~ kómmen перевести́ дух.

Átembeschwerden *pl* заді́шка, я́ду́ха.

átemlos *adj* задиха́ний, захе́каний.

Átem|not *f* **-** заді́шка, яду́ха; **~pause** *f* **-** переди́шка; **~zug** *m* **-(e)s** вдих, вдиха́ння; *pl* **...züge** ди́хання; in éinem ~ одни́м ма́хом (ду́хом).

Äther *m* **-s** ефі́р.

Athlétik *f* **-** (легка́) атле́тика.

átmen *vi* ди́хати; durch die Náse ~ ди́хати но́сом.

Átmung *f* **-, -en** ди́хання.

Atóm *n* **-s, -e** а́том.

atomár *adj* атома́рний; а́томний.

Atóm|bombe *f* **-, -n** *(скор.* A.-Bombe*)* а́томна бо́мба; **~bomber** *m* **-s, -** а́томний бомбардува́льник; **~brennstoff** *m* **-(e)s** а́томне (я́дерне) па́ливо; **~energie** *f* **-** а́томна ене́ргія; **~eisbrecher** m -s, - а́томний кригола́м; **~kern** *m* **-s, -e** а́томне я́дро; **~kontrolle** *f* **-** контро́ль за а́томною збро́єю; **~kraft** *f* **-** а́томна (я́дерна) ене́ргія; **~kraftwerk** *n* **-(e)s, -e** а́томна електроста́нція; **~krankheit** *f* **-** промене́ва хворо́ба; **~spaltung** *f* **-** розще́плення а́тома; **~sperrvertrag** *m* **-(e)s** уго́да (до́говір) про непоши́рення а́томної збро́ї; **~test** *m* **-es, -e** випро́бування а́томної збро́ї.

Atómteststopp *m* припи́нення випро́бувань а́томної збро́ї.

Atóm|versuch *m* **-(e)s, -e** випро́бування а́томної (я́дерної) збро́ї; **~waffe** *f* **-, -n** а́томна (я́дерна) збро́я.
Attentát *n* **-(e)s, -e** 1) за́мах, політи́чне вби́вство; ein ~ auf j-n begéhen (verüben) роби́ти за́мах на ко́го-н.; 2) посяга́ння *(auf A на що)*.
Attést *n* **-es, -e** посві́дчення, свідо́цтво, атеста́т; (меди́чна) до́відка.
Attestatión *f* **-, -en** атеста́ція.
attraktív *adj* прива́бливий; милови́дний, гарне́нький.
Attribút *n* **-(e)s, -e** 1) власти́вість, атрибу́т; 2) *грам.* озна́чення.
ätzen *vt* трави́ти; роз'їда́ти.
auch *cj* тако́ж, теж, і; ~ wenn хоча́ й; wie dem~ sei як би то не було́.
auf 1. *prp* 1) *(D) вказує на місцеперебування (де?):* на, в, за; ~ dem Tisch líegen лежа́ти на столі́; ~ dem Lánde за мі́стом; на селі́; ~ dem Wége в доро́зі; 2) *(A) вказує на напрямок (куди?):* ~ den Tisch légen кла́сти на стіл; ~s Land zíehen переї́хати за мі́сто (на село́); 3) *(A) вказує на час, строк:* на, до; ~ Wiedersehen! до поба́чення!; ein Viertel ~ eins чверть на пе́ршу; 4) *(A) вказує на послідовність у часі:* за; Stúnde ~ Stúnde vergeht прохо́дить годи́на за годи́ною; 5) *вказує на спосіб дії:* ~ díese Wéise таки́м чи́ном; ~ den érsten Blick з пе́ршого по́гляду; ~ ukraínisch по-украї́нському; **2.** *adv* 1) вго́ру, туди́; ~ und ab вго́ру і вниз; впере́д і наза́д; ~! вста́ти!; 2) відчи́нено *(напис на чому-н.)*; die Tür ist ~ две́рі відчи́нені.
áufatmen *vi* (поле́гшено) зітхну́ти.
Áufbau *m* **-(e)s, -ten** 1) *тк. sg* побудо́ва, будівни́цтво; ~ des Sozialismus побудо́ва соціалі́зму; 2) *тк. sg* будо́ва, констру́кція, компози́ція; 3) надбудо́ва.
áufbauen 1. *vt* 1) будува́ти, споруджува́ти; відбудо́вувати; 2) надбудо́вувати; **2.** *vi* **i sich** ~ *(auf D)* грунтува́тися, базува́тися *(на чому)*.
Áufbau|möbel *pl* секці́йні ме́блі; **~schicht** *f* - доброві́льна пра́ця на відбудо́ві, субо́тник.
áufbewahren *vt* зберіга́ти.
Áufbewahrung *f* - зберіга́ння; ка́мера (мі́сце) зберіга́ння.
áufbiegen* *vt* розгина́ти; загина́ти догори́.
áufbinden* *vt* 1) розв'я́зати; підв'я́зувати; 2) нав'я́зувати *(товар тощо)*.
áufblasen* *vt* надува́ти, роздува́ти.
áufblicken *vi* погля́нути вго́ру, підве́сти о́чі (по́гляд).
áufblühen *vi (s)* розцвіта́ти, розпуска́тися.
áufbrausen *vi (s, h)* зашумі́ти, забушува́ти, скипі́ти гні́вом, розлютува́тися.
áufbrechen* 1. *vt* 1) зла́мувати; 2) ора́ти *(землю)*; 2. *vi (s)* 1) розкрива́тися; скреса́ти, прорива́ти; 2) виявля́тися; 3) вируша́ти.
áufbrennen* 1. *vi (s)* загоря́тися, спала́хувати; 2. *vt* спа́лювати; випа́лювати *(знак, тавро)*.
áufbringen* *vt* 1) дістава́ти, здобува́ти; 2) пуска́ти в о́біг; 3) се́рдити, виво́дити з се́бе, роздрато́вувати.
Áufbruch *m* **-(e)s, ...brüche** відпра́влення, ви́ступ, вируша́ння, від'ї́зд.
áufbrühen *vt* зава́рювати *(чай тощо)*.
áufdecken 1. *vt* 1) накрива́ти стіл *(чим)*; стели́ти *(скатерть)*; 2) відкрива́ти, виявля́ти; 2. *vi* накрива́ти на стіл.
áufdrängen 1. *vt* нав'я́зувати; 2. **sich** ~ 1) *(D)* набива́тися; 2) напро́шуватися *(про думку, питання)*.
áufdrehen *vt* 1) відкру́чувати; 2) заво́дити *(годинник, механічну іграшку)*.
áufdringen* *vt (j-m)* нав'я́зувати *(кому що)*.
áufdringlich *adj* невідче́пний, нахабний, наха́бний.
áufdrücken *vt* 1) натиска́ти, нада́влювати; 2) відчиня́ти (нати́скуючи).
aufeinánder *pron rez* оди́н на одного; оди́н за о́дним.
Aufeinánderfolge *f* **-, -n** послідо́вність.
Áufenthalt *m* **-(e)s, -e** перебува́ння; місцеперебува́ння; зупи́нка, за́тримка.
áuferstehen* *vi (s)* воскреса́ти, ожива́ти.
áufessen* *vt* з'їда́ти, доїда́ти.
áuffahren* *vi (s)* 1) схо́плюватися; 2) скипі́ти, розлюти́тися; 3) виї́жджати; 4) *(auf A)* наї́жджа́-

ти *(на що)*.

Áuffahrt *f* **-, -en** в'їзд; під'їзд; підйо́м.

áuffallen* *vi (s)* 1) впада́ти в о́чі, приверта́ти до се́бе ува́гу; 2) па́дати *(на що)*.

áuffallend, áuffällig *adj* разю́чий, незвича́йний, яки́й впада́є в о́чі.

áuffangen* *vt* підхо́плювати; зупиня́ти, затри́мувати; перехо́плювати *(листи, погляд)*.

áuffassen *vt* 1) розумі́ти, сприйма́ти, схо́плювати; 2) сприйма́ти, тлума́чити.

Áuffassung *f* **-, -en** 1) *тк. sg* тямý́щість, кмітли́вість; 2) розумі́ння; ду́мка; то́чка зо́ру, по́гляд.

áufflammen *vi (s)* запа́люватися, спала́хувати.

áuffliegen* *vi (s)* 1) злiта́ти; 2) вибуха́ти, злiта́ти в пові́тря; *перен.* зрива́тися, прова́люватися.

áuffordern *vt (zu D)* запро́шувати, заклика́ти.

Áufforderung *f* **-, -en** запро́шення; вимо́га; ви́клик.

áuffrischen *vt* підновля́ти; освіжа́ти; обновля́ти.

áufführen 1. *vt* 1) спору́джувати, будува́ти; 2) ста́вити, вико́нувати; 3) наво́дити; цитува́ти; 2. **sich ~** пово́дитися.

Áufführung *f* **-, -en** 1) зве́дення, спору́дження, будува́ння; 2) поста́новка, викона́ння *(на сцені)*; 3) наве́дення *(цитати)*.

Áufgabe *f* **-, -n** 1) завда́ння; уро́к; 2) зада́ча, при́клад; 3) *тк. sg* зда́ча, відпра́влення; 4) *тк. sg* (доброві́льне) відмо́влення, капітуля́ція.

Áufgang *m* **-(e)s, ...gänge** 1) підйо́м, схо́дження; 2) підйо́м, схо́ди; 3) *тк. sg* схід *(сонця тощо)*.

áufgeben* *vt* 1) (за)дава́ти *(урок)*; доруча́ти; 2) здава́ти, відправля́ти *(листи, багаж)*; 3) відмовля́тися *(від чого)*; капітулюва́ти; втрача́ти *(надію)*.

áufgeblasen *adj* бундю́чний, гордови́тий, самовдово́лений.

Áufgebot *n* **-(e)s, -e** 1) оголо́шення *(про одруження)*; 2) наря́д *(поліції, військ)*; 3) únter (mit) ~ áller Kräfte з усіє́ї си́ли; напру́жуючи всі си́ли.

áufgebracht *adj* серди́тий, роздрато́ваний.

áufgedunsen *adj* розпу́хлий, набря́клий.

áufgehen* *vi (s)* 1) схо́дити, підніма́тися; 2) пророста́ти; 3) заро́джуватися, виника́ти; 4) відчиня́тися, розкрива́тися *(тж. перен.)*; 5) *мат.* діли́тися без оста́чі; 6) витрача́тися; 7) *(in D)* розчиня́тися *(у чому; тж. перен.)*; in (Rauch und) Flámmen ~ згоря́ти; in séiner Árbeit ~ з голово́ю пори́нути в робо́ту.

áufgeklärt *adj* осві́чений; вільноду́мний; без забобо́нів.

áufgelegt *adj* 1): zu etw. *(D)* ~ sein бу́ти схи́льним до чо́го-н.; 2): das ist ein ~er Schwíndel *розм.* це я́вний обма́н.

áufgeregt *adj* схвильо́ваний.

áufgeschlossen *adj* 1) чу́йний, товари́ський; 2) заціка́влений; ein polítisch ~er Árbeiter політи́чно свідо́мий робітни́к.

áufgießen* *vt* налива́ти; насто́ювати, зава́рювати *(чай, каву тощо)*.

áufglänzen *vi (h, s)* craся́яти, заблища́ти.

áufgraben* *vt* розко́пувати, розрива́ти.

Áufguß *m* **...gusses, ...güsse** насті́й, зава́рка.

áufhaben* *vt* 1) ма́ти на собі *(про головний убір)*; 2) ма́ти завда́ння; 3) ма́ти відкри́ти, відчи́неним.

áufhalten* 1. *vt* 1) затри́мувати, зупиня́ти; стри́мувати; 2) трима́ти відкри́тим, відчи́неним; 2. **sich ~** 1) затри́муватися *(з чим)*; 2) перебува́ти; 3) *(über A)* обу́рюватися *(чим)*.

áufhängen* 1. *vt* ві́шати; підві́шувати; розві́шувати; 2. **sich ~** пові́ситися.

áufhäufen 1. *vt* склада́ти доку́пи; нагрома́джувати; 2. **sich ~** нагрома́джуватися, набира́тися.

áufheben* *vt* 1) підніма́ти; 2) скасо́вувати, відміня́ти; 3) зберіга́ти, хова́ти, берегти́.

Áufhebung *f* **-** 1) підняття́, схо́дження *(на гору)*; 2) скасува́ння, ліквіда́ція; зни́щення; усу́нення.

áufheitern 1. *vt* розвеселя́ти; 2. **sich ~** розвеселя́тися; проясня́тися.

áufhelfen* *vi (D)* 1) допомага́ти *(кому)* ста́ти на но́ги *(тж. перен.)*; 2) поправля́ти, підправля́ти, поліпшувати.

áufhetzen *vt* 1) *(zu D)* підбу́рювати *(на що)*; 2) *(gegen A)* наць́ковувати *(на кого)*.

áufholen *vt* доганя́ти; надолу́жувати *(прогаяне)*.
áufhorchen *vi* прислуха́тися; насторо́жуватися.
áufhören *vi* перестава́ти, припиня́тися, закі́нчуватися.
áufkaufen *vt* скупо́вувати, закупо́вувати; заготовля́ти.
áufkeimen *vi (s)* пророста́ти; *перен.* заро́джуватися.
áufklären 1. *vt* 1) з'ясо́вувати; 2) *(j-n über A)* інформува́ти *(кого про що)*; 3) агітува́ти; 4) *військ.* розві́дувати; **2. sich** ~ проясня́тися *(здеб. про погоду)*; з'ясо́вуватися *(про непорозуміння)*.
Áufklärer *m* **-s, -n** 1) *військ.* розві́дник; 2) агіта́тор.
Áufklärung *f* **-** 1) з'ясува́ння; 2) *(über A)* роз'я́снення, інформува́ння; 3) агіта́ція; 4) *військ.* ро́звідка; 5) *іст.* доба́ просвіти́тельства.
Áufklärungs|arbeit *f* **-, -en** роз'я́снювальна робо́та; **~dienst** *m* **-es** *військ.* ро́звідка; **~flug** *m* **-(e)s, ...flüge** розві́дувальний полі́т; **~lokal** *n* **-s, -e** агітпу́нкт; **~zeit** *f* **-** доба́ просвіти́тельства.
áufkleben *vt* накле́ювати; розкле́ювати.
áufklingen* *vi (s, h)* зазвуча́ти, залуна́ти.
áufknöpfen* *vt* розстіба́ти.
áufkochen *vt* 1) закип'яти́ти; 2) прокип'яти́ти.
áufkommen* *vi (S)* 1) підніма́тися; 2) поправля́тися, виду́жувати; 3) виника́ти, з'явля́тися; 4) *(für A)* відшкодо́вувати, опла́чувати.
áufladen* *vt* наванта́жувати, ванта́жити *(товар, вагон)*.
Áuflage *f* **-, -n** 1) вида́ння; 2) тира́ж *(книжки, газети)*; 3) пла́нове завда́ння; ліміт *(матеріалів, електроенергії)*.
áuflasten *vt (j-m)* зва́лювати *(що на кого)*; наванта́жувати; *перен.* звинува́чувати *(кого в чому)*.
áuflauern *vi (D)* підстеріга́ти.
áuflaufen* *vi (s)* 1) опуха́ти; 2) нагрома́джуватися, рости́ *(про борги, проценти)*; 3) *с. г.* пророста́ти, схо́дити; 4) *(auf A) мор.* сісти на мілину́; наско́чити *(на що)*.
áufleben *vi (s)* ожива́ти, відро́джуватися.
áuflegen *vt* 1) кла́сти, наклада́ти; 2) видава́ти, випуска́ти *(книжку)*.
áuflehnen 1. *vt* прихиля́ти; **2. sich** ~ 1) спира́тися, прихиля́тися; 2) *(gegen A)* повстава́ти, протестува́ти *(проти чого)*; чини́ти о́пір *(кому, чому)*.
Áuflehnung *f* **-, -en** о́пір, проте́ст.
áuflesen* *vt* підбира́ти, збира́ти.
áufleuchten *vi (h, s)* спала́хувати; засві́чуватися; заблискоті́ти.
áufliegen* *vi* 1) *(auf D)* лежа́ти *(на чому)*; 2) *(D)* бу́ти дору́ченим *(кому)*.
áuflockern 1. *vt* розпу́шувати *(землю)*; розв'я́зувати, послабля́ти *(вузол)*; **2. sich** ~ слабі́ти, розсла́блюватися, розпу́шуватися.
áuflodern, áuflohen *vi (s)* спала́хувати, загоря́тися, запала́ти.
áuflösen 1. *vt* 1) розв'я́зувати, розплу́тувати, розпліта́ти *(коси)*; розв'я́зувати, *(питання, задачу)*, 3) розчиня́ти; 4) розпуска́ти, ліквідува́ти; розрива́ти *(угоду)*; **2. sich** ~ розчиня́тися; розпада́тися.
áufmachen 1. *vt* 1) *розм.* відкрива́ти, відчиня́ти; 2) оформля́ти, надава́ти пе́вного ви́гляду; **2. sich** ~ збира́тися в доро́гу.
Áufmachung *f* **-, -en** офо́рмлення, зо́внішній ви́гляд.
Áufmarsch *m* **-es, ...märsche** демонстра́ція, пара́д.
áufmerksam *adj* 1) ува́жний; 2) люб'я́зний, вві́чливий, послу́жливий.
Áufmerksamkeit *f* **-, -en** 1) *тк. sg* ува́га; j-s ~ auf sich *(A)* zíehen приверта́ти до се́бе чию́-н. ува́гу; j-m, éiner Sáche *(D)* ~ schénken приділя́ти кому́-н., чому́-н. ува́гу; 2) ува́жність, люб'я́зність; 3) (мале́нький) подару́нок.
áufmuntern *vt* 1) підбадьо́рювати; 2) *(zu D)* заохо́чувати *(до чого)*.
Áufnahme *f* **-, -n** 1) *тк. sg* прийо́м, прийняття́; 2) *тк. sg* сприйняття́, засво́єння; 3) зніма́ння, зйо́мка; 4) *тк. sg* поча́ток *(роботи)*, відно́влення *(процесу)*; 5) прийма́льня.
Áufnahme|antrag *m* **-(e)s, ...träge** зая́ва про прийняття́ *(в організацію)*; **~fähigkeit** *f* **-, -en** 1) сприйня́тливість; 2) мі́сткість; **~gebühr** *f* **-, -en** вступни́й вне́сок; **~gerät** *n* **-es, -e** звукозапи́суюча апарату́ра; **~konsultation** *f* **-, -en** співбе́сіда (під час всту́пу до ву́зу); **~prüfung** *f* **-, -en** вступни́й і́спит.

áufnehmen* *vt* 1) піднімáти; 2) приймáти; 3) вміщáти; засвóювати; 4) знімáти, запúсувати *(на плівку)*; 5) починáти, понóвлювати.

áufnötigen *vt* *(j-m)* нав'язувати *(що кому)*.

áufopfern 1. *vt* жéртвувати; 2. **sich** ~ *(für A)* жéртвувати собóю *(для кого, чого)*.

Aufopferung *f* -, **-en** самопожéртва.

áufopferungs|fähig *adj*, **~voll** *adj* самовíдданий.

áufpacken *vt* 1) навантáжувати; навáлювати; 2) розпакóвувати.

áufpassen *vi* 1) бýти увáжним, увáжно слýхати (дивúтися, стéжити); 2) *(auf A)* доглядáти *(кого)*, наглядáти *(за ким, чим)*.

áufprägen *vt* викарбóвувати; *перен.* накладáти відбúток.

Áufprall *m* **-(e)s** *(auf A)* удáр; зíткнення *(з чим)*.

áufprallen *vi (s)* *(auf A)* наштóвхуватися, натикáтися *(на що)*.

Áufputz *m* **-es** вбрáння, нарúд; (зóвнішнє) офóрмлення.

áufputzen *vt* вбирáти; прикрашáти.

áufquellen* *vi (s)* розбухáти; набрякáти.

áufräumen *vt* прибирáти, навóдити порядок.

áufrecht 1. *adj* 1) прямúй *(вертикальний)*; 2) прямúй, чéсний, відвáжний; 2. *adv* прямо, вертикáльно; den Korf ~ hálten 1) тримáти гóлову вúсоко; 2) не втрачáти мýжності.

áufrecht|erhalten* *відокр.* *vt* підтрúмувати, зберігáти (сúлу).

áufregen 1. *vt* хвилювáти, збýджувати; 2. **sich** ~ *(über A)* хвилювáтися, збýджуватися, нервувáтися *(через що)*.

áufregend *adj* хвилюючий, захóплюючий.

Áufregung *f* -, **-en** 1) хвилювáння, збýдження; 2) суєтá, переполóх.

áufreiben* *vt* 1) розтирáти *(шкіру до крові)*; стирáти; 2) виснáжувати, вимóтувати; 3) *військ.* знúщувати.

áufreißen I 1. *vt* 1) розривáти, роздирáти; 2) розчахнýти двéрі; 2. *vi (s)* розривáтися, лóпатися; 3. **sich** ~ розчинятися нáвстіж; рвýчко піднімáтися.

áufreißen* II *vt* 1) крéслити; 2) змальóвувати *(перспективу)*.

áufrichten 1. *vt* 1) піднімáти *(того, що впав)*; 2) піднімáти дух, підбадьóрювати; 3) спорýджувати, стáвити; 2. **sich** ~ 1) піднімáтися, випрямлятися; 2) набирáтися дýху.

áufrichtig 1. *adj* щúрий, відвéртий; 2. *adv* щúро, відвéрто; ~ geságt відвéрто кáжучи.

Áufrichtigkeit *f* - щúрість, відвéртість.

áufriegeln *vt* відмикáти, відсувáти зáсув.

Aufriß *m* **...risses, ...risse** 1) крéслення, план; 2) фасáд, вид спéреду; 3) нáрис,

áufrollen *vt* 1) розгортáти, розмóтувати; 2) згортáти.

Áufruf *m* **-(e)s, -e** 1) переклúчка; збір; 2) відóзва, зáклик.

áufrufen* *vt* 1) викликáти, робúти переклúчку; 2) закликáти.

Áufruhr *m* **-(e)s, -e** 1) хвилювáння, зворýшення; 2) зáколот, бунт, повстáння.

Áufrührer *m* **-s, -** заколóтник, бунтівнúк.

áufrunden *vt* заокрýглювати *(в більший бік — про число)*.

áufrüsten *vi* озбрóюватися.

Áufrüstung *f* -, **-en** озбрóєння, збільшення (гóнка) озбрóєнь.

áufrüttelnd *adj* приголóмшливий, разючий.

áufsagen *vt* 1) розкáзувати напáм'ять; 2) відмовляти, звільняти.

áufsässig *adj* 1) упéртий, неслухняний; 2) непокíрний, бунтівнúй.

Áufsatz *m* **-es, ...sätze** 1) твір, стаття; 2) нáсадка, пристáвка.

áufsaugen* *vt* убирáти, всмóктувати, поглинáти.

áufschichten 1. *vt* клáсти шарáми, нашарóвувати; 2. **sich** ~ нашарóвуватися, напластóвуватися.

áufschießen* *vi (s)* 1) швúдко рости, піднімáтися; 2) злітáти.

Áufschlag *m* **-(e)s, ...schläge** 1) удáр; *військ.* влýчення, вúбух; 2) обшлáг, вилóга; 3) підвúщення (цінú); нáцінка.

áufschlagen* 1. *vt* 1) розбивáти; 2) відкривáти, розкривáти; 3) розпинáти *(намет)*; 4) підвúщувати *(ціни)*; 2. *vi (s)* 1) *(auf A)* ударяти(ся); 2) здіймáтися вгóру *(про полум'я)*; 3) дорóжчати.

áufschließen* 1. *vt* 1) відмикáти, відчиняти; 2) *(j-m)* розкривáти, пояснювати; 3) *геол.* розвíдувати; 4) *хім.* розчиняти; 2. **sich** ~

розпускáтися, розцвітáти.

Áufschluß *m* **...schlusses, ...schüsse** 1) *тк. sg* відмикáння; 2) *геол.* рóзвідка; 3) поя́снення, роз'я́снення.

áufschlußreich *adj* показóвий, повчáльний; цікáвий, змістóвний.

áufschneiden* **1.** *vt* 1) розрíзувати, відкривáти *(ножем)*; 2) нарізáти *хліб, ковбасу)*; **2.** *vi (s)* хвáстати(ся); розповідáти небилиці, перебíльшувати.

áufschnellen *vi (s)* схóплюватися; злітáти вгóру.

Áufschnitt *m* **-(e)s** 1) рóзріз, зріз; *перен.* прóба; 2) порíзана шматóчками ковбасá (шинка, м'ясо).

áufschnüren *vt* розв'я́зувати, розшнурóвувати.

áufschrauben *vt* 1) нагви́нчувати; 2) розгви́нчувати.

áufschrecken **1.** *vt* (з)лякáти, сполóхувати; **2.*** *vi (s)* лякáтися.

Áufschrei *m* **-(e)s, -e** крик, ви́гук.

áufschreiben* *vt* записувати; відмічáти.

áufschreien* *vi* скрикувати; закричáти.

Áufschrift *f* **-, -en** 1) нáпис; загóловок; 2) адрéса.

Áufschub *m* **-(e)s, ...schübe** відстрóчка.

áufschütteln *vt* стру́шувати, збóвтувати.

áufschütten *vt* насипáти; засипáти, завантáжувати *(зерно, вугілля)*.

áufschwellen **1.** *vt* здувáти, роздувáти; **2.*** *vi (s)* опухáти, набрякáти; *перен.* нарострáти, посилюватися.

áufschwemmen *vt* 1) нанóсити, намивáти; 2) сплавля́ти *(ліс)*.

áufschwingen* **1.** *vt* змáхувати *(чим)*; **2.** **sich ~** 1) здіймáтися, піднóситися; 2) *(zu D)* досягáти, здобувáти; 3) *(zu D)* звáжуватися *(на що)*.

Áufschwung *m* **-(e)s, ...schwünge** зліт; піднéсення; пори́в.

áufsehen* *vi* 1) (по)диви́тися (гля́нути) вгóру; звóдити óчі *(до неба)*; 2) *(zu D)* поважáти, шанувáти *(кого)*.

Áufsehen *n* **-s** 1) сенсáція, збу́дження *(викликане чимось незвичайним)*; 2) увáга.

Áufseher *m* **-s, -, ~in** *f* **-, -nen** наглядáч, -ка.

áufsein* *vi (s) розм.* 1) не спáти; 2) бу́ти відчи́неним.

áufsetzen **1.** *vt* 1) надівáти *(на голову, на обличчя)*; 2) стáвити *(на вогонь, на землю)*; 3) саджáти пря́мо *(хворого)*; **2.** *vi* приземлюватися; 3. **sich ~** сідáти, підвóдитися *(в ліжку тощо)*.

Áufsicht *f* **-, -en** 1) *тк. sg* нáгляд, контрóль; дóгляд; 2) *тк. sg* черговий *(по станції, у читальному залі)*; 3) вид звéрху, план.

Áufsichtsbehörde *f* **-, -n** інспéкція, óрган нáгляду.

áufsichtslos *adj* бездóглядний.

áufsitzen* *vi* 1) *(s)* сідáти *(на коня, велосипед)*; 2) *(h)* не лягáти спáти; die Nacht~ просидіти цíлу ніч; 3) *(h)* сидíти в лíжку.

áufspalten* **1.** *vt* розкóлювати, розщéплювати; **2.** *vi (s) i* **sich ~** розкóлюватися, трíскатися, розщéплюватися.

áufspannen *vt* натягáти, розтягáти.

áufsparen *vt* зберігáти, нагромáджувати; відкладáти *(гроші)*.

áufspeichern **1.** *vt* нагромáджувати; **2.** **sich ~** нагромáджуватися, набирáтися.

áufsplittern *vt* розщéплювати; дроби́ти.

áufsprengen *vt* вилáмувати *(двері, вікно)*.

áufspringen* *vi (s)* 1) *(von D)* схóплюватися *(з місця)*; 2) *(auf A)* ускáкувати, стрибáти *(у трамвай тощо)*; 3) раптóво виникáти; 4) розкривáтися *(раптово)*; 5) трíскатися.

áufspritzen **1.** *vi (s)* бри́зкати (вгóру); **2.** *vt* оббри́зкувати; поливáти.

áufspüren *vt* розшу́кувати; вистéжувати.

áufstacheln *vt (zu D)* підбу́рювати *(на що)*; *(gegen A)* нацькóвувати *(на кого)*.

Áufstand *m* **-(e)s, ...stände** повстáння, зáколот.

áufständisch *adj* повстáлий; повстáнський; бунтівни́й.

áufstapeln *vt* складáти (штабеля́ми); нагромáджувати.

áufstauen **1.** *vt* загáчувати *(воду)*; **2.** **sich ~** створювати затóр *(криги)*; скýпчуватися.

áufstecken *vt* 1) підкóлювати; 2) настрóмлювати; 3) *розм.* відмовля́тися *(від чого)*.

áufstehen* *vt* 1) *(s)* вставáти, піднімáтися; 2) *(s)* *(gegen A, wider A)* повставáти *(проти кого, чого)*.

áufsteigen* *vi (s)* 1) *(auf A)* під-

німáтися; сідáти *(напр., у вагон)*; 2) схóдити *(про сонце, місяць)*; діставáти підви́щення.

áufstellen 1. *vt* 1) стáвити, установлювати; розставля́ти; 2) складáти, розробля́ти; 3) висувáти *(кандидата)*; **2. sich ~** шикувáтися.

Áufstellung *f* **-, -en** 1) устанóвка; монтáж; 2) висувáння; 3) *військ.* розташувáння, формувáння; 4) спи́сок; коштóрис, рахýнок.

Áufstieg *m* **-(e)s, -e** 1) підйóм, схóдження; 2) підйóм, зліт; 3) рóзквіт, рóзвиток.

áufstören *vt* сполóхати, розтривóжити; підня́ти, розбуди́ти.

áufstoßen* 1. *vt* відчиня́ти пóштовхом; **2.** *vi* 1) *(s)* *(auf A)* натикáтися, наштóвхуватися *(на що)*; 2) *(h)* броди́ти *(про вино)*; 3) *(s)* трапля́тися.

áufstreben *vi* 1) піднімáтися; рости́; 2) піднóситися, височíти.

áufstreichen* *vt* *(auf A)* намáзувати *(на що)*; нанóсити *(фарбу)*.

Áufstrich *m* **-(e)s, -e** 1) *тк. sg* те, що намáзують на хліб, коли́ рóблять бутербрóди *(масло, повидло)*; Brot óhne ~ хліб без нічóго; 2) тонкá ри́ска.

áufsuchen *vt* 1) відшýкувати; 2) відвíдувати, захóдити *(до кого)*.

Áuftakt *m* **-(e)s, -e** 1) *муз.* затáкт, вступ; 2) початóк, почи́н.

áuftanken 1. *vt* заправля́ти *(пальним)*; **2.** *vi* заправля́тися *(пальним)*.

áuftauchen *vi* *(s)* 1) випливáти, виринáти; 2) (раптóво) з'явля́тися, виникáти.

áuftauen 1. *vi* *(s)* тáнути, відтавáти; **2.** *vt* розморóжувати.

áufteilen *vt* (по)діли́ти, розділи́ти.

Áufteilung *f* **-, -en** пóділ, розділення; розпóділ.

Áuftrag *m* **-(e)s, ...träge** дорýчення, завдáння; замóвлення.

áuftragen* *vt* 1) подавáти на стіл; 2) *(j-m)* доручáти *(кому що)*; 3) нанóсити, накладáти *(фарбу)*.

áuftreiben* *vt* 1) піднімáти, роздувáти; 2) діставáти, роздобувáти.

áuftrennen *vt* розпóрювати.

áuftreten* *vi* *(s)* 1) (на)ступáти; 2) повóдитися; 3) виступáти *(здеб. на сцені)*; 4) виникáти, з'явля́тися; трапля́тися.

Áuftreten *n* **-s** 1) поведíнка; 2) ви́ступ *(публічний, на сцені)*; 3) ви́никнення, поя́ва.

Áuftritt *m* **-(e)s, -e** 1) ви́ступ, ви́хід *(на сцену)*; 2) я́ва, сцéна *(у п'єсі)*; 3) *перен.* сцéна, сýтичка; 4) при́ступка, схíдець.

áuftrocknen 1. *vt* висýшувати, витирáти; **2.** *vi* *(s)* висихáти, сóхнути.

áuftun* 1. *vt* відкривáти, розкривáти; **2. sich ~** відкривáтися.

áuftürmen 1. *vt* нагромáджувати; **2. sich ~** громáдитися, здіймáтися.

áufwachen *vi* *(s)* прокидáтися, просипáтися.

áufwachsen* *vi* *(s)* вирост́ати, підростáти.

Áufwand *m* **-(e)s** (надмірні) ви́трати; марнотрáтство.

áufwärmen 1. *vt* підігрівáти; **2. sich ~** грíтися; *спорт.* роби́ти розми́нку.

áufwärts *adv* вгóру, нагóру.

Áufwärtsentwicklung *f* **-** (поступáльний) рóзвиток; підйóм; прогрéс; зростáння; збільшення.

áufwärtsgehen* *vi* *(s)* полíпшуватися.

Áufwartung *f* **-, -en** 1) прислугóвування, (домáшнє) обслугóвування; 2) прáця (нахóжої) хáтньої робітни́ці; 3) візи́т.

áufwaschen* *vt* ми́ти *(посуд)*, витирáти *(підлогу)*.

áufwecken *vt* (роз)буди́ти; *перен.* оживля́ти.

áufweichen 1. *vt* розм'я́кшувати, розмóчувати; **2.** *vi* *(s)* розмокáти, розм'я́кшуватися.

áufweisen* *vt* 1) покáзувати, пред'явля́ти; 2) мáти, виявля́ти.

áufwenden* *vt* витрачáти, вживáти.

áufwerfen* *vt* 1) викóпувати; 2) насипáти *(насип тощо)*; 3) *перен.* порýшувати питáння; 4) ши́роко розчиня́ти, розчáхувати *(вікно)*.

áufwickeln *vt* 1) намóтувати; 2) розмóтувати, розгортáти.

áufwiegeln *vt* підбýрювати; підбивáти *(кого на що)*.

áufwiegen* *vt* урівновáжувати; компенсувáти, відшкодóвувати.

Áufwiegler *m* **-s, -** підбýрювач; заколóтник.

áufwinden* *vt* 1) намóтувати; 2) піднімáти лебідкою.

áufwirbeln 1. *vt* здіймáти *(куряву)*; крути́ти *(вихором)*; **2.** *vi* здіймáтися, крути́тися ви́хором *(про куряву, сніг)*.

áufwischen *vt* стирáти, витирáти

(пил).
áufwühlen *vt* 1) зривáти, скóпувати; 2) хвилювáти, збýджувати.
áufzählen *vt* перелíчувати; лічи́ти.
Áufzehrung *f* -, -en ви́снаження.
áufzeichnen *vt* 1) накрéслити, намалювáти; 2) запи́сувати; протоколювáти.
áufziehen* 1. *vt* 1) піднімáти; тягну́ти вгóру; 2) відкривáти; 3) натя́гувати; 4) завóдити *(годинник)*; 5) ви́рóщувати, розвóдити; 6) дражни́ти; **2.** *vi (s)* 1) насувáтися *(про грозу)*; 2) вишикóвуватися; заступáти *(на варту)*.
Áufzucht *f* - розвéдення, вирóщування *(тварин)*.
Áufzug *m* -(e)s, ...züge 1) процéсія; демонстрáція; 2) підйóмник, ліфт; 3) *театр.* дія, акт.
áufzwingen* *vt (j-m)* нав'язувати *(що кому)*.
Áugapfel *m* -s, ...äpfel óчне я́блуко; wie séinen ~ hüten берегти́ як зіни́цю óка.
Áuge *n* -s, -n 1) óко; 2) вíчко, óчко.
Áugenblick *m* -(e)s, -e мить, момéнт.
áugenblicklich *adj* 1) миттєвий, моментáльний, негáйний; 2) тепéрішній.
Áugenbraue *f* -, -n бровá.
áugenfällig *adj* очеви́дний.
Áugen|glas *n* -es, ...gläser 1) скéльце; 2) бінóкль, монóкль; *pl* окуля́ри; **~lid** *n* -(e)s, -er повíка.
áugenscheinlich *adj* очеви́дний, я́вний.
Áugenzeuge *m* -n, -n очеви́дець.
Augúst *m* -i -(e)s, -e сéрпень.
Áula *f* -, ...len áктовий зал *(університету, школи)*.
aus 1. *prp (D)* 1) *вказує на напрямок зсередини:* із, з; ~ der Tíefe з глибини́; 2) *вказує на віддалення:* із, з; geh mir ~ den Áugen! геть з очéй!; 3) *вказує на походження:* з; ~ der Sowjétunion з Радя́нського Сою́зу; 4) *вказує на причину:* від, з; ~ Zorn від гніву; 5) *вказує на матеріал, з якого зроблено річ:* ein Kleid ~ Séide сýкня з шóвку; **2.** *adv* закінчено, кінéць, гóді; es ist ~ damít з цим покінчено.
áusarbeiten *vt* розробля́ти, виробля́ти.
áusarten *vi (s)* 1) *(in A, zu D)* перехóдити, перетвóрюватися *(у що)*; 2) вирóджуватися, перерóджуватися.
áusatmen *vt* видихáти.
Áusbau *m* -(e)s, -ten 1) розбирáння, демонтáж; 2) побудóва, ствóрення; 3) розши́рення, рóзвиток.
áusbauen *vt* 1) *тех.* розбирáти, демонтувáти; 2) будувáти, розши́рювати; розвивáти, удосконáлювати.
áusbessern *vt* виправля́ти, лáгодити, ремонтувáти.
áusbeuten *vt* 1) експлуатувáти; 2) *гірн.* розробля́ти, добувáти.
Áusbeuter *m* -s, - експлуатáтор.
Áusbeuter|gesellschaft *f* -, -en експлуатáторське суспíльство; **~klasse** *f* -, -n клас експлуатáторів.
Áusbeutung *f* -, -en 1) експлуатáція; 2) *гірн.* розрóбка.
áusbilden *vt* 1) навчáти *(фаху)*; 2) розвивáти, удосконáлювати *(здібності)*.
Áusbildung *f* -, -en 1) навчáння, підготóвка; 2) освíта; 3) рóзвиток, удосконáлення; 4) утвóрення, формувáння.
áusblasen* *vt* 1) задувáти *(свічку)*; 2) надувáти, роздувáти; 3) продувáти *(трубу, цистерну)*.
áusbleiben* *vi (s)* не прихóдити; не з'явля́тися; бýти відсýтнім.
áusbleichen 1.* *vi (s)* вицвітáти, линя́ти; **2.** *vt* біли́ти, знебáрвлювати.
Áusblick *m* -(e)s, -e вид, перспекти́ва.
áusblicken *vi (nach D)* виглядáти, шукáти очи́ма *(кого, що)*.
áusbluten *vi (h, s)* стікáти крóв'ю; *перен.' військ.* зазнавáти вели́ких втрат.
áusbomben *vt (вжит. в Passiv)* розбомби́ти.
áusbrechen* **1.** *vt* вилáмувати, відлáмувати; **2.** *vi (s)* 1) вириватися, вилáмуватися; 2) (у)тікáти; 3) вибухáти, спалáхувати *(про війну, грозу, почуття)*, 4): in Tränen ~ розплáкатися.
áusbreiten 1. *vt* 1) розши́рювати; 2) розстеля́ти; розкладáти; 3) поши́рювати *(чутку)*; **2. sich** ~ 1) розши́рюватися, поши́рюватися; 2) простягáтися; 3) *(über A)* доклáдно говори́ти.
Áusbreitung *f* -, -en 1) розши́рення; 2) поши́рення; *ек., політ.* експáнсія; 3) зóна поши́рення (розсéлення); *біол.* ареáл
áusbrennen* **1.** *vt* випáлювати; припікáти; **2.** *vi (s)* згоря́ти

горя́ти; догоря́ти.

Ausbruch *m* **-(e)s, ...brüche** 1) поча́ток *(війни, грози)*; спа́лах, ви́бух; 2) ви́верження *(вулкана)*; 3) вте́ча *(з в'язниці)*.

áusdampfen 1. *vi (s)* випаро́вуватися; **2.** *vt* 1) випаро́вувати; 2) *мор.* прохо́дити *(відстань)*.

Áusdauer *f* **-** ви́тримка, витрива́лість.

ausdehnen 1. *vt* 1) розтяга́ти; ши́рювати; продо́вжувати *(строк)*; 2) *(auf A)* поши́рювати *(на кого, що)*; **2. sich ~** 1) розтяга́тися; розши́рюватися; зволіка́тися *(про час)*, 2) розстила́тися, поши́рюватися.

Áusdehnung *f* **-, -en** 1) розтя́гнення; розши́рення; 2) поши́рення; *політ* експа́нсія; 3) ро́змір, *мат.* ви́мір.

áusdenken* *vt* 1) доду́мувати; 2): sich *(D)* etw. ~ вига́дувати, приду́мувати що-н.

áusdeuten *vt* поя́снювати, тлума́чити.

áusdörren 1. *vt* суши́ти; вису́шувати; 2. *vi (s)* со́хнути, висиха́ти.

áusdrehen *vt* вимика́ти *(світло, радіо, газ)*.

Áusdruck *m* **-(e)s, ...drücke** 1) ви́раження, ви́явлення, ви́яв; etw. zum ~ bríngen ви́словити що-н.; zum ~ kómmen ви́явитися, прояви́тися; 2) ви́раз *(обличчя)*; 3) вира́зність, експре́сія; 4) ви́слів.

áusdrücken 1. *vt* 1) вича́влювати, вида́влювати; 2) висло́влювати; **2. sich ~** 1) проявля́тися; 2) висло́влюватися.

áusdrücklich 1. *adj* я́сний, вира́зний; категори́чний; **2.** *adv* я́сно, вира́зно; категори́чно.

Áusdrucks|form *f* **-, -en** фо́рма ви́явлення; жанр; **~gymnastik** *f* **-** худо́жня гімна́стика; **~kraft** *f* **-** експреси́вність, вира́зність.

áusdruckslos *adj* невира́зний; без ви́разу.

Áusdrucksmittel *n* **-s, -** за́сіб ви́раження.

auseinánder *adv* на́різно, дале́ко оди́н від о́дного.

auseinánder|biegen* *vt* розгина́ти; **~fallen*** *vi (s)* розпада́тися; **~gehen*** *vi (s)* 1) розхо́дитися; розпада́тися; 2) розхо́дитися, відрізня́тися *(про погляди)*; **~halten*** *vt* відрізня́ти; **~kommen*** *vi (s)* розхо́дитися, розлуча́тися; **~laufen*** *vi (s)* 1) розбіга́тися; 2) розійти́ся *(про дороги)*; **~reißen*** *vt* розрива́ти; **~rollen** *vt* розгорта́ти; **~rücken 1.** *vi (s)* відсува́тися оди́н від о́дного; 2. *vt* розсува́ти, відсува́ти; **~schieben*** *vt* розсува́ти; **~setzen** 1. *vt* виклада́ти, поя́снювати; 2. **sich** ~setzen 1) порозумі́тися *(з ким)*; 2) спереча́тися, полемізува́ти.

Áuseinándersetzung *f* **-, -en** 1) ви́клад, тлума́чення; 2) (крити́чний) ро́збір, ро́згляд *(mit D чого)*; 3) супере́чка, диску́сія.

áus:erkoren, áus:erlessen *adj* ви́браний, добі́рний; ви́шуканий.

áus:erwählen *vt* обира́ти, вибира́ти.

áus|essen* *vt* з'їда́ти.

áusfahren* 1. *vi (s)* виї́жджа́ти; відхо́дити *(про поїзд, судно)*; **2.** *vt* виво́зити *(напр., дитину на прогулянку)*.

Áusfahrt *f* **-, -en** 1) ви́їзд, від'ї́зд; 2) воро́та.

Áusfall *m* **-(e)s, ...fälle** 1) випада́ння; 2) *військ.* ви́лазка; 3) ви́пад.

áusfallen* *vi (s)* 1) випада́ти; 2) не відбува́тися; ви́йти з ла́ду; 3) *розм.* вихо́дити *(добре або погано)*; дава́ти на́слідки.

áusfallend *adj* гру́бий, агреси́вний.

áusfällig *adj* гру́бий, агреси́вний; gégen j-n ~ wérden обража́ти кого́-н.

áusfegen *vt* виміта́ти *(сміття)*; підміта́ти.

áusfertigen *vt* склада́ти, оформля́ти, випи́сувати *(документ)*.

áusfindig: etw. ~ máchen розшука́ти; приду́мати; розві́дати що-н.

áusfliegen* *vi (s)* 1) виліта́ти; 2) роби́ти екску́рсію.

áusfließen* *vi (s)* витіка́ти *(про рідину)*.

Áusflucht *f* **-, ...flüchte** ви́верт, відмо́вка; лазі́вка.

Áusflug *m* **-(e)s, ...flüge** 1) екску́рсія, прогу́лянка; 2) ви́літ *(пташеняти з гнізда)*; 3) ві́чко *(вулика)*.

Áusfluß *m* **...flusses, ...flüsse** 1) сті́к, злив; 2) ви́тік.

áusforschen *vt* 1) виві́дувати, дові́дуватися *(про що)*; 2) *(nach D)* розпи́тувати *(кого про що)*.

áusfragen *vt (nach D)* розпи́тувати *(кого про що)*.

áusfrieren* *vi (s)* вимерза́ти, замерза́ти.

Áusfuhr *f* **-, -en** 1) ви́віз, е́кспорт;

2) *pl* товáри, що експортýються.
áusführen *vt* 1) виводи́ти *(гуляти)*; 2) вивóзити, експортувáти; 3) викóнувати, здíйснювати; 4) розвивáти, розробля́ти *(тему)*.
áusführlich *adj* доклáдний.
Áusführung *f* **-, -en** 1) *тк. sg* здíйснення, виконáння; реалізáція; 2) модéль, констрýкція; 3) *здеб. pl* ви́ступ; міркувáння.
áusfüllen *vt* 1) напóвнювати, запóвнювати; 2) задовольня́ти.
Áusgabe *f* **-, -n** 1) ви́дача; відпуск *(напр., товарів)*; 2) ви́трата, видáток; 3) видáння *(книжки)*; ви́пуск *(газети)*.
Áusgang *m* **-(e)s, ...gänge** 1) ви́хід, вихідні́ двéрі; 2) *тк. sg* вихідни́й (день); 3) кінéць, закі́нчення, нáслідок; 4) *тк. sg* вихідни́й пункт.
áusgeben* **1.** *vt* 1) видавáти; відпускáти; 2) випускáти *(цінні папери)*; віддавáти *(наказ)*; 3) проголóшувати *(гасло)*; 4) витрачáти *(гроші)*; 5) *(für A)* видавáти *(за кого, за що)*; sie hat den Schmuck für alt áusgegeben вонá ви́дала прикрáси за старови́нні; **2. sich ~** 1) ви́тратитися; *перен.* ви́черпати свої́ си́ли (можли́вості); 2) *(für A)* видавáти себé *(за кого)*.
áusgedient *adj* 1) відставни́й; 2) яки́й відслужи́в своé, став непридáтним; понóшений.
áusgeglichen *adj* зрівновáжений, рі́вний, урівновáжений.
áusgehen* *vi (s)* 1) вихóдити *(з дому)*; 2) *(von D)* вихóдити *(від кого, з чого)*; wir géhen von dem Grúndsatz aus... ми вихóдимо з при́нципу...; 3) кінчáтися; 4) линя́ти *(про фарбу)*.
áusge|hungert *adj* зголод- нíлий, ви́снажений.
áusgelassen *adj* пустотли́вий, нестри́маний; розпýщений.
áusgelaugt *adj* ви́снажений; змóрений, знеси́лений.
áusgemacht *adj* 1) ви́рішений; 2) закі́нчений; ein ~er Narr дурни́й як пень.
áusgenommen **1.** *prp* крім, за ви́нятком; **2.**: áusgenommen, daß (wenn) *cj* якщó тí́льки не...
áusgerechnet *adv* якрáз, сáме; як навми́сно.
áusgerüstet *adj* оснáщений, озброєний, облáднаний.
áusgeschlossen **1.** *adv* ви́ключено; **2.** *prp (A)* за ви́нятком, ви́ключно, крім.
áusgesprochen **1.** *adj* (чі́тко) ви́ражений; я́вний, очеви́дний; **2.** *adv* винятковó, надзвичáйно.
áusgestalten *vt* оформля́ти; надавáти фóрми, ви́гляду *(чому)*.
Áusgestaltung *f* **-, -en** 1) офóрмлення; розрóбка; 2) фóрма; ви́гляд.
áusgestorben *adj* ви́мерлий; die Straße ist wie ~ вýлиця нáче ви́мерла.
áusgesucht *adj*, **áusgewählt** *adj* ви́шуканий; добі́рний.
áusgewogen *adj* зрівновáжений; гармоні́йний; пропорці́йний.
áusgezeichnet *adj* відмі́нний, чудóвий.
áusgießen* *vt* 1) виливáти; розливáти; 2) заливáти, запóвнювати.
Áusgleich *m* **-(e)s, -e** 1) вирі́внювання, зрівновáжування; компенсáція, відшкодувáння; 2) угóда; згóда; прими́рення.
áusgleichen* **1.** *vt* 1) вирі́внювати; *перен.* рівня́ти, зрівновáжувати; 2) *перен.* улáгоджувати *(суперечку)*; **2. sich ~** вирі́внюватися; *перен.* урівновáжуватися.
áusgleiten* *vi (s)* посковзнýтися; ви́слизáти.
áusgraben* *vt* викóпувати, розкóпувати; викорчóвувати *(дерева)*.
Áusgrabung *f* **-, -en** 1) розкóпки; 2) *перен.* відкóпування, розшýкування.
áusgreifend *adj*: weit ~e Pläne далекося́жні плáни.
áusgucken *vi (nach D)* виглядáти *(кого, що)*; поглядáти *(на кого, що)*.
Áusguß *m* **...gusses, ...güsse** кухóнна рáковина, зливни́к, стік.
áushalten* **1.** *vt* 1) витри́мувати, терпі́ти; 2) мáти на утри́манні *(в негативному значенні)*; **2.** *vi* три́мáтися, держáтися *(тж. перен.)*.
áushändigen *vt* вручáти, видавáти (на рýки), передавáти (з рук у рýки).
Áushang *m* **-(e)s, ...hänge** оголóшення, афі́ша.
áushängen **1.** *vt* 1) виві́шувати; 2) знімáти з заві́с *(двері, вікна)*; **2.*** *vi* виси́ти *(про оголошення)*.
áusharren *vi* терпля́че вичі́кувати; ви́стояти; ви́тримати.
Áusheilung *f* **-, -en** ви́лікування, зці́лення; ви́дужання.
áushelfen* *(j-m)* допомогти́, ви́ручити.
Áushilfe *f* **-, -n** 1) *тк. sg* (тимча-

сóва) допомóга, підтри́мка; 2) *тк. sg* тимчасóва прáця; 2) (тимчасóвий) робітни́к.

áushöhlen *vt* 1) видóвбувати; виїдáти *(напр., м'якоть плода)*; 2) вихолóщувати, позбавля́ти, змісту.

áushorchen *vt (über A)* (обережно) розпи́тувати *(кого про кого, що)*; випи́тувати.

áuskämpfen *vi* перестáти борóтися, припиня́ти боротьбý.

áuskennen*, sich *(in D)* знáтися *(на чому)*, орієнтувáтися.

áuskleiden 1. *vt* 1) роздягáти; 2) облицьóвувати; обшивáти (дошкáми); обклéювати (шпалéрами); **2. sich ~** роздягáтися.

áusklingen* *vi (h, s)* 1) відзвучáти; завмирáти *(про звук)*; 2) *(in D) перен.* закінчуватися *(чим)*.

áusklopfen *vt* вибивáти, витрíпувати.

áuskochen *vt* вивáрювати; кип'яти́ти.

áuskommen* *vi (s)* 1) *(mit D)* обхóдитися *(чим)*; 2) *(mit j-m)* лáдити, жи́ти в злáгоді *(з ким)*.

áuskosten *vt* зазнавáти *(чого)*.

áuskriechen* *vi (s)* виповзáти; вилýплюватися.

Áuskunft *f* **-, ...künfte** 1) дóвідка, інформáція; 2) *тк. sg* довідкóве бюрó.

Áuskunfts|büro *n* **-s, -s** довідкóва контóра, адрéсний стіл; **~stelle** *f* **-, -n** довідкóве бюрó, адрéсний стіл.

áuslachen 1. *vt* висмíювати; **2. sich ~** насмія́тися вдóсталь.

áusladen* I 1. *vt* вивантáжувати, розвантáжувати; 2. *vi* виступáти, видавáтися *(про архітектурні деталі)*.

áusladen* II *vt* відміня́ти запрóшення.

Áuslage *f* **-, -n** 1) вітри́на; ви́ставка *(товарів у вітрині)*; 2) *тк. pl* ви́трати.

Áusland *n* **-(e)s** закордóн; зарубíжні краї́ни, інозéмні держáви; im ~ за кордóном; ins ~ géhen поїхати (емігрувáти) за кордóн.

Áusländer *m* **-s, -** інозéмець.

áusländisch *adj* інозéмний, закордóнний; екзоти́чний.

áuslassen* 1. *vt* 1) випускáти *(воду, пару, газ)*; *перен.* давáти вóлю *(почуттям)*; 2) *(an D)* зганя́ти *(злість на кому, чому)*; 3) випускáти, пропускáти, проминáти; **2. sich ~** *(über A)* вислóвлюватися *(про кого, що)*; *розм.* просторíкувати.

áuslasten *vt* (пóвністю) завантáжувати робóтою, пóвністю використóвувати потýжність (працездáтність).

Áuslauf *m* **-(e)s, ...läufe** 1) ви́хід, ви́пуск; 2) стік; ги́рло *(річки)*; 3) ви́гін; 4) майдáнчик *(для ігор)*.

áuslaufen* *vi (s)* 1) витікáти; висипáтися; 2) брáти почáток, починáтися; 3) кінчáтися; 4) *(in A)* перехóдити *(в що)*, закінчуватися *(чим)*; 5) *бот.* давáти пáростки; 6) розпливáтися *(про фарбу)*.

Áusläufer *m* **-s, -** 1) пáсмо *(гірського хребта)*; 2) *бот.* пáросток, пáгін, вýсик.

áusleeren *vt* спорожня́ти; очищáти; випивáти до днá.

áuslegen *vt* 1) викладáти, виставля́ти; 2) висáджувати *(на певній відстані, напр., картоплю)*; 3) викладáти, обкладáти, інкрустувáти; 4) внóсити *(гроші за кого, з умовою повернення)*; 5) тлумáчити.

Áusleihe *f* **-, -n** 1) *тк. sg* ви́дача *(книжок)*; прокáт; 2) стіл ви́дачі *(в бібліотеці)*; прокáтний пункт.

áusleihen* *vt* 1) давáти напрокáт (у тимчасóве користувáння); позичáти; 2) sich *(D)* ~ брáти напрокáт, позичáти.

Áuslese *f* **-** 1) відбирáння, відбір; *біол.* прирóдний дóбір; 2) добíрні си́ли; елíта; 3) антолóгія.

áuslesen* I *vt* відбирáти, сортувáти.

áuslesen* II *vt* прочи́тувати, закінчувати читáти; вичи́тувати.

áusliefern *vt* 1) видавáти *(товар)*; 2) *(D, an A)* видавáти, передавáти *(у чиї руки)*.

áuslöschen 1. *vt* 1) гаси́ти; 2) стирáти *(написане)*; зглáджувати *(з пам'яті)*; 3) промокáти *(промокальним папером)*; **2.*** *vi (s)* гáснути, тýхнути.

áuslosen *vt* розíгрувати *(жеребкуванням, в лотереї)*.

áuslösen *vt* 1) виклика́ти дію; пускáти *(механізм)*; 2) збýджувати, викликáти; спричиня́ти.

Áuslosung *f* **-, -en** жеребкувáння; рóзиграш; тирáж *(позики)*.

Áuslösung *f* **-** 1) привéдення в дію; пуск; 2) розчéплення, роз'єднання; 3) ви́никнення, ви́яв

(почуттів).
áusmachen *vt* 1) гаси́ти; вимика́ти *(світло, газ)*; 2) домовля́тися *(про що)*; ула́годжувати *(що)*; 3) означа́ти; das macht nichts aus це ніч́ого не зна́чить; das macht viel aus це ма́є вели́ке зна́чення; це стано́вить вели́ку су́му.
áusmalen *vt* 1) розфарбо́вувати, розмальо́вувати; 2) *перен.* розпи́сувати, зобража́ти.
áusmarschieren *vi (s)* вируша́ти *(в похід)*, руша́ти (ма́ршем).
Áusmaß *n* **-es, -e** 1) ро́змір, о́бсяг; 2) *тк. pl* габари́ти.
áusmessen* *vt* вимі́рювати, обмі́рювати.
áusmünden *vi (in A)* впада́ти *(про річку)*; вихо́дити, упира́тися *(про вулицю)*.
Áusnahme *f* **-, -n** ви́няток; mit ~ *(G i von D)* за ви́нятком *(кого, чого)*, крім; kéine Régel óhne ~ нема́ пра́вила без ви́нятку.
áusnahms|los *adv* без ви́нятку; **~weise** *adv* як ви́няток.
áusnehmen* **1.** *vt* 1) вийма́ти; споро́жнювати; 2) виключа́ти *(кого)*; роби́ти ви́няток *(для кого)*; **2. sich ~** виділя́тися *(на фоні чого)*.
áusnutzen, áusnützen *vt* 1) викори́сто́вувати; утилізува́ти; 2) експлуатува́ти, приму́шувати працюва́ти на се́бе.
áuspacken *vt* розпако́вувати.
áusplündern *vt* грабува́ти, розграбо́вувати.
áusprägen **1.** *vt* 1) карбува́ти; 2) *перен.* карбува́ти, чі́тко змальо́вувати; **2. sich ~** відбива́тися; *перен.* виявля́тися, проявля́тися.
áuspressen *vt* 1) віча́влювати, вида́влювати *(рідину)*; 2) експлуатува́ти; 3) *(j-m)* вимага́ти силомі́ць *(у кого)*.
áusprobieren *vt* випробо́вувати.
áuspumpen *vt* 1) вика́чувати; 2) *розм.* висна́жувати, вимо́тувати.
áusradieren *vt* 1) стира́ти *(гумкою)*, зіско́блювати; 2) зни́щувати, сте́рти з лиця́ землі́ *(місто)*.
áusräumen *vt* 1) спорожня́ти; очища́ти; 2) спросто́вувати *(заперечення)*, перебо́рювати *(сумніви)*; усува́ти *(перешкоди)*.
áusrechnen *vt* вирахо́вувати, обчи́слювати.
Áusrede *f* **-, -n** відмо́вка, ви́верт; при́від *(для відмови)*.
áusreden *vt* 1) *(j-m)* відмовля́ти *(кого від чого)*, переко́нувати; 2) висло́влювати *(до кінця)*.
áusreichen *vi* вистача́ти.
áusreichend *adj* доста́тній; задові́льний.
Áusreise *f* **-, -n** від'ї́зд, ви́ї́зд *(за кордон)*.
áusreißen* 1. *vt* виривáти, видира́ти; 2. *vi (s)* 1) рва́тися, розрива́тися; 2) *розм.* утіка́ти.
áusrenken *vt* ви́вихнути.
áusrichten *vt* 1) вирі́внювати, випрямля́ти; 2) справля́ти *(весілля)*; 3) вико́нувати *(наказ)*; передава́ти *(привіт)*; 4) добива́тися.
áusroden *vt* викорчо́вувати.
áusrotten *vt* зни́щувати, вини́щувати; *перен.* викорі́нювати.
Áusruf *m* **-(e)s, -e** 1) ви́гук; ви́крик; 2) проголо́шення, оголо́шення.
áusrufen* *vt* 1) викри́кувати, вигу́кувати; 2) оголо́шувати; 3) проголо́шувати.
áusruhen *vt i* **sich ~** відпочива́ти.
áusrüsten **1.** *vt (mit D)* osна́щувати, озбро́ювати, устатко́вувати; **2. sich ~** *(mit D)* запаса́тися; осна́щуватися; озбро́юватися.
Áusrüstung *f* **-, -en** 1) *тк. sg* забезпе́чення, устаткува́ння, обладна́ння; 2) *тех.* устаткува́ння; осна́щення; 3) *тк. sg військ.* збро́я; амуні́ція.
áusrutschen *vi (s)* 1) посковзну́тися; 2) *перен.* оступи́тися.
Áussaat *f* **-, -en** 1) сівба́; посі́в; 2) посівни́й матеріа́л, насі́ння.
Áussage *f* **-, -n** 1) висло́влювання; *юр.* зізна́ння, сві́дчення; 2) ви́раження, зміст *(мистецький)*.
áussagen **1.** *vt* висло́влювати; **2.** *vi юр.* дава́ти показа́ння.
Áussatz *m* **-es** 1) *мед.* прока́за; 2) ви́граш *(у грі)*, нагоро́да; 3) *полігр.* я́кість дру́ку.
áussaugen* *vt* висмо́ктувати; *перен.* висна́жувати; тягти́ со́ки *(з кого)*.
áusschälen *vt* обчища́ти; обдира́ти; лу́щити *(горох)*.
áusschalten **1.** *vt* 1) вимика́ти *(світло, прилад)*; 2) виключа́ти, роби́ти неможли́вим, не допуска́ти; **2.** *vi (s) (bei D)* вибува́ти *(напр., з організації)*; не ма́ти змо́ги бра́ти у́часть.
áusscheiden* 1. *vt* виділя́ти *(тж. фізіол. і хім)*; бракува́ти; виключа́ти; 2. *vi (s)* 1) вибува́ти, вихо́дити *(з організації)*; залиша́-

ти, покида́ти *(службу)*; бу́ти ви́ключеним; 2) виключа́тися, відпада́ти.

Áusscheidung *f* -, **-en** 1) ви́ділення, відді́лення; бракува́ння; 2) *хім.* о́сад; 3) *фізіол.* ви́ділення, секре́ція; 4) вибуття́, ви́хід *(з організації, змагання, служби)*; 5) *спорт.* відбі́рні змага́ння; ко́нкурс.

áusschimpfen *vt* *(wegen G)* ви́лаяти *(кого за що)*.

Áusschlag *m* **-(e)s, ...schläge** 1) ви́сип; налі́т; 2) ро́змах, амплі́ту́да, відхи́лення *(стрілки)*; 3): den ~ gében ма́ти виріша́льне зна́чення, відігра́ти виріша́льну роль.

áusschlaggebend *adj* виріша́льний.

áusschließen* 1. *vt* 1) виключа́ти; виво́дити *(з складу чого)*; 2) виключа́ти; роби́ти ви́няток; 2. **sich** ~ уника́ти, ухиля́тися; не бра́ти у́часті.

áusschließlich 1. *adj* ви́ключний; 2. *adv* ви́ключно, ті́льки; 3. *prp* *(G)* за ви́нятком, крім.

áusschneiden* *vt* вирі́зувати; викро́ювати, розбира́ти, розчиня́ти *(тушу тварини)*.

Áusschnitt *m* **-(e)s, -e** 1) ви́різка *(газетна)*; ури́вок; фрагме́нт; 2) ви́різ; ви́кот, про́йма; про́різ; ви́їмка.

áusschöpfen *vt* 1) виче́рпувати; 2) *перен.* виче́рпувати; використо́вувати до кінця́.

áusschrauben *vt* вигви́нчувати, викру́чувати.

áusschreiben* *vt* 1) випи́сувати, роби́ти ви́писки; 2) писа́ти по́вністю, без скоро́чень *(ім'я, слово)*; писа́ти бу́квами *(цифру)*; 3) випи́сувати *(документ, рахунок)*; запо́внювати *(бланк)*; 4) оголо́шувати *(конкурс, вибори)*.

áusschreien* 1. *vt* 1) викри́кувати, проголо́шувати; 2) розтруби́ти, розголоси́ти *(що)*; 2. *vi i* **sich** ~ ви́кричатися, накрича́тися.

Áusschreitung *f* -, **-n** 1) *pl* ви́хватки; безчи́нство, бе́шкет; ексце́си; 2) надмі́рність.

Áusschuß I *m* **...schusses, ...schüsse** комі́те́т, комі́сія.

Áusschuß II *m* **...schusses** брак; відхо́ди, по́кидьки.

áusschütteln *vt* витру́шувати.

áusschütten 1. *vt* 1) вилива́ти; висипа́ти; j-m sein Herz ~ ви́лити ду́шу кому́-н.; 2) випла́чувати, розподіля́ти *(дивіденди, премії)*; 2. **sich** ~ 1) вилива́ти ду́шу; 2): sich vor Láchen ~ wóllen кача́тися від смі́ху.

áusschwitzen 1. *vt* 1) виділя́ти *(піт, смолу, живицю)*; 2) виганя́ти з по́том *(хворобу)*; 2. *vi* *(s)* сочи́тися *(про живицю)*; висту-па́ти *(про сирість, наліт)*.

áussehen* *vi* 1) ма́ти ви́гляд; 2) *(nach D)* вигляда́ти, шука́ти очи́ма *(кого)*; 3): wie sieht's bei Ihnen aus? як ва́ші спра́ви?

áussein* *(пишеться разом тк. в inf і part II)* *vi* *(s)* 1) *розм.* кінча́тися; 2) *(auf A)* ма́ти на меті́ *(що)*, пра́гнути *(чого)*; 3) *розм.* перебува́ти (бу́ти) поза до́мом.

áußen *adv* зо́вні; nach ~ (hin) назо́вні; von ~ (her) ззо́вні.

Áußen|handel *m* **-s** зо́внішня торгі́вля; **~minister** *m* **-s,** - міні́стр закордо́нних справ; **~politik** *f* -зо́внішня полі́тика; **~station** *f* -, **-en** космі́чна ста́нція; **~welt** *f* - зо́внішнє середо́вище.

áußer 1. *prp* 1) *(D) вказує на перебування поза чим:* по́за; ~ der Réihe поза че́ргою; 2) *(A) вказує на спрямованість за межі чого:* з, із; ~ Sicht kómmen зника́ти з по́ля зо́ру; etw. ~ Acht lássen залиша́ти що-н. по́за ува́гою; 3) *(D) вказує на виняток;* крім, за ви́нятком; ich hábe kéinen Freund ~ dir у ме́не нема́є дру́зів крім те́бе; 2. *cj* ~ daß, ~ wenn хіба́ що.

äußer *adj* зо́внішній.

áußerdem *adv* крім то́го.

Äußere *n* зо́внішність; ви́гляд.

áußergewöhnlich *adj* надзвича́йний; незвича́йний, видатни́й.

áußerhalb 1. *prp* *(G)* по́за, за; ~ der Stadt за мі́стом; 2. *adv* по́за, зо́вні.

äußerlich *adj* зо́внішній; *перен.* поверхо́вий, показни́й.

äußern 1. *vt* 1) виявля́ти, пока́зувати; 2) виража́ти, висло́влювати; 2. **sich** ~ 1) виража́тися, виявля́тися; 2) висло́влюватися.

áußer|ordentlich *adj* 1) надзвича́йний, позачерго́вий; понаднорм́о́вий; понадшта́тний; 2) винятко́вий, екстраордина́рний; **~planmäßig** *adj* позапла́новий; позашта́тний; **~schulisch** *adj* позашкі́льни́й.

äußerst 1. *adj* кра́йній; оста́нній; die ~e Insel дале́кий о́стрів; der ~e Termín кра́йній строк; im ~en Fall у кра́йньому ра́зі; 2.

adv нáдто, кóнче, надзвичáйно.
außerstánde: ~ sein бýти неспромóжним.
Äußerung *f* -, **-en** 1) вúраз, вияв; 2) вислóвлювання; дýмка відзив.
áussetzen 1. *vt* 1) висáджувати *(рослини)*; випускáти *(мальків)*; 2) підкúнути *(дитину)*; 3) наражáти *(на небезпеку)*; 4) признача́ти *(премію, нагороду, пенсію)*; 5) припиня́ти, переривáти; **2.** *vi* 1) зупиня́тися, працювáти з перебóями *(про двигун)*; 2) *(mit D)* припиня́ти, переривáти *(що)*; wir múßten vier Wóchen mit der Arbeit ~ ми змýшені припинúти робóту на чотúри тúжні; **3. sich** ~ наражáтися *(напр., на небезпеку)*; зазнавáти *(чого)*.
Áussicht *f* -, **-en** 1) *тк. sg* вид, краєвúд; 2) перспектúва, надія, шáнси.
áussichts|los *adj* безнадійний, безперспектúвний; **~reich** *adj* перспектúвний, багатообіця́ючий.
áussinnen* *vt* винóшувати *(план, думку)*; вигáдувати.
áussöhnen 1. *vt* мирúти. **2. sich** ~ *(mit D)* мирúтися. примиря́тися *(з ким, чим)*.
Áussöhnung *f* -, **-en** примúрення.
áussondern *vt* відбирáти, сортувáти.
áusspähen 1. *vt* *(nach D)* шукáти очúма, виглядáти *(кого, що)*; **2.** *vt* вистéжувати.
áusspannen 1. *vt* 1) розпрягáти, випрягáти; 2) розтягáти, натягáти; **2.** *vi* відпочивáти, робúти перéрву в робóті; **3. sich** ~ 1) розстеля́тися; 2) відпочивáти, робúти перéрву в робóті.
áusspielen 1. *vt* 1) догравáти *(роль)*; er hat séine Rólle áusgespielt він зігрáв свою роль, він більше не потрібний; 2) *(gegen A)* протистáвити *(кого, що кому, чому)*, вúкористати *(кого, що проти кого, чого)*; 3) розігрувáти; **2.** *vi* кінчáти гру; **3. sich** ~ нагрáтися.
áusspotten *vt* висміювати.
Áussprache *f* -, **-n** 1) вимóва; акцéнт; 2) óбмін думкáми, розмóва; дискýсія, дебáти.
áussprechen* 1. *vt* 1) вимовля́ти *(звуки, слова)*; 2) вислóвлювати, виражáти; **2.** *vi* закінчúти промóву; **3. sich** ~ 1) *(über A)* вислóвлюватися *(про кого, що)*; 2) *(mit j-m)* поговорúти *(з ким)*, обміркувáти *(з ким що)*.
Áusspruch *m* **-(e)s, ...sprüche** вúслів; вислóвлювання.
áusspucken 1. *vt* випльóвувати *(що)*; **2.** *vi* плювáти.
áusspülen *vt* 1) прополіскувати, виполіскувати; 2) розмивáти *(берег)*; 3) викидáти на бéрег.
Áusstand *m* **-(e)s** страйк, забастóвка.
áusstatten *vt* 1) *(mit D)* забезпéчувати; наділя́ти; облáднувати; 2) давáти пóсаг *(дочці)*; 3) обставля́ти *(квартиру)*; оформля́ти *(книжку, спектакль)*.
Áusstattung *f* -, **-en** 1) постачáння, устаткувáння; 2) пóсаг; вúділ; 3) обстанóвка *(квартири)*; обладнáння, офóрмлення; 4) декорáція.
áussteigen* *vi (s)* вихóдити *(з вагона і т. п.)*.
áusstellen *vt* 1) виставля́ти, експонувáти; 2) випúсувати *(документ)*.
Áussteller *m* **-s**, - 1) учáсник вúставки, експонéнт; 2) осóба, що вúписала (вúдала) докумéнт.
Áusstellung *f* -, **-en** 1) вúставка; 2) *тк. sg* видавáння, випúсування *(документа)*; 3) *pl* зауважéння, дорікáння.
Áusstellungs|gegenstand *m* **-(e)s, ...stände**, **~stück** *n* **-(e)s, -e** експонáт.
áussterben* *vi (s)* вимирáти.
áusstopfen *vt* набивáти *(чучело)*.
áusstrahlen 1. *vt* випромінювати; передавáти *(радіопрограму)*; **2.** *vi (h, s)* 1) випромінюватися; (радіáльно) розхóдитися *(про дороги)*; 2) *перен.* діяти, вплива́ти.
áusstrecken 1. *vt* розтягáти; простягáти; **2. sich** ~ простягáтися, витягáтися.
áusstreichen* *vt* 1) розглáджувати *(шви)*; 2) викрéслювати *(написане)*.
áusströmen 1. *vt* виливáти; випускáти, випромінювати; **2.** *vi (s)* 1) виливáтися; вихóдити *(про пару)*; витікáти; 2) впадáти *(в море)*.
áussuchen *vt* 1) вибирáти; вишýкувати; 2) обшýкувати.
Áustausch *m* **-es** óбмін, замíна; im ~ gégen etw. *(A)* в óбмін на що-н., зáмість чóго-н.
áustauschen *vt* 1) *(gegen A)* обмінювати, міня́ти *(на що)*; 2) обмінюватися *(чим)*.
áusteil[illegible] *(j-m, an j-n)* розда-

ва́ти, розподіля́ти *(що між ким)*.

áustilgen *vt* викорі́нювати; вини́щувати.

Áustrag *m* **-(e)s** ухва́ла, постано́ва, уго́да; *спорт.* ро́зиграш.

áustragen* *vt* 1) розно́сити, доставля́ти *(листи, газети)*, 2) вирі́шувати, дово́дити до кінця́; 3) зно́шувати *(одяг)*; 4) *спорт.* прово́дити *(змагання)*.

áustreiben* 1. *vt* 1) виганя́ти; Vieh ~ гна́ти худо́бу; 2) *(j-m etw.)* віду́чувати *(кого від чого)*; 2. *vi бот.* парости́тися, зелені́ти.

áustreten* **1.** *vi (s)* 1) вихо́дити *(із строю, з організації)*; aus der Réihe ~ *військ.* ви́йти із стро́ю впере́д; 2) виступа́ти *(на поверхню)*; **2.** *vt* 1) вито́птувати *(газон)*; уто́птувати *(стежку)*; 2) розно́шувати, сто́птувати *(взуття)*.

Áustritt *m* **-(e)s, -e** ви́хід *(тж. із складу організації)*; ви́хід з берегів; поя́ва.

áustrocknen 1. *vt* вису́шувати; **2.** *vi* висиха́ти.

áusüben *vt* 1) вико́нувати; займа́тися *(напр., ремеслом)*; 2) користува́тися *(правами)*, здійснювати *(контроль)*.

Áusverkauf *m* **-(e)s, ...käufe** розпро́даж.

áusverkaufen *vt* розпродава́ти; das Theáter (das Haus) ist áusverkauft всі квитки́ на спекта́кль про́дано.

Áuswahl *f* **-, -en** 1) ви́бір; асортиме́нт; 2) відбі́р; 3) збі́рка; éine ~ von Schíllers Drámen ви́брані дра́ми Шіллера; 4) *спорт.* збі́рна (кома́нда).

Áuswanderer *m* **-s, -** емігра́нт; переселе́нець.

áuswandern *vi (s)* емігрува́ти.

áuswärtig *adj* зо́внішній; інозе́мний; das Ministérium für Áuswärtige Ángelegenheiten міністе́рство закордо́нних справ.

áuswärts *adv* 1) назо́вні; зо́вні; 2) поза до́мом; за мі́стом; в чужи́х края́х.

áuswechseln *vt* заміня́ти; обмі́нювати, розмі́нювати.

Áusweg *m* **-(e)s, -e** ви́хід *(із становища)*.

áusweichen* *vi (s)* 1) дава́ти доро́гу *(місце)*; 2) *(D)* ухиля́тися *(від чого)*; уника́ти *(кого, чого)*.

Áusweis *m* **-es, -e** посві́дчення *(особи)*, пере́пустка.

áusweisen* 1. *vt* 1) висила́ти *(за межі держави)*; 2) (документа́льно) довести́, засві́дчити; 2. **sich** ~ 1) посві́дчити свою́ осо́бу, пред'яви́ти докуме́нти; 2) виявля́тися.

Áusweisung *f* **-, -en** ви́силка *(за межі держави)*.

áuswendig *adv* напам'ять.

áuswerfen* *vt* 1) викида́ти, кида́ти; 2) ри́ти, вико́пувати; 3) асигнува́ти.

áuswerten *vt* 1) використо́вувати; 2) оці́нювати.

áuswirken 1. *vt* доби́тися, ви́клопотати; **2. sich** ~ дава́тися взнаки́, ма́ти на́слідки; *(auf A)* познача́тися *(на кому, чому)*.

Áuswirkung *f* **-, -en** ді́я; вплив, на́слідок.

áuswischen *vt* витира́ти, протира́ти.

Áuswuchs *m* **-es, ...wüchse** 1) на́ріст, горб; 2) *перен.* потво́рність, поро́к, збо́чення.

áuszahlen *vt* 1) випла́чувати; 2) звільня́ти *(робітників)*.

áuszählen *vt* підрахо́вувати; лічи́ти.

Áuszahlung *f* **-, -en** платі́ж, ви́плата.

áuszehren 1. *vt* висна́жувати; 2. **sich** ~ висна́жуватися; засиха́ти.

áuszeichnen 1. *vt* 1) відміча́ти; поміча́ти; 2) виділя́ти, вирізня́ти; 3) відзнача́ти, нагоро́джувати; **2. sich** ~ *(durch A)* відзнача́тися, виділя́тися.

Áuszeichnung *f* **-, -en** 1) нагоро́дження; 2) нагоро́да; відзна́ка.

áusziehen* 1. *vt* 1) витяга́ти; вирива́ти; висува́ти; 2) розтяга́ти *(дріт)*; 3) скида́ти *(одяг, взуття)*; 4) роби́ти ви́писки *(з книжок)*; 5) *мат.* добува́ти ко́рінь; 2. *vi (s)* 1) вибира́тися *(з квартири)*; виселя́тися; переселя́тися; 2) виряджа́тися, вихо́дити, вируша́ти; 3. **sich** ~ роздяга́тися.

Áuszug *m* **-(e)s, ...züge** 1) ви́хід, ви́їзд; ви́ступ; 2) ви́тяг, ви́писка; 3) *хім.* екстра́кт.

authéntisch *adj* спра́вжній, автенти́чний.

Áuto *n* **-s, -s** автомобі́ль.

Áutobahn *f* **-, -en** автостра́да.

autogén *adj* 1) автоге́нний; 2) самоді́ючий.

Autográmm *n* **-s, -e** авто́граф, власнору́чний пі́дпис.

Autokrafíe *f* **-, ...tí|en** самодержа́вство.

Automát *m* **-en, -en** автома́т.

autonóm *adj* автоно́мний; незале́жний, самості́йний.
Autoritä́t *f* -, **-en** 1) *тк. sg* авторите́т; вплив; пова́га; 2) *тк. sg* вла́да; 3) авторите́т, корифе́й.
Avantgarde [a'va-] *f* -, **-n** аванга́рд.
Aversión [-v-] *f* -, **-en** відра́за; антипа́тія.
Á-Waffe *f* - *(скор. від* **Átomwaffe)** а́томна збро́я.
axiál 1. *adj* осьови́й; 2. *adv* по о́сі; на одні́й о́сі.
Axt *f* -, **Äxte** соки́ра; колу́н.
Azúr *m* **-s** 1) блаки́ть; 2) *геол.* лазури́т.
azúrblau *adj* блаки́тний, лазу́ро́вий.

B b

Baby ['be:bi] *n* **-s, -s** немовля́, дити́на.
Bach *m* **-(e)s, Bäche** струмо́к, поті́к; джерело́.
Bácke *f* -, **-n** щока́; éine dícke ~ флюс.
bácken* **1.** *vt* пекти́; сма́жити; суши́ти *(фрукти)*; **2.** *vi* пекти́ся *(про хліб)*; суши́тися *(про фрукти)*.
Bácken|bart *m* **-(e)s, ...bärte** бакенба́рди, ба́ки; **~knochen** *m* **-s,** - *анат.* ви́лиця; **~zahn** *m* **-(e)s, ...zähne** *анат.* ку́тній зуб.
Bäcker *m* **-s,** - пе́кар, бу́лочник.
Bäckeréi *f* -, **-en** піка́рня, бу́лочна.
Báck|fisch *m* **-es, -e** сма́жена ри́ба; **~obst** *n* **-es** суше́ні фру́кти, сушня́; **~röhre** *f* -, **-n** духо́вка; **~stein** *m* **-(e)s, -e** цегли́на; **~trog** *m* **-(e)s, ...tröge** діжа́; **~waren** *pl* хлібобу́лочні ви́роби; **~werk** *n* **-(e)s** пе́чиво.
Bad *n* **-(e)s, Bäder** 1) купа́ння; ва́нна; ла́зня; ein ~ néhmen прийма́ти ва́нну, (купа́тися); 2) куро́рт *(на морі або з мінеральними джерелами)*.
Báde|anstalt *f* -, **-en** купа́льня, ла́зня; **~anzug** *m* **-(e)s, ...züge** купа́льник; **~hose** *f* -, **-n** пла́вки; **~kappe** *f* -, **-n** гу́мова ша́почка *(для купання)*; **~mantel** *m* **-s, ...mäntel** купа́льний хала́т.
báden 1. *vt* купа́ти, ми́ти; 2. *vi* і **sich** ~ купа́тися, ми́тися.
Bádezimmer *n* **-s** ва́нна (кімна́та).
Bagage [ba'ga:zo] *f* -, **-n** бага́ж, ре́чі; покла́жа.
Bágger *m* **-s,** - *тех.* екскава́тор; землечерпа́лка.
Bahn *f* -, **-en** 1) доро́га, шлях; ~ bréchen проклада́ти шлях; 2) *астр.* орбі́та; 3) залізни́чна ко́лія; mit der ~ fáhren ї́хати залізни́цею.
báhnbrechend *adj* *перен.* нова́торський.
Báhnbrecher *m* **-s,** - нова́тор, піоне́р; першовідкрива́ч.
báhnen *vt* проклада́ти *(шлях; тж. перен.)*.
Báhnhof *m* **-(e)s, ...höfe** (залізни́чна) ста́нція, вокза́л.
Báhn|karte *f* -, **-n** залізни́чний квито́к; **~schwelle** *f* -, **-n** *(залізнична)* шпа́ла; **~station** *f* -, **-en** залізни́чна ста́нція; **~steig** *m* **-(e)s, -e** платфо́рма, перо́н.
Báhnsteighalle *f* -, **-n** кри́тий перо́н.
Báhre *f* -, **-n** 1)носи́лки; 2) за́сік, я́сла *(для корму)*.
Bai *f* -, **-en** *геогр.* бу́хта; губа́, лагу́на.
Báke *f* -, **-n** ба́кен; буй.
Balance [ba'lã:so] *f* -, **-n** 1) рівнова́га; die ~ hálten утри́мувати рівнова́гу; 2) *фін.* бала́нс.
bald **1.** *adv* 1) незаба́ром; ~ daráuf невдо́взі пі́сля цьо́го; möglichst ~ якомо́га шви́дше; 2) ма́ло не; ich wäre bald gefállen я ма́ло не впав; **2.** *cj:* ~ ..., ~ ..., то..., то..., або́ ..., або́.
báldig *adj* ско́рий; auf ~ es Wíedersehen! до ско́рого поба́чення!
Báldrian *m* **-s, -e** *бот.* валеріа́на.
Báldriantropfen *pl* валеріа́нові кра́плі.
Balg I *m* **-(e)s, Bälge** 1) шку́ра (твари́ни); 2) чу́чело; 3) *тех., муз.* міх.
Balg II *m, n* **-(e)s, Bälge(r)** *розм.* пусту́н, ши́беник.
bälgen *vi* і **sich** ~ *(mit D um A)* би́тися, затія́ти бі́йку *(з ким через що)*.
Bálken *m* **-s,** - ба́лка; брус; ба́нтина; коло́да.

Ball I *m* **-(e)s, Bälle** м'яч; кýля.
Ball II *m* **-(e)s, Bälle** бал.
bállen 1. *vt* стискáти; die Hand zur Fáust ~ стúснути рýку в кулáк; **2. sich** ~ стискáтися, зліплюватися; згущáтися; die Wólken ~ sich хмáри збирáються, хмáриться.
Bállen *m* **-s, -** тюк, пáчка; рулóн.
Ballón [-'z] *m* **-s, -s** *i* **-e** 1) балóн; сулíя; 2) аеростáт.
Bállspiel *n* **-(e)s, -e** гра в м'ячá.
Band I *m* **-(e)s, Bände** том.
Band II *n* **-(e)s, Bänder** 1) стрíчка; бант; 2) *анат.* зв'язка.
Band III *n* **-(e)s, -e** пýта; ýзи.
Bánde *f* **-, -n** 1) зграя, бáнда; 2) ансáмбль танцювáльної мýзики; 3) *жарт.* компáнія, ватáга.
bändigen *vt* прибóркувати, вгамóвувати.
Bändiger *m* **-s, -, ~in** *f* **-, -nen** прибóркувач, -ка.
Bándmaß *n* **-es, -e** рулéтка, сантимéтр.
báng(e) *adj* боязкúй; mir ist ~ um ihn я боюся за ньóго.
bángen *vi* боя́тися; ihm bangt vor etw. *(D)* він чогóсь боїться (страхáється); wir bángen um séine Gesúndheit ми боїмóся за йогó здорóв'я.
Bank I *f* **-, Bänke** 1) лáва, лáвка; пáрка; 2) мілинá; 3) верстáт; ◊ etw. aui die lánge ~ schieben відклáсти щось у дóвгий я́щик.
Bank II *f* **-, -en** банк.
Bann *m* **-(e)s, -e** 1) вигнáння; 2) чарíвність, чáри; im ~ von j-m, von etw. *(D)* stéhen бýти зачарóваним ким-н., чим-н.; бýти під врáженням чогó-н.
bánnen *vt* 1) виганя́ти; 2) зачарóвувати.
Bánner *n* **-s, -** прáпор.
Bánnerträger *m* **-s, -** прапоронóсець.
bar *adj* 1) наявний *(про грошí)*; ~ bezáhlen платúти готíвкою; 2) огóлений, гóлий; ◊ etw. für ~e Münze néhmen приймáти щон. за чúсту монéту.
Bar *f* **-, -s** бар.
Bär *m* **-en, -en** ведмíдь.
Barbár *m* **-en, -en** вáрвар; дикýн.
Barbaréi *f* **-** вáрварство; дикýнство, жорстóкість.
Bärenhaut *f* **-, ...häute** ведмéдяча шкýра; ◊ auf der Bärenhaut líegen байдикувáти, бúти бáйдики.
Bärenhöhle *f* **-, -n** барлíг (ведмéжий).
Bärenhunger *m* **-s** вóвчий апетúт.
bárfuß *adv* босóніж.
bárfüßig *adj* бóсий.
Bárgeld *n* **-(e)s** готíвка.
bárhäuptig *adj* з непокрúтою головóю.
Bárke *f* **-, -n** бáрка, бáржа.
bármherzig *adj* милосéрдний, жáлісливий.
Bármherzigkeit *f* **-** милосéрдя, жáлість, співчуття́.
Bárren *m* **-s, -** 1) злúвок *(золота, срíбла)*; 2) *спорт.* паралéльні брусú.
barsch *adj* грýбий, різкúй; гóстрий.
Barsch [ba:rs] *m* **-es, -e** *i* **Bärsche** ['bɛ:rso] óкунь.
Bart *m* **-(e)s, Bärte** бородá; вýса.
bärtig *adj* бородáтий, вусáтий, зарóслий.
bártlos *adj* безборóдий, безвýсий.
Báse *f* **-, -n** двоюрíдна сестрá, кузúна.
Basis *f* **-, Basen** бáзис, бáза, оснóва, підвáлини.
Báßgeige *f* **-, -n:** gróße ~ контрабáс; kléine ~ віолончéль.
Bassin [ba'sɛ:] *n* **-s, -s** басéйн; резервуáр, водóйма.
Bast *m* **-es, -e** луб, лúко.
básteln *vi i vi (an D)* майструвáти.
Bást|matte *f* **-, -n** мáта; цинóвка; **~schuh** *m* **-(e)s, -e** личáк.
Bau *m* 1) **-(e)s** будівнúцтво, побудóва; 2) **-(e)s, -ten** будóва, будíвля, спорýда; 3) **-(e)s, -e** норá; 4) **-(e)s** структýра, композúція; 5) **-(e)s** статýра; 6) **-(e)s** обробíток *(поля)*.
Báuarbeiter *m* **-s, -** будівéльник.
Báuart *f* **-, -en** архітектýрний стиль; мéтод будівнúцтва.
Bauch *m* **-(e)s, Bäuche** живíт, чéрево, шлýнок.
báuchig, bäuchig *adj* пузáтий, опýклий.
Báudenkmal *n* **-(e)s, ...mäler** *i* **-e** архітектýрна пáм'ятка.
báuen 1. *vt* 1) будувáти; 2) обробля́ти *(землю)*; 3) розвóдити *(рослини)*; 2. *vi (auf A)* покладáтися; покладáти (складáти) надії *(на кого, що)*.
Báuer I *m* 1) **-n** *i* **-s, -n** селянúн; 2) **-n, -n** *шах.* пішáк.
Báuer II *m* **-s, -** будівéльник, будівнúк.
Báuer III *n, m* **-s, -** клíтка для птахíв.

B

Bäuerin *f* -, -nen селя́нка.
bäuerlich *adj* селя́нський; сільський.
Báuernschaft *f* - селя́нство.
báufällig *adj* стари́й *(про будівлю).*
Báu|genossenschaft *f* -, **-en** житлобудівне́ кооперати́вне товариство; **~gerüst** *n* **-(e)s, -e** ришто́вання, риштува́ння; **~holz** *n* **-es** будіве́льний ліс.
Báukunst *f* - архітекту́ра.
Baum *m* **-(e)s, Bäume** де́рево.
Báumeister *m* **-s, -** архіте́ктор, будівни́к.
báumeln *vi* теліпа́тися, ви́сіти *(гойдаючись)*; mit den Füßen ~ дри́гати нога́ми.
Báumöl *n* **-(e)s, -e** масли́нова олія.
Báumstamm *m* **-(e)s, ...stämme** сто́вбур де́рева; коло́да.
Báumstumpf *m* **-(e)s, ...stümpfe** пень.
Báumwolle *f* -, **-n** баво́вна.
Báuplatz *m* **-es, ...plätze** будіве́льний майда́нчик.
Bausch *m* **-es, -e** *i* **Bäusche** 1) бу́фи *(на рукавах)*; 2) *мед.* тампо́н; in ~ und Bógen о́птом. гурто́м.
Báu|werk *n* **-(e)s, -e** архітекту́рна спору́да; **~wesen** *n* **-s** будіве́льна спра́ва.
beábsichtigen *vt* ма́ти на́мір, намі́ря́тися, збира́тися *(щось зробити).*
beáchten *vt* поміча́ти; бра́ти до ува́ги, зважа́ти *(на що)*
beáchtenswert *adj* ва́ртий ува́ги, важли́вий.
Beámte *m* **-n, -n** службо́вець.
beängstigen *vt* страха́ти; турбува́ти непоко́їти.
beanspruchen *vt* 1) вимага́ти, претендува́ти; 2) (с)користува́тися *(чим).*
beántragen *vt* 1) пропонува́ти; 2) клопота́тися, подава́ти зая́ву *(про що).*
beántworten *vt* відповіда́ти *(на що).*
Beántwortung *f* -, **-en** відповідь.
beárbeiten *vt* 1) обробля́ти *(метал. поле)*; 2) розробля́ти *(тему).*
beáufsichtigen *vt* догляда́ти, пильнува́ти, спостеріга́ти *(кого, що).*
Beáufsichtigung *f* -, **-en** на́гляд, спостере́ження; завідування *(чим).*
beáuftragen *vt* *(mit D)* доруча́ти *(кому що)*, уповнова́жувати; ich bin beáuftragt мені́ дору́чено...
Beáuftragte *m* **-n, -n** уповнова́ження, дові́рена осо́ба.
bebáuen *vt* 1) забудо́вувати; 2) обробля́ти *(грунт).*
bében *vi* тремті́ти, трясти́ся; die Érde bebt (відбува́ється) землетру́с.
Bécher *m* **-s, -** ку́бок; ке́лих; ча́ша.
Bécken *n* **-s, -** 1) таз; ча́ша; 2) басе́йн; 3) водо́ймище; 4) *анат.* *таз.*
bedächtig *adj* 1) обере́жний, оба́чний; 2) розва́жливий; 3) пові́льний, спокі́йний.
Bedächtigkeit *f* - 1) розсу́дливість, обере́жність, оба́чність; 2) пові́льність, спо́кій, пова́жність.
bedáchtsam *adj* розсу́дливий, обере́жний.
bedánken, sich *(bei D, für A)* дя́кувати *(кому за що).*
Bedárf *m* **-(e)s** *(an D)* потре́ба *(в чому).*
Bedárfs|artikel *m* **-s, -** предме́т пе́ршої потре́би; **~güter** *pl* ре́чі пе́ршої потре́би.
bedáuerlich *adj* при́крий; сумни́й.
bedáuern *vt* жалкува́ти, шкодува́ти.
bedáuerns|wert, ~würdig *adj* серде́шний, бідола́шний.
bedecken 1. *vt* 1) вкрива́ти, накрива́ти; 2) *військ.* захища́ти, ескортува́ти; **2. sich** ~ вкрива́тися.
bedénken* 1. *vt* обду́мувати, обмірко́вувати; 2. **sich** ~ 1) оду́муватися; 2) вага́тися.
Bedénken *n* **-s, -** 1) ро́здум; 2) су́мнів; побо́ювання; ~ trágen сумніва́тися, вага́тися.
bedénklich *adj* непе́вний, сумні́вний; небезпе́чний, ризико́ваний.
bedéuten *vt* 1) означа́ти; ма́ти зна́чення; was soll das ~? що це означа́є?; 2) j-m ~, daß... да́ти кому́-н. зрозумі́ти, що... .
bedéutend *adj* значни́й; важли́вий; видатни́й, відо́мий.
Bedéutung *f* -, **-en** зна́чення, смисл; важли́вість; éiner Sáche ~ béimessen надава́ти чому́-н. зна́чення.
bedéutungs|los *adj* незначни́й, неважли́вий; **~voll** *adj* багатозна́чний, важли́вий.
bedíenen 1. *vt* прислуго́вувати; обслуго́вувати; по́рати *(кого, що)*; **2. sich** ~ 1) *(G)* користува́тися

(чим), вживáти *(що)*; 2) пригощáтися; bitte, ~Sie sich! прóшу, пригощáйтеся!

Bedíenung *f* -, -en 1) обслугóвування; 2) обслугóвуючий персонáл.

Bedíenungspult *n* -(e)s, -e пульт керувáння.

bedíngen *vt* обумóвлювати; зумóвлювати.

bedíngt *adj* умóвний, віднóсний.

Bedíngung *f* -, -en умóва.

bedíngungslos *adj* безумóвний, безперéчний.

bedrängen *vt* пригнíчувати, пригнóблювати, переслíдувати.

Bedrängnis *f* -, -se ýтиск; гніт.

bedróhen *vt (mit D)* грозúти, погрóжувати *(кому чим)*.

bedróhlich *adj* загрóзливий, небезпéчний.

Bedróhung *f* -, -en загрóза, небезпéка.

bedrücken *vt* гнобúти, пригнíчувати.

Bedrücker *m* -s, - гнобúтель.

bedürfen* *vi (G)* потребувáти *(чого)*; мáти потрéбу *(в кому, чому)*.

Bedürfnis *n* -ses, -se *(nach D)* потрéба *(в чому)*.

bedürftig *adj* 1) незамóжний, бíдний; 2) якúй потребýє *(G чого)*.

Bedürftigkeit *f* - незамóжність, убóгість; нуждéнність.

beéhren 1. *vt* ушанувáти; удостóїти; 2. **sich** ~: ich beéhre mich мáю честь (за честь).

beéiden *vt* присягáти; привóдити до присяги.

beéilen, sich поспішáти.

beéindrucken *vt* справлятu (велúке) врáження, вражáти.

beéinflussen *vt* впливáти *(на кого)*.

beéinträchtigen *vt* шкóдити, заважáти, перешкоджáти.

Beéinträchtigung *f* -, -en заподíяння шкóди; порýшення інтерéсів.

beénden *vt* кінчáти; припинятu.

Beéndigung *f* -, -en закíнчення; припúнення.

beéngen *vt* утúскувати, обмéжувати.

beérben *vt* успадкувáти, одéржувати в спáдщину.

beérdigen *vt* ховáти.

Beérdigung *f* -, -en поховáння, пóхорон.

Béere *f* -, -n ягода.

Béet *n* -(e)s, -e грядка, клýмба.

befáhren* *vt* ї́здити *(по дорозі)*; плáвати *(по річці)*.

befángen *adj* 1) зніяковíлий; соромлúвий; ~ sein сорóмитися, бентéжитися; 2) упередженuй.

Befángenheit *f* - 1) збентéження; зніяковíлість; 2) упердженість.

befássen, sich *(mit D)* займáтися *(ким, чим)*.

Beféhl *m* -(e)s, -e накáз, комáнда; auf ~ за накáзом; laut ~ згíдно з накáзом; zu ~! слýхаюсь!; éinen ~ ertéilen давáти накáз; den ~ áusführen викóнувати накáз.

beféhlen *vt* накáзувати.

beféhligen *vi* комáндувати *(ким)*, керувáти.

Beféhlshaber *m* -s, - *військ.* начáльник, головнокомáндуючий.

beféstigen *vt* змíцнювати; прикрíплювати.

Beféstigung *f* -, -en укрíплення.

beféuchten *vt* змóчувати, зволóжувати; зрóшувати.

befínden, sich 1) знахóдитися; містúтися, розташóвуватися; 2) почувáти себé; sie befíndet sich wohl вонá почувáє себé дóбре.

Befínden *n* -s 1) самопочуття́, стан здорóв'я; 2) дýмка, пóгляд; nach méinem ~ на мою дýмку.

beflécken *vt* (за)плямувáти; *перен.* ослáвити.

befléißigen, sich *(G)* старáтися, дбáти, сумлíнно працювáти.

befólgen *vt* наслíдувати *(приклад)*; викóнувати *(наказ)*; додéржуватися *(правила)*.

befördern *vt* 1) *(an A)* відправля́ти *(кому)*; перевóзити; 2) підвúщувати по слýжбі; 3) сприя́ти *(чому)*.

Beförderung *f* - 1) відпрáвлення, транспортувáння, достáвка; 2) підвúщення на посáді.

befráchten *vt* навантáжувати; ein Schiff ~ зафрахтувáти суднó.

befrágen *vt* питáти; опúтувати, допúтувати.

Befrágung *f* -, -en опúтування; дóпит.

befréien 1. *vt* визволя́ти, відпускáти; 2. **sich** ~ *(von D, aus D)* звільня́тися *(від кого, чого)*.

Befréier *m* -s, - визволúтель.

Befréiung *f* -, -en 1) вúзволення; 2) звíльнення *(зі служби)*.

Befréiungskrieg *m* -(e)s, -e визвóльна війнá.

befrémden 1. *vt (неприємно)* дивувáти, вражáти; здавáтися дúвним; es befrémdet (mich), daß... дúвно, що... 2. **sich** ~ дивувáтися *(чому)*.

befréunden, sich здружúтися, потоваришувáти.

befríedigen *vt* задовольняти; заспокóювати *(спрагу, голод)*, догоджáти.

befrísten *vt* визначáти строк, обмéжувати стрóком.

Befúnd *m* **-(e)s, -e** стан, станóвище; результáти перéвірки.

befürchten *vt* побóюватися.

Befürchtung *f* **-, -en** óстрах, побóювання.

befürworten *vt* клопотáтися, заступáтися *(за кого, що)*; ein Gesúch ~ підтрúмувати клопотáння.

begábt *adj* талановúтий, здíбний.

Begábung *f* **-, -en** талановúтість, здíбність.

begében*, sich 1) відправлятися; ітú; sich auf den Weg ~ вирушáти в дорóгу; sich zu Bett ~ лягáти спáти; 2) *(G)* відмовлятися *(від чого)*.

Begébenheit *f* **-, -en** подія, пригóда.

begégnen *vi* *(s)* 1) *(D)* зустрічáти *(кого)*; 2) траплятися, ставáтися.

Begégnung *f* **-, -en** зýстріч.

begéhen* *vt* 1) обхóдити *(що)*; 2) святкувáти, відзначáти *(ювілей)*; 3) вчиняти *(злочин)*.

Begéhr *m n* **-s** бажáння; вимóга.

begéhren *vt* вимагáти, бажáти.

begéhrlich *adj* жáдібний, ненажéрливий; ненáситний.

begéistern **1.** *vt* запáлювати, надихáти; захóплювати; **2. sich** ~ *(für A)* захóплюватися *(чим)*.

Begéisterung *f* **-, -en** натхнéння; захóплення.

begíerig *adj* жáдібний; лáсий *(до чого, на що)*; ich bin ~ zu erfáhren мені дýже хóчеться довідатися.

begíeßen* *vt* поливáти; обливáти; заливáти.

Begínn *m* **-(e)s** почáток; bei ~ спочáтку; von ~ an з сáмого почáтку.

begínnen* 1. *vi* починáти; **2.** *vi* починáтися.

begléiten *vt* 1) супровóджувати; конвоювáти; 2) акомпанувáти.

Begléiter *m* **-s, -** 1) провіднúк; супýтник; 2) акомпаніáтор.

Begléit|schein *m* **-(e)s, -e** *канц.* супровíднúй докумéнт *(накладна)*; **~umstände** *pl* супровідні обстáвини.

beglücken *vt* ощаслúвити *(кого чим)*.

beglückwünschen *vt* *(zu D)* вітáти, поздоровляти *(з чим)*.

begnádigen *vt* помúлувати, амністувáти; прощáти.

Begnádigung *f* **-, -en** помúлування, амністія; прощéння.

begnügen, sich *(mit D, an D)* задовольнятися *(чим)*; обмéжуватися *(чим)*.

begnügsam *adj* скрóмний, невимóгливий, невибáгливий.

begráben* *vt* ховáти, закóпувати; ◊ da liegt der Hund ~! от (ось) де собáка зарúтий!

Begräbnis *n* **-ses, -se** пóхорон.

begréifen* *vt* розумíти, збагнýти; er begréift leicht він кмітлúвий.

begréiflich *adj* зрозумíлий; j-m etw ~ machen розтлумáчити *(кому що)*.

begrénzen *vt* обмéжувати.

Begrénzung *f* **-, -en** 1) обмéження; 2) межá.

Begríff *m* **-(e)s, -e** поняття, уявлення; im ~(e) sein (stéhen) zu *(Inf)* мáти нáмір, збирáтися *(щось зробити)*.

begründen *vt* 1) обгрунтóвувати, мотивувáти; довóдити; 2) заснóвувати.

Begründer *m* **-s, -** заснóвник, фундáтор; основополóжник.

begrüßen *vt* 1) вітáти; вітáтися *(з ким)*; 2) схвáлювати.

Begrüßung *f* **-, -en** вітáння, привітáння.

Begrüßungsansprache *f* **-, -n** вітáльна промóва.

begünstigen *vt* сприяти; заступáтися *(за кого, що)*.

begútachten *vt* вислóвлювати дýмку; розглядáти *(проблему)*.

Begútachtung *f* **-, -en** 1) рóзгляд, обговóрення; 2) експертúза; zur ~ vórlegen висувáти на обговóрення.

begütigen *vt* заспокóювати, задóбрювати.

behagen *vt* подóбатися *(кому)*.

Behágen *n* **-s** приéмність, задовóлення.

behäglich **1.** *adj* приéмний; зáтишний; in ~en Verhältnissen у гáрних умóвах; **2.** *adv* приéмно, зáтишно.

behálten* *vt* 1) залишáти в сéбе, зберігáти; 2) пам'ятáти.

Behälter *m* **-s, -** резервуáр, посýдина.
behándeln *vt* 1) повóдитися *(з ким)*; 2) лікувáти; 3) обмірко́вувати; поя́снювáти.
Behándlung *f* **-, -en** 1) повóдження; 2) лікувáння; 3) обговóрення, трактувáння *(теми)*.
behárren *vi* наполягáти; твéрдо стоя́ти на своє́му; упирáтися.
behárrlich *adj* стíйкий, упéртий, наполéгливий.
Behárrlichkeit *f* **-** упéртість, постíйність, наполéгливість.
behäuen *vt* обрýбувати; обтíсувати.
beháupten *vt* 1) ствéрджувати, запевня́ти; 2) відстóювати; den Sieg ~ здобувáти перемóгу.
Beháuptung *f* **-, -en** 1) ствéрдження; 2) обстóювання.
Behäusung *f* **-, -en** житлó, помéшкання.
behében* *vt* усувáти, ліквідувáти *(напр., недоліки)*.
behélfen*, sich обхóдитися, обійти́ся *(чим, без чого)*.
behénd(e) *adj* мотóрний, жвáвий, спри́тний.
Behéndigkeit *f* **-** мотóрність, швидкість, жвáвість, спри́тність.
behérrschen 1. *vt* володíти, панувáти; **2. sich** ~ володíти собóю.
behílflich *adj* кори́сний; j-m ~ sein *(bei D)* допомогти́ комý-н. *(у чому)*.
Behörde *f* **-, -n** 1) óрган влáди; 2) відомство, устанóва.
behüten *vt* *(vor D)* охороня́ти, оберігáти *(від кого, чого)*.
behútsam *adj* оберéжний, обáчний.
bei *prp* *(D)* кóло, біля, при; ~ Táge вдень; ~ Jáhren sein бýти в літáх; ~ wéitem знáчно; ~ wéitem nicht аж ніяк не...; ~ Móskau під Москвóю.
béibehalten* *vt* зберігáти; залишáти у сéбе.
béibringen* *vt* 1) навóдити *(докази)*; 2) пред'являти *(документи)*; 3) навчáти *(чого)*; 4) завдавáти *(збитків)*.
béide *pron indef* обидва, обóє.
béiderlei *adj* двоякий.
béider|seitig 1. *adj* взаéмний, обопíльний; **2.** *adv* взаéмно, обопíльно; **~seits 1.** *adv* взаéмно, обопíльно; **2.** *prp* *(G)* по обидва бóки, обáбіч.
beieinánder *pron rez* оди́н біля óдного.
Béifall *m* **-(e)s** схвáлення; óплески; ~ klátschen аплодувáти.
béifällig 1. *adj* схвáльний; прихи́льний; **2.** *adv* схвáльно, прихи́льно.
béifügen *vt* *(D)* додавáти, доклáдáти *(до чого)*.
béigeben 1. *vt* додавáти, добавля́ти; **2.** *vi:* klein ~ поступáтися, підкоря́тися.
Béigeschmack *m* **-(e)s, ...schmäcke** при́смак; ein bítterer ~ *перен.* неприє́мний (гірки́й) осáдок.
Béihilfe *f* **-, -n** допомóга, підтри́мка.
Beil *n* **-(e)s, -e** соки́ра.
Béilage *f* **-, -n** 1) додáток; 2) гарнíр *(до риби, м'яса)*.
béiläufig 1. *adj* випадкóвий, побíжний; **2.** *adv* мимохíдь; між íншим.
béilegen *vt* 1) приклáдáти; 2) улáгоджувати.
Béileid *n* **-(e)s** співчуття́.
béiliegen *vi* *(D)* бýти дóданим *(до чого)*.
béimessen* *vt* *(D)* припи́сувати *(кому що)*; надавáти *(значення)*.
béimischen *vt* *(D)* домíшувати *(до чого що)*.
Bein *n* **-(e)s, -e** 1) ногá; 2) ніжка *(стола)*; 3) кíстка.
beináh(e) *adv* мáйже, лéдве; мáло, трóхи не.
béiordnen *vt* прикомандирувáти; зарахувáти.
Béirat *m* **-(e)s, ...räte** 1) рáда *(наукова)*, комíсія; 2) рáдник; експéрт; консультáнт.
be|írren *vt* бентéжити, збивáти з пантели́ку.
beisámmen *adv* рáзом.
Béisatz *m* **-es, ...sätze** 1) додáток, дóмішка; 2) *грам.* при́кладка.
Béisein *n* **-s** присýтність.
beiséite *adv* убíк, збóку; ~ scháffen усувáти; Spaß ~! гóді жáртів!
béisetzen *vt* 1) додавáти; доповнюватися; 2) ховáти *(кого)*.
Béispiel *n* **-(e)s, -e** при́клад, зразóк; zum ~ напри́клад.
béispiellos *adj* беспри́кладний; нечýваний.
béispielsweise *adv* напри́клад, примíром.
béißen* 1. *vt* 1) кусáти, гри́зти; 2) пекти́, свербíти; **2.** *vi* пекти́, щипáти *(про щось їдке)*; sich *(D)* auf die Zúnge ~ прикуси́ти язикá.
Béißzange *f* **-, -n** гострозýбці, кусáчки.

Béistand *m* **-(e)s, ...stände** 1) допомóга; ~ léisten допомагáти; 2) адвокáт; юрискóнсульт; рáдник.
béistehen* *vi (D)* допомагáти *(кому в чому)*; заступáтися *(за кого)*.
béistimmen *vi (D)* погóджуватися *(з ким, чим)*, ухвáлювати *(що)*.
Béitrag *m* **-(e)s, ...träge** 1) (члéнський) внéсок; вклад; пожéртвування; 2) *перен.* внéсок, вклад.
béitragen* *vt* 1) *(zu D)* сприяти *(чому)*; 2) вносити свою чáстку, прислужи́тися *(в чому)*.
béitreten... *vi (s) (D)* 1) вступáти *(до організації)*; der Partéi ~ вступи́ти в пáртію; 2) приéднуватися *(до кого, чого)*.
Béitritt *m* **-(e)s, -e** 1) *(zu D)* вступ *(до організації)*; 2) *(zu D)* приєднáння *(до чого)*.
Béiwagen *m* **-s, -** причіпни́й вагóн; коля́ска *(мотоцикла)*.
béiwohnen *vi (D)* бýти присýтнім *(де)*.
béiwirken *vi* допомагáти, сприя́ти *(чому)*; брáти ýчасть.
béizen *vt* 1) витрáвлювати; 2) роз'їдáти; 3) консервувáти, маринувáти, соли́ти *(овочі, фрукти)*.
bejáhen *vt* підтвéрджувати; підтáкувати.
bejáhrt *adj* стари́й, похи́лого віку; старéзний, старéнний.
Bejáhung *f* **-, -en** ствéрдна відповідь, підтвéрдження.
bejámmern *vt* жалíти, жалкувáти; оплáкувати.
bejámmernswert *adj* бідолáшний.
bekämpfen *vt* борóтися *(з ким, чим)*; подýжати, перемагáти.
bekánnt *adj* відóмий; знайóмий.
Bekánnte *m, f* знайóмий, -ма.
bekánntgeben* *vt* повідомля́ти, оголóшувати; опублікóвувати.
bekánntlich *adv* як відóмо.
Bekánntmachung *f* **-, -en** оголóшення, публікáція.
Bekánntschaft *f* **-, -en** знайóмство; éine ~ máchen знайóмитися.
beklágen **1.** *vt* жалíти, жалкувáти, оплáкувати; **2. sich** ~ *(bei j-m über A)* жалíтися, скáржитися *(кому на що)*.
beklágenswert *adj* бідолáшний, при́крий.
bekléckern, beklécksen *vt* заплямувáти, забрудни́ти.
bekléiden *vt* 1) одягáти *(кого у що)*; 2) облицьóвувати, оббивáти; 3): ein Amt (éine Stéllung, éinen Pósten) ~ займáти посáду (мíсце, пост).
Bekléidung *f* **-, -en** 1) óдяг; обмундирувáння; 2) облицювáння.
beklémmen *vt* сти́скувати, здáвлювати.
beklémmend *adj* задýшливий.
Beklémmung *f* **-, -en** 1) сти́снення; 2) пригнíченість.
beklómmen *adj* подáвлений; пригнíчений; змýчений; ich bin ganz ~ 1) менí вáжко ди́хати; 2) менí тя́жко на душí.
bekómmen* *vt* одéржувати, дістав́ати; добувáти.
bekömmlich *adj* кори́сний, здорóвий, пожи́вний.
beköstigen *vt* харчувáти; постачáти *(кому що)*.
Beköstigung *f* **-, -en** харчувáння, харч; постачáння.
bekräftigen *vt* ствéрджувати; засвíдчувати.
bekümmern **1.** *vt* засмýчувати; **2. sich** ~ 1) *(über A)* засмýчуватися; 2) *(um A)* піклувáтися *(про кого, що)*.
Bekümmernis *f* **-, -se** 1) сум, журбá; 2) клóпіт.
bekúnden *vt* 1) повідомля́ти *(що)*; 2) виявля́ти, викáзувати *(радість, інтерес)*.
beláchen *vt* смія́тися *(з кого, чого)*; осмíювати, глузувáти.
beláden* *vt* навантáжувати, нав'ючувати; обтя́жувати.
Belágerung *f* **-, -en** облóга; die ~ áufheben зня́ти облóгу.
Beláng *m* **-(e)s, -e** 1) знáчення; 2) *pl* інтерéси, вимóги; die ~e der Wérktätigen vertréten захищáти інтерéси трудя́щих.
belánglos *adj* незначни́й.
belásten *vt* навантáжувати; обтя́жувати.
belästigen *vt (mit D)* докучáти, турбувáти *(чим)*.
Belástung *f* **-, -en** 1) навантáжування; 2) навантáження, тягáр; 3) обтя́ження.
beláubt *adj* укри́тий ли́стям.
beláuern *vt* підглядáти; підстерігáти, чатувáти.
beláuschen *vt* підслухóвувати; підглядáти.
belében *vt* пожвáвлювати, весели́ти.
belébt *adj* бадьóрий, весéлий, жвáвий.
Beleg *m* **-(e)s, -e** пóсвідка, (ви-

правдний) документ; (речовий) доказ; розписка, квитанція.

belégen *vt* 1) вкривати, вистилати; 2) обкладати *(податками)*; 3) займати *(місце)*.

belégt *adj* 1) обкладений; ~es Brötchen бутерброд; 2) зайнятий *(про місце в купе, лікарні)*.

beléhren *vt* повчати, наставляти *(на що)*.

Beléhrung *f* -, -en наука, повчання, порада.

beléibt *adj* повний, гладкий, огрядний, тілистий.

beléidigen *vt* ображати; кривдити.

Beléidigung *f* -, -en образа.

belésen *adj* начитаний.

Belésenheit *f* - начитаність.

beléuchten *vt* 1) освітлювати; 2) висвітлювати *(питання)*.

Beléuchtung *f* -, -en 1) освітлення; 2) висвітлення *(питання)*.

belíchten *vt* 1) освітлювати; 2) *фото* експонувати.

belíeben *vt* хотіти, бажати.

Belíeben *n* -s бажання; розсуд.

belíebig *adj* будь-який; jéder ~e перший-ліпший.

belíebt *adj* улюблений, популярний.

Belíebtheit *f* - любов, популярність; sich größer ~ erfréuen користуватися великою популярністю.

béllen *vi* гавкати.

Belóbigungs|brief *m* -(e)s, -e, **~schreiben** *n* -s, -, **~urkunde** *f* -, -n похвальна грамота *(учня)*.

belóhnen *vt* (ви)нагороджувати.

Belóhnung *f* -, -en нагорода, винагорода.

belügen* *vt* (на)брехати.

belústigen 1. *vt* веселити, розважати, потішати; 2. **sich** ~ веселитися, розважатися.

Belústigung *f* -, -en розвага, забава.

bemächtigen, sich *(G)* оволодіти *(чим)*; прибирати до своїх рук *(що)*.

bemálen *vt* розмальовувати, розфарбовувати.

bemängeln *vt* знаходити хиби *(у чому)*; гудити *(що)*.

Bemánnung *f* -, -en екіпаж, команда *(корабля)*.

bemänteln *vt* прикривати, таїти; маскувати.

bemérkbar *adj* примітний, помітний.

bemérken *vt* помічати.

bemérkenswert *adj* вартий уваги; знаменний.

Bemérkung *f* -, -en 1) зауваження; 2) помітка; примітка.

beméssen* *vt* вимірювати; оцінювати, визначати.

bemitleiden *vt* жаліти *(кого)*, співчувати *(кому)*.

bemítleidenswert *adj* вартий співчуття.

bemíttelt *adj* заможний.

bemóost *adj* порослий мохом, замшілий; ein ~er Búrsche, ein ~es Haupt вічний студент.

bemühen 1. *vt* утруднювати; турбувати; 2. **sich** ~ *(um A)* дбати, клопотатись *(про що)*.

Bemühung *f* -, -en зусилля, турботи, клопіт.

benáchbart *adj* сусідній, прилеглий.

benáchrichtigen *vt* *(von D)* повідомляти, сповіщати.

benáchteiligen *vt* завдавати збитків (втрат); шкодити.

benéhmen* I *vt* відбирати, віднімати.

benéhmen* II: **sich** ~ поводитися; benimm dich! *розм.* поводься пристойно!

Benéhmen *n* -s поведінка; *(gegen A)* поводження *(з ким)*, das ist kein ~ так не можна поводитися.

benéiden *vt* *(um A)* заздрити *(кому в чому)*.

benéidenswert *adj* завидний.

benénnen* *vt* 1) називати, іменувати; 2) висувати *(кандидатуру)*.

Benénnung *f* -, -en 1) назва, найменування; 2) висування *(кандидатури)*.

Béngel *m* -s, - 1) *розм.* хлопчисько; kléiner ~ хлопчик; 2) *розм.* шибеник, шалапут.

benómmen *adj* приголомшений, заціпенілий; пригнічений.

benötigen *vt* потребувати *(чого)*.

benútzen, benützen *vt* вживати *(що)*; використовувати *(що)*.

beóbachten *vt* спостерігати; стежити *(за ким, чим)*.

Beóbachter *n* -s, - спостерігач.

Beóbachtung *f* -, -en 1) спостереження; die ~ des Himmels астрономічні спостереження; 2) дотримання *(тиші, дієти)*.

bepácken *vt* накладати, нав'ючувати.

bepflánzen *vt* засаджувати, обсаджувати.

bequém *adj* зручний, вигідний;

затишний.
Bequémlichkeit *f* -, **-en** зручність; вигідність, вигода; комфорт.
beráten* **1.** *vt* 1) допомагати порадою, радити; 2) обговорювати; **2. sich** ~ радитися.
Beráter *m* **-s, -** порадник; консультант.
berátschlagen *невідокр.* 1. *vt* обговорювати *(що)*; 2. **sich** ~ *(über A)* радитися *(про що)*.
Berátung *f* -, **-en** нарада; обговорення; консультація.
Berátungsstelle *f* -, **-n** консультаційний пункт; *мед.* консультація.
beráuben *vt* 1) грабувати; 2) *(G)* позбавляти *(кого чого)*.
Beráubung *f* -, **-en** пограбування; грабіж.
beräuchern *vt* обкурювати; закопчувати.
beráuschen **1.** *vt* п'янити; **2. sich** ~ *(an D)* захоплюватися *(чим)*.
beréchnen *vt* 1) обчислювати; 2) *перен.* ураховувати.
Beréchnung *f* -, **-en** **1)** обчислення; калькуляція; підрахунок; 2) розсуд; розрахунок.
beréchtigt *adj* виправданий; справедливий.
Beréchtigung *f* -, **-en** 1) *(zu D)* право, повноваження; 2) посвідчення *(документ)*.
beréden 1. *vt* 1) обговорювати; 2) умовляти, підмовляти; 2. **sich** ~ 1) радитися; 2) умовлятися, домовлятися.
Berégnungsanlage *f* -, **-n** зрошувальний пристрій.
Beréich *m* **-(e)s, -e** 1) галузь, ділянка; сфера; 2) компетенція; сфера впливу.
beréichern *vt (mit D)* збагачувати *(що чим)*.
Beréicherung *f* - збагачення.
beréinigen *vt* 1) урегулювати, улагоджувати; ein Problém ~ розв'язувати проблему; éine Réchnung ~ оплачувати рахунок; 2) усувати *(труднощі)*; 3) виправляти *(текст)*.
beréisen *vt* об'їжджати; мандрувати.
beréit *adj (zu D)* готовий *(до чого)*.
beréiten I *vt* 1) готувати; 2) заподіювати; завдавати.
beréiten* II *vt* об'їжджати верхи *(яку-н. місцевість)*.
beréithalten* *vt* тримати напоготові.
Beréitheit *f* - готовність.
beréit|legen *vt* приготовляти; ~**machen** **1.** *vt* приготовляти; **2. sich** ~máchen *(zu D)* готуватися *(до чого)*.
beréits *adv* вже.
Beréitschaft *f* -, **-en** готовність.
Beréitstellung *f* -, **-en** 1) заготівля; 2) надання; 3) виготовлення.
beréitwillig *adj* готовий *(на що)*; послужливий.
Beréitwilligkeit *f* - готовність *(до послуг)*; послужливість.
beréuen *vt* розкаюватися, жалкувати.
Berg *m* **-(e)s, -e** гора.
berg|áb *adv* з гори; ~**áп** на гору.
Bérgarbeiter *m* **-s, -** гірник, шахтар.
bergáuf *adv* на гору; es geht wieder ~ справи поліпшуються.
Bérgbau *m* **-(e)s** гірнича промисловість.
bérgen *vt* 1) ховати, переховувати; 2) рятувати.
bérgig *adj* гористий.
Bérg|kessel *m* **-s, -** улоговина; ~**kette** *f* -, **-n** гірський хребет, пасмо гір; ~**man** *m* **-(e)s, ...leute** гірник; ~**rutsch** *m* **-es, -e** зсув, обвал; ~**steigen** *n* **-s** альпінізм; ~**sturz** *m* **-es, ...stürze** обвал у горах.
bergúnter *див.* bergáb.
Bérg|werk *n* **-(e)s, -e** шахта, рудник; ~**wesen** *n* **-s** гірнича справа, гірництво.
Beríсht *m* **-(e)s, -e** доповідь; звіт; повідомлення; laut ~ згідно з повідомленням; ~ erstátten звітувати.
berichten *vt* повідомляти, доповідати.
Berícht|erstatter *m* **-s, -** 1) доповідач; 2) репортер, кореспондент.
Berícht|erstattung *f* -, **-en** доповідь; донесення; репортаж *(для газет)*.
berichtigen *vt* 1) виправляти; 2) улагоджувати; 3) виплачувати *(борг)*.
Beríchtigung *f* -, **-en** 1) виправлення, поправка; 2) врегулювання; 3) *фін.* сплата.
beríechen* *vt* обнюхувати.
Beríeselung *f* -, **-en** зрошування.
berítten *adj* кінний, верховий.
Bérnstein *m* **-(e)s, -e** янтар.
berücksichtigen *vt* брати до уваги, враховувати, зважати *(на що)*.

B

Berücksichtigung *f* -, -en зважáння; únter ~ беручи́ до увáги; óhne ~ не беручи́ до увáги.
Berúf *m* -(e)s, -e 1) профéсія, фах; éinen ~ erlérnen здобýти профéсію; er ist Arzt von ~, sein ~ ist Arzt він лíкар за фáхом; 2) покли́кання; das ist sein ~ це йогó покли́кання.
berúfen* 1. *vt* виклика́ти, запрóшувати, склика́ти *(напр., збори)*; 2. **sich** ~ *(auf A)* посилáтися *(на кого, що)*.
Berúfsausbildung *f* - професíйна освíта.
berúfstätig *adj* що працю́є *(за фахом)*; sind Sie ~? ви працю́єте?
Berúfung *f* -, -en 1) ви́клик; запрóшення; 2) скли́кання; признáчення *(на роботу)*; 3) *(auf A)* посилáння *(на кого, що)*; 4) *юр.* апеля́ція.
berúhen *vi (auf D)* грунтувáтися *(на чому)*; etw. auf sich ~ lássen ки́дати, залишáти *(що)*.
berúhigen 1. *vt* заспокóювати; угамóвувати; утихоми́рювати; 2. **sich** ~ заспокóюватися.
Berúhigung *f* -, -en заспокóєння, угамувáння, утихоми́рення.
berühmt *adj* славéтний, знамени́тий.
Berühmtheit *f* -, -en славнозвíсність, слáва.
berühren 1. *vt* торкáтися *(чого)*; *перен.* зачіпáти *(кого, що)*; 2. **sich** ~ стикáтися.
Berührung *f* -, -en стикáння, контáкт.
besäen *vt* засівáти.
Besátz *m* -es, ...sätze обши́вка, бордю́р; обóрка.
Besátzung *f* -, -en 1) гарнізóн; 2) екіпáж *(судна)*; 3) окупáція.
beschädigen *vt* пошкóджувати; псувáти; рáнити.
beschäffen 1. *vt* добувáти, доставля́ти; 2. *adj:* die Sáche ist so ~ спрáва такá, що...
Beschäffenheit *f* -, -en власти́вість, я́кість; стан *(справ)*.
Beschäffung *f* -, -en придбáння, достáвка; постачáння, заготíвля.
beschäftigen 1. *vt* займáти *(чим)*; давáти робóту; 2. **sich** ~ *(mit D)* займáтися *(чим)*.
Beschäftigung *f* -, -en заня́ття, прáця.
beschämen *vt* (при)сорóмити, осорóмлювати.
beschämt *adj* присорóмлений, зніяковíлий.
beschátten *vt* затіня́ти; затьмáрювати.
beschäuen *vt* оглядáти, розглядáти.
Beschéid *m* -(e)s, -e 1) вíдповідь; роз'я́снення; інформáція; ~ wíssen *(in D)* знáтися *(на чому)*; дóбре знáти *(що)*; 2) рíшення, ви́рок.
beschéiden* I 1. *vt* 1) дарувáти; наділя́ти; 2) інформувáти; 3) виклика́ти; 2. **sich** ~ *(mit D)* задовольня́тися *(чим)*.
beschéiden II *adj* скрóмний, невибáгливий.
Beschéidenheit *f* - скрóмність; невибáгливість.
beschéinen* *vt* освíтлювати.
beschéinigen *vt* свíдчити.
Beschéinigung *f* -, -en посвíдчення; пóсвідка, розпи́ска, квитáнція.
beschéren* *vt* обстригáти *(наголо)*.
beschímpfen *vt* ля́яти, ганьби́ти, ображáти.
Beschlág *m* -(e)s, ...schläge 1) обши́вка; опрáва; 2) конфіскáція.
beschlágen* 1. *vt* 1) оббивáти, обшивáти; 2) підкóвувати; 2. *vi i* **sich** ~ вкривáтися нальóтом; запотíти *(про скло)*; 3. *adj* 1) досвíдчений; 2) запітнíлий *(про скло)*.
Beschlágnahme *f* -, -n óпис майнá, конфіскáція.
beschlágnahmen *vt* конфіскувáти; описáти *(майно)*.
beschléunigen *vt* прискóрювати.
beschlíeßen* *vt* 1) ухвáлювати, постановля́ти; 2) закíнчувати *(напр., промову)*.
Beschlúß *m* -sses, ...schlüsse рíшення; постанóва.
beschmíeren *vt* забрýднювати, вимáзувати.
beschmútzen *vt* брудни́ти, смíти́ти.
beschnéiden* *vt* обрíзувати, підрíзувати; урíзувати, скорóчувати.
beschnéit *adj* вкри́тий снíгом.
beschnüffeln *vt* обню́хувати.
beschränken 1. *vt* обмéжувати; die Geschwíndigkeit ~ змéншити шви́дкість; 2. **sich** ~ *(auf A)* обмéжуватися *(чим)*.
beschränkt *adj* 1) обмéжений; ~e Zeit обмéжений час; 2) обмéжений, недалéкий, тупи́й.
Beschränktheit *f* - обмéженість.
Beschränkung *f* -, -en обмéження.

beschréiben* *vt* 1) опи́сувати, зобража́ти; 2) спи́сувати *(папір)*.
beschúldigen *vt (G)* обвинува́чувати *(кого у чому)*.
Bechúldigung *f* -, -en *(G)* обвинува́чення *(в чому)*.
beschützen *vt* 1) *(vor D, gegen A)* захища́ти; охороня́ти *(кого, що від кого, чого)*; 2) протегува́ти *(кому)*.
Beschützer *m* -s, - 1) захисни́к, оборо́нець; 2) засту́пник, покрови́тель.
beschwéigen* *vt* 1) замо́вчувати *(що)*; 2) приму́сити замо́вкнути.
Beschwérde *f* -, -n 1) тру́дність; 2) неду́га; 3) ска́рга.
beschwérlich *adj* утру́днений; тяжки́й; j-m ~ sein (fállen) бу́ти тягаре́м для ко́го-н.
beschwíndeln *vt* обма́нювати, обду́рювати.
beschwíngen *vt* окриля́ти; надиха́ти.
beschwören* *vt* 1) присяга́ти *(в чому)*; 2) моли́ти, блага́ти.
beséelen *vt* надиха́ти; вклада́ти ду́шу.
beséhen* *vt* огляда́ти, розгляда́ти.
beséitigen *vt* усува́ти *(кого, що)*; зни́щувати, ліквідува́ти *(що)*.
Beséitigung *f* -, -en усу́нення, ліквіда́ція.
beséligen *vt* ощасли́вити.
Bésen *m* -s, - мітла́, ві́ник; щі́тка.
beséssen *adj* одержи́мий; навіже́ний.
besétzen *vt* 1) займа́ти *(місце)*; 2) *військ.* окупува́ти; 3) заміща́ти, заступа́ти *(посаду)*; 4) обшива́ти *(тасьмою)*; ◊ álles besétzt! ві́льних місць нема́є.
Besétzung *f* -, -en 1) займа́ння; окупа́ція; 2) замі́щення *(посади)*; ~ der Róllen *театр.* розпо́діл ро́лей.
besíchtigen *vt* огляда́ти *(напр., виставку)*.
besíedeln *vt* заселя́ти.
besíegen *vt* перемага́ти.
besíngen* *vt* оспі́вувати, прославля́ти.
besínnen*, sich 1) опам'ята́тися, опритомні́ти; 2) зга́дувати *(G auf A що)*; sich ánders (eines Bésser̃n) ~ оду́матися, схамену́тися.
Besínnen *n* -s розду́мування, ро́здум, обду́мування.
Besínnung *f* - свідо́мість, па́м'ять, почуття́; die ~ verlíeren 1) зне-прито́мніти; 2) не да́ти собі ра́ди; zur ~ kommen 1) оприто́мніти; 2) схамену́тися.
Besítz *m* -es 1) володі́ння, посіда́ння; etw. in ~ bekómmen придба́ти *(що)*; etw. in ~ néhmen оволоді́ти *(чим)*; 2) майно́; вла́сність; 3) володі́ння, мае́ток.
besítzend *adj* замо́жний.
Besítzer *m* -s, - вла́сник.
besóhlen *vt* ста́вити (підбива́ти) підме́тки.
besónder *adj* особли́вий, окре́мий; своєрі́дний, ди́вний.
Besónderheit *f* -, -en особли́вість, своєрі́дність.
besónders 1. *adv* особли́во; окре́мо; спеціа́льно; nicht ~ не особли́во, не ду́же; **2.** *cj* особли́во.
besónnen I *vt* освітлювати со́нцем; sich ~ lássen грі́тися на со́нці.
besónnen II **1.** *adj* помірко́ваний, обере́жний; **2.** *adv* помірко́вано, обере́жно.
Besónnenheit *f* - помірко́ваність, вду́мливість, обере́жність; die ~ behálten залиша́тися спокі́йним.
besórgen *vt* 1) піклува́тися, дба́ти *(про що)*; 2) побо́юватися; 3) дістава́ти, купува́ти; заготовля́ти.
Besórgnis *f* -, -se побо́ювання; ~se hégen побо́юватися.
Besórgung *f* -, -en 1) викона́ння; 2) дору́чення; 3) купува́ння.
bespítzeln *vt* сте́жити, слідкува́ти *(за ким)*.
bespréchen* **1.** *vt* 1) говори́ти *(про кого що)*; обгово́рювати; 2) рецензува́ти *(що)*; 3) наговорю́вати *(плівку, пластинку)*; das Mikrophón ~ говори́ти в мікрофо́н; **2. sich** ~ ра́дитися, домовля́тися.
Bespréchung *f* -, -en 1) обгово́рення, перегово́ри; 2) нара́да; 3) реце́нзія.
besprítzen *vt* оббри́зкувати.
bespülen *vt* обмива́ти; омива́ти *(береги)*.
bésser 1. *adj* кра́щий; **2.** *adv* кра́ще, добрі́ше; es geht ihm ~ йому́ кра́ще; désto ~, um so ~ тим кра́ще (лі́пше).
béssern 1. *vt* 1) полі́пшувати; 2) виправля́ти; 2. **sich** ~ виправля́тися; поправля́тися.
Bésserstellung *f* -, en полі́пшення матеріа́льного стано́вища, підви́щення добро́буту (життє́вого рі́вня).
Bésserung *f* -, -en 1) полі́пшення; ви́правлення; 2) виду́жування.

best 1. *adj* (най)крáщий; beim ~en Willen при всьóму бажáнні; der érste ~e пéрший-лíпший; 2. *adv:* am ~en крáще за все, aufs ~e якнайкрáще; j-m zum ~en háben (hálten) піднімáти на сміх *(кого)*; die Sáche steht nicht zum ~en спрáви кéпські.

Bestánd *m* **-(e)s, ...stände** 1) стáлість, міцність, тривáлість; der ~ des Stáates цілісність державú; 2) стан; наявність; фонд.

beständig 1. *adj* постíйний, незмінний; 2. *adv* постíйно, зáвжди.

Beständigkeit *f* 1) постíйність; міцність; 2) упéртість, наполéгливість.

Bestándteil *m* **-(e)s, -e** складовá частúна, елемéнт; компонéнт.

bestärken *vt* підкріплювати; підтвéрджувати.

bestätigen 1. *vt* 1) підтвéрджувати; 2) затвéрджувати *(рішення)*; ратифікувáти *(договір)*; 2. **sich** ~ підтвéрджуватись.

Bestätigung *f* **-, -en** підтвéрдження; *політ.* ратифікáція.

bestátten *vt* ховáти, поховáти.

bestäuben *vt* 1) запорошúти; 2) *бот.* запúлювати.

Béste 1) *m, f* найкрáщий, -ща; 2) *n* найкрáще; блáго; кóристь; sein ~s tun робúти все можлúве.

Bestéck *n* **-(e)s, -e** 1) прибóр (столóвий); 2) набір інструмéнтів; готовáльня.

bestéhen* 1. *vt* перебóрювати; витрúмувати; éine Prüfung ~ склáсти íспит; 2. *vi (h, s)* 1) існувáти, бýти, тривáти; 2) *(auf D)* наполягáти *(на чому)*; 3) *(aus D)* складáтися *(з чого)*; 4) *(in D)* полягáти *(в чому)*.

bestéhlen* *vt* обкрадáти.

bestéigen* *vt* 1) схóдити, піднімáтися *(на що)*; 2) сідáти *(на коня, на пароплав, у вагон)*.

bestéllen *vt* 1) *(mit D)* заставляти *(чим)*; 2) замовляти *(що)*; éine Zéitung ~ передплатúти газéту; 3) запросúти; 4) обробляти *(поле)*; 5) передавáти; éinen Gruß ~ передáти привíт.

Bestéllung *f* **-, -en** 1) дорýчення; замóвлення; 2) достáвка *(пошти)*; 3) обробíток *(поля)*; 4) турбóта *(про що)*.

Bestéllzettel *m* **-s, -** бланк замóвлення; вимóга *(у бібліотеці)*.

béstens *adv* найкрáще; найкрáщим чúном; ich dánke ~ щúро дякую.

Bésti|e *f* **-, -n** хижáк, звір; *перен.* недóлюдок.

bestímmen *vt* 1) признáчати; gesétzlich ~ узакóнити; 2) визначáти; 3) *(zu D)* схиляти, спонукáти *(до чого)*.

bestímmt 1. *avj* вúзначений; тóчний; 2. *adv* напéвно; категорúчно; ganz ~ неодмíнно, напéвно.

Bestímmtheit *f* - пéвність; рішýчість; упéвненість.

Bestímmung *f* **-, -en** 1) призначéння; 2) вúзначення; 3) постанóва, розпорядження; 4) поклúкання.

bestímmungs|gemäß *adv,* **~mäßig** *adj* згíдно з признáченням, згíдно з реглáментом.

Bestímmungsort *m* **-(e)s, -e** мíсце признáчення.

Béstleistung *f* **-, -en** рекóрд; найкрáщі показникú *(в змаганні)*.

béstmöglich *adv* якнайкрáще.

bestráfen *vt* карáти; штрафувáти.

bestráhlen *vt* освíтлювати (прóменями); опромíнювати.

Bestráhlung *f* **-, -en** освíтлення (прóменями), опромíнювання.

bestrében, sich старáтися, прáгнути *(що-н. зробити)*.

bestréichen* *vt* 1) *(mit D)* намáзувати; обмáзувати; фарбувáти; 2) торкáтися; 3) обстрíлювати.

bestréiten* *vt* 1) заперéчувати; спростóвувати; 2) покривáти *(витрати)*.

bestréuen *vt* обсипáти, посипáти.

bestürmen *vt* 1) штурмувáти; 2) докучáти *(проханнями, запитаннями)*.

bestürzt *adj* збентéжений; вражéний.

Bestürzung *f* **-, -en** збентéження, замішáння, заціпенíння.

Besúch *m* **-(e)s, -e** 1) відвíдини, візúт; 2) гість; wir háben ~ у нас гóсті; zu ~ sein гостювáти *(у кого)*; 3) відвíдування *(школи, театру)*.

besúchen *vt* відвíдувати, провíдувати.

Besúcher *m* **-s, -** відвíдувач; гість.

betágt *adj* лíтній, похúлого вíку.

betásten *vt* обмáцувати.

betätigen 1. *vt* 1) довóдити дíлом, 2) запускáти *(механізм)*, 2. **sich** ~ 1) займáтися *(in D чим)*; 2) брáти ýчасть *(bei, an D у чому)*.

betäuben *vt* 1) оглушáти *(про шум)*; приголóмшувати; 2) *мед.* анестезувáти; durch Narkóse ~ обезбóлювати наркóзом.

betäubend *adj* 1) оглýшливий

B

(про шум), 2) обезбо́люючий, наркоти́чний.

Betäubung *f* **-, -en** 1) оглу́шення *(шумом),* 2) неприто́мність, втра́та свідо́мості; 3) *мед.* нарко́з, обезбо́лювання.

betéiligen 1. *vt* 1) *(an, bei D)* наділя́ти *(кого чим)*; 2) *(j-n an D, bei D)* залуча́ти *(кого до чого)*; **2. sich** ~ бра́ти у́часть *(bei D, an D у чому)*.

Betéiligung *f* **-, -en** у́часть.

betéuern *vt* (урочи́сто) запевня́ти; кля́стися.

betíteln 1. *vt* озагла́влювати *(книжку, статтю)*; титулува́ти *(кого)*; **2. sich** ~: wie betítelt sich díeser Artíkel? як назива́ється ця статтá?

betónen *vt* роби́ти на́голос *(на чому): перен.* підкре́слювати *(що),* наголо́шувати *(на чому)*.

Betónung *f* **-, -en** на́голос.

Betrácht *m: etw. áußer* ~ lássen* залиша́ти без ува́ги що-н.; etw. in ~ ziehen* бра́ти до ува́ги що-н.

betráchten *vt* диви́тися *(на кого, що),* розгляда́ти; *genáu* ~ придивля́тися *(до кого, чого)*.

beträchtlich *adj* значни́й; um ein ~ es зна́чно, ду́же.

Betráchtung *f* **-, -en** розгляда́ння, спостере́ження; міркува́ння.

Betrág *m* **-(e)s, ...träge** су́ма; ва́ртість; die Beträge der Militärkredite військо́ві асигнува́ння; im ~e von... у су́мі..., у ро́змірі...

betrágen* 1. *vi* станови́ти, дорі́внювати, склада́ти *(про суму, число)*; **2. sich** ~ *(gegen A)* пово́дитися *(щодо кого)*.

Betrágen *n* **-s** поведі́нка.

betráuen *vt* доруча́ти *(j-n mit D кому що)*.

betréffen* *vt* 1) стосува́тися, торка́тися *(чого)*; 2) уража́ти, спітка́ти.

betréffend 1. *adj* відпові́дний; да́ний; **2.** *adv* відно́сно, щодо.

betréiben* *vt* 1) займа́тися *(чим)*; 2) прово́дити *(політику, кампанію)*; 3) клопота́тися *(про що),* приско́рювати *(що)*.

betréten* I *vt* 1) (в)ступа́ти, вхо́дити; die Bühne ~ вихо́дити на сце́ну; 2) трапля́тися, спітка́ти *(про нещастя)*.

betréten II *adj* 1) второ́ваний, би́тий *(шлях)*; 2) *перен.* збенте́жений, знія́ковілий.

Betréten *n* **-s** 1) вхід; вступ; 2) збенте́ження.

Betríeb *m* **-(e)s, -e** 1) виробни́цтво, підприє́мство; заво́д; vólkseigener ~ *(скор.* VEB) наро́дне підприє́мство; im ~ stéhen працюва́ти на підприє́мстві; 2) експлуата́ція; робо́та, ді́ло; 3) збу́дження, пожва́влення; da ist ímmer viel ~ тут за́вжди вели́ке пожва́влення.

Betríebs|ablauf *m* **-(e)s, ...läufe** виробни́чий проце́с; **~arbeiter** *m* **-s, -** робітни́к заво́ду; **~belegschaft** *f* **-, -en** колекти́в заво́ду (підприє́мства); **~führung** *f* **-, -en** керівни́цтво підприє́мством; **~gewerkschaftsleitung** *f* **-, -en** *(скор.* BGL) заводськи́й коміте́т профспі́лки; **~gewerkschaftsorganization** *f* **-, -en** профспілко́ва організа́ція підприє́мства; **~leiter** *m* **-s, -** заві́дуючий виробни́цтвом; техні́чний дире́ктор; **~ordnung** *f* **-, -en** пра́вила вну́трішнього розпоря́дку? **~rat** *m* **-(e)s, ...räte** виробни́ча ра́да.

betróffen *adj* вра́жений, знія́ковілий.

betrüben *vt* засму́чувати, затьма́рювати.

Betrübnis *f* **-, -se** журба́, сум, скорбо́та.

betrübt *adj* смутни́й, сумни́й, засму́чений.

Betrúg *m* **-(e)s** обма́н; шахра́йство.

Bett *n* **-(e)s, -en** 1) по́стіль; лі́жко; 2) рі́чище, русло́; zu (ins) ~ géhen ляга́ти спа́ти; das ~ hüten хворі́ти, лежа́ти хво́рим.

Béttdecke *f* **-, -n** ко́вдра; покрива́ло.

bétteln *vi* жебра́чити; старцюва́ти.

béttlägerig *adj* лежа́чий *(хворий)*; ~ sein лежа́ти в посте́лі *(через хворобу)*.

Béttler *m* **-s, -** ста́рець; жебра́к.

Bútt|sack *m* **-(e)s, ...säcke** матра́ц; **~stelle** *f* **-, -n** лі́жко, ко́йка.

béugen 1. *vt* 1) згина́ти; нахиля́ти; 2) *грам.* відмі́нювати; 2. **sich** ~ *(vor D)* гну́тися *(перед ким)*; прини́жуватися.

Béule *f* **-, -n** гу́ля; жо́вно.

be|únruhigen 1. *vt* непоко́їти, триво́жити, турбува́ти; **2. sich** ~ непоко́їтися.

be|úrlauben 1. *vt* дава́ти відпу́стку; **2. sich** ~ бра́ти відпу́стку.

Be|úrlaubung *f* **-, -en** звільнення у відпу́стку.

be|úrteilen *vt* оці́нювати, обмірко́вувати; ви́словити ду́мку *(про кого, що)*.

Be|úrteilung *f* -, -en міркува́ння; оці́нка.

Béute *f* -, -n здо́бич; *військ.* трофе́й.

Béutel *m* -s, - 1) міш́о́к; то́рба; 2) гамане́ць; 3) лу́за *(у більярді)*.

bevölkern *vt* населя́ти; заселя́ти.

Bevölkerung *f* -, -en насе́лення.

bevóllmächtigen *vt* уповнова́жувати.

bevór *cj* перш ніж, по́ки не.

bevórzugen *vt (vor D)* (на)дава́ти перева́гу *(кому, чому перед ким, чим)*.

bevórzugt *adj* привілейо́ваний.

bewáchen *vt* стерегти́, охороня́ти, вартува́ти.

bewáchsen* 1. *vi i* **sich** ~ *(s)* зароста́ти *(mit D чим)*; 2. *adj* заро́слий.

Bewáchung *f* -, -en охоро́на; караýл, ва́рта.

bewáffnen 1. *vt* озбро́ювати *(mit D чим)*; 2. **sich** ~ озбро́юватися.

bewáffnet *adj* озбро́єний; die ~en Kräfte збро́йні си́ли.

bewáhren 1. *vt* берегти́; оберіга́ти; 2. **sich** ~ *(vor D)* уберіга́ти себе́ *(від чого)*.

Bewáhrer *m* -s, - сто́рож.

bewährt *adj* ви́пробуваний, наді́йний.

Bewáhrung *f* -, -en зберіга́ння, охоро́на.

bewálden *vt* сади́ти ліс.

bewältigen *vt* перебо́рювати, поду́жувати.

Bewándtnis *f* -, -se стан *(справ)*, обста́вина; die Sáche hat fólgende ~ спра́ва ось у чо́му.

bewässern *vt* зро́шувати, полива́ти.

bewégen I 1. *vt* 1) ру́хати, воруши́ти; 2) *перен.* хвилюва́ти, звору́шувати; 2. **sich** ~ ру́хатися; оберта́тися *(навколо чого, в чому)*.

bewégen* II *vt (zu D)* схиля́ти, спонука́ти *(до чого)*; sich ~ lássen *(zu D)* схиля́тися *(до чого)*.

Bewéggrund *m* -(e)s, ...gründe при́від, моти́в, причи́на.

bewéglich *adj* рухо́мий; рухли́вий; звору́шливий; ~e Hábe рухо́ме майно́.

bewégt *adj* схвильо́ваний, звору́шений; бурхли́вий.

Bewégung *f* -, -en 1) рух; 2) (с)хвилюва́ння.

bewégungslos *adj* нерухо́мий.

bewéhren *vt* 1) озбро́ювати; 2) обла́днувати; 3) *перен.* зміцнювати, посилювати.

bewéinen *vt* опла́кувати.

Bewéis *m* -es, -e до́каз; до́від, озна́ка.

bewéisen* *vt* дово́дити; виявля́ти *(мужність, здібності)*.

Bewérber *m* -s, - 1) претенде́нт; кандида́т; 2) жени́х, нарече́ний.

bewérfen* *vt (mit D)* закида́ти *(кого чим)*; mit Kalk (Stuck) ~ штукату́рити.

bewérten *vt* оці́нювати.

bewílligen *vt* 1) дозволя́ти, пого́джуватися; 2) асигнува́ти, надава́ти *(кошти)*.

bewíllkommnen *vt* віта́ти.

bewírken *vt* 1) виклика́ти; спричи́нювати; 2) добива́тися, досяга́ти.

bewírten *vt* прийма́ти в се́бе; частува́ти, пригоща́ти.

Bewírtung *f* -, -en частува́ння, пригоща́ння.

bewítzeln *vt* висмі́ювати, глузува́ти *(з кого)*.

bewóhnen *vt* жи́ти, ме́шкати; населя́ти.

Bewóhner *m* -s, - ме́шканець; пожиле́ць.

bewóhnt *adj* житлови́й, насе́лений.

bewölkt *adj* хма́рний.

Bewúnderer *m* -s, - покло́нник, прихи́льник, шануваа́льник.

bewúndern *vt* милува́тися, захо́плюватися.

bewúnderns|wert *adj*, ~**würdig** *adj* чудо́вий, гі́дний по́диву.

Bewúnderung *f* -, -en захо́плення, за́хват.

bewúßt *adj* 1) свідо́мий; sich *(D)* ~ sein бу́ти свідо́мим *(чого)*; усвідо́млювати *(що)*; 2) відо́мий, той *(про кого говорили)*; der ~e Genósse той са́мий това́риш; soviel mir ~ ist наскі́льки мені́ відо́мо.

bewúßtlos 1. *adj* неприто́мний; 2. *adv* 1) без пам'я́ті; 2) *заст.* безці́льно.

Bewúßtsein *n* -s 1) свідо́мість, пам'я́ть; 2) свідо́мість, усвідо́млення.

bezáhlen *vt* спла́чувати *(що)*, плати́ти *(за що)*; mit dem Lében ~ поплати́тися життя́м.

Bezáhlung *f* -, -en опла́та, ви́плата; гонора́р.

bezähmen *vt* прибо́ркувати.

bezáubern *vt* зачаро́вувати.

B

bezáubernd *adj* чарівний.
bezéichnen *vt* відзначáти; позначáти, зазначáти; *перен.* знаменувáти.
bezéigen *vt* виявлáти, покáзувати; **Éhren** ~ віддавáти шáну *(кому)*; Béileid ~ вйсловити співчуттá.
bezéugen *vt* свідчити, довóдити.
beziehen 1. *vt* 1) оббивáти *(меблі)*; застелáти *(постіль)*; 2) в'їжджáти *(куди)*, вселáтися *(в квартиру)*; вступáти *(до школи)*; 3) займáти *(посаду)*; 4) замовлáти, закупóвувати *(товари)*; 5) одéржувати *(плату)*; **2. sich** ~ *(auf A)* посилáтися *(на кого, що)*; стосувáтися *(кого, чого)*.
Bezíehung *f* -, **-en** 1) віднóшення; стáвлення; *pl тж* зв'язкй; 2) переїзд; займáння *(кімнати, посади)*.
beziehungsweise 1. *adv* відповідно; **2.** *cj* абó, інáкше.
Bezírk *m* **-(e)s, -e** 1) райóн, окрýга; 2) *перен.* сфéра.
Bezúg *m* **-(e)s, ...züge** 1) оббивка, чохóл, нáволочка; 2) одéржання *(прибутку)*; 3) *без pl* віднóшення; *mit* ~ *(auf A)* посилáючись на..., зважáючи на...; ~ néhmen auf *(A)* посилáтися *(на що)*.
bezüglich 1. *adj* віднóсний, що стóсується; **2.** *prp (G)* віднóсно, стосóвно, щóдо.
Bezúgnahme *f* - посилáння; mit ~ auf etw. *(A)* посилáючись на що-н.
bezwéifeln *vt* сумнівáтися *(в чому)*.
bezwíngen* **1.** *vt* подолáти, подýжати; підкорйти; **2. sich** ~ брáти себé в рýки, оволодíти собóю.
Bibel *f* -, **-n** біблія.
Bíber *m* **-s, -** *зоол.* бобéр.
bíeder *adj* чéсний, щйрий, прямодýшний.
bíegen* **1.** *vt* гнýти, згинáти; нахилáти; **2.** *vi (s)* гнýтися; обгинáти; **3. sich** ~ гнýтися.
bíegsam *adj* 1) гнучкйй; 2) лáгідний, піддáтливий, поступливий.
Bíegung *f* -, **-en** вигинáння; поворóт; звйвина; ~ éines Flússes колíно рíчки.
Bíene *f* -, **-n** бджолá.
Bíenen|garten *m* **-s, ...gärten** пáсіка; ~**königin** *f* -, **-nen** мáтка (бджолйна); ~**korb** *m* **-(e)s, ...körbe** вýлик; ~**schwarm** *m* **-(e)s, ...schwärme** рій (бджолйний); ~**stand** *m* **-(e)s, ...stände** пáсіка; ~**zucht** *f* бджільнйцтво; ~**züchter** *m* **-s, -** пáсічник.
Bier *n* **-(e)s, -e** пйво.
Bíer|brauerei *f* -, **-en** пивовáрний завóд; ~**halle** *f* -, **-n**, ~**lokal** *n* **-(e)s, -e** пивнá.
bíeten* **1.** *vt* пропонувáти; давáти; надавáти *(можливість)*; **2. sich** ~ траплáтися.
Bilánz *f* -, **-en** балáнс; die ~ zíeben склáсти балáнс; підбйти пíдсумки.
Bild *n* **-(e)s, -er** картйна; портрéт; малюнок; зобрáження; фóто(грáфія); im ~e sein бýти в кýрсі справ.
bílden *vt* 1) утвóрювати; складáти; становйти; формувáти; організóвувати; 2) освíчувати; вихóвувати.
bíldend *adj* освітній; твóрчий; die ~en Künste образотвóрчі мистéцтва.
Bílder|buch *n* **-(e)s, ...bücher** дитáча кнйжка з малюнками; ~**galerie** *f* -, **-n** картйнна галерéя.
Bild|fläche *f* -, **-n** повéрхня; ~**hauer** *m* **-s, -** скýльптор; ~**hauerei** *f* скульптýра; лíплення.
bíldlich *adj* 1) графíчний; мальовнйчий, наóчний; 2) перенóсний; óбразний.
Bíldnis *n* **-ses, -se** картйна, портрéт, зобрáження.
bíldsam *adj* пластйчний, м'якйй.
Bíld|säule *f* -, **-n** стáтуя; ~**schirm** *m* **-(e)s, -e** екрáн (телевíзора).
Bíldung *f* -, **-en** 1) освíта; вихoвáння; 2) офóрмлення; зóвнішній вйгляд; 3) *геол.* формáція; 4) формувáння.
Bíldungsanstalt *f* -, **-en** навчáльний зáклад.
Billett [bil'jɛt] *n* **-(e)s, -e** *i* **-s** 1) квитóк; 2) лист, запйска.
billig *adj* 1) дешéвий; ~ wérden дешéвшати; 2) слýшний, справедлйвий.
bílligen *vt* схвáлювати.
Bílligkeit *f* - 1) дешевинá; 2) справедлйвість.
Bílligung *f* -, **-en** схвáлення; сáнкція.
Bímsstein *m* **-(e)s, -e** пéмза.
Bínde *f* -, **-n** 1) пов'язка; бинт; 2) кравáтка; бант.
bínden* *vt* 1 зв'язувати, в'язáти, прив'язувати; 2) оправлáти *(книжку, зошит)*.
Bíndestrich *m* **-(e)s, -e** дефíс,

рíска.

Bíndfaden *m* -s, ...**fäden** шпагáт; мотýзка.

Bíndung *f* -, -**en** сполýчення, скрíплення.

Bínnen|handel *m* -**s** внýтрішня торгíвля; ~**schiffahrt** *f* - судноплáвство по рíчкáх і озéрах.

Bínse *f* -, -**n** очерéт, тростíна.

Bírke *f* -, -**n** берéза.

Bírk|hahn *m* -(**e**)**s**, ...**hähne** тетерýк; ~**huhn** *n* -(**e**)**s**, ...**hühner** тетéрка.

Bírnbaum *m* -(**e**)**s**, ...**bäume** грýша *(дерево)*.

Bírne *f* -, -**n** 1) грýша; 2) (електрúчна) лáмпочка.

bis 1. *prp* 1) *з обставинами часу і місця;* аж до, до; ~ wann? дóки?; ~ óben дóверху; ~ wohin? до якóго місця?; 2): ~ an, ~auf, ~nach, ~ zu (аж) до álle ~ auf éinen всі, крім одногó; zwei ~ drei Táge два-три дні; **2.** *cj:* ~ (daß) дóки не, дóки.

Bíschof *m* -s, ...**schöfe** єпúскоп.

bishér *adv* до цьóго чáсу; дóсі; дотепéр.

Biß *m* -**sses**, -**sse** укýс.

bißchen: ein (das) ~ небагáто; трóхи.

Bíssen *m* -s, - шматóк *(їжі)*.

biswéilen *adv* íноді, чáсом, зрíдка.

bitte *prtc* будь лáска, прóшу.

Bitte *f* -, -**n** прохáння.

bítten* *vi* 1) *(um A)* просúти, прохáти *(про що)*; 2) *(zu D, auf A)* запрóшувати *(на що)*; j-n zu Gast ~ запрóшувати когó-н. у гóсті.

bítter *adj* 1) гіркúй; 2) прúкрий; 3) заклятий, запéклий.

Bítterkeit *f* -, -**en** 1) гіркóта, прúкрість; 2) озлóблення, жорстóкість; 3) *pl* обрáзливі словá; неприéмності.

bítterlich 1. *adj* гіркувáтий; **2.** *adv* гíрко; ~ wéinen гíрко плáкати.

Bittschrift *f* -, -**en** прохáння, клопотáння.

Bíttsteller *m* -s, - прохáч.

bizárr *adj* чуднúй, дúвний, химéрний.

Blamáge [-zə] *f* -, -**n** ганьбá, сóром.

blamíeren 1. *vt* ганьбúти, сорóмити; **2. sich** ~ осорóмитися.

blank *adj* 1) блискýчий; чúстий; 2) гóлий; ~er Draht неізольóваний прóвід; ~e Wáffe холóдна зброя.

blásen* *vt, vi* 1) дýти; 2) сурмúти, трубúти.

blasíert *adj* пересúчений; бундючний; розчарóваний, байдýжий до всьóго.

Blásorchester [-k] *n* -**s**, - духовúй оркéстр.

blaß *adj* 1) блідúй; 2) *перен.* безбáрвний.

Blässe *f* - блíдість; безбáрвність.

Blatt *n* -(**e**)**s**, **Blätter** 1) *бот.* лист, пелюстки; 2) áркуш *(паперу)*; 3) газéта, журнáл; ◊ kein ~ vor den Mund néhmen говорúти прямо (без нáтяків).

blättern 1. *vi (in D)* (пере)гортáти *(книжку)*; **2.** *vi або* **sich** ~ розпадáтися на тонкí шарú, шарувáтися.

blätternarbig *adj* рябúй *(від віспи)*.

bláu *adj* сúній, блакúтний, голубúй; ~er Fleck синéць; ◊ j-m ~en Dunst vórmachen замúлювати óчі комý-н.

Bláu *n* -s 1) сúній кóлір; 2) блакúть, сúнява; 3) сúнька.

bláuäugig *adj* синьоóкий, блакитноóкий.

bläuen *vt* синúти, підсúнювати.

Blauhelmeinsatz *m* -**es**, ...**sätze** (бойове) використання синіх (голубих) касок (ООН).

Blech *n* -(**e**)**s**, -**e** бляха; листовé залíзо.

Blei I *n* -(**e**)**s**, -**e** свинéць.

Blei II *m* -(**e**)**s**, -**e** лящ.

Bléibe *f* -, -**n** нічлíг, зáхисток, притýлок.

bléiben* *vi (s)* 1) залишáтися *(де)*; wo ~ Sie (denn)? де ж ви (подíлися)?; 2) *(bei D, an D)* залишáтися *(при чому)*; ich bléibe dabéi я наполягáю на цьóму; bei der Wáhrheit ~ говорúти прáвду; 3) *(N)* залишáтися *(ким, яким)*; *(in D)* перебувáти *(у стані)*; bléib(e) rúhig! зберігáй спóкій!; ~Sie óhne Sórge! не хвилюйтеся!; 4) *з inf. іншого дієслова* продóвжувати *(щось робити)*; sítzen ~ лишúтися сидíти, не вставáти; 5) *мат.* дорíвнювати *(при відніманні)*; zwei von sechs bleibt vier від шестú два бýде чотúри.

bléibend *adj* тривáлий; *перен.* міцнúй, постíйний, стíйкий.

bléibenlassen* *vt* 1) залишáти, не чіпáти; 2) припинúти.

bleich *adj* блідúй; безбáрвний.

Bléiche *f* -, -**n** 1) блíдість; 2) білíння, вибíлювання; 3) речовúна́ для білі́ння.

bléiern *adj* 1) свинце́вий; 2) *перен.* важки́й, гнітю́чий.

Bléistift *m* **-(e)s, -e** олівéць.

B

blénden *vt* 1) засліплювати; сліпи́ти *(яскравим світлом)*; 2) *перен.* осліплювати, зачаро́вувати; зво́дити.

Bléndlaterne *f* **-, -n** потайни́й ліхта́р.

Bléndung *f* **-, -en** 1) засліплення *(яскравим світлом)*; 2) *перен.* осліплення, зва́блювання.

Bléndwerk *n* **-(e)s, -e** опти́чний обма́н; ілю́зія.

Blick *m* **-(e)s, -e** 1) по́гляд; auf den érsten ~ з пе́ршого по́гляду; 2) вид *(aus D in A звідки на що)*; ein Zímmer mit ~ in den Park кімна́та з ви́дом на парк.

blicken *vi (auf A)* диви́тися *(на кого)*; sich ~ lássen пока́зуватися.

Blíck|feld *n* **-(e)s, -er** 1) по́ле зо́ру; im ~feld stéhen бу́ти в по́лі зо́ру; 2) *перен.* горизо́нт, кругозі́р; **~punkt** *m* **-(e)s, -e** 1) центр ува́ги; im ~punkt stéhen бу́ти в це́нтрі ува́ги; 2) то́чка зо́ру.

blind 1. *adj* 1) сліпи́й; ~ wérden сліпнути; 2) *перен.* сліпи́й, засліплений, безрозсу́дний; 3) недале́кий, обме́жений; ein ~er Hésse недале́ка люди́на; 4) несправжній, фальши́вий; холости́й *(постріл)*; ~er Alárm фальши́ва триво́га; 5) схо́ваний, потайни́й; ein ~er Passagíer безквитко́вий пасажи́р; **2.** *adv* 1) слі́по *(вірити)*; 2) слі́по, нао́сліп, навмання́; ~ zúfahren ді́яти нао́сліп.

Blínddarm *m* **-(e)s, ...därme** *анат.* сліпа́ ки́шка.

Blínddarmentzündung *f* апендици́т.

Blínde *m, f* сліпи́й, -па́.

Blíndekuh *f:* ~ spíelen гра́ти в піжмурки.

Blíndheit *f* - 1) сліпота́; 2) *перен.* засліплення, небажа́ння ба́чити *(що)*; wie mit ~ geschlágen sein *перен.* не поміча́ти очеви́дного.

blíndlings *adv* слі́по *(вірити)*; нао́сліп, навмання́.

blink *adj:* ~ und blank виблискуючий чистото́ю, блиску́чий.

blínken *vi* бли́скати, миготі́ти.

blínzeln *vi* бли́мати, морга́ти.

Blitz *m* **-es, -e** бли́скавка *(тж. перен.)*; ◊ wie ein ~ aus héiterem Himmel як грім з ясно́го не́ба.

Blítzableiter *m* **-s** громовідві́д.

blítzartig *adj* блискави́чний, миттє́вий.

blítz|blánk *adj* начи́щений до бли́ску, **~bláu** *adj* яскра́во-си́ній; **~dúmm** *adj* страше́нно дурни́й; **~éinfach** *adj:* das ist ~ це ду́же ле́гко.

blítzen 1. *vi* 1) блища́ти; die Wóhnung blitzt vor Sáuberkeit кварти́ра вибли́скує чистото́ю; 2) ся́яти *(від щастя)*; 2) *vimp:* es blitzt мига́є бли́скавка.

blítzschnéll 1. *adj* блискави́чний; **2.** *adv* вмить, блискави́чно.

Blítztelegramm *n* **-s, -e** (телегра́ма-)бли́скавка.

Block I *m* **-(e)s, Blöcke** 1) коло́да; бри́ла; 2) болва́нка.

Block II *m* **-(e)s, -s** 1) кварта́л; гру́па буди́нків; 2) блок *(партій)*; 3) блокно́т.

blöd(e) *adj* 1) недоу́мкуватий, дурни́й; 2) несміли́вий, боязки́й.

Blödsinn *m* **-(e)s** 1) недо́умство; 2) безглу́здя, нісені́тниця; welch ein ~! яка́ нісені́тниця!

blödsinnig *adj* недоу́мкуватий, тупи́й.

blöken *vi* му́кати, ме́кати, бе́кати.

blond *adj* біля́вий; ein ~es Mädchen біля́ва ді́вчина, блонди́нка.

bloß 1. *adj* 1) го́лий; непокри́тий; mit ~em Áuge неозбро́єним о́ком; 2) сам (лише́); im blóßen Hemd у самі́й (лише́) соро́чці; 3) позба́влений; áller Hílfe ~ позба́влений уся́кої допомо́ги; **2.** *adv* ті́льки, лише́.

Blöße *f* **-, -n** 1) нагота́; 2) *перен.* сла́бість; слабке́ мі́сце.

blóßstellen 1. *vt* викрива́ти; компрометува́ти; **2. sich** ~ осоро́митися.

blühen *vi* 1) цвісти́; 2) процвіта́ти.

blühend *adj* квіту́чий; в цвіту́; éine üppig ~e Phantasíe бу́йна фанта́зія.

Blúme *f* **-, -n** 1) кві́тка; 2) буке́т *(про вино)*.

Blúmen|beet *n* **-(e)s, -e** клу́мба; **~garten** *m* **-s, ...gärten** квітни́к; **~kohl** *m* **-(e)s** цвітна́ капу́ста.

blúmig *adj* квітча́стий.

Blúse *f* **-, -n** блу́за; блу́зка, ко́фта.

Blut *n* **-(e)s** 1) кров; 2) кров, похо́дження, поро́да; das liegt mir im ~(e) *перен.* це в ме́не приро́джене; це від приро́ди; 3):

ein júnges ~ юнáк, дíвчина; 4) темперáмент, вдáча; rúhigen (kálten) ~es спокíйно, холоднокрóвно.

Blút|armut *f* недокрíв'я, анемíя; ~**bad** *n* -(e)s, ...**bäder** *перен.* різанúна, кривáва розпрáва, кровопролúття; ~**druck** *m* -(e)s *мед.* кров'янúй тиск.

blútdürstig *adj* кровожéрний.

Blüte *f* -, -n 1) квíтка; цвіт; 2) цвітíння; рóзквіт *(тж. перен.)*; процвітáння; 3) елíта; 4) прищ, вúсипка, фурýнкул *(на обличчі)*.

blúten *vi* 1) кровоточúти; 2) *(für A) перен.* проливáти кров *(за кого, що)*; 3) пускáти сік (живúцю).

Blút|fluß *m* ...**sses**, ...**flüsse** кровотéча; ~**gefäß** *n* -es, -e кровонóсна судúна; ~**gerüst** *n* -es, -e ешафóт; ~**geschwür** *n* -(e)s, -e *мед.* фурýнкул; ~**hund** *m* -(e)s, -e 1) лягáвий собáка; 2) *перен.* кровопúвець; ~**husten** *m* -s *мед.* кровохáркання.

blútig *adj* 1) кривáвий; закривáвлений; 2) *розм.* абсолютний, пóвний.

blútjung *adj* юний, дýже молодúй.

Blút|probe *f* -, -n анáліз крóві; ~**rache** *f* кривáва пóмста.

blút|reich *adj* повнокрóвний; ~**rot** *adj* кривáво-червóний, багрóвий.

Blút|sauger *m* -s, - *перен.* кровопúвець; ~**schande** *f* кровозмíшення; ~**spender** *m* -s, - дóнор; ~**stockung** *f* -, -en застíй крóві; ~**sturz** *m* -es *мед.* крововúлив, кровотéча.

Blúttransfusion *f* - переливáння крóві.

Blút|umlauf *m* -(e)s кровоóбіг, ~**vergießen** *n* -s кровопролúття; ~**vergiftung** *f* -, -en заráження крóві; ~**verlust** *m* -es, -e втрáта крóві.

Bö *f* -, -en шквал; порúв вíтру.

Bock *m* -(e)s, **Böcke** 1) цап; барáн; 2) бик *(моста)*; 3) козéл *(гімнастичний)*; ◊ den ~ zum Gärtner máchen постáвити козлá горóд стерегтú.

Bóckwurst *f* -, ...**würste** сардéлька.

Bóden *m* -s, - *i* **Böden** 1) землЯ; грунт; 2) підстáва, грунт; 3) дно, підлóга; 4) горúще; ◊ j-m den ~ únter den Füßen wégziehen *перен.* вибивáти грунт з-під ніг у кóго-н.

Bóden|einkommen *n* -s, -, ~**ertrag** *m* -(e)s, ...**erträge** прибýток з землí, врожáй; ~**kammer** *f* -, -n мансáрда; ~**kunde** *f* - грунтознáвство.

bódenlos 1. *adj* 1) бездóнний; 2) безпідстáвний; 2. *adv* безмéжно, безмíрно.

Bóden|nutzung *f* -, -en землекористувáння; ~**politik** *f* - земéльна (агрáрна) полíтика; ~**raum** *m* -(e)s, ...**räume** горúще, примíщення на горúщі; ~**reform** *f* -, -en земéльна рефóрма; ~**schätze** *pl* корúсні копáлини.

Bógen *m* -s, - *i* **Bögen** 1) дугá; 2) кривизнá, вúгин; 3) áрка, склепíння; 4) *муз.* смичóк; 5) лук *(зброя)*; 6) áркуш *(паперу)*; ◊ den ~ überspánnen *перен.* перегнýти пáлку, перестарáтися.

bógenförmig *adj* дугоподíбний.

Bóhle *f* -, -n (товстá) дóшка, брус.

böhmisch adj 1) богéмський; 2) *розм.* дúвний, незрозумíлий; das sind mir ~e Dörfer *перен.* це мені зóвсім незрозумíло, це для мéне за сімомá замкáми.

Bóhne *f* -, -n 1) біб; квасóля; 2) цукéрка, льодянúк.

Bóhnenkaffee *m* -s кáва в зéрнах.

Bóhner *m* -s, - натирáч підлóги.

bóhnern *vt* натирáти *(підлогу)*.

bóhren *vt i vi* свердлúти, бурáвити.

Bóhrer *m* -s, - 1) свердляр; 2) свéрдло, бурáв.

Bóllwerk *n* -(e)s, -e *військ.* бастіóн; *перен.* твердúня.

Bólzen *m* -s, - болт; гвинт.

Bombardement [-'mã:] *n* -s, -s бомбардувáння, артóбстріл.

bombardíeren *vt* бомбúти, обстрíлювати (з гармáт).

Bómben|angriff *m* -(e)s, -e налíт бомбардувáльників; ~**flugzeug** *n* -(e)s, -e літáк-бомбардувáльник.

bómbensicher *adj* 1) що не пробивáється бóмбами; 2) *перен.* безсумнíвний, цілкóм надíйний.

Bómber *m* -s, - *див.* Bómbenflugzeug.

Bondon [bɔ̃bɔ̃] *m*, *n* -s, -s цукéрка, льодянúк.

Boot *n* -(e)s, -e чóвен, шлюпка.

Bóot|haken *m* -s, - гак, багóр; ~**mann** *m* -(e)s, ...**leute** бóцман.

Bord *m* -(e)s, -e 1) борт *(літака, судна)*; an ~ на бортý; über ~

wérfen ки́дати за борт; 2) край *(тротуару)*.
Bórdfunker *m* **-s, -** 1) *ав.* бортради́ст; 2) *мор.* суднови́й ради́ст.
Borg *m* **-(e)s** пóзика; auf ~ néhmen позича́ти.
bórgen *vt* 1) *(von j-m etw.)* позича́ти *(у кого що)*; 2) дава́ти в борг.
borníert *adj* обме́жений, тупи́й.
Bór|salbe *f* **-** бóрна мазь; **~säure** *f* **-** бóрна кислота́.
Börse *f* **-, -n** 1) біржа; 2) гаманець.
Bórste *f* **-, -n** щети́на.
bórstig **1.** *adj* 1) упе́ртий, гру́бий, незадовóлений; 2) щети́нистий, їжакува́тий, патла́тий; ~ wérden *перен.* наїжа́чуватися, визвіря́тися; **2.** *adv* гру́бо, дратівли́во.
Bórte *f* **-, -n** обши́вка, край, облямі́вка, кайма́.
bösartig *adj* 1) злий, злі́сний; підсту́пний; 2) злоя́кісний.
Böschung *f* **-, -en** укі́с, схил.
bös(e) *adj* злий, лихи́й; серди́тий; ~ máchen се́рдити.
Bösewicht *m* **-(e)s, -er** *i* **-e** злочи́нець, лиході́й.
bóshaft *adj* запе́клий, лю́тий.
Bósheit *f* **-, -en** 1) злість, лють; єхи́дство; aus ~ зі злóсті, зі зла; 2) лихи́й вчи́нок.
böswillig *adj* зловми́сний, злі́сний.
Bóte *m* **-n, -n** посла́нець, кур'є́р, поси́льний; розси́льний.
bótmäßig *adj* підпорядкóваний; підвла́дний.
Bótschaft *f* **-, -en** 1) вість, зві́стка; 2) посла́ння, зве́рнення *(до народу)*; 3) посóльство.
Bótschafter *m* **-s, -** посóл; áußerordentlicher und bevóllmächtigter ~ надзвича́йний і повнова́жний посóл.
Bóttich *m* **-(e)s, -e** чан, ді́жка.
Boulétte [bu:-] *f* **-, -n** котле́та *(з січеного м'яса)*.
Bourgeoisie [burʒoa'zi:] *f* **-, ...sí|en** буржуазі́я.
bóxen **1.** *vi* боксува́ти; виступа́ти на ри́нгу; **2.** *vt* штовха́ти *(кого)*.
Bóxer *m* **-s, -** боксе́р *(тж. порода собак)*.
Bóxwettbewerb *m* **-(e)s, -e** змага́ння з бóксу.
Brand *m* **-(e)s, Brände** 1) поже́жа, горі́ння; 2) випа́лювання *(цегли, фарфору)*; 3) *мед.* гангре́на; 4) спе́ка; 5) па́ливо.
Brándbombe *f* **-, -n** запа́лювальна бóмба.
bránden *vi* розбива́тися, бушува́ти *(про хвилі)*.
Brándfackel *f* **-, -n** фа́кел, смолоски́п *(тж. перен.)*.
brándfest *adj* вогнетривки́й; неспали́мий.
Brándmal *n* **-(e)s, -e** *i* **...máler** 1) *мед.* óпік; 2) таврó *(тж. перен.)*.
brándmarken *vt* таврува́ти; *перен.* затаврува́ти, зганьби́ти *(кого)*.
Bránd|sohle *f* **-, -n** у́стілка; **~stätte** *f* **-, -n** зга́рище, **~stifter** *m* **-s, -** палі́й.
Brándung *f* **-, en** *мор.* прибі́й.
Brándwunde *f* **-, -n** óпік.
Brándzeichen *n* **-s, -** клеймó, таврó.
Brássen *m* **-s, -** лящ.
bráten* **1.** *vt* жа́рити; сма́жити *(м'ясо, рибу)*; **2.** *vi* 1) жа́ритися, сма́житися *(про м'ясо, рибу)*, пекти́ся *(про яблука)*; 2) ні́житися *(на сонці)*.
Bráten *m* **-s, -** пече́ня.
Brát|ofen *m* **-s, ...öfen** духóвка; **~pfanne** *f* **-, -n** сковорода́; **~spieß** *m* **-es, -e** роже́н; **~wurst** *f* **-, ...würste** сма́жена ковбаса́; сма́жена сарде́лька.
Bráuch *m* **-(e)s, Bräuche** зви́чай.
bráuchbar *adj* прида́тний; кори́сний.
bráuchen **1.** *vt* 1) вжива́ти; користува́тися *(чим)*; éine Brílle ~ користува́тися окуля́рами, носи́ти окуля́ри; 2) потребува́ти, ма́ти потре́бу *(в чому)*; 3) витрача́ти; **2.** *у модальн. значенні:* не потрі́бно, не слід *(робити чого)*; er braucht nicht zu kómmen йому́ не тре́ба прихóдити.
Bráue *f* **-, -n** брова́.
bráuen 1. *vt* вари́ти *(пиво)*, 2. *vi* кипі́ти, вирува́ти; das Wásser braut вода́ кипи́ть.
Braueréi *f* **-, -en** пивова́рний завóд.
braun *adj* кори́чневий; бу́рий; смугля́вий; ка́рий; гніди́й; **~gebrannt** *adj* загорі́лий, засма́глий.
Bráune *m, f* **-n, -n** 1) шате́н, -ка; 2) *m* гніди́й, бу́рий кінь.
Bräune I *f* **-** зага́р.
Bräune II *f* **-** *мед.* ангі́на; brándige ~ *мед.* дифтері́я.
Bráunkohle *f* **-, -n** бу́ре ву́гілля.
Bráuse *f* **-, -n** 1) душ; 2) лимона́д.
bráusen **1.** *vi* бушува́ти; шумі́ти *(про вітер, море, ліс)*; **2. sich ~** прийма́ти душ.
Braut *f* **-, Bräute** наречéна.

Bräutigam *m* -s, -e наречéний.
brav 1. *adj* дóбрий; чéсний; хорóбрий; 2. *adv* чудóво, слáвно.
bréchbar *adj* ламкúй, крихкúй.
Brécheisen *n* -s, - лом *(інструмент)*.
bréchen 1. *vt* 1 ламáти; 2) порýшувати; 2. *vi* 1) *(s)* ламáтися; 2) *(mit D) (h)* поривáти *(з ким)*; 3. **sich** ~ розбивáтися; залóмлюватися.
Bréchung *f* -, -en *фіз.* зáлóмлення, рефрáкція *(світла)*.
Brei *m* -(e)s, -e кáша; мíсиво; пюрé.
breit *adj* ширóкий.
Bréite *f* -, -n 1) ширинá; 2) *геогр.* широтá.
bréiten 1. *vt* 1) розширювати; 2) розгортáти, розстелáти *(килим)*; 3) тягнýти, розтягувати *(слова)*; 2. **sich** ~ 1) розширятися; 2) розповсюджуватися; 3) простягáтися.
Bréitengrad *m* -(e)s, -e *геогр.* грáдус широтú.
bréitmachen, sich 1) шúроко розсíстися; зрýчно влаштувáтися; 2) *(mit D)* хвáстати, хизувáтися *(чим)*.
bréit|schult(e)rig *adj* широкоплéчий; ~**spurig** *adj* 1) *залізн.* ширококолíйний; 2) чванлúвий, зарозумíлий.
Bréitwandfilm *m* -(e)s, -e широкоекрáнний фíльм.
Brémse I *f* -, -n гальмó.
Brémse II *f* -, -n гедзь, óвід.
brémsen *vt, vi* гальмувáти.
brénnbar *adj* горю́чий.
brénnen* 1. *vt* 1) палúти; обпáлювати; 2) *перен.* палúти, хвилювáти, мýчити; 2. *vi* горíти; палáти; die Sónne brennt сóнце печé; 3. *vimp:* es brennt! пожéжа!, горить!; 4. **sich** ~ обпікáтися, обпектúся *(тж. перен.)*.
brénnend 1. *adj* пекýчий; палáючий; *перен.* палкúй; 2. *adv* надзвичáйно.
Brenneréi *f* -, -en 1) винокýрний завóд, гурáльня; 2) цегéльний завóд; цегéльня.
Brénnessel *(при переносі* Brennnessel) *f* -, -n кропивá.
Brésche *f* -, -n пролóм.
Brett *n* -(e)s, -er 1) дóшка; 2) піднóс; 3) полúця; 4) *pl театр.* сцéна.
Brief *m* -(e)s, -e лист, послáння; ~e áustauschen листувáтися *(з ким)*.
Bríefkasten *m* -s, ...kästen поштóва скрúнька.
bríeflich 1. *adj* листóвний, письмóвий; 2. *adv* листóвно, листóм.
Bríef|marke *f* -, -n поштóва мáрка; ~**markensammler** *m* -s, - філателíст; ~**markensammlung** *f* -, -en колéкція поштóвих мáрок; ~**papier** *n* -s, -e поштóвий папíр; ~**porto** *n* -s, -s *i* ...ti поштóвий збір; ~**tasche** *f* -, -n гаманéць, бумáжник; ~**taube** *f* -, -n поштóвий гóлуб; ~**träger** *m* -s, - листонóша; ~**umschlag** *m* -(e)s, ...schläge конвéрт; ~**wechsel** *m* -s, - листувáння, кореспондéнція; mit j-m im ~ wechsel stéhen листувáтися *(з ким)*.
Brigáde *f* -, -n бригáда.
Brigánt m -en, -en розбíйник, бандит.
brillant [bril′jant] *adj* блискýчий, пúшний, розкíшний.
Brílle *f* -, -n окулáри.
bríngen* *vt* принóсити, привóдити, привóзити; j-n dahín ~, daß... переконáти когó-н. у тóму, що...; j-n zu Bétt ~ укладáти спáти когó-н.; zur Welt ~ нарóджувати; etw. an sich ~ привлáснювати щó-н.; auf den Gedánken ~ навóдити на дýмку; j-n aus der Fássung ~ вúвести когó-н. з рівновáги.
bröckeln 1. *vt* кришúти; 2. *vi (s)* кришúтися.
Brócken *m* -s, - крúхта, шматóчок; улáмок.
bröcklig *adj* розсúпчастий, крихкúй.
bródeln *vi* кипíти, клекотáти, вирувáти; булькотáти.
Brómbeere *f* -, -n ожúна.
brónzen *adj* брóнзовий.
Brot *n* -(e)s, -e хліб.
Brötchen *n* -s, - хлібéць, бýлочка.
Brót|scheibe *f* -, -n, ~**schnitte** *f* -, -n скúбка хлíба.
Bruch *m* -(e)s, **Brüche** 1) полóм; трíщина; 2) *мед.* перелóм; грúжа; 3) *мат.* дріб; 4) каменя́рня, каменолóмня; 5) *перен.* порýшення *(умови)*; розрúв *(відносин)*; in die Brüche géhen розбúтися; кінчúтися невдáчею.
brüchig *adj* ламкúй, крихкúй.
Brúch|stück *n* -(e)s, -e 1) улáмок; 2) урúвок; ~**teil** *m* -(e)s, -e чáстка; ~**zahl** *f* -, -en дробовé числó, дріб.
Brücke *f* -, -n міст; éine ~ schlágen будувáти (навóдити)

міст; die ~ hinter sich ábbrechen *перен.* спáлювати за собóю мостú.

Brúder *m* **-s, Brüder** брат.

brüderlich 1. *adj* братéрський; **2.** *adv* по-братéрському.

Brúderschaft *f* **-, -en** братéрство; брáтство.

Brühe *f* **-, -n** бульйóн; відвáр.

brühen *vt* 1) варúти, кип'ятúти; 2) обпáрювати.

brüllen *vi i vt* ревтú; мýкати; ричáти; *перен.* галасувáти, репетувáти.

brúmmen *vi* 1) бурчáти; 2) гудíти; 3) ричáти, ревíти.

brúmmig *adj* буркотлúвий.

brünétt *adj* чорня́вий, чорноволóсий.

Brúnnen *m* **-s, -** 1) колóдязь; кринúця; фонтáн; 2) джерелó *(мінеральної води)*.

Brust *f* **-, Brüste** грýди.

brüsten, sich *(mit D)* пишáтися *(чим)*; чвáнитися.

Brúst|fellentzündung *f* **-, -en** *мед.* плеврúт; **~kasten** *m* **-s, -** *анат.* груднá клíтка; **~krampf** *m* **-(e)s, ...krämpfe** *мед.* áстма; **~stück** *n* **-(e)s, -e** 1) грудúнка; 2) бюст, погрýддя.

Brut *f* **-, -en** 1) висúджування *(пташенят)*, інкубáція; 2) вúводок *(пташенят)*; 3) *перен.* вúродок, вúплодок.

brutál *adj* грýбий, брутáльний; звіря́чий; жорстóкий.

Brutalität *f* **-, -en** грýбість, брутáльність; звíрство, жорстóкість.

brüten 1. *vt* висúджувати *(пташенят)*; **2.** *vi (über D)* міркувáти *(про що)*.

Brúthenne *f* **-, -n** квóчка.

Búbe *m* **-n, -n** 1) хлóпчик; хлопчúсько; 2) валéт *(в картах)*, 3) негíдник.

búbenhaft *adj* 1) хлоп'я́чий, хлопчáчий; 2) пíдлий, шахрáйський.

Búbenstreich *m* **-(e)s, -e** хлоп'я́цтво, бешкéтництво.

Buch *n* **-(e)s, Bücher** 1) кнúжка; кнúга; 2) учнíвський зóшит; 3) клáсний журнáл *(у школі)*; 4) кіносценáрій.

Buch|binder *m* **-s, -** палітýрник; **~binderei** *f* **-, -en** 1) палітýрна спрáва; 2) палітýрня; **~drucker** *m* **-s, -** друкáр.

Búche *f* **-, -n** *бот.* бук.

Bücheréi *f* **-, -en** бібліотéка; книгосхóвище.

Bücher|kunde *f* **-** бібліогрáфія; бібліотекознáвство; **~stand** *m* **-(e)s, ...stände** книжкóвий кíоск; **~verzeichnis** *n* **-ses, -se** бібліографíчний покáжчик.

Búchfink *m* **-en, -en** зя́блик.

Búch|führer *m* **-s, -, ~halter** *m* **-s, -** бухгáлтер; **~haltung** *f* **-, -en** бухгалтéрія; **~handlung** *f* **-, -en** книгáрня.

Büchse *f* **-, -n** 1) бляшáнка; бáнка; карнáвка *(для збирання грошей)*; 2) рушнúця *(мисливська)*.

Büchsen|fleisch *n* **-es** м'ясні консéрви; **~schmied** *m* **-(e)s, -e** зброя́р.

Búchstabe *m* **-ns** *i* **-n, -n** лíтера, бýква; ein gróßer ~ велúка лíтера; ein kléiner ~ малéнька лíтера.

buchstabieren *vt* називати по буквах.

búchstäblich *adj* буквáльний, дослíвний.

Bucht *f* **-, -en** бýхта; затóка *(морська)*.

Búchweizen *m* **-s** грéчка.

Búckel *m* **-s, -** горб; спúна.

búck(e)lig *adj* горбáтий; сутýлий.

bücken, sich нагинáтися; схиля́тися *(над чим)*; sich vor j-m ~ клáнятися *(кому)*; *перен.* гнýти спúну *(перед ким)*.

Búde *f* **-, -n** 1) крамнúця, бýдка; 2) *студ.* кімнáта.

Büffel *m* **-s, -** 1) бýйвіл; 2) корóтка кýртка.

büffeln *vt розм.* зубрúти, товктú; напрýжено працювáти.

Bug I *m* **-(e)s, Büge** 1) згин; 2) суглóб.

Bug II *m* **-(e)s, Büge** *i* **-e** ніс *(човна, дирижабля)*.

Bügel *m* **-s, -** 1) рýчка; скобá; хомутéць; 2) стремéнó; 3) плíчка, вíшалка.

Bügel|eisen *n* **-s, -** прáска, утю́г; **~falte** *f* **-, -n** склáдка *(на штанях)*.

bügeln *vt* прасувáти.

búhlerisch *adj* безсорóмний; блудлúвий, розбéщений.

Bühne *f* **-, -n** сцéна.

Búlle *m* **-n, -n** бик, віл, бугáй.

Búllenbeißer *m* **-s, -** бульдóг.

búmmeln *vi* 1) вéштатись, тиня́тись; гуля́ти; 2) зволікáти, гáяти *(час)*; недбáло працювáти.

Búmmler *m* **-s, -** 1) гуля́ка, лéдар, прогýльник; 2) *перен.* мля́ва людúна.

Bund I *m* **-(e)s, Bünde** союз, спíлка; лíга; федерáція.

Bund II *n* **-(e)s, -e** в'я́зка, оберéмок; пучóк, жмут; сніп.

Bündel *n* **-s, -** 1) в'язка, вýзол; 2) пучóк.

Búndesgenosse *m* **-n, -n** союзник.

bündig *adj* 1) зв'язний, склáдний; 2) обов'язкóвий; 3) перекóнливий; kurz und ~ кóротко і ясно.

Bündnis *n* **-ses, -se** союз.

Búngalow ['bʊŋgalo] *m* **-s, -s** дáчний будúночок.

Búnker *m* **-s, -** 1) бýнкер, вугільна яма; 2) бомбосхóвище.

bunt *adj* строкáтий; різнокóлірний; барвúстий.

Bürde *f* **-, -n** тягáр, нóша.

Burg *f* **-, -en** 1) зáмок; 2) притýлок; твердúня.

Bürge *m* **-n, -n** 1) поручúтель; 2) порýка; für j-n, für etw. *(A)* ~ sein ручúтися за кóго-н., за що-н.

bürgen *vi* ручáтися.

Bürger *m* **-s, -** 1) громадянúн; 2) міськúй мéшканець; 3) міщанúн; обивáтель.

Bürgerkrieg *m* **-(e)s, -e** громадянська війнá.

bürgerlich *adj* 1) громадянський; 2) буржуáзний; 3) обивáтельський.

Bürger|meister *m* **-s, -** бургомíстр, мер; **~recht** *n* **-(e)s, -e** прáво громадянства; **~schaft** *f* **-, -en** 1) городяни; міщáни; 2) громадяни; **~stand** *m* **-(e)s** буржуазія; *іст.* трéтій стан; **~steig** *m* **-(e)s, -e** тротуáр; **~tum** *n* **-(e)s** буржуазія.

Bürgschaft *f* **-, -en** запорýка; гарáнтія; für j-n ~ leisten ручáтися за кóго-н.

Büró *n* **-s, -s** бюрó, контóра; канцелярія.

Búrsche *m* **-n, -n** пáрубок, хлóпець.

burschikós *adj* розв'язний, грубувáтий; відчайдýшний; жвáвий; молодéцький.

Bürste *f* **-, -n** щітка.

bürsten *vt* чúстити щіткою.

Busch *m* **-es, Büsche** кущ, чагарнúк.

Büschel *n* **-s, -** пучóк; жмут; пáсмо; чуб; чуприна; оберéмок; в'язка.

búschig *adj* кущúстий; скуйóвджений.

Busenfreund *m* **-es, -e** щирий приятель.

Búße *f* **-, -n** 1) покарáння; штраф; 2) покýта.

büßen **1.** *vt* спокýтувати *(провину)*; **2.** *vi* кáятися.

Büste *f* **-, -n** погрýддя, бюст.

Büstenhalter *m* **-s, -** бюстгáльтер.

Butt *m* **-(e)s, -e** кáмбала.

Bútter *f* **-** мáсло.

Bútter|blume *f* **-, -n** 1) кульбáба; 2) жовтéць; **~dose** *f* **-, -n** маснúчка, маслянка.

Büttner *m* **-s, -** бóндар.

C c

Cachenéz [kaʃ(ə)'ne:] *n* **-, -** ['ne:s] кашнé, шарф.

Cafe [-'fe:] *n* **-s, -s** кафé.

Café|haus *n* **-es, ...häuser** кафé, кав'ярна; **~konditorei** *f* **-, -en** кафé-кондúтерська.

Camp [kæmp] *n* **-s, -s** тáбір *(стоянка у наметах)*.

cámpen ['kem-] *vi* жúти у кéмпінгу.

Cámper ['kɛm-] *m* **-s, -** автотурúст.

Cámping ['kɛm-] *n* **-s** кéмпінг.

Cámping|beutel *m* **-s, -** турúстський (дорóжний) мішóк; **~koffer** *m* **-s, -** дорóжній чемодáн; **~sport** *m* **-es, -e** автотурúзм; **~zelt** *n* **-(e)s, -e** намéт.

Capuchón [kapy'ʃɔ̃] *m* **-s, -s** відлóга, капюшóн; плащ з відлóгою.

Car [kar] *m* **-s** турúстський автóбус.

Céllo ['tʃɛ] *n* **-s, -s** *i* **Célli** віолончéль.

Champágner [ʃam'panjər] *m* **-s, -** шампáнське.

Chánce ['ʃɑ̃ʒə] *f* **-, -n** шанс; можлúвість, імовíрність; tólle ~ щасливий вúпадок.

Chantáge [ʃɑ̃'tɑːʒə] *f* **-, -n** шантáж.

Cháos ['ka:ɔs] *n* **-** 1) *міф.* хáос; 2) *перен.* хаóс, безлáддя.

charakterisíeren [ka-] *vt* характеризувáти, давáти характерúстику.

charakterístisch [ka-] *adj* характéрний; типóвий.

charákterlos [ka-] *adj* безхарák-

терний.
Charákterzug *m* **-(e)s, ...züge** ри́са хара́ктеру.
Chaufféur [ʃɔ'fő:r] *m* **-s, -e** шофе́р, водíй.
Chaussée [ʃɔ'se:] *f* **-, ...ssé|en** шосе́, шосе́йна доро́га.
Chauvinísmus [ʃovi-] *m* **-** шовінíзм.
Chef [ʃɛf] *m* **-s, -s** шеф, керівни́к, нача́льник.
Chéfredakteur ['ʃɛfredaktør] *m* **-s, -e** головни́й реда́ктор.
Chinése *m* **-n -n** кита́єць.
chinésisch *adj* кита́йський.
chirúrgisch *adj* хірургíчний.
chokieren [ɑ̃ɔ-] *vt* шокува́ти.
cholérisch [ko-] *adj* холери́чний; гаря́чий, запальни́й.
Chor [ko:r] *m* **-s, Chöre** хор; im ~ síngen 1) співа́ти хо́ром; 2) співа́ти в хо́рі.
Chrónik ['kro:-] *f* **-, -en** хро́ніка, літо́пис.
chrónisch ['kro:-] *adj* хронíчний.
Ciceróne [tʃitʃə] *m* **-s** *i* **-, -s** *i* **...ni** провідни́к, гід, чичеро́не.
Clíque ['klikə] *f* **-, -n** клíка.
Clown [klaon] *m* **-s, -s** клóун.
Códe [ko:d] *m* **-s, -s** ко́декс (зако́нів).
Coupé [ku'pe:] *n* **-s, -s** купе́.
Couráge [ku'ra:ʒə] *f* **-** смілúвість, відва́га.
Cousín [ku'zɛ:] *m* **-s, -s** двою́рідний брат.
Cousíne [ku-] *f* **-, -n** кузи́на, двою́рідна сестра́.
Créme ['krɛ̃m(ə)] *f* **-, -s** крем.

D d

da 1. *adv* 1) там; тут; ось; wer ist ~? хто там?; wer ~? *військ.* хто йде?; hier und ~ тут і там; ~ hast du's! от тобí й на!; 2) тодí; von ~ ab (an) з то́го ча́су; **2.** *cj* 1) тому́ що, че́рез те що, оскíльки, бо; 2) колú.
dabéi *pron adv* 1) при цьо́му; es bleibt ~! ви́рішено!; ~ sein бу́ти прису́тнім; 2) ко́ло, бíля; ein Haus und ein Gárten ~ буди́нок з са́дом; 3) до то́го ж, ра́зом з тим, водно́ча́с.
Dach *n* **-(e)s, Dächer** 1) дах, покрíвля; 2) приту́лок; ◊ j-n únter ~ und Fach bríngen нада́ти комý-н. приту́лок.
Dách|balken *m* **-s, -** ба́лка, кро́ква; **~boden** *m* **-s, -** *i* **...böden** го́рище; **~kammer** *f* **-, -n** манса́рда; **~luke** *f* **-, -n** дахове́ вікно́; **~stube** *f* **-, -n** манса́рда; **~ziegel** *m* **-s, -** черепи́ця.
dádurch *pron adv* внаслíдок цьо́го, завдяки́ цьо́му.
dafür *pron adv* 1) за те, за це; wer ist ~? хто за це?; 2) зате́, за́мість то́го (цьо́го); 3) для то́го (цьо́го); ich kann nichts ~ я в цьо́му не ви́нен.
dafürhalten* *vi* вважа́ти; ich hálte dafür, daß... я вважа́ю, що...
dagégen 1. *pron adv* 1) про́ти цьо́го; ich bin ~ я про́ти цьо́го, я не зго́ден; 2) порíвняно з ним; **2.** *cj* зате́, же, навпаки́; er sprach wénig, dagégen tat er viel він ма́ло говори́в, зате́ бага́то роби́в.
dahéim *adv* до́ма, на ба́тьківщи́нi.
Dahéim *n* **-s** рíдне во́гнище, дім; ба́тьківщи́на.
dahér 1. *adv* 1) звíдти; 2) *вказує на причину:* звíдси, з цьо́го, тому́; **2.** *cj* тому́, че́рез те.
dahín *adv* туди́; bis ~ до то́го мíсця; до то́го ча́су.
dahín|eilen *vi (s)* 1) мча́ти; 2) ли́нути *(про час)*; **~fliegen** *vi (s)* 1) летíти, відлíта́ти; 2) мина́ти, ли́нути *(про час)*; **~gehen** *vi (s)* 1) іти́; 2) піти́ геть; *перен.* вмира́ти; **~sein** *vi (s)* зника́ти, мина́ти; бíльше не існува́ти.
dahínten *adv* поза́ду, за цим.
dahinter *pron adv* (там) зза́ду; поза́ду цьо́го.
dahínter|kommen *vi (s)* довíдатися, дізна́тися; **~machen, sich** бра́тися до робо́ти.
dámalig *adj* тодíшній.
dámals *adv* тодí, в той час.
Dámbrett *n* **-(e)s, -er** ша́шечниця.
Dáme *f* **-, -n** 1) да́ма, пáні; 2) *карт.* да́ма; *шах.* ферзь; 3) да́мка *(в шашках)*; ~ spíelen гра́ти в ша́шки.
Dámen|bekleidung *f* **-, -en** жіно́ний óдяг;

жіно́чий о́дяг *(готовий одяг)*; **~salon** [-'l] *m* **-s, -s** 1) сало́н (да́мських) мод; 2) жіно́ча перука́рня.

Dáme|spiel *n* **-(e)s, -e** ша́шки *(гра)*; **~stein** *m* **-(e)s, -e** ша́шка.

damít 1. *pron adv* (з) тим, (з) цим; ~ ist álles geságt цим усе́ ска́зано; heráus ! говори́ відве́рто!; **2.** *cj* щоб, для то́го щоб.

Damm *m* **-(e)s, Dämme** 1) да́мба; на́сип; гре́бля, зага́та; 2) бруківка.

dämmen *vt* 1) зага́чувати *(річку)*; 2) *перен.* стри́мувати; 3) брукува́ти *(дорогу, вулицю)*.

dämmerig *adj* 1) присмерко́вий, нея́сни́й *(про світло)*; 2) *перен.* невира́зний.

Dämmerlicht *n* **-(e)s** су́тінки.

dämmern 1. *vimp* 1) смерка́ти; 2) світа́ти; es dämmert bei mir я почина́ю розумі́ти; **2.** *vi* розвидня́тися; невира́зно вимальо́вуватися; **3.** *vt* зате́мнювати, затума́нювати.

Dämmerung *f* **-, -en** су́тінки; світа́нок.

Dampf *m* **-(e)s, Dämpfe** 1) па́ра; 2) дим, чад; mit vóllem ~ по́вним хо́дом.

Dámpf|bad *n* **-(e)s, ...bäder** ла́зня, ба́ня; **~boot** *n* **-(e)s, -e** пароплав.

dámpfen 1. *vt* 1) *розм.* пали́ти *(люльку)*; 2) *хім.* випа́рювати; **2.** *vi* диміти, пуска́ти па́ру.

dämpfen *vt* 1) прига́шувати *(світло)*, гаси́ти *(полум'я)*; 2) приглу́шувати *(звук)*; 3) пом'я́кшувати *(біль)*; 4) стри́мувати *(почуття)*; 5) тушкува́ти *(м'ясо)*.

Dámpfer *m* **-s, -** пароплав.

dámpfig *adj* ди́мний, чадни́й.

dämpfig *adj* 1) заду́шливий; 2) що хворіє на заду́шку.

Dámpf|leitung *f* **-, -en** *тех.* паропровід; **~schiff** *n* **-(e)s, -e** пароплав; **~schiffahrt** *f* **-, -en** 1) пароплавство; 2) по́дорож на пароплаві.

danách *pron adv* 1) по́тім, пі́сля цьо́го; 2) про це; 3) згі́дно з цим.

Däne *m* **-n, -n** датча́нин.

danében *pron adv* 1) поблизу́, бі́ля; 2) по́ряд з цим.

Dänin *f* **-, -nen** датча́нка.

dänisch 1. *adj* да́тський; **2.** *adv* по-да́тському.

dank *prp (D, G)* завдяки́.

Dank *m* **-(e)s** вдя́чність, подяка; bésten (schönen, víelen) ~! ду́же вдя́чний!, (вели́ке) спаси́бі!; Gott sei ~! сла́ва бо́гу!

dánkbar 1. *adj* вдя́чний; **2.** *adv* з вдя́чністю.

Dánkbarkeit *f* **-** вдя́чність.

dánken 1. *vi* 1) дя́кувати; dánke schön! дя́кую!; 2) відповіда́ти *(на вітання)*; **2.** *vt*: j-m, éiner Sáche *(D)* etw. ~ завдя́чувати кому́-н. чим-н.; j-m etw. ~ віддя́чити кому́-н. чим-н.

dann *adv* тоді́; по́тім; у тако́му ра́зі; ~ und wann і́ноді, ча́сом.

darán *pron adv* ко́ло цьо́го (то́го); до цьо́го (то́го); по цьо́му (то́му); за це (те); від цьо́го (то́го), че́рез це (те); над цим (тим); у цьо́му (то́му); es liegt mir viel ~ для ме́не це ду́же важли́во.

darán|gehen* *vi (s)* бра́тися до робо́ти, розпочина́ти *(що)*; **~kommen*** *vi (s)* бу́ти на че́рзі; **~setzen** *vt*: álles ~ докла́сти всіх зуси́ль.

daráuf *pron adv* 1) на цьо́му; на це; 2) пі́сля то́го, по́тім; ein Jahr ~ рік по то́му; das Jahr ~ насту́пного ро́ку; es kommt ~ an... це зале́жить від то́го... .

daráuf|gehen* *vi (s)* 1) витрача́тися; es geht viel Zeit daráuf це вимага́є бага́то ча́су; 2) гі́нути; **~kommen*** *vi (s)* згада́ти, пригада́ти.

daráus *pron adv* з то́го, з цьо́го, зві́дси, зві́дти; er macht sich *(D)* nichts ~ йому́ це байду́же.

dárben *vi* бідува́ти, жи́ти в зли́днях.

dárbieten* 1. *vt* підно́сити, дава́ти, пропонува́ти; **2. sich** ~ трапля́тися; die Gelégenheit bot sich dar тра́пилася наго́да.

dárbringen* *vt* підно́сити *(подарунок)*, дарува́ти; наво́дити *(доказ)*.

d(a)réin *pron adv* туди́, всере́дину.

d(a)réin|finden*, sich звика́тися з пе́вним стано́вищем; **~mischen, sich** втруча́тися; **~reden** *vi* втруча́тися в розмо́ву.

dárlegen *vt* висло́влювати; поя́снювати.

Darm *m* **-(e)s, Därme** *анат.* ки́шка; кише́чник.

dárreichen *vt* підно́сити, подава́ти.

dárstellen 1. *vt* 1) зобража́ти, представля́ти; 2) вико́нувати (ролі); 3) явля́ти собо́ю; **2. sich**

~ уявля́тися, здава́тися, видава́тися *(ким, чим)*.

dárstellend *adj* зобража́льний, образотво́рчий; ~e Geometrié нарисна́ геоме́трія; ~e Kunst образотво́рче мисте́цтво.

Dársteller *m* **-s, -** викона́вець *(ролі)*.

Dárstellung *f* **-, -en** 1) зобра́ження; ви́клад; 2) викона́ння *(ролі)*.

d(a)rüber *pron adv* 1) над цим (тим); пове́рх цьо́го (то́го); 2) по́над; ~ hináus по́над це.

d(a)rúm **1.** *pron adv* 1) навко́ло цьо́го; 2) за це, для цьо́го, зара́ди цьо́го; es hándelt sich ~, daß... йде́ться про те, щоб ...; es ist mir sehr ~ zu tun для ме́не це ду́же важли́во; **2.** *cj* тому́.

d(a)rúnter *pron adv* 1) під цим (тим); під це (те); 2) се́ред них, у то́му числі́; 3) ме́нше, ни́жче (цьо́го).

dásein* *vi (s)* 1) бу́ти прису́тнім; 2) існува́ти.

Dásein *n* **-s** 1) буття́; існува́ння; 2) життя́; 3) прису́тність.

daselbst *adv* тут же, там же.

dásjenige *див.* dérjenige.

daß *cj* що; щоб.

dasselbe *див.* dersélbe.

dástehen* *vi* стоя́ти (тут, там), перебува́ти; allein ~ бу́ти само́тнім; er steht gut da він до́бре забезпе́чений.

datiéren *vt* датува́ти.

Dátum *n* **-s, Dáten** 1) да́та, (календа́рне) число́; 2) *pl* Dáten да́ні.

Dáuer *f* **-** трива́лість; час; те́рмін; auf die ~ на трива́лий час, надо́вго.

dáuerhaft *adj* 1) сті́йкий, міцни́й; трива́лий; 2) добро́тний, міцни́й.

Dáuerlauf *m* **-(e)s, ...läufe** *спорт.* біг на до́вгі диста́нції.

dáuern I *vi, vimp* трива́ти.

dáuern II *vi, vimp* виклика́ти жаль; er dáuert mich мені́ його́ шко́да́; es dáuert mich, daß... мені́ шко́да́, що... .

dáuernd **1.** *adj* трива́лий; пості́йний; міцни́й; **2.** *adv* надо́вго; пості́йно.

Dáumen *m* **-s, -** 1) вели́кий па́лець руки́; j-m den ~ drücken *розм.* бажа́ти кому́-н. у́спіху; 2) *тех.* кула́к, па́лець, шип.

Dáune *f* **-, -n** пуши́нка; *pl тж.* пух.

Dáunenbett *n* **-(e)s, -en** пухови́к, пухова́ перина.

davón *pron adv* 1) від цьо́го (то́го); was hábe ich ~? наві́що мені́ це?; Hand ~! ру́ки геть!; 2) про це (те); nicht mehr ~! ні сло́ва бі́льше про це!; 3) з цьо́го (то́го).

davón|bleiben* *vi (s)* не бра́ти у́часті *(в чому)*; утри́муватися *(від чого)*; **~kommen*** *vi (s)* 1) утекти́ *(від кого, чого)*, позбу́тися *(кого, чого)*; 2) врятува́тися; mit dem Lében ~kommen зали-ши́тися в живи́х; **~tragen*** *vt* 1) вино́сити; 2) домогти́ся; діста́ти *(в результаті чого)*; den Sieg ~tragen здобу́ти перемо́гу.

davór *pron adv* пе́ред цим (тим); від цьо́го (то́го); до цьо́го; hüte dich ~! стережи́ся цього́!

dawíder *pron adv* про́ти цьо́го (то́го).

dazú *pron adv* 1) до цьо́го (то́го); для цьо́го (то́го); на це (те); was sagst du ~? що ти ска́жеш на це?; wie kommst du ~? як ти домі́гся цього́?; як ти смі́єш?; 2) крім то́го; 3) з цим (тим); im Vergléich dazú порі́вняно з цим.

dazú|geben* *vt* додава́ти; **~gehören** *vi* нале́жати *(до чого)*; **~kommen*** *vi (s)* приє́днуватися *(до чого)*; підхо́дити *(до чого)*.

dazwíschen *pron adv* 1) між тим (цим); 2) ча́сом, час від ча́су.

dazwíschen|kommen* *vi (s)* втруча́тися; перешкоджа́ти; **~reden** *vi* втруча́тися в розмо́ву; **~treten*** *vi (s)* заступа́тися, втруча́тися.

Deck *n* **-(e)s, -e** *i* **-s** 1) па́луба; álle Mann an ~! усі наго́ру!; 2) імперіа́л *(автобуса)*; 3) *ав.* несу́ча пове́рхня, крило́ літака́.

Déck|bett *n* **-(e)s, -en** пери́на *(що вживається замість ковдри)*.

Décke *f* **-, -n** 1) по́кришка; по́крив; 2) ко́вдра; 3) ска́терка; 4) попо́на; 5) сте́ля; 6) де́ка *(скрипки)*; *7) опра́ва (книжки)*; ◊ mit j-m únter éiner ~ stécken *розм.* бу́ти у зго́ді (у змо́ві) з ким-н.

Déckel *m* **-s, -** 1) кри́шка; по́кришка; 2) обго́ртка; 3) карни́з.

décken **1.** *vt* 1) вкрива́ти, прикрива́ти; den Tisch ~ накрива́ти стіл; 2) кри́ти *(дах)*; 3) укрива́ти, захища́ти; 4) відшкодо́вувати *(витрати)*; **2. sich ~** 1) укрива́тися; 2) збіга́тися; únsere Interéssen ~ sich на́ші інтере́си збіга́ються; 3) захища́тися *(в* *боксі*).

Déck|mantel *m* **-s, ...mäntel:** únter dem ~mantel під при́водом; під ма́скою; **~name** *m* **-ns, -n** псевдоні́м.

Déckung *f* **-, -en** 1) покриття́; покрі́вля; 2) *військ.* заслі́н, прикриття́; 3) *спорт.* за́хист.

defékt *adj* дефе́ктний, зіпсо́ваний.

Defensíve *f* **-, -n** оборо́на.

definíeren *vt* визнача́ти.

Dégen *m* **-s, -** шпа́га.

Dégen|gefäß *n* **-es, -e, ~griff** *m* **-(e)s, -e** ефе́с (*шпаги*).

déhnbar *adj* 1) розтяжни́й; ein ~er Begríff розтяжне́ поня́ття; 2) *тех.* кову́ий.

déhnen 1. *vt* розтя́гувати, розши́рювати, подо́вжувати; **2. sich** ~ 1) розтя́гуватися, розши́рюватися, подо́вжуватися; 2) трива́ти (*про час*); 3) простяга́тися.

Déhnung *f* **-, -en** 1(розтяга́ння; 2) *фон.* подо́вження (*голосної*).

Deich *m* **-(e)s, -e** гре́бля, да́мба, зага́та.

dein *pron poss m* (*f* déine, *n* dein, *pl* déine) твій (твоя́, твоє́, твої́).

déiner 1. *pron pers* (*G від* du) тебе́; **2.** *pron poss* (*без іменника*) твій.

déinerseits *adv* з твого́ бо́ку.

déinesgleichen *adj* поді́бний до те́бе; таки́й, як ти.

déinet|wegen, ~willen *adv* че́рез те́бе, зара́ди те́бе.

déinige *pron poss:* der, die, das ~ твій, твоя́, твоє́; die Déinigen твої́ (рі́дні).

Deklinatión *f* **-, -en** *грам.* відмі́нювання.

dekliníeren *vt грам.* відмі́нювати.

delikát *adj* 1) деліка́тний; 2) ла́сий; ви́шуканий.

Delikatésse *f* **-** 1) деліка́тність; 2) **-, -n** ла́сощі.

Delikatéssen|geschäft *n* **-(e)s, -e, ~handlung** *f* **-, -en** гастроно́м.

demaskíeren 1. *vt* зірва́ти ма́ску (*з кого*); ви́крити (*кого*); **2. sich** ~ ски́нути ма́ску; ви́крити себе́.

dém|entsprechend *adv* відпові́дно до цьо́го, згі́дно з цим.

dém|gegenüber *adv* протиле́жно до цьо́го.

démgemäß *adv* 1) відпові́дно до цьо́го, згі́дно з цим; вна́слідок цьо́го; вихо́дячи з цьо́го; 2) о́тже.

Demissíon *f* **-, -en** відста́вка, звільне́ння.

dém|nach *adv див.* démgemäß; **~nächst** *adv* незаба́ром, найбли́жчим ча́сом.

demobilisíeren *vt*, **demobílmachen** *vt* демобілізува́ти.

Demonstratíon *f* **-, -en** 1) демонстра́ція; 2) по́каз, демонструва́ння.

Démut *f* **-** ла́гідність, покі́рливість.

démütig *adj* ла́гідний, покі́рливий.

démütigen 1. *vt* упоко́рювати; прини́жувати; **2. sich** ~ упоко́рюватися; прини́жуватися.

démzufólge *adv* вна́слідок цьо́го; о́тже.

Dénkart *f* **-, -en** на́прям думо́к.

dénkbar *adj* ми́слимий, можли́вий, припусти́мий.

dénken* *vt, vi* 1) ду́мати, ми́слити; 2) (*an A*) ду́мати (*про кого, про що*); зга́дувати (*кого, що*); 3) уявля́ти (*що*); передчува́ти (*що*); чека́ти (*чого*); das hábe ich mir gedácht я так і ду́мав; 4) бу́ти яко́ї-н. ду́мки (*про кого, про що*); von j-m schlecht ~ бу́ти пога́ної ду́мки про ко́го-н.; 5) (*з zu+inf*) ма́ти на́мір, збира́тися (*що-н. зробити*).

Dénken *n* **-s** ми́слення.

Dénker *m* **-s, -** мисли́тель.

Dénkfreiheit *f* **-** свобо́да ду́мки.

Dénk|mal *n* **-(e)s, ...mäler** па́м'ятник; **~münze** *f* **-, -n** па́м'ятна меда́ль, ювіле́йний жето́н; **~schrift** *f* **-, -en** доповідна́ запи́ска; меморя́ндум; **~spruch** *m* **-(e)s, ...sprüche** афори́зм; **~tafel** *f* **-, -n** меморіа́льна до́шка; **~vermögen** *n* **-s** інтеле́кт, ро́зум; **~weise** *f* **-, -n** на́прям думо́к; **~würdigkeit** *f* **-** 1) значу́щість, важли́вість (*факту*); 2) *pl* **-en** па́м'ятка (*старовини*).

denn *cj* 1) че́рез те що, тому́ що, бо; 2) невже́; ж; 3) *після вищого ступеня прикметників* ніж; 4) хіба́ що.

dénnoch *cj* все́-таки, проте́.

denunzíeren *vt* доно́сити (*на кого*); зра́дити (*кого*).

Depót [-'po:] *n* **-s, -s** депо́; склад.

Depressión *f* **-, -en** пригні́ченість, депре́сія.

deprimíeren *vt* пригні́чувати.

deputíeren *vt* делегува́ти.

Deputíerte *m, f* депута́т.

Deputíertenkammer *f* **-, -n** пала́та, депута́тів.

der *m* (*f* die, *n* das, *pl* die) **1.** *pron dem* цей, ця, це; той; та, те; **2.** *pron rel* котри́й (котра́, котре́); хто, що; **3.** *означений*

артикль.
dérárt *adv* такий; настільки.
dérártig *adj* подібний, такий.
derb *adj* 1) міцний; 2) грубий.
Dérbheit *f* -, -en 1) грубість; 2) міцність.
deréinst *adv* 1) згодом, коли-небудь; 2) колись.
dérent|wegen, ~willen *adv* заради не (них); заради якої (яких).
dérgestált *adv* таким чином, так.
dérgléichen *adj* подібний (до того), такий; und ~ (mehr) і таке інше.
dérjenige *pron dem m* (*f* diejenige, *n* dásjenige, *pl* díejenigen) той (та, те, ті).
dérmalig *adj* теперішній, нинішній.
dérmaßen *adv* так, таким чином; настільки.
dersélbe *pron dem m* (*f* diesélbe, *n* dassélbe, *pl* diesélben) той самий (та сама, те саме, ті самі); ein und ~ той же самий.
dérwéil *adv* тим часом; поки.
dérzéitig *adj* 1) нинішній, сучасний; 2) тодішній.
désgleichen I *adj* подібний до того (до якого).
desgléichen II *adv* так само.
déshalb 1. *cj* через те, тому, з цієї причини; 2. *adv* заради цього.
déssenungeáchtet *adv* незважаючи на це (те), проте.
désto *adv* тим; je mehr, ~bésser чим більше, тим краще.
déswégen *cj* тому.
Detail [de'tae] *n* -s, -s деталь, подробиця.
Detailhandel [de'tae-] *m* -s роздрібна торгівля.
Detonatión *f* -, -en детонація, вибух.
detoníeren *vi* 1) вибухати; 2) *муз.* фальшиво звучати (*про інструмент*).
déuten 1. *vt* пояснювати, тлумачити (*текст, документ*); 2. *vi* (*auf A*) вказувати (*на що*), натякати (*на що*).
déutlich *adj* ясний, чіткий, виразний; klar und ~ прямо.
deutsch 1. *adj* німецький; германський; 2. *adv*: ~, auf (zu) ~ по-німецькому; німецькою мовою.
Deutsch *n* - *i* -s німецька мова.
Deutsche I *m, f* німець, німкеня.
Deutsche II *n* (*тк. з означеним артиклем*) німецька мова.
Déutung *f* -, -en тлумачення, пояснення.
Dezémber *m* - *i* -s грудень.
dezimál *adj* десятковий.
Dezimálbruch *m* -(e)s, ...brüche десятковий дріб.
Diamánt *m* -en, -en алмаз; geschlíffener ~ брильянт, діамант.
Diät *f* - дієта; ~ hálten додержувати дієти.
dich *pron pers* (*A від* du) тебе.
dicht 1. *adj* щільний, густий; 2. *adv* щільно; ~ an etw. (*A*) аж до, впритул (*до чого*).
Dicht *f* - щільність.
díchten I *vt* 1) ущільнювати; 2) наглухо забивати.
díchten II *vt i vi* 1) складати, писати (*вірші*); 2) вигадувати.
Díchter *m* -s, - поет.
díchterisch *adj* поетичний.
Díchtheit *f* - щільність, густота.
Díchtkunst *f* - поезія; віршування.
Díchtung *f* -, -en 1) поетична творчість; поезія; 2) поетичний твір, вірші; 3) вигадка.
dick *adj* 1) товстий; 2) густий; ~e Luft небезпека; поганий настрій; ~e Fréunde нерозлучні друзі; mit j-m durch ~ und dünn géhen іти за ким-н. у вогонь і в воду; ~e Milch кисле молоко.
Dícke I *f* -, -n 1) огрядність; 2) густота, консистенція.
Dícke II *m, f* товстун, товстуха.
díck|fellig, ~häutig *adj* товстошкірий.
Díckicht *n* -(e)s, -e гущавина.
díckköpfig *adj* твердолобий, упертий.
Dieb *m* -(e)s, -e злодій.
díebisch 1. *adj* 1) злодійський; 2) злодійкуватий; 2. *adv* 1) по-злодійському; 2) крадькома.
Díebstahl *m* -(e)s, ... stähle крадіжка.
Díele *f* -, -n 1) дошка, мостина; 2) підлога; 3) стеля; 4) сходинка; 5) сіни; вестибюль; 6) танцмайданчик.
díelen *vt* настилати (*підлогу*).
díenen *vi* 1) служити, бути на службі; beim Militär ~ бути на військовій службі; 2) (*als A, zu D*) правити (*за що*); бути придатним (*для чого*); 3) (*j-m mit D*) услуговувати, робити послугу (*кому чим*).
Díener *m* -s, - слуга, лакей.
díenlich *adj* корисний, придатний.
Dienst *m* -es, -e 1) служба; посада; áußer ~ у відставці; 2) чергування; ~ háben чергувати.

Díenstag *m* **-(e)s, -e** вівтóрок.
Díenstalter *n* **-s** 1) стаж (службóвий); 2) старшинствó по слýжбі; 3) *військ.* призóвний вік.
díenst|bar *adj* 1) підлéглий, підвлáдний; 2) послýжливий; **~beflissen** *adj* готóвий до пóслуг, послýжливий.
Díenstbote *m* **-n, -n** слугá; посúльний.
díenstfertig *adj* послýжливий; догíдливий.
Díenstgrad *m* **-(e)s, -e** чин; військóвé звáння.
díensthabend *adj* черговúй.
Díenstkleidung *f* **-, -en** фóрма, фóрмений óдяг.
díenstlich 1. *adj* офіцíйний; службóвий; **2.** *adv* офіцíйно.
Díenst|liste *f* **-, -n** послужнúй спúсок; **~mädchen** *n* **-s, -, ~magd** *f* **-, ...mägde** служнúця; **~reise** *f* **-, -n** відря́дження.
díenst|pflichtig *adj* військовозобов'я́заний; ~pflichtiges Álter призóвний вік; **~tauglich** *adj* придáтний до (військóвої) слýжби; **~tuend** *adj* черговúй.
Díenst|vergehen *n* **-s, -** службóва провúна; **~vorschrift** *f* **-, -en** службóве розпоря́дження; *військ.* статýт; **~weg** *m:* auf dem ~wege у службóвому поря́дку; **~zeit** *f* **-, -en** 1) строк слýжби; 2) службóвий час.
diesbezüglich 1. *adj* що стосýється цьогó; **2.** *adv* щóдо цьóго.
díeser *pron dem m* (*f* díese, *n* díes(es), *pl* díese) цей (ця, це, ці).
díesseits 1. *prp (G)* на цьóму бóці; ~ des Flússes по цей бік рíчки; **2.** *adv* по цей бік.
Dífferénz *f* **-, -en** 1) різнúця; 2) розбíжність.
Diktát *n* **-(e)s, -e** 1) диктáнт; nach ~ під диктóвку; 2) накáз.
diktíeren *vt* 1) диктувáти; 2) накáзувати.
Dill *m* **-(e)s, -e** кріп.
Dimissión *f* **-, -en** *див.* Demissión.
Ding *n* **-(e)s, -e** 1) річ; 2) спрáва, обстáвина; vor állen ~en насáмперед; 3) **-(e)s, -er** *розм.* малятко; gúter ~e sein бýти в дóброму нáстрої.
dir *pron pers (D від* du*)* тобí.
dirékt 1. *adj* безпосерéдній; прямúй; **2.** *adv* безпосерéдньо, пря́мо.
Direktíon *f* **-, -en** 1) дирéкція; управлíння; 2) нáпрям, курс.
dirigíeren *vt* 1) спрямóвувати *(що кудú)*; 2) диригувáти; 3) керувáти.
diskrét *adj* 1) стрúманий; тактóвний, скрóмний; 2) секрéтний.
Diskretíon *f* **-** 1) стрúманість; скрóмність; 2) секрéтність.
diskutábel *adj* спíрний.
dislozíeren *vt* 1) розміщáти *(війська)*; 2) *мед.* вúвихнути.
disponíeren 1. *vt* розміщáти *(війська)*; **2.** *vi (über A)* розпоряджáтися, завíдувати *(чим)*.
Dispositíon *f* **-, -en** 1) розпоря́дження; ~en tréffen давáти розпоря́дження; 2) розташувáння, розмíщення; план; *військ.* диспозúція.
Distánz *f* **-, -en** дистáнція, вíдстань.
Distríkt *m* **-(e)s, -e** райóн; óкруг.
divérs *adj* рíзний.
dividíeren *vt мат.* ділúти; durch fünf ~ ділúти на п'ять.
Divís *n* **-es, -e** дефíс.
División I *f* **-, -en** *мат.* дíлення.
División II *f* **-, -en** *військ.* 1) дивíзія; 2) дивізіóн.
doch 1. *cj* 1) однáк, протé; 2) всé-таки; **2.** *prtc* 1) *після запитання, де є заперечення:* ні, навпакú; hast du kein Buch mit? — doch! у тéбе немáє кнúжки з собóю? — ні, вонá в мéне є; 2) *виражає підсилення і часто не перекладається;* аджé, же; spréchen Sie ~! кажíть же!; es ist ~ so? чи не так?; 3) хоч би, якбú; wenn sie ~ käme! хоч би вонá прийшлá!
Dóktor *m* **-s, ...tóren** 1) *розм.* дóктор, лíкар; 2) кандидáт наук.
Dolch *m* **-(e)s, -e** кинджáл.
Dólmetscher *m* **-s, -** перекладáч *(що перекладає усно)*.
Dom *m* **-(e)s, -e** 1) кафедрáльний собóр; 2) шатрó, склепíння.
Dómpfaff *m* **-en, -en** снігýр.
Dónner *m* **-s, -** грім.
dónnern *vi, vimp* гримíти; es dónnert грім гримúть.
Dónnerstag *m* **-(e)s, -e** четвéр.
Dónnerwetter *n* **-s, -** грозá; ◊ zum ~! хай йомý чорт! *(вигук гніву, здивування)*.
dóppeldeutig *adj* двозначний.
Dóppel|fenster *n* **-s, -** вікнó з подвíйними рáмами; **~gänger** *m* **-s, -** двійнúк.
dóppelläufig *adj* двоствóльний.
dóppeln *vt* подвóювати.
Dóppel|programm *n* **-s, -e** дві

сéрії фíльму в один сеáнс; **~punkt** *m* **-(e)s, -e** *грам.* двокрáпка.
dóppelsinnig *див.* dóppeldeutig.
dóppelt 1. *adj* подвíйний; здвóєний; двоя́кий; **2.** *adv* подвíйно, вдвóє; двоя́ко.
Dóppelwaise *f* **-, -n** крýглий сиротá.
dóppelzüngig *adj* нещи́рий, дворушницький.
Dorf *n* **-(e)s, Dörfer** селó.
Dórf|genosse *m* **-n, -n** односельчáнин; **~genossenschaft** *f* **-, -en** сíльськи́й кооперати́в; **~rat** *m* **-(e)s, ...räte** сíльськá рáда.
Dorn *m* **-(e)s, -en** *i* **Dörner** 1) колю́чка; тéрен; 2) **-(e)s, -e** *тех.* шип, стéржень; сердéчник; j-m ein ~ im Áuge sein бýти в кóго-н. як сіль в óці.
Dórnbusch *m* **-es, ...büsche** терни́к.
dórnenvoll *adj* терни́стий, колю́чий *(тж. перен.).*
dórnig *adj* терни́стий.
Dórn|krone *f* **-, -n** тернóвий вінóк; **~pfad** *m* **-(e)s, -e** терни́стий шлях.
Dórn|rös|chen *n* **-s** Спля́ча Красýня *(у казці)*; **~rose** *f* **-, -n** шипши́на.
dórren *vi (s)* сóхнути, в'я́нути.
dörren *vt* суши́ти; в'я́лити.
dort *adv* там; von ~ звíдти; hier und ~ тут і там.
dort|her *adv* звíдти; **~hin** *adv* туди́.
dórtig *adj* тамтéшній.
Dóse *f* **-, -n** 1) корóбка; 2) дóза, пóрція.
dösen *vi* дрімáти, куня́ти.
Dósis *f* **-, ...sen** дóза, пóрція.
Dótter *m* **-s, -** 1) жовтóк; 2) *бот.* рижóк.
Dráche *m* **-n, -n** дракóн.
Dráchen *m* **-s, -** паперóвий змій.
Draht *m* **-(e)s, Drähte** дріт; durch (per) ~ по телефóну.
Dráhtbericht *m* **-(e)s, -e** повідóмлення по телегрáфу.
dráhten *vt* 1) телеграфувáти; 2) з'єднувати дрóтом.
Dráhthindernis *n* **-ses, -se** дротянé загорóдження.
dráhtlos *adj* бездротóвий.
Dramátiker *m* **-s, -** драматýрг.
Drang *m* **-(e)s** 1) нáтиск; 2) пориBáння, пóтяг, прáгнення; ◊ Sturm und ~ епóха «Бýрі і нáтиску» *(в німецькій літературі).*
drängen 1. *vt* 1) натискáти, тісни́ти; **2.** *vi* 1) квáпити; die Zeit drängt час не жде; 2) *(auf D)* наполягáти *(на чому)*; **3. sich ~** скýпчуватися, тóвпитися; sich durch die Ménge ~ проти́скуватися крізь нáтовп.
Drángsal *f* **-, -e,** *n* **-s, -e** нуждá; ли́хо, бідá.
Dráufgänger *m* **-s, -** урви́голова, пали́вода, смільчáк.
dráufgehen* *vi (s)* 1) ги́нути; 2) витрачáтися; es geht viel Zeit drauf на це йде багáто чáсу.
dráußen *adv* 1) зóвні, надвóрі, на вýлиці; 2) *розм.* за кордóном; 3) *розм.* за мíстом.
Dréchsler *m* **-s, -** тóкар *(по дереву).*
dréchseln *vt* обтóчувати *(на токарному верстаті).*
dréckig *adj* брудни́й.
dréhbar *adj* обертóвий, поворóтний.
Drénbuch *n* **-(e)s, ...bücher** кіносценáрій.
dréhen 1. *vt* вертíти, обертáти, крути́ти; éinen Film ~ знімáти фільм; **2. sich ~** вертíтися, обертáтися.
Dréher *m* **-s, -** тóкар *(по металу).*
Dreherеí *f* **-, -en** 1) токáрна майстéрня; 2) токáрна спрáва.
Dréh|kran *m* **-es, -e** *i* **...kräne** поворóтний кран; **~maschine** *f* **-, -n** токáрний верстáт.
Dréhung *f* **-, -en** 1) обертáння; крутíння; 2) óберт, поворóт.
drei *num* три, трóє; zu ~(en) утрьóх.
Drei *f* **-, -en** (числó) три; трíйка.
Dréieck *n* **-(e)s, -e** трикýтник; gléichschenkliges ~ рівнобéдрений трикýтник; gléichseitiges ~ рівносторóнній трикýтник; réchtwinkliges ~ прямокýтний трикýтник; úngleichseitiges ~ різносторóнній трикýтник.
dréieckig *adj* трикýтний.
dréierléi *adj* троя́кий; auf ~Art (Wéise) троя́ко.
dréifach 1. *adj* потрíйний, тразóвий; **2.** *adv* утрóє, утри́чі; три́чі.
Dréigespann *n* **-(e)s, -e** трóйка (кóней.)
dréikantig 1. *adj* тригрáнний; **2.** *adv розм.* грýбо.
dréimal *adv* три рази́, три́чі; у три рази́.
dréiseitig *adj* трибíчний, тригрáнний.
dreißig *num* три́дцять.
dréißiger *adj* тридця́тий; in den ~

Jáhren у тридцятих роках.
Dréißiger *m* **-s, -** 1) (число́, ци́фра, но́мер) три́дцять; 2) чолові́к віком від 30 до 40 рóків; 3) люди́на, що народи́лася у тридця́тому ро́ці.
Dréistigkeit *f* **-, -en** 1) смі́ли́вість; зухва́льство; 2) смі́ли́вий, зухва́лий вчи́нок.
dréi|stöckig *adj* триповерхо́вий.
Dréistufenrakete *f* **-, -n** триступі́нчаста ракéта.
dréltägig *adj* триде́нний.
dréiviertel *num* три чвéрті.
Dreizimmerwohnung *f* **-, -en** трикі́мна́тна кварти́ра.
Dréschboden *m* **-s, -** *i* **...böden** тік.
dréschen* *vt* молоти́ти; ◊ léeres Stroh ~ перелива́ти з пусто́го в поро́жнє.
dríllen *vt* 1) свердли́ти; 2) муштрува́ти.
Dríllinge *pl* трійня́та.
dríngen* *vi* 1) *(h) (auf A)* наполяга́ти *(на чому)*; auf Ántwort ~ вимага́ти відповіді; 2) *(s)* проника́ти; ~ bis ... добира́тися до ...
dríngend 1. *adj* терміно́вий, невідкла́дний, насті́йний; ~e Bitte насті́йне проха́ння; **2.** *adv* терміно́во; насті́йно.
Drínglichkeit *f* **-** невідкла́дність.
drínnen *adv* у примі́щенні *(не просто неба)*.
dritt: zu ~ утрьо́х.
drítte *num* тре́тій.
Dritte *m* 1) тре́тє число́; 2) *m, f, n* тре́тій, на тре́тьому мі́сці; 3): ein ~r сторо́нній; тре́тя осо́ба.
Dríttel *n* **-s, -** трети́на.
dríttens *adv* по-тре́тє.
dróhen *vi (mit D)* погро́жувати, загро́жувати *(чим)*.
dröhnen *vi* гуді́ти; гримі́ти.
Dróhung *f* **-, -en** погро́за.
dróllig *adj* куме́дний, смішни́й.
Drόssel *f* **-, -n** дрізд.
Drósselbeere *f* **-, -n** 1) кали́на; 2) горобина.
drósseln *vt* 1) души́ти; 2) *тех.* глуши́ти *(мотор)*; 3) обме́жувати, скоро́чувати *(витрати)*.
drüben *adv* по той бік; там.
Druck I *m* **-(e)s Drücke** 1) тиск; на́тиск; 2) *перен.* тиск, ти́снення.
Druck II *m* **-(e)s, -e** 1) друкува́ння, друк; 2) шрифт; 3) вида́ння.
drúcken *vt* друкува́ти.
drücken 1. *vt, vi* 1) ти́снути; der Schuh drückt череви́к ти́сне; j-m die Hand ~ поти́снути кому́-н. ру́ку; 2) души́ти, гноби́ти; **2. sich** ~ 1) м'я́тися, бга́тися *(про речі, фрукти)*; 2) *(an A)* притиска́тися *(до кого, чого)*; 3) *(von D)* ухиля́тися *(від чого)*.
drückend *adj* тяжки́й; гніту́чий.
Drúcker *m* **-s, -** друка́р.
Druckeréi *f* **-, -en** друка́рня.
Drúck|fehler *m* **-s, -** друка́рська по́ми́лка; **~maschine** *f* **-, -n** друка́рська маши́на.
drúnten *adv* (там) унизу́.
drúnter *див.* darúnter.
Drüse *f* **-, -n** *анат.* за́лоза.
du *pron pers* (*G* deiner, *D* dir, *A* dich) ти.
dúcken 1. *vt* нахиля́ти; **2. sich** ~ 1) нахиля́тися; 2) *розм.* скоря́тися.
Duft *m* **-(e)s, Düfte** 1) арома́т, па́хощі; 2) тума́н; 3) па́морозь, і́ній.
dúften *vi (nach D)* па́хнути, духмя́ніти.
dúftig *adj* 1) арома́тний, запашни́й; 2) легки́й.
dúlden *vt* 1) допуска́ти, терпі́ти; 2) вите́рплювати, стражда́ти.
dúldsam *adj* терпи́мий.
dumm *adj* дурни́й, нерозу́мний; sich ~ stéllen прикида́тися ду́рником; ~es Zeug! пусте́!, дурни́ця!
Dúmmheit *f* **-, -en** дурни́ця; aus ~ з дурно́го ро́зуму.
Dúmmkopf *m* **-(e)s, ...köpfe** ду́рень.
dúmpf *adj* 1) глухи́й *(про звук)*; 2) заду́шливий, важки́й *(про повітря)*; 3) тупи́й, приту́плений *(про почуття, біль)*; 4) нея́сний; невира́зний; 5) тьмя́ний; ~e Stímmung гніту́чий на́стрій.
Düne *f* **-, -n** дю́на.
düngen vt удо́брювати, угно́ювати.
Dünger *m* **-s, -** до́бриво, гній.
dúnkel *adj* 1) те́мний; (по)хму́рий; 2) таємни́чий, невідо́мий.
Dúnkel *n* **-s** те́мрява.
Dúnkel *m* **-s** чва́нство, пиха́.
Dúnkelheit *f* **-** 1) те́мрява; 2) нея́сність, невідо́мість.
dúnkel|äugig *adj* темноо́кий; **~blond** *adj* темнору́сий; **~braun** *adj* темнокори́чневий; смугля́вий; кашта́новий.
dúnkeln 1. *vi* темні́ти; **2.** *vt* зате́мнювати; **3.** *vimp:* es dúnkelt смерка́є, темні́є.
dünn *adj* 1) тонки́й, худи́й; 2) рідки́й; 3) ні́жний, слабки́й *(про звук)*.

Dunst *m* **-es, Dünste** вúпар; чад; тумáн; імлá.
dúnsten *vi* 1) *(h)* чадúти; 2) *(s)* випарóвуватися.
dúnstig *adj* 1) чаднúй; 2) тумáнний.
Dúnstkreis *m* **-es, -e** атмосфéра.
Dúo *n* **-s, -s** дуéт.
durch 1. *prp (A)* 1) крізь, чéрез, по; ~ die Stráße по вýлиці; ~ das gánze Land по всій країні; 2) завдякú, чéрез, за допомóгою; ~ das Dekrét декрéтом; ~ díesen Beschlúß завдякú цьомý рíшенню; **2.** *adv*: ~ und ~ пóвністю, цілкóм; die gánze Nacht ~ цілу ніч; die Schúhe sind ~ черевúки зносúлися; er kann nicht ~ він не мóже пройтú; es ist zehn Uhr ~ вже за десяту годúну.
dúrcharbeiten 1. *vt* опрацьóвувати *(що)*; **2. sich** ~ *(durch A)* пробирáтися, продирáтися *(крізь що, через що)*.
durcháus *adv* 1) цілкóм, пóвністю; 2) неодмíнно.
dúrchbeißen* 1. *vt* прокýшувати; прогризáти; **2. sich** ~ *перен.* 1) пробúтися *(в житті); 2) перебивáтися* (з хліба на квас).
dúrchbiegen* 1. *vt* прогинáти; **2. sich** ~ прогинáтися.
dúrchblättern *vt* перегортáти *(сторінки)*.
dúrchblicken 1. *vi* дивúтися *(крізь що)*; **2.** *vt* розумíти, бáчити; j-n etw. ~ lássen дáти зрозуміти комý-н. що-н., натякнýти комý-н. на що-н.
durchblícken *vt* бáчити нáскрізь, розгáдувати.
dúrchbohren *vt* просвéрдлювати.
durchbóhren *vt* 1) просвéрдлювати; 2) пробивáти нáскрізь *(про кулю)*; пронúзувати *(мечем, поглядом)*.
dúrchbrechen* 1. *vt* 1) пролóмлювати, пробивáти *(отвір)*; 2) розлáмувати; **2.** *vi (s)* 1) пробивáтися, проривáтися *(крізь що)*; 2) прорíзуватися *(про зуби)*; 3) провáлюватися.
durchbréchen *vt* 1) пробивáти, розлáмувати *(стіну)*; проривáти *(фронт)*; 2) порýшувати *(заборону)*.
dúrchbrennen* 1. *vt* пропáлювати; **2.** *vt (s)* 1) прогорáти; перегорáти; 2) *розм.* утікáти.
dúrchbringen* 1. *vt* 1) просувáти, протягáти; 2) вихóджувати *(хворого)*; 3) розтрúнькувати *(гроші)*; **2. sich** ~ перебивáтися (з хліба на квас).
Dúrchbruch *m* **-(e)s, ...brüche** 1) пролóм; 2) прорúв; ~ durch die Front прорúв фрóнту; 3) прорíзування *(зубів)*.
dúrchdenken*, durchdénken* *vt* продýмувати, обдýмувати *(план)*.
dúrchdrängen, sich протúскуватися *(крізь натовп)*.
dúrchdringen* *vi (s)* 1) проникáти *(крізь що)*; 2) пробивáтися, проривáтися.
durchdríngen* *vt* проникáти; пронúзувати *(тж. перен.)*.
dúrchdringend *adj* 1) пронúкливий; 2) пронúзливий *(про звук, вітер)*; 3) їдкúй *(про запах)*.
Durchdríngung *f* **-, -en** 1) проникнення; 2) напóвнення, насúчення.
dúrchdrücken *vt* продáвлювати.
durchéilen *vt* поспíшно прохóдити, пробігти *(по чому)*.
durcheinánder *adv* без розбóру, як попáло, упереміж.
Durcheinánder *n* **-s** безлáддя, плутанúна.
dúrchfahren* *vi (s)* проїжджáти.
durchfáhren* *vt* 1) об'їздити; 2) проїхати; 3) пронúзувати *(про біль, страх)*.
Dúrchfahrt *f* **-, -en** 1) проїзд *(дія)*; auf der ~ проїздом; 2) проїзд, ворóта; *мор.* протóка.
Dúrchfall *m* **-(e)s, ...fälle** 1) *мед.* понóс; 2) провáл, фіáско.
dúrchfallen* *vi (s)* 1) провáлюватися, пáдати *(крізь що)*; 2) провáлюватися *(на екзамені)*; зазнавáти фіáско.
dúrchfaulen *vi (s)* прогнúти.
dúrchfechten*, sich пробúтися, вúрватися *(з оточення)*.
dúrchfinden*, sich розібрáтися *(у чому)*; знайтú дорóгу; зорієнтувáтися.
dúrchfliegen* *vi (s)* 1) пролітáти *(крізь що)*; 2) *розм.* провалúтися *(на екзамені)*.
durchflíegen* *vt* 1) пролетíти; облетíти; 2) пробігти очúма.
dúrchfließen* *vi (s)* протікáти *(крізь що)*.
durchflíeßen *vt* 1) протікáти *(через що)*; 2) зрóшувати.
durchfórschen *vt* дослíджувати; розслíдувати.
durchfríeren* *vt* заморóзити; застудúти.
dúrchfrieren* *vi (s)* промерзáти.
Dúrchfuhr *f* **-, -en** 1) провіз;

транзи́т; 2) проїзд, прохід.

dúrchführen *vt* 1) прово́дити *(збори, досліди)*; 2) прово́зити *(товари)*; 3) вико́нувати *(наказ)*; 4) проклада́ти *(залізницю)*; 5) здійснювати.

Dúrchgang *m* **-(e)s, ...gänge** 1) прохід *(місце)*; 2) прохід, прохо́дження, переліт; 3) транзи́т *(вантажів)*; 4) зміна.

dúrchgängig **1.** *adj* 1) прохідни́й; 2) зага́льний; **2.** *adv* взагалі; скрізь; ча́сто-гу́сто.

dúrchgehen* **1.** *vi (s)* 1) прохо́дити, прола́зити *(через що)*; 2) прохо́дити *(до кінця, наскрізь)*; 3) бу́ти при́йнятим *(про пропозицію)*; 4) (по)нести́ *(про коня)*; 5) *розм.* утіка́ти; 6): etw. ~ lássen дозво́лити що-н.; **2.** *vt* 1) протира́ти *(підошви)*; 2) вивча́ти; повто́рювати.

durchgéhen* *vt* прохо́дити *(від початку до кінця)*.

dúrchgehend(s) *adv* цілко́м, без ви́нятку.

dúrchhalten* *vi* протри́матися, ви́тримати до кінця́.

dúrchhauen* **1.** *vt* 1) просіка́ти, прору́бувати; перерубувати; 2) відшмага́ти; **2. sich** ~ пробива́тися *(з боєм)*; проклада́ти собі шлях.

dúrchjagen **1.** *vt* 1) прогания́ти *(крізь що)*; 2) розтри́нькати *(гроші)*; **2.** *vi (S)* промча́ти, пробігти *(крізь що)*.

dúrchkämmen *vt* 1) розчі́сувати *(волосся)*; 2) прочі́сувати *(ліс)*.

dúrchkauen *vt* 1) прожо́вувати; 2) *розм.* пережо́вувати одне́ й те са́ме.

dúrchkochen *vt* прова́рювати, вари́ти; прокип'яти́ти.

dúrchkommen* *vi (s)* 1) прохо́дити, проїжджа́ти; 2) ви́йти з скрутного стано́вища; пробитися.

dúrchkreuzen *vt* перекре́слювати.

durchkréuzen *vt* 1) пересіка́ти; 2) розла́днувати, зрива́ти *(плани)*.

dúrchkriechen* *vi (s)* прола́зити, проповза́ти *(через що)*.

Dúrchlaß *m* **-sses, ...lässe** 1) прохід, проїзд *(дія)*; 2) вузьки́й прохід; туне́ль; 3) ре́шето.

dúrchlassen* *vt* пропуска́ти.

dúrchlässig *adj* проникни́й; водопроникни́й.

dúrchlaufen* **1.** *vi (s)* 1) пробіга́ти; 2) протіка́ти, прохо́дити *(через що)*; **2.** *vt* 1) сто́птувати *(взуття)*; 2) перегляда́ти, перебіга́ти очи́ма.

durchláufen* *vt* 1) пробіга́ти; 2) перегляда́ти, перебіга́ти очи́ма.

durchlében *vt* 1) прожи́ти, пережи́ти *(час)*; 2) пережи́ти *(що)*, зазна́ти *(чого)*.

dúrchlesen* *vt* прочита́ти.

dúrchleuchten *vi* просві́чувати, світи́тися *(крізь що)*.

durchléuchten *vt* 1) освітлювати; 2) просві́чувати.

durchlóchen *vt* 1) пробива́ти *(отвір)*; 2) *залізн.* компости́рувати.

durchlöchern *vt* продіря́вити, зрешети́ти.

Dúrchluft *f* - про́тяг.

dúrchlüften *vt* провітрювати, освіжа́ти.

dúrchmachen *vt* 1) пройти́ *(школу)*; 2) зазнава́ти *(чого)*, пережива́ти *(що)*; éine Kránkheit ~ перенести́ хворо́бу.

dúrchmessen* *vt* вимірювати, відмі́рювати.

durchméssen* *vt* обійти́, об'їздити *(якусь місцевість)*; die Stráßen ~ броди́ти по ву́лицях.

Dúrchmesser *m* **-s, -** *(скор.* Dm) діа́метр.

dúrchmustern, durchmústern *vt* ува́жно розгляда́ти.

dúrchnässen **1.** *vimp* проника́ти *(про вогкість)*; **2.** *vt* зволо́жувати, змо́чувати.

durchnässen *vt* промочи́ти *(наскрізь)*; просочи́ти *(водою)*.

Dúrchreise *f* **-, -n** проїзд *(дія)*; auf der ~ проїздом.

durchreisen *vi (s)* проїжджа́ти.

durchréisen *vt* об'їздити *(країну)*.

Dúrchreisende *m, f* проїжджий, проїжджа; транзи́тний пасажи́р.

dúrchreißen* **1.** *vt* розірва́ти, розідра́ти; den Fáden ~ розірва́ти ни́тку; **2.** *vi (s)* розідра́тися, розірва́тися; **3. sich** ~ проби́тися *(до мети)*.

dúrchrühren *vt* 1) розмі́шувати, перемі́шувати; ворушити; 2) протира́ти *(крізь сито)*.

dúrchsägen *vt* розпи́лювати.

dúrchschauen **1.** *vi* диви́тися *(крізь що)*; **2.** *vt* перегляда́ти *(що)*.

durchscháuen *vt* ба́чити на́скрізь *(кого)*.

dúrchscheinen* *vi* просві́чувати.

dúrchschieben* *vt* просо́вувати, прошто́вхувати.

dúrchschießen* I *vt, vi* прострі́лювати.

dúrchschießen* II *vi (s)* 1) про-

мчáти, промайнýти; 2) пробивáтися, бити *(про воду)*.
dúrchschimmern *vi* просвíчувати.
dúrchschlafen* *vi* проспáти *(цілу ніч)*.
Dúrchschlag *m* **-(e)s, ...schläge** 1) пробóїна, пролóм; 2) рéшето, друшля́к; 3) кóпія *(машинописна)*.
dúrchschlagen* **1.** *vt* 1) пробивáти; 2) протирáти *(крізь сито)*; проціджувати; 3) розгорóджувати; 4) друкувáти під копíрку; **2.** *vi* 1) прохóдити *(наскрізь)*, проникáти; протікáти *(про рідину)*; просóчуватися; пробивáтися *(про полум'я)*; 2) діяти, впливáти *(про ліки)*; мáти ýспіх *(про виставу)*; **3. sich** ~ пробивáтися *(крізь оточення)*.
durchschlágen* *vt* пробивáти нáскрізь.
dúrchschleichen* *vi (s) i* **sich** ~ прокрадáтися.
dúrchschlüpfen *vi (s)* 1) прослизáти; 2) виплýтуватися *(із скрутного становища)*.
dúrchschneiden* *vt* розрізáти, перерізáти.
durchschnéiden* *vt* 1) пересікáти; 2) розсікáти *(повітря)*; 3) *перен.* рáнити, рíзати; díese Wórte ~ mir das Herz -і словá рáнять моє́ сéрце.
Dúrchschnitt *m* **-(e)s, -e** 1) рóзріз; прóріз; 2) перéтин; 3) *буд.* рóзріз; прóфіль; 4) *мат.* серéднє (числó); im ~ у серéдньому.
dúrchschnittlich **1.** *adj* серéдній; **2.** *adv* у серéдньому.
Dúrchschnitts|alter *n* **-s** серéдній вік; **~lini|e** *f* **-, -n** лíнія перéтину; **~mensch** *m* **-en, -en** звичáйна людúна; **~punkt** *m* **-(e)s, -e** тóчка перéтину.
dúrchschreiten* *vi (s)* прохóдити *(крізь що, повз що)*.
dúrchschütteln *vt* стрýшувати; збóвтувати.
dúrchschwimmen* *vi (s)* пропливáти *(через що)*.
durchschwímmen* *vt* плáвати *(по чому)*; перепливáти *(що)*.
durchségeln *vt* проплибáти під вітрúлами.
dúrchsehen* **1.** *vt* переглядáти, перевіря́ти; **2.** *vi* дивúтися крізь пáльці *(на що)*.
dúrchsetzen **1.** *vt* провóдити в життя́ *(закон)*; здíйснювати *(що)*; домагáтися *(чого)*; наполягáти *(на чому)*; séinen Wíllen ~ наполягтú на своє́му; **2. sich** ~ перемогтú *(у боротьбі за існування)*; здобýти визнáння; мáти ýспіх.
durchsétzen *vt (mit D)* просóчувати, пронúзувати *(що чим)*.
Dúrchsicht *f* **-, -en** 1) вид *(крізь що)*; прóсвіт; 2) перéгляд; перéвірка.
dúrchsichtig *adj* прозóрий.
dúrchsickern *vi (s)* просóчуватися.
dúrchsieben *vt* просíювати *(крізь сито)*.
dúrchsprechen* *vt* 1) переговорúти *(про що)*; доклáдно обговорúти *(що)*; розібрáтися *(в чому)*; 2) передáти по телефóну.
dúrchspringen* *vi (s)* проскóчити.
Dúrchspruch *m* **-(e)s, ...sprüche** повідóмлення *(по телефону, радіо)*.
dúrchstechen* *vt* прокóлювати.
dúrchstecken *vt* просóвувати; просиля́ти *(нитку в голку)*.
dúrchstehlen*, sich прокрадáтися.
Dúrchstich *m* **-(e)s, -e** 1) прокóл, прокóлювання; 2) *мед.* прорúв; 3) óтвір, тунéль; 4) рів, рівчáк.
dúrchstöbern *vt* обнúшпорити, перерúти.
dúrchstoßen* *vt* 1) проштóвхувати; 2) прокóлювати; 3) пробивáти, пролáмувати, прорýбувати.
durchstóßen* *vt* 1) пробивáти; 2) проривáти *(фронт)*.
dúrchstreichen* *vt* перекрéслювати.
durchstréichen* *vt* об'ї́здити, обíйтú *(усю місцевість)*.
durchstréifen *vt* об'ї́здити, обійтú *(усю місцевість)*.
dúrchströmen *vi (s)* тектú, протікáти, прохóдити *(де)*.
durchströmen *vt* тектú, протікáти *(по чому-н., через що-н.)*.
dúrchstudieren *vt* вúвчити *(грунтовно)*.
dúrchsuchen *vt* перерúти, перегля́нути *(що у пошуках чого)*.
durchsúchen *vt* обшýкувати, оглядáти.
durchtränken *vt* просóчувати, насúчувати.
dúrchtreten* **1.** *vt* протóптувати; **2.** *vi (s)* ступáти *(через що)*.
dúrchwandern *vi (s)* пройтú шлях.
durchwándern *vi* вúходити *(всю місцевість)*; блукáти *(де)*.
dúrchwaten *vi (s)* ітú брóдом.
durchwáten *vt* перехóдити вбрід.
dúrchweg *adv* 1) зáвждú; 2) всю́ди.

Dúrchweg *m* **-(e)s, -e** прохід, проїзд.

durchwéhen *vt* 1) продувáти; 2) обвíювати.

dúrchweichen *vi (s)* 1) промóкнути; 2) розм'якнути.

durchwéichen *vt* 1(розм'якшувати; 2) просóчувати.

durchwühlen *vt* 1) перерúти, обнúшпорити; 2) схвилювáти, стурбувáти.

dúrchzählen *vt* перелічúти.

dúrchziehen* **1.** *vt* 1) протягáти *(що через що)*; 2) просилятú *(нитку)*; **2.** *vi (s)* 1) прохóдити, проїжджáти; 2) тягтú, продувáти *(про вітер)*.

durchzíehen* *vt* 1) проїжджáти *(місцевість)*; мандрувáти *(де)*; 2) зборознúти.

Dúrchzug *m* **-(e)s, ...züge** 1) прохід, проїзд *(місце)*; 2) прохóдження, проїзд *(дія)*; 3) прóтяг.

dúrchzwängen **1.** *vt* протúскувати; **2. sich** ~ протúскуватися.

dürfen* *vi* смíти, могтú; мáти прáво; man darf мóжна; man darf nicht не мóжна, не дозволяється.

dürftig *adj* бíдний, мізéрний.

dürr *adj* 1) сухúй; 2) худúй *(про людину)*; 3) піснúй *(про грунт)*.

Dürre *f* **-, -n** 1) сýхість; 2) посýха; 3) худорбá.

Durst *m* **-es** спрáга; ich hábe ~ мені хóчеться пúти; den ~ löschen (stíllen) вгамувáти спрáгу.

dúrsten, dürsten *vi* 1) відчувáти спрáгу; mich dürstet мені хóчеться пúти; 2) *(nach D)* жадáти, прáгнути *(чого)*.

dúrstig *adj* спрáглий; ~ sein хотíти пúти; *(nach D)* ~ sein бýти жáдібним *(до чого)*.

Dúsche *f* **-, -n** душ.

dúschen **1.** *vi i* **sich** ~ приймáти душ; **2.** *vt* 1) постáвити під душ; 2) *перен.* охолóджувати зáпал.

Düsen|flugzeug *n* **-(e)s, -e** реактúвний літáк; **~triebwerk** *n* **-(e)s, -e** реактúвний двигýн.

düster *adj* 1) похмýрий, тéмний; 2) хмýрий.

Dútzend *n* **-s, -e** дю́жина.

E e

Ébbe *f* **-, -n** (морський) відплúв.

ében **1.** *adj* рíвний, плóский; ~es Land рівнúна; zu ~er Érde wóhnen жúти на пéршому пóверсі; **2.** *adv* 1) щóйно; зáраз; jétzt ~ тíльки що; 2) лéдве-лéдве; **3.** *prtc* сáме, якрáз; ~das wóllte ich ságen сáме це я й хотів скaзáти.

Ébenbild *n* **-(e)s, -er** портрéт, тóчна кóпія *(про людину)*; er ist (ganz) daß ~ séines Váters він вúкапаний бáтько.

ében|dá *adv* тут же, там же, сáме на тóму місці; **~dahér** *adv* 1) сáме звідти; 2) сáме томý; **~dahín** *adv* сáме тудú; **~dann** *adv* сáме тоді; **~darúm** *adv* сáме томý.

Ébene *f* **-, -n** 1) рівнúна; 2) *мат.* площинá; 3) гáлузь, сфéра; éine Konferénz auf höchster ~ конферéнція на вúщому рíвні.

ébenfalls *adv* тáкóж; так сáмо.

ébenmäßig **1.** *adj* рівномíрний; симетрúчний; пропорцíйний; **2.** *adv* так сáмо.

ébenso *adv* 1) так сáмо; такúм же чúном; такóю ж мíрою; 2) такúй же.

ébenso|gut *adv* так сáмо дóбре; з такúм же ýспіхом; **~häufig** *adv* так сáмо чáсто; **~lange** *adv* так сáмо дóвго; **~sehr** *adv* настíльки ж; **~viel** *adv* стíльки ж; **~wenig** *adv* так сáмо мáло.

Éber *m* **-s, -** (дúкий) кабáн, вепр.

Éber|esche *f* **-, -n** горобúна.

ébnen *vt* рівняти, вирівнювати.

Échse *f* **-, -n** ящірка.

echt *adj* спрáвжній, непідрóбний; чúстий *(про золото)*; ein ~er Bruch *мат.* прáвильний дріб; ~e Fárbe міцнá (нелинюча) фáрба; ein ~er Freund спрáвжній друг; ~e Wólle чúста вóвна.

Écke *f* **-, -n** 1) ріг, вúступ; an der ~ на рóзі; 2) *мат.* вершúна кутá.

éckig *adj* 1) вуглáстий, кутáстий; ~e Klämmern квадрáтні дужкú; 2) незгрáбний, вайлувáтий; 3) неотéсаний; різкúй *(про людину, характер)*.

édel *adj* 1) благорóдний; 2) знáтний *(за походженням)*; 3) благорóдний *(про метал)*.
Édel|mann *m* **-(e)s, ...leute** дворянин, аристократ; **~metall** *n* **-s, -e** благорóдний метáл; **~mut** *m* **-(e)s** благорóдство, великодýшність.
édelmütig *adj* благорóдний, великодýшний.
Édel|pilz *m* **-es, -e** білий гриб, боровик; **~stein** *m* **-es, -e** коштóвний кáмінь; **~wein** *m* **-(e)s, -e** мáрочне винó.
Editión *f* **-, -en** 1) видáння; 2) видавництво.
Effékt *m* **-(e)s, -e** 1) ефéкт, враження; 2) ефéкт, нáслідок; der ~ ist gleich null ефéкт дорівнює нулю; 3) *тех.* продуктивність; потýжність.
effektív *adj* 1) ефективний, дійовий; 2) фактичний, реáльний.
Effektivität *f* **-** 1) ефективність, дієвість; 2) реáльність.
efféktvoll *adj* ефéктний.
egál 1. *adj* 1) однáковий, рівний; 2) байдýжий; es ist mir ganz ~ мені все однó; **2.** *adv* 1) рівно, рівномірно; 2) *розм.* зáвжди, постійно.
éggen *vt* боронувáти.
éhe 1. *cj* перш ніж; пóки не; **2.** *adv поет.* колись, рaніше.
Éhe *f* **-, -n** шлюб; die ~ schlíeßen одружитися; die ~ schéiden (áuflösen, trénnen) розлучитися.
Éhe|frau *f* **-, -en** жінка, дружина; **~gatte** *m* **-n, -n** чоловік; **~gattin** *f* **-, -nen** дружина; **~leute** *pl* подрýжжя.
éhelich *adj* шлюбний.
éhemalig *adj* колишній.
éhemals *adv* колись, раніше.
Éhe|mann *m* **-(e)s, ...männer** чоловік; **~paar** *n* **-(e)s, -e** подрýжжя.
éher *adv* 1) раніше; 2) швидше.
Éhe|ring *m* **-(e)s, -e** обрýчка; **~scheidung** *f* **-, -en** розлýчення; **~schließung** *f* **-, -en** одрýження.
éhest 1. *adj* найближчий *(час)*; **2.** *adv:* am ~ en раніше за всіх, найшвидше.
éhrbar *adj* поважний, шанóвний; порядний.
éhrbegierig *adj* честолюбний.
Éhre *f* **-, -n** честь; повáга; шáна.
éhren *vt* поважáти; вшанóвувати.
éhrenamtlich *adj* на громáдських засáдах.
Éhren|denkmal *n* **-(e)s, ...mäler** пáм'ятник; **~dieb** *m* **-(e)s, -e** наклéпник; **~gruß** *m* **-es, ...grüße** салют.
éhrenhaft *adj* чéсний, порядний; поважний.
Éhren|haftigkeit *f* **-** чéсність, порядність; поважність; **~kompanie** *f* **-, ...ni|en** почéсна вáрта; **~sache** *f* **-, -n** спрáва чéсті; **~tafel** *f* **-, -n** дóшка пошáни; **~titel** *m* **-s, -** почéсне звання.
éhrenvoll 1. *adj* почéсний; **2.** *adv* з чéстю, з пóчестями.
Éhren|wache *f* **-, -n** 1) почéсна вáрта; ~wache hálten стояти на почéсній вáрті; 2) почéсна вáхта *(на заводі)*; **~wort** *n* **-(e)s, -e** слóво чéсті; mein ~wort! слóво чéсті!
Éhr|furcht *f* **-** *(vor D)* глибóка повáга *(до кого)*; шанобливість *(до кого)*; **~gefühl** *n* **-(e)s, -e** почуття влáсної гідності; самолюбство; **~gelz** *m* **-es** честолюбство.
éhrgeizig *adj* честолюбний.
éhrlich *adj* чéсний, порядний; ~ währt am längsten живи чéсно — дóвше проживéш.
Éhrlichkeit *f* **-** чéсність, порядність.
éhrlos *adj* безчéсний; ганéбний.
Éhrung *f* **-, -en** 1) вшанувáння; 2) пóчесть.
éhrwürdig *adj* поважний.
Éi *n* **-(e)s, -er** яйцé.
Éiche *f* **-, -n** дуб.
Éichel *f* **-, -n** жóлудь.
éichen *adj* дубóвий.
Éich|horn *n* **-(e)s, ...hörner**, **~hörnchen** *n* **-s, -** білка.
Eid *m* **-(e)s, -e** клятва; присяга; den ~ áblegen клястися; присягáти; únter ~ під присягою; den ~ bréchen порýшити клятву.
Éidechse *f* **-, -n** ящірка.
Éi|dotter *m, n* **-s, -** жовтóк.
Éidschwur *m* **-(e)s, ...schwüre** присяга, клятва.
Éier|frucht *f* **-, ...früchte** баклажáн; **~kuchen** *m* **-s, -** омлéт; **~lini|e** *f* **-, -n** овáл; **~pilz** *m* **-es, -e** *бот.* 1) опéньок; 2) лисичка *(гриб)*; **~schale** *f* **-, -n** шкаралýпа яйця; **~speise** *f* **-, -n** яéчня.
Éifer *m* **-s** старáнність, ретéльність; зáпал, ентузіáзм; in ~ geráten увійти в азáрт, розпалитися; розсéрдитися.
éifern *vi* 1) *(nach D)* старáтися; наполéгливо добивáтися *(чого)*;

2) *(für A, gegen A)* рішу́че виступа́ти *(за кого, що, проти кого, чого)*; 3) *(mit j-m in D)* змага́тися *(з ким в чому)*; mit j-m um die Wétte ~ змага́тися з ким-н.; 4) гарячи́тися, хвилюва́тися.

Éifersucht *f* - ре́внощі.

éifersüchtig *adj* ревни́вий.

éiförmig *adj* яйцеви́дний, ова́льний.

éifrig 1. *adj* стара́нний, ре́вний; **2.** *adv* стара́нно, рете́льно, завзя́то; ~bemüht séin доклада́ти всіх зуси́ль *(щоб зробити щось)*.

Éifrigkeit *f* - рете́льність, стара́нність, завзя́тість.

Éigelb *n* **-(e)s** жовто́к.

éigen *adj* 1) вла́сний; ein Kind als ~(es) ánnehmen усинови́ти дити́ну; auf ~e Réchnung за свій раху́нок; 2) власти́вий, характе́рний; das ist ihm ~ це йому́ власти́во; 3) своєрі́дний, особли́вий; ди́вний; mir ist (ganz) ~ zumúte мене́ охопи́ло ди́вне почуття́; étw. auf ~e Faust (Gefáhr, Hand] tun зроби́ти що-н. на свій страх і риск.

Éigenart *f* -, **-en** своєрі́дність, (характе́рна) особли́вість; самобу́тність.

éigenartig *adj* своєрі́дний, особли́вий; ди́вний; самобу́тній.

Éigen|bericht|erstatter *m* **-s**, - вла́сний кореспонде́нт; **~besitz** *m* **-es** вла́сність, (прива́тне) володі́ння; **~besitzer** *m* **-s**, - вла́сник.

éigen|gemacht *adj* вла́сного ви́готовлення; **~gesetzlich** *adj* автоно́мний.

Éigengewicht *n* **-(e)s, -e** вла́сна вага́; чи́ста вага́.

éigenhändig 1. *adj* власнору́чний; ~e Únterschrift власнору́чний підпис; **2.** *adv* вла́сними рука́ми, власнору́чно.

Éigenheit *f* -, **-en** своєрі́дність, особли́вість, характе́рна ри́са; ди́вна річ, ди́вне я́вище.

Éigen|leben *n* **-s**, - прива́тне життя́; ~liebe *f* - егоїзм, себелю́бство; **~macht** *f* - самопра́вство, сваво́ля.

éigenmächtig 1. *adj* самові́льний; *юр.* наси́льний; ~e Abwesenheit самові́льна відсу́тність; **2.** *adv* самові́льно; *юр.* наси́льно; ~ hándeln сваво́лити.

Éigen|mächtigkeit *f* - самопра́вство; **~name** *m* **-ns, -n** *грам.* вла́сна на́зва; **~nutz** *m* **-es** користолю́бство; егоїзм.

éigennützig *adj* кори́сливий.

Éigenschaft *f* -, **-en** власти́вість.

Éigensinn *m* **-(e)s** упе́ртість.

éigen|sinnig *adj* упе́ртий; норовли́вий; **~staatlich** *adj* самості́йний, незале́жний, сувере́нний, *(про державу)*.

éigenständig *adj* самості́йний, незале́жний; éine ~e Kultúr самобу́тня культу́ра.

éigensüchtig *adj* егоїсти́чний, себелю́бний, кори́сливий.

éigentlich 1. *adj* 1) вла́сний, спра́вжній; die ~e Bedéutung éines Wórtes основне́ (пряме́) зна́чення сло́ва; 2) прями́й, безпосере́дній; der ~e Zusámmenhang прями́й (безпосере́дній) зв'язо́к; **2.** *adv* вла́сне ка́жучи; по су́ті.

Éigentum *n* **-(e)s, ...tümer** вла́сність *(an A на що)*; надба́ння; geséllschaftliches ~ суспі́льна вла́сність; privátes ~ прива́тна вла́сність.

Éigentümer *m* **-s**, - вла́сник.

éigen|tümlich 1. *adj* 1) своєрі́дний, ди́вний, особли́вий; 2) власти́вий; **2.** *adv* ди́вно, незрозумі́ло, незвича́йно; **~willig** *adj* упе́ртий; сваві́льний, норовли́вий; **~wüchsig** *adj* оригіна́льний, своєрі́дний; самобу́тній.

éignen, sich *(zu D, für A)* годи́тися *(на що)*, бу́ти прида́тним *(до чого)*.

Éignung *f* -, **-en** зді́бність, здатність *(zu D до чого)*.

Éiklar *n* **-s** біло́к яйця́.

Éile *f* - поспі́шність, по́спіх; in áller ~ на́спіх; кваплúво; zur ~ drängen ква́пити, підганя́ти.

éilen *vi* 1) *(s)* поспіша́ти; 2) *(h)* *(mit D)* ква́питися *(з чим)*; es eilt mit der Sáche час не жде; éile mit Wéile пові́лі їдь — да́лі заїдеш.

éilfertig *adj* 1) поспі́шний, необду́маний *(про рішення)*; 2) кваплúвий *(про людину)*.

éilig 1. *adj* спі́шний, терміно́вий; ich hábe es ~ я поспіша́ю; **2.** *adv* поспі́шно, кваплúво; wohín so ~? куди́ ви так поспіша́єте?

Éil|schrift *f* -, **-en** стеногра́фія; **~sendung** *f* -, **-en** терміно́ве пошто́ве відпра́влення; **~zug** *m* **-(e)s, ...züge** шви́дкий пасажи́рський по́їзд.

Éimer *m* **-s**, - відро́.

ein *m* (*f* éine, *n* ein; *без іменника*

m éiner, f eine, n ein(e)s). **1.** *неозначений артикль, як правило, не перекладається:* ~ Tisch стіл; ~e Bírne грýша; ~ Heft зóшит; **2.** *num* 1) оди́н (однé); 2) той сáмий (та сáма, те сáме); однáковий (однáкова, однáкове); wir sind stets ~er Méinung ми зáвжди́ однієї дýмки; sie sind von ~em Álter вони́ одногó вíку; 3) єди́ний, оди́н; álle ríefen wie aus ~em Múnde усі ви́гукнули в оди́н гóлос; ~er ist kéiner оди́н у пóлі не вóїн; **3.** *adv:* ~! увíмкнуто! *(напис на приладі);* wéder aus noch ~ wissen не знáти, що роби́ти; **4.** *pron indef* хтось, щось; ~er von uns хтось із нас.

einánder *pron rez* однé óдного; однé óдному, взаємно; ~ hélfen допомагáти однé óдному.

éinarbeiten 1. *vt* 1) залучáти до робóти, привчáти до робóти, вводи́ти в курс спрáви; 2) вставля́ти, вмонтóвувати; **2. sich** ~ 1) втя́гуватися в робóту; 2): sich aufeinánder ~ спрацьовáтися однé з óдним.

éinartig *adj* однорíдний.

éinatmen *vt* вдихáти *(що)*; ди́хати *(чим)*.

Éinatmungs|kur *f* - лікувáння інгаля́цією; **~organe** *pl* óргани ди́хання.

éinäugig *adj* однооки́й.

Éinband *m* **-(e)s, ...bände** опрáва *(книжки)*.

éinbändig *adj* однотóмний.

éinbauen *vt тех.* встанóвлювати, вмонтóвувати; *перен.* вставля́ти.

éinbegreifen* *vt* включáти *(до списку)*.

éinbegriffen (*тж.* mit éinbegriffen) *adv* включно; Verpáckung ist im Preis (mit) ~ вáртість упакóвки вхóдить у цінý (товáру).

éinbeißen* 1. *vi (in A)* кусáти, надкýшувати *(що)*, in éinen Ápfel ~ надкуси́ти я́блуко; **2. sich** ~ *(in A)* угризáтися *(у що)*.

éinberufen* *vt* 1) скликáти *(з'їзд, збори)*; 2) призивáти *(на військову службу)*.

Éinberufung *f* **-, -en** 1) склúкання *(з'їзду, зборів)*; 2) при́зов *(на військову службу)*.

éinbezüglich *adv* вклю́чно.

éinbiegen* 1. *vt* загинáти; **2.** *vi (s)* повертáти *(у провулок, на вулицю)*; um die Écke ~ повернýти за рíг.

éinbilden *vt*: sich *(D)* etw. ~ 1) уявля́ти, вважáти *(помилково)*, was bíldest du dir ein? *розм.* як тобí моглó спáсти на дýмку такé?; 2) бýти про сéбе нáдто висóкої дýмки; 3) *розм.* дýже захотíти *(чого)*.

Éinbildung *f* **-, -en** 1) уя́ва, фантáзія, ви́гадка; 2) зарозумíлість.

éinbinden* *vt* 1) *(in A)* загортáти, зав'я́зувати *(у що)*; 2) оправля́ти *(книжку)*.

Éinblick *m* **-(e)s, -e** 1) *(in A)* пóгляд *(на що)*; ознайóмлення *(з чим)*; j-m ~ in etw. *(A)* gében ознайóмити когó-н. з чим-н.; 2) *тех.* окуля́р, óтвір окуля́ра.

éinbrechen* 1. *vt* злáмувати; пролáмувати, пробивáти; **2.** *vi (s)* 1) *(in A)* вривáтися, вдирáтися; 2) *(h, s)* учини́ти кради́жку зі злóмом; 3) провáлюватися *(під лід)*; 4) проривáтися *(про воду)*; 5) наставáти *(про ніч, зиму)*; 6) розвáлюватися *(про будівлю)*.

éinbrennen 1. *vt* випáлювати; **2.** *vi (s)* 1) вигоря́ти; 2) загорíти *(на сонці)*.

éinbringen* *vt* 1) внóсити; ввóзити; вкладáти; die Érnte ~ збирáти врожáй; Gefángene ~ брáти полонéних; Éhre ~ принóсити (вели́ку) слáву; 2) внóсити *(пропозицію, законопроект)*; 3) давáти прибýток; 4) надолýжувати.

Éinbruch *m* **-(e)s, ...brüche** 1) злом; 2) обвáл; 3) настáння́ *(ночі, весни)*; 4) *військ.* втóргнення; атáка.

éinbürgern 1. *vt* надавáти правá грóмадя́нства *(кому)*, прийм́ати в піддáнство; **2. sich** ~ 1) здобувáти правá громадя́нства; 2) укорíнюватися; вхóдити в óбіг.

éinbüßen *vt, vi (an D)* губи́ти, втрачáти *(що)*, зазнавáти збиткíв; sein Lében ~ поплати́тися життя́м.

éindämmen *vt* 1) загáчувати; 2) обмéжувати; локалізувáти.

éindeutig *adj* 1) я́сни́й, недвознáчний, ви́значений; 2) *мат.* однознáчний.

Éindeutigkeit *f* **-, -en** 1) я́сність, недвознáчність, ви́значеність; 2) однознáчність; 3) грýбість.

éindeutschen *vt* 1) онімéчувати; надавáти (звукової) фóрми, типóвої для німéцької мóви, das Wort ist éingedeutscht слóво увійшлó в німéцьку мóву; 2) перекладáти на німéцьку мóву.

éindrängen 1. *vt* утúскувати; **2. sich** ~ проникáти; втирáтися; sich in j-s Vertráuen ~ утирáтися до кóго-н. у довíру.

éindringen* *vi (s)* 1) *(in A)* проникáти; вторгáтися *(куди)*; 2) *(in A)* вникáти *(в питання)*; 3) *(auf A)* натискáти, напирáти *(на кого)*; er drang mit Frágen auf mich ein він засúпав менé запитáннями.

éindringlich 1. *adj* перекóнливий; наполéгливий; **2.** *adv* перекóнливо; наполéгливо.

Éindringling *m* **-s, -e** 1) непрóшений гість; 2) порýшник кордóну; 3) загáрбник, окупáнт, інтервéнт; 4) пролáза, прóйда.

Éindruck *m* **-(e)s, ...drücke** 1) відбúток, слід; 2) врáження; den ~ máchen справля́ти врáження.

éindrucken *vt* друкувáти, відбивáти.

éindrücken 1. *vt* продáвлювати; видáвлювати *(скло)*; сплющувати; залишáти відбúток, слід; **2. sich** ~ вдáвлюватися; продáвлюватися; сплющуватися.

éindrücklich 1. *adj* 1) примíтний, визначнúй; 2) перекóнливий; вирáзний; **2.** *adv* перекóнливо, категорúчно.

éindrucks|fähid *adj* сприйня́тливий; вразлúвий; **~voll** *adj* вирáзний, ефéктний.

eine *див.* ein.

éineinhálb *num* півторá; ~ Stúnde(n) півторú годúни.

Éiner *m* **-s, -** 1) (числó, цифра, нóмер) одúн, одинúця; 2) *мат.* одинúця *(остання цифра багатозначного числа)*.

einerléi *adj* однáковий; auf ~ Art одноманíтно, тим сáмим спóсобом; das ist mir ~ це мені байдýже.

éinernten *vt* збирáти врожáй; *перен.* пожинáти.

Éinerntung *f* **-** збирáння врожáю.

éinerseits *adv* з одногó бóку.

éinfach 1. *adj* 1) прóстúй; одноразóвий; одинáрний; ~e Fáhrkarte квитóк для проїзду в однóму напрямі; 2) прóстúй, звичáйний; 3) прóстúй, нескладнúй; ~er Bruch *мат.* прóстúй дріб; 4) нескладнúй, легкúй; **2.** *adv* 1) прóсто, звичáйно; 2) лéгко; 3) *розм.* прóсто, пóпросту; ~ hérrlich! прóсто чудóво!

éinfahren* **1.** *vt* ввóзити; звóзити; **2.** *vi (s)* в'їжджáти; **3. sich** ~ навчáтися їздú *(на чому)*; звикáти до їздú *(на чому)*.

Éinfahrt *f* **-, -en** 1) в'їзд *(дія)*, спуск *(у шахту)*; вхід *(у гавань)*; 2) ворóта, в'їзд, під'їзд.

Éinfall *m* **-(e)s, ...fälle** 1) обвал; 2) навáла; 3) ідéя; 4) настáння *(ночі, холодів)*.

éinfallen* *vi (s)* 1) розвáлюватися *(про будівлю)*; 2) вторгáтися *(про ворога)*; 3) пáдати *(про світло)*; 4) наставáти *(про ніч, весну тощо)*; 5) втручáтися в розмóву; j-m in die Réde ~ перервáти когó-н., встáвити рéпліку; 6) *(D)* спадáти на дýмку *(кому)*.

éinfältig *adj* 1) наївний, простодýшний; 2) обмéжений, дурнúй.

éinfangen* *vt* спіймáти, зловúти.

éinfarbig *adj* одноколíрний, однобáрвний.

éinfassen *vt* оправля́ти *(коштовний камінь)*; облямóвувати.

éinfinden*, sich 1) з'явúтися, знайтúся; sich pünktlich ~ з'явúтися тóчно в признáчений час, 2) *(in A)* корúтися *(чому)*.

éinfließen* *vi (s)* вливáтися, впадáти *(про річку)*; ein Wort ~ lássen встáвити слóво *(в розмову)*.

éinflößen *vt* 1) вливáти *(в рот кому що)*; 2) вселя́ти; Mut ~ додавáти мýжності; Mítleid ~ викликáти співчуття́; Trost ~ утішáти.

Éinflug *m* **-(e)s, ...flüge** 1) *військ.* повітря́ний налíт; 2) прилíт; *ав.* підхíд до аэродрóму; 3): der ~ der Rakéte in die Flúgbahn вúхід ракéти на орбíту.

Éinfluß *m* **-sses, ...flüsse** 1) вплив; ~ háben мáти вплив; únter j-s ~ stéhen бýти під чиї́мось вплúвом; 2) впадíння *(річки)*.

éinflußreich *adj* впливóвий.

éinförmig *adj* одноманíтний; монотóнний.

éinfrieren* **1.** *vi (s)* замерзáти, примерзáти; ~ lássen заморóжувати; **2.** *vt* заморóжувати.

éinfrosten *vt* заморóжувати *(овочі, фрукти)*.

éinfügen 1. *vt* 1) вставля́ти, вкладáти; 2) вставля́ти, включáти *(у список)*; **2. sich** ~ *(in A)* 1) включáтися *(у що)*; 2) звикáти *(до чого)*.

Éinfuhr *f* **-, -en** ввіз, íмпорт *(von*

D чого).

éinführen 1. *vt* 1) вводити; запроваджувати; das ist hier so éingeführt тут так заведено; 2) ввозити, імпортувати; **2. sich** ~: er hat sich gut éingeführt він справив хороше враження.

Éinführung *f* **-, -en** 1) вступ; 2) введення, запровадження; 3) ввезення, імпорт, привіз.

éinfüllen *vt* наповнювати; завантажувати; заправляти *(пальним)*; заливати; засипати *(зерном)*.

Éingabe *f* **-, -n** 1) подання *(заяви)*; 2) заява, прохання; 3) подання *(про нагородження)*.

Éingang *m* **-(e)s, ...gänge** 1) вхід *(у будинок)*; kein ~! нема входу!; 2) доступ; ~ finden входити у вжиток; 3) надходження *(кореспонденції)*; 4) початок, вступ *(до статті)*.

Éingangs|abfertigung *f* **-, -en** митний огляд; **~halle** *f* **-, -n** вестибюль; **~rede** *f* **-, -n** вступ, вступне слово; **~tür** *f* **-, -en** вхідні двері.

éingeben* *vt* 1) давати *(ліки)*; 2) подавати *(заяву)*; 3) представляти *(до нагороди)*; 4) вселяти *(думку)*; 5) спонукати *(до дії)*; підказувати *(розв'язання питання)*.

éingebildet *adj* 1) уявний; 2) гордовитий, зарозумілий.

Éingeborene *m, f* уродженець, корінний житель.

Éingebung *f* **-, -en** натхнення; інтуїція; (раптова) думка.

éingefallen *adj* 1) запалий *(про щоки, очі)*; 2) що розвалився, провалився *(напр., про дах)*.

éingehen* 1. *vi (s)* 1) надходити *(про кореспонденцію)*; 2) збігатися *(про тканину)*; 3) переставати існувати, гинути; *розм.* вмирати *(про людину)*; 4) *розм.* засвоюватися, укладатися в голові; es geht ihr schwer ein вона погано розуміє це; 5) *(auf A)* докладно зупинитися *(на якомусь питанні)*; 6) *(au A)* погоджуватися *(з чим)*; auf éine Bitte ~ задовольнити прохання; **2.** *vt (h, s)* вступати *(у спілку, шлюб)*; éine Éhe ~ одружитися; éine Verpflichtung ~ брати на себе зобов'язання; éine Wétte ~ битися об заклад.

éingehend *adj* 1) докладний, грунтовний; 2) що надходить *(про кореспонденцію)*.

éingelernt *adj* вивчений, заучений.

éingemacht *adj*: ~es Obst 1) (фруктове) варення; 2) компот; 3) консервовані фрукти.

éingenommen *adj*: für j-n ~ sein бути прихильним до кого-н.; gégen j-n, gégen etw. *(A)* ~ sein ставитися до кого-н., чого-н. упереджено; von etw. *(D)* ~ sein цікавитися, захоплюватися чим-н.; ich bin von diesem Gedánken ganz ~ ця думка не дає мені спокою.

éingeschrieben *adj* рекомендований *(про кореспонденцію)*.

éingeschüchtert *adj* заляканий, затурканий.

Éingeständnis *n* **-ses, -se** визнання *(чого)*, признання *(в чому)*.

éingestehen* *vt* визнавати *(свою провину)*, признаватися *(в чому)*.

éingestellt *adj* настроєний; er ist kommunístisch ~ у нього комуністичний світогляд; er ist gégen mich ~ його підбурили проти мене.

éingewöhnen 1. *vt* привчати; **2. sich** ~ *(in A)* звикати *(до чого)*; акліматизуватися; призвичаюватися *(до чого)*; освоюватися *(з чим)*.

éingewurzelt *adj* 1) закоренілий; застарілий; 2): er blieb wie ~ stéhen він зупинився як укопаний.

éingießen* *vt* вливати, наливати.

éingittern *vt* загратовувати, обносити гратами.

éingleisig *adj залізн.* одноколійний.

éingleiten* *vi (s)* прослизнути *(всередину)*.

éingliedern 1 *vt* включати, вводити *(до складу чого-н.)*; **2. sich** ~ вступати *(до лав)*, приєднуватися, ставати членом *(організації)*.

éingliedrig *adj* 1) одночленний; 2) *грам.* односкладний *(про речення)*.

éingraben* **1.** *vt* 1) закопувати, заривати; 2) вирізати, вирізьблювати *(на камені)*; гравірувати; **2. sich** ~ 1) закопуватися; 2) *військ.* обкопуватися; 3): sich ins Gedächtnis ~ урізатися в пам'ять, зберегтися в пам'яті.

Éingrabung *f* **-, -en** *військ.* окоп.

éingreifen* *vi* втручатися; вживати заходів; in j-s Réchte ~ зазіхáти на чиї-н. правá.

éingrenzen *vt* встанóвлювати кордóн, межý.

Éingriff *m* **-(e)s, -e** 1) втручáння; вживáння зáходів; 2) *мед.* втручáння; ein ärztlicher (operatíver) ~ хірургíчне втручáння, операція.

éingruppieren *vt* класифікувáти.

éinhaken 1. *vt* зачиняти на гачóк; 2. *vi перен.* зачепи́тися *(за що)*; причепи́тися *(до чого)*; втручáтися *(у що)*.

éinhalbmal *adv* наполови́ну.

éinhalten* **1.** *vt* 1) зупиняти, утри́мувати, затри́мувати; 2) дотри́муватися *(строку, правила)*; **2.** *vi (mit D)* припиняти *(що)*, hált(e) ein! припини́!, зупини́ся!; halt mit dem Láchen ein! перестáнь сміятися!

Éinhaltung *f* **-** додéржання, дотри́мання *(умови)*.

éinhämmern *vt* 1) забивáти *(цвях)*; 2) розбивáти, розкóлювати молоткóм; 3) *розм.* утовкмáчувати *(в голову)*.

éinhändigen *vt* вручáти; передавáти у влáсні рýки.

éinhauchen *vt* 1) вдихáти; 2) *перен.* вдихнýти; j-m, éiner Sáche *(D)* néues Lében ~ воскреси́ти когó-н., що-н.; вдихнýти життя в кóго-н., у що-н.

éinhauen* 1. *vt* 1) вирýбувати, вирíзьблювати; 2) *розм.* вибивáти, вилáмувати *(вікно, двері)*; 3) рубáти, розрýбувати *(м'ясо)*; 2. *vi (auf A)* рубáти, би́ти, ударяти *(по чому, кого, що)*.

éinhegen *vt* обгорóджувати.

éinheilen *vi (s)* загóюватися, заростáти.

éinheimen, sich акліматизувáтися, освóїтися *(в країні)*.

éinheimisch 1. *adj* вітчизняний; місцéвий; ~ wérden акліматизувáтися, освóїтися *(у країні)*. **2.** *adv:* sich ~ fühlen освóїтися, акліматизувáтися.

Éinheimische *m, f* місцéвий жи́тель, місцéва жи́телька; тубíлець, тубíлка.

Éinheit *f* **-, -en** 1) єдність; одностáйність; 2) одини́ця *(виміру)*, 3) військовá части́на, підрóзділ.

éinheitlich *adj* 1) єди́ний, 2) однáковий, уніфікóваний, однорíдний, 3) одностáйний.

Éinheitlichkeit *f* **-, -en** 1) єдність; 2) однáковість; уніфікáція.

Éinheits|bücherei *f* **-, -en** публíчна бібліотéка; **~front** *f* **-** єди́ний фронт; **~gewicht** *n* **-(e)s, -e** *фіз.* питóма вагá; **~maß** *n* **-es, -e** єди́на мíра; **~preis** *m* **-es, -e** єди́на (стандáртна) цінá.

éinheizen *vt* затопи́ти; розпали́ти; натопи́ти *(піч)*.

éinherbsten *vt* збирáти врожáй *(фруктів)*.

éinheucheln, sich *(bei D)* утéртися в довíру *(до кого)*.

éinholen *vt* 1) доганяти; надолýжувати; die verlórene Zeit ~ надолýжувати згáяний час; 2) діставáти, добувáти *(відомості)*; Erkúndigungen ~ навóдити дóвідки; éine Erlábnis ~ проси́ти дóзволу; 3) купувáти *(продукти)*.

Éinhol|korb *m* **-(e)s, ...körbe** кóшик для покýпок; **~tasche** *f* **-, -n** сýмка для покýпок, господáрська сýмка.

éinhüllen 1 *vt (in A)* закýтувати, загортáти *(у що)*; **2. sich** ~ *(in A)* закýтуватися *(у що)*.

éinig *adj* 1) одностáйний, згуртóваний; згóдний; ~ wérden *(über A)* домóвитися *(про що)*; 2) єди́ний.

éinige *pron indef f* (*n* éiniges, *pl* éinige) 1) дéяка (дéяке, дéякі); небагáто; nach ~r Zeit чéрез дéякий час; 2) *тк. n sg* дéщо; 3) *тк. pl* дéкілька, дéякі, дéхто; *перед числ.* блúзько, пóнад; ~ Mále дéкілька разíв; vor ~n Jáhren кíлька рокíв томý; in ~n Stúnden чéрез кíлька годи́н; ~ von íhnen дéхто з них.

éinigemal *adv* кíлька разíв.

éinigen 1. *vt* 1) об'єднувати, з'єднувати; 2) мири́ти, примиряти; **2. sich** ~ об'єднуватися; *(auf A, über A)* домовлятися *(про що)*, згóджуватися *(на що)*.

éiniges *pron indef* дéщо.

Éinigkeit *f* **-** єдність, одностáйність, згóда.

Éinigung *f* **-, -en** еднáння, об'єднання; погóдженість; прими́рення; éine ~ vollzíehen дійти́ згóди.

Éinimpfung *f* **-, -en** 1) *мед.* щéплення; 2) навíювання.

éinjagen *vt* 1) уганяти, забивáти; éinen Keil ~ забивáти клин; 2) навíювати, вселяти, виклика́ти *(почуття)*.

éinjährig *adj* рíчний, однорíчний.

éinkäfigen *vt* посади́ти в клíтку.

éinkämmen *vt* зачíсувати.

éinkassieren *vt* 1) инкасувáти,

збирáти, одéржувати *(гроші)*; Schúlden ~ стя́гувати боргú; 2) *розм.* привлáснити, укрáсти; 3) *розм.* посадúти *(за грати)*.

Éinkauf *m* **-(e)s, ...käufe** покýпка, купíвля; Éinkäufe máchen робúти покýпки.

éinkaufen *vt* купувáти.

éinkehren *vi (s) (in D, bei D)* заходúти *(у ресторан, готель; до кого)*; зупиня́тися *(де, у кого)*.

éinkerben *vt* зарýбувати, робúти зáрýбки.

éinkerkern *vt* ув'я́знювати.

Éinkesselung *f* **-, -en** *військ.* отóчення.

éinklammern *vt* 1) скрíплювати скóбами; 2) брáти в дужкú.

Éinklang *m* **-(e)s, ...klänge** 1) *муз.* співзвýчність, гармóнія; 2) злáгодженість; відповíдність.

éinkleben *vt* вклéювати; наклéювати; підклéювати.

éinkleiden 1. *vt* одягáти; обмундирóвувати; **2. sich** ~ одягáтися.

éinklemmen *vt* 1) затискáти; 2) *спорт.* притúснути до бóрту *(у хокеї з шайбою)*.

éinkneifen* *vt* 1) примрýжити *(очі)*; стулúти *(губи)*; 2): den Schwanz ~ підібгáти хвіст.

éinkochen 1. vt 1) увáрювати; випáрювати; 2): Obst ~ консервувáти фрýкти; **2.** *vi (s)* увáрюватися; википáти.

éinkommen* *vi (s)* 1) надхóдити *(в касу)*; 2) *(um A)* клопотáтися *(про що)*.

Éinkommen *n* **-s, -** прибýток.

éinkreisen *vt* отóчувати; ізолювáти; блокувáти.

Éinkreisung *f* **-, -en** отóчення; блокáда; ізоля́ція.

éinladen* I *vt* навантáжувати.

éinladen* II *vt* запрóшувати.

Éinladung *f* **-, -en** запрóшення.

Éinlage *f* **-, -n** 1) вміст; додáток; 2) проклáдка; 3) грошовúй вклад; 4) стáвка *(у грі)*; 5) *мед.* тампóн, тимчасóва плóмба.

Éinlaß *m* **...lasses, ...lässe** 1) впуск, дóступ; 2) хвíртка; вхід; 3) ополóнка.

éinlassen* 1. *vt* 1) впускáти; die Schúhe lássen Wásser ein черевúки пропускáють вóду; 2) вставля́ти; вклéювати; встромля́ти; **2. sich** ~ 1) *(in, auf A)* звáжуватися *(на що)*; брáти ýчасть *(у чому)*; 2) зв'я́зуватися *(з ким)*.

éinlaufen* 1. *vi (s)* 1) надхóдити *(про кореспонденцію)*; 2) вхóдити в гáвань *(про судно)*; підхóдити до (крúтого) перóну *(про поїзд)*; 3) *спорт.* фінішувáти; 4) збігáтися *(про тканину)*; **2.** *vt:* die néuen Schúhe ~ рознóшувати нові черевúки.

éinlegen *vt* 1) вкладáти, вставля́ти, закладáти; éinen Film neu ~ перезарядúти плíвку; für j-n ein gútes Wort ~ замóвити слóво за кóго-н.; 2) маринувáти; консервувáти; 3) інкрустувáти.

éinleiten *vt* починáти; ein Buch ~ написáти вступ до кнúжки.

éinleitend 1. *adj* вступнúй; **2.** *adv* на почáтку, у встýпі, у вступнóму слóві; перш ніж перейтú до...

Éinleiter *m* **-s, -** початкíвець, новачóк.

Éinleitung *f* **-, -en** 1) вступ; передмóва; *муз.* прелю́дія; 2) вступ *(розділ науки)*; посíбник; ~ in die Chemíe посíбник (підрýчник) з хíмії.

éinlenken 1. *vt (in A)* 1) завертáти *(куди)*; 2) навóдити *(ракету на ціль)*; **2.** *vi* 1) поступáтися, ітú на пóступки *(у суперечці)*; 2) повертáтися *(до чого-н. у розмові)*.

éinlernen *vt* завчúти *(вірш)*.

éinlesen* *vt* збирáти *(ягоди, плоди)*.

éinleuchten *vi* бýти я́сним, зрозумíлим; es léuchtet óhne wéiteres ein це я́сно без дóказів, це цілкóм очевúдно.

éinliefern *vt* доставля́ти; постачáти; здавáти; вручáти.

éinmachen *vt* 1) консервувáти; маринувáти; варúти варéння *(з чого)*; 2): laß dich ~! багáто ти розумíєш!

éinmal 1. *adv* 1) (одúн) раз, одноразóво; noch ~ ще раз; noch ~ soviel ще стíльки ж; auf ~ рáптом; відрáзу, воднóчáс; 2) одногó рáзу, колúсь; es war ~ жив собí; 3) колú-нéбудь *(у майбутньому)*; 4) по-пéрше; **2.** *prtc* 1) -но, лишé; dénke dir ~! подýмай-но!, подýмай лишé!; 2) вже *(із значенням допустовості)*; wenn du schon ~ hier bist ... якщó вже ти тут...; 3): nicht ~ нáвіть не; nicht ~ lésen kann er він нáвіть не вміє читáти.

Einmaléins *n* **-, -** таблúця мнóження.

éinmalig *adj* 1) одноразóвий; 2) єдúний у своéму рóді, неповтóрний, оригінáльний.

éinmauern *vt* замуро́вувати.
éinmischen, sich *(in A)* втруча́тися *(у що)*.
Éinmischung *f* -, -**en** втруча́ння.
éinmütig *adj* односта́йний, дру́жний.
Éinmütigkeit *f* - односта́йність, зго́да.
éinnähen *vt* ушива́ти.
Éinnahme *f* -, -**n** прибу́ток; ви́ручка, ви́торг.
éinnehmen* *vt* 1) займа́ти *(місце, посаду)*; 2) *військ.* займа́ти, окупува́ти; 3) оде́ржувати *(гроші, прибуток)*, 4) прийма́ти *(ліки, їжу)*; das Mittagessen ~ обі́дати; 5): die Fracht ~ прийня́ти вантá́ж; 6): die Ségel ~ згорта́ти віт́ри́ла.
éinnehmend *adj* прива́бливий, симпати́чний.
Éinordnung *f* -, -**en** розмі́щення; класифіка́ція; розпо́діл.
éinpacken *vt* пакува́ти, уклада́ти.
éinpflanzen 1. *vt* 1) саджа́ти *(рослини)*; 2) запрова́джувати; вплива́ти; *перен.* прище́плювати; 2. **sich** ~ укорі́нюватися.
éinprägen 1. *vt* 1) вибива́ти, карбува́ти; вирі́зьблювати; ви́гравірувати; 2) закарбува́ти; sich *(D)* etw. ~ запам'ята́ти що-н.; **2. sich** ~ запам'ята́тися, зберегти́ся в пам'яті.
éinquartieren 1. *vt* розміща́ти по кварти́рах, розквартиро́вувати; **2. sich** ~ *(bei D)* осели́тися на кварти́рі *(у кого)*.
éinquellen* 1. *vi (s)* набуха́ти, розбуха́ти *(у воді)*; **2.** *vt* замо́чувати.
éinräumen *vt* 1) *(in A)* прибира́ти склада́ти *(куди)*; die Wóhnung ~ обставля́ти кварти́ру; den Schrank ~ розкла́сти ре́чі в ша́фі; 2) поступа́тися *(місцем)*; надава́ти *(права)*; 3) допуска́ти *(що)*, пого́джуватися *(з чим)*.
Éinräumung *f* -, -**en** 1) по́ступка; 2) припу́щення.
éinrechnen *vt* зарахо́вувати; включа́ти *(в рахунок)*; (mit) éingerechnet включно.
Éinrede *f* -, -**n** запере́чення; ~ erhében запере́чувати.
éinreden 1. *vt* вплива́ти; переко́нувати; j-m Mut ~ підбадьо́рювати кого́-н.; **2.** *vi (auf A)* умовля́ти, переко́нувати *(кого)*.
éinreiben* *vt* втира́ти *(мазь)*, натира́ти *(маззю)*.
éinreichen 1. *vt (bei D)* подава́ти *(заяву, куди)*; вно́сити *(пропозицію)*; séinen Abschied ~ пода́ти у відста́вку; **2.** *vi (um A)* подава́ти заяву, клопота́тися *(про що)*.
éinreihen 1. *vt* 1) ста́вити в ряд; 2) зарахо́вувати, прийма́ти *(в організацію, армію)*; включа́ти *(у колекцію)*; **2. sich** ~ *(D)* 1) става́ти в ряд; 2) вступа́ти до лав *(організації, армії)*.
éinrennen* 1. *vt* 1) пробива́ти, розбива́ти (з розго́ну); sich *(D)* den Kopf ~ розби́ти собі́ го́лову; 2): j-m das Haus ~ набрида́ти кому́-н. ча́стими відві́динами; óffene Türen ~ ломи́тися у відчи́нені две́рі; **2.** *vi (s) (auf A)* мча́тися *(на кого)*.
éinrichten 1. *vt* 1) обла́днувати, обставля́ти *(квартиру)*; sein Lében ~ улаштува́ти своє́ життя́; 2) *тех.* устатко́вувати; 3) *мед.* вправля́ти *(вивих)*; **2. sich** ~ 1) влашто́вуватися; 2) *(auf A) розм.* приготува́тися *(до чого)*; 3) *(nach D)* пристосо́вуватися *(до чого)*; рахува́тися *(з чим)*.
Éinrichter *m* -**s**, - 1) розпоря́дник, організа́тор; 2) *тех.* нала́дчик; 3) настро́ювач.
Éinrichtung *f* -, -**en** 1) за́клад; 2) влаштува́ння, організа́ція *(дія)*; 3) *мед.* впра́влення *(вивиху)*; 4) обстано́вка *(кімнати)*; устаткува́ння.
éinrosten *vi (s)* 1) заіржа́віти; 2) *перен.* обрости́ мо́хом.
éinrücken 1. *vt (in A)* 1) вставля́ти, зано́сити *(у списки)*; 2) *тех.* вмика́ти *(машину, двигун)*; **2.** *vi (s)* 1) вступа́ти, поступа́ти; zum Militärdienst ~ іти́ в а́рмію; 2) *військ.* вхо́дити, вступа́ти *(у місто)*; 3) поверта́тися на батьківщи́ну *(про війська)*.
eins *див.* ein.
Eins *f* -, -**en** 1) (число́, ци́фра, но́мер) оди́н, одини́ця; 2) *розм.* пе́рший но́мер *(трамвая)*; 3) одини́ця *(найвища оцінка в німецьких школах)*, відмі́нно.
Éinsaat *f* -, -**en** посі́в.
éinsacken 1. *vt* кла́сти в міш́о́к; **2.** *vi (s)* осіда́ти; ва́жко опуска́тися на зе́млю; па́дати (без сил).
éinsalben *vt* 1) зма́зувати; натира́ти (ма́ззю); 2) бальзамува́ти.
éinsalzen* *vt* соли́ти, засо́лювати *(м'ясо, рибу)*.
éinsam *adj* самі́тний; відлю́дний;

éine ~e Gégend глухé мíсце.

Éinsamkeit *f* -, -en самíтнiсть, вiдлюднiсть.

Éinsatz *m* -es, ...sätze 1) встáвка, прóшивка *(на сукнi)*; 2) ýчасть; freiwilliger ~ субóтник; mit ~ áller Kräfte не шкодýючи сил; 3) стáвка *(у грi)*; 4) застáва; 5) *муз.* вступ *(голосу)*; 6) *вiйськ.* ввéдення в бiй.

éinsaugen* 1. *vt* всмóктувати, вбирáти; den Duft der Blúmen ~ вдихáти аромáт квiтiв; etw. mit der Múttermilch ~ *перен.* увiбрáти що-н. з молокóм мáтерi; 2. sich ~ присмóктуватися.

éinschalten 1. *vt* 1) вставля́ти, включáти; ein Wort ~ вставити слóво *(у розмову)*; 2) вмикáти *(радiо)*; 2. sich ~ включáтися *(у роботу)*; вмикáтися *(про прилади)*.

Éinschalter *m* -s, - вимикáч, контáктор, руби́льник.

éinschätzen *vt* 1) оцiнювати *(тж. перен.)*; 2) оцiнювати *(роботи учнiв)*, стáвити оцiнки.

éinschenken *vt* наливáти *(напiй)*.

éinschlafen* *vi* *(s)* 1) засинáти; 2) *розм.* згасáти, поступóво припиня́тися; 3) затерпáти *(про руки, ноги)*.

éinschläfern *vt* присипля́ти *(тж. перен.)*; заколи́сувати; навiювати сон *(на кого)*.

Éinschlag *m* -(e)s, ...schläge 1) забивáння; 2) удáр *(блискавки)*, влýчення в цiль *(бомби)*; 3) ýхил; 4) обгóртка, конвéрт.

éinschlagen* 1. *vt* 1) забивáти; 2) розбивáти *(скло)*; вилáмувати *(дверi)*; 3) загортáти *(в папiр)*; обгортáти *(книжки, зошити)*; 4) прикóпувати *(рослини)*; 5) пiдшивáти *(сукню)*; 6) обирáти *(шлях)*; 2. *vi* 1) ударя́ти *(про блискавку)*; 2) *(h, s)* розривáтися, влучáти *(про снаряд)*; 3) дiйти́ згóди; schlag ein! згóда!; 4) мáти ýспiх *(про книжку, виставу)*; 5) стосувáтися, мáти вiднóшення; 6) *(auf A)* би́ти, хльóскати *(кого)*; 7) висихáти *(про фарбу)*.

éinschleichen* *vi* *(s)* *i* sich ~ 1) прокрадáтися; 2) закрадáтися *(про сумнiви)*.

éinschließen* 1. *vt* 1) замикáти на ключ; 2) ув'я́знювати; 3): in Klámmern ~ брáти в дужки́; 4) *вiйськ.* отóчувати; 2. sich ~ замикáтися *(в кiмнатi)*.

éinschließlich *prp, adv* вклю́чно.

éinschlummern *vi* *(s)* 1) задрiмáти; 2) помéрти.

Éinschluß *m* ...schlusses, ...schlüsse 1) додáток; допи́ска *(у листi)*; 2) включéння; mit ~ *(G, von D)* включáючи *(що)*.

éinschmuggeln 1. *vt* 1) ввóзити контрабáндою; 2) *розм.* протягáти *(резолюцiю)*; 3) пóтай провести́ *(кого куди)*; 2. sich ~ *розм.* прохóдити, проникáти, прокрадáтися *(потай)*.

éinschmutzen *vt* забрудни́ти.

éinschnüren *vt* затягáти, зашнурóвувати; es schnürt éinem das Herz ein сéрце крóв'ю обливáється.

Éinschränkung *f* -, -en 1) обмéження; скорóчення; ~ der Rüstungen скорóчення озбрóєнь; 2) застерéження.

éinschrauben *vt* угви́нчувати; пригви́нчувати; загви́нчувати.

Éinschreib(e)brief *m* -(e)s, -e рекомендóваний лист.

éinschreiben* 1. *vt* 1) запи́сувати; 2) *мат.* впи́сувати; 2. sich ~ запи́суватися.

éinschüchtern *vt* заля́кувати; sich nicht ~ lássen не дáти себé залякáти.

Éinschüchterung *f* -, -en заля́кування.

éinschütten *vt* 1) всипáти, насипáти; 2) вливáти, наливáти.

éinschweißen *vt* привáрювати.

éinschwenken 1. *vt* 1) повертáти; 2) хлю́пнути; 2. *vi* *(s)* завертáти, захóдити *(куди)*.

éinschwören*, sich *(auf A)* присягáти *(на що)*; éingeschworen sein *(auf A)* бýти твéрдо впéвненим *(у чому)*.

éinsehen* 1. *vt* 1) заглядáти *(у що)*; переглядáти *(що)*; 2) розумiти, усвiдóмлювати *(що)*; погóджуватися *(з чим)*; визнавáти *(свою помилку)*; 3) розгледíти; розпiзнáти; 2. *vi* 1) *(in A)* заглядáти *(у що)*; 2) *(bei D)* завiтáти *(до кого)*, вiдвiдати *(кого)*.

éinseifen 1. *vt* 1) нами́лювати; натирáти *(милом, снiгом)*; 2) *розм.* обдýрювати *(кого)*; 2. sich ~ нами́люватися.

éinseitig 1. *adj* 1) однобiчний, односторóннiй; однобóкий *(тж. перен.)*; ein ~er Vertrág одностóроння угóда; ein ~er Mensch обмéжена люди́на; 2) [illegible]

ви́й, горба́тий; 2. *adv* однобічно.
éinsenden* *vt* присила́ти; відсила́ти.
éinsetzen 1. *vt* 1) вставля́ти; поміща́ти; вправля́ти; вшива́ти; 2) *(zu D, als A, in A)* признача́ти *(ким)*; 3) вво́дити в ді́ю; 4) *військ.* вво́дити в бій; 5) саджа́ти *(рослини)*; 2. *vi* почина́тися, настава́ти; 3. **sich** ~ 1) напру́жувати всі си́ли; 2) *(für A)* заступа́тися *(за кого, що)*.
Éinsicht *f* -, -en 1) *(in A)* пере́гляд *(чого)*; ознайо́млення *(з чим)*; 2) знання́; усвідо́млення; на́слідок (дослі́дження); 3) прони́кливість; розумі́ння; розсу́дливість.
éinsichtig *adj* розу́мний, розсу́дливий, оба́чний.
éinsichtslos *adj* нерозу́мний, легкова́жний.
éinsichtsvoll *adj* розсу́дливий, розу́мний.
Éinsiedelung *f* -, -en всéлення *(у приміщення)*.
éinsiegeln *vt* запеча́тувати (сургучéм).
éinsilbig *adj* 1) *грам.* односкладо́вий; 2) мовчазни́й; 3) лаконі́чний.
éinspannen *vt* запряга́ти.
éinsparen *vt* заоща́джувати.
éinsperren 1. *vt* 1) замика́ти *(кого)*; 2) ув'язнювати; 2. **sich** ~ замика́тися *(де)*.
Éinspritzung *f* -, -en упо́рскування, ін'єкція, уко́л.
Éinspruch *m* -(e)s, ...sprüche заперéчення, протéст; відсіч; gégen j-n ~ tun дава́ти відві́д кому́-н.
éinspurig *adj* одноколі́йний.
einst *adv* 1) одного́ ра́зу, коли́сь, рані́ше; 2) коли́-нéбудь *(у майбутньому)*.
éinstauben 1. *vi* *(s)* запороши́тися; 2. *vt* вкри́ти тонки́м ша́ром *(пилу, води)*.
éinstecken *vt* вклада́ти; засо́вувати; den Brief ~ вки́нути лист *(у поштову скриньку)*.
éinstehen* *vi* *(s)* *(für A)* відповіда́ти; руча́тися *(за кого, за що)*.
éinsteigen* *vi* *(s)* вхо́дити, сіда́ти *(у вагон)*; ~, bitte! займа́йте міся́! nicht ~! поса́дки немáє!
éinstimmig 1. *adj* одноголо́сний, односта́йний; 2. *adv* одноголо́сно.
Éinstimmigkeit *f* - одноголо́сність, односта́йність.
éinstöckig *adj* одноповерхо́вий *(відповідає українському двоповерхо́вий)*.
Éinstrahlung *f* -, -en попада́ння *(світла, променя)*; опромі́нення.
éinstreichen* *vt* зма́зувати, покрива́ти *(фарбою)*.
éinströmen *vi* *(s)* влива́тися, впада́ти.
éinstudieren *vt* зау́чувати, розу́чувати.
Éinstufenrakete *f* -, -n одноступі́нчаста ракéта.
Éinsturz *m* -(e)s, ...stürze обва́л; паді́ння.
éinstweilig *adj* тимчасо́вий, попере́дній.
éintägig *adj* одноде́нний, добови́й.
éintauchen 1. *vt* умоча́ти, зану́рювати; 2. *vi* *(s)* пірна́ти, зану́рюватися.
éintauschen *vt* *(gegen A)* обмі́нювати, мі́няти *(на що)*.
Éinteilung *f* -, -en розпо́діл; класифіка́ція.
eintönig *adj* 1) однобáрвний; 2) одноманітний; нудни́й; 3) упéртий, наполéгливий.
Éintracht *f* - односта́йність, зго́да; in ~ lében жи́ти в зго́ді.
énträchtig *adj* дру́жний, односта́йний.
éintragen* 1. *vt* 1) зано́сити *(до списку)*; Korrektúren ~ вно́сити попра́вки; 2) нано́сити *(на карту)*; 3) прино́сити *(користь)*; 2. **sich** ~ реєструва́тися; запи́суватися *(в чергу)*.
éinträglich *adj* ви́гідний, прибутко́вий, рента́бельний.
éintreffen* *vi* *(s)* 1) *(in D)* прибува́ти, прихо́дити, приїжджа́ти *(куди)*; 2) здійснюватися.
éintreten* 1. *vi* *(s)* 1) *(in A)* вхо́дити *(куди)*; вступа́ти *(в партію)*; 2) настава́ти *(про пори року)*; 3) трапля́тися, відбува́тися; 4) *(für A)* заступа́тися *(за кого)*; für den Fríeden ~ виступа́ти за мир; 2. *vt* 1) вто́птувати; 2) розно́шувати *(взуття)*.
Éintritt *m* -(e)s, -e 1) вхід; ~ verbóten! вхід заборо́нено!; 2) вступ *(до школи)*; 3) поча́ток, наста́ння *(холоду, темряви)*.
Éintritts|examen *n* -s, - *i* ...mina вступни́й екза́мен; **~halle** *f* -, -n вестибю́ль; **~karte** *f* -, -n, **~schein** *m* -(e)s, -e вхідни́й квито́к.
éintrocknen 1. *vi* *(s)* засиха́ти, висиха́ти; 2. *vt* засу́шувати.
éinüben 1. *vt* розу́чувати; вправля́тися *(з чого)*; 2. **sich** ~ тре-

E

нувáтися, вправля́тися.

Éinung *f* **-, -en** 1) об'éднування, єдність; 2) спілка; об'єднання, товари́ство; 3) примúрення.

éinverstanden *adj* згóдний *(mit D з чим, з ким)*; sich ~ erklären заяви́ти про свою згóду; ~! згóден!

Éinverständnis *n* **-sses, -se** згóда; погóдження; zum ~ kómmen дійти́ згóди, порозумíтися.

Éinwand *m* **-(e)s, ...wände** заперéчення; відмóвка; Éinwände erhében заперéчувати, протестувáти.

éinwandern *vi (s)* переселя́тися *(в країну)*, іммігрувáти.

Éinwanderung *f* **-, -en** пересéлення *(в країну)*, іммігрáція.

éinwandfrei 1. *adj* бездогáнний; **2.** *adv* бездогáнно.

éinwechseln *vt* обмíнювати, розмíнювати.

éinweichen *vt* розмóчувати.

éinweihen *vt* 1) урочи́сто відкривáти; 2) *(in A)* відкривáти *(таємницю)*.

éinweisen* *vt* 1) давáти вказівкú *(кому)*, інструктувáти *(кого)*; 2) давáти напрáвлення, óрден; j-n in ein Sanatórium ~ направля́ти когó-н. до санатóрію; 3) *(in A)* признача́ти *(на посаду)*.

Éinweisung *f* **-, -en** 1) вказíвка, інструктáж; 2) напрáвлення *(до лікарні, до санаторію — дія)*; 3) напрáвлення, óрдер, путíвка.

éinwenden* *vt* заперéчувати; ich hábe nichts dagégen éinzuwenden я нічóго не мáю прóти (цьóго).

éinwerfen* *vt* 1) вкидáти *(лист)*, 2) вибивáти *(вікно)*; 3) *(gegen A)* заперéчувати *(проти чого)*; вставля́ти *(свої зауваження)*.

éinwertig *adj* 1) *хім* одновалéнтний; 2) *мат.* однознáчний *(про функцію)*.

éinwickeln 1. *vt* загортáти; сповивáти; закýтувати, бинтувáти; **2. sich** ~ закýтуватися.

Éinwickelung *f* **-, -en** 1) упакóвування *(в папір)*; 2) *мед.* компрéс.

éinwilligen *vi (in A)* погóджуватися *(на що)*.

Éinwilligung *f* **-, -en** згóда *(zu D на що)*; séine ~ gében дáти свою згóду; séine ~ verwéigern не погóджуватися.

éinwirken *vi (auf A)* впливáти *(на кого, на що)*.

Éinwirkung *f* **-, -en** вплив; chémische ~ хімíчна реáкція.

Éinwohner *m* **-s, -, ~in** *f* **-, -nen** 1) жи́тель, жи́телька; 2) мéшканець, мéшканка.

Éinwohnerschaft *f* **-** насéлення, жи́телі.

Éinwohnerzahl *f* **-** кількість насéлення.

éinwurzeln *vi (s) i* **sich** ~ пускáти корíння, вкорíнюватися.

Éinzahl *f* **-** *грам.* однинá.

éinzahlen *vt* плати́ти, внóсити (грóші).

Éinzahlung *f* **-, -en** оплáта, внéсок, платíж.

éinzäunen *vt* обгорóджувати.

Éinzelheit *f* **-, -en** подрóбиця; in állen ~en досконáльно, доклáдно.

éinzeln 1. *adj* окрéмий, поодинóкий; jéder ~e кóжний (зокремá); **2.** *adv* окрéмо, пóрізно, поóди́нці; im ~en зокремá.

éinziehen* 1. *vt* 1) втя́гувати, просóвувати; затягáти *(нитку)*; 2) втя́гувати, забирáти; die Béine ~ підігнýти нóги; die Fáhne ~ спусти́ти прáпор; 3) вдихáти *(пахощі)*, 4) вбирáти, всмóктувати *(воду)*; **2.** *vi (s)* 1) вступáти, вхóдити *(у місто)*; 2) вселя́тися *(у квартиру)*; 3) наставáти *(про пори року)*.

éinzig 1. *adj* єди́ний; kein ~er жóден; **2.** *adv* ви́ключно, тíльки.

Éinzugsfest *n* **-es, -e** новосíлля, вхóдини.

éirund *adj* яйцеви́дний, овáльний.

Eis *n* **-es** лід, кри́га; éwiges ~ вíчна кри́га; fossíles ~ *геол.* вíчна мерзлóтá.

Éis|bahn *f* **-, -en** кóвзанка; **~bär** *m* **-en, -en** бíлий ведмíдь; **~brecher** *m* **-s, -** криголáм.

Éisen *n* **-s, -** 1) залíзо; *мет.* чавýн, сталь; 2) кайдáни; 3) підкóва; 4) меч.

Éisen|bahn *f* **-, -en** залізни́ця; **~bahner** *m* **-s, -** залізни́чник; **~erz** *n* **-es, -e** залíзна рудá; **~hütte** *f* **-, -n** металургíйний завóд.

éisern *adj* 1) залíзний *(тж. перен. про волю, дисципліну, здоров'я)*; 2) непорýшний; ~e Portíon непорýшний запáс.

Éis|fuchs *m* **-es, ...füchse** *зоол.* песéць; **~gang** *m* **-(e)s** льодохíд.

éisgrau *adj* 1) си́вий, сивоволóсий; 2) *перен.* си́вий, стародáвній.

Éishockey [-hɔki] *n* **-s** хокéй з

шáйбою.

Éishockey|mannschaft *f* -, **-en** хокéйна комáнда; ~**spieler** *m* **-s, -** хокеїст.

éisig *adj* крижанúй; холóдний (як лід).

éiskalt *adj* холóдний як лід; морóзний.

Éis|keller *m* **-s, -** льодóвня; ~**kunstlauf** *m* **-(e)s, ...läufe** фігýрне катáння на ковзанáх; ~**kunstläufer** *m* **-s, -** фігурúст; ~**revue** [-vy:] *f* -, **-n** балéт на льодý; ~**scholle** *f* -, **-n** крижúна; ~**schrank** *m* **-(e)s, ...schränke** холодúльник; ~**stadion** *n* **-s, ...di|en** катóк, кóвзанка; ~**stand** *m* **-(e)s, ...stände** кіóск для прóдажу морóзива; ~**zapfen** *m* **-s, -** бурýлька; ~**zeit** *f* -, **-en** льодовикóвий період.

éitel *adj* пихáтий.

Éiter *m* **-s** гній.

Éiterbeule *f* -, **-n** нарúв, абсцéс.

éitern *vi* гноїтися, наривáти.

Éiweiß *n* **-es, -e** білóк.

Ékel *m* **-s** огúда, відрáза.

ékelhaft *adj* огидний, бридкúй.

ékeln *vimp i* **sich** ~ *(vor D)* відчувáти огúду *(до чого)*.

Elch *m* **-(e)s, -e:** (europäischer) ~ лось (європéйський).

Elefánt *m* **-en, -en** слон; aus éiner Mücke éinen ~en máchen робúти з мýхи слонá.

Elektrifizíerung *f* - електрифікáція.

eléktrisch *adj* електрúчний; ~es Licht електрúчне освітлення.

elektrisiéren *vt* 1) електризувáти; 2) оживляти, надихáти.

Elektrizität *f* - елéктрика.

Elektrizitäts|erzeugung *f* -, **-en** виробнúцтво електроенéргії; ~**werk** *n* **-(e)s, -e** електростáнція.

Éléktrowerk *n* **-(e)s, -e** електростáнція; електроцентрáль.

Eléktrum *n* **-s** янтáр.

Elemént *n* **-(e)s, -e** 1) елемéнт, складовá частúна; 2) стихія; in séinem ~ sein бýти у своїй стихії; 3) *pl* оснóви *(знань)*; 4) *pl* елемéнти *(суспільства)*; schléchte (üble, verbrécherische) ~e злочúнні елемéнти.

elementár *adj* 1) основнúй, важлúвий; 2) стихíйний; 3) елементáрний.

Elementár|begriffe *pl* основні поняття; ~**bestandteil** *m* **-(e)s, -e** основнá складовá частúна; ~**bildung** *f* - початкóва освіта; ~**ereignis** *n* **-ses, -se** стихíйне лúхо.

élend 1. *adj* 1) жалюгідний, убóгий; 2) підлий, огúдний; 2. *adv* жалюгідно, убóго, погáно; ~ áussehen мáти погáний (хворoблúвий) вúгляд.

Élend *n* **-(e)s** 1) бідá, лúхо; 2) злидéнність, злúдні.

elf *num* одинáдцять.

Elf I *f* -, **-en** 1) (числó, цифра, нóмер) одинáдцять; 2) комáнда (фýтбóльна).

Elf II *m* **-en, -en** *міф* ельф, гном.

Élfenbein *n* **-(e)s** слонóва кістка.

Éllbogen *m* **-s, -** лікоть.

élterlich *adj* бáтьківський.

Éltern *pl* батькú.

Éltern|ausschuß *m* **...schusses, ...schüsse** бáтьківський комітéт; ~**beratung** *f* -, **-en** бáтьківські збóри; ~**haus** *n* **-es, ...häuser** бáтьківський дім; ~**versammlung** *f* -, **-en** бáтьківські збóри.

emanzipíert *adj* 1) емансипóваний; 2) без забобóнів.

Empfáng *m* **-(e)s, ...fänge** 1) одéржання *(грошей, листів)*; ~ bestätigt одéржано *(на розписці)*; etw. in ~ néhmen одéржувати, приймáти щось; 2) зýстріч, прийóм *(гостей)*; 3) контóра *(готелю)*; приміщення адміністрáції.

empfángen* *vt* 1) приймáти, одéржувати; сприймáти; 2) зустрічáти, приймáти.

Empfänger *m* **-s, -** 1) адресáт; vom ~ záhlbar післяплáтою; 2) приймáльник; 3) (радіо)приймáч.

empfänglich *adj* сприйнятливий *(für A до чого)*.

Empfángszimmer *n* **-s, -** приймáльня.

empféhlen* 1. *vt* 1) рекомендувáти, рáдити; es empfiehlt sich (nicht) (не) рекомендýється; 2) вітáти; ~ Sie mich Ihren Éltern! вітáйте від мéне своїх батьків!; 2. **sich** ~ 1) прощáтися; 2) *(für A, zu D)* пропонувáти свої пóслуги *(для чого)*.

Empféhlung *f* -, **-en** 1) рекомендáція, порáда; 2) привіт, уклін.

empfínden* *vt* відчувáти, зазнавáти; mit j-m ~ співчувáти комý-н.

empfíndlich *adj* 1) чутлúвий, сприйнятливий; 2) відчýтний; 3) урáзливий.

Empfíndlichkeit *f* - 1) чутлúвість, сприйнятливість; 2) урáзливість; 3) світлочутлúвість.

Empfíndung *f* **-, -en** почуття́, відчуття́, сприйня́ття.
empór *adv* вго́ру, догори́.
empören 1. *vt* обу́рювати, **2. sich** ~ 1) *(über A)* обу́рюватися *(з чого)*; 2) *(gegen A)* повстава́ти *(проти кого, чого)*.
empörend *adj* обу́рливий.
empórragen *vi (s) (über A)* 1) височі́ти, підно́ситися *(над чим)*; 2) переве́ршувати *(кого, що)*, бу́ти ви́щим *(за кого, за що)*.
empört *adj* обу́рений.
Empörung *f* **-, -en** 1) обу́рення; 2) бунт, за́колот.
empórwachsen* *vi (s)* підроста́ти, вироста́ти.
Énde *n* **-s, -n** 1) кіне́ць, закі́нчення; ein ~ máchen закі́нчувати; zu ~ sein закі́нчуватися; ~ néhmen закі́нчуватися; zu ~ bríngen дово́дити до кінця́; am ~ наре́шті; ~ Mai у кінці́ тра́вня; 2) кіне́ць, край; am ~ der Welt на краю́ сві́ту.
énden 1. *vt заст.* закі́нчувати; **2.** *vi* закі́нчуватися.
éndgültig *adj* остато́чний.
éndlich 1. *adj* кінце́вий, оста́нній *(про результат)*; остато́чний *(про рішення)*; **2.** *adv* наре́шті, кіне́ць кінце́м.
éndlos 1. *adj* нескінче́нний; безме́жний; **2.** *adv* без кінця́.
Éndlosigkeit *f* **-** нескінче́нність, безме́жність.
Énd|spiel *n* **-(e)s, -e** *спорт.* фіна́л; **~station** *f* **-, -en** кінце́ва ста́нція.
Éndung *f* **-, -en** *грам.* закі́нчення, фле́ксія.
enérgisch *adj* енергі́йний, наполе́гливий, рішу́чий.
eng *adj* 1) вузьки́й, тісни́й; 2) тісни́й, близьки́й *(про дружбу, зв'язки)*; **~e** Bezíehungen близькі́ стосу́нки.
engagieren [aga'ʒ:-] 1. *vt* 1) прийма́ти на робо́ту; 2) запро́шувати *(на танець)*; 3) зобов'я́зувати *(кого)*; 2. **sich** ~ 1) поступа́ти на робо́ту; 2) зобов'я́зуватися *(що-н. зробити)*; 3) *(für A)* заступа́тися *(за кого)*.
Énge *f* **-, -n** 1) тісно́та́; обме́женість; in der ~ sein бу́ти у скрутно́му стано́вищі; 2) тісни́на, мі́жгір'я; 3) прото́ка.
Éngel *m* **-s, -** а́нгел.
Éngländer *m* **-s, -** англі́єць.
énglisch *adj* англі́йський.
Énkel *m* **-s, -** внук; **~in** *f* **-, -nen** вну́чка.
enórm 1. *adj* величе́зний, надмі́рний; **2.** *adv* ду́же, надзвича́йно.
entäußern, sich *(G)* 1) відмовля́тися *(від чого)*; поступа́тися *(чим)*; 2) звільня́тися *(від чого)*; збува́тися *(чого)*.
entbehrlich *adj* непотрі́бний, за́йвий.
Entbéhrung *f* **-, -en** неста́тки, злі́дні.
entbínden* *vt (G, von D)* увільня́ти *(від обов'язків)*.
Entbindung *f* **-, -en** 1) увільнення *(від обов'язків)*; 2) ро́ди.
entbrénnen* *vi (s)* загоря́тися, спала́хувати *(тж. перен.)*.
entdécken *vt* розкрива́ти *(таємницю)*; виявля́ти, знахо́дити.
Entdéckung *f* **-, -en** відкриття́.
Entdéckungsreise *f* **-, -n** до́слідна експеди́ція.
Énte *f* **-, -n** 1) ка́чка; 2) *перен.* ви́гадка, плі́тка.
entéhren *vt* збезче́стити, зганьби́ти.
entéhrend *adj* гане́бний.
Entéignung *f* **-, -en** експропріа́ція, відчу́ження (вла́сності).
entérben *vt* позбавля́ти спа́дщини.
Énterich *m* **-s, -e** ка́чур.
entfállen* *vi (s)* 1) *(D)* випада́ти *(у кого)*; вислиза́ти *(з рук)*; 2) *(D)* випада́ти з па́м'яті; das Wort ist mir ~ я не мо́жу згада́ти сло́во; 3) не відбу́тися; 4) *(auf A)* ви́пасти (на до́лю).
entfálten 1. *vt* 1) розгорта́ти; 2) виявля́ти *(талант)*, розвива́ти; 3) розгорта́ти, організо́вувати; **2. sich** ~ 1) розгорта́тися; 2) *перен.* розвива́тися, розквіта́ти.
Entfáltung *f* **-** 1) розгорта́ння; розкрива́ння; 2) ро́звиток, ро́зквіт.
entfärben 1. *vt* знеба́рвлювати; **2. sich** ~ 1) блі́днути, міни́тися на обли́ччі; 2) линя́ти; жовті́ти *(про листя)*.
entférnen 1. *vt* видаля́ти, усува́ти; 2. **sich** ~ віддаля́тися; іти́; sich von der Wáhrheit ~ відступа́ти від пра́вди.
entférnt 1. *adj* відда́лений, дале́кий; **2.** *adv* дале́ко, зда́леку.
Entférnung *f* **-, -en** 1) віддаль, ві́дстань; 2) звільнення *(з посади)*.
entflámmen 1. *vt* 1) розпа́лювати, запа́лювати; 2) *(zu D)* надиха́ти *(на що)*; 2. *vi (s) і* **sich** ~ 1)

запали́тися, спалахну́ти; 2) нади-хáтися, *перен.* загоря́тися; für éine Idée ~ надихáтися ідéєю.

Entführung *f* -, -en ви́крадення.

entgégen *adv* 1) прóти, всýпереч; 2) назýстріч; dem Wínde ~ прóти вітру.

entgégenarbeiten *vi* протидіяти.

entgégengesetzt *adj* протилéжний, зворóтний; зустрíчний *(про вітер)*; in ~er Richtung у зворóтному нáпрямі.

entgégenkommen* *vi (s)* зустрічáти, іти́ назýстріч.

Entgégenkommen *n* -s люб'язність, послýжливість.

entgégnen *vt* заперéчувати; виступáти прóти.

Entgélt *n* -(e)s винагорóда, відшкодувáння; als ~ натóмість, зáмість тóго.

entgéltlich 1. *adj* плáтний; 2. *adv* за плáту.

Entgéltung *f* -, -en відплáта, кáра, розплáта; покýтування.

entháften *vt* звільня́ти з ув'язнення.

enthálten* 1. *vt* місти́ти; 2. **sich** ~ *(G)* утри́муватися *(від чого)*; sich der Kritík ~ утри́матися від кри́тики.

enthében* *vt* звільня́ти, увільня́ти *(від чого)*.

enthéimen *vt* виселя́ти, позбавля́ти притýлку.

enthüllen 1. *vt* 1) знімáти покриття́; відкривáти *(пам'ятник)*; 2) розкривáти *(таємницю)*; 2. **sich** ~ розкривáтися.

entkéimen 1. *vt* 1) ни́щити пáростки; 2) стерилізувáти; 2. *vi (s)* 1) проростáти; розцвітáти; 2) похóдити *(звідки)*.

entkérkern *vt* звільня́ти з в'язниці.

entkléiden 1. *vt* роздягáти; 2. **sich** ~ роздягáтися.

entknéchten *vt* звільня́ти від рáбства.

entknóspen *vi (s) i* **sich** ~ розцвітáти.

Entkómmen *n* -s втéча, рятувáння втéчею.

entkórken *vt* відкýпорювати, відкоркóвувати.

entkräften *vt* 1) знеси́лювати; 2) спростóвувати *(доводи)*; 3) *юр.* анулювáти, визнавáти недíйсним, скасóвувати.

entláden* 1. *vt* 1) розвантáжувати; 2) *військ., фіз.* розряджáти; 2. **sich** ~ 1) розряди́тися; 2) вдáрити *(про блискавку)*.

Entládung *f* -, -en 1) розвантáження; 2) *фіз.* розря́д; 3) розряджáння *(зброї)*.

entláng *adv* 1) уздóвж; den Fluß ~, ~ dem Fluß уздóвж рíчки; 2) прóтягом; das gánze Jahr ~ прóтягом рóку.

entlárven *vt* викривáти *(кого)*.

entlássen* *vt* 1) відпускáти; 2) звільня́ти; 3) випускáти *(з навчального закладу)*.

entlásten 1. *vt (G, von D)* 1) розвантáжувати; звільня́ти *(від чого)*; 2) знімáти обвинувáчення; 2. **sich** ~ признавáтися, кáятися.

entláufen* *vi (s) (D)* тікáти *(від кого, чого)*.

entléeren *vt* спорожня́ти.

entlégen *adj* віддáлений, далéкий.

entléhnen *vt (D, aus D, von D)* запозичáти *(з якої-н. мови)*.

Entléhnung *f* -, -en 1) запози́чення; 2) *лінгв.* запози́чене слóво.

entléihen* *vt* 1) позичáти; 2) брáти напрокáт, у тимчасóве користувáння.

Éntlein *n* -s, - каченя́; das häßliche ~ бридкé каченя́ *(у казці)*.

entlócken *vt (j-m)* вимáнювати *(що у кого)*; j-m ein Gehéimnis ~ ви́відати у кóго-н. таємни́цю; j-m Tränen ~ ви́кликати сльóзи у кóго-н.

entlódern *vi (s)* загорíтися, запалáти.

entlóhnen *vt* 1) винагорóджувати *(за працю)*; розплáчуватися *(з ким)*; 2) звільня́ти *(з роботи)*.

entlüften *vt* провíтрювати.

Entlüfter *m* -s, - вентиля́тор.

entmútigen *vt* позбавля́ти мýжності; збентéжувати; sich ~ lássen занепадáти дýхом.

entnéhmen* *vt* 1) *(D)* брáти, вибирáти, запози́чувати *(з чого)*; 2) *(D, aus D)* роби́ти ви́сновок *(з чого)*.

entpflíchten *vt* увільня́ти від службóвих обов'язків.

entpréssen *vt* видáвлювати.

enträtseln *vt* відгáдувати; розшифрóвувати.

entréchten *vt* позбавля́ти (громадя́нських) прав.

entréißen* 1. *vt (D)* виривáти, вихóплювати, віднімáти *(у кого)*; j-n dem Tód[e] ~ ви́рвати когó-н. з пáзурів смéрті; 2. **sich** ~ *(D, aus D)* ви́рватися.

entrínnen* *vi (s) (D)* 1) витікáти, текти́ *(з чого)*; 2) уникáти *(кого, чого)*; утікáти *(від кого, чо-*

го); Stúnde um Stúnde entránn годи́на мина́ла за годи́ною.

entrücken 1. *vt* відшто́вхувати, відсува́ти; 2. *vi (s) i* **sich** ~ *(D)* зника́ти *(з поля зору, з пам'яті).*

entrüsten 1. *vt* обу́рювати; 2. **sich** ~ обу́рюватися.

Entrüstung *f* **-, -en** обу́рення.

entsáften *vt* вича́влювати сік *(з фруктів, овочів).*

entságen *vi (D)* відмовля́тися *(від чого)*; зріка́тися *(чого).*

entságungsvoll *adj* безкори́сливий, самові́дданий.

entsálzen *vt* опрі́снювати.

entsátteln *vt* розсідла́ти.

Entschädigung *f* **-, -en** відшкоду-ва́ння *(збитків)*; компенса́ція.

entschädigungslos *adv* безпла́тно.

Entschéid *m* **-(e)s, -e** ухва́ла, резолю́ція; éinen ~ tréffen ухвали́ти резолю́цію.

entschéiden* 1. *vt, vi (in D, über A)* вирі́шувати, розв'я́зувати *(питання, проблему)*; für j-n ~ вирі́шувати на чию́-н. ко́ристь; 2. **sich** ~ 1) вирі́шуватися *(про справу, долю)*; 2) *(für A)* зва́жуватися *(на що).*

entschéidend *adj* виріша́льний, рішу́чий.

Entschéidung *f* **-, -en** 1) рі́шення; zu éiner ~ kómmen дійти́ ви́сновку; 2) *спорт.* фіна́л; in die ~ gelángen ви́йти у фіна́л; 3) *юр.* ви́рок, постано́ва су́ду.

entschíeden 1. *adj* рішу́чий; упе́внений; ein ~er Gégner запе́клий супроти́вник; éine ~e Absage ertéilen рішу́че відмо́вити; 2. *adv* 1) рішу́че, наві́дрі́з; sich ~ gégen etw. *(A)* áussprechen рішу́че ви́ступити про́ти чо́го-н.; aufs ~ste якнайрішу́чіше; 2) безсумні́вно, я́вно.

Entschíedenheit *f* - рішу́чість, тве́рдість.

entschlíeßen*, **sich** *(zu D, für A)* зва́жуватися *(на що).*

Entschlíeßung *f* **-, -en** ухва́ла, постанова, резолю́ція.

Entschlíeßungsentwurf *m* **-(e)s, ...würfe** прое́кт резолю́ції.

entschlóssen *adj* рішу́чий; fest ~ sein тве́рдо ви́рішити *(що-н зробити)*; kurz ~ не до́вго ду́маючи.

Entschlóssenheit *f* - рішу́чість; mit ~ рішу́че.

entschlüpfen *vi (s) (D)* ви́слизнути, ви́рватися *(у кого, звідки)*; зірва́тися (з язика́) *(у кого)*; sich *(D)* etw. ~ lássen проговори́тися *(про що)*; dem Ei ~ ви́лупитися з яйця́.

Entschlúß *m* **...sses, ...schlüsse** рі́шення, на́мір; durch éigenen ~ доброві́льно; éinen ~ fássen (tréffen) вирі́шувати; ◊ schnéller ~ bringt oft Verdrúß ско́рий по́спіх — лю́дям по́сміх.

entschlüsseln *vt* розшифро́вувати; *перен.* розкрива́ти, поя́снювати, роби́ти зрозумі́лим.

Entschlúßlosigkeit *f* - нерішу́чість.

entschnüren *vt* розшнуро́вувати.

entschúldbar *adj* прости́мий, проще́нний.

entschúldigen 1. *vt (wegen G)* вибача́ти, пробача́ти *(за що)*; es ist (nicht) zu ~ це (не)прости́мо; ~ Sie (bitte)! ви́бачте!; 2. **sich** ~ *(bei j-m wegen G)* вибача́тися *(перед ким за що)*, випра́вдуватися.

Entschúldigung *f* **-, -en** ви́бачення, проба́чення; ви́правдання, um ~ bítten проси́ти проба́чення.

entschwínden* *vi (s)* зника́ти; die Jáhre ~ ро́ки́ летя́ть; dem Gedächtnis ~ стира́тися, згла́джуватися в па́м'яті.

entsénden* *vt* відсила́ти, відправля́ти.

entsétzen I *vt* 1) *(G)* зні́ма́ти *(з посади)*; 2): éine Féstung ~ зніма́ти обло́гу з форте́ці.

entsétzen II 1. *vt (mit D)* наляка́ти, спо́внити жа́хом; 2. **sich** ~ *(über A, vor D)* жаха́тися *(чого).*

Entsétzen *n* **-s** жах; von ~ gepáckt охо́плений жа́хом; vor ~ від жа́ху.

entsétzlich 1. *adj* жахли́вий, страхітли́вий; 2. *adv розм.* ду́же, страше́нно; ich bin ~ müde я страше́нно втоми́вся.

entsétzt *adj* зля́каний, охо́плений жа́хом.

Entsétzung I *f* **-, -en** звільнення *(з посади).*

Entsétzung II *f* - жах.

entséuchen *vt* обеззара́жувати, дезинфікува́ти.

entsíegeln *vt* розпеча́тувати.

entsinnen*, **sich** *(G)* пам'ята́ти, зга́дувати *(про що)*, прига́дувати; ich kann mich der Sáche nicht entsínnen я не мо́жу цього́ пригада́ти.

Entsklávung *f* - розкріпа́чення.

entspánnen 1. *vt* 1) розряджа́ти, послабля́ти напру́ження (напруженість), розслабля́ти; 2) *тех.* зніма́ти напру́гу; зніма́ти (змéншувати) тиск; 3) розпряга́ти, відпряга́ти *(коней)*; **2. sich** ~ 1) відпочива́ти; 2) розслабля́тися.

Entspánnung *f* **-, -en** 1) розря́дження, розря́дка, послаблення напру́женості; internationále ~, die ~ der internationálen Láge посла́блення (розря́дка) міжнаро́дної напру́женості; 2) *мед.* розсла́блення, атонія; 3) відпочи́нок, заспоко́єння.

entspínnen* **1.** *vt* почина́ти, зав'я́зувати *(розмову)*; 2. **sich** ~ зав'я́зуватися, почина́тися, виника́ти *(про розмову)*; заро́джуватися *(про дружбу, кохання)*.

entspréchen* *vi* відповіда́ти *(вимогам)*.

entspréchend **1.** *adj* відпові́дний; **2.** *prp (D)* відпові́дно *(до чого)*; séinem Vórschlag ~ згі́дно з його́ пропози́цією.

Entspréchung *f* **-, -en** відпові́дність; еквівале́нт.

entspríngen* *vi (s) (D)* 1) тіка́ти *(від кого, звідки)*; (aus) dem Gefängnis ~ утекти́ з в'язни́ці; 2) витіка́ти, текти́ *(з чого)*; бра́ти свій поча́ток *(де, про річку)*; 3) похо́дити, бра́ти свій поча́ток *(з чого, від кого)*; 4) виника́ти *(через що)*.

entstámmen *vi (s) (D)* похо́дити *(від кого, від чого)*.

Entstáuber, Entstäuber *m* **-s, -** 1) пилосо́с; 2) *тех.* пиловло́влювач.

entstéh(e)n* *vi (s)* виника́ти, похо́дити, утво́рюватися; was ist daráus entstánden? що з цього ви́йшло?

Entstéhen *n* **-s, -, Entstéhung** *f* **-, -en** ви́никнення, похо́дження, заро́дження, утво́рення.

entstéigen* *vi (s) (D)* вихо́дити *(з чого)*.

entstéllen *vt* спотво́рювати, перекру́чувати *(факти)*.

entstéllt *adj* спотво́рений, перекру́чений.

entstráhlen 1. *vt* дезактивува́ти; 2. *vi (s) (D)* випромі́нюватися *(з чого)*.

enttäuschen *vt* розчаро́вувати.

Enttäuschung *f* **-, -en** розчарува́ння.

enttrümmern *vt* очища́ти (ву́лиці) від руїн.

entwáchsen* *vi (s) (D)* 1) виро́стати, виника́ти *(з чого)*; 2) виростати, вихо́дити *(з певного віку)*.

entwáffnen *vt* роззбро́ювати, обеззбро́ювати.

Entwáffnung *f* **-, -en** роззбро́єння.

entwässern *vt* осу́шувати.

entwéder: ~ **...óder** *cj* або́... або́..., чи... чи...; ~ óder! одно́ з двох!

entwéhren *vt* обеззбро́ювати.

entwéichen* *vi (s)* 1) іти́; тіка́ти; 2) звітрюва́тися *(про газ)*.

entwérfen* *vt* кре́слити *(схему, план)*; проектува́ти.

entwérten *vt* знеці́нювати.

Entwértung *f* **-, -en** знеці́нення, девальва́ція.

entwickeln **1.** *vt* 1) розвива́ти; вдоскона́лювати; розробля́ти; 2) розвива́ти *(швидкість)*; 3) розвива́ти *(думку, план)*; 4) конструюва́ти *(машину)*; 5) *мат.* розклада́ти; 6) *хім.* виділя́ти, звільнювати; 7) *фото* проявля́ти; **2. sich** ~ 1) розвива́тися; 2) *(zu D)* перетво́рюватися *(у що)*; 3) *військ.* розгорта́тися.

Entwíckler *m* **-s, -** 1) констру́ктор, винахі́дник; 2) *фото* проя́вник; 3) *тех.* генера́тор.

Entwícklung *f* **-, -en** 1) ро́звиток; 2) *фото* проя́влення; 3) *військ.* розгорта́ння; 4) *мат.* розклада́ння.

entwírren *vt* розплу́тувати; *юр.* розслі́дувати *(справу)*.

entwöhnen 1. *vt (G, von D)* віду́чувати *(від чого)*; 2. **sich** ~ *(G, von D)* відвика́ти *(від чого)*.

entwürdigen *vt* прини́жувати.

Entwúrf *m* **-(e)s, ...würfe** на́черк, ескі́з; план, прое́кт.

entwúrzeln *vt* вирива́ти з корі́нням; *перен.* викорі́нювати.

entzíehen* 1. *vt (D)* позбавля́ти *(чого)*, відніма́ти *(що в кого)*; j-m das Wort ~ позба́вити кого́-н. сло́ва; 2. **sich** ~ 1) ухиля́тися *(від чого)*; уника́ти *(чого)*; 2) не піддава́тися *(обліку)*.

Entzífferung *f* **-, -en** розшифро́вка.

entzücken *vt* захо́плювати.

entzückend *adj* чудо́вий, чарівни́й.

Entzückung *f* **-, -en** захо́плення, екста́з; захо́пленість.

entzündbar *adj* займи́стий; *перен.* палки́й.

entzünden 1. *vt* запа́лювати; **2. sich** ~ запа́люватися; спала́хувати *(тж. перен.)*.

Entzündung *f* **-, -en** 1) запа́лення, спала́хнення; 2) *мед.* запа́лення.

entzwéi *adv* на́двоє, на́впіл; ~ sein бу́ти розби́тим, розко́лотим.

entzwéien 1. *vt* посварúти *(кого)*; 2. **sich** ~ посварúтися.
entzwéi|schlagen* *vt* розбивáти; ~**springen*** *vi (s)* трíснути, лýснути.
Entzwéiung *f* -, **-en** розрúв, свáрка, розкóл.
er *pron pers* (*G* séiner, *D* ihm, *A* ihn) він.
eráchten *vt (für A, als A)* вважáти *(чим)*, дивúтися *(як на що)*.
Eráchten *n* **-s** дýмка, пóгляд; méinem ~ nach, méines ~s на мою́ дýмку.
erárbeiten *vt* 1) виробля́ти; зароблятú; 2) розробля́ти *(план)*; виробля́ти *(навички)*.
erbármen, sich *(G, über A)* зглянутися *(на кого, на що)*.
Erbármen *n* **-s** жаль.
erbärmlich *adj* жалюгíдний.
erbármungs|los *adj* безжáлісний; ~**würdig** *adj* якúй заслугóвує на співчуття́.
erbáuen *vt* 1) будувáти, спорýджувати; 2) розвóдити, вирóщувати.
Erbáuer *m* **-s, -** 1) будівéльник, архітéктор, констрýктор; 2) *перен.* будівнúк, творéць; die ~ des Kommunismus будівникú комунíзму.
Érbe I *m* **-n, -n** спадкоéмець.
Érbe II *n* **-s** спáдщина.
erbében *vi (s)* здригáтися, двигтíти; тремтíти.
érben *vi (von j-m, nach etw.)* одéржувати в спáдщину, успадкóвувати *(що від кого)*.
erbéten *vt* випрóшувати, вимóлювати.
erbétteln *vt* 1) вúмолити, вúпросити; 2) просúти (мúлостиню), жебрáчити.
erbieten*, sich *(zu D)* пропонувáти свої́ пóслуги.
Érbin *f* -, **-nen** спадкоéмиця.
erbítten *vt* випрóшувати.
erbíttern *vt* озлобля́ти.
Erbítterung *f* -, **-en** 1) гíркá обрáза; крúвда; 2) злóба; ворожнéча.
erblássen *vi (s)* зблíднути.
Érb|lassenschaft *f* -, **-en** заповíт.
erbléichen* *vi (s)* 1) зблíднути; 2) побілíти; 3) потьмянíти.
érblich *adj* спадкóвий, родовúй.
erblícken *vt* побáчити; das Licht der Welt ~ народúтися, з'явúтися на світ.
erblínden *vi (s)* 1) осліпнути; 2) потьмянíти.
erblühen *vi (s)* розцвітáти.
erbórgen *vt* позичáти *(у кого)*.
erbóst *adj* озлóблений, розлю́чений.
erbréchen* *vi i* **sich** ~: er erbricht sich він блює́, йогó нýдить.
erbrénnen* *vi (s)* спалáхувати.
Érbschaft *f* -, **-en** спáдщина, спáдок.
Érbse *f* -, **-n** 1) горóх; 2) горошúна; grüne ~n зелéний горóшок.
Érd|achse *f* - земнá вісь; ~**anschluß** *m* **...schlusses, ...schlüsse** *ел.* заземлення; ~**bagger** *m* **-s, -** екскавáтор; землесня́д; ~**ball** *m* **-(e)s** земнá кýля; ~**bau** *m* **-(e)s** 1) земляні робóти; 2) підзéмна спорýда; 3) будóва Землí; ~**beben** *n* **-s, -** землетрýс; ~**beere** *f* -, **-n** суни́ця; ~**boden** *m* **-s** земля́, грунт.
Érde *f* -, **-n** 1) Земля́ *(планета)*; 2) земля́, грунт; júngfräuliche ~ цілинá; über die gánze ~ по всьóму світу; zu ébener ~ wóhnen жúти на нúжньому (пéршому) пóверсі.
érden *vt* заземля́ти.
Érdengrund *m* **-(e)s, ...gründe** земні нáдра.
erdénken* *vt* вигáдувати.
erdénklich *adj* мúслимий, можлúвий.
Érd|feld *n* **-(e)s, -er** магнíтне пóле Землí; ~**ferne** *f* - апогéй; ~**gas** *n* **-es, -e** прирóдний газ; ~**geschoß** *n* **-sses, -sse** пéрший пóверх, партéр; ~**gravitation** *f* - земнé тяжíння; ~**gürtel** *m* **-s, -** *геогр.* пóяс, зóна.
érdhaft *adj* прирóдний.
Érd|halbkugel *f* -, **-n,** ~**hälfte** *f* -, **-n** півкýля Землí; ~**höhle** *f* -, **-n** печéра, грот; ~**hülle** *f* -, **-n** земнá корá.
erdíchten *vt* складáти, писáти, вигáдувати.
Erdíchtung *f* -, **-en** 1) вигáдування; 2) фантáзія, кáзка; 3) вúгадка, непрáвда.
érdig *adj* 1) землянúй; землúстий; 2) забрýднений землéю.
Érd|karte *f* -, **-n** кáрта земнóї кýлі; ~**kohle** *f* -, **-n** бýре вýгілля; ~**kruste** *f* - земнá корá; ~**kugel** *f* - 1) земнá кýля; 2) глóбус; ~**kunde** *f* - геогрáфія; ~**männchen** *n* **-s, -** кáрлик, гном; ~**messer** *m* **-s, -** землемíр; ~**messung** *f* -, **-en** геодéзія; ~**mittelpunkt** *m* **-(e)s** центр

Землі; ~**nähe** *f* - перигéй; ~**nuß** *f* -, ...**nüsse** арáхіс, земляний горіх; ~**oberfläche** *f* - поверхня Землі ~**öl** *n* -(e)s нáфта.
Érdöl|arbeiter *m* -s, - нафтовик; ~**behälter** *m* -s, - нафтосхóвище; ~**bergwerk** *n* -(e)s, -e нáфтóвий прóмисел; ~**bohrloch** *n* -(e)s, ...**löcher** нафтóва свердловина.
Érdöl|derivate *pl*, ~ **erzeugnisse** *pl* нафтопродýкти; ~**feld** *n* -(e)s, -**er** нáфтóвий прóмисел; ~**förderung** *f* -, ~**gewinnung** *f* - видобуток нáфти.
érdölhaltig *adj* нафтонóсний.
Érdöl|industrie *f* - нафтопромислóвість; ~**leitung** *f* -, -**en** нафтопровід.
Érd|pech *n* -*(e)s* асфáльт; ~**physik** *f* - геофізика; ~**pol** *m* -s пóлюс Землі; ~**reich** *n* -(e)s 1) світ; 2) земля́, грунт.
erdréisten, sich *(zu D)* навáжуватися *(на що)*, посміти *(що-н. зробити)*.
Erdréistung *f* -, -**en** відвáжність, сміливість.
Érd|rinde *f* - земнá корá; ~**rotation** *f* - обертáння Землі *(навколо осі)*.
erdrücken *vt* 1) задушити; 2) *перен.* придушити.
Érd|rutsch *m* -(e)s, -**e** зсув; ~**satellit** *m* -**en**, -**en** супýтник Землі; ~**stoß** *m* -**es**, ...**stöße** підзéмний пóштовх; ~**teil** *m* -(e)s, -**e** частина світу; ~**trabant** *m* -**en**, -**en** супýтник Землі.
erdúlden *vt* зазнавáти *(чого)*.
Érd|umdrehung *f* - обертáння Землі; ~**umfang** *m* -(e)s периметр земнóї кýлі; ~**umkreisung** *f* -, -**en** óберт, витóк *(навколо Землі)*; ~**umlauf** *m* -(e)s, ...**läufe** облíт Землі; витóк; ~**umschiffung** *f* -, -**en**, ~**umseg(e)lung** *f* -, -**en** кругосвітнє плáвання; ~**zunge** *f* -, -**n** *геогр.* мис; косá; перешийок.
eréifern, sich гарячитися, сéрдитися.
eréignen, sich траплятися, відбувáтися.
Eréignis *n* -**ses**, -**se** подія, пригóда.
erérben *vt* успадкувáти.
erfáhren* I *vt* 1) довідуватися, дізнавáтися; 2) зазнавáти *(чого)*.
erfáhren II *adj* досвідчений.
Erfáhrung *f* -, дóсвід.
Erfáhrungs|austausch *m* -**es** óбмін дóсвідом; ~**auswertung** *f* -, -**en** використáння дóсвіду (роботи).
erfássen *vt* 1) хапáти(ся); 2) розуміти; 3) охóплювати; включáти; 4) зачепити, збити; наїхати *(на кого)*.
Erfássen I *n* -s сприйняття́, розуміння, засвóєння.
Erfássen II *n* -s заготівля.
Erfássung I *f* -, -**en** 1) розуміння, схóплювання; 2) охóплення, óблік.
Erfássung II *f* -, -**en** заготівля, постáвки.
erféchten* *vt* завойóвувати; éinen Sieg ~ здобýти перемóгу.
erfínden* *vt* 1) винахóдити; 2) вигáдувати.
Erfínder *m* -s, - винахідник.
erfínderisch *adj* винахідливий.
Erfíndung *f* -, -**en** 1) винахід; 2) вигадка, вимисел.
Erfíndungs|gabe *f* - винахідливість; ~**geist** *m* -**es** твóрчий рóзум.
Erfólg *m* -(e)s, -**e** ýспіх, результáт; досягнення; mit ~ успішно.
erfólgen *vi (s)* бýти *(після чого)*; es erfógte kéine Ántwort відповіді не булó.
erfólg|los *adj* невдáлий; мáрний; ~**reich** *adj* успішний, вдáлий.
erfórderlich *adj* необхідний, потрібний.
erfórdern *vt* вимагáти *(чого)*.
Erfórdernis *n* -**ses**, -**se** вимóга, необхідність; die ~se der Gégenwart вимóги сучáсності.
erfórschen *vt* досліджувати; розпитувати.
Erfórscher *m* -s, - дослідник.
Erfórschung *f* -, -**en** дослідження, випрóбування.
erfrágen *vt* розпитувати.
erfréuen 1. *vt* рáдувати; 2. **sich** ~ 1) *(an D)* радіти *(з чого)*; 2) *(G)* мáти *(шану, авторитет)*; er erfréut sich kéines gúten Rúfes він має погáну слáву.
erfréulich *adj* рáдісний; дóбрий.
erfríeren* 1. *vi (s)* 1) замерзáти; вимерзáти; 2) *перен.* закам'яніти; 2. *vt* відморóзити.
erfríschen, sich *(an D, durch A)* освіжитися, підкріпитися *(чим)*.
Erfríschung *f* -, -**en** 1) підкріплення; 2) легкá зáкýска; 3) прохолóдний напій.
Erfríschungs|pause *f* -, -**n** перепочинок, невелика перéрва *(в ро-*

боті); **~raum** *m* **-(e)s, ...räume** буфе́т; кафете́рій.

erfróren *adj* 1) відморо́жений; заме́рзлий; 2) *перен.* закам'я́нілий.

erfüllen 1. *vt* 1) напо́внювати; 2) вико́нувати; **2. sich ~** здійснюватися, спра́вджуватися.

Erfüllung *f* **-, -en** викона́ння; in ~ géhen здійснюватися.

Erfüllungsbericht *m* **-(e)s, -e** зві́тна до́повідь.

ergänzen *vt* допо́внювати.

Ergänzung *f* **-, -en** допо́внення; zur ~ на дода́ток.

ergében* **1.** *vt* 1) виявля́ти, пока́зувати *(що)*, сві́дчити *(про що)*; 2) станови́ти *(у підсумку)*; **2. sich ~** 1) виявля́тися, виплива́ти, бу́ти ясни́м; es ergáb sich, daß... з'ясува́лося, що...; hieráus ergíbt sich ... звідси виплива́є...; 2) *(in A)* скоря́тися *(долі)*; 3) *(D)* присвя́чувати себе́, віддава́тися *(чому)*; 4) здава́тися *(у полон)*, капітулюва́ти.

Ergébenheit *f* **-** 1) відда́ність; 2) покі́рність; 3) прихи́льність.

Ergébnis *n* **-ses, -se** результа́т, пі́дсумок.

ergébnis|los *adj* безрезульта́тний; **~reich** *adj* ефекти́вний.

Ergébung *f* **-** 1) *військ.* капітуля́ція; 2) покі́рність; 3) відда́ність.

ergéhen* 1. *vi (s)* бу́ти оголо́шеним *(про наказ, розпоря́дження)*; бу́ти віді́сланим *(про лист)*; 2) *(h)*: etw. über sich *(A)* ~ lássen терпля́че зно́сити що-н.; скори́тися *(долі)*; 2. **sich ~** 1) прогу́люватися; 2): sich in Lob ~ розсипа́тися в похва́лах.

Ergéhen *n* **-s** стан здоро́в'я, самопочуття́.

ergíebig *adj* 1) бага́тий *(урожай)*; 2) родю́чий *(грунт)*; 3) прибутко́вий; 4) вичерпний.

Ergíebigkeit *f* **-** 1) родю́чість, продукти́вність, урожа́йність; 2) бага́тство; 3) прибутко́вість.

ergíeßen* **1.** *vt* вилива́ти; j-m sein Herz ~ вилива́ти свою́ ду́шу кому́-н.; 2. **sich ~** 1) *(in A)* впада́ти *(про річку)*; 2) *(über A, in A)* ли́тися; ри́нути; розлива́тися; 3): sich in Tränen ~ залива́тися сльо́зьми́.

erglänzen *vi (s, h)* заблища́ти; зася́яти.

erglühen *vi (s)* 1) розжа́рюватися; 2) спала́хувати; червоні́ти.

ergötzen 1. *vt* ті́шити, розважа́ти *(кого)*; 2. **sich ~** *(an D, mit D)* ті́шитися, милува́тися *(чим)*.

ergráuen *vi (s)* 1) сірі́ти; 2) сиві́ти; 3): der Abend ergráut смерка́є.

ergréifen* *vt* 1) хапа́ти, бра́тися *(за що)*; die Féder ~ взя́тися за перо́, ста́ти письме́нником; 2) схопи́ти, пійма́ти *(кого)*; 3) охо́плювати; 4) *перен.* захопи́ти; зворуши́ти; die Gelégenheit ~ скориста́тися з наго́ди; das Wort ~ взя́ти сло́во; Máßnahmen ~ вжи́ти захо́дів.

ergréifend *adj* захо́плюючий, звору́шливий.

ergríffen *adj* звору́шений, схвильо́ваний.

ergründen *vt* 1) вимі́рювати глибину́ *(річки)*; 2) дослі́джувати, доко́пуватися *(до істини)*.

ergrünen *vi (s)* зазелені́ти.

erhában *adj* 1) підви́щений *(про місцевість)*, релье́фний; 2) видатни́й; вели́чний; благоро́дний.

erhálten* 1. *vt* 1) оде́ржувати; 2) зберіга́ти; den Fríeden ~ зберіга́ти мир; 3) утри́мувати, забезпе́чувати *(матеріально)*; 2. **sich ~** 1) зберіга́тися; sich frisch und gesúnd ~ зберегти́ бадьо́рість і здоро́в'я; 2) утри́мувати себе́, годува́тися.

Erháltung *f* **-** 1) оде́ржання; 2) збере́ження; die ~ des Fríedens збере́ження ми́ру; 3) утри́мання, підтри́мка.

Erháltungsmittel *pl* за́соби існува́ння.

erhängen 1. *vt* ві́шати *(кого)*; 2. **sich ~** пові́ситися.

erhárren *vt* терпля́че чека́ти *(на кого, що)*.

erhárten *vi (s)* тве́рднути, затверді́ти;

erhärten *vt* 1) роби́ти тверди́м; загарто́вувати; 2) підтве́рджувати, підкрі́плювати.

erháschen *vt* схопи́ти, злови́ти.

erhében* 1. *vt* 1) підніма́ти; 2) підно́сити; 3) збира́ти *(податки)*; 4) збира́ти *(відомості)*, розпи́тувати; 5) заявля́ти *(протест)*; 6) почина́ти, здійма́ти *(галас)*; **2. sich ~** 1) підніма́тися; встава́ти; 2) височі́ти *(про гори)*; 3) повстава́ти; 4) почина́тися, здійма́тися *(про вітер, грозу)*; 5): die Fráge erhébt sich поста́є пита́ння.

Erhébung *f* **-, -en** 1) узви́шшя, височина́; релье́фність; 2) підняття́, піднімання; 3) піднесення, звеличування; 4) збирання (*відомостей*), розслідування; 5) збирання (*податків*); 6) облік; 7) заява; 8) заколот; повстання.

erhéitern 1. *vt* розвеселити; **2. sich** ~ розвеселитися.

erhéllen 1. *vt* 1) освітлювати, осявати; 2) роз'яснювати (*що*); проливати світло (*на що*); **2. sich** ~ прояснюватися.

erhítzen 1. *vt* 1) нагрівати; розжарювати; 2) збуджувати; **2. sich** ~ 1) нагріватися; розжарюватися; 2) розпалятися, гарячитися.

Erhítzung *f* **-, -en** нагрівання; розжарювання.

erhóffen *vt* чекати (*чого*), сподіватися (*на що*); wie zu ~ ist як і слід було сподіватися.

erhöhen 1. *vt* 1) надбудовувати; 2) підвищувати, збільшувати; 3) звеличувати; **2. sich** ~ 1) підвищуватися, збільшуватися; 2) звеличувати самого себе.

Erhöhung *f* **-, -en** 1) узвишшя, височина; 2) підвищення, збільшення, нарощування; 3) підвищення (*на посаді*).

erhólen, sich 1) відпочивати; видужувати (*після хвороби*); *2)* (*von D*) отямитися (*від чого*); 3) підніматися, зростати (*про ціни*).

Erhólung *f* **-, -en** 1) відпочинок; видужання; er ging zur ~ він поїхав відпочивати; 2) зростання (*цін, акцій*); 3) відновлення, регенерація.

Erhólungsheim *n* **-(e)s, -e** будинок відпочинку.

erínnern 1. *vt* 1) (*j-n an A*) нагадувати (*кому про що*); 2) заперечувати, критикувати; dagégen ist nicht zu ~ проти цього не можна заперечувати; 2. **sich** ~ (*G, an A*) пам'ятати, згадувати (*що, про що*).

Erínnerung *f* **-, -en** (*an A*) 1) спогад, згадка (*про що, про кого*); in ~ kómmen пригадатися; zur ~ (*an A*) на згадку (*про кого, про що*); 2) нагадування; 3) *pl* спогади, мемуари.

Erínnerungs|stück *n* **-(e)s, -e** сувенір; **~tafel** *f* **-, -n** меморіальна дошка.

erkálten *vi* (*s*) охолоджуватися, остигати; *перен.* холонути.

erkälten, sich застуджуватися.

Erkältung *f* **-, -en** простуда; sich (*D*) éine ~ hólen застудитися.

erkämpfen *vt* завойовувати; den Sieg ~ здобути перемогу.

erkénnbar *adj* 1) видимий, помітний; 2) пізнаванний, доступний для пізнання.

erkénnen* 1. *vt* 1) (*an D, nach D*) (у)пізнавати (*по чому*); розпізнавати; sich ~ пізнавати одне одного; 2) визнавати; séinen Írrtum ~ визнати свою помилку; **2.** *vi* (*auf A*) *юр.* ухвалювати вирок; auf Fréispruch ~ виправдати (*кого*).

Erkénntnis I *f* **-, -se** 1) *філос.* пізнання; 2) свідомість, усвідомлення.

Erkénntnis II *n* **-ses, -se** *юр.* вирок, рішення суду.

erklärbar *adj* зрозумілий.

erklären 1. *vt* 1) пояснювати; 2) заявляти, оголошувати; проголошувати; den Krieg ~ оголосити війну; 3) (*für A*) вважати (*ким, чим*); 4) (*zu D*) призначати (*ким*); 2. **sich** ~ 1) з'ясовувати; пояснювати; 2) (*D*) освідчуватися в коханні (*кому*); 3) заявляти (*про що*); 4) з'ясовуватися, ставати ясним.

Erklärung *f* **-, -en** 1) пояснення, коментар; 2) заява; проголошення; декларація; об'ява.

erkräftigen 1. *vt* зміцнювати; **2. sich** ~ зміцнюватися.

erkránken *vi* (*s*) (*an D*) захворіти (*на що*).

Erkránkung *f* **-, -en** захворювання.

erkúndigen, sich (*nach D, über A*) довідуватися (*про кого, про що*).

Erkúndigung *f* **-, -en** 1) довідка; ~en éinziehen наводити довідки; 2) довідування, розпитування.

erlángen *vt* 1) досягати, здобувати; den Sieg ~ здобути перемогу; 2) діставати (*рукою*).

Erláß *m* **...lasses, ...lasse** 1) указ, наказ, постанова; éinen ~ verábschieden видати указ; 2) звільнення (*від чого*), скасування.

Erlássung *f* **-, -en** 1) опублікування, видання (*закону*); 2) звільнення (*від чого*); 3) скасування (*догани*).

erláuben *vt* дозволяти; Éintritt nicht erláubt вхід заборонено.

Erláubnis *f* **-** дозвіл; mit ~ з дозволу.

erláuschen *vt* підслуховувати.

erläutern *vt* пояснювати.

Erläuterung *f* **-, -en** 1) пояснення,

тлума́чення; 2) *pl* комента́р.

Erläuterungs|bindestrich *m* **-(e)s, -e** дефі́с; **~schrift** *f* **-, -en** поя́снювальна запи́ска.

erlében *vt* 1) пережива́ти, пізнава́ти *(на власному досвіді)*; was man nicht álles erlébt! чого́ ті́льки не трапля́ється з люди́ною!; 2) дожива́ти *(до чого)*; ich hóffe das noch zu ~ сподіва́юся дожи́ти до цьо́го.

Erlébnis *n* **-ses, -se** пережива́ння; поді́я; приго́да; das Konzért war ein ~ конце́рт був чудо́вий.

Erlébnisroman *m* **-s, -e** автобіографі́чний рома́н.

erlédigen *vt* зроби́ти, закі́нчи́ти, уладна́ти; die Fráge ist erlédigt пита́ння ви́черпане.

Erlédigung *f* **-, -en** 1) заве́ршення; friédliche ~ (internationáler Stréitfälle) ми́рне розв'яза́ння (міжнаро́дних конфлі́ктів); 2) вака́нсія.

erléichtern *vt* поле́гшувати.

Erléichterung *f* **-, -en** 1) поле́гшення; 2) *pl* пі́льгові умо́ви.

erléiden* *vt* зазнава́ти *(чого)*; éine Niéderlage ~ зазна́ти пора́зки.

erlérnen *vt* вивча́ти.

erléuchten *vt* осві́тлювати, осява́ти.

Erléuchtung *f* **-, -en** 1) осві́тлення, ілюміна́ція; 2) *перен.* проя́снення, здо́гадка.

Érlkönig *m* **-(e)s** *міф.* лісови́й цар.

Erlös *m* **-es, -e** ви́торг, прибу́ток.

erlöschen* *vi (s)* 1) га́снути; 2) тьмяні́ти; 3) припиня́тися; мина́ти.

ermáhnen *vt (zu D)* заклика́ти *(до чого)*; умовля́ти, застеріга́ти; повча́ти; нага́дувати *(про обов'язок)*.

ermánnen 1. *vt* підбадьо́рювати; 2. **sich** ~ мужа́тися; бра́ти себе́ в ру́ки; ermánne dich! візьми́ себе́ в ру́ки!

ermäßigen 1. *vt* зме́ншувати; 2. **sich** ~ скоро́чуватися *(про витрати)*.

ermátten 1. *vt* вто́млювати; висна́жувати; 2. *vi (s)* вто́млюватися.

ermésssen* *vt* 1) вимі́рювати, визнача́ти; 2) обмірко́вувати; sowéit ich ~ kann наскі́льки я розумі́ю.

Ermésssen *n* **-s** ро́зсуд, міркува́ння; bílliges ~ справедли́ве рі́шення; nach fréiem ~ на вла́сний ро́зсуд.

ermítteln *vt* дізнава́тися *(про що)*, з'ясо́вувати *(що)*.

ermöglichen *vt* роби́ти можли́вим *(що)*; сприя́ти *(чому)*; да́ти можли́вість.

ermórden *vt* убива́ти.

Ermórdung *f* **-, -en** вби́вство.

ermüden 1. *vt* вто́млювати; 2. *vi (s)* вто́млюватися.

ermúntern *vt (zu D)* підбадьо́рювати; надиха́ти *(на що)*; спонука́ти *(до чого)*.

ermútigen *vt* підбадьо́рювати; надиха́ти; заохо́чувати.

ernähren *vt* годува́ти, утри́мувати.

ernénnen* *vt (zu D)* признача́ти *(на посаду)*; присво́ювати *(звання)*.

ernéuern *vt* 1) обновля́ти, реставрува́ти; 2) відно́влювати; 3) відро́джувати.

erníedrigen 1. *vt* 1) зни́жувати; 2) прини́жувати; 2. **sich** ~ прини́жуватися.

ernst 1. *adj* серйо́зний; суво́рий; 2. *adv* серйо́зно.

érnsthaft, érnstlich *adj* серйо́зний.

Érnte *f* **-, -n** 1) урожа́й; die ~ éinbringen збира́ти врожа́й; 2) збира́ння врожа́ю, жни́ва; ◊ óhne Saat kéine ~ що посі́єш, те й збере́ш.

érnten *vt* 1) збира́ти врожа́й; жа́ти; 2) здобува́ти *(славу)*.

eróbern *vt* завойо́вувати; захо́плювати.

Eróberung *f* **-, -en** завоюва́ння, підко́рення.

eröffnen *vt* відкрива́ти, почина́ти.

Eröffnung *f* **-, -en** відкриття́, поча́ток.

erörtern *vt* обгово́рювати, дискутува́ти.

Erörterung *f* **-, -en** обгово́рення, диску́сія; óhne lánge ~en без за́йвих слів.

erpréssen *vt* 1) вимага́ти силомі́ць *(у кого)*; шантажува́ти *(кого)*; 2) *(D)* випи́тувати *(у кого)*; j-m Tränen ~ дово́дити кого́-н. до слі́з.

erpróben 1. *vt* випробо́вувати; перевіря́ти; 2. **sich** ~ ви́правдати себе́ *(про методи)*.

erráten* *vt* відга́дувати *(що)*; здога́дуватися *(про що)*.

Erréchnung *f* **-, -en** розраху́нок, обчи́слення.

errégbar *adj* збу́дливий, драті́влйвий.

errégen 1. *vt* 1) хвилюва́ти, збу́джувати; 2) виклика́ти *(захоплення)*; 2. **sich** ~ 1) хвилюва́тися; 2) виника́ти.

Errégung *f* -, **-en** хвилюва́ння, збу́дження.

erréichen *vt* дістава́ти, дотяга́тися *(до чого)*; досяга́ти; доганя́ти; die óffene See ~ ви́йти у відкри́те мо́ре.

erríchten *vt* 1) спору́джувати; 2) засно́вувати; *військ.* формува́ти; ein Testamént ~ скла́сти запові́т.

erríngen* *vt* добива́тися *(чого)*; завойо́вувати, досяга́ти; den Sieg ~ здобу́ти перемо́гу.

erröten *vi (s)* (по)червоні́ти.

Errúngenschaft *f* -, **-en** дося́гнення, завою́вання.

Ersátz *m* **-es** 1) замі́на; відшкодува́ння, компенса́ція; 2) сурога́т; 3) *військ.* попо́внення, комплектува́ння; 4) *спорт.* запасни́й граве́ць.

erschállen* *vi (s)* луна́ти.

erschéinen* *vi (s)* 1) з'явля́тися; 2) здава́тися; das erschéint mir nicht interessánt це здає́ться мені́ неціка́вим; 3) вихо́дити (з дру́ку).

Erschéinen *n* -s поя́ва; прису́тність; ~ ist Pflicht прису́тність обов'язко́ва.

Erschéinung *f* -, **-en** 1) я́вище; з'я́влення; *pl* симпто́ми; in ~ tréten з'явля́тися, виявля́тися; 2) зо́внішність; 3) при́вид; 4) дру-ко́ване вида́ння.

erschíeßen* *vt* застрі́лити, розстрі́ляти.

erschlíeßen* 1. *vt* 1) відмика́ти; 2) поя́снювати, розкрива́ти; die Bedéutung éines Wórtes aus dem Zusámmenhang ~ розкрива́ти зна́чення сло́ва за конте́кстом; 3) осво́ювати; 4) роби́ти ви́сновок; 2. **sich** ~ розцвіта́ти, розпу́куватися *(про квіти)*.

erschöpfen 1. *vt* вичерпувати, висна́жувати; j-s Gedúld ~ виво́дити кого́-н. з терпі́ння; 2. **sich** ~ вто́млюватися, висна́жуватися.

erschöpfend *adj* 1) вичерпний; 2) сто́млюючий.

erschöpft *adj* вто́млений, знеси́лений; ви́снажений.

erschrécken 1. *vt* зляка́ти; 2.* *vi (s) (vor D, über A)* зляка́тися *(кого, чого)*; 3.* **sich** ~ зляка́тися.

erschüttern *vt* 1) зворуши́ти, вра́зити, приголо́мшити; 2) похитну́ти; 3) підірва́ти *(авторитет, здоров'я)*.

Erschütterung *f* -, **-en** 1) струс, вібра́ція; die ~ des Érdbodens колива́ння землі́, підзе́мні по́штовхи; 2) звору́шення *(нервове)*.

erschwéren *vt* утру́днювати, ускла́днювати; j-m das Lében ~ псува́ти життя́ кому́-н.

erséhen* *vt* 1) вбача́ти; daráus ist zu ~ з цьо́го ви́дно...; 2) обира́ти; er ist für dieses Amt ~ його́ обра́ли на цю поса́ду.

erséhnen *vt* ду́же хоті́ти, з нетерпі́нням чека́ти *(чого)*.

ersétzen *vt* 1) замі́няти, заміща́ти; 2) відшкодо́вувати *(збитки)*.

ersíchtlich 1. *adj* я́вний, очеви́дний; 2. *adv* я́вно, очеви́дно.

erspáren *vt* 1) заоща́джувати; 2) (j-m) звільни́ти, уберегти́ *(кого від чого)*.

Erspárnis *f* -, **-se** еконо́мія; *pl* заоща́дження.

erst *adv* 1) спочатку; 2) ті́льки, лише́ *(про час)*; ~ héute лише́ сього́дні.

erstárken *vi (s)* змі́цнюватися, ду́жчати.

erstárren *vi (s)* 1) заціпені́ти; 2) закля́кнути, задубі́ти; 3) затверді́ти.

Érst|aufführung *f* -, **-en** *театр.* прем'є́ра.

erstáunen 1. *vt* дивува́ти, вража́ти; 2. *vi (s) (über A)* дивува́тися.

érste *num* пе́рший.

erstéchen* *vt* зако́лювати, вбива́ти.

erstéigen* *vt* схо́дити, підніма́тися *(на що)*; досяга́ти верши́ни *(гори)*.

érstens *adv* по-пе́рше.

erstícken 1. *vt* задуши́ти; das Féuer ~ загаси́ти во́гнище; 2. *vi (s)* задиха́тися; *(an D, in D, vor D)* подави́тися *(чим)*; er erstíckte vor Láchen сміх души́в його́.

érstklassig *adj* першокла́сний; першосо́ртний; першорозря́дний.

Érstling *m* -s, -e пе́рвісток.

érstmalig 1. *adj* пе́рший; ein ~er Versúch пе́рша спро́ба; 2. *adv* упе́рше.

erstráhlen *vi (s)*寸ся́яти, заблища́ти, засві́титися.

erstrében *vt* добива́тися, пра́гнути *(чого)*; er erstrébte das Wohl der

Ménschheit він працювáв для блáга людéй.
erstrécken, sich 1) простягáтися; 2) *(auf A, über A)* поширюватися *(на що)*.
erstürmen *vt* штурмувáти.
ersúchen *vt (um A)* просúти *(кого про що)*; звертáтися *(до кого з чим)*; клопотáтися *(перед ким про що)*.
ertáppen *vt* захопúти *(кого-н. за якимсь заняттям)*; j-n auf frischer Tat ~ захопúти когó-н. на місці злóчину.
ertéilen *vt* давáти *(пораду)*, віддавáти *(наказ)*, Únterricht ~ давáти урóки, викладáти.
ertönen *vi (s)* (за)звучáти, (за)лунáти.
Ertrág *m* -(e)s, ...träge 1) прибýток; 2) урожáй; урожáйність; der ~ an Milch удíй молокá.
ertrágen* *vt* перенóсити, терпíти, знóсити.
erträglich I *adj* терпúмий, стéрпний.
erträglich II *adj* прибуткóвий; що дає висóкий урожáй.
erträglich II *adj* прибуткóвий, урожáйний, високопродуктúвний.
ertränken 1. *vt* утопúти; 2. **sich** ~ втопúтися.
ertrínken* *vi (s)* втопúтися.
erwáchen *vi (s)* прокидáтися; опам'ятáтися; der Tag erwácht світáє.
erwáchsen *adj* дорóслий.
Erwáchsene *m, f* дорóслий, дорóсла.
erwägen* *vt* брáти до увáги; обмірковувати.
erwählen *vt (zu D)* обирáти, вибирáти *(що; кого ким)*.
erwähnen *vt, vi (von D)* згáдувати *(про кого, про що)*.
erwärmen 1. *vt* зігрівáти; 2. *vi i* **sich** ~ 1) зігрівáтися; 2) *(für A)* зацікáвлюватися *(ким, чим)*.
erwárten *vt* чекáти *(на кого, на що)*.
erwécken *vt* 1) будúти; 2) збýджувати; bei j-m Hóffnung ~ подáти надíю комý-н.
Erwéis *m* -es, -e дóказ, дóвід; свíдчення.
erwéisen* 1. *vt* 1) довóдити; 2) робúти *(послугу, честь)*; 2. **sich** ~ *(als A i N)* виявлятися *(чим, яким)*; únsere Hóffnung hat sich als trügerisch erwíesen нáші надíї не спрáвдилися.
erwéitern 1. *vt* розшúрювати, збільшувати; 2. **sich** ~ розшúрюватися, збільшуватися.
erwérben* *vt* 1) здобувáти; набувáти; заробляти; j-s Vertráuen ~ завоювáти чиó-н. довíру; 2) придбáти, купувáти; 3) набувáти *(навичок)*; оволодівáти *(знаннями)*.
Erwérbsfähigkeit *f* -, -en працездáтність.
erwídern 1. *vi (auf A)* відповідáти; заперéчувати; 2. *vt* відповідáти *(на що)*; j-s Gruß ~ відповістú на чиé-н. привітáння.
erwíschen *vt* спіймáти, схопúти.
Erz *n* -es, -e 1) рудá; метáл; 2) брóнза, мідь.
erzählen *vt* розповідáти.
Erzählung *f* -, -en рóзповідь; оповідáння, пóвість.
erzéugen *vt* виробляти, випускáти, створювати.
Erzéugnis *n* -ses, -se вúріб, продýкт; das ist ein ~ déiner Phantasíe це плід твоéї фантáзії.
Erzéugung *f* -, -en 1) виробнúцтво, вúпуск; ствóрення; 2) продýкція, продýкт, вúріб.
Érzfeind *m* -(e)s, -e запéклий вóрог.
Érz|förderung *f* - вúдобуток рудú; **~gebirge** *n* -s Рýдні гóри; **~gräber** *m* -s, - рудокóп; **~grube** *f* -, -n руднúк; **~hütte** *f* -, -n металургíйний завóд.
erzíehen* *vt* вихóвувати; вирóщувати *(рослини)*.
erzíeherisch *adj* виховнúй, педагогíчний; die ~e Tätigkeit педагогíчна дíяльність; von ~em Wert sein мáти виховнé знáчення.
Erzíehung *f* -, -en виховáння; вирóщування.
erzíelen *vt* добивáтися, досягáти; éinen Rekórd ~ встановúти рекóрд.
Érz|lager *n* -s, - пóклади рудú.
erzürnen 1. *vt* розсéрдити; 2. *vi (s) i* **sich** ~ *(über A)* сéрдитися *(на кого, на що)*, обýрюватися *(з приводу чого)*.
erzwíngen* *vt* змýшувати, сúлувати.
es 1. *pron pers* вонó *(при перекладі тж.* він, вонá, вонú*)*; 2. *pron dem* це; wir sind es це ми; 3) *pron imp при безособ. дієсл. і зворотах (не перекладається)*: es ist kalt хóлодно; 4. *як формальне слово при зворотному порядку слів (не перекладається)*;

es fiel ein Schuß пролуна́в по́стріл.
Ésche *f* -, -n я́сен.
Ésel *m* -s, - осе́л.
Éspe *f* -, -n оси́ка.
éßbar *adj* їстівни́й.
Éßbesteck *n* -(e)s, -e столо́вий прибо́р.
éssen* *vt* ї́сти; sein Frühstück ~ сні́дати; zu Míttag ~ обі́дати; zu Abend ~ вече́ряти.
Éssig *m* -s, -e о́цет.
Éß|löffel *m* -s, - столо́ва ло́жка; **~waren** *pl* продово́льчі това́ри; проду́кти харчува́ння.
Éste *m* -,n -n есто́нець.
Éstin *f* -, -nen есто́нка.
éstnisch *adj* есто́нський.
Étappe *f* -, -n 1) ета́п; 2) тил; 3) мі́сце відпочи́нку.
étliche *pron indef* 1) де́які; де́кілька; nach ~ r Zeit че́рез де́який час; 2) де́що; ich weiß ~s darüber zu erzählen я міг би де́що про це розпові́сти́.
étlichemal *adv* неодноразо́во.
Etui [e'tvi: *i* ety'i:] *n* -s, -s футля́р.
étwa *adv* 1) прибли́зно, бли́зько; 2) можли́во; хіба́ *(у запитаннях)*; is er ~ krank? мо́же, він хво́рий?; 3) *(в умовних реченнях)* на ви́падок, якщо́; sollte er ~ kómmen, so sagt ihm... якщо́ він при́йде, скажі́ть йому́...; 4) *(із запереченням)*: méinen Sie nicht ~ , daß?... чи не ду́маєте ви, що...?
étwas 1. *pron indef* 1) що-не́будь, щось, де́що; 2) тро́хи; 2. *adv* де́кілька, небага́то, тро́хи.
euch *(pron pers, D i A від ihr)* вам, вас.
éuer 1) *(pron pers, G від* ihr) вас; 2) *pron poss* ваш, ва́ша, ва́ше, ва́ші.
Éule *f* -, -n сова́.
éurerseits *adv* з ва́шого бо́ку.
éuresgleichen *adj* поді́бний до вас; таки́й, як ви.
éuretwegen *adv* зара́ди вас.
Europäer *m* -s, - європе́єць.
europäisch *adj* європе́йський.
Európameister *m* -s, - чемпіо́н Євро́пи.
éwig 1. *adj* ві́чний; für ~e Zéiten на ві́чні часи́; 2. *adv* 1) ві́чно, безпереста́нку; auf ~ наві́ки; 2) ду́же, безмі́рно; es ist ~ schade ду́же жаль.
Éwigkeit *f* -, -en ві́чність.
exákt *adj* 1) то́чний; пунктуа́льний; акура́тний; 2): ~e Wíssenschaften то́чні нау́ки.
Exámen *n* -s, - *i* ...mina екза́мен; ein ~ áblegen (máchen) склада́ти екза́мен, екзаменува́тися.
exekutív *adj* викона́вчий.
Exekutív|komitee *n* -s, -s викона́вчий коміте́т; **~rat** *m* -(e)s, ...räte викона́вча ра́да; **~tagung** *f* -, -en се́сія викона́вчої ра́ди (комі́те́ту).
Exémpel *n* -s, - 1) при́клад; ein ~ liefern бу́ти при́кладом; sich *(D)* ein ~ an j-m, an etw. *(D)* néhmen бра́ти при́клад з ко́го-н., з чо́го-н.; 2) *мат.* зада́ча.
Exíl *n* -s, -e засла́ння; im ~ lében жи́ти на засла́нні.
Existénz *f* -, -en 1) існува́ння; 2) за́соби існува́ння; 3) люди́на, осо́ба; éine dúnkle ~ загадко́ва осо́ба.
Existénz|berechtigung *f* -, -en пра́во на існува́ння; **~minimum** *n* -s, ...minima прожитко́вий мі́німум.
exklusív *adj* винятко́вий; за́мкнутий, відосо́блений; éine ~e Geséllschaft ви́бране товари́ство.
Expansiónspolitik *f* - зага́рбницька полі́тика.
explizíeren *vt* поя́снювати, тлума́чити.
explodíeren *vi (s)* вибуха́ти.
Exploitatión [-ploa-] *f* -, -en експлуата́ція, гно́блення.
Explosión *f* -, -en ви́бух.
Explosiónsmotor *m* -s, -e двигу́н вну́трішнього згоря́ння.
expréß 1. *adj* 1) терміно́вий; 2) я́сни́й, недвозна́чний; 2. *adv* терміно́во.
extérn *adj* 1) зо́внішній; 2) позашта́тний.
éxtra 1. *adv* 1) особли́во, спеціа́льно; окре́мо, додатко́во; 2) чудо́во; 2. *adj* чудо́вий, першокла́сний.
Exzéß *m* ...zesses, ...zesse ексце́с, сканда́л, неподо́бство.
exzessív *adv* 1) надмі́рний, перебі́льшений; 2): ~es Klíma континента́льний клі́мат.
É-Zug=Éilzug швидки́й паса-жи́рський по́їзд.

F f

Fábel *f* -, **-n** 1) бáйка; кáзка; 2) фáбула, сюжéт; 3) вигадка.

fábelhaft 1. *adj* казкóвий, чудóвий, нечýваний; **2.** *adv* дýже, надзвичáйно.

Fabrík *f* -, **-en** фáбрика; завóд.

Fabrikatión *f* -, **-en** виробни́цтво, ви́готовлення; фабрикáція.

fabríkmäßig 1. *adj* фабри́чний, ви́готовлений на фáбриці; **2.** *adv*: ~ neu (одéржаний) прямо з фáбрики.

fabrizíeren *vt* 1) виготовля́ти; 2) *несхв.* фабрикувáти.

Fach *n* **-(e)s, Fächer** 1) шухля́да; полиця (у шáфі); відді́лення, части́на; 2) гáлузь *(науки)*; предмéт *(навчання)*; фах.

Fách|arbeiter *m* -s, - кваліфікóваний робітни́к; **~arzt** *m* **-es, ...ärzte** лíкар-фахівéць; **~ausbildung** *f* -, **-en** сéредня спеціáльна (професíйна) освíта; **~ausdruck** *m* **-(e)s, ...drücke** тéрмін; **~gebiet** *n* **-(e)s, -e** спеціáльність, фах.

fách|gemäß 1. *adj* спеціáльний, професіонáльний; компетéнтний; **2.** *adv* із знáнням спрáви; наукóво; **~kundig** *adj* обíзнаний із своїм фáхом, досвíдчений.

fáchlich *adj* фаховий; die ~e Qualifikatión фаховá кваліфікáція.

Fách|literatur *f* - фаховá літератýра; **~mann** *m* **-(e)s, ...männer** *i* **...léute** фахівéць; **~richtung** *f* -, **-en** гáлузь діяльності; **~schule** *f* -, **-n** сéредній спеціáльний навчáльний зáклад; тéхнікум; **~wort** *n* **-(e)s, ...wörter** тéрмін, спеціáльний вираз; **~wörterbuch** *n* **-(e)s, ...bücher** спеціáльний (галузéвий) словни́к; **~zirkel** *m* -s, - предмéтний гуртóк *(у школі)*.

fáckeln *vi* 1) мерехтíти; палáти; 2) бари́тися, зволікáти.

fád(e) *adj* 1) позбáвлений смакý, прíсний; 2) нудни́й *(про людину)*; 3) вульгáрний.

fädeln *vt* 1) просиля́ти ни́тку *(в голку)*; 2) нани́зувати.

Fáden *m* -s, **Fäden** ни́тка.

fádenscheinig *adj* потéртий, знóшений *(про тканину)*; ~e Gründe неперекóнливі дóводи.

Fádensommer *m* -s, - бáбине лíто.

fähig *adj* 1) талановитий, здíбний; 2) *(zu D)* здáтний *(на що)*.

Fähigkeit *f* -, **-en** здíбність; умíння; обдарóваність.

fahl *adj* бля́клий, блідий, бля́сти́й.

Fähnchen *n* -s, - 1) прапорéць; флюгер; *мор.* ви́мпел; 2) повсякдéнна (лíтня) сýкня.

fáhnden *vt, vi* *(nach D, auf A)* переслíдувати, вистéжувати *(кого)*; розшýкувати *(злочинців і тих, що пропали без вісті)*.

Fáhne *f* -, **-n** 1) прáпор; 2) флюгер; 3) *полігр.* грáнка.

Fáhnen|eid *m* **-(e)s, -e** військóвá при́сяга; **~flucht** *f* - дезерти́рство; **~flüchtige** *m, f* дезерти́р; **~stange** *f* -, **-n** дрéвко прáпора; **~fräger** *m* -s, - прапоронóсець.

Fáhr|bahn *f* -, **-en** 1) проїзнá части́на *(вулиці)*; 2) залізни́чне полотнó; 3) *мор.* фарвáтер; **~damm** *m* **-(e)s, ...dämme** 1) проїзнá части́на *(дороги)*; 2) полотнó дорóги; **~dienstleiter** *m* -s, - черговий по стáнції.

Fähre *f* -, **-n** порóм.

fáhren* 1. *vi (s)* 1) ї́хати, ї́здити, поїхати, рушáти *(про поїзд)*; 2) ї́здити, катáтися *(на човні, на санях)*; Áuto ~ ї́хати автомобíлем; Rad ~ катáтися на велосипéді; 3) *вказує на швидкий рух*: in die Kléider ~ швидко одягти́ся; in die Höhe ~ схопи́тися на нóги; **2.** *vt* 1) везти́, возити; 2) прáвити *(автомобілем)*.

Fáhrer *m* -s, - 1) водíй, шофéр; 2) ї́здéць; велосипеди́ст; мотоциклíст.

Fáhr|erlaubnis *f* -, **-se** правá водíя; **~gast** *m* **-(e)s, ...gäste** пасажи́р; **~geld** *n* **-(e)s, -er** плáта за проїзд.

fáhrig *adj* 1) неспокíйний, нервóвий; 2) неувáжний.

Fáhr|karte *f* -, **-n** проїзни́й квитóк; **~kartenschalter** *m* -s, - квиткóва кáса.

fáhrlässig *adj* недбайли́вий; необерéжний, неувáжний.

Fáhr|lässigkeit *f* -, **-en** недбайли́вість; необерéжність, неувáжність; **~plan** *m* **-(e)s, ...pläne** рóзклад, грáфік рýху *(транспорту)*.

fáhrplanmäßig *adj* за рóзкладом, за грáфіком.
Fáhr|preis *m* **-es, -e** вáртість проїзду; **~rad** *n* **-(e)s, ...räder** велосипéд; **~schein** *m* **-(e)s, -e** проїзнúй квитóк; **~schule** *f* **-, -n** автошкóла; **~spur** *f* **-, -en** кóлія; **~straße** *f* **-, -n** 1) дорóга, шосé; 2) водянúй шлях; **~stuhl** *m* **-s, ...stühle** ліфт.
Fáhrt *f* **-, -en** 1) їздá, поїздка, пóдорож, рейс; 2) проїзд; fréie ~ безкоштóвний проїзд; зелéна вýлиця *(для поїзда)*; 3) хід, швúдкість *(судна)*; in vóller ~ пóвним хóдом.
Fährte *f* **-, -n** слід; der ~ fólgen вистéжувати; auf der fálschen ~ sein бýти на непрáвильному шляхý; помилятися.
Fáhr|treppe *f* **-, -n** ескалáтор.
Fáhrt|richtung *f* **-, -en** нáпрям рýху.
Fáhrzeuge *pl* зáсоби пересувáння.
fair [fɛ:r] *adj* порядний; чéсний; корéктний.
Fáktum *n* **-s, ...ta** *i* **...ten** факт.
Fálke *m* **-n, -n** сóкіл.
Fall I *m* **-(e)s, Fälle** 1) падіння; 2) водоспáд; 3) падíж *(худоби)*; 4) схил, пóхил; 5) змéншення, спад; 6) багáті пóклади рудú.
Fall II *m* **-(e)s, Fälle** 1) вúпадок, подíя; 2) *юр.* спрáва.
Fall III *m* **-(e)s, Fälle** *грам.* відмíнок.
Fáll|baum *m* **-(e)s, ...bäume** шлагбáум; **~brücke** *f* **-, -n** звіднúй міст.
Fálle *f* **-, -n** 1) пáстка; 2) клямка.
fállen* *vi (s)* 1) пáдати; 2) пáдати, змéншуватися *(про ціни)*; 3) спускáтися *(про дорогу)*; 4) упáсти *(про фортецю)*; 5) загúнути *(в бою)*; 6) здихáти *(про худобу)*; 7) впадáти *(про річку)*; 8) припадáти *(на яке-н. число)*; підпадáти *(під закон)*; 9) пролунáти; ein Schuß fíel пролунáв пóстріл.
fällen *vt* 1) рубáти, вирýбувати *(ліс)*, рíзати *(худобу)*; 2) ухвáлювати *(рішення, вирок)*.
falls *cj* якщó; на вúпадок, якщó.
Fállschirm *m* **-(e)s, -e** парашýт.
Fallschirm|absprung *m* **-(e)s, ...sprünge** стрибóк з парашýтом; **~springer** *m* **-s, -** парашутúст.
falsch *adj* 1) фальшúвий; штýчний; удáваний; 2) непрáвильний, помилкóвий.
fälschen *vt* підрóблювати.
Fälscher *m* **-s, -** фальсифікáтор.
Fálschheit *f* **-, -en** 1) хúбність, непрáвильність; 2) фальшúвість; 3) лицемíрство.
Fälschung *f* **-, -en** підрóбка, фальсифікáція.
Fálte *f* **-, -n** 1) склáдка, збóрка; 2) змóршка.
fálten *vt* 1) складáти; 2) мóрщити.
fáltig *adj* 1) складчáстий; у склáдках, у збóрках; 2) зім'ятий; 3) змóршкуватий.
familiär *adj* 1) інтúмний; невúмушений; 2) фамільярний, безцеремóнний.
Famíli|e *f* **-, -n** сім'я, родúна.
Famíli|enname *m* **-ns, -n** прíзвище.
Fanál *n* **-s, -e** 1) маяк, сигнáльний вогóнь; 2) *перен.* провíсник *(подій)*.
Fang *m* **-(e)s, Fänge** 1) лóвля; 2) улóв.
Fáng|arme *pl* щýпальця; **~eisen** *n* **-s, -** капкáн.
fángen* *vt* ловúти; піймáти; Féuer ~ спалáхувати.
Fárbe *f* **-, -n** 1) кóлір; 2) фáрба; 3) *карт., зоол.* масть.
färben *vt* фарбувáти; bunt ~ розфарбóвувати.
Fárben|blindheit *f* **-** *мед.* дальтонíзм; **~pracht** *f* **-** барвúстість.
fárbenreich *adj* барвúстий.
Färber *m* **-s, -** фарбáр, красúльник.
Fárbfernsehen *n* **-s, -** кольорóве телебáчення.
Fárbfilm *m* **-(e)s, -e** 1) кольорóвий фільм; 2) кольорóва плíвка.
fárbig *adj* 1) кольорóвий; барвúстий, строкáтий; 2) *перен.* óбразний, яскрáвий.
fárblos *adj* безбáрвний.
Fárb|muster *n* **-s, -** рóзцвітка; **~stift** *m* **-(e)s, -e** кольорóвий олівéць; **~stoff** *m* **-(e)s, -e** барвнúк; пігмéнт; **~ton** *m* **-(e)s, ...töne** відтíнок кóльору.
Färbung *f* **-, -en** 1) фарбувáння; 2) забáрвлення, кóлір; 3) відтíнок; 4) пігментáція.
Farm *f* **-, -en** 1) фéрма, хýтір; 2) фéрма *(птахівницька тощо)*.
Fáser *f* **-, -n** волокнó.
fáserig *adj* волокнúстий.
Faß *n* **-sses, Fässer** бóчка.
fáßbar *adj* 1) зрозумíлий; 2) уловúмий.

ássen 1. *vt* 1) хапа́ти; 2) вміща́ти; 3) розумі́ти, ули́влювати; 4) охо́плювати; 5) вставля́ти *(в оправу)*; **2. sich ~** заспоко́їтися, взя́ти себе́ в ру́ки, зібра́тися з думка́ми.

fáßlich *adj* зрозумі́лий, дохі́дливий.

Fáßreifen *m* **-s, -** обру́ч.

Fássung *f* **-, -en** 1) опра́ва; 2). *ел.* патро́н; 3) оде́ржання *(напр., їжі)*; 4) ви́клад, варіа́нт, реда́кція, формулюва́ння; 5) самовла-да́ння, стри́маність; j-n aus der ~ bríngen ви́вести кого́-н. з се́бе.

fássungslos *adj* що втра́тив самовлада́ння, розгуби́вся.

Fássungsvermögen *n* **-s, -** 1) мі́сткість; 2) зда́тність засво́ювати навча́льний матеріа́л.

fast *adv* ма́йже.

fául *adj* 1) гнили́й; ту́хлий; прі́лий; ~wérden псува́тися; 2) ліни́вий, леда́чий.

Fáulbeerbaum *m* **-(e)s, ...bäume** 1) чере́мха; 2) жо́стір.

fáulen *vi* гни́ти; ту́хнути; псува́тися.

fáulenzen *vi* ледарюва́ти.

Fáulenzer *m* **-s, -** ле́дар.

Fáulheit *f* **-, -en** лі́нощі.

fáulig *adj* підгни́лий, ту́хлий.

Fäulnis *f* **-** тлі́ння; псува́ння; гниття́.

Fáulpelz *m* **-es, -e** ле́дар.

Fáust *f* **-, Fäuste** кула́к; ◊ das paßt wie die ~ áufs Áuge це зо́всім не до ре́чі; etw. auf éigene ~ tun роби́ти щось самові́льно, на свій страх і риск.

Fáust|hammer *m* **-s, -** *іст.* булава́, па́лиця; **~handschuh** *m* **-(e)s, -e** рукави́ця.

fáxig *adj* пустотли́вий.

Fázit *n* **-s, -e** *і* **-s** 1) (зага́льна) су́ма, пі́дсумок; 2) пі́дсумок, ви́сновок; das ~ aus etw. *(D)* zíehen підби́ти пі́дсумки, зроби́ти ви́сновки з чо́го-н.

febríl *adj* гарячко́вий.

Fébruar *m* **-** *і* **-s, -e** лю́тий *(назва місяця)*.

féchten* *vi* 1) фехтува́ти; 2) боро́тися.

Féder *f* **-, -n** 1) перо́ *(птаха)*; пух; 2) перо́ *(для писання)*; 3) пружи́на; ресо́ра; 4) рапі́ра.

Féder|ball *m* **-s, ...bälle** бадмінто́н; **~bett** *n* **-(e)s, -en** пери́на; **~kasten** *m* **-s, -** *і* **...kästen** пена́л; **~kraft** *f* **-, ...kräfte** *фіз.* пру́жність, еласти́чність; **~krieg** *m* **-(e)s, -e** літерату́рна поле́міка; **~messer** *n* **-s, -** склада́ний ніж.

fédernd *adj* еласти́чний, пру́жний.

Féder|strich *m* **-(e)s, -e** ро́зчерк пера́; **~vieh** *n* **-(e)s** сві́йська пти́ця; **~volk** *n* **-(e)s** перна́ті; **~wolken** *pl* пери́сті хма́ри.

fé|enhaft *adj* феєри́чний, чудо́вий, чарівни́й; фантасти́чний.

fégen 1. *vt* чи́стити; заміта́ти; den Schmutz ~ виміта́ти смі́ття́; ◊ (den) Schmutz aus der Stúbe ~ вино́сити смі́ття́ з ха́ти; **2.** *vi (s)* мча́ти; es fegt héute сього́дні завіті́ль.

Feh *n* **-(e)s, -e** 1) бі́лка; 2) бі́ляче ху́тро.

féhlen 1. *vi* 1) не вистача́ти, бракува́ти; 2) бу́ти відсу́тнім; 3) помиля́тися; 4) провини́тися; **2.** *vimp (an D)* не вистача́ти, бракува́ти; es sich *(D)* an nichts ~ lássen ні в чо́му собі́ не відмовля́ти; was fehlt Íhnen? що з Ва́ми?; **3.** *vt* не влу́чити *(у ціль)*.

Fehler *m* **-s, -** 1) по́ми́лка; 2) хи́ба, ва́да, дефе́кт; aus den ~n lérnen вчи́тися на по́ми́лках.

féhlerfrei *adj* безпомилко́вий, бездога́нний.

féhlerhaft *adj* 1) помилко́вий, хи́бний; 2) недоброя́кісний.

féhlerlos *див.* féhlerfrei.

Féhl|griff *m* **-(e)s, -e** по́хибка, по́ми́лка; **~schluß** *m* **-sses, ...schlüsse** помилко́вий ви́сновок; **~tritt** *m* **-(e)s, -e** 1) хи́бний крок; 2) провина́, просту́пок.

Féier *f* **-, -n** свя́то.

Féierabend *m* **-(e)s, -e** 1) кіне́ць робо́чого дня; 2) кіне́ць ти́жня; 3) ві́льний час пі́сля робо́ти.

féierlich 1. *adj* святко́вий; урочи́стий; **2.** *adv* святко́во; урочи́сто.

féiern 1. *vt* 1) святкува́ти; 2) вшано́вувати; прославля́ти; **2.** *vi* 1) святкува́ти; відпочива́ти; 2) не працюва́ти.

Féier|stunde *f* **-, -n** 1) годи́на відпочи́нку; 2) урочи́сті збо́ри; **~tag** *m* **-(e)s, -e** 1) свя́то; 2) вихідни́й день.

feig(e) 1. *adj* боягу́зливий, малоду́шний; **2.** *adv* боягу́зливо; sich ~ benéhmen пово́дитися боягу́зливо.

Féig|heit *f* **-** боягу́зство, малоду́шність; **~ling** *m* **-s, -e** боягу́з.

Féile *f* **-, -n** напи́лок, терпу́г.

féilschen *vi (um A)* торгува́тися *(через що, за що)*.

fein 1. *adj* 1) тонкий; 2) дрібний; ~e Schrift дрібний почерк; 3) точний; ein ~es Instrumént точний інструмент; 4) тонкий, чуткий; ein ~es Gehör чуткий слух; 5) вишуканий, витончений; 6) гарний, чудовий; ein ~er Kerl добрий хлопець; 7) багатий, знатний; 8) слабкий, тихий; ein ~es Geräusch слабкий шум; 9) хитрий, спритний, розумний; ein ~er Kopf розумна голова; 2. *adv* 1) тонко; 2) чудово.

Féinbäckerei *f* -, -en кондитерська.

Féind *m* -(e)s, -e ворог, недруг, противник.

féindlich *adj* ворожий.

Féindschaft *f* -, -en ворожнеча.

féindselig *adj* ворожий, неприязний.

Féindseligkeit *f* -, -en 1) ворожість, неприязнь; 2) *pl* воєнні дії.

féinfühlend, féinfühlig *adj* чуйний, делікатний.

Féin|gefühl *n* -(e)s чуйність, делікатність; **~gewicht** *n* -(e)s чиста вага.

Féinheit *f* -, -en тонкість; витонченість; ніжність.

Féin|kost *f* - гастрономія; **~kosthandlung** *f* -, -en гастроном; **~mechanik** *f* - точна механіка.

Feld *n* -(e)s, -er 1) поле; 2) нива, рілля; 3) поле бою; 4) *фіз.* поле; 5) поле діяльності.

Féld|arbeiten *pl* польові роботи; **~bau** *m* -(e)s рільництво; **~bestellung** *f* -, -en обробіток поля; **~herr** *m* -n, -en полководець; **~lager** *n* -s, - табір; **~post** *f* -, -en польова пошта; **~zug** *m* -(e)s, ...züge похід.

Fell *n* -(e)s, -e 1) хутро; 2) шкіра, шкура.

Fels *m* -en, -en, **Félsen** *m* -s, - скеля.

félsenfest *adj* твердий як скеля; непохитний.

Félsenkluft *f* -, ...klüfte ущелина.

félsig *adj* скелястий; кам'янистий.

Fénster *n* -s, - вікно.

Fénster|brett *n* -(e)s, -er підвіконня; **~scheibe** *f* -, -n шибка.

Féri|en *pl* канікули; відпустка.

Féri|en|heim *n* -(e)s, -e будинок відпочинку; **~platz** *m* -es ...plätze путівка в будинок відпочинку.

Férkel *n* -s, - порося.

fern 1. *adj* далекий, дальній; 2. *adv* далеко.

Férnamt *n* -(e)s, ...ämter міжміська телефонна станція.

férnbleiben* *vi (s)* 1) *(von D)* бути відсутнім; von der Árbeit ~ не з'явитися на роботу; 2) *(D)* бути далеким *(від чого)*, непричетним *(до чого)*; не цікавитися *(чим)*.

Férne *f* -, -n далечінь.

Férngespräch *n* -(e)s, -e (міжміська) телефонна розмова.

férngesteuert *adj* керований на відстані.

Férnglas *n* -es, ...gläser польовий бінокль.

férnhalten* 1. *vt (von D)* 1) усувати *(кого від чого)*; утримувати *(кого від чого)*; 2) оберігати *(кого від чого)*; 2. **sich** ~ *(von D)* цуратися *(кого)*; триматися осторонь *(від кого, чого)*.

Férn|kurse *pl* курси заочного навчання; **~lenkung** *f* - керування на відстані, телекерування.

férnliegen* *vi (D)* бути невластивим *(кому)*; das liegt mir fern... мені й на думку не спадає...

Férn|rakete *f* -, -n ракета далекої дії; **~rohr** *n* -(e)s, -e телескоп; підзорна труба; **~schreiber** *m* -s, - телетайп; **~sehapparat** *m* -(e)s, -e телевізор; **~sehen** *n* -s телебачення.

Férnseh|teilnehmer *m* -s, - телеглядач; **~übertragung** *f* -, en телепередача.

férnsichtig *adj* далекозорий.

Férn|sprecher *m* -s, - 1) телефон; 2) телефоніст; **~spruch** *m* -(e)s, ...sprüche телефонограма; **~student** *m* -en, -en студент-заочник; **~studium** *n* -s заочне навчання.

Férse *f* -, -n п'ята, п'ятка.

fértig *adj* готовий.

fértigbrinden* *vt* доводити до кінця; справлятися *(з чим)*.

Fértigkeit *f* -, -en навичка, вправність, уміліcть.

fértigmachen 1. *vt* зробити, доробити, закінчити; 2. **sich** ~ приготуватися, бути напоготові.

Fértigung *f* -, -en виготовлення, виробництво; технологія.

Féssel *f* -, -n 1) кайдани; 2) пута.

fésseln *vt* 1) заковувати в кайдани; 2) спутувати *(коня)*; 3) зв'язувати *(кого)*; 4) *перен.* приковувати; den Blick ~ привертá-

ти пóгляд; 5) захóплювати, полонúти; das Buch hat mich gefésselt книжка захопúла менé.
fésselnd *adj* захóплюючий.
fest 1. *adj* 1) твердúй; ~es Land сýша, земля́; 2) міцнúй; éine ~e Gesúndheit міцнé здорóв'я; 3) твердúй, впéвнений; 4) непохúтний; der ~en Méinung sein бýти твéрдо впéвненим; 5) постíйний; **2.** *adv* 1) твéрдо, міцно; ~ überzéugt sein бýти глúбоко впéвненим; 2) міцно, щíльно; die Tür ~ zúmachen щíльно зачинúти двéрі.
Fest *n* **-es, -e** свя́то; ein ~ begéhen відзначáти свя́то.
féstbinden* *vt* 1) зав'я́зувати; 2) *(an A)* прив'я́зувати *(до чого)*.
féstgesetzt *adj* признáчений, домóвлений; zur ~en Zeit у признáчений час.
festhalten* 1. *vt* 1) міцно тримáти, утрúмувати; 2) затрúмувати, заарештóвувати; **2.** *vi (an D)* додéржуватися *(чого)*; **3. sich** ~ *(an D)* міцно тримáтися *(за що, за кого)*.
féstigen *vt* зміцнювати.
Féstigkeit *f* **-** 1) твéрдість; міцність; 2) стíйкість; 3) непохúтність; твéрдість харáктеру.
Féstigung *f* **-, -en** 1) зміцнення; 2) закріплення.
Féstkleid *n* **-(e)s, -er** святкóве вбрáння.
Féstland *n* **-(e)s, ...länder** матерúк, континéнт, сýша.
féstlegen *vt* признача́ти, визначáти.
féstlich 1. *adj* святкóвий, урочúстий; **2.** *adv* по-святкóвому, урочúсто.
Féstlichkeit *f* **-, -en** 1) урочúстість; 2) свя́то, святкувáння.
Féstnahme *f* **-, -n** затрúмання, арéшт.
féstnehmen* *vt* затрúмувати, заарештóвувати.
Féstspiele *pl* фестивáль.
féststellen *vt* визначáти, констатувáти; die Úrsache ~ з'ясувáти причúну.
Féststellung *f* **-, -en** вúзначення, констатáція.
Féstung *f* **-, -en** фортéця.
Féstzug *m* **-(e)s, ...züge** урочúста процéсія; *спорт.* парáд.
fett *adj* жúрний, гладкúй.
Fett *n* **-(e)s, -e** жир, сáло.
féttgedruckt *adj* надрукóваний жúрним шрúфтом.
féttig *adj* 1) жúрний, засмальцьóваний, бруднúй; 2) жировúй.
Fétzen *m* **-s, -** 1) клáпоть; 2) *pl* лахміття.
féucht *adj* сирúй, вóгкий.
Féuchtigkeit *f* **-** сúрість, вóгкість.
Féuer *n* **-s, -** 1) вогóнь, пóлум'я; 2) *мор.* (сигнáльний) вогóнь; мая́к; 3) пожéжа; 4) стрільбá, вогóнь; 5) вóгнище; тóпка; 6) пáлкість, завзя́ття; 7) блиск *(очей)*.
Féuer|alarm *m* **-(e)s, -e** пожéжна тривóга; **~eifer** *m* **-s, -** зáпал; завзя́ття; **~einstellung** *f* **-, -en** припúнення вогню́.
féuer|fest *adj* вогнетривкúй, неспалúмий; **~gefährlich** *adj* вогненебезпéчний.
Féuer|löscher *m* **-s, -** вогнегáсник; **~mannschaft** *f* **-, -en** пожéжна комáнда; **~melder** *m* **-s, -** пожéжний сигнáл.
féuern 1. *vi (mit D)* 1) топúти, розпáлювати *(чим)*; 2) стріля́ти, вестú вогóнь; 3) *ел.* іскрúти; **2.** *vt* кúдати, шпурля́ти.
féuer|sicher *adj див.* féuerfest; **~speiend** *adj* вогнедúшний.
Féuer|stätte *f* **-, -n** 1) пожарúще, згáрище; 2) вóгнище; **~stein** *m* **-(e)s, -e** крéмінь; **~taufe** *f* **-, -n** бойовé хрещéння.
Féuerung *f* **-, -en** 1) пáливо; 2) тóпка; 3) спáлювання; горíння.
Féuer|wache *f* **-, -n** пожéжна охорóна; **~watte** *f* **-, -n** вогнепáльна збрóя; **~wehr** *f* **-, -en** пожéжна комáнда.
Féuerwehr|mann *m* **-(e)s, ...männer** *i* **...leute** пожéжник; **~schlauch** *m* **-(e)s, ...schläuche** пожéжний шланг.
Féuer|werk *n* **-(e)s, -e** фейєрвéрк; **~zeug** *n* **-(e)s, -e** запальнúчка.
féurig *adj* 1) вогнéнний, палáючий; 2) полум'я́ний, палкúй, прúстрасний.
Fíbel I *f* **-, -n** буквáр.
Fíbel II *f* **-, -n** пря́жка, зáстібка.
Fíchte *f* **-, -n** 1) ялúна; 2) ялúця.
Fíchten|baum *m* **-(e)s, ...bäute** *див.* Fíchte; **~hain** *m* **-(e)s, -e** ялúновий гай; **~pilz** *m* **-es, -e** бíлий гриб; **~zapfen** *m* **-s, -** ялúнова шúшка.
Fíeber *n* **-s, -** (підвúщена) температýра; жар, гаря́чка; пропáсниця; er hat stárkes ~ у нього висóка температýра.
fíeberfrei *adj* без (підвúщеної) температýри; der Kránke ist ~ у

хворого нормальна температура.
fíeberhaft *adj* гарячковий.
Fíebermittel *n* **-s, -** жарознижувальний засіб.
fíebern *vi* 1) морозити; er fíebert у нього гарячка, його морозить; 2) бути гарячково збудженим.
fíebersenkend *adj* жарознижувальний.
Film *m* **-(e)s, -e** 1) (кіно)фільм; der ~ lief an фільм вийшов на екран; éinen ~ áufführen демонструвати фільм; 2) кінематографія; 3) плівка.
Fílm|aufnahme *f* **-, -n** кінозйомка; **~festspiele** *pl* кінофестиваль; **~folge** *f* **-, -n** серія фільму; **~kunst** *f* **-, ...künste** кіномистецтво; **~künstler** *m* **-s, -** кіноактор; **~vorführung** *f* **-, -en** кіносеанс.
Filz|stiefel *m* **-s, -** валянок; **~zelt** *n* **-(e)s, -e** юрта.
finanzi|éll *adj* фінансовий; грошовий.
fínden* **1.** *vt* 1) знаходити, відшукувати; Ánerkennung ~ дістати визнання; 2) знаходити, заставати; ich fand ihn zu Háuse я застав його вдома; 3) вважати, визнавати; ich fínde das nicht in Órdnung я вважаю це неправильним; **2. sich** ~ 1) знаходитися, знайтися; 2) траплятися; виявлятися; in díesen Bérgen fínden sich víele Séen у цих горах трапляється багато озер; es fand sich, daß ich recht hätte виявилося, що я правий; 3) *(in A)* пристосуватися *(до чого)*; примиритися *(з чим)*.
fíndig *adj* меткий, спритний.
Fíndigkeit *f* **-, -en** меткість, спритність.
Fínger *m* **-s, -** палець *(на руці)*.
Fínger|fertigkeit *f* **-, -en** 1) спритність; 2) *муз.* вправність пальців; **~hut** *m* **-(e)s, ...hüte** наперсток; **~nagel** *m* **-s, ...nägel** ніготь пальця *(на руці)*.
fínster *adj* 1) темний, похмурий; ein ~e Wald дрімучий ліс; éine ~e Nacht темна ніч; 2) суворий, похмурий; 3) *розм.* темний, підозрілий.
Fínsternis *f* **-, -se** 1) темрява, морок; 2) *астр.* затемнення.
firm *adj* 1) твердий, впевнений, досвідчений; 2) модний.
Firmamént *n* **-(e)s** небозвід.
Fisch *m* **-es, -e** риба.
físchen *vt* ловити рибу.
Físcher *m* **-s, -** рибалка, рибак.
Fischeréi *f* **-, -en** рибальство, рибний промисел.
Físch|fang *m* **-(e)s, ...fänge** 1) рибальство; риболовля; 2) улов; **~gräte** *f* **-, -n** риб'яча кістка; **~netz** *n* **-es, -e** невід; **~tran** *m* **-(e)s, -e** риб'ячий жир.
fix 1. *adj* 1) твердий, певний; незмінний, постійний; éine ~e Idée настирлива ідея; 2) спритний; ein ~er Kerl спритний хлопець, молодець; **2.** *adv розм.* швидко.
fixíeren *vt* 1) (за)фіксувати, встановлювати; 2) зупиняти; закріплювати; 3) пильно дивитися *(на кого, на що)*.
flach 1. *adj* 1) плоский; 2) низинний, рівний; 3) неглибокий, мілкий; 4) заялозений, банальний; **2.** *adv* навзнак, горизонтально.
Fläche *f* **-, -n** 1) площина; площа, поверхня; поле; територія; 2) рівнина.
Fláchheit *f* **-, -en** 1) площина; 2) банальність.
Fláchland *n* **-(e)s, ...länder** рівнина, низовина.
Flachs *m* **-es** льон.
Fláchsbau *m* **-(e)s** льонарство.
Fláchzange *f* **-, -n** *тех.* плоскогубці.
fláckern *vi* мерехтіти, мигтіти, блимати *(про свічку, лампу)*.
Flágge *f* **-, -n** прапор; die ~ híssen підняти прапор.
flággen *vi* 1) вивішувати прапор; die Stadt hat gefläggt у місті були вивішені прапори; 2) сигналізувати прапорцями.
flämisch *adj* фламандський.
Flámme *f* **-, -n** 1) полум'я, вогонь; in ~n áufgehen спалахнути; згоріти; in ~n sétzen підпалювати; 2) вогонь, запал, завзяття; er ist gleich Féuer und ~ *(für A)* він відразу, захоплюється *(чим)*.
flámmen 1. *vi* палати; sein Gesícht flámmte vor Zorn його обличчя палало гнівом; **2.** *vt* 1) запалювати; 2) підпалювати.
flámmend *adj* полум'яний, палкий, палаючий.
Flásche *f* **-, -n** пляшка; фляжка.
flättern *vi* 1) *(h)* розвіватися, майоріти; 2) *(h, s)* пурхати.
flau *adj* слабкий, млявий.
Flaum *m* **-(e)s** пух, пушок.
Fléchte *f* **-, -n** 1) коса *(з волосся)*; 2) *мед.* лишай; 3) *бот.* лишайник.

fléchten* *vt* плестú, заплітáти *(косу)*; плестú *(вінок)*.
Fleck *m* **-(e)s, -e** 1) плáма; ein bláuer ~ сúня плáма; синéць; 2) лáтка; éinen ~ áufsetzen залатáти; 3) клáпоть *(землі)*; ein schöner ~ Érde чудóве мíсце; 4) мíсце, тóчка.
Flécken *m* **-s, -** 1) плáма *(тж. перен.)*; 2) селó, сéлище; 3) *pl мед.* кір.
fléckig *adj* плямúстий, у плямах; засмальцьóваний.
Flédermaus *f* **-, ...mäuse** кажáн.
flégelhaft *adj* брутáльний, невúхований.
fléhen *vi (um A)* благáти, просúти *(про що)*.
Fleisch *n* **-es** 1) м'ясо; 2) м'якоть *(плодів)*; 3) плоть; álles ~ auf Érden усé живé на землí.
Fléischer *m* **-s, -** м'яснúк.
fléischig *adj* м'ясúстий.
Fléischwolf *m* **-(e)s, ...wölfe** м'ясорýбка.
Fléiß *m* **-es** старáнність; mit ~ старáнно; ◊ óhne ~ kein Préis без трудá немá плодá.
fléißig 1. *adj* старáнний, ретéльний; **2.** *adv* старáнно, ретéльно.
flícken *vt* штóпати, лáгодити, латáти.
Flícken *m* **-s, -** 1) лáтка; 2) штóпання, лáгодження.
Flíeder *m* **-s, -** бузóк.
Flíege *f* **-, -n** мýха; ◊ zwei ~n mit éiner Kláppe schlágen однúм пóстрілом двох зайців убúти.
flíegen* 1. *vi (s)* 1) літáти, летíти; 2) мчáти, летíти; die Stúnden ~ час збігáє; 3): in die Luft ~ злетíти в повíтря, вúбухнути; **2.** *vt* вестú *(літак)*.
flíegend *adj* летючий; літáючий.
Flíegen|papier *n* **-(e)s** липýчка; **~pilz** *m* **-es, -e** мухомóр.
Flíeger *m* **-s, -** льóтчик.
Flíeger|abwehr *f* **-** протиповíтряна оборóна; **~alarm** *m* **-(e)s, -e** повíтряна тривóга; **~angriff** *m* **-(e)s, -e** нальóт авіáції; нáпад з повíтря; **~truppen** *pl* льóтні частúни; військóвá авіáція.
flíehen* 1. *vt* уникáти, цурáтися *(кого, чого)*; **2.** *vi (s) (vor, von D)* бíгти, тікáти *(від кого)*; рятувáтися втéчею.
Flíeß|arbeit *f* **-, -en** конвéйєрна систéма виробнúцтва; **~band** *n* **-(e)s, ...bänder** конвéйєр.
flíeßen* *vi (s)* 1) теклú, лúтися; струмувáти; ins Méer ~ впадáти в мóре; 2) спливáти, збігáти *(про час)*; die Zeit ~ час ідé; 3) тáнути, розтóплюватися; 4) теклú, пропускáти вóду.
flíeßend 1. *adj* 1) текýчий, рідкúй; 2) плáвний; **2.** *adv* плáвно; вíльно; ~déutsch spréchen говорúти вíльно німéцькою мóвою.
flímmern *vi, vimp* мерехтíти, мигтíти *(про світло)*.
flink *adj* жвáвий, спрúтний.
Flínte *f* **-, -n** рушнúця.
Flócke *f* **-, -n** сніжúнка; пушúнка; *pl* лапáтий сніг.
flóckig *adj* пухнáстий.
Floh *m* **-(e)s, Flöhe** блохá; ◊ éinen ~ für éinen Elefánten ánsehen робúти з мýхи слонá.
Flor *m* **-s, -e** 1) цвітíння, цвіт; im ~ stéhen цвістú; *перен.* бýти у рóзквіті; 2) рóзквіт, процвітáння.
Floß *n* **-es, Flöße** 1) пліт; порóм; 2) поплавóк.
flóßbar *adj* сплавнúй; ~es Holz сплавнúй ліс.
Flósse *f* **-, -n** 1) плавéць *(у риб)*; 2) *тех.* стабілізáтор, кіль; 3) *pl спорт.* лáсти.
flößen *vt* сплавляти *(ліс)*; гнáти *(плоти)*.
Flößer *m* **-s, -** 1) порóмник; 2) сплавнúк *(лісу)*, плотáр.
Flößeréi *f* **-, -en** лісоплáв.
Flóßholz *n* **-es, ...hölzer** сплавнúй ліс.
Flöte *f* **-, -n** флéйта.
Flötenbläser *m* **-s, -** флейтúст.
flott 1. *adj* 1) плáваючий, плавýчий; 2) жвáвий, motóрний, спрúтний; **2.** *adv* жвáво, спрúтно.
Flótte *f* **-, -n** флот.
Fluch *m* **-(e)s, Flüche** проклятття.
flúchen *vi* 1) *(D, über A, auf A)* проклинáти *(кого, що)*; 2) лáятися, лихослóвити.
Flucht *f* **-, -en** 1) втéча; auf der ~ під час втéчі; auf der ~ sein тікáти, рятувáтися втéчею; 2) швидкá змíна *(чого)*; die ~ der Jáhre плин рокíв; 3) прямá лíнія, ряд; 4) зграя птахів.
flüchten *vi (s) i* **sich** ~ тікáти, рятувáтися втéчею.
flüchtig 1. *adj* 1) збíглий, утéклий; 2) швидкúй, побíжний; 3) поверхóвий, неглибóкий; 4) *хім.* леткúй; **2.** *adv* 1) мимохíдь, побíжно; 2) неувáжно, пóспіхом.
Flüchtigkeit *f* **-, -en** 1) швúдкість, рухлúвість; 2) неувáжність, недбáлість; 3) *хім.* лéткість; 4)

мінли́вість.

Flüchtling *m* **-s, -e** утіка́ч; біженець.

Flug *m* **-(e)s, Flüge** полі́т, перелі́т; im ~e ми́ттю, на льоту́.

Flúg|bahn *f* **-, -en** траєкто́рія (польо́ту); **~blatt** *n* **-(e)s, ...blätter** листі́вка, проклама́ція; **~dienst** *m* **-es, -e** повітря́не (пасажи́рське) сполу́чення.

Flügel *m* **-s, -** 1) крило́ *(птаха)*; 2) крило́ *(будівлі)*, флі́гель; 3) сту́лка *(дверей)*; 4) (конце́ртний)роя́ль.

Flúg|hafen *m* **-s, ...häfen** аеропо́рт, аеродро́м; **~halle** *f* **-, -n** анга́р; **~platz** *m* **-es, ...plätze** аеродро́м; **~route** [ru:tə] *f* **-, -n** повітря́на тра́са; **~schrift** *f* **-, -en** брошу́ра, листі́вка; **~verkehr** *m* **-(e)s** повітря́не сполу́чення; **~waffe** *f* **-, -n** військо́во-повітря́ні си́ли; **~wesen** *n* **-s** авіа́ція; **~wetter** *n* **-s:** (ún)günstiges ~wetter (не)льотна́ пого́да; **~zeit** *f* **-, -en** трива́лість польо́ту; **~zeug** *n* **-(e)s, -e** літа́к.

Flur *m* **-(e)s, -e** коридо́р; передпо́кій; вестибю́ль; сі́ни; auf dem ~ у коридо́рі.

Fluß *m* **Flusses, Flüsse** 1) рі́чка; 2) пере́біг, хід, плин; der ~ der Gedánken плин думо́к.

flußáb, flußábwärts *adv* униз по рі́чці за течіє́ю.

flußáuf, flußáufwärts *adv* уве́рх по рі́чці.

Flúßbett *n* **-(e)s, -en** русло́ рі́чки, рі́чище.

flüssig *adj* 1) ріди́й, теку́чий; розпла́влений; 2) пла́вний, ві́льний *(про мову)*.

Flüssigkeit *f* **-, -en** 1) ріди́на; 2) теку́чість, пли́нність.

Flúßpferd *n* **-(e)s, -e** бегемо́т.

flüstern 1. *vi* шепта́тися; **2.** *vt* шепта́ти, говори́ти по́шепки.

Flut *f* **-, -en** 1) припли́в; 2) па́водок, по́відь; 3) *pl* хви́лі; 4) поті́к *(тж. перен.)*.

flúten 1. *vi (h, s)* 1) текти́; 2) здува́тися *(про річку)*; **2.** *vt* напо́внювати водо́ю; **3.** *vimp:* es flútet вода́ прибува́є.

Fóhlen *n* **-s, -** лоша́.

Fólge *f* **-, -n** 1) на́слідок, результа́т; die ~n trágen відповіда́ти за на́слідки; зазнава́ти зби́тків; 2) ви́сновок; 3) послідо́вність; 4) ряд, се́рія; че́рга; черго́вий но́мер.

fólgen *vi (s)* 1) *(D, auf D)* іти́ *(за ким, чим)*; j-m auf dem Fúße ~ іти́ слідо́м за ким-н.; ein Lied fólgte dem ándern одна́ пі́сня змі́нювалася і́ншою; Fórtsetzung folgt да́лі бу́де; 2) *(D, auf A)* бу́ти насту́пником *(кого-н. на якійсь посаді)*; бу́ти спадкоє́мцем *(кого)*; 3) *(aus D)* вихо́дити, випливати; was folgt daráus? яки́й з цьо́го ви́сновок?; 4) *(D)* сте́жити *(за ким, чим)*; ich kann séinem Gedánkengang nicht ~ я не розумі́ю його́ мі́ркува́нь; 5) слу́хатися *(кого, чого)*; éinem Rat ~ слу́хатися пора́ди.

fólgend *adj* насту́пний.

fólgender|maßen, ~weise *adv* таки́м чи́ном, у таки́й спо́сіб.

fólgerichtig *adj* логі́чний, послідо́вний.

fólgern *vi* виво́дити, роби́ти ви́сновок; daráus läßt sich ~, daß... з цьо́го мо́жна зроби́ти ви́сновок, що...

Fólgerung *f* **-, -en** 1) ви́сновок; aus etw. *(D)* ~en zíehen роби́ти ви́сновки з чо́го-н.; 2) на́слідок.

fólglich 1. *adv* нада́лі; **2.** *cj* о́тже; тому́.

fólgsam *adj* слухня́ний, покі́рний.

Fólter *f* **-, -n** катува́ння; му́ка; торту́ри.

Fólterkammer *f* **-, -n** катівня.

fóltern *vt* катува́ти; *перен.* му́чити.

Förderband *n* **-(e)s, ...bänder** *тех.* транспорте́р; конве́йєр.

förderlich *adj* кори́сний, сприя́ючий, сприя́тливий.

fórdern *vt* 1) вимага́ти; 2) виклика́ти.

fördern *vt* 1) сприя́ти *(чому)*; просува́ти, приско́рювати *(що)*; заохо́чувати *(кого)*; 2) видобува́ти *(руду)*.

Fórderung *f* **-, -en** 1) *(auf A, nach D)* вимо́га *(чого)*, прете́нзія, зазіха́ння *(на що)*; territoriále ~en територіа́льні прете́нзії; j-m (an j-n) ~en stéllen ста́вити вимо́ги до ко́го-н.; 2) ви́клик; éine ~ vor Gerícht ви́клик у суд.

Förderung *f* **-, -en** 1) сприя́ння; заохо́чення, приско́рення; die ~ der Fähigkeiten und Talénte ро́звиток здібностей і тала́нтів; 2) *тех.* відка́тка; ви́дача на-гора́; ви́добуток.

Form *f* **-, -en** фо́рма, ви́гляд, о́браз, о́бриси, фасо́н, моде́ль.

Fórmblatt *n* **-(e)s, ...blätter** бланк.

F

Fórmel *f* -, -n фóрмула.
formélI *adj* формáльний.
förmlich 1. *adj* 1) формáльний; офіційний; 2) фóрмений, спрáвжній; 2. *adv* 1) формáльно, офіційно; 2) цілкóм, зóвсім, дійсно.
fórmlos *adj* 1) безфóрмний, амóрфний; 2) невихований, безцеремóнний.
fórmschön *adj* красивої фóрми.
fórschen *vi* (*nach D*) досліджувати; розслідувати; nach der Wáhrheit ~ дошýкуватися істини.
Fórscher *m* -s, - дослідник.
Fórschung *f* -, -en дослідження.
Fórschungs|arbeit *f* -, -en дослідницька робóта; **~reise** *f* -, -n наукóва (дослідницька) експедиція.
Forst *m* -es, -e ліс, гай.
Förster *m* -s, - лісничий.
Försteréi *f* -, -en лісництво.
Fórst|wesen *n* -s, - ліснá спрáва; **~wirtschaft** *f* -, -en лісовé господáрство.
fort *adv* 1) геть; ~ damít! забери це!; ~ mit dir! геть звідси; 2) дáлі; ~ und ~ безперéрвно, зáвжди; und so ~ і так дáлі, тóщо; es will mit der Sáche nicht ~ спрáва не просувáється; 3) відсýтній; er ist ~ йогó немáє.
fortáb *adv* віднині.
fortán *adv* надáлі.
fórtbewegen 1. *vt* зрýшувати, рýхати вперéд; 2. **sich** ~ рýхатися вперéд.
fórtbilden, sich продóвжувати свою освіту; підвищувати свою кваліфікáцію.
Fórtbildung *f* - підвищення кваліфікáції; удосконáлення; дáльший рóзвиток.
Fórtbildungskurse *pl* кýрси підвищення кваліфікáції.
fórt|bleiben* *vi* (*s*) не з'являтися, бýти відсýтнім; **~dauern** *vi* тривáти; **~fahren*** 1. *vi* 1) (*s*) від'їжджáти; 2) (*h*) (*mit D або zu+inf*) продóвжувати (*щось робити*); 2. *vt* відвóзити; **~führen** *vt* 1) відвóдити; відвóзити; 2) продóвжувати (*що*).
Fórtgang *m* -(e)s 1) вихід, відхід; 2) дáльший хід (*справ, подій*); продóвження; séinen ~ néhmen тривáти.
fórtgehen* *vi* (*s*) 1) відхóдити, віддалятися; 2) продóвжуватися, тривáти; просувáтися (вперéд).
fórtgeschritten *adj* 1) який устигáє (*про учня*); 2) прогресивний, передовий.
fórt|jagen 1. *vt* 1) проганяти; 2. *vi* (*s*) поскакáти (вéрхи); **~kommen** *vi* (*s*) 1) відхóдити, іти, від'їжджáти; 2) зникáти; 3) досягáти ýспіхів; 4) рости, розвивáтися (*про рослини*).
Fórtkommen *n* -s 1) вихід, зникнення; 2) зáсоби існувáння; 3) ýспіх у житті, кар'єра.
fórt|lassen* *vt* відпускáти; **~laufen** *vi* (*s*) 1) тікáти; 2) продóвжуватися.
fórtlaufend 1. *adj* потóчний, безперéрвний; ~e Númmern номери по порядку; 2. *adv* по порядку, підряд.
fórt|leben *vi* жити дáлі, втілюватися (*у чому*); sein Náme wird durch die Jahrhúnderte ~ йогó ім'я житиме у вікáх; **~pflanzen** 1. *vt* поширювати, розповсюджувати; 2. **sich** ~ 1) розмнóжуватися; 2) розповсюджуватися, поширюватися (*про хвилі*); 3) успадкóвуватися; sich von éiner Generatión auf die ándere ~ передавáтися з покоління в покоління; **~réißen*** *vt* 1) виривáти; відривáти; віднімáти; 2) знóсити (*течією*); 3) захóплювати (*кого чим*); **~schreiten*** *vi* (*s*) 1) іти вперéд; 2) досягáти ýспіхів; прогресувáти; mit der Zeit ~schreiten іти в нóгу з чáсом.
Fórtschritt *m* -(e)s, -e ýспіх, прогрéс; ~e máchen досягáти ýспіхів.
fórtschrittlich *adj* прогресивний, передовий.
fórtsetzen 1. *vt* продóвжувати; 2. *vi i* **sich** ~ продóвжуватися, тривáти.
Fórtsetzung *f* -, -en продóвження.
fórttreiben* *vt* проганяти.
fórtwährend 1. *adj* невпинний, постійний; тривáлий; 2. *adv* постійно, безперестáнку.
Fracht *f* -, -en 1) вантáж; 2) плáта за провéзення, фрахт.
Fráge *f* -, -n питáння; проблéма; so éine ~! звичáйно!, пéвна річ!; éine ~ an j-n stéllen звертáтися до кóго-н. із запитáнням; das kommt nicht in ~ про це не мóже бýти й мóви.
Frágebogen *m* -s, - *i* ...**bögen** анкéта.
frágen *vt* 1) (*nacht D*) запитува-

ти, довідуватися *(про кого, про що)*; j-n um Rat ~ рáдитися з ким-н.; 2) допи́тувати.
Fráge|satz *m* **-es, ...sätze** пита́льне ре́чення; **~zeichen** *n* **-s, -** знак пита́ння.
fráglich *adj* сумні́вний, спі́рний.
fráglos *adj* безсумні́вний, безпере́чний.
französisch 1. *adj* францу́зький; **2.** *adv* по-францу́зькому.
frappánt *adj* разю́чий, приголо́мшливий.
Frau *f* **-, -en** 1) жі́нка; 2) дружи́на; 3) па́ні, фрау *(звертання)*.
fráuenhaft 1. *adj* жіно́чний; **2.** *adv* 1) жіно́чно; 2) по-жіно́чому.
Fráuentag *m*: Internationáler ~ Міжнаро́дний жіно́чий день.
Fräulein *n* **-s, -** 1) ді́вчина; 2) па́нна, фре́йлейн *(перед прізвищем незаміжньої жінки)*.
Fráulichkeit *f* **-** жіно́чність.
frech *adj* зухва́лий, наха́бний; ein ~er Kerl наха́ба.
Fréchheit *f* **-, -en** зухва́льство; наха́бство.
frei 1. *adj* 1) ві́льний, незале́жний; es ist mein ~er Wille це моя́ до́бра во́ля; 2) ві́льний, вака́нтний; éine ~e Stélle вака́нсія; der ~e Tag вихідни́й день; 3) відкри́тий; únter ~em Hímmel про́сто не́ба; 4) ві́льний, нічи́м не обме́жений; éine ~e Übersétzung ві́льний пере́клад; ~er Zútritt ві́льний до́ступ; 5) безпла́тний; 6) *(von D)* ві́льний *(від чого)*; ~ von Schmérzen sein не відчува́ти бо́лю; 7) необов'язко́вий; ein ~er Léhrgegenstand факультати́вний навча́льний предме́т; 8) доброві́льний; aus ~em **Antrieb** доброві́льно; **2.** *adv* 1) ві́льно; 2) відве́рто; 3) безпла́тно, зада́рма.
fréibekommen* 1. *vt* звільня́ти; **2.** *vi* оде́ржати відпу́стку.
Fréie 1. *m, f* ві́льна люди́на; **2.** *n* про́стір; im ~n на сві́жому пові́трі; ins ~ fáhren поїхати за мі́сто.
fréien *vi (um A)* сва́татися *(до кого)*.
Fréier *m* **-s, -** жени́х; той, хто сва́тається.
fréigeben* *vt* 1) звільня́ти; 2) зніма́ти заборо́ну.
fréigebig *adj* ще́дрий.
fréihaben *vt* бу́ти ві́льним *(від роботи, занять)*.
fréihalten* *vt* 1) плати́ти *(за кого)*, частува́ти *(кого)*; 2) залиша́ти в си́лі; 3) резервува́ти, бронюва́ти; займа́ти *(місце для кого)*.
Fréiheit *f* **-, -en** 1) свобо́да, во́ля; j-n der ~ beráuben позбавля́ти кого́-н. во́лі; 2) смі́ли́вість, відва́жність; ві́льність.
Fréiheitskampf *m* **-es, ...kämpfe** визво́льна боротьба́.
fréiheitsliebend *adj* волелю́бний.
Fréiheitsstrafe *f* **-, -n** позба́влення во́лі, аре́шт.
fréilassen* *vt* 1) звільня́ти, випуска́ти на во́лю; 2) відпуска́ти *(школярів додому)*.
Fréilassung *f* **-, -en** зві́льнення.
fréilegen *vt* звільня́ти, відко́пувати; очища́ти *(вулицю)*.
fréilich *adv* 1) звича́йно, пе́вна річ; 2) проте́, одна́к.
Fréilichtbühne *f* **-, -n** відкри́та сце́на, лі́тній (зеле́ний) теа́тр.
Fréimut *m* **-(e)s** відве́ртість, щи́рість.
fréimütig *adj* щи́рий, щиросе́рдий, відве́ртий.
fréisprechen *vt* ви́правдати; j-n von éinen Schuld ~ ви́знати кого́-н. неви́нним.
fréistehen* *vi* бу́ти дозво́леним; es steht Ihnen frei, zu wählen ви ма́єте можли́вість ви́брати.
fréistellen *vt* 1) надава́ти *(право вибору)*; дозволя́ти; 2) звільня́ти.
Fréitag *m* **-(e)s, -e** п'я́тниця.
fréitags *adv* щоп'я́тниці.
fréiwillig 1. *adj* доброві́льний; **2.** *adv* доброві́льно.
Fréiwillige *m, f* доброво́лець; sich als ~ mélden запи́суватися доброво́льцем.
Fréizeit *f* **-, -en** ві́льний час, дозві́лля.
Fréizeitgestaltung *f* **-, -en** організа́ція дозві́лля.
fremd *adj* 1) чужи́й, сторо́нній; ein ~er Mann чужа́, сторо́ння люди́на; 2) інозе́мний; ~e Sprachen інозе́мні мо́ви; 3) ві́льний, дале́кий *(від чого)*; непричє́тний *(до чого)*; Neid ist ihm ~ він ві́льний від за́здрощів; 4) невідо́мий, незнайо́мий; die Sáche ist mir ~ я не в ку́рсі справ.
frémdartig *adj* ди́вний, незвича́йний.
Frémde I *f* **-** чужина́.
Frémde II *m, f* інозе́мець, інозе́мка; приї́жджий, приї́жджа; не-

знайо́мий, незнайо́ма.

Frémden|führer *m* **-s, -** 1) гід, провідни́к; 2) путівни́к; **~verkehr** *m* **-(e)s** інозе́мний тури́зм; **~verkehrsbüro** *n* **-s, -s** бюро́ обслуго́вування тури́стів.

Frémd|herrschaft *f* **-, -en** інозе́мне панува́ння; **~körper** *m* **-s, -** сторо́нній предме́т.

Frémdling *m* **-s, -e** чужи́нець.

Frémdsprache *f* **-, -n** інозе́мна мо́ва.

frémd|sprachig *adj* 1) іншомо́вний; що гово́рить інозе́мною мо́вою; 2) інозе́мний; ~e Literatúr літерату́ра інозе́мною мо́вою; **~sprachlich** *adj* що стосу́ється інозе́мної мо́ви.

Frémdwort *n* **-(e)s, ...wörter** іншомо́вне сло́во.

fréssen* *vt* 1) ї́сти *(про тварин)*; aus der Hand ~ бу́ти приру́ченим; 2) роз'їда́ти.

Fréude *f* **-, -n** ра́дість, задово́лення, весе́лощі; mit ~n з ра́дістю; vor ~ від ра́дості; ~ an etw. *(D)* háben раді́ти з чо́го-н.

Fréuden|botschaft *f* **-, -en** ра́дісна зві́стка; **~taumel** *m* **-s** за́хват, захо́плення.

fréudig *adj* ра́дісний.

fréudlos *adj* безра́дісний.

fréuen **1.** *vt* ра́дувати; es freut mich, Sie zu séhen ра́дий вас ба́чити; **2. sich** ~ *(über A)* раді́ти *(з того, що вже відбулося)*; *(auf A)* раді́ти *(з того, що має відбу́тися)*; ich fréue mich auf den Sómmer я с ра́дістю чека́ю лі́та.

Fréund *m* **-(e)s, -e** 1) друг, при́ятель, това́риш; dicke ~e *розм.* нерозлу́чні дру́зі; mit j-m gut ~ sein бу́ти в хоро́ших стосу́нках з ким-н.; 2) прихи́льник; die ~e des Fríedens прихи́льники ми́ру; 3) люби́тель *(чого)*; охо́чий *(до чого)*, ла́сий *(на що)*; 4) член Спі́лки ві́льної німе́цької мо́лоді *(про юнака)*.

Fréundin *f* **-, -nen** по́друга.

fréundlich *adj* приві́тний, люб'я́зний, ласка́вий; das ist sehr ~ von Íhnen це ду́же люб'я́зно з ва́шого бо́ку.

Fréundlichkeit *f* **-, -en** приві́тність, люб'я́зність, щи́рість.

Fréundschaft *f* **-, -en** 1) дру́жба; ~ schließen подружи́тися; 2) піоне́рська дружи́на *(у НДР)*.

fréundschaftlich **1.** *adj* дру́жній, при́язний; **2.** *adv* по-дру́жньому.

Fréundschafts|bande *pl* у́зи дру́жби; **~besuch** *m* **-(e)s, -e** візи́т дру́жби; **~beziehungen** *pl* дру́жні стосу́нки.

Fréundschafts-, Bündnis und Béistandsvertrag *m* **-(e)s, ...träge** до́говір про дру́жбу, співробі́тництво та взає́мну допомо́гу.

Frével *m* **-s, -** 1) прови́на; зло́чин; 2) святота́тство, блюзні́рство.

frévelhaft *adj* 1) злочи́нний; зуха́лий; 2) блюзні́рський.

Fríede *m* **-ns, -n, Fríeden** *m* **-s, -** 1) мир, зго́да; ~ schlíeßen уклада́ти мир; ~ féstigen змі́цнювати мир; ~ erhálten зберіга́ти мир; mit j-m in ~ lében жи́ти в зла́годі з ким-н.; 2) спо́кій; laß mich in ~! дай мені́ спо́кій!

Fríedens|anhänger *m* **-s, -** прихи́льник ми́ру; **~bewegung** *f* **-, -en** рух прихи́льників ми́ру; **~bruch** *m* **-(e)s, ...brüche** пору́шення ми́ру; **~kampf** *m* **-es, ...kämpfe** боротьба́ за мир; **~konferenz** *f* **-, -en** ми́рна конфе́ренція; **~politik** *f* **-** ми́рна полі́тика; **~preis** *m* **-(e)s, -e** пре́мія за змі́цнення ми́ру; **~rat** *m* **-es** Ра́да ми́ру; **~schluß** *m* **...schlusses, ...schlüsse** укла́дання ми́ру; **~verhandlungen** *pl* ми́рні перегово́ри; **~vertrag** *m* **-(e)s, ...träge** ми́рний до́говір.

Fríedhof *m* **-(e)s, ...höfe** кла́довище.

fríedlich *adj* ми́рний, спокі́йний.

fríedliebend *adj* миролю́бний.

fríeren* **1.** *vi* 1) *(h)* ме́рзнути; ich fríere мені́ хо́лодно; 2) *(s)* заме́рзнути, закля́кнути; покри́тися льо́дом; **2.** *vimp:* es fríert dráußen надворі́ моро́з; es fríert mich мені́ хо́лодно.

frisch **1.** *adj* 1) сві́жий; незіпсо́ваний; an der ~en Luft на сві́жому пові́трі; 2) сві́жий, холо́дний; ~er Wind прохоло́дний ві́тер; 3) чи́стий, сві́жий; ein ~es Hemd чи́ста соро́чка; 4) бадьо́рий, здоро́вий; er ist ~ und gesúnd він живи́й і здоро́вий; 5) нови́й, сві́жий; ~er Schnée сві́жий сніг; **2.** *adv* 1) бадьо́ро; 2) ті́льки що, неда́вно; ~ gemólkene Milch молоко́ з-під коро́ви; 3): etw. ~ im Gedächtnis háben (ще) до́бре пам'ята́ти що-н.

Frísche *f* **-** 1) сві́жість, прохоло́да; 2) бадьо́рість, сві́жість; 3) яскра́вість барв.

Friseur [-'zø:r] *m* **-s, -e** перукáр.
Friseurgeschäft [-'zø:r] *n* **-(e)s, -e** перукáрня.
Friseuse [-'zo:-] *f* **-, -n** перукáрка.
frisíeren 1. *vt* зачíсувати, робúти зáчіску; **2. sich** ~ зачíсуватися.
Frist *f* **-, -en** 1) строк, тéрмін; час; in kürzester ~ найблúжчим чáсом; 2) відстрóчка.
frísten *vt* 1) відстрóчувати; 2): ein élendes Lében ~ (лéдве) животíти.
frístlos 1. *adj* 1) безстрокóвий; 2) негáйний; **2.** *adv* 1) без стрóку; 2) негáйно.
Frístverlängerung *f* **-, -en** відстрóчка.
Frisúr *f* **-, -en** зáчіска.
froh *adj* 1) весéлий, рáдісний; задовóлений; mir ist ~ zumúte менí вéсело; 2) рáдісний, що викликáє рáдість; éine ~e Náchricht рáдісна звíстка.
fröhlich *adj* весéлий, рáдісний.
fróhlocken *vi* радíти, тріумфувáти.
Fróh|mut *m* **-es,** ~**sinn** *m* **-(e)s** весéла вдáча; весéлий нáстрій.
fromm *adj* 1) побóжний, благочестúвий; 2) лáгідний.
frönen *vi (D)* віддавáтися *(чому)*, вдавáтися *(у що)*; séinen Léidenschaften ~ бýти рабóм своїх пристрастей.
Front *f* **-, -en** 1) фронт; an der ~ на фрóнті; 2) фронт, стрій; vor die ~ tréten стáти пéред стрóєм; 3) фронт *(об'єднання суспільних сил для боротьби за спільні цілі)*; éine nationále ~ національний фронт; 4) фасáд, фронтóн.
Frónt|dienst *m* **-es** слýжба у діючій áрмії; ~**kämpfer** *m* -s, - фронтовúк.
Frosch *m* **-es, Frösche** жáба.
Frost *m* **-es Fröste** 1) морóз; хóлод; 2) ознóб.
frösteln 1. *vi* мéрзнути; 2. *vimp:* mich fröstelt менé морóзить.
fróstig *adj* 1) морóзний, холóдний; 2) *перен.* холóдний; ein ~ér Empfáng холóдний прийóм.
fróst|krank *adj* обморóжений; ~**resistent** *adj* морозостíйкий.
Frottíertuch *n* **-(e)s, ...tücher** махрóвий рушнúк.
Frucht *f* **-, Früchte** 1) плід; фрукт; éingemachte Früchte консервóвані фрýкти; варéння; 2) нáслідок.
frúchtbar *adj* 1) родючий; плодючий; урожáйний; 2) *перен.* плодотвóрний, плíдний.
Frúchtbarkeit *f* - 1) родючість, урожáйність, плодючість; 2) плодотвóрність.
frúchten *vt* 1) плодонóсити; 2) принóсити кóристь.
Frücht|kern *m* **-(e)s, -e** кíсточка *(у плодах)*; ~**knoten** *m* **-s,** - зáв'язь.
frúchtlos *adj* 1) безплíдний, неродючий; 2) *перен.* мáрний, дарéмний.
Frúchtsaft *m* **-(e)s, ...säfte** фруктóвий сік.
früh 1. *adj* 1) рáнній; am ~en Mórgen рáно-врáнці; 2) рáнній, дáвній; in ~en Zéiten колúсь, давнó; **2.** *adv* рáно; mórgen ~ зáвтра врáнці; von ~ bis spät з рáнку до вéчора.
Frühbeet *n* **-(e)s, -e** парнúк.
Frühe *f* - рань; in áller ~ з рáннього рáнку.
Früh|frost *m* **-es, ...fröste** рáнні зáморозки; ~**jahr** *n* **-(e)s, -e** веснá.
Frühling *m* **-s, -e** веснá; im ~ навеснí.
frühreif *adj* 1) скороспíлий; 2) розвúнений не по лíтáх.
Früh|schicht *f* **-, -en** ранкóва змíна; ~**sport** *m* **-s** ранкóва гімнáстика, зарядка; ~**stück** *n* **-(e)s, -e** снідáнок.
frühstücken *vi* снідати.
frühzeitig 1. *adj* 1) рáнній, ранкóвий; 2) передчáсний; **2.** *adv* 1) рáно-врáнці; 2) завчáсно, заздалегíдь.
Fuchs *m* **-es, Füchse** 1) лисúця; 2) лúсяче хýтро; 3) гнідúй кінь; 4) *перен.* лис, хитрýн.
Fúchsbau *m* **-s, -e** лúсяча норá.
fúchsrot *adj* рудúй.
fügen 1. *vt* зв'язувати, з'єднувати; припасóвувати; **2. sich** ~ 1) траплятися, відбувáтися; робúтися; die Úmstände ~ sich so обстáвини так складáються; 2) *(D, in A)* підкорятися, скорятися *(кому, чому)*; 3) *(an A)* припасóвуватися *(до чого)*; з'єднуватися *(з чим)*.
Fügung *f* **-, -en** 1) з'єднання зв'язóк, зчéплення; 2) дóля; збіг обстáвин; 3) підкóрення, покíрливість, слухнянiсть.
fühlbar *adj* відчýтний, помíтний; sich ~ máchen давáтися взнакú.
fühlen 1. *vt* 1) почувáти, відчувáти; 2) обмáцувати; відчувáти на дóтик; **2. sich** ~ почувáти себé;

F

усвідо́млювати.

Fühler *m* **-s, -, Fühlhorn** *n* **-(e)s, ...hörner** щу́пальце, ву́сик.

Fühlung *f* **-, -en** зіткнення, конта́кт, зв'язо́к; mit j-m ~ áufnehmen вступа́ти в конта́кт з ким-н.

Fúhre *f* **-, -n** віз, підво́да.

führen 1. *vt* 1) вести́, води́ти, приво́дити, відво́дити; das Kind an der Hand ~ вести́ дити́ну за ру́ку; 2) спрямо́вувати; das Gespräch auf etw. *(A)* ~ спрямо́вувати розмо́ву на що-н.; 3) вести́, керува́ти, кома́ндувати; den Háushalt ~ вести́ (ха́тнє) господа́рство; den Vórsitz ~ головува́ти, вести́ збо́ри; 4) володі́ти *(чим)*; die Féder ~ володі́ти перо́м, бу́ти письме́нником; 5) води́ти, ру́хати *(чим)*; 6) тягти́, проклада́ти *(канал)*; спору́джувати; 7) вози́ти, перево́зити; 8) ма́ти при собі́ *(що)*; володі́ти *(чим)*; den Paß bei sich *(D)* ~ ма́ти при собі па́спорт; **2.** *vi* вести́, приво́дити; der Weg führt in den Wald доро́га веде́ в ліс; 3. **sich** ~ пово́дитися.

führend *adj* керівни́й, провідни́й.

Führer *m* **-s, -** 1) вождь, керівни́к; 2) водíй, шофе́р; піло́т; машині́ст; 3) *військ.* команди́р; кома́ндуючий; 4) провідни́к; 5) путівни́к; 6) *спорт.* лі́дер.

Führerhaus *n* **-es, ...häuser** кабі́на водія́, машиніста.

Führerschaft *f* **-, -en** керівни́цтво; кома́ндування.

Führung *f* **-, -en** 1) керува́ння, управлі́ння; 2) керівни́цтво, керівники́; 3) ве́дення *(справ)*; 4) поведі́нка; 5) пояснення екскурсово́да; екску́рсія з екскурсово́дом.

Fúhrwerk *n* **-(e)s, -e** візо́к, екіпа́ж.

Fülle *f* **-** 1) доста́ток, бага́тство; in Hülle und ~ у вели́кій кі́лькості; 2) повнота́, огря́дність; 3) фарш, на́чинка.

füllen 1. *vt* 1) напо́внювати, запо́внювати; фарширува́ти; éinen hóhlen Zahn ~ запломбува́ти зуб; 2) заванта́жувати; 3) *(in A, auf A)* налива́ти *(що куди)*; 4) запо́внювати, займа́ти *(місце)*; **2. sich** ~ напо́внюватися.

Füller *m* **-s, -, Füllfeder** *f* **-, -n** авторучка.

Füllung *f* **-, -en** 1) напо́внення; 2) на́чинка, фарш; 3) *мед.* пло́мба.

Fund *m* **-(e)s, -e** 1) зна́хідка; 2) родо́вище.

fünf *num* п'ять; п'я́теро.

Fünf *f* **-, -en** 1) п'ять, п'яті́рка; 2) п'яті́рка *(оцінка; у німецьких школах найнижча)*.

Fünfeck *n* **-(e)s, -e** п'ятику́тник.

fünf|fach, ~fältig 1. *adj* п'ятиразо́вий; **2.** *adv* у п'ять разі́в.

Fünfjahrplan *m* **-(e)s, ...pläne** п'ятирі́чний план, п'ятирі́чка.

fünfmal *adv* п'ять разі́в; у п'ять разі́в.

fünf|stöckig *adj* п'ятиповерхо́вий *(відповідає українському* шестиповерхо́вий); **~tägig** *adj* п'ятиде́нний.

fünftel *num:* ein ~ одна́ п'я́та.

fünftens *adv* по-п'я́те.

fungíeren *vi* 1) ді́яти; функціонува́ти; 2) вико́нувати обо́в'язки; als stéllvertretender Diréktor ~ вико́нувати обо́в'язки засту́пника дире́ктора.

Funk *m* **-(e)s** ра́діо, радіомо́влення.

Fúnk|amateur [- to:r] *m* **-s, -e** радіолюби́тель; **~anlage** *f* **-, -n** радіоустано́вка; **~bake** *f* **-, -n** радіомая́к; **~bericht** *m* **-(e)s, -e** повідо́млення по ра́діо.

fúnkeln *vi* іскри́тися, бли́скати.

Fúnkempfänger *m* **-s, -** радіоприйма́ч.

fúnken *vt* передава́ти по ра́діо.

Fúnken *m* **-s, -** 1) і́скра; 2) про́блиск, на́тяк *(на що)*.

Fúnker *m* **-s, -** ради́ст.

Fúnk|spruch *m* **-(e)s, ...sprüche** радіогра́ма; **~station** *f* **-, -en** **~stelle** *f* **-, -n** радіоста́нція.

Funktión *f* **-, -en** 1) функціонува́ння, ді́я; die Kommissión trat in ~ комі́сія розпочала́ свою́ робо́ту; 2) фу́нкція, ді́яльність, робо́та; éine léitende ~ besetzen займа́ти керівну́ поса́ду; 3) *мат.* фу́нкція.

Funktionär *m* **-(e)s, -e** активі́ст; ді́яч, працівни́к *(партійний, профспілковий)*.

Fúnk|verbindung *f* **-, -en** радіозв'язо́к; **~wellen** *pl* радіохвилі́; **~wesen** *n* **-s** радіоте́хніка; **~zeichen** *n* **-s, -** радіосигна́л.

für 1. *prp (A)* 1) для; Bücher ~ die Schüler книжки́ для у́чнів; das Institút ~ Frémdsprachen інститу́т інозе́мних мов; 2) за, зара́ди, на ко́ристь, на бо́ці; ~ den Fríeden kämpfen боро́тися за мир; 3) за, за́мість; ~ zwei árbeiten працювáти за двох; 4) *вказує на ціну, кількість;* за, на; ~ éine Mark káufen купи́ти за одну́ мáрку; 5) *вказує на строк, обмеженість у часі:* на; ~ ein Jahr на рік; ~ immer назáвжди; 6) прóти, від; ein Míttel für Kópfschmerzen зáсіб від головнóго бóлю; 7) *вказує на послідовність:* за, у; Schritt ~ Schritt крок за крóком; Jahr ~ Jahr рік у рік; 8) *переклад залежить від керування українського дієслова:* sich ~ etw. interessieren цікáвитися чим-н., **2.** *adv:* ~ und ~ постíйно, вíчно.

Fúrche *f* **-, -n** 1) борознá; 2) змóршка, склáдка *(шкіри)*.

fúrchen *vt* 1) борозни́ти; 2) мóрщити.

Furcht *f* **-** *(vor D)* страх *(перед ким)*, боя́знь; побóювання; ~ háben боя́тися.

fúrchtbar 1. *adj* страшни́й, жахли́вий; **2.** *adv* жахли́во; ду́же.

fürchten *vt i* **sich** ~ *(vor D)* боя́тися, побóюватися *(кого, чого)*.

fúrchtlos *adj* безстрáшний.

fúrchtsam *adj* боязки́й.

Fürsorge *f* **-** 1) піклувáння; 2) соціáльне забезпéчення.

Fürsprache *f* **-, -n** клопотáння.

Fürst *m* **-en, -en** князь.

Fusións|bombe *f* **-, -n** термоя́дерна бóмба; **~reaktor** *m* **-s, -** термоя́дерний реáктор.

Fuß *m* **-es, Füße** 1) ногá; zu ~ géhen іти́ пíшки; 2) ні́жка *(стола)*; 3) підні́жжя *(гори)*; 4) *мат.* оснóва; 5) стопá *(у вірші)*.

Fúßball *m* **-(e)s** футбóл.

Fúßball|elf *f* **-, -en ~mannschaft** *f* **-, -en** футбóльна комáнда; **~spieler** *m* **-s, -** футболíст.

Fúß|bekleidung *f* **-, -en** взуття́; **~boden** *m* **-s, ...böden** підлóга; **~decke** *f* **-, -n** плед; **~gänger** *m* **-s, -** пішохíд; **~pfad** *m* **-(e)s, -e** стéжка; **~sohle** *f* **-, -n** підóшва; **~steig** *m* **-(e)s, -e** тротуáр; **~tritt** *m* **-(e)s, -e** 1) ходá; 2) схóдинка; 3) педáль; 4) стусáн; **~weg** *m* **-(e)s, -e** дорóга для пішохóдів.

Fútter I *n* **-s** корм *(для худоби)*; фурáж.

Fútter II *n* **-s, -** підклáдка *(одягу)*.

Futterál *n* **-s, -e** футля́р.

füttern I *vt* годувáти *(тварин)*.

füttern II *vt* підшивáти підклáдку.

G g

Gábe *f* **-, -n** 1) дар, подару́нок; 2) хист, талáнт; 3) дóза; прийóм *(ліків)*.

Gábel *f* **-, -n** 1) видéлка; 2) ви́ла; 3) розгалу́ження; роздорíжжя.

gábeln 1. *vt* брáти видéлкою; 2. **sich** ~ роздвóюватися, розгалу́жуватися.

gáckeln, gáckern *vi* кудкудáкати, квоктáти; гоготáти, ґелготáти *(про гусей)*.

Gáffer *m* **-s, -** роззя́ва.

gähnen *vi* 1) позіхáти; 2) зія́ти *(про безодню, прірву)*.

Gähnen *n* **-s** 1) позіхáння; 2) зія́ння *(про прірву)*.

Galanteríe *f* **-, ...ri|en** галáнтність, люб'я́зність, ввíчливість.

Galanteríewaren *pl* галантерéя, галантерéйні товáри, сувенíри.

Gálgen *m* **-s, -** ши́бениця.

Gálgenhumor *m* **-s, -** гу́мор вíшальника, гірки́й гу́мор; ~ háben не втрачáти гу́мору в бідí.

Gálle *f* **-** 1) жовч; 2) *розм.* жóвчний мíху́р; 3) жóвчність, злість; ◊ ~ im Mund м'я́ко стéле, та твéрдо спáти.

gálle(n)bitter *adj* гірки́й як жовч, гірки́й як поли́н; ein ~er Mensch жóвчна люди́на.

Gállenblase *f* **-, -,** *анат.* жóвчний мíху́р.

gállig *adj* жóвчний, злíсний.

gang: es ist ~ und gäbe *(bei j-m)* так завéдено, так при́йнято *(у кого)*.

Gang *m* **-(e)s, Gänge** 1) ходьбá; крок; хід; sich in ~ sétzen рушáти (з мíсця); 2) ходá, пóступ; 3) ходíння в спрáвах; 4) *тех.* хід *(рух)*; áußer ~ sétzen зупини́ти *(машину)*; *in* ~ bríngen (sétzen) включи́ти, привести́ в рух; *перен.* налáгодити; 5 *перен.* хід, рух; 6) стрáва; der drítte ~ трéтя стрáва; десéрт; 7) коридóр, прохíд.

gängig *adj* 1) рухли́вий, швидки́й;

2) ходови́й *(про товар)*.

Gans *f* -, **Gänse** гу́ска.

Gänse|blümchen *n* -s, - *бот.* марга́ритка; **~füßchen** *pl розм.* лапки́; **~haut** *f* - гу́сяча шкі́ра *(тж. перен.)*; **~marsch:** *im* ~marsch géhen іти́ оди́н за о́дним, ни́зкою.

Gänserich *m* -s, -e гуса́к.

ganz 1. *adj* 1) ці́лий, весь; vom ~en Hérzen від щи́рого се́рця; den ~en Tag (über) ці́лий день; 2) ці́лий; неушко́джений; **2.** *adv* 1) зо́всім, цілко́м ду́же; ~ alléin зо́всім оди́н; ~ recht цілко́м пра́вильно; im ~en загало́м, в ціло́му; 2) до́сить, де́якою мі́рою.

Gánze *n* ці́ле, суку́пність; als ~s genómmen взя́ти в ціло́му; die Fráge geht ums ~ на ка́рту поста́влено все.

gänzlich 1. *adj* повни́й, доскона́лий; **2.** *adv* по́вністю, цілко́м.

gar 1. *adj* гото́вий, зва́рений; **2.** *adv* ду́же; ~ nicht аж нія́к; ~ zu sehr зана́дто.

Garantíe *f* -, **-ti|en** гара́нтія, пору́ка.

Gárde *f* -, **-n** гва́рдія; éiner von der álten ~ оди́н із ветера́нів.

Gardíne *f* -, **-n** заві́ска, фіра́нка, гарди́на.

Gardíst *m* **-en, -en** гварді́єць.

Garn *n* **-(e)s, -e** 1) нитки́, пря́жа; 2) сі́тка; j-n ins ~ lócken замани́ти в па́стку кого́-н.

Gárten *m* **-s, Gärten** сад.

Gárten|anlage *f* -, **-n** сквер; **~bau** *m* **-(e)s** садівни́цтво; **~haus** *n* **-es, ...häuser** альта́нка; да́ча; **~petersili|e** *f* **-n** петру́шка.

Gärtner *m* **-s,** - садівни́к; den Bock zum ~ máchen пусти́ти козла́ в капу́сту.

Gas *n* **-es, -e** газ; *військ.* отру́йна речови́на́; das ~ ánstecken запали́ти, включи́ти газ; das ~ ábstellen ви́ключити газ.

Gás|abwehr *f*- протихімі́чний за́хист; **~alarm** *m* **-(e)s, -e** хімі́чна триво́га; ~ **feuerung** *f* -, **-en** га́зове опа́лення; **~flasche** *f* -, **-n** *тех.* га́зовий бало́н; ~ **herd** *m* **-(e)s, -e, ~kocher** *m* **-s,** - га́зова плита́; **~maske** *f* -, **-n** протига́з.

Gásse *f* -, **-n** прову́лок.

Gast *m* **-es, Gäste** 1) гість, го́стя; 2) приї́жджий, відпочива́ючий; пасажи́р; 3) *театр.* гастроле́р.

gást|frei, ~freundlich *adj* гости́нний.

Gást|freundscaft *f* - гости́нність; **~geber** *m* **-s,** -госпо́дар; **~haus** *n* **-es ,...häuser, ~hof** *m* **-(e)s, ...höfe** готе́ль.

gastíeren *vi* 1) гостюва́ти; 2) гастролюва́ти.

Gáststätte *f* -, **-n** рестора́н, ї́дальня, кафе́.

Gáttung *f* **-en** рід; сіме́йство; вид; *літ.* жанр.

Gaul *m* **-(e)s, Gäule** кінь; ◊ éinem geschénkten ~ sieht man nicht ins Maul даро́ваному коне́ві в зу́би не ди́вляться.

Gebäck *n* **-(e)s, -e** пе́чиво, бу́лочки.

gebáhnt *adj* прокла́дний, проторо́ваний *(про дорогу)*.

gebállt *adj* сти́снутий в кула́к; éine ~e Ládung в'я́зка ручни́х грана́т; ~e Kraft об'є́днана си́ла; *військ.* кула́к.

Gebärde *f* -, **-n** жест; мі́на; ~máchen жестикулюва́ти; séine Réde mit ~n begléiten жестикулюва́ти під час розмо́ви.

gebären* *vt* роди́ти, наро́джувати.

Gebäude *n* **-s,** - 1) буді́вля, буди́нок, спору́да; 2) систе́ма *(науки)*.

Gebéin *n* **-(e)s, -e** 1) кістки́; скеле́т; 2) *pl.* оста́нки; ◊ der Schreck fuhr ihm ins ~ його́ охопи́в страх.

Gebéll *n* **-(e)s** га́вкання.

gében* 1. *vt* 1) дава́ти; gern ~ бу́ти ще́дрим; 2) дава́ти, подава́ти, простяга́ти; 3) дава́ти, вруча́ти; ein Zéugnis ~ вруча́ти атеста́т; 4) дава́ти, віддава́ти в розпоря́дження; éine Wóhnung ~ да́ти кварти́ру; j-m das Recht ~ дава́ти пра́во; 5) дава́ти, влашто́вувати; ein Éssen ~ да́ти обі́д *(званий)*; ein Fest ~ влаштува́ти свя́то; was wird héute (im Theáter) gegében? що йде сьо́годні (в теа́трі)?; 6): Rat ~ дава́ти пора́ду; Réchenschaft ~ усвідо́млювати що-н.; Ûnterricht (Stûnden) ~ дава́ти уро́ки; 7): sich (D) Mühe ~ стара́тися, нама́гатися; 8): in Druck ~ відда́ти до дру́ку; 2. *vi:* es gibt (A) є, існу́є *(що)*; was gibt's? що ста́лося?, у чо́му спра́ва?; was gibt's Néues? що ново́го?

Gebíet *n* **-(e)s, -e** 1) о́бласть, терито́рія; 2) *перен.* сфе́ра, га́лузь.

gebíeten 1. *vt* нака́зувати, велі́ти; 2. *vi (über A)* керува́ти, розпоряджа́тися *(ким, чим)*.

Gebílde *n* **-s,** - 1) твір, зобра́ження; 2) структýра, будóва; 3) утвóрення, формáція; das ~ der Vórstellung плід уя́ви.

gebíldet *adj* освíчений, грáмотний.

Gebírge *n* **-s, -** 1) гóри 2) *геол.* гíрська порóда.

gebírgig *adj* гори́стий.

Gebírgs|paß *m* **-sses, ...pässe** гíрський перевáл; **~rücken** *m* **-s, -** гíрський хребéт; **~zug** *m* **-(e)s, ...züge** гíрське пáсмо.

Gebíß *n* **...bisses, ...bisse** 1) щéлепа; зýби; künstliches ~ зубни́й протéз; 2) вуди́ла; мундштýк.

gebóren *adj* 1) урóджена; 2) прирóджений *(напр., педагог)*.

Gebót *n* **-(e)s, -e** накáз, вимóга.

Gebráuch *m* **-(e)s, ...bräuche** 1) вживáння, використáння; 2) звичáй, зви́чка; etw. in ~ háben користувáтися чим-н.; von etw. *(D)* ~ máchen вживáти, використóвувати що-н.

gebráuchen *vt* вживáти *(що)*, користувáтися *(чим)*; das kann ich gut ~ це менí згоди́ться.

gebräuchlich *adj* вжи́ваний; звичáйний; nicht mehr ~ застарíлий, невжи́ваний.

Gebráuchs|anweisung *f* **-, -en** спóсіб вживáння; інстрýкція; **~artikel** *m* **-s, -**, **~gegenstand** *m* **-(e)s, ...stände** предмéт вжи́тку; **~wert** *m* **-(e)s, -e** спожи́вна вáртість.

gebréchlich *adj* 1) крихки́й, ламки́й; 2) слабки́й, квóлий.

gebróchen *adj* злáманий; **~e** Zahl *мат.* дріб; **~es** Deutsch лáмана нiмéцька мóва; er ist an Leib und Séele ~ він надлóмлений фізи́чно і морáльно.

Gebröckel *n* **-s** кри́хта; улáмок.

Gebrüder *pl* брати́.

Gebrüll *n* **-(e)s** мýкання; рев, ричáння; гарчáння.

gebückt *adj* згóрблений, сутýлий; in ~ er Háltung зігнýвшись, згóрбившись.

Gebühr *f* **-, -en** 1) налéжне, заслýжене; nach ~ по заслýзі; 2) *pl* ~en подáток, збір; 3) пристóйність; das ist wider álle ~ це суперéчить всім прáвилам пристóйності.

gebúnden *adj* 1) переплéтений; 2): ~e Energíe *фіз.* потенціáльна енéргія.

Gebúrt *f* **-, -en** 1) нарóдження; 2) похóдження.

Gebúrts|fehler *m* **-s, -** урóджена вáда; **~schein** *m* **-(e)s, -e** свідóцтво про нарóдження; **~tag** *m* **-(e)s, -e** день нарóдження.

Gebüsch *n* **-es, -e** кущí, чагарни́к.

Gedächtnis *n* **-ses, -se** пáм'ять; zum ~ на пáм'ять.

gedämpft *adj* 1) пáрений, тушкóваний *(про м'ясо)*; 2) м'яки́й; мáтовий *(про світло)*; 3) приглýшений, сти́шений *(про звук)*; mit ~ **er** Stímme напівгóлосно.

Gedánke *m* **-ns, -n** *(an A)* дýмка, ідéя; sich (D) **~n** máchen *(über A)* турбувáтися *(про кого, про що)*.

Gedánken|armut *f* **-** безідéйність, беззмістóвність; **~aus- tausch** *m* **-es** óбмін думкáми; **~freiheit** *f* **-, -en** свобóда дýмки; **~gut** *n* **-(e)s** сукýпність (багáтство) ідéй (думóк).

Gedánken|punkte *pl* крапки́, три крáпки; **~strich** *m* **-(e)s, -e** тирé.

Gedéck *e* **-(e)s, -e** столóвий прибóр.

gedéihen* *vi* *(s)* 1) процвітáти, мáти ýспіх; 2) рости́, розвивáтися.

gedeíhlich *adj* 1) кори́сний; 2) успíшний; процвітáючий.

gedénken* *vi* 1) мáти нáмір; 2) *(G)* пам'ятáти, зáдувати *(кого, що)*.

Gedénk|feier *f* **-, -n** торжествó, присвя́чене пáм'яті когó-н., ювілéй; **~tafel** *f* **-, -n** меморіáльна дóшка; **~tag** *m* **-(e)s, -e** день пáм'яті, річни́ця; **~zimmer** *n* **-s, -** кімнáта-музéй.

Gedícht *n* **-(e)s, -e** вірш; поéма; ◊ *das ist ein* ~ це чудóво!

gedíegen *adj* 1) добрoя́кісний; 2) чи́стий *(про метал)*; ein **~er** Charákter урівновáжений харáктер.

Gedränge *n* **-s** 1) штовхани́на, дáвка; 2) скýпчення людéй; 3) бідá, скрýта; im ~sein бýти в скрутнóму станóвищі; ins ~ kómmen попáсти в бідý.

gedrängt *adj* сти́слий, корóткий.

gedrúckt *adj* друкóваний.

Gedrúckte *n* **-n** друкóваний текст.

gedrúngen *adj* 1) кремéзний, призéмкуватий; 2) сти́слий *(про стиль)*.

Gedúld *f* **-** терпíння; ~ üben виявля́ти терпíння; sich in ~ fassen запасти́ся терпíнням.

gedúlden, sich мáти терпíння; wóllen Sie sich bitte éinen Augenblick ~! прóшу вас трóхи почекáти!

gedúldig 1. *adj* терпля́чий; поблажливий; 2. *adv* терпля́че.
geéignet *adj (zu D, für A)* придатний *(до чого, на що);* відповідний, слу́шний; in ~er Wéise vórgehen діяти нале́жним чи́ном.
Gefáhr *f* -, -en 1) небезпе́ка; 2) ри́ск; auf éigene ~ на свій страх і ри́ск.
gefährden *vt* 1) шко́дити; 2) загро́жувати *(кому, чому).*
gefährlich *adj* небезпе́чний, ризико́ваний.
G **Gefährte** *m* -n, -n супу́тник; това́риш.
gefállen *vi* подо́батися; бу́ти до смаку́; sich *(D)* etw. ~ lássen терпі́ти що-н., мири́тися з чим-н.
Gefállen I *m* -s, - по́слуга, ла́ска, люб'я́зність; j-m éinen ~ tun зроби́ти ла́ску (по́слугу) кому́-н.
Gefállen II *n* -s задово́лення, втíха, an etw. *(D)* ~ fínden ма́ти задово́лення від чо́го-н.
Gefállene *m, f* уби́тий, -а, поле́глий, -а.
gefälscht *adj* підро́блений, фальши́вий.
Gefángene *m, f* полоне́ний, -а; ув'я́знений, -а.
Gefángennahme *f* - взяття́ в поло́н; аре́шт.
Gefángenschaft *f* - поло́н; нево́ля.
Gefängnis *n* -ses, -se в'язни́ця.
Gefäß *n* -es, -e 1) посу́дина; 2) анат. суди́на; 3) *військ.* ефе́с.
gefáßt *adj* спокі́йний; гото́вий; sich ~ máchen *(auf A)* бу́ти гото́вий *(до чого);* sich ~ zéigen зберіга́ти спо́кій (самовлада́ння).
Gefécht *n* -(e)s, -e би́тва, бій; ein Argumént ins ~ führen наво́дити аргуме́нт на ко́ристь *(чого).*
Geflécht *n* -(e)s, -e 1) пле́тиво, пле́тений ви́ріб; 2) джгут.
gefléckt *adj* у пля́мах, строка́тий; *розм.* ряби́й.
geflíssen *adj* стара́нний.
Geflügel *n* -s жи́вність, сві́йська пти́ця.
geflügelt *adj* крила́тий; ~es Wort *лінгв.* крила́те сло́во; éine ~e Phantasíe жива́ уя́ва.
Geflüster *n* -s ше́піт; *поет.* ше́лест *(листя);* дзюрча́ння *(струмка).*
gefríeren* *vi (s)* моро́зити; ~ lássen заморо́жувати; es hat in der Nacht gefróren вночі́ був моро́з.
Gefríer|fleisch *n* -es заморо́жене м'я́со; ~**punkt** *m* -(e)s *фіз.* то́чка замерза́ння; ~**schiff** *n* -(e)s, -e рефрижера́торне судно́.
Gefühl *n* -(e)s, -e почуття́; емо́ція; відчуття́; ein féines ~ háben то́нко відчува́ти; j-s ~ verlétzen обра́зити кого́-н.; das ~ für Recht háben ма́ти почуття́ справедли́вості; er ist ganz ~ він ду́же чутли́вий.
gefühllos *adj* безду́шний, нечу́лий, черстви́й; безсерде́чний.
gégen *prp (A)* 1) про́ти, всу́переч; 2) до, в на́прямку до; 3) порі́внюючи (з ким, чим); 4) за, за́мість; 5) бли́зько *(про час);* бі́ля; ~ acht Uhr бли́зько во́сьмої годи́ни; 6): séine Pflicht ~ die Héimat erfüllen ви́конати свій обо́в'язок пе́ред батьківщи́ною.
Gégen|angriff *m* -(e) *s,* -e *військ.* контрата́ка; ~**anklage** *f* -, -n зустрі́чне обвинува́чення; ~**bemerkung** *f* -, -en запере́чення.
Gégend *f* -, -en місце́вість; краї́на; край; die úmliegende ~ око́лиця; er wohnt in der ~ des Báhnhofs він живе́ в райо́ні вокза́лу.
Gégen|dienst *m* -es, -e взає́мна по́слуга; ~**druck** *m* -(e)s відсі́ч, протидія.
gegeneinánder *pron* оди́н про́ти о́дного; взає́мно.
Gégen|gewicht *n* -(e)s, -e протива́га; ~**maßnahme** *f* -, -n контрза́хід; ~**satz** *m* -es, ...sätze протиле́жність, контра́ст.
gégenseitig *adj* взає́мний; ~e Bezíehungen взаємовідно́сини; ~e Verständigung взаєморозумі́ння; ~e Hílfe, ~ er Béistand взаємодопомо́га; ~e Zusámmenarbeit співробі́тництво; ~ er Vertrág двосторо́нній до́говір.
Gégen|stand *m* -(e)s, ...stände 1) предме́т, річ; 2) об'є́кт те́ма; ~**stoß** *m* -es, ...stöße контрата́ка; ~**strömung** *f* -, -en зустрі́чна течі́я; ~**teil** *n* -(e)s, -e протиле́жність; im ~ teil навпаки́; das ~ teil beháupten стве́рджувати протиле́жне.
gegenüber *prp (D)* 1) навпро́ти; dem Hause ~ навпро́ти буди́нку; 2) по відно́шенню; die Pflicht der Héimat ~ обо́в'язок пе́ред батьківщи́ною; j-m ~ die Stímme erhöhen підви́щити на ко́го-н. го́лос; 3) у порівня́нні з; ~

únserer Natúr у порівня́нні з на́шою приро́дою.

Gégenverpflichtung *f* -, -en зустрі́чне зобов'я́зання; взає́мне зобов'я́зання.

Gégenwart *f* - 1) прису́тність; 2) тепе́рішній час; 3) сучасність; die Kultúr der ~ сучасна культу́ра.

gégenwärtig 1. *adj* тепе́рішній, суча́сний; 2. *adv* тепе́р, за́раз; ~ sein бу́ти прису́тнім; sích *(D)* etw. ~ hálten пам'ята́ти що-н., уявля́ти собі́ що-н.

Gégenwarts|literatur *f* - суча́сна література; **~mensch** *m* -en, -en суча́сна люди́на.

Gégenwarts|politik *f* -суча́сна полі́тика; **~roman** *m* -s, -e рома́н про суча́сність (на суча́сну те́му).

Gégen|wehr *f* - самооборо́на; **~wert** *m* -(e)s, -e еквівале́нт; **~wind** *m* -(e)s, -e зустрі́чний ві́тер; **~wírkung** *f* -, -en протиді́я, реа́кція.

geglíedert *adj* розчлено́ваний; складови́й.

geglückt *adj* вда́лий.

Gégner *m* -s, - 1) во́рог; 2) опоне́нт; 3) *спорт.* супроти́внику.

Gehált I *n* -(e)s, **...hälter** заробі́тна пла́та.

Gehált II *m* -(e)s, -e 1) зміст *(напр., книжки)*, змісто́вність; ~ und Gestált фо́рма і зміст; óhne tíeferen ~ беззмісто́вний, поверхо́вий; 2) *тех.* вміст, про́ба *(металу)*; 3) мі́сткість.

Gehálts|aufbesserung, ~erhöhung *f* -, **en** підви́щення заробі́тної пла́ти; ~ **kürzung** *f* -, -en зни́ження заробі́тної пла́ти.

Gehäuse *n* -s, - 1) ку́зов; ко́рпус; футля́р; 2) шкаралу́па, чере́пашка.

gehéim 1. *adj* тає́мний, секре́тний; ín ~ er Abstimmung при тає́мному голосува́нні; 2. *adv:* ím ~ en тає́мно.

gehéimhalten* *vt (vor D)* трима́ти в таємни́ці; прихо́вувати.

Gehéimnis *n* -ses, -se таємни́ця, секре́т; hinter ein ~ kómmen дізна́тися про таємни́цю.

gehéimnisvoll *adj* таємни́чий.

Gehéim|schrift *f* -, -en шифр; **~sender** *m* -s, - тає́мний радіопередава́ч.

géhen* *vi (s)* 1) іти́ ходи́ти; séines Wéges ~ іти своє́ю доро́гою; j-n ~ lássen відпуска́ти кого́-н.; 2) від'їжджа́ти; aufs Land ~ ї́хати за мі́сто; 3) вихо́дити *(напр., на південь)*; das Fénster geht nach Süden вікно́ вихо́дить на пі́вдень; 4) піти́, вступи́ти до ...; ín die Schúle ~ ходи́ти (піти́) до шко́ли; auf die Universität ~ вступи́ти до університе́ту; 5) йти, мина́ти; die Zeit geht lángsam час іде́ пові́льно; 6) функціонува́ти, працюва́ти.

Géhen *n* -s ході́ння, ходьба́; das ~ fällt ihm schwer йому́ ва́жко ходи́ти.

Gehétze *n* -s 1) бігани́на, суєта́; 2) цькува́ння.

Gehéul *n* -(e)s виття́, голосі́ння; рев, реві́ння.

Gehílfe *m* -n, -n помічни́к; асисте́нт.

Gehírn *n* -(e)s, -e (головни́й) мо́зок.

Gehör *n* -(e)s слух; nach dem ~ на слух; ein féines ~ тонки́й слух.

gehórchen *vi (d) (h)* слу́хатися; aufs Wort ~ беззапере́чно кори́тися.

gehören *vi (h)* 1) нале́жати *(кому)*; 2) *(zu D)* нале́жати до скла́ду; 3) бу́ти потрі́бним.

gehörig 1. *adj* нале́жний; чима́лий; 2. *adv* грунто́вно, солі́дно; як слід; j-m ~ die Wáhrheit ságen сказа́ти кому́-н. усю пра́вду в о́чі.

gehörlos *adj* глухи́й, позба́влений слу́ху.

Gehörn *n* -(e)s, -e ро́ги.

gehórsam 1. *adj* слухня́ний; ~ sein бу́ти слухня́ним; 2. adv слухня́но.

Gehórsam *m* -s покі́рність, слухня́ність; ~ bezéigen слу́хатися, кори́тися.

Géh|steig *m* -(e)s, -e тротуа́р; **~stock** *m* -(e)s, **...stöcke** па́лиця, ціпо́к.

Géier *m* -s, - шулі́ка, корша́к.

Géige *f* -, -n скри́пка; die érste ~ spielen гра́ти пе́ршу скри́пку.

géißeln *vt* шмага́ти, бичува́ти *(тж. перен.)*.

Geist *m* -es, -er 1) дух; душа́; im ~e des Patriotísmus erzíehen вихо́вувати в ду́сі патріоти́зму; 2) ро́зум, ду́мка; (viel) ~ háben бу́ти розу́мним; 3) прима́ра, при́вид.

Géistes|arbeit *f* -, *-en* розумо́ва пра́ця; **~armut** *f* - безда́рність; **~bildung** *f*- розумо́вий ро́звиток;

~**fähigkeiten** *pl* розумóві здібності; ~**größe** *f* № 1) геніáльність; 2) вéлич дýху; 3) гéній, світúло; ~**kraft** *f* - сúла дýху; сúла рóзуму.

géisteskrank *adj* душевнохвóрий; психічнохвóрий.

Géisteswissenschaften *pl* гуманітáрні наýки.

géistig 1. *adj* духóвний, розумóвий; ~e Arbeit розумóва прáця; 2. *adv* розумóво, духóвно; die ~ Scháffenden люди розумóвої прáці.

Géistliche *m* **-n, -n** духóвна осóба, свящéник.

géist|los *adj* бездáрний; ~**reich** *adj* дотéпний; ~**voll** *adj* натхнéнний, розýмний.

Geiz *m* **-es** скýпість; жáдібність.

géizen *vi* 1) *(mit D)* скупúтися; економити; mit der Zeit ~ економити час; mit séinen Kénntnissen nicht ~ (охóче) передавáти свої знання іншим; 2) *(nach D)* жадáти *(чого)*, прáгнути *(напр., слави)*.

géizig *adj* скупúй, жáдібний, зажéрливий.

Gejámmer *n* **-s** 1) крúки голосíння; 2) стóгін.

Gekícher *n* **-s** хихúкання.

Geklápper *n* **-s** стук, стýкіт, грюкання; das ~ des Geschírrs бряжчáння пóсуду; das ~ der Zähne клáцання зубáми.

Geklírr *n* **-(e)s** дзвін, брязкіт; дзéнькіт; das ~ von Wáffen брязкіт зброї.

Geklüft *n* **-(e)s** ущéлина, міжгір'я.

gekränkt *adj* обрáжений; sich ~ fühlen почувáти себé обрáженим.

gekrönt *adj* коронóваний, увінчаний.

Gelächter *n* **-s, -** сміх, рéгіт; homérisches ~ гомерúчний сміх; zum ~ wérden стáти посміхóвиськом.

gelähmt *adj* паралізóваний *(тж. перен.)*.

Gelände *n* **-s, -** місцéвість, теритóрія; землá ділянка землі.

Gelände|kunde *f* - топогрáфія; ~**meßkunst** *f* - геодéзія.

Geländer *n* **-s, -** пóручні, перúла.

gelángen *vi (s) (in, an A, zu D)* попадáти, досягáти, дохóдити (куди); zum Verkauf ~ надхóдити в прóдаж.

Gelärm *n* **-(e)s** шум, гáмір.

gelássen *adj* спокíйний, холоднокрóвний.

geläufig 1. *adj* ужúваний, звичáйний; 2. *adv* вíльно *(розмовляти якою-н. мовою)*; er spricht ~ deutsch він говóрить вíльно німéцькою мóвою.

gelb *adj* жóвтий; der ~**e** Neid чóрна зáздрість; das ~**e** Fíeber жóвта пропáсниця; гарячка.

Geld *n* **-(e)s, -er** грóші; báres ~ готíвка; zu ~ kómmen розбагатíти; ~er éinkassieren збирáти грóші *(внески, податки)*.

Géld|anleihe *f* **-, -n** грошовá пóзика; ~**anweisung** *f* **-, -en** грошовúй перéказ; ~**beutel** *m* **-s, -** гаманéць; ~**einnahme** *f* **-, -n** збір грóшей; вúручка, вúторг; ~**empfänger** *m* **-s, -** 1) інкасáтор; 2) одéржувач грóшей; ~**entwertung** *f* **-, -en** *ек.* знецінювання грóшей, інфляція; ~ **fälscher** *m* **-s, -** фальшивомонéтчик; ~**geber** *m* **-s, -** кредитóр; ~**geschäft** *n* **-(e)s, -e** грошовá оперáція; ~**gier** *f* - жáдібність, пожáдливість, користолюбство.

géldgierig *adj* зажéрливий, користолюбний.

Géld|krise *f* **-, -n** *ек.* грошовá крúза; ~**kurs** *m* **-es, -e** *ек.* валютний курс; ~**mann** *m* **-(e)s, ...leute** багáч, фінансист, ділóк; ~**markt** *m* **-(e)s, ...märkte** валютний рúнок; ~**mittel** *pl* кóшти; ~**schein** *m* **-(e)s, -e** грошовúй знак, банкнóт; ~**stück** *n* **-(e)s, -e** монéта; ~**wechsel** *m* **-s** рóзмін грóшей.

gelégen 1. *adj* зрýчний, слýшний; 2. *adv* вчáсно, до рéчі; mir ist (viel) darán ~ це для мéне дýже важлúво.

Gelégenheit *f* **-, -en** (зрýчний) вúпадок, можлúвість; прúвід; bei der érsten bésten ~, bei érster ~ при (пéршій) нагóді; éine ~ bot sich ihm... йомý трáпилася (вúпала) нагóда...

gelégentlich 1. *adj* випадкóвий; 2. *adv* випадкóво; 3. *prp (G)* у зв'язку, з прúводу; ~ des Jubiläums з нагóди ювілéю.

Geléhrte *m, f* учéний.

Geléise *n* **-s, -** aus dem ~ (залізнична) кóлія; *перен.* кóлія, шлях; kómmen вúбитися (вúйти) з кóлії; etw. wíeder ins ~ bríngen навестú порядок в чóму-н., улáгодити спрáву.

Geléit *n* **-(e)s, -e** 1) прóводи; j-m das létzte ~ gében віддавáти оста́нню ша́ну кому́-н.; 2) охоро́на, ва́рта, конво́й.

Geléitwort *n* **-(e)s, -e** 1 передмо́ва *(до книжки); 2)* напу́тнє сло́во.

Gelénk *n* **-(e)s, -e** 1 *анат.* суглоб; der Arm ist aus dem ~ рука́ ви́вихнута; 2) *тех. шарнір.*

gelérnt *adj* кваліфіко́ваний, на́вчений.

Gelíebte *m f* коха́ний, коха́на.

gelind(e) 1. *adj* м'яки́й, помі́рний, bei ~m Féuer на слабко́му вогні́; **2.** *adv* м'я́ко, помі́рно; невиба́гливо; ~ geságt м'я́ко ка́жучи.

gelíngen* *vi (s)* удава́тися, щасти́ти; ла́дитися, іти́ на лад; die Sáche will nicht ~ спра́ва не ла́диться.

géllen *vi* рі́зко звуча́ти; in den Ohren ~ рі́зати слух.

géllend *adj* різки́й, прони́зливий *(про звук).*

gelóben *vt* урочи́сто обіця́ти, дава́ти кля́тву; sich *(D)* etw. ~ присвяти́ти собі́ чому́-н.

Gelöbnis *n* **-ses, -se** урочи́ста обіця́нка; ein ~ áblegen (tun) да́ти урочи́сту обіця́нку.

gelóckt *adj* кучеря́вий; зави́тий, закру́чений *(про волосся).*

gélten* 1. *vt* 1) ко́штувати, ціни́тися; 2) ма́ти авторите́т; **2** *vi* 1) бу́ти ді́йсним, годи́тися; 2) *(d)* стосува́тися *(кого);* 3) *(als N, für A)* сла́витися *(як хто, що),* вважа́тися *(ким, чим);* 3. *vimp: es gilt Lében und Tod* йде́ться про життя́ і смерть.

géltend *adj* яки́й (що) ді́є, ді́ючий, чи́нний; séine Réchte ~ máchen пред'явля́ти свої́ права́, sich ~ máchen доби́тися визна́ння, завойо́вувати авторите́т.

Géltung *f* **-, -en** зна́чення, значу́щість, ці́нність; in ~ sein бу́ти ді́йсним, ма́ти си́лу; áußer ~ sein втра́тити свою́ си́лу (своє́ зна́чення).

gelúngen *adj* вда́лий, чудо́вий, надзвича́йний.

gemách 1. *adj* спокі́йний, ти́хий, **2.** *adv* спокі́йно, ти́хо; nur ~! спокі́йно!, тихі́ше!

gemächlich 1. *adj* спокі́йний, пові́льний, **2.** *adv* не поспіша́ючи, пові́льно, спокі́йно; зру́чно.

gemáhlen *adj:* ~er Káffee мо́лота ка́ва.

Gemälde *n* **-s, -** карти́на.

gemäß *prp (D)* згі́дно, відпові́дно; догі́льно; в мі́ру; séinen Kräften ~ в мі́ру свої́х сил; den Verdíensten ~ по заслу́зі; der Wáhrheit ~ по пра́вді.

geméin *adj* 1) зага́льний; 2) про́стий, звича́йний; ein ~er Tag бу́день; der ~e Verstánd здоро́вий глузд; 3) пі́длий, низьки́й; вульга́рний, низькопро́бний.

Geméinde *f* **-, -n** 1) общи́на; грома́да; 2) муніципаліте́т, магістра́т; 3) *рел.* пара́фія, прихо́д.

Geméinde|verwaltung *f* **-, -en** комуна́льне управлі́ння; **~wahlen** *pl* муніципа́льні ви́бори; **~wirtschaft** *f* **-, -en** грома́дське (комуна́льне, муніципа́льне) господа́рство.

Geméin|eigentum *n* **-(e)s** су́спільна вла́сність; ~eigentum an (Grund und) Bóden су́спільне землеволоді́ння; **~gebrauch** *m* **-(e)s** грома́дське (су́спільне) користува́ння.

Geméin|gut *n* **-(e)s** грома́дська вла́сність; **~heit** *f* **-, -en** негі́дність, пі́длість, низькопро́бність, вульга́рність.

geméinnützig *adj* загальнокори́сний; **~e** Arbeit суспі́льно кори́сна пра́ця.

Geméinrecht *n* **-(e)s** *юр.* зага́льне пра́во.

geméinsam 1. *adj* спі́льний, колекти́вний; ~e Erklägung спі́льна зая́ва; **~er** Wílle єди́на во́ля; **2.** *adv* спі́льно, ра́зом.

Geméinsamkeit *f* **-, -en** 1) спі́льність, є́дність; 2) схо́жість, збіг.

geméinschaftlich *adj* *див.* geméinsam.

Geméinschafts|besitz *m* **-es** су́спільна (грома́дська) вла́сність; **~geist** *m* **-es** дух соліда́рності; **~sinn** *m* **-(e)s** почуття́ соліда́рності; **~verpflegung** *f* **-** грома́дське харчува́ння.

Geméin|wesen *n* **-s,** -колекти́в; кому́на; грома́дськість; **~wirtschaft** *f* **-, -en** усуспі́льнене господа́рство; **~wohl** *n* **-(e)s** зага́льне бла́го.

Geménge *n* **-s, -** 1) штовхани́на сум'яття́; ein ~ von Ménschen на́товп, юрба́; 2) су́міш, мішани́на; ein búntes ~ von Stóffen вели́кий ви́бір ткани́н.

gemésssen *adj* 1) розмі́рений, сте́чний, пова́жний; 2) то́чний, ви́значений.

Gémse *f* **-, -n** са́рна.

Gémsleder *n* **-s** за́мша.

Gemúrmel *n* **-s** ше́піт; ти́ха розмо́-

ва; дзюрча́ння *(струмка)*.
Gemüse *n* **-s, -** о́вочі, зе́лень.
Gemüsebau *m* **-(e)s** овочівни́цтво.
Gemüse|feld *n* **-(e)s, -er** горо́д (вели́кий); **~garten** *m* **-s, ...gärten** горо́д; **~handlung** *f* **-, -en** овоче́вий магази́н; **~speicher** *m* **-s, -** овочесхо́вище.
Gemüt *n* **-(e)s, -er** 1) вда́ча, нату́ра, хара́ктер, душа́; ~ háben бу́ти до́брим (чу́йним); 2) *pl* уми́; die ~er áufregen (errégen) хвилюва́ти уми́.
gemütlich *adj* 1) за́ти́шний; прие́мний; 2) привітний, доброду́шний; nur ímmer ~! спокі́йно!, не хвилю́йтесь;
Gemüts|ruhe *f* **-** душе́вний спо́кій; самовлада́ння; **~stimmung** *f* **-, -en, ~zustand** *m* **-(e)s, ...stände** душе́вний стан, на́стрій.
gemütvoll *adj* задуше́вний, щи́рий.
genáu 1. *adj* то́чний; докла́дний, стара́нний, рете́льний; **2.** *adv* то́чно, докла́дно; рі́вно.
Genáuigkeit *f* **-** то́чність; стара́нність, рете́льність.
genáuso *adv* таки́й же са́мий.
genéhmigen *vt* дозволя́ти, санкціонува́ти; схва́лювати; éine Bitte ~ задовольня́ти проха́ння.
Genéhmigung *f* **-, -en** до́звіл, стве́рдження; схва́лення, зго́да.
genéigt *adj* схи́льний, прихи́льний, добрози́чли́вий.
Generál|streik *m* **-(e)s, -s** *i* **-e** зага́льний страйк; in den ~streik tréten оголоси́ти зага́льний страйк; **~versammlung** *f* **-, -en** 1) зага́льні збо́ри; 2) генера́льна асамбле́я; **~vertrag** *m* **-(e)s, ...träge** спі́льний до́говір.
Generatión *f* **-, -en** поколі́ння; von ~ zu ~ із поколі́ння в поколі́ння.
genésen* *vi* виду́жувати, поправля́тися.
Genésung *f* **-, -en** ви́дужання, ви́лікування.
Genie [e-] *n* **-s, -s** 1) ге́ній; 2) геніа́льність.
genießen* *vt* 1) ї́сти, вжива́ти в ї́жу; 2) зазнава́ти насоло́ди; 3) користува́тися (правами) ма́ти (авторитет). éine gründliche Ausbildung ~ оде́ржати га́рну осві́ту.
Genósse *m* **-n, -n** това́риш; der ~ séines Lébens супу́тник його́ життя́.
Genóssenschaft *f* **-, -en,** товари́ство; спі́лка; арті́ль, кооперати́в.
Genre ['ʒãrə] *n* **-s, -s** рід, вид, жанр.
genúg *adv* до́сить, дово́лі, го́ді; gut ~ до́сить до́бре; ich hábe ~ (davón) мені це набри́дло; ~ des Gúten до́брого потро́шку.
genügen *vi* 1) вистача́ти, бу́ти доста́тнім; *2) задовольня́ти.*
genügend *adj* доста́тній; задові́льний.
Genúgtuung *f* **-, -en** задово́лення.
Genúß *m* **-nusses, -nüsse** 1) насоло́да; 2) користува́ння *(чим);* спожива́ння, willst du ~ so nimm auch den Verdrúß лю́биш ката́тися — люби́ й саночки́ вози́ти.
Gepäck *n* **-(e)s, -e** бага́ж; но́ша.
Gepäck|aufbewahrungsraum *m* **-(e)s, ...räume** ка́мера схо́ву бажу́; ~schein *m* **-(e)s, -e** бага́жна квита́нція; **~träger** *m* **-s, -** носи́льник.
gepflégt *adj* пе́щений, пле́каний, ви́кохаий; ~es Benéhmen ввічли́ве пово́дження; ~e Spráche культу́рна (добі́рна) мо́ва.
Gepflógenheit *f* **-, -en** зви́чай; зви́чка; тради́ція.
Gepólter *n* **-s** 1) гу́ркіт, гуркоті́ння; das ~ des Dónners розко́ти гро́му; 2) ла́йка.
Gepräge *n* **-s** 1) карбува́ння, ві́дбиток; 2) *перен.* озна́ка, відби́ток.
gepréßt *adj* спресо́ваний; ви́давлений; mit ~er Stimme зда́вленим го́лосом.
geráde 1. *adj* 1) прями́й; *перен.* прями́й, прямоду́шний; відве́ртий; 2) па́рний; **2.** *adv* 1) пря́мо, рі́вно; 2) са́ме, якра́з; er ist ~ gekómmen він са́ме прийшо́в.
gerádeaus *adv* пря́мо, навпросте́ць.
gerád|linig *adj* прямоліні́йний *(тж перен.);* **~winklig** *adj* прямоку́тний; **~zahlig** *adj мат* па́рний.
Gerät *n* **-(e)s, -e** 1) при́лад; інструме́нт; *спорт.* снаря́д; 2) начи́ння; по́суд.
Gerätebau *m* **-(e)s** приладобудува́ння.
geraten* *vi (s)* 1) потра́пити, опини́тися; 2) удава́тися; séine Arbeit ist gut ~ у ньо́го вда́ла робо́та.
Geratewóhl: auft ~ навмання́, нау́га́д, на ща́стя.
geräuchert *adj* копче́ний.

geräumig *adj* просто́рий, місткий.
Geräusch *n* **-es, -e** шум, ше́рех, шу́рхіт.
geräusch|los *adj* безшу́мний, ти́хий; **~voll** *adj* шу́мний.
geréchnet *adv* зважа́ючи, беручи́ до ува́ги, врахо́вуючи; von heute an ~ почина́ючи з сього́днішнього дня; schlecht ~ мі́німум; gut ~ ма́ксимум.
geréсht *adj* справедли́вий, пра́вильний; пра́ведний.
Geréchtigkeit *f* - 1) справедли́вість; зако́нність; 2) правосу́ддя.
gerégelt *adj* урегульо́ваний, впорядко́ваний; ein ~es Lében führen прова́дити пра́вильний спо́сіб життя́.
geréuen *vimp:* mich geréut es, daß... я розка́ююся (жалку́ю), що...
Gericht I *n* **-(e)s, -e** суд; éine Sáche vor ~ bríngen пору́шувати судову́ спра́ву; das Óberste ~ Верхо́вний суд.
Gerícht II *n* **-(e)s, -e** стра́ва; kóchfertige ~e *кул.* напівфабрика́ти.
Gerichts|behörde *f* **-, -n** суд, судова́ інста́нція; **~hof** *m* **-(e)s, ...höfe** судова́ пала́та; трибуна́л; **~urteil** *n* **-(e)s, -e** ви́рок; **~verfahren** *n* **-s, -** судочи́нство; **~verhandlung** *f* **-n -en** судови́й проце́с.
geríng 1. *adj* мали́й, незначни́й; низьки́й (*про якість*); das ist méine ~ste Sórge це мене́ ма́ло турбу́є; **2.** *adv* ма́ло; nicht im ~sten анітро́хи.
geríngfügig *adj* малова́жний, незначни́й.
geríngschätzig *adj* знева́жливий, презирли́вий.
geríngwertig *adj* малоці́нний; низькосо́ртний.
gerínnen* *vi (s)* скипа́тися (*про кров*), зсіда́тися (*про молоко*); застига́ти; тве́рднути; згуща́тися.
Gerippe *n* **-s, -** 1) скеле́т; 2) кістя́к; карка́с.
gerissen *adj* 1) рва́ний; обі́рваний; 2) *перен.* шахраюва́тий; ein ~er Kerl про́йда.
Germanístik *f* - германі́стика, німе́цька філоло́гія.
gérn(e) *adv* охо́че, із задово́ленням; sehr ~ з (вели́ким) задово́ленням; j-n (etw.) ~ háben лю́бити кого-н. (що-н.); ~ geschéhen! нема́є за що дя́кувати!
Gérste *f* - ячмі́нь.
Gerúch *m* **-(e)s, Gerüche** 1) *тк.* sg нюх, чуття́; 2) за́пах; 3) сла́ва, репута́ція.
gerúchlos *adj* без за́паху.
Gerücht *n* **-(e)s, -e** чу́тка, пого́лоска.
gerührt *adj* розчу́лений.
gesálzen *adj* соло́ний, засо́лений; leicht ~ малосо́льний.
gesámmelt *adj* 1) зі́браний (*разом*); ~e Wérke ви́брані тво́ри; 2) зосере́джений, спокі́йний.
gesámt *adj* ці́лий, весь; im ~en в ціло́му, всього́.
Gesámt|ausgabe *f* **-, n** по́вне зі́брання тво́рів; **~eindruck** *m* **-(e)s, ...drücke** зага́льне вра́ження; **~einkommen** *n* **-s, -** *ек.* валови́й дохо́д (прибу́ток); **~erscheinung** *f* **-, -en** зага́льне я́вище; **~heit** *f* - суку́пність; усе́ в ціло́му; **~leistung** *f* **-, -en** 1) зага́льна поту́жність, зага́льна продукти́вність; 2) зага́льна успі́шність (*учнів*); **~produkt** *n* **-(e)s** *ек.* сума́рний (валови́й) проду́кт.
gesámtstaatlicn *adj* загальнодержа́вний.
Gesándte *m* **-n, -n,** посла́нник.
Gesáng *m* **-(e)s, Gesänge** спів, спі́ви; der ~ díeses Líedes викона́ння ціє́ї пі́сні.
Geschäft *n* **-(e)s, -e** 1 спра́ва; заня́ття; 2) опера́ція (торгове́льна); уго́да; 3) фі́рма, підприє́мство, торго́вий дім, магази́н.
geschäftig *adj* ді́яльний; працьови́тий.
Geschäfts|abkommen *n* **-s,** -ділова́ уго́да; **~bericht** *m* **-(e)s, -e** звіт про стан справ; **~beziehungen** *pl* ділові́ зв'язки́ (стосу́нки); **~haus** *n* **-es, ...häuser** фі́рма, торго́вий дім; **~jahr** *n* **-(e)s, -e** звітний рік; господа́рський рік; **~mann** *m* **-(e)s, ...leute** ділок, комерса́нт.
geschéhen* *vi (s)* відбува́тися, трапля́тися, зчиня́тися.
Geschéhen *n* **-s** поді́я.
Geschéhnis *n* **-ses, -se** поді́я, ви́падок; internationále ~se поді́ї міжнаро́дного життя́.
geschéit *adj* розу́мний; тяму́щий; ein ~er Kopf розу́мник, тяму́ща люди́на.
Geschénk *n* **-(e)s, -e** подару́нок, дар (*für A, an A кому*).
Geschíchte *f* **-, -n** 1) *тк. sg* істо́рія (*хід розвитку; минуле; на-*

ука); 2) *розм.* істо́рія, ви́падок: 3) істо́рія, оповіда́ння, по́вість.
geschíchtlich *adj* істори́чний.
Geschíck I *n* **-(e)s, -e** до́ля, фа́тум; sich in sein ~ ergében кори́тися своїй до́лі.
Geschíck II *n* **-(e)s** спри́тність, майсте́рність, умі́ння; ~ zu etw. *(D)* háben ма́ти зді́бності до чо́го-н.
geschíckt *adj* умі́лий, впра́вний, спри́тний.
geschíeden *adj* розве́дений, розлу́чений *(про подружжя)*.
Geschírr *n* **-(e)s, -e** 1) по́суд; 2) збру́я.
Geschlécht *n* **-(e)s, -es** 1) рід, поколі́ння; 2) *біол.* стать; 3) *грам.* рід.
geschlóssen *adj* 1) закри́тий, за́мкнений; 2) згурто́ваний, єди́ний.
Geschlossenheit *f* - 1) згурто́ваність; 2) за́мкнутість; 3) є́дність.
Geschmáck *m* **-(e)s, Geschmäcke** смак.
Geschméichel *n* **-s** ле́стощі, уле́сливі слова́.
geschmiert *adj* 1) брудни́й, неоха́йний; 2) *розм.* хи́трий, підсту́пний.
Geschóß I *n* **-sses, -sse** снаря́д; ку́ля, *поет.* стріла́.
Geschóß II *n* **-sses, -sse** по́верх; я́рус.
Geschréi *n* **-(e)s** крик.
geschúlt *adj* на́вчений; кваліфіко́ваний; ein ~er Rédner досві́дчений промо́вець.
Geschütz *n* **-es, -e** *військ.* гарма́та.
Geschwáder *n* **-s, -** авіаці́йна еска́дра; *мор.* еска́дра.
Geschwärm *n* **-(e)s, -e** 1) рій; 2) шум, га́мір.
geschwéige *cj:* ~ (denn) не ка́жучи вже про те, що...
geschwínd *adj* швидки́й, мото́рний, метки́й.
Geschwíndigkeit *f* **-, -en** шви́дкість.
Geschwíster *pl* брати́ і се́стри; брат і сестра́; се́стри; брати́.
Geschwúlst *f* **-, ...schwülste** пухли́на; éine bösartige (gútartige) ~ зloя́кісна (доброя́кісна) пухли́на.
Geschwür *n* **-(e)s, -e** нари́в; бо-ля́чка, ви́разка.
Geséllschaft *f* **-, -en** 1) суспі́льство; die klássenlose ~ безкла́сове суспі́льство; 2) товари́ство, об'є́днання, спі́лка; 3) товари́ство, компа́нія.
geséllschaftlich **1.** *adj* 1) суспі́льний, грома́дський; колекти́вний; ~e Árbeit грома́дська робо́та; 2) сві́тський; **2.** *adv* суспі́льно; ~ nützliche Arbeit суспі́льно кори́сна пра́ця.
Geséllschaftordnung *f* **-, -en** суспі́льний лад.
geséllschaftspolitisch *adj* суспі́льно-політи́чний.
Geséllschaftswissenschaft *f* **-, -en** 1) нау́ка про суспі́льство, соціоло́гія; 2) *pl* суспі́льні нау́ки.
geséllschaftswissenschaftlich *adj* соціологі́чний.
Gesétz *n* **-es, -e** зако́н.
Gesétz|buch *n* **-(e)s, ...bücher** *юр.* ко́декс; **~entwurf** *m* **-(e)s, ...würfe** законопрое́кт.
Gesétzgebung *f* **-, -en** законода́вство.
Gesétzlosigkeit *f* - беззако́ння.
gesétzmäßig *adj* закономі́рний, зако́нний.
Gesétzmäßigkeit *f* **-, -en** закономі́рність.
gesétzwidrig *adj* протизако́нний.
gesíchert *adj* забезпе́чений; гаранто́ваний.
Gesícht *n* **-(e)s, -er** 1) обли́ччя; 2) *перен.* ви́гляд; ~er schnéiden гримасува́ти, кривля́тися.
Gesíchts|ausdruck *m* **-(e)s, ...drücke** ви́раз обли́ччя; **~feld** *n* **-)e)s, -er** по́ле зо́ру; **~kreis** *m* **-es, -e** горизо́нт, кругозі́р; **~punkt** *m* **-(e)s, -e** то́чка зо́ру; únter díesem ~punkt з ціє́ї то́чки зо́ру; **~züge** *pl* ри́си обли́ччя.
gesínnt *adj* 1) настро́єний *(про людину)*; 2) *(D)* прихи́льний *(до кого, чого)*; настро́єний *(щодо кого, чого)*.
Gesínnung *f* **-, -en** на́прям думо́к, по́гляди, переко́на́ння, на́стрій; die polítische ~ політи́чні переко́на́ння.
gesínnungslos *adj* безпринци́пний.
gesíttet *adj* 1) ви́хований; ввічли́вий; ~e Maniéren га́рні мане́ри; 2) культу́рний, цивілізо́ваний.
Gespánn *n* **-(e)s, -e** упря́жка; ein úngleiches ~ *перен.* нері́вна па́ра *(про людей)*.
gespánnt *adj* напру́жений, натя́гнутий; ◊ auf etw. *(A)* ~ **sein** з нетерпі́нням чека́ти чо́го-н.
Gespénst *n* **-es, -er** при́вид, прима́ра, мара́.
Gespött *n* **-(e)s** насмі́шка, глузува́ння, знуща́ння.

Gespräch *n* **-(e)s, -e** 1) розмо́ва, бе́сіда; ein (telephónisches) ~ ánmelden замо́вити телефо́нну розмо́ву; 2) зу́стріч, співбе́сіда; нара́да; *pl дипл.* перегово́ри; ~e ánknüpfen поча́ти перегово́ри.

gespróchen *adj* у́сний; das ~e Wort живе́ сло́во.

Gestált *f* **-, -en** 1) фо́рма, ви́гляд, о́браз; 2) фігу́ра; зріст; зо́внішність; von hóher ~ висо́кий на зріст.

gestálten **1.** *vt* надава́ти ви́гляду *(чому);* оформля́ти *(що);* **2. sich** ~ набира́ти ви́гляду, формува́тися; склада́тися.

gestálterisch *adj* 1) тво́рчий; 2) образотво́рчий; худо́жній; der ~e Aufbau худо́жнє офо́рмлення.

Gestáltung *f* **-, -en** 1) офо́рмлення; зобра́ження; констру́кція; künstlerische ~ худо́жнє офо́рмлення; 2) фо́рма, ви́гляд, о́брис; die ~ der Dínge стан рече́й; 3) утво́рення; die ~ der Kínderferien організа́ція лі́тнього відпочи́нку діте́й.

Geständnis *n* **-ses, -se** визна́ння; ein ~ áblegen ви́знати (свою) прови́ну; j-m sein ~ máchen освідчитися в коха́нні кому́-н.

gestátten *vt* дозволя́ти, допуска́ти; ~ Sie! дозво́льте!

Géste *f* **-, -n** жест; ~n máchen жестикулюва́ти.

gestéhen* *vt* усвідо́млювати, визнава́ти *(провину),* признава́тися.

Gestéin *n* **-(e)s, -e** камі́ння; гірська́ поро́да.

Gestéll *n* **-(e)s, -e** 1) підста́вка; 2) ко́рпус *(машини),* карка́с; 3) *спорт.* помі́ст; 4) стела́ж; 5) *анат.* кістя́к, скеле́т.

géstern *adv* вчо́ра; seit ~ з учора́шнього дня.

Gestírn *n* **-(e)s, -e** *астр.* (небе́сне) світи́ло, небе́сне ті́ло; сузі́р'я.

Gestöber *n* **-s, -** заме́т, кучугу́ра, переме́т.

Gestótter *n* **-s** заїка́ння.

Gesträuch *n* **-(e)s, -e** чагарни́к, кущі́.

gestréift *adj* смуга́стий; weiß und rot ~ в бі́лу і червону сму́жку.

géstrig *adj* вчора́шній.

gesúnd *adj* здоро́вий, міцни́й; ~ wérden ви́дужати; ~ und múnter живи́й і здоро́вий.

gesúnden *vi (s)* виду́жувати, поправля́тися.

Gesúndheit *f* **-** здоро́в'я.

Gesúndheits|lehre *f* **-** гігіє́на *(наука);* ~**pflege** *f* **-** гігіє́на *(турбота про здоров'я);* ~**wesen** *n* **-s** охоро́на здоро́в'я.

gesúndheitswidrig *adj* антисаніта́рний, нездоро́вий.

Gesúndheitszustand *m* **-(e)s, ...stände** стан здоро́в'я.

getéilt *adj* розді́лений; поді́лений; роз'є́днаний; ~e Ansichten рі́зні по́гляди.

Getöse *n* **-s** бушува́ння; шум; виття́ *(вітру).*

Getränk *n* **-(e)s, -e** напі́й; ein ~ zu sich néhmen ви́пити що-н.

Getréide *n* **-s, -** 1) збі́жжя; зе́рно; 2) зернові́ культу́ри; хліб.

Getréide|abgabe *f* **-, -n** хлібозда́ча; ~**anbau** *m* **-(e)s** виро́щування зернови́х культу́р; ~**bau** *m* **-(e)s** землеро́бство, зернове́ господа́рство; ~**ernte** *f* **-** урожа́й зернови́х культу́р; ~**feld** *n* **-(e)s, -er** ни́ва, лан, по́ле; ~**land** *n* **-(e)s, ...länder** жи́тниця *(про країну);* ~**pflanzen** *pl* зернові́ культу́ри.

getréu *adj* ві́рний, наді́йний.

getróst *adj* спокі́йний; впе́внений; séien Sie ~! бу́дьте пе́вні!; не хвилю́йтеся!

Getrümmer *n* **-s, -** руї́ни; ула́мки.

Getúe *n* **-s** метушня́, суєта́.

Gewächs *n* **-es, -e** 1) росли́на; 2) росли́нність; 3) *бот.* на́ріст; 4) *розм.* гу́ля; пухли́на.

Gewächshaus *n* **-es, ...häuser** оранжере́я, тепли́ця.

gewágt *adj* ризико́ваний, небезпе́чний, сміли́вий.

gewählt *adj* ви́браний *(про твори);* ви́шуканий *(про товариство).*

gewähren *vt* 1) дава́ти, віддава́ти в розпоря́дження, дава́ти змо́гу; 2) вико́нувати, задовольня́ти.

gewährleisten *vt* гаранту́вати, забезпе́чувати *(що);* руча́тися *(за що).*

Gewährleistung *f* **-, -en** пору́ка, гара́нтія; ~ der Sícherheit гара́нтія безпе́ки; ~ gében гаранту́вати.

Gewährung *f* **-, -en** 1) викона́ння, задово́лення; 2) нада́ння.

Gewált *f* **-, -en** 1) вла́да; си́ла; 2) *тк. sg* си́ла; могу́тність; mit ~ наси́льно; aus áller ~ щосили.

gewáltig **1.** *adj* си́льний, могу́тній; велете́нський; **2.** *adv* ду́же (си́льно); **sich** ~ írren гли́боко помилятися.

Gewálttat *f* -, **-en** насильство.

Gewánd *n* **-(e)s, ...wänder** одяг, убрання; im ~e перен. під маскою.

gewándt *adj* спритний, моторний, проворний; in állen Díngen ~ майстер на всі руки.

Gewässer *n* **-s, -** 1) води; 2) водний потік; 3) хвилі.

Gewässerkunde *f* - гідрологія.

Gewében *n* **-s, -** 1) тканина; 2) павутина.

gewéckt *adj* розвинений; кмітливий; жвавий; тямущий.

Gewéhr *n* **-(e)s, -e** гвинтівка; кулемет.

Gewérde *n* **-s, -** промисел; ремесло; заняття.

Gewérbe|betrieb *m* **-(e)s, -e** промислове підприємство; **~schule** *f* **-, -n** професійно-технічне училище.

gewérblich *adj* промисловий; ремісничий, технічний; ~e Nútzpflanzen технічні культури.

Gewerbszweig *m* **-(e)s, -e** галузь промисловості.

Gewérkschaft *f* **-, -en** професійна спілка.

gewésen *adj* колишній.

Gewícht *n* **-(e)s, -e** 1) вага, тягар; 2) важливість, вплив; 3) гиря.

gewichtlos *adj* невагомий.

Gewínn *m* **-(e)s, -e** 1) виграш; вигода; користь; прибуток; 2) *тех.* добування, видобуток.

gewínnbringend *adj* прибутковий, рентабельний, вигідний.

gewínnen* *vt* 1) *(von D)* вигравати *(в кого);* 4:0 (vier zu null) ~ *спорт.* виграти з рахунком 4:0; 2) добувати *(корисні копалини);* 3) отримувати, здобувати

gewínnend *adj* приємний, симпатичний, привабливий.

Gewínnung *f* -добування, одержання *(G, von D чого).*

Gewírr *n* **-(e)s** плутанина, хаос, лабіринт.

gewíß 1. *adj* 1) неминучий; 2) якийсь, деякий, певний; in gewissem **Máße** до **деякої міри; 2.** *adv* звичайно, безсумнівно, безперечно; ~ und wáhrhaftig! слово честі!

Gewíssen *n* **-s, -** совість; сумління.

gewíssenhaft *adj* сумлінний, добросовісний.

gewíssenlos *adj* безсовісний, несумлінний.

gewíssermaßen *adv* до деякої міри, деяким чином.

Gewítter *n* **-s, -** гроза.

Gewógenheit *f* - прихильність, доброзичливість, благовоління.

gewöhnen 1. *vt (an A)* привчати *(до чого);* er ist darán gewöhnt він звик до цього; **2. sich ~** *(an A)* звикати *(до чого).*

Gewóhnheit *f* **-, -en** звичка; звичай; die Macht der ~ сила звички.

gewöhnlich 1. *adj* звичайний, рядовий; посередній; **2.** *adv* звичайно; wie ~ як звичайно, як завжди.

Gewölbe *n* **-s, -** 1) склепіння; das Grüne ~ Музей художньої промисловості *(в Дрездені);* 2) склеп; 3) підвал.

gewölbt adj склепистий; опуклий, випуклий.

gewünscht *adj* бажаний.

Gewürz *n* **-es, -e** прянощі; приправа.

Geziefer *n* **-s, -** 1) шкідливі комахи; паразити; 2) дрібна свійська худоба; свійська птиця.

geziert *adj* манірний, церемонний; бундючний; неприродний.

Gezíschel *n* **-s** шушукання.

Gezwéig *n* **-(e)s** гілля.

gezwéigt *adj* розгалужений.

Gezwítscher *n* **-s** щебетання, цвірікання.

gezwúngen *adj* вимушений, силуваний; удаваний, неприродний.

Gíchtbeere *f* **-, -n** смородина.

Gier *f* - жадібність, пожадливість, зажерливість.

gíerig *(nach D, auf A)* жадібний, *(до чого).*

gíeßen* 1. *vt* 1) лити; наливати; 2) *тех.* відливати; 2. *vimp:* es gießt in Strömen (дощ) ллє як з відра.

Gift *n* **-(e)s, -e** отрута.

Gíftgas *n* **-es, -e** отруйний газ, отруйна речовина.

giftig *adj* 1) отруйний; *мед.* токсичний; 2) ущипливий, єхидний.

Gípfel *m* **-s, -** вершина, верхівка; auf dem ~ des Rúhmes на вершині слави.

Gípfel|konferenz *f* **-, -en** нарада на вищому рівні; **~leistung** *f* **-, -en** найвище досягнення; **~punkt** *m* **-(e)s, -e** найвищий ступінь, кульмінаційний пункт, апогей, зеніт.

Giráffe *f* **-, -n** жирафа.

Gítter *n* **-s, -** ґра́ти; hínter dem ∼ sítzen сиді́ти за гра́тами.
Glanz *m* **-es, -e** блиск, ся́яння, сі́яння; im ∼e dès Rúhmes stéhen бу́ти на верши́ні сла́ви.
glä́nzen *vi* 1) блища́ти, ся́яти; лисні́тися; 2) вирізня́тися.
glánzschleifen *vt* лощи́ти, поліру-ва́ти.
Glas *n* **-es, Gläser** 1) скло; 2) склянка; 3) окуля́ри; 4) біно́кль.
glä́sern *adj* скляни́й; ein ∼er Blick скляни́й (нерухо́мий) по́гляд.
Gláshaus *n* **-es, ...häuser** оранже-ре́я.
glatt 1. *adj* 1) гла́дкий, рі́вний; er Stoff ткани́на без візеру́нка; 2) слизьки́й; 3) підле́сливий; вивертки́й; 4 *перен.* чисті́сінький, цілкови́тий; ∼er Ùnsinn цілкови́та нісені́тниця; éine ∼e Lüge чисті́сінька брехня́; 5) éine ∼e Réchnung кру́глий раху́нок; **2.** *adv* 1) гла́дко, рі́вно; álles geht ∼ все йде гла́дко; 2) навідрі́з, рішу́че; цілко́м.
Glátteis *n* **-es** 1) *спорт.* дзерка́льний лід; 2) о́желедь; ожеле́диця.
Glátze *f* **-, -n** ли́сина.
gláuben 1. *vt* ві́рити; ду́мати, гада́ти; **2.** *vi (an A)* ві́рити *(в кого, що)*; er glaubt fest darán він тве́рдо впе́внений у цьо́му.
Gláuben *m* **-s, -** 1) ві́ра *(ан A в кого, що)*; дові́р'я; j-m ∼ schénken довіря́ти кому́-н.; 2) релі́гія.
gláubhaft *adj* правдоподі́бний, вірогі́дний.
gläubig 1. *adj* 1 ві́руючий; 2) дові́рливий; **2.** *adv* дові́рливо; легкові́рно.
gleich 1. *adβ* 1) рі́вний, одна́ковий, поді́бний; zu ∼er Zeit в той са́мий час; auf ∼e Art (und Wéise), in ∼er Wéise одна́ково: 2) байду́жий; **2.** *adv* за́раз, негайно.
Gléichaltrige *m, f* рове́сник, рове́сниця.
gléichartig *adj* однорі́дний, аналогі́чний.
Gléichberechtigung *f* **-** рівнопра́вність.
Gléichgewicht *n* **-(e)s** рівнова́га; урівнова́женість.
gléichgültig *adj* байду́жий.
Gléichheit *f* **-, -en** рі́вність; тото́жність.
Gléichheitszeichen *n* **-s, -** знак рівня́ння.
gléichkommen* *vi (s) (D an D)* рівня́тись *(з ким у чому)*, бу́ти рі́вним (еквівале́нтним) *(кому, чому)*.
gléichmachen *vt* рівня́ти, вирі́внювати; dem Èrdboden ∼ зрівня́ти з землéю, зруйнува́ти.
gléichmäßig *adj* рівномі́рний, розмі́рний, пропорці́йний.
Gléichmut *m* **-(e)s** байду́жість; ∼ bewáhren залиши́тися байду́жим.
gléichmütig *adj* байду́жий; холоднокро́вний.
gléichsehen* *vi* бу́ти схо́жим; das sieht ihm gleich це на нього схо́же; це власти́во йому́.
Gléichspannung *f* **-** *ел.* пості́йна напру́га.
Gléichstrom *m* **-(e)s, ...ströme** 1) пості́йний струм; 2) рівномі́рний поті́к води́.
gléichwertig *adj* рівноці́нний; еквівале́нтний.
gléichzeitig 1. *adj* одноча́сний; синхро́нний; **2.** *adv* одноча́сно, ра́зом.
gléiten * *vi* 1) *(s)* ко́взати, посковзну́тися; 2) *(s, h) ав.* планерува́ти.
Gléitflieger *m* **-s, -** планери́ст.
Glied *n* **-(e)s, -er** 1) о́рган *(ті́ла)*; an állen ∼ ern zíttern тремті́ти всім ті́лом; 2) ла́нка *(ланцюга)*; 3) член *(суспільства, сім'ї)*; 4) шере́нга; стрій.
glíedern *vt* розчлено́вувати, діли́ти.
Glíederung *f* **-, -en** розчленува́ння; організа́ція; структу́ра; ***військ. тж.*** бойови́й поря́док.
Glíedmaßen *pl* о́ргани *(ті́ла)*; кінці́вки; mit héilen ∼ davónkommen залиши́тися ці́лим і неушко́дженим.
glítschen *vi (s, h)* ко́взати, ско́взатися.
Glócke *f* **-, -n** дзвін; дзвіно́к; гонг.
Glóri|e *f* **-, -n** сла́ва, ве́лич, блиск, орео́л.
Glück *n* **-(e)s** ща́стя, благополу́ччя; у́спіх; ∼ auf! в до́брий час!; j-m ∼ wünschen бажа́ти кому́-н. ща́стя; поздоровля́ти кого́-н.
glücken *vi (h, s) i vimp* вдава́тися, щасти́ти.
glücklich 1. *adj* щасли́вий; вда́лий, благополу́чний; **2.** *adv* щасли́во, благополу́чно.
glücklicherweise *adv* на ща́стя.
Glücksfall *m* **-(e)s, ...fälle** щасли́вий ви́падок; шанс.
Glückwunsch *m* **-es, ...wünsche** по-

здоро́влення; j-m séinen ~ zu etw. *(D)* ábstatten (áussprechen) поздоровля́ти кого́-н. з чим-н.
Glühbirne *f* **-, -n** *ел.* ла́мпочка.
glühen 1. *vt* розжа́рювати, розпіка́ти; 2. *vi* розжа́рюватися, розпіка́тися; *перен.* пала́ти *(гнівом)*.
Gnáde *f* **-, -n** ми́лість, ла́ска; поща́да, поми́лування.
Gold *n* **-(e)s** зо́лото; in ~ золоти́й *(про медаль)*; in ~ záhlen плати́ти зо́лотом.
gólden *adj* золоти́й *(тж. перен.)*; éine ~e Medáille золота́ меда́ль.
Góld|felder *pl* золоті́ ро́зсипи; **~grúbe** *f* **-, -n** золота́ копа́льня; *перен.* золоте́ дно.
góldig *adj* 1) золоти́й; 2) ми́лий, чарівни́й.
Golf *m* **-(e)s, -e** морська́ зато́ка.
gönnen *vt* 1) *(j-m)* бажа́ти *(чого кому)*; не за́здрити *(кому в чому)*; 2) дозволя́ти; удосто́ювати; ~ Sie mir die Rúhe! да́йте мені́ спо́кій!
gótisch *adj* 1) готи́чний; 2) *іст.* го́тський.
Grab *n* **-(e)s, Gräber** моги́ла.
gráben* **1.** *vt* копа́ти, вико́пувати; ри́ти; **2. sich** ~ зарива́тися, зако́пуватися.
Gráben *m* **-s, Gräben** рів, кана́ва, око́п.
Gräber *m* **-s, -** 1) землеко́п; 2) моги́льник.
Gráb|fund *m* **-(e)s, -e** *археол.* (курга́нне) похова́ння; **~gewölbe** *n* **-s, -** склеп; **~hügel** *m* **-s, -** моги́ла, курга́; **~mal** *n* **-(e)s, -e** *i* **...mäler** надгро́бний па́м'ятник; **~rede** *f* **-, -n** надгро́бна промо́ва; **~stein** *m* **-(e)s, -e** моги́льна пли́та́ надгро́бний ка́мінь.
Grábung *f* **-, -en** розко́пки.
Grad *m* **-(e)s, -e** 1) гра́дус; fünf ~ Kälte п'ять гра́дусів моро́зу; 2) сту́пінь, мíра́; bis zu éinem gewíssen ~ до де́якої мíри; 3) сту́пінь; чин; der akadémische Grad науко́вий сту́пінь.
grämen, sich *(um A, über A)* уболіва́ти, жури́тися, сумува́ти *(за ким, чим)*.
Gras *n* **-es, Gräser** трава́; únter dem ~e líegen лежа́ги (спочива́ти) в моги́лі.
Gráshalm *m* **-(e)s, -e** стебло́ трави́; соломи́на.
Gratulatión *f* **-, -en** поздоро́влення; віта́ння.
gratulíeren *vi* *(j-m zu D)* поздоровля́ти *(кого з чим)*.
grau *adj* 1) сі́рий; ~es Wétter хма́рна пого́да; der ~e Alltag сі́рі бу́дні; 2) си́вий; ~es Haar сивина́.
Gráupe *f* **-, -n** *здеб. pl* перло́ва крупа́; я́чна крупа́.
gráusam *adj* жорсто́кий, лю́тий ~e Kälte лю́тий (тріску́чий) моро́з.
gréifbar *adj* відчу́тний, помі́тний; я́вний.
gréifen* **1.** *vt* хапа́ти, схо́плювати; бра́ти; лови́ти; 2. *vi* *(nach D)* хапа́тися, схопи́тися *(за що)*; *(zu D)* бра́тися *(за що)*.
Greis *m* **-es, -e** стари́й, дід.
gréisenhaft *adj* старе́чий.
grell *adj* 1) різки́й, прони́зливий; 2) яскра́вий; крикли́вий *(про колір)*.
gréllen *vi* рі́зко звуча́ти.
Grémium *n* **-s, ...mi|en** о́рган; об'є́днання; корпора́ція; комі́сія; науко́ва ра́да.
Grénze *f* **-, -n** 1) кордо́н, рубі́ж; 2) грани́ця, межа́.
grénzen *vi* *(an A)* межува́ти, грани́чити, приляга́ти, примика́ти.
Grénz|linie *f* **-, -n** 1) кордо́н, демаркаці́йна лі́нія; 2) розмежува́льна лі́нія; **~pfahl** *m* **-(e)s, ...pfähle** прикордо́нний стовп; **~schutz** *m* **-es** 1) за́хист кордо́ну 2) прикордо́нна охоро́на; Soldát des ~schutzes прикордо́нник; **~streife** *f* **-, -n** прикордо́нний патру́ль; **~truppen** *pl* прикордо́нні військá; **~verletzung** *f* **-, -en** пору́шення кордо́ну; **~zwischenfall** *m* **-(e)s, ...fälle** прикордо́нний інциде́нт.
gríechisch *adj* гре́цький.
Grieß *m* **-es, -e** 1 ма́нна крупа́; 2) пісо́к, гра́вій; 3) *мед.* пісо́к *(в нирках)*.
Griff *m* **-(e)s, -e** 1) схо́плювання, хапа́ння; 2) хва́тка, прийо́м; ein éiserner ~ залі́зна хва́тка; 3) ви́верти, хи́трощі; 4) ру́чка; руко́ятка; ефе́с.
Grílle I *f* **-, -n** ко́ник, цвірку́н.
Grílle II *f* **-, -n** химе́ра, при́мха, дива́цтво.
grínsen *vi* шкі́рити зу́би; осміха́тися; глузува́ти, глуми́тися.
Gríppe *f* **-, -n** грип.
grob *adj* 1) *в різн. знач.* гру́бий; ein ~er Féhler гру́ба поми́лка; 2) нето́чний; гру́бий; чорнови́й; in ~en Úmrissen в зага́льних ри́сах; 3: ~e See бурхли́ве мо́ре; ~es Sieb рідке́ си́то; 4) *з підси-*

любальним значенням: den gröbsten Húnger háben бу́ти голо́дним як вовк.

Gróbheit *f* -, **-en** гру́бість; брута́льність.

groß 1. *adj* 1) вели́кий; просто́рий; gleich ~ однáкової величи-ни́; 2) вели́кий; вели́чний, благоро́дний *(про характер, вчинки);* 3) вели́кий, доро́слий; 4) значни́й, важли́вий; **2.** *adv:* etw. ~ schréiben 1) писа́ти що-н. з вели́кої лі́тери; 2) надава́ти чому́-н. вели́кого зна́чення; im ~en geséhen (розгляда́ючи що-н.) в зага́льному пла́ні (в цілóму); im ~en (und) gánzen загало́м і в ці́ло́му.

gróßartig *adj* розкі́шний; чудо́вий, вели́чний.

Gróßbautätigkeit *f* -, **-en** капіта́льне будівни́цтво.

Gróßbetrieb *m* **-(e)s, -e** вели́ке підприє́мство.

Größe *f* -, **-n** 1) величина́, ро́змір; in gánzer ~ на весь зріст; ein Mann von míttlerer ~ чолові́к сере́днього ро́сту; 2) величина́, знамени́тість; 3) ве́лич.

Gróßeltern *pl* дід і ба́ба.

Gróß|gewicht *n* **-(e)s, -e** вага́ бру́тто; **~grundbesitzer** *m* **-s, -** вели́кий землевла́сник; **~handel** *m* **-s** опто́ва торгі́вля; **~herzigkeit** *f* **-** великоду́шність; благоро́дство; **~hirn** *n* **-(e)s, -e** головни́й мо́зок; **~industrie** *f* - вели́ка промисло́вість; **~jährigkeit** *f* -повнолі́ття; **~macht** *f* -, **...mächte** вели́ка держа́ва; **~mama** *f* -, **-s** бабу́ся; **~mut** *f* -великоду́шність.

gróßmütig *adj* . великоду́шний; ще́дрий.

Gróß|mutter *f* -, **...mütter** бабу́ся; **~papa** *m* **-s, -s** діду́сь; **~preis** *m* **-es, -e** головни́й приз; **~produktion** *f* - виробни́цтво *(чого)* в, вели́ких масшта́бах; **~reparatur** *f* -, **-en** капіта́льний ремо́нт; **~tat** *f* -, **-en** сла́вний по́двиг, вели́ке дося́гнення.

gróßtun * *vi* 1) *(mit D)* хва́стати *(чим);* 2) велича́тися, зано́ситися, зазнава́тися.

Gróßvater *m* **-s, ...väter** дід, діду́сь.

gróßziehen* *vt* виро́щувати; вихо́вувати *(дітей).*

gróßzügig 1. *adj* широ́кий *(про натуру), ще́дрий, великоду́шний;* **2.** *adv* ще́дро, великоду́шно; широ́ко.

Grúbe *f* -, **-n** 1) я́ма; 2) нора́; 3) котлова́н, кар'є́р; ◊ wer ánderen éine ~ gräbt, fällt selbst hinéin *присл.* не копа́й і́ншому я́ми, бо сам упаде́ш.

grübeln *vi (über A)* мі́ркува́ти, розмірко́вувати, розду́мувати *(про що).*

grün *adj* 1) зеле́ний; ~ wérden (по)зелені́ти; 2) зеле́ний, незрі́лий, неспі́лий; ~es Holz сирі́ дро́ва; ein ~er Júnge *розм.* молоко́со́с.

Grün|anlage *f* -, **-n** зеле́не наса́дження; сквер; **~anpflanzung** *f* -, **-en** озеле́нення.

Grund *m* **-(e)s, Gründe** 1) дно; 2) *так. sg* грунт; земля́; 3) доли́на, ло́щи́на; 4) фон; 5) фунда́мент, осно́ва *(тж. перен.);* im ~e (genómmen) вла́сне (ка́жучи); по су́ті; éiner Sáche (D) auf den ~ kómmen (géhen, séhen) з'ясува́ти суть спра́ви; 6) підста́ва, причи́на; aus wélchem ~e? на які́й підста́ві?; з які́ї причи́ни?

Grúnd|begriff *m* **-(e)s, -e** основ-ні́ поня́ття; **~besitz** *m* **-es, -e** земе́льна вла́сність; землеволоді́ння.

gründen 1. *vt* засно́вувати; устано́влювати; **2. sich** ~ *(auf A)* грунтува́тися *(на чому).*

Grúndlage *f* -, **-n** осно́ва; ба́за, фунда́мент.

grúndlegend 1. *adj* основни́й, докорі́нний; **2.** *adv* докорі́нно.

gründlich 1. *adj* грунто́вний, міцни́й, ділови́й; **2.** *adv* грунто́вно, докла́дно.

Grúnd'satz *m* **-es, ...sätze** основне́ поло́ження; пра́вило; при́нцип.

Gründung *f* **-n, -en** заснува́ння; утво́рення *(чого).*

Grüne *n* **-n** 1) зе́лень *(лугів і лісів);* ins ~ fáhren (géhen) поїхати за мі́сто; im ~n на ло́ні приро́ди; 2) зе́лень, о́вочі.

grünen *vi* зелені́ти.

Grünzeug *n* **-(e)s** зе́лень, о́вочі.

Gruß *m* **-es, Grüße** покло́н, приві́т, віта́ння; салю́т; mit hérzlichem ~ з щи́рим приві́том

grüßen *vt* віта́ти *(кого),* віта́тись *(з ким);* er läßt Sie ~ він шле Вам приві́т.

Grütze *f* -, **-n** 1) крупа́; 2) ка́ша.

gúcken *vi (auf A, nach D)* диви́тися *(на що),* вдивля́тися.

gültig *adj* ді́йсний, зако́нний.

Gültigkeit *f* **-** чи́нність, зако́нність.

G

Gúmmi *m* **-s, -** *i* **-s** 1) каучу́к; гу́ма; 2) гу́мка.
Gunst *f* - прихи́льність, добрози́члйвість; ла́ска.
günstig *adj* сприя́тливий; слу́шний; éine ~ e Gelégenheit слу́шний моме́нт; ~er Wind попу́тний ві́тер.
Gúrgel *f* **-, -n** го́рло, горля́нка; горта́нь.
gúrgeln *vi* 1) полоска́ти го́рло; 2) вирува́ти, клекота́ти.
Gúrke *f* **-, -n** 1) огіро́к; saure ~n соло́ні огірки́; leicht gesálzene ~n малосо́льні огірки́; 2) *розм.* ніс.
Gürtel *m* **-s, -** 1) по́яс, па́сок; 2) *геол.* зо́на, по́яс.
Gúßmörtel *m* **-s** бето́н.
gúßeisern *adj* чаву́нний.
gut 1. *adj* га́рний, до́брий; доброя́кісний; **2.** *adv* до́бре; schon ~!, ~ denn! **гара́зд**; ~ **davónkommen ле́гко відбу́тися**; **so ~ wie nichts ма́йже ніч́ого**; **kurz und ~ одни́м сло́вом.**
Gut *n* **-(e)s, Güter** 1) бла́го, добро́; 2) мае́ток; 3) майно́; 4) това́р, ванта́ж; 5) матеріа́л, проду́кт.
Gútachten *n* **-s, -** ду́мка; по́гляд; ві́дгук, реце́нзія; експерти́за.
gútartig *adj* 1) з до́брими зада́тками; 2) доброя́кісний (*тж. мед.*).
Güte *f* - 1) доброта́, до́брість; 2) (хоро́ша) я́кість (*чого*); *добро́тність, доброя́кісність.*
Güter|abfertigung *f* **-, -en** відпра́вка вантажі́в; ~**austausch** *m* **-es** товаро́обмін; ~**bahnhof** *m* **-(e)s, ...höfe** залізни́чна това́рна ста́нція; ~**wagen** *m* **-s, -** това́рний ваго́н; ~**zug** *m* **-es, ...züge** това́рний по́їзд.
gút|gelaunt *adj* весе́лий; в до́брому на́строї; ~**gesinnt** *adj* 1) (*D*) прихи́льний (*до кого*); добрози́чли́вий; 2) благонаді́йний; ~**gewachsen** *adj* ро́слий, висо́кий на зріст.
gutheißen* *vi* схва́лювати, ухва́лювати; санкціонува́ти.
gútherzig *adj* 1) доброду́шний; м'якосе́рдий; 2) приві́тний, щи́рий.
gútmachen *vt* 1) виправля́ти (*помилку*); загла́джувати (*вину*); 2) *бот.* полі́пшувати (*сорт, породу*).
gútmütig 1. *adj* доброду́шний; **2.** *adv* доброду́шно; ~áussehen ма́ти доброду́шний ви́гляд.
gútsagen *vi* (*für A*) руча́тися (*за кого, що*); гарантува́ти (*що*).
Gútsbesitzer *m* **-s, -** помі́щик.
gúttun* *vi* (*D*) роби́ти добро́; прино́сити ко́ристь; бу́ти кори́сним (*кому*).
Gütung *f* - меліора́ція.
gútunterrichtet *adj* до́бре поінформо́ваний.
Gymnástik *f* - гімна́стика; ~ tréiben **займа́тися гімна́стикою.**

H h

Haar *n* **-(e)s, -e** 1 волоси́на, воло́сся; auf ein ~, (bis) aufs ~ точні́сінько; 2) шерсть.
Háarbürste *f* **-, -n** щі́тка для воло́сся.
háargenau 1. *adj* ду́же то́чний; **2.** *adv* точні́сінько.
háarig *adj* 1) волоса́тий; 2) шерсти́стий, ворси́стий.
Háar|надел *f* **-, -n** шпи́лька для воло́сся; ~**pflege** *f* - до́гляд за воло́ссям; ~**schnitt** *m* **-(e)s** стри́жка; ~**strähne** *f* **-, -n** па́смо воло́сся.
Hábe *f* - майно́; вла́сність.
háben* 1. *vt* 1) ма́ти (*що*), володі́ти (*чим*); 2) оде́ржати, придба́ти здобу́ти; da hast du das Buch ось тобі́ кни́жка; 3) *у сполученні з zu+Infinitiv виражає повинність:* er hat noch ein Jahr zu studieren йому́ тре́ба ще рік учи́тися; was hat er zu tun? що він ма́є роби́ти?; 4) *у сполученні з Infinitiv без zu:* du hast gut réden тобі́ до́бре говори́ти; er hat gut láchen йому́ до́бре смія́тися; 2. *допоміжне дієслово у складних часових формах; окремим словом не перекладається:* wir ~ gelésen ми чита́ли.
Hábgier *f* - користолю́бство, жа́дібність, заже́рливість.
hábgierig *adj* жа́дібний, заже́рливий, користолю́бний.
Hábicht *t* **-(e)s, -e** я́струб.

Há|seligkeiten *pl* майно, рéчі, пожи́тки; **~sucht** *f див.* Habgier; **~ süchtig** *adj* див. hágierig.
Hácke I *f* -, -n мотика, кирка.
Hácke II *f* -, -n, **Hácken** *m* -s, -1) п'ятка (ноги, панчохи); 2) каблу́к, підбо́р.
hácken *vt* 1) рубáти *(дрова);* сікти, різати *(овочі);* 2) моти́жити, сапáти; 3) дзьóбати.
Háfen *m* -s, **Häfen** гáвань, порт.
Hafen|arbeiter *m* -s, - дóкер, портóвий робітни́к; **~stadt** *f* -, **...städte** портóве місто.
Háfer *m* -s овéс.
Haft *f* - арéшт, ув'я́знення; in ~ néhmen заарештувáти.
Háftanstalt *f* -, -en в'язни́ця.
háften I *vi* 1) *(an D)* прилипáти, приставáти *(до чого);* 2) *(in D)* застрявáти.
háften II *vi (für A)* нести́ відповідáльність *(за кого, за що).*
háftenbleiben* *vi (s)* 1) приставáти, прилипáти; 2) залишáтися в пáм'яті, запам'ятóвуватися.
Häftling *m* -s, -e в'я́зень.
Hágel *m* -s 1) град; 2) *мед.* ячмíнь.
hágeln *vimp:* es hágelt йде град; es hágelte Frágen поси́пався град запитáнь.
háger *adj* худорля́вий, сухорля́вий.
Hahn I *m* -(e)s, **Hähne** 1) пíвень; 2) самéць *(у птахів).*
Hahn II *m* -(e)s, **Hähne** *i* -en 1) кран; 2) курóк.
Hai *m* -(e)s, -e, **Háifisch** *m* -es, -e акýла.
Hain *m* -(e)s, -e гай, дібрóва.
Háken *m* -s, - 1) зáщіпка, крючóк; 2) поворóт, ріг; гак; 3) апóстрóф; hierín liegt der ~ ось у чóму закови́ка.
Hákenkreuz *n* -es, -e свáстика.
halb 1. *adj* 1) полови́нний; ein ~es Jahr піврóку; jéde ~e Stúnde кóжні півгоди́ни; auf ~em Wége на півдорóзі; ein und éine ~e Stúnde півтори́ годи́ни; 2) полови́нчатий, непóвний, частко́вий; mit ~em Ohr zúhören слýхати крáєм вýха; ~er Schlaf напівсóн, дрімóта; **2.** *adv* наполови́ну; мáйже; ~ im Ernst напівсерйóзно; ~ umsónst мáйже дáром.
Hálbdunkel *n* -s напівтéмрява, сýтінки.
hálb|erwachsen *adj* напівдорóслий; **~fertig** *adj* недорóблений, напівготóвий.
halbíeren *vt* діли́ти поповáм.
Hálb|insel *f* -, -n пíвóстрів; **~jahr** *n* -(e)s, -e піврíччя.
hálb|jährig *adj* піврíчний; **~jährlich 1.** *adj* піврíчний; **2.** *adv* кóжних піврóку.
Hálbkugel *f* -, -n півкýля.
hálb|laut *adj, adv* напівгóлосно; **~leer** *adj* напівпорóжній.
Hálb|leiter *m* -s, - *фіз.* напівпровідни́к; **~messer** *m* -s, - *мат.* рáдіус.
Hálb|schlaf *m* -(e)s напівсóн; **~schuh** *m* -(e)s, -e черeви́к, полуботи́нок; **~starke** *m, f* 1) пíдліток; 2) розбишáка.
hálbverfallen *adj* напівзруйнóваний.
Hálbware *f* -, -n напівфабрикáт.
Hálb|wüchsige *m, f* пíдліток; **~zeit** *f* -, -en *спорт.* полови́на гри, тайм.
Hälfte *f* -, -n полови́на.
Hall *m* -(e)s, -e звук, вíдгук, лунá.
Hálle *f* -, -n 1) (вели́кий) зал; вестибю́ль, пасáж, павільйóн, кри́тий ри́нок; 2) гарáж; 3) ангáр; 4) цех.
hállen *vi* лунáти.
Halm *m* -(e)s, -e стебло́; соломи́нка.
Hals *m* -es, **Hälse** 1) ши́я; j-m um den ~ fállen ки́датися комý-н. на ши́ю; 2) гóрло; aus vóllem ~ на все гóрло; 3) ши́йка *(пляшки);* ~ über Kopf стрімголóв, прожóгом.
hálsbrecherisch *adj* ризикóваний, небезпéчний.
Hálskette *f* -, -n нами́сто.
Háls-Násen-Óhrenarzt *m* -es, **...ärzte** *мед.* лíкар-отоларингóлог.
Háls|schmerzen *pl* біль у гóрлі; **~schmuck** *m* -(e)s, -e нами́сто.
hálsstarrig *adj* упéртий, твердолóбий.
Hálstuch *n* -es, **...tücher** шарф; коси́нка; гáлстук; das róte ~ червóний піонéрський гáлстук.
Halt *m* -(e)s 1) опóра, підпóра; підтри́мка; 2) зупи́нка, привáл; стоя́нка; 3) морáльна ви́тримка, стíйкість.
háltbar *adj* міцни́й, стійки́й; добрóтний.
hálten* *vt* 1) тримáти; j-n an (bei) der Hand ~ тримáти когóн. за рýку; 2) викóнувати *(що),*

додéржуватися *(чого);* Diät ~ додéржуватися дiéти; 3) *(für A)* вважáти *(кого ким, що чим);* ich hielt ihn für méinen Freund я вважáв йогó своїм дрýгом; 4) éinen Vórtrag ~ робúти дóповiдь; den Mund ~ держáти язúк за зубáми; j-n beim Wórte ~ спiймáти когó-н. на слóвi; Rat ~ рáдитися; etw. in Órdnung ~ тримáти щo-н. в порядку; **2.** *vi* 1) зупинятися; der Zug hält fünf Minúten пóїзд стоїть п'ять хвилúн; 2) *(auf A)* надавáти знáчення *(чому),* стéжити *(за чим);* auf séine Gesúndheit ~ стéжити за своїм здорóв'ям; 3. **sich** ~ 1) тримáтися; sich abseits ~ тримáтися óсторонь: sich gut ~ дóбре повóдитися; 2) додéржуватися *(чого);* sich ans Gesétz ~ додéржуватися закóну.

Háltestelle *f* -, **-n** зупúнка.

haltlos *adj* 1) нестiйкúй; 2) безпiдстáвний; 3) нестрúмний.

Háltung *f* -, **-en** 1) постáва, вúправка, пóза; 2) позúцiя; стáвлення; 3) вúтримка; 4) додéржання.

Hámmel *m* **-s, -** *i* **Hämmel** барáн.

Hámmer *m* **-s, Hämmer** мóлот, молотóк; ~ und Síchel серп i мóлот.

hämmern 1. *vt* стýкати. бúти мóлотом; **2.** *vi, vimp* стýкати; das Herz hämmert сéрце стýкає.

Hámpelmann *m* **-s, ...männer** петрýшка *(iграшка);* марiонéтка.

Hámster *m* **-s, -** хом'як.

Hand *f* -, **Hände** 1) рукá, кисть рукú; bei der ~ néhmen брáти за рýку; ~ in ~ плiч-ó-плiч; Hände weg! рýки геть!; álle Hände voll zu tun háben бýти дýже зáйнятим; die Hände in den Schoß légen сидiти склáвши рýки; 2) пóчерк, рукá; éine léserliche ~ schréiben мáти розбiрливий пóчерк.

Hánd|arbeit *f* -, **-en** 1) ручнá (фiзична) прáця; 2) рукодiлля; **~atlas** *m -i* **-ses, ...atlánten** шкiльнúй áтлас; **~ball** *m* **-(e)s** *спорт.* ручнúй м'яч.

Handbuch *n* **-es, ...bücher** дóвiдник, посiбник.

Handel *m* **-s** торгiвля.

hándeln 1. *vi* 1) дiяти; 2) *(mit D)* торгувáти *(чим);* 3) *(um A)* домовлятися *(про що);* торгувáтися *(за що);* 4) *(von D)* мáти тéмою *(що);* опúсувати, змальóвувати *(що);* der Artíkel hándelt von ... у статтi йдéться про ...; **2.** *vimp:* es hándelt sich um ...*(A)* йдéться про *(що)* ...; worúm hándelt es sich? про що (йде) мóва?

Hándels|abkommen *n* **-s, -** торговéльна угóда; **~austausch** *m* **-es** товарооóбмiн; ~ **beziehungen** *pl* торговéльнi віднóсини, зв'язкú; **~hochschule** *f* -, **-n** торговéльний iнститýт; **~kammer** *f* -, **-n** торгóва палáта; **~ministerium** *n* **-s, ...ri|en** мiнiстéрство торгiвлi; **~verkehr** *m* торговéльнi зв'язкú, торгiвля; **~vertrag** *m* **-(e)s, ...träge** торговéльна угóда.

hánd|fertig *adj* спрúтний; **~fest** *adj* мiцнúй, кремéзний, дýжий.

Hánd|fläche *f* -, **-n** долóня; **~gelenk** *n* **-(e)s, -e** зап'ясток; **~gepäck** *n* **-(e)s, -e** ручнúй багáж.

hánd|geschrieben *adj* рукописний; **~greiflich** *adj* очевúдний, перекóнливий.

hándhaben *vt* орýдувати, користувáтися, володiти *(чим).*

Händler *m* **-s, -** торгóвець.

hándlich *adj* 1) зрýчний, похватнúй; 2) портатúвний.

Hándlung *f* -, **-en** 1) вчúнок, дiя; 2) дiя *(роману, п'єси);* die ~ rollt ab дiя розгортáється; 3) торгiвля; 4) магазúн, крамнúця.

Hándlungs|freiheit *f* **-** свобóда дiй; **~weise** *f* -, **-n** спóсiб дiй; вчúнок; поведiнка.

Hánd|pflege *f* **-** манiкюр; **~schellen** *pl* нарýчники; **~schlag** *m* **-(e)s, ...schläge** рукостискáння; **~schrift** *f* -, **-en** 1) пóчерк, рукá; 2) рукóпис.

hándschriftlich *adj* рукописний.

Hánd|schuh *m* **-(e)s, -e** рукавúчка; **~tasche** *f* -, **-n** (жiнóча) сýмка; **~tuch** *n* **-es, ...tücher** рушнúк; **~umdrehen;** im ~umdrehen вмить; **~voll** *f* **-** жменя; **~werk** *n* **-s, -e** ремеслó; профéсiя; **~werker** *m* **-s, -** ремiснúк, майстровúй.

hándwerklich *adj* ремiснúчий.

Hánd|wörterbuch *n* **-(e)s, ...bücher** словнúк *(настiльний, невеликий);* **~zeichen** *n* **-s, -** 1 знак рукóю; ich bitte um das ~zeichen! прóшу пiднестú рýки! *(при голосуваннi);* 2) пiдпис *(скорочений);* **~zettel** *m* **-s, -** листiвка.

Hanf *m* **-(e)s** конóплi.

Hang *m* **-(e)s, Hänge** 1) схил,

укіс, 2) схи́льність, по́тяг *(до чого)*.

Hänge|bahn *f* -, **-en** підвісна́ доро́га; **~brücke** *f* -, **-n** вися́чий міст; **~lampe** *f* -, **-n** вися́ча ла́мпа; **~leuchter** *m* **-s** - лю́стра.

hängen 1. *vt* віша́ти, пові́сити; 2.* *vi (h)* 1) ви́сіти; 2) *(an D)* бу́ти прихи́льним *(до кого)*, люби́ти *(кого)*; 3) трива́ти; застрява́ти, стоя́ти на мі́сці; 3. **sich** ~ ви́сіти, пови́снути.

hängenbleiben* *vi (S)* 1) *(an D)* пови́снути *(на чому)*, зачепи́тися *(за що)*; 2) застрява́ти *(тж. перен.)*.

hängenlassen* *vt* залиши́ти ви́сіти пальто́ *(на вішалці)*.

hantíeren *vi (an D, mit D)* вози́тися *(з ким, чим)*, по́ратися *(коло чого)*; керува́ти *(чим)*.

hápern *vimp* 1) не ла́дитися; не йти на лад; 2) не вистача́ти.

hármlos *adj* 1) нешкідли́вий; безневи́нний; 2) простоду́шний, нехи́трий.

harmónisch *adj* гармоні́йний.

hárren *vi (G, auf A)* чека́ти *(кого, чого з нетерпінням)*.

hart 1. *adj* 1) тверди́й, міцни́й; 2) суво́рий, жорсто́кий; 3) різки́й *(про світло, звук)*, контра́стний *(про фотопапір)*; **2.** *adv* 1) суво́ро, жорсто́ко, тве́рдо; 2) впри́тул, щі́льно, бли́зько *(до чого)*; ~am Ránde з са́мого кра́ю.

Härte *f* -, **-n** 1) тве́рдість; мі́цність; контра́стність; 2) суво́рість; жорсто́кість; 3) загартова́ність, витрива́лість.

härten *vt* гартува́ти.

hárt|gefroren *adj* ме́рзлий; **~gekocht**, **~gesotten** *adj* кру́то зва́рений; **~herzig** *adj* безсерде́чний; **~näckig 1.** *adj* упе́ртий; наполе́гливий; **2.** *adv* упе́рто; наполе́гливо.

Hártnäckigkeit *f* - упе́ртість; наполе́гливість.

Harz *n* **-es, -e** смола́.

háschen 1. *vt* лови́ти, хапа́ти; sich ~ лови́ти оди́н о́дного, гра́тися в квача́; **2.** *vi (nach D)* гна́тися *(за чим)*, лови́ти *(що)*.

Háse *m* **-n, -n** за́єць; ◊ da liegt der ~ im Pféffer! ось де соба́ка зари́тий!; mein Náme ist ~ моя ха́та скра́ю. я нічо́го не зна́ю.

Haß *m* **Hasses** нена́висть.

hássen *vt* нена́видіти.

háß|erfüllt *adj* спо́внений нена́висті.

häßlich *adj* 1) нега́рний, потво́рний; ~ wérden спогані́ти; 2) оги́дний, бридки́й.

Häßlichkeit *f* -, **-en** 1) потво́рність; 2) оги́дність, мерзо́тність.

Hast *f* - поспі́шність, кваплй́вість, по́спіх.

hásten *vi* поспіша́ти, ква́питися.

hástig *adj* поспі́шливий, кваплй́вий.

Hauch *m* **-(e)s, -e** 1) ди́хання; по́дих; 2) по́дув; 3) *фон.* при́дих, аспіра́ція; 4) озна́ка, на́тяк, відті́нок.

háuen* *(impf hieb зброєю,* háute *знаряддям)* 1. *vt, vi* 1) *(зброєю)* руба́ти, завдава́ти уда́ру; стьоба́ти; 2) *(знаряддям)* пробу́бувати, висіка́ти; 3) коси́ти *(траву)*; 4) *розм.* би́ти, лупцюва́ти; 2. **sich** ~ би́тися.

Háufen *m* **-s, -** 1) ку́па; 2) на́товп, юрба́.

häufen 1. *vt* 1) склада́ти, нагрома́джувати; 2) накопи́чувати; 2. **sich** ~ накопи́чуватися.

häufig 1. *adj* ча́стий; **2.** *adv* ча́сто.

Haupt *n* **-(e)s, Häupter** 1) голова́; das ~ néigen схили́ти го́лову; 2) голова́ *(організації)*, нача́льник; 3) верши́на *(гори)*; *верхі́вка (дерева)*.

Háupt|aufgabe *f* -, **-n** головне́ завда́ння; **~bedeutung** *f* -, **-en** основне́ зна́чення *(слова)*; ~**betrieb** *m* **-(e)s, -e** 1) головне́ підприє́мство; 2) годи́ни пік; ро́зпал *(чого)*; **~darsteller** *m* **-s, -** викона́вець головно́ї ро́лі; **~daten** *pl* основні́ да́ні; **~eíngang** *m* **-(e)s, ...gänge** центра́льний вхід; **~fach** *n* **-(e)s, ...fächer** основни́й навча́льний предме́т; основна́ спеціа́льність; **~frage** *f* -, **-n** головне́ пита́ння, основна́ пробле́ма.

Häuptling *m* **-s, -e** 1) ватажо́к; вождь *(племені)*; 2) *розм.* нача́льник, шеф.

Háupt|mann *m* **-(e)s, ...leute** 1) капіта́н; 2) ватажо́к; **~platz** *m* **-es, ...plätze** центра́льна пло́ща; **~post** *f* -, **-en**, **~postamt** *n* **-(e)s, ...ämter** головни́й пошта́мт; **~rolle** *f* -, **-n** головна́ роль; **~sache** *f* - головне́ *(про справу)*, суть.

háuptsächlich 1. *adj* головни́й, основни́й, провідни́й; **2.** *adv* головни́м чи́ном; наса́мперед.

Háupt|satz *m* **-es, ...sätze** *грам.*

H

головне́ ре́чення; **~stadt** *f* -, **...städte** столи́ця; **~straße** *f* -, **-n** центра́льна ву́лиця; **~verkehrszeit** *f* -, **-en** годи́ни пік; **~zweig** *m* **-(e)s, -e** основна́ га́лузь.

Haus *n* **-es, Häuser** 1) буди́нок, буді́вля; 2) домі́вка, дома́шнє во́гнище; zu ~e sein бу́ти вдо́ма; nach ~e додо́му; wo ist sie zu ~e? зві́дки вона́ ро́дом?; 3) грома́дська спору́да: теа́тр, фі́рма, пала́та *(парламенту)*; das ~ der Kultúr буди́нок культу́ри; das ~ ist áusverkauft усі́ квитки́ про́дано *(у театрі)*; das ~ der Lords пала́та ло́рдів; 4) рід, дина́стія; er ist von ~ aus ein Máler він приро́джений худо́жник.

Háus|arbeit *f* -, **-en** 1) дома́шня робо́та; 2) дома́шнє завда́ння, уро́ки; **~aufgabe** *f* -, **-n** дома́шнє завда́ння, уро́к; **~aufsatz** *m* **-es, ...sätze** дома́шній тві́р; **~bedarf** *m* **-(e)s:** für den ~ bedarf для дома́шнього вжи́тку; **~besitzer** *m* **-s, -** домовла́сник; **~bewohner** *m* **-s, -, ~bewohnerin** *f* -, **-nen** ме́шканець, ме́шканка буди́нку.

Häus|chen *n* **-s, -** буди́ночок; бу́дка, сторо́жка.

háusen *vi* 1) ме́шкати; ма́ти при-ту́лок; 2) господарюва́ти; 3) заоща́джувати.

Häuserblock *m* **-(e)s, -e** кварта́л *(будинків)*.

Háus|frau *f* -, **-en** домогоспода́рка; **~halt** *m* **-(e)s, -e** 1) ха́тнє господа́рство; den ~halt führen (besórgen) господарюва́ти; 2) бюдже́т; **~herr** *m* **-n, -en** 1) хазя́їн до́му; 2) домовла́сник.

häuslich 1. *adj* 1) дома́шній; 2) роди́нний; 3) хазяйнови́тий; **2.** *adv* 1) по-дома́шньому; 2) хазяйнови́то.

Háus|nummer *f* -, **-n** но́мер буди́нку; **~suchung** *f* -, **-en** о́бшук *(у домі)*; **~tier** *n* **-(e)s, -e** свíйська твари́на; **~vater** *m* **-s, ...väter** 1) хазя́їн до́му; 2) заві́дувач, нача́льник, коменда́нт *(табору, будинку відпочинку, готелю)*; **~wirt** *m* **-(e)s, -e** домовла́сник.

Haut *f* -, **Häute** 1) шкі́ра; 2) оболо́нка, плі́вка, шкі́рка; 3): éine éhrliche ~ до́брий хло́пець; éine kómische ~ дива́к.

H-Bombe ['ha:-] *f* -, **-n** водне́ва бо́мба.

Hébel *m* **-s, -** підо́йма, ва́жіль.

hében* 1. *vt* 1) підніма́ти, підно́сити *(руку)*, підви́щувати *(голос)*, полі́пшувати *(умови)*; 2. **sich ~** 1) підніма́тися, підно́ситися; 2) зроста́ти, розвива́тися; 3) припиня́тися, мина́ти; 4) *мат.* скоро́чуватися; взає́мно зни́щуватися.

Hébung *f* -, **-en** 1) підніма́ння, підняття́; 2) підви́щення, зроста́ння, ро́звиток; покра́щення; 3) припи́нення, скасува́ння.

Hecht *m* **-(e)s, -e** щу́ка.

Heer *n* **-(e)s, -e 1)** а́рмія; ві́йсько; 2) си́ла, бе́зліч.

Héerführer *m* **-s, -** воєнача́льник, полково́дець.

Héeresdienst *m* **-es** слу́жба в а́рмії.

Heft I *n* **-(e)s, -e** 1) зо́шит; 2) ви́пуск, кни́жка; но́мер *(журналу)*; брошу́ра.

Heft II *n* **-(e)s, -e** рукоя́тка, ру́чка.

héften 1. *vt* 1) *(an A)* прикрі́плювати *(до чого)*; 2) пристіба́ти; приме́тувати; зшива́ти; 3) *(auf A, an A)* спрямо́вувати *(погляд на кого, на що)*; 2. **sich ~** *(an A)* чі́плятися *(до кого, чого)*, пересліду́вати *(кого, що)*.

héftig 1. *adj* 1) си́льний, запе́клий, го́стрий, різки́й; 2) запальни́й, гаря́чий; **2.** *adv* 1) ду́же; 2) рі́зко, го́стро.

Héft|klammer *f* -, **-n** скрі́пка; **~pflaster** *n* **-s, -** лейкопла́стир; **~zweck** *m* **-(e)s, -e ~zwecke** *f* -, **-n** кно́пка *(канцелярська)*.

Héide I *f* -, **-n** 1) пу́стище, напівпусте́ля, ве́ресове пу́стище; 2) *бот.* ве́рес.

Héide II *m* **-n, -n** язи́чник.

Héide(n)|rose *f* -, **-n, ~rös|chen** *n* **-s, -, ~röslein** *n* **-s, -** шипши́на.

héidnisch *adj* язи́чеський.

heil *adj* ці́лий, непошко́джений.

Heil *n* **-(e)s** 1) ща́стя, бла́го, добро́бут; 2) *вітання:* ура́!, віта́ємо!

héilbar *adj* виліко́вний.

héilen 1. *vt* лікува́ти; виліко́вувати; 2. *vi (s)* го́їтися, заго́юватися.

héilkräftig *adj* цілю́щий.

Héilkraut *n* **-(e)s, ...kräuter** ліка́рська росли́на.

héillos *adj* 1) жахли́вий, страшни́й; 2) невиліко́вний.

Héil|mittel *n* **-s, -** лі́ки *(gegen A від чого)*; **~pflanze** *f* -, **-n** ліка́рська росли́на; **~quelle** *f* -, **-n**

цілюще джерело́.

héilsam *adj* кори́сний, цілю́щий.

Héilung *f* -, **-en** 1) лікува́ння; 2) виду́жування, заго́ювання.

Héilwasser *n* -s, ...**wässer** мінера́льна вода́.

heim *adv* додо́му; на ба́тьківщи́ну.

Heim *n* **-(e)s, -e** 1) дома́шнє во́гнище, домі́вка; 2) буди́нок *(заклад соціального забезпечення, культурний, оздоровчий)*; 3) інтерна́т, гурто́житок.

Héimat *f* -, **-en** рі́дний край, ба́тьківщи́на.

Héimat|dorf *n* **-(e)s, ...dörfer** рі́дне село́; **~kunde** *f* - краєзна́вство; **~land** *n* **-(e)s** ба́тьківщи́на.

héimatlich *adj* рі́дний, вітчи́зня́ний.

héimatlos *adj* безрі́дний; що не ма́є підда́нства.

Héimatstadt *f* -, **...städte** рі́дне мі́сто.

héim|begleiten *vt* проводжа́ти додо́му; **~fahren*** 1. *vi(s)* ї́хати додо́му; 2. *vt* везти́ додо́му.

héim|führen *vt* відво́дити додо́му; приво́дити в дім *(дружину)*; **~gehen*** *vi (s)* 1) іти́ додо́му; 2) *перен.* вмира́ти; **~holen** *vt* забира́ти додо́му.

héimisch **1.** *adj* 1) рі́дний; 2) вітчи́зня́ний; 3) місце́вий; **2.** *adv* по-дома́шньому, як у се́бе вдо́ма.

Héim|kehr *f* - пове́рнення додо́му, на ба́тьківщи́ну; **~kind** *n* **-es, -er** вихова́нець дитя́чого буди́нку; **~lehrer** *m* **-s, -** учи́тель шко́ли-інтерна́ту.

héimlich **1.** *adj* 1) тає́мний, секре́тний? 2) таємни́чий; **2.** *adv* тає́мно; крадькома́.

héimlos *adj* безпризу́льний, бездо́мний.

Héim|reise *f* -, **-n** пове́рнення додо́му, на ба́тьківщи́ну; **~schule** *f* -, **-n** шко́ла-інтерна́т; **~statt** *f* -, **~stätte** *f* -, **-n** 1) житло́, домі́вка; 2) ба́тьківщи́на; 3) гурто́житок.

héim|tückisch *adj* підсту́пний, віроло́мний; **~wärts** *adv* додо́му, на батьківщи́ну.

Héimweh *n* **-(e)s** ту́га за ба́тьківщи́ною, ностальгі́я.

Héirat *f* -, **-en** одру́ження.

héiraten 1. *vi* одру́жуватися; 2. *vt.* жени́тися *(з ким)*; вихо́дити за́між *(за кого)*.

Héirats|schein *m* **-(e)s, -e,** **~urkunde** *f* -, **-n** свідо́цтво про одру́ження.

héiser *adj* хри́плий, си́плий.

heiß **1.** *adj* 1) гаря́чий, жарки́й; 2) *перен.* си́льний, палки́й, гаря́чий; запе́клий *(бій)*; **2.** *adv* 1) жа́рко, га́ряче́; 2) *перен.* си́льно, па́лко.

héißblütig *adj* гаря́чий, палки́й, при́страсний; запальни́й.

héißen* **1.** *vi* 1) назива́тися, зва́тися; wie heißt du? як тебе́ звуть?; wie heißt das auf ukráinisch? як це бу́де по-украї́нському?; 2) зна́чити, означа́ти; was soll das héißen? що це означа́є?; 2. *vt* назива́ти.

héiter *adß* 1) я́сни́й, безхма́рний, со́нячний, сві́тлий; 2) весе́лий, ра́дісний.

Héiterkeit *f* -, **-en** 1) весе́лість, ве́селощі, весе́лий на́стрій; 2) я́сність *(про погоду)*, безхма́рність.

héizen 1. *vt* опа́лювати, топи́ти; 2. *vt* топи́тися.

Héizung *f* -, **-en** опа́лення.

Held *m* **-en, -en** 1) геро́й; 2) геро́й, головна ді́йова осо́ба.

héldenhaft *adj* героі́чний, геро́йський, му́жній.

Héldenmut *m* **-(e)s** героі́зм, геро́йство, звитя́жність.

héldenmütig *adj* *див.* héldenhaft.

Hélden|stadt *f* -, **...städte** мі́сто-геро́й; **~tat** *f* -, **-en** по́двиг.

Héldentum *n* **-s** до́блесть, героі́зм.

hélfen* *vi* допомага́ти.

Hélfer *m* **-s, -** помічни́к.

Hélfershelfer *m* **-s, -** спі́льник, поплі́чник.

hell *adj* 1) сві́тлий, я́сний; яскра́вий; am **~**en Táge се́ред бі́лого дня; es wird **~** світа́є; 2) дзвінки́й *(голос)*.

héllblau *adj* блаки́тний, світлоси́ній.

Helm *m* **-(e)s, -e** шоло́м, ка́ска.

Hemd *n* **-(e)s, -en** соро́чка; ма́йка.

hémmen *vt* затри́мувати; гальмува́ти.

Hémmung *f* -, **-en** 1) гальмува́ння, перешко́да; за́три́мка; 2) приду́шення, вгамо́вування *(почуттів)*.

hémmungslos *adj* невтри́мний, безперешко́дний.

Hengst *m* **-es, -e** жеребе́ць.

Hénker *m* **-s, -s** кат.

Hénne *f* -, **-n** 1) ку́рка; 2) са́мка *(у птахів)*.

her *adv* 1) сюди́; komm **~**! іди́

сюди́!; ~ mit dem Buch! дава́й сюди́ кни́жку!; 2) *вказує на відправну точку:* von da ~ звідти; von óben ~ звéрху; von únten ~ зни́зу; 3) *при позначенні часу:* schon zwei Jáhre ~ ужé два рóки.

heráb *adv* уни́з *(у напрямку до того, хто говорить);* von óben ~ 1) звéрху вниз; 2) зви́сока, згóрда.

herab|fallen* vi (s) пáдати, спадáти, опадáти; ~hängen 1. *vt* звíшувати, спускáти; 2.* *vi* звисáти, спадáти; **~lassen*** 1. *vt* спускáти; 2. **sich** ~lassen спускáтися; **~mindern** *vt* 1) зни́жувати, змéншувати; 2) *перен.* прини́жувати; **~setzen** *vt* 1) знімáти, спускáти; 2) зни́жувати, скорóчувати; 3) прини́жувати, примéншувати.

herán *adv* сюди́, бли́жче *(до того, хто говорить).*

herán|bilden *vt* навчáти, підготовля́ти, вихóвувати *(кадри);* **~führen** *vt* 1) привóдити; підвóдити; підвóзити; 2) *(an A)* ознайóмлювати *(з чим),* залучáти *(до чого);* **~gehen*** *vi (s) (an A)* 1) підхóдити, наближáтися *(до кого, чого); 2)* брáтися *(до роботи);* **~kommen*** *vi (s) (an A)* наближáтися, підхóдити *(до кого, чого);* **~machen, sich** *(an A)* 1) підхóдити, наближáтися *(до кого, чого);* 2) чіпля́тися *(до кого);* 3) брáтися *(до роботи);* **~reifen** *vi (s)* дозрівáти, визрівáти **~rücken** 1. *vt* присувáти, підсувáти; 2. *vi (s)* наближáтися; **~tragen*** *vt* принóсити, піднóсити; **~treten*** *vi (s) (an A)* 1) підхóдити *(до кого, чого);* 2) звертáтися *(до кого);* **~ziehen*** 1. *vt* 1) *(zu D)* залучáти *(до чого);* 2) призивáти *(в армію); 3)* вирóщувати *(тж. перен.);* 2. *vi (s)* наближáтися.

heráuf *adv* угóру, догори́ *(у напрямку до того, хто говорить).*

heráuf|arbeiten, sich 1) піднімáтися вгóру (чéрез си́лу); 2) вибивáтися *(в люди);* **~gehen*** *vi (s)* піднімáтися, іти́ вгóру; **~kommen*** *vi (s)* 1) піднімáтися, іти́ вгóру; 2) висувáтися, роби́ти кар'єру; 3) насувáтися, наставáти; **~setzen** *vt* збільшувати *(витрати),* піднімáти *(ціни);* **~steigen*** *vi (s)* схóдити, піднімáтися *(вгору);* **~ziehen*** 1. *vt.* піднімáти, підтя́гувати; 2. *vi (s)* 1) схóдити, піднімáтися вгóру; 2) наближáтися, насувáтися; 3. **sich ~ziehen*** підтягáтися.

heráus *adv* назóвні *(у напрямку до того, хто говорить);* ~! вихóдьте!; von ínnen ~ зсерéдини; geráde ~ пря́мо, навпростéць.

heráus|bekommen* *vt* 1) (наси́лу) ви́тягти, ви́добути, ви́йняти; 2) дізнáтися, ви́відати; 3) (наси́лу) розв'язáти *(задачу);* відгадáти *(загадку);* 4) одéржати *(здачу);* **~bilden** 1. *vt* (с)формувáтися, утвóрюватися; **~bitten*** *vt* попроси́ти ви́йти *(кого до кого);* ви́кликати *(кого звідки);* **~bringen*** *vt* 1) винóсити; 2) виробля́ти *(продукцію),* стáвити *(п'єсу);* 3) вивóдити *(плями); 4)* дізнавáтися, вивíдувати; 5) вимовля́ти *(звук);* **~fahren*** 1. *vt* вивóзити; 2. vi (s) 1) виїжджáти; 2) вихóплюватися *(про слова);* **~finden*** 1. *vt* 1) виявля́ти, вишýкувати; 2) розумíти *(що),* здогáдуватися *(про що);* 2. **sich** ~finden знахóдити ви́хід, орієнтувáтися; **~fordern** *vt (zu D)* викликáти *(на що).*

Heráusgabe *f* -, -n 1) ви́дача; 2) видáння, ви́пуск.

heráusgeben* *vt* 1) видавáти; 2) давáти здáчу; 3) видавáти, опублікóвувати.

Heráusgeber *m* -s, - видавéць.

heráus|gehen* *vi (s)* 1) вихóдити; 2) вивóдитися *(про плями);* **~greifen*** *vi* вихóплювати; **~haben*** *vt* 1) ви́йняти; ви́хопити; 2) зрозумíти, розгадáти; **~hängen** 1. *vt.* вивíшувати, розвíшувати; 2.* *vi* ви́сіти, звисáти; **~holen** *vt* витягáти, видобувáти; **~kommen*** *vi (s)* 1) вихóдити; виїжджáти; 2) вихóдити дрýком, з'явля́тися; 3) розкривáтися, розголóшуватися; **~laufen*** *vi (s)* вибігáти; витікáти; **~lesen*** *vt* 1) ви́читати; 2) ви́бирати *(з загальної маси);* **~nehmen*** *vt* виймáти, забирáти; **~ragen** *vi* видавáтися, виступáти (назóвні); **~reden, sich** *(mit D)* виправдóвуватися *(чим);* **~rufen*** *vt* викликáти; **~schlagen*** **1.** *vt* вибивáти; **2.** *vi* вибивáтися (назóвні); **~springen*** *vi (s)* вискáкувати; **~stellen** 1. *vt* 1) виставля́ти; 2) особли́во відзначáти, підкрéслювати; вислóвлювати *(думку);* 2. **sich**

~stellen виявля́тися; **~streichen*** *vt* 1) викре́слювати; 2) вихваля́ти. **~treten*** *vi* *(s)* 1) вихо́дити, виступа́ти; 2) вибива́тися; **~ziehen*** 1. *vt* витяга́ти, вийма́ти; 2. *vt* вируша́ти.

herb *adj* 1) терпки́й; 2) *перен.* гірки́й, тяжки́й, суво́рий.

herbéi *adv* сюди́.

herbéi|bringen* *vt* прино́сити; приво́дити; Beweíse ~bringen наво́дити до́кази; **~führen** *vt* 1) приво́дити; приво́зити; 2) призво́дити *(до чого);* 3) досягти́ *(чого);* **~schaffen*** *vt* доставля́ти; **~strömen** *vi* *(s)* стіка́тися; **~ziehen*** *vt* притяга́ти, прина́джувати.

Hérberge *f* **-, -n** приту́лок; постоя́лий двір; тури́стська ба́за.

hérbringen* *vt* прино́сити, приво́зити, приво́дити.

Herbst *m* **-es, -e** о́сінь, im ~ восени́.

hérbstlich *adj* осі́нній.

Hérbst|mantel *m* **-s, ...mäntel** демісезо́нне (осі́ннє) пальто́; **~monat** *m* **-s, -e** осі́нній мі́сяць.

Herd *m* **-(e)s, -e** 1) плита́, во́гнище; 2) дома́шнє во́гнище; 3) осере́док.

Hérde *f* **-, -n** череда́, табу́н, ота́ра.

heréin *adv* усере́дину, сюди́; ~! захо́дь(те)!

heréin|bringen* *vt* вно́сити; врожа́й; **~fahren*** 1. *vt* вво́зити; 2. *vi* *(s)* в'ї́жджа́ти; **~fallen*** *vi* *(s)* 1) звали́тися, упа́сти *(куди);* 2) *розм.* осоро́митися; 3) провали́тися *(на іспиті);* **~kommen*** *vi* *(s)* захо́дити *(куди);* **~lassen*** *vt* впуска́ти; **~ziehen*** 1. *vt* утя́гувати; 2. *vi* *(s)* вступа́ти *(про війська).*

hér|fallen* *vi* *(s)* *(über A)* напада́ти, накида́тися *(на кого, на що);* **~geben*** *vt* віддава́ти; **~haben*** *vt* узя́ти, роздобу́ти; wo hast du das her? звідки це в те́бе?

Héring *m* **-s, -e** оселе́дець.

hérkommen* *vi* *(s)* 1) прихо́дити, підхо́дити; 2) походити.

Hérkunft *f* **-** 1) прибуття́, прихі́д; 2) похо́дження.

hér|laufen* *vi* *(s)* прибіга́ти; **~leiten** *vt* 1) підво́дити *(газ);* 2) роби́ти ви́сновки; **~machen, sich** *(über A)* 1) бра́тися *(до чого),* розпочина́ти *(що);* 2) напада́ти, накида́ти *(на кого);* **~nehmen*** *vt* роздобува́ти.

hernieder *adv* униз, дони́зу *(у напрямку до того, хто говорить).*

Herr *m* **-(e)n, -en** 1) пан, добро́дій; mein ~! па́не!; méine (Dámen und) ~en! (па́ні і) пано́ве!; 2) хазя́їн, вла́сник.

Hérren|anzug *m* **-(e)s, ...züge** чолові́чий костю́м; **~artikel** *pl* предме́ти чолові́чого туале́ту; чолові́чий о́дяг; **~konfektion** *f* **-, -en** чолові́чий о́дяг; **~rock** *m* **-(e)s, ...röcke** чолові́чий піджа́к; **~salon** [-l] *m* **-s, -s** чолові́ча перука́рня; **~schuhe** *pl* чолові́че взуття́.

hér|richten 1. *vt* готува́ти, влашто́вувати, опоряджа́ти, обла́днувати, накрива́ти *(на стіл);* 2. **sich** ~ причепури́тися.

Hérrin *f* **-, -nen** 1) па́ні; 2) хазя́йка, вла́сниця.

hérrisch 1. *adj* вла́дний, па́нський; **2.** *adv* по-па́нському, вла́дно.

hérrlich 1. *adj* чудо́вий, прекра́сний; **2. adv** чудо́во.

Hérrschaft *f* **-, -en** 1) панува́ння; вла́да *(über A над ким, чим);* 2) *pl* пани́, хазяї́; méine ~en! пано́ве! *(звертання).*

hérrschen *vi* 1) панува́ти; царюва́ти; 2) *(über A)* керува́ти *(ким, чим);* панува́ти *(над ким, чим);* 3) *(über A)* підно́ситися *(над чим).*

hérrschend *adj* 1) пані́вний, пра́влячий; 2) перева́жний.

Hérrscher *m* **-s, -** воло́дар, госпо́дар.

hér|rufen* *vt* підклика́ти; **~sagen** *vt* розповіда́ти *(від початку до кінця);* **~stellen** *vt* 1) виготовля́ти, виробля́ти *(продукцію);* 2) відно́влювати; реставрува́ти; 3) виліко́вувати; 4) встано́влювати *(зв'язок);* ство́рювати, організо́вувати.

Hérstellung *f* **-, -en 1)** ство́рення; ви́готовлення; ви́пуск *(продукції);* 2) відно́влення; 3) встано́влення *(зв'язку),* організа́ція; 4) виду́жування.

herüber *adv* сюди́, на цей бік.

herüber|kommen* *vi* *(s)* *(zu D)* перехо́дити *(до того, хто говорить);* захо́дити *(до кого);* **~ziehen*** *vt* перетяга́ти *(на свій бік).*

herúm *adv* 1) навко́ло, навкруги́; um etw. (A) ~ sein обі́йти́, об'ї́хати навко́ло чо́го-н.; 2) ма́йже, блйзько; sie ist um zwánzig Jáhre ~ їй блйзько двадцятй рóків.

herúm|blättern *vi (in D)* перегортáти *(що)*; ~**drehen** *vt* повертáти, перевертáти; ~**fahren** **vi (s)* 1) *(um A)* їздити *(навкруги, навколо чого)*; об'їжджáти *(що)*; 2) роз'їжджáти; ~**gehen*** *vi (s) 1) (um A)* ходйти навкóло *(чого)*; 2) ходйти тудй и сюдй; 3) минáти *(про час)*; ~**kommen*** *vi (s) 1) (um A)* обхóдити *(навколо чого)*; 2) *(zu D) розм.* завітáти *(до кого)*; ~**reizen** *vi (s) 1) (um A)* подорожувáти *(навколо чого)*; 2) роз'їжджáти; ~**sitzen*** *vi (um A)* сидíти *(навколо чого)*; ~**stehen*** *vi (um A)* стоя́ти *(навколо чого)*.

herúnter *adv* унйз.

herúnter|bringen* *vt* 1) знóсити вниз; 2) знйжувати, змéншувати; 3) виснáжувати; 4) розоря́ти; ~**gehen*** *vi (s)* 1) ітй вниз; спускáтися; 2) спадáти, знйжуватися.

herúnter|kommen *vi (s)* 1) *(von D)* схóдити, спускáтися, злáзити *(з чого)*; 2) розоря́тися, біднíшати; 3) знесйлюватися; 4) *перен.* опускáтися; ~**springen*** *vi (s)* зіскáкувати, сплйгувати.

hervór *adv* назóвні, вперéд.

hervór|blicken vi *(hinter D)* виглядáти, з'являтися *(з-за чого)*; ~**bringen*** *vt* 1) порóджувати; 2) вимовля́ти *(звук)*; ~**gehen*** *vi (s) (aus D)* виплив́ати *(з чого)*; daráus geht hervór, daß... з цьóго випливáє, що...; ~**heben*** *vt* підкрéслювати *(що)*, наголóшувати *(на чому)*; ~**holen** *vt* виймáти, витягáти; ~**ragen** *vi* піднóситися, височíти; видавáтися, виступáти.

hervórragend *adj* видатнйй, визначнйй, надзвичáйний.

hervór|rufen* *vt* викликáти, спричйнювати; ~**stehen*** *vi (s)* виступáти, стирчáти; ~**treten*** *vi (s)* вихóдити, виступáти вперéд *(про людину)*; 2) вирізня́тися, впадáти у вíчі; ~**tun***, **sich** вирізня́тися, привертáти до сéбе увáгу; ~**ziehen*** *vt* витягáти виймáти.

Herz *n* **-ens, -en** 1) сéрце; vom gánzen ~en від щйрого сéрця; 2) сéрце, центр; im ~en Európas у сéрці (цéнтрі) Європи.

Hérzanfall *m* **-(e)s, ...fälle** серцéвий прйступ.

hérzensgut *adj* дóбрий, сердéчний, щйрий.

Hérzensgüte *f* **-** щйрість, сердéчність.

hérzergreifend *adj* зворýшливий.

Hérzfehler *m* **-s, -** порóк сéрця.

hérzig *adj* мйлий, любйй.

hérzkrank *adj* хвóрий на сéрце.

hérzlich 1. *adj* сердéчний, щйрий; **2.** *adv* 1) щйро; 2) дýже.

Hérzlichkeit *f* **-** щйрість, сердéчність.

hérzlos *adj* безсердéчний.

Hérz|losigkeit *f* **-** безсердéчність, бездýшність; ~**schlag** *m* **-(e)s, ...schläge** 1) биття́ сéрця; 2) парáліч сéрця; ~**schwäche** *f* **-** сердéва недостáтність.

Hétze *f* **-** 1) цькувáння; 2) гаря́чка, пóспіх.

hétzen *vt* 1) цькувáти; 2) нацькóвувати, підбýрювати.

Heu *n* **-(e)s** сíно; ~ máchen косйти сíно.

héucheln 1. *vi* лицемíрити; 2. *vt* прикидáтися *(ким)*, удавáти з сéбе *(кого)*.

héuchlerisch *adj* лицемíрний, святéнницький.

Héu|ernte *f* **-** косовйця, сінокíс; ~**haufen** *m* **-s, -** копйця сíна.

héulen *vi* вйти, ревтй, плáкати.

Héu|schober *m* **-s, -** копйця сíна; ~**schrecke** *f* **-, -n** 1) кóник; 2) саранá.

héute *adv* сьогóдні; ~ früh сьогóдні врáнці; ~míttag сьогóдні в обíд; ~ ábend сьогóдні ввéчері; von ~ an з сьогóднішнього дня; ~ in acht Tágen чéрез тйждень; ~ vor acht Tágen тйждень томý; die Júgend von ~ сучáсна мóлодь.

héutig *adj* 1) сьогóднішній; 2) сучáсний.

héutzutage *adv* сьогóдні, у наш час.

Héxe *f* **-,** *-n* вíдьма, чаклýнка.

Héxenmeister *m* **-s, -** чаклýн, чарівнйк.

Hexeréi *f* **-, -en** чаклýнство, чарівнйцтво.

Hieb *m* **-(e)s, -e** 1) удáр; 2) вйпад *(проти кого)*.

hier *адж* тут; von ~ an звíдси; ~ und da тут і там, де-не-дé.

hier|áuf *adv* 1) на це; на цьóму; 2) пóтім, тоді, пíсля цьóго; ~**áus** *adv* звíдси; з цьóго; ~**béi** *adv* при цьóму; тут; ~**dúrch** *adv* цим (сáмим); чéрез це; ~**hér** *adv* сюди́; **bis ~ hér** до цьо́го мі́сця; **~hín** *adv* сюди́, у цьо́му на́прямі; **~mit** *adv* цим (са́мим); **~über** *adv* над цим; про це; **~zú** *adv* для цьо́го; сюди́; до то́го ж.

Hílfe *f* **-, -n** 1) допомо́га, підтри́мка; um ~ rúfen кли́кати на допомо́гу; 2) помічни́к, помічни́ця.

Hílfeleistung *f* **-, -en** подання́ допомо́ги.

hílf|los *adj* безпора́дний; **~reich** *adj* гото́вий допомогти́.

Hílfs|aktion *f* **-, -en** допомо́га; подання́ (організа́ція) допомо́ги; **~arbeiter** *m* **-s, -** підсо́бний робітни́к.

hílfs|bedürftig *adj* яки́й потребу́є допомо́ги; **~bereit** *adj* гото́вий допомогти́.

Hílfs|kraft *f* **-, ...kräfte** 1) допомі́жна́ робо́ча си́ла; 2) помічни́к, помічни́ця; **~mittel** *n* **-s, -**допомі́жни́й за́сіб; **~verb** *n* **-s, -en** *грам.* допомі́жне́ дієсло́во.

Hímbeere *f* **-, -n** мали́на.

Hímmel *m* **-s, -** не́бо; небозві́д.

hímmel|blau *adj* блаки́тний, лазу́ровий; **~hoch** *adj* (висо́кий) до не́ба.

Hímmels|gegend *f* **-, -en** сторона́ сві́ту; **~karte** *f* **-, -n** ка́рта зо́ряного не́ба; **~körper** *m* **-s, -** небе́сне ті́ло; **~richtung** *f* **-, -en** сторона́ сві́ту.

hin *adv* 1) туди́, в на́прямку до; геть; geh ~! іди́ туди́!; wo willst du ~? куди́ ти?; ~und zurück, ~ und her туди́ й й наза́д; туди́ й сюди́; 2) *при позначенні часу:* ~und wieder і́нколи, ча́сом; es ist noch lánge ~ це ще трива́тиме до́вго; bis spät in die Nacht ~ до пі́зньої но́чі; 3) *для підсилення:* bis zur Tür ~ до са́мих двере́й; 4) ~ ist ~ що пропа́ло, те пропа́ло; álles ist ~ усе́ пропа́ло.

hináb *adv* уни́з *(у напрямку від того, хто говорить).*

hináb|fließen* *vi (s)* стіка́ти, текти́ вниз; **~führen** *vt* зво́дити, вести́ (вниз); **~gehen*** *vi (s),* **~steigen*** *vi (s)* спуска́тися, іти́ вниз; **~stürzen** *vi (s)* па́дати (вниз).

hináuf *adv* уго́ру, уве́рх; den Fluß ~ уго́ру рі́чкою.

hináuf|fahren* 1. *vt* везти́ вго́ру; 2. *vi (s)* ї́хати вго́ру; **~geh(e)n*** *vi (s)* іти́ вго́ру; **~kommen*** *vi (s),* **~steigen*** *vi (s)* підніма́ти вго́ру; die Tréppe ~ підніма́тися схо́дами.

hináus *adv* 1) *при позначенні місця:* назо́вні, з; zum Fénster ~ з вікна́; zur Tür ~ за две́рі; ~! геть!; ~ mit dir! забира́йся!; 2) *при позначенні часу:* auf Jáhre ~ на до́вгі ро́ки; 3) *вказує на вихід за межі чого-н.:* er ist über die fünfzig Jáhre ~ йому́ по́над п'ятдеся́т ро́ків.

hináus|fahren* 1. *vi (s)* виї́жджа́ти; 2. *vt* вимо́зити; **~fliegen*** *vi (s)* виліта́ти; **~gehen*** *vi (s)* 1) вихо́дити; 2) *(über A)* вихо́дити за ме́жі *(чого);* переве́ршувати *(що);* 3) *(ауф A)* пра́гнути *(чого);* **~lehnen, sich** висо́вуватися *(з вікна);* **~setzen** *vt* ви́ставити за две́рі; **~ziehen*** 1. *vt* 1) витяга́ти; 2) зволіка́ти; 2. *vi (s)* виї́жджа́ти; 3. **sich** ~ziehen затя́гуватися *(про засідання, збори тощо).*

hínbringen* *vt* 1) відно́сити; відво́зити; відво́дити; прино́сити; приво́дити; 2) прово́дити *(час).*

híndern *vt (an D, bei D, in D)* заважа́ти *(кому в чому).*

Híndernis *n* **-ses, -se** перешко́да; утру́днення; за́тримка.

híndeuten *vi (auf A)* 1) вка́зувати *(на що);* 2) натяка́ти *(на що).*

hindúrch *adv (стоїть після імен.)* 1) крізь, на́скрізь; 2) про́тягом якого́сь ча́су; die gánze Nacht ~ про́тягом усіє́ї но́чі.

hindúrch|geh(e)n* *vi (s)* прохо́дити *(крізь що);* **~ziehen*** 1. *vt* протя́гувати; 2. **sich** ~ziehen* прохо́дити *(крізь що).*

hinéin *adv* 1) *при позначенні місця:* у, усере́дину; угли́б; аж до *(у напрямку від того, хто говорить);* íns Zímmer ~ у кімна́ту; 2) *при позначенні часу:* до, аж до; bis in die Nacht ~ до пі́зньої но́чі.

hinéin|arbeiten, sich осво́юватися з робо́тою; **~bauen** *vt* вмонто́вувати, вбудо́вувати; **~bringen*** *vt* вно́сити; вво́дити; вво́зити; умі-ща́ти; **~denken*, sich** вду́муватися; **~lesen*, sich** вчи́туватися; **~mischen, sich** *(in A)* втруча́тися *(у що);* **~reden** *vi* втруча́тися у розмо́ву; **~sprechen*** *vi (in A)* 1) говори́ти *(у що);* ins Mikrophón ~sprechen говори́ти в мікрофо́н; 2) переко́нувати *(кого);* **~ziehen*** 1. *vt (in A)* 1) втя́гувати *(куди);* 2) залуча́ти *(до чого);* 2. *vi (s)* в'їжджáти, вступáти.

Híngabe *f* - 1) відданість; самовідданість; 2) захóплення.

híngeben* 1. *vt* віддавáти; 2. **sich** ~ віддавáтися; присвячувати себé.

híngebend *adj* (само) відданий.

hingégen **1.** *adv* всýпереч; **2.** *cj* протé, затé.

híngeh(e)n* *vi (s)* 1) піти (тудú)! 2) минáти *(про час).*

híngerissen *adj* захóплений, натхнéнний.

hín|gehören *vi (D)* налéжати *(кому, чому);* стосувáтися *(кого, чого);* wo gehört das Buch hin? де місце цієї книжки?; **~halten*** *vt* 1) подавáти; підставляти; 2) затрúмувати *(що),* зволікáти *(з чим);* **~hören** *vi* вслýхатися, слýхати.

hínken *vi* кульгáти, шкутильгáти.

hínkommen* *vi (s)* 1) прихóдити (тудú); 2) дівáтися; wo ist mein Buch híngekommen? кудú поділася моя книжка?

hín|legen 1. *vt* клáсти (тудú); ~legen! лягáй! *(команда);* 2. **sich** ~legen лягáти; **~nehmen*** *vt* 1) брáти (собí); 2) терпíти *(що);* мирúтися *(з чим);* **~reichen** 1. *vt* подавáти; 2. *vi* вистачáти.

hínreißend *adj* захóплюючий, чарівнúй.

hínrichten *vt* стрáчувати.

Hínrichtung *f* -, **-en** стрáта, смéртна кáра.

hínsetzen 1. *vt* стáвити, клáсти *(що);* садовúти *(кого);* 2. **sich** ~ сідáти.

Hínsicht *f* -, **-en** віднóшення, тóчка зóру; in ~ auf etw. *(A)* берýчи до увáги що-н., з óгляду на що-н.; in dieser ~ у цьому віднóшенні, щóдо цьóго.

hínsichtlich *prp (G)* щóдо, віднóсно *(кого, чого).*

hín|stellen 1. *vt* стáвити (тудú); **2. sich** ~stellen 1) ставáти, розташóвуватися; 2) *(als A)* прикидáтися *(ким);* **~strecken** 1. *vt* про(с)тягáти; 2. **sich** ~strecken простягáтися, лягáти.

hínten *adv* ззáду, позáду; von ~ ззáду; nach ~ назáд.

hínter **1.** *prp* за, ззáду, позáду *(D на запитання «де», A на запитання «куди»);* die Prüfung ~ sich háben склáсти іспит; **2.** *adj* зáдній; die ~e Réihe остáнній ряд.

hintereinánder *pron rez* одúн за óдним; послідóвно, підрЯд.

Hínter|gedanke *m* **-ns, -n** прихóвана, таéмна дýмка; **~grund** *m* **-(e)s, ...gründe** зáдній план; фон; *перен.* підгрýнтя; **~halt** *m* -(e)s, -e зáсідка.

hínterhaltig, hínterhältig *adj* лукáвий, підстýпний.

hinterhér *adv* 1) слідóм, позáду; 2) зáднім числóм.

Hínter|kopf *m* **-(e)s, ...köpfe** потúлиця; **~land** *n* **-(e)s,** *військ.* (глибóкий) тил.

hínter|lássen* *vt* залишáти (після сéбе); **~légen** *vt* здавáти на зберéження.

Hínterlist *f* - підстýпність, вірóломність.

hínterlistig *adj* підстýпний, лукáвий.

hinterrücks *adv* 1) нáвзнак; 2) ззáду за спúною; *перен.* вірóломно.

hintertréiben* *vt* заважáти *(чому);* розлáднувати, зривáти *(що).*

hín|tragen* *vt* віднóсити; **~tun*** *vt* дівáти, стáвити, клáсти *(куди).*

hinüber *adv* чéрез, на той бік, на тóму бóці.

hinüber|fahren* 1. *vt* перевóзити, переправляти; 2. *vi (s)* переїжджáти, переправлятися; **~geh(e)n*** *vi (s)* **1)** перехóдити *(на той бік);* 2) вмирáти.

hinúnter *adv* унúз, донúзу *(у напрямку від того, хто говорить);* die Tréppe ~ унúз по схóдах.

hinúnter|bringen~ *vt* знóсити, звóдити (вниз); **~stürzen 1.** *vt* перекидáти, скидáти вниз; 2. **vt (s)** пáдати (вниз): 3. **sich** ~stürzen *кúнутися вниз.*

hínwég|geh(e)n *vi (s) (über A)* не звертáти увáги *(на що),* оминáти *(яке-н. питання);* **~sehen*** *vi (über A)* 1) дивúтися повéрх *(чого);* 2) не помічáти *(чого),* заплющувати óчі *(на що);* **~setzen 1.** *vi (über A)* перестрúбувати *(через що);* 2. **sich** ~setzen *(über A)* не звертáти увáги *(на що),* не рахувáтися *(з чим).*

Hínweis *m* **-es, -e** зауважéння, вказíвка; посилáння; нáтяк.

hínweisen* *vi (auf A)* вкáзувати; посилáтися; натякáти *(на що).*

hín|werfen* 1. *vt* 1) кúдати (ту-

ди́); 2) наки́дати *(записати);* 2. **sich** ~werfen ки́датися додо́лу; **~ziehen*** **1.** *vt* 1) тягти́ (туди́); 2 ва́бити, прива́блювати; 2. *vi (s)* вируша́ти, іти́, ї́хати (туди́); 3. **sich** ~ziehen* трива́ти, тягти́ся.
hinzú *adv* до; до цьо́го.
hinzú|fügen *vt* додава́ти, допо́внювати; **~kommen*** *vi (s)* 1) підхо́дити; 2) додава́тися; **~setzen** *vt* додава́ти; **~treten*** *vi (s)* 1) підхо́дити 2) додава́тися; **~tun*** *vt* додава́ти; **~ziehen*** *vt (zu D)* залуча́ти *(до чого).*
Hirn *n* **-(e)s, -e** головни́й мо́зок.
Hirsch *m* **-es, -e** о́лень.
Hírschgeweih *n* **-(e)s, -e** оле́нячі ро́ги.
Hírse *f* **-** 1 про́со; 2) пшоно́.
Hirt *m* **-en, -en** пасту́х.
Hírten|junge *m* **-n, -n,** **~knabe** *m* **-n, -n** підпа́сок.
hís en *vt* підніма́ти *(прапор, вітрило).*
histórisch *adj* истори́чний.
Hítze *f* **-** 1) спе́ка; 2) за́пал, завзя́ття.
hítzig *adj* гаря́чий, запальни́й.
hóbeln *vt* струга́ти.
hoch **1.** *adj* 1) висо́кий; fünf Méter ~ п'ять ме́трів завви́шки; 2) висо́кий, вели́кий *(про розміри);* 3) вплибо́вий; високопоста́влений, зна́тний; 4) висо́кий, вели́чний, підне́сений; 5): hóhes Alter глибо́ка ста́рість; der hóhe Júni сере́дина че́рвня; der hóhe Sómmer ро́зпал лі́та; **2.** *adv* ви́со́ко; zwei Tréppen ~ на тре́тьому по́версі; ~ und héilig урочи́сто; Hände ~! ру́ки вгóру!
Hoch *n* **-s, -s** ура́ *(вітальний вигук),* тост.
hóchachten *vt* гли́боко шанува́ти, ціни́ти.
hóch|achtungsvoll *adj* з вели́кою пова́гою *(у кінці листа);* **~aktuell** *adj* злободе́нний.
Hóch|antenne *f* **-, -n** зо́внішня анте́на; **~bau** *m* **-(e)s, -ten** 1) висо́тний буди́нок; 2) надзе́мна спору́да.
hóch|bedeutend *adj* важли́вий; **~begabt** *adj* високообдаро́ваний.
Hóchbetrieb *m* **-(e)s** 1) вели́ке пожва́влення; ро́зпал робо́ти; 2) годи́ни пік.
hóchbringen* *vt* 1) ви́сунути, підви́щити *(кого);* 2) поста́вити на но́ги; ви́ростити *(кого);* 3) роздратува́ти, ви́вести з се́бе.
hóchdeutsch *adj* *лінгв.* верхньоніме́цький.
Hóch|deutsch(e) *n* **-en** літерату́рна німе́цька мо́ва; **~druck** *m* **-(e)s** висо́кий тиск; **~ebene** *f* **-, -n** плоскогі́р'я.
hóch|empfindlich *adj* високочу́тли́вий; **~entwickelt** *adj* високорозви́нений.
hóchfahren* *vi (s)* 1) схопи́тися; 2) здригну́тися.
hóch|fahrend *adj* гордови́тий, зарозумі́лий; **~fein** *adj* ви́шуканий, ви́тончений.
Hóch|fläche *f* **-, -n** плоскогі́р'я; **~flut** *f* **-** по́вінь.
hóch|geachtet *adj* вельмишано́вний; **~gebildet** *adj* високоосві́чений.
Hóchgebirge *n* **-s, -** високогі́рний маси́в.
hóchgeehrt *adj* вельмишано́вний.
hochgehen* *vi (s)* 1) підніма́тися, іти́ (вго́ру); 2) хвилюва́тися *(про море);* здійма́тися *(про хвилі);* 3) розхвилюва́тися, розлюти́тися; 4) попа́стися, бу́ти заарешто́ваним.
hóchheben* *vt* підно́сити, підніма́ти (вго́ру).
hóch|kommen* *vi (s)* підніма́тися, іти́ вго́ру; **~krempeln** *vt* засу́кувати *(рукава).*
Hóchland *n* **-(e)s, ...länder** *i* **-e** плоскогі́р'я.
Hóchleistung *f* **-, -en** висо́ка продукти́вність.
hóch|leistungsfähig *adj* високопродукти́вний; **~mechanisiert** *adj* високомеханізо́ваний; **~modern** *adj* ультрасуча́сний; **~modisch** *adj* ультрамо́дний.
Hóchmut *m* **-(e)s** зарозумі́лість, гордови́тість.
hóchmütig *adj* зарозумі́лий, гордови́тий.
hóchschätzen *vt* гли́боко шанува́ти, поважа́ти.
Hóchschul|abschluß *m:* ~abschluß háben ма́ти заве́ршену ви́щу осві́ту; **~absolvent** *m* **-en, -en** випускни́к ву́зу; **~ (aus)bildung** *f* ви́ща осві́та.
Hóchschule *f* **-, -n** вуз, інститу́т.
Hóchschul|lehrer *m* **-s, -** виклада́ч ву́зу; **~studium** *n* **-s** навча́ння у ву́зі; **~wesen** *n* **-s** ви́ща шко́ла *(як сфера діяльності)*
Hóchsee|flotte *f* **-, -n** морськи́й (океа́нський) флот; **~hafen** *m* **-s, ...häfen** морськи́й порт.
Hóch|sommer *m* **-s** сере́дина (ро́зпал) лі́та; **~spannung** *f* **-,**

H

-en висо́ка напру́га; ви́сокий тиск; ~sprache f -, -n (німе́цька) літерату́рна мо́ва.

höchst (superl від hoch) 1. adj найви́щий; надзвича́йний; грани́чний; 2. adv надзвича́йно, на́дто, ду́же; am ~en найви́ще; aufs ~e ду́же, надзвича́йно.

hóchstehend adj 1) ве́рхній; 2) високопоста́влений; 3) висо́кого рі́вня; kulturéll ~e Ménschen висококульту́рні лю́ди.

hóchstellen vt 1) ви́со́ко ста́вити, підніма́ти; 2) ціни́ти.

höchstens adv щонайбі́льше; у кра́йньому ра́зі.

Höchst|fall m im ~fall у кра́йньому ра́зі; ~geschwindigkeit f -, en максима́льна шви́дкість; ~leistung f -, -en найви́ще дося́гнення; ~maß n -es, -e ма́ксимум (an D чого).

höchstmöglich 1. adj найви́щий, максима́льний; 2. adv максима́льно.

Höchstniveau [-vo] n -s, -s найви́щий рі́вень.

höchstwahrscheinlich adv напе́вно, цілко́м імові́рно.

Höchstwert m -(e)s, -e ма́ксимум.

Hóch|verrat m -(e)s держа́вна зра́да; ~verräter m -s, - держа́вний зра́дник; ~wasser n -s по́вінь.

hóch|wertig adj високоя́кісний; ~willkommen adj жада́ний, довгожда́ний (гість).

Hóchzahl f -, -en мат. пока́зник сте́пеня.

Hóchzeit I f -, -en весі́лля.

Hóchzeit II f - 1) ро́зквіт, апоге́й; 2) свя́то.

hócken vi сиді́ти, навпо́чіпки; zu Háuse ~ розм. стирча́ти вдо́ма.

Hócker m -s, - 1) табуре́т; 2) домосі́д.

Hockey ['hɔki] n -s, -, хоке́й на траві.

Hóckey|schläger m -s, -, клю́чка (у хокеї).

Hof m -(e)s, Höfe 1) подві́р'я; 2) ху́тір; сади́ба; 3) готе́ль, постоя́лий двір; 4) двір (ца́рський).

hóffen vi (auf A), vt наді́ятися, сподіва́тися (на що).

hóffentlich adv сподіва́юся (що...)

Hóffnung f -, -en наді́я, сподіва́ння.

hóffnungs|los adj безнаді́йний; ~voll adj 1) спо́внений наді́й; 2) яки́й подає́ наді́ї; багатообіця́ючий.

höflich adj ввічли́вий, че́мний.

Höflichkeit f -, -en 1) тк. sg че́мність, ввічли́вість; 2) люб'я́зність, ласка́вість.

Höhe f -, -n 1) височина́, висота́; рі́вень (висоти́); in größer ~ на вели́кій висоті́; 2) верши́на, верх, межа́; das ist áber die ~! це вже зана́дто!; 3) висота́, височина́, горб; 4) величина́, ро́змір.

Hóheit f -, -en 1) ве́лич; 2) вели́чність; 3) суверeніте́т; верхо́вна вла́да.

Höhepunkt m -(e)s, -e найви́ща, кульмінаці́йна то́чка; апоге́й.

höher (comp від hoch) 1. adj 1) ви́щий; ~e Mathematík ви́ща мате́ма́тика; 2) висо́кий, вплив́о́вий, важли́вий; 2. adv ви́ще; éinen Stock ~ по́верхом ви́ще.

hohl adj 1) пусти́й (тж. перен.), поро́жній, порожни́стий; 2) угну́тий, запа́лий; die ~e Hand жме́ня.

Höhle f -, -n 1) пече́ра; 2) лі́гвище, нора́; 3) дупло́ (дерева); 4) за́куток (про житло).

Hohn m -(e)s глузува́ння, глум, знуща́ння.

höhnen vt глузува́ти, знуща́тися (з кого).

höhnisch adj глузли́вий, уї́дливий.

hólen vt 1) прино́сити, приво́дити, приво́зити; Arzt ~ ви́кликати лі́каря; 2) (з)добува́ти; 3): Atem (Luft) ~ перевести́ дух; sich (D) éine Erkältung ~ застуди́тися; sich (D) Dank ~ заслужи́ти поді́яку.

Hölle f - пе́кло.

höllisch adj пеке́льний, страшни́й, жахли́вий.

hólp(e)rig 1. adj нері́вний, вибо́їстий; 2. adv нері́вно; ~lésen чита́ти затина́ючись.

hólpern vi 1) трясти́ся (про транспорт); 2) спотика́тися.

Holúnder m -s, - бузина́.

Holz n -es, Hölzer 1) де́рево, деревина́; 2) дро́ва; 3) ліс.

Hólz|bau m -(e)s, ...ten дерев'я́на спору́да; ~kohle f -, -n ву́гілля; ~schnitt m -(e)s, -e гравю́ра на де́реві.

hólzverarbeitend adj деревооброб́ний.

Hónig m -s мед.

hópsen vi (s) підстри́бувати, стриба́ти.

hörbar adj чу́тний, розбі́рливий.

hórchen vi 1) підслухо́вувати; an

der Tür ~ підслухо́вувати біля двере́й; 2) *(auf A)* прислуха́тися *(до чого)*, слу́хати *(що)*.

hören *vt* 1) чу́ти, слу́хати; Vórlesungen ~ слу́хати ле́кції; 2) *(auf A)* слу́хатися *(кого)*; вислу́хати *(кого)*.

Hörer I *m* **-s, -** тру́бка (телефо́нна); наву́шники; den ~ ábnehmen (áuflegen) зня́ти (покла́сти) тру́бку.

Hörer II *m* **-s, -** слуха́ч.

Horn *n* **-(e)s, Hörner** 1) ріг; 2) су́рма.

Hórn|brille *f* **-, -n** рогові́ окуля́ри; **~haut** *f* **-, ...häute** 1) мозо́ля, огрубі́ла шкі́ра; 2) *мед.* рогі́вка; **~vieh** *n* **-(e)s** рога́та худо́ба.

Hör|organ *n* **-s, -e** о́рган слу́ху; **~saal** *m* **-(e)s, ...säle** аудито́рія, лекці́йний зал.

Horst *m* **-es, -e** гніздо́ *(хижого птаха)*.

Hort *m* **-(e)s, -e** 1) гру́па продо́вженого дня; 2) тверди́ня, оплі́т.

Hóse *f* **-, -n** штани́, брю́ки.

Hospitánt *m* **-en, -en** 1) ві́льний слуха́ч; 2) практика́нт.

Hospitatión *f* **-, -en** відві́дування уро́ків, ле́кцій *(для контролю, обміну досвідом)*.

hospitíeren *vi* 1) відві́дувати заня́ття *(для контролю, обміну досвідом)*; 2) бу́ти ві́льним слухаче́м; 3) бу́ти практика́нтом.

Hotél *n* **-s, -s** готе́ль.

Hotél|gast *m* **-(e)s, ...gäste** приї́жджий *(у готелі)*; **~zimmer** *n* **-s, -** но́мер у готе́лі.

hübsch 1. *adj* га́рний, краси́вий; sich ~ machen вбира́тися; **2.** *adv з підсилювальним значенням;* ~ áufpassen! ува́жно сте́жте!

Húbschrauber *m* **-s, -** вертолі́т.

Huf *m* **-(e)s, -e** копи́то.

Húfeisen *n* **-s -** підко́ва.

Hüfte *f* **-, -n** стегно́.

Hügel *m* **-s, -** горб, па́горок.

Huhn *n* **-(e)s, Hühner** ку́рка.

Hühner|brühe *f* **-** ку́рячий бульйо́н; **~farm** *f* **-, -en** птахофе́рма.

Hülle *f* **-, -n** оболо́нка, покро́в, прикриття́, футля́р; in ~ und Fülle удо́сталь.

hüllen *vt* загорта́ти, заку́тувати, огорта́ти.

Hülse *f* **-, -n** 1) гі́льза; 2) оболо́нка; 3) стручо́к.

humán, humanitär *adj* гума́нний, лю́дяний.

Humanität *f* **-** гума́нність, лю́дяність.

humórvoll *adj* доте́пний.

Hund *m* **-(e)s, -e** соба́ка.

Húndehütte *f* **-, -n** бу́да, кону́ра.

húndert *num* сто.

Húndert *n* **-s, -** *i* **-e** со́тня *(міра)*; ein hálbes ~ півсо́тні; **zu** ~en со́тнями.

húndert|fach *adj* стокра́тний; **~jährig** *adj* сторі́чний; **~ mal** *adv* сто разі́в; **~prozentig** *adj* стопроце́нтний.

hündisch *adj* 1) соба́чий; 2) пі́длий, огі́дний, відра́зливий.

Húnger *m* **-s** го́лод; ~ háben хоті́ти ї́сти; den ~ stillen угамува́ти го́лод; ~s (vor ~) stérben умира́ти від го́лоду.

húngern *vi* голодува́ти, бу́ти голо́дним; es húngert mich я хо́чу ї́сти.

húngrig *adj* **1) голо́дний; 2): nach etw.** *(D)* **~ sein жада́ти чого́-н.**

Húpe *f* **-, -n** гудо́к, сире́на.

húpen *vi* сигна́лити, гуді́ти *(про гудок, сирену)*.

hüpfen *vi (s, h)* 1) стриба́ти, підстри́бувати; 2) би́тися, калата́ти *(про серце)*.

húschen *vi (s)* прослизну́ти, промайну́ти; hin und her ~ тиня́тися (туди́ й наза́д).

hüsteln *vi* пока́шлювати.

hústen *vi* ка́шляти.

Hústen *m* **-s** ка́шель.

Hut *m* **-(e)s, Hüte** капелю́х.

hüten 1. *vt* 1) стерегти́, оберіга́ти; das Bett ~ хворі́ти, лежа́ти в лі́жку; 2) па́сти *(худобу)*; 2. **sich** ~ *(vor D)* остеріга́тися *(кого, чого)*.

Hüter *m* **-s, -** 1) охоро́нець; *уроч.* страж; 2) пасту́х.

Hütte I *f* **-, -n** хати́на, хи́жа.

Hütte II *f* **-, -n** 1) металургі́йний заво́д; 2) склозаво́д, гу́та.

Hütten|arbeiter *m* **-s, -** металу́рг; **~industrie** *f* **-, -ri|en металургі́йна промисло́вість.**

I i

ich *pron pers* (*G* méiner, *D* mir, *A* mich) я; ~ für méine Persón як на мéне, щóдо мéне.

Ich|form *f* **-, -en:** éine Erzählung in der Íchform рóзповідь від пéршої осóби; **~sucht** *f* **-** егоїзм.

íchsüchtig *adj* егоїстúчний, себелю́бний.

ideál *adj* 1) ідеáльний, взірцéвий, досконáлий; 2) *філос.* ідеáльний, що стосýється ідéї; уя́вний, не існýючий реáльно.

Ideál *n* **-s, -e** 1) ідеáл; взірéць досконáлості; прообраз; 2) ідеáл, метá прáгнень; 3) нездійснéнна мрíя; ілю́зія.

ideálgesinnt *adj* безкорúсливий; мрійлúвий.

Idée *f* **-, Idé¦en** 1) ідéя; **дýмка**; зáдум; éine fíxe ~ настúрлива ідéя; für éine ~ kämpfen, éine ~ verféchten борóтися за ідéю; 2) *розм.* уя́влення *(von D про що),* nicht die blásse ~! а) не мáю ніякого уя́влення!; б) нічóго подíбного!; 3): kéine ~! нічóго подíбного!; анітрóхи!

ideéll *adj* ідеáльний *(нематеріальний);* ідéйний, духóвний; уя́вний; die ~e Grúndlage ідéйна оснóва.

idé|en|arm *adj* 1) недотéпний, **неспрúтний, неоригінáльний;** 2) безідéйний; **~leer, ~los** *adj* безідéйний; беззмістóвний.

Idé¦en|losigkeit *f* **- безідéйність,** беззмістóвність; відсýтність ідéй; **~welt** *f* **-** світ ідéй; духóвний світ.

identifizíeren 1. *vt* 1) *(mit D)* ототóжнювати *(що ж чим);* ідентифікувáти; 2) (у)пізнавáти; 2. **sich** ~*(mit j-m)* цілкóм погóджуватися *(з ким),* поділя́ти чию́сь дýмку, чиї́сь пóгляди.

idéntisch *adj* тотóжний, ідентúчний; ~e Gléichung *мат.* тотóжність, тотóжне рівня́ння.

Identitát *f* **-** 1) тотóжність, ідентúчність; цілковúтий збіг; 2) *юр.* осóба; J-s ~ féststellen установúти чию́-н. осóбу, (у)пізнáти когó-н.

Igel *m* **-s, -** їжáк; so ein ~! такúй упéртий!

ihm *pron pers (D від* er *і* es); gib ~ díeses Heft дай йомý цей зóшит; ein Bekánnter von ~ йогó знайóмий.

ihn *pron pers (A від* er); síehst du ~ oft? ти чáсто йогó бáчиш?

íhnen *pron pers (D* від sie); erzählen Sie es ~! розкажíть їм про це!; wer geht zu ~? хто йде до них?

Íhnen *pron pers (D від* Sie); ich kann ~ ein Buch gében я мóжу дáти Вам кнúжку.

ihr 1. *pron pers* 1) (*G* éuer, *D* euch, *A* euch) ви; ~ habt recht ви мáєте рáцію; 2) *D від* sie; ein Bekánnter von ~ її знайóмий, оди́н з її знайóмих; 2. *pron poss m* (*f* íhre, *n* ihr, *pl* íhre; *без імен. m.* íhrer, *f* íhre, *n* íhres, *pl* íhre) 1) її; свій (своя́, своє́, свої́); ich bin ~em Mann begégnet я зустрíв її чоловíка; sie liebt ~e Tóchter sehr вонá дýже лю́бить свою́ дочкý; 2) ї́хній (ї́хня, ї́хнє, ї́хні); свій (своя́, своє́, свої́); die Kínder áchten ~e Éltern дíти поважáють свої́х батькíв.

Ihr *pron poss m* (*f* Íhre, *n* Ihr, *pl* Íhre; *без імен. m* Íhrer, *f* Íhre, *n* Íhres, *pl* Íhre) Ваш (Вáша, Вáше, Вáші); свій (своя́, своє́, свої́); ist das ~ Sohn; це Ваш син?; néhmen Sie ~e Sáchen mit! візьмíть свої́ (Вáші) рéчі з собóю!; wéssen Buch ist das; Ist es das ~e? чия́ це кнúжка? Вáша?

íhrerseits *adv* 1) з її бóку; з свогó бóку; 2) з ї́хнього бóку.

Íhrerseits *adv* з Вáшого бóку.

íhresgléichen *adj* 1) такúй, як вонá; подíбний до нéї; 2) такúй, як вонú; подíбний до них.

Íhresgléichen *adj* такúй, як Ви, подíбний до Вас.

ihret|hálben, ~wégen *adv* 1) чéрез **нéї, зарáди нéї;** 2) **чéрез** них, зарáди них.

Íhret|hálben, ~wégen *adv* чéрез Вас; зарáди Вас.

íhretwíllen: um ~ 1) зарáди нéї, чéрез нéї, для нéї; 2) зарáди них, чéрез них, для них.

Íhretwíllen: um ~ зарáди Вас, чéрез Вас, для Вас.

íhrige *pron poss:* der ~ (die ~, das ~, die ~ n) 1) її, свій (своя́, своє́, свої́); wéssen Mántel ist das? ist es der ~? чиє́ це пальтó; її?; 2) ї́хній (ї́хня, ї́хнє, ї́хні), свій (своя́,

своє́, свої̈); wéssen Sáchen sind das? sind es die ~n? чиї́ це ре́чі ї́хні?
Íhrige *pron ross:* der ~ (die ~, das ~, die ~n) Ваш (Ва́ша, Ва́ше, Ва́ші); свій (своя́, своє́, свої̈); wéssen Sáchen sind das? Sind es die ~n? Чиї́ це ре́чі? Ва́ші?; die ~n Ва́ша роди́на, Ва́ша сім'я́.
illegál *adj* 1) нелега́льний, підпі́льний; 2) незако́нний, протизако́нний.
Illegitimität *f* - незако́нність, протизако́нність.
illiberál *adj* нетерпи́мий, уї́дливий, дріб'язко́вий.
illimitíert *adj* необме́жений.
illusórisch *adj* ілюзо́рний, прима́рний; нереа́льний; ма́рний, даре́мний; j-s Pläne ~máchen зруйнува́ти чиї́-н. пла́ни.
Illustríerte *f* ілюстро́ваний, журна́л.
Ílme *f* -, -n бе́рест, в'яз.
im=in dem; ~ Schrank у ша́рфі; ~ Fréien на сві́жому пові́трі; ~ Wínter взи́мку; ~ Gégenteil навпаки́; ~ Scherz жартома́.
imaginär *adj* уя́вний, ви́гаданий, уда́ваний.
Imaginatión *f* -, -en 1) уя́ва, си́ла уя́ви; 2) хи́бне уя́влення.
Ímbiß *m* ...bisses, ...bisse за́ку́ска; éinen ~ éinnehmen заку́сувати, переку́шувати.
Ímbiß|halle *f* -, -n (автома́т) -заку́сочна; **~stube** *f* -, -n заку́сочна.
Imitatión *f* -, -en 1) іміта́ція, насл́ідування; 2) іміта́ція, підро́бка.
imitíeren *vt* 1) імітува́ти, насл́ідувати *(кого, що);* 2) імітува́ти, підробля́ти.
Ímker *m* -s, - бджоля́р, па́січник.
Imkeréi *f* -, -en 1) *тк. sg* бджільни́цтво; 2) па́ска.
Immatrikulatión *f* -, -en зарахува́ння *(до вузу).*
immatrikulíeren *vt* зарахо́вувати *(до вузу).*
Ímme *f* -, -n бджола́.
Ímmer *adv* 1) за́вжди́, пості́йно; ко́жного ра́зу; auf (für) ~ наза́вжди́; 2): ~mehr (wéniger) дедалі бі́льше (ме́нше); ~ wieder знов і знов; 3): ~ vier und vier по чоти́ри; ~ der vierte ко́жний четве́ртий; 4): was (auch) ~ що б не; wer (auch) ~ хто б не; wo ~ де б не..., хоч де; sovíel du ~ willst скі́льки тобі́ завго́дно.
ímmerfort *adv* пості́йно, безпере́рвно, весь час.
ímmergrün *adj* вічнозеле́ний; *перен.* нестарі́ючий.
immerhín *adv* все́-таки, все́ ж таки.
ímmerwährend 1. *adj* пості́йний, ві́чний; безпереста́нний, невпи́нний; ~e Neutralität пості́йний нейтраліте́т; 2. *adv* пості́йно, ві́чно; невпи́нно; за́вжди́.
ímmerzu *adv* пості́йно, невпи́нно, весь час; раз у раз, безпереста́нку.
immobíl *adj* нерухо́мий.
Immobíli|en *pl* нерухо́ме майно́, нерухо́мість.
immorálisch *adj* амора́льний.
immún *adj* несприйня́тливий *(до захворювань); перен.* невразли́вий; gégen etw. ~ sein ма́ти іму-ніте́т про́ти чо́го-н.
impersonál *adj* безособо́вий.
ímpfen *vt* 1) *с. г.* прище́плювати; 2) роби́ти уко́ли, ще́плення; Kínder gégen Pócken ~ прище́плювати ді́тям ві́спу; 3) *перен.* прище́плювати *(які-н. риси);* виклика́ти *(почуття).*
Ímpfling *m* -s, -e 1) *с. г.* живе́ць; 2) дити́на, якій ро́блять ще́плення.
Ímpf|stoff *m* -(e)s, -e вакци́на; **~tier** *n* -en, -e піддо́слідна твари́на.
Ímpfung *f* -, -en ще́плення.
Impi|etät *f* - 1) неповага, знева́жливе ста́влення; че́рствість; 2) безбо́жність; блюзні́рство.
Implantatión *f* -, -en 1) *с. г.* прище́плювання, ще́плення; 2) *мед.* імпланта́ція; переса́дка *(тканин, органів).*
Implikatión *f* -, -en 1) включе́ння; *лог., мат., лінгв.* імпліка́ція; 2) *перен.* нерозри́вний зв'язо́к.
implizíeren *vt* включа́ти (в се́бе), ма́ти на ува́зі, припуска́ти.
implizít *adj* яки́й ма́ється на ува́зі; яки́й припуска́ється; прихо́ваний.
imponíeren *vi (D)* імпонува́ти, виклика́ти пова́гу *(в кого);* справля́ти вра́ження *(на кого).*
imprägníert *adj* просо́чений, непромока́льний; ein ~er Mántel непромока́льне пальто́.
Impressión *f* -, -en вра́ження; сприйня́ття.
Impréssum *n* -s, ...ssen вихідні да́-

ні *(книги, журналу)*.

improbábel *adj* неймовірний; неприйнятний.

imstánde: ~ sein бути спроможним, могти.

in *prp (A на питання* куди?), *D на питання* де?, коли?) в, у; на; через, за; ins Konzért géhen іти на концерт; ~ Kíew у Києві; ~ der Schúle у школі; ~ der Vórlesung на лекції; ~ der gánzen Welt в усьому світі; ~ 2 Tágen через 2 дні.

In¦án¦griffnahme *f* - початок *(якої-н роботи);* **~spruchnahme** *f* - використовування; навантаження, завантаженість; únter ~spruchnahme за рахунок *(чого)*, використовуючи *(що)*.

I

Inbegriff *m* -(e)s 1) втілення; ідеал; der ~ der Schönheit втілення краси; 2) сукупність; mit ~ включно.

inbegríffen *adv* включно.

Inbetríeb|nahme *f* -, **~setzung** *f* - введення в дію, пуск.

in bezúg, inbezug *prp (auf A)* щодо, відносно *(кого, чого)*.

Inbránbsetzung *f* -, **-en** підпал.

ínbrünstig *adj* старанний, завзятий; палкий.

indém *cj* 1) *виражає одночасність:* тим часом як, тоді як; ~ er sich zum Wéggehen ánschickte, ságte er... збираючись іти, він сказав... 2) *вказує на спосіб дії:* ~ er éiffrig árbeitete, erwéiterte er séine Kénntnisse старанно працюючи, він поглиблював свої знання.

Índer *m* **-s, -** індієць.

indés, indéssen *cj* проте однак.

Indiáner *m* **-s, -** індіанець.

Indifferénz *f* - індиферентність; байдужість; нейтральність.

índirekt 1. *adj* посередній, непрямий; ~er Bewéis *юр.* побічний доказ; ~e Réde *грам.* непряма мова; **2.** *adv* посередньо; побічно.

índisch *adj* індійський.

índiskret *adj* нескромний; нетактовний; балакучий.

Indiskretión *f* -, **-en** 1) нескромність; нетактовність; балакучість; 2) розголошення таємниці.

indisponiert *adj* 1) у поганому настрої; несхильний *(робити що-н.);* 2) *спорт.* не в формі.

índisputabel *adj* незаперечний, безперечний.

índolent *adj* 1) байдужий, безтурботний; пасивний; 2) невразливий, безболісний.

indulgént *adj* 1) слухняний, піддатливий; поступливий; 2) терпимий; поблажливий.

Industríe *f* -, **...strí|en** індустрія, промисловість; *pl* галузі промисловості; örtliche ~ місцева промисловість.

ineinánder *pron rez* одне в одне.

ineinánder|fügen *vt* з'єднувати; **~greifen*** *vi* 1 *тех.* зчіплюватися; 2) взаємодіяти.

infám *adj* підлий, мерзотний; безчесний.

Infamíe *f* -, **...mí¦en** 1) підлість, негідний вчинок; 2) ганьба, безчестя.

infamíeren *vt* ображати; зводити наклеп, знеславляти.

Ínfanteríe *f* -, **...rí¦en** піхота; motorisíerte ~ мотопіхота.

Ínfanteríeflieger *m* **-s, -** 1) льотчик військової авіації; 2) літак військової авіації; *pl* військова авіація.

Ínfanteríst *m* **-en, -en** рiхотинець.

Influénz *f* -, **-en** вплив; *фіз.* індукція.

infólge *prp (G, von D)* внаслідок *(чого);* через *(що);* ~ des Únfalls внаслідок нещасного випадку.

infolgedéssen *adv* внаслідок цього, з цієї причини.

Informatión *f* -, **-en** 1) інформація; відомості; ~en éinziehen з'ясовувати, довідуватися; 2) інформування, роз'яснення; інструктаж.

informíeren 1. *vt* 1) інформувати, доводити до відома; 2) навчати, інструктувати; 2. **sich** ~ діставати інформацію, довідуватися.

Infrágestellung *f* - заперечування, оспорювання.

Ingenieur [inʒéniø:r] *m* **-s, -e** інженер.

Ínhaber *m* **-s, -** власник, господар *(майна);* володар *(титулу);* кавалер *(ордена)*.

inhaftíeren *vt* заарештовувати.

Inhaftíerung *f* -, **-en** 1) арешт; 2) перебування під арештом.

Ínhalt *m* **-(e)s, -e** 1) зміст der ~ éines Wórtes значення слова; dem ~ nach, von ~ her за змістом; 2) вміст; 3) місткість.

ínhaltlich *adv* за змістом.

ínhalts|leer, ~ los *adj* беззмістовний; **~reich, ~voll** *adj* змістовний.

Inhalts|verzeichnis *n* **-ses, -se** зміст, покáжчик; перéлік; **~zeishen** *n* -s, -n **~zettel** *m* -s, -e етикéтка.

inkonsequent *adj* непослідóвний.

Inland *n* **-(e)s** своя́ краї̈на; im ~ у своїй краї́ні.

inländisch *adj* 1) внýтрішній *(для даної країни)*, вітчизня́ний; 2) континентáльний.

inliegend *adj канц.* вклáдений *(у конверт)*; ~ sénden wir Íhnen... до цьóго додаємó...

inne|behalten* *vt* зберігáти, утри́мувати; **~haben*** *vt* мáти; займáти *(посаду)*; володíти *(чим)*; **~halten*** 1 *vt* дотри́муватися *(закону)*; витри́мувати *(строки)*; 2. *vi* зупиня́тися; *(mit, in D)* припиня́ти, переривáти *(що)*.

innen *adv* усерéдині; nach ~ усерéдину; von ~ зсерéдини.

Innen|arzt *m* **-es, ...ärzte** терапéвт; **~leben** *n* **-s** внýтрішній світ (люди́ни), духóвне життя́; **~minister** *m* **-s, -** міністр внýтрішніх справ.

inner *adj* внýтрішній; ~e Kránkheiten внýтрішні хворóби.

Innere *n* внýтрішня части́на; серéдина; *перен.* душá, внýтрішній світ; ins ~ всерéдину; das ~ der Érde нáдра землі.

Inneréien *pl* **нýтрощі, потрухи́; субпродýкти.**

innerhalb *prp* 1) *(G, von D)* усерéдині; у, в; 2) *(G, D)* прóтягом.

innerlich 1. *adj* внýтрішній; **2.** *adv* внýтрішньо; всерéдині; *перен.* у душí, у глибині́ душí.

Innerlichkeit *f* - 1 внýтрішня суть; **духóвне життя́**; 2 **щиросéрдість**, щи́рість.

innewerden* *vi (s) (D, A)* пізнавáти; розуміти *(що)*.

innewohnen *vi (D)* бýти власти́вим, притамáнним *(чому)*.

innig *adj* щи́рий, задушéвний.

Innigkeit *f* - щи́рість, задушéвність.

ins- in das.

Insaß, Insasse *m* **...sassen, ...sassen** 1) (місцéвий) жи́тель, 2) пасажи́р.

insbesónd(e)re *adv* 1) особли́во; 2) зокрéма.

Inschrift *f* **-, -en** нáпис, епігрáф.

inseitig *adj* внýтрішній, з внýтрішнього бóку.

Insékt *n* **-(e)s, -en** комáха.

Insel *f* -, -n óстрів.

insgehéim *adv* пóтай, секрéтно.

insgeheim *adv* 1) взагалí, звичáйно; як прáвило; 2) рáзом, усьогó *(про суму)*.

insgesámt *adv* рáзом, у сукýпності.

insófern I *adv* щóдо цьóго, у цьóму віднóшенні.

insoférn II *cj* оскíльки, бо.

insolánge *cj* оскíльки, томý що.

insolvént *adj* неплатоспромóжний; неспромóжний *(про боржника)*.

insowéit *cj* оскíльки, бо.

inspiríeren *vt* надихáти; виликáти; підбýрювати *(до чого)*.

instánd: ~ hálten тримáти в дóброму стáні; ~ sétzen ремонтувáти.

inständig *adj* наполéгливий.

Instánz *f* **-n, -en** інстáнція; in létzter ~ кінéць кінцéм.

Institutión *f* **-, -en** устанóва, зáклад.

instruíeren *vt* інструктувáти.

insultíeren *vt* ображáти; знущáтися *(з кого, чого)*.

Intellektuélle *m, f* інтелігéнт, люди́на розумóвої прáці.

Intendánt *m* **-en, -en** 1) дирéктор; худóжній керівни́к; головни́й режисéр *(театру, радіо, телебачення)*; 2) ***військ.*** інтендáнт.

Intensität *f* - інтенси́вність; си́ла.

interessánt *adj* цікáвий, інтерéсний.

Interésse *n* **-s, -n** інтерéс, зацікáвлення; ~ für etw. háben (zéigen) виявля́ти інтерéс до чóго-н.

Interéssen|gebiet *n* **-(e)s, -e** сфéра впли́ву *(держави)*; **~gemeinschaft** *f* 1) спíльність інтерéсів; 2) -, **-en** гуртóк; ~gemeinschaft Biologíe біологíчний гуртóк; 3) -, **-en** *ек.* концéрн.

interessíeren 1. *vt* цікáвити, зацікáвлювати; 2. **sich** ~ *(für A)* цікáвитися *(чим)*.

Interessíerrheit *f* - інтерéс, зацікáвленість.

Interims|regierung *f* **-, -en** тимчасóвий ýряд; **~schein** *m* **-(e)s, -e** ~ **zeugnis** *n* **-ses, -se** тимчасóва пóсвідка.

interkontinentál *adj* міжконтинентáльний.

intérn *adj* внýтрішній.

interpretíeren *vt* інтерпретувáти, тлумáчити.

Interpunktión *f* **-, -en** пунктуáція.

Interpunktiónszeichen *n* **-s -** розділóвий знак.

Interview [-vjuː] *n* **-s, -s** інтерв'ю, бéсіда.

Intimität *f* **-, -en** 1) інтимність; 2) затишок.
intolerábel *adj* нестéрпний.
Intoleránz *f* **-, -en** нетерпи́мість *(до чого);* непримирéнність.
Invasión *f* **-, -en** вто́ргнення, на́пад.
ínwendig 1. *adj* вну́трішній; **2.** *adv* всерéдині.
inwie|férn, ~wéit *adv* 1) наскíльки, якóю мíрою; яки́м чи́ном; 2) чому́.
inzwíschen *adv* тим ча́сом.
írden *adj* гли́няний.
írdisch *adj* земни́й; *перен.* життє́вий.
írgend *adv* тíльки; як-нéбудь; wenn ~ möglich якщо тíльки мóжна; ~ étwas що-нéбудь; ~ jémand хто-нéбудь.
írgendein *pron indef* яки́й-нéбудь, яки́йсь.
írgend|einmal, ~wann *adv* коли-нéбудь, коли́сь.
írgend|was *pron indef* що-нéбудь, щось; **~welcher** *pron indef* яки́й-нéбудь; **~wer** *pron indef* хто-нéбудь.
irgend|wie *adv* як-нéбудь; **~wo** *adv* де-нéбудь, десь; **~woher** *adv* звíдки-нéбудь, звíдкись; **~wohin** *adv* куди-нéбудь, куди́сь.
írisch *adj* ірла́ндський.
írre *adj* 1) що помиля́ється; 2) божевíльний.
Írre *m, f* божевíльний, божевíльна.
írreal *adj* нереа́льний, ірреа́льний.
írre|führen *vt* вво́дити в ома́ну, збива́ти з пантели́ку; **~gehen*** *vt (s)* 1) заблуди́ти; 2) помиля́тися; **~machen** *vt* збива́ти з пантели́ку.
írren 1. *vi* 1) блука́ти, ника́ти; 2) помиля́тися; 2. **sich** ~ помиля́тися.
Írren|anstalt *f* **-, -en** психіатри́чна лíкарня; **~arzt** *m* **-es, ...ärzte** психіа́тр; **~haus** *n* **-es, ...häuser** буди́нок для божевíльних.
írrereden *vi* ма́рити.
Írr|fahrt *f* **-, -en** блука́ння; **~garten** *m* **-s, ...gärten** лабіри́нт.
irrig *adj* помилкóвий, хи́бний.
irritíeren *vt* дратува́ти.
Írr|lehre *f* **-, -n** псевдовчéння; *рел.* є́ресь; **~sinn** *m* **-(e)s** 1) божевíлля; 2) *розм.* нісенíтниця.
írrsinnig *adj* божевíльний.
Írrtum *m* **-(e)s, ...tümer** по́милка.
írrümlich 1. *adj* помилкóвий, хи́бний; **2.** *adv* помилкóво.
írrtümlicherweise *adv* помилкóво.
ist *präs від* sein.
Ísthmus *m* **-, ...men** *геогр.* перешийок.
Italiéner *m* **-s, -** італíєць.
italiénisch *adj* італíйський.

J j

ja *prtc* так, аджé, же, ж, на́віть; zu állem ~ ságen зго́джуватися з усíм, підта́кувати всім.
Ja *n* **-** так; зго́да; позити́вна вíдповідь; mit ~ ántworten висло́влювати зго́ду, пого́джуватися.
Jácht *f* **-, -en** я́хта.
Jácke *f* **-, -n** ку́ртка; ко́фточка; жакéт.
Jackétt [ʒa-] *n* **-(e)s, -s** *i* **-e** піджа́к; жакéт; кíтель; півпальто́.
Jagd *f* **-, -en** 1) полюва́ння; auf die ~ géhen ходи́ти на полюва́ння; 2) пого́ня; переслíдування.
Jágd|ausbeute *f* **-** мисли́вська здо́бич; **~büchse** *f* **-, -n** мисли́вська рушни́ця; **~flugzeug** *n* **-(e)s, -e** (літа́к)-вини́щувач.
jágen 1. *vt* 1) полюва́ти *(на кого, що);* 2) гна́ти, переслíдувати; **2.** *vi* 1) *(s)* мча́ти, мча́тися; проно́ситися; die Wólken ~ am Hímmel хма́ри пливу́ть по нéбу; 2) *(h) (nach D)* цькува́ти, полюва́ти; 3) *(h) (nach D) перен.* гна́тися, гони́тися *(за чим),* пра́гнути *(до чого);* nach Abenteuern ~ шука́ти приго́д.
Jäger *m* **-s, -** 1) мисли́вець; є́гер; 2) *ав.* (літа́к)-вини́щувач; *pl* вини́щувальна авіа́ція.
jäh 1. *adj* 1) рапто́вий; на́глий; éines ~en Tódes stérben помéрти на́глою смéртю; 2) обри́вистий, стрíмки́й, крути́й; **2.** *adv* ра́птом; обри́висто, стрíмко, кру́то.
Jähe *f* **-** 1) рапто́вість; стрíмкість; 2) кру́ча, у́рвище.
Jahr *n* **-(e)s, -e** рік.
Jáhrbuch *n* **-(e)s, ...bücher** 1) щорíчник; альмана́х; 2) лíтопис.

járelang 1. *adj* багаторíчний, довголíтній; 2. *adv* прóтягом багатьóх рóків; рокáми.

Jáhres|bericht *m* **-(e)s, -e** річнúй звіт; ~**feier** *f* **-, -n** святкувáння річнúці, ювілéй; ~**schrift** *f* **-, -en** щорíчник; ~**tag** *m* **-(e)s, -e** річнúця; ~**wechsel** *m* **-s, -,** ~**wende** *f* **-, -n** наставáння нóвого рóку; um die ~wende під кінéць рóку; ~**zeit** *f* **-, -en** порá рóку; сезóн.

jáhreszeitlich 1. *adj* сезóнний; 2. *adv* сезóнно.

Jahrfünft *n* **-(e)s, -e** п'ятиліття, п'ятирічка.

Jáhrgang *m* **-(e)s, ...gänge** 1 рік нарóдження; однóлітки, ровéсники; *військ.* рік прúзову; 2) вúпуск *(учнів, студентів);* 3) урожáй *(якого)* рóку; 4) рік вúпуску *(виробу),* рік видáння *(журналу, газети);* 5) річнúй комплéкт *(журналу, газети),* підшúвка.

Jahrhúndert *n* **-(e)s, -e** *(скор.* Jh.) століття, сторíччя, вік; *перен.* епóха, éра.

jährig *adj* 1) однорíчний, однолíтній; ein ~es Kind однорíчна дитúна; 2) повнолíтній.

jährlich 1. *adj* річнúй, щорíчний; 2. *adv* щорíчно; **zwéimal** ~ два разú на рік.

Jáhrmarkt *m* **-(e)s, ...märkte** ярмарок.

Jahr|táusend *n* **-s, -e** тисячорíччя, тисячоліття; ~**zéhnt** *n* **-(e)s, -e** десятирíччя, десятиліття.

Jähzorn *m* **-(e)s** запáльність, гарячність.

Jámmer *m* **-s** 1) плач, голосíння, стóгін; 2) гóре, нещáстя.

jämmerlich *adj* 1) жалюгідний, мізéрний; нікчéмний; 2) жáлібнúй, тужлúвий.

Jämmerling *m* **-(e)s, -e** нікчéмна людúна; нікчéма.

jámmern 1. *vi (über, um A, wegen G)* оплáкувати *(кого, що);* горювáти *(за ким, чим);* 2. *vt* викликáти жáлість *(у кого);* er jámmert mich мені шкóда йогó.

Jánuar *m* **- i -s, -e** сíчень.

jäten *vt* полóти, сапáти.

jáuchzen *vi* (гóлосно) радíти, тріумфувáти.

jaulen *vt* вúти, скúглити.

jawóhl *mod adv* так, звичáйно.

je 1. *adv* коли-нéбудь, бýдь-коли, колúсь; 2. *prp* по *(перед числівником);* je drei по трú, по трóє; 3. *cj:* je ... désto ... чим... тим...; je nachdém, ob ... залéжно від тóго, чи...

jédenfalls *mod adv* в усякому рáзі; неодмíнно.

jéder *pron indef m* (f jéde; *n* jédes) кóжний (кóжна, кóжне); усякий (усяка, усяке).

jédermann *pron indef* кóжний, усякий.

jéderzéit *adv* у будь-якúй час, зáвжди.

jédesmál *adv* щорáзу.

jedóch *cj* протé, однáк, всé-таки.

jéglicher *pron indef* кóжний, усякúй.

jé|her *adv:* von ~ здáвна, з дáвніх-давéн.

jémals *adv* колúсь, коли-нéбудь.

jémand *pron indef* хтось, хто-нéбудь, будь-хтó; ~ ánders хтось íнший.

jéner *pron dem m (f* jéne, *n* jénes, *pl* jéne) той (та, те, ті).

jénseitig *adj* розташóваний по той бік.

jénseits *prp (G)* по той бік.

jétzig *adj* тепéрішній, нúнішній; in der ~en Zeit тепéр.

jetzt *adv* тепéр, зáраз; bis ~ дóсі, до цього чáсу; von ~ ab з цьóго чáсу, віднúні.

jéweilig *adj* відповíдний, дáний.

jéweils *adv* щорáзу; відповíдно; залéжно від обстáвин.

Joch *n* **-(e)s, -e** 1) ярмó; хомýт; 2) ярмó, тягáр, íго; 3) перевáл, сідловúна *(гори);* 4) прогíн *(моста).*

Jo|hánnis|beere *f* **-, -n** порíчка; schwárze ~ сморóдина; ~**käfer** *m* **-s, -** світляк.

Jólle *f* **-, -n** ялик, шлюпка.

Jóppe *f* **-, -n** кýртка, тужýрка.

Journál [ʒur-] *n* **-s, -e** 1) журнáл (реєстрáції); 2) журнáл, газéта *(щоденна).*

joviál [-v-] *adj* життєрáдісний, весéлий, жартівлúвий.

Júbel *m* **-s** рáдість, весéлість; бурхлúвий вúяв рáдості.

jubeln *vi* радíти, тріумфувáти.

Jubilár *m* **-s, -e** ювіляр; ~**in** *f* **-, -nen** ювілярка.

jubilíeren *vi* відзначáти ювілéй.

júcken 1. *vi* свербíти; 2. *vt* чýхати; 3. **sich** ~ чýхатися.

Júgend *f* **-** 1) мóлодість, юність; von ~ auf змóлоду; 2) мóлодь, юна́цтво.

Júgend|ausschuß *m* **...schusses, ...schüsse** молодíжний комітéт; **~bewegung** *f* -, **-en** молодíжний рух; **~erziehung** *f* - вихова́ння мóлоді; **~forum** *n* -s, **...ra** *i* **...ren** молодíжний фóрум, зýстріч мóлоді; **~freund** *m* **-(e)s, -e** 1) друг ю́ності, шкíльний товáриш; **~heim** *n* **-(e)s, -e** гуртóжиток для мóлоді; **~herberge** *f* -, **-n** молодíжна турúстська бáза; **~jahre** *pl* молоді рóки; in séinen ~jahren зáмолоду, за молодúх літ.

júgendlich *adj* 1) ю́ний, молодúй, юна́цький; 2) моложáвий.

Júgendliche *m, f* підлíток, юнáк, дíвчина; *pl* мóлодь.

Júgend|organisation *f* -, **-en** молодíжна організáція; **~verband** *m* **-(e)s, ...bände** спíлка мóлоді; **~weihe** *f* - свя́то повнолíття.

Júli *m* - *i* **-s, -s** лúпень.

jung *adj* 1) молодúй, ю́ний; von ~ auf змóлоду; ~ und alt старí й малí; 2) молодúй; свíжий; ~es Laub молодé лúстя; ~es Gemüse свíжі óвочі.

Júnge *m* **-n -n** хлóпчик; юна́к; пáрубок.

Júng|geselle *m* **-n, -n** холостя́к; пáрубок; ein álter ~ старúй пáрубок; **~gesellin** *f* -, **-nen** незамíжня жíнка.

Jüngling *m* **-s, -e** юнáк.

jüngst 1. *adj* 1) наймолóдший; 2) недáвній, остáнній; die ~en Eréignisse остáнні подíї, die ~en Náchrichten остáнні вíсті; 2. *adv* недáвно.

Júni *m* -*i* **-s, -s** чéрвень.

jurídisch, jurístisch *adj* юридúчний.

Justíz *f* - 1) юстúція, правосýддя; 2) справедлúвість.

Júte *f* - джут.

Juwél *n* **-s -en,** *m* **-s, -e** коштóвність, коштóвний кáмінь; ein ~ von éinem Ménschen золотá людúна.

Jux *m* **-es, -e** жарт, вúтівка; sich *(D)* éinen ~ mit j-m máchen посмія́тися з кóго-н.

júxen *vi* жартувáти.

K k

Kabále *f* -, **-n** підстýпність; інтрúга.

Kábel *n* **-s, -** 1) кáбель; 2) трос.

Kabíne *f* -, **-n** кабíна, каю́та.

Káchel *f* -, **-n** кáхля; mit ~n áuslegen облицьóвувати кáхлями.

Káder *m* **-s, -** кáдри; кáдровий працівнúк.

Káder|lenkung *f* -, **-en** розпóділ кáдрів; **~schúlung** *f* - підготóвка кáдрів.

Käfer *m* **-s, -** жук.

Káffee *m* **-s, -s** кáва; stárker ~ міцнá кáва.

Káffee|geschirr *n* **-(e)s, -e** кáвовий сервíз; **~haus** *n* **-es, ...häuser** кафé, кав'я́рня; **~kanne** *f* -, **-n** кáвник; **~kocher** *m* **-s, -** кавовáрка; **~stube** *f* -, **-n** кав'я́рня.

Käfig *m* **-(e)s, -e** клíтка.

kahl *adj* гóлий; лúсий.

Kahn *m* **-(e)s, Kähne** бáржа; чóвен.

Kai *m* **-s, -e** *i* **-s** нáбережна, пірс.

Kakté|e *f* -, *-n*, **Káktus** *m* -, **...té|en** *бот.* кáктус.

Kalamität *f* -, **-en** лúхо, бідá, нещáстя; wírtschaftliche ~en економíчні потря́сіння.

Kalb *n* **-(e)s, Kälber** теля́.

kálben *vi* телúтися.

Kalénder *m* **-s, -** календáр.

Kalk *m* **-(e)s, -e** вапнó; gelöschter ~ гáшене вапнó; mit ~ bewérfen штукатýрити.

kálken *vt* вапнувáти.

Kálkerde *f* -, **-n** вапнúстий грунт.

kálkhaltig *adj* вапнúстий.

Kálk|mörtel *m* **-s, -** вапнúстий рóзчин; **~stein** *m* **-(e)s** вапня́к.

kalt 1. *adj* холóдний; ~es Blut bewáhren залишáтися спокíйним; das läßt mich~ це мені не хвилю́є; 2. *adv* хóлодно; es läuft mir ~ über den Rücken у мéне морóз пóза шкíрою пробігáє.

káltblütig *adj* холоднокрóвний.

Káltblütigkeit *f* - холоднокрóвність, байдýжість.

Kälte *f* - 1) морóз, хóлод; 2) холóдність.

Kälteanlage *f* -, **-n** *тех.* холодúльна установка.

kälten *vt* охоло́джувати, осту́джувати.

Kamél *n* **-(e)s, -e** 1) верблю́д; 2) *розм.* ду́рень.

Kamélhaar *n* **-(e)s, -e** верблю́жа шерсть.

Kámera *f* **-, -s** 1) кінока́мера; фотока́мера, фотоапара́т; 2) опера́тор *(у титрах фільму)*.

Kamerád *m* **-en, -en** 1) това́риш, при́ятель; 2) коле́га.

Kamerádschaft *f* **-, -en** товари́ські стосу́нки, дру́жба; **güte ~** hálten бу́ти до́брими дру́зями, дружи́ти.

kamerádschaftlich *adj* товари́ський; mit j m ~ verkéhren бу́ти в товари́ських стосу́нках з ким-н.

Kámeramann *m* **-(e)s, ...männer** *i* **...leute** кінооперáтор.

Kamm *m* **-(e)s, Kämme** гребіне́ць; гре́бінь.

kämmen 1. *vt* причі́сувати, чеса́ти; 2. **sich ~** причі́суватися.

Kámmer *f* **-, -n** 1) кімна́тка, комі́рка, комірчи́на; 2) пала́та *(парламенту)*; 3) *військ.* речови́й склад, цейхга́уз.

Kampf *m* **-(e)s, Kämpfe** боротьба́, бій; der ~ ums Dásein боротьба́ за існува́ння; ein ~ auf Lében und Tod боротьба́ не на життя́, а на смерть.

Kámpf|bereitschaft *f* **-** гото́вність до бо́ю, боєзда́тність; **~einheit** *f* **-, -en** бойова́ одини́ця, бойови́й підро́зділ.

kämpfen *vi* 1) *(für, um A; mit D; gegen A)* боро́тися, би́тися, воюва́ти *(за що; з ким, чим; проти кого, чого)*; 2 *спорт.* змага́тися.

Kämpfer *m* **-s, -** боє́ць, во́їн; боре́ць.

kämpferisch 1. *adj* бойови́й, войовни́чий; 2. *adv* по-бойово́му, войовни́чо.

kámpf|erprobt *adj* випро́буваний у боя́х; **~fähig** *adj* боєзда́тний.

Kámpf|genosse *m* **-n, -n** сора́тник; **~kraft** *f* **-, ...kräfte** бойова́ міць.

kámpflustig *adj* войовни́чий.

Kámpf|platz *m* **-es, ...plätze** по́ле бо́ю; аре́на боротьби́; **~richter** *m* **-s, -** арбі́тр, суддя́; **~runde** *f* **-, -n** ра́унд; **~stellung** *f* **-, -en** бойова́ пози́ція; **~stoff** *m* **-(e)s, -e** бойова́ отру́йна речовина́; **~wagen** *m* **-s, -** танк; **~zone** *f* **-, -n** зо́на вое́нних дій.

Kanári|envogel *m* **-s, ...vögel** кана́рка.

Kandidatúr *f* **-, -en** кандидату́ра; die ~ áufstellen висува́ти кандидату́ру; die ~ zurückweisen відхиля́ти кандидату́ру.

kandidíeren *vi (für A)* виступа́ти як кандида́т; виставля́ти свою́ кандидату́ру.

Kándis *m* **-, Kándiszucker** *m* **-s** льодяни́к.

Kanínchen *n* **-s, -** кро́лик.

Kanínchenstall *m* **-(e)s, ...ställe** кроля́тник.

Kánne *f* **-, -n** гле́чик; ку́холь; ча́йник.

Kannibále *m* **-n, -n** людоїд.

Kanóne *f* **-, -n** гарма́та; ◊ nach Spátzen mit ~n schíeßen з гарма́ти по горобця́х стріля́ти.

Kanónen|boot *n* **-(e)s, -e** *мор.* каноне́рка; **~donner** *m* **-s** канона́да; **~kugel** *f* **-, -n** гарма́тне ядро́.

Kánte *f* **-, -n** 1) край, кант, ребро́, грань; облямі́вка; 2) окра́єць *(хліба)*.

kánten *vt* кантува́ти, облямо́вувати.

kántig *adj* кута́стий, ребри́стий.

Kap *n* **-s, -s** 1) мис; 2) передгі́р'я; 3) хвилері́з.

kapitál *adj* капіта́льний, міцни́й, солі́дний; der ~e Aufbau капіта́льне будівни́цтво.

Kapitál *n* **-s, ...li|en** капіта́л; fíxes (stéhendes) ~ основни́й капіта́л; investíertes ~ капіталовкла́дення; konstántes ~ пості́йний капіта́л; variábles ~ змі́нний капіта́л; zirkulíerendes ~ оборо́тний капіта́л.

Kápitalanlage *f* **-, -n** капіталовкла́дення.

Kapítel *n* **-s, -** ро́зділ, глава́; ◊ das ist ein tráuriges ~ це сумна́ істо́рія; auf ein ánderes ~ kómmen зміни́ти те́му розмо́ви.

Kapitulatión *f* **-, -en** капітуля́ція; bedíngungslose (totále) ~ беззасте́режна капітуля́ція.

Káppe *f* **-, -n** 1) ша́пка, бере́т; ковпа́к; 2) шоло́м *(льотчика, мотоцикліста)*; 2) *тех.* ковпа́к, чохо́л.

kapútt *adj розм.* 1) розби́тий, злама́ний, зіпсо́ваний; ~máchen зіпсува́ти, злама́ти; 2) уто́млений; ich bin ganz ~ я страше́нно втоми́вся.

kapúttgehen* *vi (s)* зіпсува́тися, розби́тися.

Karáffe *f* **-, -n** графи́н, кара́фа.

Karáusche *f* **-, -n** кара́сь.

kardinál *adj* головни́й, основнйй, кардинáльний.

Kardinálzahl *f* -, -en *грам.* кільκісний числíвник.

karg *adj* 1) скупи́й; 2) убóгий, бíдний, ein ~es Lében führen жи́ти у злúднях.

kárgen *vi (mit D)* скупи́тися *(на що);* mit Wórten ~скупи́тися на словá.

kärglich 1. *adj* убóгий, бíдний, мізéрний; 2. *adv* скýпо, бíдно.

kariert *adj* картáтий.

Kárpfen *m* -s, - кóроп.

Kárre *f* -, -n, **Kárren** *m* -s, - тáчка, вiзóк.

Kárte *f* -, -n 1) кáрта *(географíчна, гральна);* 2) листíвка; 3) квитóк; 4) меню́.

Kartéi *f* -, -en картотéка.

Kárten|blatt *n* -(e)s, ...blätter 1) географíчна кáрта; 2) грáльна кáрта; ~**kunde** *f* - картогрáфiя.

Kartóffel *f* -, -n картóпля.

Käse *m* -s, - сир; ◊ **das ist doch** álles ~ *розм.* це все дурни́цi.

Käseréi *f* -, -en сировáрня.

Kasérne *f* -, -n казáрма.

Kásperl *m* -s, - *i* -n, Kasperle *n, m* -s, - *театр.* Петрýшка.

Kásperl(e)theater *n* -s, - лялькóвий теáтр.

Kassíerer *m* -s, - касúр; скарбни́к.

Kastáni|e *f* -, -n каштáн; ◊ j-n die ~n aus dem Féuer hólen lássen чужи́ми рукáми жар загрíбáти.

Kastáni|enbaum *m* -(e)s, ...**bäume** каштáн, каштáнове дéрево.

kastáni|enbraun *adj* каштáновий *(про колір).*

Kásten *m* -s, - *i* **Kästen** 1) я́щик, скри́ня, шухля́да; 2) вітри́на *(для оголошень);* 3) *розм.* радіоприймáч.

Kásus *m* -, - 1) *грам.* відмíнок; 2) кáзус, ви́падок.

Káter *m* -s, - кiт; der Gestíefelte ~ Кiт у чобóтях *(у казці).*

Kathéder *n, m* -s, - кáфедра.

Kathedrále *f* -, -n кафедрáльний собóр.

Kattún *m* -s, -e си́тець; róter ~ кумáч.

kattúnen *adj* си́тцевий.

Kátze *f* -, -n кíшка.

káuen *vt, vi* 1) жувáти; 2) гри́зти, кусáти.

káuern 1. *vi* 1) сидíти навпóчiпки; 2) причаїтися; 2. **sich** ~ 1 сíсти навпóчiпки; 2) причаїтися.

Kauf *m* -(e)s, **Käufe** купíвля; ◊ léichten ~s davónkommen лéгко вiдбýтися.

káufen *vt* купувáти.

Käufer *m* -s, - покупéць.

Káuf|haus *n* -es, ...**häuser** унiверсáльний магази́н; ~**interesse** *n* -s, -n пóпит *(на товар);* ~**kraft** *f* -, ...**kräfte** купiвéльна спромóжнiсть; ~**laden** *m* -s, - *i* ...**läden** крамни́ця, магази́н.

käuflich *adj* яки́й продаéться; *перен.* продáжний.

Káufmann *m* -(e)s, ...**leute** торгóвець, комерсáнт, купéць.

káufmännisch *adj* комерцiйний, торговéльний.

Káuf|preis *m* -es, -e купiвéльна цiнá; ~**vertrag** *m* -(e)s, ...**träge** торгóвий дóговiр, **kauf|zettel** *m* -s, - 1) чек *(у магазині);* 2) оголóшення про купíвлю (прóдаж).

Káugummi *m* -s, - *i* -s жувáльна гýмка.

Kaukási|er *m* -s, - кавкáзець.

kaum *adv* лéдве, ледь; трóхи; тíльки, лишé; навря́д чи; es ist ~ zu gláuben у це вáжко повíрити.

Káviar *m* -s, -e iкрá; gepréßter ~ пáюсна iкрá; róter ~ кéтова iкрá.

keck *adj* смiли́вий, вiдвáжний; завзя́тий.

Kégel *m* -s, - 1) кéгля; ~ schíeben грáти в кéглi; 2) кóнус.

Kéhle *f* -, -n гóрло, гортáнь, глóтка; aus vóller ~ на все гóрло.

Kéhlkopf *m* -(e)s, ...**köpfe** гортáнь.

Kéhrbesen *m* -s, - мiтлá.

kéhren I 1. *vt, vi (s)* повертáти; 2. **sich** ~ 1) повертáтися; 2) *(an A)* рахувáтися *(з ким, чим);* звертáти увáгу *(на кого, на що).*

kéhren II *vt* пiдмiтáти.

kéhrtmachen *vi* повертáтися кругóм.

Keil *m* -(e)s, -e клин; ◊ **ein** ~ treibt den ánderen клин клúном вибивáють.

kéilen *vt* забивáти клин.

Kéiler *m* -s, - (ди́кий) кабáн, вепр.

Keim *m* -(e)s, -e пáросток, зарóдок; мiкрóб.

kéimen *vi* 1) пророcтáти, пáроститися; 2) зарóджуватися, розвивáтися.

kéimfrei *adj* стери́льний, стерилiзóваний.

kein *pron indef m* (f kéine, *n* kein, *pl* kéine; *без імен.:* *m* kéiner, *f* kéine, *n* kéin(e)s, *pl* kéine) нi;

жóдний; ніякий, ніхто; auf ~en Fall ні в якому рáзі; um ~en Preis нізáщо в світі.

kéinerléi *adj* ніякий; auf ~Wéise ніяким спóсобом.

kéinerseits *adv* ні з якого бóку.

kéines|fálls, ~wégs *adv* аж ніяк, анітрóхи, ні в якому рáзі.

kéinmal *adv* ні рáзу, нікóли; éinmal ist ~ один раз не рахýється.

Kelch *m* **-(e)s, -e** 1) чáша, кéлих; 2) *бот.* чáшечка.

Kéller *m* **-s, -** пóгріб, підвáл, льох.

Kéllergeschoß *n* **-sses, -sse** підвáльний пóверх, підвáл.

Kéllner *m* **-s, -** офіціáнт.

kénnen* *vt* знáти *(кого, що);* бýти знайóмим *(з ким, з чим).*

kénnenlernen *vt* (по)знайóмитися *(з ким, з чим);* дізнáтися *(про що).*

Kénner *m* **-s, -** знавéць.

Kénntnis *f* **-, -se** 1) *тк. sg* відóмість; von etw. (D) ~ néhmen ознайóмитися з чим-н.; взяти до відома що-н.; 2) знáння, ерудиція.

Kénn|wort *n* **-(e)s, ...wörter** парóль, перéпустка; **~zeichen** *n* **-s, -** прикмéта, ознáка; умóвний знак.

kénnzeichnen *vt* характеризувáти; відзначáти.

Kénn|zeichnung *f* **-, -en** 1) познáчення; 2) характеристика; 3) пóзначка.

Kérbe *f* **-, -n** зáрýбка, нáсічка, карб.

kérben *vt* робити нáсічки, зáрýбки, карбувáти.

Kérb|holz *n* **-es, ...hölzer** бирка; **~tier** *n* **-(e)s, -e** комáха.

Kérker *m* **-s, -** в'язниця.

Kérker|haft *f* **-** ув'язнення.

Kerl *m* **-(e)s, -e** хлóпець; суб'єкт; ein fíxer ~ молодéць; спритний хлóпець; ein geríebener ~ битий жак, пройдисвіт.

Kern *m* **-(e)s, -e** 1) кісточка, ядрó; зéрно; 2) центр, серéдина; 3) суть; das ist der ~ der Fráge у цьóму суть питáння; ◊ das ist des Púdels ~ так ось де собака заритий.

Kérn|energie *f* **-, ...gí|en** ядерна енéргія; **~forschung** *f* **-, -en** дослідження в гáлузі ядерної фізики; **~frage** *f* **-, -n** основнé питáння.

kérngesund *adj* цілкóм здорóвий.

kérnig *adj* 1) з кісточкáми; 2) здорóвий, міцний; 3) влýчний, вирáзний; eine ~e Réde вирáзна мóва.

Kérn|punkt *m* **-(e)s, -e** головний пункт; суть; **~truppen** *pl* *військ.* кáдрові війська; **~waffe** *f* **-, -n** ядерна збрóя.

Kérze *f* **-, -n** свічка.

Késsel *m* **-s, -** 1) казáн, казанóк, чавýн; 2) *геогр.* улóгóвина; 3) *військ.* отóчення.

Kétte *f* **-, -n** 1) ланцюг; an die ~ légen посадити на ланцюг *(собаку);* 2) ланцюжóк, намисто; 3) *pl* кайдáни; 4) пáсмо *(гір);* 5) низка, ряд.

kétten 1. *vt (an A)* прив'язувáти, прикóвувати *(до чого);* скóвувати; 2. **sich ~** 1) змикáтися; 2) *(an A)* виявляти прихильність *(до кого).*

Kétzer *m* **-s, -** єретик.

kéuchen *vi* пихкати, задихáтися; schwer ~ вáжко дихати.

Kéuchhusten *m* **-s** кóклюш.

kíchern *vi* хихикати.

Kiefer I *m* **-s, -** щéлепа.

Kíefer II *f* **-, -n** соснá.

Kíefernzapfen *m* **-s, -** соснóва шишка.

Kien *m* **-(e)s** 1) смолисте (соснóве) дéрево; 2) соснóва скіпка.

Kíen|apfel *m* **-s, ...äpfel, ~zapfen** *m* **-s, -** соснóва шишка.

Kies *m* **-es, -e** грáвій; щéбінь; gróber ~ гáлька.

Kíesel *m* **-s, -** гáлька; крéмінь.

Kind *n* **-(e)s, -er** дитина; von ~ auf з дитинства.

Kínder|frau *f* **-, -en** нянька; **~garten** *m* **-s, ...gärten** дитячий садóк; **~gärtnerin** *f* **-, -nen** вихователька в дитячому садкý; **~heim** *n* **-(e)s, -e** дитячий будинок; **~krippe** *f* **-, -n** дитячі ясла.

kinder|leicht *adj* дýже прóстий, легкий; **~lieb** *adj* той, хто любить дітéй; **~los** *adj* бездітний.

Kínder|mädchen *n* **-s, -** нянька; **~schuh** *m* **-(e)s, -e** дитячий черевик; **~wagen** *m* **-s, -** дитяча коляска.

Kíndes|alter *n* **-s** дитячий вік; **~kind** *n* **-(e)s, -er** внук, внýчка.

Kíndheit *f* **-** дитинство; vom ~ an (auf) з дитинства.

kíndisch *adj* дитячий, дитинячий.

kíndlich *adj* дитячий.

Kinn *n* **-(e)s, -e** підборíддя.

Kínn|backe *f* **-, -n, ~lade** *f* **-, -n** щéлепа.

Kínovorstellung *f* -, **-en** кіносеа́нс.
Kíppe *f* -, **-n** 1) ребро́, край, вістря; auf der ~ sein (stéhen) бу́ти в небезпе́ці; 2) *розм.* недо́курок.
kíppen 1. *vt* перекида́ти; 2. *vi (s)* втрача́ти рівнова́гу, точи́тися.
Kípper *m* **-s,** - самоски́д.
Kírche *f* -, **-n** це́рква.
Kírsche *f* -, **-n** ви́шня; ◊ **mit ihm** ist nicht gut ~n éssen йому́ па́льця в рот не клади́.
Kíssen *n* **-s,** - поду́шка.
Kíssenbezug *m* **-(e)s, ...züge** на́волочка.
Kíste *f* -, **-n** я́щик, скри́ня.
Kíttel *m* **-s,** - спецо́дяг, робо́чий хала́т.
kítten *vt* зама́зувати, скле́ювати.
Kítzel *m* **-s** 1) ло́скоти; 2) сверблячка; 3) *розм.* при́мха.
kítzeln 1. *vt* 1) лоскота́ти; 2) *перен.* тішити, лоскота́ти *(самолюбство)*; 2. *vimp;* es kítzelt mich мені ло́скотно.
Kládde *f* -, **-n** черне́тка, чорнови́й зо́шит.
kláffen *vi* зяяти, глибочі́ти.
kläffen *vi* га́вкати, дзя́вкати.
klágbar *adj* що підляга́є ро́згляду в суді; gégen j-n ~ wérden подава́ти ска́ргу на ко́го-н.
Kláge *f* -, **-n** 1) плач, сто́гін, ска́рга; 2) *юр.* ска́рга, по́зов; gégen j-n ~ erhében подава́ти ска́ргу на ко́го-н.
Klágegeschrei *n* **-(e)s** крик, ле́мент.
klágen *vi* 1) *(über A)* ска́ржитися *(на кого, що)*; 2) *(um A)* опла́кувати *(кого)*; 3) *(gegen A)* подава́ти в суд *(на кого)*.
Kläger *m* **-s,** - пози́вач.
kläglich *adj* 1) жа́лібний; 2) жа́лісний; жалюгі́дний.
klamm *adj* 1) вузьки́й, тісни́й; ~e Schúhe тісне́ взуття́; 2) воло́гий, во́гкий; 3) закля́клий, заніміл́ий, задубі́лий; 4) недоста́тній; ~ sein не ма́ти гро́шей.
Klámmer *f* -, **-n** 1) скоба́, затиска́ч, скрі́пка; 2) *pl* дужки́; éckige ~n квадра́тні дужки́.
Klamótten *pl* 1) ще́бінь, лом; 2) мо́тлох, ганчі́р'я.
Klang *m* **-(e)s, Klänge** 1) звук, тон; 2) дзвін; ein Náme von ~ відо́ме ім'я.
kláng|los *adj* беззву́чний; глухи́й *(про звук)*; **~voll** *adj* зву́чний, дзвінки́й.
kláppbar *adj* склада́ний, відкидний.
Kláppbett *n* **-(e)s, -en** склада́не лі́жко; *розм.* розкладу́шка.
Kláppe *f* -, **-n** 1) кла́пан; 2) за́слінка; 3) (відкидна́) кри́шка; 4) квати́рка; 5) хло́павка.
kláppen I *vi* ля́скати, сту́кати.
kláppen II *vi, vimp* ла́дитися, іти́ на лад; es klappt спра́ва йде на лад.
klápperп *vi* грими́ти, сту́кати, деренча́ти, тріща́ти; кла́цати *(зубами)*.
Kláppfenster *n* **-s,** - квати́рка.
klápsen *vt, vi* дава́ти ля́паса, шльо́пати.
klar *adj* 1) я́сни́й, прозо́рий; 2) зрозумі́лий.
klären 1. *vt* 1) з'ясо́вувати; 2) *тех.* очища́ти, відсто́ювати; 3) поло́ти; 4) розчища́ти (ліс); 2. **sich** ~ 1) розгоди́нюватися; 2) з'ясо́вуватися; 3) *хім.* очища́тися.
Klárheit *f* - 1) прозо́рість; 2) я́сність, вира́зність, чі́ткість.
klármachen *vt* поя́снювати.
Klásse *f* -, **-n** 1) клас *(у різних значеннях)*; 2) розря́д.
Klássen|einteilung *f* -, **-en** класифіка́ція; **~kampf** *m* **-(e)s, ...kämpfe** кла́сова боротьба́; **~konferenz** *f* - збо́ри учителі́в кла́су; **~leiter** *m* **-s,** - кла́сний керівни́к.
klássenlos *adj* безкла́совий.
Klássiker *m* **-s,** - кла́сик.
klássisch *adj* класи́чний.
Klatsch I *m* **-(e)s, -e** ля́пас.
Klatsch II *m* **-(e)s, -e** плі́тка.
klátschen I *vt* шльо́пати, ля́пати; Béifall ~ аплодува́ти.
klátschen II *vi (über A)* розпуска́ти плітки́ *(про кого)*.
Klatscheréi *f* -, **-en** плітки́.
kláuben *vt* 1) вибира́ти, виколу́пувати; збира́ти *(ягоди)*; 2) *(an D)* чіпля́тися *(до чого)*; an jédem Wort étwas zu ~ fínden прискі́куватися до ко́жного сло́ва.
Kláue *f* -, **-n** 1) кі́готь, па́зур; 2) ра́тиця; 3) *тех.* зубе́ць.
kláuen *vt* укра́сти.
Klavíer *n* **-s, -e** роя́ль; піані́но, фортепіа́но; spíelen гра́ти на роя́лі (піані́но, фортепіа́но).
klében 1. *vt* кле́їти; 2. *vi (an D)* прилипа́ти, пристава́ти *(до чого)*.
klébenbleiben* *vi (s) (an D)* прили́пнути *(до чого)*; *розм.* застря́ти *(де)*; in éiner Klásse ~ залиши́тися на дру́гий рік (у то́му

сáмому клáсі).

klébrig *adj* 1) клейкúй, липкúй; 2) настúрливий, уї́дливий.

Klébstoff *m* **-(e)s, -e** клей.

Klecks *m* **-es, -e** (чорнúльна) плáма.

klécksen *vi* робúти плáми, бруднúти; брýдно писáти.

Klee *m* **-s** конюшúна.

Kleid *n* **-(e)s, -er** сýкня; *pl* óдяг, убрáння́.

kléiden 1. *vt* 1) одягáти *(кого)*; 2) бýти до лиця́, лúчити *(кому)*; **es kléidet mich gut** **це мені до** лиця́; 2. **sich** ~ *(in A)* одягáтися, убирáтися *(у що)*.

Kléider|ablage *f* **-, -n** гардерóб, роздягáльня; **~bügel** *m* **-s, -** вíшалка, плíчка; **~puppe** *f* **-, -n** манекéн; **~schnitt** *m* **-(e)s, -e** 1) вúкрійка сýкні; 2) фасóн сýкні; **~schrank** *m* **-(e)s, ...schränke** шáфа для óдягу.

Kléidung *f* **-, -en** óдяг.

klein **1.** *adj* малéнький; ~ von Wuchs невисóкий на зріст; der ~e Fínger мізúнець; **2.** *adv;* von ~ auf змáлку; ein ~ wénig трóшки; ein Wort ~ schréiben писáти слóво з малéнької лíтери.

Kléin|bahn *f* **-, -en** вузькоколíйка; **~bürger** *m* **-s** міщанúн, дрібнúй буржуá.

kléinbürgerlich *adj* дрібнобуржуáзний; міщáнський.

Kléinbürgertum *n* **-(e)s** дрібнá буржуазíя; міщáнство.

kléngläubig *adj* 1) недовíрливий; 2) малодýшний.

Kléin|handel *m* **-s** роздрібнá торгíвля; **~händler** *m* **-s, -** дрібнúй торгóвець.

Kléinigkeit *f* **-, -en** дріб'язок, дрібнúця; das ist kéine ~ це не жáрти!

kléin|laut *adj* боязкúй, нерішýчий, невпéвнений; **~lich** *adj* дріб'язкóвий; **~mütig** *adj* малодýшний, боязкúй.

kléinstädtisch *adj* провінціáльний, глухúй.

Kléinwagen *m* **-s, -** малолітрáжний автомобíль.

Kléister *m* **-s, -** клей, клéйстер.

kléistern *vt* клéїти; мáзати (клéйстером).

Klémme *f* **-, -n** 1) *тех.* затискáч; клéма; 2) шпúлька-невидúмка *(для волосся)*; ◊ **in der ~ sein** бýти в скрутнóму станóвищі.

klémmen 1. *vt* 1) затискáти; стúскувати; 2) *розм,* крáсти; 2. *vi* затискáтися; стискáтися; 3. **sich** ~ протúскуватися.

kléttern *vi (h, s)* лáзити, лíзти; піднімáтися, дéртися.

Klétterpflanze *f* **-, -n** повзýча рослúна.

Klíma *n* **-s, -s** *i* **...máte** 1) клíмат; gemäßigtes ~ помíрний клíмат; 2) обстанóвка, атмосфéра.

Klínge *f* **-, -n** клинóк; лéзо.

Klíngel *f* **-, -n** дзвінóк *(біля дверей)*.

klíngeln *vi* дзвонúти; es klíngelt! дзвóнять!, дзвóник!

klíngen* *vi* 1) дзвенíти; 2) звучáти.

Klíngend *adj* дзвінкúй.

Klínke *f* **-, -n** рýчка (дверéй); клáмка.

klírren *vi* деренчáти; бряжчáти; дзвя́кати.

klítschig *adj* липкúй, клейкúй.

Klóben *m* **-s, -** 1) колóда, полíно; 2) *тех.* блок; 3) гак; скоба; 4) лéщата; 5) брутáльна, неотéсана людúна.

klóbig *adj* 1) важкúй, грýбий, безфóрмний; 2) незгрáбний, неотéсаний.

klópfen 1. *vt* бúти; den Staub aus den Kléidern ~ вибивáти óдяг; 2. *vi* 1) стýкати; an die Tür ~ стýкати в двéрі; 2) бúтися *(про серце)*, **пульсувáти.**

Kloß *m* **-es, Klöße** 1) грýдка, жмут, клубóк; 2) галýшка; фрикадéлька.

Klóster *n* **-s, Klöster** монастúр.

Klotz *m* **-es, Klötze** 1) колóда; 2) неотéсана людúна.

Kluft *f* **-, Klüfte** ущéлина, розкóлина; безóдня, прíрва.

klug *adj* розýмний; ◊ durch Schäden wird man ~ на пóмилкáх вчáться.

klügeln *vi* мудрувáти.

Klúgheit *f* **-** рóзум, розсýдливість.

Klúmpen *m* **-s,-** 1) брúла; грýдка; згýсток; злúвок; 2) кýпа.

klúmpfüßig *adj* клишонóгий.

knábbern *vi (an D), vt* грúзти *(що)*.

Knábe *m* **-n, -n** хлóпчик; підлíток.

Knábenalter *n* **-s** óтроцтво.

knábenhaft *adj* хлопчáчий, хлоп'я́чий.

knácken 1. *vt* лузáти, грúзти *(горіхи)*; 2. *vi* тріщáти; хрустíти.

Knall *m* **-(e)s, -e** тріск клáцання, звук пóстрілу, вúбуху.

knállen 1. *vi* 1) *(mit D)* ля́скати, грю́кати *(чим)*; 2) тріщáти; 3) лунáти *(про постріл);* 4) вибухáти; 2. *vt* застрéлити.

Knállgas *n* **-es** *хім.* гримýчий газ.

knállrot *adj* яскрáво-червóний.

knapp 1. *adj* 1) вузькúй, тіснúй; 2) мізéрний; обмéжений, стúслий; ~e drei Wóchen непóвні три тúжні; mit ~er Not лéдве, насúлу; méine Zeit ist ~ у мéне мáло чáсу; mit ~en Wórten кóротко, стúсло; **2.** *adv* лéдве, в обріз, без лúшку; mit etw. *(D)* ~ áuskommen лéдве звóдити кінці з кінцями.

knárren *vi* тріщáти, скрипíти.

Knäuel *m, n* **-s, -** 1) клубóк; 2) юрбá, кýпа; 3) рій.

knáuserig *adj* скупúй.

Knecht *m* **-(e)s, -e** слугá, нáймит.

Knéchtschaft *f* **-** кабалá, невóля, рáбство.

knéifen* *vt (in A)* щипáти, ущипнýти *(за що).*

K

Knéifzange *f* **-, -n** кліщі; щúпці, кусáчки.

Knéipe *f* **-, -n** пивнúця, шинóк.

knéipen *vi* гуляти, пиячити.

knéten *vt* 1) місúти, м'яти; 2) масажувáти.

knícken 1. *vt* 1) надлáмувати, розлáмувати; 2) роздавúти *(комаху);* 3) надломúти *(психічно);* 2. *vi* надлóмлюватися, підгинáтися *(про ноги).*

knícksen *vi* 1) тріщáти, хрустíти; 2) робúти реверáнс, присідáти.

Knie *n* **-s, -** 1) колíно; 2) зáкрут, колíно *(річки);* 3) відвід, колíно *(труби).*

Kníebeuge *f* **-, -n,** присідáння.

knie|fällig 1. *adj* уклíнний; **2.** *adv* навкóлішки; **~hoch** *adj* по колíна.

kní|en *vi* 1) *(h)* стоя́ти навкóлішки; 2) *(s)* ставáти (впáсти) навкóлішки.

Kníe|scheibe *f* **-, -n** *анат.* колíна чáшечка; **~strumpf** *m* **-(e)s, ...strümpfe** гóльфи.

Kniff *m* **-(e)s, -e** 1) щипóк; 2) *розм.* хúтрість, вúверт.

kníffelig *adj* мудрóваний, хúтрий; кáверзний; eine ~e Geschíchte заплýтана (тéмна) істóрія.

knípsen 1. *vt* 1) клáцати; 2) компостúрувати *(квитки);* 3) *розм.* фотографувáти; 2. *vi* 1) *розм.* вмикáти світло; 2) ля́скати *(пальцями).*

Knirps *m* **-(e)s, -e** 1) карапýз, маля́тко; 2) складáна дáмська парасóлька.

knírschen *vi* хрустíти; рипíти; скреготáти.

knístern *vi* тріщáти; шелестíти.

kníttern 1. *vt* м'яти, бгáти; 2. *vi* м'я́тися, бгáтися *(про тканину).*

Knóblauch *m* **-(e)s** часнúк.

Knóchen *m* **-s, -** кíстка, кíсточка.

Knóchen|bruch *m* **-(e)s, ...brüche** перелóм кíстки; **~gerüst** *n* **-(e)s, -e** скелéт, кістя́к; **~mark** *n* **-(e)s** кістковúй мóзок.

knóchig *adj* кощáвий, кістля́вий.

Knólle *f* **-, -n, Knóllen** *m* **-s, -** 1) грýдка; 2) *бот.* бýльба; 3) гýля, нáріст.

Knopf *m* **-(e)s, Knöpfe** 1) гýдзик; 2) зáпонка; 3) кнóпка *(дзвінка);* 4) набалдáшник.

knöpfen 1. *vt* застібáти; 2. *vi* застібáтися (на гýдзики).

Knópfloch *n* **-(e)s, ...löcher** петéлька.

knórrig *adj* сукувáтий, вузлувáтий.

Knóspe *f* **-, -n** *бот.* брýнька; бутóн.

knóspen *vi* розпýкуватися; розвивáтися.

Knóten *m* **-s, -** 1) вýзол; éinen ~ knüpfen зав'язáти вýзол; 2) зав'я́зка *(дії).*

knótig *adj* вузлувáтий.

knüllen *vt* м'яти, бгáти.

knüpfen 1. *vt* 1) зав'я́зувати; 2) плестú *(сітки);* 2. **sich** ~ *(an A)* *перен.* бýти зв'я́заним *(з чим).*

Knüppel *m* **-s, -** дрючóк, киййóк.

knúrren *vi* 1) ричáти, гарчáти *(про собаку);* 2) бурчáти, буркотíти.

knúrrig *adj* буркотлúвий.

knúspern *vt, vi* грúзти *(що);* хрумкотíти *(чим).*

knúsprig *adj* хрумкúй, дóбре підсмáжений.

Knúte *f* **-, -n** батíг.

Koch *m* **-(e)s, Köche** кýхар.

kóchen 1. *vt* варúти, готувáти; 2. *vi* кипíти; варúтися; es kocht in mir я розлютóваний.

Kóchen *n* **-s** 1) кип'ятíння, варíння; 2) куховáрство.

Kócher *m* **-s, -** 1) кип'ятúльник; 2) гаснúця; спиртíвка.

Kóchherd *m* **-(e)s, -e** плитá.

Köchin *f* **-, -nen** куховáрка.

Kóch|kiste *f* **-, -n** я́щик-тéрмос; **~kunst** *f* **-, ...künste** кулінáрія; **~salz** *m* **-es** кухóнна сіль; **~topf** *m* **-(e)s, ...töpfe** гóрщик, кастрýля.

Kóexistenz *f* **-, -en** співіснувáння;

friedliche ~ мúрне співіснувáння.
koexistíeren *vi* співіснувáти.
Kóffer *m* **-s, -** чемодáн, валíза; скрúня.
Kófferradio *n* **-s, -s** портатúвний радіоприймáч.
Kohl I *m* **-(e)s, -e** капýста.
Kohl II *m* **-(e)s** *розм.* дурнúця, нісенíтниця, безглýздя.
Kóhle *f* **-, -n** вýгілля.
Kóhlen|becken *n* **-s, -** 1) кам'яновýгільний басéйн; 2) жарóвня; ~**grube** *f* **-, -n** кам'яновýгільна шáхта; ~**lager** *n* **-s, -** 1) пóклади кам'янóго вýгілля; 2) склад вýгілля; ~**säure** *f* **-** *хім.* вуглекислотá; ~**stoff** *m* **-(e)s** *хім.* вуглéць; ~**vorkommen** *n* **-s, -** пóклади вýгілля.
Kóhlepapier *n* **-s, -e** копіювáльний папíр.
Kóhl|kopf *m* **-(e)s, ...köpfe** голóвка капýсти; ~**meise** *f* **-, -n** синúця; ~**rübe** *f* **-, -n** брýква.
kóhlschwarz *ad* чóрний як смолá.
Kokeréi *f* **-, -en** 1) коксувáльний завóд; 2) коксувáння.
kokétt *adj* кокéтливий.
Kólben *m* **-s, -** 1) кóлба; 2) пóршень; 3) приклáд; 4) качáн *(кукурудзи)*.
Kólon *n* **-s, -s** *i* **Kóla** двокрáпка.
Kolónne *f* **-, -n** 1 колóна; 2) бригáда; 3) стóвпчик, шпáльта; ◊ die fünfte ~ п'ята колóна.
Kombíne [-'bi:nə] *f* **-, -n** *i* ['baen] *f* **-, -s** комбáйн.
kómisch *adj* смішнúй; комíчний.
Komitée *n* **-s, -s** комітéт.
Kómma *n* **-s, -s** *i* **-ta** кóма; mit éinem ~ ábtrennen відокрéмити кóмою.
Kommándo *n* **-s, -s** 1) комáнда *(наказ)*; 2) загíн; 3) комáндування; das ~ führen комáндувати.
Kommándo|brücke *f* **-, -n** *мор.* капітáнський містóк; ~**stand** *m* **-(e)s, ...stände** комáндний пункт.
kómmen* *vi (s)* 1) прихóдити; прибувáти; приїжджáти; j-n ~ lássen поклúкати когó-н.; велíти прийтú комý-н.; geláufen ~ прибíгти; 2) донóситися, долинáти *(про звук)*; 3) відбувáтися, траплятися; das kommt davón, daß ... це відбувáється томý, щó...; 4) наближáтися, наставáти; der Wínter kommt настаé зимá; 5) ітú (по чéрзі); 6): zu Wórte ~ вúсловитися; das kommt nicht in Fráge про це не мóже бýти й мóви; ums Lében ~ загúнути; zu sich ~ прийтú до пáм'яті; an den Tag ~ вúявитися; zum Ausdruck ~ виражáтися.
kómmend *adj* майбýтній, настýпний.
Kommunikatión *f* **-, -en** 1) зв'язóк, комунікáція; 2) *лінгв.* комунікáція, спілкувáння.
Kompaníe *f* **-, ...ní|en** 1) *ком.* компáнія; 2) *військ.* рóта.
Komparatión *f* **-, -en** порівняння.
komplementär *adj* додаткóвий.
komplementíeren *vt* допóвнювати попóвнювати, додавáти.
komplétt *adj* пóвний; комплéктний.
komplettíeren *vt* комплектувáти.
Komplikatión *f* **-, -en** усклáднення.
kompliziert *adj* складнúй.
Kompliziertheit *f* **-, -en** склáдність, трýдність.
Komplótt *n* **-(e)s, -e** змóва.
Komponénte *f* **-, -n** 1) складовá частúна, компонéнт; 2) *физ.* складовá *(швидкості)*, *мат.* компонéнта.
komponíeren *vt* 1) компонувáти, складáти; 2) творúти, писáти *(музику)*.
Komponíst *m* **-en -en** композúтор.
Kompositión *f* **-, -en** 1) композúція; 2) музúчний твір.
Konditoréi *f* **-, -en** кондúтерська.
Kondolénz *f* **-, -en** співчуттá; séine ~ áusdrücken вислóвлювати своé співчуттá.
kondolíeren *vi* вислóвлювати співчуттá.
Koniektión *f* **-, -en** 1) пошиттá óдягу; 2) готóвий óдяг.
Konfektións|geschäft *n* **-(e)s, -e** магазúн готóвого óдягу; ~**industrie** *f* **-, ...rí|en** швéйна промислóвість.
konferíeren *vi* рáдитися, вестú перегóвори.
Konfessión *f* **-, -en** віросповідáння.
konfiszíeren *vt* конфіскувáти.
Konfitüre *f* **-, -n** варéння, джем.
Konfrontatión *f* **-, -en** 1) *юр.* óчна стáвка; 2) порівняння *(даних)*.
konfús *adj* 1) збентéжений; 2) плýтаний, суперéчливий; j-n ~ máchen бентéжити когó-н.; ~wérden бентéжитися.
Konfusión *f* **-, -en** сум'яттá; збентéження; плутанúна.
kongruént *adj* 1) *мат.* конгруéнтний, подíбний; 2) *грам.* узгóджений.
Kongruénz *f* **-** 1 *мат.* подíбність, конгруéнтність, рíвність, тотóж-

ність; 2) *грам.* узгóдження.

König *m* **-(e)s, -e** 1) корóль, цар; 2) *карт., шах.* корóль.

Königin *f* **-, -nen** 1) королéва, цариця; 2) бджолина мáтка; 3) *шах.* ферзь, королéва; 4) *карт.* дáма.

königlich *adj* королíвський.

König|reich *n* **-(e)s, -e** ~ **tum** *n* **-(e)s, ...tümer** королíвство.

können* *мод.* 1) могти, мáти можливість; man kann мóжна; man kann nicht не мóжна; 2) умíти, знáти; er kann deutsch spréchen він мóже (вміє) говорити по-німéцькому; er kann Deutsch він знáє німéцьку мóву.

Können *n* **-s** умíння, знання; можливість.

konsequént *adj* 1) послідóвний; 2) наполéгливий, завзятий.

Konsequénz *f* **-, -en** 1) послідóвність; 2) *pl* нáслідки, висновки; die ~en trágen мáти нáслідки; die ~en ziehen робити висновки; 3) наполéгливість.

Konsérvenbüchse *f* **-, -n** бáнка консéрвів.

Konsonánt *m* **-en, -en** приголосний (звук); приголосна (бýква).

konspiríeren *vi* конспірувáтися; вести підпíльну робóту.

konstánt *adj* постíйний.

Konstitutión *f* **-, -en** 1) конституція; 2) *біол.* конститýція, будóва тíла.

Konstrukteur [-'t :r] *m* **-s, -e** конструктор.

Konsulát *n* **-(e)s, -e** кóнсульство.

Konsúm I *m* **-s** *ек.* споживáння.

Konsúm II *m* **-s, -s** споживча кооперáція.

Konsúmartikel *pl* товáри ширóкого вжитку.

Konsumént *m* **-en, -en** споживáч.

Konsúm|genossenschaft *f* **-, -en** споживча кооперáція; **~güter** *pl* товáри ширóкого вжитку.

konsumíeren *vt* споживáти.

Kónto *n* **-s, ...ten** *i* **-s** рахýнок; láufendes ~ потóчний рахýнок; ◊ das kommt auf dein ~ це тобí зарахýється.

Kóntra *n* **-s, -** суперéчності, протирíччя; das Pro und (das) ~ за і прóти.

kontrákt|lich, ~mäßig 1. *adj* договíрний; **2.** *adv* за дóговóром.

Kontrólle *f* **-, -n** контрóль; перевíрка; ~ áusüben контролювáти; únter ~ stéhen перебувáти під контрóлем.

Kontrovérse *f* **-, -n** суперéчка; розбíжність; спíрне питáння.

Konversatión *f* **-, -en** бéсіда, розмóва.

Konversatión|lexikon *n* **-s, ...ka** енциклопедичний словник, енциклопéдія; **~stunde** *f* **-, -n** урóк розмóвної прáктики.

konvéx *adj* опýклий.

konzentríeren 1. *vt* концентрувáти, зосерéджувати; 2. **sich ~** *(auf A)* концентрувáтися, зосерéджуватися *(на чому)*.

Konzépt *n* **-(e)s, -e** план, конспéкт; ◊ j-n aus dem ~ bríngen збити з пантелику когó-н.; aus dem ~ geráten збентéжитися, збитися з пантелику.

Konzessión *f* **-, -en** 1) дóзвіл; пóступка; 2) *ек.* концéсія.

Kopf *m* **-(e)s, Köpfe** 1) головá; 2) головá, рóзум; ein héller ~ свíтла головá; 3) шáпка *(у газеті)*; 4) голóвка *(капусти)*; ◊ den ~ hóchhalten не схилити головú; ~hoch! вище гóлову!; den ~hängen lássen похнюпити гóлову, занепáсти дýхом; sich *(D)* etw. in den ~ sétzen узяти собі щось на дýмку; er ist nicht auf den ~ gefállen він не дурний; Hals über ~ стрíмголóв; mit dem ~durch die Wand (rénnen) wóllen ітú напролóм.

Kópf|arbeit *f* **-** розумóва прáця; **~bedeckung** *f* **-, -en** головний убíр.

Kópf|ende *n* **-s, -n** узголíв'я; **~hörer** *m* **-s, -** навýшники *(радіо)*; **~kissen** *n* **-s, -** подýшка.

kópflos *adj* дурний, безголóвий.

Kópf|losigkeit *f* **-** безрозсýдність; **~polster** *n* **-s, -** подýшечка під гóлову; **~putz** *m* **-es** головний убíр; **~rechnen** *n* **-s** ýсний рахýнок; **~tuch** *n* **-(e)s, ...tücher** косинка.

kopfüber *adv* стрíмголóв; шкерéберть.

kóppeln *vt* 1) зв'язувати; тринóжити *(коней)*; 2) здíйснювати стикувáння *(штучних супутників)*.

Kópp(e)lung *f* **-, -en** 1) зв'язóк; 2) зв'язування; 3) *грам.* написáння слóва чéрез дефíс; 4) стикувáння.

Korb *m* **-(e)s, Körbe** кóшик.

Kórb|ball *m* **-(e)s** баскетбóл; **~sessel** *m* **-s, -** плéтене крíсло.

Koreáner *m* **-s, -** корéєць.

koreánisch *adj* корéйський.
Kork *m* **-(e)s, -e** кóрок.
kórken *vt* закýпóрювати, затикáти (кóрком).
Korn *n* 1) **-(e)s, -e** зéрнó, збíжжя; 2) **-(e)s, Körner** зéрнó, зернúна.
Kórn|blume *f* **-, -n** волóшка; ~**brennerei** *f* **-, -en** спúрто-горíлчáний завóд; ~**darre** *f* **-, -n** клýня, зерносушáрка.
körnen 1. *vt тех.* дробúти, гранулювáти; 2. **sich** ~ колосúтися.
Kórnfeld *n* **-(e)s, -er** нúва, лан; ріллá.
körnig *adj* 1) зернúстий; 2) дрóблений.
Kórn|kammer *f* **-, -n** зерносхóвище; ~**kasten** *m* **-s, -** *i* **...kästen** зáсíк; ~**schwinge** *f* **-, -n** вíялка; ~**speicher** *m* **-s, -** зерносхóвище.
Körper *m* **-s, -** тíло, тýлуб, кóрпус; органíзм.
Körper|bau *m* **-(e)s** будóва тíла; ~**behinderung** *f* **-, -en** фізúчна вáда, калíцтво; ~**beschädigung** *f* **-, -en** тілéсне ушкóдження; ~**erzieher** *m* **-s, -** учúтель фізкультýри; ~**erziehung** *f* **-** фізúчне виховáння, фізкультýра; ~**kraft** *f* **-, ...kräfte** фізúчна сúла.
körperlich *adj* 1) фізúчний; 2) тілéсний.
Körperpflege *f* **-** гігіéна тíла, особúста гігіéна.
Körper|thermometer *n* **-s, -** термóметр, грáдусник; ~**verletzung** *f* **-, -en** тілéсне ушкóдження, калíцтво.
korpulént *adj* пóвний, огрúдний.
korrékt *adj* 1) прáвильний; 2) корéктний.
Korrektúr *f* **-, -en** вúправлення; коректýра.
Korrelatión *f* **-, -en** співвіднóшення, кореляція.
Korrespondénz *f* **-, -en** 1) листувáння, кореспондéнція; 2) слýжба інформáції.
Korrespondénzbüro *n* **-s, -s** інформаційне бюрó.
korrespondieren *vi* (*mit D*) 1) листувáтися (*з ким*); 2) відповідáти (*чому*).
korrespondierend *adj:* ~es Mitglied член-кореспондéнт (*академії*).
korrigieren *vt* виправлáти.
Korruptión *f* **-, -en** 1) рóзклад, розбéщення; пíдкуп, корýпція; 2) розбéщеність; продáжність.
kósen *vt* пéстúти, голýбити.
Kósename *m* **-ns, -n** пестлúве ім'я.
Kosmonáut *m* **-en, -en** космонáвт.
Kost *f* **-** їжа, харчí, харчувáння; ~und Lógis háben жúти на всьóму готóвому.
kóstbar *adj* коштóвний.
Kóstbarkeit *f* **-, -en** коштóвність.
kósten I *vt* куштувáти, прóбувати.
kósten II *vt* кóштувати; was kóstet díeses Buch? скíльки кóштує ця кнúжка?; es kóste, was es wólle за бýдь-яку цінý.
Kósten *pl* кóшти, вúтрати.
kósten|frei, ~**los** *adj* безплáтний.
Kóstgeld *n* **-(e)s, -er** вúтрати на харчувáння; плáта за харчувáння.
köstlich *adj* 1) чудóвий, прекрáсний; 2) вúшуканий; смачнúй.
Kotelétt *n* **-(e)s, -e** *i* **-s** відбивнá котлéта.
Krábbe *f* **-, -n** 1) краб; 2): kléine ~ карапýз, малá.
krábbeln 1. *vi (s)* пóвзати, бóрсатися, копошúтися; 2. *vt* чýхати, лоскотáти.
Krach *m* **-(e)s, -e** 1) тріск, гýркіт, шум; 2) *розм.* скандáл, свáрка; ~ máchen зчинúти скандáл; 3) банкрýтство, крах; mit Ach und ~ насúлу.
kráchen *vi* 1) тріщáти, гуркотíти; 2) лóпатися, трíскатися; 3) занáти банкрýтства.
krächzen *vi* 1) кáркати; 2) кректáти; 3) хрипíти.
Kraft *f* **-, Kräfte** 1) сúла, міць; aus állen Kräften щосúли, що є дýху; von Kräften kómmen вúбитися із сил; 2) *тех.* сúла, енéргія; 3) *юр.* сúла; áußer ~ sétzen скасóвувати, анулювáти; in ~ bléiben залишáтися в сúлі; 4) робітнúк, фахівéць; *pl* кáдри; éine júnge ~ молодúй помічнúк; éine gelérnte ~ кваліфікóваний робітнúк.
Kráft|aufwand *m* **-(e)s** затрáта сил; вúтрати енéргії; ~**fahrer** *m* **-s, -** шофéр, водíй; ~**fahrzeug** *n* **-(e)s, -e** автомобíль.
kräftig 1. *adj* 1) сúльний, міцнúй; 2) поживний; ~e Súppe навáриста юшка; **2.** *adv* 1) сúльно, міцно; 2) гýсто.
kräftigen 1. *vt* зміцнювати; 2. **sich** ~ зміцнюватися.
Kráftleistung *f* **-, -en** працездáтність.
kráftlos *adj* 1) безсúлий, вúснажений; нéмічний; 2) *юр.* недíйсний.

K

Kráft|losigkeit *f* - безсилля, виснаження; **~maschine** *f* -, **-n** мотóр, двигýн; **~mensch** *m* **-en, -en** силáч, атлéт; **~probe** *f* -, **-n** випробування сили; **~rad** *n* **-(e)s, ...räder** мотоцикл; **~stoff** *m* **-(e)s, -e** пальнé; **~wagen** *m* **-s,** - автомобіль; **~werk** *n* **-(e)s, -e** електростáнція.

Krágen *m* **-s,** - кóмір.

Krähe *f* -, **-n** ворóна, ґáва.

krähen *vi* кáркати; співáти *(про півня)*.

Králle *f* -, **-n** кíготь, пáзур.

krállen 1. *vt* дряпати, дéрти; 2. **sich** ~ *(an A)* 1) уп'ястися кíгтями *(у що)*; 2) чіплятися *(за що)*.

Kram *m* **-(e)s** 1) скарб, пожитки; 2) дрібний товáр.

krámen *vi* ритися, перебирáти.

Krämer *m* **-s,** - крáмáр, торгáш.

Krampf *m* **-(e)s, Krämpfe** сýдорога, спазм.

krámpfhaft *adj* сýдорожний; напрýжений.

Kran *m* **-es, -e** *i* **Kräne** підйóмний кран.

Kránich *m* **-(e)s, -e** журавéль.

krank *adj* хвóрий; sich ~ láchen сміятися до упáду.

Kránke *m, f* хвóрий, хвóра.

kränkeln *vi* хворíти, слабувáти.

kránken *vi* *(an D)* хворíти *(на що)*.

kränken 1. *vt* кривдити, ображáти; 2. **sich** ~ *(über A)* ображáтися *(на що)*; es kränkt mich менí прикро.

kränkend *adj* обрáзливий, кривдний.

Kránken|haus *n* **-es, ...häuser** лікáрня; **~pfleger** *m* **-s,** - санітáр; **~pflegerin** *f* -, **-nen** санітáрка; доглядáльниця; **~saal** *m* **-(e)s, ...säle** палáта (у лікáрні); **~schein** *m* **-(e)s, -e** листóк непрацездáтності; **~versicherung** *f* -, **-en** страхувáння на випадок хворóби; **~wagen** *m* **-s,** - санітáрна машина; **~zimmer** *n* **-s,** - *див.* Kránkensaal.

kránkhaft *adj* хворобливий.

Kránkheit *f* -, **-en** хворóба, нездýжання; éine ánsteckende ~ зарáзна хворóба; éine akúte ~ гóстре захвóрювання.

kránkheitshalber *adv* чéрез хворóбу.

kränklich *adj* хворобливий, нéмічний, квóлий.

Kränkung *f* -, **-en** обрáза, кривда; éine ~ zúfügen обрáзити.

Kranz *m* **-es, Kränze** 1) вінóк, вінéць; 2) гурт *(людей)*; кóло *(предметів)*.

kraß *adj* різкий; грýбий, крикливий; ein krásses Béispiel яскрáвий приклад; éine krásse Lüge нахáбна брехня.

krátzen 1. *vt* 1) чýхати; дряпати; 2) *розм.* дряпати, писáти карлючки; 2. *vi:* es kratzt mir im Hálse у мéне дерé в гóрлі; 3. **sich** ~ чýхатися.

Krátzer *m* **-s,** - 1) подряпина; 2) скребáчка, скребóк.

kraus *adj* 1) кучерявий; завитий; 2) змóрщений, у змóршках.

kräuseln 1. *vt* завивáти; 2. **sich** ~ завивáтися, кучерявитися.

Kraut *n* **-(e)s, Kräuter** 1) зілля; 2) бадилля, гичка; 3) горóдина; 4) капýста.

kráuten *vt* полóти.

Krawáll *m* **-s, -e** 1) шум, метушня; 2) заворýшення.

Krawátte *f* -, **-n** гáлстук, кравáтка.

Kreatúr *f* -, **-en** створíння; *знев.* тварюка.

Krebs *m* **-es, -e** 1) рак; 2) *тк. sg мед.* рак.

krébserzeugend *adj мед.* канцерогéнний.

Kredít *m* **-(e)s, -e** кредит.

Kréide *f* -, **-n** крéйда.

Kreis *m* **-es, -e** 1) круг; кóло; **~e** zíehen крутитися, кружляти; *перен.* поширюватися, розповсюджуватися; 2) райóн; óкруг; 3) кóло, гуртóк, компáнія; 4) сфéра *(діяльності)*.

Kréis|bahn *f* -, **-en** 1) окружнá залізниця; 2) дорóга місцéвого знáчення; 3) коловá орбíта; **~bewegung** *f* -, **-en** обертáльний рух.

kréischen *vi* вищáти, верещáти.

Kréisel *m* **-s,** - дзига.

kréisen *vi* крутитися; обертáтися; циркулювáти.

kréisförmig *adj* колоподíбний, крýглий.

Kréislauf *m* **-(e)s** цикл, круговорóт, циркуляція; der ~ des Blútes кровоóбіг; ◊ féhlerhafter ~ порóчне кóло; зачарóване кóло.

Kréis|stadt *f* -, **...städte** райóнний центр *(у ФРН)*; **~verkehr** *m* **-(e)s** кільцéвий рух.

kreuz: ~ und quer в усі боки; уздóвж і впóперек.

Kreuz *n* **-es, -e** 1) хрест; das Róte ~ Червóний Хрест; 2) *анат.* пóперек, крижі; 3) хрест, тягáр, мýка; 4) *карт.* трéфа.

Kréuzband *n* **-(e)s, ...bänder** бандерóль.

kréuzen 1. *vt* 1) схрéщувати, перехрéщувати; 2) пересікáти; 2. **sich** ~ схрéщуватися, перехрéщуватися; розминýтися *(напр., про листи).*

Kréuzer *m* **-s, -** крéйсер.

Kréuz|fahrer *m* **-s, -** *іст.* хрестонóсець; ~**feuer** *n* **-s** *військ.* перехрéсний вогóнь; ~**otter** *f* **-, -n** гадюка; ~**punkt** *m* **-(e)s, -e** тóчка перéтину; ~**ritter** *m* **-s, -** *див.* **Kréuzfahrer;** ~**spinne** *f* **-, -n** павýк-хрестовик; ~**stich** *m* **-(e)s, -e** вишивка хрестóм.

Kréuzung *f* **-, -en** 1) схрéщення *(доріг);* перехрéстя, роздоріжжя; 2) *біол.* схрéщування.

Kréuz|verhör *n* **-(e)s, -e** перехрéсний дóпит; ~**weg** *m* **-(e)s, -e** перехрéстя, роздоріжжя.

Kréuz|worträtsel *n* **-s, -** кросвóрд; ~**zug** *m* **-(e)s,** ~**züge** *іст.* хрестóвий похід.

kríbbeln *vimp* 1) кишіти; es kríbbelt und krábbelt аж кишить; 2) свербіти; es kríbbelt mir in den Fíngern у мéне рýки свербля́ть *(що-н. зробити).*

kríechen* *vi (s)* 1) повзти; лізти; aus dem Ei ~ вилупитися з яйця́; 2) *(s, h) (vor D)* підлабýзнюватися *(до кого),* плазувáти *(перед ким).*

Kríechtier *n* **-(e)s, -e** плазýн, рептилія.

Krieg *m* **-(e)s, -e** війнá; der Größe Váterländische ~ Велика Вітчизня́на війнá; éinen ~ áuslösen (entfésseln) розв'язáти війнý; den ~erklären оголоси́ти війнý; den ~ verhíndern відвертáти війнý; in den ~ zíehen іти на війнý.

kríegen *vt розм.* одéржувати, здобувáти; Húnger ~ зголодніти; éine Kránkheit ~ захворіти; éinen Mann ~ вийти заміж.

Kríeger *m* **-s, -** вóїн.

kríegerisch *adj* 1) войовни́чий, бойови́й; 2) воєнний.

Kríegs|aufruf *m* **-(e)s, -e** мобілізáція; ~**ausbruch** *m* **-(e)s** почáток війни́; ~**berichter** *m* **-s, -** військóвий кореспондéнт; ~**beschädigte** *m, f* інвалід війни́; ~**brandstifter** *m* **-s, -** палій війни́; ~**dienst** *m* **-es** військóвá слýжба; ~**entschädigung** *f* **-, -en** відшкодувáння воєнних ви́трат; ~**erklärung** *f* **-** оголóшення війни́; ~**fuß:** mit j-m auf dem ~fuß stéhen воювáти з ким-н.; *перен.* ворогувáти з ким-н.; ~**gefangene** *m* військовополонéний; ~**rüstung** *f* **-, -en** озбрóєння, підготóвка до війни́; ~**schätzung** *f* **-, -en** контрибýція; ~**schauplatz** *m* **-es,** контрибýції; ~**schauplatz** *m* **-es, ...plätze** теáтр воєнних дій; ein Beŕicht vom ~schauplatz оперативне звéдення; ~**verbrecher** *m* **-s, -** воєнний злочи́нець; ~**verhältnisse** *pl* умóви воєнного чáсу; ~**wesen** *n* **-s** військóвá спрáва; ~**zustand** *m* **-(e)s, ...stände** воєнний стан; стан війни́.

Kriminálfall *m* **-(e)s, ...fälle** криміна́льна спрáва.

kriminéll *adj* кáрний, криміна́льний; злочи́нний.

Kríngel *m* **-s, -** крéндель; бýблик.

Kríppe *f* **-, -n** я́сла.

Kristáll *n* **-s** кришта́ль.

kristállen *adj* кришталéвий; чи́стий як кришта́ль.

Kritík *f* **-, -en** 1) кри́тика; 2) крити́чна стаття́; рецéнзія.

krítisch 1. *adj* крити́чний; ~e Bemérkungen entgégennehmen врахувáти крити́чні зауважéння; **2.** *adv* крити́чно.

kritisíeren *vt* критикувáти *(кого, що);* крити́чно стáвитися *(до кого, чого).*

Króne *f* **-, -n** 1) корóна; вінéць; 2) крóна *(дерева);* 3) вінчик *(квітки);* 4) корóнка *(зуба);* 5) крóна *(монета);* 6) лю́стра.

krönen *vt* коронувáти; увінчувати.

Krönung *f* **-, -en** коронáція, коронувáння.

Kröte *f* **-, -n** жáба.

Krücke *f* **-, -n** ми́лиця, кóстур, ковінька.

Krug *m* **-(e)s, Krüge** глéчик; кýхоль.

Krügel *n* **-s, -** кýхоль, кýхлик.

Krümchen *n* **-s, -** кри́хта *(хліба);* ein ~ трóшки.

Krúme *f* **-, -n** 1) м'якýшка *(хліба);* 2) *pl* кри́хти.

krümeln 1. *vt* криши́ти; 2. *vi* криши́тися.

krumm *adj* 1) криви́й, скри́влений; 2) криви́й, зігнутий; ◊ es geht ~ mit ihm *розм.* йогó спрáви кéпські.

krümmen 1. *vt* згинáти, гнýти;

горбити *(спину);* 2. **sich** ~ 1) *(vor D)* кóрчитися, згинáтися *(від чого);* 2) *тех.* згинáтися, деформувáтися; 3) плазувáти.

Krümmung *f* -, **-en** вúгин; вúкривлення; закрýглення; звúвина *(дороги);* колíно *(річки).*

Krüppel *m* **-s, -** калíка, інвалíд.

krüppelhaft, krüppelig *adj* 1) покалíчений; 2) корявий, низькорóслий *(про дерево).*

Krúste *f* **-, -n** 1) скорúна; 2) корá *(напр., земна).*

Kubáner *m* **-s, -, ~in** *f* **-, -nen** кубúнець, кубúнка.

kubánisch *adj* кубúнський.

kúbisch *adj* кубíчний.

Küche *f* **-, -n** 1) кýхня; 2) кухóнні мéблі; 3) харчí, їжа; kálte ~ холóдна зáкýска; wárme ~ гарячі стрáви.

Küchen|anrichte *f* **-, -n** кухóнний сервáнт; **~ausguß** *m* **...gusses, ...güsse** кухóнна рáковина; **~garten** *m* **-s, ...gärten** горóд; **~geschirr** *n* **-(e)s, -e** кухóнний пóсуд; **~kräuter** *pl* зéлень *(прянощі);* **~salz** *n* **-es** кухóнна сіль.

Kúchen *m* **-s, -** пиріг; тíстечко; торт; пéчиво; кекс.

Kü(c)ken *n* **-s, -** **курчá.**

Kúckuck *m* **-(e)s, -e** зозýля.

Kúgel *f* **-, -n** 1) кýля; кýлька; 2) кýля, ядрó.

kúgel|fest *adj* куленепробивнúй; **~förmig** *adj* кулястий.

Kúgellager *n* **-s, -** шарикопідшúпник.

kúgeln 1. *vt* 1) качáти, котúти; 2) надавáти фóрму кýлі *(чому);* 2. *vi* 1) *(s)* качáтися, котúтися; 2) *(h) (über A)* балотувáти *(чиюсь кандидатуру);* 3. **sich** ~: sich ~ vor Láchen качáтися від смíху.

Kúgelschreiber *m* **-s, -** кульковá рýчка.

Kuh *f* **-, Kühe** корóва.

kühl *adj* 1) прохолóдний, свíжий; etw. ~ hálten тримáти на хóлоді що-н. *(про страви);* 2) холóдний, стрúманий; 3) холóдний, тверéзий, розвáжливий; ein ~er Kopf тверéза (розвáжлива) людúна.

Kühle *f* **-** 1) прохолóда, свíжість; 2) холóдність, стрúманість; 3) холóдність, розвáжливість.

kühlen *vt* охолóджувати.

Kühl|fisch *m* **-(e)s, -e** свіжоморóжена рúба; **~schiff** *n* **-(e)s, -e** рефрижерáторне суднó; **~schrank** *m* **-(e)s, ...schränke** холодúльник; **~wagen** *m* **-s, -** вагóн-рефрижерáтор.

kühn *adj* смілúвий, відвáжний.

Kühnheit *f* **-** смілúвість, відвáга; дерзáння.

Kúhstall *m* **-(e)s, ...ställ** корíвник.

Küken *n* **-s, -** *див.* Kücken.

Kultúr *f* **-, -en** 1) культýра; 2) *с. г.* культýра; dúrchwinterte ~ зимостíйкá культýра; 3) *с. г.* обробíток; ein Land in ~ néhmen обробляти ділянку землí.

Kultür|austausch *m* **-es** культýрний óбмін; **~denkmal** *n* **-s, ...mäler** пáм'ятка культýри.

kulturéll 1. *adj* культýрний; ~e Bezíehungen культýрні зв'язкú; ~e Mássenarbeit культýрно-мáсова робóта; 2. *adv* культýрно.

Kultúr|ensemble [-ã:sãbəl] *n* **-s, -s** худóжній ансáмбль; **~erbe** *n* **-s** культýрна спáдщина; **~film** *m* **-(e)s, -e** наукóво-популярний фíльм; **~gruppe** *f* **-, -n** гуртóк худóжньої самодіяльності; **~leiter** *m* **-s, -** культпрацівнúк; **~programm** *n* **-s, -e** худóжня частúна, концéрт; **~schaffende** *m, f* діяч (працівнúк) культýри.

Kúmmer *m* **-s** гóре, сум, скорбóта; aus ~ з гóря; j-m ~ beréiten завдáти комý-н. гóря.

kümmerlich 1. *adj* бíдний, жалюгíдний, убóгий; 2. *adv* бíдно, убóго, злидéнно.

kümmern 1. *vt* турбувáти; засмýчувати; was kümmert mich das! якé мені до цьóго дíло!; 2. **sich** ~*(um A)* турбувáтися *(про кого, про що);* сумувáти, журúтися, sich um nichts ~ не цікáвитися нічúм.

Kümmernis *f* **-, -se** турбóта, клóпіт; журбá, смýток.

kúmmervoll *adj* сумнúй, тýжний, тужлúвий; заклопóтаний.

Kúmpel *m* **-s, -** 1) гірнúк, шахтáр; 2) *розм.* дружúще.

kündbar *adj* (загально)відомий.

Kúnde I *f* **-, -n** звíстка; von etw. *(D)*~ gében свідчити про що-н.; von j-m óhne ~ sein не мáти звістóк від кóго-н.

Kúnde II *m* **-n, -n** покупéць; кліéнт.

künden *vt* оголóшувати, повідомляти *(що),* сповіщáти *(про що).*

Kúnden|buch *n* **-(e)s, ...bücher** книга скарг і пропозúцій; **~dienst** *m* **-es, -e** обслугóвування покупців (кліéнтів).

kúndgeben* 1. *vt* 1) сповіщати, оголóшувати, обнарóдувати; 2) виявля́ти; 2. **sich** ~ виявля́тися.

Kúnd|geber *m* **-s, -** провісник; **~gebung** *f* **-, -en** 1) демонстра́ція, маніфеста́ція, мітинг; 2) оголо́шення, обнаро́дування; 3) ви́явлення *(почуттів)*.

kúndig *adj (G)* зна́ючий, обізнаний *(з чим)*; досвідчений; séiner Sáche ~ sein зна́ти свою́ спра́ву.

kündigen 1. *vt* розрива́ти *(угоду)*; j-m die Fréundschaft ~ порва́ти дру́жбу з ким-н.; 2. *vi* 1) *(D)* звільня́ти *(кого)*; 2) заявля́ти про зали́шення робо́ти.

Kündigung *f* **-, -en** 1) оголо́шення, попере́дження, повідо́млення *(про звільнення з роботи, про скасування договору)*; 2) скасува́ння *(договору)*.

Kúndin *f* **-, -nen** покупни́ця; кліє́нтка.

kúndmachen *vt* 1) оголо́шувати, обнаро́дувати; 2) заявля́ти *(про що)*.

Kúndschaft *f* **-, -en** покупці́, замо́вники, клієнту́ра.

kúndschaften *vt* розві́дувати, дослі́джувати.

Kúndschafter *m* **-s, -** 1) розві́дник, шпигу́н, тає́мний аге́нт; 2) розві́дник *(надр)*.

künftig **1.** *adj* майбу́тній, насту́пний; прийде́шній; ~en Jáhres насту́пного ро́ку; 2. *adv* надалі, у майбу́тньому.

Kunst *f* **-, Künste** 1) мисте́цтво; ángewandte ~ прикладне́ мисте́цтво; 2) мисте́цтво, майсте́рність, умі́ння; die héimliche ~ чаклу́нство.

Künsteléi *f* **-, -en** штучність, уда́ваність; вига́дливість; мудрува́ння.

künsteln 1. *vi* 1) прикида́тися; мані́ритися; 2) *(an D)* мудрува́ти *(над чим)*; 2. *vt* шту́чно ство́рювати (вига́дувати); Fréude ~ прикида́тися ра́дісним.

kúnstfertig *adj* 1) умі́лий, впра́вний; 2) худо́жньо заве́ршений.

kúnstgemaß, kúnstgerecht *adj* за всіма́ пра́вилами мисте́цтва.

Künstler *m* **-s, -** худо́жник; арти́ст; дія́ч мисте́цтв; verdíenter ~ заслу́жений дія́ч мисте́цтв.

Künstlergruppe *f* **-, -n** худо́жній анса́мбль.

künstlerisch *adj* худо́жній, мисте́цький; артисти́чний.

künstlich *adj* 1) шту́чний, фальши́вий, ро́блений; 2) *хім.* синтети́чний; 3) неприро́дний, удава́ний.

Kúnstliebhaber *m* **-s, -** 1) покло́нник, прихи́льник мисте́цтва; 2) дилета́нт *(у галузі мистецтва)*.

kúnstlos *adj* невига́дливий, нехи́трий; приро́дний, про́сти́й.

Kúnst|muse|um *n* **-s, ...sé|en** музе́й образотво́рчого мисте́цтва; **~sammlung** *f* **-, -en** коле́кція тво́рів мисте́цтва; **~sinn** *m* **-(e)s, -e** розумі́ння мисте́цтва, худо́жній смак; **~stück** *n* **-(e)s, -e** фо́кус, трюк; **~student** *m* **-en, -en** студе́нт худо́жнього інститу́ту.

künstvoll *adj* 1) умі́лий, впра́вний; майсте́рний; 2) худо́жній, артисти́чний.

Kúnstwerk *n* **-(e)s, -e** худо́жній твір, твір мисте́цтва.

kúnstwidrig *adj* антихудо́жній.

Kúnstwissenschaft *f* **-, -en** мистецтвозна́вство.

Kúpfer *n* **-s** 1) мідь; 2) мі́дний по́суд; 3) мі́дні гро́ші.

kúpfern *adj* мі́дний.

Kúppe *f* **-, -n** 1) окру́гла верши́на, ку́пол *(гори)*; 2) кі́нчик *(пальця)*; 3) голо́вка *(сірника, пляшки)*.

Kúppel *f* **-, -n** 1) ма́ківка, ку́пол; 2) ковпа́к *(для лампи)*; 3) окру́гла верши́на, ку́пол *(гори)*.

kúppeln *vt* 1) з'є́днувати, зчі́плювати; 2) зво́дити, сва́тати *(кого, кому)*.

Kur *f* **-, -en** (курс) лікува́ння; zur ~ sein перебува́ти на лікува́нні.

kurábel *adj* виліко́вний; éine kuráble Kránkheit виліко́вна хворо́ба.

Kürbis *m* **-ses, -se** гарбу́з.

Kúrgast *m* **-es, ...gäste** куро́ртник.

kuríeren *vt* лікува́ти, виліко́вувати.

kuriós, kuriös *adj* кури́озний, заба́вний, ціка́вий; ди́вний.

Kurs *m* **-es, -e** 1) курс, на́прям; éinen néuen ~ stéuern прова́дити нови́й курс *(у політиці)*; von dem ~ áusgehen *спорт.* зійти́ з диста́нції; 2) курс *(біржовий)*.

Kúrsus *m* **-, Kúrse** 1) курс *(лекцій)*; 2) *pl* ку́рси.

Kúrve *f* **-, -n** 1) *мат.* крива́; 2) крива́, гра́фік *(напр., температури)*; 3) заворо́т (доро́ги); *ав.* віра́ж.

kurz **1.** *adj* 1) коро́ткий; in (mit) ~en Wórten ко́ротко, сти́сло; 2) коро́ткий, нетрива́лий; ein ~er Blick побі́жний по́гляд; in ~er Zeit незаба́ром; von ~er Dáuer короткочасний, нетривалий; ◊ ein ~es Gedächtnis коротка пам'ять; 2. *adv* 1) коротко; zu ~ schießen промахнутися; *перен.* дати маху; 2) коротко, стисло; sich ~ fássen говорити стисло; 3) швидко, рвучко; 4) швидко, недовго; ~ vor etw. *(D)* незадовго до чого-н.; seit ~em віднедавна; vor ~em недавно; ~ und gut коротше кажучи; ~und bündig коротко і ясно; über ~ óder lang рано чи пізно; ~ángebunden sein сухо (різко) розмовляти з ким-н.

kúrz|atmig *adj* хворий на задишку; **~dauernd** *adj* нетривалий, короткочасний.

Kürze *f* - коротkість, стислість; in ~ 1) незабаром; 2) коротко, стисло; in áller ~ дуже стисло; ◊ in der ~ liegt die Würze чим коротше, тим краще.

Kúrzeit *f* -, **-en** лікувальний сезон.

kürzen *vt* 1) укорочувати; 2) скорочувати, зменшувати.

kúrzerhánd *adv* на швидку руку, нашвидку; не довго думаючи.

Kúrzfilm *m* **-(e)s, -e** короткометражний фільм.

kúrz|fristig *adj* короткотерміновий; **~gefaßt** *adj* 1) стислий, лаконічний *(про стиль)*; 2) швидкий, рішучий.

kürzlich *adv* недавно.

Kúrz|schluß *m* **...sses, ...schlüsse** *ел.* коротке замикання; **~schrift** *f* - стенографія.

kúrz|sichtig *adj* короткозорий; *перен.* недалекоглядний; **~sinnig** *adj* забудькуватий.

kurzúm *adv* (одним) словом; коротше кажучи.

Kürzung *f* -, **-en** скорочення; зменшення.

Kúrzwaren *pl* галантерея, галантерейні вироби.

Kúrzwellen|empfänger *m* **-s, -** короткохвильовий приймач; **~sender** *m* **-s, -** короткохвильовий передавач.

Kuß *m* **Kússes, Küsse** поцілунок.

küssen 1. *vt* цілувати; 2. **sich ~** цілуватися.

Küste *f* -, **-n** морський берег, узбережжя.

Kútsche *f* -, **-n** карета, екіпаж, візок.

Kútter *m* **-s, -** катер; шлюпка.

Kuvert [-'vɛ:r] *n* **-s, -s** *i* [-'vɛrt] *n* **-(e)s, -e** 1) конверт; 2) столовий прибор.

L l

láben 1. *vt* освіжати; підкріплювати; 2. **sich ~** *(an D, mit D)* освіжатися; підкріплюватися *(чим)*.

lábend *adj* приємний; живодайний, освіжаючий.

laboríeren *vi (an D)* 1) працювати, трудитися *(над чим)*; 2) хворіти *(на що)*.

Láche I *f* -, **-n** сміх, регіт.

Láche II *f* -, **-n** калюжа.

lächeln *vi* усміхатися.

láchen *vi (über A)* сміятися *(з кого, чого, над ким, чим)*; ◊ wer zulétzt lacht, lacht am bésten добре сміється той, хто сміється останній.

Láchen *n* **-s** сміх, регіт.

lächerlich *adj* смішний, кумедний; sich ~ máchen ставати посміховищем.

láchlustig *adj* смішливий.

Lachs *m* **-es, -e** лосось; сьомга.

lackíeren *vt* 1) лакувати; 2) *розм.* обманювати, піддурювати.

Láde *f* -, **-n** скриня; шухляда.

láden* I *vt* 1) вантажити; 2) *військ.* заряджати.

láden * II *vt* запрошувати, викликати.

Láden *m* **-s, -** *i* **Läden** 1) крамниця, магазин; 2) віконниця.

Láden|fenster *n* **-s, -** вітрина; **~preis** *m* **-es, -e** роздрібна ціна; **~tisch** *m* **-es, -e** прилавок.

Láde|raum *m* **-(e)s, ...räume** приміщення для вантажів, трюм; **~schein** *m* **-(e)s, -e** накладна; **~streifen** *m* **-s, -** патронна обойма.

Ládung I *f* -, **-en** 1) навантаження; 2) вантаж; 3) *військ.* заряд.

Ládung II *f* -, **-en** 1) *юр.* виклик; 2) запрошення.

Láge *f* -, **-n** 1) положення; місцезнаходження; 2) стан, становище, die internationále ~ міжнародне становище; in der ~

sein *(zu+Inf)* бу́ти спромо́жним *(зробити що);* 3) шар, верства́.

Láger *n* **-s, -** 1) ло́же, по́стіль; нічліг; 2) та́бір, стан; 3) склад (това́рів); 4) *геол.* по́клади; 5) *тех.* підши́пник.

lágern 1. *vi (h, s)* ота́борюватися; 2. *vt* склада́ти; зберіга́ти на скла́ді.

Lágerung *f* **-, -en** 1) розташува́ння (та́бором); 2) зберіга́ння (на скла́ді); 3) *геол.* залягання.

láhmen *vi* кульга́ти.

láhmen, láhmlegen *vt* паралізува́ти *(тж. перен.)*.

Lähmung *f* **-, -en** 1) *мед.* пара́ліч; 2) застій.

Laib *m* **-(e)s, -e** хлібина; круг *(сиру)*.

Laich *m* **-(e)s, -e** ікра́ *(риби)*.

láichen *vi* мета́ти ікру́.

Láien|bühne *f* **-, -n** люби́тельська сце́на; ~**gruppe** *f* **-, -n** гурто́к худо́жньої самодія́льності.

láienhaft *adj* недосвідчений, дилета́нтський.

Láienkunst *f* **-** худо́жня самодія́льність.

Láke *f* **-, -n** розсіл; марина́д.

Láken *n* **-s, -** простира́дло.

lamentíeren *vi* ска́ржитися; голоси́ти; ре́мствувати.

Lamm *n* **-(e)s, Lämmer** ягня́.

Lámpe *f* **-, -n** ла́мпа.

Lámpenschirm *m* **-(e)s, -e** абажу́р.

Land *n* **-(e)s, Länder** 1) краї́на; 2) земля́ *(одиниця адміністративного поділу в ФРН, Австрії);* 3) *тк. sg.* земля́, грунт; 4) *тк. sg* суша; über ~ und Meer навко́ло сві́ту; 5) *тк. sg* село́, сільська́ місце́вість; auf dem ~e в селі, на да́чі.

landáus: ~, landéin з краї́ни в краї́ну.

Lánde|bahn *f* **-, -en** *ав.* злітно-поса́дочна сму́га; ~**brücke** *f* **-, -n** прича́л, при́стань; ~**feld** *n* **-(e)s, -er** *ав.* поса́дочна площа́дка.

lánden 1. *vi (s)* 1) виса́джуватися (на бе́рег); пристава́ти до бе́рега; *ав.* призе́млюватися; 2) прибува́ти на місце; 2. *vt* виса́джувати *(кого-н. на берег, з літака)*.

Lándenge *f* **-, -n** переши́йок.

Länderéi *f* **-, -en** земля́, ма́єток.

Länder|kampf *m* **-(e)s, ...kämpfe** *спорт.* міжнаро́дне змага́ння; ~**kunde** *f* **-** геогра́фія; ~**spiel** *n* **-(e)s, -e,** ~**treffen** *n* **-s, -** *див.* Länderkampf.

Lándes|aufnahme *f* **-, -n** топогра́фія; ~**fahne** *f* **-, -n** держа́вний пра́пор.

Lándes|gebiet *n* **-(e)s, -e** терито́рія краї́ни; ~**kunde** *f* **-** краєзна́вство; країнозна́вство; ~**meister** *m* **-s, -** *спорт.* чемпіо́н краї́ни; ~**tracht** *f* **-, -en** націона́льне вбрання́.

lándfremd *adj* чужи́й, чужозе́мний.

Lánd|haus *n* **-es, ...häuser** да́ча; ~**karte** *f* **-, -n** географі́чна ка́рта.

ländlich *adj* сільськи́й.

Lánd|macht *f* **-, ...mächte** 1) континента́льна держа́ва; 2) *військ.* сухопу́тні військá; ~**mann** *m* **-(e)s, ...leute** хліборо́б, селяни́н; ~**messer** *m* **-s, -** землемі́р.

Lándschaft *f* **-, -en** 1) краї́на, край; місце́вість, о́бласть; 2) пейза́ж, ландша́фт.

Lánds|mann *m* **-(e)s, ...leute** земля́к, співвітчи́зник; ~**männin** *f* **-, -nen** земля́чка, співвітчи́зниця.

Lánd|spitze *f* **-, -n** мис; ~**straße** *f* **-, -n** путівець, шосе́; ~**streicher** *m* **-s, -** бродя́га; ~**strich** *m* **-(e)s, -e** місце́вість; ~**stück** *n* **-(e)s, -e** діля́нка.

Lándung *f* **-, -en** 1) ви́садка; вивантаження; 2) *ав.* призе́млення, поса́дка; 3) *військ.* деса́нт.

Lándungs|abteilung *f* **-, -en** *військ.* деса́нтний загі́н; ~**brücke** *f* **-, -n** при́стань, прича́л; ~**platz** *m* **-es, ...plätze** 1) прича́л; 2) *військ.* місце ви́садки деса́нту; 3) *ав.* місце поса́дки; ~**truppen** *pl* деса́нтні військá.

lándwärts *adv* до бе́рега, до землі́.

Lánd|weg *m* **-(e)s, -e** путі́вець; ~**wirt** *m* **-(e)s, -e** агроно́м; фе́рмер; ~**wirtschaft** *f* **-** сільське́ господа́рство.

lándwirtschaftlich *adj* сільськогоспода́рський.

Lándzunge *f* **-, -n** *геогр.* коса́, мис.

lang *adj* 1) до́вгий; 3. Méter ~ завдо́вжки 3 ме́три; 2) до́вгий, трива́лий; seit ~em давно́, auf ~e Zeit надо́вго; mein Lében ~ (за) все моє́ життя́.

Länge *f* **-, -n** 1) довжина́; der ~ nach уздо́вж; 2) трива́лість; auf die ~ надо́вго; sich in die ~ ziehen затя́гуватися; 3) *геогр.* довгота́.

lángen 1. *vi* 1) *(nach D)* дістава́ти; тягтися, простяга́ти ру́ку *(за чим);* 2) *(bis an A, bis zu D)* досягáти *(чого),* дохóдити *(до чого);* 3) вистачáти; 2. *vt* діставáти, брáти.

Längen|einheit *f* **-, -en** одиниця довжини; **~grad** *m* **-(e)s, -e** *геогр.* грáдус довготи; **~kreis** *m* **-es, -e** меридіáн; **~maß** *n* **-es, -e** міра довжини.

Lángeweile *f* **-** нудьгá.

láng|fristig *adj* довгостроковий; **~jährig** *adj* довгорічний, багатолітній.

länglich *adj* довгáстий.

lángmütig *adj* терплячий, поблáжливий.

längs *prp (D, G)* уздовж.

lángsam *adj* повільний.

Láng|schläfer *m* **-s, -** *розм.* сплюх; **~spielplatte** *f* **-, -n** довгогрáюча плaстинка.

längstens *adv* не дóвше як...; не пізніше ніж... .

lángweilen 1. *vt* набридáти; 2. **sich ~** нýдитися, нудьгувáти.

langweilig *adj* нудний.

langwierig *adj* тривáлий, затяжний.

Lanze *f* **-, -n** спис, піка.

Láppen *m* **-s, -** ганчірка.

Lärche *f* **-, -n** модрина.

Lärm *m* **-(e)s** шум; метушня; ~ schlágen бити на спóлох.

lärmen *vi* шуміти; бешкетувáти.

Lárve *f* **-, -n** 1) *біол.* личинка; 2) мáска, личина; 3) *розм.* обличчя; éine hübsche ~ гарнéньке личко.

lássen* 1. *vt* 1) залишáти; etw. zu Háuse ~ залишáти що-н. дóма; laß mich in Rúhe! дай мені спóкій; 2) припиняти, переставáти; laß das Wéinen! перестáнь плáкати!; 2. *vi (von D)* відмовлятися *(від чого);* розлучáтися *(з ким);* 3. *(у модальному значенні);* 1) веліти, примýшувати, доручáти; ich hábe ihn rúfen lássen я велів поклúкати йогó; den Arzt kómmen ~ викликати лікаря; sich rasíeren ~ поголитися *(в перукарні);* 2) дозволяти, давáти можливість; laß das Kind spíelen! хай дитина грáється!; laß mich schréiben! дозвóль мені написáти!; sich etw. gefállen ~ терпіти що-н.; j-n, etw. im Stich ~ кинути когó-н., щó-н. напризволяще.

lässig *adj* 1) повільний, млявий; лінивий; 2) недбáлий; неохáйний; mit ~er Hand недбáло.

Last *f* **-, -en** 1) нóша, вантáж; 2) тягáр; j-m zur ~ fállen бýти тягарéм для кóго-н.

lásten 1. *vt* 1) навантáжувати; 2) зафрахтувáти *(судно);* 2. *vi (auf D)* тяжіти *(над ким, чим).*

Láster *n* **-s, -** порóк.

lásterhaft *adj* розбéщений, розпýсний.

lästern *vi (über, vider, gegen A)* чорнити, звóдити нáклеп *(на кого, що).*

lästig *adj* набридливий, докýчливий; обтяжливий.

Lást|kahn *m* **-(e)s, ...kähne** бáржа; **~kraftwagen** *m* **-s, -** *(скор.* LKW) вантáжний автомобіль; **~schiff** *n* **-(e)s, -e** вантáжне суднó; **~tier** *n* **-(e)s, -e** в'ючна тварина; **~wagen** *m* **-s, -** *див.* Lástkraftwagen.

Latéin *n* **-s** латинь.

latént *adj* схóваний, прихóваний.

Latérne *f* **-, -n** ліхтáр.

látschig *adj* незгрáбний, неповороткий.

Láttenzaun *m* **-(e)s, ...zäune** паркáн.

lau *adj* 1) теплувáтий; прохолóдний; 2) байдýжий, індиферéнтний.

Laub *n* **-(e)s** листя, зéлень.

Láube *f* **-, -n** альтáнка.

Láub|fall *m* **-(e)s,** листопáд; **~hütte** *f* **-, -n** курінь.

láublos *adj* безлистий.

Lauch *m* **-(e)s, -e** цибýля.

Láuer *f* **-** зáсідка; чатувáння; auf der ~ sein підстерігáти; бýти в зáсідці.

láuern *vi (auf A)* 1) сидіти в зáсідці, чатувáти *(на кого, що);* підстерігáти *(кого, що);* 2) чекáти з нетерпінням *(кого, чого).*

Lauf *m* **-(e)s, Läufe** 1) *тк. sg* хід; біг; рух; das ist der ~ der Welt такé життя; im vóllen ~e на пóвному ходý; 2): im ~e díeser Wóche прóтягом цьогó тижня; im ~e des Gesprächs під час розмóви; 3) *спорт.* біг, забіг; заїзд; гóнка; 4) ствол *(вогнепальної зброї).*

Láuf|bahn *f* **-, -en** 1) *спорт.* біговá дорíжка; 2) кар'єра, пóле діяльності; **~band** *n* **-(e)s, ...bänder** конвéйєр; **~brücke** *f* **-, -n** клáдка, містóк, схóди; **~bursche** *m* **-n, -n** хлóпчик на побігéньках; розсильний.

láufen* *vi (s)* 1) бігати; 2) *тех.* обертáтися, функціонувáти; 3) минáти, бігти *(про час);* 4) мáти силу; бýти дійсним; 5) текти, протіка́ти *(про посудину, рідину; тж. перен.)*; 6) демонструва́тися, йти *(про фільм)*; 7) поспіша́ти *(про годинник)*.

Läufer *m* **-s, -** 1) бігу́н; лижник; ковзаня́р; 2) півзахисни́к *(футбол)*; 3) *шах.* слон; 4) дорі́жка, килимо́к; 5) *тех.* ро́тор, бігуно́к.

Läuferéi *f* **-, -en** бігани́на.

Láuf|gitter *n* **-s, -** дитя́чий мане́ж; **~graben** *m* **-s, ...gräben** *військ.* транше́я; **~kran** *m* **-es, -e** *i* **...kräne** пересувни́й кран; **~riemen** *m* **-s, -** (приводни́й) пас.

Láuge *f* **-, -n** *хім.* луг.

Läune *f* **-, -n** 1) на́стрій; (bei, in) gúter ~ sein бу́ти в до́брому на́строї; 2) при́мха, капри́з.

láunenhaft *adj*, **láunisch** *adj* капри́зний; норовли́вий; примхли́вий.

láunig *adj* заба́вний, весе́лий.

Laus *f* **-, Läuse** во́ша.

láuschen *vi* 1) прислуха́тися; 2) підслу́хувати.

láuschig *adj* за́тишний, ти́хий, відлю́дний.

laut I 1. *adj* голосни́й, гучни́й; ~wérden поши́рюватися, розповсю́джуватися; **2.** *adv* го́лосно, уго́лос.

laut II *prp (G)* згі́дно *(з чим)*, відповідно *(до чого)*.

Laut *m* **-(e)s, -e** звук, тон.

láuten *vi* 1) звуча́ти; 2) гласи́ти.

läuten *vt, vi* дзвони́ти.

láuter 1. *adj* 1) прозо́рий; чи́стий; ~e Wáhrheit щи́ра пра́вда; 2) че́сний; **2.** *adv* ви́ключно, суці́льно.

Láuterkeit *f* **-** 1) чистота́, я́сність; 2) че́сність.

läutern *vt* 1) очища́ти; освітлювати; 2) *перен.* облагоро́джувати.

lautíeren *vt* чита́ти по склада́х.

láutlos *adj* беззву́чний, безмо́вний.

Láut|schrift *f* **-, -en** фонети́чна транскри́пція; **~sprecher** *m* **-s, -** гучномо́вець; **~verstärker** *m* **-s, -** звукопідси́лювач.

láuwarm *adj* теплува́тий.

lében *vi* жи́ти; бу́ти, існува́ти; es lébe ...! хай живе́!...; lébe wohl! проща́й!

Lében *n* **-s, -** 1) життя́, існува́ння; am ~ bléiben залиши́тися в живи́х; ums ~ kómmen заги́нути; auf ~ und Tod не на життя́, а на смерть; 2) життя́, пожва́влення; hier herrscht réges ~ тут пану́є пожва́влення.

lébend 1. *adj* живу́чий; живи́й; **2.** *adv* живце́м, живи́м.

lebéndig 1. *adj* 1) живи́й; 2) жва́вий; **2.** *adv* жва́во.

Lebéndigkeit *f* **-** жва́вість; бадьо́рість.

Lébens|alter *n* **-s** вік, літа́; **~art** *f* **-, -en** по́бут; спо́сіб життя́; **~aufgabe** *f* **-, -n** мета́ життя́; покли́кання; **~dauer** *f* **-** трива́лість життя́; **~freude** *f* **-** життєра́дісність.

lébensgefährlich *adj* небезпе́чний для життя́.

Lébenslauf *m* **-(e)s, ...läufe** 1) життя́; 2) біогра́фія.

lébenslustig *adj* життєра́дісний.

Lébens|mittel *pl* проду́кти харчува́ння, харчі́; **~geschäft** *n* **-(e)s, -e** гастроно́м.

Lébens|mut *m* **-(e)s** сті́йкість; життєра́дісність, бадьо́рість; **~niveau** [ni'vo:] *n* **-s, -s** життє́вий рі́вень; **~rente** *f* **-, -n** дові́чна пе́нсія; **~standard** *m* **-s, -s** життє́вий рі́вень; **~stellung** *f* **-, -en** стано́вище, поса́да; **~unterhalt** *m* **-(e)s** за́соби (до) існува́ння; **~wandel** *m* **-s** спо́сіб життя́, поведі́нка; **~weise** *f* **-** спо́сіб життя́; **~weisheit** *f* **-** життє́ва му́дрість; **~werk** *n* **-(e)s, -e** спра́ва всього́ життя́; **~zeit** *f* **-, -en** життя́; auf ~zeit на все життя́, наза́вжди́.

Léber *f* **-, -n** печі́нка.

Léber|fleck *m* **-(e)s, -e** ро́димка; **~tran** *m* **-(e)s** ри́б'ячий жир; **~wurst** *f* **-, ...würste** лі́верна ковбаса́.

Lébewesen *n* **-s, -** жива́ істо́та, живи́й організм.

Lébewohl *n* **-(e)s, -e** *i* **-s** проща́ння; j-m ~ ságen проща́тися з ким-н.

lébhaft *adj* жва́вий, бадьо́рий.

Lébkuchen *m* **-s, -** пря́ник, медя́ник.

léblos *adj* позба́влений життя́, безжи́вний.

lécken I *vt* лиза́ти.

lécken II *vi* текти́, протіка́ти.

Léckerbissen *m* **-s, -** ла́сий шмато́к, ла́сощі.

Leckeréi *f* **-, -en** ла́сощі.

Léder *n* **-s, -** шкі́ра (ви́чинена).

lédern *adj* 1) шкіряни́й; 2) *розм.* нудни́й.

lédig *adj* 1) ві́льний; áller Sórgen ~ ві́льний від усі́яких турбо́т; 2) неодру́жений, холости́й.

lédiglich *adv* ті́льки, лише́, виня́тко́во.

leer *adj* порóжній, пусти́й.
Léere *f* - порожнéча, пустотá.
léeren *vt* спорожня́ти, спустóшувати.
Legalität *f* - легáльність.
légen 1. *vt* клáсти, укладáти; Wert auf etw. ~ надавáти знáчення чомý-н.; 2. **sich** ~ 1) лягáти; 2) затихáти; заспокóюватися; sich zu Bett ~ лягáти спáти.
legéndenhaft *adj* легендáрний.
legitím *adj* закóнний.
Legitimatión *f* -, -en, **Legitimatíonsschein** *m* -(e)s, -e особи́сте посвíдчення.
legitimíeren 1. *vt* 1) узакóнювати; 2) посвíдчувати *(особу);* 2. sich ~ посвíдчувати свою осóбу, пред'являти докумéнти.
Lehm *m* -(e)s, -e гли́на.
léhmig *adj* гли́нястий.
Léhne *f* -, -n спи́нка *(крісла).*
léhnen 1. *vt (an, gegen A)* притуля́ти *(до чого);* 2. **sich** ~*(an, gegen A)* притуля́тися *(до чого);* обпирáтися.
Léhnsessel *m* -s, - крíсло.
Léhnstuhl *m* -(e)s, ...stühle *див.* Léhnsessel.
Léhr|amt *n* -(e)s, ...ämter посáда вчи́теля; ~**anstalt** *f* -, -en навчáльний зáклад; ~**art** *f* -, -en мéтод викладáння; ~**auftrag** *m* -(e)s, ...träge навантáження (викладачá); ~**buch** *n* -(e)s, ...bücher підрýчник.
Léhre *f* -, -n 1) учéння; теóрія; 2) навчáння; 3) наýка, урóк, повчáння.
léhren *vt* учи́ти, навчáти, викладáти.
Léhrer *m* -s, - учи́тель, викладáч; ~in *f* -, -nen учи́телька.
Léhrer|schaft *f* -, -en викладáцький склад; ~**zimmer** *n* -s, - учи́тельська.
Léhr|fach *n* -(e)s, ...fächer дисципліна, предмéт *(навчання);* ~**gang** *m* -(e)s, ...gänge 1) педагогíчний процéс; 2) курс навчáння.
léhrhaft *adj* повчáльний, дидакти́чний.
Léhr|körper *m* -s, - профéсорсько-викладáцький склад; ~**kraft** *f* -, ...kräfte викладáч, педагóг.
Léhrling *m* -s, -e ýчень *(на виробництві).*
Léhrmittel *n* -s, - посíбник, підрýчник.
léhrreich *adj* повчáльний; напýтливий.
Léhr|satz *m* -es, ...sätze 1) наукóве твéрдження; тéза; 2) теорéма; ~**stuhl** *m* -(e)s, ...stühle кáфедра; ~**tätigkeit** *f* - педагогíчна дія́льність; ~**zeit** *f* -, -en час навчáння *(на виробництві).*
Leib *m* -(e)s, -er 1) тíло, тýлуб; 2) живíт.
Léibeigene *m, f* -n, -n *іст.* кріпáк, кріпáчка.
Léibes|frucht *f* -, ...früchte *біол.* зáродок; ~**kraft** *f* -, ...kräfte фізи́чна си́ла; ~**übungen** *pl* фізи́чні впрáви; ~**visitation** *f* -, -en *юр.* особи́стий óгляд (óбшук).
Léibessen *n* -s улю́блена стрáва.
léibháftig *adj* уособлений; втíлений; *перен.* ви́капаний, ви́литий.
léiblich *adj* 1) фізи́чний; тілéсний; 2) **рíдний;** ~**er** Brúder рíдний брат.
Léib|schmerzen *pl* біль у животí; ~**wache** *f* - особи́ста охорóна; ~**wäsche** *f* - натíльна білизна.
Léiche *f* -, -n труп.
leicht 1. *adj* 1) легки́й; 2) невели́кий; незначни́й; 2. *adv* лéгко, злéгка.
léichtblütig *adj* легковáжний, безтурбóтний.
léichtfallen* *vi* (s) лéгко давáтися; das Lérnen fällt ihm leicht навчáння даéться йомý лéгко.
léicht|fertig *adj див.* léichtblütig; ~**gläubig** *adj* легковíрний, довíрливий.
Léichtgläubigkeit *f* - довíрливість.
léichthin *adv* мимохідь, побíжно.
Léichtigkeit *f* - лéгкість.
Léichtindustrie *f* -, ...strí|en легкá промислóвість.
Léichtsinn *m* -(e)s легковáжність.
léichtsinnig *adj див.* léichtblütig.
leid *adj;* es tut mir ~ я шкодýю; **sie tut mir ~ мені шкóда її.**
Leid *n* -(e)s 1) біль, страждáння; 2) гóре, сум, печáль; 3) зло, несправедли́вість, обрáза.
léiden* 1. *vt* 1) страждáти; 2) терпíти; 2. *vi (unter D, an D, durch A)* страждáти *(від чого),* хворíти *(на що);* ich léide an Grípрe я хворíю на грип.
Léiden *n* -s, - 1) страждáння; 2) недýга; хворóба.
léidend *adj* 1) яки́й страждáє; 2) хворобли́вий.
Léidenschaft *f* -, -en при́страсть.
léidenschaftlich *adj* при́страсний, палки́й.
Léidenschaftlichkeit *f* - при́-

страсність, пáлкість.
léidenschaftslos *adj* безпри́страсний, байду́жий.
léider *adv* на жаль; на нещáстя.
léidig *adj* гидки́й, бридки́й, мерзóтний; ein ~er Zúfall нещáсний ви́падок.
Léidwesen *n* -s жаль; сум, скорбóта; zu méinem (größen) ~ на (превели́кий) жаль.
Léier *f* -, -n ліра; ímmer die álte ~! старá пісня!
Léihe *f* -, -n пóзика, пóзичка; прокáт.
léihen* *vt* 1) *(D)* позичáти *(кому)*; 2) *(von D)* позичáти *(у кого)*.
léihweise *adv* позичкóво; напрокáт.
Leim *m* -(e)s, -e клей.
léimen *vt* 1) клéїти, склéювати; 2) *розм.* обмáнювати, обду́рювати.
Lein *m* -(e)s, -e льон.
Léine *f* -, -n мотýзка; віжка; j-n an der ~ háben тримáти когó-н. у рукáх.
léinen *adj* лляни́й, полотня́ний.
Léinen *n* -s, - 1) полотнó; 2) біли́зна *(постільна, столова)*.
Léinwand *f* - 1) полотнó; 2) екрáн.
léise **1.** *adj* ти́хий; слабки́й; ein ~r Schlaf чутки́й сон; **2.** *adv* ти́хо.
Léisetreter *m* -s, - *розм.* пронóза, пролáза.
Léiste *f* -, -n 1) плáнка, рéйка; плінтус; 2) лямівка, каймá *(тканини)*; 3) *анат.* пах.
léisten *vt* роби́ти; здíйснювати, викóнувати; Hílfe ~ подавáти допомóгу; éinen Eid ~ присягáти; Béistand ~ сприя́ти, допомагáти.
Léistung *f* -, -en 1) ви́конана робóта; 2) досягнення; у́спіх; 3) *тех.* продукти́вність; потýжність; 4) *спорт.* рекóрд; результáт; 5) *pl* успішність.
léistungsfähig *adj* працездáтний.
Léistungs|fähigkeit *f* -, -en 1) працездáтність; 2) *тех.* продукти́вність; потýжність; ~**kapazität** *f* -, -en *тех.* виробни́ча потýжність.
Léitartikel *m* -s, - передовá стаття́.
léiten *vt* 1) вести́, направля́ти; 2) керувáти; очóлювати; 3) *фіз.* провóдити.
Léiter I *m* -s, - 1) керівни́к, завíдуючий; 2) *фіз.* провідни́к.
Léiter II *f* -, -n драби́на.
Léit|faden *m* -s, ...fäden провіднá ни́тка; ~**fähigkeit** *f* -, -en *фіз.* провíдність; ~**stern** *m* -(e)s, -e 1) Поля́рна зоря́; 2) провіднá зоря́.
Léitung *f* -, -en 1) завíдування, керівни́цтво; 2) керівни́й óрган; 3) *ел.* прóвід; провóдка; лінія *(телефонна)*.
Léktor *m* -s, ...tóren 1) лéктор; 2) викладáч ви́щого навчáльного зáкладу *(який проводить практичні заняття)*; 3) видавни́чий редáктор.
Lektüre *f* -, -n 1) читáння; ~tréiben читáти; 2) літерату́ра *(для читання)*.
Lénde *f* -, -n пóперéк; стегнó.
lénkbar *adj* 1) керóваний; 2) слухня́ний, покíрливий.
lénken *vt* 1) прáвити, управля́ти; 2) направля́ти, керувáти.
Lénker *m* -s, - 1) стернови́й; шофéр; водíй; 2) *тех.* вáжіль; кермó, стернó.
Lénk|rad *n* -(e)s, ...räder стерновé кóлесо; ~**stange** *f* -, -n кермó.
Lérche *f* -, -n жáйворонок.
lérnen *vt* учи́тися, навчáтися; учи́ти, вивчáти.
Lérnen *n* -s навчáння.
lésbar *adj* розбíрливий, чітки́й *(про почерк)*.
Lése|buch *n* -(e)s, ...bücher хрестомáтія; ~**halle** *f* -, -n читáльня.
lésen* I *vt* читáти.
lésen* II *vt* 1) збирáти *(напр., виноград)*; 2) перебирáти *(горох)*.
Lése|probe *f* -, -n *театр.* читáння, чи́тка; ~**pult** *n* -(e)s, -e пюпíтр.
Léser *m* -s, - читáч.
Lésesaal *m* -(e)s, ...säle читáльний зал.
Lésung *f* -, -en читáння *(законопроекту в парламенті)*.
Létte *m* -n, -n лати́ш.
Létter *f* -, -n *полігр.* лíтера, бу́ква.
léttisch *adj* латвíйський, лати́ський.
letzt *adj* остáнній; крáйній; ми́нулий.
létztens *adv* 1) недáвно; 2) нарéшті; наостáнку.
létzt|hin *adv* недáвно; дня́ми.
létzlich *adv* нарéшті; кінéць кінцéм.
Léuchte *f* -, -n світи́льник; *перен.*

світоч.

léuchten *vi* світи́ти; світи́тися; ся́яти; блища́ти, бли́скати.

Léuchter *m* **-s, -** свічни́к.

Léucht|feuer *n* **-s, -** мая́к, сигна́льний вого́нь; **~käfer** *m* **-s, -** світля́к; **~pistole** *f* **-, -n** раке́тниця; **~schiff** *n* **-(e)s, -e** плаву́чий мая́к; **~turm** *m* **-(e)s, ...türme** мая́к.

léugnen *vt* запере́чувати, оспо́рювати.

Léumund *m* **-(e)s,** репута́ція, сла́ва.

Léute *pl* лю́ди; etw. únter die ~ bríngen розголо́шувати що-н.

Léutnant *m* **-s, -e** *i* **-s** лейтенант.

léutselig *adj* товари́ський, привітний.

Léxikon *n* **-s, ...ka** *i* **...ken** лексико́н, словни́к; енциклопе́дія.

Libélle *f* **-, -n** *зоол.* ба́бка.

licht *adj* 1) я́сний; світлий; яскра́вий; am ~en Táge се́ред білого дня; 2) рідки́й; ~e Háare рідке воло́сся.

Licht *n* 1) **-(e)s** світло; осві́тлення; во́го́нь; 2) **-(e)s, -er** *i* **-e** сві́чка; ◊ ans ~ bríngen викрива́ти; j-n hínters ~ führen обду́рювати кого́-н.; das ~ der Welt erblícken народи́тися.

Lícht|anlage *f* **-, -n** освітлювальна устано́вка; **~bild** *n* **-(e)s, -er** фотогра́фія; **~bogen** *m* **-s, -** *i* **...bögen** електри́чна дуга́.

líchten I 1. *vt* 1) розрі́джувати, очища́ти *(ліс);* 2) проясня́ти, розганя́ти *(морок);* 2. **sich** ~ 1) рідша́ти *(про ліс);* 2) проясню́вати *(про небо).*

líchten II *vt* 1) розванта́жувати (судно́); 2): den Ánker ~ зніма́тися з я́коря.

líchterloh *adj:* ~ brénnen горі́ти яскра́вим по́лум'ям.

líchtscheu *adj* 1) *мед.* яки́й хворі́є світлобоя́зню; 2) яки́й бої́ться світла; *перен.* яки́й бої́ться гла́сності, злочи́нний.

Lícht|schimmer *m* **-s, -** про́блиск світла; **~schirm** *m* **-(e)s, -e** аба́жу́р; **~seite** *f* **-, -n** освітлений бік; со́нячний бік; **~spielhaus** *n* **-es, ...häuser, ~spieltheater** *n* **-s, -** кінотеа́тр.

Líchtung *f* **-, -en** про́сіка, галя́вина.

Lid *n* **-(e)s, -er** пові́ка.

lieb *adj* дороги́й, лю́бий; es ist mir ~ мені́ прие́мно.

líebäugeln *vi* залиця́тися, кокетува́ти.

Líebchen *n* **-s, -** *розм.* лю́ба, ми́ла, коха́на.

Líebe *f* **-** любо́в, коха́ння.

líeben *vt* люби́ти, коха́ти.

líebenswürdig *adj* люб'язний, ласка́вий.

Líebenswürdigkeit *f* **-, -en** люб'я́зність, ласка́вість.

Líebes|dienst *m* **-es, -e** дру́жня по́слу́га, люб'я́зність; **~erklärung** *f* **-, -en** осві́дчення, призна́ння в коха́нні.

líebevoll *adj* ласка́вий, ні́жний.

líebgewinnen* *vt* полюби́ти, покоха́ти.

líebhaben* *vt* люби́ти, коха́ти.

Líebhaber *m* **-s, -** 1) коха́нець, коха́ний; 2) ама́тор, люби́тель.

Líebhaber|aufführung *f* **-, -en** люби́тельський спекта́кль; **~bühne** *f* **-, -n** самодія́льний (наро́дний) теа́тр.

líebkosen *vt* пе́сти́ти.

Líebkosung *f* **-, -en** ла́ска, пе́стощі.

líeblich *adj* милови́дний, гарне́нький.

Líebling *m* **-(e)s, -e** улю́бленець.

Líeblings|beschaftigung *f* **-, -en** улю́блене заняття, захо́плення; **~schriftsteller** *m* **-s, -** улю́блений письме́нник.

líeb|los *adj* безсерде́чний, черстви́й; **~reich** *adj* лю́блячий, ласка́вий, ні́жний, щи́рий; **~reizend** *adj* милови́дний, чарівни́й, прина́дний.

Lied *n* **-(e)s, -er** пі́сня.

Líederbuch *n* **-(e)s, ...bücher** пісе́нник.

Lieferánt *m* **-en, -en** постача́льник.

líefern *vt* 1) *(an j-n, nach D)* постача́ти; доставля́ти; відпуска́ти *(товар; кому, куди);* 2) випуска́ти *(продукцію).*

Líeferschein *m* **-(e)s, -e** накладна́.

Líeferung *f* **-, -en** 1) поста́вка; доста́вка; 2) това́р, що поставля́ють; 3) ви́пуск *(книжки).*

líegen* *vi* 1) лежа́ти; 2) місти́тися, розташо́вуватися; vor Ánker ~ стоя́ти на я́корі; auf der Hand ~ бу́ти очеви́дним; zugrúnde ~ лежа́ти в осно́ві; vorán liegt es? в чо́му спра́ва?; es liegt an ihm це зале́жить від нього.

líegenbleiben* *vi (s)* залиша́тися лежа́ти; die Árbeit bleibt líegen робо́та стої́ть.

líegenlassen* *vt* залиша́ти (лежа́ти); забува́ти.

Líegenschaft *f* -, **-en** нерухóме майнó.
Líegestuhl *m* **-(e)s, ...stühle** шезлóнг.
líla *adj* ліл́овий, бузкóвий.
lind *adj* м'якúй, лáгідний, ніжний.
Línde *f* -, **-n** лúпа.
líndern *vt* пом'якшувати, полéгшувати; угамóвувати.
Línderung *f* -, **-en** полéгшення, пом'якшення, угамувáння.
Lineál *n* **-s, -e** лінíйка.
Líni|e *f* -, **-n** 1) лíнія, межá; 2) лінíйка, рядóк; 3) лíнія, кóлія; маршрýт; 4): in érster Línie в пéршу чéргу.
liniíeren *vt* лініювáти; графúти.
link *adj* лíвий; ~**e Séite** лíвий бік, вúворіт *(тканини)*; ~er Hand ліворуч, налíво.
Línke *f* 1) лíва рукá; zur ~n з лíвого бóку, ліворуч; 2) *m* **лíвий** *(про політичних діячів)*.
línkisch *adj* неспрúтний, незгрáбний.
links *adv* лівóруч; налíво; ~sein бýти лівшéю; ~um! налíво! *(команда)*.
Línse *f* -, **-n** 1) *анат.* криштáлик; 2) *бот.* сочевúця; 3) *фіз.* лíнза.
Líppe *f* -, **-n** губá; an j-s ~n hängen ловúти кóжне слóво; das Wort schwebt mir auf den ~n слóво крýтиться в мéне на язицí.
Líppenstift *m* **-(e)s, -e** губнá помáда.
líspeln *vi* 1) шепелявити, сюсюкати; 2) шептáтися; шелестíти.
List *f* -, **-en** хúтрощі, лукáвство.
Liste *f* -, **-n** спúсок; вíдомість.
lístig *adj* хúтрий, лукáвий.
Lístigkeit *f* - хúтрощі, лукáвство.
Lítauer *m* **-s,** - литóвець.
lítauisch *adj* литóвський.
Líter *n* **-s,** - літр.
líterárisch *adj* літератýрний.
Lítfaßsäule *f* -, **-n** колóнка для афíш і оголóшень.
Lítze *f* -, **-n** 1) плéтений шнур; галýн; петлúця; 2) *ел.* гнучкúй прóвід, шнур.
Lob *n* **-(e)s** похвалá.
lóben *vt (um, für A, wegen G)* хвалúти *(за що)*.
lóbenswert, lóbenswürdig *adj* похвáльний, гíдний похвалú.
löblich *adj* похвáльний.
Lóblied *n* **-(e)s, -er** дифірáмб, хвалéбна пíсня.
lóbpreisen* *vt* вихваляти, звелúчувати *(кого)*.
Lóbrede *f* -, **-n** хвалéбна промóва, панегíрик.
Loch *n* **-(e)s, Löcher** 1) дíрка, óтвір; 2) норá; 3) халýпа.
lóchen *vt* свердлúти; пробивáти.
Lócher *m* **-s,** - 1) дірокóл; 2) перфорáтор; 3) компóстер.
löch(e)rig *adj* дірявий; пóристий.
Lócke *f* -, **-n** лóкон, зáвитóк; *pl* кýчері.
lócken I *vt* завивáти; **sich** ~ кучерявитися.
lócken II *vt* манúти, привáблювати.
lócker *adj* 1) крихкúй; хиткúй; слабкúй; 2) безпýтний, легковáжний.
lóekerlassen* 1. *vt* ослабляти, попускáти; 2. *vi розм.* поступáтися; nicht ~ не здавáтися, не поступáтися.
lóckig *adj* кучерявий.
Lóck|mittel *n* **-s,** - принáда; ~**spitzel** *m* **-s,** - провокáтор.
Lóskung *f* -, **-en** принáда; спокýса.
Lóden *m* **-s,** - грубошéрсте сукнó.
lódern *vi* палáти, палахкотíти.
Löffel *m* **-s,** - 1) лóжка; 2) *тех.* ківш.
löffeln *vt* хлебтáти, черпáти лóжкою.
logíeren [-ʒi:-] *vi* (тимчасóво) проживáти; зупинятися *(в готелі)*; квартирувáти.
Lógik *f* - лóгіка.
lógisch *adj* логíчний.
loh *adj* палáючий; полум'яніючий.
Lóhe *f* -, **-n** пóлум'я.
lóhen I *vi* палáти, палахкотíти.
lóhen II *vt* чинúти, дубúти.
Lohn *m* **-(e)s, Löhne** 1) заробíтна плáта, зарплáта; 2) нагорóда, винагорóда; *перен.* вíдплáта; zum ~ *(für A)* в нагорóду *(за що)*.
Lóhn|abbau *m* **-(e)s** знúження зарплáти; ~**abrechnung** *f* -, **-en** розрахýнок; ~**abzug** *m* **-(e)s, ...züge** відрахувáння із зарплáти; ~**arbeiter** *m* **-s,** - нáйманий робітнúк; ~**büro** *n* **-s, -s** розрахункóвий стіл.
lóhnen 1. *vt* 1) **(j-n)** винагорóджувати; 2) оплáчувати; 2. *vi i* **sich** ~ вáрто, трéба; es lohnt sich nicht не вáрто.
Lóhn|erhöhung *f* -, **-en** підвúщення зарплáти; ~**kampf** *m* **-(e)s, ...kämpfe** боротьбá за підвúщення зарплáти; ~**steuer** *f* -, **-n** прибуткóвий подáток; ~**stopp** *m* **-s, -s**

L

заморóжування зарплáти.
lokál *adj* місцéвий; локáльний.
Lokál *n* **-(e)s, -e** 1) примíщення; 2) ресторáн, кафé.
Lokomotíve [-və] *f* **-, -n** паровóз, локомотив.
Lokomotív|führer *m* **-s, -** машиніст; **~schuppen** *m* **-s, -** депó.
Lórbeer *m* **-(e)s, -en** 1) лавр; 2) лáври, слáва; ~en érnten пожинáти лáври; auf séinen ~en rúhen спочивáти на лáврах.
Lóre *f* **-, -n** вагонéтка; відкрúтий товáрний вагóн.
los 1. *adj* 1) неприкрíплений; відв'язаний; розпýщений; der Knopf ist ~ гýдзик відірвáвся; der Hund ist ~собáка зірвáвся з ланцюгá; 2): was ist ~? що трáпилося; **2.** *adv розм.* ~! давáй!, починáй!, вперéд!
Los *n* **-es, -e** 1) жéреб; 2) лотерéйний квитóк; 3) дóля, талáн.
lösbar *adj* 1) якúй мóжна розв'язáти, вúрішити; 2) *хім.* розчúнний; 3) *тех.* розбірнúй, розсувнúй.
lós|binden* *vt* розв'язувати; відв'язувати; **~brechen*** 1. *vt* відлáмувати, відкóлювати; 2. *vi (s)* починáтися.
Löschen I 1. *vt* 1) гасúти; den Durst ~ вгамувáти спрáгу; 2) закрéслювати, стирáти; éine Tónbandaufnahme ~ стéрти магнітофóнний зáпис; 3) промокáти *(написане);* 4) сплáчувати *(борг);* **2.** *vi поет.* гáснути, згасáти.
löschen II *vt* вивантáжувати, розвантáжувати *(судно).*
Lösch|mannschaft *f* **-, -en** пожéжна комáнда; **~papier** *n* **-s, -e** промокáльний папíр.
Löschung I *f* **-, -en** гасíння.
Löschung II *f* **-, -en** вивантаження, розвантáження.
lós|drehen *vt* відкрýчувати, відгвúнчувати; **~drücken** *vt* спускáти *(курок).*
lóse 1. *adj* 1) вíльний; слабкúй; розлáднаний; рухлúвий; ~s Haar розпýщене волóсся; ~Wáre нерозфасóваний товáр; 2) розпýщений, розбéщений, легковáжний; **2.** *adv* вíльно, слáбо.
lós|werden* *vt (s)* збувáтися *(кого, чого);* спéкатися *(кого, чого);* збувáти *(з рук) (що);* **~wickeln** *vt* розгортáти; розплýтувати; **~ziehen*** 1. *vt* розтягáти; розпускáти, розв'язувати *(вузол);* 2. *vi (s)* 1) *(zu D)* відправлятися *(куди),* виряджáтися; 2) *(gegen A)* лáяти *(кого);* узятися *(за кого),* нападáти *(на кого); 3) (auf A)* прямувáти *(до чого).*
Lot *n* **-(e)s, -e** 1) грузúло; 2) перпендикуляр.
löten *vt* паяти.
Löt|kolben *m* **-s, -** паяльник; **~lampe** *f* **-, -n** паяльна лáмпа.
lótrecht *adj* вертикáльний, перпендикулярний.
Lótse *m* **-n, -n** лóцман.
lótsen *vt* 1) *мор.* провóдити *(судно);* 2) *розм.* тягтú, волоктú *(кого, куди).*
Lotteríe *f* **-, ...ri|en** лотерéя.
lótterig *adj* 1) недбáлий; 2) беспýтний, розбéщений.
Löwe *m* **-n, -n** лев.
Löwin *f* **-, -nen** левúця.
Luchs *m* **-es, -e** 1) *зоол.* рись; 2) скнáра; хитрýн, пройдúсвіт.
Lücke *f* **-, -n** 1) порóжнє мíсце; 2) прогáлина, відсýтність *(знань);* 3) прóпуск *(у тексті;* 4) óтвір, пролóм.
lücken|haft *adj* непóвний, недостáтній; **~los** *adj* безперéрвний, суцíльний.
Luft *f* **-, Lüfte** повíтря.
Lúft|abwehr *f* **-** протиповітряна оборóна; **~angriff** *m* **-(e)s, -e** повітряний нáпад; **~ballon** *m* **-s, -e** *i* **-s** аеростáт.
lúftdicht *adj* герметúчний.
Lúftdruck|bremse *f* **-, -n** пневматúчне гальмó; **~messer** *m* **-s, -** барóметр.
lüften *vt* провíтрювати.
Lüfter *m* **-s, -** вентилятор.
Lúft|fahrt *f* **-, -en** 1) полíт; 2) аеронавігáція; **~flotte** *f* **-, -n** повітряний флот.
lúftförmig *adj* газоподíбний.
Lúft|gebilde *n* **-s, -** мірáж, примáра; прúвид; **~hafen** *m* **-s, ...häfen** аеропóрт.
lúftig *adj* 1) легкúй; прозóрий; 2) легковáжний, пустотлúвий.
Lúft|kampf *m* **-(e)s, ...kämpfe** повітряний бій; **~kissen** *n* **-s, -** надувнá подýшка; **~kühlung** *f* **-** повітряне охолóдження; **~kurort** *m* **-(e)s, -e** кліматúчний курóрт; **~landung** *f* **-, -en** повітряний десáнт.
Lúft|lini|e *f* **-, -n** 1) прямá лíнія *(між двома географічними точками);* 2) повітряна лíнія

(tráса); **~loch** *n* **-(e)s, ...löcher** 1) віддýшина; 2) *ав.* повітряна яма; **~post** *f* - повітряна пóшта, авіапóшта; **~schiff** *n* **-(e)s, -e** дирижáбль; **~schutz** *m* **-es** *див.* Lúftabwehr; **~schutzkeller** *m* **-s, -** бомбосхóвище; **~streitkräfte** *pl* військóвоповітряні сили; **~stützpunkt** *m* **-(e)s, -e** авіаційна бáза.

Lüftung *f* **-, -en** провітрювання, вентиляція.

Lúft|verkehr *m* **-(e)s** повітряне сполýчення; **~waffe** *f* **-, -n** авіáція, військóво-повітряні сили; **~wechsel** *m* **-s, -** зміна клімату; **~zug** *m* **-(e)s, ...züge** прóтяг.

Lüge *f* **-, -n** непрáвда, *розм.* брехня; ~ n háben kúrze Béine у брехні корóткі нóги.

lúgen *vi* видивлятися, виглядáти, підстерігáти *(кого, що)*.

lügen* *vi* брехáти.

Lúke *f* **-, -n** люк.

lúllen *vt* заколисувати, заспокóювати.

lümmelhaft *adj* брутáльний, неотéсаний, неввічливий.

Lump *m* **-en, -en** 1) обідранець, босяк; 2) негідник.

Lúmpen *m* **-s, -** ганчірка, клáпоть; *pl* лахміття, дрáнтя.

Lúmpen|geld *n* **-(e)s, -er** 1) мізéрна сýма, дрібні грóші; 2) незначнá цінá; **~kerl** *m* **-(e)s, -e** негідник, нерóба, лéдар; **~proletariat** *n* **-(e)s** люмпен-пролетаріáт.

Lumperéi *f* **-, -en** 1) підлість; 2) безлáддя; 3) дрібниця; дурниця.

lúmpig *adj* 1) обідраний, обірваний; 2) погáний, паскýдний, підлий; 3) жалюгідний, незначний.

Lúnge *f* **-, -n** легéня.

Lúngenentzündung *f* **-, -en** запáлення легéнь.

Lúrche *pl* *зоол.* земновóдні, амфібії.

Lust *f* **-, Lüste** 1) рáдість, втíха; задовóлення; 2) бажáння, прáгнення.

Lústbarkeit *f* **-, -en** розвáга; свято.

Lüster *m* **-s, -** 1) люстра; 2) лиск.

lústig *adj* весéлий; рáдісний; забáвний; смішний.

Lústigkeit *f* - весéлість, рáдість; весéлий нáстрій.

lústlos **1.** *adj* безрáдісний; нудний; **2.** *adv* неохóче; мляво.

Lúst|spiel *n* **-(e)s, -e** комéдія; **~spielfilm** *m* **-(e)s, -e** кінокомéдія.

lústwandeln *vi (s)* прогýлюватися.

lütherisch *adj* лютерáнський.

lútschen *vt* ссáти, смоктáти.

Lútscher *m* **-s, -** сóска, пустýшка.

luxuriös *adj* розкішний, пишний, багáтий.

Lúxus *m* - рóзкіш, пишність; марнотрáтство.

Luxusartikel *m* **-s, -** предмéт рóзкоші.

Lýrik *f* - лірика, ліричнa поéзія.

lýrisch *adj* ліричний.

M m

máchen 1. *vt* 1) робити, виготовляти; виробляти; готувáти; das Éssen ~ готувáти їжу; 2) робити, викóнувати; влаштóвувати *(свято)*; Schúlaufgaben ~ робити урóки; einen Versúch ~ провóдити дóслід; 3) діяти, чинити; er macht, was er will він рóбить, що хóче; 4) *виражає дію, на характер якої вказує іменник:* Musík ~ грáти; 5) прибирáти; давáти лад *(чому)*; das Bett ~ застилáти ліжко; das Zimmer ~ прибирáти кімнáту; 6) становити *(про суму)*; *мат.* дорівнювати; drei mal vier macht zwölf три рази по чотири — дванáдцять; das macht 23 Mark це станóвить (кóштує) 23 мáрки; 7) *у сполученні з прикметником вказує на надання особі, предмету якоїсь якості:* j-n gesúnd ~ вилікувати когó-н.; 8) *(j-n zu D)* зробити *(кого ким)*; 9): sich *(D)* etw. ~ завдавáти собі *(чого-н.)*; sich *(D)* Sórgen ~ *(um A, über A)* хвилювáтися, тривóжитися *(за кого)*; 10) *виражає спонукання;* mach, daß du fértig wirst! кінчáй!; 2. *vi* *розм.* 1) діяти; acht Stúnden ~ працювáти 8 годин; mach, mach! швидше!; 2) *(in D)* займáтися *(чим)*; 3. **sich** ~ 1) *(an A)* приступáти *(до чого)*; 2) *(auf A)*:

M

sich auf den Wen ~ вирушáти в дорóгу.
Macht *f* -, **Mächte** 1) сúла, міць; влáда, вплив; 2) *політ.* влáда; 3) держáва.
Mächteblock *m* **-(e)s, -s** союз (блок) держáв.
mächtig *adj* 1) могýтній; сúльний; 2) величéзний; 3) якúй володіє (*чим*).
Mächtigkeit *f* **-, -en** 1) могýтність, міць, сúла; 2) *геол.* потýжність (*напр., пласта*).
máchtlos *adj* безсúлий, беззáхисний; безвлáдний.
máchtvoll *adj* могýтній; сúльний.
Mädchen *n* **-s** - 1) дíвчина, дíвчинка; 2) служнúця.
mädchenhaft *adj* 1) дівóчий; 2) дівóцький; сором'лúвий.
mádig *adj* 1) червúвий; 2) мерзéнний, огúдний.
Madjar ['madja:r] *m* **-en, -en** угóрець.
Magazín *n* **-s, -e** 1) склад; схóвище; книгосхóвище (*бібліотеки*); 2) ілюстрóваний журнáл; 3) *військ.* магазúн, обóйма.
Magd *f* **-, Mägde** служнúця, наймичка.
Mágen *m* **-s**, - шлýнок.
mágen|krank *adj*, **~leidend** *adj* хвóрий на шлýнок.
máger *adj* 1) нежúрний, піснúй; 2) худúй, худорлявий; 3) вúснажений (*грунт*); 4) мізéрний.
Magnét *m* **-en** *i* **-(e)s, -en** *i* **-e** магніт.
Magnét|band *n* **-es, ...bänder** магнітна стрíчка; **~bandgerät** *n* **-(e)s, -e** магнітофóн; **~tonband** *n* **-es, ...bänder** магнітна стрíчка; **~tonbandgerät** *n* **-(e)s, -e** магнітофóн.
Mähdrescher *m* **-s**, -комбáйн (*зерновий*).
Mähdrescherführer *m* **-s**, - комбáйнер.
mähen I *vt* косúти; жáти.
mähen II *vi* бéкати, мéкати.
Mäher *m* **-s**, - косáр; жнець.
Mahl *n* **-(e)s, Mähler** *i* **-e** їдá; обíд, бенкéт.
máhlen *vt* молóти; дрібнúти.
Máhlzeit *f* **-, -en** 1) íжа (*снідaнок, обід, вечеря*); 2): ~! смачнóго!
Mähmaschine *f* **-, -n** косáрка, жáтка.
Mähne *f* **-, -n** грúва.
máhnen *vt* 1) (*an A, um A*) нагáдувати (*про що*); 2) (*vor D*) попереджáти (*про що*); застерігáти (*від чого*); 3) (*zu D*) заклúкáти (*до чого*).
Mai *m* **-(e)s** *i* - трáвень.
Mai|glöckchen *n* **-s**, - конвáлія; **~ käfer** *m* **-s**, - хрущ.
Máis *m* **-es, -e** кукурýдза.
majestätisch *adj* велúчний.
mákellos *adj* бездогáнний; незаплямóваний.
mal **1.** *adv.* раз; zwei ~ zwei два разú по два; **2.** *prtc* -но, лиш, лишéнь; komm ~ her йдú-но (ходú-но) сюдú.
Mal I *n* **-(e)s, -e** *i* **Mäler** 1) знак, цятка, рóдимка; ein bláues ~ синéць; 2) пóзначка; ознáка.
Mal II *n* **-(e)s, -e** раз; das érste (zum érsten) ~ упéрше; vóriges ~ минýлого рáзу; zum wievielten ~e? вкóтре? nächstes ~ настýпного рáзу.
málen *vt* 1) малювáти, писáти (*фарбами*); *перен.* змальóвувати, опúсувати; 2) фарбувáти.
Máler *m* **-s**, - 1) худóжник; 2) мáляр.
Maleréi *f* **-, -en** живóпис (*мистецтво, твір*).
málerisch *adj* 1) худóжній; 2) мальовнúчий.
málnehmen* *vt* (по) мнóжити.
Mámmut *n* **-s, -e** *i* **-s** мáмонт.
man **1.** *pron indef не перекладається; вживається як підмет у неозначено-особових реченнях;* ~ sagt говóрять; кáжуть; ~ kann nie wissen нікóли не знáєш; ~ klopft хтось стýкає; **2.** *вживається в неозначено-особових спонукальних реченнях;* ~ stélle sich vor уявú (уявíть) собí.
manch *pron indef* не одúн; дéякий; дéхто; *pl* богáто хто; ~e ságen дéхто кáже; so ~es Jahr прóтягом багатьóх рóків.
mancherléi *adj* рíзний, різноманíтний.
mánchmal *adv* íнколи, чáсом; час від чáсу.
Mándel *f* **-, -n** 1) мигдáль; 2) *анат.* глáнда, мигдáлина.
Mángel *m*, **-s, Mängel** 1) нестáча, відсýтність, брак (*an D кого, чого*); ~ an Zeit брак чáсу; 2) недóлік, дефéкт; 3) бíдність, нестáток.
mángel|frei *adj* бездогáнний, безпомилкóвий; **~haft** *adj* помилкóвий, бракóваний, незадовíльний.
mángeln *vi* (*an D*) не ви-

стача́ти, бракува́ти *(чого)*.

maníerlich *adj* 1) ви́хований, че́мний; 2) присто́йний, поря́дний.

Mann *m* **-(e)s, Männer** 1) чолові́к; älter ~ стари́й, дід; 2) чолові́к; 3) люди́на, осо́ба *(здеб. про чоловіків)*, ein ~ von Mut му́жня люди́на.

mánndar *adj* змужні́лий, доро́слий; повнолітній.

mánnhaft adj 1) му́жній, хоро́брий; 2) енергі́йний; рішу́чий.

mánnig|fach, ~ faltig *adj* різномані́тний, рі́зний.

Mánnigfaltigkeit *f* -, **-en** різномані́тність, різнобі́чність.

Mánnschaft *f* -, **-en** 1) кома́нда, екіпа́ж *(судна)*; 2) *військ.* рядови́й склад; 3) *спорт.* кома́нда.

Mántel *m* **-s, Mäntel** 1) пальто́; шине́ль; плащ; 2) *перен.* покро́в, прикриття́; ви́гляд; únter dem ~ der Nacht під покро́вом но́чі; 3) зо́внішня пове́рхня; *мат.* бокова́ пове́рхня.

Mántelkragen *m* **-s, -** ко́мір пальта́.

manuéll 1. *adj* ручни́й *(про роботу)*; **2.** *adv* вручну́.

Máppe *f* -, **-n** 1) па́пка, портфе́ль; 2) етю́дник.

Márathonlauf *m* **-(e)s** марафо́нський біг.

Märchen *n* **-s, -** 1) ка́зка; 2) ви́гадка, небили́ця.

märchenhaft *adj* казко́вий; чарівни́й; неймові́рний.

Maríne *f* -, **-n** військо́во-морськи́й флот.

Marínestation *f* -, **-en** військо́во-морська́ ба́за.

maritím *adj* морськи́й; **~es** Klima морськи́й клі́мат.

Mark I *f* -, - *(скор. M)* ма́рка *(грошова одиниця)*; Déutsche ~ ма́рка ФРН.

Mark II *n* **-(e)s** кістко́вий мо́зок.

markánt *adj* визначни́й, характе́рний.

Márke *f* -, **-n** 1) номеро́к, жето́н; 2) пошто́ва ма́рка; 3) клеймо́; 4) ма́рка, сорт *(товару)*.

markieren *vt* 1) познача́ти; 2) устано́влювати *(кордон)*; 3) виділя́ти, підкре́слювати *(слова)*; 4) *розм.* прикида́тися *(ким)*.

márkig *adj* си́льний, міцни́й, енергі́йний; життєзда́тний.

Márk|stein *m* **-(e)s, -e** межови́й ка́мінь; *перен.* поворо́тний пункт; **~stück** *n* **-(e)s, -e** ма́рка *(купюра, монета)*.

Markt *m* **-(e)s, Märkte** 1) ри́нок, база́р; я́рмарок; 2) база́рна пло́ща; 3) *ек.* ри́нок, збут.

márkt|fähig, ~ gängig *adj* ходови́й *(товар)*, широковжи́ваний *(вислів)*.

mártern 1. *vt* катува́ти, мордува́ти; 2. **sich** ~ *(mit D)* му́читися *(чим)*.

März *m - i* **-es, -e** бе́резень.

märzlich *adj* березне́вий; як у бе́резні.

Maschine *f* -, **-n** 1) маши́на, механі́зм; верста́т; die ~ läuft маши́на працю́є; 2) *розм.* маши́на *(автомобіль, літак і т. ін.)*; 3) *розм.* маши́нка *(друкарська, швейна)*.

maschinegeschrieben *adj* машинопи́сний.

maschinéll *adj* маши́нний, механі́чний; механізо́ваний.

Maschínen|bau *m* **-(e)s** машинобудува́ння; ~ **gewehr** *n* **-(e)s, -e** ручни́й кулеме́т; ~ **pistole** *f*, -, **-n** автома́т.

maskíeren 1. *vt* (за) маскува́ти, прихо́вувати; 2. **sich** ~ als надяга́ти ма́ску *(кого)* вбира́тися *(ким)*.

Maß *n* **-es, -e** 1) мі́ра; 2) мі́рка; мі́ри́ло; 3) мі́ра, межа́; 4) розмі́р.

Másse *f* -, **-n** 1) ма́са; кі́лькість; 2) велика́ кі́лькість; 3) то́вща; 4) ма́са, на́товп.

Máßeinheit *f* -, **-en,** *фіз.* одини́ця ви́міру; мі́ра.

Mássen|aktion *f* -, **-en** ма́совий ви́ступ; ~ **ausrottungswaffen** *pl* збро́я ма́сового зни́щення; ~ **bedarf** *m* **-(e)s** широ́кий по́пит, вжи́ток.

Mássenbedarfs|artikel *m* **-s, -** предме́т (това́р) широ́кого вжи́тку; ~ **güter** *pl*, ~ **waren** *pl* това́ри широ́кого вжи́тку.

Mássen|bewegung *f* -, **-en** ма́совий рух; **~erzeugung** *f* - ма́сове виробни́цтво; **~friedhof** *m* **-(e)s, ...höfe** бра́тське кла́довище.

mássenhaft 1. *adj* ма́совий, величе́зний; **2.** *adv* у вели́кій кі́лькості.

Mássen|kommunikationsmittel *pl*, **~medi|en** *pl*, за́соби ма́сової інформа́ції; **~organisation** *f* -, **-en** ма́сова організа́ція.

Mássen|produktion *f* - ма́сове виробни́цтво; ~ **sport** *m* **-(e)s** ма́совий спорт.

máß|gebend, ~geblich 1. *adj* ав-

торитéтний; вирішáльний, визначáльний; **2.** *adv* значнóю мíрою.
máßhalten* *vi* знáти мíру; дотри́мувати мíри.
mássig *adj* маси́вний, величéзний; грýбий; об'ємний.
mäßig *adj* 1) помíрний; стри́маний; 2) посерéдній.
mäßigen 1. *vt* змéншувати, стри́мувати; 2. **sich ~** 1) стри́муватися; 2) змéншуватися, пом'якшуватися.
Mäßigkeit *f* - 1) помíрність; стри́маність; 2) посерéдність.
Mäßigung *f* - 1) стри́мування, самовладáння; 2) пом'якшення, змéншення, уповíльнення.
massív 1. *adj* 1) маси́вний; важки́й, міцни́й; 2) грýбий; 2. *adv* грýбо.
máßlos *adj* безмíрний; безмéжний; невгамóвний.
Máß|nahme *f* -, **-n,** зáхід; **~regel** *f* -, **-n** розпоря́дження, директи́ва; зáхід.
Mast *m* **-es, -e** *i* **-en 1)** *мор.* щóгла; 2) *ел.* стовп, опóра.
M
Match [mœtʃ] *m, n* **-es, -e** *спорт.* змагáння; матч; зýстріч.
Materiál *n* **-s, -i¦en 1)** матеріáл; сировинá; 2) матеріáли *(документи);* (першо)-джерéла.
Mathematik *f* - математи́ка.
mathemátisch *adj* математи́чний.
Matinée *f* -, **...ne|en** рáнок; рáнкóвий сеáнс.
Matríkel *f* -, **-n** 1) залікóва кни́жка *(студента);* 2) спи́сок зарахóваних до ви́щого навчáльного зáкладу.
matt *adj* 1) слабки́й; стóмлений; ви́снажений; ~ er Puls слабки́й пульс; 2) нея́скрáвий, мáтовий; 3) невирáзний, непереконливий; нецікáвий; 4) *шах.:* ~ in zwei Zügen мат у два хóди; Schach und ~ ! шах і мат!
Mátte *f* -, **-n** альпíйська лýка; пасови́сько, ви́гін, полони́на.
Máttigkeit *f* - стóмленість, в'я́лість.
Máttscheibe *f* -, **-n** мáтове скло
Máuer *f* -, **-n** мур, стінá *(кам'яна).*
máuern *vt* муровáти.
Mául|beerbaum *m* **-(e)s, ...bäume** шовкóвиця; **~held** *m* **-en, -en** *розм.* хвалькó; **~schelle** *f* -, **-n** ля́пас.
Máurer *m* **-s, -** мýляр; штукатýр.
Maus *f* -, **Mäuse** ми́ша.
mäus|chenstill *adj* *розм.* тихéсенький; ~ sein бýти ти́хше води́, ни́жче трави́.
máusen 1. *vi* 1) лови́ти мишéй; 2) крáстися; 2. *vt розм.* вкрáсти, поцýпити *(що).*
Mechánik *f* -, **-en** 1) механíка; 2) механíзм.
Medaille [me'daljə] *f* -, **-n** медáль.
Medizin *f* -, **-en** 1) *тк. sg* медици́на; 2) лíки.
Medizíner *m* **-s, -** мéдик.
Medizin|mann *m* **-(e)s, ...männer** лíкар; **~schwester** *f* -, **-n** медсестрá; **~wagen** *m* **-s, -** санітáрна автомаши́на.
Meer *n* **-es, -e** мóре; океáн.
Méer|busen *m* **-s, -** морськá затóка; **~enge** *f* -, **-n** (морська) протóка.
Méeres|boden *m* **-s, -, ~grund** *m* **-(e)s** морськé дно; **~spiegel** *m* **-s** *геогр.* рíвень мóря; **~strand** *m* **-(e)s, -e** бéрег мóря; пляж; **~strömung** *f* -, **-en** морськá течія́.
Méer|rettich *m* **-(e)s, -e** хрін; **~schweinchen** *n* **-s, -** морськá сви́нка.
méerwärts *adv* у нáпрямку до мóря.
Meeting ['mi:tiɔ] *n* **-s, -s** мíтинг.
Mehl *n* **-(e)s, -e** бóрошно.
mehr *(comp від* viel) *adv* бíльше; бíльш; nie ~ нікóли (бíльше).
Méhrarbeit *f* - 1) *ек.* додаткóва прáця; 2) додаткóва, понаднормóва робóта.
méhrbändig *adj* багатотóмний.
méhrdeutig *adj* багатознáчний.
méhren 1. *vt* збíльшувати, мнóжити; 2. **sich ~** збíльшуватися, мнóжитися, рости́.
méhrere *pron indef* дéкілька, дéякі, різні.
Méhrheit *f* -, **-en** 1) бíльшість; 2) числéнність.
méhrjährig *adj* багаторíчний.
Méhrkampf *m* **-(e)s, ...kämpfe** *спорт.* багатобóрство.
méhr|malig *adj* багаторазóвий; неоднорaзóвий; **~mals** *adv* неоднорaзóво, кíлька разíв; **~stöckig** *adj* багатоповерхóвий; **~stündig** *adj* багатогоди́нний; **~tägig** *adj* багатодéнний.
mein *pron poss* мій.
méinen *vt* 1) дýмати, гадáти; вважáти; 2) мáти на дýмці, бажáти *(що н. зробити);* 3) заувáжувати, казáти.
méinesgléichen *adj* таки́й, як я.

méinet|wegen *adv* 1) чéрез мéне, зарáди мéне; 2) гарáзд, не заперéчую, як хóчете; **~willen** *adv:* um ~ willen зарáди мéне.

Méinung *f* **-, -en** дýмка, пóгляд.

Méinungsaustausch *m* **-es** óбмін думкáми, дискýсія.

Méise *f* **-, -n** синúця.

méißeln *vt* висікáти, довбáти; чекáнити.

méistens, méistenteils *adv* здебíльшого, перевáжно.

Méister *m* **-s, -** 1) мáйстер *(на виробництві);* 2) мáйстер, фахівéць, знавéць; 3) *спорт.* чемпіóн; рекордсмéн.

méisterhaft, méisterlich *adj* майстéрний, умíлий.

méistern *vt* 1) освóювати, опанóвувати *(що),* справля́тися *(з чим);* 2) майстéрно володíти *(чим).*

Méisterschaft *f* **-, -en** 1) майстéрність; 2) *спорт.* пéршість, чемпіонáт.

Méisterschafts|kampf *m* **-(e)s, ...kämpfe** *спорт.* чемпіонáт, змагáння на пéршість; **~titel** *m* **-s, -** звання́ чемпіóна.

Méisterwerk *n* **-(e)s, -e** шедéвр; видатнé досягнення.

mélden 1. *vt (D, bei D)* повідомля́ти; доповідáти *(кому про що);* 2. **sich** ~ 1) *(zu Д)* вúявити бажáння *(до чого),* подáти заявку на ýчасть *(у чому);* sich zum Wort ~ просúти слóва; wer méldet sich? хто хóче вúступити (відповідáти)?; 2) з'явúтися *(до кого);* 3) відповідáти *(по телефону);* давáти про сéбе знáти.

Méldung *f* **-en** 1) повідóмлення; 2) *військ.* рáпорт; 3) заявка *(на участь у чому).*

Mélkanlage *f* **-, -n** доїльна устанóвка.

mélken* *vt* доїти.

Mélker *m* **-s, -, ~in** *f* **-, -nen** доя́р, -ка.

melódisch *adj* мелодíйний; музúчний.

Melóne *f* **-, -n** дúня.

Ménge *f* **-, -n** 1) велúка кíлькість; мáса; 2) кíлькість (невúзначена); 3) нáтовп, юрбá; 4) *мат.* множинá.

méngen 1 *vt* змíшувати, перемíшувати; плýтати; 2. **sich** ~ втручáтися, встрявáти.

Ménsa *f* **-, ...sen** студéнтська їдáльня.

Mensch *m* **-en, -en** людúна.

Ménschenalter *n* **-s, -** поколíння; лю́дський вік.

ménschenfreundlich *adj* лю́дяний, гумáнний.

Ménschenfreundlichkeit *f* **-** лю́дяність; гумáнність.

ménschenleer *adj* безлю́дний, нена́селений.

Ménschen|opfer *здеб. pl* лю́дські жéртви; **~rechte** *pl* правá людúни.

ménschenscheu *adj* відлю́дний, відлю́дкуватий.

Ménschen|verstand *m* **-(e)s** лю́дськúй рóзум; der gesúnde ~verstand здорóвий глузд; **~würde** *f* **-** людськá гíдність.

ménschenwürdig *adj* гíдний людúни; лю́дськúй *(про умови життя та ін.).*

Ménschheit *f* **-** лю́дство.

ménschlich 1. *adj* 1) лю́дськúй; der ~e Körper тíло (органíзм) людúни; 2) гумáнний, лю́дяний; 2. *adv* гумáнно, по-лю́дськи.

Ménschlichkeit *f* **-** лю́дяність, гумáнність.

Menüladen *m* **-s, -i ...läden** кулінáрний магазúн.

mérken *vt* 1) помічáти, відчувáти; бáчити, сприймáти; 2) запам'ятóвувати.

mérklich *adj* помíтний, відчýтний, значнúй.

Mérkmal *n* **-(e)s, -e** ознáка, відмíтна рúса.

mérkwürdig *adj* дúвний; дивовúжний.

mérkwürdigerweise *adv* я́кось дúвно, дúвним спóсобом.

Mésse *f* **-, -n** я́рмарок, вúставка-прóдаж.

Mésse|besucher *m* **-s, -, ~gast** *m* **-(e)s, ...gäste** відвíдувач я́рмарку; **~halle** *f* **-, -n, ~haus** *n* **-es, ...häuser** вúставочний павільйóн.

Méßeinheit *f* **-, -en** одинúця вимíру.

méssen* 1. *vt* 1) вимíрювати; 2) *(an D, mit D)* порíвнювати; 3) обдивля́тися, мíряти пóглядом; 2. *vi* становúти, мáти рóзмір; 3. **sich** ~ *(mit j-m an D, in D)* (по)мíрятися *(з ким чим);* рівня́тися *(на кого в чому).*

Mésser *n* **-s, -** ніж.

Méssestadt *f* **-, -städte** мíсто я́рмарків.

Méßgerät *n* **-(e)s, -e** вимíрювальний прилад.

Méssing *n* **-s** латýнь, жóвта мідь.

Méß | kunde *f* **-, ~kunst** *f*

M

- геодéзія.
Méssung *f* -, **-en** вúмір, вимíрювання.
Metállerz *n* **-es, -e** рудá.
metállverarbeitend *adj* металооб-рóбний.
Méter *n* **-s, -** метр.
méuchlerisch *adj* зрáдницький.
méuchlings *adv* по-зрáдницькому; з-за рóгу.
Méute *f* -, **-n** зграя, ватáга.
Meuteréi *f* -, **-en** бунт, зáколот.
méutern *vi* бунтувáти, вчиня́ти зáколот.
mich *pron pers* (A *від* ich) менé; frage ~nicht не питáй менé; *тж. як pron refl* ich zíehe ~ an я одягáюся.
Míene *f* -, **-n** вúраз *(обличчя)*; міна.
Míete *f* -, **-n** 1) наймáння, прокáт, zur ~ wohnen наймáти квартúру (кімнáту); 2) плáта *(за наймання, прокат)*; квартúрна плáта.
míeten *vt* 1) наймáти; 2) брáти напрокáт, орендувáти.
Míeter *m* **-s, -** квартиронаймáч; квартирáнт.
Míese (katze) *f* -, **-n** кúця.
Milch *f* - молокó.
Mílch|bar *f* -, **-s** молóчне кафé; **~gebiß** *n* **...bisses, ...bisse** молóчні зýби; **~geschäft** *n* **-(e)s, -e** молóчний магазúн; **~kaffee** *m* **-s** кáва з молокóм; **~straße** *f* - *астр.* Чумáцький Шлях.
mild (e) *adj* м'якúй; лáгідний; дóбрий.
míldern *vt* пом'я́кшувати, полéгшувати; вгамóвувати *(біль)*.
Mílderung *f* -, **-en** полéгшення, пом'я́кшення; змéншення.
Militär *n* **-s** військá, áрмія; військовослужбóвці.
militärisch *adj* військóвий, воéнний; по-військóвому.
Milíz *f* -, **-en** міліція; ополчéння.
Milizionär *m* **-s, -e** міліціонéр.
milliónenfach *adj* мільйóнний; багатомільйóнний.
mínder *adv* мéнше; mehr óder ~ більш абó менш; більш-менш.
Mínderheit *f* -, **-en** мéншість.
mínderjährig *adj* неповнолíтній.
míndern *vt* змéншувати, скорóчувати.
Mínderung *f* -, **-en** змéншення, скорóчення.
mínderwertig *adj* неповноцíнний, недоброя́кісний.
míndest 1. *adj* дýже малúй; мізéрний; наймéнший; мінімáльний; **2.** *adv* мінімáльно, принáймні, щонаймéнше.
Míne I *f* -, **-n** руднúк, копáльня, штóльня.
Míne II *f* -, **-n** *військ.* міна.
Míne III *f* -, **-n** стéржень *(кулькової ручки)*, графíт *(олівця)*.
Mineráldünger *m* **-s, -** мінерáльне дóбриво.
Minister *m* **-s**, -міністр.
Ministérium *n* **-s, ...ri|en** міністéрство.
Miníster|präsident *m* **-en, -en** прем'єр-міністр; **~rat** *m* **-(e)s, ...räte** рáда міністрів.
Mínus *n* -, - 1) *мат.* мінус; 2) дефіцúт; брак *(чого)*, відсýтність; 3) мінус, недóлік.
Minute *f* -, **-n** 1) хвилúна, 2) *мат.* мінýта.
minútenlang 1. *adj* хвилúнний; **2.** *adv* прóтягом кількóх хвилúн.
Minútenzeiger *m* **-s, -** хвилúнна стрíлка.
mir *pron* *(D від* ich) мені; gib ~ дай мені; ein Freund von ~ одúн із моїх дрýзів.
míschen 1. *vt* змíшувати, перемíшувати, тасувáти *(карти)*; 2. **sich** ~ 1) змíшуватися; 2) *(in A)* втручáтися, встрявáти *(в що)*.
Míschung *f* -, **-en** змíшування; сýміш.
miserábel *adj* нікчéмний, мізéрний; жалюгíдний.
mißáchten *vt* зневажáти *(кого)*; стáвитися з презúрством *(до кого, чого)*.
Míßachtung *f* - неповáга; презúрство; зневажáння.
mißbílligen *vt* 1) не схвáлювати, засýджувати, гýдити *(кого, що)*; 2) відхиля́ти *(що)*.
miß|bráuchen *vt* зловживáти *(чим)*; **~deuten** *vt* хúбно тлумáчити.
Míß|erfolg *m* **-(e)s, -e** невдáча, провáл; **~ernte** *f* -, **-n** неврожáй.
mißfállen * *vi (D)* не подóбатися *(кому)*.
míßgelaunt *adj* незадовóлений; не в (дóброму) нáстрої.
Míßgeschick *n* **-(e)s, -e** нещáстя.
mißhándeln *vt* жорстóко повóдитися *(з ким)*, знущáтися *(з кого)*.
Mißhándlung *f* -, **-en** жорстóке повóдження, катувáння.
míßmutig *adj* невдовóлений; похмýрий, сумнúй.
miß|ráten* *vi (s)* не вдавáтися;

~tráuen *vi (j-m)* не довіря́ти *(кому)* остеріга́тися *(кого)*.

míßtrauisch *adj* недові́рливий, підозрі́лий.

Mißvergnügen *n* **-s** незадово́лення, доса́да.

Mißverhältnis *n* **-ses, -se** 1) диспропо́рція; невідповідні́сть; 2) напру́жені відно́сини, розбі́жність.

Míßverständnis *n* **-ses, -se** непорозумі́ння, по́ми́лка.

míßverstehen* *vt* непра́вильно розумі́ти.

Míßwirtschaft *f* **-** безгоспода́рність.

Mist *m* **-es, -e** 1) гній; 2) *перен.* мо́тлох, дурни́ця.

mit 1. *prp (D)* 1) *вказує на спільність дії чи стану, взаємодію, наявність чого-н., супроводження чим-н. якої-н. дії* з, ра́зом з; ~ seinem Freund із свої́м дру́гом; ~ j-m spréchen розмовля́ти з ким-н.; Tee ~ Zitróne чай з лимо́ном; ~ Recht по пра́ву; ~Glück щасли́во; 2) *вживається для позначення часу;* ~ Tágesanbruch на світа́нку; ~ dem Abend на́две́чір; ~ *20 Jáhren* у 20 ро́ків; 3) *вказує на знаряддя, спосіб виконання дії, перекладається переважно орудним відмінком;* ~ dem Kúgelschreiber schréiben писа́ти кульково́ю ру́чкою; ~ dem Bus fáhren ї́хати авто́бусом; 4) *вказує на стан особи, явища, на пов'язані з ними обставини;* wie steht es ~ ihm? як його́ спра́ви (здоро́в'я)?; **2.** *adv* тако́ж, так са́мо, теж.

Mítarbeit *f* **-** *(an D)* співробі́тництво.

mítarbeiten *vi (an D)* співробі́тничати, бра́ти акти́вну у́часть *(у чому)*.

Mít|arbeiter *m* **-s, -** співробі́тник; **~arbeiterin** *f* **-, -nen** співробі́тниця.

Mít|bewerber *m* **-s, -, ~bewerberin** *f* **-, -nen** претенде́нт, -ка; уча́сник, -ниця *(конкурсу, змагання)*.

mítbringen* *vt* прино́сити (приво́дити, приво́зити) з собо́ю.

miteinánder *pron rez* ра́зом; оди́н з одни́м.

mít|erleben *vt* пережива́ти, відчува́ти ра́зом з ким-н.; **~fahren*** *vi (s)* ї́хати ра́зом; ма́ти при собі; **~geben*** *vt* 1) дава́ти (з собо́ю); 2) нада́ти *(кому що)*, наділи́ти *(кого чим)*.

Mítgefühl *n* **-(e)s** співчуття́; прихи́льність.

mítgehen* *vi (s)* 1) іти́ (з ким); супрово́джувати *(кого)*; 2) *перен.* іти́ в но́гу *(з чим)*.

Mít|gift *f* **-, -en** при́дане, по́саг; **~glied** *n* **-(e)s, -er** член *(організації, сім'ї)*.

Mítglieds|ausweis *m* **-es, -e** чле́нський квито́к; **~ beitrag** *m* **-(e)s, ...beiträge** чле́нський вне́сок; **~buch** *n* **-(e)s, ...bücher, ~karte** *f* **-, -n** чле́нський квито́к.

Mítgliedstaat *m* **-(e)s, -en** краї́на-уча́сниця *(пакту, блоку)*.

mít|haben* *vt* ма́ти з собо́ю; **~helfen*** *vi* допомага́ти.

míthören *vt* підслухо́вувати *(по телефону)*, слу́хати *(мимоволі)*.

Mítkämpfer *m* **-s, -** сора́тник, бойови́й това́риш.

mítkommen* *vi* 1) прихо́дити, прибува́ти, іти́ ра́зом з ким-н., 2) *(mit D)* прибува́ти *(чим)*; 3) *розм.* не відстава́ти, встига́ти.

Mítleid *n* **-(e)s** *(mit D)* співчуття́, жаль *(до кого)*; ~ mit j-m háben співчува́ти кому́-н., зглянутися на ко́го-н.

mít|machen *vt* бра́ти у́часть *в екскурсії, грі)*; **~nehmen*** *vt* 1) бра́ти (забира́ти) з собо́ю; 2) мири́тися *(з чим-н.)*; 3) знесилювати, висна́жувати, познача́тися *(негативно)*.

Mítreisende *m, f* супу́тник, -ниця.

mítreißen* *vt* 1) тягти́, нести́ (за собо́ю); 2) захо́плювати *(чим)*.

Mít|schuldige *m, f* співуча́сник, -ниця, спі́льник, -ниця; **~schüler** *m* **-s, -, ~schülerin** *f* **-, -nen** това́риш (по́друга) по шко́лі, однокла́сник, -ниця.

Míttag *n* **-(e)s, -e** 1) обі́д; (zu) ~ éssen обі́дати; 2) обі́дня пере́рва; ~ máchen роби́ти пере́рву на обі́д.

Míttagessen *n* **-s** обі́д.

míttags *adv* 1) опі́вдні; 2) під час обі́ду.

Míttags|pause *f* **-, -n** обі́дня пе́ре́рва; **~zeit** *f* **-** по́лудень, обі́дня пора́.

Mítte *f* **-, -n** 1) сере́дина; центр; ~ Jánuar в сере́дині сі́чня; in der ~ в сере́дині, в це́нтрі; 2) ото́чення, середо́вище, ко́ло *(людей)*.

mítteilen 1. *vt* повідомля́ти; Kénntnisse ~ передава́ти знання́; 2. **sich** ~ 1) *(D)* довіря́тися *(кому)*, бу́ти відве́ртим *(з ким)*; 2) передавáтися; díese Kránkheit teilt sich leicht mit ця хворóба дýже зарáзна.

Mítteilung *f* **-, -en** повідóмлення.

Míttel *n* **-s, -** 1) зáсіб, спóсіб; 2) (лікувáльний) зáсіб; ліки; 3) *pl* кóшти; спромóжність; достáток; 4) *мат.* серéднє (числó), серéдня (величинá); 5) *фіз.* середóвище.

Míttelalter *n* **-s** середньовíччя.

míttel|bar *adj* посерéдній; проміжнúй, непрямúй; **~europäisch** *adj* середньоєвропéйський; **~groß** *adj* серéднього рóзміру; серéдній на зріст.

Míttel|klasse *f* **-, -n** серéдній клас *(школи)*; **~läufer** *m* **-s, -** *спорт.* центрáльний захисníк.

Míttel|punkt *m* **-(e)s, -e** центр *(тж. перен.)*; im ~punkt stéhen бýти в цéнтрі увáги; **~schule** *f* **-, -n** серéдня шкóла; **~stufe** *f* **-, -n** серéдні клáси шкóли (6—8 кл.); **~stürmer** *m* **-s, -** *спорт.* центр нáпаду; **~welle** *f* **-, -n** серéдня хвúля; **~wert** *m* **-(e)s, -e** серéдня величинá.

Míttеrnacht *f* **-** пíвніч; um ~ опíвночі.

míttler *adj* серéдній.

míttlerweile *adv* тим чáсом.

Míttwoch *m* **-(e)s, -e** середá.

míttwochs *adv* щосередú.

mitúnter *adv* чáсом, íнколи.

Mít|verfasser *m* **-s, -** співáвтор; **~welt** *f* **-** сучáсник; сучáсне покoлíння.

mitwirken *vi (an D, bei D, in D)* співробíтничати, брáти ýчасть *(у чому)*.

mixen *vt* змíшувати.

Möbel *n* **-s, -** *здеб. pl* мéблі.

Möbelgeschäft *n* **-(e)s, -e** мéблевий магазúн.

mobil *adj* 1) рухлúвий; мотóрний, дíяльний; 2) рухóмий; 3) *військ.* пересувнúй; мобілізóваний.

möblieren *vt* меблювáти.

Móde(n)|heft *n* **-(e)s, -e, ~journal** [-ʒуг-] *n* **-s, -e, ~zeitung** *f* **-, -en** журнáл мод.

Móde|puppe *f* **-, -n** мóдниця; **~salon** *m* **-s,** ательé мод; салóн мод.

modifizíeren *vt* змíнювати, модифікувáти.

módisch *adj* мóдний, елегáнтний.

mögen* *vt* 1) любúти; бажáти, хотíти; ich mag ihn nicht він мені не подóбається; 2) *вживається в impf conj для висловлення ввічливого прохання, побажання:* möchten Sie so gut sein, mir zu ságen ...скажíть мені, будь лáска...; mögest du glücklich sein нехáй щастúть тобí; 3) *вживається для висловлення дозволу, попередження, інколи погрози:* möge er kómmen! хай він тíльки спрóбує прийтú!; 4) *має допустове значення; при перекладі речення починається словами* хто б не, що б не, де б не, як би не: wer er auch sein mag хто б він не був; 5) *вживається для висловлення припущення, імовірності;* sie mag 18 Jáhre alt sein їй, мáбуть, 18 рóків; wer mag das sein? хто б це міг бýти?

möglich 1. *adj* можлúвий; **2.** *adv* можлúво.

Möglichkeit *f* **-, -en** можлúвість.

möglichst *adv* як (тíльки) мóжна, по можлúвості.

Mohn *m* **-(e)s, -e** мак.

Möhre *f* **-, -n, Móhrrübe** *f* **-, -n** мóрква.

móldauisch *adj* молдáвський.

Molékel *f* **-, -n, Molekül** *n* **-s, -e** молéкула.

móllig *adj* 1) м'якúй, ніжний *(на дотик)*; 2) зáтишний.

Momént I *m* **-(e)s, -e** момéнт, мить.

Momént II *n* **-(e)s, -e** 1) фáктор, чúнник, обстáвина; елемéнт *(неспокою)*; 2) *фіз.* момéнт.

momentán 1. *adj* миттéвий; раптóвий; **2.** *adv* тепéр, зáраз; тимчасóво.

Mónat *m* **-(e)s, -e** мíсяць.

mónatlich *wdv* (що) мíсячний.

Mónats|heft *n* **-(e)s, -e** (що)мíсячник *(журнал)*; **~karte** *f* **-, -n** мíсячний проїзнúй квитóк; абонемéнт; **~lohn** *m* **-(e)s, ...löhne** мíсячна зарплáта; **~schrift** *f* **-, -en** (що)мíсячник *(журнал)*.

Mönch *m* **-(e)s, -e** чернéць, монáх.

Mond *m* **-(e)s, -e** 1) *тк. sg* мíсяць; 2) *астр.* Мíсяць *(супутник Землі)*; 3) *розм.* лúсина.

Mónd|finsternis *f* **-** затéмнення Мíсяця; **~ flug** *m* **-(e)s, ...flüge** полíт до Мíсяця; **~landung** *f* **-, -en** посáдка на Мíсяці; **~schein** *m* **-(e)s** мíсячне свíтло (сяйво).

Móntag *m* **-(e)s, -e** понедíлок.

móntags *adv* щопонедíлка; в понедíлок.

montíren *vt* монтувáти, збирáти

(установку); спорт. приклéпувати *(ковзани).*

Moor *n* **-(e)s, -e** болóто, трясовинá.

Moos *n* **-es, -e** мох.

Móosbeere *f* **-, -n** журавлúна, клюква.

Morást *m* **-es, -e** *i* **Moräste** болóто, трясовинá.

Mord *m* **-(e)s, -e** вбúвство.

mórden *vt* 1) вбивáти; 2) *перен.* знúщувати, руйнувáти.

Mörder *m* **-s, -** вбúвця; душогýб.

mörder|isch *adj* 1) вбивчий; смертонóсний; 2) жахлúвий; страшéнний; **~lich** *adj* жахлúвий, дýже сúльний; надмíрний.

mórgen *adv* зáвтра.

Mórgen *m* **-s, -** рáнок.

Mórgendämmerung *f* **-** світáнок.

Mórgen|feier *f* **-, -n** рáнок *(напр. дитячий);* **~gymnastik** *f* **-** ранкóва гімнáстика; **~land** *n* **-(e)s** (Близькúй) Схід.

mórg|ens *adv* врáнці, рáнком; **~ig** *adv* зáвтрашній, майбýтній.

morsch *adj* трухлявий, гнилúй.

Mótor *m* **-s, ...tóren, Motór** *m* **-s, -e** мотóр, двигýн.

Mótorboot *n* **-(e)s, -e** мотóрний чóвен; **~rad** *n* **-(e)s, ...räder** мотоцúкл.

Mótto *n* **-s, -s** девíз, гáсло, епíграф.

Möwe *f* **-, -n** чáйка.

Mücke *f* **-, -n** комáр, мóшка.

müde adj стóмлений.

Müdigkeit *f* **-, -en** втóма.

Mühe *f* **-, -n** турбóти, клóпіт, зусúлля; mit ~ und Not насúлу; sich *(Д)* ~ gében старáтися, намагáтися.

mühelos 1. *adj* легкúй, неважкúй; **2.** *adv* без велúких зусúль, лéгко.

mühen, sich трудúтися; старáтися, sich um etw. (A) ~ добивáтися, домагáтися чогó-н.

mühevoll *adj* важкúй; трудівнúчий.

Mühle *f* **-, -n** млин.

Múlde *f* **-, -n** 1) лóщина, низинá, улóгóвина; 2) нóчви, діжá.

Mull *m* **-(e)s, -e** мáрля; серпáнок.

Müll *m* **-(e)s** сміттá, пóкидьки.

Müllschlucker *m* **-s, -** сміттєпрóвід.

multi|laterál *adj* багатосторóнній; **~national** *adj* багатонаціонáльний.

Multiplikatión *f* **-, -en** 1) мнóження; 2) мультиплікáція.

multiplizíeren *vt (mit D)* мнóжити.

Mund *m* **-(e)s, Münde(r)** рот, устá; er ist nicht auf den ~ gefállen він за слóвом у кишéню не полíзе.

Múndart *f* **-, -en** діалéкт.

münden *vi (s, h)* 1) *(in A)* впадáти *(про рíчку);* 2) *(auf A, in A)* вихóдити *(про вулицю);* 3) *(in A) перен.* закíнчувати *(чим).*

münd|ig *adj* повнолíтній; **~lich** *adj* ýсний.

Mündung *f* **-, -en** 1) гúрло; 2) *військ.* дýло, жерлó; 3) кінéць *(вулиці, труби).*

Munitión *f* **-, -en** *військ.* боєприпáси.

múnter *adj* 1) бадьóрий, жвáвий; весéлий; 2) **~máchen** підбадьóрити; розбудúти; **~wérden** (sein) прокúнутись; er ist ~ він не спить; 3) свíжий, здорóвий.

Münze *f* **-, -n** монéта.

Münzfernsprecher *m* **-s, -** телефóнавтомáт, таксофóн.

mürbe *adj* 1) м'якúй, нíжний *(про м'ясо);* 2) крихкúй, трухлявий *(про дерево);* 3) розсúпчастий *(про печиво);* 4) *перен.* знесúлений; м'якотíлий.

múrmeln 1. *vt* шепотíти, бурмотáти; 2. *vi* дзюрчáти.

Mus *n* **-es, -e** мус, пюрé із фрýктів, повúдло.

Múschel *f* **-, -n** 1) черепáшка; 2) телефóнна трýбка.

Musé¦um *n* **-s, ...se¦en** музéй, будúнок-музéй.

Musik *f* **-s, -** музикá.

Músiker *m* **-s, -** музикáнт, компози́тор, диригéнт.

Musík|hochschule *f* **-, -n** консерватóрія; **~stück** *n* **-(e)s, -e** музúчна п'єса; **~truhe** *f* **-, -n** радіóла, магнітóфон.

musizíeren *vi* займáтися мýзикою, грáти.

Múskel *m* **-s, -n** *f* **-, -n** м'яз, мýскул.

muskulös *adj* мускулúстий, м'язúстий.

Muß *n* **-** необхíдність, прúмус.

Múße *f* **-** дозвíлля, вíльний час.

müssen* *модальне дієслово, виражає:* 1) *об'єктивну чи моральну необхідність, примус:* мýсити, бýти, змýшеним; ich muß nach Háuse менí трéба додóму; man muß трéба, необхíдно, довóдиться; 2) *побажання (в умовному способі в імперфекті):* das müßte immer so sein! хай бýде зáвжди

M

так!; 3) *розм. вимогу-заперечення:* das mußt du nicht tun! не роби цього! 4) *логічний висновок, припущення:* er muß krank sein він, напевно (мабуть), хворий; 5) *мимовільну дію:* da mußte er láchen тут він мимоволі розсміявся.

müßig *adj* 1) вільний *(від роботи)*, незайнятий; 2) бездіяльний, гулящий; 3) пустий.

Müßig|gang *m* **-(e)s** неробство, ледарство; дармоїдство; **~gänger** *m* **-s, -** нероба, ледар, гультяй.

Múster *n* **-s, -** 1) модель, взірець; 2) *перен.* зразок, приклад.

Múster|beispiel *n* **-(e)s, -e, ~exemplar** *n* **-s, -e** взірець, зразок.

múster|gültig, ~haft *adj* зразковий, взірцевий.

Mústermesse *f* **-, -n** виставка-продаж.

Mut *m* **-(e)s** 1) мужність, хоробрість; 2) настрій, самопочуття.

mút|ig *adj* мужній, хоробрий, сміливий; **~los** *adj* малодушний.

Mútter I *f* **-, Mütter** мати.

Mútter II *f* **-, -n** гайка.

mütterlich *adj* материнський, по-материнському.

mütterlicherseits *adv* по матері.

Mútter|mal *n* **-(e)s, -e** *i* **-er** родимка; **~schaft** *f* **-** материнство; **~schutz** *m* **-es** охорона материнства; **~sprache** *f* **-, -n** рідна мова.

Mútti *f* **-, -s** мама, неня, матуся.

mútwillig **1.** *adj* пустотливий, бешкетний; **2.** *adv* пустотливо; навмисно.

Mütze *f* **-, -n** шапка, кашкет, картуз, кепка.

Mythe *f* **-, -n, Mythos, Mythus** *m* **-, Mythen** міф.

N n

na! ну! ~, und ob! ще б (пак), аякже; na ja! ну звичайно!; na álso! ну нарешті!

nach 1. *prp (D)* 1) *вказує на напрям:* до, в, у, на; ~ Móskau fáhren їхати до Москви; ~dem Süden на південь; ~óben вгору, вверх; ~únten вниз; ~rechts праворуч; ~áußen назовні, надвір; ~ínnen всередину; ~Háuse додому; 2) *вказує на послідовність у часі, на проміжок часу в минулому:* через, після, по; zehn Minúten ~ zwölf (Uhr) десять хвилин на першу; ~ éiner Wóche через тиждень; ~ dem Únterricht після занять; 3) *вказує на відповідність, узгодженість з чим-н.; часто стоїть після іменника:* згідно, на, за; méiner Méinung ~ на мою думку; **2.** *adv* (слідом) за; після (того); ~ mir за мною; після мене; ~ und ~ поступово, помалу; ~ wie vor як колись, як і раніше.

nách|ahmen *vt* наслідувати, удавати *(кого)*.

náchahmenswert *adj* гідний наслідування; зразковий, взірцевий.

Náchahmung *f* **-, -en** 1) наслідування; копіювання; 2) копія; 3) підробка.

nácharbeiten 1. *vt* 1) відпрацьовувати, надолужувати; 2) копіювати *(зразок)*; 3) виправляти, удосконалювати; 2. *vi* 1) *(D)* наслідувати *(чий-н.)* приклад *(в роботі)*; 2) залишатися в школі після уроків *(як покарання)*.

Náchbar *m* **-s** *i* **-n, -n, ~in** *f* **-, -nen** сусід, -ка.

Náchbarschaft *f* **-** 1) *збірн.* сусіди; 2) сусідство; 3) добросусідські стосунки.

Náchbildung *f* **-, -en** 1) імітування; підробка; копіювання, виготовлення за взірцем; 2) імітація; копія; підробка; модель; макет.

nachdém 1. *cj* після того як; коли; je ~ залежно від того, як; 2. *adv* потім.

náchdenken* *vi* 1) *(über A)* міркувати *(про що)*; 2) *(D)* замислюватися *(над чим)*.

náchdenklich *adj* задумливий, замислений.

Náchdruck I *m* **-(e)s** наголос; акцент; сила.

Náchdruck II *m* **-(e)s, -e** 1) передрук; 2) перевидання.

náchdrücklich *adv* наполегливо; енергійно; переконливо.

nácheifern *vi (j-m in D)* змагатися *(з ким у чому);* наслі́дувати *(кого);* бра́ти при́клад *(з кого).*

nacheinánder *pron* оди́н за о́дним; по че́рзі; zwéimal ~ два разі́ підря́д.

nácherzählen *vt* переповіда́ти, перека́зувати.

Nách|erzählung *f* -, **-en** пере́каз; **~folger** *m* **-s**, - 1) послідо́вник, у́чень; 2) спадкоє́мець, насту́пник.

náchforschen *vi (D)* розві́дувати, розслі́дувати *(що).*

Náchfrage *f* -, **-n** 1) *тк. sg ек. (nach D, in D)* по́пит *(на що);* 2) до́відка, запита́ння, за́пит.

nách|fragen *vi (nach D)* довідуватися, розпи́тувати *(про що);* **~geben*** 1. *vi* поступа́тися, йти́ на по́ступки; 2. *vt* додава́ти; **~geh(e)n*** *vi (s)* 1) іти́ слі́дом *(за ким),* пересліду́вати *(кого);* 2) *(D)* з'ясо́вувати, розслі́дувати, вивча́ти *(що);* 3) відстава́ти *(про годинник);* die Uhr geht zehn Minúten nach годи́нник відстає́ на де́сять хвили́н; 4) *(D)* пересліду́вати *(про думки),* не йти́ з голови́, непоко́їти; 5) *(D)* шука́ти.

Náchgeschmack *m* **-(e)s** при́смак.

náchgiebig *adj* 1) пода́тливий, посту́пливий; 2) гнучки́й.

náchgrübeln *vi (über A)* розмірко́вувати, лама́ти го́лову *(над чим).*

náchhaltig *adj* 1) трива́лий, стійки́й; 2) си́льний, неухи́льний.

náchherfen* *vi* допомага́ти; сприя́ти (кому).

náchhér *adv* по́тім, пі́сля, опі́сля; *розм.* bis ~! (ну) бува́й, бува́йте!

Náchhilfe *f* -, **-n** 1) допомо́га, підтри́мка; 2) заня́ття з репетитором.

nách|jagen *vi (s, h) (D)* гна́тися *(за ким),* пересліду́вати *(кого);* **~kómmen*** *vi (s)* 1) прийти́ пізні́ше; in éiner Stúnde ~ kommen прийти́ че́рез годи́ну; 2) встига́ти; 3) вико́нувати; séiner Pflicht ~ вико́нувати свій обов'язок.

Nách|kommenschaft *f* -, **-en** пото́мство, наща́дки; **~kömmling** *m* **-s, -e** наща́док; **~kriegszeit** *f* -, **-en** післявоє́нний, повоє́нний час; **~laß** *m* **...lasses, ...lasse** *i* **...lässe** 1) спа́дщина, спа́док, ба́тьківщина; 2) ски́дка, пі́льга; посла́блення.

náchlassen* 1. *vi* сла́бшати, спада́ти, затиха́ти; 2. *vt* 1) попуска́ти *(поводи);* 2) звільня́ти *(від кари);* 3) відступа́тися *(від чого);* 4) зни́жувати *(напр., ціну).*

náchlässig *adj* неоха́йний; недбайли́вий, хала́тний.

nách|laufen* *vi (s) (D)* бі́гати *(слідом за ким, чим);* **~lesen*** *vt* 1) перечи́тувати, прочита́ти; 2) подиви́тися, переві́рити *(в книжці, довіднику);* **~machen** *vt розм.* 1) наслі́дувати *(кого, що),* удава́ти *(голос);* 2) підробля́ти *(гроші, підпис),* стилізува́ти *(меблі).*

Náchmittag *m* **-(e)s, -e** післяобі́дній час; дру́га полови́на дня.

náchmittags *adv* пі́сля обі́ду, пополу́дні.

náchprüfen *vt* удру́ге (додатко́во) переві́ряти; перегляда́ти, контролюва́ти.

Náchrede *f* -, **-n** 1) післямо́ва; епіло́г; 2) пліткі́.

Náchricht *f* -, **-en** зві́стка, чу́тка; пові́домлення, інформа́ція; *pl тж.* да́ні, відо́мості; die néuesten (létzten) ~en оста́нні ві́сті.

Náchrichten|agentur *f* -, **-en**, **~dienst** *m* **-es, -e** телегра́фне (інформаці́йне) аге́нтство, слу́жба інформа́ції; **~satellit** *m* **-en, -en** супу́тник зв'язку́; **~sendung** *f* -, **-en** переда́ча оста́нніх ві́стей *(по радіо).*

Náchruf *m* **-(e)s, -e** 1) некро́лог; 2) о́клик.

nách|schicken *vt (D)* посила́ти слі́дом *(за ким);* **~schlagen*** *vt (in D)* шука́ти, дові́дуватися *(у словнику, довіднику тощо).*

Náchschlagewerk *n* **-(e)s, -e** довідко́вий посібни́к, до́відник.

náchschreiben* *vt* 1) запи́сувати, конспектува́ти; 2) допи́сувати *(пропущене);* 3) спи́сувати *(з чого).*

Náchschrift *f* -, **-en** 1) конспе́кт, за́пис; 2) припи́ска, постскри́птум.

nách|sehen* 1. *vt* 1) диви́тися *(за ким, чим);* переві́ряти; 2) *(j-m)* проща́ти *(кому, що)* ста́витися побла́жливо *(до кого);* 2. *vi* 1) *(D)* диви́тися услі́д *(кому);* 2) *(in D)* переві́ряти, диви́тися *(в книжці, довіднику);* **~setzen** 1. *vi (s) (D)* гна́тися *(за ким),* пересліду́вати *(кого);* 2. *vt (D)* ста́вити *(що після чого).*

N

nächst *adj* найбли́жчий, насту́пний; дру́гий, майбу́тній; am ∼en Tag насту́пного дня; das ∼e Mal насту́пного ра́зу, і́ншим ра́зом.

Nächste *m* бли́жній, бли́зький ро́дич.

nách|stehen* *vi (j-m an D)* поступа́тися *(кому в чому)*; **∼stehend 1. adj** нижченаве́дений; насту́пний; **2.** *adv* ни́жче, да́лі; **∼stellen** 1. *vt* регулюва́ти, підстро́ювати; die Uhr ∼slellen перево́дити стрі́лки годи́нника наза́д; 2. *vi (D)* переслі́дувати *(кого)*.

nächstens *adv* незаба́ром; найбли́жчим ча́сом; у майбу́тньому.

nách|stürzen *vi (s) (D)* ки́датися навздогі́н *(за ким)*; **∼suchen** 1. *vi* 1) шука́ти; 2) *розм. (um A)* клопота́тися *(про що)*; 2. *vt* розшу́кувати.

Nacht *f* **-, Nächte** ніч; *перен.* те́мрява; gúte ∼! на добра́ніч!

Nácht|arbeit *f* **-, -en** робо́та в нічну́ змі́ну; **∼dienst** *m* **-es, -e** робо́та (чергува́ння) в нічну́ змі́ну.

Náchteil *m* **-(e)s, -e** 1) зби́ток, шко́да; 2) недо́лік, дефе́кт.

N **náchteilig** *adj* неви́гідний, збитко́вий; шкідли́вий.

Náchtigall *f* **-en** солове́й.

Náchtisch *m* **-, -en** десе́рт; zum ∼ на десе́рт, на тре́тє.

Náchtlager *n* **-s, -** 1) по́стіль; 2) нічлі́г, ночі́вля.

nächtlich *adj* нічни́й; zu ∼ er Zeit уночі́.

náchtragend, náchträgerisch *adj* злопа́м'ятний; мсти́вий.

náchträglich 1. *adj* 1) додатко́вий, запізні́лий; 2) неви́гідний, шкідли́вий; **2.** *adv* по́тім, за́днім число́м.

Náchtruhe *f* **-** нічни́й спо́кій; сон.

nachts *adv* вночі́; ноча́ми; bis ein Uhr ∼ до пе́ршої годи́ни но́чі.

Nácht|sanatorium *n* **-s, ...ri|en** профілакто́рій, нічни́й санато́рій; **∼schicht** *f* **-, -en** нічна́ змі́на; **∼tisch** *m* **-(e)s, -e** нічни́й сто́лик; ту́мбочка.

Náchweis *m* **-es, -e** 1) підтве́рдження; до́каз; 2) і́ндекс, спи́сок *(напр., використаної літератури)*.

náchweisen* *vt* 1) дово́дити, підтве́рджувати *(документально)*; виявля́ти; 2) *(j-m)* викрива́ти, лови́ти *(кого на чому)*.

Nách|welt *f* **-** майбу́тні поколі́ння; наща́дки; **∼wirkung** *f* **-, -en** (насту́пний) впли́в; на́слідок; **∼wort** *n* **-es, -e** післямо́ва; епіло́г; **∼wuchs** *m* **-es** 1) підроста́юче поколі́ння; змі́на; мо́лодь; 2) молодня́к; пото́мство.

Náchwuchs|kraft *f* **-** молоди́й фахіве́ць (робітни́к); молоди́й спортсме́н (акто́р, худо́жник); *pl* **...kräfte** мо́лодь, молоді́ ка́дри; **∼wissenschaftler** *m* **-s, -** молоди́й науко́вець.

nách|zählen *vt* перелі́чувати *(напр., здачу)*; **∼zeichnen** *vt* змальо́вувати, копіюва́ти *(за зразком)*; **∼ziehen*** 1. *vt* 1) тягну́ти за собо́ю, волочи́ти *(напр., ногу)*; 2) підкру́чувати *(гайку)*; 3) підмальо́вувати; наво́дити *(контури)*; 2. *vi (s, h) (D)* руша́ти слідо́м *(за ким, чим)*.

Nácken *m* **-s, -** поти́лиця.

nackt 1. *adj* го́лий; розддя́гнутий; ого́лений; **2.** *adv* голяка́.

Nádel *f* **-, -n** 1) шпи́лька; 2) го́лка; 3) спи́ця *(в'язальна)*; 4) стрі́лка *(компаса)*.

Nágel *m* **-s, Nägel** 1) цвях; 2) ні́готь.

Nágellack *m* **-(e)s, -e** лак для ні́гтів.

nágeln *vt* прибива́ти (цвя́хами).

nágelneu *adj* нові́сінький; з го́лочки.

nágen *vi* гри́зти *(an D що)*; *перен. тж.* підто́чувати.

Nágetier *n* **-(e)s, -e** *зоол.* гризу́н.

náh(e) 1. *adj* бли́зький; недале́кий; in ∼ er Zúkunft у недале́кому майбу́тньому; **2.** *adv (an D, bei D, von D)* поблизу́, недале́ко від *(чого, кого)*.

Nähe *f* **-, -n** бли́зькість, сусі́дство; in der ∼ бли́зько, по́ряд, поблизу́.

náhe|bringen* *vt (j-m)* 1) познайо́мити *(кого з чим)*; 2) зближи́ти *(кого з ким)*; **∼gehen*** *vi (s) (D)* вра́зити, дошку́лити.

náhe|gelegen *adj* бли́зький, сусі́дній; **∼liegend** *adj* зрозумі́лий, приро́дний.

náhen 1. *vi (s)* наступа́ти, наближа́тися; 2. **sich** ∼ *(D)* наближа́тися, підхо́дити *(до кого)*.

Näherin *f* **-, -nen** шва́чка.

nähern 1. *vt (D)* наближа́ти *(що до чого)*; 2. **sich** ∼ *(D)* наближа́тися *(до кого, чого)* знайо́митися бли́жче *(з ким)*.

náhestehen* *vi (D)* бу́ти бли́зьким, бу́ти у бли́зьких стосу́нках.

náhezu *adv* майже.

Nähmaschine *f* -, -n швéйна машѝна.
nähren 1. *vt* харчувáти; годувáти; 2. **sich** ~ *(von D, mit D, durch A)* харчувáтися *(чим)*.
náhrhaft *adj* поживний, ситний.
Nährstoff *m* -(e)s, -e поживна речовина.
Náhrung *f* - харчувáння; їжа.
Náhrungsmittel *pl* продýкти харчувáння.
Nährwert *m* -(e)s поживність; калорійність.
Naht *f* -, **Nähte** шов *(тж. тех.)*.
Náh|verkehr *m* -(e)s приміське сполýчення; **~zug** *m* -(e)s, **...züge** приміський поїзд.
Naivität *f* - наївність.
Náme *m* -ns, -n, **Námen** *m* -s, - 1) прізвище; ім'я; кличка; 2) ім'я, репутáція, слáва; 3) нáзва *(річки, міста)*; 4): im ~n ім'ям, íменем; від íмені; im ~n des Gesétzes íменем закóну.
námens *adv* ім'я, на прізвище.
Námenverzeichnis *n* -ses, -se спи́сок (покáжчик) імéн.
námhaft *adj* 1) відóмий; видатний; 2) значний *(про величину)*; 3): ~ máchen назвáти; висунути *(кандидатуру)*.
nämlich 1. *adj* такий сáмий; незмінний; 2. *adv* оскільки, бо; 3. cj а сáме, тóбто.
Napf *m* -(e)s, **Näpfe** миска, чáшка, гóрщик.
Nárbe *f* -, -n 1) шрам, рубéць; 2) дéрен.
nárrenhaft *adj* дурний; блазéнський.
Nárrenhaus *n* -es, **...häuser** *розм.* будинок для божевільних; *перен.* бедлáм.
närrisch *adj* 1) дурний, безглýздий; навіжéний, шалéний; 2): auf etw (A) ~ sein *розм.* бýти до нестями захóпленим чим-н.
náschen *vi (an D, von D) vt* лáсувати *(чим)*; смакувáти *(що)*.
Náschwerk *n* -(e)s *збірн.* лáсощі, сóлодощі.
Náse *f* -, -n 1) ніс; 2) нюх; 3) *перен.* носовá частина; виступ, півóстрів.
näseln *vi* гугнявити.
náseweis *adj* нескрóмний, зухвáлий, надокýчливий, уїдливий.
násführen *vt невідокр.* водити за нóса, дурити.
Náshorn *n* -es, **...hörner** носоріг.
naß *adj* мóкрий, вóгкий, волóгий; дощовий; ~ wérden промóкнути.
Nässe *f* - вóгкість, волóгість, сирість.
náßkalt *adj* вóгкий і холóдний *(про погоду)*.
Natión *f* -, -en нáція; нарóд; країна.
nationál *adj* 1) національний; die ~e Befréiungsbewegung національно-визвóльний рух; 2) загальнодержáвний; die ~e Souveränität національний суверенітéт.
Nationál|einkommen *n* -s, - національний прибýток; **~farben** *pl* національні кóльори, кольори національного прáпора; **~feiertag** *m* -(e)s, -e національне свято; **~flagge** *f* -, -n національний (держáвний) прáпор; **~hymne** *f* -, -n національний (держáвний) гімн.
nationalisíeren 1. *vt* 1) націоналізувáти; 2) надавáти правá громадянства; 2. **sich** ~ дістáти правá громадянства.
nationalistisch *adj* націоналістський, націоналістичний.
Nationalität *f* -, -en 1) національність; 2) громадянство.
Nationál|mannschaft *f* -, -en національна збірна; збірна комáнда країни; **~speise** *f* -, -n національна стрáва.
Nátter *f* -, -n 1) вуж; 2) змія; гадюка *(тж. перен.)*.
Natúr *f* -, -en 1) прирóда; 2) натýра, вдáча *(людини)*; суть *(речей, явищ)*; 3) натýра *(в живопису)*.
naturalístisch *adj* натуралістичний.
Natúr|denkmal *n* -(e)s, **...mäler** і **...male** пáм'ятник прирóди, заповідник; **~forscher** *m* -s, - натураліст, природознáвець.
natúrgemäß *adj* натурáльний, прирóдний.
Natúrkunde *f* - природознáвство; біолóгія.
natürlich 1. *adj* прирóдний, натурáльний; 2. *adv* звичáйно; нормáльно; прóсто.
Natúr|schutz *m* -(e)s охорóна прирóди; **~schutzgebiet** *n* -(e)s, -e заповідник; **~trieb** *m* -(e)s, -e інстинкт.
natúrwidrig *adj* протиприрóдний.
Natúrwissen|schaft *f* -, -en природознáвство; *pl* **~schaften** природничі наýки; **~schaftler** *m* -s, - дослідник прирóди; натураліст.

natúrwissenschaftlich *adj* природознáвчий; природни́чий.

Nébel *m* **-s, -** 1) тумáн; *астр.* тумáнність; 2) *перен.* неясність, невирáзність, тумáнність.

nébelhaft, néb(e)lig *adj* 1) тумáнний; 2) неясний, нечітки́й.

nében *prp* 1) *(D) вказує на місцезнаходження (де?):* кóло, біля, пóряд з, рядом; ~der Tür біля дверéй; 2) (A) *вказує на напрямок (куди?):* біля, пóряд з; sétze dich ~ mich! сядь пóряд зі мнóю!; 3) пóряд з, крім.

nébenamtlich *adv* за сумісництвом.

nebenán *adv* пóряд, поблизу́.

nebenbéi *adv* 1) поблизу́, пóряд; 2) між іншим, мимохідь; 3) крім тóго, пóряд з цим.

nebeneinánder *pron rez* пóряд; оди́н біля óдного.

Nében|eingang *m* **-(e)s, ...gänge** запасни́й вхід; **~fach** *n* **-(e)s, ...fächer** додаткóвий (не основни́й) навчáльний предмéт; **~fluß** *m* **...sses, ...flüsse** притóка *(рі́чки)*; **~gasse** *f* **-, -n** провýлок.

nebenhér *adv* 1) пóряд, збóку; паралéльно; 2) мимохідь; між іншим; крім тóго.

Nében|rolle *f* **-, -n** другорядна роль; **~sache** *f* **-, -n** другорядна річ; дрібни́ця.

nébensächlich *adj* другорядний, несуттéвий, неістóтний.

Nében|satz *m* **-es, ...sätze** підрядне рéчення; **~stelle** *f* **-, -n** 1) філіáл; відділення; 2) підстáнція; **~straße** *f* **-, -n** провýлок; **~zimmer** *n* **-s, -** сусідня кімнáта.

nécken 1. *vt (mit D)* дражни́ти, дратувáти *(чим)*; 2) **sich** ~ дражни́тися.

Néffe *m* **-n, -n** племінник, нéбіж.

négativ 1. *adj* 1) негати́вний; заперéчливий; заперéчний; 2) *мат.* від'ємний; **2.** *adv* заперéчно; негати́вно.

Néger *m* **-s, -, ~in** *f* **-, -nen** нéгр; негритянка.

negíeren *vt* заперéчувати; відхиляти *(пропозицію)*.

néhmen* *vt* 1) брáти, взяти; das Wort ~ взяти слóво *(на зборах)*; 2) їсти, пи́ти, приймáти всерéдину; etw. zu sich *(D)* ~ з'їсти щó-н.; закуси́ти чи́м-н.; (éine) Arznéi (Medizín) ~ приймáти ліки; 3) *(j-m)* забирáти *(що в кого)*, позбавляти *(кого чого)*; 4) брáти, наймáти; éine Táxe ~ взяти таксі; éinen Bus ~ сісти в автóбус; 5) сприймáти, розуміти *(як що)*; j-n nich ernst ~ не сприймáти когó-н. всерйóз; im gánzen genómmen у цілóму; 6) *означає дію, на характер якої вказує іменник:* Abschied ~ *(von D)* прощáтися *(з ким)*; Platz ~ сідáти; von etw *(D)* kéine Notiz ~ не помічáти чогó-н., не звертáти увáги на щó-н.

Neid *m* **-(e)s** зáздрість.

néidisch *adj* зáздрісний, зáздрий.

néigen 1. *vt* нахиляти; 2. *vi (zu D)* мáти нáхил *(до чого)*; 3. **sich** ~ 1) нахилятися; схилятися; 2) клáнятися.

Néigung *f* **-, -en** 1) нáхил; схил; відхи́лення; 2) схи́льність, симпáтія.

nein *prtc* ні; das geht nicht, ~! ні, це неможли́во!

Nélke *f* **-, -n** *бот.* гвозди́ка.

nénnen* 1. *vt* 1) (A) називáти *(кого ким)*; звáти; давáти ім'я *(кому)*; 2) називáти, згáдувати; 2. **sich** ~ називáти себé; er nennt sich Dichter він вважáє себé поéтом.

nénnens|wert, ~würdig *adj* помітний, значни́й.

Nerv *m* **-s** *i* **-en** нерв; *pl* нервóва систéма.

nérvig *adj* 1) жи́лавий, дýжий мускули́стий; 2) енергійний.

nervös 1. *adj* нервóвий; **2.** *adv* нервóво, роздратóвано.

Nervosität *f* **-** нервóвість, нервóзність.

Nerz *m* **-es, -e** 1) *зоол.* нóрка звичáйна; 2) нóрка *(хутро)*.

Néscafé, Néskaffee *m* **-s, -s** розчи́нна кáва.

Néssel *f* **-, -n** кропивá.

Nest *n* **-(e)s, -er** 1) гніздó, кублó; 2) *перен.* гніздéчко; 3) глушинá.

nett *adj* любий, приємний, гарнéнький, ми́лий; ganz ~ дýже ми́ло; séien Sie so ~ ...бýдьте ласкáві... .

Netz *n* **-es, -e** 1) сітка; нéвід; павути́ння; сплетіння; 2) мерéжа, (розгалýжена) систéма; das eléktrische ~ електромерéжа; 3) *перен.* тенéта; хитросплéтення; інтри́ги.

nétzen *vt* змóчувати; зволóжувати; бри́зкати.

neu 1. *adj* 1) нови́й; недáвній; die ~esten Náchrichten останні вісті *(по радіо)*; 2) нови́й, свіжий; молодий; ~e Kartóffeln молода́ карто́пля; 3) новий, і́нший; das ~**e** Jahr новий рік; 4) новий суча́сний, мо́дний; **2.** *adv* за́ново; неда́вно.

néuartig *adj* новий, оригіна́льний; своєрі́дний.

Néu|aufdau *m* **-(e)s** 1) (нове́) будівни́цтво; 2) відбудо́ва; 3) перебудо́ва; реорганіза́ція? ~**auflage** *f* **-, -n,** ~**ausgabe** *f* **-, -n** нове́ вида́ння, перевида́ння.

Néubau *m* **-(e)s, ...ten** новобудо́ва.

Néubauviertel *n* **-s, -** новий мікрорайо́н; райо́н новобудо́в.

Néuentwicklung *f* **-, -en** 1) ро́звиток у ново́му на́прямку; 2) розро́бка *(ново́ї констру́кції)*; 3) нова́ констру́кція, нова́ моде́ль.

néuerbaut *adj* відбудо́ваний.

néuerdings *adv* 1) неда́вно, що́йно; 2) за́ново, зно́ву.

Néuerer *m* **-s, -** 1) нова́тор; 2) реформа́тор.

néuerlich *adj* 1) новий, 2) повто́рний; 3) неда́вній.

Néuerung *f* **-, -en** 1) новина́, нововве́дення; 2) рефо́рма.

néuestens *adv* неда́вно.

néu|gebacken *adj* *здеб. перен.* новоспе́чений; ~**geboren** *adj* новонаро́джений; ~**geschaffen** *adj* новоство́рений; ~**gewählt** *adj* нообо́раний.

Néugier *f* **-** ціка́вість; допи́тливість.

néugierig *adj* ціка́вий; допи́тливий.

Néuheit *f* **-, -en** 1) *тк. sg* новизна́; 2) нови́нка.

Néu|igkeit *f* **-, -en** новина́; ~**jahr** *n* **-(e)s** Новий рік; glhckliches ~jahr! з Нови́м ро́ком!; prósit ~jahr! з Нови́м ро́ком! *(тост)*.

Néujahrs|abend *m* **-s, -e** новорі́чний ве́чір; ~**fest** *n* **-(e)s, -e** новорі́чне свя́то; ~**geschenk** *n* **-(e)s, -e** новорі́чний пода́рунок.

Néuland *n* **-(e)s** 1) *с.г.* цілина́ (підня́та), ціли́нні зе́млі; 2): ~land betréten іти́ нови́ми шляха́ми *(в нау́ці)*.

néulich *adv* нещода́вно, дня́ми; оста́ннім ча́сом.

Néuling *m* **-(e)s, -e** новачо́к, початкі́вець.

neun *num* де́в'ять.

Neun *f* **-, -en** *(число́, ци́фра, но́мер)* де́в'ять, дев'я́тка.

néun|húndert *num* дев'ятсо́т; ~**zehn** *num* дев'ятна́дцять; ~**zig** *num* дев'яно́сто.

Néu|ordnung *f* **-** перетво́рення; перебудо́ва; ~**siedler** *m* **-s, -** новосе́л; переселе́нець.

neutrál *adj* нейтра́льний.

Neutralität *f* **-** нейтраліте́т; нейтра́льність.

Néu|wahl *f* **-** переви́бори, переобра́ння; ~**wort** *n* **-es, ...wörter** *лінгв.* неологі́зм; новоутво́рення; ~**zeit** *f* **-, -en** новий час, суча́сність; in der ~zeit у наш час; die Geschichte der ~zeit нова́ істо́рія.

néuzeitlich *adj* суча́сний, новий.

nicht 1. *prtc* 1) ні, не; ~!, ~doch! ні!, не тре́ба!, та ні ж!; 2) *у пита́льних ре́ченнях* (хіба́) не; ist es ~ hérrlich hier? хіба́ ж тут не га́рно?; ~ wahr? чи не пра́вда?; 3) *має підсилювальне значення* не; ні; was er ~ álles weiß! чого́ він ті́льки не зна́є!; was du ~ sagst! що ти ка́жеш!; **2.** *cj:* nicht nur..., sónderg auch не ті́льки..., а й; nicht ...noch ні..., ні; nicht héute noch mórgen ні сього́дні, ні за́втра.

Níchtangriffs|pakt *m* **-(e)s, -e** пакт про нена́пад; ~**vertrag** *m* **-(e)s, ...träge** до́говір про нена́пад.

Nichte *f* **-, -n** пле́мінниця, небо́га.

Níchteinmischung *f* **-** невтруча́ння.

nichtig *adj* 1) незначни́й, дрібни́й, нікче́мний; 2) *юр.* неді́йсний.

Níchtleiter *m* **-s, -** *фіз.* непровідни́к, ізоля́тор.

nichts *pron indef* нішо́, нічо́го; (das) macht ~! нічо́го (дарма́); ~ Néues нічо́го ново́го; gar ~ зо́всім нічо́го.

nichts|destowéniger *adv* незважа́ючи на це; проте́; однак; ~**sagend** *adj* пусти́й, незначни́й, неважли́вий.

Níchtstuer *m* **-s, -** неро́ба; ле́дар, леда́що; дармоїд.

nícken *vi* 1) кива́ти; mit dem Kopf ~ кива́ти голово́ю; 2) задріма́ти.

nie *adv* ніко́ли; ~mehr! ніко́ли бі́льше; ~und nímmer! ніко́ли (в сві́ті)!; ніза́що!; wie noch ~ як ніко́ли.

nieder 1. *adj* 1) низьки́й, невисо́кий; 2) ни́жчий; 3) низьки́й, пі́длий; **2.** *adv* 1) вниз; ~! ляга́й!; 2) геть; ~ mit *(D)*! геть *(кого́, що)!*

nieder|brennen* 1. *vt* спа́лювати *(дощенту)*; 2. *vt* згоря́ти; ~**bringen*** *vt* знести́ вниз.

Níedergang *m* **-(e)s, ...gänge** 1) зане́пад; паді́ння; заги́бель;

2) зáхід *(сонця)*.
niedergedrückt *adj* пригнічений, убитий *(горем)*.
niedergehen* *vi (s)* 1) опускáтися; захóдити *(про сонце)*; 2) *ав.* іти на посáдку; 3) випадáти *(про опади)*; 4) занепадáти *(про епоху)*.
niedergeschlagen* *adj* пригнічений, засмýчений, убитий (гóрем).
Niederlage *f* -, -**n** порáзка.
niederlassen* 1. *vt* 1) спускáти, опускáти; 2) клáсти (стáвити) на зéмлю; 2. **sich** ~ 1) сідáти, опускáтися; 2) поселятися; sich häuslich ~ влаштувáтися по-домáшньому.
Niederlassung *f* -, -**en** 1) посéлення; 2) філія.
niederlegen 1. *vt* 1) клáсти, поклáсти; éinen Kranz ~ поклáсти вінóк; die Wáffen ~ *перен.* склáсти зброю; 2) клáсти *(спати)*; 3) руйнувáти *(будівлю)*; 4) відмовлятися *(від чого)*; die Arbeit ~ припиняти робóту; оголоси́ти страйк; 5) запи́сувати, викладáти *(письмово)*; 2. **sich** ~ лягáти *(спати)*.
niederschießen* *vt* пристрéлити, застрéлити.
Niederschlag *m* -(**e**)**s**, ...**schläge** 1) óсад, осáдок; 2) відбиття́, відобрáження; 3) *pl* (атмосфéрні) óпади.
niederschlagen* 1. *vi* бити, ударяти *(по тому, що лежить внизу)*; 2. *vt* 1) звáлювати *(на землю)*; 2) придýшувати *(повстання)*; 3) заспокóювати; зни́жувати, збивáти; 3. **sich** ~ 1) осідáти, конденсувáтися; 2) відображáтися *(в чому)*; відбивáтися *(на чому)*.
niederschlags|arm *adj* бідний на óпади; ~**reich** *adj* багáтий на óпади.
niederschreiben* *vt* запи́сувати; викладáти *(письмово)*, запротоколювáти.
Niederschrift *f* -, -**en** зáпис; ви́клад; протокóл.
nieder|setzen 1. *vt* (по) стáвити; (по)клáсти; (по)сади́ти; 2. **sich** ~ setzen сідáти; ~**stellen** *vt* (по)стáвити; ~**stimmen** *vt* забалотувáти, провали́ти *(при голосуванні)*.
Niederung *f* -, -**en** низовинá, оболóнь.
niedlich *adj* 1) милови́дний, гарнéнький; ми́лий, ви́тончений; 2): ein ~ es Gesicht гарнéньке ли́чко
niedrig *adj* 1) низьки́й, невели́кий; 2) незнáтний, прóсти́й; 3) підлий.
nie|mals *adv* нікóли; ~**mand** *pron indef* ніхтó; es ist ~mand da тут нікóго немá.
niesen *vi* чхáти.
Niethose *f* -, -**n** джи́нси.
Nilpferd *n* -(**e**)**s**, -**e** *зоол.* бегемóт.
nimmer *adv розм.* 1) нікóли; 2) ужé не.
nimmer|mehr *adv* нікóли (бíльше); ~**müde** *adj* невтóмний; ~**satt** *adj* ненáси́тний, ненажéрливий.
nirgend(s) *adv* нідé.
nirgend|wo *adv* нідé; ~**woher** *adv* нізвідки; ~**wohnin** *adv* нікýди.
Nirosta *n* -**s** нержавíюча сталь.
Nische *f* -, -**n** нíша.
nisten *vt* гнізди́тися, кýблитися.
Niveau [ni'vo:] *n* -**s**, -**s** 1) рівень, горизóнт; 2) *перен.* рíвень; das ~ des Lébensstandards *ек.* рíвень життя.
Nixe *f* -, -**n** русáлка.
nóbel adj 1) благорóдний *(про характер, вчинок)*; 2) знáтний; 3) елегáнтний, ви́шуканий, 4) великодýшний, щéдрий.
Nóbelpreis *m* -**es**, -**e** Нóбелівська прéмія.
noch 1. *adv* 1) (пóки) що; все ще; ímmer ~ все ще; як і дóсі; es ist ~ Zeit ще є час; 2) ще, крім тóго; додаткóво; wer ~? хто ще?; ~éinmal ще раз; 3) ще *(означає підсилення з вищим ступенем)*; ~ größer (mehr) ще бíльше; ~ dreimal größer ще втрóє бíльше; 4): geráde~, ében ~ якрáз, лéдве-лéдве; die Prüfung hat er geráde ~ bestánden екзáмен він лéдве-лéдве склав; **2.** *cj:* wéder ...noch ні ...ні; wéder héute noch mórgen ні сьогóдні, ні зáвтра.
nóch|malig *adj* повтóрний; ~**mals** *adv* ще раз.
Nomáde *m* -**n**, -**n** кочівни́к.
nominíeren *vt* 1) називáти; 2) висувáти, виставляти *(кандидатуру)*; 3) *спорт.* оголóшувати склад комáнди.
Nord *m* 1) *(вжив. без артикля)* пíвніч; von ~ з пíвночі; in ~ und Süd на пíвночі й на пíвдні; в усíх краї́нах свíту; 2) -**s**, -**e** норд. пíвнíчний вíтер.
Nórden *m* 1) *(вжив. без артикля)* пíвніч *(напрямок)*; von ~ з

півночі; 2) -s *(з означеним артиклем)* північ *(територія)*; der hóhe ~ Крáйня Північ; Заполяр'я.

Nórdpol *m* -s Півнíчний пóлюс.

nórdwärts *adv* на північ.

Norm *f* -, -en нóрма, стандáрт; die ~ en überbíeten перевикóнувати нóрму; zwei ~ en léisten викóнувати дві нóрми.

normalisíeren *vt* нормалізувáти.

Not *f* -, **Nöte** нуждá; нестáток; злíдні; скрýта.

Nót|ausgang *m* -(e)s, ...gänge запаснúй вúхід; **~bremse** *f* -, -n стоп-крáн.

nótdürftig 1. *adj* бíдний, убóгий; **2.** *adv* абúяк, як-нéбудь; убóго.

Nóte *f* -, -n 1) зáпис, дóпис *(в газету)*; 2) примíтка, вúноска; 3) *муз.* нóта; *pl* нóти; nach ~n по нóтах; 4) банкнóта; 5) оцíнка; éine gúte (schléchte) ~ bekómmen одéржати дóбру (погáну) оцíнку.

notíeren *vt* записýвати, занотóвувати.

nötig *adj* необхíдний, потрíбний; ~ sein бýти потрíбним.

nötigen *vt* примýшувати.

nötigentalls *adv* у рáзі потрéби.

Notíz *f* -, -en 1) замíтка; нотáтка; sich *(D)* ~en máchen занотóвувати; 2) дóпис *(до газети)*.

Notíz|block *m* -(e)s, -s блокнóт; **~buch** *n* -es, ..bücher записнá кнúжка.

Nótlandung *f* -, -en вúмушена посáдка.

nótleidend *adj* якúй тéрпить нуждý; нуждéнний.

nótwendig *adj* необхíдний, немину́чий.

nótwendigenfalls *adv* у рáзі потрéби.

nótwendigerweise *adv* немину́че.

Nótwendigkeit *f* -, -en **необхíдність; немину́чість.**

Novélle *f* -, -n новéла, оповідáння.

Novémber *m* -s *i* -, - листопáд *(назва місяця)*.

Nu: im ~, in éinem ~ мúттю, за хвилúну.

nüchtern 1. *adj* 1) тверéзий; 2) тверéзий, розсýдливий; **2.** *adv* 1) натщéсерце; 2) сýхо, нýдно.

Nüchternheit *f* - 1) тверéзість, 2) розсýдливість.

Núdel *f* -, -n лапшá; вермішéль.

nukleár *adj* *фіз.* я́дерний; áтомний.

null *num* нуль; ~ Kómma fünf нуль цілих п'ять десятих.

Null *f* -, -en 1) нуль; das Thermométer steht auf ~ термóметр покáзує нуль грáдусів; únter ~ sinken опускáтися нúжче нуля́ *(про температуру)*; 2) *перен.*, нуль, нікчéма.

numeríeren *vt* нумерувáти.

Númmer *f* -, -n числó, нóмер; рóзмір *(одягу, взуття)*.

nun *adv* тепéр, зáраз; von ~ an відтепéр; з цьогó чáсу, надáлі.

núnmehr *adv* відтепéр, від сьогóдні, пíсля цьóго.

nur *adv* лишé, тíльки, всьогó; nicht ~ ..., sóndern auch ...не тíльки..., а й.

Nuß *f* -, **Nüsse** горíх.

Nútria *f* -, -s нýтрія.

nútz|bar *adj* корúсний, придáтний; **~bringend** *adj* корúсний, вúгідний.

Nútzeffekt *m* -(e)s, -e 1) коефіціéнт корúсної дíї; 2) ефектúвність; 3) економíчний ефéкт.

nútzen, nützen 1. *vi* бýти корúсним, бýти придáтним; **2.** *vt* викорúстóвувати, скористáтися.

Nútzen *m* -s, - кóрисіть, вúгода; зиск.

nützlich *adj* корúсний; потрíбний.

nútzlos *adj* непотрíбний; дарéмний.

Nútzung *f* -, -en вúкористáння; експлуатáція.

O o

Oáse *f* -, -n оáзис.

ob *cj* чи; ~ ...auch хоч, хочá, дармá що.

Ób|acht *f* - увáга, оберéжність; ~! увáга!

Óbdach *n* -(e)s притýлок, зáхисток, пристанóвище.

óbdachlos *adj* безпритýльний, бездóмний.

óben *adv* нагорí, вгорí, звéрху; bis ~ довéрху, до крáю; nach ~ (hin) угóру; j-n von ~ heráb ánsehen стáвитися до кóго-н. звéрхньо.

oben|án *adv* угорі; на пéршому місці; **~áuf** *adv* звéрху.
óbenerwähnt, óbengenannt *adj* вищезазнáчений, вищезгáданий.
óbenhin (obenhin) *adv* мимохідь, побіжно, поверхóво.
óbenstehend, óbenzitiert *adj* вищенавéдений, вищезгáданий.
óber *adj* 1) вéрхній, вúщий; 2) головнúй, вúщий, стáрший, верхóвний; die ~en Klássen стáрші клáси *(в школі)*.
Óber *m* **-s, -** *розм.* (старший) офіціáнт.
Óber|assistent *m* **-en, -en** стáрший наукóвий співробітник; **~befehlshaber** *m* **-s, -** головнокомáндуючий; **~bekleidung** *f* **-, -en** вéрхній óдяг; **~fläche** *f* **-, -n** повéрхня.
óberflächlich *adj* поверхнéвий, поверхóвий.
Óber|geschoß *n* **...sses, ...sse** вéрхній пóверх; **~gewalt** *f* **-** верхóвна влáда.
óberhalb *(G)* *prp* вúще, пóнад, над.
Óber|kellner *m* **-s, -** стáрший офіціáнт; **~klasse** *f* **-, -n** стáрший клас *(школи)*; **~kommandierende** *m* **-n, -n** головнокомáндуючий; **~kommando** *n* **-s, -s** головнокомáндування; **~lehrer** *m* **-s, -** стáрший викладáч; **~leitungsomnibus** *m* **-ses, -se** тролéйбус; **~leutnant** *m* **-s, -s** *i* **-e** стáрший лейтенáнт; **~liga** *f* **-, -s** *i* **...gen** вúща ліга, клас А *(футбол)*; **~schenkel** *m* **-s, -** стегнó; **~schule** *f* **-, -n** серéдня шкóла.
Óberst *m* **-s** *i* **-en, -en** полкóвник.
Óberstleutnant *m* **-s, -e** *i* **-s** підполкóвник.
obgléich *cj* хоч, хочá; дармá що; незважáючи на те, що.
Óbhut *f* **-** піклувáння; нáгляд; зáхист.
óbig *adj* вищезгáданий, вищезазнáчений, вищенавéдений.
Objékt *n* **-(e)s, -e** 1) об'éкт, предмéт; 2) громáдський зáклад *(ресторан, кафе, магазин і т. і.)*; 3) *грам.* додáток.
objektív *adj* об'єктúвний.
óbliegen *vi (D)* 1) *(h)* доручáти, зобов'язувати; es óbliegt ihm (es liegt ihm ób) ...йому дорýчено, ...; 2) *(s)* *розм.* перемагáти.
Óbliegenheit *f* **-, -en** обóв'язок *(службовий)*.
obligatórisch *adj* обов'язкóвий.
obschón *cj* хоч, хочá; дармá що; незважáючи на те, що.
Obst *n* **-es** фрýкти, плодú.
Óbst|bau *m* **-(e)s** плодівнúцтво; **~baum** *m* **-(e)s, ...bäume** фруктóве (плодóве) дéрево; **~garten** *m* **-s, ...gärten** фруктóвий (плодóвий) сад; **~kuchen** *m* **-s, -** тістечко, пирíг з фрýктами; **~saft** *m* **-es** фруктóвий сік; **~zucht** *f* **-** *с. г.* плодівнúцтво.
Óbus *m* **-** *i* **-ses, -se** *(скор. від* Óberleitungsomnibus) тролéйбус.
obwóhl, obzwár *cj* хоч, хочá; незважáючи на те, що.
Öchs(e) *m* **-(e)n, -(e)n** 1) віл, бик; 2) *розм.* дýрень, йóлоп; dumm wie ein ~ дурнúй як пень.
óchsen *vt* *розм.* зубрúти.
öd(e) *adj* 1) пустéльний, пустúнний, глухúй; безлюдний, нежилúй, запýщений; 2) нуднúй, пустúй, безглýздий.
Öde *f* **-, -n** 1) пустúр, пýстка, пустéля; 2) глушинá, глухомáнь; 2) *тк. sg* нудьгá, безутíшність.
óder *cj* абó; чи; чи то; ~ áber абó ж; ~ auch а тáкож; ~ nicht? хібá не так?
Ófen *m* **-s, Öfen** піч, грýба, грýбка.
óffen *adj* 1) незáмкнений, незачúнений, відкрúтий; 2) відкрúтий, незахúщений, необгорóджений; auf ~er Stráße прямо на вýлиці; únter ~em Himmel прóсто нéба; auf ~er Sée у відкрúтому мóрі; 3) відкрúтий, невúрішений; éine ~e Fráge відкрúте питáння; 4) відвéртий, щúрий; ein ~er Mensch відвéрта (щúра) людúна; 5) неприхóваний, явний; 6): ~es Haar розпýщені кóси; éine ~e Hand щéдра рукá; der Tag der ~en Türen день відкрúтих двéрéй.
óffenbar *adj* очевúдний, явний, неприхóваний.
offenbáren 1. *vt* викривáти; виявляти, покáзувати; 2. **sich ~** виявлятися, відкривáтися.
Óffenheit *f* **-** відвéртість, щúрість, прямотá.
óffen|herzig *adj* щиросéрдий, відвéртий, щúрий; **~kundig, ~sichtlich** *adj* явний, очевúдний.
óffenstehen* *vi* 1) бýти відчúненим; 2) дозволятися, допускáтися.
öffentlich *adj* громáдський; публíчний; офіцíйний.
Öffentlichkeit *f* **-** 1) громáдськість; 2) публíчність; in die ~

bríngen розголóшувати *(що)*.

öffnen 1. *vt* відкривáти; відчиня́ти; розкривáти; відмикáти; 2. **sich** ~ відчиня́тися, розкривáтися.

Öffnung *f* **-, -en** 1) óтвір, відтýлина; 2) розкриття́, рóзтин; розпечáтування.

oft *adv* чáсто; so ~ кóжного рáзу, колú; щорáзу; wie ~? скільки разів?, як чáсто?

öfter *(тж.* ~s, bes ~en) *adv* повтóрно; чáсто, неодноразóво.

óft|malig *adj* чáстий; **~mals** *adv* чáсто, неодноразóво.

óhne 1. *prp* (A) без, крім; ~ Páuse árbeiten працювáти без перéрви; ~ Absicht ненарóком; ~wéiteres зрáзу, пря́мо, негáйно; **2.** *cj* 1) *сполучення його з дієсловом в інфінітиві перекладається дієприслівниковим зворотом із запереченням:* ~ zu spréchen не розмовля́ючи, не кáжучи; ~ ein Wort zu ságen не кáжучи ні слóва; 2): óhne daß хочá (й) без тóго, щоб.

ohnedies *adv* і так, і без тóго; все однó.

ohnegléichen *adj* незрівня́нний, нечýваний, безпрúкладний.

ohnehin *adv* і так; і без тóго.

Óhnmacht *f* **-, -en** 1) безсúлля, нéмічність, безпорáдність; 2) непритóмність.

óhnmächtig *adj* 1) непритóмний, знепритóмнілий; 2) безсúлий, нéмічний, неспромóжний.

Ohr *n* **-(e)s, -en** вýхо.

Óhr|feige *f* **-, -n** ля́пас; **~ring** *m* **-(e)s, -e** сéрга, серéжка.

Ökonóm *m* **-en, -en** економíст *(наукове́ць)*.

Ökonomie *f* **-** 1) еконóміка; 2) ековóмія, ощáдливість.

Ökonómik *f* **-** еконóміка.

ökonómisch *adj* 1) економíчний; 2) економний, ощáдливий.

Október *m* **-(s)** жóвтень.

Öl *n* **-(e)s, -e** 1) олія; 2) нáфта.

ölen *vt* змáзувати, мастúти; промáслювати.

Öl|farbe *f* **-, -n** олíйна фáрба; **~gemälde** *n* **-s, -** картúна, намальóвана олíйними фáрбами; **~förderung** *f* **-, -en, ~gewinnung** *f* **-** нафтодобувáння; **~industrie** *f* **-** нáфтова промислóвість.

Öl|leitung *f* **-, -en** нафтопрóвід; **~pflanze** *f* **-, -n** олíйна рослúна; **~vorkommen** *n* **-s, -** родóвище нáфти.

Olympiáde *f* **-, -n** 1) олімпíйські ігри, олімпіáда; 2): wéiße ~ біла олімпіáда *(зимова)*; 3) олімпіáда *(шкільна)*; éine mathemátische ~ олімпіáда з математики.

Olympia|delegation *f* **-, -en** делегáція на олімпíйські ігри; **~mannschaft** *f* **-, -en** олімпíйська комáнда; **~sieger** *m* **-s, -** олімпíйський чемпіóн; **~stadt** *f* **-, ...städte** олімпíйське місто.

Olympioníke *m* **-n, -n** 1) перемóжець олімпіáди (олімпíйських ігор); 2) учáсник олімпіáди.

olympisch *adj* олімпíйський; Olympische Spíele оліймпíйські ігри; Olympische Wínterspiele зимóва олімпіáда.

Óma *f* **-, -s** бабýся.

Ómnibus *m* **-ses, -se** автóбус.

Ómnibus|bahnhof *m* **-(e)s, ...höfe** автовокзáл; **~haltestelle** *f* **-, -n** автóбусна зупúнка; **~hof** *m* **-(e)s, ...höfe** автóбусний парк.

Ónkel *m* **-s, -** дя́дько.

Ópa *m* **-s, -s** дідýсь.

Óper *f* **-, -n** óпера.

operíeren 1. *vt* оперувáти, робúти оперáцію; 2. *vi (mit D)* оперувáти *(цифрами)*.

Ópern|glas *n* **-es, ...gläser** театрáльний бінóкль; **~sänger** *m* **-s, -** óперний співáк.

Ópfer *n* **-s, -** жéртва.

ópfern 1. *vt* жéртвувати; 2. **sich** ~ (für A) жéртвувати собóю *(заради чого)*.

Óptik *f* **-, -en** 1) óптика; 2) оптúчні стéкла (прúлади).

Optimíerung *f* **-, -en** оптимізáція.

Orange [oʼrãʒə] *f* **-, -n** апельсúн.

orange [oʼrãʒə], **orángegelb adj** орáнжевий, жовтогаря́чий.

Orbitál|rakete *f* **-, -n** орбітáльна космíчна ракéта; **~statión** *f* **-, -en** орбітáльна космíчна стáнція.

Órden *m* **-s, -** óрден; j-m éinen ~ verléihen нагорóджувати óрденом когó-н.

Órdensträger *m* **-s, -** орденонóсець.

órdentlich *adj* 1) акурáтний, охáйний; упорядкóваний; 2) поря́дний, чéсний, солíдний; 3) постíйний; штáтний, ординáрний.

ordinär *adj* 1) звичáйний, ординáрний; 2) вульгáрний, грýбий, брутáльний.

órdnen 1. *vt* упорядкóвувати, давáти лад чомý-н.; систематизувáти; 2. **sich** ~ організóвуватися, лаштувáтися.

O

Órdner *m* **-s, -** розпоря́дник, відповіда́льний за поря́док *(на святі, вечорі, демонстрації)*.
Órdnung *f* **-, -en** 1) *тк. sg* поря́док; in ~ bríngen наво́дити поря́док, прибира́ти, ремонтува́ти; *розм.* in ~! в поря́дку!, гара́зд!; 2) *тк. sg* упорядкува́ння *(справ)*, систематиза́ція; 3) лад.
órdnungs|gemäß 1. *adj* пра́вильний; нале́жний, відпові́дний; **2.** *adv* по поря́дку, послідо́вно, нале́жним чи́ном; **~halber** *adv* для поря́дку; для годи́ться.
organisatórisch *adj* організа́торський, організаці́йний.
orgánisch *adj* органі́чний; ~e Chemíe органі́чна хі́мія.
organisíeren *vt* організо́вувати.
Órgel *f* **-, -n** орга́н.
Órgelspieler *m* **-s, -** органі́ст.
Óri|ent *m* **-(e)s** (Близький і Се́редній) Схід.
ori|entálisch *adj* схі́дний.
ori|entíeren 1. *vt* 1) *(auf A)* орієнтува́ти, спрямо́вувати *(на що)*; 2) *(über A)* орієнтува́ти; вво́дити в суть спра́ви; 2. **sich** ~ *(in D, nach D)* орієнтува́тися *(по чому, в чому)*.
Ori|entíerung *f* **-** 1) орієнта́ція; 2) *(über A)* обі́знаність *(з чим)*; séine ~ über die Literatúr його́ обі́знаність з літерату́рою.
originéll *adj* оригіна́льний, своєрі́дний, ди́вний.
Orkán *m* **-(e)s, -e** урага́н.
orkánartig *adj* урага́нний.
Ort *m* **-(e)s, -e** *i* **Örter** 1) мі́сце; пункт; 2) насе́лений пункт; місце́вість; 3) *pl* Örter *мат.* мі́сце то́чок; *астр.* місцеполо́ження, місцезнахо́дження.
Orthographíe *f* **-, ...phi|en** орфогра́фія, правопи́с.
örtlich *adj* місце́вий, туте́шній.
Órtschaft *f,* **-, -en** насе́лений пункт; місце́вість.
Ost *m* 1) *(без артикля) геогр., мор., поет.* схід; 2) in ~ und West у всьо́му сві́ті; по всіх усю́дах; 3) **-(e)s, -e** *(з означ. артиклем)* схі́дний ві́тер, о́ст.
Ósten *m* 1) *(здеб. без артикля)* схід *(напрямок)*, ост; nach ~ на схід; 2) **-s** *(з означ. артиклем)* Схід, краї́ни Схо́ду; der Férne ~ Дале́кий Схід.
österreichisch *adj* австрі́йський.
östlich 1. *adj* схі́дний; **2.** *adv* на схід.
Ósteuropa *n* **-s** Схі́дна Євро́па.
óstwärts *adv* на схід.
Ózean *m* **-s, -e** океа́н.
ozeánisch *adj* океа́нський.
Ozón *n* **-s, -** озо́н.

P p

paar 1. *adj* па́рний; **2.** *num* ein ~ кі́лька; де́кілька; vor ein ~ Tágen кі́лька днів тому́.
Paar *n* **-(e)s, -e** 1) па́ра; ein ~ Schúhe па́ра череви́ків; 2) подру́жжя; ein verhéiratetes ~ подру́жжя.
páarig *adj* па́рний.
Páarlauf *m* **-(e)s** па́рне фігу́рне ката́ння.
páarmal: ein ~ кі́лька разі́в.
páarweise *adv* па́рами, по двоє.
Pack *m* **-(e)s, -e** *i* **Päcke** паке́т, па́чка; паку́нок; ◊ mit Sack und ~ з усіма́ пожи́тками.
Päckchen *n* **-s, -** паку́нок, (невели́ка) па́чка *(цигарок, чаю)*, ву́злик.
pácken 1. *vt* 1) пакува́ти, уклада́ти; 2) схопи́ти; j-m am Arm ~ схопи́ти кого́-н. за ру́ку; 3) захо́плювати охо́плювати *(про почуття)*; 2. **sich** ~ *розм.* іти́ геть; pack dich! забира́йся (геть)!
Pácken *m* **-s, -** тюк, вели́кий паке́т.
Páckung *f* **-, -en** 1) упако́вка *(тара)*; 2) па́чка *(цигарок, чаю)*; 3) упако́вування, уклада́ння.
Pädagóg(e) *m* **...gen, ...gen** педаго́г; вихова́тель.
pädagógisch *adj* педагогі́чний; вихо́вний.
Páddelboot *n* **-(e)s, -e** байда́рка.
Pakét *n* **-(e)s, -e** паку́нок; посилка.
Pánne *f* **-, -n** 1) ава́рія (поло́мка) в доро́зі; 2) невда́ча.
Panoráma|film *m* **-(e)s, -e** панора́мний (широкоформа́тний) фільм; **~theater** *n* **-s, -** кінопанора́ма.
Pantóffel *m* **-s, -n** *i* **-** панто́фля; ха́тня ту́фля; ◊ únter dem ~

stéhen *розм.* бýти під п'ятóю (черевѝком) у кóго-н.

Pánzer *m* **-s, -** 1) танк; 2) пáнцир; 3) брóня.

Pánzer|abwehrgeschütz *n* **-es, -e,** **~abwehrkanone** *f* **-, -n** протитáнкова гармáта; **~abwehrrakete** *f* **-, -n** протитáнкова ракéта; **~kommandant** *m* **-en, -en** командѝр тáнка; **~schrank** *m* **-(e)s, ...schränke** сейф; **~soldat** *m* **-en, -en** танкíст; **~wagen-** *m* **-s, -** броньовѝк.

Papagéi *m* **-en** *i* **-(e)s, en** *i* **-e** папýга.

Papíer *n* **-s, -e** 1) папíр; 2) докумéнт; посвíдчення; 3) *pl* цíнні папéри; áкції; 4) (фото)папíр.

papíeren *adj* 1) паперóвий; 2) канцеля́рський, сухѝй *(про мову)*.

Papíer|korb *m* **-(e)s, ...körbe** кóшик для папéру.

Páppe *f* **-, -n** картóн; пáпка; ◊ das ist nicht von ~! це не дрібнѝця!

Páppel *f* **-, -n** топóля.

Páprika *m* **-s, -s** червóний (стручкóвий) пéрець.

Papyrus *m* **-, ...ri** папíрус *(рослина, рукопис)*.

Parábel *f* **-, -n** 1) парáбола; прѝтча.

Paráde *f* **-, -n** 1) парáд; die ~ ábnehmen приймáти парáд; 2) святкóве вбрáння.

Paradies *n* **-es, -e** 1) рай; 2) *театр. розм.* гальóрка.

Paradígma *n* **-s, ...men** *i* **-ta** 1) *уроч.* взíрéць, прѝклад; 2) *грам.* парадѝгма.

Paralléle *f* **-n** *i* **-, -n** 1) паралéль; паралéльна лíнія; 2) паралéль, порівня́ння.

Parallelográmm *n* **-(e)s, -e** *мат.* паралелогрáм; ein réchtwinkliges ~ прямокýтник; ein schiefwinkliges ~ косокýтник.

Parfüm *n* **-s, -e** 1) аромáт, пáхощі; 2) духѝ, парфýми.

Parfümerie *f* **-, ...ri¦en** парфюмéрія; магазѝн парфюмéрних товáрів.

Park *m* **-(e)s, -e** *i* **-s** парк.

párken 1. *vt* залишáти на стоя́нці; 2. *vt* стоя́ти на стоя́нці *(про автомашину)*; ~ verbóten! стоя́нка *(автомашин)* заборóнена!

Parkétt *n* **-(e)s, -e** 1) паркéт; 2) *театр.* партéр.

Parkétt|platz *m* **-es, ...plätze,** **~sitz** *m* **-es, -e** *театр.* мíсце в партéрі.

Párk|platz *m* **-es, ...plätze** автостоя́нка; **~verbot** *n* **-(e)s** заборóна стоя́нки автомашѝн.

Parlamént *n* **-(e)s, -e** парлáмент

Partéi *f* **-, -en** 1) сторонá *(у судовому процесі, змаганні)*; 2) квартиронаймáч.

Partéifunktionär *m* **-s, -e** партíйний працівнѝк.

partéiisch *adj* упередженний.

Parterre [-'tɛ:r] *n* **-s, -s** 1) пéрший пóверх; 2) *театр.* партéр.

Partíkel *f* **-, -n** 1) частѝнка *(речовини)*; 2) *грам.* чáстка.

Pártner *m* **-s, -** партнéр.

Pártner|staat *m* **-(e)s, -en** die ~staaten éines Vetrágs краї́ни — учáсники угóди; **~stadt** *f* **-, ...städte** мíсто-побратѝм.

Paß *m* **Passes, Pässe** 1) пáспорт; 2) перевáл *(гірський)*; 2) пас, передáча *(м'яча)*.

Passánt *m* **-en, -en** перехóжий; пішохíд.

pássen *vi* 1) підхóдити, пасувáти, лѝчити; das paßt mir nicht це менí не підхóдить; das paßt hierhér nicht це сюдѝ не пасýє; 2) *спорт.* пасувáти, робѝти передáчу.

pássend *adj* підхóжий; налéжний.

passíerbar *adj* прохіднѝй.

passíeren 1. *vt* минáти, проїжджáти, прохóдити; 2. *vi (s)* трапля́тися; was ist passíert? що трáпилося; es passíert dir nichts з тобóю нíчóго не трáпиться.

Passíerschein *m* **-(e)s, -e** перéпустка.

Páten|kind *n* **-es, -er** хрещéник, хрещéниця; **~schaft** *f* **-, -en** шéфство *(über A над ким, чим)*; die ~schaft überñéhmen брáти шéфство.

patént *adj розм.* молодéцький, чудóвий, першоклáсний; ein ~er Kerl молодéць; ein ~es Mädel дíвчина хоч кудѝ.

Patént *n* **-(e)s, -e** 1) патéнт; ein ~für etw néhmen (ánmelden) одéржати (подáти заявку на) патéнт на щó-н.; 2) свідóцтво (диплóм) про набýту кваліфікáцію.

patentíeren *vt* запатентóвувати *(що)*; видавáти патéнт *(на що)*; etw. ~ lássen брáти патéнт на щó-н.

patriótisch *adj* патріотѝчний.

Patróne *f* **-, -n** 1) патрóн; 2) касéта *(для фотоплівки)*.

Páuke *f* **-, -n** 1) литáври; 2) пró-

P

повідь; j-m éine ~ hálten прочитáти комý-н. нотáцію.

páuken *vi* 1) бúти в литáври; 2) зубрúти, товктú; fürs Exámen ~ *розм.* зубрúти пéред íспитом.

Páuse *f* -, -n перéрва, пáуза, антрáкт; éine ~ máchen робúти пáузу *(в мові)*; die gróße ~ begínnt велúка перéрва починáється; es klíngelt zur ~ дзвóник на перéрву.

páusenlos 1. *adj* безперéрвний; 2. *adv* без перéрви.

Pech *n* -(e)s, -e 1) пек; смолá; 2) *розм.* невдáча; er hat ~ mit den Fréunden (im Spiel, in der Líebe) йомý не щастúть (не таланúть) з дрýзями (у грі, в кохáнні).

péch(raben)schwarz *adj* чóрний як смолá.

Péchvogel *m* -s, ...vögel *розм.* невдáха.

pedántisch *adj* педантúчний; дріб'язкóвий.

péilen *vt* 1) пеленгувáти; 2) визначáти.

péinigen *vt* мýчити, терзáти.

péinlich *adj* 1) бóлісний; неприéмний, прúкрий; 2) педантúчний.

Péitsche *f* -, -n батíг, канчýк, бич; ◊ atw. únter der ~ tun робúти що-н. з-під пáлки.

Péllkartoffel *f* -, -n картóпля в лушпúнні.

Pelz *m* -es, -e 1) шкýра, хýтро; 2) кожýх, шýба.

Péndel *n* -s, - мáятник.

Pensión [pã-] *f* -, -en 1) пéнсія; éine ~ bezíehen одéржувати пéнсію; in ~ géhen ітú на пéнсію; 2) пансіóн; 3) плата за стіл (за харчувáння).

pensioníeren *vt* відправлáти на пéнсію; sich ~ lássen ітú на пéнсію.

Pénsum *n* -s, ...sen *i* ...sa навантáження; завдáння, урóк, навчáльний матеріáл; das ~ schäffen вúконати завдáння; вúвчити урóк.

Pérle *f* -, -n перлúна, *pl* намúсто.

Pérlmutter *f* - перламýтр.

Pérser *m* -s, - 1) перс; 2) пéрський кúлим.

Persiáner *m* -s, - карáкуль.

pérsisch *adj* пéрський.

Persón *f* -, -en 1) осóба, людúна, персона; pro ~ на осóбу; 2) дійовá осóба *(п'єси)*; 3) *юр.* осóба; 4) *грам.* осóба.

personál *adj* персонáльний, особúстий.

Personál *n* -s персонáл, особóвий склад.

Personál|abbau *m* -(e)s скорóчення штáтів; **~akten** *pl* особóва спрáва *(папка з документами)*; **~ausweis** *m* -es, -e посвíдчення осóби; **~bestand** *m* -(e)s, ...bestände особóвий склад; **~büro** *n* -s, -s відділ кáдрів; **~endung** *f* -, -en *грам.* особóве закíнчення; **~leiter** *m* -s, - начáльник відділу кáдрів.

Personáli¦en *pl* анкéтні дáні.

Persónen|auto *n* -s, -s, **~kraftwagen** *m* -s, - легковúй автомобíль; **~verkehr** *m* -s пасажúрське сполýчення; **~wagen** *m* -s, - 1) пасажúрський вагóн; 2) легковúй автомобíль; **~zug** *m* -(e)s, ...züge пасажúрський пóїзд.

persönlich *adj* індивідуáльний, особúстий.

Persönlichkeit *f* -, -en 1) людúна, осóба; 2) особúстість, індивідуáльність; 3) діяч; éine ~ des öffentlichen Lébens громáдський дíяч.

Perücke *f* -, -n парúк, перýка.

Petróle¦um *n* -s 1) гас; 2) нáфта.

Pfad *m* -(e)s, -e 1) стéжка; 2) *перен.* шлях.

Pfahl *m* -(e)s, **Pfähle** пáля, стовп.

Pfand *n* -(e)s, **Pfänder** застáва.

Pfánne *f* -, -n сковородá; жарóвня.

Pfánnkuchen *m* -s, - млúнчик, пóнчик з повúдлом *(смажений в олії)*.

Pfáu *m* -(e)s, -en 1) павúч; 2) *перен.* франт.

Pféffer *m* -s, - пéрець; ◊ *розм.* da liegt der Háse im ~! ось у чóму суть!; от де собáка зарúтий!

Pféfferminze *f* -, -n м'ята.

Pféife *f* -, -n 1) дýдка; сопíлка; свистóк; 2) люлька; 3) *розм.* бóвдур, дýрень.

pféifen* *vi, vt* свистáти, насвúстувати.

Pfeil *m* -(e)s, -e 1) стрілá; 2) шпúлька *(для волосся)*; 3) стрíлка.

Pféiler *m* -s, - 1) колóна; стовп; опóра; 2) вúшка; 3) *перен.* опóра, оплóт.

Pfénnig *m* -(e)s, -e *i* - 1) пфéніг; 2) *перен.* грóші.

Pferd *n* -(e)s, -e кінь, конáка; zu ~e вéрхи.

Pférde|rennen *n* -s, - перегóни,

скáчки; **∼schwanz** *m* **-es, ...schwänze** кíнський хвіст *(тж. зачíска)*; **∼stärke** *(скор. PS)* *f* **-, -n** кíнська сúла; **∼zucht** *f* **-** конярство.

Pfiff *m* **-(e)s, -e** 1) свист; 2) *перен.* викрутáс, вúтівка, хúтрощі.

Pfírsich *m* **-(e)s, -e** 1) пéрсик; 2) пéрсикове дéрево.

Pflánze *f* **-, -n** рослúна.

pflánzen *vt* саджáти *(рослини)*.

Pflánzen|kunde *f* **-,** **∼lehre** *f* **-** ботáніка; **∼schutz** *m* **-es** зáхист рослúн; **∼welt** *f* **-** рослúнний світ, флóра; **∼zucht** *f* **-** рослúнництво.

Pflánzung *f* **-, -en** 1) садíння *(рослин)*; 2) плантáція.

Pfláster *n* **-s, -** 1) плáстир; 2) брукíвка, мостовá.

pflastern *vt* 1) мостúти, брукувáти; 2) накладáти плáстир.

Pfláume *f* **-, -n** слúва.

Pflége *f* **-, -n** *(G)* дóгляд *(за ким, чим)*; турбóта *(про кого, що)*; die ∼ des Kránken дóгляд за хвóрим.

pflégen I *vt* доглядáти, ходúти *(за ким, чим)*.

pflégen II *vt* *(zu+inf)* мáти звичáй, мáти звúчку *(робити що)*.

Pfléger *m* **-s, -,** **∼in** *f* **-, -nen** 1) виховáтель, -ка; 2) санітáр, -ка; 3) опікýн, -ка.

Pflicht *f* **-, -en** 1) обов'язок, повúнність; 2) *спорт.* обов'язкóва прогрáма.

pflícht|bewußt *adj* свідóмий свогó обóв'язку; **∼eifrig** *adj* старáнний; **∼treu** *adj* вíрний (своéму) обóв'язку.

pflücken *vt* рвáти, збирáти *(квіти, ягоди)*.

Pflug *m* **-(e)s,** Pflüge плуг.

pflügen *vt* орáти.

Pfórte *f* **-, -n** ворóта; хвíртка; двéрі.

Pförtner *m* **-m, -** вартовúй *(біля входу)*; портьé; швейцáр.

Pfóte *f* **-, -n** 1) лáпа *(тварини)*; 2) *розм.* кривýлі, карлю́чкú.

Pfund **-(e)s, -e** *i з числ.* **-** 1) фунт *(міра ваги)*; 2) фунт стéрлінгів; 3) *перен.* талáнт.

Pfütze *f* **-, -n** калю́жа.

Phantasíeren *vi* фантазувáти; мрíяти.

Pháse *f* **-, -n** фáза.

Philatelíe *f* **-** філателíя.

Philharmonie *f* **-, ...ní|en** філармóнія.

Philológ(e) *m* **...gen, ...gen** філóлог, мовознáвець.

Philologíe *f* **-, ...gí|en** філолóгія.

Philosóph *m* **-en, -en** філóсоф.

Philosophíe *f* **-, ...phí|en** філосóфія; er studíert ∼ він вивчáє філосóфію; він студéнт філосóфського факультéту.

Phonothék *f* **-, -en** фонотéка.

Phóto|amateur [-to:r] *m* **-s, -e** фотоамáтор; **∼apparat** *m* **-s, -e** фотоапарáт; **∼ausstellung** *f* **-, -en** фотовúставка.

Photographíe *f* **-, ...phí|en** 1) фотогрáфія; 2) фотоательé.

Phráse *f* **-, -n** 1) фрáза; 2) *pl* гучні фрáзи (словá).

Physík фíзика.

physikálisch *adj* фізúчний *(щодо фізики)*.

Physiker *m* **-s, -** фíзик.

Physiologíe *f* **-** фізіолóгія.

physiológisch *adj* фізіологíчний.

physisch *adj* 1) фізúчний; 2) прирóдний; ein ∼er Schmerz фізúчний біль; éine ∼e Kárte фізúчна кáрта.

picken *vt* дзьóбати, клювáти.

Píllе *f* **-, -n** пілю́ля.

Pilz *m* **-es, -e** 1) гриб; 2) *мед.* грибóк.

Pílzvergiftung *f* **-, -en** отрýєння грибáми.

Pínsel *m* **-s, -** 1) пéнзель, щíточка; den ∼ führen займáтися живóписом; 2) *розм.* дýрень.

Pioníer *m* **-s, -e** 1) *pl* інженéрні вíйськá; 2) сапéр.

Pistóle *f* **-, -n** пістолéт.

placíeren [-'si:-] *i* [-'tsi:-] 1. *vt* 1) помістúти; поклáсти; влаштувáти *(кого)*; 2) *спорт.* (тóчно) направля́ти *(м'яч)*; 2. **sich** ∼ 1) *розм.* влаштóвуватися; 2) займáти місце *(в змаганні)*.

plädieren *vi* *(für A)* 1) виступáти *(за що)*; 2) *юр.* виступáти на судí *(про прокурора, оборонця)*.

Pláge *f* **-, -n** 1) мýка; 2) *розм.* бідá, лúхо, халéпа.

plágen 1. *vt* 1) мýчити; 2) *(mit D)* докучáти *(чим)*; 2. **sich** ∼ мýчитися.

Plan *m* **-(e)s, Pläne** план; зáдум.

plánen *vt* (за)планувáти; задýмувати.

Pláner *m* **-s, -** плановúк.

plán|gemäß *adj*, **∼mäßig** *adj* плáновий; планомíрний; передбáчений плáном.

Plánke *f* **-, -n** 1) паркáн; 2) дóшка, мостúна.

Plánmäßigkeit *f* **-** планомíрність.

P

Plánung *f* -, -en планувáння.
plánvoll *adj* 1) плáновий; планомíрний; 2) обдýманий.
Plast *m* -es, -e пластмáса.
plástisch *adj* 1) пластúчний; 2) об'ємний; ein ~er Film стереофільм.
Plateau [-'to:] *n* -s, -s платó, плоскогíр'я.
plätschern *vi* 1) дзюрчáти *(тж. перен.)*; 2) плескáти(ся), хлю́пати(ся).
platt 1. *adj* 1) плóский; 2) банáльний; 3) я́вний, очевúдний; 2. *adv* крúжем, нáвзнак.
Plátte *f* -, -n 1) плитá, плúтка; 2) пластúнка; 3) піднóс; тáця; 4) блю́до; стрáва; die kálte ~ холóдна стрáва; 5) *розм.* лúсина.
Plátten|bauweise *f* - великопанéльне будівнúцтво; **~spieler** *m* -s, - програвáч.
Platz *m* -es, **Plätze** 1) майдáн; 2) мíсце; ist díeser ~ frei (belégt)? це мíсце вíльне (зáйняте)?; ~ néhmen сідáти; von ~ aus з місця; den érsten ~ belégen (auf den érsten ~ kómmen) зайня́ти пéрше мíсце; 3) *спорт.* пóле, майдáнчик; 4) мíсце, посáда.
plátzen 1. *vi (s)* розривáтися, лóпатися, трíскатися; vor Wut (Néugier) ~ лýснути від злóсті (цікáвості); 2. **sich** ~ *розм.* плю́хатися *(сідати)*.
Plátz|karte *f* -, -n плацкáрта; **~regen** *m* -s, - злúва.
pláuderhaft *adj* балакýчий, балаклúвий.
pláudern *vi* 1) базíкати, балáкати; 2) пробóбкуватися.
Pléite *f* -, -n *розм.* банкрýтство, крах.
plötzlich 1. *adj* раптóвий; несподíваний; 2. *adv* рáптом, несподíвано.
plump *adj* 1) незгрáбний; 2) нетактóвний, грýбий.
plündern *vt* 1) грабувáти; 2) спустóшувати; 3) знімáти плодú *(з дерева)*; знімáти íграшки *(з новорічної. ялинки)*.
póchen 1. *vi* 1) стýкати; an die Tür ~ стýкати в двéрі; бúтися *(про серце)*; 2) *(auf A)* хизувáтися *(чим)*; 2. *vt* 1) товктú, дрібнúти; 2) *розм.* бúти; лупцювáти.
Pócken *pl мед.* вíспа; gégen ~ impfen прищéплювати вíспу.
Póckenimpfung *f* -, -en прищéплювання вíспи.
Pódium *n* -s, ...di|en естрáда, трибýна, помíст.
Pokál *m* -s, -e кéлих; кýбок.
Pokálspiel *n* -(e)s, -e *спорт.* гра на кýбок.
Pol *m* -s, -e *геогр., фіз.* пóлюс; negativer ~ *фіз.* катóд; positiver ~ *фіз.* анóд.
Polár|bär *m* -en, -en білий (полярний) ведмідь) **~licht** *n* -es, -er півнíчне сяйво.
Politik *f* -, -en полíтика; die áuswärtige ~ зóвнішня полíтика.
Pólstermöbel *pl* м'які мéблі.
populär *adj* популя́рний; загальнодостýпний.
Portión *f* -, -en пóрція, чáстка, дóза.
portugíesisch *adj* португáльський.
Porzellán *n* -s, -e фáрфор; фáрфóрові вирóби.
Positión *f* -, -en 1) позúція, місцезнахóдження; 2) мíсце *(в змаганні)*; 3) посáда, станóвище; 4) тóчка зóру.
pósitiv (positív) *adj* позитúвний, пéвний; конкрéтний.
Pósitiv *n* -s, -e *фото* позитúв.
Póssen *m* -s, - (лихúй) жарт, вúтівка.
póssenhaft *adj* смішнúй, забáвний; дурнúй.
Post *f* -, -en пóшта; поштóве відділення; etw mit der (durch die, per) ~ schicken посилáти пóштою що-н.
Póst|amt *n* -es, ...ämter поштáмт, поштóве відділення; **~anweisung** *f* -, -en поштóвий перекáз; **~bote** *m* -n, -n листонóша, поштáр.
Pósten *m* -s, - 1) пост; вартовúй; ~stéhen стоя́ти на вáрті; auf ~ zíehen заступáти на вáрту; 2) пост, посáда.
Póstfach *n* -(e)s, ...fächer поштóва скрúнька.
Póst|karte *f* -, -n (поштóва) листíвка; **~kasten** *m* -s, - *i* ...kästen поштóва скрúнька.
póstlagernd *adv* до запитáння.
Póst|leitzahl *f* -, -en поштóвий íндекс; **~marke** *f* -, -n поштóва мáрка; **~zusteller** *m* -s, - листонóша.
Póst- und Férnmeldewesen *n* -s пóшта і телегрáф; зв'язóк.
potentiál, potenti|éil *adj* потенцíйний, можлúвий.
Poténz *f* -, -en 1) (притамáнна) сúла, можлúвість, потýжність; 2. *мат.* стéпінь; in die zwéite ~ erhében піднестú до дрýгого

степеня.

Pracht *f* - пишнота, розкіш.

prächtig *adj* 1) пишний, розкішний; 2) чудовий; прекрасний.

Prácht|junge *m* -n, -n, **~kerl** *m* -s, -e *розм.* добрий хлопець, молодець.

Prädikát *n* -(e)s, -e 1) оцінка; das Exámen mit dem ~ «gut» áblegen скласти екзамен з оцінкою «добре»; 2) *грам.* присудок.

prägen *vt* 1) карбувати; 2) штампувати; 3) створювати; 4): sich (*D*) etw. ins Gedächtnis ~ запам'ятовувати що-н.

prägnánt *adj* 1) виразний, чіткий, влучний; 2) змістовний.

práhlen *vi* (*vor D mit D*) хвалитися (*кому чим*).

Práktik *f* -, -en 1) практика; die ~en erlérnen набути практики; 2) прийом, поводження (*з чим*); 3) *pl* інтриги.

Práktikum *n* -s, ...ken *i* ...ka 1) практика (*студентів*); sein ~ ábleisten (máchen) проходити практику; im ~ sein бути на практиці; 2) практичні заняття (*студентів*).

Pralíne *f* -, -n шоколадна цукерка (*з начинкою*).

prall *adj* 1) тугий; напханий; надутий; 2) сильний, пекучий; die ~e Sónne пекуче сонце.

prállen *vi* (*s*) (*gegen A, an A*) битися, ударятися (*об що*), наскакувати (*на кого, що*).

Prämi¦e *f* -, -n премія, нагорода; éine ~ áuszahlen видати премію.

prämíeren *vt* (*mit D*) преміювати (*кого чим*).

prángen *vi* 1) красуватися, блищати; 2) (*mit D*) *розм.* хизуватися (*чим*).

Präparát *n* -(e)s, -e 1) ліки (*готові*); 2) препарат; 3) навчальний наочний посібник, експонат.

Präsént *n* -(e)s, -e (невеликий подарунок, презент); j-m ein ~ máchen (überréichen) робити (вручати) кому-н. подарунок.

präsentíeren 1. *vt* 1) пропонувати; 2) подавати, пред'являти (*рахунок*); 3) дарувати, підносити; **2. sich** ~ 1) показувати себе; 2) мати вигляд; er präsentiert sich gut він має добрий вигляд.

Präsidént *m* -en, -en 1) президент; 2) голова (*організації*).

Präsidéntenwahl *f* -, -en президентські вибори.

präsidíeren *vi* (*D*) головувати, вести збори; éiner Versámmlung ~ головувати на зборах.

Práxis *f* -, ...xen 1) практика, досвід; 2) *розм.* години прийому (*лікаря, юриста*); héute ist (hábe ich) von 10 bis 12 ~ сьогодні (у мене) прийом з 10 до 12; 3) практичні заняття.

präzís(e) *adj* точний.

Preis *m* -es, -e 1) ціна; um jéden ~ за всяку ціну; um kéinen ~ нізащо; 2) премія, винагорода, нагорода, приз.

préisen* *vt* вихваляти.

préisgeben* *vt* 1) відмовлятися (*від чого*); 2) (*D*) залишати, кидати; ein Gehéimnis ~ розголосити таємницю; j-n der Gefáhr ~ залишати у небезпеці кого-н.

préis|gekrönt *adj* відзначений премією; **~günstig** *adj* дешевий.

Préisträger *m* -s, - 1) призер; лауреат.

préis|wert *adj*, ~ **würdig** *adj* 1) недорогий; 2) гідний похвали.

Premiegminister [pre'mie:-] *m* -s, - прем'єр-міністр.

Présse I *f* -, -n 1) прес; 2) лещата.

Présse II *f* - преса; éine gúte (schléchte) ~ háben дістати позитивну (негативну) оцінку в пресі.

Présse|berichterstatter *m* -s, - кореспондент газети; **~konferenz** *f* -, -en прес-конференція; **~meldung** *f* -, -en повідомлення в газеті.

préssen *vt* 1) тиснути; пресувати; 2) (*an A*) притискувати (*що до чого*); 3) (*aus D*) вичавлювати, видавлювати (*напр., сік*); 4) (*in A*) втискувати (*що куди*); 5) (*zu D*) примушувати (*до чого*).

príckeln *vi* щипати, лоскотати; свербіти.

Príester *m* -s, - священик; жрець.

príma *adj* 1) першокласний; ~Qualität вищої якості; 2) прекрасний; das ist ja ~ ! це чудово!

primär *adj* первинний, найперший.

Prímus *m* -, ...mi *i* -se перший учень (*у класі*).

Prinzíp *n* -s, -e *i* ...pi¦en принцип; aus ~ tun робити з принципу; im ~ у принципі.

Prinzípi|enfestigkeit *f* - принциповість.

Príse *f* -, -n пучка, щіпка (*солі*).

Prítsche *f* **-, -n** поли́ця; на́ри.
privát [-v-] *adj* вла́сний, прива́тний, особи́стий; ~es Éigentum прива́тна вла́сність; éine ~e Angelegenheit прива́тна спра́ва.
Privát|eigendum *n* **-s, ...tümer** прива́тна вла́сність; **~lehrer** *m* **-s, -** репети́тор.
pro *prp (A)* на, в, за; ~ Kopf на ду́шу; ~Wóche (Stúnde) за ти́ждень (за годи́ну).
Pro *n* **-**: das ~ und (das) Kóntra (усі́) «за» і «про́ти».
probát *adj* ви́пробуваний, переві́рений (на до́свіді), наді́йний.
Próbe *f* **-, -n** ви́про́бування, про́ба.
Próbe|lektion *f* **-, -en** про́бний уро́к *(молодого вчителя)*; **~zeit** *f* **-, -en** випро́бни́й (іспито́вий) те́рмін.
probíeren *vt* 1) випробо́вувати, перевіря́ти; 2) куштува́ти, дегустува́ти; 3) про́бувати *(щось зробити)*.
Problém *n* **-s, -e** 1) пробле́ма; ein ~ lösen розв'я́зувати пробле́му; ein ~ áufrollen висува́ти пробле́му; 2) завда́ння.
Prodúkt *n* **-(e)s, -e** 1) проду́кт; 2) *мат.* добу́ток.
Produktión *f* **-, -en** 1) виробни́цтво; in der ~ árbeiten працюва́ти на виробни́цтві; 2) проду́кція.
Produktións|ablauf *m* **-(e)s, ...läufe** виробни́чий проце́с; **~ausstoß** *m* **-es** ви́пуск проду́кції *(за проміжок часу)*; **~beratung** *f* **-, -en** виробни́ча нара́да; **~genossenschaft** *f* **-, -en** виробни́чий кооперати́в; **~leiter** *m* **-s, -** головни́й інжене́р; **~leitung** *f* **-, -en** дире́кція; керівни́цтво підприє́мства; **~mittel** *pl* за́соби виробни́цтва; **~verhältnisse** *pl* виробни́чі відно́сини; **~weise** *f* **-, -n** спо́сіб виробни́цтва; **~zweig** *m* **-es, -e** га́лузь виробни́цтва.
Produktivität [-v-] *f* **-** продукти́вність *(праці)*.
Produktivkräfte *pl* продукти́вні си́ли.
produzíeren 1. *vt* виробля́ти *(товари)*; 2. **sich** ~ демонструва́ти своє́ вмі́ння (свою́ майсте́рність).
professionéll *adj* професі́йний.
Profít *m* **-(e)s, -e** прибу́ток; бари́ш; зиск.
profitábel *adj* ви́гідний, прибутко́вий.
profitíeren *vi (von D)* 1) ма́ти бари́ш, ви́году, зиск *(від кого, чого)*; 2) ма́ти ко́ри́сть; виграва́ти *(від чого)*.
Prognóse *f* **-, -n** прогно́з, передба́чення; die ~ traf (nich) zu прогно́з (не) спра́вдився.
Prográmm *n* **-s, -e** програ́ма; план.
prográmmäßig *adj* відпові́дний до програ́ми.
prográmmnesteuert *adj* з програ́мним управлі́нням (керува́нням).
Programmíerung *f* **-, -en** програмува́ння.
Prográmm|steuerung *f* **-** програ́мне управлі́ння; **~vorschau** *f* **-** програ́ма (радіопереда́ч), репертуа́р (теа́тру).
Projékt *n* **-(e)s, -e** 1) прое́кт; 2) план; на́мір.
Projektións|apparat *m* **-(e)s, -e** проекці́йний апара́т, прое́ктор.
projizíeren *vt* 1) проектува́ти *(на екран)*; 2) проектува́ти *(що)*.
proklamíeren *vt* проголо́шувати (урочи́сто); обнаро́дувати.
Pro-Kópf-Vebrauch *m* **-(e)s** спожива́ння на ду́шу насе́лення.
Promenáde *y* **-, -n** 1) прогу́лянка; 2) мі́сце для прогу́лянок *(напр., бульвар)*.
prominént *adj* ви́дний, видатни́й.
Promotión *f* **-, -en** 1) нада́ння нау́кового сту́пеня; 2) за́хист дисерта́ції.
promovíeren [-v] 1. *vi* 1) захища́ти дисерта́цію; zum Dóktor ~ захища́ти дисерта́цію; über ein Théma ~ захища́ти дисерта́цію на те́му; 2) здобува́ти науко́вий сту́пінь; 2. *vt* надава́ти (присво́ювати) вче́ний сту́пінь.
Propagánda *f* **-** пропага́нда; für etw. ~ máchen (tréiben) пропагува́ти що-н.
prophezéien *vt* пророкува́ти; віщува́ти.
Prophyláktikum *n* **-s, ..ka** профілакти́чний за́сіб.
proportionál *adj* пропорці́йний.
Prosá¦iker *m* **-s, -** 1) проза́їк *(письменник)*; 2) проза́їчна люди́на.
prósit!, prost! на здоро́в'я! ~ Néujahr! З Нови́м ро́ком!
Protéstkundgebung *f* **-, -en** демонстра́ція проте́сту.
provisórisch [-v-] **1.** *adj* тимчасо́вий; **2.** *adv* по́ки що; тимчасо́во.
provokatórisch [-v-] *adj* провокаці́йний.
prozentuál **1.** *adj* проце́нтний; **2.** *adv* у проце́нтному відно́шенні.

P

Prozéß *m* **...zesses, ...zesse** 1) процéс; хід рóзвитку; 2) судовá спрáва, процéс.
prüfen *vt* 1) перевіряти, випробóвувати; 2) екзаменувáти, приймáти íспит; in der Mathematík ~ екзаменувáти з математики.
Prüfer *m* **-s, -** 1) контролéр; випрóбувач; 2) екзаменáтор.
Prüfung *f* **-, -en** 1) перéвірка; випрóбування; 2) íспит, екзáмен; éine ~ in Déutsch áblegen склaдáти íспит з німéцької мóви; éine ~ bestéhen, durch éine ~ kómmen вúтримати екзáмен; sich auf (für) éine ~ vórbereiten готувáтися до íспиту; für éine ~ lérnen (páuken, büffeln, óchsen) вчúти (зубрúти) пéред íспитом; in der ~ dúrchfallen провалúтися на íспиті; 3) випрóбування *(стражданням).*
Prüfungs|anforderungen *pl,* **~bedingungen** *pl* екзаменаціíні вимóги; **~ergebnis** *n* **...nisses, ...nisse:** gúte ~ ergebnisse áufweisen вúявити гáрні знання на íспиті; **~fach** *n* **-es, ...fächer** предмéт, що винóситься на íспит; **~kandidat** *n* **-en, -en** екзаменóваний; той, когó екзаменýють.
Prügel *pl* побóї.
Prügeléi *f* **-, -en** бíйка.
prügeln *vt* лупцювáти, бúти.
publizíeren *vt* публікувáти.
Púder *m* **-s, -** пýдра.
Púderdose *f* **-, -n** пýдрениця.
púdern 1. *vt* пýдрити; 2. **sich** ~ пýдритися.
Púlli *m* **-s, -s, Pullóver** [-v] *m* **-s, -** пулóвер, светр.
Pult *n* **-(e)s, -e** пульт, пюпíтр; кáфедра.
Púlver *n* **-s, -** 1) порошóк; 2) пóрох.
Púmpe *f* **-, -n** насóс, пóмпа.
púmpen *vt* 1) качáти (насóсом); 2) *(bei D, von D)* позичáти *(грóші у кого)*; *(D)* давáти в пóзику.
Pumps [pʌmps] *pl* лóдочки *(жінóчі тýфлі).*
Punkt *m* **-(e)s, -e** 1) крáпка, тóчка; 2) пункт, парáграф, стаття (закóну); 3): ~ 12 (Uhr) рíвно о дванáдцятій (годúні); 4) *спорт.* очкó.
pünktlich 1. *adj* тóчний, пунктуáльний; акурáтний; 2. *adv* своєчáсно, тóчно, акурáтно.
Pünktlichkeit *f* **-** пунктуáльність, тóчність, акурáтність.
Pupílle *f* **-, -n** зінúця.
Púppe *f* **-, -n** 1) ляялька; 2) манекéн; 3) *зоол.* лялечка.
pur *adj* чúстий *(без домíшок)*, щúрий; die ~e Wáhrheit щúра прáвда.
pústen [ˈpu:-] *vi* розм. 1) вáжко дúхати, хéкати; 2) дýти; дмýхати.
Púte *f* **-, -n** індúчка.
Púter *m* **-s, -** індúк.
Putz *m* **-es, -e** 1) вбрáння; 2) штукатýрка.
pútzen 1. *vt* 1) чúстити; die Fénster ~ мúти (протирáти) вíкна; 2) прибирáти *(приміщення)*; 3) прикрашáти, чепурúти, наряджáти; 4) штукатýрити; 2. **sich** ~ чепурúтися, наряджáтися.
Pútzfrau *f* **-, -en** прибирáльниця.

Q q

Quadrát *n* **-(e)s, -e** квадрáт *(тж. мат.)*; éine Zahl ins ~ erhében піднóсити чúсло до квадрáта; zwei im (zum) ~ ist vier два в квадрáті бýде чотúри.
quadrátförmig *adj* квадрáтний.
Quadrátinhalt *m* **-(e)s, -e** плóща квадрáта, квадратýра.
Quadrátwurzel *f* **-, -n** квадрáтний кóрінь; die ~ aus éiner Zahl zíehen добувáти квадрáтний кóрінь з числá.
quadríeren *vt* піднóсити до квадрáта.
Qual *f* **-, -en** мýка; гризóта.
quälen 1. *vt* мýчити; катувáти, терзáти, гнітúти; 2. **sich** ~ 1) мýчитися, мордувáтися; 2) *(durch A)* насúлу пробирáтися *(через що).*
Qualifikatións|kampf *m* **-(e)s, ...kämpfe, ~spiel** *n* **-es, -e** відбíрні змагáння, відбíрний матч.
qualifizíeren 1. *vt* 1) кваліфікувáти; 2) підвúщувати кваліфікáцію (якість); 2. **sich** ~ 1) підвúщувати свою кваліфікáцію; 2) *(für*

A) набувати (якоїсь) спеціальності.

qualifiziert *adj* (високо)кваліфікований; ~e Méhrheit переважна більшість *(при голосуванні)*.

Qualifizíerung *f* -, -en 1) кваліфікація; 2) підвищення кваліфікації.

Qualifizíerungslehrgang *m* -(e)s, ...gänge курс(и) підвищення кваліфікації.

Qualität *f* -, -en 1) якість; die ~ erhöhen (prüfen, kontrollíeren, verbéssern) підвищувати (контролювати, перевіряти, поліпшувати) якість; 2) ґатунок; сорт; érste (höchste) ~ першого (найвищого) ґатунку; 3) здібності; spórtliche ~en спортивні здібності.

qualitativ 1. *adj* якісний; 2. *adv* якісно, у якісному відношенні, за якістю.

qualitätsgerecht *adj* який відповідає встановленій якості.

Qualm *m* -(e)s (густий) дим, чад.

quálmen 1. *vi* диміти, чадити; 2. *vt розм.* смалити *(цигарки)*.

quálvoll *adj* нестерпний, болісний.

Quantität *f* -, -en кількість.

quantitatív *adj* кількісний.

Quark *m* -(e)s, -e 1) сир; 2) *розм.* дурниця, нісенітниця.

quartálweise *adj* поквартальний.

Quartíer *n* -s, -e квартира *(тимчасова)*; ~ súchen шукати квартиру; j-n ins ~ néhmen пускати кого-н. на квартиру.

Quatsch *m* -es *розм.* базікання; нісенітниця; казна-що; mach nicht sólchen ~! не говори дурниць!

quátschen *vi* базікати, молоти дурниці, верзти нісенітницю; quatsch nicht (so viel)! не базікай!

Quátschkopf *m* -(e)s, ...köpfe базіка, пустомеля.

Quécksilber *n* -s 1) ртуть; 2) *перен. розм.* непосида, вертун.

Quélle *f* -, -n 1) джерело; струмок; 2) *перен.* джерело; першоджерело.

quéllen* *vi (s)* 1) бити джерелом, литися, текти; 2) набухати, набрякати.

Quéllen|angabe *f* -, -n посилання на першоджерело; ~**nachweis** *m* -es, -e бібліографія; ~**verzeichnis** *n* -es, -se бібліографія, (список) першоджерел.

quer 1. *adj* 1) поперечний; 2) навіжений, сварливий; 3) сумнівний; 2. *adv* через, поперек; kreuz und ~ криво й косо.

Quére *f* - поперечний напрямок; j-m in die ~ kómmen зустрічатися, траплятися кому-н. (на дорозі); *перен.* ставати поперек шляху кому-н.

quéren *vt* пересікати *(що)*; переходити *(через що)*.

querfeldéin *adv* навпростець, навпрямки.

Quér|gasse *f* -, -n провулок; ~**kopf** *m* -(e)s, ...köpfe уперта людина (особа), упертий; ~**schnitt** *m* -(e)s, -e 1) поперечний розріз; 2) огляд *(durch A чого)*; ~**straße** *f* -, -n поперечна вулиця.

quértreiben* *vi* інтригувати.

quérüber *adv* навскіс; упоперек.

quétschen 1. *vt* 1) давити; м'яти; товкти; 2) зажати; віддалювати; sich *(D)* éinen Fínger ~ прищипнути (собі) палець; 2. **sich** ~ штовхатися; тіснутися.

quícklebendig *adj* жвавий, бадьорий.

quíeken, quíeksen, quíetschen *vi* верещати; пищати, кувікати.

quitt *adv* квит(и); wir sind (mit ihm) ~! ми (з ним) квити!; mit j-m ~ sein (wérden) розквитатися з ким-н.; посваритися з ким-н.

quittíeren *vt* 1) *(über A)* розписуватися *(про одержання чого)*; видавати розписку, квитанцію; 2) відповідати, реагувати; den Scherz mit éinem Lächeln ~ сприйняти жарт з усмішкою, відповісти на жарт усмішкою.

Quíttung *f* -, -en квитанція, розписка; éine ~ *(für A, über A)* áusstellen видати квитанцію *(про що)*.

Quiz [kviz] *n* - вікторина, концерт-загадка *(по радіо, телебаченню)*.

Q

R r

Rábe *m* **-n, -n** 1) вóрон; 2) *розм.* негíдник, бешкéтник.

rábenschwarz *adj* воронúй; кóльору вóронового крилá.

Ráche *f* - пóмста, відплáта; ~ néhmen *(an D für A)* мстúти *(кому за кого, за що)*; an j-m ~ üben мстúти комý-н.

rächen 1. *vt* мстúти *(за кого, за що)*; etw. an j-m ~ мстúти за щó-н. комý-н.; 2. **sich** ~ *(an D für A)* мстúти *(кому за що)*.

Ráchen *m* **-s,** - 1) пáща; 2) глóтка.

Ráchsucht *f* - мстúвість.

ráckern *vi i* **sich** ~ мýчитися, надривáтися.

Rad *n* **-(e)s, Räder** 1) кóлесо; 2) велосипéд; er fährt ~ він ї́здить на велосипéді; 3) хвіст птáха *(віялоподібний)*.

Radáu *m* **-s** шум, гáлас; ~ máchen шумíти, скандáлити.

rádfahren* *vi (s)* ї́здити на велосипéді.

radíeren *vt* 1) стирáти *(написане)* гýмкою; 2) травúти, гравітувáти *(на металі)*.

Radíergummi *m* **-s,** - *i* **-s** гýмка *(для витирання)*.

Rádio *n* **-s, -s** рáдіо; im ~ по рáдіо.

Rádio|ansager *m* **-s,** - дúктор рáдіо; **~apparat** *m* **-s, -e** радіоприймáч; **~bastler** *m* **-s,** - радіолюбитéль; **~gerät** *n* **-(e)s, -e** радіоприймáч; рáція; **~hörer** *m* **-s,** - радіослухáч; **~röhre** *f* **-, -n** радіолáмпа; **~übertragung** *f* **-, -en** радіопередáча.

Rádspur *f* **-, -en** кóлія.

ráffen *vt* 1) збирáти, підбирáти; складáти; 2) захóплювати, привлáснювати.

Ráffgier *f* - жáдібність, жадóба нажúви.

rágen *vt* 1) піднóситися, височíти; 2) стирчáти.

Rahm *m* **-(e)s** вершкú.

Ráhmen *m* **-s,** - 1) рáма; 2) *перен.* отóчення, середóвище; in féierlichem ~ в урочúстій обстанóвці; 3) мéжі, рáмки; im ~ des Möglichen у мéжах можлúвого; 4) рант *(взуття)*.

Rain *m* **-(e)s, -e** 1) межá; 2) узлíсся; край.

Rand *m* **-(e)s, Ränder** 1) крáй, межá; 2) узлíсся; окóлиця; 3) облямíвка; 4) полé *(сторінки)*.

Rang *m* **-(e)s, Ränge** 1) стýпінь, розря́д; 2) (вíйськóвé) звáння; 3) *театр.* я́рус; der érste ~ балкóн пéршого я́русу.

ránken, sich *(an A, um A)* вúтися, обвивáтися, обкрýчуватися *(навколо чого)*.

Ránzen *m* **-s,** - рáнець, сýмка; den ~ schnüren зібрáтися в дорóгу.

Ráppe *m* **-n, -n** воронúй кінь; ◊ auf Schústers ~n *розм.* пíшки, на своḯх двох.

rasch *adj* 1) швидкúй; 2) мотóрний, меткúй; er ist ein ~er Kopf він дýже кмітлúвий; 3) запальнúй, нетерпля́чий.

rásсheln *vi* шелестíти, шарудíти.

rásen *vi* 1) *(h)* шаленíти; божевóліти; 2) *(h, s)* мчáти.

Rásen I *m* **-s,** - травá; газóн.

Rásen II *n* **-s** шалéнство, божевíлля.

rásend *adj* 1) шалéний, несамовúтий; j-n ~ máchen вúвести когó-н. з сéбе; 2) стрімкúй, бурхлúвий.

Raseréi *f* **-, -en** 1) безýмство, шалéнство; 2) необерéжна швидкá ї́здá.

rasíeren 1. *vt* голúти; 2. **sich** ~ голúтися.

Rasíer|messer *n* **-s,** - брúтва; **~zeug** *n* **-(e)s, -e** прилáддя для гоління.

Rásse *f* **-, -n** 1) рáса; 2) порóда.

rásseln *vi* 1) гримíти, гримотíти; побря́зкувати; 2) хрипíти *(при диханні)*.

rásten *vi* відпочивáти; розбúти привáл.

rástlos 1. *adj* невтóмний; безперестáнний; 2. *adv* невтóмно; безперестáнку.

Rat *m* **-(e)s, Räte** 1) *pl* Rátschläge порáда; (éinen) ~ gében давáти порáду, рáдити; j-n um ~ frágen звернýтися до когó-н. за порáдою; 2) рáдник.

ráten* *vt* 1) рáдити; sich *(D)* ~ lássen слýхатися чиéï-н. порáди; 2) відгáдувати, угáдувати.

Rát|geber *m* **-s,** - 1) порáдник; 2) рáдник; 3) дóвідник; **~haus** *n* **-es, ...häuser** рáтуша.

rätlich adj 1) розсýдливий, доцíльний; es ist nicht ~ цьогó

R

не слід робúти; 2) ощáдливий.
rátlos *adj* розгýблений, безпорáдний; нерішýчий.
rátsam *adj* розсýдливий, доцільний; бáжаний.
Rátschlag *m* **-(e)s, Rátschläge** порáда.
Rátschluß *m* **...schlusses, ...schlüsse** ухвáла, постанóва.
Rätsel *n* **-s, -** зáгáдка; ~ áufgeben загáдувати зáгадки *(тж. перен.)*; ein ~ lösen відгáдувати зáгадку.
rätselhaft *adj* загадкóвий; незрозумілий; таємнúчий.
Ráub *m* **-(e)s** 1) грабíж; розкрадáння, розбíй; 2) здóбич.
ráuben *vt* 1) *(D)* грабувáти; викрадáти; крáсти; 2) *(D)* позбавляти *(кого чого)*; j-m die Hóffnung ~ позбавляти когó-н. надíї.
Räuder *m* **-s, -** розбíйник, грабíжник.
räuberisch *adj* розбíйницький, грабíжницький.
ráubgierig *adj* хúжий, жáдíбний.
Ráub|krieg *m* **-(e)s, -e** загáрбницька війнá; **~mörder** *m* **-s, -** бандúт, убивця; **~schütz** *m* **-es, -e** браконьéр; **~tier** *n* **-es, -e** хижáк.
Ráuch *m* **-)e)s** дим; кíптява.
ráuchen **1.** *vi* димúти, чадúти; 2. *vt* курúти, палúти.
räuchern *vt* 1) коптúти; 2) обкýрювати.
ráuchig *adj* дúмний; прокýрений, закоптілий.
ráufen 1. *vt* рвáти; щипáти; висмúкувати; 2. **sich** ~ бúтися, борóтися.
rauh *adj* 1) шершáвий; шорсткúй; 2) грýбий; сувóрий; 3) різкúй, сувóрий *(клíмат)*; 4) хрúплий *(гóлос)*.
Raum *m* **-(e)s, Räume** 1) прóстір; áußerirdischer ~ космíчний прóстір; 2) мíсце; es ist kein ~ da немáє вíльного мíсця; 3) примíщення; кімнáта; кабíна; 4) éмність, мíсткість; 5) райóн, місцéвість; der mítteleuropäische ~ райóн Центрáльної Єврóпи; 6) космíчний прóстір, кóсмос.
räumen *vt* 1) очищáти, прибирáти; 2) очищáти, звільняти мíсце; 3) залишáти, звільняти; евакуювáти; das Feld ~ вúзнати свою порáзку.
Ráum|fahrer *m* **-s, -** космонáвт; **~fahrt** *f* **-, -en** 1) *тк. sg* космонáвтика; 2) космíчний полíт, космíчна пóдорож; **~film** *m* **-(e)s, -e** стереокінó; **~flieger** *m* **-s, -** (льóтчик)-космонáвт; **~flug** *m* **-es, ..flüge** космíчний полíт; bemánnter ~flug полíт космíчного корабля з людúною на бортý; **~flugbahn** *f* **-** траєкторія космíчного польóту; **~forschung** *f* **-, -en** дослíдження космíчного прóстору; **~lehre** *f* **-** 1) геометрія; стереомéтрія; 2) вчéння про прóстір.
räumlich **1.** *adj* 1) просторóвий; 2) об'éмний; місткúй; **2.** *adv* у просторóвому віднóшенні.
Ráum|schiff *n* **-(e)s, -e** космíчний корабéль; **~schiffahrt** *f* **-** космонáвтика; **~station** *f* **-, -en** космíчна стáнція.
Ráupe *f* **-, -n** гýсениця.
ráuschen *vi* шумíти; шелестíти, шурхотíти; дзюрчáти.
räuspern, sich відкáшлюватися; покáшлювати.
Rébe *f* **-, -n** 1) виногрáд; 2) (виногрáдна) лозá.
rebellíeren *vi* бунтувáти; повставáти.
Rébstock *m* **-(e)s, ...stöcke** (виногрáдна) лозá.
Réchen|aufgabe *f* **-, -n** арифметúчна задáча; **~buch** *n* **-(e)s, ...bücher** підрýчник арифмéтики; **~formel** *f* **-, -n** математúчна фóрмула; **~kunst** *f* **-** арифмéтика; **~maschine** *f* **-, -n** лічúльна машúна, арифмóметр; **~regeln** *pl* прáвила арифметúчних дій.
Réchenschaft *f* **-** звіт; (j-m) ~ áblegen звітувáти *(перед ким)*; j-n zur ~ ziehen притягтú когó-н. до відповідáльності.
Réchenschaftsbericht *m* **-(e)s, -e** звíтна дóповідь, звіт.
Réchen|schieber *m* **-s, -** лічúльна (логарифмíчна) лінíйка; **~stelle** *f* **-, -n** обчúслювальний центр.
réchnen 1. *vt* лічúти, рахувáти, обчúслювати; 2) *(auf A)* розрахóвувати *(на кого, на що)*; 3) *(mit D)* рахувáтися *(з чим)*; брáти до увáги *(що)*; 2. *vt* 1) розв'язувати; підрахóвувати; 2) *(zu D, unter A)* вважáти, визнавáти *(ким)*, зарахóвувати *(до кого)*.
Réchnen *n* **-s,** арифмéтика; рахýнок.
Réchner *m* **-s, -** 1) обчúслювач; математик; 2) лічúльна машúна.
Réchnung *f* **-, -en** 1) обчúслення;

2) розрахýнок; óблік; 3) рахýнок.

recht I **1.** *adj* 1) прáвий; ~er Hand правóруч; 2) прáвильний, підходя́щий; спрáвжній; im ~en Augenblick вчáсно; eir ~er Mann спрáвжня людúна; zur ~en Stúnde вчáсно; **2.** *adv* 1) прáвильно, справедлúво; ganz ~! цілкóм слýшно!; 2) дýже; дóсить; ~gern! із задовóленням!

recht II: ~ behálten (bekómmen, erhálten) вия́вúтися прáвим; j-m ~ gében визнавáти чию-н. правотý; ~ háben мáти рáцію.

Recht *n* **-(e)s, -e** 1) прáво *(на що)*; ein ~ auf etw. (A) háben мáти прáво на що-н.; 2) прáво *(правові норми)*; закóн; das ~ mit Füßen tréten зневажáти правá; 3) правотá, прáвильність; прáвда; im ~ sein бýти прáвим.

Réchteck *n* **-(e)s, -e** *мат.* прямокýтник.

réchten *vi* сперечáтися; über etw. (A) ~ сперечáтися про що-н.

réchtfertigen 1. *vt* виправдóвувати; 2. **sich** ~ *(vor j-m)* виправдóвуватися *(перед ким)*.

réchtlich *adj* 1) правовúй, юридúчний; 2) закóнний; 3) чéсний, справедлúвий.

réchtlos *adj* 1) безпрáвий; 2) незакóнний.

réchtmäßig **1.** *adj* закóнний, легáльний; **2.** *adv* закóнно; легáльно.

rechts *adv* правóруч; nach ~ напрáво; von ~ nach links спрáваналíво.

Réchts|anwalt *m* **-(e)s, ...wälte** *юр.* адвокáт; **~berater** *m* **-s, -** юрискóнсульт; **~brecher** *m* **-s -** правопорýшник.

Réchtschreibung *f* **-** орфогрáфія, правóпис.

réchtsum *adv:* напрáво! *(команда)*.

Réchts|verhältnisse *pl* правові́ віднóсини; **~verletzer** *m* **-s, -** правопорýшник.

réchtswidrig *adj* протизакóнний.

réchtwinkelig *adj* прямокýтний.

réchtzeitig **1.** *adj* своєчáсний; **2.** *adv* своєчáсно, вчáсно.

récken 1. *vt* витягáти, розтягáти; 2. **sich** ~ 1) витягáтися, тягтúся; 2) потягáтися.

Réde *f* **-, -n** 1) мóва, розмóва; wovón ist die ~? про що мóва?; 2) промóва; éine ~ hólten виголóшувати промóву; 3) відпóвідь, відповідáльність; j-n zur ~ stéllen притягтú когó-н. до відповідáльності; j-m ~ (und Antwort) stéhen відповідáти пéред ким-н., давáти пояснення комý-н.; 4) *лінгв.* мóва; мóвний стиль; dirékte indirékte) ~ прямá (непрямá) мóва.

réde|faul *adj* неговіркúй, небалакýчий; **~fertig** *adj* красномóвний.

Rédefreiheit *f* **-** свобóда слóва.

réden *vt, vi (über A, von D)* говорúти, розмовля́ти *(про кого, про що)*; du hast gut ~! тобі дóбре говорúти!; er läßt mit sich ~ він згíдливий; з ним мóжна домовúтися.

Réde|strom *m* **-es** потíк слів; **~teil** *m* **-es, -e** частúна мóви; **~wendung** *f* **-, -en** мóвний зворóт, вираз.

rédlich **1.** *adj* чéсний; сумлíнний; **2.** *adv* чéсно, сумлíнно; sich ~ bemühen доклáсти всіх зусúль.

Rédner *m* **-s, -** доповідáч, промóвець.

rédselig *adj* говіркúй, балакýчий.

referíeren *vi (über A)* доповідáти, робúти дóповідь; реферувáти.

reflektíeren 1. *vt* відбивáти *(світло)*; 2. *vi* 1) *(über A)* міркувáти *(про що)*; 2) *(auf A)* розрахóвувати, претендувáти *(на що)*.

reflexív *adj* 1) відбúтий; зворóтний; 2) *грам.* зворóтний.

Regál *n* **-s, -e** полúця; етажéрка; стелáж.

rége *adj* жвáвий, діяльний; актúвний; ~s Interésse für etw. (A) zéigen виявля́ти жвáвий інтерéс до чóго-н.; dort hérrsczte ~s Lében там панувáло пожвáвлення; ein ~r Mensch діяльна людúна.

Régel *f* **-, -n** прáвило; in der ~ як прáвило; sich *(D)* etw. zur ~ máchen узя́ти собí що-н. за прáвило.

régel|los *adj* нерегуля́рний, безлáдний; **~mäßig** **1.** *adj* регуля́рний; закономíрний, прáвильний; ein ~mäßiges Gesich облúччя з прáвильними рúсами; **2.** *adv* 1) прáвильно; 2) регуля́рно, закономíрно; 3) звичáйно.

régeln *vt* 1) регулювáти; управля́ти; den Sträßenverkehr ~ регулювáти вýличний рух; 2) регулювáти, улáгоджувати; éine Schuld ~ сплатúти борг.

Régelung *f* **-, -en** 1) (у)регулювáння, улагóджування, нормалізáція; die fríedliche ~ мúрне урегулювáння; 2) розпорядження; полóження.

régen 1. *vt* рýхати, ворушúти; kéinen Fínger ~ пáльцем не поворухнýти; 2. **sich** ~рýхатися, ворушúтися; er regt sich tüchtig він не сидúть склáвши рýки.

Régen *m* **-s, -** дощ; der ~ fällt ідé дощ; im ~ під дощéм.

Régen|bogen *m* **-s, -** весéлка; **~mantel** *m* **-s, ...mäntel** (непромокáльний) плащ, дощовúк; **~rinne** *f* **-, -n** рúнва; **~schirm** *m* **-(e)s, -e** парасóлька.

Regíerung *f* **-, -en** 1) ýряд; 2) правлíння; панувáння; zur ~ kómmen прийтú до влáди.

Regimént I *n* **-s, -e** панувáння, влáда; das ~ führen прáвити, керувáти.

Regimént II *n* **-s, -er** полк.

réglos *adj* нерухóмий.

régnen *vimp:* es régnet ідé дощ.

régnerisch *adj* дощовúй; ein ~es Wétter дощовá погóда.

Régung *f* **-, -en** 1) рух; 2) порúв, поривáння; почуттé.

Reh *n* **-(e)s, -e** козýля.

réiben* 1. *vt* тéрти; натирáти; 2. **sich** ~ сварúтися.

Réibung *f* **-, -en** 1) тертé; натирáння; 2) *здеб. pl* чвáри, незгóда.

reich **1.** *adj* 1) багáтий; 2) (an D) багáтий *(на що)*; ~an Bódenschätzen багáтий на корúсні копáлини; 3) рясний, велúкий; éine ~e Anzahl велúка кíлькість; éine ~e Érnte багáтий урожáй; **2.** *adv* багáто.

réichen 1. *vt* подавáти, простягáти; 2. *vi* 1) вистачáти; das Geld réichte nicht грóшей не вúстачило; 2) *(bis an A)* досягáти; простягáтися; das Wásser reicht ihm bis an den Hals водá йомý вже по гóрло.

réichlich **1.** *adj* (бíльш ніж) достáтній; рясний; **2.** *adv* 1) багáто, щéдро; 2) удóсталь, з лúшком; 3) дýже, дóсить; ~ viel дóсить багáто.

Réichtum *m* **-s, ...tümer** багáтство; велúка кíлькість.

reif *adj* спíлий, зрíлий *(тж. перен.)*; ~es Obst спíлі фрýкти; das ~e Alter зрíлий вік.

Reif I *m* **-(e)s, -e** 1) каблýчка; 2) обрýч; 3) кóло.

Reif II *m* **-(e)s** íній, пáморозь.

Réife *f* **-** спíлість, зрíлість; визрівáння *(тж. перен.)*.

reifen *vi (s, h)* спíти, достигáти.

Réife|prüfung *f* **-, -en** екзáмен на атестáт зрíлості; **~zéugnis** *n* **-ses, -se** атестáт зрíлості.

réiflich *adj* зрíлий, обдýманий, обгрунтóваний; nach ~er Überlégung дóбре розмíркувáвши.

Réihe *f* **-, -n** 1) ряд; сéрія; 2) ряд; шерéнга; колóна; in ~n рядáми; 3) чéрга; порядок; an der ~ sein бýти на чéрзі.

réihen 1. *vt* 1) стáвити в ряд *(що)*; 2) нанúзувати; 2. **sich** ~ 1) ставáти в ряд; 2) *(an A)* відбувáтися услíд *(за чим)*.

Reim *m* **-(e)s, -e** 1) рúма; 2) вірш.

réimen 1. *vt* римувáти; 2. *vi* складáти вíрші; 3. **sich** ~ римувáтися; *перен.* гармоніювáти.

rein **1.** *adj* 1) чúстий; охáйний, акурáтний; 2) чúстий, без дóмішок; éine ~e Aussprache чúста (прáвильна) вимóва; 3) чúстий, незаплямóваний; ein ~es Gewissen чúста сóвість; 4) абсолютний, спрáвжній; die ~e Wáhrheit чúста прáвда; das ist ~er Únsinn це спрáвжня дурнúця; 5): etw. ins ~e bríngen з'ясувáти щó-н.; mit j-m ins ~e kómmen домóвитися з кúм-н., дійтú згóди; ins ~e schréiben писáти нáчисто; **2.** *adv* 1) чúсто; 2) зóвсім, цілкóм; éine ~ persönliche Angelegenheit сýто осóбиста спрáва.

réinigen 1. *vt* чúстити, очищáти *(тж. перен.)*; прибирáти *(приміщення)*; 2. **sich** ~ очищáтися *(тж. перен.)*.

Réinigung *f* **-, -en** чúстка; очúщення; прибирáння; die chémische ~ хімчúстка.

Reis I *m* **-es** рис.

Reis II *n* **-es, -er** пáросток, пáгін; гíлочка; лозúна.

Réise *f* **-, -n** поїздка, пóдорож; glückliche ~! щаслúвої дорóги!; éine ~ mit der Éisenbahn поїздка залізнúцею; éine ~ zu Wásser пóдорож по воді; éine ~ máchen подорожувáти; auf ~n sein подорожувáти.

Réise|büro *n* **-s, -s** бюрó пóдорожей; турúстсько-екскурсíйне бюрó; **~erlebnis** *n* **-ses, -se** дорóжня пригóда.

réisefertig *adj* готóвий в дорóгу; sich ~ máchen збирáтися в дорóгу.

Réise|führer *m* **-s, -** 1) путівнúк; 2) екскурсовóд; **~gefährte** *m* супýтник, попýтник; **~gepäck** *n* **-(e)s, -e** багáж.

réisen *vi (s, h)* подорожувáти, їздити.

Réisende *m, f* 1) мандрівнúк, мандрівнúця; 2) пасажúр(ка).

Réise|paß *m* **...passes, ...pässe** закордóнний пáспорт; **~route** ['ru:tə] *f* **-, -n** маршрýт (пóдорож); **~tasche** *f* **-, -n** дорóжня сýмка; **~zeit** *f* **-, -en** 1) турúстський сезóн; 2) тривáлість поїздки; **~zug** *m* **-(e)s, ...züge** пасажúрський пóїзд.

Réisig *n* **-s** хмиз.

réißen* 1. *vt* 1) рвáти; відривáти, зривáти; висмúкувати; éinen Zahn ~ вúрвати зуб; 2) тягтú; 3) порíзати, порáнити; er hat sich *(D)* am Bein éine Wúnde gerissen він порáнив собí нóгу; 2. *vi* 1) рвáтися, розривáтися; mir riß die Gedúld у мéне терпéць увірвáвся; 2) трíскатися *(про дерево)*; 3) смúкати; 3. **sich** ~ 1) порáнитися; порíзатися; 2): sich um etw. *(A)* ~ брáти щось нарóзхват.

Réißverschluß *m* **...schlusses, ...schlüsse** змíйка, блúскавка *(застібка)*.

réiten* *vi (s, h)* їздити вéрхи; скакáти на конí.

Réiter *m* **-s, -** вéршник.

Reiz *m* **-es, -e** 1) роздратувáння, збýдження; 2) чарíвнíсть, привáбливість.

réizen *vt* 1) дратувáти, збýджувати; die Nérven ~ збýджувати нéрви; 2) привáблювати; 3) дражнúти, сéрдити.

réizend 1. *adj* чарівнúй, привáбливий; 2. *adv* чудóво, чарíвно.

Rektíon *f* **-, -en** *грам.* керувáння.

relatív 1. *adj* віднóсний; релятúвний; 2. *adv* віднóсно; порíвняно.

Relativitätstheorie *f* **-** *фіз.* теóрія віднóсності.

Relíkten *pl* спáдщина, спáдок.

Rendezvóus [rãde'vu:] *n* **-** (-'vu:s], **-** [-'vu:s] побáчення; ein ~ éinhalten прийтú на побáчення.

Rénn|auto *n* **-s, -s** гóночний автомобíль; **~bahn** *f* **-, -n** іподрóм; трек.

rénnen* 1. *vi (s)* бíгти, мчáти; 2. **sich** ~ наштовхнýтися, удáритися *(на бігу)*.

Rénnen *n* **-s, -** перегóни, скáчки, гóнки.

Rénn|pferd *n* **-es, -e** скаковúй кінь, рисáк; **~tier** *n* **-(e)s, -e** півнíчний óлень.

Rénte *f* **-, -n** 1) пéнсія; 2) рéнта.

Réntenversicherung *f* **-, -en** пенсíйне страхувáння.

Réntner *m* **-s, -, ~in** *f* **-, -nen** пенсіонéр, пенсіонéрка.

Reparatúr *f* **-, -en** лáгодження, ремóнт; etw. zur ~ gében віддáти щось у ремóнт.

reparíeren *vt* лáгодити, ремонтувáти.

Repräsentánt *m* **-en, -en** представнúк.

repräsentativ *adj* 1) авторитéтний, репрезентатúвний; 2) показнúй, імпозáнтний.

repräsentíeren 1. *vt* представлáти *(яку-н. країну, організацію тощо)*; 2. *vi* бýти представникóм.

Reproduktíon *f* **-, -en** 1) відтвóрення; 2) репродýкція, кóпія.

reproduzíeren *vt* відтвóрювати; понóвлювати.

Republik *f* **-, -en** респýбліка.

Respékt *m* **-(e)s** повáга, пошáна; ~ vor j-m hában 1) стáвитися до кóго-н. з повáгою; 2) благоговíти пéред ким-н.

respektíeren *vt* 1) поважáти, стáвитися з повáгою *(до кого)*; 2) поважáти *(що)*, додéржувати(ся) *(чого)*, рахувáтися *(з чим)*.

respéktvoll 1. *adj* шанобливий; 2. *adv* з повáгою, шанобливо.

R

Rest *m* **-(e)s, -e** 1) зáлишок, рéшта; 2) *мат.* остáча; різнúця; 3): den ~ heráusgeben давáти здáчу.

réstlos 1. *adj* пóвний, цілковúтий; 2. *adv* пóвністю, цілкóм.

rétten 1. *vt* рятувáти; виручáти; Hilfe, réttet! рятýйте!; 2. **sich** ~ рятувáтися; звільнáтися.

Rétter *m* **-s, -** рятівнúк.

Réttung *f* **-, -en** 1) рятувáння; порятýнок; j-m ~ bríngen врятувáти когó-н.; 2) швидкá допомóга *(установа)*.

réttungslos 1. *adj* безнадíйний, безвúхідний; 2. *adv* безнадíйно.

réuen *vt*: es reut mich я розкáююся в цьóму; die Wórte ~ mich я шкодýю, що це сказáв; я розкáююся у своїх словáх.

Revíer *n* **-s, -e** 1) óкруг, райóн, дільнúця; 2) *гірн.* басéйн; 3) *військ.* санітáрна частúна; амбулатóрія; 4) (поліцéйський) учáсток, віддíлення *(поліції).*

Revolutíon *f* -, -en революція.

ríchten 1. *vt* 1) скерóвувати, спрямóвувати; éine Fráge an j-n ~ звернýтися до кóго-н. із запитáнням; *військ.* навóдити *(гармату)*; 2) *розм.* упорядкóвувати, давáти лад *(чому)*; 3) судúти, засýджувати; 4) готувáти *(їжу)*; накривáти *(стіл)*; 5) регулювáти, улáгоджувати; 2. **sich** ~ 1) *(nach D)* керувáтися *(чим)*; 2) *(an A, auf A)* звертáтися *(до кого, чого)*; álle Augen ríchteten sich auf ihn усí пóгляди звернýлися до нього; 3) *(auf A)* готувáтися *(до чого)*; настрóюватися *(на що)*; 4) *військ.* рівнятися; richt' euch! рівняйсь! *(команда).*

Ríchter *m* -s, - суддя *(тж. спорт.).*

richtig 1. *adj* 1) прáвильний; відповíдний; éine ~e Antwort прáвильна відповідь; das fand er ~ він з цим погóдився; etw. für ~ hálten вважáти що-н. прáвильним; 2) спрáвжній; er ist ein ~er Spórtler він спрáвжній спортсмéн; 2. *adv* 1) прáвильно, як слід; ganz ~! цілкóм слýшно; 2) дíйсно, наспрáвді.

Ríchtigkeit *f* - прáвильність.

Ríchtung *f* -, -en 1) нáпрям; 2) нáпрям, течія *(в політиці, в мистецтві)*; 3) *військ.* навóдка.

ríchtungsweisend *adj* скерóвуючий, спрямóвуючий; директúвний.

ríechen* 1. *vt* нюхати; чýти; 2. *vi* 1) пáхнути; gut ~ приéмно пáхнути; übel ~ тхнýти, смердíти; nach etw. ~ пáхнути чим-н.; 2) *(an D)* нюхати, обнюхувати *(що).*

Ríegel *m* -s, - 1) зáсувка; 2) перéкладка; рóзпірка; 3) зáстібка *(на сукні)*; 4) вíшалка.

Ríemen *m* -s, - рéмінь; пóяс.

Ríese *m* -n, -n вéлетень, гігáнт, богатúр.

ríesig 1. *adj* величéзний, гігáнтський; 2. *adv розм.* дýже, надзвичáйно; das ist ~ interessánt це дýже цікáво.

Rind *n* -(e)s, -er корóва; бик; віл; *pl* велúка рогáта худóба.

Ríndlfleisch *n* -es яловичина; **~stück** *n* -(e)s, -e біфштéкс; **~vieh** *n* -(e)s велúка рогáта худóба.

Ring *m* -(e)s, -e 1) кільцé, кóло; 2) каблýчка, обрýчка, пéрстень; сéрга; 3) об'єднання, клуб; 4) *спорт.* ринг.

ríngen* I 1. *vi (mit D um A)* борóтися *(з ким, чим за що)*; 2. **sich** ~ *(aus D)* виривáтися, вибирáтися *(звідки-н.).*

ríngen* II *vt* викрýчувати.

rings, ríngsherúm, ríngsúm *adv* навкругú, навкóло.

Rínne *f* -, -n жóлоб, рúнва; канáва, борознá.

rínne *vi* 1) *(s)* текти, струмувáти; 2) *(h)* текти, протікáти; 3) *(h)* крáпати.

Ríppe *f* -, -n 1) ребрó; 2) вúступ.

Rísiko *n* -s, -s *i* ...ken риск; ein ~ éingehen піти на риск.

Riß *m* Risses, Risse 1) трíщина, щілúна; 2) крéслення, рисýнок; план; ескіз; проéкція.

Rítter *m* -s, - 1) рúцар *(тж. перен.)*; 2) кавалéр óрдена.

rítterlich *adj* рúцарський; благорóдний.

Ritz *m* -es, -e, **Rítze** *f* -, -n щілúна; ущéлина; подряпина.

rítzen *vt* дряпати; вирíзувати; насікáти.

Róbbe *f* -, -n тюлéнь.

Rock *m* -(e)s, **Röcke** 1) спіднúця; 2) піджáк; сюртýк; кíтель.

Ródel *m* -s, - сáни, санчáта.

Ródeland *n* -(e)s піднята цілинá.

ródeln *vi* катáтися на сáнях.

Róggen *m* -s жúто.

roh 1. *adj* 1) сирúй, неварéний; нежáрений; 2) сирúй, необрóблений, чорновúй; 3) грýбий, жорстóкий; 4) грýбий, неосвíчений, неотéсаний; ein ~er Búrsche грубіян; 2. *adv* 1) грýбо, нáчорно; etw. aus dem ~en ánfangen починáти що-н. з сáмого почáтку; 2) грýбо; жорстóко.

Róheisen *n* -s чавýн.

Róheit *f* -, -en грýбість, жорстóкість; дúкість.

Róh|fabrikat *n* -(e)s, -e напівфабрикáт; **~hütte** *f* -, -n металургíйний завóд.

Rohr *n* -(e)s, -e 1) трубá; 2) очерéт; 3) *військ.* ствол *(гармати).*

Röhre *f* -, -n 1) трубá, трýбка; 2) лáмпа *(електронна, іонна)*; радіолáмпа; 3) норá.

Róhr|leitung *f* -, -en трубопровíд; **~zucker** *m* -s тростúнний цýкор.

Róh|schrift *f* -, -en чернéтка; **~stoff** *m* -(e)s, -e сировинá.

Rólle *f* -, -n 1) рóлик, коліщáтко; 2) котýшка; рулóн; 3) *театр* роль, амплуá *(тж. перен.)*; éine ~ spíelen грáти роль; *перен.* відігравáти роль; das spielt kéine ~ це не мáє знáчення, це несуттéво.

róllen 1. *vi* 1) *(s)* котúтися, перекóчуватися; 2) вертíтися; обертáтися; 3) гримíти; 2. *vt* 1) обертáти; 2) скáчувати, змóтувати; 3. **sich** ~ 1) котúтися; крутúтися; 2) скрýчуватися; завивáтися.

Rólltreppe *f* -, -n ескалáтор.

römisch *adj* рúмський.

rósa *adj* рожéвий.

Róse *f* -, -n троя́нда.

rósig *adj* рожéвий.

Rosíne *f* -, -n ізю́минка; *pl* ізю́м.

Roß *m* **Rosses, Rosse** кінь.

Rost *m* **-es** іржá; ~ ánsetzen іржáвіти.

rósten *vi (s, h)* іржáвіти.

rösten *vt* жáрити; підсýшувати.

róstfrei *adj* нержавíючий.

rot *adj* червóний; рудúй; ~e Háare рудé волóсся; ~en Kopf bekómmen почервоніти, зашарíтися; j-n ~ máchen увігнáти в крáску; збентéжити кóго-н.

rót|backig, ~bäckig *adj* червонощóкий, рум'я́ний; **~bärtig** *adj* рудоборóдий; **~blond** *adj* рудувáтий, золотúстий *(про волосся)*.

röten 1. *vt* робúти червóним; рум'я́нити; 2. **sich** ~ червонíти; обагря́тися.

[illegible]t|glühend adj розжáрений; **~haarig** *adj* рудоволóсий.

[illegible]tlich *adj* червоня́стий; рудувá[illegible].

[illegible]stift *m* **-(e)s, -e** червóний олівéць.

[illegible]twangig *adj* рум'я́ний, черво[illegible]щóкий.

[illegible] *f* -, -n буря́к; ріпа; gélbe ~ [illegible]óрква; róte ~ буря́к; wéiße ~ [illegible]рýква.

Rúbel *m* **-s, -** карбóванець.

Rüben|bau *m* **-(e)s** буряківнúцтво; **~zucker** *m* **-s** буряќовий цýкор.

Ruck *m* **-(e)s, -e** пóштовх, ривóк; sich *(D)* éinen ~ gében узя́ти себé в рýки; mit éinem ~ 1) ривкóм; пóштовхом; 2) рáптом.

Rückblick *m* **-(e)s, -e** 1) пóгляд назáд; 2) ретроспектúвний пóгляд; óгляд; éinen ~ auf etw. *(A)* wérfen оглянутися на що-н., підбúти підсумки *(життя)*.

rücken 1. *vt* рýхати, пересувáти; etw. zur Séite ~ відсýнути що-н. убік; 2. *vi* 1) *(s)* рýхатися, посувáтися; rücke ein wénig! посýнься трóхи!; 2) *(an D, mit D)* сóвати *(що, чим)*; поправля́ти; darán ist nich zu ~ тут нічóго не змíниш.

Rücken *m* **-s, -** 1) спúна; j-m den ~ kéhren повернýтися спúною до кóго-н.; *перен.* відвернýтися, відцурáтися від кóго-н.; 2) *військ.* тил; 3) хребéт *(гірський)*; грéбінь; 4) корінéць *(книжки)*.

Rücken|lehne *f* -, -n спúнка *(стільця)*; **~mark** *n* **-(e)s** спиннúй мóзок.

Rück|fahrkarte *f* -, -n квитóк для проїзду назáд; **~fahrt** *f* -, -en дорóга назáд; **~fall** *m* **-(e)s, ...fälle** рецидúв; **~gang** *m* **-(e)s, ...gänge** 1) повéрнення, зворóтний рух; 2) занéпад; спад.

rückgängig *adj* 1) зворóтний; 2) що скорóчується, змéншується; 3): etw. ~ máchen скасóвувати, ліквідувáти що-н.

rückhältig *adj* потáйливий; стрúманий.

rückhaltlos 1. *adj* 1) відвéртий, прямúй; беззастерéжний; 2) нестрúманий; експансúвний; 2. *adv* 1) відвéрто, пря́мо; беззастерéжно; 2) нестрúмно.

Rückkehr *f* -, **Rückkunft** *f* - повéрнення.

rückläufig *adj* 1) зворóтний; éine ~e Entwícklung регрéс; 2) що скорóчується, змéншується.

Rückreise *f* -, -n дорóга назáд, повéрнення.

Rúcksack *m* **-(e)s, ...säcke** рюкзáк.

Rück|schau *f* -, -en óгляд (прóйденого шля́ху); **~schlag** *m* **-(e)s, ...schläge** 1) удáр у відповідь; 2) невдáча, провáл; éinen ~ erfáhren зазнáти невдáчі; **~seite** *f* -, -n зворóтний бік; **~sicht** *f* -, -en *(auf A)* 1) увáжне стáвлення, повáга *(до кого)*; 2) урахувáння *(чого)*; mit ~ auf etw. (A) берýчи до увáги що-н., зважáючи на що-н.

Rück|sprache *f* -, -n нарáда, перегові́ри; mit j-m ~sprache néhmen порáдитися, проконсультувáтися з ким-н.; **~stand** *m* **-(e)s, ...stände** 1) заборгóваність, борг; 2) зáлишок, óсад.

rückständig *adj* 1) відстáлий; 2) невúплачений *(борг)*.

Rückübersetzung *f* -, -en зворóтний переклад.

rückwärts *adv* 1) назáд; у зворóт-

R

ному нáпрямі; ~ gehen подавáтися назáд, відступáти; 2) ззáду, позáду.

rúckweise *adv* ривкáми, порúвчасто, рі́зко.

rüde *adj* грýбий, неотéсаний, нечéмний.

Rúder *n* **-s, -** 1) весло́; 2) *мор.* кермо́; ◊ am ~ bléiben залишáтися при влáді; ans ~ kómmen прийтú до влáди.

rúdern *vi (h, s)* веслувáти.

Ruf *m* **-(e)s, -e** 1) крик; óклик; 2) зáклик, звéрнення; auf den érsten ~ на пéрший зáклик; 3) запро́шення, вúклик; 4) репутáція, слáва; éinen gúten ~ háben мáти до́бру репутáцію; ein Künstler von ~ худо́жник з ім'ям.

rúfen* 1. *vi* кричáти; 2. *vt* клúкати, закликáти; j-n zur Órdnung ~ закликáти когó-н. до порядку.

rügen *vt* 1) засýджувати; 2) *(wegen G)* оголо́шувати догáну *(кому за що)*, лáяти *(кого за що)*.

Rúhe *f* **-** 1) спо́кій, нерухо́мість; 2) спо́кій; відпочúнок; сон; sich *(D)* kéine ~ gönnen не знáти спо́ко́ю; zur ~ kómmen перепочúти, відпочúти; 3) тúша; порядок; затúшшя; j-n in ~ lássen дáти спо́кій комý-н., відстáти від когó-н.

Rúhebett *n* **-(e)s, -en** кушéтка, дивáн.

rúhelos *adj* неспокíйний, триво́жний.

rúhen *vi* 1) відпочивáти; 2) лежáти; 3) бýти нерухо́мим, стоя́ти; нічо́го не робúти; die Árbeit ruht робо́та стоїть.

Rúhe|stand *m* **-(e)s** відстáвка; in den ~ stand géhen вихо́дити у відстáвку; **~stätte** *f* **-, -n** ло́же; мíсце відпочúнку; **~tag** *m* **-(e)s, -e** вихіднúй день.

rúhig **1.** *adj* спокíйний, тúхий; ein ~ es Lében führen вестú спокíйне життя́; sei ~! 1) заспоко́йся!; 2) мовчú!; **2.** *adv* 1) спокíйно, холоднокро́вно; 2) тúхо, спокíйно.

Ruhm *m* **-es** слáва.

rühmen 1. *vt* хвалúти, прославля́ти; 2. **sich** ~ *(G i mit D)* хвалúтися, хвáстати.

rúhm|los *adj* безслáвний; **~voll** *adj* слáвний, услáвлений.

Rührei *n* **-(e)s, -er** яєчня.

rühren 1. *vt* 1) рýхати, ворушúти; er hat kéinen Fínger gerührt він і пáльцем не поворухнýв; 2) мішáти, помíшувати; 3) зворýшувати; 2. *vi (an A)* доторкáтися *(до чого)*; 3. **sich** ~ рýхатися, ворушúтися; rühr dich nicht von der Stélle! ані з мíсця!

rührend *adj* зворýшливий.

Ruíne *f* **-, -n** руїна, руїни.

ruiníeren 1. *vt* 1) розоря́ти; 2) руйнувáти; 2. **sich** ~ 1) розоря́тися; 2) підривáти своє́ здоро́в'я.

rumänisch *adj* румýнський.

rúmpeln 1. *vi (h, s)* гримíти, грю́кати, стýкати; 2. *vt* перемíшувати, плýтати.

Rumpf *m* **-(e)s, Rümpfe** 1) тýлуб, торс; 2) кістя́к; головнá частúна; 3) ко́рпус *(судна)*; 4) обрýбок; зáлишки *(здеб. перен.)*.

rund **1.** *adj* крýглий; **2.** *adv* 1) приблúзно; ~geréchnet приблúзно; 2) навко́ло; ~ um die Welt навко́ло свíту; 3) відвéрто; etw. ~ heráussagen сказáти що-н. відвéрто.

Rúnde *f* **-, -n** 1) ко́ло; 2) патрýль, дозо́р; séine ~ máchen робúти обхíд.

rúnden 1. *vt* закрýглювати, окрýглювати; 2. **sich** ~ 1) окрýглюватися, закрýглюватися; 2) завéршуватися.

Rúnd|fahrt *f* **-, -en** 1) екскýрсія; турнé; 2) поїздка по коловóму маршрýту; **~frage** *f* **-, -n** опитувáння, анкéта.

Rúndfunk *m* **-s** радіомо́влення, рáдіо; im ~ sénden (übertrágen) передавáти по рáдіо.

Rúndfunk|empfänger *m* **-s, -** радіоприймáч; **~hörer** *m* **-s, -** радіослухáч; **~sendung** *f* **-, -en** **~übertragung** *f* **-, -en** радіопередáча.

Rúndgang *m* **-(e)s, ...gänge** 1) обхíд; 2) патрýль, дозо́р.

Rúndschau *f* **-, -en** о́гляд; internationále ~ міжнаро́дний о́гляд.

rúnd|úm *adv*, **~umhér** *adv* навко́ло, навкругú; **~wég** *adv* зрáзу, пря́мо; навідрíз.

Rúnzel *f* **-, -n** змо́ршка; склáдка.

rúnzeln 1. *vt* мо́рщити, хмýрити; 2. **sich** ~ змо́рщуватися.

rúpfen *vt* 1) общúпувати; 2) *(с D)* щипáти, рвáти.

Ruß *m* **-es** сáжа, кíптява.

Rússe *m* **-n -n** росія́нин.

rúßig *adj* закоптíлий.

rússisch *adj* росíйський.

Rússisch *n* - *i* -s російська мова.
rüsten 1. *vt* 1) споряджáти, готувáти; 2) озбрóювати; 2. *vi i* **sich** ~ 1) готувáтися, споряджáтися; sich zur Réise ~ збирáтися в дорóгу; 2) озбрóюватися.
Rüstung *f* -, -en 1) підготóвка, лаштувáння; 2) озбрóєння; Éinschränkung der ~(en) обмéження озбрóєнь; 3) *буд.* риштувáння.
Rüstungs|begrenzung, ~beschränkung *f* -, -en обмéження озбрóєнь; **~industrie** *f* - воéнна промислóвість.
Rutsch *m* -es, -e 1) зсув; 2) прогýлянка, вúлазка; éinen ~ máchen зробúти вúлазку, поїхати на прогýлянку за місто.
rútschen *vi* (s) 1) кóвзати; 2) пóвзати; сóватися; 3) зсóвуватися, з'їжджáти.
rütteln 1. *vt* трусúти, стрýшувати; 2. *vi* (an D) трястú (*що*).

S s

Saal *m* -(e)s, **Säle** зал.
Saat *f* -, -en 1) сівбá; 2) посів; die frühe ~ яринá; die späte ~ озиминá; ◊ wie die ~, so die Érnte що посієш, те й зберéш; 3) насінúна, насіння.
Sáat|gut *n* -(e)s насіння, посівнúй матеріáл; **~krähe** *f* -, -n грак.
Säbel *m* -s, - шáбля.
Sáche *f* -, -n 1) річ, предмéт; 2) *pl* рéчі, пожúтки; 3) спрáва; обстáвина; zur ~! (ближче) до діла; bei der ~ bléiben не відхилятися від тéми.
sáchgemäß *adj* налéжний, відповідний; потрібний; підходящий.
Sách|katalog *m* -s, -e предмéтний каталóг; **~kenntnis** *f* -, **~kunde** *f* - знаннá спрáви, обізнаність, компетéнтність.
sáchkundig *adj* обізнаний, досвідчений, компетéнтний.
Sáchlage *f* -, -n стан справ; обстáвини.
sáchlich 1. *adj* 1) ділoвúй; конструктúвний; 2) об'єктúвний; 3) істóтний, важлúвий; 4) доцільний, розýмний; 2. *adv* по-ділoвóму.
sächlich *adj грам.* серéднього рóду; ~es Geschlécht серéдній рід.
sáchverständig 1. *adj* компетéнтний, обізнаний; 2. *adv* із знанням спрáви, як фахівéць.
Sack *m* -(e)s, **Säcke** 1) мішóк, лáнтух; 2) *розм.* товстýн; тюхтíй.
Sáckgasse *f* -, -n тупúк; *перен.* безвúхідь; in éine ~ geráten зайтú у безвúхідь.
säen *vt* сіяти.
Saft *m* -(e)s, **Säfte** 1) сік; сирóп; 2) підлúва, сóус.
sáftig *adj* 1) соковúтий, пóвний сóку; 2) соковúтий, яскрáвий, свíжий (*про кольори*).
sáftlos *adj* 1) без сóку, сухúй; 2) млявий, нуднúй (*про людину*).
sáftvoll *adj* здорóвий, міцнúй.
Ságe *f* -, -n былúна, легéнда, сказáння.
Säge *f* -, -n пúлка.
ságen *vt* 1) говорúти; сказáти; man sagt кáжуть, говорять; das läßt sich leicht ~! говорúти лéгко!; geságt — getán скáзано — зрóблено; únter uns geságt між нами кáжучи; 2) означáти; das hat nichts zu ~ це нічóго не знáчить.
sägen 1. *vt* пилятú; 2. *vi розм.* хроптú.
ságenhaft *adj* 1) легендáрний, казкóвий; 2) *розм.* приголóмшливий, разючий, надзвичáйний.
Sáhne *f* - вершкú; sáure ~ сметáна.
Sáite *f* -, -n струнá; ándere ~n áufziehen змінúти тон.
Sálde *f* -, -n мазь; ◊ er ist mit állen ~n geschmíert він пройшóв крізь вогóнь і вóду.
sálben *vt* мáзати; натирáти.
Sálmiak *m* -s *хім.* нашатúр.
salopp *adj* 1) неохáйний; 2) невимушений; 3) *лінгв.* фамільяáрний.
Sálve *f* -, -n залп.
Salz *n* -es, -e 1) сіль; éine Príse ~ дрібка сóлі; ~in die Súppe tun посолúти суп; 2) *перен.* дóтеп.
Sálzbüchse *f* -, -n сільнúця.
sálzen *vt* солúти.
Sálz|faß *n* -sses, ...fässer сільнúця; **~fleisch** *n* -es солонúна;

~**gurke** *f* -, -**n** солóний огірóк.
sálzhaltig *adj* що містить сіль.
sálzig *adj* (дýже) солóний.
Sálz|kartoffeln *pl* варéна картóпля; ~**lake** *f* -, -**n** розсіл; ~**säure** *f* - *хім.* солянá кислотá.
Sä|mann *m* -**(e)s**, ...**männer** сівáч; ~**maschine** *f* -, -**n** сівáлка.
Sáme *m* -**ns**, -**n**, **Samen** *m* -**s**, - 1) насінина; сім'я; *перен.* нащадки.
Sámmel|band *m* -**(e)s**, ...**bände** збірка, зібрáння; ~**bericht** *m* -**s**, -**e** інформаційне звéдення.
sámmeln 1. *vt* 1) збирáти; 2) накопичувати; 2. **sich** ~ 1) збирáтися; накопичуватися; 2) збирáтися з думкáми; зосерéджуватися.
Sámmlung *f* -, -**en** 1) зібрáння, колéкція; 2) музéй; виставка; 3) збирáння *(коштів, підписів)*; 4) збирáння, колекціонувáння; 5) зосерéдження, концентрáція *(сил)*.
Sámstag *m* -**(e)s**, -**e** субóта.
Samt *m* -**(e)s**, -**e** оксамит, бáрхат.
sämtlich *adj* усі (без винятку); ~e Wérke пóвне зібрáння творів.
Sand *m* -**(e)s**, -**e** пісóк; ◊ j-m ~ in die Augen stréuen туманý (на)пускáти, замилювати óчі комý-н.
Sánd|bank *f* -, ...**bänke** 1) піщáна обмілина; 2) піщáні дюни; ~**boden** *m* -**s**, - *i* ...**böden** піщáний грунт.
Sánder *m* -**s**, - судáк.
sándig *adj* піщáний.
Sánd|korn *n* -**(e)s**, ...**körner** піщинка; ~**kuchen** *m* -**s**, - пісóчне тістечко; ~**strand** *m* -**(e)s**, -**e** піщáний пляж; ~**uhr** *f* -, -**en** пісковий годинник.
sanft *adj* 1) лáгідний; 2) м'який, ніжний; ~es Licht м'якé (розсіяне) світло; ein ~er Schlaf спокійний сон; 3) полóгий; 4) плáвний.
sänftigen *vt* заспокóювати, угамóвувати.
Sánftmut *f* - лáгідність.
Sang *m* -**(e)s**, **Sánge** спів, *поет.* пісня; ◊ ohne ~ und Klang безшýмно, тихо; скрóмно.
Sänger *m* -**s**, - співéць; співáк.
Sängerin *f* -, -**nen** співáчка.
Sanitäts|gehilfe *m* -**n**, -**n** фéльдшер; ~**stelle** *f* -, -**n** медпýнкт; ~**wagen** *m* -**s**, - карéта швидкóї допомóги; ~**zug** *m* -**es**, ...**züge** санітáрний пóїзд.
Sarg *m* -**(e)s**, **Särge** трунá.
sässig *adj* осілий.
Satellít *m* -**en**, -**en** супýтник; éinen ~en auf die kósmische Bahn bríngen вивести супýтник на орбіту.
satt 1. *adj* 1) ситий; 2) *перен.* ситий (по зáв'язку); ich hábe es ~ мені це набридло; 3) густий, соковитий *(про колір)*; 4) самовдовóлений; 5) досхочý; sich ~ éssen наїстися досхочý; 2. *adv* 1) досхочý; 2) гýсто, соковито; 3) щільно.
Sáttel *m* -**s**, **Sättel** сідлó.
sátteln *vt* сідлáти.
sättigen 1. *vt* 1) нагодувáти досхочý; 2) *хім.* насичувати; 3) задовольняти *(цікавість)*; 2. *vi* бýти ситним; 3. **sich** ~ наїдáтися.
Satz *m* -**es**, **Sätze** 1) *грам.* рéчення; 2) тéза, положéння, твéрдження; der ~ von der Erháltung der Energíe закóн збережéння енéргії; 3) стáвка *(грошова)*; нóрма; 4) тариф, цінá; 5) комплéкт; 6) *поліг.* набір; 7) *хім.* óсад; 8) стрибóк; in éinem ~ одним мáхом; 9) *муз.* частина *(твору)*.
Sátz|analyse *f* -, -**n** граматичний анáліз рéчення; ~**gefüge** *n* -**s**, - складнопідрядне рéчення; ~**lehre** *f* - синтаксис; ~**reihe** *f* -, -**n**, ~**verbindung** *f* -, -**en** складносурядне рéчення; ~**zeichen** *n* -**s**, - розділóвий знак.
Sau *f* -, **Säue** свиня.
sáuber 1. *adj* 1) чистий, охáйний; 2) щирий, чéсний; 3) гарнéнький; 2. *adv* 1) чисто, охáйно; 2) чéсно; 3) оберéжно.
säuberlich *adv* 1) чисто, охáйно; 2) ретéльно; 3) оберéжно.
säubern *vt* чистити; мити; прибирáти.
sáuer *adj* 1) кислий; *хім.* кислóтний; 2) *перен.* кислий, невдовóлений, похмýрий; 3) важкий; ein sáures Brot нелегкá прáця; 4) болотистий.
Sáuer|ampfer *m* -**s**, - щавéль; ~**kraut** *n* -**(e)s** кисла капýста.
säuerlich *adj* 1) кислувáтий; 2) підкислений; 3) кислий, невдовóлений.
Sáuermilch *f* - кисле молокó, кисляк.
sáuern *vi див.* säuern.
säuern 1. *vt* 1) *хім.* окисляти; 2) додавáти кислоти *(у що)*; 3) квáсити; 2. *vi* киснути, прокисáти; квáситися.

Sáuer|stoff *m* **-(e)s** *хім.* кисень; **~teig** *m* **-(e)s, -e** закваска, запа́ра.
sáufen* *vt* 1) пи́ти *(про тварин)*; 2) *розм.* пия́чити.
sáugen* *vt, vi* сса́ти, смокта́ти.
säugen *vt* годува́ти гру́ддю; годува́ти з ріжка́.
Säugetier *n* **-(e)s, -e** ссаве́ць.
Säugling *m* **-s, -e** немовля́.
Säuglings|krippe *f* **-, -n** дитя́чі я́сла; **~pflegerin** *f* **-, -nen** ня́ня; **~schuh** *m* **-(e)s, -e** піне́тка.
Säule *f* **-, -n** 1) коло́на, стовп; 2) *перен.* підпо́ра.
Saum *m* **-(e)s, Säume** 1) облямі́вка, каймá; 2) узлі́сся.
Säure *f* **-, -n** 1) *хім.* кислота́; 2) ки́слий смак.
Saus *in* ~ und Braus lében *розм.* жи́ти в ро́зкошах.
sáusen *vi* 1) *(h)* шумі́ти; 2) *(s)* *розм.* мча́ти; durchs Exámen ~ *розм.* провали́тися на екза́мені.
S-Bahn [ɛs-] (скор. від Schnéllstadtbahn) *f* **-, -en** міська́ залізни́ця.
schában *vt* скобли́ти, скребти́.
schäbig *adj* 1) поте́ртий, стари́й; 2) скупи́й, скна́рий.
Schach *n* **-(e)s,** 1) ша́хи; ~ spíelen гра́ти в ша́хи; 2) шах *(у грі)*; ~ und matt! шах і мат!; j-n in ~ hálten *перен.* трима́ти кого́-н. в стра́ху́; взя́ти кого́-н. за го́рло.
Scháchbrett *n* **-(e)s, -er** шахівни́ця.
Scháchtel *f* **-, -n** коро́бка.
scháde *adj* жаль, шко́да; wie ~! яки́й жаль!
Schädel *m* **-s, -** че́реп.
schäden *vi* *(D)* шко́дити *(кому, чому)*; das schádet ihm nicht це йому́ не (за)шко́дить; das schádet nichts це не біда́.
Schäden m, **-s, Schäden** 1) шко́да, збитки; 2) втра́та; 3) ушко́дження.
Schädenfreude *f* **-** зловті́ха.
schädenfroh *adj* зловті́шний.
schádhaft *adj* пошко́джений, зіпсо́ваний.
schädigen *vt* шко́дити; j-s gúten Ruf ~ зіпсува́ти чию́-н. репута́цію.
schädlich *adj* шкідли́вий; ~ sein шко́дити.
Schädling *m* **-s, -e** 1) *с. г.* шкідни́к; 2) шкідни́к, підривни́й еле́мент.
Schaf *n* **-(e)s, -e** 1) вівця́; 2) *розм.* ду́рень.
Schäfbock *m* **-(e)s, ...böcke** бара́н.
Schäfer *m* **-s, -** вівча́р, чаба́н.
Schäferhund *m* **-(e)s, -e** вівча́рка.
schäffen* I *vt* 1) твори́ти, ство́рювати; 2) ство́рювати, організо́вувати.
schäffen II 1. *vi* працюва́ти; er hat viel zu ~ у нього бага́то робо́ти; 2. *vt* 1) зроби́ти *(що)*; упо́ратися *(з чим)*; wir ~ es ми це зро́бимо, ми спра́вимося з цим; Órdnung ~ навести́ поря́док; 2) доставля́ти *(куди)*; 3) забира́ти; усува́ти; 4) встига́ти.
Schäffner *m* **-s, -** конду́ктор; провідни́к *(пасажирського вагона)*.
Schäffung *f* **-, -en** ви́готовлення; ство́рення; організа́ція.
Schäfpelz *m* **-es, -e** ове́ча шку́ра, овчи́на; кожу́х; ein Wolf im ~ вовк в`ове́чій шку́рі.
Schäfzucht *f* **-** вівча́рство.
Schále I *f* **-, -n** 1) шкаралу́па; шкі́рка; 2) па́нцир.
Schále II *f* **-, -n** ча́ша, ча́шка, ми́ска.
schälen 1. *vt* чи́стити, лу́щити; 2. **sich** ~ лу́щитися, облу́плюватися.
Schall *m* **-(e)s, -e** *i* **Schälle** звук.
schálldicht *adj* звуконепроникни́й.
schállen* *vi* звуча́ти, луна́ти.
schállend *adj* дзвінки́й, голосни́й, гучни́й.
Schäll|platte *f* **-, -n** грампласти́нка; **~schutz** *m* **-es** звукоізоля́ція; **~trichter** *m* **-s, -** ру́пор; **~welle** *f* **-, -n** звукова́ хви́ля; **~zeichen** *n* **-s, -** звукови́й сигна́л.
schälten 1. *vt* вмика́ти; 2. *vi* 1) *(über A, mit D)* розпоряджа́тися *(чим)*; ~ und wálten порядкува́ти; 2) *розм.* тя́мити, розумі́ти.
Schälter *m* **-s, -** 1) (засувне́) віко́нце *(в установі)*; ка́са; 2) *ел.* комута́тор.
Schält|jahr *n* **-(e)s, -e** високо́сний рік; **~knopf** *m* **-(e)s, ...knöpfe** вимика́ч; **~pult** *n* **-(e)s, -e** пульт управлі́ння; **~satz** *m* **-es, ...sätze** *грам.* вставне́ ре́чення.
Scham *f* **-** соромли́вість; vor ~ rot wérden почервоні́ти від со́рому.
schämen, sich *(G)* соро́митися *(кого, чого)*; schäme dich! як тобі́ не со́ромно!
schámhaft *adj* соромли́вий, сором'язли́вий.
schámlos 1. *adj* 1) безсоро́мний;

нахáбний; 2) непристóйний, цинíчний; **2.** *adv* непристóйно, цинíчно.

schándbar *adj* 1) ганéбний; 2) мерзóтний, гидкúй.

Schánde *f* -, *рідко pl* **-n** ганьбá, сóром; j-n in ~ bríngen осорóмити когó-н.; vor ~ vergéhen горíти від сóрому.

schänden *vt* ганьбúти, знеслàвлювати.

schändlich *adj див.* schándbar.

Schänd|mal *n* **-(e)s, -e** *i* **...mäler** ганéбне таврó; **~schrift** *f* **-, -en** пáсквіль; **~tat** *f* **-, -en** ганéбний вчúнок.

Schánze *f* **-, -n** 1) окóп; землянé укрíплення; 2) трамплíн.

Schar *f* **-, -en** 1) нáтовп, юрбá; 2) зграя *(птахів)*; табýн, косяк *(риб)*.

scháren, sich тóвпитися, юрмитися; sich um j-n ~ 1) юрмитися навкóло кóго-н.; 2) згуртóвуватися навкóло кóго-н.

schárenweise *adv* 1) нáтовпом, гуртóм; 2) згрáями *(про птахів)*; косякáми *(про риб)*.

scharf 1. *adj* 1) гóстрий *(про ніж)*; éine ~e Zúnge *перен.* гóстрий на язúк; 2) рíзкий; чіткúй; яснúй; вирáзний; éine ~e Brílle сúльні окуляри; 3) сúльний, рíзкий, пронúзливий; ~e Luft холóдне повíтря; 4) їдкúй, гóстрий, пряний; 5) гóстрий, тонкúй *(про слух)*; ~er Verstánd гóстрий рóзум; 6) сúльний, радикáльний; ein ~es Míttel радикáльний зáсіб; 7) суворий; 8) рíзкий, рішýчий, категорúчний; ein ~er Protést рішýчий протéст; 9) швидкúй, мотóрний; ◊ auf j-n ~ sein дýже цікáвитися ким-н.; **2.** *adv* 1) гóстро; 2) тóчно, чíтко; 3) рíзко, яскрáво; 4) рішýче, енергíйно; 5) швúдко; 6) пúльно, увáжно.

Schárfblick *m* **-(e)s** зíркість, пронúкливість; пúльність.

Schärfe *f* **-, -n** 1) гостротá; 2) рíзкість, сувóрість; 3) чíткість; *фото* рíзкість; 4) зíркість, пронúкливість; 5) сúла; 6) їдкість.

schärfen *vt* 1) гострúти; застрýгувати *(олівець)*; 2) розвивáти, удосконáлювати *(зір, слух)*.

schárf|kantig *adj* з гóстрими краями; **~körnig** *adj* зернúстий, колючий *(про сніг)*; велúкий, крýпний *(про пісок)*.

Schárf|richter *m* **-s, -** кат; **~schütze** *m* **-n, -n** снáйпер.

schárfsichtig *adj* 1) зіркúй; 2) далекоглядний.

Schárfsinn *m* **-(e)s** 1) пронúкливість; 2) дотéпність.

Schárlach I *m* **-s, -e** яскрáво-червóний кóлір.

Schárlach II *m, n* **-s** скарлатúна.

schárren 1. *vi* 1) шкребтú; рúтися; 2) чóвгати *(ногами)*; **2.** *vt* 1) копáти, рúти; 2) закóпувати; 3) загрібáти; 4) скоблúти.

Schátten *m* **-s, -** тінь; ◊ man kann nicht über séinen éigenen ~ spríngen вúще сéбе не стрибнéш.

Schátten|bild *n* **-(e)s, -er, ~riß** *m* **-sses, -sse** силуéт; **~seite** *f* **-, -n** тíньовúй бік.

schattíeren *vt* 1) тушувáти, відтíняти; 2) заштрихóвувати.

Schattíerung *f* **-, en** відтíнок.

schättig *adj* тінúстий.

Schatúlle *f* **-, -n** скрúнька, шкатýлка.

Schatz *m* **-es, Schätze** 1) скарб, багáтство; 2) скарбнúця, казнá; 3) *розм.* кохáний, кохáна.

schätzbar *adj* 1) (дорого)цíнний; коштóвний; 2) поважáний.

schätzen *vt* 1) цінúти; шанувáти; 2) *(auf A)* оцíнювати *(у скільки)*; 3) визначáти; wie alt ~ Sie mich? скíльки рóків ви менí дастé?

Schátzkammer *f* **-, -n** скарбнúця *(тж. перен.)*.

Schätzung *f* **-, -en** 1) оцíнка *(майна)*; 2) повáга.

Schau *f* **-, -en** вúставка; óгляд.

Scháu|bild *n* **-(e)s, -er** діагрáма; **~bude** *f* **-, -n** балагáн; **~bühne** *f* **-, -n** сцéна; die polítische ~bühne політúчна арéна.

Scháuder *m* **-s, -** 1) тремтíння; oзнóб; 2) жах; огúда; ~ errégen викликáти жах.

scháuderhaft *adj* жахлúвий; огúдний.

scháudern *vi* 1) тремтíти, дрижáти; 2) жахáтися.

scháuen *vi (auf A)* дивúтися *(на кого, на що)*; um sich ~ оглядáтися.

Scháuer I *m* **-s** 1) тремтíння, ознóб; 2) трéпет, благоговíння.

Scháuer II *m* **-s, -** глядáч.

Scháuer III *m* **-s, -** злúва.

scháuerlich *adj* мóторошний, жахлúвий.

Scháufel *f* **-, -n** 1) лопáта; 2) *тех.*

ло́пать, крило́.
scháufeln *vt* 1) копа́ти, ри́ти; 2) згріба́ти, згорта́ти (лопа́тою).
Scháu|fenster *n* **-s, -** вітри́на; **~gerüst** *n* **-(e)s, -e** підмо́стки, естра́да; **~haus** *n* **-es, ...häuser** морг.
Scháukel *f* **-, -n** го́йдалка.
scháukeln 1. *vt* гойда́ти; 2. *vi i* **sich ~** гойда́тися; колива́тися; вібрува́ти.
Schaum *m* **-(e)s, Schäume** 1) пі́на; zu ~ wérden розві́ятися як дим; 2) на́кип.
schäumen 1. *vi* пі́нитися; 2. *vt зніма́ти пі́ну, на́кип (з чого).*
Scháu|münze *f* **-, -n** па́м'ятна меда́ль; **~platz** *m* **-es, ...plätze** аре́на; мі́сце дії́; **~spiel** *n* **-(e)s, -e** 1) видо́вище; 2) спекта́кль; 3) п'є́са, дра́ма; **~spieler** *m* **-s, -** акто́р; **~spielerin** *f* **-, -nen** акто́рка; **~spielhaus** *n* **-es, ...häuser** теа́тр.
Scheck *m* **-s, -s** чек.
schéckig *adj* ряби́й; строка́тий.
scheel *adj* 1) ко́сий *(про очі, погляд);* 2) *перен.* за́здрісний; непри́язний.
schéelsüchtig *adj* за́здрісний; непри́язний.
Schéibe *f* **-, -n** 1) диск, пласти́нка; 2) *військ.* мі́шень; 3) ши́бка; 4) ски́бочка, шмато́чок; 5) стільни́к; 6) *тех., спорт.* ша́йба.
Schéiben|honig *m* **-s** 1) стільнико́вий мед; 2) *розм.* по́хибка, про́мах; непорозумі́ння; **~stand** *m* **-(e)s, ...stände** тир.
Schéide I *f* **-, -n** 1) пі́хви; 2) *тех.* футля́р, капо́т.
Schéide II *f* **-, -n** 1) рубі́ж; межа́; 2) вододі́л.
schéiden* 1. *vt* 1) відділя́ти; 2) сортува́ти, очища́ти; 3) розлуча́ти *(подружжя);* 2. *vi (s)* іти́, піти́; 2) розстава́тися, розлуча́тися; 3. **sich ~** розлуча́тися *(про подружжя).*
Schéide|wand *f* **-, ...wände** перегоро́дка; **~weg** *m* **-(e)s, -e** роздорі́жжя.
Schéidung *f* **-, -en** 1) по́діл; сортува́ння; 2) розлу́чення.
Schein I *m* **-(e)s, -e** 1) блиск, сві́тло, ся́йво; 2) *тк. sg* види́мість, зо́внішність; zum ~ для годи́ться.
Schein II *m* **-(e)s, -e** 1) свідо́цтво *(документ);* посві́дчення; 2) розпи́ска; 3) грошови́й знак, асигна́ція.
schéinbar 1. *adj* у́явний, пози́рний; 2. *adv* 1) очеви́дно; здає́ться; 2) для годи́ться.
schéinen* *vi* 1) світи́ти, ся́яти; 2) здава́тися; es scheint mir, daß ...мені́ здає́ться, що...
Schéinwerfer *m* **-s, -** 1) проже́ктор; 2) фа́ра.
Schéitel *m* **-s, -** 1) ті́м'я, ма́ківка; vom ~ bis zur Sóhle з голови́ до ніг; 2) про́діл; 3) *мат.* верши́на *(кута);* 4) вододі́л.
schéitern *vi (s)* 1) розбива́тися, зазнава́ти ава́рії *(про судно);* 2) зазнава́ти невда́чі.
Schélfe *f* **-, -n** шкаралу́па, шкі́рка; оболо́нка.
schéllen *vi* дзвони́ти.
schélten* 1. *vt (wegen G)* ла́яти, свари́ти *(за що);* 2. *vi (über A)* ла́ятися *(через що);* 3. **sich ~** ла́ятися *(з ким).*
Schéma *n* **-s, -s** *i* **-ta** схе́ма.
schemátisch *adj* схемати́чний.
Schémel *m* **-s, -** табуре́т(ка), сті́лець.
Schénkel *m* **-s, -** 1) стегно́; 2) *тех.* колі́но; 3) *мат.* сторона́ *(кута);* 4) одві́рок.
schénken I *vt* 1) дарува́ти; 2) приділя́ти, виявля́ти; Aufmerksamkeit ~ *(D)* приділя́ти ува́гу *(кому, чому);* 3) увільня́ти *(кого від чого);* das kann ich mir rúhig ~ я мо́жу цього́ не роби́ти.
schénken II *vt* налива́ти.
Schérbe *f* **-, -n** черепо́к, ула́мок.
Schére *f* **-, -n** 1) но́жиці; 2) клішня́ *(рака).*
schéren* *vt* стри́гти, підстрига́ти.
Schereréi *f* **-, -en** кло́піт, моро́ка.
Scherz *m* **-es, -e** жарт; заба́ва; aus (im, zum) ~ жартома́.
schérzen *vi* 1) жартува́ти; 2) заграва́ти.
schérzhaft *adj* жартівли́вий.
schérzweise *adv* жартома́.
scheu *adj* 1) лякли́вий, боязки́й; 2) соромли́вий.
Scheu *f* **-** бо́язкість, несміли́вість; óhne ~ безбо́язно.
Schéuche *f* **-, -n** опу́дало; страхо́вище.
schéuchen *vt* поло́хати.
schéuen 1. *vt* боя́тися, ляка́тися; 2. *vi (vor D)* зляка́тися *(чого, кого);* 3. **sich ~** *(vor D)* боя́тися *(чого).*
schéuern 1. *vt* 1) те́рти; ми́ти; 2. **sich ~** те́ртися *(об що).*
Schéune *f* **-, -n** сара́й, комо́ра.
Schéusal *n* **-(e)s, -e** чудо́висько,

S

потвóра; страхóвище.
schéußlich 1. *adj* огидний, мерзéнний, протúвний, жахлúвий; **2.** *adv* гúдко, жахлúво.
Schi *m* **-s, -er** *i* **-** лúжа; ~ láufen ходúти на лúжах.
Schicht *f* **-, -en** 1) шар; 2) прóшарок *(суспільства);* 3) (робóча) змíна; ~árbeiten *розм.* працювáти позмíнно; 4) трудовá вáхта; 5) *розм.* кінéць; ~ist's! кінéць!; 6) плíвка.
schíchten *vt* складáти (рядáми) *(дрова).*
schíchtenweise *adv* 1) шарáми; 2) позмíнно.
Schíchter *m* **-s, -** змíнний робітнúк, змíнник.
Schíchtung *f* **-, -en** 1) нашаровáння; 2) прóшарок; 3) розшарувáння.
schick *adj* вúтончений, елегáнтний; шикáрний.
schícken I *vt* посилáти, відправлáти; j-m éinen Gruß ~ послáти комý-н. привітáння; nach j-m ~ послáти за ким-н.
schícken II: **sich** ~ 1) бýти пристóйним; лúчити; подобáти; 2) *(zu D)* пасувáти, бýти придáтним *(для чого);* 3) *(in A)* упокóрюватися, корúтися *(чому).*
Schícksal *n* **-(e)s, -e** дóля, талáн.
schieben* *vt* рýхати; сóвати; штовхáти; beiséite ~ відсóвувати (вбік).
schief 1. *adj* 1) кóсий, кривúй; похúлий; ein ~er Blick кóсий пóгляд; 2) непрáвильний, хúбний, фальшúвий; ein ~er Vergléich невдáле порівнáння; **2.** *adv* 1) кóсо, крúво; 2) непрáвильно, перекрýчено; ~ und krumm кóсо і крúво.
Schíefer *m* **-s, -** 1) слáнець, шúфер; 2) скáлка, скíпка.
schíef|gehen* *vi (s)* не удавáтися; álles geht hier schief усé тут іде шкерéберть; **~treten*** *vt* стóптувати *(взуття).*
schíeläugig *adj* косоóкий.
schielen *vi* 1) косúти, бýти косоóким; 2) дивúтися скóса; 3) *(nach D)* задивлáтися, дивúтися з зáздрістю *(на що).*
Schíene *f* **-, -n** 1) рéйка *(залізнична);* 2) *тех.* шúна.
schießen* I 1. *vi* 1) *(auf A, nach D)* стрілáти *(у кого, у що);* 2) висáджувати у повітря; 2. *vt* 1) стрілáти *(у кого, у що, чим);* 2) *спорт.* бúти; ударáти; ein Tor ~ забúти гол; 3) запускáти *(ракету);* éinen Bock ~ *розм.* схúбити, дáти мáху.
schíeßen* II *vi (s)* 1) кúдатися, рушáти; ein Gedánke schoß mir durch den Kopf у мéне майнýла дýмка; 2) швúдко рости́; wie Pílze aus dem Bóden ~ рости́ як грибú пíсля дощý.
Schíeß|hund *m* **-(e)s, -e** мислúвський собáка; **~pulver** *n* **-s** пóрох; **~sport** *m* **-(e)s** стрілéцький спорт; **~stand** *m* **-(e)s, ...stände** тир.
Schiff *n* **-(e)s, -e** 1) суднó, корабéль; 2) *тех.* чóвник.
Schíffahrt *(при переносі* Schiff-fahrt) *f* **-** 1) судноплáвство, мореплáвство; 2) пóдорож на кораблí.
schíffbar *adj* судноплáвний.
Schíff|bau *m* **-(e)s** суднобудувáння; **~bauer** *m* **-s, -** суднобудівнúк; **~bruch** *m* **-(e)s, ...brüche** корабéльна авáрія; **~brücke** *f* **-, -n** понтóнний міст.
Schíffer *m* **-s, -** морáк; шкíпер; човнáр.
Schíffs|junge *m* **-n, -n** юнга; **~kampf** *m* **-(e)s, ...kämpfe** морськúй бій; **~mannschaft** *f* **-, -en** екіпáж кораблá; **~raum** *m* **-(e)s, ...räume** трюм.
schikanieren *vt* чіплáтися *(до кого);* мýчити, переслíдувати *(кого).*
Schíläufer *m* **-s, -** лúжник.
Schild I *m* **-(e)s, -e** щит, герб; ◊ etw. im ~e führen замишлáти що-н.
Schild II *n* **-(e)s, -er** 1) вúвіска, таблúчка; 2) бляха; 3) козирóк.
schíldern *vt* опúсувати, зображáти, змальóвувати, характеризувáти.
Schílderung *f* **-, -en** óпис, зображéння; характерúстика.
Schíld|kröte *f* **-, -n** черепáха; **~wache** *f* **-, -n** вартовúй; ~wache stéhen стоя́ти на постý.
Schilf *n* **-(e)s, -e** очерéт, ком...; тростúна.
schíllern *vi* вилúскувати, мінúтися. переливáтися *(кольорами).*
schímmeln *vi* плíснявіти, зацвітáти.
Schímmer *m* **-s, -** 1) слабкé світло; мерехтíння; блиск; 2) прóблиск; ein ~ von Hóffnung прóблиск надíї.
schímmern *vi* блищáти, виблúскувати; мерехтíти.

Schimpf *m* **-(e)s, -e** 1) обра́за, кри́вда; j-m éinen ~ ántun обра́зити кого́-н.; 2) ганьба́, со́ром.
schímpfen 1. *vt* **ла́яти, ви́лаяти; j-n** éinen Féigling ~ **назва́ти кого**-н. боягу́зом; 2. *vi (auf, über A)* 1) ла́яти *(кого, що);* 2) ла́ятися.
Schímpfwort *n* **-(e)s, ...wörter** лайли́ве сло́во, ла́йка.
schínden* 1. *vt* 1) здира́ти шку́ру *(з тварин);* 2) *розм.* му́чити; експлуатува́ти; 2. **sich** ~ надрива́тися, му́читися.
Schínken *m* **-s, -** ши́нка.
Schirm *m* **-(e)s, -e** 1) зонт, парасо́лька; den ~ áufspannen (schlíeßen) розкри́ти (закри́ти) зонт; 2) козиро́к; 3) ши́рма; 4) екра́н; 5) абажу́р; 6) ша́пка *(гриба);* 7) ку́пол *(парашута).*
schírmen *vt* 1) захищати; 2) екранува́ти.
Schí|sport *m* **-(e)s** лі́жний спорт; **~spur** *f* **-, -en** лижня́; **~stock** *m* **-(e)s, ...stöcke** лі́жна па́лка; **~tour** [-tu:r] *f* **-** лі́жний похі́д.
Schlacht *f* **-, -en** би́тва, бій.
schláchten *vt* 1) коло́ти, рі́зати *(худобу, птицю);* 2) вбива́ти, зни́щувати *(людей).*
Schláchter *m* **-s, -** 1) м'ясни́к; 2) *перен.* кат.
Schláchtfeld *n* **-(e)s, -er** по́ле бо́ю; auf dem ~ bléiben заги́нути в бою́.
Schlaf *m* **-(e)s** сон.
Schläfe *f* **-, -n** скро́ня.
schláfen* *vi* спа́ти; léise ~ сто́рожко спа́ти; tief ~ спа́ти глибо́ким сном; schláfe wohl! спи спокі́йно!; ~géhen іти́ спа́ти.
schlaff *adj* 1) кво́лий, в'я́лий, млявий, розсла́блений; 2) обви́слий.
schláflos *adj* безсо́нний.
Schláf|losigkeit *f* **-** безсо́ння; **~mittel** *n* **-s, -** снотво́рне.
schläfrig *adj* 1) со́нний; сонли́вий; 2) кво́лий; нудни́й; леда́чий.
Schláf|rock *m* **-(e)s, ...rökke** дома́шній хала́т; **~sack** *m* **-(e)s, ...säcke** спа́льний мішо́к.
schláftrunken *adj* со́нний; сонли́вий; за́спаний.
Schláf|wagen *m* **-s, -** спа́льний ваго́н; **~zimmer** *n* **-s, -** спа́льня.
Schlag *m* **-(e)s, Schläge** 1) уда́р; mit éinem ~ одни́м уда́ром, відра́зу; 2) бій *(годинника);* 3) биття́ *(серця);* 4) спів *(солов'я);* 5) две́рці *(автомобіля);* 6) за́городка; 7) *муз.* такт; 8) лісосі́ка; 9) ділянка.
schlágen* 1. *vt* 1) би́ти; ударя́ти; забива́ти; пробива́ти; 2) розбива́ти, перемага́ти; 2. *vi* 1) *(gegen A)* би́тися *(об що);* 2) би́тися *(про серце);* 3) би́ти *(про годинник);* 4) співа́ти *(про птахів);* 3. **sich** ~ би́тися.
schlágend *adj* влу́чний, переко́нливий; ein ~er Bewéis переко́нливий до́каз.
schlágfertig *adj* 1) гото́вий до бо́ю; 2) доте́пний.
Schlág|kraft *f* **-, ...kräfte** 1) си́ла уда́ру; уда́рна си́ла; 2) головна́ си́ла; виріша́льне зна́чення; **~sahne** *f* **-** збиті вершки́; **~uhr** *f* **-, -en** годи́нник з бо́єм; **~wort** *n* **-(e)s, ...wörter** 1) влу́чне сло́во; 2) заголо́вне сло́во *(у словнику);* 3) ло́зунг; деві́з; мо́дне сло́во.
Schlamm *m* **-(e)s, -e** 1) мул, твань, грязь; 2) *перен.* бруд, грязь; j-n, etw. durch den ~ zíehen кого́-н., що-н. зміша́ти з боло́том, утопта́ти в грязь.
schlámmig *adj* му́листий; грузьки́й.
Schlánge *f* **-, -n** 1) змія́; 2) *тех.* шланг; 3) че́рга; ~stéhen стоя́ти в че́рзі.
schlängeln, sich 1) звива́тися, ви́тися; 2) *перен.* викру́чуватися *(з неприємної справи).*
schlank *adj* стру́нкий; гнучки́й; худорля́вий.
schlapp *adj* 1) слабки́й; мля́вий; 2) обви́слий.
Schlaráffen|land *n* **-(e)s** казко́ва краї́на; **~leben** *n* **-s** дозві́льне, бездія́льне життя́.
schlau *adj* хи́трий.
Schlauch *m* **-(e)s, Schläuche** шланг, рука́в, ки́шка.
Schláuheit *f* **-, Schláuigkeit** *f* **-** хи́трість, лука́вство; спри́тність.
Schláukopf *m* **-(e)s, ...köpfe** *розм.* хитру́н.
schlecht *adj* пога́ний; ~ wérden псува́тися; er hat es ~ йому́ пога́но живе́ться.
Schléchtigkeit *f* **-, -en** ни́зькість, підлі́сть.
schlécken *vt, vi розм.* 1) лиза́ти; 2) ла́сувати; 3) *жарт.* цілува́тися.
Schleckeréi *f* **-, -en** ла́сощі.
schléichen* 1. *vi (s)* 1) підкрада́тися, кра́стися; 2) повзти́; 2. **sich** ~ 1) пробира́тися; 2) украда́ти-

S

ся, закрадáтися; sich in j-s Vertráuen ~ утéртися в довíру до кóго-н.

Schléier *m* **-s, -** 1) вуáль, фатá; 2) завíса, покрóв, тумáн; es fiel ihm ein ~ von den Augen йомý нíби полýда з очéй спáла; únter dem ~ der Nacht під покрóвом нóчі.

schléierhaft *adj* тумáнний; таємнúчий.

Schléife *f* **-, -n** 1) бант; стрíчка; 2) петля́; 3) петля́, поворóт *(дороги)*.

schléifen* I 1. *vt* гострúти; шліфувáти; 2. *vi* кóвзати *(по льоду)*.

schléifen II 1. *vt* тягтú, волочúти; 2. *vi* тягтúся, волочúтися.

schléppen 1. *vt* 1) тягтú, волочúти; 2) буксúрувáти; 2. *vi* волочúтися *(по землі)*; 3. **sich** ~ 1) тягтúся, плéнтатися; 2) тягтúся, тривáти; 3) бúтися, старáтися, мýчитися *(з чим)*.

Schlépper *m* **-s, -** 1) трáктор, тягáч; 2) буксúр.

schléudern *vt* 1) кúдати, шпурля́ти; 2) центрифугувáти; пропускáти чéрез сепарáтор; 3) катапультувáти.

schléunigst *adv* **негáйно, якнайшвúдше.**

schlicht *adj* 1) прóстий; скрóмний; 2) гладéнький, рíвний.

schlíchten *vt* 1) зглáджувати, вирíвнювати; 2) улáднувати *(суперечку)*.

Schlíchtheit *f* **-** простотá; скрóмність.

schlíeßen* 1. *vt* 1) закривáти; 2) зачиня́ти, замикáти; 3) закíнчувати; 4) укладáти *(договір)*; Fréundschaft ~ подружúтися; Fríeden ~ помирúтися; уклáсти мир; 5) робúти вúсновок; 2. *vi* 1) зачиня́тися; 2) закíнчуватися; 3. **sich** ~ 1) зачиня́тися; 2) *(an A)* приéднуватися *(до чого)*.

schlíeßlich *adv* нарéшті, врéшті-решт; на закíнчення.

schlimm *adj* 1) погáний, кéпський; **sein ~ster Feind йогó найлютíший вóрог; 2) хвóрий** *(напр., палець)*.

schlímmstenfalls *adv* у крáйньому рáзі.

Schlínge *f* **-, -n** 1) петля́; 2) сільцé; *перен.* пáстка; j-m éine ~ légen підстрóїти комý-н. пáстку; sich aus der ~ zíehen вúплутатися з бідú, вúйти сухúм з водú.

schlíngen* I 1. *vt* *(um A)* обв'я́зувати; обвивáти; зав'я́зувати (вузлóм); 2. **sich** ~ вúтися, обвивáтися.

schlíngen* II *vt* (жáдібно) ковтáти.

Schlips *m* **-es, -e** гáлстук, кравáтка; den ~ bínden (ábbinden) зав'язáти (розв'язáти) гáлстук.

Schlítten *m* **-s, -** сáни; ~ fáhren катáтися на сáнях.

Schlíttschuh *m* **-(e)s, -e** ковзáн; ~láufen катáтися на ковзанáх.

Schlíttschuhläufer *m* **-s, -** ковзня́р.

schlítzen 1. *vt* прорíзувати; 2. *vi* кóвзати *(по льоду)*.

Schloß I *n* **-sses, Schlösser** замóк; hínter ~ und Ríegel 1) під замкóм; 2) у в'язнúці.

Schloß II *n* **-sses, Schlösser** зáмок, палáц.

Schlósser *m* **-s, -** слю́сар.

Schlosseréi *f* **-, -en** слюсáрна майстéрня.

Schlucht *f* **-, -en** ущéлина, каньйóн.

schlúchzen *vi* ридáти, схлúпувати.

Schlúchzer *m* **-s, -** ридáння, схлúпування.

Schluck *m* **-(e)s, -e** *i* **Schlücke** ковтóк; éinen ~ tun вúпити ковтóк.

schlúcken *vt* ковтáти.

schlúckweise *adv* ковткáми.

Schlúmmer *m* **-s,** дрімóта; in ~ líegen дрімáти.

schlúmmern *vi* дрімáти, спáти.

schlüpfen *vi* *(s)* шмигнýти, прослизнýти.

schlüpfrig *adj* 1) слизькúй; 2) *перен.* двознáчний; непристóйний.

Schlúpfwinkel *m* **-s, -** схóванка, притýлок.

schlürfen 1. *vi* чóвгати ногáми; 2. *vt* 1) хлебтáти; сьóрбати; попивáти *(вино)*; 2) ковтáти, вбирáти в сéбе.

Schluß *m* **-sses, Schlüsse** 1) кінéць, закíнчення; ~ máchen кінчáти; zum ~ на закíнчення; 2) вúсновок; aus etw. *(D)* Schlüsse zíehen робúти вúсновки з чóго-н.

Schlüssel *m* **-s, -** 1) ключ; 2) ключ, код, шифр.

Schlüssel|bein *n* **-(e)s, -e** *анат.* ключúця: **~bund** *n, m* **-(e)s, -e** в'я́зка ключíв; **~loch** *n* **-(e)s, ...löcher** замкóвá щíлúна; **~wort** *n* **-(e)s, ...wörter** ключ до шúфру.

schlúßfolgern *vi* робúти вúсновки.

Schlúß|folgerung *f* **-, -en** вúсновок; die ~folgerung aus etw.

S

(D) ziehen робúти вúсновок з чó-го-н.; ~wort *n* **-(e)s, -e** заклю́чне слóво.
Schmach *f* **-** ганьбá, безчéстя; j-m éine ~ ántun зганьбúти когó-н.; ~und Schánde! стид і сóром!
schmáchten *vi* 1) томúтися; *(vor D)* знемагáти *(від чого);* 2) *(nach D)* тужúти *(за ким);* 3) *(nach D)* жадáти *(чого).*
schmächtig *adj* тендíтний; худúй.
schmáchvoll *adj* ганéбний.
schmáckhaft *adj* смачнúй.
schmal *adj* 1) вузькúй, 2) тонкúй; худúй; 3) убóгий, бíдний.
schmälern *vt* 1) звýжувати; 2) змéншувати; урíзувати.
schmalspurig *adj* 1) вузькоколíйний; 2) *перен.* неперекóнливий, неслýшний.
Schmalz *n* **-es, -e** тóплене сáло, смáлець; ◊ **im ~ sítzen купáтися** як сир у мáслі.
Schmárre *f* **-, -n** шрам, рубéць.
schmécken 1. *vt* куштувáти, прóбувати; 2. *vi* 1) *(nach D)* мáти смак *(чого);* нагáдувати за смáком *(що);* 2) подóбатися, смакувáти; das schmeckt (gut) це (дуже) смáчно.
Schmeicheléi *f* **-, -en** лéстощі, улéсливість.
schméichelhaft *adj* принáдний, приéмний; ein ~er Auftrag принáдне дорýчення.
schméicheln *vi* лестúти; тíшити.
Schméichler *m* **-s, -** підлéсник.
schméichlerisch *adj* підлéсливий, улéсливий.
schméißen* *vt* *розм.* кúдати, шпурля́ти.
Schmelz *m* **-es, -e** 1) емáль; полúва; 2) блиск, перелúви *(кольорів, звуків).*
Schmélze *f* **-, -n** 1) тáнення, розтавáння *(снігу);* 2) *тех.* плáвка.
schmélzen 1.* *vi (s)* тáнути, плáвитися; 2.(*) *vt* плáвити, топúти.
Schmélz|käse *m* **-s, -** плáвлений сир; **~punkt** *m* **-(e)s, -e** тóчка плáвлення; **~wasser** *n* **-s** тáла водá.
Schmerz *m* **-es, -en** 1) біль; 2) страждáння, скорбóта.
schmérzbetäubend *adj* знебóлюючий.
schmérzen *vi, vt* болíти; завдавáти бóлю.
schmérz|haft *adj* бóлісний, болючий; **~lich** *adj* прúкрий; **~los** *adj* безбóлісний.
Schmétterling *m* **-(e)s, -e** метéлик.
schméttern 1. *vt* кúдати, шпурля́ти; 2. *vi* 1) гримíти, оглýшливо лунáти; 2) співáти, заливáтися.
Schmled *m* **-(e)s, -e** ковáль; ◊ jéder ist séines Glückes ~ усяк свогó щáстя ковáль.
Schmíede *f* **-, -n** кýзня.
schmíeden *vt* 1) кувáти; 2) *перен.* кувáти, ствóрювати, готувáти; Pläne ~ укладáти плáни; Ränke ~ умишля́ти зле, кувáти лúхо.
schmíegen, sich 1) *(an A)* тулúтися, горнýтися *(до кого);* 2) *(an A, in A)* пристосóвуватися *(до умов);* 3) *(an A, um A)* прилягáти *(до чого);* 4) *(um A)* обвивáти *(про рослини).*
schmíegsam *adj* 1) гнучкúй; 2) піддáтливий.
Schmíere *f* **-, -n** мазь, мастúло.
schmíeren *vt* 1) змáзувати, мастúти; es geht wie geschmíert усé йде як по мáслу; 2) *розм.* давáти хабарá; 3) бруднúти, мáзати.
Schmínke *f* **-, -n** грим, космéтика.
schmínken 1. *vt* підфарбóвувати; гримувáти; 2. **sich ~** підфарбóвуватися, користувáтися космéтикою.
Schmórbraten *m* **-s, -** печéня, жаркé; тушкóване м'ясо.
schmóren 1. *vt* тушкувáти, жáрити; 2. *vi* жáритися, тушкувáтися; in der Hitze ~ знемагáти від спéки.
Schmuck *m* **-(e)s, -e 1)** прикрáса, вбрáння; 2) коштóвності.
Schmúckartikel *pl* ювелíрні вúроби.
schmücken 1. *vt* прикрашáти; 2. **sich ~** гáрно вбирáтися, наряджáтися.
schmúcklos *adj* без прикрáс, прóстúй.
Schmúcksachen *pl* коштóвності, ювелíрні вúроби.
Schmúggel *m* **-s** контрабáнда.
Schmutz *m* **-es** 1) смíття́; бруд *(тж. перен.);* 2) **сльотá;** ◊ **den ~** aus der Stúbe fégen винóсити смíття́ з хáти.
schmútzen *vi* 1) бруднúти; 2) бруднúтися, бýти мазкúм.
schmútzig *adj* бруднúй, неохáйний.
Schnábel *m* **-s, Schnäbel** 1) дзьоб; 2) нóсик *(чайника);* 3) *розм.* рот.
Schnáke *f* **-, -n** мóшка; комáр.
Schnálle *f* **-, -n** пря́жка, зáстібка.
schnállen *vt* застібáти *(пряжку).*
Schnaps *m* **-es Schnäpse** горíлка.
schnáppen 1. *vi* 1) робúти швид-

S

кий рух; 2) *(nach D)* хапáти *(що);* nach Luft ~ вáжко ди́хати; 2. *vt* хапáти; ich géhe Luft ~ я йду поди́хати свíжим повíтрям.
schnárchen *vi* хропти́; сопíти.
schnárren 1. *vi* 1) трíщáти; 2) дзижчáти; 3) гаркáвити; 4) бурчáти; 2. *vt* гаркáвити; er schnarrt das R він гаркáвить.
schnáttérn *vi* 1) ґелготáти, кря́кати; 2) *розм.* торохтíти, базíкати.
schnáufen *vi* сопíти, пи́рхати; хропти́ *(про тварин).*
Schnáuze *f* -, -n 1) мóрда, пи́сок, ри́ло; 2) нóсик *(чайника).*
Schnécke *f* -, -n рáвлик, слимáк.
Schnee *m* -s снíг.
Schnée|ball *m* -(e)s, ...bälle снíжка; ~**düne** *f* -, -n замéт; ~**fall** *m* -(e)s, ...fälle снігопáд; ~**flocke** *f* -, -n сніжи́нка; ~**gestöber** *n* -s, - завірю́ха, заметíль; ~**glöckchen** *n* -s, - прóлісок; ~**mann** *m* -(e)s, ...männer сніговá бáба; ~**schuh** *m* -(e)s, -e ли́жа; ~**wehe** *f* -, -n кучугýра.
schnéeweíß *adj* білоснíжний.
Schnéide *f* -, -n лéзо.
schnéiden* 1. *vt* 1) рíзати; 2) стри́гти; коси́ти; 3) *мат.* перетинáти; 2. **sich** ~ 1) порíзатися; 2) *мат.* перетинáтися; 3) *розм.* помиля́тися.
schnéidend *adj* 1) гóстрий *(біль);* 2) різки́й, прони́зливий *(вітер);* 3) гóстрий, різки́й, ущи́пливий *(про слова).*
Schnéider *m* -s, - кравéць.
schnéidern *vi* кравцювáти, ши́ти.
schnéien *vimp:* es schneit ідé снíг.
schnell *adj* швидки́й, прудки́й.
schnéllen 1. *vt* ки́дати, метáти; 2. *vi (s)* підстри́бувати, пружи́нити; in die Höhe ~ підскóчити; zur Séite ~ відскóчити вбік.
Schnéll|kochtopf *m* -es, ...töpfe скороварка; ~**schrift** *f* - стеногрáфія; ~**zug** *m* -(e)s, ...züge швидки́й пóїзд, експрéс.
Schnitt *m* -(e)s, -e 1) порíз, рóзріз; 2) стри́жка; 3) крíй, фасóн; 4) ви́крійка; 5) *мат.* перерíз; 6) фóрма, óбрис.
Schnítte *f* -, -n скиб́ка, шматóк; éine belégte ~ бутербрóд.
Schníttwunde *f* -, -n рíзана рáна.
Schnítzel I *n, m* -s, - обрíзок; стрýжка.
Schnítzel II *n* -s, - шнíцель.
schnítzen *vt* різьби́ти *(по дереву).*
Schnítzer *m* -s, - 1) різьбя́р; 2) різéць; 3) *розм.* пóмилка, пóхибка.
Schnitzeréi *f* -, -en рíзьблення *(по дереву).*
schnüffeln *vi* 1) ню́хати; 2) *розм.* виню́хувати, шпигувáти.
Schnúller *m* -s, - пи́пка, пустýшка.
Schnúpfen *m* -s, - нéжить; sich *(D)* den ~ hólen підхопи́ти нéжить.
Schnur *f* -, **Schnüre** мотýзка, шнур.
Schnürchen *n* -s, - мотýзочка; ◊ es geht (álles) wie am ~ усé йде як по мáслу.
schnüren 1. *vt* зашнурóвувати; зав'я́зувати; 2. **sich** ~ зашнурóвуватися.
schnúrgerade 1. *adj* прями́й як стрілá; 2. *adv* 1) пря́мо, навпростéць; 2) зрáзу, негáйно.
Schnúrrbart *m* -(e)s, ...bärte вýса.
schnúrren *vi* 1) дзижчáти, гудíти; 2) муркотáти.
schnúrrig *adj* смішни́й, кумéдний.
Schnürsenkel *m* -s, - шнурóк для черевикíв.
schnúrstracks *adv* 1) негáйно, зрáзу; 2) пря́мо, навпростéць.
Schóber *m* -s, - 1) ски́рта, стіг; 2) сінни́к.
Schólle I *f* -, -n 1) бри́ла; крижи́на; 2) клáптик землí.
Schólle II *f* -, -n кáмбала.
schon *adv* ужé; ~längst ужé давнó; ◊ das ~, áber... хай так, алé...; (na) und wenn ~! а хоч би й так!; ~ gut! ну, дóбре!
schön 1. *adj* прекрáсний, чудóвий, гáрний; 2. *adv* дóбре, чудóво; ◊ dánke ~! дя́кую!; bítte ~! будь лáска!, прóшу!; ~e Literatúr худóжня літератýра.
schónen 1. *vt* берегти́, щади́ти; 2. **sich** ~ берегти́ся.
schöngeistig *adj* естети́чний; ~e Literatúr худóжня літератýра.
Schönheit *f* -, -en 1) красá; 2) красýня.
schönmachen 1. *vt розм.* прикрашáти; 2. **sich** ~ 1) наряджáти, гáрно вбирáтися; 2) *розм.* фарбувáтися, користувáтися космéтикою.
Schönschreiben *n* -s каліграфíя.
Schónung *f* -, -en 1) пощáда; дбайли́ве стáвлення; оберéжність; 2) заповíдник; 3) дóгляд *(за ким, чим).*
schónungslos *adj* нещáдний, немилосéрдний.
Schopf *m* -(e)s, **Schöpfe** 1) чуб,

чупри́на, ви́хор; 2) наві́с, сара́й; 3) кро́на *(дерева)*.
schöpfen *vt* черпа́ти, набира́ти; Atem ~ перевести́ дух; frísche Luft ~ ди́хати сві́жим пові́трям; Mut ~ підбадьо́ритися; aus dem vóllen ~ жи́ти в доста́тку.
Schöpfer *m* **-s, -** творе́ць; а́втор.
schöpferisch *adj* тво́рчий.
Schöpfung *f* **-, -en** 1) ство́рення; 2) твір.
Schóppen *m* **-s, -** ку́холь.
Schórnstein *m* **-(e)s, -e** дима́р; das kannst du in den ~ schréiben! пиши́ пропа́ло!
Schoß I *m* **-sses, -sse** па́росток, па́гін.
Schoß II *m* **-es, Schöße** 1) *анат.* таз; 2) ло́но; im ~ der Famílie у сіме́йному ко́лі; im ~ der Natúr на ло́ні приро́ди; 3) на́дра; 4) пола́, поді́л; пелена́; die Hände in den ~ légen сиді́ти скла́вши ру́ки.
Schößling *m* **-s, -e** 1) па́гін; па́росток; 2) наща́док.
Schóte *f* **-, -n** стручо́к; grüne ~n зеле́ний горо́шок.
Schótter *m* **-s, -** ще́бінь; гра́вій.
schóttisch *adj* шотла́ндський.
schräg **1.** *adj* ко́сий, похи́лий; **2.** *adv* навскоси́, на́вскіс.
Schrámme *f* **-, -n** шрам, рубе́ць.
Schrank *m* **-(e)s, Schränke** ша́фа.
Schránke *f* **-, -n** 1) бар'є́р; перепо́на; 2) шлагба́ум; 3) межа́, рубі́ж; die ~n übertréten перехо́дити ме́жі (дозво́леного); 4) *тех.* щит, екра́н.
schránkenlos *adj* 1) безме́жний; ~e Fréude безме́жна ра́дість; 2) невтри́мний; неприбо́рканий.
Schránkwand *f* **-, ...wände** сті́нка *(меблі)*.
Schráube *f* **-, -n** гвинт; болт.
schráuben *vt* 1) загви́нчувати; з'є́днувати болта́ми; 2) *перен.* підви́щувати, роздува́ти; die Préise in die Höhe ~ роздува́ти ці́ни.
Schráuben|mutter *f* **-, -n** га́йка; **~zieher** *m* **-s, -** ви́крутка.
Schreck *m* **-(e)s, -e, Schrékken** *m* **-s, -** переля́к; страх; vor ~ з переля́ку; j-m éinen ~ éinjagen нагна́ти стра́ху на ко́го-н.
schrécken I *vt* ляка́ти.
schrécken* II *vi* ляка́тися.
schréckhaft *adj* лякли́вий.
schrécklich *adj* жахли́вий.
Schrei *m* **-(e)s, -e** крик.
schréiben* *vt* писа́ти; groß ~ писа́ти з вели́кої бу́кви.
Schréiben *n* **-s, -** 1) лист; (офіці́йний) папі́р; 2) письмо́; написа́ння.
Schréiber *m* **-s, -** а́втор *(листа, книжки)*.
Schréib|fehler *m* **-s, -** опи́ска; по́милка в написа́нні; **~kraft** *f* **-, ...kräfte** друка́рка; **~maschine** *f* **-, -n** друка́рська маши́нка; **~papier** *n* **-s, -e** папі́р для писа́ння; **~tisch** *m* **-es, -e** письмо́вий стіл; **~waren** *pl* канцеля́рські това́ри; **~zeug** *n* **-(e)s, -e** письмо́ве прила́ддя.
schréien* *vi* 1) крича́ти; 2) *(um A, nach D)* зверта́тися *(по що)*, блага́ти *(чого)*; um Hílfe ~ кли́кати на допомо́гу.
schréiend *adj* 1) кричу́щий; éine ~e Úngerechtigkeit кричу́ща несправедли́вість; 2) крикли́вий; рі́зки́й; ~e Fárben крикли́ві фа́рби; ein ~er Gégensatz рі́зки́й контра́ст.
schréiten* *vi (s)* 1) крокува́ти, йти; 2) *(zu D)* бра́тися *(до чого)*, розпочина́ти *(що)*.
Schrift *f* **-, -en** 1) шрифт, бу́кви; 2) по́черк; 3) твір; 4) офиці́йний докуме́нт, зая́ва; 5) на́пис.
Schríft|leiter *m* **-s, -** реда́ктор; **~leitung** *f* **-, -en** реда́кція *(колектив)*.
schríftlich *adj* письмо́вий.
Schríft|sprache *f* **-, -n** 1) літерату́рна мо́ва; 2) пи́семна мо́ва; **~steller** *m* **-s, -** письме́нник; **~stück** *n* **-(e)s, -e** 1) руко́пис; 2) (офіці́йний) докуме́нт.
schrill *adj* різки́й, прони́зливий.
schríllen *vi* 1) рі́зко звуча́ти; 2) скрекота́ти.
Schritt *m* **-(e)s, -e** крок; ~ für ~ крок за кро́ком; ~ halten *(mit D)* іти́ в но́гу *(з ким)*; auf ~ und Tritt на ко́жному кро́ці.
schríttweise **1.** *adv* крок за кро́ком, поступо́во; **2.** *adj* поступо́вий.
schroff **1.** *adj* 1) крути́й, стрімки́й; 2) крути́й, суво́рий; éine ~e Ablehnung категори́чна відмо́ва; ein ~er Charákter суво́рий хара́ктер; **2.** *adv* 1) кру́то, стрі́мко; 2) рі́зко, рішу́че, наві́дріз.
Schrot *m, n* **-(e)s, -e** 1) дріб; 2) бо́рошно гру́бого поме́лу; 3) полі́но, коло́да; 4) металоло́м.
Schrott *m* **-(e)s, -e** металоло́м.
schrúmpfen *vi (s)* змо́рщуватися; збі́гатися; згорта́тися *(про ви-*

S

робництво).

Schub *m* **-(e)s, Schübe** пóштовх; зсув.

Schúb|fach *n* **-(e)s, ...fächer** шухля́да; **~karren** *m* **-s, -** тáчка; **~lade** *f* **-, -n** шухля́да.

schüchtern *adj* боязки́й, сороми́ливий, полохли́вий.

Schuh *m* **-(e)s, -e** череви́к; *pl* взуття́; ◊ **wo drückt dich der ~** що тебé хвилю́є?

Schúh|absatz *m* **-es, ...absätze** каблу́к; **~macher** *m* **-s, -** швець; **~werk** *n* **-(e)s** взуття́.

Schúl|abgänger *m* **-s, -** випускни́к (шкóли); **~bank** *f* **-, ...bänke** пáрта; **~buch** *n* **-(e)s, ...bücher** шкíльний підру́чник.

schuld: ~ sein *(an D)* бу́ти ви́нним *(у чому)*.

Schuld *f* **-, -en** 1) борг; зобов'я́зання; 2) *тк. sg* прови́на; séine ~ éingestehen ви́знати свою́ прови́ну.

schúlden *vt* бу́ти ви́нним *(гроші)*, бу́ти боржникóм.

schúldenfrei *adj* без боргíв.

schúldfrei *adj* неви́нний.

schúldig *adj* 1) ви́нний; j-n ~ spréchen ви́знати когó-н. ви́нним; 2): Geld ~ sein заборгувáти грóші; er blieb mir die Antwort ~ він менí не відповíв.

Schúldigkeit *f* **-** обов'я́зок; зобов'я́зання.

schúldlos *adj* неви́нний.

Schúle *f* **-, -n** шкóла; allgeméinbildende ~ загальноосвíтня шкóла; die ~ besúchen, zur (in die) ~ géhen ходи́ти до шкóли; **héute ist kéine ~** **сьогóдні немáє заня́ть.**

schúlen 1. *vt* вчи́ти; тренувáти; **2. sich ~** навчáтися, підви́щувати кваліфікáцію.

Schüler *m* **-s, -** у́чень, школя́р.

schülerhaft *adj* школя́рський, учнíвський.

Schülerheim *n* **-(e)s, -e** інтернáт.

Schülerin *f* **-, -nen** учени́ця, школя́рка.

Schüler|tagebuch *n* **-(e)s, ...bücher** щодéнник школярá.

Schúlferi|en *pl* шкíльні канíкули.

schúlfrei *adj* вíльний від шкíльни́х заня́ть; wir háben héute ~ у нас сьогóдні немáє заня́ть.

Schúl|freund *m* **-es, -e** шкíльни́й товáриш; **~geld** *n* **-(e)s** плáта за навчáння; **~gemeinde** *f* **-, -n** колекти́в шкóли; **~hort** *m* **-(e)s, -e** грýпа продóвженого дня.

schúlisch *adj* шкíльни́й; навчáльний; ~e Léistungen успíшність *(у школі)*.

Schúl|jahr *n* **-(e)s, -e** навчáльний рік; **~junge** *m* **-n, -n** школя́р; **~lehrer** *m* **-s, -** шкíльни́й учи́тель; **~leiter** *m* **-s, -** дирéктор шкóли.

schúlmeistern *невідокр. vt* повчáти; муштрувáти.

Schúl|pflicht *f* **-, -en** обов'язкóве навчáння; **~ranzen** *m* **-s, -** шкíльни́й рáнець; **~sachen** *pl* навчáльне прилáддя; **~tasche** *f* **-, -n** портфéль *(учня)*.

Schúlter *f* **-, -n** плечé; ◊ etw. auf die léichte ~ néhmen стáвитися до чóго-н. легковáжно.

Schúlterblatt *n* **-(e)s, ...blätter** *анат.* лопáтка.

Schúlung *f* **-, -en** навчáння; кваліфікáція; polítische ~ політнавчáння.

Schúl|unterricht *m* **-(e)s** заня́ття в шкóлі; шкíльнé навчáння; **~zeugnis** *n* **-ses, -se** тáбель *(школяра)*.

Schúppen *m* **-s, -** 1) сарáй, навíс; 2) гарáж; ангáр; депó; 3) склад.

schüren *vt* 1) шурувáти *(вугілля)*; das Féuer ~ роздувáти вогóнь; 2) *перен.* розпáлювати *(що)*; підбу́рювати *(до чого)*.

Schürze *f* **-, -n** фарту́х.

schürzen *vt* підгортáти *(сукню)*; засу́кувати *(рукава)*; зав'я́зувати *(вузол)*.

Schuß *m* **-sses, Schüsse** пóстріл; ein blínder ~ холости́й пóстріл; ein ~ ins Bláue прóмах; ein ~ ins Tor *спорт.* гол.

Schüssel *f* **-, -n** 1) ми́ска, блю́до; 2) стрáва.

Schúß|waffe *f* **-, -n** вогнепáльна збрóя; **~wunde** *f* **-, -n** вогнестрíльна рáна.

Schúster *m* **-s, -** швець.

Schutt *m* **-(e)s** смíття; ◊ in ~ und Asche líegen лежáти в руїнах.

schütteln 1. *vt* 1) трясти́, труси́ти, хитáти; Hände ~ потисну́ти оди́н óдному ру́ки; den Kopf ~ похитáти головóю; 2) збóвтувати; 2. **sich** ~ 1) обтру́шуватися; 2) здригáтися.

schütten 1. *vt* 1) си́пати; 2) наливáти; 2. *vi* опадáти, облітáти.

Schutz *m* **-es, -e** *(vor D, gegen A)* зáхист *(від кого; чого)*; охорóна; j-m ~ bíeten узя́ти когó-н. під зáхист; ~ von Mútter und Kind

охоро́на ма́тері і дити́ни.
Schütze *m* **-n, -n** стріле́ць.
schützen 1. *vt (vor D, gegen A)* захища́ти *(від кого, чого);* gesétzlich geschützt sein охороня́тися зако́ном; 2. **sich ~** *(vor D, gegen A)* захища́тися *(від кого, чого)*; остеріга́тися *(чого)*.
Schützengraben *m* **-s, ...gräben** око́п.
schútzlos *adj* безза́хисний.
Schútz|marke *f* **-, -n** фабри́чне клеймо́; **~maske** *f* **-, -n** протига́з; **~maßnahme** *f* **-, -n** профілакти́чний за́хід; **~umschlag** *m* **-(e)s, ...schläge** (супер)обкла́динка.
schwach *adj* 1) слабки́й, безси́лий; 2) слаби́й, нездоро́вий, кво́лий; 3) слабки́й, неміцни́й; éine ~e Lösung слабки́й ро́зчин; 4) слаби́й, пога́ний; ein ~es Gedächtnis пога́на па́м'ять.
Schwäche *f* **-, -n** 1) сла́бість, безси́лля; 2) дошку́льне мі́сце; недо́лік; 3) *(für A)* при́страсть *(до чого)*.
schwächen *vt* ослабля́ти; знеси́лювати; j-s Gesúndheit ~ підрива́ти чиє́-н. здоро́в'я.
schwächlich *adj* кво́лий, хвороблі́вий.
Schwächling *m* **-s, -e** 1) кво́ла, хворобли́ва люди́на; 2) слабові́льна люди́на.
schwách|mütig *adj* малоду́шний; **~sinnig** *adj* недоу́мкуватий.
Schwáger *m* **-s, Schwäger** ді́вер; шу́рин; зять; своя́к.
Schwägerin *f* **-, -nen** зови́ця; неві́стка; своя́чка.
Schwálbe *f* **-, -n** ла́стівка.
Schwall *m* **-(e)s, -e** поті́к; ein ~ von Wórten поті́к слів.
Schwamm *m* **-(e)s, Schwämme** гу́бка.
schwámmig *adj* 1) гу́бчатий; ніздрюва́тий, по́ристий; 2) забре́склий, оду́тлий.
Schwan *m* **-(e)s, Schwäne** ле́бідь.
schwánger *adj* вагі́тна.
Schwángerschaft *f* **-** вагі́тність.
schwánken *vi* 1) хита́тися; колива́тися; 2) вага́тися.
Schwánkung *f* **-, -en** колива́ння; мінли́вість.
Schwanz *m* **-es, Schwänze** хвіст.
schwänzeln *vi* 1) крути́ти, верті́ти хвосто́м; 2) *(um j-n)* лести́ти *(кому)*.
schwänzen *vt розм.* прогу́лювати; die Schúle ~ прогуля́ти заня́ття в шко́лі.
Schwänzer *m* **-s, -** прогу́льник; недбайли́вий праці́вник.
Schwär *m* **-(e)s, -e, Schwären** *m* **-s, -** нари́в.
Schwarm *m* **-(e)s, Schwärme** рій; згра́я; на́товп.
schwärmen I 1. *vi* роїтися *(про бджіл)*; 2. *vimp* киші́ти; es schwärmt von Ménschen auf der Stráße ву́лиця киши́ть наро́дом.
schwärmen II *vi* 1) *(von D)* мрі́яти *(про кого, про що)*; 2) *(für A)* захо́плюватися *(ким, чим)*.
Schwärmer *m* **-s, -** мрі́йник; ентузіа́ст; фана́тик.
schwärmerisch *adj* мрійли́вий; захо́плений; фанати́чний; ~e Gedánken мрії, ма́рення.
schwarz *adj* 1) чо́рний; ~auf weiß чо́рним по бі́лому; 2) чо́рний, похму́рий, сумни́й; ~e Gedánken тяжкі́ думки́; 3) нелега́льний; ~er Markt чо́рний ри́нок.
Schwárzbeere *f* **-, -n** *бот.* чорни́ця.
Schwärze *f* **-, -n** 1) чорнота́; 2) ва́кса; 3) друка́рська фа́рба; 4) оги́дність, пі́длість.
schwärzen *vt* 1) чорни́ти; ма́зати ва́ксою *(взуття)*; 2) чорни́ти, обмовля́ти *(кого)*.
Schwárz|erde *f* **-, -n** чорнозе́м; **~fahrt** *f* **-, -en** *розм.* проїзд за́йцем; **~handel** *m* **-s** торгі́вля на чо́рному ри́нку; **~markt** *m* **-(e)s, ...märkte** чо́рний ри́нок; **~seher** *m* **-s, -** песимі́ст.
schwátzen *vt, vi* бази́кати.
Schwätzer *m* **-s, -** бази́ка, пустоме́ля.
schwében *vi* 1) ширя́ти, висі́ти в пові́трі; 2) вита́ти; in Gefáhr ~ бу́ти в небезпе́ці.
schwébend *adj* 1) ширя́ючий, вися́чий; éine ~e Brükke вися́чий міст; ein ~er Schritt легка́ хода́; 2) нерозв'я́заний, незакі́нчений.
schwédisch *adj* шве́дський.
Schweif *m* **-(e)s, -e** хвіст; *розм.* шлейф.
schwéifen 1. *vi (s, h)* блука́ти, броди́ти; 2. *vt* полоска́ти *(білизну)*.
Schwéifstern *m* **-(e)s, -e** коме́та.
schwéigen* *vi* 1) мовча́ти; замо́вкнути; 2) замо́вчувати *(що)*, кри́тися *(з чим)*; ◊ **wer schweigt,** bejáht мовча́ння — знак зго́ди.
schwéigend 1. *adj* безмо́вний; **2.** *adv* мо́вчки.
schwéigsam *adj* мовчазни́й, не-

S

балаку́чий.

Schwein *n* **-(e)s, -e** 1) свиня́; 2) *розм.* ща́стя, везі́ння, тала́н; er hat ~ йому́ щасти́ть.

Schwéine|fleisch *n* **-es** свини́на; **~hirt** *m* **-en, -en** свинопа́с.

Schweinerе́i *f* **-, -en** *розм.* сви́нство.

Schwéinezucht *f* **-** свина́рство.

Schweiß *m* **-es, -e** піт; in ~ geráten спітні́ти; von ~ tríefen облива́тися по́том.

schwéißen *vt. тех.* зва́рювати.

Schwéißer *m* **-s, -** зва́рник.

schwéißig *adj* спітні́лий.

schwéizerisch *adj* швейца́рський.

schwélen *vi* тлі́ти; же́врiти; дими́тися, кури́тися; мерехті́ти.

Schwélle *f* **-, -n** 1) по́ріг; 2) *залізн.* шпа́ла.

schwéllen* I *vi (s)* 1) пу́хнути, набряка́ти; 2) бубня́віти; 3) підніма́тися *(про воду)*; 4) *перен.* спо́внюватися *(чим)*.

schwéllen II *vt* надува́ти, надима́ти, напина́ти *(вітрила)*.

Schwéllung *f* **-, -en** 1) опуха́ння; 2) пухли́на; 3) набуха́ння, набряка́ння.

schwémmen *vt* 1) купа́ти *(коней)*; 2) змива́ти, зно́сити; нано́сити *(водою)*; 3) сплавля́ти *(ліс)*; 4) промива́ти *(руду)*.

schwénken 1. *vt* 1) маха́ти; 2) кружи́ти; 3) полоска́ти; 2. *vi (h, s)* поверта́ти, змі́нювати *(напрям, погляди)*; 3. **sich** ~ розвіва́тися; sich im Tánze ~ кружля́ти в та́нці.

Schwénkung *f* **-, -en** 1) розма́хування; 2) поворо́т; éine ~ nach links поворо́т налі́во; *перен.* полівіння.

schwer *adj* 1) важки́й; 2) важки́й, складни́й; 3) міцни́й *(сон, напій)*; ◊ áller **Anfang ist** ~ **абú почáти, а там вонó й пíде.**

Schwére *f* **-** 1) вага́; тяга́р; 2) *фіз.* тяжі́ння, гравіта́ція; das Gesétz der ~ зако́н тяжі́ння.

schwérelos *adj* невагóмий.

schwérfallen* *vi (s)* ва́жко дава́тися; das Lérnen fällt ihm schwer навча́ння дає́ться йому́ ва́жко.

schwér|fällig *adj* неповоротки́й; незгра́бний; **~flüssig** *adj* тугопла́вкий; густи́й *(про рідину)*.

Schwérkraft *f* **-** *фіз.* тяжі́ння, си́ла тяжі́ння.

schwérmütig *adj* смутни́й, меланхолі́йний; ~ wérden засмути́тися.

schwérnehmen* *vt* бра́ти (бли́зько) до се́рця.

Schwérpunkt *m* **-(e)s, -e** 1) *фіз.* центр ваги́; 2) суть, су́тність.

Schwert *n* **-(e)s, -er** меч.

schwérwiegend *adj* вагóмий, серйо́зний; ~e Fólgen серйо́зні на́слідки.

Schwéster *f* **-, -n** 1) сестра́; 2) меди́чна сестра́.

Schwíeger|eltern *pl* батьки́ чолові́ка (дружи́ни) **~mutter** *f* **-, ...mütter** те́ща; свекру́ха; **~sohn** *m* **-(e)s, ...söhne** зять; **~tochter** *f* **-, ...töchter** неві́стка; **~vater** *m* **-s, ...väter** тесть; све́кор.

Schwíele *f* **-, -n** мозо́ля.

schwíerig *adj* важки́й, складни́й, скрутни́й; éine ~e Sáche складна́ спра́ва; ein ~er Mensch люди́на з важки́м хара́ктером.

Schwíerigkeit *f* **-, -en** тру́дність, тру́днощі.

Schwímm|bad *n* **-(e)s, ...bäder, ~becken** *n* **-s, -** пла́вальний басе́йн.

schwímmen* *vi (h, s)* пла́вати.

schwímmend 1. *adj* плаву́чий; éine ~e Brücke плаву́чий міст; **2.** *adv* пла́вом, упла́в.

Schwímmer *m* **-s, -** 1) пла́вець; 2) *мор.* плаво́к, буйо́к.

Schwíndel I *m* **-s** запа́морочення (голови́).

Schwíndel II *m* **-s** обду́рювання; шахра́йство; брехня́.

schwíndelhaft *adj* 1) шахра́йський; 2) запа́морочливий.

schwínd(e)lig *adj* 1) схи́льний до запа́морочення; 2) запа́морочливий; карколо́мний.

schwíndeln I *vimp:* mir schwíndelt у ме́не па́морочиться голова́.

schwíndeln II *vi* шахрува́ти, обду́рювати.

schwínden* *vi (s)* 1) спада́ти, зника́ти; 2) усиха́ти, збіга́тися.

schwíngen* 1. *vt* 1) маха́ти, розма́хувати; 2) *с. г.* ві́яти; 2. *vi* 1) гойда́тися; auf der Schäukel ~ гойда́тися на го́йдалці; 2) колива́тися, вібрува́ти; 3. **sich** ~ 1) *(auf A)* розго́йдуватися *(на чому)*; 2) *(über A)* перестри́бувати *(через що)*; 3) злі́тати.

Schwíngung *f* **-, -en** 1) гойда́ння; 2) колива́ння; вібра́ція.

schwírren *vi (h, s)* 1) (про)свисті́ти, (про)дзижча́ти; die Kúgeln ~ ку́лі дзижча́ть; 2) крути́тися; 3) мигті́ти.

schwítzen *vi* 1) потíти; 2) пітнíти; 3) прíти.

schwören* *vt, vi* 1) клястися, заприсягáтися; 2) присягáти; zur Fáhne ~ давáти військóву присягу.

schwül *adj* 1) пекýчий, дýшний; 2) дурмáнний; 3) тяжкúй, страшнúй.

Schwüle *f* - 1) спéка; 2) тривóга, неспóкій.

Schwulst *m* **-es, Schwülste** 1) пухлúна; 2) пишномóвність.

Schwung *m* **-(e)s, Schwünge** 1) змах, пóмах; 2) зáпал, піднéсення, порúв; er ist héute in ~ він сьогóдні в удáрі; 3) пóрція.

Schwúng|brett *n* **-(e)s, -er** трамплíн; **~kraft** *f* - 1) *фіз.* відцентрóва сúла; 2) енéргія, зáпал.

schwúngvoll *adj* 1) піднéсений, натхнéнний; 2) жвáвий *(про торгівлю)*; 3) розмáшистий.

Schwur *m* **-(e)s, Schwüre** клятва; присяга; éinen ~ áblegen дáти клятву; éinen ~ bréchen порýшити клятву.

sechs *num* шість.

Sechs *f* **-, -en** (числó) шість, шíстка.

séchsfach **1.** *adj* шестиразóвий; **2.** *adv* у шість разів, ушéстеро.

sechzehn *num* шістнáдцять.

sechzig *num* шістдесят.

See I *m* **-s, -n** óзеро.

See II *f* **-, -n** 1) мóре; fréie ~ відкрúте мóре; éine schwére ~ бурхлúве мóре; zur ~ мóрем; 2) (велúка) хвúля.

Sée|bad *n* **-(e)s, ...bäder** 1) морськé купáння; 2) примóрський курóрт; **~fahrt** *f* **-, -en** 1) морeплáвство; 2) морськá пóдорож; **~hund** *m* **-(e)s, -e** тюлéнь.

séekrank *adj* хвóрий на морськý хворóбу.

Séele *f* **-, -n** душá; ein Herz und éine ~ sein жúти душá в дýшу; mit Leib und ~ bei etw. *(D)* sein бýти відданим чомý-н. душéю й тíлом.

séelen|froh *adj* рáдий від душí; **~los** *adj* бездýшний.

Séeleute *pl від* Séemann.

[illegible]isch *adj* 1) душéвний; 2) психíчний.

Sée|macht *f* **-, ...mächte** 1) морськá держáва; 2) військóво-морськí сúли; **~mann** *m* **-(e)s, ..leute** *i* **...männer** моряк, матрóс.

[illegible]gel *n* **-s, -** вітрúло, пáрус.

ségeln *vi (h, s)* 1) плúсти під вітрúлами; 2) ширяти.

Ségel|tuch *n* **-(e)s, -e** парусúна; **~werk** *n* **-(e)s** вітрúла.

Ségen *m* **-s, -** 1) благословéння; 2) схвáлення, згóда; 3) щáстя, вдáча.

Ségler *m* **-s, -** 1) пáрусник, вітрúльник; 2) яхтсмéн; 3) *зоол.* стриж.

ségnen *vt* 1) благословляти; 2) схвáлювати *(що)*; давáти згóду *(на що)*.

séhen* *vi, vt* **бáчити, дивúтися**; j-m ähnlich ~ **бýти схóжим на кого-н.**; aus dem Fénster ~ дивúтися у вікнó; sich satt ~ *(an D)* надивúтися вдóсталь *(на кого, на що)*; wann ~ wir uns? колú ми побáчимося?

séhens|wert, ~würdig *adj* визначнúй; вáртий увáги.

Séhenswürdigkeit *f* **-, -en** визначнá пам'ятка.

Séhkraft *f* - зір.

Sehne *f* **-, -n** 1) *анат.* сухожúлля; 2) тятивá.

séhnen, sich *(nach D)* тужúти *(за ким, чим)*; прáгнути *(чого)*.

séhnig *adj* жúлавий, мускулúстий.

séhnlich *adj* жагýчий, палкúй.

Séhnsucht *f* - *(pl рідко* **...süchte)** прáгнення, пристрáсне бажáння.

séhnsüchtig *adj* спóвнений тýги, тýжний; ein ~ es Verlángen палкé бажáння.

sehr *adv* дýже.

Séhvermögen *n* **-s** зір.

seicht *adj* 1) мілкúй, мілковóдний; 2) поверхóвий; ~es Geréde пустí розмóви.

Séide *f* **-, -n** шовк.

séiden *adj* шовкóвий.

Séife *f* **-, -n** мúло.

séifen *vt* 1) мúлити, намúлювати; 2) *розм.* обдýрювати.

séifig *adj* мúльний.

Seil *n* **-(e)s, -e** канáт; трос; мотýзка.

sein* I 1. *vi (s)* 1) бýти, існувáти; 2) відбувáтися, траплятися; es war im Winter це булó зимóю; 3) бýти, знахóдиться; er ist da він тут; 4) похóдити, бýти рóдом *(звідки)*; 5) бýти *(дієслово-зв'язка у складеному присудку)*; sie ist krank вонá хвóра; 6) *з inf+zu виражає повинність або можливість:* dieses Buch ist zu háben цю книжку мóжна купúти; 2. *допоміжне дієслово, служить для утворення складних часових форм; о[illegible] п ре-*

кладається: sie sind gekómmen вонú прийшлú.
sein II *pron poss m (f* séine, *n* sein, *pl* séine) йогó; свій, своя, своє, свої; sie nahm ~ Buch вонá взялá йогó кнúжку; álles zu ~er Zeit на все свій час.
Sein *n* **-s** буттЯ, існувáння.
Séine: das ~ йогó майнó; die ~n йогó рідні, блúзькі.
séiner|seits *adv* з йогó бóку, що стосýється йогó; **~zeit** *adv* 1) у свій час, тоді, рáніше; 2) пізніше, у майбýтньому.
séinesgléichen *adj* такúй, як він, подібний до ньóго.
séinet|hálben, ~wégen *adv* 1) чéрез ньóго; зарáди ньóго; 2) на йогó дýмку; **~wíllen** *adv:* um ~willen зарáди ньóго.
séinige *pron poss:* der ~ (die ~, das ~, die ~n) йогó.
seit 1. *prp (D)* з, від *(якогось часу);* ~ wann? з якóго чáсу? ~je здáвна; **2.** *cj* з тóго чáсу як.
seitdém 1. *adv* з тóго чáсу; **2.** *cj* з тóго чáсу як.
Séite *f* **-, -n** 1) бік, сторонá; 2) сторíнка.
séitens *prp (G)* з бóку *(кого).*
seithér *adv* з тóго чáсу.
séitlich 1. *adj* боковúй; **2.** *adv* збóку; нáбік.
séitwärts *adv* 1) убік, бóком; 2) збóку; 3) нáбік.
Sekt *m* **-(e)s, -e** шампáнське.
sekundär *adj* 1) вторúнний; 2) другорЯдний.
sélber *pron dem* сам.
selbst 1. *pron dem* сам; von ~ самó собóю; **2.** *prtc* нáвіть.
sélb|ständig *adj* 1) самостíйний, незалéжний; 2) окрéмий, автонóмний.
Sélb|ständigkeit *f* **-** 1) самостíйність; незалéжність; 2) автонóмність.
Sélbst|bedienung *f* **-** самообслугóвування; **~beherrschung** *f* **-** самовладáння; **~bestimmung** *f* **-** самовúзначення.
sélbstbewußt *adj* 1) впéвнений у собі; 2) самовпéвнений.
Sélbst|bewußtsein *n* **-s** 1) самосвідóмість; почуттЯ влáсної гíдності; 2) самовпéвненість; **~erhaltung** *f* **-** самозберéження.
sélbstgefällig *adj* самовдовóлений.
Sélbst|gefühl *n* **-(e)s** 1) почуттЯ влáсної гíдності; 2) пихá; **~herrschaft** *f* **-** самодержáвство; **~kosten** *pl* собівáртість.
sélbstlos *adj* самовíдданий.
Sélbst|losigkeit *f* **-** самовíдданість, безкорúсливість; **~mord** *m* **-(e)s, -e** самогýбство.
Sélbstsucht *f* егоїзм.
sélbstsüchtig *adj* егоїстúчний; корúсливий.
sélbsttätig *adj* 1) самодіЯльний; 2) автоматúчний.
sélbstverständlich 1. *adj* очевúдний; нормáльний; **2.** *adv* звичáйно, самó собóю зрозумíло.
Sélbst|vertrauen *n* **-s** впéвненість у своїх сúлах; **~verwaltung** *f* **-** самоврядувáння.
sélig *adj* 1) щаслúвий; рáдісний; блажéнний; 2) *висок.* покíйний.
sélten 1. *adj* рíдкісний, рідкúй; **2.** *adv* 1) рíдко; 2) дýже, надзвичáйно.
Séltenheit *f* **-, -en** рíдкість, винЯтковість.
séltsam *adj* дúвний, особлúвий.
Semikólon *n* **-s, -s** *i* **...kóla** *грам.* крáпка з кóмою.
Sémmel *f* **-, -n** бýлка.
sénden* *vt* 1) відправлЯти, надсилáти; 2) *(тк. за слабкою дієвідміною)* передавáти по рáдіо.
Sénder *m* **-s, -** радіопередавáч.
Sénderaum *m* **-(e)s, ...räume** радіостýдія.
Séndung *f* **-, -en** 1) посúлка; поштóве відпрáвлення; грошовúй перéказ; 2) передáча *(радіо)*; 3) мíсія, дорýчення.
Senf *m* **-(e)s, -e** гірчúця.
Sénfpflaster *n* **-s, -** гірчúчник.
séngen *vt* палúти, спáлювати.
Sénkel *m* **-s, -** шнурóк *(черевика).*
sénken 1. *vt* 1) опускáти; 2) занýрювати; 3) нахилЯти *(голову)*; 4) знúжувати; die Stímme ~ знúзити гóлос, говорúти тихíше; 2. **sich** ~ 1) опускáтися; 2) осідáти; 3) знúжуватися.
sénkrecht *adj* прямовúсний, вертикáльний.
Sénkrechte *f мат.* перпендикулЯр; вертикáль.
Sénkung *f* **-, -en** 1) опускáння; 2) занýрення; 3) знúження; 4) схил, спад.
Sénse *f* **-, -n** *с.г.* косá.
sénsen *vt* косúти.
Septémber *m* **-** *i* **-s, -** вéресень.
séri|enweise 1. *adj* серíйний; **2.** *adv* сéріями.
seriös *adj* серйóзний.
Service I [-'vi:s] *n* **-** *i* **-s** [-'vi:səs]. [-'vi:s *i* -'vi:sə] сервíз.
Service II [sə:vis] *m* **-, -s** [-sə:s]

побутóве обслугóвування.

Serviétte *f* **-, -n** серветка.

Séssel *m* **-s, -** крíсло; ein áusziehbarer ~ крíсло-лíжко.

sétzen 1. *vt* 1) садйти, стáвити, клáсти, поміщáти *(що, куди)*; den Hut auf den Kopf ~ надíти капелюх; sich *(D)* etw. in den Kopf ~ убйти собí щось у гóлову; 2) *у словосполученнях із значенням «доводити до якогось стану»; переклад залежить від іменника;* áußer Kraft ~ скасóвувати, анулювáти; in Betríeb ~ пускáти, здавáти в експлуатáцію; in Bewégung ~ надавáти рýху; in Brand ~ підпалйти; j-n in Kénntnis ~ інформувáти когó-н., **повідомляти кому-н.; in Verlégenheit збентéжити; 3) садовйти** ***(рослини);*** 4) ***полігр.*** складáти, набирáти; 5) *у різних словосполученнях:* éine Frist ~ встанóвлювати строк; Grénzen ~ встанóвлювати мéжі; Schránken ~ обмéжувати; ein Énde ~ поклáсти край, покінчйти; sich *(D)* ein Ziel ~ постáвити собí за метý; 2. *vi (h, s) (über A)* перестрйбувати *(через що)*, долáти *(що)*; über éinen Fluß ~ переправлятися чéрез рíчку; 3. **sich** ~ 1) сідáти; 2) осідáти, спадáти; 3) *у словосполученнях із значенням «дійти до якогось стану»; переклад залежить від іменника:* sich mit j-m in Verbíndung ~ зв'язáтися з ким-н.; sich zur Wehr ~ захищáтися.

Sétzling *m* **-s, -e** сáджанець; *pl* розсáда.

Séuche *f* **-, -n** епідéмія; ендемíя.

séufzen *vi* зітхáти; óхати; стогнáти.

Séufzer *m* **-s, -** зітхáння; стóгін.

sich 1. *pron refl* 1) *(A)* себé; 2) *(D)* собí; 2. *pron rez* одйн óдного, одйн з óдним; sie líeben ~ вонй люблять одйн óдного.

Síchel *f* **-, -n** серп.

sícher 1. *adj* 1) безпéчний; 2) надíйний; 3) впéвнений; **2.** *adv* 1) напéвно, неодмíнно; 2) впéвнено; 3) звичáйно, безумóвно.

Sícherheit *f* **-, -en** 1) безпéка; internationále ~ міжнарóдна безпéка; 2) надíйність; 3) впéвненість; mit ~ напéвно; 4) гарáнтія; 5) мíцність.

sícherlich *adv* напéвно; безумóвно.

síchern *vt* 1) забезпéчувати, гарантувáти; 2) *(gegen A, vor D)* охоронйти, захищáти *(від кого, чого)*.

sícherstellen *vt* 1) забезпéчувати; 2) констатувáти; з'ясóвувати; 3) заарештóвувати; 4) конфіскувáти.

Sícherung *f* **-, -en** 1) забезпéчення, гарáнтія; збережéння; 2) *тех.* запобíжник.

Sicht *f* **-** 1) вйдимість, вид; перспектйва; in ~ sein бýти на видý; 2) строк; eine Politík auf wéite ~ далекоглядна полíтика; 3) тóчка зóру, позйція.

síchtbar *adj* вйдимий, явний, очевйдний; ~ máchen вйявити, показáти, вйкрити.

síchtlich *adj* явний, очевйдний.

Sícht|weite *f* **-, -n** кругозíр; **~werbung** *f* **-** наóчна агітáція.

síckern *vi (h, s)* сочйтися, просóчуватися.

sie *pron pers* 1) вонá *(G* íhrer, *D* ihr, *A* sie); 2) вонй *(G* íhrer, *D* íhnen, *A* sie).

Sie *pron pers* ви, Ви *(G* Íhrer, *D* Íhnen, *A* Sie) ***(ввічлива форма звертання)***.

Sieb *n* **-(e)s, -e** сйто, рéшето.

síeben I *vt* просíювати; фільтрувáти.

síeben II *num* сім.

Síeben *f* **-, -** сíмка; (цйфра, нóмер) сім.

Síebentel *n* **-s, -** сьóма частйна.

siebzehn *num* сімнáдцять.

siebzig *num* сімдесят.

síedeln 1. *vi* оселйтися; 2. *vt* оселйти.

síeden* 1. *vt* 1) кип'ятйти; 2) варйти; 2. *vi* 1) кипíти; 2) варйтися; 3) кип'ятйтися *(тж. перен.)*.

síedend *adj* киплячий; ~es Wásser окрíп, кип'ятóк.

Síedlung *f* **-, -en** сéлище; колóнія.

Sieg *m* **-(e)s, -e** перемóга; den ~ gewínnen *(über A)* здобýти перемóгу *(над ким)*.

Síegel *n* **-s, -** печáтка; тавρó.

síegeln *vt* запечáтувати.

síegen *vi (über A)* перемагáти *(кого)*.

Síeger *m* **-s, -** перемóжець.

síegesbewußt *adj* упéвнений у перемóзі.

síegreich *adj* перемóжний.

Sílbe *f* **-, -n** *грам.* склад; kéine ~! ні звýку! ~ **für** ~ **buchstabíeren** читáти по складáх.

Sílbentrennung *f* **-** пóділ слóва на склади, перенóс слóва.

Sílber *n* **-s** срíбло.

sílberig *adj* сріблястий.
sílbern *adj* срібний.
Silvéster *n, m* **-s,** - новорічний вечір; переддень Нового року.
símpel *adj* простий, простодушний.
Sims *m, n* **-es, -e** карниз.
simultán *adj* одночасний, паралельний, синхронний.
Simultán|spiel *n* **-(e)s, -e** сеанс одночасної гри; **~übersetzung** *f* **-, -en** синхронний переклад.
Sinfonie *f* **-, ...ní¦en симфонія.**
síngen* *vt* співати; im Chor ~ співати хором; ein Kind in den Schlaf ~ заколисувати дитину.
síngend **1.** *adj* співучий; **2.** *adv* співуче.
Singular *m* **-s, -e** *грам.* однина.
sínken* *vi (s)* **1)** падати, опускатися; 2) спускатися, спадати; der Abend sinkt níeder вечоріє; die Sónne sinkt сонце сідає; 3) тонути, занурюватися; 4) *перен.* опускатися *(морально),* занепадати; 5) зменшуватися, слабшати; séine Kräfte sánken сили покинули його; 6): die Hóffnung nicht ~ lássen не втрачати надії; den Mut ~ lássen занепасти духом.
Sinn *m* **-(e)s, -e** 1) відчуття; 2) зміст, значення; сенс; 3) *pl* орган чуттів; 4) свідомість, розум; помисли; 5) розуміння *(чого);* смак *(до чого);* ~für etw. (A) háben розумітися на чому-н.; ~ für Humór почуття гумору.
Sínnbild *n* **-(e)s, -er** символ.
sínnen* *vi* 1) думати, міркувати; 2) *(auf A)* замишляти *(що).*
Sínnesorgan *n* **-(e)s, -e** орган чуттів.
sínn|fällig *adj* очевидний; ясний; **~gemäß** **1.** *adj* змістовий, логічний; **2.** *adv* за змістом; логічно.
sínnig *adj* 1) розумний; продуманий; 2) чулий, чуйний.
sínnlich *adj* чуттєвий.
sínn|los *adj* безглуздий, безрозсудний; **~reich** *adj* дотепний; глибокодумний.
Sínnspruch *m* **-(e)s, ...sprüche** вислів, афоризм.
sínn|verwandt *adj* близький за змістом; **~voll** *adj* осмислений, розумний; **~widrig** *adj* що суперечить здоровому глузду; абсурдний.
Sítte *f* **-, -n** 1) звичай; 2) *pl* поведінка, манери; ◊ ándre Länder, ándre ~n що край, то й звичай.
Síttenlehre *f* - етика.
síttenlos *adj* аморальний.
síttig *adj* добре вихований; скромний.
síttlich *adj* моральний; ~e Bíldung моральне виховання.
Situatión *f* **-, -en** ситуація, становище, стан, обстановка; die áußenpolitische ~ зовнішньополітична обстановка; die ~ behérrschen бути господарем становища.
Sitz *m* **-es, -e** 1) сидіння, місце; 2) місце проживання, місцеперебування; der ~ der Regíerung резиденція уряду.
sítzen* *vi* 1) сидіти; 2) знаходитися; перебувати; 3) сидіти *(про одяг);* der Anzug sitzt wie ángegossen костюм як на нього шитий; 4) бути твердо засвоєним; díese Léhre sitzt цей урок не забудеться.
sítzenbleiben* *vi (s)* 1) залишитися на другий рік *(у класі);* 2) не вийти заміж.
Sítzung *f* **-, -en** засідання.
Skála *f* **-, ...len** *i* **-s** шкала; градація.
Ski [ʃi:] *m* **-s, -er** *i* - лижа.
Skízze *f* **-, -n** 1) ескіз; 2) нарис.
skizzíeren *vt* зробити ескіз.
Skláve [-v- *i* -f-] *m* **-n, -n** раб, невільник.
Sklávenhalter *m* **-s,** - рабовласник.
Sklaveréi [-v- *i* -f-] *f* - рабство, неволя.
Sklávin [-v- *i* -f-] *f* **-, -nen** рабиня, невільниця.
sklávisch [-v- *i* -f-] *adj* 1) рабський; 2) раболіпний.
skrupellos *adj* безсовісний, безсоромний.
Sláwe *m* **-n, -n** слов'янин.
sláwisch *adj* слов'янський.
so **1.** *adv* так; таким чином; so ein такий; so (ét)was щось подібне; **2.** *cj* отже; so daß... так що...
sobáld *cj* як тільки.
Sócke *f* **-, -n** шкарпетка.
Sóckel *m* **-s,** - цоколь; тумба; п'єдестал.
Sod *m* **-(e)s, -e** 1) кипіння; 2) окріп, кип'яток; 3) відвар; 4) печія.
sodánn *adv* тоді, потім.
soében *adv* тільки що, щойно.
Sófa *n* **-s, -s** кушетка, диван.

soférn *cj* оскільки; якщó.
sofórt *adv* зáраз, негáйно; ich kómme ~ я зáраз прийдý.
sogár *adv* нáвіть.
sógenannt *adj* так звáний.
sogléich *adv* зáраз же, негáйно.
Sóhle *f* -, -n 1) підóшва; 2) підмéтка.
sóhlen *vt* 1) підбивáти підмéтки; 2) *розм.* брехáти.
Sohn *m* -(e)s, Söhne син.
soláng(e) *cj* пóки; у той час як.
solch *pron dem* такúй; ~ ein(er) такúй; auf ~e Wéise такúм чúном.
sólcher|art, ~**lei** *adj* такóго рóду, подíбний; ~**weise** *adv* такúм чúном.
Söldner *m* -s, - нáйманець (*у вíйську*).
Solidarität *f* - солідáрність; ~ üben виявля́ти солідáрність.
Solidaritäts|aktion *f* -, -en демонстрáція солідáрності, захід на знак солідáрності з ким-н.; ~**streik** *m* -(e)s, -s *i* -e страйк солідáрності.
Soll *n* - *i* -s, *i* -s 1) *фін.* дéбет; ~und Háben дéбет і крéдит; 2) коштóрис.
sóllen 1) мýсити, бýти зобов'я́заним (*що-н. робити за чиїмсь наказом, за законом, за правилами*); 2) *виражає наказ, пораду, побажання, погрозу:* soll er kómmen! нехáй він прúйде!; 3) *у питальному реченні виражає готовність виконати побажання, наказ:* sóllen wir nach Háuse géhen? нам ітú додóму?; 4) *виражає можливість, вірогідність:* das soll ein Witz sein це, мáбуть, жарт; 5) *служить для передачі чужої думки:* er soll sehr klug sein кáжуть, що він дýже розýмний; 6) *показує, що дія стосується майбутнього:* du sollst zufríeden sein ти бýдеш задовóлений.
somít *adv* óтже, такúм чúном.
Sómmer *m* -s, - лíто; im ~ улíтку.
Sómmer|feri|en *pl* лíтні канíкули; ~**sprosse** *f* -, -n веснянка.
sómmersprossig *adj* веснянкувáтий.
sonách *adv* óтже.
sónderbar *adj* дúвний.
sónderlich **1.** *adj* особлúвий; **2.** *adv:* nicht ~ не дýже.
sóndern I *cj* а, а й (*після заперечення*); nicht ich, ~ du не я, а ти; wir wóllen nicht nur hören, ~ auch séhen ми хóчемо не лишé чýти, а й бáчити.
sóndern II *vt* відділя́ти, сортувáти.
Sónder|nummer *f* -, -n спецвúпуск (*газети*); ~**recht** *n* -(e)s, -e привілéй; ~**schule** *f* -, -n спеціальна шкóла; ~**tagung** *f* -, -en надзвичáйна сéсія.
Sónnabend *m* -s, -e субóта.
sónnabends *adv* щосубóти.
Sónne *f* -, -n сóнце; in der ~ líegen загоря́ти.
sónnen 1. *vt* виставля́ти на сóнце; 2. **sich** ~ 1) грíтися на сóнці, загоря́ти; 2) тíшитися (*чим*).
Sónnen|aufgang *m* -(e)s, ...**gänge** схід сóнця; ~**blume** *f* -, -n сóняшник; ~**brand** *m* -(e)s 1) спéка; 2) загáр; ~**brille** *f* -, -n захисні (тéмні) окуля́ри; ~**finsternis** *f* -, -se сóнячне затéмнення.
sónnenklar *adj* я́сний як день, очевúдний.
Sónnen|schein *m* -(e)s сóнячне свíтло; ~**schirm** *m* -(e)s, -e парасóлька (*від сонця*); ~**stich** *m* -(e)s, -e сóнячний удáр; ~**strahl** *m* -(e)s, -en сóнячний прóмінь; ~**untergang** *m* -(e)s, ...**gänge** захід сóнця.
sónn(en)verbrannt *adj* загорíлий, засмáглий.
sónnig *adj* сóнячний.
Sónntag *m* -(e)s, -e недíля; am ~ у недíлю.
sónntäglich *adj* 1) недíльний; 2) святкóвий.
sónntags *adv* щонедíлі, по недíлях.
sonst *adv* 1) інáкше, а то; 2) крім тóго; ще; ~ noch étwas? ще що-нéбудь?; 3) звичáйно; mehr als ~ більше, ніж звичáйно.
sónstig adj 1) інший; 2) такúй сáмий, звичáйний.
sónst|wie *adv* як-нéбудь (ще, інáкше); ~**wo** *adv* де-нéбудь (в íншому мíсці); ~**wohin** *adv* кудú-нéбудь (в íнше мíсце).
soóft *cj* кóжного рáзу, як; колú б не.
Sórge *f* -, -n 1) турбóта, клóпіт; хвилювáння; laß das méine ~ sein! це моя́ спрáва!; j-m ~n máchen хвилювáти когó-н.; sich (*D*) ~n máchen (*um A, über A*) хвилювáтися, турбувáтися, тривóжитися (*за кого*); 2) (*für A*) пік-

лува́ння *(про кого, про що);* увага *(до кого, до чого);* die ~ um den Ménschen піклува́ння про люди́ну.

sórgen 1. *vi (für A)* турбува́тися; піклува́тися *(про кого, про що);* 2. **sich** ~ *(um A)* турбува́тися *(про кого, про що);* хвилюва́тися *(за кого, за що).*

sórgen|frei, ~los *adj* безтурбо́тний; **~schwer, ~voll** *adj* заклопо́таний.

Sórgfalt *f* - 1) стара́нність, ретельність, сумлінність; 2) дбайли́вість; турбо́тливість.

sórgfältig *adj* рете́льний, стара́нний, сумлі́нний.

sórglos *adj* безтурбо́тний.

Sórglosigkeit *f* - безтурбо́тність.

sórgsam *adj* 1) рете́льний; сумлі́нний; 2) дбайли́вий, турбо́тливий.

Sóße *f* -, **-n** 1) со́ус, підли́ва; 2) *розм.* неприє́мність.

soviel 1. *adv* сті́льки; dóppelt ~ удві́чі бі́льше; **2.** *cj* наскі́льки; ~ ich weiß... наскі́льки мені́ відо́мо...

sowéit 1. *adv* пе́вною мі́рою, у ціло́му; es ist noch nicht ~ ще не наста́в час; **2.** *cj* наскі́льки; ~ich davón weiß наскі́льки мені́ відо́мо...

sowénig 1. *adv* так са́мо не... (як...); er ist ~ dázu beréit wie du він до цьо́го так са́мо не гото́вий, як і ти; **2.** *cj* як би ма́ло не, наскі́льки; ~ich davón verstéhe як би ма́ло я на цьо́му не розумі́вся...

sowie *cj* 1) (так са́мо) як і...; а та́кож; 2) як ті́льки, ті́льки-но.

sowiesó *adv* все одно́, так чи іна́кше.

sowóhl: ~ ... als (auch)... *cj* як ..., так і...; не ті́льки..., а й...

soziál *adj* соціа́льний, суспі́льний.

Soziálfürsorge *f* - соціа́льне забезпе́чення.

Soziál|wesen *n* **-s** соціа́льне забезпе́чення; систе́ма соціа́льного забезпе́чення; **~wissenschaften** *pl* суспі́льні нау́ки.

sozuságen *adv* так би мо́вити; пе́вною мі́рою.

spähen *vi (nach D, auf A)* 1) спостеріга́ти *(за ким, чим);* вигляда́ти *(кого, що);* 2) шпигува́ти *(за ким),* висте́жувати *(кого).*

Späher *m* **-s,** - 1) *військ.* спостеріга́ч; розві́дник; 2) шпигу́н.

Spalt *m* **-(e)s, -e** щіли́на; трі́щина.

Spálte *f* -, **-n** 1) щіли́на; 2) *полігр.* шпа́льта, гра́нка; 3) сторі́нка; *полігр.* полоса́; in den ~n der Zéitung на сторінка́х газе́ти.

spálten* 1. *vt* коло́ти; діли́ти; розще́плювати; 2. *vi (s)* розко́люватися; розще́плюватися; 3. **sich** ~ 1) розко́люватися; сікти́ся *(про волосся)*; 2) *перен.* розколо́тися, роз'єдна́тися.

Spáltung *f* -, **-en** 1) розще́плення; 2) розко́лювання; 3) розко́л; незго́да; ро́збрат; 4) щіли́на; трі́щина; 5) роздво́єння, розгалу́ження.

Span *m* **-(e)s, Späne** 1) трі́ска; скі́пка; стру́жка; 2) ула́мок, оско́лок; 3) ворожне́ча; 4) при́мха, капри́з.

Spáni|er *m* **-s,** - іспа́нець.

spánisch 1. *adj* іспа́нський; **2.** *adv* по-іспа́нському.

Spánne *f* -, **-n** 1) п'ядь; kéine ~ (Érde) breit ні п'я́ді (землі́); 2) про́міжок; відрі́зок; éine kléine ~ Zeit де́який час; 3) ріони́ця.

spánnen 1. *vt* 1) натяга́ти, розтяга́ти; 2) напру́жувати; 3) запряга́ти; 2. *vi* 1) натяга́тися; розтяга́тися; 2) *(auf A)* підстеріга́ти; з нетерпі́нням чека́ти *(кого, чого).*

spánnend *adj* 1) захо́плюючий; 2) напру́жений.

Spánnung *f* -, **-en** 1) напру́га; 2) напру́ження; 3) напру́женість.

spáren *vt, vi* заоща́джувати, відклада́ти *(гроші).*

spärlich *adj* бі́дний, убо́гий, мізе́рний.

spársam *adj* оща́дливий, еконо́мний.

Spaß *m* **-(e)s, Späße** жарт; вті́ха, розва́га; zum ~ жартома́; viel ~! бажа́ю до́бре повесели́тися!; das ist kein ~! це не жарт!; ~beiséite! без жа́ртів!

spáßen *vi* жартува́ти.

spáßhaft *adj* весе́лий, заба́вний; доте́пний.

spáßig *adj* 1) заба́вний; смішни́й; 2) жартівли́вий.

spät 1. *adj* пі́зній; запізні́лий; am ~en Abend пі́зно вве́чері; ~im Jahr у кінці́ ро́ку; es ist schon ~ вже пі́зно; wie ~ ist es? котра́ годи́на?; **2.** *adv* пі́зно; zu ~ kómmen запі́знюватися; ◊ bésser ~ als gar nicht кра́ще пі́зно, ніж

ніќоли.
Spáten *m* **-s, -** зáступ, лопáта.
später *(comp від* spät) **1.** *adj* пізніший; **2.** *adv* пізніше.
Spatz *m* **-en, -en** горобéць.
spazíerengehen* *vi (s)* гуля́ти, прогу́люватися.
Spazíergang *m* **-(e)s, ...gänge** прогу́лянка.
Specht *m* **-(e)s, -e** дя́тел.
Speck *m* **-(e)s, -e** сáло, шпик.
Spéiche *f* **-, -n** спи́ця *(у колесі)*; ◊ j-m in die **~n fállen** вставля́ти кому́-н. пáлиці в колéса.
Spéichel *m* **-s** сли́на.
Spéicher *m* **-s, -** 1) склад; 2) *ел.* акумуля́тор.
spéichern *vt* 1) складáти, зберігáти *(на складі)*; 2) нагромáджувати; 3) *ел.* акумулювáти.
spéien* *vt, vi* 1) плювáти; 2) вивергáти.
Spéise *f* **-, -n** ї́жа; стрáва; die süße **~** солóдке; десéрт.
Spéise|halle *f* **-, -n** ї́дальня; **~karte** *f* **-, -n** меню́.
spéisen 1. *vt* ї́сти; ich wünsche wohl zu **~**! смачнóго!; 2. *vt* 1) годувáти; 2) *тех.* постачáти, живи́ти.
Spéise|röhre *f* **-, -n** *анат.* стравохід; **~saal** *m* **-(e)s, ...säle** ї́дальня; **~wagen** *m* **-s, -** вагóн-ресторáн; **~zimmer** *n* **-s, -** ї́дальня *(у квартирі)*.
spénden *vt* дарувáти; жéртвувати; j-m Lob **~** хвали́ти когó-н.
spendíeren *vt розм.* 1) жéртвувати; 2) частувáти *(чим)*; плати́ти *(за що)*.
Spérling *m* **-s, -e** горобéць.
Spérre *f* **-, -n** 1) бар'éр, перепóна; 2) *військ.* блокáда; 3) *ек.* ембáрго; 4) *спорт.* блокувáння.
spérren 1. *vt* 1) загорóджувати; блокувáти; 2) забороня́ти; 2. **sich ~** *(gegen A)* чини́ти óпір *(кому, чому)*; опирáтися.
Spezialität *f* **-, -en** 1) фах, спеціáльність; 2) особли́вість; **~**des Háuses фірмова стрáва.
Spézi|es [sp- *i* p-] *f* **-, -** 1) *біол.* вид; 2): die vier **~** чоти́ри арифмети́чні ді́ї; 3) лікáрські трáви.
spezífisch *adj* 1) специфічний; 2) *фіз.* питóмий; **~**es Gewícht питóма вагá.
Sphäre *f* **-, -n** 1) *мат.* сфéра, ку́ля; 2) *астр.* сфéра; 3) середóвище; 4) сфéра, кóло діяльності, гáлузь.
Spíegel *m* **-s, -** 1) дзéркало; 2) відобрáження; 3) рівень, повéрхня *(рідини)*.
Spíegelbild *n* **-(e)s, -er** (дзеркáльне) відобрáження.
spíegelblank *adj* дзеркáльний, блиску́чий.
Spíegel|ei *n* **-(e)s, -er** яéчня.
spíegeln 1. *vi* 1) блищáти; 2) видні́тися; 2. *vt* відбивáти, відображáти; 3. **sich ~** відбивáтися, віддзеркáлюватися.
Spíegelung *f* **-, -en** відбиття́, відобрáження.
Spiel *n* **-(e)s, -e** гра; розвáга.
spíelen *vt, vi* грáти(ся); die Hándlung spielt ді́я відбувáється; etw. **~** lássen пускáти в хід; Ball **~** грáтися в м'ячá; ein Instrumént **~** грáти на (музи́чному) інструмéнті; éine Rólle **~** грáти роль.
spíelend *adv* грáючи; лéгко, за íграшку; etw. **~** lérnen учи́тися чогó-н. без тру́днощів, лéгко.
Spíeler *m* **-s, -** гравéць.
Spíel|feld *n* **-(e)s, -er** 1) спорти́вний майдáнчик; корт; 2) пóле діяльності; *перен.* свобóда дій; **~gefährte** *m* друг дити́нства; **~gefährtin** *f* **-, -nen** пóдруга дити́нства; **~leiter** *m* **-s, -** режисéр; **~marke** *f* **-, -n** фíшка; **~plan** *m* **-(e)s, ...pläne** репертуáр; **~raum** *m* **-(e)s** 1) мíсце для íгор; 2) прóстір, свобóда дій; **~zeug** *n* **-(e)s, -e** íграшка.
spíeßen *vt* прострóмлювати, прони́зувати.
Spíeßertum *n* **-(e)s** міщáнство.
Spíndel *f* **-, -n** веретéно.
Spínne *f* **-, -n** паву́к.
spínnen* 1. *vt* пря́сти; Garn **~** пря́сти; *перен.* розповідáти; 2. *vi* 1) муркотáти; 2) *розм.* вигáдувати, фантазувáти.
Spínn(en)gewebe *n* **-s, -** павути́на, павути́ння.
Spitál *n* **-s, ...täler** лікáрня, гóспіталь.
spitz *adj* 1) гóстрий, шпиля́стий; 2) колю́чий, ущи́пливий, у́їдливий.
Spítze *f* **-, -n** 1) вíстря, кíнчик; 2) верши́на, верхíвка; 3) головá *(колони)*; 4) носóк *(взуття)*; 5) *pl* мерéживо; 6) кóлкість, ущи́пливе слóво.
Spítzel *m* **-s, -** шпиг, провокáтор.
spítzeln *vi* шпигувáти *(за ким)*.
spítzen 1. *vt* загóстрювати, застру́гувати; die Óhren **~** нашо-

рóшити вýха; 2. **sich** ~ *(auf A)* розрахóвувати *(на що);* з нетерпíнням чекáти *(чого);* 3. *vi* виднíтися.

Spítzen|leistung *f* **-, -en** 1) *тех.* максимáльна потýжнiсть; 2) рекóрдне досягнення; **~qualität** *f* **-, -en** найви́ща я́кiсть; **~reiter** *m* **-s, -** лíдер; **~sportler** *m* **-s, -** рекордсмéн; найкрáщий спортсмéн; **~stunde** *f* **-, -n** годи́ни пiк; **~tuch** *n* **-(e)s, ...tücher** мерéживна хусти́нка.

Spítz|name *m* **-ns, -n** кли́чка; прíзвисько; **~pocken** *pl мед.* вiтрянá вíспа; **~säule** *f* **-, -n** обелíск.

spítzwink(e)lig *adj* гострокýтний.

Splítter *m* **-s, -** 1) оскóлок, улáмок; чáстка; 2) трíска; 3) скáлка.

Sporn *m* **-(e)s, Spóren** шпóра.

spórnen *vt* 1) пришпóрювати; 2) *перен.* стимулювáти, заохóчувати.

Sport *m* **-(e)s, -e** спорт; ~ tréiben займáтися спóртом.

Spórt|abzeichen *n* **-s, -** спорти́вний значóк; **~anhänger** *m* **-s, -** люби́тель спóрту, болíльник; **~anlage** *f* **-, -n** спорти́вна спорýда; **~art** *f* **-, -en** вид спóрту; **~ausschuß** *m* **...schusses, ...schüsse** спорти́вний комiтéт; **~blatt** *n* **-(e)s, ...blätter** спорти́вна газéта; **~fan** [fœn] *m* **-s, -s** болíльник; **~forum** *n* **-s, ...ren** спорти́вний кóмплекс; **~gemeinschaft** *f* **-,-en** спорти́вне товари́ство; **~gerät** *n* **-(e)s, -e** спорти́вний снаря́д; **~leistung** *f* **-, -en** спорти́вне досягнення.

Spórtler *m* **-s, -** спортсмéн; фiзкультýрник.

spórtlich *adj* спорти́вний.

Spórt|meldung *f* **-, -en** спорти́вна передáча *(по радіо);* **~palast** *m* **-es, ...paläste** палáц спóрту; **~platz** *m* **-es, plätze** спорти́вний майдáнчик; **~sendung** *f* **-, -en** спорти́вна передáча; **~verein** *m* **-(e)s, -e** спорти́вне товари́ство; **~wettbewerb** *m* **-(e)s, -e, ~wettkampf** *m* **-es, ...kämpfe** спорти́вне змагáння.

Spott *m* **-(e)s** насмíшка; знущáння; mit j-m *(D)* ~ tréiben знущáтися з кóго-н.

spötteln, spótten *vi (über A)* насмiхáтися, знущáтися *(з кого).*

spöttisch *adj* насмíшкуватий, iронíчний.

Spráche *f* **-, -n** мóва.

Sprách|fertigkeit *f* **-** знання́ мов; (вíльне) володíння мóвою; *pl* **~fertigkeiten** мóвнi нáвички; **~führer** *m* **-s, -** розмóвник *(посібник).*

sprách|gewandt *adj* красномóвний; **~kundig** *adj* той, хто знáє мóву.

spráchlich *adj* мóвний.

Sprách|pflege *f* **-** культýра мóви; **~schatz** *m* **-es** словникóвий склад мóви; **~unterricht** *m* **-(e)s** виклaдáння мóви; **~wissenschaft** *f* **-, -en** мовознáвство, фiлолóгiя.

spréchen* 1. *vi* 1) *(mit j-m über A, von D)* говори́ти, розмовля́ти *(з ким про кого, про що);* gut (geläufig, fließend) déutsch ~ дóбре (вíльно) говори́ти нiмéцькою мóвою! ich hábe mit dir zu ~ менi трéба з тобóю поговори́ти; 2) *(auf A)* вiдзивáтися *(про кого);* 3) виступáти, говори́ти; über das Férnsehen ~ виступáти по телебáченню; 4) *(für A, gegen A)* говори́ти, свíдчити *(на користь кого, проти кого);* 2. *vt* 1) говори́ти; розмовля́ти; éine Spráche ~ говори́ти якóюсь мóвою; 2) *(auf A)* наговóрювати; auf Band ~ наговóрювати на магнiтофóнну плíвку.

Sprécher *m* **-s, -** 1) промóвець; 2) ди́ктор; 3) спíкер.

Spréch|stunde *f* **-, -n** *pl* приймáльнi годи́ни; **~zimmer** *n* **-s, -** 1) приймáльня; 2) кабiнéт лíкаря.

spréngen I *vt* пiдривáти, висáджувати в повíтря.

spréngen II *vt* бри́зкати; поливáти.

Spríchwort *n* **-(e)s, ...wörter** прислíв'я, при́казка.

sprießen* *vi (h, s)* схóдити, пророcтáти; розвивáтися *(про рослини).*

Spríngbrunnen *m* **-s, -** фонтáн.

spríngen* *vi (s)* 1) стрибáти, скакáти; 2) лóпатися; трíскатися; 3) вивривáтися, вихóплюватися.

Springer *m* **-s, -** 1) стрибýн; 2) кiнь *(у шахах);* 3) фонтáн.

Spríngstunde *f* **-, -n** вíльний урóк, «вiкнó» в рóзкладi урóкiв.

Spritzbad *n* **-(e)s, ...bäder** душ.

Sprítze *f* **-, -n** 1) шприц; 2) *мед.* укóл; 3) пожéжний насóс.

sprítzen *vt, vi* бри́зкати, пíрскати.

Sproß *m* **-sses, -sse** *i* **-ssen** 1) пáгiн, пáросток; 2) нащáдок.

Sprósse *f* **-, -n** 1) щабéль; 2)

веснянка.

sprössen *vi (s)* схóдити, пáроститися.

Spruch *m* **-(e)s, Sprüche** 1) вíслів, сентéнція; 2) вúрок.

Sprúchband *n* **-(e)s, ...bänder** транспарáнт.

Sprúdel *m* **-s, -** 1) мінерáльне джерелó; 2) мінерáльна водá.

sprúdeln 1. *vi (s)* 1) бúти стрýменем; 2) вирувáти; 2. *vt* змíшувати, збивáти.

sprühen 1. *vi* 1) розлітáтися; розбрíзкуватися; 2): es sprüht мрячúть; 3) блищáти, іскрúтися; 2. *vt* викидáти, розкидáти; Fúnken ~ метáти íскри.

Sprung *m* **-(e)s, Sprünge** 1) стрибóк; 2) трíщина; 3) устýп, вúступ *(гори)*; ◊ auf éinen ~ на хвилúнку; éinen gróßen ~ máchen зробúти кар'єру.

Sprúng|brett *n* **-(e)s, -er** *спорт.* містóк для стрибкíв; трамплíн; **~feder** *f* **-, -n** пружúна.

sprúnghaft *adj* 1) стрибкоподíбний, рíзкúй; 2) неврíноважений.

sprúngweise *adv* стрибкáми.

spúcken *vt, vi* плювáти.

Spuk *m* **-(e)s, -e** прúвид.

spúkhaft *adj* примáрний.

Spúle *f* **-, -n** котýшка, шпýлька.

spülen *vt* 1) полоскáти; мúти; 2) принóсити хвúлею; ans Land ~ вúкинути на бéрег.

Spülung *f* **-, -en** 1) полоскáння; 2) *мед.* промивáння.

Spur *f* **-, -en** 1) слід; 2) лижнЯ; кóлія; kéine ~! нічóго подíбного!

spürbar *adj* відчýтний.

spüren 1. *vt* 1) відвувáти; Húnger ~ відчувáти гóлод; 2) чýти; der Hund spürt das Wild собáка чýє дичинý; 2. *vi (nach D)* ітú по слідáх.

spúrlos *adj* безслíдний; непомíтний.

Spürsinn *m* **-(e)s** чуттЯ, нюх; інтуїція.

Spútnik [*тж.* sp-] *m* **-s, -s** *i* **-i** (штýчний) супýтник *(Землі)*; den ~ stárten запускáти супýтник; der ~ umkréist die Érde супýтник здíйснює полíт навкóло Землí.

Staat *m* **-(e)s, -en** 1) держáва; 2) штат *(одиниця адміністративного поділу)*.

stáatlich *adj* держáвний.

Stáats|angehörige *m, f* громадЯнин, громадЯнка; піддáний *(якоїн. держави)*; **~anwalt** *m* **-(e)s, ...wälte** прокурóр; **~haushalt** *m* **-(e)s, -e** держáвний бюджéт; **~macht** *f* **-** держáвна влáда; **~mann** *m* **-(e)s, ...männer** держáвний діЯч; **~ordnung** *f* **-** держáвний лад; **~organ** *n* **-(e)s, -e** óрган держáвної влáди; **~rat** *m* **-(e)s, ...räte** держáвна рáда; **~recht** *n* **-(e)s, -e** держáвне прáво; **~streich** *m* **-(e)s, -e** держáвний переворóт; **~wappen** *m* **-s, -** держáвний герб.

Stab *m* **-(e)s, Stäbe** 1) пáлиця; жезл; 2) *військ.* штаб; 3) *спорт.* жердúна.

Stáchel *m* **-s, -n** 1) жалó; 2) колючка, шпúлька; 3) кóлкість, ущúпливе слóво.

Stáchel|beere *f* **-, -n** áгрус; **~draht** *m* **-(e)s, ...drähte** колючий дріт.

stáchelig *adj* 1) колючий; 2) уїдливий, ущúпливий.

Stáchelschwein *n* **-(e)s, -e** дикобрáз.

Stádium *n* **-s, ...di|en** стáдія, перíод.

Stadt *f* **-, Städte** мíсто.

städtisch *adj* 1) міськúй; 2) муніципáльний.

Stádt|rat *m* **-(e)s, ...räte** міськá рáда; муніципалітéт; **~teil** *m* **-(e)s, -e** райóн мíста, квартáл; **~verwaltung** *f* **-** міськé самоврядувáння; **~viertel** *n* **-s, -** міськúй квартáл.

Stafétte *f* **-, -n** естафéта.

Stáffel *f* **-, -n** 1) стýпінь, щабéль; *перен.* рíвень; 2) *спорт.* естафéта; 3) *військ.* ешелóн; 4) *ав.* ескадрúлья.

Stahl *m* **-(e)s, Stähle** *i* **-e** сталь.

stählen 1. *vt* загартóвувати; 2. **sich** ~ загартóвуватися.

stählern *adj* стальнúй; ein ~er Wílle стальнá вóля.

Stáhl|gießer *m* **-s, -** сталевáр; **~hütte** *f* **-, -n** сталеливáрний завóд.

Stall *m* **-(e)s, Ställe** хлів; стáйня; сарáй.

Stamm *m* **-(e)s, Stämme** 1) стóвбур; колóда; 2) плéм'я, рід, сíм'я; 3) постíйний (кáдровий) склад; 4) оснóва *(слова)*.

stámmeln 1. *vi* заїкáтися; 2. *vt* бурмотíти, мúмрити.

stámmen *vi (s) (aus D)* 1) похóдити, бýти рóдом *(з якоїсь місцевості)*; 2) вестú похóдження *(від чого)*, брáти початóк *(у чо-*

S

му), мáти вихідни́м пýнктом *(що)*.
Stámmgast *m* **-es, ...gäste** зáвсідник, постíйний відвíдувач.
stämmig *adj* кремéзний, коренáстий.
stámpfen 1. *vt* 1) товкти́; сíкти *(капусту)*; 2) тýпати; 3) трамбувáти; 2. *vi* тýпати ногáми.
Stand *m* **-(e)s, Stände** 1) місцезнахóдження; 2) стан *(речей)*; 3) рíвень; 4) стан; *перен.* звання́, фах; ein Mann von ~ und Würden povážна люди́на; 5) кіóск, ларьóк, стóйка.
Stándard *m* **-s, -s** 1) стандáрт; 2) *спорт.* нóрма.
Ständer *m* **-s, -** 1) станúна; 2) пульт; 3) вíшалка *(стояча)*.
Stándes|amt *n* **-(e)s, ...ämter** вíддíл зáпису áктів громадя́нського стáну (загс); auf dem ~ héiraten реєструвáти шлюб у зáгсі.
stándfest *adj* стійки́й.
stándhaft *adj* стійки́й, непохи́тний; ein ~er Mut непохи́тна мýжність; éine ~e Wéigerung рішýча відмóва.
stándhalten* *vi (D)* устóяти *(перед ким, чим)*.
ständig *adj* постíйний; тривáлий.
Stánd|ort *m* **-(e)s, -e** 1) гарнізóн; 2) мíсце стоя́нки; **~punkt** *m* **-(e)s, -e** 1) позúція, місцезнахóдження; 2) тóчка зóру, позúція; vom ~ punkt der Wíssenschaft aus з наукóвої тóчки зóру.
Stánge *f* **-, -n** 1) жерди́на; пáлиця; 2) *розм.* здоровáнь; 3) штáнга.
Stápel *m* **-s, -** 1) *мор.* стáпель; 2) кýпа, стіс; 3) склад.
stápeln *vt* складáти штабеля́ми.
stápfen *vi* вáжко ступáти.
Star I *m* **-(e)s** *i* **-en, -e** шпак.
Star II [st-] *m* **-s, -s** зíрка *(знаменитість)*, кінозíрка.
stark **1.** *adj* 1) си́льний, міцни́й; éine ~e Natúr вольовá люди́на; 2) си́льний, інтенси́вний; ~er Frost лю́тий морóз; ~er Nébel густи́й тумáн; 3) товсти́й; міцни́й; стійки́й; ~e Máuern міцні стíни; ~es Papíer цупки́й папíр; 4) товсти́й, огря́дний; 5) міцни́й, концентрóваний, наси́чений; ~er Káffee міцнá кáва; 6) числéнний, вели́кий; éine ~e Famílie вели́ка сім'я́; **2.** *adv* си́льно; дóбре; дýже.
Stár|kasten *m* **-s, -** *i* **...kästen** шпакíвня.
Stärke I *f* **-, -n** 1) си́ла, міць; 2) товщи́на; 3) чисéльність; 4) концентрáція.
Stärke II *f* **-, -n** крохмáль.
stärken I 1. *vt* 1) зміцнювати, підкріплювати; 2) збíльшувати, нарóщувати *(темп)*; 2. **sich** ~ підкріплюватися.
stärken II *vt* крохмáлити.
starr *adj* 1) нерухóмий; 2) закля́клий; задубíлий; 3) тверди́й; непохи́тний; ein ~er Charákter тверди́й харáктер.
stárren *vi* 1) *(auf A)* пи́льно диви́тися *(на кого, на що)*; 2) *(vor D)* заціпенíти *(від жаху)*; задубíти *(від холоду)*; 3) *(von D)* бýти напóвненим *(чим)*; sie starrt von Gold вонá вся в зóлоті.
Stárrheit *f* **-** 1) пи́льність; 2) задубíлість; 3) твéрдість; 4) непохи́тність, упéртість.
Stárrkopf *m* **-(e)s, ...köpfe** упéрта люди́на.
stárrsinnig *adj* упéртий.
Start *m* **-(e)s, -e** *i* **-s** 1) старт, пуск; an den ~géhen вихóдити на старт; 2) почáток; der ~ ins Lében почáток самостíйного життя́.
stárten 1. *vi* стартувáти; 2. *vt* 1) починáти; 2) пускáти, запускáти; éinen Érdsatelliten ~ запускáти (штýчний) супýтник Землí.
Statión *f* **-, -en** 1) стáнція; вокзáл; 2) стоя́нка, мíсце стоя́нки; 3) віддíлення, кóрпус *(лікарні)*; 4) радіостáнція.
statt **1.** *prp (G)* зáмість; **2.** *cj* зáмість тóго щоб.
Stätte *f* **-, -n** мíсце *(дії, події)*.
státtfinden* *vi* відбувáтися, мáти мíсце.
státtlich *adj* 1) ставни́й, показни́й; 2) значни́й; éine ~e Súmme значнá сýма.
Statúr *f* **-, -en** креслéкція, фігýра; зріст.
Statút *n* **-(e)s, -en** статýт.
Staub *m* **-(e)s,** *рідко pl* **-e** *i* **Stäube** 1) пил, пóрох; 2) пóпіл *(вулканічний)*.
Stáu|becken *n* **-s, -** водосхóвище, водóймище.
stáuben *vi* пили́ти, кури́ти.
stäuben 1. *vi* розпорóшуватися; 2. *vt* 1) розпорóшувати; 2) посипáти пóрохом; 3. **sich** ~ купáтися в пилю́ці *(про курей)*.
stáubig *adj* 1) запи́лений, запорó-

шений; 2) порошкоподібний.

Stáub|regen *m* **-s, -** дрібнúй дощ, мря́ка; **~sauger** *m* **-s, -** пилосо́с; **~wirbel** *m* **-s, -** стовп пúлу; **~zucker** *m* **-s** цукро́ва пу́дра.

Stáudamm *m* **-(e)s, ...dämme** гре́бля.

stáuen 1. *vt* зага́чувати; 2. **sich ~** 1) засто́юватися; збира́тися; 2) скýпчуватися; нагрома́джуватися.

stáunen *vi (über A)* дивува́тися, бу́ти вра́женим *(чим)*.

stáunenswert *adj* вража́ючий, дúвний, приголо́мшливий.

Stáusee *m* **-s, -n** шту́чне мо́ре, водосхо́вище.

stéchen* 1. *vt* 1) коло́ти; проко́лювати; 2) жалúти; 3) гравіру-ва́ти; 2. *vi* 1) коло́тися; 2) коло́ти, жалúти; die Sónne sticht со́нце пече́; in die Augen ~ *перен.* впада́ти в о́ко.

Stéckdose *f* **-, -n** ште́псельна розе́тка.

stécken 1. *vt* 1) втика́ти, встромля́ти; 2) садовúти *(рослини)*; 2. *vi* перебува́ти, бу́ти; wo steckst du wíeder? де ти зно́ву пропа́в?

stéckenbleiben* *vi (s)* 1) застрява́ти, зупиня́тися; 2) затина́тися.

Stéckenpferd *n* **-(e)s, -e** *перен.* конько́к; улю́блене заня́ття; er réitet wíeder auf séinem ~ herúm він зно́ву осідла́в свого́ конька́.

Stécknadel *f* **-, -n** шпúлька.

Steg *m* **-(e)s, -e** 1) сте́жка; 2) місто́к; 3) схо́дні.

Stégreif: aus dem ~ експро́мтом.

stéhen* *vi* 1) стоя́ти; 2) знахо́дитися; бу́ти розташо́ваним; 3) бу́ти до лиця́; 4): für j-n, etw. (*A*) ~ руча́тися за ко́го-н., за що-н.; wie steht es? як спра́ви?; auf éigenen Füßen ~ бу́ти самості́йним; im Wége ~ стоя́ти на шляху́, заважа́ти; zur Verfügung ~ бу́ти в розпоря́дженні; j-m zur Séite ~ допомага́ти кому́-н.; es steht geschríeben напúсано; mit j-m im Bríefwechsel ~ листува́тися з ким-н.; in Verbindung ~ підтрúмувати зв'язкú.

stéhenbleiben* *vi (s)* зупиня́тися.

stéhend *adj* 1) стоя́чий; 2) незмі́нний, пості́йний; éine ~e Rédensart *лінгв.* ста́ле словоспол́учення.

stéhenlassen* *vt* 1) залиша́ти; кúдати; не чіпа́ти; 2) забу́ти.

Stéh|kragen *m* **-s, -** стоя́чий ко́мір; **~lampe** *f* **-, -n** торше́р.

stéhlen* 1. *vt (j-m)* кра́сти *(у кого)*; j-m den Schlaf ~ позба́вити кого́-н. сну; 2. **sich ~** кра́стися *(куди, звідки)*.

steif 1. *adj* 1) твердúй, жорсткúй; 2) тугúй; 3) густúй, крутúй; 4) зате́рплий, закля́клий; 5) міцнúй, насúчений; 6) церемо́нний, мані́рний; éine ~e Unterháltung вúмушена розмо́ва; 2. *adv:* etw. ~ und fest beháupten категорúчно стве́рджувати що-н.

Steig *m* **-(e)s, -e** сте́жка.

stéigen* *vi (s)* 1) підніма́тися, збі́льшуватися; das Wásser steigt вода́ прибува́є; 2) зроста́ти; die Préise ~ ці́ни зроста́ють; 3) сіда́ти *(на коня, у трамвай)*, вила́зити *(на що)*; auf éinen Baum ~ залі́зти на де́рево; über den Zaun ~ перелі́зти че́рез парка́н; vom Pférde ~ злі́зти з коня́.

stéigern 1. *vt* 1) збі́льшувати, підвúщувати; 2) посúлювати; 2. **sich ~** збі́льшуватися; зроста́ти; посúлюватися.

Stéigerung *f* **-, -en** 1) збі́льшення, зроста́ння; 2) посúлення; éine ~ der Geschwíndigkeit приско́рення; 3) *грам.* утво́рення сту́пенів порі́вняння.

steil *adj* крутúй, стрімкúй; ein ~er Fels стрімка́ ске́ля; éine ~e Tréppe круті́ схо́ди.

Stein *m* **-(e)s, -e** 1) ка́мінь; кошто́вний ка́мінь; 2) кі́сточка *(плода)*; 3) ша́шка, фігу́ра *(у шахах)*; er hat die wéißen ~e він гра́є бі́лими.

stéinern *adj* кам'янúй.

Stéingut *n* **-(e)s** фая́нс.

stéinhárt *adj* твердúй як ка́мінь.

stéinig *adj* кам'янúстий.

Stéin|kohle *f* **-** кам'яне́ ву́гілля; **~metz** *m* **-en, -en** каменя́р; **~pflaster** *n* **-s, -** брук, бруківка; **~pilz** *m* **-es, -e** бі́лий гриб.

stéinreich I *adj* кам'янúстий.

stéinréich II *adj* ду́же бага́тий.

Stélldichein *n* **- i -s, -** поба́чення.

Stélle *f* **-, -n** 1) мі́сце; пункт; 2) по́сада, робо́та; 3) інста́нція, устано́ва; 4): an ~ von *(D)* за́мість *(кого, чого)*; auf der ~ негайно; zur ~ sein бу́ти наявним; an Ort und ~ на мі́сці.

stéllen 1. *vt* ста́вити, встано́влювати; etw. in Abrede ~ запере́чувати що-н.; éine Fráge ~ ста́вити запита́ння; etw. in Fráge ~ бра́ти що-н. під су́мнів; zur Réde ~ притяга́ти до відповіда́льності;

S

2. **sich** ~ 1) ставáти *(куди)*; 2) стáвитися *(до кого, чого)*; 3) удавáти з сéбе *(кого)*; sich dumm ~ прикидáтися дýрником; 4) з'являтися *(на виклик)*; sich dem Gerícht ~ з'явитися в суд.

stéllenlos *adj* безробітний.

stéllenweise *adv* місцями, подекуди.

Stéllung *f* **-, -en** 1) положення; пóза; 2) посáда; 3) *військ.* позиція; 4) позиція, тóчка зóру; ~ néhmen вúсловити свою дýмку; вúзначити свою позицію.

stéllvertretend *adj* (тимчасóво) викóнуючий обов'язки *(кого)*; der ~e Vórsitzende застýпник голови; викóнуючий обов'язки голови.

Stéllvertreter *m* **-s, -** застýпник; викóнуючий обов'язки.

Stélze *f* **-, -n** 1) ходýля; 2) дерев'яна ногá, протéз.

stémmen 1. *vt* 1) притискáти, спирáтися *(чим)*; die Arme in die Séiten ~ брáтися в бóки; 2) гальмувáти; 3) *тех.* видóвбувати; 2. **sich** ~ 1) *(an A, auf A, gegen A)* упирáтися *(у що)*, спирáтися *(об що)*; sich auf die Éllbogen ~ спирáтися ліктями; 2) *(gegen A)* опирáтися *(чому)*, не погóджуватися *(з чим)*.

Stémpel *m* **-s, -** 1) штéмпель; печáтка; таврó; 2) *перен.* відбиток, слід.

stempeln **1.** *vt* стáвити печáтку *(на що)*; **2.** *vi:* ~ géhen *розм.* бýти безробітним.

Sténgel *m* **-s, -** стебло.

Stéppe *f* **-, -n** степ.

stéppen *vt* стьобáти.

stérben* *vi (s)* помирáти; an éiner Kránkheit ~ помéрти від хворóби; éines natürlichen Tódes ~ помéрти своєю смéртю; durch j-s Hand ~ помéрти від чиєї рукú; vor Húnger ~ помéрти від гóлоду.

stérblich *adj* смéртний.

Stern *m* **-(e)s, -e** зірка; der fünfzackige ~ п'ятикýтна зірка.

Stérn|bild *n* **-(e)s, -er** сузір'я; **~forscher** *m* **-s, -** астронóм; **~himmel** *m* **-s** зóряне нéбо; **~karte** *f* **-, -n** кáрта зóряного нéба.

stérn|klar *adj* зóряний; **~los** *adj* беззóряний.

Stérn|schnuppe *f* **-, -n** пáдаюча зірка; метеорит; **~warte** *f* **-, -n** обсерватóрія.

stet, stétig *adj* постійний; стійкий.

stets *adv* зáвжди, постійно.

Stéuer I *f* **-, -n** подáток.

Stéuer II *n* **-s, -** кермó.

Stéuermann *m* **-(e)s, ...männer** *i* **...leute** штýрман; рульовий; кермáнич.

stéuern I *vt* 1) сплáчувати *(податки, внески)*; 2) оподаткóвувати.

stéuern II 1. *vt* керувáти, управляти; 2. *vi (s)* 1) прямувáти; 2) *(h) (D)* перешкоджáти *(чому)*.

Stéuerrad *n* **-(e)s, ...räder** штурвáл.

Stéuerung *f* **-, -en** 1) *тех.* керувáння, регулювáння; 2) *тех.* розподільний механізм; 3) протидія *(чому)*, боротьбá *(проти чого)*.

Stich *m* **-(e)s, -e** 1) укóл; 2) укýс *(змії, комахи)*; 3) кóлкість, ущипливе слóво; 4) стібóк; 5) гравюра; 6) відтінок; ◊ im ~ lássen кинути напризволяще.

Stíchwort *n* **-(e)s, -e** *i* **...wörter** 1) лóзунг; 2) рéпліка; 3) заголóвне слóво; 4) ключовé слóво; *pl* корóткі тéзи *(до доповіді)*.

stícken *vt* вишивáти.

Stickeréi *f* **-, -en** вишивáння.

Stíckhusten *m* **-s** кóклюш.

stíckig *adj* дýшний, задýшливий.

Stíckstoff *m* **-(e)s** азóт.

stíeben* *vi (s)* розсіюватися; розпорóшуватися.

Stíefbruder *m* **-s, ...brüder** звéдений брат.

Stíefel *m* **-s, -** чóбіт.

Stíef|eltern *pl* нерідні батькú; **~geschwister** *pl* звéдені братú і сéстри; **~kind** *n* **-(e)s, -er** пáсинок; пáсербиця; **~mutter** *f* **-, ...mütter** мáчуха.

stíefmütterlich *adj* неласкáвий, сувóрий; j-n ~ behándeln сувóро стáвитися до кóго-н.

Stíef|schwester *f* **-, -n** звéдена сестрá; **~sohn** *m* **-(e)s, ...söhne** пáсинок; **~tochter** *f* **-, ...töchter** пáсербиця; **~vater** *m* **-s, ...väter** вітчúм.

Stíege *f* **-, -n** схóди; драбúна.

Stiel *m* **-(e)s, -e** 1) рукоятка; держáк; 2) стебло; корінéць *(гриба)*.

stier *adj* нерухóмий, застиглий; осовілий.

Stier *m* **-(e)s, -e** бик, віл, бугáй.

stíerköpfig *adj* упéртий.

Stift *m* **-(e)s, -e** 1) штифт; 2) олівéць, грúфель.

stíften *vt* 1) засно́вувати; 2) твори́ти, роби́ти *(добро)*; заподі́ювати *(зло)*; 3) же́ртвувати.

Stífter *m* **-s, -** 1) засно́вник; 2) винува́тець, призві́дник.

Stil *m* **-(e)s, -e** стиль.

still *adj* 1) ти́хий, спокі́йний; 2) мовчазни́й; 3) тає́мний.

Stílle *f* **-** ти́ша, безмо́вність; in áller ~ ни́шком, тихце́м, по́тай.

Stílleben *n* **-s** натюрмо́рт.

stíllen *vt* 1) заспоко́ювати, вгамо́вувати; den Durst ~ вгамо́вувати спра́гу; 2) годува́ти гру́ддю.

stíllhalten* **1.** *vi* не ру́хатися, стоя́ти спокі́йно; пово́дитися спокі́йно; 2. *vt* не воруши́ти; не крути́ти *(головою)*; не маха́ти *(руками, ногами)*.

stíllschweigen* *vi* мовча́ти.

Stíllstand *m* **-(e)s** 1) засті́й, зати́шшя; бездія́льність; 2) неру-хо́мість.

stíllstehen* *vi* 1) стоя́ти, не працюва́ти; 2) зупиня́тися.

Stímme *f* **-, -n** го́лос; die ~ ábgeben голосува́ти; éine ~ hábеn ма́ти пра́во го́лосу.

stímmen 1. *vi* 1) *(für A, gegen A)* голосува́ти *(за кого, за що, проти кого, чого)*; 2) відповіда́ти ді́йсності; das stimmt! це ві́рно!; 2. *vt* 1) настро́ювати *(музичний інструмент)*; 2) *перен.* настро́ювати; er ist gut gestímmt він у добрóму на́строї.

stímm|haft *adj фон.* дзві́нки́й; **~los** *adj фон.* глухи́й.

Stímmung *f* **-, -en** на́стрій; hier ist ~! *розм.* тут ве́село!; in gúter (schléchter) ~ sein бу́ти в хоро́шому (пога́ному) на́строї.

stímmungs|los *adj* нудни́й, безра́дісний; **~voll** *adj* підне́сений, у до́брому гу́морі.

stínken* *vi (nach D)* смерді́ти *(чим)*; ◊ hier stinkt étwas *розм.* тут щось не в поря́дку.

stínkend, stínkig *adj* смердю́чий.

Stirn *f* **-, -en** лоб, чоло́; die ~ fálten мо́рщити ло́ба.

stöbern 1. *vi* 1) ри́тися, ни́шпорити; 2) кружля́ти *(про сніжинки)*; 2. *vimp:* es stöbert мете́, кури́ть.

Stock I *m* **-(e)s, Stöcke** 1) па́лиця; 2) коло́да; 3) пеньо́к; ко́рінь; стебло́; кущ; über ~ und Stein стрі́мголо́в; напроло́м.

Stock II *m, рідко n* **-(e)s, -** *i* **Stóckwerke** по́верх; im zwéiten ~ на дру́гому по́версі *(відповідає українському* на тре́тьому по́версі).

stóck|blind *adj* зо́всім сліпи́й; **~dúmm** *adj* дурни́й як пень; **~dúnkel** *adj* ду́же те́мний.

stócken *vi* 1) зупиня́тися; застрява́ти; 2) затина́тися; das Gespräch stóckte розмо́ва не кле́їлась; 3) плісня́віти.

stóckfinster *adj* зо́всім, те́мний; ◊ es ist ~ те́мно, хоч о́ко ви́коли.

stóckig *adj* гнили́й; за́тхлий; цвіли́й.

Stóckung *f* **-, -en** зато́р, про́бка; за́тримка; засті́й; éine ~ im Gespräch зами́нка в розмо́ві; éine ~ des Verkéhrs зато́р *(у вуличному русі)*.

Stóckwerk *n* **-(e)s, -e** по́верх; я́рус.

Stoff *m* **-(e)s, -e** 1) мате́рія, речови́на; 2) мате́рія, ткани́на; 3) матеріа́л, сюже́т; ~zu éinem Film матеріа́л для фі́льму.

Stóffwechsel *m* **-s** о́бмін речови́н.

stöhnen *vi* стогна́ти; ва́жко зітха́ти.

stólperig *adj* вибо́їстий, нері́вний.

stólpern *vi (über A)* спотика́тися *(об що)*.

stolz *adj* го́рдий; ~sein *(auf A)* пиша́тися *(чим)*.

Stolz *m* **-es** го́рдість; mit ~ з го́рдістю.

stópfen *vt* 1) набива́ти *(люльку)*, начиня́ти; 2) што́пати, ла́годити *(одяг)*; 3) затика́ти.

stóppen 1. *vt* 1) зупиня́ти, сто́попорити; den Angreifer ~ зупини́ти агре́сора; den Lohn ~ заморо́жувати зарпла́ту; 2) засіка́ти *(час)*; **2.** *vi* зупиня́тися.

Stóppuhr *f* **-, -en** секундомі́р.

Stöpsel *m* **-s, -** 1) про́бка, за́тичка; 2) *ел.* ште́псель.

Storch *m* **-(e)s, Störche** чорногу́з, леле́ка.

stören *vt* заважа́ти *(кому)*, турбува́ти *(кого)*; lássen Sie sich nicht ~! не турбу́йтеся, будь ла́ска!

Störenfried *m* **-(e)s, -e** пору́шник спо́кою.

störrig, störrisch *adj* упе́ртий; непокі́рний.

Störung *f* **-, -en** 1) турбо́та, кло́піт; перешко́да; пору́шення; 2) *pl тех.* перешко́ди, зава́ди; 3) *pl* непола́дки *(у чому)*.

störungsfrei *adj* безперебі́йний; спра́вний.

Stoß I *m* **-es, Stöße** 1) по́штовх; уда́р; пори́в *(вітру)*; j-m éinen ~ gében штовхну́ти кого́-н.; ~ auf ~ уда́р за уда́ром; 2) звору́шення, ура́за; 3) *фіз.* і́мпульс; 4) *тех.* зі́ткнення; стик; 5) кулеме́тна че́рга.

Stoß II *m* **-es, Stöße** ку́па, стіс; шта́бель; ein ~ Briéfe ку́па листі́в; ein ~ Bücher стіс книжо́к.

stóßen* 1. *vt* 1) штовха́ти; би́ти, ударя́ти; 2) товкти́; 3) довба́ти; 4) гна́ти, виганя́ти; 2. *vi* 1) *(s) (an A)* нашто́вхуватися *(на що)*, сту́катися *(об що)*; 2) *(h) (zu D)* прие́днуватися, пристава́ти *(до кого)*; 3) *(s) (an A)* примика́ти, прилята́ти *(до чого)*; 4) *(h)* би́тися, коло́тися рога́ми *(про корову)*; 3. **sich** ~ 1) штовха́тися; 2) *(an D)* ударя́тися *(об що)*; 3) *(an D)* бу́ти шоко́ваним *(чим)*; бу́ти незго́дним *(з чим)*.

Stóßkraft *f* - 1) си́ла уда́ру; 2) уда́рна си́ла.

stóßweise *adv* 1) по́штовхами; 2) пори́вчасто.

Stóß|welle *f* - уда́рна хви́ля; **~zahn** *m* **-(e)s, ...zähne** і́кло.

stóttern 1. *vi* заїка́тися; 2. *vt* бурмота́ти.

stracks *adv* 1) пря́мо; 2) нега́йно; 3) обов'язко́во.

stráfbar *adj* ка́раний; sich ~ máchen пору́шити зако́н.

Stráfe *f* **-, -n** 1) покара́ння, ка́ра; bei ~ des Lébens під стра́хом сме́ртної ка́ри; 2) штраф; eine ~ záhlen заплати́ти штраф; 3) розпла́та, відпла́та, ка́ра.

stráfen *vt* 1) кара́ти; 2) штрафува́ти.

Stráferlaß *m* **-sses, -sse** поми́лування; амні́стія.

straff 1. *adj* 1) туги́й, ту́го натя́гнутий; ~es Haar гладе́ньке, прили́зане воло́сся; 2) по́вний, ту́го наби́тий; ein ~er Béutel повні́сінький гамане́ць; 3) *перен.* підтя́гнутий; 4) суво́рий; ~e Disziplin суво́ра дисциплі́на; éine ~ Organisation чітка́ організа́ція; 5) сти́слий *(про мову, стиль)*; 2. *adv* ту́го, щі́льно.

stráffen 1. *vt* натя́гувати; 2. **sich** ~ випрямля́тися.

Sträfling *m* **-s, -e** арешта́нт, в'я́зень.

stráflos *adj* безка́рний.

Strahl *m* **-(e)s, -en** 1) про́мінь; 2) стру́мінь; 3) *мат.* пряма́.

stráhlen *vi* 1) ся́яти; die Sónne strahlt со́нце сві́тить; sein Gesícht strahlt vor Glück його́ обли́ччя ся́є від ща́стя; 2) *фіз.* випромі́нювати.

Stráhlen *n* **-s** 1) ся́йво; 2) *фіз.* випромі́нювання.

Stráhlen|quelle *f* **-, -n** джерело́ випромі́нювання; **~schutz** *m* **-es** за́хист від опромі́нення.

Stráhlung *f* **-, -en** 1) випромі́нювання; 2) *фіз.* радіа́ція.

Strähne *f* **-, -n** 1) па́смо *(волосся)*; 2) мото́к *(пряжі)*.

stramm 1. *adj* 1) прями́й; рі́вний; натя́гнутий; 2) міцни́й, здоро́вий; бадьо́рий; 3) суво́рий; ~e Zucht суво́ра дисциплі́на; 4) завзя́тий; 2. *adv* 1) ту́го, щі́льно; 2) стру́нко.

Strand *m* **-(e)s, -e** 1) морське́ узбере́жжя; 2) пляж.

stránden *vi (s)* 1) сі́сти на мілину́; зазна́ти корабе́льної ава́рії; 2) *перен.* зазна́ти пора́зки.

Strang *m* **-(e)s, Stränge** 1) моту́зка; кана́т; 2) мото́к; жмут; 3) *залізн.* ко́лія.

Strapáze *f* **-, -n** (вели́ке) напру́ження; (надзвича́йне) наванта́ження.

strapazíeren 1. *vt* 1) перевто́млювати; 2) зно́шувати; éinen Anzug ~ не жалі́ти костю́ма, носи́ти не скида́ючи; ein Wort ~ заяло́жувати сло́во, на́дто ча́сто повто́рювати його́; 2. **sich** ~ перевто́млюватися.

strapaziös *adj* висна́жливий; напру́жений.

Stráße *f* **-, -n** 1) доро́га, ву́лиця; 2) прото́ка; 3) *тех.* автомати́чна лі́нія.

Stráßen|bahn *f* **-, -en** трамва́й; **~kreuzung** *f* **-, -en** перехре́стя; **~laterne** *f* **-, -n** ву́личний ліхта́р; **~pflaster** *n* **-s** бруκі́вка; **~verkehr** *m* **-(e)s** ву́личний рух; **~verkehrsordnung** *f* - пра́вила ву́личного ру́ху.

sträuben 1. *vt* настовбу́рчувати; 2. **sich** ~ 1) настовбу́рчуватися, наї́жа́чуватися; 2) опира́тися.

Strauch *m* **-(e)s, Sträucher** кущ; *pl тж.* чагарни́к.

Strauß I *m* **-es, Sträuße** буке́т.

Strauß II *m* **-es, -e** стра́ус.

strében *vi (nach D)* пра́гнути, добива́тися *(чого)*.

strébsam *adj* стара́нний; цілеспрямо́ваний.

Strécke *f* **-, -n** 1) ві́дстань, диста́нція; 2) *залізн.* перегі́н; 3) *гірн.* штрек; 4) *мат.* відрі́зок; 5) *спорт.* диста́нція, тра́са.

strécken 1. *vt* 1) витяга́ти, розтяга́ти; подо́вжувати; die Béine ~

S

ви́простати но́ги; die Arbeit ~ розтягти́ робо́ту; 2) *тех.* розко́вувати; плю́щити; 2. **sich** ~ 1) потяга́тися; 2) витяга́тися, простяга́тися; sich ins Gras ~ простягти́ся на траві́.

Streich *m* **-(e)s, -e** 1) уда́р; auf éinen ~ одни́м ма́хом; 2) ви́тівка, жарт; j-m éinen ~ spíelen пожартува́ти з ко́го-н.

stréicheln *vt* гла́дити, голу́бити.

stréichen* **1.** *vi* **(s)** 1) ходи́ти, броди́ти; 2) торка́тися *(чого),* гла́дити *(що);* 3) простяга́тися; 2. *vt* 1) гла́дити *(що),* торка́тися *(чого);* 2) нама́зувати; 3) фарбува́ти; frisch gestrichen! пофарбо́вано!; 4) викре́слювати; j-n aus der Líste ~ ви́креслити ко-го́-н. із списку; 5) спуска́ти; die Flágge ~ спусти́ти пра́пор; *перен.* зда́тися.

Stréichholz *n* **-es, ...hölzer** сірни́к.

Stréichholzschachtel *f* **-, -n** коро́бка сірникі́в.

Stréich|instrument *n* **-(e)s, -e** стру́нний інструме́нт; **~orchester** [-k-] *n* **-s, -** стру́нний орке́стр.

stréifen 1. *vt* 1) роби́ти сму́ги *(на чому);* 2) торка́тися *(чого);* зачіпа́ти *(що);* ле́гко ра́нити *(кого);* 3) зніма́ти, стяга́ти; натяга́ти; die Ärmel in die Höhe ~ засука́ти рука́ва; 2. *vi* 1) броди́ти, ника́ти; 2) торка́тися *(чого).*

Stréifen *m* **-s, -** 1) сму́га; ein ~ Papíer сму́жка папе́ру; 2) лампа́с; 3) обо́йма; 4) фільм; (кіно)плі́вка.

stréifig *adj* смуга́стий.

Streik *m* **-(e)s, -s** *i* **-e** страйк; ein sítzender ~ сидя́чий страйк; éinen ~ ausrufen оголоси́ти страйк; in den ~ tréten поча́ти страйк.

stréiken *vi* страйкува́ти.

Stréik|kämpfe *pl* страйкова́ боротьба́; **~komitee** *n* **-s, -s,** **~leitung** *f* **-, -en** страйкови́й комíте́т; **~verbot** *n* **-(e)s, -e** заборо́на стра́йків; **~welle** *f* **-, -n** хви́ля стра́йків.

Streit *m* **-(e)s, -e** 1) супере́чка; спір; 2) бій, су́тичка; 3) спра́ва, проце́с *(у суді).*

stréitbar *adj* 1) спі́рний; 2) бойови́й, войовни́чий; éine ~e Gesínnung бойови́й дух; 3) сварли́вий.

stréiten* 1. *vi* 1) *(über A)* спереча́тися *(про що); (um A)* свари́тися *(через що);* darüber läßt sich ~ це спі́рне пита́ння; 2) *(gegen A, wider A)* боро́тися *(проти кого);* 2. **sich** ~ спереча́тися, свари́тися.

stréitig *adj* спі́рний.

Stréitkräfte *pl* збро́йні си́ли.

stréitsüchtig *adj* сварли́вий.

streng 1. *adj* 1) суво́рий; im ~sten Sínne des Wortes у бук-ва́льному розумі́нні сло́ва; éine ~e Diät hálten дотри́муватися суво́рої діє́ти; ein ~es Klíma суво́рий клі́мат; 2) різки́й *(запах);* **2.** *adv* 1) суво́ро; 2) рі́зко.

stréuen *vt* розсипа́ти; розкида́ти; розпоро́шувати.

Strich *m* **-(e)s, -e** ри́ска; штрих; смýга; дефі́с; тире́; éinen ~ durch etw. máchen закре́слити, перекре́слити що-н. *(тж. перен.).*

Strích|punkt *m* **-(e)s, -e** кра́пка з ко́мою; **~vogel** *m* **-s, ...vögel** перелі́тний птах.

Strick *m* **-(e)s, -e** моту́зка; кана́т.

Stríckarbeit *f* **-, -en** в'яза́ння, плеті́ння.

strícken *vt* плести́.

Stríck|garn *n* **-(e)s, -e** пря́жа для в'яза́ння; **~kleidung** *f* **-** трикота́ж *(вироби);* **~nadel** *f* **-, -n** (в'яза́льна) спи́ця.

Stríeme *f* **-, -n, Stríemen** *m* **-s, -** 1) смýга; 2) рубе́ць *(від рани);* сине́ць.

strikt 1. *adj* ви́значений, то́чний; **2.** *adv* 1) то́чно, пунктуа́льно; послідо́вно; das Abkommen ~ éinhalten то́чно дотри́мувати уго́ди; 2) категори́чно; etw. ~ áblehnen категори́чно відхили́ти що-н.

stríttig *adj* спі́рний.

Stroh *n* **-(e)s** соло́ма; er hat ~ im Kopf *розм.* у нього поло́ва в голові́; léeres ~ dréschen товкти́ во́ду в сту́пі.

stróhgelb *adj* соло́м'яно-жо́втий, па́левий.

Stróh|halm *m* **-(e)s, -e** соломи́нка; **~mann** *m* **-(e)s, ...männer** 1) соло́м'яне опу́дало; 2) маріоне́тка.

Strom *m* **-(e)s, Ströme** 1) багатово́дна рі́ка; 2) течі́я, поті́к; ein ~ von Wörten поті́к слів; gégen den ~ schwímmen плисти́ про́ти течії́; es goß in Strömen дощ лив як з відра́; 3) *ел.* струм.

strom|áb(wärts) *adv* униз рі́чкою, за течіє́ю; **~áuf(wärts)** *adv* угору рі́чкою, про́ти течії́.

Stróm|bahn *f* **-, -en** рі́чище, рус-

ló річки; ~**einsparung** *f* - економія електроенергії.
strömen *vi (h, s)* 1) текти, литися, струменіти; 2) прямувати *(куди)*.
Stróm|leiter *m* -s, - *ел.* провідник; ~**messer** *m* -s, - *ел.* амперметр; ~**stärke** *f* - *ел.* сила струму; ~**system** *n* -s, -e система енергопостачання.
Strömung *f* -, -en течія *(тж. перен.)*; literárische ~en літературні течії.
Stróm|zähler *m* -s, - електролічильник; ~**zentrale** *f* -, -n центральна електростанція.
strótzen *vi (von D)* бути багатим *(на що)*; рясніти *(чим)*; von Féhlern ~ рясніти помилками; er strotzt von Kraft він сповнений сил.
Strúdel *m* -s, - вир *(тж. перен.)*; im ~ der Vergnügungen у вирі розваг.
strúdeln 1. *vi (h, s)* вирувати, нуртувати, клекотати, буяти; 2. *vt* збовтувати, збивати.
Strumpf *m* -(e)s, **Strümpfe** панчоха.
Strúmpfhose *f* -, -n колготки.
Stúbe *f* -, -n кімната.
Stuck *m* -(e)s штукатурка.
Stück *n* -(e)s, -e 1) шматок; частина; 2) штука, екземпляр, примірник; ~**für** ~ поступово, один за одним; 3) п'єса; 4) уривок; 5) фігура *(у шахах)*; aus fréien ~en добровільно.
stückeln *vt* дробити.
Studénten|austausch *m* -es (міжнародний) обмін студентами; ~**heim** *n* -s, -e студентський гуртожиток.
Studéntenschaft *f* -, -en студентство.
Studénten|wohnheim *n* -s, -e студентський гуртожиток; ~**zirkel** *m* -s, - студентський гурток.
Stúdi|e *f* -, -n 1) ескіз, етюд; 2) науковий трактат; 3) дослідження.
Stúdien|buch *n* -(e)s, ...**bücher** залікова книжка; ~**jahr** *n* -(e)s, -e навчальний рік *(у вузі)*; ~**plan** *m* -(e)s, ...**pläne** навчальний план *(у вузі)*; ~**tag** *m* -(e)s, -e день самостійної роботи студента; ~**zeit** *f* - час навчання *(у вузі)*.
studíeren 1. *vt* вивчати; 2. *vi* вчитися *(у вузі)*; an der Universität ~ вчитися в університеті.
Stúdium *n* -s, ...**di|en** 1) вивчення; 2) заняття, навчання; ein vólles ~ absolvíeren закінчити повний курс навчання.
Stúfe *f* -, -n 1) ступінь; уступ; ярус; die létzte ~ der Trägerrakete останній ступінь ракети-носія; 2) ступінь, щабель, рівень; auf níedriger ~ на низькому рівні; 3) стадія, період; 4) *грам.* ступінь; die ~n der Komparatión ступені порівняння.
stúfenweise *adv* поступово, послідовно.
Stuhl *m* -(e)s, **Stühle** 1) стілець; 2) *тех.* станина, рама.
stülpen *vt* 1) *(auf A)* накладати *(що на що)*; накривати *(що чим)*; den Hut auf den Kopf ~ насунути капелюха *(на голову)*; 2) відігнути *(край)*; вивернути.
stumm *adj* 1) німий; 2) безмовний.
Stúmmel *m* -s, - залишок, кінчик *(чого)*; недогарок.
Stúmmheit *f* - 1) німота; mit ~ geschlagen sein *розм.* оніміти, втратити дар мови; 2) безмовність, мовчання; мовчазність.
stumpf *adj* 1) тупий; éine ~e Náse кирпатий ніс; ~er Wínkel *мат.* тупий кут; 2) матовий, без блиску; 3) отупілий; байдужий; ~für Kunst sein бути байдужим до мистецтва; 4): ~er Kégel *мат.* зрізаний конус; ◊ die Zähne ~ máchen набити оскому.
Stumpf *m* -(e)s, **Stümpfe** 1) залишок, кінчик; недогарок; 2) пень.
stúmpf|nasig *adj* кирпатий; ~**sinnig** *adj* тупоумний.
Stúnde *f* -, -n 1) година; éine hálbe ~ півгодини; éine víertel ~ чверть години; éine ~ früher на годину раніше; 2) урок; in der ~ на уроці.
stúndenlang *adj* що триває годинами; *перен.* нескінченний.
Stúndenplan *m* -(e)s, ...**pläne** розклад уроків.
stúndenweise 1. *adj* погодинний; 2. *adv* годинами; щогодини.
stündlich 1. *adj* щогодинний; 2. *adv* щогодини.
Stúpsnase *f* -, -n *розм.* кирпатий ніс.
Sturm *m* -(e)s, **Stürme** 1) буря *(тж. перен.)*; шторм; ein ~ des Béifalls злива, буря оплесків; in ~ und Régen у дощ і негоду; 2) *військ.* атака, штурм; ~ schlágen бити на сполох.

stürmen 1. *vt* атакува́ти; штурмува́ти; 2. *vi (s)* 1) поспіша́ти, мча́ти; 2) *(gegen A)* накида́тися *(на кого, на що)*; 3. *vimp:* es stürmt надво́рі бу́ря.

stürmisch *adj* бурхли́вий *(тж. перен.)*; ~er Béifall бурхли́ві о́плески.

Sturz *m* **-es, Stürze** 1) паді́ння, обва́л; 2) крах, заги́бель.

stürzen 1. *vt* ки́дати, скида́ти, перекида́ти; 2. *vi (s)* 1) ки́нутися, ри́нути; aus dem Zímmer ~ ви́бігти (прожо́гом) з кімна́ти; 2) па́дати; звали́тися; 3. **sich** ~ ки́нутися.

Stütze *f* **-, -n** 1) опо́ра; підпо́ра; 2) *тех.* підпі́рка; кронште́йн.

stützen 1. *vt* 1) підпира́ти; 2) підтри́мувати; 3) обгрунто́вувати; **2. sich** ~ *(auf A)* 1) спира́тися *(на що)*; 2) грунтува́тися *(на чому)*; woráuf ~ Sie sich dabéi? які́ у вас для цьо́го підста́ви?

Stützpunkt *m* **-(e)s, -e** 1) то́чка опо́ри; 2) опо́рний пункт, ба́за.

Subjékt *n* **-(e)s, -e** 1) суб'є́кт; 2) *грам.* пі́дмет.

Súbstantiv *n* **-s, -e** *грам.* іме́нник.

substituíeren *vt* замі́нювати; підставля́ти.

Substitutión *f* **-, -en** 1) замі́щення, замі́на; 2) *лінгв.* субститу́ція.

subtra|híeren *vt (von D) мат.* віднíма́ти *(від чого)*.

Subtraktión *f* **-, -en** *мат.* відніма́ння.

Súche *f* **-** по́шуки; auf der ~ nach j-m, etw *(D)* у по́шуках кого́-н., чого́-н.

súchen *vt, vi (nach D)* 1) шука́ти, розшу́кувати; 2) збира́ти; 3) пра́гнути, жада́ти *(чого)*; Rat ~ *(bei j-m)* проси́ти пора́ди *(у кого)*; 4) *(zu + inf)* намага́тися *(що-н. зробити)*; er sucht ihr zu hélfen він намага́ється їй допомогти́.

Sucht *f* **-, Süchte** 1) при́страсть, ма́нія; 2) *мед.* наркома́нія; 3) *розм.* хворо́ба.

Süd *m* 1) пі́вдень; 2) **-(e)s, -e** пів- де́нний ві́тер, зюйд.

Süden *m* **-s** пі́вдень.

südlich 1. *adj* півде́нний; **2.** *adv* на пі́вдень.

Südóst *m* 1) півде́нний схід; 2) **-(e)s, -e** півде́нно-схі́дний ві́тер; зюйд-о́ст.

Südósten *m* півде́нний схід.

südwärts *adv* на пі́вдень.

Südwést *m* 1) півде́нний за́хід; 2) **-(e)s, -e** півде́нно-за́хідний ві́тер, зюйд-ве́ст.

Südwésten *m* півде́нний за́хід.

Sujet [syʼʒe:] *n* **-s, -s** сюже́т.

Súmme *f* **-, -n** пі́дсумок; су́ма.

súmmen 1. *vi* дзижча́ти, гуді́ти; **2.** *vt* муги́кати *(пісню)*.

summíeren 1. *vt* підсумо́вувати; додава́ти; 2. **sich** ~ накопи́чуватися.

Sumpf *m* **-(e)s, Sümpfe** боло́то.

Súmpf|beere *f* **-, -n** журавли́на; **~biber** *m* **-s, -** ну́трія; **~fieber** *n* **-s** боло́тна пропа́сниця, малярі́я; **~gas** *n* **-es** боло́тний газ, мета́н.

súmpfig *adj* болоти́стий.

súmsen *vi* 1) дзижча́ти; 2) базі́кати.

Sünde *f* **-, -n** гріх; éine ~ begéhen согріши́ти.

Sünder *m* **-s, -** грі́шник.

sündhaft 1. *adj* грі́шний; **2.** *adv розм.* безбо́жно, страше́нно; ~téuer ду́же до́рого.

sündigen *vi* гріши́ти.

Súperlativ *m* **-s, -e** *грам.* найви́щий сту́пінь; ◊ in ~en spréchen перебі́льшувати.

Súppe *f* **-, -n** суп; ◊ **j-m** die ~ versálzen насоли́ти кому́-н., допекти́; ein Haar in der ~ *розм.* неприє́мність.

súrren *vi* гуді́ти, дзижча́ти.

süß *adj* 1) соло́дкий; ~es Wásser прі́сна вода́; соло́дка вода́; 2) ми́лий, чарівли́вий; ein ~es Kind ми́ла дити́на.

süßen 1. *vt* підсоло́джувати; 2. *vi* бу́ти соло́дким, солодкува́тим.

Süßigkeit *f* **-, -en** со́лодощі.

Süßkirsche *f* **-, -n** чере́шня.

süßsauer *adj* ки́сло-соло́дкий.

Süßwasser *n* **-s** прі́сна вода́.

Symból *n* **-s, -e** си́мвол.

Synoným *n* **-s, -e** *i* **...nónyma** сино́нім.

syntáktisch *adj* синтакси́чний.

Sýntax *f* **-** си́нтаксис.

Synthése *f* **-, -n** си́нтез.

synthétisch *adj* синтети́чний; ~e Fáser синтети́чне волокно́; ~es Harz синтети́чна смола́.

Systém *n* **-s, -e** систе́ма.

Széne *f* **-, -n** 1) сце́на; 2) сце́на, дія *(у п'єсі)*, епізо́д, кадр; 3) *перен.* сце́на, поді́я; éine ~ erlében бу́ти сві́дком яко́ї-н. сце́ни; j-m éine ~ máchen зроби́ти сце́ну кому́-н.

Szénen|photo *n* **-s, -s** кадр з фі́льму; **~wechsel** *m* **-s, -** змі́на декора́цій.

T t

Tabélle *f* -, **-n** таблиця.
Tabéllen|führer *m* **-s, -** *спорт.* лідер (змагання); **~spitze:** an der ~spitze sein (lígen) *спорт.* очолювати таблицю, лідирувати.
Tablétt *n* -(e)s, -e піднос, таця.
Tablétte *f* -, **-n** таблетка.
Tádel *m* **-s, -** 1) догана; осуд; j-m éinen ~ gében (ertéilen) оголосити догану кому-н.; 2) докір, закид; 3) вада.
tádellos *adj* бездоганний.
tádeln *vt (wegen G, für A)* гудити, осуджувати *(кого за що).*
tádelnswert, tádelnswürdig *adj* вартий осуду, негожий.
tádelsüchtig *adj* причепливий сварливий.
Táfel *f* -, **-n** 1) дошка; 2) таблиця; 3) плитка; 4) (обідній) стіл; die ~ décken накривати на стіл.
táfeln *vi* сидіти за (обіднім) столом, обідати; бенкетувати.
täfeln *vt* 1) облицьовувати; 2) настилати *(паркет).*
Táfel|salz *n* **-(e)s, -e** кухонна сіль; **~tuch** *n* **-(e)s, ...tücher** скатертина *(для обіднього столу);* **~wasser** *n* **-s, ...wässer** мінеральна вода; **~wein** *m* **-(e)s, -e** столове вино.
Tag *m* **-(e)s, -e** день; доба; guten ~! добрий день!; am ~e удень; jéden ~ щодня; für éinen ~ на один день; in éinigen ~en через кілька днів; von ~ zu ~ день у день, з дня на день; etw. an den ~ légen (bríngen) виявляти, викривати що-н.; an den ~ kómmen виявлятися, ставати відомим.
Táge|blatt *n* **-(e)s, ...blätter** щоденна газета; **~buch** *n* **-(e)s, ...bücher** щоденник.
tágen 1. *vi* засідати; 2. *vimp, vi* світати, розвиднятися.
Táges|anbruch *m* **-(e)s, ...brüche** світанок; **~bericht** *m* **-(e)s, -e** бюлетень; хроніка (за день) *(у газеті);* **~frage** *f* -, **-n** злободенне (актуальне) питання; **~licht** *n* **-es, -er** денне світло; das ~licht erblícken з'являтися на світ, народжуватися; **~ordnung** *f* -, **-en** порядок денний; **~plan** *m* **-(e)s, ...pläne** розпорядок дня.
tághell *adj* ясний, світлий (як день).
täglich 1. *adj* щоденний; повсякденний; 2. *adv* щодня; з кожним днем.
tags *adv* удень; ~ daráuf наступного дня; ~ zuvór напередодні.
tágsüber *adv* протягом дня; за день.
Tágung *f* -, **-en,** 1) з'їзд; конференція; 2) засідання, сесія.
Tágung *f* -, **-en** 1) з'їзд; конференція; 2) засідання, сесія.
táktlos *adj* нетактовний.
táktmäßig *adj* ритмічний.
Tákt|stock *m* **-(e)s, ...stöcke** диригентська паличка; **~straße** *f* **-n** конвейєр, поточна (автоматична) лінія.
táktvoll *adj* тактовний, делікатний.
Tal *n* **-(e)s, Täler** долина.
Talént *n* **-(e)s, -e** талант, обдарованість.
talént|los *adj* бездарний; **~voll** *adj* талановитий.
Talg *n* **-(e)s, -e** сало; жир.
Tál|kessel *m* **-s, -, ~mulde** *f* -, **-n** улоговина; **~sperre** *f* -, **-n** гребля; водоймище.
Tank *m* **-(e)s, -s** *i* **-e** бак; резервуар; цистерна.
tánken *vi* 1) заправлятися пальним; 2) наповнювати (авторучку) чорнилом.
Tánk|säule *f* -, **-n** бензоколонка; **~schiff** *n* **-(e)s, -e** танкер; **~stelle** *f* -, **-n** бензопункт, бензоколонка.
Tánne *f* -, **-n** ялина; смерека.
tánnen *adj* ялиновий; смерековий.
Tánnenbaum *m* **-(e)s, ...bäume** новорічна ялинка.
Tánte *f* -, **-n** тітка.
Tanz *m* **-es, Tänze** танець, танок; j-n zum ~ áuffordern запросити кого-н. до танцю.
tánzen *vi, vt* танцювати.
Tapéte *f* -, **-n** шпалери.
tapezíeren *vt* 1) обклеювати шпалерами *(кімнату);* 2) оббивати *(меблі).*
tápfer *adj* хоробрий, мужній, відважний, сміливий.
Tápferkeit *f* -, хоробрість, мужність, сміливість.
táppen *vi* 1) важко ступати; 2) іти навпомацки.
tárnen *vt* маскувати, приховувати.
Tásche *f* -, **-n** 1) кишеня; 2) порт-

T

фе́ль, су́мка.
Táschen|buch *n* **-(e)s, ...bücher** 1) записна́ кни́жка; 2) кни́жка кишенько́вого форма́ту; **~tuch** *n* **-(e)s, ...tücher** носова́ хусти́нка.
Tásse *f* **-, -n** ча́шка.
Tastatúr *f* **-, -en** клавіату́ра *(роя́ля),* кла́віші.
Táste *f* **-, -n** кла́віша, кно́пка.
tásten 1. *vi (nach D)* ма́цати, нама́цувати; 2. *vt* торка́тися рука́ми, обма́цувати *(що).*
Tat *f* **-, -en** ді́я, вчи́нок; спра́ва; etw. in die ~ úmsetzen здійсни́ти що-н.; ◊ mit Rat und ~ zur Séite stéhen допомага́ти сло́вом і ді́лом; in der ~ спра́вді.
táten|froh *adj* ді́яльний; ~ los *adj* безді́яльний.
Täter *m* **-s, -** винува́тець; злочи́нець.
tätig *adj* ді́яльний, акти́вний; er ist als Arzt ~ він працю́є ліка́рем.
Tätigkeit *f* **-, -en** ді́яльність, робо́та; функціонува́ння.
Tátkraft *f* **-** ене́ргія; акти́вність.
tátkräftig *adj* енергі́йний, акти́вний, ді́яльний.
tätlich *adj* наси́льний.
Tátsache *f* **-, -n** факт; ~ !, es ist ~ ! факт!, пра́вда!; ~? спра́вді?, невже́ це так?; den ~ n entspréchen відповіда́ти фа́ктам.
tátsächlich **1.** *adj* факти́чний, ді́йсний; **2.** *adv* факти́чно, наспра́вді, ді́йсно.
Tátze *f* **-, -n** ла́па *(твари́ни).*
Táu I *m* **-(e)s** роса́; gefrórener ~ і́ній.
Táu II *n* **-(e)s, -e** кана́т, трос.
táub *adj* 1) глухи́й; gégen álle Rátschläge ~ sein не слу́хати нія́ких пора́д; 2) зате́рплий, нечутли́вий; 3) поро́жній; безплі́дний; éine ~e Blüte пустоцві́т.
Táube *f* **-, -n** го́луб.
táuben|farbig, ~grau *adj* си́зий, си́вий.
Táubheit *f* **-** 1) глухота́; 2) зате́рплість *(кінці́вок).*
táubstumm *adj* глухоні́ми́й.
Táuchboot *n* **-(e)s, -e** підво́дний чо́вен.
táuchen 1. *vt* зану́рювати; вмоча́ти; 2. *vi (h, s)* пірна́ти, зану́рюватися.
Táucher *m* **-s, -** водола́з.
táuen 1. *vi (h, s)* та́нути, розтава́ти; 2. *vimp:* es táut 1) розтає́; 2) випада́є роса́.
táufen *vt* хрести́ти.
táugen *vi (zu D)* годи́тися, бу́ти прида́тним *(до чо́го);* das táugt (zu) nichts це ні на що (ніку́ди) не годи́ться.
Táugenichts *m* **-** *i* **-es, -e** нікче́ма, неро́ба, дармоїд.
táuglich *adj (zu D)* прида́тний *(до чо́го),* зда́тний *(на що).*
Táumel *m* **-s** 1) хита́ння; запа́морочення; 2) *перен.* захо́плення.
táumeln *vi (h, s)* хита́тися, неве́внено трима́тися на нога́х.
Tausch *m* **-es, -e** о́бмін.
táuschen *vt (gegen A)* міня́ти, обмі́нювати *(що на що).*
täuschen 1. *vt* обма́нювати, вво́дити в ома́ну; 2. **sich** ~ *(in D, über A)* помиля́тися *(в кому́, чому́).*
Täuschung *f* **-, -en** 1) обма́н; вве́дення в ома́ну; 2) по́милка.
táusend *num* ти́сяча; ein paar ~ Menschen кі́лька ти́сяч люде́й; ~ Dank! вели́ке спаси́бі!
Táusend *f* **-, -en** (число́, ци́фра) ти́сяча.
Táuwetter *n* **-s** відли́га.
Táxe *f* **-, -n** 1) та́кса, розці́нка; 2) таксі́.
Táxi *n* **-** *i* **-s, -** *i* **-s** таксі́.
taxíeren *vt* оці́нювати.
Techniker *m* **-s, -** те́хнік; інжене́р.
téchnisch *adj* техні́чний; ~e Fáchschule те́хнікум, техні́чне учи́лище; die Téchnische Hóchschule *(скор.* TH) ви́ще техні́чне учи́лище, втуз; ~es Zéichnen кре́слення.
technisieren *vt* впрова́джувати те́хніку *(в що).*
Tee *m* **-s -s** чай; den ~ áufbrühen завари́ти чай.
Tée|geschirr *n* **-(e)s, -e** ча́йний серві́з; **~kanne** *f* **-, -n** ча́йник *(для зава́рки);* **~kessel** *m* **-s, -** ча́йник *(для кип'ятіння води́);* самова́р; **~löffel** *m* **-s, -** ча́йна ло́жка.
Teer *m* **-(e)s, -e** смола́; дьо́готь; вар.
Teich *m* **-(e)s, -e** ставо́к.
Teig *m* **-(e)s, -e** ті́сто.
Teil *m* **-(e)s, -e** 1) части́на, ча́стка; zum ~ частко́во; zum größen ~ значно́ю мі́рою; 2) ро́зділ *(кни́жки);* 3) *n* **-(e)s, -e** *тех.* дета́ль; елеме́нт; 4) *юр.* сторона́.
téilen *vt* ділити; розділя́ти; розчлено́вувати.
Téilen *n* **-s** *mat.* ді́лення.
téilhaben * *vi (an D)* 1) бра́ти у́часть *(у чому́),* бу́ти уча́сником

(чого); 2) поділя́ти *(почуття, погляди)*.

Téilnahme *f* - 1) у́часть *(an D у чому)*, 2) співу́часть; 3) співчуття́.

téilnahmslos *adj* байду́жий, холо́дний, індиферéнтний.

Teilnahmsvoll *adj* співчутли́вий.

téilnehmen * *vi* *(an D)* 1) бра́ти у́часть *(у чому)*; 2) співчува́ти.

Téilnehmer *m* -s, - 1) уча́сник; 2) співуча́сник.

teils *adv* частко́во.

Téilung *f* -, -en 1) по́діл, розпо́діл; 2) *мат.* ді́лення.

téilweise 1. *adj* часткóвий; 2. *adv* 1) части́нами; 2) частко́во.

Téil|wert *m* -(e)s, -e *мат.* ча́стка *(при діленні)*; **~zahlung** *f* -, -en ви́плата в розстро́чку.

Telegrámm *n* -s, -e телегра́ма; ein dríngendes ~ термінóва телегра́ма; ein ~ áufgeben (schícken) посла́ти телегра́му.

Telegráphenamt *n* -(e)s, ...ämter телегра́ф *(установа)*.

Telefón *n* -s, -e телефо́н.

Telefón|buch *n* -es, ...bücher телефо́нний до́відник; **~gespräch** *n* -(e)s, -e розмо́ва по телефо́ну; **~hörer** *m* -s, - телефо́нна тру́бка.

telefoníeren 1. *vi* *(mit D)* телефонува́ти, дзвони́ти *(кому)*, говори́ти по телефо́ну *(з ким)*; 2. *vt* передава́ти по телефо́ну *(що)*.

telefónisch 1. *adj* телефо́нний; ein ~er Ánruf телефо́нний дзвіно́к; 2. *adv* по телефо́ну; sind Sie ~ zu erréichen? чи є у вас телефо́н?, чи мо́жна до вас подзвони́ти?

Telefónzelle *f* -, -n телефо́нна бу́дка.

Téller *m* -s, - тарі́лка; ein flácher ~ мілка́ тарі́лка; ein tíefer ~ глибо́ка тарі́лка.

Témpel *m* -s, - храм; ein ~ der Wissenschaft храм нау́ки.

temperaméntvoll *adj* темпера́ментний.

Temperatúr *f* -, -en температу́ра; жар; erhöhte ~ *мед.* підви́щена температу́ра; die ~ méssen мі́ряти температу́ру.

temperíeren *vt* 1) зме́ншувати, пом'я́кшувати; 2) регулюва́ти температу́ру *(чого)*.

Témpo *n* -s, -s *i* ...pi темп; ~ beschléunigen приско́рювати темп; ~ erhöhen наро́щувати темп; ~ herábsetzen зни́жувати темп.

temporál *adj* 1) часови́й; 2) скороминý́щий.

Ténne *f* -, -n тік, клу́ня.

Téppich *m* -s, -e ки́лим.

Termín *m* -s, -e 1) строк, те́рмін; der äußerste ~ *(für A)* оста́нній строк *(для чого)*; éinen ~ stéllen (féstsetzen) призна́чити строк; 2) засі́дання су́ду; ви́клик у суд.

termín|gemäß, **~gerecht** *adj* своєча́сний.

Test *m* -(e)s, -e *i* -s тест; випро́бовування.

Testamént *n* -(e)s, -e запові́т; das Álte ~ стари́й заві́т.

tésten *vt* випробо́вувати *(кого, що)*.

Téstflug *m* -(e)s, ...flüge випро́бний полі́т.

téuer 1. *adj* дороги́й; téurer Fréund! лю́бий дру́же!; 2. *adv* до́рого.

Téuerung *f* -, -en (по)доро́жчання; дорожне́ча.

Téufel *m* -s, - чорт, дия́вол, біс; hol's der ~! *розм.* хай йому́ чорт!; er ist ein gúter ~ він хоро́ший хло́пець.

téuf(e)lisch *adj* 1) дия́вольський; пеке́льний, страше́нний; 2) підсту́пний, жорсто́кий.

Text *m* -es, -e текст; слова́ *(пісні)*; лібре́тто (опери); ◊ j-m den ~ lésen чита́ти нота́ції кому́-н.; j-n aus dem ~ bríngen збити з пантели́ку кого́-н.; aus dem ~ kómmen розгуби́тися.

Téxtbuch *n* -(e)s, ...bücher *муз.* лібре́тто.

Theáter *n* -s, - 1) теа́тр; виста́ва; das ~ ist áusverkauft квитки́ про́дано; héute ist kein ~ сього́дні нема́є виста́ви; 2) *розм.* комéдія, лицемі́рство; ~ máchen прикида́тися, лицемі́рити; 3) *розм.* сце́на, сканда́л; j-m ein ~ máchen зроби́ти сце́ну кому́-н.

Theáter|aufführung *f* -, -en спекта́кль, виста́ва; **~besuch** *m* -(e)s, -e відві́дання теа́тру; **~freund** *m* -(e)s, -e театра́л; **~karte** *f* -, -n театра́льний квито́к; **~stück** *n* -(e)s, -e п'є́са; **~zettel** *m* -s, - театра́льна програ́ма, афі́ша.

Théke *f* -, -n прила́вок, сто́йка *(у буфеті)*.

Théma *n* -s, ...men *i* -ta те́ма; ein ~ behándeln обгово́рювати те́му; zu díesem ~ на цю те́му.

thermonukleár *adj* термоядерний.
Thérmosflasche *f* -, -n термос.
Thése *f* -, -n, **Thésis** *f* -, **Thésen** теза, положення; éine ~ áufstellen висувати тезу.
tícken *vi* цокати *(про годинник)*.
tíef 1. *adj* 1) глибокий *(тж. перен.)*; in ~er Nacht глибокої ночі; 2) низький; ~e Temperatúren низькі температури; 3) глибокий; насичений; густий; éine ~e Stímme низький голос; 2. *adv* глибоко.
Tíefe *f* -, -n 1) глибина, глибочінь; 2) безодня; ущелина.
Tíef|ebene *f* -, -n, **~land** *n* -es, **...länder** низовина; **~sinn** *m* -s 1) меланхолія; задумливість; 2) глибокодумність; проникливість; **~stand** *m* -es низький рівень.
Tier *n* -(e)s, -e тварина; звір.
Tíer|arzt *m* -(e)s, **...ärzte** ветеринарний лікар; **~farm** *f* -, -en тваринницька ферма; **~garten** *m* -s, **...gärten** зоопарк, звіринець.
tíerisch *adj* 1) тваринний; звіриний; 2) *перен.* звірячий, жорстокий.
Tíer|kunde *f* - зоологія; **~reich** *n* -(e)s, **~welt** *f* - фауна, тваринний світ; **~zucht** *f* - тваринництво.
Tíger *m* -s, тигр.
tílgen *vt* 1) знищувати; викорінювати; éinen Fleck ~ виводити пляму; 2) сплачувати *(борг)*.
Tinktúr *f* -, -en розчин, настій, настойка.
Tínte *f* -, -n чорнило; ◊ in die ~ geráten сісти в калюжу.
típpen *vt* друкувати на (друкарській) машинці.
Típpfräulein *n* -s, - *розм.* друкарка.
Tisch *m* -(e)s, -e стіл; ein ~ zum Áusziehen розсувний стіл; den ~ décken накривати на стіл; zu ~ bítten (éinladen) просити до столу; bei ~ за столом.
Tíschdecke *f* -, -n скатерка.
tíschen *vi* 1) накривати на стіл; 2) сидіти за (обіднім) столом.
Tíschler *m* -s, - столяр.
Tíschtuch *n* -(e)s, **...tücher** скатерка.
Títel *m* -s, - 1) титул, заголовок; титр; 2) титул, звання.
Toast [to:st] *m* -(e)s, -e *i* -s 1) тост; 2) *кул.* грінка.
toasten ('to:stən) *vi* проголошувати тост.
tóben *vi* бушувати; біснуватися; скаженіти, шаленіти.
Tóbsucht *f* - сказ, божевілля.
Tóchter *f* -, **Töchter** дочка.
Tod *m* -es смерть; den ~ fínden померти; den ~ éines Hélden stérben загинути смертю героя; bis zum ~ до смерті.
Tódes|anzeige *f* -, -n повідомлення про чию-н. смерть *(у газеті)*; **~gefahr** *f* - смертельна небезпека; **~kampf** *m* -es агонія; **~nachricht** *f* -, -en звістка про смерть; **~strafe** *f* -, -n страта; **~urteil** *n* -(e)s, -e смертний вирок.
tödlich *adj* смертельний.
tódmüde *adj* смертельно втомлений.
Toilette [toa'lɛtə] *f* -, -n 1) туалет *(одяг)*; 2) туалет, убиральня.
toll *adj* 1) скажений; 2) божевільний; 3) безглуздий, дикунський; 4) сильний, величезний; éine ~ e Fréude шалена радість.
tóllen *vi (h, s)* скаженіти, бешкетувати; шуміти *(про дітей)*.
Tóllheit *f* -, -en 1) *тк. sg* божевілля; 2) навіженство, безглуздя.
tóllkühn *adj* відчайдушний, відважний.
Tóllwut *f* - *мед.* сказ, водобоязнь.
Tomáte *f* -, -n помідор.
Ton I *m* -(e)s, **Töne** 1) тон, звук; звучання; 2) наголос; 3) тон *(відтінок голосу)*; 4) тон *(поведінка)*; 5) тон, відтінок; ◊ den ~ ángeben задавати тон.
Ton II *m* -(e)s, -e глина.
Tón|archiv *n* -s, -e фонотека; **~aufnahme** *f* -, -n звукозапис, запис на плівку; **~band** *n* -(e)s, **...bänder** магнітофонна плівка.
Tónband|aufnahme *f* -, -n запис на плівку, магнітофонний запис; **~gerät** *n* -(e)s, -e магнітофон.
tönen *vi* звучати, лунати.
tönern *adj* глиняний.
Tón|film *m* -(e)s, -e звуковий фільм; **~halle** *f* -, -n концертний зал.
Tónne I *f* -, -n тонна.
Tónne II *f* -, -n 1) бочка; 2) *мор.* буй.
Tónplatte I *f* -, -n грамплатівка.
Tónplatte II *f* -, -n глиняна плитка.
Tónregisseur [-ʒisø:r] *m* -s, -e звукорежисер.
Topf *m* -(e)s, **Töpfe** горщик;

каструля.

Tor I *n* **-(e)s, -e** 1) ворóта *(тж. спорт.);* aufs ~ schíeßen бити по ворóтах; 2) *спорт.* гол, забитий м'яч; ein ~ ist gefállen забито один гол.

Tor II *m* **-en, -en** дурень.

Tórheit *f* **-, -en** безглуздя, дурість; божевілля.

Tórhüter *m* **-s, -** *спорт.* воротáр.

törícht *adj* дурний, безглуздий.

Tórte *f* **-, -n** торт.

Tórwart *m* **-(e)s, -e** *спорт.* воротáр, голкіпер.

tósen *vi* бушувáти, шуміти, ревіти.

tósend *adj* оглушливий, гучний; ~er Béifall бурхливі óплески.

tot *adj* мéртвий.

totál 1. *adj* totáльний, загáльний; **2.** *adv* зóвсім, цілкóм.

Totál|finsternis *f* **-** *астр.* пóвне затéмнення.

Tóte *m, f* мрець, покíйник.

töten *vt* убивáти.

Töter *m* **-s, -** убивця.

tótkriegen *vt* 1) умертвити, знищити *(кого);* 2) викоренити, ліквідувáти.

tótlachen, sich сміятися до упáду, помирáти від сміху.

Tótlachen: das ist zum ~! мóжна помéрти від сміху!

tótschlagen* *vt* 1) убивáти; die Zeit ~ гáяти час; 2) знищувати.

Tour [tu:r] *f* **-, -en** 1) поїздка, прогулянка, мандрівка; auf (die) ~ géhen вирушити в поїздку (мандрівку турпохід); 2) *тех.* оберт; 3) тур, кóло *(у танцях, спорті).*

Trabánt *m* **-en, -en** 1) охорóнець; 2) супутник; супровідник; 3) *астр.* супутник; місяць; 4) *перен.* сателіт, поплічник.

Tracht *f* **-, -en** 1) нóша, вантáж; 2) в'язка, оберéмок; éine ~ Heu оберéмок сіна; 3) (національний) óдяг.

tráchten *vi (nach D)* прáгнути, добивáтися *(чого).*

traditiónsgemäß *adj* за традицією.

trágbar *adj* 1) переносний; портативний; 2) придáтний для носіння; 3) ноский, міцний *(про тканину);* 4) посильний; прийнятний.

träge *adj* млявий, інéртний; ледáчий.

trágen* 1. *vt* 1) носити, нести; перенóсити; тримáти; 2) носити *(одяг, зачіску);* éine Brílle ~ носити окуляри; 3) мáти, володіти; éinen Námen ~ носити ім'я, називáтися; 4) *означає дію, на характер якої вказує іменник:* Sórge für etw. *(A)* ~ турбувáтися про що-н.; 5) перенóсити, витéрплювати; 6) принóсити, давáти *(плоди);* 7) *у складі конструкції part. II + sein:* бýти спóвненим; vom Wunsch getrágen sein бýти спóвненим бажáння *(зробити що-н.);* 2. *vi* 1) носити, нести; тримáти; 2) давáти врожáй, плодонóсити; 3) носитися *(напр., про одяг);* 4) передавáтися, розповсюджуватися; 3. **sich** ~ 1) *(mit D)* носитися *(з чим);* 2) одягáтися, бýти одягнутим *(як).*

Träger *m* **-s, -** 1) носильник; 2) носій; представник; die néue Epóche und íhre ~ новá епóха та її представники; der ~ der Háuptrolle виконáвець головнóї рóлі; 3) *тех.* (опóрна) бáлка; фéрма; 4) ракетонóсець; авіанóсець; самохідний лафéт.

Trägerrakete *f* **-, -n** ракéта-носíй.

Trág|fähigkeit *f* **-** *тех.* вантáжність; **~flügelschiff** *n* **-(e)s, -e** суднó на підвóдних крилах.

Trägheit *f* **-** 1) інéрція; 2) млявість, інéртність; лéдарство; відстáлість.

Trágik *f* **-** трагізм, трагічність.

trágisch 1. *adj* трагічний; **2.** *adv* трагічно.

Trág|kraft *f* **-** *тех.* піднімáльна сила; вантáжність; **~weite** *f* **-** 1) рáдіус дії; далекобíйність *(гармати);* 2) *перен.* знáчення, вáжливість.

Trainer ['trɛ:- *i* 'tre:-] *m* **-s,** **-** трéнер.

trainíeren ['trɛ:- *i* tre:-] 1. *vt* тренувáти; 2. *vi i* **sich** ~ тренувáтися.

Träne *f* **-, -n** сльозá, сльозинка; **die** ~n stíegen ihr in die Augen сльóзи напливáють їй на óчі; die ~n stürzten ihr aus den Augen вонá залилáся слізьми; bíttere ~n wéinen гíрко плáкати; sie war den ~n náhe вонá мáло не плáкала; in ~n áusbrechen розплáкатися; únter ~n у сльозáх, крізь сльóзи.

Tränke *f* **-, -n** 1) водопíй; 2) пíйло.

tränken *vt* 1) напувáти *(худобу);* 2) просóчувати; насичувати.

Transfusión *f* **-, -en** переливáння

(крóві).

tránsitív *грам.* перехíдний.

Transózean|dampfer *m* **-s, -** океáнський пароплáв; **~flug** *m* **-(e)s, ...flüge** перелíт чéрез океáн; **~rakete** *f* **-, -n** міжконтинентáльна ракéта.

transparént *adj* прозóрий.

Tráube *f* **-, -n** 1) *pl* виногрáд; 2) грóно, кúтиця *(винограду, смородини)*.

tráuen I 1. *vi (D)* вíрити, довірáти *(кому, чому)*; ich tráute káum méinen Augen я очáм своїм не повíрив; 2. **sich** ~ насмíлюватися, навáжуватися.

tráuen II *vt* вінчáти; sich ~ lássen вінчáтися; sich auf dem Stándesamt ~ lássen зареєструвáти шлюб у зáгсі.

Tráuer *f* **-** 1) сум, печáль, скорбóта; 2) жалóба, трáур.

Tráuer|anzeige *f* **-, -n** повідóмлення про смерть; **~binde** *f* **-, -n** жалóбна пов'язка; **~birke** *f* **-, -n** плакýча берéза.

tráuern *vi (um A, über A)* 1) сумувáти, журúтися, тужúти *(за ким, чим)*; оплáкувати *(кого)*; 2) бýти в жалóбі, носúти трáур.

Tráuer|rede *f* **-, -n** надгрóбне слóво; **~spiel** *n* **-(e)s, -e** *театр.* трагéдія; **~weide** *f* **-, -n** плакýча вербá; **~zug** *m* **-(e)s, ...züge** похорóнна процéсія.

Tráufe *f* **-, -n** 1) кáпання, капíж; 2) водостíчнá трубá, рúнва.

träufeln 1. *vt* накáпати; 2. *vi* кáпати.

Traum *m* **-(e)s, Träume** 1) сновидíння, сон; éinen ~ háben бáчити сон; aus dem ~ erwáchen прокúнутися; 2) мрíя; ілюзія; галюцинáція.

träumen 1. *vi (von D)* 1) бáчити у сні *(кого, що)*; 2) мрíяти *(про що)*; 2. *vt:* éinen Tráum ~ бáчити сон.

träumerisch *adj* мрíйний, мрійлúвий.

tráumhaft *adj* казкóвий, чарíвний.

tráurig *adj* 1) сумнúй, смутнúй; скорбóтний; ~ sein *(über A)* сумувáти *(за ким, чим)*; 2) жалюгíдний.

Tráurigkeit *f* **-** сум, смýток, печáль, журбá.

Tráu|ring *m* **-(e)s, -e** обрýчка; **~schein** *m* **-(e)s, -e** свідóцтво про одрýження.

traut *adj* зáтишний, інтúмний; *перен.* тéплий; ein ~es Heim рíдний дім.

Tráuung *f* **-, -en** шлюб; вінчáння; éine stándesamtliche ~ реєстрáція шлюбу в зáгсі.

Treff *m* **-(e)s, -e** 1) удáр *(по чому)*; 2) порáзка; 3) *розм.* явка, зýстріч, побáчення.

tréffen* 1. *vt* 1) влучáти *(у кого, у що)*; er stand wie vom Blitz getróffen він стоя́в, нéначе грóмом прибúтий; 2) зустрíти; застáти *(вдома)*; 3) спіткáти *(кого, що)*; ihn traf ein Únglück йогó спіткáло нещáстя; 4) схопúти (схóжість); угадáти; gut ~ вдáло сфотографувáти; 5) *означає дію, на характер якої вказує іменник:* ein Ábkommen ~ дíйтú згóди, домóвитися, уклáсти угóду; Ánordnungen ~ віддáти розпоря́дження; Máßnahmen ~ вживáти зáходів; Vórbereitungen ~ *(zu D)* готувáтися *(до чого)*; éine Wahl ~ зробúти вúбір; 2. *vi (auf A)* натрáпити *(на кого, на що)*, зустрíти *(кого)*; 3. **sich** ~ 1) зустрічáтися; 2) траплятися; вихóдити; es traf sich so, daß ... трáпилося так, що ...; es trifft sich gut дýже до рéчі.

Tréffen *n* **-s, -** 1) зýстріч, злíт; *спорт.* зýстріч, змагáння; das ~ éndete mit 3 : 2 für (zugúnsten) ... зýстріч закінчúлася з рахýнком 3 : 2 на кóристь...; 2) зíткнення, бíйка, сýтичка; 3) влýчення.

tréffend *adj* влýчний, тóчний, прáвильний.

tréffer *m* **-s, -** 1) влýчення *(напр., кулі)*; 2) *спорт.* гол; éinen ~ erzíelen забúти гол; 3) вúграш; вúграшний білéт; 4) *перен.* удáча, щаслúвий вúпадок.

Tréffpunkt *m* **-(e)s, -e** мíсце зýстрічі; збíрний пункт; явка.

tréiben* 1. *vt* 1) гнáти, виганя́ти; das Vieh auf die Wéide ~ гнáти худóбу на пасовúще; 2) підганя́ти *(тж. перен.)*; спонукáти; j-n zur Éile ~ квáпити когó-н.; 3) забивáти, вганя́ти; набивáти *(обручі на бочку)*; éinen Nágel in die Wand ~ забивáти цвях у стінý; 4) *тех.* надавáти рýху; 5) викликáти, спричиня́ти *(що)*; 6) займáтися *(чим)*; Sport ~ займáтися спóртом; 7) *означає дію, на характер якої вказує іменник:* Spaß ~ забавля́тися, жартувáти; 2. *vi* 1) мчáти; рýхатися; дрейфувáти; die Wólken ~

T

хмáри пливýть; im Strom ~ плис-тú за течією *(тж. перен.)*; 2) схó-дити, розвивáтися; die Saat fängt an zu ~ зазеленіли схóди; 3) розшúрюватися; розбухáти; 4) бродúти *(про пиво)*.

Tréiben *n* **-s** поведінка; вчúнки; дії.

Tréib|haus *n* **-es, ...häuser** теплú-ця, оранжерéя; **~holz** *n* **-es** сплавнúй ліс; **~stoff** *m* **-(e)s, -e** пальнé.

trénnbar *adj* відокрéмлюваний; подільний.

trénnen 1. *vt* 1) відділяти, відок-рéмлювати; 2) розділяти, роз'éд-нувати; розлучáти; éine Ehe ~ розривáти шлюб; 3) розпóрювати; 4) розрізняти; диференціювá-ти; 2. **sich** ~ 1) *(von D)* розлу-чáтися *(з ким, чим)*; 2) *тех.* від-шарóвуватися; відклéюватися; розстикóвуватися.

Trénnung *f* **-, -en** 1) відокрéмлен-ня; 2) розривáння, роз'éднаня; 3) розлýка, розлýчення; 4) *грам.* складопóділ; перенóс.

Trénnungszeichen *n* **-s, -** *грам.* пе-ренóс *(знак)*.

trepp|áb *adv* унúз по схóдах; **~áuf** *adv* угóру по схóдах.

Tréppe *f* **-, -n** схóди.

Tréppen|absatz *m* **-es, ...sätze** площáдка схóдів; **~aufzug** *m* **-(e)s, ...züge** ескалáтор; **~ge-länder** *n* **-s, -** порýччя схóдів; **~haus** *n* **-es, ...häuser** сходовá клітка.

tréten* 1. *vi (s)* 1) (на)-ступáти; ступúти; zur Séite ~ відійтú вбік; 2) *(an A)* підхóдити *(до чого)*; *(aus D)* вихóдити *(звід-ки)*; *(in A)* вхóдити *(куди)*; вступáти *(куди, тж.* перен.); bítte ~ Sie näher! підійдіть, будь лáска, ближче!; 3) з'явитися; 4) виступáти *(назовні)*; das Blut trat ihm ins Gesícht він почервонів; 5) *вказує на початок дії, вираженої іменником:* in Erschéinung ~ проявлятися, виявлятися; in den Streik ~ по-чáти страйк, застрайкувáти; 2. *vt* 1) топтáти *(що)*; наступáти *(на що)*; 2) бúти ногóю; 3) *(j-n um A, wegen A) розм.* нагáдувати *(кому про що)*; ◊ j-n zu Bóden ~ утоптáти в болóто когó-н.

treu *adj* 1) вірний, відданий; 2) надійний; 3) прáвильний, тóчний.

Tréubruch *m* **-(e)s, ...brüche** віро-лóмність, зрáда.

Tréue *f* **-** 1) вірність, відданість; 2) надійність; 3) тóчність; прá-вильність.

Tréu|eid *m* **-(e)s, -e** присяга на вірність.

tréuergeben *adj* вірний, відданий.

tréuherzig *adj* щиросéрдий, прямо-дýшний, щúрий.

tréulos *adj* невірний, віролóмний, зрадлúвий.

Tríckfilm *m* **-(e)s, -e** 1) трюковий (кіно)фільм; 2) мульти-плікаційний (кіно)фільм.

Trieb *m* **-(e)s, -e** 1) імпульс, по-рúв; інстúнкт; прáгнення; 2) *тех.* передáча, передавáльний меха-нізм; 3) пáгін, пáросток.

tríebhaft *adj* інстинктúвний.

Tríeb|kraft *f* **-, ...kräfte** рушíйна сúла; **~werk** *n* **-(e)s, -e** *тех.* приводнúй механізм; двигýн.

tríefen* *vi* 1) *(s)* крáпати, тектú, струмувáти; 2) (h) промóкнути до рубця.

tríftig I *adj мор.* дрейфýючий.

triftig II *adj* перекóнливий; важ-лúвий.

Tríftstation *f* **-, en** 1) дрейфýюча стáнція; 2) лісосплáвна стáнція.

tríllern *vt* насвúстувати, на-співувати.

trínkbar *adj* придáтний до пиття; питнúй *(про воду)*.

trínken* *vt* пúти; das Glas leer ~ вúпити склянку до дна; auf j-s Gesúndheit ~ вúпити за чиє-н. здорóв'я; sich satt ~ напúтися, угамувáти спрáгу.

Trínk|glas *n* **-es, ...gläser** склян-ка; **~lied** *n* **-(e)s, -er** застільна пісня; **~spruch** *m* **-(e)s, ...sprüche** тост, заздорóвниця; **~wasser** *n* **-s** питнá водá.

Tritt *m* **-(e)s, -e** 1) крок; 2) ходá; sie hat éinen léichten ~ у нéї легкá ходá; 3) стусáн; 4) підніжка, прúступка.

Tríttbrett *n* **-(e)s, -er** підніжка, прúступка.

Triúmphbogen *m* **-s, ...bögen** трі-умфáльна áрка.

trócken *adj* сухúй *(тж. перен.)*; вúсохлий.

tróckenlegen *vt* 1) осýшувати *(бо-лото)*; 2) переповивáти *(немов-ля)*.

Trócken|obst *n* **-es** сушéні фрýк-ти; **~wind** *m* **-(e)s, -e** суховій.

trócknen 1. *vt* сушúти, осýшувати; die Hände ~ витирáти рýки; 2. *vi (s)* сóхнути, просихáти; су-шúтися.

Trómmel *f* -, -, барабáн.
trómmeln *vt, vi* бúти в барабáн; барабáнити.
Trómmel|schlag *m* **-(e)s, ...schläge** барабáнний бій; **~schlegel** *m* **-s, -** барабáнна пáличка; **~wirbel** *m* **-s, -** барабáнний дріб.
Trómmler *m* **-s, -** барабáнщик.
Trompéte *f* **-, -n** сýрмá; die ~ blásen сурмúти.
trompéten *vt, vi* сурмúти.
Trompéter *m* **-s, -** сурмáч.
Trópen *pl* *геогр.* трóпіки.
tröpfeln 1. *vi (h, рідко s)* крáпати; **2.** *vt* кáпати, наливáти по краплúні; **3.** *vimp* накрапáти *(про дощ)*.
trópfen 1. *vi (h, s)* крáпати; **2.** *vt* наливáти по краплúні.
Trópfen *m* **-s, -** 1) крáпля; 2) *pl* крáплі *(ліки)*; 3) *перен. розм.* крáпля, мáло, трóхи.
trópfenweise *adv* крáплями, по крáплі.
trópisch *adj* тропíчний.
Trost [tro:st] *m* **-es** утíха; відрáда.
trösten ['trø:-] **1.** *vt* утішáти; **2.** **sich** ~ утíшатися.
tröstlich *adj* утíшний, відрáдний.
tróstlos *adj* 1) невтíшний; 2) безрáдісний; безнадíйний; розпáчливий.
trotz *prp (G, D)* незважáючи *(на кого, що)*, всýпереч *(кому, чому)*; ~ des Régens незважáючи на дощ.
Trotz *m* **-es** упéртість; норовлúвість; завзя́тість.
trotzdém 1. *adv* незважáючи на це; **2.** *cj* незважáючи на те, що...
trótzen *vi* 1) опирáтися; чинúти óпір; 2) *перен.* зневажáти, нéхтувати; 3) *(mit D)* сéрдитися, гнíватися *(на кого)*.
trótzig *adj* упéртий; норовлúвий; завзя́тий.
trüb(e) 1) каламýтний; 2) тьмя́ний; хмýрий, хмáрний; 3) похмýрий, сумнúй, понýрий.
trüben 1. *vt* каламýтити; 2) затумáнювати; 3) затьмáрювати, засмýчувати; **2.** **sich** ~ каламýтитися; тьмянíти; хмýритися.
Trübsal *f* **-, -e** сум, гóре, смýток, скорбóта.
trübselig *adj* сумнúй, тýжний, похмýрий.
Trübsinn *m* **-(e)s** сум, меланхóлія, нудьгá.
Trübung *f* **-, -en** 1) помутнíння; каламýть; 2) *хім.* óсад; 3) затьмáрення.
Trug *m* **-(e)s** 1) обмáн, обдýрювання; 2) ілю́зія.
trügen* *vt* обдýрювати.
trügerisch *adj* обмáнливий, облýдний.
Trúhe *f* **-, -n** скрúня.
Trümmer *pl* ули́мки; руї́ни; in ~ géhen руйнувáтися; розбивáтися вщент.
Trunk *m* **-(e)s, Trünke** 1) ковтóк; 2) напíй; 3) *sg* пия́цтво.
trúnken *adj* 1) п'я́ний; 2) *(vor D, von D)* *перен.* захóплений *(чим)*.
Trupp *m* **-s, -s** 1) *військ.* комáнда, грýпа бійцíв; 2) нáтовп; грýпа.
Trúppe *f* **-, -n** 1) військовá частúна; підрóзділ; загíн; *pl* військá; 2) *театр.* трýпа.
Trút|hahn *m* **-(e)s, ...hähne** індúк; **~henne** *f* **-, -n**; **~huhn** *n* **-(e)s, ...hühner** індúчка.
T-Shirt ['ti:ʃøəm] *n* **-s, -s** футбóлка.
Túbe *f* **-, -n** тю́бик.
Tuch I [tu:x] **-(e)s, Tücher** 1) хýстка; 2) ганчíрка.
Tuch II [tu:x] *n* **-(e)s, -e** сукнó.
tüchtig 1. *adj* 1) тямýщий, умíлий; здíбний! 2) чимáлий, неабия́кий; **2.** *adv* дýже; багáто; *розм.* здóрово.
Tüchtigkeit *f* **-** 1) працьовúтість; впрáвність; 2) здíбності.
Tücke *f* **-, -n** підстýпність.
tückisch *adj* підстýпний, злíсний.
Túgend *f* **-, -en** доброчéсність, чеснóта.
tugendhaft *adj* доброчéсний.
Túlpe *f* **-, -n** тюльпáн.
túmmeln, sich 1) грáтися, пустувáти; 2) поспішáти.
Túmmelplatz *m* **-es, ...plätze** 1) майдáнчик для дитя́чих íгор; мíсце гуля́ння; 2) арéна; манéж.
Tumúlt *m* **-(e)s, -e** метушня́, нáмір, сум'я́ття; хвилювáння.
tun* **1.** *vt* 1) робúти; викóнувати; здíйснювати; sein Béstes ~ зробúти все можлúве; nichts zu ~! нíчóго не вдíєш; was (ist zu) ~? що робúти?; 2) стáвити, клáсти; etw. beiséite ~ відклáсти що-н. убíк; Salz in die Súppe ~ посолúти суп; 3) заподíяти зло комý-н.; 4) *означає дію, на характер якої вказує іменник:* Abbitte ~ просúти пробáчення; Dienst ~ чергувáти; **2.** *vi* 1) працювáти; дíяти; viel zu ~ háben бýти зáйнятим; er hat álle Hände voll

T

zu ~ у нього справ по саму зав'язку; 2) робити, спричиняти, завдавати; поводитися; et tut mir leid мені шкода; es tut mir weh мені боляче; j-m recht ~ догодити кому-н.; 3) удавати (з себе), прикидатися; робити вигляд; er tut so, als ob... він робить вигляд...; 4) ich hábe damit nichts zu ~ мене це не стосується.

Tür *f* -, **-en** двері; дверцята; an der ~ ánklopfen стукати в двері; ihm stéhen álle ~en óffen перед ним відкриті всі двері; j-m die ~ wéisen показати кому-н. на двері, вигнати кого-н.; hinter verschlóssenen ~en за зачиненими дверима; óffene ~en éinrennen ломитися у відчинені двері.

Turm *m* **-(e)s, Türme** 1) вежа, башта, вишка; 2) *ист.* в'язниця; 3) тура *(у шахах).*

türmen 1. *vt* нагромаджувати; 2. **sich** ~ громадитися, нагромаджуватися.

Túrmkran *m* **-(e)s, -e** *i* **...kräne** баштовий кран.

túrnen *vi* займатися гімнастикою, фізкультурою.

Túrnen *n* **-s** 1) спортивна гімнастика; 2) фізична культура, фізкультура *(навчальний предмет).*

Túrner *m* **-s, -** гімнаст.

Túrn|gerät *n* **-(e)s, -e** гімнастичний прилад; **~halle** *f* -, **-n** спортивний зал; **~kunst** *f* - гімнастика; акробатика; **~platz** *m* **-es, ...plätze** спортивний майданчик; **~saal** *m* **-(e)s, ...säle** спортивний зал; **~stunde** *f* -, **-n** урок фізкультури; **~übung** *f* -, **-en** гімнастична вправа.

túscheln *vi* шушукатися, шептатися.

túschen *vt* 1) малювати, креслити тушшю, тушувати; 2) *перен.* затушовувати, приховувати.

Tüte *f* -, **-n** пакет, мішечок, кульок.

túten *vi* сурмити, трубити.

Typ *m* **-s, -e** *i* **-en** тип; зразок.

Typhus *m* - тиф.

typisch *adj* типовий.

Typus *m* -, **Typen** тип.

Tyrannéi *f* -, **-en** тиранія, деспотизм.

U u

Ú-Bahn *f* - *(скор. від* Úntergrundbahn) метро.

übel *adj* поганий; невдалий.

Übel *n* **-s, -** 1) зло; 2) лихо; 3) хвороба, недуга.

übelnehmen* *vt (j-m)* ображатися *(за що на кого).*

Übel|stand *m* **-(e)s, ...stände** недолік; непорядок; **~tat** *f* -, **-en** лиходійство; злочин.

übel|tun* *vi (D)* заподіяти зло *(кому);* **~wollen*** *vi (D)* бути недоброзичливим *(до кого).*

üben 1. *vt* 1) тренувати (am) Klavíer ~ вправлятися на роялі; 2) *означає дію, на характер якої вказує іменник:* Fleiß ~ бути старанним; Gedúld ~ виявляти терпіння; Kritík ~ *(an D)* критикувати *(кого, що);* Ráche ~ *(an D)* мститися *(кому);* Tréue ~ *(an D)* бути вірним *(кому);* 2. **sich** ~ *(in D)* вправлятися *(з чого)*; тренувати *(що).*

über **1.** *prp* 1) *(D на питання «де»?)* над, поверх; 2) по, через; ~ die Stráße géhen іти по вулиці, переходити через вулицю; 3) *(A)* через, після; протягом; übers Jahr через рік; ~acht Táge через тиждень; ~ den gánzen Winter протягом усієї зими; 4) більше, понад, зверх; ~éinen Kilométer понад кілометр; **2.** *adv* 1) протягом; die Nacht ~ протягом ночі; 2): j-m ~ sein перевершувати *(кого)*; ~ und ~ цілком, зовсім; das ist mir ~ це мені набридло.

überáll *adv* скрізь, всюди; von ~ звідусіль.

überarbeiten I *vi* переробляти, працювати понаднормово.

überárbeiten II 1. *vt* 1) переробляти; 2) перевтомлювати *(очі, нерви); 2.* **sich** ~ перевтомлюватися.

Überbelastung *f* -, **-en** перевантаження.

überbíeten* 1. *vt* перевершувати; перевиконувати *(план, норму)*; 2. **sich** ~ перевершити самого себе.

überbínden* *vt* перев'язувати *(рани).*

überblättern *vt* 1) перегортáти *(книжку)*; 2) пропустúти *(що-н., перегортаючи сторінки)*.
Überbleibsel *n* **-s, -** 1) зáлишок; *pl тж.* недóїдки; 2) перéжúток.
Überblick *m* **-(e)s, -e** 1) вид *(über A на що)*; перспектúва; 2) óгляд; ein kúrzer ~ корóткий óгляд; 3): éinen ~ über etw. *(A)* háben мáти загáльне уя́влення про що-н.
überblícken *vt* 1) оглядáти; 2) простéжувати, розглядáти.
überbríngen* *vt* передавáти *(лист, вітання)*.
Überdecke *f* **-, -n** покривáло.
überdénken* *vt* продýмувати, обдýмувати.
überdíes *adv* притóму, крім тóго, до тóго ж.
überdrüssig: ich bin es ~, ich bin der Sáche *(G)* ~ мені це набрúдло.
überéin *adv* спíльно, рáзом.
übereinánder *pron rez* одúн над óдним; одúн на óдного; одúн про óдного.
überéinkommen* *vi (s) (über A)* домовля́тися *(про що)*, з'ясóвувати *(що)*.
Überéinkommen *n* **-s, -, Überéinkunft** *f* **-, ...künfte** угóда, дóговір; mit j-m ein ~ tréffen дійтú згóди, домóвитися з ким-н.
überéinstimmen *vi (mit D)* 1) збігáтися *(напр., про думки)*; 2) відповідáти *(чому)*; 3) узгóджуватися *(з чим)*.
Überéinstimmung *f* **-, -en** 1) відповíдність; 2) погóдження, узгóдження; 3) згóда.
übererfüllen *vt* перевикóнувати.
überfahren* I 1. *vi (s)* переїжджáти *(на інший берег)*; 2. *vt* перевóзити *(на інший берег)*.
überfáhren* II *vt* переї́хати *(кого)*.
Überfahrt *f* **-, -en** 1) переї́зд *(залізничний)*; 2) переправа.
Überfall *m* **-(e)s, ...fälle** нáпад, атáка.
überfállen* *vt* 1) нападáти *(на кого)*; атакувáти *(кого)*; 2) *жарт.* нагря́нути *(про гостей)*.
überfliegen* I *vi (s)* перелітáти *(через що, куди)*.
überflíegen* II *vt* 1) пролітáти *(над чим)*; 2) перебíгти очúма.
überfließen* I *vi (s)* переливáтися (чéрез край).
überflíeßen* II *vt* заливáти, затóплювати.
überflüssig *adj* зáйвий, непотрíбний.
überfluten I *vi (s)* переливáтися чéрез край; вихóдити з берегíв.
überflúten II *vt* затóплювати.
überführen I *vt* 1) перевóзити; 2) передавáти.
überführen II *vt* 1) урочúсто доставля́ти *(кого куди)*; 2) *(G)* викривáти *(кого)*.
Überführung *f* **-, -en** 1) перевéзення; 2) перевéдення *(куди)*; 3) передáча *(чого кому)*; 4) шляхопровíд, віадýк.
überfüllen *vt* перепóвнювати.
Übergang *m* **-(e)s, ...gänge** 1) перехíд, переї́зд, переправа; 2) перехíднúй стан; перехíднúй перíод.
übergében* 1. *vt* передавáти; вручáти; 2. **sich** ~: er übergibt sich йогó нýдúть.
übergehen* *vi (s)* 1) перехóдити, переїжджáти; 2) *(in A, zu D)* розпочинáти *(що)*, брáтися *(до чого)*; 3) (in A) перетвóрюватися *(на що)*.
übergéhen* II *vt* 1) прохóдити *(повз що)*, не помічáти *(чого)*; пропускáти *(що)*; 2) обділя́ти *(кого)*; 3) порýшувати *(закон)*.
übergießen* I *vt* 1) переливáти; 2) розливáти, наливáти занáдто багáто.
übergíeßen* II *vt* обливáти, заливáти.
übergreifen* *vi* 1) поширюватися *(на що)*, охóплювати *(що)*; 2) порýшувати *(чиї-н. права)*, втручáтися.
Überhang *m* **-(e)s, ...hänge** завíса.
überhäufen *vt (mit D)* 1) осипáти *(подарунками, ласками)*; 2) перевантáжувати *(роботою)*.
überháupt *adv* взагалí, загалóм.
überholen I *vt* переправля́ти *(на свій бік)*.
überhólen II *vt* 1) обганя́ти, випереджáти; 2) оглядáти, ремонтувáти *(механізм)*.
überhören *vt* 1) недочýти, прослýхати; 2) перевіря́ти *(усну вправу)*.
Überknöpfer *m* **-s, -** підодія́льник.
überkómmen* *vt* 1) охóплювати *(про почуття)*; es überkám ihn heiß йогó нáче жáром обсúпало; 2) одéржувати в спáдщину.
überláden* I *vt* перевантáжувати, нáдто завантáжувати *(тж. перен.)*.

überladen II *adj* перевантажений, переобтяжений.
überlassen* 1. *vt* 1) поступатися, віддавати; 2) залишати; sich *(D)* selbst ~ sein бути полишеним на самого себе; 2. **sich** ~ *(D)* віддаватися *(роздумам)*.
Überlast *f* -, -**en** 1) перевантаження, зайва вага; 2) *перен.* непосильний тягар.
überlasten *vt* перевантажувати.
überlästig *adj* обтяжливий, надокучливий.
überlaufen* I *vi (s)* 1) переливатися (через край); 2) *(in A)* переливатися *(куди)*; 3) *(zu D)* перебігати, переходити *(на бік ворога)*.
überlaufen* II 1. *vt* 1) обминати *(кого)*; не рахуватися *(з ким, чим)*; 2) перебігати очима; 3) досаджати, не давати спокою *(кому)*; 2. **sich** ~ набігатися.
überleben *vt* 1) пережити *(кого, що)*; 2) переживати *(що)*, зазнавати *(чого)*.
überlegen I *vt (über A)* класти *(що поверх чого)*.
überlegen II *vt* обдумувати, обмірковувати.
überlegen III *adj (D an D)* який перевершує *(кого чим)*; переважаючий; j-m an Kraft ~ sein перевершувати кого-н. силою.
Überlegenheit *f* - (an D über A) перевага *(кого над ким, чим)*.
Überlegung *f* -, -**en** 1) міркування; etw. mit ~ tun робити що-н. свідомо; 2) розсудливість.
überleiten *vt* 1) переводити, переносити; 2) переливати *(рідину)*; 3) *(zu D)* переходити *(до наступного питання)*.
überliefern *vt* 1) передавати; вручати; 2) передавати, повідомляти *(з покоління в покоління)*.
Überlieferung *f* -, -**en** 1) передача, вручення; 2) переказ; традиція.
Übermacht *f* - перевага.
übermächtig 1. *adj* могутній; 2. *adv* надзвичайно, дуже.
Übermaß *n* -**es** *(an D, von D)* надлишок *(чого)*; bis zum ~ beschäftigt. sein бути перевантаженим (роботою); zum ~ des Glücks для повного щастя.
übermäßig 1. *adj* надмірний; 2. *adv* надмірно, надто.
übermitteln *vt* передавати, пересилати.
übermorgen *adv* післязавтра.
übernachten *vi* (пере)ночувати.
Übernahme *f* -, -**n** 1) приймання *(замовлення)*; 2) прийняття на себе.
übernehmen* I *vt* накинути *(одяг)*.
übernehmen* II 1. *vt* 1) одержувати, приймати *(замовлення)*; 2) брати на себе *(відповідальність)*; 3) переймати, запозичати; 2. **sich** ~ *(in D)* не знати міри *(в чому)*.
überprüfen *vt* (додатково) перевіряти, контролювати.
Überprüfung *f* -, -**en** 1) перевірка, контроль; 2) ревізія, перегляд.
überqueren *vt* пересікати; переїжджати; перелітати.
überragen *vt* 1) підніматися, височіти *(над чим)*; 2) *(an D)* перевершувати *(кого чим)*.
überraschen *vt (mit D, durch A)* 1) уражати, дивувати *(кого чим)*; 2) захоплювати зненацька.
überraschend *adj* 1) несподіваний, раптовий; 2) разючий.
Überraschung *f* -, -**en** 1) несподіваність, раптовість; 2) сюрприз.
überreden *vt (zu D)* умовляти, переконувати *(кого-н. зробити що-н.)*.
überreichen *vt* передавати, вручати.
überreichlich 1. *adj* рясний, багатий *(на що)*; 2. *adv* рясно, щедро.
Überrest *m* -**es**, -**e** 1) залишок; уламок; 2) *pl* пережитки, залишки.
Überrock *m* -**(e)s**, ...**röcke** 1) пальто; 2) сюртук.
übersättigen 1. *vt* перенасичувати *(розчин)*; 2. **sich** ~ *(mit D, an D)* пересититися *(чим)*.
Überschallflug *m* -**(e)s**, ...**flüge** надзвуковий політ.
überschatten *vt* 1) затінювати *(що)*, кидати тінь *(на що)*; стежити, шпигувати *(за ким)*.
überschätzen *vt* переоцінювати.
Überschau - огляд.
überschreiben* I *vt* 1) писати *(поверх чого)*; 2) переписувати, переносити *(на іншу сторінку)*.
überschreiben II *vt* 1) робити напис *(на чому)*; озаглавлювати *(що)*; einen Brief ~ писати адресу на листі; 2) *(j-m)* переписувати *(майно на чиє-н. ім'я)*, 3) передавати *(замовлення)*.
überschreiten* *vt* 1) переходити,

переступáти *(що)*; 2) перевéршувати; перевикóнувати *(норму)*; 3) порýшувати, переступáти; ein Gesétz ~ порýшувати закóн.

Überschrift *f* **-, -en** нáпис; заголóвок; адрéса на листí.

Überschuß *m* **...schusses, ...schüsse** 1) надлúшок; зáлишок, 2) збíльшення *(у порівнянні з чим)*.

überschütten *vt* пересипáти; переливáти.

überschwímmen* *vt* перепливáти.

überséhen* *vt* 1) оглядáти; 2) не помічáти, пропускáти; 3) дивúтися крíзь пáльці *(на що)*.

übersénden* *vt* пересилáти, передавáти.

übersetzen I 1. *vt (über A)* переправля́ти, перевóзити *(через ріку)*; 2) переступáти *(бар'єр)*; 2. *vi (s)* переправля́тися, переїжджáти *(через річку)*.

übersétzen II *vt* перекладáти *(з однієї мови на іншу)*; aus dem Ukráinischen ins Déutsche ~ перекладáти з украї́нської мóви на німéцьку.

Übersétzer *m* **-s, -** перекладáч.

Übersétzung *f* **-, -en** 1) перéклад *(на іншу мову)*; 2) перепóвнення; перевантáження; 3) перетвóрення.

übersichtig *adj* далекозóрий.

übersichtlich *adj* 1) достýпний для óгляду; 2) я́сний, наóчний.

übersiedeln *vi (s)* переселя́тися; переїжджáти *(в інше місто)*.

Übersiedelung *f* **-, -en** пересéлення.

überspringen* I *vi (s) (von D zu D, auf A)* 1) перескáкувати *(з одного місця на інше)*; 2) перехóдити, перескáкувати *(з одного на інше)*.

überspríngen* II *vt* 1) перескáкувати *(через що)*; 2) пропускáти *(сторінку під час читання)*.

überstéhen* *vt* витéрплювати, перенóсити, перебóрювати *(труднощі)*.

übersteigen* I *vi (s)* 1) *(über A)* перелáзити *(через що)*; 2) переливáтися чéрез край; вихóдити з берегíв.

überstéigen* II *vt* 1) перехóдити *(через що)*; 2) перебóрювати *(труднощі)*; 3) перевúщувати *(витрати)*; das übersteigt méine Kräfte це понад мої́ сúли.

überstürzen 1. *vt* 1) нáдто поспішáти; дíяти необáчно; 2) набігáти однá на óдну *(про хвилі)*; 3) швúдко змíнюватися *(про думки, події)*; 2. **sich** ~ дíяти необáчно.

Übertrag *m* **-(e)s, ...träge** перенéсення *(на іншу сторінку)*.

übertrágbar *adj* 1) переноснúй; 2) якúй мóжна переклáсти *(на іншу мову)*.

übertrágen* I 1. *vt* 1) перенóсити; 2) передавáти *(по радіо)*, транслювáти; 3) *(j-m)* доручáти *(кому)*; 4) перекладáти *(на іншу мову)*; 5) вживáти в перенóсному знáченні; 2. **sich** ~ *(auf A)* пошúрюватися; перекидáтися *(на кого; напр., про епідемію)*.

übertrágen II *adj* перенóсний, фігурáльний *(про значення слова)*.

Übertrágung *f* **-, -en** 1) перенéсення; перемíщення; 2) передáча, трансля́ція; 3) перéклад; 4) перенóс *(значення слова)*.

übertréffen* *vt (an D, durch A)* перевéршувати *(кого чим)*, перевúщувати *(що)*; перевикóнувати *(норму)*.

übertréiben* *vt* перебíльшувати.

Übertritt *m* **-(e)s, -e** перехíд; der ~ aus éinen Berúf in den ánderen змíна профéсії.

übervölkern *vt* перенаселя́ти.

überwáchen *vt* 1) стéжити, наглядáти *(за ким)*; 2) доглядáти *(дитину)*.

überwältigen *vt* 1) перемагáти, пересúлювати *(кого)*; 2) брáти, змагáти *(про сон, утому)*; охóплювати *(про почуття)*.

überwéisen* *vt* 1) передавáти, направля́ти *(кого, що куди)*; 2) перекáзувати *(гроші)*.

Überwéisung *f* **-, -en** 1) передáча, напрáвлення *(кого, чого куди)*; 2) перéказ *(грошей)*.

überwíegen* 1. *vi* переважáти, брáти верх; 2. *vt* перевúщувати *(тж. перен.)*; die Néugier überwóg die Furcht цікáвість переборóла страх.

überwínden* 1. *vt* перемагáти, перебóрювати, долáти; 2. **sich** ~ переборóти себé.

Überwíndung *f* **-, -en** 1) перебóрення, подолáння; 2) зусúлля.

Überzahl *f* **-** кíлькісна перевáга.

überzéugen 1. *vt (von D)* перекóнувати *(кого в чому)*; 2. **sich** ~ (von D) перекóнуватися *(в чому)*.

überzéugend *adj* перекóнливий.

Überzéugung *f* **-, -en** переконáння; die ~ gewínnen переконáтися.

überzíehen* I *vi (s)* переї́жджати

(в інший будинок).

überzíehen* II 1. *vt* обтя́гувати *(тканиною)*; натя́гувати; 2. **sich** ~ *(mit D)* покрива́тися *(іржею).*

üblich 1. *adj* звича́йний, ужи́ваний, загальновжи́ваний; so ist es ~ так заве́дено; **2.** *adv* звича́йно; wie ~ як звича́йно.

Ú-Boot *n* **-es, -e** *(скор. від* Únterseeboot) підво́дний чо́вен.

übrig 1. *adj* 1) ре́шта; die ~en ре́шта; 2) за́йвий; er hat nichts mehr ~ у нього нічо́го більше не залиши́лось; **2.** *adv:* im ~en а втім, зре́штою.

übrigens *adv* а втім, зре́штою.

Übung *f* **-, -en** 1) вправля́ння; пра́ктика, семіна́р; 2) *військ.* навча́ння; 3) впра́ва; 4) на́вик; aus der ~ kómmen розучи́тися *(щон. робити).*

Úfer *n* **-s, -** бе́рег; узбере́жжя.

úferlos *adj* 1) безбере́жний, безкраї́й; 2) нескінче́ний.

Úferstraße *f* **-, -n** на́бережна.

Uhr *f* **-, -en** 1) годи́нник; die ~ geht nach годи́нник відстає́; die ~ geht vor годи́нник поспішає́; 2) *тк. sg* годи́на *(при визначенні часу)*; wieviel ~ ist es?, Punkt zwei ~ рівно о дру́гій годи́ні.

Úhr|band *n* **-(e)s, ...bänder** ремі́не́ць для нару́чного годи́нника; **~zeiger** *m* **-s, -** стрі́лка годи́нника.

Ukraíner *m* **-s, -** украї́нець.

ukraínisch *adj* украї́нський.

Últrastrahlung *f* **-, -en** космі́чне випромі́нювання.

um 1. *prp (A)* 1) навко́ло, навкруги́; um den Tisch sítzen сиді́ти навко́ло стола́; die Réise um die Welt по́дорож навко́ло сві́ту; 2) *вказує на час:* о, у, че́рез, бли́зько; um fünf Úhr о п'я́тій годи́ні; um díese Zeit у цей час; um ein Jahr kéhre ich zurück я поверну́ся че́рез рік; 3) на, за; um zehn Mark káufen купува́ти за (на) де́сять ма́рок; um jéden Preis за вся́ку ці́ну; 4) *вказує на порівняння:* на, в; um fünf Jáhre jünger als ich моло́дший за ме́не на п'ять ро́ків; um zehn Mark téurer на де́сять ма́рок доро́жче; 5): um so bésser тим кра́ще; um so mehr тим бі́льше; **2.** *adv* навкруги́; rechts um! напра́во! *(команда)*; um und um з усі́х бокі́в; **3.** *cj* з мето́ю, щоб; er kommt, um uns zu hélfen він при́йде, щоб допомогти́ нам.

úmarbeiten *vt* переробля́ти; виправля́ти.

umármen *vt* обійма́ти.

Úmbau *m* **-(e)s** 1) перебудо́ва; реконстру́кція; 2) реорганіза́ція.

úmbauen *vt* перебудо́вувати; реорганізо́вувати.

úmbiegen* 1. *vt* згина́ти; 2. *vi (s)* поверта́ти *(про дорогу).*

umbílden *vt* 1) перетво́рювати; реорганізо́вувати; 2) перепідго-то́влювати.

úmbinden* I. *vt* обв'я́зувати, пов'я́зувати *(голову хусткою).*

umbínden* II *vt (mit D)* обв'я́зувати, перев'я́зувати *(що чим).*

úmblättern *vt* перегорта́ти сторі́нки́.

Úmblick *m* **-(e)s, -e** кругозі́р; о́гляд; по́гляд навко́ло се́бе.

úmblicken, sich оглядáтися; *(nach D)* огля́нутися *(на що)*; шука́ти очи́ма *(що).*

úmbringen* 1. *vt* убива́ти, губи́ти; 2. **sich** ~ накла́сти на се́бе ру́ки.

úmdrehen 1. *vt* поверта́ти; верті́ти, крути́ти; 2. **sich** ~ поверта́тися; оберта́тися.

Úmdrehung *f* **-, -en** 1) поворо́т; 2) о́берт.

umfáhren* *vt* об'їжджа́ти, обмина́ти.

Úmfahrt *f* **-, -en** об'ї́зд; гак; éine ~ hálten об'їжджа́ти.

úmfallen* *vi (s)* па́дати; переки-да́тися.

Úmfang *m* **-(e)s, ...fänge** 1) *мат.* пери́метр; ко́ло; 2) о́бсяг; ро́змі́р; in vóllem ~ по́вною мі́рою; цілко́м.

umfángen* *vt* 1) обхо́плювати; обвива́ти; обійма́ти; 2) ото́чувати; охо́плювати.

úmfänglich *adj* вели́кий, об'є́мистий; ~e Vórbereitungen вели́кі приготува́ння *(до чого).*

úmfangreich *adj* вели́кий, просто́рий, широ́кий.

umfássen *vt* 1) обхо́плювати, обійма́ти; 2) мі́стити *(в собі);* охо́плювати.

umfássend 1. *adj* вели́кий, широ́кий; éine ~e Bedéutung величе́зне зна́чення; ein ~es Prográmm широ́ка програ́ма; **2.** *adv* широ́ко: ein ~ gebíldeter Mensch широ́ко осві́чена люди́на.

úmfliegen* I *vi (s)* облі́тати *(яку н. перешкоду).*

umflíegen* II *vt* облі́тати *(який-н. простір);* літа́ти *(навколо чого).*

umflíeßen* *vt* обтіка́ти, текти́ *(на-*

навколо чого); омивáти *(що)*.
úmformen *vt* 1) міняти фóрму *(чого)*; деформувáти *(що)*; 2) перетвóрювати, переробляти.
Úmfrage *f* **-, -n** óпит; анкéта; éine ~ hálten опитувати.
Úmgang *m* **-(e)s, ...gänge** 1) обхід, об'їзд; 2) *тк. sg* спілкувáння, знайóмство; ~ mit j-m háben зустрічáтися, підтримувати знайóмство з ким-н.; 3) *тк. sg* товариство, компáнія.
úmgänglich *adj* товариський; ввічливий, лáгідний.
Úmgangssprache *f* **-, -n** розмóвна мóва.
umgében* *vt* отóчувати.
Umgébung *f* **-, -en** 1) окóлиця; 2) отóчення, середóвище; 3) домáшні, близькі.
Úmgegend *f* **-, -en** місцéвість.
úmgehen* I *vi (s)* 1) бродити, блукáти; 2) вертітися, обертáтися; 3) минáти *(про час)*; 4) *(mit D)* повóдитися, обхóдитися *(з ким, чим)*; 5) *(mit D)* спілкувáтися *(з ким)*.
umgéhen* II *vt* 1) обхóдити; 2) уникáти *(чого)*; éine Antwort ~ уникáти відповіді; das läßt sich nicht ~ це неминýче.
úmgehénd 1. *adj* термінóвий *(про відповідь)*; mit ~er Post ántworten відповісти термінóвим листóм; **2.** *adv* терміновo.
úmgekehrt 1. *adj* 1) перевéрнутий; 2) зворóтний, протилéжний; **2.** *adv* навпаки.
úmgestalten *vt* перетвóрювати, видозмінювати; реорганізóвувати.
Úmgestaltung *f* **-, -en** перебудóва; перетвóрення.
úmgießen* *vt* 1) переливáти; 2) розливáти.
Umgrénzung *f* **-, -en** óбрис, кóнтур.
umhér *adv* навкруги, навкóло.
umhér|blicken *vi* озирáтися, оглядáтися; **~fahren*** *vi (s)* роз'їжджáти; mit der Hand ~fahren жестикулювáти; **~fliegen*** *vi (s)* 1) літáти навкруги; 2) опадáти *(про листя)*; **~gehen*** *vi (s)* розгýлювати, походжáти; **~liegen*** *vi* лежáти навкóло в безлáдді, бýти розкиданим; **~reisen** *vi (s)* роз'їжджáти, мандрувáти; **~treiben*** 1. *vt* розганяти; 2. **sich** ~treiben* бродяжити; **~werfen*** *vt* розкидáти; **~ziehen*** *vi (s)* бродити, кочувáти.
úmhören, sich *(nach D)* прислухáтися *(до чого)*; розпитувати *(про що)*.
úmkehren 1. *vi (s)* повертáти назáд; 2. *vt* 1) перевертáти, перекидáти; 2) *перен.* перевертáти; das gánze Háus ~ перевернýти в будинку все догори ногáми; 3. **sich** ~ перевертáтися, перекидáтися.
úmkippen 1. *vt* перекидáти; 2. *vi (s)* перекидáтися, втрачáти рівновáгу.
úmkleiden I 1. *vt* переодягáти *(когo)*; 2. **sich** ~ переодягáтися.
umkléiden II *vt* 1) оббивáти, обтягувати *(тканиною)*; 2) отóчувати.
úmkommen* *vi (s)* 1) гинути; 2) *(vor D)* знемагáти, умирáти *(напр., від нудьги)*.
Úmkreis *m* **-es, -e** 1) кóло; 2) *тк. sg* місцéвість; 3) райóн.
umkréisen *vt* 1) отóчувати; 2) кружляти *(над чим, біля чого)*.
umlágern *vt* отóчувати, блокувáти *(місто)*; j-n ~ приставáти до кóго-н., надокучáти комý-н.
Úmlauf *m* **-(e)s, ...läufe** 1) коловий рух, обертáння; ~ des Géldes грошовий óбіг; áußer ~ sétzen вилучáти з óбігу; 2) циркуляр.
úmlaufen* 1. *vt* збивáти з ніг; 2. *vi (s)* 1) вертітися, обертáтися; 2) бýти в óбігу *(про гроші)*; циркулювáти *(про кров)*; ходити *(про чутки)*; 3) минáти *(про час)*.
úmliegend *adj* навкóлишній.
úmmachen *vt* переробляти.
úmordnen *vt* переставляти *(що)*, змінювати послідóвність *(чого)*.
umráhmen *vt* обрамóвувати.
Umráhmung *f* **-, -en** рáмка; облямівка.
úmräumen *vt* переставляти, переміщáти.
úmreisen I *vi (s)* об'їжджáти, робити гак.
umréisen II *vt* об'їжджáти; die Érde ~ об'їхати навкóло світу.
umríngen *vt* обступáти, отóчувати.
Úmriß *m* **...risses, ...risse** 1) кóнтур, óбрис; 2) крéслення.
úmschaffen* *vt* переробляти, змінювати; перетвóрювати.
Úmschau *f* **-** óгляд; inter-

nationále ~ міжнаро́дний о́гляд.
úmschauen, sich *див.* úmsehen, sich.
Úmschlag *m* **-(e)s, ...schläge** 1) обго́ртка; обкла́динка; 2) конве́рт; 3) обшла́г, вило́га *(на одязі)*; 4) компре́с; 5) (раптова) змі́на *(погоди)*, рі́зкий перехі́д *(з одного стану в інший)*.
úmschlagen* 1. *vt* 1) надяга́ти, напина́ти *(хустку)*; 2) обгорта́ти, обмо́тувати; 3) перегорта́ти *(сторінки)*; 4) перевантажувати *(товар)*; 5) загина́ти, загорта́ти; 2. *vi (s)* 1) рі́зко міня́тися *(про погоду)*; лама́тися *(про голос)*; 2) *(in A)* перехо́дити, перетво́рюватися *(у що)*; 3) скиса́ти, псува́тися *(про рідину)*.
umschlíeßen* *vt* 1) ото́чувати; 2) обхо́плювати, обійма́ти; 3) включа́ти *(в списки)*.
umschränken *vt* 1) ото́чувати, обгоро́джувати; 2) *перен.* обме́жувати.
úmschreiben* *vt* 1) перепи́сувати; 2) *(auf j-n)* перепи́сувати *(майно на кого)*, передава́ти *(що кому)*.
umschréiben* II *vt* 1) опи́сувати; 2) перека́зувати, перефразо́вувати.
umschütten *vt* 1) пересипа́ти; переліва́ти; 2) розсипа́ти; розлива́ти.
úmsehen*, sich 1) огляда́тися, оберта́тися наза́д; 2) роздивля́тися, озира́тися; 3) *(nach D)* шука́ти (очи́ма) *(що)*; sich nach der Arbeit ~ шука́ти робо́ту.
úmseits *adv* на дру́гій сторі́нці, на зворо́ті.
úmsetzen *vt* 1) переса́джувати *(рослини)*; 2) переміща́ти, переставля́ти.
úmsichtig *adj* оба́чний, обере́жний.
úmsiedeln 1. *vt* переселя́ти; 2. *vi (s)* переселя́тися.
umsónst *adv* 1) да́ром, безпла́тно; 2) даре́мно, ма́рно.
Úmsorge *f* **-, -n** оба́чність, обере́жність.
umspánnen *vt* 1) *(mit D)* обтя́гувати *(чим)*; 2) обхо́плювати; стиска́ти.
umspinnen* *vt* обвива́ти, обмо́тувати.
úmspülen *vt* підмива́ти; змива́ти *(течією, хвилею)*.
Úmstand *m* **-(e)s, ...stände** 1) обста́вина; die näheren Úmstände подро́биці; 2) *pl* умо́ви *(життя, ситуація)*; 3) *pl* церемо́нії, турбо́ти; Úmstände máchen церемо́нитися.
úmsteigen* *vi (s) (in A)* пересіда́ти *(в інший вагон)*.
úmstellen 1. *vt* 1) переставля́ти; den Hahn ~ поверта́ти кран; 2) міня́ти розмі́щення; 2. **sich** ~ *(auf A)* перебудо́вуватися, переключа́тися *(на що)*.
Úmstellung *f* **-, -en** 1) переста́новка, перемі́щення; 2) *(auf A)* перебудо́ва, переклю́чення *(на що)*.
Úmsturz *m* **-es, ...stürze** 1) зруйнува́ння, паді́ння; 2) ски́нення, пова́лення *(влади)*.
úmstürzen 1. *vt* 1) руйнува́ти; 2) спросто́вувати; 3) скида́ти; 2. *vi (s)* па́дати, вали́тися; руйнува́тися.
Úmtausch *m* **-es, -e** *i* **...täusche** о́бмін.
úmtauschen *vt* обмі́нювати, міня́ти.
úmwälzen *vt* 1) переко́чувати, коти́ти; 2) роби́ти переворо́т *(у суспільному житті, в науці)*; скида́ти *(владу)*.
úmwandeln *vt* перетво́рювати.
Úmwelt *f* **-** навко́лишній світ, навко́лишнє середо́вище.
úmwelt|feindlich *adj* небезпе́чний для навко́лишнього середо́вища; **~freundlich** *adj* нешкідли́вий для навкі́лля.
Úmweltschutz *m* **-(e)s** за́хист навко́лишнього середо́вища.
úmwenden* 1. *vt* 1) виверта́ти; 2) перегорта́ти; 3) змі́нювати на́прям; 2. *vi (s)* поверта́ти, змі́нювати на́прям; 3. **sich** ~ 1) переверта́тися; оберта́тися; 2) *(nach D)* оберта́тися *(до кого)*.
úmwerfen* 1. *vt* перекида́ти, збива́ти з ніг; 2. *vi (s)* впа́сти, переќинутися.
umwíckeln *vt (mit D)* обмо́тувати, обгорта́ти *(чим)*.
umwínden* *vt* 1) *(mit D)* обвива́ти *(чим)*; 2) обійма́ти.
umwölken 1. *vt* заволіка́ти, затяга́ти хма́рами; 2. **sich** ~ 1) заволіка́тися хма́рами; 2) затьма́рюватися, хмурні́ти.
úmziehen* 1. *vi (s) (in A)* переїжджа́ти *(на іншу квартиру, в інше місто)*; 2. **sich** ~ переодяга́тися.
Úmzug *m* **-(e)s, ...züge** 1) пере́їзд *(на іншу квартиру)*; 2) проце́сія; 3) демонстра́ція.
únabhängig *adj* незале́жний.

Únabhängigkeit *f* - незале́жність.
unablässig *adj* постíйний, безпере́рвний; невпи́нний.
unabséhbar *adj* 1) неозо́рий; 2) непередба́чений.
únabsichtlich 1. *adj* ненавми́сний; 2. *adv* ненавми́сне.
únachtsam *adj* 1) неува́жний; 2) необере́жний, необа́чний.
únangenehm *adj* неприє́мний, при́крий.
unangréifbar *adj* 1) непристу́пний; 2) непору́шний *(запас)*; 3) незапере́чний.
unannéhmbar *adj* неприйнятни́й, неприпусти́мий.
Únannehmlichkeit *f* -, -en неприє́мність.
unantástbar *adj* недоторка́ний.
únartig *adj* нече́мний, неви́хований.
únauffällig 1. *adj* непомíтний; 2. *adv* непомíтно.
unaufháltbar 1. *adj* невтри́мний; 2. *adv* невтри́мно.
unaufhörlich 1. *adj* безпере́рвний; безупи́нний; 2. *adv* безпере́рвно, безупи́нно.
unauflösbar *adj* 1) нерозри́вний, непору́шний; 2) нерозчи́нний.
unaufschiebbar *adj* невідкла́дний.
unauslöschbar *adj* 1) незглади́мий; 2) невгаси́мий *(вогонь)*; невсити́мий *(голод)*.
unausspréchlich 1. *adj* невимо́вний; éine ~e Fréude несказа́нна ра́дість; 2. *adv* ду́же, надзвича́йно.
unausstéhlich *adj* нестéрпний, незно́сний.
únbändig *adj* невгамо́вний, неприбо́рканий.
únbarmherzig *adj* немилосе́рдний, жорсто́кий.
únbeabsichtigt 1. *adj* ненавми́сний; 2. *adv* ненавми́сне.
únbeachtet *adj* непомíчений; зали́шений без ува́ги.
únbeaufsichtigt *adj* бездо́глядний.
únbedacht *adj* необду́маний, необа́чний.
únbedeutend *adj* незначни́й, невели́кий.
únbedingt 1. *adj* безумо́вний, беззастере́жний; по́вний, абсолю́тний; 2. *adv* безумо́вно, неодмíнно.
únbefangen *adj* 1) неви́мушений, приро́дний, про́стий; 2) об'єкти́вний.
únbefriedigt *adj* незадово́лений.
únbefristet *adj* безстроко́вий
únbefugt *adj* некомпете́тний, неправомо́чний.
únbegrenzt *adj* необме́жений.
Únbehagen *n* -s 1) незру́чність, нія́ковість; 2) невдово́лення; 2) нездужа́ння.
únbehaglich *adj* 1) неприє́мний; 2) неза́ти́шний; незру́чний.
únbekannt *adj* невідо́мий, незнайо́мий.
únbelebt *adj* малолю́дний *(про вулицю)*.
únbeliebt *adj* нелюби́мий; непопуля́рний.
únbemannt *adj* без екіпа́жу; ein ~es Flúgzeug безпіло́тний літа́к.
únbemerkt 1. *adj* непомíчений; 2. *adv* непомíтно.
Únbequemlichkeit *f* -, -en незру́чність.
únberechtigt *adj* 1) неправомо́чний; 2) несправедли́вий; необгрунто́ваний.
unberúfen *adj* 1) некли́каний, непро́шений; 2) некомпете́нтний.
únbeschädigt *adj* непошко́джений, цíлий; ~ bléiben уцілíти.
unbeschränkt *adj* необме́жений.
unbeschreiblich *adj* невимо́вний, несказа́нний.
únbeschrieben *adj* 1) неопи́саний; 2) несписаний, чи́стий *(папір)*; ein ~es Blatt наї́вна люди́на.
únbesiegbar *adj* неперемо́жний, непобо́рний.
únbesorgt *adj* безтурбо́тний.
únbeständig *adj* непостíйний, мінли́вий.
únbestimmt *adj* 1) неви́значений, неозна́чений *(тж. грам.)*; 2) нето́чний; невира́зний.
únbestritten *adj* безпере́чний, беззапере́чний.
únbeteiligt *adj* 1 *(bei D)* непричéтний *(до чого)*; який не бере́ у́часті *(у чому)*; нейтра́льний; 2) байду́жий.
únbetont *adj* ненаголо́шений.
únbeugsam *adj* непохи́тний, незла́мний.
únbevölkert *adj* ненасе́лений, безлю́дний.
unbewégbar *adj* нерухо́мий, який не мо́жна зру́шити з мíсця.
únbeweglich *adj* нерухо́мий *(тж. про майно)*.
únbewiesen *adj* недове́дений.
únbewohnt *adj* ненасе́лений, нежили́й.
únbewußt *adj* несвідо́мий; ненавми́сний.
únbezahlt *adj* неопла́чений, не-

спла́чений.
únbiegsam *adj* негнучки́й; *перен. тж.* впе́ртий.
und *cj* 1) і, та; lésen ~ schréiben чита́ти і писа́ти; ~ doch і все ж таки́; ~ ánd(e)res (mehr) (*скор.* u.a; u.a.m) та і́нше; ~ so wéiter (*скор.* usw.) і так да́лі; 2) а; ich blieb zu Háuse, ~ mein Brúder ging in die Schúle я залиши́вся вдо́ма, а мій брат пішо́в до шко́ли; ~ zwar а са́ме.
úndankbar *adj* невдя́чний.
úndénkbar, undénklich *adj* неймові́рний, незбагне́нний.
únduldsam *adj* нетерпи́мий.
Únehre *f* - безче́стя, ганьба́.
únehrlich *adj* 1) безче́сний; нече́сний; 2) гане́бний.
Úneinigkeit *f* -, **-en** незго́да, сва́рка.
unéndlich 1. *adj* нескінче́нний; неося́жний; **2.** *adv* нескінче́нно.
unentgéltlich 1. *adj* безпла́тний; **2.** *adv* безпла́тно.
únentschieden *adj* 1) нерозв'я́заний *(про питання);* 2) нерішу́чий *(характер);* **3)** *спорт.* нічи́йний; ein ~es Spiel нічия́.
unentwégt *adj* стійки́й, непохи́тний.
unerbíttlich *adj* невблага́нний, непохи́тний, безжа́лісний.
unerklärbar *adj* непоясне́ний, нез'ясо́вний.
unermüdlich *adj* невто́мний.
unerréichbar *adj* недося́жний.
unerschütterlich *adj* непохи́тний, стійки́й.
unerträglich *adj* несте́рпний.
únerwartet 1. *adj* несподі́ваний, рапто́вий, нежда́ний; **2.** *adv* несподі́вано, рапто́во; ра́птом.
únerwünscht *adj* неба́жаний.
únerzogen *adj* неви́хований.
Únfall *m* -(e)s, **...fälle** неща́сний ви́падок; ава́рія.
Únfall|station *f* -, **-en** ста́нція швидко́ї допомо́ги; **~wagen** *m* -s, - маши́на швидко́ї допомо́ги.
unfäßbar *adj* 1) невло́вний, невлови́мий; 2) незбагне́нний.
únförmig *adj* безфо́рмний; потво́рний; бридки́й.
Úngar *m* -n, -n, **~in** *f* -, **-nen** уго́рець, уго́рка.
úngarisch *adj* уго́рський.
úngeachtet 1. *adj* яко́го не пова́жають; **2.** *prp (G)* незважа́ючи *(на кого, що)*; áller Mühe ~ незважа́ючи на всі зуси́лля; **3:** úngeachtet, daß і úngeachtet déssen, daß *cj* незважа́ючи на те, що.
úngebildet *adj* неосві́чений, некульту́рний.
úngebräuchlich *adj* невжи́ваний.
Úngeduld *f* - нетерпі́ння; mit ~ з нетерпі́нням.
únge|eignet *adj* непідходя́щий, неприда́тний.
úngefähr 1. *adj* 1) приблизний; 2) нея́сний, нечітки́й; **2.** *adv* 1) приблизно, бли́зько; 2): nicht von ~ не випадко́во.
úngeheuer 1. *adj* 1) страхітли́вий, жахли́вий; 2) жахли́вий, величе́зний; надзвича́йний, нечу́ваний; **2.** *adv* жахли́во, надзвича́йно.
Úngeheuer *n* -s, - 1) чудо́висько; 2) страхо́вище.
úngehindert *adj* безперешко́дний.
úngeladen I *adj* некли́каний, непро́шений.
úngeladen II *adj* 1) незаря́джений; 2) незаванта́жений.
úngelegen 1. *adj* незру́чний; неприє́мний; **2.** *adv* не до ре́чі, недоре́чно.
úngenügend *adj* недоста́тній; незадові́льний *(тж. про оцінку)*.
úngerade *adj* 1) непрями́й, нері́вний; 2) непа́рний.
úngerecht *adj* несправедли́вий.
úngewiß *adj* неві́домий, неви́значений.
Úngewißheit *f* -, **-en** неві́домість, неви́значеність; невпе́вненість.
Úngewitter *n* -s, - него́да; гроза́, бу́ря.
úngewohnt *adj* 1) незви́чний; 2) *(G)* яки́й не звик *(до чого)*; er ist déssen ~ він не звик до цьо́го.
úngezogen *adj* неви́хований, гру́бий, неслухня́ний.
úngezwungen *adj* неви́мушений, приро́дний, про́стий.
ungläubig *adj* недові́рливий, скепти́чний.
ungláublich *adj* неймові́рний.
úngleich *adj* 1) нері́вний, рі́зний; 2) нері́вний, криви́й.
úngleichartig *adj* неоднорі́дний.
Úngleichheit *f* -, **-en** нері́вність; неодна́ковість.
Únglück *n* -(e)s, **-e** неща́стя, біда́; ~ háben бу́ти нещасли́вим.
Úngunst *f* - неми́лість, неприхи́льність; bei j-m in ~ stéhen бу́ти в неми́лості у ко́го-н.
únheimisch *adj* 1) чужи́й, безрі́дний; 2) неза́тишний; 3) жахли́вий.

U

únheimlich *adj* жахли́вий; триво́жний; зловíсний.
Unión *f* -, **-en** союз.
Universität *f* -, **-en** університéт; an (auf) der ~ studíeren учи́тися в університéті; auf die ~ géhen вступáти до університéту.
Univérsum *n* **-s** всéсвіт.
únklar *adj* неясний, незрозумíлий; über etw (A) im ~en sein не мáти чíткóго уя́влення про що-н.
Únkosten *pl* ви́трати.
únlängst *adv* недáвно, дня́ми.
unlösbar *adj* 1) нерозв'я́заний; 2) нерозри́вний; 3) нерозчи́нний.
únmenschlich *adj* 1) нелю́дський, надлю́дський; 2) нелю́дський, жорстóкий.
únmittelbar *adj* безпосерéдній.
Únordnung *f* - безлáддя.
únpassend *adj* 1) непідходя́щий, незру́чний; 2) недорéчний.
únpersönlich *adj* 1) позбáвлений індивідуáльності; 2) *грам.* безособóвий.
únrecht *adj* 1) несправедли́вий; 2) непрáвильний; zur ~en Zeit невчáсно.
Únrecht *n* **-(e)s** несправедли́вість; im ~ sein бу́ти непрáвим; mit ~, zu ~ непрáвильно, дарéмно.
únregelmäßig *adj* непрáвильний, нерегуля́рний.
Únruhe *f* -, **-n** неспóкій, тривóга.
únruhig *adj* 1) неспокíйний; ~ über etw. *(A)* sein турбувáтися *(про що)*; 2) неспокíйний, невгамóвний.
uns *pron pers D i A від* wir; нам, нас unter ~ (geságt) між нáми (кáжучи); fráge ~ nicht не запи́туй у нас.
unságbar, unsäglich *adj* невимóвний, несказáнний.
únschmackhaft *adj* несмачни́й.
Únschuld *f* - неви́нність, невинувáтість.
únschuldig *adj* неви́нний, невинувáтий.
únser 1. *pron poss m (f)* uns(e)re, *n* unser, *pl* uns(e)re) наш (нáша, нáше, нáші); 2. *pron pers G від* wir.
únser(er)seits *adv* з нáшого бóку, щóдо нас.
únsert|halben, ~wegen *adv* зарáди нас; чéрез нас; **~willen:** um ~willen зарáди нас, чéрез нас.
únsicher *adj* 1) небезпéчний; 2) ненадíйний, непéвний; 3) невпéвнений.
únsichtbar *adj* неви́ди́мий.
Únsinn *m* **-(e)s** безглу́здя, нісенíтниця.
únsterblich *adj* безсмéртний, невмиру́щий.
úntadelhaft, úntad(e)lig *adj* бездогáнний.
úntätig *adj* 1) бездія́льний; 2) мля́вий, паси́вний.
untéilbar *adj* неподíльний, цíлісний.
únten *adv* унизу́, наспóді; nach ~ уни́з; von ~ зни́зу.
únter *prp* 1) *(D) вказує на місцезнаходження (де?)* під; сéред; помíж; ~ dem Tisch під столóм; das bleibt ~ uns це зали́шиться помíж нáми; 2) *(A) вказує на напрям (куди?)* під; сéред; помíж; 3) *(D, іноді A)* ни́жче, мéнше; 20 Grad ~ Null 20 грáдусів ни́жче нуля́.
Únterarm *m* **-(e)s, -e** передплíччя.
unterbréchen* *vt* перериваáти, перебивáти.
Unterbréchung *f* -, **-en** перéрва, зупи́нка *(в чому)*; тимчасóве припи́нення *(чого)*.
únterbringen* *vt* 1) розміщáти, розташóвувати, влаштóвувати *(людей де-н.)*; 2) вміщáти, друкувáти *(статтю)*.
unterdés, unterdéssen *adv* тим чáсом.
unterdrücken *vt* приду́шувати, гноби́ти.
Unterdrückung *f* -, **-en** 1) гнóблення, гніт; 2) приду́шення *(повстання)*.
Unterführung *f* -, **-en** тунéль, підзéмний перехíд.
Úntergang *m* **-(e)s, ...gänge** 1) зáхід *(сонця)*; 2) заги́бель; занéпад.
úntergeh(e)n* *vi (s)* 1) захóдити, закóчуватися *(про небесні світила)*; 2) ги́нути.
Úntergrund *m* **-(e)s, ...gründe** 1) підгру́нтя *(тж. перен.)*; 2) фон, тло; 3) підпíлля.
Úntergrundbahn *f* -, **-en** (*скор.* Ú-Bahn) метрополітéн, метрó.
únterhalb **1.** *adv* внизу́, зни́зу; **2.** *prp (G)* ни́жче, під; ~ des Flússes уни́з по рíчці.
unterhálten* 1. *vt* 1) підтри́мувати; gúte Beziehungen zu j-m ~ підтри́мувати дóбрі стосу́нки з ким-н.; 2) утри́мувати *(сім'ю)*; 3) розважáти; 2. **sich** ~ *(mit D über A i von D)* розмовля́ти *(з*

U

ким про кого, про що).
Unterháltung *f* **-, -en** 1) розмóва, бéсіда; 2) розвáга.
Unterhándlung *f* **-, -en** 1) *pl* перегови́ри; ~en führen вести́ перегови́ри; 2) посерéдництво.
únterirdisch *adj* 1) підзéмний; 2) підпíльний, нелегáльний.
unterjóchen *vt* поневóлювати, пригнóблювати.
Únterklasse *f* **-, -n** молóдший клас *(у школі).*
Únterkleidung *f* **-, -en** спíдня білизна.
únterkommen* *vi (s)* улаштóвуватися, знахóдити притýлок.
Únterkommen *n* **-s, -** 1) притýлок, пристанóвище; 2) мíсце, робóта.
Únterkunft *f* **-, ...künfte** притýлок; гуртóжиток.
unterlíegen* *vi (s) (D)* 1) зазнавáти порáзки, бýти перемóженим *(ким)*; 2) бýти у вíданні *(кого); бýти підлéглим (кому).*
unternéhmen* *vt* починáти *(що),* брáтися *(до чого).*
Unternéhmen *n* **-s, -** 1) спрáва, починáння; 2) підприéмство, організáція; 3) спрóба.
Unternéhmer *m* **-s, -** підприéмець.
únterordnen 1. *vt (D)* підкоря́ти *(кого, що кому, чому)*; 2. **sich** ~ *(D)* кори́тися, підкоря́тися *(кому, чому).*
unterréden, sich *(mit D)* розмовля́ти *(з ким)*; вести́ переговóри *(з ким).*
Unterrédung *f* **-, -en** розмóва, бéсіда; ~en pflégen вести́ переговóри.
Únterricht *m* **-(e)s** викладáння; навчáння; заня́ття; урóки.
unterríchten 1. *vt* 1) *(j-n in D)* викладáти *(кому що)*; навчáти *(кого чого)*; 2) *(über A, von D)* інформувáти, повідомля́ти *(про кого, про що)*; 2. **sich** ~ *(über A)* довíдуватися, збирáти відóмості *(про кого, про що).*
Únterrichts|anstalt *f* **-, -en** навчáльний зáклад; **~fach** *n* **-(e)s, ...fächer** навчáльний предмéт; **~jahr** *n* **-(e)s, -e** навчáльний рік; **~stoff** *m* **-(e)s, -e** навчáльний матеріáл; **~wesen** *n* **-s** освíта; навчáння.
unterságen *vt (j-m)* забороня́ти *(що кому).*
unterschätzen *vt* недооцíнювати.
unterschéiden* 1. *vt* розрізня́ти, розпізнавáти; 2. **sich** ~ *(durch A, in D, von D)* відрізня́тися *(чим).*
Únterschied *m* **-(e)s, -e** різни́ця, відмíнність.
unterschíeden *adj* різний, неоднáковий.
unterschréiben* *vt* підпи́сувати.
Únterschrift *f* **-, -en** пíдпис; éine ~ léisten стáвити свій пíдпис.
Únterseeboot *n* **-(e)s, -e** *(скор.* Ú-Boot) підвóдний чóвен.
Únterseite *f* **-, -n** ви́ворітний бік, ви́воріт.
untersétzt *adj* осáдкуватий, присéмкуватий.
úntersinken* *vi (s)* 1) тонýти; занýрюватися; 2) захóдити, сідáти *(про небесні світила).*
Únterstand *m* **-(e)s, ...stände** 1) *військ.* схóвище, бліндáж; 2) притýлок, пристанóвище; j-m ~ gében дáти притýлок комý-н.
unterstéhen* 1. *vi (D)* 1) підпорядкóвуватися *(кому)*; бýти в підлéглості *(у кого)*; 2) підлягáти *(чому)*; 2. **sich** ~ насмíлюватися, навáжуватися *(що-н. зробити).*
únterstellen 1. *vt (D)* підставля́ти, стáвити *(що під що)*; 2. **sich** ~ ставáти *(під що),* ховáтися *(під чим).*
unterstréichen* *vt* підкрéслювати *(тж. перен.).*
unterstützen *vt* підтри́мувати *(кого, що).*
untersúchen *vt* 1) досліджувати; випробóвувати; перевіря́ти; 2) оглядáти *(хворого)*; 3) *юр.* розслíдувати.
Untersúchung *f* **-, -en** 1) дослíдження, ви́вчення; 2) обстéження, óгляд; eine ärztliche ~ меди́чний óгляд; 3) *юр.* поперéднє слíдство.
Untersúchungsrichter *m* **-s, -** слíдчий.
Úntertasse *f* **-, -n** блюдце.
úntertauchen *vi (s)* 1) занýрюватися; 2) поринáти; 3) зникáти, щезáти *(в натовпі).*
untertéilen *vt* розділя́ти, ділити на части́ни.
Untertéilung *f* **-, -en** пóділ, розпóділ, членувáння.
Úntertitel *m* **-s, -** підзаголóвок.
Únterwäsche *f* **-** спíдня білизна.
unterwégs *adv* по дорóзі, дорóгою.
unterwérfen* 1. *vt* 1) підкоря́ти, поневóлювати; 2) *(D)* піддавáти *(випробуванню)*; 2. **sich** ~ *(D)* підкоря́тися, кори́тися *(кому, чому).*

unterzéichnen *vt* підпи́сувати.
untrénnbar *adj* 1) неподі́льний; невідді́льний; 2) нерозлу́чний; 3) *грам.* невідокре́млюваний.
Úntreue *f* - неві́рність, зра́да.
untröstlich *adj* невті́шний.
unüberséhbar *adj* 1) неозо́рий; 2) очеви́дний, я́вний.
unüberwíndbar, unüberwíndlich *adj* 1) непереборний; 2) непереможний *(народ)*.
únumgänglich I *adj* відлю́дний, нетовари́ський.
unumgänglich II 1. *adj* немину́чий, обов'язко́вий, необхі́дний; 2. *adv* обов'язко́во, немину́че.
ún̲unterbrochen *adj* безпере́рвний, безупи́нний.
unveränderlich *adj* незмі́нний.
unverbésserlich *adj* невипра́вний *(про людину)*; непопра́вний.
unverbrüchlich *adj* непору́шний.
unveréinbar *adj* несумі́сний.
unvergéßlich *adj* незабу́тній, па́м'ятний.
únverkäuflich *adj* непрода́жний.
únverkauft *adj* непро́даний.
Unverlétzlichkeit *f* - недоторка́нність.
únverletzt *adj* непошко́джений, ці́лий.
unverméidbar, unverméidlich *adj* немину́чий.
únvermittelt *adj* рапто́вий, несподі́ваний.
únvermögend *adj* 1) бі́дний, незамо́жний; 2) безси́лий, неспромо́жний.
únvermutet *adj* несподі́ваний, рапто́вий.
únvernünftig *adj* нерозу́мний.
únverträglich *adj* 1) нела́гідний, сварли́вий; 2) несумі́сний.
únverwandt 1. *adj* 1) неспорі́днений; несхо́жий; 2) пи́льний *(погляд)*; 2. *adv* пи́льно, не зво́дячи оче́й.
unverzüglich *adj* нега́йний, невідкла́дний.
únvollkommen *adj* недоскона́лий.
únvorsichtig *adj* необере́жний.
unwéigerlich *adj* немину́чий; обов'язко́вий.
únweit 1. *prp (G)* недале́ко від, поблизу́ від; ~ von недале́ко від; 2. *adv* недале́ко, поблизу́.
únwesentlich *adj* неісто́тний, незначни́й.
Únwetter *n* -s, - него́да, бу́ря.
unwiderrúflich *adj* категори́чний.
Únwille *m* -ns, **Únwillen** *m* -s незадово́лення, обу́рення.
únwillig *adj* незадово́лений, роздрато́ваний.
únwillkürlich *adj* мимові́льний.
únwírksam *adj* безрезульта́тний.
únwirtschaftlich *adj* 1) безгоспода́рний; 2) неоща́дливий; нерента́бельний.
únwissend *adj* 1) неосві́чений; 2) непоінформо́ваний.
Únwissenheit *f* - 1) неосві́ченість; 2) непоінформо́ваність.
únwohl 1. *adj:* mir ist ~, ich bin ~ я нездужа́ю; 2. *adv* пога́но *(почувати себе)*.
Únzahl *f* - бе́зліч, си́ла, незліче́нна кі́лькість.
unzählig *adj* незліче́нний.
unzertrénnbar *adj* нерозри́вний.
únzufrieden *adj (mit D)* незадово́лений *(ким, чим)*.
unzwéifelhaft *adj* безсумні́вний, безпере́чний.
üppig *adj* пи́шний, розкі́шний.
Úr|ahn *m* -(e)s, -en 1) пра́дід; 2) пре́док.
Úr|all *n* -s все́світ, світ.
úr|alt *adj* староді́вній.
Úr|altertum *n* -s доісторична епо́ха; си́ва давнина́.
Úr|aufführung *f* -, -en прем'є́ра.
Úr|enkel *m* -s, -, ~in -, -nen пра́внук, пра́внучка.
Úrgeschichte *f* - істо́рія пе́рві́сного суспі́льства.
Úrgesellschaft *f* - пе́рві́сне суспі́льство.
Úrkunde *f* -, -n докуме́нт, акт, гра́мота.
úrkunden *vi (von D)* сві́дчити *(про що)*.
úrkundlich *adj* документа́льний.
Úrlaub *m* -(e)s, -e відпу́стка; ~ háben бу́ти у відпу́стці; auf ~ géhen піти́ у відпу́стку; auf ~ sein бу́ти у відпу́стці.
Úrmensch *m* -en, -en пе́рві́сна люди́на.
Úrquell *m* -(e)s, -e, **Úrquelle** *f* -, -n першоджерело́.
Úrsache *f* -, -n причи́на; підста́ва, при́від; aus wélcher ~? на якій підста́ві?, з яко́го при́воду; kéine ~! нема́ за що!, не ва́рто подя́ки!
Úrsage *f* -, -n пере́каз, леге́нда.
Úrsprung *m* -(e)s, ...sprünge поча́ток, похо́дження.
úrsprünglich *adj* 1) пе́рві́сний; 2) споконві́чний, самобу́тній.
Úrteil *n* -(e)s, -e 1) ду́мка, міркува́ння; 2) *юр.* ви́рок.

úrteilen *vi (über A)* суди́ти, міркува́ти *(про кого, про що).*
Úrteilsspruch *m* **-(e)s, ...sprüche** ви́рок, при́суд.
Úrzeit *f* **-, -en** си́ва давнина́; *pl* доісторі́чні часи́.

V v

váge *adj* неви́значений, нея́сний; невира́зний.
vagabundíeren *vi* броди́ти, блука́ти; кочува́ти.
vakánt *adj* вака́нтний, ві́льний, неза́йнятий.
Valénz *f* **-, -en** *хім.* вале́нтність.
variábel *adj* змі́нний, непості́йний; різномані́тний.
Variánte *f* **-, -n** варіа́нт.
variíeren 1. *vt* варіюва́ти; змі́нювати, урізномані́тнювати; **2.** *vi* видозмі́нюватися; відрізня́тися.
Váter *m* **-s, Väter** 1) ба́тько; 2) *pl* прабатьки́, пре́дки; 3) *перен.* ба́тько, творе́ць, основополо́жник, ініціа́тор, а́втор.
Váterland *n* **-(e)s, ...länder** батькі́вщина, вітчи́зна.
váterländisch *adj* вітчизня́ний.
väterlich *adj* батькі́вський.
Váterschaft *f* **-** батькі́вство.
Vátersname *m* **-ns, -n** батькове ім'я́, по батькові.
vegetabilisch *adj* росли́нний.
vegetárisch *adj* вегетаріа́нський.
Vegetatión *f* **-, -en** 1) росли́нність; фло́ра; 2) пророста́ння.
vegetatív *adj* 1) росли́нний; 2) *в різн. знач.* вегетати́вний.
Ve|hemént *adj* стрімки́й; си́льний; різки́й.
Veilchen *n* **-s, -** фіа́лка.
véilchenblau *adj* фіоле́товий.
Véne *f* **-, -n** *анат.* ве́на.
Ventíl *n* **-s, -e** кла́пан; ве́нтиль.
ventilíeren *vt* 1) провітрювати, вентилюва́ти; 2) *розм.* обгово́рювати *(питання).*
Vénus *f* **-** *міф., астр.* Вене́ра.
verábfolgen *vt* відпуска́ти, видава́ти *(напр., товар).*
verábreden 1. *vt* домовля́тися *(про що),* обумо́влювати *(що);* **2. sich ~** 1) домовля́тися; 2) *(mit D)* признача́ти поба́чення *(кому);* домовля́тися про зу́стріч *(з ким).*
Verábredung *f* **-, -en** умо́ва, уго́да, домо́вленість.
verábreichen *vt* дава́ти *(ліки);* видава́ти, відпуска́ти *(що).*
verábscheuen *vt* відчува́ти огиду *(до кого, чого),* нена́видіти *(кого, що).*
verábschieden 1. *vt* 1) звільня́ти *(кого);* 2) влашто́вувати про́води *(кому),* проводжа́ти *(кого);* 3) прийма́ти, затве́рджувати *(закон);* **2. sich ~** *(von D)* проща́тися *(з ким).*
veráchten *vt* 1) зневажа́ти *(кого),* ста́витися з прези́рством *(до кого);* 2) не́хтувати *(чим),* не зверта́ти ува́ги *(на що).*
verächtlich *adj* 1) прези́рливий; знева́жливий; 2) оги́дний.
verálbern *vt* 1) *розм.* дури́ти, обду́рювати; дражни́ти; 2) роби́ти посміхо́виськом *(кого, що).*
verállgemeinern *vt* узага́льнювати.
verálten *vi (s)* ста́ріти.
veränderlich *adj* мінли́вий, змі́нний, непості́йний.
verändern 1. *vt* змі́нювати; **2. sich ~** 1) змі́нюватися; 2) міня́ти мі́сце робо́ти, перехо́дити на і́ншу робо́ту.
Veränderung *f* **-, -en** переміна, змі́на.
veránkern 1. *vt* 1) *мор.* ста́вити на я́кір; 2) *тех.* скрі́плювати; укрі́плювати, закрі́плювати; 3) *перен.* змі́цнювати; 4) *(in D) перен.* записа́ти, зафіксува́ти *(де),* закріпля́ти *(чим);* etw. gesétzlich ~ узако́нити що-н.; in der Verfássung veránkert séin бу́ти запи́саним у конститу́ції; **2. sich ~** укрі́плюватися, змі́цнюватися.
veránlagt *adj (zu D)* схи́льний *(до чого);* зді́бний *(до чого);* musikálisch ~ sein ма́ти схи́льність до му́зики.
veránlassen *vt* 1) спонука́ти *(кого),* дава́ти при́від *(кому);* бу́ти причи́ною *(чого);* ви́кликати, спричини́ти; 2) розпоряди́тися.
Veránlassung *f* **-, -en** 1) при́від; причи́на; bei jéder ~ з уся́кого при́воду; 2) спонука́ння, ініціати́ва; розпоря́дження; auf ~ des Diréktors з ініціати́ви (за розпоря́дженням) дире́ктора.
veránschaulichen *vt* унао́чнювати;

U

показувати наочно.

veránstalten *vt* влаштовувати, організовувати; проводити *(захід)*; éinen Kongréß ~ скликати конгрес (з'їзд).

Veránstaltung *f* **-, -en** 1) організація, проведення *(заходу)*; 2) захід; свято *(вечір, ранок і т. п.)*.

verántworten 1. *vt* відповідати, нести відповідальність *(за що)*; 2. **sich** ~ виправдовуватися; усвідомлювати; відповідати.

verántwortlich *adj* відповідальний.

Verántwortung *f* **-** відповідальність; die ~ für etw. *(A)* trágen відповідати за що-н.

verántwortungs|bewußt *adj* свідомий; який усвідомлює свою відповідальність; **~los** *adj* безвідповідальний; **~voll** *adj* відповідальний.

verárbeiten *vt* 1) обробляти; переробляти *(сировину)*; 2) опрацьовувати *(напр., сюжет)*; використовувати, узагальнювати *(досвід)*; 3) перетравлювати *(їжу)*; *перен.* осмислювати.

verárgen *vt (j-m)* ображатися *(за що на кого)*; ставити за провину *(що кому)*, дорікати *(кому)*.

verärgern *vt* розсердити, розгнівати, розізлити, роздратувати *(кого)*.

verármen *vi (s)* зубожіти, збідніти.

veráusgaben *vt* 1. витратити, потратити; 2. **sich** ~ витратитися; 2) знесилитися.

Verb *n* **-s, -en** *грам.* дієслово.

Verbánd *m* **-(e)s, ...bände** 1) пов'язка, бинт; перев'язка; éinen ~ ánlegen накладати пов'язку; перев'язувати *(рану)*; 2) зв'язок; з'єднання, кріплення *(тж. буд.)*; 3) спілка, товариство; 4) *військ.* з'єднання; частина; формування.

Verbándstoff *m* **-(e)s, -e** *мед.* перев'язний матеріал.

verbánnen *vt* 1) висилати, виганяти *(з країни)*; 2) відганяти *(від себе)*; проганяти *(думку)*.

Verbánnung *f* **-** вигнання; заслання.

verbéißen* 1. *vt* 1) стримувати; затамовувати *(що)*; утримуватися *(від чого)*; sich *(D)* éine Antwort ~ утриматися від відповіді; 2) обгризати *(що)*; 2. **sich** ~ *(in A)* 1) учепитися зубами *(в кого, що)*; не відпускати *(кого)*; 2) *розм.* бути одержимим *(чим)*, схибнутися *(на чому)*.

verbérgen* 1. *vt* ховати, приховувати; 2. **sich** ~ ховатися, переховуватися.

verbéssern 1. *vt* 1) виправляти *(помилку)*; 2) поліпшувати, вдосконалювати, раціоналізувати; 3) підносити *(життєвий рівень)*; 4) вносити виправлення; 2. **sich** ~ 1) виправлятися *(в розмові)*; 2) поліпшуватися; 3) *розм.* поліпшувати своє службове становище.

Verbésserungsvorschlag *m* **-(e)s, ...schläge** раціоналізаторська пропозиція.

verbéugen, sich *(vor D)* 1) кланятися, поклонятися *(кому)*; 2. *перен.* схилятися *(перед ким, чим)*.

Verbéugung *f* **-, -en** поклін, уклін.

verbíeten* *vt* забороняти; Éintritt verbóten! вхід заборонено!

verbinden* 1. *vt* 1) зв'язувати, з'єднувати, сполучати *(тж. тех. і перен.)*; 2) перев'язувати *(напр., рану)*; 3) зобов'язувати; 2. **sich** ~ з'єднуватися; sich éhelich ~ одружуватися.

Verbíndung *f* **-, -en** 1) з'єднання; сполучення; контакт, зв'язок, стосунки; mit j-m in ~ stéhen підтримувати стосунки, бути зв'язаним з ким-н.; mit (zu) j-m ~ aufnéhmen (hérstellen) встановити зв'язок з ким-н.; 2) *тех.* зв'язок; 3) *хім.* сполука; 4) об'єднання, організація; 5) *лінгв.* сполучення; 6) *мед.* перев'язка; 7) злиття *(річок)*; 8) *pl* зв'язки, протекція.

verbíssen *adj* 1) озлоблений; жорстокий; 2) затаєний.

verbíttern *vt* отруювати, псувати *(життя)*.

Verbítterung *f* **-** біль, прикрість, озлобленість.

verblássen *vi (s)* блїднути; блякнути, вицвітати.

verbléiben* *vi* 1) *(s)* перебувати, залишатися; bei séiner Méinung ~ залишатися при своїй думці.

verblénden *vt* 1) засліплювати; вводити в оману; зачаровувати; 2) облицьовувати, обшивати; 3) *військ.* маскувати *(світло)*.

verblüffen *vt (mit D, durch A)* приголомшувати, спантеличувати, уражати *(кого чим)*.

verblühen *vi (s)* 1) відцвітати, в'янути *(тж. перен.)*; 2) *розм.* зникати, щезати.

verblümt 1. *adj* прихований, інакомовний, алегоричний, завуальований *(про висловлювання)*; **2.** *adv* нáтяками.

verblúten *vi (s) i* **sich** ~ 1) стікáти крóв'ю; 2) *перен.* вибивáтися з сил, слáбнути; зазнавáти велíких втрат *(про вíйська)*.

verbórgen I *vt* давáти в пóзику, позичáти.

verbórgen II **1.** *adj* схóваний; таéмний; **2.** *adv:* im ~en пóтай, таéмно.

Verbót *n* **-(e)s, -e** заборóна.

verbóten *adj* заборóнений.

Verbráuch *m* **-(e)s** 1) споживáння, вúтрата *(an D чого)*; 2) *мед.* вúснаження.

Verbráucher *m* **-s, -** споживáч.

Verbráuchsgüter *pl* товáри ширóкого вжúтку.

verbréchen* *vt* 1) ламáти; відлáмувати *(кінець, край чого)*; 2) вчинúти *(що-н. злочинне)*; провинúтися *(в чому)*; накóїти.

Verbréchen *n* **-s, -** злóчин; ein ~ begéhen вчинúти злóчин.

Verbrécher *m* **-s, -** злочúнець.

verbrécherisch *adj* злочúнний.

verbréiten 1. *vt* поширювати; розповсюджувати; 2. **sich** ~ *(über A)* 1) поширюватися *(де)*; захóплювати; 2) ставáти відóмим; 3) *розм.* дóвго (доклáдно, багáто) говорúти *(про кого, що)*.

Verbréitung *f* **-, -en** 1) поширення, розповсюдження *(чого)*; 2) поширеність.

verbrénnen* 1. *vt* 1) спáлювати; 2) обпáлювати, обпікáти; sich *(D)* die Fínger ~ обпектú собі пáльці; *перен.* обпектúся на чóму-н.; 2. *vi (s)* згорáти; 3. **sich** ~ *(an D)* обпікáтися *(чим)*.

Verbrénnung *f* **-, -en** 1) горíння; 2) спáлювання; кремáція; 3) óпік.

verbríngen* *vt* провóдити *(час)*; перебувáти *(деякий час де-н.)*.

verbrüdern, sich *(mit D)* братáтися; об'єднуватися, згуртóвуватися.

verbrühen *vt* обвáрювати, обпікáти.

verbúchen *vt* 1) занóсити до (рахункóвої) кнúжки; підбивáти підсумок; 2) занотóвувати.

verbünden, sich *(mit D, gegen A)* укладáти союз, об'єднуватися *(з ким, проти кого)*.

Verbündenheit *f* **-** 1) (тіснúй) зв'язóк; 2) союз, єднáння.

verbündet *adj* союзний, союзницький.

verbürgen 1. *vt* ручáтися *(за кого, що)*; гарантувáти *(що)*; 2. **sich** ~ *(für A)* ручáтися *(за кого, що)*.

verbürgt *adj* вірогíдний, достовірний.

verdächtig *adj* 1) підозрíлий; сумнíвний; насторóжуючий; 2) підóзрюваний, запідóзрений *(wegen G в чому)*.

verdächtigen *vt (wegen G)* підóзрювати *(кого в чому)*.

verdámmen *vt* 1) *(zu D)* прирікáти *(на що)*; засýджувати *(до чого)*; 2) проклинáти.

Verdámmnis *f* **-** проклЯття; кáра.

verdámpfen 1. *vt* 1) випáрювати; 2) перетвóрювати в пáру; 2. *vi (s)* 1) випарóвуватися, перетвóрюватися в пáру; 2) *розм.* зникáти, щезáти.

verdánken *vt (D)* завдЯчувати, бýти зобов'язаним *(чим кому, чому)*.

verdérben* 1. *vt* 1) псувáти *(тж. перен.)*; 2): ein mit j-m ~ посварúтися, порвáти стосýнки з ким-н.; 2. *vi (s)* 1) гúнути *(тж. перен.)*, занепадáти; 2) псувáтися; гнúти.

Verdérben *n* **-s** 1) псувáння; 2) загúбель.

verdérblich *adj* 1) згýбний; 2) якúй швúдко псуéться; швидкопсувнúй.

Verderbnis *f* **-, -se** 1) погúбель; 2) псувáння, рóзклад; 3) нещáстя.

verdéutlichen *vt* пояснювати, роз'яснювати; покáзувати.

verdíchten 1. *vt фіз., тех.* 1) згýщувати; ущільнювати; конденсувáти; 2) стискáти; 3) набивáти; 2. **sich** ~ згущáтися *(тж. перен.)*.

verdíenen *vt* 1) заслугóвувати; 2) заробляти *(гроші)*; sein Brot ~ заробляти на хліб.

Verdíenst I *m* **-es, -e** заробíток.

Verdíenst II *n* **-es, -e** заслýга.

verdíenstvoll *adj* заслýжений, гíдний, достóйний *(про людину)*.

verdíngen* 1. *vt* 1) давáти підряд *(на роботу)*; 2) давáти напрокáт; 2. **sich** ~ наймáтися.

verdólmetschen *vt* 1) (ýсно) перекладáти; 2) пояснювати.

verdóppeln **1.** *vt* подвóювати, збільшувати вдвóє; 2. **sich** ~ подвóюватися, збільшуватися вдвóє.

verdórren *vi (s)* засихáти, сóхнути *(про рослину)*.

verdörren *vt* суши́ти, вису́шувати.
Verdrängung *f* -, -en 1) ви́тіснення; 2) водотонна́жність, тонна́ж.
verdréhen *vt* 1) скру́чувати; перекру́чувати; крути́ти; 2) ви́вихнути, скрути́ти; 3) скри́влювати, згина́ти; 4) перекру́чувати *(факти)*; спотво́рювати; переіна́кшувати; j-m den Kopf ~ запа́морочити го́лову кому́-н.
verdríeßen* *vt* се́рдити, дратува́ти; засму́чувати.
Verdrúß *m* ...drusses, ...drusse доса́да, при́крість; неприє́мність.
verdúften *vi (s)* 1) видиха́тися; 2) *розм.* зника́ти, щеза́ти *(про людину)*.
verdünnen *vt* 1) роби́ти то́ншим; 2) розво́дити, розрі́джувати.
verdúnsten *vi (s)* випаро́вуватися; звітрюватися.
verdúrsten *vi (s)* вмира́ти від спра́ги.
verdüstern *vt* затьма́рювати.
verdútzen *vt* спантели́чувати, бенте́жити.
verébben *vi (s)* спада́ти *(про приплив; тж. перен.)*.
verédeln *vt* 1) облагоро́джувати; 2) *с. г.* полі́пшувати поро́ду *(тварин)*; 3) *с. г.* окулі́рувати *(рослини)*; 4) *гірн.* збага́чувати.
veréhelichen 1. *vt* видава́ти за́між; жени́ти; 2. **sich** ~ одру́жуватися.
veréhren *vt* 1) поважа́ти, шанува́ти; 2) *(j-m)* прино́сити в дар *(що кому)*; ушано́вувати *(чим кого)*, присвя́чувати *(напр. вірші)*.
Veréhrer *m* -s, - шанува́льник, прихи́льник.
veréidigen *vt* приво́дити до прися́ги; veréidigt wérden прийма́ти прися́гу, присяга́ти.
Veréin *m* -(e)s, -e спі́лка, товари́ство, об'є́днання, корпора́ція.
veréinbar *adj* сумі́сний *(mit D з чим)*.
veréinbaren *vt* 1. *(mit j-m)* пого́джувати *(з ким)*; éine Zusámmenkunft mit j-m ~ домо́витися про зу́стріч з ким-н.; 2. **sich** ~ 1) пого́джуватися; 2) домовля́тися *(про що)*.
Veréinbarung *f* -, -en зго́да, домо́вленість; уго́да.
veréinen 1. *vt* об'є́днувати, з'є́днувати; 2. **sich** ~ об'є́днуватися.
veréinfachen *vt* спро́щувати.
veréinheitlichen *vt* уніфікува́ти; нормалізува́ти.
veréinigen 1. *vt* 1) об'є́днувати, з'є́днувати; зосере́джувати *(напр., війська)*; 2) *(mit D)* сполуча́ти *(що з чим)*; 2. **sich** ~ 1) об'є́днуватися; з'є́днуватися; єдна́тися; Proletárier áller Länder, veréinigt éuch! Пролетарі всіх країн, єдна́йтеся!; 2) сполуча́тися, поє́днуватися.
veréinigt 1. *adj* з'є́днаний, об'є́днаний; зосере́джений; 2. *adv* спі́льно, ра́зом, спі́льними зуси́ллями.
Veréinigung *f* -, -en 1) з'єдна́ння, єдна́ння; 2) спі́лка, корпора́ція; 3) злиття́ *(річок; тж. перен.)*.
veréinsamt *adj* 1) самі́тний, само́тній, одино́кий; 2) відлю́дний, ізольо́ваний.
veréint *adj* спі́льний, об'є́днаний.
veréinzeln 1. *vt* 1) роз'є́днувати, ізолюва́ти; відокре́млювати; 2) розчлено́вувати, деталізува́ти; **sich** ~ 1) усамі́тнюватися; 2) замика́тися в собі.
veréisen 1. *vt* заморо́жувати *(тж. мед.)*; 2. *vi (s)* перетво́рюватися на лід; обмерза́ти, покрива́тися кри́гою; замерза́ти.
veréiteln *vt* зрива́ти, розстро́ювати *(чиї-н. плани)*, не допусти́ти зді́йснення *(чого)*.
veréitern *vi (s)* загно́юватися.
veréngen *vt*, **veréngern** *vt* звужува́ти.
verérben 1. *vt (j-m, auf j-n)* передава́ти в спа́дщину, заповіда́ти *(кому)*; 2. **sich** ~ перехо́дити в спа́дщину.
veréwigen *vt* увічнювати; зроби́ти безсме́ртним.
verfáhren* I *vi (h, s)* 1) роби́ти, ді́яти; 2) *(mit D)* пово́дитися, обхо́дитися *(з ким як)*.
verfáhren II 1. *vt* проїздити *(гроші, час)*; 2. **sich** ~ збитися з доро́ги *(тж. перен.)*.
verfáhren III *adj розм.* зіпсо́ваний, заплу́таний.
Verfáhren *n* -s, - 1) ді́я, акт; пово́дження; 2) ме́тод, спо́сіб; проце́с; систе́ма (робо́ти), за́хід.
Verfáll *m* -(e)s 1) руйнува́ння; ста́рість, ро́зпад; 2) зане́пад, заги́бель.
verfállen* *vi (s)* 1) руйнува́тися; занепада́ти; *перен.* деградува́ти; *гірн.* зава́люватися; 2) втрача́ти си́ли, ча́хнути, ху́днути *(про хворого)*; 3) мина́ти *(про термін дії)*; 4) *(D)* перехо́дити у вла́сність *(чию)*, дістава́тися *(кому)*; 5) *(D)* бу́ти приréченим *(на*

V

що), ста́ти здо́биччю *(чого)*; 6) *(in A)* віддава́тися *(чому)*; припуска́тися по́милки; 7) *(auf A)* наду́мати *(що)*.

verfälschen *vt* підробля́ти, фальсифікува́ти.

verfänglich *adj* підсту́пний, ка́верзний *(про питання)*; ризико́ваний, двозна́чний *(про розмову)*.

verfärben, sich 1) змі́нювати забарвлення; вицвіта́ти; 2) блі́днути.

verfássen *vt* уклада́ти (упорядко́вувати) *(напр., збірник)*; склада́ти.

Verfásser *m* -s, - укладач; а́втор.

Verfássung *f* -, -en 1) склада́ння; ство́рення; 2) конститу́ція; 3) стан; на́стрій; спорти́вна фо́рма.

verfássungsmäßig *adj* конституці́йний.

verfáulen *vi (s)* гни́ти.

verféchten* *vt* захища́ти, обсто́ювати *(що)*, боро́тися *(за що)*.

verféhlen 1. *vt* 1) схи́бити, промахну́тися, не влу́чити *(в ціль)*; 2) не досягти́ *(результату)*; 3) пропусти́ти; 2. **sich** ~ провини́тися.

Verféhlung *f* -, -en 1) по́ми́лка, упу́щення; 2) пору́шення пра́вил.

verféinden, sich *(mit D)* посвари́тися *(з ким)*.

verféinern *vt* 1) роби́ти то́ншим; 2) удоскона́лювати; 3) *тех.* рафінува́ти.

verfértigen *vt* 1) виготовля́ти; 2) склада́ти *(документ)*.

verfílmen *vt* екранізува́ти, зніма́ти для фі́льму.

verfínstern 1. *vt* **зате́мнювати; затьма́рювати;** 2. **sich** ~ 1) темні́ти; 2) хмурні́ти, затьма́рюватися.

verfléchten* *vt* 1) вплітáти; сплітáти; (тíсно) переплітáти; 2) вплу́тувати.

verflíegen* 1. *vi (s)* 1) випаро́вуватися; розві́юватися *(про туман)*; 2) мина́ти; 2. **sich** ~ залеті́ти, зби́тися з доро́ги; *ав.* втра́тити орієнта́цію *(в польоті)*.

verflíeßen* *vi (s)* 1) прохо́дити; мина́ти *(про термін)*; 2) розплива́тися, розхо́дитися *(про чорнило, фарби)*.

verflúchen *vt* проклина́ти.

verfólgen *vt* 1) пересліду́вати *(тж. перен.)*; 2) ма́ти на меті́; éine Absicht ~ ма́ти на́мір; éine bestimmte Politík ~ прово́дити пе́вну полі́тику; 3) спостеріга́ти; сте́жити *(за ким, чим)*; *військ.* супрово́джувати *(ціль)*; 4) іти́ слідо́м.

verfórmen *vt* 1) деформува́ти, змі́нювати ко́нтури *(чого)*; 2) оброблят́и; надава́ти фо́рми *(чому)*.

verfríeren* *vi (s)* замерза́ти.

Verfróstung *f* -, -en мерзло́та́.

verfrühen, sich 1) поспіши́ти *(з чим)*, випереджа́ти поді́ї; зроби́ти що-н. передча́сно; 2) прийти́ завча́сно.

verfügbar *adj* на́явний.

verfügen 1. *vt* постановля́ти, ухва́лювати, нака́зувати; *юр.* виріш́увати; 2. *vi (über A)* ма́ти в своє́му розпоря́дженні *(що)*, розпоряджа́тися *(чим)*; 3. **sich** ~ відправля́тися, вируша́ти.

Verfügung *f* -, -en постано́ва, розпоря́дження; інстру́кція, директи́ва.

vergángen *adj* мину́лий, колишній; längst ~ давномину́лий.

Vergängenheit *f* - 1) **мину́ле;** 2) *грам.* мину́лий час.

vergänglich *adj* мину́щий; нетрива́лий.

vergásen *vt* 1) газифікува́ти; 2) отру́ювати га́зом.

vergében* *vt* 1) *(an j-n)* дава́ти, передава́ти, віддава́ти, роздава́ти *(кому)*; розподіля́ти *(між ким)*; 2) *(j-m)* проща́ти *(кому)*; 3) *(D)* шко́дити *(кому, чому)*.

vergébens *adv* ма́рно, даре́мно.

vergéblich *adj* ма́рний, даре́мний, безрезульта́тний.

Vergébung *f* -, -en 1) розда́ча; ви́дача; 2) проще́ння; (ich bitte um) ~! ви́бачте!

vergégenständlichen *vt* зобража́ти нао́чно; конкретизува́ти.

vergéh(e)n* 1. *vi (s)* 1) прохо́дити, мина́ти *(про час)*; 2) зника́ти, пропада́ти; 3) *(D)* прохо́дити, припиня́тися *(напр., про біль)*; 4) *(vor D)* ги́нути, вмира́ти, му́читися, знемага́ти *(від спраги, нудьги)*; 2. **sich** ~ *(an D, gegen A)* провини́тися *(перед ким)*; вчини́ти зло́чин.

Vergéhen *n* -s, - зло́чин; пору́шення.

vergélten* *vt (j-m)* винагоро́джувати *(напр., чиє-н. старання)*; відпла́чувати, віддя́чувати *(за що кому)*.

Vergéltung *f* - 1) винагоро́да, відпла́та; 2) по́мста, відпла́та *(а*

D кому).

vergéssen* 1. *vt* забува́ти *(кого, що; про кого, що)*; j-m etw. nicht ~ не проща́ти кому́-н. що-н.; 2. **sich** ~ забува́тися; втрача́ти самовлада́ння.

Vergéssenheit *f* - забуття́.

vergéßlich *adj* забу́дькуватий.

vergéuden *vt* марнува́ти, розтра́чувати *(без користі)*, марнотра́тити, розбаза́рювати *(гроші)*; Zeit ~ гайнува́ти час.

vergewíssern 1. *vt (G, über A, von D)* запевня́ти *(кого в чому)*; 2. **sich** ~ *(G, über A)* упевня́тися, пересві́дчуватися *(в чому)*; заруча́тися *(чим)*.

vergíeßen* **1.** *vt* пролива́ти; 2. **sich** ~ вилива́тися; пролива́тися; розлива́тися.

vergíften *vt* отру́ювати *(тж. перен.)*.

vergílben *vi (s)* (по)жо́вкнути *(про папір, листя)*.

Vergíßmeinnicht *n* - *i* -s, - *i* -e *бот.* незабу́дка.

verglásen *vt* (за)скли́ти.

Vergléich *m* -(e)s, -e 1) порівня́ння; éinen ~ ánstellen порі́внювати; 2) *спорт.* змага́ння; 3) уго́да, компромі́с; éinen ~ schlíeßen укла́сти уго́ду.

vergléichen* 1. *vt (mit D)* 1) порі́внювати *(з ким, чим)*; 2) звіря́ти *(з чим)*; 3) мири́ти, примиря́ти *(ворогуючі сторони)*, ула́годжувати *(суперечку)*; 2. **sich** ~ *(mit D)* 1) рівня́тися, порі́внювати себе́ *(з ким)*; 2) мири́тися, дохо́дити зго́ди *(з ким)*.

vergléichsweise *adv* 1) для порівня́ння; порі́внюючи; порі́вняно; 2) шля́хо́м зго́ди.

verglímmen(*) *vi (s)* зотлі́ти, догоря́ти.

vergnügen 1. *vt* розважа́ти, весели́ти, забавля́ти; 2. **sich** ~ розважа́тися, весели́тися.

Vergnügen *n* -s, - 1) ути́ха, задово́лення; ра́дість; 2) розва́га, заба́ва.

vergnügt *adj* весе́лий, ра́дісний; задово́лений.

vergönnen *vt* дозволя́ти; es war mir vergönnt мені́ суди́лося, мені́ пощасти́ло.

vergöttern *vt* боготвори́ти, обо́жнювати.

vergráben* 1. *vt* зако́пувати, зарива́ти; 2. **sich** ~ 1) *військ.* око́пуватися; 2) *перен.* зари́тися, загли́битися, зану́ритися; залиши́тися на самоті́.

vergrämt *adj* сумни́й, похму́рий.

vergréifen*, **sich** 1) *(in D, bei D)* помиля́тися *(у виборі чого-н.)*; 2) *(an D)* зніма́ти ру́ку *(на кого)*; 3) *(an etw. D)* зазіха́ти *(на що)*.

vergríffen *adj* розку́плений, про́даний.

vergrößern 1. *vt* збі́льшувати, мно́жити; розши́рювати *(підприємство, зв'язки)*; підви́щувати *(продуктивність)*; 2. **sich** ~ збі́льшуватися, розроста́тися; розши́рюватися.

Vergrößerung *f* -, -en збі́льшення; розши́рення, зроста́ння.

Vergünstigung *f* -, -en пі́льга; по́ступка.

vergüten *vt* 1) відшкодо́вувати *(витрати, збитки)*; 2) винагоро́джувати *(за що)*; 3) полі́пшувати я́кість *(чого)*; *тех.* рафінува́ти.

verháften *vt* 1) заарешто́вувати, затри́мувати; 2) прикрі́плювати, скрі́плювати.

Verháftung *f* -, -en аре́шт, затри́мання.

verhállen *vi (s)* затиха́ти, завмира́ти *(про звук)*; відлуна́ти.

verhálten* 1. *vt* стри́мувати *(сміх, сльози)*; затамо́вувати *(подих)*; den Schritt ~ спові́льнити ходу́; 2. **sich** ~ 1) пово́дитися, трима́ти себе́; 2): die Sáche verhält sich so так стої́ть спра́ва; 3) *(zu D, gegenüber D)* ста́витися.

Verhálten *n* -s 1) пово́дження, поведі́нка, спо́сіб дій; 2) ста́влення *(gegen A, zu D) (до кого, чого)*.

Verháltenheit *f* - 1) стри́маність; 2) приглу́шеність; пом'я́кшеність.

Verhältnis *n* -ses, -se 1) відно́шення, пропо́рція; масшта́б, коефіці́є́нт; im ~ zu etw. *(D)* у порівня́нні з чим-н.; 2) *(zu D)* ста́влення *(до кого, чого)*; зв'язо́к *(з ким, чим)*; 3) відно́сини; gégenseitige ~se взаємовідно́сини; 4) *pl* умо́ви, обста́вини; обстано́вка; die näheren ~se дета́лі, подро́биці *(справи)*; polítische ~se політи́чна обстано́вка; in ärmlichen ~sen lében жи́ти в бі́дності; 5) *pl* за́соби, можли́вості.

verhältnismäßig *adj* відно́сний; порівня́льний; відпові́дний.

verhältnisweise *adv* пропорці́йно; відно́сно.

Verháltung *f* -, -en 1) заглу́шення

V

(якого-н. почуття); стри́мування; 2) стри́маність; 3) поведі́нка, мане́ра пово́дитися.
Verháltungsmaßregel *f* -, -n інстру́кція, керівни́цтво; пра́вила поведі́нки.
verhándeln *vi* 1) *(mit j-m über A)* вести́ перегово́ри *(з ким про що)*; 2) *юр.* розбира́ти спра́ву, слу́хати спра́ву.
Verhándlung *f* -, -en 1) *pl* перегово́ри; in ~en (éin)treten почина́ти перегово́ри; 2) *юр.* засі́дання *(суду)*; слу́хання *(справи)*.
Verhängnis *n* -ses, -se (зла) до́ля, фа́тум; заги́бель.
verhängnisschwer, verhängnisvoll *adj* фата́льний, згу́бний.
verhármlosen *vt* зме́ншувати серйо́зність *(чого)*; недооці́нювати.
verhárren *vi (s, h)* 1) залиша́тися, перебува́ти *(в якому-н. стані)*; in Schwéigen ~ уперто мовча́ти; in éiner Stéllung ~ завме́рти в одні́й по́зі; 2) *(auf D, bei D)* наполяга́ти *(на чому)*.
verhärten *vi (s) i* **sich** ~ 1) тве́рднути; ущі́льнюватися; 2) *перен.* че́рствіти, роби́тися жорсто́ким.
verháßt *adj* нена́висний.
verháuen 1. *vt* 1) *розм.* псува́ти *(справу)*; витрача́ти, розтри́нькувати *(гроші)*; 2) *розм.* поби́ти *(кого)*; 2. **sich** ~ *(in D, mit D)* роби́ти по́ми́лку, да́ти ма́ху *(в чому)*.
verhéeren *vt* спусто́шувати, розоря́ти, руйнува́ти.
verhéhlen *vt (vor j-m)* прихо́вувати, зата́ювати *(від кого)*.
verhéimlichen *vt* прихо́вувати, ута́ювати; замо́вчувати.
verhéiraten 1. *vt (mit j-m)* одру́жувати *(кого з ким)*; *(an j- n)* віддава́ти за́між *(за кого)*; 2. **sich** ~ *(mit j-m)* одру́жуватися *(з ким)*.
verhéiratet *adj* одру́жений;ármiжня.
verhéißen* *vt* обіця́ти; віщува́ти, пророкува́ти.
verhéißungsvoll *adj* багатообіця́ючий.
verhérrlichen *vt* прославля́ти.
verhétzen *vt* підбу́рювати, нацько́вувати.
verhíndern *vt* запобіга́ти *(чому)*, перешкоджа́ти *(кому, чому)*; затри́мувати *(кого, що)*.
verhöhnen *vt* знуща́тися, насміха́тися, глузува́ти *(з кого, чого)*.
Verhör *n* -(e)s, -e 1) до́пит; j-n ins ~ néhmen допи́тувати кого́-н.; 2) опи́тування.
verhören 1. *vt* 1) допи́тувати; 2) опи́тувати *(учнів)*; 3) прослу́хати, не розчу́ти; пропуска́ти повз ву́ха; 2. **sich** ~ не те почу́ти, недочу́ти, не зрозумі́ти, не розібра́ти.
verhüllen 1. *vt* обку́тувати; заку́тувати, закрива́ти, покрива́ти; die Wáhrheit ~ прихо́вувати і́стину; 2. **sich** ~ заку́туватися, закрива́тися.
verhüten *vt* запобіга́ти *(чому)*; охороня́ти *(від чого)*.
Verhütung *f* -, -en *(G)* запобіга́ння *(чому)*; профіла́ктика.
verírren, sich заблуди́ти(ся).
Verirrung *f* -, -en по́милка; недо́гляд.
verjágen *vt* прогання́ти, виганя́ти, розганя́ти, відганя́ти.
verjüngen *vt* 1) омоло́джувати; обно́влювати; 2) *тех.* зме́ншувати, скоро́чувати; звужувати.
Verkáuf *m* -(e)s, ...käufe про́даж, збут.
verkáufen *vt (j-m, an j-n)* продава́ти *(що, кого кому; тж. перен.)*; zu ~ продає́ться, продаю́ться, є в про́дажу *(в оголошеннях, рекламі)*.
Verkäufer *m* -s, - продаве́ць.
verkäuflich *adj* прода́жний *(тж. перен.)*; ходови́й *(про товар)*.
Verkéhr *m* -(e)s 1) рух *(вуличний, дорожній)*; тра́нспорт; 2) рух, сполу́чення; курсува́ння; пла́вання *(суден)*; *військ.* просува́ння *(по комунікаціях)*; stárker ~ пожва́влений рух; im ~ sein курсува́ти; 3) зв'язо́к, вид (спо́сіб) зв'язку́; сполу́чення, комуніка́ція; 4) (грошови́й) о́біг; 5) відно́сини, стосу́нки; спілкува́ння; знайо́мство; bríeflicher ~ листува́ння; кореспонде́нція; der offiziélle ~ офіці́йні відно́сини.
verkéhren 1. *vi* 1) *(mit D)* спілкува́тися, підтри́мувати стосу́нки (знайо́мство); mit j-m bríeflich ~ листува́тися з ким-н.; 2) *(in D, bei D)* ча́сто бува́ти *(де, у кого)*; 3) ходи́ти, курсува́ти, зді́йснювати ре́йси; 2. *vt* перекру́чувати, спотво́рювати; перетво́рювати; 3. **sich** ~ *(in A)* перетво́рюватися *(на що, здеб. на свою протилежність)*.
Verkéhrs|ader *f* -, -n тра́нспорт-

на магістра́ль; **~ampel** *f* -, -n світлофо́р; **~flugzeug** *n* -(e)s, -e пасажи́рський літа́к, тра́нспортний літа́к; **~mittel** *n* -s, - 1) *pl* спо́соби спілкува́ння *(між людьми)*; 2) за́сіб сполу́чення (пересува́ння); 3) *pl* за́соби зв'язку́ *(телефон, телеграф)*; **~regel** *f* -, -n пра́вило ву́личного ру́ху; **~wesen** *n* -s тра́нспорт; **~zeichen** *n* -s, - доро́жній знак.

verkéhrt 1. *adj* 1) зворо́тний, протиле́жний, переве́рнутий; ~e Séite ви́ворі́т, спід; *перен.* зворо́тний бік; 2) перекру́чений, хи́бний; абсу́рдний; спотво́рений; 2. *adv* 1) навпаки́; 2) нави́воріт *(надіти)*.

verkléiden 1. *vt* 1) переодяга́ти *(з метою маскування)*; 2) *тех., буд.* обшива́ти; облицьо́вувати; обтива́ти *(матерією)*; 3) маскува́ти; хова́ти, прихо́вувати; 2. **sich** ~ 1) переодяга́тися; 2) маскува́тися.

verkléinern *vt* 1) зме́ншувати; 2) приме́ншувати, недооцінювати.

verklíngen* *vi* (s) 1) відзвуча́ти *(про музику)*; завмира́ти *(про звуки)*, 2) *перен.* припиня́тися, прохо́дити.

verknéifen* 1. *vt розм.* 1) утри́муватися *(від чого)*; прихо́вувати, затамо́вувати *(напр., біль)*; 2) змо́рщити, скриви́ти *(обличчя)*; 2. **sich** ~ помили́тися.

verknüpfen *vt* 1) зв'я́зувати *(вузлом)*; скріплювати *(частини)*; 2) *перен.* зв'я́зувати, об'є́днувати.

verkómmen* *vi* (s) 1) занепада́ти; 2) опуска́тися *(про людину)*.

verkörpern *vt* втілювати, усо́блювати.

verkráchen *розм.* 1. *vi* (s) збанкрутува́ти, прогоріти; 2. **sich** ~ *(mit D)* посвари́тися *(з ким)*.

verkümmern *vi* (s) ча́хнути, хи́ріти; занепада́ти; ги́нути.

verkünd(ig)en *vt* проголо́шувати, сповіща́ти; обнаро́дувати.

verkürzen *vt* укоро́чувати *(довжину)*; скоро́чувати *(час)*.

verláden* *vt*ванта́жити; наванта́жувати.

Verlág *m* -(e)s, -e видавни́цтво.

verlágern *vt* 1) перебазо́вувати, перево́дити; переміща́ти; 2) *(auf A)* перево́дити *(розмову на кого, що)*; перекла́сти *(відповідальність на кого)*.

Verlähmung *f* -, -en *мед.* пара́ліч.

verlángen 1. *vt* бажа́ти, проси́ти; вимага́ти; виклика́ти; díese Wáre wird viel verlángt на цей това́р вели́кий по́пит; 2. *vi (nach D)* пра́гнути *(до чого)*, жада́ти *(чого)*; проси́ти *(що)*.

Verlángen *n* -s, - бажа́ння, вимо́га; потре́ба *(nach D в чому)*.

verlängern *vt* 1) подо́вжувати *(сукню)*; 2) продо́вжувати *(строк)*; 3) *спорт.* дава́ти додатко́вий час *(для гри)*.

verlángsamen *vt* спові́льнювати.

Verláß *m* ...lasses надійність.

verlássen* I 1. *vt* залиша́ти, покида́ти, 2. **sich** ~ *(auf A)* поклада́тися *(на кого, що)*.

verlássen II *adj* само́тній, поки́нутий.

verläßlich *adj* наді́йний.

Verláuf *m* -(e)s, ...läufe 1) хід; im ~ der Unterhándlungen під час перегово́рів; nach ~ méhrerer Stúnden че́рез кілька годи́н; 2) лі́нія, на́прямок *(напр., кордону)*.

verláufen* 1. *vi* (s) 1) мина́ти, прохо́дити *(про час)*; відбува́тися; 2) прохо́дити, пролягати *(напр., про кордон)*; 3) *(in D)* кінча́тися, губи́тися *(де)*; 4) *(in A)* перехо́дити *(в інший колір)*; 2. *vt:* j-m den Weg ~ перебі́гти доро́гу кому́-н. *(тж. перен.)*; 3. **sich** ~ 1) заблуди́тися; 2) зни́жуватися, спада́ти *(про рівень води, перен. тж про ентузіазм)*; 3) розхо́дитися, розсі́юватися.

verláuten 1. *vi* ста́ти відо́мим; 2. *vt* повідомля́ти, сповіща́ти.

verlégen I 1. *vt* 1) покла́сти *(що-н. не туди)*; загуби́ти; 2) перекла́сти *(що-н. на інше місце)*; перево́дити *(в інше місце)*; переміща́ти; 3) відклада́ти, перено́сити *(напр., засідання на інший день)*; 4) проклада́ти *(кабель, труби)*; 5) загоро́джувати, блокува́ти *(шлях)*; 6) видава́ти *(книжки, газети)*; 2. **sich** ~ *(auf A)* стара́нно займа́тися *(чим)*; захопи́тися *(чим)*.

verlégen II *adj* 1) збенте́жений, соромли́вий; 2) зале́жаний, зіпсо́ваний.

Verlégenheit *f* -, -en збенте́ження; утру́днення, скрутне́ стано́вище.

Verléger *m* -s, - видаве́ць.

verléihen* *vt (j-m)* 1) позича́ти, дава́ти напрока́т *(що кому)*; 2) додава́ти *(сили)*; 3) нагоро́джувати *(чим кого)*.

Verléihung *f* -, -en 1) по́зичка,

V

прокát; 2) нагорóдження *(орденом)*; присвóєння *(почесного звання)*; присýдження *(премії)*.

verlésen* I 1. *vt* 1) прочитáти вгóлос; зачи́тувати, оголóшувати; 2. **sich** ~ помили́тися під час читáння.

verlésen* II *vt* сортувáти, відбирáти, перебирáти.

verlétzbar *adj* врáзли́вий; обрáзливий.

verletzen *vt* 1) пошкóдити, порáнити; 2) порýшити *(закон, договір, кордон)*; 3) ображáти.

verletzend *adj* обрáзливий.

verléugnen 1. *vt* 1) заперéчувати *(напр., провину)*; 2) зрікáтися *(кого, чого)*; 3): er ließ sich ~ він звелíв сказáти, що йогó немає вдóма; 2. **sich** ~ самозрікáтися; зрáджувати самóго себé.

verléumden *vt* звóдити нáклеп (на когo); **ослáвити, (о)чорни́ти, дискредитувáти** *(кого)*.

Verléumder *m* **-s, -** наклéпник.

Verléumdung *f* **-, -en** нáклеп, лихослíв'я; дискредитáція.

verlíeben, sich *(in A)* закóхуватися *(в кого)*.

Verlíebte *m, f* закóханий, -на.

verlíeren* 1. *vt, vi* 1) губи́ти, втрачáти, позбувáтися *(чого) (тж. перен.)*; sich selbst ~ втрачáти віру в свої си́ли; an Ansehen ~ втрачáти авторитéт; an Témpo ~ зни́зити темп; 2) програвáти *(війну, процес, гру)*; зазнавáти збиткíв; 2. **sich** ~ 1) (за)губи́тися; 2) **забýтися, замріятися; захопи́тися.**

verlóben, sich *(mit D)* заручи́тися *(з ким)*.

verlócken *vt (mit D)* замáнювати; спокушáти, привáблювати *(кого чим)*.

verlógen *adj* 1) брехли́вий; 2) помилкóвий, хи́бний.

verlórengeh(e)n* *vi (s)* пропадáти.

Verlórenheit *f* **-** 1) самóтність; 2) розгýбленість.

Verlórensein *n* **-s** заги́бель; безвихідне станóвище.

verlöschen 1.* *vi (s)* 1) гáснути *(тж. перен.)*; 2) *перен.* затихáти, вгамóвуватися; 2. *vt* 1) гаси́ти; 2) стирáти *(написане)*.

verlósen *vt* розíгрувати (в лотереї), визначáти жеребкувáнням.

Verlúst *m* **-es, -e** втрáта, пропáжа; збитoк, прóграш; éinen ~ erléiden зазнáти зби́ткiв.

vermáchen *vt* заповідáти, відпи́сувати.

Vermächtnis *n* **-ses, -se** заповíт.

vermählen 1. *vt* одрýжувати; жени́ти; віддавáти зáміж; 2. **sich** ~ одрýжуватися; *перен.* з'єднуватися, укладáти союз.

verméhren 1. *vt* збíльшувати, примнóжувати; 2. **sich** ~ розмнóжуватися.

verméngen *vt* змíшувати *(тж. перен.)*, готувáти сýміш.

verménschlichen *vt* олюдни́ти; персоніфікувáти, втілювати.

Vermérk *m* **-(e)s, -e** 1) пóзначка, нотáтка, замíтка; 2) корóтка примíтка.

vermérken *vt* позначáти, роби́ти нотáтки; відзначáти.

vermessen* 1. *vt* вимíрювати, обмíрювати; розмежóвувати; 2. **sich** ~ 1) помили́тися в обмíрюванні; 2) звáжуватися *(на що)*.

Verméssenheit *f* **-, -en** 1) ризик; 2) зухвáлість, зарозумíлість, пихáтість.

Verméssung *f* **-, -en** 1) вимíрювання, обмíрювання; межувáння; 2) (геодези́чна) зйóмка; 3) пóмилка у вимíрюванні.

vermíeten 1. *vt* здавáти внаймú; давáти напрокáт; Zímmer zu ~ здаються кімнáти *(оголошення)*; 2. **sich** ~ наймáтися.

vermíndern *vt* змéншувати, скорóчувати.

vermíschen *vt* 1) змíшувати; готувáти сýміш; перемíшувати; 2) *перен.* змíшувати, плýтати; 3) *с. г.* схрéщувати.

vermítteln *vt* 1) бýти посерéдником; 2) сприя́ти *(чому)*; 3) повідомля́ти; передавáти *(досвід, знання)*.

Vermíttlung *f* **-, -en** 1) посерéдництво, сприя́ння; durch ~ von ... за посерéдництвом *(кого)*; 2) передáча *(досвіду, знань)*; 3) зв'язóк, комутáція; 4) комутáтор, комутацíйний пункт.

vermögen* *vt* бýти спромóжним, могти́.

Vermögen *n* **-s, -** 1) майнó, добрó; 2) здáтність, спромóжність.

vermúten *vt* припускáти, гадáти; здогáдуватися, підóзрювати.

vermútlich 1. *adj* гáданий, передбáчуваний; **2.** *adv* можли́во, напéвно.

vernáchlässigen *vt* нéхтувати *(кого, що)*, не приділя́ти увáги *(ко-*

му, чому); стáвитися недбáло *(до чого)*; занехáяти, закúнути, запустúти *(навчання)*.
vernárben *vi (s)* зарубцьóвуватися; die Wúnde vernárbt рáна загóюється *(тж. перен.)*.
vernébeln *vt* 1) оповивáти (огортáти) тумáном; 2) *перен.* тумáнити, затумáнювати; 3) *військ.* стáвити димовý завíсу.
vernéhmen* *vt* 1) (по)чýти, слýхати; 2) допúтувати.
vernéhmlich *adj* чýтний; вирáзний, ясний, зрозумíлий.
Vernéhmung *f* -, -en дóпит; опúтування.
vernéinen *vt* заперéчувати.
Vernéinung *f* -, -en 1) заперéчення *(тж. перен.)*; 2) відмóва.
vernichten *vt* 1) знúщувати, винúщувати; руйнувáти; 2) *перен.* знúщувати; руйнувáти *(надії)*.
Vernúnft *f* - здорóвий глузд.
vernünftig *adj* розýмний; розсýдливий.
veröden 1. *vt* спустóшувати; 2. *vi (s)* (о)пустíти.
veröffentlichen *vt* опублікóвувати; обнарóдувати.
Veröffentlichung *f* -, -en 1) опублікувáння; обнарóдування; 2) публікáція; оголóшення.
verórdnen *vt* 1) віддáти розпорядження; накáзувати; постановляти; 2) *мед.* прописувати *(ліки)*; призначáти, приписувати *(дієту)*.
Verórdnung *f* -, -en 1) адміністратúвне розпорядження; постанóва; накáз; éine ~ verábschieden вúдати постанóву; 2) *мед.* признáчення.
verpássen *vt* 1) упускáти, пропускáти; не скористáтися *(нагодою)*; 2) примíряти.
verpflánzen *vt* 1) пересáджувати, висáджувати *(рослини)*; 2) *перен.* перенóсити, поширювати *(ідеї)*; 3) *мед.* пересáджувати, трансплантувáти.
Verpflégung *f* -, -en 1) продовóльство; 2) продовóльче постачáння; 3) харчувáння; 4) дóгляд *(за хворим)*.
verpflíchten 1. *vt* 1) *(durch A zu D)* зобов'язувати *(кого до чого)*; 2) приймáти *(на роботу)*, укладáти дóговір; verpflíchtet wérden *(an A)* працювáти *(де)*; 2. **sich** ~ зобов'язуватися, взяти на себé зобов'язáння.
Verpflíchtung *f* -, -en 1) обов'язок; 2) зобов'язáння.
verprügeln *vt* відлупцювáти, побúти.
Verpútz *m* -es штукатýрка.
verpútzen *vt* оштукатýрювати.
Verrát *m* -(e)s зрáда, зрáдництво.
verráten* 1. *vt* 1) зрáджувати *(кого, що)*; 2) *(j-m)* видавáти *(кого, що, напр., ворогові)*; розголóшувати *(таємницю)*, *перен.* виявляти; 2. **sich** ~ видавáти себé; проявлятися.
Verräter *m* -s, - зрáдник.
verräterisch *adj* зрáдницький, запрóданський; вірол óмний.
verráuchen *vi (s)* 1) розсíюватися (як дим), видихáтися, випарóвуватися; 2) прохóдити *(напр., про гнів)*; зникáти *(розм.)*.
verréchnen 1. *vt* 1) розрахувáти *(що)*; 2) *(j-m)* розрахувáтися *(за що з ким) (тж. перен.)*; 2. **sich** ~ прорахувáтися, помилúтися в розрахýнках *(тж. перен.)*.
verréisen 1. *vi (s)* від'їжджáти; 2. *vt* проїздити, витрачáти на їздý *(гроші)*.
verrénken *vt* вúвихнути.
verríegeln *vt* запирáти *(на засувку, ланцюжок)*.
verríngern *vt* змéншувати, скорóчувати, знúжувати.
verrínnen* *vi (s)* 1) витікáти; стікáти; 2) минáти, проминáти *(про час)*.
verrótten *vi (s)* зотлівáти, гнúти, руйнувáтися; розкладáтися.
verrückt *adj* 1) зрýшений *(з місця)*, пересýнутий; 2) божевíльний; ~ wérden (з)божевóліти.
Verrúf *m* -(e)s недóбра слáва; погáна репутáція; j-n in ~ bríngen знеслáвити, зганьбúти, дискредитувáти когó-н.
verrúfen* *vt* знеслáвити, зганьбúти, дискредитувáти.
verrúßen *vi (s)* закоптíти, вкрúтися кíптявою.
Vers *m* -es, -e вірш, віршóваний рядóк.
versáchlichen *vt* 1) конкретизувáти; 2) розглядáти по сýті *(питання)*.
versácken *vi (s)* 1) тонýти *(про судно)*; 2) *перен.* попáсти у безвúхідь, застрявáти.
verságen 1. *vt (j-m)* відмовляти *(в чому кому)*; 2. *vi перен.* 1) відмовляти, відмовлятися служúти *(про механізм)*; ламáтися; давáти осíчку *(про гвинтівку)*; 2) вúявитися неспромóжним, не

V

справля́тися *(з чим)*.

versálzen(*) *vt* 1) пересоли́ти; 2) *перен. розм.* зіпсува́ти *(радість)*; відби́ти охо́ту *(до чого)*; j-m die Súppe ~ насоли́ти кому́-н.

versámmeln 1. *vt* збира́ти; склика́ти; 2. **sich** ~ збира́тися, схо́дитися, зосере́джуватися *(про війська)*.

Versámmlung *f* -, **-en** 1) збо́ри; éine geschlóssene (óffene) ~ закри́ті (відкри́ті) збо́ри; éine ~ (áb)halten прово́дити збо́ри.

versáuern *vi (s)* скиса́ти *(напр., про молоко)*.

versäumen *vt* 1) пропусти́ти; не скориста́тися *(чим)*; den Zug ~ спізни́тися на по́їзд; 2) пропусти́ти, прогуля́ти *(заняття)*.

Versäumnis *f* -, **-se**, *n* **-ses**, **-se** 1) недо́гляд, недо́лік; невикона́ння; 2) про́пуск *(занять)*.

verschämt *adj* соромли́вий, сором'язли́вий, боязки́й.

verschärfen 1. *vt* заго́стрювати, поси́лювати *(напруження)*; приско́рювати *(темп)*; 2. **sich** ~ заго́стрюватися, поси́люватися *(про напруження)*; приско́рюватися, нароста́ти, підви́щуватися *(про темп)*.

verschícken *vt* 1) відправля́ти, посила́ти, розсила́ти; 2) засила́ти.

verschíeben* 1. *vt* 1) зру́шувати *(з місця)*, пересува́ти; 2) відклада́ти, відстро́чувати, перено́сити; 3) нелега́льно продава́ти, спекулюва́ти *(чим)*; 4) *військ.* передислокува́ти; 2. **sich** ~ зру́шитися *(з місця)*, пересува́тися.

verschíeden 1. *adj* рі́зний; ~es рі́зне; бага́то чого́; ~e von íhnen де́хто; 2. *adv:* ~ lang рі́зної довжини́.

verschíedenartig *adj* різномані́тний; рі́зний.

Verschíedenheit *f* -, **-en** різни́ця, відмі́нність; неодна́ковість.

verschláfen* I 1. *vt* проспа́ти; 2. **sich** ~ заспа́тися, спа́ти на́дто до́вго, переспа́ти.

verschláfen II *adj* за́спаний; со́нний *(тж. перен.)*.

verschlágen* I 1. *vt* 1) *(mit D)* забива́ти *(чим)*; 2) перегоро́джувати; 3) зано́сити; *мор., ав. тж.* відно́сити вбік; закида́ти *(напр., м'яч)* на́дто дале́ко; 2. *vi* 1) *(s)* опини́тися *(де)*, попа́сти, потра́пити *(куди)*; 2) *(bei D)* поді́яти, вплі́нути *(на кого)*.

verschlágen II *adj* хи́трий, лука́вий.

verschléchtern 1. *vt* погі́ршувати; 2. *vi i* **sich** ~ погі́ршуватися.

verschléißen* *vi (s)* зно́шуватися, сто́чуватися, спрацьо́вуватися *(тж. тех.)*.

verschléudern *vt* 1) розтра́чувати; марнотра́тити; 2) продава́ти за бе́зцінь.

verschlíeßen* 1. *vt* 1) замика́ти; mit éinem Pfrópfen ~ закорко́вувати; 2) трима́ти під замко́м; *перен.* прихо́вувати, зата́ювати *(що)*; die Augen vor etw. *(D)* ~ закрива́ти о́чі на що-н.; 2. **sich** ~: sich gegen j-s Bitten nicht ~ не бу́ти глухи́м до чиї́х-н. проха́нь; sich in sich *(D)* selbst ~ замика́тися в собі́.

verschlímmern 1. *vt* погі́ршувати; 2. *vi i* **sich** ~ погі́ршуватися, заго́стрюватися.

verschlíngen* I *vt* 1) ковта́ти; Bücher ~ *розм.* чита́ти запо́єм; 2) *розм.* поглина́ти *(напр., багато грошей)*.

verschlíngen* II 1. *vt* зв'я́зувати одне́ з о́дним; 2. **sich** ~ спліта́тися, перепліта́тися *(тж. перен.)*.

verschlóssen *adj* 1) закри́тий, зачи́нений, за́мкнутий; etw. ~ hálten трима́ти під замко́м *(що)*; 2) за́мкнутий, відлю́дний, потайни́й *(про людину)*.

verschlúcken 1. *vt* 1) проко́втувати, ковта́ти *(тж. перен.)*; das verschlúckt viel Zeit це забира́є бага́то ча́су; 2) поборо́ти, зата́їти *(досаду, гнів)*; 2. **sich** ~ *(an D)* зака́шлятися; подави́тися; захлину́тися *(чим)*.

Verschlúß *m* **...schlusses**, **...schlússe** 1) замо́к; затво́р *(рушниці)*; 2) *фон.* зми́чка.

verschmälern 1. *vt* 1) зву́жувати; 2) зме́ншувати; 2. **sich** ~ зву́жуватися.

verschmélzen 1.(*) *vt* 1) пла́вити; *тех.* виплавля́ти; 2) сплавля́ти; 3) *хім., фіз.* синтезува́ти; 4) *перен.* злива́ти воєди́но, згурто́вувати; 2.* *vi (s) i* **sich** ~* 1) розплавля́тися; 2) злива́тися *(тж. перен.)*.

verschmútzen 1. *vt* забрудни́ти; 2. *vi (s)* зарости́ бру́дом, забрудни́тися.

verschnáufen *vi i* **sich** ~ відди́хатися, передихну́ти, перевести́ дух.

verschnéien *vi (s)* укрива́тися сні́гом.

verschnúpft *adj* 1) засту́джений;

er ist ~ у нього нéжить; 2) *розм.* засмýчений; обрáжений.
verschränken *vt* 1) схрестúти; поклáсти нáвхрест; die Arme ~ схрестúти рýки; 2) обмéжувати, скорóчувати.
verschréiben* 1. *vt* 1) (про)писáти; 2) списáти, вúтратити; 3) випúсувати *(кого, що)*; 4) пропúсувати *(ліки)*; 5) відпúсувати *(своє майно кому)*; 6) непрáвильно написáти *(слово)*; 2. **sich** ~ 1) помилятися на письмí; 2) *(D)* дáти письмóве зобов'язáння *(кому)*; *перен.* віддавáтися *(чому)*, із захóпленням займáтися *(чим)*.
verschüchtern *vt* залякувати.
verschütten *vt* 1) розсипáти; розливáти; 2) *(mit D)* засипáти, завáлювати *(чим)*.
verschwéigen* *vt* замóвчувати; ein Gehéimnis ~ берегтú таємнúцю.
verschwénden *vt* витрачáти безрозсýдно, марнувáти.
verschwíegen *adj* мовчазнúй, потайнúй.
verschwímmen* *vi (s)* розпливáтися *(про фарби, контури)*.
verschwínden* *vi (s)* зникáти, ховáтися.
verschwómmen *adj* розплúвчастий, невирáзний, тумáнний.
verschwören 1. *vt* клястúся, давáти клятву; зрікáтися *(чого)*; 2. **sich** ~ *(mit D, gegen A)* вчинятú змóву *(з ким проти кого)*.
Verschwörer *m* -s, - змóвник.
Verschwörung *f* -, -en 1) урочúста клятва; (урочúсте) зрéчення; 2) таéмна змóва *(із злочинною метою)*.
verséhen* 1. *vt* 1) *(mit D)* постачáти *(чим)*; 2) викóнувати *(обов'язки)*; 2. **sich** ~ 1) *(mit D)* запасáтися *(напр., продуктами)*; 2) *(bei D)* помилитися.
Verséhen *n* -s, - пóмилка, недóгляд; ein ~ erkénnen усвідóмити пóмилку.
verselbständigen, sich стáти самостíйним (незалéжним); відокрéмитися.
versénken 1. *vt* 1) занýрювати, опускáти; 2) затóплювати, топúти *(судно)*; 2. **sich** ~ занýрюватися *(про підводний човен; тж. перен.)*.
versétzen *vt* 1) переставляти, пересувáти; 2) пересáджувати *(дерева)*; 3) перевóдити на нову посáду; перевóдити в настýпний клас *(учнів)*; 4) загорóджувати *(дорогу)*; заступáти *(вхід)*; 5) віддавáти в застáву *(речі)*.
verséuchen 1. *vt* заражáти; отрýювати *(місцевість; тж. перен.)*; 2. *vi (s)* бýти охóпленим епідéмією.
versíchern 1. *vt* 1) запевняти, перекóнувати *(кого в чому)*; 2) *(gegen A)* страхувáти *(кого, що від чого)*; 2. **sich** ~ 1) *(gegen A)* застрахувáтися *(від чого)*; 2) *(G)* заручúтися, забезпéчити себé *(чим)*.
Versícherung *f* -, -en 1) запéвнення *(G в чому)*; éine ~ gében запевняти; 2) страхувáння *(gegen A від чого)*; 3) дóговір страхувáння; éine ~ ábschließen застрахувáтися.
Versícherungs|gebühr *f* -, -en страховúй внéсок; ~**vertreter** *m* -s, - страховúй агéнт.
versíckern *vi (s)* просóчуватися; вичéрпуватися *(тж. перен.)*.
versíegeln *vt* запечáтувати; опечáтувати.
versíegen *vi (s)* вичéрпуватися *(тж. перен.)*.
versínken* *vi (s)* 1) тонýти, занýрюватися; 2) *(in A) перен.* заглúблюватися *(напр., в роботу)*; віддавáтися *(чому)*; погрузáти *(в чому)*.
versínnbildlichen *vt* символізувáти.
versínnen* 1. *vt* 1) роздýмувати, міркувáти; 2) обміркóвувати *(що)*; 3) не помíтити *(чого-н. замисливишсь)*; 2. **sich** ~ глибóко замúслитися.
verskláven 1. *vt* понéвóлювати; підкорятú собí *(кого)*; 2. *vi (s)* стáти чúм-н. рабóм *(тж. перен.)*.
versöhnen 1. *vt (mit D)* помирúти *(кого з ким)*; примирúти *(кого з чим)*; 2. **sich** ~ *(mit D)* мирúтися *(з ким, чим)*.
versónnen *adj* задýмливий, мрíйний; неувáжний.
versórgen 1. *vt* 1) *(mit D)* постачáти *(кому що)*, забезпéчувати *(кого, що чим)*; 2) обслугóвувати; 3) влаштóвувати *(кого)*; 4) викóнувати *(службові обов'язки)*; піклувáтися *(про що)*; 2. **sich** ~ *(mit D)* запасáтися *(чим)*.
Versórgung *f* -, -en 1) постачáння, забезпéчення; 2) обслугóвування.
verspäten sich ~ запíзнюватися, спíзнюватися.

verspérren *vt* 1) загоро́джувати; перегоро́джувати; 2) закрива́ти, замика́ти.
verspótten *vt* насміха́тися, глузува́ти *(з кого, чого)*, висмі́ювати *(кого, що)*.
verspréchen* 1. *vt* обіця́ти; 2. **sich** ~ 1) помиля́тися на сло́ві, обмовля́тися; 2) *(j-m)* заруча́тися *(з ким)*.
Verspréchen *n* **-s**, *рідко pl* **-** обіця́нка; sein ~ hálten дотри́мувати обіця́нки.
Verspréchung *f* **-**, **-en** обіця́нка; j-m ~en máchen дава́ти кому́-н. обіця́нки.
verspréngen *vt* розсі́ювати; розганя́ти *(напр., натовп)*.
verspüren *vt* відчува́ти, почува́ти.
verstáatlichen *vt* націоналізува́ти.
Verstánd *m* **-(e)s** ро́зум, глузд; інтеле́кт; bei vóllem ~ при по́вному ро́зумі; mit ~ з ро́зумом, дола́дно.
verständig *adj* розу́мний, тяму́щий, кмітли́вий.
verständigen 1. *vt (über A, von D)* сповіща́ти, повідомля́ти *(кого про що)*; 2. **sich** ~ *(mit j-m über A)* 1) порозумі́тися *(з ким з приводу чого)*; 2) домовля́тися *(з ким про що)*.
Verständigung *f* **-**, **-en** 1) повідо́млення; 2) уго́да, домо́вленість; взаєморозумі́ння; 3) розмо́ва *(між ким)*.
Verständigungspolitik *f* **-** полі́тика взаєморозумі́ння; полі́тика перегово́рів (конта́ктів).
verständlich *adj* зрозумі́лий; я́сний; переко́нливий; розбі́рливий *(почерк)*.
verständnis|los *adj* 1) нетяму́щий; 2) нечу́йний; **~voll** *adj* 1) тяму́щий; 2) чу́йний.
verstärken *vt* підси́лювати, змі́цнювати.
Verstärkung *f* **-**, **-en** 1) підси́лення, змі́цнення, підкрі́плення *(тж. військ.)*; 2) збі́льшення.
verstárren *vi (s)* тверді́ти, холо́нути, застига́ти.
verstáuben *vi (s)* 1) укрива́тися пи́лом, запоро́шуватися; 2) зника́ти, розві́юватися.
Verstéck *n* **-(e)s**, **-e** 1) схо́ванка; тайни́к; ~ spielen гра́ти у хо́ванки; 2) за́сідка.
verstécken 1. *vt* хова́ти; 2. **sich** ~ хова́тися; sich hinter Phrásen (hínter Wórten) ~ прикрива́тися слова́ми.
verstéh(e)n* 1. *vt* 1) розумі́ти; 2) розбира́ти, сприйма́ти; 3) умі́ти, зна́ти *(напр., свою справу)*, воло́діти *(мистецтвом чого)*; 2. **sich** ~ 1) знахо́дити спі́льну мо́ву, розумі́ти оди́н о́дного; 2) *(zu D)* поста́витися поблажли́во *(до чого)*; дава́ти свою́ зго́ду *(на що)*; 3) *(auf A)* розумі́тися *(на чому)*, розбира́тися *(в чому)*.
verstéigen*, **sich** 1) забра́тися на́дто ви́соко; заблуди́тися *(в горах)*; 2) *перен.* зано́ситися, зарива́тися *(про людину)*.
verstellen 1. *vt* 1) переставля́ти; 2) *(mit D)* загоро́джувати, заставля́ти *(чим)*; 3) поста́вити не на мі́сце; 4) змі́нювати *(голос, почерк)*; 2. **sich** ~ прикида́тися.
verstérben* *vi (s)* помира́ти.
verstímmen *vt* 1) розладна́ти, розстро́їти *(музичний інструмент)*; 2) при́кро вра́зити, засмути́ти, зіпсува́ти на́стрій.
verstört *adj* розгу́блений, збенте́жений, зби́тий з пантели́ку; зля́каний.
Verstóß *m* **-es**, **...stöße** прови́на, просту́пок; ein ~ gégen die Disziplín пору́шення дисципліни.
verstóßen* 1. *vi (gegen A)* пору́шувати *(напр., закон)*; 2. *vt* виганя́ти, відшто́вхувати *(кого)*.
verstréuen *vt* розсипа́ти; розсі́ювати.
verstümmeln *vt* 1) покалі́чити, зні́вечити; 2) спотво́рювати, псува́ти.
verstúmmen *vi (s)* 1) скам'яні́ти, онімі́ти *(напр., від подиву)*; 2) сти́хнути *(про музику, голоси)*.
Versúch *m* **-(e)s**, **-e** 1) спро́ба; éinen ~ máchen спро́бувати; 2) *юр.* за́мах; 3) до́слід, дослі́дження, експериме́нт.
versúchen *vt* 1) куштува́ти *(їжу)*; 2) намага́тися, про́бувати; 3) випробо́вувати *(кого)*, спокуша́ти.
Versúchs|arbeit *f* **-**, **-en** експериме́нт; експеримента́льна робо́та; **~flieger** *m* **-s**, **-** льо́тчик-випро́бувач; **~werk** *n* **-(e)s**, **-e** до́слідний заво́д; **~wirtschaft** *f* **-**, **-en** до́слідне господа́рство.
versúmpfen *vi (s)* 1) заболо́чуватися; 2) *перен.* опусти́тися.
vertágen *vt* відклада́ти, перено́сити *(на інший час)*.
vertáuschen *vt* 1) (випадково) переплу́тати, обміня́ти; переста́вити; 2) *(mit D, gegen A)* замі́ни́ти *(що на що)*.

vertéidigen 1. *vt (gegen A)* захищáти; обороня́ти *(кого, що від кого, чого)*; 2. **sich** ~ захищáтися, обороня́тися.

Vertéidigung *f* -, **-en** 1) *у різн. знач.* зáхист; 2) *військ.* оборóна.

vertíefen 1. *vt* поглибл́ювати *(тж. перен.)*, 2. **sich** ~ заглиб́люватися *(тж. перен.)*.

Vertíefung *f* -, **-en** 1) заглиблення, запáдина, я́мка; улогóвина; лóщина; 2) поглиблення *(чого, тж. перен.)*; посилення.

vertíeren *vi (s)* озвіріти, втрáтити людськý подóбу.

vertílgen *vt* 1) винищувати; 2) поглинáти *(їжу)*.

vertönen *vi (s)* відлунáти, завмéрти *(про звуки)*.

Vertrág *m* **-(e)s, ...träge** дóговір, контрáкт.

vertrágen* 1. *vt* 1) терпíти, знóсити; 2) знóшувати *(одяг)*; 2. **sich** ~ *(mit D)* ладнáти, уживáтися *(з ким)*.

verträglich 1. *adj* договíрний; **2.** *adv* згíдно з дóговóром.

verträglich *adj* лáгідний, миролюбний, ввíчливий.

vertráuen 1. *vi (D)* довіря́ти(ся), вíрити *(кому, чому)*, *(auf A)* поклáстися *(на кого, на що)*; 2. *vt (j-m)* довіря́ти, звіря́ти *(що кому)*.

Vertráuen *n* **-s** довíра *(auf A, in A, zu D до кого)*.

Vertráuensstellung *f* -, **-en** відповідáльна посáда.

vertráuensvoll *adj* 1) довíрливий; 2) спóвнений довíри *(до кого)*.

vertráulich 1. *adj* 1) близький, інтимний; дóбре знайóмий; 2) фамілья́рний; 3) конфіденціáльний, секрéтний; éine ~e Sitzung закри́те засíдання; **2.** *adv:* streng ~ цілкóм секрéтно.

vertréiben* *vt* 1) проганя́ти, виганя́ти; sich *(D)* die Zeit mit etw. *(D)* ~ коротáти (провóдити) час за чим-н.; 2) продавáти, збувáти.

vertréten* *vt* 1) представля́ти *(напр., країну)*, захищáти *(інтереси)*; éinen Stándpunkt ~ обстóювати тóчку зóру; 2) заміщáти *(кого, що)*; j-n im Amt ~ викóнувати чиї-н. обóв'язки; 3) *(j-m)* заступáти *(дорогу кому)*, 4) стоптáти, зносити *(черевики)*.

Vertréter *m* **-s, -** 1) представник; 2) заступник; 3) агéнт *(напр., фірми)*.

Vertrétung *f* -, **-en** 1) представництво; 2) замíщення *(на посаді)*, виконáння обóв'язків.

Vertríeb *m* **-(e)s, -e** прóдаж, збут.

vertrócknen *vi (s)* 1) засихáти; хи́ріти *(про рослину)*; чéрствіти *(про хліб)*, etw. ~ lássen ви́сушити що-н.; 2) схýднути, ви́сохнути *(про людину)*; 3) *перен.* зачéрствіти, стáти сухарéм *(нудною і черствою людиною)*.

vertrösten 1. *vt (auf A)* подавáти надíю *(кому на що)*; 2. **sich** ~ *(auf A)* надíятися *(на що)*.

vertún* *vt* витрачáти дарéмно *(гроші, час)*.

verübeln 1. *vt (j-m)* ображáтися *(за що на кого)*; 2. *vi (s)* біднíти, убóжіти.

verüben *vt* учиня́ти *(злочин)*.

verúnglimpfen *vt* 1) ганьби́ти; ображáти; осорóмити; 2) звóдити нáклеп *(на кого)*.

verúnreinigen *vt* 1) забрýднювати; 2) опогáнювати; заплямувáти.

verúrsachen *vt* бýти причи́ною *(чого)*; спричиня́ти; виклика́ти *(напр., суперечку, гнів)*.

verúrteilen *vt* 1) засýджувати *(тж. перен.)*; 2) *(zu D) юр.* присýджувати *(кого на що)*.

Verúrteilung *f* -, **-en** 1) засýдження; 2) *юр.* ви́рок.

vervíelfachen *vt* мнóжити, збíльшувати *(в кілька разів)*.

vervóllkommnen 1. *vt* удосконáлювати; 2. **sich** ~ 1) удосконáлюватися; 2) підви́щувати свою кваліфікáцію.

vervóllständigen *vt* 1) попóвнювати *(колекцію, бібліотеку)*; 2) допóвнювати *(список)*; 3) удосконáлювати.

verwáchsen* *vi (s)* 1) зростáтися *(тж. перен.)*; mit etw. *(D)* ~ sein бýти нерозри́вно зв'я́заним з чим-н.; 2) заростáти; гóїтися *(про рану)*; 3) кри́во рости́, карлю́читися.

verwáhren 1. *vt* берегти́, зберігáти, ховáти; 2. **sich** ~ *(gegen A)* берегти́ся *(від чого)*; протестувáти, захищáтися, заперéчувати *(проти чого)*.

verwáhrlosen 1. *vt* залишáти без дóгляду, занéдбувати; 2. *vi (s)* 1) запустíти; 2) залиши́тися без дóгляду.

Verwáhrung *f* -, **-en** 1) зберігáння, схов; 2) протéст, заперéчення.

verwáisen *vi (s)* осиротíти *(тж. перен.)*.

verwálten *vt* керувáти, завíдувати *(чим)*.

Verwáltung *f* **-, -en** 1) управління, завідування; 2) адміністрація, правління; управління *(орган).*
Verwáltungsbehörde *f* **-, -n** адміністративна установа.
verwándeln *vt (in A)* перетворювати *(в що).*
verwándt *adj* родинний; споріднений, близький.
Verwándte *m, f* родич, родичка.
Verwándtschaft *f* **-, -en** 1) спорідненість; 2) рідня, родичі.
verwárnen *vt (vor D)* остерігати, застерігати *(кого від чого);* попереджати *(кого).*
verwáschen *adj* 1) запраний; вицвілий, полинялий; 2) *перен.* розпливчастий.
verwében* *vt* сплітати, переплітати *(тж. перен.).*
verwéchseln *vt* плутати, змішувати.
Verwéchs(e)lung *f* **-, -en** 1) плутанина; 2) непорозуміння, помилка.
verwégen *adj* відважний, сміливий; зарозумілий, зухвалий.
verwéhen 1. *vt* розвіяти, замести *(про вітер);* 2. *vi (s)* розвіятися, розсіятися *(тж. перен. про сум, турботу).*
verwéigern *vt* відмовляти *(в чому);* відхиляти *(прохання);* jéde Antwort ~ відмовлятися відповідати *(на запитання).*
verwéilen 1. *vi* перебувати; затримуватися; bei j-m als Gast гостювати в кого-н. 2. **sich** ~ залишатися, затримуватися *(де).*
Verwéis *m* **-es, -e** 1) зауваження, догана; 2) посилання *(на джерело, книжку).*
verwéisen* *vt* 1) *(j-m)* виносити догану; 2) *(an j-n)* посилати, направляти *(кого до кого);* 3) *(G, aus D)* висилати *(з країни, з міста).*
verwénden* 1. *vt* використовувати, застосовувати; 2. **sich** ~ *(bei j-m für A)* клопотатися, просити *(кого за кого);* заступатися *(перед ким за кого, що).*
Verwéndung *f* **-, -en** 1) вживання, застосування, використання; 2) клопотання, заступництво.
verwérfen* *vt* 1) закидати; 2) відхиляти *(пропозицію),* відкидати *(думку).*
verwérflich *adj* непридатний; неприйнятний; ганебний.
verwérten *vt* використовувати; реалізувати.
verwésen *vi (s)* тліти, гнити, розкладатися *(тж. перен.).*
verwíckeln 1. *vt* 1) заплутувати *(тж. перен.);* 2) *(in A) перен.* уплутувати *(кого в що);* 2. **sich** ~ 1) плутатися *(про пряжу, нитки);* 2) плутатися; говорити плутано.
Verwíck(e)lung *f* **-, -en** 1) ускладнення *(становища);* 1) *літ.* зав'язка.
verwíldern *vi (s)* 1) здичавіти; опуститися *(про людину);* 2) заглухнути, зарости бур'яном *(про сад);* дичавіти, вироджуватися *(про культурні рослини).*
verwínden* *vt* обвивати, переплітати.
verwírken *vt* втрачати *(з власної вини).*
verwírklichen *vt* здійснювати, запроваджувати в життя.
verwírren* *vt* 1) плутати, заплутувати *(пряжу, волосся; тж. перен.);* 2) *перен.* бентежити, збивати з пантелику.
verwírtschaften *vt* розбазарювати, марнотратити.
verwíschen 1. *vt* 1) стирати, змазувати *(написане);* 2) *перен.* згладжувати, затушовувати; стирати *(суперечності);* замітати *(сліди);* 2. **sich** ~ стиратися *(напр., про напис; тж. перен. про враження і т. п.).*
verwöhnen *vt (durch A)* балувати *(кого чим);* розпещувати *(кого).*
verwórfen *adj* підлий; ганебний, розбещений; знедолений.
verwúnden *vt* ранити *(тж. перен.).*
verwúndern 1. *vt* дивувати, вражати; 2. **sich** ~ *(über A)* дивуватися, вражатися.
Verwúnderung *f* **-, -en** подив; здивування; in ~ sétzen дивувати.
Verwúndete *m, f* поранений, поранена.
Verwúndung *f* **-, -en** *мед.* поранення, ушкодження, пошкодження.
verwúnschen *adj* зачарований, заворожений.
verwünschen *vt* 1) проклинати; 2) заворожити, зачарувати.
verwúrzeln *vi (s)* 1) (глибоко) укорінюватися; 2) *(mit D) перен.* зростися, бути кровно (тісно) зв'язаним *(з ким, чим).*
verwüsten *vt* 1) спустошувати, розоряти; 2) підривати, губити *(здоров'я).*
verzánken, sich посваритися.

verzáubern *vt* зачарувáти, заворожи́ти *(тж. перен.)*.

verzéhren 1. *vt* 1) з'їдáти, споживáти; 2) *перен.* пожирáти; виснáжувати *(про хворобу)*; 2. **sich** ~ мýчити себé; *(vor D)* звóдитися, марнíти *(напр., від горя)*.

Verzéichnis *n* **-ses, -se** спи́сок; óпис; покáжчик; реéстр; каталóг; ein ~ ánlegen завести́ спи́сок.

verzéihen* *vt (j-m)* прощáти *(що кому, за що кого)*; вибачáти *(за що кому)*; verzéihen Sie! пробáчте!

Verzéihung *f* - прощéння, ви́бачення; ~! пробáчте!, ви́бачте!; j-n um ~ bítten проси́ти пробáчення.

Verzícht *m* **-(e)s, -e** 1) відмóва, зрéчення; 2) покíрність *(долі)*.

verzíchten *vi* 1) *(auf A)* відмовля́тися, зрікáтися *(чого)*; 2) примиря́тися *(з своєю долею)*.

verzíehen* 1. *vt* 1) розтя́гувати; криви́ти, мóрщити; 2) пéстити; псувáти *(вихованням)*; 3) *с. г.* прорíджувати *(сходи)*; 2. *vi (s)* переїжджáти, переселя́тися; 3. **sich** ~ 1) зникáти, розвíюватися *(про туман)*; 2) розтягти́ся; скриви́тися; 3) жолóбитися; деформувáтися.

verzíeren *vt (mit D)* прикрашáти, оздóблювати *(чим)*.

verzögern 1. *vt* сповíльнювати (темп); затри́мувати, зволікáти *(з чим)*; 2. **sich** ~ затя́гуватися; запíзнюватися.

Verzögerung *f* **-, -en** 1) сповíльнення, зáтримка; зволікáння; 2) відставáння *(годинника)*.

verzückt *adj* захóплений.

Verzúg *m* **-(e)s** 1) зволікáння, зáтримка; in ~ geráten (kómmen) відставáти *(в роботі)*; 2) прострóчення *(платежу)*; 3) переїзд *(на іншу квартиру, в інше місце)*; 4) *здеб. перен.* набли́ження; im ~ sein насувáтися, загрóжувати.

verwéifeln *vi (an D)* 1) втрачáти надíю *(на що)*, зневіря́тися *(в чому)*; 2) глибоко розчарóвуватися *(в кому, чому)*.

Verzwéiflung *f* - ві́дчай, рóзпач; aus (in, vor) ~ etw. tun зроби́ти що-н. у рóзпачі.

verzwéigen, sich розгалýжуватися *(тж. перен.)*.

Véto *n* **-s, -s** вéто, заборóна; sein ~ gégen etw. *(A)* éinlegen наклáдáти вéто на що-н.; sein ~ zurückziehen знімáти вéто.

Vétter *m* **-s, -n** двоюрíдний брат, кузéн.

Víeh *n* **-(e)s** худóба; das größe (kléine) ~ вели́ка (дрібнá) худóба.

Víeh|bestand *m* **-(e)s, ...bestände** поголíв'я худóби; **~hof** *m* **-(e)s, ...höfe** скóтний двір; **~zucht** *f* - твари́нництво.

viel 1. *pron, num* багáто; ~e Ménschen багáто людéй; wie ~e Mále? скíльки разíв?; ~en Dank! дýже дя́кую!; ~ Glück! зи́чу вам (багáто) щáстя!; 2. *adv* 1) багáто; 2) набагáто, знáчно.

víel|bändig *adj* багатотóмний; **~deutig** *adj* 1) багатознáчний; 2) двознáчний.

víelerlei *adj* рíзний, різноманíтний.

víelfach 1. *adj* багаторазóвий; 2. *adv* 1) багáто разíв, чáсто; 2) в багáто разíв бíльше.

Víelfache *n мат.* крáтне.

Víelfalt *f* - різноманíтність.

víelfältig *adj* різноманíтний; багатогрáнний; різносторóнній.

Víelheit *f* - бéзліч, числéнність, вели́ка кíлькість.

vielléicht *adv* можли́во, мáбуть.

víelmals *adv* багáто разíв, неоднорáзóво; dánke ~! вели́ке спаси́бі!

vielméhr 1. *adv* скорíше, бíльше тогó; 2. *cj* навпаки́.

víel|sagend *adj* багатознáчний; **~seitig** *adj* 1) багатосторóнній; 2) різносторóнній, різнобíчний; **~versprechend** *adj* багатообіця́ючий.

Víelzahl *f* - мáса, вели́ка кíлькість, бéзліч.

vier *num* чоти́ри; чéтверо *(збірн.)*.

víerbeinig *adj* чотиринóгий.

Víereck *n* **-(e)s, -e** чотирикýтник.

Víertel *n* **-s, -** 1) чверть, четвéрта части́на; 2) квартáл, райóн *(міста)*.

Víertel|finale *n* **-s** *спорт.* чвертьфінáл; **~jahr** *n* **-(e)s, -e** чверть рóку, квартáл.

Víertelstunde *f* - чверть годи́ни.

Vietnamése *m* **-n, -n** в'єтнáмець.

Violíne *f* **-, -n** скри́пка.

Víper *f* **-, -n** гадю́ка.

Visíte *f* **-, -n** візи́т, відвíдини.

visuéll *adj* здорови́й, візуáльний.

Vísum *n* **-s, ...sa** вíза; das ~ ertéilen дáти вíзу.

vitál *adj* 1) цілю́щий; живодáйний; 2) життéвий, актуáльний.

V

Vógel *m* -s, **Vögel** птах.

vógelfrei *adj* поза зако́ном; зне-до́лений.

Vógel|haus *n* -es, ...**häuser** пта́ш-ник; **~perspektive** *f* -, **~schau** *f* -: aus der ~ з висоти́ пташи́ного польо́ту.

Vokabulár *n* -s, -e рее́стр слів; ко-ро́ткий словни́к.

Volk *n* -(e)s, **Völker** 1) наро́д; на́-ція; наро́дність; насе́лення *(країни)*; 2) *sg збірн.* лю́ди; das wérktätige (árbeitende) ~ тру-дя́щі.

Völker|kunde *f* - етногра́фія; **~recht** *n* -(e)s, -e міжнаро́дне пра́во.

völkerrechtlich 1. *adj* міжнаро́дно-правови́й, що відповіда́є но́рмам міжнаро́дного пра́ва; 2. *adv* відпові́дно до норм міжнаро́дного пра́ва.

Völkerschaft *f* -, -en наро́дність.

Vólks|aussprache *f* - всенаро́дне обгово́рення; **~bildung** *f* - наро́д-на осві́та; **~brauch** *m* -(e)s, ...**bräuche** наро́дний зви́чай; **~bücherei** *f* -, -en публі́чна бібліо-те́ка; **~bühne** *f* -, -n наро́дний теа́тр; **~dichtung** *f* - наро́дна по-е́зія; фолькло́р.

Vólks|eigentum *n* -s всенаро́дне добро́; **~einkommen** *n* -s націо-на́льний дохі́д; **~entscheid** *m* -(e)s, -e всенаро́дне опи́тування, рефере́ндум.

vólksfeindlich *adj* антинаро́дний.

Vólks|fest *n* -es, -e наро́дне свя́-то; **~held** *m* -en, -en наро́дний (націона́льний) геро́й; **~kunst** *f* - наро́дне мисте́цтво; наро́дна тво́рчість; худо́жня самоді́яль-ність; **~lied** *n* -(e)s, -er наро́дна пі́сня; **~märchen** *n* -s, - наро́дна ка́зка; **~menge** *f* -, -n на́товп.

vólkstümlich *adj* 1) наро́дний; 2) популя́рний.

Vólks|verbundenheit *f* - тісни́й зв'язо́к з наро́дом; наро́дність *(в мистецтві)*; **~vergnügen** *n* -s на-ро́дне гуля́ння; **~versammlung** *f* -, -en 1) наро́дні збо́ри *(орган законодавчої влади)*; 2) ма́совий мі́тинг; **~vertreter** *m* -s, - пред-ставни́к наро́ду; депута́т; **~vertretung** *f* -, -en наро́дне представни́цтво; örtliche ~en мі-сце́ві о́ргани наро́дного представ-ни́цтва; **~weise** *f* -, -n наро́дна мело́дія; **~wirtschaft** *f* - на-ро́дне господа́рство; еконо́міка; **~zählung** *f* -, -en пе́репис насе́-лення.

voll *adj* 1) по́вний; запо́внений, напо́внений; ~(von) Ménschen, ~er Ménschen по́вний наро́ду (люде́й); 2) товсти́й, гладки́й; 3) цілкови́тий, абсолю́тний; in ~em Ernst цілко́м серйо́зно; 4) ці́лий.

volláuf *adv* удо́сталь, цілко́м.

vóll|automatisiert *adj* по́вністю автоматизо́ваний; **~berechtigt** *adj* 1) повнопра́вний; 2) повно-ва́жний, уповнова́жений.

vóllblütig *adj* 1) повнокро́вний *(тж. перен.)*; 2) чистокро́вний *(про породу)*.

vollbríngen* *vt* здійснювати; ви-ко́нувати, заве́ршувати *(роботу)*.

vollénden *vt* заве́ршувати, закін-чувати.

vóllends *adv* цілко́м, зо́всім, ос-тато́чно.

Volléndung *f* -, -en 1) заве́ршен-ня, закі́нчення; 2) доскона́лість.

vollführen *vt* 1) здійснювати, ви-ко́нувати; 2) влашто́вувати, учи-ня́ти *(скандал)*.

vóllgültig *adj* повноці́нний; по́-вний, ді́йсний, спра́вжній.

völlig 1. *adj* по́вний, цілкови́тий, остато́чний; 2. *adv* по́вністю, ціл-ко́м, остато́чно.

vólljährig *adj* повнолі́тній.

vollkómmen 1. *adj* по́вний, цілко-ви́тий; 2. *adv* цілко́м, зо́всім.

Vollkómmenheit *f* -, -en доскона́-лість.

Vóllmacht *f* -, -en повнова́ження; дору́чення.

Vóll|milch *f* - незби́ране молоко́; **~mond** *m* -(e)s, -e по́вний мі́сяць.

vóllschlank *adj* стáвни́й, ста́тний.

Vóllsitzung *f* -, -en плена́рне засі́дання.

vóllständig 1. *adj* по́вний, оста-то́чний, цілкови́тий; die ~e Abrüstung по́вне роззбро́єння; 2. *adv* цілко́м, зо́всім.

Vóll|versammlung *f* -, -en пле́-нум; плена́рне засі́дання; зага́ль-ні збо́ри; die ~versammlung der UNO Генера́льна асамбле́я ООН; **~waise** *f* -, -n кру́глий (кру́гла) сирота́.

vóll|wertig *adj* повноці́нний; **~zählig** 1. *adj* по́вний *(про кіль-кісний склад)*; компле́ктний; 2. *adv* у по́вному скла́ді; по́вністю.

vollzíehen* 1. *vt* здійснювати; ви-ко́нувати *(напр., вирок, доручен-ня)*; 2. **sich** ~ відбува́тися, про-хо́дити.

Vollzúg *m* **-(e)s** викона́ння, здійснення *(напр., вироку, доручення)*.

Vollzúgsorgan *n* **-(e)s, -e** викона́вчий о́рган.

Volúmen [v-] *n* **-s, -** *i* **...mina** 1) *фіз.* об'є́м; 2) том, книга.

von *prp (D)* 1) *вказує на початковий пункт в просторі* з, із, від; der Zug kommt ~ Berlin пої́зд іде́ з Берлі́на; 2) *вказує на початковий момент у часі* з, від; vom Mórgen bis zum Abend з ра́нку до ве́чора; 3) *вказує на усунення, віддалення чого-н.* з, від; die Téller vom Tisch wégnehmen прибра́ти тарілки зі сто́лу; 4) *вказує на походження кого, чого, на джерело чого* з, із, від, у; er stammt vom Lánde він ро́дом з се́ла; éinen Brief ~ séinem Fréund bekómmen оде́ржати листа́ від свого́ дру́га; 5) *вказує на частину від цілого* з; *сполучення його з іменником перекладається на українську мову тж. родовим відмінком відповідного іменника:* er nahm ~ den ángebotenen Büchern nur eins він узя́в із запропоно́ваних книжо́к тільки одну́; er aß ~ den Äpfeln він поїв я́блук; 6) *вказує на матеріал, з якого виготовлено предмет* з; *сполучення його з іменником перекладається тж. прикметником:* der Ring ist ~ Gold кабл́учка із зо́лота; 7) *вказує на розміри, обсяг і т. п.* в; ein Betrág ~ húndert Mark су́ма в сто ма́рок; ein Weg ~ 50 Kilométern шлях завдовжки́ 50 кіломе́трів; 8) *вказує на наявність певної властивості, якості* з; *сполучення його з іменником перекладається на українську мову тж. родовим відмінком відповідного іменника;* ein Mann ~ Charákter люди́на з харáктером; ein Mann ~ Bíldung освічена люди́на; 9) *вказує на джерело або носія дії, на причину певного стану; сполучення його з іменником перекладається на українську мову здеб. орудним відмінком відповідного іменника:* ~ állen gelíebt усіма́ любимий; er ist müde ~ der Arbeit він стоми́вся від робо́ти; 10) *вказує на авторство, належність кому, чому; сполучення його з іменником перекладається на українську мову здеб. родовим відмінком відповідного іменника:* ein Gedícht ~ Schíller вірш Ші́ллера; die Stráßen ~ Berlín ву́лиці Берлі́на; 11) *сполучення його з іменниками синонімічне формі родового відмінка і вживається при відсутності артикля; служить тж. для вираження зв'язку між іменниками і незмінюваними частинами мови; перекладається на українську мову родовим відмінком відповідного іменника:* éine Ménge ~ Ménschen ма́са (на́товп) люде́й; die Frau ~ héute суча́сна жінка; 12) *вказує на предмет мови, думки, сприйняття* про; ~ j-m, ~ etw. *(D)* spréchen говори́ти про ко́го-н.; про що-н.

voneinánder *pron* оди́н від о́дного, оди́н про о́дного.

von|nöten *adj* необхідний, потрібний; **~státten** *adv* впере́д, да́лі; gut ~státten géhen до́бре (вда́ло) прохо́дити.

vor 1. *prp* 1) *(D) вказує на місцезнаходження (де?)* пе́ред; ~ dem Háuse líegen бу́ти розташо́ваним пе́ред буди́нком; 2) *(A) вказує на напрямок (куди?)* пе́ред; sich ~ das Haus sétzen сісти пе́ред буди́нком; 3) *(D) вказує на час* до, тому́, пе́ред; ~ der Stúnde пе́ред уро́ком; ~ zwei Jáhren два ро́ки тому́; 4) *(D) вказує на стан, почуття до кого-н., до чого-н., на дію, здійснювану по відношенню до кого-н., до чого-н.* пе́ред, до, від; Furcht (Angst) ~ j-m, ~ etw. *(D)* háben відчува́ти страх пе́ред ким-н., пе́ред чим-н.; ~ j-m flíehen тіка́ти від ко́го-н.; 5) *(D) вказує на причину* від; ~ Kälte zíttern тремті́ти від хо́лоду; **2.** *adv:* ~! упере́д!; nach wie ~ як і раніше.

Vórabend *m* **-s, -e** передде́нь; am ~ напередо́дні.

Vórahnung *f* **-** передчуття́.

vorán *adv* 1) спе́реду, попе́реду, на чолі; j-m ~ sein іти́ спе́реду (попе́ре́ду), бу́ти пе́ршим; 2) впере́д.

vorán|bringen* *vt* ру́хати впере́д; **~führen** *vt перен.* ру́хати впере́д, розвива́ти; **~gehen*** *vi (s)* 1) іти́ попе́ре́ду, іти́ на чолі; mit gútem Béispiel ~gehen пока́зувати га́рний при́клад; 2) *(D)* передува́ти *(чому)*; 3) *перен.* просува́тися.

vorángehend *adj* вищезга́даний;

V

im ~en як було сказано вище.
vorán|kommen* *vi (s)* просуватися, рухатися вперед *(тж. перен.)*; **~schicken** *vt* 1) посилати вперед *(кого, що)*; 2) подавати *(що перед чим; напр., вступ у книжці)*; **~treiben*** *vt* прискорювати, форсувати *(розвиток чого)*.
vórarbeiten 1. *vi* 1) випереджати *(кого)* в роботі; 2) *(D) перен.* запобігати *(чому)*, відвертати *(що)*; 2. *vt (D)* 1) готувати (заздалегідь) *(що для кого)*; виконувати підготовчі операції *(для дальшої роботи)*; 2) *перен.* готувати грунт *(для чого, для кого)*; 3. **sich** ~ просуватися вперед *(долаючи перешкоди)*; пробиратися, пробиватися.
voráus *adv* уперед; раніше.
voráus|bestellen *vt* заздалегідь (попередньо) замовляти; **~bestimmen** *vt* призначати; визначати (наперед); **~bezahlen** *vt* заплатити вперед; **~gehen*** *vi (s)* 1) іти вперед; 2) *(D)* передувати *(чому)*; **~haben*** *vt (vor j-m)* перевершувати, переважати *(кого в чому)*.
Voráussage *f* -, -n пророкування, прогноз.
voráus|sagen *vt* пророкувати; передбачати; **~schicken** *vt* посилати вперед; **~sehen*** *vt* передбачати; **~setzen** *vt* припускати.
Voráussetzung *f* -, -en 1) припущення, гіпотеза; 2) передумова; умова; únter der ~, daß... за умови, що... .
Voráussicht *f* - передбачення.
voráussichtlich 1. *adj* передбачуваний, імовірний, очікуваний; 2. *adv* певно, очевидно, мабуть.
vórbedacht *adj* навмисний.
Vórbedeutung *f* -, -en ознака, прикмета.
Vórbedingung *f* -, -en передумова.
Vórbehalt *m* -(e)s, -e застереження.
vórbehaltlos *adj* беззастережний.
vorbéi *adv* мимо *(an D кого, чого)*; ~ sein минути.
vorbéi|fahren* *vi (s) (an D)* проїжджати мимо *(кого, чого)*; **~geh(e)n*** *vi (s)* 1) *(an D)* проходити мимо *(кого, чого)*; bei j-m ~ зайти, заглянути до кого-н. *(по дорозі)*; 2) зникати, минати; 3) *(an D) спорт.* випередити *(кого)*; **~lassen*** *vt* пропускати *(кого)*; дати пройти *(кому)*; **~marschieren** *vi (s) (an D) військ.* проходити урочистим маршем *(повз кого, що)*; **~reden:** aneinánder ~reden *перен.* говорити різними мовами; не розуміти одне одного.
Vórbemerkung *f* -, -en 1) попередження; 2) передмова *(в книжці)*.
vórbereiten 1. *vt (auf A, für A, zu D)* готувати *(що до чого)*; 2. **sich** ~ готуватися *(до чого)*.
Vórbereitung *f* -, -en підготовка, підготовча робота *(auf A, für A, zu D до чого)*.
Vórbesprechung *f* -, -en 1) попереднє обговорення; 2) попередня нарада.
vórbestellen *vt* зробити попереднє замовлення *(на що)*; передплачувати *(що)*.
Vórbestellung *f* -, -en заявка, попереднє замовлення (абонемент); передплата.
vórbeugen 1. *vt* нахиляти (нагинати) *(голову, тулуб)*; 2. **sich** ~ нахилятися (нагинатися) вперед; 3. *vi (D)* запобігати *(чому)*, відвертати *(що)*.
vórbeugend *adj* запобіжний; профілактичний.
Vórbeugungs|maßnahme *f* -, -n, **~mittel** *n* -s, - запобіжний захід, *мед.* профілактичний засіб.
Vórbild *n* -(e)s, -er 1) приклад, зразок, прототип; 2) *тех.* зразок, модель, шаблон.
vórbildlich *adj* зразковий, взірцевий.
vórbringen* *vt* висловлювати, висувати, наводити *(напр., докази)*.
vórdatieren *vt* позначати заднім числом.
vórder *adj* передній; передовий; er steht in ~ster Línie він стоїть у перших рядах.
Vórdergrund *m* -(e)s передній план; in den ~ tréten (rücken) *перен.* висунутися (виступити) на передній план; im ~ stéhen бути на передньому плані *(здеб. перен.)*.
vórderhánd *adv* поки що.
vórdringen* *vi (s)* просуватися вперед; *військ., спорт.* наступати.
vórdringlich 1. *adj* першочерговий, актуальний; 2. *adv* передусім, насамперед, у першу чергу; негайно.
Vórdruck *m* -(e)s, -e бланк, формуляр.
vóreilig *adj* поспішний, необачний,

V

передчáсний.

vórenthalten* *vt (j-m)* 1) затри́мувати, не давáти *(що кому)*; незакóнно позбавля́ти *(чого)*; 2) прихóвувати, таїти *(що від кого)*.

vorérst *adv* спéршу, передусім, пóки що.

vórerwähnt *adj* вищезгáданий.

Vórfahr *m* **-en, -en** прéдок.

vórfahren* *vi (s)* 1) *(vor A)* під'їжджáти *(до чого)*; 2) *(bei j-n)* заїжджáти *(до кого)*; 3) *(D)* ї́хати попéреду; ви́передити *(кого, що)*.

Vórfall *m* **-(e)s, ...fälle** ви́падок, інцидéнт; подія.

vórfallen* *vi (s)* трапля́тися.

vórfinden* *vt* заставáти, знахóдити, виявля́ти.

vórfristig *adj* достроковий.

Vórfrühling *m* **-s, -e** рáння веснá; почáток весни́.

vórfühlen 1. *vt* передчувáти; 2. *vi* промáцувати, зондувáти (грунт).

vórführen *vt* 1) виставля́ти для пóказу; демонструвáти *(що кому)*; 2) *театр.* грáти; стáвити; демонструвáти *(фільм)*.

Vórführung *f* **-, -en** 1) демонструвáння, пóказ *(фільму)*; 2) *театр.* вистáва.

Vórgang *m* **-(e)s, ...gänge** 1) подія, пригóда; 2) процéс *(тж. тех.)*; 3) прецедéнт; зразóк, при́клад.

Vórgänger *m* **-s, -** попередник.

Vórgarten *m* **-s, ...gärten** палісáдник.

vórgeben* *vt* 1) подавáти *(до столу)*; 2) *спорт.* давáти фóру; 3) необгрунтóвано ствéрджувати *(що)*; 4) прикидáтися.

Vórgebirge *n* **-s, -** 1) передгір'я; 2) мис, ріг.

vórgeblich 1. *adj* уя́вний, ви́гаданий; 2. *adv* нíби.

Vórgehen *n* **-s** 1) спóсіб дій; вчи́нок; 2) *військ.* нáступ, просувáння.

vórgenannt *adj* вищезгáданий.

Vórgericht *n* **-(e)s, -e** зáкуска.

Vórgeschichte *f* **-** 1) доісторúчна епóха, доісторúчні часи́; 2) передісторія.

Vórgesetzte *m, f* начáльник.

vórgestern *adv* позавчóра.

vórgreifen* 1. *vi (j-m in D)* випереджáти, перевéршувати *(кого в чому)*; 2. *vt* угáдувати напéрéд; вирíшувати напéрéд; випереджáти *(події)*.

Vórhaben *n* **-s, -** нáмір, зáдум; проéкт.

Vórhalle *f* **-, -n** вестибюль.

vórhalten* 1. *vt* 1) тримáти *(що перед чим)*; 2) *(j-m)* заувáжувати *(що кому)*, дорікáти *(за що кому)*; 3) *(j-m)* позбавля́ти *(чого, кого)*; 2. *vi* продóвжуватися, тривáти.

Vórhaltung *f* **-, -en** дóкір; догáна.

vorhánden *adj* наявний, існу́ючий; nur éinmal ~ єди́ний, унікáльний.

Vorhándensein *n* **-s** наявність.

Vórhang *m* **-(e)s, ...hänge** 1) завíса, штóри, портьéри; 2) *театр.* ви́клик *(на біс)*.

vorhér *adv* 1) ранíше, коли́сь; lánge ~ задóвго; 2) заздалегíдь.

Vórherrschaft *f* **-, -en** панувáння, переважáння, заси́лля.

vórherrschen *vi* переважáти, панувáти, займáти панівнé станóвище; мáти перевáгу *(над ким, чим)*.

Vorhérsage *f* **-, -n** пророкувáння; прогнóз *(погоди)*.

vorhín *adv* нещодáвнó, ранíше, до цьóго; тíльки що.

vórhinein: im ~ заздалегíдь; з сáмого почáтку, відрáзу.

Vórhut *f* **-, -en** *військ.* авангáрд, головни́й загíн *(тж. перен.)*.

vórig *adj* мину́лий; das ~e Kapítel поперéдній рóзділ; ~en Jáhres мину́лого рóку.

vórjährig *adj* торíшній.

vórkommen* *vi (s)* 1) вихóдити вперéд; 2) *(bei D)* захóдити *(до кого)*; 3) відбувáтися, трапля́тися; 4) *(D)* здавáтися *(кому)*; es kommt mir vor... менí здаéться...

Vórkommen *n* **-s, -** 1) ви́падок, факт; 2) існувáння, наявність; 3) родóвище.

Vórkommnis *n* **-ses, -se** подія; ви́падок.

Vórkriegszeit *f* **-, -en** довоéнний час; передвоéнні рóки.

Vórlage *f* **-, -n** 1) проéкт, пропози́ція; éine ~ éinbringen внести́ проéкт *(для обговорення)*; 2) зразóк, оригінáл; 3) подання́ *(von D документів і т. п.)*; 4) підсти́лка, килимóк *(перед ліжком)*; 5) *спорт.* передáча, пас.

vórlassen* *vt* 1) пропускáти вперéд; пропускáти без чéрги; 2) допускáти *(кого куди)*.

vórlaufen* *vi (s)* забігáти напéрéд; бігти спéреду.

Vórläufer *m* **-s, -** 1) попередник;

V

2) провíсник, ознáка.

vórläufig 1. *adj* 1) попередній, початкóвий; 2) тимчасóвий; **2.** *adv* пóки що, тимчасóво.

vórlaut *adj* нескрóмний; зарозумілий, зухвáлий.

vórlegen 1. *vt* 1) *(D)* клáсти, поклáсти *(що перед ким, перед чим)*; 2) подавáти *(напр., їжу)*; 3) розкладáти; покáзувати *(товар)*; 4) подавáти, покáзувати *(документ)*; 2. **sich** ~ нахилúтися вперéд.

Vórleger *m* **-s, -** килимóк.

vórlesen* *vt (j-m)* читáти вгóлос *(що кому)*; зачúтувати *(текст документа)*.

Vórlesung *f* **-, -en** лéкція; éine ~ hálten читáти лéкцію.

Vórlesungsverzeichnis *n* **-ses, -se** рóзклад лéкцій.

vórletzt *adj* передостáнній.

vórliegen* *vi* 1) лежáти *(перед чим)*; 2) бýти наявним, існувáти; бýти пóданим *(про проект, документи)*; es liegt kein Grund vor немáє ніякої підстáви.

vórmachen *vt* 1) припасувáти, приладнáти *(що перед чим)*; 2) *(D)* покáзувати *(як що робиться кому)*; 3) *(D)* обмáнювати, брехлúво запевнáти *(в чому кого)*.

vórmalig *adj* колúшній, минýлий.

vórmals *adv* колúсь, ранíше.

Vórmarsch *m* **-es, ...märsche** *військ.* просувáння, наступáльний марш; нáступ *(тж. перен.)*.

vórmerken *vt* 1) намічáти *(напр., план дій)*; 2) *(für A)* реєструвáти *(замовлення)*; запúсувати *(напр., на прийом)*; sich für etw. *(A)* ~ lássen (заздалегíдь) записáтися *(на прийом)*; зареєструвáтися; 3) (заздалегíдь) уподóбати (облюбувáти).

Vórmittag *m* **-(e)s** пéрша половúна дня, рáнок; am ~ пéред обíдом; у пéршій половúні дня.

vórmittags *adv* у пéршій половúні дня, врáнці; um zehn Uhr ~ о десятій годúні рáнку.

Vórmund *m* **-(e)s, -e** *i* **...münder** опікýн *(тж. перен.)*.

Vórmundschaft *f* **-, -en** опíка.

vorn *adv* 1) спéреду, попéреду; nach ~ вперéд; 2) спочáтку.

Vórname *m* **-ns, -n** ім'я *(на відміну від прізвища)*.

vórnehmen* *vt* 1) надівáти *(фартух, маску)*; 2) займáтися *(чим)*, провóдити *(роботу, дослід)*; 3): sich *(D)* etw. ~ узятися *(до чого, за що)*, почáти, затíяти *(що)*; sich *(D)* ~ *(zu+inf)* мáти нáмір, збирáтися *(робити що-н.)*.

Vórnehmen *n* **-s, -** нáмір, зáдум, план.

vórnehmlich *adv* головнúм чúном, перш за все, перевáжно.

Vórort *m* **-(e)s, -e** передмíстя.

Vórort(s)verkehr *m* **-s** примíськé сполýчення.

Vórortzug *m* **-(e)s, ...züge** примíський пóїзд.

Vórprüfung *f* **-, -en** 1) попéредня перéвірка; 2) зáлік *(у вузі)*.

vórragen *vi* виступáти вперéд, стирчáти.

Vórrang *m* **-(e)s** 1) перевáга, перевáжне прáво; 2) пéршість; j-m den ~ éinräumen поступáтися пéршістю комý-н.

vórrangig 1. *adj* перевáжний, найпéрший; ~ sein бýти спрáвою першорядного знáчення; **2.** *adv* перевáжно, головнúм чúном.

Vórrat *m* **-(e)s, ...räte** запáс; Vórräte ánschaffen робúти запáси.

vórrätig *adj* наявний (в запáсі); заготóвлений.

Vórratskammer *f* **-, -n** комóра.

Vórraum *m* **-(e)s, ...räume** передпóкій.

vórrechnen *vt* нарахувáти; підрахувáти.

Vórrecht *n* **-(e)s, -e** перевáга, привілéй; ~e genießen користувáтися привілéями.

Vórrede *f* **-, -n** передмóва, вступ.

vórreden *vt (j-m)* 1) наговорúти *(що кому)*; 2) перекóнувати *(в чому кого)*.

vórrichten *vt* готувáти, підготовлятú, налáгоджувати.

Vórrichtung *f* **-, -en** 1) прúстрій, прúлад; 2) підготóвчі робóти, підготóвка *(до чого)*.

vórrücken 1. *vt* посувáти (висувáти) вперéд; 2. *vi (s)* просувáтися вперéд; *військ. тж.* наступáти.

vórrufen* *vt* викликáти *(кого)*.

vórsagen *vt* підкáзувати.

Vórsänger *m* **-s, -** заспíвувач.

Vórsatz *m* **-es, ...sätze** нáмір.

vórsätzlich *adj* навмúсний.

vórschieben* *vt* 1) висувáти вперéд; 2) *перен.* відговóрюватися *(чим)*, ховáтися *(за що)*; 3) *тех.* подавáти.

vórschießen* 1. *vi (s)* кúдатися (вибігáти) вперéд; 2. *vt* видавáти авáнсом, позичáти.

Vórschlag *m* **-(e)s, ...schläge** про-

позиція; éinen ~ máchen внести пропозицію; auf séinen ~ на його пропозицію, за його пропозицією.
vórschlagen* *vt* пропонувáти.
vórschnell *adj* необáчний.
vórschreiben* *vt (j-m)* 1) покáзувати, як (трéба) писáти; 2) накáзувати, пропонувáти, диктувáти; приписувати *(ліки)*.
vórschreiten* *vi (s)* просувáтися вперéд *(тж. перен.)*.
Vórschrift *f* **-, -en** 1) прóпис, зразóк (письмá); 2) накáз, розпорядження; прúпис *(лікаря)*; полóження *(про що)*; інстрýкція; *військ.* статýт; j-m ~en máchen давáти комý-н. розпорядження; nach ~ за розпорядженням; за полóженням; за статýтом.
vórschulisch *adj* дошкільний.
Vórschuß *m* **...schusses, ...schüsse** завдáток, авáнс.
vórsehen* 1. *vt* передбачáти, намічáти; планувáти; 2. *vi* виднітися; 3. **sich** ~ *(bei j-m)* 1) берегтися, остерігáтися *(кого, чого)*; vórgesehen! бережися!
vórsetzen *vt* 1) стáвити попéреду; 2) подавáти (на стіл) *(страви)*.
Vórsicht *f* - оберéжність, обáчність; ~! бережися!, оберéжно!
vórsichtig *adj* оберéжний, передбáчливий.
Vórsichtsmaßregel *f* **-, -n** застерéжний (запобіжний) зáхід.
Vórsitz *m* **-es** головувáння; den ~ führen головувáти, вести збóри; únter dem ~ von j-m під головувáнням когó-н.
Vórsitzende *m, f* головá.
Vórsorge *f* **-, -n** передбáчливість, дбайливість.
Vórspeise *f* **-, -n** зáкýска.
vórspiegeln *vt (j-m)* обмáнювати, задýрювати *(чим кого)*; fálsche Tátsachen ~ підтасóвувати фáкти.
Vórspiel *n* **-(e)s, -e** 1) *муз.* прелюдія, вступ; увертюра; 2) *театр.* прологг *(п'єси)*; 3) *перен.* пролóг, почáток, прелюдія.
Vórsprung *m* **-(e)s, ...sprünge** 1) виступ; 2) перевáга; випередження; den ~ hálten зберігáти перевáгу (пéршість).
Vórstadt *f* **-, ...städte** передмістя.
Vórstand *m* **-(e)s, ...stände** 1) правління; 2) президія; 3) головá.
vórstehen* *vi* 1) виступáти, стирчáти; 2) *(D)* очóлювати *(установу)*, завідувати *(чим)*.
vórstehend *adj* 1) виступáючий, гóстрий *(напр., про вилиці)*; 2) вищезгáданий.
vórstellen 1. *vt* 1) стáвити спéреду; 2) постáвити вперéд *(стрілку годинника)*; 3) *(j-m)* відрекомендувáти *(кого кому)*; 4) являти (собóю), становити; 5) зображáти, становити; 5) зображáти, грáти роль; 2. **sich** ~ *(j-m)* відрекомендувáтися, називáти себé *(кому)*.
Vórstellung *f* **-, -en** 1) рекомендувáння; знайóмство; 2) уявлення, поняття; 3) вистáва, спектáкль; сеáнс *(у кіно)*; 4) (офіційне) подáння, заява; заперéчення, протéст; j-m ~en máchen заявляти протéст комý-н.; робити зауважéння комý-н.
Vórstellungs|kraft *f* **-, ~vermögen** *n* **-s** сила уяви, фантáзія.
Vórstoß *m* **-es, ...stöße** *військ.* удáр, атáка; нáступ, просувáння *(тж. перен.)*; der ~ ins Åll (in den Wéltraum) проникнення (людини) в кóсмос.
vórstoßen* 1. *vt* штовхáти вперéд; 2. *vi (s)* *військ.* атакувáти, завдавáти удáру, наступáти.
Vórstufe *f* **-, -n** 1) *(zu D)* пéрший стýпінь, попередній етáп *(чого)*, пéрший крок *(на шляху (чого)*; 2) дошкільний етáп вихувáння.
vórstürzen *vi (s)* кидатися вперéд.
Vórtag *m* **-(e)s, -e** попередній день, переддéнь.
vórtäuschen *vt* симулювáти, удавáти з сéбе *(кого)*.
Vórteil *m* **-(e)s, -e** 1) кóрисгь, вигода, прибýток; 2) перевáга *(тж. спорт.)*.
vórteilhaft *adj* 1) вигідний; корисний; 2) сприятливий.
Vórtrag *m* **-(e)s, ...träge** 1) дóповідь; лéкція; éinen ~ hálten робити дóповідь; читáти лéкцію; 2) виконáння *(напр., на сцені)*; 3) дикція.
vórtragen* *vt* 1) робити дóповідь; читáти лéкцію; 2) викóнувати *(напр., на сцені)*; читáти, декламувáти; 3) *(j-m)* вислóвлювати *(свою думку кому)*.
Vórtragende *m, f* 1) доповідáч; 2) виконáвець.
Vórtrags|kunst *f* - мистéцтво декламáції; худóжнє читáння; **~reihe** *f* **-, -n** цикл лéкцій, сéрія дóповідей.
vortréfflich *adj* чудóвий, доскона́лий.

vórtreten* *vi (s)* виступáти (вихóдити) вперéд *(напр., з ряду).*
Vórtrupp *m* **-s, -s** *військ.* головнúй загін, авангáрд *(тж. перен.).*
vórüber *adv* повз *(an D кого, чого);* ~sein минýти, пройтú.
vorübergeh(e)n* *vi (s) (an D)* 1) прохóдити повз *(кого, що);* 2) минáти, прохóдити; etw. ~ lássen перечекáти що-н.
vorübergehend *adj* тимчасóвий.
Vórurteil *n* **-(e)s, -e** 1) забобóн; 2) упередження.
Vórverkauf *m* **-(e)s** попередній прóдаж.
vórvorig *adj* позаминýлий.
Vórwand *m* **-(e)s, ...wände** прúвід; відмóвка.
vórwärmen *vt* підігрівáти.
vórwärts *adv* вперéд.
Vórwärtsbewegung *f* - рух уперéд, поступáльний рух.
vórwärts|geh(e)n* *vi (s),* **~kommen*** *vi (s)* досягáти ýспіху; поліпшуватися; **~schreiten*** *vi (s)* 1) ітú вперéд; рýхатися вперéд; просувáтися (вперéд) *(тж. перен.);* 2) прогресувáти *(напр., про хворобу).*
vorwég *adv* 1) уперéд; 2) заздалегідь; зрáзу; 3): ~ háben мáти перевáгу.
vórweisen* *vt* пред'являти, покáзувати *(документ).*
vórwiegend 1. *adj* перевáжний; 2. *adv* перевáжно, головнúм чúном.
vórwitzig *adj* нескрóмний, зухвáлий.
Vórwort *n* **-(e)s, -e** передмóва.
Vórwurf *m* **-(e)s, ...würfe** 1) дóкір, зáкид; 2) сюжéт; тéма.
vórwurfsvoll *adj* докірливий, спóвнений дóкору.
Vórzeichen *n* **-s, -** 1) ознáка, прикмéта; провісник; 2) *мат.* знак *(плюс або мінус).*
vórzeichnen *vt* 1) *(j-m)* покáзувати, як малювáти; 2) *(j-m)* укáзувати, пропонувáти; визначáти наперéд, накрéслити; 3) позначáти, розмічáти.
vórzeigen *vt* пред'являти, покáзувати *(документ).*
Vórzeit *f* **-, -en** доісторúчний час; стародáвні часú.
vórzeitig *adj* дострокóвий; завчáсний, передчáсний.
vórzeitlich *adj* 1) доісторúчний; пéрвісний; 2) *перен.* допотóпний, старомóдний.
vórziehen* *vt* 1) витягáти; 2) запинáти *(фіранку);* 3) *(D)* надавáти перевáгу *(кому, чому перед ким, чим).*
Vórzimmer *n* **-s, -** 1) прихóжа; 2) приймáльня.
Vórzug *m* **-(e)s, ...züge** 1) перевáга; j-m, éiner Sáche *(D)* den ~ gében надавáти перевáгу комý-н., чомý-н.; 2) перевáга; позитúвна якість.
Vórzugs|preis *m* **-es, -e** пільговá цінá; **~recht** *n* **-(e)s, -e** *юр.* перевáжне прáво; **~stellung** *f* **-, -en** привілейóване станóвище.
vórzugsweise *adv* перевáжно.
votíeren *vi* голосувáти.
vulgär *adj* вульгáрний.
Vulkán *m* **-s, -e** вулкáн; ein erlóschener ~ згáслий вулкáн; ein tätiger ~ діючий вулкáн.

W w

Wáage *f* **-, -n** вагá, терезú.
wáage|recht *adj* горизонтáльний.
wach *adj* 1): ~ bléiben, ~ sein не спáти; ~ wérden проснýтися (прокúнутися); 2) бадьóрий, жвáвий.
Wáche *f* **-, -n** 1) *військ.* вáрта; охорóна, *мор.* вáхта; 2) постовúй; *мор.* вáхта; 2) постовúй, вартовúй; вáрта; 3) вартовé приміщення, бýдка.
wáchen *vi* 1) не спáти; 2) *(über A)* стéжити, пильнувáти *(за ким, чим);* піклувáтися *(про кого, що);* охороняти *(кого, що);* 3) *військ* нестú сторожовý слýжбу; вартувáти; *мор.* нестú вáхту.
Wáchposten *m* **-s, -** 1) (вартовúй) пост; 2) вартовúй.
Wachs *n* **-es, -e** 1) віск; 2) (лúжна) мазь.
wách|sam *adj* 1) пúльний; 2) чуткúй *(про собаку).*
wachsen* *vi (s)* 1) ростú; виростáти; gut gewáchsen séin бýти гáрної статýри; 2) ростú, розвивáтися, зростáти; in die Bréite ~ ширшати, розширюватися.

Wáchsen *n* -s 1) ріст; im ~ séin рости́, бу́ти в проце́сі ро́сту; 2) ріст, ро́звиток, збі́льшення.
wächsern *adj* воскови́й, з во́ску.
Wáchstuch *n* **-(e)s, ...tücher** клейо́нка.
Wáchstum *n* **-(e)s** ріст; ро́звиток.
wáckelig *adj* хитки́й, нестійки́й.
wáckeln *vi* хита́тися, гойда́тися; нещі́льно приляга́ти.
wácker *adj* 1) бра́вий, хоро́брий; 2) че́сний, сумлі́нний.
Wáde I f **-, -n** ли́тка.
Wáde II f **-, -n** не́від.
Wáffe f **-, -n** 1) збро́я; озбро́єння; férngesteuerte ~n збро́я з дистанці́йним керува́нням; nukleáre (thermonukleáre) ~n я́дерна (термоя́дерна) збро́я; die ~n strécken скла́сти збро́ю, капітулюва́ти; zu den ~n gréifen узя́тися до збро́ї; 2) рід військ.
Wáffen|bruder *m* **-s, ...brüder** това́риш по збро́ї, бойови́й сора́тник; **~bund** *m* **-(e)s, ...bünde** во́єнний сою́з; **~dienst** *m* **-es** військо́ва́ слу́жба; **~haus** *n* **-es, ...häuser** арсена́л; **~rock** *m* **-(e)s, ...röcke** військови́й мунди́р; **~ruhe** f **-, ~stillstand** *m* **-(e)s** переми́р'я.
wáffnen 1. *vt* озбро́ювати; 2. **sich** ~ *(mit D)* озбро́юватися *(чим)*.
Wáge|hals *m* **-es, ...hälse** смілі́вець, зірви́голова; **~mut** *f* -(e)s смілі́вість, відва́га.
wágen 1. *vt* 1) зва́жуватися; насмі́люватися; 2) ризикува́ти *(чим)*, den Hals (das Lében) ~ ризикува́ти голово́ю (життя́м); 2. **sich** ~ смі́ти, нава́жуватися, насмі́люватися.
wägen *vt* зва́жувати.
Wágen *m* **-s, -** 1) екіпа́ж, коля́ска; віз; 2) автомобі́ль, маши́на; 3) *залізн.* ваго́н; вагоне́тка; 4) *астр.* der Gróße ~ Вели́ка Ведме́ди́ця; der Kléine ~ Мала́ Ведме́ди́ця.
Wágnis *n* **-ses, -se** ризик; ризико́вана спра́ва.
Wahl f **-, -en** 1) ви́бір; die ~ tréffen ви́брати, зроби́ти ви́бір; 2) *здеб.* pl ви́бори, обра́ння; gehéime ~ ви́бори тає́мним голосу́ва́нням; die ~en ábhalten провести́ ви́бори; 3) сорт, я́кість; Wáren érster ~ това́ри пе́ршого со́рту.
Wáhl|agitation *f* **-** передви́борна агіта́ція; **~akt** *m* **-(e)s** процеду́ра ви́борів (голосува́ння); **~ausfall** *m* **-(e)s, ~ausgang** *m* **-(e)s** результа́т ви́борів.
wáhlberechtigt *adj* яки́й має пра́во го́лосу.
Wáhlbezirk *m* **-(e)s, -e** ви́борча дільни́ця.
wählen *vt* 1) вибира́ти; 2) обира́ти, голосува́ти *(за кого)*; 3) набира́ти *(номер телефону)*.
Wähler *m* **-s, -** 1) ви́борець; 2) *тех.* шука́ч; селе́ктор.
Wählerverzeichnis *n* **-ses, -se** спи́сок ви́борців.
wáhl|fähig *adj* 1) яки́й має пра́во го́лосу; 2) яки́й мо́же бу́ти о́браним; **~frei** *adj* факульта́тивний, необов'язко́вий *(про навчальний предмет)*.
Wáhl|freiheit *f* **-** 1) пра́во (свобо́да) ви́бору; 2) свобо́да ви́борів; **~kreis** *m* **-es, -e** ви́борчий о́круг; **~liste** *f* **-, -n** спи́сок кандида́тів на ви́борах; **~lokal** *n* **-(e)s, -e** ви́борчий пункт; **~recht** *n* **-(e)s, -e** ви́борче пра́во; **~versammlung** *f* **-, -en** передви́борні збо́ри; **~zettel** *m* **-s, -** ви́борчий бюлете́нь.
wáhlweise *adv* вибірко́во.
Wahn *m* **-(e)s** 1) ілю́зія; мрі́я; по́ми́лка, засліплення; міра́ж; 2) *мед.* ма́рення, ма́нія.
Wáhn|bild *n* **-(e)s, -er** химе́ра; при́вид; галюцина́ція; **~sinn** *m* **-(e)s** 1) божеві́лля; in ~ (ver) fállen збожево́літи; 2) *перен.* безу́мство, безрозсу́дність, безглу́здя.
wáhnsinnig 1. *adj* 1) божеві́льний, причи́нний; 2) *перен.* безрозсу́дний, безглу́здий; 3) страше́нний, жахли́вий *(напр., про біль)*; **2.** *adv* безу́мно, жахли́во; нестерпно.
wahr *adj* і́стинний, спра́вжній, ві́рний; das ist ~ це пра́вда; nicht ~? чи не пра́вда?
wáhren *vt* берегти́, охороня́ти *(напр., честь)*; доде́ржувати, зберіга́ти *(напр., спокій)*.
während **1.** *prp (G)* під час, про́тягом; за; ~ des Únterrichts під час уро́ку, на уро́ці; **2.** *cj* в той час як, по́ки.
wáhrhaft, wáhrhaftig **1.** *adj* 1) і́стинний, спра́вжній, ді́йсний; 2) правди́вий; **2.** *adv* ді́йсно, спра́вді.
Wáhrheit *f* **-, -en** пра́вда, і́стина; in ~ спра́вді, наспра́вді.
wáhrheits|gemäß, ~getreu *adj* правди́вий, (цілко́м) пе́вний,

W

вірогідний.

wáhrlich *adv* дійсно, спрáвді, наспрáвді.

wáhrnehmbar *adj* ви́дими́й; помітний; відчу́тний.

wáhrnehmen* *vt* 1) помічáти; відчувáти; сприймáти; 2) використóвувати; éine Gelégenheit ~ скористáтися нагóдою; 3) дотри́муватися *(строків, інтересів)*.

wáhrsagen *невідокр. vt* пророкувáти майбу́тнє, ворожи́ти.

wahrschéinlich 1. *adj* імовірний, правдоподібний; **2.** *adv* пéвно, мáбу́ть, очеви́дно.

Wáhrung *f* - зберéження, охорóна; додéржання.

Währung *f* -, -en *ек.* валю́та.

Wáhrzeichen *n* -s, - прикмéта, ознáка; си́мвол.

Wáise *f* -, -n сиротá

Wal [va:l] *m* -(e)s, -e кит.

Wald *m* -(e)s, **Wälder** ліс; ein lichter ~ рідки́й ліс; ein tíefer ~ дрімýчий ліс.

Wáld|komplex *m* -es, -e лісови́й маси́в; ~**lichtung** *f* -, en лісовá поля́на, галя́вина.

Wál|fang *m* -(e)s, ...**fänge** китобійний прóмисел; ~ **fisch** *m* -es, -e *див.* Wal.

Wall *m* -(e)s, **Wälle** вал, нáсип.

wállen *vi* 1) вирувáти, кипіти; хвилювáтися *(напр., про море; тж. перен.)*; струмувáти 2) майоріти, колихáтися.

Wálnuß ['val-] *f* -, ...**nüsse** грецький горіх.

Wálroß ['val-] *n* ...**rosses**, ...**rosse** морж.

wálten *vi (über A)* панувáти *(над чим)*; управля́ти *(чим)*.

Walze *f* -, -n *тех.* вáлик; циліндр, рóлик; котóк.

wálzen I *vt* 1) *тех.* прокáтувати; вальцювáти; 2) подрібнювати, розмéлювати.

wálzen II *vi* танцювáти вальс.

wälzen 1. *vt* 1) коти́ти; перекóчувати; 2) *кул.* обкáчувати в суха-ря́х (у бóрошні); 3) *(auf A)* звертáти, складáти *(вину, відповідальність на кого)*; **2. sich** ~ валя́тися, качáтися; перевертáтися; sich vor Lachen ~ зайти́ся сміхом.

Wálzer *m* -s, - вальс.

Wálzhütte *f* -, -n *тех.* прокáтний завóд (цех).

wálzig *adj* циліндри́чний.

Wálz|straße *f* -, -n прокáтний стан; ~**werk** *n* -(e)s, -e 1) прокáтний стан; 2) прокáтний цех.

Wams *n* -es, **Wämser**, *m* -es, **Wämse** (вáтна) ку́ртка, фуфáйка; безрукáвка.

Wand *f* -, **Wände** 1) стінá; перегорóдка; éine spánische ~ ши́рма; 2) екрáн; die wéiße ~ екрáн *(у кіно)*; 3) (стрімкá) скéля; стінá *(гір, скель)*.

Wándbild *n* -(e)s, -er настінна фрéска.

Wándel *m* -s 1) перемíна, зміна; 2) спóсіб життя́; поведінка.

wándelbar *adj* мінли́вий, непостійний.

Wándel|gang *m* -(e)s, ...**gänge** галерéя, прохід; кулуáри; ~**halle** *f* -, -n кри́та галерéя; *театр.* кулуáри, фойé.

wándeln 1. *vt (in A)* змінювати; перетвóрювати *(в що)*; 2. *vi (s)* ходи́ти, броди́ти; прогу́люватися; 3. **sich** ~*(in A)* змінюватися; перетвóрюватися *(в що)*.

Wándelstern *m* -(e)s, -e планéта.

Wándelung *див.* Wandlung.

Wánderausstellung *f* -, -en пересувнá ви́ставка.

Wánderer *m* -s, - 1) подорóжній, мандрівни́к; 2) тури́ст.

Wánder|fahrt *f* -, -en тури́стський похід; ~**karte** *f* -, -n маршру́тна (тури́стська) кáрта.

wándern *vi (s)* 1 подорожувáти (пішки); мандрувáти, броди́ти; займáтися тури́змом; 2) блукáти, переміщáтися.

Wánder|plan *m* -(e)s, ...**pläne** план тури́стського маршру́ту; ~**pokal** *m* -(e)s, -e *спорт.* перехідни́й ку́бок; ~**preis** *m* -es, -e перехідни́й приз; ~**quartier** n -s, -e турбáза.

Wánder|sport *m* -(e)s тури́зм; ~**stützpunkt** *m* -(e)s, -e тури́стська бáза.

Wánderung *f* -, en 1) прогу́лянка, екску́рсія, мандрівка (пішки); 2) тури́стський похід; 3) блукáння, переміщення; 4) мігрáція.

Wándervogel *m* -s, ...**vögel** перелітни́й птах.

Wándlung *f* -, en зміна; перетвóрення.

Wánd|malerei *f* -, -en настінни́й живóпис, фрéски; ~**regal** *n* -s, -e настінна поли́ця; ~**schrank** *m* -(e)s, ...**schränke** убудóвана (стіннá) шáфа; ~**tafel** *f* -, -n стіннá (клáсна) дóшка; ~**uhr** *f* -, -en стінни́й годи́нник.

Wánge *f* -, -n щокá.

Wánkelmut *m* **-(e)s** нерішу́чість; вага́ння.

wánken *vi (h, s)* 1) хита́тися, колива́тися; іти́ похи́туючись; 2) вага́тися, не нава́жуватися; 3) пода́тися, похитну́тися.

wann *adv* коли́; bis ~? до якого ча́су?, до́ки?; séit ~?, von ~ an? з яко́го ча́су?

Wánne *f* **-, -n** 1) ва́нна *(тж. тех.)*; 2) чан, бак; 3) *геол.* му́льда, уло́говина, загли́блення.

Wánze *f* **-, -n** блощи́ця, клоп.

Wánzenbeere *f* **-, -n** чо́рна сморо́дина.

Wáppen *n* **-s, -** герб.

Wáre *f* **-, -n** това́р; ви́ріб *(як предмет купівлі-продажу)*; féhlerhafte ~ брак; hálbfertige ~ **напівфабрика́т**; verbótene ~ **контраба́нда**.

Wáren|abkommen *n* **-s, -** уго́да про товаро́обмін *(між країнами)*; **~austausch** *m* **-es,** *ек.* товаро́обмін; **~haus** *n* **-es, ...häuser** універса́льний магази́н; **~lager** *n* **-s, -** (това́рний) склад; **~messe** *f* **-, -n** торго́вий я́рмарок; **~produktion** *f* **-** *ек.* това́рне виробни́цтво; **~umsatz** *m* **-es, ...sätze, ~umschlag** *m* **-(e)s, ...schläge** товаро́обіг; **~zeichen** *n* **-s, -** това́рний знак; фабри́чне клеймо́.

warm *adj у різних значеннях* те́плий; **~e** Spéisen гаря́чі стра́ви; wärmsten Dank! вели́ке спаси́бі!

Wármbeet *n* **-(e)s, -e** *с. г.* парни́к.

warmblütig *adj* теплокро́вний.

Wärme *f* **-** тепло́, теплота́ *(тж. перен.)*

Wärme|austausch *m* **-es** *фіз.* теплоо́бмін; **~behälter** *m* **-s, -** те́рмос; **~einheit** *f* **-, -en** *фіз.* одини́ця тепла́; кало́рія; **~leitfähigkeit** *f* **-, ~leitung** *f* **-, ~leitvermögen** *n* **-s** *фіз.* теплопровідність; **~mechanik** *f* **-** термодина́міка.

wärmen *vt* гріти, нагріва́ти, зігріва́ти.

Wärmflasche *f* **-, -n** *мед.* гріпка.

Wármhaus *n* **-es, ...häuser** *с.г.* тепли́ця, оранжере́я.

wármherzig *odj* щи́рий, щиросе́рдий, співчутли́вий.

wárnen *vt (vor D)* остеріга́ти, застеріга́ти *(кого від чого)*, попереджа́ти *(кого про що)*; сповіща́ти.

Wárnsignal *n* **-(e)s, -e** сигна́л триво́ги.

Wárnung *f* **-, -en** пересторо́га, застере́ження.

Wárnzeichen *n* **-s, -** 1) попере́джувальний сигна́л; 2) попере́джувальний знак *(напр., дорожній)*.

Wárte *f* **-, -n** 1) сторожова́ ба́шта, спостере́жна ви́шка; 2) метеорологі́чна ста́нція; 3) обсервато́рія.

Wártehalle *f* **-, -n** зал чека́ння *(для пасажирів)*.

wárten *vi (auf A)* чека́ти *(кого, чого, на кого, що)*.

Wärter *m* **-s, -** 1) сто́рож; 2) саніта́р.

Wärterin *f* **-, -nen** саніта́рка, догляда́льниця; *розм.* ня́ня.

Wárte|saal *m* **-(e)s, ...säle** зал чека́ння *(для пасажирів)*; **~zimmer** *n* **-s, -** прийма́льня.

warúm *adv* чому́, чого́.

Wárze *f* **-, -n** 1) боро́давка; 2) сосо́к, ді́йка *(у тварин)*.

was 1. *pron inter* 1) що; ~ ist das? що це (таке́)?; ~ ist Ihr Brúder? хто ваш брат (за фа́хом)?; 2) *як підсилювальна або оклична частка розм.* що (ж), як; ну і; ~ du nicht (alles) sagst! та що ти ка́жеш!; 2. *pron rel* що; das, ~ du geságt hast те, що ти сказа́в.

Wásch|anstalt *f* **-, -en** пра́льня; **~becken** *n* **-s, -** умива́льник, таз; **~blau** *n* **-(e)s** си́нька *(для білизни)*.

Wäsche *f* **-, -n 1)** біли́зна *(натільна, постільна)*; 2) прання; in die ~ gében віддава́ти пра́ти.

Wäscheklammer *f* **-, -n** при́щіпка *(для сушіння білизни)*.

wáschen* 1. *vt* **1)** ми́ти; пра́ти; sich *(D)* das Gesicht ~ ми́ти облі́ччя, умива́тися; 2) *гірн.* промива́ти; **2. sich~** ми́тися, умива́тися; sich kalt ~ ми́тися холо́дною водо́ю.

Wäscheréi *f* **-, -en** 1) пра́льня; 2) *тех.* миття́; 2 *гірн.* збага́чувальна фа́брика; 3) *розм* балакани́на.

Wäscherin *f* **-, -nen** пра́чка.

Wäschewaschen *n* *-s* пранння́ білизни.

Wásch|faß *n* **...fasses, ...fässer** цебе́р, ба́лія, но́чви; **~frau** *f* **-, -en** 1) пра́чка; 2) *перен* пліткарка; **~lappen** *m* **-s, -** 1) ганчі́рка, ві́хоть, моча́лка; 2) *розм.* (до́вгий) язи́к; **~leder** *n* *-s* за́мша.

wáschledern *adj* за́мшевий.

Wásch|maschine *f* **-, -n** 1) пра́льна маши́на; 2) *тех.* ми́йна маши́на; **~mittel** *n* **-s, -** ми́ючий за́сіб; **~pulver** *n* **-s, -** пра́льний поро-

W

шо́к; **~raum** *m* **-(e)s, ...räume** кімна́та для умива́ння, душова́ *(напр., на заводі, шахті)*; **~seife** *f* **-** господа́рське ми́ло; **~trog** *m* **-(e)s, ...tröge** но́чви.

Wáschung *f* **-, -en** умива́ння; обмива́ння, промива́ння.

was für ein *m* (f was für éine, *n* was für ein, *pl* was für) що за, яки́й (яка́, яке́, які́); was für ein Buch ist das? що це за кни́жка?

Wásser *n* **-s, -** *і (про мінеральні, стічні води)* Wässer 1) вода́; 2): Kölnisches ~ **одеколо́н**; ◊ stílle ~ sind tief *присл.* ти́ха вода́ гре́блі рве.

Wásserball|spiel *n* **-(e)s** во́дне по́ло, ватерпо́ло; **~spieler** *m* **-s, -** ватерпо́ліст.

Wásser|becken *n* **-s, -** 1) во́дний басе́йн; 2) резервуа́р для води́; **~behandlung** *f* **-** *мед.* водоліку́вання, гідротерапія.

wásserdicht *adj* водонепроникни́й; непромока́льний.

Wásser|fall *m* **-(e)s, ...fälle** водоспа́д; каска́д; **~farbe** *f* **-, -n,** 1) акваре́ль, акваре́льна фа́рба; 2) ко́лір води́.

Wásser|fläche *f* **-, -n** 1) водяна́ пове́рхня; 2) водяни́й про́стір; **~flut** *f* **-, -en** 1) хвиля; 2) припли́в; 3) прибува́ння води́; 4) по́відь; розли́ття́ *(річки)*; **~glas** *n* **-es, ...gläser** 1) склянка; 2) *sg* *хім.* рідке́ скло; **~gras** *n* **-es, ...gräser** во́дорість; **~hahn** *m* **-(e)s, ...hähne** водопровідний кран; **~haushalt** *m* **-(e)s** 1) во́дне господа́рство; 2) во́дний режи́м; 3) во́дний бала́нс; **~heilanstalt** *f* **-, -en** водоліка́рня.

wässerig *adj* 1) водяни́стий; 2) *хім.* во́дний.

Wásserkraft|anlage *f* **-, -n** гідро(електро)ста́нція; гідросилова́ устано́вка; **~werk** *n* **-(e)s, -e** гідроелектроста́нція.

Wásserkur *f* **-** *див.* Wásserbehandlung.

Wásserlandtier *n* **-(e)s, -e** *зоол.* земново́дне, амфібія.

Wásser|lehre *f* **-** гідроло́гія; водогі́н; **~melone** *f* **-n** каву́н.

wássern *vi ав.* здійснювати поса́дку на во́ду, приво́днюватися.

wässern 1. *vt* 1) зро́шувати; обво́днювати; 2) вимо́чувати; промива́ти у воді; 3) розво́дити водо́ю; **2.** *vi* зволо́жуватися.

Wásser|nixe *f* **-, -n** *фолькл.* руса́лка; **~not** *f* **-** 1) недоста́ча води́; посу́ха; 2) корабе́льна ава́рія; **~pflanze** *f* **-, -n** водяна́ росли́на, во́дорість.

wásser|recht *adj* горизонта́льний; **~reich** *adj* повново́д(н)ий, багатово́д(н)ий.

Wásser|reichtum *m* **-(e)s, ...tümer** водяні ресу́рси; **~reinigungsanlage** *f* **-, -n** водоочисна́ спору́да; **~scheu** *f* **-** 1) боя́знь води́; 2) *мед.* водобоя́знь; сказ; **~spiegel** *m* **-s** 1) рівень води́; 2) дзе́ркало води́, вільна пове́рхня води́; **~spiel** *n* **-(e)s, -e** фонта́н; каска́д; **~sport** *m* **-(e)s** во́дний спорт; **~stoff** *m* **-(e)s** *хім.* во́день.

Wásserstoff|bombe *f* **-, -n** водне́ва бо́мба; **~waffe** *f* **-, -n,** водне́ва збро́я.

Wásser|straße *f* **-, -n** во́дний шлях; *геогр.* прото́ка; **~turm** *m* **-(e)s, ...türme** водонапірна ба́шта; **~umschlag** *m* **-e(s), ...schläge** *мед.* воло́гий компре́с.

Wásserung *f* **-, -en,** *ав.* поса́дка на во́ду, приво́днення.

Wässerung *f* **-, -en** 1) зро́шення, обво́днення, іріга́ція; 2) вимо́чування; промива́ння водо́ю; 3) розве́дення водо́ю.

Wásser|verdrängung *f* **-, -en** *мор.* водотонна́жність; **~verkehr** *m* **-s** во́дне сполу́чення; **~versorgung** *f* **-, -en** водопостача́ння; **~vogel** *m* **-s, ...vögel** водопла́вний птах; **~vorrat** *m* **-(e)s, ...räte** 1) запа́с води́; 2) водяні ресу́рси; **~waage** *f* **-, -n** ватерпа́с, рівень; **~wehr** *n* **-(e)s, -e** зага́та; гре́бля; **~welle** *f* **-, -n** 1) водяна́ хви́ля; 2) *здеб. pl* холо́дна зави́вка.

Wásserwerk *n* **-(e)s, -e** водопровідна (насо́сна) ста́нція.

wáten *vi (s, h) (durch A)* перехо́дити вбрід *(що)*; загруза́ти *(в болоті, в снігу)*.

Wátte *f* **-, -n** ва́та.

wében* 1. *vt* 1) тка́ти; Spítzen ~ плести́ мере́живо; 2) плести́ *(павутину)*; **2.** vi ру́хатися; діяти.

Wéber *m* **-s, -** ткач.

Weberéi *f* **-, -en** 1) тка́цька фа́брика; 2) *sg* тка́цтво, тка́цьке виробни́цтво.

Wéberin *f* **-, -en** ткаля.

Wéb|pelz *m* **-es, -e** шту́чне (тка́не) ху́тро; **~stuhl** *m* **-(e)s, ...stühle** тка́цький верста́т.

Wéchsel *m* **-s, -** 1) переміна, зміна; 2) зміна, чергува́ння; im

~ по черзі; 3) рóзмін *(грошей);* 4) óбмін; 5) замíна *(тж. спорт.)* 6) *спорт.* передáча естафéти; 7) *лінгв.* чергувáння.

Wéchsel|beziehung *f* **-, -en** взаємозв'язóк, взаємовіднóшення; **~dienst** *m* **-es, -e** 1) óбмін валю́ти *(на кордоні);* 2) пýнкти óбміну валю́ти; **~feld** *n* **-(e)s, -er** *ел.* змíнне пóле; **~geld** *n* **-(e)s, -er** розмíнна монéта, дрíбні грóші.

wéchselhaft *adj* мінли́вий; ~es Wétter мінли́ва погóда.

wéchseln 1. *vt* 1) міня́ти; обмíнювати; 2) обмíнюватися *(чим);* Bríefe ~ листувáтися; 3) розмíнювати, міня́ти *(гроші);* **2.** *vi* 1) міня́тися; 2) (mit D) чергувáтися *(з ким, чим),* змíнюватися *(чим);* 3) змíнювати мíсце проживáння; блукáти; кочувáти.

Wéchsel|spannung *f* **-, -en** *ел.* змíнна напрýга; **~strom** *m* **-(e)s, ...ströme** змíнний струм.

Wéchselung *f* **-, -en** 1) óбмін; 2) рóзмін *(грошей).*

wéchselweise *adv* 1) навперемíнно; 2) взаємно, обопíльно.

Wéchsel|wirkung *f* **-, -en** взаємодíя; **~zahn** *m* **-(e)s, ...zähne** *анат.* молóчний зуб.

wécken *vt* 1) буди́ти; j-n aus dem Schláfe ~ розбуди́ти когó-н.; 2) буди́ти, пробýджувати *(що в кому, напр., цікавість).*

Wécker *m* **-s, -, Wéckuhr** *f* **-, -en** буди́льник.

wédeln 1. *vi* 1) *(mit D)* обмáхуватися *(напр., віялом);* 2): mit dem Schwanz (mit dem Schweif) ~ махáти хвостóм; *перен. тж.* підлабýзнюватися, плазувáти *(перед ким);* **2.** *vt (von D)* 1) змáхувати *(що з чого);* 2) відганя́ти *(мух).*

wéder ... noch *cj* ні ... ні.

weg [vɛk] *adv* геть; удалинý; Hände ~! *розм.* рýки геть!; geh ~! *розм.* іди́ геть!; геть з очéй!; ~sein 1) бýти відсýтнім; пропáсти, зни́кнути; 2) знепритóмніти.

Weg *m* **-(e)s, -e** 1) дорóга, шлях *(тж. перен.),* стéжка; séinen ~ **géhen** іти́ своéю дорóгою *(тж. перен.),* j-m im ~ (e) stéhen (sein) стоя́ти на чиéму-н. шляхý, *перен. тж.* стоя́ти комý-н. пóперéк дорóги; заважáти; 2) шлях, нáпрямок *(тж. перен.),* auf dem ~e sein, etw zu tun збирáтися роби́ти щó-н; 3) дорóга; поїздка, пóдорож; der létzte ~ остáння путь, пóхорон; guten ~! щасли́вої дорóги!; sich auf den ~ máchen (begében) виряджáтися в дорóгу; 4) шлях, вíдстань; éinen (lángen) ~ zurücklegen пройти́ (дóвгий) шлях; 5) шлях, спóсіб, зáсіб; auf fríedlichem ~e ми́рним шля́хом; 6); séinen ~ (im Lében) máchen ви́йти в лю́ди; зроби́ти кар'єру, доби́тися чогó-н. у житті.

wég|arbeiten *vt* 1) відпрацювáти *(свій час);* 2) закінчи́ти *(роботу);* ви́конати *(своє завдання);* 3) ліквідувáти *(вади, недоліки);* **~begeben*, sich** іти́ *(собі геть);* ретирувáтися; **~blasen*** *vt* 1) здувáти; 2) розвíяти *(тж. перен.);* **~bleiben*** *vi (s)* бýти відсýтнім; не з'яви́тися; не повернýтися; hier ist ein Wort wéggeblieben тут пропýщено слóво; **~drehen 1.** *vt* відкрути́ти, відгвинти́ти; **2. sich** ~drehen відвертáтися; **~eilen** *vi (s)* шви́дко піти́ геть; поспіши́ти геть.

wégelos *adj* непрохíдний, непроїжджий, бездорíжний.

wégen *(G) часто стоїть після іменника;* зарáди, чéрез (і) з-за, внáслідок; ~ des Váters, des Váters ~ зарáди бáтька; ~ schléchten Wétters чéрез погáну погóду.

Wégerich *m* **-s, -e** *бот.* подорóжник.

wég|fahren* 1. *vi (s)* від'їжджáти; **2.** *vt* відвóзити; **~fallen*** *vi (s)* відпадáти, не відбýтися; скасóвуватися; **~lassen*** *vt* 1) відпускáти *(кого),* 2) випускáти, пропускáти *(частину тексту під час читання).*

Wégnahme f -, -n віднятт́я; ви́лучення; конфіскáція; ви́далення.

wég|nehmen* *vt* віднімáти, відбирáти; díeses Míttel nimmt die Tíntenflecke weg цей зáсіб вивóдить чорни́льні пля́ми; **~räumen** *vt* 1) прибирáти *(напр., сміття);* 2) усувáти *(непорозуміння, перешкоди);* **~rufen*** *vt* відкликáти; **~schaffen** *vt* 1) забирáти; віднóсити; відвóзити; 2) скасóвувати; **~scheren*** *vt* обстри́гти; оббри́ти; зрíзати нóжицями (бри́твою); **~treten*** *vt (s)* відійти́ вбік, відступи́ти; ~treten!, ~getreten! розійди́сь! *(команда).*

Wégweiser *m* **-s, -** 1) провідни́к, проводи́р; 2) путівни́к, дороговка́з; 3) пока́жчик доро́ги; доро́жній знак.

wég|wenden* 1. *vt* відверта́ти; 2. **sich** ~wenden відверта́тися; ~**werfen*** 1. *vt* викида́ти; відкида́ти; 2. **sich** ~werfen прини́жуватися.

wégwerfend 1. *adj* прези́рливий, знева́жливий; **2.** *adv* зарозуміло, зго́рда.

wégziehen* 1. *vt* відсува́ти, відтя́гувати, відслоня́ти *(фіранку);* **2.** *vi (s)* 1) виї́жджа́ти, переселя́тися; 2) відліта́ти.

Wégzug *m* **-(e)s, ...züge** 1) від'ї́зд; переї́зд; пересе́лення; 2) відлі́т *(птахів).*

weh 1. *adj* 1) *розм.* хво́рий *(про орган, частину тіла);* ich hábe éinen ~en Fínger у ме́не болить (нарива́є) па́лець; 2) хворобли́вий *(про відчуття);* гірки́й; 3) j-m ~ tun заподі́ювати біль кому-н.; ***перен.*** завдава́ти бо́лю кому́-н.; es tut mir **weh** мені бо́ляче; мені ду́же шко́да́; мені со́ромно; **2.** *int o* ~! ох! бо́же мій!

Weh *n* **-(e)s** сум, скорбо́та, го́ре; біль.

Wéhe *f* **-, -n** 1) *здеб. pl мед.* пере́йми; 2) заме́ти *(снігові, піщані).*

wéhen 1. *vi* 1) ду́ти, ві́яти; 2) розвіва́тися, майорі́ти *(на вітрі);* die Fáhnen ~ майоря́ть прапори́; 2. *vt* 1) *(von D)* здува́ти ві́тром *(що звідки);* 2) *(auf A)* прино́сити (наміта́ти) ві́тром *(що куди).*

wéhklagen *невідокр. vi* ре́мствувати, ска́ржитися; über j-n ~ опла́кувати кого́-н. (чию́-н. до́лю).

Wéhmut *f* **-** сум, сму́ток, печа́ль; меланхо́лія.

Wehr I *f* **-, -en** 1) оборо́на, о́пір; за́хист; sich zur ~ sétzen (stéllen) чини́ти о́пір; за́хища́тися; 2) збро́я.

Wehr II *n* **-(e)s, -e** зага́та, гре́бля.

Wéhrdamm *m* **-(e)s, ...dämme** да́мба, мол.

Wéhrdienst *m* **-es, -e** військо́ва́ слу́жба; aktíver ~ ді́йсна військо́ва́ слу́жба.

wéhren, sich *(gegen A, wider A)* обороня́тися, захища́тися, відбива́тися *(від кого, чого).*

Wéhr|tatigkeit f **-** обороноздá́тність; ~**gesetz** *n* **-es, -e** зако́н про військо́ву пови́нність.

wéhrlos *adj* безза́хисний; беззбро́йний; (j-n) ~ máchen обеззбро́їти *(кого).*

Wéhr|paß *m* **-sses, ...pässe** військо́вий квито́к; ~**pflicht** *f* **-** військо́ва́ пови́нність, військо́вий обо́в'язок.

Wéhrpflichtalter *n* **-s** *військ.* призо́вний вік.

wéhrpflichtig *adj* військовозобов'я́заний.

Wéib *n* **-(e)s, -er** 1) *заст. і розм.* жі́нка; 3) *поет.* дружи́на; 3) *знев.* ба́ба *(тж. про боягуза, базіку).*

Wéibchen *n* **-s, -** 1) *пестл.* бабу́ся, старе́нька; дружи́нонька; 2) *зоол.* са́мка.

wéiblich *adj* жіно́чий; ~es Geschlécht 1) жіно́ча стать; 2) *грам.* жіно́чий рід.

weich *adj* 1) м'яки́й, гнучки́й; 2) м'яки́й, ла́гідний, ні́жний; 3) *тех.* ковки́й, тягу́чий; 4) *лінгв.* дзвінки́й *(звук).*

wéichen I 1. *vt* зм'я́кшувати; пом'я́кшувати; 2. *vi (h, s)* 1) зм'я́кшуватися; пом'я́кшуватися; 2) мо́кнути.

wéichen* II *vi (s)* 1) відхиля́тися *(вбік);* ухиля́тися; 2) відступа́ти, відхо́дити; 3) *(D)* поступа́тися *(сильнішому);* der Nótwendigkeit ~ підкори́тися необхі́дності.

Wéichen|steller *m* **-s, -,** ~**wärter** *m* **-s, -** *залізн.* стрі́лочник.

wéich|gekocht, ~**gesotten** *adj* розва́рений; ein ~gekochtes Ei рі́дко (некру́то) зва́рене яйце́.

Wéichheit *f* **-** 1) м'я́кість, еласти́чність; 2) м'я́кість, ла́гідність, ні́жність.

wéichherzig *adj* м'якосе́рдий.

Wéichtier *n* **-(e)s, -e** *зоол.* молю́ск.

Wéide I *f* **-, -n** верба́, лоза́.

Wéide II *f* **-, -,** ви́гін, пасови́ще.

wéiden 1. *vt* 1) па́сти; 2) *(an D)* *перен.* ті́шити *(зір, слух чим);* 2. *vi* па́стися; 3. **sich** ~*(an D)* вті́шатися, милува́тися *(чим);* раді́ти *(чому).*

wéigern 1. *vt (j-m)* відмовля́ти *(в чому кому);* 2. **sich** ~ відмовля́тися; чини́ти о́пір; ухиля́тися *(від чого).*

Wéigerung *f* **-, -en** відмо́ва; о́пір, ухиля́ння.

wéihen *vi* 1) освя́чувати, святи́ти; 2) урочи́сто відкрива́ти *(напр., пам'ятник);* 3) *(D)* присвя́чувати *(що кому, чому).*

weil *cj* бо, тому́ що, че́рез те що.

W

Wéile *f* - якийсь (деякий) час; éine gánze (lánge, geráume) ~довгий час, довго; éine kléine (kúrze) ~ недовго, одну хвилинку.

wéilen *vi* бути, перебувати; зупинятися.

Wein *m* **-(e)s, -e** 1) вино; ábgelagerter ~ старе вино; réiner ~ натуральне вино; 2) виноград.

Wéin|bau *m* **-(e)s** виноградарство; **~berg** *m* **-(e)s, -e** виноградник; **~brand** *m* **-(e)s** коньяк.

wéinen *vi (über A)* плакати *(за ким, чим);* bittere Tränen ~ плакати гіркими сльозами.

Wéinen *n* **-s** плач; zum ~ bríngen доводити до сліз.

wéinerlich *adj* плаксивий.

Wéin|ernte *f* - збирання винограду; **~garten** *m* **-s, ...gärten** виноградник; **~glas** *n* **-es, ...gläser** чарка; **~stock** *m* **-(e)s, ... stöcke** виноградна лоза; **~traube** *f* **-, -n** виноградне гроно; *pl* ~trauben виноград.

wéise *adj* мудрий.

Wéise I *m* мудрець; мислитель.

Weise II *f* **-, -n** спосіб; манера; auf jéde ~ вс(іл)яко, всякими способами; auf wélche ~? яким чином?, як?

wéisen* 1. *vt* 1) показувати, указувати; j-n zur Rúhe ~ закликати до порядку кого-н.; 2) відсилати, направляти *(кого, що куди);* aus dem Lánde ~ вислати з країни; aus der Schúle ~ виключити з школи; **2.** *vi (auf A)* указувати *(на кого, що).*

Wéisheit *f* - мудрість.

weiß *adj* білий; сивий; білосніжний; чистий.

Wéißbäckerei *f* **-, -en** булочна, кондитерська.

Wéiß|blütigkeit *f* - *мед.* лейкемія, білокрів'я; **~brot** *n* **-(e)s, -e** білий хліб.

wéißen *vt* білити, мазати.

Wéisung *f* **-, -en** вказівка, наказ, розпорядження.

weit 1. *adj* 1) далекий, дальній; 2) просторий, широкий; ein ~er Abstand велика відстань; велика різниця; **2.** *adv* далеко, удалині; широко.

wéitáus *adv* набагато, значно.

Wéitblick *m* **-(e)s** далекоглядність, прозорливість.

Wéite *f* **-, -n** 1) далечінь; простір; широчінь; 2) відстань; довжина *(шляху);* ширина; діаметр; 3) *геогр.* широта.

wéiten 1. *vt* розширювати; 2. **sich** ~ розширюватися *(тж. перен.).*

wéiter *(comp від* weit) **1.** *adj* подальший, триваючий; ~e Tátsachen додаткові (нові) факти; bis auf ~es 1) поки що; до пори, до часу; 2) надалі, до окремого розпорядження; óhne ~es зразу, негайно; без розмов; 2. *adv* далі; ~ nichts більше нічого; ~ niemand більше ніхто; und so ~ *(скор.* usw.) і так далі.

wéiterbesteh(e)n* *vi* продовжувати існувати; залишатися, зберігатися.

Wéiterbildung *f* - підвищення кваліфікації.

Wéiter|gabe *f* - передача, передавання *(чого кому);* передача (м'яча) *(футбол);* **~gang** *m* **-(e)s** продовження, розвиток.

wéitergeh(e)n* *vi (s)* 1) іти далі, проходити; не зупинятися; 2) продовжуватися, тривати; die Sáche kann nicht so ~gehen так далі продовжуватися не може.

wéiter|her *adv* здалека, на великій відстані; **~hin** *adv* далі, надалі.

wéiterkommen* *vi (s)* рухатися вперед; *перен. тж.* досягати успіху; so kómmen wir nicht wéiter! *перен.* так справа не піде.

wéitern *vt* розширювати.

wéitgehend *adj* далекосяжний; широкий, *(про права, повноваження);* значний.

wéithér *adv* здалека.

wéitherzig *adj* щедрий; великодушний.

wéithín *adv* 1) вдалину; 2) кругом, усюди; 3) задовго.

wéitläufig 1. *adj* 1) великий, просторий, широкий; 2) докладний, багатослівний; 3) далекий *(про рідню);* **2.** *adv* докладно, багатослівно.

wéit|räumig *adj* 1) просторий; 2) *тех.* великогабаритний; **~reichend** *adj* 1) широкий; з великим радіусом дії; ~reichende Pläne далекосяжні плани; 2) *військ.* далекобійний.

Wéitsicht *f* - 1) гарна видимість, видимість на далеку відстань; 2) далекоглядність, прозорливість.

wéitsichtig *adj* 1) *мед.* далекозорий; 2) далекоглядний, прозорливий, проникливий.

Wéitung *f* **-, -en** розширення.

Wéizen *m* **-s** пшениця.

W

Wéizenmehl *n* **-(e)s, -e** пшени́чне бо́рошно.

welch 1. *pron inter* яки́й (яка́, яке́, які́), котри́й (котра́, котре́, котрі́); що за; а) *у змінюваній формі* (*m* wélcher, *f* wélche, *n* wélches, *pl* wélche); in ~em Jahr bist du gebóren? в яко́му ро́ці ти народи́вся?; б) *у незмінюваній формі в сполученні з неозначеним артиклем або прикметником в окличних і питальних реченнях:* ~ ein Mann! що за люди́на!; ~ schöner Tag! яки́й чудо́вий день!; в) *у незмінюваній формі з іменником середнього роду однини:* ~ Wúnder! що за ди́во!; **2.** *pron rel (у змінюваній формі m* wélcher, *f* wélche, *n* wélches, *pl* wélche; *G sg m i n* déssen, *G sg f i G pl* déren) яки́й (яка́, яке́, які́), котри́й (котра́, котре́, котрі́); der Mann, ~er es tat люди́на, яка́ це зроби́ла; **3.** *pron indef розм. здеб. n sg i pl:* ~es де́що, що-не́будь; ~e де́які; де́хто; де́що; ich hábe kein Geld. Hast du ~es? У ме́не нема́є гро́шей. У те́бе є що-не́будь?

Welf *m* **-(e)s, -e,** *n* **-(e)s, -er** цуценя́, щеня́; вовченя́; лисеня́.

welk *adj* зів'я́лий, побля́клий; в'я́лий *(про листя, лице)*.

wélken *vi* *(s)* в'я́нути, марні́ти, бля́кнути.

Wélle *f* **-, -n** 1) хви́ля *(тж. перен.)*, водяни́й вал; 2) *здеб. pl* зави́вка; укла́дка; хвиля́сте воло́сся; 3) *тех. вал.*

wéllen *vt* 1) роби́ти хвиля́стим; 2) завива́ти *(волосся)*.

Wéllen|bereich *m* **-(e)s, -e** *радіо* діапазо́н хвиль; **~bruch** *m* **-(e)s, ...brüche** прибі́й; **~länge** *f* **-, -n** *фіз., радіо* довжина́ хви́лі.

Wéllfleisch *n* **-es** бужени́на.

wéllig *adj* хвиля́стий.

Wels *m* **-es, -e** сом.

welsch *adj* 1) рома́нський; італі́йський; францу́зький; 2) *здеб. знев. інозе́мний, чужозе́мний, замо́рський.*

Welt *f* **-, -en** 1) світ, все́світ; земна́ ку́ля; seitdém die ~ steht споконві́ку; зда́вна; nicht um álles in der ~! ні за що в сві́ті!; zur ~ kómmen, das Licht der ~ erblícken з'яви́тися на світ, народи́тися; 2) світ; лю́дство, лю́ди; die júnge ~ мо́лодь; 3) світ *(чого)*; сфе́ра; середо́вище; 4) світ, суспі́льство; die gróße ~ ви́щий світ, ви́ще товари́ство.

Wélt|all *n* **-s** все́світ; ко́смос; **~anschauung** *f* **-, -en** світо́гляд.

wélt|bekannt *adj* всесвітньовідо́мий; **~berühmt** *adj* просла́влений на весь світ.

Wélt|beste *m, f* спортсме́н, -ка із світови́м ім'я́м; *pl* кра́щі спортсме́ни сві́ту; **~bestleistung** *f* **-, -en** світови́й реко́рд, світове́ дося́гнення.

Wélt|bewegung *f* **-** всесві́тній рух, міжнаро́дний рух; **~bild** *n* **-es** 1) *астр.* систе́ма сві́ту; 2) *перен.* світо́гляд, по́гляди.

Wéltereignis *n* **-ses, -se** поді́я світово́го зна́чення.

wéltfremd *adj* віді́рваний (дале́кий) від життя́.

Wélt|gegend *f* **-, -en** *геогр.* краї́на сві́ту; **~geltung** *f* **-** світове́ зна́чення; світове́ визна́ння; **~gerichtshof** *m* **-(e)s** Міжнаро́дний суд *(орган ООН)*; **~geschichte** *f* **-** всесві́тня істо́рія.

Weltgewerkschaftsbund *m* **-(e)s** *(скор.* WGB) Всесві́тня федера́ція профспіло́к.

Wélt|karte *f* **-, -n** *геогр.* ка́рта сві́ту (земно́ї ку́лі); **~krieg** *m* **-(e)s, -e** світова́ ві́йна́; **~kugel** *f* **-** 1) небе́сна сфе́ра, небе́сний гло́бус; 2) земна́ ку́ля; **~lage** *f* **-** міжнаро́дне стано́вище; **~literatur** *f* **-** всесві́тня літерату́ра; **~macht** *f* **-, ...mächte** вели́ка держа́ва; **~markt** *m* **-(e)s, ...märkte** *ek.* світови́й ри́нок; **~meister** *m* **-s, -** чемпіо́н сві́ту; **~meisterschaft** *f* **-, -en** *спорт.* пе́ршість сві́ту.

Wéltraum *m* **-(e)s, ...räume** космі́чний про́стір; ко́смос; все́світ; die Erschlíeßung des ~s осво́єння ко́смосу.

Wéltraum|fahrer *m* **-s, -** космона́вт; астрона́вт; **~fahrt** *f* **-** космона́втика; астрона́втика; **~fahrzeug** *n* **-(e)s, -e** космі́чний апара́т (корабе́ль); bemánntes ~fahrzeug космі́чний кора́бель з люди́ною на борту́.

Wélt|rekord *m* **-(e)s, -e** *спорт.* світови́й реко́рд; **~ruf** *m* **-(e)s** всесві́тня сла́ва; ein Künstler von ~ruf арти́ст (худо́жник) із світови́м ім'я́м; **~teil** *m* **-(e)s, -e** *геогр.* части́на сві́ту.

Wélttitelkämpfe *pl спорт.* змага́ння на пе́ршість сві́ту.

Wélttreffen *n* **-s, -** міжнаро́дна

W

зýстріч.

Wéltumschiffung *f* -, **-en** кругосвíтнє плáвання.

wéltweit *adj* якúй охóплює весь світ, всеосяжний.

Wénde *f* -, **-n** 1) поворóт; óберт; 2) *перен.* поворóт, перемíна; *(долі)*; 3) рубíж *(часу)*; um die ~des Jahrhúnderts на злáмі століття.

Wéndekreis *m* **-es, -e** *геогр.* трóпік.

Wéndel *f* -, **-n** гвинтовá лíнія; спірáль *(тж. ел.)*.

wénden * **1.** *vt* 1) *(слабка дієвідміна)* перевертáти; лицювáти *(одяг)*; das Heu ~ перевертáти сíно; bitte ~! *(скор.* b. w.) дивíсь на зворóті!; 2) повертáти, обертáти; **2.** *vi (слабка дієвідміна)* повертáти (назáд) *(напр., про автомобіль)*; **3. sich** ~ 1) повертáтися, обертáтися; 2) *(an j-n)* звертáтися *(до кого)*; sich mit éiner Bítte an j-n ~ звертáтися до кóго-н. з прохáнням; 3) *(слабка дієвідміна)* мінятися, змíнюватися *(напр., про погоду)*.

Wéndepunkt *m* **-(e)s, -e** 1) мíсце поворóту, поворóтний круг (пункт); 2) *перен.* поворóтний пункт; перелóм, крúза; рубíж.

Wéndung *f* -, **-en** 1) поворóт, вірáж; óберт; 2) перемíна; поворóт спрáви; 3) *лінгв.* вúслів, зворóт мóви.

wénig **1.** *pron indef, тж. num indef* мáло, небагáто, трóхи; дéякі, дéкотрі; а) *в змінюваній формі (здеб. pl* wénige, *n sg* wéniges, das wénige); ~e Bríefe дéякі листú; б) *в незмінюваній формі:* ~ Zeit мáло чáсу; **2.** *adv* мáло; ein (klein) ~ небагáто, трóхи; zu ~ занáдто мáло.

wéniger *(comp від* wénig) 1) мéнше; mehr óder ~ більш абó менш; більш-менш; 2): síeben ~ fünf ist zwei сім мíнус п'ять бýде два.

wénigstens *adv* принаймнí, хоч би.

wenn *cj* 1) колú; а) *при повторюваних діях в усіх часах;* ~ der Herbst beginnt... колú починáється óсінь...; б) *при одноразовій дії в майбутньому:* ~ er zurückkommt ... колú він повéрнеться ...; 2) якщó; ~du Zeit hast ...якщó у тéбе є (бýде) час ...; 3) хоч (би), якбú; ~ er doch käme! хоч би він прийшóв!; wenn ...auch, wenn ... gleich, wenn ...schon хоч, нáвіть якщó.

wer **1.** *pron inter* хто?; ~ ist es? хто це (такúй)? *(G)* wéssen? чий?, чиé?, чиї?; wéssen Buch ist das? чия це кнúжка?; **2.** *pron rel* хто; ~ das tut, hat die Fólgen zu trágen хто це збрóбить, відповідáє за нáслідки.

wérben **1.** *vt* вербувáти; набирáти; залучáти до спрáви *(кого)*; **2.** *vi* 1) *(für A)* агітувáти *(за що)*; 2) *(um A)* добивáтися, домагáтися *(чого)*; um ein Mädchen ~ свáтатися до дíвчини.

Wérbung *f* -, **-en** 1) вербувáння; агітáція; 2) реклáма; 3) свáтання.

wérden* **1.** *vi (s)* 1) *(N)* ставáти, робúтися, бýти *(ким, чим, яким)*; Léhrer ~ стáти вчúтелем; gesúnd ~ видýжувати; 2) *(zu D)* перетвóрюватися *(в що)*, ставáти *(чим)*; die Ausnahme wird zur Régel вúняток стає прáвилом; 3) наступáти; починáтися; es wird Wínter настає зимá; es wird Tag світáє; es wird Zeit настає час; порá!; **2.** *допоміжне дієслово, яке вживається для утворення майбутнього часу і пасиву:* du wirst hier bléiben! ти залúшишся тут!; das Haus wird gebáut будúнок будýється.

wérdend *adj* майбýтній.

wérfen* **1.** *vt* 1) кúдати; *(тж. перен.)*; Blícke ~ кúдати пóгляди; 2) накидáти; den Mántel über die Schúltern ~ накúнути пальтó на плéчі; 3) родúти *(про тварин)*; **2. sich** ~ 1) кúдатися *(на кого, що)*; кúдатися *(куди)*; 2) *(auf A)* накúнутися *(на кого, що)*.

Werft *f* -, **-en** верф, корабéльня.

Werk *n* **-(e)s, -e** 1) спрáва; прáця, робóта; das ist sein ~ це спрáва йогó рук; am ~(e) sein працювáти *(над чим)*; бýти в дії *(про якісь сили)*; ans ~ géhen, sich ans ~ máchen брáтися за спрáву (робóту); 2) твір; (наукóва) прáця; вúдання; gesámmelte ~e збíрка творíв; 3) завóд, фáбрика, підприéмство; 4) спорýда; укрíплення; 5) механíзм *(напр., годинниковий)*.

Wérk|abteilung *f* -, **-en** цех *(заводу, фабрики)*; ~ **ausgabe** *f* -, **-n** видáння творíв; **~bank** *f* -, **...bänke** верстáт.

wérken *vi* працювáти; майструвáти.

Wérk|halle *f* -, **-n** цех *(заводу,*

W

фабрики); ~**hof** *m* **-(e)s, ...höfe** виправно-трудова колонія *(для неповнолітніх)*; ~**leiter** *m* **-s, -** директор підприємства (заводу, фабрики); ~**schule** *f* **-, -n** заводська професійна школа; ~**statt** *f* **-, ...stätten,** ~**stätte** *f* **-, -n** майстерня; цех *(на заводі, фабриці)*; ~**stoff** *m* **-(e)s, -e** *тех.* матеріал.

Wérktätige *m, f* трудящий, ...ща, трудівник, ...ниця.

Wérk|tisch *m* **-es, -e** верстат; ~**unterricht** *m* **-(e)s** 1) виробниче навчання; 2) урок ручної праці; ~**zeug** *n* **-(e)s, -e** інструмент *(тж. перен.)*.

wért *adj* 1) дорогий, любий; ~er Fréund! любий друже!; 2) вартий; *перен. тж.* гідний, достойний; es ist fünf Mark ~ це коштує п'ять марок; das ist nicht der Réde ~ про це не варто говорити.

Wért *m* **-(e)s, -e** 1) вартість; цінність, ціна; von geríngem ~ малоцінний; 2) цінність, значення; (größen) ~ auf etw. *(A)* légen надавати чому-н. (великого) значення; 3) коштовність, річ; майно; géistige ~e духовні цінності; 4) *мат.* значення; величина; *pl* дані.

Bértbetrag m-es: вартість.

Wértbrief *m* **-(e)s, -e** цінний лист.

wérten *vt* цінити, оцінювати.

Wértigkeit *f* **-** *хім.* валентність.

wértlos *adj* який не має цінності, нічого не вартий *(тж. перен.)*.

Wért|paket *n* **-(e)s, -e** цінна посилка; ~**papier** *n* **-(e)s, -e** *здеб. pl* цінні папери *(напр., акції)*.

wértschätzen *vt* поважати *(кого)*, дорожити *(ким, чим)*.

Wértung *f* **-, -en** оцінка; залік.

Wértungs|einheit *f* **-, -en** бал *(тж. спорт.)*; ~**punkt** *m* **-(e)s, -e** *спорт.* очко.

wértvoll *adj* (дуже) цінний, коштовний, дорогоцінний.

Wésen *n* **-s, -** 1) істота, створіння; 2) вдача, характер; поведінка; 3) суть, сутність; 4) існування; буття; 5) шум, галас, метушня.

wésenhaft *adj* 1) (дійсно) існуючий, реальний; 2) істотний, суттєвий.

Wésenheit *f* **-** 1) буття, існування; 2) суть, сутність.

Wésenszug *m* **(e)s, ...züge** характерна (основна) риса; суттєва ознака.

wésentlich істотний; значний, важливий; im ~en по суті; в основному.

Wésentliche *n* **-n** суть, головне; ядро, основа.

wésháIb *adv* чому, чого; через що; за що.

Wéspe *f* **-, -n** оса.

Wéste *f* **-, -n** жилет; ◊ éine réine (sáubere, wéße) ~ háben мати незаплямовану репутацію.

Wésten *m* **-s** 1) *(вжив. без артикля) (скор. W)* захід *(напрямок)*; nach ~ на захід; 2) Захід *(територія)*; західна область; 3) Захід, країна Заходу.

wéstlich 1. *adj* західний; ~er Länge *геогр.* західної довготи; **2.** *adv* на захід, далі на захід.

Wéttbewerb *m* **-(e)s, -e** 1) змагання *(тж. спорт.)*; in ~ mit j-m stéhen (sein) змагатися з ким-н.; 2) конкурс; áußer ~ поза конкурсом; 3) *ек.* конкуренція.

Wétte *f* **-, -n** парі; заклад; um die ~ léufen бігати наввипередки.

wétteifern *vi* змагатися.

wétten *vi (um A), vt* битися об заклад, закладатися *(на що)*.

Wétter *n* **-s, -** 1) погода; 2) *перен.* атмосфера; 3) буря, гроза.

Wéter|amt *n* **-(e)s, ...ämter** 1) служба погоди; 2) метеорологічне бюро; *розм.* бюро погоди; ~**ansage** *f* **-, -n** повідомлення про погоду *(по радіо)*; ~**aussichten** *pl* прогноз погоди; ~**bericht** *m* **-(e)s, -e** метеорологічне зведення.

wétterbeständig *adj* погодостійкий, стійкий до атмосферних впливів.

Wétter|dienst *m* **-es, -e** метеорологічна служба, служба погоди; ~**fahne** *f* **-, -n** флюгер *(тж. перен.)*; ~**kunde** *f* **-** метеорологія; ~**lage** *f* **-** стан погоди, погодні умови; ~meldungf -, -en метеозведення

wétterleuchten *невідокр. vimp:* es wétterleuchtet спалахує блискавиця.

Wétter|mantel *m* **-s, ...mäntel** плащ, непромокальне пальто; ~**meldung** *f* **-, -en** метеозведення.

wéttern 1. *vimp:* es wéttert грім гримить, бушує негода; **2.** *vi розм. (auf A, gegen A)* напасти, накинутися *(на кого, що)*, кричати *(на кого)*.

Wétter|säule *f* **-, -n** 1) смерч; 2)

метеорологíчна вúшка; ~station *f* -, -en, ~stelle *f* -, -n метеорологíчна стáнція; ~vérhältnisse *pl* стан погóди; метеорологíчні умóви; ~voraussage *f* -, -n прогнóз погóди; ~warte *f* -, -n метеорологíчна стáнція; ~wechsel *m* -s, - змíна (перемíна) погóди.

Wétt|fahrt *f* -, -en *спорт.* гóнки; ~**kampf** *m* -(e)s, ...kämpfe змагáння *(тж. спорт.)*; ~**lauf** *m* -(e)s, ...läufe 1) змагáння з бíгу; забíг; 2) *перен.* змагáння; супéрництво.

wéttlaufen* *vi (s)* змагáтися з бíгу; бíгти наввúпередки.

Wétt|rüsten *n* -s гóнка озбрóєнь; ~**spiel** *n* -(e)s, -e *спорт.* матч, змагáння, зýстріч, гра; ~**streit** *m* -(e)s, -e 1) змагáння; *перен. тж.* супéрництво; 2) суперéчка; akadémischer ~streit наукóва дискýсія, полéміка.

wéttstreiten* *vi* 1) змагáтися; *перен. тж.* супéрничати; 2) сперечáтися; дискутувáти, полемізувáти.

Wétzstein *m* -(e)s, -e точúло, брусóк.

wíbbeln *vi* кишíти; копошúтися.

Wíchsbürste *f* -, -n щíтка для взуття́.

Wíchse *f* -, -n вáкса, крем для взуття́.

wíchsen *vt* чúстити, ваксувáти *(взуття)*.

wíchtig *adj* важлúвий; ~tun, sich ~ máchen величáтися, задирáти нóса.

Wíchtigkeit *f* - 1) знáчення, важлúвість; das ist von größer ~ це дýже важлúво; 2) *pl* ~en важлúві обстáвини.

Wíckel *m* -s, - 1) згóрток; пакýнок; 2) клубóк, пучóк, мотóк; рулóн; 3) кýчер, зáвитóк; 4) пелюшка; 5) *мед.* компрéс (з пов'язкою).

Wíckel|kind *n* -(e)s, -er немовля́; ~**kissen** *n* -s, - конвéрт (для немовля́ти).

wíckeln 1. *vt* 1) *(auf A)* намóтувати *(що на що)*; 2) *(in A)* загортáти *(що в що)*; 3) сповивáти *(дитину)*; 4) *мед.* накладáти компрéс *(кому)*; 2. **sich** ~ *(in A)* кýтатися, закýтуватися.

wíder *prp (A)* прóти, всýпереч; ~ méinen Wunsch прóти могó бажáння; ~Erwarten несподíвано, раптóво.

Wíderhall *m* -(e)s, -e лунá; вíдгук, вíдгомін; резонáнс *(тж. перен.)*.

widerlégen *vt* спростóвувати; заперéчувати.

wíderlich *adj* огúдний, протúвний; бридкúй, осорýжний.

wídern *vt* викликáти огúду; es wídert mich менí гúдко, я відчувáю відрáзу.

wíderrechtlich *adj* протизакóнний.

widerrúfen* *vt* 1) скасóвувати *(розпорядження, наказ)*; 2) спростóвувати, заперéчувати.

Wíderrede *f* -, -n 1) суперéчність, заперéчення; ohne ~! без заперéчень!; 2) промóва опонéнта.

Wíderschein *m* -(e)s, -e вíдблиск, відбиття́, вíдсвіт; *фіз.* рефлéкс.

widersétzen, sich *(D)* чинúти óпір; не підкоря́тися, заперéчувати *(кому, проти чого)*.

Wídersinn *m* -(e)s безглýздя, нісенíтниця.

wíderspiegeln 1. *vt* відбивáти *(промені; тж. перен.)*; 2. **sich** ~ відбивáтися, відобрáжуватися *(в чому; тж. перен.)*.

widerspréchen* *vi (D)* заперéчувати; суперéчити *(кому, чому)*; бýти несумíсним *(з чим)*.

Wíderspruch *m* -(e)s, ...sprüche 1) суперéчність; розбíжність; антагонíзм; in ~ mit etw. *(D)* stéhen (sein) суперéчити чому-н.; 2) заперéчення, протéст; erhébt sich ~? заперéчень немá? óhne ~ беззаперéчно.

wídersprúchslos *adj* беззаперéчний.

wídersprúchsvoll *adj* суперéчливий, суперéчний.

Wíderstand *m* -(e)s, ...stände 1) óпір, вíдсіч *(gegen A чому)*; непокóра; j-m ~ léisten чинúти óпір комý-н.; 2) *ел. тех.* óпір; 3) *ел.* реостáт.

wíderstandsfähig *adj* здáтний до óпору; стійкúй; витривáлий.

widerstéh(e)n* *vi (D)* 1) чинúти óпір *(чому)*; протистоя́ти *(чому)*; вúтримати *(що)*; dem Angriff ~ відбúти нáпад; 2): das Éssen widerstéht mir ї́жа викликáє у мéне відрáзу.

widerstrében *vi (D)* (внýтрішньо) чинúти óпір (опирáтися) *(чому)*.

Wíderstreit *m* -(e)s, -e сýтичка, суперéчка.

wíderwärtig *adj* огúдний, неприéмний; відрáзливий.

Wíderwille *m* -ns, **Wíderwillen** *m*

-s огида, відраза; незадоволення.
widerwillig 1. *adj* незадоволений; змушений; вимушений; **2.** *adv* з огидою, неохоче.
Widerwort *n* **-(e)s, -e** заперечення.
widmen 1. *vt (D)* присвячувати *(що кому, чому)*; **2. sich** ~ *(D)* присвячувати себе *(кому, чому)*.
Widmung *f* **-, -en** присвячення *(чого кому)*; дарчий напис.
widrig *adj* 1) протилежний; ворожий; зустрічний *(напр., про вітер)*; мінливий *(про долю)*; 2) огидний, гидкий, противний.
widrigenfalls *adv* інакше, а то.
wie 1. *adv* як; ~ alt ist er? скільки йому років?; ~ bitte? пробачте, що ви сказали?; ~ geht es dir? як ти поживаєш?; **2.** *cj* 1) *при порівнянні як;* weiß ~ Schnee білий як сніг, 2) як тільки, ледве, коли; ~ er das hörte... як тільки він це почув...
wieder *adv* знову; ~ und (immer) ~ все знову (і знову); hin und ~ іноді, інколи.
Wiederaufbau *m* **-(e)s** відновлення, відбудова; реконструкція, перебудова.
wieder|aufbauen *vt* відбудовувати, реставрувати *(будівлю)*; перебудовувати; **~aufheben*** *vt* скасовувати, відміняти; ліквідувати.
Wiederaufnahme *f* - 1) відновлення *(перерваної діяльності)*; 2) *(in A)* поновлення членства *(в партії)*.
Wiederdruck *m* **-(e)s, -e** перевидання; стереотипне видання.
wiederersetzen, wiedererstatten *vt* відшкодовувати; компенсувати.
wiederfinden* 1. *vt* знаходити (знову); **2. sich** ~ опам'ятатися, отямитися; оволодіти собою.
Wiedergabe *f* **-, -n** 1) виконання *(напр., твору)*; переказ *(змісту)*; переклад *(чого-н. на іншу мову)*; відтворення; 2) проекція, демонстрація *(фільму)*.
wiedergeben* *vt* 1) повертати *(борг)*; 2) виконувати *(твір)*; переказувати *(зміст);* перекладати *(на іншу мову)*.
wiedergeboren *adj* відроджений, оновлений.
Wiedergeburt *f* - відродження.
wiederherstellen *vt* відновлювати.
Wiederhersteller *m* **-s, -** реставратор.
wiederholen *vt* повторювати; відновлювати.
wiederholt *adj* повторний, неодноразовий.
Wiederhören: auf ~! до побачення!, дзвони (дзвоніть)! *(при прощанні по телефону)*; до наступної радіопередачі!
Wiederkehr *f* - 1) повернення; 2) річниця, ювілей.
wieder|kehren *vi (s)*, **~kommen*** *vi (s)* повертатися; повторюватися *(напр., про пори року)*.
Wiederkunft *f* - повернення *(кого)*.
wieder|rufen* *vt, vi* кричати у відповідь, відгукуватися; **~sagen** *vt* 1) повторювати; 2) передавати; переказувати; **~seh(e)n*** *vt* знову побачити (зустріти); sich ~sehen побачитися знову.
Wiederseh(e)n *n* **-s** побачення, зустріч; auf ~! до побачення!
wiederum *adv* 1) знову; 2) навпаки, з іншого боку.
wiedervereinigen *vt* возз'єднувати.
wiederwählen *vt* переобирати.
Wiege *f* **-, -n** 1) колиска *(тж. перен.)*; люлька; von der ~ an з раннього дитинства.
wiegen I 1. *vt* 1) колихати *(колиску)*; колисати *(дитину)*; 2) гойдати, розгойдувати; 3) подрібнювати, кришити; сікти *(м'ясо)* шаткувати *(капусту)*; **2. sich** ~ гойдатися.
wiegen* II 1. *vt* зважувати, важити; **2.** *vi* важити.
wiehern *vi* 1) іржати; 2) *розм.* реготати.
Wiese *f* **-, -n** лука, луг.
wieso *adv* яким чином, як так.
wieviel *adv* скільки; як багато.
wievielt *adj* котрий, який; den ~en haben wir heute? яке сьогодні число? am ~en? якого числа?
wild *adj* 1) дикий; здичавілий; ~er Wein дикий виноград; 2) дикий, незайманий; занедбаний; 3) дикий, буйний; ein ~er Knabe невгамовний хлопець; неслух; 4) бурхливий *(про море)*.
Wild *n* **-(e)s** дичина.
Wilddieb *m* **-(e)s, -e** браконьєр.
wildern *vi* займатися браконьєрством.
Wildheit *f* - 1) дикість; варварство; 2) *перен.* бешкетування, пустування *(про дітей)*.
Wildleder *n* **-s** замша.
Wille *m* **-ns, -n, Willen** *m* **-s, -** воля; Menschen guten ~ns люди

W

до́брої во́лі; j-m séinen (den) ~n tun ви́конати чиє́-н. бажа́ння.

wíllenlos *adj* безві́льний.

Wíllens|kraft *f* - си́ла во́лі; **~schwäche** *f* - слабові́лля.

wíllig 1. *adj (zu D)* зго́дний *(на що)*, гото́вий *(до чого);* слухня́ний; **2.** *adv* охо́че.

wílligen *vi (in A)* пого́джуватися *(на що)*.

willkómmen *adj* ба́жаний, жада́ний; прийе́мний; ~!, sei (seid, séien Sie) (mir) ~! ласка́во про́симо!; j-n ~ héißen віта́ти кого́-н.

Wíllkür *f* - сваво́ля.

wíllkürlich *adj* 1) дові́льний; 2) самові́льний; сваві́льний.

wímmeln *vi (von D)* киші́ти *(чим)*.

wímmern *vi* 1) жа́лібно стогна́ти; 2) ски́глити, скавуча́ти *(про собаку)*.

Wímper *f* -, **-n** вія; ◊ óhne mit der ~ zu zúcken не моргну́вши о́ком.

Wind *m* **-(e)s, -e** ві́тер; bei ~ und Wétter у него́ду.

Wíndel *f* -, **-n** пелю́шка; das Kind in ~n wíckeln (hüllen) сповива́ти дити́ну.

wíndeln *vt* сповива́ти.

wínden* 1. *vt* 1) мота́ти, намо́тувати; обвива́ти; крути́ти; 2) *тех.* підніма́ти лебі́дкою *(вантаж)*; **2. sich** ~1) звива́тися, ви́тися; 2) *перен.* викру́чуватися.

Wínd|hose *f* -, **-n** смерч; **~hund** *m* **-(e)s, -e** 1) хорт *(порода собак)*; 2) *розм.* вітрого́н.

wíndig *adj* 1) ві́тряний; es ist ~ ві́тряно, дме ві́тер; 2) *розм.* ненаді́йний; 3) ві́тряний, легкова́жний.

Wíndjacke *f* -, **-n** *спорт.* непромока́льна спорти́вна ку́ртка.

Windsbraut *f* - бу́ря, шквал, урага́н.

Wind|schutzscheibe *f* -, **-n** 1) вітрове́ скло *(автомобіля)*; 2) лобове́ скло *(напр., літака)*; **~stärke** *f* - си́ла ві́тру; **~stille** *f* - безві́тря; зати́шшя, (ме́ртвий) штиль *(на морі)*; **~stoß** *m* **-es, ...stöße** пори́в ві́тру.

Wíndung *f* -, **-en** 1) о́берт *(навколо чого)*, вито́к; 2) хвиля́ста лі́нія; зви́вина.

Wink *m* **-(e)s, -e** 1) знак *(рукою)*; киво́к *(головою);* j-m éinen ~ gében пода́ти знак; кивну́ти кому́-н.; 2) на́тяк; 3) вказі́вка, пора́да; 4) *розм.* дрімо́та, коро́ткий сон.

Wínkel *m* **-s,** - 1) куто́к *(кімнати)*; 2) *перен.* куто́чок; відда́лене (зати́шне) мі́сце; 3) *мат.* кут; réchter ~ прями́й кут; spítzer ~ го́стрий кут; stúmpfer ~ тупи́й кут; ein ~ von 90° кут 90°; im réchten ~ під прями́м куто́м; прямови́сно, перпендикуля́рно; 4) *тех.* коси́нець; 5) *тех.* кронште́йн.

Wínkel|maß *n* **-es, -e** 1) *тех.* коси́нець; кутомі́р; **~messer** *m* **-s,** - *тех.* кутомі́р; транспорти́р.

wínkeln *vt* згина́ти *(під кутом)*.

wínken* *vi, vt* роби́ти знак; маха́ти, сигналізува́ти; кива́ти; підмо́ргувати.

Wínker *m* **-s,** - 1) *військ.* сигна́льник; 2) *залізн.* семафо́р.

Wínter *m* **-s,** - зима́; im ~ узи́мку.

Wínter|ferien *pl* зимо́ві кані́кули; **~getreide** *n* **-s,** - ози́мі зернові́.

wínterhart *adj с.г.* зимості́йки́й.

Wínter|korn *n* **-(e)s, -e** ози́мі (зернові́), озимина́; **~lager** *n* **-s,** - зимо́вище.

wínterlich 1. *adj* зимо́вий; **2.** *adv* по-зимо́вому.

Wíntermantel *m* **-s, ...mäntel** зимо́ве́ пальто́.

Wínter|saat *f* -, **-en** озимина́; **~schlaf** *m* **-(e)s** зимо́ва́ спля́чка *(теплокровних тварин)*; **~schuhe** *pl* зимо́ве́ взуття́; **~sport** *m* **-(e)s** зимо́вий спорт.

wíntersüber *adv* взи́мку; про́тягом зими́; за зи́му.

wínzig *adj* ду́же мали́й.

Wípfel *m* **-s,** - верхі́вка, верхові́ття *(дерева)*.

Wíppe *f* -, **-n** 1) го́йдалка; 2) *тех.* баланси́р.

wir *pron pers* ми *(G* únser, *D* uns, *A* uns*)*.

Wírbel I *m* **-s,** - 1) кружля́ння, ви́хор; 2) вир, коло́ворот *(тж. перен.)*; 3) клуби́ *(диму, куряви)*; 4) метушня́; 5) *анат.* ма́ківка, ті́м'я; vom ~bis zur Zéhe з голови́ до п'ят.

Wírbel II *f* -, **-n** спіра́ль.

wírbellos *adj* безхребе́тний.

wírbeln 1. *vi* 1) *(h)* крути́тися, верті́тися; 2) *(h, s)* носи́тися ви́хором; 3) *(h)* вирува́ти *(про воду)*; 4) *(h)* клубочи́тися; **2.** *vt* 1) шви́дко оберта́ти, крути́ти; 2) *муз.* вибива́ти *(дріб)*.

Wírbel|säule *f* -, **-n** *анат.* хребе́т, хребе́тний стовп; **~tier** *n* **-(e)s,**

W

-e хребе́тна твари́на.

wírken 1. *vi* 1) ді́яти; für j-n ~ ді́яти в інтере́сах кого́-н.; 2) *(auf A)* ді́яти, вплива́ти *(на ко-го, що)*; als Béispiel ~ бу́ти при́кладом; 3) працюва́ти; als Léhrer ~ працюва́ти вчи́телем; **2.** *vt* 1) тка́ти, плести́; 2) роби́-ти, твори́ти.

wírklich 1. *adj* ді́йсний, спра́вжній; і́стинний; факти́чний; **2.** *adv* ді́йсно, спра́вді; ~? не-вже́?

Wírklichkeit *f* - ді́йсність; реа́ль-ність; факт; in ~ наспра́вді; etw. in die ~ úmsetzen здійснювати що-н.

wírksam *adj* дійови́й, ефекти́вний; ді́ючий.

Wírksamkeit *f* - 1) дієвість, ефек-ти́вність; 2) ді́я, діяльність.

Wírkung *f* -, **-en** 1) ді́я *(чого)*; in ~ tréten набира́ти чи́нності; 2) ді́я, вплив; ~ áusüben вплива́ти; 3) на́слідок, результа́т, ефе́кт.

wírkungs|los *adj* безрезульта́т-ний, невда́лий; неефекти́вний; **~reich, ~voll** *adj* 1) ефе́ктний; 2) ефекти́вний.

Wírkwaren *pl* трикота́ж.

wirr *adj* 1) заплу́таний, сплу́та-ний; скуйо́вджений; 2) *перен.* за-плу́таний; нея́сни́й.

wírren* *vt* плу́тати, змі́шувати.

Wírrwarr *m* **-s** плутани́на, безла́д-дя, метушня́.

Wirt *m* **-(e)s, -e ~in** *f* -, **-nen** гос-по́дар, господи́ня.

Wírtschaft *f* -, **-en** 1) господа́р-ство, еконо́міка; 2) рестора́н; пивна́; 3) ве́дення господа́рства, господарюва́ння; die ~ besórgen займа́тися (дома́шнім) госпо-да́рством.

wírtschaften *vi* 1) займа́тися гос-пода́рством, господарюва́ти; 2) порядкува́ти, ство́рювати бе́злад.

wírtschaftlich *adj* 1) еконо-мі́чний, господа́рський; die ~e Réchnungsführung *ек.* госпо-да́рський розраху́нок; 2) рента́-бельний, прибутко́вий; 3) еконо́м-ний, оща́дливий.

Wírtschafts|beziehungen *pl* еко-номі́чні зв'язки́ (відно́сини); **~hil-fe** *f* - економі́чна допомо́га, **~kri-se** *f* -, **-n** економі́чна кри́за; **~ordnung** *f* -, **-en** економі́чний лад, еконо́міка; **~politik** *f* - економі́чна полі́тика; **~schule** *f* -, **-n** 1) торгове́льна шко́ла; 2) економі́чний те́хнікум; **~wis-senschaft** *f* - економі́чна нау́ка, еконо́міка; **~wissenschaftler** *m* **-s**, - економі́ст; **~zweig** *m* **-(e)s, -e** га́лузь господа́рства.

wíschen 1. *vt* те́рти, витира́ти; *2. vt (s)* шви́дко ко́взати.

Wíscher *m* **-s**, - 1) ганчі́рка; 2) *перен. розм.* прочуха́н.

Wísent *m* **-(e)s, -e** зубр.

wíspeln, wíspern *vi* шепта́ти.

Wíßbegier(de) *f* - допи́тливість, ціка́вість.

wíßbegierig *adj* допи́тливий.

wíssen* *vt* 1) *(von D, um A)* зна́-ти *(що про кого, про що)*; sovíel ich weiß наскі́льки мені́ відо́мо; 2) *(zu+inf)* умі́ти *(що робити)*; sich zu benéhmen ~ умі́ти (га́р-но) пово́дитися.

Wíssenschaft *f* -, **-en** нау́ка.

Wíssenschaft(l)er *m* **-s**, - уче́ний, науко́вий працівни́к.

wíssenschaftlich *adj* науко́вий.

Wíssens|gebiet *n* **-(e)s, -e** о́б-ласть знань; **~lücke** *f* -, **-n** про-га́лина в знаннях.

wíssentlich *adj* свідо́мий, навми́с-ний.

wíttern *vt* чу́ти (про тварин); *пе-рен.* відчува́ти.

Wítterung *f* -, **-en** 1) пого́да; 2) чуття́, нюх *(у тварин, тж. пе-рен.)*

Wítwe *f* -, **-n** удова́.

Wítwer *m* **-s**, - удіве́ць.

wítzig *adj* 1) доте́пний; 2) за-ба́вний, поті́шний, смішни́й.

wo *adv* де; wo ist es? де це?; dort, wo wir wóhnen... там, де ми живемо́.

Wóche *f* -, **-n** ти́ждень; diese ~, in dieser ~на цьо́му ти́жні.

Wóchen|schau *f* -, **-en** кіножур-на́л, кінохро́ніка; **~schrift** *f* -, **-en** щотижне́вик; **~tag** *m* **-(e)s, -e** бу́день, робо́чий день.

wöchentlich *adj* щотижне́вий.

wodúrch *adv* вна́слідок чо́го, че́-рез що, завдяки́ чому́; чим.

wofür *adv* 1) за що; за́мість чо́го; 2) для чо́го; 3) *переклад зале-жить від керування українського дієслова:* ~ sorgt er? про що він турбу́ється?

wo|hér *adv* звідки; ~hér des Wéges? звідки ви?, звідки ви йдете́?; **~hin** *adv* куди́.

wohl 1. *adj* здоро́вий; er ist wieder ~ він ви́дужав; **2.** *adv* 1) до́бре; ~ bekómm's! на здо-ро́в'я!; lében Sie ~! проща́йте!, всього́ найкра́щого!; 2) ма́бу́ть, пéвно; можлúво.

Wohl *n* **-(e)s** бláго, добрó; добрóбут; auf dein ~! за твоє́ здорóв'я!; für das ~ der Ménschheit. на бláго лю́дства.

wohl|án *int* дóбре!, гарáзд; уперéд, ну!; **~áuf** *adv* у дóброму здорóв'ї.

wóhl|bedacht *adj* (дóбре) обдýманий, продýманий; **~behalten** *adj* непошкóджений, цíлий; **~bekannt** *adj* дóбре відóмий.

Wóhlergehen *n* **-s** 1) здорóв'я; 2) благополýччя.

wóhlerzogen *adj* дóбре вúхований.

Wóhlgefallen *n* **-s** 1) задовóлення; 2) симпáтія, співчуттý.

wóhl|gefällig 1. *adj* прихúльний; приє́мний; **2.** *adv* із задовóленням, охóче; **~gehalten** *adj* сúтий, відгодóваний *(про тварин)*; **~gemeint** *adj* доброзичлúвий; **~geordnet** *adj* упорядкóваний.

Wóhl|geruch *m* **-(e)s** пáхощі, аромáт; **~geschmack** *m* **-(e)s** приє́мний смак.

wóhlhabend *adj* спромóжний, замóжний.

Wóhl|stand *m* **-(e)s** добрóбут; замóжність; **~tat** *f* **-, -en** 1) благодíйність; 2) благотвóрна дія.

wóhltun* *vi (D)* 1) бýти приє́мним, принóсити кóрисfь; благотвóрно впливáти *(на кого)*; 2) робúти добрó *(кому)*.

Wóhn|bau *m* 1) **-(e)s, -ten** житловá будíвля, житловúй будúнок; 2) **-(e)s** житловé будівнúцтво; **~block** *m* **-(e)s, -s** житловúй квартáл.

wóhnen *vi* жúти, мéшкати; проживáти.

Wóhn|gebäude *n* **-s, -** житловúй будúнок.

wóhnhaft *adj:* ~ sein in... мéшкати (проживáти) за адрéсою.

Wóhn|haus *n* **-es, ...häuser** житловúй будúнок; **~heim** *n* **-(e)s, -e** гуртóжиток.

Wóhn|raum *n* **-(e)s, ...räume** житловá плóща; житловé примíщення; **~sitz** *m* **-es, -e, ~stätte** *f* **-, -n** мíсце проживáння.

Wóhnung *f* **-, -en** квартúра; житлó, осéля.

Wóhnungs|anschluß *m* **...schlusses, ...schlüsse** квартúрний (телефóнний) апарáт; **~bau** *m* **-es** житловé будівнúцтво; **~zuweisung** *f* **-, -en** óрдер на квартúру.

Wóhn|verhältnisse *pl* житлові умóви; **~viertel** *n* **-s, -** житловúй квартáл; **~zimmer** *n* **-s, -** житловá кімнáта.

wölben, sich вигинáтися (дугóю), заокрýглюватися.

Wolf *m* **-(e)s, Wölfe** вовк.

Wólke *f* **-, -n** хмáра.

Wólken|bruch *m* **-(e)s, ...brüche** злúва; **~kratzer** *m* **-s, -** хмарочóс.

wólkenlos *adj* безхмáрний.

Wólle *f* **-, -n** шерсть; вóвна; in der ~ sitzen 1) мáти тéпле мíсце; 2) жúти з комфóртом.

wóllen I *adj* шерстянúй, вóвняний.

wóllen* II **1.** *vt* 1) хотíти, бажáти; er will lérnen він хóче вчúтися; ich will álles wíssen я хóчу все знáти; **2.** *vi* 1) *висловлює спонукання до дії, прохання, наказ:* ~ wir géhen! ходíмо!; 2) *має допустове значення:* man ságe, was man will нехáй кáжуть що завгóдно; 3) *у значенні майбутнього часу;* ~ wir séhen побáчимо.

wóllig *adj* пухнá(с)тий, вовнúстий.

Wóll|jacke *f* **-, -n** шерстянá кóфта; **~kleid** *n* **-(e)s, -er** шерстянá сýкня.

womít *pron adv* чим; з чим; ~ schreibst du? чим ти пúшеш?; ~ bist du so zufríeden? чим ти так задовóлений?

wonách *pron adv* у зв'язкý з чим; пíсля чóго.

worán *pron adv* на чóму; на що; до чóго; про що; ~ denkst du? про що ти дýмаєш?

woráuf *pron adv* на чóму; на що; пíсля чóго; ~ bestéht er? на чóму він наполягáє?

woráus *pron adv* з чóго; звíдки; ~ schließt du es? з чóго ти рóбиш такúй вúсновок?

Wort *n* 1) **-(e)s, Wörter** слóво *(окреме)*; ~ für ~ слóво в слóво, дослíвно; 2) **-(e)s, -e** слóво *(мова)*; вúслів; geflügelte ~e крилáті словá; das geschríebene ~ писéмна мóва; das gespróchene ~ ýсна мóва; (auf) ein ~! на однý хвилúнку, будь лáска!, я хóчу вам щось сказáти!; mit ánderen ~en інáкше кáжучи; mit éinem ~ однúм слóвом, корóтше кáжучи; 3) **-(e)s** слóво *(виступ)*; das ~ ergréifen

W

(néhmen) взяти слово; j-m das ~ertéilen (gében) (на)дати слово кому-н.; ums ~ bítten, sich zum ~ mélden просити слова; 4) -(e)s слово честі *(обіцянка)*.

Wórt|art *f* -, -en *грам.* частина мови; **~bau** *m* -(e)s структура слова; **~bildung** *f* - словотвір.

wórtbrüchig *adj* віроломний.

Wörter|buch *n* -(e)s, ...bücher словник; **~verzeichnis** *n* -ses, -se 1) покажчик слів, індекс; 2) реєстр слів.

Wórt|folge *f* -, -n порядок слів; **~fügung** *f* -, -en словосполучення, зворот; **~geschichte** *f* - історія слова, етимологія.

Wórtgut *n* -(e)s словниковий склад (мови).

wórtkarg *adj* 1) неговіркий; 2) лаконічний.

Wórt|kunst *f* - поетичне мистецтво; **~laut** *m* -(e)s дослівний (точний) текст; **~lehre** *f* - учення про слово; семантика; семасіологія; лексикологія.

wörtlich *adj* дослівний, буквальний, точний.

wórtlos 1. *adj* безсловесний, безмовний; 2. *adv* без слів, не кажучи ні слова, мовчки.

Wórt|rätsel *n* -s, - шарада; **~schatz** *m* -es 1) лексика, лексичний склад мови; 2) запас слів; **~sinn** *m* -(e)s буквальне значення; **~spiel** *n* -(e)s, -e гра слів; каламбур; **~stamm** *m* -(e)s, ...stämme *лінгв.* основа (слова); **~stellung** *f* -, -en порядок слів; **~übersetzung** *f* -, -en дослівний переклад; **~verbindung** *f* -, -en слово- сполучення.

wórtwörtlich *adj* дослівний; буквальний.

worüber *pron adv* над чим; про що; ~ **freut er sich?** чому він радіє?

wovón *pron adv* 1) від чого; ~ hängt das ab? від чого це залежить?; 2) з чого; про що; ~ spréchen Sie? про що ви говорите?

wrack *adj* 1) пошкоджений, розбитий; 2) непридатний *(напр., про товари)*.

Wrack *n* -(e)s, -s *i* -e 1) уламки *(корабля, літака)*; 2) *тех.* уламки, відходи; 3) *перен.* руїна.

wríngen* *vt* віджимати, викручувати *(білизну)*.

Wúcherer *m* -s, - лихвар.

Wuchs [vu:ks] *m* -es 1) ріст; зростання; 2) зріст; стан, фігура; von hóhem ~ sein бути високим на зріст.

wühlen 1. *vi* 1) копати; рити; 2) *(gegen A)* підбурювати *(проти кого)*, вести підривну діяльність *(проти кого)*; 2. *vt* рити.

wühlerisch *adj* підбурювальний; підривний *(перен.)*.

Wühl|maschine *f* -, -n землерийна машина; **~tätigkeit** *f* - підривна діяльність.

Wulst *m* -es, Wülste, ...Wülste 1) пухлина, стовщення, жовно; 2) подушка, валик.

wúlstig *adj* здутий, стовщений.

wund *adj* поранений; стертий до крові; болючий, вразливий; éine ~e Stélle болюче місце *(тж. перен.)*.

Wúnde *f* -, -n рана; поранення.

Wúnder *n* -s, - чудо; ~ tun (verríchten, wírken) вершити чудеса; kein ~, daß ... не дивно, що... .

wúnderbar *adj* чудесний, дивний; чудний.

wúnderlich *adj* дивний, химерний, дивовижний.

wúndern 1. *vt* дивувати; es wúndert mich мене дивує; 2. **sich** ~ *(über A)* дивуватися *(чому)*

wúnder|schön *adj* чудовий, напрочуд гарний, прекрасний; **~tätig** *adj* чудодійний; **~voll** *adj* чудовий.

Wúnderwerk *n* -(e)s, -e чудо, диво *(мистецтва, техніки)*.

Wunsch *m* -es, Wünsche бажання; побажання; auf séinen ~ за його бажанням.

wünschen *vt* бажати, побажати; Sie ~? чого ви бажаєте?

Würde *f* -, -n 1) гідність, достойність; nach ~n за заслуги, по заслузі; 2) звання; akadémische ~ науковий ступінь.

würdig *adj* 1) гідний, достойний, вартий; 2) поважний, шановний.

würdigen *vt* 1) *(G)* удостоювати *(кого чим)*; 2) цінувати, оцінювати *(кого, що)*; 3) відзначати *(успіхи, знаменний день)*.

Würdigung *f* -, -en 1) визнання *(заслуг)*; 2) оцінка *(явищ)*.

Würfel *m* -s, - 1) кубик; 2) *мат.* куб, шестигранник.

würfeln *vi* кидати жереб (жеребок).

Wúrf|scheibe *f* -, -n *спорт.* диск *(для метання)*; **~speer** *m* -(e)s,

-e *спорт.* спис *(для метання).*

würgen 1. *vt* 1) давúти, душúти, тúснути; 2) насúлу прокóвтувати; **2.** *vi* давúтися; er würgt an éinem Bíssen у нього кусóк застряв у гóрлі.

Wurm 1) *m* **-(e)s, Würmer** черв'як; глист; *pl зоол.* чéрви; 2) *n* **-(e)s, Würmer** безпорáдна (беззáхисна) дитúна; 3) *m* **-(e)s, Würme** *поет.* змій; дракóн; 4) *m* **-(e)s, Würmer** *тех.* черв'як.

wúrmig *adj* 1) червúвий; 2) похмýрий; незадовóлений.

Wurst *f* **-, Würste** ковбасá; mit ~ belégtes Brot бутербрóд з ковбасóю.

Würstchen *n* **-s, -** 1) сосúска; 2) жалюгідна людúна.

Wúrstwaren *pl* ковбáсні вúроби.

Würze *f* **-, -n** прянiсть, припрáва.

Wúrzel *f* **-, -n** кóрінь *(у різних значеннях);* die ~ aus éiner Zahl ziehen *мат.* добýти кóрінь з числá.

wúrzeln *vi* 1) укорінюватися, пускáти корíння; 2) *(in D) перен.* коренúтися *(в чому).*

Wúrzel|stock *m* **-(e)s, ...stöcke** кореневúще; **~werk** *n* **-(e)s, -e** коренéва систéма, кóрені; корíння; **~wort** *n* **-(e)s, ...wörter** коренéве слóво; **~zeichen** *n* **-s, -** *мат.* знак кóреня, радикáл.

würzen *vt (mit D)* приправля́ти, присмáчувати *(чим); перен.* усолóджувати *(чим, напр., життя).*

Würz|mittel *n* **-s, -, ~stoff** *m* **-(e)s, -e** прянiсть; *збірн.* прянощі.

wüst *adj* 1) пустúнний; ненасéлений, безлюдний; 2) *розм.* заплýтаний, безлáдний; ein **~es** Durcheinánder страшéнний хаóс, плутанúна.

Wüste *f* **-, -n** пустéля, пустúня.

Wut *f* **-** 1) лють, шалéнство; in ~ geráten розлютувáтися; vor ~ kóchen кипíти від злóсті; 2) *мед.* водобоя́знь; сказ.

wütend *adj* 1) лю́тий, розлю́чений, шалéний; 2) завзя́тий, запéклий, рéвний.

wútentbrannt *adj* розлютóваний, розлю́чений, оскаженíлий.

Wüterich *m* **-s, -e** лиходíй, недóлюдок; тирáн; жорстóка людúна.

wútschen *vi* прослизнýти, промайнýти *(як тінь).*

X x

X, x *n* **-, -** *мат.* ікс *(невідома величина);* die Stadt X besúchen відвідати місто N; ◊ j-m ein X für ein U vórmachen замилювати комý-н. óчі.

x-Achse ['iks-] *f* **-, -n** *мат.* вісь абсцис.

x-beinig ['iks-] *adj* кривонóгий.

x-beliebig ['iks-] *adj розм.* будь-якúй.

x-fach ['iks-] *adv розм.* невідóмо у скільки разів.

X-Strahlen ['iks-] *pl* х-прóмені, рентгéнівське промíння.

Xylographie *f* **-, ...phí|en** ксилогрáфія, гравю́ра по дéреву.

Y y

Y, y *n* **-, -** *мат.* íгрек *(невідома величина).*

y-Achse ['ypsilon-] *f* **-, -n** *мат.* вісь ординáт.

Yacht *f* **-, -en** я́хта.

Yperít [ipe-] *n* **-(e)s** iпрúт.

Ypsilon *n* **-s, -s** íпсилон, íгрек *(буква).*

Z z

Zácke *f* -, -n зубець; зазублина.
záckig *adj* 1) зубчастий; зазублений; 2) бравий, молодецький.
zághaft *adj* 1) лякливий, полохливий; 2) нерішучий.
zäh 1. *adj* 1) твердий; 2) в'язкий; 3) стійкий, витривалий; ein Mensch von ~em Fleiß людина величезної працездатності; **2.** *adv* 1) уперто, стійко; 2) насилу, через силу, важко.
Zähigkeit *f* - в'язкість; густота.
Zahl *f* -, -en 1) *мат.* число; éine gánze ~ ціле число; éine geráde ~ парне число; éine úngerade ~ непарне число; éine gebróchene ~дробове число; éine zwéistellige ~ двозначне число; 2) цифра; mit ~en verséhen нумерувати; 3) кількість; 4) *грам.* категорія числа.
záhlbar *adj* що підлягає оплаті.
záhlen *vt* 1) *(für A)* платити *(за що)*; оплачувати *(що)*; eine Réchnung ~ оплатити рахунок; 2) *перен.:* den höchsten Preis ~ платити дорогою ціною.
zählen 1. *vt* 1) лічити, рахувати; 2) *(zu D, unter A)* вважати *(кого ким, чим)*; er wird zu den bésten Schríftstellern gezählt його вважають одним з кращих письменників; 3) налічувати; дорівнювати *(чому)*; die Stadt zählt éine Millión Éinwohner місто налічує мільйон жителів; **2.** *vi* 1) рахувати, лічити; 2) рахуватися, братися до уваги; das zählt nicht це не береться до уваги; 3) *(auf A)* розраховувати *(на кого, на що)*; 4) *(zu D, unter A)* вважатися *(ким, чим)*, належати *(до кого, до чого)*; er zählt zu den bésten Studénten він вважається одним з кращих студентів; 5) *(nach D)* налічувати; містити (в собі); дорівнювати *(чому)*.
záhlenmäßig *adj* 1) чисельний, кількісний; ~e Überlégenheit кількісна перевага; 2) числовий; 3) статистичний.
Zähler *m* -s, - 1) *тех.* лічильник; 2) *мат.* чисельник.
záhl|los *adj* незліченний; нескінченний; **~reich** *adj* численний.
Záhlstelle *f* -, -n каса.
Záhlung *f* -, -en платіж; плата; внесок; éine ~ léisten внести гроші.
Zählung *f* -, -en 1) лічба, підрахунок; 2) перепис *(населення)*.
záhlungsfähig *adj* платоспроможний.
Záhl|wort *n* -(e)s, ...wörter *грам.* числівник; **~zettel** *m* -s, - чек *(у магазині)*.
zahm *adj* 1) свійський; приручений, проборканий; ~ máchen приручати; приборкувати; 2) смирний, лагідний, слухняний; er ist éine ~e Natúr у нього м'який характер.
zähmen 1. *vt* приручати; приборкувати; séine Zúnge ~ притримати язика; Léidenschaften ~ угамовувати пристрасті; **2. sich** ~ стримуватися.
Zahn *m* -(e)s, **Zähne** 1) зуб; die Zähne pútzen чистити зуби; 2) *тех.* зубець; 3) *перен.:* der ~ der Zeit руйнівна дія часу.
Záhn|arzt *m* -es, ...ärzte зубний лікар; **~bürste** *f* -, -n зубна щітка.
Záhn|fleisch *n* -es ясна; **~füllung** *f* -, -en пломба *(у зубі)*; **~höhle** *f* -, -n порожнина зуба.
záhnig, zähnig *adj* 1) зубчастий; 2) зубатий.
Záhn|klinik *f* -, -en стоматологічна клініка; **~krone** *f* -, -n коронка зуба.
záhnlos *adj* беззубий.
Záhn|pasta *f* -, ...ten, **~paste** *f* -, -n зубна паста; **~pflege** *f* - догляд за зубами; **~pulver** *n* -s зубний порошок.
Zánge *f* -, -n 1) щипці, кліщі, обценьки; 2) клішня; j-n in der ~ háben тримати кого-н. у своїх руках.
Zank *m* -(e)s сварка, лайка.
zánken 1. *vi* 1) *(mit j-m um A, über A)* сваритися *(з ким через що)*; 2) *(mit j-m)* лаяти; сварити *(кого)*; **2. sich** ~ сваритися, лаятися.
zánkhaft, zänkisch, zánksüchtig *adj* сварливий; задерикуватий.
Zánkwort *n* -(e)s, ...wörter лайливе слово, лайка.
Zápfen *m* -s, - 1) затичка, пробка; 2) *тех.* цапфа; втулка; 3) шишка *(хвойна)*; 4) (крижана)

бурýлька.

Zápfenbäume *pl* хвóйні дерéва.

zart *adj* 1) ніжний, м'якúй; 2) тендíтний; 3) делікáтний, тактóвний; auf ~e Wéise у тактóвній фóрмі.

zärtlich *adj* 1) ніжний, лáгідний, щиросéрдий; 2) врáзлúвий.

Zärtlichkeit *f* -, -en 1) ніжність, лáгідність; 2) врáзлúвість.

Zärtling *m* -s, -e пестýн, мазýн, матýсин синóк.

Záuber *m* -s, - 1) чаклýнство, чарувáння; 2) чарівлúвість, чáри; ~ áusüben зачарóвувати; 3) *розм.* обмáн.

Zauberéi *f -, -en* 1) чаклýнство; ~ tréiben чаклувáти; 2) фóкус.

záuberhaft *adj* чарівнúй, чарівлúвий.

záubern *vi* 1) чаклувáти; 2) покáзувати фóкуси.

záudern *vi (mit D)* барúтися, зволікáти *(з чим);* вагáтися.

Zaum *m* -(e)s, **Zäume** 1) вуздéчка; 2) *тех.* гальмó; ◊ j-n im ~(e) hálten тримáти когó-н. у шóрах.

zäumen *vt* 1) гнуздáти; 2) *перен.* прибóркувати.

Zaun *m* -(e)s, **Zäune** паркáн, огорóжа.

Zébra *n* -s, s *зоол.* зéбра.

Zéche *f* -, -n 1) рахýнок *(у ресторáні);* 2) гулянка, вечірка; 3) *гірн.* шáхта; ◊ etw. auf der ~ háben мáти щось на сóвісті.

Zéder *f* -, -n, **Zéberbaum** *m* -s, ...**bäume** кедр.

Zeh *m* -(e)s, -en, **Zéhe** *f* -, -n пáлець на нозí; auf den ~(e)n навшпúньки.

zehn *num* дéсять.

Zehn *f* -, -en (числó, цúфра, нóмер) дéсять, десятка.

zéhnfach 1. *adj* десятиразóвий; 2. *adv* у дéсять разíв.

Zéhntausend *n* -s, -e *i* - дéсять тúсяч; die óberen ~ верхівка буржуазії.

Zéhntel *n* -s, - десята частúна.

zéhntens *adv* по-десятé.

zéhren 1. *vi* 1) *(von D)* їсти *(що),* харчувáтися *(чим);* 2) *(an D)* грúзти *(що);* 3) *(an D)* підтóчувати, виснáжувати; 4) *(von D)* витрачáти *(що);* 2. *vt* 1) з'їдáти, пожирáти; винúщувати *(тж. перен.);* 2 руйнувáти, знúщувати.

Zéichen *n* -s, - 1) знак; сúмвол; chémische ~ хімічні знáки; 2) знак, сигнáл; j-m ein ~ gében подáти комý-н. знак; 3) ознáка; zum ~ der Fréundschaft на знак дрýжби.

Zéichen|brett *n* -(e)s, -er креслярська дóшка; ~**film** *m* -(e)s, -e мультиплікацíйний фільм; ~**spra- che** *f* -, -n мóва жéстів; пантомíма; ~**trickfilm** *див.* Zéichenfilm.

zéichnen *vt* 1) малювáти; крéслити; 2) позначáти; 3) підпúсувати.

Zéichnen *n* -s малювáння; téchnisches ~ крéслення.

Zéichner *m* -s, - 1) рисувáльник, худóжник; téchnischer ~ креслярр; 2) передплáтник.

Zéichnung *f* -, -en малюнок, крéслення, ескíз.

Zéigefinger *m* -s, - вказівнúй пáлець.

zéigen 1. *vt* 1) покáзувати; 2) виявляти; Háltung ~ виявляти вúтримку; séine Wérke ~ viel Talént йогó твóри свідчать про велúкий талáнт; 2. *vi (auf A)* покáзувати, вкáзувати *(на кого, на що);* die Uhr zeigt (auf) acht годúнник покáзує 8; 3. **sich** ~ 1) покáзуватися, з'являтися *(де, у кого);* 2) виявлятися, проявлятися.

Zéile *f* -, -n рядóк; ~ für ~ ábschreiben спúсувати слóво в слóво.

Zeit *f* -, -en 1) час; zur ~ вчáсно; тепéр, на цей час; es ist höchste ~ час, порá; (kéine) ~ háben *(für A, zu D)* (не) мáти чáс(у) *(для чого);* mit der ~ з чáсом; von der ~ an з цьогó чáсу; 2) періóд чáсу; тéрмін, строк; éine kúrze ~ недóвго; éinige ~ lang дéякий час; von ~ zu ~ час від чáсу; 3) час, епóха; kómmende ~en майбýтнє; únsere ~ наш час, нáша епóха, сучáсність; für álle ~en назáвждú.

Zéit|alter *n* -s, - вік, столíття, сторíччя; ~**angabe** *f* -, -n дáта; ~**dauer** *f* - прóміжок чáсу; ~**folge** *f* -, -n хронологíчний порядок; ~**form** *f* -, -en *грам.* час, часовá фóрма *(дієслова).*

zéitgemäß *adj* 1) вчáсний, своєчáсний; 2) сучáсний.

Zéitgenosse *m* -n, -n сучáсник.

zéitgenössich *adj* сучáсний.

zéitig 1. *adv* 1) рáно; 2) завчáсно; заздалегíдь; 2. *adj* 1) рáнній; 2) завчáсний.

Z

zéitigen 1. *vt* 1) дáти дозріти *(чому)*; 2) виявля́ти, покáзувати; **2.** *vi (h, s)* дозрівáти.
zéitlich *adj* тимчасóвий.
Zéit|lohn *m* **-(e)s, ...löhne** погодинна оплáта прáці; **~punkt** *m* **-(e)s, -e** момéнт, мить; дáта; **~raum** *m* **-(e)s, ...räume** період (чáсу); **~rechnung** *f* **-, -en** літочислення; vor únserer ~rechnung *(скор.* v.u.**Z)** до нáшої éри; **~schrift** *f* **-, -en** журнáл; **~spanne** *f* **-, -n** прóміжок чáсу; **~tafel** *f* **-, -n** хронологíчна таблиця.
Zéitung *f* **-, -en** газéта; was bringt die ~ ? що пишуть у газéтах?; éine ~ abonníeren передплáчувати газéту.
zéitweilig 1. *adj* тимчасóвий, скоромину́щий; **2.** *adv* тимчасóво.
Zéitwort *n* **-(e)s, ...wörter** *грам.* дієслóво.
Zélle *f* **-, -n** 1) кабíна; 2) кáмера; 3) *біол.* клітина; 4) осерéдок; 5) *ел.* елемéнт.
Zélt *n* **-(e)s, -e** намéт; die ~e (áuf)báuen стáвити намéти.
zélten *vi* жити в намéті.
zénsíeren *vt* 1) оцíнювати; стáвити оцíнку; 2) цензурувáти.
Zensúr *f* **-, -en** 1) оцíнка; 2) свідóцтво про успíшність, тáбель (школярá); 3) *тк. sg* цензу́ра.
Zénsus *m* **-, -** 1) ценз (майновий); 2) перéпис (насéлення).
Zentiméter *n* **-s, -** сантимéтр.
Zentrále *f* **-, -n** 1) центрáльна телефóнна стáнція; комутáтор; 2) центрáльний пункт, центр.
Zentrálheizung *f* **-, -en** центрáльне опáлення.
Zéntrum *n* **-s, ...tren** центр.
zerbéißen* *vt* розку́шувати, розгризáти.
zerárbeitet *adj* натру́джений, мозолистий *(про руки)*.
zerbréchen* 1. *vt* 1) ламáти, розбивáти; розривáти; 2): sich *(D)* den Kopf ~ *(über A) розм.* сушити собі гóлову *(над чим)*; **2.** *vi (s)* ламáтися, розбивáтися, розривáтися.
zerbréchlich *adj* ламкий, крихкий.
zerdrücken *vt* роздавити, роздушити.
zérfállen* *vi (s)* розпадáтися, розкладáтися *(тж. перен.)*; ділитися.
zerfétzen *vt* шматувáти, рвáти на шматки.
zerfléischen *vt* роздирáти; *перен.* крáяти.
zerflíeßen* *vi (s)* розпливáтися; плáвитися, тáнути; in Tränen ~ заливáтися слізьми.
zérfréssen* *vt* роз'їдáти; проїдáти, прогризáти.
zergéh(e)n* *vi (s)* розчиня́тися; тáнути.
zerglíedern *vt* 1) розчленóвувати; 2) *грам.* розбирáти, аналізувáти *(речення)*; 3) анатомувáти.
zerhácken *vt* розру́бувати.
zerkáuen *vt* розжóвувати.
zerkléinern *vt* роздрíбнювати.
zerknácken *vt* розгризáти; розкóлювати *(щипцями)*.
zerknírschen *vt* роздáвлювати *(з хрускотом)*; *перен.* приду́шувати.
zerkníttern *vt* м'я́ти.
zerkóchen 1. *vt* розвáрювати; **2.** *vi (s)* розвáрюватися.
zerkrátzen *vt* роздря́пувати.
zerléghar *adj* 1) розкладний; 2) розбірний.
zerlégen *vt* 1) *хім.* розкладáти; 2) розбирáти *(на складові частини)*.
zermáhlen* *vt* розмéлювати, роздрíбнювати.
zernágen *vt* перегризáти, згризáти.
zerplátzen *vi (s)* лóпатися.
zerpréssen *vt* роздáвлювати, сплю́щувати.
zerquétschen *vt* роздáвлювати, розплю́щувати.
Zérrbild *n* **-(e)s, -er** спотвóрене зобрáження, карикату́ра.
zerréißen* 1. *vt* розривáти; **2.** *vi (s)* розірвáтися, порвáтися.
zérren *vt* смикати; тягти *(грубо, силоміць)*.
zerrínnen* *vi (s)* 1) розтікáтися; тáнути; 2) (поступóво) зникáти.
zerríssen *adj* розíрваний.
zerschlágen* 1. *vt* розбивáти; **2. sich** ~ *перен.* розбивáтися; руйнувáтися; séine Hóffnungen ~ йогó плáни руйну́ються.
zerschmélzen 1.(*) *vt* розплавля́ти, розтóплювати; **2.*** *vi (s)* 1) розплавля́тися, розтóплюватися; 2) тáнути, розчиня́тися, щезáти.
zerschméttern *vt* розбити, розтрощити.
zerschnéiden* *vt* розрíзувати (на шматки).
zersétzen 1. *vt* розкладáти; **2. sich** ~ розкладáтися.
zerspálten* *vt* розкóлювати *(тж. перен.)*; *хім.* розщéплювати.
zersplíttern 1. *vt* роздробля́ти; розпорóшувати *(сили)*; **2.** *vt (s)*

Z

розко́люватися на дрібні шмато́чки; **3. sich** ~ розпоро́шуватися.

Zersplítterung *f* - 1) роздро́блення; 2) роздро́бленість; 3) *перен.* незі́браність.

zerspréngen *vt* 1) виса́джувати в пові́тря; розрива́ти; 2) розкида́ти; 3) розго́нити; 4) розбива́ти.

zerspríngen* *vi (s)* 1) ло́патися; розрива́тися на шматки́; 2) розсі́юватися.

zerstámpfen *vt* розто́птувати; товкти́.

zerstäuben *vt* розпоро́шувати; розсі́ювати.

Zerstäuber *m* **-s, -** пульвериза́тор, розпи́лювач.

zerstören *vt* руйнува́ти; псува́ти.

Zerstörer *m* **-s, -** 1) руйнівни́к: вини́щувач; 2) *мор.* есмі́нець.

Zerstörung *f* **-, -en** руйнува́ння; спусто́шення.

Zerstörungs|arbeit *f* **-, -en** підривна́ робо́та; руйнівна́ ді́я; **~kraft** *f* **-, ... kräfte** руйнівна́ си́ла.

zerstréuen 1. *vt* розсі́ювати, розпоро́шувати; **2. sich** ~ 1) розхо́дитися, розбіга́тися; 2) розважа́тися.

zerstréut *adj* 1) розки́даний; 2) розсі́яний *(про світло);* 3) неува́жний.

Zerstréuung *f* **-, -en** 1) розсі́ювання, розпоро́шування; 2) розва́га; 3) неува́жність.

zertéilen *vt* розділя́ти.

zertréten* *vt* розто́птувати; das Gras ~ потопта́ти траву́.

zertrümmern 1. *vt* руйнува́ти (вщент); **2.** *vi* руйнува́тися.

Zerwürfnis *n* **-ses, -se** незла́года, сва́рка.

Zéttel *m* **-s, -** 1) а́ркуш папе́ру; 2) запи́ска; 3) етике́тка; 4) афі́ша.

Zeug *n* **-(e)s, -e** 1) інструме́нт, споря́дження; 2) ткани́на; 3) сировина́; 4) *розм.* дурни́ці; dúmmes ~ дурни́ця, нісені́тниця.

Zéuge *m* **-n, -n** сві́док; ein fálscher ~ лжесві́док.

zéugen I. *vt* поро́джувати.

zéugen II *vi* 1) *юр.* дава́ти показа́ння, сві́дчити; 2) *(von D)* сві́дчити *(про що).*

Zéugnis *n* **-ses, -se** 1) сві́доцтво, посві́дчення; 2) *юр.* показа́ння сві́дків.

Zíckzack *m* **-(e)s, -e** зигза́г.

Zíege *f* **-, -n** коза́.

Zíegel *m* **-s, -** це́гла; черепи́ця.

Zíegel|brennerei *f* **-, -en** цеге́льний заво́д; **~dach** *n* **-(e)s, ...dächer** черепи́чний дах.

Ziegeléi *f* **-, -en** цеге́льний заво́д.

Zíegenbock *m* **-(e)s, ...böcke** цап.

Zíeh|brunnen *m* **-s, -** коло́дязь (з журавле́м); ~ **eltern** *pl* назва́ні батьки́.

zíehen* 1. *vt* 1) тягти́, тяга́ти; in die Höhe ~ підніма́ти; 2) витяга́ти, вийма́ти; ein Los ~ ви́тягти же́реб; den Kork aus éiner Flásche ~ відкорко́вувати пля́шку; 3) зніма́ти; den Hut *(vor j-m)* ~ зніма́ти капелю́ха *(перед ким);* 4) *(aus D)* добува́ти, оде́ржувати *(що з чого);* die Wúrzel ~ *мат.* добува́ти ко́рінь; die Fólgen aus etw. *(D)* ~ зро́бити ви́сновки з чого-н.; 5) прово́дити *(лінію);* 6) залуча́ти, притяга́ти; die Aufmerksamkeit auf sich *(A)* ~ приверта́ти до се́бе ува́гу; j-n zu Ráte ~ ра́дитися з ким-н.; j-n zur Verántwortung ~ притягти́ кого́-н. до відповіда́льності; 7): in Betrácht ~ бра́ти до ува́ти; **2.** *vi* 1) *(s)* тягти́ся, (пові́льно) ру́хатися; die Wólken ~ хма́ри пливу́ть (у не́бі); 2) *(s)* прямува́ти, тягти́ся; héimwärts ~ поверта́тися на ба́тьківщи́ну; die Vögel ~ nach dem Süden птахи́ летя́ть у ви́рій; 3) *(s)* переї́здити; 4) тягти́, протяга́ти; es zieht hier тут тя́гне; 5) *(mit D) шах.* ходи́ти, роби́ти хід; **3. sich** ~ 1) тягти́ся; díeser Geďanke zieht sich wie ein róter Fáden durch das ganze Buch ця ду́мка черво́ною ни́ткою прохо́дить че́рез усю́ кни́жку; 2) проника́ти; 3) розтя́гуватися; die Sáche zieht sich in die Länge спра́ва затя́гується; 4) деформува́тися.

Zíeh|harmonika *f* **-, ...ken** *i* **-s** гармо́шка; **~kind** *n* **-(e)s, -er**争 вихо́ванець; **~mutter** *f* **-, ...mütter** назва́на ма́ти; **~tochter** *f* **-, ...töchter** прийо́мна дочка́.

Ziel *n* **-(e)s, -e** 1) ціль; das ~ tréffen влуча́ти в ціль; 2) мета́; sein ~ erréichen досягти́ своє́ї мети́; sich *(D) ein* ~ sétzen поста́вити пе́ред собо́ю мету́; 3) фі́ніш.

zíelbewußt *adj* цілеспрямо́ваний.

zíelen *vi* 1) *(auf A, nach D, in A)* ці́лити *(у що);* 2) *(auf A, nach D)* пра́гнути *(чого);* 3) *(auf A)* натяка́ти *(на що);* стосува́тися

(кого, чого); das zielt auf mich це камінéць у мій горóд.
Zíel|korn *n* **-(e)s, -e** мýшка *(прицільна)*; **~lini|e** *f* **-, -n** лінія фінішу.
zíellos *adj* безцільний.
zielstrebig *adj* цілеспрямóваний.
ziemen *vi (D) i* **sich ~** лúчити, налéжати, випадáти; es ziemt sich nicht für dich це тобі не лúчить.
ziemlich 1. *adj* чимáлий, порядний, **2.** *adv* 1) дóсить; ~ gut дóсить дóбре; 2) приблúзно; so ~ in méinem Alter приблúзно могó віку.
Zíerde *f* **-, -n** прикрáса, окрáса.
zíeren 1. *vt* прикрашáти, оздóблювати; **2. sich ~** 1) прикрашáтися; 2) маніритися; церемóнитися.
zíerlich *adj* вúтончений, вúшуканий.
Zíerlichkeit *f* **-, -en** вúтонченість, вúшуканість; граціóзність.
Zíffer *f* **-, -n** цúфра; arábische (römische) ~n арáбські (рúмські) цúфри.
Zigarétte *f* **-, -n** сигарéта.
Zigárre *f* **-, -n** 1) сигáра; 2) *розм.* заувáження, догáна; прочухáнка.
Zigéuner *m* **-s, -** цúган.
Zímmer *n* **-s, -** кімнáта; кабінéт; нóмер *(у готелі)*.
Zímmerer *m* **-s, -** тесляр.
Zímmer|holz *n* **-es** будівéльний ліс; **~mädchen** *n* **-s, -** покоївка; **~mann** *m* **-s, ...leute** тесляр.
zímmern *vi, vt* теслярувáти.
Zimt *m* **-(e)s, -** корúця.
zínken *adj* цúнковий.
Zínkweiß *n* **-es** цúнкове білúло.
Zinn *n* **-(e)s** óлово.
Zínne *f* **-, -n** зубéць *(стіни)*; гóстрий вúступ *(скелі)*.
zínnern *adj* олов'яний.
zírka *adv* блúзько, приблúзно.
Zírkel *m* **-s, -** 1) цúркуль; 2) кóло; 3) гуртóк, товарúство; der dramátische ~ драматúчний гуртóк.
Zírkel|abschnitt *m* **-(e)s, -e** *мат.* сегмéнт крýга; **~lini|e** *f* **-, -n** кóло.
zírkeln *vt* 1) опúсувати кóло; 2) вимірювати цúркулем.
Zírkus *m* **-, -se** 1) цирк; 2) *розм.* балагáн; метушня, сум'яття.
Zírpe *f* **-, -n** цвіркýн; кóник.
zírpen *vi* скрекотáти, цвірчáти.
zíscheln 1. *vi* 1) шептáтися; 2) шепелявити; **2.** *vt* (злóбно) шептáти.
zíschen *vi* шипíти; сичáти.
Zitróne *f* **-, -n** лимóн.
zíttern *vi* тремтíти, трусúтися; die Hände ~ ihm у ньóго тремтять рýки; vor Angst (vor Kälte) ~ тремтіти від страху (хóлоду).
zivíl *adj* 1) цивільний; 2) ввічливий; 3) помірний *(про ціни)*.
Zivíl *n* **-s** 1) цивільне насéлення; 2) цивільний óдяг.
Zóbel *m* **-s, -** сóболь.
zögern *vi* вагáтися, зволікáти; mit der Antwort ~ зволікáти з відповіддю.
Zögling *m* **-s, -e** вихованéць.
Zoll I *m* **-(e)s** дюйм; vier ~ stark чотúри дюйми завтóвшки.
Zoll II *m* **-(e)s, Zölle** 1) мúто; 2) данúна; 3) мúтниця.
Zóll|amt *n* **-(e)s, ...ämter** мúтниця; **~beamte** *m* **-n, -n** мúтник; **~deklaration** *f,* **-, -en** мúтна декларáція.
zóllen *vt* сплáчувати мúто; *перен.* віддавáти налéжне: ◊ j-m Achtung ~ виявляти повáгу до кóго-н.; j m Dank ~ вислóвлювати комý-н подяку.
zóllpflichtig *adj* що обкладáєтьс мúтом.
Zóne *f* **-, -n** зóна, сфéра; пóя (кліматúчний)
Zoo *m* **-** *i* **-s, -s** зоологічний сад. зоопáрк.
Zopf *m* **-(e)s, Zöpfe** косá *(зачіска)*.
Zorn *m* **-(e)s** гнів, лють; j-n in ~ bríngen розлютúти когó-н.; in ~ gerаten розлютúтися, розгнíватися.
zórnig *adj* розгнíваний, розлючений.
Zórnwut *f* **-** несамовúтість, нестяма.
zótt(l)ig *adj* кошлáтий, кудлáтий; патлáтий.
zu 1. *prp (D)* 1) *вказує на напрям, кінцевий пункт руху* до, на, у, в; ich géhe zum Arzt я йду до лікаря; wir éilen zur Versámmlung ми поспішáємо на збóри; er geht zur Schúle а) він ідé до шкóли; б) він хóдить до шкóли; 2) *вказує на місцезнаходження* у, в, на, по, за; sie wúrde ~ Berlín gebóren вонá народúлася в Берлíні; ~ Wásser und ~ Lánde на мóрі і на сýші; zur réchten Hand по прáву рýку; ~ Tisch(e) sítzen сидíти за столóм; 3) *вказує на час* у, на; ~ Énde des Jáhres у кінці рóку;

Z

komm ~ Néujahr прихóдь на Новий рік; 4) *вказує на призначення, мету* для, заради, на; Wásser zum Trínken водá для питтяˊ; j-m ~ Hílfe éilen поспішáти на допомóгу кому-н.; 5) *вказує на перехід у новий стан:* zum Gespótt wérden стáти посміхóвиськом; 6) *вказує на спосіб дії:* ~ Fuß пішки; ~ zweit удвóх; **2.** *adv* до; der Stadt ~ у нáпрямі до міста; **3.** *prtc* (за)нáдто; ~ früh нáдто рáно.

zualler|érst *adv* насáмперед, перш за все; **~létzt** *adv* наприкінці, під кінéць.

zúbereiten *vt* готувáти *(їжу)*.

zúbilligen *vt* 1) визнавáти; давáти згóду; j-m ein Recht ~ визнавáти за ким-н. прáво на що-н.; 2) *(j-m)* присýджувати, надавáти *(кому що)*.

zúbringen* **1.** *vt* 1) принóсити; піднóсити; 2) донóсити *(на кого)*; **2.** *vi* провóдити *(час)*.

Zucht *f* - 1) вихования; 2) дисципліна; 3) вихованість, порядність; 4) вирóщування, розвéдення *(тварин, рослин)*.

züchten *vt* вирóщувати, розвóдити.

Zúcht|haus *n* **-es, ...häuser** (кáторжна) в'язниця; **~häusler** *m* **-s, -** каторжáнин.

züchtig *adj* скрóмний, соромливий.

züchtigen *vt* карáти.

zúcken *vi* 1) здригáтися; 2) *(mit D):* mit den Áchseln ~ знизувати плечима; óhne mit der Wímper zu ~ *розм.* не моргнýвши óком.

Zúcker *m* **-s** цýкор; klárer ~ цýкор-пісóк.

Zúcker|dose *f* **-, -n** цýкорниця; **~rübe** *f* **-, -n** цукрóвий буряк; **~waren** *pl* кондитерські вироби; **~werk** *n* **-(e)s** цукéрки, сóлодощі; **~zange** *f* **-, -n** щипці для цýкру.

zúdecken **1.** *vt* закривáти, прикривáти; **2. sich** ~ прикривáтися.

zudém *cj* крім тóго, до тóго ж.

zúdrängen, sich протискуватися; натискáти.

zúdrehen *vt* 1) закрýчувати *(кран, гвинт)*; 2) *(j-m)* повертáтися *(яким-н. боком до кого)*; j-m den Rücken ~ повернýтися до кóго-н. спинóю *(тж. перен.)*.

zúdringlich *adj* настирливий, надокýчливий.

zúdrücken *vt* 1) закривáти; затискувати; 2) заплющувати *(очі)*; ein Áuge ~ дивитися крізь пáльці, заплющувати óчі *(на що)*.

zúeignen *vt (j-m)* 1) присвячувати *(кому)*; 2) дарувáти *(кому)*.

zueinánder *pron rez* один до óдного.

zuérst *adv* спочáтку, перш за все, насáмперед.

Zúfall *m* **-(e)s, Zúfälle** випадок, випадкóвість; der blínde ~ сліпий випадок; durch ~ випадкóво.

zúfallen* *vi (s)* 1) закривáтися, зачинятися; 2) випадáти (на дóлю).

zúfällig *adj* випадкóвий.

zúfälligerweise *adv* випадкóво, несподівано.

Zúfälligkeit *f* **-, -en** випадкóвість, несподіванка.

zúflicken *vt* заштóпати.

Zúflucht *f* **-** притýлок; схóванка; ~ gewähren (на)давáти притýлок; ~ súchen *(bei D)* шукáти притýлку *(у кого)*.

Zúfluß *m* **...sses, ...flüsse** 1) приплив; 2) притóка.

zufríeden *adj (mit D)* задовóлений *(чим)*.

zufríedengeben*, sich *(mit D)* задовольнитися *(чим)*.

zufríedenstellen *vt* задовольняти.

zúfrieren* *vi (s)* замерзáти, вкривáтися кригою.

zúfügen *vt* 1) додавáти; 2) заподіювати; j-m ein Leid ~ завдавáти страждáнь комý-н.; j-m Scháden ~ завдавáти шкóди комý-н.

Zug *m* **-(e)s, Züge** 1) рух; перехід; переліт *(птахів)*; der ~ der Wólken рух хмар; 2) процéсія, колóна; взвод; ein éndloser ~ von Demonstránten нескінчéнний потік демонстрáнтів; 3) ключ *(птахів)*, косяк *(риб)*; 4) пóїзд; ein dirékter ~ пóїзд прямóго сполýчення; der ~ nach Berlín пóїзд на Берлін; mit dem ~ fáhren їхати пóїздом; 5) стрýмінь *(повітря)*; прóтяг; 6) ковтóк; in lángen Zügen trínken пити великими ковткáми; mit (in) éinem ~ зáлпом; одрáзу; 7) вдих, затяжка; éinen ~ aus der Zigarétte néhmen затягтися сигарéтою; 8) риса *(обличчя, характеру)*; régelmäßige Züge прáвильні риси *(обличчя)*; er hat mánchen sónderbaren ~ він дивáк; 9) пóтяг, схильність.

Zúgang *m* **-(e)s, Zugänge** 1) дóступ; 2) вхід, підхід.

zúgänglich *adj* достýпний, приступний.

zúgeben* *vt* 1) давáти на додáчу; додавáти; 2) погóджуватися *(з чим)*; das kann ich nicht ~ з цим я не мóжу погóдитися; 3) зізнавáтися *(в чому)*.

zugégen: ~ sein бýти присýтнім.

Zúgehörigkeit *f* - налéжність *(до чого)*.

Zügel *m* **-s, -** пóвід, вуздéчка; *pl перен.* кермó влáди.

zügellos *adj* неприбóрканий, нестрúмний.

zügeln 1. *vt* 1) гнуздáти; 2) прибóркувати; стрúмувати; **2. sich** ~ стрúмуватися.

Zúgeständnis *n* **-ses, -se** 1) визнáння; 2) пóступка.

zúgestehen* *vt* 1) зізнавáтися *(у чому)*; 2) визнавáти *(що)*; 3) поступáтися *(чим)*.

zúgetan *adj* відданий, прихúльний; j-m ~ sein бýти відданим комý-н.

zugléich *adv* воднóчас, у той сáмий час; рáзом з тим.

zúgreifen* *vi* 1) хапáти, брáти; bitte gréifen Sie zu! берíть, пригощáйтеся!; 2) брáтися *(до чого)*, починáти.

zugrúnde: ~ géhen загúнути; ~ légen поклáсти в оснóву; ~ líegen лежáти в оснóві; ~ ríchten погубúти, занапастúти.

zugúnsten *prp (G)* на кóристь *(чого)*.

zugúte: j-m ~ kómmen бýти кóрисним комý-н.

Zúg|vieh *n* **-(e)s** робóча худóба; **~vogel** *m* **-s, ...vögel** перелíтний птах.

Zúgwind *m* **(e)s, -e** прóтяг.

zúhaben* 1. *vt* тримáти закрúтим; er hat die Augen zu йогó óчі заплющені; **2.** *vi:* die Geschäfte háben sónntags zu магазúни в недíлю зачúнені.

zúhalten* *vt* тримáти закрúтим; затикáти *(вуха)*.

zuhánden 1. *adv* під рукóю, поблизý; ~ kómmen потрапляти під рýку; **2.** *prp (G) (скор.* z.H.) для, у влáсні рýки *(напис на листі)*.

Z

zúhängen *vt* завíшувати.

zúheilen *vi (s)* гóїтися, загóюватися.

zúhören *vi* слýхати, прислýхатися; hören Sie zu! слýхайте!; éinem Referénten ~ (за)слýхати доповідачá.

Zúhörer *m* **-s, -** слухáч.

zúkehren 1. *vi (D)* повертáти *(що до кого, до чого)*; j-m den Rücken ~ повертáтися до кóго-н. спúною; **2.** *vi (bei D)* захóдити, заглядáти *(до кого)*.

zúklappen 1. *vt* закривáти, зачиняти; **2.** *vi (s)* заклéювати.

zúkleben *vt* заклéювати.

zúkneifen* *vt* примрýжувати.

zúknöpfen *vt* застібáти (на гýдзики).

zúkommen* *vi (s)* 1) *(auf A)* підхóдити *(до кого, чого)*; 2) прихóдити, прибувáти; 3) налéжати, припадáти (на дóлю); 4) лúчити, годúтися.

Zúkunft *f* - майбýтнє, майбуттú; in nächster ~ найблúжчим чáсом.

zúkünftig 1. *adj* майбýтній; **2.** *adv* надáлі.

zúlassen* *vt* 1) *(zu D)* допускáти *(до чого)*; zur Prüfung ~ допускáти до екзáмену; 2) дозволяти *(що)*.

zúlässig *adj* допустúмий.

zúlaufen* *vi (s)* 1) *(auf A)* підбігáти *(до кого)*; 2) збігáтися *(про натовп)*; 3) **притікáти** *(про рідину)*; Wásser ~ **lássen** додáти водú; наливáти вóду *(у ванну)*.

zuléide: j-m etw. ~ tun обрáзити когó-н. чим-н.; er **kann** kéiner Flíege etw. ~ tun *розм.* він і мýхи не скрúвдить.

zulétzt *adv* наприкíнці; врéштірешт, зрéштою; востáннє.

zum=zu dem.

zúmachen *vt* закривáти, зачиняти; ich kónnte kein Auge ~ я не міг заснýти.

zuméist *adv* здебíльшого, переважно.

zúmessen* *vt* 1) примíряти; 2) *(j-m)* призначáти, приділяти, відмíрювати *(кому що)*.

zumíndest *adv* принáймні, щонайменше.

zumúte: mir ist schlecht ~ у мéне недóбре на душí; wie ist Ihnen ~? якúй у вас нáстрій?

Zúmutung *f* **-, -en** (несправедлúва) вимóга; припýщення; éine fréche ~ зухвáлість.

zunächst *adv* перш за все, спочáтку.

zúnähen *vt* зашивáти; пришивáти.

Zúnahme *f* **-, -n** прúріст; збíльшення.

Zúname *m* **-ns, -n** 1) прíзвище; 2) прíзвисько.

zünden 1. *vt* запáлювати *(тж. пе-*

рен.); **2.** *vi* запáлюватися, спалáхувати.
zúnehmen* **1.** *vi* збільшуватися, посúлюватися; **2.** *vt* 1) приéднувати, додавáти; 2) повнíшати.
zúneigen **1.** *vt* 1) нахиля́ти *(що до кого, чого)*; 2) схиля́ти *(кого до чого)*; **2.** *vi i* **sich** ~ *(D)* 1) нахиля́тися *(до кого, чого)*; 2) схиля́тися *(до чого)*; погóджуватися *(на що)*; j-m zúgeneigt sein бу́ти прихúльним до кóго-н.
Zúneigung *f* - прихúльність, симпáтія; für j-n ~ empfínden відчувáти до кóго-н. симпáтію.
Zúnge *f* -, **-n** 1) язúк; ich hábe das Wort auf der ~, das Wort schwebt mir auf der ~ *розм.* слóво кру́титься у мéне на ду́мці (на язиці); eine böse ~ háben бу́ти злим на язúк; éine fálsche ~ háben бу́ти брехлúвим; éine gelénkige ~ háben *розм.* мáти дóбре підвíшений язúк; éine schárfe ~ háben бу́ти гóстрим на язúк; 2) язичóк; клáпан; хвóстик; 3) косá, вузькá смýжка землí; sich *(A i D)* auf die ~ béißen прикусúти язикá, замóвкнути; es brennt ihm auf der ~ у ньóго язúк свербúть *(сказати щось)*.
Zúngen|brecher *m* **-s,** - скоромóвка; ~ **drescher** *m* **-s,** - базíка; **~spitze** *f* -, **-n** кíнчик язикá.
zúnicken *vi (D)* кивáти *(кому)*.
zúpfen *vt* 1) *(an D, bei D)* смúкати, сíпати *(кого за що)*; an Ärmel ~ смúкати за рукáв; 2) виривáти, висмúкувати; Únkraut ~ виривáти бур'я́н.
zur = zu der.
zúraten* *vi (j-m zu D)* рáдити *(кому що)*.
zurécht|bringen* *vt* упорядкóвувати, давáти лад; **~finden*, sich** орієнтувáтися *(в чому)*, розумíтися *(на чому)*; **~kommen*** *vi (s)* 1) *(mit D)* спрáвитися, упóратися *(з чим)*; 2) прийтú вчáсно; **~legen** *vt* 1) укладáти, упорядкóвувати; 2) обмíркóвувати; **~stellen** *vt* постáвити на мíсце; розстáвити; **~weisen*** *vt* напу́чувати, повчáти.
Zuréchtweisung *f* -, **-en** зауважéння.
zúreden *vt* **(D)** умовля́ти, перекóнувати *(кого)*; er läßt sich nicht ~ йогó не переконáєш.
zúreichen **1.** *vt (D)* подавáти, простягáти *(що кому)*; **2.** *vi* вистачáти.
zúrichten *vt* 1) готувáти *(їжу)*; 2) *тех.* заготовля́ти.
zürnen *vi* сéрдитися, злостúтися.
zurück *adv* назáд; позáду.
zurück|bleiben* *vi (s)* відставáти; **~blicken** *vi* оглядáтися; **~bringen*** *vt* повертáти, принóсити назáд; **~denken*** *vi (an A)* згáдувати (минýле); **~fahren*** **1.** *vi (s)* 1) ї́хати назáд, повертáтися; 2) відскóчити, відсахну́тися; **2.** *vi (h)* везтú назáд; **~finden*** *vi* знайтú дорóгу назáд; **~führen** *vt* 1) везтú назáд; 2) *(auf A)* звóдити *(до чого)*; поя́снювати *(чим)*; woráuf ist das zurückzuführen? чим це поя́снюється?
Zurückgabe *f* - повéрнення; віддáча.
zurück|geben* *vt* повертáти, віддавáти; давáти здáчу; **~gehen*** *vi (s)* 1) ітú назáд, повертáтися; 2) спадáти, знúжуватися, пáдати; **~halten*** **1.** *vt* 1) утрúмувати, стрúмувати; 2) прихóвувати; **2.** *vi (mit D)* утрúмуватися *(від чого)*; прихóвувати *(що)*; **3. sich** ~halten *(von D)* стрúмуватися, утрúмуватися.
Zurückhaltung *f* - 1) стрúманість; скрóмність; 2) зáмкнутість, потáйність; 3) бездія́льність, пасúвність.
zurück|kämmen *vt* зачíсувати назáд *(волосся)*; **~kehren** *vi (s)* повертáтися; **~kommen*** *vi (s)* 1) повертáтися; 2) *(mit D)* відставáти *(з якою-н. роботою)*; 3) *(auf A)* знов заговорúти *(про що)*, поверну́тися *(до якого-н. питання)*; **~können*** *vi* мáти можлúвість поверну́тися; **~lassen*** *vt* залишáти; **~legen** *vt* 1) клáсти назáд; 2) відкладáти, приберігáти; 3) проїжджáти, прохóдити *(певну відстань)*; die Strécke ~legen пройтú дистáнцію; **~léhnen, sich** відкидáтися назáд **~schlagen*** *vt* відбивáти.
Zurücksetzung *f* -, **-en** 1) нéхтування; 2) знúження *(цін)*.
zurück|stehen* *vi (s) (hinter D)* відставáти *(від кого, чого)*; поступáтися *(перед ким, чим)*; **~stellen** *vt* 1) стáвити назáд, на мíсце; 2) відставля́ти (вбік); відсувáти; 3) відкладáти, відстрóчувати; 4) увільня́ти *(кого від чого)*; **~stoßen*** *vt* 1) від-

штóвхувати; 2) *(von D)* викликáти огúду; **~strahlen 1.** *vt* відбивáти *(світло)*; **2.** *vi (s)* відбивáтися *(про світло, звук)*; **~treten*** *vi (s)* 1) відступáти; 2) *(von D)* відмовлятися *(від чого)*; 3) пітú у відстáвку; **~weichen*** *vi (s) (vor D)* відступáти, поступáтися *(перед ким, чим)*; **~weisen* 1.** *vt* відмовляти *(кому)*, відхиляти *(що)*; давáти відсіч *(кому)*; **2.** *vi (auf A)* посилáтися *(на що)*; **~zahlen** *vi* сплáчувати, повертáти борг.

Zúruf *m* **-(e)s, -e** 1) óклик; зáклик; 2) вúгук.

zúrufen* *vt* 1) *(j-m)* кричáти *(кому)*; j-m Béifall ~ кричáти «брáво» комý-н.; 2) окликáти.

zúsagen 1. *vt* обіцяти *(що)*, погóджуватися *(на що)*; **2.** *vi* годúтися, подóбатися.

zusámmen *adv* 1) рáзом, спільно; wir sind oft ~ ми чáсто бувáємо рáзом; 2) у цілóму, у підсумку; das macht ~ húndert Mark *розм.* рáзом це складáє сто мáрок.

Zusámmenarbeit *f* **-** спільна робóта, співробітництво.

Zusámmenbruch *m* **-(e)s, ...brüche** крах, розвáл, загúбель.

zusámmen|drängen 1. *vt* стискáти; ущільнювати; **2. sich** ~drängen тóвпитися, скýпчуватися; **~drehen** *vi* скрýчувати; згортáти; **~fahren*** *vi (s)* 1) стикáтися, зштóвхуватися; 2) здригáтися *(від страху)*; **~fallen*** *vi (s)* 1) збігáтися; 2) завáлюватися, пáдати; 3) знемагáти; **~fassen** *vt* 1) охóплювати; 2) з'єднувати, об'єднувати; 3) підсумóвувати, узагáльнювати.

Zusámmenfassung *f* **-, -en** 1) охóплення; об'єднання; 2) вúсновки, резюмé.

zusámmen|fügen *vt* з'єднувати, зв'язувати; **~gehören** *vi* бýти зв'язаним однé з óдним, належáти однé óдному, становúти однé ціле.

zusámmengesetzt *adj* склáдний, склáдений; ein **~er** Bruch *мат.* змішаний дріб.

Zusámmenhang *m* **-(e)s, ...hänge** зв'язóк; зв'язність; контéкст; in (im) ~ mit etw. *(D)* у зв'язкý з чим-н.

zusámmen|hängen* *vi (mit D)* бýти тíсно пов'язаним *(з чим)*; das hängt damít zusámmen, daß ... це пов'язано з тим, що ...;

~häufen *vt* збирáти в кýпу, скýпчувати; **~holen** *vt* 1) збирáти звідусіль, знóсити; 2) скликáти; **~kommen*** *vi (s)* схóдитися, збирáтися; **~krümmen, sich** зігнýтися, скóрчитися.

Zusámmenkunft *f* **-, ...künfte** 1) збóри, зýстріч; 2) побáчення.

Zusámmenlauf *m* **-(e)s, ...läufe** 1) скýпчення *(людей)*; збóрище; 2) злиття *(річок)*.

zusámmenlaufen* *vi (s)* 1) збігáтися; стікáтися; 2) зливáтися *(про річки, фарби)*; 3) зсідáтися, скипáтися *(про молоко)*; 4) збігáтися *(про тканину)*.

Zusámmenleben *n* **-s** співжиття; співіснувáння.

zusámmen|nehmen* 1. *vt* збирáти *(тж перен. про думки, сили)*; **2. sich** ~ зібрáтися з сúлами; узяти себé в рýки; **~passen** *vi* підхóдити однé óдному, гармоніювáти; **~schließen* 1.** *vt* з'єднувати; **2. sich** ~schließen об'єднуватися.

Zusámmenschluß *m* **...sses, ...schlüsse** об'єднання, згуртувáння; змúчка.

zusámmensetzen 1. *vt* складáти; **2. sich** ~ 1) *(auf D)* складáтися *(з чого)*; 2) збирáтися *(для обговорення)*.

Zusámmensetzung *f* **-, -en 1)** склад *(команди)*; 2) складáння; 3) *лінгв.* складнé слóво.

zusámmen|stellen *vt* 1) стáвити пóряд, складáти *(докупи)*; 2) складáти *(програму, меню)*; zum Vergléich ~ порівнювати; **~stimmen** *vi (mit D)* збігáтися *(з чим)*, відповідáти *(чому)*; гармоніювáти; **~stoßen* 1.** *vt* зштóвхувати; **2.** *vi (s)* зштóвхуватися, стикáтися.

Zusámmensturz *m* **-es, ...stürze** обвáл, падíння; авáрія.

zusámmen|stürzen *vi (s)* пáдати, завáлюватися; **~treffen*** *vi (s)* 1) *(mit D)* зустрічáтися *(з ким)*; 2) збігáтися *(у часі)*; **~wachsen*** *vi (s)* зростáтися; **~wirken** *vi* 1) діяти спільно; 2) взаємодіяти.

Zusámmenwirkung *f* **-, -en** взаємодія.

zusámmen|zählen *vt* підрахóвувати, підсумóвувати; **~ziehen* 1.** *vt* стягáти, затягáти; **2. sich** ~ziehen 1) затягáтися; 2) насувáтися; ein Gewítter zieht sich zusámen насувáється грозá

Zúsatz *m* **-es, ...sätze** 1) додáток,

допóвнення; 2) дóмішка
zúsätzlich *adj* додаткóвий.
zúschauen *vi (D)* дивúтися *(на кого, на що)*; стéжити *(за ким, чим)*.
Zúschauer *m* -s, - глядáч; *pl* пýбліка.
Zúschauerraum *m* **-(e)s, ...räume** зал для глядачів.
zúschicken *vt* присилáти.
zúschieben* *vt* 1) засóвувати *(шухляду)*; 2) *(j-m)* підсувáти *(що до кого)*; 3) *(j-m) звертáти (що на кого)*, припúсувати *(що кому)*.
Zúschlag *m* **-(e)s, ...schläge** доплáта.
zúschlagen* **1.** *vt* 1) зачинńти; 2) надбавлńти, робúти нáцінку; **2.** *vi* 1) *(s)* зачинńтися; 2) *(h) (auf A)* бúти, вдарńти *(кого по чому)*.
zúschließen* *vt* зачинńти, замикáти.
zúschneiden* *vt* 1) крóїти; 2) *(für A, auf A)* пристосóвувати *(що до чого)*.
Zúschneider *m* -s, - закрíйник.
Zúschnitt *m* **-(e)s, -e** 1) крій; 2) вúкрійка; 3) проектувáння.
zúsehen* *vi* 1) *(D)* дивúтися *(на кого, на що)*, стéжити *(за ким, чим)*; 2) вживáти зáходів, старáтися.
zúsein* *vi (s)* бýти закрúтим.
zúsenden* *vt* присилáти, доставлńти додóму.
zúsetzen **1.** *vt* додавáти *(що до чого)*; **2.** *vi (mit D)* надокучáти *(кому чим)*, чіплńтися *(до кого з чим)*.
zúspitzen **1.** *vt* загóстрювати; **2.** **sich** ~ загóстрюватися.
zúsprechen* **1.** *vt* 1) *(j-m)* присýджувати *(що кому)*; 2): j-m Trost ~ втішáти когó-н.; j-m Mut ~ підбадьóрювати когó-н.; **2.** *vi (j-m)* умовлńти *(кого)*.
Zústand *m* **-(e)s, ...stände** стан; der ~ des Kránken ist höchst bedénklich стан хвóрого викликáє серйóзні побóювання.
zustánde: ~ bríngen здíйснювати; ~ kómmen здíйснюватися; der Vértrág ist éndlich ~ gekómmen дóговір нарéшті уклáдено.
zústellen *vt* доставлńти, вручáти.
Zústeller *m* -s, - листонóша.
zústimmen *vi (D)* погóджуватися *(з ким, чим)*, схвáлювати *(що)*.
Zústimmung *f* -, **-en** згóда, схвáлення; séine ~ gében *(zu D)* давáти згóду *(на що)*; séine ~ verwéigern не давáти згóди.
zústopfen *vt* 1) затикáти; 2) штóпувати.
zústoßen* **1.** *vt* зачинńти *(двері)*; **2.** *vi (s)* 1) *(D)* траплńтися *(з ким)*; ihm ist ein Únglück zúgestoßen з ним трáпилося нещáстя; 2) ударńти.
zústreben *vi (D)* прямувáти *(до чого)*; éinem Zíele ~ йти до метú.
zutáge: ~ bríngen вúявити, розкрúти; ~ kómmen, ~ tréten виявлńтися, розкривáтися.
zúteilen *vt (j-m)* 1) роздавáти *(кому)*, обділяти *(кого)*; 2) доручáти *(кому)*; 3) призначáти *(кого куди)*.
zúträglich *adj* корúсний; вигíдний; продуктúвний; éine ~e Náhrung здорóве харчувáння; ein ~es Klíma сприńтливий клíмат.
zútrauen *vt (j-m)* вважáти *(кого)* здáтним *(до чого)*; das hätte ich ihm nicht zúgetraut цьогó я від ньóго не чекáв; es ist ihm álles zúzutrauen від ньóго всьогó мóжна чекáти.
zútraulich *adj* довíрливий; свíйський *(про тварин)*.
zútreffen *vi* 1) спрáвджуватися, здíйснюватися; 2) відповідáти дíйсності, бýти прáвильним; 3) *(für A, auf A)* стосувáтися *(кого, чого)*.
zútreffend **1.** *adj* відповíдний, прáвильний; влýчний *(про відповідь)*; **2.** *adv* прáвильно, налéжним чúном.
Zútritt *m* **-(e)s** дóступ, вхід; kein ~! входу немáє!; ~ verbóten! вхід заборóнено!
zútun* *vt розм.* 1) додавáти; Wásser ~ долúти водú; 2) закривáти; kein Auge ~ не зімкнýти очéй.
zúverlässig *adj* надíйний, вíрний; вірогíдний; fáchlich ~ дóсить кваліфікóваний.
Zúversicht *f* - впéвненість, вíра, перекóнаність.
zúversichtlich *adj* впéвнений.
zuvíel *adv* занáдто (багáто); das ist ~! це вже занáдто!
zuvór *adv* ранíше, до цьóго чáсу; kurz ~ незадóвго до тóго; größer als je ~ бíльше, ніж бýдь-коли.
zuvórkommen* *vi (s) (D)* випереджáти *(кого)*; j-s Wünschen ~ упереджáти чиї-н. бажáння.

Z

Zúwachs *m* **-es** приріст.
Zúwanderer *m* **-s,** - іммігрант.
zuwéilen *adv* іноді.
zúweisen* *vt (D)* 1) направляти, призначати *(на роботу)*; 2) давати, надавати *(що кому)*.
zúwenden* 1. *vt (D)* 1) повертати *(що до кого, до чого)*; j-m den Rücken ~ повернутися спиною до кого-н.; 2) спрямовувати *(що куди)*; séine Schrítte dem Háuse ~ прямувати до будинку; 3) (на)давати *(що кому)*; **2. sich** ~ *(D)* 1) повертатися *(до кого, чого)*; 2) прямувати *(куди)*; 3) переходити *(до чого)*; 4) звертатися *(до кого)*.
zúwerfen* *vt* 1) *(j-m)* кидати *(що кому)*; 2) зачиняти *(двері)*; 3) засипати (землею).
zuwíder 1. *prp (D)* всупереч, наперекір; dem Beféhl ~ всупереч наказу; **2.** *adv* 1) наперекір, врозріз; das ist dem Gesétz ~ це протизаконно; 2): es ist mir sehr ~ мені дуже неприємно; ~ wérden остогиднути, обриднути.
zúwinken *vi (D)* кивати, махати *(кому)*.
zúzahlen *vt* доплачувати.
zuzéiten *adv* іноді, інколи, часом.
zúziehen* 1. *vt* 1) *(D)* тягти *(до чого)*; 2) залучати; 3) затягати *(вузол)*; éine Schléife ~ зав'язати бант; 4): sich *(D)* etw. ~ 1) придбати що-н.; 2) викликати *(підозру тощо)*; sich *(D)* éine Erkältung ~ застудитися; **2.** *vi (s)* оселитися *(на новому місці)*.
Zwang *m* **-(e)s, Zwänge** 1) необхідність, неминучість; ein innerer ~ внутрішня необхідність; 2) примус, насильство.
zwánglos 1. *adj* 1) невимушений; 2) вільний; **2.** *adv* 1) невимушено; 2) вільно, неофіційно.
zwánzig *num* двадцять.
zwar *adv* (що)правда; хоч(а); und ~ а саме.
Zweck *m* **-(e)s, -e** 1) ціль, мета; séinen ~ erréichen досягти своєї мети; zu wélchem ~? з якою метою?, для чого?; zu díesem ~ з цією метою; zum ~ з метою; 2) *розм.* сенс; was hat das álles für éinen ~? який у цьому всьому сенс?; das hat kéinen ~ це не має сенсу.
zwéck|los 1. *adj* безцільний; **2.** *adv* марно, даремно; **~mäßig** *adj* доцільний.
zwei *num* два.
zwéi|beinig *adj* двоногий; **~deutig** *adj* двозначний.
zwéieinhálb *num* два з половиною.
zwéierléi *adj* 1) двоякий; 2) різний, непарний *(про взуття)*; 3) дворушницький.
zwéifach 1. *adj* подвійний; дворазовий; in ~er Ausfertigung у двох примірниках; **2.** *adv* у два рази, удвічі.
Zwéifel *m* **-s,** - сумнів; áußer állem ~ поза всяким сумнівом.
zwéifel|haft *adj* сумнівний; ненадійний; підозрілий; éine zíemlich ~hafte Persón підозріла особа; **~los** *adj* безперечний.
zwéifeln *vi (an D)* сумніватися *(в кому, чому)*.
Zwéifler *m* **-s,** -скептик.
Zweig *m* **-(e)s, -e** 1) гілка; 2) галузь.
Zwéig|bahn *f* **-, -en** залізнична вітка; **~geschäft** *n* **-(e)s, -e** філія.
zwéigliederig *adj* двочленний; двоскладний *(про речення)*.
Zwéig|station *f* **-, -en** підстанція; **~stelle** *f* **-, -n** відділ, філія.
zwéihundert *num* двісті.
zwéijährig *adj* дворічний.
Zwéikampf *m* **-(e)s, ...kämpfe** 1) поєдинок; дуель; 2) *спорт.* двоєборство.
zwéimal *adv* двічі; у два рази.
zwéi|malig *adj* дворазовий; **~räd(e)rig** *adj* двоколісний; **~seitig** *adj* двосторонній; двобічний; **~silbig** *adj* двоскладовий; **~sitzig** *adj* двомісний; **~sprachig** *adj* двомовний; **~stöckig** *adj* двоповерховий *(відповідає українському триповерховий)*.
zweit: zu ~ удвох.
zwéitens *adv* по-друге.
Zwerg *m* **-(e)s, -e** карлик; гном.
Zwieback *m* **-(e)s, ...bäcke** *i* **-e** сухар.
Zwíebel *f* **-, -n** цибуля, цибулина.
Zwie|gespräch *n* **-(e)s, -e** діалог; **~licht** *n* **-(e)s** сутінки, присмерк; **~spalt** *m* **-(e)s, -e** розлад, розбрат; **~sprache** *f* **-, -n** розмова віч-на-віч; **~tracht** *f* - розлад, розбрат, чвари.
Zwílling *m* **-s, -e** близнюк; *pl* близнята, двійнята.
zwíngen* *vt* 1) примушувати, змушувати; sich zu éinem Lächeln ~ примусити себе усміхнутися; 2) перемагати, підкоряти.
Zwinger *m* **-s,** - 1) в'язниця; 2)

Z

клітка *(для звірів)*.
zwinke(r)n *vi* моргáти; блимати; mit den Augen ~ підмóргувати.
Zwirn *m* **-(e)s, -e** нитки́; пря́жа.
zwischen *prp (D на питання «де»?, A на питання «куди?»)*, (пó)між, сéрéд.
Zwíschen|bemerkung *f* **-, -en** рéпліка; **~fall** *m* **-(e)s, ...fälle** інцидéнт, ви́падок; **~lösung** *f* **-, -en** компромíс, компромíсне рíшення; **~pause** *f* **-, -n** перéрва, антрáкт; **~raum** *m* **-(e)s, ...räume** прóміжок; **~ruf** *m* **-(e)s, -e** рéпліка; **~spiel** *n* **-(e)s, -e** інтермéдія.
zwítschern *vt* 1) щебетáти; цвірíнькати.
zwölf *num* дванáдцять; um ~ Uhr (mittags) опíвдні; um ~ Uhr (nachts) опíвночі.
Zýklus *m* **-, Zýklen** цикл.
zýnisch *adj* цинíчний.
Zyprésse *f* **-, -n** кипари́с.

ГЕОГРАФІЧНІ НАЗВИ

Afghánistan *n* -s Афганіста́н
Áfrika *n* -s А́фрика.
Ägýpten *n* -s Єги́пет.
Albáni|en *n* -s Алба́нія
Algéri|en *n* -s Алжі́р *(краї́на)*
Algier ['alsi:r] *n* -s Алжі́р *(мі́сто)*
Amérika *n* -s Аме́рика
Antárktis *f* - Анта́рктика
Arábi|en *n* -s Ара́вія, Араві́йський піво́стрів.
Argentíni|en *n* -s Аргенті́на
Árktis *f* А́рктика
Ärmelkanal *m* -s Ла-Ма́нш
Arméni|en *n* -s Вірме́нія
Aserbaidshán *n* -s Азербайджа́н
Äthiópi|en *n* -s Ефіо́пія
Athén *n* -s Афі́ни
Ási|en *n* -s Азія́
Atlántischer Ózean Атланти́чний океа́н
Austráli|en *n* -s Австра́лія
Bálkan *m* -s Балка́ни
Báyern *n* -s Бава́рія
Béirut (Beirút) *n* -s Бейру́т
Bélgi|en *n* -s Бе́льгія
Belorúßland *n* -s Білору́сія
Berlín *n* -s Берлі́н
Bósporus *m* - Босфо́р *(прото́ка)*
Brasíli|en *n* -s Брази́лія
Búdapest *n* -s Будапе́шт
Búkarest *n* -s Бухаре́ст
Bulgári|en *n* -s Болга́рія
Búndesrepublik Déutschland *(скор.* BRD) Федерати́вна Респу́бліка Німе́ччини *(скор.* ФРН).
Burma *n* -s Бі́рма
Chárkow *n* -s Ха́рків
Chikágo [i-] *n* -s Чіка́го
Chíle ['t i:le] *n* -s Чі́лі
China *n* -s Кита́й; **Vólksrepublik China** Кита́йська Наро́дна Респу́бліка.
Dänemark *n* -s Да́нія
Délhi *n* -s Де́лі
Den Haag Гаа́га
Déutschland *n* -s Німе́ччина
Dónau *f* - Дуна́й
Ekuadór *n* -s Еквадо́р
Élbe *f* - Ельба
Éngland *n* -s Англія
Éstland *n* -s Есто́нія
Európa *n* -s Євро́па
Fínnland *n* -s Фінля́ндія
Fránkfurt am Main Фра́нкфурт-на-Ма́йні
Fránkfurt an der Oder Фра́нкфурт-на-Одері
Fránkreich *n* -s Фра́нція
Gánges *m* - Ганг
Gélbes Meer Жо́вте мо́ре
Genf *n* -(e)s Жене́ва
Gólfstrom *m* -(e)s Гольфстрі́м
Gríechenland *n* -(e)s Гре́ція
Grönland *n* -(e)s Гренла́ндія
Großbritánni|en *n* -s Великобрита́нія
Grúsi|en, Grusíni|en *n* -s Гру́зія
Hámburg *n* -s Га́мбург
Hanói (Hánoi) *n* -s Хано́й
Harz *m* -es Гарц
Havána, Havánna *n* -s Гава́на
Hélsinki *n* -s Хе́льсінкі
Himálaja *m* - *i* -s Гімала́ї
Hólland *n* -s Голла́ндія
Indi|en *n* -s Індія
Índischer Ózean Інді́йський океа́н
Indonési|en *n* -s Індоне́зія
Írland *n* -s Ірла́ндія
Ísland *n* -s Ісла́ндія
Ísrael *n* -s Ізра́їль
Istanbúl *n* -s Стамбу́л
Jápan *n* -s Япо́нія
Jugoslávi|en *n* -s Югосла́вія
Káiro *n* -s Каї́р
Kánada *n* -s Кана́да
Karíbisches Meer Кари́бське мо́ре
Kasachstán *n* -s Казахста́н
Káspisches Meer Каспі́йське мо́ре
Káukasus *m* - Кавка́з, Кавка́зькі го́ри
Kí|ew *n* -s Ки́їв
Kirgísi|en *n* -s Киргизстан
Kischinjów *n* -s Кишині́в
Kleinási|en *n* -s Мала́ А́зія
Köln *n* -s Кельн
Kopenhágen *n* -s Копенга́ген
Koréa *n* -s Коре́я
Kréta *n* -s Кріт
Krim *f* - Крим.
Kroáti|en *n* -s Хорва́тія
Kúba *n* -s Ку́ба
Latéinamerika *n* -s Лати́нська Аме́рика
Léipzig *n* -s Ле́йпціг
Léttland *n*-s Ла́твія
Líbanon *m* -s *i* - Ліва́н
Libéria *n* -s Лібе́рія
Líbyen *n* -s Лі́вія
Lítauen *n* -s Литва́
Lúxemburg *n* s Люксембу́рг
Máiland *n* -s Міла́н
Malaya [-'la:ja] *n* -s Мала́йя
Mítteleuropa *n* -s Центра́льна Євро́па

Míttelländisches Meer, Mittelmeer *n* Середзéмне мóре
Moldáwien *n* -s Молдóва
Mongoléi *f* Монгóлія
Móskau *n* -s Москвá *(місто)*
Moskwá *f* - Москвá *(річка)*
Náher Ósten Бли́зький Схід
Neuséeland *n* -s Новá Зелáндія
New York ['nju:'jɔ:(r)k] *n* -s Нью-Йóрк
Niederlande *pl* Нідерлáнди, Голлáндія
Nördliches Éismeer Півні́чний Льодови́тий океáн
Nórdsee *f* - Півні́чне мóре
Nórwegen *n* -s Норвéгія
Österreich *n* -s Áвстрія
Óstsee *f* - Балті́йське мóре
Palästina *n* -s Палести́на
Pánamakanal *m* -s Панáмський канáл
Paraguáy *n* -s Парагвáй
París *n* -' Пари́ж
Pazífik *m* -s, **Pazífischer Ózean** Ти́хий океáн
Péking *n* -s Пекін
Pnóm-Penh [-'pɛn] *n* -s Пномпень
Pólen *n* -s Пóльща.
Pórtugal *n* -s Португáлія
Prag *n* -s Прáга
Préußen *n* -s Прýссія
Rhein *m* -s Рейн
Rom *n* -s Рим
Rótes Meer Червóне мóре
Rúhrgebiet *n* -s Рýрська óбласть
Rumäni|en *n* -s Румýнія
Rúßland *n* -s Росі́я
Sáchsen *n* -s Саксóнія
Sächsische Schweiz Саксóнська Швейцáрія
Sáhára *f* - Сахáра
Schánghái *n* -s Шанхáй
Schlési|en *n* -s Сілéзія
Schóttland *n* -s Шотлáндія
Schwárzes Meer Чóрне мóре
Schwéden *n* -s Швéція
Schweiz *f* - Швейцáрія
Seine ['sɛn(ə)] *f* - Сéна
Sibíri|en *n* -s Сибі́р
Slowakéi *f* - Словáкія
Söul ['sø:vl] *n* -s Сеýл
Spáni|en *n* -s Іспáнія
Stíller Ózean Ти́хий океáн
Südamérika *n* -s Південна Амéрика
Súezkanal *m* -s Суéцький канáл
Syri|en *n* -s Сі́рія
Tadshikistán *n* -s Таджикистáн
Taiwán *n* -s Тайвáнь
Téherán *n* -s Тегерáн
Tschechen *n* -s Чехія
Tunési|en *n* -s Туніс *(країна)*
Túnis *n* -' Туні́с *(місто)*
Türkéi *f* - Турéччина
Turkméni|en *n* -s Туркмéнія
Ukraíne *f* - Украї́на
Úngarn *n* -s Угóрщина
Usbekistán *n* -s Узбекистáн
Venédig *n* -s Венéція
Venezuéla *n* -s Венесуéла
Veréinigte Státen von Amérika *(скор.* USA) Сполýчені Штáти Амéрики *(скор.* США)
Vesúv *m* - *i* -s Везýвій
Viétnam [v-] *n* -s В'єтнáм
Wárschau *n* -s Варшáва
Washington ['wɔʃiŋtən] *n* -s Вашінгтóн
Wéimar *n* -s Вéймар
Wéißes Meer Бі́ле мóре
Wien *n* -s Ві́день
Zürich *n* -s Цю́ріх
Zypern *n* -s Кіпр

СЛОВНИК
УКРАЇНСЬКО-НІМЕЦЬКИЙ
WÖRTERBUCH
UKRAINISCH-DEUTSCHES

ПРО КОРИСТУВАННЯ СЛОВНИКОМ

Словник побудований за гніздовою системою. Всі слова розміщені в алфавітному порядку. У гніздах об'єднані слова, що мають спільний корінь, а також складні слова.

Незмінювана частина заголовного слова відокремлюється від змінюваної вертикальною рискою (|); всередині статті незмінювана частина слова замінюється тильдою (~), наприклад:

іне́ртн|ий inért; träge...; **~ість** Trägheit *f*. ...

Тильда замінює також усе заголовне слово при повторенні його у словосполученні, наприклад:

клас 1) *(у різн. знач.)* Klásse *f* (11); робітни́чий ~ Árbeiterklasse *f*; ...

Реєстрові слова виділено напівжирним шрифтом.

На всіх українських і німецьких словах, крім односкладових, поставлено наголос.

Наприклад: **і́грашк|а** Spíelzeug *n -s*, ... Виняток становлять німецькі слова, в яких наголос падає на голосні з умлаутом ä, ö, ü. У словах, де дві голосні мають умлаут, наголос поставлено.

Наголос не ставиться, якщо наголошена голосна наводиться з транскрипцією, і в поданих курсивом словах.

Якщо вимова слова або його частина не підлягає загальним правилам читання, то поряд з словом у квадратних дужках дається фонетична транскрипція всього слова чи відповідної його частини, наприклад:

інжене́р Ingenieur [ınʒeˈniø:r]...

Вертикальна пунктирна риска у німецьких словах показує, що букви, які вона роз'єднує, треба читати як окремі звуки, наприклад:

а́кція 1) *(цінний папір)* Áktie *f* (11);...

Після субстантивованих прикметників та прислівників стоїть позначка *у знач. ім.*, наприклад:

зако́хан|ий ... 2) *у знач. ім.* Verlíebte...

Український прикметник часто перекладається в німецькій мові першою частиною складного слова, так званим визначальним словом (Bestimmungswort). Такі слова подані в словнику з косим дефісом. Це значить, що вони в цьому значенні вживаються разом з іншим німецьким словом, наприклад: **змі́нн|ий** 1) ... Wéchsel⸗...

Українські дієслова подаються у недоконаному виді, поряд дається дієслово доконаного виду, наприклад:

змива́ти, зми́ти 1) ábwaschen *vt*...

Після німецьких іменників позначено їх рід: *m* — чоловічий рід, *f* — жіночий рід, *n* — середній рід і у дужках подано цифру, яка вказує на таблицю відмінювання. Наприклад, цифра (2) після іменника Pferd означає, що це слово відмінюється як слово Werk, наведене в таблиці відмінювання під номером 2.

До іменників, які відмінюються не за таблицями, подано форми родового відмінка однини та називного відмінка множини; ці форми наведені також у тих випадках, коли ß переходить в ss, наприклад:

іди́лія Idýll *n* -s, -e, ...

ко́нтур ... Úmriß *m* -sses, -sse.

Форми родового відмінка подано також тоді, коли іменники чоловічого та середнього роду не мають форми множини.

Відсутність вказівки на таблицю відмінювання німецьких іменників означає, що цей іменник не має форми множини або що він у цьому значенні в множині не вживається, наприклад:

акліматиза́ція Akklimatisatión *f*, Éingewöhnung *f*; ... .
авіа|по́шта Flúgpost *f*; **~ сполу́чення** Lúftverkehr *m*.

Перехідні дієслова позначаються *vt*, неперехідні — *vi*, безособові — *vimp*, дієслова, що не відмінюються — *inv*.

Позначки (s), (s, h) після дієслова показують, що воно відмінюється з допоміжним дієсловом (sein), (sein і haben). Якщо позначка відсутня, то це означає, що дієслово відмінюється з haben.

Дієслова сильної й неправильної дієвідміни позначаються зірочкою, а в кінці словника подано список цих дієслів.

Якщо дієслово вживається в сильній і слабкій дієвідміні, то зірочка стоїть у дужках, наприклад:

присила́ти, присла́ти ...zúsenden (*) *vt*, ...

У тих випадках, коли керування дієслів в українській і німецькій мовах не збігається, воно наводиться в круглих дужках, наприклад:

замін́яти, замі́нювати ... ersétzen *vt* (ким-н., чим-н. durch A).

Позначка *(D)* після sich у німецьких дієсловах означає, що sich вживається в давальному відмінку, наприклад:

запам'ято́вувати, запам'ята́ти ... sich *(D)* etw. mérken ... .

Різні значення українського слова виділяються арабськими цифрами з дужкою. Сталі словосполучення та приклади до окремих значень слів подаються біля цих значень, наприклад:

за́мкнут|ий 1) geschlóssen; 2) *(перен.)* verschlóssen; жи́ти ~им життя́м ein zurückgezogenes Lében führen.

Фразеологічні звороти, прислів'я та приказки позначені ромбом ◊, наприклад:

ко́лесо Rad *n* (5); ◊ вставля́ти па́лиці в коле́са *розм.* Híndernisse in den Weg légen; п'яте ~ до во́за das fünfte Rad am Wágen.

Лексичні омоніми наводяться в словнику як окремі реєстрові слова і позначаються римськими цифрами, наприклад:

коса́ I *(заплетене волосся)* Zopf *m* (1*), Fléchte *f* (11).
коса́ II *с. г.* Sénse *f* (11).
коса́ III *геогр.* Lándzunge *f* (11).

Якщо заголовне українське слово зустрічається лише у словосполученні, а самостійно не вживається, то після нього ставиться двокрапка, а за нею іде відповідне словосполучення, наприклад:

замерза́ння: то́чка ~ *фіз.* Gefrierpunkt *m* -(e)s.

Німецькі еквіваленти українських слів, синонімічні або близькі за значенням, відокремлюються одне від одного комою; не дуже близькі за значенням слова, або такі, що передають різні смислові відтінки, відокремлюються крапкою з комою, відтінки перекладу виділено в дужках курсивом, наприклад:

малюва́ти 1) zéichnen *vt, vi*; málen *vt, vi* ***(фарбами)***; 2) ***перен.*** ***(описувати)*** beschréiben* *vt*, (áus)málen *vt*, schíldern *vt*.

У круглих дужках стоять слова або частини слів, які є факультативними, необов'язковими, наприклад:

калам́ут|ити ... 2) *перен. розм.* ... (áuf)hétzen *vt*; ...

Слово, що стоїть у квадратних дужках, є варіантом слова, що стоїть перед дужками, наприклад:

каза́ти ... ◊ відве́рто ка́жучи óffen geságt [gestánden];

... ≅ (знак приблизної рівності) вказує, що переклад німецькою мовою приблизно відповідає українському вислову, що стоїть перед цим знаком.

До словника додається список географічних назв, а також граматичні таблиці: таблиця відмінювання іменників і таблиця дієслів сильної та неправильної дієвідміни.

УМОВНІ СКОРОЧЕННЯ

Українські

ав. — авіація
авто — автомобільна справа
анат. — анатомія
арх. — архітектура
астр. — астрономія
безос. — безособова форма
біол. — біологія
бот. — ботаніка
буд. — будівельна справа
бухг. — бухгалтерія
виг. — вигук
вищ. ст. — вищий ступінь
відокр. — відокремлюваний
військ. — військова справа
вставн. — вставний
геогр. — географія
геод. — геодезія
геол. — геологія
гірн. — гірнича справа
грам. — граматика
див. — дивись
дипл. — дипломатія
дієсл. — дієслово
док. — доконаний вид дієслова
друк. — друкарська справа
ек. — економіка
ел. — електротехніка
жив. — живопис
займ. — займенник
залізн. — залізнична справа
заст. — застаріле слово
збірн. — збірне значення
зменш. — зменшувальне слово
знев. — зневажливо
зоол. — зоологія
ім. — іменник
інф. — інфінітив
іст. — історія
іхт. — іхтіологія
кул. — кулінарія
лінгв. — лінгвістика
літ. — літературознавство
м. — місто
мат. — математика
мед. — медицина
метеор. — метеорологія
мех. — механіка
мист. — мистецтво
міф. — міфологія
мн. — множина
мор. — морська справа
муз. — музика
наказ. сп. — наказовий спосіб
наук. — науковий термін
невідм. — невідмінюване слово
недок. — недоконаний вид дієслова
неознач. — неозначений
одн. — однина
оз. — озеро
особов. — особовий
перев. — переважно
перен. — переносне значення
пит. — питальний
підсил. — підсилювальний
поет. — поетичний вислів
політ. — політика
прийм. — прийменник
прикм. — прикметник
присл. — прислівник
присудк. — присудковий
радіо — радіоелектроніка, радіотехніка
рел. — релігія
речен. — речення
риб. — рибальство
розм. — розмовне слово або вислів
с. г. — сільське господарство
скор. — скорочено, скорочення
сл. — слово
спец. — спеціальний термін
спол. — сполучник
спорт. — спортивний термін
театр. — театральний термін
тех. — техніка
тж. — також
тк. — тільки
у різн. знач. — у різних значеннях
фіз. — фізика
фізіол. — фізіологія
філос. — філософія
фольк. — фольклор
фото — фотографія
хім. — хімія
шах. — шаховий термін
худ. — художній
цифр. — цифра, цифровий
юр. — юридичний термін

Німецькі

A Akkusativ — знахідний відмінок
D Dativ — давальний відмінок
etw. etwas — що-н.
f Femininum — жіночий рід
G Genitiv — родовий відмінок
impf Imperfekt — імперфект
inf Infinitiv — неозначена форма
inv invariabel — незмінювана форма
j-m jemandem — кому-небудь
j-n jemanden — кого-небудь
j-s jemandes — чий-небудь, когонебудь
Konj Konjunktiv — умовний спосіб
m Maskulinum — чоловічий рід
n Neutrum — середній рід
N Nominativ — називний відмінок
part II Partizip II — дієприкметник II
pl Plural — множина
Präs Präsens — теперішній час
sg Singular — однина
vi verbum intransitivum — неперехідне дієслово
vt verbum transitivum — перехідне дієслово

УКРАЇНСЬКИЙ АЛФАВІТ

Аа	Зз	Нн	Хх
Бб	Ии	Оо	Цц
Вв	Іі	Пп	Чч
Гг	Її	Рр	Шш
Ґґ	Йй	Сс	ь
Дд	Кк	Тт	Щщ
Ее	Лл	Уу	Юю
Єє	Мм	Фф	Яя
Жж			

А

А 1) *(протиставний)* und, áber, jedóch, dagégen, sóndern *(після заперечення); (після підрядних допустових речень)* doch, dénnoch, áber doch, alléin, trotzdém; 2) *(приєднувальний)* und (dann), dann áber; а о́тже álso, fólglich; а та́кож sowíe; ◊ **а са́ме** und zwar, nämlich; а втім [проте́] und létzlich, übrigens.

абажу́р Lámpenschirm *m* (1).

абе́тка Abc [a:be:'tse:] *n*; Alphabét *n* (2); розста́вити за ~ою alphabétisch órdnen, alphabetisíeren.

абза́ц Ábsatz *m* (1*); почина́ти з ново́го ~а éinen Ábsatz máchen, éinen néuen Ábsatz begínnen*.

аби́ *спол.* (wenn) nur (+ *conj.*); damít; **~де** *присл.* wo (es) auch sei, belíebig wo; **~коли** *присл.* wann (es) auch sei, gleich wann; **~куди** *присл.* wohín (es) auch sei, egál wohín;
~хто *займ.* wer (es) auch sei, gleich wer; **~що** *займ.* was (es) auch sei, was auch möglich; **~який** *займ.* belíebig, gleich was für ein, írgendein.

абітурíєнт 1) *(випускник середньої школи)* Abituriént *m* (8); 2) *(той, хто вступає до вищого або середнього спеціального навчального закладу)* Stúdi¦en bewerber *m* (6).

або́ 1) *(розділовий)* óder, óder áber; або́ ... або́ entwéder ... óder; 2) *(пояснювальний)* beziehungsweise *(скор.* bzw.).

абонеме́нт 1) *(право на користу́вання)* Abonnemént [-'maŋ] *n* -s, -s; Theáteranrecht *n* (2) *(театральний)*; 2) *(документ)* Ánrechtsschein *m* (1), Ánrechtskarte *f* (11).

абоне́нт Ábonnént *m* (8); Ánrechtsinhaber *m* (6) *(власник театрального абонемента)*.

абориге́н Úreinwohner *m* (6), Úrbewohner *m* (6).

абрико́с 1) *(плід)* Aprikóse *f* (11); 2) *(дерево)* Áprikósenbaum *m* (1*).

абсолю́тн|ий absolút; únbedingt; únbeschränkt *(необмежений)*; **~о** absolút; це ~о пра́вильно das ist durcháus ríchtig; це ~о неможли́во das ist ganz únmöglich.

абстрагува́ти abstrahíeren *vt*; **~ся** abstrahíeren *vi* (від чо́го-н. von *D*).

абстра́ктн|ий abstrákt, rein begrífflich; ~ий живо́пис gegenstandslose Maleréi.

абсу́рд Únsinn *m* -(e)s; Widersinn *m* -(e)s; дово́дити до ~у ad absúrdum führen; дохо́дити до ~у sich zu éiner Absurdität verstéigen*; **~ний** absúrd, wídersinnig.

аванга́рд 1) *військ.* Vórhut *f* 10); 2) *перен.* Vórhut *f* (10); Avantgarde [a'vant-] *f* (10); **~ний** Vórhut-.

ава́нс Ánzahlung *f* (10), Vórschuß *m* -sses, -schüsse; **~ом** vórschußweise; als Vórschuß

авантю́р|а Ábenteuer *n* (6); **~и́зм** Ábenteuerlichkeit *f*, Ábenteurergeist *m*; **~и́ст** 1) *(пройдисвіт)* Hóchstapler *m* (6), Ábenteurer *m* (6); 2) *(шукач пригод)* Glücksritter *m* (6).

аварі́йн|ий Not-, Störung-; ~а брига́да Störungskolonne *f* (11); ~а поса́дка *ав.* Brúchlandung *f* (10); ~а слу́жба *авто* Ábschleppdienst *m* (1).

ава́р|ія 1) Pánne *f* (11); Havarie [-va-] f (11) *(корабельна, авіаційна)*; Únfall *m* (1*) *(нещасний випадок)*; зазна́ти ~ії havaríeren [-va-] *vi (про корабель, літак)*; éine Pánne háben *(про автомобіль)*; Bruch máchen *(про літак)*; 2) *тех.* Störung *f* (10); Betríebsstörung *f (на виробництві)*.

авже́ж fréilich, sícher, schon.

аві|а́за Lúftstützpunkt *m* (1); Fliegerstützpunkt *m*; **~заво́д** Flúgzeugwerk *n* (2); **~квито́к**

A

Flúgkarte *f* (11); **~компáнія** Lúftverkehrsgesellschaft *f* (10); **~констрýктор** Flúgzeugkonstrukteur [-tør] *m* (1); **~лінія** Flúglini¦e *f* (11); **~нóсець** Flúgzeugträger *m* (6); **~пасажи́р** Flúggast *m* (1*); **~пóшта** Lúftpost *f*; **~сполýчення** Lúftverkehr *m*.

авіáція 1) *(льотна справа)* Flúgwesen *n* -s, Lúftfahrt *f*; цивільна ~ Zivílluftfahrt [-'vi:-] *f*; 2) *(повітряний флот)* Lúftflotte *f*; *військ.* Lúftstreitkräfte *pl*; Lúftwaffe *f*.

австрí|єць Österreicher *m* (6); **~йський** österreichisch.

автобáза Kráftverkehrsbetrieb *m* (1).

автобіогрáфія Lébenslauf *m* (1*), Autobiographie *f* (11).

автóбус Áutobus *m*; Bus *m* *(розм.)*.

автовокзáл Búsbahnhof *m* (1*).

автóграф 1) *(текст, власноручно написаний автором)* Autográph *n* (2, 13), Originálhandschrift *f* (10); 2) *(підпис, напис)* Autográmm *n* (2).

автозавóд Áutowerk *n* (2).

автомáт 1) *(апарат)* Automát *m* (8); ~ для рóзміну монéт Wéchselautomat *m* (8); телефóн-~ Münzfernsprecher *m* (6); 2) *(зброя)* Maschínenpistole *f* (11), MPi *f*, *pl* -s.

автомат|изáція Automatisíerung *f* (10); **~и́чний** 1) *(самодіючий)* automátisch, sélbsttätig, Selbst*; 2) *(машинáльний)* automátish, únwillkürlich.

автомобíль Kráftfahrzeug *n* (2); Wágen *m* (7), Áuto *n* -s, -s; вантáжний ~ Lástkraftwagen (LKW) *m*; легкови́й ~ Persónenkraftwagen (PKW) *m*.

автонóм|ія Autonomíe *f* (11), Sélbstverwaltung *f* (10); **~ний** autonóm.

автопортрéт Sélbstbildnis *n* (3*).

áвтор Áutor *m* -s, -tóren, Verfásser *m* (6); **~изóваний** autorisíert, beréchtigt.

авторитéт 1) Autorität *f*, Ánsehen *n*; користувáтися ~ом Autorität geníeßen*; підірвáти чий-н. ~ j-s Autorität untergráben*; 2) *(особа)* Autorität *f* (10).

áвторськ|ий Áutor(en)*; Verfásser*; Urheber*; **~е прáво** Úrheberrecht *n* (2).

агéнт 1) *(у різн. знач.)* Agént *m* (8); 2) *хим.* Ágens *n*, *pl* Agénzi¦en.

агéнтство Agentúr *f* (10), Vertrétung *f* (10); телегрáфне ~ Náchrichtenagentur *f*.

агентýра 1) Agentúr *f* (10); 2) *збір.* Agénten *pl*.

агіт|áтор Áufklärer *m* (6), Agitátor *m* -s, -tóren; **~áція** Agitatión *f*; Áufklärung *f*; **~пýнкт** Áufklärungslokal *n* (2); **~увáти** agitíeren *vt*, *vi*, wérben* *vi* (за що-н. für *A*); erklären *vt*.

агрáрн|ий Agrár*, ländwirtschaftlich; **~а країна** Agrárland *n* (5); **~а рефóрма** Bódenreform *f* (10).

агрегáт *тех.* Aggregát *n* (2), Maschínensatz *m* (1*).

агреси́вний aggressív; áusfällig *(про тон тощо)*.

агрéс|ія Aggressión *f* (10); **~ор** Agréssor *m* -s, -ssóren; Ángreifer *m* (6).

агронóм Agronóm *m* (8); Lándwirt *m* (1).

адаптáція 1) *біол.* Ánpassung *f*, Ádaptierung *f*; 2) *лінгв.* Adaptíerung *f*, Adaptión *f*.

адвокáт Ánwalt *m* (1*), Réchtsanwalt *m*, Advokát *m* (8), *перен.* Fürsprecher *m* (6).

адеквáтн|ий adäquát, übereínstimmend; entspréchend; **~ість** Adäquánz *f*.

аджé ja, doch; ~ це прáвда das stimmt ja [doch].

адміністр|ати́вний administratív, Verwáltungs*; **verwáltungsmäßig**; **~ати́вне** стя́гнення Órdnungsstrafe *f* (11); **~áтор** Administrátor *m* -s, -tóren, Verwálter *m* (6); Empfángs¦chef [-ʃɛf] *m* -s, -s *(в готелі)*; **~áція** Administratión *f* (10), Verwáltung *f* (10).

áдрес *(письмове вітання)* Glückwunschschreiben *n* (7).

адрéс|а Adrésse *f* (11), Bríefanschrift *f* (10), Ánschrift *f*; ◊ це скáзано на нáшу ~у das ist an únsere Adrésse gerichtet; потрáпити не на ту ~у an die fálsche Adrésse kómmen*; **~áнт** Ábsender *m* (6); Bríefabsender *m*; **~áт** Bríefempfänger *m* (6); **~увáти** adressíeren *vt*; ~увáти комý-н. an j-n ríchten.

аеро|дрóм Flúgplatz *m* (1*); **~пóрт** Flúghafen *m* (7*).

АЕС (áтомна електростáнція) Atómkraftwerk *n* (2).

аж 1) *частка підсил.* ja (ében), ja (sogár); selbst; ніч тéмна, аж чóрна die Nacht ist dúnkel, ja (ében) schwarz; ~ нáдто gar zu (sehr); ~ ніяк не durcháus nicht, gar nicht, kéineswegs; ~ гульк [глядь], ~ ось [от] plötzlich, auf éinmal (da), und sieh da; ◊ ~ любо [мило] слухати [глянути] es ist éine réchte Fréude, das zu hören [zu séhen]; 2) *спол.* so daß (sogár) *(перед підрядним наслідковим реченням)*; вдарив грім, аж земля затряслася es dónnerte, so daß die Érde bébte; bis, bis erst, bis daß *(перед підрядним реченням часу)*; зачекай, аж (доки) я тобі напишу wárte, bis ich dir erst schréibe.

ажіотаж *(збудження)* Áufregung *f* (10); Rúmmel *m* (6).

азарт Léidenschaft(lichkeit) *f*; Éifer *m* -s, Hasárd *m* -s; входити в ~ in Éifer geráten*; sich eréifern.

ázбука 1) *(алфавіт)* Alphabét *n* (2), Abc [a:be:'tse:] *n* -, -; ~ Мо́рзе Mórsealphabet *n* -(e)s; нотна ~ Nótenschrift *f* (11); ~ сліпи́х Blíndenschrift *f* (11); 2) *(буквар)* Fíbel *f* (11); 3) *(основи, початки)* Ánfangsgründe *pl*; ABC [a:be:'tse:] *n* -, -.

азіатський asiátisch.

азот Stíckstoff *m* -(e)s; **~истий** salpétrig, stíckstoffhaltig; **~ний** Stíckstoff-; ~на кислота Salpétersäure *f*; ~не добриво Stíckstoffdünger *m* -s.

айва 1) *(плід)* Quítte *f* (11); 2) *(дерево)* Quíttenbaum *m* (1*).

айсберг Éisberg *m* (1).

айстра *бот.* Áster *f* (11).

академ|ік Akademíemitglied *n* (5); **~ія** Akademíe *f* (11); Академія наук (die) Akademíe der Wíssenschaften; Академія мистецтв (die) Akademíe der Künste; сільськогосподарська ~ія Lándwirtschaftsakademie *f*.

акація *бот.* Akázi¦e *f* (1); Schótendorn *m* (1) *(біла)*.

акваланг (Préssluft-) Táuchgerät *n* (2), Átemgerät *n*.

акварел|ь 1) *(фарба)* Wásserfarbe *f* (11), Aquaréllfarbe *f* (11); 2) *(картина)* Aquaréll *n* (2), Aquaréllbild *n* (5).

акваріум Aquárium *n* -s, -ri¦en, Físchglas *n* (5).

акліматиз|ація Akklimatisatión *f*, Éingewöhnung *f*; **~увати** akklimatisíeren *vt*, éingewöhnen *vt*, héimisch máchen *vt*.

акомпанемент Begléitung *f* (10); під ~ рояля mit Klavierbegleitung [-'vi:r-].

акорд Akkórd *m* (1), Éinklang *m* (1*), Zusámmenklang *m*.

акордеон Akkórdeon *n* -s, -s.

акробат Akrobát *m* (8).

аксіома Axióm *n* (2), Grúndsatz *m* (1*).

акт 1) *(дія, вчинок)* Akt *m* (1), Aktión *f* (10), Hándlung (10); 2) *театр.* Akt *m* (1), Áufzug *m* (1*); 3) *юр.* *(документ)* Úrkunde *f* (11), Ákte *f* (11); Áktenstück *n* (2); ~и громадянського стану Persónenstandsregister *n* (6); 4) *(опис виявлених фактів)* Protokóll *n* (2); скласти ~ про що-н. über etw. (*A*) ein Protokóll áufnehmen*.

актив 1) *збірн.* Aktív *n* -s, aktíve [-ve] Mítglieder *pl*; 2) *грам.* Aktiv *n* -s.

активіз|ація Aktivíerung *f* [-'vi:-]; **~увати** aktivíeren [-'vi:-] *vt*; **~уватися** lébhafter [aktíver] wérden.

активіст Aktivist [-'vist] *m* (8).

активн|ий aktív, geschäftig, tätig; брати ~у участь у чому-н. an etw. (*D*) aktív téilnehmen*; **~ість** Aktivität [-vi-] *f*; Geschäftgkeit *f*, Tätigkeit *f*.

актор Scháuspieler *m* (6).

актриса Scháuspielerin *f* (12).

актуальн|ий aktuéll, zéitgemäß; zéitgebunden; **~ість** Aktualität *f*.

акула Háifisch *m* (1), Hai *m* (1).

акумул|ювати akkumulíeren *vt*, spéichern *vt*, ánsammeln *vt*; **~ятор** *тех.* Akkumulátor *m* -s, -tóren, Ákku *m* -s, -s; *ел.* Spéicher *m* (6), Sámmler *m* (6); *авто* Batteríe *f* (11); **~яція** Akkumulatión *f*, Áufspeicherung *f*.

акуратний genáu; pünktlich *(точний)*; sórgfältig *(сумлінний)*; órdentlich, réinlich, sáuber *(охайний)*.

акуст|ика 1) *(розділ фізики)* Akústik *f*; Schállehre *f*; 2) *(чутність звуків у приміщенні)* Akústik *f*, Klángwirkung *f*.

акушер Gebúrtshelfer *m* (6); **~ка** Hébamme *f* (11); **~ський** Gebúrtshelfer-, Entbíndungs-; **~ство** Gebúrtshilfe *f*.

акцент 1) *(іншомовна вимова)* Akzént *m* (1), (frémdartige) Áussprache *f* (11); 2) *(наголос)* Betónung *f* (10); 3) *перен.* Náchdruck *m* -(e)s.

акціонер Aktionär *m* (1); Ákti¦eninhaber *m* (6); **~ний** Ákti¦en; ~не товариство Ákti¦engesellschaft *f* (10) *(скор.* AG).

акція 1) *(цінний папір)* Ákti¦e

f (11); 2) *(дія, захід)* Aktión f (10), Máßnahme f (11).

албáн|ець Albáni¦er m (6), Albáner m (6); **~ський** albánisch.

áлгебра Álgebra f; **~ї́чний** algebráisch.

але́ áber; sóndern *(після заперечення)*.

але́я Allée f (11).

алíме́нти Aliménte pl, Únterhaltskosten pl.

алло́ halló!

алмáз Diamánt m (8); склорíзний ~ Gláserdiamant m; Glásschneider m (6).

алфавíт Alphabét n (2), Abc [a:be:'tse:] n -; розстáвити за ~ом alphabétisch órdnen; alphabetisíeren vt; **~ний** alphabétisch.

алюмíнiй Aluminíum n -s.

альбо́м 1) Álbum n -s, pl -ben та -s; ~ для малювáння Zéichenblock m; 2) *(малюнків, репродукцій, картин)* Bildband m (1*), Kúnstmappe f (11).

альманáх Álmanach m (1), Jáhrbuch n (5).

альпiн|íзм Alpinísmus m -, Bérgsteigen n -s; **~íст** Bérgsteiger m (6), Alpiníst m (8).

альтáнка Láube f (11), Gártenhäuschen n (7).

амáтор 1) *(любитель)* Líebhaber m (6); Freund m (1); 2) *(не професіонал)* Amateur [-'tø:r] m (1), Láie m (9).

амбулато́р|ія Ambulánz f (10), Ambulatórium n -s, -ri¦en; **~ний** ambulatórisch; ~ний хвóрий ein ambulánter Patiént.

американ|ець Amerikáner m (6); **~ський** amerikánisch.

амнíст|ія Amnestíe f (11), Stráferlaß m -sses, -sse; потрáпити під ~ію únter die Amnestíe fállen*.

аморáльн|ий únmoralisch, síttenlos; ~а людúна ámoralischer Mensch.

амо́рфний amórph, struktúrlos.

амплíту́да *фіз.* Amplitúde f (11); ~ коливáнь Schwingungsweite f (11).

áмпула Ampúlle f (11).

ампут|áція Amputatión f (10), Glíedabnahme f; **~увáти** amputíeren vt, ábnehmen* vt.

анáліз Analýse f (11); **~увáти** analysíeren vt.

анал|огíчний analóg; gléichartig, ähnlich; **~о́гія** Analogíe f (11).

анарх|íзм Anarchísmus m -; **~íст** Anarchíst m (8); **~íчний** anárchisch.

анáрхія Anarchíe f.

анáтом Anatóm m (8).

анато́м|ія Anatomíe f; **~увáти** anatomíeren vt.

ангáр Hangár m -s, -s, Flúgzeughalle f (11).

áнгел Éngel m (6).

ангíна Angína f, Hálsbräune f.

англ|íець Éngländer m (6); **~íйський** énglisch.

анекдо́т Anekdóte f (11), Witz m (1); **~и́чний** anekdótenhaft, anekdótisch.

анке́т|а Frágebogen m (7, 7*), Personálbogen m; запо́внити ~у éinen Frágebogen áusfüllen; **~ний:** Fráge-; ~ні дáні Personáli¦en pl.

аномáлія Anomalíe f (11), Régelwidrigkeit f (10).

анонíмний anoným, námenlos; ú ngenannt *(про автора)*.

анотáція Annotatión f (10), kúrze Ínhaltsangabe.

ансáмбль 1) *(худ. колектив)* Ensemble [ɑ̃'sɑ̃bəl] n -s, -s; Kultúrgruppe f (11); 2) *(злагоджене виконання)* Zusámmenspiel n (2); 3) *(твір)* Ensemble [ɑ̃'sɑ̃bəl] n -s, -s; Gesámtbild n (5) *(в архітектурі тощо)*.

антагон|íзм Antagonísmus m -, -men; **~істи́чний** antagonístisch.

анте́на Anténne f (11).

антивоє́нний Antikriegs-.

антиквáр Antiquitätenhändler m (6); **~ний** antiquárisch; ~ний магазúн Antiquitätenhandlung f (10).

антипáтія Antipathíe f, Ábneigung f.

антисанітáрний únhygi¦enisch, gesúndheitswidrig.

антифаши́ст Antifaschíst m (8).

анти́чний antík; ~ світ Antíke f.

антрáкт *театр.* Zwíschenpause f (11), Páuse f.

апарáт 1) *(пристрій)* Vórrichtung f (10), Gerät n (2), Apparát m (1); *(фізіол. органи)* Orgáne pl; дихальний ~ Átmungsorgane pl; травнúй ~ Verdáuungsapparat m (1); **~у́ра** Apparatúr f (10), Geräte pl, Anlage f (11).

апáт|ія Apathíe f, Indifferénz f; **~и́чний** apáthisch, téilnahmslos.

апельси́н 1) *(плід)* Apfelsíne f (11), Oránge [-ʒe] f (11); 2) *(дерево)* Apfelsínenbaum m (1*); Orángenbaum m.

апендицит Appendizítis *f*, Blínddarmentzündung *f*; приступ ~у appendizítische Attácke.

апетит Appetít *m* (1); **~ний** appetítanregend, appetítlich.

аплодисменти Appláus *m* (1), Béifall *m* -(e)s.

аплодувати applaudíeren *vi*, Béifall klátschen [spénden].

апломб Sélbstsicherheit *f*; Sícherheit *f* (im Áuftreten).

апогей 1) *астр.* Apogä¦um *n* -s, -gäen, Érdferne *f*; 2) *перен.* Höhepunkt *m* (1), Glánzpunkt *m*.

апостроф Apostróph *m* (1).

апте|ка Apothéke *f* (11); **~кар** Apothéker *m* (6); **~чка** kléine Apothéke, Háusapotheke *f* *(11)*.

араб Áraber *m* (6); **~ський** arábisch; ~ські цифри arábische Ziffern.

арбітр Schíedsrichter *m* (6); **~аж** 1) *(розв'язання спору)* Arbitráge [-ze] *f* (11), Schíedsspruch *m* (1*); 2) *(суд)* Schíedsgericht *n* (2).

аргентін|ець Argentíni¦er *m* (6); **~ський** argentínisch.

аргумент Argumént *n* (2), Bewéis *m* (1); **~ація** Argumentatión *f* (10), Bewéisführung *f* (10); **~увати** argumentíeren *vi*.

арена Aréna *f*, *pl* -nen; *перен.* Kámpfplatz *m* (1*), Scháuplatz *m*; спортивна ~ Kámpfbahn *f* (10), Spórtplatz *m*; міжнародна ~ Scháuplatz des internationálen Geschéhens.

арешт 1) *(особи)* Verháftung *f* (10), Inhaftnahme *f*, Arrést *m* (1); 2) *(майна)* Beschlágnahme *f*; накладати ~ beschlágnahmen *vt*; **~ант** **~ант** Häftling *m* (1), Verháftete *m* (14); **~увати** verháften *vt*, inhaftíeren *vt*, féstnehmen* *відокр. vt*.

аристократ Aristokrát *m* (8); **~ичний** aristokrátisch; **~ія** Aristokratíe *f*, Ádel *m* -s.

арифметика Arithmétik *f*; Réchnen *n* -s.

арія *муз.* Ári¦e *f* (11); Gesángsszene *f* (11).

арка Bógen *m* (7, 7*); тріумфальна ~ Éhrenpforte *f* (11).

аркан Fángschlinge *f* (11), Lásso *m*, *n* -s, -s, Wúrfschlinge *f*.

арктичний árktisch, Polár-.

аркуш Bógen *m* (7); ◊ авторський ~ Autórenbogen *m*; друкований ~ Drúckbogen *m*; титульний ~ Títelbogen *m*.

армія Armée *f* (11); діюча ~ Éinsatzarmee *f*.

аромат Aróma *n* -s, *pl* -s *і* -ta; Duft *m* (1*); Wóhlgeruch *m* (1*); **~ичний, ~ний** aromátisch, wóhlriechend.

арсенал Arsenál *n* (2), Wáffenhaus *n*, Rüsthaus *n*; *перен.* Wáffenschmiede *f* (11).

артикль *грам.* Artíkel *m* (6), Geschléchtswort *n* (5); (не)означений ~ (ún)bestímmter Artíkel.

артикул|ювати *лінгв.* artikulíeren *vt*; **~яція** Artikulatión *f* (10).

артист Künstler *m* (6); Scháuspieler *m* (6) *(актор)*; Artíst *m* (8) *(цирку, театру, легкого жанру)*; **~ичний** künstlerisch.

арфа Hárfe *f* (11).

архаїчний archá¦isch, áltertümlich.

археол|ог Archäológ(e) *m* (8, 9); **~логія** Archeologíe *f*.

архів Archív *n* (2), Úrkundensammlung *f* (10); здавати в ~ 1) archivíeren *vt*; 2) *перен.* zu den Ákten légen.

архіпелаг Archipél *m* (1), Ínselgruppe *f* (11).

архітект|ор Architékt *m* (8), Baúmeister *m* (6); **~ура** Architektúr *f* (10), Báukunst *f* (10); **~урний** architektónisch, Báu-; ~урний стиль Báustil *m* (1), Báuart *f* (10).

ансамблея Versámmlung *f* (10); Генеральна Асамблея Організації Об'єднаних Націй die Vóllversammlung der (Organisatíon der) Veréinten Natiónen, ÚNO-Vóllversammlung *f*.

асиміл|ювати 1) *(уподібнювати)* assimilíeren *vt*, angleichen* *vt*; 2) *(засвоювати)* in sich áufnehmen*; **~юватися** sich assimilíeren; **~яція** Assimilatión *f* (10).

асистент Assistént *m* (8); Béisitzer *m* (6) *(на екзамені)*.

асортимент Áuswahl *f*; Ángebot *n* (2), Sortimént *n* (2).

асоціація 1) *(об'єднання)* Assoziatión *f* (10); Veréinigung *f* (10); Verbánd *m* (1*); 2) *(зв'язок між уявленнями)* Verknüpfung *f* (10).

аспірант Aspiránt *m* (8); **~ура** Aspirantúr *f* (10).

астроном Astronóm *m* (8); **ёічний** astronómisch; **~ія** Astronomíe *f*, Stérnkunde *f*.

асфальт Asphált *m* -(e)s; **~увати** asphaltíeren *vt*.

атáк|а Ángriff *m* (1), Stúrmangriff *m*; **~увáти** ángreifen* *vt*, vórstoßen* *vi* (s).

аташé Attache [-'se:] *m* -s, -s.

ате|ї́зм Atheismus *m* -; **~ї́ст** Atheist *m* (8).

ательé Atelier [-'lje:] *n*; ~ худóжника Künstlerwerkstatt *f*, *pl* -stätten; ~ мод Módenatelier *n*, Módesalon *m* -s, -s.

атестáт 1) Attést *n* (2), Attestát *n* (2); Zéugnis *n* (3*); Úrkunde *f* (11) *(про присвоєння звання)*; 2) Beréchtigungsschein *m* (1) *(посвідчення військовослужбовця)*.

áтлас *геогр.* Átlas *m* - *i* -ses, -se.

атлáс *(тканина)* Átlas *m* - *i* -ses, -se.

атлéт 1) *(артист цирку або спортсмен)* Athlét *m* (8); Léichtathlet *m* (8) *(легкоатлет)*; Schwérathlet *m* (8) *(важкоатлет)*, 2) *(силач)* Athlétiker *m* (6), Kráftmensch *m* (8); Hérkules *m* -, -se; **~ика** Athlétik *f*; **~ичний** athlétisch.

атмосфéр|а 1) *астр* Atmosphäre *f* (11); Lúfthülle *f*; 2) *(повітря)* Luft *f*; (3) *(одиниця виміру тиску)* Atmosphäre *f* (11); **~ний** Luft-; atmosphärisch.

áтом Atóm *n* (2); **~ний** Atóm-.

аудитóрія 1) *(приміщення)* Auditórium *n* -s, -ri¦en, Hörsaal *m* -(e)s, -säle; Áula *f* -, -len; 2) *(слухачі)* Auditórium *n* -s, -ri¦en, Zúhörerschaft *f*.

аутсáйдер ÁuBenseiter *m* (6).

афéр|а Schwíndel *m* (6), únsauberes Geschäft; Hóchstapelei *f* (10); **~и́ст** Schwindler *m* (6), Hóchstapler *m* (6).

афі́ш|а Ánschlag *m* (1*), Áushang *m* (1*), Plakát *n* (2); **~увáти** zur Schau trágen* [stéllen].

афори́зм Aphorísmus *m* -, -men; Gedánkensplitter *m* (6).

африкáн|ець Afrikáner *m* (6); **~ський** afrikánisch.

ацетóн *хім.* Azetón *n* -s.

аякже *(авжеж)* fréilich, sícher, schon; und ob!; *(для вираження заперечення)* weit gefé̈hlt!; kommt nicht in Fráge!

Б

б *див.* би.

бáб|а 1) *(мати одного з батьків)* Gróßmutter *f*, *pl* -mütter; Óma *f*, *pl* -s; 2) *зневажл.* *(стара жінка)* álte Frau, Álte *f* (14).

бабýня, бабýся Óma *f*, *pl* -s, Ómi *f*, *pl* -s, Gróßmütterchen *n* (7); Gróßmutter *f*, *pl* -mütter

бáвити pflégen *vt*, wárten *vt* *(дітей)*; unterhálten* *vt*; **~ся** spíelen *vi* (чим-н. з ким-н. mit *D*); sich unterhálten*, sich amüsíeren.

бавóвн|а Báumwolle *f*; **~ик** Báumwollstaude *f* (11); **~я́ний:** ~я́на ткани́на Báumwollstoff *m* (1).

багáж 1) Gepäck *n* -(e)s; відправля́ти рéчі ~éм das Gepäck ábfertigen; здавáти рéчі в ~ das Gepäck áufgeben*; 2) *перен.* ~ знань Wíssenschatz *m* -es; **~ний** Gepäck-; **~ник** Gepäckträger *m* (6) *(на велосипеді)*, Gepäckraum *m* (1*) *(в автомобілі)*; Gepäckbrücke *f* (11) *(на даху автомобіля)*.

багáт|ий 1) reich (на що-н., чим-н. an *D*); ~ий на білóк éiweißreich; vermögend *(заможний)*; 2) *(достатній, щедрий)* réichlich; üppig; 3) *(пишний)* práchtvoll; **~ір, ~íй** Réiche *m* (14); **~íти** reich wérden; **~о** viel; ~о хто viele; ~о що víeles.

багатобáрвний fárbenreich.

багатобíчний víelseitig.

багатовíковий jahrhúnderteałt.

багатовóдний wásserreich.

багатогрáнний 1) *мат.* víelflächig; 2) *перен* víelseitig.

багатодíтний kínderreich.

багатознáчн|ий 1) *(який має багато значень)* méhrdeutig, víeldeutig; 2) *(важливий)* bedéutungsvoll, wíchtig; 3) *(виразний)* bedéutsam, víelsagend; 4) мат méhrstellig; ~е числó méhrstellige Zahl; 5) *лінгв.* méhrdeutig, polysemántisch, polysém.

багато|кольорóвий méhrfarbig, Méhrfarben-; **~крáтний** víelfach, méhrfach.

багатолю́дний 1) víelköpfig; mit stárkem Zúlauf *(про збори)*; 2) vólkreich, dichtbevölkert *(про країну, місто)*, belébt *(про вулицю)*.

багатомóвний 1) *лінгв.* vfelsprachig; 2) *(який виразно натякає)* víelbedeutend.

багатоповерхóвий méhrstöckig.

багатопрогра́мний Méhrprogramm-.
багаторазо́вий víelmalig, méhrmalig; wiederhólt.
багаторі́чний víeljährig, méhrjährig.
багатоскладо́вий *лінгв.* méhrsilbig.
багатослі́вний wórtreich; rédselig.
багатосторо́нн|ій 1) *мат.* víelflächig; 2) *перен.* vielsetig; 3) *(за участю багатьох осіб)* multilateral; ~я уго́да multilaterales Ábkommen.
багатото́мний víelbändig, méhrbändig.
бага́т|ство 1) *(у різн. знач.)* Réichtum *m* (5); Vermögen *n* (7); 2) *(розкіш)* Pracht *f*; Üppigkeit *f*; 3) **~ства** *(матеріальні цінності)* Schätze *pl*; приро́дні ~ства Natúrschätze.
бага́ття Lágerfeuer *n* (6).
бага́ч Réiche *m* (14); Krösus *m* -, -susse.
багне́т Bajonétt *n* (2); Séitengewehr *n* (2).
багн|о́ 1) *(трясовина)* Súmpfland *n* (5), Sumpf *m* (1*); 2) *(грязюка)* Stráßenschlamm *m* -(e)s; **~и́стий** súmpfig, pfützig.
бади́лля Kraut *n* -(e)s; ~ карто́плі Kartóffelkraut *n*.
бадмінто́н Federball *m* (e)s, Féderballspiel *n* (2).
бадьо́р|ий múnter; frísch; lébensvoll *(жвавий)*; rüstig *(про стару людину)*; **~ість** Múnterkeit *f*; Spánnkraft *f*; Frische *f*; Rüstigkeit *f*; **~и́ти** áufmunter *vt*; stärken *vt*; **~и́тися** Mut fássen.
ба́жаний erwünscht, erséhnt; wünschenswert, willkómmen.
бажа́ння Wunsch *m* (1*); Begíerde *f* (11) *(палке)*; Lust *f* (3) *(охота)*.
ба́жано *предик. безос.* es ist zu wünschen.
бажа́ти 1) *(хотіти)* wünschen *vt*; begéhren *vt* *(палко)*; 2) *(кому-н. чого-н.)* wünschen *vt*.
ба́за 1) *(основа)* Básis *f, pl* -sen, Grúndlage *f* (11); матеріа́льно-технічна ~ materiéll-téchnische Básis; 2) *(склад)* Materiállager *n* (6); 3) *військ.* Stützpunkt *m* (1); 4) *(установа)* Statión *f* (10); тури́стська ~ Wánderherberge *f* (11).
база́р 1) Markt *m* (1*); Basár *m* (1); 2) *розм. (шум, гам)* Rúmmel *m* -s.
ба́зис Básis *f, pl* Básen; Grúndlage *f* (11).
базі́к|а *знев.* Schwätzer *m* (6), Schwätzerin *f* (12), Klátschbase *f* (11); **~ання** Geschwätz *n* -es; **~ати** schwátzen *vi, vt,* pláppern *vi, vt.*
базува́ти basíeren *vt* (на чому́-н. auf *D*), gründen *vt* (auf *A*); **~ся** 1) sich gründen (на чому́-н. auf *A*); sich stützen (auf *A*); berúhen *vi* (auf *D*); 2) *військ.* stationíert sein (in *D*).
байдикува́ти fáulenzen *vi*; Zeit vergéuden.
ба́йду́же *предик. безос.*: мені ~ das ist mir (ganz) egál [gléichgültig, einerléi].
байду́ж|ий gléichgültig, índifferent; **~ість** Gléichgültigkeit *f, Indifferénz f*.
ба́йк|а *(твір)* Fábel *f* (11); **~áр** Fábeldichter *m* (6).
бак Tank *m* (1), Behälter *m* (6).
бакалі́я Nähr- und Genúßmittel *pl*; Spezeréien *pl*.
бактеріо́|лог Bakteriológ(e) *m* (8, 9); **~ло́гія** Bakteriologíe *f*.
бакте́рія Baktérie *f* (11).
бал I *(танц. вечір)* Ball *m* (1*); ~-маскара́д Máskenball *m*.
бал II 1) *(одиниця шкали)* Grad *m* (1); 2) *(оцінка)* Nóte *f* (11), Zensúr *f* (10) *(у школі)*; *(спорт. очко)* Wértungspunkt *m* (1); прохі́дний ~ Míndestpunktzahl *f* (10); зага́льна кі́лькість ~ів Gesámtpunktzahl *f*.
бала́нс 1) *фін., ек.* Bilánz *f* (10); 2) *(рівновага)* Gléichgewicht *n* (2); **~ува́ти** 1) *(зберігати рівновагу)* balancieren [-lan'si:-] *vi*, das Gléichgewicht hálten*; 2) *фін.* die Bilánz zíehen*; 3 *(врівноважувати)* áusgleichen* *vt*.
балери́на Balléttänzerin *f* (12), Balleríne *f* (11).
бале́т Ballétt *n* (2); Balléttaufführung *f* (10) *(вистава)*.
балко́н Balkon [-'kon] *m* -s, -s.
бало́н 1) *(посудина)* Flásche *f* (11); Gásflasche *f*; 2) *(шина)* Ballonreifen [-'loŋ-] *m*(7). Lúftreifen, *m*; 3) *ав.* Ballon [-'loŋ] *m* -s, -s; Lúftballon *m*.
банда́ж *мед.* Bandáge [-ʒə] *f* (11), Binde *f* (11).
бандеро́ль *(пошт. відправлення)* Päckchen *n* (7); рекомендо́вана ~ éingeschriebenes Kréuzband.

Б

банди́т Bandít *m* (8); Räuber *m* (6).
банду́р|а *муз.* Bandúra *f*, *pl* -s; **~и́ст** Bandúraspieler *m* (6).
банк Bank *f* (10), Bánkhaus *n* (5).
ба́нк|а 1) *(посудина)* Glas *n* (5), Konsérvenglas [-vɛn-] *n (скляна)*; Büchse *f* (11), Dóse *f* (11), Konsérvenbüchse *(бляшана)*; 2) *мед.* Schröpfkopf *m* (1*); ста́вити кому́-н. ~и j-m Schröpfköpfe (án)sétzen; j-n schröpfen.
банкру́т, банкро́т Bankrotteur [-'tø:r] *m* (1); **~ство** Bankrótt *m* (1); Pléite *f* (11).
бант Schléife *f* (11).
ба́ня 1) *(лазня)* Bádehaus *n* (5); 2) *(опуклий дах)* Kúppel *f* (11).
бараба́н Trómmel *f* (11); **~ити** trómmeln *vi*; **~щик** Trómmler *m* (6).
бара́к Barácke *f* (11), Wóhnbaracke *f*.
бара́н Hámmel *m* 6), Scháfbock *m* (1); **~ина** Hámmelfleisch *n* -es.
ба́рв|а Fárbe *f* (11); **~и́стий** fárbenreich, fárbenprächtig; bíldhaft *(про мову)*.
барві́нок *бот.* Ímmergrün *n* (2); Wintergrün *n*.
бар'є́р Barriére *f* (11), Schránke *f* (11) *(тж. перен.)*; *спорт.* Hürde *f* (11).
ба́ржа Lástkahn *m* (1*), Schlépupkahn *m*.
барика́да Barrikáde *f* (11), Stráßensperre *f* (11).
бари́тися zögern *vi*, säumen *vi*.
барлі́г Bärenhöhle *f* (11), Bärenlager *n* (6).
ба́рмен Bármixer *m* (6).
баро́метр Barométer *n* (6); Lúftdruckmesser *m* (8).
барс Írbis *m* -ses, -se, Schnéeleopard *m* (8)
басе́йн 1) *(штучне водоймище)* Bassin [-'seŋ] *n* -s, -s; Bécken *n* (7); Wásserbecken *n*; пла́вальний ~ Schwímmbad *n* (5); 2); ~ рі́чки Strómgebiet *n* (2); ~ мо́ря Méeresbecken *n* (7); 3) *геол.* Bécken *n* (7); кам'яновугі́льний ~ Kóhlenbecken *n*.
баскетбо́л Básketbal -s; Kórbballspiel *n* (2); **~і́ст** Básketballspieler *m* (6); Kórballspieler *m*.
батальйо́н Bataillon [-tal'jo:n] *n* (2).
батаре́я 1) *військ., ел.* Batteríe *f* (11); 2) *(парового опалення)* Héizkörper *m* (6), Radiátor *m* -s, -tóren.
баті́г 1) Péitsche *f* (11); 2) *бот.* Ránke *f* (11).
бато́н längliches Wéißbrot *n* (2); Stríezel *m* (6) *(здобний)*.
батьківщи́н|а I Héimat *f* (10); Héimatland *n* (5); на ~і in der Héimat; ту́га за ~ою Héimweh *n* -s; ві́рність ~і Heimattreue *f*.
ба́тьківщина II *(спадщина від батьків)* das väterliche Érbe.
ба́тьк|о Váter *m* (6*); **~и́** Éltern *pl*.
бахрома́ Fránse *f* (11), Posamént *n* (13).
баци́ла Bazíllus *m* -, -llen.
ба́чити 1) séhen* *vt*; ~ у сні im Tráume séhen* *vt*, träumen *vi* (кого́-н., що-н. von *D*); 2) *(пережити)* dúrchmachen *vt*, erlében *vt*; **~ся** einánder [sich] séhen*, sich tréffen*, sich begégnen.
ба́шта Turm *m* (1*).
баштáн Melónenfeld *n* (5), Kürbisfeld *n*.
бая́н *муз.* gróße Zíehharmonika, Knópfharmonika *f*, *pl* -ken; **~і́ст** Zíehharmonikaspieler *m* (6).
бджільни́цтво Bíenenzucht *f*, Imkeréi *f*.
бджола́ Bíene *f* (11).
бегемо́т Nílpferd *n* (2), Flúßpferd *n*.
без 1) óhne *(A)*; ~ ви́нятку óhne Áusnahme; ~ су́мніву óhne Zwéifel, zwéifellos; 2) *(під час відсутності кого-н.)* in Ábwesenheit *(G)*; ~ ме́не in méiner Ábwesenheit.
безба́рвний fárblos; blaß, fahl *(про обличчя)*.
безбо́лісний schmérzlos; *перен.* glatt, réibungslos.
безви́нний schúldlos, únschuldiig.
безви́хідн|ий áusweglos; áussichtslos; **~о** óhne áuszugehen, óhne das Zímmer zu verlássen.
безви́хідь Aúsweglosigkeit *f*; зайти́ в ~ in éine Sáckgasse geraten*; завести́ в ~ j-n in die Énge tréiben*.
безвідмо́вн|ий wídersprúchslos; störungsfrei *(про роботу машини)*; **~о** óhne Wíderrede *(про людину)*; óhne zu verságen *(про машину)*.
безвідповіда́льний verántwortungslos; únverantwortlich.
бе́звісти *присл.*: зни́клий ~ verschóllen, vermíßt; *у знач. ім.* Verschóllene *m* (14), Vermíßte *m* (14).
бе́звість Úngewisse *n* (14).
безвла́ддя Anarchíe *f*, Féhlen *n* éiner Stáatsmacht [Léitung].

Б

безвóдний 1) wásserarm, wásserlos; 2) *хим.* wásserfrei.
безвóльн|ий wíllenlos; **~ість** Wíllenlosigkeit *f*.
безглýзд|ий sínnlos, únsinnig; absúrd; úngreimt; verständnislos, blöde *(про погляд)* **~я** Únsinn *m* -(e)s, Úngereimtheit *f*; Quatsch *m* -es.
безгосподáрн|ий únwirtschaftlich; **~ість** Mißwirtschaft *f*, náchlässige Wírtschaftsführung.
безготівкóвий: ~ розрахýнок bárgeldlose Záhlung; bárgeldloser Zahlungsverkehr.
безгрáмотн|ий 1) *(неписьменний)* des Lésens und Schréibens únkundig; 2) *(неосвічений)* úngebildet, únwissend, únbewandert; 3) *(про роботує)* (äußerst) féhlerhaft, vóller Féhler; **~ість** 1) *(неписьменність)* Analphabétentum *n* -s; 2) *(неуцтво)* Únwissenheit *f*.
бездáрн|ий únbegabt, taléntlos *(про людину)*; stümperhaft *(про твір)*; **~ість** 1) *(якість)* Mángel *m* an Begábung *f*.
бездíтн|ий kínderlos; **~ість** Kínderlosigkeit *f*.
бездíяльний úntätig, passív, müßig.
бездогáнн|ий tádellos, éinwandfrei, mákellos; ~а репутáція mákelloser Ruf.
бездóглядн|ий áufsichtslos; verwáhrlost; óbdachlos *(бездомний, безпритульний)*; ~а дитúна verwáhrlostes [verkómmenes] Kind.
бездóмний óbdachlos; óhne Famíli|e; ~ собáка hérrenloser Hund.
бездорíжжя 1) Wégelosigkeit *f*; schléchter Zústand der Fáhrstraßen; 2) áufgeweichte Wége *(пíсля дощів тощо)*.
бездýмний gedánkenlos; léichtsinnig *(легковажний)*.
бездýшний séelenlos, hérzlos, hártherzig.
безжáлісний erbármungslos, únbarmherzig; schónungslos *(нещадний)*.
безжýрний únbekümmert, únbeschwert.
беззакóнн|ий úngesetzlich, gesétzwidrig, réchtswidrig; wíllkürlich; **~я** Gesétzlosigkeit *f*, Gesétzwidrigkeit *f*; Wílkür *f*.
беззаперéчний únleugbar, únumstößlich.
беззáхисний schútzlos, wéhrlos; hílflos.
беззбрóйний 1) únbewaffnet, wáffenlos; 2) *перен.* hílflos.
беззвýчний láutlos, tónlos; klácglos *(приглушений)*.
беззмíнний únveränderlich; únablösbar, únabgelöst; ständig.
беззмістóвний ínhalt(s)los, ínhaltsleer; níchtssagend.
беззýбий záhnlos; záhnarm.
безідéйний idé|enlos, idé|enleer.
безімéнний námenlos; anoným; ~ пáлець Ríngfinger *m* (6).
безкáрний stráflos, stráffrei; unbestraft *(непокараний)*.
безклáсовий klássenlos.
безконéчний *мех., мат.* infinít; ~ дріб unéndlicher Bruch; ~ гвинт *тех.* éndlose Schráube.
безконтрóльний áufsichtslos, únkontrolliert.
безкорúсливий úneigennützig, sélbstlos.
безкоштóвн|ий kóstenlos, kóstenfrei, únentgeltlich; ~а медúчна допомóга kóstenlose ärztliche Betréuung; ~е навчáння únentgeltlicher Únterricht; ~ий проїзд Fréifahrt *f*; ~е харчувáння fréie Kost.
безкраї́й unéndlich, grénzenlos; únermeßlich.
безкрúлий 1) *зоол.* flügellos; 2) *перен.* flügellahm.
безлáд|дя Únordnung *f*; Systémlosigkeit *f*, Régellosigkeit *f*; Chaos ['ka:os] *n* -; Mißstand *m* (1*) *(незадовільний стан)*; **~ний** 1) *(недбалий)* únordentlich, líederlich; 2) *(невпорядкований)* úngeordnet; chaótisch [ka-]; systémlos, régellos.
бéзліч Únzahl *f*, Únmenge f; у мéне ~ справ ich hábe éinen Háufen zu tun.
безлюд|дя 1) Ménschenleere *f*; 2) *перен.* *(глуха місцевість)* ein wíldes [ábgelegenes] Land; Wíldnis *f* (3); **~ний** ménschenleer; ménschenarm.
безмéжний grénzenlos; máßlos, schránkenlos *(про почуття)*.
безмíрний máßlos; únermeßlich.
безмóвний schwéigend; schwéigsam, láutlos, stumm.
безнадíйний hóffnungslos; ~ хвóрий ein hóffnungslos kránker Mensch.
безóдня Ábgrund *m* (1*), Schlund *m* (1*), Kluft *f* (3); Úntiefe *f* (11).

безособо́вий *грам.* únpersönlich.
безпе́ка Sícherheit *f*, Gefáhrlosigkeit *f*; Рада Безпеки ООН UNO-Sícherheitsrat *m* -(e)s.
Б
безпере́рвний únunterbrochen; únaufhörlich; fórtlaufend, stétig; kontinuierlich; páusenlos.
безпереста́н|ний fórtwährend, únaufhörlich.
безпере́чн|ий únbestreitbar, únleugbar; **~о** *у знач. вставн. сл.* gewíß; bestímmt, zwéifellos.
безперешко́дний úngehindert, úngehemmt.
безпе́чний 1) gefáhrlos, nicht gefährlich; únschädlich *(нешкідливий)*; 2) *(гарантований від небезпеки)* sícher, geschützt.
безпідста́вний únbegründet, grúndlos, aus der Luft gegríffen.
безпла́новий plánlos; nicht plánmäßig.
безпла́тний *див.* безкошто́вний.
безплі́дний 1) únfruchtbar; stefíl *(про живі істоти)*; frúchtlos, taub *(про рослини)*; únergiebig *(про грунт)*; 2) *(даремний)* frúchtlos, nútzlos; vergéblich.
безповітря́ний lúftleer; ~ про́стір lúftleerer Raum.
безпоборо́тний únabänderlich, únwiderruflich.
безпомилко́вий 1) *(без помилок)* féhlerlos, féhlerfrei; 2) *перен.* *(надійний)* unféhlbar; zúverlässig.
безпо́мічний hílflos; únbeholfen *(незграбний)*, óhnmächtig *(безсильний)*.
безпора́дний *див.* безпо́мічний.
безпосере́дній 1) únmíttelbar; únvermittelt; 2) *(простий, щирий)* únbefangen, natürlich.
безпоща́дний erbármungslos, schónungslos; únerbittlich *(невблаганний)*.
безпра́вний réchtlos.
безпредме́тний gégenstandslos; sínnlos.
безпрецеде́нтний béispiellos, präzedénzlos, noch nicht dágewesen.
безпри́кладний béispiellos; únvergleichlich.
безпринци́пний prinzípi|enlos, gesínnungslos.
безприту́льн|ий áufsichtslos; óbdachlos; verwáhrlost; **~ик** óbdachloses Kind, Verwáhrloste *m (14)*.
безпричи́нний grúndlos, únbegründet.
безпробу́дний: ~ сон féster (tíefer) Schlaf; der éwige Schlaf *(смерть)*.
безпро́грашний gewínnsicher, verlústlos.
безпросві́тний 1) (stóck)fínster *(про ніч)*; únablässig; 2) *перен.* óhne Líchtblick, hóffnungslos *(безнадійний)*.
безпроце́нтний zínslos; zínsfrei.
безпу́тний áusschweifend; léichtfertig, lóse *(легковажний)*; verdórben, síttenlos *(розпусний)*.
безра́дісний fréudlos; fréudenleer; trübselig *(похмурий)*.
безрезульта́тний ergébnislos; erfólglos *(безуспішний)*.
безробі́тн|ий 1) árbeitslos, erwérbslos; 2) *у знач. ім.* Árbeitslose *m* (14); **~тя** Árbeitslosigkeit *f*; Erwérbslosigkeit *f*.
безрозмі́рний dimensiónslos
безрозсу́дн|ий únvernünftig, únbesonnen, únüberlegt; ~а смілі́вість Verwégenheit *f*.
безру́кий 1) óhne Arm; óhne Hand; 2) *перен.* úngeschickt.
безсерде́чний hérzlos, hártherzig.
безси́лий 1) kraftlos; entkräftet; 2) *перен.* máchtlos; óhnmächtig.
безсисте́мний systémlos, únsystematisch.
безсіме́йний óhne Famíli|e; alléinstehend *(самітний)*.
безсла́вний rúhmlos, únrühmlich; schmählich *(ганебний)*.
безслі́дний spúrlos.
безслове́сний 1) *(не здатний говорити)* stumm; 2) *(мовчазний)* wórtkarg, schwéigsam; unterwürfig *(покірний)*.
безсме́рт|ний únsterblich; **ник** *бот.* Immortélle *f* (11); Stróhblume *f* (11); **~я** Únserblichkeit *f*.
безсо́вісний gewíssenlos, éhrlos *(нечесний)*; frech *(нахабний)*; únverschämt *(безсоромний)*.
безсо́н|ний 1) *(що не спить)* nicht schláfend, wáchend; 2) *(проведений без сну)* schláflos; **~я** Schláflosigkeit *f*.
безсоро́мний schámlos; únverschämt.
безстра́шний fúrchtlos, únerschrokken; kühn *(сміливий)*.
безстроко́вий únbefristet.
безсумні́вний zwéifellos; únverkennbar; óffensichtlich.
безта́ктний táktlos.
безтала́нний glücklos; únglückselig, únselig.
безтурбо́тний sórglos, sórgenfrei, únbesorgt.

безу́мний 1) *(божевільний)* verrückt; wáhnsinnig; 2) *(безглуздий)* únsinnig, únvernünftig.

безумо́вн|ий bedíngungslos, únbedingt; **~о** *у знач. вставн. сл. (звичайно)* zwéifellos, natürlich.

безупи́нний únunterbrochen, únaufhörlich.

безуспі́шний erfólglos; vergéblich *(даремний)*.

безхара́ктерний charákterschwach [ka-]; wíllensschwach.

безхма́рний 1) wólkenlos, únbewölkt; héiter, klar; 2) *перен.* únbetrübt.

безхребе́тн|ий wírbellos; óhne Rückgrat; **~і** *в знач. ім. зоол.* Wírbellose *pl*.

безцеремо́нний rücksichtslos, úngeniert [-ze-].

безці́льний zíellos, zwécklos; nútzlos.

безці́нний *(цінний)* únschätzbar; wértvoll, kóstbar.

бе́зцінь: продава́ти що-н. за ~ etw. spóttbilllig [für ein Spóttgeld] verkáufen.

безче́с|ний éhrlos, éhrvergessen; únfair [-fɛ:r]; schändlich *(ганебний)*; **~тя** *(ганьба)* Schmach *f*, Schánde *f*.

безшу́мний geräuschlos, geräuscharm; láutlos.

бельг|і́єць Bélgi|er *m* (6); **~і́йський** bélgisch.

бельета́ж 1) *(будинку)* Hóchparterre [tɛr] *n* -s, -s; 2) *театр.* Lógenreihe [-ʒən-] *f*, érster Rang.

белькот|а́ти, ~і́ти lállen *vi, vt (про дітей)*; stámmeln *vt (говорити безладно, сором'язливо)*; **~і́ння** Lállen *n* -s; Gestámmel *n* -s.

бензи́н Benzín *n* (2).

бензо|ба́к Benzíntank *m* -s, -s; **~коло́нка** Zápfsäule *f* (11).

бенке́т Bankétt *n* (2), Féstessen *n* (7).

бенте́ж|ити 1) beúnruhigen *vt*; stören *vt*; áufregen *vt*; 2) verwírren *vt*; verblüffen *vt*; **~итися** 1) sich beúnruhigen; sich áufregen; 2) bestürzt sein; verlégen wérden.

бе́рег 1) Úfer *n* (6); Küste *f* (11); Strand *m* (1) *(морський)*; вихо́дити з ~ів über die Úfer tréten*; держа́тися ~а sich am Úfer [an der Küste] hálten*.

берегти́ 1) *(зберігати)* (áuf) bewáhren *vt*; áufheben* *vt*; 2) *(оберігати)* hüten *vt*, bewáchen *vt*; **~ся** 1) *(бути обачним)* sich wórsehen*; 2) *(остерігатися)* sich hüten; sich in acht néhmen* (кого́-н., чого́-н. vor *D*).

бережли́вий spársam; wírtschaftlich.

бере́з|а Bírke *f* (11); **~овий** Bírken-.

бе́рез|ень März *m* -es, -e; **~не́вий** März-.

бере́т Báskenmütze *f* (11).

бе́ркут *зоол.* Könisadler *m* (6).

бе́сі́д|а 1) Gespräch *n* (2); Unterrédung *f* (10); 2) *(співбесіда)* Bespréchung *f* (10); Áussprache *f* (11); провести́ ~у éine Bespréchung dúrchführen.

бе́ски́д 1) Stéilwand *f* (3), Stúrzwand *f* (3) *(урвище)*; Kluft *f* (3), Schlucht *f* (10) *(провалля)*; 2) Félsen *m* (7) *(скеля)*.

бето́н Beton [-'ton] *m* -s, -s; **~ува́ти** betoníeren *vt*.

бе́шкет Únfug *m* -(e)s; Krach *m* (1) *(сварка)*; Radáu *m* -s *(колотнеча)*.

би 1) *(для утворення умовного способу)*; він жив би двíчі, якби́ це було́ можли́вим er würde zwéimal lében, wenn es möglich wäre; 2) *(для вираження бажання чи можливості)*: їй би (кра́ще) співа́ти sie würde líeber síngen, sie hätte líeber gesúngen; 3) *для вираження ввічлиоі пропозиції)*: ви б тро́хи відпочи́ли! Sie würden sich bítte ein wenig erhólen!

бик I Stier *m* (1), Búlle *m* (9); ◊ бра́ти [взя́ти] ~á за ро́ги den Stier bei [an] den Hörnern fássen [pácken].

бик II *(опора мосту)* Pféiler *m* (6), Brückenpfeiler *m*.

били́на I Gráshalm *m* (1).

били́на II *літ.* (áltrussische)

били́на II *літ.* (áltrussische) Ságe *f* (11), Héldensage *f*.

бинт Bínde *f* (11); **~ува́ти** verbínden* *vt*.

би́стр|ий geschwínd, dynámisch; schnell, éilig; flink, fix; **~і́нь** Strómschnelle *f* (11).

би́тва Schlacht *f* (10).

би́ти 1) *(завдавати ударів)* schlágen* *vt*; háuen* *vt*; (ver)prügen* *vt*, besíegen *vt*; 3) *(забивати, полюючи)* erlégen *vt*, schíeßen* *vt*; 4) *(розбивати)* zerschlágen* *vt*; 5) *(давати сигнал)* schlágen* *vt*; läuten *vt*; blásen* *vt (сурмити)*; ~ на спо́лох Alárm sclágen*; 6) *(стріляти)* schíeßen* *vi*; *(про рушницю)* trágen*; рушни́ця дале́ко б'є das Gewéhr trägt weit; 7) *(виготовляти)* schlágen* *vt*; ~ ма́сло Bútter schlágen*, búttern Butter schlagen*, buttern *vi*; ~ олію Öl schlágen [préssen]; 8) *(про воду, нафту)* quéllen* *vi* (s), sprúdeln *vi* (h, s), springen* *vi* (s); **~ся** 1) *(ударятися)* schlágen* *vi*; rénnen* *vi* (чим-н. mit *D*, об що-н. gégen *A*, an *A*); 2) *(вдаватися до бійки)* sich schlágen*, sich ráufen; 3) *(докладати зусиль, долаючи щось)* sich ábmühen, sich ábplagen, sich ábquälen (над чим-н. mit *D*); ◊ ~ся як ри́ба об лід sich ábmühen, wie der Fisch auf dem Trócknen; in éiner verzwéifelten Láge sein; 4) *(розбиватися)* zerbréchen* *vi*.

бич 1) *(довгий батіг)* Péitsche *f* (11); 2) *перен.* Géißel *f* (11); Pláge *f* (11).

біб Bóhne *f* (11); Bóhnenpflánze *f* (11).

бібліогра́фія Bibliographíe *f*; Bücherschau *f (огляд у пресі)*.

бібліоте́ка Bibliothék *f* (10), Bücheréi *f* (10); **~р** Bibliothekár *m* (1); **~рка** Bibliothekárin *f* (12).

біг Lauf *m* (1*) *(тж. спорт.)*; **~á**, **~и́** *мн.* *(перегони)* Pférderennen *n* (7); Trábrennen *n*.

біг|ати, ~ти 1) láufen* *vi* (s) *(тж. спорт.)*; rénnen* *vi* (s); auf und ab láufen*, hin und her láufen* *(туди й сюди)*; **~ати навви́передки** um die Wétte láufen*; 2) у нього́ о́чі **бі́гають** er hat éinem únsteten Blick; **~у́н** Läufer *m* (6) *(тж. перен.)*.

біда́ Únglück *n* -(e)s, Únheil *n* -(e)s *(нещастя, лихо)*; Élend *n* -s, Not *f* (3) *(нужда, злидні)*.

бідкатися 1) *(скаржитися)* sich beklágen, klágen *vi*; bármen *vi*; 2) *(журитися)* bekümmert [betrübt] sein; sich grämen; jámmern *vi*; 3) *(клопотатися)* besórgt sein, sich bemühen (за ко́го-н., ко́ло ко́го-н. um *A*).

бід|ний 1) arm; ärmlich; dürftig; 2) *(бідолашний)* arm, únglücklich; élend; **~ність** Ármut *f*, Élend *n* -(e)s, **~но́та** 1) *збірн.* Ármut *f*, die Ármen *pl*; 2) *див.* бідність; **~ня́к** Árme *m* (14), Míttellose *m* (14); ármer Báuer, Kléinbauer *m* (8, 13) *(про селянина)*; **~ня́цький** Kléinbäuerlich, Kléinbauern-; béttelarm.

бідо́н Bléchkanne *f* (11).

бідува́ти Not léiden*, dárben *vi*.

біжен|ець Flüchtling *m* (1); **~ка** Flüchtige *f* (14).

бій Gefécht *n* (2); Schlacht *f* (10) *(битва)*; Kampf *m* (1*).

бій|ка Schlägeréi *f* (10), Rauferéi *f* (10); Prügeléi *f* (10); Hándgemenge *n* (6); **~ни́ця** Schíeßscharte *f* (11), Schíeßloch *n* (5).

бік 1) *(тіла)* Séite *f* (11); Flánke *f* (11) *(у тварин)*; 2) *(стінка)* Wand *f* (3); Wándung *f* (10) *(труби тощо)*; ◊ ~ у ~ Séite an Séite.

біле́т 1) *(картка, документ)* Prüfungszettel *m* (6) *(екзаменаційний)*; Los *n* *(лотерейний)*; 2) *розм.* *див.* квиток; **~ний**: **~на** ка́са Fáhrkartenschalter *m* *(залізнична)*; Theáterkasse *f* (11) *(театральна)*.

біли́зна *збірн.* Wäsche *f*.

біл|ий 1) weiß; 2) *у знач. ім.* Wéiße *m* (14) *(про расу; тж. контрреволюціонер)*; ◊ се́ред ~ого дня am héllichten Tág(e); на ~ому світі in [auf] der wéiten Welt; ~ий хліб Wéißbrot *n* -(e)s; **~и́ти** *(будівлю, стіну)* wéißen *vt*; tünchen *vt*, weiß ánstreichen* *vt*.

бі́лка Éichhorn *n* (5), Éichhörnchen *n* (7).

біло́к 1) *(яйця)* Wéiße *n* -n, Éiweiß *n* -es; 2) *біол., хім.* Éiweiß *n* -es.

білокрі́в'я *мед.* Leukämíe *f*.

білору́с Belorússe *m* (9); **~ка** Belorússin *f* (12); **~ький** belorússisch.

біля nében, an *(A, D)*; bei *(D)*; *(приблизно)* gégen.

біля́вий blond *(про волосся)*; weiß *(про шкіру, обличчя)*.

біль Schmerz *m* (13), Schmérzen *pl*, Weh *n* (2); з бо́лем у се́рці mit blútendem Hérzen; завда́ти бо́лю weh tun*; зазна́ти бо́лю Schmerz empfínden*.

більмо́ Hórnhautfleck *m* (1), Leukóm *n* (2); ◊ як ~ на о́ці *розм.* wie ein Dorn im Áuge.

більш, більше mehr; ◊ більш-ме́нш mehr óder wéniger.

більшати größer wérden; zúnehmen* *vi*; sich verméhren *(кількісно)*; wáchsen* *vi* (s) *(рости)*; stéigen* *vi* (s) *(зростати)*.

більш|ий größer; **~ість** Méhrheit *f*, Méhrzahl *f*; Majorität *f*; die méisten.

біно́кль Férnglas *n* (5), Theáterglas *n*; польови́й ~ Féldstecher *m* (6).

біогра́фія Biographíe *f* (11), Lébenslauf *m* -(e)s.

біо́|лог Biológ(e) *m* (8, 9); **~ло́гія** Biologíe *f*.

біржа Börse *f* (11); ~ пра́ці Árbeitsamt *n* (5).

бірма́н|ець Burmáne *m* (9);

бірма́н|ець Burmáne *m* (9);

бірма́н|ець Burmáne *m* (9); **~ський** burmésisch, burmánisch.

біс I Téufel *m* (6), Böse *m* (14) *(лихий)*.

біс II: *вигук* noch einmál!, da capo ['ka:-]!

бісектри́са *мат.* Biséktrix *f*, *pl* -trízen, Halbíerende *f* (14), Halbíerungslini:e *f* (11).

бісер Gláspërlen *pl*; Stíftperlen *pl*; Stíckperlen *pl* *(для вишивання)*.

біскві́т Biskuit [-'küit] *m*, *n* -(e)s, -e.

благ|а́льний fléhentlich, beschwörend; **~а́ння** Fléhen *n* -s; **~а́ти** ánflehen *vt*, beschwören* *vt*, fléhentlich bítten* *vt* (про що-н. um *A*).

благе́нький schäbig, ábgenutzt, ábgetragen *(про одяг, взуття)*.

бла́г|о 1) Wohl *n* -(e)s; 2) *тк. мн.* **~а** Güter *pl*; матеріа́льні ~а materi:élle Gütr.

благоро́д|ний 1) édel; édelmütig; vórnehm; 2) *заст. (аристократичний)* ádlig, von ádliger Hérkunft; **~ство** Édelmut *m* -(e)s, Édelsinn *m* -(e)s; Hóchherzigkeit *f*.

благотво́рний wóhltuend, heilsam; günstig.

блаже́нство Séligkeit *f*; Glückseligkeit *f*, Wónne *f*.

бла́з|ень 1) *заст.* *(при дворі)* Hófnarr *m* (8); 2) *(у виставі)* Póssenmachr *m* (6), Spáßmacher *m* (6); 3) *перен. знев.* Hansnárr *m* (8); **~нюва́ти** Póssen réißen*.

блаки́т|ний blau, hímmelblau, héllblau; **~ь** Bláue *n*, Hímmelblau *n* -s.

бланк Formulár *n* (2), Vórdruck *m* (1).

блекота́ *бот.* Bílsenkraut *n* -s.

бли́жній 1) nah; náhegelegen; 2) *у знач. ім.* Nächste *m* (14); Mítbruder *m* (6*).

близн|ю́к Zwílling *m* (1); **~юки́** Zwíllinge *pl*, Zwíllingsgeschwister *pl*; Zwíllingspaar *n* (2).

бли́зьк|ий 1) *(недалекий)* nah; náhegelegen; 2) *(про взаємини)* nah; intím; eng; **~ий** ро́дич ein náher Verwándter; **~ий** друг ein intíer Freund.

бли́зькість 1) *(у просторі і часі)* Nähe *f*; 2) *(про стосунки)* énge Fréundschaft *f*; Intimität *f*; 3) *(схожість)* Nähe *f*; Verwándtschaft *f*; *(подібність)* Ähnlichkeit *f*.

бли́мати 1) *(ледве світитися)* flímmern *vi*; fláckern *vi* *(про свічку)*; 2) *(поглядати)* Blícke wérfen* (на ко́го-н., на що-н. auf *A*); ◊ ~ очи́ма als Dúmmer dástehen*, verstǻndnislos dréinschauen.

блиск 1) Glanz *m* -es, Schein *m* -e)s; Blítzen *n* -s; Fúnkeln *n* -s; чи́стити до ~у blank pútzen; 2) *(пишнота)* Pracht *f*, Prunk *m* (e)s.

бли́ск|авка 1) Blitz *m* (1); 2) *(телеграма)* Blítztelegramm *n* (2); **~ати** blítzen *vi*, fúnkeln *vi*, glítzern *vi*; **~ає** es blitzt; **~у́чий** 1) glänzend *(тж. перен.)*; stráhlend; fúnkelnd; 2) *(пишний)* glánzvoll, prächtig.

бліди́й 1) bleich, blaß; kréidenbleich; tótenbleich; 2) *(про стиль тощо)* fárblos; trócken; nüchtern.

блі́д|ість 1) Blässe *f*; 2) Fáhlheit *f*, Máttheit *f*; 3) Fárblosigkeit *f*, Tróckenheit *f*; **~нути** 1) bleich [blaß] wérden, erbléichen* *vi* (s), erblássen *vi* (s); 2) verblássen *vi* (s) *(про колір)*.

блок I *тех.* *(підйомний механізм)* Rólle *f* (11), Block *m* (1*); 2) *буд.* Block *m* (1*); Báuteil *m* (1); 3) *(частина механізму)* Grúppe *f* (11), Satz *m* (1*).

блок II *політ.* Block *m* -(e)s, -s.

блок|а́да Blockáde *f* (11); Spérre *f* (11); **~ува́ти** 1) *військ.* die Blockáde verhängen (über *A*); 2) *залізн.* blockíeren *vt*, spérren *vt*; 3) *фін.* spérren *vt*; **~ува́тися** *політ.* éinen Block bílden.

бло́нди́н Blónde *m* (14); **~ка** Blondíne *f* (11).

блоха́ Floh *m* (1*).

блу́з|а Árbeitsbluse *f* (11), Árbeitskittel *m* (6); **~ка** Blúse *f* (11), Hémdbluse *f*.

блука́ти wándern *vi* (s); umhérschweifen *vi* (s).

блю́д|о (fláche) Schüssel *f* (11) Schále *f* (11); Kúchenteller *m* (6); **~це** Téllerchen *n* (7); Úntertasse *f* (11).

бля́ха Blech *n* (2); Dáchblech *n* *(дахове залізо)*.

бляша́н|ний bléchern, Bléch-; **~ка** Bléchdose *f* (11), Bléchbüchse *f* (11).

Б

бо 1) *спол.* da, weil; denn; 2) *част.* áber, doch; denn; слухáй-бо! hör áber [doch] zu! якúй-бо він? wie ist er denn?

бобéр *зоол.* Bíber *m* (6); *(хутро)* Bíberfell *n* (2).

бобíна *тех.* Bobíne *f* (11), Spúle *f* (11); ~ для плíвки Fílmspule *f*; Tónbandspule *f* *(для магнітофона)*.

богатúр 1) *(епічний)* Récke *m* (9), Hüne *m* (9); Held *m* (8); 2) *(силач)* Held *m* (8); bärenstarker Mensch, Hérkules *m*; **~ський** Ríesen-; réckenhaft, ríesenstark.

бодáй 1) *(після дієслів, що виражають бажання)* daß *(+ дієслово у формі Konjunktiv)*; mag [möge, soll] *(+ дієслово у формі Infinitiv)*; ~ наш вóрог згúнув! daß únser Feind úntergehe!, mag únser Feind úntergehen! 2) *(в допустово-обмежувальному значенні)* wénigstens; wenn auch nur; зробíть це ~ для своїх дітéй tun Sie es wénigstens für Íhre Kínder; це втíшило йогó ~ на хвилúну das tröstete ihn, wenn auch nur für éinen Áugenblick.

боєздáтний *військ.* kámpffähig, kámpftüchtig, **~ість** *військ.* Kámpffähigkeit *f*; Éinsatzbereitschaft *f*.

боєприпáси *військ.* Munitión *f*.

боéць Kämpfer *m* (6); Soldát *m* (8) *(рядовий)*.

божевíл|ля Wáhnsinn *m* -(e)s, Írrsinn *m*; Verrücktheit *f* *(тж. перен.)*; **~ьний** 1) wáhnsinning, irírrsinnig, verrückt; *перен. тж.* toll; 2) *у знач. ім.* Wáhnsinnige *m* (14), Írrsinnige *m*. Verrückte *m* (14).

божевóліти wáhnsinnig [írsinnig, verrückt] wérden, den Verstánd verlíeren*.

бойкóт Boykótt [bɔːɔø-] *m* (1); **~увáти** boykottíeren [booo-] *vt*.

бойовúй 1) Geféchts-, Kriegs-, Kampf-; 2) *(про настрій тощо)* kämpferisch, kríegerisch.

бокáл Weinglas *n* (5); Séktglas *n*, Kélchglas *n* *(для шампанского)*.

боковúй Séiten-; séitlich.

бокс *спорт.* Bóxen *n* -s; **~éр** *спорт.* Bóxer *m* (6); **~увáти** bóxen *vi*.

болíльник *спорт.* Spórtfreund *m* (1), Fan [fɛn] *m* -s, -s.

бóлісний schmérzhaft, schmérzlich; *перен. тж.* péinlich.

болíти schmérzen *vi*; weh tun*.

болóто Sumpf *m* (1*), Moor *n* (2), Morást *m* (1, 1*).

болт *тех.* Bólzen *m* (7), Schráube *f* (11).

болю́чий schmérzhaft, schmérzlich.

бóлячé 1) *присл.* schmérzhaft; empfíndlich *(відчутно)*; 2) *у знач. предик.*: менí ~ es tut mir weh.

бóмб|а Bómbe *f* (11); **~йти** *розм.* bombardíeren *vt*, bómben *vt*; **~ардувáльник** 1) *ав.* Bómber *m* (6). Bómbenflugzeug *n* (2); 2) *розм. (льотчик)* Bómbenflieger *m* (6); **~ардувáння** *військ.* Bómbenangriff *m* (1), Bombardíerung *f* (10); **-ардувати** bombardíeren *vt*; **~осхóвище** Búnker *m* (6), Lúftschutzraum *m* (1*), Lúftschutzkeller *m* (6).

бор *хім.* Bor *n* -s; **~ний** Bor-.

борг Schuld *f* (10); брáти в ~ (ent)léihen* *vt*, bórgen *vt*; давáти в ~ (ver)léihen* *vt*, (ver)bórgen *vt*.

борéць 1) Kämpfer *m* (6); Verféchter *m* (6 *(поборник)*; 2) *спорт.* Ríngkämpfer *m* (6), Rínger *m* (6).

божнúк Schúldner *m* (6).

бородá Bart *m* (1*).

борóдавка Wárze *f* (11).

борознá Fúrche *f* (11), Ríll e *f* (11).

боронá Égge *f* (11).

боронúти 1) *(обороняти)* vertéidigen *vt*; schützen *vt*; (be)hüten *vt*; 2) *(забороняти)* verbíeten* *vt*, unterságen vt; **~ся** sich vertéidigen; sich wéhren.

боронувати éggen *vt*.

борóтися kämpfen *vi*, ríngen* *vi* (за що-н. für, um *A*; прóти чóго-н. gégen *A*, mit *D*).

боротьбá 1) Kampf *m* (1*). Ríngen *n* -s *(тж. перен)*; 2) *спорт.* Ríngen *n* -s; Ríngkampf *m* -(e)s.

бóрошно Mehl *n* (2).

бóрсатися sich wälzen *(про хворого тощо)*; strámpeln *vi*, záppeln *vi*.

борсу́к Dachs *m* (1); Méister Grímbart *(у казці)*.

борт 1) *(судна)* Bord *m* -(e)s; 2) *(автомашини)* Bórdwand *f* (3), Séitenwand *f*; 3) *(одягу)* Bórte *f* (11).

борщ Borschtsch *m* (1), róte Rübensuppe; зелéний ~ Sáuerampfersuppe *f*.

бóс|ий bárfüßig; nackt *(про ноги)*; **~óніж** bárfuß; bárfüßig; **~онíжки** Sandalétten *pl* (*sg* Sandalétte *f*); Pantolétten *pl* (*sg* Pantolétte *f*).

бота́н|ік Botániker *m* (6); **∼іка** Botánik *f*, Pflánzenkunde *f*; **∼ічний** botánisch.
бо́чка Faß *n* (5), Tónne *f* (11).
боягу́з Féigling *m* (1); Hásenfuß *m* (1*); **∼ливий** féig(e), féigherzig; mémmenhaft; **∼тво** Féigheit *f*; Féigherzigkeit *f*, Kléinmut *m* (e)s.
боязки́й ängstlich, scheu.
боя́тися fürchten *vt*, sih fürchten, Angst háben (кого́-н., чого́-н. vor *D*); nicht vertrágen* *vt(спеки, морозу тощо)*.
бра Wándleuchter *m* (6), Wándlampe *f* (11).
брава́да Prahleréi *f*, vorgetäuschte Tápferkeit, Gróßtuerei *f*.
бра́вий brav, wácker, tüchtig.
брак I *(нестача, відсутність)*
брак I *(нестача, відсутність)* Mángel *m* (6); Knáppheit *f*.
брак II *(неякісна продукція)* Ausschuß *m* -sses, Bruch *m* -(e)s; Féhlarbeit *f*.
брак|ува́ти I. féhlen *vi*; mángeln *vi (не вистачати)*; vermíssen *vt (відчувати відсутність кого-н., чого-н.)* **∼у́є** гро́шей es féhlt an Geld; es mángelt an Geld *(не вистачає грошей)*; **∼у́є** ще двох уча́сників zwei Téilnehmer féhlen noch; мені́ так тебе́ **∼у́є** ich vermísse dich so sehr; ◊ ті́льки цього́ (ще) бракува́ло! das hätte noch geféhlt, das féhlte geráde noch!
бракува́ти II *(визнавати непридатним)* beánstanden *vt*, zu Áusschuß erklären; áussondern *vt*.
браконье́р Wílderer *m* (6), Wílddieb *m* (1).
бра́ма Pfórte *f* (11), Tor *n* (2).
брасле́т Ármband *n* (5), Ármspange *f* (11).
брат Brúder *m* (6*); **∼е́рство** Brüderlichkeit *f*; **∼е́рський** brüderlich; Bruder-; **∼ський**: **∼ська** моги́ла Mássengrab *n* (5).
бра́ти 1) *(у різн. знач.)* néhmen* *vt*; 2) *(з собою)* mítnehmen* *vt*; 3) *(позичати)* (aús)léihen* *vt (книжку тощо)*; 4) *(брати на себе)* übernehmen* *vt*, auf sich néhmen*; ∼ на се́бе відповіда́льність die Verántwortung übernéhmen*; ∼ зобов'я́зання die Verpflíchtung übernéhmen*; ◊ ∼ сло́во das Wort ergréifen*; ∼ у́часть téilnehmen* *vi*, sich betéiligen (у чо́му-н. an *D*).
бра́тися 1) *(руками)* néhmen* *vt*, gréifen* *vt*, fássen *vt*; ◊ ∼ за го́лову sich an den Kopf gréifen* *(з подиву, переляку)*; 2) *(починати)* gréifen* *vi* (за що-н., до чо́го-н. nach *D*, zu *D*); ∼ за робо́ту sich an die Árbeit máchen, an éine Árbeit géhen*; 3) *(зобов'язуватися)* übernéhmen* *vt*, auf sich néhmen* *vt*; sich beréit er klären (zu *D*) *(висловити готовність, згоду)*.
брезе́нт Zélttuch *n* (2); Zéltplane *f* (11); **∼овий** Ségeltuch-; **∼ова** ку́ртка Wíndjacke *f* (11).
брести́ 1) *(повільно йти)* wándeln *vi* (s), schléndern *vi* (s); sich schléppen; 2) *(йти вбрід)* wáten *vi* (s, h).
брига́д|а 1) *військ.* Brigáde *f* (11); 2) *(виробнича група)*. Brigáde *f* (11), Grúppe *f* (11); 3) *залізн.* Zúgpersonal *n* -s; **∼и́р** Brigadíer *m* (1).
бридки́й ékelhaft, wíderlich, abschéulich.
бри́зкати 1) sprühen *vi*, sprítzen *vi*; ∼ сли́ною géifern *vi*; 2) *(оббризкувати)* besprítzen *vt*.
бри́зки Sprítzer *m* (6); Trópfen *pl*.
бри́ла Bátzen *m* (7); Schólle *f* (11), Klúmpen *m* (7).
бриль (Stróh)hut *m* (1*).
бри́нза Scháfkäse *m* -s.
брині́ти (er)tönen *vi*, (er)klíngen* *vi*; (er)klírren *vi (про скло)*; súmmen *vi (про комах)*.
бри́т|ва Rasíermesser *n* (6); безпе́чна **∼ва** Rasíerapparat *m* (1); Rasíerklinge *f* (1); електри́чна **∼ва** Eléktrorasierer *m* (6), Trókkenrasierer *m*; **∼и** rasíeren *vt*; **∼ися** sich rasíeren *(самому)*; sich rasíeren lássen* *(у перукаря)*.
брід Furt *f* (10).
брова́ Bráue *f* (11); Áugenbraue *f*.
броди́ти I (umhér)wándern *vi* (s), umhérschweifen *vi* (s); umhérschlendern *vi* (s) *(тинятися)*.
броди́ти II *(під дією дріжджів тощо)* gären* *vi*; fermentíeren *vi*.
бродя́га Lándstreicher *m* (6), Vagabúnd [va-] *m* (8); Strómer *m* (6).
бро́нз|а Bronze ['brɔŋsə] *f*; **∼овий** 1) brónzen; Brónze-; 2) *(про колір)* brónzefarben.
бро́нх|и *анат.* Brónchi|en *pl*; **∼і́т** *мед.* Bronchítis *f*.
бронюва́ти 1) *(покривати бронею)* pánzern *vt*; 2) *(закріпляти що-н. за ким-н.)* reservíeren ['vi] *vt*, búchen *vt*.
бро́ня́ 1) *іст.* Pánzer *m* (6), Küräß *m* -sses, -sse; 2) *військ. (захисна обшивка)* Pánzerung *f* (10).

Б

бро́ня 1) *(закріплення чого-н. за ким-н.)* Reservíerung [-'vi:-] *f*; 2) *(звільнення від військової служ би)* Fréistellung *f* vom Militärdienst.

бро́шка Brósche *f* (11); Ánstecknade *f* (11).

брошу́ра Broschüre *f* (11), Heft *n* (2).

бруд Schmutz *m* -es; Schmútzigkeit *f*; Dreck *m* -(e)s; Únflat *m* -(e)s *(тж. перен.)*; **~ни́й** schmútzig; únsauber, únreinlich; kótig *(про дорогу тощо)*; **~ни́ти** beschmútzen *vt*, schmútzig máchen; **~ни́тися** sich beschmútzen, schmútzig wérden.

брук Pfláster *n* (6), Stráßenpflaster *n*; **~ува́ти** pflástern *vt*; **~івка** *див.* брук.

бру́нька *бот.* Knóspe *f* (11).

брус 1) *(будівельний)* Bálken *m* (7), Träger *m* (6); 2) *(брусок)* Block *m* (1*), Klotz *m* (1*), Stánge *f* (11); 3) *(для гостріння)* Schléifstein *m* (1); Sénsestein *m* *(для коси)*; Ábziehstein *m* *(для ковзанів)*; **~и́**: паралéльні **~и́** *спорт.* Bárren *m* (7).

бруснйця Préiselbeere *f* (11), Krónsbeere *f*.

брухт Áltmetall *n* (2), Schrott *m* (1).

брюне́т Brünétte *m* (14); **~ка** Brünétte *f* (14).

бряжча́ти 1) klírren *vi* *(про склянку, шибку)*; klímpern *vi* *(про монети)*; rásseln *vi* *(про кайдани, зброю тощо)*; 2) *(на муз. інструменті)* klímpern *vi*.

брязк, бря́зкіт Geklírr *n* -(e)s; Gerássel *n* -s.

бу́блик Kríngel *m* (6).

бубня́віти (ám)schwéllen* *vt*; quéllen* *vi* *(про бруньки)*.

бу́бон Tamburín *n* (2), Schéllentrommel *f* (11).

бубоні́ти 1) *(бурмотіти)* vor sich hin brúmmen *vi*; 2) *(стукати)* klópfen *vi*, trómmeln *vi*.

бува́лий bewándert, erfáhren, mit Wélt- und Lébenskenntnis.

був|а́ти 1) *(траплятися)* vórkommen* *vi* (s); geschéhen* *vi* (s); вся́к(о) **~áє** es kommt állerléi vor; так не **~áє** so étwas gibt es nicht [kommt nicht vor]; 2) *(відвідувати)* besúchen *vt*; 3) *(перебувати, бути)* sein* *vi* (s); sich befínden*; 4) *(відбуватися)* státtfinden* *відокр. vi*.

бугáй Zúchtstier *m* (1).

буде́нний 1) *(несвятковий)* Wérktags-, wérktäglich; 2) *(повсякденний)* Álltags-, alltäglich; éintönig *(одноманітний)*.

бу́день 1) *(будній день)* Wóchentag *m* (1), Wérktag *m*; 2) *(повсякденне життя)* Álltag *m* -(e)s.

буди́льник Wécker *m* (6), Wékkeruhr *f* (10).

буди́нок 1) *(будівля)* Haus *n* (5), Gebäude *n* (6); 2) *(заклад, установа)* Heim *n* (2), Haus *n* (5); Ánstalt *f* (10); **~** відпочи́нку Erhólungsheim *n*; дитя́чий **~** Kínderheim *n*.

буди́ти wécken *vt*; áufwecken *vt*; *перен.* erwécken *vt*, áufrütteln *vt*; wáchrufen* *vt*.

будів|е́льний Bau-; **~е́льний** інститу́т Hóchschule für Báuwesen; **~е́льник** Báuarbeiter *m* (6) *(робітник)*; Báumeister *m* (6) *(інженер; зодчий)*; **~ни́к** Erbáuer *m* (6); Schöpfer *m* (6); **~ни́цтво** 1) *(дія)* Bau *m* (e)s; Áufbau *m*; Erríchtung *f*; шви́дкісне **~**ни́цтво Schnéllbauweise *f*; 2) *(об'єкт)* Báuunternehmen *n* (7), Báubetrieb *m* (1).

будíвля Bau *m* -(e)s, -ten; Gebäude *n* (6).

бу́дка Häus¦chen *n* (7); Búde *f* (11); Hütte *f* (11); собáча **~** Húndehütte *f*.

будо́ва 1) *див.* будівля; 2) *(дія)* Bau *m* -(e)s; Aufbau *m*; Erríchtung *f*; 3) *(об'єкт)* Báustelle *f* (11), Báugelände *n* (6); 4) *(структура)* Bau *m* (e)s; Áufbau *m*; Struktúr *f* (10); Konstitutión *f* (10); **~** тíла Körperbau *m*.

будува́ти 1) *(у різн. знач.)* báuen *vt*; erríchten *vt* *(споруджувати)*; 2) *(створювати)* áufbauen *vt*, scháffen* *vt*.

будя́к *бот.* Dístel *f* (11).

бу́дь|-де *присл.* überáll; gleich wo **~-коли́** *присл.* ímmer, zu jéder (belíebigen) Zeit; gleich wann; **~-куди́** *присл.* wohín auch ímmer; gleich wohín; wohín man will; **~-хто** *займ. неознач.* jéder (belíebige); gleich wer; **~-що** *займ. неознач.* álles, was man will; gleich was.

будь-що́ um jéden Preis; kóste es, was es wólle; kómme, was da wólle!, auf jéde Gefáhr hin *(будь-що-будь)*.

бу́дь|-як *присл.* belíebig; gleich wie; **~-який** *займ. неознач.* jéder belíebige.

бузина́ *бот.* Holúnder *m* (6).
буз|ко́вий Flíeder-; flíederfarben *(про колір)*; **~о́к** *бот.* Flíeder *m* (6).
бу́йв|іл Büffel *m* (6); **~оли́ця** Büffelkuh *f* (3).
бу́йний 1) *(сильний, навальний)* stürmisch, wild; 2) *(про рослинність)* üppig; 3) *(невгамовний)* úngestüm *(перев. про почуття)*; toll; únbändig, zügellos.
бук *бот.* Búche *f* (11).
бу́кв|а *див.* лі́тера; ◊ ~а зако́ну der Búchstabe des Gesétzes; **~а́льний** 1) *(дослівний)* búchstäblich, Wort für Wort, wörtlich; 2) *(прямий, не переносний)* búchstäblich, tátsächlich, éigentlich; **~а́р** Fíbel *f* (11).
буке́т 1) *(квітів)* Strauß *m* (1*), Blúmenstrauß *m*; 2) *(аромат)* Blúme *f* (11), Aróma *n* -s, -s *та* -men.
букіні́ст Antiquár *m* (1); **~и́чний:** ~и́чна книга́рня Antiquariát *n* (2).
букси́р 1) *(пароплав)* Schlépp-dampfer *m* (6), Schlépper *m* (6); 2) *авто* Zúgmaschine *f* (11), Trécker *m* (6); 3) *(канат)* Schlépptau *n* (2); *авто* Ábschleppseil *n* (2); бра́ти на ~ ins Schlépptau néhmen* *(тж. перен.)*; тягну́ти на ~і schléppen *vt*, trécken *vt*.
бу́л|ка Wéißbrot *n* (1*); **~очка** Brötchen *n* (7), Sémmel *f* (11); **~очна** Bäkkeréi *f* (10).
бу́льба 1) *бот.* *(на коренях рослини)* Knólle *f* (11), Knóllen *m* (7); 2) *(бульбашка)* Bláse *f* (11).
бульва́р Boulevard [bul'va:r] *n* -s, -s; **~ний** Boulevard [bul'va:r-]; ◊ ~на пре́са Boulevardpresse *f*.
бульдо́г Búlldogge *f* (11).
бульдо́зер Búlldozer [-zer] *m* (6).
бульйо́н Bouillon [bul'jɔŋ] *f, pl* -s; Brühe *f* (11); Kráftbrühe *f* *(міцний)*.
бу́льк|а Bláse *f* (11); Bläs|chen *n* (7); **~ати, ~ота́ти, ~оті́ти** glúckern *vi*, glúcksen *vi*.
бум Boom [bu:m] *m* -s.
бундеста́г Búndestag *m* -(e)s.
бундю́ч|итися sich brüsten, gróßtun* *ввідокр.* *vi*; sich áufblasen*, sich aúfblähen, sich wíchtig máchen; **~ний** 1) hóchmütig, arrogánt *(зарозумілий)*; behäbig; áufgeblasen; *(про стиль)* schwülstig.
бунт Empörung *f* (10), Áufruhr *m* (1); Revolte [-'vol-] *f* (11), Rebellion *f* (10) *(стихійне повстання)*; **~а́р** Empörer *m* (6), Áufruhrstifter *m* (6) *(підбурювач)*; Rebéll *m* (8); Áufständische *m* (14) *(повстанець)*; **~ува́ти** *(повставати)* sich empören, rebellíeren *vi*; métern *vi*.
бур *тех.* Bóhrer *m* (6); *гірн.* Bóhrstange *f* (11).
буреві́сник Stúrmvogel *m* (6*).
буржу|а́ Bourgeois [bur'zoa] *m* -, -, Bürger *m* (6); **~азі́я** Bourgeoisie [burzoa'zi:] *f*, Bürgertum *m* -(e)s; **~а́зний** bürgerlich, Bürger-.
бури́ти *тех.* bóhren *vt*.
буркот|а́ти, буркот|і́ти *див.* бурча́ти; **~ли́вий** brúmmig; knúrrig; gríesgrämig; **~у́н** Brúmmbär *m* (8), Brúmmbart *m* (1*); Gríesgram *m* (1).
бурхли́в|ий 1) *(про природні явища)* stürmísch, bráusend, tósend; héftig; 2) *(про життя)* bewégt, únruhig; 3) *(про характер)* úngestüm, léidenschaftlich, héftig; ~і о́плески stürmischer Béifall.
бурча́ти brúmmen *vi*; múrren *vi*.
бу́ря Sturm *m* (1*); Únwetter *n* -s.
буря́к Rübe *f* (11), Béte *f* (11); столо́вий ~ róte Rübe, róte Béte; кормови́й ~ Fútterrübe *f*; цукро́вий ~ Zúckerrübe *f*.
бур'я́н Únkraut *n* -s.
бутафо́рія 1) *театр.* Requisít *n (13)*; 2) *(у вітрині)* Attráppe *f* (11); Scháupackung *f* (10); 3) *перен.* Áufmachung *f* (10), Bühnenzauber *m* -s.
бу́тель gróße Flásche, Ballon [-lɔŋ] *m* -s, -s.
бутербро́д belégtes Brot [Brötchen], belégte Schnítte.
бу́ти 1) *(у різн. знач.)* sein* *vi* (s); 2) *(бути наявним)* háben *vt*; es gibt *(A)*; у Франка́ є ціка́ве опові́дання Franko hat éine interessánte Erzählung; у селі́ є дві шко́ли im Dorf gibt es zwei Schúlen; 3) *(перебувати)* sein* *vi* (s), sich befínden*, sich áufhalten*; ◊ бу́дьте ласка́ві! séien Sie so gut!, séien Sie so líebenswürdig!; ~ спромо́жним imstánde sein.
бу́тси *спорт.* Fúßballschuhe *pl*.
бу́фер 1) *залізн.* Púffer *m* (6) *(тж. перен.)*; 2) *тех.* Dämpfer *m* (6).
буфе́т 1) *(шафа)* Büfett [-'fe:] *n* (2), Geschírrschrank *m* (1*); Ánrichte *f* (11) *(сервант)*; 2)

(стойка) Büfett ['fe:] *n* (2), Schánktisch *m* (1); 3) *(закусочна)* Ímbißstube *f* (11), Erfríschungsraum *m* (1*); *(закусочна-автомат)* Pantry ['pɛntri] *f*, *pl* -s *(на судні, в літаку)*.

бухга́лт|ер Búchhalter *m* (6), Búchführer *m* (6); **~е́рія** Búchhaltung *f*; Búchführung *f*.

бу́хта *(затока)* Bucht *f* (10).

бу́ч|а: здійня́ти ~у Lärm schlágen*; Krach máchen.

бучни́й 1) *(розкішний)* prächtvoll, prúnkvoll, üppig; 2) *(галасливий, гучний)* lärmend, laut; lärmerfüllt.

бушла́т Matrósenkittel *m* (6), Matrósenjacke *f* (11).

бушува́ти 1) *(про стихію)* bráusen *vi*, tosen *vi*, stürmen *vimp*; hóchgehen* *відокр. vi* (s) *(про море)*; bránden *vi* *(про хвилі)*; 2) *(виявляти гнів)* tóben *vi*.

буя́ти 1) *(бути в розквіті)* in hóher Blüte stéhen*, in der Fülle der Kraft sein*; sich voll entfálten *(про талант тощо)*; 2) *(розкішно рости)* üppig wáchsen*; 3) *(вирувати)* bráusen *vi*.

бюдже́т Háushalt *m* (1), Budget [by'dʒe:] *n* -s, -s; **~ний** Háushalt(s)-; háushaltsmäßig.

бюлете́нь 1) *(офіційне повідомлення)* Berícht *m* (1), Bekánntmachung *f* (10); 2) *(періодичне видання)* Bulletin [byl'tɛ̃] *n*, -s, -s, Áusgabe *f* (11); інформаці́йний ~ Informatiónsblatt *n* (5), Náchrichtenblatt *n*; 3) : ви́борчий ~ Wáhlschein *m* (1), Stimmzettel *m* (6).

бюро́ 1) *(керівний орган)* Büró *n* -s, -s; Komitée *n* -s, -s; 2) *(установа)* Büró *n* -s, -s, Amt *n* (5), Stélle *f* (11); довідко́ве ~ Áuskunftsbüro *n*; ~ зна́хідок Fúndbüro *n*; ~ пого́ди Wéttermeldestelle *f*.

бюрокра́т Bürokrát *m* (8); Bónze *m* (9) *(профспілковий)*; **~и́зм** Bürokratísmus *m* -; **~и́чний** bürokrátisch; **~ія** Bürokratíe *f*.

бюст Büste *f* (11).

В

в [у] 1) *(для позначення місця)* in *(D на питання «де?», A на питання «куди?»)*; nach *(D) (перед назвами країн, міст тощо)*; an *(A)*, zu *(D)*; він живе́ у Ки́єві er lebt in Kíew; він ї́де у Ки́їв er fährt nach Kíew; вчи́тися в університе́ті an der Universität studíeren; 2) *(для позначення часу)* in *(D)*, an *(D)*, zu *(D)*, um *(A)*; у жо́втні im Október; у цей моме́нт in díesem Áugenblick; у цьо́му ро́ці in díesem Jáhre; у 1945 ро́ці im Jáhre 1945 *або* 1945 *(без прийменника та іменника)*; у цей день an díesem Táge; у четве́р am Dónnerstag; 3) *(протягом)* während, in *(D)*, im Láufe von; за два дні in zwei Tágen, im Láufe von zwei Tágen; 4) *(для позначення кількості)* von *(D)*, zu *(D)*, in *(D)*; у чотирьо́х приму́рниках in vier Exempláren; ва́ртістю в 5 ма́рок im Wert von 5 DM; 5) *(для позначення якості, стану, виду)* in *(D)*; у га́рному на́строї in (gúter) Stímmung; уві сні im Schlaf; у те́мних тона́х in dúnklen Fárben; у ви́гляді... in Form von... *(D)*; ◊ іти́ в го́сті zu Besúch [zu Gast] géhen*; гра́ти в футбо́л Fúßball spíelen; піти́ в а́рмію zur Armée géhen*; у відкри́тому мо́рі auf óffener See; він у відпу́стці er ist auf [im] Úrlaub.

ваг|а́ 1) *(предмета тощо)* Gewícht *n* (2); *перен.* Bedéutung *f*; 1) пито́ма ~а́ *фіз.* spezífisches Gewícht; *перен.* Ánteil *m* -(e)s (у чо́му-н. an *D*); 2) *(тягар)* Last *f* (10); 3) *(прилад)* Wáage *f* (11); 4) *фіз.* *(сила)* Schwérkraft *f*; центр ~и́ Schwérpunkt *m* (1); ◊ на ~у́ зо́лота Góldes wert.

ваг|а́ння Schwánken *n* -s; Únschlüssigkeit *f*, Bedénken *n* -s; **~а́тися** schwánken *vi*; únschlüssig sein*.

ваго́н Wágen *m* (7); Waggon [va'goŋ] *m* -s, -s *та* -; **~-ресторан** Spéisewagen *m*.

ва́д|а 1) *(недолік)* Féhler *m* (6), Mángel *m* (6); Defékt *m* (1); Náchteil *m* (1); 2) *(те, що шкодить)* Scháden *m* (7); **~ити** scháden *vi*; benáchteiligen *vt*; ◊ н ~ило б... es wäre gut ..., es wäre nötig... .

ва́жити wíegen* *vi, vt*.

ва́жіль Hébel *m* (6), Hébestange *f* (11).

важки́й 1) *(у різн. знач.)* schwer; 2) *(стомлюючий)* beschwérlich, mühevoll, mühsam; 3) hart; ~ уда́р *(долі)* ein hárter Schícksalsschlag; 4) *(серйозний)* schwíerig; ernst; 5) *(про людину, характер)* únverträglich.

важли́вий wíchtig; bedéutend, schwérwiegend; belángvoll.

ва́за Vase ['va:-], *f* (11) *(для квітів, декоративна)*; Schale *f* (11) *(для печива тощо)*.

вазо́н Blúmentopf *m* (1*).

вал I 1) *(насип)* Wall *m* (1*), Érdwall *m* 2) *(хвиля)* Wélle *f* (11); Wóge *f* (11); дев'ятий ~ die schwérste Prüfung.

вал II *тех.* Wélle *f* (11); Wálze *f* (11).

вали́ти 1) *(перекидати)* stürzen *vt*, úmwerfen* *vt*; zusámmenwerfen* *vt (скидати на купу)*; fällen *vt (дерева тощо)*; 2) *(про натовп)* strömen *vi* (s).

валі́за Kóffer *m* (6), Hándkoffer *m*.

валови́й Brútto≠; Roh≠.

валю́та Währung *f* (10), Valúta [va-] *f*, *pl* -ten; Devísen [-'vi:-] *pl*.

ва́лянок Fílzstiefel *m* (6).

валя́ти 1) *див.* вали́ти 1); 2) *(сукно, повсть)* wálken *vt*; **~ся** *(в безладді)* umhérliegen* *vi*.

вальс Wálzer *m* (6).

ва́нна 1) Wánne *f* (11), Bádewanne *f*; 2) *(купання, лікування)* Bad *n* (5).

ванта́ж *(товар)* Ládung *f* (10), Fracht *f* (10); Gut *n* (5); *перен.* Last *f*, Bürde *f*; **~ити** láden* *vt*; befráchten *vt (судно)*; beláden* *vt*; **~ний** Last≠, Frach≠; **~ник** *(робітник)* Verládearbeiter *m* (6); Lástträger *m* (6); Schä́uermann *m* -(e)s, -leute *(портовий)*.

вантажопідйо́мність *тех.* 1) *(підйомного механізму)* Hébekraft *f*; 2) *(вагона тощо)* Ládekapazität *f*; Gesámtwasserverdrängung *f*, Lástigkeit *f (судна)*.

вапн|и́стий Kalk≠, kálkig, kálkhaltig; **~о́** Kalk *m* (1); **~я́к** Kálkstein *m* (1); **~я́кий** Kalk≠.

ва́рвар Barbár *m* (8); **~ство** Barbaréi *f*; Gráusamkeit *f*. (10); **~ський** barbárisch; gráusam.

варе́ний gekócht.

варе́ник Warénik *m* -s, *pl*, -i.

варе́ння Konfitüre *f* (11).

вар|и́ти kóchen *vt*; síeden(*) *vt (кип'ятити)*; bráuen *vt (пиво)*; **~и́тися** kóchen *vi*, síeden(*) *vi (кипіти)*.

ва́рт|а Wáche *f* (11); почéсна ~а Éhrenwache *f*; Tótenwache *f (біля труни)*.

ва́рт|ий wert, würdig; **~існий** 1) *ек.* Wert≠, wértmäßig; 2) *(цінний)* wértvoll, hóchwertig; **~ість** 1) *(ціна)* Preis *m* (1), Kósten *pl*; 2) *ек.* Wert *m* -(e)s; 3) *предик. безос.*: це ~о прочитáти das lohnt (sich) zu lésen; не ~о es lont siht nicht; *перев. з сл.* тільки, лишé; **~о йомý лише почáти, як ... er bráucht nur ánzufangen, daß...**

варт|ови́й *у знач. ім.* Wächter *m* (6); Wärter *m* (6); **~ува́ти** 1) *(охороняти)* bewáchen *vt*; überwáchen *vt*; 2) wárten *vt (доглядати)*.

ва́та Wátte *f* (11).

вата́га 1) *(юрба)* char *f* (10); 2) *(озброєна група)* Bánde *f* (11), Rótte *f* (11).

ватажо́к 1) *(у різн. знач.)* Ánführer *m* (6), Führer *m*, Léiter *m* (6); 2) *(у тварин)* Léittier *n* (2).

вати́н Watteline *f*.

ватру́шка *кул.* Quárkkuchen *m* (7), Käsekuchen *m*.

ва́фля Wáffel *f* (11).

ва́хта *мор.* Wáche *f* (11).

вбача́ти 1) *(помічати)* wáhrnehmen* *відокр. vt*, bemérken *vt*; 2) *(вважати)* séhen* *vt* (в кóму-н., в чóму-н. in *D*); erséhen* (aus *D*); áuslegen *vt*; ~зухвáльство у чóмусь etw. als Fréchheit áuslegen.

вбива́ти *див.* убивати 1), 2).

вбира́льня 1) *(актора)* Garderóbe *f* (11); 2) *(туалет)* Toilétte [tŏa-] *f* (11), Klosétt *n* (2).

вбіга́ти heréinlaufen* *vi* (s), heréingelaufen kómmen* *vi* (s) *(у напрямку до того, хто говорить)*; hinéinrennen* *vi* (s) *(у напрямку від того, хто говорить)*.

вбік zur Séite.

вбрід: перехо́дити річку ~ den Fluß dúrchwaten *vt*.

вважа́ти 1) *(мати думку, гадати)* méinen *vt*, gláuben *vt*; 2) *(кого ким, що чим)* hálten* *vt* (für *A*); betráchten *vt* (als *A*).

вве́дення Einführung *f*; ~ в дію, ~ в експлуатáцію Inbetríebnahme *f*, Inbetríebsetzung *f*; ~ дáних *(в обчислювальну машину)* Dáteneingabe *f*.

вверх *див.* вгóру

вве́чері am Ábend; ábends; сьогóдні ~ héute ábend; вчóра ~ géstern ábend; зáвтра ~ mórgen ábend.

ввіз Éinfuhr *f* (10), Impórt *m* (1).

ввíчливий höflich; ártig.

вводити, вести́ 1) éinführen *vt*; heréinführen *vt* *(у напрямку до того, хто говорить)*; hinéinführen *vt* *(у напрямку від того, хто говорить)*; ~ в омáну írreführen *відокр. vt*; 2) *мед.* (éin)spritzen *vt*, injizíeren *vt*; 3) *(ознайомлювати)* vertráut máchen.

ввóзити, ввезти́ 1) *(доставляти)* hinéinfahren* *vt* *(у напрямку від того, хто говорить)*; heréinfahren* *vt* *(у напрямку до того, хто говорить)*; 2) *(імпортувати)* éinführen *vt*, importíeren *vt*.

вгáдувати, вгадáти erráten* *vt*, enträtseln *vt*.

вгамóвувати, вгамувáти 1) *(заспокоювати)* berúhigen *vt*, beschwíchtigen *vt*; besänftigen *vt*; 2) *(стримати, заглушити)* unterdrücken *vt*; 3) *(голод, спрагу тощо)* stíllen *vt*, líndern *vt*, míldern *vt*; **~ся** 1) *(заспокоюватися)* sich berúhigen, rúhig wérden, zur Rúhe kómmen*; 2) sich légen *(про вітер)*; náchlassen* *vi* *(тж. про біль)*.

вглиб in die Tíefe; tief hinéin; in das Ínnere.

вгóлос laut, hörbar.

вгорí óben.

вгóру nach óben; heráuf *(у напрямку до того, хто говорить)*; hináuf *(у напрямку від того, хто говорить)*.

вда|вáти, вдáти 1) *(кого-н., якого-н.)* spíelen *vt*, sih stéllen; simulíeren *vt*, *vórtäuschen vt*; 2) *(робити вигляд)*: він **~є** нíби спить er tut als ob er schlíefe.

вдавáтися, вдáтися 1) *(виходити вдалим)* (gut) gelíngen* *vi* (s); gut geráten* *vi* (s); glücken *vi* (s, h); 2) *(в розпач, паніку тощо)* geráten* *vi* (s) (in *A*); sich híngeben* *(D)*; 3) *(у яку-н. справу)* sich éinlassen* (auf *A*); ~ в подрóбиці auf Éinzelheiten éingehen*, ins Detail [de'tae] géhen*; ~ в спóгади sich in Erínnerungen ergéhen*; 4): ~ до хитрóщів zu éiner List gréifen*.

вдáлий gelúngen, erfólgreich, geráten.

вдалин|í in der Férne, fern; **~ý** in die Férne, ins Wéite.

вдáча Wésensart *f* (10); Gemüt *n* (5); Natúr *f* (10); весéла ~ fröhliches Gemüt.

вдв|íчі dóppelt; zwéifach; zwéimal; **~óє**: склáсти **~óє** dóppelt zusámmenfalten; **~óх** zu zweit.

вдень am Tág(e).

вдивля́тися, вдиви́тися genáu

вдивля́тися, вдиви́тися genáu betráchten *vt*; genáu ánsehen* *vt*; ~ у тéмряву in die Fínsternis stárren.

вдирáтися, вдéртися (mit Gewált) éindringen* *vi* (s); éinfallen* *vi* (s), éinbrechen* *vi* (s) *(у чужу країну тощо)*.

вдихáти, вдихнýти 1) éinatmen *vt*; 2) *перен.* *(вселяти думку, сили тощо)* éinflößen *vt*, éinhauchen *vt*.

вдівéць Wítwer *m* (6).

вдовá Wítwe *f* (11).

вдовóлений befríedigt, zufríeden.

вдóма zu Háuse; dahéim.

вдóсвіта frühmorgens; bei [vor] Tágesanbruch, vor Tau und Tag, bei Tágesgrauen.

вдóсталь hínreichend, genúg; volláuf; мáємо всьогó ~ wir háben álles in Hülle und Fülle.

вдрýге zum zwéiten Mále, zum zwéitenmál; ábermals, nóchmals; wiederhólt *(повторно)*.

вдýм|ливий 1) *(серйозний)* ernst; 2) *(продуманий)* (wohl) durchdácht; gedánkenvoll *(змістовний)*; **~уватися** sich hinéindenken*, sich vertíefen (in *A*).

вдя́чн|ий dánkbar; dánkerfüllt, erkénntlich; **~ість** Dánkbarkeit *f*.

ведм|éдик *(іграшка)* Téddybär *m* *(8)*; **~ежá** Bärenjunge *sub n*; **~íдь** Bär *m* (8); бíлий **~íдь** Éisbär *m*; бýрий **~íдь** Bráunbär *m*, Hónigbär *m*; дресирóваний **~íдь** Tánzbär *m*.

вéжа Turm *m* (1*) *(у різн. знач.)*.

везти́ I fáhren* *vt*; mítführen *vt* *(везти з собою)*; bríngen* *vt* *(привозити)*.

везти́ II *див.* щастúти.

велетéнський 1) Riesen*; 2) *перен.* gróßartig, grandiós.

вéлетень Ríese *m* (9).

велúк|ий groß; Велúка Вітчизня́на вíйнá der Gróße Váterländische Krieg; ◊ **~ий** пáлець Dáumen *m* (7) *(на руці)*; der gróße Zeh, die gróße Zéhe *(на нозі)*.

великодýшн|ий gróßmütig, gróßherzig; **~ість** Gróßmut *f*, Hóchherzigkeit *f*; Édelmut *f* *(благородство)*.

вéлич Größe *f*, Erhábenheit *f*; **~éзний** ríesig, kolossál, enórm;

~ина́ 1) Größe *f* (11); 2) *мат.* Größe *f* (11), Wert *m* (1).
вели́чний erháben; majestätisch, imposánt.
велосипе́д Fáhrrad *n* (5), Rad *n*; **~и́ст** Rádfahrer *m* (6).
вельмишано́вний sehr geéhrt, hóchverehrt.
ве́н|а *анат.* Vene ['ve:-] *f* (11), Blútader *f* (11); **~о́зний** venös [ve:-].
вентил|юва́ти lüften *vt*, ventilíeren [vɛn-] *vt*; **~я́тор** Lüfter *m* (6), Ventilátor *m* -s, -tóren; **~я́ція** 1) Lüftung *f* (10), Ventilatión *f* (10); 2) *(система пристроїв)* Lüftungsanlage *f* (11).
верба́ Wéide *f* (11); плаку́ча ~ Tráuerweide *f*.
верблю́д Kamél *n* (2).
вербува́ти wérben* *vt*, ánwerben* *vt* (куди́-н. für *A*).
веред|ли́вий láunisch, láunenhaft; **~ува́ти** Láunen háben; nörgeln *vi*.
ве́рес Héidekraut *n* -(e)s, Érika *f*, *pl* -ken.
ве́ресень Septémber *m* -ma -s.
ве́рсія Versión [vɛr-] *f* (10), Áuslegung *f* (10), Dárlegung *f* (10).
верста́т Wérkzeugmaschine *f* (11); тока́рний ~ Dréhbank *f* (3) *(по металу)*; Dréchselbank *f* *(по дереву)*; тка́цький ~ Wébstuhl *m* (1*).
ве́рстка *полігр.* Úmbruch *m* (1*).
верта́ти, верну́ти 1) *(віддавати)* zurückgeben* *vt*; zurückzahlen *vt*, zurückerstatten *vt* *(гроші)*; 2) *(відновлювати)* wiederhérstellen *відокр. vt* *(здоров'я, сили тощо)*; zurückgewinnen* *vt* *(повагу, славу)*; **~ся** *(у різн. знач.)* zurückkehren *vi* (s), zurückkommen* *vi* (s), wiederkehren *vi* (s); ~ся на батькі́вщи́ну in die Héimat zurückkehren, héimkehren *відокр. vi* (s).
вертика́льний sénkrecht, vertikál [ver-]; lótrecht.
верті́ти 1) *(повертати, крутити)* dréhen *vt*; herúmdrehen *vt*; 2) *(свердлити)* bóhren *vt*; **~ся** 1) *(у різні боки)* sich dréhen; 2) *розм. див.* ве́штатися.
верф Werft *f* (10).
верх 1) *(верхня частина)* óberer Teil, Óberteil *m* (1); Óberfläche *f* (11) *(поверхня)*; 2) *перен.* *(перевага)* Óberhand *f*; ◇ бра́ти [взя́ти] ~ die Óberhand gewínnen* (над ким-н., над чим-н. über *A*); sich dúrchsetzen (gégen j-n); 3) *(вершина; тж. перен.)* Gípfel *m* (6), Höhepunkt *m* (1), Spítze *f* (11); **~и́** die óberen Schíchten; Óberschichten *pl* *(класу, суспільства)*; нара́да у ~а́х Gípfelkonferenz *f* (10).
ве́рхи 1) *(на коні)* zu Pferd; ї́хати ~ réiten* *vt, vi* (s, h); 2) *(на стільці тощо)* ríttlings.
верхі́вка 1) Spítze *f* (1); Gípfel *m* (6) *(гори)*; Wípfel *m* (6) *(дерева)*; 2) *перен. див.* верхи́.
ве́рхній óber, óber≠.
верхови́н|а 1) *див.* верхі́вка 1); 2) *(високогірна місцевість)* Hóchgebirge *n* (6); **~ець** Bérgbewohner *m* (6).
верхо́вний Óber≠, óberst: höchst.
верхово́дити ánführen *vt* (ким-н. *A*); das gróße Wort führen.
верши́на 1) Gípfel *m* (6), Spítze *f* (11); Wípfel (6), Báumwipfel *m* *(дерева)*; *мат.* ~ кута́ Schéitelpunkt *m* des Wínkels; 2) *перен.* Gípfel *m* (6), Höhe *f* (11), Höhepunkt *m* (1).
ве́ршник Réiter *m* (6).
весе́л|ий lústig, héiter, fröhlich, froh; fidél *(розм.)*; **~и́ти** belústigen *vt*; áufheitern *vt*; ergötzen *vt*; **~и́тися** sich vergnügen; sich amüsíeren; **~ка** Régenbogen *m* (7).
ве́село *у знач. предик.*: мені́ ~ mir ist froh [fröhlich] zumúte.
весі́лля Hóchzeit *f* (10).
весл|о́ Rúder *n* (6); *спорт.* Skull *n* -s, -s; **~ува́ти** rúdern *vt* (h, s); skúllen *vi* *(у парі)*; **~я́р** Rúderer *m* (6).
весн|а́ Frühling *m* (1), Frühjahr *n* (2); **~я́нка** *(пісня)* Frühlingslied *n* (5).
вести́ 1) *(у різн. знач.)* führen *vt*; ~ впере́д voranführen *vt*; 2) *(супроводжувати)* geléiten *vt*; 3) *(керувати)* léiten *vt* ~ гурто́к éinen Zírkel léiten; 4) *(проводити чим-н. по чому-н.)* fáhren* *vi* (s) (mit *D* über *A*); führen *vt* (über *A*); ◇ ~ вого́нь féuern *vi*, schíeßen* *vi*; ~ грома́дську робо́ту geséllschaftliche Árbeit léisten; ~ да́лі *(у розмові, розповіді тощо)* fórtsetzen *vi, vt*; fórtfahren* *vi*; ~ пере́д *(у різн. знач.)* ánführen *vt*; an der Spítze stéhen*; die Spítze hálten* *(спорт.)*.
вестибю́ль Vórhalle *f* (11), Hálle *f*, Vestibül [vɛs] *n* (2).
весь (ввесь, увесь) 1) ganz; all, áller; всі лю́ди álle Ménschen; (геть) усі́ книжки́ sämtliche Bü-

cher; вся грýпа die gánze Grúppe; 2) *у знач. ім. див.* все 2).

ветерáн Veterán [ve] *m* (8).

ветеринáр Tíerarzt *m* (1*); **~ія** Veterinärmedizin [ve-] *f*, Tíerheilkunde *f*.

вéто Veto ['ve:-] *n* -s, -s; Éinspruch *m* (1*).

вечéр|я Ábendbrot *n* (2), Ábendessen *n* (7); **~яти** Ábendbrot éssen*, zu Ábend éssen*.

вéчір 1) Ábend *m* (1); 2) Ábendgesellschaft *f* (10) *(з розвагами, частуванням)*; Ábendveranstaltung *f* (10) *(громадський)*.

вечíр|ка Ábendgesellschaft *f* (10); Party ['pa:rti] *f pl* -s; **~ник** *розм.* Ábendstudent *m* (8) *(у вузі і технікумі)*; Ábendschüler *m* (6) *(у школі)*; **~ній** ábendlich; Ábend-.

вечор|íти *безос.*: **~íє** es wird Ábend, der Tag neigt sich dem Ende zu.

вéштатися sich herúmtreiben*.

вже 1) *присл.* schon, beréits; вонá ~ не працює sie árbeitet nicht mehr; 2) *част.* schon; ja, wírklich.

вжив|аний gebräucht *(тж. у знач. прикм.)*; gebräuchlich; **~аність** Gebräuchlichkeit *f*; **~áння** Gebräuch *m* -(e)s; Ánwendung *f* (10); **~áти, вжи́ти** gebräuchen *vt*; ánwenden(*) *vt*, verwénden(*) *vt*.

вжи́ток Gebräuch *m* -(e)s; Ánwenden(*) *f* (10), Verwéndung *f*.

взагалí 1) *(в цілому)* im allgeméinen, im gánzen; 2) *(зовсім)* überháupt.

взаéм|ини Bezíehungen *pl*; gégenseitiges Verhältnis; **~ний** gégenseitig, wéchselseitig, béiderseitig; **~нiсть** 1) Gégenseitigkeit *f*, Béiderseitigkeit *f*; 2) *(почуття)* Gégenliebe *f*, gégenseitige Sympathíe [Néigung].

взаємо|дíя 1) *(взаємний вплив)* Wéchselwirkung *f* (10); 2) *(погоджена дія)* Zusámmenwirken *n* -s *(тж. військ.)*; **~допомóга** gégenseitige Hílfe [Unterstützung]; **~зв'язóк** Wéchselbeziehung *f* (10), wéchselseitiger Zusámmenhang.

взвод *військ.* Zug *m* (1*).

вздовж 1) der Länge nach; ◊ ~ і впóперек kreuz und quer; 2) längs *(G)*; entláng *(A*, an *D)*; *(ставиться після ім.)*.

взи́мку im Winter.

взір|éць *(приклад)* Vórbild *n* (5); Múster *n* (7); Béispiel *n* (2), Músterbeispiel *n*; **~цéвий** vórbildlich, músterhaft; Múster≠.

взувáти, взýти 1) beschúhen *vt*; j-m (Strümpfe und) Schúhe ánziehen*; 2) *(забезпечувати взуттям)* mit Schúhwerk [Schúhen] verséhen*; **~ся** sich beschúhen; (Strümpfe und) Schúhe ánziehen*.

взутт|я́ Schúhwerk *n* -s; Schúhe *pl*; **~éвий** Schul≠.

взя́ти *див.* брáти; **~ся** *див.* брáтися.

ви ihr; Sie *(ввічлива форма)*; бýти на ~ Sie zueinánder ságen.

вибáгливий 1) *(вимогливий)* ánspruchsvoll; 2) *(примхливий)* láunenhaft, wählerisch.

вибачáти, ви́бачити entschúldigen *vt*, verzéihen* *vt*; **~ся** sich entschúldigen (пéред ким-н. bei *D*).

вибивáти, ви́бити 1) áusschlagen* *vt (око, зуб)*; éinstoßen* *vt*, éinschlagen* *(двері, шибку)*; 2) *(порох)* áusklopfen *vt*; ~ ки́лим den Téppich áusklopfen; 3) *(звуки, такт)* schlágen* *vt*; 4(*(знаки, візерунки)* prägen *vt*, schlágen* *vt*; ◊ ~ з кóлії aus dem Gleis bríngen*; ~ що-н. з голой etw. aus dem Kopf schlágen*; **~ся** sich (mühselig) heráusarbeiten *(вибиратися з труднощами)*; sich empórarbeiten *(тж. про суспільне становище)*; ◊ ~ся з сил séine Kräfte erschöpfen.

вибирáти, ви́брати 1) wählen *vt* *(тж. голосуванням)*; áuswählen *vt*; 2) *(ягоди тощо)* áussuchen *vt*, áuslesen* *vt*; áussondern *vt (відбирати, сортувати)*; ◊ ~ час sich *(D)* die Zeit néhmen* (для чóго-н. zu *D*); **~ся** 1) sich heráusfinden* *(тж. із скрутного становища)*; sich (mit Mühe) heráusarbeiten *(напр., з натовпу)*; 2) *(в подорож)* sich begében*, géhen* *vi* (s); áufbrechen* *vi (вирушати)*; 3) *(переїжджати)* áusziehen* *vi* (s); 4) *(на гору тощо)* erstéigen* *vt*; empórsteigen* *vi* (s).

вибігáти, ви́бігти hináuslaufen* *vi* (s), hináusrennen* *vi* (s) *(у напрямку до того, хто говорить)*; heráuslaufen* *vi* (s), heráusrennen* *vi* (s) *(у напрямку від того, хто говорить)*.

ви́б|ій *гірн.* Ort *n* (5); Ábbauort *n (очисний)*; працювáти у ~ої vor Ort árbeiten; **~íйний:** ~íйний молотóк Ábbauhammer *m* (6).

ви́бір Wahl *f* (10); Áuswahl *f*; Áuslese *f*.

ви́бор|и Wahl *f* (10), Wáhlen *pl*; **~ець** Wähler *m* (6); Stímmberechtigte *m* (14), Wáhlberchtigte *m*; **~ний** wählbar; gewählt; Wahl-; **~чий** Wahl-; ~че пра́во Wáhlrecht *n* -(e)s; ~чий бюлете́нь Stímmzettel *m* (6), Wáhlschein *m* (1).

вибо́рювати erkämpfen *vt*; erríngen* *vt*, erwérben* *vt* *(здобувати)*; ábringen* *vt* *(відстоювати своє)*.

ви́бран|ий 1) *дієпр.* gewählt; 2) *у знач. прикм.* *(відібраний)* áusgewählt; ~і тво́ри áusgewählte Wérke [Schríften]; Áuswahlband *m* (1*) *(збірка)*.

вибува́ти, ви́бути áustreten* *vi* (s); áusscheiden* *vi* (s); verlássen *vt* *(залишати, покидати)*; ◊ ~ з гри aus dem Spiel áusscheiden*; адреса́т ви́був Empfänger verzógen.

ви́бух 1) Explosión *f* (10); Detonatión *f* (10); 2) *перен.* *(раптовий вияв)* Áusbruch *m* -(e)s; ~ сміху Láchsalve [-ve] *f* (11); **~а́ти, ви́бухнути** explodíeren *vi* (s), detoníeren *vi* (s); hóchgehen* *відокр. vi* (s) *(про міну)*; **~і́вка** Spréngstoff *m* (1); **~о́вий** explosív, Spreng-.

вивергáти áusstoßen* *vt*; (áus)spéien* *vt*.

ви́верження Áusstoßung *f* (10); Áuswerfung *f* (10); Ergúß *m* -sses, -güsse *(рідини)*; ~ вулка́на Áusbruch éines Vulkáns [vul-].

виверта́ти, ви́вернути 1) *(перекидати, валити)* úmstoßen* *vt*, úmwerfen* *vt*; heráusziehen* *vt* *(вириваючи з коренем)*; 2) *(внутрішньою стороною назовні)* úmstülpen *vt*; wénden *vt*, úmkehren *vt*.

ви́вих Verrénkung *f* (10); Verstáuchung *f* (10) *(пальця тощо)*; *мед.* Luxatión *f* (10); **~нути** verrénken *vt*, áusrenken *vt*; verstáuchen *vt*; *мед.* luxíeren *vt*.

ви́віз 1) Ábfuhr *f* (10); Ábtransport *m* -(e)s; 2) *ек.* Áusfuhr *f*, Expórt *m* (1).

виві́ря́ти, ви́вірити prüfen *vt*, überprüfen *vt*; éichen *vt* *(вагу)*.

ви́віска Schild *n* (5), Áushängeschild *n* *(тж. перен.)*.

вивітрюватися, ви́вітритися 1) *(зникати)* sich verflüchtigen; *перен.* (dem Gedächtnis) entschwínden* *vi* (s) *(забуватися)*; 2) *геол.* verwíttern *vi* (s).

виві́шувати, ви́вісити áufhängen *vt* *(білизну)*; áushängen *vt* *(оголошення)*.

виво́дити, ви́вести 1) heráusführen *vt* *(у напрямку до того, хто говорить)*; hináusführen *vt* *(у напрямку від того, хто говорить)*; wégführen *vt*; ~ війська́ die Trúppen ábziehen* [zurückziehen*]; *перен.* áusschließen* *(із складу бюро тощо)*; 2) *(спрямовувати)* bríngen* *vt*; führen *vt*; ~ на орбі́ту auf die Flúgbahn bríngen*; 3) *(робити висновок)* schlíßen* *vt*, *vi*, éinen Schluß ziehen*; *мат.* ábleiten *vt*, hérleiten *vt*; 4) *(плодити; вирощувати)* áusbrüten *vt* *(пташенят)*; gebären* *vt*; züchten *vt* *(нові сорти)*; 5) *(плями тощо)* heráusmachen *vt*, entférnen *vt*; 6) *(усувати)* beséitigen *vt*; áusmerzen *vt*, áusrotten *vt*; 7) *(старанно писати, вимальовувати)* zéichnen *vt*, málen *vt*; ◊ кого́-н. з се́бе j-n aus der Fássung bríngen*; ~ з ла́ду 1) *(механізм)* áußer Bertrieb sétzen; 2) *військ.* kámpfunfähig máchen *vt*; ◊ ~на чи́сту во́ду entlárven *vt*, blóßstellen *відокр. vt*; **~ся** 1) *(зникати)* verschwínden* *vi* (s); aus dem Gebráuch kómmen*; 2) *(про пташенят)* aus dem Ei kríechen*.

ви́водок Brut *f* (10).

виво́зити, ви́везти 1) hináusfahren* *vt*; ábfahren* *vt*, ábtransportieren *vt*; 2) *(експортувати)* áusführen *vt*, exportíeren *vt*.

ви́воріт Kéhrseite *f* (11); Ábrechte *sub f*, linke Séite *(тканини)*.

вивча́ти, ви́вчити lérnen *vt*; erlérnen *vt* *(засвоїти)*; studíeren *vt*; untersúchen *vt*, erfórschen *vt*; *(познайомитися, зрозуміти)*; kénnenlernen *відокр. vt*.

ви́вчення Erlérnen *n* -s; Stúdium *n* -s, -di¦en; Untersúchung *f* (10), Fórschung *f* (10).

ви́вчити *тк. док.* *(дати освіту)* áusbilden *vt*; ~ на лі́каря zum Arzt áusbilden (lássen*); **~ся** sich áusbilden.

ви́гад|аний erfúnden, erdácht; áusgedacht; **~ка** 1) Erdíchtung *f* (10), Erfíndung *f* (10); Lüge *f* (11) *(неправда)*; 2) *(здатність вигадувати)* Phantasíe *f*, Einbildungskraft *f*.

вига́д|ливий *(про людину)* erfínderisch, erfíndungsreich; **~увати, ви́гадати** áusdenken* *vt*; erdíchten *vt*, erfínden* *vt*.

виганя́ти, виго́нити, ви́гнати hináusjagen *vt*; hináustreiben* *vt* *(худобу)*; hináuswerfen* *vt* *(зі служби тощо)*.

вигви́нчувати, ви́гвинтити (her)-áusschrauben *vt*, ábschrauben *vt*.

вигина́ти, ви́гнути (ver) bíegen* *vt*, krümmen *vt*; **∼ся** sich bíegen*, sich krümmen; sich schlängeln *(про річку тощо)*.

ви́гідний vórteilhaft; éinträglich.

вигі́дний bequém *(зручний)*; günstig *(придатний, сприятливий)*.

ви́гін Wéide *f* (11), Trift *f* (10), Ánger *m* (6).

ви́гляд|áти I, **ви́глянути** 1) hináussehen* *vi*, hináusschauen *vi* *(у напрямку від того, хто говорить)*; heráussehen* *vi*, heráusschauen *vi* *(у напрямку до того, хто говорить)*; 2) *(виднітися)* hervórsehen* *vi*, hervórlugen *vi*.

виглядáти II *тк. недок.* *(чекати)* áusschauen *vi* (когó-н. щó-н. nach *D*); Áusschau hálten* (nach *D*).

виглядáти III *тк. недок. виду* *(мати вигляд)* áussehen* *vi*.

вигнáн|ня 1) *(дія)* Vertréibung *f*, Verjágung *f*; 2) *(стан)* Verbánnung *f*, Exíl *n* (2); **∼ець** Verbánnte *m* (14), Vertríebne *m* (14).

ви́года Vórteil *m* (1); Nútzen *m* (7) *(користь)*; Gewínn *m* (1), Profít *m* (1) *(прибуток)*.

виго́да Bequémlichkeit *f* (10); Komfórt *m* -(e)s.

виголо́шувати, ви́голосити 1): ∼ промо́ву éine Réde hálten*; 2) *(вигукувати)* áusrufen* *vt*; laut verkünden *vt*.

вигоря́ти, ви́горіти 1) *(від вогню)* verbrénnen* *vi* (s), níederbrennen* *vi* (s); 2) *(від посухи)* verdórren *vi* (s), vertrócknen *vi* (s); 3) *див.* вицвітáти.

виготовля́ти, ви́готовити hérstellen *vt*, verfértigen *vt*; fabrizíeren *vt*, produzíeren *vt*.

вигравáти, ви́грати 1) gewínnen* *vt*; 2) *тк. недо. виду (про барви, світло)* spíelen *vi*, glänzen *vi*; pérlen *vi*, schäumen *vi* *(про напій)*.

ви́граш 1) *(у різн. знач.)* Gewínn *m* (1); 2) *(у грі на гроші)* Gewínnanteil *m* (1); **∼ний** 1) *(що дає право на виграш)* Gewínn-; 2) *(вигідний)* vórteilhaft; gewínnbringend.

ви́гук 1) Áusruf *m* (1); Exklamatión *f* (10); 2) *грам.* Interjektión *f* (10), Áusrufewort *n* (5).

вигу́кувати, ви́гукнути áusrufen* *vt*; áufschreien* *vt*.

вид I 1) *(обличчя)* Gesícht *n* (5); 2) *(пейзаж* Lándschaft *f* (10); Áussicht *f* (10); Ánsicht *f* (10) *(малюнок, фото)*; ◊ не подавáти ∼у sich (*D*) nichts mérken [ánmerken] lássen*, kéine Míene verzíehen*; на ∼у у всіх vor áller Áugen.

вид II 1) *(різноид)* Art *f* (10); Gáttung *f* (10); 2) *грам.* Aspékt *m* (1; Aktiónsart *f* (10)

видавáти, ви́дати 1) ábliefern *vt*; übergében* *vt*, áushändigen *vt* *(вручати)*; verábreichen *vt* *(продукти тощо)*; ertéilen *vt* *(патент)*; áusstellen *vt* *(документ)*; áusleihen* vt *(книжку в бібліотеці)*; áuszahlen *vt* *(зарплату тощо)*; 2) *(заміж)* verhéiraten *vt* (за кóго-н mit *D*); 3) *(злочинця іншій державі)* áusliefern *vt*; 4) *(виявляти; виказувати)* verráten* *vt*; ∼ таємни́цю ein Gehéimnis verráten*; ∼ себé *(з головою)* sich verráten*; 5) *(за кого-н., за що-н.)* áusgeen* *vt* (für *A*).

видавáтися 1) *(здаватися)* schéinen* *vi*; den Ánschein háben; 2) *(виступати)* hervórstehen* *vi*, hervórtreten* *vi*, hevorrágen *vi*; 3) *(виділятися)* hervórstechen* *vi*, ábstechen* *vi*.

видав|éць Verléger *m* (6); Heráusgeber *m* (6) *(редактор-видавець)*; **∼ни́цтво** Verlág *m* (1).

видáвлюваи, ви́давити 1) áuspressen *vt*; áusdrücken *vt*, áusquetschen *vt*; dúrchdrücken *vt* *(продавлювати)*; 2) *перен.*: ∼ з сéбе слово ein Wort hervórpressen.

видáння 1) *(дія)* Heráusgabe *f* (11); 2) *(виданий твір)* Áusgabe *f* (11); періоди́чне ∼ Zéitschrift *f*; Periódika *pl*; передплáтне ∼ Subskriptiónsausgabe *f*; 3) *(випуск книжки)* Áuflage *f* (11); Editión *f* (10); новé ∼ Néuauflage *f*; пéрше ∼ Érstauflage *f*.

видатни́й hervórragend; bedéutend; prominént.

видáт|ок 1) *(витрати)* Áusgabe *f* (11); **∼ки** Áusgaben *pl*, Kósten *pl*; 2) *бухг.* Soll *n* -s, та s, Débet *n* -s, -s (*pl тж.* Débita).

видéлка Gábel *f* (11).

видéржувати *див.* витри́мувати 1).

види́м|ий síchtbar; óffensichtlich, óffenbar *(очевидний, явний)*, ∼-**ість** 1) *(можливість бачити)* Sicht *f*, Síchtbarkeit, Síchtweite *f*; 2) *(те, що уявляється)* Schein *m* (e)s; Ánschein *m*.

ви́дих Áusatmung *f*, Expiratión *f* (10); **~áти** áusatmen *vt*; **~áтися** 1) *(про запах)* verflíegen* *vi* (s), sich verflüchtigen; das Aróma verlíeren*; 2) *(вибитися з сил)* erschöpft sein, sich erschöpfen.

виділя́ти, ви́ділити 1) *(відібрати)* áussuchen *vt*, söndern *vt*; *(призначати)* bestímmen *vt*; *(відзначати)* áuszeichnen *vt*; 2) *хім., фізіол.* áusscheiden* *vt*, ábsondern *vt*; **~ся** 1) *(висуватися)* sich hervórtun* *vi*, ábstechen* *vi*; sich áuszeichnen *(відзначатися)*; 2) *хім., фізіол* áusscheiden* *vi* (s), sich ábsondern.

ви́дн|ий 1) *(доступний зорові)* síchtbar, erkénnbar; 2) *(значний)* bedéutend; **~íтися** síchtbar sein; **~о** 1) *предик.* *(доступно зорові)* síchtbar, zu séhen; не ~о нікóго níemand ist síchtbar; níemand ist zu séhen; мені вас не ~о ich kann euch nicht séhen; 2) *предик.* *(вітло, ясно)* hell; *перен.* klar; 3) *вставне сл.* *(напевно)* áuensichtlich, óffenbar.

ви́добуток 1) *(процес)* Gewínnung *f*, Förderung *f*; 2) *(добуте із земних надр)* Fördermenge *f* (10), Förderleistung *f* (10).

ви́дра Ótter *m* (6) *(тж. хутро)*.

виду́жувати, ви́дужати gesúnd wérden, genésen* *vi* (s).

виду́мувати, ви́думати 1) *(винаходити)* erfínden* *vt*; ◊ він пóроху не ви́думає das Púlver hat er nicht erfúnden; 2) *див.* вигáдувати.

виду́шувати *див.* видáвлювати (1).

вижива́ти, ви́жити 1) *(залишитися живим)* am Lében bléiben*; dúrchkommen* *vi*; 2) *тк. док.* *(протриматися)* dúrchhalten* *vi*; 3) *(з колективу)* hináusbeißen* *vt*; vertréiben* *vt*.

ви́зволення Befréiung *f*; Erlösung *f*.

ви́зволити befréien *vt*; *réikämpfen відокр. vt* *(відвойовувати)*; erlösen *vt* *(з біди тощо)*.

визвол|и́тель Befréier *m* (6); Errétter *m* (6) *(рятівник)*; **~я́ти**.

визво́льний Befréiungs-; Fréiheits-.

ви́зиск Áusbeutung *f*.

визи́скув|ати áusbeuten *vt*; **~ач** Áusbeuter *m* (6).

визнава́ти, ви́знати 1) *(законним тощо)* ánerkennen* *vt*; 2) *(погоджуватися з чим-н.)* zúgeben* *vt*, éingestehen* *vt*, zúgestehen* *vt*; 3) *(вважатися)* hálten* *vt* (für *A*); finden* *vt*; erklären *vt* (für *A*).

визна́ний ánerkannt; **~áння** 1) Ánerkennung *f*; 2) *(зізнання)* Geständnis *n* (3*), Éingeständnis *n*.

визнача́ти, ви́значити 1) bestímmén *vt*; féststellen *відокр. vt* *(встановлювати)*; definíeren *vt* *(сформулювати)*; (áb)schätzen *vt*; ~ вік das Álter (áb)schätzen; 2) *(призначати)* bestímmen *vt*; féstlegen *відокр. vt*, féstsetzen *відокр. vt* *(місце, час)*; **~ся** 1) *(розкривати суть)* sich klären; sich bílden *(про характер, вдачу)*; 2) *(відзначатися)* sich áuszeichnen.

ви́знач|ення 1) *(дія)* Bestímmung *f* (10); Féstslellung *f* (10); 2) *(формулювання)* Definitión *f* (10); **~ний** hervórragend; bedéutend; ~нá пáм'ятка Séhenswürdigkeit *f* (10), Mérkwürdigkeit *f*.

виїжджа́ти, ви́їхати heráusfahren* *vi* (s) *(у напрямку від того, хто говорить)*; hináusfahren* *vi* (s) *(у напрямку до того, хто говорить)*; fórtfahren* *vi* (s), verréisen *vt* (); úmziehen* *vi* (), übersiedeln *vi* (s) *(переїжджати)*.

ви́їзд 1) *(дія)* Ábfhrt *f* (10); Áusreise *f* (11); 2) *(місце виїзду)* Áusfahrt *f* (10).

виймáти, ви́йняти heráusnehmen* *vt*, hólen *vt*; heráusziehen* *vt*; áusheben* *vt* *(копати землю)*.

викидáти, ви́кинути hináuswerfen* *vt* *(у напрямку від того, хто говорить)*; heráuswerfen* *vt* *(у напрямку до того, хто говорить)*.

викладáння 1) *буд.* Áusmauerung *f* (10); 2) *(навчання)* Únterricht *m* -(e)s, Unterríchten *n* -s.

викладáти, ви́класти I 1) *(класти)* heráuslegen *vt*; áusbreiten *vt* *(розкладати)*; 2) *(обкладати)* áuslegen *vt*; belégen *vt*; áusmauern *vt* *(цеглою тощо)*.

викладáти II 1) *(висловлювати)* áussprechen* *vt*; dárlegen *vt*; níederlegen *vt* *(письмово)*; 2) *(навчати)* léhren *vt*, unterríchten *vt*; Únterricht ertéilen (що-н. in *D*).

вкладáч Léhrer *m* (6); Hóchschullehrer *m*, Léktor *m* -s, -tóren *(у вищій школі)*; ~ німéцької мóви Déutschlehrer *m*.

викликáти, ви́кликати 1) herbéirufen* *vt*; kómmen lássen*; aufrufen* *vt*; *(у класі)*; éinladen *vt*, vórladen *vt (до суду тощо)*; ~ лікаря den Arzt bestéllen; 2) *(на бій, змагання)* heráusfordern *vt*, áuffordern *vt*, áufrufen* *vt*; 3) *(призводити до чого-н.)*; hervórrufen* *vt*, herbéiführen *vt*; áuslösen *vt*; errégen *vt*.

виключáти, ви́ключити áusschließen* *vt*; ~ із спи́ску aus der Líste stréichen*; ~ з навчáльного зáкладу relegíeren *vt*, exmatrikulíeren *vt*.

ви́ключн|ий áusschließlich; Áusnahme-; áußerordentlich, áußergewöhnlich; **~о** *присл.* 1) *(особливо)* áusnehmend; äußerst, außerordentlich; 2) *(лише)* áusschließlich, nur.

викона́в|ець 1) Vollzíeher *m* (6); áusführende Persón; 2) *(артист)* Dársteller *m* (6); Interprét *m* (8); ~ець нарóдних пíсéнь Vólksliedersänger *m* (6); **~чий** vollzíehend-, Vollzúgs-; exekutív; **~чий комітéт** Exekutívkomitee *n* -s, -s; **~чі óргани** die vóllziehenden Behörden; **ви́щий ~чий óрган** die höchste Exekutíve.

викона́нн|я 1) Áusführung *f (10)*; *Erfüllung f* (10); Vollzíehung *f* (10); Verwírklichung *f* (10) *(здійснення)*; 2) *(на сцені тощо)* Dárstellung *f* (10); Dárbietung *f* (10); Áusführung *f* (10).

викóнувати, ви́конати 1) áusführen *vt*; vollzíehen* *vt*; erfüllen *vt*; verwírklichen *vt*; 2) *(на сцені тощо)* vórtragen* *vt*; dárbieten* *vt*; (vór)singen* *vt*; (vór)spielen *vt*.

використóвувати, ви́користати áusnützen *vt*, (áus)nútzen *vt*; verwénden* *vt*; benútzen *vt* (be)nützen *vt*.

викорíнювати, ви́корінити áusrotten *vt*, áusmerzen *vt*.

викрéслювати, ви́креслити áusstreichen* *vt*, stréichen* *vt*.

викрив|áльний überführend; belástend; **~áти, ви́крити** *(злочин тощо)* áufdecken *vt (що-н.)*; entlárven *vt (кого-н)*; enthüllen *vt*; an den Tag bríngen* *vt*; ánprangern *vt (таврувати)*.

ви́кривл|ення 1) *(дія; місце)* Biegung *f* (10), Verbíegung *f*; Krümmung *f* (10), Verkrümmung *f*; 2) *перен.* Ábweichung *f* (10); Verírrung *f* (10); **~яти, ви́кривити** 1) (ver)bíegen* *vt*, krümmen *vt*; verzíehen* *vt (обличчя)*; 2) *перен. (перекручувати)* entstéllen *vt*, verdréhen *vt*.

ви́крíйк|а, ви́кройка Schnítt *m (1)*, *Schnittmuster n* (6); зня́ти ~у éinen Schnitt kopíeren.

викру́чувати, ви́крутити 1) *(вигвинчувати, викрутити)* áusschrauben *vt*; heráusdrehen *vt*; 2) *(білизну)* (áus)wríngen* *vt*; 3) *(руку, ногу)* verrénken *vt*; áusrenken *vt (вивихнути)*.

ви́куп 1) *(дія)* Lskauf *m* (1*); Áuslösung *f*; Éinlösung *f (заставленого)*; 2) *(плата)* Lösegeld *n* -(e)s; Ábstandsgeld *n*.

ви́ла Héugabel *f* (11); Místgabel *f (для гною)*.

вила́зити, ви́лізти 1) *(звідки)* (her)áussteigen* *vt* (s); heráuskriechen* *vi* (s) *(виповзти)*; heráuskommen* *vi* (s) *(тж. перен.)*; ◇ ~ з боргíв aus den Schúlden kómmen*; 2) *(на гору тощо)* heráufklettern *vi* (s), heráufsteigen* *vi* (s) *(у напрямку до того, хто говорить)*; hináufklettern *vi* (s), hináufsteigen* *vi* (s) *(у напрямку від того, хто говорить)*; 3) *(висуватися)* sich zéigen; heráustreten* *vi* (s); 4) *(про волосся, шерсть тощо)* áusfallen* *vi* (s), áusgehen* *vi* (s).

виливáти, ви́лити 1) *(воду тощо)* áusgießen* *vt*; áusschütten *vt* *(тж. перен.)*; 2) *(з метал)* gießen* *vt*; **~ся** *(витікати)* áusfließen* *vi* (s); überflíeßen *vi* (s) *(через верх)*.

ви́лиця Báckenknochen *m* (7), Jóchbein *n* (2).

ви́літ Ábflug *m* (1*); Start *m* -s, *pl* -s; **~áти, ви́летіти** 1) (her)áusfliegen* *vi* (s); áuffliegen* *vi (про птахів)*; ábfliegen* *vi* (s) *(про літак)*; heráusstürzen *vi* (s), hináusstürzen *vi* (s) *(швидко вибігати, виїжджати)*; 2) *(випадати)* flíegen* *vi* (s); (her)áusfallen* *vi* (s); ◇ це ви́летіло у мéне з головú das ist mir gänzlich [plötzlich] entfállen.

ви́лов 1) *(проце)* Fang *m* -(e)s; 2) *(виловлене)* Fángertrag *m* (1*).

вилóга Áufschlag *m* (1*), Úmschlag *m (на сýкні)*; Revers [re'vɛrs] *n* (2) *(на піджаку, пальті)*; Manschétte *f* (11), Ärmelaufschlag *m (на рукаві)*.

вилу́плюватися, ви́лупитися *(з яйця)* áusschlüpfen *vi* (s); aus dem Ei kríechen*.

вилуча́ти, ви́лучити entnéhmen* *vt*; áusnehmen* *vt*; áussondern *vt*; áusschließen* *vt*.

вимага́ти 1) *(у різн. знач.)* fórdern *vt*, verlángen *vt*; 2) *(домагатися силоміць)* erwírken *vt*; érpréssen *vt*; 3) *(потребувати)* erfórdern *vt*; bedürfen *vi* (чого́-н. *G*); bráuchen *vt*.

вима́нювати, ви́манити heráuslocken *vt*; heráuswinken *vt*; áblisten *vt*, áblocken *vt* *(хитрощами)*.

вимерза́ти, ви́мерзнути áusfrieren* *vi* *(s)*, *áuswintern vi* (s).

вимик|а́ти, ви́мкнути *(електрику, газ тощо)* áusschalten *vt*; ábschalten *vt*; **~а́ч** *ел.* Schálter *m* (6), Scháltgerät *n* (2).

вимира́ти, ви́мерти áussterben*

вимира́ти, виме́рти áussterben* *vi* (s).

ви́мір 1) *(дія)* Méssung *f* (10), Ábmessung *f*, Verméssung *f*; 2) *мат.* Dimensión *f* (10); **~ни́й** méßbar, mensurábel.

вимі́р|ник 1) *див.* вимі́рювач; 2) *(показник)* Kénnziffer *f* (11); **~ювання** Méssung *f* (10), Ábmessung *f*; **~ювати, ви́міряти** méssen* *vt*; vermésssen* *vt*; **~ювач** Mésser *m* (6); Méßgerat *n*, Méßapparat *m*.

вимо́в|а Áussprache *f* (11); пра́вильна ~а éine féhlerfreie Áussprache; **~ля́ти, ви́мовити** 1) áussprechen* *vt*; 2) ságen *vt*, spréchen* *vt*.

вимо́г|а 1) Fórderung *f* (10), Verlángen *n* (7); 2) Ánsuchen *n* (7) *(прохання)*; Erpréssung *f* (10) *(шантаж)*; 3) *перев.* **~и** *(потреби)* Bedürfnisse *pl*; 4) *(претензія)* Ánspruch *m* (1*) (auf *A*); Ánforderung *f* (10); Belánge *pl*; висува́ти ~у Ánspruch erhében*; ста́вити висо́кі ~и до ко́го-н. hóhe Ánforderungen an j-n stéllen; 5) *(документ)* Bestéllzettel *m* (6); Bestéllung *f* (на що-н. auf *A*); **~ливий** ánspruchsvoll; streng *(суворий)*.

ви́мпел *(мор.)* Wímpel *m* (6).

ви́м'я Éuter *n* (6).

вин|а́ 1) Schuld *f*; Verschúlden *n* -s; Vergéhen *n* (7) *(провина)*; ◊ склада́ти ~у́ на ко́го-н. j-m etw. in die Schúhe schíeben*; 2) *(причина)* Úrsache *f* (11).

винагоро́д|а *(плата за працю)* Bezáhlung *f* (10), Éntlóhnung *f* (10); Entgélt *n* -(e)s; Árbeitsentgelt *n*. Árbeitslohn *m* -(e)s; Honorár *n* (2) *(гонорар)*; **~жувати, ви́нагородити** belóhnen *vt*; entlóhnen *vt*; entgélten* *vt*; entschädigen *vt*.

ви́нах|ід Erfíndung *f* (10); **~і́дливий** erfínderisch, erfíndungsreich; fíndig *(кмітливий)*; **~і́дник** Erfínder *m* (6); **~о́дити, ви́найти** erfínden* *vt*.

виника́ти, ви́никнути 1) entstéhen* *vi* (s), áufkommen* *vi* (s); у нього ви́никла ду́мка er kam auf den Gedánken, es fiel ihm ein; 2) *(показуватися)* erschéinen* *vi* (s), sich zéigen, zum Vórschein kómmen*.

ви́никнення 1) Entstéhung *f*; 2) *(поява)* Erschéinen *n* -s.

вини́щув|ати, ви́нищити verníchten *vt*, áusrotten *vt*; vertílgen *vt*; **~ач** 1) Vertílger *m* (6); 2) *ав.* Jágdflugzeug *n* (2), Jäger *m* (6).

ви́нний I, **ви́нен** 1) *(який має вину)* schúldig (у чо́му-н. *G*); schuld (у чо́му-н. an *D*); 2) *(який має борг)* schúldig.

ви́нний II *(з вина, для вина)* Wéin-.

вино́ Wein *m* (1); сухе́ ~ hérber Wein.

виногра́д 1) *(рослина)* Wéinrebe *f* (11), Wéinstock *m* (1*); ди́кий ~ wílder Wein; 2) *збірн.* *(ягоди)* Wéinbeeren *pl*; Wéintrauben *pl* *(грона)*; **~ар** Wínzer *m* (6), Wéingärtner *m* (6), Wéinbauer *m* (6); **~арство** Wéinbau *m* -(e)s, Winzeréi *f*; **~ний** Wéin-; Wéintrauben-; Tráuben-; **~ник** Wéingarten *m* (7), Wéinberg *m* (1).

вино́сити, ви́нести 1) hináustragen* *vt* *(назовні)*; fórttragen* *vt* *(нести геть)*; hináuftragen* *vt* *(нагору)*; ~ за ду́жки *мат.* áusklammern *vt*, vor die Klámmer sétzen; ~ на обгово́рення zur Diskussión stéllen; 2) *розм.* *(витримувати)* áushalten* *vt*, ertrágen* *vt*.

ви́носка Fúßnote *f* (11).

винува́тець Schúldige *m* (14), Úrheber *m* (6).

винятко́вий 1) áusschließlich; Áusnahme-; áußerordentlich *(надзвичайний)*; 2) *(особливий)* äußerst; áusnehmend.

ви́нят|ок Áusnahme *f* (11); за ~ком mit Áusnahme (*G*, von *D*); як ~ок áusnahmsweise.

випада́ти, ви́пасти 1) *(падати)* (her)áusfallen* *vi* (s); heráusgleiten* *vi* (s) *(вислизнути)*; entgléiten* *vi* (s) (з чо́го-н. *D*); ◊ з голови́ entfállen *vi*; 2) *(про опади)* fállen* *vi* (s); *хім.* áusscheiden* *vi* (s); 3) *(діставатися)* zúfallen* *vi* (s); zutéil wérden; ~ на дóлю комý-н. j-m zutéil wérden; 4) *(траплятися)* vórkommen* *vi* (s); vórfallen* *vi* (s).

В

випадкóвий zúfällig, Zúfalls-; gelégentlich.

вúпад|ок 1) *(подія)* Fall *m* (1*); Vórfall *m*, Zwíschenfall *m*; Geschéhnis *n* (3*); нещáсний ~ок Únfall *m*; 2) *(обставини)* Fall *m* (1*); Gelégenheit *f* (10) *(нагода)*; 3) *(випадковість)* Zúfall *m* (1*).

вúпар Áusdünstung *f* (10), Dunst *m* (1*); **~óвувати, вúпарувати** 1) vaporisíeren [va-] *vt*, verdámpfen *vt*, verdünsten *vt*.

випереджáти, вúпередити zuvórkommen* *vi* (s) *(тж. перен.)*, voráuseilen *vi* (s) (когó-н. *D*); überhólen *vt (переганяти)*.

вúпис Áuszug *m* (1*), Exzérpt *n* (2); **~ка** 1) *(дія)* Áusschreiben *n* -s, Ábschreiben *n* -s; Entlássung *f* (10) *(з лікарні)*; 2) *(з книжки тощо)* *див.* вúпис.

випúсувати, вúписати 1) *(з тексту)* áusschreiben* *vt*, Áuszüge máchen; 2) *(замовляти)* bestéllen *vt*, bezíehen* *vt*; 3) *(документ)* áusschreiben* *vt*, áusstellen *vt*; 4) *(з місця проживання)* ábmelden *vt* когó-н. з лікáрні j-n gesúnd schréiben*; **~ся** *(з місця проживання)* sich ábmelden (lássen*).

вúплав|ка 1) *(дія)* Schmélzen *n* -s, Verhüttung *f*; 2) *(виплавлений метал)* Schmélzertrag *m* (1*), Gewínnung *f* (10); **~ляти, вúплавити** (áus)schmélzen* *vt*.

вúплат: купúти на ~ auf Ábzahlung [auf Ráten] káufen; **~а** Záhlung *f* (10), Áuszahlung *f*.

виплáчувати, вúплатити záhlen *vt*, bezáhlen *vt*, áuszahlen *vt*; ~ борг die Schuld tílgen.

випливáти, вúплисти, *тж.* **вúпливти** 1) hináusschwimmen* *vi* (s); hervórschwimmen* *vi* (s); 2) áuftauchen *vi* (s) *(на поверхню)*; 3) *перен.* *(виникати)* áuftauchen *vi* (s), erschéinen* *vi* (s), zum Vórschein kómmen*.

виплýтувати, вúплутати 1) entwírren *vt*; 2) *перен.* heráushelfen* *vi* (когó-н. *D*); **~ся** sich heráuswickeln; ~ся із скрутнóго станóвища sich aus der Klémme zíehen*.

вúправдання 1) Réchtfertigung *f* (10) *(вчинку тощо)*; Entschúldigung *f* (10) *(вибачення)*; 2) *(підсудного)* Fréisprechung *f* (10), Fréispruch *m* (1*).

виправдóвувати, вúправдати 1) *(вчинок тощо)* réchtfertigen *невідокр. vt*; entschúldigen *vt* *(вибачати)*; не ~ чиї́х-н. сподівáнь j-s Hóffnungen täuschen; 2) *(підсудного)* fréisprechen* *відокр. vt*; **~ся** 1) sich réchtfertigen *невідокр.*; sich entschúldigen *(вибачатися)* 2) *(виявлятися правильним)* sich als ríchtig erwéisen*; sich bewähren *(витримувати перевірку)*.

вúправлення 1) *(чого-н. нерівного, зігнутого)* Geráderichten *n* -s; Áufrichten *n*; 2) *(хиб, помилок)* Verbésserung *f* (10); Beríchtügung *f* (10); Korrektión *f* (10); 3) *(про людину)* Bésserung *f* (10).

виправляти, вúправити 1) *(робити прямим)* gerádebiegen* *відокр. vt*; 2) *(робити правильним)* verbéssern *vt*; korrigíeren *vt*; beríchtigen *vt*; behében* *vt* *(усувати хиби)*; 3) *(людину)* béssern *vt*; **~ся** 1) sich áufrichten *vt*; 2) sich béssern.

випробóвувати, випрóбувати, вúпробувати áusprobieren *vt*, erpróben *vt*, prüfen *vt*; auf die Próbe stéllen *vt*.

вúпробування Prüfung *f* (10), Próbe *f* *(11)*.

випрóбування 1) Versúch *m* (1), Test *m* (1) (*pl тж.* -s), Próbe *f* (11); Untersúchung *f* (10), Prüfung *f* (10); ~ я́дерної збрóї Kérnwaffenversuche *pl*; 2) *(нещастя, біда)* Erpróbung *f*, Prüfung *f* (10); Héimsuchung *f*.

випромíнюв|ання Stráhlung *f* (10), Áusstrahlung *f* (10), Radiatión *f* (10); Áusströmung *f* (10), Emissión *f* (10); **~ати** 1) (áus)stráhlen *vt*, ábstrahlen *vt*, emittíeren *vt*; 2) *перен.* *(радість тощо)* áusströmen *vt*.

випростóвувати, вúпростати gerádemachen *відокр. vt*; gerádebiegen* *відокр. vt* *(що-н. зігнуте)*; áufrichten *vt* *(що-н. похилене)*; récken *vt*, strécken *vt* *(руки, ноги)*; **~ся** 1) *(вирівнюватися)* gerádewerden* *відокр. vi* (s); 2) *(підніматися)* sich áufrichten.

випрямл|яти, вúпрямити gerádemachen *відокр. vt*; gerádebiegen* *відокр. vt*; ◊ **~яти** струм *ел.* den Strom gléichrichten; **~ятися** gerádewerden* *відокр. vi* (s); sich áufrichten *(розгинатися)*; **~яч** *ел.* Gléichrichter *m* (6).

ви́пуск 1) *(дія)* Áblassen *n* -s, Áuslassen *n*; Entlássung *f* *(учнів)*; Emissión *f* (10), Áusgabe *f* *(грошей, позики)*; Heráusgabe *f* *(з друку)*; 2) *(продукція)* Produktión *f*, Ausstoß *m* -es; 3) *(ті, що закінчили навчання одночасно)* Jáhrgang *m* (1*).

випуска́ти, ви́пустити 1) hináuslassen* *vt* *(у напрямку від того, хто говорить)*; heráuslassen* *vt* *(у напрямку до того, хто говорить)*; ~ з рук fállen lássen*; aus den Händen lássen* *(тж. перен.)*; 2) *тех.* áblassen* *vt*; 3) *військ.* *(снаряди)* ábschießen* *vt*; 4) *(з ув'язнення)* fréilassen* *відокр.* *vt*; auf fréien Fuß sétzen; 5) *(давати продукцію)* hérsteillen *vt*; produzíeren *vt*; líefern *vt*; 6) *(видавати)* heráusgeben* *vt*; 7) *(пропустити частину)* áuslassen* *vt*, fórtlassen* *vt*.

випускн|и́й 1) *тех.* Áblaß-; Áblauf-; Áuspuff-; ~и́й кла́пан Áblaßventil [-vɛn-] *n* (2); ~а́ труба́ Áblaufrohr *n* (2); 2) Ábgangs-; ~и́й ве́чір *(у школі)* Schúlentlassungsfeier *f*; ~и́й екза́мен Abitúr *n* (2), Réifeprüfung *f* (10), Ábschlußprüfung *f*; ~и́й клас Ábitúrklasse *f* (11); ~и́к Ábsolvent [-'vɛnt] *m* (8); Abituriént *m* (8) *(школи)*.

вир 1) Wásserwirbel *m* (6); 2) *перен.* Wírbel *m*, Strúdel *m*; у ~і поді́й im Wírbel [im Strúdel] der Eréignisse.

виража́ти, ви́разити 1) áusdrükken *vt*; äußern *vt*, áussprechen* *vt* *(висловлювати)*; zum Áusdruck bríngen* *vt*; 2) *(у цифрах тощо)* dárstellen *vt*.

ви́раз 1) *(обличчя, очей)* Áusdruck *m* (1*); Míenenspiel *n* -s; 2) *(висловлення, фраза)* Áusdruck *m*; Rédensart *f* (10); Áusspruch *m* (1*).

ви́разка Geschwür *n* (2); Wúnde *f* (11).

вира́зний 1) áusdrucksvoll; víelsagend, bedéutungsvoll *(про погляд тощо)*; 2) *(чіткий)* déutlich, klar; bestímmt.

вирахо́вувати, ви́рахувати 1) *(обчислювати)* beréchnen *vt*, áusrechnen *vt*; erréchnen *vt*; 2) *(утримувати із зарплати)* ábziehen* *vt*; in Ábzug bríngen*.

вирива́ти I, **ви́рвати** (her)áusreißen* *vt*; entréißen* *vt* (у ко́го-н. *D*); zíehen* *vt* *(зуб тощо)*; **~ся** 1) sich lósreißen* *відокр.*; sich befréien; 2) *(про слова тощо)* entfáhren* *vi* (s); entschlüpfen *vi* (s).

вирива́ти II, **ви́рити** *(відкопати)* (áus)gráben* *vt*.

вирина́ти, ви́ринути áuftauchen *vi* (s) *(тж. перен.)*.

ви́ріб 1) *(виготовлена річ)* Erzéugnis *n* (3*); Artíkel *m* (6); Wáre *f* (11) *(товар)*; шве́йні ви́роби Konfektión *f*; 2) *(виготовлення речей тощо)* Hérstellung *f*, (Ver)fértigung *f*, Fabrikatión *f*, Produktión *f*.

вирі́внювати, ви́рівняти 1) *(робити гладеньким)* ébnen *vt*; *тех.* nivellíeren [-vɛ-] *vt*; planiéren *vt*; 2) *(випрямляти)* (áus)ríchten *vt*; nach der Schnur zíehen *vt*.

ви́різ Áusschnitt *m* (1); *тех.* Áussparung *f* (10).

вирі́зати *див.* вирі́зувати.

ви́різка 1) *(дія)* Áusschneiden *n* -s; 2) *(газетна)* Áusschnitt *m* (1); 3) *(сорт м'яса)* Léndenstück *n* (2).

вирізня́ти, ви́різнити áuszeichnen *vt*; **~ся** sich áuszeichnen.

вирі́зувати, ви́різати 1) *(видаляти)* áusschneiden* *vt*; *мед. тж.* operíeren *vt*; 2) schnítzen *vt* *(з дерева)*; stéchen* *vt* *(гравірувати)*.

ви́рій *поет.* Süden *m* -s; леті́ти у ~ nach dem Süden zíehen*.

виріша́льн|ий entschéidend; ма́ти ~е зна́чення áusschlaggebend [entschéidend] sein.

вирі́шувати, ви́рішити 1) *(постановляти)* beschlíeßen* *vt*; entschéiden* *vt*; éinen Beschlúß fássen; 2) *(розв'язувати)* lösen *vt*.

ви́робіток 1) *(дія)* Hérstellung *f*; Erzéugung *f* *(енергії тощо)*; 2) *(кількість виробленого)* Produktiónsmenge *f* (11), Produktión *f* (10); Áusstoß *m* -es; де́нний ~ Tágesleistung *f* (10).

виробля́ти, ви́робити 1) *див.* виготовля́ти; 2) *(складати)* áusarbeiten *vt*, erárbeiten *vt*; zusámmenstellen *vt*; 3) *(звичку тощо)* entwíckeln *vt*; (her)áusbilden *vt*; fórmen *vt*; 4) *розм.* *(витворяти)* ánstellen *vt*, ánrichten *vt*.

виробн|и́цтво 1) Hérstellung *f*; Erzéugung *f*; Produktión *f*; 2) *ек.* Produktión *f*; за́соби ~и́цтва Produktiónsmittel *pl*; 3) *розм.* *(фабрика, завод)* Betríeb *m* (1); **~и́чий** Betríebs-; Árbeits-; Produktións-;

~йче навчáння *(в школі)* Fáchunterricht *m* -(e)s, Wérkunterricht *m*, produktiónsverbundener Úntericht.

вироджения Entártung *f* (10), Áusartung *f*, Degeneratión *f* (10); Verfáll *m* -s, Dekadénz *f* *(занепад)*.

вирóджуватися, вúродитися entárten *vi* (s); áusarten *vi* (s), degenerieren *vi* (s); mißárten *vi* (s).

вúрок 1) *юр.* Úrteil *n* (2); Stráfurteil *n*; 2) *(категорична оцінка)* Úrteil *n*, Beúrteilung *f* (10).

виростáти, вúрости wáchsen* *vi* (s), ufwachsen* *vi* (s); groß wérden*.

вирóщув|ання Ánbau *m* -(e)s, Zucht *f* *(рослин)*; Áufzucht *f* (тварин); **~ати, вúростити** ziehen* *vt*, ánbauen *vt*, züchten *vt* *(рослини)*; áufziehen* *vt*, gróßziehen* *відокр. vt* *(дітей, тварин)*.

виручáти, вúручити hélfen* *vi* (когó-н. *D*), áushelfen* *vi* *(D)*; rétten *vt*.

вúручка (1) *(допомога)* Hílfe *f*; Réttung *f*; 2) *(виторг)* Erlös *m* (1), Ertrág *m* (1*).

вирушáти, вúрушити áufbrechen* *vi*; ~ дорóгу sich auf den Weg máchen; ~ в пóдорож éine Réise ántreten*.

виряджáти, вúрядити 1) *(вбирати, причепурювати)* (schön) kléiden *vt*; verkléiden *vt* (ким-н., під кóго-н.); 2) *(споряджати)* rüsten *vt*; ábkommandieren *vt*, schícken *vt* *(відправляти)*; 3) *(проводжати)* begléiten *vt*; geléiten *vt*.

висáджувати, вúсадити 1) *(з автомобіля, судна тощо)* ábsetzen *vt*; áusschiffen *vt* *(на берег)*; ánlanden *vt* *(на землю)*; 2) *(рослини)* áuspflanzen *vt*, verpflánzen *vt*.

вúсел|ення Áussied(e)lung *f* (10); Exmittíerung *f* (10) *(примусове — з квартири)*; Áusweisung *f* (10) *(з міста тощо)*; **~ŷт, вúселити** áussiedeln *vt*; úmsiedeln *vt* *(переселяти)*; exmittíeren *vt* *(примусово — з квартири)*; áusweisen* *vt* *(з міста тощо)*; **~ятися** áusziehen* *vi* (s), übersíedeln *vi* (s).

висúджувати, вúсидіти *(пташенят)* áusbrüten *vt*.

висилáти, вúслати 1) ábschicken *vt*; ábenden* *vt* *(поштою)*; vórschicken *vt* *(вперед)*; 2) *(відправляти примусово)* ausweisen* *vt*; verschícken *vt*, verbánnen *vt*.

вúсип Ausschlag *m* (1*); поява ~у Eruptión *f*; **~áти, вúсипати** 1) áusschütten *vt* *(тж. рідку страву)*; áusstreuen *vt*; verschütten *vt* *(розсипати)*; 2) *(насип)* áufschütten *vt*; 3) *(про юрбу тощо)* strömen *vi* (s); 4) *(про висип на шкірі)* áusschlagen* *vi* (s).

виспля́тися, вúспатися áusschlafen* *vi*, sich áusschlafen*.

висікáти, вúсікти *(на камені)* méißeln *vt*, áusmeißeln *vt*; ◊ ~ вогóнь Féuer (aus éinem Stein) schlágen*.

вúсіти 1) hängen* *vi*; 2) *(про птаха, вертоліт)* schwében *vi*; ◊ ~ на волосúні an éinem Haar [Fáden] hängen.

вискáкувати, вúскочити 1) hináusspringen* *vi* (s) *(у напрямку від того, хто говорить)*; heráusspringen* *vi* (s) *(у напрямку до того, хто говорить)*; hervórspringen* *vi* (s); (hin)áufspringen* *vi* (s) *(на що.-н.)*; 2) *(раптово з'являтися)* hervórschießen* *vi* (s).

вислизáти, вúслизнути 1) *(випадати, вириватися)* entgléiten* *vi* (s); entschlüpfen *vi* (s) *(тж. перен.)*; 2) *(непомітно виходити)* hináusschlüpfen *vi* (s).

вúслів Äußerung *f* (10), Áusspruch *m* (1*).

вислóвлювати, вúсловити áussprechen* *vt*; áusdrücken *vt*; äußern *vt*; **~ся** sich äußern (про кóго-н., про що-н. über *A*, з привóду чóго-н. zu *D*).

вúслуг|а Díenstjahre *pl*, Díenstalter *n* -s; надбáвка за ~у (рóків) Díenstalterprämi|e *f* (11).

вислýжувати, вúслужити áusdienen *vt* *(у різн. знач.)*; ábdienen *vt* *(відслужити)*; **~ся** *(перед ким-н.)* sich *(bei j-m)* lieb Kind máchen.

висмúкувати, вúсмикнути (her)-áusreißen* *vt*, (he) ausziehen* *vt*.

висмíювати, вúсміяти áuslachen *vt*; lächerlich máchen *vt*; verspótten *vt*.

вúснаження Erschöpfung *f*; Abzehrung *f*; Únterernährung *f* *(від недоїдання)*.

виснáж|ливий erschöpfend; zéhrend; áufreibend *(про працю)*; drückend *(про спеку)*; **~увати, вúснажити** erschöpfen *vt*; ábzehren *vt*; entkräften *vt*; ~увати себé прáцею sich ábarbeiten.

вúснов|ок Schlúßfolgerung *f* *(10)*, *Fólgerung* *f*, Schlúß *m* -sses,

Schlüsse; зроби́ти ～ки die Konsequénzen zíehen*; прихо́дити до ～ку zum Schluß kómmen*.

висо́кий hoch *(у різн. знач.)*; groß, gróßgewachsen, hóchgewachsen *(на зріст)*; *перен.* erhában.

високо|кваліфіко́ваний hóchqualifiziert, geschúlt, gelérnt; **～осві́чений** hóchgebildet; **～пова́жаний** hóchverehrt; **～розви́нений** hóchentwickelt; **～я́кісний** hóchwertig, (von) hóher Qualität, Qualitäts≠; ～я́кісна проду́кція Qualitätsproduktion *f*.

висот|á 1) Höhe *f* (11); 2) *(підвищення)* Höhe *f* (11), Gípfel *m* (6) *(вершина)*; ◊ бу́ти на ～í éiner Áufgabe [Situatión] gewáchsen sein.

висо́тний Hoch≠; Höhen≠; ～ буди́нок Hóchhaus *n* (5); ～ полíт Höhenflug *m* (1*).

височ|инá 1) *див.* висотá; 2) *геогр.* Platte *f* (11); **～íти** empórragen *vi*, áufragen *vi*.

виста́ва Áufführung *f* (10), Vórstellung *f* (10).

ви́ставка 1) Áusstellung *f* (10), Schau *f* (10); 2) *(в магазині)* Áuslage *f* (11); Scháufenster *n* (6) *(вітрина)*; ～-про́даж Verkáufsausstellung *f*.

виставля́ти, ви́ставити 1) vórwärtsstellen *відокр. vt*, vórschieben* *vt*, vórrücken *vt (вперед)*; hináusstellen *vt (назовні)*; hervórstrecken *vt (руку тощо)*; 2) *(на огляд)* zur Schau stéllen *vt*, áusstellen *vt*; 3) *(кандидатуру)* vórschlagen* *vt*, áufstellen *vt*; 4) *(характеризувати)* hínstellen *vt*, zéigen *vt*; ～ когó-н. на пóсміх j-n lächerlich máchen; 5) *(оцінки)* gében* *vt*; 6) *перен.*; ～ когó-н. за двéрі j-m die Tür wéisen*; j-n vor die Tür sétzen.

вистача́ти, ви́стачити (áus)réichen *vi*; lángen *vi*.

вистеля́ти, ви́стелити áuslegen *vt*; belégen *vt*, bedécken *vt*.

ви́ступ 1) Vórsprung *m* (1*); 2) *(вирушання в похід)* Áuszug *m* -(e)s, Áusmarsch *m* (1*); 3) *(промова)* Ánsprache *f* (11); Réde *f* (11); Áuftritt *m* (1) *(на сцені)*; Veröffentlichung *f* (10) *(у пресі)*; 4) *(вияв протесту)* Áuftreten *n* -s; Kúndgebung *f* (10).

виступа́ти, ви́ступити 1) *(виходити)* hervórtreten* *vi* (s); heráustreten* *vi* (s); 2) *(показуватися; ставати видним)* sich zéigen; hervórtreten* *vi* (s); 3) *(видаватися наперед)* hervórspringen* *vi* (s), hervórstehen* *vi* (s); 4) *(говорити перед публікою)* áuftreten* *vi* (s); ～ з промóвою éine Réde [éine Ánsprache] hálten*; 5) *(у похід тощо)* áufbrechen* *vi* (s); (áus)ziehen* *vi* (s; 6) *(проступати)* durchsickern *vi (про рідину)*; áusschlagen* *vi* (s) *(про плісняву)*.

висува́ти, висо́вувати, ви́сунути 1) vórrücken *vt (тж. військ.)*; vórschieben* *vt (наперед)*, heráusziehen* *vt (назовні)*; 2) *(на розгляд)* vórbringen* *vt*; ～ на пере́дній план in den Vórdergrund rücken; ～ чию́сь кандидату́ру j-s Kandidatúr áufstellen; 3) *(підвищувати по службі)* befördern *vt*; **～ся** 1) sich heráuslehnen *(з вікна тощо)*; 2) sich hervórtun*; vórrücken *vi* (s) *(виділятися)*; áufrücken *vi* (s) *(займати вищу посаду)*.

висхідн|и́й áufsteigend, empórsteigend; ～á інтонáція *фон.* stéigender To.

ви́твор|ір Schöpfung *f* (10), Werk *n* (2); Gebílde *n* (6) *(уяви тощо)*; **～оря́ти, ви́творити** *розм.* ánstellen *vt*, ánrichten *vt*.

ви́ти I *(про тварин, вітер, машини)* héulen *vi*.

ви́ти II *(вінок, нитки)* wínden* *vt*; **～ся** 1) *(про рослини)* sich ránken; sich schlíngen*; sich wínden*; 2) *(про волосся)* sich lócken, sich kräuseln; sich wéllen; 3) *(про змію, дорогу тощо)* sich schlängeln.

витира́ти, ви́терти 1) (áb)wíschen *vt*; ábtrocknen *vt*; ábstreichen* *vt (взуття)*; 2) *(зношувати)* ábtragen* *vt*, ábnutzen *vt*.

ви́тівка 1) *(вигадка)* Éinfall *m* (1*), Idée *f* (11); 2) *(жарт)* Streich *m* (1).

витіка́ти, ви́тікти 1) *(виливатися)* (her)áusfließen* *vi* (s); 2) *тк. недок.* *(брати початок)* entspríngen* *vi* (s).

витісня́ти, ви́тіснити verdrängen *vt*, hináusdrängen *vt*.

витки́й 1) *(про рослини)* Schling≠, ránkend; ránkig, ránkenartig; 2) *(про волосся)* lóckig, kraus, wéllig; 3) *(про стежку тощо)* geschlängelt; Serpentínen≠.

ви́тончений verféinert, raffiníert; erlésen.

ви́торг Erlös *m* (1), Ertrág *m* (1*).

ви́трат|а 1) Ausgabe *f* (11); Aufwand *m* -(e)s; Verbráuch *m* -(e)s; 2): **~и** Ausgaben *pl*, Kósten *pl*; накладні **~и** Únkosten *pl*, Spésen *pl*.

витрача́ти, ви́тратити áusgeben* *vt* (*гроші*); verbráuchen *vt*.

витрива́лий áusdauernd; wíderstandsfähig, zäh.

ви́трим|аний 1) (*послідовний*) konsequént; 2) (*що вміє володіти собою*) behérrscht, selbstbeherrscht diszipliníert (*дисциплінований*); 3) (*про продукти*); **~ане** вино́ ábgelagerter Wein; **~ка** 1) Behérrschung *f*, Sélbstbeherrschung *f*, Áusdauer *f* (*витривалість*); 2) *фото* Belíchtungsdauer *f*; 3) (*зберігання*) Lágerung *f*.

витри́мувати, ви́тримати 1) (*вагу, напруження*) áushalten* *vt*, stándhalten* *відокр. vi* (що-н. *D*), ertrágen* *vt*; 2) (*бути на рівні вимог*) bestéhen* *vt*; ~ екза́мен éine Prüfung bestéhen* ~ конкуре́нцію konkurrénzfähig sein*; 3) (*про продукти тощо*) áblagern *vt*; ◊ ~ роль séine Rólle gut spíelen; nicht aus der Rólle fállen*; ~ хара́ктер stándhalten* *відокр. vi*.

ви́тяг Áuszug *m* (1*); **~ати, ви́тягти** 1) (*робити довшим*) áusdehnen *vt*; *спец.* längen *vt*, zíehen* *vt* (*дріт тощо*); 2) (*простягати*) áusstrecken *vt*; 3) (*що звідки*) ábziehen* *vt*; heráusziehen* *vt*; 4) (*висмоктувати*) áussaugen* *vt*; áufsangen* *vt*. 5) (*знизу вгору*) hináufziehen* *vt*; 6) *перен.* (*з біди*) heráushelfen* *vi* (кого-н. *D*); 7) (*виймати*) (heráus) hólen *vt*.

ви́тяжка 1) (*видовження*) Déhnung *f*, Strécken *n* -s; 2) (*дія*) Ábzug *m* (1*); 3) (*пристрій для вентиляції*) Ábzugsrohr *n* (2); Ábzugsschrank *m* (1*); 4) *хім.* (*екстракт*) Áuszug *m* (1*); Extrákt *m* (1*).

виу́чувати, ви́вчити 1) (*що-н.*) lérnen *vt*; erlérnen *vt*; ~ напа́м'ять áuswendig lérnen; 2) (*кого-н.*) léhren *vt*.

вихваля́ти übermäßig lóben *vt*; **~ся** sich rühmen.

ви́хід 1) (*дія, рух*) Áustritt *m* (1); Hináusgehen *n* -s; ~ у відста́вку Rücktritt *m* (1); ~ у відкри́тий ко́смос Áusstiegmanöver [-vər] *n* (im Wéltraum); 2) (*місце*) Áusgang *m* (1*); Áusstieg *m* (1) (*з вагона*); 3) *перен.* Áusweg *m* (1); 4) (*продукції*) Ertrág *m* (1*); Áusbeute *f*; 5) (*поява*) Erschéinen *n* -s; 6) *театр.* Áuftritt *m* (1); ◊ да́ти ~ (*почуттям*) fréien Lauf lássen* (*D*); знайти ~ у чо́му-н. (*про почуття, творчі сили*) in etw. (*D*) Áusdruck fínden*.

вихідн|и́й 1): **~í** две́рі Áusgangstür *f* (10); **~á** допомо́га Überbrückungsgeld *n* -(e)s; 2): **~и́й** день Rúhetag *m* (1); fréier Tag; árbeitsfreier Tag; бу́ти **~и́м** (*вільним від роботи*) *розм.* séinen fréien Tag [séinen Rúhetag] háben; 3) (*початковий*) Áusgangs≠; 4) (*про одяг тощо*) Áusgeh≠.

вихова́нець 1) (*навчального закладу*) Zögling *m* (1); 2) (*дитина, взята на виховання*) Pflégekind *n* (5).

ви́хований wóhlerzogen; höflich (*ввічливий*).

вихов|а́ння Erzíehung *f*; фізи́чне **~а́ння** Körpererziehung *f*; стате́ве **~а́ння** sexuélle Áufklärung [Erzíehung]; **~а́ння** акура́тності Erzíehung zur Genáuigkeit; **~а́тель** Erzíeher *m* (6); **~а́телька** Erzíeherin *f* (12); Kíndergärtnerin *f* (12) (*у дитсадку*); Fürsorgerin *f* (12) (*у дитяслах*).

вихо́вувати, ви́ховати erzíehn* *vt*, gróßziehen* *відокр. vt* (*дітей*); ánerziehen* *vt* (*почуття тощо*).

вихо́дити, ви́йти 1) (*залишати*) hináustreten* *vi* (s), hináusgehen* *vi* (s) (*у напрямку до того, хто говорить*); heráustreten* *vi* (s, heráusgehen* *vi* (s) (*у напрямку від того, хто говорить*); verlássen* *vt*; áussteigen* *vi* (s) (*з машини, вагона*); 2) (*про вікна тощо*) hináusgehen* *vi* (s) (auf *A*); 3) (*нагору*) hináufsteigen* *vi* (s) (*у напрямку від того, хто говорить*); heráufsteigen *vi* (s) (*у напрямку до того, хто говорить*); erstéigen* *vt*; 4) (*з'являтися*) erschéinen* *vi* (s); 5) (*вичерпуватися*) verbráucht wérden; áusgehen* *vi* (s); áufgehen* *vi* (s), zu Énde géhen*; 6) (*удаватися*) gelíngen* *vi* (s); geráten* *vi* (s); 7) (*бути родом, походити*) stámmen *vi*; ábstammen *vi* (з чо́го-н. von *D*; hérkommen* *vi* (s); ◊ ~ за́між (за кого-н.) (j-n) héiraten, sich (mit j-m) verhéiraten; ~ в фіна́л sich für das Finále qualifizíeren; ~ з ла́ду 1) *тех.* áusfallen* *vi* (s); 2) (*про людину*) árbeitsunfähig wérden*; ~ з се́бе áußer sich geráten*; ~ з стано́вища éinen Áusweg fínden*; ~ в лю́ди *розм.* Karriére máchen; zu Éhren gelángen; ~ з дитя́чого ві́ку aus den Kínderschuhen heráuswachsen*.

ви́хор I *(рух вітру)* Wírbelsturm *m* (1*); Wírbelwind *m* (1).

ви́хор II *(волосся)* Schopf *m* (1), Háarwirbel *m* (6).

вицвіта́ти, ви́цвісти áusbleichen* *vi* (s), verbléichen* *vi* (s).

вичéрпн|ий erschöpfend; voll; áusfürlich *(детальний)*; **~ува́ти, ви́черпати** 1) *(воду тощо)* áusschöpfen *vt*; *перен.* erschöpfen *vt*; 2) *(питання тощо)* erlédigen *vt*.

вичи́тувати, ви́читати 1) *(читаючи, довідатися про що-н.)* heráuslesen* *vt*; durch Lésen erfáhren*; 2) *(рукопис)* korrgieren *vt*; lektoríeren *vt (у редакції)*.

вичі́кувати ábwarten *vt*; ábpassen *vt (підстерігати)*.

вишива́льниця Stíckerin *f* (12).

виши́в|аний gestíckt; hándgestickt *(ручної роботи)*; **~ати** stikken *vt*; éinstiken *vt (що-н. на чому-н.)*.

ви́шивка Stickeréi *f* (10); ~ хрéстиком Kréuzstickerei *f*.

ви́шка 1) *(над спорудою)* Söller *m* (); 2) *(споруда)* Wárte *f* (1), Turm *m* (1*).

вишнéвий 1) Kirsch≠; ~ сад Kírschgarten *m* (7*); 2) *(колір)* kírschrot, kírschfarben.

ви́шня 1) *(дерево)* Krschbaum *m* (1*), Sáuerkirschbaum *m*; 2) *(ягода)* Kírsche *f* (11), Sáuerkirsche *f*.

виштóвхувати, ви́штовхати hináusstoßen* *vt*; hináusdrängen *vt* *(витискати з поштовхами)*.

ви́шуканий áuserlesen, áusgesucht; fein, raffiníert.

вища́ти kréischen *vi*; wínseln *vi* *(скавучати)*.

ви́ще 1) *(вищ. ст.) прикм. та присл.* höher; 2) *присл.* óben; як ска́зано ~ wie óben geságt; диві́сь ~ sieh(e) óben; 3) *прийм.* über *(A)*; óberhalb *(G)*; два гра́дуси ~ нуля́ zwei Grad über Null.

вище|зазна́чений óbenerwähnt; óbenbemerkt; **~зга́даний** óbenerwähnt; **~наве́дений** óbenangeführt.

ви́щ|ий 1) *(вищ. ст.)* höher; ~ий сту́пінь *грам.* Komparativ *m* (1); 2) *(головний)* höcst; ~ий óрган höchstes Orgán; 3) *(за ступенем розвитку)* höher; ~а мате́матика höhere Mathematík; 4) *(у системі освіти)*; ~а шкóла, ~ий навча́льний за́клад Hóchschule *f* (11); ~а осві́та Hóchschulbildung *f*.

ви́яв Bekúndung *f* (10), Äußerung *f* (10); Offenbárung *f* (10); Erschéinungsform *f* (10); **~лення** *див.* ви́яв; **~ля́ти, ви́явити** 1) *(показувати)* zéigen *vt*; offenbáren *vt*; ~ля́ти му́жність (éinen) Mut beweísen*; 2) *(знаходити)* áufdecken *vt*, entdécken *vt*, erchlíeßen* *vt*, féststellen *відокр. vt*; ~ля́ти недóліки die Mängel heráusstellen; **~ля́тися, ~итися** 1) *(ставати видним)* sich zéigen, sich heráusstellen sich offenbáren, zum Vórschein kómmen*; 2) *(знаходитися)* sich fínden*; 3) *(бути ким-н., чим-н., яким-н.)* sich erwéisen*, sich zéigen; 4) *у знач. вставн. сл.*: **він, ~ля́ється,** мав ра́цію wie es sich heráusstellt, hátte er recht.

вібр|а́ція *муз., фіз.* Vibratión [vi-] *f* (10), Schwíngung *f* (10), *тех.* Flättern *n* -s *(коліс*; **~ува́ти** vibríeren *vt*, schwíngen* *vt*; *тех.* flättern *vi (про колеса)*.

вівся́н|ий Háfer-; ~е бóрошно Háfermehl *n* -(e)s.

вівтóрок Dienstag *m* (1).

вівця́ Schaf *n* (2).

вівча́р Schäfer *m* (6), Schäfzüchter *m* (6); Schä́fhirt *m* (8); **~ство** Schäfzucht *f*; **~ка** Schäferhund *m* (1).

від 1) *(для позначення просторових відношень)* von *(D)*; von *(D)* aus, von *(D)* her; 2) *(для позначення часових відношень)* von *(D)*; von *(D)* ab, von *(D)* an, ab *(D, розм. A)*, seit *(D)*; постанóва від 16-го вéресня éine Ánordnung vom 16. Septémber; 3) *(для позначення причини)* von *(D)*, aus *(D)*, vor *(D)*, an *(D)*; це все від зарозумі́лості das kommt vom Hóchmut; тремті́ти від стра́ху [ра́дості] vor Angst [Fréude] zíttern; помира́ти від (якóї-н.) хворóби an éiner Kránkheit stérben*; 4) *(для позначення першоджерела)* von *(D)*; я зна́ю це від свогó бра́та ich weiß das von méinem Brúder; 5) *(для позначення належності, частини чого-н.)* ключ від ціє́ї кімна́ти Schlüssel von [zu] díesem Zímmer; 6) *(при вказівці на предмет, призначений для захисту від чого-н.)* gégen *(A)*, für *(A)*, vor *(D)*; за́сіб від ка́шлю Míttel gégen [für] Hústen; ховáтися від дощý sich vor dem Régen schützen; 7) *(для порівняння)* als; сестрá стáрша від мéне méine Schwéster ist älter als ich; ◇ від а до я von A bis Z; писáти від рукú mit der Hand schréiben*; від усьóго сéрця vom gánzen Hérzen; від íмені im Námen (когó-н. *G*, von *D*); від прирóди von Natúr aus.

відбивáти, відбúти 1) *(що від чого)* ábschlagen* *vt*, ábhauen* *vt*, ábbrechen* *vt*, ábbröckeln *vt* *(шматочками)*; 2) *(удар)* ábwehren *vt*, ábweisen* *vt*, paríeren *vt*; zurückschlagen* *vt* *(м'яч)*, ~ м'яч головóю den Ball wégköpfen; ~ м'яч за лíнію den Ball verschlágen*; 3) *(відбирати силою)* entréißen* *vt*; wíedergewinnen* *vt*; 4) *розм.* *(переманювати)* ábspenstig máchen *vt* *(напр. нареченого)*; wéglocken *vt* (від кóго-н. *D*); 5) *перен.* *(від наміру)* ábbringen* *vt* (від чóго-н. von *D*); ábraten* *vt* (когó-н *D* від чóго-н. *A*); ◇ ~ охóту die Lust néhmen* [vertréiben*]; 6; *фіз.* *(промені тощо)* wíderspiegeln *vt*, reflektíeren *vt*; zurückwerfen* *vt*; zurückstrahlen *vt*; 7) *перен.* *(виражати, відтворювати)* wíderspiegel *vt*, wiedergeben* *vt*, zum Áusdruck bríngen* *vt*; ein Spíegelbild sein; **~ся** 1) *(відламуватися)* ábbrechen* *vi* (s); ábspringen* *vi* (s); 2) *фіз.* *(про промені тощо)* sich wíderspiegeln, sich ábspiegeln; reflektíert wérden; 3) *(позначатися)* sich áuswirken; éinen Éindruck hinterlássen* *(у пам'яті)*; негатúвно [позитúвно] ~ся на кóму-н., на чóму-н. sich náchteilig [günstig] áuswirken.

відбивн|úй: ~á котлéта Kotelétt *n* (2) (*pl* *тж.* -s). Kotelétte *f* (11).

відбирáти, відібрáти 1) *(віднімати)* (wég)néhmen* *vt*, ábnehmen* *vt*; entréißen* *vt* (у кóго-н. *D*); zurücknehmen* *vt* *(повертати)*; in Ánspruch néhmen* *(про час)*; 2) *(вибирати)* áuslesen* *vt*, áussondern *vt*.

відбúток 1) *(слід)* Spur *f* (10); ~ пáльців Fíngerabdruck *m* (1*); 2) *друк.* *(пробний текст, малюнок)* Ábdruck *m* (1*); Sónder(ab)druck *m* *(окремо видана стаття)*; 3) *(відображення)* Spíegelbild *n* (5); Ábbild *n*; ◇ накладáти свій ~ séinen Stémpel áufdrücken.

відбігáти, відбíгти fórtlaufen* *vi* (s), wéglaufen* *vi* (s); ~ вбік zur Séite (beiséite) láufen*.

відбíй 1) *(сигнал)* Ábbruchsignal *n* (2); Entwárnung *f* *(повітряної тривоги)*; 2) *військ.* *(вогнепальної зброї)* Rückstoß *m* (1*); 3) *гірн.* Ábbau *m* -(e)s.

відбíр Áuslese *f* *(тж. біол.)*; Áuswahl *f*; Áusmusterung *f*; прирóдний ~ die natürliche Zúchtwahl.

вíдблиск Wíderschein *m* -(e)s, Ábglanz *m* -es.

відбувáти, відбýти 1) *(покарання)* ábleisten *vt*, ábbüßen *vt*; 2) *(гостей)* empfángen* *vt*; 3) *(весілля тощо)* féiern *vt*; dúrchführen *vt*; **~ся** 1) státtfinden* *відокр.* *vi*; vor sich géhen* *vi*; sich eréignen, geschéhen* *vi* (s); 2) *(чим-н.)* sich ábtun*; sich heráusreden *(відмовками)*; ~ся обіцянками (j-n) mit Verspréchungen ábspeisen.

відбудóв|а Áufbau *m* -(e)s, Wíederaufbau *m*, Néuaufbau *m*; Restauratión *f*, Wiederhérstellung *f*; **~увати, відбудувáти** wíederaufbauen *відокр.* *vt*; restauríeren *vt*.

відвáга Kühnheit *f*, Mut *m* -(e)s, Wágemut *m*.

відвáж|ний kühn, mútig, tápfer, únerschrocken; **~уватися, відвáжитися** sich erkühnen; wágen *vt*, sich wágen.

відвáр Brühe *f* (11); Ábsud *m* (1).

відвертáти, відвернýти 1) *(голову)* ábwenden* *vt*; 2) *(зсувати вбік камінь тощо)* wégwälzen *vt*; 3) *(край одягу тощо)* ábbiegen* *vt*; zurückschlagen* *vt*; 4) *перен.* *(небезпеку)* ábwenden *vt*, ábwehren *vt*, verhüten *vt*; 5) *перен.* *(відштовхувати від себе кого-н. своєю поведінкою тощо)* ábstoßen* *vt*; sich únbeliebt máchen; ábwenden* *vt*; ábwendig máchen *(кого-н. від кого-н.)*; **~ся** 1) *(вбік, спиною)* sich ábwenden*; 2) *перен.* *(припиняти стосунки)* sich ábkehren (von *D*); 3) *(про комір)* sich úmschlagen*.

відвéртий 1) óffen, óffenherzig; áufrichtig *(щирий)*; 2) *(неприхований)* únverhohlen, únverhüllt.

відвикáти, відвúкнути 1) *(відучуватися від чого-н.)* sich (*D*) etw. ábgewöhnen; 2) sich entwöhnen (від чóго-н. von *D*); ~ від кóго-н. j-m fremd wérden.

відвідини Besúch *m* (1).

відвід|ування 1) *(дія)* Besúchen *n* -s, Besúch *m* (1); 2) *(кількість)* Besúcherzahl *f* (10); Zúlauf *m* -(e)s; журнáл **~ування** *(напр. у школі)* Ánwesenheitsbuch *n* (5); **~увати** besúchen *vt*; **~увач** Besúcher *m* (6).

відвóдити, відвéсти 1) *(кого-н. куди-н.)* bríngen* *vt*, (wég)führen *vt*; geléiten *vt (проводжати)*; ábseits führen *vt (вбік)*; 2) *(воду, газ тощо)* ábleiten *vt*; 3) *(руку, зброю)* ábziehen* *vt*, wégziehen* *vt*, wégnehmen* *vt*; ~ óчі die Áugen ábwenden*; 4) *(біду тощо)* ábwenden* *vt*, verhüten *vt*; 5) *(кандидатуру)* áblehnen *vt*, verwérfen* *vt*, zurückweisen* *vt*; 6) *(землю, приміщення)* zúweisen* *vt*, ánweisen* *vt*; 7) *перен.* béimessen* *vt*, béilegen *vt (надавати значення)*; zúteilen *vt (роль)*.

відволікáти, відволіктú 1) *(кого-н., що-н. куди-н.)* wégscleppen *vt*, fórtziehen* *vt*; beiséite bríngen* *vt (вбік)*; 2) *(від справи тощо)* áblenken *vt*, ábbringen* *vt*.

відв'язувати, відв'язáти ábbinden* *vt*, lósbinden* *vt*.

відгáдувати, відгадáти erráten* *vt*, lösen *vt*.

відгалýження 1) *(гілка)* Zweig *m* (1); 2) *(розгалуження)* Ábzweigung *f* (10).

відгинáти, відігнýти gerádebiegen* *vt*, zurückbiegen* *vt*; zurückschlagen* *vt*.

відгодівля Mast *f*, Mästung *f*; Füttern *n* -s.

відгодóвувати, відгодувáти mästen *vt*, áuffüttern *vt*; stópfen *vt (свійську птицю)*.

відгомін 1) *(луна)* Náchhall *m* -(e)s, Widerhall *m*, Écho *n* -s, -s; 2) *перен. (слід, прояв)* Náchklang *m* (1*); Náchwirkung *f* (10).

відгорóджувати, відгородúти ábzäunen *vt (парканом)*; ábschirmen *vt* (від чóго-н. gégen *A*), *перен.* ábsondern *vt*, ábsperren *vt*, ábkapseln *vt* (від кóго-н., від чóго-н. von *D*).

відгризáти, відгрúзти ábknabbern *vt*, ábnagen *vt*.

відгук 1) *(звук)* Widerhall *m* (1), Resonánz *f* (10), Écho *n* -s, -s, Náchhall *m*, Náchklang *m* (1*) *(тж. перен.)*; 2) *(відповідь на поклик тощо)* Ántwort *f* (10); 3) *(виступ; рецензія)* Äußerung *f* (10) *(тж. у пресі)*; Gútachten *n* (7), Rezensión *f* (10) *(на книжку, дисертацію)*; Úrteil *n* (2) *(висновок)*.

відгýкуватися, відгукнýтися 1) *(на поклик)* ántworten *vt*; erwídern *vt*; sich hören lássen*; reagíeren *vi*; 2) *(висловлюватися)* sich äußern (про кóго-н., про щó-н. über *A*); 3) *(відлунювати)* wíderhallen *vi*; *перен.* náchwirken *vi*.

віддавáти, віддáти 1) zurückgeben* *vt*; ◊ ~ всі сúли на щó-н. álle Kräfte für etw. *(A)* éinsetzen; ~ своє́ життя́ sein Lében híngeben*; ~ в шкóлу in die Schúle schícken [gében*]; 2) *(заміж)* zur Frau gében* *vt* (за кóго-н. *D*); verhéiraten *vt*; ◊ ~ налéжне Geréchtigkeit [Recht] widerfáhren lássen*; **~ся** 1) *(під чию-н. владу, у чиє-н. розпорядження)* sich ergében*; 2) *(справі тощо)* sich híngeben*; sich wídmen.

віддáвна von álters her; von jéher, seit lángem.

віддáл|ений entférnt, weit, fern; entlégen; **~ення** Entférnung *f* (10); *перен.* Entfrémdung *f*; **~ік** 1) *(звідки)* von wéitem; von fern her; 2) *(де)* fern; in der Férne; **~яти, віддалúти** 1) entférnen *vt*; férnhalten* *відокр. vt*; *перен. тж.* entfrémden *vt*; 2) *(відстрочувати)* verschíeben* *vt*; verlégen *vt*.

віддаль Entférnung *f* (10); Ábstand *m* (1*).

віддан|ий ergében; treu *(вірний)*; **~ість** Ergébenheit *f*; Híngabe *f (самовідданість)*.

відділ 1) *(частина цілого)* Teil *m* (1); Ábschnitt *m* (1); 2) *(установи, магазину)* Ábtéilung *f* (10), Sektión *f* (10); 3) *(приміщення)* Raum *m* (1*); Ábteil *n* (2) *(вагона)*; 4) *(у газеті, журналі)* Rubrík *f* (10), Teil *m* (1).

відділ|ення 1) *(дія)* Ábtrennung *f*; Separatión *f*; Ábsonderung *f*; 2) *(частина)* Ábteilung *f* (10), Teil *m* (1); Zwéigstelle *f* (11) *(філія)*; **~ення** міліції Milízrevier [-vi:r] *n* (2); поштóве **~ення** Póstamt *n* (5); 3) *військ.* Grúppe *f* (11); Ábtéilung *f* (10) *(штабу)*; **~яти, віддiлúти** 1) (áb)trénnen *vt*, lóslösen *vt*; ábteilen *vt*, separíeren *vt*; áussondern *vt (відбирати)*; 2) *(при поділі майна)* éinen Ánteil überlássen*; **~ятися, відділитися** 1) sich ábsondern; sich (lós)lösen; sich trénnen; 2) *(для самостійного господарювання)* sich sélbständig máchen.

В

віддушина Lúftloch *n* (5); Ábzugsöffnung *f* (10).

віддячувати, віддячити dánken *vi*; sich erkénntlich zéigen.

відеокасета Videokassete *f* -, -n.

відеомагнітофон Videorecorder *m* -s, -

відеофільм Videofilm *m* -s, -e

від'ємн|ий négativ *(у різн. знач.)*; náchteilig *(про вплив тощо)*; **~ик** *мат.* Subtrahénd *m* (8).

віджив|ати, віджити 1) überlébt sein, überhólt sein; він ~áє свій вік es geht mit ihm zu Énde; 2) *(оживати)* áufleben *vt* (s); *перен.* sich belében, áufwachen *vi* (s) *(про почуття)*.

відзнака 1) *(прикмета)* Unterschéidungsmerkmal *n* (2); 2) *(знак що вказує на звання)* Díenstgradabzeichen *n* (7); 3) *(нагорода)* Áuszeichnung *f* (10).

відзначати, відзначити 1) *(позначати)* bezéichnen *vt*, kénnzeichnen *невідокр. vt*, ánmerken *vt*; 2) *(звертати увагу на що-н.)* bemérken *vt*; hervórheben* *vt*, betónen *vt*; erwähnen *vt* *(згадувати)*; 3) *(похвалою, нагородою)* würdigen *vt*; áuszeichnen *vt*; 4) *(святкувати)* féiern *vt*, begéhen* *vt*.

відігравати, відіграти 1) *(повертати програне)* wíedergewinnen* *vt*, zurückgewinnen *vt*; 2) ~ роль éine Rólle spíelen.

від'їжджати, від'їхати ábfahren* *vi* (s), fórtfahren* (s), ábreisen *vi* (s); verréisen *vi* (s) (куди-н. nach *D*).

від'їзд Ábfahrt *f*, Ábreise *f*.

відкид|ати, відкинути 1) wégwerfen* *vt*; zur Séite [beiséite] wérfen* *vt*; zurückwerfen* *vt*; 2) *(фіранку тощо)* zurückschieben* *vt*, beiséite schíeben* *vt*; zurückschlagen* *vt*; zurückwerfen* *vt* *(волосся, голову)*; 3) *(теорію, пропозицію тощо)* áblehnen *vt*; áufgeben* *vt*; verwérfen* *vt*; ~ати сумніви Zwéifel fállenlassen*; **~ний** áufklappbar; Klapp-.

відкладати, відкласти 1) *(класти вбік)* wéglegen *vt*; beiséite légen 2) *(зберігати)* áufbewahren *vt*; (áuf)spáren *vt*; zurücklegen *vt*; 3) *(відстрочувати)* áufschieben* *vt*, verschíeben* *vt*, verlégen.

відклик 1) *(депутата, посла тощо)* Ábberufung *f* (10); 2) *(на чийсь поклик)* Ántwort *f* (10); Wíderhall *m* (1) *(відгомін)*.

відкликати, відкликати 1) *(вбік)* beiséite rúfen* *vt*; 2) *(депутата, посла)* ábberufen* *vt*.

відколи 1) *присл.* *(з якого часу)* seit wann; 2) *спол.* *(з того часу як)* seit; seitdém.

відкривати, відкрити 1) öffnen *vt*; áufmachen *vt*; áufschlagen* *vt* *(книжку, парасольку)*; 2) *(воду, газ)* áufdrehen *vt*; 3) *(що-н. вкрите)* áufdecken *vt*, fréilegen *vt*; enthüllen *vt* *(тж. перен.)*; 4) *(виявляти)* entdécken *vt*; enthüllen *vt* *(таємницю тощо)*; 5) *(виставку, заклад)* eröffnen *vt*; ◊ ~ óчі комý-н. j-m die Áugen öffnen; ~ дýжки die Klámmern áuflösen; ~ Амéрику *ірон.* längst Bekánntes ságen.

відкрит|ий 1) óffen, geöffnet; 2) *(про місцевість)* fréiliegend, frei; 3) *(голий)* bloß, entblößt *(про шию тощо)*; 4) *(відвертий)* óffen, óffenherzig, áufrichtig; 5) *(явний)* óffenkundig; óffensichtlich, únverhohlen; ~е голосування óffene Ábstimmung.

відкриття 1) Eröffnung *f*; Enthüllung *f* *(пам'ятника)*; 2) *(наукове тощо)* Entdéckung *f* (10).

відлига Táuwetter *n* -s.

відліт Ábflug *m* (1*); **~ати, відлетіти** 1) ábfliegen* *vi* (s), wégfliegen* *vi* (s), davónfliegen* *vi* (s); *(від удару)* zur Séite flíegen*, ábprallen *vi* (s); zurückspringen* *vi* (s).

відлучати, відлучити ábtrennen *vt*, lóslösen *vt*.

відмежовувати, відмежувати ábgrenzen *vt* *(тж. перен.)*; **~ся** sich ábgrenzen (від кого-н., від чого-н. von *D*, gégen *A*); sich ábsondern (von *D*) sich distan-zíeren (von *D*).

відмикати, відімкнути áufschließen* *vt*, öffnen *vt*.

відмін|а 1) *(характерна риса)* Únterschied *m* (1); Unterschéidungsmerkmal *n* (2); на ~у від кого-н., від чого-н. im Únterschied zu *(D)*; zum Únterschied von *(D)*; 2) *(переміна чого-н.)* Ábwechslung *f* (10); Ábänderung *f* (10); 3) *грам.* Deklinatión *f* (10); **~ний** 1) *(від кого-н., від чого-н.)*

verschieden; 2) *(високоякісний, дуже гарний)* áusgezeichnet; vórtrefflich, vórzüglich; **～ник** béster Schüler; Béststudent *m* (8) *(про студента)*; **～ювання** *грам.* Deklinatión *f*, Dekliníeren *n* -s; **～ювати** I *грам.* dekliníeren *vt*; **～ювати** II *див.* відміня́ти.

відміня́ти, відміни́ти 1) *(змінювати)* abändern *vt*, verändern *vt*; 2) *див.* скасо́вувати.

відмо́в|а 1) Ábsage *f* (11); Áblehnung *f* (10), Zurückweisung *f* (10); Verwéigerung *f* (10); 2) *тех. (механізму)* Verságen *n* -s, Áusfall *m* -s; **～ля́ти, ～ити** 1) *(в чому-н.)* ábsagen *vt*, nein ságen; 2) erwídern *vi*, ántworten *vi*; 3) *(відраджувати)* ábreden *vt*, ábraten* *vt* (кого́-н. *D*, від чо́го-н. *A*); ábbringen* *vt* (кого́-н. *A*, від чо́го-н. von *D*); 4) *розм.* verságen *vi (про ноги, механізм тощо)*; **～ля́тися, ～итися** 1) *(що-н. робити)* sich wéigern; Ábstand néhmen*, sich lóssagen (від чо́го-н. von *D*); áblehnen *vt*; ábschwören *vt (від слів, думки тощо)* ～ля́тися від своїх на́мірів sein Vórhaben [séine Ábsicht] áufgeben*; 2) *(чим-н.)* sich heráusreden; vórschützen *vt*.

відни́ні von nun an [ab], von héute an [ab].

відніма́ти, відня́ти 1) *див.* відбира́ти 1); 2) *мат* ábziehen* *vt*, in Ábzug bríngen*; subtrahíeren *vt*.

відно́влювати, віднови́ти 1) *(що-н. пошкоджене, зруйноване)* ernéuern *vt*, restauríeren *vt*; wiederhérstellen *vt*; 2) *(перервану дію, стосунки)* ernéuern *vt*; wiederáufnehmen* *(impf* nahm wíeder auf, *part* II wiederáufgenommen) *vt*; 3) *перен. (у пам'яті)* sich *(D)* etw. ins Gedächtnis zurückrufen*; áuffrischen *vt*.

відно́сини Verhältnisse *pl*; Bezíehungen *pl (стосунки, зв'язки)*.

відно́сн|ий 1) relatív; bedíngt; verhältnismäßig; 2) *(помірний)* mäßig, begrénzt; 3) *грам.*: **～ий** займе́нник Relatívpronomen *n* (7); ～ий прикме́тник relatíves Ádjektiv, Bezíehungsadjektiv *n* (2); **～ість** Relativität [-vi-] *f*; **～о** 1) *присл.* verhältnismäßig, relatív; 2) *прийм.* in Hínsicht, in Bezíehung (auf *A*) *(стосовно)*; bezüglich *(G)*, in bezúg (auf *A*) *(з приводу)*.

відно́шенн|я 1) *(зв'язок, причетність)* Bezíehung *f* (10); Verhältnis *n* (3); у всіх ～ях in jéder Hínsicht [Bezíehung]; 2) *(взаємозв'язок)* Verhältnis *n* (3*) *(тж. мат., грам.)*; 3) *(діловий лист)* (offiziélles) Schréiben *n* (7).

відобр|ажа́ти, відобрази́ти wíedergeben* *vt*; wíderspriegeln *vt*; dárstellen *vt*; **～а́ження** 1) *(дія)* Ábbildung *f* (10); Wíderspieg(e)lung *f* (10), Wíedergabe *f* (11); 2) *(відбиток, образ)* Ábbild *n* -(e)s; Wíderspiegelung *f* (10).

відо́зва Áufruf *m* (1); Appéll *m* (1).

відокре́млювати, відокре́мити 1) trénnen *vt*; ábsondern *vt*, isolíeren *vt*; ábgrenzen *vt*; 2) *(розпізнавати)* unterschéiden* *vt*; **～ся** 1) sich ábsondern, sich (ab)trénnen, sich (lós)lösen; 2) *(виходити зі складу організації)* áusscheiden* *vi* (s); sich sélbständig máchen *(для окремого господарювання)*.

ві́дома: без ～кого́-н. óhne j-s Wíssen; бра́ти до ～ zur Kénntnis néhmen*, sich *(D)* mérken; дово́дити до ～ кого́-н. j-n benáchrichtigen, j-n in Kénntnis sétzen.

відо́мий bekánnt; berühmt *(знаменитий)*.

відо́мість Líste *f* (11); Verzéichnis *n* (3*).

відо́мості 1) *(вісті)* Náchrichten *pl*, Informatión *f* (10); 2) *(факти, дані)* Ángaben *pl*, Dáten *pl*; 3) *(знання)* Kénntnisse *pl*.

ві́домство Díenstbereich *m* (1), Ressórt *n* -s, -s *(галузь управління)*; Behörde *f* (11), Amt *n*, (5) *(установа)*.

відпла́та Vergéltung *f*, Ábrechnung *f*; Ráche *f*.

відпла́чувати, відплати́ти vergélten* *vt*; sich revanchíeren [-vanʃi-]; sich rächen, Ráche néhmen* (кому́-н. an *D*, за що-н. für *A*) *(помститися)*.

відпли́в 1 *(пароплава тощо)* Ábfahrt *f*, Áusfahrt *f*; Ábschwimmen *n* -s *(плавця)*; 2) *(води в океанах, морях)* Ébbe *f* (11); ～ і припли́в Ébbe und Flut.

відповід|а́льний 1) verántwortlich *(про посаду)*; verántwortungsbewußt *(про ставлення до справи)*; 2) *(важливий)* verántwortlich verántwortungsvoll; **～а́льність** 1) Verántwortung *f*, Verántwortlichkeit *f*; 2) *(важливість справи)* Wíchtigkeit *f*; **～а́ти, відповісти́** 1) ántworten *vi, vt*, beántworten *vt*; erwídern *vi, vt*; entgégnen *vi, vt* *(заперечити)*; 2): ~áти урóк [завдáння] die Schúlaufgaben hérsagen [áufsagen]; 3) *(бути відповідальним)* verántwortlich sein, verántworten *vt*; 4) *(бути відповідним)* entspréchen* *vi* (чомý-н. *D*); überéinstimmen *vi* (mit *D*), im Éinklang stéhen* (mit *D*).

відповíдн|ий 1) entspréchend; überéinstimmend (mit *D*); 2) *(придатний, підходящий)* pássend, geéignet, ángemessen; **~о** *присл.* і *прийм.* *(до чого-н.)* entspréchend (*D*); gemäß (*D*); **~о** до цьóго démgemäß, démentsprechend.

відповідь Ántwort *f* (10); Erwíderung *f* (10); Entgégnung *f* (10) *(заперечна)*.

відпоч|ивáти, відпочúти sich erhólen, rásten *vi*; (áus)rúhen *vi*, sich áusruhen; **~úнок** Erhólung *f*, Rast *f*; Entspánnung *f*; Múßestunden *pl* *(дозвілля)*.

відправля́ти, відпрáвити 1) *див.* відсилáти 1); 2) *(поїзд тощо)* ábfertigen *vt*; das Ábfahrt(s)signal gében*.

відпуск|áти, відпустúти 1) entlássen* *vt*; (géhen) lássen* *vt*; lóslassen* *vt* *(тж. з рук)*; 2) *(звільняти)* fréilassen* *vt*; beúrlauben *vt* *(у відпустку)*; in die Férien géhen lássen* *vt*, Férien gében* *(D)* *(на канікули)*; 3) *(послаблювати що)* náchlassen* *vt*; entspánnen *vt*; lóckern *vt*; 4) *(про біль, мороз)* náchlassen* *vi*; 5) *(товар)* áusliefern *vt*; verkáufen *vt*; bewílligen *vt* *(гроші)*; 6) *(волосся)* wáchsenlassen* *відокр.* *vt*; **~ник** Úrlauber *m* (6), Beúrlaubte *m* (14).

відпýст|ка Úrlaub *m* (1); ітú у **~**ку auf Úrlaub géhen*; séinen Úrlaub antréten*.

відрáджувати, відрáдити ábraten* *vt*; áusreden *vt*, ábreden *vt* *(відмовляти)*.

відрáз|а Ábscheu *m* -(e)s, *f*, Ábneigung *f*, Wíderwillen *m* -s; викликáти **~**у Ékel errégen.

відрáзу gleich; sofórt, sogléich, únverzüglich *(негайно)*; gléichzeitig, zugléich *(одночасно, разом)*.

відрúв 1) *(дія)* Ábreißen *n* -s, Lósreißen *n* -s; 2) *перен.* Lóslösung *f*; Entfrémdung *f*; ◊ вчúтися без **~**у від виробнúцтва nében der Áusübung der berúflichen Tätigkeit studíeren; **~áти, відірвáти** 1) ábreißen* *vt*; áblösen *vt* *(марку тощо)*; 2) *перен.* *(розлучати)* trénnen *vt*, lóslösen *vt*; auseinánderreißen* *vt*; 3) *перен.* *(від справи тощо)* ábbringen* *vt* (von *D*); **~áтися, відірвáтися** 1) sich (lós)lösen; sich lósreißen*; 2) *перен.* *(втрачати зв'язок)* die Verbíndung verlíeren* sich (lós)trénnen.

відрíз 1): лíнія **~**у Schníttlini|e *f* (11); Schníttfläche *f* (11); *(матерії)* Stóffstück *n* (2).

відрізня́ти, відрізнúти 1) unterschéiden* *vt*; 2) *(виділяти)* áuszeichnen *vt*, kénnzeichnen *невідокр.* *vt*; hervórheben* *vt*; **~ся** 1) *(бути несхожим)* sich unterschéiden*; 2) *(характеризуватися)* sich áuszeichnen, sich kénnzeichnen (чим-н. durch *A*).

відрíз|ок 1) *(частина чого-н.)* Ábschnitt *m* (1); *мат.* Strécke *f* (11); **~**ок чáсу Zéitspanne *f* (11); 2) *(шматок чого-н.)* ábgeschnittenes Stück; **~**ки ткáнини Stóffreste *pl*; **~увáти, відрíзати** 1) ábschneiden* *vt*; amputíeren *vi* *(ампутувати)*; 2) *перен.* *(шлях тощо)* verspérren *vt*, ábschneiden* *vt*.

відрікáтися, відректúся sich lóssagen (von *D*); verzíchten *vi* (auf *A*) *(від щастя тощо)*; ábdanken *vi* *(від престолу)*; widerrúfen* *vt*, zurücknehmen* *vt* *(від слів тощо)*; ábschwören *vt* *(від релігії, переконань)*.

відр|ó Éimer *m* (6); ◊ ллє як з **~**á es régnet [gießt] in Strömen, es gießt wie mit Éimern [Kánnen].

відрóдж|ення 1) Wíedergeburt *f*; Wíederaufleben *n* -s; Wíedererstehen *n* -s *(з руїн)*; 2) *іст.*: епóха Відрóдження die Renaissance [rɛnɛ'sas]; **~увáти, відродúти** wíederbeleben *vt*, wíedererstehen lássen*; **~увáтися, відродúтися** wíederaufleben *відокр.* *vi* (s); wíedererstehen* *vi* (s).

відря́дження Díenstreise *f* (11); бýти у **~**і auf (éiner) Díenstreise sein.

відсилáти, відіслáти 1) ábsenden* *vt*, versénden* *vt*; (áb)schíkken *vt*, verschícken *vt*, fórtschikken *vt*; 2) **~** читачá до примíток den Léser auf die Ánmerkungen verwéisen*.

відсíч 1) *(рішучий опір)* Ábwehr *f*, Wíderstand *m* -(e)s; 2) *(різка відповідь)* Ábfuhr *f*; stríkte Ábsage.

відска́кувати, відско́чити 1) davónhüpfen *vi* (s); zurückspringen* *vi* (s); zur Séite spríngen* *vi* (s); áusweichen* *vi* (s); 2) *(про м'яч, кулю)* ábprallen *vi* (s), ábspringen* *vi* (s).

відстав|а́ння Lóslösung *f*, Ábfallen *n* -s *(відпадання)*; Zurückbleiben *n* -s, Rückstand *m* (1*); Rückständigkeit *f* *(відсталість)*; **~а́ти, відста́ти** 1) *(відпадати)* sich lóstrennen; sich lóslösen, ábgehen* *vi* (s); 2) *(залишатися позаду)* zurückbleiben* *vi* (s) (від ко́го-н. hínter *D*); nicht náchkommen* *vi* (s); náchbleiben* *vi* (s).

відста́в|ка Ábschied *m* (1); Rücktritt *m* (1); Demissión *f* (10) *(уряду, дипломата)*; у ~ці áußer Dienst.

відста́л|ий zurückgeblieben; rückständig; únterentwickelt; **~ість** Rückständigkeit *f*.

відстан|ь 1) Entférnung *f* (10); Ábstand *m* (1*); Strécke *f* (11); на ~і двох ме́трів від zwei Méter entférnt [weit] von *(D)*; 2) *перен.* *(між людьми)* Distánz *f* (10).

відстіба́ти, відстебну́ти ábknöpfen *vt*; áufknöpfen *(гудзики)*; áufhaken *vt* *(гачки)*; ábschnallen *vt*, áufschnallen *vt* *(застібки, пряжки)*.

ві́дступ 1) *(під натиском ворога)*, Rückzug *m* (1*), Rückmarsch *m* (1*); 2) *(від правил тощо)* Ábweichung *f* (10); 3) *(від теми)* Ábschweifung *f* (10), Ábweichung *f* (10); **~а́ти, ~и́ти** 1) zurücktreten* *vi* (s); zur Séite tréten*; (zurück)wéichen* *vi* (s); sich zurückziehen* *(про війська)*; 2) *(від правил тощо)* ábweichen* *vi* (s) (von *D*); 3) *(від теми)* ábweichen* *vi* (s), ábschweifen *vi* (s) (von *D*).

відсува́ти, відсу́нути 1) ábrücken *vt*; ábschieben* *vt*; zurückschieben* *vt*; beiséite [zur Séite] schieben* *vt*; wégschieben* *vt*, fórtrükken *vt*; 2) *перен.* *(відстрочувати)* verschíeben* *vt*; **~ся** ábrücken *vi* (s); zur Séite rücken *vi* (s) *(вбік)*.

відсу́тн|ій 1) ábwesend; nicht vorhánden; бу́ти ~ім féhlen *vi*; **~ість** 1) *(про людей)* Ábwesenheit *f*; 2) *(брак чого-н.)* Nichtvorhandensein *n* -s; Féhlen *n* -s; Mángel *m* -s.

відтво́р|ення 1) Wíedergabe *f* (11) *(звуку, зображення тощо)*, Náchbildung *f* (10) *(за зразком, оригіналом)*; Náchdruck *m* (1) *(передрук)*; 2) *ек.* Reproduktión *f*; **~ювати, відтвори́ти** 1) *(виробляти знову те саме)* reproduzíeren *vt*; 2) *(точно передавати що-н.)* wíedergeben* *vt*, náchbilden *vt*; náchdrucken *vt*; 3) *(пригадувати)* wíedererzeugen *vt*; ~ювати в пам'яті sich *(D)* etw. ins Gedächtnis zurückrufen*.

відтепе́р von nun an [ab]

відті́н|ок 1) Schattíerung *f* (10); Nuance [ny'anse] *f* (11); Stich *m* (1), Fárb(en)ton *m* (1*); **~ки** зна́чення Bedéutungsabstufungen *pl*, Bedéutungsschattierungen *pl*; 2) *перен.*: з **~ком** співчуття́ *(у голосі)* mit éinem Únterton von Mítleid.

відто́ді seitdém, seit dámals, von jéner Zeit an.

відтуля́ти, відтули́ти enthüllen *vt*; fréilegen *vt*.

відхи́л|ення 1) Ábweichen *n* -s, Ábweichung *f* (10); Áusschlag *m* (1*), Áblenkung *f* (10) *(стрілки приладу)*; 2) *(пропозиції тощо)* Áblehnung *f* (10), Zurückweisung *f* (10); **~я́ти, ~и́ти** 1) áblenken *vt*; áusschlagen* *vt*; 2) *(пропозицію тощо)* áblehnen *vt*; zurückweisen* *vt*; **~я́тися, ~и́тися** ábweichen* *vi* (s); áusschlagen* *vi* (s) *(про стрілку)*; 2) *(від теми тощо)* ábkommen* *vi* (s), ábweichen* *vi* (s).

відх|і́д 1) Ábgang *m* -(e)s; Ábfahrt *f* *(поїзда)*; Áuslaufen *n* -s *(судна)*; 2) *військ.* *(відступ)* Rückmarsch *m* (1*); 3) *(відхід від справи)* Ábkehr *f* (von *D*); Ábwendung *f* (von *D*); 4) *перев. мн.* **~о́ди** *(залишки* Ábfälle *pl* (1*), Ábgänge *pl* (1*).

відхо́дити, віді́йти́ 1) beiséite tréten* *vi* (s); sich zurückziehen*; wéggehen* *vi* (s); 2) *(про поїзд)* ábgehen *vi* (s); ábfahren* *vi* (s); *(про судно)* áuslaufen* *vi* (s); 3) *військ.* *(відступати)* sich zurückziehen*; 4) *перен.* *(від кого-н.)* sich entfrémden *(D)*, sich ábwenden* (von *D*); 5) *(від справи тощо)* ábgehen* *vi* (s), ábkommen* *vi* (s), ábweichen* *vi* (s); 6) (von *D*); *(відгалужуватися — про дорогу тощо)* ábzweigen *vi* (s), ábfallen* *vi* (s), sich áblösen; 7) *(заспокоюватися)* wieder zu sich kómmen*; sich berúhigen; wíeder áufleben; wíeder warm wérden *(зігріватися)*; 8) *(діставатися кому-н.)* j-s Éigentum wérden; 9) *(минати)* vorübergehen* *vi* (s); 10) *(зникати)* vergéhen* *vi* (s) *(про охоту тощо)*, verschwínden* *vi* (s); 11) *(умирати)* entschláfen* *vi* (s), hínscheiden* *vi* (s); ◊ ~ в минýле der Ver gángenheit anhéimfallen*.

відцéнтров|ий *спец.* zentrifugál, Zentrifugál-, ~а сúла Zentrifugálkraft *f*; Schwúngkraft *f*.

відцурáтися sich entfrémden (когó-н., чогó-н. *D*); sich ábwenden* (von *D*).

відчá|й Verzwéiflung *f*; бýти у ~ї verzwéifelt sein.

відчáлювати, відчáлити vom Úfer ábstoßen* [áblegen]; áuslaufen* *vi* (s).

відчиняти, відчинúти áufmachen *vt*; öffnen *vt*; **~ся** aufgehen *vi* (s); sich öffnen, sich áuftun*.

відчíплювати, відчепúти 1) ábmachen *vt*; lóshaken *vt*; 2) *(вагони тощо)* ábhängen *vt*; ábkuppeln *vt*; **~ся** 1) sich lösen, sich ábkoppeln, sich lóshaken; 2) *перен. розм. (дати спокій)* in Rúhe lássen*; áblassen* *vi* (від кóго-н. von *D*).

відчувáти, відчýти 1) *(переживати щось)* empfínden* *vt*; wáhrnehmen* *vt*; 2) *(сприймати органами чуття)* fühlen *vt*, spüren *vt*, verspüren *vt*; áhnen *vt (передчувати)*; **~ся** wáhrnehmbar [bemérkbar] sein.

відчýт|ний wáhrnehmbar, fühlbar, spürbar; mérklich *(помітний)*; **~тя́** 1) *(відчування)* Empfíndung *f* (10), Empfínden *n* -s; Wahrnehmung *f* (10); 2) *(розуміння чого-н.)* Sinn *m* -(e)s; Gefühl *n* -(e)s; ~тя́ смакý Geschmácksinn *m*.

відшкодóвувати, відшкодувáти entschädigen *vt* (комý-н. щó-н. j-n für *A*); ersétzen *vt*; wiedergútmachen *vt* (*impf* máchte wieder gut, *part II* wiedergútgemacht) *vt*.

відьма Héxe *f* (11).

віжки Zügel *pl*.

віз Fúhre *f* (11), Wágen *m* (7).

віза 1) Vísum ['vi:-] *n* -s, *pl* -sen *та* -sa; 2) *(напис на документі)* Síchtvermerk *m* (1).

візант|íець Byzantíner *m* (6); **~íйський** byzantínisch.

візерýн|ок Múster *n* (6); Ornamént *n* (2); Stickeréi *f* (10) *(вишитий)*; Spítzen *pl (мереживо)*; Éisblumen *pl (від морозу на шибках)*; **~частий** gemústert.

візúт 1) Besúch *m* (1); Visíte [vi:-] *f* (11); 2) *(лікаря)* Kránkenbesuch *m*; **~ний** Visíten≠; ~на кáртка Visítenkarte *f* (11), Besúchskarte *f* (11).

візувáти *(ставити візу)* viserén [vi:] *vt*, mit éinem Visúm verséhen*; begláubigen *vt (завіряти)*.

війн|á 1) Krieg *m* (1); Велúка Вітчизня́на ~á der Gróße Váterländische Krieg; громадя́нська ~á Bürgerkrieg *m*; я́дерна ~á Kérnwaffenkrieg *m*; не допустúти ~ú den Krieg verhíndern.

вíйськ|о Armée *f* (11); Heer *n* (2); **~óвий** 1) Militär-; militärisch; Wehr≠; Trúppen≠; ~óва слýжба Militärdienst *m* -es, Wéhrdienst *m*; ~óвий обов'язок Militár (diesenst)-pflicht *f*; Wéhrpflicht *f*; 2) *у знач. ім., (військовослужбовець)* Militärperson *f* (10).

вíйськово|зобов'я́заний Wéhr(dienst)pflichtige *m* (14); **~полонéний** Kríegsgefangene *m* (14); **~службóвець** Militärperson *f* (10).

вік 1) *(життя)* Lében *n* -s, Lébenszeit *f*; до ~у, увéсь свій ~ sein gánzes Lében; 2) *(тривалість життя, літа)* Álter *n* -s, Lébensalter *n*; Áltersstufe *f* (11); похúлий ~ hóhes Álter; людúна похúлого ~у ein hóchbetagter [hóchbejahrter] Mensch; 3) *(сторіччя)* Jahrhúndert *n* (2); 4) *(епоха)* Zeit *f* (10), Zéitalter *n* (6); кам'янúй ~ Stéinzeit *f*; серéдні ~ú Míttelalter *n* -s; ◊ на ~и вічні in álle Éwigkeit.

вікнó 1) Fénster *n* (6); 2) *розм. (між лекціями, уроками)* Spríngstunde *f* (11), Fréistunde *f*.

вікóв|ий 1) Álter(s)≠; áltersmäßig; 2) *(давній, старий)* úralt; jahrhúndertelang; **~íчний** ímmerwährend, éwig.

вікóнниця Fénsterladen *m* (7*).

віл Óchse *m* (9); ◊ працювáти як ~ wie ein Pferd árbeiten; schúften *vi*.

вíльн|ий 1) *(у різн. знач.)* frei; ~ий час fréie Zeit, Fréizeit *f*; Múßestunden *pl (дозвілля)*; 2) *(про одяг)* lóse, breit, weit *(широкий)*; **~о** 1) frei, úngehindert, úngezwungen; 2) *військ., спорт.*: вíльно *(команда)* rührt euch!

вільха *бот.* Érle *f* (11), Érlenbaum *m* (1*).

він er; *(залежно від роду ім., з яким співвідноситься, тж.* sie, es) замість нього stat séiner.

вінегрет 1) *кул.* Salát *m* (1) *(aus feingeschnittenem Gemüse);* 2) *перен. розм.* Míschmasch *m* (1), Durcheinánder *n* -s.

віник Bésen *m* (7); Bírkenrute *f* (11) *(березовий).*

вінок Kranz *m* (1*); лавровий ~ Lórbeerkranz *m*; терновий ~ Dórnenkrone *f* (11).

вір|а 1) Gláube(n) *m* (15, 7) (у що-н. an *A*); Vertráuen *n* -s *(довір'я)*; Zúversicht *f* *(впевненість)*; **~ити, повірити** 1) gláuben *vt*; 2) *(у кого-н., у що-н.)* gláuben *vi* (an *A*); vertráuen *vi (D)* **~ний** treu; ergében *(відданий)*; **~ність** Tréue *f* (чому-н. zu *D*); Ergébenheit *f*.

віро|гідний gláubwürdig; wáhrheitsgetreu; zúverlässig; **~ломний** tréubrüchig; tréulos.

вірш Gedícht *n* (2); Vers *m* (1); білі ~і réimlose Vérse, Blánkverse *pl*.

вісім acht; **~десят** áchtzig; **~ка** Acht *f* (10); **~надцять** áchtzehn; **~сот** áchthundert.

віск Wachs *n* (2).

вісник 1) *(вістун)* Bóte *m* (9); 2) *(періодичне видання)* Informatiónsblatt *n* (5).

віспа 1) *мед.* Pócken *pl*, Blättern *pl*; 2) *розм. (шрами від хвороби або після щеплення)* Póckennarben *pl*.

вістк|а Náchricht *f* (10); давати ~у про себе von sich *(D)* hören lássen*.

вістря 1) *(кінець списа тощо)* Spítze *f* (11); 2) *(лезо)* Schnéide *f* (11).

вість Náchricht *f* (10); Mítteilung *f* (10).

вісь Áchse *f* (11).

вітальня Gástzimmer *n* (6); Besúchszimmer *n*.

вітамін Vitamín [vi-] *n* (2).

віт|ання 1) Gruß *m* (1*), Begrüßung *f* (10); 2) *(поздоровлення)* Glückwunsch *m* (1*); Gratulatión *f* (10); Beglückwünschung *f* (10); Glückwunschschreiben *n* (7); **~ати, привітати** 1) grüßen *vt*, begrüßen *vt*; willkómmen héißen* *vt* *(гостей тощо)*; 2) *(поздоровляти)* gratulíeren *vi* (кого-н. з чим-н. j-m zu *D*), beglückwünschen vt (кого-н. з чим-н. j-n zu *D*); 3) *(схвалювати)* billigen *vt*, gútheißen* *відокр. vt*; 4) *(гостинно приймати)* empfángen* *vt*, áufnehmen* *vt*; **~атися, привітатися** grüßen *vt*, begrüßen *vt*; einánder begrüßen *(взаємно)*.

вітер Wind *m* (1); ◊ у нього ~ у голові er ist ein wíndiger Geséllе [ein Wíndbeutel]; говорити на ~ in den Wind réden; **~ець** léichter [línder] Wind.

вітраж Búntglasfenster *n* (6).

вітрил|о Ségel *n* (6); іти під ~ами ségeln *vi* (h, s).

вітрина 1) *(магазину)* Scháufenster *n* (6), Áuslage *f* (11); 2) *(для оголошень, експонатів у музеї тощо)* Vitríne [vi-] *f* (11).

вітряк *(млин)* Wíndmühle *f* (11).

вітр|яний wíndig; **~янка** *мед. розм.* Wíndpocken *pl*.

вітчизн|а Váterland *n* -(e)s, Héimat *f*, Héimatland *n*; **~яний** váterländisch; éinheimisch; ~яне виробництво éinheimische Produktión.

вітчим Stíefvater *m* (6*).

віха 1) Markíerungspfahl *m* (1*), Ábsteckpfahl *m*; 2) *перен. (етап)* Márkstein *m* (1); Ábschnitt *m* (1).

віхола Stöberwetter *n* -s; Schnéegestöber *n* (6).

віхоть 1) *(жмут сіна тощо)* Büschel *n* (6); 2) *(для миття, чищення)* Wisch *m* (1); 3) *перен. (безвільна людина)* Wáschlappen *m* (7); Jámmerlappen *m*.

віце-президент Vizepräsident ['vi:-] *m* (8).

віч-на-віч únter vier Áugen.

вічн|ий 1) éwig; 2) *розм. (безперервний)* ímmerwährend, fórtwährend; **~ність** Éwigkeit *f*.

віш|алка 1) Kléiderrechen *m* (7); Kléiderhaken *m* (7); 2) *(плічко)* Kléiderbügel *m* (6); 3) *(на одягу)* Aufhänger *m* (6), Hängsel *n* (6); **~ати** 1) hängen *vt*; áufhängen *vt*; 2) *(страчувати)* hängen *vt*, hénken *vt*.

вія Wímper *f* (11), Áugenwimper *f*.

віяло Fächer *m* (6).

віяти, повіяти 1) *(про вітер)* wéhen *vi*; 2) *(зерно)* schwíngen* *vt*, wórfeln *vt*.

в'їдатися, в'їстися 1) *(про фарбу тощо)* éindringen* *vi* (s), sich (hin)éinfressen*; 2) *перен. розм. (у кого-н., на кого-н.)* hérfallen* *vi* (s) (über *A*).

в'їдливий 1) *(настирливий)* zúdringlich; néugierig; 2) *(ущипливий)* béißend, höhnisch; giftig.
в'їжджáти, в'їхати éinfahren* *vi* (s); hinéinfahren* *vi* (s) *(у напрямку від того, хто говорить)*; heréinfahren* *vi* (s) *(у напрямку до того, хто говорить)*; hinéinreiten* *vi* (s) *(верхи)*.
в'їзд 1) *(дія)* Éinfahrt *f* (10); Éinzug *m* (1*); Éinreise *f* (11); 2) *(місце)* Éinfahrt *f* (10); Áuffahrt *f*.
вказів|ка Hínweis *m* (1); Ánweisung *f* (10); Instruktión *f* (10); Vórschrift *f* (10); **~ний** Zéige≠; Ánzeiger≠; **~ний** займéнник *грам.* Demonstratívpronomen *n* (7); **~ний** пáлець Zéigefinger *m* (6).
вкáзувати, вказáти 1) *див.* покáзувати 1); зазначáти 1); 2) *(звертати увагу)* hínweisen* *vi*, híndeuten *vi*, verwéisen* *vt* (на що-н. auf *A*).
вклад *(в ощадкасі)* Éinlage *f* (11); Deposít *n* (2); **~áти I, вклáсти** 1) *(всередину)* hinéinlegen *vt*, hinéintun* *vt*; 2) *(в ощадкасу)* deponieren *vt*, éinlegen *vt*; 3) *ек.* *(в господарство)* ánlegen *vt*; investieren [-vεs-] *vt*; **~áти** II, **вклáсти** *див.* укладáти.
вклю́чно éinschließlich, inklusíve [-ve].
вкорóчувати, вкоротúти kürzer máchen; (áb) kürzen *vt*.
вкýпі zusáen; geméinsam *(спільно)*.
влáд|а Macht *f*; Gewált *f*; **~ний** 1) *(про людину)* hérrschsüchtig, hérrisch; 2) *(про тон, погляд тощо)* hérrisch, gebíeterisch.
влáзити, влíзти 1) éinsteigen* *vi* (s); éindringen* *vi* (s); sich hinéindrängen *(тж. перен.)*; 2) *розм.* *(уміститися)* Platz fínden*; sich únterbringen lássen*; ◊ **~** в довíр'я до кóго-н. *розм.* sich in j-s Vertráuen drängen.
влáсн|е 1) *вставн. сл.* éigentlich; 2) *аст.* im éigentlichen [éngeren] Sínne des Wórtes *(у власному розумінні слова)*; **~ий** éigen, Éigen≠; **~е** ім'я *грам.* Éigenname *m* (15); **~ик** Éigentümer *m* (6); Besítzer *m* (6); Ínhaber *m* (6); **~орýчний** éigenhändig.
властúв|ий *(притаманний)* éigen (кому́-н, чóму́-н. *D*); charakterístisch [ka-] (für *A*); **~ість** Éigenschaft *f* (10); Beschάffenheit *f* (10).
влаштóвувати, влаштувáти 1) *(організовувати)* organisíeren *vt*, veránstalten *vt*, éinrichten *vt*; ánlegen *vt* *(засновувати, створювати)*; 2) *(впорядковувати)* in Órdnung bríngen*; órdnen *vt*, régeln *vt*; 3) *(розміщати)* unterbríngen* *vt* *(тж. на проживання)*; j-m éine Stélle verschάffen *(на службу)*; 4) *(підходити, задовольняти)* pássen *vi* (когó-н. *D*), recht sein* *(D)*; **~ся** 1) sich éinrichten; Únterkunft fínden* *(оселятися)*; 2) *(на роботу)* Árbeit fínden*.
влíво nach links.
влíтку im Sommer.
влучáти, влýчити 1) tréffen* *vt*; **~** в ціль das Ziel tréffen*; не **~** в ціль das Ziel verféhlen; 2) *(вибрати найбільш удалий момент)* gut mit der Zeit tréffen*.
влýчний 1) tréffsicher; sícher, scharf, tréffend; 2) *перен.* *(про порівняння тощо)* tréffend, schlágend.
вмик|áти, ввімкнýти éinschalten *vt*; **~áч** Éinschalter *m* (6), Schálter *m*.
вмирáти, вмéрти stérben* *vi* (s); hínscheiden* *vi* (s); úmkommen* *vi* (s) *(гинути)*.
вмить momentán, áugenblicklich; im Nu; im Hándumdrehen.
вмíлий geschíckt, gewándt; sáchkundig *(обізнаний)*.
вміст 1) Ínhalt *m* -(e)s; 2) *(кількість у складі чого-н.)* Gehált *m* (1); Prozéntsatz *m* (1*).
вмíти können* *vt*, verstéhen* *vt*; **~** плáвати schwimmen können*; **~** говорúти zu réden verstéhen*.
вміщáти, вмістúти 1) enthálten* *vt* *(у своєму складі)*; fássen* *vt*, áufnehmen* (können*) *vt* *(про приміщення тощо)*; 2) *(поміщати)* hinéinlegen *vt*; hinéinstellen *vt*; bríngen* *vt*, veröffentlichen *vt* *(у газеті тощо)*; **~ся** hinéingehen* *vi* (s), Platz fínden*.
вмочáти, вмочúти (éin)táuchen *vt*; túnken *vt*; naß máchen *vt* *(змочувати)*.
внáслідок infólge *(G)*; zufólge *(D після ім.; G. перед ім.)*.
внéсок 1) *(сплачені гроші)* Béitrag *m* (1*); 2) *перен.* *(щось цінне, внесене в науку тощо)* Béitrag *m* (1*) (у що-н. zu *D*); робúти **~** у що-н. éinen Béitrag zu etw. *(D)* léisten [liefern].
вниз nach únten; hinúnter, hináb *(у напрямку від того, хто гово-*

рить); herúnter, heráb *(у напрямку до того, хто говорить)*; *(за течією)* flußáb(wärts); ~ý únten.

внічию́: закінчи́ти (гру) ~ únentschieden énden; mit Remís [rə'mi] énden, remis máchen *(у шахах)*.

вно́сити, внести́ 1) hinéintragen* *vt*, hinéinbringen* *vt* *(у напрямку від того, хто говорить)*; heréintragen* *vt*, heréinbringen* *vt* *(у напрямку до того, хто говорить)*; 2): ~ до́брива düngen *vt*, Dünger éinbringen*; ~ вапно́ kálken *vt*; 3) *(до списку тощо)* éintragen* *vt*; 4) *(зробити внесок у що-н.)* béitragen* *vt* (у що-н. zu *D*); béisteuern *vt*; 5) *(сплачувати)* éinzahlen *vt*; 6) *(ставити на обговорення)* stéllen *vt*; unterbréiten *vt*.

вночі́ nachts, in der Nacht; вдень і ~ Tag und Nacht.

внук 1) Énkel *m* (6), Énkelsohn *m* (1*); 2) **~и** *(нащадки)* Náchkommen *pl*.

вну́трішній 1) ínner; *перен.* *(душевний)* ínnerlich; 2) *(у межах однієї держави)* Innen≠; Bínnen≠; Ínlands≠.

вну́чка Énkelin *f* (12); Énkeltochter *f*, *pl* -töchter *(тж. поет.)*.

вовк Wolf *m* (1*); ◊ морськи́й ~ Séebär *m* (8); диви́тися ~ом fínster dréinschauen.

во́вн|а 1) *(на вівцях тощо)* Fell *n* (2); 2) *(для пряжі)* Wólle *f*; 3) *(пряжа)* Wóllgarn *n* (2); **~я́ний** Woll≠; wóllen.

во́гк|ий feucht; naß, náßkalt *(про погоду)*; **~ість** Féuchtigkeit *f*.

вогне|небезпе́чний féuergefährlich; **~па́льний** Féuer≠, Schúß≠; **~тривки́й** féuerfest.

во́гнище 1) Lágerfeuer *n* (6) *(на привалі)*, Schéiterhaufen *m* (7) *(для спалення)*; 2) *перен.* Herd *m* (1).

вог|о́нь 1) Féuer *n* (6); 2) *(освітлення)* Licht *n* (5); електри́чні ~ні́ eléktrische Líchter; ◊ іти́ у ~о́нь і во́ду durchs Féuer géhen*; пройти́ ~о́нь і во́ду mit állen Wássern gewáschen sein.

вод|а́ Wásser *n* (6); газо́вана ~а́ Sélterswasser *n*, Sódawasser *n*; прі́сна ~а́ Süßwasser *n*; ◊ їх ~о́ю не розі́ллєш sie sind únzertrennlich.

во́д|и 1) *(водяні ресурси)* Gewässer *pl*; Wássermassen *pl*; 2) *(курорт з мінеральними джерелами)* Bad *n* (5), Kúrort *m* (1); ї́хати на ~и ins Bad réisen; лікува́тися ~ами Brúnnen trínken*.

во́день Wásserstoff *m* -(e)s.

води́ти *див.* вести́ 1); **~ся** 1) *розм.* *(дружити, приятелювати з ким-н.)* verkéhren *vi*, Úmgang háben (mit *D*); 2) *(бути, жити)*: у нас ведме́ді вже не во́дяться bei uns gibt es kéine Bären mehr; 3) *(бути звичаєм, правилом)* üblich sein, Brauch sein; ◊ як во́диться wie üblich.

воді́й Fáhrer *m* (6); Kráftfahrer *m* *(шофер)*.

водо́йма, водо́ймище Wásserbehälter *m* (6) *(штучне)*; Gewässer *n* -s *(природне)*.

водо|ка́чка Wásserhaus *n* (5), Púmpenhaus *n*, Schöpfwerk *n* (2); **~ла́з** Táucher *m* (6); **~ліка́рня** Wásserheilanstalt *f* (10); **~про́від** Wásserleitung *f* (10).

водо|спа́д Wásserfall *m* (1*); **~стійки́й** wásserfest; **~сті́к** Wásserabfluß *m* -sses, -flüsse; Dáchrinne *f* (11) *(ринва)*; **~схо́вище** Wásserspeicher *m* (6); Stáubecken *n* (7); Stáusee *m* (13) *(велике)*.

во́дяний 1) *(водянистий)* wässerig; 2) *(багатоводний)* wásserreich.

водян|и́й Wásser≠; **~и́к** *міф.* Nix *m* (1); Wássermann *m* (4).

водя́нка 1) *(хвороба)* Wássersucht *f*; 2) *розм.* *(пухир)* Wásserblase *f* (11).

вое́нн|ий Kriegs≠; ~і дії Kámpfhandlungen *pl*.

возз'є́дн|ання Wiedervereinigung *f*; ~увати, возз'єднати wiedervereinigen *vt*.

во́їн Kämpfer *m* (6), Soldát *m* (8).

войовни́чий kriegerisch; kámpflustig.

вока́льний *муз.* Vokál≠; [vo-]; vokál(isch).

вокза́л Báhnhof *m* (1*); річкови́й ~ das Empfángsgebäude [Háfengebäude] der Fáhrgastflotte.

волейбо́л Volleyball ['vɔli-] *m* -(e)s; **~іст** Vólleyballspieler *m* (6).

волелю́бн|ий fréiheitsliebend, **~ість** Fréiheitsliebe *f*.

во́ло Kropf *m* (1*).

воло́г|а Féuchtigkeit *f*, Féuchte *f*; **~ий** feucht.

воло́д|ар 1) *див.* вла́сник; 2) *(хто має владу)* Hérrscher *m* (6), Máchthaber *m* (6), Herr *m* (8); **~і́ння** 1) *(дія і стан)* Besítz *m* -es;

Behérrschung *f (мовою, справою)*; 2) *(власність)* Besítztum *n* (5); Gut *n* (5) *(маєток)*; Besítzung *f* (10), Besítz *m* -(e)s *(територія)*; **~іти** 1) *(мати в своїй власності)* besítzen* *vt*; 2) *(володарювати)* hérrschen *vi* (чим-н über *A*); gebíeten* (über *A*); regíeren *vt*; behérrschen *vt*; 3) *перен. (почуттями тощо)* behérrschen *vt*; in der Gewált [Hand] háben; mächtig sein (чим-н. *G*); ◊ ~íти собо́ю sich behérrschen.

волокн|о́ *тех., біол.* Fáser *f* (11); **~и́стий** fáserig; Fáser≠.

воло́сся Haar *n* (2); ◊ рва́ти на собі ~ sich *(D)* die Háare (aus)-ráufen.

воло́ський: ~ горі́х Wálnuß *f* (3); Wálnußbaum *m* (1*) *(дерево)*.

волоха́тий zóttig, strúppig, zerzáust *(про волосся; про тварин)*; fláuschig, rauh, wóllig *(про матерію)*.

воло́шка *бот.* Kórnblume *f* (11).

во́л|я 1) *(риса характеру)* Wílle(n) *m* (15, 7); 2) *(бажання)* Wílle(n) *m* (15, 7); 3) *(свобода)* Fréiheit *f*; **~ьови́й** 1) *(про зусилля)* Wíllens≠; 2) *(енергійний)* wíllensstark, enérgisch, tátkräftig.

вон|а́ sie *(залежно від роду ім., з яким співвідноситься, тж.* er, es); **~о́** es *(залежно від роду ім., з яким співвідноситься, тж.* er, sie); **~и́** sie.

во́рог Feind *m* (1); закля́тий ~ geschwórener Feind; **~ува́ти** *(з ким-н.)* mit j-m auf dem Kríegsfuß stéhen*; ~ува́ти між собо́ю sich [einánder] beféinden.

воро́ж|ий féindlich, Féindes≠; féindselig *(сповнений недоброзичливості)*; **~не́ча** Féindschaft *f*.

ворожи́ти 1) *(на картах тощо)* wáhrsagen *невідокр. vt*; 2) *(чарувати)* záubern *vt*, héxen *vi*.

во́рон Rábe *m* (9).

воро́на 1) Krähe *f* (11); 2) *розм. (роззява)* Gáffer *m* (6); ◊ біла ~ ein wéißer Rábe.

воро́т|а 1) Tor *n* (2), Pfórte *f* (11); тріумфа́льні ~а Triúmphbogen *m* (7, 7*); 2) *спорт.* Tor *n* (2); **~а́р** *спорт.* Tórwart *m* (1).

ворс, во́рс|а Strich *m* (1), Haar *n* (2); **~и́стий** háarig, wóllig, fláuschig; ángerauht.

вору́шити 1) bewégen *vt*; rühren *vt*, régen *vt*; 2) *(сіно)* wénden *vt*; **~ся** sich bewégen; sich rühren, sich régen.

восени́ im Herbst.

воскреса́ти, воскре́снути áuferstehen* *vi* (s) *(тж. перен.)*.

оста́ннє zum létztenmal, zum létzten Mál(e).

восьми|годи́нний áchtstündig; ~-годи́нний робо́чий день Áchtstundentag *m* (1); **~гра́нний** áchtflächig; **~гра́нник** *мат.* Oktaéder *n* (6); Áchtflach *n* (2); Áchtflächner *m* (6).

во́сьм|ий der áchte; ~ого бе́резня am áchten März; den áchten März.

восьмикла́сник Schüler *m* (6) der áchten Klásse.

воюва́ти Kríeg führen; kämpfen *vi (тж. перен.; боротися)*.

впада́ти, впа́сти 1) *(про річку)* münden *vi*; sich ergíeßen*; 2) *перен. (у тугу тощо)* geráten* *vi* (s); verfállen* *vi* (s); ◊ ~в о́ко 1) *(привертати увагу)* ins Áuge [in die Áugen] fállen*; áuffallen* *vi* (s); 2) *(бути очевидним)* áugenfällig sein; 3) *(подобатися)* gefállen* *vi*.

впе́внен|ий *див.* упе́внений; **~ість** *див.* упе́вненість.

впевня́ти, впе́внити *див.* запевня́ти; **~ся** sich überzéugen (у чо́му-н. von *D*); sich vergewíssern (*G*).

впере́д vórwärts, vorán, voráus, vor, nach vórn(e).

впере́між, впере́міжку ábwechselnd, ábwechslungsweise.

впере́міш, впере́мішку durcheinánder.

впе́рт|ий hártnäckig *(наполегливий)*; stárrköpfig, éigensinnig; **~ість** Hártnäckigkeit *f*; Éigensinn *m* -(e)s, Stárrsinn *m*.

впе́рше zum érstenmal, zum érsten Mál(e).

впи́сувати, вписа́ти 1) éinschreiben* *vt*, éintragen* *vt*; 2) *мат. (одну фігуру всередині іншої)* éinzeichnen *vt*.

впізнава́ти, впізна́ти erkénnen* *vt* (по чо́му-н. an *D*); wíedererkennen* *vt (через певний час)*.

вплив 1) Éinfluß *m* -sses, -flüsse; Áuswirkung *f*; Éinwirkung *f*; 2) *(авторитет)* Éinfluß *m* -sses, Gewícht *n* -(e)s, Ánsehen *n* -s; **~а́ти, вплину́ти** *(на кого-н., на що-н.)* Éinfluß háben [áusüben] (auf *A*), beéinflussen *vt*; éinwirken *vi* (auf *A*); **~о́вий** éinflußreich.

вподо́б|ання Geschmáck *m* (1*); Néigung *f* (10); Vórliebe *f (нахил)*;

~ати Gefállen fínden* (кого́-н., що-н. an *D*); ein Áuge wérfen* (кого́-н., що-н. auf *A*).

впо́перек 1) *присл.* quer, in die Quére; 2) *у знач. прийм.* querdúrch, querüber (чого́-н. *A*).

впо́рати, ~ся fértig wérden, zuréchtkommen* *відокр. vi* (s) (з чим-н., з ким-н. mit *D*); bewältigen *vt*; méistern *vt*.

впорядко́вувати, впорядкува́ти 1) *(доводити до ладу)* órdnen *vt*, régeln *vt*, in Ördnung bríngen*; 2) *(квартиру тощо)* éinrichten *vt*; 3) *(збірку творів)* verfássen *vt*.

впра́ва 1) Üben *n* -s, Übung *f* (10); 2) *(завдання)* Übungsaufgabe *f* (11).

вправля́ти, впра́вити 1) *(вставляти)* éinsetzen *vt*; fássen *vt*; éinrahmen *vt*; 2) *мед.* éinrenken *vt*.

впра́вн|ий *(про людину)* geschickt, gewándt, flink; **~ість** Fértigkeit *f* (in *D*), Können *n* -s, Kunst *f* (3).

впра́во nach rechts.

впритýл fest; dicht, hart (до чо́го-н. an *A*, an *D*); dicht aneinánder; eng.

впрова́дж|ення Éinführung *f* (10), Übernáhme *f* (11); Éinsatz *m* (1*); **~увати, впрова́дити** *(в дію, практику)* éinführen *vt*, übernéhmen* *vt*; éinsetzen *vt*.

впуска́ти, впусти́ти hinéinlassen* *vt* *(в напрямку від того, хто говорить)*; heréinlassen* *vt* *(в напрямку до того, хто говорить)*; éinlassen* *vt*.

вража́ти, вра́зити 1) *(дивувати)* überráschen *vt*, in Erstáunen sétzen; beéindrücken *vt*; verblüffen *vt*; hínreißen* *vt* *(викликати почуття захоплення)*; 2) *(завдавати болю, жалю)* verlétzen *vt*; при́кро ~ befrémden *vt*.

вра́ження Éindruck *m* (1*); Impressión *f* (10); роби́ти [справля́ти] ~ éinen Éindruck máchen.

враз 1) *(раптом)* auf éinmal, plötzlich; 2) *(разом)* gléichzeitig, geméinsam.

вра́зли́в|ий 1) *(про людину)* réizbar, empfíndlich; leicht zu beéindrucken; verwúndbar; 2) *(про слова, дії)* kränkend, beléidigend; 3) *(про рану, шкіру)* empfíndlich; wund *(болючий)*; **~е** мі́сце empfíndliche [wúnde] Stélle *(тж. перен.)*; wúnder Punkt *(перен.)*.

вра́нці am Mórgen, früh; mórgens; за́втра ~ mórgen früh; ра́но ~ am frühen Mórgen; frühmorgens.

врахо́вувати, вра́хува́ти berücksichtigen *vt*, in Betrácht [Erwägung] zíehen*; Réchnung trágen* (що-н. *D*); Rücksicht néhmen* (auf *A*).

вре́шті 1) *присл.* éndlich, schlíeßlich; 2) *у знач. вставн. сл.* übrigens; schlíeßlich.

врива́тися, ввірва́тися éindringen* *vi* (s); éinbrechen* *vi* (s) *(тж. про злодія, ворога)*; hinéinstürmen *vi* (s) *(в напрямку від того, хто говорить)*; heréinstürmen *vi* (s) *(в напрямку до того, хто говорить)*.

врівнова́ж|ений áusgeglichen; **~увати, ~ити** áusgleichen* *vt*, ins Gléichgewicht bríngen*; *тех.* áuswuchten *vt* *(про машину тощо)*; **~уватися, ~итися** sich áusgleichen.

вро́д|а 1) *(вигляд)* Äußere *n*; Áussehen *n* -s; га́рний на **~у** schön; 2) *(краса)* Schönheit *f*; **~ли́вий** schön; hübsch.

врожа́й *див.* урожа́й.

вро́збрід getrénnt; zerstréut; úngeordnet.

вро́здріб 1) *(нарізно)* éinzeln, nicht geméinsam; 2) *торг.* im éinzelnen, im Éinzelhandel.

вруча́ти, вручи́ти áushändigen *vt*, überréichen *vt*, übergében* *vt*; éinhändigen *vt*.

вру́чення Áushändigung *f*, Übergabe *f*; Einhändigung *f*.

вручну́ von Hand, manuéll.

все I 1) *займ. див.* весь; 2) *у знач. ім.* álles; мені́ ~ одно́ es ist mir gléichgültig [egál, einerléi]; він ~ одно́ це зро́бить er macht es sowiesó; ◊ на ~ до́бре! álles Güte! це [ось і] ~ das ist [wäre] álles.

все II *присл.* 1) *(постійно)* ímmer, ímmerfort, stets, fórtwährend; 2) *(досі)* ímmer noch; 3) *у знач. спол.*: а [та] ~ ж (áber) doch, dénnoch, immerhín; 4) *у знач. підсил. част. (дедалі)* ímmer; ~ кра́ще ímmer bésser.

всебі́чний állseitig.

всели́ти, всели́ти 1) *(поселяти)* éinsiedeln *vt*; éinquartieren *vt*; 2) *перен. (надію тощо)* éinflößen *vt*, béibringen* *vt*; **~ся** éinziehen* *vi* (s); sich éinquartieren.

все|могу́тній állmächtig; **~наро́дний** allgeméin, Volks≠.

всерéдин|і 1) *присл.* ínnen, drínnen; ~і й зóвні ínnen und áußen; 2) *прийм.* ínnerhalb (чогó-н.), in *(D)*, im Ínneren (чогó-н. *G*); ~і краïни im Ínland; ~у 1) *присл.* nach ínnen; прийня́ти ліки ~у éine Árznéi éinnehmen*; 2) *прийм.* in *(A)*; ins Ínnere.

всé|світ 1) *(уся система світобудови)* Wéltall *n* -s, Universum [-'vɛr-] *n* -s; All *n* -s; 2) *(уся земна куля)* (die gánze) Welt *f*; Érde *f*.

все|світній Welt≠; wéltumfassend; wéltweit; ~світня істóрія Wéltgeschichte *f*; Всесвітня федерація демократи́чної мóлоді Wéltbund *m* der demokrátischen Júgend (*скор.* WBDJ); Всесвíтня федерáція профспілóк Wéltgewerkschaftsbund *m*-(e)s (*скор.* WGB).

всé-таки doch, dénnoch, ímmerhin.

всі *див.* весь.

всіля́к|ий állerléi, állerhánd, jéglich.

вслід hinterhér; danách, gleich nach *(D)*; nach≠; *(дієслівний префікс)*; послáти когó-н. ~ j-n nachschíkken.

всліпý blíndlings; aufs Gerátewohl.

вставáти, встáти 1) áufstehen* *vi* (s); sich erhében*; áufgehen* *vi* (s) *(про небесні світила)*; 2) *перен.* *(в уяві)* áufsteigen* *vi* (s) *(про спогади)*; erschéinen* *vi* (s); 3) *(виникати)* entstéhen* *vi* (s) *(про питання)*.

встáв|ка 1) *(в тексті)* éingesetzte Stélle; Zúsatz *m* (1*); 2) *(в одязі)* Einsatz *m* (1*); **~ля́ти, встáвити** éinsetzen *vi*; éinstecken *vt*; **~ни́й** éingesetzt, éingefügt; ~ні зýби fálsche Záhne; künstliches Gebíß.

встанóвлювати, встанови́ти 1) *(ставити; поміщати)* áufstellen *vt*, hínstellen *vt*; *тех.* éinbauen *vt*, montíeren *vt*, éinstellen *vt*; 2) *(налагоджувати)* hérstellen *vt*; áufnehmen* *vt*; 3) *(констатувати)* féststellen *відокр.* *vt*, konstatíeren *vt*; 4) *(узаконювати, вводити)* fést setzen *відокр.* *vt*, féstlegen *відокр.* *vt*; bestímmen *vt*; éinführen *vt*; ~ диктатýру éine Diktatúr erríchten; **~ся** 1) *(наставати)* éintreten* *vi* (s); ánhalten* *vi* *(про погоду)*; sich ánbahnen *(про стосунки)*; 2) *(складатися, формуватися)* sich heráusbilden; Gestált gewínnen*.

встигáти, встúгнути 1) *(мати час для чого-н.)* Zeit háben; він ще встиг поми́тися er hátte noch Zeit zum Wáschen; 2) *(не спізнюватися)* zur (réchten) Zeit kómmen*, zuréchtkommen* *відокр.* *vi* (s); ~ на пóїзд den Zug erréichen; 3) *(не відставати)* mítkommen* *vi* (s) *(тж. у навчанні)*; не ~ в навчáнні in den schúlischen Léistungen zurückbleiben*.

встромля́ти, встроми́ти (hin)éinstecken *vt*, (hin)éinstechen* *vt*; ◊ ~ (свогó) нóса у щó-н. séine Náse in etw. *(A)* (hinéin)stecken.

вступ 1) *(дія)* Éintritt *m* (1); Éinmarsch *m* (1*), Éinzug *m* (1*); 2) Éinleitung *f* (10) *(у книжці)*; Vórspiel *n* (2), Áuftakt *m* (1) *(у музиці)*; Éinsatz *m* (1*) *(у промові)*.

вступáти, вступи́ти 1) éintreten* *vi* (s); éinrücken *vi* (s); éinziehen* *vi* (s), éinmarschieren *vi* (s) *(про війська)*; 2) *перен.* *(переходити до нового стану)* übergéhen* *vi* (s); (éin)tréten* *vi* (s); 3) *(розпочинати)* begínnen* *vt*, eröffnen *vt*, ántreten* *vt*; 4) *муз.* éinsetzen *vi*.

вступн|и́й Éintritts≠, Ántritts≠; éinleitend; ~и́й іспит [екзáмен] Áufnahmeprüfung *f* (10); ~é слóво Vórrede *f* (11), Éinleitung *f* (10); Eröffnungsansprache *f* (11).

всýміш miteinánder, durcheinánder.

всýпереч zuwíder (чомý-н. *D*); gégen *(A)*, trotz *(D, G)*; úngeachtet *(G)* *(незважаючи на щó-н.)*.

всю́ди überáll, állerorts.

ся́к|ий 1) *(кожний, будь-який)* jéder; jéder belíebige; 2) *(різний)* állerléi, állerhánd; 3) *у знач. ім.* jéder, jédermann; ◊ за ~у цін´ um jéden Preis; es kóste, was es wólle; про [на] ~ий ви́падок auf álle Fälle, für jéden Fall; у ~ому pási in jédem Fálle, jédenfalls; ~а всячина Állerléi *n* -s, -s.

втéча Flucht *f*; Entwéichen *n* -s.

втихáти, вти́хнути 1) *(замовкати)* verstúmmen *vi* (s) *(тж. про голоси, спів)*; sich berúhigen *(заспокоюватися)*; áufhören *vi* *(про шум)*; 2) *(про вітер, біль)* náchlassen* *vi*, sich légen.

втихоми́рювати, втихоми́рити beschwíchtigen *vt*, berúhigen *vt*, zur Rúhe bríngen* *vt*; besänftigen *(робити спокійним)*.

втік|áти, втекти́ flüchten *vi* (s), flíehen* *vi* (s); entkómmen* *vi* (s) (від ко́го-н., від чо́го-н. *D*); davónlaufen* *vi* (s) *(бігти)*; **∼а́ч** Flüchtling *m* (1); Áusreißer *m* (6) *(розм.)*.

вті́л|ення Verkörperung *f* (10); *(здійснення)* Verwírklichung *f*; **∼ювати; вті́лити** verkörpern *vt*; verwirklichen *vt*; **∼ювати в життя́** in die Praxis úmsetzen.

вті́ха 1) *(почуття)* Fréude *f* (11); Zufríedenheit *f*, Vergnügen *n* (7); 2) *(забава)* Belústigung *f* (10), Vergnügen *n* (7).

втіша́ти, вті́шити 1) *(радувати)* (er)fréuen *vt*; Freude máchen (кого́-н. *D*); Vergnügen [Spaß] máchen *(D)*; 2) *(заспокоювати)* trösten *vt*; vertrösten *vt*; **∼ся** 1) sich fréuen (ким-н., чим-н. über *A*; auf *A*); 2) sich trösten, sich ábfinden (чим-н. mit *D*).

вті́шний 1) tröstlich, tröstend, tróstreich; 2) *(здатний розважити, розвеселити)* belústigend, spáßig, kómisch, amüsánt.

вто́м|а Müdigkeit *f*, Ermüdung *f*; Erschöpfung *f*; **∼лений** müde, matt; erschöpft; **∼ливий** ermüdend, ánstrengend; **∼лювати, вто́мити** ermüden *vt*, (über)ánstrengen *vt*; erschöpfen *vt*; **∼люватися, ∼итися** müde wérden, müde sein (від чо́го-н. von *D*, durch *A*).

вто́ргнення Éinbruch *m* (1*), Éinfall *m* (1*); Invasión [-va-] *f* (10).

втори́нний sekundär *(другорядний)*; ábermalig, nóchmalig, wiederhólt *(повторний)*.

второ́ваний áusgetreten *(протоптаний)*; gebáhnt, éingefahren; ◊ **∼** шлях gewóhnte Báhnen.

втра́т|а Verlúst *m* (1); з мали́ми **∼ами** verlústarm.

втрача́ти, втра́тити verlíeren* *vt*; **∼** си́лу [чи́нність] áußer Kraft tréten*; die Kraft verlíeren*; verjähren *vi* (s) *(через задавненість)*; ◊ **∼** го́лову den Kopf verlíeren*; **∼** пози́ції die Positiónen éinbüßen.

втре́тє zum drítten Mál(e), zum dríttenmal, das drítte Mal.

втри́чі, втро́є dréifach, dréimal.

втруча́тися, втру́титися sich éinmischen; éingreifen* *vi*; éinschreiten* *vi* (s); intervenieren [-ve-] *vi*.

втрьох zu dritt, zu dréien.

втя́гувати, втягти́ 1) éinziehen* *vt*; hinéinziehen* *vt*; éinsaugen(*) *vt* *(губами, носом)*; 2) *перен.* heránziehen* *vt*, hínzuziehen* *vt* (zu *D*) *(напр. в роботу)*; verléiten *vt*, verführen *vt* (у що-н. zu *D*); verwickeln *vt* (in *A*).

вуа́ль Schléier *m* (6).

вугі́лля Kóhle *f* (11); бу́ре **∼** Bráunkohle *f*; кам'яне́ **∼** Stéinkohle *f*.

вугле|во́д *хім.* Kóhle(n)hydrat *n* (2); **∼во́день** *хім.* Kóhlenwasserstoff *m* -(e)s.

вугле|ки́слий *хім.* kóhlensauer; **∼ки́слий газ** Kóhlensäuregas *n* -es; **∼кислота́** *хім.* Kohlensäure *f*.

вугле́ць *хім.* Kóhlenstoff *m* -(e)s.

вуго́р I *(риба)* Aal *m* (1).

вуго́р II *(на шкірі)* Píckel *m* (6), Mítesser *m* (6).

ву́д|ити ángeln *vi*, *vt*; físchen *vi*, *vt*; **∼ка** Ángel *f* (11), Físcherrute *f* (11), Físchrute *f*.

вуж Nátter *f* (11).

ву́зол 1) *(на мотузці тощо)* Knóten *m* (7); 2) *(клунок)* Bündel *n* (6); 3) *(залізничний)* Knótenpunkt *m* (1); 4) *тех.* Báugruppe *f* (11); Einheit *f* (10); Montágegruppe [-ʒə-] *f* (11); 5) *анат., бот.* Knóten *m* (7); 6) *мор.* *(одиниця швидкості)* Knóten *m*.

вузьки́й 1) schmal; eng; 2) *(обмежений)* beschränkt.

ву́лик Bienenstock *m* (1*); Bíenenkorb *m* (1*).

ву́л|иця Stráße *f* (11); Gásse *f* (11) *(мала)*; ме́шкати на **∼иці** І. Франка in der Iván-Frankó-Stráße wóhnen.

вулка́н Vulkán [vul-] *m* (1); **∼і́чний** vulkánisch.

вульга́рний vulgär [vul-]; geméin *(грубий)*.

вус *(мн.* ву́са, ву́си*)* Schnúrrbart *m* (1*); ◊ намота́ти собі́ на **∼** *розм.* sich *(D)* hínter die Óhren schréiben*; **∼а́тий** schnúrrbärtig.

ву́х|о Ohr *n* (13); говори́ти на **∼о** ins Ohr ságen; затика́ти **∼а** sich *(D)* die Óhren zústopfen *(тж. перен.)*; ◊ йому́ й за **∼ом** не свербі́ть *розм.* er macht sich nichts daráus.

ву́шко 1) *(у голці)* Nádelöhr *n* (2), Öse *f* (1); 2) *(на посуді)* Hénkel *m* (6), Griff *m* (1).

вхід 1) *(дія)* Éintritt *m* (1); Betréten *n* -s; 2) *(місце)* Éingang *m* (1*); Éinstieg *m* (1).

вхо́дити, ввійти́ 1) hinéinkommen* *vi* (s) *(у напрямку від того, хто говорить)*; heréinkommen* *vi* (s) *(у напрямку до того, хто говорить)*; éintreten* *vi* (s); betréten* *vt*; éinsteigen* *vi* (s) *(у вагон* *тощо)*; ~ в га́вань in den Háfen éinlaufen* *vi* (s); éindringen* *vi* (s); 2) *(бути учасником чого-н., належати чому-н.)* Mítglied sein [wérden]; téilnehmen* *відокр. vi* (an *D*); ángehören *vi (D)*; gehören *vi* (zu *D*); ◊ ~ у вжи́ток zum álltäglichen Gebráuchsgegenstand wérden; ~ в дові́р'я Vertráuen erwérben*; ~ у зви́чку zur Gewóhnheit wérden; ~ в істо́рію in die Geschíchte éingehen*; ~ в мо́ду Móde wérden; ~ в по́бут sich éinbürgern; ~ в роль sich in éine Rólle éinfühlen; ~ в си́лу *(набувати чинності)* in Kraft tréten*; ~ в чиє́-н. стано́вище sich in j-s Láge [an j-s Stélle] versétzen; ~ в суть спра́ви in das Wésen ver Sáche éinbringen*.

вча́діти vom Kóhlengas Kópfweh bekómmen*; vom Kóhlengas vergíftet wérden.

вча́сний réchtzeitig, zéitgemäß; termíngemäß.

вче́н|ий 1) *(про людину)* geléhrt; 2) *у знач. ім.* Geléhrte *m* (14); Wíssenschaftler *m* (6) *(науковець)*; 3) *(науковий)* wíssenschaftlich; ~ий сту́пінь akadémischer [wíssenschaftlicher] Grad; **~ість** Geléhrsamkeit *f*, Geléhrtheit *f*; **~ня** 1) *(дія)* Lérnen *n* -s; Stúdium *n* -s; Léhre *f* *(оволодіння ремеслом)*; 2) *(викладання)* Únterricht *m* -(e)s; 3) *військ.*: Manöver [-vər] *n* (6), Übung *f* (10); 4) *(теорія)* Léhre *f* (11).

вче́тверо víerfach, víermal.

вчи́н|ок Tat *f* (10); Hándlung *f* (10); **~я́ти, вчини́ти** 1) *(робити, здійснювати що-н.)* vollbríngen* *vt*, léisten *vt*; begéhen* *vt*, verüben *vt (перев. щось недобре)*; 2) *(діяти певним чином)* tun* *vt*; hándeln *vi*.

вчи́т|ель Léhrer *m* (6) *(тж. перен.)*; Léhrkraft *f* (3); Léhrmeister *m* (6) *(наставник)*; **~елька** Léhrerin *f* (12); **~ельська** Léhrerzimmer *n* (6); **~елюва́ти** Léhrer sein, als Léhrer tätig sein, unterríchten *vt*; **~и** 1) *(навчати)* léhren *vt*; béibringen* *vt* (кого́-н *D*); unterríchten *vt (викладати)*; 2) *(вивчати)* lérnen *vt*, studíeren *vt*; éinüben *vt (завчати)*; ~и напа́м'ять áuswendig lérnen; **~ися** lérnen *vi*; studíeren *vi*; ~ися чита́ти lésen lérnen; ~ися у во́сьмому кла́сі in die áchte Klásse géhen*; ~ися на тре́тьому ку́рсі im dríttten Stúdienjahr sein.

вчо́р|а géstern; ~а ра́но [вра́нці] géstern früh [mórgen]; ~а вве́чері géstern ábend; ~а в обі́д géstern míttag; **~а́шній** géstrig.

вшан|о́вувати, ~ува́ти áchten *vt*, (ver)éhren *vt*; Éhre zóllen [erwéisen*] (кого́-н., що-н. *D*); würdigen *vt*; **~ува́ння** Éhrenbezeigung *f* (10) *(вияв пошани)*; Éhrung *f* (10) *(тж. ювіляра тощо)*.

вщент: розби́ти ~ in Trümmer [in kléine Stücke, kurz und klein] schlágen*; розби́ти во́рога ~ den Feind níederschlagen*, den Feind aufs Haupt schlágen*; розби́тися ~ in Schérben géhen* [zerspríngen*].

вщуха́ти, вщу́хнути 1) *(про явища природи, біль)* náchlassen* *vi*; áufhören *vi*; sich légen; 2) *(заспокоюватися)* sich berúhigen; still wérden.

в'юн *(риба)* Schmérle *f* (11); Schlámmbeißer *m* (6).

в'я́з|анка *див.* в'я́зка; **~а́ти** 1) bínden* *vt*; verbínden* *vt*; 2) *(плести спицями)* strícken *vt*; häkeln *vt* *(гачком)*.

в'я́зи Nácken *m* (7); Genick *n* (2) *(потилиця)*; ◊ скрути́ти [злама́ти] собі́ ~ sich *(D)* das Genick bréchen*.

в'я́зка Bündel *n* (6), Bund *n* (2).

в'язки́й zäh *(тж. спец.)*; díckflüssig *(густий, тягучий)*; klébrig *(клейкий)*; súmpfig, schlámmig *(грузький)*.

в'язни́ця Gefängnis *n* (3*); Kérker *m* (6).

в'я́знути 1) *(в болоті)* éinsinken* *vi* (s); stéckenbleiben* *відокр. vi* (s); 2) *(прилипати)* hängenbleiben* *відокр. vi* (s) (до чо́го-н. an *D*); 3) *(ставати в'язким, гуснути)* dickflüssig wérden.

в'я́лий 1) welk, verwélkt *(про рослини; тж. перен.)*; schlaff, sáft- und kráftlos *(про м'язи)*; 2) *перен. див.* мля́вий 1).

в'я́нути wélken *vi* (s), verwélken *vi* (s).

Г

габари́т 1) *тех.* Gabarít *n* (2); Áußenmaß *n* (2); 2) Ábmessungen *pl.*
га́вань Háfen *m* (7*).
га́вкати béllen *vi*, kläffen *vi* *(тж. перен.).*
га́га Éiderente *f* (11); **~чий** Éider-.
га́д|аний 1) *(передбачуваний)* vermútlich, voráussichtlich; 2) *(уявлюваний)* schéinbar, Schein-; **~а́ти** 1) *(думати)* dénken* *vi*, *vt* (про що-н. an *A*); 2) *(вважати)* méinen *vt*, gláuben *vt*; 3) *(мати намір)* beábsichtigen *vt*; **~ка** Gedánke *m* (15); Idée *f* (11) Éinfall *m* (1*); я й **~ки** [і в **~ці**] не ма́ю es fällt mir gar nicht ein; ich dénke ja gar nicht darán.
гадю́ка *зоол.* Ótter *f* (11), Viper ['vi:-] *f* (11).
газ I Gas *n* (2); ~ у бало́нах Fláschengas *n*; приро́дний ~ Érdgas *n*.
газ II *(тканина)* Gaze [-zə] *f* (11); Séidengaze *f*.
газе́ль *зоол.* Gazélle *f* (11).
газе́та Zéitung *f* (10), Blatt *n* (5).
газо́ваний gasíert, mit Kóhlensäure gesättigt.
газо́н Rásen *m* (7).
газо|прові́д Gásleitung *f* (10); магістра́льний ~прові́д Férngasleitung *f*; **~схо́вище** 1) *(для зберігання газу)* Gásbehälter *m* (6); 2) *(для захисту від газів)* Gáskeller *m* (6).
гай Hain *m* (1), Gehölz *n* (2); Wäldchen *n* (7).
га́йворон *зоол.* Sáatkrähe *f* (11).
га́йка Schráubenmutter *f* (11), Mútter *f* (11).
гаймори́т *мед.* Óberkieferhöhlenentzündung *f* (10).
гайнува́ти vergéuden *vt* *(час тощо)*; verschléudern *vt*.
гак 1) Háken *m* (7) *(у різн. знач., тж. мор.)*; 2) *розм.* *(кружний шлях)* Úmweg *m* (1).
гала́ктика *астр.* Mílchstraßensystem *n* (2), Galáxis *f*, *pl* Galaxí¦en.
галантер|е́йний Kúrzwaren-; **~е́я** Kúrzwaren *pl.*
га́лас 1) Lärm *m* -(e)s; Héidenlärm *m*; 2) *(сенсація)* Rúmmel *m* -s; Sensatión *f* (10); **~ли́вий** lärmend; lärmerfüllt; laut; **~ува́ти** lärmen *vi*; Lärm máchen.
галере́я 1) Galeríe *f* (11) *(у різн. знач.)*; Gang *m* (1*) *(тж. військ.)*; 2): карти́нна ~ Gemäldegalerie *f*.
га́лка *зоол.* Dóhle *f* (11).
га́лстук *(краватка)* Krawátte *f* (11), Schlips *m* (1).
галу́зка Zweig *m* (1); Reis *n* (5) *(паросток)*.
га́лузь Zweig *m* (1); Branche ['braŋʃə] *f* (11) *(ділянка)*; Fach *n* (5).
галу́шка *кул.* Méhlkloß *m* (1*).
галюцина́ція Halluzinatión *f* (10), Sínnestäuschung *f* (10); Trúgbild *n* (5); зорова́ ~ óptische Täuschung.
галя́ва, галя́вина Wáldlichtung *f* (10), Wáldwiese *f* (11).
гальван|ізува́ти galvanisíeren [-va-] *vt*; **~і́чний** galvánisch.
гальм|о́ 1) Brémse *f* (11); Brémspedal *n* (2); 2) *перен.* Híndernis *n* (3*); Hémmung *f* (10); Hémmschuh *m* (1); **~ува́ти** 1) brémsen *vt*; 2) *перен.* híndern *vt*, hémmen *vt*.
га́ма 1) *муз.* Tónleiter *f* (11); 2) *перен.* Skála *f*, *pl* -len та -s; ~ кольорі́в Fárbenskala *f*; Fárbenpalette *f* (11).
гама́к Hängematte *f* (11).
гама́н, гамане́ць 1) *(для грошей)* Béutel *m* (6); 2) *(бумажник)* Bríeftasche *f* (11); 3) *(кисет)* Béutel *m* (6), Tábaksbeutel *m*.
га́мір Stímmengewirr *n* -(e)s; Lärm *m* -(e)s.
гангре́н|а *мед.* Gangräne *f* (11), Gangrän *n* (1), Brand *m* (1*); **~о́зний** *мед.* gangränös, brándig.
га́нгстер Gángster ['gɛŋ-] *m* (6).
гандбо́л Hándball *m* -(e)s; Hándballspiel *n* (2); **~і́ст** Hándballspieler *m* (6).
гане́бний schändlich; schmáchvoll.
ганте́ль *спорт.* Hántel *f* (11).
ганчі́рка Láppen *m* (7); Wíschlappen *m*; Lúmpen *m* (7).
ганьб|а́ Schmach *f*, Schánde *f*; Blamáge [-ʒə] *f* (11); **~и́ти** 1) *(своє ім'я, рід)* schänden *vt*, entéhren *vt*; 2) *(виражати осуд)* tádeln *vt*, rügen *vt*; verléumden *vt*; ánprangern *vt* *(таврувати)*.
гара́ж Garáge [-ʒə] *f* (11); Kráftwagenhalle *f* (11), Fáhrzeughalle *f* (11) *(на багато місць)*.
гара́зд 1) *част.* gut!, schön!, éinverstanden!; schon gut! *(для вираження вимушеної згоди)*; ~?

geht es? 2) *присл.* gut, pássend.
гарáнт|ія Garantíe *f* (11); Sícherheit *f* (10) *(порука в чому-н.)*; Garantíeschein *m* (1) *(документ)*; **~увáти** garantíeren *vt*, gewährleisten *невідокр. vt.*
гарбýз Kürbis *m* -sses, -sse.
гардерóб 1) *(шафа)* Kléiderschrank *m* (1*); 2) *(роздягальня)* Garderóbe *f* (11), Kléiderablage *f* (11); **~ник** Garderobíer [-'bíe:] *m* -s, -s; **~ниця** Garderóbenfrau *f* (10).
гардúна Gardíne *f* (11), Fénstervorhang *m* (1*).
гаркáв|ий: ~а вимóва schnárrende Áussprache; **~ити** das R schnárrend aússprechen*; das L únsauber áussprechen*.
гармáт|а Kanóne *f* (11); **~ний** Kanónen≠.
гармúдер 1) *(галас, метушня)* Lärm *m* -(e)s; Höllenlärm *m*; Getümmel *n* -s; 2) *(безладдя)* Durcheinánder *n* -s, Wírrwarr *m* -s, Únordnung *f*.
гармонíйний 1) harmónisch; übereínstimmend; 2) *муз.* wóhlklingend.
гармонíст Zíehharmonikaspieler *m* (6).
гармоніювáти harmoníeren *vi*; überéinstimmen *vi*, (zusámmen) pássen *vi.*
гармóнія 1) *(співзвуччя)* Éinklang *m* (1*), Überéinstimmung *f* (10); 2) *(милозвучність)* Wóhlklang *m* (1*), Harmoníe *f* (11); 3) *муз. (теорія)* Harmoníelehre *f*, Harmónik *f*; 4) *(музичний інструмент)* Harmónika *f*, *pl* -s, Zíehharmonika *f*.
гáрний schön; gut.
гарнізóн Besátzung *f* (10); Stándorttruppen *pl* *(в мирний час)*, Garnisón *f* (10).
гарнíр *кул.* Béilage *f* (11).
гарпýн Harpúne *f* (11).
гарт 1) *тех.* Härtung *f* (10); Ábschreckung *f* (10); 2) *перен.* *(стійкість, загартованість)* Ábhärtung *f*, Stählung *f*; **~óваний** 1) *тех.* gehärtet; 2) *перен.* ábgehärtet, gestählt; **~увáти** 1) *тех.* härten *vt*, ábschrecken *vt*; 2) *перен.* stählen *vt.*
гарчáти knúrren *vi.*
гаря́ч|ий 1) heiß; féurig, glühend, brénnend; 2) *перен.* heiß, flámmend; hítzig; héftig; ~а íжа wármes Éssen; ~а обрóбка Wärmebearbeitung *f*, thérmische Beárbeitung; ◊ по ~их слідáх auf frischer Spur; ~а головá Hítzkopf *m* (1); hítziges Gemüt; ~а порá Zeit, wo mit Hóchdruck geárbeitet wird; **~ка** *мед.* Fíeber *n* (6) *(тж. перен.)*, біла ~ка Säuferwahnsinn *m* -(e)s; **~кувáти** sich eréifern, sich erhítzen.
гас Petróle|um *n* -s.
гасúти löschen *vt*, auslöschen *vt*; dämpfen *vt* *(коливання)*.
гáсло 1) Lósung *f* (10); Mótto *n* -s, -s; Devise [-'vi:-] *f* (11) *(девіз)*; Léitsatz *m* (1*) *(тезис)*; Sprúchband *n* (5) *(транспарант)*; 2) *(сигнал, попередження)* Signál *n* (2), Zéichen *n* (7).
гáснути 1) erlöschen* *vi* (s), verlöschen* *vi* (s); áusgehen* *vi* (s); 2) *перен.* *(про сили тощо)* versíegen *vi* (s).
гастрúт *мед.* Gastrítis *f*, Mágenschleimhautentzündung *f* (10).
гастр|олéр *театр.* Gástspieler *m* (6); Gástsolist *m* (8); **~óлі** Gástspiel *n*; íхати на ~óлі éine Gástspielreise unternéhmen*, auf Tournée [tur'ne:] géhen*; **~олювáти** gastíeren *vi*, als Gast áuftreten*; **~óльний** Gástspiel≠; Gast≠; ~óльна вистáва Gástvorstellung *f* (10).
гастронóм Lébensmittelgeschäft *n* (2); Delikatéssenhandlung *f* (10), Féinkosthandlung *f*.
гатúти *(болото)* mit Faschínen belégen *vt*, mit Réisigbündeln áusfüllen *vt*; ~ грéблю éinen Damm [Deich] báuen (erríchten, áufführen, schlágen*).
гáтка Faschínenweg *m* (1); Knüppeldamm *m* (1*) *(настил з колод)*.
гать *див.* гáтка.
гáуб|иця *військ.* Haubítze *f* (11); ~ичний Haubítz(en)≠; ~ична батарéя Haubítzenbatterie *f* (11).
гауптвáхта *військ.* Arréstanstalt *f* (10).
гачóк Háken *m* (7); вітровúй ~ *(на вікні)* Fénstersteller *m* (6); спусковúй ~ *(у зброї)* Ábzug *m* (1*); ◊ зловúти на ~ überlísten *vt*, betrügen *vt.*
гáяти: ~ час Zeit vergéuden, Zeit verlíeren*.
гáятися zögern *vi*, zaudern *vi*; не гáячись ні хвилúни óhne éinen Augenblick zu zögern (zu verlíeren).
гвард|íєць Gardíst *m* (8); **~íйський** Gárde≠.
гвáрдія Gárde *f* (11).

гвинт Schráube *f* (11).
гвозди́ка 1) *(квітка)* Nélke *f* (11); 2) *(прянощі)* Gewürznelken *pl*, Nélken *pl*.
гегемо́нія Hegemoníe *f* (11), Führerrolle *f* (11), Führerschaft *f*.
Géiser Géiser *m* (6).
гекта́р Hektár *n* (2) *(після числ. pl -)* *(скор.* ha).
ге́мб|ель Hóbel *m* (6), Hándhobel *m*; ~**лювáти** hóbeln *vt*.
гемоглобі́н Hämoglobín *n* -s.
генерáл Generál *m* (1, 1*).
генерáтор *тех.* Generátor *m* -s, -tóren, Strómerzeuger *m* (6).
гене́тика Genétik *f*.
геніáльн|ий geniál; ~**ість** Genialität *f*.
ге́ній 1) *(геніальність)* Genie [ʒeˈniː] *n* -s, -s; Schöpferkraft *f*; 2) *(про людину)* Genie *n* -s, -s, geniáler Mensch; ◊ **до́брий** ~ Génius *m* -, -ni|en, Schútzgeist *m* (4); **неви́знаний** ~ verkánntes Genie.
гео́гр|аф Geográph *m* (8); ~**áфія** Geographíe *f*, Érdkunde *f*.
геод|ези́ст Geodät *m* (8), Geométer *m* (6), Lándmesser *m* (6); ~**ези́чний** geodätisch; ~**е́зія** Geodäsíe *f*.
гео́л|ог Geológ(e) *m* (8, 9); ~**о́гія** Geologíe *f*.
геоме́трія Geometríe *f*.
герáнь Geránium *n* -s, Stórchschnabel *m* -s.
герб Wáppen *n* (7).
гербіци́д Herbizíd *n* (1).
ге́рбов|ий Wáppen≠; Stémpel≠; ~**ий** збір Stémpelgebühr *f* (10); ~ий папі́р Stémpelpapier *n* -(e)s; ~а печáтка Ámtssiegel *n* (6).
геркуле́с 1) *(силач)* Hérkules *m* -, -se; 2) *(крупа)* Háferflocken *pl*.
гермети́чний hermétisch, lúftdicht.
герої́|зм Héldentum *n* -(e)s, Héldenmut *m* -(e)s, Hero|ísmus *m* -; ~**чний** héldenmütig; héldenhaft; Hélden≠.
геро́й Held *m* (8).
гестáп|івець *іст.* Gestápomann *m* -es, *pl* -leute; ~**о** Gestápo *f* (Geheíme Stáátspolizei).
геть fort!, (hin)wég!; níeder!; йти ~ fórtgehen* *vi* (s), wéggehen* *vi* (s); ◊ ру́ки ~! Hände weg!; ~ його́ звідси! weg mit ihm!
гид|ки́й ékelhaft, abschéulich, wíderlich, widrig; ~**увáти** sich ékeln, Ékel empfínden* (ким-н., чим-н. vor *D*).
ги́кати den Schlúcken [Schlúckauf] háben.
ги́нути 1) úmkommen* *vi* (s), ums Lében kómmen*; éingehen* *vi* (s) *(про рослини)*; zugrúnde géhen* *vi* (s) *(руйнуватися, занепадати)*; 2) *перен.* *(страждати, мучитися)* léiden* *vi*; sich (áb)quälen.
ги́рло 1) *(річки)* Mündung *f* (10); 2) *(вихідний отвір)* Öffnung *f* (10), Loch *n* (5) ~ пе́чі Ófenloch *n*.
гібри́д Hybríde *f* (11).
гігáнт Ríese *m* (9), Gigánt *m* (8); ~**ський** ríesig, ríesenhaft, Ríesen≠, gigántisch.
гігіє́н|а Hygiéne *f*, Gesúndheitslehre *f*; Gesúndheitspflege *f*; ~**íчний** hygiénisch, Hygiéne≠, Gesúndheits≠.
гід Stádtführer *m* (6); Réiseleiter *m* (6).
гі́дн|ий 1) wert, würdig; ~ий наслі́дування náchahmungswert; ~ий похвали́ lóbenswert; 2) *(належний, потрібний)* zústehend; gerécht verdíent, pássend; 3) *(достойний)* würdig; ~**ість** Würde *f*; почуттʹя вла́сної ~ **ості** Selbstbewußtsein *n* -s; трима́тися з ~**істю** mit Würde áuftreten* *vi* (s).
гідроелектростáнція Wásserkraftwerk *n* (2).
гіє́на Hyäne *f* (11).
гі́лка *див.* галу́зка.
гімн Hýmne *f* (11).
гімнáст Túrner *m* (6); ~**ика** Túrnen *n* -s, Gymnástik *f*; ~**і́чний** Turn-; gymnástisch.
гіпе́рбола *мат., літ.* Hypérbel *f* (11).
гіперто́н|ік *розм.* Hypertóniker *m* (6), Hóchdruckkranke *m* (8); ~**íя** Hypertoníe *f*, Hóchdruckkrankheit *f*.
гіпн|о́з Hypnóse *f* (11); ~**отизе́р** Hypnotiseur [-ˈzøːr] *m* (1); ~**отизувáти** hypnotisíeren *vt*.
гіпо́теза Hypothése *f* (11).
гіпотену́за *мат.* Hypotenúse *f* (11).
гіпс Gips *m* (1); *мед.* Gípsverband *m* (1*); ~**овий** Gips≠; gípsen; ~**увáти** *мед.* éingipsen *vt*.
гірк|и́й bítter *(тж. перен.)*; ~**отá** 1) Bítterkeit *f* *(тж. перен.)* bítterer Geschmáck; 2) *перен.* Bítternis *f* (3).
гірля́нда Girlánde *f* (11), Blúmengewinde *n* (6); ~ лáмпочок Líchterkette *f* (11).

гірн|и́к 1) *(робітник)* Bérgarbeiter *m* (6), Bérgmann *m* -(e)s, -leute: 2) Bérgingenieur [-inʒə,niø:r] *m* (1) *(інженер)*; Bérgbaustudent *m* (8) *(студент)*; **~и́чий** Bérg(bau)≠; Grúben≠ *(шахтний)*.

гірськи́й Gebírgs≠; Berg≠; Höhen≠.

Г

гірч|и́ця Senf *m* -es; Móstrich *m* (1); **~и́чник** Sénfpflaster *n* (6), Sénfpapier *n* (2).

гі́ршати schléchter wérden, sich verschléchtern, sich verschlímmern.

гі́рше *вищ. ступ. від* пога́но; тим ~ um so schlímmer; хво́рому сього́дні ~ dem Kránken geht es héute schléchter.

гість Gast *m* (1*); бу́ти в гостя́х zu Gast [zu Besúch] sein; іти́ в го́сті zu Besúch géhen*; у нас го́сті wir háben Besúch.

гла́дити 1) stréichen* *vt*; stréicheln *vt*; 2) *розм. див.* прасува́ти.

гла́дкий glatt,ében.

гладки́й féttleibig, (wóhl)beléibt, dick, feist *(про людину)*; fett, gemästet, wóhlgenährt.

гладь 1) *(рівна поверхня)* Glätte *f*, Glättheit *f* *(стіни, стола)*; Spíege *m* -s *(води)*; 2) *(вишивка)* Plättstickerei *f* (10), Plättstich *m* (1).

гла́нди Mándeln *pl*.

гла́сність Offenbeit *f*.

глек Krug *m* (1*); Tónkrug *m*; Mílchtopf *m* (1*), Mílchkrug *m* *(для молока)*.

глиб, глиб|ина́ Tíefe *f* (11); в ~ краї́ни in das Ínnere des Lándes; на ~ині́ двох ме́трів zwei Méter tief; ◊ в ~ині́ душі́ im tíefsten Ínnern; до ~ини́ душі́ bis ins Ínnerste; у ~ині́ століть in gráuer Vórzeit; **~о́кий** tief *(тж. перен.)*, Tief≠, ~о́кий ана́ліз tíefgreifende Analýse; ~о́ка вдя́чність tíefempfundener Dank; ~о́кі знання́ gründliche Kénntnisse; profúndes Wíssen; ~о́ка о́сінь Spätherbst *m* -es; ~о́ка переко́наність tíefwúrzelnde Überzéugung; ~о́ка ста́рість hóhes Álter; ~о́ка супере́чність [~о́ке протирі́ччя] krásser Wíderspruch [Gégensatz]; **~окоду́мний** tíefsinnig.

гли́н|а Ton *m* -(e)s, Lehm *m* -(e)s; **~истий** Lehm≠, léhmig; léhmhaltig; **~яний** Ton≠, tönern, írden.

глід *бот.* Hágedorn *m* -(e)s, Wéißdorn *m*.

гло́бус Glóbus *m* -ses *та* -, *pl* -se *та* -ben.

глузд 1) *(розум)* Verstánd *m* -(e)s; Vernúnft *f*; 2) *(рація, смисл)* Sinn *m* -(e)s; ◊ здоро́вий ~ gesúnder Ménschenverstand; з ~у з'ї́хати nicht (ganz) bei Sínnen sein.

глуз|ли́вий spöttisch; höhnisch; **~ува́ти** spötteln *vi* (з ко́го-н. з чо́го-н. über *A*); verspótten *vt*; verhöhnen *vt*.

глум Hohn *m* -(e)s; Spott *m* -(e)s; **~и́тися** verhöhnen *vt*, verspótten *vt*; schänden *vt*; **~ли́вий** höhnisch; spóttsüchtig, spóttlustig, bóshaft.

глух|и́й 1) taub *(тж. перен.)* gehörlos; 2) *(про звуки)* dumpf, hohl, gedämpft, klánglos; ~и́й при́голосний stímmloser Konsonánt; 3) *(віддалений)* ábgelegen, entlégen; únbelebt; ~а́ провінція Krähwinkel *m* (6); 4) *(зовсім закритий, без отворів; суцільний)* blind; falsch *(про вікно)*; 5) *у знач. ім.* Táube *m* (14); Gehörlose *m* (14); **~оні́мий** 1) táubstumm; 2) *у знач. ім.* Táubstumme *m*- (14); **~ота́** Taúbheit *f*.

глушина́ 1) *(зарослий ліс)* Dikkicht *n* (2); 2) *(віддалені місця)* Öde *f* (11), Krähwinkel *m* (6), ábgelegener Ort.

глуш|и́тель *тех.* Schálldämpfer *m* (6); Áuspufftopf *m* (1*); **~и́ти** 1) *(оглушувати)* betäuben *vt*; 2) *перен. (заглушати, перешкоджати розвиткові)* unterdrücken *vt*; erstícken *vt*; dämpfen *vt*; 3) *(двигун тощо)* ábdrosseln *vt*.

глюко́за Tráubenzucker *m* -s, Glykóse *f*, Dextróse *f*.

глядач 1) *(у театрі, кіно)* Zúschauer *m* (6); 2) *(спостерігач)* Beschäuer *m* (6).

гля́нець Glanz *m* -es *(тж. перен.)*.

гля́нути blícken *vi* (на ко́го-н., на що-н. auf *A*); ánsehen* *vt*.

гна́ти 1) tréiben* *vt*; jágen *vt*; 2) *(поганяти)* ántreiben* *vt*, hétzen *vt*; ~ маши́ну mit dem Áuto rásen; 3) *(виганяти)* fórtjagen *vt*, vertréiben* *vt*; **~ся** 1) náchjagen *vi* (s), náchsetzen *vi* (s) *(D)*; 2) *перен. розм.* ~ся за чим-н. nach etw. *(D)* tráchten [strében].

гнили́й faul, verfáult *(тж. перен.)*; módrig.

гни́|лість Fäule *f*, Fäulnis *f*; **~ти** (ver)fäulen *vi* (s), vermódern *vi* (s); stagníeren *vi*.

гнів Zorn *m* -(e)s; Wut *f* *(лють)*;

~атися sich erzürnen; böse sein *(D)*; не -айтесь за це на ме́не néhmen Sie es mir nicht übel; séien Sie mir déswegen nicht böse; **~и́ти** böse máchen *vt*, erzürnen *vt*; **~ний** zórnig, erzürn, áufgebracht.

гніди́й 1) braun; 2) *у знач. ім. (кінь)* Bráune *m* (14).

гнізд|и́тися nísten *vi*; hórsten *vi (про хижих птахів)*; **~о́** 1) Nest *n* (5); Horst *m* (1) *(у хижих птахів)*; 2) *тех.* Sitz *m* (1), Loch *n* (5), Nísche *f* (11); 3) *лінгв.* Wórtfamili|e *f* (11); **~ови́й** Nest≠, Néster≠; *бот.* nésterartig; **~ува́ння** *зоол.* Nésterbau̇ *m* (1).

гній 1) *мед.* Éiter *m* -s; Áugendrüsenschleim *m* -(e)s *(в очах)*; 2) *с. г.* Mist *m* (1); Dünger *m* (6), Dung *m* -(e)s, Stálldung *m (як добриво)*; **~ни́й** éiternd, éit(e)rig; Éiter≠; **~ни́к** Éiterherd *m* (1), Éitergeschwür *n* (2); Éiterbeule *f* (11).

гніт 1) *(важкий предмет)* Last *f* (10); Wucht *f* (10); 2) *(утиск, пригноблення)* Unterdrückung *f*; Joch *n* (2) *(ярмо)*; ви́рватися з-під ~у aus dem Joch áusbrechen*; 3) *(тягар)* Last *f* (10), Wucht *f* (10); ~ турбо́т Sórgenlast *f*, die Wucht der Sórgen.

гніт|и́ти bedrücken *vt*, níederdrücken *vt*; deprimíeren *vt*; **~ю́чий** bedrückend, níederdrückend, deprimíerend.

гнузда́ти áufzäumen *vt*, zäumen *vt (тж. перен.)*; zügeln *vt*.

гну́ти bíegen* *vt*; krümmen *vt*; béugen *vt (нагинати)*; **~ся** sich béugen; sich bíegen*.

гнучки́й bíegsam *(тж. перен.)*; gelénk(ig); geschméidig *(про тіло)*; flexíbel *(тж. перен.)*.

го́в|ір 1) *(гомін)* Geréde *n* -s; 2) *див.* говірка; **~і́рка** Múndart *f* (10), Dialékt *m* (1); Lokálmundart *f*.

говори́ти 1) spréchen* *vt, vi*; réden *vt, vi* (з ким-н. mit *D*, про ко́го-н., про що-н. über *A*, von *D*); ~ по-німе́цькому deutsch spréchen*; 2) *(казати)* ságen *vt*; 3) *(бути доказом чого-н.)* zéugen *vi* (про що-н. von *D*); beságen *vt*.

годи́н|а Stúnde *f* (11); Uhr *f* (10); о четве́ртій ~і пополу́дні um vier Uhr náchmittags; котра́ ~а? wie spät ist es?; обов'язко́ва кі́лькість ~ *(учителя)* Pflichtstundenzahl *f*; ◊ ти́ха [ме́ртва] ~а Rúhestunde *f*; **~ний** Stúnden≠; éinstündig *(одногодинний)*.

годи́нник Uhr *f* (10); нару́чний ~ Ármbanduhr *f*; накрути́ти ~ die Uhr áufziehen*; перевести́ ~ впере́д die Uhr vórstellen; ~ спіши́ть на дві хвили́ни die Uhr geht zwei Minúten vor; ~ відстає́ die Uhr geht nach; **~а́р** Úhrmacher *m* (6); **~о́вий** Uhr≠; Ühren≠.

годи́ти recht tun* [máchen] (кому́-н. *D*); gefällig sein *(D)*, éinen Gefállen tun* *(D)*; **~ся** táugen *vi* (для чо́го-н. zu *D*), táuglich sein, sich éignen.

го́ді *предик.* 1) *(досить)* genúg(!); ~ вам сперечáтися! genúg gestrítten!, hört auf zu stréiten; 2) *(не можна)* es ist unmöglich (+zu+*inf*), man kann nicht (+*inf*); ~ й ду́мати про це man kann ja (gar) nicht darán dénken; ◊ та й ~ wéiter nichts, nichts wéiter.

год|о́ванець, ~о́ванка Zögling *m* (1); **~ува́льник** Ernährer *m* (6); **~ува́льниця** 1) Ámme *f* (11); 2) *(та, що утримує сім'ю)* Ernährerin *f* (12); **~ува́ти** 1) füttern *vt*; zu éssen gében* (кого́-н. *D*); 2) *(груддю)* nähren *vt*, stíllen *vt*, säugen *vt*; 3) *(утримувати)* unterhálten* *vt*.

го́жий 1) *(про людину)* schön, hübsch; 2) *(про погоду)* héiter, schön.

го́їти héilen *vt*; **~ся** verhéilen *vi* (s), ábheilen *vi* (s).

го́йд|алка Scháukel *f* (11); Wippe *f* (11); **~а́ти** scháukeln *vt*; schwíngen* *vt*; wíegen *vt (дитину)* **~а́тися** scháukeln *vi*; sich wíegen; péndeln *vi (про маятник)*.

гол *спорт.* Tor *n* (2); Tórschuß *m* -sses, -schüsse.

го́лий 1) *(без одягу; непокритий)* nackt, bloß; 2) *(без волосся, листя, рослинності)* kahl; entláubt *(про дерево)*.

голи́ти rasíeren *vt*; **~ся** sich rasíeren; sich rasíeren lássen* *(у перукаря)*.

го́лк|а 1) Nádel *f* (11) *(тж. на сосні, ялині)*; Nähnadel *f (для шиття)*; 2) *(у їжака, троянди)* Stáchel *m* (13); ◊ сиді́ти як на ~áх wie auf (glühenden) Kóhlen sítzen*.

голла́нд|ець Hólländer *m* (6); **~ський** hólländisch, níederländisch; ◊ ~ська піч Káchelofen *n* (7*).

голов|а́ 1) Kopf *m* (1*); 2) *(про худобу)* Stück *n* (2); ти́сяча голі́в худо́би táusend Stück Vieh; 3) *(на* *зборах, в організації)* Vórsitzende *m* (14); Голова́ Ра́ди Мі́ністрів der Vórsitzende des Minísterrates; 4) *(керівник)* Óberhaupt *n* (5), Haupt *n*; 5) *(поїзда, колони)* Spítze *f* (11); ◊ ви́кинути з ~и́ sich *(D)* aus dem Kopf [Sinn] schlágen*; ◊ ма́ти го́лову на пле́чах éinen klúgen Kopf háben; ein klúger Kopf sein; я сам собі́ ~а́ ich bin mein éigener Herr; **~е́шка** schwélendes Hólzscheit.

голо́вка 1) *зменш.* Köpfchen *n* (7); 2) *(гвинта, цвяха тощо)* Kopf *m* (1*); ~ сі́рника́ Kúppe *f* (11).

головн|и́й 1) Kopf≠; 2) *(передній)* Spítzen≠, Vor≠; 3) *(основний)* Háupt≠; háuptsächlich; wésentlich *(істотний)*; 4) *(керівний, старший* Haúpt≠; Óber, Chef≠ ['ʃɛf-]; 5) ~е́ *у знач. ім.* Háuptsache *f* (11); це ~е́ das ist die Háuptsache; 6) ~е́ *у знач. вставн. сл.* vor állem; ~е́, ти пови́нен це до́бре обмі̀ркувáти du sollst dir das vor állem ríchtig überlégen; ◊ ~и́м чи́ном háuptsächlich.

головнокома́нду|вач, ~ючий Óberbefehlshaber *m* (6).

го́лод 1) Húnger *m* -s; помира́ти з ~у verhúngern *vi* (s), vor Húnger stérben*; 2) *(гостра нестача чого-н.)* Mángel *m* -s; Not *f*.

голо́д|ний húngrig; Húnger≠; бу́ти ~ним Húnger háben [léiden*], húngrig sein; ~ний рік Húngerjahr *n* (2); **~о́вка** 1) *(лихо)* Húngersnot *f*; 2) *(на знак протесту)* Húngerstreik *m* -(e)s, *pl* -s; оголоси́ти ~о́вку in den Húngerstreik tréten*; **~ува́ти** húngern *vi (тж. для лікування)*; Húnger léiden*.

го́лос Stímme *f* (11); низький ~ tíefe Stímme; ма́ти пра́во ~у stímmberechtigt sein; ~ про́ти *(на виборах)* Gégenstimme *f* (11); ◊ віддава́ти [подава́ти] свій ~ за ко́го-н., за що-н. séine Stímme für j-n, für etw. *(A)* (áb)gében*, für j-n, für etw. *(A)* stímmen.

голослі́вний únbegründet, únmotiviert [-vi:rt], gründlos.

голос|ови́й Stimm≠; stímmlich; **~ни́й** 1) laut, láutstark; 2) *лінгв. (про звуки)* Vokál≠ [vo-], vokálisch; 3) *лінгв. у знач. ім.* Vokál *m* (1), Sélbstlaut *m* (1).

голосува́ти (áb)stímmen *vi* (за ко́го-н., за що-н. für *A*; про́ти ко́го-н., про́ти чо́го-н. gégen *A*); zur Ábstimmung bríngen* *(A) vt*.

го́луб Táube *f* (11); Táuber *m* (6) *(самець)*; ~ ми́ру Fríedenstaube *f*.

голуби́й blau, hellblau.

голу́бити liebkosen *невідокр. vt*.

голубці́ *кул.* Kóhlrouladen [-ru-] *pl*; Kráutwickel *pl*.

гомі́лка *анат.* Únterschenkel *m* (6).

го́м|ін 1) *(звучання розмови)* Stímmenklang *m* -(e)s, Stímmengewirr *n* -s; Geréde *n* -s; 2) *(шум)* Lärm *m* -(e)s; **~оні́ти** 1) *(тихо розмовляти)* sich (gemütlich) unterhálten*; réden *vi*; múnkeln *vi*; 2) *перен. (шуміти)* múrmeln *vi (про струмок)*; ráuschen *vi (про листя)*.

гон|е́ць Éilbote *m* (9), Bóte *m*; **~и́тва** 1) *(переслідування)* Náchsetzen *n* -s, Verfólgung *f*; 2) *(поспіх)* Éile *f*, Hast *f*; 3) *перен.* Verséssenheit *f* (за чим-н. auf *A*); Hascheréi *f*; Jagd *f*, Strében *n* -s (nach *D*); **~и́ти** *див.* гна́ти 1); **~і́ння** Bedrückung *f* (10), Verfólgung *f* (10); **~ка:** ◊ ~ка озбро́єнь Wéttrüsten *n* -s.

гонора́р Honorár *n* (2).

гонча́р Töpfer *m* (6).

гопа́к Hopák *m* -s, Gopák *m*.

гора́ 1) Berg *m* (1); з ~и́ bergáb; на го́ру bergán, bergáuf; 2) *тк. мн.* го́ри *(місцевість)* Gebírge *n* (6); 3) *(багато, купа)* Háufen *m* (7); го́ри книжо́к Bérge [Stöße] von Büchern; ◊ бу́ти не за ~ми nicht állzuweit sein.

горб 1) *геол.* Hügel *m* (6), Ánhöhe *f* (11); 2) *анат.* Búckel *m* (6), Höcker *m* (6); **~а́нь** Búck(e)lige *m* (14); **~а́тий** búck(e)lig; verwáchsen; ~а́тий ні́с krúmme [gebógene] Náse, Hákennase *f* (11).

го́рбити krümmen *vt*, krumm máchen *vt*; ~ спи́ну éinen Búckel máchen; **~ся** sich krümmen; sich krumm hálten*.

го́рд|ий stolz (з чо́го-н. auf *A*); **~и́тися** 1) stolz sein (ким-н., чим-н. auf *A*); sich brüsten (mit *D*) *(чванитися)*; 2) *(триматися гордовито)* den Kopf hoch trágen*; **~і́сть** Stolz *m* -es; **~ови́тий** stolz; hóchmütig *(пихатий)*; **~ува́ти** 1) *(бути пихатим)* hóchmütig sein; 2) *(нехтувати)* mißáchten *vt*, geríngschätzen *відокр. vt* veráchten *vt (зневажати)*.

го́ре 1) *(смуток)* Kúmmer *m* -s, Gram *m* -(e)s; Verdrúß *m* -sses, -sse *(прикрість)*; 2) *(нещастя,* *лихо)* Not *f*, Únglück *n* -(e)s; **~звісний** berüchtigt.

гóрець *див.* горя́нин.

горизóнт 1) Horizónt *m* (1), Gesíchtskreis *m* (1); *перен. тж.* Blíckfeld *n* -(e)s; 2) *(рівень)* Wásserstand *m* -(e)s; 3) *гірн.* Sóhle *f* (11); **~áль** 1) *(пряма)* Horízontále *f* (11), Wáag(e)rechte *f* (11); 2) *(на карті)* Höhen(schicht)linie *f* (11); **~áльний** horizontál, wáag-(e)recht; **~áльна** проéкція Grúndriß *m* -sses, -sse.

горúще Bóden *m* (7, 7*), Dachboden *m*.

горілúць rücklings; auf dem Rücken *(лежати)*; auf den Rücken *(лягати, класти)*.

горілка I *(напій)* Schnaps *m* (1*).

горілка II *(прилад для спалювання)* Brénner *m* (6).

гор|íти 1) brénnen* *vi*; in Brand stéhen*; glühen *vi (бути в жару)*; 2) *(сяяти)* glänzen *vi*, fúnkeln *vi*, léuchten *vi*; ◊ **~íти бажáнням** den héißen [brénnenden] Wunsch háben; **робóта ~úть у нього в руках** die Arbeit geht ihm von der Hand.

горíх 1) *(плід)* Nuß *f* (3); волóський ~ Wálnuß *f*; ліщúновий ~ Háselnuß *f*; мигдáльний ~ Knáckmandel *f* (11); 2) *(дерево)* Núßbaum *m* (1); 3) *(матеріал)* Núßbaum *m* (1*), Núßbaumholz *n* -es; **~овий** Núßbaum≠; Nuß≠ *(виготовлений з плодів горіха)*.

гóрло 1) Kéhle *f* (11), Gúrgel *f* (11); Hals *m* (1*); 2) *(глечика)* Hals *m* (1*); **~вúна** *тех.* Hals *m* (1*); Schacht *m* (1*); Lúke *f* (11).

гóрн *муз.* Horn *n* (5); **~íст** Horníst *m* (8).

гóрно *(у кузні)* Schmíedeherd *m* (1), Ésse *f* (11).

горностáй 1) *зоол.* Hermelín *n* (2); 2) *(хутро)* Hermelín *m* (1), Hermelínpelz *m* (1).

горобéць Spérling *m* (1), Spatz *m* (8); **~úна** 1) *(дерево)* Éberesche *f* (11); 2) *(ягода)* Ébereschenbeere *f* (11), Vógelbeere *f*.

горóд Gemüsegarten *m* (7*); Gemüsefeld *n* (5); **~ина** Gemüse *n* (6); **~ник** Gemüsegärtner *m* (6); Gemüsebauer *m* (8, 13); **~ництво** Gemüse(an)bau *m* -(e)s.

горóх 1) *(рослина)* Érbse *f* (11) *(тж. горошина)*; 2) *(насіння, харч. продукт)* Érbsen *pl*; ◊ за царя́ Горóха vor úndenklichen Zéiten; **~овий** Érbsen≠.

горóшок 1) *(цукерки)* Zúckererbsen *pl*, Zúckerbohnen *pl*; зелéний ~ grüne Érbsen; 2) *бот.* пахýчий ~ wóhlriechende Plätterbsen; 3) *(кружальця на тканині)* Túpfen *pl*. Pünktchen *pl*; у ~ mit Púnktmuster.

гортáн|ний 1) Kéhl(kopf)≠; 2) *фон.* ~ний звук Kéhllaut *m* (1), Gutturállaut *m*, Gutturál *m* (1); **~ь** *анат.* Kéhlkopf *m* (1*), Lárynx *m* -, *pl* Larýngen.

гортáти blättern *vi*; dúrchblättern *vt*; ~ кни́жку in éinem Buch blättern; ein Buch dúrchblättern.

гóрщик, горщóк Topf *m* (1*).

горя́нин Bérgbewohner *m* (6).

гóспіталь Lazarétt *n* (2).

господ|ар Wirt *m* (1); Besítzer *m* (6) *(власник)*; Háusherr *m* (8) *(глава сім'ї)*; Gástgeber *m* (6) *(стосовно до гостя)*; **~áрка** Wírtin *f* (12) Besítzerin *f* (12); Gástgeberin *f* (12) *(стосовно до гостя)*; домашня ~áрка Háusfrau *f* (10); **~áрство** Wírtschaft *f* (10); Betríeb *m* (1); домáшнє ~áрство Háushalt *m* -(e)s; **~áрський** Wirts-, des Wírtes; des Besítzers; **~áрський, ~áрчий** Wírtschafts-, wírtschaftlich, ökonómisch; ~áрчі товáри Háushaltsartikel *pl*; **~арювáти** wírtschaften *vi*; **~úня** Wírtin *f* (12); Háusfrau *f* (10); Gástgeberin *f* (12) *(стосовно до гостя)*.

гостúн|ець Geschénk *n* (2); Gástgeschenk *n*; **~ний** gástfreundlich, gástlich; **~ність** Gástfreundschaft *f*.

гóстр|ий scharf *(у різн. знач.)*; spitz *(з гострим кінцем)*; ~ий біль héftiger Schmerz; він ~ий на óко er hat ein schárfes Áuge; він ~ий на язи́к er hat éine spítze Zúnge; **~úти** schärfen *vt*; wétzen *vt (косу тощо)*; schléifen* *vt (напр., ножа)*; spítzen *vt*.

гостювáти zu Besúch sein.

готéль Hotél *n* -s, -s.

гóт|ика Gótik *f*; **~úчний** gótisch; ~úчний шрифт gótische Schrift; *полігр.* Fraktúr *f*.

готíвк|а Bárgeld *n* -(e)s; сто карбóванців ~ою húndert Rúbel bar; плати́ти ~ою in bar (be)záhlen.

готовáльня Réißzeug *n* (2).

готóв|ий 1) beréit (до чóго-н. zu *D*); fértig, Fértig≠; *мор.* klar; *кул.* gar; будь ~ий! *(вітання піонерів при зустрічі)* seid beréit!; завжди ~ий! *(відповідь піонерів на вітання, девіз)* ímmer beréit!

~ий о́дяг Konfektión *f* (10); 2) *(схильний до чого-н.)* genéigt, wíllig, beréit, beréitwillig; завжди́ ~ий прийти́ на допомо́гу hílfsbereit; **~ність** 1) *(підготовленість)* Beréitschaft *f*; 2) *(бажання зробити що-н.)* Beréitwilligkeit *f*; вислов *лювати свою ~ність* sich beréit erklären.

Г

готува́ти 1) vórbereiten *vt* (до чо́го-н. auf *A*, für *A*; zu *D*); ~ уро́ки die Áufgaben máchen; 2) *(фахівців)* áusbilden *vt*; 3) *(варити)* zúbereiten *vt*, kóchen *vt*; **~ся** sich vórbereiten; im Begríff sein *(мати намір, збиратися)*.

гра Spiel *n* (2); Spieleréi *f* *(несерйозне заняття)*.

грабі́ж Raub *m* -(e)s, Beráubung *f* (10); Plünderung *f* (10); **~ник** Räuber *m* (6); Plünderer *m* (6); **~ницький** räuberisch, Raub≠.

граблі́ Réchen *m* (7).

граб|ува́ти ráuben *vt*; plündern *vt*; **~у́нок** Raub *m* -(e)s.

граве́р Graveur [-'vø:r] *m* (1); Stécher *m* (6), Radíerer *m* (6) *(на металі)*; Hólzschneider *m* (6) *(на дереві)*.

граве́ць Spíeler *m* (6).

гра́вій Kies *m* (1).

грав|іюва́ти, грав|ірува́ти gravíeren [-'vi:-] *vt*; radíeren *vt* *(на металі)*; Hólzschnitte máchen *(на дереві)*; **~ю́ра** Gravüre [-'vy:-] *f* (11); Radíerung *f*.(10), Stich *m* (1); ~ю́ра на мі́ді Kúpferstich *m*; ~ю́ра на де́реві Hólzschnitt *m* (1).

град Hágel *m* -(e)s; Hágelwetter *n* -s; па́дає ~ es hágelt; си́патися ~ом hágeln *vi*, hágeldicht fállen* *vi*.

гра́дус Grad *m* (1) *(після числ. pl-)*; 25 ~ів тепла́ 25 Grad Wärme; 7 ~ів моро́зу 7 Grad Kälte; кут 45 ~ів Winkel von 45 Grad.

грайли́вий 1) schálkhaft; spíelerisch; spíellustig *(про людину)*; léichtsinnig *(про настрій)*; 2) *(про вино, шипучі напої)* pérlend, schäumend.

грак *зоол.* Sáatkrähe *f* (11).

грам Gramm *n* (2) *(після числ. pl. -)*.

грама́т|ика Grammátik *f* (10); **~и́ст** Grammátiker *m* (6); **~и́чний** grammátisch, grammatikálisch.

гра́мот|а I: вчи́тися ~и Lésen und Schréiben lérnen.

гра́мота II *(документ)* Úrkunde *f* (11); Schréiben *n* (7); похва́льна ~ Belóbigungsurkunde *f*.

гра́мотн|ий 1) schríftkundig, léseund schréibkundig; sáchkundig; geschúlt *(про фахівця)*; ~ий у́чень [студе́нт] ein Schüler [Studént], der féhlerfrei schréiben kann; 2) *(про твір, виконання)* fáchmännisch; **~ість** Schríftkundigkeit *f*, Lése- und Schréibkundigkeit.

грана́т I *бот.* 1) *(плід)* Granátapfel *m* (6*); 2) *(дерево)* Granát(apfel)baum *m* (1*).

грана́т II *мін.* Granát *m* (1).

грана́та *військ.* Granáte *f* (11).

грандіо́зний gróßartig, grandiós.

грані́т *мін.* Granít *m* (1); **~ний** Granit≠.

гран|о́ваний facettíert [-sɛt-] *(про дорогоцінний камінь)*; **~ча́стий** geschliffen *(про скло)*; kántig.

грань 1) *(межа)* Grénze *f* (11); Rand *m* (4) *(край)*; Kánte *f* (11); *(кант)*; 2) *(площина)* Fläche *f* (11); Facette ['-sɛtə] *f* (11) *(дорогоцінного каменя)*.

гаси́рувати schnárren *vi*; das R schnárrend áussprechen.

грасува́ти zerstámpfen *vt*.

гра́ти 1) *(на чому-н.)* spíelen *vt*; ~на роя́лі Klavíer spíelen; 2) *(у що-н.)* spíelen *vt*; ~ в ша́хи Schach spíelen; 3) *(у театрі)* spíelen *vi, vt*, dárstellen *vt*; 4) *перен. (блищати, мерехтіти)* spíelen *vi*, glänzen *vi*; pérlen *vi*, schäumen *vi* *(про вино)*; ◊ ~ ду́рника sich dumm stéllen; den dúmmen Áugust máchen; **~ся** 1) spíelen *vi* (чим-н., з ким-н. mit *D*); ~ся (з) ляльками mit den Púppen spíelen; 2) *(у що-н.)* spíelen *vt*; ~ся в жму́рки [схо́ванки] Verstéck(en) spíelen *(тж. перен.)*; ◊ ~ся з вогне́м mit dem Féuer spíelen, ein gefährliches Spiel tréiben*.

графа́ 1) Spálte *f* (11); Tabéllenkolonne *f* (11) *(у таблиці)*; 2) *(рубрика)* Rubrík *f* (10).

графи́н Karáffe *f* (11); Wásserflasche *f* (11) *(для води)*.

графи́ти lin(i)íeren *vt*, Líni|en zíehen*; rubrizíeren *vt*.

гра́фік I 1) *мат.* gráphische Dárstellung, Scháubild *n* (5), Diagrámm *n* (2); 2) *(план, розклад)* Termínplan *m* (1*), Zéitplan *m*, Zéittabelle *f* (11), Áblaufplan *m*.

гра́фік II *(художник)* Gráphiker *m* (6), Gráfiker *m*; **~а** 1) *(вид образотворчого мистецтва)* Gráphik *f* (10); 2) *лінгв.* Schrift *f* (10); Schréibweise *f* (11).

графі́т 1) *мін.* Graphít *m* (1); 2) *(в олівці)* Míne *f* (11).

графі́чн|ий gráphisch; ~е мисте́цтво gráphische Kunst.

граціо́зний graziös, ánmutig.

гребе́ць *(весляр)* Rúderer *m* (6).

гребіне́ць Kamm *m* (1*); Stíelkamm *m* *(з ручкою)*.

гре́бінь 1) *(у півня тощо)* Kamm *m* (1*); 2) *(гори, насипу)* Grat *m* (1); Kamm *m* (1*) (напр. хвилі).

гре́бля Damm *m* (1*), Deich *m* (1); Stáudamm *m*.

гребти́ 1) *(веслувати)* rúdern *vi* (h, s); 2) *(землю тощо; розгрібати)* (áuf)wühlen *vt*; (áuf)gráben* *vt*; wégschaufeln *vt* *(лопатою)*; 3) *(сіно тощо)* hárken *vt*; zusámmenharken *vt*; **~ся** herúmwühlen *vi*.

гре́б|увати verábscheuen *vt*; sich ékeln (ким-н., чим-н. vor *D*); veráchten *vt* *(зневажати)*; він не ~ує нічи́м [ніякими за́собами] kein Mítte ist ihm zu schlecht.

грейпфру́т *бот.* 1) *(плід)* Grapefruit ['gre:pfru:t] *f, pl* -s, Pámpelmuse *f* (11); 2) *(дерево)* Pámpelmuse *f* (11).

грек Gríeche *m* (9).

гре́цький gríechisch.

греча́нка Gríechin *f* (12).

гре́чка Búchweizen *m* -s.

гриб Pilz *m* (1); **~о́к** *бакт.* Pilz *m* (1).

гри́ва Mähne *f* (11).

гри́зти nágen *vt* (що-н. an *D*) *(тж. перен.)*; knábbern *vi, vt* *(сухарі)*; **~ся** 1) *(про собак)* sich béißen*; 2) *перен. розм.* *(сваритися)* sich zánken.

гризу́н *зоол.* Náger *m* (6), Nágetier *n* (2).

грим Schmínke *f* (11), Máske *f* (11).

грима́са Grimásse *f* (11).

гри́мати 1) póltern *vt*; hämmern *vi*; schlágen* *vi*; 2) *(лаяти)* ánschreien* *vt* (на ко́го-н. *A*).

грим|і́ти dónnern *vi*, dröhnen *vi*; erschállen (*) *vi* (s) *(тж. про славу)*; schméttern *vi* (s) *(про музику)*; póltern *vi, vt* *(посудом)*; ~и́ть (грім) es dónnert.

гримува́ти schmínken *vt*; **~ся** sich schmínken.

гриму́чий Knall≠ *(про газ)*; Klápper≠ *(про змію)*.

грип *мед.* Gríppe *f*.

грі́зний fürchterlich, schrécklich; fúrchtgebietend.

грі́лка Gúmmiwärmflasche *f* (11) Wärmbeutel *m* (6); Bettwarmer *m* (6) *(для постелі)*; електри́чна ~ eléktrisches Héizkissen; Wärmehaube *f* (11) *(для чайника)*.

грім Dónner *m* -s; Dónnern *n* -s *(перен.)*; ◊ як ~ з я́сного не́ба wie ein Blitz aus héiterem Hímmel.

грі́нка Toast [to:st] *m* (1), geröstete Brótschnitte.

грі́ти 1) wärmen *vi*; warm hálten* *(про хутро)*; 2) *(кого-н., що-н.)* (er)wärmen *vt*; áufwärmen *vt*; **~ся** sich wärmen.

гріх 1) Sünde *f* (11); Vergéhen *n* (7), Schuld *f* (10) *(провина)*; 2) *(у знач. предик.)* es ist éine Schánde; над ста́рістю насміха́тися ~ es ist éine Schánde, sich über das Álter lústig zu máchen.

гробни́ця Grábmal *n* (5, 2).

гроза́ 1) Gewítter *n* (6); 2) *перен.* *(про людину)* Schrecken *m* -s.

грози́ти dróhen *vi* (кому́-н. *D*), bedróhen *vt* (чим-н. mit *D*) *(у різн. знач.)*.

грома́д|ський 1) *(суспільний)* öffentlich, soziál; geséllschaftlich; Geséllschafts-; ~ська ду́мка öffentliche Méinung; особи́сте і ~ське Persönliches und Soziáles; 2) *(спільний, колективний)* Geméinschafts≠, Geméin≠; geméinschaftlich; vólkseigen *(народний)*; ~ськ харчува́ння Geméinschaftsverpflegung *f*, Kantínen- und Gáststättenwesen *n* -s; 3) *(який добровільно обслуговує різні сторони життя колективу)* éhrenamtlich; ~ське дору́чення éhrenamtlicher Áuftrag; на ~ських заса́дах éhrenamtlich; **~ськість** Öffentlichkeit *f*; Geséllschaftswesen *n* -s.

громад|яни́н Stáatsbürger *m* (6); Stáatsangehörige *m* (14), Bürger *m*; **~я́нство** 1) Stáatsbürgerschaft *f*, Stáatsangehörigkeit *f*; 2) *див.* грома́дськість; **~я́нський** Bürger≠, Stáatsbürger≠; bürgerlich; Zivíl≠ ~я́нський обо́в'язок Bürgerpflicht *f* (10); ~я́нські права́ Bürgerrechte *pl*; ~я́нська му́жність Zivílcourage [-'vi:lku ra:ʒe] *f*; ~я́нська війна́ Bürgerkrieg *m* (1).

громи́ти 1) *(руйнувати)* zertrümmern *vt*, zerstören *vt*; 2) *(ворога)* (aufs Haupt) schlágen* *vt*; 3) *перен.* ~ ко́го-н. gégen j-n éifern *vi*.

громіздки́й plátzraubend, spérrig.

громові́дві́д Blítzableiter *m* (6).

гро́но Tráube *f* (11).

гросмéйстер *шах.* Gróßmeister *m* (6), Scháchgroßmeister *m.*
грот *(печера)* Grótte *f* (11).
грóш|і Geld *n* (5) *(pl рідко)*; Gélder *pl (значні суми)*; ◊ ні за які ~і! um kéinen Preis!, für noch soviel Geld und gúte Wórte; **~ови́тий:** ~ови́тий чоловíк Géldmann *m* (4).
грýб|ий 1) *(жорсткий, нерівний)* grob, rauh, hart, derb; 2) *(некультурний, неввічливий)* grob; roh; úngeschliffen; barsch; brutál; 3) *(товстий; великий за обсягом)* dick; grob; **~ити** grob sein (комý-н. gégen *A*); **~ія́н** Gróbian *m* (1); gróber Kerl; **~ія́нка** gróbe Persón.
грýдень Dezémber *m -та* -s.
грýди 1) Brust *f* (3) *(тж. перен.)*; 2) *(жіночі)* Brust *f* (3), Brüste *pl*, Búsen *m* (7).
грýдка Klúmpen *m* (7), Klümpchen *n* (7); Stück *n* (2) *(напр. цукру)*.
грудн|и́й Brust≁; **~á** клíтка *анат.* Brústkasten *m* -s; Brústkorb *m* (1*); **~á** дити́на Säugling *m* (1), Brústkind *n* (5).
грузи́н Grusíni¦er *m* (6), Grusíner *m* (6), Geórgi¦er *m* (6); **~ський** grusínisch, geórgisch.
грýз|нути éinsinken* *vi* (s); stéckenbleiben* *відокр. vi* (s); **~ькúй** súmpfig, schlámmig; klébrig *(клейкий)*.
ґрунт 1) Bóden *m* (7, 7*), Grund *m* (1*); 2) *перен. (основа)* Grund *m* (1*), Grúndlage *f* (11); мáти тверди́й ~ під ногáми [під собóю] 1) fésten Bóden únter den Füßen háben; 2) *(бути обґрунтованим)* begründet [stíchhaltig] sein; на ~і чогó-н. auf Grund (*G*, von *D*); infólge (*G*, von *D*); **~óвний** gründlich, gedíegen; **~óвність** Gründlichkeit *f*; **~увáти** 1) gründen *vt*, begründen *vt*, áufbauen *vt* (на чóму-н. auf *A*); 2) *(під фарбу)* grundíeren *vt*; **~увáтися** sich gründen, sich stützen (на чóму-н. auf *A*); berúhen *vi* (auf *D*).
грýп|а Grúppe *f* (11); **~ови́й** Grúppen≁; **~увáти** gruppíeren *vt*; in Grúppen zusámmenfassen.
грýша 1) *(плід)* Bírne *f* (11); Hólzbirne *f (дичка)*; 2) *(дерево)* Bírnbaum *m* (1*).
грюк|áти schlágen* *vi,* klópfen *vi,* póltern *vi (об що-н.* an *A,* an *D*]; **~ít** Gepólter *n* -s, Gekrách *n* -(e)s.
гря́дка Beet *n* (2).
грязь 1) Schmutz *m* -es; Dreck *m* -(e)s; Kot *m* -(e)s; 2) гря́зі *(мед.)* Bádeschlamm *m* -(e)s, Héilschlamm *m*; Schlámmbäder *pl*, Móorbäder *pl (ванни)*; лікувáтися гря́зями Moorbäder néhmen*.
гуáш *жив.* Guásch *f*.
губá I Líppe *f* (11); Léfze *f* (11) *(у тварин)*.
губá II *геогр.* Méerbusen *m* (7).
губи́ти 1) verlíeren* *vt*; 2) *(призводити до загибелі)* zugrúnde ríchten *vt* (чим-н. mit *D*, durch *A*); verníchten *vt*.
гýбка 1) *зоол.* Schwamm *m* (1*); 2) *(для миття)* Bádeschwamm *m* (1*).
гýдити tádeln *vt,* rügen *vt,* míßbílligen *vt*.
гуд|íти summen *vi,* brúmmen *vi (про комах)*; héulen *vi (про сирену, вітер)*; súrren *vi (про літак)*; tönen *vi,* läuten *vi (про дзвін)*; у мéне в головí ~é mir brummt der Kopf [Schädel]; **~óк** Húpe *f* (11); Siréne *f* (11) *(сирена)*; Pféifen *n* (7) *(паровоза)*.
гукáти áufschreien* *vi*; áufrufen* *vt*; áusrufen* *vt*.
гуля́ти 1) *(ходити)* spazíeren, spazíerengehen* *відокр. vi* (s); 2) *(розважатися)* búmmeln *vi*; sich belústigen; 3) *розм. (бути вільним від роботи)* féiern *vi*; búmmeln *vi*; 4) *(пити, бенкетувати)* zéchen *vi*.
гуля́ш *кул.* Gúlasch *n, m* -es.
гýма Gúmmi *m* -s, *- та* -s.
гуман|íзм Humanísmus *m* -; **~íст** Humaníst *m* (8); **~істи́чний** humanístisch; **~ітáрний** géisteswissenschaftlich; ~ітáрні наýки Géisteswissenschaften *pl*.
гумáнн|ий humán, ménschlich, ménschenfreundlich; **~ість** Humanität *f*, Ménschlichkeit *f*.
гýм|ка 1) *(для стирання)* Radíergummi *m* -s, -; 2) *(для жування)* Káugummi *m*; **~ови́й** Gúmmi≁.
гýмор 1) Humór *m* -s; почуттѝ ~у Sinn für Humór; 2) *(настрій)* Stímmung *f* (10), Láune *f* (11); бýти у (дóброму) ~і gut gestímmt [gut geláunt] sein, gúter Láune sein; бýти не в ~і verstímmt [mißgestimmt] sein; **~éска** Humoréske *f* (11); **~и́ст** 1) *(письменник)* Humoríst *m* (8); 2) *(людина з нахилом до гумору)* ein humórvoller Mensch; **~исти́чний** humorístisch.

гу́пати búmsen *vi* *(тж. падати)*; knállen *vi* (чим-н. mit *D*); schmétttern *vt*, póltern *vi*; trámpeln *vi* *(ногами)*.
гуркота́ти dónnern *vi*, gróllen *vi* *(про грім)*; ráttern *vi* *(про віз тощо)*.
гурт 1) *(людей)* Ménschenmenge *f* (11); Geméinschaft *f* (10); Grúppe *f* (11); Schar *f* (10) *(юрба)*; 2) *(стадо)* Hérde *f* (11).
гурт|о́житок Wóhnheim *n* (2), Heim *n*; студе́нтський ~о́житок Studéntenheim *n*; **~о́к** Zírkel *m* (6); **~о́м** geméinsam; álle zusámmen, mit veréinten Kräften; **~ува́ти** veréinigen *vt*; (zusámmen)schließen* *vt*.
гуса́к Gänserich *m* (1), Gánter *m* (6).
гу́сениця 1) *зоол.* Ráupe *f* (11); 2) *тех.* Ráupe *f* (11), Ráupenkette *f* (11).
гу́ска Gans *f* (3); Múttergans *f* *(самка)*.
густ|и́й 1) dicht *(про ліс, волосся, туман)*; 2) dick(flüssig) *(про рідину)*; **~ина́** *фіз.* Díchte *f*; **~ота́** 1) Díchte *f*, 2) *(рідини)* Díckflüssigkeit *f*.

Ґ

ґа́ва 1) Krähe *f* (11); 2) *розм.* *(роззява)* Gáffer *m* (6).
ґа́нок Vórbau *m* -(e)s; Áufgang *m* (1).
ґа́тунок Sórte *f* (11), Qualität *f* (10).
ґвалт 1) Geschréi *n* -(e)s; Lärm *m* -(e)s *(галас)*; 2) *у знач. виг.* Hílfe!; **~ува́ти** *(кричати)* schréien* *vt*, lärmen *vi*.
ґедзь Brémse *f* (11); Pférdebremse *f*.
ґелґота́ти gáckern *vi*, schnáttern *vi*.
ґніт Doch *m* (1) *(свічки, лампи)*; Zündschnur *f* (3) *(для запалювання вибухівки)*.
ґра́ти Gítter *n* (6); ◊ сади́ти кого́-н. за ~j-n hínter Schloß und Ríegel bríngen*.
ґре́чний höflich.
ґрунт див. грунт 1).
ґу́дзик Knopf *m* (1).
ґу́ля Béule *f* (11).

Д

дава́льний: ~ відмі́нок *грам.* Dátiv *m* (1), Wémfall *m* (1).
дава́ти, да́ти 1) gében* *vt*; ~ спо́кій кому́-н. j-n in Rúhe lássen*; дай спо́кій! laß es (sein)! ~ доро́гу den Weg fréigeben*, áusweichen* *vi* (s); ~ зго́ду zústimmen *vi* *(D)*; bewílligen *vt*; ~ кля́тву schwören* *vi, vt*; 2) *(дозволяти, давати можливість щось робити)* lássen* *vt*; ~ кому́-н. спокі́йно працюва́ти j-n rúhig árbeiten lássen*; **~ся** 1) *(піддаватися)* sich ... lássen*; не ~ся на глум sich nicht verspótten lásten *vi* (на що-н. auf *Д*) *(лежати відокр. vi* (s); ва́жко ~ся schwérfallen* *відокр. vi* (s); ◊ ~ся взнаки́ sich bemérken lássen*; éinen Éindruck hinterlássen*.
дави́ти 1) *(тиснути)* drücken *vt*; lassen*; 2) ле́гко ~ся léichtfallen* *тягарем)*; 2) *(розплющуючи, нищити)* zerdrücken *vt*, zerquétschen *vt*; 3) *розм.* *(душити)* (er)würgen *vt*, quétschen *vt*; kéltern *vt* *(сік з винограду)*; **~ся** 1) erwürsen *vt*, quetschen *vt*; kéltern *vt* го-н. vor *D*); 2) *(їсти через силу)* das Éssen hinúnterwürgen; ~ся шматко́м an éinem Bíssen würgen.
давнина́ Áltertum *n* -s.
да́вн|ій 1) *(колишній, минулий)* éinstig, éhemalig; längst gewésen [vergángenê; з ~їх-давен von álters her, seit jéher, seit eh und je; 2) *(старий, несвіжий)* alt; ~ій звича́й éine althérgebrachte Sítte; **~ість** 1) Álter *n* (6); Lángjährigkeit *f* ма́ти вікову́ ~ість *(про традицію тощо)* jahrhúnderteaIt sein; 2) *юр.* Verjährung *f*; втрача́ти си́лу за ~і́стю verjähren *vi*; **~о́** längst, lánge (her), seit lángem, vor länger Zeit.
дале́к|ий 1) fern, weit; entférnt; entlégen; 2) *перен.* *(від чого-н.)* weit, weit entférnt; я ~ий від ду́мки, що ... es liegt mir fern zu gláuben, daß...; **~огля́дний** wéitsichtig; voráusschauend, úmsichtig; **~озо́рий** 1) wéitsichtig, férnsichtig *(тж. мед.)*; 2) *див.* далекогля́дний; **~ося́жний** wéitreichend *(тж. перен.)*.
да́л|і 1) wéiter; 2) *(потім)* dann, daráufhin; 3) *(продовження дії)* wéiter≠, fort≠ *(відокр. дієсл. префікси)*; працюва́ти ~і wéiterarbeiten *vi*; **~ьній** *див.* дале́кий 1); **~ьший** wéiter, férner.
да́мба Damm *m* (1*), Deich *m*, (1).

дан|ий *у знач. прикм.* gegében; **~ина** Tribút *m* (1); Ábgaben *pl*; **~і** 1) *(відомості)* Ángaben *pl*; Dáten *pl*; Wérte *pl*; 2) *(здібності)* Fähigkeiten *pl*.

дар 1) *уроч. (подарунок)* Gábe *f* (11); Geschénk *n* (2); 2) *(здібності, хист до чого-н.)* Begábung *f* (10), Gábe *f*.

даремн|ий 1) *(марний)* vergéblich, únnütz; 2) *(безпідставний)* grúndlos; **~о** 1) *(марно)* umsónst; vergébens; únnütz(erweise); 2) *(безпідставно)* óhne Grund; úngerecht.

Д

дарма 1) umsónst; vergébens, vergéblich, nútzlos; я цього й (за) ~ не хочу das ist geschénkt zu téuer; das néhme ich nicht geschénkt; 2) *у знач. предик.* es lohnt sich nicht, es ist umsónst; 3): ~ що ... wenn auch.

дармоїд Schmarótzer *m* (6), Parasít *m* (8); **~ство** Schmarótzertum *n* -s.

дарувати schénken *vt*, beschéren *vt* (кому-н. *D*); beschénken *vt* (кому-н. *A*, що-н. mit *D*).

дата Dátum *n* -s, -ten.

датський dänisch.

датувати datíeren *vt*; das Dátum [den Tag, die Zeit] angében*; zéitlich bestímmen *(визначити дату)*.

датчан|ин Däne *m* (9); **~ка** Dänin *f* (12).

дах Dach *n* (5).

дач|а 1) *(літній будинок для відпочинку)* Lándhaus *n* (5), Wóchenendhaus *n*; 2) *(дачна місцевість)* Sómmerfrische *f*; **~ник** Sómmerfrischler *m* (6), Sómmergast *m* (1*).

дбайливий sórgsam; fürsorglich; sórgfältig, sórglich.

дбати 1) sórgen *vi* (про кого-н., про що-н. für *A*); besórgen *vt*; 2) *(заготовляти; заробляти)* versórgen *vt*, erárbeiten *vt*; sich befléißigen (для кого-н. für *A*).

два zwei.

двадцят|ий der zwánzigste; **~і** роки die zwánziger Jáhre; **~ирічний** zwánzigjährig; **~иріччя** 1) *(проміжок часу)* ein Zéitraum von zwánzig Jáhren; 2) *(річниця)* der zwánzigste Jáhrestag.

двадцять zwánzig.

дванадцят|ий der zwölfte; о **~ій** (годині) um zwölf (Uhr).

дванадцять zwölf.

двері Tür *f* (10).

двигтіти bében *vt*, vibríeren *vi*.

двигун Mótor *m* -s, -tóren; Tríebwerk *n* (2).

двійк|а Zwei *f* (10) *(у різн. знач.)*: **~ник** Dóppelgänger *m* (6).

двір 1) Hof *m* (1*); 2) *(садиба)* Hof *m* (1*), Báuernhof *m*, Gehöft *n* (2); монетний ~ Münzamt *m* (5); Münz(präge)stätte *f* (11); *іст.* Münze *f* (11).

двірник 1) Háuswart *m* (1), Háusmann *m* -(e)s, -leute; 2) *(на вітровому склі)* Schéibenwischer *m* (6).

двісті zwéihundert.

двічі zwéimal.

двобій Zwéikampf *m* (1*).

двоїст|ий 1) *(суперечливий)* zwíespältig; ~е почуття zwíespältiges Gefühl; 2) *(подвійний)* zwéifach.

двоїт|ися 1) *(роздвоюватися)* sich spálten; sich téilen; sich gábeln; 2): у мене в очах **~ься** ich séhe álles dóppelt.

двокрапка Dóppelpunkt *m* (1), Kólon *n* -s, *pl* -s *та* Kóla.

двократний zwéifach.

дворазовий zwéimalig; wiederhólt *(повторний)*.

дворічний zwéijähri.

двоюрідн|ий: **~ий** брат Vétter *m* -s, -n, Cousin [ku'zɛŋ] *m* -s, -s; **~а** сестра Kusíne *f* (11).

двоякий zwéifach, dóppelt; zwíespältig *(двоїстий)*.

де I *присл.* 1) wo; 2) *(десь)* írgendwo; wo *(розм.)*.

де II *част. розм.* wo; ◊ ~ там! ach wo!

дебати Debátte *f* (11); Wórtgefecht *n* (2).

дебелий beléibt *(повний)*; stämmig, robúst *(міцний)*.

девальвація Ábwertung *f* (10).

девіз Devíse [-'vi:-] *f* (11); Mótto *n* s, -s.

дев'яност|ий der néunzigste; **~і** роки die néunziger Jáhre.

дев'яносто néunzig.

дев'ят|ий der néunte; о **~ій** (годині) um neun (Uhr); ◊ **~ий** вал die schwérste Prüfung, die höchste Gefáhr.

дев'ятнадцять néunzehn.

дев'ять neun.

дедалі *присл.* 1) *(поступово)* allmählich, nach und nach; 2) *(у знач. підсил. част.)* ímmer; ~ краще ímmer bésser.

дезинф|екція Desinfektión *f*, Entséuchung *f*; **~ікувати** desinfizíeren *vt*, entséuchen *vt*.

дезодора́нт Desodoríerungsmittel *n* (6).

дезорганіз|а́ція Desorganisatión *f*, Desorganisíerung *f*; **~о́вувати, ~ува́ти** desorganisíeren *vt*, zerrütten *vt*.

деі́нде woánders *(де)*; woándershin *(куди)*.

дека́н Dekán *m* (1); **~а́т** Dekanát *n* (2).

декламува́ти rezitíeren *vt*, vórtragen* *vt*, deklamíeren *vt*.

деклара́ція Deklaratión *f* (10), Erklärung *f* (10).

де́коли zuwéilen, biswéilen, mánchmal.

декор|ати́вний dekorativ; Schmuck≠, Zier≠; **~а́ція** Dekoratión *f* (10); театра́льні ~а́ції Bühnenbild *n* (5), Szeneríe *f* (11).

декре́т Dekrét *n* (2); Verórdnung *f* (10); **~ний** dekrétmäßig; ◊ ~на відпу́стка Schwángerschaftsurlaub *m* (1).

делег|а́т Delegíerte *m* (14); **~а́ція** Delegatión *f* (10).

деліка́тний 1) *(ввічливий, люб'язний)* rücksichtsvoll, zuvórkommend; 2) *(витончений)* fein; zart.

де́льта *(річки)* Délta *n* - та -s, *pl* -s та -ten; Mündungsgebiet *n* (2).

дельфі́н *зоол.* Delphín *m* (1).

демобіліз|а́ція Demobilisíerung *f* (10); **~ува́ти** demobilisíeren *vt*.

демокра́т Demokrát *m* (8); **~иза́ція** Demokratisíerung *f*; **~и́чний** demokrátisch; **~і́я** Demokratíe *f* (11).

демонстр|а́ція 1) Demonstratión *f* (10), Kúndgebung *f* (10); 2) *(публічний показ)* Vórführung *f* (10); Demonstríerung *f* (10); **~ува́ти** demonstríeren *vt*, *vi*; vorführen *vt*, zéigen *vt*; zur Schau stéllen *vt*; ~ува́ти фільм éinen Film vórführen (láufen lássen*).

де-не́будь írgendwo.

де-не-де́ hier und da, stéllenweise, máncherórts.

де́нн|ий 1) Táges≠; ~а вистáва Náchmittagsvorstellung *f* (10); 2) *(який відбуватиметься протягом дня)* Táges≠, täglich; поря́док ~ий Tágesordnung *f*.

день Tag *m* (1); ◊ до́брий ~! gúten Tag! за дня am Tág(e); bei Táge; се́ред (бі́лого) дня am héllichten Táge; ці́лий ~ den gánzen Tag; tágsüber; ці́лими дня́ми tágelang; ~ у ~ tagáus tagéin; tágtäglich; з дня на ~ von Tag zu Tag; (ци́ми) дня́ми néulich *(нещодавно)*; in díesen Tágen, in éinigen Tágen *(незабаром)*; у на́ші дні héutzutage.

депо́ Depot [-'po:] *n* -s, -s; Bahnbetriebswerk *n* (2) *(вагонне)*; Betríebshof *m* (1*) *(тролейбусне тощо)*; трамва́йне ~ Stráßenbahnhof *m*.

депут|а́т Ábgeordnete *m* (14), Deputíerte *m* (14).

де́рев|о 1) Baum *m* (1*); 2) *(матеріал)* Holz *n* (5); ◊ родові́дне ~о Stámmbaum *m*; **~'я́ний** Holz≠, hölzern.

держа́в|а Staat *m* (13); Macht *f* (3); вели́кі ~и Gróßmächte *pl*; **~ний** Stáats≠, stáatlich.

держ|а́к Griff *m* (1), Hándgriff *m*; Stiel *m* (1) *(лопати тощо)*; **~а́ти(ся)** *див.* трима́ти(ся).

де́рти 1) *(рвати)* zerréißen* *vt*; zerfétzen *vt*; 2) *(здирати)* ábziehen* *vt*; 3) *(дряпати)* krátzen *vt*, *vi*; ◊ ~ но́са die Náse hoch trágen*, hóchmütig sein; ~ шку́ру з ко́го-н. j-n schínden*; **~ся** 1) *(рватися)* zerréißen* *vi*; verschléißen* *vi (знощуватися)*; 2) *(на гору)* sich hináufarbeiten, hináufklettern *vi*; heráufklettern *vi*.

деса́нт *(висадка війська)* Lándung *f* (10); Áusschiffung *f* (10) *(морський)*.

десе́рт Náchtisch *m* (1), Dessert [-'sɛ:r] *n* -s, -s.

деся́т|ий der zéhnte; о ~ій (годи́ні) um zehn (Uhr); ◊ п'я́те че́рез ~е vom Húndertsten ins Táusendste; **~икра́тний** zéhnfach; **~ирі́чка** *(школа)* Zéhnklassenschule *f* (11); **~ирі́чний** zéhnjährig; **~ирі́ччя** 1) *(проміжок часу)* Jahrzéhnt *n* (2); 2) *(річниця)* der zéhnte Jáhrestag; **~ка** 1) *(цифра)* Zehn *f* (10); 2) *(гроші)* Zéhnrubelschein *m* (1); **~ко́вий** dézimál, Dezimál≠; **~ко́вий** дріб Dezimálbruch *m* (1*); **~ок** 1) zehn (Stück), Zehn *f* (10); 2) *тк. мн.* ~ки *(у багатозначному числі)* Zéhner *pl*; 3) *тк. мн.* **~ки** *(велика кількість)* Dútzende *pl*; ~ки люде́й Dútzende von Ménschen; ~ки ти́сяч Zehntáusende *pl*; **~ка́ми** zu Dútzenden.

де́сять zehn.

дета́ль 1) Detail [-'tae] *n* -s, -s, Éinzelheit *f* (10); 2) *тех.* Teil *n* (2), Éinzelteil *n*; Báuelement *n* (2); Wérkstück *n* (2) *(оброблювана)*;

~ний áusführlich, éingehend; im éinzelnen.

детектив 1) *(агент таємної служби розшуку)* Detektív *m* (1), Geheímpolizist *m* (8); 2) *(твір)* Kriminálroman *m* (1) *(роман)*; Krími *m* -s, -s *(розм.)* Kriminálfilm *m* (1) *(фільм)*.

дефект Defékt *m* (1), Féhler *m* (6); Mángel *m* (6*); **~ивний** defektív; **~ний** defékt, féhlerhaft, mángelhaft.

дехто máncher, díeser und jéner; dewísse Léute, éinige; ~ не прийшов éinige kámen nicht.

дешевий bíllig, préisgünstig, níedrig im Preis.

дещо étwas, éiniges.

деякий gewíß; ~ досвід éinige Erfáhrung.

джгут *мед.* Schlauch *m* (1*), Schláuchbinde *f* (11).

джем Marmeláde *f* (11).

джемпер Pullóver *m* (6).

джерело Quélle *f* (11) *(тж. перен.)*.

джинси Jeans [dzi:ns] *pl*; Níethose *f* (11) *(розм.)*.

джміль Hümmel *f* (11).

джунглі Dschúngel *m*, *n* -s, -, *f* (11).

дзеніти klíngen* *vi*, láuten *vi*; tönen *vi (лунати)*; klírren *vi (бряжчати)*; rásseln *vi (про кайдани тощо)*.

дзвін I *(інструмент)* Glócke *f* (11).

дзвін II *(звучання)* Klíngen *n* -s, Läuten *n* -s; Klang *m* (1*); Geläute *n* -s; Klírren *n* -s *(скла тощо)*.

дзвін|кий 1) klíngend, schállend, (héll)tönend; ~кий голос hélle [klángvolle] Stímme; 2) *лінгв.*: ~кі приголосні stímmhafte Konsonánten, Sonórlaute *pl*; **~ок** 1) *(прилад)* Klíngel *f* (11); Glócke *f* (11); 2) *(звук)* Klíngelton *m* (1*); Glóckenton *m*; Páusenzeichen *n* (7) *(на перерву)*; ~ок по телефону Ánruf *m* (1); лунає ~ок es klíngelt, es läutet.

дзвонити 1) läuten *vi*, klíngeln *vi*; 2) *(телефонувати)* ánrufen* *vt*; telefoníeren *vi*.

дзерк|ало Spíegel *m* (6); **~альний** 1) Spíegel≠; 2) *перен.* spíegelglatt *(рівний)*; spíegelblank *(блискучий)*.

дзига 1) *(іграшки)* Kréisel *m* (6), Dréhkreisel *m*; 2) *перен.* *(про людину)* Quécksilber *n* -s, Quécksilbernatur *f*.

дзюрчати ríeseln *vi*.

дзьоб Schnábel *m* (6*).

див|ак Sónderling *m* (1), kómischer Kauz *m* (1*); **~ацтво** Ábsonderlichkeit *f* (10).

диван Sófa *n* -s, -s, Líegesofa *n*.

диверсія 1) Diversión [-vεr-] *f* (10); 2) *військ.* Áblenkungsangriff *m* (1).

дивитися 1) séhen* *vi*, scháuen *vi* (на що-н. auf *A*); ánsehen* *vt*; sich *(D)* etw. ánsehen*; 2) *перен.*: як ви на це дивитесь? was méinen Sie dazú? was hálten Sie davón? 3) *(наглядати)* áufpassen *vi*, áchtgeben* *відокр.* *vi* (за ким-н., за чим-н. auf *A*); séhen* *vi* (nach *D*); ◊ ~ крізь пальці на що-н. durch die Fínger séhen*; ein Áuge zúdrücken; ~ скоса на кого-н. j-n scheel [schief] ánsehen*.

дивізія División *f* (10).

див|ний mérkwürdig, erstáunlich, (ver)wúnderlich; sónderbar, (áb)sónderlich *(незвичний, чудний)*; **~но** *у знач. предик.*: (не) ~но, що ... es ist (nicht) zu verwúndern, daß...; **~о** Wúnder *n* (6); ◊ з доброго ~а óhne (éinen) Grund, óhne Úrsacwe, óhne Veránlassung; für [um] nichts und wíeder nichts; **~увати** wúndern *vt*; **~уватися** sich wúndern, stáunen *vi*.

дизель *тех.* Díeselmotor *m* (13).

дизентерія Ruhr *f*, Dysenteríe *f* (11).

дикий 1) *у різн. знач.* wild; 2) *(відлюдкуватий)* ménschenscheu; scheu.

диктант Diktát *n* (2).

диктор Ánsager *m* (6); Rúndunksprecher *m* (6).

диктувати diktíeren *vt*.

дикун 1) Wilde *m* (14); 2) *перен.* *розм.* *(відлюдок)* Ménschenscheue *m* (14).

дим Rauch *m* -(e)s; густий ~ Qualm *m* -(e)s; **~ар** Schórnstein *m* (1), Ráuchfang *m* (1*); Kamín *m* (1); Schlot *m* (1) *(заводський)*; **~ити, ~іти** ráuchen *vi*; quálmen *vi*; **~ний** dámpfig, ráuchig, verräucht, voll Rauch; **~овий** Rauch≠.

динаміка Dynámik *f*; Bewégungslehre *f (фіз.)*; Bewégung *f*, Entwícklung *f*.

диня Melóne *f* (11), Zúckermelone *f*.

дисерт|ант Doktoránd *m* (8); **~ація** Dissertatión *f* (10), Dissertatiónsschrift *f* (10).

дисидéнт Dissidént *m* (8), Ándersgläubige *m* (14).
диск Dískus *m, pl* Dísken *та* Dískusse; Schéibe *f* (11) *(тж. тех.)*.
диск|усíйний Diskussións-, diskutíerbar; víeldiskutiert; **~усíйне** питáння Stréitfrage *f* (11), umstríttene Fráge; **~ýсія** Diskussión *f* (10), Bespréchung *f* (10); Áussprache *f* (11) *(обмін думками)*; **~утувáти** diskutíeren *vt, vi* (що-н. über *A*); bespréchen* *vt*, erörtern *vt*.
диспансéр Gesúndheitsfürsorgestelle *f* (11); туберкульóзний ~ Tuberkulósefürsorgestelle *f*.
диспéтчер Dispatcher [-'pɛtser] *m* (6); *залізн.* Fáhrdienstleiter *m* (6).
дúспут Dispút *m* (1), Disputatión *f* (10); вестú ~ disputíeren *vi*.
дистáнц|ія 1) Distánz *f* (10); Entférnung *f* (10); 2) *військ.* Ábstand *m* (1*); 3) *залізн., спорт.* Strécke *f* (11); схóдити з ~ії *спорт.* (aus dem Wéttkampf) áusscheiden* *vi* (s).
дисциплíн|а I Disziplín *f*; дотрúмуватися ~и Disziplín (éin)hálten*.
дисциплíна II *(галузь наукового знання)* Disziplín *f* (10); Stúdi¦enfach *n* (5), Léhrfach *n*, Únterrichtsfach *n*.
дисциплінóваний diszipliniert.
дит|úна Kind *n* (5); **~úнство** Kíndheit *f*; з ~úнства von Kíndheit auf, von Kind auf; **~ячий** 1) *(властивий дитячому віку)* Kíndes≠, Kinder≠; **~ячий** вік Kíndesalter *n* -s; ячий садóк Kíndergarten *m* (7*); 2) *(за характером)* kíndisch, kíndlich.
дúх|ання Átmung *f*, Átmen *n* -s, Átem *m* -s; Respiratión *f*; **~ати** átmen *vi*, respiríeren *vi*.
дúчка Wíldling *m* (1).
дúшель Déichsel *f* (11), Wágendeichsel *f*.
діабéт Diabétes *m* -, Hárnruhr *f*; цукрóвий ~ Zúckerkrankheit *f*.
діáгноз Diagnóse *f* (11), Befúnd *m* -(e)s; стáвити ~ diagnostizíeren *vt*, die Diagnóse stéllen.
діагонáль *мат.* Diagonále *f* (11); **~ний** diagonál, Diagonál≠, schräglaufend.
діагрáма Diagrámm *n* (2); gráphische Dárstellung, Scháubild *n* (5).
діалéкт Dialékt *m* (1), Múndart *f* (10).
діалéкт|ик Dialéktiker *m* (6); **~ика** Dialektík *f*; **~úчний** dialéktisch.
діалóг Dialóg *m* (1), Zwíegespräch *n* (2).
діáметр *мат.* Dúrchmesser *m* (6); **~áльний** diametrál.
діапазóн Beréich *m* (1); Úmfang *m* (1*).
діапозитúв Diapositív *n* (2), Día *n* -s, -s, Líchtbild *n* (5); кольоровий ~ Fárbdia *n*.
діброва Láubwald *m* (4), Éichenhain *m* (1).
дівáти, дíти (hín)tun* *vt*, (hín)stécken *vt*; hínkommen* *vi* (s) (що-н. mit *D*); etw., j-n los wérden [sein] *(позбуватися)*; **~ся** híngeraten* *vi* (s), hínkommen* *vi* (s); кудú [де] він дíвся? wo steckt er? wo bleibt er?
дівóчий Mädchen≠; mädchenhaft; júngfräulich.
дíвч|ина Mädchen *n* (7); Fräulein *n*; **~инка** kléines Mädchen; **~áчий** Mädchen≠.
дід 1) Gróßvater *m* (6*); ◊ Дід Морóз Gróßväterchen Frost; Wéihnachtsmann *m* -(e)s; **~ýсь** Gróßväterchen *n* (7), Ópa *m* -s, -s; Väterchen *n* (7) *(при звертанні до старого чоловіка)*.
дієвідмíн|а *грам.* Konjugatión *f* (10); **~ювáти** *грам.* konjugíeren *vt*.
дієприкмéтник *грам.* Partizíp *n* (2) (*pl тж* -i¦en).
дієприслíвник *грам.* Adverbiálpartizip [-vɛr-] *n* -s, -i¦en, Gerúndium *n* -s, -di¦en.
дієсл|íвний Verb- [vɛrp-]; verbál; **~óво** Verb *n* (13), Zéitwort *n* (5), Tätigkeitswort *n*.
дієта Diät *f*. Kránkenkost *f*, Schónkost *f*.
діжá Bácktrog *m* (1*).
діжка Kübel *m* (6), Bútte *f* (11), Bütte *f* (11).
дізнавáтися, дізнáтися erfáhren* *vt*; Erkúndigungen éinziehen * (про що-н. über *A*), sich erkúndigen (nach *D*).
дíй|ка Zítze *f* (11); **~ний** Melk≠, mélkbar; ~на корóва Mílchkuh *f* (3); (éine) mélkende Kuh *(тж. перен.)*; **~нúця** Mélkeimer *m* (6), Mílcheimer *m*.
дійов|úй wírksam, wírkungsstark, tátkräftig; wírkend, hándelnd; ~á осóба hándelnde Persón.
дíйсн|ий 1) wírklich (vorhán-

Д

den); tátsächlich; wahr; 2) *(чинний)* gültig; réchtswirksam *(правомочний)*; квиток ще ~ий die Fáhrkarte ist noch gültig; ~ий спóсіб *грам.* Áktiv *n* (2); **~ість** Wírklichkeit *f*.

діл|ене *мат.* Dividénd [-vi-] *m* (8); **~ення** 1) Téilen *n* -s; Téilung *f*; 2) *мат.* Dividíeren [-vi-] *n* -s; **~йти** 1) téilen *vt* (на що-н. in *A*); áufteilen *vt*; éinteilen *vt*; ábteilen *vt* *(слово при переносі)*; 2) *мат.* dividíeren [-vi-] *vt*, téilen *vt*; 3) ~йти що-н. з ким-н. téilen *vt* (mit *D*); sich in etw. *(A)* téilen; *etw.* untereinánder téilen; **~йтися** 1) sich téilen; 2) *мат.* dividíeren *vi*, téilbar sein; 3) *(давати частину чого-н.)* téilen *vi* (з ким-н. mit *D*); 4) *перен.* *(повідомляти)* mitteilen *vt* (з ким-н. *D*); áustauschen *vt* *(думками, досвідом тощо)*.

діл|о 1) *(робота)* Árbeit *f* (10), Werk *n* (2); 2) *(справа)* Sáche *f* (11), Ángelegenheit *f* (10); **~овúй** sáchlich; geschäftlich, Geschäfts≠; fáchlich, berúflich; **~овóдство** Schríftführung *f*, Schríftverkehr *m* -(e)s; Geschäftsführung *f*; Geschäftsverkehr *m* -(e)s.

ділянка 1) *(землі)* Grúndstück *n* (2), Parzélle *f* (11); дóслідна ~ *с. г.* Versúchsparzelle *f*; шкільнá ~ Schúlgarten *m* (7*); 2) *(відрізок)* Ábschnitt *m* (1); Strécke *f* (11); 3) *(сфера діяльності)* Árbeitsgebiet *n* (2), Árbeitsfeld *n* (5); Árbeitsbereich *m* (1); *n* (2).

дільнúк *мат.* Téiler *m* (6).

дільнúця *(адміністративна)* Revíer [-'vi:r] *n* (2); Strécke *f* (11); Stréckenabschnitt *m* (1) *(залізнична)*; вúборча ~ Wáhlbezirk *m* (1).

дім 1) *(будинок)* Haus *n* (5); 2) *(житло, квартира)* Wóhnung *f* (10); Beháusung *f* (10); 3) *(сім'я)* Famíli|e *f* (11).

дір|á Loch *n* (5); **затикáти** ~ý ein Loch stópfen; **~явий** durchlöchert, löcherig, zerlöchert.

діставáти, дістáти 1) *(брати, витягувати що-н. звідки-н.)* hólen *vt*; néhmen* *vt*; heráusnehmen* *vt*, heráusziehen* *vt*; herúnternehmen* *vt* *(згори; знімати)*; 2) *(дотягуватися до чого-н.)* erréichen *vt*; lángen *vi*, réichen *vt* (bis an *A*, bis zu *D*); 3) *(роздобувати)* verscháffen *vt*, áuftreiben* *vt*; fínden* *vt*; 4) *(одержувати розпорядження)* erhálten* *vt*, bekómmen* *vt*; **~ся** 1) *(припадати на долю)* zúkommen* *vi* (s); zutéil wérden; zúfallen* *vi* (s); ~ся комý-н. тя́жко j-m [j-n] viel kósten; 2) *(добиратися)* (mit Mühe) gelángen *vi* (s) (bis zu *D*); *ánkommen** *vt* (s) (in *D*); erréichen *vt*.

діюч|ий *у знач. прикм.* Wirkungs≠; wírkend.

ді|я 1) *(робота, діяльність)* Hándlung *f* (10); Aktión *f*; Tätigkeit *f*, Hándeln *n* -s; Funktión *f*, Funktioníeren *n* -s, Lauf *m* -(e)s *(машини тощо)*; у ~ї in Aktión; 2) *(вплив)* Wirkung *f* (10), Éinfluß *m* -sses, -flüsse; 3) *(у літ. творах, фільмах)* Hándlung *f* (10); ~я відбувáється у Киéві die Hándlung spielt in Kíew; 4) *театр.* Aufzug *m* (1*), Akt *m* (1); 5) *мат.* Operatión *f* (10); Grúndrechnungsart *f* (10) *(арифметична)*.

діяльн|ий tätig, aktív, wírksam; tátkräftig; rége *(жвавий)*; **~ість** 1) Tätigkeit *f*, Aktivität [-vi-] *f*; Beschäftigung *f* (10); Wírken *n* -s; 2) *(органів, сил природи)* Funktión *f* (10), Tätigkeit *f*.

діяти 1) hándeln *vi*; verfáhren* *vi* *(певним чином)*; 2) *(функціонувати)* funktioníeren *vi*, in Betríeb sein; géhen* *vi* (s), láufen* *vi* (s) *(про машину)*; 3) *(про закони, постанови)* gültig sein, in Kraft sein; gélten* *vi*; 4) *(впливати)* wírken *vi*; ~ на нéрви комý-н. j-m auf die Nérven géhen* [fállen*]; **~ся** geschéhen* *vi* (s), vórgehen≠* *vi* (s); sich eréignen; що тут знóву дíється? was ist hier wíeder los?

діяч Funktionär *m* (1); держáвний ~ Stáatsmann *m* (4), Stáatsfunktionär *m*; політúчний ~ Polítiker *m* (6); ~і мистéцтв Künstler *pl*, Kúnstschaffende *sub pl*; ~і культýри Kultúrschaffende *sub pl*.

для 1) *(для кого-н., для чого-н)*: für *(A)*; книжка ~ дітéй ein Buch für Kínder; Kínderbuch *n* (5); альбóм ~ малювáння Zéichenblock *m* -(e)s, -s; ein Block zum Zéichnen; 2) *(з метою чого-н.)* zu *(D)*; ~ нáшої кóристі zu únserem Nútzen; ~ потíхи zum Spaß; ~ чóго? wozú?; ~ тóго, щоб ... um ... zu (+*inf*); damít.

дмýхати blásen* *vi*; háuchen *vi* *(тж. про вітерець)*.

дно Bóden *m* (7, 7*), Grund *m* (1*); ◊ золотé ~ Góldgrube *f*.

до 1) *(просторові відношення)* zu *(D)*, nach *(D)* *(для позначення* *напрямку)*; an *(A)*, bis, bis zu *(D)*, bis nach *(D)*, bis an *(A)*, bis in *(A)*, bis auf *(A)* *(для позначення межі поширення дії)*; in *(A)* *(у що-н.)*; прихóдити до кóго-н. zu j-m *(D)* kómmen*; підхóдити до вікнá an das Fénster tréten*; до цьóго місця bis zu díeser Stélle; аж до селá bis in das Dorf (hinéin); вкидáти лист до поштóвої скрúньки den Brief in den Bríefkasten wérfen*; 2) *(часові відношення)* bis, bis zu *(D)*, bis auf *(A)* *(для позначення часової межі дії, стану)*; vor *(D)* *(перед чим-н.)*; до зáвтра bis mórgen; до рáнку bis zum Mórgen; до пізньої нóчі bis in die Nacht hinéin; до побáчення! auf Wíedersehen! до і після *(чого-н.)* vor und nach *(D)*; 3) *(кількісні відношення)* auf *(A)*, bis auf *(A)*, únter *(D)* *(для позначення кількісної межі)*; gégen, úngefähr, étwa, an (die) *(приблизно)*; нагрівáти (аж) до 40 °C (bis) auf 40 °C wärmen; випивáти до (остáнньої) крáплі bis auf den létzten Trópfen áustrinken* *vt*; діти до 16 рóків Kínder únter dem 16. Lébensjahr [únter 16 Jáhren]; там булó до двадцятú ýчнів dort wáren étwa [gégen] zwánzig Schüler; 4) *(об'єктні відношення)* an *(A)*; zu *(D)*; gégen *(A)*, gegenüber *(D)* *(по відношенню до кого-н., до чого-н.)*; приклéювати щo-н. до стінú etw. an die Wand klében; писáти до кóго-н. an j-n schréiben*; додавáти до чóго-н. zu etw. *(D)* zúrechnen [hinzúfügen] *vt*; кóлесо до вóза ein Rad zum Wágen; Wágenrad *n* (5); любóв до дітéй die Líebe zu den Kíndern; ненáвисть до ворогíв der Haß gégen die Féinde; йогó байдýжість до мéне séine Gléichgültigkeit mir gegenüber; до тóго ж zudém; áußerdem; 5) *(залежно від керування конкретних дієслів)*: готувáтися до екзáменів sich auf die Prüfungen vórbereiten; довóдити до відома когó-н. j-n benáchrichtigen; j-n in Kénntnis sétzen; брáти до відома zur Kénntnis néhmen* *vt*.

добá 1) víerundzwanzig Stúnden; Tag und Nacht; 2) *розм.* *(пора)* Zeit *f*; 3) *(епоха)* Epóche *f* (11).

добáв|ка 1) *(дія)* Hinzúfügung *f* (10); Ergänzung *f* (10); 2) *див.* дóмішка; 3) *(додаткова порція їжі)* Zúgabe *f* (11); просúти **~ки** éinen Náchschlag verlángen, náchverlangen *vt*; **~ляти, добáвити** *див.* додавáти 1).

добивáти, добúти 1) den Gáraus máchen; j-m den Gnádenstoß [Rest] góben*; 2) *(остаточно розбивати)* éndgültig zerschlágen* *vt*; **~ся** 1) *тк. недок. виду* sich éinsetzen (чогó-н. für *A*), sich bewérben* (um *A*); strében *vi*, tráchten *vi* (nach *D*); 2) *перев. док. виду* (досягáти) erlángen *vt*, erréichen *vt*, erzíelen *vt*; добúтися свогó séine Ábsicht erréichen; 3) *(допитуватися)* sich erkúndigen (про кóго-н., про щo-н. nach *D*, über *A*), áusfragen *vt*; **~ся** відповіді у кóго-н. j-m éine Ántwort ábzwingen*; 4) *(у двері, в хату)* stürmen *vt*; éindringen* *vi*.

добирáтися, добрáтися erréichen *vt*; ánkommen* *vi* (s) (in *D*; до кóго-н. bei *D*).

дóбір Áuswahl *f*; Áuslese *f* *(тж. біол.)*.

добíр|ка Áuslese *f*; Áuswahl *f*; **~ний** áuserlesen, áusgesucht, áuserwählt; Áuslese≠. Elíte≠.

дóблес|ний héldenmütig; **~ть** Héldenmut *m* -(e)s.

добрáніч: (на) ~! gúte Nacht!

добрúвечір! gúten Ábend!

дóбриво Dünger *m* (6); Düngemittel *n* (6).

добрúдень! gúten Tag!

дóбр|ий gut; gútherzig *(про людину)*; ◊ на все ~е! álles Gúte! **~ó** 1) das Gúte *(sub)*; Wohl *n* -(e)s; бажáти комý-н ~á j-m álles Gúte [das Béste] wünschen; для загáльного ~á zum állgemeinen Wohl; 2) *(добра справа)* Wóhltat *f* (10); 3) *(майно)* (Hab und) Gut *n* -(e)s; Hábseligkeiten *pl*; ◊ це не доведé до ~á das wird nicht gut áusgehen* [énden].

добрóбут Wóhlstand *m* -(e)s; підвúщення ~у Bésserstellung *f*.

добров|íльний fréiwillig; **~óлець** Fréiwillige *m* (14).

добродýшний gútmütig.

доброзúчлив|ий wóhlwollend, gewógen (до кóго-н. *D*); **~ість** Wóhlwollen *n* -s. Gewógenheit *f*, Gunst *f*.

добросóвісний gewíssenhaft.

добротá Güte *f*, Hérzensgüte *f*.

доброчúнн|ий wóhltuend, héilsam, wóhltätig *(про людину)*; **~ість** Wóhltätigkeit *f*; Wóhltat *f* (10) *(вчинок)*.

доброякíсний 1 *(доброї якості)*

von güter [höher] Qualität, qualitätsgerecht; gediegen; 2) *мед.* gútartig.

добув|а́ти, добу́ти 1) *(здобувати)* erwérben* *vt*, bescháffen *vt*, verscháffen *vt*; ermítteln *vt (інформацію)*; 2) *(вугілля тощо)* gewínnen* *vt*, ábbauen *vt*, 3) *мат.*: ~**а́ти** ко́рінь éine Wúrzel zíehen*, radizíeren *vt*; ~**ни́й**: ~на́ промисло́вість extraktíve [və] Industrie.

добу́ток 1) *(те, що добуто працею)* Béute *f*; Fördermenge *f* (11) *(вугілля тощо)*; Hab und Gut *n* -(e)s *(нажите добро)*; 2) *мат.* Prodúkt *n* (2).

довба́ти áushöhlen *vt* *(робити отвір)*; stóßen* *vt*, bestóßen* *vt* *(розбивати)*; méißeln *vt (різцем тощо)*; ~**ся** wühlen *vi*, kláuben *vi*.

до́вг|ий lang; ◊ це ~а пі́сня das ist éine lánge Geschíchte; у ньо́го ~ий язи́к er hat éine gróße Kláppe, er rédet zu viel; ~**о** lánge.

довголі́тній lángjährig; lánglebig *(довговічний)*.

довгостроко́вий lángfristig, Dáuer≠.

довгота́ *геогр.* Länge *f* (11); Längenkreis *m* (1), Längengrad *m* (1).

довготрива́лий (án)dauernd, lángwährend; (láng)ánhaltend.

дове́дення 1) *(до кінця)* Dúrchführung *f*, Volléndung *f*; 2) *(істинності тощо)* Beweísführung *f*; Beweís *m* -es.

дове́рху bis óben, voll.

дове́рш|ений *у знач. прикм.* *(досконалий)* vollkómmen, vollendet; tádellos; ~**увати, доверши́ти** vollénden *vt*.

довжина́ 1) Länge *f* (11); 2) *(тривалість)* Dáuer *f*.

до́від Beweísgrund *m* (1*), Argumént *n* (2); до́води за і про́ти Beweís und Gégenbeweis, das Für und Wíder; ~**ка** 1) *(відомості)* Áuskunft *f* (3); 2) *(посвідчення)* Bescheínigung *f* (10), Bestätigung *f* (10); ~ка про стан здоро́в'я Gesúndheitszeugnis *n* (3*), ~**ко́вий** Áuskunfts≠; Náchschlage≠.

дові́дник Náchschlagebuch *n* (5), Náchschlagewerk *n* (2).

дові́д|уватися, ~атися 1) *(дізнаватися)* erfáhren* *vt*; Áuskünfte [Erkúndigungen] éinziehen* (про що-н. über *A*), sich erkúndigen (nach *D*); hínter etw. *(A)* kómmen* *(вивідувати)*; 2) *(заходити дізнатися про кого-н., про що-н.)* áufsuchen *vt*, besúchen *vt* (до ко́го-н. *A*); náchsehen* *vt* (про що-н. *A*); náchschlagen* *vt* (у чо́му-н. in *D*).

дові́ку 1) *(завжди, вічно)* éwig, éndlos lang, lébenslang, sein gánzes Lében lang; 2) *(ніколи)* nie, nie im Lében.

дові́льний 1) *(необмежений)* belíebig, únbegrenzt, voráussetzungslos, arbiträr; 2) *(за власним бажанням)* nach Belíeben, nach Wunsch, belíebig; 3) *(необгрунтований)* wíllkürlich.

дові́р|а Vertráuen *n* -s; користува́тися ~ою Vertráuen genießen*; ~**ений** *у знач. прикм.* bevóllmächtigt; beáuftragt; ~ена осо́ба Vertráuensperson *f* (10); ~**ливий** zútraulich; vertráuensvoll; vertráuensselig; léichtgläubig *(легковірний)*; ~**я́ти**, ~**ити** 1) *(вірити)* (ver)tráuen *vi* (кому́-н. *D*); sich verlássen* (auf *A*) *(покладатися)*; не ~я́ти mißtráuen *vi*; 2) *(доручати)* ánvertrauen *vt* (кому́-н *D*); ~**я́тися**, ~**итися** sich ánvertrauen (кому́-н. *D*).

дові́чн|ий 1) *(вічний)* éwig; 2) *(на все життя)* lébenslänglich, lébenslang; auf Lébenszeit.

довко́л|а 1) *присл.* ringsúm, ringsumhér; 2) *прийм.* um *(A)*, erúm; ~**ишній** úmgebend, úmliegend.

дово́дити, довести́ 1) *(супроводити)* hínführen *vt*; begléiten *vt*; 2) *(підтверджувати істинність тощо)* beweísen* *vt*; náchweisen* *vt*, erwéisen* *vt*; 3) *(до певної межі)* führen *vt*, heránbringen* *vt*, bríngen* *vt* (zu *D*); ~ кого́-н. до сліз j-n zum Wéinen bríngen*; ◊ ~ що-н. до ладу́ etw. *(A)* in Órdnung bríngen*; ~ діте́й до пуття́ [до ро́зуму] Kínder gróßziehen*; Kínder versórgen.

дово́лі genügend, genúg, zur Genüge.

до́вшати länger, wérden.

дога́д|ка Mútmaßung *f* (10); Vermútung *f* (10); губи́тися в ~ках sich in Vermútungen verlíeren*, Mútmaßungen ánstellen; ~**уватися**, ~**а́тися** mútmaßen *невідокр. vt*, vermúten *vt*; erráten* *vt*; auf etw. *(A)* verfállen*; auf etw. *(A)* kómmen*.

дога́н|а Verwéis *m* (1); Tádel *m* (6), Rüge *f* (11) *(осуд)*.

доганя́ти, догна́ти éinholen *vt*; náchholen *vt (надолужувати)*.

догі́дливий díensteifrig; schméichlerisch, servil [-'vi:l], líebedienerisch, kríecherisch *(улесливий)*.

дóгляд 1) *(турбота)* Pflége *f*; Wártung *f* *(перев. тех.)*; ~ за дітьми Kínderpflege *f*; ~ за шкірою Háutpflege *f*; 2) *(пильність)* Áufsicht *f*, Beáufsichtigung *f*; **~áти, доглянути, доглéдіти** 1) *(турбуватися, плекати)* pflégen *vt*; besórgen *vt*; wárten *vt* *(перев. тех.)*; 2) *(пильнувати)* áufpassen *vi*, áchtgeben* *відокр. vi* (auf *A*); beáufsichtigen *vt*; 3) *тк. док. виду, перев.* **доглéдіти** *(помітити)* bemérken *vt*; **не доглéдіти** verpássen *vt*; nicht bemérken *vt*; **~áч** Áufseher *m* (6); Züchter *m* (6).

дóговір *див.* домóвленість; угóда; колектíвний ~ der kollektíve Léistungsvertrag.

догоджáти, догодúти gefällig sein, es recht tun* [máchen], éinen Gefállen tun* (кому́-н. *D*).

догорú nach óben; heráuf *(у напрямку до того, хто говорить)*; hináuf *(у напрямку від того, хто говорить)*; *(тж. як відокр. дієсл. префікси)*; піднестú ~ heráufheben* *vt*; hináufheben* *vt*; empórheben* *vt*; hóchheben* *vt*; ◊ перевернýти все ~ ногáми [дном] das Únterste zuóberst kéhren.

додав|áння 1) Hinzúfügung *f* (10); Ergänzung *f* (10) *(доповнення)*; 2) *мат.* Additión *f* (10), Summíerung *f* (10); **~áти, додáти** 1) hinzúfügen *vt*, hinzúsetzen *vt*; béifügen *vt*, ergänzen *vt* *(доповнювати)*; 2) *(посилювати)* verléihen* *vt*; (ver)stärken *vt*; ~áти сúли кому́-н. j-m Kraft verléihen*; ~áти смілúвості кому́-н. j-m Mut éinflößen; j-n áufmuntern [ermúntern]; 3) *мат.* addíeren *vt*; hinzúzählen *vt*, hinzúrechnen *vt*.

додáнок *мат.* Summánd *m* (8).

додаткóв|ий 1) zúsätzlich, Zúsatz≁; Ergänzungs-; Zúsclags- *(плата тощо)*; ~а вáртість *ек.* Méhrwert *m* -(e)s; 2) *грам.*: підря́дне ~е рéчення Objéktsatz *m* (1*).

додáт|ний *мат.*, *фіз* pósitiv, Plus≁; **~ок** 1) *(добавка, домішка)* Zúsatz *m* (1*); Zúsatzmittel *n* (6), Zúsatzstoff *m* (1); 2) *(доповнення)* Ergänzung *f* (10), Náchtrag *m* (1*); 3) *(до журналу тощо)* Béilage *f* (11), Ánlage *f* (11); 4): на ~ок zudém, áußerdem, dabéi *(до того ж)*; ergänzend, in Ergänzung, als Náchtrag *(додатково)*; 5) *грам.* Objékt *n* (2), Ergänzung *f* (10).

додóлу 1) *(на землю, підлогу)* zu Bóden; auf die Érde; auf den Bóden; 2) *(донизу)* nach únten; hinúnter, hináb *(у напрямку від того, хто говорить)*; herúnter, heráb *(у напрямку до того, хто говорить)* *(тж. як відокр. дієсл. префікси)*; пáдати ~ hinúnterfallen* *vi* (s); herúnterfallen* *vi* (s).

додóму nach Háuse; heim, in die Héimat.

додýмувати(ся), додýматися auf einen Éinfall [Gedánken] kómmen* *vi* (s); як ви до цьóго додýмалися? wie sind Sie daráuf gekómmen?

дóза Dósis *f*, *pl* -sen, Dóse *f* (11); Gábe *f* (11) *(ліків)*; смертéльна ~ Letáldosis *f*.

дóзв|іл 1) Erláubnis *f* (3), Bewílligung *f* (10); Genéhmigung *f* (10); з ~олу когó-н. mit Erláubnis von *(D)*; 2) *(документ)* Genéhmigungsschein *m* (1), Erláubnisschein *m*.

дозвíлл|я Múße *f*, Múßestunde *f* (11); на ~і in den Múßestunden, in der Fréizeit; організáція ~я Fréizeitgestaltung *f*.

дозволя́ти, дозвóлити 1) erláuben *vt*, gestátten *vt*; bewílligen *vt*; genéhmigen *vt*; 2) *(давати можливість)* ermöglichen *vt*.

доїти mélken (*) *vt*; **~ся** Milch gében*, mílchen *vi*.

дóк|аз 1) Beweís *m* (1); Náchweis *m* (1), Erwéis *m* (1); навóдити ~ази Bewéise líefern [erbríngen*], den Náchweis führen; ~аз відвáги ein Erwéis des Mútes; 2) *(предмет)* Bewéismittel *n* (6); **~áзувати, доказáти** *див.* довóдити 2).

дóки 1) *присл.* bis wann?, wie lánge (noch)?; 2) *спол.* *(до того часу як)* bis; bevór; я сидíв, ~ він заснýв ich saß, bis er éinschlief; 3) *спол.* *(у той час як)* solánge, während; ~ він спить, я мóжу читáти solánge [während] er schläft, kann ich lésen.

дóк|ір Vórwurf *m* (1*); ~ори сумлíння Gewíssensbisse *pl*; **~íрливий** vórwurfsvoll.

докладáти, доклáсти *(до чого-н.)* béilegen *vt*, béifügen *vt*; ◊ ~ зусúль sich *(D)* Mühe gében*; álles daránsetzen.

доклáдний áusführlich, gründlich; ínhaltsreich.

Д

доко́н|аний 1) *(здійснений)* vollendet, vollkómmen; 2) *грам.*: **~аний** вид der perfective [-və] Aspékt, der vollendete Aspékt.

докон|а́ти *розм.* erledigen *vt* *(у різн. знач.)*; це його́ ~а́ло das gab ihm den Rest; das hat ihn fértiggemacht.

док|оне́чний únentbehrlich; únerläßlich *(про умову, вимогу)*; únumgänglich *(неминучий)*; **~о́нче** únbedingt, ganz bestímmt; ~о́нче потрі́бний únentbehrlich.

докорі́нн|ий gründlich, durchgreifend; radikál; **~о** bis auf den Grund, von Grund aus, gründlich.

докоря́ти, докори́ти vórwerfen* *vt* (кому́-н. *D*, чим-н. *A*); j-m etw. *(A)* zum Vórwurf máchen; j-m Vórwürfe máchen (чим-н. wégen *G*).

до́ктор 1) *(лікар)* Arzt *m* (1*); Dóktor *m* -s, -tóren *(перев. у звертанні)*; 2) *(учений ступінь)* Dóktor *m* -s, -tóren; ~ нау́к Dóktor der Wíssenschaften; habilitíerter Dóktor.

докуме́нт 1) Dokumént *n* (2); Beschéinigung *f* (10); Schein *m* (1); Únterlage *f* (11); Áusweis *m* (1) *(посвідчення особи)*; 2) *(історичний документ, грамота тощо)* Úrkunde *f* (11); **~а́льний** dokumentárisch, úrkundlich; ~а́льний фільм Dokumentárfilm *m* (1); ~а́льний матеріа́л Tátsachenmaterial *n* -s, -i¦en.

доку́пи zusámmen.

док|уча́ти, ~у́чити belästigen *vt*; j-m lästig fállen* [wérden]; **~у́чливий** lángweilig; lästig, zúdringlich.

дола́дний 1) *(про людину, постать)* wóhlgebáut, státtlich; 2) geschéit, vernünftig *(розумний)*; táuglich *(путній)*; zusámmenhängend *(про мову тощо)*.

дола́ти 1) *(ворога тощо)* bewältigen *vt*; 2) *(перешкоди тощо)* überwínden* *vt*.

доли́на Tal *n* (5).

до́лі 1) *(де)* únten; auf dem Bóden *(на землі, підлозі)*; 2) *див.* додо́лу 1).

доло́вка Léhm(fuß)boden *m.* (7*).

доло́ня Hándfläche *f* (11), Hándteller *m* (6).

долото́ Méißel *m* (6).

до́ля 1) Schícksal *n* (2), Los *n* (2); 2) *див.* части́на 1); ча́стка 1).

до́лька Téilchen *n* (7); ~ апельси́на Orangenspalte [o'raŋʒə-] *f* (11).

до́ма zu Háuse; dahéim.

домага́тися, домогти́ся 1) *тк. недок.* verlángen *vt*, fórdern *vt*; ánstreben *vt*; 2) *перев. док.* *(досягати)* erlángen *vt*, erréichen *vt*, erzíelen *vt*; ~ свого́ séinen Wíllen dúrchsetzen; séine Ábsicht erréichen.

дома́шн|ій 1) Haus≠; häuslich; 2) *(виготовлений удома)* sélbstgemacht; sélbstgebacken; ~я ковбаса́ háusgemachte Wurst; 3) *(про тварин)* Haus≠; 4) *у знач. ім.* ~і Háusengehörige *pl*; méine [déine, séine] Famíli¦e.

до́мисел Vermútung *f* (10); Ersínnung *f* (10) *(вигадка)*.

домі́вка Beháusung *f* (10); Wóhnung *f* (10); Unterkunft *f* (3); Zuháuse *n* *(рідний дім)*.

до́мішка Béimischung *f* (10); Zúsatz *m* (1*).

дом|і́шувати, ~іша́ти béimischen *vt*; zúsetzen *vt*; hinzútun* *vt*.

до́мна Hóchofen *m* (7*).

домови́на Sarg *m* (1*) *(труна)*.

домо́вл|еність Veréinbarung *f* (10); Übereínkunft *f* (3); Ábmachung *f* (10); **~я́тися, домо́витися** sich veréinbaren; sich verständigen, éinig wérden, übereínkommen* *vi* (s); ◊ о́тже, домо́вились! álso ábgemacht!

домогосподáрка Háusfrau *f* (10).

доне́сення Méldung *f* (10); Bericht *m* (1).

дони́зу *див*: додо́лу 1), 2); звéрху ~ von óben bis únten.

доно́сити, донести́ 1) trágen* [bríngen*] *vt* bis ...; 2) *перен.* *(робити що-н. доступним, зрозумілим)* náhebringen* *відокр. vt* (до ко́го-н. *D*); 3) *(повідомляти)* mélden *vt*, berichten *vi*; 4) *(на кого-н.)* denunzieren *vt*, ánzeigen *vt*.

до́пис Korrespondénz *f* (10), Zéitungsbericht *m* (1); Béitrag *m* (1*), Artíkel *m* (6) *(стаття)*.

до́п|ит *юр.* Verhör *n* (2), Vernéhmung *f* (10); **~и́тливий** wíßbegierig; fórschend; **~и́тливість** Wißbegier(de) *f*, Wíssensdrang *m* -es; Fórschergeist *m* -es; **~и́тувати, допита́ти** 1) áusfragen *vt*; náchfragen *vi* (у ко́го-н. bei *D*); 2) *(робити допит)* verhören *vt*, vernéhmen* *vt*.

допі́зна bis spät in die Nacht hinéin.

допл|áта Náchzahlung *f* (10), Zúschlag *m* (1*); **~áчувати, ~атúти** náchzahlen *vt*, zúzahlen *vt*, Zúschlag záhlen.

допов|ідáти, доповістú 1) beríchten *vt, vi* (про що-н. über *A*); vórtragen* *vt* *(робити доповідь)*; 2) *(сповіщати про прихід відвідувача)* (án)mélden *vt*; **~ідáч** Vórtragende *m* (14); **~ідний** Berícht≠; Mítteilungs≠; ~ідна запúска schríftlicher Berícht; Beríchtsschreiben *n* (7); Memorándum *n* -s, *pl* -den *та* -da; Áktennotiz *f* (10).

дóповідь Vórtrag *m* (1*), Referát *n* (2); робúти ~ éinen Vórtrag hálten*.

допóвн|ення Ergänzung *f* (10), Náchtrag *m* (1*); Zúsatzantrag *m* (1*) *(до проекту тощо)*; **~ювати, допóвнити** ergänzen *vt* (чим-н. durch *A*); hinzúfügen *vt* *(додавати)*.

допом|агáти, допомогтú hélfen* *vi*; Hílfe léisten; ~агáти комý-н. слóвом і дíлом j-m mit Rat und Tat béistehen*; **~íжний** Hilfs≠; Behélfs≠; **~óга** Hílfe *f*; Áushilfe *f*; Béistand *m* -(e)s; медúчна ~óга ärztlicher Béistand, ärztliche Hílfe; невідклáдна ~óга dríngende Hílfe; швидкá ~óга Únfallhilfe *f*; Sofórthilfe *f*; карéта швидкóї ~óги Sanitätswagen *m* (7); за ~óгою mit Hílfe (*z*, von *D*).

дóпуск 1) Zútritt *m* -(e)s, Zúgang *m* -(e)s; Éinlaß *m* -sses; 2) *тех.* Toleránz *f* (10); **~áти, допустúти** 1) *(терпіти)* zúlassen* *vt*; den Zútritt gestátten (когó-н. *D*); 2) *(припускати)* zúgeben* *vt*, ánnehmen* *vt*.

дорéчн|й ángebracht, ángemessen, pássend; якрáз ~ий gut ángebracht; geráde recht; **~ість** Angemessenheit f.

дорівн|ювати(ся) *(чому-н.)* gleich sein; gléichkommen* *відокр.* *vi* (s); **~ює** *мат.* macht, beträgt, ist gleich.

дорíжка (1) *(у парку тощо)* Fúßweg *m* (1); Bahn *f* (10) *(на стадіоні, аеродромі)*; 2) *(постілка)* Läufer *m* (6); Läuferteppich *m* (1), Brücke *f* (11).

дорікáти, доректú *див.* докоряти.

дорóбок Werk *n* (2), Schäffenswerk *n*.

дорóг|а 1) Weg *m* (1), Stráße *f* (11); Bahn *f* (10); 2) *(подорож)* Réise *f* (11), Weg *m* (1); **~ою** *у знач. присл.* unterwégs; ◊ стоя́ти комý-н. поперéк ~и j-m im Wége stéhen*.

дорогúй téuer *(у різн. знач.)*; kóstspielig *(який коштує великі гроші)*; kóstbar *(дорогоцінний)*.

дороговкáз Wégweiser *m* (6); Fáhrrichtungsanzeiger *m* (6).

дорожúти schätzen *vt*; gróße Stücke hálten* (ким-н. auf *A*).

дорожнéча Téuerung *f*; Vertéuerung *f*.

дорóжчати téuer wérden, sich vertéuern.

дорóслий 1) erwáchsen; áusgewachsen *(про тварин)*; 2) *у знач. ім.* Erwáchsene *m* (14).

дор|учáти, доручúти 1) *(кому-н. щось зробити)* beáuftragen* *vt* (j-n mit *D*); 2) *(довіряти)* ánvertrauen *vt*; **~ýчення** 1) Áuftrag *m* (1*); за ~ýченням когó-н. im Áuftrag von *(D)*; 2) *(документ)* Vóllmacht *f* (10).

досáда Ärger *m* -s, Verdrúß *m* -sses.

дóсв|ід 1) Erfáhrung *f* (10) *(тж. філос.)*; 2) *філос.* Empiríe *f*; **~ідчений** erfáhren, bewándert (у чóму-н. in *D*).

дóсить genügend, genūg; ziemlich, recht; цьогó ~ das genügt, das reicht.

дóсі 1) bishér, bis jetzt, bisláng; 2) *розм.* *(до цього місця)* bis hierhér, bis zu díeser Stélle.

досконáлий vollkómmen, volléndet; perfékt.

дослíвний wörtlich, wórtwörtlich, Wort für Wort, búchstäblich.

дóсл|ід Versúch *m* (1), Experimént *n* (2); **~íдження** 1) *(дія)* Erfórschung *f* (10), Fórschung *f* (10); Untersúchung *f* (10); 2) *(наукова праця)* Fórschung *f* (10), wíssenschaftliche Ábhandlung; **~íджувати, дослідúти** 1) *(науково)* erfórschen *vt*, fórschen *vt*; studíeren *vt*; 2) *(обстежувати)* untersúchen *vt*; ábsuchen *vt*, durchsúchen *vt*; **~íдник** 1) Fórscher *m* (6), Erfórscher *m*; 2) *(експериментатор)* Experimentátor *m* -s, -tóren.

достáв|ка Líeferung *f* (10); Ánlieferung *f*, Áuslieferung *f*; Zústellung *f* (10); **~ля́ти, достáвити** líefern *vt*, ánliefern *vt*, áusliefern *vt*, zústellen *vt*.

достáт|ній hínreichend, áusreichend, genügend; **~ок** *(тж. мн.* **~ки)**

Wóhlstand *m* -(e)s; Wóhlhabenheit *f*; жúти в ~ку (~ках) wóhlhabend sein.

достигáти, достúгнути, достúгти réifen *vi* (s), reif wérden; heránreifen *vi* (s), áusreifen *vi* (s) *(тж. перен.)*.

достовíрн|ий gláubwürdig; wáhrheitsgetreu; zúverlässig; **~ість** Gláubwürdigkeit *f*; Wáhrheitstreue *f*.

достóїнство 1) *(позитивна якість)* Wert *m* (1); Vórzug *m* (1*); 2) *див.* гíдність.

дострокóвий vórfristig.

дóступ Zútritt *m* -(e)s, Zúgang *m* -(e)s.

достýпний zúgänglich; erréichbar; (léicht) verständlich *(для розуміння)*.

досягáти, досягнýти, досягтú erréichen *vt*; gelángen *vi* (до чóго-н. zu *D*); erzíelen *vt*, errı́ngen* *vt*.

досá|гнення 1) *(дія)* Erréichung *f*, Erréichen *n* -s, Erzíelung *f*; 2) *(результат; успіх)* Erfólg *m* (1), Léistung *f* (10), Errúngenschaft *f* (10); **~жний** erréichbar.

дóтеп Witz *m* (1); wítzige Bemérkung; géistreiche Äußerung; ◊ сúпати ~ами Wítze réißen* [máchen].

дотепéр bishér, bis jetzt; **~ішній** bishérig.

дотéпн|ий *(про людину)* géistreich, schárfsinnig, wítzig; **~ість** Schárfsinn *m* (e)s, Geist *m* es, Witz *m* -es.

дóти 1) bis dámals *(у минулому)*; bis dann *(у майбутньому)*; bis dahín; ~, дóки ... bis; nicht éher, als ... *(не раніше як ...)*; 2) *(до того місця)* bis dorthín, bis dahín, bis zu jéner Stélle.

дóтик 1) Berührung *f* (10); 2) *(відчуття)* Tástsinn *m* -(e)s, Tástgefühl *n* -(e)s; бýти м'яким на ~ sich weich ánfühlen.

дотлá völlig; згорíти ~ völlig [bis auf den Grund] brénnen*, níederbrennen* *vi* (s).

доторкáтися, доторкнýтися (leicht) berühren *vt*, ánrühren *vt*, stréifen *vt* (чим-н. mit *D*); ántasten *vt*.

дотóчувати, доточúти ánsetzen *vt*; länger máchen *vt*.

дотрúмувати, дотрúмати 1) *(до певного часу)* hálten* *vt* (bis...), behálten* *vt* (bis ...); 2) *перен.* (éin)hálten* *vt*; ~ обіця́нки das Verspréchen éinhalten*; ~ слóва das Wort hálten*; не ~ слóва das Wort bréchen*; ~ тúші Rúhe hálten*; still sein; **~ся** 1) *(витримувати що-н. до певного строку)* (áus)halten* *vi* (bis ...); 2) *(чого-н.)* sich halten (an *A*); sich féсthalten* (an *D*); befólgen *vt*, beáchten *vt*.

дохóд Éinkommen *n* -s; Ertrág *m* (1*), Gewínn *m* (1); націонáльний ~ *ек.* Nationáleinkommen *n*.

дохóдити, дійтú 1) géhen* *vi* (s) bis ...; gelángen *vi* (s), kómmen* *vi* (s) bis ...; erréichen *vt*; 2) *розм.* *(до свідомості)* ánkommen* (до кóго-н. bei *D*); лéкція не дійшлá до слухачíв die Vórlesung ist bei den Hörern nicht ángekommen *(розм.)*; ◊ ~ (до) рóзуму klüger [vernünftiger] wérden.

доцéнт Dozént *m* (8); Dozéntin *f* (12) *(про жінку)*.

доцíльн|ий zwéckmäßig; **~ість** Zwéckmäßigkeit *f*.

дочкá Tóchter *f* -, Töchter.

дóшка 1) Brett *n* (5); 2) *(шкільна, для оголошень тощо)* Táfel *f* (11); ~ пошáни Éhrentafel *f*.

дошкíльн|ий Vórschul≠, vórschulisch; **~ик** Vórschulkind *n* (5), noch nicht schúlpflichtiges Kind.

дошкуля́ти, дошкýл|ити 1) ärgern *vt*; stícheln *vi* *(словами)*; 2) *(спричиняти біль)* péinigen *vt*; verlétzen *vt* *(словами, поведінкою)*; **~ьний** schmérzlich, schmérzhaft; béißend, scharf; ärgerlich, péinlich.

дощ Régen *m* (7); де ~ es régnet; **~йти** *розм.* régnen *vimp*; **~овúй** 1) Régen-; 2) *(багатий дощами)* régenreich, régnerisch, Régen≠; **~овúк** *(плащ)* Régenmantel *m* (6*).

дóярка Mélkerin *f* (12).

драбúна Léiter *f* (11).

дражнúти 1) nécken *vt*; hänseln *vt*; ärgern *vt*; éinen Spítznamen gében* (когó-н. *D*), nénnen* *vt* (когó-н., ким-н. *A*); 2) *(збуджувати)* réizen *vt*, errégen *vt*.

дракóн 1) *міф.* Dráche *m* (9); 2) *зоол.* flíegender Dráche, Flügeleidechse *f* (11).

дрáма Dráma *n* -s, -men; **~тúчний** dramátisch; **~тýрг** Dramátiker *m* (6), Scháuspieldichter *m* (6).

драт|івлúвий *(про людину)* réizbar; errégbar; leicht áufgebracht; **~івнúй** Réiz- *(напр. про хімічні речовини, ліки)*; ärgerlich, péinlich; **~увáти** ärgern *vt*; böses Blut máchen, erzürnen *vt (злити*; réizen *vt*.

дрена́ж *тех.* Dränáge [-ze] *f (тж. мед.)*; Bódenentwässerung *f*; **~ува́ти** *тех.* dräníeren *vt*, entwässern *vt*.

дресирув|а́ти dressíeren *vt*, ábrichten *vt*; **~а́льник** Dompteur [-'tø:r] *m* (1), Dresseur [-'so:r] *m* (1), Tíerbändiger *m* (6).

дріб 1) *(мисл.)* Schrot *n* (2), *m* (1); 2) *мат.* Bruch *m* (1*), Brúchzahl *f* (10).

дрібн|и́й 1) klein, Klein≠; fein; ~і гро́ші Kléingeld *n* -(e)s; ~и́й дощ féiner Régen; Sprühregen *m* (7); 2) *перен. (про питання тощо)* únbedeutend, únwichtig, belánglos; **~и́ти** zerkléinern *vt*, klein [fein] máchen *vt*; **~и́ця** Kléinigkeit *f* (10); Bagatélle *f* (11), Belánglosigkeit *f* (10); розмі́нюватися на ~и́ці sich [séine Árbeitskraft] verzétteln; **~і́ти** klein wérden.

дріб'язко́вий kléinlich; únbedeutend, níchtig *(незначний)*.

дрі́б'язок 1) *збірн. (дрібні речі)* kléines Zeug; Krímskrams *m* -; 2) *збірн. розм. (дрібні діти)* kléine Kínder; 3) *збірн. (щось подрібнене)* Grus *m* es; 4) *(щось незначне, нікчемне)* Níchtigkeit *f* (10).

дрі́жджі Héfe *f* (11).

дрім|а́ти schlúmmern *vi*, im Hálbschlaf sein; ◇ не ~а́ти wáchsam sein; **~ли́вий** schläfrig; **~о́та** Schlúmmer *m* -s, Hálbschlaf *m* s; Schläfrigkeit *f (сонливість)*.

дріт Draht *m* (1*); колю́чий ~ Stácheldraht *m*; за колю́чим дро́том hínter éinem Stácheldrahtverhau.

дроби́ти zerstückeln *vt*, zerkléinern *vt*, zermálmen *vt*; zerbröckeln *vt (хліб тощо)*; *спец.* bréchen* *vt*; **~ся** sich zerstückeln; (áb) bröckeln *vi* (s) *(кришитися)*.

дро́в|а Brénnholz *n* -es, Holz *n* (5); **~ору́б** Hólzhacker *m* (6), Hólzfäller *m* (6).

друг Freund *m* (1).

дру́г|ий 1) der zwéite; о ~ій годи́ні um zwei Uhr; ~ий за величино́ю der zwéitgrößte; ~ий за я́кістю der zwéitbeste; 2) *(наступний)* der nächste, der fólgende; 3) *див.* і́нший; ◇ на ~ому пла́ні im Híntergrund.

другорі́чник Sítzengebliebene *m* (14); Sítzenbleiber *m* (6) *(розм.)*.

другоря́дн|ий nébensächlich; Nében≠ *(побічний)*; **~і чле́ни** ре́чення *грам.* die Nébenglieder des Sátzes.

дру́жба Fréundschaft *f*.

дружи́н|а 1) *(жінка)* Frau *f* (10), Éhefrau *f*, Gáttin *f* (12); 2) *(група, загін, добровільне об'єднання людей)* Grúppe *f* (11); 3) *іст.* Kríegsgefolge *n* -s, Mánnen *pl*; Drushina ['zi:-] *f (давньоруська)*.

дружи́ти befréundet [gut Freund] sein (з ким-н. mit *D*).

дру́жн|ий éinig, éinmütig; allgeméin *(загальний)*; **~ій** fréundlich, fréundschaftlich, Fréundes≠, Fréundschafts≠.

друк|а́рка Maschíne(n)schreiberin *f* (12), Stenotypístin *f* (12); **~а́рня** Druckeréi *f* (10); **~а́рський** Druck≠; **~а́рська** маши́на Drúckmaschine *f* (11); ~а́рська маши́нка Schréibmaschine *f* (11); ~а́рська спра́ва; ~а́рське мисте́цтво Búchdruckerkunst *f*, Typographíe *f*; **~о́ваний** gedrúckt, Druck≠; ~о́ваними лі́терами in Drúckschrift; ◇ ~о́ваний а́ркуш *друк.* Drúckbogen *m* (7, 7*); **~ува́ти** 1) drúcken *vt*; 2) *(публікувати)* veröffentlichen *vt*; 3) *(на машинці)* (auf der Schréibmaschine) schréiben* *vi, vt*; maschínenschreiben* (*part II* maschínegeschrieben) *vt*; típpen *vt*.

дрючо́к Stánge *f* (11); Knüttel *m* (6), Knüppel *m* (6).

дря́пати krátzen *vt*; rítzen *vt*; zerschrámmen *vt (підлогу тощо)*; **~ся** krátzen *vi*.

дуб 1) *(дерево)* Éiche *f* (11); 2) *(матеріал)* Éichenholz *n* -es.

дубл|іка́т Duplikát *n* (2); Zwéitschrift *f* (10) *(копія)*; ~іка́т квитка́ Ersátzkarte *f* (11); **~юва́ти** 1) dublíeren *vt*; verdóppeln *vt (робити копію)*; ~юва́ти чию-н. роль für j-n Double ['du:bəl] sein; 2) ~юва́ти фільм éinen Film synchronisíere [-kro-]; doubeln ['du:-] *vt*.

дубля́нка Schа́fpelz *m* (1).

дубо́вий éichen, Éichen≠.

дуга́ 1) Bogen *m* (7, 7*); 2) *мат.* Kréisbogen *m*.

ду́дка Schalméi *f* (10), Róhrpfeife *f* (11); Signálpfeife *f*.

ду́ж|е sehr; **~ий** stark, kräftig.

ду́жк|а 1) *(відра тощо)* Griff *m* (1); Hénkel *m* (6); Bríllenbügel *m* (6); 2) *(знак)* Klámmer *f* (11); квадра́тні ~и éckige Klámmern; кру́глі ~и rúnde Klámmern; фігу́рні ~и geschwéifte [geschwúngene]

Klámmern; вино́сити за ~и aus den Klámmern néhmen* *vt*; бра́ти в ~и éinklammern *vt*, in Klámmern sétzen *vt*.

ду́м|ати 1) dénken* *vi, vt* (про ко́го-н., про що-н. an *A*); sínnen* *vi (міркувати)*; überlégen *vt (обмірковувати)*; ~ати собі́ sich *(D)* dénken* *vi, vt*; für sich dénken* *vi, vt (подумки відзначати)*; ~ати лише́ про одне́ nur auf eins bedácht sein; ◊ ду́му ~ати in Gedánken versúnken sein; mit éinem Gedánken úmgehen*; 2) *(мати думку, гадати)* gláuben *vt*, méinen *vt*, dénken* *vt* (про ко́го-н., про що-н. von *D*); 3) *(мати намір)* (ge)dénken* *vi*; beábsichtigen *vt*; ◊ забага́то про се́бе ~ати sich *(D)* viel éinbilden; недо́вго ~аючи óhne viel zu überlégen; **~ка** 1) Gedánke *m* (15); Idée *f* (11); Éinfall *m* (1*) *(раптова)*; 2) Dénken *n* -s; філосо́фська ~ка philosóphisches Dénken; 3) *(погляд)* Méinung *f* (10), Ánsicht *f* (10); на мою́ ~ку méiner Ánsicht [Méinung] nach; méines Eráchtens.

дупло́ Höhlung *f* (10); ~ зу́ба Záhnhöhle *f* (11).

ду́р|ень Narr *m* (8), Tor *m* (8), Dúmmkopf *m* (1*), Schwáchkopf *m*; **~ни́й** dumm, närrisch, töricht; álbern; ◊ з ~но́го ро́зуму vor (láuter) Dúmmheit, dúmmerweise; він (теж) не ~ни́й er ist (auch) nicht auf den Kopf gefállen.

ду́т|и blásen* *vi*, wéhen *vi (про вітер)*; **~ий** 1) hohl; áufgeblasen *(надутий)*; ~і цифри áufgebauschte [übertríeben hóhe] Záhlen; ~а сла́ва Schéinruhm *m* -(e)s.

дух 1) Geist *m* -es *(у різн. знач.)*; 2) *(моральний стан)* Geist *m* -es; Stímmung *f (настрій)*; Mut *m* -es *(відвага)*; занепада́ти ~ом den Mut verlíeren*; 3) *розм.*: перево́дити ~ Átem schöpfen [hólen]; 4) *міф.* Geist *m* (4).

духи́ Parfüm *n* (2).

духо́вка Báckofen *m* (7*); Báckröhre *f* (11).

духо́вний 1) géistig, séelisch; 2) *(не світський)* géistlich.

душ Dúsche *f* (11), Bráuse *f* (11); ми́тися під ~ем sich dúschen, sich bráusen.

душ|а́ 1) Séele *f* (11); 2) нас було́ ві́сім ~ wir wáren acht Persónen [Mann *(про чоловіків)*]; на ~у насе́лення pro Kopf der Bevölkerung; ◊ від усіє́ї ~і (дя́кувати) aus tíefstem Hérzen (dánken *vi*); стоя́ти над ~е́ю в ко́го-н. j-m kéine Rúhe lássen*; у глибині́ ~і́ im Grúnde des Hérzens; до глибини́ ~і́ bis ins Ínnerste; **~е́вний** 1) *(внутрішній)* séelisch, ínner; ~е́вний спо́кій die ínnere Rúhe, Séelenruhe *f*; ~е́вна хворо́ба Géisteskrankheit *f* (10); 2) *(щирий)* hérzlich, ínnig.

душ|и́ти 1) würgen *vt (за горло тощо)*; erstícken *vt (димом, газами тощо)*; його́ ~и́ла лють er kéuchte [erstíckte] vor Wut; 2) *(роздушувати)* zerdrücken *vt*, zerquétschen *vt*; 3) *(пригноблювати, придушувати)* erstícken *vt*, dróssеln *vt*; bedrücken *vt*, unterdrükken *vt*.

ду́шн|ий schwül, drückend; **~о:** мені́ ~о ich erstícke; ich bekómme [hábe] kéine Luft.

дю́на Düne *f* (11).

дя́дько Ónkel *m* (6) *(тж. дорослий чоловік)*.

дя́к|увати dánken *vi* (кому́-н. *D*); sich bedánken (bei *D*); ду́же ~ую! (ich) dánke sehr!, dánke schön! bésten Dank.

дя́тел Specht *m* (1).

дьо́готь Teer *m* (1).

Е

еваку|а́ція Evakuíerung [eva-] *f*, Ábtransport *m* -(e)s; **~юва́ти** evakuíeren *vt*, ábtransportieren *vt*; räumen *vt (район, пункт)*.

е́врика héureka!, ich hab's (gefúnden)!

его|ї́зм Egoísmus *m* -, Sélbstsucht *f*, Éigennutz *m* -es; **~ї́ст** Egoíst *m* (8).

еква́тор Äquátor *m* -s.

еквівале́нт Äquivalént [-va-] *n* (2); Gléichwert *m* (1); **~ний** äquivalént, gléichwertig; **~ність** Äquivalénz [-va-] *f*, Gléichwertigkeit *f*.

екза́мен Prüfung *f* (10), Exámen *n* (7) (*pl тж.* -mina); ~ з матема́тики Prüfung in Mathematík, Mathematíkprüfung *f*; вступни́й ~ Áufnahmeprüfung *f*; перехідни́й ~ Zwíschenprüfung *f*; Semésterprüfung *f (за семестр)*; випускни́й ~ Ábschlußprüfung *f*; Abitúr *n* (2) *(у школі)*; держа́вний ~ Stáatsexamen *n*.

екзамен|а́тор Examinátor *m* -s, -tóren, Prüfer *m* (6); **~ува́ти** prüfen *vt*, examiníeren *vt*.

екзе́ма *мед*. Ekzém *n* (2).

екземпля́р Exemplár *n* (2); єди́ний ~ Unikát *n* (2).

екзо́т|ика Exótik *f*; **~и́чний** exótisch.

екіпа́ж 1) *(для їзди)* Wágen *m* (7), Equipáge, [-ʒə] *f* (11); 2) *(особовий склад літака тощо)* Mánnschaft *f* (10); Besátzung *f* (10).

еконо́м|ити spáren *vt*, éinsparen *vt*; **~іка** *(структура господарства* Wírtschaft *f*; Wírtschaftssystem *n* (2); 2) *(наукова дисципліна)* Wírtschaftswissenschaft *f*, Wírtschaftslehre *f*; **~íст** Wírtschaftsfachmann *m* (4) *(фахівець)*, Wírtschaftswissenschaftler *m* (6), Ökonóm *m* (8) *(теоретик)*; інжене́р; ~íст Ingenieurökonom [inʒe'niø₅r] *m*; **~ія** *(ощадливість)* Spársamkeit *f*; Éinsparung *f*; Erspárung *f*.

екра́н 1) Schirm *m* (1); Ábschirmung *f* (10); *мед*. Röntgenschirm *m*; 2) *кіно* Léinwand *f* (3); широ́кий ~ Bréitwand *f*; ~ телевізора Bíldschirm *m*; **~іза́ція** Verfílmung *f*; **~ізува́ти** verfílmen *vt*.

екскава́тор Bágger *m* (6); **~ник** Bäggerführer *m* (6).

екску́рс|ія Áusflug *m* (1*), Exkursión *f* (10); Léhrausflug *m (навчальна)*; Führung *f* (10) *(в музеї)*; Stádtrundfahrt *f* (10) *(машиною по місту)*; **~ово́д** Réiseleiter *m* (6); Führer *m* (6) *(у музеї)*.

експеди́ція Expeditión *f* (10) *(у різн. знач.)*; Versánd *m* -(e)s *(розсилання за призначенням)* Versándabteilung *f* (10). *(відділ відправки)*; Versánddienst *m* -es *(у магазині)*.

експериме́нт Experimént *n* (2), (wíssenschaftlicher) Versúch *m* (1); **~а́льний** experimentéll, Versúchs-; **~ува́ти** experimentíeren *vi*.

експе́рт Sáchverständige *m* (14), Gútachter *m* (6), Expérte *m* (9); **~и́за** Begútachtung *f* (10), Expertíse *f* (11); Untersúchung *f* (10); результа́т ~и́зи Befúnd *m* (1) (der Expertíse).

експлуат|а́тор Áusbeuter *m* (6); **~а́ція** 1) Áusbeutung *f*; 2) *тех*. Betríeb *m* -(e)s *(машини, залізниці)*; Nútzbarmachung *f*, Áusnutzung *f (ресурсів)*; здава́ти в ~а́цію in Betríeb néhmen* *vt*; вве́дення в ~а́цію Inbetríebnahme *f*; **~ува́ти** 1) áusbeuten *vt*; 2) *тех*. nútzbar máchen *vt*, bewírtschaften *vt*; betréiben* *vt*.

експози́ція 1) *літ*. Expositión *f* (10); 2) *(у музеї)* Áusstellung *f* (10); Schau *f*; 3) *фото* Belíchtung *f*

експон|а́т Exponát *n* (2); Áusstellungsstück *n* (2); Muséumstück *n* *(у музеї)*; **~ува́ти** 1) *(на виставці)* áusstellen *vt*; 2) *фото* belíchten *vt*.

експр|еси́вний expressív, áusdrucksvoll, áusdrucksstark; **~е́сія** Expressión *f*, Áusdruck *m* -(e)s, Áusdruckskraft *f*.

екста́з Ekstáse *f* (11); Verzückung *f* (10), höchste Begéisterung.

екстраордина́рний áußerordentlich, áußergewöhnlich.

е́кстрен|ий 1) *(терміновий)* dríngend, éilig, Eil≠; 2) *(позачерговий, непередбачений)* éxtra, Éxtra-, Sónder≠, Sofórt≠; **~ий** ви́пуск (газе́ти Éxtrablatt *n* (5); **~е** засі́дання áußerordentliche Sítzung, Sóndersitzung *f* (10).

ексцентри́чний exzéntrisch; überspánnt; verschróben.

екс-чемпіо́н Éxmeister *m* (6).

еласти́чн|ий elástisch; déhnbar; **~ість** Elastizität *f*.

елева́тор 1) *(зерносховище)* Getréidespeicher *m* (6); 2) *тех*. *(підйомник)* Elevator [-'va:-] *m* -s, -tóren; Áufzug *m* (1*).

елега́нтн|ий elegánt, fein; **~ість** Elegánz *f*, Féinheit *f*.

електризува́ти elektrisieren *vt* *(тж. мед.)*.

еле́ктр|ик Eléktriker *m* (6); Elektrotéchniker *m* (6); інжене́р ~ик Eléktroingenieur [-inʒeniø:r] *m* (1); **~ика** Elektrizität *f*, Strom *m* -(e)s *(струм)*; **~и́чний** eléktrisch, Kraft≠, Strom≠; ~и́чна ла́мпочка Glühbirne *f* (11), Glühlampe *f* (11) **~ифіка́ція** Elektrifizíerung *f*; **~ифікува́ти** elektrifizíeren *vt*.

електрово́з Eléktrolokomotive *f* [-və] (11); Eléktrolok *f*, *pl* -s.

електро́д Elektróde *f* (11); Elektródenstift *m* (1) *(для зварювання)*.

електро|двигу́н Eléktromotor *m* (13); **~ене́ргія** Eléktroenergie *f*, Strom *m* -(e)s *(струм)*; **~зва́рювання** Eléktroschweißen *n* -s, Eléktroschweißung *f*; **~зва́рник** Eléktroschweißer *m* (6); **~кардіо-**

гра́ма *мед.* Elektrokardiográmm *n* (2).
електро́ліз *хім.* Elektrolýse *f* (11).
електро|магні́т Eléktromagnet *m* (1); **~магні́тний** eléktromagnetisch; **~мере́жа** Strómnetz *n* (2); **~монте́р** Eléktromonteur [-'to:r] *m* (1).
електро́н *фіз.* Eléktron *n* -s, -trónen, **~іка** Elektrónik *f*.
електроннообчи́слювальн|ий: ~а маши́на Elektrónenrechenmaschine *f* (11), Elektrónenrechner *m* (6), Computer [kom'pju:ter] *m* (6).
електро|переда́ча Elektrizitätsübertragung *f*; eléktrische Energíeübertragung; лі́нія ~переда́чі Kráftstromleitung *f* (10); Férnleitung *f*; **~пра́ска** eléktrisches Bügeleisen.
елеме́нт 1) *хім.* Elemént *n* (2), Grúndstoff *m* (1); 2) *(складова частина)* Bestándteil *m* (1); Elemént *n* (2); Báuelement *n (конструкції)*; **~а́рний** elementár, Elementár≠; Ánfangs≠, Grund≠; ~а́рні знання́ Ánfangsgründe *pl*.
е́ліп|с(ис) *мат., лінгв.* Ellípse *f* (11); **~ти́чний** *мат., лінгв.* ellíptisch.
емал|юва́ти emaillieren [emalei:rən] *vt*; **~ь** Email [e'mae] *n* -s, -s, Emaille [e'maljə] *f* (11); Schmelz *m* -es; зубна́ ~ь Záhnschmelz *m*; **~ьо́ваний** emailliert [emal'ji:rt].
емігр|а́нт Áuswand(e)rer *m* (6), Emigránt *m* (8); **~а́ція** Áuswanderung *f*; Emigratión *f (тж. збірн.: емігра́нти)*; **~ува́ти** áuswandern *vi* (s), emigríeren *vi* (s).
емоці́йн|ий emotionál; gefühlsbetont; Gefühls≠; **~ість** Emotionalität *f*; Gefühlsbetontheit *f*.
емо́ція Emotión *f* (10); Gemütsbewegung *f* (10); Gefühl *n* (2); Errégung *f*, Gefühlsregung *f (збудження)*.
ему́льсія *хім.* Emulsión *f* (10).
енерге́т|ик Energíewirtschaftler *m* (6); **~ика** Energétik *f*; Energíewirtschaft *f*; **~и́чний** energétisch, Energíe-; ~и́чна систе́ма Verbúndsystem *n* (2), Energíe(versorgungs)system *n*.
енергі́йний enérgisch, tátkräftig.
ене́ргія 1) *фіз., тех.* Energíe *f* (11); Kraft *f*; 2) *(наполегливість)* Energíe *f*, Tátkraft *f*.
ентуз|іа́зм Entusiásmus *m* -, Begéisterung *f*; Elán *m* -s *(підйом)*; **~іа́ст** Enthusiást *m* (8); він ~іа́ст своє́ї спра́ви er ist von séiner Sáche begéistert.
енциклоп|еди́чний 1) enzyklopädisch; ~еди́чний слівни́к Léxikon *n* -s, -ka, Enzyklopädíe *f* (11); 2) *(різнобічний)* víelseitig; **~е́дія** Enzyklopädíe *f* (11), Léxikon *n* -s, -ka; дитя́ча ~е́дія Kínderlexikon *n*.
епігра́ма Epigrámm *n* (2); Sínngedicht *n* (2).
епі́граф 1) Epigráph *n* (2), Mótto *n* -s, -s; 2) *іст.* Áufschrift *f* (10), Ínschrift *f*.
епіде́мія Séuche *f* (11), Epidemíe *f* (11).
епізо́д 1) Episóde *f* (11); 2) *(у творі)* Nébenhandlung *f* (10); **~и́чний** episódisch; Zwíschen≠; zéitweise.
епі́тет Epítheton *n* -s, -ta, Béiwort *n* (5).
епіце́нтр Epizéntrum *n* -s, -tren.
епі́чний *літ.* épisch, erzählend.
епопе́я *літ.* Epopöe *f* (11).
епо́х|а Epóche *f* (11); Zéitabschnitt *m* (1); **~а́льний** epochál, epóchemachend.
е́р|а Ära *f*, *pl* Ären; Zéitalter *n* -s; Zéitrechnung *f*; до на́шої ~и *(скор.* до н. е.) vor únserer Zéitrechnung *(скор.* v. u. Z.); на́шої ~и *(скор. н. е.)* únserer Zéitrechnung *(скор.* u. Z.); поча́ток ново́ї ~и *перен.* Zéitwende *f*.
еро́зія *геол., тех., мед.* Erosión *f* (10).
еруд|и́ція Geléhrsamkeit *f*, (úmlassende) Bíldung *f*; Belésenheit *f* *(начитаність)*; **~о́ваний** gebíldet, geléhrt; belésen.
есе́нція Essénz *f* (10).
ескі́з Skízze *f* (11); Entwúrf *m* (1*); **~ний** skizzenhaft; Skízzen-.
ескімо́с Éskimo *m* - -s, *pl* - *та* -s; **~ка** Éskimofrau *f* (10); **~ький** eskimóisch, Éskimo≠.
естака́да 1) *(вулиці)* Hóchstraße *f* (11); 2) *залізн.* Hóchgleis *n* (2); 3) *буд.* Gerüstbrücke *f* (11); 4) *гідр.* Léitwerk *n* (2).
естафе́та *(змагання)* Staféttе *f* (11), Stáffel *f* (11).
есте́т|ика Ästhétik *f*; **~и́чний** ästhétisch.
есто́н|ець Éste *m* (9); **~ка** Éstin *f* (12); **~ський** éstnisch.
естра́д|а 1) *(сцена)* Bühne *f* (11); 2) *(вид мистецтва)* Kléinkunstbühne *f*, Estráde *f*; **~ний** Estráden-.
етаже́рка Büchergestell *n* (2).

етáп Etáppe *f* (11); Stúfe *f* (11), Entwícklungsstufe *f*.
éтика Éthik *f*.
етикéт Etikétte *f* (11); Úmgangsformen *pl*.
етикéтка Etikétt *n* (2); Préisetikett *n* (*із зазначенням ціни*).
етимол|огíчний *лінгв.* etymológisch; **~óгія** *лінгв.* Etymologíe *f* (11).
етúчний éthisch, síttlich.
етнíчний éthnisch, Volks≠.
етнó|граф Ethnográph *m* (8); **~графíчний** ethnográphisch, Völkerkunde≠; **~грáфія** Völkerkunde *f*, Ethnographie *f*.
етю́д 1) (*літ., мист.*) Stúdi|e *f* (11) 2) *муз.* Etüde *f* (11), Übungsstück *n* (2); **~ник** Fárbkasten *m* (7).
ефéкт 1) Effékt *m* (1), Wírkung *f* (10); 2) *перев. мн.* **~и** (*засоби*) Effékte *pl*.
ефектúвн|ий effektív, wírksam, wírkungsvoll; **~iсть** Effektivität [-vi-] *f*, Wírksamkeit *f*, Wírkungsgrad *m* (1).
ефíр Äther *m* -s; **~ний** *хім.* äthérisch.
ех 1) (*задоволення, здивування*) ach!, oh!; 2) (*невдоволення, докір*) ei!
ешелóн 1) (*військ.*) Stáffel *f* (11); Tréffen *n* (7); 2) (*військ. поїзд*) Militärzug *m* (1*).

Є

є *див.* бýти.
єврéй Júde *m* (9); Hebräer *m* (6) (*іст.*); **~ка** Jüdin *f* (12); **~ський** jüdisch.
європé|єць Europäer *m* (6); **~йський** europäisch.
єгúп|етський ägýptisch; **~тя́нин** Ägýpter *m* (6); **~тя́нка** Ägýpterin *f* (12).
єдúний 1) (*лише один*) éinzig; **~** у своéму рóді éinzigartig; 2) (*цілісний, згуртований*) éinheitlich, Éinheits≠; geéint; 3) (*спільний для всіх*) ein, geméinsam, gleich.
єдн|áльний Binde≠, Verbíndungs-; **~áльний** сполýчник *грам.* Kopulatív *n* (2); **~áння** Éinigung *f*; Éinigkeit *f*; **~áти** (ver)éinigen *vt* veréinen *vt*, verbínden* *vt*; **~áтися** sich veréinigen; zusámmentreten* *vi* (s) (для чóго-н. zu *D*); sich zusámmenschließen* (у щó-н. zu *D*).
єднíсть (*цілісність*) Éinheitlichkeit *f*, Éinheit *f*; Éinigkeit *f* (*згуртованість*); **~** пóглядів Geméinsamkeit [Übereínstimmung] der Áuffassungen.
ємк|ий úmfangreich; geräumig; **~iсть** Ráuminhalt *m* (1); Fássungsvermögen *n* -s, Kapazität *f* (10); Geräumigkeit *f*.
ємність *фіз.* Kapazität *f* (10), Ládekapazität *f*.
епúскоп Bíschof *m* (1*).
єрет|úк Kétzer *m* (6) (*тж. перен.*); Härétiker *m* (6); **~úчний** kétzerhaft, kétzerisch (*тж. перен.*); härétisch.
єствó Wésenheit *f*, Wésensart *f*; Wésen *n* -s; усíм своїм **~м** mit Leib und Séele.
єфрéйтор *військ.* Gefréite *m* (14).
єхúдний bóshaft, bösartig; gíftig.

Ж

ж *див.* же.
жáба *зоол.* Frosch *m* (1*); Kröte *f* (11) (*земляна*).
жар|á 1) (*спрага*) Durst *m* -es; 2) *перен.* (*нестримне бажання*) Drang *m* -(e)s; Begíerde *f*; 3) (*пристрасть*) Léidenschaft *f*; Passión *f*; **~ýчий** 1) (*спраглий*) dúrstig, verdúrstet; 2) (*гарячий, сильно нагрітий*) hítzig, heiß; 3) (*пристрасний*) léidenschaftlich; glühend, brénnend 4) (*нестерпний*) brénnend; glühend; héftig (*про біль тощо*).
жад|áний 1) erséhnt, erwünscht, willkómmen; 2) (*любий*) víelgeliebt; **~áння** Begíerde *f* (11); Verlángen *n* -s; Léidenschaft *f* (*пристрасть*); **~áти** begéhren *vt*; léchzen, verlángen *vi* (чогó-н. nach *D*).
жáдібн|ий 1) (*охочий до чого-н.*) begíerig, dúrstig, süchtig (*перев. як друга частина складних слів*); **~ий** до їжі gefrässig; 2) (*корисливий, зажерливий*) gíerig, hábsüchtig; **~iсть** Begíerde *f*; Gier *f*; Hábsucht *f*, Hábgier *f*.

жа́йворонок Lérche *f* (11).
жаке́т Dámenjacke *f* (11).
жали́ти(ся) stéchen* *vt* *(про комах)*; béißen* *vt* *(про змій)* brénnen* *vi* *(про кропиву)*.
жа́лібний 1) Kláge≠: klágend, kläglich; tráurig *(сумний)*; 2) *див.* жало́бний.
жа́ліс|ливий 1) *(про людину)* míteidig, mítfühlend, téilnehmend; 2) *(про погляд тощо)* tráurig, rührend. Kláge≠; **~ний** 1) Kláge≠, klágend; 2) *див.* жа́лісливий 1); **~ть** Mítleid *n* -(e)s.
жал|і́ти 1) bemítleiden *vt*; Mítleid háben (кого́-н. mit *D*); 2) *(берегти)* schónen *vt*; spáren *vt* *(гроші)*; **~і́тися** j-m sein Leid klágen; **~кува́ти** bedáuern *vt*, beréuen *vt*.
жа́ло́ 1) *(у комах)* Stáchel *m* (13); 2) *(у змії)* Zúnge *f* (11); 3) *(лезо)* Schnéide *f* (11).
жало́б|а 1) *(скорбота, сум)* Tráuer *f*; Leid *n* -(e)s; 2) *(траурний одяг)* Tráuerkleidung *f* (10); **~ний** Tráuer≠; ~ний похі́д Tráuerzug *m* (1*); Tráuerprozession *f* (10).
жалюгі́дний 1) kläglich, jämmerlich, erbärmlich; bediuernswert; 2) *(мерзенний)* níchtswürdig; schéußlich.
жалюзі́ Jalousie [ʒaluˈziː] *f* (11) *(тж. тех.)*; Rólladen *(при перенос і* Roll-laden) *m* (7*).
жаль 1) *(сум)* Leid *n* (13), Gram *m* -(e)s, Tráuer *f*, Kúmmer *m* -s; ◊ на ~ *вставне словоспол.* léider, bedáuerlicherweise; на превели́кий ~ zum größten Bedáuern; 2) *(жалість)* Mítleid *n* -(e)s (mit *D*); 3) *(у знач. предик.)* scháde, es ist bedáuerlich; es tut leid (кому́-н. *D*, чого́-н. um *A*); ◊ завдава́ти жалю́ кому́-н. betrüben *vt*; j-m ein Leid zúfügen [ántun*].
жанда́рм Gendárm [ʒan-] *m* (8).
жанр Gáttung *f* (10); Gerne [ʒăr] *n* -s; Genrebild *n*. (5) *(картина)*; **~овий** Genre≠; ~ові сценки Szénen aus dem Álltagsleben.
жар 1) *(розжарене вугілля)* Kóhlenglut *f*, glühende Kóhlen; 2) *(сильне тепло)* Hítze *f*; 3) *(підвищена температура)* Fíeber *n* -s; 4) *перен.* *(запальність)* Éifer *m* -s, Féuer *n* -s, Begéisterung *f*; **~а́** Hítze *f*.
жа́р|ити 1) *див.* сма́жити; 2) *розм.* *(про сонце)* *див.* пекти́ 2); **~кий** heiß; **~о́вня** 1) Kóhlenbecken *n* (7); Káffeebrenner *m* (6) *(для кави)*; 2) *(металевий лист із загнутими краями)* Kúchenblech *n* (2), Báckblech *n*.
жаро|зни́жуючий *(про ліки)* fíebersenkend; ~зни́жуючі за́соби Fíebermittel *pl*, **~стійки́й, ~тривки́й** hítzefest, hítzebeständig.
жар-пти́ця Féuervogel *m* (6*), Märchenvogel *m*.
жарт 1) Scherz *m* (1), Spaß *m* (1*); Witz *m* (1) *(дотеп)*; ◊ це не ~и das ist kein Spaß, damít ist nicht zu spáßen; **~івли́вий** schérzhaft, spáßhaft; **~івни́к** Spáßmacher *m* (6), Wítzbold *m* (1); **~ома́** schérzend, zum [im] Scherz; zum Spaß; **~ува́ти** schérzen *vi*, Spaß máchen; ◊ я не ~у́ю das ist mein (vóller) Ernst.
жасми́н Jasmín *m* (1).
жа́т|и érnten *vt*, schnéiden* *vt*; sícheln *vt* *(серпом)*; (áb)mähen *vt* *(косою)*; **~ка** *с. г.* Getréidemähmaschine *f* (11).
жах 1) *(почуття, стан)* Entsétzen *n* -s; Schrécken *m* (7), Angst *f*; яки́й ~! schrécklich!, entsétzlich!, fúrchtbar!; 2) *(щось жахливе)* Schrécken *m* (7); Gréuel *m* (6); **~а́ти, ~ну́ти** erschrécken *vt*; **~а́тися, ~ну́тися** 1) sich entsétzen, entsétzt sein (кого́-н., чого́-н. über *A*, vor *D*); 2) *(здригатися)* scháudern *vi*; áuffahren* *vi* (s); **~ли́вий** schrécklich, fúrchtbar, entsétzlich, gráuenhaft.
жбурля́ти schléudern *vt*, schméien* *vt*.
жва́в|ий lébhaft, belébt, rége, ángeregt; **~і́сть** Lébhaftigkeit *f*, Belébtheit *f*; Ángeregtheit *f*.
жда́ти wárten *vi* (кого́-н., чого́-н. auf *A*); erwárten *vt*.
же *(після голосних)* ж *част.* 1) *(для підсилення значення)* áber, doch; denn *(з питальн. сл.)*; сіда́й же setz dich doch [áber]; коли́ ж ви при́йдете? wann kómmen Sie denn? 2) *(для підкреслення подібності; після вказівн. займ. і присл.)* *там же* ébendá; daselbst; тоді́ ж zur sélben Zeit, zur gléichen Zeit; той же, цей же dersélbe; таки́й же ein ébensolcher, ébenso ein; туди́ ж ébendahin.
жебр|а́к 1) Béttler *m* (6); 2) *(злидар)* Hábenichts *m* (1) *(G тж.* -); **~акува́ти** Béttler sein; bétteln *vi*.
же́вріти glimmen (*) *vi* *(тж. перен.; про надію, почуття)*.

жезл 1) *(символ влади)* Stab *m* (1*); 2) *залізн.* Blóckstab *m*, Zúgstab *m*.

желати́н Gelatine [ʒe-] *f*.

желе́ Gelee [ʒe'le:] *n* s-, -s, Gallérte *f* (11), Gállert *n* (2), Götterspeise *f* (11).

жен|и́ти verhéiraten *vt*; **~и́тися** sich verhéiraten; **~и́х** Fréier *m* (6); Bräutigam *m* (1) *(наречений)*; **~иха́тися** *розм.* auf Fréierfüßen géhen*.

жерди́на lánge, dünne Stánge *f* (11), Rúndstange *f*.

жеребе́ць Hengst *m* (1).

жерло́ 1) *(гармати)* Schlund *m* (1*); Mündung *f* (10); 2) *(вулкана)* Kráter *m* (6).

жерсть Blech *n* (2).

же́ртв|а Ópfer *n* (6); **~ува́ти** 1) *(гроші тощо)* spénden *vt*; 2) *(ким-н., чим-н.)* ópfern *vt*; ~ува́ти собо́ю sich áufopfern.

же́рти *вульг.* fréssen* *vt*; verschlíngen* *vt (тж. перен.)*; pámpfe *vt (розм.)*.

жест Géste *f* (11) *(тж. перен.)*; Gebärde *f* (11), Hándbewegung *f* (10); мо́ва ~ів Gebärdensprache *f* (11); **~икулюва́ти** gestikulíeren *vi*.

жето́н 1) *(медаль, значок)* Plakétte *f* (11), Dénkmünze *f* (11); Automátenmünze *f* (11) *(для автомата)*; Spíelmarke *f* (11) *(фішка)*.

жив|и́й 1) lébend, lebéndig; lébensvoll; Lébe≠; лиши́тися ~и́м am Lében bléiben*; ~а́ істо́та Lébewesen *n* (7) *(тж. грам.)*; 2) *розм див.* жва́вий.

жив|и́льний 1) *біол.* Nähr≠; 2) *тех.* Spéise-; **~и́ти** 1) nähren *vt* *(тж. перен.)*; ernähren *vt*; verpflégen *vt*; belében *vt (перен.)*; 2) *тех.* spéisen *vt*.

живи́ця Balsám *m* (1), Terpentín *n* (2).

живі́т Bauch *m* (1*).

жи́влення 1) Ernährung *f*, Náhrung *f*; 2) *тех.* Beschíckung *f*; Zúführung *f*, Spéisung *f*; Strómversorgung *f*, Kráftstoffzufuhr *f* *(пальним)*; 3) *біол.* Náhrung *f* (10), Náhrungsstoff *m* (1), Nährmittel *n* (6).

жи́во 1) *(виразно)* lébenswahr, lébhaft; ~ змалюва́ти lébenswahr dárstellen *vt*; 2) *(пожвавлено)* lébhaft, erregt; 3) *(швидко)* rasch; flink.

живо́п|ис Maleréi *f* (10); **~и́сець** Máler *m* (6), Kúnstmaler *m*.

живоплі́т Hécke *f* (11), lébende Hécke.

жи́т|ниця 1) *(комора)* Spéicher *m* (6); 2) *перен.* Kórnkammer *f* (11); **~ні́й** Róggen≠; **~о** Róggen *m* -s.

житт|є́вий 1) Lébens≠; 2) *(повсякденний)* Álltags≠, álltäglich; ~є́ва про́за der Álltag [das Grau] des Lébens; 3) *(важливий)* lébenswichtig, aktuéll; 4) *(правдивий)* lébensnah, lébensecht.

життера́дісний lébensfroh, lébensfreudig, lébenslustig.

життя́ Lében *n* (7); ◊ не на ~, а на смерть auf Lében und Tod.

жі́н|ка Frau *f* (10); Éhefrau *f* *(дружина)*; **~о́чий** Fréuen≠; wéiblich; ~о́чий рід *грам.* wéibliches Geschlécht, Fémininum *n* -s.

жме́ня 1) *(руки)* hóhle Hand; 2) *(кількість; тж. перен.)* Hándvoll *f*, *pl*-.

жму́р|ити ~ити о́чі die Áugen zusámmenkneifen*, mit den Áugen blínzeln; **~ки:** гра́тися в ~ки Blíndekuh spíelen.

жмут Büschel *n* (6); Wisch *m* (1) *(для витирання)*.

животі́ти (dahín)vegetíeren [ve-] *vi*.

животрепе́тний aktuéll; brénnend.

живу́чий zählebig *(витривалий)*; lébensfähig *(життєздатний)*.

жи́ла 1) *(кровоносна судина)* Blútader *f* (11), Blútgefäß *n* (2); 2) *(сухожилля)* Séhne *f* (11); Fléchse *f* (11); Fáser *f* (11) *(у м'ясі)*; 3) *гірн.* Áder *f* (11), Gang *m* (1*); 4) *(у кабелі)* Séele *f* (11); **~вий** áderig; séhnig *(тж. про м'ясо)*; muskulös *(міцний)*.

жиле́т Wéste *f* (11).

жил|е́ць *див.* ме́шканець; **~и́й** *див.* житлови́й.

жи́лка 1) *(нитка, вигот. із сухожилля)* Ángelschnur *f* (3), Léine *f* (11); 2) *(у листку)* Blättrippe *f* (11); Rippe *f*.

жир Fett *n* (2); ри́б'ячий ~ Físchtran *m* -(e)s, Lébertran *m*; **~і́ти** fett [dick] wérden, verfétten *vi* (s); **~ни́й** fett; feist, dick *(гладкий)*; féttig *(масний)*; **~ови́й** Fett≠

жи́тель Bewóhner *m* (6), Éinwohner *m*.

жи́т|и 1) lében *vi*; 2) *(мешкати)* wóhnen *vi*; **~ло́** Wóhnung *f* (10), Behásung *f* (10); **~лови́й** Wohn≠, Wóhnungs-.

жнець Schnítter *m* (6).
жнивá Érnte *f* (11); Érntezeit *f*; **~рка** *с. г.* Getréidenmähmaschine *f* (11).
жóвк|лий vergílbt; **~нути** gelb wérden; ángilben *vi* (s), vergílben *vi* (s).
жóвтень Október *m* -s *та* -.
жóвт|ий gelb; **~íти** 1) *див.* жóвкнути; 2) *(виділятися жовтизною)* gelb schímmern.
жовтувáтий gélblich, bláßgelb.
жовч Gálle *f* *(тж. перен.)*; **~ний** 1) gállig *(тж. перен.)*; Gállen≠; 2) *перен.* *(злостивий)* gehässig.
жóден, жóдний kein; kein éinziger.
жокéй *спорт.* Rénnreiter *m* (6), Jockei ['dʒoki] *m* -s, -s.
жóлоб 1) *(для худоби)* Trog *m* (1*); 2) *спец., тех.* Rínne *f* (11); Kéhle *f* (11); **~óк** *тех., бот.* Ríllе *f* (11).
жóлудь Éichel *f* (11).
жом Zúckerrübenschnitzel *pl*; Quétsche *f* (11).
жонáтий verhéiratet.
жонгл|éр Jongleur [ʒoŋ'lø:r] *m* (1); **~ювáти** jonglíeren [ʒoŋ-] *vi* *(тж. перен.)*.
жоржи́на Georgíne *f* (11), Dáhli|e *f* (11).
жорстк|и́й 1) rauh, úneben; hart *(твердий)*; **~и́й** папíр gríffiges Papíer; 2) *спец.* starr; steif; fest *(міцний)*.
жорстóк|ий 1) gráusam; brutál; hart; 2) *(дуже сильний)* héftig; gewáltig; stark; **~íсть** Gráusamkeit *f* (10); Brutalitä́t *f* (10).
жувáти káuen *vt*.
жýжелиця Schlácke *f* (11).
жук Käfer *m* (6); колорáдський ~ Kartóffelkäfer *m*.
журавéль 1) *(птах)* Kránich *m* (1); 2) *(біля колодязя)* Schwéngel *m* (6).
журавли́на *бот.* Móosbeere *f* (11).
жур|ба Kúmmer *m* -s, Gram *m* -(e)s, Tráuer *f*; **~и́ти** betrüben *vt*, tráurig máchen *vt*; bekümmern *vt*; **~и́тися** btrübt sein, sich ahbärmen, sich grämen; jámmern *vi*; tráuern *vi* (за ким-н. um *A*); **~ли́вий** tráurig, kúmmervoll.
журнáл 1) *(періодичне видання)* Zéitschrift *f* (10); Journál [ʒur-] *n* (2); ілюстрóваний ~ Illustríerte *f* (14); 2) *(книга для записів)* Buch *n* (5); Tágebuch *n*, Journál *n* *(щоденник)*; клáсний ~ Klássenbuch *n*; **~íст** Journalíst *m* (8); **~íстика** Journalístik *f*; Zéitungswesen *n* -s.
журí Jury [ʒy'ri:] *f*, *pl* -s; член ~ Júror *m* -s, -róren; Préisrichter *m* (6).

З

з 1) *(звідки, тж. для позначення походження)* aus *(D)*, von *(D)*; з міста aus der Stadt; 2) *(починаючи з — про час)* von *(D)*, ab *(D)*; seit *(D)*, von ... an; з рáнку до вéчора von früh bis spät; з сьогóднішнього дня von héute ab, ab héute; з 1981 рóку seit dem Jáhre 1981; 3) *(для позначення причини)* aus *(D)*, vor *(D)*; з переля́ку vor Schreck; 4) *(для позначення матеріалу, складових частин)* aus *(D)*; із залíза aus Éisen; 5) *(близько)* úngefähr, étwa, gégen; з мíсяць томý úngefähr [étwa, gégen] vor éinem Mónat; 6) *(від кого-н., від чого-н)* von *(D)*; зірвáти квíтку з кущá die Blúme vom Strauch pflükken; 7) *оруд. відм.* mit *(D)*; з допомóгою mit Hilfe; 8) *(при вказуванні на галузь знань)* in *(D)*; екзáмен з матемáтики Prüfung in Mathematík.

за I *прийм.* 1) *(позаду)* hínter *(A на питання «куди?», D на питання «де?»)*; jénseits *(G)* *(по той бік)*; áußerhalb *(G)* *(поза)*; за буди́нком hínter dem Háuse; за рíчкою jénseits des Flússes; 2) *(біля)* an *(A на питання «куди?», D на питання «де?»)*; сíсти за стіл sich an den Tisch sétzen; сидíти за кермóм am Stéuer sítzen*; 3) *(слідом)* nach *(D)*; бíгти за ким-н. j-m náchlaufen* *vi* (s); 4) *(для позначення часу)* únter *(D)*, zur Zeit *(G)*, zu Lébzeiten *(G)*, in *(D)* *(в епоху)*; während *(G)*, im Láufe *(G)* *(під час, протягом)*; за Петрá Пéршого zur Zeit Péters des Érsten; за феодалíзму im Feodalísmus; за снідáнком beim Frühstück; 5) *(для позначення причини)* für *(A)*; wégen *(G)*, infólge *(G)*; за те, що... dafür, daß...; weil; 6) *(згідно з чим-н.; відповідно до чого-н.)* laut

(D), nach *(D)*; auf *(A)*; gemäß *(D)* *(після ім.)*; 7) *(заради)* für *(A)*; боротьбá за мир der Kampf für den Fríeden; 8) *(для позначення кількісних відношень)*: за північ nach Mítternacht; йомý за 50 (рóків) er ist über fünfzig Jáhre alt; 9) *(для позначення заняття)* an *(A, D)*, bei *(D)*; сíсти за робóту sich an die Árbeit máchen; сидíти за робóтою an [bei] der Árbeit sein; 10) *(замість)* für *(A)*; працювáти за двох für zwei árbeiten; 11) *(при позначенні ціни)* für *(A)*; купи́ти що-н. за два карбóванці etw. für zwei Rúbel káufen; 12) *(при порівнянні)* als; він молóдший за мéне er ist jünger als ich; ◊ за ви́ключенням mit Áusnahme von *(D)*.

за II *част.*: що за was für.

забáв|а Belústigung *f* (10), Vergnügen *n* (7), Spieleréi *f* (10) *(гра)*; **~ля́ти, ~ити** 1) *(розважати)* belústigen *vt*, unterhálten* *vt*; 2) *(заспокоювати)* trösten *vt*; **~ний** lústig, spáßig, kómisch; belústigend, amüsánt.

забагáто zu viel.

забáрв|лення Fárbe *f* (11), Ton *m* (1*); **~лювати, ~ити** färben *vt*.

забарикадувáти verbarrikadíeren *vt*; verrámmeln *vt*.

забезпéч|ення 1) Versórgung *f*; Sícherung *f*, Gewährleistung *f* *(гарантія)*; соціáльне ~ення Soziálfürsorge *f*; 2) *(засоби до існування)* Existénzgrundlage *f*; матеріáльне ~ення materiélle Sícherstellung; **~увати, ~ити** 1) versórgen *vt*, verséhen* *vt* (чим-н. mit *D*); 2) *(гарантувати)* sícherstellen *відокр. vt*; síchern *vt*; gewährleisten *невідокр. vt*, garantíeren *vt*.

забивáти, заби́ти 1) éinschlagen* *vt*, éintreiben* *vt*; éinrammen *vt* *(палю)*; 2) *(закривати наглухо)* zúschlagen* *vt*; vernágeln *vt* *(цвяхами)*; 3) *(ушкодити внаслідок удару)* stóßen* *vt*, schlágen* *vt*, verlétzen *vt*; 4) *(убивати)* töten *vt*, tótschlagen* *відокр. vt*; schláchten *vt* *(тварин)*; ◊ забивáє дух es verschlägt den Átem; ~ тривóгу Alárm schlágen*; **~ся** 1) *(заховатися)* sich verkríechen*, sich verstécken; ~ся в кутóк sich in éinen Wínkel verkríechen*; 2) *(ушкодити собі що-н. внаслідок удару)* sich stóßen*, sich verlétzen.

забинтóвувати, забинтувáти verbínden* *vt*.

забирáти, забрáти 1) (áb)néhmen* *vt*; mítnehmen* *vt*, mit sich néhmen* *(з собою)*; wégnehmen* *vt* *(силою)*; 2) *(заарештовувати)* verháften *vt*; féstnehmen* *відокр. vt*; 3) *(займати час, увагу)* in Ánspruch néhmen*; 4) ~ ліворуч [правóруч] (sich) links [rechts] hálten*; **~ся** 1) *(залазити)* hináuf steigen* *vi* (s); 2) *(далеко)* geráten* *vi (s)*.

забíг *спорт.* Wéttlauf *m* (1*).

забія́ка Ráufbold *m* (1), Händelsucher *m* (6).

заблуди́ти(ся) sich verírren, sich verláufen*.

забобóн Vórurteil *n* (2), Áberglaube *m* (15).

заболíти schmérzen *vi*, ánfangen* zu schmérzen; у ньóго заболíла головá er bekám Kópfschmerzen [Kópfweh].

заборгóваність Schúlden *pl*, Verschúldung *f (10)*.

заборóн|а Verbót *n* (2); Untersságung *f (10); Spérre f* (11); ~а áтомної збрóї Verbót *n* der Atómwaffen; **~я́ти, ~и́ти** verbíeten* *vt*; unterságen *vt*; **~ений** verbóten.

забрýднювати, забрудни́ти verúnreinigen *vt*; verschmútzen *vt*; schmútzig máchen, beschmútzen *vt*.

забувáти, забýти 1) vergéssen* *vt*; 2) *(залишати)* líegenlassen* *відокр. vt*; **~ся** 1) *див.* забувáти; 2) *(задрімати)* éinschlafen* *vi* (s), (éin)schlúmmern *vi* (s); 3) *(втрачати контроль над собою)* sich vergéssen*, die Behérrschung verlíeren*.

забудóвувати, забудувáти bebáuen *vt*.

забуття́ 1) Vergéssenheit *f; 2)* *(стан дрімоти)* Schlúmmer *m* -s; léichter Schlaf; Bewúßtlosigkeit *f*, Óhnmacht *f (10)* *(втрата свідомості)*.

заважáти, завáдити *(кому-н.)* stören *vt*; j-m im Wége sein; híndern *vt*; не завáдило б es wäre gut ..., es wäre nötig.

завантáжувати, завантáжити 1) *(наповнити)* füllen *vt*, (be)láden* *vt*, belásten *vt*, áuslasten *vt*; 2) *перен.* *(забезпечити роботою)* beschäftigen *vt*.

завáрювати, завари́ти 1) *(чай, каву)* áufbrühen *vt*, áufkochen* *vt*; 2) *мет.* verschwéißen *vt*, zúschweißen *vt*; ◊ ~ кáшу éine Súppe éinbrocken; éine Sáche éinrühren;

∼ся: чай завари́вся der Tee hat gezógen.

завба́ч|ливий vórsichtig, úmsichtig; **∼а́ти, ∼ити** 1) vorhérsagen *vt (погоду)*; 2) *(здогадуватись наперед)* vorhérsehen* *vt*, voráussehen* *vt*.

завбі́льшки: ∼ з кула́к fáustgroß.

завви́шки: сто ме́трів ∼ húndert Méter hoch.

завгли́бшки: три ме́три ∼ drei Méter tief.

завго́дно: як вам ∼ wie Sie wünschen; де ∼ überáll, wo man will; хто ∼, яки́й ∼ jéder belíebige; коли́ ∼ ímmer, zu jéder (belíebigen) Zeit; ◊ скі́льки ∼ sovíel man will, nach Hérzenslust.

завдава́ти, завда́ти zúfügen *vt*; verúrsachen *vt*; ∼ пора́зки éine Niederlage béibringen*.

завда́ння 1) Áufgabe *f* (11); Áuftrag *m* (1*); Áufgabenstellung *f* (10); 2) *(шкільне)* Áufgabe *f* (11), Háusarbeit *f* (10).

завда́ток Ánzahlung *f* (10), Vórschuß *m* -sses, -schüsse.

завдо́вжки: два ме́три ∼ zwei Méter lang.

завдяки́ (кому́-н., чому́-н.) dank *(D)*, durch *(A)*; infólge *(G)*; ∼ тому́, що... dádurch, daß...

заверта́ти, заверну́ти 1) ábbiegen* *vi* (s), éinbiegen* *vi* (s) *(вбік)*; 2) *(заходити, заїжджати)* éinkehren *vi* (s) (до ко́го-н. bei *D*); 3) *(назад)* úmdrehen *vt*; úmkehren *vt*; zurückholen *vt (кого-н. з дороги)*.

заверша́льний letzt, ábschließend.

заве́рш|ення Volléndung *f*; Ábschluß *m* -sses; на ∼ення zum Ábschluß, zum Schluß, zu gúter Letzt; **∼увати, ∼йти** vollénden *vt*; beénden *vt*, (áb)schlíeßen* *vt*, zum Ábschluß bríngen*; **∼уватися, ∼йтися** volléndet wérden; énden *vi*; schlíeßen* *vi*.

за́вжди́ ímmer, stets.

завзя́т|ий hártnäckig, behárrlich; éifrig, fléißig; **∼тя** Hártnäckigkeit *f*, Behárrlichkeit *f*, Éifer *m* -s, Féuer *n* -s.

зави́вка *(зачіска)*: холо́дна ∼ Wásserwelle *f* (11); гаря́ча ∼ Héißwelle *f*; хімі́чна ∼ Káltwelle *f*; шестимі́сячна ∼ Dáuerwelle *f*.

заві́дувати léiten *vt*, verwálten *vt*.

заві́дувач, заві́дуючий Léiter *m* (6), Verwálter *m* (6); Chef [ʃef] *m* -s, -s.

завірю́ха Schnéesturm *m* (1*), Schnéegestöber *n* (6).

завіря́ти, заві́рити *(документи тощо)* begláubigen *vt*, beschéinigen *vt*.

заві́са Vórhang *m* (1*); Schléier *m* (6); ∼ підійма́ється der Vórhang geht hoch; ∼ па́дає der Vórhang fällt.

завіта́ти besúchen *vt*; vórsprechen* *vi* (до ко́го-н. bei *D*).

заві́шувати, заві́сити verhängen *vt*, zuhängen *vt*.

завмира́ти, завме́рти 1) *(про живі істоти)* erstárren *vi* (s), starr sein; 2) *(зупинитися)* stíllstehen* *відокр. vi* (s), stócken *vi*; stéhenbleiben* *відокр. vi* (S); 3) *(про звуки)* erstérben* *vi* (s), verhállen *vi* (s), verklíngen* *vi* (s).

заво́д I 1) *(підприємство)* Werk *n* (2), Fabrík *f* (10); Betríeb *m* (1); 2): кі́нний ∼ Gestüt *n* (2).

заво́д II *(приведення в дію механізму)* Áufzug *m* (1*).

заво́дити, завести́ 1) *(куди-н.)* (hín)führen *vt*, (hín)bríngen* *vt*; 2) *(придбати)* sich *(D)* ánschaffen *vt*; 3) *(заснувати)* gründen *vt*; ∼ знайо́мство з ким-н. mit j-m Bekánntschaft máchen; ∼ дру́жбу з ким-н. mit j-m Fréundschaft schlíeßen*; 4) *(запроваджувати)* éinführen *vt*; ∼ поря́док Órdnung scháffen*; 5) *(починати)*: ∼ розмо́ву ein Gespräch ánknüpfen; ∼ пісню ein Lied ánstimmen; 6): ∼ спра́ву на ко́го-н. über j-n éine Ákte ánlegen; ∼ ка́ртку (в картоте́ці) éine Kárte [Kartéikarte] ánlegen; 7) *(приводити в дію)* ánkurbeln *vt*, ánlassen* *vt (мотор)*; áufziehen* *vt (годинник)*; **∼ся** 1) *(появитися)* sich éinfinden*; 2) *(починати діяти)* in Gang kómmen*.

заво́зити, завезти́ 1) *(відвозити куди-н.)* hínfahren* *vt*, hínbringen* *vt*; 2) *(привозити, доставляти — про товари)* hínbringen* *vt*, zústellen *vt*.

завойо́вни|к Eróberer *m* (6); **∼цький** Eróberungs≠.

завойо́вувати, завоюва́ти 1) eróbern *vt*; erkämpfen *vt*; 2) *перен.* erríngen* *vt*, erwérben* *vt*.

заволоді́вати, заволоді́ти sich bemächtigen (чим-н. *G*), in Besítz néhmen*; áneignen *vt*; *військ.* éinnehmen* *vt (захопити)*; ∼ ува́гою die Áufmersamkeit fésseln.

зáворóт *розм.* Wéndung *f* (11), Bíegung *f* (11); ◊ ~ кишóк *мед.* Dármverschlingung *f.*
заворýшення *перев. мн.* Ŭnruhen *pl.*
завоювá|ння 1) Eróberung *f* (10); Erkämpfung *f* *(миру, прав)*; 2) *(досягнення)* Errúngenschaft *f* (10); **~ти** eróbern *vt*; erkämpfen *vt*; *перен.* erríngen* *vt*, erwérben* *vt.*
зáвтра 1) mórgen; ~ *врáнці* mórgen früh; ~ вдень mórgen am Táge; ~ ввéчері mórgen ábend; 2) *у знач. ім.* das Mórgen; ◊ до ~! bis mórgen!; ~шній день *перен* das Mórgen, die Zúkunft; з ~шнього дня von mórgen an, ab mórgen.
завуальóвувати, завуалювáти verschléiern *vt.*
завчáсно beizéiten, frühzeitig.
завшúршки: три мéтри ~ drei Méter breit.
зав'язувати, зав'язáти 1) zúbinden* *vt*, (zú)schnüren *vt*; éinbinden* *vt* (в що-н. in *A*); ~ вýзол, ~ вузлóм éinen Knóten knüpfen; ~ черевúки die Schúhe (zu)schnüren; ~ кравáтку den Schlips [die Krawátte] (úm)bínden*; 2) *перен.* ánknüpfen *vt*; ánbahnen *vt*; **~ся** 1) zúgebunden [zúgeschnürt) sein; 2) *бот.* *(про плід)* befrúchtet sein; ánsetzen *vi.*
зáв'язь *бот.* Frúchtknoten *m* (7).
зав'янути (ver)wélken *vi* (s), welk sein [wérden].
зáгáдк|а Rätsel *n* (6); **~óвий** rätselhaft.
загáдувати, загадáти 1) *(давати завдання)* beféhlen* *vi*, lássen* *vt* (+*inf*); 2): ~ зáгáдку ein Rätsel áufgeben*.
загалóм zusámmenfassend, im größen und gánzen.
загáльн|ий 1) állgemein; Gesámt≠; у ~их рúсах im größen und gánzen; in állemeinen [größen] Zügen; 2) *(без подробиць)*; ~і фрáзи állgemeine Rédensarten; 3) *грам.*: ~а нáзва Gáttungsname(n) *m* (15, 7).
загально|вживаний állgeméingebräuchlich; **~відóмий** áll(geméin)-bekannt.
загáр Sónnenbrand *m* -(e)s, Sónnenbräune *f.*
загáрбник Éindringling *m* (1), Eróberer *m* (6).
загáрбати eróbern *vt*; sich bemächtigen (що-н. *G*).
загартóвувати, загартувáти 1) *тех.* härten *vt*; 2) *перен.* stählen *vt*, ábhärten *vt*; **~ся** *перен.* gestählt sein; sich ábhärten.
загá|та Stáudamm *m* (1*), Deich *m* (1), Tálsperre *f* (11); **~чувати, -тúти** stauen *vt*, dámmen *vt.*
загвúнчувати, загвинтúти zúschrauben *vt*, féstschrauben *відокр.* *vt*; ánziehen* *vt.*
загúбель 1) Úntergang *m* -(e)s; Verfáll *m* -(e)s; Tod *m* -(e)s; 2) *перен.* Schéitern *n* -s, Zusámmenbruch *m* (1*), Zusámmensturz *m* (1*), Krach *m* (1).
загинáти, загнýти úmbiegen* *vt*, éinbiegen* *vt.*
загúнути ums Lében kómmen*, úmkommen* *vi* (s); ~ від нещáсного вúпадку tödlich verúnglücken; ~ на вíйні (im Krieg) fállen* *vi* (s); éingehen* *vi* (s) *(про рослини).*
загíн I *(для худоби)* Hürde *f* (11) *(перев. для овець)*; Umzäunung *f* (10), Pferch *m* (1).
загíн II 1) *військ.* Abtéilung *f* (10); Trupp *m* -s, -s; 2) Grúppe *f* (11); десантний ~ Zandungsgruppe *f.*
заглúбина Vertíefung *f* (10).
заглúблюватися, заглúбитися (tíefer) éindringen* *vi* (s); sich vertíefen, sich versénken.
заглухáти, заглýхнути *(про звуки)* verhállen *vi* (s); áussetzen *vi* *(про мотор).*
заглушáти, заглушúти 1) übertönen *vt*; ~ мотóр den Mótor ábwürgen; 2) *перен.* betäuben *vt*, dämpfen *vt*; 3) *бот.* überwúchern *vt*, erstícken *vt.*
заглядáти, заглянути 1) (hin)-schäuen *vi*, hinéinsehen* *vi*; 2) *розм.* *(заходити)* vórsprechen* *vi*, vorbéischauen *vi*, vorbéikommen* *vi* (до кóго-н. bei *D*).
загнивáти, загнúти ánfaulen *vi* (s), verfáulen *vi* (s).
зáголóвок Titel *m* (6); Überschrift *f* (10).
загорíлий sónnengebräunt, sónnenverbrannt.
загорóджувати, загородúти 1) éinzäunen *vt*; umzäunen *vt*; 2) *(робити перешкоду)* (ver)spérren *vt*; verstéllen *vt.*
загорóжа Úmzäunung *f* (10); Éinfriedung *f* (10); Zaun *m* (1*); Máuer *f* (11) *(кам'яна)*; Gítter *n* (6) *(штахети).*
загортáти, загорнýти 1) *(обгортати чим-н.)* einwickeln *vt*, éinpak-

ken *vt*; éinhüllen *vt*; 2) *(загинати)* áufkrempeln *vt (рукава тощо)*; úmschlagen* *vt*.

загор|я́ти, загора́ти sich (in der Sónne) bräunen lássen*; sich sónnen *(грітися на сонці)*; **~іти** sónnengebräunt sein.

загоря́тися *і* **загора́тися, загорі́тися** 1) ánbrennen *vi* (s), in Brand geráten*; áufflammen *vi* (s) *(спалахувати)*; 2) *перен. (червоніти)* rot wérden, erröten *vi* (s); 3) *перен. (ставати збудженим)* entbrénnen* *vi* (s); ◊ йому́ загорі́лося негáйно поїхати er bránnte plötzlich daráuf, sofórt wégzufahren.

заго́стрювати, загостри́ти 1) schärfen *vt*, (zú)spitzen *vt*; 2) *перен. (про органи чуття тощо)* üben *vt*, schärfen *vt*, áusbilden; 3) *перен. (погіршувати)* verschärfen *vt*, zúspitzen *vt*; **~ся** *перен.* sich zúspitzen, sich verschärfen.

заготі́вля Bescháffung *f* (10); Beréitstellung *f* (10); ~ хлі́ба Getréidebeschaffung *f*; ~ кормі́в Fútterbereitstellung *f*; ~ сільськогоспода́рських проду́ктів die Erfássung lándwirtschaftlicher Erzéugnisse.

заготовля́ти, загото́вити 1) vórbereiten *vt*, fértig máchen; beréithalten* *відокр. vt*, beréitstellen *відокр. vt*; 2) *(запасати)* sich séhen* (що-н, mit *D*); besórgen *vt*.

загра́ва Féuerschein *m* -(e)s.

загро́жувати *(кому-н.)* dróhen *vi* (*D*), bedróhen *vt* (чим-н. mit *D*).

загро́з|а Dróhung *f* (10); Bedróhung *f*, Ándrohung *f*; Gefáhr *f* (10) *(небезпека)*; **~ливий** dróhend, bedróhlich.

загруза́ти, загру́знути 1) stékkenbleiben* *відокр. vi* (s), éinsinken* *vi* (s); 2) *перен.* hängenbleiben* *відокр. vi* (s).

загс (за́пис а́ктів громадя́нського ста́ну) Stándesamt *n* (5).

загуби́ти 1) verlíeren* *vt*; 2) *(призвести до загибелі)* zugrúnde richten; **~ся** 1) verlórengehen* *відокр. vi* (s); 2) *(зникати, ставати невидимим)* sich verlíeren*.

зад *(задня частина чого-н.)* Hínterteil *n* (2), *m* (1), Hínterseite *f* (11).

задава́ти, зада́ти áufgeben* *vt*; ~ уро́к éine Áufgabe stéllen [áufgeben*]; на сього́дні нам за́дано *(у школі)* für héute háben wir áufbekommen; ◊ ~ тон den Ton ángeben.

зада́ч|а Áufgabe *f* (11); арифмети́чна ~а Réchenaufgabe *f*, Réchenexempel *n* (6); розв'яза́ти ~у éine Áufgabe lösen.

задві́р|ок Hínterhof *m* (1*); бу́ти на ~ках *перен.* an létzter Stélle stéhen.

задери́куватий zänkisch, zánksüchtig, stréitsüchtig.

задиха́тися, зади́хатися I *(через втому, хвилювання)* den Átem verlíeren*, áußer Átem sein [kómmen*], kéuchen *vi*.

задиха́тися, задихну́тися II *(бути в тяжкому стані, умирати)* erstícken *vi* (s), áußer Átem sein [kómmen*], kéuchen *vi*.

зади́шка Átemnot *f*, Átembeschwerde *f*, Kúrzatmigkeit *f*.

за́дн|ій hinter, Hínter≠; rúckwärtig; **~ій** хід *тех.* Rückwärtsgang *m* (1*); на **~ьому** пла́ні im Híntergrund.

задо́вго lánge (до чо́го-н. vor *D*).

задові́льний befríedigend, zufríedenstellend,. genügend.

задово́лен|ий zufríeden, befríedigt; **~ня** 1) *(дія)* Befriedigung *f*, *Zufriedenstellung f*, Déckung *f* *(попиту)*; 2) *(почуття, стан)* Vergnügen *n* (7), Wóhlbehagen *n* -s; Zufríedenheit *f*; із **~ням** mit Vergnügen, sehr gern.

задовольня́ти, задовольни́ти 1) befríedigen *vt*; ~ проха́ння éine Bítte erfüllen; 2) *(віповідати вимогам)* entspréche* *vi*, genügen *vi*; **~ся** sich begnügen.

задріма́ти éinschlummern *vi* (s).

за́дум 1) *(намір)* Vórhaben *n* (7); Plan *m* (1*); Ábsicht *f* (10); 2) *(ідея)* Idée *f* (11).

заду́мливий náchdenklich, gedánkenvoll; tíefsinnig.

заду́мувати, заду́мати *(планувати)* sich (*D*) etw. vórnehmen*, beábsichtigen *vt*; **~ся** (vor sich hin) sínnen* *vi*, náchdenklich wérden; не заду́муючись kurz entschlóssen, óhne zu záudern.

заду́ха Schwüle *f*, drückende Hitze.

заду́шливий 1) *(душний, бідний на кисень)* schwül, drückend, stíkkig (heiß); 2) *(який перешкоджає дихати)* erstíckend; ~ ка́шель Stíckhusten *m* -s.

заду́шувати, задуши́ти erstícken *vt*, erwürgen *vt*, erdrósseln *vt*; vergásen *vt (газом)*.

за́єць 1) Háse *m* (9); 2) *розм. (безквитковий пасажир)* blínder

З

Passagier ['zi:r], Schwárzfahrer *m* (6); ◊ однúм пóстрілом убúти двох зайців mit éiner Kláppe zwei Flíegen schlágen.

заживáти, зажúти *(загоюватися)* (áb)héilen *vi* (s), (zú)héilen *vi* (s); vernárben *vi* (s) *(зарубцюватися).*

зажýр|ений betrübt, tráurig; **~йтися** sich betrüben, betrübt [tráurig] wérden, Verdrúß empfínden*.

заздалегíдь im voráus; vor≠; vorhér.

зáздрити benéiden *vt* (чомý-н. um *A*, wégen *G*).

зáздр|існий néidisch; **~ість, ~ощі** Néid *m* -(e)s.

заземлювати, заземлúти *ел., радіо* érden *vt.*

зазнавáти, зазнáти erléiden* vt, erdúlden *vt*; erlében *vt*, ertrágen* *vt*; ~ гóря Léid erfáhren*.

зазнавáтися, зазнáтися sich *(D)* víel éinbilden.

зазнáйство *розм.* überhéblichkeit *f* (10), Größtuerei *f* (10).

зазначáти, зазнáчити 1) *(робити помітку)* bezéichnen *vt*, vermérken *vt*; ánmerken *vt*; notíeren *vi (записувати)*; ángeben* *vt (указувати)*; 2) *(висловлювати думку)* hínweisen* *vi.*

заінтересóван|ість Interésse *n* (13) (в чóму-н. an *D*); прúнцип матеріáльноï ~ості das Prinzíp der materiéllen Interessíertheit.

заïжджáти *і* **заïздúти, заïхати** 1) *(в'ïжджати)* (her)éinfahren* *vi* (s), hinéinfahren* *vi* (s); 2) *(відвідати кого-н.)* besúchen *vt*, áufsuchen *vt.*

заïкáтися, заïкнýтися stóttern *vi*, stámmeln *vi.*

зáйвий 1) *(надмірний)* überschüssig, überzählig; über≠; 2) *(додатковий)*; ~ раз noch éinmal, ein übriges Mal; 3) *(непотрібний)* űberflüssig, únnötig, nútzlos.

займáти, зайнáти 1) *(місце, територію, посаду)* éinnehmen* *vt*, besétzen *vt*, belégen *vt*; ~ пéрше мíсце *(у змаганні)* den érsten Platz belégen; ~ посáду ein Amt bekléiden; 2) *(час)* in Ánspruch néhmen*; **~ся** 1) (be)tréiben* *vt*; ~ся чим-н. sich mit etw. *(D)* beschäftigen [befássen]; ~ся спóртом Sport tréiben*; ~ся господáрством die Wírtschaft führen; wírtschaften *vi*; 2) *(вчитися)* lérnen *vi;* studíeren *vi, vt (вивчати).*

займéнник *грам.* Pronómen *n* (7) (*pl тж.* -mina), Fürwort *n* (5); особóвий ~ Personálpronomen *n*; питáльний ~ Interrogatívpronomen *n*; зворóтний ~ Reflexívpronomen *n*; вказíвний ~ Demonstratívpronomen *n*; присвíйний ~ Possessívpronomen *n.*

зáйнятий 1) *(не вільний)* besétzt, belégt; 2) *(роботою тощо)* beschäftigt, tätig.

зáкид Vórwurf *m* (1*).

закидáти I, **закúдати** 1) bewérfen* *vt*; zúwerfen* *vt (яму тощо)*; 2) *перен.* bewérfen* *vt*, überschűtten *vt*; ~ когó-н. запитáннями j-n mit Frágen bestürmen.

закидáти II, **закúнути** 2) wérfen* *vt*; verwérfen* *vt (м'яч)*; weit hínwerfen* *(далеко)*; ~ вýдку die Ángel áuswerfen*; 2): ~ гóлову den Kopf in den Nácken wérfen*; 3) *(докоряти)* zum Vórwurf máchen; vórwerfen* *vt.*

закíнчення 1) *(завершення)* Beénd(ig)ung *f*, Ábschluß *m* -sses; Erlédigung *f*; Schúlabgang *m* (1*) *(школи)*; Áblauf *m* -(e)s *(терміну)*; 2) *(кінець)* Énde *n* (13); Schluß *m* -sses, *pl* Schlüsse; 3) *грам.* Éndung *f* (10).

закíнчувати, закінчúти beénd(ig)en *vt*; abschlíeßen* *vt*; erlédigen *vt*; ~ щó-н. etw. zu Énde führen; **~ся** énden *vi;* zu Énde sein, zu Énde géhen*; áblaufen* *vi (s) (про термін).*

зáклад *(установа)* Ánstalt *f* (10); Éinrichtung *f* (10), Institutión *f (10);* навчáльний ~ Léhranstalt *f*; вúщий навчáльний ~ Hóchschule *f* (11).

заклáд *(парі)* Wétte *f* (11); бúтися об ~ wétten *vi.*

закладáти, заклáсти 1) *(закривати)* áusfüllen *vt*, verstéllen *vt*; 2) *безос. розм*: заклáло грýди die Brust ist belégt; заклáло ніс die Náse ist verstópft; заклáло вýха die Óhren schmérzen; 3) *(починати будувати що-н.)* gründen *vt*, den Grúndstein légen (zu *D*); ~ підвáлини den Grund légen.

заклéювати, заклéïти zúkleben *vt*; zúleimen *vt.*

зáклик 1) Ruf *m* (1); Áufruf *m* (1), Appéll *m* (1); 2) *(гасло)* Lósung *f* (10); **~áти** 1) *(запрошувати)* rúfen* *vt*, éinladen* *vt*; bítten* *vt*; 2) *(звертатися)* áuffordern *vt.*

заклопóтаний beschäftigt; geschäftigt, besórgt.

заклю́чний Schluß-, ábschließend.
закля́к|лий erstárrt, régungslos; **~нути** erstárren *vi* (s).
закля́тий: ~ во́рог ein geschwórener [erbítterter] Feind.
за́колот *політ.* Meuteréi *f* (10) *(в армії, у флоті)*; Áufruhr *m* (1), Rebellión *f* (10).
зако́н Gesétz *n* (2); ~ приро́ди Natúrgesetz *n*; основни́й ~ Grúndgesetz *n*, Verfássung *f* (10); прийня́ти [затве́рдити] ~ ein Gesétz verábschieden; пору́шувати ~ das Gesétz verlétzen.
зако́нн|ий 1) gesétzlich, réchtmäßig, legitím; 2) *перен. (справедливий)* beréchtigt; **~ість** Gesétzlichkeit *f*.
законода́в|ство *юр.* Gésétzgebung *f* (10); чи́нне (діюче) ~ство géltende Gesétze *pl*; **~чий** legislatív, gesétzgebend.
закономі́рний gesétzmäßig.
законо|поло́ження *юр.* Gesétzesbestimmung *f* (10); **~прое́кт** *юр.* Gesétzesentwurf *m* (1*).
зако́пувати, закопа́ти vergráben* *vt*, verschárren *vt*.
закордо́н *розм.* Áusland *n* -(e)s; **~ний** áusländisch.
закоренілий 1) éingewurzelt; éingebürgert; éingefleischt *(напр., про звичку)*; 2) *(про людину)* verstóckt, hálsstarrig.
зако́хан|ий 1) verlíebt; **бу́ти ~им** у ко́го-н., у що-н. verlíebt sein in *(A)*; 2) *у знач. ім.* Verlíebte *m* (14).
закоха́тися sich verlíeben.
закре́слювати, закре́слити (áus)-stréichen* *vt*, dúrchstreichen* *vt*.
закрива́ти, закри́ти 1) *(накривати)* zúdecken *vt*, verdécken *vt*, bedécken *vt*; 2) *(стуляти)* schlíeßen* *vt*, zúmachen *vt*, zútun* *vt*; zúschlagen* *vt*; 3) *(перегородити)* spérren *vt*; ~ кордо́н die Grénze spérren [schlíeßen*]; 4) *(закінчувати)* schlíqßen* *vt*; ◊ ~ дужки́ die Klámmern schlíeßen*.
закри́т|ий *у знач. прикм.* geschlóssen; zúgemacht; две́рі **~і** die Tür ist zú(gemacht); ◊ **~е** голосува́ння geschlóssene [gehéime] Ábstimmung.
закриття́ Schlíeßung *f*; Schluß *m* -sses, Ábschluß *m* -sses *(закінчення)*.
закрі́йник Zúschneider *m* (6).
закрі́плювати, закріпи́ти 1) beféstigen *vt*, féstmachen *vt*; *фото* fixíeren *vt*; 2) *(право тощо)* veránkern *vt (тж. знання)*; 3) *(за ким-н.)* síchern *vt*, sícherstellen *відокр. vt*; reservíeren [-'vi:-] *vt (місце, приміщення тощо)*.
закру́чувати, закрути́ти *(гвинт, гайку)* ánziehen* *vt*, zúschrauben *vt*; ~ кран den Wásserhahn zúdrehen.
закулі́сний *перен.* gehéim, verbórgen, héimlich.
заку́по́рювати, заку́по́рити zúpfropfen *vt*; verkórken *vt*, zúkorken *vt (пляшку)*; verspúnden *vt (бочку)*.
заку́рювати, закури́ти *(цигарку)* ánrauchen *vt*, ánzünden *vt*.
за́ку́ска 1) Ímbiß *m* -sses, -sse; 2) Vórspeise *f* (11) *(перед їдою)*; холо́дна ~ kálte Plátte, kálte Vórspeise.
заку́шувати, закуси́ти 1) *(затискати зубами)* éinbeißen* *vt*; 2) *(поїсти)* éinen Ímbiß néhmen*, etw. zu sich néhmen*.
зал Saal *m* -(e)s, *pl* Säle, Hálle *f* (11); ~ для глядачі́в Zúschauerraum *m* (1*); фізкульту́рний ~ Túrnhalle *f (11);* а́ктовий ~ Áula *f*, *pl* Áulen; ~ чека́ння Wrtesaal *m*.
зала́зити, залі́зти kríechen* *vi* (s), klé ttern *vi* (s); sich verkríechen* *(заховатися)*; sich éinschleichen* *(потай)*.
зале́ж|ати ábhängen* *vi*, ábhängig sein (від ко́го-н., від чо́го-н. von *D*); zusámmenhängen* *vi* (від чо́го-н. mit *D*); від чо́го це **~ить**? worán liegt es?! це **~ить** від то́го... das hängt davón ab; **~ний** ábhängig; **~ність** Ábhängigkeit *f*.
залива́ти, зали́ти 1) *(затопити)* überschwémmen *vt*; 2) *(забруднити)* begíeßen* *vt*; vergíeßen* *vt*; 3) *(погасити)* löschen *vt*.
залиша́ти, залиши́ти 1) *(не брати з собою)* lássen* *vt*; hinterlássen* *vt (після себе)*; 2) *(відкладати, зберігати)* aúfheben* *vt*, reservíeren [-'vi:-] *vt*; 3) *(затримати кого-н.)* (dá)lassen* *vt*, (dá)behálten* *vt*; 4) *(покидати)* verlássen* *vt*; ~ в біді́ im Stich lássen*; **~ся** bléiben* *vi* (s); **~ся** на дру́гий рік *(про учня)* sítzenbleiben* *відокр. vi* (s).
за́лиш|ок 1) Rest *m* (1); Réstbestand *m* (1*); 2) **~ки** Réste *pl*; Überreste *pl*, Überbleibsel *pl*.
залі́зний 1) éisern, Éisen-; 2) *перен.* éisern, stählern.
залізни́|ця Éisenbahn *f* (10),

Bahn *f* (10); ~**чник** Éisenbahner *m* (6), Éisenbahnbeamte *m* (14).
залі́зо Éisen *n* (7); ~**бето́н** *тех.* Stáhlbeton [-'tɔŋ] *m* -s.
за́лік Testát *n* (2); Wértung *f* (10); скла́сти ~ ein Testát áblegen ~**о́вий:** ~о́ва кни́жка Stúdi̯enbuch *n* (5); ~о́ва се́сія Prüfungsperiode *f* (11).
за́лоза *анат.* Drüse *f* (11); підшлунко́ва ~ Báuchspeicheldrüse *f*; щитови́дна ~ Schílddrüse *f*.
залп Sálve *f* (11).
за́лпом in éinem Zug, in éinem Satz.
залуча́ти, залучи́ти (до чо́го-н.) (herán)ziehen* *vt* (zu *D*), éinbeziehen* *vt* (in *A*).
залякувати, заляка́ти verschüchtern *vt*, éinschüchtern *vt*.
зама́зка Kitt *m* (1).
зама́зувати, зама́зати 1) *(отвір, щілину тощо)* verkítten *vt*; überstréichen* *vt* *(фарбою)*; 2) *перен.* vertúschen *vt*; 3) *(забруднювати)* beschmíeren *vt*; ~**ся** sich beschmíeren, sich beschmútzen; sich besúdeln.
зама́н|ливий verlóckend, ánziehend; ~**ювати,** ~**и́ти** verlócken *vt*, hinéinlocken *vt*, (án)lócken *vt*.
за́мах Éingriff *m* (1) (на що-н. in *A*); Ánschlag *m* (1*); ~ на життя́ Ánschlag auf das Lében; роби́ти ~на ко́го-н. ein Áttentát auf j-n begéhen*.
зама́хуватися, замахну́тися zum Schláge áusholen (чим-н. mit *D*).
замерза́ння: то́чка ~ *фіз.* Gefríerpunkt *m* -(e)s.
замерза́ти, заме́рзнути 1) éinfrieren* *vi* (s), gefríeren* *vi* (s), zúfrieren* *vi* (s); рі́чка заме́рзла der Fluß ist zúgefroren; 2) *(дуже мерзнути)* fríeren* *vi*; dúrchfrieren* *vi* (s); 3) *(гинути від холоду)* erfríeren* *vi* (s).
заме́т Schnéehaufen *m* (7); Schnéewehe *f* (11); ~**і́ль** Schnéesturm *m* (1*), Schnéégestöber *n* (6).
замика́ння: *ел.* коро́тке ~ Kúrzschluß *m* -sses, -schlüsse.
замика́ти, замкну́ти 1) *(двері, ящик тощо)* (zú)schließen* *vt*, zúsperren *vt*, verschlíeßen* *vt*; ~ на ключ ábschließen* *vt*; 2) *(кого-н.)* éinschließen* *vt*; 3): *тк. недок.* ~ коло́ну den Zug schlíeßen*; ~**ся** sich schlíeßen*; sich ábschlíeßen* *(тж. перен.)*.
зами́лювати, зами́лити: ~ о́чі кому́-н. j-m ein X für ein U vórmachen, j-m etw. wéismachen, j-m bláuen Dunst vórmachen.
зами́слюватися, зами́слитися (vor sich hin) sínnen* *vi*, náchdenklich wérden; sich in Gedánken vertíefen.
замишля́ти, зами́слити vórhaben *vt*, plánen *vt*, beábsichtigen *vt*; brüten *vt*, etw. im Schílde führen *(що-н. погане)*.
за́між: вихо́дити ~ за ко́го-н. sich mit j-m verhéiraten, j-n héiraten *vt*; віддава́ти ~ verhéiraten *vt*.
замі́н|а Ersátz *m* -es; Vertrétung *f (про людину)*; Wéchsel *m* -s, -; ~**ник** Ersátz *m* -es, Ersátzstoff *m* (1).
заміно́вувати, замінува́ти miníeren *vt*, vermínen *vt*.
заміня́ти, замі́нювати, заміни́ти ersétzen *vt* (ким-н., чим-н. durch *A*); áustauschen *vt*, áuswechseln *vt* *(напр., деталь)*.
за́мість statt, anstátt *(G)*; anstélle, an Stélle *(G)*.
заміта́ти, замести́ 1) kéhren *vt*, fégen *vt*; 2) *(снігом тощо)* zúwehen *vt*, verwéhen *vt*; ◊ ~ сліди́ *перен.* die Spúren verwíschen.
замі́тка Áufzeichnung *f* (10), Notíz *f* *(10)*.
заміша́ння Verwírrung *f*, Verlégenheit *f*.
замі́шувати, заміси́ти knéten *vt*, éinrühren *vt*, éinkneten *vt*.
заміща́ти vertréten* *vt*.
за́мкнут|ий 1) geschlóssen; 2) *перен.* verschlóssen; жи́ти ~им життя́м ein zurückgezogenes Lében führen.
замовка́ти, замо́вкнути schwéigen* *vi*, stíllschweigen* *відокр. vi*, verstúmmen *vi* (s); verhállen *vi (s)* *(про звуки)*.
замо́в|лення Áuftrag *m* (1*), Beстéllung *f* (10); на ~лення auf Bestéllung; ~**ля́ти,** ~**и́ти** bestéllen *vt*; ~ля́ти міжмісько́ю телефо́нну розмо́ву ein Férngespräch ánmelden.
замо́вчувати verschwéigen* *vt*, tótschweigen* *відокр. vt*.
за́мок Schloß *n* -sses, Schlösser, Burg *f* (10).
зам|о́к Schloß *n* -sses, Schlösser; Verschlúß *m* -sses, -schlüsse *(застібка, затвор)*; під ~ко́м únter Verschlúß.
заморо́жувати, заморо́зити gefríeren lássen*.

за́морозки Frost *m* (1*).
замо́чувати, замочи́ти 1) naß máchen; ~ но́ги féuchte Füße bekómmen*; 2) *(намочити)* éinweichen *vt*.
зарі́юватися, замрі́ятися in Gedánken [Träumeréien] versínken*; sich in Träumeréien [Gedánken] verlíeren*.
замру́жувати, замру́жити: ~ óчі die Áugen zusámmenkneifen*.
заму́чувати, заму́чити 1) *(до смерті)* zu Tóde quälen [mártern, fóltern]; 2) *перен.* (áb)quälen *vt*, plágen *vt*.
за́мша Wíldleder *n* -s.
зана́дто zu, zu viel, zu sehr; übermäßig, über die Máßen.
занапаща́ти, занапасти́ти verdérben, zugrúnde ríchten; únglücklich máchen.
зане́дб|аний vernáchlässigt; úngepflegt; **~а́ти** vernáchlässigen *vt*, óhne Pflége lássen*.
зане́пад Verfáll *m* -(e)s; Níedergang *m* -(e)s.
занепада́ти, занепа́сти in Verfáll geráten*, verfállen* *vi* (s); ~ ду́хом mútlos wérden, den Mut sínken lássen*.
занепоко́єння Únruhe *f*, Áufregung *f*, Besórgnis *f*.
занеха́ювати, занеха́яти *див.* занедба́ти.
зано́сити, занести́ 1) *(приносити)* (hín)bríngen*; 2) *(хворобу тощо)* éinschleppen *vt*; 3): ~ но́гу [ру́ку] den Fuß [die Hand] hében*; 4) *безос. (засипати)* verwéhen *vt*; verschlámmen *vi (s) (мулом)*, versánden *vi* (s) *(піском)*.
зану́рюватися, зану́ритися 1) versínken* *vi* (s), úntertauchen *vi* (s) *(у воду тощо)*; 2) *перен.* versínken* *vi* (s).
заня́ття *(справа, праця тощо)* Beschäftigung *f* (10); Betätigung *f* (10); Tätigkeit *f* (10).
занятя́ *(урок, лекція тощо)* Únterricht *m* -(e)s; Léhrveranstaltungen *pl*; *військ.* Übung *f* (10).
заохо́чувати, заохо́тити áufmuntern *vt*, ermúntern *vt*.
зао́чник Férnstudent *m* (8).
зао́чно 1) *(у відсутності)* in Ábwesenheit; 2) *(про навчання)* im Férnstudium [Férnunterricht].
заоща́дж|ення *(гроші)* Erspárnisse *pl*, Spárgelder *pl*; **~увати** *(зберігати)* (áuf)bewáhren *vt*; schónen *vt (сили)*; spáren *vt*, éinsparen *vt (працю, час, гроші)*.
запа́дина Höhlung *f* (10), Vertíefung *f* (10).
запа́лення *мед.* Entzündung *f* (10).
запа́лювати, запали́ти 1) ánzünden *vt*, ánstecken *vt*; ánheizen *vt*, éinheizen *vt (піч)*; 2) *перен.* ánfeuern *vt*, begéistern *vt*, entflámmen *vi (s)*.
запа́мороч|ення: ~ голови́ Schwíndel *m* -s; **~ливий** schwíndelnd; betäubend, beráuschend *(про запах)*.
запам'ято́вувати, запам'ята́ти behálten* *vt*; sich *(D)* etw. mérken [éinprägen]; spéichern *vt (про обчислювальну техніку)*; **~ся** sich (ins Gedächtnis) éinprägen.
запа́с 1) Vórrat *m* (1*); Bestánd *m* (1) (чого́-н. an *D*); **~и** сирови́ни Róhstoffvorräte *pl*; 2) *перен.* Schatz *m* (1*); ~ слів Wórtschatz *m* -es; 3) *військ.*: звільня́ти у ~ in die Resérve versétzen.
запаса́ти, запасти́ auf Vórrat ánschaffen, Vórräte ánschaffen [ánlegen]; **~ся** sich versẹhen*, sich versórgen.
запасн|и́й vórrätig; *(для заміни)* Ersátz*, Resérve*; **~і** части́ни *тех.* Ersátzteile *pl*; **~а́** ко́лія *залізн.* Ábstellgleis *n* (2); **~и́й** граве́ць *спорт.* Ersátzspieler *m* (6).
за́пах Gerúch *m* (1*); Duft *m* (1*).
запашни́й wóhlriechend, dúftend, dúftig.
запевня́ти, запе́внити versíchern *vt* (кого́-н. в чо́му-н. j-m etw. *або* j-n éiner Sáche *G*); betéuern *vt* (кого́-н. в чо́му-н. j-m etw.).
запе́клий 1) *(жорстокий)* gráusam; 2) *(упертий)* hártnäckig; erbíttert *(непримиримий)*; 3) *(завзятий)* léidenschaftlich; 4) *(дуже сильний)* hart, erbíttert, héftig *(напр., бій)*.
запере́чен|ня 1) *(заява про незгоду)* Éinwand *m* (1*), Entgégnung *f* (10); Wíderspruch *m* (1*); Wíderlégung *f* (10) *(спростування)*; без ~ь! óhne Wíderrede!? ~ь нема́] hat jémand étwas éinzuwenden?; 2) *(невизнання доцільності чого-н.)* Vernéinung *f (10)*, Negíerung *f* (10); Léugnung *f* (10) 3) *грам.* Vernéinung *f* (10), Negatión *f* (10); ◊ ~ня ~ня *філос.* die Negatión der Negatión.

заперéч|ний áblehnend, ábschlägig, négativ, vernéinend; **~увати, ~ити** 1) *(не погоджуватися)* widerspréchen* *vt*, widerlégen *vt*; ábleugnen *vt*; 2) *(не визнавати)* vernéinen *vt*, negíeren *vt*.

запечáтувати, запечáтати versíegeln *vt*; ~ конвéрт éinen Úmschlag zúkleben.

запилювáти, запилúти *бот.* bestäuben *vt*.

зáпинк|а: без ~и glatt, fließend, óhne zu stócken.

запúск|а 1) Zéttel *m* (6); доповіднá ~а schríftlicher Berícht; 2) *тк. мн.* **~и** Notízen *pl*; Áufzeichnungen *pl*, Skízzen *pl*; наукóві ~и (wíssenschaftliche) Schríften *pl*.

запúсувати, записáти 1) áufschreiben* *vt*, áufzeichnen *vt*, sich *(D)* etw. ánmerken; Notízen máchen; náchschreiben* *vt (лекцію тощо)*; *бух.* éintragen* *vt*; áufnehmen* *vt (на плівку, пластинку)*; 2) *(заносити у список, реєстр)* éinschreiben* *vt*, éintragen* *vt*; ~ на прийóм (án)melden *vt*; ~ дитúну в шкóлу sein Kind in der Schúle ánmelden.

запитáння 1) Fráge *f* (11); стáвити ~ éine Fráge stéllen; 2) *(запит)* Ánfrage *f* (11); ◊ до ~ póstlagernd.

запúтувати, запитáти 1) frágen *vt*; Frágen stéllen [ríchten]; sich erkúndigen (про щó-н. nach *D*, über *A*); ~ урóк die Háusaufgabe ábfragen; 2) *(офіційно)* ánfragen (когó-н. про щó-н. bei j-m nach *D*, um *A*, über *A*); éine Ánfrage ríchten (когó-н. an *A*).

запíзнюватися, запізнúтися sich verspäten, zu spät kómmen*; ~ на 5 хвилúн sich um fünf Minúten verspäten.

запітнíти ánlaufen* *vi (s) (про скло тощо)*.

заплáканий verwéint.

заплатúти bezáhlen *vt*, éinzahlen *vt*.

заплітáти, заплестú fléchten *vt*.

заплýтувати, заплýтати 2) verwírren *vt*; *перен. тж.* írremachen *відокр. vt*; 2) *(ускладнювати)* komplizíeren *vt*.

заплю́щувати, заплю́щити: ~ óчі die Áugen schlíeßen*.

заплямувáти beflécken *vt*; besúdeln *vt (тж. перен.)*.

запобігáти, запобíгти 1) vórbeugen *vi* (чомý-н. *D*), verhüten *vt*; *тех.* síchern *vt*; 2) *тк. недок. (перед ким-н.)* sich éinschmeicheln (bei *D*).

запобíгливий 1) *(ввічливий, люб'язний)* zuvórkommend, verbíndlich; 2) *(підлесливий)* éinschmeichelnd.

запобíжний vórbeugend; Vórbeugungs≠, Schutz≠.

заповідáти, заповістú vermáchen *vt*; verérben *vt*.

заповíдник Natúrschutzgebiet *n* (2), Natúrschutzpark *m* (1); (*pl тж.* -s).

заповíт Testamént *n* (2); Vermächtnis *n* (3*) *(перен.)*; **~ний** 1) *(найдорожчий)* séhnlich(st), erséhnt; 2) *(таємний)* vertráut, héimlich.

запóвнювати, запóвнити füllen *vt*; áusfüllen *vt (тж. перен.)*; ~ анкéту éinen Frágebogen aúsfüllen.

заподíювати, заподíяти zúfügen *vt*; verúrsachen *vt*; ~ шкóду Schäden zúfügen.

запозичáти, запозúчити entléhnen *vt*; übernéhmen* *vt*.

запозúчення *лінгв.* Léhnwort *n* (5), Entléhnung *f* (10).

зáпонка Manschéttenknopf *m* (1*).

запорýка 1) *(гарантія)* Bürgschaft *f* (10), Garantíe *f* (11); Bewéis *m* (1) *(доказ)*; 2) *(джерело, основа)* Únterpfand *n* (5).

заправля́ти, заправúти 1) *(засувати)* hinéinstecken *vt*, stécken *vt* (кудú-н. in *A*); 2): ~ пальнúм *(машину тощо)* tánken *vi*; 3) *кул.* ánrichten *vt*; würzen *vt (прянощами)*.

запровáджувати, запровáдити éinführen *vt*; ~ в життя́ ins Lében úmsetzen.

запрó|шення Éinladung *f* (10); Áufforderung *f* (10); Berúfung *f* (10) *(професора на кафедру тощо)*; ~шення на робóту Ánstellungsangebot *n* (2); **~шувати, ~сúти** éinladen *vt*.

запрягáти, запрягтú ánspannen *vt*, éinspannen *vt (тж. перен.)*.

зáпуск Ánlassen *n* -s; Ábschuß *m* -sses, -schüsse; Start *m* -s, -s *(ракети)*.

запускáти, запустúти I *(надавати руху)* ánlassen* *vt*; ~ ракéту éine Rakéte stárten; ~ на орбíту auf éine Úmlaufbahn bríngen*; ~ у виробнúцтво etw. in die Produktión [Fértigung] gében*.

запускáти, запусти́ти II 1) *(занедбати)* vernáchlässigen *vt*; 2) *(відрощувати)* wáchsenlassen* *відокр. vt (волосся)*, stéhenlassen* *відокр. vt (бороду)*.

зап'ясток *анат.* Hándgelenk *n* (2).

зарáди wégen *(G)*, um *(G)* ... wíllen; ~ ньóго séinetwegen; ~ чóго wozú, wéshálb, weswégen.

заражáти, зарази́ти 1) infizíeren *vt*, ánstecken *vt*; 2) *бакт.* verséuchen *vt*; *хім.* vergíften *vt*; verpésten *vt (повітря)*; 3) *перен.* ánstecken *vt* (когó-н. чим-н. j-n durch *A*); **~ся** sich ánstekken (чим-н. mit *D*).

зарáження 1) Infektión *f* (10), Ánsteckung *f* (10); 2) *бакт.* Verséuchung *f* (10); *хім.* Vergíftung *f* (10); радіоакти́вне ~ radioaktíve [-və] Verséuchung; ~ крóві Blútvergiftung *f*.

зáраз 1) *(негайно)* gleich, sofórt; ~ же sofórt, im Áugenblick; 2) *(у даний час)* jetzt; in díesem Augenblick; ében *(тільки що)*; ~ же після ... gleich nach ... *(D)*.

зарáз *розм.* zugléich, gléichzeitig, auf éinmal.

зарáз|а Infektión *f* (10); **~ли́вий** 1) ánsteckend, übertrágbar, Infektións≠; 2) *перен.* ánsteckend, mítreißend, hínreißend.

зарахóвувати, зарахувáти 1) ánrechnen *vt*; 2) *(включати до складу)* (in die Lísten) éintragen* *vt*; áufnehmen* *vt (приймати)*; immatrikulíeren *vt* (an *D*) *(до вузу)*; zählen *vt* (zu *D*); 3) *(поставити залік)* zensíeren *vt*; als bestánden ánrechnen; зарахóвано bestánden.

зарекомендувáти: ~ себé sich zéigen, sich bewähren.

заривáти, зари́ти éingraben* *vt*, vergráben* *vt*.

зарікáтися, заректи́ся (sich) *(D)* gelóben, sich *(D)* fest vórnehmen*.

заробíт|ний: **~на** плáта Lohn *m* (1*), Árbeitslohn *m* (1*); Gehált *n* (5) *(службовців)*; **~ок** Verdíenst *m* -es; Lohn *m* (1*), Gehált *n* (5) *(зарплата)*.

заробля́ти, зароби́ти verdíenen *vt*; erárbeiten *vt*.

зарóджуватися, зароди́тися entstéhen* *vi* (s), sich bílden.

зáродок Keim *m* (1) *(тж. перен.)*.

зарозумíлий hóchmütig, überhéblich, éingebildet.

заростáти, зарости́ zúwachsen* *vi* (s), verwíldern *vi* (s) *(про сад)*; ~ травóю vergrásen *vi* (s); ~ мóхом bemóost sein, mit Moos bewáchsen*; ~ волóссям mit Háaren bedéckt [bewáchsen] sein.

зарубíжн|ий áusländisch, Áuslands≠; **~і** краї́ни Áusland *n* -es.

зарубцьóвуватися, зарубцювáтися vernárben *vi* (s), verhárschen *vi* (s).

заря́д 1) *військ., ел.* Ládung *f* *(10)*; 2) *перен.* Schuß *m* -sses, Schüsse; **~жáти, ~ди́ти** láden* *vt*; áufladen* *vt*; ~ди́ти фотоапарáт éinen (néuen) Film éinlegen; **~ка** 1) *(дія)* Ládung *f (10)*; 2) *спорт.* Túrnübung *f* (10); ранкóва **~ка** Mórgengymnastik *f*.

засвíчувати, засвіти́ти I ánzünden *vt*, ánstecken *vt (свічку, гасову лампу)*.

засвíчувати, засвіти́ти II *фото (плівку)* durch Belíchten verdérben*.

засвó|єння 1) Áneignung *f*, Erlérnung *f*; 2) *біол.* Áufnahme *f*, Assimilatión *f*; **~ювати, ~їти** 1) behálten* *vt*; sich *(D)* áneignen *vt*; begréifen* *vt*; (er)lérnen *vt (вивчити)*; sich *(D)* ángewöhnen *(мати звичку)*; 2) *фізіол.* verdáuen *vt*, áufnehmen* *vt*.

заселя́ти, засели́ти *(край тощо)* bevölkern *vt*, besíedeln *vt*; bewóhnen; ~ квартúру éine Wóhnung bezíehen*.

заси́лля Übermacht *f*, Vórherrschaft *f*; інозéмне ~ Überfrémdung *f*.

засипáти, заси́пати 1) *(заповнити)* zúschütten *vt*, zúwerfen* *vt*; 2) *(покривати шаром)* bedécken *vt*, bestréuen *vt*.

засипáти *і* **засинáти, заснýти** éinschlafen* *vi* (s).

засихáти, засóхнути vertrócknen *vi* (s), éintrocknen *vi* (s).

зáсіб Míttel *n* (6); зáсоби мáсової інформáції Mássenmedi|en *pl.*

засівáти, засíяти 1) *с. г.* besäen *vt* (чим-н. mit *D*); 2) *перен.* übersä́en *vt*.

засíдання Sítzung *f* (10); Tágung *f* (10).

засідáт|ель Béisitzer *m* (6); нарóдний **~ель** *юр.* Vólksbeisitzer *m*; **~и** 1) éine Sítzung (áb)hálten*, Sítzung háben; 2) *(про з'їзд, сесію тощо)* tágen *vt*.

зáсік *с. г.* Kórnkasten *m* (7, 7*).
засікáти, засіктú: ~ час die Zeit stóppen.
засклúти verglásen *vt.*
заслін, заслóн 1) Schútzwall *m* (1*); 2) *військ.* Sícherungseinheit *f* (10), Déckungseinheit *f* (10).
засліплювати, засліпúти blénden *vt*; *перен. тж.* verblénden *vt.*
заслонятн, заслонúти 1) verhüllen *vt*, verdécken *vt*; 2) *перен.* verdúnkeln, verhüllen *vt*; **~ся** sich schützen (чим-н. mit *D*, від чóго-н. vor *D*).
заслý|га Verdíenst *n* (2); по ~зі nach Verdíenst [Gebühr].
заслугóвувати, заслужúти verdíenen *vt*, wert sein.
заслýжений verdíent, nach Verdíenst, gerécht.
заслýхувати, заслýхати ánhören *vt*, entgégennehmen* *vt.*
засмáглий sónnengebräunt, sónnenverbrannt.
засмíчувати, засмітúти verúnreinigen *vt*; verúnkrauten *vt* *(про бур'яни).*
засміяти *розм.* áuslachen *vt*, verláchen *vt*, verspótten *vt*; **~ся** áuflachen *vi*; in Gelächter [Láchen] áusbrechen*.
засмóктувати, засмоктáти éinsaugen* *vt*, áufsaugen* *vt.*
засмýчувати, засмутúти betrüben *vt*, tráurig máchen; **~ся** sich betrüben, betrübt [tráurig] wérden.
заснóв|ник Gründer *m* (6), Begründer *m* (6), Stífter *m* (6); **~увати, заснувáти** gründen *vt*, begründen *vt*, stíften *vt.*
засóвувати *і* **засувáти, засýнути** (hinéin)stécken *vt*, éinstecken *vt.*
зáспаний verschláfen, schláftrunken.
заспокóювати, заспокóїти 1) berúhigen *vt*, zur Rúhe bríngen*; 2) *(знімати біль)* líndern *vt*, míldern *vt*; **~ся** sich berúhigen; ~ся на досягнутому sich mit dem Erréichten zufríedengeben*.
застáва I 1) Versátz *m* -es, Verpfändung *f* (10); 2) *(предмет застави)* Pfand *n* (5).
застáва II *військ.* Sícherungswache *f* (11), Sícherungseinheit *f* (10); прикордóнна ~ Grénzposten *m* (7), Grénzwache *f* (11).
заставáти, застáти 1) áhtreffen* *vt*; erwíschen *vt*; ~ на місці злóчину auf frischer Tat ertáppen; 2) *(зненацька)* überráschen *vt*, überrúmpeln *vt.*
застарівáти, застарíти verálten *vi* (s); aus der Móde kómmen*.
застерéження 1) Wárnung *f* (10); 2) *(роз'яснення)* éine erläuternde Bemérkung.
застерігáти, застерегтú wárnen *vt*, verwárnen *vt*, zur Vórsicht máhnen.
застигáти, застúгнути 1) *(твердіти, згущуватися)* fest wérden; 2) *(ставати холодним)* erstárren *vi* (s), erkálten *vi* (s); ◊ кров застигáє у жúлах das Blut stockt [erstárrt] in den Ádern.
застилáти *і* **застелятн, застелúти** bedécken *vt*, zúdecken *vt*, beléen *vt* *(килимами тощо).*
застібáти, застебнýти zúknöpfen *vt* *(на гудзики)*; zúhaken *vt* *(на гаплики)*; zúschnallen *vt* *(на пряжку)*; schlíeßen* *vt.*
зáстібка Verschlúß *m* -sses, -schlüsse; Spánge *f* (11), Schnálle *f* (11) *(пряжка).*
застíй Stagnatión *f* (10), Stíllstand *m* -s.
застóпорювати, застóпорити (áb)stóppen *vt*, (áb)brémsen *vt*; **~ся** stóppen *vi*, ánhalten* *vi*; stéhenbleiben* *відокр. vi* (s); *перен.* ins Stócken kómmen* [geráten*].
застосóвувати, застосувáти ánwenden (*) *vt*, verwénden (*) *vt*; gebráuchen *vt*; benútzen *vt*, benützen *vt.*
застосувáння Ánwendung *f*, Verwéndung *f*, Éinsatz *m* -es.
застрéлити erschíeßen* *vt*, níederschießen* *vt*, tótschießen* *відокр. vt.*
застрóмлювати, застромúти 1) *(засовувати за що-н.)* (hinéin)stécken *vt*; 2) *(втикати)* (hin)éinstecken *vt.*
застрявáти, застрятн stéckenbleiben* *відокр. vi* (s), féstfahren* *відокр. vi* (s), féstsitzen* *відокр. vi*, ich féstsetzen *відокр.*
застýджуватися, застудúтися sich erkälten, sich *(D)* éine Erkältung zúziehen*.
заступáти, заступúти 1) *(закривати)* verhüllen *vt*, verdécken *vt*; ~ світло комý-н. j-m im Líchte stéhen; ~ дорóгу комý-н. j-m den Weg verspérren; 2) *(заміняти когó-н.)* ersétzen *vt*; vertréten* *vt* *(виконувати обов'язки)*; 3) *(приступати до роботи, чергування тощо)* áblösen *vt*; **~ся** éintreten* *vi* (s), sich éinsetzen (за кóго-н.,

З

за що-н. für *A*); in Schutz néhmen*, vertéidigen *vt*.

заст́упник 1) Vertréter *m* (6), Stéllvertreter *m*; ~ головú stéllvertretender Vórsitzender; 2) *(захисник)* Vertéidiger *m* (6).

зáсув Ríegel *m* (6); замикáти на ~ verríegeln *vt*.

засýджувати, засудúти 1) verúrteilen *vt*; áburteilen vt; 2) *(ставитися до кого-н., до чого-н. негативно)* tádeln *vt*.

засýкувати, засукáти: ~ рукáва die Ärmel áufkrempeln [áufstreifen], die Ärmel in die Höhe stréifen.

засýха Dürre *f* (11), Tróckenheit *f*.

засýшливий dürr; régenarm; ~ рік Tróckenjahr *n* (2).

засýшувати, засушúти éintrocknen lássen*; tróckem máchen.

3 **засяяти** áufleuchten *vi* (s, h), áufstrahlen *vi* (s, h).

затамóвувати, затамувáти: ~ дихання [дух] den Átem ánhalten*.

затáювати, затаї́ти gehéimhalten* *відокр.* *vt*; verbérgen* *vt*.

затвéрджувати, затвéрдити bestätigen *vt*; sanktioníeren *vt*.

затé dafür.

затéмн|ення *астр.* Fínsternis *f* (3); **~яти, ~úти** verdúnkeln *vt*, ábdunkeln *vt*; ábdecken *vt (лампочку)*.

затéрпнути erstárren *vi* (s).

затикáти, заткнýти 1) *(отвір)* verstópfen *vt*, zústopfen *vt*; ~ вýха *розм.* sich *(D)* die Óhren verstópfen; 2) *(всувати, засувати)* (hinéin)stécken *vt*; ◊ ~ за пóяс когó-н j-n in die Tásche stécken.

затинáтися, затнýтися stócken *vi*; ins Stócken geráten*.

затúскувати, затискáти (éin)klémmen *vt*; zúdrücken *vt*; zusámmenpressen *vt*; ~ в руці in der Hand fésthalten*; ◊ ~ крúтику die Kritík unterdrücken.

затихáти, затúхнути 1) *(замовкати)* still wérden; stíllschweigen* *відокр.* *vi*; verstúmmen *vi* (s); 2) *(про звуки)* verhállen *vi* (s); 3) *(про явища природи, про бій)* sich légen, náchlassen* *vi*; 4) *(про біль)* ábklingen* *vi* (s), náchlassen* *vi*.

зáтичка Spund *m* (1*); Pfrópfen *m* (7), Stöpsel *m* (6).

затúшний 1) *(захищений від вітру)* wíndgeschützt; still; 2) *(зручний)* gemütlich, behäglich, wóhnlich.

затúшшя Stílle *f*; *військ.* Fróntstille *f*.

зáтінок Schátten *m* (7).

затóка *геогр.* Bucht *f* (10), Bai *f* (10); Méerbusen *m* (7), Golf *m* (1) *(тк. морська)*.

затонýти versínken* *vi* (s), úntergehen* *vi* (s).

затóплювати, затопúти I *(піч, грубу тощо)* ánheizen *vt*, éinheizen *vt*.

затóплювати, затопúти II 1) *(про воду)* überschwémmen *vt*, überflúten *vt*; 2) *перен.* überflúten *vt*; 3) *(потопити)* versénken *vt*.

затóптувати, затоптáти zerstámpfen *vt*, zertréten* *vt*; áustreten* *vt (вогонь)*; erdrücken *vt (задавити)*.

затóр Stóckung *f* (10), Stáuung *f* (10).

затрáт|а 1) Áufwand *m* -(e)s; ~а чáсу Zéitaufwand *m*; 2) *перев. мн.* **~и** *(грошові витрати)* Áusgabe *f* (11); Kósten *pl*, (finanziélle Áuslagen *pl*; Áufwendungen *pl*.

затрачáти, затрáтити áufwenden* *vt*; áusgeben* *vt*; veráusgaben *vt (гроші)*; verbráuchen *vt*.

зáтрúмк|а 1) *(зупинка)* Áufenthalt *m* (1); 2) *(перешкода)* Störung *f* (10), Hémmung *f* (10); Verzögerung *f* (10); без **~и** óhne Áufschub, únverzüglich.

затрúмувати, затрúмати 1) áufhalten* *vt*; zurückhalten* *vt*; hínhalten* *vt*; 2) *(перешкоджати чому-н.)* verhíndern *vt*; hémmen *vt*; verzögern *vt*; 3) *(заарештовувати)* fésthalten*; féstnehmen* *vt*; **~ся** sich áufhalten*.

затулЯти, затулúти verhüllen *vt*, verdécken *vt*; zúdrücken *vt (притискаючи)*; ~ світло комý-н. j-m im Licht stéhen*.

затумáнюватися, затумáнитися 1) vernébeln *vi* (s), sich in Nébel hüllen; 2) *перен.* sich verschléiern, sich verdúnkeln, sich trüben.

затушóвувати, затушувáти 1) túschen *vt*, schattíeren *vt*; 2) *перен.* vertúschen *vt*, bemänteln *vt*.

зáтхлий múffig, móderig; fáulig; stíckig.

затягáти, затягтú *і* **затягнýти** 1) hinéinziehen* *vt*; 2) *перен.* schléppen *vt*; 3) *(зав'язувати)* zúziehen* *vt*; féstziehen* *відокр.* *vt*, zúschnüren *vt*; 4) *(покривати)* bedékken *vt*; überzíehen* *vt (про хмари)*; 5) *(просовувати крізь отвір)* dúrch ziehen* *vt*, éinfädeln *vt (нитку в* *голку)*; 6) *розм.* *(про справу)* in die Länge ziehen*, hináusziehen* *vt*.

затяжний lángwierig; Dáuer-; ~ дощ ánhaltender [ándauernder] Régen, Lángregen *m* (7); ~ стрибóк verzögerter Ábsprung.

затьмáрювати, затьмáрити 1) verdúnkeln *vt*, verhüllen *vt*; 2) *перен.* *(перевищувати кого-н., що-н.)* verdúnkeln *vt*; überstráhlen *vt*; in den Schátten stéllen; 3) *перен.* *(засмучувати)* verfínstern *vt*; trüben *vt*; **~ся** sich verfínstern; sich bewölken *(про небо)*; sich trüben, sich verdüstern *(тж. перен.)*.

зауваж|ення 1) Bemérkung *f* (10); 2) *(догана)* Verwéis *m*; **~увати, ~ити** (be)mérken *vt*, éine Bemérkung máchen.

захарáщувати, захарáстити verstéllen *vt*, verrámmeln *vt*.

зáхват Entzücken *n* -s; Begéisterung *f*; бýти в ~і від чóго-н. für etw. *(A)* begéistert sein, von etw. *(D)* entzückt sein.

захвóр|ювання Erkránkung *f* (10); Kránkheit *f* (10); **~ювати, ~íти** krank wérden, erkránken *vi* (s) (чим-н. an *D*).

захисн|ий 1) Schutz-; Ábwehr-; 2) *(про колір тканини)* khakifarben ['ka:-]; féldgrau; **~é забáрвлення** *біол.* Schútzfärbung *f* (10); **ник** Vertéidiger *m* (6f (tv. ér., sport.) Verféchter *m* (6); Beschützer *m* (6).

зáхист Schutz *m* -es; Vertéidigung *f* (10) *(тж. юр., спорт.)*, Ábwehr *f* *(оборона)*; Verféchtung *f* (10) *(інтересів тощо)*; для ~у від zum Schutz gégen *(A)*.

захищáти, захистúти 1) schützen *vt*; vertéidigen *vt*; 2) *(оберігати)* (be)schützen *vt*; síchern *vt*; ~ ворóта *(у футболі, хокеї)* *недок.* das Tor hüten; **~ся** sich vertéidigen, sich zur Wehr sétzen; sich schützen; sich décken.

зáхід *(сторона світу)* Wésten *m* -s; на ~ nach Wésten; на ~ від чóго-н. wéstlich von etw. *(D)*; на зáході im Wésten.

захóдити, зайтú 1) *(куди-н.)* (hín)gehen* *vi* (s); kómmen* *vi* (s) *(приходити)*; éintreten* *vi* (s); éinsteigen* *vi* (s) *(у вагон тощо)*; besúchen *vt*, vórsprechen* (до кóго-н. bei *D*) *(відвідувати)*; 2) *(за ким-н., за чим-н.)* ábholen *vt*;) *(про сонце тощо)* úntergehen* *vi* (s).

захóплення *(стан)* Begéisterung *f*, Entzücken *n* -s.

захóплювати, захопúти 1) *(брати з собою)* néhmen* *vi*, mítnehmen* *vt*; 2) *(оволодівати, брати силою)* ergréifen* *vt*, sich bemächtigen (що-н. *G*); etw. in Besítz néhmen*, Besítz ergréifen* (що-н. von *D*); eróbern *vt* *(завоювати)*; éinnehmen* *vt* *(зайняти)*; ~ в полóн gefángennehmen* *відокр.* *vt*; 3) *(застати несподівано)* überráschen *vt*; 4) *перен.* *(приваблювати, викликати інтерес)* ergréifen *vt*; hínreißen* *vt*; begéistern *vt*; 5) *перен.* *(оволодівати думками, охоплювати — про почуття)* überwáltigen *vt*, überkómmen* *vt*, erfássen *vt*, ergréifen* *vt*; **~ся** sich begéistern (чим-н. für *A*), entzückt sein, in Entzücken geráten*.

захóплюючий ergréifend, hínreißend; fésselnd, spánnend.

зацікáвлен|ість Interésse *n* (13) (у чóму-н. an *D*); Interessíertheit *f*; **~ня** Interésse *n* (13).

зацікáвлювати, зацікáвити interessíeren *vt*; j-s Interésse (er)wécken [áuslösen, hervórrufen*] (чим-н. für *A*); **~ся** sich interessíeren, Interésse zéigen (чим-н. für *A*).

заціплювати, заціпити: ~ зýби die Zähne zusámmenbeißen*.

зачарóв|аний verzáubert; *перен.* bezáubert, berückt; ◊ ~ане кóло éine áusweglose Láge; мов ~аний wie féstgebannt; **~увати, зачарувáти** verzáubern *vt*; *перен.* bezáubern *vt*.

зачéрствíти trócken wérden, vertrócknen *vi* (s).

зачиняти, зачинúти 1) zúmachen *vt*, (zú)schlíeßen* *vt*, zútun* *vt*; 2) *(кого-н.)* éinschließen* *vt*, éinsperren *vt*; **~ся** 1) sich schlíeßen*; zúgehen* *vi* (s), zúfallen* *vi* (s); ins Schloß fállen* *(про двері)*; 2) *(про кого-н.)* sich éinschließen*.

зачіпáти, зачепúти 1) stréifen *vt*, (leicht) berühren *vt*, ánrühren *vt* *(тж. перен.)*; 2) *перен.* *(турбувати)* stören *vt*, beúnruhigen *vt*; ~ інтерéси когó-н. j-s Interéssen beeínträchtigen; 3) *перен.* *(дражнити)* réizen *vt*, nécken *vt*; verlétzen *vt* *(ображати)*; ◊ ~ за живé am wúnden Punkt tréffen*.

зáчіска Frisúr *f* (10).

зачíсувати, зачесáти kämmen *vt*; frisíeren *vt* *(робити зачіску)*.

зашарітися rot wérden, erröten *vi* (s).

зашивáти, зашити zúnähen *vt*, vernähen *vt*.

зáшморг Schlínge *f* (11) *(тж. перен.)*.

зашнурóвувати, зашнурувáти (zú)-schnüren *vt*, éinschnüren *vt*.

защемлáти, защемити (éin)klémmen *vt*.

зáщіпка Háken *m* (7).

заяв|а 1) Erklärung *f* (10); зробити ~у éine Erklärung ábgeben*; 2) *(прохання)* Éingabe *f* (11); Ántrag *m* (1*); Gesúch *n* (2); ~а про прийóм на робóту Bewérbung *f* (10), Bewérbungsschreiben *n* -s, -; подавáти ~у éine Éingabe máchen; ein Gesúch éinreichen, sich bewérben*; **~ка** 1) *(вимога)* Ánforderung *f* (10); 2) *(повідомлення про намір тощо)* Ánmeldung *f* (10); **~ляти, ~ити** erklären *vt*; mélden *vt (повідомляти)*; ~ляти про свої правá séine Réchte géltend máchen; ~ляти протéст Protést éinlegen, Éinspruch erhében*.

заялóжений 1) schmútzig, féttig, spéckig; 2) *перен.* ábgedroschen, ábgegriffen; ábgeschmackt, banál.

збагáчувати, збагатити 1) beréichern *vt*; reich máchen; ánreichern *vt*; 2) *гірн.* áufbereiten *vt*.

збагнути begréifen* *vt*, fássen *vt*, erfássen *vt*.

зберігáти, зберегти 1) *(не давати пропасти, зникнути)* áufbewahren *vt*; *тк. недок.* bérgen* *vt (містити)*; 2) *(тримати що-н. у певних умовах)* erhálten* *vt*, lágern *vt (на складі)*; hüten *vt (захищати, оберігати)*, bewáhren *vt (у пам'яті)*, béibehalten* *vt (дотримуватися)*; ~ таємницю ein Gehéimnis wáhren; 3) *(дбайливо ставитися до чого-н.)* schónen *vt*, spáren *vt (економити)*; **~ся** 1) sich erhálten*, erhálten bléiben* *vi* (s); sich éinprägen; 2) *тк. недок. (знаходитися, міститися)* sich befínden*, in Verwáhrung sein.

збивáти, збити 1) ábschlagen* *vt*, herúnterschlagen* *vt*; úmwerfen* *vt*; ábschießen* *vt*; zum Ábsturz bríngen* *(літак)*; 2) *перен. (заплутувати)* verwírren *vt*, írremachen *відокр. vt*; 3) *(стоптувати)* ábtreten* *vt*; schíeftreten* *відокр. vt*; 4) *(прибивати одне до одного)* zusámmenschlagen* *vt*; zusámmennageln *vt*; 5) *кул.* rühren *vt (яйця)*; (zu Schaum) schlágen* *(вершки, білки)*; búttern *vt (масло)*; ◊ ~ когó-н. з пантели́ку *розм.* j-n verwírren, j-n aus dem Konzépt bríngen*.

збивáтися, збитися 1) *(зсовуватися з місця)* sich verschíeben*, verrútschen *vi* (s) *(про пов'язку, шапку тощо)*; 2) *(відходити, відхилятися вбік)* ábkommen* *vi* (s), ábweichen* *vi* (s); ~ з дорóги vom Wég(e) ábkommen*; sich verírren; ~ з ноги aus dem Schritt kómmen*; nicht im Schritt géhen*; ~ з ніг *(дуже втомитися)* sich (D) die Füße áblaufen*; 3) *перен. (заплутуватися)* sich verwírrn, írre wérden; aus dem Konzépt [Text] kómmen*; 4) *(скупчуватися)* sich zusámmendrängen; sich zusámmenballen.

збирáти, зібрáти 1) sámmeln *vt*; 2) *(когó-н.)* versámmeln *vt*; zusámmenrufen* *vt*, éinberufen* *vt (скликати)*; 3) *розм. (споряджати)* fértigmachen *відокр. vt* (кудй-н. für *A*, in *A*, auf *A*); ~ в дорóгу réisefertig máchen; 4) *тех. (машину тощо)* (áuf)montíeren *vt*, zusámmenbauen *vt*; 5) *(нагромаджувати)* (án)sámmeln *vt*, ánhäufen *vt*; kollektioníeren *vt*; ~ колéкцію éine Kollektión zusámmenstellen; 6) *(сметану, піну тощо)* ábschöpfen *vt*, ábrahmen *vt*; 7) *(ягоди тощо)* lésen* *vt*, pflücken *vt*, sámmeln *vt*; ~ виногрáд Wéinlese hálten*; ~ урожáй érnten *vt*; 8) *(з підлоги, з землі)* áufheben* *vt*, áufsammeln *vt*, áuflesen* *vt*.

збирáтися, зібрáтися 1) *(сходитися, з'їжджатися)* sich versámmeln, zusámmenkommen* *vi* (s); 2) *(нагромаджуватися)* sich ánsammeln, sich ánhäufen; sich áufspeichern *(на складі)*; 3) *(готуватися)* sich fértigmachen *відокр.*; sich beréitmachen *відокр.*, fértig sein *(бути готовим)*; ~ в дорóгу réisefertig sein; 4) *(мати намір що-н. зробити)* beábsichtigen *vt*, vórhaben* *vt*, die Ábsicht háben; 5): ~ з дýхом Mut fássen; ~ з думкáми séine Gedánken sámmeln.

збирáч Sámmler *m* (6).

збит|ок Verlúst *m* (1), Náchteil *m* (1); Schäden *m* (7*); Éinbuße *f* (11); **~кóвий** verlústbringend; náchteilig.

збігáти, збігти 1) *(спускатися бігом)* hinúnterlaufen *vi* (s); 2) *(про рідину)* ábfließen* *vi* (s), áblaufen* *vi* (s); ◇ молокó збíгло die Milch ist übergelaufen; 3) *(про час)* verflíeßen* *vi* (s), vergéhen* *vi* (s), verláufen* *vi* (s); ◇ бaгáто водú збíгло da ist schon viel Wásse den Berg hinúntergeflossen.

збігáтися, збíгтися 1) herbéilaufen* *vi* (s) zusámmenlaufen* *vi* (s); 2) *(з'єднуватися)* zusámmenfließen* *vi* (s); 3) *(про одяг, тканину)* éingehen* *vi* (s), éinlaufen* *vi* (s); 4) *(відбуватися одночасно)* zusámmenfallen* *vi* (s).

збíльшувати, збíльшити vergrößern *vt*; verméhren *vt (примножити)*; erwéitern *vt (розширити)*; stéigern *vt (підвищити)*; verstärken *vt (посилити)*; **~ся** größer wérden, sich vergrößern; zúnehmen* *vi*; (áus)wáchsen* *vi* (s) *(вирости)*; stéigen* *vi* (s) *(підвищитися)*.

збíрка, збíрник Sámmlung *f* (10); Sámmelband *m* (1*).

збíрн|ий 1) Sámmel≠, Versámmlungs≠; ~ий пункт Sámmelpunkt *m* (1), Tréffpunkt *m* (1); 2) *тех., буд.* montíerbar; ~ий будúнок Fértighaus *n* (5); 3) *(з різних елементів)* zusámmengesetzt; vermíscht; ~а комáнда *спорт.* Áuswahlmannschaft *f* (10); Áuswahl *f* (10); 4) *грам.* Sámmel≠; ~ий іменник Sámmelwort *n* (5).

зближáтися *і* **зблúжуватися, зблúзитися** 1) sich (einánder) nähern, zusámmenrücken *vi* (s); 2) *перен.* vertráut wérden, sich befréunden (mit *D*).

зблíднути erbléichen* *vi* (s), bleich [blaß] wérden, erblássen *vi* (s); sich verfärben.

збожевóліти verrückt wérden, den Verstánd verlíeren*.

збóку séitlich, séitwärts; danében *(рядом)*.

збóри Versámmlung *f* (10); провóдити ~ éine Versámmlung ábhalten*.

збóрки *(на сукні тощо)* Fálten *pl.*

збрóйн|ий bewáffnet; ~і сúли Stréitkräfte *pl.*

збрó|я Wáffe *f* (11); брáти ~ю в рýки zu den Wáffen gréifen*; складáти ~ю die Wáffen strécken [níederlegen].

збувáтися, збýтися *(здійснюватися)* in Erfüllung géhen*.

збýдж|ення Errégung *f* (10), Áufregung *f* (10); **~увати** 1) *(розбурхувати що-н.)* errégen *vt*, ánregen *vt*, réizen *vt*; 2) *(хвилювати)* begéistern *vt*, ánfeuern *vt*; áufregen *vt*.

збудúти *(розбудити)* (áuf)wécken *vt*; erwécken *vt*.

збýдник Errégег *m* (6).

збут *ек.* Ábsatz *m* -es; Verkáuf *m* -(e)s *(продаж)*.

зважáти, звáжити *(на кого-н., на що-н.)* in Betrácht zíehen* *(A)*; berücksichtigen *vt*; Réchnung trágen* *(D)*; зважáючи на *(що-н.)* in Ánbetracht *(G)*, únter Berücksichtigung *(G)*.

звáжувати, звáжити 1) (áb)wíegen* *vt*; 2) *перен.* (er)wägen* *vt*.

звáжуватися, звáжитися 1) *(визначити свою вагу)* sich wíegen lássen*; 2) *(насмілюватися)* wágen *vt*, sich wágen; sich entschéiden* (на що-н. für *A*), sich entschlíeßen* (на що-н. zu *D*, für *A*).

звáлище Schúttabladeplatz *m* (1*), Müllabladeplatz *m* (1*), Müllhaufen *m* (7) *(купа сміття)*.

звáлювати, звалúти 1) *(змушувати падати)* úmwerfen* *vt*, zu Bóden wérfen* *(на землю)*; fällen *vt (дерево)*; 2) *(скидати вантаж)* hinábwerfen* *vt*, ábladen* *vt*; 3) *(накладати що-н. важке)* áufladen* *vt*, áufpacken *vt*; 4) *перен. (відповідальність тощо)* áufbürden *vt (D)*; ◇ ~ винý на кóго-н. j-m die Schuld in die Schúhe schíeben*; **~ся** (hináb)stürzen *vi* (s); (úm)fállen *vi* (s); ◇ у мéне нáче горá з плечéй звалúлася mir ist ein Stein vom Hérzen gefállen.

звáний: так ~ sógenannt.

званнÿ Rang *m* (1*), Títel *m* (6); учéне ~ wíssenschaftlicher Grad; вíйськóве ~ Díenstgrad *m*; ~ Герóя Радÿнського Сою́зу der Éhrentitel éines Hélden der Sowjétunion.

звáрник Schwéißer *m* (6).

звáрювати, зварúти *тех.* (zusámmen)schwéißen *vt*.

звáти 1) nénnen* *vt*, héißen* *vt*; як вас ~? wie héißen Sie?, wie ist Ihr Náme?; 2) *розм. (кликати, запрошувати)* rúfen* *vt*, éinladen* *vt*; bítten* *vt*; **~ся** héißen* *vi*, den Námen trágen*, sich nénnen*.

звéдення *(відомості, дані)* Zusámmenstellung *f* (10), Zusámmenfassung *f* (10); ~ погóди Wétterbericht *m* (1).

звéрнення Ánrede *f* (11); Áufruf *m* (1), Appéll *m* (1) *(заклик)*;

З

Adrésse *f* (11), Schréiben *n* (7) *(письмове)*.

звертáння *лінгв.* Ánrede *f* (11).

звертáти, звернýти 1) *(вбік)* éinbiegen* *vi* (s); ábbiegen* *vi* (s); áusweichen* *vi* (s) *(давати дорогу)*; ~ з дорóги vom Wége ábbiegen*; 2) *(спрямовувати)* sénden* *vt*, ríchten *vt*, lénken *vt*; zúkehren *vt (D)*; ~ увáгу на сéбе die Áufmerksamkeit auf sich zíehen; 3) *тк. док. розм. (ушкодити)* sich *(D)* verstáuchen; sich *(D)* verknácksen.

звертáтися, звернýтися sich wénden*, sich ríchten (до кóго-н. an *A*) sich zúwenden (до чóго-н. *D*).

звéрху 1) *(на питання «де?»)* óben; 2) *(зовні)* von áußen *(тж. перен.)*, von dráußen, von der Áußenseite; *перен.* dem Äußeren nach; 3) *(на питання «звідки?»)* von óben (heráb).

звикáти, зви́кнути sich gewöhnen (до чóго-н. an *A*); sich *(D)* etw. ángewöhnen, sich éingewöhnen (in *A*); etw. gewóhnt sein.

звинувáчення Beschúldigung *f* (10), Ánschuldigung *f*; Ánklage *f* (11).

звинувáчувати, звинувáтити beschúldigen *vt*, bezíchtigen *vt* (у чóму-н. *G*); ánklagen *vt* (у чóму-н. *G або* wégen *G*); ~ когó-н. в чóму-н, j-m etw. zur Last légen, j-m die Schuld gében*.

звисáти herúnterhängen* *vi*; herábhängen* *vi*.

зви́сока von óben heráb; geríngschätzig *(зневажливо)*.

звихнýти verrénken *vt*, áusrenken *vt*; verstáuchen *vt*; ~ нóгу sich *(D)* den Fuß vertréten*.

зви́чай Brauch *m* (1*); Sítte *f* (11); Hérkommen *n* (7) *(традиція)*.

звичáйн|ий gewöhnlich, üblich; éinfach *(простий)*; álltäglich *(буденний, повсякденний)*; gewóhnt *(звичний)*; állgemeingültig, lándläufig *(загальноприйнятий)*; ~а людúна ein Dúrchschnittsmensch; ~ий стýпінь *грам.* Pósitiv *m* (1); ~о 1) *присл.* gewöhnlich; 2) *у знач. вставн. сл.* gewíß, natürlich; fréilich, állerdings; sélbstverständlich; 3) *у знач. стверджувальн. част.* natürlich.

зви́чк|а Gewóhnheit *f* (10), Ángewohnheit *f*; за ~ою gewóhnheitsmäßig; auf gewóhnte Wéise, aus Gewóhnheit.

зви́чний gewóhnt, gewóhnheitsmäßig; üblich, álltäglich.

звíдки wohér.

звíдси 1) *(з цього місця)* von hier (aus, ab); 2) *(з цієї причини)* hieráus.

звíдти von dort (hér), von da; dahér; von drüben.

звідус|íль, ~ю́ди von überáll her; von állen Séiten.

звільня́ти, звільни́ти 1) befréien *vt*; fréigeben* *відокр. vt*; fréilassen* *відокр. vt*; 2) *(позбавляти)* erlösen *vt*; erlássen* *vt*; 3) *(вивільняти)* fréisetzen *відокр. vt (робочу силу, засоби тощо)*; 4) *(з роботи)* befréien *vt*, entlássen* *vt*, des Ámtes entpflíchten; entlóhnen *vt*; áusschließen* *vt*, relegíeren *vt*, exmatrikulíeren *vt (з навчального закладу)*; ~ у відпýстку *військ.* beúrlauben *vt*; ~ у відстáвку in den Rúhestand versétzen; 5) *(приміщення тощо)* räumen *vt*, fréimachen *відокр. vt*.

звільня́тися, звільни́тися 1) sich befréien, sich fréimachen *відокр.*; 2) *(позбуватися чого-н.)* etw. lóswerden* *відокр.* (s); sich *(D)* etw. vom Hálse schäffen *(розм.)*; 3) *(залишати місце роботи)* die Stélle áufgeben*, den Dienst quittíeren; ~ у відпýстку *військ.* sich beúrlauben lássen*; 4) *(про приміщення тощо)* fréi wérden, geräumt wérden; vakánt [va-] wérden *(про посаду)*.

звір Tier *n* (2); Béstie *f* (11) *(тж. перен.)*; **~и́нець** Tíergarten *m* (7*); **~ство** Gréueltat *f* (10), Bestialität *f* (10).

звіря́чий 1) Tier≠; tíerisch, animálisch *(як у звіра)*; 2) *перен.* tíerisch, bestiálisch, gráusam *(жорстокий)*.

звíстк|а Náchricht *f* (10), Bótschaft *f* (10); Mítteilung *f* (10); ◊ подавáти ~у про сéбе von sich *(D)* hören lássen*.

звіт Beŕicht *m* (1), Réchenschaftsbericht *m* (1); *бух.* Ábrechnung *f* (10); Réchenschaft *f*; **~ний** Réchnungs≠, Réchenschafts≠, Beríchts≠; **~увáти, ~увáтися** Réchenschaft áblegen; *бух.* ábrechnen *vi*; Réchnung légen (про щó-н. über *A*); Beŕicht erstátten.

звóдити, звестí 1) *(вниз)* herábführen *vt (у напрямку до того, хто говорить)*; hinábführen *vt (у напрямку від того, хто говорить)*; 2) *(плями тощо)* entférnen *vt*; heráusmachen *vt*; 3) *(піднімати)* hében* *vt*; 4) *(підводити)* hóchhelfen* *відокр. vi* (когó-н. *D*); 5) *(споруджувати)* erríchten *vt*, (áuf)báuen *vt*; ◊ ~ нанівéць zunichte máchen; ~ нáклеп на кóго-н verléumden *vt*; ~ з рóзуму j-n verrückt máchen, j-m den Kopf verdréhen; ~ рахýнки з ким-н. mit j-m ábrechnen; ~ в могйлу ins Grab bríngen*.

звóдитися, звестйся 1) *(вставати)* sich erhében*, sich áufrichten; ~ з постéлі áufkommen* *vi* (s); 2) *(змучитися)* von Kräften kómmen*; herúnterkommen* *vi* (s), erschöpft sein.

звolікáти zögern *vi*, záudern *vi*; verzögern *vt*.

зволóж|увати, ~ити feucht máchen, beféuchten *vt*, ánfeuchten *vt*.

зворóт 1) *(протилежний лицьовому бік)* Rückseite *f* (11), Kéhrseite *f* (11); дивйся на ~і! síeh(e) úmstehend; bitte wénden! *(скор.* b. w.); 2) *лінгв.* Wéndung *f* (10); дієприкметникóвий ~ Partizipiálkonstruktion *f* (10); **~ний** 1) *(спрямований назад)* Rück≠; rückgängig; 2) *(протилежний)* úmgekehrt, entgégengesetzt; gégenteilig; 3): ~ний бік *(виворт)* línke Séite, Kéhrseite *f*; 4) *грам.* reflexív, Reflexív≠; ◊ ~ний бік медáлі die Kéhrseite der Medaille [-'dalje].

зворýш|ливий rührend, ergréifend; bewégend; **~увати, ~йти** rühren *vt*, bewégen *vt*, ergréifen* *vt*.

звýжувати, звýзити veréngen *vt*; éinengen *vt*; énger máchen; *тех.* verjüngen *vt*; **~ся** énger wérden, sich veréngе(r)n; sich zusámmenziehen*; *тех.* sich verjüngen.

звук 1) Klang *m* (1*), Ton *m* (1*); 2) *фіз.* Schall *m* (1, 1*); 3) *фон.* Laut *m* (1); голоснйй ~ Vokál [vo-] *m* (1); прйголосний ~ Konsonánt *m* (8); **~овйй:** ~овйй сигнáл akústisches Signál; ~овйй фільм Tónfilm *m* (1); **~озáпис** Tónaufnahme *f* (11).

звучá|ння 1) Tönen *n* -s, Schall *m* (1, 1*), Ton *m* (1*), Klang *m* (1*); Láutung *f* (10); 2) *перен.* *(зміст, значення)* Nóte *f* (11); **~ти** 1) *(створювати звуки)* tönen *vi*; klíngen* *vi*; 2) *(поширюватися)* erschállen (*) *vi* (s), ertönen *vi* (s).

звýчний klángvoll, tónreich, klángreich; wóhlklingend.

зв'язк|а 1) *(однорідних предметів)* Pácken *m* (7); Bündel *n* (6); Bund *n* (2); 2) *анат.* (séhniges) Band *n* (5); голосові ~и Stímmbänder *pl*; 3) *лінгв.* Kópula *f*, *pl* -s.

зв'яз|óк 1) *(відносини, стосунки)* Verhältnis *n* (3*); Verbíndung *f* (10); Bezíehung *f* (10); 2) *(пошта, телеграф)* Náchrichtenwesen *n* -s; Post- und Férnmeldewesen *n* -s; 3) *(співвідношення)* Zusámmenhang *m* (1*); 4) *тех.* Verbíndung *f* (10), Verbánd *m* (1*); ◊ у ~кý з in Verbíndung mit *(D)*, in (im) Zusámmenhang mit *(D)*; у ~кý з цим in díesem Zusámmenhang.

зв'язувати, зв'язáти 1) bínden* *vt*; zusámmenbinden* *vt*; ~ вузлóм щo-н. etw. bündeln, ein Bündel máchen; 2) *перен.* bínden* *vt*, verknüpfen *vt*; це зв'язано з тим... das hängt damít zusámmen; **~ся** 1) *(установлювати зв'язок)* sich in Verbíndung sétzen; in Verbíndung tréten*; з ним мóжна ~ся по телефóну er ist telefónisch zu erréichen; 2) *розм.* *(вступати в стосунки з ким-н.)* sich éinlassen* (mit *D*).

згáдк|а 1) Erínnerung *f* (10); на ~у про кóго-н., про щo-. zum Ándenken an j-n, an etw. *(A)*; 2) *(побіжне називання кого-н., чого-н.)* Erwähnung *f* (10).

згáдувати, згадáти 1) sich erínnern (когó-н., щo-н., про кóго-н., про щo-н. an *A*); zurückdenken* *vi* (щo-н. an *A*); ~ про щo-н. sich *(D)* etw. ins Gedächtnis rúfen*; 2) *(побіжно називати)* erwähnen *vt*, nénnen* *vt*; **~ся:** мені згадáлося es fiel mir ein, es kam mir in den Sinn.

зганяти *і* **згóнити, зігнáти** 1) *(з місця)* verjágen *vt*, vertréiben* *vt (тж. перен.)*; 2) *(в одне місце)* zusámmentreiben* *vt*.

згáрячу in der Hítze; in der érsten Áufwallung.

згинáти, зігнýти bíegen* *vt*, verbíegen* *vt*; krümmen *vt*, béugen *vt*; **~ся** sich bíegen*, sich krümmen; sich néigen.

згíдно laut (*G*, *D*); entspréchend *(D)*.

зглянутися *(на кого-н., над ким-н.)* sich erbármen *(G)*, Mítleid háben (mit *D*).

згóда 1) Zústimmung *f*, Bewílligung *f* *(офіційна)*; Éinverständnis *n* -ses; 2) *(взаєморозуміння)* Éinvernehmen *n* -s, Éintracht *f*; ◊ ~! éinverstanden!, gut!, schön!, ábgemacht!

згóджуватися, згóдитися 1) *(на що-н.)* éinwilligen *vi* (in *A*); éingehen* *vi* (s) (auf *A*); éinverstanden sein (mit *D*); 2) *(з ким-н., з чим-н.)* béipflichten *vi (D)*, béistimmen *vi (D)*.

згоди́тися nützlich [táuglich, bráuchbar] sein, zustátten kómmen*, zu gebráuchen sein; von Nútzen sein.

згóдний, згóден 1) *(на що-н.)* wíllens, beréit *(готовий)*; 2) *(з ким-н., з чим-н.)* éinverstanden (mit *D*), überéinstimmend (mit *D*).

згóдом mit der Zeit, später, náchhér.

зголодні́ти húngrig sein [wérden], Húnger bekómmen*, Húnger háben.

3

згóрда 1) stolz; 2) *(зневажливо)* hóchmütig.

згори́ von óben (heráb); ~ донизу von óben bis únten.

згортáти, згорну́ти 1) *(складати)* zusámmenfalten *vt*; schlíeßen* *vt*, zúschlagen* *vt (зошит, книжку тощо)*; ~ намéт das Zelt ábbauen; 2) *(в трубку)* zusámmenrollen *vt*, zusámmenwickeln *vt*; 3) *перен. (виробництво тощо)* schlíeßen* *vt*, ábbauen *vt*; ~ робóти die Árbeiten éinstellen.

згóрток 1) Rólle *f* (11); 2) *(пакунок)* Tüte *f* (11).

згоря́ти *і* **згорáти, згорі́ти** 1) verbrénnen* *vi* (s), in Flámmen áufgehen*; níederbrennen* *vi*; 2) *перен. (через хворобу, важку працю)* sich áufreiben*; 3) *перен. (від почуття, бажання)* glühen *vi*; ~ від нетерпі́ння vor Úngeduld brénnen*.

згрáбний 1) fein; 2) *(спритний)* geschíckt, gewándt.

зграя 1) Schwarm *m* (1*); Schar *f* (10) *(тж. про людей)*; Zug *m* (1*); Rúdel *n* (6) *(вовків)*; Méute *f* (11) *(собак)*; 2) *перен. (банда)* Pack *n* -(e)s; Bánde *f* (11).

згрібáти, згребти́ 1) *(в одне місце)* zusámmenscharren *vt*; zusámmenschaufeln *vt (лопатою)*; zusámmenharken *vt (граблями)*; 2) *(скидати)* hinúnterscharren *vt*, herábschaufeln *vt (лопатою)*.

згу́бний verdérblich, únheilvoll, únheilbringend, schädlich.

згуртóвувати, згуртувáти veréinigen *vt*, (zusámmen)schließen *vt*; **~ся** sich veréinigen, sich zusámmenschließen*.

згу́щувати, згусти́ти verdícken *vt*, verdíchten *vt*, kondensíeren *vt*; ◊ ~ фáрби *перен.* (die Fárben) dick áuftragen*.

здавáти, здáти 1) übergében* *vt*; ábgeben* *vt*; áufgeben* *vt*; 2) *(внайми)* vermíeten *vt*; 3) *(противникові)* übergében* *vt*; räumen *vt*, áufgeben* *vt (залишати)*; 4) *розм.* ~ екзáмен das Exámen [die Prüfung] máchen [áblegen, bestéhen*].

здавáтися, здáтися I sich ergében*; kapitulíeren *vi*; ~ в полóн sich gefángengeben *відокр.*, sich ergében.

здавáтися, здáтися II 1) *(уявлятися)* schéinen* *vi*, áussehen* *vi (мати вигляд)*, den Ánschein háben; den Éindruck máchen *(справляти враження)*; 2) *безос.*: мені́ здає́ться es scheint mir, mir scheint es kommt mir vor; 3) *у знач. вставн. сл.*: здає́ться ánscheinend, schíenbar, wie es scheint.

здáвна von álters her; von jéher, seit lángem.

здáлек|а, ~у von wéitem; von fern her; ◊ починáти ~а weit áusholen.

здáтний *(на що-н., до чого-н.)* fähig (*G або* zu *D*), geéignet *(придатний)*.

здáча *(гроші)* Rest *m* -(e)s, Wéchselgeld *n* -(e)s.

здебі́льшого größtenteils; méistenteils, méistens.

здивувáння Verwúnderung *f* (10), Erstáunen *n* -s.

здирáти, здéрти 1) ábziehen* *vt (шкіру)*, ábrinden *vt (кору)*; 2) *(зривати)* ábreißen* *vt*; herúnterreißen* *vt*.

здихáти, здóхнути *(про тварин)* krepíeren *vi* (s).

здíбн|ий begábt, befähigt, fähig; **~ість** *перев. мн.* Fähigkeit *f* (10), Begábung *f* (10).

здíйснювати, здійсни́ти verwírklichen *vt*, dúrchführen *vt*, realisíeren *vt*; **~ся** sich verwírklichen; zustánde kómmen*; sich erfüllen, in Erfüllung géhen*, sich vollzíehen*.

здóбич Béute *f*, Raub *m* -(e)s.

здобувáти, здобу́ти 1) *(діставати)* erwérben* *vt*, beschäften *vt*; 2) *(добувати, виробляти)* heráusziehen* *vt*; hérstellen *vt*, erzéugen *vt*; 3) *(діставати з надр землі)* gewínnen* *vt*, fördern *vt*, ábbauen *vt*.

здобу́ток Erfólg *m* (1), Léistung *f* (10), Errúngenschaft *f* (10).

здо́гад, здога́дка Mútmaßung *f* (10), Vermútung *f* (10).

здога́д|ливий schártsinnig; **~уватися, ~а́тися** *(про що-н.)* vermúten *vt*, *док.* erráten* *vt*.

здола́ти 1) *(перемогти)* besíegen *vt*, bezwíngen* *vt*; überwältigen *vt*, überwínden* *vt (перебороти)*; ~ себе́ sich behérrschen; 2) *(справитися з чим-н.)* bewältigen *vt*, méistern *vt*; 3) *(змогти зробити що-н.)* können* *vi*, imstánde sein; 4) *(заволодіти — про фізичний стан)* überwältigen *vt*.

здоро́в|ий 1) gesúnd; kräftig *(сильний)*, 2) *розм. (великий)* groß, stark, kräftig, báumstark; ◊ бува́йте [бу́дьте] ~і! lében sie wohl! *(при прощанні)*; **~'я** Gesúndheit *f*; ◊ на ~'я! wohl bekómm's!; як ва́ше ~'я? wie ist Ihr Befínden?, wie geht es Íhnen (gesúndheitlich)?

здра́вниця Héilstätte *f* (11), Erhólungsheim *n* (2).

здрига́тися, здригну́тися 1) zusámmenzucken *vi* (s), zusámmenfahren* *vi* (s); 2) *(дрижати)* erbében *vi* (h, s), erzíttern *vi* (s).

здру́жуватися, здружи́тися sich befréunden, Fréundschaft schlíeßen*.

здува́ти, зду́ти wégblasen* *vt*, fórtpusten *vt (про людину)*; wégwehen *vt (про вітер)*.

зе́бра *зоол.* Zébra *n* -s, -s.

зеле́н|ий 1) grün *(тж. перен.)*; 2) *(недозрілий)* grün, únreif; ◊ ~ий теа́тр Fréilichtbühne *f* (11), Fréilichttheater *n* (6); ~ий во́гник *(таксі)* (brnnendes) Fréilicht *n* (5); дава́ти ~у ву́лицю чому́-н. grünes Licht für etw. *(A)* gében*.

зе́лень 1) *(рослинність)* Grün *n* -s; 2) *збірн. (овочі)* Gemüse *n* (6), Grünkram *m* -s.

земе́льний Land≠, Bóden≠, Grund≠.

землевла́сник Grúndbesitzer *m* (6).

земле|ро́б Lándmann *m* -(e)s, -leute, Báuer *m* (8, 13); **~ро́бство** Lándwirtschaft *f*, Áckerbau *m* -(e)s.

землетру́с Érdbeben *n* (7).

земля́ 1) Érde *f*; 2) *(суша)* Féstland *n* -(e)s; 3) *(грунт)* Érde *f*; (Érd)bóden *m* -s, Grund *m* -(e)s; **~к** Lándsmann *m* -(e)s, -leute.

земн|и́й 1) Érd≠; ~а́ ку́ля Érdkugel *f*, Érdball *m* -(e)s; 2) *перен.* írdisch; **~ово́дний** *зоол.* amphíbisch; **~ово́дні** *у знач. ім.* Ámphibi:en *pl*, Lúrche *pl*.

земсна́ряд Schwímmbagger *m* (6), Bágger *m*, Bággerschiff *n* (2).

зені́тка *військ. розм.* Flak *f*, *pl* - *i* -s.

зе́рно́ 1) Korn *n* (5), Sámenkorn *n*; *збірн.* Korn *n* -(e)s, Getréide *n* (6); 2) *(ядро)* Kern *m* (1); 3) *(дрібна часточка)* Korn *n* (5), Körnchen *n* (7); **~ви́й** Korn≠, Getréide≠; ~ві *у знач. ім.* Getréide *n* (6); **~схо́вище** Kórnspeicher *m* (6), Getréidespeicher *m*, Getréidelager *n* (6), Kórnkammer *f* (11).

з'є́днання *військ.* Verbánd *m* (1*).

з'є́днувати, з'єдна́ти verbínden* *vt*; veréinigen *vt*, veréinen *vt (об'єднувати)*; **~ся** sich in Verbíndung sétzen; sich veréinigen.

з-за, із-за 1) *(звідки)* hínter *(D)* ... hervór; вста́ти з-за сто́лу vom Tisch áufstehen*; з-за кордо́ну aus dem Áusland; 2) *(через кого-н. через що-н.)* wégen *(G, D)*; vor *(D)*; durch *(A)*.

ки?») von hínten; von rückwärts;

зза́ду *присл.* 1) *(на питання «де?»)* hínten; *(на питання «звідки?»)* von hínten; von rückwärts; 2) *прийм.* hínter.

зо́вні von áußen, von dráußen.

зим|а́ Wínter *m* (6); **~івля** Überwínterung *f* (10) *(худоби, рослин)*; **~о́вий** Winter≠; winterlich, wíntermäßig *(по-зимовому)*; ~ова́ спля́чка *зоол.* Wínterschlaf *m* -(e)s; **~остійки́й** überwínternd; wínterhart, wínterfest; **~о́ю** im Wínter; **~ува́ти** überwíntern *vi*.

зиск Gewínn *m* (1), Profít *m* (1); Nútzen *m* (7).

зібра́ння Sámmlung *f* (10); по́вне ~ тво́рів Gesámtausgabe *f* (11), gesámmelte [sämtliche] Wérke.

зізнава́тися, зізна́тися éingestehen* *vt*, bekénnen* *vt*.

зізна́ння 1) Bekénntnis *n* (3*), Geständnis *n* (3*), Éingeständnis *n* (3*); 2) *юр.* Áussage *f* (11).

зі́лля *збірн.* Kraut *n* (5).

зім'я́ти zerkníttern *vt*, zerknüllen *vt*; zerdrücken *vt*.

зіни́ц|я *анат.* Pupílle *f* (11); ◊ берегти́ як ~ю о́ка wie séinen Áugenapfel hüten.

зір Gesíchtssinn *m*; Séhkraft *f*; Séhvermögen *n* -s; ма́ти га́рний ~

З

gúte Áugen háben; мáти погáний ~ séhbehindert [schwáchsichtig] sein; óрган зóру *анат.* Séhorgan *n* (2); ◊ пóле зóру *перен.* Gesíchtskreis *m* -es, Blíckfeld *n* -(e)s; тóчка зóру Stándpunkt *m* (1), Gesíchtspunkt *m* (1); з тóчки зóру únter dem Gesíchtswinkel, vom Gesíchtspunkt.

зíрка Stern *m* (1); п'ятикýтна ~ ein fünfzackiger Stern; морськá ~ *зоол.* Séestern *m* (1).

зíткнення Zusámmenstoß *m* (1*), Zusámmenprall *m* (1).

зітхá|ння Séufzer *m* (6); **~ти** 1) séufzen *vi*, áufatmen *vi* *(полегшено)*; 2) *(по кому-н., по чому-н.)* sich séhnen (nach *D*).

з'їжджáти, з'їхати 1) *(спускатися)* herúnterfahren* *vi* (s); herúntergleiten* *vi* (s); 2) *(звертати)* éinbiegen* *vi* (s); **~ся** sich éinfinden*; ánkommen* *vi* (s); gefáhren kómmen*.

з'їзд Kongréß *m* -sses, -sse.

злáгод|а Éinvernehmen *n* -s, Éintracht *f*; жúти в ~і in gútem Éinvernehmen stéhen*; gut miteinánder áuskommen*; **~жений** gut organisíert, übereínstimmend; koordiníert.

злáзити, злíзти 1) hinúnterklettern *vi* (s), hinúntersteigen* *vi* (s) *(у напрямку від того, хто говорить)*; herúnterklettern *vi* (s), herúntersteigen* *vi* (s) *(у напрямку до того, хто говорить)*; hinúnterrutschen *vi* (s) *(сповзати)*; ~ з конá ábsitzen* *vi* (s), vom Pférde stéigen*; 2) *розм.* *(виходити — про пасажира)* áussteigen* *vi* (s); 3) *розм.* *(про шкіру, фарбу)* ábgehen* *vi* (s), sich áblösen, ábfallen* *vi* (s) *(відпадати)*.

зламáтися zerbréchen* *vi* (s); kapúttgehen* *відокр.* *vi* (s).

злáмувати, зламáти 1) zerbréchen* *vt*, zerschlágen* *vt*, kapútt máchen *(розм.)*, ~ (собі) рýку [нóгу] sich *(D)* den Arm [das Bein] bréchen*; 2) *(зносити)* ábbrechen* *vt*; 3) *(здолати)* bréchen* *vt*; überwínden* *vt*.

злúва Régenguß *m* -sses, -güsse, Régenschauer *m* (6), Plátzregen *m* (7), Wólkenbruch *m* (1*).

зливáти, злúти 1) *(разом)* zusámmengießen* *vt*; 2) *перен.* zusámmenziehen* *vt*, veréinigen *vt*; 3) *(зціджувати)* ábgießen* *vt*.

зливáтися, злúтися *і* **зіллáтися** 1) *(про ріки)* zusámmenfließen* *vi* (s); 2) *перен.* sich veréinigen; verschmélzen *vi* (s).

злúдні Élend *n* -s, äußerste Ármut, Not *f*.

злúзувати, злизáти áblecken *vt*, áuflecken *vt*.

зли|й 1) böse; bóshaft; erbóst; **~й** собáка ein schárfer [bíssiger] Hund; бýти **~м** на кóго-н. j-m zürnen, auf j-n [mit j-m] böse sein; 2) *(жорстокий)* grímmig; gráusam.

злипá|тися, злúпнутися zusámmenkleben *vi*; у мéне óчі **~ються** mir fállen die Áugen zu.

злúти ärgern *vt*; erzürnen *vt*; erbósen *vt*, böse máchen; **~ся** sich ärgern (на кóго-н., на щó-н. über *A*); zürnen *vi* *(D)*.

злíва 1) *(на питання «звідки?»)* von links, von der línken Séite; ~ напрáво von links nach rechts; 2) *(на питання «де?»)* links, línker Hand; ~ від мéне links von mir.

злíсний böswillig; böse, bóshaft.

лíсть Bósheit *f* (10); Wut *f*, Zorn *m* -(e)s *(гнів)*.

злíт 1) *перен.* Áufschwung *m* (1*); 2) *(з'їзд, збори)* Tréffen *n* -s; Zusámmenkunft *f*; 3) *(зустріч)* Tréffen *n* -s.

злітáти, • злетíти 1) áuffliegen* *vi* (s), sich hináufschwingen; stárten *vi* (s), áufsteigen* *vi* (s) *(про літак)*; ◊ ~ в повíтря in die Luft flíegen*; 2) *(опускатися)* hinúnterfliegen* *vi* (s) *(у напрямку від того, хто говорить)*; herúnterfliegen* *vi* (s) *(у напрямку до того, хто говорить)*; **~ся** 1) zusámmenfliegen* *vi* (s); ángeflogen kómmen*; 2) *перен. розм.* zusámmenlaufen* *vi* (s), zusámmenkommen* *vi* (s).

зло Übel *n* (6); Böse *sub n*; ◊ на ~ zum Trotz; zum Ärger.

злободéнн|ий aktuéll; **~е** питáння Tágesfrage *f* (11), éine brénnende [aktuélle] Fráge.

зловживá|ння Mißbrauch *m* -s; Übergriff *m* (1); **~ти** mißbráuchen *vt*.

зловúти (áb)fángen* *vt*, fássen *vt*, erwíschen *vt*; **~на** мíсці злóчину auf fríscher Tat ertáppen.

зловí|сний, ~щий únheilschwer, únheilvoll, únheilschwanger, únheilverkündend.

зловмúсний böswillig, übelgesínnt.

зловтíшáтися schádenfroh sein, hämische Fréude háben.

злóд|ій Dieb *m* (1); **~ійський** 1) Diebs-, Gáuner-; 2) *(злочинний)* méuchlerisch, verbrécherisch.

злопáм'ятний náchtragend, náchträgerisch; ráchsüchtig.

злорáд|ий, ~ний schádenfroh; hämisch; **~ство** Schádenfreude *f*.

злостúтися gehässig [bóshaft] sein, wüten *vi*.

злóчин Verbréchen *n* (7); Stráftat *f* (10); *юр.* Delíkt *n* (2); Gréueltat *f* *(тяжкий)*; вчинúти ~ ein Verbréchen begéhen*.

злочúн|ець Verbrécher *m* (6); Täter *m* (6); **~ний** verbrécherisch.

зло|щáсний únglücklich, únglückselig; **~якісний** *мед.* bösartig.

злякати erschrécken *vt*; áufschrecken *vt*; **~ся** erschrécken* *vi* (s), erschrókken sein, Angst bekómmen*.

змагá|ння Wéttbewerb *m* (1), Wéttstreit *m* (1); *спорт.* Wéttkampf *m* (1*); Wéttspiel *n* (2); **~тися** wétteifern *невідокр. vi*, im Wéttbewerb miteinánder stéhen*; *спорт.* sich méssen*.

змáлку von klein auf, von Kíndheit an [auf].

змарніти ábmagern *vi* (s), ábnehmen* *vi*, hóhlwangig wérden.

змéнш|ений, ~увальний *грам.* Verkléinerungs-, verkléinernd; **~увальна фóрма** Diminutív *n* (2), Verkléinerungsform *f* (10).

змéншувати, змéншити verkléinern *vt*, verríngern *vt*, vermíndern *vt*; **~ся** sich verríngern, kléiner wérden; zusámmenschrumpfen *vi* (s) *(скоротитися)*; ábnehmen* *vi*, zurückgehen* *vi* (s).

змéрзнути fríeren* *vi*, vor Kälte zíttern.

змивáти, змúти 1) ábwaschen* *vt* *(тж. перен.*, ábspülen *vt*; 2) *(зносити водою)* fórtschwemmen *vt*, wégspülen *vt*.

змикáти, зімкнýти: не ~ очéй kein Áuge zútun*; ~ лáви (рядú) *тж. перен.* die Réihen schlíeßen*; **~ся** 1) sich schlíeßen*; *військ.* sich zusámmenschließen*; 2) *(про очі)* zúfallen* *vi*.

змúлуватися sich erbármen (над ким-н. *G*, *або* над чим-н. über *A*); Mitleid háben (mit *D*).

змій 1) *міф* Dráche *m* (15); 2) *(паперовий)* (Papíer)drächen *m* (7).

змíна 1) Änderung *f* (10), Veränderung *f*, Wéchsel *m* -s; Modifikatión *f* (10); Úmgestaltung *f* (10) *(видозміна)*; Ábfolge *f* *(подій)*; 2) *(заміна)* Áuswechslung *f* (10), Ersátz *m* -es; Wéchsel *m* -s; 3) *(на заводі тощо)* Schicht *f* (10); 4) *(підростаюче покоління)* Náchwuchs *m* -es, die júnge Generatión.

змíнн|ий 1) veränderlich, variábel, Wéchsel≠, wéchselnd; **~а величинá** *мат.* Variáble [va-] *sub f*; **~ий струм** *ел.* Wéchselstrom *m* (1*); **~і частúни мóви** *лінгв.* flektíerbare Rédearten; 2) *тех.* ersétzbar, áustauschbar; 3) *(який працює позмінно)* Schícht≠, in Schíchten.

змíнювати, змінúти 1) ändern *vt*, verändern *vt*; wéchseln *vt*; úmgestalten *vt*; wándeln *vt*; 2) *(заміняти)* (aús)wéchseln *vt*, úmtauschen *vt*; **~ся** sich verändern, sich modifizíeren; sich wénden, úmschlagen* *vi* (s) *(напр., про погоду)*.

змíст 1) *(книги, статті)* Ínhalt *m* -(e)s; 2) *(суть, смисл)* Sinn *m* -(e)s; 3) *(перелік розділів, частин тощо)* Ínhaltsverzeichnis *n* (3*), Ínhaltsregister *n* (6); **~óвний** inhaltsreich; gehältvoll.

змітáти, змести́ 1) wégfegen *vt*, ábfegen *vt*; 2) *перен.* hinwégfegen *відокр. vt*; ◊ ~ з лицá землí dem Érdboden gléichmachen, vom Érdboden tílgen.

зміцнення Féstigung *f*, Stärkung *f*, Verstärkung *f*, Konsolidíerung *f*.

зміцнювати, зміцнúти 1) féstigen *vt*, verstärken *vt*, síchern *vt*, konsolidíeren *vt*; 2) *(здоров'я)* stärken *vt*, kräftigen *vt*; **~ся** sich féstigen; erstärken *vi* (s) *(тж. про здоров'я)*.

змішувати, змішáти 1) *(готувати суміш)* (ver)míschen *vt*, verméngen *vt*; zusámmenmischen *vt*; 2) *(перемішувати, розладнувати)* vermíschen *vt*, verwírren *vt*, in Únordnung bríngen*; 3) *розм.* *(переплутувати)* verwéchseln *vt*; **~ся** 1) sich vermíschen, sich verméngen; sich verwíckeln *(переплутатися)*.

зміá Schlánge *f* (11).

змóв|а Verschwörung *f* (10), Komplótt *n* (2); **~ник** Verschwörer *m* (6).

змóг|а: мáти **~у** die Möglichkeit háben, imstánde sein.

змóлоду von Júgend [von jung] auf.

змóршк|а Rúnzel *f* (11), Fálte *f* (11), Fúrche *f* (11); Krähenfüße *pl* *(біля очей)*; **~уватий** rúnz(e)lig, fáltig.

змýшувати, змýсити nötigen *vt*, zwíngen* *vt*.

знавéць Kénner *m* (6); Sáchverständige *m* (14); Fáchmann *m* (4) (*pl тж.* -leute) *(фахівець)*.

знайóм|ий 1) bekánnt; бýти **~им** bekánnt sein (з ким-н., з чим-н. mit *D*); 2) *у знач. ім.* Bekánnte *m* (14); **~ити** 1) bekánnt máchen (з ким-н. mit *D*); vórstellen *vt* *(представляти)*; 2) *(ознайомлювати)* bekánnt máchen *vt*; zéigen *vt* *(показувати)*; **~итися** 1) Bekánntschaft máchen (з ким-н. mit *D*); kénnenlernen *vt*; 2) *(ознайомлюватися)* sich bekánnt máchen, sich vertráut máchen (з чим-н. mit *D*); **~ство** Bekánntschaft *f* (10).

знак 1) Zéichen *n* (7) *(тж. перен.)*; Mérkzeichen *n* (7) *(позначка)*; ~ óклику Áusrufungszeichen *n*; ~ питáння Frágezeichen *n*; м'якúй ~ Wéichheitszeichen *n*; твердúй ~ Härtezeichen *n*; розділóвий ~ Sátzzeichen *n*; ~ рівності *мат.* Gléichheitszeichen *n*; 2) *(ознака)* Mérkmal *n* (2), Ánzeichen *n* (7), Kénnzeichen *n* (7); Vórzeichen *n* (7) *(прикмета)*; ◊ під **~ом** im Zéichen; ~ якості Gütezeichen *n*; подáти ~ комý-н. j-m éinen Wink gében*.

знаменúтий berühmt; bekánnt *(відомий)*.

знамéнник *мат.* Nénner *m* (6); звóдити до одногó (спíльного) **~а** *тж. перен.* auf éinen geméinsamen Nénner bríngen*.

знаменувáти bezéichnen *vt*, kénnzeichnen *невідокр. vt*.

знаннá Wíssen *n* -s; Kénntnis *f* (3) *(знайомство з чим-н.)*.

знарáддя 1) Wérkzeug *n* (2); Instrumént *n* (2); Gerät *n* (2); ~ mente *pl*; 2) *перен.* Wérkzeug *n* (2); Míttel *n* (6), Wáffe *f* (11).

знáти 1) *(що-н. про що-н.)* wíssen* *vt*; 2) *(мати знання)* kénnen* *vt*; ~ напáм'ять áuswendig kénnen*; 3) *(кого-н.)* kénnen* *vt*.

знáтний ángesehen, námhaft.

знáхідка Fund *m* (1).

знахíдний: ~ відмíнок *грам.* Ákkusativ *m* (1), Wénfall *m* (1*).

знахóдити, знайтú 1) (áuf)fínden* *vt*, áusfindig máchen; entdécken *vt* *(відкривати)*; 2) *(заставати)* vórfinden* *vt*; **~ся** 1) *(відшукатися)* sich fínden*; 2) *(бути, перебувати, міститися)* sich befínden*.

знáчення 1) *(важливість)* Bedéutung *f* (10), Wíchtigkeit *f* (10), Trágweite *f*; Wert *m* (1); набувáти ~ an Bedéutung gewínnen*; надавáти ~ чомý-н. etw. *(D)* Bedéutung béimessen*; Wert auf etw. *(A)* légen; 2) *(суть, зміст)* Bedéutung *f* (10), Sinn *m* -(e)s; Bedéutungsgehalt *m* (1) *(слова)*.

знáчит|и 1) bedéuten *vt*; bezéichnen *vt*; що це **~ь**? was hat das zu bedéuten?, wás soll das beságen [héißen]?; 2) *(мати значення, силу, вагу)* gélten* *vi*, Éinfluß háben.

знáчить *вставн. сл.* álso; fólglich.

значнúй *(чималий)* bedéutend, beträchtlich.

значóк Abzeichen *n* (7), Plakétte *f* (11).

зневá|га 1) *(почуття презирства)* Geríngschätzung *f*, Míßachtung *f*, Veráchtung *f*; 2) *(байдужість)* Vernáchlässigung *f*; 3) *(приниження)* Erníedrigung *f* (10), Demütigung *f* (10); **~жáти** 1) *(виявляти презирство, неповагу)* veráchten *vt*, mißáchten *vt*; 2) *(ображати, принижувати)* beléidigen *vt*, verlétzen *vt*; 3) *(нехтувати чим-н.)* vernáchlässigen *vt*; nicht beáchten; **~жливий** 1) *(недбалий)* geríngschätzig; náchlässig; 2) *(сповнений зневаги)* verächtlich, veráchtungsvoll.

зневíр|а Enttäuschung *f* (10), Únglaube(n) *m* (15, 7); **~ятися, ~итися** *(у кому-н., у чому-н.)* séinen Gláuben (an *A*) verlíeren*; enttäuscht sein.

знедóлений élend, únglücklich.

зненáцька únerwartet(erweise), únvermutet.

знесúлювати, знесúлити entkräften *vt*, schwächen *vt*; erschöpfen *vt*; **~ся** kráftlos [entkräftet, schwach] wérden, von Kräften kómmen*.

знéхотя úngern, únwillig, wíderwillig, widerstrébend.

знецíнювати, знецíнити entwérten *vt*, wértlos máchen.

знешкóд|жувати, ~ити únschädlich máchen; entschärfen *vt* *(бомбу, гранату)*.

знúжувати, знúзити sénken *vt*;

herábsetzen *vt*; ermäßigen *vt (ціни)*; **∼ся** sich sénken; sínken* *vi* (s), fállen* *vi* (s), zurückgehen *vi* (s) *(про ціни, температуру тощо)*; herúntergehen* *vi* (s) *розм. (про ціни)*; sich vermíndern.

знúзу 1) *(на питання «звідки?»)* von únten (her); ∼ вгóру von únten nach óben; 2) *(на питання «де?»)* únten.

знúзувати, знизáти: ∼ плечúма die Áchseln [mit den Áchseln] zúcken.

зникáти, знúкнути 1) (ver)-schwínden* *vi* (s); vergéhen* *vi* (s) *(про стан, почуття)*; 2) *(губитися)* verlórengehen* *відокр. vi* (s); abhánden kómmen*.

знúщ|увати, ∼ити 1) vernichten *vt*; zuníchte máchen; vertílgen *vt*; zerstören *vt (руйнувати)*; 2) *(скасовувати, ліквідувати)* áufheben* *vt*, ábschaffen* *vt*; beséitigen *vt*.

знімáти, знЯти 1) *(брати зверху)* ábnehmen* *vt*; herúnternehmen* *vt* (з чóго-н. von *D*); ábheben* *vt (телефонну трубку)*; 2) áusziehen* *vt (одяг, взуття)*; áblegen *vt (пальто)*; ábnehen* *vt*, ábsetzen *vt (головний убір)*; ábmachen *vt (годинник, каблучку, краватку)*; ábbinden* *vi (фартух)*; ∼ капелю́х den Hut zíehen* [lüften] (вітаючись); 3) entrínden *vt (кору)*, ábziehen* *vt(шкуру)*; érnten *vt (урожай)*; 4) *(звільняти з посади)* entlássen* *vt*; ábsetzen *vt (зміщати)*; ◊ з порЯдку дéнного von der Tágesordnung stréichen*; ∼ когó-н. з óбліку j-s Ábmeldung registríeren; ∼ кóпію éine Kopíe [Ábschrift] ánfertigen [máchen]; як рукóю знялó wie wéggewischt.

знíмок Áufnahme *f* (11); Phóto *n* -s, -s, Photographíe *f* (11), Bild *n* (5).

зніяковíти in Verwírrung [Verlégenheit] geráten*, verlégen wérden; bestürzt [verwírrt] sein.

знóв(у) wíeder; ernéut; von néuem, aufs néue.

знóсити, знестú 1) *(зверху вниз)* hinúntertragen* *vt*; 2) *(вітром тощо)* fórtwehen *vt*; fórtschwemmen *vt (водою)*; 3) *(руйнувати)* ábreißen* *vt*, ábbrechen* *vt*; 4) *(виносити нагору)* hináufbringen* *vt*; hináuftragen* *vt*; 5) *перен. (терпіти)* ertrágen* *vt*, áushalten* *vt*; 7): ∼ яйцé ein Ei légen.

знóшувати, зносúти *(одяг)* ábtragen* *vt*; ábnützen *vt*; *(взуття — ще)* áblaufen* *t*; **∼ся** sich ábnutzen, sich ábtragen*.

знущáтися *(з кого-н., з чого-н., над ким-н., над чим-н.)* verhöhnen *vt*; verspótten *vt*; bespötteln *vt*; sich über j-n, etw. *(A)* lústig máchen.

зобов'яз|ання Verpflíchtung *f* (10): брáти ∼ання die Verpflíchtung übernéhmen*; **∼увати, ∼áти** verpflíchten *vt*; **∼уватися, ∼áтися** sich verpflíchten, éine Verpflíchtun übernéhmen*.

зображáти *і* **зобрáжувати, зобразúти** 1) dárstellen *vt*, gestálten *vt*; schíldern *vt (описати)*; 2) *(на сцені)* dárstellen *vt*, spíelen *vt*.

зобрáження Ábbildung *f* (10); Bild *n* (5) *(картина)*; Zéichnung *f* (10) *(малюнок)*; кольорóве ∼ Fárbbild *n*.

зóвні 1) *(з зовнішнього боку)* von áußen, von dráußen, von der Áußenseite; 2) *(на зовнішній вигляд)* äußerlich, dem Äußeren nach; 3) *(за межами чого-н.)* dráußen.

зóвнішн|ій 1) äußerer, Áußen-; 2) *перен. (показний)* äußerlich; vórgetäuscht; *(який стосується відносин з іноземними державами)* áuswärtig, Áußen-; ∼я полíтика Áußenpolitik *f*.

зóвсім ganz; vollkómmen, völlig, gänzlich.

зóдчий Báumeister *m* (6); Árchitékt (8).

зозýля Kúckuck *m* (1).

зокрéмá 1) *(окремо, особисто)* im éinzelnen, éinzeln; 2) *у спол. з ім.* insbesóndere.

золá Ásche *f* (11).

золотúй gólden; Gold-.

зóлото *(метал)* old *n* -(e)s; ◊ не все те ∼, що блищúть es ist nicht álles Gold, was glänzt.

зомлівáти, зомлíти 1) in Óhnmacht fállen*, óhnmächtig wérden; die Besínnung verlíeren*; 2) *(терпнути)* gefühllos wérden.

зоологíчний zo|ológisch; ∼ сад (парк) zo|ológischer Gárten, Zó|o *m* - *i* -s, -s, Tíergarten *m* (7*).

зоолóгія Zo|ologíe *f*, Tierkunde *f*.

зоров|úй visuéll [vi-], Seh-; Gesíchts-; ∼á пáм'ять visuélles Gedächtnis.

зо́рян|ий Stern-; ~а ніч stérnklare Nacht.

зосере́джений *(про людину)* gesámmelt, konzentríert; áufmerksa *(уважний)*; ~ по́гляд ein gespánnter Blick.

зосере́джувати, зосере́дити 1) konzentríeren *vt*; zusámmenballen *vt*; *військ.* zusámmenfassen *vt*; 2) *(думки тощо)* sámeln *vt*; konzentríeren *vt*; **~ся** 1) *(про сили, війська)* sich ánsammeln, sich konzentríeren, sich ánhäufen; 2) *(про людину)* sich sámmeln, sich konzentríeren.

зо́шит Heft *n* (2); ~ для малюва́ння Zéichenheft *n*; но́тний ~ Nótenheft *n*.

з-під 1) *(звідки)* únter *(D)*; ... hervór; 2) *(звідки родом тощо)*: він ~ Ки́єва er kommt [stammt] aus der Nähe [aus der Gégend] von Kíew; 3): пля́шка ~ молока́ (léere Mílchflasche *f* (11); коро́бка ~ сірників Stréichholzschachtel *f* (11); 4): звільни́ти ~ ва́рти aus der Haft entlássen*.

зра́да 1) Verrát *m* -(e)s; 2) *(порушення вірності)* Úntreue *f*; Tréubruch *m* (1*) *(віроломство)*; 3) Ábkehr *f* *(ідеалам тощо)* (von *D*).

зра́джувати, зра́дити 1) verráten* *vt*; 2) *(порушувати вірність)* úntreu sein [wérden]; die Tréue bréchen*; 3) *(відмовлятися від своїх переконань, поглядів тощо)* préisgeben* *відокр. vt*; ~ своє́му сло́ву sein Wort bréchen*; 4) *перен.*: си́ли зра́дили мене́ méine Kräfte verságten [verlíeßen mich].

зрадли́вий 1) verräterisch; 2) *(невірний)* úntreu, tréulos; 3) *(обманливий)* trügerisch, tückisch; 4) *(мінливий)* veränderlich, wándelbar, únbeständig.

зра́дни|к Verräter *m* (6); Tréulose *m* (14); **~цький** verräterisch.

зразко́вий vórbildlich; béispielgebend; músterhaft.

зразо́к 1) *(пробний вибір)* Múster *n* (6), Wárenmuster *n* (6), Próbe *f* (11); 2) *(приклад)* Vórbild *n* (5), Béispiel *n* (2).

зра́зу sofórt; sogléich; im Áugenblick; únverzüglich; gléichzeitig, zugléich *(одночасно)*.

зре́штою 1) *(нарешті)* éndlich, schließlich, létzten Éndes; 2) übrigens, im übrigen.

зрива́ти, зірва́ти 1) ábreißen* *vt*; herúnterreißen* *vt*; (áb)pflücken *vt* *(квітку тощо)*; ábdecken *vt* *(дах)*; 2) *(руйнувати)* spréngen *vt*; zünden *vt* *(вибухом)*; 3) *(перешкоджати здійсненню чого-н.)* hintertréiben*; veréiteln *vt*; sabotíeren *vt*; ◊ ~ го́лос die Stímme überspánnen; **~ся** 1) herúnterfallen *vi* (s); ~ся з мі́сця lósstürzen *відокр. vi* (s).

зрівнова́жувати, зрівнова́жити áusgleichen* *vt*, ins Gléichgewicht bríngen*; *тех.* áuswuchten *vt*.

зрівня́ти gléichmachen *відокр. vt*, áusgleichen* *vt*; auf die gléiche Stúfe stéllen.

зрі́дка 1) biswéilen, zuwéilen, von Zeit zu Zeit; 2) *(де-не-де, місцями)* hier und da, stéllenweise.

зрі́зувати, зрі́зати 1) ábschneiden* *vt*, ábsägen *vt* *(спиляти)*; 2) *перен. розм.* *(на екзамені)* dúrchfallen lássen*.

зрі́л|ий reif; *перен.* *ще* réiflich; **~ість** Réife *f*.

зріст *(людини)* Wuchs *m* (1*), Statúr *f* (10), Größe *f* (11); висо́кий на ~ groß, hoch, hóchgewachsen; невисо́кий на ~ klein; kléinwüchsig; у весь [по́вний] ~ in gánzer [vóller] Größe, in Lébensgröße.

зрі́ти 1) réifen *vt* (s); 2) *перен.* heránreifen *vi* (s).

зрозумі́л|ий verständlich; klar *(ясний)*; ~а річ sélbstverständlich, es verstéht sich.

зроста́ння 1) Wáchsen *n* -s, Wáchstum *n* -s; Stéigerung *f* (10), Erhöhung *f* (10); 2) *(з'єднання)* Zusámmenwachsen *n* -s; Verwáchsen *n* -s.

зро́ш|ення *с. г.* Beríeselung *f*, Bewässerung *f*; **~увати** 1) *(зволожувати)* besprítzen *vt*, begíeßen* *vt*; 2) *с. г.* beríeseln *vt*, bewässern *vt*.

зру́бувати, зруба́ти ábschlagen* *vt*, ábhauen* *vt*.

зру́чн|ий 1) bequém, hándlich *(у користуванні)*; 2) *(сприятливий)* pássend, geéignet; ángemessen; günstig; **~о** 1) *присл.* bequém, pássend, recht; 2) *у знач. предик.* es paßt, es gehört sich, es schickt sich.

зру́шувати, зру́шити 1) *(зсовувати з місця)* rücken *vt*, schieben* *vt*; verschíeben*; bewégen *vt*, in Bewégung sétzen [bríngen*]; 2) *(рушити)* sich rühren, sich bewégen; sich in Bewégung sétzen.

зсере́дини von ínnen.
зсиха́тися, зсо́хнутися áustrocknen *vi* (s).
зсіда́тися, зсі́стися 1) *(про молоко, кров)* gerínnen* *vi* (s); zusámmenlaufen* *vi* (s), verkäsen *vi* (s) *(тк. про молоко)*; éinlaufen* *vi* (s), schrúmpfen *vi* (s) *(після прання)*.
зсо́вуватися, зсува́тися, зсу́нутися 1) sich verschíeben*; ins Zíehén kómmen* *(про скатерку тощо)*; ábrutschen *vi* (s); ~ набік auf die Séite rútschen; 2) *(зближатися)* zusámmenrücken *vi* (s).
зсу́кувати, зсука́ти zusámmendrehen *vt*, zusámmenzwirnen *vt*.
зуб Zahn *m* (1*); **~е́ць** Zahn *m* (1*); Zácke *f* (11); Zínke *f* (11); Zínne *f* (11) *(стіни, башти)*; **~ни́й** Zahn≠; ~ни́й біль Záhnschmerz *m* (13), ~на́ па́ста Záhnpasta *f*, *pl* -sten; ~а́ щі́тка Záhnbürste *f* (11).
зубр *зоол.* Wísent *m* (1).
зубри́ти *розм.* páuken *vt, vi*, óchsen *vt, vi* büffeln *vt, vi*.
зубча́ст|ий *тех.* Zahn-; Záhnrad≠; ~е ко́лесо Záhnrad *n* (5).
зумо́влювати, зумо́вити bedíngen(*) *vt*, hervórrufen* *vt*.
зупи́нк|а 1) Háltestelle *f* (11), Statión *f* (10); *розм. (відстань між двома пунктами)* Strécke *f* (11); 2) *(перебування)* Áufenthalt *m* (1); без ~и óhne háltzumachen; ununterbróchen; óhne Unterbréchung.
зупиня́ти, зупини́ти 1) stóppen *vt*; zum Stéhen [Stíllstand] bríngen*; ánhalten* *vt (машину)*; ~ кровотéчу das Blut stíllen; 2) *(дію, справу тощо)* unterbréchen* *vt*; 3) *(затримувати)* áufhalten* *vt*, zurückhalten* *vt*; 4) *(зір, погляд)* ríchten *vt*; lénken *vt*; **~ся** 1) stehenbleiben* *відокр. vi* (s), stíllstehen* *відор. vi* (s); 2) *(тимчасово поселитися)* ábsteigen* *vi* (s); éinkehren *vi* (s), verwéilen *vi*, Quartíer néhmen*; 3) *(перериватися)* áufhören *vi*, háltmachen *відокр. vi*.
зуси́лля 1) Bemühung *f* (10), Ánstrengung *f* (10), Kráftaufwand *m* -(e)s; спі́льними ~ми mit veréinten Kräften.
зу́стріч 1) Begégnung *f* (10); Tréffen *n* -s *(тж. спорт.)*, Zusámmentreffen *n* -s, Zusámmenkunft *f* (3); мі́сце ~і Tréffplatz *m* (1*); 2) *(прийом)* Empfáng *m* (1*); ~ Ново́го ро́ку Néujahrsfeier *f*, Silvesterfeier [-'vɛs-] *f*.
зустріча́ти, зустрі́нути, зустрі́ти 1) begégnen *vi* (s) (кого-н. *D*); tréffen* *vt*; fínden* *vt*, entdécken *vt (знайти)*; 2) *(піти назустріч)* entgégenkommen* *vi* (s); 3) *(приймати)* empfángen* *vt*, willkómmen héißen* *(кого-н.)*; ~ кого́-н. на вокза́лі j-n am Báhnhof ábholen; **~ся** 1) tréffen* *vt (зустріти)*; begégnen *vi* (s) (з ким-н. *D*) *(випадково)*; sich tréffen* *(заздалегідь домовившись)*; stóßen* *vi* (s) (з чим-н. auf *A*); vórkommen* *vi* (s) *(траплятися)*; 2) (сходитися разом) zusámmentreten* *vi* (s).
зустрі́чний 1) Gégen-; entgégenkommend; ~ пої́зд Gégenzug *m* (1*); 2) *у знач. ім.* Vorübergehende *m* (14); ◊ ~ план Gégenplan *m* (1*).
зухва́лий 1) frech, únverschämt, únverfroren; grob; 2) *(відчайдушно сміливий)* vermésseп, dreist, verwégen.
зці́джувати, зціди́ти ábgießen* *vt*.
зці́плювати, зці́пити zusámmenbeißen* *vt (зуби)*; zusámmendrükken *vt*, zusámmenpressen *vt*.
зчиня́ти, зчини́ти: ~ га́лас Lärm máchen.
зшива́ти, зши́ти 1) *(зшити разом)* zusámmennähen *vt*; zúnähen *vt*; héften *vt (книжки, газети)*; 2) *тк. док.* *(пошити)* nähen *vt*; sich (*D*) etw. nähen; nähen lássen.
зшкріба́ти *і* **зскріба́ти, зшкребти́** *і* **зскребти́** ábschaben *vt*, ábkratzen *vt*.
з'ю́рбитися, з'ю́рмитися sich ánsammeln, sich versámmeln.
зяб *с. г.* Hérbstacker *m* (6); о́ранка на ~ Hérbststurz *m* -es, Hérbstfurche *f* (11).
зя́бра Kíemen *pl*.
з'явля́тися, з'яви́тися 1) *(приходити, прибувати)* kómmen* *vi* (s); erschéinen* *vi* (s); *військ.* sich (án)mélden; 2) *(показуватися, появлятися)* erschéinen* *vi* (s), sich zéigen, zum Vórschein kómmen*; 3) *(виникати)* entstéhen* *vi* (s), auftreten* *vi* (s), áufkommen* *vi* (s); áuftauchen *vi* (s) *(про думки тощо)*.
з'ясо́вуватися, з'ясува́тися klárwerden* *відокр. vi* (s), sich áufklären, sich heráusstellen.
зять 1) *(чоловік дочки)* Schwiegersohn *m* (1*); 2) *(чоловік сестри)* Schwäger *m* (6*).
зя́яти kláffen *vi*, gähnen *vi*.

I

і I *спол.* und; і ... і ... sowóhl ... als auch; ◊ і так дáлі *(скор.* і т. д.) und so wéiter *(скор.* usw.), und so fort (*скор.* usf.); і такé інше *(скор.* і т. ін.) und ánderes mehr (*скор.* u. a. m.); und dergléichen mehr (*скор.* u. dgl. m.).

і II *част. підс.* 1) *(також)* auch; 2) *(навіть)* sogár; selbst; nicht éinmal; 3) *(саме)* geráde, eben.

ігнорувáти ignoríeren *vt*; sich hinwégsetzen, hinwéggehen* *vi* (s) (що-н. über *A*), überséhen* *vt*; nicht beáchten *(не помічати)*; kéine Notíz néhmen* (що-н. von *D*).

íго *див.* ярмó.

íграшк|а Spíelzeug *n* -s, Spíelsachen *pl*; **~óвий** Spíelzeug-, Spíelwaren≠; ~óвий магазúн Spíelwarenhandlung *f* (10).

íгрек Ýpsilon *n* -s, -s.

ідéйний Idé:en-; ideéll; ideológisch.

ідеолóгія Ideologíe *f* (11); Wéltanschauung *f*.

ідéя 1) Idée *f* (11); 2) *(думка, план)* Idée *f* (11), Éinfall *m* (1*); 3) *(основна думка)* Gründgedanke *m* (15).

ідúлія Idýll *n* -s, -e, Idýlle *f* (11).

ізолювáти isolíeren *vt*; ábsondern *vt*.

ізол|яція Isolatión *f*, Isolíerung *f*, Ábsonderung *f*; **~ьóваний** isolíert, ábgesondert; getrénnt.

ізотóпи *хім.* Isotópe *pl*; Nuklíde *pl*.

ізю́м Rosínen *pl*.

íкло Éckzahn *m*, Stóßzahn *m* (1*), Háuer *m* (6).

ікр|á 1) *біол.* Rógen *m* (7), Laich *m* (1), викидáти ~ý láchen *vi*; 2) *(для їжі)* Káviar [-vüa:r] *m* (1).

ілю́з|ія Illusión *f* (10); Täuschung *f* (10); **~óрний** illusórisch; trügerisch.

ілюмінáтор *мор.* Schíffsfenster *n* (6), Búllauge *n* (13).

ілюмінáція Illuminatión *f* (10), Féstbeleuchtung *f* (10).

ілюстратúвний illustratív, ánschaulich.

ілюструвáти illustríeren *vt*; *перен. тж.* veránschaulichen *vt*.

імéнник Súbstantiv *n* (2).

імітáція Imitatión *f* (10), Náchahmung *f* (10); Ersátz *m* -es.

імл|á dícker Nébel; **~úстий** nébelig.

іммігрувáти éinwandern *vi* (s); immigríeren *vi* (s).

імовíрн|ий wahrschéinlich; **~ість** Wahrschéinlichkeit *f*; цілкóм ~о áller Wahrschéinlichkeit nach; теóрія ~ості Wahrschéinlichkeitsrechnung *f*.

імпéрія Reich *n* (2), Káiserreich *n*.

íмпульс Impúls *m* (1), Ánstoß *m* (1*), Ántrieb *m* (1), Ánsporn *m* -(e)s.

ім'я́ Náme(n) *m* (15, 7), Vórname *m*, Rúfname *m (без прізвища)*; *(репутація)* Ruf *m* -(e)s; ~ та прíзвище Vór- und Zúname *m*; ~ та по бáтькові Vór- und Vátersname *m*; як вáше ~? wie ist Ihr Náme?; на ~, від íмені, íменем, в ім'я́ im Námen; університéт íмені Шевчéнка die Schewtschénko-Universität; ◊ назúвати рéчі своїми іменáми das Kind beim réchten Námen nénnen*.

інáкш|ий ánderer; **~е** 1) *присл.* ánders; 2) *спол.* sonst; ~е кáжучи mit ánderen Wórten.

інвалíд Invalíde [-va-] *m* (9), Verséhrte *m* (14), Körperbehinderte *m* (14); ~ вíйнú Kríegsbeschädigte *m* (14), Kríegsversehrte *m* (14).

інвентаризувáти inventarisíeren [-vɛn-] *vt*, den Bestánd áufnehmen.

інгалá|тор *мед.* Inhalatiónsapparat *m* (1); **~ція** Inhalatión *f* (10).

индивідуáльний individuéll [-vi-].

индú|к Trúthahn *m* (1*), Púter *m* (6); **~чка** Trúthenne *f* (11), Púte *f* (11).

індіáнець Indiáner *m* (6).

індíець Índer *m* (6), Índi:er *m* (6).

індýстрія Industríe *f* (11); важкá ~ Schwéridustrie *f* (11).

інéртн|ий inért; träge, úntätig, schlaff; *перен. тж.* índolent, lässig; **~ість** Trägheit *f*, Índolenz *f*.

інéрція *фіз.* Trägheit *f*.

ін'éкція *мед.* Injektión *f* (10), Éinspritzung *f* (10).

інженéр Ingenieur [inʒeˈnïø:r] *m* (1).

íній Reif *m* -(e)s, Ráuhreif *m*.

ініціатúв|а Initiatíve [-və] *f* (11);

Ánregung *f* (10); з ∼и когó-н. auf Initiatíve *(G)*, auf Ánregung *(G)*; з влáсної ∼и aus éigener Initiatíve.

ініціáтор Initiátor *m* -s, -tóren, Ánreger *m* (6), Úrheber *m* (6).

інкасáтор Éinkassierer *m* (6).

íнколи mánchmal, bisweílen, zuwéilen; von Zeit zu Zeit.

інкубáтор Inkubátor *m* -s, -tóren; Brútapparat *m* (1), Brútschrank *m* (1*), Brútofen *m* (7*).

іногорóдній áuswärtig.

íноді *див.* íнколи.

інозéм|ець Áusländer *m* (6); **∼ний** áusländisch, fremd, Áuslands≠; ∼на мóва Frémdsprache *f* (11).

інстáнція Instánz *f* (10).

інстúнкт Instínkt *m* (1), (Natúr)trieb *m* (1); **∼ивний** instinktív; únwillkürlich.

інститýт 1) *(наукова установа)* Institút *n* (2); наукóво-дóслідний ∼ Fórschungsinstitut; 2) *(вищий навчальний заклад)* Hóchschule *f* (11); архітектýрний ∼ Hóchschule für Architektúr; ∼ **інозéмних мов** Frémdspracheninstitut *n* (2).

інстрýк|тор Instrukteur [-'tø:r] *m* (1); ∼**тувáти** instruíeren *vt*; unterwéisen* *vt*; ∼**ція** Instruktión *f* (10).

інструмéнт Instrumént *n* (2), Wérkzeug *n* (2); Gerät *n* (2).

інсценувáти inszeníeren *vt*; *перен. тж.* vórtäuschen *vt*.

інтелігéнт Intellektuélle *m* (14); Géistesschaffende *m* (14); **∼ний** intelligént; intellektuéll.

інтелігéнція Intelligénz *f*.

інтенсúвн|ість Intensität *f*; ∼**ий** intensív.

інтенсифікувáти intensivíeren [-vi-] *vt*.

інтервáл Intervall [-'val] *n* (2); Ábstand *m* (1*); Zwíschenraum *m* (1*), Lücke *f* (11) *(відстань)*; *(у часі)* Zéitabstand *m* (1*), Zwíschenzeit *f* (10), Zeitspanne *f* (11); Unterbréchung *f* (10) *(перерва)*.

інтерв'ю Interview [-'vju:] *n* -s, -s; дáти ∼ ein Interview gewähren [gében*].

інтерéс Interésse *n* (13); виявля́ти ∼ Interésse zéigen (до чóго-н. für *A*); **∼и** Interéssen *pl*; Belánge *pl*; в ∼ах im Interésse.

інтерпретáція Interpretatión *f* (10); Déutung *f* (10), Áuslegung *f* (10).

інтúмний intím, vertráut, vertráulich.

інтонáція Intonatión *f* (10), Tónfall *m* -(e)s, Betónung *f* (10), Spráchmelodie *f* (11).

інтрúг|а Intríge *f* (11), Ränkespiel *n* (2); ∼**увáти** 1) intrigíeren *vi*, Ränke schmíeden; 2) *(викликати цікавість)* néugierig máchen.

інтуї́ція Intuitión *f* (10), Éinfühlungskraft *f*.

інфéкція *мед.* Infektión *f* (10), Ánsteckung *f* (10).

інфля́ція *ек.* Inflatión *f* (10); Géldentwertung *f* (10).

інформáтор Beríchterstatter *m* (6).

інформаційн|ий Informatións≠, informatórisch; ∼е повідóмлення Informatiónsbericht *m* (1).

інформáція Informatión *f* (10), Berícht *m* (1); *(довідка)* Áuskunft *f* (3).

інформувáти informíeren *vt*, Áuskunft gében*; benáchrichtigen *vt*, in Kénntnis sétzen.

інцидéнт Zwíschenfall *m* (1*), Vórfall *m* (1*).

íнш|ий ánderer; ∼ими словáми mit ánderen Wórten; не щo ∼е, як nichts ánderes als; це ∼а річ das ist étwas ánderes; ∼им рáзом ein ándermal; між ∼им únter ánderem.

іншомóвн|ий frémdsprachig; ∼е слóво Frémdwort *n* (5); словнúк ∼их слів Frémdwörterbuch *n* (5).

іподрóм Hippodróm *m*, *n* -s, -e; Rénnbahn *f* (10).

іржá Rost *m* -es; **∼вий** róstig; **∼віти** (ver)rósten *vi* (s).

ірҗáння Gewíeher *n* -s; **∼ти** wíehern *vi* *(про коня)*.

іригáція Irrigatión *f* (10), Bewässerung *f* (10).

іроні|зувáти ironisíeren *vi*; spótten *vi*; **∼чний** irónisch; spóttisch.

ірóнія Ironíe *f* (11); Spötteléi *f* (10); їдкá ∼ béißende Ironíe.

íскр|а Fúnke(n) *m* (15, 7); ◇ у мéне аж ∼и з очéй полетíли *розм.* mir vergíng Hören und Séhen; **∼úтися** fúnkeln *vt*, blítzen *vi*; *(про вино)* pérlen *vi*, sprühen *vi* *(тж. перен.)*.

існувá|ння Existénz *f* (10), Dásein *n* -s, Bestéhen *n* -s, **∼ти** existíeren *vi*, bestéhen* *vi*.

íспит 1) *див.* екзáмен; 2) *(ви-*

пробування) Versúch *m* (1), Test *m* (1) (*pl тж.* -s), Próbe *f* (11); Prüfung *f* (10) *(перевірка)*.
істéрика hystérischer Ánfall.
істерíя *мед.* Hysteríe *f* (11).
істин|а Wáhrheit *f* (10); **~ний** wáhr(haft), wírklich, echt.
істóр|ик Históriker *m* (6), Geschíchtsforscher *m* (6); **~ичний** históriscn, geschíchtlich; Geschichts≠.
істóрія Geschíchte *f* (11); новітня ~ Geschíchte der Néuzeit; стародáвня ~ Geschíchte des Áltertums; ~ серéдніх вікíв Geschíchte des Míttelalters.
istóта Wésen *n* (7), Geschöpf *n* (2).
істóтний wésentlich; bedéutend.
іти́ 1) géhen* *vi* (s); kómmen* *vi* (s) *(наближаючись)*; ~ пішки zu Fuß géhen*, láufen* *vi* (s); ~ на прогýлянку spazíerengehen* *відокр. vi* (s); ~ в гóсті zu Besúch géhen*; ~ додóму nach Háuse géhen*; ~ у відпýстку auf Úrlaub géhen*; ~ на війнý in den Kríeg zíehen*; 2) *(їхати, плисти)* géhen* *vi* (s), fáhren* *vi* (s); ~ на посáдку *ав.* zur Lándung ánsetzen; 3) *(наближатися)* kómmen* *vi* (s); іди́ сюди́! komm (hier)hér!; іди́ шви́дше! komm schnell!; 4) *(іти слідом за ким-н., за чим-н.)* fólgen *vi* (s) *(D)*; 5) *(функціонувати)* géhen* *vi* (s), láufen* *vi* (s); годи́нник (не) йде die Uhr geht (nicht); 6) *(про час)* vergéhen* *vi* (s); час іде́ шви́дко die Zeit vergéht schnell; 7): дощ іде́ es régnet; сніг іде́ es schneit; 8) *(про виставу, фільм)* gespíelt wérden; gegében wérden; láufen* *vi* (s) *(про фільм)*; сьогóдні іде́ «Натáлка Полтáвка» héute wird «Natálka Poltáwka» gespíelt [gegében]; 9) *(личити)* pássen *vi*, (gut) stéhen* *vi*, kléiden *vt*.
іхтіóлог Ichthyológe *m* (9).

Ї

їдá *див.* їжа.
їдáльня *(в квартирі)* Éßzimmer *n* (6), Spéisezimmer *n*; *(громадська)* Spéisesaal *m* -(e)s, -säle; Spéiseraum *m* (1*); *(студентська)* Ménsa *f* -, -sen; *(заводська)* Spéisewirtschaft *f* (10); Gáststätte *f* (11).
їдкий ätzend; béißend; bíssig.
їжа Éssen *n* -s; Kost *f*; Náhrung *f*; Spéise *f* (11).
їжáк Ígel *m* (6).
їзд|á Fáhren *n* -s; Fahrt *f*; Réisen *n* -s; *(верхова)* Réiten *n* -s; **~éць** Fáhrer *m* (6), Fáhrende *m* (14); *(вершник)* Réiter *m* (6).
їзд|ити fáhren* *vi* (s); *(подорожувати)* réisen *vi* (s); ~ вéрхи réiten* *vi* (s, h); ~ на велосипéді rádfahren* *vi* (s); ~ на автомобілі Áuto fáhren*; **~овий** 1) Fúhrmann *m* (4), Kútscher *m* (6); 2) *прикм.* Fahr≠; Reit≠; Zug≠.
їсти essen* *vt*; spéisen *vt*; *(про тварин)* fréssen* *vt*; *(роз'їдати)* zerfréssen* *vt*, дим їсть óчі der Rauch beißt in die Áugen.
їстівний 1) Eß≠, Náhrungs≠; 2) *(придатний для їжі)* éßbar.
їх 1) *(род., знах. відм. від особ. займ.* вони́) sie; я знáю їх ich kénne sie; 2) *присв.* ihr; *див.* їхній.
їхати 1) *див.* їздити; 2) *(від'їжджати)* ábfahren* *vi* (s), ábreisen *vi* (s), verréisen *vi* (s).
їхній *займ. присв.* ihr; ~ бáтько ihr Váter.

Й

ймовірний *див.* імовірний.
йняти: не ~ віри nicht gláuben
йог Jógi *m* -s, -s.
йогó 1) *(род., знах. відм. від особ. займ.* він, вонó) ihn; es; я знáю ~ ich kénne ihn; 2) *(присв. займ. перед ім.)* sein; ~ мáти séine Mútter.
йод Jod *n* -(e)s.
йомý *(дав. відм. від особ. займ.* він, вонó) ihm.
йóржик *(зачіска)* Bürstenschnitt *m* (1); стри́гтися ~ом das Haar bürstenförmig schnéiden lássen*.
йóрзати hin und her rútschen *vi* (s), nicht rúhig sítzen* *vi*.
йти *див.* іти́.

К

кабáн Éber *m* (6), Kéiler *m* (6); Wíldschwein *n* (2) *(дикий)*.

кáбель *тех.* Kábel *n* (6); електричний ~ Dráhtkabel *n*.

кабíна Kabíne *f* (11); Zélle *f* (11); Führerhaus *n* (5) *(вантажного автомобіля)*.

кабінéт 1) Árbeitszimmer *n* (6); Studíerzimmer *n (кімната для занять)*; Fáchzimmer *n (у школі)*; 2) Behándlungszimmer *n* (6) *(процедурний)*; Spréchzimmer *n (кабінет лікаря; приймальна)*; 3): ~ міністрів Kabinétt *n*.

каблýк Ábsatz *m* (1*); Hácken *m* (7).

каблýчка Ring *m* (1).

кáва Káffee *m* -s.

кáверз|а *розм.* Schikáne *f* (11); Intríge *f* (11), Ränke *pl*; **~ний** *розм.* 1) *(заплутаний)* ränkevoll; héimtückisch; ~не питáння éine spítzfindige Fráge, Dóktorfrage *f* (11); 2) *(підступний)* ränkesüchtig; héimtückisch.

кавовáрка Káffemaschine *f* (11).

кавýн Wássermelone *f* (11).

кадр *фото, кіно* Bild *n* (5); Fílmszene *f* (11); **~и** *(основний склад працівників)* Káder *pl*; Káderbestand *m* (1); **відділ ~ів** Káderabteilung *f* (10).

кажáн *зоол.* Flédermaus *f* (3).

казáрма Kasérne *f* (11).

казáти ságen *vt*; spréchen* *vt, vi*; réden *vt, vi*; кáжуть, що... man sagt [es heißt], daß...; ◊ відвéрто кáжучи óffen geságt [gestánden]; влáсне кáжучи éigentlich, im Grúnde genómmen; кóротко кáжучи kurz geságt; не кáжучи про те, що... geschwéige (denn), daß...; ganz zu schwéigen davón, daß...

кáзк|а Märchen *n* (7); нарóдна ~а Vólksmärchen *n*; **~óвий** märchenhaft, Märchen≠.

кайдáни Kétten *pl*; Fésseln *pl*.

кáктус *бот.* Káktus *m*-, -té|en, Kakté|e *f* (11).

каламбýр Wórtspiel *n* (2).

каламýт|ити 1) trüben *vt*, trübe máchen; ~ити вóду das Wásser trüben; 2) *перен. розм. (підбурювати)* (áuf)hétzen *vt*; **~ний** trübe; ◊ ловúти рúбу в ~ній воді im trüben físchen.

календáр Kalénder *m* (6); **~ний** Kalénder≠, kalendárisch.

калúна Schnéeball *m* (1*).

калí|ка Krüppel *m* (6); **~чити** 1) verkrüppeln *vt*, zum Krüppel máchen, verstümmeln *vt (тж. перен.)*; 2) *перен.* entstéllen *vt*, verdérben* *vt*; rádebrechen *невідокр. vt (мову)*.

калорúфер *тех.* Héizkörper *m* (6).

калорíйність Kaloríiengehalt *m* -(e)s; ~ пáлива Héizwert *m* (1), Wärmewert *m*.

калóрія *фіз.* Kaloríe *f* (11).

калю́жа Pfütze *f* (11); Láche *f* (11).

кáмера 1) *(приміщення)* Kámmer *f* (11); ~ схóву Gepäckaufbewahrung *f* (10); 2) *(тюремна)* Zélle *f* (11); 3) *(гумова)* Schlauch *m* (1*); Bállblase *f* (11) *(м'яча)*; 4) *фото* Kámera *f*, *pl* -s.

кáм|інь Stein *m* (1); ◊ держáти ~інь за пáзухою Groll (im Búsen) hégen; ~еня на ~ені не лишúти kéinen Stein auf dem ánderen lássen*; ~інь спотикáння Stein des Ánstoßes; нарíжний ~інь Grúndstein *m*, Éckstein *m*.

кам'ян|úй Stein≠, stéinern; ~úй вік *археол.* Stéinzeit *f*; **~úстий** stéinig, félsig, stéinreich; **~овýгільний** Stéinkohlen≠.

канáва Gráben *m* (7*); Gósse *f* (11) *(для води)*.

канáт Seil *n* (2); Tau *n* (2).

кандидáт Kandidát *m* (8); Ánwärter *m* (6).

канíкули Férien *pl*.

кант Kánte *f* (11), Bórte *f* (11); Vórstoß *m* (1*).

кáнути: ~ у вíчність verschwínden* *vi* (s); für ímmer vorbéi sein.

канцелярíя Kanzléi *f* (10); Ámtsstube *f* (11) *(тк. приміщення)*.

кáпати trópfen *vi* (h, s), (heráb)tröpfeln *vi* (h, *рідко* s), tríefen* *vi* (s), träufeln *vi*.

капелю́х Hut *m* (1*); надíти ~а den Hut áufsetzen; знýти ~а den Hut ábnehmen*; den Hut zíehen* (lüften) *(вітаючись)*.

капілýр 1) *фіз.* Kapilláre *f* (11), Háarröhrchen *n* (7); 2) *анат.* Kapilláre *f* (11).

капітáл Kapitál *n* (2) (*pl тж.* -li|en); змíнний ~ variábles [va-] Kapitál; оснóвний ~ fíxes Kapitál; постíйний ~ konstántes Kapitál.

капітал|íзм Kapitalísmus *m* -; **~істúчний** kapitalístisch; **~овклá-**

дення Kapitálanlage *f* (11); Kapitálinvestition [-vεs-] *f* (10).

капіта́льн|ий kapitál, Kapitál≠, Haupt-, gründlich, Generál≠; ~**е** будівни́цтво Investitiónsbau [-vεs-] *m* -(e)s; ~**ий** ремо́нт Generálreparatur *f* (10).

капіта́н *мор.* Kapitän *m* (1); *військ.* Háuptmann *m* -(e)s, -leute.

капітулюва́ти kapitulíeren *vi*; sich ergében*, die Wáffen strécken (*тж. перен.*).

капка́н Fángeisen *n* (7).

ка́пость *розм.* Geméinheit *f* (10).

капо́т *тех.* Mótorhaube *f* (11) (*автомобіля*).

капри́з Láune *f* (11), Grílle *f* (11); Kaprice [-sə] *f* (11); ~**ува́ти** Láunen háben, séinen Láunen fréien Lauf lássen.

капу́ста Kohl *m* (1); цвітна́ ~ Blúmenkohl *m*.

ка́р|а Stráfe *f* (11), Bestráfung *f* (10); ~**а́льний** Straf≠.

кара́сь Karáusche *f* (11).

кара́ти stráfen *vt*, bestráfen *vt*, máßregeln *vt*; züchtigen *vt*.

карбо́ванець Karbówanez *m*.

кар'є́р *гірн.* Tágebau *m* (1); Grúbe *f* (11); Stéinbruch *m* (1*) (*каменоломня*).

кар'є́р|а Karriére *f* (11); Láufbahn *f* (10); ~**и́зм** Karri¦erísmus *m* -, Strébertum *n* -s.

ка́рий bráun, kastáni¦enbraun.

карикату́ра Karikatúr *f* (10), Zérrbild *n* (5).

ка́рлик Zwerg *m* (1).

карнава́л Kárneval [-val] *m* (1) (*pl тж.* -s); Fásching *m* (1) (*pl тж.* -s).

карни́з Sims *m* (1), Gesíms *n* -es, -e.

ка́рний Kriminál≠, kriminéll, Straf≠, stráfrechtlich; ~ ко́декс Stráfgesetzbuch *n* (5); ~ ро́зшук Kriminálpolizei *f* (10); Kriminálbehörde *f* (11).

ка́рт|а Kárte *f* (11); географі́чна ~а Lándkarte *f*; ко́нтурна ~а Úmrißkarte *f*; ◊ ста́вити на ~у що-н. etw. auf éine Kárte sétzen.

карта́ти tádeln *vt* (за що-н. wégen *G*); éine Rüge ertéilen (за що-н. für *A*); j-m etw. vórwerfen*, j-m Vorwürfe máchen; ~ себе́ sich quälen, sich mártern.

карта́тий gewürfelt, kariert.

карти́н|а Bild *n* (5); Gemälde *n* (6); ~**ний** Bílder≠; ~на галере́я Bíldergalerie *f* (11), Gemäldegalerie *f* (11).

картка Kárte *f* (11); Zéttel *m* (6).

карто́н Páppe *f* (11), Kartón *m* (1) (*pl тж.* -s); ~**ка** Páppschachtel *f* (11), Kartón *m* (1) (*pl тж.* -s).

карто́пля Kartóffel *f* (11).

картоте́ка Kartothék *f* (10), Kartéi *f* (10).

карту́з Schírmmütze *f* (11).

ка́с|а Kásse *f* (11); ощáдна ~а Spárkasse *f*; квитко́ва ~а Fáhrkartenschalter *m* (6); ~**и́р** Kassíerer *m* (6).

ка́ска Helm *m* (1).

кастру́ля Kóchtopf *m* (1*).

кат Schárfrichter *m* (6), Hénker *m* (6).

катастро́ф|а Katastróphe *f* (11); автомобі́льна ~а Áutounfall *m* (1*); ~**і́чний** katastrophál.

ката́тися spazíerenfahren* *від-окр. vi* (s); ~ на ковзана́х Schlíttschuh láufen*; ~ на са́нках Schlítten fáhren*, ródeln *vi* (s).

категори́чний kategórisch, únbedingt, entschíeden.

катего́рія 1) Kategorie *f* (11); Grúndbegriff *m* (1); 2) (*розряд, група*) Grúppe *f* (11); Gáttung *f* (10); *спорт.* Klásse *f* (11).

ка́тер *мор.* Kútter *m* (6).

ка́тет *мат.* Kathéte *f* (11).

катува́ти fóltern *vt*, mártern *vt*; quälen *vt*.

кафе́ Café [ka'fe:] *n* -s, -s, Káffeehaus *n* (5).

ка́федр|а 1) (*для виступів*) Rédnerpult *n* (2); Léhrerpult *n* (2); 2) (*у вузі*) Léhrstuhl *m* (1*); Institút *n* (2); завíдуючий ~ою Léhrstuhlleiter *m* (6).

кача́ти (*повітря, рідину*) púmpen *vt*; ~**ся** 1) sich hin und her wérfen*, sich (herúm) wälzen; 2) (*гойдатися*) scháukeln *vi*; sich wíegen*; ~ся від смі́ху sich vor Láchen wälzen [kúgeln].

ка́ч|ка Énte *f* (11); ~**ур** Énterich *m* (1).

ка́ша 1) Grütze *f* (11); Brei *m* (1); 2) *перен.* Durcheinánder *n* (6), Wírrwarr *m* -s.

ка́ш|ель Hústen *m* (7); ~**ляти** hústen *vi*.

кашта́н 1) (*дерево*) Kastáni¦enbaum *m* (1*); 2) (*плід*) Kastáni¦e *f* (11).

каю́та *мор.* Kajüte *f* (11), Kabíne *f* (11).

К

каятися beréuen *vt*; bedáuern *vt* *(жалкувати за чим-н.)*.
кваліфікація Qualifikatión *f* (10).
квапити zur Éile ántreiben* *vt*; drängen *vt*; **~ся** éilen *vi*, sich beéilen; hásten *~vi*; es éilig háben.
квартал 1) *(четверта частина року)* Víerteljahr *n* (2); Quartál *n* (2); 2) *(частина міста)* (Stádt)víertel *n* (6).
квартир|а Wóhnung *f* (10); окрема ~а éigene [ábgeschlossene] Wóhnung; **~ант, ~онаймач** Míeter *m* (6).
квартплата Míete *f* (11).
квасоля Bóhnen *pl*.
кватирка Kláppfenster *n* (2).
квитанція Quíttung *f* (10), Empfángsbescheinigung *f* (10), Empfángsschein *m* (1); багажна ~ Gepäckschein *m* (1).
квиток 1) *(проїзний)* Fáhrkarte *f* (11); Fáhrschein *m* (1); 2) *(вхідний)* Éintrittskarte *f* (11); ~ в театр Theáterkarte *f*; 3) *(членський)* Buch *n* (5); Áusweis *m* (1); профспілковий ~ Gewérkschaftsbuch *n*; учнівський ~ Schülerausweis *m*; студентський ~ Studéntenausweis *m*.
квітень April *m* - *i* -s.
квіт|ка Blúme *f* (11), Blüte *f* (11); **~ник** Blúmengarten *m* (7*), Blúmenbeet *n* (13); **~нути** blühen *vi*; **~частий** 1) blúmenreich; 2) bunt, fárbenprächtig, fárbenreich.
кволий schwächlich, kränklich, gebréchlich.
квочка Brúthenne *f* (11), Glúcke *f* (11).
кедр *бот.* Zéder *f* (11).
кекс *кул.* Rosínenkuchen *m* (7).
келих Wéinglas *n* (5), Kelch *m* (1).
кемпінг Camping ['kɛm-] *n* -, -s, -s, Campingsplatz ['kɛm-] *m* (1*), Zeltplatz *m*.
кепкувати sich lústig máchen, spötteln *vi*, spótten *vi* (з кого-н., з чого-н., над ким-н., над чим-н. über *A*); áuslachen *vt*.
керівни|к Léiter *m* (6); Führer *m* (6); **~цтво** *збірн.* Léitung *f* (10); Führung *f* (10); Verwaltung *f* (10).
кермо Lénkrad *n* (5), Stéuerrad *n*.
керува|ння *грам* Rektión *f* (10); **~ти** léiten *vt*; führen *vt* *(машиною)*, betréuen *vt*; stéuern *vt* *(судном)*; lénken *vt*; verwálten *vt*; regíeren *vt* *(державою, тж. грам.)*; **~тися** sich ríchten (чим-н. nach *D*), sich léiten lássen* (von *D*).
кивати nícken *vi*; den Kopf néigen; ~ кому-н. j-m zúnicken.
кидати, кинути 1) wérfen* *vt*; schméißen* *vt*; schléudern *vt* *(жбурляти)*; 2) *(залишати)* verlássen* *vt*, im Stich lássen*; 3) *(переставати робити)* áufhören *vi* (що-н mit *D*); ◊ ~ жеребок das Los wérfen* [zíehen*], lósen *vi*; кинь! laß das [bléiben, sein]!; **~ся** sich wérfen*; sich stürzen; ~ся бігти davónlaufen* *vi* (s), die Flucht ergréifen*; ~ся навздогін за ким-н. j-m náchsetzen.
килим Téppich *m* (1).
кип|іти 1) kóchen *vi*, síeden* *vi*; 2) *(про море)* schäumen *vi*, bráusen *vi*, wállen *vi*; 3): ~іти гнівом vor Wut kóchen [schäumen]; ~іти ненавистю vor Haß glühen; **~учий** *перен.* rástlos, geschäftig; féurig; **~'ятити** (áb)kóchen *vt*, síeden* *vt*.
кисень *хім.* Sáuerstoff *m* -(e)s.
кис|лий sáuer, Sáuer≠; **~лота** *тж. хім.* Säure *f* (11); **~луватий** säuerlich; **~нути** 1) sáuer wérden, säuern *vi* (h, s); 2) *перен. розм.* míßmutig [míßgestimmt] sein, versáuern *vi*.
кит Wal *m* (1); Wálfisch *m* (1); **~обійний** Wálfang-; ~обійне судно Wálfanger *m* (6); ~обійний промисел Wálfang *m* (1*).
кишеня Tásche *f* (11).
кишечник *анат.* Darm *m* (1*), Gedärm *n* (2).
кишіти wímmeln *vi* (чим-н. von *D*).
кишка 1) *анат.* Darm *m* (1*); 2) *(шланг)* Schlauch *m* (1*).
ківш 1) (Schöpf)kélle *f* (11); 2) *тех.* ливарний ~ (Gieß)pfanne *f* (11); ~ екскаватора Bággereimer *m* (6).
кіг|оть 1) Králle *f* (11); Kláue *f* (11); 2) **~ті** *спец.* Stéigeisen *n* (7); ◊ потрапити в ~ті до кого-н. j-m in die Kláuen geráten*.
кілок Pfahl *m* (1*); Pflock *m* (1*).
кількіс|ний quantitatív; záhlenmäßig; ~ний числівник Grúndzahlwort *n* (5), Kardinálzahl *f* (10); **~ть** Ánzahl *f*; Ménge *f* (11); Quantität *f* (10).
кільце Ring *m* (1).
кімната Zímmer *n* (6); Stúbe *f* (11).
кінескоп Bíldröhre *f* (11), Empfángsröhre *f*; Férnsehröhre *f*.

K

кін|éць Énde *n* (13); Schluß *m* -sses, *pl* Schlüsse; Ábschluß *m*, Finále *n* -s, -s; **~éць** póку Jáhresschluß *m*, Énde des Jáhres; в ~ці квíтня Énde Apríl; довóдити до ~цá zu Énde führen [bríngen*], vollénden *vt*; ~éць робóчого дня Féierabend *m* (1), Tóresschluß *m*; ◊ під ~éць zum Schluß, zulétzt; без ~цá óhne Énde, unéndlich; поклáсти ~éць чомý-н. éiner Sáche *(D)* ein Énde máchen; ~éць ~цéм létzten Éndes, schlíeßlich (und éndlich).

кінó 1) *(кінематографія)* Fílmkunst *f*, Fílmwesen *n* -s; 2) *(кінофільм)* Film *m* (1); 3) *(кінотеатр)* Kíno *n* -s, -s; Fílmtheater *n* (6); **~актóр** Fílmschauspieler *m* (6); **~журнáл** Wóchenschau *f* (10); **~зíрка** Fílmstar *m* [-star] -s, -s; **~комéдія** Lústspielfilm *m* (1); **~механíк** Vórführer *m* (6); **~оперáтор** Kámeramann *m* (4) (*pl тж.* -leute); **~плíвка** Film *m* (1); Fílmstreifen *m* (7); **~режисéр** Filmregisseur [-ʒi.so:r] *m* (1); **~сеáнс** Kínovorstellung *f* (10); **~стрíчка** Fílmstreifen *m* (7); **~стýдія** Fílmstudio *n* -s, -s; **~сценáрій** Dréhbuch *n* (5).

кінофíльм Film *m* (1); дубльóваний ~ synchronisíerter [-kro-] Fim; кольорóвий ~ Fárbfilm *m*; короткометрáжний ~ Kúrzfilm *m*; навчáльний ~ Únterrichtsfilm *m*; наукóво-популя́рний ~ Kultúrfilm *m*; худóжній ~ Spíelfilm *m*; широкоекрáнний ~ Bréitwandfilm *m*.

кінохрóніка Wóchenschau *f* (10).

кíнськ|ий: ~а сúла *тех.* Pférdestärke *f* (11) (*скор.* PS).

кінцéвий End≠; Schluß≠; Finál≠; Grenz-.

кінчáти, кінчúти beénd(ig)en *vt*, vollénden *vt (завершити)*; (áb)-schlíeßen* *vt*; áufhören *vi* (+*inf* з *zu*), **~ся** énden *vi*, ein Énde néhmen*; zu Énde géhen*; áblaufen* *vi (про строк)*.

кінь 1) Roß *n* (2); **Pferd** *n* (2) *(тж. спорт.)*; Gaul *m* (1*) *(знев.)*; 2) *шахи* Pferd *n* (2), Springer *m* (6), Rössel *n* (6); хід конéм Rösselsprung *m* (1*).

кіóск Kiósk *m* (1), Verkáufsstand *m* (1*).

кіптя́ва Ruß *m* -es.

кір *мед.* Másern *pl.*

кіст|ка Knóchen *m* (7); Gräte *f* (11) *(риб'яча)*, ◊ слонóва ~ Élfenbein *n* -(e)s; **~ля́вий** knóchig; **~я́к** Knóchengerüst *n* (2); Geríppe *n* (6), Skelétt *n* (2).

кіт Káter *m* (6); ◊ ~ у чобóтях *фолькл.* der Gestíefelte Káter; як ~ наплáкав blútwenig.

кíшка Kátze *f* (11).

клáвіш(а) Táste *f* (11).

клáдовище Fríedhof *m* (1*).

клáнятися sich vernéigen, sich verbéugen; sich begrüßen *(вітатися)*.

клáп|оть, ~тик Stück *n* (2); Flícken *m* (7) *(латка)*, Fétzen *m* (7).

клас 1) *(у різн. знач.)* Klásse *f* (11); робітнúчий ~ Árbeiterklasse *f*; молóдші ~и *(у школі)* Únterstufe *f* (11); стáрші ~и höhere Klássen; Óberstufe *f*; випускнúй ~ Abitúrklasse *f*, Ábschlußklasse *f*; 2) *(приміщення)* Klásse *f* (11), Klássenzimmer *n* (6).

класифікувáти klassifizíeren *vt*.

класúчний klássisch.

клáс|ний Klássen≠; **~овий** Klássen-.

клáсти, поклáсти 1) légen *vt*; zúlegen *vt*; ~ на мíсце an Ort und Stélle légen; 2) *(мурувати)* áufführen *vt*, (hóch)zíehen* *vt (стіну)*; ◊ ~на мýзику vertónen *vt*; ~ кінéць (край) ein Énde beréiten [máchen, sétzen]; ~в оснóву zugrúnde légen *vt*.

клеї́т|и klében *vt*, léimen *vt*, **~ься** *розм.* (роз)мóва не ~ься das Gespräch kommt nicht in Fluß; das Gespräch gerät ins Stócken; спрáва не ~ься es klappt nicht!, die Sáche hólpert!

клей Leim *m* (1), Klébstoff *m* (1); **~кúй** klébrig, léimig.

клеймó Stémpel *m* (6); Zéichen *n* (7) *(знак)*; фабрúчне ~ Fabríkmarke *f* (11).

клейóнка Wáchstuch *n* (2).

клен Áhorn *m* (1).

клúкати, клúкнути 1) rúfen* *vt* (*тж.* nach *D* когó-н.); ~ на допомóгу zu Hílfe rúfen*; 2) *(запрошувати)* rúfen* *vt*, éinladen* *vt*; 3) *(закликати)* áufrufen* *vt*.

клин 1) Keil *m* (1); ◊ ~ ~ом вибивáють ein Keil treibt den ánderen; 2) *(у сукні тощо)* Zwíckel *m* (6); 3) *с. г.* Ácker *m* (6*).

кліéнт Kúnde *m* (9), Kliént *m* (8); **~ýра** Klientél *f* (10) *(юр)*; Kundenkreis *m* -es, Kúndschaft *f*.

клíмат Klíma *n* -s, *pl* -s *i* -máte; **~íчний** klimátisch.
клíніка Klínik *f* (10).
клíпати, клíпнути zwínkern *vi*, blínzeln *vt*.
клітúна *біол.* Zélle *f* (11).
клíтк|а 1) Käfig *m* (1); Vógelkäfig *m*, Báuer *n, m* (6) *(для птахів)*; 2) *(на папері, матерії тощо)* Würfel *m* (6); в ~у gewürfelt, karíert; груднá ~а *анат.* Brústkasten *m* (7, 7*).
кліть *гірн.* Förderkorb *m* (1*).
кліщ *зоол.* Mílbe *f* (11).
кліщі *тех.* Zánge *f* (11).
клонúти néigen *vt*, béugen *vt*; ◇ ~ гóлову sich fügen; мене клóнить на сон *безос.* mich schläfert, ich bin schläfrig.
клóп|іт Bemühungen *pl*. Mühen *pl*. Sórgen *pl (турботи)*, завдáти ~оту комý-н. j-m Schereréien máchen; **~ітлúвий** 1) *(про людину)* geschäftig; 2) *(про справу)* mühevoll; schwíerig; **~отáння** Gesúch *n* (2), Ántrag *n* (1*); Fürsprache *f*, Fürbitte *f (заступництво)*; **~отáтися** 1) *(поратися)* herúmwirtschaften *vi*, geschäftig sein; 2) *(просити за кого-н.)* Fürsprache [ein gútes Wort] éinlegen (für *A*).
клóун Clown [klaon] *m* -s, -s.
клуб Klub *m* -s, -s; Klúbhaus *n* (5) *(будинок)*.
клубó|к 1) Knäuel *m* (6), *n* (6); звивáтися в ~к sich wie ein Knäuel zusámmenringeln; 2) ~к дúму Ráuchschwaden *m* (7); **~чúтися** sich bállen, áufsteigen *vi* (s).
клýмба Blúmenbeet *n* (2).
клýнок Schúltersack *m* (1*), Quérsack *m* (1*), Bündel *n* (6).
клювáти, клюнути 1) *(про птахів)* pícken *vt*, hácken *vt* (mit dem Schnábel); 2) *(про рибу)* ánbeißen* *vi (тж. перен.)*; ◇ ~ нóсом *розм.* éinschlümmern *vi*, (éin)nícken *vi*; dúseln *vi (дрімати)*.
ключ 1) Schlüssel *m* (6); 2) *(пташиний)* Zug *m* (1*).
ключúця *анат.* Schlüsselbein *n* (2).
клю́чка 1) Hácken *m* (7); 2) *спорт.* Hockeyschläger [ˈhɔki-] *m* (6).
клястú verwünschen *vt*; verflúchen *vt*; **~ся** schwören* *vt, vi*.
кля́тв|а Schwur *m* (1*), Eid *m* (1); давáти ~у éinen Eid [Schwur] áblegen [léisten]; порýшити ~у den Schwur bréchen*, éidbrüchig wérden.
кля́тий verflúcht, verdámmt, verwünscht.
кмітлúвий geschéit, verständig, áuffassungsfahig; fíndig.
кнú|га Buch *n* (5); **~гáрня** Búchhandlung *f* (10).
кнúжк|а 1) *див.* кнúга; Büchlein *n* (7); залікóва ~а студéнта Matríkel *n* (11), Stúdienbuch *n* (5); записнá ~а Notízbuch *n* (5); ощáдна ~а Spárkassenbuch *n* (5); трудовá ~а Árbeitsbuch *n* (5); поклáсти грóші на ~у Geld auf die Spárkasse trágen*; 2) *(випуск журналу)* Heft *n* (2).
кнóпка 1) *ел.* Knopf *m* (1*), Táster *m* (6), Táste *f* (11); 2) *(канцелярська)* Réißzwecke *f* (11); 3) *(застібка)* Drúckknopf *m* (1*).
князь Fürst *m* (8).
коалíція Koalitión *f* (10); Alliánz *f* (10).
кобúла Stúte *f* (11).
кобурá Revolvertasche [-ˈvɔlver-] *f* (11), Pistólentasche *f* (11).
ковáль Schmíed *m* (1).
ковбасá Wurst *f* (3); варéна ~ Kóchwurst *f*, копчéна ~ geräucherte Wurst, Knáckwurst *f*; лíверна ~ Léberwurst *f*.
кóвдра Stéppdecke *f* (11).
ковзан|ú Schlíttschuhe *pl*; катáтися на ~áх Schlíttschuh láufen*; **~я́р** Schlíttschuhläufer *m* (6).
кóвзати gléiten* *vi* (s); rútschen *vi* (s).
ковтáти, ковтнýти 1) schlúcken *vt*; 2) *перен.* verschlíngen* *vt*; ◇ ~ словá Wórte verschlúcken; ~ сльóзи das Wéinen unterdrúcken.
ковтóк Schluck *m* (1).
кóдекс *юр.* Gesétzbuch *n* (5), Kódex *m* (1) *(тж.* -, -dizes); кáрний ~ Stráfgesetzbuch *n* (5); морáльний ~ Síttenkodex *m*.
коефіціéнт *мат., фіз.* Koeffiziént *m* (8); Wert *m* (1); ~ кóрисної дії *тех.* Wírkungsgrad *m* (1), Nútzeffekt *m* (1).
кóжн|ий jéder, álle; ~ого рáзу jédesmál; ~ого рáнку allmórgendlich, allmórgens.
коз|á Zíege *f* (11); **~éл** 1) Zíegenbock *m* (1*); 2) *спорт.* Bock *m (1*)*; **~ення́** Zícklein *n* (7).
козирóк *(кашкета)* Mützen-

schirm *m* (1); Áugenschutz *m* -es.
козýля, косýля Reh *n* (2).
коксохімíчний: ~ завóд Kokeréi *f* (10).
коксувáти verkóken *vt*, kóken *vt*.
кóлба *хім*. Kólben *m* (7), Gláskolben *m*.
колгóсп Kólchos *m, n* -, -chóse, Kolchóse *f* (11), Kollektívwirtschaft *f* (10); **~ник** Kólchosbauer *m* (8); **~ниця** Kólchosbäuerin *f* (12).
колгóтки Strúmfhose *f* (11).
колéга Kollége *m* (9) *(чоловік)*; Kollégin *f* (12) *(жінка)*.
колектúв Kollektív *n* (2); Geméinschaft *f*, Belégschaft *f* (10) *(робітників тощо)*; ~ викладачів Léhrkörper *m* (6); ~ худóжньої самодіяльності Kultúrgruppe *f* (11).
колекціон|éр Sámmler *m* (6); **~увáти** sámmeln *vt*.
колéкція Sámmlung *f* (10), Kollektión *f* (10).
кóлесо Rad *n* (5); ◊ вставляти пáлиці в колéса *розм*. Híndernisse in den Weg légen; п'яте ~ до вóза das fünfte Rad am Wágen.
колú 1) *присл. пит*. wann; 2) *присл. неозн*. mánchmal; 3) *спол. часу* а) *(для означення однократної дії в минулому)* als; ~ я йогó побáчив als ich ihn sah; б) *(для означення повторюваності дії в минулому; для теперішнього і майбутнього часу — щорáзу)* wénn; щорáзу, ~ він прихóдив... jédes Mal, wenn er kam...; ~я прихóджу, тебé немáє вдóма wenn ich kómme, bist du nicht zu Háuse.
коливá|ння 1) *фіз*. Schwíngung *f* (10); Oszillatión *f* (10); 2) *(мінливість)* Schwánkung *f* (10); **~ти** bewégen *vt*, in Bewégung bríngen*; **~тися** schwánken *vi*; schwíngen* *vi*; péndeln *vi (про маятник)*; oszillíeren *vi*, vibríeren [vi-] *vi (про струни)*.
коли-нéбудь írgendwánn.
колúска Wiege *f* (11).
колúсь einst, éhemals, vor Zéiten, éinmal.
колихáти scháukeln *vt*; wíegen *vt*; léise bewégen; **~ся** sich wiegen, sich scháukeln, sich léise [sanft] bewégen *(про листя)*; wéhen *vi (про прапор)*.
колúшній vórig, früher, vergángen, éhemalig.
колін|о 1) Knie *n* -s, -[kni:(ə)]; по ~а bis an die Knie; kníetief *(про воду тощо)*; kníehoch *(про траву тощо)*; 2) *тех. ще* Gelénk *n* (2), Schénkel *m* (6).
кóлір Fárbe *f* (11), Färbung *f* (10).
кóлі|я 1) Fáhrrinne *f* (11); Rádspur *f* (10); 2) *залізн.* Gleis *n* (2), Spur *f* (10); ◊ вибивáти з ~ї aus dem Gleis wérfen*; вибивáтися з ~ї aus dem Geléise gerâten*; вхóдити в ~ю ins Gleis kómmen*.
кóл|о I 1) Kreis *m* (1); прáвлячі ~а regíerende Kréise; у ~і сім'ї im Kréise der Famílie; ◊ Полярне ~о Polárkreis *m* -es; 2) *спорт.* Rúnde *f* (11).
кóло II *прийм.* 1) *(поблизу, біля)* nében, an *(A на питання «куди», D на питання «де»)*; bei *(D)*; 2) *(приблизно)* étwa, úngefähr, an, gégen *(A)*.
коловорóт *(рух. води, тж. перен.)* Wírbel *m* (6), Strúdel *m* (6); Kréislauf *m* (1*).
колóдязь 1) Brúnnen *m* (7); 2) *(шахта)* Schacht *m* (1*).
колóна *арх.* Säule *f* (11); Kolónne *f* (11) *(тж. про людей)*.
колоніáльний koloniál, Koloniál≠.
колóнія 1) Koloníe *f* (11); 2) *(поселення)* (Án)síed(e)lung *f* (10).
колóнка 1) Kolónne *f* (11) *(цифр)*; Spálte *f* (11) *(газетна)*; 2) *(водопровідна)* Hydránt *m* (8); 3) *(у ванній кімнаті)* Bádeofen *m* (7*); 4): бензозапрáвна ~ Tánksäule *f*.
колорáдський: ~ жук Kartóffelkäfer *m* (6).
колорúтний fárbenreich, fárbenprächtig.
кóлос Ähre *f* (11).
колосáльний kolossál, ríesig, úngeheuer groß.
колосúтися Ähren tréiben*, in die Ähren schíeßen*.
колóти 1) *(голкою тощо)* stéchen* *vt* (чим-н. mit *D*); у мéне кóле в бокý ich hábe Séitenstechen; 2) *(тварин)* ábstechen* *vt*, schláchten *vt*; 3) *(дрова)* spálten *vt*, hácke *vt*; 4) *перен. (дорікати)* stícheln *vt*.
колотúти 1) schütteln *vt*, dúrchschütteln *vt*, (úm)rühren *vt*, míschen *vt*; 2) *(каламутити)* trüben *vt*; 3) *(масло)* búttern *vt*; 4) *перен. (викликати неспокій, незгоду тощо)* (áuf)hétzen *vt*, áufwiegeln *vt*, Zwíetracht säen.

колю́ч|ий 1) stách(e)lig, Stáchel≠; dórnig *(про рослину)*; 2) *перен.* spitz, gíftig, béißend; **~ка** Stáchel *m* (13); Dorn *m* (13) *(у рослин)*; Splítter *m* (6).

коля́ска Wágen *m* (7); дитя́ча ~ Kínderwagen *m*; ~ мотоци́кла Béiwagen *m*.

кольоро́вий fárbig, bunt; Farb≠.

кома́нда 1) *військ. (наказ)* Kommándo *n* -s, -s; Beféhl *m* (1); 2) *військ. (загін)* Kommándo *n* -s, -s, Trupp *m* -s, -s; 3) *спорт.* Mánnschaft *f* (10); Team [ti:m] *n* -s, -s; футбо́льна ~ Fúßballmannschaft *f*, Fúßballelf *f* (10), Elf *f*; поже́жна ~ Féuerwehr *f* (10); Löschtrupp *m* -s, -s.

команди́р *військ.* Kommandeur [-dø:r] *m* (1), Führer *m* (6), Chef *m* -s, -s.

кома́нду|вання 1) *(дія)* Kommándo *n* -s; 2) *збірн.* Kommándo *n* -s, -s, Trúppenführung *f*, Léitung *f*; **~вати** kommandíeren *vi (тж. перен.)*; beféhligen *vt*, das Kommándo führen; **~ючий** Beféhlshaber *m* (6).

комáр Mücke *f* (11).

комáха Insékt *n* (13), Kérbtier *n* (2).

комбáйн Kombine [kɔm'baen] *f*, *pl* -s; зернови́й ~ Mähdrescher *m* (6); **~ер** *с. г.* Kombinefahrer [kem'baen-] *m* (6), Máhdrescherfáhrer *m* (6).

комбінáція Kombinatión *f* (10); Zusámmenstellung *f* (10).

комбінувáти kombiníeren *vt*; zusámmenstellen *vt*; veréinigen *vt*; beréchnen *vt*.

комéдія Komödie *f* (11) *(тж. перен.)*; Lústspiel *n* (2).

комендáнт 1) *військ.* Kommandánt *m* (8); 2) *(у гуртожитку тощо)* Háusverwalter *m* (6).

коментувáти kommentíeren *vt*, erläutern *vt*; áuslegen *vt*, déuten *vt*.

коми́ш Schilf *n* (2).

кóмік 1) Kómiker *m* (6) *(актор)*; 2) *розм. (жартівник)* Spáßvogel *m* (6*); Wítzbold *m* (1).

кóмір Krágen *m* (7).

комíсія Kommissión *f* (10), Áusschuß *m* -sses, -schüsse; екзаменацíйна ~ Prüfungskommission *f*.

комітéт Komitée *n* -s, -s, Áusschuß *m* -sses, -schüsse; Комітéт по роззбрóєнню Ábrüstungskomite *n*; викона́вчий ~ Vollzúgsausschuß *m*, Exekutívkomitee *n*.

комóра Getréidespeicher *m* (6). Schéune *f* (11); Vórratskammer *f* (11).

компáнія 1) Geséllschaft *f* (10). Persónenkreis *m* (1); 2) *(торгова тощо)* Kompaníe *f* (11); Hándelsgesellschaft *f* (10).

компенсáція Kompensatión *f* (10), Ábgeltung *f* (10), Áusgleichung *f* (10); Entschädigung *f* (10).

компетéнтний 1) *(про людину)* kompetént, sáchverständig, sáchkundig, máßgebend; 2) *(про установу)* zúständig, befúgt.

кóмплекс Kompléx *m* (1) *(тж. мат.)*; Gésamtheit *f* (10).

комплéкт 1) *(набір)* Satz *m* (1*); Garnitúr *f* (10) *(білизни)*; Jáhrgang *m* (1*) *(журналів)*; 2) *(повне число чого-н., норма)* komplétte Ánzahl; **~ний** komplétt; **~увáти** komplettíeren *vt*; vervóllständigen *vt*, ergänzen *vt*.

комплéкція Körperbau *m* (1), Gestált *f* (10).

компози́тор Komponíst *m* (8).

компон|éнт Komponénte *f* (11). Bestándteil *m* (1); **~увáти** zusámmenstellen *vt*, ánordnen *vt*.

компóстер Lócher *m* (6); Lóchzange *f* (11).

компрéс Komprésse *f* (11), Úmschlag *m* (1*), Wickel *m* (6).

компрометувáти kompromittíeren *vt*, blóßstellen *відокр. vt*.

компромíс Kompromíß *m*, *n* -sses, -sse, Áusgleich *m* (1); іти́ на ~ éin(en) Kompromíß éingehen*.

комп'ю́тер Computer [kɔm'pju:ter] *m* (6), elektrónische Réchenmaschine *f* (10).

конвáлія *бот.* Máiglöckchen *n* (7).

конвéйєр Flíeßband *n* (5).

конвéрт *(для листів)* 1) Bríefumschlag *m* (1*), Úmschlag *m*; 2) *(для немовлят)* Stéckkissen *n* (7).

конвóй Eskórte *f* (11); Schútzgeleit *n* (2).

конву́льсія *мед.* Konvulsión [-vul-] *f* (10), Krampf *f* (1*), Zúkkung *f* (10).

конди́терська Konditoréi *f* (10), Féinbäckerei *f* (10).

конду́ктор Schäffner *m* (6).

конкурéнція Konkurrénz *f*; Wéttbewerb *m* (1).

кóнкурс Wéttbewerb *m* (1), Wéttstreit *m* (1); Préisausschreiben *n* (7); оголоси́ти ~ на посáду

К

éine Stélle áusschreiben*; **~ний** Wéttbewerb(s)-; ~ний екза́мен Áufnahmeprüfung *f* in Form éines Wéttbewerbs.
коно́плі *бот.* Hanf *m* -(e)s.
консерву́вати konservíeren [-'vi:-] *vt*; éinmachen *vt*, éinwecken *vt*.
конспе́кт Konzépt *n* (2), Ínhaltsübersicht *f* (10); Konspékt *m* (1).
конспектува́ти konspektíeren *vt*.
kurz zusámmenfassen; éinen Konspékt zusámmenstellen.
констатува́ти konstatíeren *vt*, féststellen *відокр. vt*.
конституці́йний konstitutionéll, verfássungsmäßig.
конститу́ція I Verfássung *f* (10), Konstitutión *f* (10).
конститу́ція II *фізіол. мед.* Körperbau *m* -(e)s, Konstitutión *f* (10).
констру́ктор 1) Konstrukteur [-'tø:r] *m* (1); 2) *(іграшка)* Konstruktiónsbaukasten *m* (7); Stabílbaukasten *m*.
констру́кція 1) Konstruktión *f* (10); Áufbau *m* -(e)s, -ten; Báuart *f* (10); Báuweise *f* (11); 2) *грам.* Bau *m* -(e)s, Fügung *f* (10).
ко́нсульство Konsulát *n* (2).
консульта́нт Beráter *m* (6).
консульта́ція 1) Konsultatión *f* (10); Berátung *f* (10); 2) *(установа)* Berátungsstelle *f* (11).
контине́нт Kontinént *m* (1), Féstland *n* (5).
конто́ра Kontór *n* (2), Büró *n* -s, -s, Geschäftsraum *m* (1*).
контраба́нд|а 1) Schmúggel *m* (6); 2) *(товари)* Schmúggelware *f*, Kónterbande *f* (11), Bánnware *f*; **~и́ст** Schmúggler *m* (6).
контр|ата́ка *військ.* Gégenangriff *m* (1); Gégenstoß *m* (1*); **~на́ступ** Gégenoffensive [-və] *f* (11), Gégenangriff *m* (1).
контролюва́ти kontrollíeren *vt*, überwáchen *vt*, prüfen *vt*.
контро́ль Kontrólle *f* (11), Überwáchung *f* (10); **~ний** Kontróll≠.
контрро́звідка Spionágeabwehr [ʒə-] *f*; Ábwehrdienst *m* -es.
конту́зити quétschen *vt*.
ко́нтур Kontúr *f* (10), Úmriß *m* -sses, -sse.
ко́нус Kégel *m* (6).
конферансьє́ *театр.* Conferencier [kɔnferan'sie:] *m* -s, -s, Ánsager *m* (6).
конфере́нція Konferénz *f* (10); Tágung *f* (10).
конфіск|а́ція Konfiskatión *f* (10), Éinziehung *f*; Beschlágnahme *f* (11); **~ува́ти** konfiszíeren *vt*; éinziehen* *vt*; beschlágnahmen *невідокр. vt*.
ко́нче 1) únbedingt, ganz bestímmt; 2) äußerst, sehr.
ко́нюх Stállknecht *m* (1), Pférdepfleger *m* (6).
коню́шня Pférdestall *m* (1*).
конья́к Kognak ['kɔnjak] *m* (1) (*pl тж.* -s), Wéinbrand *m* (1).
кооперати́в 1) *(організація)* Genóssenschaft *f* (10); житлобудівний ~ Wóhnungsbaugenossenschaft *f*; 2) *(магазин)* Kónsum *m* -s, -s.
копа́лини: кори́сні ~ Minerálilen *pl*, Bódenschätze *pl*.
копа́ти (úm)gráben* *vt*; (áus)gráben* *vt (викопувати)*.
копи́то Huf *m* (1), Kláue *f* (11).
копі́йка Kopéke *f* (11).
копітки́й mühsam, mühselig; zéitraubend.
копіюва́|льний Kopíer≠; **~льний** папі́р Kóhlepapier *n* (2); **~ти** 1) kopíeren *vt*, ábschreiben* *vt*; 2) *перен.* kopíeren *vt*; náchahmen *vi* (кого-н. *D*).
ко́пія Kopíe *f* (11), Ábzug *m* (1*) *(фотографія)*; Ábschrift *f* (10); Dúrchschlag *m* (1*) *(машинописна)*; *перен.* Ébenbild *n* (5).
копоши́тися wímmeln *vi*, kríbbeln *vi*.
копче́ний geräuchert, Räucher≠.
кора́ Ríndе *f* (11); Krúste *f* (11); Bórke *f* (11) *(дерева)*; ◊ земна́ ~ *геол.* Érdrinde *f*, Érdkruste *f*.
корабе́ль Schiff *n* (2); сіда́ти на ~ an Bord géhen*.
кордо́н Grénze *f* (11); держа́вний ~ Stáatsgrenze *f*; за ~ ins Áusland; за ~ом im Áusland; з-за ~у aus dem Áusland.
коректува́ти korrigíeren *vt*; beríchtigen *vt (тж. військ.)*; verbéssern *vt*.
корени́тися wúrzeln *vi*.
кореспонде́н|т Korrespondént *m* (8); Beríchterstatter *m* (6); **~ція** 1) *(листування)* Korrespondénz *f* (10), Bríefwechsel *m* -s; 2) *збірн.* Bríefsendungen *pl*; 3) *(газетна)* Korrespondénz *f* (10), Zéitungsbericht *m* (1).
корзи́на Korb *m* (1*).
кори́с|ливий éigennützig; gewínnsüchtig, hábsüchtig; **~ний** nützlich, nútzbringend, nútzbar.

користува́тися benútzen *vt*, gebráuchen *vt*; Gebráuch máchen (чим-н. von *D*); genießen* *vt*.

ко́рисmь Nútzen *m* -s; Vórteil *m* (1); іти́ на ~ кому́-н. j-m zum Bésten [Vórteil] geréichen *(D)*; j-m zugúte kómmen *(D)*, j-m von Nútzen sein *(D)*; на чию́-н. ~ zugúnsten von *(D)*, zu j-s Gúnsten; раху́нок 3:5 на на́шу ~ *спорт*. fünf zu drei für uns.

кори́тися sich unterwérfen*, sich unterórdnen; sich fügen (чому́-н. in *A*); gehórchen *vi*.

кори́чневий braun, zímtfarben.

корі́вник, корі́вня *с. г.* Kúhstall *m* (1*).

ко́р|інь 1) Wúrzel *f* (11); 2) *мат.* Rádix *f*, *pl* -dizes, Wúrzel *f* (11); квадра́тний ~інь Quadrátwurzel *f*; добува́ти ~інь die Wúrzel zíehen*, radizíeren *vt*; 3) *грам.* Wúrzel *f* (11); ◊ ~інь зла die Wúrzel des Übels; на ~ені auf dem Hálm(e); в ~ені von Grund aus, völlig; вирива́ти з ~енем mit der Wúrzel áusrotten; диви́тися в ~інь (éiner Sáche) auf den Grund séhen* [géhen*, kómmen*].

корм Fútter *n* (6), Fúttermittel *n* (6); Fraß *m* (1).

коро́бка 1) Scháchtel *f* (11); Karton [-'tɔŋ] *m* -s, -s; ~ сі́рників éine Scháchtel Stréichhölzer, Stréichholzschachtel *f* (11); 2) *(кістяк будівлі)* Gerüst *n* (2), Máuern *pl*; 3) *спец.* Gehäuse *n* (6); Kápsel *f* (11); ~ шви́дкостей, ~ переда́ч Wéchselgetriebe *n* (6); ◊ черепна́ ~ *анат.* Hírnschale *f* (11), Schädeldach *n* (5).

коро́в|а Kuh *f* (3); доїти ~у éine Kuh mélken*.

коро́ль König *m* (1) *(тж. шах., карт.)*.

ко́роп Kárpfen *m* (7).

коро́тк|ий 1) kurz; 2) *(стислий)* kurz; gedrängt, knapp; lakónisch; ~і хвилі *радіо.* Kúrzwellen *pl*.

ко́ротко kurz, kúrzgefaßt, knapp; ~і я́сно kurz und bündig; kurz und klar.

короткозо́рий kúrzsichtig.

короткостроко́вий kúrzfristig, auf kúrze Frist.

короткоча́сний kurz, von kúrzer Dáuer, kúrzzeitig.

коро́тшати kürzer wérden, sich verkürzen.

ко́рпус 1) *(тулуб)* Rumpf *m* (1*), Körper *m* (6); 2) *тех.* Gehäuse *n* (6); Rumpf *m* (1*); *(судна)*; 3) *буд.* Gebäude *n* (6); 4) *військ.* Korps [ko:r] *n* -, *pl* [ko:rs]; дипломати́чний ~ das diplomátische Korps.

корт *спорт.* Ténnisplatz *m* (1*).

коса́ I *(заплетене волосся)* Zopf *m* (1*), Fléchte *f* (11).

коса́ II *с. г.* Sénse *f* (11).

коса́ III *геогр.* Lándzunge *f* (11).

коса́рка *с. г.* Mähmaschine *f* (11).

ко́сий 1) schräg, schief; 2) *(про очі)* scheel; schrägstehend; schíeläugig *(косоокий)*; 3) *перен.*: ~ по́гляд schiefer Blick, Séitenblick *m* (1).

коси́н|ець *тех.* Wínkel *m* (6); ~ка (dréieckiges) Kópftuch *n* (5).

коси́ти I 1) *с. г.* mähen *vt*; schnéiden* *vt*; ~ сі́но Heu máchen, héuen *vi*; 2) *перен.* dahínraffen *vt* *(про хворобу)*.

коси́ти II 1) *(дивитися скоса)* ánschielen *vt*, von der Séite ánsehen*; 2) *(бути косооким)* schíelen *vi*; 3) *перен.* *(дивитися неприязно)* schief [scheel] ánsehen*.

космі́чний kósmisch; Raum≠; Wéltraum≠.

космона́вт Kosmonáut *m* (8), Ráumfahrer *m* (6), Ráum(schiff)pilot *m* (8); льо́тчик-~ Ráumpilot *m* (8), Ráumflieger *m* (6).

ко́смос Kósmos *m* -, Wéltall *n* -s; полі́т у ~ (Wélt)ráumflug *m* (1*).

косови́ця *с. г.* Héuernte *f* *(сінокіс)*; Mähzeit *f* *(пора косовиці)*.

косогі́р Bérglehne *f* (11), Ábhang *m* (1*); Hang *m* (1*).

ко́стур Stab *m* (1*); Krücke *f* (11) *(для хворих)*.

костю́м Kostüm *n* (2); Ánzug *m* (1*) *(чоловічий)*; Tracht *f* (10) *(національний)*.

коте́л Késsel *m* (6).

ко́тик 1) *зоол*: морськи́й ~ Séebär *m* (8), Bärenrobbe *f* (11); 2) Seal(skin) ['si:l-] *m, n* -s, -s *(хутро)*; ◊ верб́ові ~и Wéidekätzchen *pl*.

коти́ти róllen *vt*, wälzen *vt*; ~**ся** róllen *vi* (s); sich wälzen; fáhren* *vi* (s) *(їхати)*; gléiten* *vi* (s) *(ковзати)*.

котле́та Kotelétt *n* (2) (*pl тж.* -s), Kotelétte *f* (11).

котлов|а́н Báugrube *f* (11); ~**и́на** Tálkessel *m* (6), Gebírgskessel *m*.

К

котóк 1) *с. г., тех.* Wálze *f* (11); 2) *(ниток)* Rólle *f* (11).

котр|ий *займ.* 1) *пит.* wélcher, welch ein; der wíevielte *(який за порядком?)*; **~á** годи́на? wie spät ist es?; о **~íй** годи́ні? um wíeviel Uhr?; 2) *відн.* der; wélcher.

котрий-нéбудь *займ. неозн.* írgendein, belíebig, der érste béste.

кóфта Jacke *f* (11); Blúse *f* (11).

кохá|ння Líebe *f*; **~ти** 1) líeben *vt*, líebhaben *vt*; 2) *(ростити, старанно доглядаючи)* hégen *vt*, hégen und pflégen.

кочегáр Héizer *m* (6); Késselheizer *m*.

кочівни́к Nomáde *m* (9).

кочувáти nomadisíeren *vi*, ein Nomádenleben führen; umhérziehen* *vi* (s), umherchweifen *vi* (s).

кошáра Scháfstall *m* (1*), Schäferéi *f* (10).

кóшик Korb *m* (1*).

кошмáр 1) *(видіння)* Álpdruck *m* (1*); 2) *розм.* étwas Drückendes [Scháuderhaftes, Gräßliches]; **~ний** scháuderhaft; gräßlich, schrécklich *(жахливий)*.

кóшти Géldmittel *pl*, Kósten *pl*.

коштóвн|ий wértvoll, kóstbar; **~ість** Kóstbarkeit *f* (10).

коштóрис Ánschlag *m* -(e)s, -schläge.

кóштувати kósten *vt*.

краб Krábbe *f* (11).

кравáтка Krawátte *f* (11), Schlips *m* (1).

кравéць Schnéider *m* (6).

крадíж, крадíжка Díebstahl *m* (1*), Entwéndung *f*.

крадькомá verstóhlen, héimlich, im stíllen.

крає|вид Lándschaft *f* (10), Áussicht *f* (10); **~знáвець** Héimatforscher *m* (6), Héimatkundler *m* (6); **~знáвчий**: **~** знáвчий музéй Héimat(kunde)muse¦um *n* -s, -se¦en.

краї́н|а Land *n* (5), Staat *m* (13); **~и**, що розвивáються Entwícklungsländer *pl*.

край 1) *(кінець)* Rand *m* (4), Kánte *f* (11), Énde *n* (13); перéдній **~** *військ.* Háuptkampflini¦e *f* (11); 2) *(країна)* Land *n* (5); Gégend *f* (10); рíдний **~** Héimatland *n*, Váterland *n*; ◇ слýхати крáєм вýха mit hálbem Ohr zúhören; на краю́ свíту *розм.* am Énde der Welt; чéрез **~** im Überfluß.

крáйн|ій áußerst; на **~ій** ви́падок [у **~ьому** рáзі] im áußersten [schlímmsten] Fall; **~ість, ~ощі** Extrém *n* (2); вдавáтися до **~ості** [**~ощів**] ins Extrém verfállen*.

крамни́ця Láden *m* (7*), Geschäft *n* (2), Búde *f* (11).

кран 1) Hahn *m* (1*); водопровíдний **~** Wásserhahn *m* (1*); 2) *(підйомний)* Kran *m* (1, 1*), Hébekran *m*.

кранівни́к Kránführer *m* (6).

крáпати trópfen *vi* (h, s), tröpfeln *vi* (h, *рідко* s), tríefen* *vi* (s).

крáпк|а 1) Tüpfel *n* (6), Túpfen *m* (7); 2) *мат., грам.* Punkt *m* (1); **~а** з кóмою Semikólon *n* -s, *pl* -s *i* -la, Stríchpunkt *m* (1); постáвити **~у** éinen Punkt máchen; ◇ стáвити **~у** над «і» das Tüpfelchen [das Pünktchen] auf «i» sétzen; на цьóму **~а**! nun áber Schluß (damít)!

крапли́на, крáпл|я 1) Trópfen *m* (7); 2) *(дуже мало)* ein (klein) wénig, ein bíßchen; ◇ борóтися до остáнньої **~і** крóві bis zum létzten Blútstropfen kämpfen; **~я** в мóрі ein Trópfen auf den héißen Stein; **~я** по **~і** nach und nach, allmählich; ні **~і** gar nicht, kein bíßchen.

крас|á Schönheit *f*; в усíй **~í** in áller Pracht.

красномóвний 1) beredt [-'re:t], rédegewandt; 2) *перен.* beredt [-'re:t], áusdrucksvoll, spréchend.

крáсти stéhlen* *vt*; kláuen *vt* *(розм.)*; **~ся** schléichen* *vi* (s), sich schléichen*.

красýня Schönheit *f* (10), Schöne *f* (11).

крáтне *мат.* Víelfache *sub n*; найменше спíльне **~** das kléinste geméinsame Víelfache.

крах Krach *m* (1), Bankrótt *m* (1); Zusámmenbruch *m* (1*); зазнáти **~у** (zusámmen)bréchen* *vi* (s), verkráchen *vi* (s); plátzen *vi* (s).

крáщ|ати sich (ver)béssern, bésser wérden; **~е** *присл.* 1) bésser; schöner, hübscher; тим **~е** désto bésser, um so bésser; 2) *частка* líeber; **~ий** schöner, bésser.

креди́т Kredít *m* (1); довготермінóвий **~** lángfristiger Kredít; купувáти в **~** auf Ábzahlung káufen.

крéйда Kréide *f* (11).

крéйсер Kréuzer *m* (6).

крем Creme [krɛ:m] *f*, *pl* -s, Krem *f*, *pl* -s; Háutkrem *f* *(косметичний)*.

кремéзний stark, kräftig; stämmig; robúst; dick, stárkwurzelig *(про дерево).*

крéсл|ення (téchnisches) Zéichnen, Zéichnung *f* (10); **~ити** zéichnen *vt, vi*; éine téchnische Zéichnung ánfertigen.

кривáвий blútig, Blut≠.

кри́вд|а Úngerechtigkeit *f*; Únrecht *n* -(e)s; Kränkung *f* (10), Beléidigung *f* (10); **~ити** kränken *vt*, beléidigen *vt*.

крив|и́й 1) schief, krumm; gebógen; verbógen; 2): **~á** *мат.* Kúrve *f* (11); ◊ **~á** ýсмішка schíefes Lächeln; **~é** дзéркало Vexíerspiegl [vɛ-] *m* (6).

криви́ти krümmen *vt*; ~ гýби (рóта) den Mund verzíehen*; ◊ ~ душéю héucheln *vi*; sich verstéllen.

кри́г|а Eis *n* -es; **~а** скрéсла das Eis ist gebróchen; **~олáм** Éisbrecher *m* (6).

криж|ани́й Eis≠, éisig; **~и́на** Éisscholle *f* (11).

кри́за Kríse *f* (11); економíчна ~ Wírtschaftskrise *f*.

крик Schrei *m* (1); Ruf *m* (1) *(заклик)*; Áufschrei *m*; Geschréi *n* -(e)s; зчиня́ти ~ Lärm máchen; ◊ остáнній ~ мóди der létzte Módeschrei; **~ли́вий** 1) laut spréchend *(про людину)*; kréischend, géllend *(про голос)*; **~ли́ва** люди́на Schréier *m* (6), vórlauter Mensch; 2) *(що кидається в очі)* schréiend, áuffallend, áuffällig.

крилáт|ий geflügelt, Flügel≠; ◊ **~і** словá geflügelte Wórte.

крилó Flügel *m* (6); ◊ опускáти кри́ла den Mut sínken lássen*; підрізáти кри́ла комý-н. j-m die Flügel stútzen [beschnéiden*]; розправля́ти кри́ла die Flügel áusbreiten; séine Kräfte entfálten.

криміна́льн|ий kriminéll, Kriminál≠, Straf≠, stráfrechtlich; **~е** прáво Stráfrecht *n* -(e)s; **~е** судочи́нство Stráfrechtsverfahren *n* -s; **~ий** кóдекс Stráfgesetzbuch *n* (5).

крини́ця *див.* колóдязь 1).

критéрій Kritérium *n* -s, -ri¦en; Grádmesser *m* (6), Wértmesser *m* (6); Mérkmal *n* (2) *(ознака)*.

кри́тик Krítiker *m* (6); **~а** Kritík *f* (10); **~увáти** kritisíeren *vt*, Kritík üben (когó-н., щó-н. an *D*, за щó-н. wégen *A*), éiner Kritík unterzíehen*.

крити́чний krítisch.

крихки́й brüchig, zerbréchlich; spröde *(про метал, скло)*.

кри́хт|а Krümchen *n* (7), Brösel *m* (6), Krümel *n* (6); ◊ ні **~и** *розм.* nichts; kein bíßchen, nicht im míndesten *(нiскільки)*.

кричáти, кри́кнути 1) schréien* *vi, vt*; 2): ~ на кóго-н. j-n ánschreien* [ánbrüllen].

криши́ти (zer)krümeln *vt*, zerbröckeln *vt*, zerstückeln *vt*; **~ся** bröckeln *vi* (s), ábbröckeln *vi* (s), zerbröckeln *vi* (s).

кри́шка Déckel *m* (6).

кришталéвий Kristáll≠, kristállen.

кришта́л|ик *анат.* Áugenlinse *f* (11); **~ь** Kristállglas *n* (5).

крізь durch *(A)*; ◊ говори́ти ~ зýби zwischen den Zähnen múrmeln; ~ сльóзи únter Tränen.

крій Schnitt *m* (1) *(фасон)*.

кріль Kanínchen *n* (7).

крім áußer *(D)*, áusgenommen *(A)*; **~** тóго (цьóго) áußerdem, überdies, darüber hináus; ~ тóго, що ábgesehen davón, daß...

кріп *бот.* Dill *m* (1).

кріпá|к *іст.* Léibeigene *m* (14); **~цтво** *іст.* Léibeigenschaft *f*.

кріпи́тися sich zusámmennehmen* die Fássung bewáhren.

крíсло Séssel *m* (6), Léhnstuhl *m* (1*).

кріт Máulwurf *m* (1*).

кров Blut *n* -(e)s; взя́ти ~ *мед.* éine Blútprobe néhmen*; схóдити **~'ю** verblúten *vi*.

крóвн|ий 1) *(рідний)* blútsverwandt; 2) *(дуже близький)* náhestehend; ínnig; 3) *(насущний)*: **~ий** інтерéс lébenswichtiges Interésse; ◊ **~а** обрáза tödliche Beléidigung; **~а** пóмста Blútrache *f*; **~ий** вóрог Tódfeind *m* (1).

крово|ви́лив *мед.* Blúterguß *m* -sses, -güsse; **~ви́лив** у мóзок Gehírnblutung *f* (10); **~óбіг** *фізіол.* Blútkreislauf *m* -(e)s; **~пролíтний** blútig; **~пролíття** Blútvergießen *n* -s; **~тéча** Blútung *f* (10), Blúten *n* -s; **~точи́ти** blúten *vi*.

кров'яни́й Blut≠: ~ тиск Blútdruck *m* -(e)s.

крóїти zúschneiden* *vt*.

крок Schritt *m* (1); Gang *m* -(e)s *(хода)*; швидки́м **~ом** mit schnéllen Schrítten; ні **~у** дáлі! kéinen Schritt wéiter!; ◊ за два **~и** звідси éinen Kátzensprung von hier entférnt; на кóжному крóці auf Schrítt und Tritt; ~ за **~ом**

Schritt für Schritt; schrittweise; зробити перший ~ *перен.* den érsten Schritt tun*; ~**ува́ти** schréiten* *vi* (s); géhen* *vi* (s).

кро́на *(дерева)* Báumkrone *f* (11).

кропива́ *бот.* Brénnessel *f* (11); глуха́ ~ Táubnessel *f*.

кропи́ти bespréngen *vt*, besprítzen *vt*.

крос *спорт.* Geländelauf *m* (1*).

кросво́рд Kréuzworträtsel *n* (6).

крохма́л|ити stärken *vt*, stéifen *vt*, ~**ь** Stärke *f*.

круг Kreis *m* (1); Ring *m* (1); Schéibe *f* (11); рятівни́й ~ Réttungsring *m* (1); ◊ ~**и́** під очи́ма bláue Ringe um die Áugen.

кру́глий 1) rund; kréisförmig; 2) *(гладкий)* voll, dick; ◊ ~ сирота́ Vóllwaise *f* (11).

кругов|и́й Rund≠; Kreis≠; ◊ ~**а́** пору́ка wéchselseitige Bürgschaft.

кругозі́р Gesíchtskreis *m* (1); Horizónt *m* (1).

круго́м 1) *присл.* *(з усіх боків)* rundherúm, ringsúm, ringsherúm; ringsumhér, im Úmkreis; 2) *присл.* *розм.* *(повністю)* völlig; 3) *прийм.* *(навколо)* (rings)úm *(A)* .. herúm; ◊ ~! *військ.* kehrt!

круго|о́біг Úmlauf *m* (1*); Kréislauf *m*; ~**світні́й** Welt-, um die Welt.

кружля́ти 1) dréhen *vt*, im Kréise dréhen, sich dréhen; 2) Kréise zíehen*, kréisen *vi*; 3) *(про пил, сніг)* wírbeln *vi*; 4) *(блукати)* umhérirren *vi* (s).

крук Rábe *m* (9).

крупа́ Grütze *f* (11); Gráupen *pl*; ма́нна ~ Grieß *m* (1).

крут|и́й 1) *(стрімкий)* steil; ábschüssig *(про схил)*; 2) *(раптовий)* jäh, plötzlich; scharf; 3) *(суворий, рішучий)* hart, streng, schroff; ~**і́** за́ходи strénge Máßnahmen; ◊ ~**е́** яйце́ härtes [hártgekochtes] Ei; ~**а́** ка́ша dícker Brei; ~**и́й** чай stárker Tee.

крути́ти 1) *(обертати)* dréhen *vt*, herúmdrehen *vt*; wédeln *vi*, schwänzeln *vi* *(хвостом)*; 2) *(здіймати пил, сніг тощо)* wírbeln *vt*, áufwirbeln *vt*; 3) *(сукати)* zwírnen *vt*; 4) *перен.* *(викручуватися)* áusweichen* *vi* (s), Áusflüchte máchen, sich dréhen und wénden; 5): ~ ким-н. j-n um den kléinen Finger wickeln; 6) *(викликати відчуття болю)* schmérzhaft réißen* [zíehen*]; ◊ ~ го́лову ко́му-н. j-n írre máchen, j-m den Kopf verdréhen; ~**ся** 1) sich dréhen, sich im Kréise dréhen [bewégen], kréisen *vi*; 2) *(про пил тощо)* wírbeln *vi*; 3) *(бути поблизу)* sich herúmtreiben*; ◊ у ме́не кру́титься голова́ (в голові) mich schwíndelt, mir wird schwínd(e)lig; світ кру́титься пе́ред очи́ма álles dreht sich vor den Áugen.

кру́ча stéiler Ábhang, Stéilhang *m* (1*).

крючо́к Háken *m* (7).

кряж Gebírgskette *f* (11), Gébírgsstock *m* (1*).

кря́кати krächzen *vi* *(про ворону)*, schnáttern *vi* *(про качку)*.

куб 1) *мат.* Kúbus *m* -, - (*pl* *тж.* -ben); Würfel *m* (6); 2) *мат.* *(степінь)* drítte Poténz; підно́сити до ~**а** zur dritten Poténz erhében*; ~**ик** Würfelchen *n* (7); ~**ики** *(дитяча забавка)* Würfelbaukasten *m* (7); ~**і́чний** kúbisch; *мат.* Kubík≠.

ку́блитися *(про птахів)* nísten *vi*; hórsten *vi*.

кубло́ 1) Láger *n* (6), Höhle *f* (11) *(звірів, плазунів)*; 2) Nest *n* (5); Horst *m* (1) *(хижих птахів)*.

ку́бок Bécher *m* (6); Pokál *m* (1) *(тж. спорт.)*; перехідни́й ~ Wánderpokal *m*; гра на ~ Pokálspiel *n* (2).

кубоме́тр Kubíkmeter *n* (6).

кува́ти I schmíeden *vt* *(тж. перен.)*; beschlágen* *vt* *(коня)*; ◊ куй залі́зо, по́ки гаря́че schmíede das Éisen, solánge es heiß ist.

кува́ти II *(про зозулю)*; зозу́ля кує́ der Kúckuck ruft.

куди́ 1) *присл.* *пит.* wohín?; 2) *спол.* *сл.* wohín, in den (die, das); in wélchen (wélche, wélches); мі́сто, ~ вони́ прийшли́ die Stadt, in die [wélche] sie kámen; 3) *у знач. част., розм.* viel, bei wéitem; ~ кра́ще viel bésser; ~ тобі́ сті́льки гро́шей? wozú brauchst du so víeles Geld?; хоч ~! *розм.* sehr schön!; príma!

куди́-не́будь, куди́сь írgendwohin.

кудкуда́кати gáckern *vi*.

кудла́тий zóttig; strúbb(e)lig; strúppig.

ку́зня Schmíede *f* (11).

ку́зов Wágenkasten *m* (7); Áufbau *m* -s, -ten; *авто* Karosserie *f* (11).

куйо́вдити zerzáusen *vt*.

кукурíкати krähen *vi*, kikerikí schréien* (rúfen*).

кукурýдза Máis *m* -es.

кулáк 1) Faust *f* (3); 2) *тех.* Nócken *m* (7).

кулемéт Maschínengewehr *n* (2).

кулінáр|ія Kóchkunst *f*; **~ний** kulinárisch, Küchen-; ~ні напівфабрикáти Hálbfertiggerichte *pl*.

кулуáри Wándelgänge *pl*; Lobbys ['lɔbiz] *pl (парламенту тощо)*; ◊ бéсіди в ~ах ínoffizi¦elle Gespräche.

кýля 1) Kúgel *f* (11); Ball *m* (1*); Ballon [-'lɔŋ] *m* (1); земнá ~ Érdball *m*; повітрянa ~ Lúftballon *m*; 2) *(для стрільби)* Kúgel *f* (11); Geschóß *n* -sses, -sse.

кульбáба *бот.* Löwenzahn *m* (1*).

кульгá|вий lahm, hínkend; **~ти** hínken *vi*, láhmen *vi*.

кульмінаційний: ~ пункт Kulminatiónspunkt *m* (1), Höhepunkt *m*, Gípfelpunkt *m*.

кульóк Tüte *f* (11), Papíerbeutel *m* (6) *(паперовий)*.

культивувáти 1) kultivíeren [-'vi:-] *vt*, beárbeiten *vt*; 2) züchten *vt (розводити)*; 3) *перен.* entwíckeln *vt*, pflégen *vt*.

культýр|а Kultúr *f* (10); будúнок ~и Kultúrhaus *n* (5); палáц ~и Kultúrpalast *m* (1*); діяч ~и Kultúrschaffende *m* (14); ~а мóви Sprächpflege *f*; **~ний** 1) kulturéll, Kultúr-; 2) *(освічений)* kultiviert [-vi:rt], gebíldet.

кумéдний dróllig, lústig, spáßig, kómisch.

куниця *зоол.* Márder *m* (6).

кýп|а 1) Háufe(n) *m* (7, 15); 2) *перен. (велика кількість чого-н.* Másse *f* (11), Ménge (11); ◊ змішувати в однý ~у álles in éinen Topf [auf éinen Háufen] wérfen*; тримáтися ~и zusámmenhalten* *vi*.

купáльний: ~ костюм Bádeanzug *m* (1*); Bikíni *m* -s, -s.

купáти báden *vt*; schwémmen *vt (коней)*, **~ся** báden *vi*, sich báden.

купé Ábteil *n* (2), Coupe [ku'pe:] *n* -s, -s, Kupée *n* -s, -s.

купéць Káufmann *m* -(e)s, -leute.

кýпол Kúppel *f* (11); Káppe *f* (11) *(парашута)*.

купувáти, купúти (éin)káufen *vt*; besórgen *vt*, (käuflich) erwérben*, lösen *vt (квиток)*.

купчáст|ий: ~і хмáри Háufenwolken *pl*, Kúmuluswolken *pl*.

курáнти Túrmuhr *f* (10).

кур'éр Bóte *m* (9).

курúти I *(цигарку тощо)* ráuchen *vt, vi*.

курúти II *(здіймати куряву)* stáuben *vi*, Stáub máchen.

курíпка Rébhuhn *n* (5).

курйóзний kuriós, séltsam, sónderlich.

кýр|ка Huhn *n* (5); Hénne *f* (11) *(несучка)*; ◊ як мóкра ~ка ≅ wie ein begóssener Púdel; ~ям на сміх *розм.* da láchen ja die Hühner.

курóк Hahn *m* (1*); Schlößchen *n* (7) *(у гвинтівки)*; звóдити ~ den Hahn spánnen; спускáти ~ den Hahn ábdrücken.

курóрт Kúrort *m* (1); Bad *n* (5), Bádeort *m* (1); їхати на ~ ins Bad réisen; **~ник** Kúrgast *m* (1*), Bádegast *m*.

курс 1) Kurs *m* (1), Ríchtung *f* (10); 2): ~ лéкцій Vórlesungszyklus *m* -, -len, Vórlesungsreihe *f* (11); 3) *(закінчений цикл навчання)* Léhrgang *m* (1*); Kúrse *pl*; 4) *(рік навчання)* Stúdi¦enjahr *n* (2); учúтися на пéршому ~і im érsten Stúdi¦enjahr sein; 5) *мед.*: ~ лікувáння Kur *f* (10); ◊ бýти в ~і im Bílde sein.

курсáнт 1) Kúrsusbesucher *m* (6); Léhrgangsteilnehmer *m* (6); Kursánt *m* (8); 2) *(військового училища)* Offizíersschüller *m* (6).

кýрси Kúrse *pl*; ~ інозéмних мов Sprächkurse *pl*; ~ підвúщення кваліфікáції Fórtbildungskurse *pl*, Áusbildungslehrgang *m* (1*).

курсов|ий: ~á робóта Jáhresarbeit *f* (10); ~úй екзáмен Zwíschenprüfung *f* (10).

курсувáти verkéhren *vi*.

кýртка Jóppe *f* (11), Jácke *f* (11); Wíndjacke *f* (11) *(непромокальна, спортивна)*; Ánorak *m* -s, -s *(лижна)*.

курчá Kü(c)ken *n* (7).

кýрява Staub *m* -(e)s.

кусáти béißen* *vt*; stéchen* *vt (про комах)*, **~ся** béißen* *vi*, bíssig sein, stéchen* *vi (про комах)*.

кусóк Stück *n* (2) *(після числівника pl -)*; Bíssen *m* (7), Háppen *m* (7) *(чого-н. їстівного)*.

кут Écke *f* (11); *геом.* Wínkel *m* (6); прямúй ~ réchter Wínkel; гóстрий ~ spítzer Wínkel; тупúй ~ stúmpfer Wínkel; сумíжні ~ú Nébenwinkel *pl*; протилéжний ~

Gégenwinkel *m*; ~ падіння *фіз.* Éinfallswinkel *m*.
кутóк 1) Écke *f* (11), Wínkel *m* (6) (*тж. частина якої-н. місцевості*); 2) *розм. (місце проживання)* Wínkel *m* (6), Únterkunftsstelle *f* (11), Schláfstelle *f* (11); 3) *(приміщення)* Écke *f* (11), Raum *m* (1*).
кýхар, куховáр Koch *m* (1*).
кухáрка, куховáрка Köchin *f* (12).
кýхня Küche *f* (11).
куховáрити kóchen *vt*, zúbereiten *vt*.
кýхоль Krug *m* (1*); Schóppen *m* (7), Séidel *n* (6).
кýций 1) kurz; 2) *(з коротким хвостом)* gestútzt.
кýчері Lócken *pl*.
кучеря́вий lóckig, gelóckt, kraus; gekráuselt, wéllig.
кучугýра 1) Hügel *m* (6); 2) *(купа)* Háute(n) *m* (7, 15); Wéhe *f* (11) *(снігу, піску тощо)*.
куштувáти kósten *vt*, verkósten *vt*, schmécken *vt*.
кущ Strauch *m* (4), Busch *m* (1*).
кювéт Stráßengraben *m* (7*).

Л

лабіáльний *лінгв.* labiál. Labiál≠, Líppen≠; ~ звук Labiállaut *m* (1), Líppenlaut *m*.
лабіри́нт Labyrínth *n* (2) *(тж. перен.)*, Írrgarten *m* (7*).
лабораторія Laboratórium *n* -s, -ri|en; Labór *n* -s, -s.
лáв|а I Bank *f* (3); ~а підсýдних Ánklagebank *f*; ◊ із шкільної ~и von der Schúlbank.
лáва II 1) *гірн.* Schicht *f* (20); 2) *геол.* Láva [-va] *f*, *pl* -ven.
лави́на Lawíne *f* (11).
лавр *бот.* Lórbeer *m* (13); ◊ пожинáти ~и Lórbeeren érnten; спочивáти на ~ах auf séinen Lórbeeren áusruhen.
лáгідний sánft(mütig), mild, rúhig, verträglich, úmgänglich, weich.
лáгодити 1) áusbessern *vt*; reparíeren *vt*, überhólen *vt (ремонтувати)*; 2) fértigmachen *відокр. vt*; ~ в дорóгу réisefertig máchen, für die Réise áusstatten.
лад 1) Órdnung *f*; дáти ~ órdnen *vt*, in Órdnung bríngen*; 2) *розм. (згода, злагода)* Éintracht *f*; бýти не в ~áх з ким-н. mit j-m schlecht stéhen*; 3) *(спосіб, зразок)* Wéise *f* (11); Art und Wéise; Maníer *f* (10); на рíзні ~и́ auf jéde Art und Wéise; 4) *(державний, суспільний)* Órdnung *f* (10); 5) *муз.* Tónart *f* (10); ◊ вибувáти [вихóдити] з ~у aus den Réihen schéiden*; вивóдити з ~у *(механізм, машину)* áußer Betríeb sétzen; únbrauchbar máchen; спрáва йдé на ~ *розм.* die Sáche klappt; спрáва не йде на ~ es ist kein Zug in der Sáche.
лáдити sich (gut) vertráden*, in Éintracht lében; ~ся glatt vonstátten géhen*, kláppen *vt*.
ладнáти 1) *див.* лáгодити 1); 2) *див.* споряджáти.
лáден *(схильний що-н. робити)* genéigt, wíllig, beréit.
лáзити 1) *(наверх)* kléttern *vt* (h, s); stéigen* *vi* (s); 2) *(плазувати)* kríechen* *vi* (s); 3) *(тинятися) розм.* (umhér)schléndern *vi* (s), müßig géhen*.
лáзня Bádehaus *n* (5); Sáuna *f*, *pl* - *i* -s.
лáйков|ий Glacé≠ [-'se:]; ~і рукави́чки Glacéhandschuhe *pl*.
лáйнер Überseefahrgastschiff *n* (2) *(судно)*, повітря́ний ~ Verkéhrsflugzeug *n* (2).
лак Lack *m* (1), Fírnis *m* (3*); ~ для волóсся Háarlack *m*; ~ для нíгтів Nágellack *m*; ~увáти 1) lackíeren *vt*; mit Lack bedécken, mit Fírnis überzíehen*; fírnissen *vt*; 2) *перен.* schönfärben *відокр. vt*.
ламáти 1) bréchen* *vt*, ábbrechen* *vt*; zerbréchen* *vt*, zerschlágen* *vt (розбивати)*; *(псувати)* kapútt máchen; 2) *перен.* bréchen* *vt*, zerstören *vt*; úmändern *vt*; ◊ ~ руки die Hände ríngen*; ~ гóлову над чим-н. sich *(D)* den Kopf über etw. *(A)* zerbréchen*; ~ся 1) zerbréchen* *vi* (s), bréchen* *vi* (s), in Stücke géhen*; *(бути ламким, крихким)* zerbréchlich sein; leicht bréchen*; 2) *(про голос)* bréchen* *vi* (s); 3) *перен. розм. (упиратися)* sich zíeren.
лáмпа Lámpe *f* (11); Röhre *f* (11) *(електронна, радіолампа)*.

лáнка 1) *(ланцюга, тж. перен.)* Glied *n* (5); Kéttenglied *n*; Bestándteil *m* (1); зв'язýюча ~ Verbíndungsglied *n*, Bíndeglied *n*; 2) *(група)* Grúppe *f* (11); Únterabteilung *f* (10).

ланцю́г Kétte *f* (11).

лань *зоол.* Dámhirsch *m* (1).

лáпа Pfóte *f* (11), Tátze *f* (11), Prátze *f* (11); ◊ попадáтися у лáпи комý-н. *розм.* j-m in die Kláuen fállen*; in j-s Kláuen geráten*.

лапкú *грам.* Ánführungszeichen *pl.*

ларьóк Búde *f* (11), Verkáufsstand *m* (1*).

лáсий 1) *(смачний)* wóhlschmeckend, schmáckhaft; lécker; 2) *перен. (охочий до чого-н.)* erpícht (auf *A*), versséssen (auf *A*), gíerig (nach *D*).

лáска I Líebkosung *f* (10); Zärtlichkeit *f* (10); будь ~! bítte (sehr), bítte schön; séien Sie so gut [líebenswürdig].

лáска II *зоол.* Wíesel *n* (6).

ласкáв|ий zärtlich; freundlich; líebenswürdig; бýдьте ~i! séien Sie so líebenswürdig;! вибáчте ~o! ich bítte um Náchsicht; ~o прóсимо! (séien Sie) willkómmen!

лáсощі Süßigkeiten *pl*, Süßwaren *pl*; Náschwerk *n* -(e)s, Léckerbissen *m* (7).

ласт 1) *(кінцівка у ластоногих)* Flósse *f* (11); 2) *спорт.* Schwímmflosse *f*.

лáстівка Schwálbe *f* (11); ◊ пéрша ~ die érste Schwálbe; Vórbote *m* (9).

ластовиння Sómmersprosse *f* (11).

лáсувати náschen *vt, vi* (чим-н. an *D*, von *D*), sich gütlich tun* (an *D*).

ласýн Léckermaul *n* (5).

латáти flícken *vt*, áusbessern *vt*.

латáття *бот.* Wásserlilie *f* (11).

латúнь Latéin *n* -s.

лáтк|а 1) Flícken *m* (7); наклáсти ~у éinen Flícken áufsetzen; 2) Flécken *m* (7), Parzélle *f* (11), Schólle *f* (11) *(землі)*.

лауреáт Préisträger *m* (6).

лáцкан Áufschlag *m* (1*).

лаштýнки *театр.* Kulísse *f* (11).

лáяти schélten* *vt*; schmähen *vt*; schímpfen *vt, vi* (auf *A*); **~ся** 1) schímpfen *vi*; flúchen *vi*; 2) *(сваритися)* sich stréiten*; sich zánken.

лебі́дка *тех.* Wínde *f* (11).

лéбідь Schwan *m* (1*).

лев Löwe *m* (9).

легáльний legál.

легéнд|а Legénde *f* (11), Ságe *f* (11); **~áрний** legendär, legéndenhaft, ságenhaft.

легéн|я *анат.* Lúnge *f* (11); запáлення ~ів *мед.* Lúngenentzündung *f* (10).

легк|úй *у різн. знач.* leicht, Leicht*; ~á ї́жа léichtverdauliche Kost; ~úй вíтер léiser [línder] Wind; *мор.* fláue Bríse; ◊ ~úй сон léiser Schlaf; ~á рукá éine glückliche Hand; éine léichte Hand *(про хірурга)*; з ~úм сéрцем léichten Hérzens.

лéгко leicht; йомý все ~ даéться es fällt ihm álles leicht; ◊ ~ сказáти! das ist leicht geságt!; вам ~ говорúти! Sie háben gut réden!

легкоатлéт *спорт.* Léichtathlet *m* (8).

легковáжний léichtsinnig, léichtfertig; seicht, óberflächlich.

легковúй: ~ автомобíль Persónenauto *n* -s, -s; Persónenkraftwagen *m* (7) *(скор.* Pkw.).

легковíрний léichtgläubig.

легкодýхий kléinmütig, mútlos; féige.

лéдар Müßiggänger *m* (6), Nichtstuer *m* (6), Fáulpelz *m* (1) *(розм.)*; Fáulenzer *m* (6); **~ювáти** müßig géhen*; *розм.* fáulenzen *vi*.

ледáчий faul, träge, árbeitsscheu; lässig *(повільний)*.

лéдве 1) *(присл.)* kaum; ~ - ~ mit (größter) Mühe; mit Müh und Not; ~ не fast, beináhe, bald; 2) *у знач. спол.* kaum, sobáld.

лежáти 1) líegen* *vi* (h, s); ~ в ліжкý *(хворіти)* béttlägerig sein, das Bett hüten; 2) *(бути розташованим)* líegen* *vi*, gelégen sein; áusliegen* *vi*; 3) *(про обов'язки)* óbliegen* *vi* (на комý-н. *D*); ◊ ~ в оснóві zugrúnde líegen*; у мéне сéрце [душá] не лежúть (до чóго-н.) das liegt mir nicht.

éзо Schnéide *f* (1), Klínge *f* (11).

лейтенáнт Léutnant *m* (1) (*pl тж.* -s); молóдший ~ Únterleutnant *m*; стáрший ~ Óberleutnant *m*.

лейтмотúв 1) *муз.* Léitmotiv *n* (2); 2) *перен.* Grúndgedanke *m* (15), Háuptgedanke *m* (15).

лекáло *(для креслення)* Kúrvenlineal [-ven-] *n* (2).

лéкс|ика Léxik *f*, Wórtschatz *m* -es, Wórtbestand *m* -es; **~и́чний** lexikálisch.
лéкці|я Lektión *f* (10); Vórlesung *f* (10); Vórtrag *m* (1*); читáти ~ю éine Vórlesung hálten*; ~я з... *(історії тощо)* Vórlesung in... *(Geschichte usw.)*; курс ~й *(у вузі)* Vórlesungszyklus *m* -, -klen.
лелéка Storch *m* (1).
лепетáти lállen *vi (про дітей)*; stámmeln *vt*.
лестúти schméicheln *vi*; ~ комý-н. j-m nach dem Múnde réden.
летíти flíegen* *vi* (s) *(тж. перен.)*; vergéhen* *vi* (s), flíehen* *vi* (s) *(про час)*; (dahín)jágen *vi (мчати)*.
лéщата *тех.* Schráubstock *m* (1*), Filkloben *m* (7) *(ручні)*; ◊ брáти в ~ in die Zánge néhmen*.
лúж|а Ski [ʃiː] *m* (4), Schi *m* (4), Schnéeschuh *m* (1), Brétter *pl (лижі)*; ходúти на ~ах Schi láufen*; **~ник** Skiläufer [ˈʃiː-] *m* (6), Schíläufer *m* (6), Schnéeschuhläufer *m* (6); **~ня́** *спорт.* Skispur [ˈʃiː-] *f* (10).
лизáти lécken *vt*, belécken *vt*.
лимóн Zitróne *f* (11); **~áд** Limonáde *f* (11), Zitrónenwasser *n* s, -wässer.
лин *зоол.* Schléie *f* (11).
линя́ти 1) *(про матерію)* verschíeßen* *vi* (s), verblássen *vi* (s), áusbleichen* *vi* (s), verbléichen* *vi* (s), die Fárbe verlíeren*; ábfärben *vi*; не ~ fárbecht [wáschecht] sein; 2) háaren *vi (про тварин)*; fédern *vi*, máusern *vi*, sich máusern *(про птахів)*; sich häuten, die Haut ábwerfen* [ébstreifen] *(про плазунів)*.
лúпа *бот.* Línde *f* (11), Líndenbaum *m* (1*).
лúпень Júli *m* (-s).
липкúй klébrig.
лúпнути klében *vi*, klébenbleiben* *відокр. vi* (s), háften *vi*, háftenbleiben* (до чóго-н. an *D*).
лúси|й kahl *(про голову)*; káhlköpfig *(про людину)*, **~на** Glätze *f* (11); *розм.* Plátte *f* (11).
лисúця Fuchs *m* (1*); чóрнобýра ~ Silberfux *m*.
лиск Glanz *m* -es.
лиснíти, ~ся glänzen *vi*.
лист I *(дерева тощо)* Blatt *n* (5).
лист II 1) Bógen *m* (7, 7*) *(паперу)*; Blech *n* (2), Plátte *f* (11) *(металу)*; 2) *(поштова кореспонденція)* Brief *m* (1); Schréiben *n* (7); рекомендóваний ~ éingeschriebener Brief; цíнний ~ Wértbrief *m*; 3) *(офіційний документ)* Líste *f* (11); Schein *m* (1); викоnáвчий ~ *юр.* Vollstréckungsbefehl *m* (1).
листíвка 1) *(поштова картка)* Póstkarte *f* (11); 2) *(агітаційна)* Flúgblatt *n* (5).
листонóша Briefträger *m* (6).
листопáд Novémber *m* (-s).
листувá|ння Bríefwechsel *m* -s, Bríefverkehr *m* -(e)s, Korrespondénz *f*; **~тися** im Bríefwechsel stéhen, korrespondíeren *vi*.
лúстя *збірн.* Blätter *pl*, Laub *n* -(e)s.
листя́н|ий Laub≠; ~ий ліс Láubwald *m* (4); ~і рослúни Blättpflanzen *pl*.
лúти 1) gíeßen* *vt (тж. тех.)*; 2) *(сильно текти)* flíeßen* *vi* (s), strömen *vi* (h, s); ◊ дощ лив як з відрá es goß in Strömen; ~ сльóзи Tränen vergíeßen* [wéinen]; **~ся** flíeßen* *vi* (s), strömen *vi* (h, s); flúten *vi* (s), sich ergíeßen*.
лихúй böse, bóshaft; schlimm, übel, schlecht.
лúхо 1) *(горе, біда)* Únglück *n* -(e)s, Únheil *n* -(e)s, Élend *n* -s, Not *f*; 2) *(зло)* Böse *sub n*, Übel *n* -s; ◊ не поминáй ~м gedénke méiner nicht im bösen; на ~ zum Únglück, únglücklicherweise.
лихомáнка *розм.* Fieber *n* (6).
лиц|é 1) Gesícht *n* (5); Ángesicht *n*; 2) *(верхня, зовнішня сторона предмета)* Vórderseite *f* (11), Wárenschauseite *f*, Äußere *sub n*; die réchte Séite *(матерії)*; ◊ змітáти з ~я́ землí áusrotten *vt*, vertílgen *vt*; знáти в ~é когó-н. j-n dem Ánsehen nach kénnen*; не вдáрити ~éм у грязь *розм.* sich nicht blamíeren [blóßtellen]; це вам до ~я́ das kléidet Sie, das steht Íhnen (gut); пéред ~éм ángesichts (когó-н., чогó-н. *G*); показáти товáр ~éм etw. von der bésten Séite zéigen.
лицемíр Héuchler *m* (6); **~ити** héucheln *vi*, sich verstéllen; **~ний** héuchlerisch.
лицювáти wénden *vt*; wénden lássen* *(віддавати)*.
личúнка *зоол.* Máde *f* (11), Lárve [-ve] *f* (11).
лúчити 1) pássen *vt*, (gut) stéhen* *vi*, kléiden *vt*; 2) *перен. безос.*

sich schícken, sich gehören, sich ziemen (комý-н. für *A*).

лишáй *мед.* Fléchte *f* (11), Grind *m* (1); **~ник** *бот.* Fléchte *f*.

лишáти, лиши́ти 1) *(не брати з собою)* lássen* *vt*, belássen* *vt*; zurücklassen* *vt*; liegenlassen* *відокр. vt*, stéhenlassen* *відокр. vt*, hängenlassen* *відокр. vt*, sítzenlassen* *відокр. vt*; hinterlássen *vt*; 2) *(зберегти)* áufheben* *vt*, reservíeren [-vi:-], zurücklassen* *vt*; ~ за собóю прáво sich *(D)* das Recht vórbehalten*; 3) *(після себе)* hinterlássen* *vt*; 4) *(затримати)* (dá)lássen* *vt*, (dá)behálten* *vt*; 5) *(покидати)* verlássen* *vt*; ~ в біді im Stich lássen*; 6) *(позбавляти чого-н.)* óhne etw. *(A)* lássen*, nicht versórgen; ~ без увáги kéine Áufmerksamkeit schénken; ◇ облиш!, обли́ште! laß (sein)! lássen Sie!; обли́ш йогó! laß ihn (in Rúhe)!; ~ питáння відкри́тим die Fráge óffen lássen*; кáменя на кáмені не ~ kéinen Stein auf dem ándern lássen*; **~ся** bléiben* *vi* (s); náchbleiben* *vi* (s); verbléiben* *vi* (s); líegenbleiben* *відокр. vi* (s) *(бути забутим)*; ~ на дру́гий рік *(про учня)* sítzenbleiben* *відокр. vi* (s); ◇ ~в живи́х am Lében bléiben*; ~ позáду *(відстати в змаганні)* hínter j-m líegen*; нічóго не лишáється, як... es bleibt nichts (ánderes) übrig, als...

лишé, лиш 1) *част.* nur, bloß, alléin; erst; 2) *спол.* nur, áber; kaum, sobáld; не ~ ..., а й ... nicht nur ... söndern auch; ~ б wenn nur.

ли́шок Überfluß *m* -sses, Überschuß *m* -sses, -schüsse; Rest *m* (1).

лíвий link; ◇ ~ бік *(матерії)* die línke Séite, die Rückseite.

лівóруч *(де?)* links, línkerseits, zur Línken; *(куди?)* nach links.

лíгво Láger *n* (6), Höhle *f* (11).

лід Eis *n* -es; ◇ розби́ти ~ das Eis bréchen*; ~ ру́шив das Eis ist gebróchen.

лíдер 1) Führer *m* (6); führender Funktionär; 2) *спорт.* Spítzenreiter *m* (6); Tabéllenführer *m* (6) *(турніру)*; Schríttmacher *m* (6) *(у велоспорті)*; **~ство** Führung *f*.

лíжко Bett *n* (13).

лíзти 1) *(плазувати)* kríechen* *vi* (s); 2) *перен. розм.* sich mühsam fórtschleppen *(іти поволі)*; 3) *(вгору)* kléttern *vi* (h, s); stéigen* *vi* (s); 4) *(пробиратися куди-н.)* kríechen* *vi* (s) *(повзучи)*; sich hinéindrängen *(у вузьке місце)*; 5) *розм. (втручатися)* sich éinmischen; ~ у бíйку Händel [Streit] súchen; 6) *(випадати)* áusfallen* *vi* (s) *(про волосся)*; fádenscheinig wérden *(про шерсть)*; 7) *(проникати* (éin)dringen* *vi*; ◇ не ~ за слóвом до кишéні schlágfertig sein, nie um éine Ántwort verlégen sein.

лíйка Tríchter *m* (6).

лíкар Arzt *m* (1*); жíнка-~ Ärztin *f* (12); головни́й ~ Chéfarzt ['ʃef-]; дитя́чий ~ Kínderarzt *m*; зубни́й ~ Záhnarzt *m*; ~ по вну́трішніх хворóбах Interníst *m* (8), Fácharzt für ínnere Kránkheiten.

лікáрня Kránkenhaus *n* (5).

лікáрськ|ий Arznéi-, Heil≠, medikamentös; **~і** рosли́ни Árznéipflanzen *pl*.

ліквідувáти beséitigen *vt*, ábschaffen *vt*; liquidíeren *vt*; áuflösen *vt*, áufheben* *vt*.

лíки Arznéimittel *n* (6), Medikamént *n* (2), Héilmittel *n*; Arznéi *f* (10), Medizín *f* (10); прийм́ати ~ éine Arznéi éinnehmen*.

лíкоть Éll(en)bogen *m* (7).

лікувáння Behándlung *f* (10), Héilbehandlung *f*.

лікувáти 1) behándeln *vt*, kuríeren *vt* (чим-н. mit *D*); 2) *(що-н.)* behándeln lássen*; ~ зу́би sich *(D)* die Zähne behándeln lássen*; **~ся** sich kuríeren, in (ärztlicher) Behándlung sein; sich ärztlich behándeln lássen* (від чóго-н. gégen *A*).

лíлія Líli|e *f* (11).

лінгв|íст Linguíst *m* (8), Spráchforscher *m* (6), Spráchwissenschaftler *m* (6).

лíнза Línse *f* (11).

ліни́вий 1) faul, träge, árbeitsscheu; 2) *(млявий)* schlaff, índolent; lässig.

лінíйк|а 1) *(пряма риска)* Líni|e *f* (11); 2) *(для креслення)* Lineál *n* (2); лічи́льна [логарифмíчна] **~а** Réchenschieber *m* (6); 3) *(у піонерському таборі)* Appéll *m* (1); на **~у**! zum Appéll!, шикувáтися на **~у** in éiner Líni|e ántreten*, sich in éiner Líni|e áufstellen.

лíнія Líni|e *f* (11); залізни́чна ~ Éisenbahnlini|e *f*, Éisenbahnstrecke *f* (11); високовóльтна ~ Hóchspannungsleitung *f* (10); ◇ ~

Л

найме́ншого о́пору die Líni̇ des geríngsten Widerstandes.

лі́нощі Fáulheit *f*, Trägheit *f*.

лінува́тися fáulenzen *vi*, faul [träge] sein.

ліпи́ти fórmen *vt*, modellíeren *vt*; knéten *vt*.

ліс 1) Wald *m* (4); Forst *m* (1); Wáldung *f* (10) *(лісовий масив)*; хво́йний ~ Nádelwald *m* (4); листяни́й ~ Láubwald *m* (4); мі́шаний ~ Míschwald *m* (4); 2) *тк. од.* *(матеріал)* Holz *n* -es; **~ни́к** Wáldwärter *m* (6), Fórstwirt *m* (1), Héger *m* (6); Fórstaufseher *m* (6); **~ни́цтво** Försteréi *f*, Fórstamt *n* -(e)s *(установа)*; **~ни́чий** Förster *m* (6); головни́й ~ни́чий Fórstmeister *m*.

лісозаготі́вля Hólzeinschlag *m* (1*).

лісозахисн|и́й Schútzwald-; ~á сму́га Schútzwaldstreifen *m* (7), Wáldschutzstreifen *m*.

лісо|наса́дження 1) *(лісорозведення)* Wáldanpflanzug *f* (10), Hólzanbau *m* -(e)s; Áufforstung *f* (10); 2) *(ліс)* Wáldbestand *m* (1*), Hólzbestand *m* (1*); **~охоро́на** Fórstschutz *m* -es, Wáldschutz *m*; **~ру́б** Hólzfäller *m* (6); **~сте́п** Wáldsteppe *f* (11).

літа́ Jáhre *pl*; Álter *n* (6); в ~х schon bei Jähren; bejáhrt; на ста́рості літ auf séine álten Táge.

літа́к Flúgzeug *n* (2); пасажи́рський ~ Verkéhrsflugzeug *n*; реакти́вний ~ Düsenflugzeug *n*.

лі́тер|а Búchstabe *m* (15); писа́ти сло́во з вели́кої ~и das Wort groß schréiben*.

літерату́р|а 1) Literatúr *f* (10); Schríften *pl*, Schrífttum *n* -s; худо́жня ~а schöne Literatúr; 2) *(бібліографія)* Literatúr *f*, Quéllen *pl*; **~ний** literárisch, Literatúr≠.

літні́й I Sómmer≠, sómmerlich.

лі́тній II *(немолодий)* nicht mehr jung, bejáhrt, schon bei Jáhren.

лі́т|о Sómmer *m* (6); мину́лого ~а (im) vórigen Sómmer; середи́на [ро́зпал] ~а Hóchsommer *m* -s; ◊ ба́бине ~о Altwéibersommer *m* -s.

літо́пис Chronik [kro:-] *f* (10), Annálen *pl*.

літр Líter *n* (6).

ліфт Fáhrstuhl *m* (1*), Lift *m* (1) *(pl тж.* -s), Áufzug *m* (1*).

ліхта́р Latérne *f* (11); Lámpe *f* (11); Licht *n* (5) *(на поїзді, судні тощо)*; кишенько́вий ~ик Táschenlampe *f* (11).

лічи́льн|ий Réchen≠; Zähl≠; ~а комі́сія Zählkommissión *f* (10); ~а маши́на Réchenmaschine *f* (11); **~ик** Zähler *m* (6); електри́чний ~ик Strómzähler *m* (6).

лічи́ти réchnen *vt*, zählen *vt*.

лящи́на *бот* Hásel *f* (11), Háselbusch *m* (1*), Háselstrauch *m* (4).

лоб Stirn *f* (10); ◊ у ньо́го на ~і напи́сано es steht ihm auf (an) der Stirn geschríeben.

ло́бзик *тех.* Láubsäge *f* (11).

лобода́ *бот.* Mélde *f* (11).

лови́ти 1) fángen* *vt*; áuffangen* *vt (тж. перен.)*; gréifen* *vt*, erháschen *vt (хапати)*; ~ ри́бу físchen *vt, vi*; ángeln *vi (на вудку)*; 2) *перен.* *(виявляти чиї-н. помилки, суперечності тощо)* ertáppen (на чо́му-н. bei *D*); ~ на брехні́ bei éiner Lüge ertäppen; ◊ ~ кого́-н. на сло́ві j-n beim Wort néhmen*; ~ хви́лю [ста́нцію] das Rádio auf éine Wélle éinstellen.

логари́фм *мат.* Logaríthmus *m* -, -men; **~і́чний** logaríthmisch; ~і́чна ліні́йка Réchenschieber *m* (6).

логі́чний lógisch, fólgerichtig.

ло́жка Löffel *m* (6); ча́йна ~ Téelöffel *m* (6); столо́ва ~ Éßlöffel *m* (6); ◊ ~ дьо́гтю в бо́чці ме́ду ≅ ein Trópfen Wérmut im Fréudenbecher.

лоза́ 1) *(верба)* Wéide *f* (11); 2) *(виноградна)* Rébe *f* (11), Rébstock *m* (1*), Wéinstock *m*.

ло́зунг Lósung *f* (10); Léitsatz *m* (1*) *(теза)*; Áufruf *m* (1) *(заклик)*; під ~ом únter der Lósung.

лока́льний lokál, örtlich.

лока́тор Órtungsgerät *n* (2).

локомоти́в *тех.* Lokomotíve [-və] *f* (11); Lok *f* -, -s *(розм.)*.

ло́кон Lócke *f* (11).

ло́кшина Núdeln *pl*.

ломба́рд Pfándleihe *f*, Léihhaus *n* (5).

ло́н|о: на ~і приро́ди im Grünen, in der fréien Natúr; im Schóße der Natúr.

лопа́та Scháufel *f* (11); Spáten *m* (7) *(для копання)*.

ло́пати, ло́патися 1) plátzen *vi* (s), bérsten* *vi* (s); zerspríngen* *vi* (s); (zer)réißen* *vi* (s) *(про канат, матерію)*; 2) *перен. розм.*

in die Luft flíegen*; zu Wásser wérden; kráchen *vi*.

лопа́тк|а *анат.* Schúlterblatt *n* (5); ◊ класти на ~и кого-н. j-n auf die Schúltern légen.

ло́пать *тех.* Scháufel *f* (11); Blatt *n* (5).

лопу́х *бот.* Klétte *f* (11).

лоскота́ти kítzeln *vt*.

лосо́сь Lachs *m* (1).

лось *зоол.* Élen *m, n* (7), Élentier *n* (2), Elch *m* (1).

лотере́|йний: ~йний квиток Lotteríelos *n* (2), Los *n*; **~я** Lotteríe *f* (11).

ло́цман *мор.* Lótse *m* (9).

лоша́ Fóhlen *n* (7), Füllen *n* (7).

луг I Wíese *f* (11); Wíesengrund *m* (1*).

луг II *хім.* Láuge *f* (11), Alkáli *n* -s, ...li¦en.

луди́ти verzínnen *vt*.

лу́жний *хім.* alkálisch, Alkáli-.

луза́ти *(насіння тощо)* knácken *vt*, knábbern *vt*.

лук Bógen *m* (7, 7*); стрільба з ~а Bógenschießen *n* -s.

лука́вий schlau, verschmítzt, schélmisch; hínterlistig, árglístig.

луна́ Écho *n* -s, -s, Wíderhall *m* -(e)s; **~ти** tönen *vi*, klíngen* *vi*; erschállen* *vi* (s), ertönen *vi* (s), erklíngen* *vi* (s).

лу́па Lúpe *f* (11), Vergrößerungsglas *n* (5).

лупцюва́ти *розм.* prügeln *vt*, háuen *vt*, *vi*.

луска́ Schúppe *f* (11).

лу́ска|ти, лу́снути 1) kráchen *vi*; knácken *vi*; knístern *vi*, prásseln *vi (при горінні)*; plátzen *v* (s), bérsten* *vi* (s); áufspringen* *vi* (s), (zer)spríngen* *vi* (s); 2) *(про насіння)* knácken *vt*.

лушпа́йка Schále *f* (11).

лу́щити schälen *vt*; enthülsen *vt*, áushülsen *vt (горох)*.

лю́бий lieb, téuer, wert.

люби́тель 1) Líebhaber *m* (6), Freund *m* (1); 2) *(не професіонал)* Ámateur [-'to:r] *m* (1); Bástler *m* (6); **~ський** Ámateur-, Líebhaber-.

люби́ти 1) líeben *vt*, líebhaben *vt*; 2) *(мати інтерес, потяг до чого-н.)* gern háben, mögen* *vt*; 3) *(потребувати)*: квіти люблять вод і повітря Blúmen bráuchen [verlángen] Wásser und Luft; 4): я люблю читати ich lése gern.

любо́в Líebe *f*; материнська ~ Mútterliebe *f*; ~ до батьківщини die Líebe zum Váterland.

любува́тися mit Vergnügen betráchten; sich wéiden, sich ergötzen *розм.* (ким-н., чим-н. an *D*).

люб'я́зн|ий líebenswürdig, fréundlich; **~ість** Líebenswürdigkeit *f*.

лю́д|и Ménschen *pl*, Léute *pl*; Persónen *pl (особи)*; ◊ вийти в ~и *розм.* éine gúte Lébensstellung erréichen; на ~ях vor áller Áugen, öffentlich.

люди́на Mensch *m* (8); Mann *m* (4) *(про чоловіка)*; ділова́ ~ Geschäftsmann *m* (pl *тж.* -leute); видатна́ ~ ein hervórragender Mensch, éine hervórragende Persönlichkeit.

лю́д|ство Ménschheit *f*; **~ський** Ménschen-, ménschlich; **~яний** ménschlich, humán.

люк Lúke *f* (11).

лю́лька Pféife *f* (11).

лю́стра Krónleuchter *m* (6), Lüster *m* (6), Króne *f* (11).

лю́тий I 1) gráusam, grímmig; böse, wütend, rásend; 2) *(дуже сильний)* héftig; ~ моро́з grímmige Kälte; ~ звір wíldes Tier.

лю́тий II *(назва місяця)* Fébruar *m* - *i* -s.

лютува́ти 1) wütend [wild] wérden, in Wut geráten*, áußer Rand und Band geráten*, wüten *vi*, tóben *vi*, rásen *vi*; 2) *(про явища природи тощо)* wüten *vi*, grassíeren *vi (про епідемію)*; bráusen *vi*, tósen *vi*, stürmen *vimp*, hóchgehen* *відокр. vi* (s) *(про море)*.

ляга́ти, лягти́ 1) sich légen, sich hínlegen; 2) *(лягати спати)* sich schláfen légen*, zu Bett géhen*, schláfen géhen*; 3) *перен.* sich légen, sich sénken, fállen* *vi* (s); ◊ ~ в осно́ву zugrúnde gelégt wérden (чого-н. *D*).

ляка́ти schrécken *vt*, erschrécken *vt*; éinschüchtern *vt*; **~ся** erschrécken* *vi* (s), in Schrécken geráten*; sich ängstigen; Angst [Furcht] háben; schéuen *vi (про коня)*.

ля́лька Púppe *f* (11).

ля́пас Óhrfeige *f* (11); дати ~а óhrfeigen *vt*, éine Óhrfeige gében*.

ля́скати knállen *vi (батогом)*; klátschen *vi*, schlágen* *vi*; schnálzen *vi (язиком)*; kláppern *vi (зубами)*.

лящ Brásse *f* (11); Blei *m* (1).

Л

льодо|вик *геол.* Glétscher *m* (6); **~хід** Éisgang *m* -(e)s; на Вóлзі ~хід die Wólga führt Tréibeis.

льон *бот.* Lein *m* (1) *(на полі)*; Flachs *m* -es *(тж. волокно)*; **~-довгунéць** geméiner Flachs; Fáserlein *m*; брáти ~ Flachs rúpfen; **~áрство** *с. г.* Léin(an)bau *m* -(e)s, Léinproduktion *f*, Fláchsbau *m* -(e)s.

льóтн|ий *ав.* Flíeger≠, Flug≠; ~а погóда Flúgwetter *n* -s; ~е пóле Róllfeld *n* (5).

льóтчик Flíeger *m* (6), Pilót *m* (8), Flúgzeugführer *m* (6); **~-винищувач** Jágdflieger *m*; **~-випрóбувач** Versúchsflieger *m*; Téstpilot *m* (8), Téstflieger *m*; **~-космонáвт** Ráumflieger *m*.

льох Kéller *m* (6).

М

мáбуть wahrschéinlich, áller Wahrschéinlichkeit nach, ánscheinend, wohl.

мáвпа Áffe *m* (9).

магазин Láden *m* (7*), Geschäft *n* (2), Hándlung *f* (10); універсáльний ~ Wárenhaus *n* (5), Káufhaus *n*; промтовáрний ~ Industríewarengeschäft *n*, Industríewarenladen *m*; продовóльчий ~ Lébensmittelgeschäft *n*; книжкóви ~ Búchhandlung *f*; ~ готóвого óдягу Konfektiónsgeschäft *n*.

магістрáль 1) Verkéhrsader *f* (11); залізнична ~ Háuptstrecke *f* (11); автомобíльна ~ Férnverkehrsstraße *f* (11); 2) *тех.* Háuptleitung *f* (10).

мáгній *хім.* Magnésium *n* -s (*хім. знак* Mg).

магніт Magnét *m* (1); **~ний** Magnét≠, magnétisch; ~на аномáлія Magnétanomalie *f*; ~на стрíлка Magnétnadel *f* (11); ~не пóле *фіз.* magnétisches Feld, Magnétfeld *n* (5).

магнітофóн Tónbandgerät *n* (2); **~ний** Tónband≠; ~на стрічка Tónband *n* (5); ~ний зáпис Тшнбандaufnahme *f* (11).

маéток Lándgut *n* (5), Gut *n*.

мáзати, мазнути *див.* мастити 1), 2), 4), 5).

маз|ь 1) *мед.* Sálbe *f* (11); натирáти ~зю éinsalben *vt*, éinschmieren *vt*; 2) Schmíere *f* (11); ~ь для взуття Schúhkrem *f*, *pl* -s.

майбутн|є Zúkunft *f*; **~ій** künftig, zukünftig; nächst; ~ій час *грам.* Zúkunft *f*; Futúr *n* (2), Futúrum *n* -s, -ra.

майдáн Platz *m* (1*); **~чик** Platz *m*; дитячий ~чик Kínderspielplatz *m*; танцювáльний ~чик Tánzdiele *f* (11).

мáйже fast, náhezu, beináhe; so gut wie.

мáйка (ärmelloses) Spórthemd *n* (13); Únterhemd *n*.

майнó 1) Vermögen *n* (7), Gut *n* (5); рухóме ~ bwégliches Gut, Mobíli¦en *pl*; нерухóме ~ Immobíli¦en *pl*; держáвне ~ Staatsvermögen *n* -s; 2) *(речі)* Hábe *f*, Hab und Gut *n* -(e)s; Hábseligkeiten *pl*.

майорíти 1) síchtbar sein, zu séhen sein; schímmern *vi*; 2) wéhen *vi*, fláttern *vi*.

мáйстер 1) *(на заводі)* Wérkmeister *m* (6), Méister *m*; 2) *(ремісник)* Méister *m* (6); 3) *(знавець)* Méister *m* (6), Könner *m* (6); він ~ своєї спрáви er ist ein Méister in séinem Fach; ◇ ~ спóрту Méister des Sports; він ~ на всі рýки *розм.* er ist ein Táusendkünstler.

майстéрн|ий méisterhaft, méisterlich; **~ість** Méisterschaft *f*; висóка ~ість Glánzleistung ; **~я** Wérkstatt *f*, *pl* -stätten, Wérkstätte *f* (11); Wérkraum *m* (1*) *(у школі)*.

майструвáти *розм.* básteln *vt*, selbst ánfertigen *vt*, máchen *vt*.

мак Mohn *m* (1), Móhnblume *f* (11).

макарóни Makkaróni *pl*, Röhrennudeln *pl*, Bándnudeln *pl*.

макéт Modéll *n* (2); Entwúrf *m* (1*).

максимáльн|ий maximál, Höchst≠; Spítzen≠; ~а кíлькість Máximum *n* -s, -ma.

макулатýра 1) Makulatúr *f* (10), Áltpapier *n* -(e)s, Áusschuß *m* -sses, -schüsse, Papíerabfälle *pl*; 2) *перен* Schúndliteratur *f*.

малéнький, малий klein; geríng; kurz *(відрізок часу)*; únbedeutend, geríngfügig *(незначний, неістотний)*.

малина 1) *(кущ)* Hímbeerstrauch *m* (4); 2) *(ягода)* Hímbeeren *pl*.

Л

мáло wénig; nicht genügend, nicht genúg, nicht áusreichend *(недостатньо)*; занáдто ~ zu wénig; ~ хто знáє це nur wénige wíssen das; ◊ ~ тогó, що ... nicht genúg, daß...; ~ що мóже трáпитись wer weiß, was álles geschéhen kann.
маловжи́ваний sélten gebráucht, wénig gebräuchlich.
малогрáмотний 1) *(про людину)* úngebildet; 2) *(про роботу)* vóller Féhler, féhlerhaft; 3) *у знач. ім.* Hálbanalphabet *m* (8).
малоду́шний kléinmütig, mútlos.
малокалорíйний kalorí¦enarm.
малолíтній 1) *прикм.* mínderjährig; 2) *у знач. ім.* Mínderjährige *m* (14).
малолітрáжний: ~ автомобíль Kléinwagen *m* (7).
малопродукти́вний wénig produktív, mit geríngėr Léistung.
малорозви́нений 1) (in der Entwícklung) zurückgeblieben, únterentwickelt; 2) *(обмежений)* beschränkt.
малювáти 1) zéichnen *vt, vi*; málen *vt, vi (фарбами)*; 2) *перен. (описувати)* beschréiben* *vt*, (áus) málen *vt*, schíldern *vt*.
малю́нок Zéichnung *f* (10); Ábbildung *f* (10); Múster *n* (6).
маля́р Máler *m* (6), Zímmermaler *m*.
мальовни́чий málerisch; fárbenreich, fárbenprächtig *(яскравий)*; bíldhaft, bílderreich *(про мову, стиль тощо)*.
мáма Mámá *f*, *pl* -s, Mútti *f*, *pl* -s.
мáмонт Mámmut *n* (2) (*pl тж.* -s).
мандрíв|ка Réise *f* (11), Wánderung *f* (10), Fáhrt *f* (10); **~ник** Réisende *m* (14), Wánderer *m* (6).
мандрувáти réisen *vi* (h, s), éine Réise máchen, wándern *vi* (s).
манéвр 1) *військ.* Manöver [-vər] *n* (6) *(тж. перен.)*; *тк. мн.* **~и** Kríegsübungen *pl*; 2) **~и** *залізн.* Rangíeren [raŋʒi:rən] *n* -s.
манекéн Mannequin [-'kɛ] *n* -s, -s; Modéllpuppe *f* (11), Kléiderpuppe *f* (11).
манéра Maníer *f* (10); Art *f* (10), Wéise *f* (11), Art und Wéise.
мани́ти 1) *(кликати)* wínken *vi* (когó-н *D*); 2) *(приваблювати)* (án) lócken *vt*, ánziehen* *vt*.
манікю́р Maniküre *f*, Hándpflege *f*.
маніфестáція Kúndgebung *f* (10), Demonstratión *f* (10).
мáнн|ий Grieß≠; **~а** крупá Grieß *m* -es.
мáрганець Mangán *n* -s *(хім. знак* Mn).
мáрево Lúftspiegelung *f* (10); Trúgbild *n* (5); Fáta Morgána *f*, *pl* Fáta Morgánen *i* Fáta Morgánas.
марин|óваний mariníert; éingemacht; éingelegt *(про овочі, гриби)*; **~увáти** 1) maríníeren *vt*; éinmachen *vt*; éinlegen *vt*; 2) *перен. розм.* áufschieben* *vt*.
мáрити 1) traumen *vi* (про когó-н., про щó-н. von *D*); 2) im Fíeber spréchen*, írrereden *відокр. vi*.
маріонéтка 1) *театр.* Glíederpuppe *f* (11), Dráhtpuppe *f*, Marionétte *f* (11), Hámpelmann *m* (4) *(Петрушка)*; 2) *перен.* Stróhmann *m* (4), Marionétte *f*.
мáрк|а 1) Márke *f* (11); поштóва **~а** Bríefmarke *f*; 2) *(знак, клеймо)* Zéichen *n* (7), Márke *f* (11), Stémpel *m* (6); 3) *(сорт, якість)* Márke *f* (11), Sórte *f* (11), Qualität *f* (10); продýкція найви́щої **~и** Spítzenerzeugnisse *pl*; 4) *(грошова одиниця)* Mark *f*, *pl* Markstücke *(про окремі монети)* *(після чисел -)*; німéцька **~а** Déutsche Mark *(скор. DM)* *(грошова одиниця ФРН)*.
мáрля Mull *m* (1), Gaze ['ga:zə] *f* (11).
мáрмур Mármor *m* (1).
мáрн|ий vergéblich, erfólglos, frúchtlos, nútzlos; **~íти** ábmagern *vi* (s), wélken *vi* (s); **~о** vergébens vergéblich, umsónst.
марно|вíрний ábergläubisch; **~трáтство** Verschwéndung *f*, Vergéudung *f*.
марнувáти verschwénden *vt*, vergéuden *vt*, verjúbeln *vt*.
маршру́т Márschweg *m* (1), Márschrichtung *f* (10), Márschroute [-'ru:tə] *f* (11); Réiseroute *f* (11) *(подорожі)*; Líni¦e *f* (11), Strécke *f* (11) *(трамваю тощо)*.
мáс|а 1) *(речовина)* Másse *f* (11); 2) *(велика кількість)* Másse *f*, Ménge *f* (11).
масажи́ст Masseur [-sø:r] *m* (11).
маси́в Massív *n* (2); гíрський ~ gebírgsstock *m* (1*); лісовí **~и** große Wáldflächen; ◊ житловий ~ Néubaugebiet *n* (2); **~ний** Massív≠, massív, schwer; mássig.

М

мáск|а Máske *f* (11); árve *f* (11); ◊ зірвáти ~у з кóго-н. j-m die Máske [die Lárve] vom Gesícht réißen*, j-n entlárven.
маскарáд Máskenball *m* (1*); Kostümfest *n* (2).
маскувáти 1) maskíeren *vt*; verkléiden *vt*; 2) *перен.* verbérgen* *vt*; verschléiern *vt*; vermúmmen *vt*; 3) *військ.* tárnen *vt*; **~ся** 1) sich maskíeren, sich verkléiden; 2) *перен.* sich vermúmmen, sich verstéllen; 3) *військ.* sich tárnen.
мáсл|о 1) *(коров'яче)* Bútter *f*, Táfelbuttr *f*; 2) Öl *n* (2); машúнне ~о Maschínenöl *n* (2); ◊ купáтися як сир [варéник] у ~і (wie éine Máde) im Speck sítzen*.
маслюк Bútterpilz *m* (1).
маснúй fett, fétthaltig, féttig.
масóваний massiert, Mássen≠.
мáсов|ий Mássen≠; ~ий мітинг Gróßkundgebung *f* (10); товáри ~ого вжúтку Mássenbedarfsartikel *pl*; зáсоби ~ої інформáції Mássenmedi¦en *pl*.
мастúка Bóhnerwachs *n* (2) *(для натирання підлоги)*.
мастúл|о *тех.* Schmíermittel *n* (6), Schmíerstoff *m* (1); **~ти** 1) (éin)schmíeren *vt*, (éin)fétten *vt*, (éin)ölen *vt*; 2) stréichen* *vt*, bestréichen* *vt (чим-н.* mit *D)*; 3) *(ліками)* éinschmieren *vt*, éinsalben *vt*; pínseln *vt (горло)*; 4) *(білити стіни)* wéißen *vt*, tünchen *vt*; 5) *(бруднити)* beschmíeren *vt*, beschmútzen *vt*.
мáта Mátte *f* (11); Bódenbelag *m* (1*) *(підстилка)*.
математ|ик Mathemátiker *m* (6); **~ика** Mathematık *f*; **~ичний** mathemátisch.
материк *геогр.* Féstland *n* (5), Kontinént *m* (1).
материнств|о Mútterschaft *f*; охорóна ~а Mútterschutz *m* -es.
матеріáл 1) *(речовина, сировина)* Materiál *n* -s, -i¦en, Stff *m* (1); Wérkstoff *m*; посівнúй ~ *с. г.* Sáatgut *n* -(e)s; óпір ~ів *тех.* Féstigkeit *f* (10); Féstigkeitslehre *f* *(навчальний предмет)*; 2) *(різноманітні відомості, дані) Материщл* *n* -s, -i¦en, Stoff *m* (1); навчáльний ~ Léhrstoff *m*; 3) *(зібрання документів, відомостей)* Belége *pl*; Unterlagen *pl*, Dokumentatión *f* (10); 4) *(матерія)* Stoff *m* (1).
матеріáльний Materiál-, materi¦éll.
матéрія 1) *філос.* Matéri¦e *f*, Grúndstoff *m* -(e)s; Úrstoff *m* -(e)s; 2) *(тканина)* Stoff *m* (1), Textílware *f* (11).
мáти I *ім.* Mútter *f*, *pl* Mütter.
мáти II *дієсл.* háben* *vt*; besítzen* *vt*; im Besítz sein; verfügen *vi* (що-н. über *A*).
мáтов|ий matt, mattíert; glánzlos; stumpf; ~е скло Mílchglas *n* (5).
матрóс Matróse *m* (9); **~ка** Matrósenbluse *f* (11).
матч *спорт.* Spiel *n* (2), Match [mɛtʃ] *m, n* -es, -e; футбóльний ~ Fúßballspiel *n*.
махáти, махнýти schwíngen* *vt*, schwénken *vt*; ~ крúлами mit den Flügeln schlágen*; ~ хвостóм mit dem Schwanz wédeln; ~ рукóю mit der Hand wínken.
махрóвий 1) *бот.* gefüllt; 2) *перен. (з негативними рисами)* Erz≠; 3): ~ рушнúк Frottíerhandtuch *n* (5).
мáцати, мацнýти befühlen *vt*, belásten *vt*; *мед.* palpíeren *vt*.
мáчуха Stíefmutter *f*, *pl* -mütter.
машúна 1) Maschíne *f* (11); електрóнно-обчúслювальна ~ *(скор.* EOM) elektrónische Réchenmaschine, Elektrónenrechner *m* (6); швéйна ~ Nähmaschine *f*; прáльна ~ Wáschmaschine *f*; 2) *(автомобіль)* Wágen *m* (7), Áuto *n* -s, -s.
машинáльний mechánisch, maschinéll.
машиніст 1) *(механік)* Maschiníst *m* (8); ~ крáна Kránführer *m* (6); 2) *(поїзда)* Lokomotívführer *m* (6), Lókführer *m*.
машúн|ка 1): друкáрська ~ка Schréibmaschne *f* (11); писáти на ~ці maschíneschreiben* *відокр.* *vi*, típpen *vt*; вонá пúше на ~ці sie schreibt Maschíne; 2): швéйна ~ка Nähmaschine *f* (11); 3): ~ка для стрúжки волóсся Háarschneidemaschine *f* (11); **~ний** mechánisch; maschinéll; Maschínen≠.
машинобудівнúй Maschínenbau≠; ~ завóд Maschínenfabrik *f* (10).
машинопúсний in Drúckschrift, maschíne(n)geschrieben.
маяк Léuchtturm *m* (1*), Léuchtfeuer *n* (6).
мáятник 1) Péndel *n* (6); Úhrpendel *n*; Perpendíkel *m, n* (6) *(годинника)*; 2) *(колісце в годиннику)* Únruh *f* (10).
мéблі Möbel *pl*.
мед Hónig *m* -s.

меда́л|ь Medaille [me'dalje] *f* (11); пам'ятна ~ь Dénkmünze *f* (11), Scháumünze *f* ◊ зворо́тний бік ~і die Kéhrseite der Medáille.

ме́дик 1) *(лікар)* Arzt *m* (1*), Medizíner *m* (6); 2) *(студент)* Medizíner *m* (6), Medizínstudent *m* (8).

медикаме́нт Medikamént *n* (2), Arznéi *f* (10), Arznéimittel *n* (6).

медици́на Medizín *f*, Héilkunde *f*.

меди́чн|ий medizínisch, ärztlich; ~ий пункт Sanitätsstelle *f* (11); ~а сестра́ Kránkenschwester *f* (11); ~ий інститу́т medizínische Hóchschule; ~а допомо́га ärztliche Hilfe; швидка́ ~а допомо́га Réttungsdienst *m* -es.

межа́ 1) Grénze *f* (11); *перен. тж.* Trénnungsstrich *m* (1); 2) Rain *m* (1) *(поля)*; у ме́жах мі́ста im Wéichbild der Stadt; за ме́жі краї́ни über das Land hináus.

межува́ти grénzen *vi* (з чим-н. an *A*).

ме́кати blöken *vi* *(про овець)*; mékkern *vi(про кіз)*.

мелоді́йний melódisch, wóhlklingend, wóhllautend.

мело́дія Melodíe *f* (11); Wóhlklang *m* -(e)s.

мельхіо́р *(сплав)* Néusilber *n* -s; ~овий néusilbern.

меморіа́л Gedénkstätte (11); Dnkmal *n* (5, 2).

меморіа́льн|ий: ~а до́шка Gedénktafel *f* (11).

мемуа́ри Memoiren [memo'a:rən] *pl*, Erínnerungen *pl*.

ме́нш|е *(вищ. ст. від* ма́ло) wéniger, mínder; **~ий** *(вищ. ст. від* мали́й, мале́нький) kléiner; jünger; **~ість** Mínderheit *f* (10).

меню ´Speisekarte *f* (11); Spéisezettel *m* (6).

мере́жа Netz *n* (2).

мере́живо Spitzen *pl*.

мерехті́ти blínken *vi*; flímmern *vi*; fláckern *vi*; schímmern *vi*.

мерзе́нний abscéulich, gräßlich; ékelerregend; ékelhaft, wíderlich.

ме́рзлий gefróren; durchfróren, hártgefroren.

мерзло́та́ Verfróstung *f*; ві́чна ~ éwiger Bódenfrost.

ме́рзнути 1) fríeren* *vi*; erstárren *vi*; 2) *(гинути від морозу)* erfríeren* *vi* (s).

мерзо́т|а Abschéulichkeit *f*(10), Schéußlichkeit *f* (10), Schändlichkeit *f* (10), Geméinheit *f* (10); **~ни** *розм.* Schúrke *m* (9), Schuft *m* (1).

ме́ркнути verblássen *vi* (s); erlöschen *vi* (s); trübe [fahl] wérden, sich trüben.

ме́ртв|ий tot; ◊ ~а приро́да léblose [ánorganische] Natúr; ~а годи́на Rhestunde *f* (11), Míttagsruhe *f* ~а хва́тка Würgegriff *m* (1); спа́ти ~им сном fest schláfen*.

мерщі́й schnell, rasch, flink.

ме́сник Rächer *m* (6).

мести́ 1) kéhren *vt*, fégen *vt*; 2) *безос.*: мете́ *(про хуртовину)* es stöbert.

мет|а́ Ziel *n* (2); Zweck *m* (1); з яко́ю ~о́ю? zu wélchem Zweck?, wozú?; з ~о́ю mit dem Ziel, zwecks *(G)*; ма́ти на ~і́ zum Ziel háben; bezwécken *vt*.

мета́л Metáll *n* (2); благоро́дний ~ Édelmetall *n*; кольоро́вий ~ Búntmetall *n*; **~е́вий** metállisch, metállen, Metáll≠; **~у́рг** Metallúrg *m* (8); Hüttenwerker *m* (6), Hüttenarbeiter *m* (6); **~ургі́йний** metallúrgisch, Hütten≠; ~ургі́йний заво́д Hüttenwerk *n* (2), Hütte *f* (11); **~у́ргія** Metallurgíe *f*; Hüttenkunde *f*.

мета́ти wérfen* *vt*, schléudern *vt*; ~ ікру́ láichen *vi*.

мете́лик Fálter *m* (6), Schmétterling *m* (1).

мете́лиця Schnéesturm *m* (1*), Schnéegestöber *n* (6).

метеорологі́чн|ий meteorológisch, Wítterung≠, Wétter≠; ~а ста́нція Wétterwarte *f* (11).

метки́й 1) behénd, flink, húrtig, gechwínd; 2) *(кмітливий)* gewándt, wéndig, fix.

ме́тод Methóde *f* (11); Verfáhren *n* (7).

метр Méter *n* (6) *(одиниця довжини)*; Métermaß *n* (2) *(лінійка, стрічка)*.

метро́, метрополіте́н Úntergrundbahn *f* (10), Ú-Bahn *f* (10); Métro *f*, *pl* -s, (в країнах бувшого СРСР).

механіза́ція Mechanisíerung *f*.

механі́зм Mechanísmus *m* -, *pl* -men *(тж. перен.)*; Tríebwerk *n* (2).

меха́н|ік Mechániker *m* (6); Maschínenmeister *m* (6); **~і́чний** 1) mechánisc, Maschínen-, maschinéll; 2) *перен.* mechánisch, gewóhnheitsmäßig.

меч Schwert *n* ().

ме́шка|нець Bewóhner *m* (6); Éinwohner *m*; **~ти** wóhnen *vi*, bewóhnen *vt*.

мжи́чит|и: (дощ) **~ь** s níeselt, es tröpfelt, es spritzt.

ми wir (*G* únser, *D* uns, *A* uns).

ми́лий *прикм.* 1) lieb; líeblich, nett, ánmutig; 2) *(при звертанні)* lieb, téuer, wert; 3) *у знач. ім.* Gelíebte *m* (14).

ми́лити (éin)séifen *vt*.

ми́лиця Krücke *f* (11); ходи́ти на **~х** an Krücken géhen*.

ми́лість Gunst *f*, Gnáde *f*; ◊ зміни́ти гнів на **~** Gnáde für Recht ergéhen lássen*; зробі́ть **~**! séien Sie so gut; háben Sie die Güte.

ми́ло 1) Séife *f* (11); туале́тне **~** Féinseife *f*; господа́рське **~** Wáschseife *f*; 2) *(піна)* Schaum *m* (1*).

мило|ви́д(н)ий líeblich, nett, ánmutig; **~се́рдний** bármherzig, mildtätig.

ми́лувати *(кого-н.)* schónen *vt*; begnádigen *vt*, j-m éine Stráfe erlássen*.

ми́льн|ий Séifen≠, séifig; ◊ ло́патися як **~а** бу́льбашка wie éine Séifenblase (zer)plátzen; **~иця** Séifenschale *f* (11).

ми́мо *присл. і прийм.* vorbéi, vorüber; пройти́ **~** vorbéigehen* *vi* (s), vorübergehen* *vi* (1) *(тж. перен.)*; ◊ пропусти́ти що-н. **~** ву auf etw. *(A)* nicht áchten; etw. überhören.

мимові́льний únwillkürlich, únfreiwillig, úngewollt.

мимово́лі 1) únwillkürlich, únfreiwillig(erweise), úngewollt; 2) *(всупереч)* nótgedrungen; zwángsweise; wíder Wíllen, ob man will óder nicht, zuwíder *(D)*.

мимохі́дь 1) im Vorübergehen; 2) *(між іншим)* nebenbéi, béiläufig.

ми́мрити múrmeln *vt, vi*.

мин|а́ти, ~у́ти 1) *(проїхати, пройти)* vorübergehen* *vi* (s), vorbéigehen* *vi* (s) *(тж. перен.)*, vorüberfahren* *vi* (s), vorbéifahren* *vi* (s); 2) *(пропускати)* áuslassen* *vt*; überspríngen* *vt*, übergéhen* *vt*, umgéhen* *vt*, áußer acht lássen* *(залишати поза увагою)*; 3) *(проходити — про час тощо)* vergéhen* *vi* (s); verstréichen* *vi* (s), verflíeßen* *vi* (s), vorbéi sein, verláufen* *vi* (s); 4) *безос. (про вік)*; йому́ **~у́ло** 30 ро́ків er wúrde dréißig Jáhre alt, er erréichte sein dréißigstes Lébensjahr; ◊ не **~а́ти** наго́ди jéde Gelégenheit ergréifen*.

мину́л|е *у знач. ім.* das Vergángene *(sub)*, Vergángenheit *f*; **~ий** vergángen; verflóssen; zurückliegend, vórig, ábgelaufe; **~ий** час *грам.* Vergángenheit *f* (10); Prätéritum *n* -s, -ta.

мир Fríeden *m* -s; Éintracht *f* *(згода)*; **~** в усьо́му сві́ті Wéltfrieden *m* -s; Всесві́тня Ра́да Ми́ру Wéltfriedensrat *m* -(e)s; укла́сти **~** Fríeden schlíeßen*; зберегти́ **~** den Fríeden erhálten*.

мири́ти versöhnen *vt*, áussöhnen *vt*; Fríeden stíften (кого-н. з ким-н. zwíschen *D*); **~ся** 1) *(з ким-н.)* sich versöhnen, sich áussöhnen, Fríeden schlíeßen*; 2) *(з чим-н.)* sich zufríeden gében*, sich ábfinden* (mit *D*); sich fügen (im *A*).

ми́рн|ий Fríedens≠, fríedlich; **~ий** до́говір Fríedensvertrag *m* (1*); **~им** шляхо́м auf fríedlichem Wége.

миролю́бний fríedliebend, fríedferti, fríedlich.

мис *геогр.* Kap *n* -s, -s, Lándzunge *f* (11), Vórgebirge *n* (6).

ми́ска Schüssel *f* (11), Terríne *f* (11).

мисли́в|ець Jäger *m* (6); **~ство** Jagd *f* (10).

мисли́тель Dénker *m* (6).

ми́слити 1) dénken* *vi*; sínnen* *vi*, überlégen *vt*; 2) *(мати намір)* (ge)dénken* *vi*; beábsichtigen *vt*; 3) *(уявляти собі що-н.)* sich *(D)* etw. vórstellen.

мисте́цтв|о 1) Kunst *f* (3); образотво́рче **~о** die dárstellende [bíldende] Kunst; прикладне́ **~о** ángewandte Kunst; Kúnstgewerbe *n* -s; твір **~а** Kúnstwerk *n* (2); 2) *(майстерність, уміння)* Kunst *f* (3); Fértigkeit *f* (10).

мистецтвозна́вець Kúnstwissenschaftler *m* (6); Kúnsthistoriker *m* (6).

мисте́цький 1) künstlerisch, Kunst-, Künstler-; 2) *(майстерний* méisterhaft, méisterlich, Méister≠.

ми́тець Künstler *m* (6).

ми́ти wáschen* *vt*; schéuern *vt* *(підлогу тощо)*; ábwaschen* *vt* *(посуд)*; pútzen *vt* *(вікна)*; **~ся** sich wáschen*.

ми́тни|к Zóllbeamte *m* (14); **~ця** Zóllamt *n* (5).

митте́вий Momént≠, áugenblicklich; blítzschnell.

миттю im Nu, im Hándumdrehen; in éinem Áugenblick, áugenblicklich, momentán; blítzschnell.
мить Áugenblick *m* (1); Momént *m* (1); в однý ~ im Áugenblick, im Hándmdrehen, im Nu; на ~ für [auf] éinen Áugenblick.
ми́ша Maus *f* (3).
мігра́ція Migratión *f* (10); Wánderung *f* (10).
мідь Kúpfer *n*-s.
між *прийм.* 1) zwischen *(D на питання «де?»; A на питання «куди?»)*; 2) *(серед)* únter *(D)*; ◊ ~ нáми кáжучи únter uns geságt, im Vertráuen geságt; ~ тим unterdéssen, inzwíschen, indéssen; ~ íншим *присл.* 1) únter ánderem, beiläufig, nebenbéi; 2) *у знач. вставн. сл.* übrigens, apropos [-'po:].
міжконтинентáльн|ий interkontinentál, transkontinentál; ~а ракéта interkontinentáler Flúgkörper.
міжмíськ|и́й Fern≠; Überland≠; ~á телефóнна стáнція Férnamt *n* (5); ~и́й автóбус Überlandbus *m* -ses, -se.
міжнарóдн|ий internationál; Міжнарóдний жінóчий день der Internationále Fráuentag; ~і зв'язкú internationále Beziehungen; ~а обстанóвка internationále Láge.
міжпланéтний Interplanetár(isch); Raum-, Wéltraum-.
мізи́нець kléiner Finger *(на руці)*; kléine Zéhe *(на нозі)*.
мій 1) *займ. присв.* mein (*f* méine, *n* mein, *pl* méine); der (die, das) méine, der (die, das) méinige *(без ім.)*; 2) *у знач. ім.* мої́ (рідні) die Méinigen, die Méinen.
мікроавтóбус Kléinbus *m* -ses, -se.
мілин|á Sándbank *f* (3); Úntiefe *f* (11); сíсти на ~ý stránden *vi* (s); uf éine Sándbank geráten*; *перен. розм.* in éine schwíerige Láge geráten* [kómmen*].
мілíція Milíz *f* (10).
мілкúй seicht, nicht tief; flach *(про посуд)*.
міль *зоол.* Mótte *f* (11).
мільйóн *числ. кільк. та ім.* Millión *f* (10).
мільярд *числ. кільк. та ім.* Milliárde *f* (11).
мíміка Mímik *f*, Gebärdenspiel *n* -(e)s.
мíна I *(вираз обличчя)* Míene *f* (11).
мíна II *(військ.)* Míne *f* (11).
мініатю́рний zíerlich, wínzig.
мінімáльний minimál, Minimál≠, Míndest≠, Kléinst≠.
мíнімум 1) Mínimum *n* -s, -ma; ~ заробíтної плáти Míndestlohn *m* (1*); словникóвий ~ Wórtminimum *n*, Míndestwortschatz *m* (1*); прожиткóвий ~ Existénzminimum *n*; звéсти до ~у auf ein Míndestmaß herábdrücken [reduzíeren, beschränken]; 2) *у знач. присл.* míndestens.
міністéрство Ministérium *n* -s, -ri|en.
мінíстр Miníster *m* (6).
мінли́вий 1) veränderlich, wéchseind, wéchselhaft, veriábel [va-]; 2) schíllernd *(про барви)*; modulíerend *(про звуки)*.
мінувáти miníeren *vt*, vermínen *vt*.
мíнус 1) *мат.* Mínus *n* -s, -; Mínuszeichen *n* (7) *(знак)*; 2) *(віднятu)* mínus, wéniger; п'ять ~ три fünf mínus [wéniger] drei; 3) *перен. розм. (вода, недолік)* Mángel *m* (6*); Schättenseite *f* (11); мáти ~и négative [-və] Séiten háben.
міня́ти 1) táuschen *vt* (на що-н. gégen *A*); úmtauschen *vt*, éintaushn *vt* (на що-н. gégen *A*, für *A*, in *A*); 2) *(заміняти іншим)* (áus)wéchseln *vt*; 3) *(змінювати)* ändern *vt*, verändern *vt*; 4): ~ грóші Geld wéchseln; **~ся** 1) (úm)táuschen *vt*, wéchseln *vt*; 2) *(змінюватися)* sich (ver)ändern.
мíр|а Maß *n* (2); Máßeinheit *f* (10) *(одиниця виміру)*; ~а довжинú Längenmaß *n*; в значнíй ~і in bedéutendem Áusmaß; до дéякої ~и in gewíssem Grad; ◊ в ~у тогó, як je ... nach..., währed...; знáти ~у Maß hálten*; без ~и máßlos, únmäßig.
мірáж *див.* мáрево.
міркувáти 1) tief náchdenke*; 2) überlégen *vt*, bedénken* *vt*; náchdenken* *vi*, náchsinnen* *vi* (над чим-н. über *A*); erwägen* *vt*.
мíряти 1) méssen* *vt*; ~ мéтром nach dem Méter méssen*; ~ на óко nach Áugenmaß méssen; ◊ ~ на свій аршúн *ром.* mit éigenem Maß méssen*, den éigenen Máßstab ánlegen; ~ огó-н. пóглядом j-n (prüfend, hóchmütig) von óben bis únten méssen*; 2) *(приміряти)* ánprobieren *vt*.
міси́ти knéten *vt*; ◊ ~ болóто *розм.* durch den Schmutz [Schlamm] stámpfen [wáten].

М

місія Missión *f* (10), Séndung *f* (10); Bestímmung *f* (10) *(високе призначення)*.

міст 1) Brücke *f* (11); прокладáти ~ *тж. перен.* éine Brücke schlágen*; 2) *авто* Áchse *f* (11).

містúти enthálten* *vt*, éinschließen* *vt*; fássen *vt*, umfássen *vt*; ~ в собі be|ínhalten* *vt*; **~ся** 1) *(знаходитися)* sich befínden*; 2) *(входит до складу)* enthálten sein.

місткúй geräumig *(про приміщення тощо)*; mit größen Fássungsvermögen *(про псуд тощо)*; úmfangreich *(перен.)*.

місткість Fássungsvermögen *n* -s; Aufnahmefähigkeit *f* (10), Kapazität *f (10); Ráuminhalt m* -(e)s; Volúmen [vo-] *n* (7); Úmfang *m* (1*) *(обсяг)*.

міст|о Stadt *f* (3); райóнне ~о Bezírksstadt *f*; обласнé ~о Gebíetsstadt *f*; ~о-герóй Héldenstadt *f*; поїхати за ~о aufs Land [ins Grüne] fáhren*.

місц|е 1) Platz *m* (1*); Ort *m* (1); Stélle *f* (11); Sitz *m* (1), Sítzplatz *m (для сидіння)*; ~е признáчення Bestímmungsort *m*; ~е нарóдження Gebúrtsort *m*; робóче ~е Árbeitsplatz *m*; ~ робú Árbeitsstelle *f*; ~е проживáння Wóhnort *m*; в багатьóх ~ях vielerorts; на ~е! auf die Plätze!; ні з ~я nicht von der Stélle!; поступúтися ~ем Platz máchen; зайняти ~е *(сісти)* Platz néhmen*; посісти пéрше ~е *спорт.* den érsten Platz belégen; болюче ~е kránke Stélle; *перен.* wúnder Punkt ~е злóчину Tátort *m*; 2) *(частина тексту, уривок)* Stélle *f* (11), Pássus *m* -, -; 3) *(службова посада)* Stéllung *f* (10), Ánstellung *f*; Pósten *m* (7), Stélle *f* (11); 4) *(одиниця вантажу)* Gepäckstück *n* (2), Stück *n*; Sáche *f* (11); 5): на ~ях in den örtlichen Stéllen; ◊ вузькé ~е schwáche Séite; Éngpaß *m* -sses, -pässe *(у промисловості тощо)*; на пустóму ~і aus dem Nichts heráus; на йогó ~і an séiner Stélle.

місцéв|ий lokál, Lokál≠, örtlich, Orts-; ~ий комітéт Gewérkschaftsleitung *f* (10); ~ий час Órtszeit *f*; ~ий відмінок *грам.* Lokatív *m* (1), Órtsfall *m* (1*); ~ий наркóз *мед.* örtliche Betäubung, Lokálanästhesie *f* (11); ~ **ість** Gégend *f* (10); Ort *m* (1), Órtschaft *f* (10); Gelände *n* (6).

місцезнахóдження Wóhnort *m* (1), Áufenthalt *m* (1), Áufenthaltsort *m* (1) *(осіб)*; Láge *f (речей)*; Fúndort *m* (1), Vórkommen *n* (7) *(корисних копалин)*; Stándort *m* (1) *(літака, корабля тощо)*.

місяц|ь 1) *(небесне тіло)* Mond *m* (1); молодúй ~ь Néumond *m*; óвний ~ь Vóllmond *m*; 2) *(частина року)* Mónat *m* (1); на почáтку ~я zu Mónatsbeginn; в кінці ~я Énde des Mónats; **~ями** mónatelang.

місячни|й Mond≠; 2) mónatig *(протягом місяця)* mónatlich *(щомісячний)*.

міськ|ий städtisch, Stadt≠; ~é насéлення Stádtbevölkerung *f*.

мітинг Kúndgebung *f* (0); Versámmlung *f* (10); Méeting ['mi:tin] *n* -s, -s.

мітити I *(ставити мітки)* markíeren *vt*; bezéichnen *vt*, zéichnen *vt*.

мітии II 1) *цілитися)* zíelen *vi* (в кóго-н., в що-н. auf *A*); 2) *розм. (мати намір)* erzíelen *vt*, erstrében *vt*.

мітлá Bésen *m* (7); ◊ новá ~ чúсто метé ≅ néue Bésen kéhren gut.

міф 1) Mýthe *f* (11), Mýthus *m* -, -then, Ságe *f* (11); 2) *перен.* Erfíndung *f* (10), Erdíchtung *f* (10).

міцн|úй 1) fest, dáuerhaft; 2) *(сильний)* stark, kräftig; ~é здорóв'я gúte Gesúndheit; 3) *(про напої)* stark; ~úй чай stárker Tee; ~úй сон féster Schlaf; **~íти** erstáken *vi* (s), stark wérden, sich féstigen, sich verstärken.

міцно fest; stark *(сильно)*; ~ спáти fest schláfen*; ~ тримáтися sich fest hálten*.

міць Féstigkeit *f*, Dáuerhaftigkeit *f*; Stärke *f*; Mcht *f*.

мішáти 1) *(розмішувати)* (úm)-rühren *vt*; míschen *vt*; vermíschen *vt (змішувати)*; 2) *розм. (плутати)* verwéchseln *vt* (з ким-н., з чим-н. mit *D*); **~ся** *розм. (втручатися)* sich éinmischen, sich éinmengen.

мішéнь *тж. перен.* Zíelscheibe *f* (11).

мішóк Sack *m* (1*); Béutel *m* (6); похідний [речовúй] ~ Rúcksack *m*; ◊ мішкú під очúма Ringe únter den Áugen.

міща́нський *перен.* spíеßbürgerlich, spíeßerisch.

мла 1) *(темрява)* Fínsternis *f*, Dúnkel *n* -s; 2) dicker Nébel, Dunst *m* (1*); Höhenrauch *m* -(e)s.

млин Mühle *f* (11).

млине́ць Plínse *f* (11), Fláden *m* (6).

мля́вий 1) índolent; träge, lax, schlaff; 2) *(повільний)* lángsam, schwérfällig.

многогра́нний 1) víelflächig; 2) *перен.* víelseitig.

много|гра́нник *мат.* Víelflach *n* (2), Polyéder *n* (6); **~ку́тник** *мат.* Víeleck *n* (2), Polygón *n* (2).

мно́жене *мат.* Multiplikánd *m* (8).

мно́ження *мат.* Multiplikatión *f* (10); табли́ця ~ Einmaléins *n* -, -; знак ~ Málzeichen *n* (7).

множина́ *грам.* Plúral *m* (1), Méhrzahl *f*.

мно́жити *мат.* multiplizíeren *vt*, málnehmen* *відокр.* *vt*; vervíelfachen *vt*.

мно́жник *мат.* Multipliátor *m* -s, -tóren, Fáktor *m* -s, -tóren.

мобілізува́ти mobíl máchen; mobilisíeren *vt (тж. перен.)*.

мо́в|а Spráche *f* (11); Réde *f* (11); украї́нська ~а die ukraínisch Spráche, das Ukraínische *(sub)*; рі́дна ~а Múttersprache *f*; розмо́вна ~а Úmgangssprache *f*; інозе́мна ~а frémde Spráche, Frémdsprache *f*; націона́льна ~а Natiоnálsprache *f*; володі́ти які́ю-н. ~ою éine Spráche behérrschen; говори́ти га́рною німе́цькою ~ою ein gútes Deutsch spréchen*; пряма́ [непряма́] ~а dirékte [índirekte] Réde; части́на ~и *грам.* Wórtart *f* (10), Rédeteil *m* (1); **~ний** Sprach≁, spráchlich; Sprech≁, Réde≁.

мовозна́вство Spráchwissenschaft *f*, Linguístik *f*.

мовчазли́вий, мовчазни́й schwéigsam, wórtkarg, verschwíegen; still, stumm.

мовча́ння Schwéigen *n* -s, Stíllschweigen *n*; зберіга́ти ~ Schwéigen (be)wáhren; пору́шувати ~ ds Schwéigen bréchen*.

мовча́ти schwéigen* *vi*, stíllschweigen* *вдокр. vi*.

мо́вчки (stíll)schwéigend, wórtlos, stumm; im stíllen.

моги́ла Grab *n* (5); бра́тська ~ Mássengrab *n*.

могти́ 1) können* *vi*, imstánde sein; vermögen* *vi*; 2) *(мати право)* dürfen* *vi*; чи мо́жу я вас запита́ти? darf ich Sie frágen?; ◊ не мо́же у́ти (das ist) unmöglich! undénkbar!

могу́тній mächtig, máchtvoll.

мо́д|а Móde *f* (11); за оста́ыньою ~ою nach der yéuesten Móde; ввійти́ в ~у modérn wérden, Móde sein; ви́йти з ~и aus der Móde kómmen*.

моделюва́ти modellíeren *vt*.

мо́дний modérn, módisch, Móde≁.

можли́в|ий möglich; dénkbar; eventuéll [-vɛn-]; **~ість** Möglichkeit *f* (10); ◊ по ~ості nach Möglichkeit, nach Kräften; при пе́ршій ~ості bei érster Gelégenhet.

мо́жна 1) man kann; es bestéht die Möglichkeit; якщо́ ~ wenn möglich, wenn es geht; wenn es erláubt ist; 2) *(дозволяється)* man darf; ~? darf ich?; ◊ як ~ шви́дше möglichst schnell, so schnell wie möglich.

мо́зок Gehírn *n* (2); Hirn *n* (2); кістко́ви́й ~ Mark *n* -(e)s; спинни́й ~ Rückenmark *n* -(e)s.

мозо́лити: ~ о́чі комг. *розм.* j-m ein Dorn im Áuge sein.

мозо́ля, мозо́ль Schwíele *f* (11); Hühnerauge *n* (13) *(на нозі)*.

мо́к|нути 1) naß wérden; 2) *(бути зануреним у рідину)* wéichen *vi*; **~рий** naß; feucht *(вологий)*.

моле́кула Molekül *n* (2), Molékel *f* (11).

молод|е́ць *у знач. предик.* *(для висловлення похвали) розм.* Práchtkerl *m* (1) *(розм. pl тж.* -s), Mórdskerl *m*, Bómbenkerl *m*; Bómbenmädel *n* (6), Blítzmädel *n* *(про дівчину)*; Práchtweib *n* (5), Mórdsweib *n* *(про жінку)*; **~и́й** 1) jung; ~и́й мі́сяць Néumond *m* -(e)s; ~а́ карто́пля néue Kartóffeln; 2) *у знач. ім.* Júngverheiratete *m* (14).

мо́лодість Júgend *f*.

молодня́к 1) *збірн.* Júngtiere *pl* *(про тварин)*; Júngvieh *n* -(e)s *(про худобу)*; Júngvögel *pl* *(про птахів)*; 2) *(ліс)* Júngholz *n* -es, Júngwald *m* (4).

мо́лодь Júgend *f*, die Júgendlichen; júnges Volk; учні́вська ~ lérnende Júgend; суча́сна ~ die Júgend von héute.

молоко́ Milch *f*; ки́сле ~ Sáuermilch *f*, dicke Milch; згу́щене ~

konensíerte Milch, Kondénsmilch *f*, Büchsenmilch *f*; незбúране ~ Vóllmilch *f*; ◊ у нього ще ~ на губáх не обсóхло ≅ er ist noch nicht trócken hínter den Óhren.

мóлот Hámmer *m* (6*); ◊ серп і ~ Hámmer und Síchel.

молотáрка *с. г.* Dréschmaschine *f* (11).

молóти máhlen *vt*; ◊ ~ нісенітницю *розм.* Blech réden, fáseln *vi*.

молóтити dréschen* *vt*.

молотóк *див.* мóлот.

молочáй *бот.* Wólfsmilch *f*.

молóчн|ий Milch≠, milchig; ~ий завóд Molkeréi *f* (10), Mílchhof *m* (1*); ~і продýкти Molkeréiwaren *pl*; ~а кýхня Mílchküche *f* (11); ~а худóба Mílchvieh *n* -(e)s; Молóчний Шлях *астр.* Mílchstraße *f*.

молюск Mollúske *f* (11), Wéichtier *n* (2).

мольбéрт Staffléi *f* (10).

момéнт 1) Momént *m* (1), Áugenblick *m* (1); 2) ***(фактор, обставина)*** Moment *n* (2), Elemént *n* (2).

монастúр Klóster *n* (6*).

монéт|а Münze *f* (11), Geldstück *n* (2); ◊ брáти що-н. за чúсту ~у etw. für báre Münze néhmen*.

моногрáфія Monographíe *f* (11), Éinzeldarstellung *f* (10).

монолíтний *перен.* éinheitlich, ganz, éiyig; aus éinem Guß.

монотóнний monotón, éintönig.

монпансьє Frúchtbonbon [-bɔŋbɔŋ] *n* -s, -s.

монтáж Montáge [-ʒə] *f* (11); Zusámmenstellung *f* (10), Zusámmenbau *m* -(e)s; Áuftellung *f* ***(машин)***.

монтувáти montíeren *vt*, áufstellen *vt*; áufbauen *vt*; zusámmenbauen *vt*.

монументáльний monumentál; gewáltig, gróßartig.

морáль Morál *f*, Síttenlehre *f*; Síttlichkeit *f*, Moralität *f*; ~**ний** morálisch; síttlich.

моргáти 1) zwínkern *vi*, blínzeln *vi*; mit den Áugen klímpern ***(розм.)***; 2) ***(подавати знак)*** zúblinzeln *vi* (комý-н. *D*).

мóр|е Meer *n* (2), See *f* (11), внýтрішнє ~е Bínnenmeer *n*; у відкрúтому ~і auf hóher [óffener] See; вúйти в ~е in See stéchen* [géhen*]; нúжче рíвня ~я únter dem Méeresspiegel.

моreплáвство (Sée)schíffahrt ***(при переносі*** -schiff-fahrt) *f*.

морж *зоол.* Wálroß *n* -sses, -sse.

мóрква Möhre *f* (11), Móhrrübe *f* (11), Möhren *pl*.

морóз Frost *m* (1*); двáдцять грáдусів ~у zwánzig Grad Kälte; ~**иво** Spéise|eis *n -es, Eis n*; ~**ити** 1) ***(заморожувати)*** gefríeren lássen*; 2) *безос.*: ~**ить** es friert; 3) *безос.*: менé ~ить mich fröstelt, es überläuft mich kalt; ~**ний** fróstig, éiskalt; Frost≠.

морозостíйкий kältebeständig, fróstbeständig.

мóрок Fínsternis *f*; Dúnkel *n* -s; Dúnkelheit *f*; Dämmerung *f*.

морóка *розм.* Schereréi *f*, Plackeréi *f*.

морськ|ий Meer≠, Méeres≠, See≠, Maríne≠; ~é повíтря Séeluft *f*; ~á течія Méeresströmung *f* (10); ~ий бій Séeschlacht *f* (10); вíйськóво-~і сúли Séestreitkräfte *pl*, Maríne *f* (11); ~ий флот Hóchseeflotte *f* (11); ~á держáва Séemacht *f* (3).

морфолóгія Morphologie *f*.

мóрщити 1) ***(лоб)*** rúnzeln *vt*, fálten *vt*; Fálten ziehen*; 2) ~ гýби die Líppen schürzen; ~**ся** 1) ***(про обличчя)*** sich in Fálten légen: das Gesicht verziehen*; 2) ***(про одяг)*** Fálten zíehen*.

моря́к Séemann *m* (4) (*pl тж.* -leute); військóвий ~ Marínemann *m*, Maríner *m* (6).

мостúти 1) ***(брукувати)*** pflástern *vt*; 2) ~ гнiздó ein Nest báuen.

мотáти háspeln *vt*, spúlen *vt*; áufwickeln *vt*, wíckeln vt ***(в клубок)***; ◊ ~ на вус *розс.* ≅ sich *(D)* etw. hinter dwe Óhren schréiben*.

мотúв 1) ***(причина)*** Motív *n* (2), Beweggrunî *m* (1*); 2) ***муз.*** Motív *n* (2); Melodíe f (11)

мотивувáти motivíeren [-'vi:-] *vt*, begründen *vt*.

мóтлох *збірн.* Kram *m* -(e)s, Plúnder *m* -s, Trödel *m* -s, Gerümpel *n* -s.

мотогóнки Mótorradrennen *n* (7).

мотóк Dócke *f* (11); Wíckel *m* (6); Strähne *f* (11).

мотóр Mótor *m* -s, -tóren.

мотóрний I *тех.* Mótor≠.

мотóрний II ***(проворний)*** behénd, flink, gewándt; fix.

мотóрний III *фізіол.* motórisch.

мóторошн|ий únheimlich, beängstigend; grúselig, erschréckend; ~**о** bánge, angst; менí ≅о mir graut, mir [mich] grúselt's.

мотоцикл Mótorrad *n* (5); **~іст** Mótorradfahrer *m* (6).
мотузка, мотузок Strick *m* (1), Léine *f* (11); Bíndfaden *m* (7).
мох Moos *n* (2).
мочити nétzen *vt*, ánfeuchten *vt*, wässern *vt*; naß máchen.
мошка Schnáke *f* (11); kléine Flíege.
мракобіс Obskuránt *m* (8), Dúnkelmann *m* (4), Fínsterling *m* (1).
мрійник Träumer *m* (6), Schwärmer *m* (6); Phantást *m* (8).
мрія 1) *(витвір, уява)* Tráumbild *n* (5); Phantasíe *f* (11); Trúgbild *n* (5) *(примарна)*; 2) *(думка про бажане, приємне)* Traum *m* (1*), Wúnschraum *m* (1*); **~ти** träumen *vi* (про кого-н., про що-н. von *D*), schwärmen *vi* (für *A*), sich séhnen (nach *D*).
мружити: ~ о і, *див.* мружитися.
мружитися die Áugen zusámmenkneifen*, mit den Áugen blínzeln.
мряка Stáubregen *m* -s; Sprühregen *m* -s, Níeseln -s.
мрячит|и: **~ь** es níeselt; es tröpfelt, es spritzt.
мстивий ráchsüchtig, ráchgierig.
мстити, ~ся rächen *vt* (за кого-н., за що-н.); sich rächen, Ráche néhmen* [üben] (кому-н. за що-н. ау j-m für *A*).
мугикати vor sich hin súmmen; etw. léise síngen*.
мудрець Wéise *m* (14).
мудр|ий 1) wéis, klug; 2) *(нелегкий, заплутаний)* schwierig; kompliziert, verwíckelt; **~ість** Wéisheit *f*.
мужн|ій mútig, mánnhaft; tápfer; **~ість** Mut *m* -(e)s, Mánnhaftigkeit *f*; Tápferkeit *f*; Kühnheit *f*; громадянська ~ість Zivilcourage [tsiˈviːlkuraːʒə] *f*.
мужніти mánnbar wérden, sich entwíckeln; *перен.* wáchsen* *vi* (s).
музей Museum *n* -s, -séen; краєзнавчий ~ Héimatmuseum *n*.
музик|а Musík *f*; легка ~а Unterháltungsmusik *f*; займатися ~ою Musík tréiben*, musizíeren *vi*; покласти на ~у in Musík sétzen, vertónen *vt*; **~ант** Músiker *m* (6), Musikánt *n* (8).
музикознавець Musíkwissenschaftler *m* (6).
музичний 1) Musík≠; 2) *(здібний до музики)* musikálisch, musíkbegabt; ~ слух musikálisches Gehör; 3) *(мелодійний)* harmónisch, wóhlklingend.
мука Qual *f* (10), Pláge f (11); Pein *f*; Tortúr *f* (10); ◇ ходіння по ~х Léidensweg *m*.
мукати brüllen *vi*, múhen *vi (про корів)*.
мул I Schlamm *m -(e)s*.
мул II *(свійська тварина)* Máultier *n* (2).
муляр Máurer *m* (6).
муляти drücken *vi*; *réiben* vt*.
мультиплікаційний: ~ фільм (Zéichen)trickfilm *m* (1).
мундир Unifórm *f* (10); Wáffenrock *m* (1*) *(військовий)*.
мур Máuer *f* (11).
мураш|ка Ámeise *f* (11); **~ник** Ámeisenhaufen *m* (7).
муркати, муркнути schnúrren *vi*, spínnen* *vi*.
мурувати máuern *vt*; áufführen *vt*, (hóch)ziehen* *vt (стіну)*; sétzen *vt (піч)*.
мусити müssen* *vi*, sóllen* *vi*.
мускул Múskel *m* (13); **~истий** muskulös, múskelstark.
мусон *геогр.* Monsún *m* (1).
муха Flíege *f* (11).
мухомор *бот.* Flíegenpilz *m* (1), Flíegenschwamm *m* (1*).
мученик Märtyrer *m* (6).
мучитель Quäler *m* (6), Péiniger *m* (6); Quälgeist *m* (4).
мучити quälen *vt*, péinigen *vt*; plágen *vt*; mártern *vt*; **~ся** 1) *(страждати)* sich quälen, Quálen léiden*; léiden* *vi* (чим-н. an *D*, únter *D*); 2) *(докладати великих зусиль)* sich ánstrengen, sich ábquälen, sich ábplagen (над чим-н. mit *D*).
мучн|ий Mehl≠; ~і вироби Téigwaren *pl*.
муштр|а Drill *m* -(e)s; **~увати** drillen *vt*.
мчати 1) dahíneilen *vi* (s) *(тж. про час)*; dahínjagen *vi* (s); dahínstürmen *vi* (s); rénnen* *vi* (s) *(бігти)*, jágen *vi* (h, s), rásen *vi* (h, s); 2) (schnell, mit Wíndeseile) fáhren* *vt*; mit sich réißen*, tréiben* *vt*, jágen *vt (гнати — про вітер тощо)*.
м'яз Múskel *m* (13).
м'який 1) weich; geschméidig *(про шкіру)*; zart; mürbe *(розм'якшений)*; 2) *перен.* sanft, weich, mild; ◇ м'яко кажучи gelínde [mílde] geságt.
м'якосердий wéichherzig.

М

м'яку́шка Krúme *f* (11), das Wéiche *(sub)* (des Brótes).
м'ясни́к Fléischer *m* (6).
м'я́со Fleisch *n* -es; ◊ ні ри́ба, ні ~ wéder Fisch noch Fleisch.
м'ясору́б|ка Fléischwolf *m* (1*), Fléischhackmaschine *f* (11); розмоло́ти на ~ці durch den Wolf dréhen.
м'я́та Mínze *f* (11); Pféfferminze *f* *(перцева)*.
м'я́ти 1) (zer)kníttern *vt*, (zer)knüllen *vt*; zusámmenballen *vt*; 2) *(місити)* knéten *vt*; (áus)quétschen *vt*; 3) *(коноплі, льон)* bréchen* *vt*; **~ся** knittern *vi* *(про одяг тощо)*; ця матéрія не мнéться díeser Stoff knittert nicht, díeser Stoff ist knítterfrei.
м'яч Ball *m* (1*); футбо́льний ~ Fúßball *m*; Léder *n* (6) *(розм.)*; гра́ти у ~á Ball spíelen.

Н

на I *прийм.* 1) *(на питання «куди?»)* auf *(A)*; an *(A)*, in *(A)*, nach *(D)*; кла́сти кни́жку на стіл das Buch auf den Tisch légen; віша́ти ка́рту на сті́ну die Kárte an die Wand hängen; поїхати на пі́вдень in den Süden fáhren*; по́їзд на Ки́їв der Zug nach Kíew; 2) *(на питання «де?»)* auf *(D)*, an *(D)*, in *(D)*; лежа́ти на столі́ auf dem Tisch líegen*; ви́сіти на сті́ні an der Wand hängen*; на схо́ді im Ósten; 3) *(на питання «коли?»)* an *(D)*, in *(D)*, um *(A)*, gégen *(A)*, zu *(D)*; на дру́гий день am nächsten Tag; на каніќулах in den Féri|en; на деся́ту годи́ну gégen zehn Uhr; на Нови́й рік zu Néujahr; 4) *(на питання «на який час?»)* für *(A)*, auf *(A)*; днів на два auf [für] ein paar Táge; 5) *(при позначенні мети; для)* zu *(D)*, für *(A)*; іти́ на робо́ту zur Árbeit gehen*; дзво́ник на уро́к es läutet zur Stúnde; на па́м'ять zum Ándenken; гро́ші на книжки́ Geld für Bücher; 6) *(згідно)* auf (A), nach *(D)*; на ва́ше проха́ння auf Íhre Bítte; на мій по́гляд méiner Méinung nach; 7) *(на суму)* für *(A)*; на два карбо́ванці für zwei Karbówanez; 8) *(при позначенні множника чи дільника)*: помно́жити на три mit drei multiplizíeren; п'ять ме́трів на три fünf mal drei Méter; ділити на три durch drei téilen; рі́зати на куски́ in Stücke schnéiden*; 9) *(при порівнянні)* um *(A)*; на п'ять ро́ків моло́дший um fünf Jáhre jünger; 10): ї́хати на пароплáві mit dem Dámpfer fáhren*; ката́тися на човні́ Boot fáhren*; гра́ти на піані́но Klavíer spíelen.
на II *частка* (бери́) da!, nimm!; da hast du!
на́бережна 1) Kai *m* (1) (*pl* *тж.* -s); 2) *(вулиця)* Úferstraße *f* (11); Stándpromenade *f* (11) *(на курорті)*.
набива́ти, наби́ти 1) *(наповнити)* füllen *vt*, stópfen *vt*; áusstopfen *vt* *(чучело)*; (áus)pólstern *vt* *(матрац тощо)*; 2) *(розбити)* viel zerschlágen*; 3): ~ (собі́) гу́лю на ло́бі sich die Stirn ánschlagen*; ◊ ~ ру́ку Fértigkeit erlángen; ~ ціну́ den Preis hóchtreiben*.
набира́ти, набра́ти 1) zusámmennehmen* *vt*, sámmeln *vt*; ~ води́ etw. mit Wásser füllen; 2) *(проводити набір)* ánwerben *vt*; éinstellen *vt* *(службовців)*; áufnehmen* *vt* *(учнів, студентів)*; 3) *(тканину)* káufen *vt*; 4) *полігр.* sétzen *vt*; ◊ ~ но́мер *(по телефону)* éine Númmer wählen; ~ висоту́ *ав.* (áuf)stéigen* *vi* (s), Höhe gewínnen*; ~ шви́дкості gróße Geschwíndigkeit erréichen; **~ся** 1) *(збиратися, скупчуватися)* sich án sammeln; sich ánhäufen; 2) *(знаходити в собі які-н. якості)*; ~ся смілиивості *розм.* Mut fássen; ~ся си́ли Kräfte sámmeln; ~ся ду́ху sich entschlíeßen*.
набі́г Éinfall *m* (1*), Überfall *m* *(раптовий)*; Stréifzug *m* (1*) *(короткочасний)*; **~а́ти, ~ти** 1) *(на що-н.)* gégen etw. *(A)* rénnen* [láufen*]; ánrennen* *vt*, ánlaufen* *vt*; ans Úfer schlágen* *(про хвилю)*; 2) *(збігатися)* zusámmenlaufen* *vi* (s), zusámmenströmen *vi* (s); 3) *(збиратися — про рідину)* (hin)éinfließen* *vi* (s); sich ánsammeln.
на́бік séitlich; schief; zur Séite.
набі|р 1) Áufnahme *f* (11) *(учнів, студентів)*; Éinstellung *f* (10) *(робітників, службовців)*; 2) *військ.* Áushebung *f* (10); Ánwerbung *f*

(10) *(вербування)*; 3) *поліг*р. Sétzen *n* -s *(дія)*; Satz *m* (1*) *(набраний текст)*; здáти до ~óру in Satz gében*; 4) *(комплект)* Satz *m* (1*) *(після числ. pl -)*; Garnitúr *f* (10); Bestéck *n* (2); ◊ ~íр слів léere Wórte.

наближáти, набли́зити 1) näher bríngen*, näher rücken; (án)nähern *vt* (до кóго-н., до чóго-н. *D*); 2) *(прискорити)* beschléunigen *vt*; **~ся** sich nähern, náhen, *vi* (s) (до кóго-н., до чóго-н. *D*); heránkommen* *vi* (s) (an *A*).

наболíл|ий schmérzlich; empfíndlich, wund; ~е питáння éine brénnende Fráge.

набридáти, набри́днути *див.* надокучáти.

набрякáти, набря́кнути (án)-schwéllen* *vi* (s); quéllen* *vi* (s) *(про бруньки)*.

набувáти, набу́ти 1) erwérben* *vt*, erlángen *vt*, sich *(D)* etw. ánschaffen; 2) *(форми, забарвлення тощо)* bekómmen* *vt*, ánnehmen*; ~ знáчення Bedéutung gewínnen*.

навáжуватися, навáжитися sich erkühnen; wágen *vt*, sich wágen, riskíeren *vt*; sich entschlíeßen*.

навáл|а Éinfall *m* (1*); Invasión [-va-] *f* (10) *(тж. перен.)*; **~ом** únverpackt, háufenweise; **~ювати, ~и́ти** 1) áufhäufen *vt*; áuftürmen *vt*; zusámmenwerfen* *vt*; 2) *(обтяжувати)* áufbürden *vt*, áufladen* *vt (на кóго-н. D)*; 3) *безос.*: ~и́ло багáто снíгу es ist viel Schnee gefállen.

навáл|юватися, навали́тися *(усією вагою)* 1) sich mit dem gánzen Gewicht légen (на щó-н. auf *A*); 2) *(нападати)* sich auf etw. *(A)* wérfen*; über j-n *(A) hérfallen**; **~ьний** úngestüm; hástig.

навантáж|ення 1) *(виконувана робота)* Belástung *f* (10); Stúndensoll *n* - *i* -s, - *i* -s *(учителя)*; громáдське ~ення geséllschaftliche Árbeit; 2) *тех.* Belástung *f* (10), Beánspruchung *f* (10); **~увати, ~ити** 1) beláden* *vt* (чим-н. mit *D*); belásten *vt*; áuslasten *vt (про транспорт)*; befráchten *vt (корабель)*; verláden* *vt (товари)*; 2) *розм. (доручати роботу)* belásten *vt*.

навáристий *розм.* kräftig; mit Féttaugen.

навáрювати, навари́ти 1) kóchen *vt*; 2) *тех.* ánschweißen *vt*, áufschweißen *vt*.

наввипередки um die Wétte; durcheinánder.

навéрх áufwärts; nach óben; heráuf *(у напрямку до того, хто говорить)*; hináuf *(у напрямку від того, хто говорить)*.

наверху́ óben.

навеснí im Frühling, im Frühjahr.

навздогíн, наздогíн hinterhér; *перекладається префіксом* nach≠ *у сполученні з відповідним дієсловом*: кри́кнути кому́-н. ~ j-m náchrufen*.

нáвзнак rücklings; auf dem [den] Rücken.

навзри́д: плáкати ~ laut [láuthals] schlúchzen.

нави́ворiт verkéhrt *(тж. перен.)*; links, mit der Ínnenseite nach áußen *(про одяг)*, auf die línke Séite.

нáвик Fértigkeit *f* (10); Geübtheit *f*.

нависáти, нави́снути überhängen* *vi*; vórspringen* *vi*.

нави́тяжку: стоя́ти ~ militärische Háltung ánnehmen*, strámmstehen* *відокр. vi*.

нáвичк|а Routíne [ru-] *f*, Übung *f*; ~и у́сного мóвлення Spréchfertigkeiten *pl*; трудовí ~и Árbeitserfahrungen *pl*.

навíдуватися, навíдатися besúchen *vt*; vórsprechen* *vi* (до кóго-н. bei *D*).

навiжéний verrückt, géistesgestört; írrsinnig, wáhnsinnig.

навíки auf éwig, auf [für] ímmer.

навíс Schírmdach *n* (5); Vórdach *n (даху)*; Sónnendach *n (від сонця)*; Wétterdach *n*, Schútzdach *n (над вікном, дверима)*; Überdáchung *f* (10) *(над платформою)*.

нáвіть sogár, selbst; ~ не nicht éinmal.

навíщо wozú, zu wélchem Zweck; warúm, weshálb.

навкóлишній umgébend, úmliegend; ~ світ Umgébung *f*, Millieu [mi'liø]: *n* -s, -s, Úmwelt *f*.

навкóло, навкру́г, навкругú 1) *присл.* ringsúm, ringsherúm, ringsumhér; 2) *прийм.* um *(A)*, um ... *(A)* herúm.

навманнá aufs Gerátewohl, auf gut Glück.

навми́сний ábsichtlich, vórsätzlich, beábsichtigt.

наво́дити, навести́ 1) *(приводити)* bríngen* *vt*; ~ на слід auf die Spur bríngen*; 2) *(спрямовувати)* ríchten *vt*, hínführen *vt*, léiten *vt* (на що-н. auf *A*); 3) *(цитати, цифри тощо)* ánführen *vt*, ángeben* *vt*, áufführen *vt*, zitíeren *vt*.

наво́днювати, наводни́ти überschwémmen *vt*; überflúten *vt (тж. перен.)*.

на́волочка Kíssenüberzug *m* (1*), Kíssenbezug *m*.

навпаки́ 1) *присл.* úmgekehrt; verkéhrt; 2) *у знач. вставн. сл.* vielméhr, dagégen; hingégen; im Gégenteil.

навпо́мацки tástend, táppend.

навпросте́ць gerádeaús, schnúrgerade, schnúrstracks.

на́вскіс schräg gegenüber.

навýшник 1) *перев. мн.* Óhrenklappen *pl*; Óhrenschützer *pl*; 2) *радіо* Kópfhörer *pl*.

навча́льн|ий Lehr≠, Únterrichts≠, Schul≠; Stúdi|en≠; **~ий** рік Léhrjahr *n* (2); Schúljahr *n (у школі)*; Stúdi|enjahr *n (у вузі)*; **~ий** предмéт Léhrfach *n* (5), Fach *n*; **~ий** зáклад Léhranstalt *f* (10), Bíldungseinrichtung *f* (10); ви́щий **~ий** зáклад Hóchschule *f* (11); **~а** части́на Ábteilung für Stúdi|enangelegenheiten.

навча́ння Lérnen *n* -s; Stúdium *n* -s, -di|en; Léhre *f (ремесла)*; Áusbildung *f*; Schúlung *f*.

навча́ти, навчи́ти léhren *vt*; unterríchten *vt*, Únterricht ertéilen (когó-н. *D*); áusbilden *vt* (чогó-н. in *D*); ánlernen *vt (на виробництві)*; **~ся** lérnen *vi*, studíeren *vi*; **~ся** у п'ятому клáсі in die fünfte Klásse géhen*; **~ся** на п'ятому кýрсі im fünften Stúdienjahr sein.

навшпи́ньках auf den Fúßspitzen, auf den Zéhenspitzen.

нав'ю́чувати, нав'ю́чити áufladen* *vt*, áufpacken *vt*.

нав'яз|ливий zúdringlich, áufdringlich; **~увати, ~а́ти** 1) ánbinden* *vt*; 2) bínden* *vt*, fértigstricken *vt (наплести)*; 3) *перен. (змушувати)* áufzwingen* *vt*, áufdrängen *vt*; **~уватися, ~а́тися** *розм.* sich áufdrängen, áufdringlich sein.

нага́дувати, нагада́ти 1) erínnern *vt* (про кóго-н., про що-н. an *A*), ins Gedächtnis rúfen*; máhnen *vt (застерігати)*; 2) *(здаватися схожим на кого-н., на що-н.)* an j-n, an etw. erínnern; 3) *(згадувати)* sich erínnern (когó-н., що-н., про кóго-н., про що-н. an *A*); zurückdenken* *vi* (що-н. an *A*).

нага́льний 1) *(негайний)* éilig; hástig; drínglich, dríngend; 2) *(дуже потрібний)* lébensnotwendig, únerläßlich, brénnend.

наганя́ти, нагна́ти 1) *(наздоганяти)* éinholen *vt*, erréichen *vt*; 2) *(збирати в одно місце)* zúsámmentreiben* *vt*, zusámmenbringen* *vt*; 3) *(викликати, спричиняти)* éinjagen *vt*, éinflößen *vt*; ~ сон на кóго-н. j-n éinschläfern, j-n schläfrig máchen; ~ нудьгý на кóго-н. j-n lángweilen; 4) *(надолужувати пропущене)* áufholen *vt*, náchholen *vt*.

нагина́ти, нагнýти béugen *vt*, níederbiegen* *vt*, néigen *vt*; **~ся** sich (níeder)béugen; sich néigen, sich dúcken *(пригнутися)*; sich bücken *(тж. про людину)*.

нагі́р'я Hóchland *n* (5), Hóchebene *f* (11).

на́глухо dicht, fest; hermétisch *(герметично)*.

на́гляд Áufsicht *f*; Beáufsichtigung *f (G)*; Überwáchung *f*; Kontrólle *f*; **~а́ти, нагля́нути** *(пильнувати, стежити)* áufpassen *vi*, áchtgeben* *vi* (за ким-н., за чим-н. auf *A*); beáufsichtigen *vt*; überwáchen *vt*; **~а́ч** Áufseher *m* (6).

нагніта́ти, нагніти́ти *тех.* drücken *vt*, éinpressen *vt*, (zusámmen)préssen *vt*, únter Druck komprimíeren.

наговóрювати, наговори́ти 1) *(багато говорити)* zusámmenreden *vt*; viel dahérreden; 2) *(зводити наклеп)* verléumden *vt*; **~ся** *(досхочу)* sich áussprechen*, sich satt réden.

нагóд|а Gelégenheit *f* (10); при **~і** aus Ánlaß *(G)*.

на́голос Betónung *f* (10); Akzént *m* (1); стáвити ~ betónen *vt*.

наголóшувати, наголоси́ти betónen *vt*: den Akzént (auf *A*) légen; *перен. ще* unterstréichen* *vt*, hervórheben* *vt*; akzentuíeren *vt*.

на-горá über Táge, zutáge, an die Erdóberfläche; давáти вýгілля ~ Kóhle fördern.

нагорі́ óben.

нагорóд|а Belóhnung *f* (10), Lohn *m* (1*); Áuszeichnung *f* (10); **~жувати, ~и́ти** 1) belóhnen *vt*; áuszeichnen *vt (орденом тощо)*;

verléihen* *vt*; 2) *перен.* *(віддячувати)* belóhnen *vt*.

нагóру áufwärts; nach óben, heráuf *(у напрямку до того, хто говорить)*; hináuf *(у напрямку від того, хто говорить)*.

нагрівáти, нагрíти (er)wärmen *vt*; erhítzen *vt*; áufwärmen *vt* *(підігріти)*; **∼ся** sich (er)wärmen, sich erhítzen.

нагромáджувати, нагромáдити áuftürmen *vt*, áufhäufen *vt*, ánhäufen *vt*; ánsammeln *vt*; akkumulíeren *vt*.

над 1) über *(A на питання «куди?»; D на питання «де?»)*; 2) *(у деяких дієслівних конструкціях* über *(A)*; an *(D)*; працювáти над тéмою an éinem Théma árbeiten; ◊ ∼ усе über álles; über állem.

надавáти, надáти 1) überlássen* *vt*; gewähren *vt*; verscháffen *vt*; zúgänglich máchen; 2) *(присвоювати, присуджувати)* verléihen* *vt*, zúerkennen* *vt*; zúsprechen* *vt*; ∼ знáчення Bedéutung béimessen*; ∼ слóво das Wort ertéilen; 3) *(якості, властивості тощо)* verléihen* *vt*, gében* *vt*.

надáлі künftig, in Zúkunft; férnerhin; von nun an.

надбáвка Zúschlag *m* (1*), Zúlage *f* (11); Áufschlag *n* (1*), Áufpreis *m* (1) *(про ціну)*.

надбáння Éigentum *n* -s.

надбудóва *філос.* Überbau *m* -(e)s, -ten (*pl тж.* -e).

надбудóвувати, надбудувáти daráufbauen *vt*; óben dazúbauen [ánbauen]; ∼ пóверх áufstocken *vt*, ein Stóckwerk áufsetzen.

нáдвечір gégen Ábend.

надвíр nach áußen (hin).

нáдвоє entzwéi; in zwei Téile.

надвóрі im Fréien, dráußen.

надзвичáйн|ий außerórdentlich; Sónder≠; ∼ий посóл bevóllmächtigter Bótschafter; ∼і повновáження außerórdentliche Befúgnisse.

надзвуковúй Überschallie.

надихáти, надихнýти begéistern *vt*, ánregen *vt*.

надівáти, надíти ánziehen* *vt*; áufsetzen *vt* *(шапку, окуляри)*; úmlegen *vt* *(плащ, пояс)*; überziehen* *vt* *(шубу)*; ánschnallen *vt* *(ковзани)*; ánstecken *vt* *(каблучку)*.

надíй *(молока)* Mílchertrag *m* (1*).

надíйний zúverlässig, sícher; verläßlich *(про людину)*.

наділя́ти, наділúти 1) verléihen* *vt*, zúteilen *vt*; vertéilen *vt* (когó-н. an *A*), beschénken *vt*; 2) *перен.* verséhen* *vt*, áusstatten *vt*, begáben *vt*, bedénken* *vt* (чим-н. mit *D*).

надí|я Hóffnung *f* (10); плекáти ∼ю éine [die] Hóffnung háben [hégen]; подавáти ∼ї Hóffnungen erwécken; покладáти ∼ї Hóffnungen sétzen (на кóго-н., на що-н. auf *A*); не втрачáти ∼ю die Hóffnung nicht áufgeben [verlíeren*]; тепéр на вас усá ∼я! auf euch kommt jetzt an!; **∼ятися** (на кóго-н., на що-н. auf *A*); hóffen *vi*, Hóffnung háben.

надлúшок Überfluß *m* -sses; Rest *m* (1).

надлóмлювати, надломúти 1) ánbrechen* *vt*, (éin)knícken *vt*; 2) *перен.* bréchen* *vt*, knícken *vt*.

надмíрний übermäßig, äußerst (groß), máßlos, únmäßig.

надокучáти, надокýчити lángweilen *vt*, überdrüssig wérden; belästigen *vt* (чим-н. mit *D*); мені це надокýчило ich hábe es über [satt].

надокýчливий lángweilig; lästig, zúdringlich.

надолýжувати, надолýжити éinholen *vt*, áufholen *vt*, náchholen *vt*.

надпивáти, надпúти ábtrinken* vt, níppen *vi*.

нáдпис Áufschrift *f* (10); Überschrift *f* (10); Títel *m* (6).

надпúсувати, надписáти dáráufschreiben* *vt*, mit éiner Áufschrift verséhen*; beschríften *vt*.

надплáновий überplanmäßig, áußerplanmäßig.

надпотýжний *тех.* Hóchleistungs≠.

надприбýток *ек.* Überprofit *m* -(e)s, Méhrprofit *m*, Éxtraprofit *m*.

надприрóдний übernatürlich; úngewöhnlich *(незвичайний)*.

надпровíдність *фіз.* Súpraleitfähigkeit *f*.

нáдра das Ínnere *(sub)*, Schoß *m* -es.

надривáти, надірвáти 1) ánreißen* *vt*; 2) *перен.* überánstrengen *vt*, überspannen; ∼ дýшу séelische Quálen verúrsachen; ∼ сúли sich überánstrengen; **∼ся** 1) ein wénig zerréißen*; 2) *(пошкодити собі що-н.)* sich überánstrengen; sich überhében*; *мед.* sich verhében*.

надрізувати, надрізати ánschneiden* *vt*, éinschneiden* *vt*, éinen Éinschnitt máchen (що-н. in *A*).

надсилáти, надіслáти 1) zúschicken *vt*, zúsenden (*) *vt*, hérschicken *vt*, hérsenden (*) *vt*; 2) *(направляти кого-н. куди-н.)* (ent) sénden (*) *vt*, schícken *vt*; delegíeren *vt*.

надстрок|óвий: ~óвá слýжба *військ.* verlängerte Díenstzeit.

нáдто zu, zu viel, zu sehr, viel zu, übermäßig.

надувáти, надýти áufblasen* *vt*; áufpumpen *vt (насосом)*; áufblähen *vt (парус)*; ◊ ~ гýби *розм.* schmóllen *vi*, beléidigt tun*.

надýма|ний erdácht, ersónnen; gekünstelt *(штучний)*; **~ти** 1) erdénken* *vt*, áusdenken* *vt*; sich *(D)* etw. vórnehmen*, beábsichtigen *vt*, vórhaben* *vt*; 2) *(згадати)* sich erínnern (що-н. an *A*), sich besínnen (що-н. auf *A*).

надушúтися sich parfümieren.

надхóдити, надійтú 1) *(наближатися)* sich nähern *(D)*; heránrücken *vi* (s); kómmen* *vi* (s); 2) *(прибувати)* ánkommen* *vi* (s), ánlangen *vi* (s), éintreffen* *vi* (s).

наждáк Schmírgel *m* -s; чúстити ~óм (áb)schmírgeln *vt*.

нажú|ва Gewínn *m* (1); Profít *m* (1); **~вáти, ~ти** 1) erwérben* *vt*; verdíenen *vt*; 2) *перен.* sich *(D)* zúziehen*; sich *(D)* hólen; **~вáтися** reich wérden, sich beréichern, profitíeren *vi* (на чóму-н. an *D*).

нажúвка Köder *m* (6).

назáвжди auf [für] immer; ◊ раз і ~ ein für állemal.

назáд rückwärts, zurück.

назбирáтися sich ánsammeln, sich áufhäufen.

нáзва Benénnung *f* (10); Náme(n) *m* (15, 7) *(тж. географічна)*; Títel *m* (6) *(книжки тощо)*; Bezéichnung *f* (10).

наздоганя́ти, наздогнáти 1) éinholen *vt*; náchholen *vt*; erréichen *vt*; 2) *перен.* gléichkommen* *vi* (s) (когó-н. *D*).

називáти, назвáти 1) (be)nénnen* *vt*, éinen Námen gében*; 2) *(характеризувати)* nénnen* *vt*, bezéichnen *vt*; ◊ ~ рéчі своїми iменáми das Kind beim réchten Námen nénnen*; **~ся** héißen* *vi*; sich nénnen* *(тк. про людину)*.

називн|úй: *грам.* ~é рéчення Nominálsatz *m* (1*); ~úй відмíнок Nóminativ *m* (1), Wérfall *m* (1*), érster Fall.

назирáти, назирнýти beáufsichtigen *vt*, überwáchen *vt*; áufpassen *vi* (auf *A*).

назначáти, назнáчити bezéichnen *vt*; kénnzeichnen *невідокр. vt*.

назóвні nach áußen (hin).

назóвсім *розм.* auf [für] ímmer.

назрівáти, назрíти heránreifen *vi* (s); akút wérden.

наї́вний naív, éinfältig.

наїдáтися, наї́стися sich satt éssen* (чогó-н. an *D*).

наїжджáти, наї́хати 1) *(з'їхатися)* (in Ménge) zusámmenkommen* *vi* (s); 2) *(бувати наїздом)* ab und zu [mitúnter] kómmen* [besúchen]; únerwartet kómmen* *(приїжджати несподівано)*; 3) *(на когó-н., на що-н.)* ánfahren* *vi* (s), ánprallen *vi* (an, gégen *A*), fáhren* *vi* (s) (gégen *A*).

наї́зник Réiter *m* (6).

наймáти, найня́ти 1) *(робітника тощо)* éinstellen *vt*, in Díenst néhmen*; 2) *(орендувати)* míeten *vt*; ~ у кóго-н. квартúру sich bei j-m éinquartieren; sich éinmieten; zur Míete wóhnen.

наймéнший der (áller)kléinste; der geríngste, der míndeste, Míndest*.

накáз Beféhl *m* (1); Ánordnung *f* (10); Gebót *n* (2); за ~ом laut [auf] Beféhl, auf Gehéiß; віддавáти ~ éinen Beféhl gében* [ertéilen]; **~óвий:** ~ спóсіб *грам.* Ímperativ *m* (1), Beféhlstorm *f* (10); **~увати, ~áти** beféhlen* *vt*, ánordnen *vt*; lássen* *vt* (+*inf*); veránlassen *vt*.

накидáти, накúдати 1) wérfen* *vt*; etw. vóllwerfen* *(наповнити що-н.)*; 2) úmwerfen* *vt*, wérfen* *vt*, úmlegen *vt*; ~ хýстку на плéчі ein Tuch um die Schúltern néhmen* [légen]; 3) *(зображати в загальних рисах)* entwérfen* *vt*; skizzíeren *vt*.

накúдка 1) *(одяг)* Úmwurf *m* (1*), Überwurf *m*, Peleríne *f* (11); 2) *(покривало)* Zíerdeckchen *n* (7).

нáкип Ánsatz *m* (1*); Wásserstein *m* -(e)s *(у чайнику)*; Schaum *m* (1*) *(піна)*.

накладн|á *у знач. ім.* Fráchtbrief *m* (1); Líeferschein *m* (1); **~úй:** ~óю плáтою mit [als, durch, únter, gégen] Náchnahme; per Náchnahme; ~í вúтрати Spésen *pl*.

нáкл|еп Verléumdung *f* (10); Ánschwärzung *f* (10); звóдити ~еп на кóго-н. j-n verléumden, (ver)lästern *vt*; j-n ánschwärzen; **~éпник** Verléumder *m* (6).

наклéювати, наклéїти áufkleben *vt* (на щo-н. auf *A*).

накóїти *розм.* ánrichten *vt*, ánstellen *vt*, ánstiften *vt*.

наконéчник Spítze *f* (11), Éndstück *n* (2); Zwínge *f* (11) *(парасольки, ціпка)*.

накопи́чувати, накопи́чити ánsammeln *vt*, (áuf)speichern *vt*, akkumulíeren *vt*; éinsparen *vt (заощадити)*.

накрапáти *(про дощ)* träufeln *vi*, tröpfeln *vi*.

накрéслювати, накрéслити 1) (áuf)zeichnen *vt (тж. перен.)*; 2) *перен.* vórmerken *vt*, vórzeichnen *vt*; entwérfen* *vt*.

накривáти, накри́ти (be)décken *vt*; zúdecken *vt*; éindecken *vt*; ◊ ~ на стіл den Tisch décken.

накричáти *(на кого-н.)* ánschreien* *vt*; ánbrüllen *vt*.

накриши́ти (zer)krümmeln *vt*, zerbröckeln *vt*, zerstückeln *vt*.

накрýчувати, накрути́ти *(щo-н. на щo-н.)* áufwinden* *vt*, áufwickeln *vt*; umwíckeln *vt*; umwínden* *vt* (mit *D*).

накýрювати, накури́ти verquálmen *vt*; vóllrauchen *vt*; у кімнáті дýже накýрено das Zímmer ist voll Rauch [ist vóllgeraucht].

налáгоджувати, налáгодити in Gang bríngen*; órdnen *vt*, régeln *vt*; éinrichten *vt (машину тощо)*; *муз.* stímmen *vt*; **~ся** in Órdnung [Gang, Fluß] kómmen*.

налéж|ати 1) gehören *vi*; zúkommen *vi* (s); 2) *(до організації тощо)* ángehören *vi (D)*, gehören *vi* (zu *D*); 3) *безос. (потрібно, слід)*: **~ить** man muß, man soll; es ist nötig.

налéжн|ий 1) *(призначений кому-н.)* zúkommend, zústehend; 2) *(відповідний)* gehörig, gebührend; entspréchend; **~им** чи́ном wie es sich gebührt [gehört], sáchgemäß.

наливáти, нали́ти 1) éingießen* *vt*, éinschenken *vt*; náchschenken *vt* (повторно); füllen *vt (наповнити)*; 2) *розм. (розлити)* vergíeßen* *vt*, verschütten *vt*; **~ся** 1) *(про рідину)* (her)éinfließen* *vi* (s), éindringen* *vi* (s) (у щo-н. in *A*), sich füllen; 2) *(достигати)* réifen *vi* (s), sáftig wérden; зернó наливáється das Getréide körnt.

нали́вка Frúchtlikör *m* (1).

налипáти, нали́пнути klébenbleiben* *vi* (s) (на щo-н. an *D*).

налíво nach links *(на питання «куди?»)*; links, línkerseits *(на питання «де?»)*; ~! *військ.* línksum!.

налíт I *військ.* Überfall *m* (1*); повітрЯний ~ Lúftangriff *m* (1); ◊ з нальóту im Flúge; óhne lánges Záudern.

налíт II 1) *(шар)* Ánflug *m* (1*); 2) *перен. (відтінок)* Ánflug *m* (1*), Ánstrich *m* (1); 3) *мед.* Belág *m* (1*).

налітáти, налетíти 1) *(наштовхнутися)* stóßen* *vi* (h, s) (на щo-н. gégen *A*, an *A*); zusámmenstoßen* *vi* (s); 2) *(нападати під час польоту)* éinen Lúftangriff máchen (на кóго-н., на щo-н. auf *A*); 3) *(нападати)* sich stürzen (на кóго-н., на щo-н. auf *A*); hérfallen* *vi* (über *A*); überfállen* *vt*; 4) *(про бурю)* sich plötzlich erhében*, heránstürmen *vi* (s).

налíчу|вати, налічи́ти zählen *vt*, áufzählen *vt*; **~ватися** *безос.*: **~ється** es gibt.

налякáти erschrécken *vt*; áufschrekken *vt*; in Schrécken versétzen.

намагáтися sich bemühen; sich *(D)* Mühe gében*, versúchen *vt*, *vi* (+*inf* з *zu*); éinen Versúch máchen.

намагнíчувати magnetisíeren *vt*, magnétisch máchen.

намáзувати, намáзати 1) beschmíeren *vt*; bestréichen* *vt*; áufstreichen* *vt*; 2) *розм. (погано намалювати, написати)* schmíeren *vt*.

намалювáти *див.* малювáти.

намáцувати, намáцати 1) betásten *vt*; befühlen *vt*, durch Befühlen [Betásten] fínden*; ~ пульс den Puls fühlen; 2) *перен. (виявити)* (heráus)fínden* *vt*, auf die Spur kómmen* *(натрапити на слід)*.

намáщувати, намасти́ти beschmíeren *vt*; bestréichen* *vt*; ~ жи́ром (éin)fétten *vt*; ~ олíєю (éin)ölen *vt*.

намерзáти, намéрзнути sich mit Eis bedécken [überzíehen*].

намéт 1) Zelt *n* (2); 2) *(купа снігу)* Schnéehaufen *m* (7), Schnéewehe *f* (11).

Н

намúлювати, намúлити éinseifen *vt*; ◊ ~ шúю комý-н. *розм.* j-m den Kopf wáschen*.
намúсто Hálskette *f* (11), Hálsband *n* (5), Hálsschmuck *m* (1).
нáмір Ábsicht *f* (10); Vórhaben *n* (7), Vórsatz *m* (1*).
намірЯтися, намíритися beábsichtigen *vt*, vórhaben *vt*, die Ábsicht háben; versúchen *vt*.
намітáти, наместú zusámmenwehen *vt*; zusámmenfegen *vt*.
намічáти, намíтити 1) ábstecken *vt*; mit Mérkzeichen verséhen*; kérben *vt* *(робити насічки)*; 2) *(визначати контури)* entwérfen* *vt*, skizzíeren *vt*; umréißen* *vt*; 3) *(передбачати, планувати)* áufzeichnen *vt*, vórmerken *vt*; plánen *vt*; bestímmen *vt* *(визначати)*; féstsetzen *vt* *(строк)*; **~ся** sich ábzeichnen; sich ánbahnen.
намокáти, намóкнути dúrchweichen *vi* (s), naß wérden.
намолóт *с. г.* Drusch *m* -es, Dréschertrag *m* (1*).
намолóчувати, намолотúти áusdreschen* *vt*.
намóрдник Máulkorb *m* (1*); надíти ~ den Máulkorb ánlegen.
намóтувати, намотáти áufwickeln *vt*; áufrollen *vt*; *текст.* áufwinden* *vt*; áufspulen *vt* *(на котушку)*; umwíkkeln *vt*.
намóчувати, намочúти benétzen *vt*; naß máchen.
намýл Schlamm *m* -(e)s; Ánschwemmung *f* (10).
намýлювати, намýлити 1) *(нанести течією води)* (án)schwémmen *vt*; 2) *(ногу тощо)* schwíelig máchen, sich *(D)* Schwíelen hólen.
намýчити (áb)quälen *vt*; **~ся** sich ábquälen.
нанúзувати, нанизáти áufreihen *vt*, áuffädeln *vt*.
нанівéць: звóдити ~ zunichte máchen, auf ein Nichts reduzíeren.
нáново von néuem, aufs néue.
наóсліп blíndlings; aufs Gerátewohl.
наóчний ánschaulich.
нáпад 1) Überfall *m* (1*), Ángriff *m* (1); 2) *спорт.* Sturm *m* (1*) Ángriff *m* (1).
нападáти, напáсти 1) ángreifen* *vt*, ánfallen* *vt*, überfállen* *vt*; stürmen *vt* *(спорт.)*; 2) *(лаяти)* sich stürzen (на кóго-н. auf *A*), hérfallen* *vi* (s) (на кóго-н. über *A*); 3): ~ на слід когó-н., чогó-н. j-m, éiner Sáche auf die Spur kómmen*; ◊ не на тóго напáв! da bist du [ist er] an die fálsche Adrésse gekómmen!; 4) *(про почуття, настрій, стан)* ergréifen* *vt*, (er)fássen *vt*, befállen* *vt*.
напáдки Ángriffe *pl*; Áusfälle *pl*; Beschúldigungen *pl*.
напáм'ять áuswendig; aus dem Kopf.
нáпасть Mißgeschick *n* (2), Pláge *f* (11), Kreuz *n* (2).
напéвн|е, ~о 1) *(точно, безсумнівно)* sicher, gewíß, bestímmt; zwéifellos, zwéifelsohne; 2) *у знач. вставн. сл.* wahrschéinlich, áller Wahrschéinlichkeit nach.
наперебíй durcheinánder.
наперегóни um die Wétte.
напéред 1) vórwärts, vorán, voráus, vor; 2) *(заздалегідь)* im voráus, von vórnherein; frühzeitig; 3) *у знач. прийм.* vor.
напередóдні *присл.* 1) tags zuvór; am Vórtage; 2) *у знач. прийм.* kurz vor *(D)*, am Vórabend, am Tag vor *(D)*.
наперекíр *присл.* 1) zum Trotz, zuwíder; 2) *у знач. прийм.* entgégen *(D)*; zuwíder *(D)*; gégen *(A)*; trotz *(D, G)*; úngeachtet *(G)*.
напéрсток Fíngerhut *m* (1*); ◊ як ~, з ~ wínzig klein.
напúлок *тех.* Féile *f* (11).
напинáти, напнýти 1) (án)spánnen *vt*; (án)ziehen* *vt*; stráffziehen* *відокр.* *vt*; áufspannen *vt*, áufziehen* *vt*; áufschlagen* *vt* *(намет)*; híssen *vt* *(паруси)*.
нáпис Áufschrift *f* (10); Überschrift *f*; Títel *m* (6) *(над чим-н.)*; Fúßtitel *m* *(під чим-н.)*; Beschríftung *f* (10) *(під малюнком, кресленням)*; Ínschrift *f* (10) *(на камені, монеті)*.
напів|автомáт Hálbautomat *m* (8); **~гóлосно** hálblaut; **~жартомá** halb im Scherz; **~живúй** hálbtot, mehr tot als lebéndig; **~забýтий** hálbvergessen; **~провіднúк** *ел.* Hálbleiter *m* (6); **~сóнний** schláftrunken, schläfrig; **~тéмрява** Hálbdunkel *n* -s; **~фабрикáт** Hálbfabrikat *n* (2); **~шерстянúй** hálbwollen, Hálbwoll*.
нап|íй Getränk *n* (2), Drink *m* -s *i* -, -s; Trank *m* (1*); спиртні **~óї** alkohólische Getränke, Spirituósen *pl*.
напíр Druck *m* -(e)s; Ándrang *m* -(e)s; *тех.* Drúckhöhe *f*, Fállhöhe *f*.

наплив *(скупчення)* Ándrang *m* -(e)s, Zústrom *m* -(e)s.

наповал mit éinem Hieb [Schlag].

наповнювати, наповнити 1) (án) füllen *vt*; 2) *перен.* erfüllen *vt*.

напоготові beréit, in Beréitschaft; auf dem Sprung; *військ.* schúßbereit, geféchtsbereit; ◊ бути ~ in Beréitschaft sein.

напоказ zur Schau; виставляти ~ zur Schau trágen* [stéllen].

наполегливий behárrlich, hártnäkkig.

наполовину 1) zur Hälfte, halb; 2) *(частково)* teils, fast.

наполохати erschrécken *vt*; áufschrecken *vt*; áufscheuchen *vt* *(птаха)*.

наполягати, наполягти behárren *vi*, bestéhen* *vi* (на чому-н. auf *D*); dúrchsetzen *vt*.

напослідок *розм.* zu gúter Letzt; zum Schluß.

напохваті: мати що-н. ~ etw. bei der Hand háben; gríffbereit háben.

направляти, направити 1) ríchten *vt*; áusrichten *vt*; léiten *vt*; ori¦entíeren *vt*; 2) *(посилати)* schícken *vt*, (ent)sénden(*) *vt*; verwéisen* *vt* (до кого-н. an *A*); éinweisen* *vt* *(в санаторій)*; 3) *(гострити)* ábziehen* *vt* *(ніж, бритву)*, déngeln *vt* *(косу)*; 4) *(музичний інструмент)* stímmen *vt*; 5) *(підбурювати)* stímmen *vt*, áufbringen* *vt* (проти кого-н., проти чого-н. gégen *A*); ◊ ~ кого-н. на путь істини j-n auf den réchten Weg léiten; **~ся** *(іти куди-н.)* sich begében*, séine Schrítte lénken (куди-н. nach *D*, zu *D*).

направо nach rechts *(на питання «куди?»)*; rechts, réchterhand, réchterseits *(на питання «де?»)*; ~! *військ.* rechtsúm!

напризволяще: покинути ~ séinem Schícksal überlássen*.

наприкінці am Énde, zum Schluß, zulétzt.

наприклад *вставн. сл.* zum Béispiel (*скор.* z. B.); béispielweise.

напрокат léihweise, míetweise; брати ~ áusleihen* *vt*, míeten *vt*.

напролом *розм.* rücksichtslos, mit dem Kopf durch die Wand; ◊ іти ~ dráuflósgehen* *vi* (s).

напроти *присл.* 1) gegenüber; visá-vis [viza'vi:]; auf der ánderen Séite; 2) *у знач. прийм.* gegenüber (*D*).

напрочуд mérkwürdig, erstáunlich; úngewöhnlich.

напрошуватися, напроситися 1) sich ánbieten*, sich áufdrängen; 2) ~ на комплімент Kompliménte ángeln; ~ в гості sich éinladen lássen*.

напруга *фіз.* Spánnung *f* (10); висока ~ Hóchspannung *f*.

напружен|ий 1) (án)gespánnt, spánnungsgeladen *(про час)*; 2) *(посилений)* ángestrengt; ánstrengend, intensív; **~ість, ~ня** Gespánntheit *f*; Spánnung *f*; Ánstrengung *f* (10); ослаблення ~ості Entspánnung *f*.

напружувати, напружити (án)spánnen *vt*; ánstrengen *vt*; **~ся** sich ánspannen, sich ánstrengen; sich *(D)* Mühe gében*.

напрям 1) Ríchtung *f* (10); *(наукова, літературна тощо школа, течія, угруповання)* Strömung *f* (10); 2) *військ.* Fróntabschnitt *m* (1).

напувати, напоїти zu trínken gében*; tränken *vt* *(худобу)*.

напускати, напустити (her)éinlassen* *vt*; ~ води у ванну Wásser in die Bádewanne éinlassen*; **~ся** *розм.* hérfallen* *vi* (s) (на кого-н. über *A*).

напухати, напухнути (án)schwéllen* *vi* (s), ánlaufen* *vi* (s).

нарада Berátung *f* (10), Bespréchung *f* (10); Konferénz *f* (10).

нараховувати, нарахувати 1) zählen *vt*, áufzählen *vt*; 2) *бухг.* ánrechnen *vt*.

наречен|а *у знач. ім.* Verlóbte *f* (14); **~ий** *у знач. ім.* Verlóbte *m* (14).

нарешті 1) éndlich; schlíeßlich; létzten Éndes; 2) *вставн. сл.* schlíeßlich; 3) *у знач. виг.* na, éndlich!

нари Prítsche *f* (11); Schláfbank *f* (3).

нарив Geschwür *n* (2); Éiterbeule *f* (11); **~ати, нарвати** *(про нарив)* éitern *vi*, schwären *vi*.

нарис 1) *(контур)* Úmriß *m* -sses, -sse; Ábriß *m*; 2) *літ.* Skízze *f* (11); Essay [ɛ'se:]- *m* -s, -s; Reportáge [-ʒə] *f* (11) *(в газеті)*; 3) *(наукова праця)* Ábriß *m* -sses, -sse; **~и** Stúdi¦en *pl*.

нарівні 1) *(однаково)* in gléicher Höhe; 2) *(на рівних правах)* gleich *(D)*; ébenso wie, gléichwíe.

наріжний: ~ камінь Éckpfeiler *m* (6), Éckstein *m* (1), Grúndstein *m*.

на́ріст 1) *(пухлина)* Áuswuchs *m* (1*), Béule *f* (11); 2) *(нашарування)* Ánsatz *m* (1*); fester Rückstand, Áblagerung *f* (10)

наробúти 1) *(зробити)* (in Ménge) ánfertigen *vt*; 2) *тк. док. (зробити що-н. погане)* ánrichten *vt*, ánstiften *vt*; verúrsachen *vt (заподіяти)*; ◊ ~ крúку Lärm máchen; ~ дурнúць Dúmmheiten máchen.

нарóд 1) Volk *n* (5); 2) *розм. (люди)* Léute *pl*, Ménschen *pl*; багáто ~у éine Ménge Ménschen.

нарóдж|ення Gebúrt *f* (10); рік ~ення Gebúrtsjahr *n* (2); день ~ення Gebúrtstag *m* (1); Gebúrtstagsfeier *f* (11); **~уваність** Gebúrtenziffer *f* (11), Gebúrtenzahl *f*.

нарóджувати, народúти gebären* *vt*; zur Welt bríngen*; **~ся** 1) gebóren wérden [sein]; zur Welt kómmen*; das Licht der Welt erblícken; 2) *(виникати)* entstéhen* *vi* (s), áufkommen* *vi* (s); erstéhen* *vi* (s) *(про надію тощо)*.

нарóдн|ий 1) Volks-; vólkseigen *(що належить народові)*; 2) *(пов'язаний з народом)* vólkstümlich; vólksecht; **~ість** 1) *(народ)* Völkerschaft *f* (10), Nationalität *f* (10); 2) *(близькість до народу)* Vólkstümlichkeit *f*, Vólksverbundenheit *f*.

народонасéлення Bevölkerung *f* (10).

нáрти Polárschlitten *m* (7); Rénntierschlitten *m* (7).

нарýга Beschímpfung *f* (10), Schmähung *f* (10), Schändung *f* (10); Beléidigung *f* (10).

нарукáвник Schútzärmel *m* (6); Über(zieh)ärmel *m*.

нáслідок Fólgerung *f* (10), Schluß *m* -sses, Schlüsse; Fólge *f* (11); Ergébnis *n* (3*), Resultát *n* (2).

наслíдувати 1) náchahmen *vt*; 2) *(одержувати у спадщину)* érben *vt*.

насмíлюватися, насмíлитися wágen *vt*, sich erkühnen.

насміхáтися spótten *vi* (над ким-н., над чим-н. über *A*), verspótten *vt*; áuslachen *vt*.

насмíшк|а Spott *m* -(e)s; Spötteréi *f* (10); Hohn *m* -(e)s; **~уватий** spóttend, spöttisch; höhnisch *(іронічний)*; spóttsüchtig, spóttlustig *(про людину)*.

наснáга 1) *(енергія, сила)* Kraft *f* (3); Stärke *f*; 2) *(стан душевного піднесення)* Begéisterung *f*, Schwung *m* -(e)s.

насолóда Genúß *m* -sses, -nüsse.

наря́д I *(одяг)* Gewánd *n* (5), Féstkleid *n* (5), Kléidung *f* (10).

наря́д II 1) *(розпорядження)* Ánordnung *f* (10); 2) *(документ)* Órder *f* (11); ~ на вúдачу Áuslieferungs)schein *m* (1); 3) *військ* Dienst *m* (1); Éxtradienst *m*; 4) *(загін)* Ábteilung *f* (10); Stréife *f* (11).

наряджáтися, нарядúтися 1) sich féstlich kléiden, sich schmücken; 2) *(ким-н.)* sich verkléiden.

нарядний elegánt, fein.

насáджувати, насадúти 1) *(дерева тощо)* (án)pflánzen *vt*; 2) *перен. (впроваджувати)* éinführen *vt*, éinbürgern *vt*.

насáмперед vor állem, vor állen Díngen, zuállererst; in érster Línie, zunächst, zuérst.

насéлен|ий bevölkert; bewóhnt; ◊ ~ий пункт Síedlung *f* (10); Ort *m* (1, 4), Órtschaft *f* (10); **~ість** Bevölkerungsdichte *f* (11); **~ня** Bevölkerung *f* (10); Bewóhnerschaft *f*, Éinwohnerschaft *f (міста, будинку)*; перéпис ~ня Vólkszählung *f* (10).

насúлу mit knápper Not, mit Müh und Not.

насúльство Gewált *f* (над ким-н. an *D*); Zwang *m* -(e)s; Gewálttat *f* (10) *(акт насильства)*.

нáсип Damm *m* (1*), Wall *m* (1*); Áufschüttung *f* (10); **~áти, насúпати** schütten *vt*; éinschütten *vt* (у що-н.); stréuen *vt (пісок на дорогу)*.

насúчений 1) *хім.* gesättigt, saturíert; 2) *перен. (змістовний)* ínhaltsvoll, gehältvoll; reich (an *D*).

насúчувати, наситúти 1) *(кого-н.)* satt máchen, sättigen *vt*; 2) *хім.* sättigen *vt*, saturíeren *vt*; durchféuchten *vt*.

насíння 1) *тж. перен.* Sáme *m* (15), Sámen *m* (7); 2) *збірн. (для посіву)* Sáatgut *n* -(e)s, Sámen *pl*.

наскáкувати, наскóчити ánrennen* *vt, vi* (s) (на що-н. gégen *A*); ánspringen* *vt*; ánstoßen* *vi* (s) (an *A*); ~ на мíну auf éine Míne áuflaufen*.

наскíльки *присл.* 1) *(пит.)* um wíeviel?; inwieférn?, inwiewéit?; 2) *(віднос.)* sowéit, soférn, sovíel, wie sehr; ~ мені відóмо sovíel ich weiß.

на́скрізний dúrchgehend, Dúrchgangs≠.
на́скрізь durch und durch; gänzlich, völlig.
наслід́ити Schmútzspuren hinterlássen*.
насо́с Púmpe *f* (11).
наспі́д nach únten.
на́спіх in áller Éile, hástig; flüchtig.
наспо́ді *присл.* 1) únten; 2) *у знач. прийм.* únter *(D)*.
наспра́вді in der Tat, in Wírklichkeit.
наст Schnéekruste *f* (11); Harsch *m* -es.
настава́ти, наста́ти ánbrechen* *vi* (s), heréinbrechen* *vi* (s), kómmen* *vi* (s), éintreten* *vi* (s); begínnen* *vi (починатися)*.
наставля́ти, наста́вити I 1) (in Ménge) áufstellen *vt*; (hin)stéllen *vt*; 2) *(націлювати)* richten *vt*; ◊ ~ ву́ха lánge Óhren máchen, die Óhren spítzen.
наставля́ти, наста́вити II *(повчати)* beléhren *vt*; unterwéisen* *vt*.
наста́вн|ик Léhrer *m* (6), Léhrmeister *m* (6); **~ицтво** Pátenschaft *f* (10).
настано́ва 1) Unterwéisung *f* (10); Éinstellung *f* (10); 2) *(директива)* Ríchtlinie *f* (11), Direktíve [-ve] *f* (11).
настила́ти *і* **настеля́ти, насла́ти** *і* **настели́ти** (be)légen *vt*, (be)décken *vt*; áusbreiten *vt (розстилати)*; ~ підло́гу den Fúßboden díelen; ~ бруківку pflástern *vt*.
насти́рливий, насти́рний 1) áufdringlich, zúdringlich; 2) *перен. (про думки тощо)* ständig, verfólgend, belästigend; 3) *(завзятий)* behárrlich, hártnäckig.
насті́й Áufguß *m* -sses, -güsse.
насті́йний behárrlich; dríngend, ínständig, náchdrücklich.
насті́льки so, soviel, sowéit, sosehr.
насті́льн|ий 1) Tisch≠; 2) *перен. (завжди потрібний)* unentbéhrlich; ~а кни́жка Hándbuch *n* (5).
насті́нний Wand≠.
насто́йка 1) Likör *m* (1); 2) Áufguß *m* -sses, -güsse; *фарм.* Tinktúr *f* (10).
насторо́жі: бу́ти ~ auf der Hut sein, scharf áufpassen *vi*, áchtgeben* *відокр. vi*.
насторо́жувати, насторожи́ти zur Vórsicht máhnen; ◊ ~ ву́ха die Óhren spítzen; **~ся** áufmerksam wérden.
насто́ювати, насто́яти I *(наполягати)* behárren *vi*, bestéhen* *vi* (на чо́му-н. auf *D*); ~ на своє́му séinen Wíllen dúrchsetzen.
насто́ювати, насто́яти II *(зробити настойку)* ziehen lássen*; éinen Áufguß máchen; ánsetzen *vt*.
на́стрій Stímmung *f* (10), Láune *f* (11).
настро́млювати, настроми́ти áufstecken *vt*, áufspießen *vt*, áufsetzen *vt*.
настро́ювати, настро́їти 1) *муз.* stímmen *vt*; 2) *(машину, прилад)* éinrichten *vt*, ábgleichen* *vt*, éinregulieren *vt*; éinstellen *vt*, *(радіо)*; 3) *(викликати певний настрій)* stímmen *vt*; ~ про́ти ко́го-н., чо́го-н. gégen j-n, gégen etw. *(A)* stímmen.
на́ступ Ángriff *m* (1), Offensíve [-ve] *f* (11); Vórmarsch *m* (1*); Vórstoß *m* (1*) *(тж. перен.)*; перейти́ в ~ zur Offensíve [zum Ángriff] übergehen*; **~а́льний** Ángriff(s)-, Offensív-, offensív; **~а́ти ~йти** 1) *(ставати ногою)* tréten* *vi* (на що-н. auf *A*); 2) *військ.* ángreifen* *vt*, vórgehen* *vi* (s), vórrücken *vi* (s).
насту́пн|ий fólgend, nächst; ~ого дня am nächsten [fólgenden] Tag, éinen Tag daráuf; ~ого ра́зу das nächste Mal; ~ої неді́лі kómmenden Sónntag.
насту́пник Náchfolger *m* (6).
насу́плювати, насу́пити: ~ бро́ви die Áugenbrauen zusámmenziehen* *vt*; **~ся** 1) fínster dréinschauen, mürrisch dréinsehen*; 2) *перен. (про погоду)* sich verfínstern, sich trüben.
насу́щний lébensnotwendig; dríngend, únerläßlich; ◊ хліб ~ das tägliche Brot.
натира́ти, nате́рти 1) (éin)réiben* *vt*; 2) bóhnern *vt (підлогу)*; ~ до блиску blánkbohnern *відокр. vt*; 3) *(ногу тощо)* sich *(D)* etw. wund réiben*; ~ мозо́лі на рука́х Schwíelen bekómmen*; ~ мозо́лі на ногах Hühneraugen bekómmen*; 4) *(на терці)* réiben* *vt*.
натиска́ти, нати́снути 1) áufdrücken *vt*; drücken *vt*, *vi* (на що-н. auf *A*); préssen *vi* (auf *A*); 2) *(тіснити)* (be)drängen *vt*; ándrängen *vi* (на ко́го-н. gégen *A*); ~ зза́ду náchdrängen *vi*; 3) betónen *vt*; den Akzént (auf *A*) légen *(під-*

Н

креслювати голосом); 4) *(настійно вимагати чого-н.) розм.* auf j-n éinen Druck áusüben.

на́товп Ménge *f* (11); Ménschenhaufen *m* (7).

натóмість ánstatt *(G)*, als [zum] Ersátz; dafür.

натóмлюватися, натоми́тися müde wérden, ermüden *vi* (s).

натрапля́ти, натра́пити stóßen* *vi* (s) (на кóго-н., на що-н. auf *A*); tréffen* *vt*, begégnen *vi* (s) (на кóго-н. *D*) *(зустріти)*; áusfindig máchen; entdécken *vt (знайти)*.

нату́га Ánstrengung *f* (10); Überánstrengung *f*.

нату́жуватися, нату́житися sich ánspannen, sich ánstrengen; sich *(D)* Mühe gében*.

нату́р|а 1) Natúr *f* (10), Wésensart *f* (10), Charákter [ka-] *m* -s, -tére, Gemüt *n* (5); 2) *мист. (модель)* Modéll *n* (2); малюва́ти з ~и nach der Natúr zéichnen; на ~і *кіно* im Fréien; **~аліст** 1) *(дослідник природи)* Natúrforscher *m* (6); 2) *філос., мист.* Naturalist *m* (8); **~а́льний** 1) natürlich, natúrgemäß, Natúr-, echt; ~а́льної величини́ in Lébensgröße; 2) *ек.* Naturál≠; ~а́льне господа́рство Naturálwirtschaft *f* (10); **~щик, ~щиця** *мист.* Modéll *n* (2).

натхнéнн|ий begéistert; flámmend *(полум'яний)*; hínreißend *(захоплюючий)*; vergéistigt; **~ик** Ánreger *m* (6); Inspirátor *m* -s, -tóren; **~я** Begéisterung *f*.

натщé(серце) *розм.* nüchtern; auf nüchternen Mágen.

натя́гувати, натягти́ 1) (án)spánnen *vt*; (án)zíehen* *vt*; stráffziehen* *відокр. vt*; 2) *(одягати, надівати щось тісне)* mit Mühe ánziehen*; überzíehen* *vt*; 3): ~ кóвдру на гóлову sich die Décke über den Kopf zíehen*; 4) *перен. розм.*: ~ оці́нку éine höhere [kaum verdíente] Nóte gében*.

на́тяк Ándeutung *f* (10), Ánspielung *f* (10), Wink *m* (1); говори́ти ~ами in Ándeutungen réden; **~áти, ~нýти** ándeuten *vt*; híndeuten *vi*, ánspielen *vi* (на що-н. auf *A*).

навгáд aufs Gerátewohl, auf gut Glück, wáhllos.

наýк|а 1) Wíssenschaft *f* (10); природни́чі ~и Natúrwissenchaften *pl*; суспі́льні ~и Geséllschaftswissenschaften *pl*; тóчна ~а exákt Wíssenschaft; 2) *розм. (урок)* Léhre *f* (11); це тобі́ ~а! das soll dir éine Léhre sein!; **~óвець** Wíssenschaftler *m* (6); **~óвий** wíssenschaftlich.

наукóво|-дóслідний Fórschungs≠; -дóслідний інститýт wíssenschaftliches Fórschungsinstitut; **~-популя́рний** populärwissenschaftlich.

на́фт|а Érdöl *n* -s; **~ови́к** Érdölarbeiter *m* (6).

наха́б|а Fréchling *m* (1); Únverschämte *m* (14); **~ний** frech, únverschämt.

на́хил *(потяг до чого-н.)* Néigung *f* (10); Veránlagung *f* (10), Ánlage *f* (11) *(здібності)*; мáти ~ до чóго-н. zu etw. *(D)* veránlagt sein; zu etw. *(D)* Néigung háben.

нахиля́ти, нахили́ти néigen *vt*; (níeder)béugen *vt*, sénken *vt*; **~ся** sich néigen, sich (níeder)béngen; sich bücken *(тк. про людей)*.

нахму́рити *див.* хму́рити.

нахóдити, найти́ (áuf)fínden* *vt*; áusfindig máchen.

наці́лювати, наці́лити 1) zíelen *vi*; *військ.* ánsetzen *vt*; 2) *перен.* auf ein Ziel ríchten; **~ся** 1) zíelen *vi* (у кóго-н., у що-н. nach *D*); 2) *перен* sich *(D)* ein Ziel stécken.

націоналізува́ти nationalisíeren *vt*; verstáatlichen *vt*.

національн|ий nationál, Nationál≠; **~ість** 1) *(нація)* Nationalität *f* (10), Natión *f* (10); 2) *(належність до нації)* Nationalität *f* (10), Nationálzugehörigkeit *f*.

нацькóвувати, нацькува́ти 1) *(собаку)* hétzen *vt* (на кóго-н. auf *A*, gégen *A*); 2) *(підбурювати)* áufhetzen *vt*.

нача́льник Vórgesetzte *m* (14), Chef [sef] *m* -s, -s; Léiter *m* (6), Führer *m* (6).

на́чинк|а *кул.* Füllung *f* (10), Füllsel *n* (6); з ~ою gefüllt.

на́чисто 1) ganz rein, blank; переписáти ~ ins réine schréiben*; 2) *розм. (повністю)* rúndweg, gänzlich, ganz.

начи́таний belésen.

на́ч|іс 1) *(волосся в зачісці)* Toupíeren [tu-] *n* -s; 2) *текст.* Áufrauhung *f* (10), Ánrauhung *f*; з ~~óсом geráuht.

наш únser (*f* únsere, *n* únser, *pl* únsere).

нашати́р *хім.* Sálmiak *m* -s; **~ний:** ~ний спирт Sálmiakgeist *m* -es.

нашвидку́ éilig, hástig, in áller Éile [Hast]; flüchtig.

нашива́ти, наши́ти áufnähen *vt*; áufsetzen *vt*.

на́ши́вка *військ.* Lítze *f* (11), Trésse *f* (11).

наши́йник Hálsband *n* (5).

наштóвхувати, наштовхну́ти 1) stóßen* *vt*; ánprallen *vt* (на що-н. gégen *A*); 2) *перен. розм. (наводити на думку тощо)* auf etw. *(A)* bríngen*; veránlassen* *vt* (на що-н. zu *D*); **~ся** stóßen* *vi* (s) (на кóго-н., на що-н. auf *A*).

наща́д|ок Náchkomme *m* (9); **~ки** die kómmende Generatión, die Náchfahren.

на́що *див.* наві́що.

Наявн|ий disponíbel; verfügbar, zur Verfügung stéhend; vorhánden; **~ість** Vorhándensein *n* -s *(речей)*; Ánwesenheit *f (людей)*; Bestánd *m* -(e)s *(товарів)*; при **~**ості bei Vorhándensein (von *D*).

наяву́ wáchend, in wáchen Zústand; in Wírklichkeit; сон **~** Wáchtraum *m* (1*).

не 1) nicht; kein *(перед ім.)*; вонá не при́йде sie kommt nicht; це не бідá das ist kein Únglück; 2) *у сполученні з дієприслівником передається інфінітивом з* óhne ... zu; не кáжучи ні слóва óhne ein Wort zu ságen; 3): це не німéцьке, а украї́нське слóво das ist kein déutsches, sóndern ein ukraíinisches Wort; не ті́льки nicht nur, nicht allein; nicht mehr; я бі́льше не бу́ду цьогó роби́ти ich will [wérde] es nicht mehr tun; ich máche es nicht mehr; чи не прáвда? nicht wahr?; не говóрячи уже про те, що... geschwéige denn, daß... .

неаби́який nicht geríng, nicht únbedeutend, erhéblich.

неакурáтний 1) *(неточний)* únpünktlich; 2) *(неохайний)* liederlich, schlámpig.

небагáт|о 1) *(трохи)* ein wénig, étwas, ein bißchen, nicht viel; 2) *числ. неозн.-кільк.*: в **~**ьóх словáх mit wénigen Wórten; 3) *у знач. ім.* **~о** Wénige *pl*.

небáжаний únerwünscht; únliebsam.

небажáння Únlust *f*, Wíderwille *m* -ns, Ábneigung *f*.

небáчений (noch) nie geséhen; nie dágewesen *(небувалий)*.

небезпé|ка Gefáhr *f* (10), Gefährlichkeit *f* (10); **~чний** gefährlich, gefáhrdrohend.

небили́ця erfúndene Geschíchte, Märchen *n* (7).

нéб|о Hímmel *m* -s; Firmamént *n* -(e)s *(небозвід)*; на **~**і am Hímmel; ◊ бу́ти на сьóмому **~**і im síebenten Hímmel sein; під відкри́тим **~**ом únter fréiem Hímmel: попáсти пáльцем у **~**о danébenhauen(*) *vi*; danébengreifen* *vi*.

небувáлий (noch) nie dágewesen, nie geséhen; béispiellos.

небуття́ Níchtsein *n* -s, Nichts *n* -.

невагóм|ий 1) *фіз.* schwérelos, másselos, unwägbar; 2) *(незначний)* únbedeutend; **~ість** *фіз.* Schwérelosigkeit *f*.

невблагáнний únerbittlich, únnachgiebig, hart.

невгаси́мий unauslöschlich; nie verlöschend.

невдá|лий mißlúngen, mißglückt; úngünstig; schlíefgegangen; **~ха** *розм.* Únglücksrabe *m* (9), Péchvogel *m* (6*); **~ча** Míßerfolg *m* (1), Mißlíngen *n* -s; Rückschlag *m* (1*) *(тж. військ.)*; Rech *n* -(e)s.

невдя́чн|ий úndankbar; **~ість** Úndankbarkeit *f*, Úndank *m* -(e)s.

невели́кий nicht groß; klein; geríng.

невесéлий únlustig, únfroh; trübselig; tráurig.

невжé wírklich?, ist es [wäre es] möglich?, ist es (wírklich) so?

невибáгливий ánspruchslos, leicht befríedigt, nicht wählerisch.

неви́гідний náchteilig; únvorteilhaft.

невимóвний únausspréchlich, unságbar, unsäglich.

неви́мушений úngezwungen, únbefangen.

неви́нний énschuldig, schúldlos; hármlos, únschädlich.

невирáзний 1) áusdruckslos; 2) únklar, úndeutlich.

неви́триманий únbeherrscht, úndiszipliniert.

неви́хований únerzogen, úngezogen.

невичéрпний únerschöpflich; únversíegbar.

неві́глас Únwissende *m* (14), Ignoránt *m* (8).

нéвід Físch(er)netz *n* (2), Schléppnetz *n* (2); Fischgarn *n* (2).

невідді́льний ún(ab)trénnbar; únteilbar; únzertrénnlich.

Н

невід'ємний únverrückbar, únbenéhmbar; únveräußerlich.
невідкла́дний únaufschiebbar, dringend, dringlich, únverzüglich; akút *(про питання, справу)*.
невідо́мий nicht bekánnt, únbekannt.
невідри́вний *(нерозривний)* únzertrénnlich, únzerréißbar, úntrénnbar.
невістка Schwíegertochter *f, pl* -töchter *(дружина сина)*; Schwägerin *f* (12) *(дружина брата)*.
невлови́мий 1) nicht áufgreifbar, nicht zu fássen, nicht erréichbar; 2) *(ледве помітний)* kaum mérklich.
невмиру́щий únsterblich.
невмілий, неумілий úngeschickt, úngewandt; nicht sáchmäßig.
невмовка́ючий (lang) ánhaltend.
нево́лити nötigen, zwíngen* *vt* (zu *D*).
нево́ля Únfreiheit *f*; Sklaverél [-ve-] *f (рабство)*; Gefángenschaf *f (полон, ув'язнення)*.
невпи́нний, неупи́нний fórtwährend, únaufhörlich, unablässig; únunterbrochen *(безперервний)*.
невпізна́нний nicht wíederzuerkennen, nicht erkénnbar.
неврівнова́жений únausgeglichen, nicht áusbalanciert.
неврожа́й Mißernte *f* (11); **~ний** únfruchtbar.
невропато́лог *мед.* Neuropathológ(e) *m* (8, 9), Nérvenarzt [-f- *i* -v-] *m* (1*).
невсипу́щий 1) *(пильний)* wáchsam; 2) *(невтомний)* únermüdlich.
невстига́ючий zurückgebliebener Schüler [Studént].
невто́мний únermüdlich, rástlos.
невтруча́ння Nichteinmischung *f*; політика ~ Níchteinmischungspolitik *f*.
невча́сний nicht zur ríchtigen Zeit; nicht réchtzeitig.
нега́йн|ий sofórtig, únverzüglich; prompt *(швидкий)*; **~о** sofórt, únverzüglich; óhne Verzúg *(без затримки)*.
нега́рзд 1) nicht gut, schlecht; nicht schön; 2) *у знач. предик.* nicht in Órdnung; nicht glatt; 3) *(незручно, ніяково)* únbequem.
негати́вний négativ *(тж. спец., фіз., мат.)*, vernéinend, áblehnend *(що містить відмову)*; ábfällig *(несприятливий)*.
негігієні́чний únhygi:enisch.
негі́дн|ий 1) *(непридатний)* úntauglich; 2) *(недостойний)* únwürdig; níchtswürdig; 3) *(підлий)* níederträchtig, níedrig; geméin; **~ик** Halúnke *m* (9), Lump *m* (8, 13), Schuft *m* (1).
него́да Únwetter *n* -s.
негр Néger *m* (6).
негра́мотний 1) des Lésens und Schréibens únkundig; únwissend, únkundig, úngebildet; 2) *у знач. ім.* Analphabét *m* (8); 3) *(що містить помилки)* Réchtschreibfehler entháltend. féhlerhaft.
неда́вн|ій jüngst; néulich, vor kúrzem geschéhen; **~о** únlängst, néuerdings; vor kúrzem, néulich, kürzlich.
неда́рма́, неда́ром nicht óhne Grund, nicht óhne Úrsache, nicht umsónst.
недба́лий náchlässig; fáhrlässig; salópp.
недвозна́чний únzweideutig, éindeutig.
недисципліно́ваний úndisziplíniert.
неді́йсний *юр.* nicht géltend, úngültig; áußer Kraft.
неді́л|я Sónntag *m* (1); у **~ю** am Sónntag; у ~ю ввечері (am) Sónntag ábend; у ~ю вранці (am) Sónntag früh; по ~ях sónntags.
недо́брий 1) böse; féindselig *(ворожий)*; 2) *(поганий)* schlimm, schlecht, übel; 3) *(несмачний)* únschmackhaft.
недовгові́чний kúrzlebig *(про істоти)*; von kúrzer Dáuer *(про явища)*; nicht dáuerhaft, nicht von Dáuer *(про речі)*.
недові́р|ливий míßtrauisch; árgwöhnisch; **~'я** Mißtrauen *n* -s; Árgwohn *m* -(e)s *(підозра)*.
недо́гляд Überséhen *n* -s, Únachtsamkeit *f*; через ~ áus Verséhen.
недокрі́в'я *мед.* Blútarmut *f*, Anämíe *f*.
недоку́рок Zigaréttenstummel *m* (6); Kíppe *f* (11) *(розм.)*.
недо́лік *(дефект)* Féhler *m* (6), Mángel *m (6)*; Náchteil *m* (1); Defékt *m* (1).
недооці́нювати, недооціни́ти unterschätzen *vt*; unterbewérten *vt*; verhármlosen *vt*.
недопусти́мий únzulässig.
недоре́чн|ий úngehörig; únpassend, únangebracht; тут це ~о das ist hier nicht am Plátze.
недоскона́лий únvollkommen.

недостáтній úngenügend, únzureichend, nicht áusreichend; mängelhaft.

недостáча 1) Mángel *m* (6*) (чогó-н. an *D*); 2) *розм.* Féhlen *n* -s; Mánko *n* -s, -s, Féhlbetrag *m* (1*).

недосяжний únerréichbar.

недотéпний úngeschickt, úngewandt.

недоторкáнний únverlétzlich, únangréifbar, únantástbar; ~ запáс éiserne Ratión.

нéдруг Wídersacher *m* (6), Feind *m* (1), Gégner *m* (6).

недружелюбний únfreundlich; féindselig.

неживúй 1) nicht lébend, tot, léblos; 2) únbelebt, únbeseelt; 3) *грам.*: ~ предмéт Ding *n* (2), Sáche *f* (11).

нéжить Schnúpfen *m* -s.

незабáром bald, bald daráuf; in Kürze; démnächst.

незабýтній únvergéßlich; únauslöschlich.

незадовíльний únbefriedigend, úngenügend *(тж. про оцінку)*.

незадовóлений únzufrieden; verärgert, únbefriedigt.

незакóнний úngesetzlich; widerrechtlich; íllegitim, íllegal.

незалéжн|ий únabhängig; sélbständig *(самостійний)*; sélbstbewußt, sícher *(про характер людини)*; ◊ ~о від *(чого-н.)* trotz *(G, D)*, úngeachtet *(G)*; ~о (де, як) ganz gleich (wo, wie); **~ість** Únabhängigkeit *f*; Souveränität [suve-] *f*; Sélbständigkeit *f* *(самостійність)*; Sélbstbewußtsein *n*, -s. Sícherheit *f* *(впевненість у собі)*.

незамíжня, незамýжня únverheiratet; lédig.

незамíнний únersétzlich; únentbehrlich *(необхідний)* ünabkömmlich *(про людину)*.

незаперéчний únwiderlégbar; únbestréitbar.

незаслýжений únverdíent; únverschúldet.

незбагнéнний únbegréiflich, únfáßbar.

незбиран|ий: ~е молокó Vóllmilch *f*.

незважáючи: ~ на úngeachtet (на щo-н. *G*), trotz (на щo-н. *G* або *D*); ~ ні на що trotz álledém; ~ на це trotzdém.

незвичáйний úngewöhnlich; úngewohnt; áußergewöhnlich; áußerordentlich; séltsam.

незвúчний úngewohnt (до чóго-н. *G*).

незвíданий únerfórscht; únbekannt.

незгóд|а 1) Úneinigkeit *f*; Únstimmigkeit *f*; 2) Zerwürfnis *n* -ses, Zwist *m* -es; 3) *(відмова)* Ábsage *f* (11), Áblehnung *f* (10), Wéigerung *f* (10); **~ний** nicht éinverstanden (з ким-н., з чим-н. mit *D*).

незгрáбний 1) plump, línkisch, úngefüge; úngeschickt; 2) *(зроблений грубо)* grob, geschmácklos.

нездійснéнний nicht realisíerbar; únerfüllbar.

нездолáнний únbesíegbar; únüberwíndlich, únwiderstéhlich.

нездýжа|ння Únwohlsein *n* -s, Únpäßlichkeit *f* (10); **~ти** únwohl sein; kränkeln *vi*, sich nicht wohl fühlen.

незлáмний únumstößlich; únzerstörbar; únüberwíndlich.

незлічéнний záhllos; úngezählt, únzählig; únerméßlich.

незмíнний únveränderlich, únverändert; béugungslos *(грам.)*.

незмíрний únerméßlich.

незнайóм|ець, незнайóмий Únbekannte *m* (14); **~ий** únbekannt; fremd.

незначнúй 1) *(про кількість)* wínzig, geríng; 2) *(неважливий)* únbedeutend, bedéutungslos, nicht beáchtenswert.

незрýчний 1) únbequem; 2) *(непідходящий, недоречний)* únpassend, únangebracht; úngeeignet; ~ час úngeeignete Zeit.

неймовíрний únwahrscheinlich, únbláublich; únvorstéllbar.

нейтрáльний neutrál, Neutrál≠.

некваплúвий lángsam, rúhig, nicht überstürzt.

некомпетéнтний nicht kompetént, nicht zúständig, únzuständig.

некролóг Náchruf *m* (1), Nekrológ *m* (1) (про кóго-н. auf *A*).

нелегáльний íllegal.

нелюдський 1) nicht ménschlich; únménschlich; 2) gráusam, barbárisch *(жорстокий)*.

немá(є) *безос.* es gibt nicht, es ist nicht da; es ist nicht vorhánden; es fehlt; у мéне ~ чáсу ich hábe kéine Zeit; нікóго ~ níemand ist da.

немúлість Úngnade *f*; упáсти в ~ in Úngnade (ver)fállen*.

Н

немилосе́рдний únbarmherzig, erbármungslos, mítleidlos.
немину́чий únvermeídlich, únumgänglich; únausbléiblich.
не́мічний kráftlos, entkräftet; schwach, ábgespannt.
немо́в als, als ob, als wenn.
немовля́ Säugling *m* (1), Baby ['be:bi:] *n* -s, -s, Wíckelkind *n* (5).
неможли́вий 1) únmöglich; 2) *(дуже поганий, нестерпний)* únausstéhlich, únerträglich.
нена́видіти hássen *vt*.
нена́вис|ний 1) verháßt; 2) *(сповнений ненависті)* háßerfült; **~ть** Haß *m* -sses (до ко́го-н., до чо́го-н. gégen, auf *A*).
ненаголо́шений *лінгв.* únbetont, akzéntlos, tónlos.
нена́пад: до́говір про ~ Níchtangriffspakt *m* (1).
ненаро́ком 1) óhne Ábsicht, únabsichtlich, zúfällig(erweise); únversehens, únvermutet; 2) *(необережно, необачно)* aus Verséhen, verséhentlich.
нена́че *див.* немо́в.
ненорма́льний 1) ánormal, abnórm; régelwidrig; 2) *розм. (психічно хворий)* nicht normál, nicht ríchtig (im Kopf).
необа́чний únbedácht(sam); únvorsichtig, únüberlegt.
необере́жн|ий únvorsichtig; únachtsam; **~ість** Únvorsichtigkeit *f*.
необі́знаний únkundig, únbewandert; nicht informíert.
необхі́дн|ий nótwendig, nötig, únentbéhrlich; мені́ ~а допомо́га ich bráuche (dríngend) Hílfe; **~іст** Nótwendigkeit *f*; Ünentbéhrlichkeit *f*. **~о** *безос.* es ist nötig [nótwendig].
неодмі́нний únbedíngt; únerläßlich.
неодна́ковий verschíeden; únähnlich.
неодру́жений únverheiratet; lédig.
неозбро́єний únbewaffnet, wáffenlos; ◊ ~м о́ком mit únbewaffnetem [blóßem] Áuge.
неозна́чен|ий únbestimmt; ~ий арти́кль *грам.* der únbestimmte Artíkel; ~а фо́рма дієсло́ва *грам.* Ínfinitív *m* (1), Nénnform *f* (10); ~ий займе́нник Índefinítpronomen *n* (7) (*pl тж.* -mína), únbestimmtes Fürwort.
неося́жний únerméßlich, únüberséhbar.
неоха́йн|ий únsauber, únordentlich, náchlässig, schlámpig; **~ість** Únordentlichkeit *f*; Únsauberkeit *f*.
непе́вн|ий únsicher; бу́ти ~**им** у собі́ séiner selbst nicht sícher sein; **~ість** Únsicherheit *f*; Úngewißheit *f* *(невизначеність)*.
неперемо́жний únbesiegbar.
неписьме́нність Analphabétentum *n* -s.
непідку́пний únkäuflich, únbestéchlich.
нехова́га Níchtachtung *f*, Míßachtung *f*, Geríngchätzung *f*; Respéktlosigkeit *f*.
неповноліт́ній únmündig, mínderjährig.
неповто́рний éinmalig, éigenartig, éinzigartig.
непого́да Únwetter *n* -s, Schléchtwetter *n* -s.
непого́жий trübe, schlecht; régnerisch *(дощовий)*.
неподалі́к únweit (від чо́го-н. *G*, von *D*), nicht weit (von *D*); in der Nähe (*G*).
неподо́бство Únfug *m* -(e)s.
непокі́рний úngehorsam; áufsässig; wíderspenstig.
непоко́їти 1) *(порушувати спокій)* beúnruhigen *vt*; stören *vt*; j-s Rúhe stören; j-m kéine Rúhe lássen*; 2) *(хвилювати)* beúnruhigen *vt*, áufregen *vt*; j-m Sórgen máchen; **~ся** besórgt sein, sich beúnruhigen, sich áufregen.
непоко́ра Úngehorsam *m* -(e)s; Áufsässigkeit *f*; Wíderspenstigkeit *f*.
непола́дки Störungen *pl*, Defékte *pl*.
непомі́тний 1) *(погано видимий)* nicht wáhrnehmbar, únmérklich, ún(be)mérkbar; únauffällig; 2) *(не показний)* nicht bemérkenswert; únansehnlich.
непопра́вн|ий únverbésserlich; це ~а по́милка das ist ein nicht wíedergútzumachender Féhler.
непорозумі́ння Míßverständnis *n* (3*).
непору́шний 1) únbewéglich; régungslos; starr; 2) *(міцний)* únverbrüchlich; únzerstörbar; únlösbar; 3) *перен.* *(стійкий)* stándhaft, fest.
непосидю́чий únruhig; in stéter Bewégung; stets auf dem Sprung.
непохи́тний stándhaft, fest; únbeírrt, únbéugsam.
непра́вд|а Únwahrheit *f*; це ~а

as ist nicht wahr, das stimmt icht; ◊ уся́кими пра́вдами й ами auf jéde Art und Wéise; **ивий** lügenhaft; írrig, verkéhrt, alsch.

неправдоподі́бний únwahrscheinich.

непра́вий únrecht; úngerecht *(несправедливий)*.

непра́вильн|ий únrichtig, falsch; fehl= *(помилковий)*; ~е дієслóво *грам.* únregelmäßiges Verb; ~ий дріб *мат.* únechter Bruch; роби́ти [ді́яти] ~о falsch hándeln.

непрацезда́тний árbeitsunfähig.

неприві́тний únfreundlich; düster *(похмурий)*.

неприє́мн|ий únangenehm; únbehaglich, únliebsam; péinlich; ärgerlich *(прикрий)*; ~**ість** Únannehmlichkeit *f* (10).

непримирéнний únversöhnlich.

неприпусти́мий únzulässig.

непри́родний únnatürlich; gewúngen; gekünstelt *(штучний)*.

непристóйний únanständig, obszön; úngehörig.

непристу́пний 1) únzugänglich, únbezwíngbar; 2) *(гордовитий)* únzugänglich, distanzíert.

непритóмн|ий bewúßtlos; besínnungslos, óhnmächtig; ~**іти** bewúßtlos [óhnmächtig] wérden, das Bewúßtsein verlíeren*.

неприхóваний únverhüllt, únverhóhlen, óffen.

непри́язний mißgünstig; féindselig *(ворожий)*.

непробу́дний: ~ сон tiefer [féster] Schlaf.

непромока́льний wásserdicht, úndurchlässig.

непрям|и́й úngerade; índirekt, míttelbar; ~á мóва *грам.* índirekte Réde; ~и́й відмі́нок der índirekte Kásus, oblíquer Kásus.

нереа́льний únwirklich; nicht reál, írreal; únerfüllbar *(нездійсненний)*.

нéрест Láichen *n* -s; ~**йтися** láichen *vi*, Láich áblegen.

нержаві́ючий róstfrei, róstsicher, níchtrostend.

нері́вний 1) *(неоднаковий)* úngleich; 2) *(про поверхню)* úneben, úngleichmäßig; nicht glatt; 3) *(про лінію)* chief, krumm, nicht geráde; 4) únregelmäßig, stóßend *(про дихання, рух)*.

нері́вно|мі́рний úngleichmäßig; ~**пра́вний** nicht gléichberechtigt, réchtsungleich.

нерішу́чий únentschlossen, únschlüssig, únentschieden.

неробóчий: ~ день Rúhetag *m* (1); árbeitsfreier Tag.

нерóбство Müßiggang *m* -(e)s; Níchtstun *n* -s; Úntätigkeit *f*.

нерозбі́рливий 1) *(про почерк)* únleserlich, nicht lésbar, únlesbar; 2) *(безпринципний)* skrúpellos, gewíssenlos; 3) *(невибагливий)* leicht befríedigt, ánspruchslos; nicht wählerisch.

нерозга́даний úngelöst, únaufgeklärt.

нерозлу́чний únzertrénnlich, úntrénnbar.

нерозри́вний únzertrénnlich, únzerréißbar, únauflöslich.

нерухóм|ий I únbewéglich; régungslos; starr; ~а зі́рка *астр.* Físxstern *m* (1).

нерухóм|й II *(про майно)* immobíl; ~е майнó Immobíli|en *pl.*

несамови́тий 1) ganz áußer sich, verstört, áußer Rand und Band; 2) *(дуже сильний)* rásend, wütend, úngestüm; léidenschaftlich.

несві́дóмий 1) únbewußt; únbeabsichtigt; únwillkürlich; únerklärlich; 2) *(політично відсталий)* nicht (klássen)bewúßt.

нескінчéнний unéndlich; éndlos; óhne Énde.

неслухня́ний úngehorsam, únfolgsam.

несподі́ван|ий únerwártet, únvermutet; únverhófft; überráschend, plötzlich, jäh; ~**ка** das Únerwartete *(sub)*, das Únvermutete *(sub)*; Überráschung *f* (10).

неспóк|ій Únruhe *f*; Áufregung *f*; ~**ійний** únruhig, áufgeregt, beúnruhigt.

неспромóжний nicht imstánde, áußerstande; únfähig.

неста́ча *див.* недоста́ча.

нестéрпний únerträglich; únausstéhlich *(про людину)*.

нести́ I 1) trágen* *vt*; bríngen* *vt (приносити)*; 2) *(мчати)* jágen *vt*, tréiben* *vi*; 3) *(виконувати обов'язки)*: ~ відповіда́льність die Verántwortung trágen*; ~ ва́хту Wáche háben [hálten*]; ~ військóву слу́жбу den Militärdienst ábleisten; 4) *(бути причиною)* mit sich bríngen*; verúrsachen *vt*; 5): ~ ка́ру die Stráfe ábbüßen [verbüßen], bestráft wérden; ~ збитки Schäden [Verlúste] erléiden*.

нести́ II: ~ я́йця Éier légen.

Н

нести́ся I 1) *(швидко рухатися)* jágen *vi* (h. s); rénnen* *vi* (s), rásen *vi* (h. s); 2) *(про звуки)* erschállen(*) *vi* (s), ertönen *vi* (s).

нести́ся II *(відкадати яйця — про птахів)* Éier légen.

нестри́м|аний úngehalten, únbeherrscht; exzessív; **~ний** únaufháltsam; énwiderstéhlich; rückhaltlos.

нестя́м|а: бу́ти в ~і óhne Besínnung sein, in besínnungslosem [bewúßtlosem] Zústand sein; *перен.* áußer sich sein, séiner nicht mächtig sein; до ~и únsinnig, únbändig, wáhnsinnig; впа́сти у ~у die Besínnung [das Bewúßtsein] verlíeren*; in Óhnmacht fállen*.

несумі́сний únveréinbar.

нетакто́вний táktlos.

нетерп|и́мий únzulässig; únháltbar; **~і́ння** Úngeduld *f*; **~ля́чий** úngeduldig.

не́трі Úrwald *m* (4), Díckicht *n* (2).

неухи́льний únentwégt; únbeírrt; nicht ábweichend; strikt.

неха́й 1) *част., передається дієсл. формами* laß, mag, möge, soll (+*inf.*); ~ бу́де так! mag [möge, soll] es so sein!; ~ так!·nun gut!, wohl möglich!; ну і ~ wénnschon!, so weit, so gut!; 2) *спол. допустовий (хоча)* wenn... auch; obgléich, obschón, obwóhl; ~ хо́лодно, я всé-таки піду́ wenn es auch kalt ist [mag es auch kall sein], ich géhe doch.

нехи́трий 1) tréuherzig; 2) *розм. (простий)* éinfach, primitív, símpel.

не́хтувати verschmähen *vt*; míßáchten *vt*, geríngschätzen *відокр. vt*; ignoríeren *vt*; vernáchlässigen *vt*; kéine Notíz néhmen* (чим-н. vo *D*); ~ небезпе́кою die Gefáhr trótzen.

нече́мний únhöflich; grob; únerzogen *(невихований)*.

нечу́ваний únerhört, (noch) nie dágewesen, béispiellos.

нечу́лий, нечутли́вий 1) únempfindlich (до чо́го-н. gégen *A*); 2) *перен. (байдужий, бездушний)* hártherzig; díckhäutig; téilnahmslos, únaufmerksam.

неща́дний schónungslos; únerbíttlich; únbarmherzig.

нещасли́в|ий Únglück*; бу́ти ~им kein Glück háben; Pech háben, ein Péchwogel sein *(розм)*.

неща́с|ний 1) únglücklich, únglückselig, Únglücks*; **~ний** ви́падок Únglücksfall *m* (1*), Únfall *m* (1*); 2) *у знач. ім.* Únglückliche *m* (14); Péchvogel *m* (6*); Únseliger! *(у звертанні)*; **~тя** Únglück *n* (2); Mißgeschick *n* (2); ◊ (як) на ~тя zum Únglück, únglücklicherweise.

ни́ва Feld *n* (5); Flur *f* (10); Ácker *m* (6*).

ни́жній únter, Únter*; únterst *(нижчий)*.

низ das Úntere *(sub)*, Únterteil *m* (1).

низина́ Tálniederung *f* (10); Sénke *f* (11); Múlde *f* (11).

ни́зка 1): ~ перли́н Pérlenschnur *f* (3); Kétte *f* (11); 2) *перен.* Réihe *f* (11), Zug *m* (1*), Kétte *f* (11).

низовина́ *геогр.* Níederung *f* (10), Tíefland *n* (5); Tíefebene *f* (11), Únterland *n*.

низьки́й 1) níedrig; klein *(про зріст)*; 2) *(підлий)* níederträchtig, níedrig; geméin; 3) *(про звуки, голос тощо)* tief.

ни́нішн|ій jétzig, héutig; gégenwärtig; у ~ьому ро́ці díeses Jahr.

ни́рка *анат.* Níere *f* (11).

ни́ти 1) *(боліти)* schmérzen *vi*, weh tun*; 2) *(скаржитися)* klágen *vi*, jámmern *vi*.

ни́тк|а Fáden *m* (7*) *(тж. перен.)*; **~и́** Zwirn *m* (1); Garn *n* (2) *(для вишивання, в'язання)*; ◊ це ши́то бі́лими ~а́ми das fällt sogléich auf; промо́кнути до ~и *розм.* bis auf die Haut naß wérden; прохо́дити черво́ною ~ою sich wie ein róter Fáden ziehen*.

ни́шком 1) ganz léise; stíllschweigend *(мовчки)*; 2) *(крадькома)* verstóhlen, héimlich, in áller Stílle.

ни́щити vernichten *vt*; zerstören *vt*; zugrúnde ríchten.

нищівни́й vernichtend; zerstörend, zerschmétternd.

ні 1) *част.* nein; nicht; kein *(перед іменником)*; ~ і ще раз ~! nein und ábermals nein!; ще ~ noch nicht; чому́ ~? warúm nicht?; та ~ ж! áber nein!, nicht doch!; ~ душі́ kéine Ménschenseele; 2) *спол.*: ні ... ні wéder ... noch.

ні́би *див.* немов.

ні́вечити 1) *(псувати)* verdérben* *vt*; verpfúschen *vt*; 2) *(спотворювати)* verúnstalten *vt*, entstéllen *vt*, verzérren *vt*; ~ мо́ву rádebrechen *невідокр. vt*.

Н

нівро́ку *розм.* passábel, nicht übel; sosó, lalá *(розм.)*.
ні́готь Nágel *m* (6*); Fíngernagel *m (на руці)*; Zéhennagel *m (на нозі)*.
ні́де *тк. з інфін.* es ist kein Platz da, es ist nírgends Platz; ~ пра́вди ді́ти man [ich] muß óffen gestéhen.
ніде́ nírgends.
ніж I Mésser *n* (6); ◊ ~у се́рце ein Stich [ein Stoß] ins Herz; пристава́ти з ноже́м до го́рла *розм.* j-m das Mésser an die Kéhle sétzen.
ніж II *порівн. спол.* als.
ні́жний 1) *(ласкавий)* zärtlich, líebreich, líebevoll; zart; 2) *(приємний на дотик)* zart, fein, sanft; 3) *(дуже тендітний)* verzärtelt.
ніза́що 1) *(ні за яких обставин)* auf kéinen Fall; um kéinen Preis; um nichts in der Welt; 2) *(без підстави)* um nichts; mir nichts, dir nichts; für nichts und wíeder nichts.
нізві́дки nírgend(s)wo, nírgend(s)-her.
нізві́дки nírgend(s)wohér.
ні́здря Násenloch *n* (5); Nüster *f* (11); Násenflügel *m* (6).
ні́коли: мені́ ~ ich hábe kéine Zeit.
ніко́ли níemals, nie.
ні́куди: мені́ ~ покла́сти кни́жку ich fínde kéinen Platz für das Buch; мені́ спіши́ти ~ ich hábe kéine Éile.
ніку́ди nírgend(s)wohín, nírgends; це ~ не годи́ться das taugt ganz und gar nicht.
нікче́мний níchtsnutzig; zu nichts táuglich; kläglich; jämmerlich.
ні́м|ець Déutsche *m* (14); **~ке́ня** Déutsche *f* (14).
ні́м|ий stumm; *перен. ще* schwéigsam, láutlos, still.
ніс Náse *f* (11); Schnábel *m* (6*) *(дзьоб)*; говори́ти в ~ durch die Náse spréchen*; näseln *vi*; ◊ води́ти за ~ кого́-н. *розм.* násführen *невідокр. vt*; j-n an der Náse herúmführen; де́рти но́са *розм.* die Náse hoch trágen*; hóchnäsig sein; заруба́ти собі́ на но́сі *розм.* sich hínter die Óhren schréiben*; з-під (са́мого) но́са vor der Náse weg.
нісені́тниця Únsinn *m* -(e)s, Nónsens *m* -es *i* -, dúmmes Zeug, Quatsch *m* -es.
ніхто́ níemand, kéiner.
ніч Nacht *f* (3); до́брої но́чі gúte Nácht!; ці́лу ~ die Nacht über, die gánze Nacht hindúrch.
нічлі́г 1) *(ночівля)* Übernachten *n* -s; зупини́тися на ~ zur Nacht ábsteigen*; 2) *(місце ночівлі)* Náchtlager *n* (6).
нічо́го *у знач. предик.* *(не варто)* es ist nicht nötig, es ist únnütz, es hat kéinen Zweck, es lohnt (sich) nicht (+*inf. з* zu).
ні́чого nichts; (ganz und) gar nicht; мені́ ~ чита́ти ich hábe nichts zu lésen; мені́ ні́чим писа́ти es ist nichts da [ich hábe nichts] womít ich schréiben könnte; ~ сказа́ти! na, ich dánke; ~(і) каза́ти es steht áußer Fráge; тобі́ ~ боя́тися du bráuchst dich nicht zu fürchten; *займ. запереч. з інфін.* nichts; мені́ ~ тобі́ сказа́ти ich hábe dir nichts zu ságen; ◊ ~ роби́ти (da ist) nichts zu máchen.
ні́ша Nísche *f* (11); Alkóven [-vən] *m* (7).
нішо́ nichts.
ния́к auf kéine(rléi) Wéise; kéinesfálls.
ния́кий kéinerlei, (gar) kein.
ні́яковий péinlich, únbequem.
ніякові́ти in Verwírrung [Verlégenheit] geráten*, verlégen wérden; bestürzt [verwírrt] sein.
нова́тор Néuerer *m* (6).
нов|и́й neu, Neu≠, néuartig; ◊ Нови́й рік Néujahr *n* -(e)s; з Нови́м ро́ком! glückliches Néujahr!; prósit Néujahr! *(тост)*; що ~о́го? was gibt es Néues?
новина́ *(звістка)* Néuigkeit *f* (10).
нови́нка *(нововведення)* Néuheit *f* (10); Novität [-vi-] *f* (10), Néuerung *f* (10); Néuerscheinung *f* (10) *(про книжку)*.
новобра́нець Rékrut *m* (8); Éinberufene *m* (14).
новобудо́ва Néubau *m* -(e)s, -ten.
новонаро́джений Néugeborene *m* (14).
новорі́чний Néujahrs≠; ~ ве́чір Silvésterabend [-'vɛs-] *m* (1).
новосе́л Néusiedler *m* (6).
новосі́лля *(святкування)* Éinzugsfeier *f* (11); справля́ти ~ den Éinzug féiern.
ногá *анат.* Fuß *m* (1*) *(ступня)*; Bein *n* (2) *(нога вище ступні)*. ◊ іти́ в но́гу з ким-н. mit j-m Schritt hálten*; зво́дитися (става́ти) на но́ги 1) *(ставати самостійним)* Fuß fássen, sélbstän-

Н

dig wérden; 2) *(одужувати)* wíeder auf die Béine [zu Kräften] kómmen*.

нóжиці Schére *f* (11).

нóмер 1) Númmer *f* (11); 2) *(розмір взуття тощо)* Númmer *f* (11), Größe *f* (11); ~ ниток Fádenstärke *f* (11); 3) Hotélzimmer *n* (6) *(у готелі)*; **~óк** Márke *f* (11).

норá Höhle *f* (11), Loch *n* (5); Bau *m* (1).

нóрка *зоол.* Nerz *m* (1).

нóрм|а 1) *(порядок, правило)* Vórschrift *f* (10), Bestímmung *f* (10), Norm *f* (10); ◊ вхóдити в ~у zur Régel wérden; 2) *(міра, розмір)* Norm *f* (10); Satz *m* (1*), Ráte *f* (11); пóнад ~у über das Soll hináus.

нормалізувáти normalisíeren *vt*; veréinheitlichen *vt*.

нормáльний normál, Normál≠; Régel≠; üblich.

нормати́в *ек., тех.* Ríchtsatz *m* (1*), Nórmenindex *m* (1).

нормувá|льник Nórmer *m* (6); **~ти** normíeren *vt*; Nórmen féstsetzen [féstlegen].

норовли́вий éigensinnig, láunenhaft; störrisch.

ноcи́|лки (Trág)báhre *f* (11), Tráge *f* (11); **~льник** (Gepäck)-träger *m* (6); **~ти** 1) trágen* *vt*, bríngen* *vt (приносити)*; 2) *(одяг тощо)* trágen* *vt*, ánhaben *vt*; 3): ~ти ім'я [нáзву] éinen Námen [Títel] führen.

носи́тися 1) *(швидко рухатися)* (umhér)láufen* *vi* (s), rénnen* *vi* (s); (herúm)flíegen* *vi* (s), (herúm)flättern *vi* (s) *(літати, пурхати)*; 2) *(з ким-н., з чим-н.)*; ~ з дýмкою sich mit dem Gedánken tragen*; з ним дýже багáто носи́лися man gab sich mit ihm állzuviel ab; 3) *(про одяг)* sich trágen*.

носíй Träger *m* (6) *(тж. перен.)*; Vertréter *m* (6); Repräsentánt *m* (8) *(представник)*.

нос|óк 1) *(взуття, панчохи)* Spítze *f* (11); 2) *(ноги)* Fúßspitze *f* (11), Zéhenspitze *f*; на ~кáх auf den Zéhenspitzen; ставáти на ~ки́ sich auf die Zéhen stéllen; *спорт.* áufzehen *vi*.

носорíг *зоол.* Náshorn *n* (5).

нóта Nóte *f* (11).

нотаріáльн|ий: ~а контóра Notariát *n* (2).

нотáріус Notár *m* (1).

нотáтка Áufzeichnung *f* (10), Notíz *f* (10).

нотáці|я Verwéis *m* (1), Stráfpredigt *f* (10); читáти ~ї комý-н. j-m die Levíten [-'vi:-] lésen*.

нотувáти Notízen [Áufzeichnungen] máchen, notíeren *vt*.

нóчви Trog *m* (1*).

ночувáти übernáchten *vi*; nächtigen *vi*.

нóша Bürde *f* (11), Last *f* (10).

нóшений *(про одяг)* gebräucht; ábgetragen, schäbig.

нýди́т|и *(викликати нудоту)* Übelkeit errégen; мене́ ~ь mir ist übel [schlecht]; **~ися** sich lángweilen *невідокр.*

нудни́й, нудóтний 1) lángweilig; fáde; 2) *(безрадісний)* tráurig, mißgeschickt; 3) *(млосний, болісний)* quälend, ermüdend, drückend; 4) *(що викликає нудоту)* ékelerregend; 5) *(неприємний)* wíderlich, wíderwärtig, ékelhaft.

нудьг|á 1) Lángeweile *f*; 2) *(туга, журба)* Schwérmut *f*, Séhnsucht *f* (за ким-н., за чим-н. nach *D*); Trübsinn *m* -(e)s; **~увáти** 1) sich lángweilen *невідокр.*; 2) *(непокоїтися, журитися)* schwérmütig [trübselig] sein; ~увáти за ким-н., за чим-н. sich séhnen (nach *D*).

нужд|á Not *f*, Élend *n* -s, Ármut *f*; терпíти ~ý Not léiden*.

нул|ь Null *f* (10); температýра ~ь грáдусів es ist Null Grad; ни́жче ~я únter Null.

нумерувáти numeríeren *vt*; beziffern *vt*; ~ сторінки́ paginíeren *vt*.

нýтрощі *анат.* ínnere Orgáne, Éingeweide *pl*.

нюх 1) Gerúchssinn *m* -(e)s; Gerúch *m* -(e)s *(розм.)*; Spürsinn *m* -(e)s, Wítterung *f* *(у тварин)*; 2) *перен.* Gefühl *n* -(e)s; **~ати** ríechen* *vt*; schnóbern *vi* *(про собаку)*.

ня́вкати, нявчáти miáuen *vi*.

ня́нь|ка Kínderwärterin *f* (12), Kínderfrau *f* (10); **~чити** pflégen *vt*, wárten *vt*.

Н

О

о 1) *виг.* oh!; 2) *(при висловленні жалю, прикрості)* o weh!, au!; 3) *прийм.* um *(A)*; о дванáдцятій годи́ні um zwölf Uhr.

обáчн|ий úmsichtig; überlégt; vórsichtig, behútsam *(обережний)*; **~ість** Úmsicht *f*; Vórsicht *f*; Behútsamkeit *f*.

оббивка *(матерія)* Bezúg *m* (1*), Überzug *m*, Möbelstoff *m* (1*); м'якá ~ Pólsterung *f* (10).

обвáл Éinsturz *m* (1*); Bérgsturz *m*, Ürdrutsch *m* (1) *(у горах)*; сніговий ~ Schnéelawine *f* (11).

обвинувáльний Ánklage≠; ~ вирок Ánklageformel *f* (11).

обвинувáч Ánkläger *m* (6); **~ення** Beschúldigung *f* (10); *юр.* Ánklage *f* (11) (у чому-н. *G*).

обвинувáчувати, обвинувáтити beschúldigen *vt*; *юр.* ánklagen *vt* (в чому-н. *G або* wégen *G*).

обвітрений wétterhart, wéttergebräunt; rauh *(грубий)*.

обвóднення Bewässerung *f*; Irrigatión *f*.

обворóжувати, обворожи́ти bezáubern *vt*; entzücken *vt*.

обв'язувати úmbinden* *vt*, úmwickeln *vt* (чим-н. mit *D*).

обганя́ти, обігнáти überhólen *vt*; *перен. тж.* überflügeln *vt*; zuvórkommen* *vi* (s) (кого-н. *D*).

обговóренн|я Bespréchung *f* (10); Erörterung *f* (10) *(докладне)*; це не підлягáє ~ю das ist nicht zu diskutíeren.

обговóрювати, обговори́ти bespréchen* *vt*; beráten* *vt*; erörtern *vt (докладно)*; ~ питáння éine Fráge behándeln.

обгорóджувати, обгороди́ти umzäunen *vt*, éinzäunen *vt*.

обгортáти, обгорну́ти umwíckeln *vt*; éinwickeln *vt (папером)*.

обгóртка Úmschlag *m* (1*), Úmwikk(e)lung *f*, Búchumschlag *m (книжки)*.

обгрунт|óвувати, обгрунтувáти begründen *vt*, motivíeren *vt*; **~увáння** 1) Begründung *f*; Motivíerung *f*; 2) Argumént *n*.

обдарóван|ий begábt; befähigt; **~ість** Begábung *f*, Begábtheit *f*.

обду́маний 1) (wóhl)überlégt; 2) *(навмисний)* vórbedacht; beábsichtigt.

обду́мува|ти, обду́мати überlégen *vt*; bedénken *vt*; **~ння** Überlégung *f* (10); час на ~ння Bedénkzeit *f*.

обду́рювати, обдури́ти betrügen* *vt*; hínters Licht führen.

обезбóлюва|ння *мед.* Betäubung *f*, Anästhesíerung *f*; **~ти** *мед.* betäuben *vt*, anästhesíeren *vt*.

обеззбрó|єння, ~ювання Entwáffnung *f*; **~ювати, ~їти** entwáffnen *vt*; *перен.* entmútigen *vt*.

обережн|ий vórsichtig; behútsam; áchtsam; бу́дьте ~і! seid vórsichtig!; **~ість** Vórsicht *f*, Áchtsamkeit *f*, Behútsamkeit *f*; **~о** vórsichtig, behútsam; **~о!** Vórsicht! Áchtung!

обéрнен|ий *мат.* reziprók; **~ий** дріб reziproker Bruch; **~о**: ~о пропорціонáльний úmgekehrt proportionál.

óберт Umdréhung *f* *(колеса)* (10); Wéndung *f* (10); ~ навкóло Землі́ Érdumkreisung *f*.

обертáти, оберну́ти 1 úmwenden* *vt*, úmdrehen *vt*, wénden* *vt* *(повертати)*; 2) *(по кругу)* dréhen *vt*; in Dréhung versétzen; 3) *(перетворити)* verwándeln *vt*; ◊ ~ на жарт als Scherz behándeln; ~ собі на кóристь zu séinem Nútzen wénden; **~ся** 1) *(повертатися)* sich (úm)wénden(*); sich úmdrehen; 2) *(крутитися)* sich dréhen sich im Kréise bewégen; Земля́ обертáється навкóло своє́ї осі die Érde dreht sich um íhre Áchse; 3) *фольк.* *(перетворитися)* sich verwándeln, sich úmgestalten.

об'єднан|ий veréin(ig)t; Éinheits≠; Об'є́днані Нáції die Veréinten Natiónen; **~ня** 1) *(дія)* Veréinigung *f*, Verbíndung *f*; 2) *(спілка)* Veréin *m* (1), Geméinschaft *f* (10).

об'є́днувати, об'єднáти veréinigen *vt*, veréinen *vt*; **~ся** sich veréinigen; sich zusámmenschließen* (у щo-н. zu *D*).

об'є́м Úmfang *m* (1*); *мат.*, *фіз.* Volúmen [vo-] *n* -s, *pl* - *i* -mina (*скор.* V).

обзивáтися, обізвáтися ántworten *vi*; erwídern *vi*.

обивáтель Spíeßbürger *m* (6), Spíeßer *m* (6); Philíster (6) *m*.

обидв|а, ~і béide, die béiden; ◊

обома́ рука́ми *розм.* mit béiden Händen.
обира́ти, обра́ти 1) *(відбирати)* wählen *vt*, áuswählen *vt*; 2) *(голосуванням)* wählen *vt*.
о́біг *ек.* Úmlauf *m* (1*), Zirkulatión *f* (10); това́рний ~ Wárenzirkulation *f*; пуска́ти в ~ in Úmlauf bríngen*.
обігріва́ти, обігрі́ти erwärmen *vt*; behéizen *vt (протопити)*; **~ся** sich (er)wärmen.
обі́д Míttagessen *n* (7); **~ати** zu Míttag éssen*; **~ні́й** Míttags≠.
обі́знан|ий 1) informíert; unterríchtet; бу́ти до́бре ~им im Bílde sein; 2) *(знаючий)* bewándert, beschlágen (у чо́му-н. in *D*); wíssend, kúndig (у чо́му-н. *G*); **~ість** Informíertheit *f*; Beschlágenheit *f*.
обійма́ти, обійня́ти 1) umármen *vt*; in die Árme schlíeßen*; 2) *перен* ergréifen* *vt*, umfássen *vt (про полум'я)*; **~ся** sich [einánder] umármen.
обі́йм|и Umármung *f* (10); в ~ах in den Ármen.
обіця́нка Verspréchen *n* (7); урочи́ста ~ Gelöbnis *n* (3*).
обіця́ти verspréchen* *vt*; gelóben *vt (урочисто)*.
обкла́динка Úmschlag *m* (1*); Éinband *m* (1*); Úmschlagblatt *n* (5) *(журналу)*; Búchumschlag *m (книжки)*.
обладна́ння 1) *(дія)* Áusstattung *f*, Áusrüstung *f*, Éinrichtung *f*; 2) *(предмети)* Áusrüstung *f* (10), Éinrichtung *f* (10), Áusstattung *f* (10).
обласни́й Gebíets≠; Regionál≠; ~ викона́вчий коміте́т Exekutívkomitee des Gebíetssowjets.
о́бласть Gebíet *n* (2).
обле́сливий schméichlerisch, Schméichel≠.
обле́щувати schméicheln *vi*.
облива́ти, обли́ти begíeßen* *vt*; übergíeßen* *vt*.
обли́зувати, облиза́ти (be)lécken *vt*, ◊ па́льчики обли́жеш *розм.* dúfte!; danách möchte man sich die Fínger lécken; **~ся** sich *(D)* die Líppen belécken.
облицьо́вувати, облицюва́ти bekléiden *vt*, verkléiden *vt*.
обли́ччя Gesícht *n* (5); Ángesicht *n* (5); ви́раз ~ Gesíchtsausdruck *m* (1*).
облиша́ти, обли́шити 1) lássen* *vt*, belássen* *vt*, hínterlassen* *vt*; 2) *(припинити)* áufhören *vt*, áufgeben* *vt*; ~ наді́ю die Hóffnung áufgeben*; ◊ обли́ш!, обли́ште! laß (sein)!, lássen Sie!
о́блік 1) Beréchnung *f* (10); Inventúr [-vɛn-] *f (у магазині)*; Réchnungsführung *f*; бухга́лтерський ~ Búchführung *f*; 2) *(реєстрація)* Registríerung *f* (10); Éintragung *f* (10); взя́ти на ~ registríeren *vt*; зня́ти з ~у stréichen* *vt*; ста́ти на ~ sich ánmelden; зня́тися з ~у sich ábmelden.
обло́га *військ., перен.* Belágerung *f* (10).
облу́д|а 1) Betrúg *m* -(e)s; Trúg *m* -(e)s; 2) Verstéllung *f* (10); Heucheléi *f* (10) *(лицемірство)*; **~ний** verlógen; lügenhaft; héuchlerisch *(лицемірний)*.
обма́н 1) Betrúg *m* -(e)s; Írreführung *f* (10) *(введення в оману)*; 2) *(неправильне уявлення)* Täuschung *f* (10); Wahn *m* -(e)s; Írrtum *m* (5) *(помилка)*; ~ зо́ру óptische Täuschung; **~ливий** trügerisch; täuschend; **~ний:** ~ним шля́хом betrügerisch; **~щик** Betrüger *m* (6); **~щиця** Betrügerin *f* (12).
обма́нювати, обману́ти betrügen* *vt*; anführen *vt (підвести)*, täuschen *vt (надії, сподівання)*.
обме́жен|ий 1) beschränkt; begrénzt; 2) *(про людину)* beschränkt, stupíd(e); **~ість** Beschränktheit *f (тж. перен.)*; **~ня** Éinschränkung *f* (10); без ~ня úneingeschränkt; ~ня озбро́єнь Rüstungsbeschränkung *f*.
обме́жувати, обме́жити beschränken *vt* (auf *A*), éinschränken *vt*; **~ся** sich beschränken (чим-н. auf *A*).
обмина́ти, обмину́ти 1) *(уникнути)* verméiden* *vt*; áusweichen* (s) (що-н. *D*); ми не мо́жемо ~ це пита́ння wir können díese Fráge nicht umgéhen*; 2) *(пропустити, знехтувати)* áußer acht lássen*; benáchteilígen *vt*.
обмілі́ти seicht wérden; verséichten *vi* (s).
о́бмін Áustausch *m* -(e)s; Úmtausch *m*; Wéchsel *m* (6); ~ дума́ми Méinungsaustausch *m*; ~ до́свідом Erfáhrungsaustausch *m*; ◊ ~ речови́н Stóffwechsel *m*.
обмі́нювати, обміня́ти (áus)táuschen *vt*, éintauschen *vt* (на що-н. gégen *A*); úmtauschen *vt*; wéchseln *vt*.

обмірко́вувати, обміркува́ти 1) bedénken* *vt*, überlégen *vt*; 2) bespréchen* *vt*; beráten* *vt*.
обморо́жувати, обморо́зити ábfrieren* *vt*, erfríeren* *vi*.
обмундиро́вувати, обмундирува́ти in Unifórm kléiden; éinkleiden *vt*; **~ся** sich éinkleiden.
обмундирува́ння *(форменний одяг)* Bekléidung *f* (10), Unifórm *f* (10).
обно́в(к)а *розм.* Néuanschaffung *f* (10).
обов'язко́в|ий obligatórisch; verbíndlich; Pflicht-; зага́льне **~е** навча́ння állgeméine Schúlpflicht; **~о** bestímmt; únbedingt.
обо́в'яз|ок Pflicht *f* (10); Verpflíchtung *f* (10); службо́ві **~ки** Díenstpflichten *pl*; вико́нувати свої **~ки** séine Pflíchten erfüllen; звільни́ти кого́-н. від його́ **~ків** j-n séiner Pflíchten entbínden*; вико́нуючий **~ки** in Vertrétung, stéllvertretend.
обо́є béide, die béiden.
оболо́нка 1) Hülle *f* (11); Schále *f* (11); Überzug *m* (1*); 2) *анат.* Haut *f* (3); ◊ *анат.* ра́йдужна ~ Régenbogenhaut *f*; слизова́ ~ Schléimhaut *f*.
оборо́н|а 1) *(захист)* Schutz *m* -es; Vertéidigung *f* (10); 2) Vertéidigung *f*, Ábwehr *f*; Defensíve [-ve] *f*; протиповітря́на **~а** Lúftschutz *m* -es; змі́цнювати **~у** die Wéhrkraft stählen.
оборо́нн|ий Wehr≠; Vertéidigungs≠; defensív; **~а** промисло́вість Rüstungsindustrie *f*, Kríegsindustrie *f*.
обороня́ти, оборони́ти vertéidigen *vt*; schützen *vt* *(захищати)*; **~ся** sich vertéidigen, sich wéhren.
оборо́т 1) *(оберт)* Umdréhung *f* (10); Wéndung *f* (10); 2) *див.* о́бігі.
обпа́рювати, обпа́рити (áb)brühen *vt*, verbrühen *vt*.
обпи́лювання 1) *бот.* Bestäubung *f*; 2) *с. г.* Bespréngung *f*.
обпира́тися, обпе́ртися 1) sich stützen (на що-н., об що-н. auf *A*); 2) sich stémmen, sich léhnen (чим-н. mit *D*).
обпіка́ти, обпекти́ *(руку тощо)* verbrénnen* *vt*, verbrühen *vt* *(кип'ятком)*; **~ся** sich verbrénnen* (чим-н. an *D*); sich verbrühen (mit *D*) *(кип'ятком)*.
обпри́ск(ув)ати bespréngen *vt*, bespritzen *vt*.
обража́ти, обра́зити kränken *vt*, beléidigen *vt*; **~ся** übelnehmen* *vt* *(D)*; sich beléidigt fühlen.
обра́жений beléidigt, gekränkt.
о́браз 1) *(вигляд)* Gestált *f* (10); 2) *мист., літ.* Gestált *f* (10), Figúr *f* (10); Bild *n* (5); ◊ за **~ом** и подо́бою своє́ю nach séinem Vór- und Ébenbild.
обра́з|а Beléidigung *f* (10), Kränkung *f* (10), Verlétzung *f* (10).
о́бразн|ий bíldlich, bíldhaft; **~ий** ви́раз bíldlicher Áusdruck; **~а** мо́ва bíldhafte Spráche.
образотво́рч|ий dárstellend; ◊ **~і** мисте́цтва dárstellende [bíldende] Künste.
обри́в 1) Ábhang *m* (1*); Stéilwand *f* (3); 2) *тех.* Unterbréchung *f* (10).
обрива́ти, обірва́ти 1) ábreißen* *vt*; zerréißen* *vt* *(розірвати)*; 2) *(зірвати)* ábreißen* *vt*, ábpflücken *vt* *(ягоди, квіти)*; 3) *перен.* *(припинити)* ábbrechen* *vt*; ~ розмо́ву das Gespräch ábbrechen*; **~ся** 1) *(про мотузку)* (áb)réißen* *vi* (s); spríngen* *vi* (s) *(тж. про струну)*; 2) *(зірватися, впасти)* herúnterfallen* *vi* (s), herábstürzen *vi* (s); ◊ се́рце обірва́лося das Herz schíen stíllzustehen*.
обрида́ти, обри́днути lángweilen *vt*, überdrüssig wérden.
обри́дливий 1) lángweilig; lästig, zúdringlich *(настирливий)*; 2) *(неприємний)* wíderlich, ékelhaft.
о́брис 1) Áussehen *n* -s, Gestált *f* (10); 2) Úmrisse *pl*, Kontúren *pl*.
о́брій Horizónt *m* (1), Gesíchtskreis *m* (1) *(видноколо)*; *перен.* *тж.* Blíckfeld *n* -(e)s.
обробі́ток *(землі)* Bestéllung *f*, Bebáuung *f*.
обро́бка Beárbeitung *f*; Verárbeitung *f* *(сировини)*; електро́нна ~ да́них elektrónische Dátenverarbeitung.
обробля́ти, оброби́ти 1) beárbeiten *vt*; verárbeiten *vt* *(сировину)*; ~ статтю́ éinen Artíkel beárbeiten; 2) *(землю)* bebáuen *vt*, ánbauen *vt*; bestéllen *vt*.
обру́чка Éhering *m* (1), Tráuring *m*.
обря́д Brauch *m* (1*); Zeremoníe *f* (11).
обсипа́ти, обси́пати 1) bestréuen *vt*; überschütten *vt* *(рясно)*; 2) *безос. розм.* *(покривати висипом)* mit éinem Háutausschlag bedécken; **~ся** 1) *(про землю, каміння)*

О

(her)ábbröckeln *vi* (s), herábrollen *vi* (s); 2) *(про листя, плоди)* (áb)-fállen* *vi* (s), herábfallen* *vi* (s).

обслуго́ву|вання Bedíenung *f*; Betréuung *f*; Díenstleistung *f*; технічне ~**вання** téchniche Wártung; меди́чне ~**вання** ärztliche Betréuung; комбіна́т побуто́вого ~**вання** Díenstleistungskombinat *n* (2); ~**вати** bedíenen *vt*; betréuen *vt*; ~**ючий**: ~ючий персона́л Díenstpersonal *n* -s, Pflégepersonal *n*.

обста́вин|а Úmstand *m* (1*); ~**и** Úmstände *pl*, Verhältnisse *pl*; сіме́йні ~и Famíli|enverhältnisse *pl*; зале́жно від ~ je nach den Úmständen; 2) *грам.* die adverbiále [-vɛr-] Bestimmung, Adverbiále *n* -s, -li|en.

обставля́ти, обста́вити 1) umstéllen *vt*, umgében* (чим-н. mit *D*); 2) *(меблювати)* éinrichten *vt*, möblieren *vt*.

обстано́вка 1) *(меблі тощо)* Möblierung *f*, Éinrichtung *f*; Áusstattung *f*; 2) *(сукупність умов)* Láge *f* (10), Situatión *f* (10); Bedíngungen *pl (обставини)*; суча́сна ~ die gégenwärtige Láge [Situatión].

о́бстріл Beschíeßung *f* (10), Beschúß *m* -sses, -schüsse; бу́ти під ~ом únter Féuer líegen*.

обстрі́лювати, обстріля́ти beschíeßen* *vt*, mit Féuer belégen.

о́бсяг Úmfang *m* (1*); ~ знань Wíssenschatz *m* -es; Úmfang des Wíssens; за (свої́м) ~ом úmfangmäßig.

обумо́в|лений bedíngt (чим-н. durch *A*); ~лений ча́сом zéitbedingt; ~**лювати,** ~**ити** 1) *(бути причиною чого-н.)* bedíngen(*) *vt*, hervórrufen* *vt*; 2) *(заздалегідь домовитися)* (sich) *(D)* áusbedingen(*) *vt*.

обу́р|ений empört, entrüstet; ~**ення** Empörung *f*; Entrüstung *f*; виклика́ти ~ення Empörung áuslösen; ~**ливий** empörend; ~**ювати,** ~**ити** empören *vt*, entrüsten *vt*; ~**юватися** sich empören.

обу́х Béilrücken *m* (7).

обхі́д 1) Rúndgang *m* (1*) *(лікаря)*; Rúnde *f* (11) *(військ.)*; 2) *(кружний шлях)* Úmweg *m* (1).

обхо́д|ити, обійти́ 1) *(навколо чого-н.)* herúmgehen* *vi* (s) (um *A*); umgéhen* *vt*; 2) *(відвідати багато місць)* éinen Rúndgang máchen; 3) *(обминати)* umgéhen* *vt*, verméiden* *vt*; 4) *(залишати поза увагою)* áußer acht lássen*; ~ити мовча́нням mit Schwéigen übergéhen*; 5) *(стосуватись кого-н., чого-н.)* ángehen* *vt*; мене́ це не ~ить das geht mich nichts an.

обхо́дитися, обійти́ся 1) *(коштувати)* kósten *vt, vi (D)*; 2) *(поводитися з ким-н., з чим-н.)* verfáhren* *vi* (s) (mit *D*); úmgehen* *vi* (s) (mit *D*); behándeln *vt*; 3) *(без чого-н.)* áuskommen* können* (óhne *A*); ~ без сторо́нньої допомо́ги óhne frémde Hílfe áuskommen*; ◊ *розм.* все (я́кось) обі́йдеться es wird schon géhen*.

обце́ньки *тех.* Zánge *f* (11).

обчи́слення Beréchnung *f* (10); Überschlag *m* (1*).

обчи́слювальн|ий Réchen⸗; ~ий центр Réchenzentrum *n* -s, -tren; ~а маши́на для обро́бки да́них Dátenverarbeitungsanlage *f* (11); електро́нна ~а маши́на elektrónische Réchenmaschine, Computer [-'pju:-] *m* (6).

обчислю́вати, обчисля́ти beréchnen *vt*, áusrechnen *vt*.

о́бшук Durchsúchung *f* (10); Háussuchung *f (у квартирі)*; Léibesvisitation *m* [-vi-] *f* (10) *(особистий)*.

обшу́кувати, обшука́ти durchsúchen *vt*, éine Léibesvisitation [-vi-] vórnehmen* *(про людину)*; éine Háussuchung máchen *(приміщення)*.

об'я́ва *див.* оголо́шення 2).

ове́с Háfer *m* -s.

ове́ч|ий Schaf(s)⸗; ~а во́вна Scháfwolle *f*; ◊ вовк в ~ій шку́рі der Wolf im Scháfpelz [im Scháfskleid].

ові́д Brémse *f* (11); Pférdebremse *f*.

оволоді|ва́ти, оволоді́ти 1) *(захопити що-н.)* sich *(D)* áneignen; in Besítz néhmen*, Besítz ergréifen* (von *D*); 2) *(ким-н., чим-н.)* ergréifen* *vt*; ~ собо́ю sich fássen, sich zusámmennehmen*; 3) *(засвоїти що-н.)* behérrschen *vt*, méistern *vt*; ~ те́хнікою die Téchnik méistern.

о́вочі Gemüse *n* (6).

оги́д|а Ábneigung *f*, Ábscheu *m* -(e)s, *f* -; Wíderwille(n) *m* -s; Ékel *m* -s; ~**ний**, ~**ливий** wíderlich, ékelhaft; abschéulich.

огіро́к Gúrke *f* (11); соло́ний ~ Sálzgurke *f*.

оглу́ш|ливий (óhren)betäubend; hírnbetäubend; dröhnend; ~**увати,** ~**йти** betäuben *vt*.

óгляд 1) Besíchtigung *f* (10); Prüfung *f* (10), Revisión *f* (10) *(перевірка)*; 2) *(стисле повідомлення)* Übersicht *f*; Rúndschau *f*; Úmschau *f*; міжнарóдний ~ internationále Rúndschau; 3) *(обстеження)* Untersúchung *f* (10); Visitatión *f* (10); медúчний ~ ärztliche Untersúchung.

оглядáти, оглянути beséhen* *vt*, betráchten *vt*, besíchtigen *vt*; untersúchen *vt (обстежувати; тж. мед. хворого)*; **~ся** umhérschauen *vi*, Úmschau hálten*; sich úmsehen*.

оглядáч Kommentátor *m* -s, -tóren; Zéitungskorrespondent *m* (8); Berícht|erstatter *m* (6).

огóлений entblößt; bloß; nackt *(роздягнений)*.

оголóшення 1) *(дія)* Erklärung *f*; Bekánntmachung *f*; ~ вíйнú Kríegserklärung *f*; 2) *(повідомлення)* Ánzeige *f* (11); Bekánntmachung *f* (10); Inserát *n* (2) *(в газеті)*.

оголóшувати, оголосúти 1) erklären *vt*; ~ вíйнý den Krieg erklären; ~ недíйсним (für) úngültig erklären; ~ подяку den Dank áussprechen*; 2) *(повідомити)* bekánntmachen *відокр: vt*, bekánntgeben* *vt*; ánsagen *vt (по радіо)*.

огорóжа Zaun *m* (1*).

огрядн́ий beléibt, wóhlbeleibt, korpulént.

огýда Tádel *m* (6); Mißbilligung *f*.

одеколóн Kölnischwasser *n* -s.

одéжання Empfáng *m* -(e)s; Erhálten *n* -s; Bezúg *m* -(e)s *(пенсії)*; повідóмлення про ~ Empfángsbescheinigung *f* (10).

одéржувати, одéржати bekómmen* *vt*; erhálten* *vt*; bezíehen* *vt (зарплату, пенсію)*; ~ грóші Geld éinnehmen*; ~ оцíнку éine Nóte bekómmen*.

одúн 1) *числ.* ein, eins; **~едúний** ein éinziger; 2) *у знач. займ. (одинокий)* alléin; 3) *у знач. присл (лише, тільки)* alléin; nur; ~ він мóже зробúти це nur er kann das máchen; 4) *у знач. займ. (той самий)* dersélbe, der gléiche; ~ і той же ein und dersélbe; 5) *у знач. імен.* éiner [éine, eins], der éine; ~ з тúсячі éiner únter táusend; ◊ однúм слóвом mit éinem Wort.

однáдцять elf.

однúця 1) *мат.* Eins *f* (10); Éiner *m* (6); 2) *(оцінка)* Eins *f* (10); 3) *(виміру)* Éinheit *f* (10); грошовá ~ Géldeinheit *f*.

одинó|кий 1) éinsam, veréinsamt; 2) *(без сім'ї)* únverheiratet, lédig; alléinstehend; **~чний** Éinzel*, éinzeln, veréinzelt; ~чне ув'язнення Éinzelhaft *f*.

однáк doch, áber, alléin.

однáков|ий gleich; (ein und) dersélbe; **~о** gleich, ébenso.

однинá *грам.* Síngular *m* (1).

однó *див.* один 1), 2).

одноголóсн|ий: прúйнято ~о éinstimmig beschlossen.

однодýмець Gesínnungsgenosse *m* (9), Gléichgesinnte *m* (14).

однознáчний 1) éindeutig; 2) *мат.* éinstellig.

однойменний gléichnamig.

однокла́сник Mítschüler *m* (6); Klássenkamerad *m* (8).

одномані́тн|ий éinförmig; éintönig, monotón; **~ість** Éinförmigkeit *f*; Éintönigkeit *f*; Monotoníe *f (тж. перен.)*.

одномíсний éinsitzig; mit éinem Platz.

одноосíбник Éinzelbauer *m* (8, 13).

одноповерхóвий éinstöckig.

одноразóвий éinmalig.

однорíдн|ий gléichartig; gleich; homogén; verwándt *(близький)*; **~і** поняття verwándte Begríffe; рéчення з **~ими** члéнами *грам.* ein Satz mit gléichartigen Sátzgliedern; **~ість** Gléichartigkeit *f*; Homogenität *f*.

односкладóв|ий *грам.* éinsilbig; **~е** слóво éinsilbiges Wort.

одностáйн|ий éinmütig; **~ість** Éinmütigkeit *f*.

однотóмн|ий éinbändig; **~ик** éinbändige Ausgabe.

однофамíлець Námensvetter *m* (13) n

одночáсн|ий gléichzeitig; synchron [-'kro:n]; simultán; **~ість** Gléichzeitigkeit *f*.

одрýження Héirat *f* (10).

одрýжувати, одружúти verhéiraten *vt*; **~ся** sich verhéiraten (на кóму-н. mit *D*), héiraten *vt*.

одýж|ання Genésung *f*; **~увати** gesúnd wérden, genésen* *vi* (s); **~уючий** *у знач. ім.* Genésende *m* (14).

одýмуватися, одýматися sich besínnen*.

одухотвóр|ений vergéistigt; **~еність** Vergéistigung *f*; **~яти** vergéistigen *vt*.

óдяг 1) Kléider *pl*, Kléidung *f* (10); вéрхній ~ Óberkleidung *f*; фóрмений ~ Unifórm *f* (10); зимóвий ~ Wíntersachen *pl*, Wínterkleidung *f*.

одягáти, одягтú, одягнýти ánziehen* *vt*; bekléiden *vt* (у що-н. mit *D*); **~ся** sich ánziehen*; sich bekléiden.

ожелéдиця, óжеледь Glátteis *n* -es.

ожúна *бот.* Brómbeere *f* (11) *(ягода)*, Brómbeerstrauch *m* (4) *(рослина)*.

озаглáвлювати, озаглáвити betíteln *vt*, benénnen *vt*.

озбрóєний bewáffnet; áusgerüstet (чим-н. mit *D*).

озбрóєн|ня 1) *(дія)* Aufrüstung *f*, Rüstung *f*; гóнка ~ь Wéttrüsten *n* -s; скорóчення ~ь Rüstungsbeschränkung *f*; 2) *(військове спорядження)* Bewáffnung *f*; Áusrüstung *f*; áтомне ~ня Atómrüstung *f*; взя́ти на ~ня in die Bewáffnung áufnehmen*.

озбрóювати, озбрóїти bewáffnen *vt*; (áus)rüsten *vt*; **~ся** rüsten *vi* (s), sich bewáffnen.

озвýчувати, озвýчити *(фільм)* vertónen *vt*.

оздоровля́ти, оздоровúти héilen *vt*; gesúnd máchen.

озелéнення Ánpflanzung von Grünflächen.

óзеро See *m* (13); солóне ~ Sálzsee *m*.

озúм|ий *с. г.* Wínter-; ~е жúто Wínterroggen *m* -s.

ознайóмлення Bekánntmachung *f*, Bekánntschaft *f*, Kénnenlernen *n* -s; Éinführung *f*.

ознайóмлювати, ознайóмити bekánnt máchen; éinführen *vt* (з чим-н. in *A*); **~ся** sich bekánnt máchen (з чим-н. mit *D*), kénnenlernen *vt*.

ознáка Zéichen *n* (7); Mérkmal *n* (2).

означáти bedéuten *vt*; bezéichnen *vt*.

ознáчений bestímmt; féstgelegt.

oзнóб Schüttelfrost *m* -es; Fröstein *n* -s: у мéне ~ mich fröstelt.

океáн Ózean *m* (1); з-за ~у von Übersee.

óкис *хім.* Oxýd *n* (2).

óклик Ánruf *m* (1), Zúruf *m*; знак ~у *грам.* Áusrufezeichen *n* (7).

оклúкати, окли́кнути ánrufen* *vt*; beim Námen rúfen*.

оклúчн|ий Áusrufe-; ~е рéчення *грам.* Áusrufesatz *m* (1*).

óко Áuge *n* (13); ◊ неозбрóєним ~м mit blóßen [únbewaffnetem] Áuge; кúдатися в óчі in die Áugen fállen*; áuffällig sein; не вíрити своїм очáм séinen Áugen nicht tráuen.

окозамúлювання Schönfärberei *f*, Schwindeléi *f*.

окóп Gráben *m* (7*); Schützengraben *m*.

окрáса Schmuck *m* (1); Verzíerung *f* (10).

окрéм|ий (áb)gesóndert; éinzeln; besónder; у кóжному ~ому вúпадку in jédem Éinzelfall.

окрíп kóchendes [síedendes] Wásser.

óкруг Bezírk *m* (1); Kreis *m* (1); військóвúй ~ Militärbezirk *m*; вúборчий ~ Wáhlkreis *m*.

окуля́ри Brílle *f* (11), Áugengläser *pl*; захиснí ~ Schútzbrille *f*; Sónnenbrille *f (від сонця)*; надíти ~ éine Brílle áufsetzen; зня́ти ~ éine Brílle ábnehmen*; носúти ~ éine Bríllę trágen*.

óкунь Barsch *m* (1, 1*); мóрськúй ~ Rótbarsch *m*.

окупацíйн|ий Okkupatións-; Besátzungs-; ~і влáсті Besátzungsbehörden *pl*.

óлень Hirsch *m* (1); пíвнíчний ~ Réntier *n* (2), Ren *n* (2); благорóдний ~ Édelhirsch *m*.

олівéць Bléistift *m* (1); кольорóвий ~ Búntstift *m*, Fárbstift *m*; хімíчний ~ Tíntenstift *m*.

олíя 1) Öl *n* (2); Pflánzenöl *n*; Spéiseöl *n*; прованська ~ Olívenöl [-ven-] *n*; сóняшникова ~ Sónnenblumenöl *n*; 2) *жив.* Öl *n* -(e)s.

óлово Zinn *n* -(e)s.

омáн|а Írrtum *m* (4), Írreführung *f* (10); ввестú в ~у *(кого-н.)* írreführen.

омертвí|лий erstárrt; réglos; ábgestorben; **~ння** Ábsterben *n* -s; **~ти** ábsterben* *vi* (s).

онýк Énkel *m* (6); **~а** Énkelin *f* (12); **~и** Énkelkinder *pl*.

ООН (Організáція Об'єднаних Нáцій) UNO *(від англ. United Nations Organization)* (Organisatión der Veréinten Natiónen).

óпад|и *метеор.* Níederschläge *pl*; без ~ів níederschlagsfrei.

опáл|ення Héizung *f* (10); пічнé ~ення Ófenheizung *f*; паровé

~ення Dámpfheizung *f*; **~ювати** *тк. недок. (обігрівати приміщення)* (be)héizen *vt*.

опанóвувати, опанувáти *див.* оволодівáти.

óпера 1) *(твір)* Óper *f* (11); 2) *(театр)* Ópernhaus *n* (5), Óper *f* (11).

оперáтор *кіно* Operateur [-'tø:r] *m* (1); Kámeramann *m* (4) (*pl. тж.* -leute).

оперáці|я 1) Operatión *f* (10); перенестѝ ~ю *(про хворого)* éine Operatión dúrchmachen; 2) *військ* Operatión *f* (10); 3) *тех.* Árbeitsgang *m* (1*), Verríchtung *f* (10).

опéрення 1) *(у птахів)* Gefíeder *n* (6); 2) *ав.*: хвостовé ~ Schwánzleitwerk *n* (2).

опѝс 1) Beschréibung *f* (10); Schílderung *f* (10); 2) *(список, реєстр)* Inventár [-vεn] *n* (2), Verzéichnis *n* (3*) *(товару)*; 3) *(майна)* Beschlágnahme [Konfiskatión] des Vermögens.

опѝсувати, описáти 1) beschréiben* *vt*; schíldern *vt*; 2) *мат.* umschréiben* *vt*; 3) *(зробити опис)* inventarisíeren [-vεn-] *vt*; 4) *юр.* *(майно)* mit Beschlag belégen; pfänden *vt* *(за несплату)*.

опѝтува|ння Befrágung *f* (10); Ábfragen *n* -s *(школярів)*; **~ти** befrágen *vt*; ábfragen *vt*.

опівдні míttags.

опівночі um Mítternacht.

óпік Brándwunde *f* (11); Verbrénnung *f* (10); сóнячний ~ Sónnenbrand *m* (1*).

опíк|а Vórmundschaft *f*; Óbhut *f*; бýти під ~ою únter Vórmundschaft stéhen*; **~áти** als Vórmund verwálten; betréuen *vt*.

опікýн Vórmund *m* (1, 4); **~ство** Vórmundschaft *f*; Bevórmundung *f*.

óпір 1) Wíderstand *m* -(e)s; рух Óпору *іст.* Wíderstandsbewegung *f*; 2) *тех.* Féstigkeit *f*; *ел.* Wíderstand *m*; ◊ піти по лінії наймéншого óпору den Weg des gríngsten Wíderstandes géhen*.

оплáта Bezáhlung *f* (10); погодѝнна ~ Stúndenlohn *m*; додаткóва ~ Zúschlag *m* (1*).

óплески Appláus *m* (1), Béifall *m* -(e)s; бурхлѝві ~ stürmischer Béifall; тривáлі ~ lang ánhaltender béifall.

оплóт Bóllwerk *n* (2); ~ мѝру das Bóllwerk des Fríedens.

оповивáти, оповѝти umwíckeln *vt* (чим-н. mit *D*); umwínden* *vt*; umármen *vt (обіймати)*.

оповідáн|ня *(твір)* Erzählung *f* (10); Geschíchte *f* (11); збірка ~ь Erzählungsband *m* (1*).

оповідáч Erzähler *m* (6); **~ка** Erzählerin *f* (12).

оповіщáти, оповістѝти benáchrichtigen *vt*, bekánntmachen *vt*.

оповíщення 1) *(дія)*. Benashrichtigung *f* (10); 2) *(письмове повідомлення)* Ánzeige *f* (11); Mítteilung *f* (10).

опозѝція Oppositión *f* (10).

ополóнка Éisloch *n* (5).

опонéнт Opponént *m* (8); ~ при зáхисті дисертáції Gútachter bei der Vertéidigung éiner Promotiónsschrift.

опóра Stütze *f* (11) *(тж. перен.)*; Halt *m* (1).

опрáв|а Fássung *f* (10); Beschlág *m* (1*); Ráhmen *m* (7) *(дзеркала)*; ~а окулярів Brillenfassung *f*; в золотій ~і góldgefaßt.

опрацьóвувати, опрацювáти beárbeiten *vt* *(статтю)*; áusarbeiten *vt* *(питання, тему)*.

опритóмніти zu sich kómmen*, zur Besínnung kómmen*.

опромíн|ення Bestráhlung *f* (10); Ánstrahlung *f*; **~ювати** 1) *(освітлювати)* beléuchten *vt*; erhéllen *vt*; bestráhlen *vt*; 2) *спец.* bestráhlen *vt*.

оптóвий en gros [*фр.* aŋ'gro:]; Gróßhandel(s)*.

опублік|óвувати, опублікувáти veröffentlichen *vt*; **~увáння** Veröffentlichung *f*.

опýкл|ий 1) gewölbt; 2) *фіз.* konvex [-vέks]; ~а лінза Konvéxlinse *f* (11); 3) *перен.* *(чіткий, виразний)* klar, scharf.

опускá|ти, опустѝ|ти sénken *vt*, heráblassen* *vt;* ~ти листá éinen Brief éinwerfen*; ◊ ~ти рýки die Árme sínken [hängen] lássen*; **~тися** 1) (heráb)sínken* *vi* (s); heräbfallen* *vi* (s); sich sétzen *(після польоту)*; sich níederlassen* *(у крісло)*; 2) *перен.* herúnterkommen* *vi* (s).

опустíти sich léeren; leer wérden; veröden *vi* (s).

опухáти, опýхнути (án)schwéllen* *vt* (s).

опýхлий geschwóllen; (áuf)gedúnsen.

оранжерéя Tréibhaus *n* (5), Orangerie [oraŋʒə-] *f* (11).

О

ора́ти pflügen *vi, vt,* áckern *vt.*
ора́тор Rédner *m* (6), Sprécher *m* (6).
ора́ч Pflüger *m* (6), Áckerbauer *m* (6).
орбі́та 1) *астр., фіз.* Bahn *f* (10), Úmlaufbahn *f*; 2) *анат.* *(очна ямка)* Áugenhöhle *f* (11).
орбіта́льн|ий Bahn-; Úmlauf-; ~а шви́дкість Úmlaufgeschwindigkeit *f* (10).
о́рган 1) *анат.* Orgán *n* (2); ~и тра́влення Verdáuungsorgane *pl*; ~и чуттів Sinnesorgane *pl*; 2) *(установа, організація)* Orgán *n* (2); Stélle *f* (11); Behörde *f* (11); викона́вчі ~и vollziehende Orgáne; ~ управлі́ння Verwáltungsorgan *n*; 3) *(періодичне видання)* Présseorgan *n.*
орга́н *муз.* Órgel *f* (11).
організа́ція 1) *(дія)* Organisíerung *f*; 2) *(державне тощо об'єднання)* Organisatión *f* (10); 3) *(структура)* Organisatión *f* (10), Struktúr *f* (10).
органі́зм Organísmus *m* -, -men, Körper *m* (6).
організо́в|аний organisíert; **~ува́ти, організува́ти** organisíeren *vt*; veránstalten *vt*; **~уватися, організува́тися** entstéhen* *vi* (s); organisíert wérden.
орда́ *іст.* Hórde *f* (11).
о́рден *(нагорода)* Órden *m* (7); нагороди́ти кого́-н. ~ом j-m éinen Órden verléihen*; j-n mit éinem Órden áuszeichnen.
о́рдер *(документ)* Órder *f* (11); schríftliche Ánweisung; ~ на кварти́ру Wóhnungszuweisung *f* (10).
ордина́рець *військ.* Ordonnánz *f* (10), Mélder *m* (6).
оре́л Ádler *m* (6).
оригіна́л 1) Originál *n* (2); Manuskrípt *n* (2) *(рукопис)*; 2) *(дивак)* Originál *n* (2); Sónderling *m* (1).
оригіна́льн|ий 1) originál, echt; 2) *(своєрідний)* originéll; **~ість** 1) Échtheit *f*; 2) *(своєрідність)* Originalität *f.*
орієнто́вн|ий Ori¦entíerungs-; voráussichtlich; ~і да́ні Ánnäherungswerte *pl*; **~о** ori¦entíerungsweise; zírka *(скор.* ca), úngefähr.
ору́дний: ~ відмі́нок *грам.* Instrumentál(is) *m* -, -les.
орфографі́чний orthográphisch, Réschtschreibungs-.
орфогра́фія Orthographíe *f* (11), Réchtschreibung *f* (10).
орфое́пія Ortho¦epíe *f* (11).
оса́ Wéspe *f* (11).
о́сад, оса́док 1) *хім.* Níederschlag *m* (1*), Rückstand *m* (1*), Sediмént *n* (2); 2) *(неприємне почуття)* únangenehmer Náchgeschmack *m* -(e)s.
осві́дч|ення Líebeserklärung *f* (10); **~уватися, ~итися** éine Líebeserklärung máchen.
осві́та Bíldung *f*, Áusbildung *f*; зага́льна ~ Állgeméinbildung *f*; сере́дня ~ Míttelschulbildung *f*; професі́йна ~ Fáchausbildung *f*, Berúfsausbildung *f*; ви́ща ~ Hóchschulbildung *f.*
осві́тлення 1) *(світло)* Beléuchtung *f*; Licht *n* -(e)s; електри́чне ~ eléktrisches Licht; 2) *перен.* *(пояснення)* Beléuchtung *f*; Erläuterung *f.*
осві́тлювати, освіти́ти 1) beléuchten *vt*; belichten *vt*; erhéllen *vt*; 2) *перен.* beléuchten *vt*, erläutern *vt.*
осві́ч|ений gebíldet; **~еність** Bíldung *f*; Bíldungsgrad *m* -(e)s; Kultúr *f* *(культурність).*
осво́|єння Áneignung *f*; Méisterung *f*, Behérrschung *f* *(техніки)*; ~єння цілі́нних та перело́гових земе́ль Nútzbarmachung von Néu- und Bráchland; ~єння ко́смосу Eróberung des Wéltalls; **~ювати, ~їти** áneignen *vt*; méistern *vt*, behérrschen *vt*; erschlíeßen* *vt.*
осе́л Ésel *m* (6).
осе́дець 1) Héring *m* (1).
осе́ля Behéusung *f* (10), Wóhnung *f* (10).
осере́док 1) Zéntrum *n* -s, -tren; Míttelpunkt *m* (1) *(місце зосередження чого-н.)*; 2) *(організаційна група)* Zélle *f* (11).
осете́р Stör *m* (1).
оси́ка Éspe *f* (11).
осироті́|лий verwáist; *перен.* *тж.* verlássen; **~ти** verwáisen *vi* (s), zur Wáise wérden.
осідла́ти sátteln *vt.*
осі́л|ий séßhaft, ánsässig; **~ість** Séßhaftigkeit *f.*
осі́нній hérbstlich, Herbst-.
о́сінь Herbst *m* (1); ра́ння ~ Frühherbst *m.*
оска́рженн|я *юр.* Beschwérde *f* (11); Berúfung *f* (10), Appellatión *f* (10); ви́рок ~ю не підляга́є gégen das Úrteil kann kéine Berúfung éingelegt wérden.

оска́ржувати, оска́ржити *юр.* Beschwérde éinlegen.
оскі́льки 1) insoférn; 2) da.
оско́лок Schérbe *f* (11), Splítter *m* (6).
осла́блювати, осла́бити 1) *(позбавляти сили)* schwöchen *vt*; entkräften *vt*; 2) *(попускати)* lóckern *vt*.
осла́бнути 1) schwach wérden; erschláffen *vi* (s); 2) *(зменшитись)* sich ábschwächen; náchlassen* *vi*.
ослі́н Bank *f* (3); Schémel *m* (6); **~чик** Bänkchen *n* (7); ~чик для ніг Fúßschemel *m*.
осліп|лий gebléndet, blind; **~нути** blind wérden.
осми́сл|ений verständig, vernünftig; sínnvoll; **~ювати** durchdénken* *vt*; (er)fássen *vt*.
осмі́ювати, осмія́ти áuslachen *vt*, verspótten *vt*.
осна́щ|ення Áusrüstung *f*, Áusstattung *f*; **~увати, оснасти́ти** áusrüsten *vt*, áusstatten *vt*.
осно́в|а 1) Grúndlage *f* (11), Básis *f*; класти в **~у** zugrúnde légen *vt*; лежа́ти в ~і *(чого-н.)* [einer Sáche] zugrúnde líegen*; бра́ти за ~у als Básis néhmen*; закла́сти ~у den Grund légen (чого́-н. zu *D*); 2) **~и** Grúndlagen *pl*, Eleménte *pl*; 3) *текст.* Kétte *f* (11); Kéttenfaden *m* (7*); 4) *лінгв.* Stamm *m* (1*); ~а сло́ва Wórtstamm *m*; 5) *мат., буд.* Básis *f*, *pl* Básen; Grúndlinije *f* (11); 6) *хім.* Báse *f* (11).
основни́й háuptsächlich, Haupt-, Grund-; grúndlegend; ~ зако́н *(конституція)* Grúndgesetz *n* (2), Verfássung *f* (10).
основополо́жник Schöpfer *m* (6), Gründer *m* (6).
осо́б|а 1) Persón *f* (10), Persönlichkeit *f* (10); 2) *грам.* Persón *f* (10); від пе́ршої ~и in der Íchform.
особи́ст|ий persönlich; в ~ій спра́ві in persönlicher Ángelegenheit; **~ість** Persönlichkeit *f* (10); **~о** persönlich.
особли́в|ий besónders; éigentümlich, éigenartig; ніче́го ~ого nichts Besónderes; **~ість** 1) *(своєрідність)* Besónderheit *f*; 2) *(характерна риса)* Éigentümlichkeit *f* (10); **~о** besónders, insbesóndere.
особо́в|ий 1) persónlich; **~ий** склад Personál *n* -s; **~а** спра́ва Personálakte *f* (11); 2) *грам.* persönlich, personéll; ~ий займе́нник persöntiches Fürwort, Personálpronomen *n* (7) (*pl тж.* -mina); ~е закі́нчення Personálendung *f* (10).
осока́ *бот.* Ríedgras *n* (5).
осокі́р *бот.* Schwárzpappel *f* (11).
осоро́млювати, осоро́мити [illegible]míeren *vt*; beschämen *vt*; **~ся** sich blamíeren, sich blóßstellen *відокр.*
осору́жний wíderlich, ékelhaft, wíderwärtig, abschéulich.
осо́т *бот.* Dístel *f* (11).
оста́нн|ій letzt; в ~ій раз zum létztenmal; в ~ій час in der létzten Zeit; до ~ього ча́су bis vor kúrzem; ~є сло́во те́хніки die létzte Néuheit der Téchnik; ~і ві́сті *(в газеті)* die létzten Náchrichten.
остато́чний éndgültig; End*, Schluß*.
оста́ча Rest *m* (1); Réstbestand *m* (1*).
остеріга́ти, остерегти́ wárnen *vt* (від ко́го-н., від чо́го-н. vor *D*); **~ся** (когó-н., чогó-н.) sich hüten (vor *D*), sich in acht néhmen*, vórsichtig sein.
остига́ти, ости́гнути ábkühlen *vi* (s), erkálten *vi* (s), kalt wérden.
о́сторонь ábseits.
о́стрів Ínsel *f* (11).
о́суд Tádel *m* (6): Míßbilligung *f*.
осу́джувати, осуди́ти 1) tádeln *vt*, míßbilligen *vt*; 2) *(в суді)* verúrteilen *vt*; áburteilen *vt*.
осу́шування Tróckлen *n*, Trókkenlegung *f*, Entwässerung *f*; ~ болі́т Entsúmpfung *f*.
осу́шувати, осуши́ти tróckneп *vt*; tróckenlegen *відокр. vt*, entwässern *vt*; ~ боло́то entsúmpfen *vt*.
ось da; hier; da ist.
ота́ра Schá fherde *f* (11).
о́твір Öffnung *f* (10); Spalt *m* (1) *(щілина)*.
о́тже 1) *спол.* déshálb, déswégen *(тому, через те)*; fólglich, álso *(відтінком заключності)*; 2) *(як вставне слово)* álso, fólglich.
ототожн|ення Identifizíerung *f*; **~ювати** identifizíeren *vt*, gléichsetzen *vt*.
ото́ч|ення 1) Umgébung *f*; 2) *військ.* Umzíngelung *f*; Éinkesselung *f*; 3) *(середовище)* Umgébung *f*; **~увати, ~и́ти** 1) umgében* *vt*, umríngen *vt*; 2) *військ.*

umzíngeln *vt*, éinkesseln *vt*.

отри́мувати, отри́мати *див.* одéржувати.

отру́|єння Vergiftung *f* (10); ~єння гáзом Gásvergiftung *f*; **~йний** gíftig, Gift-; ~йна речовинá Gíftstoff *m* (1); **~та** Gift *n* (2); **~ювати, ~їти** 1) vergíften *vt*; verséuchen *vt*; verpésten *vt* (*повітря*); 2) *перен.* verdérben* *vt*; vergällen *vt* (*життя*); **~юватися** sich vergíften, Gift néhmen*.

отрутохімікáти chémische Schädlingsbekämpfungsmittel *pl*; Pflánzenschutzmittel *pl*.

отя́митися zu sich kómmen*; zu(r) Besínnung kómmen*; sich fássen (*заспокоїтися*), zur Vernúnft kómmen* (*одуматися*).

офіціáнт Kéllner *m* (6); Óber *m* (6); **~ка** Kéllnerin *f* (12).

офіці́йний offiziéll; ámtlich

оформля́ти, офóрмити 1) (*узаконювати*) réchtskräftig máchen; організаці́йно ~ organisatórische Form verléihen*; 2) *мист.* áusstatten *vt*, áufmachen *vt*; **~ся** (*виконати формальності*) die Formalitäten erlédigen.

охáйн|ий sáuber, réinlich; **~ість** Sáuberkeit *f*.

охарактеризувáти charakterisíeren [ka-] *vt*, kénnzeichnen *vt*.

охолóд|ження Ábkühlung *f*, Kühlung *f*; **~жувати** kühlen *vt*, ábkühlen lássen*; **~жуватися** sich ábkühlen, erkálten *vi* (s).

охолóнути 1) erkálten *vi* (s), kalt wérden; 2) *перен.* gléichgültig wérden; kein Interésse mehr háben.

охóплювати, охопи́ти 1) umfássen *vt* (*руками*); ergréifen* *vt*, erfássen *vt* (*про полум'я, туман тощо*); umspánnen *vt* (*про відрізок часу*); pácken *vt* (*про почуття*); йогó охопи́в страх die Angst überkám [páckte] ihn; 2) (*включати*) éinschließen* *vt*.

охорóн|а 1) (*дія*) Bewáchung *f*, Schutz *m* -es; Fürsorge *f*; ~а прирóди Natúrschutz *m*; ~а здорóв'я Gesúndheitsfürsorge *f*; під ~ою держáви stáatlich geschützt; 2) (*загін, що охороняє що-н.*) Wáche *f* (11); **~я́ти** beschützen *vt*, bewáchen *vt*.

охóче gern; mit Vergnügen.

оцé 1) *займ. див.* оцéй; 2) *част.* da; hier; das ist.

оцéй díeser.

óцет Éssig *m* (1).

оці́нк|а 1) (*дія*) Bewértung *f* (10); Ábschätzung *f*; 2) (*думка про якість, значення*) Éinschätzung *f* (10); Wértung *f*; 3) (*бал*) Nóte *f* (11); Zensúr *f* (10); постáвити ~у éine Nóte gében*; склáсти екзáмен на ~у «відмі́нно» die Prüfung mit dem Prädikát «áusgezeichnet» áblegen.

оці́нювати, оціни́ти 1) (be)wérten *vt*; (áb)schätzen *vt*; taxíeren *vt*; 2) *перен.* schätzen *vt*; würdigen *vt*.

очеви́д|ець Áugenzeuge *m* (9); **~ний** óffensichtlich, óffenbar; klar; це ~но das liegt auf der Hand.

очерéт Schilf *n* (2), Schílfrohr *n* (2); Ried *n* (2).

очищáти, очи́стити 1) réinigen *vt*, säubern *vt*; áufräumen *vt* (*вулицю*); 2) *хім.* läutern *vt*; raffiníeren *vt* (*спирт*); 3) (*картоплю, яблука*) (áb)schälen *vt*; (áb)péllen *vt*.

óчн|ий 1) Áugen≠, Áug≠; ~е я́блуко *анат.* Áugapfel *m* (6*); ~і хворóби *мед.* Áugenkrankheiten *pl*; 2): ~а стáвка Konfrontatión *f* (10); ~е навчáння Diréktstudium *n* -s, -di|en.

очóлювати, очóлити léiten *vt*, führen *vt*; an der Spítze stéhen*; ~ делегáцію die Delegatión léiten.

оши́йник Hálsband *n* (5) (*для тварин*).

ощад|кáса Spárkasse *f* (11); **~кни́жка** Spár(kassen)buch *n* (5); поклáсти грóші на ~кни́жку Geld auf die Spárkasse légen.

ощадлив|ий spársam; **~ість** Spársamkeit *f*, Wirtschaftlichkeit *f*.

ощени́тися Júnge wérfen* (*von Hunden, Wölfen, Füchsen*).

П

павільйóн Pavillon ['pavillɔn] *m* -s, -s; ви́ставочний ~ Ausstellungshalle *f* (11); торгóвий ~ Verkáufspavillon *m*.

пáводок Hóchwasser *n* -s; веснянúй ~ Frühjahrshochwasser *n*.

паву́к Spinne *f* (11).

павути́на Spínn(en)gewebe *n* (6).

па́г|ін, ~онець Trieb *m* (1), Sprößling *m* (1), Schößling *m* (1).

па́горб Hügel *m* (6), Ánhöhe *f* (11).

па́да|ти 1) fállen* *vi* (s); stürzen *vi* (s) *(швидко)*; sínken* *vi* (s) *(опускатися)*; **~ти на зе́млю** auf die Érde [zu Bóden] fállen* [sínken*]; 2) *(знижуватися)* fállen* *vi* (s), sínken* *vi* (s), zurückgehen* *vi* (s); **температу́ра ~є** die Temperatúr sinkt; ◊ **~ти від уто́ми** vor Müdigkeit úmfallen*; **~ти ду́хом** den Mut verlíeren*; **хто ви́соко літа́є, той ни́зько ~є** wer höher steigt als er sóllte, fällt tíefer als er wóllte.

па́дчерка Stíeftochter *f*, *pl* -töchter.

па́зур Králle *f* (11) *(у хижих звірів)*; Kláue *f* *(у хижих звірів і птахів)*; ◊ **показа́ти ~і** die Krállen zéigen.

пай Ánteil *m* (1), Teil *m* *(частина)*; **увійти́ в ~ з ким-н.** etw. mit j-m téilen; **~ови́й вне́сок** Ánteilbeitrag *m* (1*).

паке́т 1) *(згорток)* Pakét *n* (2); 2) *(для продуктів)* Tüte *f* (11); **молоко́ в ~ах** ábgepackte Milch; 3) *(поштовий)* versíegeltes Schréiben, Póstsache *f* (11).

пакт Pakt *m* (1), Vertrág *m* (1*); **~ про нена́пад** Níchtangriffspakt *m*.

пакува́ти pácken *vt*, éinpacken *vt*, verpácken *vt*.

паку́нок *див.* пакéт 1), 2).

пала́та 1) *політ.* Kámmer *f* (11); **~ депута́тів** Ábgeordnetenkammer *f*; 2) *(державна установа)* Amt *n* (5), Kámmer *f* (11); **торго́ва ~** Hándelskammer *f*; 3) *(у лікарні)* Kránkensaal *m* -(e)s, -säle, Kránkenzimmer *n* (6).

пала́ти 1) lódern *vi*, flámmen *vi*; 2) *перен.* flámmen *vi*, fúnkeln *vi* *(про очі)*, glühen *vi*, brénnen* *vi* *(про щоки)*; **~ гні́вом** vor Zorn flámmen.

пала́ц Palást *m* (1*), Schloß *n* (5); **Пала́ц спо́рту** Spórtpalast *m*.

па́лець Finger *m* (6) *(руки)*; Zéhe *f* (11) *(ноги)*; **вели́кий ~** Dáumen *m* (7) *(руки)*; große Zéhe *(ноги)*; **вказівни́й ~** Zéigefinger *m*; **сере́дній ~** Míttelfinger *m*; **безіме́нний ~** Ríngfinger *m*; **лічи́ти на па́льцях** an den Fíngern ábzählen; ◊ **і па́льцем не поворухну́ти** kéinen Fínger rühren [krümmen]; **зна́ти як свої́ п'ять па́льців** wie séine (Wésten)tásche kénnen*; **йому́ па́льця в рот не клади́** *розм.* ≅ mit ihm ist nicht gut Kírschen éssen*; **диви́тися на що-н. крізь па́льці** ein Áuge zúdrücken.

па́ливо Brénnstoff *m* (1); Héizstoff *m*, Héizmaterial *n* -s, -i¦en; **рідке́ ~** flüssiger Brénnstoff, Heizöl *n*; **я́дерне ~** Kérnbrennstoff *m*.

па́лити 1) (ver)brénnen* *vt*; 2) *(піч, плиту)* héizen *vt*, féuern *vt*; 3) *(цигарку)* ráuchen *vt*, *vi*; **~ заборо́нено** Ráuchen verbóten.

па́лиц|я Stock *m* (1*); Spazíerstock *m* *(тростина)*; **ходи́ти з ~ею** am Stock géhen*; ◊ **вставля́ти ~і в коле́са** j-m Híndernisse in den Weg légen.

па́личка Stöckchen *n* (7); **дириге́нтська ~** Táktstock *m* (1*).

палі́й Brándstifter *m* (6); **~ війни́** Kríegsbrandstifter *m*, Kríegshetzer *m* (6).

палі́тра Palétte *f* (11).

палки́й féurig, flámmend, glühend; léidenschaftlich *(пристрасний)*.

па́луба Deck *n* (2).

паляни́ця Laib *m* (1); Brot *n* (2).

па́льм|а Pálme *f* (11); ◊ **оде́ржувати ~у пе́ршості** die Pálme des Síeges erhálten*.

пальне́ Brénnstoff *m* (1), Tréibstoff *m*.

пальто́ Mántel *m* (6); **чолові́че ~** Hérrenmantel *m*; **жіно́че ~** Dámenmantel *m*; **хутря́не ~** Pélzmantel *m*; **демісезо́нне ~** Übergangsmantel *m*.

памфле́т Pamphlét *n* (2), Schmähschrift *f* (10).

пам'ята́|ти sich erínnern (про що-н. an *A*); dénken* *vi* (an *A*); **~й про це!** dénke darán!; **наскі́льки я ~ю** soviel (sowéit) ich mich erínnere.

па́м'ятка 1) Ánweisung *f* (10) *(інструкція)*; 2) Séhenswürdigkeit *f* (10) *(пам'ятник)*; **літерату́рна ~** Shríftdenkmal *n* (5, 2); **архітекту́рна ~** Báudenkmal *n*.

па́м'ятн|ий Gedénk≠; dénkwürdig *(вартий спогаду)*; **~а меда́ль** Gedénkmünze *f* (11); **~а поді́я** denkwürdiges Eréignis *n*; **~ик** Dénkmal *n* (5, 2); Máhnmal *n* *(жертвам трагічних подій)*; Grábmal *n* *(над-*

П

могильний); ~ик Лисенку Lýssenko-Dénkmal.

пам'ят|ь 1) Gedächtnis *n* -ses; зорова ~ь visuélles [vi-] Gedächtnis; феноменальна ~ь ein fábelhaftes Gedächtnis; якщо мене не зраджує ~ь wenn mich mein Gedächtnis nicht täuscht; прийти до ~і zur Besínnung kómmen*; 2) *(спогад, згадка)* Erínnerung *f* (10), Ándenken *n* -s; на ~ь zur Erínnerung (an *A*), zum Ándenken.

пан 1) Herr *m* (8); 2) *(при звертанні)* mein Herr, gnädiger Herr; шановний ~е! sehr geéhrter Herr! *(у листі)*, ~ове! méine Hérrschaften! méine (Dámen und) Hérren!; 3) *(поміщик)* Herr *m*, Gútsherr *m*, Gútsbesitzer *m* (6); ◊ **сам собі** ~ sein éigener Herr; ~й б'ються, а в мужиків чуби тріщать wenn die Hérren sich ráufen, müssen die Báuern Háare lássen*.

пані 1) Frau *f* (10); 2) *(при звертанні)* gnädige Frau; sehr geéhrte Frau *(у листі)*; 3) *(господиня)* Hérrin *f* (12).

панівн|ий hérrschend, vórherrschend *(домінуючий)*; ~е становище Vórmachtstellung *f* (10).

панік|а Pánik *f*; викликати ~у Pánik stíften; впадати в ~у in Pánik geráten*; ~**ер** Pánikmacher *m* (6).

панічний pánisch; ~ страх pánischer Schrécken, pánische Ángst.

панно Wándbild *n* (5), Panneau [-'no:] *n* -s, -s.

пантера Pánther *m* (6).

пантофлі Pantóffeln *pl*.

панува|ння Hérrschaft *f* (10); ~**ти** hérrschen *vi* (над ким-н., над чим-н. über *A*); dominíeren *vi*, *vt*.

панчоха Strumpf *m* (1*).

паперов|ий Papíer≠; ~і гроші Papíergeld *n* (5); ~а склянка Papíerbecher *m* (6).

папір Papíer *n* (2); ~ для креслення Zéichenpapier; копіювальний ~ *(калька)* Kóhlepapier; обгортковий ~ Páckpapier; ◊ ~ усе стерпить Papíer ist gedúldig.

папка Áktendeckel *m* (6); Héfter *m* (6) *(для паперів)*; Máppe *f* (11) *(портфель)*.

папуга Papagéi *m* (13); ◊ повторювати як ~ papagéienhaft náchplappern.

пар|а I *(від нагрівання води)* Dampf *m* (1*); ◊ працювати так, що аж ~а йде mit Dampf árbeiten; ні ~и з уст kein Stérbenswörtchen ságen.

пар|а II 1) Paar *n* (2); ~а панчіх ein Paar Strúmpfe; ~**ами** páarweise; 2): подружня ~а Éhepaar *n* (2); ◊ вона йому не до ~и sie paßt nicht zu ihm.

параграф Paragráph *m* (8).

парад 1) Paráde *f* (11), Héerschau *f* (10) *(військ.)*; приймати ~ die Paráde ábnehmen; 2): бути у повному ~і in Gála sein, in gróßer Unifórm sein *(жарт.)*.

паралель 1) *мат.* Paralléle *sub f*; провести ~ éine Paralléle zíehen* *(тж. перен.)*; 2) *геогр.* Bréitenkreis *m* (1); ~**ний** parallél; gléichlaufend.

паралізований gelähmt, paralysíert.

параліч Lähmung *f* (10); Paralýse *f* (11).

параметр *мат., фіз.* Parámeter *m* (6), Kénnwert *m* (1).

парасоль, ~ка Schirm *m* (1); Régenschirm *m (від дощу)*; Sónnenschirm *m (від сонця)*.

парашут Fállschirm *m* (1); ~**изм** Fállschirmsport *m* -(e)s; ~**ист** Fállschirmspringer *m* (6); *військ.* Fállschirmjäger *m* (6); ~**ний** Fállschirm≠; ~ний десант Fállschirmlandung *f* (10).

паризький Paríser, Paríser≠; Паризька комуна *іст.* Paríser Kommúne.

парі Wétte *f* (11); іти на ~ wétten *vi*; (хочеш) ~? was gilt die Wétte?

парк 1) Park *m* (1) *(pl тж.* -s), Párkanlage *f* (11); 2) *(місце стоянки і ремонту транспорту)* Park *m* (1) *(pl тж.* -s), Depot [-'po:] *n* -s, -s; трамвайний ~ Stráßenbahnhof *m*; тролейбусний ~ Óbusbahnhof *m*; автомобільний ~ Kráftfahrzeugpark *m*, Wágenpark *m*.

паркан Zaun *m* (1*), Úmzäunung *f* (10) *(огорожа)*.

паркет Parkétt *n* (2), Parkéttboden *m* (7*) *(підлога)*; настилати ~ Parkétt légen, parkettíeren *vt*.

парламент Parlamént *n* (2); ~**арій** Parlamentári|er *m* (6).

парн|ий páarig; Paar≠, Dóppel≠ *(спорт)*, ~е катання *(на ковзанах)* Páarlauf *m* -(e)s; ~е число *мат.* geráde Zahl *f*.

парни́к Tréibkasten *m* (7*), Tréibbeet *n* (2).

паров|и́й 1) *фіз., тех.* Dampf-; **~á** маши́на Dámpfmaschine *f* (11); **~é** опáлення Dámpfheizung *f*; 2) *кул.* gedämpft.

парово́з Lokomotíve [-və] *f* (11), Dámpflokomotive [-ve] *f*; Dámpflok *f*, *pl* -s; **~не** депó Lokomotívdepot [-po:] *n* -s, -s.

паро́дія Parodíe *f* (11); *перен.* Karikatúr *f* (10) (на що-н. *G*).

паро́ль Paróle *f* (11), Kénnwort *n* (2).

пароплáв Dámpfer *m* (6), Dámpfschift *n* (2); пасажи́рський ~ Fáhrgastdampfer *m*, Persónendampfer *m*; морськи́й ~ Hóchseedampfer *m*; річкови́й ~ Flúßdampfer *m*; екскурсíйний ~ Áusflugsschiff *n*.

пáрост|ок 1) Keim *m* (1), Sproß *m* -sses, -sse; пускáти **~ки** kéimen *vi*, sprόssen *vi*; Kéime tréiben*; 2) *перен.* Keim *m* (1); **~ки** новóго Ánsätze des Néuen.

пáрт|а Schúlbank *f* (3), Pult *n* (2); за **~ою** auf der Schúlbank; сíсти за **~у** sich auf die Schúlbank sétzen.

партéр *театр.* Parkétt *n* (2); крíсло в **~і** Parkéttsitz *m* (1).

партизáн Partisán *m* (13, 8).

пáртí|я I *політ.* Partéi *f* (10).

пáртí|я II *(група)* 1) *(товару)* Partíe *f* (11); 2) *(спорт., муз.)* Partíe *f* (11); Satz *m* (1*) *(у волейболі, тенісі)*; зігрáти **~ю** в шáхи éine Partíe Schach spielen; відклáдена **~я** *шах.* hängende Partíe.

партнéр Pártner *m* (6); Mítspieler *m* (6) *(у грі)*; Gégenspieler *m* *(суперник)*; Tánzpartner *m* *(у танцях)*.

пáрубок Búrsche *m* (9), Bursch *m* (8) *(розм)*.

пáрус Ségel *n* (6); підня́ти **~и́** die Ségel híssen; згорну́ти **~и́** die Ségel stréichen*; ití під **~áми** ségeln *vi* (h, s); на всіх **~áх** *тж. перен.* mit vóllen Ségeln; нести́сь на всіх **~áх** vor dem Wínde ségeln; **~ний** Ségel-: **~не** суднó Ségelschiff *n* (2); **~ний** спорт Ségelsport *m* -(e)s, Ségeln *n* -s.

парфюмéрія Parfümeríe *f*; Parfümeríewaren *pl*.

пасáж *(крита галерея)* Ládenstraße *f* (11); Passage [-ʒə] *f* (11).

пасажи́р Passagíer [-'ʒi:r] *m* (1); Fáhrgast *m* (1*), Réisende *m* (14); Flúggast *m* *(на літаку)*; **~ський** Passagíer- [-'zi:r]; Persónen-; **~ський** пóїзд Persónenzug *m* (1*).

паси́в *грам.* Pássiv *n* -s; **~ний** passív; úntätig *(бездіяльний)*; **~ність** Passivität [-vi-] *f*.

пáсі|ка Bíenenstand *m* (1*); **~чник** Bíenenzüchter *m* (6), Ímker *m* (6).

пасови́сько Wéide *f* (11).

пáспорт Paß *m* -sses, *pl* Pässe; Personálausweis *m* (1); Maschínenkarte *f* (11) *(автомашини)*; закордóнний ~ Réisepaß *m*; ви́дати ~ éinen Paß áusstellen.

пáста Pásta *f*, *pl* -ten; Páste *f* (11); зубнá ~ Záhnpaste *f*.

пастериз|óваний: **~óване** молокó pasteurisíerte [pástø-] Milch; **~увáти** pasteurisíeren (pastø-] *vt*.

пáсти wéiden *vt*, wéiden lássen* *vt*; hüten *vt* *(стерегти)*; ◊ ~ задні́х hinterhértraben *vi* (s), zurückbleiben* *vi* (s).

пáстк|а Fálle *f* (11); попáсти в **~у** *тж. перен.* in die Fálle [ins Garn] géhen* *vi* (s); постáвити **~у** éine Fálle stéllen [légen], éine Schlínge légen; замани́ти когó-н. в **~у** j-n in der Fálle [únter dem Hut] háben.

пасту́х Hirt *m* (8); ◊ який ~, такá й отáра wie der Hirt, so die Hérde [das Vieh].

патéнт Patént *n* (2); ~ на винахід Erfínderpatent *n*.

патлáтий zóttig, zerzáust.

пáтрати 1) *(очищати від нутрощів)* áusweiden *vt*, die Éingeweide heráusnehmen*; 2) *(скубти пір'я)* rúpfen *vt*.

патрóн *військ.* Patróne *f* (11); бойови́й ~ schárfe Patróne; холостий ~ Plátzpatrone *f*.

патру́ль *військ.* Stréife *f* (11), Patrouille [-'truljə] *f* (11) *(тж. мор.)*.

пáуз|а Páuse *f* (11); роби́ти **~у** éine Páuse máchen; pausíeren *vi*.

пáфос Páthos *n* -s; Schwung *m* -(e)s.

пáх|нути ríechen* *vi* (чим-н. nach *D*); dúften *vi*; **~ощі** Wóhlgeruch *m* (1*), Duft *m* (1*); **~у́чий** wóhlriechend, aromátisch, dúftend.

паціє́нт Pati¦ént *m* (8); **~ка** Pati¦éntin *f* (12).

пацю́к Rátte *f* (11).

пáчка 1) Päckchen *n* (7), Pakét *n* (2); Stoß *m* (1*) *(книжок)*; ~ цигарóк éine Páckung Zígaretten;

П

~ пéчива ein Päckchen Keks; 2) *(балерини)* Balléttröckchen *n* (7).
пашíти glühen *vi*, flámmend rot sein *(про обличчя)*.
паштéт Pastéte *f* (11).
пáща Ráchen *m* (7), Maul *n* (5).
паяти löten *vt*.
пéвне *вст. сл.* wohl, wahrschéinlich.
пéвніст|ь Gewißheit *f*, Sícherheit *f*; Überzéugung *f*; з ~ю sícher, zúversichtlich.
пéвн|ий 1) überzéugt (чогó-н. von *D*); gewíß, sícher *(G)*, zúversichtlich; я цьогó цілкóм ~ий ich bin davón völlig überzéugt; бýдь(те) ~i! séi(en Sie) óhne Zwéifel! séi(en Sie) únbesorgt!; 2) *(надійний)* sícher, zúverlässig; verläßlich *(про людину)*; ~а річ! Natürlich! Das verstéht sich von selbst! 3) *(точно визначений)* bestímmt, féstgesetzt, áusgemacht; до ~ого тéрміну zu éinem féstgesetzten Termín; в ~их вúпадках in gewíssen Fällen; ◊ хто рóбить крéвно, той хóдить ~о ≅ sich régen bringt Ségen; **~о** 1) sícher, bestímmt; я це знáю цілкóм ~о ich weiß es ganz bestímmt; 2) *(очевидно, мабуть)* wahrschéinlich, wohl.
педагóг Pädagóge *m* (8, 9); Pädagógin *f* (12) *(про жінку)*; Léhrer *m* (6) *(учитель)*, Léhrerin *f* (12) *(учителька)*; **~íчний** pädagógisch.
педáл|ь Pedál *n* (2); натúснути на всі ~і ≅ álle Hébel in Bewégung sétzen.
педіáтр *мед.* Kínderarzt *m* (1*).
пейзáж Lándschaft *f* (10); Lándschaftsgemälde *m* (6) *(картина)*.
пéкар Bäcker *m* (6).
пекáрня Bäckeréi *f* (10).
пектú 1) bácken* *vt* *(в печі)*; 2) *(про сонце, вогонь тощо)* brénnen* *vt*, stéchen* *vt*, séngen *vt*; 3) *(про рану)* brénnen* *vi*, weh tun*, schmérzen; ◊ це вам не млинцí ~ das geht (ja) nicht wie's Brézelbacken.
пекýч|ий brénnend, glühend, heiß; ~ий біль héftiger [brénnender] Schmerz; ~е питáння éine brénnende Fráge.
пелюст|ка **~óк** *бот.* Blütenblatt *n* (5), Blúmenblatt *n*.
пелюш|ка Wíndel *f* (11); Wíckeltuch *n* (5); ◊ з ~ок von klein auf.
пенáл Féderkästchen *n* (7), Féderbüchse *f* (11).
пенáльті *(у футболі)* Stráfstoß *m* (1*), Élfmeter *m* (6).
пенсіонéр Réntner *m* (6); Áltersrentner *m*.
пéнсі|я Rénte *f* (11), Rúhegehalt *n* (5) *(для офіцера)*; ~я за вíком Áltersrente *f*; вúйти на ~ю in den Rúhestand fréten (*), in die Rénte géhen*.
пеня́ Géldstrafe *f* (11); Verzúgszinsen *pl*.
пеньóк Báumstumpf *m* (1*); *перен. знев.* Klotz *m* (1*).
первúнн|ий primär, Erst-; úrsprünglich *(первісний)*.
пéрвісн|ий úrsprünglich; Ur-; ~а людúна Úrmensch *m* (8); ~е суспíльство Úrgesellschaft *f*.
перебивáти, перебúти 1) *(розбити)* zerschlágen*, *vt*, vernichten *vt*; zerbréchen* *vt*; 2) *(промовця)* unterbréchen* *vt*; j-m ins Wort fállen* *vi* (s); **~ся** *(сяк-так)* sein Lében frísten, an éinem Héring acht Táge éssen*.
перебирáти, перебрáти áuslesen* *vt*, (áus)sortíeren *vt* *(речі)*; **~ся** 1) hinüberkommen* *vi* (s), übersetzen *vi* (s) *(через річку, вулицю)*; 2) *(переселитися)* úmziehen* *vi* (s); übersiedeln *vi* (s).
перéбіг Lauf *m* (1*), Verláuf *m*, Áblauf *m*.
перебігáти, перебíгти 1) hinüberlaufen* *vi* (s); ~ чéрез вýлицю über die Straße láufen*; 2) *(до ворога тощо)* überlaufen* *vi* (s); ~ комý-н. дорóгу j-m den Weg verláufen*.
перебíльш|ення Übertréiben *n* -s; **~увати, ~ити** übertréiben* *vt*; dick [stark] áuftragen* *(переборщити)*.
перебóрювати, переборóти überwínden* *vt*, bewältigen *vt*; bezwíngen* *vt* *(почуття, бажання)*; ~ перешкóди Híndernisse bezwíngen*; ~ трýднощі Schwíerigkeiten überwínden*.
перебувáння Áufenthalt *m* (1); Zústand *m* (1*) *(у певному стані)*; мíсце постíйного ~ ständiger Wóhnsitz.
перебувáти 1) *(в певному місці)* verwéilen *vi*, verbléiben* *vi* (s), sein* *vi* (s); ~ все лíто на селí den gánzen Sómmer auf dem Lánde verbríngen*; 2) *(у певному стані)* verhárren *vi*.
перебудóва 1. Úmbau *m* -(s)s, Rekonstruktión *f*; 2. (реорганіза-

ція) Úmgestaltung *f*, Reorganisatión *f*; Úmstellung *f* *(ідеологічна)*.

перебудóвувати, перебудувáти 1) *(будинок тощо)* úmbauen *vt*; 2) *(реорганізувати)* úmgestalten *vt*; reorganisíeren *vt*; ~ робóту die Árbeit úmstellen.

перебудóва Úmgestaltung *f*.

перевáг|а Vórzug *m* (1*), Vórrang *m* -(e)s; Vórrecht *n* (2) *(переважне право)*; Überlégenheit *f* (10) (в чóму-н. an *D*); ~а сил Übermacht *f*; мáти ~у над ким-н. j-m etw. voráushaben*, den Vórrang vor j-m háben*; чисéльна ~а záhlenmäßige Überlégenheit; віддавáти ~у vórziehen* *vt*, den Vórzug gében*.

переважáти 1) übertréffen* *vt*, überbíeten* *vt* (у чóму-н. in *D*); ~ когó-н. в чóму-н. j-m in etw. *(D)* überlégen sein; 2) vórherrschen *vi*, überwíegen* *vi*, dominíeren *vi*.

перевáжн|ий vórwiegend, überwíegend, vórherrschend; ~а більшість überwíegende [überwältigende] Méhrheit *f* (10); у ~ій більшості вúпадків in den állermeisten Fällen; **~о** vórzugsweise, háuptsächlich.

перевантáженість Überlástung *f*, Überbürdung *f* *(тж. перен.)*.

перевертáти, перевернýти 1) (úm)wénden* *vt*, úmdrehen *vt*, úmkehren *vt*; 2) *(перекинути)* úmstürzen *vt*, úmkippen *vt*; **~ся** 1) sich (úm)wénden*, sich úmdrehen; 2) *(перекинутися)* úmkippen *vi* (s); úmschlagen* *vi* (s).

перевéршувати übertréffen* *vt*, überbíeten* *vt*; ◊ ~рекóрд éinen Rekórd bréchen*.

перевúбори Néuwahlen *pl*.

перевидáння Néuauflage *f* (11); Néuausgabe *f* (11), Néudruck *m* (1) *(стереотипне)*.

перевидавáти, перевúдати wíederverlegen *vt*, neu heráusgeben*.

перевúховáння Úmerziehung *f*.

перевúщувати, перевúщити 1) *(норму)* überstéigen* *vt*, übertréffen* *vt*; ~ рíвень das Niveau [-'vo:] überschréiten*; 2) *(права)* überschréiten* *vt*; ~ влáду die Macht míßbräuchen; ~ повновáження die Vóllmacht überschréiten*.

перéвірка Prüfung *f* (10), Náchprüfung *f*; Kontrólle *f* (11) *(ревізія)*; ~ докумéнтів Áusweiskontrolle *f*.

перевіряти, перевíрити (nách)prüfen *vt*; überprüfen *vt*; kontrolíeren *vt*; dúrchsehen* *vt* *(продивитись)*; ~ на прáктиці in der Práxis erpróben; ~ щó-н. вибіркóво éine Stíchprobe máchen.

перевóдити, перевестú 1) (hin)überführen *vt* *(когó-н. через вулицю тощо)*; 2) überführen *vt*, versétzen *vt*; ~ ýчня до настýпного клáсу éinen Schüler versétzen; 3) *(грошi)* überwéisen* *vt*, ánweisen* *vt*; ~ грóші по пóшті Geld durch die Post ánweisen*; ◊ ~ дух zu Átem kómmen*, Átem hólen [schöpfen]; не перевóдячи дýху in éinem (gléichen) Átem.

перевóзити, перевезтú befördern *vt*, transportíeren *vt*; übersetzen *vt* *(через рíчку)*.

переворóт Úmwälzung *f* (10); Úmschwung *m* (1*); держáвний ~ Stáatsstreich* *m* (1); політúчний ~ polítische Úmwälzung *f*.

перевтóм|а Übermüdung *f*; Überánstrengung *f*; **~люватись, перевтомúтись** übermüdet sein, sich überánstrengen.

перев'язка *мед.* das Ánlegen éines Verbándes.

перев'язувати, перев'язáти 1) *(рану)* verbínden* *vt*, 2) *(мотузкою)* (zú)bínden* *vt*, úmbinden* *vt*.

перéгляд Dúrchsicht *f*; Vórführung *f* *(фíльму тощо)*; Síchtung *f* *(докумéнтів)*.

переглядáти, переглянути dúrchsehen* *vt*, dúrchlesen* *(книжку тощо)*.

перегнáти, переганяти 1) *(в інше місце)* an éinen ánderen Ort tréiben* *vt*, hinübertreiben* *vt*, fáhren* *vt* *(про машину тощо)*, flíegen* *vt* *(про лíтак тощо)*; 2) *(обігнати)* überhólen *vt*; догнáти і ~ éinholen und überhólen.

перегово́ри Verhándlungen *pl*; Unterhándlungen *pl*; вступúти в ~ die Verhándlungen áufnehmen*, in Verhándlungen éintreten*; вестú ~ unterhándeln *vi*, verhándeln *vi*, Verhándlungen führen; вестú закулíсні ~ Kúhhandel tréiben*, перервáти ~ die Verhándlungen ábbrechen*.

перегортáти, перегорнýти (úm)wenden(*); ~ сторíнку die Séite wénden*.

пéред 1) *(при позначенні місця: попереду когó-н., чогó-н.)* vor *(A на питання «куди?», D на питання*

П

«де?»), gegenüber *(D) (з відтінком «напроти»)*; ~ мої́ми очи́ма vor méinen Áugen; стоя́ти ~ двери́ма vor der Tür stéhen*; постáвити ~ двери́ма vor die Tür stéllen; 2) *(при позначенні часу; до чого-н., перед чим-н.)* vor *(D)*; ~ від'ї́здом vor der Ábreise, ~ ї́дóю vor dem Éssen; ~ сном vor dem Schláfengehen; 3): ви́бачитися ~ ким-н. sich bei j-m entschúldigen; 4): ~ тим як bevór.

передавáти, передáти 1) übergében* *vt*, überréichen *vt*; ~ дáлі wéitergeben*; ~ віта́ння éinen Gruß beställen [áusrichten, überbríngen]; 2) *(відтворити)* wiedergeben* *vt*, reproduzíeren *vt*; 3) *(повідомити)* mítteilen *vt*, vermítteln *vt*, übermítteln *vt (дані тощо)*, áusrichten *vt (слова тощо)*, mélden *vt*; 4) *(по радіо)* sénden *vt*, übertrágen* *vt*; **~ся** übertrágen wérden.

передáча 1) *(відтворення)*. Wíedergabe *f* (11); 2) Séndung *f* (10); Rúndfunksendung *f (по радіо)*; Férnsehsendung *f (телевізійна)*, прямá ~ Diréktübertragung *f* (10); ~ для мóлоді Jugendfunk *m* -(e)s; ~ для дітéй Kinderfunk *m* -(e)s.

передбачáти, передбáчити 1) voráussehen* *vt*, vorhérsehen* *vt*, *vórsehen* vt*; 2) *(врахувати)* vórsehen* *vt*, in Betrácht zíehen* *vt*.

передмíстя Vórstadt *f* (3), Vórort *m* (1).

передмóв|а Vórwort *n* (2); зáмість ~и zum Geléit.

перéдн|ій vórdere, Vórder-, Vor-; ~я части́на Vórderteil *m*; ~ій план Vórdergrund *m*.

передов|и́й 1) *(передній)* vórderst, vórgeschoben; ~и́й загін Vórtrupp *m* -s, -s; 2) *(прогресивний)* fórtschrittlich, progressív; 3) *(ведучий)* führend, Spítzen-, Best-.

передостáнній vórletzt.

передплá|та Ábonnement [abɔnəˈmaŋ] *n* -s, -s; Subskription *f* (10) *(на багатотомне видання тощо)*; **~чувати, ~ти́ти** abonníeren *vt*, bestéllen *vt (газету)*, subskribíeren *vt (книжку)*.

перéдрук Náchdruck *m* (1), Néudruck *m* (1); ~ заборóнено Náchdruck verbóten, álle Réchte vórbehalten.

передсмéртний Todes -; ~а вóля der létzte Wílle.

передумóва Voráussetzung *f* (10), Vórbedingung *f* (10); необхíдна ~ únabdingbare Voráussetzung.

передусíм vor állem, vor állen Díngen; in érster Línie.

передчáсний vórzeitig, zu früh, Früh-.

передчувáти áhnen *vt*, ein Vórgefühl háben.

переживáти, пережи́ти 1) *(витерпіти)* erlében *vt*, dúrchmachen *vt*, überstéhen* *vt*, erträgen* *vt* *(перенести)* erdúlden; ~ трýднощі im Salz líegen* *(розм.)*; 2) *(кого-н., що-н.)* überlében *vt*.

пережóвувати 1. (zer)káuen *vt*; 2. *перен.* únaufhörlich wiederhólen *vt*.

перези́мувати überwíntern *vi*.

перéказ 1) Nácherzählung *f*

перéказ 1) Nácherzählung *f* (10), Wiedererzählung *f*, Dárlegung *f* (10) *(виклад)*; 2): грошови́й ~ Überwéisung *f* (10), Géldüberweisung *f*.

перекáзувати, переказáти nácherzählen *vt*, wiedererzählen *vt*, dárlegen *vt (передавати зміст)*.

перéклад Übersétzung *f* (10); Übertrágung *f* (10); Náchdichtung *f* (10) *(віршів)*; ~ німéцькою мóвою Übersétzung ins Déutsche; зворóтний ~ Rückübersetzung *f* (10); ýсний ~ Dólmetschen *n*; синхрóнний ~ Simultándolmetschen *n*; дослíвний ~ wörtliche Übersétzung.

перекладáти, переклáсти 1) *(з місця на місце)* úmlegen *vt*, verlégen *vt*; ~ відповідáльність на кóго-н. auf j-n die Verántwortung ábschieben* [wälzen]; 2) *(іншою мовою)* übersétzen *vt*, übertrágen* *vt*, dólmetschen *vt (усно)*, náchdichten *(поезію) vt*; ~ з украї́нської мóви на німéцьку aus dem Ukraínischen ins Déutsche übersétzen.

перекладáч Übersétzer *m* (6) *(літератури)*; Dólmetscher *m* (6) *(усний)*.

перемикáти 1) *ел.* úmschalten *vt*; 2) *перен.* úmstellen *vt*; ~ся *(на що-н.)*, sich úmstellen.

перекóнан|ий überzéugt; бýти ~им в чóму-н. von etw. *(D)* überzéugt sein.

перекóнливий überzéugend, éinleuchtend, tríftig, schlágend; ~ дóказ ein tríftiger Grund, ein schlüssiger Bewéis.

перекóнувати, переконáти überzéugen *vt* (в чóму-н. von *D*), überrében *vt (умовити)*; він дав себе́ переконáти er ließ sich beréden; **~ся** sich überzéugen (в чóму-н. von *D*), sich vergewíssern *(G)* *(шляхом перевірки)*.

перекре́слити, перекре́слювати dúrchstreichen* *vt*, áusstreichen* *vt*; *перен.* ein Kreuz durch etw. máchen.

перекрути́ти, перекру́чувати 1) *(пружину)* überdréhen *vt*; 2) *(спотворити)* verdréhen *vt*, entstéllen *vt*; ~ мóву éine Spráche rádebrechen; ~ факт éine Tátsache auf den Kopf stéllen; ~ чиї́-н. словá j-m die Wórte im Múnde úmdrehen.

перелáзити, перелі́зти über etw. *(A)* kléttern *vi* (s), stéigen* *vi* (s); ~ чéрез паркáн über den Zaun kléttern.

пере́лі́т 1) Flug *m* (1*); безпосáдковий ~ Nónstopflug *m*; 2): ~ птахів Zug *m* (1*), Vógelzug *m*.

переміна Änderung *f* (10), Wéchsel *m* -s *(зміна)*, Úmschlag *m* (1*), Wéndung *f* (10) *(поворот)*; ~ погóди Wétterwechsel *m*; ~ до крáщого éine Wéndung zum Bésseren.

перемі́шувáти, перемішáти 1) vermischen *vt*, verméngen *vt*, úmrühren *vt (розмішати)*; 2) *(сплутати)* verwírren *vt*, in Únordnung bríngen* *vt (вносити безладдя)*; **~ся** 1) sich vermíschen, sich verméngen; 2) *(сплутатись)* sich verwírren, in Únordnung geráten* *vi* (s).

переміщáти, перемісти́ти verlágern *vt*, úmstellen *vt (переставити)*, versétzen *vt (перевести кого-н.)*; **~ся** sich verlágern, den Platz [die Stélle] wéchseln.

перемó|га Sieg *m* (1) (над ким-н. über *A*); Gewínn *m (виграш)*; остатóчна ~га Éndsieg *m*; здобýти ~гу den Sieg davóntragen* [gewínnen*, erríngen*]; впéвнений в ~зі síegessicher; ◊ чия́ відвáга, тогó й ~га ≅ wer wagt, gewínnt; frisch gewágt ist halb gewónnen.

перемóжець Síeger *m* (6).

перемагáти, перемогти́ síegen *vi* (когó-н., щo-н. über *A*); besíegen *vt*; *перен.* überwínden* *vt*, bezwíngen *vt** *(почуття)*.

перемóтувати, перемотáти úmwickeln *vt*, neu wíckeln *vt*, úmspulen *vt*.

перенéсти, перенóсити 1) (hin)-übertragen* *vt*, hinüberbringen* *vt*; 2) *(термін)* áufschieben* *vt*, verlégen *vt*; vertágen *vt (засідання тощо)*; 3) *(частину слова на інший рядок)* ábteilen *vt*; 4) *(витерпіти)* ertrágen *vt*, erdúlden *vt*; überstéhen*.

переночувáти übernáchten *vi*; ◊ ~ на лóні прирóди bei Mútter Grün übernáchten.

перепи́сувати, переписáти 1) *(знову)* úmschreiben* *vt*; ~ начи́сто ins réine schréiben* *vt*; 2) *(з чого-н.)* ábschreiben* *vt*; 3) *(зробити список)* áufschreiben* *vt*, ein Verzéichnis máchen (von *D*).

перепливáти, перепливти́ 1) überschwímmen* *vt*, über etw. *(A)* schwímmen* *vi* (s) *(через що-н.)*; 2) *(на човні тощо)* (hin)überfahren* *vi* (s), (hin)übersetzen *vi* (s).

перепóвнений überfüllt, vóllgestopft.

перéпýстка Passíerschein *m* (1), Éinlaßschein *m*.

перéрв|а 1) Unterbréchung *f* (10); 2) *(у школі тощо)* Páuse *f* (11); ~а в робóті Árbeitspause *f*; без ~и páusenlos, únunterbrochen; обі́дня ~а Míttagspause; зроби́ти ~у éine Páuse éinlegen.

перер|вáти unterbréchen* *vt*, ábbrechen* *vt*.

пересі́чн|ий 1) *(середній)* Dúrchschnitts≠, dúrchschnittlich, Míttel-; 2) *(посередній)* míttelmäßig, gewöhnlich.

переслі́дувати 1) *(гнатися за ким-н.)* verfólgen *vt*; náchstellen *vi*, náchjagen *vi* (s) (когó-н. *D*); 2) *(про думку)* verfólgen *vt*; kéine Rúhe lássen* (когó-н. *D*); 3) *(піддавати утискам)* verfólgen *vt*, unterdrúcken *vt*.

пересоли́ти 1) versálzen (part II versálzen) *vt*; 2) *перен. розм.* übertréiben* *vt*.

перест|áти, переставáти áufhören *vi* (+ inf *з zu*), von etw. *(D)* áblassen* *vi*; ~áти працювáти mit der Árbeit áufhören; Féierabend máchen; дощ ~áв es hat áufgehört zu régnen; **~áнь!** hör auf! laß das!

перетвóрювати, перетвори́ти verwándeln *vt*, máchen *vt* (у щo-н. zu *D*), úmgestalten *vt*; **~ся** sich verwándeln, sich úmgestalten.

перетинáти, перетнýти 1) durchkréuzen *vt*, überschnéiden* *vt*, durchquéren *vt*, überquéren *vt*; 2) *(перерізати)* durchschnéiden* *vt*,

П

zerschnéiden* *vt*; ◊ ~ комý-н. шлях j-m den Weg ábschneiden* [verlégen].

перехитри́ти überlísten *vt*.

перехі́д 1) Übergang *m* (1*) *(тж. перен.)*, Úmschlagen *n* -s; 2) *(на вулиці)* Überweg *m* (1), Übergangsstelle *f*; підзéмний ~ Fúßgängerüberweg *m*, Unterführung *f* (10); 3) *(на чий-н. бік)* Übertritt *m* (1).

перехідни́й 1) Übergangs-; ~ період Übergangsperiode *f* (11); ~ вік Wéchseljahre *pl*; 2) *грам.* transitív.

перехóдити 1) (hin)übergehen* *vt* (s), überschréiten* *vt*; 2) *перен.* übergehen* *vi* (s), übertreten* *vi* (s) *(тж. на чий-н. бік)*; ~ до настýпного клáсу (in die nächste Klásse) versétzt wérden; ◊ ~ всі мéжі álle Grénzen überschréiten*.

перехóплювати, перехопи́ти 1) (áb)fangen* *vt*, erwíschen *vt*; від стрáху йомý перехопи́ло пóдих der Schreck benáhm ihm den Átem; 2) *(пошту тощо)* ábfangen* *vt*.

перехрéстя *(вулиць)* Kréuzung *f* (10), Stráßenkreuzung *f*; Kréuzweg *m* (1).

пéр|ець Pféffer *m* -s; червóний ~ець Páprika *m*; стручкóвий ~ець spánischer Pféffer; чóрний ~ець schwárzer Pféffer; ◊ задáти ~цю комý-н. j-m die Hölle heiß máchen.

перечи́тувати, перечитáти 1) *(знову)* von néuem [nóchmals] lésen*; 2) *(прочитати)* dúrchlesen* *vt*.

П

перешкóд|а Híndernis *n* (3*), Störung *f* (10); без ~и störungsfrei; чини́ти ~и Híndernisse in den Weg légen, im Wége stéhen*; натрáпити на ~у auf ein Híndernis stóßen* *vi* (s); **~жáти, ~ити** (комý-н. в чóму-н.) híndern (*A* an *D*), stören *vt*, im Wége stéhen* (комý-н. *D*), in den Weg tréten* (комý-н. *D*).

пери́метр Periméter *n* (6).

пери́на Féderbett *n* (13).

перифері|я Peripherie *f*, *pl*. -ri¦en, Rándgebiet *n*; на ~ї in der Provínz.

періóд Periόde *f* (11), Zéitraum *m* -(e)s, Zéitspanne *f* (11); звітний ~ Beríchtsperiode; перехідний ~ Übergangszeit *f*.

періоди́чн|ий periódisch; ~а систéма елемéнтів *хім.* Perióden-system der Eleménte.

перли́на Pérle *f* (11).

пер|ó Féder *f* (11); ◊ одни́м рóзчерком ~á mit éinem Féderstrich; дóбре володíти ~óм éine gewándte [flótte] Féder führen; що напи́сано ~óм, тогó не ви́тягнеш і волóм Schréiben tut bléiben.

перóн Báhnsteig *m* (1).

пéрсик 1) *(плід)* Pfírsich *m* (1); 2) *(дерево)* Pfírsichbaum *m* (1*).

персонáж *літ.* (hándelnde) Persón *f* (10).

персонáл Personál *n* (2), Belégschaft *f* (10); **~ьний** persönlich, Personál-; ~ьна відповідáльність persönliche Verántwortung *f* (10).

пéрстень Ring *m* (1), Fíngerring *m*.

перукáр Friseur [-zø:r] *m* (1); **~ка** Fríseuse [-zø:zə] *f* (11), Fríseurin [-'zø:rin] *f* (12); **~ня** Frisíersalon [-za,lɔŋ] *m* -s, -s.

пéрш|ий érster; ~ий пóверх Érdgeschoß *n* -sses, -sse; Partérre [-'tɛr] *n* -s, -s; ~а годи́на es geht auf eins; полови́на ~ої halb eins; в ~у чéргу in érster Líni¦e, vor állem, vor állen Díngen; на ~ому плáні im Vórdergrund; ~е мíсце *(у змаганні)* der érste Platz, die Spítze; з ~их рук aus érster Hand; ~ий-ліпший der érste béste, jéder x-belíebiger; на ~ий пóгляд bei flüchtigem Ánsehen.

пéрш|ість 1) *(у змаганні)* érster Platz *m* (1*), Vórrang *m* -(e)s, Spítzenposition *f*; поступи́тися ~істю den Vórrang verlíeren* (комý-н. an *A*), den Vórrang éinräumen; ◊ пáльма ~ості die Pálme des Síeges; 2) *(з якого-н. виду спорту)* Méisterschaft *f* (10); ~ість з футбóлу Fúßballmeisterschaft *f*; ~ість світу Wéltmeisterschaft *f*.

першо|джерелó Úrquelle *f* (11), Originál *n*; **~клáсник** Schüler *m* (6) der érsten Klásse, ABC-Schütze *m* (9) *(розм.)*; **~кýрсник** Studént *m* (8) im érsten Stúdi¦enjahr.

першоря́дний érstrangig; állerwichtigst.

першочергóвий vórrangig; vórdringlich; nächstliegend *(про завдання тощо)*, állerwichtigst *(найважливіший)*.

пес Hund *m* (1).

пéстити líebkosen *невід.* *vt*; **~ся** *(до кого-н.)* zärtlich sein (zu *D*).

петл|я́ Schlínge *f* (11) *(тж. перен.)*; Knópfloch *n* (5) *(для гудзика)*; Áuge *n* (13) *(для гаплика)*; Másche *f* (11) *(у в'язанні)*; ◊

лізти в ~ю den Hals in die Schlínge stécken.
петрýшка *бот.* Petersíli:e *f* (11).
печáтк|а Stémpel *m* (6), Síegel *n* (6) (сургучна); наклáсти ~у ábstempeln *vt*; das Siegel áufdrükken; ◊ кни́жка за сімомá ~ами ein Buch mit síeben Síegeln.
печéн|ий gebácken; ~е я́блуко Brátapfel *m* (6*).
печéня Bráten *m* (7).
печéра Höhle *f* (11).
печери́ця Champígnon [ʃãmpinjɔ̃] *m* -s, -s.
пéчиво Gebäck *n* -s; Keks [ke:ks] *m, n - та* -es, *pl - та* -e *(сухе)*.
печíнк|а Léber *f* (11); ◊ сиді́ти в ~ах у кóго-н. *розм.* j-m im Mágen líegen*.
печія́ Sódbrennen *n* -s, Mágenbrennen *n* -s.
п'єдестáл Postamént *n* (2), Sókkel *m* (6).
п'єса 1) *театр.* Stück *n* (2), Theáterstück *n*, Scháuspiel *n* (2) *(спектакль)*; 2) *муз.* Musíkstück *n* (2).
пи́во Bier *n* (2).
пил Staub *m* -(e)s; вкри́тий ~ом stáubbedeckt; стирáти ~ з чóго-н. ábstäuben *vt*, den Staub ábwischen.
пи́лка Säge *f* (11); ручнá ~ Händsäge *f*.
пилосóс Stáubsauger *m* (6); Entstáuber *m* (6), Entstäuber *m* -s, -.
пиля́ти 1) sägen *vt*, féilen *vt* *(напильником)*; 2) *розм.* nörgeln *vi* (когó-н. an *D*).
пи́льн|ий *(уважний)* áufmerksam, wáchsam, scharf, áchtsam; **~ість** Wáchsamkeit *f*; **~о** wáchsam, áchtsam; ~о стéжити за ким-н. j-m auf die Fínger séhen*.
пирíг Pirógge *f* (11), Kúchen *m* (7); Ápfelkuchen *m (з яблуками)*; Pastéte *f* (11); ~ з м'я́сом Fléischpastete.
пиріжóк kléine Pastéte.
пи́сар Schréiber *m* (6).
писáти schréiben* *vt, vi*; недбáло ~ krítzeln *vt, vi*; як пи́шеться Вáше прíзвище? Wie schréiben Sie sich?; ◊ це ви́лами по воді́ пи́сано ≅ das ist noch sehr zwéifelhaft.
писéмн|ий schríftlich; ~а пáм'ятка Spráchdenkmal *n* (5, 2), Schríftdenkmal *n* (5, 2); ~а мóва schríftlich fixíerte Spráche; **~íсть** Schrift *f* (10); Schríftsprache *f*.
письмéнний schríftkundig, léseund schréibkundig.
письмéнни|к Schríftsteller *m* (6); **~ця** Schríftstellerin *f* (12).
письм|ó 1) Schríft *f* (10); 2) *(манера писати)* Schréibart *f*; ви́класти на ~í zu Papíer bríngen*, schríftlich níederlegen.
письмóв|ий 1) schríftlich; ~а робóта schríftliche Árbeit; ~ий екзáмен schríftliche Prüfung; у ~ій фóрмі schríftlich, in Schríftform; 2) *(призначений для писання)* Schreib-; ~ий стіл Schréibtisch *m* (1); ~е прилáддя Schréibutensili:en *pl*.
питáльн|ий frágend, Fráge-, *грам.* interrogatív; ~е рéчення Frágesatz *m* (1*); ~ий займéнник Interrogatívpronomen *n* -s, *pl - та* -mina, Frágefürwort *n* (5).
питáння 1) Fráge *f* (11); зустрíчне ~ Gégenfrage *f*; навіднé ~ Suggestívfrage *f*; постáвити (порýшити) ~ éine Fráge stéllen [ánregen, ánschneiden*]; відповісти́ на ~ éine Fráge beántworten, auf éine Fráge Ántwort gében*; 2) *(справа)* Fráge *f* (11), Ángelegenheit *f* (10); Sáche *f* (11); ~ чáсу éine Fráge der Zeit; 3) *(проблема)* Fráge *f* (11), Problém *n* (2); болю́че ~ brénnende Fráge; нерозв'я́зане ~ úngelöste [schwébende] Fráge; делікáтне ~ éine héikle Fráge; ~ розв'я́зане die Fráge [die Sáche] ist erlédigt; ◊ ~ залишáється відкри́тим die Fráge ist noch óffen; ~ життя́ абó смéрті éine Fráge von Lében und Tod.
питáти frágen *vt* (про кóго-н., про що-н. nach *D*), sich erkúndigen (nach *D*); **~ся** 1) frágen *vt*; 2) *(бажати когó-н. бачити)* verlángen *vi* (nach *D*).
пи́ти 1) trínken* *vt, vi*; sáufen* *vt, vi (про тварин)*; ~ кáву (чай) Káffee (Tee) trínken*; він хóче ~ er hat Durst, er will trínken.
питн|и́й Trink-, trínkbar *(придатний для пиття)*; ~á водá Trínkwasser *n* -s.
питóм|ий: ~а вагá 1) *фіз.* spezífisches Gewícht; 2) *(роль, значення)* Gewícht *n* (2), Bedéutung *f* (10).
пихáтий hóchmütig, hóchnäsig *(розм.)*, ánmaßend *(нахабний)*, arrogánt *(зарозумілий)*; ◊ ~ як пави́ч éitel wie ein Pfau.
пия́чити trínken* *vi*, sáufen *vi*.
пищáти, пи́скнути píepsen *vi*, quíeken *vi*; ◊ він не зміг і пи́скнути

er kónnte kéinen Pieps von sich gében*.

піаніно Klavier [-'vi:r] *n* (2).

піаніст Pianíst *m* (8), Klavierspieler [-'vi:r-] *m* (6).

півгодини éine hálbe Stúnde; кожні ~ jéde hálbe Stúnde.

південн|ий südlich, Süd-; Південний полюс *геогр.* Südpol *m* -s; ~а широта *геогр.* südliche Bréite; ~о-західний südwestlich, Südwest≠; ~о-східний südóstlich, Südost-.

півд|ень I Süd(en) *m* -s *скор.* S; на ~ні im Süden; на ~ень gégen Süden, südlich, nach Süden; з ~ня von [aus dem] Süden.

півд|ень II Mittag *m* (1); до ~ня vórmittags, am Vórmittag; після ~ня náchmittags, am Náchmittag.

пів|ень Hahn *m* (1*); ◊ вставати з ~нями mit dem érsten Háhnenschrei áufstehen*; пустити червоного ~ня *(підпалити будинок)* den róten Hahn aufs Dach sétzen.

півмісяць Hálbmond *m* -(e)s.

півниця Kéller *m* (6).

пів|ніч I Nórd(en) *m* -s *скор.* N; на ~ніч nach Nórden, nördlich (von *D*); на ~ночі im Nórden; на Крайній Півночі im hóhen Nórden; з ~ночі von [aus dem] Nórden.

пів|ніч II Mítternacht *f* (3); вже далеко за ~ніч es ist weit über Mítternacht; близько ночі um Mítternacht.

північн|ий Nord≠, nördlich; Північний полюс Nórdpol *m* -s; Північний Льодовитий океан Nördliches Éismeer; ~ий вітер Nórdwind *m* (1), ~а широта nördliche Bréite; ~е сяйво Nórdlicht *n* -(e)s; ~о-західний nórdwestlich, Nórdwest≠; ~о-східний nórdöstlich, Nórdost-.

півострів Hálbinsel *f* (11).

піврічн|ий 1) hálbjährlich; Hálbjahr≠; ~і курси Hálbjahreskurse *pl*; 2) *(про вік)* hálbjährig.

півріччя Hálbjahr *n* (2); Jáhreshälfte *f* (11).

півроку ein hálbes Jahr, Hálbjahr *n* (2).

півслова: з ~ *(зрозуміти)* bei der érsten Ándeutung, sofórt; на ~ auf ein Wort, auf ein paar Wórte.

півтемряв|а Hálbdunkel *n* -s; Zwielicht *n* -(e)s *(сутінки)*; в ~і im Hálbdunkel.

півтінь Hálbschatten *m* -s.

півтор|á anderthálb, eineinhálb; ~и тисячі anderthálbtausend, fünfzehnhundert; ~и сторінки anderthálb Séiten; в ~а рази um [auf] das Anderthálbfache.

півтораста húndertfünfzig, anderthálbhundert.

півфінал *спорт.* Hálbfinale *n* -s, *pl* -s *та* -li.

півціни: за ~ für den [zum] hálben Preis.

під 1) únter *(D на питання «де?», A на питання «куди?»)*; ~ водою únter dem Wásser; ~ ліжко únter das Bett; ~ керівництвом únter der Léitung; 2) in *(D)* ~ дощем im Régen; ~ вогнем im Féuer; 3) *(біля, поблизу)* vor *(D)*, bei *(D)*, in der Nähe von *(D)*; ~ Києвом bei (vor) Kiew; in der Nähe von Kíew; 4) *(про час)* gégen *(A)*, an *(A)*, vor *(D)*; ~ вечір gégen Ábend; ~ ранок gégen Mórgen; їй ~ сорок років sie ist an die víerzig (Jáhre alt); 5) *(подібний до)* nach der Art von *(D)*; ~ мармур mármorartig; 6) *(для)* für *(A)*; приміщення ~ бібліотеку Räume für die Bibliothék; 7) *різні випадки вживання:* ~ заставу gégen Kautión; ~ рукою bei der Hand; ~ носом vor der Náse.

підбадьорювати, підбадьорити ermútigen *vt*, áufmuntern *vt*.

підбивати, підбити 1) *(цвяхами тощо)* (von únten) beschlágen* *vt*; ~ підметку éinen Schuh besóhlen; 2) *(підшивати зсередини)* füttern *vt* (mit *D*); wattíeren *vt (ватою)*; ~ хутром mit Pelz füttern; 3) *(підстрелити)* tréffen* *vt (літак, танк)*; ánschießen* *vt (птаха)*; 4) *(на що-н.)* áufhetzen *vt*, ánstiften *vt*; ◊ ~ підсумки die Bilánz ziehen* [máchen].

підбирати, підібрати 1) *(збирати, піднімати)* áufheben* *vt*; áuflesen* *vt*; 2) *(вибирати)* wählen *vt*, áussuchen *vt*; (pássend) zusámmenstellen *vt (складати)*; ~ ключ den pássenden Schlüssel fínden*; **~ся** *(підкрадатися)* 1) sich heránschleichen* *vi* (s), sich heránmachen *(перен.)*; 2) zusámmenkommen* *vi* (s), sich zusámmenfinden*.

підбігати, підбігти zúlaufen* *vi* (s) (до кого-н. auf *A*); herán-, herbéilaufen* *vi* (s).

підбір 1) *(вибір)* Áuslese *f*, Áuswahl *f*; ~ кадрів Káderauswahl *f*; *(набір)* Zusámmenstellung *f* (10); ◊ (як) на ~ (wie) áusgesucht.

підборíддя Kinn *n* (2); подвíйне ~ Dóppelkinn *n*.

підбýрювати, підбýрити áufhetzen *vt*, áufwiegeln *vt*.

підбýрювач Áufhetzer *m* (6), Áufwiegler *m* (6); Ánstifter *m* (6) *(заводій)*.

підвáл 1) Kéller *m* (6); 2) *(в газеті)* der Teil der Zéitung únter dem Strich.

підвáлина *буд.* Fundamént *n* (2).

підвáльн|ий 1) Kéller≠; ~ий пóверх Kéllergeschoß *n* -sses, -sse; 2) ~а 'стаття́ der Artíkel únter dem Strich.

підвертáти, підвернýти *(ногу)* verstáuchen *vt*, verknácksen *vt*, verrénken *vt (вивихнути)*; **~ся** 1) *(про ногу)* éinknicken *vi* (s), sich verrénken; у ньóго підвернýлась ногá er hat sich *(D)* den Fuß [den Knöchel] verrénkt [áusgerenkt]; 2) *розм. (трапитися)* sich (dár)bíeten*; ~ся під рýку комý-н. j-m zwíschen die Fínger geráten*.

підви́д *біол.* Ùnterart *f* (10), Ùntertyp *m* (13).

підви́щен|ий erhöht, gestéigert; ~ий інтерéс erhöhtes Interésse; ~ий тиск *мед.* hóher Blútdruck; ~а температýра erhöhte [hóhe] Temperatúr, Fíeber *n*; ~і вимóги gestéigerte Ánsprüche.

підви́щення 1) *(більш високе місце)* Erhöhung *f* (10), Ánhöhe *f*; 2) *(дія)* Erhöhung *f* (10), Stéigerung *f* (10), Hébung *f* (10); ~ зарплáти Lóhnerhöhung *f*; ~ по слýжбі Beförderung *f* (10); ~ врожáйності Ertrágssteigerung *f*; ~ життéвого рíвня die Hébung [Erhöhung] des Lébensniveaus [-ni vo:s]; ~ цін Préissteigerung *f*; ~ продукти́вності прáці die Stéigerung der Árbeitsproduktivität [-vi-].

підви́щувати, підви́щити erhöhen *vt*, stéigern *vt*, hében* *vt*; ~ продукти́вність прáці die Árbeitsproduktivität [-vi-] stéigern [erhöhen, hében*]; ~ життéвий рíвень den Lébensstandard hében*; ◊ ~ гóлос die Stímme erhében*; ~ кваліфікáцію sich qualifizíeren, sich fórtbilden; **~ся** stéigen* *vi* (s), sich erhöhen, sich hében*.

підвíдомчий (ámtlich) úntergeordnet, éiner Behörde unterstéllt, zúständig.

підвікóння Fénsterbrett *n* (5).

підвісн|и́й áufhängbar, Hänge≠; ~á дорóга Schwébebahn *f* (10), Hängebahn, Dráhtseilbahn *f*; ~á дорóга для ли́жників Schílift *m* -(e)s, -s *та* -e.

підвíшувати, підвíсити ánhängen *vt*, únterhängen *vt*; ◊ у ньóго язи́к дóбре підвíшений er ist nie um éine Ántwort verlégen.

підвлáдний unterstéllt, úntergeordnet, úntertan *(підлеглий)*.

підвóда Fúhrwerk *n* (2); Fúhre *f* (11), Gefährt *n* (2).

підвóдити, підвести́ 1) *(приводити)* (zú)führen *vt*, herán-, herbéiführen *vt*, zúleiten *vt*; 2) *(піднімати)* (er)hében* *vt*; ~ гóлову den Kopf erhében; 3) *розм. (бути причиною невдачі)* áufsitzen lássen*, heréinlegen *vt*, ánführen *vt*, im Stich lássen* *vt*; ◊ ну й підвíв же ти менé! da hast du mir éinen schönen Brei ángerichtet!; **~ся** áufstehen* *vi* (s), sich erhében*, sich áufrichten; ~ся з-за 'стóлу vom Tísche áufstehen*; ~ся з місць sich von den Sítzen erhében*; допомогти́ комý-н. ~ся j-m áufhelfen*; ◊ хто рáно підвóдиться, за тим і дíло вóдиться ~ Morgenstunde hat Gold im Múnde.

підвóдн|ий Unterwasser≠; Untersee≠; únterseeisch; ~ий чóвен Únterseebot *n* (2), *(скор.* Ú-Boot); ~ий кáмінь Klíppe *f* (11); Riff *n*; ~а течія́ Ùnterströmung *f* (10); **~ик** Ùnterseebootmatrose *m* (9), Ú-Boot-Mann *m* (1).

підвóзити, підвезти́ zúführen *vt*, herbéiführen *vt*, heránbefördern *vt*; unterwégs mítnehmen* *vt (попутно)*.

підв'я́зка Strúmpfband *n* (5), Strúmpfhalter *m* (6).

підв'я́зувати, підв'язáти unterbínden* *vt*, úmbinden* *vt (фартух тощо)*, ánbinden* *vt*.

підганя́ти, підігнáти 1) *(кого-н. до чого-н.)* (her)ántreiben* *vt*, beschléunigen *vt*, ánspornen *vt*, áufpeitschen *vt (тварин)*; j-m Füße máchen *(розм.)*; 2) *(припасовувати)* ánpassen *vt*.

підгинáти, підігнýти *див.* підібгáти.

підглядáти, підглéдіти, підгля́нути beláuern *vt*; héimlich beóbachten *vt*, héimlich zúsehen* *vi (D)*, ábgucken *vt* (що-н. у кóго-н. *D*).

підгнивáти, підгни́ти 1) *(знизу)* (von únten) ánfaulen *vi* (s); 2) *(злегка)* ein wénig verfáulen *vi* (s), ánfaulen *vi* (s).

П

підгово́рювати, підговори́ти verléiten *vt*, (án)réizen *vt* (на що-н. zu *D*), ánstiften (на що-н. zu *D*).

підгодо́вувати, підгодува́ти áuffüttern *vt*; bésser ernähren *vt*; zúsätzlich füttern *vt*.

підгора́ти, підгоря́ти, підгорі́ти ánbrennen* *vi* (s).

підгорі́лий ángebrannt.

підгорта́ти, підгорну́ти 1) áufkrempeln *vt*, úmschlagen* *vt*; 2) *с. г.* häufeln *vt*.

підгото́вк|а 1) Vórbereitung *f*; 2) (nawöannq) Heránbildung *f*, Áusbildung *f*, Schúlung *f*; Vórbildung *f (запас знань)*; фізи́чна ~а Spórtausbildung *f*; військо́ва́ ~а militärische Áusbildung *f*; професі́йна ~а Berúfsausbildung *f*, berúfliche Áusbildung *f*; ~а ка́дрів Káderausbildung *f*; без ~и *(експромтом)* aus dem Hándgelenk, aus dem Stégreif.

підготовля́ти, підготува́ти, підгото́вити 1) vórbereiten *vt*; beréitstellen *vt*; 2) *(навчати)* heránbilden *vt*, áusbilden *vt*, schúlen *vt*; ~**ся** sich vórbereiten.

підгото́вч|ий Vor-; Vórbereitungs≠; vórbereitend; ~ий ві́дділ *(при вузі)* Vórstudi¦enanstalt *f* (10); ~а робо́та Vórarbeit *f* (10); ~і ку́рси *(при вузі)* Vórstudi¦enkurse *pl*.

підгру́па Úntergruppe *f* (11), Únterabtei¦lung *f* (10).

піддава́ти, підда́ти 1) *(вдарити знизу)* éinen Schlag versétzen; schléudern *vt*, wérfen* *vt (м'яч тощо)*; 2) ~ випро́буванню éiner Prüfung unterwérfen* [unterzíehen*] *vt*; auf die Próbe stéllen *vt*; ~ кри́тиці éiner Kritík unterzíehen*; ~спусто́шенню verwüsten *vt*; ~ су́мніву bezwéifeln *vt*, in Fráge stéllen *vt*; ~**ся** náchgeben* *vi*, sich ergréifen lássen*, sich ergében* *(здатися)*; ~ся чиє́му-н. вплйвові sich von j-m beéinflussen lássen*, sich tréiben lássen* *(розм.)*; ~ся на вмовля́ння sich überréden lássen*.

підда́ний Stáatsangehörige *m* (14).

підда́нство Stáatsangehörigkeit *f*, Stáatsbürgerschaft *f*.

підда́тливий 1) *(про матеріал)* náchgiebig, geschméidig, (leicht) fórmbar; 2) *(про людину)* náchgiebig, gefügig; wíllfährig.

піддо́брюватися, піддобри́тися j-n zu gewínnen súchen, j-n gütig stímmen.

піддо́слідн|ий Versúchs≠; ~а твари́на Versúchstier *n* (2); бу́ти ~им кро́ликом *перен. розм.* Versúchskaninchen sein.

підду́рювати, піддури́ти betrügen* *vt*, ánschwindeln *vt*, násführen невідокр. *vt (водити за ніс)*.

піджа́к Jácke *f* (11), (Hérren)jackétt [-ʒa-] *n* (2) (*pl тж.* -s); Sákko *m, n* -s, -s; без ~á in Hémdsärmeln.

піджа́р|ений bráungebraten; geröstet; ~**ювати,** ~**ити** (án)bráten* *vt*, rösten *vt (на відкритому вогні)*.

піджи́влювати, підживля́ти, підживи́ти áuffüttern *vt*, zúsätzlich füttern *vt*; náchdüngen *vt (рослини)*.

підзаголо́вок Úntertitel *m* (6).

підза́хисний *юр.* Kli¦ént *m* (8); Mandánt *m* (8).

підзві́тний 1) *(про людину)* (áb)réchnungspflichtig, réchenschaftspflichtig; 2) *(про гроші)* verréchnungspflichtig, ábrechnungspflichtig.

підзе́мн|ий únterirdisch; ~ий перехі́д Fúßgängerunterführung *f* (10); ~і робо́ти Untertágearbeiten *pl*.

підібра́ти (nach únten) bíegen* *vt*, úmbiegen* *vt*, éinbiegen* *vt (загнути)*; ◊ ~ хвоста́ *(вгамуватися, втихомиритися)* den Schwanz zwíschen die Béine néhmen* [éinziehen*].

підігріва́ти, підігрі́ти áufwärmen *vt*; vórwärmen *vt*.

підігрі́в Ánwärmung *f*, Áufheizung *f*, Erhítzung *f*.

під'їжджа́ти, під'ї́хати (her)ánfahren* *vi* (s), herángefahren kómmen* *vi* (s); heránreiten* *vi* (s) *(верхи)*.

під'ї́зд 1) *(вхід)* Éingang *m* (1*); Áufgang *m* (1*); 2) *(шлях)* Áuffahrt *f*; Ánfahrtsstraße *f*.

підйо́м 1) Áufstieg *m* (1); ~ на го́ру 1) das Erstéigen éines Bérges; Bérgbesteigung *f* (10); 2) *(вантажу)* Hébung *f*, Hináufziehen *n* -s; 3) *(схил гори)* Stéigung *f* (10); 4) *(розвиток)* Áufstieg *m* (1), Áufschwung *m* (1*); Ánwachsen *n* -s *(ріст)*; 5) *(натхнення)* Begéisterung *f*, (Áuf)schwung *m*, Elán *m* -s.

підйомн|ий Hébe≠, Förder-; ~ий кран Hébekran *m* (1, 1*), Túrmkran *m*; ~ий міст Áufziehbrücke *f* (11), Zúgbrücke *f*; ~а си́ла Trágkraft *f*; *ав.* Áuftrieb *m* -(e)s; **~ик** 1) *тех.* Áufzug *m* (1*), Héber *m* (6); 2) *гірн.* Lift *m* (1), Fáhrstuhl *m* (1*).

підкáзувати, підказáти 1) vórsagen *vt*; soufflíeren [zu-] *(театр.)*; 2) *(навести на думку)* éingeben* *vt*, éinflößen *vt*, auf den Gedánken bríngen* *vt*.

підкидáти, підкúнути 1) *(вгору)* in die Luft [in die Höhe] wérfen* *vt*; 2) *(додавати)* hinzúwerfen* *vt*, náchlegen *vt*; 3) *розм.* *(доставляти)* zúführen *vt*, bríngen* *vt*, (hín)scháffen* *vt*; 4) *перен.* *(нишком)* héimlich zúschieben* *vt*, unterschíeben* *vt*.

підкладáти, підклáсти 1) *(під що-н.)* únterlegen *vt*, únterschieben* *vt*; ~ мíну *(тж. перен.)* Mínen légen; 2) *(підшити підкладку)* (áb)füttern *vt*; ◊ ~ свиню комý-н. *(розм.)* j-n heréinlegen, j-m éinen Knüppel zwíschen die Béine wérfen.

Knüppel zwíschen die Béine wérfen.

підклáд|ка *(на одягу)* Fútter *n* (6); Fútterstoff *m* (1) *(тканина)*; хутрянá ~ка Pélzfutter *n*; вáтна ~ка Wattíerung *f* (10); ~ка з матерії Stóffutter *n*; пристібнá ~ка Éinknöpffutter *n*; без ~ки úngefüttert, на ~ці gefüttert; на шовкóвій ~ці auf [mit] Séide gefüttert, auf Séide geárbeitet.

підклáс *біол.* Únterklasse *f* (11).

підклéювати, підклéїти 1) *(під що-н.)* únterkleben *vt*; 2) *(полагодити)* zúkleben *vt*.

підкликáти heránrufen* *vt*, herbéirufen* *vt*; heránwinken *vt* *(знаком)*.

підключáти, підключúти ánschließen* *vt* (до чóго-н. an *D*); zúschalten *vt*.

підкóва Húfeisen *n* (7).

підкóван|ий beschlágen; бýти дóбре ~им *розм.* gut beschlágen sein, in éiner Sáche dahéim sein.

підкóвувати, підкувáти: ~ конЯ ein Pferd beschlágen*.

підкомíсія Únterkomission *f* (10), Únterausschuß *m* -sses, -schüsse.

підконтрóльний únter Kontrólle stéhend; kontrollíert (von *D*).

підкóп Míne *f* (11), Sáppe *f* (11), Untergrábung *f*.

підкóпувати, підкопáти untergráben* *vt*, unterhöhlen *vt*; *військ.* unterminíeren *vt*; áufwühlen *vt*; **~ся** 1) *військ.* unterminíeren *vt*; éinen Gang gráben*; 2) *перен.* *розм.* *(під кого-н.)* unterminíeren *vt*, j-m éine Grúbe gráben*.

підкóрм *с. г.* 1) *(підгодівля худоби)* Béifutter *n* (6), die Zúgabe zum Víehfutter; 2) *(підживлення рослин)* Náchdüngung *f*.

підкорóчувати, підкоротúти (áb)kürzen *vt*, verkürzen *vt*, kürzer máchen *vt*.

підкорЯти, підкорúти únterordnen *vt*; unterwérfen* *vt*, unterjóchen *vt*; knéchten *vt*, eróbern *vt* *(завоювати)*; **~ся** sich unterwérfen*, sich únterordnen; sich fügen (чомý-н. in *A*) *(примиритися)*

підкóчувати, підкотúти 1) *(під'їхати)* (her)ánrollen *vi* (s) *(про автомобіль)*; 2) *(що-н.)* hínrollen *vt*, hínwälzen *vt*.

підкóшувати, підкосúти *перен.* *(хвалити з ніг кого-н.)* níederschlagen *vt*, zu Bóden strécken *vt*, úmwerfen* *vt*; це йогó підкосúло das hat ihn úmgeworfen.

підкрадáтися, підкрáстися sich heránschleichen*, *vi* (s), sich heránpirschen *vi* (s), únbemerkt heránkommen*.

підкрéсл|ення Unterstréichen *n* -s; *перен.* Betónen *n* -s, Hervórheben *n* -s; **~ювати, ~ити** unterstréichen* *vt*; *перен.* *тж.* betónen *vt*, hervórheben* *vt*, hervórtreten lássen* *(виділити)*; ~ювати червóним rot unterstréichen* [ánstreichen*].

підкрíплення 1) *(їжею)* Stärkung *f*; *(напоями)* Erfríschung *f*; 2) *військ.* Verstärkung *f* (10), Verstärkungstruppen *pl*.

підкрíплювати, підкрíпúти 1) untermáuern *vt* *(напр., стіну)*; verstärken *vt*; 2) *перен.* bekräftigen *vt*; erhärten *vt*; ~ словá дíлом Wórte mit Táten untermáuern; **~ся** *розм.* sich stärken; sich erfríschen.

підкрохмáлювати, підкрохмáлити étwas stärken *vt*, étwas stéifen *vt*.

підкрýчувати, підкрутúти féster (án)schráuben *vt* [ánziehen* *vt*]; ~ болт éine Schráube ánziehen*.

пíдкуп Bestéchung *f* (10), Korruptión *f* (10).

підкупóвувати, підкупúти 1) *(грошима тощо)* bestéchen* *vt*, erkáufen *vt*; Schmíergelder gében* (когó-н. *D*); 2) *(викликати симпатію)* bestéchen* *vt*, bezáubern *vt*; йогó пóсмішка підкупóвує sein Lächeln bezäubert.

П

підкýпність Bestéchlichkeit *f*, Käuflichkeit *f*, Korruptión *f*.

підлабýзник *розм.* Spéichellecker *m* (6), Kriecher *m* (6), Schméichler *m;* Schméichelkatze *f (про жінку)*.

підлабýзництво Spéichelleckerei *f*; Lobhudeléi *f*.

підлáщуватися, підлáститися *розм.* sich éinschmeicheln (до кóго-н. bei *D*), sich ánschmiegen (до кóго-н. an *A*).

підлéгл|ий 1) *у знач. прикм.* unterstéllt, úntertan, zúständig, úntergeordnet; 2) *у знач. ім.* Untergébene *m* (14), Unterstéllte *m* (14), Untergeordnete *m* (14); **~ість** Ábhängigkeit *f*, Subordinatión *f*, Bótmäßigkeit *f*, Únterordnung *f*; ◊ бýти в пóвній ~ості *розм.* únter dem Dáumen sein.

підлéслив|ий schméichlerisch, Schméichel≠, líebedienerisch, kríecherisch; ~а мóва Schméichelrede *f* (11).

підлéщуватися, підлестúтися *розм.* sich éinschmeicheln (до кóго-н. bei *D*), scharwénzeln *vi*, sich um j-s Gunst bewérben*.

підлúва Túnke *f* (11), Sóße *f* (11).

підливáти, піділлáти, підлúти (hin) zúgießen*, náchgießen* *vt (пізніше)*; ◊ мáсла в огóнь Öl ins Féuer gíeden*, Féuer mit Stroh löschen.

підлúза *розм.* Schméichler *m* (6), Spéichellecker *m*.

підлікóвувати, підлікувáти (téilweise) héilen *vt*, ein bißchen kuríeren *vt*, ärztlich behándeln *vt;* **~ся** sich ein wénig kuríeren, éine Kur dúrchmachen.

підлітáти, підлетíти 1) herbéifliegen* *vi* (s); ánfliegen* *vi* (s), (her)ángeflogen kómmen*; 2) *розм. (підбігти)* herbéistürzen *vi* (s).

підлíток Júgendliche *m* (14); Teenager ['tine:dʒə] *m* (6); Báckfisch *m* (1) *(дівчинка) (розм.)*.

підлóга Fúßboden *m* (7*), Díele *f* (11); паркéтна ~ Párkéttfußboden *m*' Parkéttdiele *f*; землянá Léhmfuß boden *m*; дощанá ~ Bóhlenfußboden *m*, Brétterfußboden *m*.

підлягá|ти unterlíegen* *vi;* ~ ти оплáті záhlbar sein; це не ~ є сýмніву das unterliegt kéinem Zwéifel; це не ~є розголóшенню das muß gehéimgehalten wérden.

підмáз|увати, ~ати 1) éinschmieren *vt;* 2) розм. *(підкупити)* bestéchen* *vt*, schmíeren *vt*.

підмальóвувати, підмалювáти (leicht) färben *vt*, ánstreichen* *vt (паркан тощо);* ~ гýби die Líppen náchziehen* [schmínken]; **~ся** sich [ein wénig] schmínken.

підмáнювати, підманýти betrügen *vt*, hintergéhen* *vt*, ánführen *vt (підвести)*, hinters Licht führen *vt*.

підмерзáти, підмéрзнути (leicht) gefríeren* *vi* (s).

підмет *грам.* Subjékt *n* (2).

підмéтк|а Schúhsohle *f* (11); Stíefelsohle *f* (11); прибúти ~и besóhlen *vt*.

підминáти, підім'яти *(під себе)* níederdrücken *vt*.

підмíна Ersétzen *n* -s, Únterschiebung *f* (10) *(таємна);* Vertáuschung *f* (10).

підмíн|ювати, підмінúти 1) *(непомітно замінити)* únterschieben* *vt*, héimlich vertáuschen *vt*: 2) *(тимчасово замінити кого-н.)* áuswechseln *vt;* áblösen *vt;* vertréten* *vt (по роботі);* ◊ її нíби ~úли sie ist wie áusgetauscht.

підмітáти, підместú (aus)fégen *vt*, (áus)kehren *vt*.

підмічáти, підмíтити (be)mérken *vt*.

підмíшувати, підмішáти béimischen *vt*, béimengen *vt;* ánmischen *vt*.

підмóва Anstiftung *f* (10).

підмовлáти, підмóвити verléiten *vt*, ánreizen *vt* (на щo-н. zu *D*), ánstiften *vt* (на щo-н. zu *D*).

підмóг|а Hílfe *f*; Béistand *m* -(e)s *(сприяння);* Unterstützung *f (підтримка);* Stütze *f*; на ~у zu Hílfe.

підмокáти, підмóкнути (ein wénig) naß [feucht] wérden.

підмóргувати, підморгнýти zúblinzeln *vi*, zúzwinkern *vi*.

підморó|жувати, підморóзити 1) (leicht) gefríeren lássen*; 2) *безос.* gefríeren* *vi;* **~жує** es fängt an zu fríeren, es friert schon.

підмóчувати, підмочúти ánfeuchten *vt;* ◊ підмóчена репутáція *розм.* zwéifelhafter Ruf.

підмóщувати, підмостúти únterlegen *vt*.

піднебíн|ний 1) *(анат.)* Gáumen≠; 2) *лінгв.* Gáumen≠, palatál, Palatál≠; **~ня** Gáumen *m* (7); твердé ~ня der hárte Gáumen; м'якé ~ня der wéiche Gáumen.

підне́сен|ий gehóben, erhóben; ~ ий на́стрій gehóbene Stímmung; *перен.* erhóben, hoch, féstlich; **~ня** Schwung *m* -(e)s; відчу́ти душе́вне ~ня in Schwung kómmen*.

підні́жжя Fuß *m* (1*); ~ гори́ der Fuß des Bérges.

підніма́ти, підійма́ти, підня́ти 1) (áuf)hében* *vt*, erhében* *vt*, hóchnehmen* *відокр. vt;* empórheben* *відокр. vt (вгору);* ~ ру́ку die Hand (er)hében*; ~ ко́мір den Krágen hóchklappen; ~ бока́л *(за чиє-н. здоров'я)* auf j-s Gesúndheit trinken*; ~ прапор die Flágge híssen; 2) *(з ліжка)* wécken *vt*, aus dem Bett hólen *vt;* 3) *(підбирати)* áufheben* *vt;* 4) *(підвищувати)* erhöhen *vt*, stéigern *vt;* ◊ ~ ціни die Préise in die Höhe tréiben*; ~ го́лос *(на захист)* die Stímme erhében*; ~ триво́гу Alárm schlágen*; ~ кого́-н. на сміх j-n zum Gespött [lächerlich] máchen ◊ хто підня́в меч, той від меча́ й заги́не wer das Schwert nimmt, soll durch das Schwert úmkommen; **~ся** 1) *(вставати)* sich erhében*, sich áufrichten, áufstehen* *vi* (s); допомага́ти ~ся кому́-н. j-m áufhelfen*; 2) *(нагору)* stéigen* *vi* (s); hináufgehen* *vi* (s) *(у напрямку від того, хто говорить);* heráufkommen* *vi* (s) *(у напрямку до того, хто говорить);* ~ся на го́ру auf éinen Berg stéigen* *vi* (s), éinen Berg bestéigen* [erstéigen*]; ~ся по схо́дах die Tréppe hináufsteigen*; 3) *(зростати)* stéigen* *vi* (s), sich erhöhen; ціни підняли́ся die Préise sind gestíegen; 4) *(виникати)* entstéhen* *vi* (s); áufkommen* *vi* (s); sich erhében*, áuftauchen *vi* (s); піднялáся грозá ein Sturm erhób sich; 5) *(повстати)* sich (zum Kampf) erhében*; ◊ ~ся з ліжка *(після хвороби)* áufkommen* *vi* (s), auf die Béine kómmen*.

підно́влювати, піднови́ти ernéuern *vt*, áuffrischen *vt (освіжити)*.

підно́с Tablétt *n* (2), Servíerbrett [-vi:r-] *n* (5).

підно́сити, піднести́ 1) *(ближче)* heránbringen* *vt*, näher bríngen*; 2) *(вгору)* hében* *vt*, hóchnehmen* *відокр. vt*, empórheben* *відокр. vt*, erhöhen *vt*, stéigern *vt;* 3) *(подарунок тощо)* überréichen *vt*, dárbringen* *відокр. vt*; 4): ~ тост за ко́го-н., за що-н. éinen Toast [to:st] [Trínkspruch] auf j-n áusbringen*; ~ число́ до квадра́та éine Zahl in die zwéite Poténz erhében; ~ кого́-н. до небе́с j-n bis in den drítten Hímmel erhében*.

підодія́льник Überschlaglaken *n* (7), Béttbezug *m* (1*).

підо́зр|а Verdácht *m* -(e)s; Verdächtigung *f*; ви́кликати до се́бе ~у sich verdächtig máchen; бу́ти під ~ою únter Verdácht stéhen*.

підозріва́|ти 1) *(кого-н.)* j-n verdächtigen *vt*, j-n in Verdácht háben; gégen j-n Verdácht hégen; 2) *(передбачати)* vermúten *vt*, éine Áhnung háben*; нічо́го не ~ючи áhnungslos.

підозрі́л|ий 1) *(що викликає підозру)* verdächtig; ~а спра́ва éine dúnkle Ángelegenheit; 2) *(недовірливий)* mißtrauisch, árgwöhnisch; ◊ це мені здає́ться ~им die Sáche kommt mir verdächtig vor; він ду́же ~ий er ist dríngend verdächtig; **~ість** 1) Verdächtigkeit *f;* 2) *(недовір'я)* Mißtrauen *n* -s, Árgwohn *m* -(e)s.

підо́йм|а *тех.* Hébel *m* (6), Hébestange *f* (11); ви́користати всі ~и *перен.* álle Hébel in Bewégung sétzen.

підопі́чн|ий 1) *юр.* únter Tréuhandschaft stéhend *(про майно);* Tréuhand≠; ~а терито́рія Tréuhandgebiet *n* (2); 2) *у знач. ім. юр.* Mündel *m; перен.* Schützling *m*.

підоси́чник *бот.* Róthäuptchen *n* (7), Rótkappe *f*.

підо́шва 1) Sóhle *f* (11); Fúßsohle *f (ноги);* Schúhsohle *f (взуття);* мікропо́риста ~ Pórosohle *f;* 2) ~ гори́ der Fuß [die Sóhle] éines Bérges.

підпада́ти, підпа́сти geráten* (під únter *A*) *vi* (s); ~ під чий-н. вплив únter j-s Éinfluß geráten*, sich tréiben lássen*.

підпа́л Brándstiftung *f* (10); вчини́ти ~ éinen Brand ánlegen; Féuer légen; **~ювати, ~и́ти** ánzünden *vt;* in Brand stécken [sétzen] *(викликати пожежу);* in Flámme sétzen.

підпері́зувати, підпереза́ти úmgürten *vt*, éinen Gürtel úmbinden*.

підпи́лювати, підпиля́ти ábsägen *vt;* ánfeilen *(терпугом)*.

підпира́ти, підпе́рти (unter)stützen *vt;* ~ го́лову den Kopf áufstützen.

П

підпис Únterschrift *f* (10); Signíerung *f* (10) *(автора картини тощо)*; постáвити ~ unterschréiben *vt*, Únterschrift léisten; за ~ом unterzéichnet (когó-н. von *D*).

підпи́сувати, підписáти unterschréiben* *vt*, unterzéichnen *vt*, signíeren *vt (картину)*; **~ся** *(поставити підпис)* unterschréiben* *vt*, unterzéichnen *vt*.

підпи́ска *(письмове зобов'язання)* schríftliche Verpflíchtung *f* (10).

підпихáти, підіпхну́ти ánstoßen* *vt*, schíeben* *vt*; *перен. розм.* ánspornen *vt*, éinen Áuftrieb gében* (когó-н. *D*).

підпілл|я Illegalität *f*, Úntergrundbewegung *f*; піти́ в ~я in die Illegalität géhen* [tréten*]; працювáти в ~і íllegal árbeiten.

підпíрка Stütze *f* (11), Pféiler *m* (6), Strébe *f* (11).

підпливáти, підпливти́, підплисти́ heránschwimmen* *vi* (s) *(про рибу, людину тощо)*; heránsegeln *vi* (s) *(про парусне судно)*; heránfahren* *vi* (s), heránkommen* *vi* (s) *(про човен)*.

підповзáти, підповзти́ 1) *(наблизитись)* herankriechen* *vi* (s), herbéikriechen* *vi* (s); 2) kríechen* (під що-н. únter *A*).

підполкóвник Óberstleutnant *m* (1) (*pl тж*. -s).

підпорядкóваний úntergeordnet, unterstéllt, ábhängig.

підправля́ти, підпрáвити ein wénig áusbessern *vt*, korrigíeren *vt*, in Órdnung bríngen* *vt*.

підприéмець Unternéhmer *m* (6), Geschäftsmacher *m* (6).

підприéмство Unternéhmen *n* (7) Betríeb *m* (1); держáвне ~ stáatliches Unternéhmen, stáatlicher Betríeb; ~ побутóвого обслугóвування Díenstleistungsbetrieb *m*; ~ громáдського харчувáння Gáststättenbetrieb *m*.

підпускáти, підпусти́ти herán(kommen) lássen* *vt*; zúlassen* *vt*; ◊ не ~ на гармáтний пóстріл auf Schúßwiete von etw hálten*.

підрахóвувати, підрахувáти réchnen *vt*, zusámmenzählen *vt*, beréchnen *vt*; ~ голоси́ die Stímmen áuszählen; ~ ви́ручку Kásse máchen.

підрахýн|ок Zählung *f* (10), Beréchnung *f* (10), Áuszählung *f* (10); ~ок голосíв Stímmenzählung *f*, die Áuszählung der Stímmen; за попередніми ~ками nach Schätzungen, schätzungsweise, nach vórläufigen Beréchnungen.

підривáти, підірвáти 1) spréngen *vt*; 2) *перен.* untergráben* *vt*; spréngen *vt*, unterwühlen *vt*; ◊ ~ здорóв'я die Gesúndheit ruiníeren; ~ довíр'я до кóго-н. j-n um állen Kredít [in Míßkredit] bríngen*.

підривáти, підри́ти untergráben* *vt*, von únten gráben* *vt*.

підривн|и́й 1) *військ., гірн.* Spreng≠; ~и́й заря́д Spréngladung *f* (10); 2) *перен.* schädlich, subversív [-vɛr-].

підрíвнювати, підрíвняти ébnen *vt*, gleich máchen; geráde schnéiden* *vt (рівно підрізати)*.

підрíзувати, підрíзати (von únten) beschnéiden* *vt*, stútzen *vt*; éinschneiden* *vt*; ◊ ~ кри́ла комý-н. *перен.* j-m die Flügel beschnéiden;* ~ сучóк, на якóму си́диш den Ast ábsägen, auf dem man sitzt.

підробíток розм. Nébenverdienst *m* (1).

підрóблювати, підробля́ти, підроби́ти 1) *(додатково заробляти)* éinen Nébenverdienst háben*, dazúverdienen *vt*; 2) *(імітувати, робити фальшивку)* fälschen *vt*; verfälschen *vt*; ~ грóші Geld fälschen; **~ся** *розм. (під кого-н.)* sich j-m ánpassen.

підрóб|ка Fälschung *f*, Verfälschung *f*, Imitatión *f*; ~ка монéт Münzfälschung *f*; ~ка грóшей Géldfälschung *f*; ~ка документíв Úrkundenfälschung *f*; **~лений** 1) gefälscht, verfälscht, falsch; ~лені грóші gefälschtes Geld, Fälschgeld *n* -(e)s; 2) *(штучний)* falsch, imitíert.

підрóзділ Únterabteilung *f* (10).

підростá|ти, підрости́ heránwachsen* *vi* (s); ~юче поколíння Náchwuchs *m* -es, heránwachsende Generatión.

підрýчний Hándlanger *m* (6), Gehílfe *m* (9), Hílfsarbeiter *m* (6).

підрýчник Léhrbuch *n* (5); ~ нíмецької мóви Déutschlehrbuch *n*, das Léhrbuch der déutschen Spráche.

підря́д nacheinánder, hintereinánder, der Réihe nach; чоти́ри годи́ни ~ vier Stúnden hintereinánder; все ~ álles óhne Áusnahme.

підря́дн|ий *грам.* ábhängig, úntergeordnet, unterstéllt; ~е ре́чення Nébensatz *m* (1*), Glíedsatz *m*.
підря́дність *грам.* Únterordnung *f*, Hypotáxe *f* (11).
підса́джувати, підсади́ти *(допомогти сісти)* hináufhelfen* *vi* (кого́-н. *D*), beim Éinsteigen [Áufsteigen] hélfen*.
пі́дсвинок *с. г.* Läufer *m* (6), Läuferschwein *n* (2).
підсвідо́м|ий únterschwellig, únterbewußt, instinktív; ~**ість** Únterbewußtsein *n* -s.
підси́лювати, підси́лити (ver)stärken *vt*, verschärfen *vt (загострити)*; stéigern *vt (інтенсифікувати)*.
підси́па́ти hinzústreuen *vt*, hinzúschütten *vt*; éinstreuen *vt*.
підсиха́ти підсо́хнути allmählich trócknen.
підска́кувати, підско́чити 1) hóchspringen* *відокр. vi* (s), hüpfen *vi* (s), áufspringen* *vi* (s), áuffahren* *vi* (s); 2) *(підбігти)* hinzúspringen* *vi* (s), heránspringen* *vi* (s); 3) *розм. (про ціну, температуру)* plötzlich (án)stéigen* *vi* (s), in die Höhe schnéllen.
підслу́хати beláuschen *vt*, erláuschen *vt*, ábhorchen *vt*.
підсма́ж|увати, ~ити knúsprig bráten* *vt*, ánbraten* *vt*, rösten *vt (на відкритому вогні)*.
підсма́лювати, підсмали́ти brénnen* *vt*, séngen *vt*, flámmen *vt*; ábsengen *vt (свиню, птицю)*.
підсмі́юватися *(з кого-н., з чого-н.)* sich lústig máchen (über A); j-n am Bändel herúmführen, j-n durch den Kakáo ziehen*.
підспі́вувати 1) (léise) mítsingen* *vi*; 2) *перен. розм. (кому-н.)* j-m nach dem Mund réden.
підста́в|а Grund *m* (1*), Bewéggrund *m (мотив)*, Ánlaß *m* -sses, -lässe *(привід)*; *ваго́мі* ~и (ge)wíchtige Gründe; на ~і auf Grund, an Hand; на цій ~і aus díesem Grúnd(e); на які́й ~і? aus wélchem Grúnd(e)?; з цілкови́тою ~ою mit gútem Grund, mit Récht; не без підста́в nich óhne Grund; без вся́ких підста́в óhne léden Grund; є всі ~и вважа́ти man hat állen Grund ánzunehmen*.
підставля́ти, підста́вити 1) únterstellen *vt*, stéllen *(під* únter *A) vt*, úntersetzen *vt*; únterschieben* *vt (підсунути)*; 2) *мат.* éinsetzen *vt*, substituíeren *vt*; ◊ ~ кому́-н. но́гу *тж. перен.* j-m ein Bein stéllen; ~ кого́-н. під уда́р j-n gefährden.
підста́вка Ständer *m* (6); Úntergestell *n* (2); Únterlage *f* (11); ~ для скля́нок Úntersetzer *m* (6).
підстано́вка *мат.* Éinsetzung *f* (10), Vertáuschung *f* (10), Substitutión *f* (10); Permutatión *f* (10).
підста́нція Únterstation *f* (10); Únterwerk *n* (2) *(електрична)*; телефо́нна ~ Férnsprechnebenstelle *f* (11).
підстеля́ти, підстели́ти únterlegen *vt*, únterbreiten *vt*; únterstreuen *vt (солому)*.
підстеріга́ти, підстерегти́ 1) beláuern *vt*, láuern *vi* (кого́-н. auf *A*); áuflauern *vi (D)*; 2) *(момент тощо)* ábpassen *vt*.
підсти́лка Únterlage *f* (11); Streu *f* (10) *(для худоби)*.
підстрибну́ти (áuf)springen* *vi* (s), auffáhren* *vi* (s), in die Höhe spríngen*, ◊ ~ від ра́дості éinen Fréudensprung máchen.
підстри́бувати hüpfen *vi* (s, h), (áuf)spríngen* *vi* (s).
підстрига́ти, підстри́гти schéren* *vt*, schnéiden* *vt (волосся, нігті тощо)*; stútzen *vt (кущі, бороду)*, káppen *vt (дерева)*; ~**ся** sich *(D)* das Haar schnéiden* [schéren*] lássen* *(у перукарні)*.
підстрі́лювати, підстрі́лити 1) *(поранити)* ánschießen* *vt*, tréffen* *vt*, verwúnden *vt*; 2) *(застрілити)* erschíeßen* *vt*.
підстро́ювати, підстро́їти *розм.* ánstiften *vt*, áushecken *vt*, ánrichten *vt*; ◊ ~ ка́верзу кому́-н. j-m éinen bösen Streich spíelen.
підстру́гувати, підструга́ти ánspitzen *vt*.
пі́дступ Zúgang *m* (1*), Zúgangsweg *m*; Vórgelände *n* (6); ~и до мі́ста das Vórfeld der Stadt; ~**а́ти,** ~**йти** 1) heránrücken *vi* (s), heránnahen *vi* (s); 2) *(звернутися)* herántreten* *vi* (s), sich wénden*; ◊ до ньо́го не ~йтися *розм.* ihm ist nicht béizukommen.
підсту́пн|ий tückisch, héimtückisch; hínterlistig, árglistig; ~ ий на́мір böser Vórsatz, árglistige Ábsicht; ◊ зірва́ти чиї́-н. ~і пла́ни dem Téufel die Réchnung (das Spiel) verdérben*; ~**ість** Tücke *f*, Héimtücke *f*, Hínterlist *f*, Árglist *f*.
підстьо́бувати, підстьобну́ти 1) *(коня)* mit der Péitsche ántreiben* *vt*, áufpeitschen *vt*, auf den Trab bríngen* *vt*; 2) *розм.* ánregen *vt*;

П

ántreiben* *vt*, áufpeitschen *vt*; j-m Béine máchen.

підсу́дни|й 1) *у знач. прикм.* dem Gerícht zúständig; 2) *у знач. ім. юр.* Ángeklagte *m* (14); ла́ва ~х Ánklagebank *f* (3).

підсумко́вий 1) Gesámt≠, zusámmenfassend; 2) Ábschluß≠.

підсумо́вувати, підсумува́ти 1) summíeren *vt*, die Súmme zíehen*; 2) *перен.* zusámmenfassen *vt*, áuswerten *vt*, die Bilánz zíehen*, schlúßfolgern *vt*.

пі́дсум|ок (Énd)ergébnis *n* (3*), Fázit *n* (2) *(pl тж.* -s); Bilánz *f* (10); підбива́ти ~ки die Bilánz [das Fázit] zíehen*; áuswerten *vt;* підбива́ння ~ків die Zusámmenfassung [Áuswertung] der Ergébnisse; ◊ в кінце́вому ~ку létzten Éndes, létztlich, letzténdlich.

підсу́шувати, підсуши́ти (ein wénig) trócknen *vt*, (ein wénig) ábtrocknen lássen*.

підта́кувати zústimmen *vi*, bejáhen *vt;* j-m nach dem Múnde réden; zu állem Ja und Ámen ságen *(розм.)*.

підтасо́вувати, підтасува́ти 1) *(карти)* betrügerisch [falsch] míschen *vt;* 2) *перен.* unterstéllen *vt*, entstéllen *vt;* ~ **фа́кти** die Tátsachen tendenziös zusammenstéllen [verdréhen].

підтве́рдж|ення Bestätigung *f* (10); Beschéinigung *f* (10) *(докуме́нтом)*; знайти́ нове́ ~ення éine ernéute Bestätigung fínden* [erfáhren*]; **~увати, підтве́рдити** bestätigen *vt;* bekräftigen *vt;* ~увати оде́ржання den Empfáng beschéinigen; ~увати і́стину die Wáhrheit erhärten; ~увати докуме́нтом mit éinem Dokumént belégen; **~уватися** sich bestätigen; sich bewáhrheiten.

підте́кст únausgesprochener Sinn [Gedánke].

підто́ч|увати, підточи́ти 1) (áb)schléifen* *vt*, ánspitzen *vt;* 2) *(підгризти)* (von únten) benágen *vt;* 3) *перен. (сили, здоров'я)*, untergráben* *vt;* ruiníeren *vt*, schwächen *vt;* ◊ кома́р но́са не ~ить *розм.* darán ist nichts áuszusetzen.

підтри́м|ка 1) Unterstützung *f* (10); Béistand *m* -(e)s; Rückhalt *m* -(e)s, Zústimmung *f (схвалення)*; взає́мна ~ка gégenseitige Unterstützung; ма́ти ~ку stárken Rückhalt háben*; при ~ці mit Unterstützung; шука́ти ~ки у ко́го-н. an j-s Tür klópfen; 2) *(опора)* Stütze *f* (11), Unterstützung *f* (10).

підтри́мувати, підтри́мати 1) *(служити опорою)* stützen *vt*, als Stütze díenen; 2) *(допомагати)* unterstützen *vt;* j-m béistehen* j-m dem Rücken stéifen; 3) *(схвалювати)* zústimmen *vi (D);* ~ проха́ння ein Gesúch befürworten; ~ іде́ю éine Idée unterstützen; ~ кандидату́ру éine Kandidatúr unterstützen; 4) *(дружбу, листування тощо)* unterhálten* *vt*, áufrechterhalten* *vt;* ~ стосу́нки [знайо́мство] з ким-н. mit j-m Bezíehungen unterhálten*, Verkéhr mit j-m pflégen; ~ поря́док Órdnung hálten*.

пі́дтюпцем in léichtem Trab.

підтяга́ти підтягну́ти 1) *(ближче)* heránschleppen *vt*, heránziehen* *vt;* 2) *(підняти що-н. угору)* hóchziehen* *відокр. vt;* 3) *(пасок тощо)* féstziehen* *відокр. vt*, ánspannen *vt;* 4) *(відстаючих)* náchziehen* *vt;* náchhelfen* *vi* (кого́-н. *D*); ◊ у ме́не живі́т (від го́лоду) підтягну́ло ≅ mein Mágen knurrt vor Húnger; **~ся** 1) *спорт.* sich hóchziehen* *відокр.:* éinen Klimmzug máchen; 2) *(про відстаючих)* sich béssern; áufholen *vi*.

піду́чувати, підучи́ти *розм.* 1) *(урок тощо)* (noch étwas) lérnen *vt*, hinzúlernen *vt;* 2) *(навчити)* léhren *vt*, béibringen* *vt* (кого́-н. *D*); **~ся** *розм.* lérnen *vt, vi;* sich heránbilden.

підхі́д 1) *(наближення)* Heránteten *n* -s, Heránrücken *n* -s; 2) *перен.* Herángehen *n* -s; (Art der) Behándlung *f;* Vórgehen *n* -s (bei *D*); Betráchtungsweise *f* (11); Éinstellung *f* (10), індивідуа́льний ~ individuélle [-vi-] Behándlung; individuélles Herángehen; форма́льний ~ formále Behándlung.

підхо́дити, підійти́ 1) *(наблизитись)* heránt reten* *vi* (s) (до ко́го-н., до чо́го-н. an *A*, zu *D*); heránkommen* *vi* (s); sich nähern *(D);* ~ до кінця́ auf die Néige (zur Néige) géhen*; 2) *(личити кому-н.)* pássen *vi;* їй підійшла́ ця су́кня das Kleid páßte ihr; 3) *(бути приємним)*; це мені підхо́дить das ist mir ángemessen, das paßt in méine Kárten; це мені не підхо́дить dafür bin ich nicht zu Háuse.

підхо́плювати, підхопи́ти 1) áuffangen* *vt*, áufgreifen* *vt;* ergréifen* vt *(схопити)*; 2) *(пісню тощо)* éinfallen* vi (s) (in A); éinstimmen vi (in A); 3) *розм. (хворобу)* sich *(D)* hólen; ~**ся** áufspringen * vi (s), áuffahren* vi (s), in die Höhe fáhren*; ~**ся** з місця vom Platz áufspringen*; ~ся з ліжка vom Bett áufspringen*.

підчас während (G).

підчистка Áusputzen *n* -s; Radíeren *n* -s *(написаного)*.

підчищáти, підчистити 1) ein wénig réinigen [säubern, pútzen]; áusputzen *vt;* 2) *(написане)* áusradieren *vt.*

підшéфн|ий Páten≠, únter Pátenschaft stéhend*; ~а будóва Pátenbaustelle *f* (11); ~а шкóла Pátenschule *f* (11).

підшивáти, підшити 1) *(сукню)* ánnähen *vt*; únternähen *vt;* 2) ~ підкладку Fútter éinnähen; 3) *(газети, папери)* ábheften *vt.*

підшивка *(газет)* Bündel *n* (6) zusámmengehefteter Zéitungen.

підштóвхувати, підштовхнýти 1) leicht stóßen* *vt,* ánstoßen* *vt;* 2) *перен.* ánspornen *vt;* éinen Áuftrieb gében* (когó-н. *D*); zu etw. bewégen*.

підшýкувати (áus)súchen *vt,* sich úmsehen* (щó-н. nach *D*); ~ словá nach Wórten súchen [ríngen].

піжáма Schláfanzug *m* (1*); Háusanzug *m;* лікарняна ~ Kránkenanzug *m.*

пізнавáльн|ий Erkénntnis≠; kognitív *(філос.)*; ~а здáтність Erkénntnisvermögen *n* -s, Erkénntniskraft *f;* ~а цінність Erkénntniswert *m* -(e)s; ~е значення der bíldungsmäßige Wert *m* -(e)s.

пізнавáти, пізнáти 1) erkénnen* *vt;* wíedererkennen* *невідокр. vt;* 2) *(зазнати)* erfáhren* *vt,* erlében *vt;* ~ rópe Leid erfáhren*; 3) *(познайомитися)* kénnenlernen *відокр. vt,* gut erkénnen *vt;* тепéр я йогó крáще пізнáв jetzt hábe ich ihn näher kénnengelernt; ◊ по робóті пізнають мáйстра wie die Máche, so die Sáche.

пізн|ій 1) spät; ~ьої óсені im Spätherbst; в ~ій час zu später Stúnde; до ~ьої нóчі bis tief in die Nacht hinéin; 2) *(запізнілий)* verspätet, spät; ~ій гість später [verspäteter] Gast.

пізно spät; ~ ввéчері spät am Ábend; ◊ рáно чи ~ über kurz óder lang, früher óder später; крáще ~, ніж ніколи. bésser spat als nie.

піймáти fángen* *vt;* erwíschen *vt,* ertáppen *vt;* ábfangen* *vt (перехопити)*; ~ когó-н. на місці злóчину j-n auf frischer Tat [auf der Tat] ertáppen; ◊ ~ когó-н. на слóві j-n beim Wórte néhmen*; ~ когó-н. на гачóк j-n auf den Leim lócken [führen]; ~**ся**: ~ся в пáстку in die Fálle géhen* *vi* (s); ~ся на гачóк auf etw. ánbeißen *, sich fángen lássen*.

пік 1) *геогр.* Pik *m* (1) *(pl. тж.* -s), Bérgspitze *f* (11); 2) *(найбільше напруження в роботі)* Spítze *f* (11); Spítzenwert *m* (1); годúни ~ Spítzenzeit *f* (10), Spítzenbelastungszeit *f;* Háuptverkehrszeiten *pl* *(на транспорті)*; Stóßgeschäft *n* -(e)s, Drúckgeschäft *n (у магазині, ресторані)*.

пікáнтний pikánt, gewürzt; *перен. тж.* príckelnd.

пікéт: (страйковúй) ~ Stréikposten *m* (7); ~**увáти** *(під час страйку)* auf Stréikposten stéhen*.

піклувáтися sórgen *vi,* Sórge trágen* (про кóго-н., про щó-н. für *A*); sich kümmern (um *A*); pflégen *vt;* betréuen *vt;* він ні про що не піклýється er kümmert sich um nichts; ~ про чий-н добрóбут j-s Béstes im Áuge háben.

пікнік Áusflug *m* (1*) mit Pícknick.

пілóт Pilót *m* (8); Flúgzeugführer *m* (6); другий ~ Kópilot *m;* без ~а únbemannt; ~**áж** Flúgzeugführung *f;* ~**увáти** stéuern *vt,* pilotíeren *vt,* lénken *vt.*

пілюл|я Píllе *f* (11); ◊ позолотúти ~ю éine bíttere Pílle versüßen; проковтнýти гіркý ~ю éine bíttere Pílle schlúcken.

пільг|а Privil|ég [-vi-] *n* -(e)s, *pl* Privilégi|en; Vergünstigung *f* (10), Ermäßigung *f* (10), Vórzugsrecht *n* (2), Sónderrecht *n;* надавáти ~и Vergünstigungen [Vórzugsrechte) éinräumen [gewähren]; ~**овúй** Vórzugs≠, Sónder≠, privilegíert [-vi-]; préisbegünstigt, ermäßigt *(про ціну)*; ~ові ціни vergünstigte Préise; ~ові умóви Vórzugsbedingungen *pl;* ~овúй квитóк ermäßigte Fáhrkarte, Fáhrkarte mit Préisabschlag.

пін|а Schaum *m* -(e)s; мúльна ~а Séifenschaum *m;* морськá ~а Gischt *m* (1); збúти ~у schäumig

П

schlágen* *vt;* ◊ з ~ою на губáх wútschäumend, vóller Wut; захищáти що-н. з ~ою на губáх sich für etw. *(A)* ins Zeug légen.
пінгвін Pinguín *m* (1).
пінг-пóнг Tíschtennis *n*.
пінúст|ий Schaum≠, scháumig, gischtig *(покритий піною);* scháumend *(про вино).*
пінитися schäumen, áufschäumen *vi;* pér|en *vi (про вино).*
піно|бетóн *буд.* Scháumbeton [-tɔŋ] *m* -s, -s; Zéllenbeton *m;* ~плáст Scháumplast *m* (1), Scháumstoff *m* (1).
пінцéт Pinzétte *f* (11), Féderzange *f* (11).
пінявий *див.* пінúстий.
піонéр 1) *(першовідкривач)* Pionier *m* (1): *перен. тж.* Báhnbrecher *m* (6), Wégbereiter *m* (6); 2) *(член дитячої комуністичної організації)* Pionier *m* (1).
піп розм. Pfáffe *m* (9); Pópe *m* (9) (православний).
піпéтка Pipétte *f* (11).
пірамíда Pyramíde *f* (11); прáвильна ~ reguläre Purymíde; зрізана ~ Pyramidenstumpf *m* (1*).
пірамідáльн|ий pyramidál, pyramídenförmig; ~а топóля Pyramídenpappel *f* (11).
пірáт Pirát *m* (8), Séeräuber *m* (6); повітряний ~ Lúftpirat *m;* **~ський** Piráten≠, Séeräuber≠, ~ське суднó Pyrátenschift *n* (2).
пір'їна Féder *f* (11); ◊ легкúй як ~ féderleicht.
пірнáти, пірнýти (únter)táuchen *vi* (s).
піротéхнік Féuerwerker *m* (6); **~а** Pyrotéchnik *f*.
пір'я 1) *збірн.* Róhfedern *pl,* Béttfedern *pl (для перини);* 2) *(у птахів)* Gefíeder *n* (6), Féderkleid *n* (5).
пісéнн|ий Lieder≠; líedhaft; **~ик** Liederbuch *n* (5), Liedersammlung *f* (10).
пíсенька Liedchen *n* (7); Chanson [ʃɑ̃'sɔ̃] *n* -s, -s, Song *m* -s, -s, Schláger *m* (6) *(модна).*
пісковúй Sand≠; ~úй годúнник Sánduhr *f* (10), Stúndenglas *n* (5).
пíсля 1) *прийм.* nach *(D);* ~ обíду nach dem Míttagessen, náchmittags; ~ урóків nach dem Únterricht; ~ прибуття nach der Ánkunft; ~ рóзгляду nach Dúrchsicht; 2) ~ тóго як *сполучн.* nachdém.
післявоéнний Náchkriegs≠: ~ періóд Náchkriegszeit *f* (10).
післязáвтра übermorgen.
післяплáт|а: ~ою per (mit) Náchnahme.
післяслóво Náchwort *n* (2).
пісн|úй 1) máger: ~é м'ясо mágeres Fleisch; 2) *перен. (обличчя)* lángweilig; ◊ у тéбе ~é обличчя du síehst aus wie drei Táge Régenwetter.
пíсн|я Lied *n* (5): нарóдна ~я Vólkslied *n;* вéчір ~і Líederabend *m* (1); ◊ це старá ~я *розм.* das ist (ímmer) die álte Plátte [die álte Léier, das álte Lied]; почáти старý ~ю den álten Kohl wíeder áufwärmen.
піснáр 1) *(поет)* Líederdichter *m* (6); 2) *(композитор)* Líederkomponist *m* (8).
пісóк Sand *m* (1); золотонóсний ~ Góldsand *m,* góldhaltiger Sand; цýкор-~ klärer Zúcker, Stréuzucker *m* -s.
пісóчний *(колір)* sándfarben, sándgelb.
пісóчниця *(для дітей)* Sándkasten *m* (7).
пістолéт Pistóle *f* (11); автоматúчний ~ Sélbstladepistole *f*.
піт Schweiß *m* -es; холóдний ~ kálter Schweiß; обливáючись пóтом in Schweiß gebádet. schwéißbedeckt; витирáти ~ з облúччя sich *(D)* den Schweiß von der Stirn wíschen; ◊ у пóті чолá im Schwéißedes Ángesichts; працювáти до сьомого пóту bis zum Úmfallen árbeiten; йогó кúнуло в ~ er geríet in Schweiß.
пітú 1) géhen* *vi;* sich begében*; 2) *див.* ітú; ◊ ~ не на кóристь kéinen Nútzen bríngen*; ~ ні з чим leer ábziehen*; ~ своéю дорóгою séine (stílle) Stráße zíehen*; ~ в танóк das Tánzbein schwíngen*; ~ на компромíс éinen Kompromíß schlíeßen*; ~ додóму *розм.* sich in séine vier Wände verfügen: ~ в наýку до кóго-н. bei j-m in die Schúle géhen*; ~ у відстáвку sein Amt áufgeben*; ◊ йомý пішóв десятий рік er ist neun Jáhre (alt); якщó на те пішлó wenn es drauf ánkommt; wenn es an dem ist.
пíтний schwéißig, schwéißnaß: ángelaufen *(шиба).*
пітнíти 1) *(про людину)* schwítzen *vi,* transpiríeren *vi;* 2) *(про скло)* ánlaufen* *vi* (s), schwítzen *vi*.

П

пітьм|á Fínsternis *f;* Dúnkel *n* -s *(тж. перен.);* бродúти в ~í im Fínstern [im Dúnkeln] táppen; ◊ крізь ~ý вікíв aus grauer Vórzeit.

піхóт|а Infanteríe *f;* морськá ~а Maríne¦infanterie *f* *(скор.* MI); **~йнець** Infanteríst *m* (8).

піхóтний Infanteríe≠.

піч (Báck)ófen *m* (7*); дóменна ~ Hóchofen *m;* мартéнівська Síemens-Mártin-Ófen *m,* SM-Ófen *m;* електрúчна ~ Kléinküche *f* (11) *(побутова);* ◊ що головóю в ~, що в ~ головóю ~ es ist auf dem Rücken wie auf dem Búkkel.

пíшки zu Fuß; auf Schústers Ráppen *(розм.).*

пішохíд Fúßgänger *m* (6); **~ний** Fúßgänger≠; ~ний міст (léichte) Fúßgängerbrücke *f* (11).

піщáн|ий sándig, Sand≠; ~а бýря Sándhose *f* (11); ~ий грунт Sándboden *m* -s.

піщúнка Sándkörnchen *n* (7), Sándteilchen *n* (7).

плáва|льний Schwimm≠; ~льний басéйн Schwímmbad *n* (5); Fréibad *n (відкритий);* Schwímmhalle *f* (11) *(закритий);* ~льний жилéт Schwímmweste *f* (11); **~ння** 1) Schwímmen *n* -s; шкóла ~ння Schwímmschule *f* (11); 2) Séereise *f,* Schíffahrt *(при переносі* Schíff-fahrt) *f;* Séefahrt *f (по морю);* далéке ~ння gróße Fahrt, Férnfahrt; вúйти у ~ння in See stéchen*; ◊ ~ти на екзáмені *розм.* in der Prüfung schwímmen*; мілко ~ти *розм.* kéinen réchten Mumm háben*.

плавéць I Schwímmer *m* (6).

плавéць II *(у риб)* Flósse *f* (11), Schwímmflosse *f.*

плавúти schmélzen *vt;* **~ся** schmélzen* *vi* (s), flüssig wérden*.

плáвка 1) *(дія)* Schmélzen *n* -s; 2) *(один виробничий цикл плавлення металу)* Ábstich *m* (1), Schmélze *f* (11).

плáвки Bádehose *f* (11), Schwímmhose *f.*

плáвлений: ~ сир Schmélzkäse *m* -s, -.

плáвн|ий 1) flíeßend; gléichmäßig, leicht *(легкий);* ~а мóва flíeßende Réde; ~а ходá léichter [schwébender] Gang; 2) *тех.* stúfenlos.

плáвні versúmpftes Schílfufer.

плáзом kríechend; auf állen víeren.

плазувáти kríechen* *vi* (s); *перен. тж.* schárwenzeln *vi,* líebedienern *невідокр. vi* (перед vor *D*); kátzbukkeln (vor *D*), kríechen und búckeln *vi.*

плазýн *зоол.* Kríechtier *n* (2), Reptíl *n* -s, -i¦en.

плакáт Plakát *n* (2); Áushang *m* (1*); реклáмний ~ Wérbeplakat *n* (2); вивíшувати ~ ein Plakát áuschängen [ánschlagen*].

плáкати 1) wéinen *vi;* schlúchzen *vi (ридаючи);* гíрко ~ bítterlich wéinen, bíttere Tränen wéinen [vergíeßen*], 2) *(за ким-н.)* bewéinen *vt,* j-m náchweinen; ◊ хоч плач! es ist zum Héulen!; óко не бáчить, сéрце не плáче ~ aus den Áugen — aus dem Sinn; **~ся** *розм.* sich beklágen, klágen *vi* (на що-н. über *A*), jámmern *vi.*

плáкс|а *розм.* Héulmeier *m* (6); Héulsuse *f* (11) *(про жінку);* **~úвий** wéinerlich; tränenselig; **~ýн** *див.* плáкса.

план 1) Plan *m* (1*); Plánsoll *n -ma* -s, *pl -ma* -s, Plánziel *n* (2) *(планове завдання);* Entwúrf *m* (1*) *(проект);* навчáльний ~ Stúndentafel *f* (11); Léhrplan *m* *(у школі);* Stúdi¦enplan *m (у вузі, технікумі);* тематúчний ~ Thémenplan *m;* календáрний ~ Términplan *m,* Kaléndерplan *m;* за ~ом nach Plan, plángemäß; складáти ~ éinen Plan áufstellen [entwérfen*, erstéllen]; вúконати ~ den Plan erfüllen [áusführen]; які у вас ~и на сьогóдні? was háben Sie héute vor?; 2) *(креслення)* Plan *m* (1*), Grúndriß *m* -sses, -sse; ~ міста Stádtplan *m;* знятú ~ *(чого-н.)* éinen Plan (von *D*) áufnehmen*; 3): перéдній ~ Vórdergrund *m* -(e)s; зáдній ~ Híntergrund *m;* бýти на перéдньому ~і im Vórdergrund stéhen*; висувáти на перéдній ~ in den Vórdergrund rücken; відступáти на зáдній план in den Híntergrund tréten*.

планéр *ав.* Ségelflugzeug *n* (2), Gléitflugzeug *n;* **~úзм** *ав.* Ségelflug *m* -(e)s, Ségelfliegen *n* -s, Ségelflugsport *m* -(e)s; займáтися ~úзмом ségelfliegen* *vi;* **~úст** Ségelflieger *m* (6).

планé|та Planét *m* (8); **~тáрій** Planetárium *n* -s, -ri¦en.

планомíрний plánmäßig.

плантáція Plantáge [-ʒə] *f* (11); Pflánzung *f* (10).
планувáння Plánung *f*, Entwérfen *n* -s; перспектúвне ~ Perspektívplanung *f*.
планувáти 1) *(складати план)* projektíeren *vt;* entwérfen* *vt;* 2) *(мати намір)* plánen *vt,* vórhaben* *vt,* beábsichtigen *vt.*
планшéт 1) *геод. (дощечка)* Planchette [plã'ʃɛtə] *f* (11), Zéichenbrett *n* (5); 2) *військ.* Kártentasche *f* (11).
плáстик *див.* пластмáса.
плáстика 1) *мист.* Plástik *f;* Bíldhauerkunst *f;* 2) *(руху)* Plástik *f.*
пластилíн Plastilín *n* -s, Plastilína *f;* Knéte *f (розм.).*
пластúна Plátte *f* (11); Lamélle *f* (11) *(тонка);* Schéibe *f* (11); Blatt *n* (5).
пластúнка 1) *див.* пластúна; 2) фотографíчна ~ photográphische Plátte *f* (11); зарядúти ~ми касéти *фото* Plátten éinlegen; 3) *(із звуковим записом) див.* платíвка.
плáстир Pfláster *n* (6); липкúй ~ Héftpflaster *n;* Léukoplast *n* (2); накладáти ~ ein Pfláster áuflegen; заклéїти ~ем mit éinem Pfláster zúkleben.
пластúчн|ий plástisch, fórmbar; bíegsam; geschméidig *(про рухи);* **~íсть** Plastizität *f* ; Geschméidigkeit *f (рухів).*
пластíвці Flócken *pl.*
пластмáс|а Kúnststoff* *m* (1), Plast *m* (1); **~овий** Kúnststoff*, Plast*, aus Plast; ~ові вúроби Plásterzeugnisse *pl.*
плáта Záhlung *f* (10); Bezáhlung *f;* Lohn *m* (1*); квартúрна ~ Wóhnungsmiete *f;* заробíтна ~ Lohn *m (робітника);* Gehált *n* (5) *(службовця);* ~ за проїзд Fáhrgeld *n* -(e)s; ~ за комунáльні пóслуги Kommunálabgaben *pl;* ~ за телефóн Férnsprechgebühr *f;* ~ за прокáт Léihgebühr *f.*
платáн *бот.* Platáne *f* (11).
плáтн|ий für Geld, gégen (Be)záhlung; **~úк** Záhler *m* (6); Záhlende *m* (14), Záhlungsverpflichtete *m* (14); ~úк подáтків Stéuerzahler *m.*
плáтин|а Plátin *n* -s *(хім. знак* Pt); ~овий Plátin*.
платúти záhlen *vt, vi;* bezáhlen *vt;* Záhlung léisten, éinzahlen *vt;* ~ наперéд voráuszahlen *vt;* ~ по рахýнку die Réchnung begléichen* [bezáhlen]; ~ подáтки Stéuern záhlen; ~ готíвкою (in) bar (be)záhlen; ~ в кредúт in Ráten záhlen; ábzahlen *vt,* auf Stóttern záhlen *(розм.);* ~ боргú die Schuld begléichen* [ábzahlen]; ◊ ~комý-н. тíєю сáмою монéтою *розм.* j-m mit gléicher Münze héimzahlen [vergélten*]; ~ чóрною невдя́чністю mit schnödem Úndank lóhnen [vergélten*].
платíв|ка Plátte *f* (11); грамофóнна ~ка Schállplatte *f;* довгогрáюча ~ка Lángspielplatte *f;* зíбрáння ~ок Diskothék *f* (10); постáвити ~ку éine Schállplatte áuflegen; перемінúти ~ку *(змінити тему розмови)* die Wéiche úmstellen, éine ándere Wálze áuflegen.
платó *геогр.* Plateau [-'to:] *n* -s, -s, Hóchebene *f* (11), Hóchfläche *f* (11); гíрськé ~ Táfelland *n* -(e)s, Gebírgshochebene *f.*
платоспромóжн|ий záhlungsfähig; záhlungskräftig; **~íсть** Záhlungsfähigkeit *f.*
плáття Kleid *n* (s).
платофóрм|а 1) *(перон)* Báhnsteig *m* (1); Rámpe *f* (11); відійдíть від крáю ~и! zurücktreten von der Báhnsteigkantel; 2) *(полустанок)* kléine Statión, Háltepunkt *m* (1); 3) *(відкритий вантажний вагон)* Pláttformwagen *m* (7); Fláchwagen *m,* óffener Güterwagen; 4) *політ.* Pláttform *f* (10).
плафóн 1) *(стеля)* Plafond [-'fõ] *m* -s, -s; 2) *(лампа)* Déckenleuchte *f* (11).
плацдáрм *військ.* Áufmarschraum *m* (1*); Áufmarschgebiet *n* (2); Áufmarschgelände *n* -s.
плацкáрта Plátzkarte *f* (11) *(для сидячого місця);* Béttkarte *f (для спального місця).*
плач Wéinen *n* -s, Gewéine *n* -s; Wéhklagen *n* -s *(скарги);* ◊ ~éм лúха не вúплачеш ≅ Klágen füllet nicht den Mágen.
плащ wásserdichter Mántel, Régenmantel *m* (6*).
плеврúт *мед.* Rippenfellentzündung *f,* Brústfellentzündung *f,* Pleurítis *f.*
плед Plaid [ple:t] *m, n* -s, -s, Réisedecke *f* (11).
плекáти hégen, hégen und pflégen; züchten *(рослини);* ~ надíю éinen Traum [éine Hóffnung] hégen, sich in éinem Traum wíegen; ~ дитúну ein Kind (ver)hätscheln.

племінни́й 1) *іст.* Stámm(es)≁; 2) *(про худобу)* Zucht≁, Rásse≁.

племі́нни|к Néffe *m* (9); **~ця** Níchte *f* (11).

пле́м'|я 1) *іст.* Stamm *m* (1*), Vólksstamm *m;* 2) *застар.* *(народність)* Stamm *m;* ди́кі ~ена́ wílde Stämme; вождь ~ені Stámmesfürst *m* (8), Häuptling *m* (1); ◊ бу́ти одного́ ро́ду и ~ені éines Stámmes und Geschléchtes sein*.

пле́нтатися *розм.* sich schléppen, sich lángsam [mit Mühe] fórtbewegen; ~ в хвості́ hinterhértraben *vi* (s), hinterhérhinket *vi* (s); zurückbleiben* *vi* (s).

плена́рн|ий Plenár≁, Voll≁, ~е засі́дання Plenársitzung *f* (10), Plenártagung *f* (10); Vóllversammung *f* (10).

плеск Plätschern *n* -s, Ríeseln *n* -s; ~ ве́сел das Plätschern der Rúder.

плеска́ти 1) *(про воду)* plätschern *vi;* ríeseln *vi (тихо);* ans Úfer schlágen* *vi (про хвилі);* 2) *(в долоні)* in die Hände klátschen *vi,* Béifall klátschen; 3) *(говорити дурниці) розм.* Blech réden, Únsinn schwátzen [réden].

плеска́тий flach, platt.

плести́ fléchten* *vt (косу, вінок);* klöppeln *vt (мереживо);* knüpfen *vt (сіті);* ◊ ~ інтри́ги Ränke [Intrígen] spínnen*; ~ нісені́тницю *розм.* fáseln *vi,* Únsinn schwátzen **~ся** *(повільно йти)* sich schléppen, sich mit Mühe fórtbewegen; ~ся у хвості́ hinterhértraben *vi* (s), hinterhérhinken *vi* (s).

плетен|и́й geflóchten. Flecht≁; ~і ви́роби Fléchtwaren *pl;* ~а су́мка geflóchtene Tásche.

плеч|е́ 1) Schúlter *f* (11), Áchsel *f* (11); Blatt *n* (5) *(тварини);* че́рез ~е́ über die Schúlter; знизува́ти ~и́ма mit den Áchseln zúcken; плі́ч-о́-плі́ч Schúlter an Schúlter; Séite an Séite; 2) *тех., фіз.* Arm *m* (1), Schúlter *f* (11); Schénkel *m* (6); ◊ ма́ти го́лову на ~а́х *розм.* Verstánd [éinen héllen Kopf] háben*; у ме́не на́че гора́ з ~е́й впа́ла da fällt mir ein Stein vom Hérzen.

плея́да *(група видатних діячів)* Plejáde *f* (11)

пливти́ 1) schwímmen *vi* (s, h); 2) *(про хмари)* zíehen* *vi* (s).

плига́ти spríngen* *vi* (h, s); hüpfen *vi* (h, s); herúmschnellen *vi* (s) *(про коника).*

плин 1) Fließen *n* -s, Strömen *n* -s; 2) *(часу)* Gang *m* -(e)s, Verláuf *m* -(e)s; Áblauf *m* -(e)s; з ~ом ча́су mit der Zeit; im Láufe der Zeit; **~ни́й** 1) *фіз.* flüssig, fließend; 2) *(непостійний)* fluktuíerend, únbeständig; **~ність** 1) *фіз.* Flüssigsein *n* -s, Fließbarkeit *f;* 2) *(непостійність)* Fluktuatión *f;* ~ робо́чої си́ли Fluktuatión der Árbeitskräfte.

плита́ 1) Plátte *f* (11); Táfel *f* (11); Fliese *f* (11) *(кам'яна);* залізобето́нна ~ Stáhlbetonplatte [-,tɔ] *f;* моги́льна ~ Grábstein *m* (1); Grábtafel *f;* пресо́вана ~ Préssplatte *f;* 2) *(кухонна)* Herd *m* (1), Kóchherd *m;* га́зова ~ Gásherd *m;* Gásofen *m* (7*).

пли́тк|а 1) *(облицювальна)* Verkléidungsplatte *f* (11), Káchel *f* (11), Táfel *f* (11), Flíese *f* (11); ви́кладений ~ою geflíest, gekáchelt; 2) *(шоколаду тощо)* Táfel *f* (11); 3) *(електрична)* eléktrischer Kócher; **~ови́й** Táfel≁, in Táfeln; ~ови́й шокола́д Táfelschokolade *f* (11).

плі́вк|а 1) *біол.* Häutchen *n* (7); Haut *f* (3); 2) *хім., тех.* Fóli|e *f* (11); dünne Schicht; захисна́ ~а Schútzschicht *f* (10); ізоляці́йна ~а Díchtungsfoli|e *f* (11); 3) *фото, кіно* Film *m* (1); кольоро́ва ~а Fárbfilm *m;* чо́рно-бі́ла ~а Schwárzweißfilm *m;* прояви́ти ~у éinen Film entwíckeln; 4) *(магнітофонна)* Band *n* (5), Tónband *n;* записа́ти на ~у auf Band áufnehmen* *vt.*

плід *перен.* Frucht *f* (3); прино́сити плоди́ Früchte trágen*; ◊ без труда́ нема́ плода́ óhne Fleiß kein Preis.

плі́дн|ий 1) frúchtbar, erspríeßlich; 2) frúchtbringend, produktiv, nützlich; ~а ді́яльність frúchtbringende Tätigkeit; ~а пра́ця erspríeßliche Árbeit.

плі́нтус *буд.* Plínthe *f* (11); Schéuerleiste *f* (11), Fúßleiste *f.*

плі́снява Schímmel *m* -s, Kahm *m* -(e)s, Móder *m* -s.

плі́сняв|ий verschímmelt, schímm(e)lig; **~іти** (ver)schímmeln *vi* (s), sich mit Schímmel bedékken.

пліт 1) *(тин)* Zaun *m* (1*); Fléchtzaun *m,* Fléchtwerk *n* (2); 2) Floß *n* -es, *pl* Flöße *(на річці).*

плітк|а I Klatscheréi *f* (10), Geklátsch *n* -es, Geréde *n* -s; розпускáти ~и klátschen *vi,* Klatsch verbréiten, éinen Schwatz von [über] etw. máchen.

плітка II *(риба)* Plötze *f* (11).

плічка *розм. (вішалка для одягу)* Kléiderbügel *m* (6).

пліч-ó-пліч Schúlter an Schúlter, Séite an Séite.

плов *кул.* Piláu *m* -s; Piláw *m* -s.

плоди́ти zéugen *vt,* zur Welt bríngen*, *vt;* ~**ся** sich verméhren.

плодівни́цтво Óbstbau *m* -(e)s, Óbstzucht *f.*

плодóв|ий Frucht≠; Obst≠; ~і дерéва Óbstbäume *pl;* ~і консéрви Óbstkonserven [-vən] *pl;* ~**и́тий** frúchtbar, ergíebig; ~**и́тість** Frúchtbarkeit *f.*

плодонóс|ити Früchte trágen*; ~**ний** frúchtbringend, frúchttragend.

плодоовочéвий Óbst≠ und Gemüse≠; ~ радгóсп Óbst- und Gemüsesowschos *m, n* -, *pl* -e.

плодотвóрн|ий frúchtbar, frúchtbringend, erfólgreich *(успішний)* nützlich; ~а діяльність frúchtbringende Tätigkeit.

плодю́ч|ий frúchtbar, ergíebig; ~**ість** Frúchtbarkeit *f,* Ertrágfähigkeit *f.*

плóмб|а 1) Plómbe *f* (11), Bléiplombe *f;* 2) *(в зубі)* Plómbe *f* (11), Záhnfüllung *f* (10); стáвити ~у éinen Zahn plombíeren [füllen]; постáвити собí ~у sich *(D)* éinen Zahn plombíeren [füllen] lássen*.

П

пломбíр Spéise|eis *n* mit kandíerten Früchten.

пломбувáти 1) *(запечатувати що-н.)* plombíeren *vt;* éine Plómbe ánlegen, mit éiner Bléiplombe verschlíeßen . *vt;* 2) *(зуби)* plombíeren *vt,* füllen *vt.*

плóск|ий flach, platt, Flach≠, ében; ~а повéрхня Ébene *f* (11); ~а стопá *мед.* Pláttfuß *m* (1*); ◊ ~ий жарт fáder Scherz.

плоскогíр'я Hóchebene *f* (11), Hóchplateau [-,to:] *n* -s, -s; Hóchland *n* -(e)s, Táfelland *n.*

плоскогу́бці Fláchzange *f* (11).

плот|ь Fléisch *n* -es, Leib *m* -(e)s, Körper *m* -s; ◊ ~ь від ~і Fleisch vom Fléische; ~ь і кров Saft und Kraft; увійти́ в ~ь і кров j-m in Fleisch und Blut übergéhen*.

плóща 1) *(ділянка поверхні землі)* Fläche *f* (11); посівнá ~ Ánbaufläche *f,* Sáatfläche *f;* кори́сна ~ Nútzfläche *f* ; житловá ~ Wóhnraum *m* (1*), Wóhnfläche *f;* 2) *(майдан)* Platz *m* (1*); базáрна ~ Márktplatz; 3) *мат.* Flächeninhalt *m* (1), Fläche *f* (11).

площинá 1) *мат.* Fläche *f* (11), Ébene *f* (11); похи́ла ~ genéigte [schíefe] Ebene; 2) *(точка зору)* Gesíchtspunkt *m* (1); у різних площи́нах auf verschíedenen Ébenen, in verschíedenen Áspékten.

плуг Pflug *m* (1*); трáкторний ~ Gángpflug *m,* Traktórenpflug *m.*

плу́таний verwírrt, wirr, verwórren, únklar *(неясний).*

плутани́н|а Verwírrung *f,* Wirrwarr *m* -(e)s; Durcheinánder *n* -s; неймовíрна ~а éine héillose Verwírrung; внóсити ~у Verwírrung stíften.

плу́тати 1) verwírren *vt,* durcheinánderbringen* *vt,* in Únordnung bríngen и́н * *vt;* 2) *(помилятися)* verwórren réden *vi;* sich verwírren; 3) *(збивати з пантелику)* verwírren *vt,* aus dem Konzépt [Text] bríngen*; írremachen *відокр. vt* ◊ лéдве ногáми ~ *розм* sich mühsam fórschleppen; ~ **ся** sich vermíschen, sich verméngen, sich ver wíckeln *(змішатися),* sich verwírren.

плювáльниця Spúcknapf *m* (1*).

плювáти, плю́нути spúcken *vi, vt;* spéien* *vt;* ◊ не плюй у кринúцю, пригоди́ться води́ напи́ться ~ wirf die álten Schuh' nicht weg, éhe du néue hast; ~**ся** spúcken *vi,* spéien* *vi.*

плюндрувáти verwüsten *vt,* verhéeren *vt;* zerstören *vt.*

плюс 1) *(знак)* Plus *n*-, -, Plúszeichen *n* (7); чоти́ри ~ два бу́де шість vier plus zwei ist sechs; 2) *(перевага)* Plus *n*-, -, Vórteil *m* (1); це вели́кий ~ das ist ein gewáltiger Plúspunkt; ~и́ і мíнуси Vorund Náchteile.

плю́скати(ся) 1) *(про воду)* plätschern *vi;* ríeseln *vi (тихо);* (ans Úfer) schlágen* *vi (про хвилі);* 2) *(на кого-н., на що-н.)* bespritzen *vt.*

плю́щити *тех.* ábplatten *vt,* wálzen *vt,* zerdrücken *vt,* zerquétschen *vt.*

пляж Strand *m* (1), Bádestrand *m (морський);* Strándbad *n* (5), Schwímmbad *n* (5) *(на річці чи озері).*

пля́м|а *тж. перен.* Fleck *m* (1), Flécken *m* (7); со́нячні ~и Sónnenflekken *pl;* в ~ах fléckig, vóller Flécken; посади́ти ~у éinen Fleck hinéinbringen*, sich bekleсksen; виво́дити ~и Flécken entférnen; ◇ і со́нце має свої ~и auch die Sónne hat Flécke; **~йстий** fléckig; gefléckt; gesprénkelt.

пля́мкати schwátzen *vi,* schnálzen *vi.*

плямува́ти 1) *(покривати плямами)* beflécken *vt,* beschmútzen *vt;* 2) *(укривати неславою кого-н.)* ánschwärzen *vt;* in üblen Ruf bringen*; ~ ганьбо́ю ein Schándmal áufdrücken *(D),* brándmarken *невідокр. vt,* ánprangern *vt.*

пля́шка Flásche *f* (11); Púlle *f* (11) *(розм.);* ~ з-під молока́ (léere) Mílchflasche *f.*

пляшко́вий Fláschen≠; ◇ ~ ко́лір fláschengrün.

пневмати́чн|ий *тех.* pneumátisch, Drúckluft≠; ~е гальмо́ Drúckluftbremse *f* (11).

пневмоні́я *мед.* Lúngenentzündung *f,* Pneumonie *f.*

по 1) *давальн. (на поверхні)* auf *(D, A)* über *(A);* гла́дити по голові über den Kopf stréicheln*; 2) місцев. *(де-н.)* in, auf *(D),* durch *(A);* гуля́ти по ву́лицях in [auf] den Stráßen spazíerengehen *vi* (s); ходи́ти по кімна́ті im Zímmer auf und ab géhen*; підня́тися по схо́дах die Tréppe hináufsteigen*; 3) *давальн. (згідно, відповідно до)* lauf *(D),* nach *(D);* gemäß *(D);* по зако́ну nach dem Gesétz, laut Gesétz; по пра́вді der Wáhrheit gemäß; по можли́вості nach Möglichkeit; по че́рзі der Réihe nach; 4) *давальн. (в результаті, внаслідок)* durch *(A);* wégen, hálber *(G);* aus *(D);* по пра́ву von Rechts wégen; ◇ по іне́рції mechánisch; 5) *давальн. (за допомогою)* mit *(D),* per *(A);* in *(D)* по по́шті mit der Post, per Post; по телеба́ченню im Férnsehen; по ра́діо im Rádio, im Rúndfunk; диви́тися фільм по телеба́ченню éinen Film im Férnsehen séhen*; 6) *(давальн. вказує на характеристику особи, предмета через їх стосунок до іншої особи, предмета):* ро́дич по ба́тькові ein Verwándter väterlicherseits; това́риш по робо́ті Ábeitskollege *m* (9); Kollége *m;* това́риш по нещастю Léidensgefährte *m* (9); 7) *знах.* zu *(D)* je *(A);* по де́сять кіломе́трів за хвили́ну je zehn Kilométer in der Minúte; два квитки́ по три карбо́ванці zwei Kárten zu [je] drei Rúbel; 8) *знах. (з числівником)* zu: по два́ zu zwei; по три́ zu drei; 9) *знах. розм. (за чим-н.)* nach *(D),* um *(A);* ходи́ти по во́ду nach Wásser géhen*, Wásser hólen (géhen*); ходи́ти по гриби́ in die Pílze géhen*; 10) *родов. (до чого-н.)* bis (zu); по тра́вень bis Mai.

по-англі́йському énglisch, auf énglisch; in énglisch *(англійською мовою);* говори́ти ~ énglisch spréchen*; як це назива́ється ~ ? wie heißt das [auf] énglisch?

побажа́|ння Wunsch *m* (1*); Glückwünsche *pl;* до́брі ~ння béste Glückwünsche; ~ти wünschen *vt;* wóllen; ◇ ~ти у́спіху j-m den Dáumen drücken [hálten*].

по ба́тькові Vátersname(n) *m* (15, 7).

поба́чення Wíedersehen *n* -s *(після розлуки);* Verábredung *f* (10), Rehdezvous [rãdəˈv] *n* - [*Gen. sg* [-ˈvus], *pl*- [-ˈvu:s], Stélldichein *n* *(домовлена зустріч);* Besúch *m* (1) *(у лікарні тощо);* Zusámmenkunft *f* (3) *(офіційна зустріч);* ◇ до ~ ! auf Wíedersehen! auf Wíederhören! *(по радіо, телефону);* до ско́рого ~ ! auf báldiges Wíedersehen! bis bald! *(розм.).*

поба́чити 1) erblicken *vt,* séhen* *vt;* 2) *(усвідомити, зрозуміти)* (éin)séhen* *vt,* verstéhen* *vt,* erkénnen* *vt;* ◇ (поживемо́ — поба́чимо) *розм.* wir wérden ja séhen*; ось поба́чиш! *розм.* du wirst (schon) séhen*! **~ся** sich séhen*, sich wíedersehen*.

побере́жжя *(місцевість уздовж берега)* Strand *m* (1), Küste *f* (11) *(моря);* Úfer *n* (6) *(річки, озера).*

побива́тися tráuern *vi* (за ким-н., за чим н. über, um *A*), sich betruben, betrübt sein, sich grämen (über *A*).

поби́ти 1 schlagen* *vt,* (ver)prügeln *vt;* 2) *(у бою, у грі)* schlágen* *vt,* besíegen *vt;* 3) *(перебити)* erschlágen* *vt,* tótschlagen* *відокр. vt*; zerbréchen* *vt,* zerschlágen* *vt;* ◇ ~ реко́рд éinen Rekórd schlágen* [bréchen*, überbíeten*]; **~ся** 1) sich prügefn; sich schlagen*; 2) *(розбитися)* zerschlágen* *vi* (s), ángeschlagen [gedrückt] wérden; ◇

П

. ~ся об заклáд éine Wétte éingehen* [hálten*].

побігти (lós) rénnen* *vi* (s), (lós)-láufen* *vi* (s); ~ за лікарем nach dem Arzt láufen, den Arzt hólen.

побіжн|ний 1) béiläufig; ~е зауважéння éine béiläufige Bemérkung; 2) *(поверховий)* flüchtig, óberflächlich; ~ий пóгляд flüchtiger Blick; ~ий óгляд flüchtige [óberflächliche] Dúrchsicht, rá-scher Überblick; **~о** 1) *(поверхово)* flüchtig, óberflächlich, óbenhin; ~о оглянути flüchtig [oberflächlich] dúrchsehen; 2) *(серед інших справ)* nebenbéi, béiläufig, apropos [aprɔ'po:].

побілйти wéißen *vt*, bléichen *vt*.

побіліти wéiß [bleich] wérden; erblássen *vi* (s) *(зблíднути)*; ergráuen *vi* (s) *(посивіти)*.

побільшати 1) größer wérden, sich vergrößern, (an Größe) zúnehmen*; 2) *(вирости)* (áus)wáchsen* *vi* (s), heránwachsen* *vi* (s), zúnehmen* *vi* (s); 3) *(підвищитись)* stéigen* *vi* (s).

побічн|ий Nében✓, nébensächlich, zwéitrangig *(другорядний)*, sekundär; ~а обстáвина Nébenumstand *m* (1*); ~і прибýтки Nébenverdienst *m* (1); ~ий продýкт Nébenprodukt *n* (2); ~е явище *мед.* Fólgeerscheinung.

поблáжлив|ий 1) náchsichtig, wóhlwollend; бýти ~им Náchsicht üben; ein Áuge zúdrücken; 2) *(який виражає прихильно-зверхнє ставлення* 1) béiläufig; ~е зауважéння éine béiläufige Bemér-*лення)* heráblassend, hóchmütig; ~ий тон ein heráblassender Ton; **~ість** 1) Náchsicht *f*, Mílde *f*; *розм.* Wóhlwollen *n* -s; 2) *(гордовитість)* Heráblassung *f*; **~о** 1) mit Náchsicht, náchsichtig; 2) *(з почуттям зверхності)* heráblassend, von óben heráb.

П

поблизý 1) *присл.* in der Nähe; 2) *прийм.* náh(e), únweit (*G*, von *D*), nicht weit (von *D*).

побої Prügel *pl*, Háne *pl*; Schläge *pl*.

поборóти 1) *(перемагати когон.)* besíegen *vt*, überwínden* *vt*, überwältigen *vt*, mit j-m fértig wérden*; ~ трýднощі Schwíerigkeiten überwínden*; 2) *(пересилювати почуття, стан)* behérrschen *vt*, bezwíngen* *vt*; überwínden* *vt*, níederdrücken *vt*; **~ся** ríngen* *vt*, kämpfen *vi*.

побóюва|ння Befürchtung *f* (10). Besórgnis *f* (3); викликáти ~ння Besórgnis errégen [hervórrufen*]; **~тися** 1) befürchten *vt*, Besórgnisse hégen; Bedénken trágen*; 2) *розм.* sich (ein wénig) fürchten (когó-н. vor *D*).

побратáтися sich verbrüdern.

по-братéрському brüderlich.

побратúм: ми з ним ~и *розм.* wir sind dícke Fréunde; місто- ~ Pártnerstadt *f* (3*).

побрáтися 1): ~ за рýки einánder [sich] an den Händen fássen; 2) *(одружитися)* sich verhéiraten.

по-брáтському *див.* по-братéрському.

побувáти *(у когó-н., дé-н.)* sein* *vi* (s), besúchen *vt*.

побудóва 1) Bau *m* -(e)s; Áufbau *m*; Konstruktión *f* (10); 2) *мат.* Hérstellung *f* (10).

пóбут 1) *(уклад)* Lébensweise *f* (11); Sítten und Bräuche; 2) *(повсякдéнне життя)* das álltägliche Lében; домáшній ~ das hänsliche Lében; слýжба ~у Díenstleistungen *pl*.

побутóв|ий Lébens✓; für den Háusbedarf; ~і умóви Lébensbedingungen *pl*, Lébensverhältnisse *pl*; підприємства ~ого обслугóвування Díenstleistungsbetriebe *pl*.

повáг|а Áchtung *f*; Respektíerung *f*; Respékt *m* -(e)s; користувáтися ~ою Áchtung genießen*, in (hóhem) Ánsehen stéhen*; викликáти ~у Áchtung [Respékt] éinflößen; з ~и aus Áchtung; з ~ою *(у кінці листа)* mit (áufrichtiger) Hóchachtung, hóchachtungsvoll.

пóвагом lángsam, in áller Rúhe; würdevoll *(з гідністю)*.

поважáти áchten *vt*, éhren *vt*; respektíeren *vt*; schätzen *vt* *(цінувати)*.

повáжн|ий 1) éhrbar; ángesehen. éhrwürdig; tríftig *(про причину)*; з ~их причúн aus tríftigen Gründen; 2) *(значний)* beträchtlich.

повалúти 1) níederwerfen* *vt*, úmwerfen* *vt*; fällen *vt* *(дерево)*; úmreißen* *vt* *(вітром)*; ~ когó-н. *на зéмлю* j-n zu Bóden strécken [schlägen*]; 2) *(уряд тощо)* stürzen *vt*, zu Fall bríngen*.

пóвар Koch *m* (1).

по-вáшому 1) *(про думку)* éurer [Íhrer] Méinung [Ánsicht] nach; 2) *(про бажання)* nach éurem [Íhrem] Wíllen [Wunsch].

поведінк|а Verhálten *n* -s, Benéhmen *n* -s; прáвила ~и Verháltungsmaßregeln *pl*.

повéрнення 1) Rückkehr *f*; ~ додóму *(на батьківщину)* Héimkehr *f*; 2) Rückgabe *f* *(майна)*; Rückzahlung *f* (10) *(грошей)*.

повертáти, повернýти 1) úmdrehen *vt*; (úm) kéhren *vt*; wénden* *vt*; ~ правóруч nach rechts ábbiegen* [éinbiegen*]; ~ назáд úmkehren *vi* (s); 2) zurückgeben* *vt*; zurücksenden* *vt*; ~ **ся** 1) sich úmdrehen; sich úmwenden*; ~ся спи́ною до кóго-н. j-m den Rücken (zú) kéhren; 2) zurückkehren *vi* (s), zurückkommen* *vi* (s), wíederkehren *vi* (s); пíзно ~ся додóму spät nach Háuse kómmen*; ~ся на бáтьківщи́ну in die Héimat zurückkehren, héimkehren *відокр.* *vi* (s).

пóвер|х Stock *m* ȇ'e, s *pl* Stóckwerke, Stóckwerk *n* (2), Etáge [-ʒə] *f* (11), Geschóß *n* -sses, -sse; пéрший ~х Érdgeschoß *n* -sses, -sse, Parterre [-tɛr] *n* -s, -s; дрýгий ~х érster Stock; жи́ти на четвéртому ~ці im drítten Stock wóhnen.

повéрх óberhalb *(G)*, über auf *(D на питання «де?», A на питання «куди?»)*.

повéрхн|я Óberfläche *f* (11), Fläche *f*; ~я води́ Wásserspiegel *m* -s; тримáтися на ~і *тж. перен.* sich über Wásser hálten*.

поверхóв|ий 1) Óberflächen≠; 2) *перен.* óberflächlich; ~і знання́ óberflächliche Kénntnisse.

повести́ führen *vt*; geléiten *vt* *(супроводжувати)*; ánführen *vt*, mit sich néhmen* *(за собою)*.

повечéряти zu Ábend éssen*.

повз vorbéi, vorüber *(D)*; ◊ пропусти́ти що-н. ~ вýха auf etw. *(A)* nicht áchten.

пóвзати, повзти́ 1) kríechen* *vi* (s); 2) *розм. (повільно пересуватись)* sich mühsam fórtschleppen.

повзкóм kríechend; auf állen víeren.

пови́дло Mus *n* (2), Marmeláde *f*.

пови́нен *предик.*: я ~ прочитáти цю кни́жку ich muß díeses Buch lésen*; ти не ~ цьогó роби́ти du sollst es nicht tun.

повідóмлення 1) *(дія)* Mítteilung *f*, Benáchrichtigung *f*; 2) *(звістка)* Mítteilung (10); Náchricht *f* (10); Bekánntmachung *f* (10); ~ прéси Préssemeldung *f* (10).

повідомля́ти, повідóмити míttei-len *vt*; mélden *vt*; benáchrichtigen *vt*, in Kénntnis sétzen *vt* (про що-н. über *A*, von *D*).

повíка Áugenlid *n* (5).

повíльний lángsam; schléichend *(поступовий)*.

пóвінь Überschwémmung *f* (10), Hóchwasser *n* -s.

повíсити 1) áufhängen *vt*; ánhängen *vt*; 2) *(стратити)* erhängen *vt*, áufhängen *vt*; ◊ ~ гóлову den Kopf hängen lássen*.

повíстка *юр.* (schríftliche) Vórladung *f* (10); *військ.* Gestéllungsbefehl *m* (1).

пóвість *літ.* Erzählung *f* (10).

повíтр|я Luft *f* (3); тéпле ~я Wármluft *f*, холóдне ~я Káltluft *f*; тиск ~я Lúftdruck *m* -(e)s; на свíжому ~і im Fréien.

повітря́н|ий Luft-, ~ий прóстір Lúftraum *m* -(e)s; ~е сполýчення Lúftverkehr *m* -(e)s; ~ий флот Lúftflotte *f* (11); ◊ і зáмки Lúftschlösser *pl*; послáти комý-н. ~ий поцілýнок j-m éine Kúßhand zúwerfen*.

пóвн|ий 1) voll; gefüllt *(наповнений)*; vóllbesetzt *(про приміщення)*; ~а тарíлка gehäufter Téller; ~ий по вíнця bis zum Rand voll; 2) *(цілий, весь)* vóllständig, ganz; ~а збíрка твóрів gesámmelte Wérke; ~ий робóчий день vóller Árbeitstag; у ~ому склáді vóllzählig; 3) *(абсолютний)* vóll(ständig), absolút; в ~ому поря́дку in vóller [béster] Órdnung; 4) *(про людину)* voll, stárkbeleibt, korpulént.

пóвністю vóllständig, völlig, ganz, réstlos; цілкóм і ~ voll und ganz, ganz und gar.

повнознáчний *лінгв.* autosemántisch; sélbständig.

повнолíтній 1) *прикм.* vólljährig, mündig; 2) *у знач. ім.* Vólljährige *m* (14), Mündige *m* (14).

повнопрáвний vóllberechtigt, gléichberechtigt.

повнотá 1) Fülle *f*; 2) *(огрядність)* Kőrperfülle *f*, Beléibtheit *f*; ◊ ~ влáди Máchtvollkommenheit *f*.

повноцíнний vóllwertig.

повóдитися sich áufführen, sich betrágen*, sich benéhmen*.

повоєнний Náchkriegs≠; ~ перíод Náchkriegszeit *f* (10).

пові́лі *(не поспішаючи)* lángsam, schléichend; allmählich *(поступово)*.

поворо́т 1) *(дія)* Dréhung *f* (10), Wéndung *f* (10); Úmdrehung *f* (10) *(колеса, ключа)*; 2) *(місце повороту)* Krümmung *f* (10), Bíegung *f* (10), Kúrve [-və] *f* (11); 3) *перен.* Wénde *f* (11), Wéndung *f* (10).

повстава́ти, повста́ти 1) *(піднімати повстання)* sich erhében*; sich empören; 2) *(чинити опір)* ~ про́ти чо́го-н. sich gégen etw. *(A)* áuflehnen.

повста́нець Áufständische *m* (14), Insurgént *m* (8).

повста́ння Áufstand *m* (1*); збро́йне ~ bewáffneter Áufstand *m*.

повсть Filz *m* (1).

повсякча́с (be)ständig, ímmer, stets, áll(e)zeit.

повто́рн|ий wiederhólt, nóchmalig; rückfällig; ~а опера́ція *мед.* Náchoperation *f* (10).

повто́рювати, повтори́ти wiederhólen *vt*; ~**ся** sich wiederhólen.

повча́льний léhrhaft, wíssenswert, beléhrend.

повча́ння Beléhrung *f* (10).

повча́ти *(кого-н.)* beléhren *vt*, unterwéisen* *vt*.

пов'я́зувати, пов'яза́ти zúbinden* *vt*; verbínden* *vt*, (úm)bínden* *vt*; ~ го́лову ху́сткою ein Tuch um den Kopf bínden*; ~ крава́тку éinen Schlips úmbinden*.

пога́ний schlecht, schlimm, übel.

поганя́ти ántreiben* *vt*, ánspornen *vt*.

пога́снути erlöschen* *vi* (s), áuslöschen* *vi* (s).

погі́ршати sich verschléchtern, sich verschlímmern; sich zúspitzen *(про відносини, стосунки)*.

погі́ршити verschléchtern *vt*, verschlímmern *vt*; zúspitzen *vt* *(про відносини, стосунки)*.

поглиблювати, погли́бити vertíefen *vt*; ~ протирі́ччя Widersprüche verschärfen; ~**ся** sich vertíefen, tíefer wérden*.

по́гляд 1) Blick *m* (1); ки́нути ~ éinen Blick wérfen* (на ко́го-н., на що-н. auf *A*); 2) *(думка)* Méinung *f* (10), Ánsicht *f* (10); Gesíchtspunkt *m* (1) *(точка зору)*; помилко́вий ~ fálsche Ánsicht; на мій ~ méiner Méinung nach; ◊ з пе́ршого ~у, на пе́рший ~ auf den érsten Blick, bei flüchtigem Ánsehen.

пого́д|а Wétter *n* -s, Wítterung *f* (10); га́рна ~а schönes Wétter *n*; пога́на ~а schléchtes Wétter *n*; у бу́дь-яку ~ у bei jédem Wétter; змі́на ~и Wítterungswechsel *m* -s; зве́дення ~и Wétterbericht *m* (1); прогно́з ~и Wéttervorhersage *f* (11).

пого́джуватися, пого́дитися 1) *(на що-н.)* éinwilligen *vi* (in *A*); éingehen* *vi* (s) (auf *A*); éinverstanden sein (mit *D*); ~ на пропози́цію in den Vórschlag éinwilligen; auf den Vórschlag éingehen*; 2) *(з ким-н., з чим-н.)* béistimmen *vi* *(D)*, zústimmen *vi* *(D)*, zúgeben* *vt*; ~ з ду́мкою éiner Méinung béistimmen; ~ з його́ пропози́цією séinem Vórschlag zústimmen [béipflichten].

погоди́нн|ий: ~а опла́та Stúndenlohn *m* -(e)s, Stúndengeld *n* -(e)s.

пого́лений rasiert

поголи́ти rasíeren *vt*; ~**ся** sich rasíeren *(самому)*; sich rasíeren lássen* *(у перукарні)*.

поголі́в'я *с. г.* Bestánd *m* (1*), Stückzahl *f*; ~ худо́би Víehbestand *m*.

пого́ня 1) *(дія)* Verfólgung *f*, Náchsetzen *n* -s; 2) *перен.*: ~ за прибу́тком Profítstreben *n* -s; ~ за кі́лькістю Tónnenideologie *f*.

по-господа́рському wírtschaftlich.

пограбува́ти beráuben *vt*; áusrauben *vt*, áusplündern *vt*.

по́гріб Kéller *m* (6); ви́нний ~ Wéinkeller *m*.

погро́жувати *(кому-н.)* dróhen *vi* *(D)*; bedróhen *vt* (чим-н. mit *D*).

погро́з|а Dróhung *f* (10); Bedróhung *f*; пусті́ ~и léere Dróhungen; з ~ами únter Dróhungen.

погро́зливий dróhend, bedróhlich.

погру́ддя *(скульптура)* Büste *f* (11).

подава́ти, пода́ти 1) réichen *vt*; ~ ру́ку die Hand réichen [gében*]; ~ кому́-н. пальто́ j-m in den Mántel hélfen*; ~ на стіл áuftragen* *vt*, servieren [-'vi:-] *vt*; 2) *(заяву тощо)* éinreichen *vt*; ~ ска́ргу Beschwérde erhében* [éinlegen, führen]; ◊ ~ допомо́гу Hílfe léisten; ~ сигна́л ein Zéichen gében*; ~ кома́нду ein Kommándo gében* [ertéilen]; ~**ся** *(куди-н)*. sich begében*.

пода́льший wéiter; férner; ~ ро́звиток Wéiterentwicklung *f*; в ~ому im wéiteren; férnerhin.

П

подарува́ти 1) schénken *vt,* verschénken *vt;* 2) *(простити кому-н. що-н.)* verzéihen* *vt,* vergében* *vt.*

подару́н|ок Geschénk *n* (2), Präsént *n* (2); мале́нький ~ок (kléine) Áufmerksamkeit *f* (10); ці́нний ~ок wértvolles Geschénk; магази́н ~ів Geschénkartikelgeschäft *n* (2).

пода́ток Stéuer *f* (11); прибутко́вий ~ Éinkommensteuer *f;* Lóhnsteuer *f* *(із заробітної плати);* плати́ти ~ éine Stéuer entríchten.

по́двиг Héldentat *f* (10); Gróßtat *f;* бойови́й ~ Wáffentat *f;* здійсни́ти ~ éine Héldentat vollbríngen*.

подві́йн|ий dóppelt, zwéifach, Dóppel≠; в ~ому ро́змірі in dóppeltem Áusmaß; ~а бухгалте́рія dóppelte Búchführung; вести́ ~у гру ein Dóppelspiel tréiben*.

подві́р'я Hof *m* (1*), ◊ у вся́кому ~ї своє́ пові́р'я ándere Städte, ándere Bräuche.

подво́ювати, подво́їти verdóppeln *vt;* ~ зуси́лля die Ánstrengungen verdóppeln; **~ся** sich verdóppeln.

поде́куди hier und da, stéllenweise, mánncherorts.

поде́рти zerréißen* *vt,* ábnützen *vt.*

подешеві́ти bílliger wérden*.

по́див Verwúnderung *f* (10), Erstáunen *n* -s; Stáunen *n;* на превеликий мій ~ zu méinem größten [höchsten] Erstáunen, zu méiner größten Verwúnderung.

подиви́тися 1) hínsehen* *vi;* ánblikken *vt (на кого-н., на що-н.);* 2) *(за ким-н., за чим-н.)* áufpassen *vi* (auf *A*).

по́дих 1) Átem *m* -s, Átmung *f;* затамува́ти ~ den Átem ánhalten *; 2) *(вітру тощо)* Hauch *m* -es; ◊ перевести́ ~ Átem schöpfen [hólen]; до оста́ннього ~у bis zum létzten Átemzug.

поді́бн|ий ähnlich, gléichartig; ◊ ні́чого ~ого! *розм.* nichts dergléichen!; weit geféhlt! і таке́ ~е (*скор.* і т. п.) und ánderes (mehr) (*скор.* u. a. m.); und ähnliches (*скор.* u. ä).

по́діл Téilung *f* (10); Vertéilung *f,* Áufteilung *f;* ~ пра́ці Árbeitsteilung *f.*

поді́|ти tun* *vt;* híntun* *vt;* (hín)stécken *vt* (куди́-н. in *A*); **~тися** *розм.* híngeraten* *vi* (s); hínkommen* *vi* (s) *(загубитися);* куди́ він ~ вся? wo steckt er?

поді́|я Eréignis *n* (3*); Begébenheit *f* (10); Geschéhen *n* -s; Vórfall *m* (1*); істори́чна ~я ein histórisches Eréignis; знаме́нна ~я ein dénkwürdiges Eréignis; ~ї дня Tágesgeschehen *n.*

поді́яти (éin)wírken *vi* (на ко́го-н., на що-н. auf *A*); séine Wírkung tun*; ánschlagen* *vi (про ліки).*

подо́батися gefállen* *vi;* zúsagen *vi.*

подо́вжній lä́ngsläufig, Längs≠, der Länge nach; ~ ро́зріз Längsschnitt *m* (1).

подола́ти überwínden* *vt,* überwältigen *vt,* bezwíngen* *vt* ~ тру́днощі Schwíerigkeiten überwínden*.

по́дорож Réise *f* (11); кругосві́тня ~ éine Réise um die Welt; здійсни́ти ~ éine Réise máchen, éine Réise unternéhmen*; ви́рушити в ~ auf Réisen géhen*; бюро́ ~ей Réisebüro *n* -s, -s.

подоро́жній Réise≠; Weg(e)≠; ~ костю́м Réiseanzug *m* (1*).

подорожува́ти réisen *vi* (h, s), éine Réise máchen.

подоро́жчати téu(e)rer wérden, im Préise stéigen *.

подро́биц|я Éinzelheit *f* (10), Detail ['tae] *n* -s, -s; вдава́тися у ~і auf Éinzelheiten éingehen*.

по́друга Fréundin *f* (12); Kamerádin *f* (12).

по-дру́ге *вставне сл.* zwéitens.

подру́жжя Éhepaar *n* (2), Éheleute *pl.*

подружи́тися sich befréunden, Fréundschaft schlíeßen*.

подру́жній éhelich, Éhe≠; Gátten≠.

по-дру́жньому fréundschaftlich; kamerádschaftlich.

поду́мати dénken* *vt, vi,* náchdenken* *vi* (про що-н. über *A*); ◊ хто міг би ~ ! wer hätte das gedácht!; ~ ті́льки ! *розм.* man bedénke bloß!

поду́шка Kíssen *n* (7); Kópfkissen *n;* Pólster *n* (6) *(диванна);* надувна́ ~ Lúftkissen *n.*

подя́к|а 1) *(почуття вдячності за що-н.)* Dánkbarkeit *f;* глибо́ка ~а tíefempfundener Dank; 2) *(висловлення подяки)* Dank *m* -es; висло́влювати ~у séinen Dank ábstatten [áussprechen*].

подя́кувати dánken *vi* (кому́-н. *D*); sich bedánken (bei *D*).

пое́зі|я 1) *(словесна художня творчість)* Poesíe *f;* Díchtung *f;*

Díchtkunst *f;* 2) *(вірш)* Gedícht *n* (2); збірка ~й Gedíchtsammlung *f* (10).

поéма Poém *n* (2), Gedícht *n* (2).

поéт Díchter *m* (6), Poét *m* (8); ~**éса** Díchterin *f* (12); ~**úчний** poétisch díchterisch.

поєдúнок Zwéikampf *m* (1*), Duéll *n* (2).

пожалíти 1) *(кого-н.)* bemítleiden *vt;* Mítleid háben* (mit *D*); 2) *(про що-н.)* bedáuern *vt.*

пожéж|а Brand *m* (1*); Schádenfeuer *n* (6); загасúти ~у den Brand éindämmen; ◊ бíгти як на ~у *розм.* rénnen wie ein geölter Blitz.

пожéжник Féuerwehrmann *m* (4) (*pl тж.* -leute).

пожúв|а Náhrung *f (тж. перен.);* Fútter *n* (6); давáти ~у чомý-н. *(чуткам, підозрам тощо)* etw. nähren néue Náhrung gében* *(D.).*

пожúвн|ий náhrhafl, nährend; Náhrungs≠; ~а речовúнá Nährstoff *m* (1).

пожóвклий vergílbt.

пóза I Róse *f* (11); Positúr *f* (10), Stéllung *f* (10).

пóза II 1) hínter *(D, A),* jénseits *(G),* áußerhalb *(G);* áußer *(G, D);* ~ чéргою áußer der Réihe; ~ кóнкурсом áußerhalb des Wéttbewerbs; ~ рóзкладом *залізн.* áußerfahrplanmäßig; ~ конкурéнцією áußer Konkurrénz, konkurrénzlos.

позавчóра vórgestern.

позáду 1) *присл.* hínten; залишáти когó-н. далéко ~ j-n weit hínter sich zurücklassen*; 2) *прийм.* hínter *(D на питання «де?»).*

позаклáсн|ий áußerunterrichtlich ~а робóта áußerunterrichtliche Árbeit.

позаминýлий vórvorig.

позáочі hínter dem Rücken.

позаплáновий áußerplanmäßig; im Plan nicht vórgesehen.

позапрогрáмний áußerprogrammäßig *(при переносі* áußerprogramm-mäßig).

позáторік im vórvorigen Jahr.

позачергóв|ий áußer der Réihe; außerórdentlich; ~а сéсія äußerórdentliche Tágung.

позашкíльн|ий áußerschulisch; ~á робóта áußerschulische Árbeit.

позаштáтний nébenamtlich; áußerhalb des Stéllenplans; ~ співробíтник nicht féstangestellter Mítarbeiter.

позбавляти, позбáвити entzíehen* *vt* ábnehmen* *vt* (когó-н. чогó-н *D*); ~ когó-н. слóва j-m das Wort entzíehen*; ~ прáва гóлосу j-m das Stímmrecht entzíehen*; j-n des Stímmrechts beráuben.

позбирáти 1) sámmeln *vt,* áufheben* *vt,* áufsammeln *vt (з підлоги, з землі);* versámmeln *(скликати);* ~**ся** sich versámmeln, zusámmenkommen* *vi* (s).

позбувáтися, позбýтися 1) verlíeren* *vt,* éinbüßen *vt,* um etw. *(A)* kómmen*; 2) *(чого-н. неприємного)* etw. lóswerden* *відокр. vt* (s), sich *(D)* etw. vom Hálse scháffen*.

по-звірячому bestiálisch; brutál.

уздóвж der Länge nach розрíзати щo-н. ~ etw. der Länge nach (dúrch)schnéiden*.

поздóвжній längsläufig, Längs≠, der Länge nach; ~ рóзріз Längsschnitt *m.*

поздорóвити, поздоровляти beglückwünschen *vt* (когó-н. з чим-н. j-n zu *D*), gratulíeren *vi* (j-m zu *D*).

поздорóвлення Glückwunsch *m* (1*), Gratulatión *f* (10); Glückwunschschreiben *n* (7) *(письмове);* ~ з Новúм рóком Néujahrsglückwunsch *m;* приймáти ~ Glückwünsche entgégennehmen*.

позеленíти grün wérden*; grün und gelb wérden* *(від люті тощо).*

пóзик|а 1) Ánleihe *f* (11); держáвна ~а Stáatsanleihe *f;* 2) Dárlehen *n* (7), Ánleihe *f* (11); давáти в ~у комý-н. j-m éine Ánleihe gewähren; брáти в ~у у кóго-н. (bei j-m) léihen* *vt.*

по-зимóвому wínterlich; wíntermäßig.

позитúв *фото* Pósitiv *n* (2).

позитúвн|ий pósitiv; ~а вíдповідь pósitive [-və] [bejáhende, zúsagende] Ántwort; ~ий герóй *літ.* pósitiver [-vər] Held.

позúці|я 1) *військ.* Stéllung *f* (10); передовá ~я vórgeschobene Stéllung; зайняти ~ю éine Stéllung bezíehen*; залишáти ~ю éine Stéllung áufgeben* [räumen]; 2) *перен.* Stándpunkt *m* (1), Éinstellung *f* (10), Stéllungnahme *f.*

позичáти, позúчити 1) *(у кого-н.)* bórgen *vt* (von *D*, bei *D*), léihen* *vt* (von *D*); *розм.* j-n ánpumpen; 2) *(кому-н.)* léihen* *vt,* bórgen *vt,* auf Borg gében*.

пóзичка *див.* пóзика 2).

позіха́ти gähnen *vi*.
познача́ти bezéichnen *vt;* kénnzeichnen *невідокр vt;* markíeren *vt.*
по-зра́дницькому verräterisch.
позува́ти *(служити натурою художникові тощо)* Modéll stéhen*, j-m sítzen*.
по́їзд Zug *m* (1*); Éisenbahnzug *m;* швидки́й ~ Schnéllzug *m;* пасажи́рський ~ Persónenzug *m;* това́рний ~ Güterzug *m;* примі́ський ~ Vórortzug *m.*
поі́здка Fahrt *f* (10); Réise *f* (11) *(подорож);* Áusflug *m* (1*); ~ по мі́сту Stádtrundfahrt *f;* ~ за мі́сто Áusflug ins Grüne.
пої́ти zu trínken gében* (кого́-н. *D*); tränken *vt (худобу).*
пої́хати (hín)fáhren* *vi* (s), fórtfahren* *vi* (s), verréisen *vi* (s) (куди́-н. nach *D*).
пока́жчик Ánzeiger *m* (6), Índex *m* (1) (*pl тж.* Índizes); Regíster *n* (6); Verzéichnis *n* (3*) *(у книжці);* бібліографі́чний ~ Quéllennachweis *m* (1); предме́тний ~ Sáchregister *n*; доро́жній ~ Wégweiser *m* (6)
по́каз Schau *f;* Vórführung *f* (10); ~ (кіно)фі́льму Fílmvorführung *f;* ~ мод Módenschau *f.*
показо́вий 1) *(зразковий)* Múster*, mústergültig; ~ уро́к Músterstunde *f* (11); 2) *(характерний)* bezéichnend, kénnzeichnend.
пока́зувати 1) zéigen *vt,* áufzeigen *vt;* áufweisen* *vt;* 2) (hin)wéisen* *vi* (на ко́го-н., на що-н. auf *A*); ◊ я тобі покажу́! ich wérde dich léhren!; показа́ти кому-н. на две́рі j-m die Tür wéisen*; **~ся** sich zéigen, sich séhen lássen*; ~ся кому́-н. на о́чі j-m únter die Áugen tréten*.
покара́ння Stráfe *f* (11), Bestráfung *f* (10); строк ~ *юр.* Stráfmaß *n* (2).
покара́ти stráfen *vt,* bestráfen *vt;* züchtigen *vt.*
по́ки *спол.* 1) *(у той час як)* während, solánge; 2) *(до того часу поки)* bis; почека́й, ~я прийду́ wárte, bis ich kómme; ~ що присл. vórläufig, bis auf wéiteres.
покида́ти, поки́нути 1) verlássen*, im Stich lássen* *(в біді);* 2) *(переставати чим-н займатися)* áufhören *vi* (що-н. mit *D*).
по́кидьки Ábfall *m* (1*); Müll *m* -(e)s *(сміття).*
покі́йн|ик, ~ иця Verstórbene *m, f* (14), Verschíedene *m, f* (14).
покі́рний ergében; unterwürfig: gefügig, fügsam, hörig.
по́клик Ruf *m* (1); прийти́ на пе́рший ~ auf den érsten Ruf kómmen*.
покло́н Verbéugung *f* (10); Gruß *m* (1*) *(вітання);* ◊ іти́ до ко́го-н. з покло́ном j-n um etw. *(A)* ergébenst bítten*.
поклони́тися sich vernéigen, sich verbéugen (кому́-н. vor *D*).
поколі́ння Generatión *f* (10); Geschlécht *n* (5); молоде́ ~ júnge Generatión; з ~ в ~ von Generatión zu Generatión, vom Váter auf den Sohn.
поко́ра Ergébenheit *f;* Unterwürfigkeit *f;* Démut *f (смиренність).*
покоха́ти liebgewinnen* *відокр. vt.*
покра́щати sich (vér)béssern, bésser wérden*.
покра́щити (vér)béssern *vt,* verédeln *vt (облагородити).*
по́крив Décke *f* (11), Bedéckung *f* (10); снігови́й ~ Schnéedecke *f;* захисни́й ~ *спец.* Schútzdecke *f.*
покрива́ло Décke *f* (11); ~ на лі́жко Tágesdecke *f.*
покрива́ти 1) *див.* **покри́ти** 1), 2), 3), 2) *розм. (не видавати)* décken *vt,* verschwéigen* *vt;* **~ся** *див.* **покри́тися.**
покри́ти 1) bedécken *vt;* zúdecken *vt;* не́бо покри́те хма́рами der Hímmel ist bedéckt [bewölkt]; 2) *(намастити)* ánstreichen* *vt;* ~ ла́ком lackíeren *vt;* 3) *(про відстань)* zurücklegen *vt;* **~ся** sich bedécken, sich zúdecken.
покрі́вля Dach *n* (5).
покр|і́й Schnitt *m* (1); Schníttform *f* (10); однако́вого ~о́ю von gléichem Schnitt.
покупе́ць Käufer *m* (6); Kúnde *m* (9); пості́йний ~ Stámmkunde *m.*
поку́пк|а Kauf *m* (1*); Erwérb *m* -(e)s; Éinkauf *m*; ~а в креди́т Kauf auf Kredít, Kredítkauf *m;* ~а на ви́плат Rátenkauf *m;* побити ~и Éinkäufe máchen.
пол|а́ Róckschoß *m* (1*), Schoß ◊ з-під ~и́ *розм.* únter der Hand: im Schwárzhandel.
пола́годити áusbessern *vt,* reparíeren *vt.*
полама́ти *див.* **лама́ти.**
по-лати́нському latéinisch, auf latéinisch.
по́л|е 1) Feld *n* (5); ~е бо́ю Schláchtfeld *n;* футбо́льне ~е Fúßballplatz *m* (1*); 2) **~я́** *(в книжці тощо)* Rand *m* (4); заува́-

ження на ~ я́х Rándbemerkungen *pl;* 3) ~ я́ *(капелюха)* Krémpe *f* (11); ◊ ~ е ді́яльності Betätigungsfeld *n;* Tätigkeitsbereich *m* -(e)s.

полéгшення 1) Erléichterung *f;* 2) *(пом'якшення болю)* Mílderung *f;* Línderung *f.*

полéгшувати, полéгшити 1) erléichtern *vt;* ~ пра́цю die Árbeit erléichtern; 2) *(пом'якшити біль)* míldern *vt,* líndern *vt.*

полéмік|а Polémik *f;* вступи́ти в ~ у sich in [auf] éine Polémik éinlassen*.

полива́ти, поли́ти 1) begíeßen* *vt;* (be)spréngen *vt (вулиці);* 2): поли́в дощ es begánn in Strömen zu régnen; **~ся** sich ergíeßen*, strömen *vi* (h, s).

поли́н *бот.* Béifuß *m* -es; гірки́й ~ Wérmut *m* -(e)s; ◊ гірки́й як ~ bítter wie Gálle.

по-ли́царськ|и, ~ому rítterlich.

поли́ця Fach *n* (5), Regál *n* (2); Líegebank *f* (3) *(у залізничному вагоні);* ве́рхня [ни́жня] ~ *залізн.* der óbere [úntere] Platz (im Schláfwagen); книжко́ва ~ Bücherregal *n.*

поліглóт Polyglótt(e) *m* (8, 9).

полігóн *військ.* Trúppenübungsplat *m* (1*), Schíeßplatz *m;* Versúchsgeländ *n (випробний).*

поліграф|íчний polygráphisch; **~íчна** промисло́вість polygráphische Industríe; **~ія** Polygraphíe *f* (11).

поліклíн|іка Poliklínik *f* (10); **~ічний** poliklínisch.

полíно Hólzscheit *n* (2).

полíпшувати, полíпшити (ver)béssern *vt;* verédeln *vt (облагородити),* **~ся** sich (ver) béssern, bésser wérden*.

полíт Flug *m* (1*); випро́бний ~ Téstflug *m;* навча́льний ~ Schúlflug *m;* космі́чний ~ Wéltraumflug *m,* Ráumflug *m;* міжплане́тний ~ interplanetárer Flug; ~ люди́ни в ко́смос Ménschenastroflug *m;* ~ на Мі́сяць Móndflug *m;* ~ ракéти Rakétenflug.

політéхнікум Polytéchnikum *n* -s, *pl* -ken, -ka.

політехні́чний polytéchnisch.

полíтик Polítiker *m* (6).

полíтик|а Politík *f;* зо́внішня ~ а Áußenpolitik *f;* вну́трішня ~ а Ínnenpolitik *f;* миролю́бна ~ а fríedliebende Politík; ~ а ми́рного співіснува́ння Politík der fríedlichen Koexisténz; ~ а розря́дки Politík der Entspánnung, Entspánnungspolitik *f;* ~ а холо́дної війни́ Politík des kálten Krieges; націона́льна ~ а Nationalitätenpolitik *f.*

політи́чний polítisch; ~ дія́ч Polítiker *m* (6).

поліцéйський 1) *прикм.* Polizéi≠, polizéilich; ~ на́гляд Polizéiaufsicht *f;* 2) *у знач. ім.* Polizíst *m* (8), Schútzmann *m* (4) (*pl тж.* -leute).

полíція Polizéi *f.*

полк Regimént *n* (5); ◊ на́шого ~ у прибуло́ wir sind mehr gewórden.

полкóвник Óberst *m* (8, 13).

полковóдець Héerführer *m* (6); Féldherr *m* (8) *(застар.).*

полови́н|а Hälfte *f* (11); три з ~ою dréi(und)einhálb.

полóгий ábschüssig, ábfallend.

полóження 1) *(місце знаходження кого-н., чого-н.)* Láge *f* (11); географі́чне ~ geográphische Láge; 2) *(поза)* Láge *f* (11), Stéllung *f* (10); 3) *(зведення правил, законів тощо)* (Ver)órdnung *f* (10); ~ про ви́бори Wáhlordnung *f.*

полóн Gefángenschaft *f;* попа́сти в ~ in Gefángenschaft geráten*; зда́тися в ~ sich gefángen gében*; взя́ти в ~ gefángennehmen* *відокр. vt.*

полонéний 1) *прикм.* gefángen; 2) *у знач. ім.* Gefángene *m* (14).

полони́на Hóchtal *n* (5), Gebírgstal *n.*

полони́ти 1) gefángennehmen* *відокр. vt;* 2) *(зачарувати)* fésseln *vt,* bezáubern *vt.*

полоня́нка Gefángene *f* (14).

полоска́ти spülen *vt;* ~ го́рло gúrgeln *vi;* **~ся** plätschern *vi.*

полóти jäten *vt.*

полотнó 1) *(тканина)* Léinwand *f,* Léinen *n* (7); 2) *(картина)* Gemälde *n* (6).

полохли́вий scheu, fúrchtsam; féige.

полу́мисок Schüssel *f* (11); гли́няний ~ írdene Schüssel.

пóлум'я Flámme *f* (11).

полуни́ця Gártenerdbeere *f* (11), Érdbeere *f.*

полювá|ння Jagd *f* (10); іти́ на ~ auf die Jagd géhen*; **~ти** jágen *vi* (на ко́го-н., на що-н. nach *D,* auf *A*).

пóлюс Pol *m* (1); Півні́чний ~ Nórdpol *m;* Півде́нний ~ Südpol *m;* магні́тний ~ Magnétpol *m.*

поляга́|ти *(в чому-н.)* bestéhen* *vi* (in *D*); його́ вина́ ~є в то́му, що ...séine Schuld bestéht darín, daß...

поля́к Póle *m* (9).

поля́рн|ий 1) polár, Polár≠; Поля́рна зоря́ Nórdstern *m* -(e)s; ~е ко́ло Polárkreis *m* (1); 2) *(абсолютно протилежний)* vóllkommen gégensätzlich.

поля́рник Polárforscher *m* (6).

пол́ьов|и́й Feld≠; Ácker≠; ~і робо́ти Féldarbeiten *pl;* ~і кві́ти Féldblumen *pl.*

по́льськ|ий pólnisch; ~а мова die pólnische Spráche, das Pólnische.

помага́ти, помогти́ hélfen* *vi,* Hílfe léisten [bríngen*], zu Hílfe kómmen*; náchhelfen* *vi (відстаючому).*

пома́да Pomáde *f* (11); губна́ ~ Líppenstift *m* (1).

помазо́к Pínsel *m* (6), Quast *m* (1).

пома́лу nach und nach, állmählich.

по́мах Schwung *m* (1*), Schwénkung *f* (10) *(руки).*

по́мацки tástend; táppend.

по́милк|а Féhler *m* (6); Írrtum *m* (4); Verséhen *n* (7) *(недогляд);* Réchenfehler *m (у підрахунку);* друка́рська ~а Dréckfehler *m* (6); ~а в написа́нні Schréibfehler *m* (6); грамати́чна ~а grammátischer Féhler; зроби́ти [допусти́ти] ~у éinen Féhler máchen [begéhen*]; ви́правити ~у éinen Féhler berichtigen; без по́мило́к féhlerfrei.

помилко́в|ий falsch, írrig, írrtümlich; féhlerhaft; Fehl≠; ~ий ви́сновок Féhlschluß *m* -sses, -schlüsse; ~ість Féhlerhaftigkeit *f;* Únrichtigkeit *f.*

поми́лувати begnádigen *vt.*

помиля́тися, помили́тися sich írren, sich täuschen; sich verséhen*; sich verréchnen *(у підрахунку);* sich verspréchen* *(обмовитися);* помиля́єтесь! weit geféhlt!; ◊ люди́ні власти́во ~ Írren ist ménschlich.

по́минки Gedénkfeier *f* (11); Léichenschmaus *m* (1*).

помира́ти, поме́рти stérben* *vi* (s); úmkommen* *vi* (s) *(загинути);* hínscheiden* *vi* (s).

помідо́р Tomáte *f* (11).

помі́ж 1) zwíschen *(на питання «куди?» A; на питання «де?» D);* únter *(D);* розділи́ти що-н. ~ собо́ю etw. untereinánder téilen; ◊ чита́ти ~ рядкі́в zwíschen den Zéilen lésen*.

поміня́ти (áus)táuschen *vt;* éintauschen *vt* (на що-н., gégen *A*); wéchseln *vt.*

помі́рн|ий gemäßigt, mäßig; ◊ ~ий клі́мат gemäßigtes Klíma; ~а ціна́ ángemessener Preis.

помі́тн|ий 1) *(який можна побачити)* bemérkbar; mérklich; ~а рі́зни́ця ein mérklicher Únterschied; ~і результа́ти spürbare [mérkliche] Ergébnisse; це ~о das merkt man; 2) *(важливий)* bedéutend; hervórragend.

по́міч Hílfe *f,* Áushilfe *f;* Béistand *m* -(e)s *(сприяння).*

поміча́ти, помі́тити 1) (be)mérken *vt,* ánmerken *vt;* я ні́чого не поміча́ю ich mérke nichts; не ~ кого́-н. j-n überséhen*; 2) *(робити помітки на чому-н.)* notíeren *vt,* sich *(D)* notíeren.

помічни́|к Hélfer *m* (6), Gehílfe *m* (9); Ássistént *m* (8); ~ **ця** Hélferin *f* (12), Gehílfin *f* (12).

поміща́ти, помісти́ти únterbringen* *vt;* (hín)stéllen *vt,* (hín)sétzen *vt (поставити);* (hín)légen *vt (покласти);* éinliefern *vt (у лікарню);* ~**ся** hinéingehen* *vi* (s).

помі́щик Gútsbesitzer *m* (6), Gútsherr *m* (8).

помно́жити *мат.* multiplizíeren *vt;* ~ два на три zwei mit drei multiplizíeren.

по-мо́дному modérn, módisch.

по-мо́єму 1) *(на мою думку)* méiner Méinung [Ánsicht] nach; 2) *(як я бажаю)* nach méinem Wíllen [Wunsch].

помолоді́ти jung [jünger] wérden*.

по́мст|а Ráche *f;* замишля́ти ~у Ráche brüten [plánen].

помсти́тися rächen *vt;* sich rächen, Ráche néhmen* (кому́-н. an *D*); j-m etw. héimzahlen.

пом'якш|ення Línderung *f* (10); Mílderung *f* (10) *(про кару);* **~увати, ~ити** míldern *vt;* líndern *vt;* mäßigen *vt (зменшити);* ~ити ви́рок ein Úrteil míldern.

по́над über; mehr als; ~ три́дцять осі́б über dréißig Mann; їй ~ три́дцять ро́ків sie ist über dréißig (Jáhre alt).

по-на́шому 1) *(на нашу думку)* únserer Méinung [Ánsicht] nach; 2) *(як ми бажаємо)* nach únserem Wíllen [Wunsch].

П

поневірятися umhérwandern *vi* (s); umhérirren *vi* (s); ~ по світу in der wéiten Welt herúmgestoßen wérden.

поневолювати, поневолити unterjóchen *vt*, knéchten *vt*, unterdrücken *vt*.

поневолювач Unterdrücker *m* (6).

понеділ|ок Móntag *m* (1); в ~ок am Móntag; минулого ~ка am vórigen Móntag; наступного ~ка am nächsten Móntag; в ~ок увечері (am) Móntag ábend; в ~ок уранці (am) Móntag früh; по ~ках móntags.

пониження Herábsetzung *f* (10); Ermäßigung *f* (10), Sénkung *f* (10) *(цін)*; Lóhnsenkung *f* *(зарплати)*; ~ температури Temperatúrrückgang *m* -(e)s.

понині bis jetzt.

понівечити entstéllen *vt*, verzérren *vt*; verstümmeln *vt*.

по-німецьк|и, ~ому deutsch, auf deutsch; in deutsch *(німецькою мовою)*; nach déutscher Art *(за звичаєм німців)*; говорити ~ deutsch spréchen*; як це називається ~ ? wie heißt das (auf) deutsch?

поновлювати, поновити 1) ernéuern *vt*; wiederhérstellen *відокр. vt*; 2) *(у правах, на посаді)* wiederéinsetzen *vt*, wiederéinstellen *vt*.

по-новому auf néue Art (und Wéise).

понурий niedergeschlagen; kópfhängerisch *(розм.)*; düster, schwérmütig.

П

пончик *кул.* Berlíner Pfánnkuchen.

поняття 1) Begríff *m* (1), Idée *f* (11); мати ~ про що-н. Éinblick in etw. háben; не мати найменшого ~ про що-н. kéine (blásse) Áhnung von etw. *(D)* háben; 2) *філос.* Begríff *m* (1); Áuffassung *f* *(10)*.

пообідати zu Míttag éssen*; das Míttagessen beénden *(закінчити обід)*.

поодинокий éinzeln; veréinzelt; sélten *(рідкісний)*.

поодинці éinzeln.

попадати, попасти 1) *(опинятися)* (hin)geráten* *vi* (s); gelángen *vi* (s); куди я попав? wo bin ich híngeraten?; ~ в скрутне становище in die Klémme [die Schére, éine Sáckgasse] geráten*; 2) *(влучати)* tréffen* *vt*; попасти в ціль das Ziel tréffen*, auf den réchten Fleck [ins Schwárze] tréffen* *(перен.)*; не попасти в ціль das Ziel verféhlen; ◊ тобі попаде! *розм.* du kriegst noch was ab!; попасти пальцем у небо *розм.* étwas falsch ságen; попасти з дощу та під ринву aus dem Rauch ins Féuer kómmen*; **~ся** geráten* *vi* (3); (hinéin)fállen* *vi* (s); ◊ ~ся кому-н. на гачок j-m auf den Leim géhen*; ~ся в пастку ins Garn [in die Schlínge] géhen* [láufen*] ~ся кому-н. на очі j-m zu Gesicht [únter die Áugen] kómmen*; він мені ще попадеться! er wird mir schon in den Weg kómmen!

попарно páarweise, zu Páaren.

попелюшка *фольк.* Áschenbrödel *n* (6), Áschenputtel *n* (6).

попелястий áschfarben, áschfarbig; áschblond *(про волосся)*.

попереджати, попереджувати, попередити 1) *(завчасно сповіщати)* vorhér mítteilen, réchtzeitig von etw. *(D)* benáchrichtigen; 2) (застерігати) wárnen *vt*, verwárnen *vt*; 3) *(запобігати здійсненню чого-н.)* verhüten *vt*; vórbeugen *vi* (що-н. *D)*; ◊ попереджую тебе! laß dir das gesägt sein!

попередження 1) *(повідомлення)* (réchtzeitige) Benáchrichtigung *f* (10); 2) *(застереження)* Wárnung *f* (10), Verwárnung *f*; догана з ~м Rüge mit Verwárnung; 3) *(запобігання)* Verhütung *f*, Vórbeugung *f*.

попередник Vórgänger *m* (6), Vórläufer *m* (6).

попередн|ій 1) vórig, vorhérgehend, vorángegangen; ~ій промовець Vórredner *m* (6); 2) *(завчасний)* Vor≠; vórläufig; ~ій продаж *(квитків)* Vórverkauf *m* -(e)s; ~є замовлення Vórbestellung *f* (10); за ~іми даними nach vórläufigen Ángaben; за ~іми підрахунками nach Schätzungen.

поперек 1) *присл.* quer; 2) *прийм.* querdúrch, querüber *(A)*; ◊ стати кому-н. ~ дороги j-m in die Quére kómmen*.

поперемінний ábwechselnd.

поперечний Quer≠; quérlaufend; ~ розріз Quérschnitt *m* (1).

поперечник Dúrchmesser *m* (6); Dúrchschnitt *m* (1).

по-перше *вставне сл.* érstens; éinmal.

попит *ек.* Náchfrage *f* (11); ~і пропонування Náchfrage und Án-

gebot; користувáтися ~ ом Ábsatz fínden*.
пóпіл Ásche *f* (11); ◊ перетворúти на ~ in Schutt und Ásche légen.
попільнú|ця, ~**чка** Ásch(en)-becher *m* (6); Áscher *m* (6).
поплавóк Schwímmer *m* (6).
поплатúтися büßen *vt,* bezáhlen *vt;* ◊ за це ти поплáтишся! das mußt du büßen! das wird dir schwer zu Búche stéhen!
поплескáти: ~ в долóні klátschen *vi;* ~ когó-н. по плечý j-n auf die Schúlter klópfen.
попóвнення 1) Ergänzung *f* (10); Erwéiterung *f* (10); Áuffüllung *f* (10); 2) *військ.* Áuffüllung *f.*
поповнíшати zúnehmen* *vi,* dícker [vóller] wérden*.
попóвнювати ergänzen *vt,* náchfüllen *vt;* ~ знання́ séine Kénntnisse erwéitern.
полoлáм 1) *(на дві половини)* in zwei Hälften; mittendúrch; ділúти ~ halbíeren *vt;* розрізáти ~ mítten entzwéischneiden *; 2) *(порівну, на двох)* hálbpart, zur Hälfte.
поправк|а 1) *(виправлення)* Korrektúr *f* (10), Verbésserung *f;* Berichtigung *f;* внестú істóтну ~у éine éinschneidende Korrektúr vórnehmen; 2) *(до законопроекту тощо)* Verbésserungsantrag *m* (1*), Beríchtigungsantrag *m.*
поправля́ти, поправ́ити 1) *(лагодити)* áusbessern *vt,* reparíeren *vt;* 2) *(помилку тощо)* korrigíeren *vt.* verbéssern *vt;* 3) órdnen *vt (волосся);* zuréchtsetzen *vt відокр. (капелюх на голові).*
по-прия́тельському fréundschaftlich, kamerádschaftlich.
популяризувáти popularisíeren *vt.*
популя́рн|ий 1) *(загальновідомий)* populär, bekánnt, belíebt; ~а кни́жка ein víelgefragtes Buch; ~ий письмéнник ein víelgelesener Schríftsteller; бýти ~им viel Zúspruch háben*, éinen Námen háben*; 2) *(зрозумілий)* populär, (all)-geméinverständlich; в ~ій фóрмі in léichtfaßlicher Form.
попýтн|ий 1) auf dem Weg líegend; ї́хати на ~ій маши́ні per Ánhalter fáhren*; 2) ~ий вíтер Rückenwind *m* -(e)s; Fáhrwind *m.*
пóра Póre *f* (11).
пор|á 1) Zeit *f;* Jáhreszeit *f (пора року);* лíтня ~á Sómmer(s)zeit *f;* гаря́ча ~á Árbeitsspitze *f;* 2) *предик. безособ.* es ist [wird] Zeit, es ist an der Zeit; давнó ~á es ist hóhe [die höchste] Zeit; ◊ до ~ú, до чáсу zéitweitig; éinstweilen; на пéрших ~áх in der érsten Zeit, am Ánfang.
порáд|а Rat *m* -(e)s, *pl* -schläge; Rátschlag *m* (1*); давáти ~и Rátschläge gében*; проси́ти ~и um Rat frágen [ángehen*]; bei j-m Rat súchen; за чиє́ю-н. ~ою auf j-s Rat [Ánraten], auf j-s Zúreden; полýхай моє́ї ~и befólge méinen Rat.
порáзк|а Níederlage *f* (11); Schláppe *f* (11) *(розм.)* зазнáти ~и éine Níederlage erléiden*; завдáти ~и éine Níederlage béibringen* [beréiten].
порáнений 1) *прикм.* verwúndet, verlétzt; 2) *у знач. ім.* Verwúndete *m* (14), Verlétzte *m* (14).
порáнення Verwúndung *f* (10), Verlétzung *f* (10); дістáти ~ éinen Schuß háben*.
порáнити verwúnden *vt,* verlétzen *vt.*
пори́в 1) *(вітру)* Stoß *m* (1*), Wíndstoß *m;* 2) *перен.* Áusbruch *m* (1*), Ánfall *m* (1*); ~ рáдості Fréudenausbruch *m.*
пори́вчастий héftig, úngestüm, stürmisch; ~ вíтер böiger Wind.
порин|áти úntertauchen *vi* (s); *перен.* áufgehen* *vi* (s); він ~ув у робóту er ging in der Árbeit auf; ~áти в рóздуми séinen Gedánken náchhängen*; ~áти в мрії ins Bláue hinéin träumen.
пóристий porös, pórig.
пóрівну in gléiche Téile; zu gléichen Téilen.
порíвнювати, порівня́ти vergléichen* *vt;* in Vergléich stéllen, gegenüberstellen *відокр. vi (протиставляти).*
порíвнюванн|я 1) Vergléich *m* (1); у ~і з ким-н., з чим-н. im Vergléich zu *(D),* verglíchen mit *(D);* gegenüber *(D),* gégen *(A);* роби́ти ~я Vergléiche zíehen*; 2) *грам.* стýпені ~я Stéigerungsstufen *pl.*
порíг Schwélle *f* (11); ◊ на ~ не пускáти nicht über die Schwélle lássen*; оббивáти порóги Klínken pútzen (géhen*).
порідíти sich líchten; dünn wérden*.
порíз Schnitt *m* (1), Éinschnitt *m;* Schníttwunde *f* (11) *(рана).*

П

порічка róte Jóhannisbeere *f* (11).

поро́д|а 1) *(один вид або клас тварин)* Rásse *f* (11); чистокро́вна ~а réine Rásse; 2) *(вид рослини)* Art *f* (10), Gáttung *f* (10); 3) *геол.* Gestéin *n* (2); поро́жня ~а táubes Gestéin; ◊ бу́ти іншої ~и aus ánderem Holz geschnítten sein*.

поро́джувати, породи́ти *перен.* hervórrufen* *vt,* errégen *vt;* bewírken *vt (спричинити).*

поро́дист|ий rássig, Rásse≠; Zucht≠; ~ий соба́ка Rássehund *m* (1); ~а худо́ба Rássevieh *n* -(e)s, Zúchtvieh *n.*

поро́жн|ій 1) leer; ~ій горіх táube Nuß; 2) *(беззмістовний)* níchtssagend, gehâltlos; leer, hohl; hóhlköpfig *(про людину);* ~я балакани́на hóhles [léeres] Geschwätz.

поро́жнява Léere *f.*

пороло́н Porolón *n* -s, Scháumstoff *m* -(e)s; **~овий** Porolón≠, Schaumstoff≠.

поро́м Fähre *f* (11); Fáhrschiff *n* (2) *(морський).*

порося́ Férkel *n* (6); моло́чне ~ Spánferkel *n.*

поро́ти *(розривати шви)* trénnen *vt;* ◊ ~ гаря́чку *розм.* hásten *vi;* sich überstürzen.

по́рох 1) *військ.* Púlver *n* -s, Schíeßpulver *n;* ◊ поню́хати ~у Púlver ríechen*; трима́ти ~ сухи́м sein Púlver trócken hálten*; 2) *(пил)* Staub *m* -(e)s; ◊ розте́рти кого́-н. на ~ *розм.* j-n (etw.) zu Staub zerréiben*, j-n zur Bank háuen*; **~ня́вий** *розм.* verfáult, mürbe; morsch, wúrmstichig *(про дерево).*

поро́чн|ий 1) *(розпусний)* lásterhaft; 2) *(неправильний, хибний)* únzulänglich, féhlerhaft; ◊ ~е ко́ло Téufelskreis *m* -es, féhlerhafter Kréislauf.

порошо́к Púlver *n* (6); зубни́й ~ Záhnpulver *n;* пра́льний ~ Wáschpulver *n.*

по́рпатися herúmwühlen *vi,* herúmkramen *vi.*

порт Háfen *m* (7*); морськи́й ~ Séehafen *m,* Hóchseehafen *m;* річко́вий ~ Bínnenhafen *m,* Flúßhafen *m;* вихо́дити з ~у áuslaufen* *vi* (s); увійти́ в ~ in den Háfen éinlaufen*.

портати́вн|ий portatív, trágbar; Kóffer≠; ~а друка́рська маши́нка Réiseschreibmaschine *f* (11); ~ий радіоприйма́ч Kófferradio *n* -s.

порто́в|ий Háfen≠; ~е мі́сто Háfenstadt *f* (3).

портре́т Bild *n* (5), Porträt [-'trɛ:] *n* -s, Bíldnis *n* (3*).

портфе́ль Áktentasche *f* (11), Áktenmappe *f* (11), Máppe *f;* учні́вський ~ Schülertasche *f.*

портье́ Portier [-'tie:] *m* -s, -s, Pförtner *m* (6).

портье́ра Portiére *f* (11), Türvorhang *m* (1*), Vórhang *m.*

пору́к|а Bürgschaft *f,* Háftung *f;* кругова́ ~а Gesámtbürgschaft *f;* бра́ти кого́-н. на ~и für j-n bürgen.

по́руч *присл.* 1) *(один біля одного)* nebeneinánder; ~ з nében *(D на питання «де?»; A на питання «куди?»);* сиді́ти ~ з ким-н. nében j-m sítzen*; сі́сти ~ з ким-н. sich nében j-n sétzen; 2) *(поблизу)* nebenán, náhe, bei.

поручи́тися *(за кого-н., за що-н.)* bürgen *vi;* sich verbürgen (für *A*).

по́ручні, пору́ччя Geländer *n* (6); ~ схо́дів Tréppengeländer *n.*

пору́ш|ення Verlétzung *f* (10); Übertrétung *f* (10); Verstóß *m* (1*) (чого́-н. gégen *A*); ~ення зако́ну Verlétzung des Gesétzes; ~ення зако́ну Verlétzung des Gesétzes; ~ення пра́вил ву́личного ру́ху Verkéhrsübertretung; **~ник** Verlétzer *m* (6), Übertréter *m* (6); ~ник кордо́ну Grénzverletzer *m;* ~ник пра́вил ву́личного ру́ху Verkéhrssünder *m* (6).

пору́шувати, пору́шити 1) verlétzen *vt;* bréchen* *vt,* übertréten* *vt;* ~ зако́н das Gesétz verlétzen; ~ уго́ду das Ábkommen verlétzen; ~ мир den Fríeden bréchen*; ~ сло́во das Wort bréchen*; ~ мо́вчанку das Schwéigen bréchen*; 2) *(питання тощо)* ánschneiden* *vt,* áufwerfen* *vt,* ánregen *vt;* ~ клопота́ння ein Gesúch éinreichen, éine Bítte ánbringen*.

порцеля́н|а Porzellán *n* -s, -e; худо́жня ~ Kúnstporzellan *n,* Zíerporzellan *n;* **~овий** Porzellán≠, aus Porzellán; ~ові ви́роби *(посуд)* Gebráuchsporzellan *n.*

по́рція Portión *f* (10).

по́ряд 1) *див.* по́руч; 2) *присл.* geméinsam mit, nében *(D);* ~ з цим zugléich, danében.

порядко́вий Órdnungs≠; ~ но́мер (fórt)láufende Númmer; ~ числівник *грам.* Órdnungszahlwort *n* (5), Ordinálzahl *f* (10).

порядкувáти wírtschaften *vi,* die Wírtschaft führen; háushalten* *відокр. vi;* schálten und wálten.

порядн|ий ánständig; éhrenhaft; órdentlich; ~а людина ánständiger Mensch; **~ість** Ánständigkei *f;* Éhrenhaftigkeit *f,* Órdentlichkeit *f.*

порядн|ок 1) Órdnung *f;* підтримувати ~ок die Órdnung áufrechterhalten*, Órdnung hálten*; дотримуватись ~ку die Órdnung éinhalten*; бути в ~ку in Órdnung sein*; все в ~ку álles ist in Órdnung; наводити ~ок órdnen *vt,* in Órdnung bríngen*; громадський ~ок öffentliche Órdnung; 2) *(послідовність)* Réihenfolge *f;* алфавітний ~ок alphabétische Réihenfolge; ~ок слів *(у реченні) грам.* Wórtfolge *f,* Wórtstellung *f;* 3) *(спосіб)* Órdnung *f;* ~ок виборів Wáhlbestimmungen *pl;* ~ок денний Tágesordnung *f;* стояти на ~ку денному auf der Tágesordnung stéhen* [sein*]; внести до ~ку денного auf die Tágesordnung sétzen; ◊ ну й ~ки! das ist éine schöne [héillose] Wírtschaft!

порятýнок Réttung *f,* Erréttung *f.*

посáд|а Amt *n* (5); Funktión *f* (10) *(державна, громадська тощо);* Dienst *m* -es; Stélle *f* (11), Díenststelle *f* *(місце);* Pósten *m* (7) *(пост);* штáтна ~а Plánstelle *f;* займáти ~у ein Amt bekléiden; признача́ти на ~у für éine Funktión ernénnen*, ins Amt sétzen; звільняти з ~и j-n séines Ámtes enthében* (entsétzen).

посáдк|а 1) *(рослин)* Pflánzen *n* -s, Sétzen *n* -s; ~а картоплі Kartóffellegen *n* -s; 2) *(у поїзд, літак тощо)* Einsteigen *n* -s; Plátznehmen *n* -s; Éinschiffung *f (на судно);* 3) *(літака)* Lándung *f* (10), Lánden *n* -s, Áufsetzen *n* -s; вимушена ~а Nótlandung *f;* іти на ~у zur Lándung ánsetzen.

пóсвідк|а Beschéinigung *f* (10), Schein *m* (1); Áusweis *m* (1); тимчасóва ~а vórläufige Beschéinigung; видати ~у éine Beschéinigung [éinen Áusweis] áusstellen.

посвідчення *див.* **пóсвідка.**

по-своєму auf séine [déine, íhre *usw*] Art und Wéise; nach séiner [déiner, íhrer *usw.*] Art; робити ~ séinem éigenen Kopf fólgen, etw. nach éigenem Sínne máchen [tun*].

по-святкóвому féstlich.

поселéнець Ánsiedler *m* (6), Síedler *m,* Koloníst *m* (8).

посéлення 1) *(дія)* Ánsied(e)lung *f;* 2) *(місце)* Síed(e)lung *f* (10), Níederlassung *f* (10).

поселяти, поселити ánsiedeln *vt;* **~ся** sich níederlassen*, sich séßhaft máchen.

посéред mítten in *(D),* in der Mitte *(G).*

посерéдній míttelmäßig; mángelhaft *(про знання учня).*

посилáти, послáти sénden* *vt,* schícken *vt;* ~ за ким-н., за чим-н. j-n, etw. hólen lássen*; **~ся** Bezúg néhmen* (на кóго-н., на що-н. auf *A*); ~ поцілýнок рукóю j-m éine Kúßhand zúwerfen*.

посилен|ий verstärkt; verschärft; gestéigert; ~е харчувáння kräftige Náhrung.

посилити, посилювати verstärken *vt;* verschärfen *vt,* stéigern *vt* *(зробити інтенсивнішим);* **~ся** sich verstärken; sich stéigern; sich verschärfen.

посилка 1) *(дія)* Séndung *f,* Ábsendung *f;* 2) *(пакунок)* Séndung *f* (10) Päckchen *n* (7); Pakét *n* (2); поштóва ~ Póstpaket *n,* Póstsendung *f;* цінна ~ Wértsendung *f;* Wértpaket *n.*

посипáти, посипати bestréuen *vt* (чим-н. mit *D*).

посібник Léhrbuch *n* (5) *(підручник);* Hándbuch *n (довідник);* навчáльний ~ Léhrmittel *n* (6).

посів 1) *(дія)* Saat *f,* Áussaat *f;* 2) *(засіяна площа)* Saat *f* (10), Áussaat *f.*

посідáти 1) *(зайняти місце)* sich sétzen; sich níederlassen*; ~ за стіл sich an den Tisch sétzen; 2) *(займати):* ~ перше місце *(у змаганні)* den érsten Platz belégen.

посіпáка *знев.* Hélfershelfer *m* (6), Spíeßgeselle *m* (9).

посіяти *тж. перен.* säen *vt;* ◊ що посієш, те й пожнеш wie die Saat, so die Érnte; wie der Ácker, so das Brot.

посковзнýтися áusgleiten* *vi* (s), áusrutschen *vi* (s).

послáнéць Ábgesandte *m* (14), Bóte *m* (9), Séndbote *m.*

послáння Séndschreiben *n* (7), Schréiben *n;* Bótschaft *f* (10) *(офіц.).*

П

послідо́вн|ий fólgerichtig, konsequént; **~ик** Ánhänger *m* (6), Náchfolger *m* (6); **~ість** 1) *(порядок)* Aufeinánderfolge *f*, Réihenfolge *f;* 2) *(логічність)* Fólgerichtigkeit *f*, Konsequénz *f*.

по́слуг|а 1) Dienst *m* (1), Dienstleistung *f* (10); Gefállen *m* (7) *(люб'язність);* робити комý-н. ~у j-m éinen Dienst erwéisen* [léisten]; j-m éinen Gefállen tun*; ◊ робити комý-н. ведмéжу ~у j-m éinen Bärendienst erwéisen*; бýти до ~ zu j-s Diensten stéhen*; 2) **~и** *(обслуговування)* Bedíenung *f* (10); комунáльні ~и Geméinschaftseinrichtungen *pl.*

посмéртн|ий postúm, hinterlássen, náchgelassen; ~е видáння postúme Áusgabe.

посмíти wágen *vt;* як ти посмíв? wie kommst du dazú?

посміхáтися lächeln *vi;* ~ до кóго-н j-m zúlächeln.

пóсмішк|а Lächeln *n* -s; викликáти ~у ein Lächeln hervórrufen* [entlókken]; з ~ою lächelnd.

посмутнíти sich betrüben, betrübt [tráurig] wérden*.

посóл *дипл.* Bótschafter *m* (6); надзвичáйний і повновáжний ~ áußerordentlicher und bevóllmächtigter Bótschafter *m*.

посóль|ство Bótschaft *f* (10); Bótschaftsgebäude *n* (6) *(будинок);* **~ський** Bótschafter≠ *(стосовно до посла);* Bótschafts≠ *(стосовно до посольства)*.

пóспіх Éile *f*, Hast *f*, Hétze *f;* ◊ скóрий пóспіх — лю́дям пóсміх éile mit Wéile; **~ом** in der Éile, éilig; hástig, Hals über Kopf.

поспіш|áти, ~úти 1) éilen *vi*, sich beéilen, hásten *vi;* Éile háben; 2) *(про годинник)* vórgehen* *vi* (s); не ~áючи in áller Gemütlichkeit; не ~áти sich Zeit lássen*; поспішáйте! macht es kurz!

поспíшн|ий éilig; hástig, vóreilig, überstürzt *(зроблений надто швидко і через те неправильний);* **~ість** Éile *f*, Hast *f;* Übereílung *f*.

по-спрáвжньому ríchtig; órdentlich; wie es sich gehört.

пост 1) *(місце для спостереження або охорони кого-н., чого-н.)* Platz *m* (1*), Stand *m* (1); *військ.* Pósten *m* (7); Stélle *f* (11); міліцéйський ~ Milízposten *m;* контрóльний ~ Kontróllposten *m;* диспéтчерський ~ Schältwarte *f* (11); стоя́ти на ~ý (auf) Pósten stéhen*; Póstenwache [Schíldwache] stéhen*; 2) *(особа чи група осіб, які охороняють що-н.)* Pósten *m* (7), Wáche *f* (11); 3) *(відповідальна посада)* Pósten *m* (7), Stélle *f* (11), Amt *n* (5); займáти ~ éinen Pósten ínnehaben* [bekléiden]; звільня́ти з ~а der Funktión entbínden*.

постáв|ка Lieferung *f* (10); держáвні ~ки stáatliche Líeferungspflichten; **~щи́к** Lieferánt *m* (8); Ánlieferer *m* (6); завóд- ~щи́к Zúlieferbetrieb *m* (1).

постамéнт Postamént *n* (2), Sóckel *m* (6).

постанóв|а 1) *(колективне рішення)* Beschlúß *m* -sses, -schlüsse, Resolutión *f* (10); 2) *(розпорядження)* Verórdnung *f* (10); Verfügung *f* (10), Bestímmung *f* (10); за ~ою laut [auf] Verórdnung.

постанóвка 1) *(дія)* Áufstellen *n* -s; Erríchtung *f;* ~ питáння Frágestellung *f;* 2) *театр.* Áufführung *f* (10); Inszeníerung *f* (10); телевізíйна ~ Férnsehspiel *n* (2).

постановля́ти, постанови́ти beschlíeßen* *vt;* éinen Beschlúß fássen.

постанóв|ник *театр.* Regisseur [reʒiˈsø:r] *m* (1), Spíelleiter *m* (6); **~очний** *театр.* Áufführungs≠, Regie≠ [-ˈʒi:].

по-старéчому nach Gréisenart.

постарíти alt wérden, áltern *vi* (s, h).

по-старóму wie früher, wie bishér; auf die álte Maníer; все залишáється ~ álles bleibt beim álten.

пóстать Gestált *f* (10), Figúr *f* (10), Persönlichkeit *f* (10).

постачáння Versórgung *f*, Belíeferung *f;* продовóльче ~ Verpflégung *f;* Lébensmittelversorgung *f;* ~ електроенéргії Strómversorgung *f*.

постачáти, постáчити (що-н. mit *D*) versórgen *vt;* verséhen* *vt;* áusstatten *vt;* ~ товáри mit Wáren belíefern.

постíйн|ий (be)ständig; fórtwährend, kontinuíerlich *(безперервний)*, konstánt *(незмінний);* ~е мíсце проживáння ständiger Wóhnort.

постíлка Fúßmatte *f* (11), Ábstreicher *m* (6); Läufer *m* (6) *(доріжка)*.

по́ст|іль Bett *n* (13); прибра́ти ~іль das Bett máchen [áufräumen]; валя́тися в ~е́лі in den Fédern líegen*.

остови́й 1) *прикм.* Pósten≠; 2) *у знач. ім.* Pósten *m* (7).

по́стріл Schuß *m* -sses, *pl* Schüsse; Ábschuß *m;* ~у пові́тря Schréckschuß *m;* Wárnschuß *m* *(попереджувальний);* на відстані ~у auf Schúßweite; ◊ не підпуска́ти кого́-н. на гарма́тний ~ j-n auf Schúßweite von etw. hálten *; одни́м ~ом уби́ти двох зайці́в ≅ zwei Flíegen mit éiner Klápре schlágen*, zwei Hásen auf éinmal erjágen.

постскри́птум Náchtrag *m* (1*), Postskríptum *n* -s, *pl* -te *i* -ta.

по́ступ 1) *(манера ходити)* Schritt *m* (1); 2) *(прогрес)* Fórtschritt *m* (1), Progréß *m* -sses.

поступа́тися, ~и́тися *(чим-н.)* verzíchten *vi* (auf *A*), áufgeben* *vt,* préisgeben* *відокр. vt;* ~ пе́ршістю j-m den Vórtritt [die Óberhand] lássen*, j-m den Vórzug gében*; ◊ не ~ні на йо́ту kéinen Zóllbreit wéichen*.

по́ступк|а Zúgeständnis *n* (3*); Konzessión *f* (10); Kompromíß *m, n* -sses, -sse; іти́ на ~и Zúgeständnisse máchen, náchgeben* *vi.*

посту́пливий náchgiebig, wíllfährig entgégenkommend *(ввічливий).*

поступо́вий allmählich, stúfenweise, schríttweise.

постфа́ктум náchträglich, hinterhér; post fáctum *(лат.).*

посува́ти, посу́нути schíeben* *vt,* verschíeben* *vt (пересувати),* vórwärts schíeben*, vórrücken *vt (вперед);* **~ся** sich bewégen, sich rühren.

по́суд *збірн.* Geschírr *n* (2); ча́йний ~ Téeegeschirr *n;* кухо́нний ~ Küchengeschirr *n.*

посу́дина *розм.* Gefäß *n* (2).

посу́х|а Dürre *f* (11), Tróckenheit *f;* боротьба́ з ~ою Dürrebekämpfung *f.*

посухості́йкий *с. г.* dűrrebeständig, dürrefest.

посяга́ння Ánschlag *m* (1*); ~ на життя́ Ánschlag auf das Lében.

посяга́ти, посягну́ти *(на що-н.)* éinen Ánschlag auf etw. *(A)* máchen; ~ на чиє́-н. життя́ j-m nach dem Lében tráchten.

по́тайки gehéim, verstóhlen, heimlich, im stíllen *(тихенько).*

потайн|и́й 1) gehéim; héimlich; ~а́ наді́я verbórgene Hóffnung; 2) *(риса характеру)* verschlóssen, zurückhaltend; zúgeknöpft *(розм.).*

поталани́|ти: йому́ ~ло er hätte Glück, es glückte [gelа́ng] ihm; йому́ не ~ло er hätte Pech.

по-тво́єму 1) *(на твою думку)* déiner Méinung [Ánsicht] nach; 2) *(як ти бажаєш)* nach déinem Wíllen [Wunsch].

потво́р|а Úngetüm *n* (2), Schéusal *n* (2); **~ний** míßgestaltet, úngestalt; häßlich *(огидний).*

потеплі́|ння Wärmwerden *n* -s, Temperatúrsteigerung *f;* **~ти** wärmer wérden*; сього́дні ~ло héute ist es wärmer gewórden.

потижне́вий Wóchen≠; ~ план Wóchenplan *m* (1*).

поти́лиця Nácken *m* (7), Genick *n* (2).

потира́ти réiben* *vt;* ~ ру́ки sich *(D)* die Hände réiben*.

по́тиск: ~ руки́ Händedruck *m* (1*).

потихе́ньку *розм.* 1) *(не поспішаючи)* ganz lángsam; allmählich *(поступово);* 2) *(неголосно)* ganz léise; 3) *(таємно)* héimlich, verstóhlen, in áller Stílle.

поті́к 1) Strom *m* (1*); Fluß *m* -sses, *pl* Flüsse; гі́рський ~ Bérgbach *m* (1*); 2) *(велика кількість)* Shwall *m* (1); пото́ки сліз Tränenstrom *m,* ein gánzer Strom von Tränen; людськи́й ~ Ménschenstrom *m;* ~ пішохо́дів Fúßgängerstrom *m;* 3) *(безперервне виробництво)* Fließfertigung *f,* Fließbandverfahren *n* (7); ◊ пла́кати в три пото́ки in Tränen zerfließen*; від струмка́ тіка́в, а в ~ попа́в máncher flieht éinen Bach und fällt in den Rhein.

по́тім dann; nachhér; später *(пізніше).*

по-товари́ському kamerádschaftlich, fréundschaftlich, kollegiál.

потоваришува́ти *(з ким-н.)* sich befréunden *(mit j-m).*

потойбі́чний jénseitig; überírdisch *(неземний);* ~ світ Jénseits *n*-.

пото́м|ок Náchkomme *m* (9), Ábkomme *m;* **~ство** Náchkommenschaft *f,* Náchkommen *pl;* Náchwelt *f.*

пото́п Überschwémmung *f* (10); всесві́тній ~ Síntflut *f.*

пото́чн|ий láufend; díeser *(цей);*

П

5-го числа́ ~ого мі́сяця am 5. díeses [des láufenden] Mónats (*скор.* d. M. *або* l. M.); в ~ому ро́ці im láufenden Jahr; ~і спра́ви láufende Geschäfte [Ángelegenheiten]; (*на порядк денному*) Verschíedenes *n;* ◊ ~і поді́ї Zéitgeschehen *n* -s; ~ий раху́нок *фін.* Kontokorrént *n* (2); láufendes Kónto.

потрап|ля́ти, потра́п|ити (hín)-geráten* *vi* (s); gelángen* *vi* (s); я сюди́ ~ив? bin ich hier ríchtig?; як мені́ ~ити туди́? wie kómme ich hin?; ~ити в біду́ ins Únglück [in die Klémme] geráten*.

потре́б|а Bedürfnis *n* (3*) (в чо́му-н. nach *D*); Bedárf *m* -(e)s (в чо́му-н. an *D*); Nótwendigkeit *f* (10) (*необхідність*); ~а в гроша́х Géldberdarf *m;* ~а в робо́чій си́лі Árbeitskräftebedarf *m;* у ра́зі ~и nötigenfalls, wenn nötig, im Nótfall; ма́ти ~у в чо́му-н. etw. nötig háben*, etw. benötigen; в мі́ру ~и nach Bedürfnis; nach Bedárf.

потребува́ти bedürfen* *vt, vi* (кого́-н., чого́-н. *D*); bonötigen *vt,* bráuchen *vt;* ◊ ~ гро́шей im Druck sein*.

по-тре́тє *вставне сл.* dríttens.

потрі́бн|ий nötig; nótwendig (*необхідний*); erfórderlich; вважа́ти за ~е (es) für ángezeigt hálten*; ◊ це са́ме той, хто нам ~ий das ist der wáhre Jákob.

потрі́бно *предик. безос.:* йому́ ~ для цього сто карбо́ванців er braucht [benötigt] dazú húndert Rúbel; що Вам ~? was wünschen Sie? Sie wünschen? (*до незнайомого відвідувача*).

потрі́йний dréifach.

потро́єний verdréifacht.

потро́ху nach und nach, állmählich; ◊ до́брого ~ állzuviel ist úngesund.

потрясі́ння Erschütterung *f* (10); нерво́ве ~ séelische Erschütterung.

потуж́ний mächtig; gewáltig; wúchtig; léistungsstark (*про техніку*).

поту́пи|ти: ~ти о́чі die Áugen níederschlagen*, den Blick sénken; **~вшись** mit gesénktem Blick.

потура́ти zu viel Náchsicht üben (кому́-н. mit *D*), zu náchsichtig sein* (кому́-н. gégen *A*), dúlden *vt.*

потяг Néigung *f* (10); Hang *m* -(e)s, Trieb *m* (1); ~ до знань Wíssensdrang *m.*

потя́гуватися sich strécken, sich récken; sich récken und déhnen.

по-украї́нськ|и, ~ому ukraínisch, auf ukraínisch; говори́ти ~ому ukraínisch spréchen*; das Ukraínische behérrschen (*володіти українською мовою*); як це називáється [бу́де] ~ому wie heißt das (auf) ukraínisch?

по-хазя́йськ|и, ~ому wírtschaftlich, vom wírtschaftlichen Stándpunkt aus; не ~ому únwirtschaftlich.

по́хапцем éilig, in áller Éile; hástig, flüchtig (*абияк*); роби́ти що-н. ~ etw. auf den Raub [auf die Schnélle] máchen.

похвал|а́ Lob *n* -(e)s; Belób(ig)ung *f* (10); розсипа́тися в ~і́ j-n lóbpreisen*; höchstes Lob spénden; ви́ще вся́ких ~ über álles Lob erhában.

похва́льн|ий 1) (*який заслуговує похвали*) lóbenswert; lóblich; 2) (*який містить у собі похвалу*) Lob≠, lóbend; ~а гра́мота Belóbigungsurkunde *f* (11).

похи́л|ий 1) (*який відхиляється від горизонтального або вертикального положення*) genéigt; schräggestellt, schief (*косий*), ábfallend; ~а площина́ *фіз.* genéigte [schiefe] Ébene; ◊ на ~е де́рево і ко́зи ска́чуть wenn der Zaun fällt, spríngen die Hünde darüber; 2) (*про вік*) hóchbetagt; ~ий вік hóhes Alter.

похі́д 1) (*екскурсія*) Wánderung *f* (10); Áusflug *m* (1*); Besúch *m* (1), (*до театру, музею тощо*); 2) *військ.* Féldzug *m* (1*), Kriégszug *m;* ви́ступити в ~ ins Feld rücken [zíehen*]; zu Félde zíehen*; хресто́вий ~ *іст.* Kréuzzug *m.*

похі́дн|ий *лінгв.* ábgeleitet; ~і́ слова́ Ábleitungen *pl,* ábgeleitete Wörter, Derivate [-'va:-] *pl.*

похму́рий 1) (*про погоду, небо*) trüb(e); bewölkt; sónnenlos; 2) (*у поганому настрої*) fínster; düster.

похню́пи|тися den Kopf hängen lássen*; **~вшись** mit hängendem Kopf.

похова́ти 1) (*сховати всіх або багатьох*) (méhreres) verstécken *vt,* verbérgen* *vt;* áufheben* *vt;* 2) (*покійника*) begráben* *vt,* beérdigen *vt,* béisetzen *vt;* **~ся** sich verstécken.

похо́дженн|я 1) Ábstammung *f,* Hérkunft *f;* за ~ям der Hérkunft nach; 2) *(виникнення)* Entstéhung *f,* Úrsprung *m* -(e)s.

похо́дити (áb)stámmen *vi* (звідки-н. aus *D,* від ко́го-н. von *D*), entstámmen *vi* (s) (D).

походи́ти (éine Zéitlang) géhen* *vi* (s); він походи́в по кімна́ті er ging im Zímmer auf und ab.

похолодні|шати kalt wérden*; *безос.* **~шало** es wúrde kälter.

по́хорон Beérdigung *f* (10), Begräbnis *n* (3*), Bestáttung *f* (10), Béisetzung *f* (10).

по-хоро́шому im gúten.

поці́лити tréffen* *vt;* не ~ das Ziel verféhlen.

поцілу́нок Kuß *m* -sses, *pl* Küsse; ~ руко́ю Kúßhand *f* (3).

почастува́ти bewírten *vt,* etw. zum bésten gében*.

поча́ти, почина́ти 1) ánfangen* *vt,* begínnen* *vt;* ánheben* *vt;* éinleiten *vt;* stárten *vt;* ~ працюва́ти ánfangen*; zu árbeiten, mit der Árbeit ánfangen*; ~ все споча́тку álles von vorn ánfangen*; ~ зда́леку weit áusholen; ~ що-н. не з то́го кінця́ das Kalb beim Schwánze néhmen*, die Óchsen hínter den Pflug spánnen; 2) ánfangen* *vi,* begínnen* *vi;* éinsetzen *vi;* ánfallen* *vi* (s) *(про хворобу);* ánbrechen* *vi* (s) *(наставати);* день поча́вся der Tag brach an.

початкі́вець Ánfänger *m* (6) спортсме́н- ~ ein ángehender Spórtler; школя́р-~ ABC-Schüler, ABC-Schütze *(розм.).*

поча́т|ок Ánfang *m* -(e)s, Begínn *m* -(e)s; Start *m* -(e)s; Ánlauf *m* -(e)s; на ~ку тра́вня Ánfang Mai; на ~ку ро́ку (zu) Ánfang des Jáhres; з са́мого ~ку von Ánfang an, von vórnherein; з ~ку до кінця́ von A biz Z; покла́сти ~ок чому́-н. den Grúndstein légen *(D),* den Áuftakt gében* (zu *D*), бра́ти ~ок den Ánfang néhmen; entspríngen* *vi* (s) *(про річку тощо);* ◊ до́брий ~ок — полови́на спра́ви frisch begónnen ist halb gewónnen.

почервоні́ти rot wérden*, erröten *vi* (s), rot ánlaufen [wérden*], éinen róten Kopf bekómmen*.

по́черк Hándschrift *f* (10); Schríftzug *m* (1*); га́рний ~ éine sáubere Hándschrift; нечітки́й ~ únleserliche Schrift; ма́ти пога́ний ~ éine schléchte Kláue háben *(розм.)* ◊ це його ~ *перен.* das ist séine Pfóte! *(розм.).*

поче́сн|ий éhrenvoll Éhren*-*; éhrenamtlich; ~а ва́рта Éhrenwache *f* (11); ~ий член Éhrenmitglied (5); ~а гра́мота Ehrenurkunde *f* (11).

о́чет Gefólge *n* (6); Suite [ˈsviːtə] *f* (11).

по-четве́рте *вставне сл.* víertens.

почи́н 1) *(ініціатива)* Ánregung *f,* Veránlassung *f,* Initiatíve [-və] *f;* з вла́сного ~у aus éigenem Ántrieb; 2) *розм. (початок)* Ánfag *m* (1*); Beginnen *n* -s; для ~у um éinen Ánfang zu máchen.

почува́ти fühlen *vt;* empfínden *vt;* ~ себе́ не зо́всім до́бре sich nicht ganz wohl [nicht gehéuer] fühlen; ~ себе́ хво́рим sich krank fühlen; ~ себе́ розби́тим sich wie gerädert fühlen; ~ себе́ ніяково schlecht [übel] d(a)rán sein; ~ себе́ ви́нним sich schúldig fühlen; ~ доко́ри сумлі́ння sich *(D)* über etw. Skrúpel máchen; ~ вели́ку симпа́тію до ко́го-н. für j-n viel übrig háben.

почуття́ 1) Gefühl *n* -(e)s; Sinn *m* -(e)s; не володі́ти свої́ми ~ми séiner fünf Sínne nicht mächtig sein; да́ти во́лю свої́м ~м sich die Zügel schießen lássen*; 2) *(чого-н.)* Gfühl *n* (2); Empfíndung *f* (10); ~ жа́лю Mítleid *n* -(e)s; Mítgefühl *n;* ~ вла́сної гі́дності Sélbstbewußtsein *n* -s; ~ мі́ри Maß *n* -es, Gefühl für das réchte Maß; ~ гу́мору Sinn für Humór.

поша́н|а Áchtung *f;* Respékt *m* -(e)s; Éhrerbietung *f;* Éhrfurcht *f;* ста́витися з ~ою до ко́го-н. vor j-m [für j-n] Áchtung háben; бу́ти у вели́кій ~і in (hóhem) Ánsehen stéhen*; з ~ою *(у кінці листа)* hóchachtungsvoll, mit vórzüglicher [áufrichtiger] Hóchachtung.

поша́рпа|ти *розм.* zerréißen* *vt,* zerfétzen *vt;* ◊ життя́ його́ ~ло das Lében hat ihn (hart) mítgenommen.

по́шепки im Flüsterton, léise.

по́шесть 1) Epidemíe *f* (11), Séuche *f* (11); 2) *перен.* Móde, die álle mítmachen.

поши́рен|ий 1) (wéit)verbréitet; 2) *грам.:* ~е ре́чення erwéiterter Satz.

поши́рювати 1) verbréiten *vt;* erwéitern *vt;* áusdehnen *vt;* áusbreiten *vt;* 2) *(розповсюджувати)* ábsetzen *vt* *(книжки тощо),* áusstreuen *vt,* bréittreten* *відокр. vt* *(чутки);* ~**ся** 1) sich verbréiten; sich erwéitern, sich áusdehnen; 2) *(збільшитися)* zúnehmen* *vi,* ánwachsen* *vi* (s), um sich gréifen* *(про пожежу),* úmgehen* *vi* (s) *(про чутки тощо);* ◊ ~ся з блискави́чною шви́дкістю sich wie ein Láuffeuer verbréiten.

по́шт|а 1) Post *f* (10); повітря́на ~а Lúftpost *f;* польова́ ~а Féldpost *f;* посла́ти ~ою zur Post gében*; ~ою mit der Post, per Post; «книга́ ~ою» Búchversand *m* -(e)s; 2) *(кореспонденція)* Post *f;* розно́сити ~у die Post áustragen*, Pósten trágen*; 3) *(приміщення)* Post *f,* Póstamt *n* (5); на ~і auf [in] der Post; іти́ на ~у zur [auf die] Post géhen*; ~**áмт** Post *f* (10); Póstamt *n* (5), Póststelle *f* (11); центра́льний ~ áмт Háuptpostamt *n;* ~**о́вий** Post≠; ~о́ве відді́лення (філія) Póststelle *f* (11); ~ова скри́нька Bríefkasten *m* (7,7*); Schlíeßfach *n* (5) *(установи);* ~о́вий папір Bríefpapier *n* -(e)s; ~о́вий і́ндекс Póstleitzahl *f* (10); ~о́вий набі́р Bríefblock *m* -(e)s, -s.

пошта́р Bríefträger *m* (6), Zéitungszusteller *m* (6).

пошто́во-телегра́фний Póst≠ und Telegráfen≠.

по́штовх 1) Stoß *m* (1*), Ruck *m* (1), Schub *m* (1*); підзе́мний ~ Érdstoß *m;* 2) *(привід, першопричина виникнення чого-н.)* Ánstoß *m* (1*); Impúls *m* (1), Ántrieb *m* (1); дава́ти ~ чому́-н. Ánregung gében* (zu *D*); éinen Áuftrieb gében*.

по́шук Súche *f,* Súchen *n* -s; в ~ах чого́-н. auf der Súche nach etw. *(D.);* тво́рчий ~ schöpferische Únrast.

поща́д|а Gnáde *f* Schónung *f;* без ~и schónungslos, óhne Gnáde; проси́ти ~и у ко́го-н. j-n um Gnáde bítten*; ~**и́ти** (ver)schónen *vt.*

поя́в|а Erschéinen *n* -s; Áuftreten *n* -s; Entstéhen *n* -s *(виникнення);* ~**ля́тися,** ~**и́тися** erschéinen* *vi* (s), sich zéigen, zum Vórschein kómmen*; ~ля́тися *(на світ)* das Tágeslicht erblícken.

по́яс 1) Gürtel *m* (6); Gurt *m* (1); ~ для панчі́х Hüfthalter *m* (6), Strúmpfhalter *m;* ряті́вний ~ *мор.* Réttungsgürtel *m;* автомобі́льний ~ Sícherheitsgürtel *m;* 2) *(талія)* Gürtellinie *f* (11), Taille [ˈtaljə] *f* (11); до ~а bis an den Gürtel; 3) *(зона)* Zóne *f* (11); ◊ борода́ до ~а, а ро́зуму ні волоса all genúg und doch nicht klug. tig *(щирий),* echt *(справжній);*

пороз'яснення

поя́снення Erklärung *f* (10), Erläuterung *f* (10).

поя́снювати, поясни́ти erklären *vt;* erläutern *vt,* áuslegen *vt (тлумачити);* ◊ ~ що-н. докла́дно («популя́рно») j-m etw. ins Maul schmíeren, etw. níedriger hängen *(розм. жарт.)* j-m zúreden wie éinem kránken Star *(терпляче).*

праба́ба Úrgroßmutter *f, pl* -mütter; Úroma *f, pl* -s *(розм.).*

пра́вд|а 1) *(істина)* Wáhrheit *f;* чи́ста ~а éine úngeschminkte Wáhrheit; гірка́ ~а éine dérbe Wáhrheit; говори́ти ~у die Wáhrheit ságen; сказа́ти кому́-н. ~у в о́чі j-m die Wáhrheit ins Gesícht ságen [schléudern]; j-m únverblümt die Wáhrheit ságen; 2) *(справедливість)* Recht *n* (2), Geréchtigkeit *f;* шука́ти ~у nach Geréchtigkeit súchen; 3) *предик.* wahr; це ~а das ist wahr; das ist die Wáhrheit; хіба́ не ~а? nicht wahr? пра́вда? ist es wahr? wírklich?, wáhrhaftig?, in der Tat?; ◊ ~у ка́жучи óffen (und éhrlich) geságt [gestánden]; всіма́ ~ами і непра́вдами mit állen Mítteln; mit Kníffen und Pfíffen; ~а о́чі ко́ле die Wáhrheit ist éine bíttere Pílle; що ~а, то ~а álles was recht ist; хліб-сіль їж, а ~у ріж trink', was klar ist, iß, was gar ist, sprich, was wahr ist; ~**и́вий** wahr, wáhrheitsgemäß, wáhrheitsgetreu, wáhrhaftig *(щирий),* echt *(справжній);* ~**оподі́бний** gláubwürdig, gláubhaft; wáhrscheinlich.

пра́в|ий 1) recht; ◊ ~а рука́ réchte Hand; 2) *політ.* rechts gesínnt [gestímmt]; ~і па́ртії Réchtsparteien *pl.*

пра́вил|о 1) Régel *f* (11); грамати́чні ~а grammátische Régeln; дотри́муватись ~а die Régel befólgen [beáchten]; покла́сти собі за пра́вило sich *(D)* etw. zur Régel [zum Gesétz] máchen; 2) *у переваж. більш. вип. pl* ~а *(порядок)* Órdnung *f* (10); Vórschriften *pl,* Bestímmungen *pl;* ~а ву́личного ру́ху Stráßenverkehrsordnung *f;* Verkéhrsregeln *pl;* ~а гри Spíelregeln *pl;* дотри́муватись ~ die Vórschriften éinhalten*; ◊ як ~о in der Régel; нема́ ~а без ви́нятку

прáвильн|ий 1) *(істинний)* ríchtig, régelrecht; korrékt, féhlerlos *(без помилок)*; ~а вимóва korrékte Áussprache; 2) *грам., мат.* régelmäßig; ~е дієслóво régelmäßiges Verb; ~ий дріб échter Bruch; ◊ ~і ри́си облúччя ébenmäßige Gesíchtszüge; це єди́но ~е рíшення das ist das éinzig Sénkrechte *(жарт.)*; ~о! (das) stimmt! recht so!

прави́тель Regént *m* (8), Hérrscher *m* (6); ~ка Regéntin *f* (12); Hérrscherin *f* (12).

прáвити I *(помилки тощо)* verbéssern *vt*, korrigíeren *vt*.

прáвити II *(керувати країною)* regíeren *vt*; lénken *vt*.

прáвити III *(автомобілем, човном тощо)* stéuern *vt*.

правлíння 1) Regíerung *f*; 2) *(установа)* Vórstand *m* (1*), Verwáltung *f* (10); головá ~ Vórsitzender des Vórstandes; член ~ Vórstandsmitglied *n* (5).

прáвну|к Úrenkel *m* (6), ~чка Úrenkelin *f* (12).

прáв|о 1) Recht *n* (2); Befúgnis *f* (3) *(повноваження)*; закóнне ~о gesétzliches Recht; ~о на прáцю Recht auf Árbeit; ~о на відпочинóк Recht auf Erhólung; ~о на освíту Recht auf Bíldung; ~о гóлосу Stímmrecht *n*; користувáтися ~ áми Réchte geníeßen*; мáти ~о ein Recht besítzen* [háben*]; beréchtigt sein (на щó-н. zu *D*); порýшувати чиї́-н. ~á j-s Réchte verlétzen; відстóювати свої́ ~á séine Réchte vertéidigen; позбавля́ти ~а j-m das Recht entziehen* [ábsprechen*]; по ~у von Rechts wégen, mit Recht; з пóвним ~ом mit vóllem [gútem] Recht, mit Fug und Recht; 2) *(правознавство)* Recht *n*, Réchtswissenschaft *f*; міжнарóдне ~о Vö1kerrecht *n*; цивíльне ~о Zivílrecht [-'vi:l-] *n*; без ~а перéдруку álle Réchte vórbehalten.

правоберéжний auf dem réchten Úfer [am réchten Úfer] gelégen.

правóпис Réchtschreibung *f*, Orthographíe *f*.

правопорýшник Réchtsverletzer *m* (6), Réchtsbrecher *m* (6).

правóруч nach rechts *(на питання «куди?»)*; rechts, réchterhand, zur Réchten *(на питання «де?»)*; ~ від нас rechts von uns (*D*); іти́ ~ nach rechts géhen*.

правосýддя Réchtspflege *f*; Geríchtswesen *n* -s, Justíz *f*; óрган ~ Réchtspflegeorgan *n* (2).

прáгн|ення Strében *n* -s (до чóго-н. nach *D*), Bestrében *n* -s, Bestrébung *f* (10); ~ути strében *vi*, tráchten *vi* (до чóго-н. nach *D*); ~ути слáви nach Ruhm strében.

прáдід Úrgroßvater *m* (6*).

прáкти|к Práktiker *m* (6), praktisch veránlagter Mensch; ~ка 1) Práxis *f*; перевíрений на ~ці práxiserprobt; на ~ці in der Práxis; 2) *(застосування знань)* Práktikum *n* -s, -ka; шкільнá (педагогíчна) ~ка Schúlpraktikum *n*; виробни́ча ~ка Betríebspraktikum *n*; прохóдити ~ку ein Práktikum durchláufen* [absolvíeren]; ~кáнт Praktikánt *m* (8); ~кáнтка Praktikántin *f* (12); ~кувáти 1) *(застосовувати на практиці)* ánwenden* *vt*, gebráuchen *vt*; 2) *(про лікаря, юриста)* praktizíeren *vi*; ~кум Práktikum *n* -s, -ka; ~кум з істóрії мóви práktische Übungen zur Spráchgeschichte.

практи́чн|ий práktisch; ~а дія́льність práktisches Hándeln; ~і заня́ття práktische Áusbildung.

прáля Wäsherin *f* (12), Wáschfrau *f* (10).

прáльн|ий Wasch≠; Wäscheréi≠; ~а маши́на Wáschmaschine *f* (11); ~ий порошóк Wáschpulver *n* (6); ~а дóшка Wáschbrett *n* (5).

прáльня Wäscheréi *f* (10), Wáschanstalt *f* (10); ~-автомáт Sélbst bedienungswäscherei *f*.

прамóва *лінгв.* Úrsprache *f* (11), Grúndsprache *f*.

пранá Wäsche *f*; Wschen *n* -s.

прáпор Flágge *f* (11), Fáhne *f* (11); національний ~ Lándesfahne *f* (11); підня́ти ~ die Flágge híssen [áufziehen*]; спусти́ти ~ die Flágge éinziehen* [éinholen]; під ~ом *(перен.)* únter der Flágge (*G*), im Námen (*G*); під чужи́м ~ом únter fálscher Flágge.

прапоронóсець Fáhnenträger *m* (6), Bánnerträger *m* (6).

прáска Bügeleisen *n* (7), Plätte *f* (11).

прасувáти plätten *vt*, bügeln *vt*.

прáти wáschen* *vt*; віддáти щó-н. ~ etw. zum Wáschen gében*, etw. wáschen lássen.

прах: піти́ ~ом zugrúnde géhen*; ◊ прийшлó мáхом — пішлó ~ом wie gewónnen, so zerrónnen; розби́ти в пух і ~ zertrümmern *vt;* мир ~ у йогó! er rúhe in Fríeden!

працe|здáтний árbeitsfähig; léistungsfähig; **~лю́бний** fléißig, árbeitsam.

працівни́к Árbeiter *m* (6), Wérktätige *m, f* (14); Kraft *f* (3); Funktionär *m* (1); наукóвий ~ Wissenschaftler *m* (6); кваліфікóваний ~ Fácharbeiter, gelérnter Árbeiter; профспілкóвий ~ Gewérkschaftsfunktionär *m.*

працівни́ця Árbeiterin *f* (12).

працювáти 1) árbeiten *vt;* berúfstätig sein; tätig sein; ~ над собóю an sich árbeiten; ~ над книгою an éinem Buch árbeiten; 2) *(бути відкритим — про установу)* geöffnet sein; 3) *(про машину тощо)* funktioníeren *vi,* géhen* *vi* (s), láufen* *vi* (s); не працює! *(напис на автоматі, ліфті тощо)* áußer Betríeb; ◊ ~ як віл árbeiten wie ein Pferd [ein Dachs]; ~ в пóті чолá sich die Haut von den Fíngern árbeiten; хто працює, той не мéрзне Mühlsteine wérden nicht móosig; хто не працює, то не їсть wer nicht árbeitet, soll auch nicht éssen*.

прáц|я 1) Árbeit *f* (10); розумóва ~я Kópfarbeit *f,* géistige Árbeit; фізи́чна ~я phýsische [körperliche] Arbeit; кóжному за йогó ~ею jédem nach séiner Léistung; роби́ти мáрну ~ю Wásser in den Brúnnen trágen*; важкá ~я за мізéрну оплáту Pférdearbeit und Spátzenfutter; 2) *(науковий твір)* Werk *n* (2); Ábhandlung *f* (10); 3): ручнá ~я *(шкільний предмет)* Wérkunterricht *m* -(e)s; ◊ ~я люди́ну годує, а лінь марнує, Árbeit bringt Brot, Fáulenzen Húngersnot; **~ьови́тий** fléißig, árbeitsam.

предикáт *грам.* Prädikát *n* (2), Sátzaussage *f* (11); ~**и́вний** *грам.* prädikatív, áussagend.

предмéт 1) Gégenstand *m* (1*). Sáche *f* (11), Ding *n* (2): ~и пéршої потрéби Gebráuchsgegenstánde *pl,* Bedárfsartikel *pl;* 2) *(окрема дисципліна викладання)* Fach *n* (5) Léhrfach *n;* Únterrichtsfach n; обов'язковий ~ Pflíchtfach *n;* факультати́вний ~ Wáhlfach *n;* шкільні ~и Schúlfächer *pl;* 3) *(об'єкт)* Gégenstand *m* (1*), Objékt *n* (2).

прéдок Vórfahr *m* (8), Ahn *m* (13).

представля́ти 1) *(кого-н. кому-н.)* vórstellen *vt;* bekánnt máchen (когó-н. mit *D); 2) (до нагороди)* vórschlagen *vt;* 3) *(бути представником кого-н., чого-н.)* vertréten *vt,* repräsentíeren *vt;* **~ся** sich vórstellen.

представни́к Vertréter *m* (6); Repräsentánt *m* (8) *(народу, суспільства).*

пред'явля́ти, пред'яви́ти vórweisen* *vt;* vórlegen *vt,* vórzeigen *vt (документи);* ~ рахýнок *тж. перен.* die Réchnung präsentíeren; ~ посвідчення осóби sich áusweisen*; ~ претéнзії Ánspruch erhében*; ~ вимóги *(до кого-н.)* Fórderungen (an *A*) stéllen.

презентувáти präsentíeren *vt,* schénken *vt.*

президéнт 1) *(глава держави)* Präsidént *m* (8); ви́бори ~а Präsidéntschaftswahlen *pl;* 2) *(голова)* Präsidént *m* (8), Vórsitzende *m* (14).

прези́дія Präsídium *m* -s, -di|en, Vórstand *m* -(e)s; Прези́дія Верхóвної Рáди України das Präsídium des Óbersten Sowjéts der Ukraine.

презир|ли́вий verächtlich, veráchtungsvoll, ábfällig, **~ство** Verächtung *f;* Míßachtung *f;* затаврувáти когó-н. ~ством j-n mit Veráctung stráfen.

прейскурáнт Préisliste *f* (11), Préisverzeichnis *n* (3*); Préistafel *f* (11) *(повішений на стіні).*

прекрáсний 1) *(який відзначається надзвичайною красою)* schön, wúnderschön, hérrlich; 2) *(який має надзвичайні позитивні риси)* vórtrefflich, áusgezeichnet.

прелю́дія *муз.* Prälúdium *n -s,* -di|en; *перен.* Áuftakt *m* (1), Vórspiel *n* (2).

прем'єр 1) Premíer [-'mie:] *m* -s, -s, Premierminíster *m* (6); Minísterpräsident *m* (8); застýпник ~а stéllvertretender Premier; 2) *театр.* Háuptdarsteller *m* (6).

прем'єра *театр.* Prémi|ére *f* (11) *(перший показ естрадної, концертної або циркової програми)* Úraufführung *f (перша вистава п'єси в театрі).*

прем'єр-міністр *див.* прем'єр.

преміювáти prämíeren *vt,* prämiíeren *vt.*

прéмі|я Préis *m* (1); Prämi:e *f*

(11); Нóбелівська ~я Nóbelpreis *m;* присудúти ~ю den Preis verléihen*.

премýдрий 1) *заст.* wéise; 2) *iрон. (складний, заплутаний)* néunmalklug.

препар|áт Präparát *n* (2); **~увáти** präparíeren *vt.*

прéрія *геогр.* Prärié *f* (11).

прес Présse *f* (11).

прéс|а Présse *f*; інозéмна ~а die áusländische Présse; óгляд ~и Présseübersicht *f*.

прес-конферéнція Préssekonferenz *f* (10); Présse|empfang *m* (1*).

престúж Prestíge [-ʒ(ə)] *n* -s, Ánsehen *n* -s, Géltung *f;* підірвáти ~ das Ánsehen untergráben*.

претенд|éнт Bewérber *m* (6), Ánwärter *m* (6), Heráusforderer *m* (6) *(шахи),* **~éнтка** Bewérberin *f* (12), Ánwärterin *f* (12); **~увáти** beánspruchen *vt;* Ánspruch erhében* [máchen, háben] (на щó-н. auf *A*); ~увáти на якý-н. посáду sich um éinen Pósten bewérben*.

претéнзі|я Ánspruch *m* (1*); *ком.* Beánstandung *f* (10), Reklamatión *f* (10); пред'явúти ~ю séinen Ánspruch géltend máchen, мáти ~ю Ánsprüche máchen; відхилúти ~ю éinen Ánspruch zurückweisen*.

прéфікс *грам.* Präfix *n* (2), Vórsilbe *f* (11); **~áльний** mit (éinem) Präfíx, mit (éiner) Vérsilbe; **~áція** *грам.* Präfigíerung *f*.

прецедéнт Präzedénzfall *m* (1*); це не мáє ~ів dafür gibt es kéine Präzedénzfälle.

при 1) *(біля)* bei *(D),* an *(D);* при вхóді am Éingang; при дорóзі am Weg; 2) *(у присутності)* in Ánwesenheit, in Gégenwart *(G або* von *D);* vor *(D);* при сторóнніх in Gégenwart von Frémden; при менí in méiner Ánwesenheit; 3) *(в епоху)* únter *(D);* (zur Zeit *(G)*); при феодалíзмі zur Zeit des Feudalísmus; при радя́нській влáді únter der Sowjétmacht; 4) *(для позначення обставин дії)* bei *(D);* при перехóді чéрез вýлицю beim Passíeren der Stráße; 5) *(при наявності)* bei *(D);* mit *(D);* при збрóї bewáffnet; мáти при собí míthaben* *vt,* bei sich *(D)* háben; при цьóму dabéi.

приб|ивáти, ~úти ánschlagen* *vt*; ánnageln *vt* (цвяхами); ◊ стоя́ти як грóмом прибúтий (da)stéhen wie vom Dónner gerührt.

прибирáльниця Ráumpflegerin *f* (12); Réinigungskraft *f* (3); Réinigungsfrau *f* (10), Pútzfrau *f*.

прибирáти, прибрáти 1) áufräumen *vt;* wégräumen *vt,* beséitigen *vt;* ~ з дорóги aus dem Wége räumen [scháffen]; ~ зі стóлу (den Tisch) ábdecken; 2) *(наводити порядок)* áufräumen *vt,* in Órdnung bríngen*, Órdnung máchen; ~ кімнáту das Zimmer áufräumen; 3) *(прикрашати щó-н.)* (áus)schmükken *vt,* pútzen *vt;* ◊ ~ до рук когó-н. *розм.* j-n an die Kandáre néhmen*; **~ся** *розм.* sich gut ánziehen*, sich heráusputzen.

прибігáти herbéilaufen* *vi* (s), herbéigelaufen [ángelaufen] kómmen*.

прибíднюватися *розм.* sich arm [únglücklich] stéllen.

прибíй Brándung *f,* Wéllenschlag *m* -(e)s *(хвиль).*

прибíчник Ánhänger *m* (6).

приблúзн|ий ánnähernd, úngefähr; überschläglich *(про розрахунки);* **~о** ánnähernd, úngefähr? zírka, an *(A) (про кількість).*

прибóр *(столовий)* Gedéck *n* (2), Éßbesteck *n* (2).

прибóркува|ти, прибóркати zähmen *vt,* bändigen *vt; перен. тж.* bezwíngen* *vt,* zügeln *vt;* **~ч** Bändiger *m* (6); ~ч звíрів Tíerbändiger *m;* **~чка** Tíerbändigerin *f* (12).

прибу|вáти, прибýти ánkommen* *vi* (s), éintreffen* *vi* (s); stéigen* *vi* (s) *(про воду);* пóїзд ~вáє на трéтю кóлію der Zug hat Éinfahrt auf Gleis drei.

прибудóва Ánbau *m* -(e)s, -ten, Nébengebäude *n* (6).

прибуткóв|ий éinträglich, gewínnbringend; rentábel; ~ий подáток Éinkommensteuer *f* (11).

прибýток Gewínn *m* (1), Profít *m* (1); галовúй ~ Brúttogewinn *m,* Gesámtgewinn *m;* чúстий ~ Réingewinn *m;* Néttogewinn *m;* мáти ~ з чóго-н. von etw. *(D)* Vórteil háben, an [von] etw. *(D)* profitíeren.

прибуття́ Ánkunft *f,* Éintreffen *n* -s.

привáбл|ивий ánziehend, fésselnd; attraktív; ~ива зóвнішність ein attraktíves Äußere(s); ~ювати

П

ánziehen* *vt*, hínreißen* *vt*, fésseln *vt*.

привáл Halt *m* (1); Rast *f* (10); Háltmachen auf dem Marsch; зробíти ~ Rast [Halt] máchen.

привáтн|ий privat [-'va:t], Privat≠; **~а** влáсність Priváteigentum *n* -s; **~а** осóба Privátperson *f* (10); **~і** урóки Privátstunden *pl*; це йогó **~а** спрáва das ist séine Privátangelegenheit; **~о** privát, auf privátem Wége.

прúвид Gespénst *n* (5); Geist *m* (4), Spuk *m* (1).

прúв|ід Vórwand *m* (1*), Prätéxt *m* (1); Ánlaß *m* -sses, -lässe (*нагода*); з якóго **~оду**? aus wélchem Ánlaß? без будь-якóго **~оду** óhne állen [jéden] Ánlaß; з цьóго **~оду** in díeser Ángelegenheit.

привілéй Privilég [-vi-] *n* -(e)s, *pl* Privilégi|en, Vórrecht *n* (2); **~óваний** privilegíert [-vi-], bevórrechtet, bevórzugt.

привíт Gruß *m* (1*); передáти ~ від кóго-н. éinen Gruß von j-m überbríngen* [áusrichten, bestéllen], j-n grüßen lássen*; передáйте від мéне ~ вáшому дрýгові grüßen Sie Íhren Freund von mir; **~ний** fréundlich, léutselig.

привлáснити sich (*D*) áneignen, an sich néhmen*.

привóдити, привéсти 1) führen *vt*, herbéiführen *vt*, bríngen* *vt*; приведú йогó сюдú bringe [hóle] ihn her; 2) (*доводити до якого-н. стану*) (ver)sétzen *vt*, bringen* *vt*; ~ в дíю in Betríeb [Gang] sétzen; ◊ ~ до пáм'яті zum Bewúßtsein [zur Besínnung] bríngen*; ~ до спíльного знамéнника *перен.* etw. auf éinen geméinsamen Nénner bríngen*.

привóзити, привезтú ánfahren* *vt*; mítbringen* *vt* (*з собою*); líefern *vt* (*доставляти кому-н. що-н.*).

привчáти, привчúти ánlernen *vt*, ángewöhnen *vt* (когó-н. *D* до чóго-н. *A*), j-m etw. béibringen*; **~ся** sich (*D*) etw. (án)gewöhnen.

прив'язувати, прив'язáти ánbinden* *vt*, féstbinden* *vt*; ánknüpfen *vt*; **~ся** 1) sich féstbinden*, sich ánbinden* (до чóго-н. an *A*); 2) (*про почуття*) líebgewinnen* *vt*.

пригáдувати, пригадáти sich (*D*) ins Gedächtnis (zurück)rufen*; sich erínnern (щo-н. an *A*); я починáю ~ ich erínnere mich; bei mir dämmert's (*розм*).

приганяти, пригнáти (án)treiben* *vt*, herántreiben* *vt*.

пригвúнчувати, пригвинтúти ánschrauben *vt*.

пригинáти, пригнýти zu Bóden drücken, herúnterbiegen* *vt*, níederbeugen *vt*; **~ся** sich béugen, sich herúnterbiegen*.

пригнíчений 1) *дієпр. див.* гнітúти; 2) *прикм.* níedergeschlagen, bedrückt; deprimíert.

пригнóблювати unterdrücken *vt*, unterjóchen *vt*.

пригóд|а Ábenteuer *n* (6), (úngewöhnliches) Eréignis *n* (3*); шукáч ~ Ábenteurer *m* (6); шукáти ~ Ábenteuern náchgehen*; **~ницький** Ábenteuer≠, ábenteuerlich.

приголóмшувати, приголóмшити erschüttern *vt*, frappíeren *vt*.

прúголосний *лінгв.* 1) *у знач. ім.* Konsonánt *m* (8); 2) *прикм.* konsonántisch.

придáтний bráuchbar, táuglich; geéignet; ні на що не ~ zu nichts nutz [nütze], níchtsnutzig.

придбáти 1) erwérben* *vt*, erlángen *vt*, sich (*D*) etw. ánschaffen; 2) (*купити*) káufen *vt*, erwérben* *vt*.

придýмувати, придýмати erdénken* *vt*, áusdenken* *vt*, ersínnen* *vt*.

приéднувати, приєднáти ánschließen* *vt*; ángliedern *vt*, éinverleiben *vt* (до чóго-н. *D*) (*територію тощо*); **~ся** sich ánschließen* (до чóго-н. *D або* an *A*); béitreten* *vi* (s) (*D*); ~ся до дýмки sich éiner Méinung ánschließen*.

приéмн|ий ángenehm; ánziehend (*привабливий*); мені **~о** es ist mir ángenehm [lieb]; дýже **~о** sehr ángenehm.

приз Preis *m* (1); перехíдний ~ *спорт.* Wánderpreis *m*; взяти ~ éinen Preis erríngen* [erhálten*]; присудúти ~ éinen Preis zúsprechen* [zúerkennen].

призвóдити zu etw. führen, bis dahín bríngen*, daß...

призéм|куватий níedrig; **~лятися, ~литися** lánden *vi* (s).

призéр *спорт.* Préisträger *m* (6).

признáння 1) Ánerkennung f; 2) Bekénntnis *n* (3*), Geständnis *n* (3*), Éingeständnis *n*; ~ в кохáнні Líebeserklärung *f* (10).

призначáти, признáчити 1) (*встановлювати кому-н. що-н.*) bestímmen *vt*, féstsetzen *відокр.* *vt*, áussetzen (*пенсію тощо*); ~ кому́-н. штраф j-m éine Stráfe zúdiktieren; ~ засі́дання éine Sítzung ánberaumen; 2) *(на посаду)* ernénnen* *vt,* éinsetzen *vt,* bestímmen *vt.*

призна́чення 1) *(встановлення)* Bestímmung *f* (10), Féstsetzung *f* (10); 2) *(на посаду)* Ernénnung *f* (10), Bestímmung *f* (10), Nominíerung *f* (10); 3) *(мета використання чого-н.)* Bestímung *f* (10); переда́ти за ~м séiner Bestímmung übergében*; не за ~м bestímmungswidrig; мі́сце ~ Bestímmungsort *m* (1); Fáhrziel *n* (2).

приї́жджий Ángereiste *m* (14), Zúgereiste *m.*

приї́зд Ánkunft *f.*

приї́хати (án)kómmen* *vi* (s); éintreffen* *vi* (s).

приймá́льна Empfángszimmer *n* (6); Spréchzimmer *n;* Wártezimmer *n (лікаря).*

прийма́ти, прийня́ти 1) empfángen* *vt,* in Empfáng néhmen*, entgégennehmen* *vt;* 2) *(гостей тощо)* empfángen* *vt,* áufnehmen* *vt;* 3) *(ліки тощо)* éinnehmen* *vt;* 4) *(закон, проект тощо)* ánnehmen* *vt;* akzeptíeren *vt;* ~ зако́н ein Gesétz verábschieden; ~ резолю́цію éine Resolutión ánnehmen*; ~ рі́шення éinen Beschlúß fássen; ~ся *(про рослину)* Wúrzel fássen.

прийма́ч *рад.* Empfänger *m* (6).

прийме́нник *грам.* Präpositión *f* (10), Verhältniswort *n* (5).

прийо́м 1) Ánnahme *f* (11); 2) *(в організацію тощо)* Áufnahme *f* (11); 3) *(відвідувачів)* Empfáng *m* (1*); 4) *(дипломатичний)* Empfáng *m* (1*).

прийти́ kómmen* *vi* (s); ~ до ви́сновку éine Schlúßfolgerung zíehen* (aus *D*), zu dem Ergébnis kómmen*; ~ до зго́ди zum Éinverständnis kómmen*; ~ до вла́ди an die [zur] Macht kómmen* [gelángen*], ~ на допомо́гу кому́-н. j-m zu Hílfe kómmen*.

при́казк|а sprı́chwörtliche Rédensart; увійти́ в ~у sprı́chwörtlich wérden.

прикида́тися sich (ver)stéllen; simulíeren *vt;* ~ хво́рим sich krank stéllen; ~ ду́рником sich dumm stéllen, я прики́нувся ні́би сплю ich tat, als ob ich schlíefe.

при́клад 1) Béispiel *n* (2), Belég *m* (1); Múster *n* (6), Vórbild *n* (5); характе́рний ~ ein bezéichnendes Béispiel; особи́стий ~ persönliches Vórbild; наво́дити ~ ein Béispiel nénnen*; ста́вити за при́клад кого́-н., що-н. j-n, etw. als Béispiel [Múster] hínstellen; бра́ти ~ з ко́го-н. sich *(D)* ein Béispiel an j-m néhmen*, j-n zum Vórbild néhmen*; наслі́дувати ~ dem béispiel fólgen; на ~і am Béispiel; 2) *мат.* Übungsbeispiel *n* (2), Exémpel *n* (6), Áufgabe *f* (11); ~ка *грам.* Appositión *f* (10).

прикле́їти ánkleben *vt,* ánleimen *vt;* ~ся (fést)klében *vi,* háften *vi* (до чо́го-н. an *D*).

прикме́та 1) *(особливість)* Mérkmal *n* (2); Kénnzeichen *n* (7); 2) *(передвістя)* Vórbedeutung *f* (10); Vórzeichen *n* (7); пога́на ~ schlímmes Vórzeichen.

прикме́тник *грам.* Ádjektiv *n* (2).

прикордо́нн|ий Grenz≠; ~ий конфлі́кт Grénzkonflikt *m* (1); ~а заста́ва Grénzwache *f* (11); ~ик Grénzsoldat *m* (8); Grénzer *m* (6) *(розм.).*

прикра́с|а Schmuck *m* (1), Schmúckwerk *n* (2); Zíerde *f* (11) *(тж. перен.);* ялинко́ві ~и Wéihnachtsbaumschmuck *m* -(e)s.

прикраша́ти, прикра́сити (áus)schmücken *vt,* verzíeren *vt;* dekoríeren *vt.*

прикрива́ти, прикри́ти 1) *(зачиняти цілком або не щільно):* ~ две́рі die Tür ánlehnen; 2) *(закривати цілком або частково)* bedécken *vt,* zúdecken *vt;* ~ від дощу́ vor dem Régen schützen; 3) *(замаскувати)* bemänteln *vt,* maskíeren *vt,* verdécken *vt.*

при́кр|ий ärgerlich, verdrıßlich; bedáuerlich; ~е непорозумі́ння ein bedáuerliches Míßverständnis; мені́ ~о, що mich ärgert [es ärgert mich], daß...

прикрі́плювати, прикріпи́ти beféstigen *vt,* ánbinden* *vt;* ánheften *vt.*

прикру́чувати, прикрути́ти (án)binden* *vt;* beféstigen *vt (прикріплювати що-н. до чого).*

прила́вок Ládentisch *m* (1), Ládentafel *f* (11), Verkáufstisch *m* (1), Théke *f.*

при́лад Gerät *n* (2); Apparát *m* (1); Vórrichtung *f* (10).

прила́ддя Zúbehör *n* (2); Wérkzeug *n* (2), Instruménte *pl;* письмо́ве ~ Schréibzeug *n* -(e)s;

канцелярське ~ Bürómaterial *n*, Bürózubehör; спортивне ~ Spórtartikel *pl*, Spórtausrüstung *f*.

приладобудівний Gerätebau≠; Apparátebau≠; ~ завод Gerätebaufabrik *f* (10).

приладобудування Gerätebau *m* -(e)s; Apparátebau *m*.

приплив 1) *(почуттів)* Ánfall *m*; 2) *мед.* *(крові)* Ándrang *m* -(e)s.

прилипати, прилипнути féstkleben *vi* (s), klébenbleiben* *відокр.* *vi* (s).

приліт Herbéifliegen *n*; Ánkunft *f* *(прибуття)*; Stríchzeit *f* (10) *(перелітних птахів)*.

прилітати, прилетіти 1) ánfliegen* *vi* (s), heránfliegen* *vi* (s), herbéifliegen* *vi* (s); ángeflogen kómmen*; 2) *розм.* *(примчатися)* heréinfliegen* *vi* (s), ángerannt kómmen*.

прилюдний öffentlich.

приманка 1) Köder *m* (6), Lóckspeise *f* (11); 2) *перен.* Lóckmittel *n* (6), Lóckvogel *n* (6*).

применшувати, применшити verkléinern *vt*, verríngern *vt*; ~ труднощі die Schwíerigkeiten unterschätzen; ~ чиї-н. заслуги j-s Verdíenste schmälern [herábsetzen].

примирити 1) *(ворогів)* versöhnen *vt*, aussöhnen *vt*; 2) *(згладжувати суперечності)* in Übereínstimmung bríngen*; áusgleichen* *vt*; **~ся** 1 *(з ким-н.)* sich versöhnen, sich áussöhnen; 2) *(з чим-н.)* sich áussöhnen, sich zufríedengeben*, ~ся з своєю долею sich in sein Kreuz schícken.

примір|ка, ~ювання Ánprobe *f* (11), Próbe *f*, Ánprobieren *n* -s; **~яти, приміряти** ánprobieren *vt*, ánpassen *vt*, ánproben *vt*.

примірник Exemplár *n* (2); Áusfertigung *f* (10) *(офіц.)*; в одному ~ у in éinfacher Áusfertigung; єдиний ~ Unikát *n* (2).

приміськ|ий stádtnah, Vórort≠; **~á** зона Stádtrandzone *f* (11); **~ий** поїзд Vórortzug *m* (1*).

примітивний primitív, éinfach; únentwickelt.

примітка Ánmerkung *f* (10), Erläuterung *f* (10) *(пояснення до тексту)*; Fúßnote *f* (11) *(додаток до твору)*; ~ на полях Glósse *f* (11), Rándbemerkung *f*.

приміщення Raum *m* (1*); Lokál *n* (2); житлове ~ Wóhnraum *m*; службове ~ Díenstzimmer *n* (6), Díenstraum *m*.

приморoз|ок Frost *m* (1*); ранні (осінні) ~ки Frühfrost, früher Hérbstfrost; пізні (весняні) ~ки Spätfrost *m*; später Frühlingsfrost; ~ки на ґрунті Bódenfrost *m*.

примус *(примушування)* Nötigung *f*, Zwang *m* -(e)s; під ~ом únter dem Druck; без ~у óhne Zwang.

примусов|ий Zwangs≠; ~і заходи Zwángsmaßnahmen *pl*; в ~ому порядку zwángsweise, zwángsverpflichtet.

примушувати, примусити zwíngen* *vt*, nötigen *vt*; ~ кого-н. замовкнути j-n zum Schwéigen bríngen* [zwíngen*]; ~ кого-н. говорити zum Réden bríngen *; ~ кого-н. тікати j-n in die Flucht schlágen*.

примх|а Láune *f* (11), Grílle *f* (11), Kapríce [-sə] *f* (11); ~и долі die Láunen des Schícksals; **~ливий** 1) kapriziös, láunisch, láunenhaft; 2) wúnderlich, séltsam, phantástisch.

принад|а Köder *m* (6), Lóckspeise *f* (11); **~ний** ánziehend, fésselnd, ánsprechend, attraktív.

принаймні wénigstens, zum míndesten, zumíndest.

приневолювати zwíngen* *vt*, nötigen *vt*.

принижен|ий démütig, erníedrigt; **~ня** Erníedrigung *f* (10), Démütigung *f* (10), Herábsetzung *f* (10).

принижувати, принизити 1) *(ображати)* erníedrigen *vt*, démütigen *vt*, herábsetzen *vt*; 2) *(применшувати значення кого-н., чого-н.)* vermíndern *vt*, verríngern *vt*, schmälern *vt*; **~ся** sich erníedrigen, sich démütigen, sich schmíegen und bíegen*.

принизливий démütigend, erníedrigend, entwürdigend.

приносити, принести 1) bríngen* *vt*, herbéibringen* *vt*, herbéitragen* *vt*; hólen *vt*; ~ з собою mítbringen *vt*; 2) *(давати)* (éin)bríngen* *vt*; éintragen* *vt*, erbríngen* *vt* *(прибуток)*; ~ користь кому-н. j-m Nútzen bríngen*, von Nútzen [von Vórteil] sein; ~ щастя [нещастя] Glück [Únglück] bríngen *; ~ в жертву zum Ópfer bríngen*; ópfern *vt*.

принц Prinz *m* (8); **~еса** Prinzéssin *f* (12).

прúнцип 1) Gründsatz *m* (1*); Prinzíp *n* (2) (*pl тж.* -i¦en); Maxíme *f* (11); порýшити ~ gégen den Grúndsatz verstóßen*; 2) (*переконання, яким керується хто-н. у житті*) Überzéugung *f* (10), Ánsicht *f* (10); ◊ в ~і im Prinzíp, grúndsätzlich.

принципóв|ий grúndsätzlich, prinzipiéll; prinzípi¦enfest, prinzípi¦entreu; ~е питáння éine grúndsätzliche [prinzipiélle] Fráge; ~а позúція ein prinzípi¦enfester Stándpunkt; ~**ість** Prinzípi¦enfestigkeit *f*, Prinzípi¦entreue *f*.

припиняти, припинúти áufhören *vi* (що-н. mit *D*); áufgeben* *vt;* éinstellen *vt;* beénden *vt;* Schluß máchen (mit *D*) (*покінчити з чим-н.*); ~ робóту 1) mit der Árbeit áufhören; 2) (*застрайкувати*) die Árbeit [den Betríeb] éinstellen [níederlegen]; ~ суперéчку éinen Streit béilegen [unterbínden*]; ~ знайóмство den Verkéhr ábbrechen*; ~**ся** áufhören *vi;* áussetzen *vi;* ein Énde nehmen* (*закінчитись*); дощ припинúвся es hat áufgehört zu régnen.

припúска Zúschrift *f* (10); Náchschrift *f;* Postskríptum *n* -s, *pl* -te *ma* -ta (*в кінці листа*).

припúсувати, приписáти 1) (*додати*) (hin)zúschreiben* *vt,* béifügen *vt;* 2) (*кому-н. що-н.*) zúscheiben*, zúrechnen *vt,* únterschieben* *vt* (*напр. слова*).

припікáти, припектú brénnen* *vi,* stéchen* *vi.*

приплúв 1) (*морський*) Flut *f* (10); ~ і відплúв Ébbe und Flut; 2) (*ніжності тощо*) Áusbruch *m* (1*), Ánfall *m* (1*).

приправа Zútat *f* (10), Würze *f* (11), Gewürze *pl.*

припускáти, припустúти ánnehmen* *vt,* vermúten *vt,* voráussetzen *vt;* припýстимо, що ... gesétzt der Fall, daß...; ángenommen, daß...

припýщення Voráussetzung *f* (10), Ánnahme *f* (11), Vermútung *f* (10).

прúріст Zúwachs *m* -es, Verméhrung *f,* Zúnahme *f;* ~ насéлення Bevölkerungszuwasch *m;* ~ продýкції Produktiónszuwachs *m.*

прирóд|а 1) Natúr *f;* явище ~и Natúrerscheinung *f* (10); закóн ~и Natúrgesetz *n* (2); охорóна ~и Natúrschutz *m* -es; на лóні ~и im Fréien, im Grünen; 2) (*суть, характер*) Wésen *n* -s, Bescháffenheit *f;* за ~ою dem Wésen nach; natúrgemäß; клáсова ~а Klássencharakter [-ka-] *m* (1). Klássenwesen *n* -s; ~**ний** 1) natürlich, natúrgegeben, Natúr≠; ~ні умóви Natúrbedingungen *pl;* ~ні багáтства Natúrschätze *pl;* 2) (*природжений*) ángeboren; natürlich, úrwüchsig, ~ний талáнт Natúrtalent *n* (2); 3) (*невимушений*) úngezwungen, zwánglos; ~на пóза úngezwungene [natürliche] Póse; ~**нúчий:** ~нúчі нáуки Natúrwissenschaften *pl;* ~**ознáвство** Natúrkunde *f.*

приручáти, приручúти zähmen *vt,* dressíeren *vt.*

прирýчен|ий zahm; бýти ~им *тж. перен.* aus der Hand fréssen*.

присвíйний: ~ займéнник *грам.* Possessívpronomen *n* (7) (*pl тж.* -mina).

присвóїти 1) (*ім'я, звання кому-н., чому-н.*) verléihen* *vt,* zúerkennen* *vt;* 2) (*заволодіти*) sich (*D*) áneignen; sich (*D*) ánmaßen; ~ (собі) прáво sich (*D*) ein Recht néhmen* [áneignen].

присвя|та Wídmung *f* (10); Wídmungstitel *m* (6); ~**чувати,** ~**тúти** wéihen *vt;* wídmen *vt* (*тж. книжку*); ~чується Óльзі (*на книжці*) für Ólga.

присилáти, прислáти zúschicken *vt,* zúsenden(*) *vt.*

прискóрен|ий beschléunigt; ~і кýрси Schnéllkursus *m*-, -kurse; ~**ня** *тж. фіз.* Beschléunigung *f* (10).

прискóрювати, прискóрити beschléunigen *vt,* ~ темп im Témpo zúlegen.

прислíвник *грам.* Advérb [-'vɛrp-]. *n* -s, -i¦en; ~**óвий** adverbiál [-vɛr-].

прислíв'я Spríchwort *n* (5); увійтú в ~ spríchwörtlich wérden*.

прислухáтися 1) (*напружити слух*) láuschen *vi* (до чóго-н. *D*), beláuschen *vt,* hórchen *vi;* die Óhren spítzen; 2) (*взяти до уваги що-н.*) sein Ohr léihen*, Gehör schénken; ~ до крúтики ein Ohr für die Kritík háben*.

прúсмак Béigeschmack *m* -(e)s; Náchgeschmack *m.*

прúспів Refrain [-'frɛ:] *m* -s, -s, Kéhrreim *m* (1).

приставáти, пристáти 1) (*про судно тощо*) ánlegen *vi,* ans Úfer stóßen*, ánlaufen* *vt;* 2) (*прилипнути*) ánhaften *vi* (до кóго-н. *D*),

П

hängenbleiben* *відокр. vi* (s) (до кóго-н., до чóго-н. an *D*); 3) *(приєднатися до екскурсії тощо)* sich ánschließen*.

прйстань Ánlegestelle *f* (11), Lándungsplatz *m* (1*) *(причал)*, Háfen *m* (7*) *(гавань)*.

пристосóвувати, пристосувáти verwénden* *vt* (до чóго-н. zu *D або* für *A*), ánwenden* *vt* (auf *A*); **~ся** sich ánpassen *(D)*; sich gewóhnen (an *A*).

прйстрас|ний 1) *(про людину)* léidenschaftlich; hítzig; féurig *(полум'яний)*; begéistert *(про музиканта тощо)*; 2) *(про бажання)* léidenschaftlich, heiß; **~ть** Léidenschaft *f* (10); Passión *f* (10); це йогó ~ть *(улюблене заняття)* das ist sein Hobby ['hɔbi].

прйстрій Vórrichtung *f* (10), Éinrichtung *f*, Méchanismus *m* -, -men.

прйступ 1) *військ.* Sturm *m* (1*); Attácke *f* (11); 2) *(хвороби)* Ánfall *m* (1*); Áusbruch *m* (1*) *(сильний)*; ~ кáшлю Hústenanfall *m*; 2) *лінгв.* Éinsatz *m* -es; твердйй ~ féster Éinsatz; м'якйй ~ éiser Éinsatz.

прйсуд Úrteil *n* (2), Beúrteilung *f* (10).

присýджувати, присудйти 1) *юр.* verúrteilen *vt* (до чóго-н. zu *D*); 2) *(премію тощо)* zúerkennen* *vt*, zúsprechen* *vt*, verléihen* *vt (нагородити)*.

прйсудок *грам.* Prädikát *n* (2), Sátzaussage *f* (11).

присýтн|ій *у знач. ім.* Ánwesende *m* (14); спйсок ~іх Ánwesenheitsliste *f* (11); ◊ про ~іх не говорять die Ánwesenden áusgenommen; **~ість** Ánwesenheit *f*, Gégenwart *f*.

присяг|а Eid *m* (1), Schwur *m* (1*); військóва ~а Fáhneneid *m*; давáти ~у éinen Eid [Schwur] léisten [áblegen, schwören*]; порýшити ~у den Schwur bréchen*; **~áти, ~нýти** éinen Eid léisten; beschwören* *vt*.

притаїтися sich verstécken, sich verbérgen*.
жербюрген*.

притамáнний éigen; bezéichnend, charakterístisch [ka-] (комý-н. für *A*).

притóка *геогр.* Nébenfluß *m* -sses, -flüsse.

притýл|ок Óbdach *n* -(e)s, Zúfluchtsstätte *f* (11), Únterkunft *f* (3); дáти комý-н. ~ок j-m Óbdach [Únterschlupf] gewähren; шукáти ~ку Únterkunft [Zúflucht] súchen; без ~ку únter fréiem Hímmel, óhne Bléibe.

прйтча Gléichnis *n* (3*), Parábel *f* (11).

притягувати, притягнýти (herán) zíehen* *vt*, herbéiziehen* *vt*; ~ до відповідáльності *розм.* zur Verántwortung zíehen*; ~ до сýду vor Gerícht zíehen*, únter Ánklage stéllen.

приурóчити verbínden* *vt* (до чóго-н. mit *D*), ánknüpfen *vt* (an *A*); ánberaumen *vt*, termínlich ábstimmen.

прихйльн|ий wóhlwollend; zúgeneigt; **~ик** Ánhänger *m* (6); бýти перекóнаним ~иком кóго-н. j-s überzéugter Ánhänger sein; **~ість** Zúneigung *f* (10), Wóhlwollen *n*; виявлáти своó ~ість до кóго-н. j-m Wóhlwollen bezéigen; добивáтися чиєї-н. ~ості sich bei j-m Líebkind máchen.

прихíд Éintreffen *n* -s, Ánkunft *f*; Éinlaufen *n* -s *(судна)*; ~ до влáди Máchtantritt *m* -(e)s.

прихóваний verbórgen, verstéckt, héimlich *(таємний)*, verkáppt *(про намір тощо)*.

прихóвувати, приховáти verbérgen* *vt* verstécken *vt*; verhéhlen *vt*; не ~ чогó-н. kein Hehl aus etw. *(D)* máchen; ~ своó досáду séinen Ärger verbéißen*.

прихóдити, прийтй 1) kómmen* *vi* (s); ánkommen* *vi* (s), ánlangen *vi* (s), éintreffen* *vi* (s); ~ додóму nach Háuse kómmen*; 2) *(наставати)* kómmen* *vi* (s), heréinbrechen* *vi* (s), heránrücken *vi* (s); прийшлá óсінь es wúrde Herbst; 3) *(опинятися в певному стані)* geráten* *vi* (s); ~ до свідóмості wíeder zu sich kómmen*, wíeder zum Bewúßtsein [zur Besínnung] kómmen*; ~ до вйсновку éinen Schluß [éine Schlúßfolgerung] zíehen*; ~ до згóди zu éiner Überéinkunft gelángen [kómmen*]; ◊ апетйт прихóдить під час їдй der Appetít kommt beim Éssen.

прицíл Visier [vi-] *n* (2) *(рушничний)*; Zíelfernrohr *n* (2) *(оптичний)*.

причáл *мор.* Ánlegestelle *f* (11); Ánlegeplatz *m* (1*), Ánkerplatz *m*.

причáлювати, причáлити vertäuen *vt*; ánlegen *vi (приставати)*.

причарóвувати, причарувáти *розм.* bezáubern *vt,* bestrícken *vt.*

причепи́ти ánhängen *vt,* ánhaken *vt;* ánkuppeln *vt (вагон тощо);* **~ся** sich fésthängen *відокр.,* hängenbleiben* *відокр. vi* (s); sich an j-m hängen *(пристати до кого-н.);* ◊ ~ся як реп'ях до кóго-н. j-m nicht von den Nähten géhen*.

причепури́ти *розм.* heráusputzen *vt;* schmücken *vt;* **~ся** *розм.* sich heráusputzen, sich fein máchen.

причéтн|ий: бýти ~им до чóго-н. die Hand im Spiel háben*.

причи́н|а Úrsache *f* (11); Grund *m* (1*) *(підстава);* Ánlaß *m* -sses, -lässe *(привід);* Bewéggrund *m* *(мотив);* повáжна ~а ein stíchhaltiger [tríftiger] Grund; ~а і нáслідок Úrsache und Wírkung; не без ~и nicht óhne Grund; в чóму ~а? worán liegt es? з якóї ~и? aus wélchem Grúnde?..

причíсувати, причесáти kämmen, *vt;* frisíeren *vt;* **~ся** sich kämmen.

причóму 1) *спол.* wobéi; 2) *присл:* ~ я тут? was kann ich dafür? was hábe ich damít zu tun?

пришивáти, приши́ти ánnähen *vt;* ánsetzen *vt;* ánstücken *vt.*

пришкíльн|и́й: ~á ділянка Schúlhof *m* (1*).

прищ Píckel *m* (6), Fínne *f* (11).

прищéплювати, прищепи́ти 1) *бот* pfrópfen *vt,* okulíeren *vt;* 2) *мед.* impfen *vt;* 3) *перен.* éinimpfen *vt;* éinführen *vt;* béibringen* *vt (почуття, звичку).*

прищíпка Wäscheklammer *f* (11).

при́язн|ий fréundschaftlich, léutselig; entgégenkommend; ~і віднóсини fréundschaftliche Bezíehungen; ~а пóсмішка ein fréundliches Lächeln.

приятелювáти befréundet [gut Fréund] sein*; Fréundschaft hálten* (з ким-н. mit *D*).

при́ятель Freund *m* (1), Kamerád *m* (8); **~ка** Fréundin *f* (12); ◊ для при́ятеля новóго не цурáйся старóго ein álter Freund ist zwei néue wert.

прíзви|сько Béiname *m* (15), Zúname *m;* дáти ~сько éinen Béinamen gében*, **~ще** Famíli|enname *m* (15), Náme *m;* ім'я та ~ще Vór- und Zúname; дівóче ~ще Mädchenname *m;* як Вáше ~ще? wie héißen Sie? wie ist Ihr Náme?

прíоритéт Prioritát *f,* Vórrang *m* -(e)s, Vórzug *m* -(e)s, Vórrecht *n* -(e)s.

прíрв|а Ábgrund *m* (1*), Kluft *f* (3), Schlucht *f* (10); *перен.* Kluft *f;* на краю ~и am Ránde des Ábgrundes [des Verdérbens].

прíсн|ий 1) úngesalzen; gewürzlos; úngesäuert *(про хліб);* ~а водá Süßwasser *n* -s; 2) *перен.* ábgeschmackt, fáde, platt.

прíсновóдн|ий Süßwasser*, límnisch; ~а ри́ба Flúßfisch *m* (1).

прíти 1) *(гнити)* fáulen *vi* (s), módern *vi,* verrótten *vi* (s); 2) *розм. (вкриватися потом)* schwítzen *vi.*

про über *(A),* von *(D);* bezüglich *(G),* in Bezúg auf *(A);* für *(A),* an *(A),* um *(A);* книга про живóпис ein Buch über Maleréi; нагáдувати про щось. an etw. erínnern; жалкувáти про що-н. etw bedáuern; говори́ти про що-н. von [über] etw. spréchen*; дýмати про кóго-н. an j-n dénken*; турбувáтися про кóго-н. für j-n sórgen; ◊ про мéне! von mir aus! про сéбе *(шепотíти тощо)* vor sich hin.

прóб|а 1) *(дія)* Versúch *m* (1), Próbe *f* (11), Test *m* -(e)s -e *та* -s; брáти на ~у auf Próbe néhmen*; вибіркóва ~а Stíchprobe *f;* 2) *(зразок)* Próbe *f* (11); Múster *n* (6) *(товару);* ◊ бýти висóкої ~и den Stich hálten*.

пробачáти, пробáч|ити entschúldigen *vt,* verzéihen* *vt;* ~те! entschúldigen Sie! Verzéihung! bítte um Entschúldigung! ~те на слóві! nichts für úngut! **~ся** sich entschúldigen (пéред ким-н. bei *D*).

пробáчення Entschúldigung *f* (10); Verzéihung *f* (10); проси́ти ~ um Entschúldigung bítten*, sich entschúldigen.

пробивáти, проби́ти 1) *(робити отвір, заглибину тощо)* éinschlagen* *vt,* dúrchschlagen*; 2) *(прокладати дорогу тощо)* báhnen *vt;* 3) *(про годинник, барабан)* schlágen* *vt;* проби́ло три годи́ни die Uhr hat drei geschlágen; **~ся** dúrchdringen* *vi* (s), schímmern *vi* (чéрез що-н. durch *A*) *(про промінь тощо);* ~ся крізь нáтовп sich durch die Ménge drängen.

пробíрка Prüfglas *n* (5), Reagénzglas *n,* Probíerglas *n.*

проблéм|а Problém *n* (2); Fráge *f* (11); ширóке кóло ~ ein wéiter Frágenkreis [Problémkreis] ◊ розв'язувати світові ~и *ірон.* Probléme wälzen.

проблема́т|ика Problemátik *f,* Problémbereich *m* (1); **~и́чний** *(сумнівний).*

про́бний Próbe≠, Test≠, Versúchs≠; ~ уро́к Próbestunde *f* (11); ~ ка́мінь Prüfstein *m* (1).

пробира́тися, пробра́тися 1) *(прокрастися)* éindringen* *vi* (s), sich éinschleichen*, éinschleichen* *vi* (s); 2) *(з труднощами пройти)* sich dúrchdrängen.

пробо́їна dúrchgeschlagenes [dúrchgestoßenes] Loch; Dúrchschuß *m* -sses, -schüsse; *мор.* Leck *n* (2).

про́бувати 1) *(намагатися що-н. зробити)* versúchen *vt, vi* (+ *inf* з zu); probíeren *vt;* 2) *(випробовувати кого-н., що-н.)* (áus)probíeren *vt,* versúchen *vt;* tésten *vt;* schmécken *vt (на смак).*

пробу́джуватися, пробуди́тися 1) erwáchen *vi* (s), áufwachen *vi* (s), wach wérden*; 2) *перен.* rége wérden*, erwáchen *vi* (s); sich belében *(оживати).*

прова́лля Ábgrund *m* (1*), Kluft *f* (3).

прова́лювати, провали́ти *розм.* *(зінсувати)* dúrchfallen lássen*; zu Fall bríngen*, verdérben* *vt;* ~ пропози́цію den Vórschlag durchkréuzen; ~ на ви́борах níederstimmen *vt;* ábwählen *vt;* ~ на екза́мені dúrchfallen lássen*; in der Prüfung heréinlegen *(розм.);* **~ся** 1) *(впасти)* éinstürzen *vi* (s); herúnterfallen* *vi* (s); 2) *розм.* *(не вдатися)* mißlíngen* *vi* (s), féhlschlagen* *відокр. vi (про план);* ~ся на екза́мені beim Exámen dúrchfallen*, durchs Exámen fállen*; ◊ він ні́би крізь зе́млю провали́вся er war spúrlos verschwúnden; він ла́ден був ~ся крізь зе́млю *(від сорому)* er wäre am líebsten in den Érdboden versúnken (vor Scham).

прови́н|а Vergéhen *n* (7), Schuld *f;* звали́ти [перекла́сти] свою́ ~у на і́ншого die Schuld (von sich) auf éinen ánderen ábwälzen [schieben*]; відчува́ти свою́ ~у sich schúldig fühlen; ста́вити кому́-н. що-н. за ~у j-m etw. auf das Kérbholz schnéiden*.

про́від Léitung *f* (10); Draht *m* (1*); Kábel *n* (6); електри́чний ~ die eléktrische Léitung; телефо́нний ~ Telefónkabel *n;* ого́лений ~ ábisolierter Draht; Blánkdraht *m.*

провідн|и́й führend, léitend, гра́ти ~у́ роль éine führende Rólle spíelen; **~и́к** 1) Léitung *f* (10); Draht *m* (1*); Kábel *n* (6); 2) Begléiter *m* (6); Führer *m* (6); Scháffner *m* (6) *(у поїзді);* **~и́ця** *(у поїзді)* Scháffnerin *f* (12).

про́відувати, прові́дати besúchen *vt;* áufsuchen *vt;* éinen Besúch máchen.

прові́нція Provínz [-v-] *f* (10).

прові́сник 1) Vórbote *m* (9), Künder *m* (6); 2) Wáhrsager *m* (6).

провітр|ювати, ~ити lüften *vt.*

проводжа́ти *див.* прово́дити II.

про́води Ábschied *m* (1); ~ делега́ції die Verábschiedung der Delegatión.

прово́дити, провести́ I 1) führen *vt;* hindúrchführen *vt;* 2) *(здійснювати)* dúrchführen *vt,* áusführen *vt,* verwírklichen *vt;* ~ засі́дання éine, Sítzung (áb)hálten*; ~ в життя́ verwírklichen *vt;* 3): ~ лі́нію éine Líni|e [éinen Strich] zíehen*; 4) *(час тощо)* verbríngen* *vt;* vertréiben* *vt;* 5) *фіз.* léiten *vt.*

прово́дити, прове́сти II *(супроводити)* begléiten *vt;* verábschieden *vt (делегацію на вокзалі тощо);* ~ на вокза́л zum Báhnhof begléiten, zur Bahn bríngen*.

прово́зити, провезти́ fáhren* *vt;* hínfahren* *vt;* ~ з собо́ю mítführen *vt.*

прову́лок Gásse *f* (11); Nébenstraße *f.*

провчи́ти I *(покарати кого-н.)* zuréchtweisen* *відокр. vt,* j-m éine Lektión [éinen Dénkzettel] ertéilen, ◊ я ж його́ провчу! *розм.* ihm wérde ich' schon béibringen.

провчи́ти II *(вивчати певний час що-н.)* (éine Zéitlang) léhren *vt;* **~ся** (éine Zéitlang) lérnen *vt, vi,* studíeren *vt, vi.*

прога́лин|а 1) *(незаповнене місце в тексті)* únbeschriebene [fréie, léere] Stélle; Lücke *f* (11); 2) *(упущення, пропуск)* Lücke *f* (11); Mángel *m* (6*); ~а в знання́х Bíldungslücke *f,* Wíssenslücke *f;* запо́внити ~и Lücken áusfüllen [schlíeßen].

проганя́ти, прогна́ти (ver)jágen

vt; fórtjagen *vt;* (ver)tréibn* *vt;* ~ нудьгу́ die Láng(e)weile vertréiben*.

прога́яти vdrsäumen *vt;* verpássen *vt.*

прогно́з Prognóse *f* (11), Vorhérsage *f* (11), Voráussage *f* (11); ~ пого́ди Wétterprognose *f,* Wéttervorhersage *f.*

проголо́шувати, проголоси́ти 1) verkünd(ig)en *vt;* öffentlich kúndtun*; proklamíeren *vt;* ~ га́сло éine Paróle [Lósung] áusgeben*; ~ тост éinen Toast [to:st] [éinen Trínkspruch] áusbringen*; 2) *(кого-н. ким-н.)* áusrufen* *vt* (zu *D,* als *A*).

програва́ти, програ́ти 1) *(зіграти, виконати)* spíelen *vt,* vórspielen *vt;* ábspielen *(платівку, магнітофонний запис);* 2) *(зазнавати поразки)* verspíelen *vt,* verlíeren* *vt;* ~ судови́й проце́с den Prozéß verlíeren*; ~ війну́ den Krieg verlíeren*.

програва́ч Plättenspieler *m* (6).

програ́м|а Prográmm *n* (2); парті́йна ~а Partéiprogramm *n;* навча́льна ~а Léhrplan *m;* Stúdi¦enplan *m;* Stúdi¦enprogramm *n;* ~а радіопереда́ч Rúndfunkprogramm *n;* ~а телепереда́ч Férnsehprogramm *n;* ~а ра́діо і телеба́чення Funk- und Férnsehprogramm *n;* різномані́тна ~а ein réichhaltiges Prográmm; що сього́дні в ~і? was steht héute auf dem Prográmm? оголоси́ти ~у das Prográmm ánkündigen; згі́дно ~и nach dem Prográmm, prográmmgemäß.

про́граш Verlúst *m* (1); залиши́тися в ~і verspíelt [verlóren] háben.

прогре́с Fórtschritt *m* (1), Progréß *m* -sses; **~и́вний** fórtschrittlich, Fórtschritts-; fórtgeschritten; progressív; modérn *(сучасний);* ~и́вні си́ли fórtschrittliche Kräfte.

прогріва́ти, прогрі́ти dúrchwärmen *vt;* erwärmen *vt,* dúrchheizen *vt.*

прогу́л (mútwilliges) Árbeitsversäumnis *n* (3*), Díenstversäumnis *n;* Schwänzen *n* -s; ви́мушений ~ únverschuldeter Árbeitsausfall.

прогу́лювати, прогуля́ти 1) (éine Zéitlang) spazíerengehen* *vi* (s); 2) *(не працювати)* schwänzen *vt,* die Árbeit versäumen; búmmeln *vi;* ~ уро́к die Stúnde [die Schúle, den Únterricht] schwänzen; **~ся** spazíerengehen* *vi* (s), éinen Spazíergang máchen.

прогу́лянк|а Spazíergang *m* (1*); Spazíerfahrt *f* (10) *(в автомобілі тощо);* ранко́ва ~а Mórgenspaziergang *m;* ~а по мі́сту ein (kléiner) Stádtbummel *(розм.);* здійсни́ти ~у éinen Spazíergang [Ausflug] máchen; ~а за мі́сто ein Áusflug ins Grüne [Fréie].

прогу́льник Bummelánt *m* (8), Árbeitsbummelant *m;* Schwänzer *m* *(про школяра),* злі́сний ~ böswilliger Árbeitsbummelant.

продава́ти, прода́ти verkáufen *vt;* ábsetzen *vt (збувати);* áusgeben* *vt (проїзні квитки в касі);* ~ в креди́т auf Kredít verkáufen; ~ за бе́зцінь verschléudern *vt,* zu éinem Spóttpreis verkáufen; всі квитки́ про́дано *(в театрі)* das Haus ist áusverkauft (besétzt); ◇ ~ з-під поли́ im Schléihhandel [únterderhand] verkáufen.

продаве́ць Verkäufer *m* (6).

про́даж Verkáuf *m* (1*); Hándel *m* -s *(торгівля);* Ábsatz *m* -es, Vertríeb *m* -(e)s *(збут);* ~о́птом і вро́здріб Groß- und Éinzelverkauf *m;* ~ квиткі́в *(театральних тощо)* Kártenverkauf *m;* попере́дній ~ Vórverkauf *m,* пусти́ти в ~ zum Verkáuf bríngen*, auf den Markt bríngen* [wérfen*]; наді́йти у ~ zum Verkáuf gelángen, auf dem Markt erschéinen*.

про́діл Schéitel *m* (6); прями́й ~ ein geráder Schéitel; ко́сий ~ ein schräder Schéitel.

продо́вження Fórtsetzung *f* (10), Fórtführung *f;* ~ бу́де Fórtsetzung folgt; wird fórtgesetzt.

продо́вжува|ти, продо́вжити 1) *(робити довшим)* verlängern *vt,* 2) *(діяти далі)* fórtfahren* *vi;* fórtsetzen *vt,* wéiterführen *vt;* він ~в працюва́ти er sétzte die Árbeit fort; продо́вжуйте! fáhren Sie fort! wéiter (im Text)! **~тися** dáuern *vi;* fórtdauern *vi;* ándauern *vi,* ánhalten* *vi.*

проду́кт 1) Prodúkt *n* (2), Erzéugnis *n* (3*); ~ висо́кої я́кості Spítzenerzeugnis *n;* побі́чний ~ Nébenprodukt *n;* Nébenerzeugnis *n;* 2) **~и** *(їстівні)* Náhrungsmittel *pl,* Éßwaren *pl,* Lébensmittel *pl;* м'ясні́ ~и Fléischwaren *pl;* моло́чні ~и Molkeréierzeugnisse *pl.*

продукти́вн|ий produktív, léistungsfähig; *перен.* frúchtbar; er-

П

trágfähig *(с. г.)*; ~а пра́ця produktíve [-və] Árbeit; ~ість Produktivität [-vi-] *f*, Léistungsfähigkeit *f*; *(с. г.)* Ertrágfähigkeit *f*, Ergíebigkeit *f*; ~ість пра́ці Árbeitsproduktivität *f*; де́нна ~ість Tágesleistung *f*; підви́щити ~ість пра́ці die Árbeitsproduktivität hében*.

продукто́вий Lébensmittel≠, Éßwaren≠; ~ магази́н Éßwarengeschäft *n* (2), Lébensmittelgeschäft *n*.

проду́кція Produktión *f*, Erzéugung *f*; валова́ ~ Brúttoerzeugung *f*, Brúttoproduktion *f*; надпла́нова ~ Überplanproduktion *f*.

прое́кт Projékt *n* (2), Éntwürf *m* (1*); Vórlage *f* (11); типови́й ~ Týpenprojekt *n*, Týpenentwurf *m*; ~ постано́ви Beschlúßvorlage *f*; ~ резолю́ції Resolutiónsentwurf *m*; ~ програ́ми Prográmmentwurf *m*; скла́сти ~ ein Projékt ánfertigen; дипло́мний ~ Diplómarbeit *f* (10); **~ний** Entwicklungs≠, Projektíerungs≠, Projékt≠, Entwúrfs≠, Plan≠, ~не бюро́ Entwicklungsbüro *n* -s, -s, Entwícklungsstelle *f* (11); ~на поту́жність projektíerte Kapazität.

прое́ктор Projéktor *m* -s, -tóren.

проектува́ти 1) entwérfen* *vt*, projektíeren *vt*, 2) plánen *vt*, vórhaben* *vt*.

проекці́йний Projektións≠; ~апара́т Projektiónsapparat *m* (1), Projéktor *m* -s, -tóren; Epidiaskóp *n* (2) *(для діапозитивів)*.

прое́кція *мат.*, *кіно* Projektión *f* (10), Ábbildung *f* (10).

проже́ктор Schéinwerfer *m* (6); Stráhler *m* (6).

прожива́ти lében *vi*; sich áufhalten*; wóhnen *vi*.

прожо́гом jählings; Hals über Kopf.

про́за Prósa *f*; худо́жня ~ künstlerische Prósa; ділова́ ~ Sáchprosa *f*; ~ життя́ der Álltag [das Grau] des Lébens.

проза́|їк *літ.* Prosáiker *m* (6), Prosaíst *m* (8), Prósaschriftsteller *m* (6); **~їчний** 1) *літ.* Prósa≠; **~їчний** твір Prósawerk *n* (2); 2) *перен.* prosáisch, álltäglich; nüchtern, trócken.

прозо́рий 1) dúrchsichtig; transparént; 2) *перен.* klar; éindeutig *(недвозначний)*.

прозо́рість 1) Dúrchsichtigkeit *f*; Transparénz *f*; 2) *перен.* Klárheit *f*; Éindeutigkeit *f* *(недвозначність)*.

прозріва́ти, прозрі́ти 1) séhend wérden*; 2) *перен.* ánfangen* zu begréifen.

проїзд 1) *(дія)* Dúrchfahrt *f*, Dúrchreise *f*; безпла́тний ~ Fréifahrt *f*; ~ заборо́нено! Dúrchfahrt verbóten! Dúrchfahrt gespérrt! ~ туди́ і наза́д Hín-und Hérfahrt; ва́ртість ~ у Fáhrpreis *m* (1); 2) 2) *(місце)* Durchfahrt *f* (10); Nébenstraße *f* (11), Nébegasse *f* (11).

проїхати fáhren* *vi* (s) (durch *A*); vorbéifahren* *vi* (s), vorüberfahren* *vi* (s) (повз ко́го-н., що-н. an *D*).

пройти́ 1) dúrchgehen* *vi* (s); passíeren *vt*, dúrchschreiten* *vi* *(s)*; *vorübergehen** *vi* (s) (повз ко́го-н. an *D*); zurücklegen *vt* *(шлях)*; ~ по мосту́ über die Brücke géhen*; як ~ на вокза́л? wie kommt man zum Báhnhof?; 2) *(про час)* verflíeßen* *vi* (s), vergéhen* *vi* (s), verláufen* *vt* (s); 3) *(припинитися)* áufhören *vi*, vergéhen* *vi* (s); дощ пройшо́в der Régen hat áufgehört; 4) *(про кандидатуру, резолюцію)* dúrchgehen* *vi* (s); ◊ це йому́ не про́йде безка́рно *розм.* das. geht ihm so nicht durch; ~ воро́нь і во́ду durch Dreck und Speck géhen*.

прока́т *(користування)* Míete *f*; Vermíeten *n* -s; Verléih *m* -(e)s; ~ фільмів Fílmverleih *m*; пункт ~а Áusleihdienst *m* -es.

прокида́тися, проки́нутися erwáchen *vi* (s), áufwachen *vi* (s).

прокиса́ти, проки́снути sáuer wérden*.

проки́слий sáuer, sáuer gewórden *(про молоко, пиво)*.

прокла́дка Zwischenstück *n* (2); Zwíschenschicht *f* (10); Díchtung *f* (10); гу́мова ~ Gúmmidichtung *f* (10).

проклина́ти, проклясти́ vérflúchen *vt*, verdámmen *vt*, verwünschen *vt*.

проклі́н Fluch *m* (1*); Verwünschung *f* (10).

прокля́тий verflúcht, verdámmt, verwünscht.

прокля́ття Fluch *m* (1*); Verwünschung *f* (10); ~! verdámmt! verflúcht! Hímmel und Hölle!; вив́ерга́ти ~ éinen Fluch áusstoßen*.

проко́л 1) *(дія)* Dúrchstich *m* -(e)s; Punktión *f* *(мед.)*; 2) *(дірка)*

Loch *n* (5); Stich *m* (1); Durchlóchung *f* (10) *(автомашини)*; **~ювати, ~óти** dúrchstechen* *vt,* dúrchlöchern *vt,* dúrchlochen *vt.*

прокур|ату́ра Stáatsanwaltschaft *f* (10); **~óр** Stáatsanwalt *m* (1*), Stáatsanwältin *f* (12) *(жінка).*

прóлісок *бот.* Schnéeglöckchen *n* (7).

пролóг Prológ *m* (1); Vórspiel *n* (2).

промайну́|ти 1) vorbéifliegen* *vi* (s), vorbéistreichen* *vi* (s); 2) *(про думку)* áuftauchen *vi* (s); у ме́не ~ла ду́мка ein Gedánke schoß [fuhr] mir durch den Kopf.

прóмах 1) *(постріл, удар мимо цілі)* Féhlschuß *m* -sses, -schüsse; Féhlschlag *m* (1*); 2) *(помилка)* Féhlgriff *m* (1), Míßgriff *m;* **~ну́тися** 1) *(з рушниці тощо)* danébenschießen* *vi,* das Ziel verféhlen; nicht tréffen* ins Bláue tréffen*; 2) *(помилитися)* éinen Féhler máchen, éinen Féhlgriff tun*; éinen Bock schíeßen*.

промени́стий stráhlend.

промива́ти, проми́ти (áus)wáschen* *vt;* (dúrch)spülen *vt;* ~ шлу́нок den Mágen spülen; ~ ра́ну die Wúnde áuswaschen*.

прóмисел Gewérbe *n* (6), Erwérbszweig *m* (1); худóжній ~ Kúnstgewerbe *n.*

промислóв|ий Industríe≠, industriéll; ~е підприє́мство Industríebetrieb *m* (1); **~ість** Industríe *f* (11); важка́ ~ість Schwérindustrie *f*; лéгка́ ~ість Léichtindustrie *f*; добувна́ ~ість róhstoffgewinnende Industríe; обрóбна ~ість verárbeitende Industrie; оборóнна ~ість Vertéidigungsindustrie.

промíжок *(часу)* Zéitspanne *f* (11); Zéitabschnitt *m,* Zéitraum *m* (11).

прóм|інь Strahl *m* (13); космíчні ~ені Höhenstrahlen *pl;* рентгéнівські ~ені Röntgengtrahlen *pl.*

промóв|а Réde *f* (11); Ánsprache *f* (11); застóльна ~а Tíschrede *f;* віта́льна ~ Begrüßungsansprache; ви́голосити ~у éine Réde hálten*; дóвга ~а éine lángatmige Réde *(iрон.),* **~ець** Rédner *m* (6), Sprécher *m* (6); **~ляти, ~ити** ságen *vt,* sprechen* *vt;* ~ляти тост éinen Trínkspruch áusbringen*; ◊ не промóвити ні слóва kein éinziges Wort ságen; kein Wort hervórbringen*.

промока́ти, промóкнути naß wérden*; ~ до кістóк *(до нитки)* bis auf die Haut [die Knóchen] naß sein.

промочи́ти durchnässen *vt;* ~ нóги násse Füße bekómmen*; ◊ ~ гóрло *розм.* sich *(D)* die Kéhle ánfeuchten; die Gúrgel schmíeren [spülen].

промтова́р|и (промислóві това́ри) Industríewaren *pl,* Industríeerzeugnisse *pl;* **~ний** Industríewaren≠; ~ний магази́н Industríewarengeschäft *n* (2).

прони́зливий dúrchgehend *(про вітер, холод);* dúrchdringend, dúrchbohrend *(про погляд);* géllend, schrill *(про голос).*

проника́ти, прони́кнути dúrchdringen* *vi* (s), durch Mark und Bein géhen*; sich verbréiten; ~ в яку́-н. таємни́цю hínter ein Gehéimnis kómmen*.

прообраз Úrbild *n* (5), Prototýp *m* (1), Vórbild *n.*

пропага́нд|а Propagánda *f;* Propagíerung *f;* **~и́стський** propagandístisch; Propagánda-.

пропагува́ти propagíeren *vt,* Propagánda máchen (що-н. für *A*).

пропа́жа Verlúst *m* (1).

пропада́ти, пропа́сти 1) *(загублюватися)* verlórengehen* *відокр. vi* (s), abhánden kómmen*; кни́жка пропа́ла das Buch ist weg; 2) *(зникати)* vergéhen* *vi* (s), verschwínden* *vi* (s); ~ бéз вісті verschóllen [vermíßt] sein; куди́ ти пропа́в? wo steckst du?; 3) *(загинути)* zugrúnde géhen*, úmkommen*; все пропа́ло! álles ist hin!; ◊ що з вóза впа́ло, те пропа́ло ≅ hin ist hin, verlóren ist verlóren; пиши́ пропа́ло! *розм.* álles ist futsch!

пропа́сниц|я Fieber *n* (6); при́ступ ~і Fíeberanfall *m* (1*).

пропа́щ|ий verlóren; ~а люди́на ein verkómmener Mensch; ~а спра́ва éine unréttbar verlórene Sáche.

пропéлер *ав.* Propéller *m* (6), Lúftschraube *f* (11).

пропива́ти, пропи́ти vertrínken* *vt,* versáufen*, durch die Gúrgel jágen.

пропи́ска (polizéiliche) Ánmeldung *f* (10); Páßeintragung *f* (10); тимчасóва ~ Ánmeldung für éinen zéitweiligen Áufenthalt.

П

пропові́д|ник Prédiger *m* (6), Verbréiter *m* (6) *(ідей, поглядів);* **~увати** prédigen *vt.*

пропози́ці|я Ángebot *n* (2), Vórschlag *m* (1*); Ántrag *m* (1*); раціоналізáторська ~я Verbésserungsvorschlag *m,* Néuerervorschlag *m;* внести́ ~ю éinen Ántrag stéllen, éinen Vórschlag máchen; підтри́мати ~ю den Vórschlag áufgreifen*.

пропонувáти 1) *(давати що-н. на розгляд, на вибір кому-н.)* ánbieten* *vt,* vórlegen *vt;* vórschlagen* *vt;* ~ тост на честь когó-н. éinen Toast [to:st] [éinen Trínkspruch] auf j-n áusbringen*; 2) *(віддати в розпорядження)* zur Verfügung stéllen, ánbieten*; ~ свої пóслуги séine Dienste ántragen*.

пропорці́йн|ий Proportionál≠, proportionál, proportionéll (до чóго-н. zu *D*); ~е представни́цтво Verhältnisvertretung *f;* пря́мо ~ий *мат.* dirékt proportinál; обéрнено ~ий *мат.* índirekt [úmgekehrt] proportionál.

пропóрція Proportión *f* (10), Verhältnis *n* (3*); арифмети́чна ~я arithmétische Proportión; геометри́чна ~я geométrische Proportión; дотри́муватись ~й die (ríchtigen) Proportiónen wáhren.

прóпуск 1) *(лекцій, засідань)* Versäumen *n* -s, Versäumnis *n* (3*); ~и урóків Stúndenausfälle *pl;* 2) *(проминання)* Áuslassen *n* -s, Áusfall *m* (1*); 3) *(незаповнене місце в тексті)* léere [fréie] Stélle, Lücke *f* (11); 4) *(документ)* Passíerschein *m* (1), Éinlaßschein *m;* постíйний ~ Dáuerpassierschein *m;* рáзовий ~ ein éinmaliger Passíerschein; **~áти** 1) *(давати дорогу, прохід)* dúrchlassen* *vt;* éinlassen* *vt;* ~ вперéд *(когó-н.)* vórlassen* *vt;* j-m den Vórtritt lássen*; 2) *(обминати)* áuslassen* *vt;* 3) *(засідання тощо)* versäumen *vt;* ~ урóки Schúltage versäumen [áusfallen lássen*]; **~ни́й** Dúrchlaß≠, Passier≠, Dúrchgangs≠; ~ни́й пункт Passíerstelle *f* (11).

прорива́ти, прорвáти dúrchreißen* *vt,* zerréißen* *vt;* **~ся** 1) *(про сукню тощо)* zerréißen* *vi* (s); 2) *(тріснути)* plátzen *vi* (s); 3) *(крізь що-н.)* sich dúrchschlagen*, dúrchbrechen* *vi* (s).

прорéктор Próréktor *m* -s, -tóren; ~ по навчáльній части́ні Prórektor für Stúdi:enangelegenheiten.

прорóк Próphét *m* (8); **~увáти** prophezéien *vt,* wéissagen *невідокр. vt,* vórhérsagen *vt.*

проростáти, прорости́ áufkeimen *vi* (s), áufkommen* *vi* (s) *(давати сходи),* Kéime tréiben*.

просвіти́тель Áufklärer *m* (6).

проси́ти bítten* *vt,* ersúchen *vt* (чогó-н., про що-н. um *A*); ~ дóзволу um Erláubnis bítten*, ~ ви́бачення um Entschúldigung bitten*, sich entschúldigen; ~ слóва us Wort bítten*; sich zum Wort mélden; ~ до стóлу zu Tisch bítten*; ласкáво прóсимо willkómmen! прóшу сідáти! néhmen Sie bítte Platz! прóшу [будь лáска]! bítte sehr! bítte schön!

прославля́ти, прослáвити berühmt máchen; verhérrlichen *vt;* lóbpreisen* *невідокр. vt;* **~ся** berühmt wérden*; sich *(D)* éinen Námen máchen.

прослáвлений berühmt; víelgerühmt, námhaft.

прослу́хати 1) *(вислухати)* ánhören *vt,* hören *vt;* ábhören *vt* *(напр. платівку);* ~ курс лéкцій, éinen Vórlesungszyklus hören [besúchen]; 2) *(не почути сказаного)* überhören *vt.*

прóс|о Hírse *f;* ◊ не сунь свогó нóса до чужóго ~а was dich nicht brennt, das bláse nicht.

проспáти 1) *(спати якийсь час)* (éine Zéitlang) schláfen* *vi;* 2) *(не прокинутися вчасно)* verschláfen* *vi.*

проспéкт I *(широка міська вулиця)* (bréite) Stráße *f* (11); Prospékt *m* (1).

проспéкт II *(докладний план)* Prospékt *m* (1), Plan *m* (1*), Wérbeschrift *f* *(реклама);* ~ видавни́цтва Verlágsprospekt *m.*

проспівáти ábsingen* *vt.*

прост|áк *розм.* Éinfalts:pinsel *m* (6), Tropf *m* (1*); **~и́й** 1) éinfach; 2) *(звичайний)* gewöhnlich, éinfach, schlicht; beschéiden *(скромний);* ~á люди́на ein éinfacher Mensch; ~и́й смéртний ein gewöhnlicher Stérblicher; 3) *(не складний);* ~é рéчення *грам.* ein éinfacher Satz.

прóсти|ня́, ~рáдло Lácken *n* (7).

прóстір (wéiter) Raum *m* (1*); Wéite *f;* повітря́ний ~ Lúftraum *m;* космічний ~ Wéltraum *m;* Kósmos *m.*

прóсто éinfach; ◊ ~ так nur so, óhne Ábsicht; пояснити що-н. простіше etw. níedriger hängen *(жарт.);* **~дýшний** tréuherzig, áufrichtig, vertráuensselig.

простóр|ий geräumig, weit *(про одяг);* ~ий зал ein geräumiger Saal; **~óвий** räumlich; Raum≠.

простотá 1) Éinfachheit *f,* Schlíchtheit *f;* Béschéidenheit *f (скромність);* 2) *(зайва довірливість, наївність)* Natürlichkeit *f;* ◊ свята ~ ! du líebe Éinfalt! Únschuld vom Lánde!

простóяти 1) (éine Zéitlang) stéhen* *vi;* stéhenbleiben* *відокр. vi* (s); 2) *(не працювати якийсь час)* stíllstehen* *відокр. vi,* stílliegen* *(при переносі* stíll-liegen) *відокр. vi;* дарéмно ~ (цілий день) (den gánzen Tag) blank stéhen*.

прострíлювати, прострíлити *(що-н.)* durchschíeßen* *vt.*

прострóмлювати, простромúти dúrchstéchen* *vt.*

простýд|а Erkältung *f* (10); **~úти** erkälten *vt;* **~úтися** sich erkälten, sich *(D)* éine Erkältung zúziehen*; **~ний:** ~ не захворювання Erkältungskrankheit *f* (10), Erkältung *f* (10).

простýпок Vergéhen *n* (7), Féhltritt *m* (1); службóвий ~ Ámtsvergehen *n,* Díenstvergehen n.

простягáти, простягнýти *(подати)* (áus)strécken *vt;* ~ комý-н. рýку j-m die Hand réichen; **~ся** sich áusdehnen, sich hínstrecken, sich erstrécken; réichen *vi* (до чого-н. bis zu *D*); ◊ по своєму ліжку простягáти ніжку sich nach séinem Béutel ríchten.

просувáння 1) Vórrücken *n* -s, Vórdringen *n* -s; Vórwärtsbewegung *f;* 2) *(кадрів)* Beförderung *f;* Áufrücken *n* -s; ~ по слýжбі Entwícklung [Aufrücken] im Dienst.

просувáти 1) schíeben* *vt;* vórrücken *vt;* 2) *(по службі)* befördern *vt;* **~ся** 1) vórrücken *vi* (s), vórgehen* *vi* (s); 2) *(по службі)* áufrücken *vi* (s).

просякáти, просякнути durchtränkt sein (чим-н. von *D*).

прóсьба *див.* прохáння.

протé doch, áber, alléin; jedóch, dénnoch, ímmerhin.

проте|гувáти protegieren [-ʒiː-] *vt;* fördern *vt;* **~жé** Protege [-ʒeː] *m* -s, -s, Schützling *m* (1).

протéз Prothése *f* (11); зубний ~ Záhnprothese *f.*

протекці|йний protektionístisch, Protektións≠; **~онíзм** *ек.* Protektionísmus *m-;* Schútzzollsystem *n* -s.

протéкція Protektión *f.*

протéст Protést *m* (1), Éinspruch *m* (1*); Protéstschreiben *n* (7) *(у письмовій формі);* заявити ~ Protést [Éinspruch] erhében*; викликати ~ Protést áuslösen; **~увáти** protestíeren *vi,* Éinspruch éinlegen [erhében*]; Protést erhében*.

прóти 1) gégen; ~ течії gégen den Strom; ~ вітру gégen den Wind; я нічого не мáю ~ ich hábe nichts dagégen; за і ~ das Für und Wíder; заперéчувати ~ чого-н. gégen etw. *(A)* Éinwände erhében*; борóтися ~ кóго-н. gégen j-n kämpfen; 2) *(напроти)* gégen *(A);* gegenüber *(D) (після ім.);* ~ світла gégen das Licht; один ~ óдного einánder gegenüber; 3) *(у порівнянні)* im Vergléich (mit *D,* zu *D*).

протиáтомн|ий: ~ий зáхист Atómwaffenschutz *m* -es; Kérnwaffenschutz *m;* ~е схóвище Atómschutzbunker *m* (6).

протúвн|ий I *(протилежний)* entgégengesetzt, Gégen≠; ~а сторонá die entgégengesetzte Séite; в ~ому рáзі ándernfalls; im entgégengesetzten Fall.

протúвний II *(дуже неприємний)* wíderlich, ékelhaft, wíderwärtig.

протúвник Gégner *m* (6), Feind *m;* Wídersacher *m* (6).

проти|гáз Gásmaske *f* (11), Schútzmaske *f.*

проти|дíя Wíderstand *m* (1*) *(опір);* Rückwirkung *f* (10), Gégenwirkung *f (реакція);* викликати ~дію Gégenwirkung áuslösen; **~дíяти** gégenwirken *vi,* rückwirken *vi,* verhíndern *(перешкоджати).*

протизакóнний gesétzwidrig, réchtswidrig, úngesetzlich.

протилéжність 1) Gégensatz *m* (1*); 2) *(чого-н.)* Gégenteil *n* (2), Gégensatz *m* (1*); ◊ протилéжності схóдяться Gégensätze zíehen sich an, die Extréme berühren sich.

протиповітрян|ий Lúftabwehr-, Lúftverteidigungs-; ~а оборóна Lúftverteidigung *f,* Lúftabwehr *f.*

протипожéжний Féuerschutz≠; Brándschutz≠.

протирáти, протéрти 1) *(витерти)* ábreiben* *vt*, blánkreiben* *відокр. vt;* 2) *(до дірок)* dúrchreiben* *vt;* ◊ ~ óчі *розм.* sich *(D)* die Áugen (wach)réiben.

протирíччя Wíderspruch *m* (1*); дух ~ *розм.* Wíderspruchsgeist *m* -(e)s; зглáджувати ~ die Differénzen áusgleichen*.

проти|ставля́ти, протистáвити entgégenstellen *vt;* entgégensetzen *vt;* ~**стáвлення** Entgégensetzung *f* (10), Entgégenstellung *f* (10); ~**стоя́ти** 1) *(чинити опір)* widerstéhen* *vi* (комý-н., чомý-н. *D*); 2) *(бути протилежним до кого-н., до чого-н.)* gegenüberstehen* *vi.*

протікáти, протекти́ 1) *(проходити де-небудь своєю течією)* (vorbéi)flíeßen* *vi* (s), vorüberfließen* *vi* (s); 2) *(просочуватись)* dúrchfließen* *vi* (s), dúrchsickern *vi* (s); 3) *(про дах тощо)* Wásser dúrchlassen*; leck wérden* *(про човен).*

протóка Méerende *f* (11), Stráße *f* (11), Sund *m* (1).

протокóл Protokóll *n* (2); складáти ~ ein Protokóll áufnehmen* [áufstellen, áusfertigen]; занóсити до ~у zu Protokóll gében*.

прототи́п Prototýp *m* (1), Úrbild *n* (5), Vórbild *n*, Múster *n* (6).

прóтяг I Zug *m* -(e)s, Zúgwind *m* -(e)s, Zúgluft *f*.

прóтяг II: ~**ом** *(про час)* während *(G)*, im Verláuf *(G);* ~ом цíлого ти́жня im Láufe éiner gánzen Wóche; éine gánze Wóche lang; на прóтязі *(про час) див.* ~ом.

протя́жний gedéhnt, lánggezogen.

профáн Láie *m* (9); абсолю́тний ~ ein blútiger Láie; бýти ~ом у чóму-н. kéinen (blássen) Schímmer von etw. *(D)* háben.

профес|іонáл Professionélle *m* (14); Berúfs≠, von Berúf; він спортсмéн-~ер ist Berúfssportler, er ist Prófi *(розм.)*.

профéсі|я Berúf *m* (1); дрýга ~я Zúsatzberuf *m*, Zwéitberuf *m;* ви́бір ~ї Berúfswahl *f* (10); за ~єю von Berúf, berúfsmäßig; Вáша ~я? was sind Sie von Berúf?

профілáкт|ика Prophyláxis *f*, Prophyláxe *f*, Vórbeugung *f;* ~**и́чний** prophyláktisch, vórbeugend; ~и́чний зáсіб Vórbeugungsmittel *n* (6); ~и́чний ремóнт Vórbeugungsreparatur *f* (10).

прóфіль 1) *(обриси чого-н. збоку)* Profíl *n* (2), Séitenansicht *f* (10); в ~ von der Séite geséhen; 2) *тех. (вертикальний переріз тощо)* Profíl *n* (2), Quérschnitt *m* (1).

проф|спíлка (професíйна спíлка) Gewérkschaft *f* (10); член ~ спíлки Gewérkschaftsmitglied *n* (5); ~**спілкóвий** gewérkschaftlich; Gewérkschafts≠.

прохáнн|я Bítte *f* (11); Ánliegen *n* (7); Ersúchen *n* (7); у мéне до вас ~ я ich hábe éine Bítte an Sie, ich hábe ein Ánliegen an Sie; на вáше ~ я auf Íhre Bítte; задовольни́ти ~ я éiner Bítte entspréchen*; der Bítte willfáhren*; відмóвити в ~і j-s Bítte ábschlagen*.

прохá|ти *див.* проси́ти; ~**ч** Bíttsteller *m* (6); Ántragsteller *m* (6).

прохíд Dúrchgang *m* (1*), Dúrchlaß *m* -sses, -lässe, Passáge [-ʒə] *f* (11); ~ заборóнено! Dúrchgang verbóten!; ◊ не давáти комý-н. прохóду j-m den Paß verlégen, j-m náchstellen.

прохóди́|ти 1) *(деякий час)* (éine Zéitlang) géhen* *vi* (s); herúmlaufen* *vi* (s); 2) *див.* пройти́ 1)—4); 3) *(вивчати)* dúrchnehmen* *vt;* ми цьогó в шкóлі не ~ли das háben wir in der Schúle nicht dúrchgenommen [nicht gehábt].

прохóжий Passánt *m* (8), Vorübergehende *m* (14).

прохолóд|а Kühle *f*, Frísche *f;* ~**ний** 1) kühl, frisch; 2) *(байдужий)* kalt.

процвіт|áти blühen *vi*, gedéihen* *vi* (s), áufblühen *vi* (s); ◊ йогó спрáви ~áють sein Wéizen blüht.

процедýра Prozedúr *f* (10), Verfáhren *n* (7); *мед.* Héilverfahren *n;* ~ голосувáння Ábstimmungsverfahren *n*.

процéнт 1) Prozént *n* (2), Prozéntsatz *m* (1*); vom Húndert ~ *(скор.* vH); в ~ах in Prozént (до чóго-н. zu *D*); prozentuál; 2): *ек.* ~**и** *(доход з капіталу)* Prozénte *pl*, Zinsen *pl;* ◊ на всі сто (процéнтів) húndertprozentig, völlig.

процéс 1) Prozéß *m* -sses, -sse, Vórgang *m;* Verláuf *m* (1*) *(протікання);* ~ виробни́цтва *(чого-н.)* Produktíonsablauf *m*, Fértigungsablauf *m*„ виробни́чий ~ Árbeitsvorgang *m;* технологíчний ~ Árbeitskette *f* (11), technológischer Áblauf; 2) *юр.* Prozéß *m* -sses, -sse; Verfáhren *n* (7); почáти ~ прóти кóго-н. gégen j-n éinen Prozéß ánstrengen [éinleiten].

процéсія Prozessión *f* (10), Zug *m* (1*), Áufzug *m;* трáурна ~ Tráuerzug *m.*

проціджувати, процiди́ти dúrchsieben *vt,* filtríeren *vt.*

прóчерк Strich *m* (1).

прочитáти 1) dúrchlesen* *vt;* 2) *(продекламувати)* vórlesen* *vt,* rezitíeren *vt,* deklamíeren *vt;* 3) ~ дóповідь éinen Vórtrag hálten*; ~ лéкцію éine Vórlesung hálten*.

прочухáн *розм.* Rüffel *m* (6); Áusputzer *m* (6); ◊ дáти комý-н. ~a j-m den Kopf wáschen*; j-m das Léder gérben [versóhlen, wétzen]; дістáти ~а éine (dícke) Zigárre kríegen.

прощá|льний Ábschieds≁; ~-льний пóгляд ábschiednehmender Blick; **~ння** Ábschied *m* (1), Ábschiednehmen *n* -s; на ~ння zum Ábschied; **~ти, прости́ти** 1) verzéihen* *vt,* vergében* *vt;* 2) *заст.* **~й! ~йте!** *(при прощанні)* lébe wohl! lében Sie wohl!; **~тися** Ábschied néhmen*, sich verábschieden (з ким-н. von *D*); не прощáючись óhne Ábschied, піти́ не прощáючись sich [énglisch, französisch] drücken [empféhlen*].

прощéння Verzéihung *f* (10).

прóяв Äußerung *f* (10); Erschéinungsform *f* (10).

проявля́ти, прояви́ти 1) zéigen *vt,* bekúnden *vt,* äußern *vt,* an den Tag légen *vt;* ~ інтерéс до чóго-н. Interésse für etw. *(A)* bekúnden; ~ себé sich zéigen; 2) *фото* entwickeln *vi;* **~ся** sich zéigen, hervórtreten *vi* (s); zutáge tréten.

проя́вник *фото* Entwíckler *m* (6).

пругки́й elástisch, fédernd.

прудки́й húrtig, flink, fix *(спритний).*

пружи́на Féder *f* (11); Sprúngfeder *f; перен.* Tríebfeder *f.*

прут Gérte *f* (11), Rúte *f* (11); Stab *m* (1*) *(металевий).*

пручáтися sich wídersetzen, sich stémmen, sich sträuben.

пря́жа Garn *n* (2).

пря́жк|а Schnálle *f* (11), Spánge *f* (11); застібнýти ~у éine Schnálle schlíeßen*; відстібнýти ~у ábschnallen *vt.*

прям|и́й 1) geráde, áufrecht; ~é волóсся stráffes Haar; ~á лíнія *мат.* Geráde *sub f;* **~и́й** кут *мат.* réchter Wínkel; 2) *(без пересадок, зупинок)* Dúrchgangs≁; пóїзд ~óго сполýчення Dúrchgangszug *m* (1*), D-Zug *m;* 3) *(який безпосередньо зумовлює щось)* dirékt; ~і ви́бори dirékte Wáhlen; в ~óму знáченні im éigentlichen Sínne; 4) *(відвертий)* geráde, óffen, áufrichtig; ~а люди́на ein óffener Mensch; 5) *грам.* dirékt; ~á мóва dirékte Réde; ~и́й дотáток ein dirékte Objékt.

пря́мо 1) geráde, gerádeaus; тримáтися ~ sich geráde hálten*; 2) *(безпосередньо)* dirékt, únmittelbar; 3) *(відверто, чесно)* óffen; щó-н. говори́ти ~ etw. óhne Úmschweife [frank und frei] heráussagen, (sich) kein Blatt vor dem Mund néhmen*; 4) *(якраз)* dirékt.

прямокýтн|ий réchteckig, réchtwink(e)lig; **~ий трикýтник** ein réchtwink(e)liges Dréieck; **~ик** *мат* Réchteck *n* (2).

пря́ний würzig, würzhaft, gewürzt, scharf.

пря́ник Pféfferkuchen *m* (7), Lébkuchen *m;* медóвий ~ Hóniglebkuchen *m;* м'я́тний ~ Pféfferminzkuchen *m.*

пря́сти spínnen* *vt.*

псевдонíм Pseudoným *n* (2), Déckname(n) *m* (15, 7); під ~мом únter dem Pseudoným.

психі|áтр Psychiáter *m* (6); Nérvenarzt [-f-] *ma* [-v-] *m* (1)*, **~атри́чний** psychiátrisch; ~атри́чна лікáрня psychiátrische Héilanstalt; Nérvenklinik *f* [-f-] *ma* [-v-]; **~атрíя** Psychiatríe *f,* Nérvenheilkunde [-f-] *ma* [-v-] *f.*

пси́х|іка séelische Verfássung, géistiger Zústand; **~íчний** psýchisch, séelisch, Géistes≁; ~íчний рóзлад Géistesstörung *f* (10); **~óз** Psychóse *f* (11); séelische [psýchische] Störung.

псих|óлог Psychológ(e) *m* (8, 9); **~ологíчний** psychológisch; **~-олóгія** 1) Psychologíe *f;* 2) *(душевний склад)* Mentalität *f.*

псувáти verdérben* *vt;* ~ собí нéрви séine Nérven ruiníeren; ~ комý-н. апети́т j-m den Appetít verdérben*; ◊ ~ комý-н. кров *перен.* j-m böses Blut máchen; **~ся**

verdérben* *vi* (s); fáulen *vi* (s) (гнити); éinen Stich háben [bekómmen*] *(про продукти)*; sich verschléchtern *(про погоду, стосунки, здоров'я)*.

птах Vógel *m* (6*); перелітний ~ Zúgvogel *m*; ◊ стріляний ~ *розм.* Schláukopf *m* (1*); ein gewítzter Kerl; видно ~а по польо́ту den Vógel erkénnt man an den Fédern.

птахівни́цтво Geflügelzucht *f*.

птахо|фа́брика Geflügelgroßfarm *f* (10); **~фе́рма** Geflügelfarm *f* (10).

пташеня́ Néstling *m* (1); Vógeljunge *sub n*.

пти́ця Vógel *m* (6*); дома́шня ~ *збірн.* Háusgeflügel *n*, Geflügel *n*; ◊ що це за ~? *розм.* was ist das für ein Subjékt?, was ist das für ein Vógel?

пу́блік|а Públikum *n* -s; широ́ка ~а das bréite Públikum; **~а́ція** Publikatión *f*, Veröffentlichung *f*; **~ува́ти** veröffentlichen *vt*, publizíeren *vt*.

публіци́ст Publizíst *m* (8); **~ика** Publizístik *f*; **~и́чний** publizístisch.

пу́динг Púdding *m* (1) *(pl. тж.* -s).

пу́дра Púder *m* (6); компа́ктна ~ Kompáktpuder *m*; ◊ цукро́ва ~ Stáubzucker *m* -s, Púderzucker *m*.

пу́дрениця Púderdose *f* (11).

пузи́р Bláse *f* (11); ми́льний ~ Séifenblase *f*; *перен.* Scháumblase *f*.

пуло́вер Pullóver [-vər] *m* (6); Púlli *m* -s, -s *(розм.)*.

пульс Puls *m* (1); слаби́й ~ schwácher Puls; нері́вний ~ úngleicher [únregelmäßiger] Puls; частота́ ~у Púlsfrequenz *f*; щу́пати ~ den Puls fühlen; рахува́ти ~ den Puls zählen; **~ува́ти** pulsíeren *vi*.

пульт Pult *n* (2); дириге́нтський ~ Nótenpult *n*, Dirigéntenpult *n*; ~ керува́ння *тех.* Stéuerpult *n*, Schálttisch *m* (1), Schāltpult *n*.

пункт 1) Punkt *m* (1); вихідни́й ~ Áusgangspunkt *m*; кінце́вий ~ Éndpunkt *m*; кульмінаці́йний ~ Höhepunkt *m*; Kulminatiónspunkt *m*; 2) *(місце, спеціально пристосоване для якої-н. роботи)* Stélle *f* (11), Punkt *m* (1); збі́рни́й ~ Sámmelpunkt *m*, Sámmelstelle *f*; перегово́рний ~ *(телефонний)* öffentliche Férnsprechstelle; диспе́тчерський ~ Dispatcherzentrale [-pætʃer-] *f* (11), Dispatcherleitstelle *f*; 3) *(розділ документа)* Punkt *m* (1), Paragráph *m* (8); ~ догово́ру Vertrágsklausel *f* (11); ◊ насе́лений ~ Ort *m* (1), Órtschaft *f* (10); по ~ах Punkt für Punkt, púnktweise.

пункти́р punktíerte Líni|e; **~ний** punktíert.

пунктуа́льн|ість Pünktlichkeit *f*; **~ий** pünktlich, genáu; ◊ він ~ий як годи́нник er kommt mit dem Glóckenschlag.

пунктуа́ція *грам.* Interpunktión *f* (10), Zéichensetzung *f*.

пурга́ Schnéesturm *m* (1*), Schnéegestöber *n* (6).

пури́|зм Purísmus *m*; **~ст** Puríst *m* (8); **~сти́чний** purístisch.

пурпу́рний, пурпуро́вий púrpurn, púrpurrot; Púrpur*.

пуск *(заводу тощо)* Inbetríebsetzung *f*, Inbetríebnahme *f*; *(машини)* Ánlaß *m* -sses, -lässe, Ánlassen *n* -s, Ánlaufen *n* -s; Stárten *n* -s *(двигуна)*; ~ раке́ти das Áuflassen éiner Rakéte.

пуска́ти, пусти́ти 1) *(відпустити)* fórtlassen* *vt*, wéglassen* *vt*, fréilassen* *vt (звільнити)*; 2) *(дозволити робити що-н.)* erláuben *vt*, lássen* *vt*; ~ діте́й погуля́ти die Kínder spazíerengehen lássen*; 3) *(привести в рух)* ánlaufen lássen*, in Bewégung sétzen, in Gang bríngen*; 4): ~ корі́ння *(тж. перен.)* Wúrzel fássen; ◊ ~ в хід усі́ за́соби álle Stränge ánziehen*, álle Hébel in Bewégung sétzen; ~ чу́тку ein Gerücht verbréiten [in Úmlauf bríngen*, in Úmlauf sétzen]; ~ сльозу́ féuchte Áugen kríegen; ~ що-н. на самопли́в die Kárre [den Kárren] éinfach láufen lássen*; ~ на дно корабе́ль ein Schiff in den Grund bóhren; ~ козла́ в горо́д den Bock zum Gärtner máchen; **~ся:** ~ся навпри́сядки in die Hócke springen*.

пусте́ля Wüste *f* (11).

пуст|и́й 1) leer; ~и́й горі́х táube Nuß; 2) *(беззмістовний)* níchtssagend; leer, hohl; ~і́ бала́чки hóhles [léeres] Geschwätz; 2) *(даремний)* níchtig, nútzlos; ~и́й звук Schall und Rauch; ◊ перелива́ти з ~о́го в поро́жнє *розм.* léeres Stroh dréschen*; ~и́й ко́лос вго́ру дере́ться Fett schwimmt (ímmer) óben; Tórheit und Stolz wáchsen auf éinem Holz.

пустодзві́н *розм.* Schwätzer *m* (6).
пу́стощі Streich *m* (1); Schelmeréi *f* (10).
пустува́ти tólle Stréiche verüben, Póssen tréiben*.
пусту́н Schelm *m* (1), Schalk *m* (1, 1*), mútwilliges [áusgelassenes] Kind *(про дитину)*.
путі́вка Éinweisung *f* (10), Schein *m* (1); ~ в санато́рій die Éinweisung in ein Sanatórium; Féri|enscheck *m* -s, -s.
путівни́к Réiseführer *m* (6), Kúrsbuch *n* (5).
пух Dáunen *pl*, Flaum *m* -(e)s; м'яки́й як ~ fláumenweich.
пухи́р Bláse *f* (11), Wásserblase *f*; від о́піку Brándblase *f*.
пухки́й weich, lócker *(про землю)*; leicht, porös, mürbe *(про тісто)*.
пухли́на *мед.* Geschwúlst *f* (3).
пухна́стий fláumig; wóllig; fláuschig *(про матерію)*; flóckig *(про сніг)*.
пу́хнути (áuf)schwéllen* *vi* (s).
пучо́к Bündel *n* (6), Büschel *n* (6).
пха́ти, пхну́ти 1) *(штовхати кого-н., що-н.)* 1) stóßen* *vt*; drängen *vt*; púffen *vt (розм.)*; 2) *(рухати вперед)* vórwärtsstoßen* *vt*; vor sich her stóßen*.
пшени́|ця Wéizen *m* -s; ярова́ ~ця Sómmerweizen *m*; ози́ма ~ця Wínterweizen; ◊ на чужі́й ни́ві все лі́пша ~ця der Speck ist am féttesten in ánderer Léute Pfánnen; **~чний** Wéizen-, **~чний** хліб Wéizenbrot *n* (2), Wéißbrot *n*.
пшоно́ Hírse *f*.
пюпі́тр Pult *n* (2); Nótenpult *n* *(для нот)*.
пюре́ Püréе *n* -s, -s; Brei *m* (1); картопля́не ~ Kartóffelbrei *m*.
п'я́вка Égel *m* (6), Blútegel *m*.
п'ядь Spánne *f* (11), Fúßbreit *m*-; ні п'я́ді kéine Spánne breit; kéinen Fúßbreit.
п'я́ний 1) *прикм.* betrúnken, beráuscht; besóffen *(груб.)*; 2) *у знач. ім.* Betrúnkene *m* (14).
п'яни́ця Trúnkenbold *m* (1), Trínker *m* (6), Säufer *m* (6).
п'ят|а́ Férse *f* (11); ◊ ахілле́сова ~а́ Achíllesferse *f*; під ~о́ю únter der Hérrschaft; únter dem Joch; а голови́ до ~ vom Schéitel bis zur Sóhle; душа́ в ~и схова́лася das Herz fiel (ihm) in die Hósen.
п'ята́к *розм.* Fünfer *m* (6), Fünfkopekenstück *n* (2).
п'ятдеся́т fünfzig; **~ий** der fünfzigste.
п'ятдесятирі́чний fünfzigjährig; ~ чолові́к Fünfziger *m* (6).
п'ятдесятирі́ччя 1) *(проміжок часу)* fünfzig Jáhre; 2) *(річниця)* fünfzgster Jáhrestag, Fünfzigjahrfeier *f*; fünfzigjähriges Jubiläum.
п'ятибо́рство *спорт.* Fünfkampf *m* (1*); суча́сне ~ modérner Fünfkampf.
п'ятиде́нка Fünftagewoche *f* (11).
п'ятиде́нний fünftägig.
п'ятизна́чн|ий: ~е число́ *мат.* éine fünfstellige Zahl.
п'я́т|ий der fünfte; о ~ій годи́ні um fünf Uhr; ~а сторі́нка die fünfte Séite, Séite fünf; ~а части́на Fünftel *n* (6); ◊ він тут ~е ко́лесо до во́за er ist hier éine réine Null.
п'яти|кла́сник Schüler *m* (6) der fünften Klásse; ~ **кла́сниця** Schülerin *f* (12) der fünften Klásse.
п'яти|ку́тний fünfeckig; **~ку́тник** *мат.* Fünfeck *n* (2).
п'ятиповерхо́вий fünfstöckig, fünfgeschossig.
п'яті́рка 1) *(цифра)* Fünf *f* (10); 2) *(шкільна оцінка)* Fünf *f* (10).
п'ятна́дцят|ий der fünfzehnte; ~а сторі́нка Séite fünfzehn.
п'ятнадцятирі́чний fünfzehnjährig.
п'я́тна́дцять fünfzehn.
п'я́тниц|я Fréitag *m* (1); у ~ю am Fréitag; мину́лої ~і am vórigen Fréitag; насту́пної ~і am nächsten Fréitag; по ~ях fréitags; ◊ у ньо́го сім ~ь на ти́ждень néuer Tag, néuer Sinn; álle nároselang étwas ándres.
п'ятсо́т fünfhundert.
п'ять fünf; ◊ зна́ти що-н. як свої́ ~ па́льців etw. wie séine [éigene] Tásche kénnen.

Р

раб Skláve [-və] *m* (9).
рабовлáсни|к Sklávenhalter [-vən-] *m* (6), Sklávenbesitzer *m* (6); **~цький** Sklávenhalter≠.
рáбс|тво Sklaveréi [-və-] *f*; Knéchtschaft *f*; **~ький** Skláven≠, sklávisch.
рáда 1) *(орган державної влади в Україні)* Sowjét *m* -s, -s; Верхóвна Рáда Ukraine Рáди нарóдних депутáтів die Sowjéts der Vólksdeputierten; обласнá ~ Gebíetssowjet *m;* райóнна ~ Rayónsowjet *m,* сільськá ~ Dórfsowjet *m;* 2) *(колегіальний орган в організації, установі чи сама організація)* Rat *m* (1*); Рáда Міністрів Minísterrat *m;* Рáда Безпéки Sícherheitsrat *m;* Держáвна Рáда Stáatsrat *m;* консультатúвна ~ Béirat *m;* вчéна ~ *(вузу)* wíssenschaftlicher Rat.
радгóсп Sowchós *m* (1), *n* (2), (sowjétisches) Stáatsgut *n* (5).
рáди wégen *(G);* um *(G)* ... willen; ~ мéне um méinetwillen; чогó ~ weswégen, wozú, wéshálb.
рáдий froh, erfréut (чомý-н. über *A*); я ~ вас бáчити ich fréue mich Sie zu séhen.
радúст Fúnker *m* (6).
рáдити ráten* *vt,* éinen Rat gében*; empféhlen *vt (рекомендувати);* **~ся** um Rat frágen [bítten*] (з ким-н. bei *D*).
радіáтор *тех.* 1) *(опалення)* Héizkörper *m* (6); 2) *(двигуна)* Kühler *m* (6).
рáдіо 1) Rádio *n* -s, Funk *m* -(e)s; Rúndfunk *m;* по ~ im Rúndfunk; передавáти по ~ fúnken *vt;* німéцька мóва по ~ Déutsch im Funk; 2) *розм. (приймач)* Rádio *n* -s, -s; Empfänger *m* (6).
радіо|апарáт Rádioapparat *m* (1); **~грáма** Fúnktelegramm *n* (2); **~зв'язóк** Fúnkverbindung *f;* **~коментáтор** Rúndfunkkommentator *m* (13); **~концéрт** Fúnkkonzert *n* (2); **~лáмпа** Rádioröhre *f* (11); **~мóвлення** Rúndfunk *m* -(e)s; **~передавáч** Fúnksender *m;* **~передáча** Rúndfunksendung *f* (10); спортúвна ~передáча Spórtfunk *m;* ~передáча для школярíв Schúlfunk *m;* **~ приймáч** Rádioapparat *m* (1); Rúndfunkempfänger *m* (6); лáмповий ~ приймáч Röhrenempfänger *m;* транзúсторний ~приймáч Transístorempfänger *m;* **~сигнáл** Fúnksignal *n* (2); **~слухáч** Rúndfunkhörer *m* (6), Rádiohörer *m;* **~стáнція** Fúnkstation *f* (10); **~тéхніка** Rádiotechnik *f,* Fúnktechnik *f.*
рáдісний froh, fréudig; Fréuden≠; ~ крик Fréudenschrei *m* (1).
радíти sich fréuen (чомý-н. *G,* über *A;* auf *A*).
рáдник 1) Beráter *m* (6); Rátgeber *m* (6); 2) *(посада)* Rat *m* (1*); Beráter *m* (6); вíйськóвий ~ Militärberater *m;* ~ посóльства Bótschaftsrat *m.*
рáдо gástfreundlich, hérzlich.
рáдощ|і Fréude *f* (11); на ~ах aus láuter Fréude.
рáдувати (er)fréuen *vt;* Fréude máchen [beréiten] (когó-н. *D*).
радя́ськ|ий Sowjét≠; sowjétisch; Радя́нський Сою́з Sowjétunion *f.*
раз 1) Mal *n* (2); одногó ~у éinmal íншим ~ом ein ándermal; багáто ~ів éinige Mále; méhrmals; кóжного ~у jédesmal, jéweils; жóдного ~у kein éinziges Mal; в дéсять ~ів *(збільшити)* auf das Zéhnfache; одúн ~у день éinmal am Táge; éinmal täglich; на цей ~ (für) díesmal; одúн тíльки ~ nur éinmal; ще ~ noch éinmal; ~ назáвжди ein für állemal; 2) *(при лічбі)* eins.
рáзом zusámmen; geméinsam; gléichzeitig *(одночасно);* ~ з ким-н., з чим-н. samt *(D);* писáти ~ *(грам.)* zusámmenschreiben* *vt;* ◊ ~ з тим zugléich.
райóн 1) *(адміністративно-територіальна одиниця)* Bezírk *m* (1), Rayon [rɛ'jɔŋ] *m* -s, -s; 2) *(місцевість, розташована поблизу чи навколо чого-н.)* Gébiet *n* (2), Gégend *f* (10).
рак I *зоол.* Krebs *m* (1); річкóвий ~ Flúßkrebs *m;* морськúй ~ Séekrebs *m;* ◊ червóний, як ~ rot wie ein gekóchter Krebs, krébsrot.
рак II *мед.* Krebs *m* -es.
ракéт|а Rakéte *f* (11); Léuchtkugel *f* (11) *(освітлювальна);* багатоступінчаста ~а Méhrstufenrakete *f;* космíчна ~а Ráumrakete *f;* ~а з людúною на бортý bemánnte Rakéte; орбітáльна ~а Úmlauf-

раке́тка *спорт.* Ténnisschläger *m* (6); Schläger *m.*
раке́тн|ий Rakéten≠; ~і військá Rakétentruppen *pl.*
ра́ковина 1) Múschel *f* (11); вушнá ~ Óhrmuschel *f;* 2) *(посудина під водопровідним краном)* Wáschbecken *n* -s; Áusguß *m* -sses, güsse; Spüle *f* (11).
ра́м|а 1) Ráhmen *m* (7); вікóнна ~а Fénsterrahmen *m;* ~а для карти́ни Bílderrahmen *m.*
ра́на Wúnde *f* (11); ~ в гóлову Kópfwunde *f.*
ра́нити verwúnden *vt,* verlétzen *vt.*
рані́ше 1) früher; éher; vor, bevór; якомóга ~ möglichst früh; не ~ як чéрез мíсяць nicht vor éinem Mónat; 2) *(у минулі часи)* früher, éhemals; einst *(колись).*
ранкóв|ий Mórgen≠, mórgendlich, Früh≠; Vórmittags≠; ~е засíдання Vórmittagssitzung *f* (10).
ра́нн|ій früh; Früh-, frühzeitig; ~я зимá früher Wínter; з ~ього ра́нку frühmorgens, in áller Frühe; з ~ього дити́нства von früher Kíndheit an [auf].
ра́но früh; ~ чи пíзно über kurz óder lang.
ра́н|ок Mórgen *m* (7); Frühe *f;* о вóсьмій годи́ні ~ку um acht Uhr mórgens [früh]; пéред ~ком gégen Mórgen, im Mórgengrauen; ◊ дóброго ~ку! gúten Mórgen!
ра́порт Méldung *f* (10), Díenstmeldung *f;* Bericht *m* (1), Rappórt *m* (1).
раптóв|ий plötzlich; jäh; únerwartet; überráschend; ~а смéрть plötzlicher [jäher] Tod; ~ість Plötzlichkeit *f; військ.* Überráschung *f.*
ра́птом plötzlich, auf éinmal.
ратифік|áція Ratifizíerung *f;* Ratifikatión *f;* **~ува́ти** ratifizíeren *vt.*
ра́тиця Huf *m* (1), Kláue *f* (11).
ра́туша Ráthaus *n* (5), Stádthaus *n.*
рахівни́|к Réchnungsführer *m* (6); **~цтво** Búchführung *f* (10); Réchnungsführung *f.*
рахівни́ця Réchenbrett *n* (5).
рахува́ти zählen *vt,* réchnen *vt;* **~ся** *(з ким-н., з чим-н.)* berücksichtigen *vt;* Réchnung trágen* *(D);* in Betrácht zíehen *(A).*
раху́н|ок 1) *бухг.* Kónto *n* -s, *pl* -ten *i* -s; Réchnung *f* (10); за ~ок auf [für] Réchnung; 2) *(у магазині тощо)* Réchnung *f* (10); ◊ жи́ти на чужи́й ~ок auf frémde Kósten lében.
ра́ц|ія I: немáє ~ії es kéinen Sinn.
ра́ція II *радіо* Fúnkstelle *f* (11).
рва́ти 1) réißen* *vt;* ábreißen* *vt (відривати);* áusreißen* *vt (виривати);* ~ квíти Blúmen pflücken; ~ на шматки́ zerréißen* *vt;* ~ зýби Zähne zíehen*; 2) *(стосунки тощо)* ábbrechen* *vt,* bréchen* *vi* (з ким-н. mit *D*); **~ся** 1) réißen* *vi* (s); zerréißen* *vi* (s); 2) *(про снаряди)* explodíeren *vi* (s), zerspríngen* *vi* (s); 3) *(прагнути)* auf etw. *(A)* brénnen*; begierig sein (до чóго-н. nach *D.* auf *A*); ◊ де тóнко, там і рвéться wo es dünn ist, da réißt's.
рвучки́й héftig, úngestüm, stürmisch.
реабіліт|áція Rehabilitíerung *f,* Rehabilitatión *f;* **~ува́ти** rehabilitíeren *vt.*
реакти́вний: ~ двигýн Düsenantrieb *m* (1); ~ літáк Düsenflugzeug *n* (2).
реалізува́ти realisíeren *vt,* verwírklichen *vt,* in die Tat úmsetzen.
реа́льн|ий reál; wírklich; **~ість** Realität *f,* Wírklichkeit *f.*
ребрó 1) *анат.* Rippe *f* (11); 2) *(вузький край або бік якого-н. предмета)* Rand *m* (4), Kánte *f* (11); ◊ постáвити питáння ~м die Fráge óffen und scharf stéllen.
рев Gebrüll *n* -s; Gehául *n* -s; Héulen *n* -s.
ревíз|ія Revisión *f* [-vi-] (10); Dúrchsicht *f* (10) *(перегляд);* **~ува́ти** revidíeren [-vi-], *vt,* überprüfen *vt.*
реві́ти, ревти́ 1) brüllen *vi,* héulen *vi (про тварин);* tóben *vi (про бурю);* 2) *розм.* *(плакати)* laut héulen, brüllen *vi.*
ревмати́зм Rhéuma *n* -s, Rheumatísmus *m* -, -men; гóстрий ~ akútes Rhéuma.
ревни́вий éifersüchtig.
рéвний éifrig; sehr fléißig.
рéвн|ощі Éifersucht *f;* **~ува́ти** éifersüchtig sein (до кóго-н. auf *A*).
революці́йний revolutionär [-vo-]; ~ рух revolutionäre Bewégung.
рéгіт Gelächter *n* -s, (láutes) Láchen *n* -s.
регла́мент Reglement [-'maŋ] *n* -s, -s; Vórschrift *f* (10); Díenstordnung *f* (10); **~ува́ти** reglementíeren *vt.*

Р

регулюва́|ння Regulíerung *f;* Régelung *f;* Régeln *n* -s; ~ння (ву́личного) ру́ху Verkéhrsregelung *f;* **~ти** régeln *vt;* stéllen *vt (годинник).*

регуля́рн|ий régelmäßig; regulär; **~ість** Régelmäßigkeit *f.*

редагува́|ння Redigíerung *f;* Redigíeren *n* -s; **~ти** redigíeren *vt.*

реда́ктор Redakteur [-'tø:r] *m* (1); Schríftleiter *m* (6); Léktor *m* -s, -tóren *(у видавництві):* головни́й ~ Chefredakteur [-'ʃɛf-] *m;* відповіда́льний ~ Heráusgeber *m* (6).

редакці́йн|ий Redaktións≠; redaktionéll; **~а** стаття́ redaktionéller Artíkel.

реда́кція 1) *(перевірка і виправлення тексту)* Redaktión *f,* Redigíerung *f;* 2) *(формулювання)* Fássung *f* (10), Formulíerung *f* (10); 3) *(колектив)* Redaktión *f* (10), Schríftleitung *f.*

реди́ска *бот.* Radíes|chen *n* (7).

редколе́гія (редакці́йна коле́гія) Redaktiónskollegium *n* -s, -gi|en.

ре́дьк|а Réttich *m* (1); ◊ набри́дло мені́ гі́рше гірко́ї ~и das hängt mir zum Hálse heráus.

рее́стр Régíster *n* (6); Verzéichnis *n* (3*), Líste *f* (11) *(список);* **~ату́ра** Registratúr *f* (10); **~а́ція** Verzéichnung *f,* Registríerung *f;* **~ува́ти** registríeren *vt;* **~ува́тися** sich registríeren; die Éhe registríeren (lássen*) *(юридично оформляти шлюб).*

режи́м Regime [-i.ʒi:m] *n* -s, -s *і-* [-'ʒi:mə]; Lébensweise *f (розпорядок життя).*

режисе́р Regisseur [-ʒi'sø:r] *m* (1), Spíelleiter *m* (6).

резе́рв Resérve [-və] *f* (11); Vórrat *m* (1*); *військ.* Beréitschaft *f* (10); трудові́ ~и Árbeitsreserven *pl;* використа́ння вну́трішніх ~ів Áusschöpfung der ínneren Resérven.

резервуа́р Behälter *m* (6), Reservoir [-'vŏa:r] *n* (2); ~ для пально́го Brénnstofftank *m* (1) *(pl тж.* -s).

резолю́ці|я Resolutión *f* (10), Beschlúß *m* -sses, -schlüsse; прийня́ти ~ю éine Resolutión ánnehmen*.

результа́т Ergébnis *n* (3*), Resultát *n* (2); в ~і im Ergébnis; létzten Éndes.

резюм|е́ Resümée *n* -s, -s, Zusámmenfassung *f* (10); **~ува́ти** resümíeren *vt,* zusámmenfassen *vt.*

рейс Fahrt *f* (10), Route ['ru:-] *f* (11); літа́к здійсню́є ~и по лі́нії ... das Flúgzeug beflíegt die Líni|e...

реклам́ува́ти wérben *vi,* Rekláme máchen (що-н. *D,* für *A*) *(також перен.).*

рекомендаці́йний: ~ лист Empféhlungsschreiben *n* (7).

рекоменд|а́ція Empféhlen *n* -s *(представлення);* Empféhlung *f* (10) *(позитивний відзив);* **~ува́ти** 1) empféhlen* *vt (давати поради);* 2) *(представляти кого-н.)* vórstellen *vt,* empféhlen* *vt.*

реконстру́кц|ія Rekonstruktión *f* (10); Modernisíerung *f* (10); Úmgestaltung *f* (10); план ~ії Áufbauplan *m* (1*).

реко́рд Rekórd *m* (1); Höchstleistung *f* (10), Spítzenleistung *f;* поби́ти ~ éinen Rekórd schlágen*; встанови́ти ~ éinen Rekórd áufstellen; **~ний** Rekórd≠, Spítzen≠; **~сме́н** *спорт.* Rekórdhalter *m* (6); ~сме́н сві́ту Wéltmeister *m* (6).

ре́ктор Réktor *m* -s, -tóren; **~ський** Rektóren≠, Réktor≠.

релі́гія Religión *f* (10).

рельє́ф Reliéf *n* -s, *pl,* -s та -e; ~ місце́вості Geländegestaltung *f.*

ремесло́ Hándwerk *n* (2); Gewérbe *n* (6).

ремін́е́ць Ríemen *m* (7); Léderarmband *n* (5) *(для ручного годинника).*

ре́мінь Ríemen *m* (7).

ремісни́|к 1) Hándwerker *m* (6); 2) *(учень)* Gewérbeschüler *m* (6); **~чий** Hándwerks-; Gewérbe-; ~че учи́лище Gewérbeschule *f* (11).

ремо́нт Reparatión *f,* Áusbesserung *f (лагодження),* Instándsetzung *f;* Renovíerung [-'vi:-] *f (будинку, приміщення);* віддава́ти в ~ in Reparatúr gében*; **~ува́ти** reparíeren *vt;* áusbessern *vt.*

ре́мствувати múrren *vi* (про́ти ко́го-н. gégen *A*); únwillig sein; ~ на до́лю mit dem Schícksal hádern.

рента́бельн|ий rentábel; éinträglich; **~ість** Rentabilität *f.*

рентге́н *(просвічування)* Röntgen *n* -s, Dúrchleuchtung *f* (10); зроби́ти кому́-н. ~ j-n röntgen; **~івський** Röntgen≠; ~івський кабіне́т Röntgenraum *m* (1*); ~івський зні́мок Röntgenaufnahme *f* (11), Röntgenfilmbild *n* (5); ~івське опромі́нення Röntgenbestrahlung *f* (10).

репертуáр Spíelplan *m* (1*), Repertoire [-'tóa:r] *n* -s, -s; в ~і auf dem Spíelplan.

репетú|рувати 1) *театр.* próben *vt,* Próbe hálten*; repetíeren *vt;* 2) *(проводити додаткові заняття)* repetíeren *vt;* Náchhilfestunden gében*; ~**ція** *театр.* Próbe *f* (11).

репліĸ|а 1) Erwíderung *f* (10) *(відповідь)*; Zwíschenruf *m* (1). *(зауваження)*; подáти ~у éinen Zwíschenruf máchen; 2) *театр.* Stíchwort *n* (2, 5).

репорт|áж Reportáge [-ʒe] *f,* Berichterstattung *f* (10); ~ **éр** Repórter *m* (6), Berichterstatter *m* (6)

репрéсія Repressívmaßnahme *f* (11).

репродýктор *radio* Láutsprecher *m* (6).

репутáц|ія Ruf *m* (1), Reputatión *f* (10); мáти дóбру ~ію éinen gúten Ruf háben.

реп'ях *бот.* Klétte *f* (11).

ресóра Féder *f* (11).

респýбліка Republík *f* (10).

реставр|áтор Restaurátor *m* -s, -tóren; ~**áція** Restauratión *f* (10); Wiederhérstellung *f* (10); ~**увáти** restauríeren *vt,* wiederhérstellen *vt.*

ресторáн Gáststätte *f* (11); Restaurant [-toráŋ] *n* -s, -s; вагóн-~ Spéisewagen *m* (7).

ресýрси Ressource [-svrsə] *f* (11); Hílfsquelle *f* (11); Éinkommensquelle *f; прирóдні* ~ Natúrschätze *pl.*

ретéльний éifrig; fléißig; sórgfältig.

реферáт Referát *n* (2), Beŕicht *m* (1), Vórtrag *m* (1*).

рефлéкс *фізіол.* Refléx *m* (1); умóвний ~ bedíngter Refléx; безумóвний ~ únbedingter Refléx.

рефлéктор Refléktor *m* -s, -tóren; Schéinwerfer *f* (6); електрúчний ~ eléktrische Héizsonne.

рефóрма Refórm *f* (10); агрáрна ~ Bódenreform *f;* грошовá ~ Währungsreform *f.*

рецéнз|ія Rezensión *f* (10), Beúrteilung *f* (10); ~ія на кнúгу Búchbesprechung *f* (10), Búchkritik *f* (10); ~**увáти** rezensíeren *vt,* beúrteilen *vt.*

рецéпт Rezépt *n* (2); вúписати ~ ein Rezépt áusstellen; по ~у лíкаря auf ärztliche Verórdnung; без ~а rezéptfrei.

рéчення *грам.* Satz *m* (1*); простé ~ éinfacher Satz; складнé ~ zusámmengesetzter Satz; головнé ~ Háuptsatz *m;* підрядне ~ Nébensatz *m;* склáднопідрядне ~ Sátzgefüge *n* (6); склáдносурядне ~ Sátzreihe *f* (10); розповіднé ~ Áussagesatz *m;* вставнé ~ Schháltsatz *m.*

речовúй Gepäck≠; ~ мішóк Rúcksack *m* (1*); ~ дóказ *юр.* Beweísstück *n* (2); Sáchbeweis *m* (1)

речовúнá Stoff *m* (1); *філос.* Substánz *f* (10), Matéri|e *f;* отрýйна ~ *військ.* chémischer Kámpfstoff *m;* поживна ~ Nährstoff *m.*

рéшето Sieb *n* (2); ◊ носúти вóду ~м Wasser mit éinem Sieb schöpfen; Wásser ins Meer trágen*.

решíтка Gítter *n* (6).

рéшта 1) Rest *m* (1); 2) *(усе інше крім згаданого)* übrig; verblíeben; das übrige.

рéштки Überreste *pl,* Überbleibsel *pl.*

рúба Fisch *m* (1); морськá ~а Séefisch *m;* морóжена ~а Gefríerfisch *m;* живá ~а lébender Fisch; свíжа ~а Fríschfisch *m;* вýдити ~у ángeln *vt;* ◊ почувáти себé як ~а у водí sich wie ein Físch im Wásser fühlen; in séinem Elemént sein; ні ~а ні м'ясо wéder Fisch noch Fleisch.

рибáк Físcher *m* (6); ~**лити** Físchfang tréiben *; ~**льство** Fischeréi *f,* Físchfang *m* -(e)s; ~льський Físcher≠.

рúбний Físch-; ~а лóвля Físchfang *m* -(e)s); ~ий прóмисел Fischeréigewerbe *n* -s.

риболóв Físcher *m* (6); Ángler *m* (6) *(з вудкою).*

рúб'ячий Físch≠; ~ жир Físchtran *m* -(e)s, Lébertran *m.*

ридá|ння Schlúchzen *n* -s; ~**ти** schlúchzen *vi.*

ризикувáти riskíeren *vt,* wágen *vt.*

рúло *(у тварини, тж. перен.)* Schnáuze *f* (11), Maul *n* (5); Rüssel *m* (6) *(у свині).*

рúма Reim *m* (1).

рúмський römisch; ◊ папа ~ der Papst.

рúнок 1) Markt *m* (1*); Márkthalle *f* (11) *(критий)*; 2) *ек.* Markt *m* (1*); внýтрішній ~ Bínnenmarkt *m;* світовúй ~ Wéltmarkt *m;* ~ збýту Ábsatzmarkt *m.*

рипíти knárren *vi (про двері)*; krátzen *vi (про перо).*

рис Reis *m* -es.

рúса 1) *(лінія)* Strich *m* (1); Líni|e *f* (11); 2) *(характеру тощо)* Zug *m* (1*); головнá ~а der Wé-

Р

senszug; відмінна ~а ein charakterístischer Zug; ~и обличчя Gesíchtszüge *pl*.

риск Rísiko *n* -s; ніякого ~у rísikolos; піти на ~ ein Rísiko éingehen*.

риска 1) Stríchlein *n* (7); féiner Strich *(тонка риска)*; 2) *(дефіс)* Téilungszeichen *n* (7), Bíndestrich *m* (1).

рискований riskánt; riskíert; gewágt.

рисунок Zéichnung *f* (10); Ábbildung *f* (10).

рись I *зоол.* Luchs *m* (1).

рис|ь II *(швидкий алюр)* Trab *m* -(e)s; **~сю** im Trab, trábartig.

рити gráben* *vt;* scháufeln *vt* *(лопатою)*; wühlen *vt;* **~ся** herúmwühlen *vi;* herúmstöbern *vi* *(шукати)*.

риф Riff *n* (2), Klippe *f* (11).

рича|ння Brüllen *n* -s, Gebrüll *n* -(e)s; Knúrren *n* -s *(про собаку)*; **~ти** brüllen *vi;* knúrren *vi* *(про собаку)*.

ришт|ована, **~ування** *буд.* Gerüst *n* (2), Báugerüst *n*.

рів (tíefer) Gráben *m* (7*); протитанковий ~ *військ.* Pánzergraben *m*.

рів|ень Niveau [-'vo:] *n* -s, -s *(тж. перен.)*; Ébene *f* (11); життєвий ~ень Lébensstandard *m* -(e)s; підвищення життєвого ~ня Erhöhung des Lébensstandards; на ~ні кращих світових стандартів mit Wéltniveau; низький ~ень Tíefstand *m*; вище ~ня моря über dem Méeresspiegel; ~ень культури Kultúrniveau *n*.

рівн|ий 1) *(однаковий)* gleich; йому немає ~ого er hat nicht séinesgleichen; за інших ~их умов únter (sonst) gleichen Bedíngungen; 2) *(гладенький, прямий)*ében, glatt; ~е місце éine ébene Stélle; schnúrgerade *(про пряму лінію)*; 3) *(рівномірний)* gléichmäßig; rúhig, geméssen *(про характер, мову)*.

рівнина Ébene *f* (11); Fláchland *n* (5).

рівн|ість 1) Gléichheit *f;* ~ість перед законом Gléichheit vor dem Gesétz; 2) *мат.* Gléichheit *f* (10); Gléichung *f* (10); знак ~ості Gléichheitszeichen *n* (7).

рівно 1) *(однаково)* gleich(mäßig); 2) *(точно)* genáu; Punkt *(про час)*; ~о десятій годині Punkt zehn (Uhr), genáu um zehn (Uhr).

рівнобедрений *мат.* gléichschenk(e)lig.

рівновáг|а Gléichgewicht *n* -(e)s; зберігати ~у das Gléichgewicht hálten*; ~а сил Kräftegleichgewicht *n*.

рівнозначний gléichbedeutend; idéntisch.

рівномірний gléichmäßig; gléichförmig; **~ість** Gléichmäßigkeit *f;* Gléichförmigkeit *f*.

рівноправн|ий gléichberechtigt; **~ість** Gléichberechtigung *f*.

рівноцінн|ий gléichwertig; von gléichem Wért(e); *перен.* ébenbürtig; **~ість** Gléichwertigkeit *f; перен.* Ébenbürtigkeit *f*.

рівняння 1) Vergléich *m* (1); 2) *мат.* Gléichung *f* (10); ~ з двома невідомими éine Gléichung mit zwei Únbekannten; ~ першого степеня éine Gléichung érsten Grádes; квадратне ~ éine quadrátische Gléichung; 3) *військ.* Áusrichten *n* -s; ~ праворуч! Áugen rechts!

рівняти 1) *(зіставляти)* vergléichen* *vt;* gegenüberstellen *vt;* 2) *(робити що-н. рівним)* gléichmachen *vt,* áusgleichen* *vt;* 3) *військ.:* ~ стрій die Réihen (áus)ríchten; **~ся** 1) sich méssen*; sich gléichstellen *(D)*; 2) *військ.* sich áusrichten; рівняйся! richt' euch!

ріг 1) Horn *n* (5); роги Gewéih *n* (2); 2) *муз.* Horn *n* (5), Jágdhorn *n;* 3) Écke *f* (11) *(будинку, вулиці)*; за рогом hínter der Écke; um die Écke; на розі an der Écke.

рід 1) *(ряд поколінь, що походять від одного предка)* Geschlécht *n* (5), Generatión *f* (10); з роду в ~ von Geschlécht zu Geschlécht; 2) *біол.* Gáttung *f* (10); Génus *n, pl* Génera; 3) *(вид)* Gáttung *f* (10), Art *f* (10); ~ військ Wáffengattung *f;* 4) *грам.* Geschlécht *n* (5), Génus *n* -, *pl* Génera; чоловічий ~ das männliche Geschlécht, Máskulinum *n* -s, -na; жіночий ~ das wéibliche Geschlécht, Féminìnum *n* -s, -na; середній ~ das sächliche Geschlécht, Néutrum *n* -s, *pl* -ren *і* -ra; ◊ без роду без племені óhne Héimat und Verwándte; людський ~ Ménschengeschlecht *n* -(e)s.

рідина Flüssigkeit *f* (10).

рідіти sich líchten; dünner wérden.

рідк|ий 1) licht *(про ліс)*; spärlich, schütter *(про волосся)*; dünn *(про населення)*; úndicht *(про тка-*

нину); 2) flüssig *(про рідину)*; ~é пáливо flüssiger Tréibstoff; ~é яйцé ein wéiches Ei; 3) *(який трапляється нечасто)* sélten.
рідкісн|ий sélten; ~а красá séltene Schönheit.
рідко sélten.
рідн|ий 1) (blúts)verwándt; éigen, léiblich; ~ий бáтько der léibliche Váter; 2) *(свій, близький)* náhe; Héimat(s)≠; Väter≠; Mútter≠; ~е місто Héimatstadt (3); ~ а мóва Múttersprache *f*; ~а країна, ~ий край Héimatland *n* (5).
рідня́ Verwándtschaft *f*.
рі́зати 1) schnéiden* *vt*; 2) *(худобу)* schláchten *vt*, ábstechen* *vt*; 3) *(по дереву, металу)* chnéiden* *vt*; schnítzen *vt* *(по дереву)*; ◊ ~ óчі in die Áugen stéchen*; ~ слух die Óhren beléidigen.
різдвó Wéihnachten *pl*, *n* -s, Wéihnacht *f*.
різк|ий hástig, héftig *(про рух)*; schrill, géllend *(про звук)*; grell *(про світло, колір)*; schroff, scharf *(про слова)*; schnéidend *(про вітер)*; barsch *(про відповідь)*; ~á критика éine schárfe Kritík.
різкість Hast *f*, Héftigkeit *f* *(рухів)*; Schärfe *f* *(звука, зображення)*, Schróffheit *f* *(характеру)*; Schárfe *f* *(слів тощо)*.
різний verschíeden(artig); unterschíedlich; divérs.
різни́тися verschíeden sein; sich unterschéiden*.
різни́ця Differénz *f*; Únterschied *m* -(e)s.
різнобáрвний víelfarbig; verschíedenfarbig; bunt *(строкатий)*.
різнобíй Únstimmigkeit *f*; Úneinigkeit *f*; Divergénz *f*; Mißklang *m* -(e)s.
різнобічн|ий víelseitig; ~**ість** Víelseitigkeit *f*.
різнови́дність Ábart *f* (10); Variánte [va:] *f* (11).
різноманітн|ий mánnigfaltig; víelfältig; verschíedenartig; ~а ї́жа ábwechslungsreiche Kost; ~**ість** Víelfältigkeit *f*, Verschíedenartigkeit *f*; Ábwechslung *f*.
різнорíдний verschíedenartig, úngleichartig; heterogén.
різностатéвий *біол.* von verschíedenem Geschlécht, heterosexuéll.
різносторóнн|ій 1) víelseitig; ~я діяльність víelseitige Tätigkeit; 2) *мат.*: ~ій трикýтник úngleichseitiges Dréieck; ~**ість** Víelseitigkeit *f*.
різношéрстий *(різноманітний)* bunt; búntscheckig; gemíscht.
різьблення Schnéiden *n* -s; Schnítzen *n* -s *(по дереву)*.
рій Schwarm *m* (1*).
рік Jahr *n* (2); високóсний ~ Scháltjahr *n*; звітний ~ Beríchtsjahr *n*; навчáльний ~ Schúljahr *n* *(у школі)*; Stúdienjahr *n* *(у вузі, технікумі)*; Нови́й ~ *(1 січня)* Néujahr *n*, Néujahrstag *m* -(e)s; під Нови́й ~ zu Silvester [-vɛs-], am Néujahrsabend; порá рóку Jáhreszeit *f* (10); ~ нарóдження Gebúrtsjahr *n* (2); вісімдесяті рóки́ die áchtziger Jáhre; у минýлому рóці im vórigen [vergángenen] Jáhr(e), vóriges Jahr; у настýпному рóці im kómmenden Jáhr(e), nächstes Jahr; ~ томý vor éinem Jahr; чéрез ~ in éinem Jahr *(про майбутнє)*; nach éinem Jahr *(про минуле)*; в кінці́ рóку gégen Jáhresende; до кінця́ рóку bis Jáhresende; цьогó рóку díesjährig; йомý 44 рóки er ist 44 Jáhre alt; ◊ крýглий рік ein gánzes Jahr; з рóку в ~ von Jahr zu Jahr; jahráus, jahréin.
рікá Fluß *m* -sses, Flüsse, Strom *m* (*) *(велика)*.
рілл|я́ Ácker *m* (6*), Áckerfeld *n* (5); ~**ьни́цтво** Féldbau *m* -(e)s.
рі́па *бот.* Rübe *f* (11), Rúnkelrübe *f*.
ріст 1) *(дія)* Wáchsen *n* -s, Wáchstum *n* -s; 2) *(розмір)* Wuchs m (1*), Statúr *f* (10), Größe *f* (11).
річ Ding *n* (2); Sáche *f* (11); Gégenstand *m* (1*) *(предмет)*; називáти рéчі своїми імена́ми die Dínge beim réchten Namen nénnen; 2): це íнша ~ das ist étwas ganz ánderes; в чóму ~ ? worúm hándelt es sich? worán liegt es?
річи́ще Flúßbett *n* (13).
рі́чка *див.* рікá.
річни́й Jáhres≠; jährlich; ~ звіт Jáhresbericht *m* (1).
річни́ця Jáhrestag *m* (1); ~ смéрті Tódestag *m*.
рíшення Entschéidung *f* (10); Beschlúß *m* -sses, -schlüsse; Úrteil *n* (2) *(суду)*; приймáти ~ éine Entschéidung tréffen*, éinen Beschlúß fássen.
рішу́ч|ий 1) *(сміливий)* entschlóssen, resolút; 2) *(вирішальний)* entschéidend; 3) *(остаточний)* entschieden; вжи́ти ~их зáходів entschíedene Máßnahmen tréffen*;

~ість Entschlóssenheit *f*, Entschíedenheit *f*.
робúти 1) máchen *vt*, tun* *vt*; ~ вúсновок den Schluß zíehen*, schlíeßen* *vt*; ~ операцію operíeren *vt*; ~ дóповідь éinen Vórtrag hálten*; 2) *(виготовляти, виробляти що-н.)* vertértigen *vt*, herstellen *vt*; 3) *(працювати)* árbeiten *vi*;, ◊ ~ вúгляд, що ... tun*, als ob ...; що мені ~ ? was fánge ich an?
робітнú|к Árbeiter *m* (6); ~к на промислóвому підприéмстві Industríearbeiter *m*, Fabríkarbeiter *m*; кваліфікóваний ~к Fácharbeiter *m*; сільськогосподáрський ~к Lándarbeiter *m*; інозéмний ~к Gástarbeiter *m*; **~ця** Árbeiterin *f* (12); хáтня ~ця Háusgehilfin *f* *(12)*.
робітнúчий Árbeiter-; ~ клас Árbeiterklasse *f*.
рóбот Róboter *m* (6), Maschínenmensch *m* (8).
робóт|а 1) *(дія, заняття)* Árbeit *f* (10); Werk *n* -(e)s; громáдська ~а gesélIschaftliche Árbeit; науково-дóслідна ~а (wíssenschaftliche) Fórschungsarbeit *f*; постійна ~а Dáuerbeschäftigung *f*; місце ~и Árbeitsplatz *m* (1*); мáти ~у in Árbeit stéhen*; бýти без ~и árbeitslos sein; 2) *(продукт чиєї-н. праці)* Árbeit *f* (10), Léistung *f* (10); Werk *n* (2) *(тж. наукове дослідження)*; письмóва ~а schríftliche Árbeit; домáшня ~а Háusarbeit *f*, Háusaufgabe *f* (11); позаклáсна ~а áußerschulische Árbeit.
робóч|ий Arbeits≠; ~ий день Árbeitstag *m* (1); ~ий час Árbeitszeit *f*; ~а сúла Árbeitskraft *f*.
ровéсни|к Áltersgenosse *m* (9); **~ця** Áltersgenossin *f* (12).
рогáт|ий Horn≠; gehörnt; ~а худóба Ríndvieh *n*, Rínder *pl*.
рогов|úй aus Horn, Horn≠; ~і окуляри Hórnbrille *f* (11).
рóди Gebúrt *f* (10); Entbíndung *f* (10).
родúльний: ~ будúнок Entbíndungsheim *n* (2).
рóдимка Mal *n* (2), Múttermal *n*.
родúн|а 1) Famíli:e *f* (11); член ~и Famíli:enangehörige *m* (14); 2) *біол.* Famíli:e *f* (11); **~ний** verwándtschaftlich, Verwándtschafts≠.
родúти 1) gebären*; *vt*; zur Welt bríngen*; 2) *(давати урожай)* trágen* *vt*; (hervór)bríngen* *vt*; Frucht bríngen*; **~ся** gebóren wérden [sein]; zur Welt kómmen*.
рóдич Verwándte *m* (14).
родовúй: ~ відмінок *грам.* Génitiv *m* (1), Wésfall *m* (1*).
родóвище *геол.* Láger *n* (6), Vórkommen *n* (7).
родоначáльник Stámmvater *m* (6*), Ahn *m* (13), Áhnherr *m* (8).
родюч|ий frúchtbar, ergíebig; **~ість** Frúchtbarkeit *f*, Ertrágfähigkeit *f*.
рóжа *бот.* Málve *f* (11); Stóckrose *f* (11).
рожéв|ий rósa *inv*; rósig; rósafarben; ◊ бáчити в ~ому світлі álles in rósigem Licht séhen*.
розбавляти verdünnen *vt*, verwässern *vi* *(водою)*.
розбагатíти reich wérden; Réichtum erwérben*.
розбазáрюва|ння *розм.* Verschléuderung *f*; Vergéudung *f*; Verschwéndung *f*; **~ти** verschléudern *vt*; vergéuden *vt*; verschwénden *vt*.
розбéщ|ений 1) *(недисциплінований, розпущений)* lax; úndisziplinierт; verwöhnt; 2) *(морально зіпсований)* lásterhaft; verdórben; **~еність** 1) Úndiszipliniertheit *f*; Verwöhntheit *f*; 2) Lásterhaftigkeit *f*; Verdórbenheit *f*; **~увати** verführen *vt*, verdérben* *vt*.
розбивáти, розбúти 1) (zer)schlágen* *vt*, zerbréchen* *vt* *(посуд тощо)*; áufklopfen *vt* *(яйце)*; 2) *(ділити)* zerstückeln *vt*; áufteilen *vt*, vertéilen *vt* *(на групи тощо)*; 3) *(перемагати кого-н.)* schlágen* *vt*; ◊ ~ **життя́** das Lében zerstören; **~ся** 1) in die Brüche géhen*; zerbréchen* *vi* (s); 2) *(дуже забитися)* sich zerschlágen*; sich verlétzen.
розбинт|óвувати, ~увáти den Verbánd [die Bínde] ábnehmen*.
розбирáти, розібрáти 1) áufkaufen *vt*, vergréifen *vt* *(товари)*; 2) *(на складові частини)* demontíeren *vt*; auseinándernehmen* *vt*, zerlégen *vt* *(машину тощо)*; 3) *(розслідувати, аналізувати)* untersúchen *vt*; klären *vt*; ins réine bríngen*; 4) *(зрозуміти)* verstéhen* *vt*; begréifen* *vt*; entzíffern *vt* *(шрифт, почерк)*; 5) *грам.* analysíeren *vt*, zerglíedern *vt*; **~ся** sich *(D)* klárwerden* *відокр.* (у чому-н. über *A*); sich áuskennen* (у чóму-н. in *D*).

Р

розбишáка *розм.* Schlíngel *m* (6).

розбігáтися, розбíгтися 1) éinen Ánlauf néhmen*; 2) *(у різні боки)* auseinánderlaufen* *vi* (s); ◊ óчі в ньóго розбíглися er wúßte nicht, wo er hínsehen sóllte.

розбíжність Níchtübereinstimmung *f;* Divergénz [-vɛr-] *f* (10).

розбíй Räuberéi *f;* Raub *m* (1); **~ник** Räuber *m* (6).

рóзбір 1) *грам.* Zerglíederung *f,* Analýse *f* (11); 2) *(обговорення, аналіз)* Beúrteilung *f* (10); Bespréchung *f* (10); критúчний ~ кнúги Buchbesprechung *f.*

розбíрлив|ий 1) *(про почерк тощо)* déutlich, lésbar; entzífferbar; 2) *(про людину)* wählerisch, ánspruchsvoll; **~ість** 1) *(почерку тощо)* Déutlichkeit *f,* Lésbarkeit *f;* 2) *(смаку тощо)* wählerisches Wésen.

розболíтися weh tun*, schmérzen *vi.*

розбороня́ти *розм.* auseinánderbringen* *vt.*

розбрúзкувати versprítzen *vt,* versprengen *vt.*

розбудúти (áuf)wécken *vt,* aus dem Schlaf wécken.

розбухáти, розбýхнути (áuf)quéllen* *vi* (s), ánschwellen* *vi* (s).

розвáга Zerstréuung *f* (10), Unterháltung *f* (10), Amüsement [-'maŋ] *n* -s, -s; Vergnügen *n* (7).

розважá|льний unterháltsam, Unterháltungs≠; **~ти** zerstréuen *vt;* unterhálten* *vt;* belústigen *vt;* amüsíeren *vt.*

розвáжлив|ий besónnen; verständig, vernünftig; **~ість** Besónnenheit *f;* Vernünftigkeit *f;* Bedáchtsamkeit *f (обережність).*

розвáл Zerfáll *m* -(e)s, Éinsturz *m* -es; Verfáll *m.*

розвáлювати, розвалúти 1) ábbrechen* *vt,* zerstören *vt;* 2) *перен.* desorganisíeren *vt (роботу);* zerrütten *vt (господарство);* **~ся** 1) éinbrechen* *vi* (s), auseinánderfallen* *vi* (s); 2) *перен.* verfállen* *vi* (s); zerfállen* *vi* (s); sich áuflösen *(про армію).*

розвантáж|ення 1) Áusladen *n* -s, Entláden *n* -s, Löschen *n* -s *(судна);* 2) *(звільнення від чого-н.)* Entlástung *f;* **~увати, ~ити** 1) ábladen* *vt,* áusladen* *vt;* löschen *vt (судно);* 2) *(звільнити від чого-н.)* entlásten *vt* (von *D*).

розвáрювати, розварúти zerkóchen *vt,* weich kóchen.

розвéдений 1) *(міст)* geöffnet; 2) *(про одне з подружжя)* geschíeden.

розвéдення 1) Züchtung *f,* Zucht *f (худоби),* Ánbau *m* -(e)s *(рослин);* 2) Auseinánderführen *n* -s; Öffnen *n* -s *(моста);* 3) *хім.* Verdünnen *n* -s, Áuflösen *n* -s.

розвеселя́ти, розвеселúти áufheitern *vt,* áufmuntern *vt;* lústig stímmen; **~ся** lústig wérden; in Stímmung kómmen*.

розвивáти, розвúнути *(що-н.)* entwíckeln *vt;* áusbilden *vt;* áusbauen *vt (промисловість);* **~ся** sich entwíckeln; sich entfálten.

розвидн|ятися, розвúднітися *безос.:* **~я́ється** es tagt, der Tag bricht an, es dämmert.

розвúнений, розвúнутий 1) *у різн. знач.* entwíckelt; 2) *(про людину)* gut entwíckelt *(фізично і розумово);* reif, gebíldet, beschlágen.

рóзвиток Entwícklung *f;* Entwícklungsgang *m* -(e)s *(хід розвитку);* ~ економíки wírtschaftliche Entwícklung.

розвівáтися wéhen *vi,* flättern *vi.*

рóзвідка 1) *(наукове дослідження)* Náchforschung *f;* 2) *(організація)* Náchrichtendienst *m* -es; Spionágedienst [-ʒə-] *m (іноземна);* 3) *військ.* Áufklärung *f;* Erkúndung *f;* 4) *геол.* Schürfen *n* -s; Erfórschung *f.*

розвіднúй 1) Schränk≠; ~ ключ Schränkzange *f* (11); 2) Dreh≠; ~ міст Dréhbrücke *f* (11).

розвíдник 1) Kúndschafter *m* (6); Agént *m* (8); Spión *m* (1) *(іноземний);* 2) *військ.* Áufklärer *m* (6), Späher *m* (6); 3) *геол.* Schürfer *m* (6).

розвíдувальн|ий Aufklärungs≠, Erkúndungs≠; **~а** слýжба Náchrichtendienst *m* -es.

розвíдувати, розвíдати 1) erkúnden *vt,* áuskundschaften *vt;* 2) *військ.* áufklären *vt;* erkúnden *vt;* 3) *геол.* schürfen *vt.*

розвíшувати, розвíсити áufhängen *vt,* hínhängen *vt.*

розвíювати, розвíяти 1) auseinánderwehen *відокр. vt,* zerwéhen *vt;* 2) *(нудьгу тощо)* vertréiben* *vt.*

розвóдити, розвестú 1) *(примушувати розійтися в різні боки)*

P

trénnen *vt;* auseinánderbringen* *vt;* 2) *(роз'єднувати рухомі частини)* auseinándernehmen* *vt;* dréhen *vt,* áufziehen* *vt (міст);* 3) *(розлучати подружжя)* schéiden* *vt;* 4) *(вирощувати кого-н., що-н.)* züchten *vt (худобу);* ánbauen *vt,* ánpflanzen *vt (рослини);* ◊ ~ рукáми die Árme áusbreiten; ~ вогóнь Féuer ánmachen.

розвóдитися, розвестúся 1) *(про подружжя)* sich trénnen, sich schéiden lássen*; 2) *(про тварин, комах тощо)* sich verméhren.

розв'язáння Lösung *f* (10) *(задачі тощо);* Áuflösung *f (кросворда).*

розв'язка Lösung *f* (10), Entschéidung *f* (10).

розв'язн|ий vórlaut, frech; úngeniert [-ʒə-]; úngezwungen; **~ість** Úngeniertheit [-ʒə-] *f.*

розв'яз|увати, ~áти 1) *(що-н.)* lösen *vt,* lósbinden* *vt;* áufknoten *vt (вузол);* ◊ **~увати війнý** éinen Krieg entfésseln; 2) *(питання, задачу)* lösen *vt;* **~уватися** áufgehen* *vi* (s).

розгáд|ка Enträtselung *f,* Lösung des Rätsels; **~увати** erráten* *vt,* enträtseln *vt.*

розгалýж|ення 1) *(дороги тощо)* Gáb(e)lung *f* (10), Ábzweigung *f* (10); Wégkreuzung *f* (10) *(перехрестя);* 2) *(дерева)* Verästelung *f* (10); Verzwéigung *f;* **~уватися** sich verzwéigen *(про дерево);* sich gábeln *(про дорогу).*

розганяти, розігнáти 1) auseinándertreiben* *vt,* auseinánderjagen *vt (натовп);* spréngen *vt (розпустити);* 2) *(страх, сумніви тощо)* verjágen *vt,* vertréiben* *vt;* verschéuchen *vt.*

розгардіяш *розм.* Únordnung *f;* Durcheinánder *n* -s.

розгвúнчувати, розгвинтúти lósschrauben *vt,* lóckern *vt;* **~ся** sich lósschrauben; *перен.* sich géhen lássen*.

розгинáти, розігнýти auseinánderbiegen* *vt,* gerádebiegen* *від-окр. vt;* ~ спúну sich áufrichten.

рóзгляд 1) Betráchtung *f;* Dúrchsicht *f;* давáти на ~ zur Dúrchsicht [zur Prüfung] vórlegen; 2) *юр.* Untersúchung *f;* ~ спрáви Sáchverhandlung *f* (10).

розглядáти, розглянути 1) (genáu)betráchten *vt,* beséhen* *vt;* 2) *(розгледіти)* erkénnen* *vt;* unterschéiden* *vt (розрізнити);* 3) *(розбирати)* prüfen *vt;* erörtern *vt;* zur Diskussión stéllen; ~ спрáву *юр.* éine Sáche verhándeln.

розгніва|ний erzürnt, zórnig, wütend; **~тися** sich erzürnen (на щo-н., на кóго-н über *A*), in Wut geráten*.

розгнýзданий ábgezäumt; *перен.* zügellos, hémmungslos.

розговорúтися ins Gespräch kómmen*; gesprachig wérden.

розгóйдувати in Schwíngung bríngen*; stark schäukeln *vt (гойдалку);* **~ся** sich schäukeln.

розголó|шення Préisgeben *n* -s *(таємниці),* Verbréitung *f;* **~шувати, ~сúти** áusplaudern *vt.*

розгортáти, розгорнýти 1) entfálten *vt;* entróllen *vt;* öffnen *vt (пакунок);* 2) áufschlagen* *vt (книгу);* áuffalten *vt (газету);* 3) áufgraben* *vt,* áufwühlen *vt (сіно, солому тощо);* 4) *перен.* entfálten *vt;* entwíckeln *vt;* ~ робóту die Árbeit áufziehen* *vt;* [in Gang bríngen*]; **~ся** sich entfálten; sich entróllen.

розгор|ятися, ~íтися entbrénnen* *vi* (s); (héll)brénnen* *vi (про піч);* áuflodern *vi* (s) *(про пристрасті);* glühen *vi (про обличчя);* blitzen *vi (про очі).*

розграб|óвувати, розграбувáти (áus)plündern *vt,* (áus)rauben *vt;* **~увáння** Plünd(e)rung *f,* Áusplünd(e)rung *f.*

розгризáти, розгрúзти zernágen *vt;* zerbéißen* *vt;* (áuf)knacken *vt (горіхи тощо).*

розгрібáти, розгребтú áufwühlen *vt,* áufgraben* *vt;* áufharken *vt (граблями);* wégschaufeln *vt (лопатою).*

розгрóм 1) *(руйнування)* Zerschlágung *f,* Verwüstung *f (розорення місцевості);* 2) *(поразка)* Níederlage *f;* **~лювати, ~úти** 1) *(ворога)* zerschméttern *vt,* vernichten *vt,* aufs Haupt schlágen*; 2) *(зруйнувати)* zertrümmern *vt.*

розгубúти verlíeren* *vt;* **~ся** den Kopf verlíeren*; verwírrt sein.

розгýблен|ий verwírrt; fássungslos; verdútzt *(зніяковілий);* **~ість** Verwírrung *f,* Fássungslosigkeit *f.*

розгýл Áusschweifung *f;* ~ реáкції das Wüten der Reaktión.

розгýлювати (umhér)spazíeren *vi* (s); (herúm)bümmeln *vi* (s).

роздавáти, роздáти áusteilen *vt,* vertéilen *vt,* áusgeben* *vt.*

роздáв|лювати, роздавúти zer-

Р

drükken *vt,* zerquétschen *vt;* überfáhren* *vt (переїхати автомобілем тощо)*; ~йти ногóю zertréten* *vt.*

роздáча Áusteilung *f,* Vertéilung *f.*

роздвóєн|ий gespálten, (zwéi)getéilt; **~ня** Halbierung *f,* Zwéiteilung *f,* Spáltung *f.*

роздив|лятися, ~йтися 1) erkénnen* *vt;* unterschéiden* *vt;* 2) *(оглянути)* (genáu)betráchten *vt;* untersúchen *vt.*

роздирáти, роздéрти zerfétzen *vt;* zerréißen* *vt (одяг).*

рóзділ 1) Téilung *f* (10), Áufteilung *f;* ~ майнá die Áufteilung des Besitzes; 2) *(в книзі тощо)* Ábschnitt *m* (1), Teil *m* (1).

розділóвий *грам.* disjunktiv; ~ знак Trénnungszeichen *n* (7); ~ сполýчник Disjunktión *f* (10), disjunktíve Konjunktión.

розділяти, розділйти 1) téilen *vt;* vertéilen *vt;* éinteilen *vt;* ~ на рівні частйни gléichmäßig vertéilen; 2) *мат.* dividíeren *vt,* téilen *vt;* ~ трйдцять на шість dréißig durch sechs téilen [dividíeren]; 3) *(роз'єднувати)* trénnen *vt;* schéiden* *vt;* **~ся** sich téilen, sich trénnen.

розділ́ьн|ий 1) *(окремий)* getéilt, getrénnt; gesóndert; ~а обрóбка Sónderbehandlung *f* (10); 2) déutlich *(про вимову);* getrénnt *(про написання).*

роздоріжж|я Kréuzweg *m* (1), Schéideweg *m,* Wégekreuzung *f* (10); на ~і *(тж. перен.)* am Schéideweg(e).

роздратóвувати, роздратувáти réizen *vt;* böses Blut máchen *(розсердити);* **~ся** *(розсердитися)* sich áufregen, sich ärgern.

роздратувáння 1) *(дія)* Reiz *m* (1); Réizung *f* (10); 2) *(стан)* Geréiztheit *f;* Errégung *f.*

рóздріб: продавáти на ~ éinzeln [stückweise] verkáufen; **~нйй** Éinzel≠; ~ нá торгівля Kléinhandel *m* -s, Éinzelhandel *m.*

роздрібнювати, роздрібнйти zerkléinern *vt;* zerstückeln *vt.*

роздряп|увати, ~ати zerkrátzen *vt;* **~уватися** sich zerkrátzen; sich *(D)* die Haut ábschürfen.

роздувáти 1) *(розганяти вітром)* auseinánderblasen* *vt,* verwéhen *vt;* 2) *(вогонь)* entfáchen *vt,* ánfachen *vt;* 3) *перен.* áufbauschen *vt,* übertréiben* *vt;* schüren *vt;* **~ся** dick wérden; ánschwellen* *vi* (s).

рóздум Náchdenken *n* -s; Überlégung *f* (10); Bedénken *pl.*

роздýтий áufgebauscht; áufgeschwollen; *перен.* übertríeben; áufgebläht.

роздýш|увати, ~йти zerdrücken *vt,* zerquétschen *vt.*

роздяг|áльня Garderóbe *f* (11), Áuskleideraum *m* (1*); Úmkleideraum *m,* Úmkleidekabine *f* (11) *(на виробництві, в спортзалі);* **~áння** Áuskleiden *n* -s, Entkléiden *n.*

роздягáти áuskleiden *vt,* áusziehen* *vt,* entkléiden *vt;* **~ся** sich áusziehen*, sich entkléiden.

розéтка *тех.* Stéckdose *f* (11).

роз'éдн|увати, ~áти 1) trénnen *vt,* ábsondern *vt;* 2) *тех.* ábschalten *vt;* unterbréchen* *vt (переривати телефонну розмову);* **~áтися** sich trénnen.

розжáлобити, розжáлити Mítleid erwécken (когó-н. in *D*); rühren *vt,* erwéichen *vt (розчулити);* **~ся** Mítleid empfínden*; sich rühren lássen* *(розчулитися).*

розжáрений glühend, heiß.

розжáрювати glühend máchen; stark erhítzen; **~ся** glühend wérden, sich stark erhítzen.

розжиріти fett [dick] wérden.

розж|óвувати, ~увáти (zer)-káuen *vt,* kléinkauen *vt;* *перен.* áusführlich erklären.

роззбрóєння 1) Ábrüstung *f;* Entwáffnung *f (обеззброювання);* загáльне (часткóве) ~ allgeméine (téilweise) Ábrüstung; 2) *мор.* Ábtakelung *f (корабля).*

роззувáти, роззýти die Schúhe áusziehen* (когó-н. *D*); **~ся** sich *(D)* die Schúhe áusziehen*.

рóзиграш 1) *(лотереї тощо)* Zíehung *f* (10), Verlósung *f* (10); 2) *спорт.* Éndspiel *n* (2), Spiel *n;* ~ кýбка з футбóлу Fúßballpokalspiel *n.*

розігрівáти, розігріти erhítzen *vt* *(залізо);* áufwärmen *vt (їжу);* **~ся** heiß wérden; sich erwärmen.

розізлити in Wut bríngen*; erzürnen *vt;* **~ся** wütend wérden, áufgebracht sein.

роз'їдáти, роз'їсти zerfréssen* *vt,* ánfressen* *vt;* *перен.* zersétzen *vt.*

роз'їжджáти umhérreisen *vi* (s); **~ся** 1) *(у різні боки)* auseinánderfahren* *відокр. vi* (s); sich trénnen *(розлучатися);* 2) *(розмина-*

Р

тися) sich verpássen; einánder áusweichen*.

розказ|áти, розкáзувати erzählen *vt;* beríchten *vt.*

розкá|юватися, ~ятися beréuen *vt;* Réue empfínden*.

розквитá|тися ábrechnen *vi,* quitt wérden (з ким-н. mit *D*); ми ~лись wir sind quitt.

рóзквіт 1) *(цвітіння)* Blüte *f,* Blühen *n* -s; 2) *(процвітання чого-н.)* Blüte *f,* Áufschwung *m* (1*) *(економіки),* Blütezeit *f (літератури тощо);* у ~і сил in der Fülle der Kraft; in den bésten Jáhren.

розквíтнути 1) *(про квіти)* áufblühen *vi* (s), erblühen *vi* (s); 2) *перен.* áufblühen *vi* (s).

розкúнути 1) *(руки, гілки тощо)* áusbreiten *vt;* 2) *(намет, табір тощо)* áufschlagen* *vt;* áufstellen *vt.*

рóзкіш Lúxus *m,* Pracht *f.*

розкíшн|ий prächtig, luxuriös; üppig *(про рослинність);* ~е видáння Práchtausgabe *f* (11).

рóзклад I 1) *(на складові частини)* Zerlégung *f;* Zerfáll *m* -(e)s; радіоактúвний ~ radioaktíver Zerfáll; 2) *(гниття)* Verwésung *f;* 3) *перен.* Níedergang *m* -(e)s; Verfáll *m* -(e)s; морáльний ~ morálische Zersétzung [Verkómmenheit].

рóзклад II *(графік занять тощо)* Plan *m* (1*); Verzéichnis *n* (3*); Líste *f* (11); ~ поїздíв Fáhrplan *m;* ~ урóків Stúndenplan *m;* за ~ом plángemäß, plánmäßig; fáhrplanmäßig *(про транспорт).*

розкладáння *мат.* Entwícklung *f,* Zerlégung *f.*

розкладáти, розклáсти 1) áuslegen *vt (товари);* áusbreiten *vt (розстилати);* 2) *(розподілити)* áusteilen *vt;* 3) *(на складові частини, тж. мат.)* zerlégen *vt* (auf *A*); 4) *перен.* zersétzen *vt,* desorganisíeren *vt;* ◊ ~ багáття ein Lágerfeuer máchen; ~ся 1) *(на складові частини)* sich zersétzen, zerfállen* *vi* (s); 2) *(згнити)* verwésen *vi* (s); 3) *(морально)* sich zersétzen; demoralisíert wérden.

розклад|нúй Klapp≠; zusámmenlegbar, áufschlagbar; **~úшка** Kláppbett *n* (13).

розклéювати *(афіші тощо)* (án)klében *vt,* áufkleben *vt.*

розкóл Spáltung *f* (10); полíтика ~у Spáltungspolitik *f.*

розкóлювати, розколóти 1) (zer)spálten *vt (дрова);* hácken *vt (цукор);* ~ горіх éine Nuß knácken; 2) *перен.* spálten *vt;* **~ся** sich spálten.

розкóп|ки *археол.* Áusgrabungen *pl;* **~увати, ~áти** áusgraben* *vt.*

розкóтистий róllend, náchhallend, schállend.

розкрадá|ння Díebstahl *m* (1*); Áusplünderung *f* (10); **~ти, розкрáсти** (álles) stéhlen* *vt,* áusrauben *vt;* **~ч** Plünd(e)rer *m* (6); Dieb *m* (1).

розкривáти, розкрúти 1) öffnen *vt,* áufmachen *vt;* áufklappen *vt;* 2) *(оголювати)* áufdecken *vt;* entblößen *vt;* 3) *(викривати)* áufdekken *vt;* enthüllen *vt (таємницю);* entlárven *vt;* ◊ ~ дужкú *мат.* die Klámmern áuflösen; **~ся** 1) sich áuftun*, sich öffnen, áufgehen* *vi* (s); sich entfálten *(про парашут);* 2) *(виявлятися)* sich heráusstellen; an den Tag [ans Licht] kómmen*; 3) *(оголитися)* sich áufdecken.

розкричáтися ein stárkes Geschréi erhében*; ~ на кóго-н. j-n ánschreien* [ánbrüllen].

розкришúти zerkrümeln *vt;* zerbröckeln *vt;* **~ся** zerkrümeln *vi* (s); abbröckeln *vi* (s) *(про зуб).*

розкріпáчення 1) *іст.* Áufhebung *f* der Léibeigenschaft; 2) *(звільнення)* Befréiung *f.*

розкрó|ювати, ~їти zúschneiden* *vt.*

розкрý|чувати, ~тúти lóswinden* *відокр. vt (на мотку);* áufschrauben *vt (гвинт);* áufdrehen *vt (кран).*

розкуп|óвувати, ~úти áufkaufen *vt;* кнúгу швúдко ~úли das Buch war schnell vergríffen.

розкупóр|ювати, ~ити öffnen *vt,* áufmachen *vt;* entkórken *vt (пляшку).*

розкý|шувати, ~сúти 1) zerbéißen* *vt;* (áuf)knácken *vt (горіх);* 2) *розм. (зрозуміти кого-н., що-н.)* durchscháuen *vt.*

рóзлад 1) *(нелад)* Úneinigkeit *f;* Únstimmigkeit *f;* 2) *(розруха)* Zerfáll *m* -(e)s, Zerrüttung *f (господарства);* 3) *(порушення функціонування яких-н. органів):* ~ шлýнка Mágenverstimmung *f* (10); нервóвий ~ Neuróse *f* (11).

розлáм|увати, ~áти (zer)bréchen* *vt;* níederreißen*; **~увати-**

ся (zer)bréchen* *vi;* in Stücke géhen *.

розли́в 1) *(вина тощо)* das Füllen in Fláschen; 2) *(вихід річки тощо з берегів)* Überschwémmung *f* (10); Hóchwasser *n* -s.

розлива́ти, розли́ти 1) áusgießen* *vt,* vergíeßen* *vt,* verschütten *vt (на стіл, підлогу);* 2) *(налити)* éingießen* *vt;* éinschenken *vt (вино, чай);* **~ся** 1) vergóssen wérden; 2) *(про річку)* über die Úfer tréten*; 3) *(поширюватися)* sich verbréiten.

розливн|и́й Áusschank≁; ~é пи́во Áusschankbier *n* -(e)s; ~é молоко́ lóse Milch.

розло́гий 1) breit, weit; wéitverzweigt *(про дерева, кущі);* 2) *(пологий)* ábschüssig; 3) *(який звучить вільно, невимушено)* schállend.

розлу́ка Trénnung *f,* Schéiden *n* -s.

розлуч|а́ти, ~и́ти trénnen *vt,* schéiden* *vt;* **~а́тися** 1) sich trénnen; (voneinánder) schéiden* *vi* (s); 2) *(розривати шлюб із ким-н.)* sich trénnen, sich schéiden lássen*.

розлу́чення Schéidung *f* (10); пода́ти зая́ву про ~ die Schéidung beántragen*.

розлюти́ти in Wut bríngen*; erzürnen *vt;* **~ся** wütend wérden; sich erbósen, sich ärgern.

розмал|ьо́вувати, ~юва́ти 1) zéichnen *vt;* bemálen *vt (фарбами);* 2) *(малювати кого-н. у карикатурному вигляді)* áusmalen *vt;* dárstellen *vt.*

розма́хувати schwíngen* *vt (палицею);* gestikulíeren *vi,* fúchteln *vi* (mit *D*) *(руками).*

розмежува́ння Ábgrenzung *f.*

розме́лювати, розмоло́ти zermáhlen (*part* II zermáhlen) *vt.*

розми́в Unterspülung *f* (10); Áuswaschung *f* (10); ~ ґру́нту Áuswaschung des Bódens.

розмива́ти, розми́ти unterspülen *vt;* áufweichen *vt (дорогу).*

розми́нка *спорт.* Wármlaufen *n* -s, Éinlaufen *n.*

ро́змін Wéchseln *n* -s, Áuswechs(e)lung *f.*

розмінн|и́й Wéchsel≁; ~а моне́та Kléingeld *n* -(e)s; ~ий автома́т Wéchselautomat *m* (8).

розмін|юва́ти, ~я́ти (éin)wéchseln *vt.*

розміно́вувати entwínen *vt.*

ро́змір 1) Áusmaß *n* (2), Máßstab *m* (1*); Úmfang *m* (1*); Dimensión *f* (10) *(вимірювання);* Größe *f* (11) *(величина);* ~ заробітної пла́ти Lóhnhöhe *f* (11); у неве́ликому ~і in geríngem Áusmaß; станда́ртний ~ Stándardgröße *f* (11); 2) *поет.* Vérsmaß *n* (2) *(вірша).*

розмірко́вувати *(про що-н.)* überlégen *vt,* bedénken* *vt;* náchdenken* *vi,* náchsinnen* *vi* (über *A*).

розміща́ти, розмі́щувати áufstellen *vt (меблі);* vertéilen *(розподіляти);* únterbringen* *vt (розташовувати);* ~ по кварти́рах *військ.* éinquartieren *vt,* únterbringen* *vt.*

розмно́ж|ення 1) Verméhrung *f;* Vervíelfältigung *f;* 2) *біол.* Fórtpflanzung *f,* Verméhrung *f;* вегета́тивне ~ення vegetatíve Verméhrung; **~увати, ~ити** verméhren *vt;* vervíelfältigen *vt (рукопис тощо);* **~уватися** 1) sich verméhren; 2) *біол.* sich fórtpflanzen, sich verméhren.

розмо́в|а Gespräch *n* (2); Unterháltung *f* (10) *(бесіда);* міжміська́ телефо́нна ~а Férngespräch *n.*

розмовля́ти réden *vi;* spréchen* *vi;* sich unterhálten *.

розмо́вн|ий Umgangs≁; ~а мо́ва Úmgangssprache *f,* mündliche Hóchsprache; **~ик** Spráchführer *m* (6), Konversatiónsbuch [-vɛr-] *n;* ~ик для тури́стів Réisesprachführer *m.*

розмока́ти, розмо́кнути áufweichen *vi* (s); áufquellen* *vi* (s).

розно́сити, рознести́ 1) áustragen* *vt;* zústellen *vt (листи тощо);* 2) *(по графах тощо)* éintragen* *vt.*

розно́шувати *(про взуття)* áustreten* *vt,* éinlaufen* *vt,* éintragen* *vt.*

розо́рення 1) *(міста тощо)* Zerstörung *f;* Verwüstung *f;* 2) *(втрата майна)* Verármung *f.*

розо́рювання *(цілини)* Úmbrechen *n* -s, Áufpflügen *n* -s.

ро́зпад Zerfáll *m* -(e)s; радіоакти́вний ~ radioaktíver [-vər-] Zerfáll; **~а́тися** zerfállen* *vi* (s) *(на частини).*

розпа́лювати anzünden *vt,* entzünden *vt,* ánheizen *vt (піч);* entfáchen *vt,* schüren *vt (перен.)*

розпа́тланий zerzáust, zerráuft.

ро́зпач Verzwéiflung *f;* вда́тися в ~ in Verzwéiflung geráten*.

Р

розпи́с|ка Quíttung *f* (10); Beschéinigung *f* (10); ~ка про одéржання Empfángsbestätigung *f* (10); під ~ку gégen Quíttung; дáти ~у quittíeren *vt*, beschéinigen *vt*; **~увáтися** 1) *(підписуватися)* unterschréiben* *vt*, unterzéichnen *vt*; 2) *(реєструвати шлюб)* éinen Éheschluß [die Éhe] registríeren lássen*.

розпи́тува|ння Áusfragen *n* -s, Áusforschen *n* -s, Náchforschen *n* -s; **~ти** áusfragen *vt* áusforschen *vt*, erfrágen *vt*; náchfragen *vi*.

розпізнавáти, розпізнáти erkénnen* *vt*; éiner Sáche auf den Grund kómmen*; unterschéiden* *vt* *(розрізнити)*.

розплáкатися in Tränen áusbrechen*; zu wéinen begínnen*.

розплá|та 1) Áuszahlung *f*; Bezáhlung *f*; Ábrechnung *f*; 2) *(кара)* Ábrechnung *f*; Vergéltung *f*; **~чувáтися, ~ти́тися** áuszahlen *vt*, bezáhlen *vt*; záhlen *vt*, die Zéche bezáhlen *(у ресторані тощо)*.

розплітáти, розплести́ *(косу тощо)* áufflechten* *vt*, lósflechten* *відокр. vt*.

розплу́т|увати, ~ати auseinánderknüpfen *відокр. vt*, ánfknüpfen *vt*, lösen *vt*; *перен.* klären *vt*, ins réine bríngen*.

розповідá|ти erzählen *vt*; beríchten *vt*; **~ч** Erzähler *m* (6).

розповідн|и́й: ~é рéчення *грам.* Áussagesatz *m* (1*).

рóзповідь 1) *(дія)* Erzählen *n* -s; 2) Erzählung *f* (10).

розповсю́дж|ений (wéit)verbréitet; **~ення** Verbréitung *f*; Áusstreuung *f* *(чуток)*; *мед.* Áusstrahlung *f*; Áusdehnung *f* *(впливу)*; **~увати** verbréiten *vt*; áusdehnen *vt*; áusbreiten *vt*; erwéitern *vt* *(поширювати)*; ábsetzen *vt* *(книги тощо)*; áusstreuen *vt* *(чутки)*; **~увáтися** sich verbréiten; sich áusdehnen; sich fórtpflanzen *(про рослини тощо)*.

розпóділ 1) Vertéilung *f* (10); Éinteilung *f*; Zúteilung *f*; 2) *(кадрів)* Éinsatz *m* (1*); Absolventeneinsatz [-'vɛn-] *m* *(випускників)*; **~я́ти** vertéilen *vt*, éinteilen *vt*; áusteilen *vt* *(роздати)*; ~я́ти час die Zeit éinteilen.

розпоряд|жáтися, ~и́тися 1) *(давати наказ)* ánordnen *vt*; veránlassen *vt*; 2) *(чим-н.)* disponíeren *vi*, verfügen *vi* (über *A*).

розпоря́дженн|я Ánordnung *f* (10); Verórdnung *f*; Beféhl *m* (1) *(наказ)*; ◊ бу́ти в ~і когó-н. j-m zur Verfügung stéhen*.

розпоч|инáти, ~áти ánfangen* *vt*, begínnen* *vt*, *vi* (що-н. mit *D*); ~áти щó-н. etw. in Ángriff néhmen*.

розпрáва (gewálttätige) Ábrechnung *f* (10) (з ким-н. mit *D*); Repressálien *pl* (gégen *A*).

розпрóдаж Ausverkauf *m* -(e)s.

розпускáти, розпусти́ти 1) *(відпускати)* entlássen* *vt*; áuflösen *vt* *(збори, організацію тощо)*; (áuf)lösen *vt* *(волосся)*; híssen *vt* *(вітрила)*; 2) *(розбалувати)* verwöhnen *vt*; 3) *розм.*: ~ чутки́ Gerüchte verbréiten; **~ся** 1) sich entfálten, aufgehen* *vi* (s), áusschlagen* *vi* (s) *(про квіти)*; knóspen *vi*, sprießen* *vi* (s) *(про дерева)*; 2) *(про дисципліну)* sich géheniassen*; áußer Rand und Band geráten*.

розпухáти, розпу́хнути ánschwellen* *vi* (s), (áuf)quéllen* *vi* (s).

розпу́хлий (án)geschwóllen; (áuf)gedúnsen.

розрахóвувати, розрахувáти 1) *(обчислюючи, визначати розмір тощо)* áusrechnen *vt*; erréchnen *vt*; beréchnen *vt* *(вартість, навантаження)* 2) *(на кого-н., на що-н.)* réchnen *vi* (auf *A*); zählen *vi* (auf *A*); sich auf j-n verlássen*.

розраху́н|ок 1) Beréchnung *f* (10); Erréchnung *f*; Kalkulatión *f* (10); 2) *(оплата)* Ábrechnung *f* (10); Verréchnung *f*; 3): взя́ти ~ок sich *(D)* die Papíere gében lássen*; die Árbeit áufgeben; 4) *(корисливий намір)* Pläne *pl*; Ábsicht *f* (10); з ~ком in der Ábsicht; 5) *військ.* Bedíenungsmannschaft *f* (10), Bedíenung *f* (10).

розри́в 1) Riß *m* -sses, -sse; *мед.* Ruptúr *f* (10); 2) *(повне припинення стосунків тощо)* Bruch *m* (1*), Ábbruch *m*; Zerréißung *f*; ~ дипломати́чних віднóсин Ábbruch der diplomátischen Bezíehungen; 3) *тех.* Zerréißen *n* -s, Bréchen *n* -s; 4) *(невідповідність)* Spánne *f* (11); Kluft *f* (3); Diskrepánz *f* (10); ◊ ~ сéрця Hérzschlag *m* (1*).

розривáти, розірвáти 1) zerréißen* *vt*; zerfétzen *vt*; ~ на шматки́ in Stücke réißen*; 2) *(зв'язки)* (áb)bréchen* *vt*; **~ся** 1) (zer)réißen* *vi* (s); (áuf)springen* *vi*

Р

(s); 2) *(про снаряд тощо)* explodieren *vi* (s).

розрі́джений 1) *фіз.* verdünnt; 2) *(про ліс, сад)* gelíchtet; licht.

розрізня́ти, розрізни́ти unterschéiden* *vt* (від чо́го-н. von *D*); erkénnen* *vt (впізнати)*; **~ся** sich unterscheiden*.

розрі́зувати, розріза́ти zerschnéiden* *vt*; áufschneiden* *vt (хліб)*.

розро́б|ка 1) *(теми тощо)* Áusarbeitung *f*; Erárbeitung *f*; **~ка** пла́ну die Erárbeitung éines Plans; 2) *гірн.* Áusbeutung *f*; Ábbau *m* -(e)s; Bággerung *f*; відкри́та **~ка** Tágebau *m*; **~ля́ти, ~и́ти** 1) *(тему, питання)* áusarbeiten *vt*; erárbeiten *vt*; 2) *гірн.* áusbeuten *vt*; ábbauen *vt*; áusschachten *vt*.

розрост|а́тися, ~и́ся 1) *(про рослини)* üppig wáchsen*; fórtwachsen* *vi*; wúchern *vi (буйно)*; 2) *(збільшуватися)* áuswachsen* *vi* (s).

розру́бувати, розруба́ти zerháuen* *vt*, (zer)spálten *vt*.

розру́ха Zerrüttung *f*; Verfáll *m* -(e)s, Ruín *m* -s.

розря́д 1) *ел.* Entládung *f* (10); Entspánnung *f* (10); 2) *(клас)* Kategorie *f* (11); Klásse *f* (11); Stúfe *f* (11); 3) Léistungsklasse *f* (11); Lóhngruppe *f* (11) *(ступінь кваліфікації робітника)*.

розса́да *с. г.* Sétzlinge *pl*, Sétzpflanzen *pl*.

розса́дник 1) Pflánzstätte *f* (11); 2) *перен.* Pflánzstätte *f* (11); Brútstätte *f*; Míttelpunkt *m* (1) *(освіти)*.

розсвіта́|ти *безос.*: **~є** es dämmert, es tagt.

розсе́рдити ärgern *vt*, verärgern *vt*; erbósen *vt*; **~ся** sich ärgern, böse wérden; erzürnen *vi* (s) *(дуже)*.

розси́пати, розсипа́ти (ver)stréuen *vt*, áusstreuen *vt*, verschütten *vt*; **~ся** verschüttet sein; verstréut sein; sich verstréuen.

розсиха́тися, розсо́хнутися áustrocknen *vi* (s); éintrocknen *vi* (s); sich (vor Tróckenheit) spálten.

розсла́бл|ений ábgespannt; entkräftet; schlaff; **~еність, ~ення** Schwäche *f*, Schláffheit *f*; Ábgespanntheit *f*; **~я́ти** schwächen *vt*; entkräften *vt*.

розслі́дува|ння Untersúchung *f* (10); Náchforschung *f* (10); **~ти** (éingehend) untersúchen *vt*; náchforsîhen *vi* (що-н. *D*).

розсміши́ти zum Láchen bríngen*, láchen máchen.

розсмія́тися laut áuflachen, in Láchen áusbrechen*.

розстава́|ння Schéiden *n* -s, Trénnung *f*; **~тися** sich trénnen (з ким-н., з чим-н. von *D*); schéiden* *vi* (s) (з ким-н. von *D*); auseinánder géhen* *відокр. vi* (s).

розстила́ти, розстеля́ти, розстели́ти áusbreiten *vt*.

розстіба́ти, розстебну́ти áufknöpfen *vt (ґудзики)*, áufschnallen *vt*, lösen *vt (пряжку)*; áufhaken *vt (гаплики)*; áufmachen *vt*, öffnen *vt (комір)*; **~ся** *(про одяг)* áufgehen* *vi* (s).

ро́зстріл Erschießung *f* (10).

розстрі́л|юва́ти, ~я́ти erschießen* *vt*; zusámmenschießen* *vt*.

розстро́чк|а Stúndung *f*; в **~у** auf Ábschlagszahlung, auf Ráten.

розсувни́й Áuszieh≠; aus(einánder)zíehbar; **~** стіл Áusziehtisch *m* (1).

ро́зсуд: на вла́сний **~** nach éigenem Ermléssen.

розсу́дливий besónnen; verständig, vernünftig.

розтава́ти, розта́нути 1) (áuf)táuen *vi* (s); (zer)schmélzen* *vi* (s); 2) *перен.* dahínschwinden* *vi* (s); áuftauen *vi* (s) *(про серце)*.

розташо́вувати, розташува́ти ánordnen *vt*; áufstellen *vt (розставити)*; мі́сто розташо́ване бі́ля рі́чки die Stadt liegt am Fluß; **~ся** sich éinrichten; es sich (*D*) bequém máchen; líegen* *vi*, gelégen sein *(про населений пункт)*.

розташува́ння Ánordnung *f* (10), Áufstellung *f* (10), Láge *f* (11); *військ.* Stéllung *f*, Áufstellung *f*.

розте́рзаний zerfléischt; zerríssen, in Stücke geríssen *(тж. перен.*

розтира́ти, розте́рти 1) *(подрібнювати що-н.)* zerréiben* *vt*; verréiben* *vt*; zermalmen *vt*; 2) *(розмазувати що-н.)* verschmíeren *vt*, verwíschen *vt*; 3) *(робити масаж)* éinreiben* *vt*; ábreiben* *vt*; **~ся** sich zerréiben*; ich frottíeren *(про тіло)*.

розтлі́нн|ий verróttet, korrúpt; **~я** Schändung *f*, Nótzucht *f*.

розтлума́ч|увати, ~ити erklären *vt*, auseinándersetzen *відокр. vt*, klármachen *відокр. vt*.

розтра́|та Verúntreuung *f* (10), Unterschlágung *f* (10); *юр.* Defraudatión *f* (10); **~чувати, ~тити** *(державні гроші тощо)* unterschlágen* *vt*, verúntreuen *vt*, *юр.* defraudíeren *vt*.

розту́лювати, розтули́ти öffnen *vt*, áufmachen *vt*, áuftun* *vt*.

ро́зум Verstánd *m* -(e)s; Vernúnft *f*; Sinn *m* -(e)s; си́ла ~у Verstándeskraft *f*; го́стрий ~ schárfer Verstánd; ◇ взя́тися за ~ *розм.* sich éines bésseren besínnen*; втра́тити ~ den Verstánd verlíeren*, verrückt wérden зво́дити з ~у den Kopf verdréhen (*D*).

розумі́|ння 1) Verständnis *n* -sses (чого́-н. für *A*); Éinsicht *f* (in *A*); 2) (*погляд, точка зору*) Áuffassung *f* (10); **~ти** verstéhen* *vt*, begréifen* *vt*; як це тре́ба ~ти? wie soll man das verstéhen?; я цього́ не ~ю ich verstéhe das nicht.

розу́м|ний klug; geschéit; vernünftig; **~о́вий** géistig, Géistes-; ~о́ві зді́бності géistige Fähigkeiten, Intelligénz *f*; ~о́ва пра́ця géistige Árbeit; працівни́кі ~о́вої пра́ці Géistesschaffende *sub pl*; ~о́во відста́лий géistig zurückgeblieben.

розу́чувати, розучи́ти éinstudieren *vt*, éinüben *vt*; **~ся** verlérnen *vt*, aus der Übung kómmen*

розфасо́вувати, розфасува́ти ábpacken *vt*.

розхвилюва́ти errégen *vt*, in gróße Áufregung versétzen.

розхо́дитися, розі́йти́ся 1) auseinándergehen* *vi* (s); sich zerstréuen (*розсіятися*); sich verzíehen* (*про хмари*); 2) (*розминатися*) aneinánder vorübergehen; 3) (*поривати стосунки*) sich trénnen; auseinándergehen* *vi* (s); sich schéiden lássen* (*про подружжя*); 4) (*витрачатися — про гроші, майно*) áusgeben* *vi* (s); 5) (*про товари*) áusverkauft sein; vergríffen sein (*про книги*).

розцвіта́ти, розцвісти́ 1) (*про квіти*) áufblühen *vi* (s), erblühen *vi* (s); 2) *перен.* áufblühen *vi* (s), éinen Áufschwung erlében.

розчаро́ван|ий entläuscht; **~ість** Enttäuschung *f*; Enttäuschtheit *f*.

розчарува́ння Enttäuschung *f* (10).

розчаро́вувати, розчарува́ти enttäuschen *vt*; **~ся** enttäuscht sein.

розчервоні́тися rot wérden, erröten *vi* (s), röte Bácken bekómmen*.

ро́зчерк Strich *m* (1), Féderstrich *m*; ◇ одни́м ~ом пера́ mit éinem Féderstrich.

ро́зчин Lösung *f* (10); вапня́ний ~ Kálkmörtel *m* (6).

розчи́н|ення Áuflösung *f*, Lösung *f*, Lösen *n* -s, Áuflösen *n*; **~ний** áuflösbar, löslich; **~ник** *хім.* Lösungsmittel *n* (6); Löser *m* (6).

розчиня́ти, розчини́ти 1) (*у рідині*) (áuf)lösen *vt*; knéten *vt*, éinrühren *vt* (*тісто*); 2) (*вікно, двері*) öffnen *vt*, áufmachen *vt*.

розчища́ти, розчи́стити säubern *vt*, (áuf)räumen *vt*; enttrümmern *vt* (*від уламків*); lichten *vt* (*ліс*).

розчі́сувати, розчеса́ти (áus)kämmen *vt* (*волосся*); kämmen *vt* (*льон, вовну*); **~ся** *розм.* sich kämmen.

розчу́л|ений gerührt, weich gestímmt; **~ювати, ~ити** rühren *vt*; Mítgefühl errégen (кого́-н. in *D*); ~ити до сліз bis zu Tränen rühren; **~юватися** gerührt sein.

розши́рен|ий erwéitert; **~ня** 1) Áusdehnung *f*; Erwéiterung *f* (*кордонів*); Expansión *f* (*сфер впливу*); 2) (*збільшена частина чого-н.*) Zúnahme *f*; Anwachsen *n* -s; 3) *фіз.* terung *f*; ~ня вен Venenerwéiterung [-ve:-] *f*.

розши́рювати, ~я́ти 1) erwéitern *vt*, verbréitern *vt*, (áus)déhnen *vt*; 2) (*збільшувати*) erwéitern *vt*, áusdehnen *vt*.

розшифр|о́вувати, ~ува́ти entzíffern *vt*, dechiffríeren [-sif-] *vt*; *перен.* enträtseln *vt*.

ро́зшук 1) (*дія*) Súche *f*. Súchen *n* -s; Súchaktion *f* (10); Fáhndung *f* (*злочинця*); 2) *юр.* Vóruntersuchung *f* (10); Náchforschung *f* (10); ◇ка́рний ~ Kriminálpolizei *f*, Kriminálamt *n* (5).

розшука́ти (áuf)finden* *vt*; áusfindig máchen.

розшу́кувати súchen *vt*; náchforschen *vi* (*кого-н., що-н.* über *A*); **~ся** gesúcht wérden.

розще́п|лення 1) Zerspálten *n* -s, Zersplittern *n* -s; 2) *хім., фіз.*: ~лення а́тома Atómspaltung *f*; ~лення а́томного ядра́ Kérnspaltung *f*; **~лювати, ~и́ти** 1) spálten (*part II* gespáltet *i* gespálten) *vt*, zersplittern *vi*; 2) *хім., фіз.* spálten *vt*, zersétzen *vt*.

рокови́ни Jáhrestag *m* (1).

роль Rólle *f* (11); гра́ти ~ éine Rólle spíelen; головна́ ~ Titelrolle *f*

рома́н 1) *літ.* Román *m* (1), Ro-

Р

mánwerk *n* (2); 2) *розм. (любовні стосунки)* Verhältnis *n* (3*), Líebesgeschichte *f* (11).

ромáшка Kamílle *f* (11).

рос|á Tau *m* -(e)s; вечíрня ~á Náchttau *m;* покривáтися ~óю sich mit Tau bedécken.

росíйськ|ий rússisch; ~а мóва die rússische Spráche, das Rússische *sub*.

росіян|ин Rússe *m* (9); **~ка** Rússin *f* (12).

рóслий hóchgewachsen, gróßgewachsen; von hóhem Wuchs.

рослúн|а Pflánze *f* (11); Gewächs *n* (2); лікáрська ~а Héilpflanze *f*, Arznéipflanze *f;* **~ний** vegetatív [ve:-]; pflánzlich: Pflánzen≠; ~ний світ Pflánzenwelt *f;* **~ність** Vegetation [ve:-] *f*; Pflaznenwuchs *m* -es.

ростú 1) wáchsen* *vi* (s); heránwachsen* *vi* (s); gedéihen* *vi* (s) *(про дітей, рослини);* 2) *(збільшуватися)* (án)wáchsen* *vi* (s); zúnehmen *vi;* größer wérden; **~ти** 1) *(доглядати кого-н.)* áufziehen* *vt,* erzíehen* *vt;* 2) *(тварин, рослини)* züchten *vt,* zíehen* *vt*.

ростóк Keim *m* (1), Sproß *m* -sses, -sse; *перен.* Keim *m*.

рот Mund *m* (4); ◊ розкрúти ~а *(заговорити)* den Mund áuftun [áufmachen].

рóта *військ.* Kompaníe *f* (11).

роял|ь Flügel *m* (6); Klavíer [-'vi:r] *n* 2); грáти на ~і Klavíer spíelen пáртію ~ю викóнує ... am Klavíer...

ртýт|ний Quécksilber≠; quécksilbern; **~ь** Quécksilber *n* -s.

рубáти 1) *(дерева)* fällen *vt;* ábhauen* *vt;* hólzen *vt;* 2) *(дрова)* háuen* *vt,* hácken *vt;* 3) *(м'ясо тощо)* schnéiden* *vt,* hácken *vt*.

рубéць 1) *(на матерії)* Naht *f* (3), Saum *m* (1*); 2) *(від рани)* Nárbe *f* (11), Schrámme *f* (11).

рубúльник *ел.* Hébelschalter *m* (6), Mésserschalter *m*.

рýбрика Rubrík *f* (10), Spálte *f* (11).

рудá Erz *n* (2); залíзна ~ Éisenerz *n*.

рудúй rot, róthaarig; rótblond.

руйнувá|ння Zerstörung *f;* Verníchtung *f (знищення);* **~ти** 1) zerstören *vt;* 2) *(здоров'я тощо)* zerstören *vt,* ruiníeren *vt;* zugrúnde ríchten; 3) ~ти плáни Pläne zuníchte máchen; **~тися** verfállen* *vi* (s); zugrúnde géhen* *(загинути);* éinstürzen *vi* (s) *(про будинки)*.

рук|á Hand *f* (3) *(кисть);* Arm *m* (1) *(вся рука);* мозолясті рýки schwíelige Hände; вмілі рýки geschíckte Hände; взяти на рýки auf den Arm néhmen*; подáти рýку die Hand réichen [gében*]; потúснути рýку die Hand drücken; рýки вгóру! *військ.* Hände hoch!; Árme hoch! ◊ подáти рýку допомóги hílfreich die Hand bíeten*; у ньóго з рук все вáлиться ihm fällt álles aus der Hand; з рук в рýки von Hand zu Hand; як ~óю знялó *розм.* wie wéggewischt; взяти себé в рýки sich zusámmennehmen*, sich behérrschen; все в ньóго в ~áх er hat álles in der Hand; брáти в своЇ рýки in die Hand néhmen*.

рукáв 1) *(одягу)* Ärmel *m* (6); 2) *(річки)* Flúßarm *m* (1); 3) *(шланг)* Rohr *n* (2); Schlauch *m* (1*); пожéжний ~ Féuerlöschschlauch *m*.

рукавúця Fáusthandschuh *m* (1); Fäustling *m* (1).

рукоділля Hándarbeit *f,* Nádelarbeit *f*.

рукомúйник hängendes Wáschbekken (mit Tülle).

рукóп|ис 1) *(пам'ятка стародавньої писемності)* Hándschrift *f* (10); 2) *(текст, написаний автором)* Manuskrípt *n* (2); машинопúсний ~ис Schréibmaschinentext *m;* **~úсний** hándgeschrieben; hándschriftlich.

рукоятка Griff *m* (1), Hándgriff *m;* Stiel *m* (1).

рулúти *ав.* 1) *(вести літак до землі)* stéuern *vt;* 2) *(рухатися по землі) (про літак)* róllen *vi* (s), ánrollen *vi* (s).

рум'ян|ець Röte *f,* Rot *n* -s; **~ий** rótwangig, rot.

рýпор Spráchrohr *n* (2), Megafón *n* (2).

русáлка Nixe *f* (11), Wássernymphe *f* (11).

руслó Flúßbett *n* (13), Bett *n*.

русявий dúnkelblond, héllbraun.

рутúна Schematísmus *m* -; Konservatísmus [-va-] *m*.

рух 1) Bewégung *f* (10); 2) *(суспільний)* Bewégung *f* (10); революцíйний ~ revolutionäre [-vo-] Bewégung; робітнúчий ~ Árbeiterbewegung *f;* націонáльно-визвóльний ~ nationále Befréiungsbewegung; 3) *(їзда, ходьба)* Verkéhr *m* -s; ву́личний ~ Stráßenverkehr *m.*

ру́хати bewégen *vt,* in Bewégung sétzen; schíeben* *vt;* verschíeben* *vt (пересувати);* rühren *vt (ворушити);* **~ся** 1) sich bewégen; in Bewégung sein; ~ся вперéд vοránkommen* *vi* (s); Земля́ ру́хається навко́ло Со́нця die Érde dreht sich um die Sónne; 2) *(ворушитися)* sich rühren; in Bewégung kómmen*.

рухли́вий *(про людину)* lébhaft, rége; múnter, rührig, wéndig.

ручи́тися, руча́тися verbürgen *vt,* bürgen *vi;* garantíeren *vt;* ~ за що-н. für etw. *(A)* éinstehen*, sich für etw. *(A* verbürgen; руча́юсь голово́ю ich gébe méinen Kopf dafür.

ру́чка 1) *зменш.* Händchen *n* (7); Pátschhändchen *n (у дитини);* 2) *(дверей)* Türgriff *m* (1); Griff *m* (1); Klínke *f* (11); 3) *(рукоятка, частина предмета, за яку його держать)* Griff *m* (1), Hébel *m* (6); Hénkel *m* (6) *(чашки);* Trágbügel *m* (6) *(відра);* 4) *(прилад для писання)* Féderhalter *m* (6); автомати́чна ~ Füll(feder)halter *m* (6); Füller *m* (6) *(розм.);* кулько́ва́ ~ Kúgelschreiber *m* (6).

ручн|и́й 1) Hand≠; ~и́й годи́нник Ármbanduhr *f* (10); 2) ~á пра́ця Hándarbeit *f;* manuélle Árbeit; 3) *(про тварину, тж. перен.)* zahm.

руша́ти, ру́шити sich rühren, sich bewégen; sich in Bewégung sétzen; ánfahren* *vi* (s) *(про поїзд);* ~ в доро́гу sich auf den Weg máchen.

рушíйн|ий ~і си́ли Tríebkräfte *pl.*

рушни́к Hándtuch *n* (5); махро́вий ~ Frottíerhandtuch *n;* ~ для по́суду Geschírrtuch *n,* Gläsertuch *n,* Tllertuch *n,* Küchentuch *n;* електри́чний ~ Händetrockner *m* (6).

рушни́ц|я Büchse *f* (11), Flínte *f* (11); Gewéhr *n* (2); заряди́ти ~ю das Gewéhr láden*.

ряд Réihe *f* (11); ~ **áми** reihenweise.

рядов|и́й *прикм.* 1) Dúrchschnitts≠, gewöhnlich; éinfach *(простий);* ~и́й член па́ртії éinfaches Partéimitglied; 2) *у знач. ім. військ.* Geméine *m* (14), Soldát *m* (8); ~í Mánnschaften *pl.*

ря́жанка *кул.* im Ófen gedämpfte Sáuermilch.

рясни́й réichlich, reich; ~ урожа́й éine réiche Érnte.

рятівн|и́й réttend; Réttungs≠; ~и́й за́сіб Réttungsmittel *n* (6); **~и́к** Rétter *m* (6), Errétter *m.*

рятува́льний Réttungs≠; ~ круг Réttungsring *m* (1); ~ по́яс Réttungsgürtel *m* (6); ~ чо́вен Réttungsboot *n* (2).

рятува́|ння Rétten *n* -s; Errétten *n; мор.* Bérgen *n* -s; **~ти** rétten *vt,* errétten *vt* (кого́-н., від чо́го-н. vor *D*); *мор.* bérgen *vt;* **~тися** sich rétten.

ряту́нок Réttung *f,* Erréttung *f.*

С

сабота́ж Sabotáge [-ʒə] *f* (11); **~ник** Saboteur [ı'tø:r] *m* (1).

саботува́ти sabotíereh *vt,* Sabotáge [-ʒə] tréiben*.

сад Gárten *m* (7*); фрукто́вий ~ Óbstgarten *m;* зоологíчний ~ zoologischer Gárten *m,* Tíergarten *m, розм.* Zoo *m* -s *i* -, -s.

са́джанець *бот.* Sétzling *m* (1); Pflánzling *m* (1); Báumpflanze *f* (11) *(дерева).*

саджа́ти, сади́ти 1) (hin)sétzen *vt;* Platz néhmen lássen*; ~ у в'язни́цю ins Gefängnis sétzen [spérren, stécken, wérfen]; 2) *(рослини)* sétzen *vt,* pflánzen *vt;* stékken *vt (бобові);* légen *vt (картоплю).*

садівни́|к Gärtner *m* (6); **~цтво** 1) Gártenbau *m* -(e)s; 2) *(господарство, що займається розведенням садових рослин)* Gärtneréi *f* (10), Gártenbaubetrieb *m* (1).

садо́к 1) *див.* сад; 2) дитя́чий ~ Kíndergarten *m* (7*), Kínderwochenheim *n* (2) *(цілодобовий).*

са́жа Ruß *m* -es.

са́ло Speck *m* -(e)s *(свиняче);* Talg *m* -(e)s *(яловиче, бараняче);* Fett *n* -(e)s.

салфе́тка 1) *(для витирання рук і губів)* Serviette [-viɛtə] *f* (11), Múndtuch *n* (5); 2) *(невелика скатерка)* kléines Tíschtuch.

салю́т Salút *m* (1); **~ува́ти** salutíeren *vi,* Salút schíeßen*.

сам *(ж. р.* сама́, *с. р.* само́, *мн.* самі́) selbst, sélber; alléin *(один);* ◊ ~ не свій ganz áußer sich; він ~ собі хазя́їн er ist sein éig(e)ner Herr; ~о́ собо́ю (зрозуміло) *у знач. вставн. сл.* es verstéht sich von selbst.

са́ме geráde, ében, áusgerechnet; а ~ (wie) zum Béispiel, und zwar.

саме́ць Männchen *n* (7).

самовихова́ння Sélbsterziehung *f*.

са́м|ий selbst; той ~ий dersélbe (*f* diesélbe, *n* dassélbe, *pl* diesélben); з ~ого поча́тку gleich [ganz] am [im] Anfang; в той ~ий час zur sélben Stúnde; з ~ого ра́нку vom frühen Mórgen; до ~ого кінця́ bis ganz zulétzt.

самі́тн|ий 1) éinsam; 2) *(без родини)* únverheiratet; lédig; alléinstehend; ~**ість** Éinsamkeit *f*, Alléinsein *n* -s.

самобу́тній éigenartig; originéll.

самовдово́лений sélbstzufrieden, sélbstgefällig.

самови́значення Sélbstbestimmung *f;* пра́во на́цій на ~ Sélbstbestimmungsrecht *n* der Natiónen.

самові́дданий sélbstlos, áufopfernd; híngebungsvoll.

самові́льний éigenmächtig, éigenwillig.

самовлада́ння Sélbstbeherrschung *f*; втрача́ти ~ aus der [áußer] Fássung geráten* [kómmen*]; die Fássung verlíeren*.

самовпе́внений sélbstbewußt, sélbstsicher.

самогу́бство Sélbstmord *m* (1); покінчи́ти життя́ ~м Sélbstmord begéhen*.

самодержа́вство Sélbstherrschhaft *f*, Ábsolutismus *m* -.

самодія́льн|ий *(стосовно до художньої самодіяльності)* Láien(kunst)≠; ~**ість** Láienkunst *f*; колекти́в худо́жньої ~ості Láienkunstgruppe *f* (11); Kultúrgruppe *f* (11).

самоду́р Stárrkopf *m* (1*); rücksichtsloser [éigensinniger] Mensch.

самозапи́лення *бот* Sélbstbestäubung *f*.

самозаспоко́єння Sélbstzufriedenheit *f*.

самоза́хист Sélbstverteidigung *f*, Sélbstschutz *m* -es; Nótwehr *f*.

самозбере́ження Sélbsterhaltung *f;* інсти́нкт ~ Sélbsterhaltungstrieb *m* -(e)s.

самока́т *(дитячий)* Róller *m* (6).

самокри́тика Sélbstkritik *f*.

самолюби́вий éhrgeizig, egoístisch.

самообма́н Sélbstbetrug *m* -(e)s, Sélbsttäuschung *f*.

самообслуго́вування Sélbstbedienung *f*; магази́н ~ Sélbstbedienungsgeschäft *n* (2).

самопоже́ртва Sélbstaufopferung *f*.

самопочуття́ Befínden *n* -s; як ва́ше ~ ? wie geht es Ihnen?; wie fühlen Sie sich?

саморо́бний sélbstgemacht, (sélbst)gebástelt.

саморо́док 1): ~ зо́лота Góldklumpen *m* (7); 2) *перен.* Natúrtalent *n* (2).

самосвідо́мість Sélbstbewußtsein *n* -s.

самості́йний sélbständig; únabhängig.

самота́ Éinsamkeit *f;* Alléinsein *n* -s; Ábgeschiedenheit *f*.

само́тній *див.* самі́тний 1), 2).

самоту́жки sélbständig, alléin; als Autodidákt, autodidáktisch.

самоуправлі́ння Sélbstverwaltung *f*.

самоучи́тель Léhrbuch *n* (5) für den Sélbstunterricht.

самоцві́т Édelstein *m* (1).

самоці́ль Sélbstzweck *m* -(e)s.

санато́рій Sanatórium *n* -s, -ri|en, Héilanstalt *f* (10).

са́ни Schlítten *m* (7).

саніта́р Sanitäter *m* (6), Kránkenpfleger *m* (6); ~**ний** Hygiéne≠, Sanitäts≠, Gesúndheits≠, sanitär.

са́нкція 1) Sanktión *f* (10); Genéhmigung *f;* 2) *здеб. мн. (каральні заходи)* Zwángsmaßnahmen *pl*.

санте́хнік Installateur [-'tø:r] *m* (1) für sanitäre Ánlagen.

сантиме́тр Zentiméter *n* (6) *(скор.* cm).

санчасти́на *військ.* Sanitätsabteilung *f* (10).

сапа́ Játhacke *f* (11), Jäteisen *n* (7).

сапа́ти *с. г.* jäten *vt*.

сапе́р *військ.* Pioníer *m* (1).

сара́й Schúppen *m* (7); Schéune *f* (11).

сарана́ Héuschrecke *f* (11).

сарафа́н Trägerrock *m* (1*), Kléiderrock *m*.

сарде́лька *кул.* Bóckwurst *f* (3).

сатана́ Sátan *m* (1); Téufel *m* (6).

сателіт *астр.* Satellít *m* (8), Mond *m* (1), Trabánt *m* (8).
сатир|а Satíre *f* (11); **~ичний** satírisch.
сачок Ké(t)scher *m* (6).
свавілля, сваволя Éigenmächtigkeit *f;* Éigenwille *m* -ns, Wíllkür *f.*
сваритися sich zánken, zánken *vi,* sich stréiten*, stréiten* *vi;* ~ на кого-н. dróhen *vi* (чим-н. mit *D*).
свар|ка Streit *m* (1); Zank *m* (1*); Verféindung *f,* Zwist *m* (1); бути у ~ці з ким-н. mit j-m verféindet [verzánkt] sein; **~ливий** zänkisch, zánksüchtig, stréitsüchtig.
свастика Hakenkreuz *n* (2).
свекор Schwíegervater *m* (6*); **~руха** Schwíegermutter *f* -, *pl* -mütter.
сверб|іти júcken *vi;* ◊ у мене руки ~лять es juckt mir in den Fingern; у нього язик ~ить es brennt ihm auf der Zúnge.
сверд|ел, ~ло *тех.* Bóhrer *m* (6); **~лити** *тех.* bóhren *vt;* **~ловина** Bóhrloch *n* (5); **~лувальник** Bóhrer *m* (6).
светр Róllkragenpullover [-vər] *m* (6).
свинар|ка Schwéinepflegerin *f* (12), Schwéinewärterin *f* (12); **~ник, ~ня,** Schwéinestall *m* (1*); **~ство** Schwéinezucht *f.*
свинець Blei *n* -(e)s.
свинина Schwéinefleisch *n* -es.
свинка I: ◊ морська ~ Méerschweinchen *n* (7).
свинка II *(хвороба)* Zíegenpeter *m* -s.
свиня Schwein *n* (2).
свист Pfiff *m* (1), Pféifen *n* -s; **~áти, ~іти** pféifen* *vi, vt;* **~óк** 1) *(пристрій для свисту)* Pféife *f* (11); 2) *(свист)* Pfiff *m* (1); ~óк судді до початку матчу *спорт.* Ánpfiff *m* (1).
свідок Zéuge *m* (9), Áugenzeuge *m.*
свідом|ий 1) bewúßt; 2) vórbedacht, ábsichtlich, vórsätzlich; **~ість** Bewúßtsein *n* -s; Besínnung *f;* втратити ~ість bewúßtlos wérden, das Bewúßtsein verlíeren*; приходити до ~ості zur Besínnung kómmen*.
свідоцтво Beschéinigung *f* (10), Schein *m* (1); Zéugnis *n* (3*); ~ про народження Gebúrtsurkunde *f* (11); ~ про шлюб Héiratsurkunde *f* (11); лікарське ~ ärztliche Beschéinigung, ärztliches Attést (2).
свідч|ення Zéugnis *n* (3*), Áussage *f* (11); **~ити** 1) zéugen *vi* (про що-н. von *D*); Zéugnis áblegen (von *D*), bezéugen *vt;* beschéinigen *vt (у документах, книгах);* 2) *(бути доказом чого-н.)* spréchen* (про що-н. für *A*).
свіж|ий frisch; *(про новини ще)* néu(e)st, neu; **~ість** Frísche *f;* Kühle *f (прохолода);* **~іти** 1) frisch [kühl] wérden, áuffrischen *vi,* zúnehmen* *(про вітер);* 2) *(про людину)* frisch [blühend, gesúnd] wérden.
свіжо|морожений Fénfrost≠; **~спечений** fríschgebacken.
свій *перекладається присвійним займенником відповідної особи і відповідного числа* mein *(стосовно до 1 ос. одн.);* dein *(стосовно до 2 ос. одн.);* sein *(стосовно до 3 ос. одн. чол. та сер. роду);* ihr *(стосовно до 3 ос. одн. жін. роду);* unser *(стосовно до 1 ос. мн.);* euer *(стосовно до 2 ос. мн.);* Ihr *(стосовно до ввічливої форми);* ihr *(стосовно до 3 ос. мн.).*
світ Welt *f* (10); All *n* -s, Wéltall *n* -s, Univérsum [-vέr-] *n* -s *(всесвіт);* Érde *f (земля);* сторони ~у Hímmelsrichtungen *pl;* ◊ появитися на ~ das Licht der Welt erblícken; zur Welt kómmen*; gebóren wérden; його нема на ~і er ist tot, er lebt nicht mehr; виходити у ~ veröffentlicht wérden, erschéinen* *vi* (s) *(бути надрукованим);* нізащо в ~і um nichts in der Welt.
світа|ння, ~нок Mórgendämmerung *f,* Mórgengrauen *n* -s, die Mórgenröte *f;* на ~нні, на ~нку bei Tágesanbruch, in der érsten Frühe; **~ти** *безос.* dämmern *vimp,* tághell werden; ~є es dämmert, es tagt.
світи|ло 1) *(небесне)* Hímmelskörper *m* (6), Hímmelslicht *n* -(e)s *(сонце);* 2) *перен.* Léuchte *f* (11), Licht *n* (5); **~льник** Léuchte *f* (11); **~ти** léuchten *vi,* schéinen* *vi,* **~тися** léuchten *vi,* schéinen* *vi (сяяти);* glänzen *vi,* fúnkeln *vi (блищати);* schímmern *vi (виднітися).*
світл|ий hell, klar, licht; **~іти** 1) hell wérden; sich áufklären *(про небо, погоду);* 2) *(виднітися)* léuchten *vi,* schímmern *vi;* **~о** Licht *n* -(e)s; Schein *m* -(e)s, Hélle *f,*

С

Hélligkeit *f;* при денному ~і bei Tágeslicht; сóнячне ~о Sónnenschein *m;* **~овúй** Licht≠, Leucht-.
світловолóсий héllblond.
світлолю́бний *бот.* líchtbedürftig.
світломаскувáння Verdúnk(e)lung *f* (10); *мор.* Ábblenden *n* -s.
світлонепронúкний líchtdicht, líchtundurchlässig.
світлотéхніка Beléuchtungstechnik *f,* Líchttechnik *f.*
світлофíльтр Fárbfilter *m* (6), Líchtfilter *m* (6).
світлофóр Verkéhrsampel *f* (11).
світлочутлúвий líchtempfindlich.
світловúй Licht≠, Leucht≠.
світовúй Welt≠, wéltumspannend, wéltumfassend, wéltweit.
світóгляд Wéltanschauung *f* (10)
свíчка Kérze *f* (11), Licht *n* (5).
свобóда Fréiheit *f* (10); ~ слóва Rédefreiheit *f.*
свободолю́бний fréiheitsliebend.
своєкорúсний éigennützig, auf den éigenen Vórteil.
своєрíдний éigenartig, éigentümlich, originéll.
своєчáсний réchtzeitig; termíngemäß, termíngerecht *(у зазначений термін).*
святúй héilig; hoch (перен.)
святк|óвий féstlich, fésttäglich; féiertäglich, Féiertags≠; Fest≠; **~увáти** féiern *vi,* féstlich begéhen*.
свя́то 1) Féiertag *m* (1); Fest *n* (2); 2) *(радість)* Fréude *f.*
сеáнс *(в кіно)* Vórstellung *f* (10); Vórführung *f* (10).
себé *звор. займ.* sich *(стосовно до 3 ос. одн. і мн.),* mich, mir *(стосовно до 1 ос. одн.),* uns *(стосовно до 1 ос. мн.),* dich, dir *(стосовно до 2 ос. одн.),* euch *(стосовно до 2 ос. мн.);* ◊ вивóдити з сéбе когó-н. j-n aus der Fássung bríngen*; говорúти від сéбе im éigenen Námen spréchen*.
сезóн 1) *(пора року)* Jáhreszeit *f* (10); 2) *(час, період чого-н.)* Saison [zɛ'zɔŋ] *f, pl* -s, Zeit *f;* театральний ~ Spíelzeit *f.*
сейсмíчн|ий séismisch; ~а стáнція Érdbebenwarte *f* (11).
секрéт 1) Gehéimnis *n* (3*); видавáти ~ein Gehéimnis préisgeben* [verráten*]; держáти в ~і gehéimhalten* *відокр. vt;* під ~ом im gehéimen; im Vertráuen; розкривáти чий-н. ~ j-s Gehéimnis lüften; 2) *військ.* Hórchposten *m* (7) *(скор.* HP).
секретáр 1) Sekretär *m* (1); 2) *(особа, що веде протокол зборів тощо)* Schríftführer *m* (6), Protokollánt *m* (8).
секрéтний gehéim; vertráulich; verstéckt.
сéктор 1) *мат.* Séktor *m* -s, -tóren; 2) *(відділ в установі)* Abtéilung *f* (10); 3) *військ.* Ábschnitt *m* (1).
секу́нд|а Sekúnde *f* (11); **~омíр** Stóppuhr *f* (10)
сéкція Sektión *f* (10).
сéлезень Énterich *m* (1), Érpel *m* (6).
селезíнка *анат.* Milz *f* (10).
селéктор *ел.* Wähler *m* (6), Strómwähler *m.*
селекціонéр Pflánzenzüchter *m* (6), Züchter *m.*
селéкція *с. г.* Selektión *f* (10), Zúchtwahl *f,* Áuslese *f.*
селúти ánsiedeln *vt;* **~ся** sich ánsiedeln, sich níederlassen*.
сéлище Siedlung *f* (10); Dorf *n* (5).
сел|ó 1) Dorf *n* (5); 2) *(сільська місцевість);* на ~í auf dem Lánde.
сел|янúн Báuer *m* (8, 13); **~я́нка** Bäuerin *f* (12); **~я́нство** *збірн.* Báuernschaft *f,* die Báuern; **~я́нський** Báuern≠, bäuerlich.
семафóр *залізн.* Signál *n* (2).
сéмеро síeben (an der Zahl); нас булó ~ wir wáren síeben (Mann); ◊ ~ одногó не ждуть síeben (Mann) wárten nicht auf éinen.
семéстр Seméster *n* (6).
семигодúнний síebenstündig.
семимúльн|ий: йтú ~ими крóками mit Síebenmeilenschritten vorángehen *.
семінáр Seminár *n* (2).
сенсаціійний sensationéll, áufsehenerreged.
сенсáці|я Sensatión *f* (10), Áufsehen *n* -s, виликáти ~ю Áufsehen errégen.
сентиментáльний sentimentál, empfíndsam, rührselig.
сервáнт Ánrichte *f* (11), Kredénz *f* (10).
сервéтка Serviette [-'vɛte] *f* (11) (для губ), kléines Tíschtuch (на столі).
сервíз Service [-'vi:s] *n* - *i* -s [-'vi:səs] *pl* -[-'vi:s(ə)]; Táfelgeschirr *n* (2).

С

сервірува́ти servíeren [-vi:-] vt, áuftragen* vt; ~ стіл den Tisch décken.
се́рвіс Kúndendienst *m* -(e)s, Service ['zø:rvis] *m* -s ['zø:rvis(es)] *pl* -s ['zø:rvis].
серде́чн|ий 1) Herz≠; 2) *(добрий, чулий)* hérzlich, warm, ínnig; 3) (любовний) Líebes≠, Hérzens≠; ~**ість** Hérzlichkeit *f*, Wärme *f*.
се́рдити böse máchen, erzürnen *vt*, ärgern *vt*.
серди́т|ий böse, zórnig; áufgebracht; ärgerlich; бу́ти ~им на ко́го-н. böse sein (*D*, auf *A*); áufgebracht sein (gégen *A*).
се́рдитися böse sein, sich ärgern, zürnen *vi*.
се́ред 1) mítten (auf *D*, in *D*); inmítten *(G)*; 2) *(в числі)* únter *(D)*; ~ нас únter uns.
середа́ Míttwoch *m* (1); в се́реду am Míttwoch.
се́редина Mítte *f* (11).
се́редн|ій 1) Míttel≠, míttler; ~я шко́ла Míttelschule *f* (11); Óberschule *f*; 2) *(який займає проміжне становище)* Míttel≠, Dúrchschnítts≠, dúrchschnittlich; в ~ьому im Dúrchschnitt; 3) *розм.* *(посередній)* míttelmäßig, mäßig; 4) *грам.*: ~ій рід Néutrum *n* -s, das sächliche Géschlécht; іме́нник ~ього ро́ду Néutrum *n* -s, *pl* Néutra, sächliches Súbstantiv.
середньоазіа́тський míttelasiatisch.
середньові́ччя Míttelalter *n* -s.
середо́вищ|е 1) *спец.* *(сфера)* Médium *n* -s, -di|en; живи́льне ~е Nährboden *m* (7*); 2) *(природне оточення)* Úmwelt *f*; забру́днення навко́лишнього ~а Úmweltverschmutzung *f*; 3) *(соціально-побутові умови)* Milieu [mi'ljø:] *n* -s, -s, Umgébung *f* (10).
сере́жка 1) *(прикраса)* Óhrring *m* (1); 2) *бот.* Kätzchen *n* (7).
серíйн|ий Séri|en≠, Réihen≠; séri|enmäßig; ~е виробни́цтво Séri|enproduktion *f*.
се́рія Séri|e *f* (11), Réihe *f* (11); Teil *m* (1) *(фільму)*; фільм у двох ~х zwéiteiliger Film.
серйо́зний ernst, érnsthaft, érnstlich; gewíchtig, wíchtig.
серп Síchel *f* (11).
серпа́нок 1) Mull *m* (1); 2) Dunst *m* (1*).
се́рп|ень Augúst *m*- i -s; в ~ні im Augúst; на поча́тку ~ня Ánfang Augúst; у се́редині ~ня Mítte Augúst; в кінці́ ~ня Énde Augúst.
се́рц|е Herz *n* (15); ◊ бра́ти що-н. (бли́зько) до ~я sich *(D)* etw. zu Hérzen néhmen*; від щи́рого ~я von gánzem Hérzen.
серцебиття́ Hérzklopfen *n* -s.
серцеви́на Herz *n* -ens; Mark *n* -(e)s *(дерева)*; Kérngehäuse *n* -s *(плоду)*.
се́сія Tágung *f* (10), Sitzung *f* (10); екзаменаці́йна ~ Prüfungsperiode *f*.
сестра́ Schwéster *f* (11); двою́рідна ~ Kusíne *f* (11); меди́чна ~ Kránkenschwester *f*.
се́ча Harn *m* -(e)s, Urín *m* (1).
си́вий 1) grau, weiß; 2) *(про хутро)* silbern.
си́віти ergráuen *vi* (s), grau wérden.
сигаре́та Zigarette *f* (11).
сигна́л Signál *n* (2), Zéichen *n* (7); ~**ити**, ~**ізува́ти** signalisíeren *vt*, Signále [Zéichen] gében*.
сиді́ти 1) sítzen* *vi*; ~ за сто-ло́м am Tisch sítzen*; zu [bei] Tisch sítzen *(за їдою)*; ~ над книжка́ми über den Büchern sítzen*; 2) *(про одяг тощо)*: су́кня сиди́ть га́рно das Kleid sitzt gut.
сидя́чий sítzend, Sitz-.
си́зий gráublau, táubenblau.
си́л|а 1) Kraft *f* (3); Stärke *f*; Wucht *f* (10); Macht *f*, Gewált *f* (10) *(міць)*; з усіє́ї ~и [з усі́х ~] aus állen Kräften; aus Léibeskräften; «з пози́ції ~и» «von der Positión der Stärke aus»; це мені́ не під ~у das geht über méine Kraft; 2) *фіз., тех.* Kraft *f* (3); кі́нська ~а Pférdestärke *f* (11) *(скор.* PS); 3) *військ. мн.*: збро́йні ~и Stréitkräfte *pl*; сухопу́тні збро́йні ~и Stréitkräfte *pl*; сухопу́тні збро́йні ~и Lándstréitkräfte *pl*; 4) *юр.*: ~а зако́ну gesétzliche Kraft, Réchtskraft *f*.
сила́ч Athlét *m* (8), Kráftmensch *m* (8); stráker Mensch.
силкува́тися sich bemühen, sich ánstrengen.
силови́й Kraft≠.
силомі́ць mit Gewált.
си́лос *с. г.* Siláge [-ʒə] *f*, Sílofutter *n* -s, Gärfutter *n* -s; ~**ува́ти** silíeren *vt*, éinsäuern *vt*.
си́лою *див.* силомі́ць.

си́лувати zwíngen* *vt,* nötigen *vt.*
силуе́т Silhouette [zilu'ɛtə] *f* (11), Schátténriß *m* -sses, -sse, Scháttenbild *n* (5).
си́льний stark, kräftig; kráftvoll; héftig, mächtig, gewáltig.
сильце́, сильце́ Fángschlinge *f* (11).
си́мвол Symból *n* (2), Sínnbild *n* (5); Wáhrzeichen *n* -s; **~ізува́ти** symbolisíeren *vt,* versínnbildlichen *vt.*
симетри́чний symmétrisch.
симпатизува́ти sympathisíeren *vi* (кому́-н. mit *D*).
симпа́тія Sympathíe *f* (11); Zúneigung *f.*
симулюва́ти simulíeren *vt;* vórtäuschen *vt.*
син Sohn *m* (1*).
син|е́ць, ~я́к bláuer Fleck.
сини́ти 1) blau färben; 2) *(білизну)* bläuen *vt,* in Wáschblau spülen.
сини́ця Méise *f* (11).
си́ній blau.
сино́нім Synoným *n* (2); **~íчний** synonýmisch, sínnverwandt.
йнтакс|ис Sýntax *f* (10); **~и́чний** syntáktisch.
си́нтез Synthése *f* (11).
синтети́чний synthétisch; Synthése≠, Kunst≠; künstlich hérgestellt.
синхро́нний synchrón [-'kro:n]; ~ пере́клад Simultánübersetzung *f* (10).
си́нява, синь Bläue *f,* das Blau -s.
си́нька 1) *(для підсинювання тканин тощо)* Wáschblau *n* -s; 2) *(синій світлокопіювальний папір)* Bláupapier *n* (2); Bláupause *f* (11) *(креслення).*
си́пати schütten *vt;* stréuen *vt;* ◊ ~ до́тепами Wítze réißen*; ~ грі́шми mit Geld um sich wérfen*; ~ пита́ння Frágen über Frágen hervórsprudeln; **~ся** sich verschüttet wérden; níederprasseln *vi* (1); herábrieseln *vi* (s); ◊ **~ся** гра́дом hágeldicht régnen [níedersausen, prásseln].
си́плий héiser; krächzend.
сир Quark *m* (1); Käse *m* -s; -; пла́влений ~ Schmélzkäse *m;* ◊ жи́ти як ~ у ма́слі ~ wie die Máde im Speck sítzen *.
сири́й 1) *(вологий)* feucht; 2) *(недоварений, недопечений)* nicht gar gekócht, schlecht dúrchgebacken; 3) *(не варений, не смажений тощо)* roh; 4) *тех. (не до кінця оброблений)* roh; únbearbeitet.
си́рість Féuchtigkeit *f.*
сирі́ти feucht wérden; schwítzen *vi (про стіни).*
сиро́ватка Mólke *f.*
сировина́ Róhstoff *m* (1); Róhmaterial *n* -(e)s.
сиро́п Sírup *m* (1), Zúckersaft *m* (1*).
сирота́ Wáise *f* (11); кру́глий ~ Vóllwaise *f.*
систе́ма Systém *n* (2).
систематиза́ція Systematisíerung *f* (10).
си́тець Kattún *m* (1).
си́т|ий satt; wóhlgenährt *(добре вгодований);* **~ний** sättigend; náhrhaft *(поживний).*
си́то Sieb *n* (2); сі́яти че́рез ~ dérchsieben *vt.*
ситуа́ція Situatión *f* (10), Láge *f* (11).
сич Kauz *m* (1*), Käuzchen *n* (7).
сича́ти zischen *vt (про гадюку);* fáuchen *vi (про кота).*
сіва́лка Sämaschine *f* (11); рядкова́ ~ Dríllmaschine *f.*
сівба́ Saat *f;* Áussaat *f;* Sáatzeit *f (час сівби);* весня́на́ ~ Frühjahrsbestellung *f.*
сівозмі́на *с. г.* Frúchtfolge *f;* Frúchtwechsel *m.*
сіда́ти, сі́сти I 1) sich sétzen; sich níederlassen; ~ за стіл sich an den Tisch sétzen; sich zu Tisch sétzen *(їсти);* ~ на коня́ aufs Pferd stéigen*, sich aufs Pferd schwíngen*; áufsitzen* *vi* (s); 2) *(у вагон, човен тощо)* éinsteigen* *vi* (s); ~ на корабе́ль an Bord éines Schíffes géhen* sich éinschiffen; 3) *(розпочинати що-н.)* géhen* *vi* (s) (an *A*); sich máchen an *(A);* 4) *(про сонце)* úntergehen* *vi* (s); 5) *ав.* lánden *vi* (s).
сіда́ти II *(про матерію)* éingehen* *vi* (s), éinlaufen* *vi* (s), schrúmpfen *vi* (s).
сідл|а́ти sátteln *vt;* **~о́** Sáttel *m* (6*).
сік Saft *m* (1*).
сі́кти 1) hácken *vt,* häckseln *vt;* 2) *(бити)* háuen *vt,* prügeln *vt,* péitschen *vt.*
сіль 1) Salz *n* (2); кам'яна́ ~ Stéinsalz *n;* кухо́нна ~ Kóchsalz *n;* 2) *перен.* Pointe [po'ɛtə] *f,* Würze *f.*

С

сільмáг (сільськи́й магази́н) Lándverkaufsstelle *f* (11) *(продуктовий)*; Lándkaufhaus *n* (5) *(промтоварний)*.
сільрáда (сільськá рáда) Dórfsowjet *m* -s, -s.
сільськ|и́й Dorf≠, Land≠, ländlich; ~é господáрство Lándwirtschaft *f*: **~огосподáрський** lándwirtschaftlich, Lándwirtschafts≠.
сім síeben; **~деся́т** síebzig.
симéйний Famíli¦en≠.
сім|нáдцять síebzehn.
сімсóт síebenhundert.
сім'я *тж. перен.* Sáme *m* (15), Sámen *m* (7).
сім'я́ Famíli¦e *f* (11); член ~í Famíli¦enangehörige *m* (14); Famíli¦enmitglied *n* (5); ~я́ з шести́ осíб éine séchsköpfige Famíli¦e.
сім'яни́н (gúter) Famíli¦envater *m* (6*).
сíни Flur *m* (1); Díele *f* (11).
сíно Heu *n* -(e)s; **~жáть** 1) Héuernte *f*, Héumahd *f*; 2) *(час косіння)* Héuerntezeit *f*; 3) *(місце, де косять траву)* Héuschlag *m* -(e)s; **~заготíвля** Héubeschaffung *f* (10).
сíпати 1) zúpfen *vi*, zíehen* *vi* (за що-н. an *D*; -) *безос. (про біль)*: у мéне сíпає пáлець es zuckt mir im Fínger; ~ **ся** zúcken *vi*.
сíрий 1) grau; 2) *перен.* únbedeutend; fáde.
сірни́к Stréichholz *n* (5); Zündholz *n* (5); корóбка ~ів éine Scháchtel Stréichhölzer.
сíтка, сіть Netz *n* (2); *(для ловлі риби, птахів тощо)* Garn *n* (2).
сíч|ень Jánuar *m* - *i* -s; в ~ні im Jánuar; на почáтку ~ня Ánfang Jánuar; в серéдині ~ня Mítte Jánuar; в кінці́ ~ня Énde Jánuar.
сíянець *с. г.* Sämling *m* (1).
сíяти 1) säen *vt*, áussäen *vt*; ~ рядáми dríllen *vt*; 2) *перен. (поширювати)* verbréiten *vt*; 3) *(пропускати через сито тощо)* síeben *vt*; ◊ ~ рóзбрат Zwíetracht säen.
скав(у)чáти wínseln *vi*.
скажéн|ий 1) tollwütig; 2) *(шалений)* ásend, wütend, beséssen; **~íти** wüten *vi*, rásen *vi*, vor Wut tóben [schäumen].
сказáти ságen *vt*; ◊ ~ по прáвді éhrlich geságt? як ~ wie man's nimmt; мóжна ~ man kann ságen, es läßt sich ságen; вáжко ~ schwer zu ságen; з дóзволу ~ mit Verláub zu ságen.
скакá|лка *(іграшка)* Spríngseil *n* (2); Sprúngseil *n*; **~ти** 1) spríngen* *vi* (s), hüpfen *vi* (s); 2) *(на коні)* schnell réiten* galoppíeren *vi*.
скаку́н Rénner *m* (6), Rénnpferd *n* (2).
скáлити: ~ зу́би 1) die Zähne flétschen [zéigen, blécken]; 2) *розм. (сміятися)* grínsen *vi*.
скалíчити verstümmeln *vt*; verkrüppeln *vt*, zum Krüppel máchen *(тж. перен.)*.
скáлка 1) *(осколок)* Schérbe *f* (1*); Splítter *m* (6), Brúchstück *n* (2); 2) *(тонка тріска)* Span *m* (1*).
скандáл Skandál *m* (1), Krach *m* (1); Tumúlt *m* (1).
скарб 1) Schatz *m* (1*); Kóstbarkeit *f* (10) *(коштовність)*; 2) *(цінні речі) збірн. розм.* Háusrat *m* -(e)s, Hábseligkeiten *pl*; **~ни́ця** *тж. перен.* Schátzkammer *f* (11).
скáрг|а Kláge *f* (11); Beschwérde *f* (11); подáти ~у *юр.* éine Kláge éinreichen; звернýтися до кóго-н. зі ~ою на кóго-н., на що-н. sich bei j-m über j-n, über etw. *(A)* beschwéren.
скáржит|ися klágen *vi*; sich beklágen, sich beschwéren; Kláge [Beschwérde] führen (на кóго-н., на що-н. über *A*); на що ви ~есь? worüber beklágen [beschwéren] Sie sich?; was fehlt Ihnen? *(у лікаря)*; ~ися на кóго-н. в суд j-n beim Gerícht verklágen.
скáржни́к *юр.* Kläger *m* (6), Beschwérdeführer *m* (6).
скарлати́на *мед.* Schárlach *m* -(e)s.
скасóвувати, скасувáти áufheben* *vt*, ábschaffen *vt*; áußer Kraft sétzen *(про закон)*; rückgängig máchen, annulíeren *vt*, zurücknehmen* *vt*, widerrúfen* *vt*.
скáтер|ка, ~ти́на, ~ Tischdecke *f* (11); Tíschtuch *n* (5).
скáчки Pférderennen *n* (7).
скáчувати, скачáти zusámmenrollen *vt*.
сквер Grünanlage *f* (11).
сквитáти: ~ м'яч [гол] *спорт.* den Áusgleich schíeßen*; ~ рахýнок den Áusgleich erzíelen.
скелéт Skelétt *n* (2); Gerípре *n* (6).
скéл|я Félsen *m* (7); **~я́стий** Fels(en)≠, félsig.

С

скеро́вувати, скерува́ти ríchten *vt;* áusrichten *vt,* léiten *vt,* lénken *vt,* stéuern *vt.*

ски́бка Schnítte *f* (11), Schéibe *f* (11).

ски́глити 1) *(про тварину)* wínseln *vi;* 2) *(про людину)* flénnen *vi,* jämmern *vi.*

скида́ти, ски́нути 1) hinábwerfen* *vt,* ábwerfen* *vt,* herúnterwerfen* *vt;* 2) *(позбавити влади)* stürzen *vt,* ábwerfen* *vt;* 3) *(одяг)* ábwerfen* *vt,* áusziehen * *vt.*

скипида́р Terpentín *n* -s.

скип'яти́ти áufkochen *vt,* síeden* *vt.*

ски́рт|а *с. г.* Féime *f* (11), Schóber *m* (6); **~ува́ти** *с. г.* schóbern *vt,* in Schóber sétzen, féimen *vt.*

скиса́ти, ски́снути sáuer wérden.

скі́льки 1) *займ. пит.* wievíel; ~ тобі ро́ків? wie alt bist du?; ~ ча́су? wie lánge?; 2) *займ. відн.* wievíel, sovíel; ~ я живу́ mein (gánzes) Lében lang; ~ разів wie oft.

скі́льки-не́будь étwas, ein bíßchen, ein wénig; éinigermaßen.

склад I 1) Láger *n* (6); Níederlage *f* (11); Spéicher *m* (6); Magazín *n* (2); Lágerhaus *n* (5); Depot [-'po:] *n* -s, -s, Zentrálstelle *f* (11) *(база);* 2) Zusámmensetzung *f* (10), Beständteile *pl;* 3) *(колектив людей)* Bestánd *m* (1*); ~ у́ряду Zusámmensetzung *f* der Regíerung; осо́бо́вий ~ Personálbestand *m,* Personál *n* (2); соціа́льний ~ soziále Zusámmensetzung [Struktúr]; викладáцький ~ Léhrkörper *m* (6); ~ викона́вців *театр.* Besétzung *f* (10); ~ кома́нди *спорт.* Áufstellung *f* der Mánnschaft; *військ.* чи́сельний ~ Stärke *f;* у по́вному ~ і vóllzählig; вхо́дити до ~ у gehören zu *(D),* ángehören *vi (D);* у ~і кого́-н., чого́-н. bestéhend aus *(D);* darúnter; ◊ словнико́вий ~ *лінгв.* Wórtschatz *m* -es, Wórtbestand *m* -(e)s; ~ зло́чину *юр.* Tátbestand *m* (1*).

склад II 1) *(будова тіла)* Körperbau *m* -(e)s, Statúr *f;* 2) *(характер)* Verfássung *f,* Bescháffenheit *f* (10); ~ ро́зуму Mentalität *f* (10); лю́ди особли́вого ~у Ménschen von besónderem Schláge; 3) *лінгв.* Sílbe *f* (11); 4) *(спосіб викладу думок, манера письма)* Stil *m* (1).

склада́льник *(монтажник) тех., буд.* Montágearbeiter [-ʒə-] *m* (6), Monteur [-tø:r] *m* (1).

склада́ти, скла́сти 1) zusámmenlegen *vt;* (zusámmen)fálten *vt;* áufschichten *vt;* ~ дро́ва das Holz stápeln; ~ ре́чі (éin)pácken *vt;* 2) *(з'єднуючи окремі частини, одержувати щось ціле)* zusámmenstellen *vt,* zusámmensetzen *vt,* bílden *vt,* áufstellen *vt,* áufbauen *vt;* montíeren *vt;* máuern *vt (з каменю);* 3) *(вірші тощо)* verfássen *vt;* ábfassen *vt,* áufsetzen *vt;* áufstellen *vt (розробити);* komponíeren *vt (пісню);* 4) spáren *vt (гроші);* 5) áblegen [bestéhen*] *(екзамен);* 6) *мат.* addíeren *vt;* 7) *(становити)* bílden *vt;* áusmachen *vt;* betrágen* *vt;* ◊ ~ збро́ю die Wáffen strécken [níederlegen]; сиді́ти, скла́вши ру́ки die Hände in den Schoß légen.

склада́тися, скла́|стися 1) sich zusámmensetzen; bestéhen* *vi;* 2) *(утворюватися)* sich bílden, sich gestálten; entstéhen* *vi* (s); zustándekommen* *відокр. vi* (s); ~лося вра́ження es entstánd der Éindruck; так ~лися обста́вини die Verhältnisse gestálteten sich dérart; so líegen die Verhältnisse; 3) *(готуватися до від'їзду)* pácken *vt;* 4) *(робити складчину)* Geld zusámmenlegen.

скла́дений 1): ~ при́судок ein zusámmengesetztes Prädikát; 2) *(про будову тіла);* до́бре ~ gut gebáut [gewáchsen].

скла́дка Fálte *f* (11); Rúnzel *f* (11), Fúrche *f* (11) *(зморшка).*

складн|и́й 1) zusámmengesetzt; ~é ре́чення *грам.* zusámmengesetzter Satz; ~é сло́во zusámmengesetztes Wort, Zusámmensetzung *f* (10), Kompósitum *n* -s, *pl* -ta; 2) *(не простий)* komplizíert, verwíckelt *(заплутаний).*

скла́дність Komplizíertheit *f.*

складнопідря́дн|ий: *грам.* ~е ре́чення Sátzgefüge *n* (6).

складносуря́дн|ий: *грам.* ~е ре́чення Sátzverbindung *f* (10).

складов|и́й Bestánd*; ~á части́на Bestándteil *m* (1).

скла́дчин|а geméinsame Kósten; в ~у auf geméinsame Kósten.

склеп Grábgewölbe *n* (6), Gruft *f* (3); **~і́ння** Gewölbe *n* (6), Bógen *m* (7, 7*).

С

склé|ювати, ~їти zusámmenkleben *vt,* zusámmenleimen *vt;* klében *vt;* **~юватися** (zusámmen)klében *vi,* aneinánderhaften *vi.*

склúкання Éinberufung *f* (10).

скликáти, склúкати 1) (herbei)rúfen* *vt,* zusámmenrufen* *vt;* éinladen* *vt (запросити);* 2) *(збори, парламент тощо)* éinberufen* *vt.*

склúти verglásen *vt.*

скло Glas *n* (5); вікóнне ~ Fénsterglas *n;* вітровé ~ *авто* Windschutzscheibe *f.*

склянúй Glas≠, gläsern.

склянка Glas *n* (5).

скляр Gláser *m* (6).

скобá *тех.* Klámmer *f* (11), Bügel *m* (6).

скоблúти schában *vt.*

скóвзати gléiten* *vt* (s); rútschen *vi* (s).

сковородá Pfánne *f* (11); Tíegel *m* (6); Stíelpfanne *f (з ручкою).*

скóвувати, скувáти 1) (zusammen)schmíeden *vt;* 2) *перен.* hémmen *vt;* binden* *vt;* níederhalten* *vt;* 3) *(заморожувати)* mit Éisschicht bedécken.

скóїтися geschéhen* *vi* (s), passíeren *vi* (s), zústoßen *vi* (s).

сколихнýти in Bewégung bríngen*, áufwühlen *vt;* **~ся** in Bewégung [Áufregung] geráten*.

сколóчувати, сколотúти *(про масло)* búttern *vi,* Bútter schlágen*.

скóлювати, сколóти 1) *(з'єднувати шпилькою)* zusámmenheften *vt,* zusámmenstecken *vt;* 2) *(лід тощо)* ábhacken *vt,* ábhauen *vt.*

скомáндувати ein Kommándo gében*, éinen Beféhl ertéilen.

сконфýжений verwírrt, verlégen, betréten.

скорбóт|а Leid *n* -(e)s; Gram *m* -(e)s, Tráuer *f;* Kúmmer *m* -s; **~ний** grámvoll, tráurig, léidvoll, schmérzerfüllt.

скóр|ий 1) schnell, geschwínd, rasch; до ~ого побáчення auf báldiges Wíedersehen; 2) *розм.* *(моторний, спритний)* flink, gewándt; fix.

скорúн(к)а Rínde *f* (11), Krúste *f* (11).

скористáтися áusnutzen *vt,* benútzen *vt,* sich *(D)* etw. zunútze máchen.

скоріше 1) *(вищ. ст. до* скóро) schnéller; früher, éher *(раніше);* як мóжна ~ so bald [schnell] wie möglich; möglichst schnell; чим ~, тим крáще je éher [früher], désto bésser; 2) *(краще)* lieber, éher; víelmehr; ◊ ~ всьóго áller Wáhrscheinlichkeit nach, höchstwahrscheinlich.

скóро 1) *(швидко)* schnell, geschwínd, rasch; 2) *(незабаром)* bald; in Kürze, in kúrzer [nächster] Zeit *(найближчим часом).*

скороспíлий, скоростúглий *с. г.* 1) frühreif, schnellréifend, Früh≠; 2) *перен. розм.* frühreif.

скорохóд Wéttgeher *m* (6), Schnélläufer *m* (6); ◊ чóботи-~и *фолькл.* Siebenméilenstiefel *pl.*

скорóчення 1) Verkürzung *f* (10), Kürzung *f;* Ábkürzung *f;* 2) *(зменшення)* Verríngerung *f* (10), Vermínderung *f* (10); Reduzíerung *f* (10); Herábsetzung *f* (10) *(зниження);* Éinschränkung *f* (10), Rückgang *m,* Ábbau *m* -(e)s *(виробництва);* ~ озбрóєнь Rüstungsbeschränkung *f;* ~ штáтів Stéllenplankürzung *f;* Personálabbau *m* -(e)s; 3) *(по службі) розм.* Entlássung *f* (10), Kündigung *f* (10).

скорóчувати, скоротúти 1) kürzen *vt,* verkürzen *vt,* ábkürzen *vt;* 2) *(зменшити)* verríngern *vt,* vermíndern *vt,* reduzíeren *vt,* herábsetzen *vt (знизити);* 3) *розм.* *(звільнити)* entlássen* *vt,* kündigen *vt;* 4) *мат.* kürzen *vt (дріб);* reduzíeren *vt (рівняння);* **~ся** **1)** sich verkürzen; 2) *(зменшитися)* sich verríngern, sich vermíndern; zusámmenschrumpfen *vi;* 3) *фізіол.* ich zusámmenziehen*, kontrahíeren *vi.*

скóрчити 1) *розм.* *(зігнути)* krümmen *vt;* 2) *(обличчя)* zusámmenziehen* *vt,* verzíehen* *vt;* ~ міну ein Gesícht zíehen*; éine Frátze schnéiden; **~ся** *розм.* sich krümmen; sich zusámmenkauen *(в клубок).*

скорúти, скорúти unterwérfen* *vt;* unterkríegen *vt;* eróbern *(завоювати);* **~ся** sich unterwérfen *; sich füger (чомý-н. in *A*).

скóса von der Séite (her), schief.

скот, скотúна Vieh *n* -(e)s; **~áр** Viehzüchter *m* (6); **~áрство** Viehzucht *f.*

скóчити 1) springen* *vi* (h, s); ábspringen* *vi* (1); hinúnterspringen* *vi* (s) *(у напрямку від того, хто говорить);* herúnterspringen* *vi* (s) *(у напрямку до того, хто говорить;* 2) áufspringen* *vi* (s), áuffahren* *vi* (s) *(швидко встати).*

скóчувати, скотúти herábwälzen *vt*, herábrollen *vt (у напрямку до того, хто говорить);* hinábwälzen *vt*, hinábrollen *vt (у напрямку від того, хто говорить);* **~ся** hinúnterrollen *vi* (s), hinúntergleiten* *vi* (s), hinúnterrutschen *vi* (s) *(у напрямку від того, хто говорить);* herúnterrolen *vi* (s), herúntergleiten *vi* (s), herúnterrutschen *vi* (s) *(у напрямку до того, хто говорить).*

скрáшувати, скрáсúти verschönern *vt;* beschönigen *vt.*

скрáю am Énde, am Ránde.

скрес|áти, скрéснути *(звільнятися від криги)* sich vom Eis befréien; крúга **~ла** das Eis ist gebróchen *(тж. перен.).*

скрúвлювати, скривúти 1) verbíegen* *vt*, verdréhen *vt;* krümmen *vt;* 2) *(обличчя тощо)* verzíehen* *vt*, verzérren *vt;* **~ся** 1) krumm wérden*, sich bíegen*; 2) sich verzíehen, sich verzérren.

скрúн|я Trúhe *f* (11); поштóва **~ька** Bríefkasten *m* (7, 7*).

скрипáл|ь, ~ч Géiger *m* (6), Géigenspieler *m* (6).

скрип|íти, скрúпнути knárren *vi*, schnárren *vi;* сніг **~úть** der Schnee knirscht.

скрúпка Géige *f* (11), Violíne [vi-] *f* (11).

скрíзь überáll, állerorts.

скрíплювати, скріпúти 1) verbínden* *vt*, beféstigen *vt;* zusámmenklammern *vt (аркуші паперу);* **~гáйками** verbólzen *vt;* 2 *засвідчити);* **~пíдписом** durch Únterschrift bekräftigen; **~печáткою** besíegeln *vt*, stémpeln *vt.*

скрóмний 1) bescháiden; 2) *(простий)* éinfach, ánspruchslos; 3) *(мізерний)* ärmlich, dürftig, karg.

скрóня Schläfe *f* (11).

скрупульóзний skrupulös, gewíssenhaft; péinlich genán.

скрýт|а Schwíerigkeit *f* (10), Verlégenheit *f*, Nótlage *f* (11), Kalamität *f* (10) *(розм.);* вихóдити з **~и** sich aus éiner Schwíerigkeit [aus der Verlégenheit] zíehen*.

скрутнúй schwíerig, schwer; úmständlich *(складний);* bedrängt.

скрýчувати, скру|тúти 1) (zusámmen)dréhen *vt;* 2) *(зв'язувати)* zusámmenbinden* *vt;* 3) *розм.:* хворóба йогó **~тúла** die Kránkheit hat ihn arg mítgenommen.

скýбати, скубнýти zúpfen *vi*, zíehen* *vi* (за щó-н. an *D*); áusreißen* *vt;* zúpfen *vt;* rúpfen *vt (траву).*

скýльпт|ор Bíldhauer *m* (6); **~ýра** Skulptúr *f* (10), Bíldwerk *n* (2).

скупúй 1) géizig, knáuserig; *перен.* spársam, karg; **~** на словá wórtkarg; 2) *(недостатній)* spärlich, kärglich; 3) *у знач. ім.* Géizige *m* (14).

скупúтися géizig sein; *перен.* géizen *vi*, kárgen *vi* (на щó-н. mit *D*).

скупóвувати, скупúти áufkaufen *vt.*

скýпчуватися, скýпчитися sich ánsammeln; sich ánhäufen; sich áufspeichern *(на складі).*

скучáти, скýчити sich lángweilen *невідокр.;* **~** за ким-н., за чим-н. sich nach j-m, nach etw. *(D)* séhnen.

скучнúй 1) *(невеселий)* tráurig; mißgestimmt; 2) *(нецікавий)* lángweilig.

слабúй 1) *(хворий)* krank, léidend; schwach, schwächlich, kränklich; 2) schwach; lóse lócker *(нетуго натягнутий);* dünn, leicht *(ненасичений).*

слабкúй *див.* слабúй 1), 2).

слáбнути schwach wérden; an Kräften ábnehmen*.

слабосúлий kráftlos, schwach.

слáв|а 1) Ruhm *m* -(e)s, Éhre *f;* 2) *(репутація)* Ruf *m* (1); мáти дóбру **~у** in gútem Ruf stéhen*; 3) *(чутка про кого-н., про що-н.)* Gerücht *n* (2), Geréde *n* -s; ◇ óрден Слáви Rúhmesorden *m* (7); на **~у** *розм.* áusgezeichnet, tréfflich, aufs béste.

славéтний *див.* слáвний.

слáвити 1) rühmen *vt*, préisen* *vt;* éhren *vt (у піснях);* 2) *(безчестити, ганьбити)* verléumden *vt*, verklátschen; **~ся** berühmt sein (für *A*, durch *A*).

слáвний 1) berühmt, rúhmreich; 2) *розм. (гарний)* gut, fein, nett.

слáнець *геол.* Schíefer *m* (6).

слáти *див.* посилáти.

слáтися *див.* стелúтися.

слúва 1) *(плід)* Pfláume *f* (11); 2) *(дерево)* Pfláumenbaum *m* (1*)

слизькúй 1) glatt, glitsch(r)ig; 2) *перен.* schlüpfrig; héikel; ставáти на **~** шлях auf éine schíefe Bahn geráten*.

С

сли́н|а Spéichel *m* -s, Géifer *m* -s; **~ити** mít Spéichel ánfeuchten.

слід I 1) *(відбиток)* Spur *f* (10), Fúß(s)tapfe *f* (11); 2) *мисл.* Fährte *f* (11); напа́сти на ~ auf die Spur kómmen*; ◊ його́ і ~ захоло́в (пропа́в) er war áuf und davón, er ist (längst) über álle Bérge.

слід II *(предик.)* es ist nötig, man muß, man soll; як ~ gehörig, órdentlich, wie es sich gehört; куди́ ~ an die betréffende Stélle.

слідкува́ти 1) fólgen *vi* (s) (за ким-н. *D*), verfólgen *vt;* beóbachten *vi (спостерігати);* 2) *(наглядати за ким-н., за чим-н.)* sórgen *vi* (für *A*), áufpassen *vi* (auf *A*), áchtgeben* *відокр. vi* (auf *A*).

слідо́м hinterhér; nach *(D),* hínter ... *(D);* іти́ ~ за ким-н. j-m auf dem Fúße fólgen.

слідопи́т Spúrenleser *m* (6).

слі́дство *юр.* (geríchtliche) Untersúchung *f* (10), Untersúchungsverfahren *n* (7).

слі́ду|вати 1) *(іти слідом)* fólgen *vi* (s) (за ким-н. *D*), náchfolgen *vi* (s) *(D);* 2) *(дотримуватися чого-н.)* fólgen *vi* (s, h), befólgen *vt;* 3) *безос.:* ~є es ist nötig, man soll, man muß; як ~є *див.* як слід.

слі́дчий 1) *прикм. юр.* Untersúchungs≠; 2) *(у знач. ім.)* Untersúchungsführer *m* (6).

сліпи́й 1) *прикм.* blind; 2) *(у знач. ім.)* Blinde *m* (14).

сліпота́ Blíndheit *f*.

сліпу́чий bléndend, grell, hell.

словни́к 1) Wörterbuch *n* (5); Léxikon *n* -s, *pl* -ka *і* -ken; 2) *(запас слів)* Wórtschatz *m* -es.

сло́в|о 1) Wort *n* (5, 2); 2) *(промова)* Réde *f* (11), Ánsprache *f* (11), Wort *n* (2); вступне́ ~о Eröffnungsansprache *f;* проси́ти ~а ums Wort bítten*; sich zum Wort mélden; да́ти ~о das Wort ertéilen; взя́ти ~о das Wort ergréifen*; заклю́чне ~о Schlúßwort *n;* 3) *(обіцянка)* Wort *n* -es, Versprétchen *n* (7); че́сне ~о! Éhrenwort!

слово|змі́на *грам.* Béugung *f* (10), Elexión *f* (10); **~тві́р** *лінгв.* Wórtbildung *f* (10).

слов'яни́н Sláwe *m* (9).

слов'я́нський sláwisch.

слон 1) Elefánt *m* (8); 2) *шах.* Läufer *m* (6).

слуга́ Díener *m* (6).

слу́жб|а Dienst *m* (1); Amt *n* (5) *(посада);* Díenststelle *f* (11), Büró *n* -s, -s *(місце служби);* військо́ва ~а Militärdienst *m;* ◊ поста́вити що-н. на ~у etw. in den Dienst stéllen; бу́ти на ~і im Dienst sein; нести́ ~у den Dienst léisten [áusüben]; **~о́вець** Ángestellte *m* (14); **~о́вий** 1) Díenst≠, Amts≠, díenstlich; 2) *(допоміжний)* Hilfs-; ◊ ~о́ві слова́ *грам* Hílfswórter *pl,* Dienstwörter *pl.*

служи́ти dienen *vi;* éine Stélle háben, im Dienst stéhen*; ~в а́рмії beim Militär [bei der Armée] díenen.

слух 1) Gehör *n* -s; о́рган ~у Gehörorgan *n* (2); го́стрий ~ schárfes [féines] Gehör; гра́ти на ~ nach Gehör spíelen; 2) *(поголос)* Gerücht *n* (2).

слу́ха|ти hören *vt,* zúhören *vi* (кого́-н. *D*); **~ю!** *(військ.)* zu Beféhl!; **~тися** gehórchen *vi* (кого́-н. *D*); hören *vi* (auf *A*); ~тися чиє́ї-н. пора́ди j-s Rat befólgen.

слуха́ч Zúhörer *m* (6); Hörer *m.*

слухня́ний fólgsam, gehórsam, brav.

слу́шний 1) pássend, geéignet; günstig *(сприятливий);* ángemessen; 2) ríchtig, wahr, begründet.

слюда́ *мін.* Glímmer *m* -s.

слю́сар Schlósser *m* (6).

сльоз|а́ Träne *f* (11); гіркі́ сльо́зи bíttere Tränen; утира́ти сльо́зи die Tränen trócknen; ли́ти сльо́зи Tränen vergíeßen *; залива́тися ~а́ми in Tränen zerflíeßen *; крізь сльо́зи únter Tränen; **~и́тися** tränen *vi.*

сльозоточи́вий: ~ газ Tränengas *n* (2).

смагля́вий braun; sónngebräunt, sónnverbrannt.

сма́женя *кул.* Éierspeise *f* (11).

сма́жити bráten* *t;* rösten *vt (підсушувати).*

смак *у різн. знач.* Geschmáck *m* (1*); Néigung *f* (10) *(нахил);* прие́мний на ~ Wóhlgeschmack *m;* це спра́ва ~у́ das ist Geschmáckssache; **~ува́ти** mit Genúß kósten, geníeßen* *vt.*

сма́лець Schwéinefett *n* -(e)s, Schmalz *n* (2).

смали́ти 1) séngen *vt,* ábsengen *t,* flámmen *vt;* brénnen* *vt;* 2) *(палити часто, довго тощо) розм.* päffen *vt.*

смачни́й wóhlschmeckend, schmáckhaft.

смерді́ти stínken* *vi;* die Luft verpésten.

смере́ка *бот.* Tánne *f* (11), Édeltanne *f*, Wéißtanne *f*.

смерк|а́ти(ся), сме́рк|нути(ся) *безос.:* **~а́є** es dämmert, es wird dúnkel, die Dämmerung bricht heréin.

смерте́льн|ий tödlich; Tod≠, Tódes≠; ~а небезпе́ка Tódesgefahr *f*.

сме́ртний stérblich, Tódes≠, Sterbe≠; ~ ви́рок Tódesurteil *n* (2).

смерт|ь Tod *m* -es; заги́нути ~ю геро́я den Héldentod stérben*; до ~і bis zum Tóde.

смерч Wíndhose *f* (11), Wírbelsturm *m* (1*).

смета́на sáure Sáhne.

сми́кати, смикну́ти zúpfen *vi,* zíehen* *vi* (за що-н. an *D*); áusreißen* *vt,* zérren *vi (витягати, виривати)*.

сми́рний rúhig, still; sanft; ártig *(про дитину)*.

смисл Sinn *m* -(e)s; Bedéutung *f* (10) *(значення);* **~ови́й** Sinn-; Bedéutungs≠.

смичо́к *муз.* Bógen *m* (7).

смілив|ець Wág(e)hals *m* (1*); **~ий** kühn, tápfer, mútig; gewágt; **~ість** Kühnheit *f;* Tápferkeit *f;* Mut *m* -(e)s; бра́ти на се́бе ~ість sich *(D)* de Fréiheit néhmen*.

сміти wágen *vt,* sich tráuen, sich unterstéhen*; dürfen* *vi;* не смій! unterstéh dich nur!

сміти́ти Schmutz máchen, verúnreinigen *vt,* beschmútzen *vt;* verschütten *vt (розсипати)*.

смітни́к (Schútt)ábladeplatz *m* (1*), Müllhaufen *m* (7) *(тж. перен.)*.

сміття́ Kéhricht *m* -(e)s, Müll *m* -(e)s; Ábfall *m* (1*) *(відходи);* Schutt *m* -(e)c *(будівельне)*.

сміх Láchen *n* -s; Gelächter *n* -s; ◊ за́для ~у spáßeschalber, zum Spaß; підніма́ти кого́-н. на ~ j-n áuslachen, j-n zum bésten háben; не до ~у hier gibt es nichts zu láchen; ку́рам на ~да láchen ja die Hühner!; **~отво́рний** lächerlich; *розм.* láchhaft; **~отли́вий** láchlustig.

смiш|и́ти zum Láchen bríngen*, j-n láchen máchen; **~ни́й** kómisch; dróllig; lächerlich.

смі́шно lächerlich, láchhaft; мені́ ~ ich muß láchen.

смiя́тися láchen *vi;* ~ крізь сльо́зи únter Tränen láchen; ~ над ким-н., над чим-н. über j-n, über etw. *(A)* láchen, sich über j-n, über etw. *(A)* lústig máchen, j-n áuslachen.

смокта́ти sáugen(*) *vi, vt;* lútschen *vi, vt (цукерку)*.

смол|а́ Teer *m* (1); Harz *n* (2) *(з дерева);* Pech *n* -(e)s *(вар);* **~и́стий** hárzig; **~и́ти** téeren *vt,* píchen *vt;* **~оски́п** Fákel *f* (11); **~яни́й** Harz-, hárzig, téerig.

смо́рід Gestánk *m* -(e)s, übler Gerúch.

сморо́дина 1) *(кущ)* Jo¦hánnisbeerstrauch *m* (4); 2) *(ягода)* Jo¦hánnisbeere *f* (11).

сму́г|а 1) Stréifen *m* (7); Strich *m* (1), Líni¦e *f* (11); **~а́стий** gestréift.

сму́глий braun; sónnverbrannt; dúnkelhäutig.

смутни́й tráurig, betrübt; wéhmütig.

сму́ток Wéhmut *f,* Tráurigkeit *f*, Betrübnis *f,* Schwérmut *f*.

сму́шок Karakúl *m* -s, Krímmer *m* (6).

снага́ Lébenskraft *f*, Lébensfähigkeit *f*.

сна́йпер *військ.* Schárfschütze *m* (9)

снаря́д 1) *військ.* Geschóß *n* -sses, -sse; 2) *спорт.* Gerät *n* (2).

снаст|ь 1) *мор.* Tau *n* (2); ~і Tákelwerk *n* -(e)s; 2) риба́льські ~і Fischeréigerät *n* (2).

сни́|тися träumen *vi;* мені́ ~лося... ich träumte ... (vom *D*), mir träumte ... .

сніг Schnee *m* -s; іде́ ~ es schneit; **~ови́й** Schnee≠; ~ова́ ба́ба Schnéemann *m* (4).

сніго|очи́сник Schnéepflug *m* (1*), Schnéeräumer *m* (6); **~па́д** Schnéefall *m* (1*).

снігу́р *зоол.* Gímpel *m* (6).

снігу́рка *фольkл.* Schnéewittchen *n* -s.

сніда́нок Frühstück *n* (2); на ~ zum Frühstück.

сні́дати frühstücken *vi*.

сніжи́н(к)а Schnéeflocke *f* (11).

сніп Gárbe *f* (11); Bund *n* (2).

сновиді́ння Traum *m* (1*).

снотво́рний Schlaf≠; éinschläfernd.

снува́ти 1) *(готувати основу для ткання)* (án)schären *vt;* wében *vt;* 2) *розм. (рухатися назад і вперед)* hínund hérlaufen* *vi* (s); 3) *перен. (про думки)* schwírren *vi* (s).

соба́|ка Hund *m* (1); **~чий** Húnde-; ◊ ~ чий хо́лод *розм.* Húndekälte *f*.

со́боль *зоол.* Zóbel *m* (6).

С

собóр Dom *m* (1); Kathedrále *f* (11).
совá Éule *f* (11).
сóвати *(рухати)* bewégen *vt,* schíeben* *vt;* stóßen* *vt;* stécken *vt;* ◊ ~ (своѓо) нóса кудѝ-н. séine Náse in etw. *(A)* stécken.
сóвіс|ний gewíssenhaft; **~ть** Gewíssen *n* -s; докóри [мýки] ~ті Gewíssensbisse *pl.*
совóк Schấufel *f* (11); Kéhrschaufel *f (для сміття).*
сокѝра Beil *n* (2); Axt *f* (3).
сóкіл Fálke *m* (9).
соковѝтий sáftig.
солдáт Soldát *m* (8).
солѝти (éin)sálzen *vt;* pökeln *vt (огірки тощо).*
солідáрність Solidarität *f.*
солíдний 1) *(міцний)* solíd(e), háltbar; gründlich; 2) *(статечний — про людину)* solíd(e); ernst; gesétzt; bejáhrt.
сóліст Solíst *m* (8); Sólosänger *m* (6) (співак); Sólotänzer *m* (6) *(балету).*
соловéй Náchtigall *f* (10); ◊ ~ піснями не сѝтий ≅ von schönen Wórten wird die Náchtigall nicht satt.
солóдкий süß.
солóма Stroh *n* -(e)s.
солóн|ий 1) sálzig, sálzhaltig; 2) *(засолений)* (éin)gesálzen, Salz≠; ~і огіркѝ Sálzgurken *pl.*
солончáк struktúrloser Sálzboden *m* (7*).
солян|ий: ~а кислотá Sátzsäure *f.*
сом *(риба)* Wels *m* (1).
сон 1) *(стан спокою)* Schlaf *m* -(e)s; крізь ~ im Schlaf; на ~ грядýщий vor dem Schláfengehen; менé клóнить на ~ mich schläfert, ich bin schläfrig; 2) *(сновидіння)* Traum *m* (1*); бáчити ~ träumen *vi* (про щó-н. von *D*); **~ий** Schlaf≠ verschláfen, schläfrig.
сóнце Sónne *f;* на ~і in der Sónne; грíтися на ~і sich sónnen.
сóнячний Sónnen≠, sónnig; solár.
сóняшник Sónnenblume *f* (11).
сопíлка Schalméi *f* (10), Hírtenflöte *f* (11).
сопíти, соптѝ schnáufen *vi.*
сóпка *(гора)* Kúppe *f* (11), Bérgkuppe *f.*
сорáтник Kámpfgenosse *m* (9), Kámpfgefährte *m* (9); Mítkämpfer *m* (6); Wáffenbruder *m* (6*), Wáffengefährte *m.*
сóрок víerzig.
сорóка Élster *f* (11).
сóром Scham *f,* Schánde *f;* червонíти від ~у schámrot wérden; ◊ стид і ~! Schmach und Schánde!
сорóм|ити *(когó-н.)* beschämen *vt;* j-m ins Gewíssen réden; schänden *vt;* **~итися** sich schämen, sich genieren [ʒə-]; **~лѝвий** suhámhaft, verschämt; verlégen, schüchtern.
сорóчка Hemd *n* (13).
сорт Sórte *f* (11), Qualität *f* (10); Güteklasse *f* (11); Wahl *f* (10); вѝщий ~ Spítzensorte *f,* béste Qualität; пéрший ~ érste Sórte [Wáhl], príma *(розм.);* **~увáти** sortíeren *vt,* áuslesen* *vt;* verlésen* *vt.*
сосѝска (Wíener) Würstchen *n.*
сóска Schnúller *m* (6), Lútscher *m* (6); Gúmmisauger *m* (6).
сóсна Kíefer *f* (11).
ставá *залізн.* Zug *m* (1*).
сотáти háspeln *vt;* áufziehen* *vt;* zíehen* *vt.*
сóтня Húndert *n* (2); Húnderter *m* (6); **~ми** zu Húdnderten.
сóус Sóße *f* (11), Túnke *f* (11).
софá Sófa *n* -s, -s; Díwan *m* (1).
сóхнути 1) tróсknen *vi* (s), áustrocknen *vi* (s); áusdörren *vi* (s); 2) *перен.* ábmagern *vi* (s).
соціалí|зм Sozialísmus *m*-; ~стѝчний sozialístisch.
соціáльний soziál, Soziál≠.
сочевѝця *бот.* Línse *f* (11).
сочѝт|ися síckern *vi* (s), tröpfeln *vi,* rínnen* *vi;* з рáни ~ься кров das Blut rinnt [síckert] aus der Wúnde.
союз (1) *(тíсна єдність)* Bund *m* (1*), Bündnis *n* (3*); 2) *(держáвне об'єднання з однією верховною владою)* Unión *f* (10); Радянський Союз *іст.* Sowjétunion *f* *(скор.* SU); Союз Радянських Соціалістѝчних Респýблік (СРСР) *іст.* die Union der Sozialistischen Sowjétrepubliken (UdSSR); 3) *(об'єднання організацій для спільних дій)* Bündnis *n* (3*); Alliánz *f* (10); Veréinigung *f* (10); Verbánd *m* (1*), Veréin *m* (1); **~ний** Búndes≠; verbündet, allifert *(про держави);* **~ник** Verbündete *m* (14); Búndesgenosse *n* (9); Alliíerte *m* (14).
спад Rückgang *m* (1*); **~áти** (áb)fállen* *vi* (s); sínken* *vi* (s); ábnehmen* *vi;* ~áти на дýмку éinfallen* *vi* (s); ~áти з тíла ábmagern *vi;* ~áти з лицá ein

schmáles Gesícht bekómmen*; водá спáла das Wásser ist gefállen; спéка спáла die Hítze hat ábgenommen [náchgelassen].

спадкóв|ий érblich; verérbt; Erb-; **~ість** Érblichkeit *f;* Verérbung *f.*

спадкоéмець Érbe *m* (9); Stámmhalter *m* (6) *(роду)*; Náchfolger *m* (6).

спáдок, спáдщина Érbschaft *f* (10), Érbe *n* -s, Hinterlássenschaft *f* (10), Náchlaß *m* -lasses, -lasse *або* -lässe; залишáти в спáдщину комý-н. j-m etw. hinterlássen*.

спазм, спáзма *мед.* Krampf *m* (1*); **~атúчний** *мед.* krámpfartig; krámpfhaft.

спáлах Áufflammen *n* -s, Áuflodern *n* -s; Áufblitzen *n* -s, Explosión *f* (10).

спалáхувати, спалахнýти 1) áufflammen *vi* (s), áuflodern *vi* (s), in Brand geráten*, Féuer fángen*; 2) *(перен.)* áusbrechen* *vi* (s), zum Áusbruch kómmen*, entbrénnen* *vi* (s), áufbausen *vi* s) *(про гнів)*; 3) *(червоніти)* erröten *vi* (s) (s), erglühen *vi* (s).

спáлювати, спалúти verbrénnen* *vt;* ábbrennen* *vt;* ~ дощéнту (ganz) níederbrénnen* *vt;* in Ásche légen; éinäschern *vt.*

спáльня Schláfzimmer *n* (6).

спантелúчувати, спантелúчити verwírren *vt;* írremachen *відокр. vt,* aus dem Konzépt bríngen*; bestürzt [stútzig] máchen.

спасúбі 1) *виг.* dánke; велúке ~і bésten Dank!, víelen Dank!, schönen Dank!, dánke víelmals! 2) *у знач. ім.* Dank *m* -(e)s.

спáти schláfen* *vi;* лягáти ~ schláfen géhen*, sich schláfen légen, zu Bett géhen*; мені не спúться ich kann nicht (éin)-schláfen.

спáювати, спаяти 1) zusámmenlöten *vt,* verlöten *vt;* 2) *перен.* éinigen *vt;* verbínden* *vt;* zusámmenschweißen *vt.*

спéка Hítze *f,* Glut *f* (10).

спектáкль Vórstellung *f* (10), Áufführung *f* (10).

спектú 1) (áus)backen *vt;* 2) verbrénnen*; 3) *(про м'ясні страви)* bráten* *vt,* rósten *vt;* **~ся** áusbacken* *vi* (h, s); (áus)gebácken sein, gar sein *(бути готовим)*.

спектр *фіз.* Spéktrum *n* -s *pl* -tren *і* -tra.

спекулювáти spekulíeren *vt;* schíeben* *vt,* Schíebergeschäfte máchen; ~ на чóму-н. *перен. розм.* etw. áusschlachten.

спекуля́|нт Spekulánt *m* (8); Schieber *m* (6); **~ція** Spekulatión *f* (10); Schíebung *f* (10); Schíebergeschäft *n* (2).

спéреду vórn(e).

спересéрдя im Zorn, in der Wut; vor Wut, aus Ärger.

сперечáтися stréiten* *vi,* sich stréiten* (про що-н. über *A*).

специ́фіка Besónderheit *f,* Éigenheit *f;* Spezífik *f.*

спеціалíст Fáchmann *m* -(e)s, -leute, Spezialíst *m* (8).

спеціáльн|ий speziéll; Speziál≠, Fach≠; Sónder≠; **~а** освíта Fachbildung *f;* **~ий** вúпуск *(газети)* Sónderausgabe *f;* **~ість** Fach *n* (5), Spezialität(*f* 10); Fáchgebiet *n* (2); Fáchrichtung *f* (10) *(галузь якої-н. науки)*; Berúf *m* (1); мáти **~**ість Fácharbeiter sein; працювáти за ~істю séinem Berúf náchgehen*; **~о** speziéll; éxtra.

спецóдяг Berúfskleidung *f* (10), Árbeitskleidung *f,* Speziálkleidung *f.*

спúлювати, спиля́ти ábsägen *vt.*

спúн|а Rücken *m* (7); повернýтися ~ою до кóго-н. j-m den Rücken (zu)kéhren.

спúнка *(стільця тощо)* Rückenlehne *f* (11).

спирáтися, спéртися sich stützen (на що-н. auf *A*).

спирт Spíritus *m-, pl - і* -se; Álko¦hol *m;* **~нúй** spirituós; ~ні напóї géistige [alko¦hólische] Getränke, Spirituósen *pl.*

спис Speer *m* (1), Spieß *m* (1).

спúсок Líste *f* (11); Verzéichnis *n* (3*).

спúсувати, списáти 1) ábschreiben* *vt,* kopíeren *vt,* 2) *(борг, суму)* gutschreiben* *відокр. vt;* áusbuchen *vt.*

спúця 1) *(колеса)* Spéiche *f* (11); *(для плетення)* Strícknadel *f* (11).

спів Síngen *n* -s, Gesáng *m* -(e)s.

співáвтор Mítverfasser *m* (6), Mítautor *m* (13).

співá|к Sänger *m* (6); **~ти** síngen* *vt, vi;* **~чка** Sängerin *f* (12).

співбéс|іда Gespräch *n* (2), Áussprache *f* (11); Unterháltung *f* (10); Berátung *f* (10); Bespréchung *f* (10); Kollóquium *n* -s, qui¦en; **~íдник** Gesprächspartner *m* (6).

співвідно́шення Wéchselbeziehung *f* (10); Wéchselverhältnis *n* (3*); Korrelatión *f* (10); ~ сил Kräfteverhältnis *n*.

співвітчи́зник Lándsmann *m* -(e)s, -leute.

співдо́повідь Kórreferat *n* (2).

співдру́жн|ість Zusámmenarbeit *f*.

співе́ць Sänger *m* (6).

співжиття́ Zusámmenleben *n* -s, Geméinschaftsleben *n* -s.

співзву́чний gléichklingend; harmónisch; *перен.* im. Éinklang.

співіснува́|ння Kó¦existénz *f*, Nebeneinánderbestehen *n* -s; **~ти** ko¦existíeren *vi*.

співробі́тник Mítarbeiter *m* (6); ◊ науко́вий ~ wissenshaftlicher Mítarbeiter.

співробі́тни|цтво Zusámmenarbeit *f*; Mítarbeit *f*, Mítwirkung *f*; **~чати** zusámmenarbeiten *vi*; mítarbeiten *vi* (в чо́му-н. an *D*).

співрозмо́вник Gesprächspartner *m* (6).

співуча́сник Mítbeteiligte *m* (14), Téilnehmer *m* (6), Téilhaber *m* (6); Míttäter *m* (6) *(у злочині)*.

співчу|ва́ти mítfühlen *vt, vi*; náchfühlen *vt*; bemítleiden *vt*; sympathisíeren *vi* (mit *D*); **~ття́** Téilnahme *f*, Mítgefühl *n* -(e)s; Wóhlwollen *n* -s *(доброзичливість)*; Sympathíe *f* (11).

спід 1) das Úntere *(sub)*, Únterteil *m* (1), Bóden *m* (7, 7*); 2) *(зворотний бік)* Kéhrseite *f* (11).

спідло́ба: диви́тися ~ j-n mürrisch [scheel] ánsehen *; погляд ~ míßtrauischer Blick.

спідни́ця Rock *m* (1*).

спі́дній únter, Únter≠.

спідти́шка *розм.* héimlich, ínsgeheim; verstóhlen; im Stíllen.

спі́знюватися, спізни́тися sich verspäten, zu spät kómmen*.

спійма́ти fángen* *vt*; erwíschen *vt*, ertáppen *vt*.

спі́лий reif.

спі́лка Bund *m* (1*); Veréinigung *f* (10), Verbánd *m* (1*), Veréin *m* (1); професі́йна ~ Gewérkschaft *f* (10); ~ письме́нників Schríftstellerverband *m* (1*).

спілкува́|ння Verkéhr *m* -(e)s, Úmgang *m* -(e)s; Verbíndung *f* (10); **~тися** verkéhren *vi*, Úmgang háben, in Verbíndung stéhen*.

спі́льни|й 1) geméinsam, gemein; geméinschaftlich; **~ми** зуси́ллями mit veréinten Kräften; 2) Gesámt≠ allgeméin; **~к** Mítbeteiligte *m* (14), Téilnehmer *m* (6); Míttäter *m* (6), Mítschuldige *m* (14); Komplíze *m* (9) *(у злочині)*.

спі́льність Geméinsamkeit *f*; Geméinschaft *f*.

спі́льно zusámmen; geméinsam; geméinschaftlich.

спір Streit *m* (1); Wórtwechsel *m* (6); Wórtgefecht *n* (2).

спіра́ль Spirále *f* (11).

спі́рний stríttig, umstrítten, Streit≠.

спітка́ти *(про лихо, нещастя тощо)* (be)tréffen* *vt*, héimsuchen *vt*.

спітні́ти schwítzen *vi*; ins Schweiß geráten*; ánlaufen* *vi* (s) *(про вікна)*.

спіши́ти 1) éilen *vi*, sich beéilen, hásten *vi*; es éilig háben, Éile háben; 2) *(про годинник)* vórgehen* *vi* (s).

спі́шний éilig; hástig; schléunig(st); dríngend, drínglich *(невідкладний)*.

сплав I *(металів)* Legíerung *f* (10).

сплав II *(лісу)* Flößen *n* -s, Flößeréi *f*.

сплавля́ти, спла́вити 1) *(ліс)* flößen *vt*, 2) *перен. розм. (позбутися)* lóswerden* *відокр. vt* (s), ábschieben* *vt*; lósschlagen* *відокр. vt*.

спла́чувати, сплати́ти záhlen *vt, vi*; bezáhlen *vt*, éinzahlen *vt*.

сплеск lätschern *n* -s.

спле́скувати, сплесну́ти plätschern *vi*; ~ рука́ми die Hände zusámmenschlagen*.

спліта́ти, сплести́ zusámmenflechten* *vt*; klöppeln *vt (мереживо)*; winden* *vt (вінок)*; **~ся** sich verschlíngen*, sich verfléchten*.

сплу́тувати, сплу́тати 1) *(нитки, коси тощо)* verwíckeln *vt*, verwírren *vt*; 2) *(не бачити відмінностей між чим-н.)* verwéchseln *vt*.

сплю́щувати, сплю́щити pláttdrükken *відокр. vt*, pláttquetschen *відокр. vt*, ábplatten *vt*.

сповза́ти, сповзти́ 1) hinúnterkriechen* *vi* (s); 2) *(про грунт)* ábrutschen *vi* (s); 3) *перен.* ábgleiten* *vi* (s) (до чо́го-н. in *A*).

сповива́ти, спови́ти éinwickeln *vt*, in Wíndeln wíckeln.

спо́відь Béichte *f* (11); *перен.* Sélbstbekenntnis *n* (3*).

спові́льнювати, спові́льнити ver-

lángsamen *vt;* verzögern *vt;* áufhalten* *vt.*
сповіща́ти, сповісти́ти benáchrichtigen *vt,* in Kénntnis sétzen (кого́-н. про що-н j-n über *A*).
спо́вн|юватися, ~итися 1) *(здійснюватися)* sich erfüllen, in Erfüllung géhen*; sich vollzíehen*; 2) *безос. (про вік):* йому́ ~илося 30 ро́ків er wúrde dréißig.
спо́гад Erínnerung *f* (10).
сподіва́|ння Hóffnung *f* (10); **~тися** (на ко́го-н., на що-н. auf *A*) hóffen *vi,* Hóffnung háben; réchnen *vi,* zählen *vi.*
сподо́батися gefállen * *vi.*
спожива́|ння Konsúm *m* -s; Verbráuch *m* -(e)s (чого́-н. an *D*); Konsumtión *f;* ~ння на ду́шу насе́лення Pro-Kópf-Verbráuch *m;* **~ти, спожи́ти** verbráuchen *vt,* konsumíeren *vt.*
спожи́вч|ий Konsúm≠, Verbráucher≠; **~а** коопера́ція Konsúmgenossenschaft *f* (10).
спо́кій Rúhe *f,* Stílle *f;* Fríeden *m* -s.
спокі́йний rúhig; still; gelássen; fríedlich.
споконві́|ку seit jéher; seit eh und jeh, seit álters her; seit gráuer Vórzeit; **~чний** éwig, úralt.
споку́с|а Versúchung *f* (10), Verführung *f* (10); **~ник** Verführer *m* (6).
споку́тувати, споку́тати *(провину)* sühnen *vt,* büßen *vt.*
спокуша́ти, спокуси́ти versúchen *vt,* in Versúchung bríngen*; verführen *vt,* verléiten *vt* (до чо́го-н. zu *D*).
спо́лох Tumúlt *m* (1); Alárm *m* (1) *(тривога);* Schreck *m* -(e)s; би́ти на ~ Alárm [Lärm] schlágen*.
сполу́|ка *хім.* Verbíndung *f* (10); **~ча́ти, ~чи́ти** verbínden* *vt;* veréinigen *vt;* veréinen *vt;* **~ча́тися** 1) sich verbínden*, sich in Verbíndung sétzen; sich veréinigen; 2) *хім.* in Verbíndung tréten*.
сполу́чення 1) Veréinigen *n* -s, Zusámmenfügen *n* -s, Zusámmenschließen *n* -s; 2) *(про транспорт)* Verkéhr *m* -s, Verbíndung *f* (10); Kommunikatión *f* (10).
сполу́чник *грам.* Konjunktión *f* (10), Bíndewort *n* (5).
спонука́льн|ий: ~е ре́чення Áufforderungssatz *m* (1*); ~а причи́на Beweggrund *m* (1*).
спонука́ти nötigen *vt,* zwíngen* *vt;* ánregen *vt,* ánspornen *vt,* veránlassen* *vt,* bewégen *vt.*
спорі́днен|ий 1) verwándtschaftlich, Verwándtschafts≠; 2) verwándt, náhe; **~ість** Verwándtschaft *f.*
спорожні́ти sich léeren; leer wérden.
спорожня́ти, спорожни́ти leer máchen; léeren *vt,* entléeren *vt;* áusgießen* *vt (вилити).*
спорт Sport *m* (1); займа́тися ~ом Sport tréiben*; **~и́вний** Sport≠, spórtlich; **~сме́н** Spórtler *m* (6).
спору́да Bau *m* -(e)s, -ten; Báuwerk *n* (2), Ánlage *f* (11).
спору́дження Erríchtung *f,* Erbáuung *f,* Bau *m* -(e)s.
спору́джувати, споруди́ти erríchten *vt,* erbáuen *vt*; anlegen *vt.*
споряджа́ти, споряди́ти áusrüsten *vt,* áusstatten *vt; розм.* fértigmachen *відокр. vt;* ~ в доро́гу réisefertig máchen; **~ся** *розм.* sich verséhen* (mit *D*); sich áusrüsten, sich áusstatten (mit *D*); sich rüsten; sich fértigmachen *відокр;* ~ся в доро́гу sich zur Réise rüsten.
спо́сіб 1) Wéise *f* (11), Art *f* (10), Art und Wéise; Verfáhren *n* (7), Methóde *f* (11); 2) *грам.* Módus *m*-, -di; ді́йсний ~ Índikativ *m,* Wírklichkeitsform *f;* наказо́вий ~ Imperativ *m,* Beféhlsform *f;* умо́вний ~ Kónjunktiv *m,* Möglichkeitsform *f.*
спостере́ж|ення Beóbachtung *f* (10); Überwáchung *f;* Áusicht *f;* **~ливий** schárfsichtig, áufmerksam; **~ливість** Beóbachtungsgabe *f;* Áufmerksamkeit *f.*
спостеріга́|ти beóbachten *vt,* betráchten *vt,* verfólgen *vt,* (be)mérken *vt;* **~ч** Beóbachter *m* (6).
спотво́рювати, спотво́рити entstéllen *vt,* verdréhen *vt,* verzérren *vt;* verstümmeln *vt;* verfälschen *vt.*
спотика́тися, спіткну́тися 1) *(об що-н.)* stólpern *vi* (s) (über *A*); 2) *розм. (запнутися)* stéckenbleiben* *відокр. vi* (s); stócken *vi.*
спочатку 1) zuérst, ánfangs, erst, zunächst, vor állem; 2) *(знову)* noch mal, von vorn, von néuem
спочива́ти, спочи́ти 1) sich erhólen; (áus)rúhen *vi,* sich áusruhen; áusspannen *vi;* 2) schláfen* *vi.*
спра́в|а 1) *(робота, заняття)* Árbeit *f* (10), Werk *n* (2); у ньо́го ~ по го́рло er hat volláuf zu tun;

брáтися до ~и ánpacken *vt;* 2) *(професія, коло занять)* Hándwerk *n* (2), Wésen *n* -s; бібліотéчна ~а Bibliothekswesen *n*, 3) *(задум, намір зробити що-н.)* Tat *f* (10), Hándlung *f* (10), Werk *n* (2); 4) *(те, що безпосередньо стосується кого-н.)* Sáche *f* (11), Ángelegenheit *f* (10), Ding *n* (2); особúста ~а persönliche Ángelegenheit; потóчні ~и láufende Ángelegenheiten; у мéне до вас ~а ich hábe ein Ánliegen an Sie; це моя́ ~а das ist méine Sáche; 5) *юр.* Sáche *f* (11); Verfáhren *n* -s, Prozéß *m* (1), Fall *m* (1*); 6) *канц.* Ákte *f* (11), Áktenstück *n* (2); особóва ~а Personálakten *pl;* ◊ це íнша ~а das ist étwas ganz ánderes; зі знання́м ~и fáchgerecht, fáchgemäß; як ~и? wie geht es?; в чóму ~а? worúm hándelt es sich?; worán lieg es?; стан ~ Sáchlage *f*, der Stand der Dínge; це не моя́ ~а das geht mich nichts an; ~ и такí die Sáche steht so; у тóму то й ~а! daráuf kommt es ében an!

спрáвджуватися, спрáвдúтися sich erfüllen, in Erfüllung géhen*, sich vollzíehen*, vor sich géhen*.

спрáвді 1) *присл.* wírklich, in der Tat, tátsächlich; 2) *вставне сл.* wáhrlich, wahrháftig.

справедлúв|ий 1) gerécht; geréchtfertigt; réchtmäßig; 2) *(правильний)* wahr, richtig; begründet; **~ість** 1) Geréchtigkeit *f;* 2) *(об'єктивне ставлення до кого-н., до чого-н.)* Ríchtigkeit *f*, Wáhrheit *f;* **~о** gerécht; begründet; mit Recht, mit Grund; zu Recht.

спрáвжній echt; wahr; wáhrhaft, wírklich, ríchtig, régelrecht.

справля́тися, спрáвитися 1) *(з чим-н.)* fértig wérden (mit *D*); zuréchtkommen* *відокр. vi* (s); schäffen *vt;* bewältigen *vt;* ~ із завдáнням die Áufgabe méistern, der Áufgabe gerécht wérden; 2) *розм. (дізнаватися)* sich erkúndigen (про що-н. nach *D*); náchfragen *vi* (nach *D*); náchschlagen* *vi*, náchsehen* *vi (у словнику тощо)*.

спрáвн|ий 1) intákt, gut erhálten, in gútem Zústand; únbeschädigt; 2) *(який старанно, ретельно виконує свої обов'язки)* sórgfältig, pünktlich, genáu; ánstellig; 3) *(вгодований)* wóhlgenährt; gemästet *(про худобу);* **~о** intákt; gut; pünktlich, genáu *(акуратно)*.

спрáга Durst *m* es.

спрацьóвуватися, спрацювáтися I *(з ким-н.)* sich aufeinánder éinarbeiten; Hand in Hand árbeiten.

спрацьóвуватися, спрацювáтися II *(ставати непридатним внаслідок тривалої роботи — про механізм тощо)* sich ábnutzen, verschlíeßen* *vi* (s).

сприймáти, сприйня́ти wáhrnehmen* *відокр. vt*, áufnehmen* *vt;* áuffassen *vt*, fássen *vt*.

спри́тний gewándt, geschíckt; flink; behénd; bewéglich; geschwínd, fix.

спричиня́ти, спричинúти bedíngen (*) *vt*, hervórrufen* *vt;* verúrsachen *vt*, bewírken *vt*, zur Fólge háben.

сприя́т|и béitragen* *vi* (чомý-н. zu *D*); fördern *vt;* unterstützen *vt (підтримувати);* behílflich sein (чомý-н. bei *D*); béistehen* *vi* (комý-н. *D*); **~ливий** günstig.

спрóб|а Versúch *m* (1); **~увати** versúchen *vt*, probíeren *vt;* schmécken *vt*, kósten *vt (на смак)*.

спрожóгу Hals über Kopf.

спромагáтися, спромогтúся 1) imstánde sein, vermögen *vi;* Zeit fínden*, sich *(D)* Zeit néhmen*; 2) séine Kräfte sámmeln [zusámmennehmen*].

спромóжний fähig [на щó-н. *G* або zu *D*).

спросóнння schláftrunken; verschlafen; (vom Schaf) benómmen.

спростóвання 1) Widerlégung *f*, Demontíerung *f;* 2) *(заява)* Deménti *n* -s, -s, Wíderruf *m* (1).

спростóвувати, спростувáти widerlégen *vt*, widerrúfen* *vt;* dementíeren *vt*.

спротúвитися, спротúвіти zuwíder wérden, wíderlich [éklig] wérden.

спрóщувати, спростúти veréinfachen *vt;* versímpeln *vt;* simplifizíeren *vt*.

спрямóвувати, спрямувáти stéuern *vt*, lénken *vt;* ríchten *vt;* áusrichten *vt;* orientíeren *vt*.

спýрхувати, спурхнýти áufflattern *vi* (s), áuffliegen* *vi* (s).

спуск 1) Ábstieg *m* (1); 2) *(схил)* Ábhang *m* (1*), Böschung *f* (10) *(укріплений);* 3) *(в зброї)* Ábzug *m* (1*); *(в фотоапараті)* Áuslöser *m* (6).

спускáти, спустúти 1) hinúnterlassen* *vt (у напрямку від того, хто говорить);* herúnterlassen* *vt*, herа́blassen* *vt* *(у напрямку до того, хто говорить)*; 2): ~ судно́ зі ста́пеля *мор.* ein Schiff vom Stа́pel lа́ufen lа́ssen*; 3): не ~ з о́ка [очéй] j-n únverwandt а́nsehen*, kein Áuge а́bwenden von j-m; j-n nicht aus den Áugen lа́ssen*; wа́chsam auf j-n а́chten; 4): ~ куро́к а́bdrücken *vi;* 5) *(відпускати)* lо́slassen *відокр. vt;* ~ соба́ку з ланцюга́ den Hund von der Kétte lо́slassen*.

спуска́тися, спусти́тися 1) herúntersteigen* *vi* (s), herа́bsteigen* *vi* (s) *(у напрямку до того, хто говорить)*; hinúntersteigen* *v* (s), hinа́bsteigen *vi* (s) *(у напрямку від того, хто говорить)*; 2) *(на санках)* Schlítten fа́hren*, rо́deln *vi* (s); 3) (herа́b)sínken *vi*(s), herа́bfallen* *vi* (s), sich (herа́b)sénken, níedergehen* *vi* (s) *(про літак)*; sich sétzen *(про птахів)*; 4) *(пливсти за течією річки)* flußа́b(wärts) fа́hren*; flußа́b(wärts) schwímmen.

спусті́ти sich léeren, leer wérden, verо́den *vi* (s), sich entvо́lkern.

спусто́ш|ливий verhéerend; ~**увати,** ~**ити** 1) verhéeren *vt,* verwüsten *vt;* zerstо́ren *vt;* 2) *(морально)* zugrúnde ríchten, herúnterbringen* *vt*.

спуха́ти, спу́хнути (а́n)schwéllen* *vi* (s).

срі́бл|о Sílber *n* -s; ~**я́стий** Sílber-, sílberschimmernd, sílbrig, sílberhell *(про звук)*.

срі́бний Sílber-, sílbern.

ссавці *зоол.* Säugetiere *pl.*

сса́ти *див.* смокта́ти.

став, ~**о́к** Teich *m* (1).

става́ти, ста́ти 1) *(вставати)* sich erhében*, sich а́ufrichten, а́ufstehen* *vi* (s); у ме́не воло́сся ста́ло ди́бом mir stiegen die Hа́are zu Bérge; 2) *(починати яку-н. дію)* а́nfangen* *vi,* begínnen* *vi;* 3) *(спинятися)* unterlа́ssen* *vt;* sein lа́ssen*; рі́чка ста́ла der Fluß ist zúgefroren; 4) *(переставати працювати — про машини тощо)* stéhenbleiben* *відокр. vi* (s), (а́n)hа́lten* *vi;* 5) *(займати місце)* Platz néhmen*; sich stéllen; stéigen* *vi* (s); ~ на я́кір а́nkern *vi,* vor Ánker géhen*; ~ в че́ргу sich а́nstellen (за чим-н. nach *D*); ~ кому́-н. попере́к доро́ги [на перешко́ді] sich j-m in den Weg stéllen; ~ на колі́на niederkni|en *vi* (s), auf die Knie fа́llen; ~ та́бором lа́gern *vi* (h, s); das Lа́ger а́ufschlagen*; 6): ~ на за́хист sich zur Wehr sétzen, in Schutz néhmen*; ~ на чий-н. бік für j-n Partéi néhmen*; j-s Partéi ergréifen*; ~ на о́блік sich а́nmelden; 7) *(траплятися, ставатися)* geschéhen* *vi* (s), vо́rfallen* *vi* (s), vо́rkommen* *vi* (s), passíeren *vi* (s); 8) *(наставати — про час, пору року, погоду, явище тощо)* а́nbrechen* *vi* (s), heréinbrechen* *vi* (s), kо́mmen* *vi* (s), éintreten* *vi* (s); begínnen* *vi;* entstéhen* *vi* (s), а́ufkommen* *vi* (s) *(виникати)*; 9) *безос. (у сполученні із заперечною часткою не) (зникати)* dahinschwinden *відокр. vi* (s); його́ не ста́ло er ist gestо́rben; 10) *(робитися ким-н., чим-н.)* wérden* *vi* (s); ~ вчи́телем Léhrer wérden; ста́ло хо́лодно es ist kalt gewо́rden; ~ же́ртвою кого́-н., чого́-н. j-m, éiner Sа́che *(D)* zum О́pfer fа́llen*.

става́тися, ста́|тися sich eréignen, vо́rfallen* *vi* (s), geschéhen* *vi* (s); passíeren *vi* (s); stа́ttfinden* *vi,* vor sich géhen*; ні́би нічо́го й не ~лося als ob nichts geschéhen [vо́rgefallen] wäre; як це ~лося? wie ist das geschéhen [passíert]?; як ~лося, що ... wie ist es gekо́mmen, daß...? що ~лося? was ist geschéhen?, was ist los? *(розм.)*.

ста́вити 1) (hín)stéllen *vt;* sétzen *vt;* ~ в ряд in éiner Réihe а́ufstellen; ~ в безвихі́дне стано́вище j-n in éine verzwéifelte Lа́ge versétzen; j-m kéinen Áusweg lа́ssen*; j-n in die Énge tréiben*; 2) *(будувати, споруджувати)* bа́uen *vt,* erríchten *vt,* а́uffuhren *vt;* 3) *(розцінювати, визначати своє ставлення до кого-н., до чого-н.)* hа́lten* *vt,* а́nsehen *vt* (für *A*); betrа́chten *vt* (als *A*); beúrteilen *vt;* (be)wérten *vt;* éinschätzen *vt;* ~ в заслу́гу als [zum] Verdíenst а́nrechnen; ~ за обо́в'язок die Pflicht а́uferlegen, zur Pflicht mа́chen; verpflíchten *vt* (що-н. zu *D*); ~ за при́клад кого́-н. j-n als Múster [Vо́rbild] hinstellen; ~ ви́соко кого́-н. j-n hо́chschätzen *відокр.,* j-n hо́chachten *відокр.;* ~ на пе́рший план in den Vо́rdergrund rücken; ~ собі́ мету́ sich *(D)* das [zum] Ziel stécken [sétzen], sich *(D)* zur Áufgabe mа́chen; ~ діа́-

С

гноз diagnostizíeren *vt*, die Diagnóse stéllen; ~ до́слід éinen Versúch [ein Experimént] máchen [dúrchführen]; ~ реко́рд éinen Rekórd áufstellen; ~ запита́ння éine Fráge stéllen; ~ на голосува́ння ábstimmen lássen*, zur Ábstimmung stéllen [bríngen*]; ~ кого́-н. по́за зако́ном j-n für vógelfrei erklären; 4) *(театр.)* áufführen *vt*, bríngen* *vt;* die Regie [-ʒiː] führen *(здійснювати режисуру).*

ста́витися sich verhálten* (до ко́го-н., до чо́го-н. zu *D*, gégen *A*); úmgehen* *vi* (mit *D*), behándeln *vt*, verfáhren* *vi* (s) (mit *D*).

ста́вка I 1) *військ. (місце розташування воєначальника і його штабу)* Háuptquartier *n* -s; 2) *військ. (штаб головнокомандуючого)* Óberkommando *n* -s.

ста́вк|а II 1) *(в азартних іграх)* Éinsatz *m* (1*); 2) *перен.:* роби́ти ~ у на що-н. auf etw. *(A)* sétzen; 3) *фін. (встановлений розмір заробітної плати)* Satz *m* (1*); Ráte *f* (11); Táxe *f* (11); ◊ о́чна ~ а *юр.* Konfrontatión *f* (10), Gegenüberstellung *f* (10).

ста́влен|ик Protege [-ʒeː] *m* -s, -s; Schützling *m* (1); Günstling *m* (1); **~ня** Verhálten *n* -s (до ко́го-н., до чо́го-н. zu *D*, gegenüber *D*); Háltung *f;* Behándlung *f*.

ставни́й státtlich; wóhlgebaut; imposánt.

стадіо́н Stádion *n* -s, -di|en; на ~і im Stádion.

ста́дія Stádium *n* -s, -di|en, Stúfe *f* (11).

ста́до Hérde *f* (11).

стаж Díenstalter *n* -s; Árbeitspraxis *f;* трудови́й ~ die Dáuer der Berúfstätigkeit.

стажува́|ння Práktikum *n* -s, práktischer Léhrgang; Próbezeit *f;* **~ти, ~тися** die Próbezeit dúrchmachen*, das Práktikum máchen [ábleisten].

стака́н Glas *n* (5); Trínkglas *n* (5).

сталева́р Stáhlgießer *m* (6); Stáhlwerker *m* (6).

стале́вий, стальни́й Stahl≠, stählern.

стале|плави́льний Stáhlschmelz≠; **~ прока́тний** Stáhlwalz≠.

ста́лий (be)ständig; fórtwährend, dáuernd, kontinuíerlich *(безперервний);* gléichbleibend, stet *(постійний);* stétig, bléibend, konstánt *(незмінний);* fest, stándhaft *(про погляди тощо).*

сталь Stahl *m* (1*, 1).

стан I 1) *(ситуація, зумовлена певними умовами)* (Sách)láge *f* (11), Situatión *f* (10); Stand *m* (1*); Zústand *m* (1*); ~ здоро́в'я Gesúndheitszustand *m*, Befínden *n* -s; ~ рече́й die Láge [der Stand] der Dínge; ~ обло́ги Belágerungszustand *m;* 2) *грам.* Génus *n*-, Génera; акти́вний ~ Áktiv *n* -s; паси́вний ~ Pássiv *n* -s.

стан II *тех.* Wálzwerk *n* (2), Wálzanlage *f* (11).

станда́рт Stándard *m* -s, -s; Norm *f* (10); **~ний** 1) Stándard≠; standardisíert; genórmt; 2) *перен.* schablónenhaft.

станови́ти *(собою)* vórstellen *vt*, sein* *vi* (s), dárstellen *vt;* bílden *vt*.

стано́вищ|е Láge *f* (11), Stéllung *f* (10); Situatión *f* (10); Stand *m* (1*); Zústand *m* (1*); ви́йти з важко́го ~а sich aus der schwíerigen Láge heráusarbeiten; міжнаро́дне ~е internationále Láge; соціа́льне ~е soziále Stéllung [soziáler Stand].

стано́влення Wérden *n* -s, Entstéhen *n* -s.

стано́к 1) *тех.* Ráhmen *m* (7), Bett *n* (13), Bock *m* (1*), Gestéll *n* (2); 2) *с. г.* Bucht *f* (10), Stall *m* (1*), Box *f* (10), Stand *m* (1*).

ста́нція Statión *f* (10); Báhnhof *m* (1*).

стара́нний fléißig; sórgfältig, sórgsam; éifrig.

стара́тися sich bemühen; sich *(D)* Mühe gében*.

стари́й 1) *прикм.* alt; 2) *у знач. ім.* Álte *m* (14).

стари́к Álte *m* (14); älter Mann, Greis *m* (1).

ста́р|ість Álter *n* -s; дожи́ти до ~ості ein hóhes Álter erréichen; на ~ості літ auf séine álten Táge.

ста́ріти, ~ся áltern *vi* (s), alt wérden, in die Jáhre kómmen*; veráltern *vi* (s) *(застаріти).*

старо|ви́нний alt; áltertümlich; **~ да́вній** alt, úralt, antík; **~ мо́дний** áltmodisch, áltfränkisch; áltväterisch.

ста́роста *(групи, курсу)* Álteste *m*, *f* (14); *(класу)* Klássenälteste *m*, *f* (14).

староукраї́нський áltukrainisch.

старт Start *m* -(e)s, -s; да́ти ~ das Stártzeichen gében*; вихо́-

дити на ~ an den Start géhen*; на ~! *(команда)* auf die Plätze!; ~**увáти** stárten *vi* (s, h).

стáрший 1) *(за віком)* älter; 2) *(за службовим становищем)* Ober=; ~ лікар Óberarzt *m* (1*).

старшоклáсник Schüler *m* (6) der Óberstufe.

старшокýрсник Studénten des höheren Semésters.

статéвий Geschléchts-, geschléchtlich, sexuéll.

статéчний 1) würdevoll; gesétzt; gravitätisch [-vi-], besónnen; imponíerend, imposánt, ánständig; 2) *(немолодий* bejáhrt, betágt.

стáтний schlank, státtlich; wóhlgebaut.

статтá 1) Artíkel *m* (6) *(тж. юр.)*; Áufsatz *m* (1*); Béitrag *m* (1); передовá ~ Léitartikel *m; юр.* Paragráph *m* (8); 2) *(прибутку чи видатку)* Pósten *m* (7).

статýра Figúr *f* (10), Gestált *f* (10); Statúr *f* (10), Körperbau *m* -(e)s, Körperbeschaffenheit *f*.

стáтуя Státue *f* (11); Stándbild *n* (5).

стать Geschlécht *n* (5); жінóча ~ das wéibliche Geschlécht; чоловíча ~ das männliche Geschlécht.

стаціонáр мед. Kránkenhaus *n* (5) ~ не лікування Kránkenhausbehandlung.

ствéрджувати, ствéрдити bestätigen *vt*, bekräftigen *vt;* sanktioníeren *vt*.

ствол 1) *військ.* Lauf *m* (1*); Rohr *n* (2); *гірн.* Schacht *m* (1*).

ствóрювати, створи́ти scháffen* *vt;* stíften *vt;* gründen *vt (засновати)*; bílden *vt;* ~**ся** entstéhen* *vi* (s); sich (heráus)bílden, sich gestálten; zustándekommen* *відокр. vi* (s).

стебл|и́на ~**ó** Stiel *m* (1); Sténgel *m* (6); Halm *m* (1) *(трави)*.

стегнó 1) Schénkel *m* (6), Óberschenkel *m;* 2) *(бік)* Hüfte *f* (11).

стéжити 1) *(спостерігати за ким-н., за чим-н.)* eóbachten *vt;* betráchten *vt*, verfólgen *vt*, fixíeren *vt;* 2) *(піклуватися про кого-н., про що-н.)* beáufsichtigen *vt;* áufpassen *vt*, áchtgeben* (auf *A*) *відокр. vi* (auf *A*); überwáchen *vt;* 3) *(здійснювати нагляд за ким-н.)* bespítzeln *vt*, beschátten *vt*.

стéжка Fúßweg *m* (1); Pfad *m* (1) *(тж. перен.)*.

стелáж Regál *n* (2), Gestéll *n* (2).

стели́ти áusbreiten *vt;* décken *vt;* légen *vt;* ~ ліжко das Bett máchen [hérrichten]; ~**ся** sich áusbréiten, sich áusdehnen, sich erstrécken, sich (hín)zíehen*.

стéля Décke *f* (11).

стемнíти 1) dúnkel wérden; sich verdúnkeln, sich verfínstern; 2) *безос.* dämmern *vi;* dúnkeln *vi*.

стенд Stand *m* (1*); Ständer *m* (6); Staffeléi *f* (0).

теп Stéppe *f* (11).

стерегти́ 1) bewáchen *vt;* betréuen *vt;* behüten *vt*, überwáchen *vt (кого-н.)*, bewáhren *vt*, (be)schützen *vt; військ.* síchern; 2) *(підстерігати кого-н.)* áufpassen *vi* (auf *A*), láuern *vi* (auf *A*), erwárten *vt*.

стерегти́ся 1) *(бути обережним)* sich schónen, sich vórsehen*; стережи́сь! Vórsicht!, Áchtung!; 2) *(берегтися)* sich hüten (vor *D*); sich in acht néhmen*.

стери́льний kéimfrei, steril.

стéржень *тех.* Stiel *m* (1); Stab *m* (1*); Stánge *f* (11) *(арматури)*; Kern *m* (1) *(лиття)*.

стернá *с. г.* Stóppelfeld *n* (5).

стéрпіти 1) *(утриматися)* sich behérrschen, sich bezwíngen*; an sich *(A)* hálten*, sich zurückhalten*; 2) *(терпляче витримати що-н.)* áushalten* *vt;* ertrágen* *vt*, dúlden *vt*, erdúlden *vt;* sich *(D)* etw. gefállen lássen*.

сти́глий reif.

сти́гнути I *(дозрівати)* réifen *vi* (s), reif wérden.

сти́гнути II *(робитися холодним)* ábkühlen *vi*, kalt wérden.

стид *див.* сóром.

стикáтися, зіткнýтися 1) in Berührung kómmen*, sich berühren; 2) zusámmenstoßen* *vi* (s), zusámmenprallen *vi* (s), aufeinánderprallen *відокр. vi* (s); 3) *(несподівано зустрітися з ким-н.)* aufeinánderstoßen* *відокр. vi* (s), zusámmentreffen* *vi* (s); einánder begégnen *vi* (s); 4) *перен. (вступити в сутичку)* aneinándergeraten* *відокр. vi* (s); aufeinánderplatzen *відокр. vi* (s).

стикувáння *тех.* Kópplung *f* (10).

стиль Stil *m* (1).

сти́мул Stímulus *m*-, li; Ánreiz *m* (1); Ánsporn *m* -(e)s; ~**ювáти** stimulíeren *vt;* fördern *vt;* ánreizen *vt* (zu *D*); éinen Ánreiz gében* (zu *D*).

стипéндія Stipéndium *n* -s, -di|en.

стирáти, стéрти 1) ábwischen *vt;* ~ з дóшки die Táfel ábwischen; 2) *(гумкою написане)* áusradieren *vt,* wégradieren *vt;* 3) *(подрібнювати)* zerréiben* *vt;* réiben* *vt;* ~ на пóрох zu Púlver zerréiben*; 4) *(ногу тощо)* wúndreiben* *відокр. vt;* 5) ~ магнітофóнний зáпис éine Tónbandaufnahme löschen; ◊ ~ з лицá землí vertílgen *vt,* áusrotten *vt;* **~ся** *(про написане)* sich verwíschen; únleserlich wérden; ~ся з пáм'яті aus dem Gedächtnis schwínden.

стирчáти 1) *(виступати вперед, угору)* ábstehen* *vi* (h, s), hervórstehen* *vi;* hervórragen *vi;* 2) *розм. (перебувати де-н.)* stécken *vi.*

стискáти, сти́снути 1) (zusámmen)préssen *vt,* (zusámmen)drücken *vt (тж. перен.);* (zusámmen)bállen *vt (про кулак);* ~ в обíймах fest in die Árme schlíeßen*; stürmisch úmarmen*; ~ зýби die Zähne zusámmenbeißen*; ~ рýку die Hand drücken [préssen]; **~ся** sich zusámmenpressen, sich zusámmendrücken; sich (zusámmen)bállen *(в кулак);* sich zusámmenkrampfen *(про серце).*

сти́слий *(короткий)* kurz, knapp, gedrängt.

сти́ха 1) *(неголосно)* léise, gedämpft; geräuschlos, láutlos; 2) *(потай)* verstóhlen, héimlich, im stíllen; 3) *(поволі)* lángsam.

стихáти, сти́хнути 1) *(про звуки)* still wérden; verhállen *vi* (s), stíllschweigen* *відокр. vi,* verstúmmen *vi* (s) *(замовкнути);* 2) sich légen, náchlassen* *vi (про явища природи);* áufhören *vi (переставати);* sich berúhigen *(заспокоюватися).*

стихíйн|ий elementár, Elementár≠, spontán; ~е ли́хо Natúrkatastrophe *f* (11).

стихí|я Elemént *n* (2); Natúrkraft *f* (3); ◊ бýти в своїй ~ї in séinem Elemént sein.

сти́шувати, сти́шити 1) *(робити тихішим)* dämpfen *vt;* 2) *(робити повільнішим)* verlángsamen *vt,* verzögern *vt,* áufhalten* *vt.*

стіг, стіжóк Schóber *m* (6); Féime *f* (11).

стійки́й 1) stándhaft; fest, wíderstandsfähig *(про рослини тощо);* 2) *фіз., хім.* stabíl; beständig; stándfest.

стíйло *с. г.* Stállverschlag *m* (1*), Box *f* (10), Stand *m* (1*).

стік Ábfluß *m* -sses, -flüsse; Ábauf *m* (1*).

стікáти, стекти́ 1) ábfließen* *vi* (s), áblaufen* *vi* (s); áusfließen* *vi* (s) *(витекти);* 2): ~ крóв'ю verblúten *vi* (s); **~ся** 1) zusámmenfließen* *vi* (s); sich veréinigen; 2) *перен.* zusámmenströmen *vi* (s); zusámmenlaufen* *vi* (s).

стіл 1) Tisch *m* (1); письмóвий ~ Schréibtisch *m;* за столóм am Tisch; bei(m) Tisch; сíсти за ~ sich an den Tisch sétzen; накривáти на ~ den Tisch décken; подавáти на ~ áuftragen *vt;* áuftischen *vt;* прибирáти зі стóлу den Tisch [vom Tisch] ábräumen; 2) *(їжа)* Kost *f,* Küche *f* (11); 3) *(відділ в установі);* áдресний ~ Adréssenbüro *n* -s, -s; ~ замóвлень *(у магазині)* Bestélldienst *m* -es; ~ знáхідок Fúndbüro *n* -s, s; ◊ ~ переговóрів Verhándlungstisch *m* -(e)s.

стілéць Stuhl *m* (1*); **м'який ~** Pólsterstuhl *m;* ◊ опини́тися між двомá стільця́ми *перен.* zwíschen zwei Stühlen sítzen*.

стíльки soviél; удвóє ~ zwéimal soviél; не ~ ..., скíльки nicht so..., wie; ~-то soviél, so und so viel; ~ ж ébensoviel.

стін|á Wand *f* (3); Máuer *f* (11) *(мурована);* ◊ стáти ~óю sich wie ein Mann erhében*; **~ни́й** Wand≠.

стіс Stoß *m* (1*), Stápel *m* (6).

стлівáти, стлíти 1) vermódern *vi* (s); zerfállen* *vi* (s) *(розкладатися);* 2) *(згорати)* verglímmen* *vi* (s).

сто húndert; ~ раз húndertmal.

стóвбур Stamm *m* (1*).

стовп 1) Säule *f* (11); Pfósten *m* (7); Pfahl *m* (1*); Stánge *f* (11); Pféiler *m* (6) *(будівлі);* 2): водяни́й ~ Wássersäule *f* *(скор.* WS); ртýтний ~ Quécksilbersäule *f;* **~чик** *(в газеті тощо)* Spálte *f* (11).

стóвпи|тися sich ánsammeln, sich zusámmendrängen, sich zusámmenrotten; **~ще** 1) *(людей)* Ménge *f* (11); Ménschenhaufen *m* (7), Áuflauf *m* -(e)s; 2) Ánhäufung *f* (10), Ánsammlung *f* (10).

стóг|ін Stöhnen *n* -s, Gestöhn *n*

-(e)s; Ächzen *n* -s; ~**нáти** stöhnen *vi*, ächzen *vi*.
стóйка I 1) *(в буфеті)* Théke *f* (11), Ládentisch *m* (1), Schánktisch *m* (1); 2) *тех.* Stánder *m* (6); Stütze *f* (11); 3) *(комір)* Stéhkragen *m* (7).
стóйка II 1) *(військ., спорт.* Stillstehen *n* -s; 2) *(в гімнастиці)*; ~ на рукáх Hándstand *m*; ~ на головí Kópfstand *m*.
столиця Háuptstadt *f* (3); Metropóle *f* (11).
століття *див.* сторіччя.
столóвий Tisch≠; Táfel≠; Eß≠; Spéise≠.
столочити zerstámpfen *vt*, zertréten* *vt*.
стóляр Tíscher *m* (6), Schréiner *m* (6).
стóмлений ermüdet; ermáttet; erschöpft, ábgespannt; müde, matt.
стóмлювати, стомити ermüden *vt*, ánstrengen *vt*, erschöpfen *vt*; ~**ся** müde [matt] wérden, ermüden *vi* (s); sich überánstrengen, ermátten *vi* (s).
стоп *виг.* stopp!, halt!
стоп|á *(ноги)* Fuß *m* (1*); ◊ ітú по чиї́х-н. ~áх in j-s Fúß(s)tapfen tréten*.
стоп-кран Nótbremse *f* (11).
стопроцéнтний húndertprozentig; vóllstándig (суцільний).
стóптувати, стоптáти 1) *(ногами)* zertréten* *vt*, zerstámpfen *vt*; zertrámpeln *vt*; 2) *(взуття)* ábtragen* *vt*; áustreten* *vt*; ábtreten* *vt*.
сторінк|а Séite *f* (11); на ~ах *(книги тощо)* auf den Séiten.
сторіччя 1) Jahrhúndert *n* (2); 2) *(роковини чого-н.)* Jahrhúndertfeier *f* (11), Húndertjahrfeier *f*, húndertjähriges Jubiläum, der húndertste Jáhrestag.
стóрож Wächter *m* (6); Wärter *m* (6).
сторóж|а Wáche *f*; *перен.* бýти [стоя́ти] на ~і auf der Hut sein; wáchen *vi* (кого-н., чогó-н über *A*); ~**йти**, ~**увáти** 1) bewáchen *vt*, überwáchen *vt*; 2) *(підстерігати кого-н.)* áufpassen *vi* (auf *A*), láuern *vi* (auf *A*).
сторонá 1) Séite *f* (11); стóрони світу Hímmelsrichtungen *pl*; 2) *(місцевість; край)* Land *n* (5), Gégend *f* (10); ◊ ставáти на чию́-н. стóрону sich auf j-s Séite stéllen; j-s Partéi néhmen* [ergréifen*].
сторонитися 1) zur Séite géhen*; áusweichen* *vi* (s); 2) *(уникати)* (ver)méiden* *vt*; ~ когó-н. j-m aus dem Wége géhen*.
сторóнній 1) *(чужий)* fremd, únbekannt; 2) *(побічний)* nébensächlich, Nében≠.
сторопіти verdútzt [stútzig] sein.
сторч stéhend, áufrecht; ~ головóю kopfüber.
стос|увáтися (án)betréffen* *vt*, ángehen* *vt*; Bezúg háben, sich bezíehen* (auf *A*); ◊ що ~ýється менé was mich betrífft; von mir aus.
стосýнки Verhältnisse *pl*, Bezíehungen *pl*; Verkéhr *m* -(e)s, Úmgang *m* -(e)s.
стóчувати, сточити I *(робити тоншим)* ábschleifen *vt*.
стóчувати, сточити II *(з'єднувати кінці, деталі тощо, утворюючи одне ціле)* verbínden* *vt*, (zusámmen)bínden* *vt*; zusámmennähen *vt*, zúnähen *vt*.
стоя́нка *(зупинка)* Háltestelle *f* (11), Ánlegestelle *f*; ~ автомаши́н Párkplatz *m* (1*); ~ таксі Táxihalteplatz *m*; ~ автомаши́н заборóнена! Párken verbóten!
стоя́ти 1) stéhen* *vi*; stíllstehen* *відокр. vi*; ~ на вáрті *військ.* Pósten [Wáche] stéhen*; ~ на я́корі *мор.* vor Ánker líegen*; ánkern *vi*; ~ в чéрзі Schlánge stéhen*, ánstehen* *vi*; 2) *(зупинитися)* hálten* *vi*; ánhalten* *vi*, stéhenbleiben* *відокр. vi* (s); стій! halt!; 3) *(не діяти)*: годи́нник стої́ть die Uhr steht; робóта стої́ть die Árbeit ruht [steht still]; 4) *(тривати — про погоду)* ánhalten* *vi*; dáuern *vi*; ◊ ~ на своéму auf etw. *(D)* bestéhen* [behárren]; bei séiner Méinung bléiben*; ~ за кóго-н. für j-n sein, sich für j-n éinsetzen.
стрáв|а Spéise *f* (11); Gerícht *n* (2); ~**охід** *анат.* Spéiseröhre *f* (11).
страждáти 1) *(хворіти)* léiden* *vi* (від чóго-н. an *D*), kránken *vi* (an *D*); 2) léiden* *vi* (від чóго-н. únter *D*).
страйк Streik *m* -(e)s, *pl* -s *i* -e; Áusstand *m* -(e)s; ~**увáти** stréiken *vi*.
стрáус Strauß *m* (1).
страх Angst *f* (3); Furcht *f*; Entsétzen *n* -s *(жах)*; із ~ у vor Angst; vor Furcht; наганя́ти ~ у j-m Angst éinjagen; ◊ на свій ~ і

риск auf éigenes Rísiko, auf éigene Gefáhr [Faust]; **~áти** (er)schrécken *vt;* Furcht éinflößen, Angst éinjagen [máchen]; **~áтися** sich fürchten (чогó-н. vor *D*); Angst háben; zurückschrecken* *vi* (s); **~íття** Úntier *n* (2); Úngeheuer *n* (6); Úngetüm *n* (2).

страхувáти versíchern *vt* (від чóго-н. gégen *A*).

стрáчувати, стрáтити hínrichten *vt;* die Tódesstrafe vollzíehen* (когó-н. an *D*).

страшнúй fürchterlich, fürchtbar, schrécklich.

стрепенýтися 1) áuffahren* *vi* (s), zusámmenfahren* *vi* (s); 2) *(про птахів)* áufwachen *vi* (s), sich schütteln.

стриб|áти, стриб|нýти spríngen* *vi* (h, s); hüpfen *vi* (h, s); herúmschnellen *vi* (s) *(про коника);* **~óк** Sprung *m* (1*); Satz *m* (1*); **~óк у висотý** Hóchsprung *m* (1*); **~óк у довжинý** Wéitsprung *m* (1*); **~ýн** Spríńger *m* (6).

стрив|áти: ~áй! wárte!; **~áйте!** wárten Sie!, wártet!

стривóжити beúnruhigen *vt;* áufregen *vt;* in Únruhe versétzen.

стрúгти schnéiden* *vt;* schéren* *vt;* **~ся** sich *(D)* das Haar schnéiden lássen*.

стрúжка *(зачіска)* Háarschnitt *m* (1).

стрúм|аний zurückhaltend, behérrscht, reserviert [-vi:rt]; **~увати, ~ати** zügeln *vt,* fésthalten* *відокр. vt;* zurückhalten* *vt;* behérrschen *vt;* unterdrücken *vt;* **~уватися, ~атися** sich behérrschen, sich bezwíngen*; an sich *(D)* hálten*, sich zurückhalten*.

стрій 1) *військ.* Front *f* (10); Glíederung *f* (10); Órdnung *f* (10), Formatión *f* (10); **вибувáти із стрóю** aus den Réihen [aus der Front] schéiden*; 2) *(структура)* Bau *m* -(e)s; Organisatión *f;* Órdnung *f* (10); Form *f* (10).

стріл|á 1) Pfeil *m* (1); 2) *тех.* Áusleger *m* (6), Arm *m* (1); **~éць** Schütze *m* (9).

стрíлка 1) Zéiger *m* (6) *(годинника);* Nádel *f* (11) *(компаса);* Zünglein *n* (7) *(ваги);* Pfeil *m* (1) *(вказівна);* 2) *залізн.* Wéiche *f* (11).

стріляти schießen* *vi;* féuern *vi* (в кóго-н., в щo-н, auf *A*); ◊ ~ очúма Áugen máchen; äugeln; ~ з гармáти по горобцях mit Kanónen nach Spátzen schíeßen*.

стрільбá Schíeßen *n* -s; Féuer *n* -s; Schießeréi *f* (10); Beschíeßung *f* (10) *(обстріл)*.

стрімголóв Hals über Kopf; jählings.

стрімкúй 1) *(крутий)* lótrecht, sénkrecht, steil; ábschüssig; 2) *(швидкий)* ungestüm; hástig.

стріпувати schütteln *vt,* áufschütteln *vt,* ábschütteln *vt.*

стрíха Stróhdach *n* (5).

стрíчка 1) Band *n* (5); Stréifen *m* (7); магнíтна ~ Tónband *n;* 2) кінематографíчна ~ Fílmstreifen *m* (7).

стрóїти *(шикувати)* ántreten lássen*, áufstellen *vt;* formíeren *vt;* **~ся** *див.* шикувáтися.

строк Termín *m* (1); Frist *f* (10); Zéitpunkt *m* (1); Zéitdauer *f;* Zéitspanne *f* (11); у ~ réchtzeitig, termíngemäß.

строкáтий bunt.

стромляти (hin)éinstecken *vt,* (hin)éinstoßen* *vt.*

строфá *літ.* Stróphe *f* (11), Vérssatz *m* (1*).

струг *тех.* Hóbel *m* (6); **~áти** hóbeln *vt.*

стрýжка Span *m* (1*).

структýр|а Struktúr *f* (10), Bau *m* -(e)s; Áufbau *m* -(e)s; Gefüge *n* (6); **~ний** strukturéll, Struktúr≠.

струм 1) *ел.* Strom *m* (1*); змíнний ~ Wéchselstrom *m;* постíйний ~ Gléichstrom *m;* **~íнь** Strahl *m* (13); Strom *m* (1*).

струм|óк *(потік)* Bach *m* (1*); Strahl *m* (13); Strom *m* (1*) *(повітря, світла);* **~увáти** ríeseln *vi,* rínnen* *vi* (s); strömen *vi* (s).

струнá Sáite *f* (11).

стрункúй 1) *(про людину)* schlank, gut gebáut, ébenmäßig; 2) *(про будівлю, музику)* harmónisch; gut komponíert; 3) *(про мову)* lógisch, gut áufgebaut.

стрýнко: ~! *військ.* *(команда)* Áchtung! Stíllgestanden!

стрýнний Streich≠; ~ інструмéнт Stréichinstrument *n* (2).

струс Erschütterung *f* (10); Stoß *m* (1*); Bében *n* -s; Erzíttern *n* -s, Wánken *n* -s *(коливання);* ◊ ~ мóзку *мед.* Gehírnerschütterung *f* (10).

стрýшувати, струсúти schütteln *vt,* áufschütteln *vt,* ábschütteln *vt;* áusklopfen *vt.*

С

student Studént *m* (8); ~ **-мéдик** Mediziner *m* (6), Medizínstudent *m;* ~**ка** Studéntin *f* (12).
стýдія Stúdio *n* -s, -s; Atelier [-lje:] *n* -s, -s.
стук Póchen *n* -s; Klópfen *n* -s, Kläppern *n* -s; Schläge *pl (удари);* Rättern *n* -s *(коліс поїзда);* ~**ати,** ~**нути** klópfen *vi;* póchen *vi;* schlágen* *vi;* ~ати в двéрі ánklopfen *vi,* an die Tür klópfen; сéрце ~ає das Herz schlägt.
стуляти, стулити zúmachen *vt,* schlíeßen* *vt;* (zusámmen)préssen *vt;* (zusámmen)drücken *vt,* zusámmenlegen *vt,* zusámmenfalten *vt.*
ступ|áти, ступ|и́ти schréiten* *vi* (s); géhen* *vi* (s); tréten* *vi* (s), áuftreten* *vi* (s); вáжко ~ати stámpfen *vi.*
стýп|інь 1) Grad *m* (1); Maß *n* (2); Stúfe *f* (11) *(тж. перен.);* 2) *грам.:* ~ені порівняння Stéigerungsstufen *pl;* звичáйний ~інь Pósitiv *m* (1); ви́щий ~інь Kómparativ *m* (1); найви́щий ~інь Súperlativ *m* (1); 3) *(науковий)* wíssenschaftlicher [akadémischer] Grad; ~інь кандидáта наук Dóktorgrad *m* (1); присýджувати учéний ~інь den Grad zúerkennen* [verléihen*].
стурбувáти beúnruhigen *vt;* stören *vt;* áufregen *vt,* in Sórge versétzen, besórgt máchen; ~**ся** sich beúnruhigen (чим-н. über *A,* wegen *G*), únruhig wérden.
стусáн Fáustschlag *m* (1), Puff *m* (1*); Fúßtritt *m* (1) *(ногою).*
стухáти, стýхнути 1) erlöschen *vi,* áusgehen* *vi* (s); 2) sich verríngern; ábnehmen* *vi,* zurückgehen* *vi* (s).
стюардéса Stewardeß ['stju:ardɛs] *f* -, *pl* -dessen.
стягáти, стягти́ і стягнýти zusámmenziehen* *vt,* bínden* *vt,* (zú)schnüren *vt;* herúnterziehen* *vt (знімати);* ~**ся** 1) sich zúschnüren, sich zúziehen*; 2) *(скупчуватися)* sich zusámmenziehen*; 3) *(збирати кошти)* ánsammeln *vt,* ánhäufen *vt.*
стя́гнення Stráfe *f* (11); Máßregelung *f* (10); наклáсти ~ éine Stráfe verhängen.
стьобáти, стьобнýти péitschen *vt.*
стьóжка Band *n* (5); Stréifen *m* (7).
субóта Sónnabend *m* (1), Sámstag *m* (1).
субси́дія Unterstützung *f* (10); Subventión [-vɛn-] *f* (10).
субтрóпіки *геогр.* Súbtropen *pl.*
сувенíр Souvenir [suvə'ni:r] *n* -s, -s; Ándenken *n* (7).
суверéнн|ий souverän [zuve-] ~а територія Hóheitsgebiet *n* (2).
суві́й Rólle *f* (11), Stóffbahn *f* (10).
сувóрий streng, rauh, hart.
сýглинок Léhmboden *m* (7*); Tónboden *m;* Létten *m* (7).
суд 1) *(державний орган)* Gerícht *n* (2); Geríchtshof *m* (1*); Верхóвний Суд Óberstes Gerícht товари́ський ~ Kamerádschaftsgericht *n;* Schíedskommision *f* (10); військóвий ~ Militärgericht *n;* подавáти в ~ на когó-н. j-n verklágen, j-n geríchtlich belángen; 2) *(розгляд справи; судовий процес)* Verhándlung *f* (10); Geríchtsverfahren *n* (7); без ~у óhne Geríchtsverfahren; бýти під ~óм únter Ánklage stéhen*; 3) *(думка, оцінка)* Úrteil *n* (2).
судáк Zánder *m* (6).
суддя́ 1) Ríchter *m* (6); 2) *спорт.* Schíedsrichter *m* (6).
суди́на *анат.* Gefäß *n* (2); кровонóсна ~ Blútgefäß *n.*
суди́ти 1) *(про кого-н., про що-н.)* beúrteilen *vt,* úrteilen *vi* (über *A*); schlíeßen* *vi* (auf *A*); 2) *(розглядати судову справу)* ríchten *vt;* ~ когó-н. *тж. перен.* über j-n Gerícht hálten*, über j-n zu Gerícht sítzen*; 3) *спорт.* das Spiel léiten: ~**ся** *(з ким-н.)* mit j-m éinen Prozéß führen, mit j-m im Prozéß líegen*, mit j-m prozessíeren *vi;* ◊ не суди́лося es war nicht beschíeden.
суднó *мор.* Schiff *n* (2); Wásserfahrzeug *n* (2).
суднобудувáння Schíff(s)bau *m* -(e)s.
сýдорога Krampf *m* (1*).
судочи́нство *юр.* Geríchtsverfahren *n* (7), Prozéßordnung *f.*
суетá 1) *(марність)* Níchtigkeit *f;* 2) *(метушня)* Éile *f;* Hast *f;* Únruhe *f.*
сузíр'я *астр.* Stérnbild *n* (5), Gestírn *n* (2).
сук Ast *m* (1*).
сукáти zwírnen *vt;* wínden *vt (мотузки).*
суснó Tuch *n* (2); ◊ клáсти під ~ auf die lánge Bank schíeben*.
сýкня Kleid *n* (5).

сукýпн|ість Gesámtheit *f;* **в ~ості** insgesámt.
сум Kúmmer *m* -s, Gram *m* -(e)s, Tráuer *f;* Tráurigkeit *f.*
сýм|а Súmme *f* (11); Betrág *m* (1*); **у ~ і...** im Betráge von...; im Wérte von..., in Höhe von... .
сумбýр Durcheinánder *n* -s, Wírrwarr *m* -s; Únordnung *f,* Chaos [ká:os] *n* -.
сумíжн|ий ángrenzend, ánliegend, ánstoßend; benáchbart, Náchbar≠; **~а** кімнáта Nébenrzimmer *n* (6); **~е** підприéмство der ko¦operíerende Betríeb; **~і** кутú *мат.* Nébenwinkel *pl.*
сумíсн|ий 1) geméinsam, geméinschaftlich; zusámmen≠; 2) veréinbar; **~ицтво:** працювáти за **~ицтвом** zwei Tätigkeiten [Funktiónenê zugléich áusüben; im Nébenberuf [nébenberuflich] árbeiten.
сýміш Míschung *f* (10), Gemísch *n* (2); Geménge *n* (6).
сýмка Tásche *f* (11); Hándtasche *f* (11); шкільнá **~** Máppe *f* (11); господáрська **~** Éinkaufstasche *f.*
сумлíнн|ий gewíssenhaft; fléißig; sórgfältig, sórgsam; éifrig; **~я** Gewíssen *n* -s; ◊ мýки [докóри] **~я** Gewíssensbisse *pl;* із спокíйним **~ям** séelenruhig.
сумнúй tráurig, betrübt, kúmmervoll, vergrämt.
сýмнів Zwéifel *m* (6); без **~у** zwéifellos; zwéifelsohne; не підлягáє **~у** es steht áußer Zwéifel; немá **~у** es bestéht kein Zwéifel; піддавáти **~у** bezwéifeln *vt;* **~áтися** (*в комý-н., в чомý-н.*) zwéifeln *vi* (an *D*); bezwéifeln *vt;* мóжна не **~áтися** es unterlíegt kéinem Zwéifel.
сумнíвний 1) zwéifelhaft; **~ вúпадок** Zwéifelsfall *m* (1*); 2) (*підозрíлий*) verdächtig, frágwürdig.
сумувáти betrübt [tráurig] sein, sich betrüben, sich grämen, tráuern *vi* (за ким-н., за чим-н. über, um *A*).
сумчáсті *зоол.* Béuteltiere *pl.*
сум'яттí Durcheinánder *n* -s, Wírrwarr *m* -s; Getümmel *n* -s, Únruhe *f.*
сунúця Érdbeere *f* (11).
суп Súppe *f* (11).
суперéч|ити 1) widerspréchen* *vi;* 2) (*не відповідати чомý-н.*) in Wíderspruch stéhen (mit, zu *D*), zuwíderlaufen* *відокр. vi* (s); nicht überéinstimmen (mit *D*); **~ка** Streit *m* (1); Wórtwechsel *m* (6), Wórtgefecht *n* (2); **~ливий, ~ний** wídersprüchlich, widerspréchend, wídersprushsvoll.
супéрни|к Nébenbuhler *m* (6), Mítbewerber *m* (6); Rivale [-vá:] *m* (9); Konkurrént *m* (8) (*конкурент*); **~чати** 1) (*у чомý-н.*) wétteifern *невідокр. vi;* rivalisíeren [-va-] *vi;* konkurríeren *vi;* 2) (*мати однакові з ким-н., з чим-н. якості*) sich méssen* (können*); es mit j-m áufnehmen können*.
сýпров|ід Begléitung *f* (10), Geléit *n* (2); у **~оді** когó-н. in j-s Begléitung.
супровóджувати, супровóдити 1) begléiten *vt,* geléiten *vt;* eskortíeren *vt;* fólgen *vi* (s); 2) (*що-н. чим-н.*) verséhen* *vt* (mit *D*).
супротúвн|ий 1) (*протилежний*) gegenüberliegend; 2) (*про погляд тощо*) entgégengesetzt, gégensätzlich, gégentellig; Gégen≠; **~ик** Gégner *m* (6), Feind *m* (1), Wídersacher *m* (6).
супýтник 1) Gefährte *m* (9); 2) *астр., косм.* Satellít *m* (8), Trabánt *m* (8); штýчний **~** Землí Spútnik *m* -s, -s, künstlicher Érdtrabant [Érdsatellit].
сургýч Síegellack *m* (1).
сýрмá I *муз.* Trompéte *f* (11); (*у піонерів, військових*) Horn *m* (1)
сурма II *хім.* Antimón(ium) *n* -s (*хім. знак* Sb).
сурмúти posáunen *vi,* trompéten *vi;* blásen* *vi, vt.*
сурогáт Ersátz *m* -es, Surrogát *n* (2).
сурядний béiordnend.
сусíд Náchbar *m* (13, 8); **~ка** Náchbarin *f* (12); **~ній** benáchbart, Náchbar≠, ángrenzend; ánliegend; **~ня** кімнáта Nébenzimmer *n* (6); **~ство** Náchbarschaft *f.*
суспíльн|ий geséllschaftlich; Geséllschafts≠; Geméinschafts≠; öffentlich; **~а** влáсність Vólkseigentum *n* -s; geséllschaftliches Éigentum, Geméingut *n* -(e)s.
суспíльство Geséllschaft *f* (10).
сутенíти dämmern *vi,* dúnkel wérden, dúnkeln *vi.*
сýтичка (*суперечка*) Wíderstreit *m* (1); Kollisión *f* (10); Zusámmenstoß *m* (1*); Geplänkel *n* (6) (*тж. бій*).
сýтінк|и Dämmerung *f;* у **~ах** in der Dämmerung, im Hálbdunkel.
суттéвий wésentlich.
сутýл|ий krumm, gebéugt; **~**

итися sich krumm hálten*, sich krümmen.

сут|ь Wésen *n* -s; das Wésentliche *sub;* ~**ь** спрáви Háuptsache *f*, das Wésen [der Kern] der Sáche; Kérnpunkt *m* (1); говорúти по ~**і** sich an das Théma hálten*, sáchlich [zur Sáche] spréchen*; ◊ по ~**і** éigentlich; im Grúnde genómmen.

сухáр Zwíeback *m* (1*).

сух|ий 1) *(не мокрий)* trócken, vertrócknet; dürr; 2) *(худий)* háger, máger; 3) *перен.* trócken; hart, únfreundlich; hérzlos; ◊ вихóдити ~**м** із водú mit héiler Haut davónkommen*.

суховíй Tróckenwind *m* (1).

суходýтн|ий Land≠; ~**і** вíйськá Landstreitkräfte *pl.*

сухорлявий háger, máger, séhnig.

суцвíття *бот.* Blütenstand *m* (1*), Infloreszénz *f* (10).

суцíльний ganz, voll; dicht, geschlóssen; kompákt; dúrchgängig, völlig.

сучáсн|ий 1) *(з ким-н., з чим-н.)* zéitgenössisch; dámalig; gégenwärtig (mit *D*); 2) *(який стосується теперішнього часу)* zéitgemäß, héutig, jétzig, gégenwärtig; 3) *(який відповідає вимогам свого часу)* modérn, néuzeitlich; ~**ик** Zéitgenosse *m* (9); ~**ість** Gégenwart *f;* Jétztzeit *f.*

сýш|а I *(земля; материк)* Féstland *n* -(e)s; на ~**і** zu Lánde, auf dem Féstland.

сýша II *(погода без дощів)* Tróckenheit *f*, Dürre *f.*

сушúти 1) trócknen *vt;* dörren *vt;* 2) *перен.* entkräften *vt,* áuszehren *vt.*

сфéр|а 1) *мат.* Kúgel *f* (11); 2) Sphäre *f* (11); Beréich *m* (1), *n* (2); ~**а** впливу Interéssengebiet *n* (2), Éinflußsphäre *f* (11), Éinflußbereich *m* (1).

схаменýтися zu sich kómmen*, zur Besínnung kómmen*; sich fássen; zur Vernúnft kómmen*.

схвáлювати, схвалúти gútheißen* *відокр. vt,* bílligen *vt;* béistimmen *vi,* zústimmen *vi* (що-н. *D*).

схвилювáти *(кого-н.)* áufregen *vt,* errégen *vt;* in Áufregung versétzen; ~**ся** sich áufregen, sich errégen.

схéма 1) Schéma *n* -s, *pl* -s *i* -ta; Plan *m* (1*); *військ.* Skízze *f* (11); Übersicht *f* (10); 2) *ел.* Scháltung *f* (10); Scháltbild *n* (5); ~**тичний** schemátisch.

схúбити 1) éinen Féhler máchen, éinen Féhlgriff tun*; 2) verságen *vi (про пам'ять, зір тощо);* 3) *перен. (загубити правильний напрямок руху)* vom réchten Wége ábkommen*, auf Ábwege geráten*, sich verírren.

схил 1) Ábhang *m* (1*), Hang *m* 2) *залізн., буд.* Böschung *f* (10); Ábschüssigkeit *f* (10), Néigung *f* (10); ◊ на ~**і** вíку im Álter, am Lébensabend.

схиляти, схилúти 1) néigen *vt;* níederbeugen *vt,* sénken *vt;* ~ гóлову на грýди den Kopf auf die Brust sénken; 2) *(умовити робити що-н.)* bewégen* *vt,* überréden *vt;* gewínnen* *vt* (до чóго-н. für *A*); genéigt máchen; ◊ не ~ головú sich nicht unterwérfen*; ~**ся** 1) sich néigen, sich (níeder)béugen; 2) *перен. (до чого-н., на що-н.)* néigen *vi* (s). sich bewégen lássen*.

схúльн|ий genéigt, veránlagt; ~**ість** *(до чого-н.)* Néigung *f* (10); Ánlagen *pl;* Veránlagung *f* (10); Zúneigung *f* (10) *(до кого-н.).*

схід I 1) *(сторона світу)* Ósten *m* -s; на схóді im Ósten; на ~ nach Ósten; óstwärts; зі схóду von Ósten, aus dem Ósten; 2) *(східні країни ще)* Óri¦ent *m* -(e)s; Далéкий Схід der Férne Ósten.

схід II *(сонця тощо)* Áufgang *m* (1*).

схíдний östlich, Ost≠; ori¦entálisch *(культура тощо).*

схíдц|і Tréppe *f* (11); Stúfe *f* (11) *(драбини);* піднімáтися ~**ями** die Stúfen empórsteigen*, die Tréppe hináufsteigen* [heráufsteigen*]; спускáтися ~**ями** die Stúfen hinábsteigen* [herábsteigen*].

схов 1) *(дія)* Áufbewahrung *f;* Verwáhrung *f;* віддáти до ~**у** in Verwáhrung gében*; кáмера ~**у** *(багажу)* Gepäckaufbewahrung *f;* 2) *(місце)* Verstéck *m* (1); ~**áти** 1) verstécken *vt,* verbérgen* *vt;* 2) *(прибрати)* áufheben* *vt;* (ver)wáhren *vt,* (áuf)bewáhren *vt (зберегти);* 3) *(поховати)* begráben *vt,* beérdigen *vt;* ~**áтися** sich verstécken, sich verbérgen.

схóвище 1) *(приміщення для зберігання чого-н.)* Áufbewahrungsort *m* (1); Spéicher *m* (6), Depot [-po:] *n* -s, -s; Behälter *m* (6); 2) *(місце, де можна сховатися)* *тж. війсь́к.* Déckung *f* (10), Schutz *m* -es; Únterstand *m* (1*).

схо́ди I *с. г.* die júnge Saat, Kéime *pl.*

схо́ди II Stúfen *pl,* Tréppe *f* (11); **~нка** Stúfe *f* (11).

схо́дити, зійти́ 1) *(підніматися куди-н.)* stéigen* *vi* (s), hináufgehen* *vi* (s); ~ на го́ру auf éinen Berg stéigen*, éinen Berg bestéigen* [erstéigen*]; *(про небесні світила)* áufgehen* *vi* (s); *(про рослини)* áufkeimen *vi* (s), áuflaufen* *vi* (s); 2) *(спускатися куди-н.)* hinúntergehen* *vi* (s) *(у напрямку від того, хто говорить);* herúntersteigen* *vi* (s) *(у напрямку до того, хто говорить); (з транспорту)* áussteigen* *vi* (s); ~ на бе́рег an(s) Land géhen*; ~ з доро́ги vom Wége ábweichen*; ~ зі сце́ни 1) von der Bühne ábtreten*; 2) *перен.* von der Óberfläche [Bíldfläche] verschwínden*; не ~ з ду́мки nicht aus dem Sinn géhen* [kómmen*]; не ~ зі сторіно́к *(преси)* ímmer wíeder áuftauchen; ~ з рук stráflos áusgehen*; це зійшло́ йому́ з рук er ist glücklich [léichten Káufes] davóngekommen.

сходи́ти 1) *док.:* ~ за ким-н., за чим-н. nach j-m, nach etw. *(D)* géhen* *vi* (s); j-n, etw. (áb)hólen géhen*; j-n, etw. hólen; ~ подиви́тися що-н. sich *(D)* etw. ánsehen géhen*; ~ куди́-н. *(в якійсь справі)* éinen Gang máchen; 2) *(пройти, обійти)* durchwándern *vt,* durchstréifen *vt.*

схо́дитися, зійти́ся 1) *(зібратися)* sich versámmeln; zusámmenkommen* *vi* (s); zusámmentréffen* *vi* (s), zusámmentréten* *vi* (s); 2) *(зустрітися)* einánder tréffen*, sich begégnen; aufeinánder stóßen* *відокр. vi* (s); in Berührung kómmen* *(стикатися);* 3) *(про одяг)* zúgehen* *vi* (s); 4) *(вступати в близькі, дружні стосунки)* sich fínden*, sich befréunden, Fréundschaft schlíeßen*; 5) *(приходити до одностайності)* überéinkommen* *відокр. vi* (s) (в чо́му-н. in *D*), sich éinigen (в чо́му-н. über *A*).

схо́ж|ий ähnlich; бу́ти ~им (на ко́го-н., на що-н.) ähnlich sein, ähneln *vi,* gléichen* *vi (D);* на ко́го ти став ~ий? wie siehst du bloß aus?

схо́жість I Ähnlichkeit *f* (10).

схо́жість II *с. г.* Kéimfähigkeit *f.*

схо́плювати, схопи́ти 1) pácken *vt;* fássen *vt,* (er)gréifen* *vt;* 2) *розм. (зрозуміти)* begréifen* *vt;* erfássen *vt;* áuffassen *vt;* **~ся** 1) *(різко вставати)* áufspringen* *vi* (s), áuffahren* *vi* (s), in die Höhe fáhren*; 2) *(хапатися за кого-н., за що-н.)* sich fássen, sich hálten* (an *A*); gréifen* (nach *D*).

схоті́ти den Wunsch [das Verlángen] zéigen; ~ся: мені́ ра́птом схоті́лося ich bekám plötzlich [auf éinmal] das Verlángen.

схре́щувати, схрести́ти 1) kréuzen *vt;* verschränken *vt,* übers Kreuz légen; 2) *біол* kréuzen *vt;* éinkreuzen *vt;* **~ся** sich kréuzen.

сху́днути máger wérden, ábmagern *vi* (s).

сце́н|а 1) *(в театрі)* Bühne *f* (11); Széne *f* (11); 2) *(частина дії)* Széne *f* (11) *(тж. епізод);* Áuftritt *m* (1); ◊ схо́дити зі ~и vom Scháuplatz ábtreten*.

сценари́ст Dréhbuchautor *m* (13), Filmautor *m* (13).

сцена́рій Dréhbuch *n* (5).

сюди́ hierhér; туди́ і ~ hin und her.

сюже́т Ínhalt *m* -(e)s; Fábel *f,* Gégenstand *m* -(e)s; Sujet [sy'ʒe:] *n* -s, -s, Stoff *m* (1).

сюрпри́з Überráschung *f* (10).

сюсю́кати *розм.* líspeln *vi.*

сяга́ти, сягну́ти erréichen *vt,* ánlangen *vi* (s) (до чо́го-н. an *A*), gelángen *vi* (s) (zu *D*); sich erstrécken, sich áusdehnen, réichen *vi* (bis zu *D*).

ся́йво Glanz *m* -es, Stráhlen *n* -s; Léuchten *n* -s; Schein *m* -(e)s; ◊ півні́чне ~ Nórdlicht *n* -(e)s.

сяйну́|ти áufglänzen *vi* (h, s); áufblinken *vi* (h, s), áufblitzen *vi* (h, s); ◊ ~ла ду́мка ein Gedánke schoß durch den Kopf *(у ко́го-н. D).*

сяк-та́к *розм.* 1) *(насилу)* mit Müh und Not; mit Ach und Krach; schlecht und recht; 2) *(недбало)* náchlässig.

ся́яти glänzen *vi;* léuchten *vi,* stráhlen *vi;* blítzen *vi,* fúnkeln *vi,* glítzern *vi.*

сього́дні *присл.* 1) héute; ~ ра́но héute früh [mórgen]; ~ вдень héute am Táge; ~ вве́чері héute ábend; 2) *у знач. ім.* Gégenwart *f,* Héute *n* -; ◊ не ~-за́втра in díesen Tágen; in der állernächsten Zeit; **~шній** héutig.

С

Т

та I *спол.* und; ба́тько та ма́ти Váter und Mútter.

та II *вказів. займ. жін. р. (див.* той) jéne; ~ са́ма dieselbe.

та́бель 1) *(список)* Kontrólliste *(при переносі* Kontroll-liste) *f* (11); 2) *(у школі)* Zéugnis *n* (3*), Zensúrenheft *n* (2); **~-календа́р** Wándkalender *m* (6).

та́бір 1) *військ.* Láger *n* (6); концентраці́йний ~ Konzentratiónslager *n;* 2) *(місце тимчасового розташування великої групи дей)* Láger *n* (6); тури́стський ~ *(в наметах)* Camping ["kem-] *n* -s, Zeltplatz *m* (1*); розби́ти ~ ein Láger áufschlagen*; ципа́нський ~ Zigéunerlager *n.*

табле́тка Tablétte *f* (11).

табли́ця Táfel *f* (11), Tabélle *f* (11); ~ мно́ження Éinmaleins *n* -, -; ~ ви́грашів Gewínnliste *f* (11).

табло́ Scháutafel *f* (11); *залізн.* Gléisbild *n* (5); світлове́ ~ Léuchttafel *f.*

табу́ Tabú *n* -s, -s; накла́сти ~ *(на що-н.)* tabuíeren *vt*, mit Tabú belégen *vt.*

табу́н Pférdeherde *f* (11).

табуре́тка Hócker *m* (6), Schémel *m* (6).

тавр|о́ Brándmal *n* (2, 5), Stémpel *m* (6); **~ува́ти** *перен.* brándmarken *невідокр. vt*; ~ува́ти ганьбо́ю ein Schándmal áufdrücken (кого́-н. *D*).

таджи́к Tadshíke *m* (9).

тає́мн|ий gehéim; héimlich; Gehéim*; ~е голосува́ння gehéime Ábstimmung; **~о** héimlich; bei Nacht und Nébel; **~и́ця** Gehéimnis *n* (3*); зберіга́ти ~и́цю ein Gehéimnis wáhren; ви́дати ~и́цю ein Gehéimnis verráten*; **~и́чий** gehéimnisvoll; gehéimnisreich, mysteriös.

та́з(ик) Bécken *n* (7); Schüssel *f* (11).

таї́ти verhéimlichen *vt,* gehéimhalten* *відокр. vt;* verhéhlen *vt;* ~ небезпе́ку Gefáhr bérgen.

тайга́ Táiga *f.*

тайм *спорт.* Hálbzeit *f* (10).

тайни́к Verstéck *n* (2); Gehéimfach *n* (5) *(у столі, в шафі тощо).*

так 1) *присл. (таким чином)* so; auf díese Wéise; dérart; він відповіда́в ~er ántwortete so [fólgendermaßen, wie folgt]; спра́ва ~so steht die Sáche; ~ са́мо ébenso; 2) *ствердж. част.* ja; fréilich; са́ме ~ fréilich; ganz so; чи не ~? nicht wahr?; 3) *присл. (настільки)* so, dérmaßen; він ~ змінився, що ... er hat sich dérmaßen verändert, daß ...; ◊ ~чи іна́кше sowiesó; so óder so; wie dem auch sei; ~зва́ний sógenannt; ~би мо́вити sozuságen, ~ напри́клад so zum Béispiel; ~ йому́ й тре́ба das geschíeht ihm recht; і ~ да́лі (*скор.* і. т. д.) und so wéiter (*скор.* usw.); et cétera (*скор.* etc.); ~ собі́ *розм. (відповідь на питання про здоров'я тощо)* sosó, sosó lalá.

так|и́й 1) *(перед ім.)* solch: solch ein; so ein; ~и́й працівни́к solch ein Árbeiter; в ~о́му ра́зі in díesem Fálle; 2) *(перед прикм.)* so; so sehr; він ~и́й розу́мний er ist so klug [geschéit]; ~и́й-то dér und dér; ein gewísser; в ~и́й-то час zu dér und dér Stúnde; ~и́м чи́ном auf so(lch) éine Wéise; álso *(на початку речення);* і **~é** і́нше und ánderes mehr (*скор.* u. a. m.); ~и́й-сяки́й *фам.* díeser und jéner.

тако́ж auch; gléichfalls; ébenfalls.

та́кса *(розцінка)* Táxe *f* (11), Gebühr *f* (10), Taríf *m* (1).

такси́ст Táxifahrer *m* (6).

таксі́ Táxe *f* (11), Táxi *n* -та -s; маршру́тне ~ Líni¦entaxi *n.*

такт 1) *муз.* Takt *m* (1); 2) *(про поведінку)* Takt *m* -(e)s, Táktgefühl *n* -(e)s.

та́ктик|а Táktik *f* (10); зміни́ти ~у die Táktik ändern.

тактóвний táktvoll; féinfühlig.

тал|анови́тий taléntvoll, talentíert; begábt; **~а́нт** Talént *n* (2); Begábung *f* (10) *(обдарованість);* приро́джений ~а́нт ángeborenes Talént.

тало́н Ábschnitt *m* (1); Kupon ['pɔŋ] *m* -s, -s.

там dort, da; ~ же *(при посиланнях у пресі)* vergléiche dort (*скор.* vgl. d.), ébenda (*скор.* ebd.); ◊ ~і сям hier und dort, hie und da; ~-то і ~-то da und da; куди́ ~! ach wo!

та́мбур *(залізн.)* geschlóssene Pláttform; Wíndfang *m* (1*).

тамува́ти unterdrücken *vt;* ~ сміх das Láchen verbéißen*; ~

гнів den Zorn behérrschen [zügeln]; ~ по́дих den Átem ánhalten*.

та́н|ець Tanz *m* (1*); наро́дні ~ці Vólkstänze *pl.*

танк 1) *військ.* Pánzer *m* (6), Pánzerwagen *m* (7); 2) *(цистерна)* Tank *m* (1) *(pl. тж. -s)*; **~ер** Tánkschiff *n* (2); Tánker *m* (6); **~і́ст** *військ.* Pánzersoldat *m* (8).

та́нути 1) táuen *vi* (h, s); schmélzen* *vi* (s); та́не *безос.* es taut; es ist Táuwetter; 2) *(розчинятися)* zergéhen* *vi* (s).

танц|івни́к Tänzer *m* (6); **~юва́льний** Tanz≠; tänzerisch; ~юва́льна му́зика Tánzmusik *f*; ~юва́льний майда́нчик Tánzdiele *f* (11); **~юва́ти** tánzen *vi, vt;* ◊ ~юва́ти під чию́-н. ду́дку *розм.* nach j-s Pféife [Géige] tánzen; **~юри́ст** Tänzer *m* (6).

тарга́н (schwárze) Schábe *f* (11), Küchenschabe *f.*

тари́ф Taríf *m.* (1); Gebühr *f* (10); пільго́вий ~ Vórzugstarif *m;* **~ікува́ти** tarifíeren *vt.*

тарі́л|ка Téller *m* (6); Éßteller *m;* глибо́ка ~ка tiefer Téller, Súppenteller *m;* мілка́ ~ка flácher Téller; ◊ бу́ти не в своі́й ~ці *розм.* míßmutig [míßgestimmt, schléchter Láune] sein.

тасува́ти míschen.

та́сьма́ Band *n* (5), Bórte *f* (11).

тата́рськ|ий tatárisch ~а мо́ва die tatárische Spráche.

та́то Váter *m* (6*); *ласк.* Pápa, Papá *m* -s, -s.

татуюва́|ння Tatauíerung *f* (10); **~ти** tatauíeren *vt,* tätowíeren *vt.*

тахта́ Liege *f* (11).

та́ч|ка Schúbkarren *m* (7); Kárren *m;* везти́ на ~ці kárren *vt.*

тва́рин|а Tier *n* (2); в'ю́чна ~а Lásttier *n,* ◊ бу́ти в'ю́чною ~ою *перен.* Páckesel sein; **~ний** Tier≠; tíerisch, animálisch.

тве́рдження Satz *m* (1*); Beháuptung *f* (10).

тверд|и́й 1) fest, hart, starr, steif; ~е́ ті́ло *фіз* fester Körper; 2) *(який визначився остаточно)* fest, stándhaft; ~и́й на́мір féste Ábsicht; ~і́ ці́ни féste Préise; ◊ ~и́й горі́шок *перен.* éine hárte Nuß.

тверди́ти hártnäckig beháupten *vt,* versíchern *vt;* ~и́ти те са́ме ständig dassélbe wiederhólen.

тверді́ти sich verhärten, hart [fest] wérden*.

тве́рдо fest, hart; ~ стоя́ти на нога́х fest auf den Füßen [Béinen] stéhen*; ~ ви́рішити (félsen)fest beschlíeßen*; ~ зна́ти уро́к séine Áufgabe gut kénnen*; ◊ ~ стоя́ти на своє́му auf etw. *(D)* behárren; м'я́ко сте́лють, та ~ спа́ти (das sind) die Kátzen, die vórne lécken und hínten krátzen.

твере́з|ий 1) *(не п'яний)* nüchtern; 2) *(розсудливий)* nüchtern, vernünftig; sáchlich; ~а голова́ ein klárer Kopf.

твій *займ.* dein (*f* déine, *n* dein, *pl* déine); der (die, das) déine, der (die, das) déinige *(без ім.)*; це моя́ кни́га, а це твоя́ das ist mein Buch, und das ist das déinige; 2) *у знач. ім.* твоє́ *(власність)* das Déine, das Déinige; ◊ це твоя́ спра́ва das ist déine Sáche.

твір 1) Werk *n* (2), Schrift *f* (10); ~ мисте́цтва Kúnstwerk *n*; ви́брані тво́ри áusgewählte Wérke [Schríften]; тво́ри Тесле́нка Teslénkos Wérke; 2) *(шкільний)* Áufsatz *m* (1*).

творе́ць 1) Schöpfer *m* (6); Gestálter *m* (6); 2) *(засновник)* Begründer *m* (6), Stífter *m* (6).

твори́ти 1) scháffen* *vt*; 2) *(робити)* máchen *vt,* tun* *vt*; 3) *(здійснювати)* verríchten *vt,* erzéugen *vt*; 4) *(засновувати)* (be)gründen *vt*; ◊ ~ чудеса́ Wúnder vollbríngen; жи́ти й ~ lében und wében; **~ся** geschéhen* *vi* (s), passíeren *vi* (s), vor sich géhen* *vi* (s).

тво́рч|ий schöpferisch; Scháffens≠; Schöpfungs≠; ~а пра́ця schöpferische Árbeit; Schöpfungsarbeit *f* (10); ~і пла́ни Scháffenspläne *pl*; **~ість** 1) Scháffen *n* -s; 2) *(сукупність створеного ким-н.)* Werk *n* (2); наро́дна ~ість Vólkskunst *f*; Vólksschaffen *n*.

теа́тр Théater *n* (6); Scháuspielhaus *n* (5) *(будинок)*; о́перний ~ Óper *f* (11); Ópernhaus *n* (5); ляльќовий ~ Púppentheater *n*; **~а́льний** 1) Theáter-; ~а́льний інститу́т Theáterhochschule *f* (11); ~а́льне учи́лище Scháuspielschule *f* (11); 2) *перен. (награний, неприродний)* theatrálisch, gezíert, únnatürlich.

теж auch, gléichfalls, ébenfalls.

те́за Thése *f* (11), Léitsatz *m* (1*).

тезкó Námensvetter *m* (13); Námensbruder *m* (6*) *(про чоловіка)*; Námnsschwester *f* (11) *(про жінку)*.
текст Text *m* (1); Wórtlaut *m* -(e)s *(дослівний)*.
текстíль *збірн.* Textílwaren *pl*; Textíli:en *pl*; **~ний** Textíl-, textíl; ~на промислóвість Textílindustrie *f*.
текти́ 1) fließen* *vi* (s); strömen *vi* (h, s) *(дуже)*; 2) *(протікати)* lécken *vi*, leck sein; бóчка течé das Faß leckt [ist leck, läuft]; ◊ ~ рікóю in Strömen fließen*.
текýч|ий 1) *фіз.* flüssig; 2) *перен.* fluktuíerend, únbeständig; **~ість** *фіз.* Flüssigsein *n* -s.
телебáченн|я Férnsehen *n* -s, Bíldfunk *m* -(e)s; кольорóве ~я Fárbfernsehen *n*; прогрáма ~я Férnsehprogramm *n* (2); по ~ю im Férnsehen.
телевíзор Férnsehempfänger *m* (6); Fernsehapparat *m* (1); Férnseher *m* (6) *(розм.)*; диви́тися ~ *(розм.)* férnsehen* *відокр. vi.*
телеглядáч Férnsehteilnehmer *m* (6); Zúschauer *m* (6) am Bíldschirm.
телегрáма Telegrámm *n* (2).
телегрáф 1) Telegráf *m* (8); Férnschreiber *m* (6); ~ом telegráfisch, per Draht; 2) *(установа)* Telegráfenamt *n* (5); **~увáти** telegrafíeren *vt*, dráhten *vt*; kábeln *vt, vi (по підводному кабелю)*.
телепередáч|а Férnsehsendung *f* (10); Férnsehübertragung *f* (10); диви́тися ~у férnsehen* *відокр. vi*; сéрія ~ Séndereihe *f* (11).
телеприймáч Férnempfänger *m* (6).
телескóп Teleskóp *n* (2); Férnrohr *n* (2).
телестýдія Férnsehstudio *n* -s, -s.
телетáйп Férnschreiber *m* (6).
телецéнтр Férnsehzentrum *n* -s, -tren, Fernsehstudio *n* -s, -s.
телефóн Telefón *n* (2), Telephón *n*; Férnsprecher *m* (6); нóмер ~а Telefónnummer *f* (11); Rúfnummer *f* (11); **~-автомáт** Férnsprechautomat *m* (8); Münzfernsprecher *m*; міжміськи́й ~ Férnamt *n* (5); ~ом telefónisch; розмовля́ти по ~у telefoníeren, telefónisch spréchen* *vi*; покли́кати до ~у ans Telefón rúfen* *vt*; ~ зáйнятий die Númmer ist besétzt; **~увáти** telefoníeren *vi*, ánrufen* *vt*; ánklingeln *vt (розм.)*.
теля́ Kalb *n* (5); ◊ де Макáр теля́т не пас wo sich Hásen und Füchse gúte Nacht ságen.
тéм|а Théma *n* -s, *pl* -men *і* -ta; Gégenstand *m* (1*) *(предмет)*; відхиля́тися від ~и vom Théma ábkommen*; **~áтика** Themátik *f*; Thémenkreis *m* -es; **~ати́чний** themátisch, Thémen≠; **~ати́чний** план Thémenplan *m* (1*).
тéмн|ий 1) dúnkel, fínster; 2) *(неясний)* únklar, únverständlich, dúnkel; 3) *(підозрілий)* verdächtig, dúnkel; ~а спрáва éine dúnkle Geschíchte; 4) *(відсталий, некультурний)* únwissend, úngebildet.
темні|ти 1) dúnkeln *vi*, dúnkel [fínster] **wérden***, sich verfínstern; у мéне ~є в очáх es wird mir schwarz [dúnkel] vor den Áugen; 2) *безос.*: ~є es wird dúnkel [fínster, dämmrig], es dämmert, es dúnkelt.
тéмно dúnkel, fínster; ◊ ~ хоч óко ви́коли es ist stóckfinster; dúnkel wie in éinem Sack.
тéмно≠ *у складн. сл.* **dúnkel≠**; ~зелéний dúnkelgrün; ~волóсий dúnkelhaarig, brürétt.
темнóт|а Dúnkelheit *f*; Fínsternis *f*; Dúnkel *n* -s; в ~і im Dúnkeln.
темп *тж. муз.* Témpo *n* -s, *pl* -s *та* -pi; шалéний ~ rásendes Témpo; прискóреним ~ом in beschléunigtem Témpo.
темперáмент Temperamént *n* (2); **~ний** temperaméntvoll.
температýр|а Temperatúr *f* (10); ~а кипíння Síedepunkt *m* (1); ~а замерзáння Gefríerpunkt *m*; мíряти ~у die Temperatúr méssen*; *мед.* Fíeber méssen*; кімнáтна ~а Zímmertemperatur *f*; **~ити** *мед. розм.* fíebern *vi*; Fíeber háben.
тéмрява *див.* темнотá.
тендéнці|я 1) Tendénz *f* (10); 2) *(схильність до чого-н.)* Néigung *f* (10), Hang *m* -(e)s; виявля́ти ~ю до чóго-н. die Tendénz háben; zu etw. *(D)* néigen *vt*.
тендíтн|ий 1) zart, fein, gebréchlich; 2) *(м'який)* zart, rücksichtsvoll, delikát; 3) *(слабкий)* schwächlich; ~е здорóв'я zárte Gesúndeit; вонá дýже ~а sie ist zum Úmblasen.
тенéта Netz *n* (2); Garn *n* (2); заманíти в ~ in séine Nétze lók-

ken; попастися в ~ ins Netz [ins Garn] fällen* *vi* (s).

теніс *спорт.* Ténnis *n* -; Ténnisspiel *n* (5); Nétzballspiel *n* (5); настільний ~ Tíschtennis *n*; грати в ~ Ténnis spíelen; **~ний** Ténnis; ~ний м'яч Ténnisball *m* (1*); ~ний корт Ténnisplatz *m* (1*).

тент Sónnendach *n* (5).

теорем|а *мат.* Theorém *n* (2); Léhrsatz *m* (1*); ~а Піфагора pythagoréischer Léhrsatz; довести ~у ein Theorém bewéisen*.

теорі|я Theoríe *f* (11); Léhre *f* (11) *(вчення)*; ~я пізнання *філос.* Erkénntnistheorie *f*; ~я ймовірності *мат.* Wahrschéinlichkeitsrechnung *f*; висунути ~ю éine Theoríe áufstellen.

тепер jetzt; nun; áugenblicklich; gégenwärtig, héutzutage *(зараз)*; ◊ ~ все ясно! jetzt wird's Tag!; ~ твоя черга jetzt kommst du darán; **~ішній** gégenwärtig; jétzig, héutig *(сьогоднішній)*; dérzeitûg *(сучасний)*; ~ішній час *грам.* Präsens *n* -.

тепл|ий 1) warm; mild *(про клімат, погоду)*; 2) *перен.* warm, fréundschaftlich *(привітний)* hérzlich *(щирий)*, ~ прийом hérzlicher Empfáng; ◊ ~а компанія die gánze Bláse.

теплі|ця Tréibhaus *n* (5); Gewächshaus *n* (5); **~чний** Tréibhaus≠; ~чна рослина Tréibhauspflanze *f* (11); *перен.* verzärteltes Wésen.

тепліти warm [wärmer] wérden*.

тепл|ó Wärme *f*; п'ять градусів ~á fünf Grad Wärme; тримати в ~і wármhalten* *відокр. vt*.

тéпло 1) warm; одягатися ~ sich warm kléiden [ánziehen*]; 2) *перен.* warm, hérzlich; 3) *безос.* es ist warm; мені ~ mir ist warm, ich hábe es warm; ◊ тісно, зате ~ eng áber gemütlich.

тепло|вóз *тех.* Díesellokomotive [-və] *f* (11); **~хід** Mótorschiff *n* (2); Mótordampfer *m* (6).

теплоелектростанція Wärmekraftwerk *n* (2).

терапевт *мед.* Interníst *m* (8).

тераса Veránda [ve-] *f*, *pl* -den; Terrásse *f* (11).

територія Territórium *n* -s, *pl* -ri|en; Gebíet *n* (2) *(область)*; ~ заводу Wérkgelände *n*.

термін 1) Fáchaustdruck *m* (1*), Términus *m* -, -ni; Fáchwort *n* (5), 2) *(строк)* Frist *f* (10); Termín *m* (1).

терміно́в|ий éilig; dríngend, drínglich; ~і заходи Sofórtmaßnahmen *pl*; ~а допомога Sofórthilfe *f*.

термáметр Thermométer *n* (6); *мед.* Fíeberthermometer *n*.

тéрмос Thérmosflasche *f* (11); сумка-~ Kühltasche *f* (11).

термоядерн|ий thermonukleár; ~а зброя thermonukleáre Wáffe.

тернистий dórnig; Dorn≠; *перен.* dórnenvoll; ~ шлях ein dórnenvoller Pfad.

терплячий gedúldig, dúldsam, lángmütig.

терпи́м|ий 1) *(поблажливий)* dúldsam, toleránt; бути **~им** toleránt sein; 2) *(стерпний)* erträglich, passábel ertrágbar.

терпі|ння Gedúld *f*, Lángmut *f*; вивести кого-н. з **~ння** j-n aus der Fássung bríngen*; він втратив ~ння séine Gedúld ist geríssen; **~ти** 1) *(біль, холод тощо)* léiden* *vt*; ertrágen* *vt*; ~ти нестатки Not léiden*; ~ти біль Schmérzen ertrágen*; 2) *(допустити)* dúlden *vt*, léiden* *vt*, sich *(D)* etw. gefál- éine Schláppe erléiden*; ~ти нелен lassen*; **~ти** поразку *(тж. перен.)* éine Níederlage erléiden*; вдачу éinen Míßerfolg háben; ◊ не ~ти кого-н. j-n nicht léiden* [áusstehen] können, j-n im Mágen háben; ◊ терпи, козаче, отаманом будеш wer áushält, bleibt Síeger.

терпкий herb.

терплячий *див.* терпеливий.

тéрпнути erstárren *vi* (s).

тéрт|и réiben* *vt*; ~и очі sich *(D)* die Áugen réiben*; **~ися** sich réiben* (об що-н. an *D*); **~ка** Réibeisen *n* (7); Réibe *f* (11); **~я́** *тж. перен.* Réibung *f*.

тесáти behauen* *vt*.

тесля́р Zímmermann *m* -(e)s, *pl* -leute, Zímmerer *m* (6).

тест Test *m* (1), *pl* також -s, Prüfung *f* (10).

тесть Schwíegervater *m* (6*).

тéхнік Téchniker *m* (6); Téchnikerin *f* (12) *(про жінку)*.

тéхніка 1) Téchnik *f*; ~ зв'язку Náchrichtentechnik *f*; ~ безпеки Sícherheitstechnik *f*, Árbeitsschutz *m* -es; 2) *(сукупність навиків, що застосовують в певній діяльності)* Fértigkeit *f*.

тéхнікум Fáchschule *f* (11); Ingenierschule [inʒeˈnøːr] *(технiч-*

ний); гірни́чий ~ Bérgingenieurschule *f*; будіве́льний ~ Ingeníerschule für Báuwesen.

техно́лог Technológ *m* (9); **~ічний** technológisch; ~ічний проце́с Árbeitsvorgang *m* (1*).

техноло́гія Technologíe *f*.

течі|я́ 1) *(плин)* Flíeßen *n* -s, Strömen *n* -s; 2) *(струмінь)* Strömung *f* (10); ве́рхня ~я (ріки́) Óberlauf *m* -(e)s; ни́жня ~я (ріки́) Únterlauf *m*, пливти́ про́ти ~ї gégen [wíder] den Strom schwímmen* *(тж. перен.)*; пливти́ за е́ю mit dem Strom schwimmen* *(тж. перен.)*; 3) *(напрям у мистецтві тощо)* Strömung *f* (10).

те́ща Schwíegermutter *f*, *pl* -mütter.

ти *займ.* du; Du *(у листах)*; говори́ти кому́-н., ти j-n dúzen, j-m du ságen; бу́ти на ти з ким-н. sich dúzen (mit *D*), mit j-m auf du und du sein.

тигр Tíger *m* (6).

ти́ждень Wóche *f* (11); мину́лого ти́жня in der vergángenen Wóche; насту́пного ти́жня náchste Wóche; че́рез ~ in acht Tágen, in éiner Wóche; три́чі на ~ dréimal die Wóche [in der Wóche]; за ~ до éine Wóche vor; ◊ сім п'я́тниць на ~ *(у кого-н.)* néuer Tag, néuer Sinn.

тижне́в|ий wöchentlich, éinwöchig, Wóchen≁; ~а відпу́стка éinwöchiger Úrlaub.

тил Hínterland *n*](e)s; Rücken *m* (7); глибо́кий ~ tíefes Hínterland.

тим: ~ бі́льше um so mehr; ~ кра́ще um so bésser; ~ гі́рше um so schlímmer; чим бі́льше, ~ кра́ще je mehr, désser; ~ **часом** unterdéssen, inzwíschen, währenddéssen.

тимчасо́в|ий zéitweilig; vorübergehend *(непостійний)*; provisórisch [-vi-] *(про уряд, захід тощо)*; ~е я́вище zéitbedingte Erschéinung; ~ий за́хід provisórische Máßnahme; ~о вико́нуючий обо́в'язки керівника́ stéllvertretender Léiter.

тиня́тися *розм.* (umher)schlendern *vi* (s); sich herúmtreiben*; Pfláster tréten*.

тип 1) Typ *m* (13), Týpus *m* -, -pen; Art *f* (10) *(вид)*; 2) *розм.* *(про людину)* Exemplár *n* (2), Subjékt *n* (2); ◊ ну й тип! *розм.* so éine Númmer! ein sáuberer Herr!

типо́в|ий 1) týpisch; charakterístisch [ka-] kénnzeichnend ~а фігу́ра týpische Figúr [Gestált]; 2) *(який є зразком, стандартом для чого-н.)* Éinheits≁, Týpen≁, typisíert; ~ий до́говір typisíerter Vertrág, Mústervertrag *m* (1*).

типо|логі́чний typológisch; **~ло́гія** Typologíe *f*.

тир Schíeßstand *m* (1*), Schíeßbude *f* (11).

тира́да Tiráde *f* (11); Wórtschwall *m* (1*).

тира́ж 1) *(позики, лотереї)* Zíehung *f* (10); ~ пога́шення Tílgungsziehung *f*; 2) *поліг.* Áuflage *f* (11).

тира́н Tyránn *m* (8); Despót *m* (8); **~ічний** tyránnisch; **~ія** Tyrannéi *f*.

тире́ Gedánkenstrich *m* (1), Bíndestrich *m*.

тиск Druck *m* (1); ~ пові́тря Lúftdruck *m*; кров'яни́й ~ Blútdruck *m*; підви́щений ~ erhöhter Druck, Überdruck *m*; пони́жений ~ Únterdruck *m*; атмосфе́рний ~ atmosphärischer Druck.

ти́снути 1) *(вагою)* drücken *vt*. lásten *vt* (на що-н. auf *D*); ~ ру́ку die Hand drücken; 2) *(вичавлювати що-н. з чого-н.)* (áus)préssen *vt*, áusdrücken *vt*.

ти́сяч|а táusend; Táusend *n* (2) *(у знач. ім.)*; п'ять ~ fünftáusend; на ~у pro mílle; ти́сяча і одна́ ніч *(щось незвичайне, фантастичне)* táusendundeine Nacht; **~орі́чний** táusendjährig; **~орі́ччя** 1) Jahrtáusend *n* (2); 2) *(ювілей)* das táusendjährige Jubilá|um.

тита́н I *міф.* Titán *m* (8); перен. Titán *m*, Ríese *m* (9).

тита́н II *(кип'ятильник)* Héißwasserbereiter *m* (6), Wásserboiler *m* (6).

титр *кіно* Áufschrift *f* (10), Títel *m* (6); вступні́ ~и *(фільму)* Vórspann *m* -(e)s; заклю́чні ~и *(фільму)* Ábspann *m*.

ти́тул 1) Títel *m* (6); Ehrentitel *m*; 2) *поліг.* Títel *m* (6).

ти́х|ий 1) léis(e); ~і кро́ки léise Schrítte; 2) *(спокійний)* stilll, rúhig; ~а дити́на ein rúhiges Kind; ◊ ~а годи́на *(в санаторії тощо)* Rúhestunde *f* (11); Míttagsruhe *f*; ~а вода́ гре́блі рве stílle Wásser sind tief.

ти́ш|а Stílle *f*, Láutlosigkeit *f*; Rúhe *f*; дотри́муватись ~і still sein; Rúhe hálten*; пору́шити ~у die Rúhe stören; встано́влювати ~у Rúhe schäffen*.

ти́шком-ни́шком *розм.* (klámm)-héimlich, in áller Stílle.

тік Ténne *f* (11), Dréschboden *m* 7*); ◊ на чиє́му току́ моло́тять, тому́ й хліб во́зять wéssen Brot ich ésse, déssen Lied ich singe.

тіка́ти davónlaufen* *vi* (s), fórtlaufen* *vi* (s); wéglaufen* *vi* (s), áusreißen *vi* (s), Réißaus néhmen* *(рятуватися втечею)*, die Flucht ergréifen*.

тіле́сн|ий körperlich; Körper-, Léibes≠; ~и пошко́дження Körperverletzungen *pl*.

ті́л|о 1) Körper *m* (6); Leib *m* (4) *(людини, тварини)*; 2) *(останки померлої людини)* die stérbiche Hülle.

ті́льки 1) *присл.* *(лише)* nur, alléin, bloß, erst *(стосовно до часу)*; у ме́не ~ два карбо́ванці ich hábe nur zwei Rúbel; за́раз ~ тре́тя годи́на es ist erst drei Uhr; якщо́ ~ wenn bloß [nur]; ~ тоді́ erst dann; ~ щоében erst; ében (geráde); це ~ поча́ток das ist erst der Ánfang; 2) *спол.* *(щойно)* sobáld; kaum; ~ я увійшо́в kaum war ich éingetreten; 3) *спол.* *(але)* nur, áber; не ~ ..., а й ...nicht nur ..., söndern auch; 4) *(лише)* чого́ ~ він не ба́чив was er nicht álles geséhen hat; ~ його́ й ба́чили und fort war er; ~ й усьо́го! das ist der gánze Ségen!

тіни́стий 1) *(такий, де багато тіні)* schättig; 2) *(від якого утворюється тінь)* schättenspendend.

тін|ь Schátten *m* (7); ки́дати ~ь на ко́го-н. éinen Schátten [Mákel] auf j-n werfen*; боя́тися вла́сної ~і sich vor séinem (éigenen) Schátten fürchten; **~ьови́й** schättin; Schátten≠.

ті́сн|ий 1) eng; schmal; ~і ту́флі énge Schúhe; 2) *(близький)* eng, ínnig, intím; ~а́ дру́жба ínnige [Éenge] Fréundschaft; у ~о́му ко́лі iméngen [kléinen] Kréis(e); ◊ світ ~и́й die Welt ist ein Dorf.

ті́ст|ечко *кул.* Törtchen *n* (7); **~о** **Теиг** *m* -(e)s.

ті́тка 1) Tánte *f* (11); 2) *розм.* *(доросла жінка)* Frau *f* (10).

ті́шити (er)fréuen *vt*, Fréude máchen [beréiten] (кого́-н. *D*); ~ себе́ наді́єю sich in der Hóffnung wíegen; ~ о́ко das Áuge ángenehm berühren.

тка́ля Wéberin *f* (12).

ткани́на (1) *текст.* Stoff *m* (1); Wébstoff *m*; Gewébe *n* (6); декорати́вна ~ Ráumtextili¦en *pl*; баво́вняна ~ Bóumwollgewebe *n*, Báumwollstoff *m*; 2) *біол.* Gewébe *m* (6).

тка́ти wében *vt*.

ткач Wéber *m* (6).

тлі́ти glímmen (*) *vi*, schwélen *vi*.

тл|о Grund *m* (1*), Híntergrund *m* *(тж. перен.)*; на сві́тлому ~і auf béllem Grund; виділя́тися на ~і *тж. перен.* sich vom Híntergrund ábbeben*; служи́ти ~ом den Híntergrund bílden.

тлума́ч|ити erklären *vt*, erläutern *vt*; áuslegen *vt*, déuten *vt*; **~чий:** ~чий словни́к erklärendes Wörterbuch, Definitiónswörterbuch *n* (5).

то́бто das heißt *(скор. d. h.)*.

това́р Wáre *f* (11); Artíkel *m* (6); ~и широ́кого по́питу Mássenbedarfsartikel *pl*; ~ підви́щеного по́питу stark gefrágte Wáre; дефіци́тний ~ Mángelware *f*.

товари́ство Geséllschaft *f* (10); Geméinschaft *f* (10); Veréin *m* (1); спорти́вне ~ Spórtverein *m*; акціоне́рне ~ Ákti¦engesellschaft *f*.

товари́ськ|ий kamerádschaftlich, fréundschaftlich, kollegiál; ~ий суд Éhrengericht *n* (2); ~а зу́стріч *спорт.* Fréundschaftsspiel *n* (2).

това́риш Génósse *m* (9); Kamerád *m* (8) *(приятель)*; Freund *m* (1) *(друг)*; Kollége *m* (9) *(по роботі)*; шкільни́й ~ Schúlkamerad *m*; ~ дити́нства Júgendfreund *m* (1); ~ по нещáстю Léidensgenosse *m*; ~ по ву́зу Stúdi¦enkollege *m*; Kommilitóne *m* (9), Stúdi¦enfreund *m*.

това́рн|ий 1) *ек.* Wáren-; Markt-; 2) *(залізн.)*; ~ий по́їзд Gutersug *m* (1*); ~а ста́нція Güterbahnhof *m* (1*).

товарозна́в|ець Wárenkundler *m* (6); **~ство** Wárenkunde *f*; **~чий** wárenkundlich.

товаро|о́біг *ек.* Wárenumsatz *m* -es; Wárenverkehr *m*-s; **~обмі́н** *ек.* Wárenaustausch *m* -es.

товкти́ 1) (zer)stóßen* *vt*; zerkléinern *vt*; 2) *(говорити, повторювати те саме)* hártnäckig beháupten; **~ся** herúmstehen* *vi* (h, s); sich herúmtreiben* *(вештатися)*.

товст|и́й dick; beléibt *(про людину)*; ~и́й шар éine dícke Schicht;

~**іша**ти dick wérden*; zúnehmen* *vi.*

товсту́н Dícke *m* (14), Díckwanst *m* (1*).

товщин|а́ Dícke *f*; Stärke *f* (11); ~óю в п'ять сантиме́трів fünf Zentiméter dick.

торі|рі́чний vórjährig; ~**ча́сний** dámalig.

тоді́ 1) *присл.* (*у той час*) dámals; 2) *спол.* (*після того*) da, dann, daráuf(hin); 3): ~ як während; ~**шній** dámalig.

то|й jéner (*f* jéne, *n* jénes; *pl* jéne); ~гó рáзу das vórige Mal; на ~й рік im nächsten [kómmenden] Jahr; те сáме dassélbe; das gléiche; тим сáмим dadúrch; тим чáсом inzwíschen; до тóго ж áußerdem, überdíes; zudém; ◊ і без тóго ohnehín, sowiesó; ні тé ні сé wéder Fisch noch Fleisch; ні з тóго ні з сьóго mir nichts, dir nichts; спрáва в тóму... es kommt daráuf an...; спрáва не в тóму es ist nicht an dem.

то́кар Dréher *m* (6) (*по металу*); Dréchsler *m* (6) (*по дереву*).

токси́чний tóxisch, gíftig.

том Band *m* (1*) (*скор.* Bd.); у трьох ~áх in drei Bänden.

тома́т 1) Tomáte *f* (11); 2) (*паста*) Tomátenmark *n* -(e)s; ~**ний** Tomáten≠; ~**ний** сік Tomátensaft *m* -es.

тому́ 1) *присл.* deshálb, darúm; 2) *спол.*: ~ що weil, da.

тон Ton *m* (1*); Klang *m* (1*); змінúти ~ éinen ánderen Ton ánschlagen*; підвúщити ~ éinen schärferen Ton ánschlagen*; задавáти ~ den Ton ángeben*.

тонк|и́й 1) dünn; fein; zart; schlank (*стрункий*); ~í пáльці féine [schlánke] Fínger; ~í рúси облúччя féine Gesíchtszüge; ~úй гóлос dünne [zárte, féine] Stímme; 2) (*витончений*) fein, verféinert; ~úй смак féiner Geschmáck; ~á робóта féine Árbeit.

то́нко 1) dünn; 2) (*витончено*) fein, subtíl; ◊ де ~, там і рветься wo der Fáden dünn ist, da reißt er.

то́нна Tónne *f* (11).

тону́ти ertrínken* *vi* (s); (ver)sínken* *vi* (s); úntergehen* *vi* (s) (*про судно*).

топи́ти I (*піч*) héizen *vt*, féuern *vt*; ~**ся** brénnen* *vi.*

топи́ти II (*віск тощо*) áuslassen* *vt*; schmélzen *vt*; ~**ся** schmélzen* (s).

топи́ти III (*кого-н., що-н.*) ertränken *vt*; versénken *vt*; zugrúnde ríchten (*губити*); ~**ся** sich ertränken.

топо́ля Páppel *f* (11); ◊ стрункá як ~ schlank wie éine Gérte.

топоні́міка *лінгв.* Toponomástik *f*, Órtsnamenkunde *f*.

то́рба Béutel *m* (6), Sack *m* (1*).

торг Hándel *m* -s; ◊ закулíсний ~ *перен.* Kúhhandel *m*.

торгі́вля Hándel *m* -s; держáвна ~ stáatlicher Hándel; кооперати́вна ~ genóssenschaftlicher Hándel; привáтна ~ Privathandel [-'va:t-] *m*.

торгове́льн|ий Hándels≠; ~**ий** дóговір Hándelsvertrag *m* (1*); ~**а** органíзáція Hándelsorganisation *f* (10).

торго́вий Hándels≠; ~ центр Hándelszentrum *n* -s, -tren; ~ флот Hándelsflotte *f* (11).

торгува́ти hándeln *vi* (чим-н. mit *D*); Hándel tréiben*; ~**ся** hándeln *vi*, féilschen *vi* (за що-н. um *A*).

торжество́ Triúmph *m* (1); Sieg *m* (1).

торі́|к im vórigen Jahr; ~**шній** vórjährig.

торка́ти, торкну́ти ánrühren *vt*, berühren *vt*, ánfassen *vt*; ~**ся** 1) berühren *vt*, ánrühren *vt*; stréifen *vt* (*зачепити*); 2) (*мати відношення до кого-н., до чого-н.*) (án)betréffen* *vt*, ángehen* *vt*.

торопі́ти in Verlégenheit geráten*; in Verwírrung geráten*.

торох(ко)ті́ти *розм.* póltern *vi*, hólpern *vi*; schnáttern [gáckern] wie éine Gans.

торпе́да Torpédo *m* -s, -s.

торт Tórte *f* (11).

торф Torf *m* (1, 1*).

торше́р Stéhleuchte *f* (11), Stéhlampe *f* (11).

то́скний wéhmütig; schwérmütig.

тост Toast [to:st] *m* (1), Trínkspruch *m* (1*); проголóшувати ~ éinen Toast [Trínkspruch] auf j-n áusbringen*.

тото́ж|ний idéntisch, gléich(bedeutend), übereínstimmend; ~**ність** Identität *f* (10); Übereínstimmung *f*; Gléichheit *f*.

точи́ти (*робити гострим*) schärfen *vt*; wétzen *vt*; schléifen* *vt*; ~ олівéць einen Bléistift spítzen.

то́чк|а Punkt *m* (1); ~а опóри Stützpunkt *m*; ~а зóру Gesíchtspunkt *m*, Stándpunkt *m*; з цієї ~и

зо́ру únter díesem Gesíchtspunkt; дійти́ до ~и кипі́ння *перен.* auf den Síedepunkt kámmen*.
то́чн|ий genáu; pßnktlich; präzís(e); ~ий час genáue Zeit; **~ість** Genáuigkeit *f*; Pünktlichkeit *f*; Präzisión *f*; з вели́кою ~істю mit größer Genáuigkeit [Präzisión].
то́що und ánderes (mehr) *(скор.* u. a. m.); und ähnliches *(скор.* u. ä.).
трав|а́ Gras *n* (5), Kraut *n* (5); лі́карські ~и Arznéikräuter *pl*, Héilkräuter *pl*; лежа́ти на ~і im Gras líegen*; ◊ яка ~а́, таке́ й сі́но Art läßt nicht von Art.
тра́в|ень Mai *m* -(e)s *та* -, *pl* -e; в мі́сяці ~ні im Mónat Mai; на поча́тку ~ня Ánfang Mai; в середи́ні ~ня Mítte Mai; в кінці́ ~ня Énde Mai.
тра́вма Tráuma *n* -s, -ta; виробни́ча ~ Betríebsverletzung *f* (10).
траге́дія Tragödi|e *f* (11), Tréuerspiel *n* (2).
тра́г|ік *(актор)* Tragöde *m* (9); **~ікоме́дія** Tragikomödi|e *f* (11); **~і́чний** trágisch.
трад|иці́йний traditionéll, (ált)hérkömmlich; **~и́ція** Traditión *f* (10), Überlíeferung *f*; за ~и́цією traditiónsgemäß, traditiónsgebunden.
раєкто́рія Flúgbahn *f* (10), Trajektóri|e *f* (11).
тракт Stráße *f* (11); Trakt *m* (1).
тракта́т *(наукова праця)* Traktát *m* (1), *n* (2), Ábhandlung *f* (10).
тра́ктор Tráktor *m* -s, -tóren; ~-тягá́ч Schlépper *m* (6); працюва́ти на ~і éinen Tráktor fáhren*; **~и́ст** Traktoríst *m* (8); **~ний** Traktóren≠.
трамва́|й Stráßenbahn *f* (10); ї́хати ~єм mit der Stráßenbahn fáhren*; сі́сти на ї́й in die Stráßenbahn stéigen*; ви́йти з ~я aus der Stráßenbahn stéigen*; **~ний** Stráßenbahn≠; ~йний парк Stráßenbahnhof *m* (1*); ~ина зупи́нка Stráßenbahnhaltestelle *f* (11).
трампплі́н Sprúngbrett *n* (5); Sprúngschanze *f* (11).
транзи́стор *(радіоприймач)* Transístorempfänger *m*; Kófferradio *n* -s.
транзи́т Transít *m* -(e)s, Dúrchfuhr *f*.
транс|крибува́ти *лінгв.* transkribíeren *vt*; **~кри́пція** *лінгв., муз.* Transkriptión *f* (10); **~літера́ція** *лінгв.* Transliteratión *f*; **~літерува́ти** *лінгв.* transliteríeren *vt*.
трансл|юва́ти sénden *vt*; übertrágen* *vt*; **~я́ція** Séndung *f*, Ïbertrágung *f*.
транспара́нт Transparént *n* (2); Sprúchband *n* (5).
тра́нспорт 1) *(перевезення)* Transpórt *m* -(e)s, Beförderung *f*; 2) *(галузь господарства)* Transpórtwesen *n* -s; Verkéhrswesen *n*; во́дний ~ Wássertransport *m*; пові́тря́ний ~ Lúftverkehr *m* -(e)s; автомобі́льний ~ Kráftverkehr *m*; міськи́й ~ Stadtverkehr *m*; 3) *(засоби перевезення)* Transpórtmittel *n* (6).
транспорте́р Förderer *m* (6).
тра́нспорт|ний Transpórt≠, Verkéhrs≠; ~ні за́соби Transpórtmittél *pl*; **~ува́ти** befördern *vt*, versénden(*) *vt*, transportíeren *vt*.
трансформ|а́тор *ел.* Úmformer *m* (6), Úmspanner *m* (6), Strómwandler *m* (6), Transformátor *m* -s, -tóren; **~ува́ти** úmformen *vt*; transformíeren *vt*; úmwandeln *vt*.
транше́я 1) *буд.* Gráben *m* (7*), Kanal *m* (1*); 2) *військ.* Schützengraben *m* (7*).
трап 1) *мор.* Schíffstreppe *f* (11); 2) *ав.* Gangway ['gaŋwe:] *f*, *pl* -s.
трапе́ція *мат., спорт.* Trapéz *n* (2).
трапля́тися, тра́питися geschéhen* *vi* (s), vórfallen* *vi* (s), vórkommen* *vi* (s); passíeren *vi* (s); як це тра́пилось? wie hat sich dies zúgetragen? wie ist das geschéhen [passíert]? що тра́пилось? was ist geschéhen? was ist los? *(розм.)*; ◊ що б там не тра́пилось und wenn der gánze Schnee verbrénnt.
тра́са Trásse *f* (11), Strécke *f* (11), Líni|e *f* (11); пові́тря́на ~ Flúgstrecke *f*, Lúftverkehrslini|e *f*.
тра́тити áusgeben* *vt*, veráusgaben *vt (гроші)*, verbráuchen *vt (матеріал)*; vergéuden *vt (марно)*; не ~ бага́то слів nicht viel Wórte máchen.
тра́ур Tráuer *f*; Leid *n* -(e)s; глибо́кий ~ tíefe Tráuer; носи́ти ~ по ко́му-н. um j-n Tráuer trágen*; **~ний** Tráuer-; ~ний мі́тинг Gedénkstunde *f* (11), ~ний марш Tráuermarsch *m* (1*).
трафаре́т Schablóne *f* (11); **~ний** *перен.* schablónenhaft.
тре́ба *предик. безос.* 1) *(про обов'язок)* мені́ ~ йти на робо́ту

ich muß [ich soll] zur Árbeit (géhen*); 2) *(потрібно)* йому́ ~ для цього сто карбо́ванців er braucht [benötigt] dazú húndert Rúbel; так йому́ й ~! *розм.* so hat er's verdíent! не ~ се́рдитися man muß sich nicht ärgern.

трек *спорт.* Rénnbahn *f* (10); Rádrennbahn *f*.

тремт|і́ти zíttern *vi*, bében *vi*; vibríeren [vi-] *vi (про голос, струну тощо)*; він весь ~и́ть er zíttert am gánzen Léibe.

тре́н|ер *спорт.* Trainer ['trɛ:nər] *m* (6); Trainerin *f* (12) *(про жінку)*; ста́рший ~ер Cheftrainer ['ʃɛf-] *m*; **~ува́льний** Trainings≠ ['trɛ-] Úbungs≠; **~ува́ння** Training ['trɛ:-] *n* -s, Übung *f* (10); *спорт.* Körperschulung *f*; **~ува́ти** trainíeren [trɛ-] *vt*, (éin)üben *vt*, **~ува́тися** sich trainíeren [trɛ-], trainíeren *vi*, sich üben *vi* (in *D*).

трети́на Dríttel *n* (6).

тре́т|ій der drítte; ~ього тра́вня am drítten Mai; den drítten Mai *(на письмі)*; о ~ій годи́ні um drei Uhr; ~я части́на Dríttel *n* (6); der drítte Teil; сторі́нка [глава́] ~я Séite [Kapítel] drei; ~ій но́мер Nümmer drei.

три drei.

трибу́н Tribún *m* (1, 8); наро́дний ~ Vólkstribun *m*; **~а** Tribüne *f* (11); Rédnerbühne *f (оратора)*.

трива́л|ий lang, (án)dáuernd, ánhaltend; langwíerig *(про хворобу)*; ~і о́плески ánhaltender Béifall; **~ість** Dáuer *f*; Zéitdauer *f*.

трива́ти dáuern *vi*; währen *vi* *(поет.)*; ◊ це ж не ~ме до́вго *розм.* das dáuert kéine Léipziger Mésse.

тривки́й 1) háltbar; wáschecht *(про фарби)*; 2) *перен.* dáuerhaft, fest, stétig *(стійкий)*.

триво́г|а 1) *(неспокій)* Únruhe *f*, Áufregung *f*, Besórgnis *f*; 2) *(сигнал небезпеки)* Alárm *m* (1), Alármsignal *n* (2); зня́ти ~у alarmíeren *vt*; повітря́на ~а Lúftalarm *m*.

триво́жити áufregen *vt*; in Sórge versétzen; **~ся** sich beúnruhigen.

три|годи́нний dréistündig *(тривалістю три години)*.

тридця́т|ий der dréißigste; ~ого бе́резня am dréißigsten Mörz; den dréißigsten März *(на письмі)*; сторі́нка ~а Séite dreißig; ~і ро́ки die dréißiger Jáhre; ~ий но́мер Númmer dréißig.

тридцятилі́тн|ій dréißigjährig; ~ій чолові́к Dréißiger *m* (6), ~я жі́нка Dréißigerin *f* (12).

три́дцять dréißig.

трикімна́тний Dréizimmer≠.

трико́лірний dréifarbig; Dréifarben≠.

трикота́ж 1) *(матерія)* Trikot [-'ko:] *n, m* -s, Wírkstoff *m* -(e)s; Strickstoff *m*; 2) *збірн. (вироби)* Wírkwaren *pl*, Óbertrikotagen [-ʒen] *pl (верхній)* Untertríkotagen *pl (білизна)*; Stríckwaren *pl*; Trikotágen *pl*.

трику́тний *мат.* dréieckig.

трику́тник Dréieck (2); прямоку́тний ~ réchtwinkliges Dréieck; рівнобе́дрений ~ gléichschenklige Dréieck; рівносторо́нній ~ gléichseitiges Dréieck.

трима́ти) hálten* *vt*; ~ дити́ну за ру́ку das Kind an der Hand hálten*; 2) *(зберігати)* áufbewahren *vt*; ~ в холо́дному мі́сці kalt áufbewahren; ~ язи́к за зуба́ми den Mund [Schnábel] hálten*; ~ кого́-н. в свої́х рука́х j-n im Sack [am Bändel] háben; ~ ка́мінь за па́зухою éinen Groll gégen j-n hégen; він умі́є ~ себе́ ev verstéht sich gut zu benéhmen; **~ся** 1) *(за кого-н., за що-н.)* sich hálten* (an *A*); ~ся за го́лову sich an den Kopf fássen; 2) *(поводити себе)* sich hálten*; sich benéhmen*; 3) *(витримувати)* dúrchhalten* *vi*; ◊ ле́две ~ся на нога́х sich kaum auf den Béinen hálten*; ~ся о́сторонь sich ábseits hálten*; трима́йся! hálte aus! dúrchhalten!

трина́дцят|ий der dréizehnte; сторі́нка ~а Séite dréizehn; ~ого бе́резня am dréizehnten März; den dréizehnten März *(на письмі)*; ~ий но́мер Númmer dréizehn.

трина́дцять dréizehn.

три|поверхо́вий dréistöckig, dréigeschossig; **~проце́нтний** dréiprozentig; **~рі́чний** dréijährig, von drei Jáhren.

три́ста dréihundert.

трі́йка 1) *(цифра)* Drei *f* (10); 2) *(оцінка)* Drei *f* (10) *(Schulzenzur «befriedigend» in der UdSSR)*.

трійня́ *розм.* Drillinge *pl*.

трі́ск Knall *m* (1), Kráchen *n* -s; Knístern *n* -s *(вогню, сучків)*; ◊ з ~ом *(вигнати тощо)* mit größem

Т

Krach, mit Knall und Fall; з ~ом провалйтися mit Páuken und Trompéten dúrchfallen* (s).

тріск|а Span *m* (1*); Kien *m* -(e)s; худйй як ~а dürr wie éine Hópfenstange; ◊ ліс рубáють — ~и летять wo man haut, fállen Späne.

тріскá *(риба)* Dorsch *m* (1); Klíppfisch *m* (1), Laberdán *m* (1).

тріскати(ся), тріснути plátzen *vi* *vi* (s), bérsten* *vi* (s), Rísse bekómmen*.

тріўмф Triúmph *m* (1); з ~ом tríumphierend; **~áльний** Tríumph≠; zug *m* (1*); ~áльна áрка Triumphbogen *m* (7); **~увáти** tríumphieren *vi*, teiern *vt*; júbeln *vi*.

тріщ|áти kráchen *vi*; knácken *vi*; knístern *vi*, prásseln *vi* *(при згорянні)*; ◊ у мéне головá ~йть *(від болю) розм.* mir brummt [schmerzt] der Kopf.

тріщина Riß *m* -sses, -sse; Spalt *m* (1), Spálte *f* (11); Sprung *m* (1*) *(на посуді)*; Rínne *f* (11) *(на льоду)*.

тролéйбус Óbus *m* -sses, -sse, Óberleitungs(omni)bus *m*; **~ний** Óbus≠.

трóп|ік Wéndekreis *m* (1); **~íчний** trópisch; Trópen≠.

трос Tau *n* (2), Trósse *f* (11), Seil *n* (2).

тростйна Schílfohr *n* (2); Rohr *n*; цукрóва ~ Zúckerrohr *n*.

тротуáр Trottoir [trɔ'tŏa:r] *n* (2), Géhweg *m* (1), Bürgersteig *m* (1).

трофей Trophäe *f* (11), Béutestück *n* (2); Béute *f* *(військ.)*.

трóхи ein wénig, étwas, ein bíßchen.

трощйти zerstören *vt*, zerschméttern *vt*.

троянд|а Róse *f* (11); чáйна ~а Téerose *f*; **~овий** Róssen≠.

труб|á 1) Rohr *n* (2); Röhre *f* (11); підзóрна ~á Férnrohr *n*; 2) *муз.* Trompéte *f* (11); Posáune *f* (11).

трубопрóвід Róhrleitung *f* (10).

труд Árbeit *f* (10); ◊ без ~á немá плодá óhne Fleiß kein Preis; **~йтися** árbeiten *vi*; sich bemühen; sich *(D)* Mühe gében*.

трудівнй|к, ~ця Werktätige *m*, *f* (14).

трýднощі Schwíerigkeiten *pl*; подолáти ~ die Schwíerigkeiten wínden*; переживáти ~ in kéiner gúten Haut stécken.

трудов|йй Arbeits≠; wérktätig; verdíent *(зароблений)*; ~á дисциплíна Árbeitsdisziplin *f*.

трудящ|ий Wérktätige *m* (14); *збірн.* ~і die Wérktätigen.

труїти vergíften *vt*, áusrotten *vt*.

трун|á Sarg *m* (1*); Báhre *f* (11); ◊ стоя́ти одніє́ю ногóю в ~í mit éinem Fuß im Grábe stéhen*.

труп Léiche *f* (11); Léichnam *m* (1) *(людини)*; Kadáver [-ver] *m* (6) *(тварини)*.

трýпа Trúppe *f* (11).

трусй Slip *m* -s, -s; kúrze Spórthose, Túrnhose *f* (11) *(спортивні)*.

трусйти Schultein *vt*; rütteln *vt*; **~ся** 1) sich schütteln, zíttern *vi*; ~ся від сміху sich vor Láchen schütteln; 2) *(тремтіти)* zíttern *vi*, bében *vi*; ~ся від хóлоду vor Kälte zíttern; ~ся в лихомáнці Schüttelfrost háben.

трухля́вий verfáult, mürbe; morsch, wúrmstichig *(про дерево)*.

трюк 1) *(складний цирковий номер)* Trick *m* (1) *(pl тж.* -s), Kniff *m* (1); 2) *(витівка)* Kúnststück *n* (2), Streich *m* (1).

трюм *мор.* Schíffsraum *m* (1*); в ~і únter Deck.

трюмó Trumeau [try'mo:] *m* -s, -s, Pféilerspiegel *m* (6).

трястй schütteln *vt*, rütteln *vt*; ~сь schßtteln, zíttern *vi* (тремтіти).

туалéт 1) *(одяг)* Toilétte [toa-] *f* (11); Kléidung *f* (10); 2) *(убиральня)* Toilétte [töa] *f* (11), Klosétt *n* (2) *(pl тж.* -s); **~ний** Toiléttten≠ [töa]; ~не мйло Toiléttenseife *f*, Féinseife *f*.

туберкульóз *мед.* Tuberkulóse *f* *(скор.* Tb, Tbc, Tbk); ~ легéнів Lúngentuberkulose *f*; ~ кістóк Knóchentuberkulose *f*; хворíти ~ом Tb(c) [te:be('tse:)] háben, Tuberkulóse háben; **~ний** tuberkulös; ~ний хвóрий Tuberkulósekranke *m* (14); Tuberkulöse *m* (14); ~ний диспансéр Tb(c)-Berátungsstelle *f* (11).

тубіл|ець Éingeborene *m* (14); **~ьний** éingeboren; éinheimisch.

тýга Séhnsucht *f* (nach *D*); ~за батьківщйною [за дóмом] Héimweh *n* -(e)s.

туг|йй straff; fest; stramm gespánnt *(натягнутий)*; ~á пружйна stráffe Féder; ◊ ~йй на вýхо schwérhörig.

тугопла́вкий *тех.* stréngflüssig; schwer schmélzbar.

туди́ dahin, dorthin; ~ і наза́д hin und zurück; hin und her; квито́к ~ і наза́д Rückfahrkarte *f* (11); ◊ ні ~, ні сюди́ dastéhen wie der Ochs am Berg.

тужи́ти *(за ким-н., за чим-н.)* sich séhnen (nach *D*), Séhnsucht háben (nach *D*); ~ за батьківщи́ною [за до́мом] Héimweh háben; sich nach der Héimat séhnen.

тули́ти béilegen *vt*, áuflegen *vt*; **~ся** sich drücken, préssen *vt* (an *A*).

ту́луб Rumpf *m* (1*).

тума́н Nébel *m* (6); густи́й ~ dichter Nébel; надво́рі ~ es ist dráußen nébelig; підніма́ється ~ der Nébel steigt auf; ◊ напусти́ти ~у j-m bláuen Dunst vórmachen; **~ний** 1) néb(e)lig; Nébel≠; 2) *(невиразний)* nébelhaft; únklar, verschwómmen; ~ні поя́снення únklare [nébelhafte] Erklärungen.

ту́мба 1) *(вулична)* Préllstein *m* (1); 2) *(підставка)* Sóckel *m* (6), Fuß *m* (1*).

ту́ндра Túndra *f, pl* -ren.

туне́ль Túnnel *m* (6) (*pl тж.* -s), Stóllen *m* (7); ~ для пішохо́дів Fúßgängerunterfßhrung *f* (10); прокла́сти ~ éinen Túnnel báuen.

ту́пати, ту́пнути stámpfen *vi*, trámpeln *vi*.

тупи́й 1) *(про ніж тощо)* stumpf; 2) *(про біль, почуття)* dumpf.

тупи́к Sáckgasse *f* (11); зайти́ в ~ *перен.* in éine Sáckgasse geráten*; поста́вити кого́-н. в ~ *перен.* j-n in Verlégenheit bríngen*; j-n in die Énge tréiben*.

ту́пість *(обмеженість)* Stúmpfsinn *m* -(e)s.

ту́піт Getráppel *n* -s; кі́нський ~ Pférdegetrappel *n*.

тупцюва́ти hin-, und hértreten*; ~ на мі́сці von éinem Fuß auf den ánderen tréten*.

тур *(етап)* Tour [tu:r] *f* (10); заклю́чний ~ Schlúßrunde *f* (11).

турба́за (тури́стська ба́за) Tourístenstation [tu-] *f* (10), Júgendherberge *f (для молоді)*.

турбі́н|а *тех.* Turbíne *f* (11); **~ний** Turbínen-.

турбо|гвинтови́й Túrboprop(eller)-; ~гвинтови́й літа́к Túrbopropflugzeug *n* (2); ~генера́тор Túrbogenerator *m* (13).

турбо́т|а 1) Sórge *f* (11); без ~ óhne Sórge(n), sórgenfrei; щоде́нні ~и tágtägliche Sórgen, Álltagssorgen *pl*; завдава́ти кому́-н. ~ j-m Sórge máchen; 2) *(піклування)* Sórge *f*; Fürsorge *f*; ~а про діте́й Sórge um die Kínder; оточи́ти ~ою umsórgen *vt*; ◊ це моя́ ~а das laß schon méine Sórge sein.

турбува́ти 1) *(хвилювати)* beúnruhigen *vt*; j-m Sórgen máchen; це мене́ турбу́є das macht mir Sórgen; 2) *(заважати)* stören *vt*; **~ся** 1) *(непокоїтися)* sich sórgen, besórgt sein (про що-н. um *A*); не турбу́йтеся (про нього) séien Sie (um ihn) únbesorgt; ду́же ~ся про що-н. sich *(D) über etw.* Kópfschmerzen máchen; 2) *(піклуватися)* sórgen *vi*, Sórge trágen* (про ко́го-н., про що-н. für *A*); sich kßmmern (um *A*); pflégen *vi*; ~ся про сім'ю für die Famíli|e sórgen.

тури́зм Tourísmus [tu-] *m* -; Tourístik [tu-] *f*, Tourístenverkehr [tu-] *m* -(e)s.

тури́ст Tourist [tu-] *m* (8), Áusflügler *m* (6); Wánd(e)rer *m* (6) *(той, хто мандрує пішки)*; **~и́чний** tourístisch [tu-] Tourísten-; **~ка** Tourístin [tu-] *f* (12); Áusflüglerin *f* (12), Wándrerin *f* (12) *(жінка, що мандрує пішки)*; **~ський** *див.* туристи́чний.

турне́ 1) *(поїздка круговим маршрутом)* Rúndfahrt *f* (10); 2) *(гастрольна поїздка)* Tournee [tur'ne:] *f*, *pl* -s, Gástspielreise *f* (11).

турні́р Turníer *n* (2); ша́ховий ~ Schächturnier *n*; **~ний** Turníer-; ~на табли́ця Turniertabelle *f* (11).

ту́р|ок Türke *m* (Ê); **~ча́нка** Türkin *f* (12).

тут hier, da; ~ і там hier [hie] und da, da und dort; вони́ ~ як ~ sie sind schon da.

туте́шній *розм.* híesig; я не ~ ich bin nicht von hier, ich bin hier fremd.

ту́фл|і Schühe *pl*; **~я** Schuh *m*; ха́тні ~і Pantóffeln *pl*.

ту́хлий verfáult, faul; stínkig.

туш I *муз.* Tusch *m* (1); гра́ти ~ éinen Tusch blásen*.

туш II Túsche *f* (11); малю́нок ~шю Téschzeichnung *f* (10).

тушкува́ти *кул.* dämpfen *vt*, schmóren *vt*, dünsten *vt*.

Т

тю́бик Túbe *f* (11).
тюле́нь Róbbe *f* (11), Séehund *m* (1).
тюль Tüll *m* -s.
тюльпа́н Túlpe *f* (11).
тю́ркськ|ий Turk≠; ~і мóви Túrksprachen *pl.*
тюрм|á Gefängnis *n* (1*); Kérker *m* (6); засадити в ~у ins Gefängnis werfen* [stecken]; випустити з ~и aus dem Gefängnis entlássen*.
тютю́н Tábak *m* (1).
тюхті́й *розм.* Schláppschwanz *m* (1*), Tólpatsch *m* (1).
тяга́р last *f* (10), Bürde *f* (11); бу́ти ~éм для кóго-н. j-m zur Last sein [fállen*], j-m auf dem Nákken líegen*.
тяга́ч Trécker *m* (6), Zúgmaschine *f* (11); Schlépper *m* (6).
тягти́, тягну́ти 1) zíehen* *vt* (за що-н. an *D*); schléppen *vt*; ~ жеребóк das Los zíehen*; 2) *(зволікати з чим-н.)* zögern *vi*; verzögern *vt*; in die Länge zíehen*; ~ спрáву éine Sáche in die Länge zíehen*; ◊ не тягни́! nimm Vórspann!; **~ся** 1) *(мати здатність розтягатися)* sich erstrécken; sich zíehen*; sich áusdehnen; 2) *(тривати)* sich hínziehen*; dáuern *vi.*
тягу́чий díckflüssig, zähflüssig *(про рідину)*; déhnbar, zähe *(про метали)*.
тяжі́ти 1) *фіз.* gravitíeren [-vi-] *vi* (до чóго-н. nach *D*); 2) *(мати потяг до кого-н., до чого-н.)* sich híngezogen fühlen (zu *D*); éine Néigung háben (zu *D*).
тяжк|и́й 1) schwer; 2) *(суворий)* schwer, hart; ~á кáра éine schwére [hárte] Stráfe.
тя́жко 1) schwer; beschwérlich; ~ хвóрий schwer krank; 2) *предик. безос.* у мéне ~ на душí es ist mir schwer ums Herz, mir ist sehr beklómmen.
тя́м|ити 1) sich auf etw. *(A)* verstéhen*; я нічóго в цьóму не ~лю ich verstéhe nichts davón; 2) не ~ити себé *(від радості, злості)* áußer sich (vor Fréude, vor Ärger) sein, áußer Fássung sein.
тьмя́ний trübe, matt; *перен.* fárblos.
тьóхкати *(про солов'я)* schlágen* *vi*, flöten *vi.*

У

убива́ти, уби́ти 1) töten *vt*; tótschlagen* *відокр. vt*; ermórden *vt (умисно)*; úmbringen* *vt*; 2) *перен. (знищувати)* vernichten *vt*; **~ся** 1) (tödlich) verúnglücken, ums Lében kómmen*; 2) *(впадати у відчай)* sich grämen, vor Kúmmer vergéhen*.
уби́вство Mord *m* (1), Ermórdung *f* (10) *(умисне)*.
уби́вця Mörder *m* (6); Kíller *m* (6) *(розм.)*.
уби́тий Ermórdete *m* (14), Erschlágene *m* (14), Tóte *m* (14); Gefállene *m* (14) *(на війні)*; ◊ він спить як ~ *розм.* er schläft wie ein Múrmeltier.
убо́гий ármselig, ärmlich; dürftig.
уболіва́ти sich sórgen, besórgt sein (за ким-н., за чим-н., за кóго-н., за що-н. um *A*); sich *(D)* etw. zu Hérzen néhmen*.
убра́ння́ Kléider *pl*, Kléidung *f* (10), Tracht *f* (10).
ува́г|а Áufmerksamkeit *f*; брáти до ~и in Betrácht zíehen*, berücksichtigen *vt*; бу́ти в цéнтрі ~и im Míttelpunkt der Áufmerksamkeit stéhen*; залишáти без ~и áußer acht lássen*; приділя́ти ~у Áufmerksamkeit schénken; ◊ ~а! Áchtung!
ува́жний áufmerksam; rücksichtsvoll, zuvórkommend *(люб'язний)*.
увільня́ти, увільни́ти 1) erlösen *vt*, erlássen* *vt*, entlásten *vt* (від чóго-н. von *D*); entbínden* *vt (від слова)*; 2) *(звільняти)* befréien *vt*; entlássen* *vt.*
уві́чнювати, уві́чнити veréwigen *vt*; unstérblich máchen.
ув'язн|ений Häftling *m* (1), Gefángene *m* (14); **~ювати, ~и́ти** éinkerkern *vt*, ins Gefängnis wérfen*, éinschließen* *vt*, éinsperren *vt (розм.)*.
уга́дувати, угада́ти *див.* вгáдувати.
угі́ддя *(земельне)* Grúndstück *n* (2), Gelände *n* (6).
уго́д|а 1) Übereinkunft *f* (3), Übereinkommen *n* (7); Éinverständnis *n* (3*); 2) *(договір)* Ábkommen *n* (7); укладáти ~у ein Ábkommen (áb)schließen*, tréffen*; двосторóння ~а bilaterales Ábkommen; міжнарóдна ~а internationáles Ábkommen.

Т

удава́ти, уда́ти *див.* вдава́ти; ~**ся** *див.* вдава́тися.

уда́р 1) *(чим-н.)* Schlag *m* (1*), Hieb *m* (1), Streich *m* (1); Stoß *m* (1*); нано́сити ~ éinen Stoß [Schlag, Hieb] versétzen; 2) *військ.* Schlag *m* (1*); Stoß *m* (1*), Vórstoß *m*, Ángriff *m* (1); одни́м ~ом mit éinem Schlag; 3) *(важке потрясіння)* Schlag *m* (1*), Erschütterung *f* (10); 4) *мед.* Schlag *m* (1*), Schláganfall *m* (1*); со́нячний ~ Sónnenstich *m* (1).

уда́р|ити 1) schlágen* *vt* (чим-н. mit *D*); éinen Hieb [Schlag] versétzen (кого́-н. *D*); ~ив грім der Donner róllte; бли́скавка ~ила в де́рево der Blitz hat in den Baum éingeschlagen; 2) *(раптово атакувати)* jäh ángreifen*; schíeßen *vt*, féuern *vt*; ◊ ~ив моро́з der Frost sétzte ein.

уда́ча Gelíngen *n* -s; Erfólg *m* (1), Glück *n* -(e)s.

уді́й *с. г.* Mílchertrag *m* (1*).

удо́брювати, удо́брити *с. г.* düngen *vt, vi.*

удоскона́л|ення Vervóllkommnung *f* (10); Verbésserung *f* (10); ку́рси ~ення Wéiterbildungskurse *pl*; ~**ювати,** ~**ити** vervóllkommnen *vt*, verbéssern *vt*.

удосто́ювати, удосто́їти würdigen *vt*, áuszeichnen *vt* (чим-н. mit *D*); ~ ко́го-н. зва́ння j-m éinen Títel verléihen*.

ужали́ти stéchen* *vt (про комах)*; béißen* *vt (про гадюку)*; ◊ мов ужа́лений wie von der Tarántel gestóchen.

уже́ *див.* вже.

ужива́тися, ужи́тися 1) *(де-н.)* sich éinleben, sich (éin)gewöhnen; 2) *(з ким-н.)* sich vertrágen*; gut áuskommen* (mit *D*).

узага́льн|ення Verallgeméinerung *f* (10); ~**ювати,** ~**ити** verallgeméinern *vt*; zusámmenfassen *vt*.

узако́нювати, узако́нити zum Gésétz máchen; gesétzliche Kraft verléihen* *(D)*.

узбере́жжя Strand *m* (1), Küste *f* (11) *(моря)*; Úfer *n* (6) *(річки, озера)*.

узбе́к Usbéke *m* (9).

узбі́ччя 1) Wégrand *m* (4), Stráßenrand *m* (4); 2) *(схил)* Ábhang *m* (1*), Hang *m*.

узгі́р'я Ánhöhe *f* (11), Hügel *m* (6), Néigung *f* (10); Ábhang *m* (1*).

узго́дж|еність Übereínstimmung *f*; Ko|ordiníertheit *f*; ~**ення** 1) Veréinbarung *f* (10), Ko|ordiníerung *f* (10); ~ення пла́нів Plánabstimmung *f*; 2) *грам.* Kongruénz *f*; Übereínstimmung *f*; ~**увати, узго́дити** 1) in Éinklang [Übereinstimmung] bríngen*, ko|ordiníeren *vt (плани тощо)*; veréinbaren *vt*; 2) *грам.* in Kongruénz [Übereinstimmung] bríngen*; ~**уватися** *грам.* kongruíeren *vi*, entspréchen* *vi*, übereínstimmen *відокр. vi*.

узлі́сся Wáldrand *m* -(e)s.

узнава́ти, узна́ти 1) *(новини)* erfáhren* *vt*, sich erkúndigen (nach *D*) *(довідуватися)*; kénnenlernen *відокр. vt (знайомитися)*; 2) *(розпізнавати кого-н., що-н., за якимись ознаками)* erkénnen* *vt*.

узо́р Múster *n* (6); Ornamént *n* (2); Zéichnung *f* (10) *(на тканині, шпалерах)*; Stíckmuster *n* (6) *(для вишивання)*; льодяни́й ~ Éisblume *f* (11) *(на шибці)*.

ука́з Erláß *m* -sses, -sse; Verórdnung *f* (10).

ука́зка Zéigestock *m* (1*), Zéigestab *m* (1*).

укла́д Áufbau *m* -(e)s, Struktúr *f* (10), Systém *n* (2); Órdnung *f* (10); ~ життя́ Lébensweise *f* (10), Lébensform *f* (10); суспі́льно-економі́чний ~ geséllschaftlich-ökonómische Formatión.

уклада́ти, укла́сти 1) *(що-н.)* légen *vt*; (éin)pácken *vt*; órdnen *vt*; lágern *vt*; stápeln *vt*; (éin)légen *vt (волосся)*; 2) *(про угоду тощо)* Bündnis schließen*; 3) *(словник, збірник)* verfássen *vt*; zusámmenstellen *vt*; ~**ся** 1) *(пакувати речі)* pácken *vt*; 2) *(готуватися до сну)* sich hínlegen; sich niederlegen.

уклада́ч Verfásser *m* (6).

уклоня́тися, уклони́тися sich vernéigen, sich verbéugen (кому́-н. vor *D*).

уко́л 1) Stich *m* (1); Stíchwunde *f* (11); 2) *мед.* Éinstich *m* (1), Éinspritzung *f* (10), Injektión *f* (10); роби́ти ~ éine Sprítze gében*; ~**ювати,** ~**о́ти** 1) stéchen* *vt*; 2) *перен.* sticheln *vi*, éinen Stich versétzen; ~**о́тися** sich stéchen*.

украї́н|ець Ukraíner *m* (6); ~**ка** Ukraínerin *f* (12); ~**ський** ukraínisch; ~ська мо́ва die ukraínische Spráche, das Ukraínische *(sub)*.

укривáти, укри́ти 1) bedécken *vt*, zúdecken *vt*; verhüllen *vt*; 2) *(ховати)* verstécken *vt*, verhéhlen *vt*, verbérgen* *vt*; Óbdach gewähren *(D)* *(надати притулок)*; **~ся** 1) sich bedécken, sich zúdecken; sich éinhüllen; 2) *(заховатися)* sich verbérgen*, sich verstécken; Schutz súchen.

укриття́ Déckung *f* (10), Schutz *m* -es; Únterstand *m* (1*).

укрíплення *військ.* Beféstigung *f* (10).

укрíплювати, укріпи́ти 1) *(прикріплювати)* beféstigen *vt* (до чо́го-н. an *A*); féstmachen *vt*; 2) *(здоров'я)* stärken *vt*, kräftigen *vt*; 3) *перен.* *(дружбу, владу)* féstigen *vt*; konsolidíeren *vt*; 4) *військ.* beféstigen *vt*; **~ся** 1) *(про здоров'я)* erstárken *vi* (s); 2) *перен.* *(про дружбу, господарство)* sich féstigen, 3) *військ.* sich beféstigen, sich verschánzen.

уку́с Biß *m* -sses, -sse; Stich *m* (1) *(комахи)*; **~и́ти** béißen* *vt*, stéchen* *vt* *(про комаху)*.

ула́годжувати, ула́годити 1) órdnen *vt*, régeln *vt*; éinrichten *vt*; 2) *(суперечку)* schlíchten *vt*, béilegen *vt*; **~ся** sich régeln, in Órdnung kómmen*, sich gében*.

ула́м|ок 1) Bruchstück *n* (2); **~ки** Trümmer *pl*, Wrack *n* (2) (*pl тж.* -s); 2) *перен.* Überbleibsel *n* (6).

улаштóвувати, улаштува́ти *див.* влаштóвувати; **-ся** *див.* влаштóвуватися.

улéсливий schméichlerisch, líebedienerisch.

улеща́ти, улести́ти schméicheln *vi*.

улóв Fang *m* -(e)s, Béute *f*; ~ ри́би *(кількість)* Físchfangertrag *m* (1*).

улóгóвина Tálkessel m (6).

улюблен|ець, ~иця Líebling *m* (1); **~ий** gelíebt, belíebt, Líeblings-; моя́ ~а кни́жка mein Líeblingsbuch.

умива́|льник Wáschbecken *n* (7); **~ти, уми́ти** wáschen* *vt*; ~ти обли́ччя sich *(D)* das Gesícht wáschen*; ◊ *перен.* ~ти ру́ки séine Hände in Únschuld wáschen*; **~тися** sich wáschen*.

умира́ти, умéрти *див.* вмира́ти.

умíл|ець Méister *m* (6), Könner *m* (6); **~ий** geschíkt, gewándt.

умíння Fähigkeit *f* (10); Fértigkeit *f* (10), Geschícklichkeit *f*, Können *n* -s *(можливості)*.

умóв|а 1) Bedíngung *f* (10); Voráussetzung *f* (10); Vórbehalt *m* (1) *(застереження)*; Nébenbestimmung *f* (10); *мат.* ~а зада́чі Áufgabenstellung *f*; 2) **~и** *(обставини)* Verhältnisse *pl*, Zústände *pl*; ~и пра́ці Árbeitsbedingungen *pl*; житлові́ ~и Wóhnverhältnisse *pl*; погóдні ~и Wétterverhältnisse *pl*.

умовля́ти, умóвити 1) überréden *vt*; 2) *(заспокоювати)* berúhigen *vt*, zur Rúhe bríngen*; **~ся** *(про що-н.)* sich verábreden, sich verständigen (über *A*).

умóвн|ий 1) *(визначений за домовленістю)* veréinbart, verábredet, ábgemacht; ~ий знак ein verábredetes Zéichen; 2) *(викликаний конкретними обставинами)* bedíngt; ~ий рефлéкс *фізіол.* bedingter Refléx; 3) *(відносний)* relatív, forméll; ángenommen; 4) *грам.* konditionál, Konditionál≠, Bedingungs≠.

уника́ти, уни́кнути 1) *(цуратися кого-н., не бажати чого-н.)* méiden* *vt*, verméiden* *vt*, áusweichen* *vi* (s); 2) *(чого-н.)* entgéhen* *vi* (s) *(D)*; entrínnen* *vi* (s) *D*.

універма́г (універса́льний магази́н) Wárenhaus *n* (5), Káufhaus *n* (5).

університéт Universität [-vɛr-] *f* (10); учи́тися в ~і an der Universität studíeren.

уніка́льний éinzigartig; éinmalig; nur in éinem Exemplár vorhánden.

уніфікува́ти veréinheitlichen *vt*; unifizíeren *vt*.

уосóбл|ення Personifizíerung *f*, Verkörperung *f*; **~ювати** personifizíeren *vt*, verkörpern *vt*.

упакóвувати, упакува́ти éinpacken *vt*, verpácken *vt*.

упа́сти 1) fállen* *vi* (s), úmfallen* *vi* (s), hínfallen* *vi* (s), stürzen *vi* (s); 2) *перен.* sínken* *vi* (s), fállen* *vi* (s); ◊ ~ ду́хом mútlos wérden*, den Mut sínken lássen*.

упéвнен|ий 1) sícher, fest; 2) *(твердо переконаний в чому-н.)* überzéugt (von *D*); gewíß, sícher *(G)*; **~iсть** Gewíßheit *f*, Sícherheit *f*; Überzéugung *f*; Zúversicht *f*; ~iсть у собí Sélbstvertrauen *n* -s, Sélbstsicherheit *f*; **~o** sícher; überzéugt; zúversichtlich.

упевня́тися, упéвнитися sich überzéugen (у чóму-н. von *D*); sich vergewíssern *(G)*.

упередженІий vóreingenommen (до кóго-н., до чóго-н. gégen *A*); vórgefaßt, befángen; partéiisch, úngerecht *(несправедливий)*; ~а дýмка vórgefaßte Méinung.

упéртІий *див.* впéртий; **~ість** *див.* впéртість.

упирáтися, упéртися 1) sich stémmen, sich léhnen, sich stützen (чим-н. mit *D*, у щo-н. an *A*, gegen *A*); 2) *(наштовхуватися)* stoßen* *vi* (на щo-н. auf *A*); 3) *розм. (чинити опір)* sich sträuben.

уповільнІювати, ~ити verlángsamen *vt*, verzögern *vt*, áufhalten* *vt*; ~ювати крок den Schritt verhálten*.

уповноважІений Bevóllmächtigte *m* (14); Beáuftragte *m* (14); спеціáльний ~ений Sónderbeauftragte *m*; **~увати, ~ити** bevóllmächtigen *vt*; ermächtigen *vt*; Vóllmacht ertéilen (когó-н. *D*).

уподíбнювати, уподíбнити vergléichen* *vt*, gléichstellen *відокр. vt*; **~ся** 1) ähnlich wérden, sich ángleichen*, gléichen* *vi*; 2) *лінгв.* sich assimilíeren.

упóрати, ~ся *див.* впóрати, ~ся.

упорядкóвувати, упорядкувáти *див.* впорядкóвувати.

упоря́дник Verfásser *m* (6) *(збірника, словника тощо)*.

управлІíння 1) *(державою, справами)* Verwáltung *f*, Léitung *f*; Verwáltungstätigkeit *f*; 2) *(установа)* Administratión *f* (10), Léitung *f* (10); Direktión *f* (10), Verwáltung *f* (10); 3) *(кораблем, машиною тощо)* Lénkung *f*, Führung *f*, Stéuerung *f*; **~я́ти** 1) verwálten *vt*, léiten *vt*; regíeren *vt* *(державою)*; 2) *(машиною)* führen *vt*, lénken *vt*; stéuern *vt* *(кораблем)*.

упрівáти, упрíти schwítzen *vi*, in Schweiß geráten*.

упрóшувати mit Bítten bestürmen, (inständig) bítten*.

ýпряж Geschírr *n* (2).

упускáти, упустúти *див.* впускáти.

упýщення Versäumnis *f*, *n* (3, 3*); Náchlässigkeit *f*; Lücke *f* (11).

урá hurrá!

ураґáн Orkán *m* (1); Wírbelsturm *m* (1*); **~ний** stürmisch, orkánartig; ~ний вогóнь *військ.* Trómmelfeuer *n* -s.

ýрвище stéiler Ábhang *m* (1*); Stéile *f* (11); Stéilhang *m* (1*).

урегулІювáння Régelung *f*; Erlédigung *f*; Béilegung *f*; **~ьóвувати, ~ювáти** régeln *vt*; erlédigen *vt*, in Órdnung bríngen*; ~ьóвувати конфлíкт den Konflíkt béilegen.

урúвок 1) *(частина чого-н.)* Brúchstück *n* (2); 2) *(з твору)* Fragmént *n* (2); Áuszug *m* (1*); Léseprobe *f* (11); Áusschnitt *m* (1).

урівновáжений *див.* врівновáжений.

ýрна Úrne *f* (11); вúборча ~ Wáhlurne *f*.

урóдженІець, ~ка gebürtig (чогó-н. aus *D*); ~ець Кúєва aus Kíew gebürtig, ein gebürtiger Kíewer, von Gebúrt ein Kíewer.

урóджений 1) *(властивий від народження)* ángeboren; 2) *(природжений)* gebóren, echt, ~ вчúтель ein gebórener Léhrer.

урожáй Érnte *f* (11); Érnteertrag *m* (1); ~ чогó-н. Érnte an *(D)*; **~ний** frúchtbar; ergíebig; ertrágreich; **~ність** Ergíebigkeit *f*, Frúchtbarkeit *f*; Érnteertrag *m* (1*).

урóк 1) Stúnde *f* (11), Únterrichtsstunde *f*; давáти ~и Stúnden gében*, Únterricht ertéilen; 2) *перен.* Léhre *f* (11); Beléhrung *f*; 3) *(завдання)* Áufgabe *f* (11); Schúlaufgabe *f*, Háusaufgabe *f*; зробúти ~и die Áufgaben [Háusaufgaben] máchen; відповідáти ~ die Áufgabe hérsagen.

урочúстий féierlich; féstlich, Fest≠.

ýряд Regierung *f* (10); **~óвий** Regíerungs-; ~óва устанóва Regíerungsorgan *n* (2).

усвідóмІлювати, ~ити éinsehen* *vt*, erkénnen* *vt*; sich *(D)* bewúßt wérden *(G)*; begréifen* *vt*, erfássen *vt*.

усинóвлІення Ádoptión *f* (10); **~ений** adoptíert; **~я́ти** adoptíeren *vt*, an Kíndes Statt ánnehmen*.

усипáти, усúпати überschütten *vt*, bestréuen *vt*, übersäen *vt*.

усипІля́ти, ~úти éinschläfern *vt*; *мед.* betäuben *vt*, narkotisíeren *vt*.

усихáти, усóхнути trócken wérden, vertrócknen *vi* (s), verwélken *vi* (s) *(про рослину)*; áustrocknen *vi* (s), versíegen *vi* (s) *(про джерело, річку тощо)*.

усівáти, усíяти besäen *vt*; übersäen *vt*, überstréuen *vt*.
ускла́дн|ення Verwícklung *f* (10), Erschwérung *f* (10); Komplikatión *f* (10) *(тж. мед.)*; **~ювати, ~ити** komplizíeren *vt*, verwíckeln *vt*, erschwéren *vt*.
усла́влений berühmt; námhaft.
усміх|áтися, ~нýтися lächeln *vi*, schmúnzeln *vi*; іронíчно ~áтися spöttisch [irónisch] lächeln; крúво ~áтися sáuer lächeln.
ýсмішка Lächeln *n* -s.
ýсн|ий mündlich; ~а мóва die mündliche Réde, das gespróchene Wort.
успадкóвувати, успадкувáти erben *vt*, erérben *vt*.
успíх 1) Erfólg *m* (1); Gelíngen -s *(удача)*; мáти ~ Erfólg háben; з тим сáмим ~ом mit dem gléichen Ergébnis; 2) *(значні досягнення)* Léistung *f* (10); Erfólg *m* (1); добúтися ~ів Erfólge [Léistungen] erzíelen.
успíшний erfólgreich.
устанóва Institutión *f* (10), Ánstalt *f* (10), Éinrichtung *f* (10).
устанóвлювати, установúти *див.* встанóвлювати; **~ся** *див.* встанóвлюватися.
устатк|óвувати, устаткувáти áusstatten *vt*, áusrüsten *vt*, installíeren *vt*, éinrichten *vt*; **~увáння** Áusrüstung *f* (10), Éinrichtung *f* (10), Áusstattung *f* (10); Betríebsanlagen *pl*.
устеля́ти, устелúти bedécken *vt*, áuslegen *vt*; bekléiden *vt* (чим-н. mit *D*).
ýстілка Brándsohle *f* (11), Éinlegesohle *f* (11).
устóї *перен.* Grúndsätze *pl*, Grúndlagen *pl*, Prinzípien *pl*; morálьні ~ morálischer Halt.
устóюватися, устóятися *(про рідину)* sich sétzen, sich klären, klar wérden*.
устóяти 1) das Gléichgewicht bewáhren, áufrecht stéhenbleiben*; 2) *(виявляти витримку)* widerstéhen *vi (D)*; fest bléiben* *vi* (s), stándhalten* *відокр. vi (D)*.
ýстрій Geséllschaftsordnung *f*; держáвний ~ Stáatsordnung *f*, Stáatsform *f*.
ступáти, уступúти 1) *(поступатися)* náchgeben* *vt*; klein béigeben*; 2): ~ мíсце Platz máchen; ◊ ~ дорóгу den Weg fréigeben [fréimachen].
усувáти, усýнути 1) *(що-н.)* beséitigen *vt*, behében* *vt*; entférnen *vt*; ábstellen *vt*; wégräumen *vt* *(перешкоди)*; 2) *(кого-н.)* entlássen* *vt*, des Póstens [Ámtes] enthében*.
усуспíльнювати, усуспíльнити *ек.* vergeséllschaft(lich)en *vt*.
утáювати, утаї́ти verbérgen* *vt*, verhéhlen *vt*, verhéimlichen *vt* (від кóго-н. vor *D*).
утвéрджувати, утвердúти féstigen *vt*.
утвóрення Bíldung *f*, Schäffung *f*.
утвóрювати, утворúти bílden *vt*, schäffen* *vt*; **~ся** sich bílden, entstéhen* *vi (виникнути)*.
утúль *збірн.* Áltstoff *m* (1); Áltmaterial *n* -(e)s; (verwérbare) Ábtälle *pl*.
утирáти, утéрти ábwischen *vt*, ábtrocknen *vt*; ◊ *перен.* утéрти нóса комý-н. j-m séine Überlégenheit zéigen; j-n übertrúmpfen; **~ся** sich ábwischen, sich ábtrocknen.
ýтиск Unterdrückung *f*.
утúскувати, утúснути bedrücken *vt*, unterdrücken *vt*.
утихáти, утúхнути *див.* втихáти.
утихомúрювати, утихомúрити *див.* втихомúрювати.
утікáти, утектú *див.* втікáти.
утікáч *див.* втікáч.
утíха *див.* втíха.
утішáти, утíшити *див.* втішáти; **~ся** *див.* втішáтися.
утóм|а *див.* втóма.
утóчн|ення, ~ювання Präzisíerung *f* (10), genáue(re) Ángabe; Berichtigung *f*; **~ювати, ~úти** präzisíeren *vt*; genáuer formulíeren [fássen, bestímmen]; beríchtigen *vt*; **~юватися** sich klären.
утрúмувати, утрúмати I 1) *(не випускати)* hálte* *vt*, fésthalten* *vt*, zurückhalten* *vt*; 2) *(відраховувати від суми)* ábziehen* *vt*, zurückbehalten* *vt*; éinbehalten*.
утрúмувати II 1) *(кого-н.)* uterhálten* *vt*, unterstützen *vt*; 2) *(тримати в певному стані)* hálten* *vt*, erhálten* *vt*, instánd hálten*.
утрúмуватися, утрúматися 1) sich hálten*; sich fésthalten* *відокр.*; ánhalten* *vi (тж. про погоду)*; *військ.* sich behäupten; 2) *(стримувати себе)* sich behérrshen, sich bezwíngen*, sich zurückhalten*; sich enthálten* (від чóго-н.); ~ **від голосувáння** sich der Stímme enthálten*.

утро́ба Mútterleib *m* -(e)s, Schoß *m* (1*).

утру́днення Schwíerigkeit *f* (10); Beschwérde *f* (11); Híndernis *n* (3*), Hémmnis *n* (3*) *(перешкода)*

утрудня́ти, утрудни́ти 1) *(що-н.)* erschwéren *vt*, schwíerig máchen; 2) *(кого-н.)* j-m schwer fállen*, j-m beschwérlich sein, Schwíerigkeiten verúrsachen.

ухва́ла 1) *(резолюція)* Entschlíeßung *f* (10), Beschlúß *m* -sses, -üsse; Resolutión *f (10); 2) (розпорядження)* Verórdnung *f* (10); Verfügung *f* (10); Anordnung *f* (10).

ухва́лювати, ухвали́ти beschlíeßen* *vt*; éinen Beschlúß fássen.

у́хил 1) *(похила поверхня)* Néigung *f* (10), Sénkung *f (10); Ábfall m* (1*); 2) *(напрям діяльності, спеціалізація)* Éinstellung *f* (10); Éinschlag *m* (1*), Ríchtung *f* (10).

ухиля́тися, ухили́тися 1) *(вбік)* ábweichen* *vi* (s), áusweichen* *vi* (s) *(тж. перен.)*; 2) *перен. (від чого-н.)* sich entzíehen* *(D)*, umgéhen* *vt*; sich drücken (von *D*) *(розм.)*; sich enthálten* *(G) (утримуватися)*; ~ від відповіді éiner Ántwort áusweichen*.

ухопи́ти pácken *vt*, erfássen *vt*, ergréifen* *vt*; **~ся** *(за що-н.)* sich fássen, sich gréifen* (an *A*); sich fésthalten* *відокр.* (an *D*), gréifen* *vi* (nach *D*).

уча́сник Téilnehmer *m* (6); Mítwirkende *m* (14) *(напр. вистави)*; Betéiligte *m, f* (14); ~ війни́ Kriegsteilnehmer *m*.

уче́ний *див.* вче́ний.

учени́ця Schülerin *f* (12).

у́чень 1) *(в школі)* Schüler *m* (6); 2) *(на виробництві)* Léhrling *m* (1).

учи́лище Léhranstalt *f* (10), Schúle *f* (11).

учителюва́ти **Люхрер сеин, алс** Léhrer tätig sein, unterríchten *vt*.

учи́тель *див.* вчи́тель.

учи́ти *див.* вчи́ти; **~ся** *див.* вчи́тися.

учні́вський Schul-, Schüler- *(в школі)*; Léhrlings-, Lehr- *(на виробництві)*.

уще́лина Schlucht *f* (10), Kluft *f* (3), Éngpaß *m* -sses, -pässe, Hóhlweg *m* (1).

ущемля́ти, ущеми́ти 1) (éin)-klemmen *vt*, quétschen *vt*; 2) *перен.* kränken *vt*, verlétzen *vt (образити)*; schmälern *vt (пошкодити)*.

уще́рб: місяць на ~і es ist ábnehmender Mond.

ущи́пливий béißend, bíssig; ätzend, schnéidend *(тж. про вітер, холод)*.

ущипну́ти knéifen* *vt*, zwícken *vt*.

ущі́льнювати, ущільни́ти verdíchten *vt*, díchter [kompákter] máchen, ábdichten *vt*.

ущуха́ти, ущу́хнути *див.* вщуха́ти.

уя́ва Éinbildungskraft *f*, Phantasíe *f*.

уя́влення Vórstellung *f* (10), Áuffassung *f* (10); Begríff *m* (1); Kénntnis *f* (3); ма́ти ~ про що-н. éine Vórstellung von etw. *(D)* háben, über etw. *(A)* im Bílde sein; не ма́ти ~ про що-н. kéine (blásse) Áhnung von etw. *(D)* háben.

уявля́ти, уяви́ти сицх *(D)* etw. vórstellen, sich *(D)* éinen Begríff máchen (von *D*); **~ся erschéinen*** *vi* (s), áuftauchen *vi* (s); schéinen* *vi*.

уя́вний schéinbar, éingebildet, imaginär, Schein-.

Ф

фа́брика Fabrík *f (10); Werk n* (2); Betríeb *m* (1).

фавори́т Günstling *m* (1(' Líebling *m* (1), Favorít [-vo-] *m* (8).

факт Tátsache *f* (11); це ~! (es **ist) Tátsache**!; ста́вити пе́ред ~ом кого́-н. j-n vor éine Tátsache stéllen.

факти́чний tátsächlich; wírklich, fáktisch.

факульте́т Fakultät *f (10);* вчи́тися на юриди́чному ~і Júra studíeren.

фальсифікува́ти fälschen *vt*, verfälschen *vt*.

фальши́вий 1) *(підробний)* falsch, gefälscht, verfälscht; künstlich; 2) *(про людину)* falsch, únwahr; únaufrichtig *(нещирий)*; héuchlerisch *(лицемірний)*.

фане́ра Furníer *n* (2); Furníerholz *n* -es.

фантáзія 1) Phantasíe *f*; Éinbildungskraft *f*; 2) *(примха)* Grílle *f* (11); Láune *f* (11); 3) *муз.* Fantasíe *f* (11); Improvisatión [-vi-] *f* (10).
фантáст Phantást *m* (8); Schwärmer *m* (6); Träumer *m* (6); **~ика** Phantástik *f*. наукóва ~ика wíssenschaftlich-utópische Literatúr; **~ичний** phantástisch.
фáра *авто* Schéinwerfer *m* (6).
фáрб|а Fárbe *f* (11), Fárbstoff *m* (1); олíйна ~а Ölfarbe *f*.
фарбувáти färben *vt* *(волосся, матерію)*; (mit Fárbe) anstréichen* *vt* *(стіни, меблі)*; **~ся** *(фарбувати собі обличчя, губи)* sich schmínken.
фарвáтер *мор.* Fáhrwasser *n* -s.
фартýк Schürze *f* (11).
фáрфóр Porzellán *n* -s.
фáрш das Gehäckte *(sub)*; Háckfleisch *n* -es *(м'ясний)*; **~ирувáти** füllen *vt*.
фасáд Fassáde *f* (11), Front *f* (10), Vórderseite *f* (11); Stirnseite *f*.
фасувáти ábpacken *vt*.
фáуна Fáuna *f*, *pl* -nen, Tíerwelt *f*.
фах Fach *n* (5); Fáchgebiet *n* (2) *(галузь)*; Fáchrichtung *f* (10), Berúf *m* (1); хто ви за ~ом? was sind Sie von Berúf?; працювáти за ~ом in séinem Fach stéhen* séinem Berúf náchgehen*; він лíкар за ~ом er ist Arzt von Berúf.
фахівéць Fáchmann *m* -(e)s, -leute, Spezialíst *m* (8), Fácharbeiter *m* (6).
фаховий Fach≠, fáchlich; Berúfs≠, berúflich.
федератúвн|ий Búndes-, föderatív; Росíйська Федератúвна Респýбліка Rússische Föderatíve Republik; Федератúвна Респýбліка Німéччини Búndesrepublik Déutschland.
федерáція Föderatión *f* (10), Bund *m* (1*); Всесвíтня ~ профспілóк *(скор.* ВФП) Wéltgewerkschaftsbund *m* -es *(скор.* WGB).
фейєрвéрк Féuerwerk *n* (2).
фейлетóн Feuilleton [foeje'tɔ] *n* -s, -s.
фéрма *с. г.* Farm *f* (10).
фестивáль Féstspiele *pl*, Féstival [-val] *n* (2). Всесвíтній ~ демократúчної мóлоді Wéltfestspiele der demokrátischen Júgend.
фехтувáти féchten* *vi*.
фіáлка Véilchen *n* (7).
фіáско Fiásko *n* -s, Míßerfolg *m* -(e)s; зазнáти ~ ein Fiásko erléiden*; Míßerfolg háben; dúrchfallen* *vi* (s) *(провалитися)*.
фігýра 1) Figúr *f* (10), Gestált *f* (10); Statúr *f (10); 2) (особистість)* Figúr *f* (10); Persönlichkeit *f* (10); 3) *(мат., шах., спорт.)* Figúr *f* (10).
фігурúст *спорт.* Éiskunstläufer *m* (6).
фігурувáти figuríeren *vi*, erschéinen* *vi* (s), áuftreten* *vi* (s).
фíзик Phýsiker *m* (6).
фíзика Physík *f*; ядерна ~ Kérnphysik *f*.
фізúчний 1) phýsisch, körperlich; 2) *(стосовно до фізики)* physikálisch.
фізіолóгія Physiologíe *f*.
фізкультýр|а Körperkultur *f*, Sport *m* -(e)s; урок ~и Túrnstunde *f* (11).
фіксувáти 1) *(визначати, встановлювати)* fixíeren *vt*, féstsetzen *vt*, féstlegen *vt*; 2) *(зосереджувати)* fixíeren *vt*, konzentríeren *vt*.
філіáл, філія **Zweigstelle** *f* (11); Filiále *f* (11).
філó|лог Philológ(e) *m* (8, 9); **~лóгія** Philologíe *f*.
філологíчний philológisch.
філó|соф Philosóph *m* (8); **~сóфія** Philosophíe *f*; **~сóвський** philosóphisch.
фíльм *(кінокартина)* Film *m* (1); худóжній ~ Spíelfilm *m*; кольорóвий ~ Fárbfilm *m*; документáльний ~ Dokumentárfilm *m*; мультиплікацíйний ~ Tríckfilm *m*; телевізíйний ~ Férnsehfilm *m*; знімáти ~ éinen Film dréhen; демонтрувáти ~ den Film vórfßhren.
фільтрувáти filtríeren *vt*, fíltern *vt*.
фінáл 1) Finále *n* -s, -s; Schluß *m* -sses, Schlüsse; Énde *n* (13); *муз.* Schlúßteil *m* (1); 2) *спорт.* Finále *n* -s, -s; Éndspiel *n* (2); вúйти в ~ ins Finále kómmen*.
фінáльний Finál≠, Schuß≠, End≠.
фінáнси Finánzen *pl*, Finánzwesen *n* -s.
фінáнсовий finanziéll, Finánz≠, Geld≠; ~ відділ Finánzabteilung *f* (10); ~ рік Réchnungsiahr *n* (2).
фінансувáти finanzíeren *vt*.
фíніш Ziel *n* (2); Éndkampf *m* -(e)s *(заключна частина змагань)*; прийтú до ~у пéршим als érster das Zíelband erréichen.
фінішувáти am Ziel ánkommen*.

фінн Fínne *m* (9).
фíрма Fírma *f*, *pl* -men; Geschäftshaus *n* (5).
фланг *військ.* Flánke *f* (11), Flügel *m* (6), Séite *f* (11).
флéйт|а Flöte *f* (11); грáти на ~і auf der Flöte blásen*, Flöte spíelen.
флíгель Flügel *m* (6), Séitengebäude *n* (6).
фломáстер Fílzstift *m* (1).
флóра Flóra *f*, *pl* -ren; Pflánzenwelt *f*.
флот Flótte *f* (11); рíчковúй ~ Bínnenflotte *f* (11); морськúй ~ Maríne *f* (11); повітрянúй ~ Lúftflotte *f* (11); служúти у ~і bei [in] der Maríne díenen; Matróse sein.
флю́гер Wétterfahne *f* (11); Wétterhahn *m* (1*).
фля́га (fláche) Flásche *f* (11).
фойé *театр.* Foyer [foa'je:] *n* -s, -s, Vórhalle *f* *(11)*.
фóкус I *фіз., мат.* Brénnpunkt *m* (1); *(тж. перен.)*; Fókus *m* -, -.
фóкус II 1) Kúnststück *n* (2), Trick *m* -s, -s, Hokuspókus *m*; 2) ~и *розм.* *(примхи)* Láunen *pl*; ~ник Táschenspieler *m* (6), Záuberkünstler *m* (6).
фольклóр Folklore [-'lo:rə] *f*, Vólkskunst *f*.
фон Grund *m* (1*); Híntergrund *m* *(тж. перен.)*; вирізнятися на ~і *тж. перен.* sich vom Híntergrund ábheben*; служúти ~ом den Híntergrund bílden.
фонд 1) *(ресурси, запаси)* Bestánd *m* (1*); 2) *(кошти або матеріальні цінності)* Fonds [fɔŋ] *m* -, [fɔŋs]; Géldmittel *pl*; ~ заробітної плáти Lóhnfonds *m*.
фонéт|ика Phonétik *f*, Láutlehre *f*; ~ **ичний** phonétisch.
фонтáн 1) Fontäne *f* (11), Spríngbrunnen *m* (7); 2) *перен.* Schwall *m* (1*).
фóрма 1) *(вид)* Form *f* (10), Gestált *f* (10); 2) *(одяг)* Unifórm *f* (10); шкільнá ~ Schúlanzug *m* *(хлопців)*; Schúlkleid *n* *(дівчат)*.
формáльн|ий formál, forméll; ~**ість** Formalität *f* (10).
формáт Formát *n* (2); великого ~у großformatig.
формувáння 1) *(дія)* Formíerung *f*, Bíldung *f*; Gestáltung *f*; 2) *військ.* Formatión *f* (10), Áusstellung *f* (10).
формувáти formíeren *vt*, bílden *vt*; *військ.* áufstellen *vt*; *перен.* prägen *vt*; ~**ся** sich formíeren, sich heráusbilden, entstéhen* *vi* (s).
фóрмула Fórmel *f* (11).
формулювáти formulíeren *vt*, in Wórte fássen; ábfassen *vt*.
формуля́р Vórdruck *m* (1); Formulár *n* (2); читáцький ~ *(у бібліотеці)* Lésekarte *f* (11).
форсувáти 1) forcíeren [-'si:-] *vt*, beschléunigen *vt*; voránteiben* *vt*; 2) *військ.* erzwíngen* *vt*, forcieren [-'si:-] *vt*.
фортепіáно Klavier [-'vi:r] *n* (2); грáти на ~ Klavíer spíelen.
фортéця Féstung *f* (10), Bóllwerk *n* (2), Hort *m* (1).
фотоапарáт Phótoapparat *m* (1), Kámerá *f*, *pl* -s.
фотогрáфія 1) *(знімок)* Phóto *n* -s, -s, Fóto *n* -s, -s; Áufnahme *f* (11); Líchtbild *n* (5); кольорóва ~ Fárbfoto *n*; 2) *(ательє)* Fótoatelier [-'lie:] *n* -s, -s.
фотографувáти photographíeren *vt*, áufnehmen* *vt*; *розм.* knípsen *vt*; ~**ся** sich photographíeren [sich áufnehmen] lássen*.
фотокореспондéнт Bíldberichter *m* (6).
фотосúнтез *бот.* Fotosynthése *f*.
фрáз|а 1) *(висловлювання)* Satz *m* (1*); 2): крилáта ~а geflügeltes Wort; 3) *(пустий набір слів)* Phráse *f* (11); léeres Geschwätz *(базікання)*; загáльні ~и allgeméine Rédensarten.
фразеолóгія *лінгв.* Phraseologíe *f*.
фрáкція *політ.* Fraktión *f* (10), Partéigruppe *f* (11).
францу́зьк|ий französisch; ~а мóва die französische Spráche, das Französische *(sub.)*.
фрезерувáльник Fräser *m* (6).
фрéска Frésko *n* -s, -ken, Wándgemälde *n* (6).
фронт 1) Front *f* (10); на два ~и in zwei Ríchtungen; війнá на два ~и Zwéifrontenkrieg *m* (1); ітú на ~ an die Front géhen*; бýти на ~і an der Front sein* (stéhen*); 2) *перен.* Front *f* (10); єдúний ~ Éinheitsfront *f*.
фронтовúк Fróntkämpfer *m* (6).
фрýкти Obst *n* -es, Früchte *pl*.
фруктóвий Frucht≠, Óbst≠; ~ сад Óbstgarten *m* (7*); ~ сік Frúchtsaft *m* (1*), Óbstsaft *m*.
фугáсн|ий *військ.* Spreng≠; ~а бóмба Spréngbombe *f* (11).
фундáмент 1) *буд.* Fundamént *n* (2), Únterbau *m* -s, *pl* -ten; 2)

Ф

перен. Grúndlage *f* (11), Básis *f*, *pl* -sen.

фундамента́льний fundamentál, grúndlegend; gründlich.

фунікуле́р Dráhtseilbahn *f* (10); Stándseilbahn *f*.

функціонува́ти funktioníeren *vi*.

фу́нкція Funktión *f* (10).

фура́ж Fútter *n* -s, Fúttermittel *n* (6).

футбо́л Fúßball *m* -(e)s; Fúßballspiel *n* -(e)s; гра́ти в ~ Fúßball spíelen; **~і́ст** Fúßballspieler *m* (6), *розм.* Fúßballer *m* (6).

футбо́льн|ий *спорт.* Fúßball≠; **~а** кома́нда Fúßballmannschaft *f* (10), Fúßballelf *f* (10), Elf *f*; **~ий** м'яч Fúßball *m* (1*); **~е** по́ле Fúßballplatz *m* (1*).

футля́р Futterál *n* (2), Etui [ety'i:] *n* -s, -s; Hülle *f* (11); Gehäuse *n* (6), Schútztasche *f* (*фотоапарата*).

фуфа́йка Wams *n* (5), Wáttejakke *f* (11).

Х

хаба́р Bestéchung *f* (10) (*підкуп*); Bestéchungsgeld *n* (5); Schmíergeld *n* (5) (*грішми*); бра́ти ~і sich bestéchen lássen*.

хазя́|їн Wirt *m* (1); Háusherr *m* (8); Besítzer *m* (6) (*власник*); Gástgeber *m* (6) (*стосовно до гостей*); Háuswirt *m* (1), Míetsherr *m* (8) (*стосовно до квартиранта*); **~йка** Wírtin *f* (12); Besítzerin *f* (12) (*власниця*); Gástgeberin *f* (12) (*стосовно до гостей*) Háuswirtin *f* (12) (*стосовно до квартиранта*).

хазяйнови́тий wírtschaftlich; háushälterisch; spársam (*економний*).

хазяйнува́ти 1) (*вести господарство*) wírtschaften *vi*, die Wírtschaft führen; 2) (*розпоряджатися за власним розсудом*) herúmwirtschaften *vi*, schálten und wálten; hérrschen *vi*.

хай 1) *частка передається дієслівними формами* laß, mag, möge, soll (+*inf*); ~ вони́ увійдуть! mögen [sóllen] sie kómmen! ~ так! nun gut!, wohl möglich!; ~ ро́бить, що хо́че laß ihn tun, was er will!; 2) *спол. допустовий* es sei, néhmen wir an.

хала́т 1) (*домашній одяг*) Schláfrock *m* (1*), Mórgenrock *m*; купа́льний ~ Bádemantel *m* (6*); 2) (*робочий одяг*) Árbeitskittel *m* (6); лі́карський ~ Árztkittel *m*.

хала́тн|ий fáhrlässig, náchlässig; **~ість** Fáhrlässigkeit *f*, Náchlässigkeit *f*, Schlamperéi *f*.

халту́р|а 1) (*несумлінна робота*) Pfuscheréi *f*, Stümperéi *f*, Kitsch *m* -(e)s; 2) (*побічний легкий заробіток*) (léichter) Nébenverdienst *m* (1); **~ити** *розм.* pfuschen *vi*, stümpern *vi*.

хаос Chaos ['ka-] *n* -, Únordnung *f*; Wírrwarr *m* -(e)s.

хаоти́чний chaótisch [ka-], wirr, verwórren.

хапа́ти, хапну́ти pácken *vt*, ergréifen* *vt*.

хапа́тися 1) (*за що-н.*) gréifen* *vi* (nach *D*); sich fésthalten* (an *D*); sich (án)klámmern (an *D*); 2) (*про швидкі дії*) éilen *vi*, sich beéilen, hásten *vi*; ◊ ~ за соломи́нку sich an éinen Stróhhalm klámmern.

хара́ктер 1) Charákter [ka-] *m* -s, -tére; Wésen *n* -s; люди́на з ~ом ein Mensch von Charákter; 2) (*вдача*) Éigenart *f* (10), Beschäffenheit *f*.

характер|изува́ти charakterisíeren [ka-] *vt*, kénnzeichnen *невідокр. vt*; **~и́стика** Charakterístik [ka-] *f* (10), Kénnzeichnung *f* (10); Beúrteilung *f* (10).

характе́рний charakterístisch [ka-], kénnzeichnend, bezéichnend.

харч, харчі *розм.* Éssen *n* -s, Kost *f*, Náhrung *f*, Ernährung *f*; (*для тварин*) Fútter *n* (6).

харчов|и́й Ernährungs-, Náhrungs≠, Nähr≠, Spéise≠; **~і** проду́кти Lébensmittel *pl*, Náhrungsmittel *pl*; **~а́** промисло́вість Náhrungsmittelindustrie *f*.

харчува́ння Ernährung *f*; Verpflégung *f*; Náhrung *f*; Kost *f*, Spéise *f* (11) (*їжа*); дитя́че ~ Kínderernährung *f*; діє́тичне ~ Diätkost *f*; поси́лене ~ kräftige Náhrung; грома́дське ~ Geméinschaftsverpflegung *f*.

харчува́ти (er)nähren *vt*; verpflégen *vt*; **~ся** sich (er)nähren; spéisen *vi*; **~ся** в ї́дальні in der Kantine éssen*.

ха́т|а Báuernhaus *n* (5), Haus *n*; Hütte *f* (11); ◊ моя́ ~а з кра́ю ich weiß von nichts, mein Náme ist Háse; **~ній:** ~нє господа́рство Háushall *m* -(e)s.

ха́ща, ха́щі Díckicht *n* (2).

хвали́ти lóben *vt* (за що-н. für A, wégen *G*); préisen* *vt*; rühmen *vt*; **~ся** sich rühmen; práhlen *vi*.

хвасту́н Práhler *m* (6); Práhlhans *m* -en, *pl* -hänse; Renommíst *m* (8).

хвили́н|а 1) Minúte *f* (11); за п'ять ~ во́сьма fünf Minúten vor acht; п'ять ~ на во́сьму fünf Minúten nach síeben; 2) *(мить)* Áugenblick *m* (1), Momént *m* (1); ◊ (одну́) ~у! (bítte) éinen Áugenblick!, Momént mal! за ~у *(дуже швидко)* in éinem Áugenblick, im Nu, im Hándumdrehen; в оста́нню ~у im létzten Áugenblick; **~ний** 1) Minúten≠; **~на** стрілка Minútenzeiger *m* (6); 2) *(короткочасний)* flüchtig, kurz; 3) *(що триває хвилину)* minútenlang.

хвилюва́ння 1) *(на поверхні води)* Wállung *f* (10), Wógen *n* -s; Séegang *m* -(e)s *(на морі)*; Brándung *f* (10) *(прибій)*; 2) *(нервове збудження)* Áufregung *f* (10); Errégung *f* (10); *(innere)* Bewégung *f* (10); Únruhe *f* (11).

хвил|юва́ти áufregen *vt*, errégen *vt*, in Áufregung versétzen; bewégen *vt*; ergréifen* *vt (захоплювати)*; це мене́ не ~ю́є das läßt mich kalt; **~юва́тися** 1) *(про поверхню води)* wállen *vi*, wógen *vi*; 2) *перен.* sich áufregen (über *A*); sich beúnruhigen (wégen *G*).

хвилю́ючий áufregend.

хви́ля Wélle *f* (11); Wóge *f* (11); звукова́ ~ Schállwelle *f*.

хвиля́ст|ий wéllig; gewéllt *(про волосся)*; **~а** лінія Wéllenlinie *f* (11).

хві́ртка Záuntür *f* (10), Pfórte *f* (11).

хвіст 1) Schwanz *m* (1*); Schweif *m* (1) *(пухнастий)*; 2): ~ коме́ти Kométenschweif *m* (1); 3) *розм.* *(нескладений залік, екзамен)* Rückstände *pl*; ◊ пле́нтатися в хвості zurückbleiben* *vi* (s); náchbleiben *vi* (s).

хво́йний Nádel≠; ~ ліс Nádelwald *m* (4).

хво́рий 1) *прикм.* krank; léidend; 2) *у знач. ім.* Kránke *m* (14); Patiént *m* (8).

хворі́ти krank sein; léiden* *vi* (на що-н., чим-н. an *D*) *(хронічно)*; kränkeln *vi (часто)*; ~ гри́пом die Gríppe háben.

хворо́б|а Kránkheit *f* (10): Léiden *n* (7) *(тривала)*; інфекційна ~а Infektiónskrankheit *f*, ánsteckende Kránkheit: перенести́ ~у éine Kránkheit dúrchmachen; істо́рія ~и Kránkengeschichte *f* (11).

хвороблúвий 1) *(який часто хворіє)* kränklich, schwächlich: 2) *(ненормальний, нездоровий)* kránhaft.

хво́я *бот.* Nádel *f* (11): Nádeln *pl*.

хи́б|а Féhler *m* (6), Mángel *m* (6): Náchteil *m* (1); Defékt *m* (1); **~ний** falsch, írrig: írrtümlich: féhlerhaft: únrichtig, verkéhrt *(неправильний)*.

хижа́|к 1) Ráubtier *n* (2) *(звір)*: Ráubvogel *m* (6*) *(птах)*; 2) *перен)*. Räuber *m* (6): **~цький** Raub≠, räuberisch.

хи́жий 1) Raub-; 2) *перен.* ráubgierig, räuberisch.

хизува́тися práhlen *vi*, prótzen *vi* (чим-н. mit *D*).

хили́т|и néigen *vt*, béugen *vt*; ◊ мене́ на сон хи́лить mich schläfert: ich bin schläfrig: **~ися** sich néigen, sich béugen.

химе́рний phantástisch; wúnderlich: únmöglich *(нездійсненний)*.

хист Fähigkeit *f* (10); Begábung *f* (10) (до чо́го-н. für *A*).

хита́ння Scháukeln *n* -s, Wiegen *n* -s; Schwíngung *f* (10) *(маятники тощо)*.

хита́|ти, хитну́ти 1) scháukeln *vt*: schwíngen* *vt*, hín- und hérbewegen: ві́тер ~є дере́ва der Wind bewégt die Bäume: 2) *безос.*: його́ ~є від вто́ми er táumelt [schwankt] vor Müdigkeit; ◊ ~ти голово́ю den Kopf schütteln: **~тися** 1) scháukeln *vi*: sich wiegen: 2) *(нетвердо триматися на ногах)* táumeln *vi*. schwánken *vi*.

хи́трий 1) schlau, lístig: verschmítzt: hínterlistig *(підступний); 2) розм. (складний)* schwíerig: lístenreich.

хи́трість, хи́трощі Schláuheit *f* (10), List *f* (10).

хитрому́дрий (spítz)fíndig: kniffelig: fein erdácht.

хитрува́ти schlau [lístig] sein, schlau hándeln, éine List ánwenden*: ein fálsches Spiel tréiben* *(лукавити)*.

хихи́к|ати, ~нути *розм.* kichern *vi*.

хі́ба 1) *(невже)* denn, étwa *або не перекладається*: ~ йому́ мо́жна ві́рити? kann man ihm denn gláuben?: ~? wahrháftig?, wírklich?, tátsächlich?, ist [wäre] es möglich?; 2) *(може)* vielléicht; wie wenn: ~ до лі́каря піти́? soll sich vielléicht zum Árzt géhen?; 3) *розм.*: я обов'язко́во прийду́, ~ що захворі́ю ich kómme bestímmt, es sei denn [áußer wenn] ich krank wérde.

хід 1) Gang *m* -(e)s, Géhen *n* -s; Lauf *m* -(e)s; Bewégung *f*; *мор.* Fahrt *f*: за́дній ~ Rückwärtsgang *m* -(e)s; по́вним хо́дом mit Vólldampf; робо́та йде́ по́вним хо́дом man árbeitet auf vóllen Tóuren; 2) *(подій тощо)* Verláuf *m* -(e)s, Lauf *m*: Áblauf *m*: в хо́ді поді́й im Zúge der Eréignisse: 3) *(вхід, прохід)* Gang *m* (1*), Éingang *m*: чо́рний ~ Híntertreppe *f* (11); 4) *(у грі)* Zug *m* (1*) *(в шахах тощо)*: ◊ пусти́ти в ~ що-н. etw. in Betríeb sétzen *(підприємство)*; да́ти ~ спра́ві éine Sáche in Gang sétzen; на ходу́ in Bewégung, in vóller Fahrt.

хі́мік Chémiker *m* (6).

хімі́чний chémisch, Chemie-.

хімі|я Chemie *f*: органі́чна ~я orgánische Chemíe: неоргані́чна ~я ánorganische Chemíe; підру́чник з ~ї Léhrbuch der Chemíe.

хлип|ати, ~нути (áuf)schlúchzen *vi*.

хліб 1) Brot *n* -(e)s; чо́рний ~ Schwárzbrot *n*; бі́лий ~ Wéißbrot *n*: черстви́й ~ tróckenes [hártes] Brot: 2) *(хлібина)* Laib *m* (1), Brot *n* (2): 3) *(зерно)* Korn *n* -(e)s, Getréide *n* -s: ◊ заробля́ти собі́ на ~ sich *(D)* sein Brot verdíenen: позба́вити кого́-н. шматка́ ~а j-n brótlos máchen: ~ насу́щний das tägliche Brot: переби-ва́тися з ~а на во́ду von der Hand in den Mund lében.

хлібобу́лочн|ий: ~і ви́роби Báckwaren *pl*.

хлібо|заво́д Brótfabrik *f* (10): **~заготі́вля** Getréidebeschaffung *f* (10): Getréideerfassung *f*: **~пека́рня** Bäckeréi *f* (10): Brótbäkkerei *f*.

хліборо́б Lándmann *m* -(e)s, -leute: Báuer *m* (8, 13), Getréidebauer *m*, Áckerbauer *m*.

хлів Stall *m* (1*): Víehstall *m* *(для великої худоби)*: Schwéinestall *m* *(для свиней, тж. перен.)*.

хло́пець Júnge *m* (9), Knábe *m* (9), Búbe *m* (9).

хльоста́ти, хльо́снути péitschen *vt*.

хма́ра Wólke *f* (11), дощова́ ~ Régenwolke *f*: покрива́тися ~ми sich bewölken, sich mit Wólken bezíehen*; вита́ти в ~х in den Wólken schwében.

хма́рити, ~ся sich verfínstern, sich verdüstern, trübe wérden: sich mit Wólken überziehen*.

хма́рний wólkig, bewölkt; Wólken≠; trübe, mit Wólken überzógen [bedéckt].

хмарочо́с Wólkenkratzer *m* (6).

хмиз Réisig *n* -s.

хміль *бот.* Hópfen *m* (7).

хму́рий 1) fínster, düster; 2) *(про погоду)* trübe.

хму́рити rúnzeln *vt* *(лоб)*; verzíehen *(обличчя)*; zusámmenziehen* *vi* *(брови)*; **~ся** 1) fínster dréinschauen; 2) *(про погоду)* sich verfínstern, sich verdüstern, sich trüben.

хна *(фарба для волосся)* Hénna *f*.

хо́бот *зоол.* Rüssel *m* (6); **~о́к** *(у комах)* Sáugrüssel *m* (6).

хова́ти 1) verstécken *vt*, verbérgen* *vt*; verschlíeßen* *vt* *(під замок)*; áufheben* *vt*, áufbewahren *vt* *(зберігати)*; 2) *перен.* verhéimlichen *vt*, gehéimhalten* *відокр. vi*, verhéhlen *vt*, verbérgen* *vt*; 3) *(покійника)* beérdigen *vt*; begráben* *vt*; béisetzen *vt*; bestátten *vt*; **~ся** 1) sich verstécken, sich verbérgen*; 2) *(приховувати)* verhéimlichen *vt*.

ховра́х *зоол.* Zíeselmaus *f* (3), Zíeselratte *f* (11).

ход|а́ *(манера ходити)* Gang *m* (1*), Gángart *f*, Schritt *m* (1); швидко́ю ~о́ю mit schnéllen Schrítten, im Schnéllschritt; приско́рити ~у́ die Schrítte beschléunigen; упові́льнити ~у́ die Schrítte verhálten*.

ходи́ти 1) géhen* *vi* (s); ~ наза́д і впере́д hín- und hérgehen* *vi* (s), áuf- und ábgehen* *vi* (s); ~ на ли́жах Ski [Schi] láufen*; 2) *(в чому-н.)* trágen* *vt*; ánhaben *vt*; 3) *(куди-н., відвідувати кого-н.)* (hín)géhen* *vi* (s); besúchen *vt*; 4) *(про транспорт)* géhen* *vi* (s), verkéhren *vi*, fáhren* *vi* *(курсувати)*; 5) *(у грі)* zíehen* *vi*, éinen Zug tun* *(про шахи)*; áusspielen *vt* *(про карти)*; вам ~ Sie sind am Zúge *(у шахах)*; Sie spíelen aus *(у картах)*; 6) *(доглядати за* *кИм-н.)* pflégen *vt*, pfléglich behándeln *(за хворим тощо)*; beáufsichtigen *vt*, wárten *vt (за дітьми)*.

хóдором: ходúти ~ *розм*. wákkeln *vi*, zíttern *vi*; у мéне головá хóдить ~ *перен*. ich weiß nicht, wo mir der Kopf steht.

ходьб|á Géhen *n* -s, Wándern *n* -s; півгодúни ~й éine hálbe Stúnde zu Fuß.

хокеї́ст *спорт*. Hockeyspieler [hɔke-] *m* (6).

хокéй *спорт*. Hockey ['hɔke] *n* -s; грáти в ~ Hockey ['hɔke] spielen,

хóлод Kälte *f*.

холодéць *кул*. Sülze *f* (11).

холодúльн|ий Kühl≁, Kälte≁, Gefríer≁; **~ик** Kühlschrank *m* (1*); Kühlraum *m* (1*) *(приміщення)*.

холóдн|ий 1) kalt; ~а зимá kálter Winter; 2) *(про одяг)* leicht; úngefüttert; 3) *(байдужий)* kalt, kühl; fróstig; únfreundlich; ◊ ~а збрóя die blánke Wáffe; ~а війнá der kálte Kríeg.

хóлодно 1) kalt; 2) *(байдуже)* kalt, kühl, mit Kälte; káltblütig; 3) *безос*. es ist kalt; менí ~ mir ist kalt; ich fríere, mich friert.

холоднокрóвн|ий káltblütig; gelássen; **~і** *зоол*. Káltblüter *pl*.

холодостíйкий *с. г.* kältebeständig.

холóн|ути ábkühlen *vi*; kalt wérden, erkálten *vi*; ◊ кров ~е в жúлах das Blut gerínnt éinem in den Ádern.

холостúй 1) *(неодружений)* *(про людину)* lédig, únverheiratet; 2) *тех*. leer, Leer≁; blind, Blind≁; ~ хід Léerlauf *m* -(e)s; ~ пóстріл Blíndschuß *m* -sses, -schüsse.

холóша Hósenbein *n* (2).

хомýт 1) Kúmmet *n* (2); 2) *тех*. Bügel *m* (6), Schélle *f* (11).

хом'як *зоол*. Hámster *m* (6).

хор Chor [ko:r] *m* (1*); Chórgesang *m* (1*) *(музичний твір)*; у сýпроводі ~у in Chórbegleitung; співáти ~ом im Chor síngen*.

хорóбр|ий tápfer; mútig *(мужній)*; kühn *(відважний)*; **~ість** Tápferkeit *f*; Mut *m* -(e)s *(мужність)*; Kühnheit *f* *(відвага)*.

хотíти wóllen* *vt*; wünschen *vt*; mögen* *vt (бажати)*; я дýже хóчу йогó бáчити ich möchte ihn sehr [gern] séhen; як хóчете! Wie Sie wóllen!; я хóчу пúти ich hábe Durst, ich bin dúrstig; що ви хóчете цим сказáти? was wóllen Sie damít ságen?; was méinen Sie damít?; **~ся** *безос*. mögen* *vt*; Lust háben; wóllen* *vt*, wünschen *vt*; менí хóчеться поговорúти з Вáми ich möchte Sie [mit Íhnen] spréchen*; менí не хóчеться чýти про це ich will níchts davón hören; менí хотíлося б ich möchte gérne, ich hätte den Wunsch; менí хóчеться їсти ich hábe Húnger, ich bin húngrig.

хоч, ~á *спол. і частка* 1) *(навіть; якщо хочете)* sogár, selbst, méinetwegen, wenn Sie wóllen; 2) *(у крайньому разі)* wenn auch nur, nur, wénigstens; doch; 3) obwóhl, obschón; obgléich, wenn auch; ob auch; 4): ~ би wenn ... doch (+ *conj*); хочá б він швúдше прийшóв wenn er doch schnéller käme; ◊ ~ убúй, не знáю *розм*. schlag mich tot, ich weiß es nicht; хлóпець ~ кудú ein Práchtkerl.

храм Témpel *m* (6) *(тж. перен.)*.

хребéт 1) *анат*. Rückgrat *n* (2), Wírbelsäule *f (11); 2) геол*. Kamm *m* (1*), Rücken *m* (7); гíрський ~ Gebírgsrücken *m* (7), Gebírgskette *f* (11).

хребéць *анат*. Wírbel *m* (6).

хрест Kreuz *n* (2); ◊ Червóний Хрест das Róte Kreuz; постáвити ~ на чóму-н. *розм*. ein Kreuz über etw. *(A)* máchen.

хрестóвий: ~ пóхід *іст. тж. перен*. Kréuzzug *m* (1*).

хрестомáтія Chrestomatíe [krɛ-] *f* (11), Lésebuch *n* (s).

хрип, ~íння Röcheln *n* -s; **~íти** röcheln *vi* *(задихатися)*; héiser sein *(від простуди)*; **~лий** héiser, röcheln; **~отá** Héiserkeit *f*.

хрін Méerrettich *m* (1).

хрóніка 1) *(літопис)* Chronik ['kro:] *f* (10); 2) *(дані про сучасні події)* Tágesbericht *m* -(e)s, Tágesereignisse *pl*, Tágeschronik *f* *(газетна)*; Tágesübersicht *f* *(по радіо)*.

хронíчний chronisch ['kro:-].

хронологíчний chronológisch [kro:]; in zéitlicher Réihenfolge.

хронолóгія Chronologíe [kro:-] *f* (11); Zéitfolge *f*.

хронометрáж Árbeitszeitermittlung *f* (10).

хропíти, хроптú 1) schnárchen *vi*; 2) *(про коня)* schnáuben *vi*; schnáufen *vi*.

хрустíти, хрýснути knírschen *vi*; kráchen *vi*; knístern *vi*; knácken *vi* *(пальцями)*.

хрущ *зоол* Máikäfer *m* (6).

Х

хрю́к|ання Grúnzen *n* -s; **~ати, ~нути** grúnzen *vi*.
хто wer; ~ це (такий)? wer ist das?; ~ там? wer (ist) da?; не ~ інший, як ... níemand ándere, als...
хто-не́будь írgendwer, írgend jémand; írgendeiner.
худи́й máger, háger, schmächtig.
ху́днути ábmagern *vi* (s), ábnehmen* *vi*; máger wérden.
худо́ба Vieh *n* -(e)s; велика рогáта ~ Ríndvieh *n*.
худо́жник 1) Künstler *m* (6); 2) *(живописець)* Máler *m* (6).
хулiга́н 1) Rowdy ['raodi:] *m* -s, -s; 2) *розм. (шибеник)* Ránge *m* (9); Flégel *m* (6); Strolch *m* (1).
хуртови́на Schnéesturm *m* (1*), Schnéegestöber *n* (6).
ху́стина, ху́сточка: носовá ~ Táschentuch *n* (5).
ху́стка Tuch *n* (5).
ху́тір Vórwerk *n* (2), Éinzelhof *m* (1*), Gehöft *n* (2).
ху́тро Fell *n* (2), Pelz *m* (1); *збірн.* Pélzwerk *n* -(e)s; Ráuchwaren *pl*, Pélzwaren *pl*.
хутряни́й Pelz≠, Fell≠.

Ц

цап Zíegenbock *m* (1*), Bock *m*.
ца́рство 1) *(держава)* Káiserreich *n* (2); Zárenreich *n*; 2) *перен.* Reich *n* -(e)s; рослинне ~ Pflánzenreich *n*; тваринне ~ Tíerreich *n*.
цвіль Schímmel *m* -s, Kahm *m* -(e)s.
цвірку́н Grílle *f* (11); Héimchen *n* (7) *(у будинку)*.
цвісти́ 1) *(про квіти)* blühen *vi*, in Blüte stéhen*; 2) *перен.* blühen *vi*; gedéihen* *vi* (s); 3) *(укриватися цвіллю, плíснявою)* verschímmeln *vi (s)*.
цвіт Blüte *f* (11) *(тж. перен.)*; Blúmen *pl*.
цвях Nágel *m* (6*); забивáти ~ éinen Nágel éinschlagen*; прибивáти ~ами (án)nágeln *vt*.
це *займ.* 1) *див.* цей; 2) *у знач. ім.* das, dies (es), es; що ~ ? was ist das?; хто ~? wer ist das?; про ~ davón, darüber; після цього danách; для цього dafür; з цим damít; від цього davón; 3) *частка* denn; що ~ з вáми? was fehlt Íhnen denn?
цегéльний, цегляни́й Zíegel≠, Báckstein≠; ~ завóд Ziegeléi *f* (10).
це́гла Zíegel *m* -s.
цей díeser (*f* díese, *n* díeses, *pl* díese).
це́нтнер Dézitonne *f* (11) *(скор. dt)*; Dóppelzentner *m* *(метричний)*.
центр Zéntrum *n* -s, -tren; Míttelpunkt *m* (1); Kern *m* (1); ~ вагú *фіз.* Schwérpunkt *m*; обласни́й ~ Gebíetshauptstadt *f* (3); культу́рний ~ Kultúrzentrum *n*; бу́ти в ~ і увáги im Brénnpunkt [Míttelpunkt] des Interésses stéhen*.
централізува́ти zentralisíeren *vt*.
центра́льний zentrál, Zentrál≠.
церемо́нитися Úmstände máchen; sich zíeren; не церемóнься! mach kéine Úmstände!
цех *(на заводі)* Abtéilung *f* (10); Wérkhalle *f* (11), Fabríkhalle *f*.
цибу́ля *бот.* Zwíebel *f* (11).
ци́|ган Zigéuner *m* (6); **~га́нка** Zigéunerin *f* (12); **~га́нський** zigéunerisch.
цига́рка Zigarétte *f* (11); *розм.* Stäbchen *n* (7).
цикл Zýklus *m* -, -klen; Kréislauf *m* -(e)s; ~ лéкцій Vórlesungsreihe *f* (11); ~ віршів Gedíchtzyklus *m*.
цикло́н метеор. Zyklón *m* (1); Wírbelsturm *m* (1*) *(ураган)*; Tíefdruckgebiet *n* (2), Tief *n* -s, -s *(зона низького тиску)*.
циліндри́чний zylíndrisch, wálzenförmig.
цирк Zírkus *m* -, -se; **~а́ч** Artíst *m* (8), Zírkusartist *m*.
циркул|юва́ти zirkulíeren *vi*; úmlaufen* *vi* (s) *(про кров)*; **~я́ція** Zirkulatión *f* (10); Úmlauf *m* -(e)s.
ци́ркуль Zírkel *m* (6).
цисте́рна Zistérne *f* (11); Tánkwagen *m* (7); *мор.* Tank *m* (1) *(pl тж.* -s).
цита́т|а Zitát *n* (2); навóдити ~у ein Zitát ánführen.
ци́трусові *мн. бот.* Zítrusgewächse *pl*.
цитува́ти zitíeren *vt*, wörtlich ánführen.
циферблáт Zífferblatt *n* (5); Skálenscheibe *f* (11) *(приладу)*.
ци́фр|а Zíffer *f* (11); Zahl *f* (10); Záhlzeichen *n* (7); контрóльні ~и Kontróllziffern *pl*.

цифровий Ziffern≠; Záhlen≠.
цідити (dúrch)séihen *vt*; filtríeren *vt*.
цікавий 1) interessánt; unterháltend; 2) *(що виявляє цікавість)* néugierig; wíßbegierig.
цікавіст|ь Interésse *n* (13); слýхати з ~ю mit Interésse [interessíert] zúhören; виявляти ~ь до чóго-н. Interésse zéigen [háben] (für *A*).
цікавити interessíeren *vt*; **~ся** sich interessíeren (чим-н. für *A*); Interésse háben (чим-н. an *D*).
цілеспрямований zíelgerichtet.
ціл|ий 1) *(не пошкоджений, не зруйнований)* unversehrt, heil, ganz, únverletzt; ~ий і непошкóджений heil und ganz; gesúnd und múnter; wóhlbehalten; 2) *(увесь)* ganz, voll; ~ими днями tágelang, gánze Táge hindúrch.
цілин|а Néuland *n* -(e)s; підняти ~ý Néuland úrbar máchen [erschlíeßen*]; піднята ~á Néubruch *m* (1*).
цілити, ~ся zíelen *vi* (в що-н., по чóму-н. nach *D*); ~ в кóго-н. auf j-n zíelen, auf j-n ánlegen.
цілковит|ий vóllständig, vollkómmen, ganz, gänzlich, völlig.
цілком ganz; gänzlich; vollkómmen, völlig; durchwég; ~ і пóвністю voll und ganz, ganz und gar.
цілувати küssen *vt*; ~ кого́-н. у щóку j-n auf die Wánge küssen; **~ся** küssen *vi*, sich küssen.
цілющий heilkräftig, Heil≠.

ціль Ziel *n* (2); Zweck *m* (1); влучáти в ~ das Ziel tréffen*.
цін|á Preis *m* (1); знúження цін Préissenkung *f* (10); підвúщення цін Préissteigerung *f* (10); ◊ за всяку ~ý um jéden Preis.
цінитель Kénner *m* (6).
цінити, цінувати 1) schätzen *vt*; zu schätzen wíssen*; würdigen *vt*; вúсоко ~ hóchschätzen *vt*; 2) *розм.* *(визначати ціну)* schätzen *vt*, taxíeren *vt*; bewérten *vt*.
цінний 1) Wert≠; ~ лист Wértbrief *m* (1); 2) *перен.* wértvoll, hóchwertig *(високоякісний)*; kóstbar, köstlich *(дорогоцінний)*.
цінн|ість Wert *m* (1); Kóstbarkeit *f* (10) *(предмет)*; ◊ переоцінка ~остей die Úmwertung der Wérte.
цоколь 1) *арх.* Sóckel *m* (6); Únterbau *m* -(e)s; 2) *ел.* Sóckel *m* (6), Fássung *f* (10).
цукер|ка Konfékt *n* (2), Bonbon [bɔnʼbɔn] *m, n* -s, -s; шоколáдна ~ка Praline *f* (11); **~ниця** Zúckerdose *f* (11).
цукор Zúcker *m* -s; ~-рафінáд Würfelzucker *m*.
цукровий Zúcker≠; ~ завóд Zúkkerfabrik *f* (10).
цуратися (ver)méiden* *vt*; aus dem Wége géhen* (когó-н., чогó-н.); sich férnhalten* (когó-н. *D.*).
цямрина Brúnneneinfassung *f* (10).
цятка Punkt *m* (1); Tüpfelchen *n* (7), Fléckchen *n* (7).
цькувати verfólgen *vt*, hétzen (когó-н. gégen *A*).

Ч

чабан Hirt *m* (8), Schäfhirt *m*.
чавун 1) Gúßeisen *n* -s; Róheisen *n*; 2) *(посуд)* gúßeiserner Topf, gúßeisernes Geschírr.
чагарник Gebüsch *n* (2), Gesträuch *n* (2), Búschwerk *n* (2).
чад Dunst *m* -es, Qualm *m* -es.
чай Tee *m* -s, -s; міцнúй ~ stárker Tee; слабкúй ~ schwácher Tee; чáшка чáю éine Tásse Tee; заварúти ~ Tee áufbrühen.
чайка Möwe *f* (11).
чайн|ий Tee≠; ~а плантáція Téepflanzung *f* (10); ~ий сервіз Téeservice [-vi:s] *n* (6), Téegeschirr *n* -(e)s; ◊ ~а троянда Téerose *f* (11); **~ик** Téekanne *f* (11) *(для заварювання чаю)*; Téekessel *m* (6) *(для кип'ятку)*.
чапля Réiher *m* (6).
чарівн|ий 1) Záuber≠, Wúnder≠; záuberhaft, wúnderbar; ~á пáличка Wúnderstab *m* (1*), Záuberstab *m* (1*); ~е цáрство Zauberreich *n*; **~ик** Záuberer *m* (6).
чарка Wéinglas *n* (5).
час 1) Zeit *f* (10); місцéвий ~ Órtszeit *f*; середньоєвропéйський ~ mítteleuropäische Zeit (*скор.* MEZ); у цей ~ in díeser Zeit; в будь-якúй ~ zu jéder Zeit, zu jéder Stúnde; в той ~ dámals, zu jéner Zeit; до остáннього ~у bis vor kúrzem; bis zulétzt; робó-

чий ~ Árbeitszeit *f*; ві́льний ~ fréie Zeit, Fréizeit *f*; у наш ~ héutzutage, zur Zeit; 2) *грам.* Zeit *f* (10), Zéitform *f* (10); тепе́рішній ~ Gégenwart *f*, Präsens *n* -, *pl* -séntia; мину́лий ~ Vergángenheit *f*, Prätéritum *n* -s, *pl* -ta; давноминýлий ~ Vórvergangenheit *f*, Plúsquamperfekt *n* (2); майбу́тній ~ Zúkunft *f*, Futúr *n* -s, *pl* -e; ◊ ~ від ~у von Zeit zu Zeit, mánchmal; весь ~ die gánze Zeit.

часни́к Knóblauch *m* -(e)s.

ча́сом mánchmal, biswéilen, zéitweise.

ча́стий häufig, óft(malig).

части́на 1) *(від ці́лого)* Teil *m* (1); Stück *n* (2); Ánteil *m*; бі́льша ~ der gröβte Teil; Gróβteil *m*; тре́тя ~ der drítte Teil, Dríttel *n* (6); складова́ ~ Bestándteil *m*; 2) *(відді́л)* Ábteilung *f* (10); навча́льна ~ Stúdi|enabteilung *f* *(у вузі́)*; 3) господа́рча ~ Verwáltung *f* (10); військо́ва ~ Trúppenteil *m* (1); 4) *геогр.*: ~ сві́ту Érdteil *m* 5) *грам.*: ~ мо́ви Wórtart *f* (10), Rédeteil *m*.

ча́стка 1) Téilchen *n* (7); 2) *фіз.* Téilchen *n* (7); Korpúskel *n* (6); 3) *грам.* Partíkel *f* (11).

частко́вий partiéll; téilweise; Téil≠.

ча́сто oft, häufig, óftmals.

частота́ 1) Häufigkeit *f*; 2) *спец.* Frequénz *f* (10).

часто́тн|ий 1) Häufigkeits≠; ~ий словни́к Häufigkeitswörterbuch *n* (5); 2) *спец.* Frequénz≠; ~ість Häufigkeit *f*.

частува́ти bewírten *vt*.

ча́хлий 1) *(про людину)* siech, kránklich, ábgezehrt; 2) *(про рослину)* verkümmert; spärlich.

ча́шка 1) Tásse *f* (11); 2) *анат.*: колі́нна ~ Kníescheibe *f* (11).

чверть 1) Víertel *n* (6); ~ро́ку Víerteljahr *n* (2); Quartál *n* (2); ~ годи́ни Víertelstunde *f* (11); ~ на дру́гу ein Viertel nach eins; 2) *(у шко́лі)* Víerteljahr *n* (2), Víertel *n* (6).

чек 1. *(банк.)* Scheck *m* -s, -s; 2. *(касовий)* Kássenscheck, Kássenzettel *m* (6).

чека́|ння Wárten *n* -s, Erwártung *f*; ~ти erwárten *vt*, wárten *vi* (когó-н., чогó-н. auf *A*).

че́мний höflich; ártig.

чемода́н Kóffer *m* (6), Hándkoffer *m*.

чемпіо́н Méister *m* (6); ~ сві́ту Wéltmeister *m*; ~ краї́ни Natiоnálmeister *m*; Lándesmeister *m*; ~а́т Méisterschaft *f* (10); ~а́т сві́ту з футбо́лу Fúβballweltmeisterschaft *f*.

че́рв|ень Júni *m* - *i* -s; на поча́тку ~ня Ánfang Júni; в сере́дині ~ня Mítte Júni; в кінці́ ~ня Énde Júni.

черви́вий wúrmig; wúrmstichig, mádig.

черво́н|ий rot; ~ий **ко́лір** Rot *n* -(e)s, róte Fárbe; ~ий оліве́ць Rótstift *m* (1); ~е сві́тло *(на світлофо́рі)* Stópplicht *n* (5); ◊ Черво́на А́рмія *іст.* die Róte Armée; ~і́ти 1) sich röten, rot wérden; 2) *(про людину)* erröten *vi* (s), rot wérden.

черв'я́к Wurm *m* (4).

че́р|га 1) Réihe *f* (11); бу́ти на ~зі an der Réihe sein; по ~зі der Réihe nach, nach der Réihe; по́за ~гою áuβer der Réihe; тепе́р моя́ ~га jetzt kómme ich an die Réihe; 2): стоя́ти в ~зі Schlánge stéhen*; in der Réihe stéhen*; ánstehen* *vi* (за чим-н. nach *D*); 3) *військ.* Féuerstoβ *m* (1*), Sálve *f* (11); кулеме́тна ~га Féuerstoβ *m*; ◊ у пе́ршу ~гу in érster Líni|e.

черго́в|ий *прикм.* 1) diensthabend, wáchthabend; ~и́й лі́кар díensttuender Arzt; 2) *у знач. ім.* Díensttuende *m* (14), Díensthabende *m* (14); Órdner *m* (6); ~и́й у кла́сі Klássenordner *m* (6); 3) *(насту́пний)* (nächst) fólgend; der nächste in der Réihe; 4) *(що стої́ть на черзі́)* órdentlich; fällig; ánfallend; ~é пита́ння éine ánfallende Fráge.

чергува́ння 1) Dienst *m* (1); Wáchtdienst *m*; Tágesdienst *m*; Áufsicht *f* *(у шко́лі)*; 2) *(послідо́вність)* Réihenfolge *f* (11); Wéchsel *m* -s *(змі́на)*; ~ голосни́х *лінгв.* Vokálwechsel [vo-] *m*.

чергува́ти Dienst háben [tun*]; ~ бі́ля лі́жка хво́рого am Bétte éines Kránken wáchen.

черевики *мн.* (*одн.* череви́к) Schúhe *pl* (*sg* Schuh *m*); ха́тні ~ Pantóffeln *pl*; Háusschuhe *pl*.

череда́ I *бот.* Zwéizahn *m* (1*).

черед|а́ II Hérde *f* (11); ~ни́к Hirt *m* (8), Víehtreiber *m* (6).

че́рез 1) *(упо́перек)* über *(A)*; перейти́ ~ ву́лицю über die Stráβe géhen*; 2) *(крізь що-н.)* durch *(A)*; ~ вікно́ durch das Fénster; 3) *(через якийсь час)* nach *(D)*; in

(D) *(у майбутньому)*; ~ рік (héute) übers'Jahr; in éinem Jahr; ~ дві годи́ни nach zwei Stúnden; in zwei Stúnden *(у майбутньому)*; 4) *(за допомогою чого-н.)* durch *(A)*; mit Hílfe von *(D)*.

черéмуха *бот.* 1) *(ягода)* Fáulbeere *f* (11); 2) *(дерево)* Fáulbaum *m* (1*).

чéреп Schädel *m* (6).

черепáха Schíldkröte *f* (11)

черепи́ця Dáchziegel *m* (6), Dáchstein *m* (1).

черéшня 1) *(плід)* Süßkirsche *f* (11); 2) *(дерево)* Süßkirsch(en)-baum *m* (1*).

чернéтка Entwúrf *m* (1), Konzépt *n* (2).

черпáк Schöpfkelle *f* (11), Schöpfeimer *m* (6), Bágger *m* (6).

черстви́й 1) *(про хліб)* trócken, hart; 2) *перен.* hart hártherzig; trökken, steif.

чесáти 1) *(волосся)* kämmen *vt*; 2) *(льон, вовну)* kämmen *vt*; hécheln *v*; 3) *(тіло)* krátzen *vt*; **~ся** sich krátzen.

чéсн|ий éhrlich, rédlich; áufrecht; ~о кáжучи éhrlich geságt; ◊ дáти ~е слóво sein Éhrenwort gében*; **~ість** Éhrlichkeit *f*, Rédlichkeit *f*.

чéст|ь Éhre *f*; спрáва ~і Éhrensache *f*; ◊ віддавáти ~ь *військ.* die Éhrenbezeigung erwéisen*; salutíeren *vi;* на ~ь когó-н. j-m zu Éhren; слóво ~і! auf Éhre!

четвéр Dónnerstag *m* (1); у ~ am Dónnerstag; ◊ після дóщику в ~ am Nímmermehrstag.

чи 1) *спол.* óder; ob; знáє він це ~ забу́в? weiß er das óder hat er es vergéssen?; я не знáю, чи він тут ich weiß nicht, ob er da ist; 2) *пит. част., не перекладається* чи дóма він? ist er zu Háuse?

чий (чия́, чиé, чиї́) 1) *пит. займ.* wéssen; ~ це зóшит? wéssen Heft ist das?; 2) *віднос. займ.* déssen (*f* déren, *n* déssen, *pl* déren).

чийсь (írgend) jémandes, írgendein.

чимáлий nicht geríng, nicht únbedeutend, erhéblich.

чин I Díenstgrad *m* (1), Rang *m* (1), Würde *f* (11); мáти висóкий ~ éinen hóhen Rang bekléiden.

чин II: таки́м ~ом so, sólcherweise, auf díese Art.

чини́ти máchen *vt*, ánrichten *vt*; ~ перешкóди Híndernisse beréiten.

чи́нн|ик Fáktor *m* -s, -tóren; Momént *n* (2); зóвнішній ~ик äußerer Fáktor; **~ість** Kraft *f* (3); Gültigkeit *f*.

чинóвник 1) Beámte *m* (14); 2) *перен.* Beámtenseele *f* (11), Bürokrát *m* (8).

чи́рк|ати, ~нути *(сірником)* ánstreichen* *vt*, ánreißen* *vt*.

чисéльн|ий záhlenmäßig; numérisch; ~а перевáга záhlenmäßiges Übergewicht; **~ість** Zahl *f*; Ánzahl *f*; **~ик** *мат.* Zähler *m* (6).

числéнн|ий záhlreich *(про що-н.)*; víelköpfig *(про збори тощо)*; **~ість** Víelzahl *f*, gróße Ánzahl *(чого-н.)*; gróße Ménge.

числíвник *грам.* Záhlwort *n* (5), Numerále *n* -s, -lien; кíлькісний ~ Grúndzahlwort *n*, Grúndzahl *f* (10); порядкóвий ~ Órdnungszahlwort *n*, Órdnungszahl *f*.

числ|ó 1) *мат.* Zahl *f* (10); цíле ~ó gánze Zahl; дробовé ~ó Bréchzahl *f*, Bruch *m* (1*); іменóване ~ó benánnte Zahl; уя́вне ~ó imaginäre [ʒi-] Zahl; простé ~ó Prímzahl *f*; 2) *грам.* Zahl *f* (10), Númerus *m* -, -ri; Záhlform *f* *(категорія)*; 3) *(дата)* Dátum *n* -s, -ten; якé сьогóдні ~ó den wíevielten háben wir héute; позначáти ~ó datíeren *vt*; у пéрших ~ах чéрвня in den érsten Júniustagen; 4) *(кількість)* Ánzahl *f* (10); ◊ без ~á záhllos.

числови́й Záhl(en)≁, zahlenmäßig.

чи́ст|ий 1) rein, sáuber, únbenutzt *(про білизну, посуд)*; ~ий носови́к ein frísches Táschentuch; ~е нéбо wólkenloser Hímmel; 2) *(охайний)* réinlich; 3) *(без домішок)* rein; ◊ ~а вимóва réine [gúte] Áussprache; на ~ому повíтрі an der fríschen Luft; ~а вагá Réingewicht *n* -(e)s, Nétogewicht *n*; ~а прáвда die réin(st)e Wáhrheit.

чи́стити 1) pútzen *vt*, réinigen *vt*; säubern *vt*; bürsten *vt* *(щíткою)*; schéuern *vt* *(посуд)*; ~ зу́би die Zähne pútzen; 2) *(овочі, фрукти, тощо)* schälen *vt*, (áb)pellen *vt*; ~ ри́бу éinen Fisch ábschuppen.

чи́стк|а 1) Pútzen *n* -s, Réinigen *n* -s; Säuberung *f*; хімíчна ~а chémische Réinigung; віддáти в ~у zum Réinigen gében*; réinigen lássen*; терміновá ~а Schnellreinigung *f*; 2) *(фруктів, овочів)* Schälen *n* -s; 3) концентрáція, збагачéння *(руди)*.

Ч

чи́сто rein, sáuber.

чистописа́ння Schönschreiben *n* -s, Schönschrift *f*, Kalligraphie *f*.

чистота́ 1) Réinlichkeit *f*, Sáuberkeit *f*; 2) *перен.* Réinheit *f*.

чистоті́л *бот.* Wárzenkraut *n* (5).

чита́льний: ~ **зал** Lésesaal *m* -(e)s, -säle.

чи́танка Lésebuch *n* -(e)s, -bücher.

чита́ння Lésen *n* -s; Lektüre *f*; ~ вго́лос Láutlesen *n*; Vórlesen *n* (*кому-н.*); ~ про се́бе stúmmes [stílles] Lésen; обов'язко́ве ~ (*у школі*) Pflíchtlektüre *f*; дома́шнє ~ Háuslektüre *f*.

чита́ти 1) lésen* *vt, vi*; ~ вго́лос laut lésen*; vórlesen* *vt* (кому́-н. *D*); ~ ві́рші Gedíchte vórtragen*; ~ по склада́х buchstabíeren *vt*; ~ ле́кцію éine Vórlesung hálten*; ◊ ~ думки́ Gedánken lésen* [erráten*]; **~ся** sich lésen* (lássen*); кни́га ле́гко чита́ється das Buch liest sich leicht.

чита́ч Léser *m* (6).

чіпа́ти ánrühren *vt*, berühren *vt*, ánfassen *vt*; *перен.* stören *vt*; не чіпа́й його́! laß ihn in Rúhe!

чіпля́тися 1) sich ánhaken, sich ánklammern (за що-н. an *D*); 2) *перен.* sich (án)klámmern (за що-н. an *D*).

чітки́й klar, déutlich; léserlich (*про почерк*), genáu.

чі́ткість Klárheit *f*, Déutlichkeit *f*, Exáktheit *f*.

член 1) (*частина тіла*) Glied *n* (5); 2) (*організації тощо*) Mítglied *n* (5); Téilnehmer *m* (*учасник*); ~-кореспонде́нт korrespondíerendes Mítglied; 3) *мат.* Glied *n* (5); ~ рівня́ння Glied éiner Gléichung; 4) *грам.*: ~ ре́чення Sátzglied *n* (5); **~ський:** ~ський квито́к Mítgliedskarte *f* (11), Mítgliedsbuch *n* (5); *m* (1*); **~ство** Mítgliedschaft *f*.

чо́боти *мн.* (*одн.* чо́біт) Stíefel *pl* (*sg* Stiefel *m*).

чо́вен Boot *n* (2), Kahn *m* (1*); мото́рний ~ Motórboot *n*; ряту-ва́льний ~ Réttungsboot *n*; підво́дний ~ Únterseeboot *n* (*скор.* Ú-Boot).

чолові́к 1) (*особа чоловічої статі*) Mann *m* (4); 2) (*одружена особа стосовно до своєї дружини*) Mann *m* (4), Éhemann *m*; Gemáhl *m* (1), Gátte *m* (9); 3) (*людина*) Mensch *m* (8).

чолові́чий Männer≠, Mánnes≠, Hérren≠; ~ рід *грам.* männliches Geschlécht, Maskulínum *n* -s, *pl* -na.

чому́ warúm, weshálb.

чо́рн|ий 1) schwarz; ~ий хліб Schwárzbrot *n* -(e)s; Róggenbrot *n*; 2) *перен.* schwarz, únheilvol; ◊ ~е де́рево Ébenholz *n* -es; ~а металу́ргія Schwárzmetallurgie *f*, Éisenmetallurgie *f*; ~им по бі́лому schwarz auf weiß.

чорни́ло Tínte *f* (11).

чорні́ти 1) schwarz wérden; 2) (*виділятися чорним кольором*) sich schwarz ábheben*.

чорнови́й im Entwúrf, im Konzépt; vórläufig (*попередній*).

чорнозе́м Schwárzerde *f*.

чорноо́кий schwárzäugig.

чорно́слив gedörrte Pfláumen, Báckpflaumen *pl*.

чорнота́ Schwärze *f*, Schwarz *n* - *i* -es; Dúnkel *n* -s.

чортополо́х *бот.* Dístel *f* (11).

чоти́ри vier.

чоти́риста víerhúndert.

чотирна́дцять víerzehn.

чуб Schopf *m* (1*); **~а́тий** schópfig.

чудни́й *розм.* wúnderlich, ábsonderlich; kómisch, lächerlich.

чу́до Wúnder *n* (6); краї́на чуде́с Wúnderland *n* (5); ◊ ~ приро́ди Natúrwunder *n*.

чудо́вий wúndervoll; áusgezeichnet; hérrlich, wúnderschön.

чуж|и́й 1) (*належний кому-н. іншому*) fremd; на ~і́ ко́шти auf Kósten ánderer; auf frémde Kósten; під ~и́м і́менем únter fálschem Námen; 2) (*сторонній*) fremd; в ~і ру́ки in fremde Hände.

чужи́н|ець Áusländer *m* (6); **~ка** Áusländerin *f* (12).

чу́йн|ий zártfühlend, féinfühlig, téilnahmsvoll; **~сть** Zártgefühl *n* -(e)s, Féingefühl *n*; Táktgefühl *n*.

чу́ти 1) hören *vt*, vernéhmen* *vt*; 2) *розм.* (*відчувати*) ~ за́пах éinen Gerúch spüren [ríechen*]; ◊ чу́є моє́ се́рце ich fühle, ich hábe das Vórgefühl.

чу́тк|а Gerücht *n* (2); за ~а́ми laut den Gerüchten; хо́дять ~и́ es geht das Gerücht; пуска́ти ~и́ Gerüchte verbréiten.

чу́тн|ий hörbar, vernéhmbar; **~о** 1): до́бре ~о man hört gut; 2) vernéhmlich; ◊ що ~о? was ist zu hören? was gibt es Néues?

чуття́ Gefühl *n* -(e)s; Sinn *m* -(e)s; óргани ~ Sínnesorgane *pl*.
чу́хати krátzen *vt*; **~ся** sich krátzen.
чу́чело 1) Balg *m* (1*); áusgestopftes Tier; 2) *(на городі)* Vógelscheuche *f* (11).
чхáти, чхну́ти niesen *vi*.

Ш

шáбля Säbel *m* (6).
шáйба *тех., спорт.* Schéibe *f* (11).
шалéний wütend, rásend, úngestüm; verbíssen.
шаль Schal *m* (1) (*pl тж.* -s); Úmschlagtuch *n* (5).
шампáнське Sekt *m* (1), Champagner [ʃam'paniər] *m* (6).
шампу́н|ь Schampún *n* -s; Háarwaschmíttel *n* (6); ми́ти гóлову ~ем das Haar schampuníeren.
шáна Áchtung *f*; Respektíerung *f*; Éhrerbietung *f*.
шанóв(а)н|ий geáchtet, geschätzt; ángesehen; ~а людина Respéktsperson *f* (10); ~ий товáришу *(у звертанні)* (sehr) geéhrter [veréhrter] Genósse.
шанс Chance ['ʃanse] *f* (11), Áussicht *f* (10) (auf Erfólg); мáти всі ~и die bésten Cháncen háben.
шантáж Erpréssung *f* (10); **~и́ст** Erprésser *m* (6); Hóchstapler *m* (6) *(авантюрист)*; **~увáти** erpréssen *vt*.
шанувáти áchten *vt*, éhren *vt*; respektíeren *vt*.
шáпка 1) Mütze *f* (11); Káppe *f* (11); хутрянá ~ Pélzmütze *f*; ~ волóсся Háarwald *m* -(e)s; díchtes Haar; 2) *(заголовок великим шрифтом, тематично спільний для кількох статей)* Zéitungskopf *m* (1*) *(газети)*; Fílmtitel *m* (6) *(фільму)*; ◊ ~-невиди́мка *(у казці)* Tárnkappe *f*.
шарж Karikatúr *f* (10); Grotéske *f* (11).
шáрк|ати, ~нутли schárren *vi*; ~ати ногáми schlúrfen *vi*.
шаруді|ння Geräusch *n* (2); Ráuschen *n* -s; **~ти** ráuschen *vi*, rácheln *vi*; knístern *vi (про сукню)*.
шарф Schal *m* (1) (*pl тж.* -s); в'я́заний ~ Stríckschal *m*.
шасі *авто. ав.* Chassis [ʃa'si:] *n* - [ʃa'si:s], - [ʃa'si:s], Fahrgestell *n* (2), Gestéll *n*.
шáфа Schrank *m* (1*); платтянá ~ Kléiderschrank *m*; книжкóва ~ Bücherschrank *m*; стіннá ~ Wándschrank *m*.
шах I *(титул монарха у східних країнах)* Schah *m* -s, -s.
шах II *(у шаховій грі)* Schach *n* -(e)s; оголоси́ти ~ королю́ dem König Schach bíeten*; ~ і мат Schach und matt, scháchmatt.
шáхи Schach *n* -(e)s, Scháchspiel *n* -(e)s; грáти в ~ Schach spíelen.
шáхт|а Grúbe *f* (11); Schacht *m* (1*); кáм'яновугíльна ~а Kóhlengrube *f*; **~áр** Grúbenarbeiter *m* (6); Kúmpel *m* (6); Bérgmann *m* -(e)s, -leute.
шáшк|а 1) *гірн., військ.*: підривнá ~а Spréngkörper *m* (6); димовá ~а Nébelkörper *m*, Rauchkörper *m*; 2) *(у грі)* Dámestein *m* (1); 3) **~и** *(гра)* Dámespiel *n* -(e)s.
швéйн|ий Näh≠, Konfektións≠, Bekléidungs- *(про промисловість)*; ~а маши́на Nähmaschine *f* (11); ~а гóлка Nähnadel *f* (11); ~а майстéрня Schnéiderwerkstatt *f*, *pl* -stätten; ~а промислóвість Konfektiónsindustrie *f*.
швець Schúhmacher *m* (6); Schúster *m* (6) *(розм.)*.
швидк|и́й 1) schnell, geschwínd, rasch; 2) *(про людину)* flink, fix; ◊ ~и́й пóїзд Schnéllzug *m* (1*); ~á допомóга *мед.* 1) Érste Hilfe; 2) *(автомобіль)* Kránken(kraft)-wagen *m* (7); на ~у́ ру́ку *розм.* flüchtig, Hals über Kopf.
шви́дк|існий Schnell≠; Eil≠; ~існий мéтод Schnéll(arbeits)verfahren *n* (7), Schnéllarbeitsmethode *f* (11); **~ість** Geschwíndigkeit *f* (10); Schnélligkeit *f* (10); Témpo *n* -s, -s (*pl тж.* -pi); *авто* Gang *m* (1*); ~ість світла Líchtgeschwindigkeit *f*; ї́хати на пéршій ~ості *авто* im érsten Gang fáhren; **~о** schnell, geschwínd, rasch.
швидкозшивáч Schnellhefter *m* (6).
шедéвр Méisterwerk *n* (2); Glánzstück *n* (2).
шéлест, ~íння Ráuschen *n* -s; Rácheln *n* -s, Geráschel *n* -s; **~íти** ráuschen *vi*; säuseln *vi*; rácheln *vi*.
шéпіт Flüstern *n* -s; Geflüster *n* -s.
шептáти flüstern *vt*; ráunen *vt*

школя́р Schüler *m* (6); Schúlkind *n* (5); **~ка** Schülerin *f* (12); Schúlmädchen *n* (7).
шкря́бати scháben *vt*; krátzen *vt*; rítzen *vt*.
шкутильгáти húmpeln *vi*, hínken *vi*; láhmen *vi*; ~ на прáву нóгу auf [mit] dem réchten Fuß hínken.
шлагбáум Schlágbaum *m* (1*); *залізн.* Báhnschranke *f* (11)
шлак Schlácke *f* (11); **~облóк** *буд.* Schláckenstein *m* (1).
шліфувáти schléifen* *vt*; polieren *vt*.
шлункóв|ин Mágen≠; **~ий** сік *фізіол.* Mágensaft *m* (1*); **~і** захвóрювання Mágenkrankheiten *pl*, Mágenleiden *pl*.
шлу́н|ок Mágen *m* (7); **~очок** *анат. (серця)* Hérzkammer *f* (11).
шлюз Schléuse *f* (11).
шлю́пка Boot *n* (2); рятувáльна ~ Réttungsboot *n*.
шлях 1) Weg *m* (1); Bahn *f* (10); Route [ˈruːtə] *f* (11); **~й** сполу́чення Verkéhrswege *pl*; 2) *(спосіб)* Weg *m* (1); ми́рним **~óм** auf fríedlichem Wége; ◊ життéвий ~ Lébensweg *m* (1).
шмаг|áти, ~ну́ти péitschen *vt*; schlágen* *vt*.
шмат, ~óк Stück *n* (2) *(після числ. pl -)*; Bíssen *m* (7); Háppen *m* (7) *(чого-н. їстівного)*; **~óк** хлíба éine Schnítte [Schéibe] Brot; розби́ти на **~кй** zerstückeln *vt*, in Stücke zerschlágen*.
шматувáти zerréißen* *vt*.
шнíцель *кул.* Schnítzel *n* (6).
шнур Schnur *f* (3; **~óк** Schnur *f* (3); Lítze *f* (11); Schnürsenkel *m* (6) *(для черевиків)*; розв'язáти **~óк** den Schnürsenkel lösen.
шнурувáти schnüren *vt*.
шов Naht *f* (3); без шва náhtlos.
шовк Séide *f* (11) *(тканина)*; Séidenfaden *m* (7*) *(нитки)*; штýчний ~ Kúnstseide *f*; **~óвий** séiden; aus Séide; Séiden≠; **~óва** тканйна Séidenstoff *m* (1).
шовкóвиця *бот.* (wéißer) Máulbeerbaum *m* (1*).
шóлом Heim *m* (1) Háube *f* (11).
шосé Chaussee [ʃɔˈseː] *f* (11).
шóст|ий der séchste; **~ого** чéрвня am séchsten Júni; den séchsten Júni *(на письмі)*; **~а** части́на ein Séchstel.
шофéр Kráftfahrer *m* (6), Fáhrer *m*; Chauffeur [ʃɔˈføːr] *m* (1); ~ таксí Táxifahrer *m* (6).
шпáга Dégen *m* (7).
шпагáт Bíndfaden *m* (7*).
шпак Star *m* (1); **~íвня** Stárkasten *m* (7*).
шпáла *залізн.* Schwélle *f* (11), Éisenbahnschwelle *f*.
шпалéра Tapéte *f* (11).
шпаргáлка *розм.* Spícker *m* (6), Spíckzettel *m* (6).
шпигувáти spioníeren *vi*, Spionáge [-ʒe] tréiben*.
шпигу́н Spión *m* (1); **~ка** Spiónin *f* (12); **~ство** Spionáge [-ʒə] *f*.
шпиль 1) Spítze *f* (11); Nádel *f* (11); 2) *мор.* Spill *n* (2).
шпи́лька *(для волосся)* Stécknadel *f* (11); Háarnadel *f*.
шпи́ця *(колеса)* Spéiche *f* (11), Rádspeiche *f*.
шпур|ля́ти, ~ну́ти schléudern *vt*, schméißen* *vt*, wérfen* *vt*.
шрам Schrámme *f* (11), Nárbe *f* (11).
шрифт Drúckschrift *f* (10); Schrift *f*; жи́рний ~ fétter Druck; готи́чний ~ gótische Schrift, Fraktúr *f* (10).
штаб *військ.* Stab *m* (1*); Háuptquartier *n* (2).
штаб-квартúра *військ.* Stábsquartier *n* (2).
штáнг|а 1) Stánge *f* (11); 2) *спорт.* Schéibenhantel *f* (11), Hántel *f*; Tórpfosten *m* (7) *(ворíт)*; **~íст** *спорт.* Gewíchtheber *m* (6).
штани́ Hóse *f* (11), Hósen *pl*.
штáпель Zéllwolle *f* (11); Stápelfaser *f* (11).
штат I *(постíйний склад співробітників)* Personálbestand *m* -(e)s; скорóчення **~ів** Stéllenplankürzung *f*.
штат II *(державно-територіальна одиниця в складі деяких федеративних держав)* Staat *m* (13); Сполу́чені Штáти Амéрики die Veréinigten Stáaten von Amérika.
штáтн|ий: etatmäßig [eˈtaː-], háuptamtlich, háuptberuflich; **~а** посáда Plánstelle *f* (11); **~ий** викладáч féstangestellter Léhrer; **~ий** рóзпис Stéllenplan *m* (1*).
штахéти Gítter *n* (6).
штéмпель Stémpel *m* (6); Síegel *n* (6); поштóвий ~ Póststempel *m*.
штéпсель *ел.* Stécker *m* (6); Stöpsel *m* (6); Stéckdose *f* (11) *(розетка)*.
штик *військ.* Bajonétt *n* (2); Séitengewehr *n* (2).
штовх|áти, ~ну́ти stóßen* *vt*; drängen *vt*; **~ну́ти** когó-. j-n ánstoßen*; j-m éinen Stoß versétzen; ◊ **~áти** на злóчин zu éinem Ver-

bréchen áufstacheln; ~áтися drängen vi, (einánder) stóßen* vt, sich stóßen*.

штóр|а Vórhang m (1*); Róllo n -s, -s; спустúти ~и die Vórhänge herúnterlassen*.

шторм Sturm m (1*), Stúrmwind m -(e)s.

штраф Géldstrafe f (11); **~нúй** Straf≠; ~нá площáдка *спорт*. Stráfraum m (1*); ~нúй удáр *спорт*. Stráfstoß m (1*); **~увáти** éine Géldstrafe áuferlegen (когó-н. D).

штрих Strich m (1); *перен*. Zug m (1*).

штýк|а 1) Stück n (2); п'ять ~ fünf Stück; 2) *розм*. *(витівка)* Streich m (1); утнýти ~у ein Ding dréhen.

штукатýр Stúckarbeiter m (6); Pútzer m (6); **~ити** verpútzen vt, mit Stuck bewérfen*; **~ка** Stuck m -(e)s, Putz m -es; суxá ~ка Trókkenputz m.

штурвáл Hándrad n (5); *мор., ав.* Stéuerrad n.

штурм Sturm m (1*), Stúrmangriff m (1).

штýрман *мор., ав.* Stéuermann m (4) (*pl тж.* -leute); Pilót m (8).

штурмувáти stürmen vt, erstürmen vt *(тж перен.)*.

штýчний I *(окремий предмет)*: ~ товáр Stückware f *(11)*.

штýчн|ий II *(зроблений рукою людину)* künstlich, Kunst≠, Ersátz≠; falsch *(підроблений)*; ~і квíти künstliche Blúmen.

шýба Pelz m (1), Pélzmantel m (6*).

шукá|ти súchen vt; **~ч** Súcher m (6); ~ч пригóд Ábenteurer m (6).

шум Lärm m -(e)s; Geräusch n (2); ~ вíтру [хвиль] Bráusen [Ráuschen] des Wíndes [der Wéllen]; **~íти** lärmen vi, Lärm máchen; ráuschen vi *(про листя)*; póltern vi *(стукати)*.

шýмний lärmend, geräuschvoll; laut.

шýрин Schwáger m (6*) *(Bruder der Ehefrau)*.

шурýп *тех.* Schráube f (11); Hólzschraube f.

шýрхіт *розм.* Geräusch n (2); Ráuschen n -s.

шухля́да Schúblade f *(11)*, Schúbfach n (5).

шхýна *мор.* Schóner m (6).

шш! *виг.* pst!; schsch!, léise!

Щ

щабéль Quérbalken m (7), Quérriegel m (6).

щавéль *бот.* Sáuerampfer m -s.

щадúти (ver)schónen vt; náchsichtig sein (когó-н. gégen A); не ~ своїх сил kéine Mühe schéuen.

щаслúв|ий glücklich; ~oï дорóги! glücklihe Réise!

щастúт|и *безос.*: йомý **~ь** er hat Glück, ihm lacht das Glück; йомý не ~ь er hat Pech; er hat kein Glück.

щáстя Glück n -(e)s; ◊ на ~ glücklicherweise; zum Glück; на моє́ ~ zu méinem Glück; спрóбувати ~ das Glück versúchen.

ще 1) *(до цього часу)* noch; все ~ noch ímmer; 2) *(вже)* schon; ~ дитúною schon als Kind; 3) *(додатково)* noch; ~ і ~ noch und noch; (ímmer und) ímmer weider; ◊ ~ б (пак)! und ob!, natürlich!; що ~? was noch?, (na) und?

щéбінь Schótter m (6).

щéдрий 1) fréigebig, großzügig; 2) *(багатий на що-н.)* reich (an D); áusgiebig.

щезáти, щéзнути 1) verschwínden* vi (s); 2) *(загубитися)* verlórengehen* *відокр.* vi (s).

щéлепа 1) Kíefer m (6); вéрхня ~ Óberkiefer m; нúжня ~ Únterkiefer m; 2) *(зубний протез)* Gebíß n -sses, -sse.

щем|íти: ~úть моє́ сéрце es ist mir schwer ums Herz.

щенúтися Júnge wérfen*.

щеня́ 1) Hündchen n (7), júnger Hund; 2) *лайл.* Grünschnabel m (6*).

щетúн|а Bórsten *pl*; *перен. тж.* bórstiges Haar; **~истий** bórstig.

щúпці Zánge f (11); ~ для горíхів Núßknacker m (6); ~ для цýкру Zúkkerzange f.

щúр|ий áufrichtig; óffen(hérzig); ínnig, hérzlich *(сердечний)*; ~ий друг Hérzensfreund m (1); **~íсть** Hérzlichkeit f, Wärme f.

щит 1) *іст.* Schild m (1); 2) Schútzbrett n (5), Schnéeschutz m

(по секрету); ~ на вýхо ins Ohr flüstern.

шерстян|ий wóllen, Woll≠; ~ий матеріáл Wóllstoff *m* (1).

шерсть 1) *(волосяний покрив тварин)* Haar *n* (2), Fell *n* (2); 2) Wólle *f*; Wóllgarn *n* (2) *(пряжа)*; 3) *(шерстяна тканина)* Wóllstoff *m* (1).

шеф 1) *(начальник)* Chef [ʃɛf] *m* -s, -s, Vórgesetzte *m* (14); 2) *(особа чи організація, яка здійснює шефство)* Páte *m* (9), Pátenorganisation *f* (10); **~ство** Betréuung *f*, Pátenschaft ; взя́ти ~ство над чим-н. die Pátenschaft über etw. *(A)* übernéhmen*.

ши́бка Fénsterglas *n* (5).

шикувáтися *військ.* ántreten* *vi* (s); sich áufstellen; sich formíeren; шикýйся! *(команда)* ángetreten!, ántreten!

ши́л|о Áhle *f* (11), Pfriem *m* (1); ◊ ~а в мішкý не сховáєш die Wáhrheit kommt (doch) an den Tag.

ши́на 1) Rádreifen *m* (7), Réifen *m*; 2) *мед.* Schíene *f* (11).

шинéль Mántel *m* (6*); солдáтська ~ Soldátenmantel *m*.

шипí|ння Zíschen *n* -s, Brútzeln *n*; Gezísch(e) *n* -(e)s; Súrren *n* -s; **~ти** zíschen *vi*, brútzeln *vi* *(про масло)*; fáuchen *vi* *(про кішку)*.

шипля́чий 1) zischend; Zisch≠; 2) *у знач. ім. лінгв.* Zischlaut *m* (1).

шипши́н|а *бот.* Héckenrose *f* (11), Dórnrose *f*, wílde Róse; плід ~и Hágebutte *f* (11).

ширинá Bréite *f*, Wéite *f*.

ши́рм|а Schírmwand *f* (3); ◊ служи́ти ~ою комý-н. *перен.* j-m als Déckmantel díenen.

ширóк|ий *тж перен.* breit, weit; ~і плáни wéitgehende Pläne; ~і мáси die bréiten Mássen; ◊ жи́ти на ~у нóгу auf großem Fúße lében.

широт|á 1) Bréite *f*, Wéite *f*; 2) *геогр.* Bréite *f*; грáдус ~и́ Bréitengrad *m* (1); двадця́тий грáдус півні́чної ~и́ der zwánzigste Grad nördlicher Bréite.

ши́ти nähen *vt, vi*; schnéidern *vt*; ~ на маши́ні mit der Maschíne nähen.

шифр Chifre [ˈgifər] *f* (11), Gehéimschrift *f* (10); ~ кни́ги die Signatúr des Búches; **~увáти** chiffrieren [gi-] *vt;* verschlüsseln *vt*.

ши́шка *бот.* Zápfen *m* (7); яли́нова ~ Tánnenzapfen *m*.

ши́я Hals *m* (1*).

шістнáдцять séchzehn.

шістдеся́т séchzig; рóків ~ an die séchzig, um die séchzig.

шість sechs.

шкаралýпа Schále *f* (11).

шкарпéтка Sócke *f* (11).

шкатýлка Schmúckkästchen *n* (7); Géldkästchen *n*; Schatúlle *f* (11).

шкере́бéрть *розм.* verkéhrt; kopfüber; schief und krumm.

шкідли́в|ий schädlich, schádenbringend; ~а зви́чка éine schädliche Gewóhnheit; **~ість** Schädlichkeit *f*.

шкідни́|к 1) Schädling *m* (1); Saboteur [-ˈtøːr] *m* (1); 2) *с. г.* Schädling *m* (1); **~цтво** Schädlingsarbeit *f*, Schädlingstätigkeit *f*; Sabotáge [-ʒə] *f*.

шкíльн|ий Schul-; schúlisch; ~і рóки Schúljahre *pl*; ~ий товáриш Schúlfreund *m* (1), Schúlkamerad *m*; дити́на ~óго вíку ein Kind im Schúlalter.

шкíра 1) Haut *f* (3); 2) *(вичинена)* Léder *n* (6); штýчна ~ Kúnstleder *n*; ◊ гýсяча ~ Gänsehaut *f*.

шкíрн|ий *мед.* Haut≠; ~і захвóрювання Háutkrankheiten *pl*.

шкíрян|ий lédern, Léder-; ~á кýртка Léderjacke *f* (11).

шкóд|а Scháden *m* (7*); Náchteil *m* (1) *(збиток)*; завдáти ~и комý-н. j-m Scháden zúfügen [verúrsachen].

шкодá *предик. безос.* schádе, es ist bedáuerlich, es tut (mir) leid; менí йогó ~ er tut mir leid, er dáuert mich.

шкóдити scháden *vi*, schädigen *vt*, Scháden bríngen*.

шкодувáти 1) *(берегти)* schónen *vt*; ~ здорóв'я die Gesúndheit schónen; 2) *(журитися)* bedáuern *vt*, beréuen *vt*.

шкóл|а Schúle *f* (11); Schúlgebäude *n* (6), Schúlhaus *n* (5) *(будинок)*; ви́ща ~а Hóchschule *f*; серéдня ~а Míttelschule *f*; Óberschule *f* *(у НДР)*; початкóв ~а Elementárschule *f*; Grúndschule *f*; ~а-інтернáт Internátsschule *f*; ходи́ти до ~и zur [in die] Schúle géhen*, die Schúle besúchen; закíнчи́ти ~у die Schúle ábschließen* [absolvíeren]; працювáти у ~і an éiner Schúle wírken [árbeiten]; ◊ він пройшóв дóбру ~у *перен.* er hat éine gúte Schúle dúrchgemacht.

es *(від снігових заметів на залізниці)*; 3) *ел.* Scháltbrett *(розподільний)*.

щілина 1) Spálte *f* (11); Spalt *m* (1); Rítze *f* (11); голосова́ ~ *анат.* Stímmritze *f*; 2) *(вузький і глибокий рів для укриття людей)* Déckungsgraben *m* (7*); Splítter(schutz)graben *m*.

щільн|ий dicht; eng; ~о обляга́ти eng ánliegen* *(про одяг)*.

щітк|а Bürste *f* (11); зубна́ ~а Záhnbürste *f*; ~а для воло́сся Háarbürste *f*; ~а для о́дягу Kléiderbürste *f*; почи́стити ~ою (áb)bürsten *vt*.

що I *займ.* 1) *(пит.)* was; ~ ви ка́жете? was ságen Sie?; ~ роби́ти? was tun?, was ist zu máchen?; ~ це (таке́)? was ist das?; що? wie, bitte?; 2) *(віднос.)* was; der (*f* die, *n* das, *pl* die) *(який)*; ді́вчина, ~ там тої́ть ... das Mädchen, das dort steht...; я не зна́ю, ~ він сказа́в ich weiß nicht, was er ságte; те, ~ (das), was; ◊ ~ за was für; ~ це за кни́га? was für ein Buch ist es?; ні за́ ~ um kéinen Preis; um nichts in der Welt; ні за ~, ні про ~ mir nichts, dir nichts; ~ з ва́ми? was fehlt Íhnen?; ні за ~! kéine Úrsache!; він знає ~ до чо́го er verstéht séine Sáche.

що II *спол.* daß; ка́жуть, ~... man sagt, daß ... .

щоб 1) daß; я хо́чу, ~ ти це зрозумі́в ich will, daß du das verstéhst; 2) *(для того, щоб)* damít; um ... zu; за́мість то́го, ~ anstátt zu.

що́гл|а *мор.* Mast *m* (1, 13), Mástbaum *m* (1*); **~ови́й** Mast≠; ~ови́й ліс Mástholz *n* -es.

щогоди́нний stündlich.

щоде́нн|ий 1) täglich, Táges≠; ~а газе́та Tágeszeitung *f* (10); 2) *(звичайний, повсякденний)* alltäglich; ~і турбо́ти Álltagssorgen *pl*.

щоде́нник Tágebuch *n* (5); шкільни́й ~ Háusaufgabenheft *n* (2); вести́ ~ ein Tágebuch führen.

щоде́нно, щодня́ tágtäglich.

що́до: ~ ме́не was mich betrífft, von mir aus.

що́йно ében erst; ében (geráde); я ~ прийшо́в ich bin ében erst gekómmen.

що|ка́ Wánge *f* (11), Bácke *f* (11); уда́рити по ~ці́ j-m éine Óhrfeige gében*.

щомі́ся|ця jéden Mónat, mónatlich; **~чний** (áll)mónatlich, Mónats≠.

що-не́будь étwas; írgend étwas.

щоно́чі jéde Nacht.

щорі́чний jährlich, alljährlich, Jáhres≠; ~ звіт Jáhresbericht *m* (1).

щотижне́в|ий (áll)wöchentlich; Wóchen≠, wöchentlich; **~ик** Wóchenschrift *f* (10).

щохвили́ни jéden Áugenblick.

щу́ка Hecht *m* (1).

щу́плий schmächtig.

щур Rátte *f* (1).

Ю

ювелі́р Juwelíer *m* (1); **~ний** Juwelíer≠, Juwélen≠, Schmuck≠; ~ний магази́н Juwelíerladen *m* (7*); ~не мисте́цтво Juwelíerkunst *f*; ~ні ви́роби Schmúckwaren *pl*.

ювіле́й Jubilä|um *n* -s, -lä|en; двадцятип'ятирі́чний ~ das fünfundzwanzigjährige Jubilä|um; сторі́чний ~ Húndertjahrfeier *f*; святкува́ти ~ ein Jubilä|um féiern [begéhen*]; **~ний** Júbel≠, Jubilä|ums≠; ~ні свя́та Jubilä|umsfeierlichkeiten *pl*.

юна́|к júnger Búrsche; júnger Mann; **~цтво** *(молодь)* Júgend *f*, júnge Léute; **~цький** Júgend≠; júgendlich.

юнга Schíffsjunge *m* (9).

ю́ний jung, júgendlich.

юнна́ти (ю́ні натуралі́сти) júnge Natúrforscher *pl*.

юрб|а́ Ménge *f* (11); Ménschenhaufen *m* (7); **~о́ю** in Mássen, in Schären; schärenweise.

юриди́чн|ий jurístisch, Rechts≠; ~ий факульте́т die jurístische Fakultät; ~і нау́ки Réchtswissenschaften *pl*.

юриспруде́нція Jurisprudénz *f*, Réchtswissenschaft *f*.

юри́ст Juríst *m* (8).

ю́рта Júrte *f* (11), (rúndes) Fílzzelt *n* (2).

юсти́ція Justíz *f*, Réchtspflege *f*.

ю́шка Súppe *f* (11); Físchsuppe *f* *(з риби)*.

Я

я ich (*G* meiner, *D* mir, *A* mich); це я das bin ich; ich bin's!

я́блук|о Ápfel *m* (6*); ◊ о́чне ~о *анат.* Áugapfel *m*; ~у ні́де впа́сти ≅ hier ist für kéine Stécknadel mehr Platz; ~о від я́блуні недале́ко па́дає ≅ wie der Baum, so die Frucht.

я́блуня Ápfelbaum *m* (1*); ди́ка ~ Hólzapfelbaum *m*.

я́блучний: ~ пирі́г Ápfelkuchen *m* (7); Strúdel *m* (6).

я́вище Erschéinung *f* (10); ~ приро́ди Natúrerscheinung *f*; типо́ве ~ éine týpische Erschéinung.

я́вір *бот.* Bérgahorn *m* -e(s).

я́вка 1) *(до суду тощо)* Erschéinen *n* -s; ~ обов'язко́ва Erschéinen ist Pflicht; 2) *(місце конспіративної зустрічі)* Treff *m* -s, -s, Ánlaufstelle *f* (11).

я́вний offensíchtlich, áugenscheinlich; óffenbar; klar.

я́гідний: ~ сік Béerensaft *m* (1*).

ягни́тися lámmen *vi*.

ягня́, ~тко Lamm *n* (5) *(тж перен.— про тиху людину)*.

я́год|а Béere *f* (11); ◊ це одного́ по́ля ~и ≅ sie sind von éinem Schláge.

я́дерн|ий Kern≠, nukleár; ~а фі́зика Kérnphysik *f*; ~е па́ливо Kérntreibstoff *m* -(e)s; ~а війна́ Kérnwaffenkrieg *m* (1); nukleárer Krieg; ~а збро́я Kérnwaffe *f* (11).

ядро́ 1) Kern *m* (1); ~ горі́ха Núßkern *m*; ~ а́тома Atómkern *m*; 2) *перен.* Kern *m* -(e)s, Háuptkern *m*; 3) *спорт.* Kúgel *f* (11).

яє́чня Éierkuchen *m* (7), Omelétte *f* (11).

язи́к 1) *анат.* Zúnge *f* (11); 2) *(полонений)* Gefángene *m* (14) *(der Aussagen machen kann)*; діста́ти ~а́ éinen Gefángenen éinbringen*; ◊ злий ~ éine böse Zúnge, Gíftzunge *f*; у нього до́бре підві́шений ~ *розм.* er ist flink mit der Zúnge; держа́ти ~ за зуба́ми die Zúnge im Zaum hálten*; den Schnábel hálten* *(розм.)*; ~ до Києва доведе́ ≅ mit Frágen kommt man durch die Welt; це сло́во кру́титься в ме́не на язиці́ das Wort liegt [schwebt] mir auf der Zúnge.

язичко́вий 1) *анат., лінгв.* Zäpfchen≠; 2) *муз.:* ~ інструме́нт Zúngeninstrument *n* (2).

язичо́к 1) (kléine) Zúnge *f* (11), Zünglein *n* (7); 2) *анат.* Zäpfchen *n* (7); 3) *муз.* Zúnge *f* (11).

яйц|е́ Ei *n* (5); ◊ це ви́їденого ~я́ не варт *розм.* das ist nicht ein áusgeblasenes Ei wert.

як I *зоол.* Jak *m* -s, -s.

як II *присл., спол.* wie, was; als; ~ він вигляда́є? wie sieht er aus?; ~ ви сказа́ли? wie bítte?; ~ до́вго? wie lánge?; ~ га́рно! wie schön!; ◊ ~ би не wie auch ímmer; ~ би він не працюва́в wie er auch árbeitet [árbeiten möge]; ~ відо́мо bekánntlich; ~ мо́жна шви́дше so bald wie möglich; в той час ~ wáhrend; перед тим ~ bevór, éhe; пі́сля то́го ~ nachdém.

якби́ wenn, falls; ~ не дощ... wenn nicht der Régen (gewésen) wäre...

як|и́й *займ.* 1) *(пит.)* welch; wélcher; was für ein *(котрий з, що за)*; 2) *(означ.)* welch; was für ein, welch ein; ~а́ га́рна кві́тка! welch [was für éine] schöne Blúme!; 3) *(віднос.)* wie; ~и́м чи́ном? wie?, auf wélche Wéise?

яки́й-небу́дь írgendein; belíebig, der érste béste.

я́кір *мор., тех.* Ánker *m* (6); ки́дати ~ den Ánker áuswerfen*; стоя́ти на я́корі vor Ánker líegen*; зніма́тися з я́коря den Ánker lichten.

я́кісний qualitaiv, Qualitäts≠.

я́кість Qualität *f* (10); Bescháffenheit *f*; Güte *f*; Éigenschaft *f* (10) низька́ ~ níedrige Qualität, zwéit Wahl; висо́ка ~ hóhe Qualitä érste Wahl; ви́ща ~ Spítzer qualität *f*.

як-не́будь 1) írgendwie, auf í gendéine Wéise; 2) *(недбало* flüchtig, óberflächlich.

якщо́ wenn, falls.

яли́н|а Fichte *f* (11); Tánne (11); **~ка** 1) *(святкова)* Né jahrsbaum *m* (1*), Néujahrstann (11) *(новорічна)*; 2) *(свято)* Wé nachtsfeier *f* (11); Néujahrsfeie *(в Україні)*.

я́ловичина Rìndfleisch *n* -es.

я́м|а Grúbe *f* (11); ◊ пові́тря ~а *ав.* Lúftloch *n* (5); копа́

комý-н. ~у *розм.* j-m éine Grúbe gráben*.
янтáр Bérnstein *m* -s.
япóнець Japáner *m* (6).
япóнський japánisch.
яр stéiler Ábhang; tíefe Schlucht.
яринá *с. г.* Sómmergetreide *n* -s, Sómmerkorn *n* -(e)s, Sómmersaaten *pl.*
ярлúк Etikétt *n* (2), Etikétte *f* (11); Áufschrift *f* (10); Préisschild *n* (5).
ярмарок Jáhrmarkt *m* (1*), Mésse *f* (11); ~ зразків Mústermesse *f*.
ярмó Joch *n* (2); *перен. тж.* Last *f*; скúнути ~ das Joch ábschütteln.
ярус 1) *театр.* Rang *m* (1*); 2) *геол.* Láge *f* (11); Schicht *f* (10), Stock *m* (1*).
ясен *бот.* Ésche *f* (11).
яскрáвий 1) grell; hell; lébhaft, fárbenfroh, léuchtend *(про колір)*; 2) *перен.* markánt, prägnánt; hervórragend *(видатний)*; ~ прúклад ein schlágendes Béispiel.
ясла 1) *(дитячі)* Kínderkrippe *f* (11), Krípрe *f*; 2) *(для худоби)* Krípрe *f* (11), Fútterkrippe *f*.
ясн|ий 1) klar; ~é нéбо klárer Hímmel; ~á погóда héiteres Wétter; 2) *(зрозумілий; чіткий)* déutlich, klar; 3) *(очевидний)* klar, áugenscheinlich; **~ість** Klárheit *f*; Déutlichkeit *f*; внестú ~ість Klárheit schäffen, áufklären *vt*.
яструб Hábicht *m* (1).
ятрúти: ~ старý рáну in éiner álten Wúnde wühlen; éine álte Wúnde áufreißen*.
яхта Jacht *f* (10).
ячмíнь 1) *бот.* Gérste *f*; 2) *(на оці)* Gérstenkorn *n* (5).
ящик 1) Kásten *m* (7); Kíste *f* (11); 2) *(що висувається)* Schúblade *f* (11), Schúbfach *n* (5), Schúbkasten *m* (7); ◊ відкладáти що-н. у дóвгий ~ = etw. auf die lánge Bank schíeben*.
ящірка Éidechse *f* (11).

Я

ГЕОГРАФІЧНІ НАЗВИ

Австра́лія Austráli|en *n* -s.
А́встрія Österreich *n* -s.
Адріати́чне мо́ре das Adriátische Meer.
Азербайджа́н Aserbaidshán *n* -s.
А́зія Ási|en *n* -s.
Азо́вське мо́ре das Asówsche Meer.
Алба́нія Albáni|en *n* -s.
Алеу́тські острови́ die Aleúten.
Алжі́р 1) *(держава)* Algéri|en *n* -s; 2) *(місто)* Algier [ˈalʒiːr] *n* -s.
А́льпи die Álpen.
Аля́ска Aláska *n* -s.
Аме́рика Amérika *n* -s.
Амстерда́м *м.* Amsterdám *n* -s.
Аму́р *р.* der Amúr -s.
А́нглія Éngland *n* -s.
Антаркти́да die Antárktika.
Анта́рктика die Antárktis.
Апенні́ни die Apennínen, der Apennín -s.
Ара́бська Респу́бліка Єги́пет die Arábische Republík Ägýpten.
Араві́йський піво́стрів Arábi|en *n* -s.
Ара́льське мо́ре der Áralsee.
Арара́т der Ararat -s.
Аргенті́на Argentíni|en *n* -s.
А́рктика die Árktis.
Арте́к der Arték -s.
Атланти́чний океа́н der Atlántische Ózean, der Atlántik -s.
Афі́ни *м.* Athén *n* -s.
А́фрика Áfrika *n* -s.
Ашхаба́д *м.* Aschchabád *n* -s.

Бава́рія *(земля в ФРН)* Báyern *n* -s.
Багда́д *м.* Bágdad *n* -s.
Байка́л *оз.* der Baikálsee.
Баку́ *м.* Bakú *n* -s.
Балка́ни der Bálkan -s.
Балті́йське мо́ре die Óstsee, das Báltische Meer.
Бангладе́ш Bangladésh *n* -.
Ба́ренцове мо́ре die Bárentssee.
Бейру́т *м.* Beirút *n* -s.
Бе́льгія Bélgi|en *n* -s.
Бе́рінгове мо́ре das Béringmeer.
Бе́рінгова прото́ка die Béringstraße.
Берлі́н *м.* Berlín *n* -s.
Белгра́д *м.* Bélgrad *n* -s.
Бі́ле мо́ре das Wéiße Meer.
Білору́сія Bélorußland *n* -s.
Бі́рма Búrma, Bírma *n* -s.
Болга́рія Bulgári|en *n* -s.
Бонн *м.* Bonn *n* -s.
Босфо́р der Bósporus.
Брази́лія *м.* Brasília *n* -s.
Брази́лія *(держава)* Brasíli|en *n* -s.
Брюссе́ль *м.* Brüssel *n* -s.
Будапе́шт *м.* Búdapest *n* -s.
Буе́нос-А́йрес *м.* Buénos Áires *n* -s.
Бухаре́ст *м.* Búkarest *n* -s.
Бухенва́льд Búchenwald *n* -s.

Вавіло́н *іст.* Bábylon *n* -s.
Варша́ва *м.* Wárschau *n* -s.
Вашінгто́н *м.* Washington [ˈwɔʃiŋtən] *n* -s.
Везу́вій der Vesúv [ve-] -s.
Ве́ймар *м.* Wéimar *n* -s.
Великобрита́нія Großbritánni|en *n* -s.
Вене́ція *м.* Venédig [ve-] *n* -s.
В'єтна́м Vietnám [viɛt-] *n* -s.
Ві́день *м.* Wien *n* -s.
Ві́льнюс *м.* Vílnius [vil-] *n* -s.
Вірме́нія Arméni|en *n* -s.
Во́лга *р.* die Wólga.

Гаа́га *м.* Den Haag.
Гава́на *м.* Havanna [-ˈva-] *n* -s, Habana [aˈba:-] *n* -s.
Га́мбург *м.* Hámburg *n* -s.
Га́на Ghana [ˈga:-] *n* -s.
Гарц *(гірський масив)* der Harz -es.
Гібралта́р Gibráltar *n* -s.
Гімала́ї der Himálaja -s.
Гла́зго *м.* Glasgow [ˈgla:sgo] *n* -s.
Голла́ндія Hólland *n* -s.
Гольфстрі́м der Gólfstrom -s.
Гонко́нг *м.* Hóngkong *n* -s.
Гренла́ндія Grönland *n* -s.
Гре́ція Gríechenland *n* -s.

Грінвіч *m.* Greenwich ['gri:nítʃ] *n* -s.
Грýзія Geórgi¦en *n* -s, Grúsi¦en *n* -s.

Дамáск *м.* Damáskus *n* -s.
Дáнія Dänemark *n* -s.
Дéлі *м.* Délhi *n* -s.
Афганістáн Afghanistán.
Дніпрó *р.* der Dnepr -s.
Донбáс Donbáss *m, n* - (Dónezbecken *n* -s).
Дрéзден *м.* Drésden *n* -s.
Дунáй *р.* die Dónau.
Дюссельдорф *м.* Düsseldorf *n* -s.

Еквадóр Ecuadór, Ekuadór *n* -s.
Éльба *р.* die Élbe.
Ельбрýс der Élbrus -.
Éрфурт *м.* Érfurt *n* -s.
Естóнія Éstland *n* -s.
Ефіóпія Äthiópi¦en *n* -s.

Єврóпа Európa *n* -s.
Єгúпет Ägýpten *n* -s; *див.* Арáбська Респýбліка Єгúпет.
Єнісéй *р.* der Jenissei [-'sjei] -s.
Єревáн *м.* Jerewán *n* -s.

Женéва *м.* Genf *n* -s.
Жóвте мóре das Gélbe Meer.

Зуль *м.* Suhl *n* -s.

Ізрáїль Ísrael *n* -s.
Індíйський океáн der Índische Ózean.
Íндія Indi¦en *n* -s.
Індокитáйський пíвóстрів Hínterindi¦en *n* -s.
Індонéзія Indonési¦en *n* -s.
Ірáк Irák *m з артиклем G* -, *i* -s, *без артикля G* -s.
Ірáн Irán *m з артиклем G* - *i* -s, *без артикля G* -s.
Ірлáндія Írland *n* -s.
Ісландія Ísland *n* -s.
Іспáнія Spáni¦en *n* -s.
Ітáлія Itáli¦en *n* -s.

Йéменська Арáбська Респýбліка die Jemenítische Arábische Republik.

Кабýл *м.* Kabúl *n* -s.
Кавкáз der Káukasus -.
Казахстáн Kasachstán *n* -s.
Казбéк der Kasbék -s.
Каїр *м.* Káiro *n* -s.
Кампучія Kampúchea [-tʃija] *n* -s.
Камчáтка *п-ів* Kamtschátka *n* -s.
Канáда Kánada *n* -s.
Карíбське мóре das Karíbische Meer, die Karíbische See.
Карпáти die Karpáten.
Кáрське мóре die Kárasee.
Карфагéн *іст.* Karthágo *n* -s.
Каспíйське мóре das Káspische Meer, die Káspisee.
Кéйптаун *м.* Kápstadt *n* -s.
Кельн *м.* Köln *n* -s.
Кéмбрідж *м.* Cambridge ['ke:mbritʃ] *n* -s.
Київ *м.* Kí¦ew *n* -s.
Киргúзія Kirgísi¦en *n* -s.
Китáй Chína *n* -s; **Китáйська Нарóдна Респýбліка** die Vólksrepublik Chína.
Кіпр *(о-в і держава)* Zýpern *n* -s.
Кóнго 1) *(річка)* Kóngo *m* - *i* -s; 2) *(держава)* Kóngo *n* -s.
Копенгáген *м.* Kopenhágen *n* -s.
Корéйська Нарóдно-Демократúчна Респýбліка (КНДР) Koreánische Vólksdemokratische Republik (KVDR).
Кóтбус *м.* Cóttbus *n* -s.
Кріт *о-в* Kréta *n* -s.
Крим die Krim.
Кýба *(о-в і держава)* Kúba, Gúba *n* -s.
Курúльські островú die Kurílen.

Лáдозьке óзеро der Ládogasee.
Ла-Мáнш der Ärmelkanal -s, der Kanál.
Лаóс Láos *n* -.
Лáтвія Léttland *n* -s.
Латúнська Амéрика Latéinamerika *n* -s.
Лéйпціг *м.* Léipzig *n* -s.
Литвá Lítauen *n* -s.
Лівáн *(держава)* Libanon *m з артиклем G -i -s, без артикля G -s.*
Лíвія Líbyen *n* -s.
Лóндон *м.* Lóndon *n* -s.
Лотарíнгія Lóthringen *n* -s.
Люксембýрг *(місто і держава)* Lúxemburg *n* -s.
Львів Lwiw *n* -s.

Мáгдебург *м.* Mágdeburg *n* -s.
Мадагаскáр *(острів і держава)* Madagáskar *n* -s.
Мадрíд *м.* Madríd *n* -s.
Майдáнек Majdánek *n* -s.
Майн *р.* der Main -(e)s.
Малá Áзія *п-ів* Kléinasi¦en *n* -s.
Малáйзія Maláysia *n* -s.
Малí Máli *n* -s.
Марóкко Marókko *n* -s.
Марсéль *м.* Marseille [mar'sɛ:j] *n* -s.

Мéкленбург Mécklenburg *n* -s.
Мéксіка México *n* -s.
Мéльбурн *м.* Mélbourne [bərn] *n* -s.
Мéртве мóре das Tóte Meer.
Мéхіко *м.* México *n* -s.
Мілáн *м.* Máiland *n* -s.
Мінськ *м.* Minsk *n.*
Міссісíпі *р.* der Mississíppi *-i* -s.
Молдова Moldówi:en *n* -s.
Монгóлія die Mongoléi.
Москвá 1) *(місто)* Móskau *n* -s; 2) *(річка)* die Moskwá.
Мю́нхен *м.* München *n* -s.

Неáполь *м.* Neápel *n* -s.
Невá *р.* die Newá.
Нéман *р.* der Néman *- i* -s.
Нігéрія Nigéria *n* -s.
Нідерлáнди Níederlande *pl.*
Нікарáгуа Nikarágua *n* -s.
Ніл *р.* der Nil -s.
Німéччина *іст.* Déutschland *n* -s.
Новá Гвінéя *о-в* Neuguinéa [gi-] *n.*
Новá Зелáндія Neuséeland *n* -s.
Новá Землá *о-ви* Nówaja Semljá *n* -, -.
Нóвгород *м.* Nówgorod *n* -s.
Норвéгія Nórwegen *n* -s.
Нормáндія die Normandíe.
Нью-Йорк *м.* New York (nju:-'jɔrk] *n* -s.
Ньюфаундлéнд *о-в* Neufúndland *n* -s.
Нюрнберг *м.* Nürnberg *n* -s.

Óдер *р.* die Óder.
Одéса *м.* Odéssa *n* -s.
Óксфорд *м.* Óxford *n* -s.
Óльстер *м.* Ulster ['alster] *n* -s.
Онéзьке óзеро der Onégasee.
Освéнцім *м.* Áuschwitz *n* -.
Óсло *м.* Óslo *n* -s.
Оттáва *м.* Óttawa *n* -s.
Охóтське мóре das Ochótskische Meer.

Па-де-Калé *(протока)* die Stráße von Calais [ka'lɛ:].
Пакистáн Pákistan *n* -s.
Палестина Palästína *n* -s.
Памір der Pámir - ï -s.
Панáма *(держава і столиця)* Pánama *n* -s.
Панáмський канáл der Pánamakanal -s.
Парагвáй Paraguay]para'gŭai *n* -s.
Париж *м.* Paris *n* -'.
Пекін *м.* Péking *n* -s.
Персидська затóка der Pérsische Golf.
Перý Perú *n* -s.
Південно-Африкáнська Респýбліка die Republík Südafrika.
Півнíчна Амéрика Nórdamerika *n* -s.
Півнíчне мóре die Nórdsee.
Півнíчний Льодовитий океáн das Nördliche Éismeer, das Nórdpolarmeer.
Піренéї die Pyrenäen.
Пóльща Pólen *n* -s.
Португáлія Pórtugal *n* -s.
Пóтсдам *м.* Pótsdam *n* -s.
Прáга *м.* Prag *n* -s.
Пхеньян *м.* Pjöngjang [pjoeŋ-'jaŋ] *n* -s.

Рангýн *м.* Rangún *n* -s.
Рейн *р.* der Rhein -s.
Рига *м.* Ríga *n*-s.
Ризька затóка der Rígaer Méerbusen.
Рим *м.* Rom *n* -s.
Ріо-де-Жанéйро *м.* Rio de Janeiro [ri:o de ʒa'ne:ro] *n* -, -s.
Росія Rúßland *n* -s.
Рóсток *м.* Róstock *n* -s.
Рýдні гóри das Érzgebirge -s.
Румýнія Rumäni:en *n* -s.

Саксóнія Sáchsen *n* -s.
Саксóнська Швейцáрія die Sächsische Schweiz.
Сальвадóр El Salvadór [-va-] *n* -s.
Сантьяго *м.* Santiágo (de Chile) [-də'tʃi:le] *n* - (- -).
Саýдівська Арáвія Sáudi-Arábi:en, Saudiarábi:en *n* -s.
Сахалін *о-в* Sachalin *n* -s.
Сахáра die Sa:hára.
Середзéмне мóре das Mittelländische Meer, das Míttelmeer.
Сеýл *м.* Söul ['sø:ul] *n* -c.
Сибір Sibíri:en *n* -s.
Сідней *м.* Sydnej ['sidni] *n* -s.
Сілéзія Schlési:en *n* -s.
Сінгапýр *(місто і держава)* Síngapur *n* -s.
Сірія Sýri:en *n* -s; **Сірійська Арáбська Респýбліка** die Sýrische Arábische Republik.
Сіцілія *о-в* Sizíli:en *n* -s.
Скандінáвія, Скандінáвський півóстрів Skandináviːen [-v-] *n* -s.
Софія *м.* Sofia ['zo:-] *n* -s.
Сполýчені Штáти Амéрики (США) die Veréinigten Stáaten von Amérika, die USA.
Стамбýл *м.* Ístanbul *n* -s.
Стокгóльм *м.* Stóckholm *n* -s.
Судáн der Sudán -s.

Суéцький канáл der Súezkanal, der Súeskanal -s.

Таджикистáн Tadshikistán *n* -s.
Таїлáнд Tháiland *n* -s.
Тáллінн *м.* Tállinn *n* -s.
Ташкéнт *м.* Taschként *n* -s.
Тбілíсі *м.* Tbilíssi *n* -s.
Тегерáн *м.* Teheran ['te:həra:n] *n* -s.
Тúхий океáн der Pazífik, der Stílle Ózean.
Тібéт Tíbet *n* -s.
Тигр *р.* der Tígris -.
Тóкіо *м.* Tókio *n* -s.
Тунíс 1) *(держава)* Tunési:en *n* -s; 2) *(місто)* Túnis *n* -'.
Турéччина die Türkéi.
Туркменистáн Turkmenistán *n* -s.
Тюмéнь *м.* Tjumén *n* -s.
Тюрíнгія Thüringen *n* -s.
Тянь-Шáнь der Tiénschan -s *і* -.
Угáнда Ugánda *n* -s.
Угóрщина Úngarn *n* -s.
Узбекистáн Usbekistán *n* -s.
Україна die Ukráine.
Улáн-Бáтор *м.* Ulán-Bátor *n* -s.
Урáл 1) *(річка)* der Urál - *і* -s, der Urálfluß -sses; 2) *(гори)* der Urál - *і* -s, das Urálgebirge -s.
Уругвáй Uruguáy *n* -s.

Федератúвна Респýбліка Німéччини (ФРН) die Búndesrepublik Déutschland (BRD).
Філіппíни Philippínen *pl.*
Фінля́ндія Fínnland *n* -s.
Фíнська затóка der Fínnische Méerbusen.
Флорéнція *м.* Florénz.
Фрáнкфурт-на-Мáйні *м.* Fránkfurt am Main *n* -s, - -.
Фрáнкфурт-на-Óдері *м.* Fránkfurt an der Oder *n* -s, - -.
Фрáнція Fránkreich *n* -s.

Ханóй *м.* Hanói *n* -s.
Хáрків *м.* Chárkow *n* -s.
Хéльсінкі *м.* Hélsinki *n* -s.
Хіросíма *м.* Hiroschíma, Hiróshima [-ʃi-] *n* -s.
Хорвáтія Kroáti:en *n* -s.

Цейлóн *о-в* Ceylon ['tsaelɔn] *n* -s.
Цю́ріх *м.* Zürich *n* -s.

Чад 1) *(держава)* Tschad *n* -s; 2) *(озеро)* der Tschádsee, der Tschad - *і* -s.
Чóрне мóре das Schwárze Meer.
Чехословáччина die Tschechoslowakéi.
Чікáго *м.* Chicágo [ʃi-] *n* -s.
Чíлі Chíle ['tʃi:le] *n* -s.
Чукóтка, Чукóтський півóстрів Tschúktschenhalbinsel.
Чукóтське мóре die Tschúktschensee.

Шанхáй *м.* Schanghái *n* -s.
Швейцáрія die Schweiz.
Шверíн *м.* Schwerín *n* -s.
Швéція Schwéden *n* -s.
Шотлáндія Schóttland *n* -s.
Шрі Лáнка Sri Lánka *n* -, -s.
Штýтгарт *м.* Stúttgart *n* -s.

Югослáвія Jugosláwi:en *n* -s.

Ява *о-в* Djawa ['dʒá:-] *n* -s, Jáva [-va] *n* -s.
Якýтськ *м.* Jakútsk *n*.
Я́лта *м.* Jálta *n* -s.
Япóнія Jápan *n* -s.
Япóнське мóре das Japánische Meer.

ГРАМАТИЧНІ ТАБЛИЦІ

ТАБЛИЦІ ВІДМІНЮВАННЯ ІМЕННИКІВ

		sg	*pl*
1	*N*	der Stein	die Steine
	G	des Stein(e)s	der Steine
	D	dem Stein(e)	den Steinen
	A	den Stein	die Steine

Примітка:
тільки -es в *G sg* має напр.: Greis — Greises.

		sg	*pl*
1*	*N*	der Baum	die Bäume
	G	des Baum(e)s	der Bäume
	D	dem Baum(e)	den Bäumen
	A	den Baum	die Bäume

Примітка:
1) тільки -es в *G sg* мають напр.: Hals — Halses, Fuchs — Fuchses;
2) в *pl* a переходить в ä (Gäng — Gänge)
aa » » ä (Saal — Säle)
au » » äu (Baum — Bäume)
o » » ö (Hof — Höfe)
u » » ü (Hut — Hüte)

		sg	*pl*
2	*N*	das Werk	die Werke
	G	des Werk(e)s	der Werke
	D	dem Werk(e)	den Werken
	A	das Werk	die Werke

Примітка:
1) тільки -es в *G sg* мають напр.: Maß — Maßes, Roß — Rosses.
2) при короткому голосному ß у *G* та *D sg* і в *pl* переходить в ss; напр.: Roß — Rosses.

		sg	*pl*
3	*N*	die Hand	die Hände
	G	der Hand	der Hände
	D	der Hand	den Händen
	A	die Hand	die Hände

N die Kenntnis — die Kenntnisse

	sg	*pl*
N	die Kenntnis	die Kenntnisse
G	der Kenntnis	der Kenntnisse
D	der Kenntnis	den Kenntnissen
A	die Kenntnis	die Kenntnisse

Примітка:
1) у деяких словах в *pl*
a переходить в ä (Hand — Hände)
au » » äu (Maus — Mäuse)
o » » ö (Not — Nöte)
u » » ü (Brust — Brüste);
2) ß в *sg* переходить в ss в *pl*: Nuß — Nüsse;

3) глухому [s] в *sg* відповідає дзвінке [z] в *pl*: Maus — Mäuse;

4) слова, які закінчуються на -nis, мають в *pl* закінчення -nisse: Kenntnis — Kenntnisse.

	sg	*pl*
3* *N*	das Ergebnis	die Ergebnisse
G	des Ergebnisses	der Ergebnisse
D	dem Ergebnis	den Ergebnissen
A	das Ergebnis	die Ergebnisse

	sg	*pl*
4 *N*	der Mann	die Männer
G	des Mann(e)s	der Männer
D	dem Mann(e)	den Männern
A	den Mann	die Männer

Примітка:

1) тільки -es в *G sg* має слово Geist — Geistes;

2) в *pl* a переходить в ä (Mann — Männer)
au » » äu (Strauch — Sträucher)
o » » ö (Gott — Götter)
u » » ü (Wurm — Würmer)

	sg	*pl*
5 *N*	das Blatt	die Blätter
G	des Blatt(e)s	der Blätter
D	dem Blatt(e)	den Blättern
A	das Blatt	die Blätter
N	der Reichtum	die Reichtümer
G	des Reichtum(e)s	der Reichtümer
D	dem Reichtum(e)	den Reichtümern
A	den Reichtum	die Reichtümer

Примітка:

в *pl* a переходить в ä (Glas — Gläser)
au » » äu (Haus — Häuser)
o » » ö (Dorf — Dörfer)
u » » ü (Gut — Güter).

	sg	*pl*
6 *N*	der Begleiter	die Begleiter
G	des Begleiters	der Begleiter
D	dem Begleiter	den Begleitern
A	den Begleiter	die Begleiter
N	das Messer	die Messer
G	des Messers	der Messer
D	dem Messer	den Messern
A	das Messer	die Messer
N	der Onkel	die Onkel
G	des Onkels	der Onkel
D	dem Onkel	den Onkeln
A	den Onkel	die Onkel
N	das Rätsel	die Rätsel
G	des Rätsels	der Rätsel

	D	dem Rätsel	den Rätseln
	A	das Rätsel	die Rätsel
	N	das Geleise	die Geleise
	G	des Geleises	der Geleise
	D	dem Geleise	den Geleisen
	A	das Geleise	die Geleise

		sg	*pl*
6*	*N*	der Vater	die Väter
	G	des Vaters	der Väter
	D	dem Vater	den Vätern
	A	den Vater	die Väter
	N	das Kloster	die Klöster
	G	des Klosters	der Klöster
	D	dem Kloster	den Klöstern
	A	das Kloster	die Klöster

		sg	*pl*
7	*N*	das Mädchen	die Mädchen
	G	des Mädchens	der Mädchen
	D	dem Mädchen	den Mädchen
	A	das Mädchen	die Mädchen
	N	das Kindlein	die Kindlein
	G	des Kindleins	der Kindlein
	D	dem Kindlein	den Kindlein
	A	das Kindlein	die Kindlein
	N	der Wagen	die Wagen
	G	des Wagens	der Wagen
	D	dem Wagen	den Wagen
	A	den Wagen	die Wagen

		sg	*pl*
7*	*N*	der Laden	die Läden
	G	des Ladens	der Läden
	D	dem Laden	den Läden
	A	den Laden	die Läden
	N	der Ofen	die Öfen
	G	des Ofens	der Öfen
	D	dem Ofen	die Öfen
	A	den Ofen	die Öfen

Примітка:
в *pl* а переходить в ä (Laden — Läden)
о » » ö (Ofen — Öfen)

		sg	*pl*
8	*N*	der Herr	die Herren
	G	des Herren	der Herren
	D	dem Herren	den Herren
	A	den Herren	die Herren
	N	der Bauer	die Bauern
	G	des Bauern	der Bauern

		sg	pl
	D	dem Bauern	den Bauern
	A	den Bauern	die Bauern

		sg	pl
9	*N*	der Matrose	die Matrosen
	G	des Matrosen	der Matrosen
	D	dem Matrose	die Matrosen
	A	den Matrosen	die Matrosen

		sg	pl
10	*N*	die Tür	die Türen
	G	der Tür	der Türen
	D	der Tür	den Türen
	A	die Tür	die Türen

		sg	pl
11	*N*	die Gruppe	die Gruppen
	G	der Gruppe	der Gruppen
	D	der Gruppe	den Gruppen
	A	die Gruppe	die Gruppen
	N	die Klingel	die Klingeln
	G	der Klingel	der Klingeln
	D	der Klingel	den Klingeln
	A	die Klingel	die Klingeln

Примітка:

в словах, які закінчуються на -ie, в *pl* закінчення -en вимовляється роздільно від попереднього i: Harmonie — Harmoni|en.

		sg	pl
12	*N*	die Sängerin	die Sängerinnen
	G	der Sängerin	der Sängerinnen
	D	der Sängerin	den Sängerinnen
	A	die Sängerin	die Sängerinnen

		sg	pl
13	*N*	das Ohr	die Ohren
	G	des Ohr(e)s	der Ohren
	D	dem Ohr(e)	den Ohren
	A	das Ohr	die Ohren
	N	der Muskel	die Muskeln
	G	des Muskels	der Muskeln
	D	dem Muskel	den Muskeln
	A	den Muskel	die Muskeln

Примітка:

1) тільки -es в *G sg* має слово Schmerz — Schmerzes;

2) в *G sg* у слові Juwel **e** відсутнє — Juwels; *N pl* — Juwelen;

3) слова на -e та -el мають в *G sg* тільки -s і в *pl* тільки -*n*, напр.: Auge — Auges — Augen; Stachel — Stachels — Stacheln.

		sg	pl
14	*N*	der Blinde	die Blinden
	G	des Blinden	der Blinden

D	dem (der) Blinden	den Blinden
A	den Blinden (die Blinde)	die Blinden

N	ein	Blinder	Blinde
G	eine	Blinden	Blinder
D	einem	Blinden	Blinden
A	einen	Blinden	Blinde

N	eine	Blinder	Blinde
G	einer	Blinden	Blinder
D	einer	Blinden	Blinden
A	eine	Blinden	Blinde

15

	sg	*pl*
N	der Gedanke	die Gedanken
G	des Gedankens	der Gedanken
D	dem Gedanken	den Gedanken
A	den Gedanken	die Gedanken

	sg	*pl*
N	das Herz	die Herzen
G	des Herzens	der Herzen
D	dem Herzen	den Herzen
A	das Herz	die Herzen

СПИСОК ДІЄСЛІВ
СИЛЬНОЇ І НЕПРАВИЛЬНОЇ ДІЄВІДМІНИ

Infinitiv	*Präsens*	*Imperfekt*	*Partizip II*
backen	bäckt	buk	gebacken
befehlen	befiehlt	befahl	befohlen
beginnen	beginnt	begann	begonnen
beißen	beißt	biß	gebissen
bergen	birgt	barg	geborgen
bersten	birst	barst	geborsten
biegen	biegt	bog	gebogen
bieten	bietet	bot	geboten
binden	bindet	band	gebunden
bitten	bittet	bat	gebeten
blasen	bläst	blies	geblasen
bleiben	bleibt	blieb	geblieben
braten	brät	breit	gebraten
brechen	bricht	brach	gebrochen
brennen	brennt	brannte	gebrannt
bringen	bringt	brachte	gebracht
denken	denkt	dachte	gedacht
dreschen	drischt	drosch (drasch)	gedroschen
dringen	dringt	drang	gedrungen
dürfen	darf	durfte	gedurft
empfehlen	empfiehlt	empfahl	empfohlen
erbleichen	erbleicht	erbleichte (erblich)	erbleicht (erblichen)
essen	ißt	aß	gegessen
fahren	fährt	fuhr	gefahren
fallen	fällt	fiel	gefallen
fangen	fängt	fing	gefangen
finden	findet	fand	gefunden
flechten	flicht	flocht	geflochten
fliegen	fliegt	flog	geflogen
fliehen	flieht	floh	geflohen
fließen	fließt	floß	geflossen
fressen	frißt	fraß	gefressen
frieren	friert	fror	gefroren
gebären	gebiert	gebar	geboren
geben	gibt	gab	gegeben
gehen	geht	ging	gegangen
gelingen	gelingt	gelang	gelungen
genesen	genest	genas	genesen
genießen	genießt	genoß	genossen
geschehen	geschieht	geschah	geschehen
gewinnen	gewinnt	gewann	gewonnen
gießen	gießt	goß	gegossen
gleichen	gleicht	glich	geglichen
graben	gräbt	grub	gegraben
reifen	greift	griff	gegriffen
aben	hat	hatte	gehabt
alten	hält	hielt	gehalten
ängen	hängt	hing	gehangen
auen	haut	hieb (haute)	gehauen
eben	hebt	hob	gehoben
eißen	heißt	hieß	geheißen
elfen	hilft	half	geholfen
ennen	kennt	kannte	gekannt

Продовження

Infinitiv	*Präsens*	*Imperfekt*	*Partizip II*
klingen	klingt	klang	geklungen
kneifen	kneift	kniff	gekniffen
kommen	kommt	kam	gekommen
können	kann	konnte	gekonnt
kriechen	kriecht	kroch	gekrochen
laden	lädt (ladet)	lud	geladen
lassen	läßt	ließ	gelassen
laufen	läuft	lief	gelaufen
leiden	leidet	litt	gelitten
leihen	leiht	lieh	geliehen
lesen	liest	las	gelesen
liegen	liegt	lag	gelegen
löschen	lischt	losch	geloschen
lügen	lügt	log	gelogen
meiden	meidet	mied	gemieden
melken	melkt (milkt)	melkte (molk)	gemelkt (gemolken)
messen	mißt	maß	gemessen
mißlingen	mißlingt	mißlang	mißlungen
mögen	mag	mochte	gemocht
müssen	muß	mußte	gemußt
nehmen	nimmt	nahm	genommen
nennen	**nennt**	**nannte**	**genannt**
nennen	nennt	nannte	genannt
pfeifen	pfeift	pfiff	gepfiffen
raten	rät	riet	geraten
reiben	reibt	rieb	gerieben
reißen	reißt	riß	gerissen
reiten	reitet	ritt	geritten
rennen	rennt	rannte	gerannt
riechen	riecht	roch	gerochen
rinnen	rinnt	rann	geronnen
rufen	ruft	rief	gerufen
saugen	saugt	sog	gesogen
schaffen	schafft	schuf	geschaffen
schallen	schallt	schallte (scholl)	geschallt (geschollen)
scheiden	scheidet	schied	geschieden
scheinen	scheint	schien	geschienen
schelten	schilt	schalt	gescholten
scheren	schiert	schor	geschoren
schieben	schiebt	schob	geschoben
schießen	schießt	schoß	geschossen
schlafen	schläft	schlief	geschlafen
schlagen	schlägt	schlug	geschlagen
schleifen	schleift	schliff	geschliffen
schließen	schließt	schloß	geschlossen
schmelzen	schmilzt	schmolz	geschmolzen
schneiden	schneiden	schnitt	geschnitten
schrecken	schreckt	schrak	geschrocken
schreiben	schreibt	schrieb	geschrieben
schreien	schreit	schrie	geschrien
schreiten	schreitet	schritt	geschritten
schweigen	schweigt	schwieg	geschwiegen
schwellen	schwillt	schwoll	geschwollen
schwimmen	schwimmt	schwamm	geschwommen

Продовження

Infinitiv	*Präsens*	*Imperfekt*	*Partizip II*
schwinden	schwindet	schwand	geschwunden
schwören	schwört	schwur (schwor)	geschworen
sehen	sieht	sah	gesehen
sein	ist	war	gewesen
senden	sendet	sandte (sendete)	gesandt (gesendet)
sieden	siedet	sott (siedete)	gesotten (gesiedet)
singen	singt	sang	gesungen
sinken	sinkt	sank	gesunken
sinken	sinkt	sank	gesunken
sinnen	sinnt	sann	gesonnen
sitzen	sitzt	saß	gesessen
sollen	soll	sollte	gesollt
spinnen	spinnt	spann	gesponnen
sprechen	spricht	sprach	gesprochen
springen	springt	sprang	gesprungen
stechen	sticht	stach	gestochen
stecken	steckt	stak (steckte)	gesteckt
stehen	steht	stand	gestanden
stehlen	stiehlt	stahl	gestohlen
steigen	steigt	stieg	gestiegen
sterben	stirbt	starb	gestorben
stinken	stinkt	stank	gestunken
stoßen	stößt	stieß	gestoßen
streichen	streicht	strich	gestrichen
streiten	streitet	stritt	gestritten
tragen	trägt	trug	getragen
treffen	trifft	traf	getroffen
treiben	treibt	trieb	getrieben
treten	tritt	trat	getreten
triefen	trieft	triefte (troff)	getrieft (getroffen)
trinken	trinkt	trank	getrunken
trügen	trügt	trog	getrogen
tun	tut	tat	getan
verderben	verdirbt	verdarb	verdorben
verdrießen	verdrießt	verdroß	verdrossen
vergessen	vergißt	vergaß	vergessen
verlieren	verliert	verlor	verloren
wachsen	wächst	wuchs	gewachsen
wägen	wägt	wog	gewogen
waschen	wäscht	wusch	gewaschen
weben	webt	webte (wob)	gewebt (gewoben)
weichen	weicht	wich	gewichen
weisen	weist	wies	gewiesen
wenden	wendet	wandte (wendete)	gewandt (gewendet)
werden	wird	wurde	geworden
werfen	wirft	warf	geworfen
wiegen	wiegt	wog	gewogen
winden	windet	wand	gewunden
wissen	weiß	wußte	gewußt
wollen	will	wollte	gewollt
ziehen	zieht	zog	gezogen
zwingen	zwingt	zwang	gezwungen

Довідкове видання
Упорядники
Дмитрієв Олег Вадимович,
Степенко Галина Василівна
Загальна редакція
Бусела В'ячеслава Тимофійовича

БАЗОВИЙ НІМЕЦЬКО-УКРАЇНСЬКИЙ, УКРАЇНСЬКО-НІМЕЦЬКИЙ СЛОВНИК

И15821УН.
Підписано до друку 13.03.2012.
Формат 70×84/32. Папір офсетний.
Гарнітура Шкільна. Друк офсетний.
Ум. друк. арк. 24,5.

ТОВ Видавництво «Ранок».
Свідоцтво ДК № 3322 від 26.11.2008.
61071 Харків, вул. Кібальчича, 27, к. 135.
Для листів: 61045 Харків, а/с 3355.
E-mail: office@ranok.com.ua
Тел. (057) 719-48-65,
тел./факс (057) 719-58-67.

З питань реалізації звертатися за тел.:
у Харкові – (057) 712-91-44, 712-90-87; Києві – (044) 599-14-53, 377-73-23; Білій Церкві – (04563) 3-38-90; Вінниці – (0432) 55-61-10, 27-70-08; Дніпропетровську – (056) 785-01-74, 789-06-24; Донецьку – (062) 344-38-38; Житомирі – (0412) 41-27-95, 44-81-82; Івано-Франківську – (0342) 72-41-54; Кривому Розі – (056) 401-27-11; Луганську – (0642) 53-34-51; Львові – (032) 244-14-36; Миколаєві і Одесі – (048) 737-46-54; Сімферополі – (0652) 54-21-38; Тернополі – (0352) 49-58-36; Хмельницькому – (0382) 70-63-16; Черкасах – (0472) 51-22-51, 36-72-14; Чернігові – (0462) 62-27-43.
E-mail: commerce@ranok.com.ua.

«Книга поштою»: 61045 Харків, а/с 3355. Тел. (057) 717-74-55, (067) 546-53-73.
E-mail: pochta@ranok.com.ua
www.naclingvo.com